2009年10月23-25日
中国 武汉

信息系统协会中国分会第三届学术年会
The Third CNAIS National Congress, CNAIS2009

中国信息系统研究：新兴技术背景下的机遇与挑战

（上册）

陈国青　马费成　主编

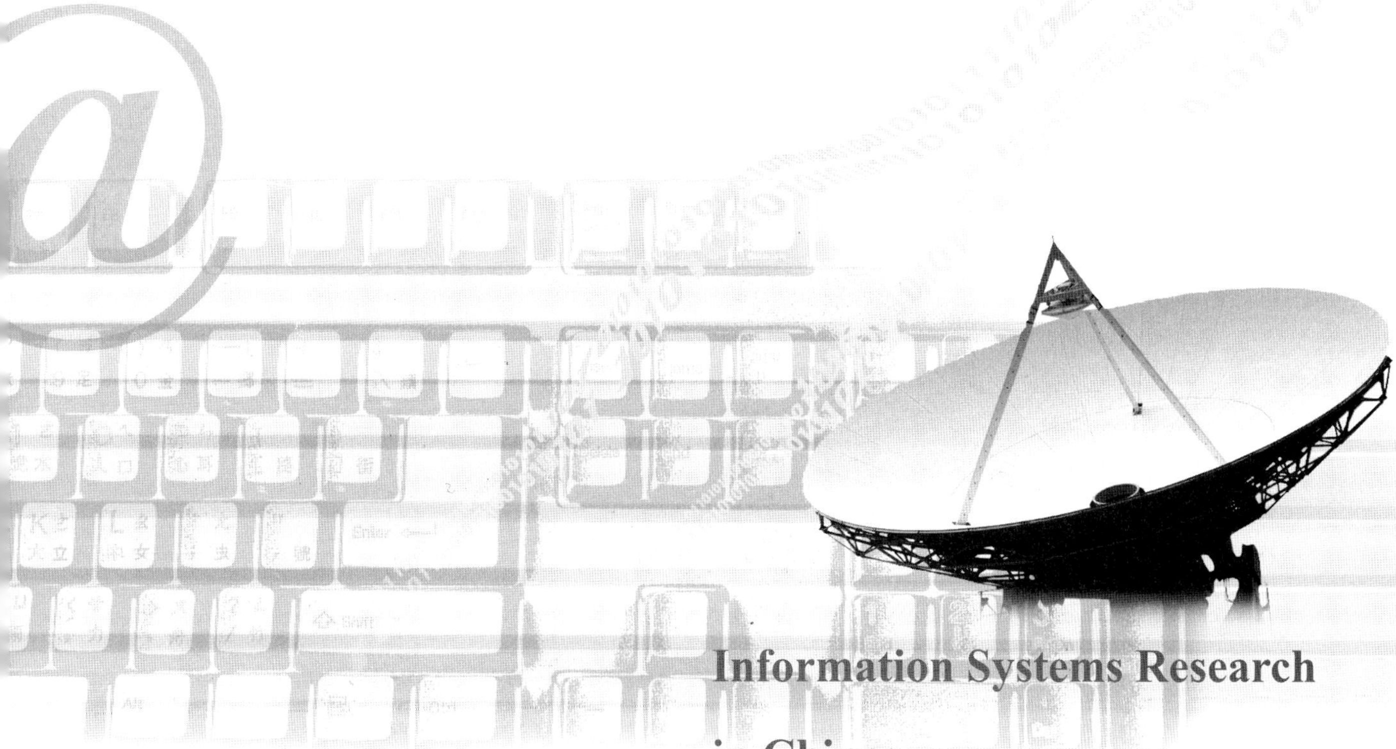

Information Systems Research in China: Opportunities and Challenges in the Context of Emerging Technologies

WUHAN UNIVERSITY PRESS
武汉大学出版社

图书在版编目(CIP)数据

中国信息系统研究:新兴技术背景下的机遇与挑战/陈国青,马费成主编.—武汉:武汉大学出版社,2009.10
信息系统协会中国分会第三届学术年会
ISBN 978-7-307-07336-4

Ⅰ.中… Ⅱ.①陈… ②马… Ⅲ.信息系统—学术会议—文集 Ⅳ.G202-53

中国版本图书馆 CIP 数据核字(2009)第 172782 号

责任编辑:高璐 詹蜜 易瑛 胡国民　　责任校对:刘 欣　　版式设计:马 佳

出版发行:武汉大学出版社 (430072 武昌 珞珈山)
(电子邮件:wdp4@whu.edu.cn 网址:www.wdp.com.cn)
印刷:湖北恒泰印务有限公司
开本:880×1230 1/16 印张:60.75 字数:2004 千字 插页:2
版次:2009 年 10 月第 1 版　　2009 年 10 月第 1 次印刷
ISBN 978-7-307-07336-4/G·1455　　定价:95.00 元

信息系统协会中国分会第三届学术年会
（CNAIS2009）

中国·武汉·2009 年 10 月 23—25 日

大 会 主 席：陈国青

组委会主席：马费成　陈传夫

学术领域主席（以姓氏笔画为序）：

李一军（哈尔滨工业大学）　李　东（北京大学）　陈　禹（中国人民大学）
陈　剑（清华大学）　杨善林（合肥工业大学）　黄丽华（复旦大学）

评 审 委 员 会（以姓氏笔画为序）：

卫　强（清华大学）　马卫民（同济大学）　马费成（武汉大学）
毛基业（中国人民大学）　王刊良（西安交通大学）　冯玉强（哈尔滨工业大学）
叶　强（哈尔滨工业大学）　左美云（中国人民大学）　仲伟俊（东南大学）
任　明（中国人民大学）　任　菲（北京大学）　刘　鲁（北京航空航天大学）
刘红岩（清华大学）　刘震宇（厦门大学）　孙建军（南京大学）
毕新华（吉林大学）　闫相斌（哈尔滨工业大学）　严建援（南开大学）
但　斌（重庆大学）　吴俊杰（北京航空航天大学）　张　诚（复旦大学）
张　新（山东经济学院）　张　楠（清华大学）　李　东（北京大学）
李　倩（中国人民大学）　杨一平（首都经贸大学）　肖　智（重庆大学）
肖静华（中山大学）　邱凌云（北京大学）　邵培基（电子科技大学）
陈智高（华东理工大学）　胡祥培（大连理工大学）　赵捧未（西安电子科技大学）
党延忠（大连理工大学）　唐晓波（武汉大学）　夏火松（武汉科技学院）
徐升华（江西财经大学）　袁　华（电子科技大学）　崔　巍（北京信息科技大学）
戚桂杰（山东大学）　黄京华（清华大学）　彭　澎（云南大学）
葛世伦（江苏科技大学）　葛志远（北京工业大学）　董小英（北京大学）
董毅明（昆明理工大学）　蒋国瑞（北京工业大学）　廖貅武（西安交通大学）
樊治平（东北大学）

组委会副主席：李　纲　唐晓波　郭迅华

组 织 委 员 会（以姓氏笔画为序）：

马费成　方　卿　王新才　左　军　李　纲　张李义　张晓娟　李　慧　陈传夫　周黎明　陆　伟
查先进　赵金利　查　荔　侯祚勇　姜星莉　唐晓波　郭迅华　寇继虹　董有明　彭海文　谭玉敏

主 办 单 位：信息系统协会中国分会（CNAIS）

承 办 单 位：武汉大学信息管理学院　武汉大学信息资源研究中心

支 持 单 位：国家自然科学基金委
信息系统协会（AIS）
中国系统工程学会
IEEE“系统、人与控制”学会（IEEE SMC）北京支部
中国信息经济学会

前　言

信息系统协会中国分会（CNAIS）于2005年11月在北京成立并召开第一届全国大会，2007年11月在昆明举办了第二届全国大会，这两次大会为相关领域学者提供了丰富的交流机会，有力地推动了信息系统学科的建设与发展。CNAIS致力于促进国内学者与世界范围内其他学术团体及学者进行广泛交流，加强信息系统相关学科领域的建设。近年来，CNAIS主办或参与组织了一系列高水平学术会议及教学研讨活动，聘请了诸多海外知名学者与会报告和交流。这些活动得到了相关领域学者的广泛参与和普遍好评。

CNAIS会刊《信息系统学报》也在2007年10月创办，迄今已出版5期，发表了一批具有较强思想性及运用科学严谨的方法论在信息系统研究领域所取得的创新性成果，取得了良好的反响和高度的评价。在CNAIS及各理事单位的大力推动和海内外相关领域学者的积极支持下，《信息系统学报》影响日渐扩大，为我国信息系统领域学术研究的发展提供了一个友好、宽阔而有效的交流平台。

作为两年一度的全国性大会，本次第三届全国大会（CNAIS2009）于2009年10月23—25日在武汉举行。会议主题为“中国信息系统研究：新兴技术背景下的机遇与挑战”，旨在为国内信息系统研究领域学者提供一个展示学术成果、交流学术思想的良机，以共同探讨新兴信息技术的广泛影响下我国社会和组织在信息系统应用与管理方面所面临的重要理论和实践问题。

近几年来，随着互联网应用的不断普及，以RFID为代表的新型物流信息技术、3G为代表的移动通信技术、以泛在为特征的“云计算”等新技术的不断涌现和应用，使得企业面临着新的挑战和机遇，在企业应用和行业动态上已经呈现出一些明显的新趋势和特征。

这些新趋势和特征主要表现在两个方面。一方面，一些早已提出的概念和技术在现阶段仍然是企业和行业关注和应用的重点，如CRM、商务智能技术、面向服务的体系架构（SOA）、身份识别与访问管理（IAM）、开源软件技术、IT外包、供应链管理（SCM）等。然而，虽然这些理念和技术早已提出，但是由于信息技术的快速发展和不断变革，以及企业应用的不断深化，这些领域仍然不断涌现出新的学术问题和应用挑战。另一方面，随着搜索技术、移动网络、虚拟化技术等的不断成熟，新涌现出来一些新技术与新应用，如社会网络与社会计算，“云计算”、协同化软件与技术，新型电子市场与新兴电子商务等。这些新技术和新应用的涌现，不仅仅提升了企业运营的效率，更大程度上将转变企业运作和组织架构，从而需要研究和构建新技术和新环境下的企业管理理论和方法。

在这样的新形势下，会议议题涵盖了新兴技术背景下的信息系统战略与管理、信息系统开发方法、信息安全、电子商务、决策支持与商务智能、信息技术的新发展等各个方面，同时强调对我国信息系统学科发展及教学建设的思考与探索。会议得到了广大CNAIS会员以及相关领域学者的热烈响应和踊跃投稿。每篇稿件均由评审委员会至少两位学者评审，最终确定了收录于本文集中的148篇论文并将在会议上进行交流。国际信息系统协会（AIS）主席Bernard Tan教授等国际知名学者和多名国内知名学者将与会进行大会专题报告。我们希望此次大会能够成为继CNAIS2005和CNAIS2007之后，我国信息系统领域主体研究力量的又一次融合和汇聚，通过对信息技术背景下信息系统理论与实践的探讨，推动相关领域的学术研究、学科建设以及行业应用的加速发展。

本次会议得到国家自然科学基金委、中国系统工程学会、AIS、中国信息经济学会、IEEE SMC北京支部，武汉大学以及NSFC新兴电子商务重大项目（70890080）的支持和协助，谨此致谢。感谢参与大会进行报告和交流的代表，以及参与论文评审的学者专家。特别感谢武汉大学信息学院和信息资源研究中心在会议组织中的出色工作。同时，感谢武汉大学出版社在大会文集出版过程中所做的大量细致的工作。

CNAIS2009

大 会 主 席　　陈国青

组 委 会 主 席　　马费成　陈传夫

学术领域主席　　李一军　李　东　陈　禹

陈　剑　杨善林　黄丽华

2009 年 10 月

大会报告

IR and Digital Libraries/Repositories: Perspectives & Challenges

Peter Ingwersen

Abstract

The presentation briefly defines and outlines the scope of Information retrieval (IR). Interaction and time dimensions are seen as central elements of IR which is contextualized by information seeking and information behavior research. While the latter includes studies of generation, communication and management of information and knowledge, including business intelligence, interactive IR relates to the searching and application of digital assets (digital libraries and repositories in a wide sense) and associates to relevance feedback, ranking and weighting as well as data/text mining.

The laboratory IR research framework is briefly characterized and put into context of a more integrated framework that centers on interaction and socio-organizational dimensions. Social tagging, rating, recommendation features and log evidence are potential tools for mining of information behavior—but provide also challenges to IR in DL and open access environments. Challenges associates to the involvement of (primarily job-related) tasks, their fulfillment and outcomes that points to novel relevance measures in IR, such as social utility, but also to potentials of mining interaction evidence for mapping purposes. Co-evidence analyses from implicit (or explicit) IR interaction processes in DL and repositories, via logs and relevance feedback patterns, might prove similarly useful as traditional co-citation mapping via scientific documents, the latter essentially signifying science mining.

In interactive IR central challenges associates to personalization of searching, given the undirected vagueness of searching by people and the randomness in social utility, to questions about the usage of context features, and to issues of presentation and evaluation of retrieval results. This is in particular true in open access environments due to data quality issues. We believe that similar challenges concern mining of information objects and interactive retrieval processes.

Biography

Peter Ingwersen was born in 1947 and became lecturer at the Royal School of Library and Information Science (LIS), Copenhagen, in 1973 after having graduated in Library and Information Studies at the School in the same year. He is Full Professor of Information Retrieval and Seeking at the Royal School of LIS from 2006.

During the Spring-term 1987 he served as visiting professor at Rutgers University, NJ, USA, invited by the School of Communication, Information and Library Studies. He obtained his Ph. D. degree 1991 from Copenhagen Business University, Faculty of Economics, Institute of Informatics and Management with a doctoral dissertation on Intermediary Functions in Information Retrieval Interaction. As the driving force behind the curriculum development of the MSc programme in Library and Information Science at the Royal School of LIS he was appointed head of this programme from 1990—1993. From July 1993 he was Head of the Department of Information Retrieval Theory. From January 1997 he is also appointed Affiliated Professor (Docent) at Åbo Akademy University, Department of Information Studies, Finland. In 1999—2002 he served as Visiting Professor at the Department of Information Studies, Tampere University sponsored by the Nordic Research Academy (Norfa), now named NORDFORSK. He is Full Professor of Information Retrieval and Seeking at the Royal School of LIS from 2006. He was member of the editorial board of Journal of Documentation 1990—2001, and is currently board member of the Journal of American Society of Information Science and Technology (JASIST), Scientometrics, Information Processing & Management, Chinese Journal of Science & Technology Information, and the electronic journal

Cybermetrics.

Among his published works are several books on information retrieval, as well as more than 90 journal and book articles on information science, curriculum development, information systems design, informetrics, including research evaluation and Webometric analyses, and, in particular, on cognitive approaches to interactive IR theory. His first monograph, Information Retrieval Interaction, 1992, has sold more than 2000 copies worldwide and is also published in Japanese translation, 1995, as well as in Korean, 1998. It is made available on the web from 2002, and has been visited almost 14 000 times. Together with Academy Professor Kalervo Järvelin, Tampere University, Finland, he has published by Springer a new monograph in August 2005: The Turn: Integration of Information Seeking and Retrieval in Context, which has been translated into Chinese by ISTIC, Beijing, 2007 and into Japanese by Maruzen Publishers, 2008.

Understanding Online Interruption-Based Advertising: Impact of Exposure Timing, Advertising Intent, and Brand Image

Bernard Tan

Abstract

Interruption-based advertising has gained prominence in the online channel. Yet, little attention has been paid to deriving design principles and conceptualizations for online interruption-based advertising. This paper examines three novel design factors related to this phenomenon, namely, exposure timing, advertising intent and brand image. Exposure timing pertains to the time by which the ad is launched within a website. Advertising intent refers to the explicitness of ad content in portraying the desire to induce purchase behavior. Brand image relates to consumers' overall perceptions of the advertised brand. In a laboratory experiment, participants were exposed to pop-up ads that were operationalized based on these three design considerations. Results reveal three two-way interactions among the study constructs. Online interruption-based ads shown in the predecisional shopping phase are more effective when their contents are designed with implicit advertising intent compared to explicit intent. Brand image is found to have moderate the effects of advertising intent on consumer's purchase intention. Participants' responses also show that ads promoting weak brands with less favourable image tend to enjoy higher purchase intention when shown in the predecisional phase compared to the postdecisional phase. Theoretical and practical implications together with suggestions for future research are discussed.

Biography

Dr. Bernard Tan is Professor of Information Systems at the National University of Singapore (NUS). He is currently Associate Provost (Undergraduate Education).

Dr. Tan received his Ph. D. degree (1995) in information systems from NUS. He has been a Visiting Scholar at Stanford University (1996—1997) and the University of Georgia (1992). He was previously Head of the Department of Information Systems (2002—2008), and Assistant Dean of the School of Computing (2000—2002). He was Asia-Pacific Council Representative of the *Association for Information Systems* (2004—2006). He has served on University IT Governance Committee (2008—2009). Dr. Tan is President of the *Association for Information Systems* (2009—2010). He is Guest Professor of Renmin University of China (2009—2012). Dr. Tan is on the editorial boards of *Journal of the AIS* (Senior Editor), *IEEE Transactions on Engineering Management* (Department Editor), *Journal of MIS*, *Information and Management*, and *Journal of Database Management*.

Dr. Tan has published his research work in international journals, such as *ACM Transactions on Computer-Human Interaction*, *ACM Transactions on Information Systems*, *ACM Transactions on Internet Technology*, *Communications of the ACM*, *Decision Support Systems*, *European Journal of Information Systems*, *IEEE Transactions on Engineering Management*, *IEEE Transactions on Professional Communication*, *IEEE Transactions on Systems, Man, and Cybernetics*, *Information and Management*, *Information Systems Research*, *International Journal of Human-Computer Studies*, *Journal of Global Information Management*, *Journal of Management Information Systems*, *Journal of the AIS*, *Journal of the American Society for Information Science and Technology*, *Management Science* and *MIS Quarterly*. He was runner-up in the ICIS doctoral dissertation competition (1995) and was ICIS doctoral consortium fellow (1993).

目　录

上　册

第一篇　IT/IS 战略与管理

第二篇　信息化与 IT/IS 采纳模式

第三篇　信息系统应用

第四篇　信息系统架构、集成及信息产业

第五篇　信息系统设计、开发与项目管理

下　册

第六篇　决策支持与商务智能

第七篇　电子商务与电子政务

第八篇 信息管理与知识管理

第九篇 图 书 情 报

第十篇 信息系统学科建设与研究方法

第一篇

IT/IS 战略与管理

企业信息资源的战略特性分析*

沈波[1]，徐升华[1]

（1. 江西财经大学 信息管理学院，南昌 330013）

摘　要：从企业资源理论出发，通过对企业资源理论的拓展，分析了企业信息资源是一种战略资源，它具有价值性、稀缺性、难以模仿性和难以替代的特点。根据企业资源理论，战略资源是企业绩效差异的来源，通过合理有效地配置企业的信息资源将提高企业的绩效水平。

关键词：企业资源理论；信息资源；战略特性

中图分类号：G203

随着信息技术的发展，信息资源在经济发展中的作用日益重要。信息资源作为生产要素、无形资产和社会财富，与能源、材料资源同等重要，在经济社会资源结构中具有不可替代的地位，已成为经济全球化背景下国际竞争的一个重点。20世纪90年代以来，随着知识经济的迅速发展，人们逐渐认识到现代经济的增长更多和更直接地取决于信息要素，取决于知识的生产、传递和利用，即经济增长和经济效益在很大程度上取决于信息资源配置的有效性[1]。

对现代企业来说，运用信息技术改造传统流程，快速地采集、传输和处理信息，把企业的物质资源、信息资源有机结合并优化配置，是企业生存和持续发展的关键。企业信息资源的优化配置，不仅是企业信息化的核心，而且是企业提高核心竞争力的根本途径。随着企业信息化的深入，企业对信息化的投资进一步趋于理性，逐渐由简单的硬件投资转化到对企业信息资源的不断开发和利用，不断追求建设有效益的信息化。

企业信息资源作为企业的重要资源，既具有一般资源的特性，又有其特殊的地方，本文将从企业资源理论出发，深入分析企业信息资源作为企业战略资源的特性。

1　企业战略资源特性分析

1.1　企业资源理论

对企业的研究，离不开对企业资源的探讨。企业资源是企业进行生产和经营活动必不可少的生产要素。但在20世纪60年代至80年代末，在战略管理领域，关于企业竞争优势的研究一直被产业组织理论的外部竞争优势来源观所主导。随着市场需求的变化越来越快，企业产品的生命周期变得越来越短，人们逐渐认识到企业仅仅只关注产品市场的优势地位是不够的，因为它已经难以产生持续的竞争优势[2]。20世纪80年代末期以后，随着企业资源理论的兴起，人们逐渐把目光从企业外部转向企业内部，关注企业内部的竞争优势来源。

企业资源理论突破了产业组织理论关于企业竞争优势的形成模式，该理论认为，造成企业绩效差异的根本原因源于企业内部的要素，而并不依赖于企业外部的产品市场结构。这个观点的出现，使人们认识到企业资源对企业价值创造战略的重要影响作用，对企业竞争优势的分析也因而从产品市场层面上升到企业内部资源配置层面（见表1）。

表1　**企业战略资源的特性**

作者（年度）	主要特性
Barney（1991）	价值性、稀缺性、不完全模仿性、不可替代性
Grant（1991）	持久性、透明性、可转移性、可复制性
Amit & Schoemaker（1993）	互补性、稀缺性、低交易性、不可模仿性、有限可替代性、可占有性、持久性、战略产业要素吻合性
Peteraf（1993）	异质性、事后竞争限制、不完全流动性、事前竞争限制
Collis & Montgomery（1995）	不可模仿性、持久性、可占有性、不可替代性、竞争超越性

* 通讯作者：沈波，E-mail：shenbo@jxufe.edu.cn

企业资源理论把企业看成寻租者，企业战略管理的目的就是通过与众不同的战略来建立持续竞争优势，获取经济租金和超额利润。与传统的新古典经济学把企业视为同质的最优生产者不同，该理论认为企业是资源的集合体，企业由于资源禀赋的差异而呈现出异质性。企业的竞争优势来源于企业拥有和控制的有价值的、稀缺的、难以模仿和不可替代的异质性资源。企业资源异质性的长期存在，从而使得竞争优势呈现可持续性。Barney[3]、Amit 和 Schoemaker[4] 等学者将企业的这种异质资源称为战略资源。

企业资源理论定义了一系列的资源属性来描述企业的战略资源，具有这些属性的资源能够影响企业在竞争中的位置，为企业创造良好的绩效。众多企业资源理论的研究人员对企业战略资源的特性做了大同小异的分析（如表 1 所示），其中影响最为广泛的当属 Barney 和 Peteraf[5] 的工作。

1.2 产生竞争优势的战略资源特点

Barney 认为，并不是所有的企业资源都能够带来竞争优势，能够产生竞争优势的战略资源必须具备以下四个属性：

（1）价值性（Valuable Resources）。价值性是衡量资源是否能够带来竞争优势的最基本的判断准则。Barney（1991）认为，“资源能够使企业制定和执行提高其效率和效果的战略时，它们就是有价值的”。有价值的资源必须能够使企业充分利用外部的机会或减少外部威胁。在这一点上它与 SWOT 分析框架是相对应的，同时在资源价值性的判断上也使得竞争优势的资源分析和产业分析互为补充。产业分析能够帮助发现资源发挥最佳效应的产业环境，从而识别哪些资源能够增进企业的战略效果。从产业角度来看，企业资源的价值并不能由其自身内在因素决定，而是取决于产业环境。资源价值判断的这种外部取向使得竞争优势的资源观点和产业观点成为互补，而不是对立。

（2）稀缺性（Rare Resources）。很明显，如果为数众多的竞争企业拥有同一资源，则这一资源既没有稀缺性也没有价值性。反过来说，如果只有一家企业拥有某一资源，则这一资源无疑是稀缺的。但是资源的稀缺性到底要有多高才有可能产生竞争优势则没有定数。按照 Barney（1991）的说法，只要拥有高效资源的企业数目少于产生完全竞争的企业数目，该资源就有可能产生竞争优势，这一点实际上在后来 Peteraf（1993）的文章里说得更清楚。Peteraf（1993）认为，只要高效资源所提供的产出少于市场达到出清状态所需要的产出，而由于高效资源的产出在短期内不能迅速扩张，因此只要不存在市场进入障碍，则必然有低效资源的投入使用以弥补供需之间的差额，使市场达到出清状态，从而使得拥有高效资源的企业获得竞争优势和超额利润，而拥有低效资源的企业只能获得正常利润。

（3）不完全模仿性（Imperfectly Imitable Resources）。资源的价值性和稀缺性足以保证产生竞争优势，但不能保证竞争优势的持续性。若要使得竞争优势能够持续，资源还必须是难以模仿的。这包括两层意思，一是该资源所带来的优势根本不能模仿，二是虽可模仿但成本极高，模仿变得没有价值。企业资源理论在解释不完全模仿性时，提出了三个原因。第一个原因是企业获取资源的能力依赖于独特的历史条件。传统分析往往忽视独特历史条件对企业绩效的影响，企业资源理论放松了传统的理论假定，把历史状况纳入分析之中。该理论认为，企业不仅是一个历史的和社会的实体，连它们获取和利用资源的能力也依赖于它们在时间和空间上所处的位置。一旦某一特定的历史时期过去，那些未拥有与该特定时期相联系的资源的企业就永远不可能再拥有它们。关于不可模仿性的第二个原因是企业资源与企业持续竞争优势之间的联系模糊，无法被人理解或者不能完全理解是何种资源产生了竞争优势。模糊关系使得模仿、复制他人战略的企图无法实现。第三个原因是产生优势的原因太过复杂。这种复杂不是指物质技术方面的复杂，而是指社会方面的复杂性，如企业文化、企业声誉等人际互动的无形资产，从管理实践上难以把握和塑造，因此很难模仿[6]。

（4）不可完全替代性（Imperfect Substitutability）。资源的不可完全替代性指的是资源不存在战略替代物。如果不同资源能够使得企业执行同一战略，则这些资源在战略上就具有相互替代性，不论它们是相似的还是不相似的。可以预见的是，如果某高效资源存在战略替代资源，而该战略替代资源的供应又是不受限制的，那么该高效资源将没有任何优势可言。Barney[7] 在其后来的研究中将资源的不可完全替代性归为不完全模仿性的一种特殊形式。

与 Barney 的分析框架类似，Peteraf 总结了基于企业资源的竞争优势产生的基本条件，认为产生竞争优势的战略资源必须符合四个条件：

(1) 企业资源的异质性 (Heterogeneity)。企业资源的异质性意味着它们在效率上存在内在差异。拥有高效资源的企业可以凭借对这些稀缺资源的垄断获得经济租金。这一点是与 Barney (1991) 的资源价值性相对应的，有价值的资源实际上内涵了企业资源的异质性。

(2) 事后竞争限制 (ex Post Limits to Competition)。在企业赢得竞争优势和租金后，还必须存在某些力量来限制对这些租金的争夺。企业在租金上的竞争将会增加对稀缺资源的供应，从而稀释租金。对竞争的事后限制的两个关键因素是战略资源的难以模仿性和不可替代性。

(3) 不完全流动性 (Imperfect Mobility)。即战略资源应该是企业专用性资产。要么不可交易，要么一旦脱离企业就大为贬值，从而使得企业可以保留战略资源所产生的租金。

(4) 事前竞争限制 (ex Ante Limits to Competition)。为了产生租金，资源的获取价格必须低于其投入战略使用所能产生的价值。这就需要在建立某种竞争优势之前，存在着资源获取上的事前限制。如果众多企业事前都能准确地预见到这些战略资源的价值，则对该资源的争夺将使得该资源的战略成本（资源获取或建立的成本）逼近其战略价值（资源投入战略使用所产生的价值），从而使得租金被高昂的战略成本抵消掉。这一观点实际上与 Barney (1986) 的看法是一致的。

基于企业资源理论，我们可以得到这样的结论：战略资源是具有稀缺性、有价值、难以模仿和不可替代的资源，是企业绩效的关键决定因素。从企业资源理论对战略资源的认识来看，几乎所有可以形成竞争优势的企业因素都可以看做是战略资源，如组织流程、组织文化、企业知识、管理才能等。随着信息技术的发展和企业信息化的推进，企业对信息的依赖性越来越强，信息逐渐成为企业生产的重要因素，信息资源的战略价值也越来越被大家所认识。但从企业资源理论的研究与对战略资源的分析来看，企业资源理论对企业战略资源的考察忽视了一类重要的资源，即企业信息资源。企业资源理论虽然强调企业是一组资源的集合，但对企业信息资源的研究很少涉及，将企业信息资源作为企业的一种战略资源纳入企业资源理论的分析框架中，着重探讨企业信息资源对企业绩效的影响是对企业资源理论的一种拓展，将有助于对企业战略资源更深入的研究。

2 企业信息资源——带来竞争优势的战略资源

根据企业资源理论，能够带来持续竞争优势的战略资源必须具有以下条件：它必须能为公司创造价值、稀缺性、不可被模仿和替代，下面将探讨企业信息资源是否符合这些条件。

2.1 企业信息资源的价值性

企业信息资源作为一种特殊的物质形态，既有一般物质形态的共性，又有独立于其他物质资源之外，充分体现自身特殊物质形态的个性特征。企业信息资源具有多方面满足企业需求的客观性，当信息资源多方面的客观价值属性与企业的不同需求发生联系时，就产生了不同的价值含义。因此，当企业的信息资源作用于信息需求者的活动时，信息资源的价值就能够充分地体现出来。另外，信息主体在对信息资源加工后可以产生新的信息资源，使得企业信息资源的价值不断地最大化。

无论是来自企业内部的信息，还是来自企业外部的信息，都是企业进行日常经营活动所必需的，因此，对于企业来说，通过加速信息的流动可以给企业带来巨大的促进作用和经济价值；而信息技术的发展和企业信息人员素质的不断提高，为企业信息资源的价值转化提供了有利的条件。

由于企业信息资源具有广泛的流动性和渗透性，并且具有可复制性和共享性，企业信息资源的价值可以认为体现在两个方面，一方面它可以作为生产要素参加再生产；另一方面它还可以强化原有的生产要素以增加产品的附加值。

2.2 企业信息资源的稀缺性

稀缺性是经济资源最基本的经济学特征。在既定的技术和资源条件下，物质资源和能源资源都是有限的，不能自由取用。不同于自然资源的可耗竭性，企业信息资源（狭义的信息资源）在客观上是无限丰富的。但是相对于人类的需求来说，特定的信息总是存在于某一个特定的时空点上。而对于特定的人来说，由于所处的信息环境的局限性以及信息获取手段的限制，他所需要的信息与他所能获得的信息之间总是存在差距。因此，相对于人的需求来说，信息总是稀缺的。这也正是无论信息技术如何进步，信息的不对称性与信息的不完全性总会存在的原因。

从上述分析可以看出，企业信息资源同样具有稀缺性，经济行为活动者要获取信息就必须付出相应的代价[8]。稀缺是不能同时满足所有的愿望的，必然导致选择，带来资源的配置问题。因此，对于企业来说，通过信息资源的合理配置，不断满足企业员工对信息的需求就显得非常重要。

2.3 企业信息资源的难以模仿性

就资源而言，竞争者要模仿必须存在两个要素：第一，竞争者必须能很准确地确认竞争优势的来源；第二，竞争者必须能准确地复制与资源相关的其他要素。下面分别从信息内容、信息技术和信息人员三方面探讨企业信息资源的难以模仿性。

企业的信息来源包括内部和外部两个方面。企业内部信息是在企业内部经过长期的积累而逐步形成的，这一过程不仅受到特定历史条件的影响（这些特定历史环境是难以复制的），而且这些信息形成的因果模糊性也阻碍着复制的过程。企业外部信息对于每个企业来说都和企业自身相关性很大，对于不同的企业其需要的外部信息是不一致的，因此简单的模仿其他企业的信息收集机制或处理方法对于企业本身来说没有很大的实用价值。正如不同的企业采用同样的信息系统会带来不同的效果，正是因为企业信息资源与企业自身的发展历史、文化、管理模式等多种因素相关。

信息技术是研究信息的获取、传输、处理、存储、显示和广泛利用的新兴科技领域，简单来说可以分为硬件和软件两个部分。硬件主要是指企业的信息技术基础设施（Information Technology Infrastructure，IT 基础设施），软件主要是指企业的信息系统（Information Systems，IS）。在这里，笔者主要讨论一下信息技术基础设施的特性。

IT 基础设施为企业提供了充分利用信息资源的方式，它是支持信息在组织内流动的一种 IT 能力。IT 基础设施作为企业的一项重要资源，建立新的或者改变旧的 IT 应用能力依赖于目前的硬件和软件平台、网络配置、数据库和系统体系结构。IT 基础设施这一复杂的技术资源是长期建立起来的，对其过程的描述和价值的估计是非常困难的。因此，企业 IT 基础设施的独特性使不同的企业在开发和实施 IT 应用时具有不同成本和效率。

信息人员是可流动的，从表面上看它是容易被模仿的资源。但是，企业信息人员只有与企业环境融合起来才能真正创造价值。这样，信息人员具有部分企业专用的成分。从其他企业流入的信息人员要花费一定的调整成本才能在企业发挥价值。而人员的调整过程的特征是因果模糊性、路径依赖性的：首先，难以把握信息人员创造价值的确切机制；其次，信息人员的价值积累过程是路径依赖的，不能从市场上购买。因此，信息人员也是难以模仿的。由于信息资源是信息内容、信息技术和信息人员三者的综合，这些要素的难以模仿会导致企业信息资源整体上具有难以模仿性。

2.4 企业信息资源的难以替代性

由于企业信息资源含有大量的隐性成分，且大部分企业信息资源只能在企业内部生成，这个过程的特殊性和特定环境的作用造成企业信息资源的异质性难以模仿和替代。而企业信息资源所包含的信息内容、信息基础设施、信息人员的知识和技能等对企业绩效、竞争优势具有的重要作用也导致企业信息资源的稀缺性和有价值。

结束语

上述讨论证实，企业信息资源是一种战略资源，它具有价值性、稀缺性、难以模仿性和难以替代的特点。根据企业资源理论，战略资源是企业绩效差异的来源，因此可以认为，企业信息资源对企业绩效具有正面的积极影响[9]，通过合理有效地配置企业的信息资源将提高企业的绩效水平[10]。

参考文献

[1] 马费成，靖继鹏．信息经济分析［M］．北京：科学技术文献出版社，2005：197.

[2] Hoskisson R E. Theory and Research in Strategic Management: Swings of a Pendulum [J]. Journal of Management, 1999, 25 (3): 417-456.

[3] Barney J B. Firm Resources and Sustained Competitive Advantage [J]. Journal of Management, 1991, 17 (1): 99-120.

[4] Amit R, Schoemaker P J H. Strategic Assets and Organizational Rent [J]. Strategic Management Journal, 1993, (14): 33-46.

[5] Peteraf M A. The Cornerstones of Competitive Advantage: a Resource-based View [J]. Strategic Management Journal. 1993, (14): 179-191.

[6] Dierickx I, Cool K. Asset Stock Accumulation and Sustainability of Competitive Advantage [J]. Management Science, 1989, 35 (12): 207-223.

[7] Barney J B. Is the Resource-based "View" a Useful Perspective for Strategic Management Research? Yes [J]. Academy of Management Review, 2001, 26 (1): 41-56.

[8] 肖明．信息资源管理［M］．北京：电子工业出版社，2006：25-26.

[9] 沈波，徐升华．企业信息资源配置提升企业绩效的实证研究［A］//信息系统协会中国分会第二届全国大会

论文集. 北京：清华大学出版社，2007：622-628.
[10] 沈波，徐升华. 企业信息资源配置、组织变革与企业绩效——基于结构方程模型的实证研究 [J]. 信息系统学报. 2008，2（2）：48-58.

On Strategy Characteristics of Firm's Information Resources

SHEN Bo[1], XU Shenghua[1]
(1. School of Information Technology, Jiangxi University of Finance and Economics, Nanchang 330013, China)

Abstract: From the resource-based theory of the firm, the firm's information resources have been a kind of strategy resource. As an extension of the resource-based theory of the firm, the firm's information resources have some Characteristics: valuable, rare, imperfectly imitable and substitutability. According to the resource-based theory of the firm, strategic resources are a source of firm performance differences, so the level of firm performance can be enhanced by rational and effective allocation of information resources.

Key words: resource-based theory of the firm; information resources; strategy characteristics

IT基础设施、战略IT柔性能力与企业竞争优势的关系研究

邹沁[1]，田军[1]，王刊良[1]

（1. 西安交通大学 管理学院，西安 710049）

摘　要：本文从基于资源的观点出发，建立了IT基础设施、战略IT柔性能力和企业竞争优势之间的概念模型并提出相关假设，然后在中国环境下进行了一次实证调查，调查结果进一步验证了战略IT柔性对企业表现的显著正向影响，发现了IT基础设施的整合性和模块性是战略IT柔性的前因变量，证明了IT基础设施对企业表现的影响被战略IT柔性所完全中介，很好地支持了所提出的假设，同时也为企业如何从IT基础设施的角度来开发企业的战略IT柔性能力从而创造企业的竞争优势有很好的指导作用。

关键词：IT基础设施；战略IT柔性能力；企业竞争优势；基于资源观

中图分类号：C931.6

引　言

随着信息技术的发展，IT技术在企业中得到了广泛的应用。而IT基础设施是IT技术在企业发挥作用的基础和IT能力有效施展的重要平台。因此，许多企业将大量投资用来构建IT基础设施，以促进信息资源的共享、加速业务流程的实现、连接供应商和客户，形成电子交易的基础。

IT基础设施技术方面的大突破使得管理难度加大，整个系统复杂化，成本更高，因此对IT基础设施的大量投资究竟能不能为企业带来效益，形成竞争优势，这也是企业最关心的问题。Broadbent M和Weill P通过研究发现IT基础设施是企业获得持续竞争优势的重要因素。但是IT基础设施对企业竞争优势的影响究竟是直接影响还是间接影响一直是广泛争议的一个问题，Byrd和Turner[1]假设并证实了IT基础设施会对企业的竞争优势产生直接影响。而Ravichandran和Lertwongsatien[2]则假设并验证了IT基础设施会对企业竞争优势产生间接的影响。

从基于资源的观点出发，资源作用于竞争优势一般是通过影响能力的。因此，我们需要找到一种直接与企业竞争优势有密切关系，又被IT基础设施所影响的能力。随着市场竞争的加剧，信息技术的快速更替，以及客户需求的快速变化，企业常常需要快速反应及抓住市场机会。当企业的业务活动随着市场机会和技术变化而转变时，企业的信息系统亦需要快速转变从而更好地支持和改变业务活动。Tian等[3]把企业的信息系统对来自环境的各种需求进行快速反应的能力称为企业的战略IT柔性。战略IT柔性是企业竞争优势一个重要的来源。由于中国相对欠发达的法律及金融制度，中国的经营环境具有更大的动荡性，战略IT柔性的作用更加明显。

因此从基于资源的观点出发，我们考虑IT基础设施是否能够通过影响战略IT柔性能力来影响企业的竞争优势。本文重点验证战略IT柔性能力与企业竞争优势的关系和探究如何从IT基础设施的角度来开发企业的战略IT柔性能力，从而为企业投资IT基础设施和开发战略IT柔性能力提供依据。

1　理论基础和研究假设

从基于资源的观点来看，如果一种资源具有价值性、稀缺性、难以模仿性、难以替代性，那么这种资源就具备创造竞争优势的潜力。但是，资源本身并不能创造优势，只有当这些资源有效地运用于企业的业务流程中，这些资源才能创造竞争优势。Porter指出，资源本身并没有价值：资源的价值体现在它们允许企业执行一些特定的活动，并进一步指出，业务流程是竞争优势的来源。

因此，我们认为，IT基础设施是通过影响企业的IT流程，进而影响企业的竞争优势，并建立了图1所示的概念模型。

在接下来的部分，将对概念模型的理论基础进行分析。

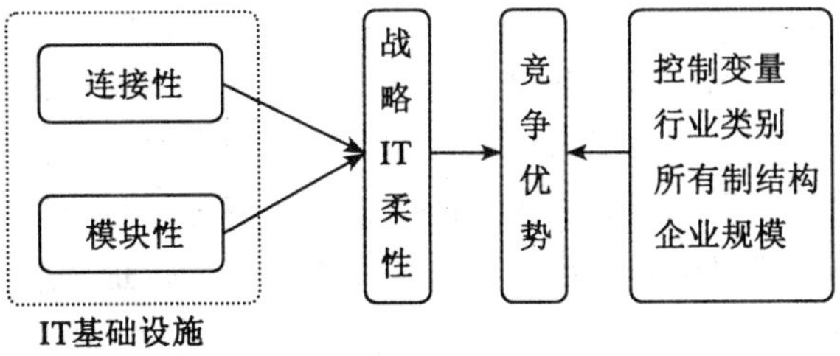

图 1 概念模型

1.1 战略 IT 柔性对企业竞争优势的影响

本文用财务表现来衡量企业绩效。

Tian 等[3]认为战略 IT 柔性是指一个企业对来自动态竞争环境的各种需求进行快速反应的能力。战略 IT 柔性可以被看成是一种实物期权。正如 Bowman 和 Hurry[4]所说，期权思维提供了一个角度来审视企业的资源：把企业的资源当成是关于未来战略选择的一组期权。当现有的资源允许企业更好地获得未来机会时，便认为期权存在。对于企业的 IT 管理来说，在战略 IT 柔性上进行一些投资，将会给企业带来一个对未来机会的接入点[5]。正如 Kogut 和 Kulatilaka 所说[6]，由于环境改变的速度比企业快，投资于资源而应对未来的机会可以为企业带来价值。

虽然很多学者如 Carr[7]以及 Mata 等[8]，指出 IT 技术资产，如硬件和网络设备，已经变得无处不在并且不可能为企业带来竞争优势。但是，我们应该认识到 IT 技术资产与柔性 IT 基础设施的区别。虽然企业能够从市场上获得各种各样的软件和硬件，但并不是所有企业都能够将这些资源进行很好的整合而创造出一个具有良好整合性和模块性的企业 IT 基础设施。因此，我们更加有理由相信，当软件和硬件变得无处不在时，企业开发和维持一个柔性 IT 基础设施的能力将变得越来越重要。

战略 IT 柔性只能够通过实物资本（如，IT 基础设施），人力资本和组织资本（如，注重柔性的组织文化）之间产生协同效应而获得，因此，有理由相信竞争者不能够轻易地复制一个企业的战略 IT 柔性。因此，我们提出如下假设：

H1：战略 IT 柔性与企业的竞争优势有正向的相关关系。

1.2 IT 基础设施对战略 IT 柔性的影响

根据 Ross 和 Rockart[9]的观点，IT 基础设施是指企业各个部门共享的一整套 IT 服务；这些服务包括主机处理，网络管理，通信服务，数据管理和系统安全等；IT 基础设施不仅要提供可靠、高效的事务处理，还必须促进组织内部沟通，随时提供对数据的访问，整合业务流程及建立客户链接等。Byrd 和 Turner[10]认为 IT 基础设施是企业 IT 能力的基础；由于信息和知识共享越来越重要，一个无缝连接的 IT 基础设施是企业业务活动的基础。本文从两个维度来度量 IT 基础设施的质量，分别为：整合性及模块性。

具有整合性的 IT 基础设施，能够使各个 IT 部件进行无缝连接，从而能够在整个企业内共享所需要的信息。[10]高整合性的 IT 基础设施以连接性和兼容性为特征，这为企业信息系统应对来自环境的变化提供了基础。

H2：IT 基础设施的整合性与战略 IT 柔性有正向的相关关系。

模块化是指 IT 基础设施能够方便地增加、修改和删除各个组件。[10]具有模块性的 IT 基础设施能够轻易地增加、修改、删除软件、数据模块。具有模块性的信息系统拥有可复用的数据和应用程序，通过减少新的开发工作，并且能够增加与原有系统的集成，加快新的应用程序的发布时间；另外，模块化使得新技术与原有系统的集成变得简单，从而使信息系统部门能够快速并且低成本地应用最前沿的技术。[11]因此，当外部环境变化时，企业的信息系统能够快速反应，从而抓住变化中的机会。

H3：IT 基础设施的模块性与战略 IT 柔性有正向的相关关系。

1.3 战略 IT 柔性的中介作用

对于 IT 基础设施对企业的表现究竟有没有影响，是直接影响还是间接影响，学者们并没有一个统一的看法。Byrd 和 Turner[2]假设并证实了 IT 基础设施会对企业的竞争优势产生直接的影响。Ravichandran 和 Lertwongsatien[3]则假设并验证了 IT 基础设施会影响 IT 能力，而 IT 能力则影响企业的核心竞争力进而影响企业的竞争优势。

具有整合性和模块性的 IT 基础设施是企业有价值的一种资源。然而，这种资源是否不可完全模仿？虽然现在有专业公司帮助企业实施 IT 基础设施，但 IT 基础设施的质量，仍然主要取决于企业本身。因此，从基于资源的观点来看，这种不可被完全模仿的 IT 基础设施会对企业表现产生影响。

然而，IT 基础设施的质量，又是企业战略 IT 柔性的一个重要基础。整合性和模块性会分别影响企业战略 IT 柔性。而战略 IT 柔性,又会直接影响企业的财务表现。这个观点与 Ravichandran 和 Lertwongsatien[3]比较类似,同样认为 IT 基础设施对企业表现的影响被企业的 IT 能力所中介。由此,我们提出如下两个假设:

H4:IT 基础设施的整合性与对企业表现的影响,被战略 IT 柔性所中介。

H5:IT 基础设施的模块性与对企业表现的影响,被战略 IT 柔性所中介。

2 研究方法

2.1 问卷设计

IT 基础设施的整合性及模块性的测量题项与 Byrd 和 Turner[10][2]的类似。战略 IT 柔性的测量问题来自于 Tian 等[3]的问题。企业表现的测量题项与 Powell 和 Dent-Micallef[12]使用的题项相似。

IT 基础设施的整合性。使用 2 个问题测量企业 IT 基础设施的整合性。主要测量企业 IT 基础设施是否具有良好的连接性,是否能够从多个接入点进行连接,是否能够进行透明访问等。

IT 基础设施的模块性。使用了 3 个问题对 IT 基础设施的模块性进行测量。主要关注系统开发过程是否使用了可重用的软件模块,开发人员是否使用面向对象工具;关注企业的人员是否能够实时获得所需要的数据;关注遗留系统是否影响新系统的开发等。

战略 IT 柔性。我们使用 5 个题目测量指企业快速执行 IT 活动以响应环境变化的难度和速度。这些 IT 活动包括:应对业务需求的变化;为特定的业务定制相应的应用程序;应对竞争对手的应用程序;应对竞争对手的业务变化而改变程序;扩展到新地区或者国家;增加或减少系统所提供的应用程序的种类;采用新的信息技术;转换到新的 IT 供应商。

企业财务表现。通过主观指标测量回答者感知的企业在过去三年在利润率、销售增长方面的表现。在战略研究中,经常使用主观指标替代客观指标。按照 Powell 和 Dent-Micallef[12]的观点,由于企业使用不同的会计准则,因此实际财务数据可能无法进行比较。另外,很多参与本研究的公司并非上市公司,其实际财务数据亦无法获得。

所有问题都要求回答者在 1 ~7 级 Likert 量表上进行回答。中文版本的问卷是通过正向翻译和反向翻译的步骤获得[13]。先由一个学者设计英文版本的问卷并将其转换成中文。其次,中文版本的问卷由另外一位学者将其转换成英文。最后,将翻译过来的英文问卷与原英文问卷进行对比,不一致的地方进行讨论,并对双语问卷进行修正。按照 Pettert 等[14],以及 Song 和 Parry[15]的建议,我们通过预调研对问卷进行优化。我们把问卷发放给一些学生和企业界人士。我们要求参与者对问卷提出他们的看法。根据他们的反馈,我们进一步地对问卷的措辞进行修改,而使问卷更加容易被企业人士所理解。

由于我们通过一个回答者来获得企业的数据,潜在的同方法偏差需要进行测量。我们使用了 Harman 的单因子测试方法[16]对同方法偏差进行测量。如表 1 所示,检验发现了几个不同的因子。这种结果表明,同方法偏差在我们的研究中不是一个大问题。

2.2 数据收集

在收集数据方面,我们首先从国内一个主要的管理学院获得一个企业列表。这个列表包含了约 1 000家经常与该学院有联系的企业。由于研究经费的限制,我们从列表中随机选择了 300 家企业作为这次研究的样本框。根据问卷研究的总体设计方法[17],我们通过电子邮件给每个企业发送了一份电子邀请函。邀请函中,我们解释了研究的目标,请求参与研究,并保证对数据进行保密。在邀请函中,我们都包含了一个指向我们问卷的链接。参与者只需要点击链接就可以到达我们的在线问卷进行回答。这种问卷形式可以消除手工录入数据的潜在误差,并且能够加快整个研究的进程。为了提高响应率,做了大量的工作:使用了个人联系,运用了关系网络,并提供了大量的回馈(比如,研究报告)。在发出的 300 份邀请中,我们回收了 92 份有效问卷,问卷的回收率为 30.7% (92/300)。

2.3 问卷验证

信度。为了验证量表的可靠性,我们使用了 alpha 系数进行测验。当 alpha 系数大于 0.7 时,可以认为量表取得了较好的可靠性。[18]如表 1 所示,所有量表均取得了大于 0.7 的 alpha 系数。

表 1 信度分析

构念	问题数	Cronbach's alpha
财务表现	4	0.901
战略 IT 柔性	5	0.935
整合性	2	0.784
模块性	3	0.844

效度。根据 Fornell 和 Larcker[17] 的方法，当 AVE 大于 0.5 时，就认为该构念取得了聚敛效度；而当 AVE 值大于该构念与其他构念的相关性的平方时，就认为该构念取得了区分效度。如表 2 所示，所有的构念的 AVE 值均大于 0.6，因此，可以相信我们的构念具有良好的聚敛效度。如表 2 所示，所有的 AVE 值均大于相关性的平方，因此，可以认为我们的构念获得了可接受的区分效度。

表 2　效度分析

$AVE/Corr^2$	财务表现	战略 IT 柔性	整合性	模块性
财务表现	0.70			
战略 IT 柔性	0.18	0.75		
整合性	0.05	0.64	0.65	
模块性	0.11	0.59	0.41	0.65

2.4 控制变量

由于我们研究的因变量可能受其他因素影响，因此，我们在研究中增加了三个控制变量：行业类别、所有制结构及公司规模。第一，行业类别由一个哑变量进行度量：1 表示制造业（32 个），0 表示服务业（60 个）。第二，所有制结构同样地用一个哑变量进行度量：1 表示国有企业（40 个）；0 表示非国有企业（52 个）。第三，公司规模由公司员工的数量进行度量。

2.5 假设验证方法

对于 H1 ~ H3，我们通过路径分析进行验证。对于 H4 ~ H5 关于中介效应的检验，我们采用多元回归进行检验。

3 结果

3.1 路径结果分析

我们建立了一个路径分析模型对假设 1 ~ 假设 3 进行检验。我们采用 LISREL 对数据结果进行分析，参数的估计方法使用极大似然法。

由于没有单一的指标能够充分评估模型的拟合程度，我们使用了五个拟合指数对模型的拟合程度进行评估，如表 3 所示。[19] 这些指标包括：卡方值、RMSEA、NNFI、CFI 和 Standardized RMR 这五个指标。由于卡方和自由度之间是非线性关系，两者相除后，即可变成线性关系。一般规律是该比值在 3:1 以内是可接受的拟合程度的标志[20]。RMSEA 测量每一单位自由度的样本的差异函数值。Browne 和 Cudeck[21] 认为 RMSEA 值小于 0.05 表示良好的拟合程度，而 0.05 ~ 0.08 则表示可接受的拟合程度。对于 NNFI，Hair 等[22] 认为 NNFI 值 0.9 表示良好的拟合程度。另外，CFI 也是常用的拟合指数，它是比较底线模型的卡方值和理论模型的卡方值。Hair 等[22] 认为 CFI 值 0.9 表示良好的似合程度。RMR 为拟合残差方差的平方根，即是一种平均残差方差。由于 RMR 易受单位的影响，故通常使用标准化值 Standardized RMR 值。Hu 等[23] 认为 Standardized RMR 小于 0.05 表示良好的拟合结果。如表 3 所示，我们理论模型的所有拟合指数都达到了推荐标准。因此，我们可以认为我们的模型具有良好的拟合程度。

表 3　模型的拟合指数

指标	统计量	理想值
Degree of freedom	5	
Minimum fit function chi-square	2.44	
Root mean square error of approximation (RMSEA)	0.0	≤0.08
Non-normed fit index (NNFI)	1.07	≥0.90
Comparative fit index (CFI)	1.00	≥0.90
Standardized RMR	0.019	≤0.050

路径分析结果如图 2 所示。战略 IT 柔性对企业的财务表现有正向的影响（Standardized Solution = 0.39，T-Value = 3.89，$p < 0.01$），支持假设 1 的成立。正如假设 2 的预测，IT 基础设施的整合性对战略 IT 柔性有正向的影响（Standardized Solution = 0.43，T-Value = 5.61，$p < 0.01$）。IT 基础设施的模块性对战略 IT 柔性有正向的影响（Standardized Solution = 0.47，T-Value = 6.16，$p < 0.01$），证实了假设 3 的成立。另外，所有控制变量对企业财务表现的影响均不显著。

3.2 回归结果分析

依据 Baron 和 Kenny 以及 Iacobucci[24] 的推荐，我们进行三阶段回归分析对假设 4 和假设 5 的中介效应进行检验。

为了验证 IT 基础设施整合性对企业表现的影响是否被战略 IT 柔性所中介，我们进行了一个三阶段的回归。在第一个步骤中，我们以 IT 基础设施整合性为自变量，而以企业表现为因变量。在第

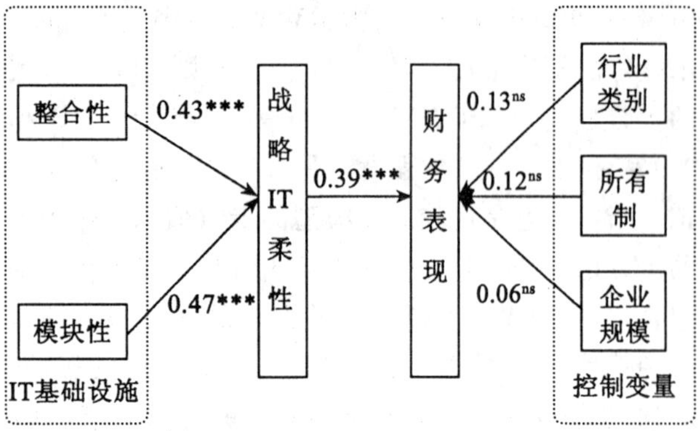

注：* 表示 $p<0.1$；** 表示 $p<0.05$；*** 表示 $p<0.01$

图 2 路径分析结果

二个步骤中，我们进行了两个回归：一个以战略IT柔性为自变量，以企业表现为因变量；在另外的回归中，以IT基础设施整合性为自变量，以战略IT柔性为因变量。在第三个步骤中，以企业竞争表现为因变量，IT基础设施整合性和战略IT柔性一起作为自变量。

如表4所示，IT基础设施的整合性对企业表现的影响，被战略IT柔性所完全中介。该结果证实了假设4。通过这个三阶段分析，在每个阶段中，发现了以下结果：①整合性对企业表现有一个显著的正的影响（$\beta=0.194$，$p<0.05$）。②战略IT柔性对企业表现有一个显著的正的影响（$\beta=0.380$，$p<0.01$）。另外，整合性对战略IT柔性有一个显著正的影响（$\beta=0.679$，$p<0.01$）。③整合性和战略IT柔性一起作为企业表现的解释变量时，整合性对企业表现的影响变量不显著（$\beta=-0.119$，n. s.）。然而，战略IT柔性（$\beta=0.460$，$p<0.01$）对企业表现的影响仍然显著。

为了验证IT基础设施模块性对企业表现的影响是否被战略IT柔性所中介，我们进行了一个三阶段的回归。在第一个步骤中，我们以IT基础设施模块性为自变量，而以企业表现为因变量。在第二个步骤中，我们进行了两个回归：一个以战略IT柔性为自变量，以企业表现为因变量；在另外的回归中，IT基础设施模块性为自变量，以战略IT柔性为因变量。在第三个步骤中，以企业竞争表现为因变量，IT基础设施模块性和战略IT柔性一起作为自变量。

表4 中介效应：IT基础设施的整合性（N = 92）

	企业表现			战略IT柔性
	步骤1	步骤2.1	步骤3	步骤2.2
自变量				
整合性	0.194*		−0.119	0.679***
模块性				
战略IT柔性		0.380***	0.460***	
Model F	3.521**	15.172***	7.967***	77.073***
R^2	0.038	0.144	0.152	0.461
Adjusted R^2	0.027	0.135	0.133	0.455

注：* 表示 $p<0.1$；** 表示 $p<0.05$；*** 表示 $p<0.01$

如表5所示，IT基础设施的模块性对企业表现的影响，被战略IT柔性所完全中介。该结果证实了假设5。通过这个三阶段分析，在每个阶段中，发现了以下结果：①模块性对企业表现有一个显著的正的影响（$\beta=0.299$，$p<0.01$）。②战略IT柔性对企业表现有一个显著的正的影响（$\beta=0.380$，$p<0.01$）。另外，模块性对战略IT柔性有一个显著正的影响（$\beta=0.700$，$p<0.01$）。③模块性和战略IT柔性一起作为企业表现的解释变量时，模块性对企业表现的影响变量不显著（$\beta=0.065$，n. s.）。然而，战略IT柔性（$\beta=0.335$，$p<0.01$）对企业表现的影响仍然显著。

表5 中介效应：IT基础设施的模块性（N = 92）

	企业表现			战略IT柔性
	步骤1	步骤2.1	步骤3	步骤2.2
自变量				
整合性				
模块性	0.299***		0.065	0.700***
战略IT柔性		0.380***	0.335***	
Model F	8.814***	15.172***	7.631***	86.245***
R^2	0.089	0.144	0.146	0.489
Adjusted R^2	0.079	0.135	0.127	0.484

注：* 表示 $p<0.1$；** 表示 $p<0.05$；*** 表示 $p<0.01$

4 结 论

本文的研究有以下几点主要发现:

(1) 进一步验证了战略 IT 柔性对企业表现的显著正向影响。

(2) 发现了 IT 基础设施的整合性和模块性是战略 IT 柔性的前因变量。IT 基础设施的整合性和模块性对战略 IT 柔性有显著的正向影响。通过投资于企业的 IT 基础设施,提高其整合性和模块性,有助于提高企业的战略 IT 柔性。

(3) 研究发现了 IT 基础设施对企业表现的影响被战略 IT 柔性所完全中介。之前研究对 IT 基础设施对企业表现是直接影响还是间接影响存在争议。本文研究结果对间接影响这一观点提供了支持。鉴于战略 IT 柔性是企业竞争优势的一个重要来源,了解如何开发战略 IT 柔性有助于提升企业的表现。

(4) 在以往的研究中,既有研究认为 IT 基础设施已不再重要,也有许多研究支持 IT 基础设施仍然是竞争优势的重要来源。本文的研究进一步提供了证据对后者进行支持。因此我们认为争论的焦点不应该放在 IT 基础设施是否重要的身上;而应该将争论的焦点放在如何有效地开发和维护具有高整合性和高模型性的 IT 基础设施身上。

但是,本文还有一些欠缺,在接下来的研究中仍有大量的工作需要进行。首先文章只考虑了 IT 基础设施的两个方面,即整合性和模块性。在未来的研究中,可以从更多的方面来考虑 IT 基础设施,从而深入挖掘这种资源如何更好地发挥作用。另外,文章只研究了 IT 基础设施和战略 IT 柔性的关系,我们需要更多的研究来揭示 IT 基础设施与其他 IT 能力的关系。

参 考 文 献

[1] Byrd T A, Turner D E. An Exploratory Examination of the Relationship between Flexible IT Infrastructure and Competitive Advantage [J]. Information and Management, 2001, 39 (1): 41-52.

[2] Ravichandran T, Lertwongsatien C. Effect of Information System Resources and CapabilITies on Firm Performance: A Resource-based Perspective [J]. Journal of Management Information Systems, 2005, 21 (4): 237-276.

[3] Tian J, Wang K, Chen Y, Johansson B. From IT Deployment Capabilities to CompetITive Advantage: An Exploratory Study in China [J]. Information Systems Frontiers, forthcoming.

[4] Bowman E H, Hurry D. Strategy through the Option Lens: an Integrated View of Resource Investments and the Incremental-choice Process [J]. Academy of Management Review, 1993, 18 (4): 760-782.

[5] Fichman R G, Keil M, Tiwana A. Beyond Valuation: Options Thinking in IT Project Management [J]. California Management Review, 2005, 47 (2): 74-96.

[6] Kogut B, Kulatilaka N. CapabilITies as Real Options [J]. Organization Science, 2001, 12 (6): 744-758.

[7] Carr N G. IT doesn't Matter [J]. Harvard Business Review, 2003, 81 (5): 41-49.

[8] Mata F J, Fuerst W L, Barney J B. Information Technology and Sustained Cmpetitive Advantage: A Resource-based Analysis [J]. MIS Quarterly, 1995, 19 (4): 487-505.

[9] Ross J W, Rockart J F. Reconceptualizing IT [R]. CISR Working Paper No. 302. January 1999 Revised.

[10] Byrd T A, Turner D E. Measuring the FlexibilITy of Information Infrastructure: Exploratory Analysis of a Construct [J]. Journal of Management Information Systems, 2000, 17 (1): 167-208.

[11] Duncan N B. Capturing Flexibility of Information Technology Infrastructure [J]. Journal of Management Information Systems, 1995, 12 (2): 37-58.

[12] Powell T C, Dent-Micallef A. Information Technology as Competitive Advantage: The Role of Human, Business, and Technology Resources [J]. Strategic Management Journal, 1997, 18 (5): 375-405.

[13] Brislin R W. Translation and Content Analysis of Oral and Written Material [J] H Triandis H C & Berry J W (eds.), Handbook of Cross-cultural Psychology. Boston: Allyn & Bacon, 1980.

[14] Petter S, Straub D, Rai A. Specifying Formative Constructs in Information Systems Research [J]. MIS Quarterly, 2007, 31 (4): 623-656.

[15] Song X M, Parry M E. A Cross-national Comparative Study of New Product Development Processes: Japan and the United States [J]. Journal of Marketing, 1997, 61 (2), 1-18.

[16] Podsakoff P M, MacKenzie S B, Lee J Y, Podsakoff N P. Common Method Bias in Behavioral Research: A Critical Review of the Iiterature and Recommended Remedies [J]. Journal of Applied Psychology, 2003, 88 (5): 879-903.

[17] Dillman D A. Mail and Telephone Surveys: The Total Design Method [M]. New York: John Wiley & Sons, 1978.

[18] Peter J P. Reliability: A Review of Psychometric Basics and Recent Marketing Practices [J]. Journal of Marketing Research, 1979, 16 (1): 6-17.

[19] Shah R, Goldstein S M. Use of Structural Equation Modeling in Operations Management Research: Looking Back and Forward [J]. Journal of Operations Management, 2006, 24 (2): 148-169.

[20] 陈晓萍，徐淑英，樊景立. 组织与管理研究的实证方法 [M]. 北京: 北京大学出版社, 2008.

[21] Browne M, Cudeck R. Alternative Ways of Assessing Model IT [J] // K. A. Bollen and J. S. Long (eds.). Testing Structural Equation Models. Sage, Newbury Park, 1993, 136-162.

[22] Hair J F, Anderson R E, Tatham R L, Black W C. Multivariate Data Analysis [M]. Prentice Hall, New Jersey, 1998.

[23] Hu L, Bentler P M, Kano Y. Can Test Statistics in Covariance Structure Analysis be Trusted? [J]. Psychological Bulletin, 1992, 112 (2): 351-362.

[24] Iacobucci D. Mediation Analysis [M]. Thousand Oaks, CA: Sage, 2008.

Relationships among IT infrastructure, strategic IT flexibility and Competitive Advantage

ZOU Qin[1], TIAN Jun[1], WANG Kanliang[1]

(1. School of Management, Xi an Jiaotong University, Xi'an 710049, China)

Abstract: This paper first established the conceptual model among IT infrastructure, strategic IT flexibility and competitive advantage and put forward relevant assumptions, then made an empirical survey in Chinese environment. The result of the research further verified that strategic IT flexibility had a positive impact on enterprise performance, found that the integrity and modularity of IT infrastructure is the antecedent variables of strategic IT flexibility, illustrated that the impact IT infrastructure had on performance was completely mediated by strategic IT flexibility, which supported the hypothesis very well and had a very good guiding impact on how to develop strategic IT flexibility to create Competitive Advantage based on IT infrastructure in corporations.

Key words: IT infrastructure; strategic IT flexibility; competitive advantage; resource-based view

集成化供应链绩效的综合评价研究*

马卫民[1]，许卫华[1]，李键[1]

（1. 同济大学 经济与管理学院，上海 200092）

摘　要：文章在回顾和总结目前国内外供应链绩效评价研究的基础上，分析了现行供应链绩效评价指标和评价方法，总结了目前尚存在的一些问题。将社会贡献度指标纳入到供应链绩效评价指标体系，并尝试了将粗糙集理论与人工神经网络相结合来构建供应链绩效评价模型。通过实例测评结果可以看出该方法是一种评价供应链绩效简单有效的方法。

关键词：供应链；绩效评价；粗糙集；BP 神经网络

中图分类号：F273.7

全球经济一体化的迅速发展在为企业经营带来机遇的同时，也迫使企业面临很多严峻的挑战，比如，竞争对手的迅速增加、顾客需求的个性化、提高质量的同时尽力降低成本、改进服务质量提高顾客满意度等。单靠各个独立的企业是很难实现面面俱到的，有效解决这一问题的途径和方式就是应用供应链管理模式，它是在利益主体多元化的情况下基于合约、信任和战略意义上的一体化管理模式。即通过前馈的信息流和反馈物料流及信息流，供应链将供应商、制造商、分销商、零售商及最终用户联系起来，形成的一个整体管理模式[1]。而在供应链管理的诸多内容当中，对供应链的整体绩效进行系统全面的评价是一个很重要的方面。根据对供应链整体运行状况的评价结果，从而能够对供应链进行监控和改造，合理配置各节点企业的生产能力，在低成本运作下及时满足产品周期日益缩短的地多样化需求以提高供应链的整体竞争力。

1　供应链绩效评价研究及存在的问题

关于供应链整体绩效的评价，国内外很多学者分别从不同角度对其进行了研究。Lummus[2]等人从供应链内容的角度分析，把供应链绩效的评价指标划分为供应、转换、交运、需求管理 4 大类，共 10 个基本指标。Roger[3]认为顾客服务质量是评价供应链绩效的最重要手段，因此，他引用 Valerie Zeithaml 等人设计的指标作为其供应链绩效评价指标的基础，具体包括：服务态度、可靠性、响应速度等 10 个方面。Benita[4]等人则设计了一个包括资源、输出、柔性 3 个二级指标及 18 个基本指标的评价指标体系。Li[5]等人从利润、交货期、准时交付率及减少浪费 4 个方面考虑供应链绩效评价问题。PRTM[6]是供应链研究的权威机构，他们在其供应链运作参考模型（Supply Chain Operation Reference Model, SCOR）中提出了评价供应链绩效的 5 个特征方面，共 11 个指标。Rajat Bhagwat[7]等人最近提出了客户满意度、生产能力、交货能力、财务状况 4 个方面的评价指标。国内的徐贤浩、马士华[8]等人提出了基于供应链流程的绩效评价指标体系。邵晓峰[9]将影响企业供应链竞争力的因素分成客户导向目标、供应链敏捷性目标、经营业绩目标等 6 大类。霍佳震[10]等人从供应链绩效的定义出发提出评价框架，该框架共有 2 个一级指标，7 个二级指标和 17 个基本指标构成，并对该评价指标体系的量化做出了研究。

然而对供应链绩效评价方法的研究目前还十分有限，Tam. C. Y[11]等人把层次分析法应用于销售商的选择。Narasimhan[12]将数据包络法用于供应商的评价。Chan[13]则将模糊层次分析法用于评价供应链的绩效。叶春明[14]等人将神经网络引入到供应链绩效评价中。

从供应链管理概念出现到现在仅仅三十多年，供应链绩效评价的研究已取得了一定的成果。但是尚且存在一些问题：

（1）虽然目前已出现不少对供应链绩效评价

* 基金项目：国家自然科学基金项目（70671004），全国优秀博士论文作者专项科研资金资助（200782），教育部新世纪优秀人才支持计划基金（NCET-06-0172），上海市教育发展基金会和上海市教育委员会曙光计划基金（08SG21）的资助

通讯作者：马卫民，E-mail：mawm@tongji.edu.cn，许卫华，Email：weihuaxu2008@163.com

指标的研究，但尚未形成一个统一的评价指标体系，且很少有考虑将供应链的社会贡献价值纳入评价指标体系的文献。

（2）供应链绩效评价方法需要进一步研究。现有关于供应链绩效评价方面的研究大多集中在对评价指标体系的探讨、优化和改进，而对评价方法的研究却还留有很多的空白。并且在已有的一些文献中，存在过度简化评价指标导致决策结构简单的现象，无法真正反映供应链的绩效水平。

2 集成化供应链绩效评价指标体系设计

如前所述，关于供应链绩效评价指标的研究已取得一定的成就。文献[10]给出了集成化供应链整体绩效评价的指标构成，本文在此基础上对其进行了局部修改，认为社会价值也应是评价集成化供应链绩效的一个很重要的方面，因此修改后的评价指标体系及各基本指标的量化方法如表1所示：

表1 集成化供应链绩效评价指标及量化

一级指标	二级指标	量化方法
顾客价值	交货柔性	一定时期内能够缩短交货时间的松弛时间占总交货时间的百分比
	产品柔性	一定时期内新产品的数量与产品总数的百分比
	数量柔性	一定时期内能够由供应链体系满足的需求占总需求的百分比
	交货准时率	一定时期内准时交货次数与总交货次数的百分比
	顾客抱怨率	一定时期内顾客抱怨次数与总交易次数百分比
	同比价格平均优势	一定时期内供应链体系与其他供应链各单品平均价格的比较
	报修退化百分比	一定时期内累积的报修退货数量占产品总销售数量的百分比
	抱怨解决时间	一定时期内大于目标值的次数占顾客总抱怨次数的百分比
社会价值	上缴税金总额	一定时期内供应链上各节点企业上缴的税金总额
	吸收就业人数	一定时期内供应链上各节点企业共吸收就业的总人数
供应链价值	人力成本	一定时期内的直接人力成本与间接人力成本之和
	资产成本	一定时期内固定资产与流动资产之和
	物料成本	一定时期内运输成本，存货成本，仓储成本和管理费用等
	信息成本	一定时期内固定信息成本与变动信息成本之和
	收入	一定时期内供应链零售商销售收入的总和
	利润	一定时期内供应链节点企业的税后利润总和
	经济增值	一定时期内供应链体系的税后利润减去负债及净资产后的总额
	总资产报酬率	一定时期内供应链体系的总利润与平均资产总额的百分比
	总资产周转率	一定时期内供应链体系主营业务收入净额与平均资产总额的百分比
	库存周转率	一定时期内供应链体系的销售额与平均库存值的百分比
	销售增长率	一定时期内供应链体系销售增长额与基期销售额的百分比
	利润增长率	一定时期内供应链体系利润增长额与基期利润额的百分比
	缺货比率	一定时期内缺货天数与该产品的销售天数之比
	平均延迟交货订单比率	一定时期内迟于规定时间交货的订单数占总订单数的百分比
	平均提前交货订单比率	一定时期内早于规定时间交货的订单数占总订单数的百分比
	平均等待订单比率	一定时期内等待订单数占总订单数的百分比

其实供应链绩效水平如何受顾客价值、社会价值及供应链价值3个指标制约，但反过来供应链绩效的水平也会影响顾客价值、社会价值及供应链价值。因此供应链绩效的评价指标体系其实就是一个各因素间相互影响、相互制约的系统，如图1所示。因此，提高供应链绩效水平就要顾全大局，从各个方面着手，同时供应链绩效水平的提高也会在一定程度上带动供应链体系及节点内企业各指标价值的提高。

3 综合评价模型构建

3.1 综合评价模型的原理

由 Pawlak 提出的粗糙集理论（Rough Sets Theo-

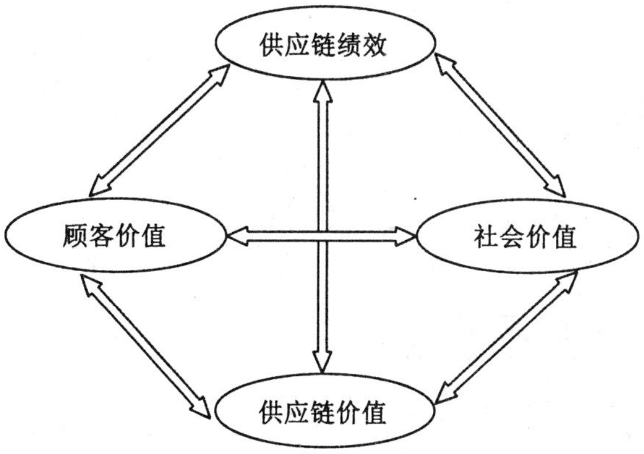

图 1　供应链绩效指标间的关系结构

ry，RS），作为一种有效的数据挖掘工具，有一个显著特点就是通过属性约简对样本数据进行预处理[15]。实践中，为确保决策的全面和准确，不可避免地会出现很多对决策能力权重或者说贡献度不同的属性，这些属性当中或许有些属性根本就是冗余的，此时就有必要对其进行约简。人工神经网络（Artificial Neural Network，ANN）是对人脑的某些智能行为的模拟，具有自学习、自适应和非线性的动态处理等的特征[16]。其中 BP 神经网络是目前应用最为广泛的一种。本文建立的这种 RSBP 集成模型用于评价供应链绩效的原理就是，鉴于本文所构建的供应链绩效评价指标过多的情况，首先利用粗糙集理论对评价指标进行约简，去掉冗余指标，然后把评价指标约简过后的样本输入到 BP 神经网络进行训练和测试，整个评价模型如图 2 所示。这样做的目的旨在充分利用两者的优势，使其强强联合，评价过程更简化，可操作性更强，评价结果更准确。

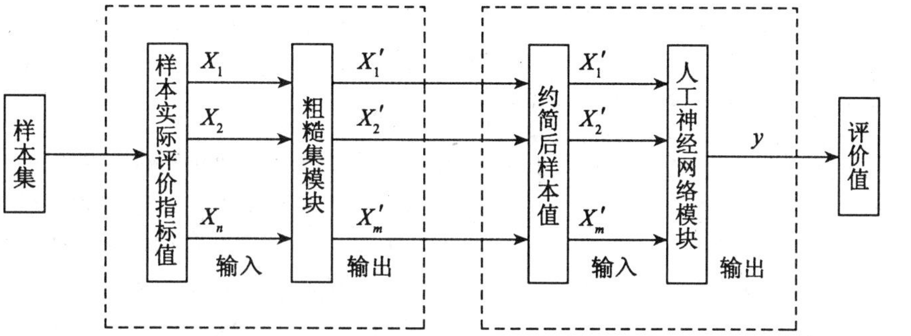

图 2　供应链绩效评价模型

3.2　评价步骤

给定一个信息系统 $S=(U, A)$，$U=\{X_1, X_2, X_3, \cdots, X_n\}$ 为对象的非空有限集合，即样本集。$A=C\cup D$ 为属性集，其中 $C=\{C_1, C_2, C_3, \cdots, C_m\}$ 为条件属性，$D=\{d\}$ 为决策属性。

第一步：对 S 中的原始数据进行数据预处理，并建立决策表。

第二步：根据式（1）、（2）分别计算决策表中 D 关于 C 的支持度 $K_C(D)$ 和每个属性 $c\in C-R$ 关于 R 对 D 的重要性 $sig_R^D(c)$：

$$K_C(D)=\frac{1}{|U|}\sum_{i=1}^{m}|pos(Y_i)|, Y_i\in U/D \quad (1)$$

$$sig_{C-\{c\}}^D=K_C(D)-K_{C-\{c\}}(D) \quad (2)$$

第三步：在 $C-R$ 中选择属性 C 得 $sig_R^D(c)$ 达到最大值，即 $R=R\cup\{c\}$，并判断若 $K_R(D)=K_C(D)$，则此时 R 即为 C 的一个约简。否则转入第二步。

第四步：构造 BP 神经网络：根据 S. K. Doherty 及其他学者的研究表明，只有 1 个隐含层神经网络足以以任何精度逼近任何非线性函数关系。输入层神经元个数即为约简后的评价指标个数，输出层神经元个数为 1 个即供应链绩效的综合评价值。隐含层神经元个数则依据 $2n>m$（m、n 分别为输入层、输出层神经元个数）而定。

第五步：设置相关参数并输入样本，训练网络。

第六步：利用训练好的网络进行测试后即可用于评价。

4　实例研究

本文选取上海市某饮水设备有限公司的实际数据作为研究样本，该公司共生产 16 种规格的饮水机设备，其原材料厂家 1 家，加工企业 3 家，该公司负责生产，所有产品主要经批发公司、家电专业零售商和大卖场分销后销售给消费者。该公司的供应链网络结构如图 3 所示。

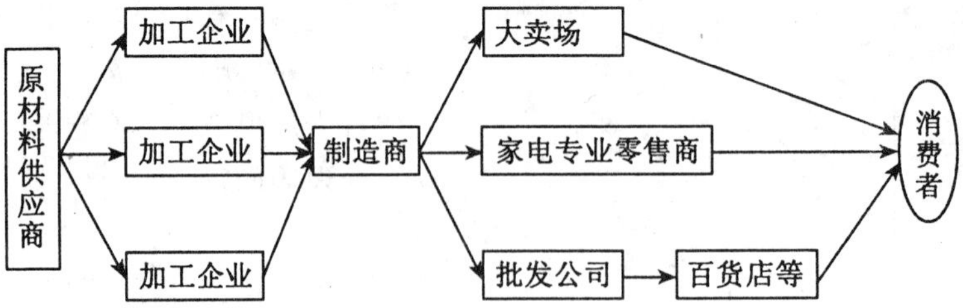

图 3　上海市某饮水设备有限公司供应链网络结构

尽量增加可靠样本数量，可以确保和提高神经网络的评价精度，因此，本文选取了该公司2006—2008年的数据作为训练样本，去掉一些信息不全的样本，共收集了258个样本。将这些样本的原始数据离散化后得到决策表S（表2）。

表2　　离散化后决策表

U	C_1	C_2	C_3	C_4	C_5	⋮	C_{25}	C_{26}	d
X_1	0	1	4	0	2	⋮	0	0	1
X_2	1	1	0	4	4	⋮	4	4	1
X_3	1	0	2	4	2	⋮	1	3	2
X_4	2	4	2	4	4	⋮	3	0	3
⋮	⋮	⋮	⋮	⋮	⋮	⋮	⋮	⋮	⋮
X_{256}	3	4	3	4	3	⋮	1	2	1
X_{257}	3	0	1	4	3	⋮	1	2	3
X_{258}	4	1	2	3	0	⋮	1	1	4

目前，关于粗糙集中属性约简的算法有很多，本文利用matlab在pentium（R）M处理器频率为1.6GHz的电脑平台上进行仿真，调用改进的基于粗糙集理论的归纳属性约简算法，最后得出一个约简为$R=\{C_1, C_2, C_3, \cdots, C_{25}\}$，即指标体系中顾客抱怨率、吸收就业人数、信息流成本、经济增值及平均等待订单比率这5个指标关于D的重要性为0，因此去掉这5个评价指标后，还有21个有效评价指标，此时整理表2后，样本数量变为256个（$X_{87}=X_{203}$，$X_{116}=X_{192}$）。

如前所述，任意一个3层前馈型神经网络可以以任何精度逼近任何非线性函数，因此，本文选取构造只含有1个隐含层的BP神经网络。输入层神经元个数即为评价指标的个数21，输出层神经元个数即综合评价值1个，隐含层神经元个数根据前述规定在比较之后确定为26个。取前220个样本作为BP神经网络的训练样本，把它们输入到由matlab7.0编制的神经网络计算程序进行训练仿真。各参数设置为：训练精度1e-5，显示迭代过程5，最大训练次数为3 000，其他为缺省值。训练过程如图4。将后36个样本输入已经训练好的网络进行测试，网络训练结果见表3。此时的网络即可用来评价供应链绩效水平，将收集好的样本评价指标值输入到该网络，网络即可输出相应供应链的绩效水平。

为便于显现将粗糙集理论应用于神经网络理论的优势，本文特将原始的258个样本数据归一化后取前220个训练BP神经网络，训练过程如图5所示。由图4和图5的比较中显而易见，经过属性约简后，神经网络训练的时间大大缩短。

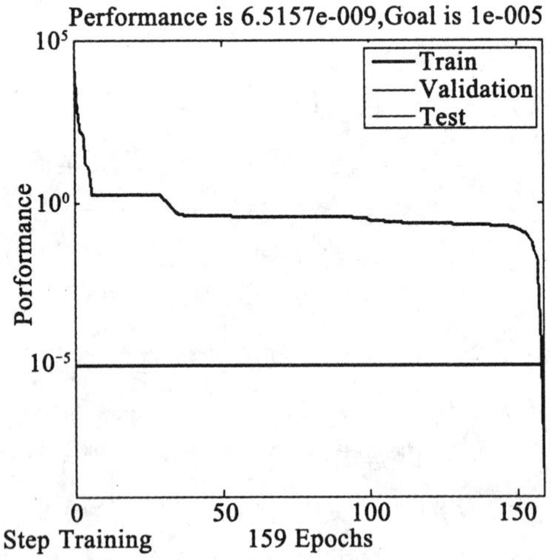

图 4　粗糙集-BP神经网络模型输出

再将相应后36个样本代入此时的网络进行仿真，结果列于表3。可以看出，大部分约简后的测试值要比未约简的测试值精度高，这也可以从图6中可以看出。

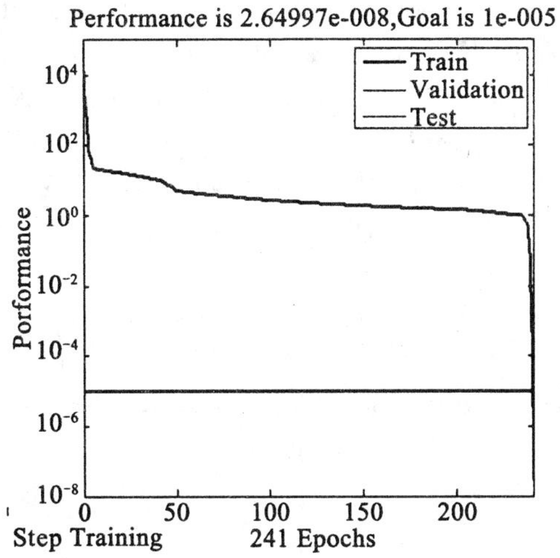

图 5 BP 神经网络模型输出

表 3 两种模型测试输出

U	期望输出	粗糙集-BP 神经网络模型		BP 神经网络模型	
		测试值	相对误差（%）	测试值	相对误差（%）
X_{221}	2	1.9976	0.1200	1.9288	3.5600
X_{222}	5	5.0000	0.0000	4.9007	1.9860
X_{223}	1	1.0000	0.0000	0.9797	2.0300
⋮	⋮	⋮	⋮	⋮	⋮
X_{256}	1	0.9702	2.9800	1.0000	0.0000

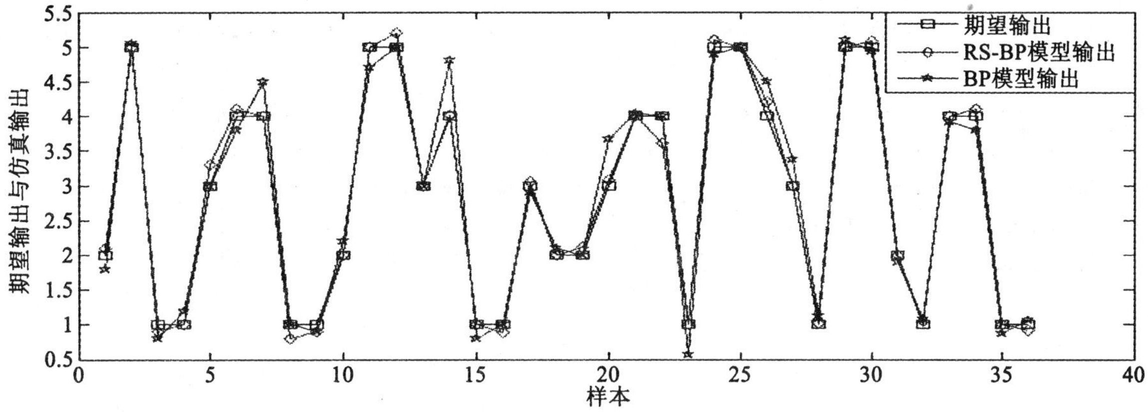

图 6 期望输出与两种模型仿真输出的比较

5 结 语

本文在总结和分析现有供应链绩效评价研究的基础上，将社会贡献度指标也纳入到了供应链绩效评价指标体系，目前，只是通过供应链体系上缴税金总额和吸收就业人数来衡量该指标，因此，探索更加全面系统的评价指标体系仍是下一步需继续研究的问题。基于供应链绩效评价指标过多的情况，本文尝试了将粗糙集理论与人工神经网络理论相结合来构建供应链绩效评价模型，并进行了实证分析，结果表明这种集成模型评价精度更高，大大缩短了评价过程中的时间。在实际应用中可操作性较强，且具有较好的泛化能力。

参 考 文 献

[1] 孙元欣. 供应链管理原理 [M]. 上海：上海财经大学出版社，2003.

[2] Lummus R R, Vokurka R J, Alber K L. Strategic Supply Chain Planning [J]. Production and Inventory Management Journal. 1998, 39 (3): 49-58.

[3] Cooke J A. Measure for Measure [J]. Logistics, 1997 (7): 111-113.

[4] Benita M. Beamon. Measuring Supply Chain Performance [J]. International Journal of Operation and Production Management, 1999, 19 (3/4): 273-295.

[5] Li D, Brien C. Integrated Decision Modeling of Supply Chain Efficiency [J]. International Journal of Production Economics, 1999, 59: 147-158.

[6] PRTM. Scor Model [EB/OL]. [2000-05] http: // www. supply chain org/html/scor-overview. cfn.

[7] Rajat Bhagwat, Milind Kumar Sharma. Performance Measurement of Supply Chain Management: A Balanced Scorecard Approach [J]. Computers and Industrial Engineering. Volume 53, Issue 1, 2007 (8): 43-62.

[8] 徐贤浩，马士华，陈荣秋. 供应链绩效评价特点及其指标体系研究 [J]. 华中理工大学学报（社会科学版），2000.

[9] 邵晓峰，季建华，黄培清. 供应链竞争力评价指标体系的研究 [J]. 预测，2000 (6): 52-56.

[10] 霍佳震，隋明刚，刘仲英. 集成化供应链整体绩效评

价体系构建 [J]. 同济大学学报(自然科学版), 2002, 30 (4): 495-499.

[11] Tam C Y, Tummala V M. An Application of the AHP in Vendor Selection of a Telecommtmications System [J]. International Journal of Management Science, 2001, 29 (2): 171-182.

[12] Narasumhan R. Talluri S, Mendez D. Supplier Evaluation and Rationalization Via Data Envelopment Analysis: All Empirical Examination [J]. The Journal of Supply Chain Management, 2001, 37 (1): 28-37.

[13] Chan F T S, Qi H J. A Fuzzy Basis Channel-spanning Performance Measurement Method for Supply Chain Management [J]. Proceedings of the Institution of Mechanical Engineers—Part B—Engineering Manufacture, 2002, 216 (8): 1155-1167.

[14] 叶春明, 马慧民, 李丹, 柳毅. BP 神经网络在供应链管理绩效指标评价中的应用研究 [J]. 工业工程与管理, 2005, 10 (5): 35-38, 43.

[15] Pawlak Z. Rough Set [M]. Communication of the ACM, 1995.

[16] Hagan M, Demuth H, Beale M. Neural Network Design [J]. Bostom, USA: PWS Publishing, 1996.

A Study on Synthetic Evaluation of Integrated Supply Chain Performance

MA Weimin[1], XU Weihua[1], LI Jian[1]

(1. Department of Economics and Management, Tongji University, Shanghai 200092, China)

Abstract: After analyzing current researches on the supply chain performance evaluating index system and evaluating methods. This paper integrates social value contributed (SVC) into the supply chain performance evaluating index system. Then, it establishes the model based on rough sets theory and BP neural network and use one example to verify it. It shows that this method is a simple and effective method for supply chain performance evaluation.

Key words: supply chain; performance evaluation; rough sets theory; BP neural network

信息技术增强企业竞争力的过程研究*

王念新[1]，仲伟俊[1]，梅姝娥[1]

（1. 东南大学 管理科学与工程系，南京 211189）

摘　要：为了更好地实现信息技术业务价值，需要深入研究信息技术增强企业竞争力的过程。本文在比较分析IT业务价值创造、IT业务价值集成、IT能力、IT业务成功和IT差异化价值创造等五个IT增强企业竞争力过程模型的基础上，总结了目前研究的不足，提出了基于信息技术应用能力的信息技术增强企业竞争力的过程模型，该模型包括战略匹配、资源转化、信息系统采纳、信息系统使用和市场竞争等五个阶段，并详细给出了每个阶段主要的参与者、所需要的资源和信息技术应用能力以及期望的结果。

关键词：信息技术；信息技术应用能力；信息技术业务价值；企业竞争力

中图分类号：F270

在竞争日益激烈且复杂多变的市场环境下，越来越多的企业应用IT提高运作效率、降低产品/服务成本、改善管理与决策以及增强企业竞争力[1]。据Forrester的研究预测，2010年全球信息技术投资将达到15 500亿美元，这表明绝大多数的企业和组织将信息技术作为改善业务绩效、增强企业竞争力的重要手段。与巨大的信息技术投资相比，企业信息技术应用的效果却不甚理想，以我国为例，目前信息技术投资的成功率只有10%—20%，80%—90%的企业信息技术投资没有达到预期效果甚至完全失败。因此深入研究信息技术增强企业竞争力的过程，提出信息技术增强企业竞争力的过程模型具有很强的理论意义和实践价值。

1　国内外研究现状

IT增强企业竞争力的过程研究开始于Weill提出的“IT转换效率”，该概念可以很好地解释许多企业IT投资失败的原因，随后学者们从不同的角度提出了一些模型来解释IT增强企业竞争力的过程，比较著名的有Soh和Markus的IT业务价值创造模型[2]、Melville等的IT业务价值的集成模型[3]、Peppard和Ward的IT能力模型[4]、Byrd和Davidson的IT业务成功模型[5]、Radhakrishnan等的IT差异化价值创造模型[6]等。

1.1　Soh和Markus的IT业务价值创造模型

Soh和Markus应用过程理论，在集成Lucas的恰当应用模型、Grabowski和Lee的战略匹配模型、Soh和Markus的IT资产模型、Beath等的IS影响过程模型、Sambamurthy和Zmud的IT影响模型五种过程模型的基础上，提出了IT业务价值模型，该模型分为三个子过程，第一个是连接IT投资和IT资产的IT转换过程，第二个是连接IT资产和IT影响的IT应用过程，第三个是连接IT影响和组织绩效的竞争过程，如图1所示。该模型基于过程理论的“必要非充分性”的基本观点，能够明确地解释企业的IT投资什么时候、怎么样和为什么导致企业竞争力增强。

1.2　Melville等的IT业务价值的集成模型

Melville等基于RBV，认为IT是有价值的，但价值的维度和程度取决于企业的内外部因素，包括企业互补的组织资源、竞争环境和宏观环境，在此基础上提出了IT业务价值的集成模型，该模型有三个维度，分别是企业维、竞争环境维和宏观环境维，如图2所示。在企业维中，IT资源（包括技术IT资源和人力IT资源）必须和互补的组织资源相结合，通过影响企业的业务过程，产生业务过程的绩效，最终影响企业绩效。

1.3　Peppard和Ward的IT能力模型

Peppard和Ward认为IT职能能力（IT Competence）影响业务战略、业务运作、IT运作或服务和IT战略之间的匹配，IT业务价值的实现通过IS能力和IS职能能力影响企业业务运作而间接增强

* 基金项目：国家自然科学基金（70671024），高等学校博士学科点专项科研基金（20070286008）
通讯作者：王念新博士生。研究方向：信息技术战略管理。E-mail：wangnianxin@163.com

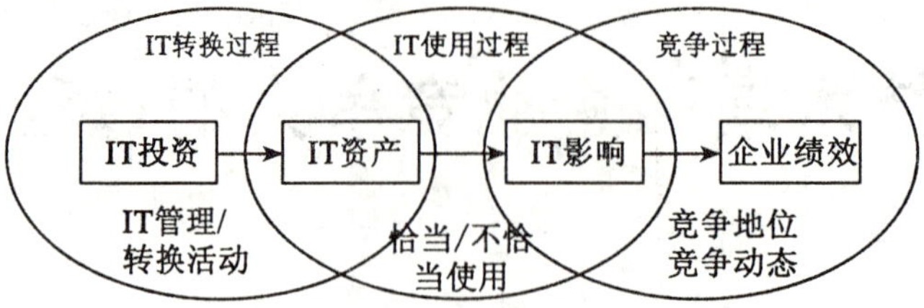

图 1 Soh 和 Markus 的 IT 业务价值的过程模型

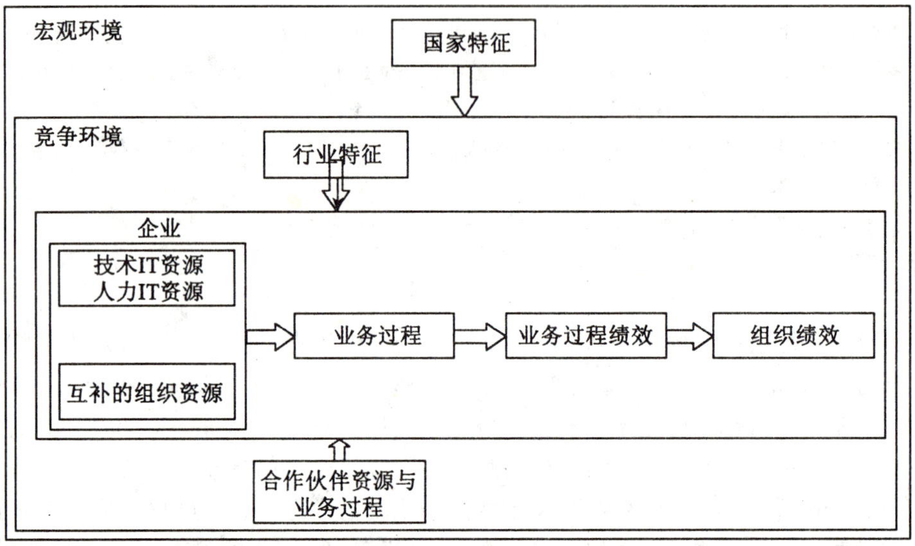

图 2 Melville 的 IT 业务价值集成模型

企业竞争力（见图 3）。根据 Peppard 和 Ward 的理解，IS 职能能力和 IS 能力的区别和联系主要有：①IT 职能能力是应用特定 IT 资源组合完成特定任务的能力，而 IT 能力是 IT 职能能力的战略性应用；②IT 职能能力的主要目标是完成特定的任务，而 IT 能力的主要目标是实现组织目标；③IT 的职能能力是 IT 能力的基础，而 IT 能力是培育和获取 IT 职能能力的能力，是元水平层次的能力。企业的资源，包括业务的技能、知识和经验，IT 的技能、知识和经验，员工和外部 IT 供应者的行为和态度，通过组织的过程、角色和结构形成 IT 职能能力，IT 的职能能力通过投资分配和企业战略最终成为 IT 能力，实现 IT 价值。

1.4 Byrd 和 Davidson 的 IT 业务成功模型

Byrd 和 Davidson 应用过程研究模型，将信息技术成功和信息技术业务价值两类研究集成，提出了 IT 业务成功模型，如图 4 所示。他们认为信息系统的质量和信息的质量决定信息技术影响企业运作的效率和水平，企业应用信息技术影响运作的程度决定了 IT 竞争力的高低，而 IT 竞争力的高低决定了企业竞争力，225 家大型企业 CIO 的实证数据支持了上述假设。

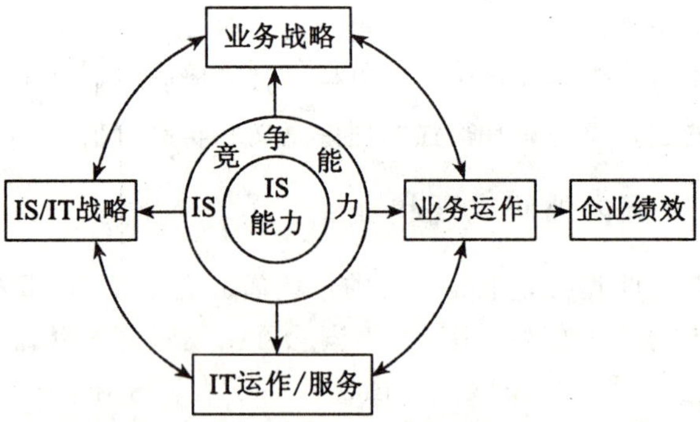

图 3 Peppard 和 Ward 的 IT 能力模型

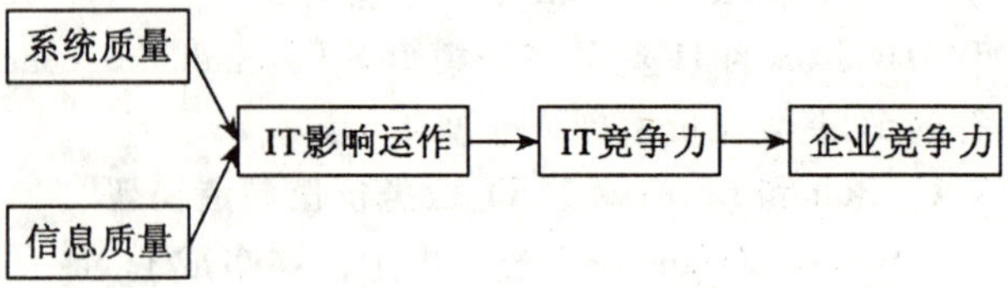

图 4 Byrd 和 Davidson 的 IT 业务成功模型

1.5 Radhakrishnan 等的 IT 差异化价值创造模型

Radhakrishnan 等基于过程观，提出了 IT 差异化业务价值创造模型，如图 5 所示。他们认为信息技术能够直接改善企业管理过程和运作过程的效率和水平，但是企业竞争力的增强必须通过中介的组织过程能力，包括管理过程能力和运作过程能力，80 家企业的实证数据证明信息技术通过过程和过程能力实现差异化业务价值的假设。

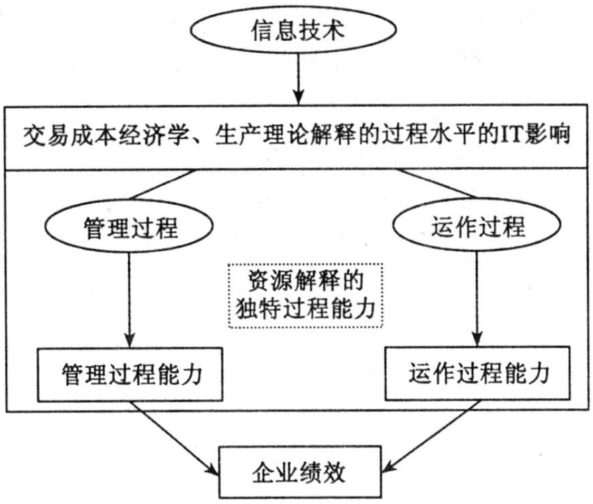

图 5 Radhakrishnan 等的 IT 差异化业务价值创造模型

1.6 模型分析与比较

上述五种信息技术增强企业竞争力的过程模型，从不同的角度和目的，研究了信息技术增强企业竞争力的过程和因果路径，分析各个模型之间的共同点，比较模型之间的差异，并指出原有模型的不足，不但能够更加深入地了解信息技术增强企业竞争力的过程和相关条件，而且是提出具有更强理论意义和实践价值新模型的基础。

通过分析与比较，上述五种模型在以下几个方面加深了我们对信息技术增强企业竞争力的过程和相关条件的认识：

(1) 信息技术投资仅是信息技术增强企业竞争力的必要条件，信息技术业务价值的实现不但需要信息技术投资和互补的资源与投入，如高层管理的支持、业务流程重组等。Brynjolfsson 和 Hitt 的研究表明，1 块钱的 IT 投资需要有 5 块钱的互补投入才能实现信息技术投资的收益[7]。

(2) IT 增强企业的实现是整个企业的责任，且不单单是企业信息技术部门的责任，因此任何涉及在信息技术应用过程中的部门和个人要协同工作，努力实现应用信息技术增强企业竞争力。

(3) 信息技术投资、信息系统和信息技术能力不能直接增强企业竞争力，需要通过影响中介变量——管理过程和运作过程的效率和水平，间接实现企业竞争力的提高。

(4) IT 增强企业竞争力需要全过程的管理，这种管理开始于 IT 投资前，延续到信息系统实施后。因为一方面信息技术战略必须和企业的业务战略匹配，支持企业业务战略的实现，信息技术战略决定了信息技术投资的方向、形式和类型；另一方面信息系统是信息技术在企业具体应用的表现形式，只有信息系统成功实施后，通过用户的恰当使用才能够产生积极的信息技术影响。

(5) 信息技术成功和信息技术业务价值实现两大研究方向的集成，能够更加完整和全面地揭示信息技术增强企业竞争力的过程。信息技术成功是信息技术业务价值实现的前提，只有成功应用的信息技术才能成为组织嵌入、客户使用的信息系统，才能更加影响企业的业务过程或者核心能力，进而增强企业竞争力。

上述五种模型的研究不足之处有以下三个方面：

(1) 理论上的不足。上述模型均认为应用信息技术增强企业竞争力需要大量的信息技术投资和互补的投入，但是大量的实际调查和分析发现，不少企业投入了大量的人力和资金应用信息技术，没有取得预期的成效，有些甚至是失败的，比如 20 世纪 90 年代美国的第四大医药销售商 FoxMeyer 公司的 ERP 实施[8]，历时三年实施 Delta Ⅲ 项目，共耗资 10 亿美元，但是由于企业缺乏将资源投入转换为企业竞争力的信息技术应用能力，最终导致该公司在 1996 年破产。FoxMeyer 公司的信息技术投资不可谓不大，互补的投入也非常巨大，但是为什么没有应用信息技术的成功和企业竞争力的增强？

(2) 实践上的不足。上述五种模型从不同角度解释了信息技术增强企业竞争力的过程，不论概念性的研究还是实证性的研究，都得出了很有价值的结论，发现了各个研究变量之间的关系，这些都加深了我们对信息技术增强企业竞争力的认识。但是上述研究模型还不够具体，无法指导实际应用，比如在信息技术增强企业竞争力的每个阶段，需要哪些关键人物、需要投入的资源是什么、要求企业具备什么样的信息技术能力以及期望的结果是什么，上述五种模型都没有给出。

（3）没有考虑环境的影响。一方面信息技术发展日新月异，技术创新和更新的速度非常快，在企业应用信息技术增强企业竞争力的过程中，必须追踪技术发展趋势，考虑新兴技术对企业信息技术应用的影响；另一方面企业处在动态多变的市场环境下，必然要求企业具备敏捷性和动态能力以更新企业的资源和能力，应对市场变化，才能持续地应用信息技术增强企业竞争力。原有的六种模型没有考虑环境对信息技术增强企业竞争力的影响。

2 基于能力的 IT 增强企业竞争力的过程

为了弥补上述六种信息技术增强企业竞争力过程模型的不足，我们提出了基于信息技术应用能力的信息技术增强企业竞争力的过程模型（简称为信息技术应用能力模型），该模型包括战略匹配、IT 转换、IT 采纳、IT 使用和市场竞争等五个阶段，如图 6 所示。信息技术应用能力模型主要基于下述三个基本命题：

命题 1：信息技术增强企业竞争力的实现，仅有 IT 投资和互补投入是不够的，关键是企业要具备分配、调度、使用和更新 IT 投资和互补投入的信息技术应用能力。企业能力理论[9][10]认为，即使企业拥有大量的资源，但如果企业不具备将这些资源转换为期望产出的能力，并不能增强企业竞争力。因此我们认为企业应用信息技术增强企业竞争力的效果差异，关键原因是各个企业的信息技术应用能力不同。

命题 2：信息技术增强企业竞争力的实现是整个企业的责任，信息技术部门和其他业务部门都要具备相关的信息技术应用能力。因此信息技术应用能力是全企业范围的组织能力。

命题 3：信息技术增强企业竞争力的各个阶段是带有反馈的闭环过程。在应用信息技术增强企业竞争力的各个阶段，对前一阶段的信息反馈、环境的扫描以及企业竞争力的评价，为应用信息技术增强企业竞争力的各个阶段提供了一种学习和提高机制。

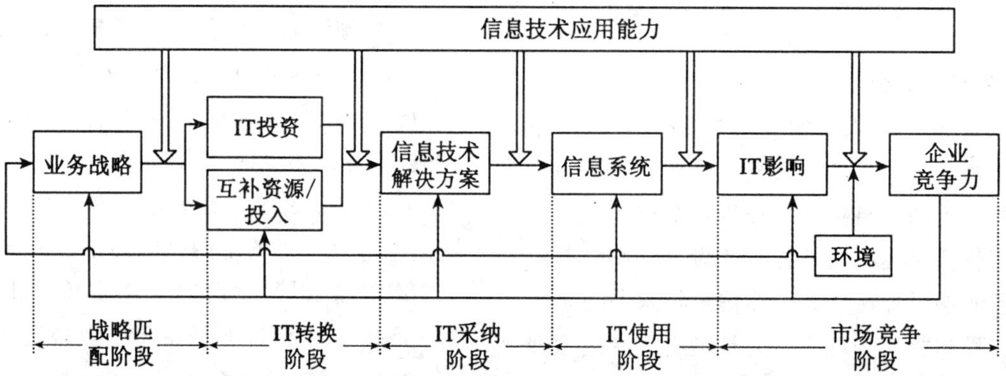

图 6 基于信息技术应用能力的信息技术增强企业竞争力的过程模型

2.1 战略匹配阶段

企业进行 IT 投资的目的都是增强企业竞争力，但是具体的实现方式可能不同，企业可以通过提高客户满意率、改善运作效率、降低运作和产品成本、提高产品质量等方式提高企业竞争力。信息技术战略的开发需要考虑企业的市场环境、客户特征、企业的优势和不足、需求的资源等[11]，换句话说就是信息技术需要支持企业业务战略的实现，大量的理论与实证研究也表明 IT 战略和业务战略的匹配与企业绩效高度正相关[12][13]。

企业实现 IT 战略与业务战略匹配的方法是不同的，比如保险公司 USAA 的业务战略是向客户提供低成本的保险服务，该公司和 IBM 联合开发了文件管理系统，以此提高运作效率、降低运作成本，从而支持业务战略实现。而 Sotheby 公司则通过租用 Amazon 的 IT 基础设施拍卖艺术品来赚取佣金。可以看出两家公司采用了不同的 IT 战略来支持业务战略实现，USAA 采用新投资、联合开发的方式，而 Sotheby 采用了租用应用服务的方式，但不论采用什么方式，企业都需要具备一定的资源和信息技术应用能力，见表 1，才能实现 IT 战略和业务战略的匹配。

表 1 信息技术应用能力模型五个阶段的关键参与者、需要资源与信息技术应用能力和期望的产出

项目	战略匹配阶段	IT 转换阶段	IT 采纳阶段	IT 使用阶段	市场竞争阶段
关键参与者	CXO 咨询专家	CIO 业务经理 软件供应商 咨询专家	高层经理 IT 实施人员 咨询专家 业务人员	用户 IT 部门	CXO 业务部门 IT 部门
需要资源	业务战略规划 业务知识 IT 知识	业务需求 IT 知识 技术发展趋势	业务知识 高层管理的支持 用户的积极参与	信息系统 IT 管理政策	企业绩效 利益相关者价值 生产率信息
IT 应用能力	IT 战略构想能力 IT 战略规划方法 投资准则设定能力 IT 创新能力	技术能力 合同签订能力	人力资源开发能力 项目管理能力 IT-业务集成能力 关系管理能力	人力资源开发能力 IT 职能管理能力 关系管理能力	职能管理能力 动态能力
期望的结果	与业务战略匹配的 IT 战略规划 IT 投资类型 IT 投资方向	符合企业流程和模式的软件 权责明确、节点清晰的合同	目标实现、按时完成的项目实施 与业务流程集成的信息系统	信息技术管理政策 信息技术影响	提高企业运作活动的绩效 提高企业管理活动的绩效

注：CXO 表示企业 C 级的管理者，如 CEO、CIO、CFO、COO 等

在战略匹配阶段，参与 IT 战略制定的企业高层领导、外部咨询专家首先需要了解企业的业务战略，明确企业的目标、实现目标的方式、企业的资源、内外的机遇、市场环境等，对 IT 应用进行战略性思考，明确 IT 在业务战略实现中的潜力，同时要求信息技术人员掌握信息技术战略规划的方法，制定出与业务战略匹配的 IT 战略。由于资源的稀缺性和风险规避的要求，企业的 IT 投资一般是分阶段的，这就要求企业具备投资准则的设定能力，设定不同 IT 项目的优先级。另外在战略匹配阶段，企业需要考虑 IT 更新对 IT 项目的影响，以及信息技术创新对业务战略的影响。

2.2 IT 转换阶段

IT 转换阶段是通过 IT 投资获得 IT 解决方案的过程。IT 转换的方式很多，包括企业自行开发、联合应用开发和购买商品化的软件包等，不同的 IT 转换方式均有一定的优缺点及适应对象，但对大型的 IT 解决方案，比如 ERP、CIMS 等，绝大多数采用购买商品化的成熟的软件包。对商品化的软件包来说，其潜在客户并不是某一个或者某一类型的企业，其销售对象是所有希望应用信息技术增强企业竞争力的企业，因此商品化的软件包内置了企业最佳实践的解决方案。不同的商品化软件包其最佳实践的业务流程和管理模式是不一样的，不同类型的企业的业务流程和管理模式也是不一样的，因此如何选择最适合企业的 IT 解决方案是 IT 转换阶段的主要任务。

为了选择最适合企业业务流程和管理模式的 IT 解决方案，要求 IT 项目团队不仅拥有企业的业务需求、业务流程和管理模式的相关知识，而且对 IT 解决方案集中的每个解决方案的技术优缺点、运作流程和管理模式等十分了解。另外当确定 IT 解决方案后，企业应该具备合同签订的能力，确定软件供应商和外部咨询的权利和责任、项目的进度安排、项目的技术指标等。

2.3 IT 采纳阶段

IT 解决方案只有通过 IT 采纳阶段才能成为企业嵌入的信息系统，从采纳主体上看，IT 采纳包括组织采纳和用户采纳两种形式。组织采纳是指通过业务过程和管理过程的重组与再造，IT 解决方案的客户化，使 IT 解决方案和企业无缝集成，IT 解决方案完全支持企业运作。用户采纳是指从心理上接受，从行动上参与，并认识到 IT 解决方案对企业的影响，支持企业应用信息技术增强企业竞争力，并积极参与到这一过程中。

在 IT 组织采纳中，企业需要具备业务过程和管理过程，包括 IT 部门的业务和管理过程的知识，能够实现上述过程设计、改进、创新和变革的 IT-业务集成能力，实现 IT 和业务的无缝集成。

在 IT 用户采纳中，IT 项目团队需要对用户进行教育和培训，使他们了解应用信息技术增强企业竞争力的价值，了解数据对信息系统以及企业运作

的重要作用，初步掌握使用信息系统完成相关工作职能的能力，减少对外部咨询依赖的人力资源开发能力。

在整个IT采纳阶段，需要高层管理的支持和用户的积极参与，IT项目团队能够根据合同设定时间节点，监控项目实施进度，处理可能出现的资源、时间和人员方面的冲突；在IT采纳阶段，涉及的点多面广，且各方利益相互交织，企业还应该具备内外部关系管理和协同工作的能力，按时完成IT项目的既定目标。

2.4 IT使用阶段

当IT采纳阶段完成后，信息系统开始正常运行，此时便进入了IT使用阶段。信息系统只有通过用户的正确使用，才能产生积极的IT影响，从而提高业务过程和管理过程的效率和水平。

为了使用户正确使用信息系统，企业的IT部门需要对用户应用信息系统完成工作职能继续培训，从而降低用户对IT部门人员的依赖。对IT部门来说，建立IT资产和信息管理的程序和政策，制定IT安全的措施和突发事件的应急处理预案，是确保信息系统连续工作的关键能力。同时在IT使用过程中，IT部门人员和用户间应能够很好地沟通和交流，获取用户需求，完善信息系统。

2.5 市场竞争阶段

市场竞争阶段是提高企业的过程绩效，从而增强企业竞争力的一个阶段。企业过程包括运作过程和管理过程，IT对企业过程的影响包括自动化影响、信息影响和变革影响[14]。自动化影响指IT代替劳动力资产价值视角，如生产率提高、节约劳动力、成本降低等；信息影响主要来自于IT收集、存储、处理和分发信息的能力，如改善决策质量、员工授权、减少资源使用、提高企业效能、提高产品或服务质量等；变革影响主要来自于便利和支持过程创新和变革的价值，主要如缩短周转期、提高响应速度、减小规模、增加产品和服务等。

在市场竞争阶段，除了IT部门需要具备保证信息系统稳定连续工作的能力外，企业还要有不断审视企业绩效、利益相关者的价值、IT影响的动态能力，及时发现企业竞争力的波动，及时调整业务战略和信息技术投资战略，开始新的循环过程，持续地应用信息技术增强企业竞争力。

3 结 论

本文基于三个基本命题提出的信息技术应用能力模型，从三个方面扩展了原有研究的不足：①基于能力理论，认为应用IT增强企业竞争力的实现，仅有IT投资和互补的投入是不够的，关键是具备相关的信息技术应用能力，弥补了原有模型理论上的不足；②信息技术应用能力模型不但包括战略匹配、IT转换、IT采纳、IT使用和市场竞争等五个阶段，而且给出了每个阶段关键的参与者、需要的资源和信息技术应用能力以及期望的结果，弥补了原有实践上的不足；③考虑了环境的影响，通过对企业竞争力、环境和每个阶段的反馈，为应用IT增强企业竞争力提供了反馈和提高的机制。下一步的研究方向是，基于能力的信息技术增强企业竞争力的关键成功因素以及控制方法，提出培育和提高企业信息技术应用能力的方法和路径，才能不断提高企业信息技术应用的成功率和效果。

参 考 文 献

[1] 沃伦·麦克法兰，理查德·诺兰，陈国青. IT战略与竞争优势—信息时代的中国企业管理挑战与案例［M］. 北京：高等教育出版社，2003.

[2] Soh C, Markus M L. How IT Creates Business Value: A Process Theory Synthesis [J]. Proceedings of the Sixteenth International Conference on Information Systems, 1995: 29-41.

[3] Melville N, Kraemer K, Gurbaxani V. Information Technology and Organizational Performance: an Integrative Model of IT Business Value [J]. MIS Quarterly, 2004, 28 (2): 283-322.

[4] Peppard J, Ward J. Beyond Strategic Information Systems: towards an IS Capability [J]. Journal of Strategic Information Systems, 2004, 13 (2): 167-194.

[5] Byrd T A, Davidson N W. An Empirical Examination of a Process-oriented IT Business Success Model [J]. Information Technology and Management, 2006, 7 (2): 55-69.

[6] Radhakrishnan A, Zu X, Grover V. A Process-oriented Perspective on Differential Business Value Creation by Information Technology: An Empirical Investigation [J]. Omega, 2008, 36 (6): 1105-1125.

[7] Brynjolfsson E, Hitt L M. Beyond Computation: Information Technology, Organizational Transformation and Business Performance [J]. The Journal of Economic Perspectives, 2000, 14 (4): 23-48.

[8] Scott J E. The FoxMeyer Drugs' Bankruptcy: Was it a Failure of ERP? [J]. Proceedings of the Americas Conference on Information Systems, 1999: 223-225.

[9] Santhanam R, Hartono E. Issues in Linking Information Technology Capability to Firm Performance [J]. MIS Quarterly, 2003, 27 (1): 125-153.

[10] Makadok R. Toward a Synthesis of the Resource-based

and dynamic-capability Views of Rent Creation [J]. Strategic Management Journal, 2001, 22 (5): 387-401.

[11] 仲伟俊，梅姝娥. 信息系统技术对企业竞争力的影响分析 [J]. 管理科学学报，1998，1 (2): 37-43.

[12] Oh W, Pinsonneault A. On the Assessment of the Strategic Value of Information Technologies: Conceptual and Analytical Approaches [J]. MIS Quarterly, 2007, 31 (2): 239-265.

[13] Kearns G S, Sabherwal R. Antecedents and Consequences of Information Systems Planning Integration [J]. Engineering Management, IEEE Transactions on, 2007, 54 (4): 628-643.

[14] Tallon P P, Kraemer K L. The Development and Application of a Process-oriented "Thermometer" of IT Business Value [J]. Communications of AIS, 2006, 17 (45): 995-1025.

Process of Information technology impacting on Firm Competitiveness

WANG Nianxin[1], ZHONG Weijun[1], MEI Shu'e[1]

(1. School of Economics and Management, Southeast University, Nanjing 211189, China)

Abstract: For realizing information technology (IT) better, the process of IT impacting on firm competitiveness should be studied in depth. In this paper, six models of IT business value, which are IT business value creation, IT business value integration, IT capability, IT capability supporting core competency, IT business success and IT differential business value creation, were analyzed firstly, and then one new process model of IT impacting on firm competitiveness based on application capability of IT was brought forward to overcome the theoretical and practical gaps, this model consisted of five steps, which were strategic alignment, resource conversion, IS adoption, IS use and market competition, involved people, required resource and application capability of IT, and expected outputs were presented in detail at the end of the paper.

Key words: information technology; application capability of information technology; IT business value; firm competitiveness

企业信息化对组织战略影响作用的变迁研究

黄逸珺[1]，韦媚[1]

（1. 北京邮电大学 经济管理学院，北京 100876）

摘 要：企业信息化的应用深度与广度已远远超出日常的生产、管理范畴，逐步成为企业战略重要的组成部分，其变化过程及变化特征是本文研究的出发点。结合文献及实践研究，将企业信息化分为四个阶段，得到分阶段的企业信息化对组织战略四要素的影响作用的全景视图，从中总结出影响作用的变迁特点，为掌握企业信息化发展规律及进行组织战略规划提供借鉴。

关键词：信息化；组织战略；影响作用；变迁；信息系统

中图分类号：F270.7

信息技术应用日益广泛深入，信息化越来越得到企业重视，信息化战略已和企业战略紧密结合。信息化对组织战略的产生影响是逐步发展的过程，一方面信息技术提高了企业效率，高层决策者将更多精力投入战略思考和战略管理；另一方面信息技术深刻地改变企业的竞争战略，既为战略管理提供基础，又成为战略管理的重要成分。在此过程中企业信息化与组织战略的关系发生着微妙的变化，对这种变迁的研究有助于了解信息化影响组织战略的本质特点与变化规律，也为企业实际制定符合信息化要求的组织战略提供理论指导。

1 文献综述

1.1 企业信息化的概念演化

“企业信息化”（enterprises informationization）的名称更多地来自国内学者及企业界、国外学者，如 Gordon B. Davis[1]、Stephen Haag[2] 等，主要用信息系统、管理信息系统或信息技术在企业的应用来概括企业信息化的内涵。国内很多学者从不同角度提出了多种解释，如高俊书（1998）[3]、梁滨（2000）[4]、林毅夫（2002）[5]、乌家培（2004）[6]、宋玉贤（2005）[7]、欧阳峰、傅湘玲（2006）[8]、董小英（2008）[9]等，总的看来，企业信息化的定义在广度和深度上不断扩充，表现在：①应用的技术、涉及的部门越来越多；②从早期①侧重生产与技术到关注业务流程最后到战略层面。新近的定义②更多地出现“模式”、“变革”、“竞争力”等词语，充分说明了企业信息化对组织战略的影响越来越显著和重要。

1.2 组织战略的构成要素

曾庆学等（2000）[10]总结了关于组织战略概念及其应用的研究成果：较有代表性的是设计学派安德鲁斯提出的“市场机会、公司实力、个人价值观和渴望、社会责任”四要素说，以及计划学派安索夫提出的“产品与市场的范围、增长向量（成长方向）、竞争优势和协同作用”四要素说（Ansoff H Igor，1965）[11]。计划学派最大限度追求战略决策过程的正规化、条理化，相较设计学派相对松散的战略形成框架，计划学派的理论后来得到更广泛的推广。在 Steiner、Ackoff 等人的推动下，该理论进一步与实践相结合，产生了如经验曲线、增长-份额矩阵、市场份额与获利能力的联系（PIMS）等概念和研究方法，大大丰富了战略管理理论。

鉴于此，本文采用安索夫的组织战略四要素：要素一，“产品与市场范围”：是指企业的业务范围及企业在其所处行业中产品与市场的地位是否占据优势；要素二，“增长向量”，是指企业经营运行的方向和趋势，即企业从现有产品与市场组合向

① 较有代表性的是高俊书（1998）：“企业信息化是企业应用现代信息技术，开发应用信息资源，实现企业现代化的过程。这一定义比较全面地从技术基础、资源、目的和过程四个方面进行了概括，即企业信息化是以现代信息技术为技术基础，以信息资源为战略资源，以实现企业现代化为目的的过程。”

② 较有代表性的是董小英（2008）：“企业信息化是优化业务流程、推动管理体系创新和提高企业竞争力的重要实践。企业信息化的目的是支持、优化和延展企业商业模式，包括优化业务流程、完善管理体系及转变赢利模式等，最终支持企业建立可持续、动态成长的运营模式和获利方式。”

未来产品与市场组合移动的方向，包括市场渗透、市场开发、产品延伸及多角化经营；要素三，“竞争优势”：表明企业某一产品、市场与众不同的特殊属性，凭此可给企业带来有力的竞争地位；要素四，“协同作用”，是指两个事物有机地结合在一起，发挥其联合效果。

1.3 企业信息化与组织战略的关系

信息化被引入企业经营管理初级阶段，信息技术主要用于代替手工提高效率，效果明显。从娄策群、刘春年（2004）[12]的归纳研究可以看出，西蒙指出了企业经营管理决策与信息的关系；斯蒂格勒提出信息搜寻成本理论；钱德勒提出了网络经济性的范畴，指出企业在信息技术方面的投资提高了搜集生产部门信息的数量、质量与速度，从而降低了高级管理层对动态决策控制的成本；David N. Beede和Sabrina L. Montes以交叉产业为考察重点分析了信息技术的应用带来的规模经济性，从而企业规模与结构产生影响；尼尔·胡德提出了关于跨国企业的信息生产经济性理论等。

随着应用范围的扩大，信息技术投资所占企业投入比例提高，产出与效益之间的矛盾凸显，出现信息技术投资导致运作困难、不应用信息技术又难以建立竞争优势的窘境，即信息悖论（John Thorp（1999）[13]），企业界与理论界开始从企业生存与发展的战略高度来开始关注信息技术的投资及其所具有的潜在的优势。信息技术自身的发展以及理论界的研究推动了信息技术的应用方向与角色的变化，甚至促成了基于信息技术的战略管理理论的产生与发展。

信息技术在企业战略管理中的地位是随着信息技术/信息系统的不断发展而变化的过程，倪义芳（2002）[14]将这个过程归结为“职能支持、多智能集成、基于信息技术竞争”三个阶段，并且从信息技术在战略管理中的概念、信息技术部门在战略管理中的地位、战略管理关注的焦点、信息技术战略与业务战略的关系、信息技术在竞争战略中的作用等几个方面进行比较分析。薛剑虹（2007）[15]则从迈克尔·波特的低成本和差异化竞争战略角度进行阐述，认为信息化对这两种战略具有加强作用。颜安、黄敏（2002）[16]认为信息技术除了加强以上两种战略优势外，还能够支持企业的创新战略、营销战略。倪义芳、张友福（2000）[17]运用安德鲁斯的SWOT分析方法说明信息技术有助于企业识别机会与威胁和发现内部优势与弱点，并对实现企业间的战略联盟和国际化经营战略有重要作用。J. C. Henderson，N. Venkatraman（1999）[18]对信息化战略与企业战略的协同性进行了研究，并提出企业规划、信息系统规划的功能性整合和战略性适配模型。而沃伦·麦克法兰等（2003）[19]从现有的信息技术系统对战略的影响和现有信息技术对战略的影响两个维度考察信息技术与战略的关系，定义了支持型、工厂型、转变型和战略型四种信息化对组织战略的影响类型。

信息化对于组织战略的重要性已经越来越显著，并由传统的业务协同上升为战略协同，这种协同作用是否伴随着信息化对其他战略要素的影响，这也是本文要研究的内容之一。

2 本文研究思路

划分企业信息化的发展阶段，从不同阶段归纳企业信息化对组织战略四要素的影响作用，最终总结提炼其影响变迁特点。研究思路见图1。

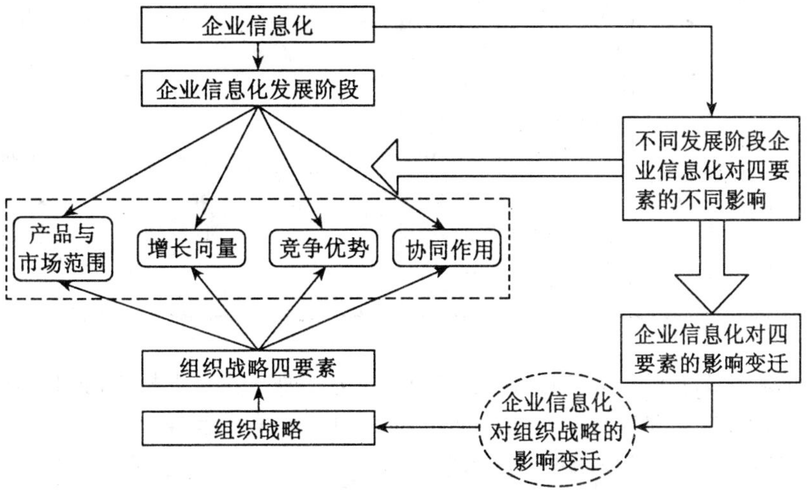

图1 本文研究思路

3 企业信息化发展阶段的划分

Richard L. Nolan 教授在 1973 年[20]从信息系统及其技术应用角度提出了信息化过程的四阶段模型，20 世纪 80 年代初又修正为初始、普及、控制、成熟、整合和数据管理六个阶段[21]。该模型更多地总结了当时发达国家信息技术应用的发展规律与经验，不太适合描述以后的或者中国的企业信息化发展规律（王良元，2009）[22]。中国的许多学者分别从技术平台、集成程度、应用范围等多种角度进行了划分：王良元[22]从信息技术的复杂与应用程度角度提出了三阶段论，即单项业务阶段、部门集成阶段、企业集成阶段；娄策群、刘春年(2004)[11]从实施企业信息化工程的进程角度出发，按各企业本身特点和信息技术水平把企业信息化建设划分为五个阶段：基础管理信息化阶段、企业内部资源集成阶段、企业外部资源集成阶段、电子商务阶段及知识型企业链运营阶段；杨绍兰(2007)[23]结合企业信息化的过程特征和状态特征，将其分为四个阶段：第一阶段是计算机在企业管理中的广泛使用和信息技术在生产过程中的部分应用，第二阶段是实现企业各项管理网络化，第三阶段是建成更高层次的各项管理信息支持系统，第四阶段为企业信息化体系全面优化和上水平的阶段。

从时间序列对企业信息化发展阶段进行划分更有利于研究其与企业战略、企业管理的关系，因此，本文综合以上学者的研究成果，结合信息化发展过程中典型技术、代表行业、信息化目标、管理特点等要素，提炼出企业信息化发展的四个阶段（见表 1）。

表 1 企业信息化发展阶段划分及各阶段特点

阶段划分	时间	IT 技术类型①	目标	代表行业	强调重点	技术特点	管理特点
1 部门内应用阶段 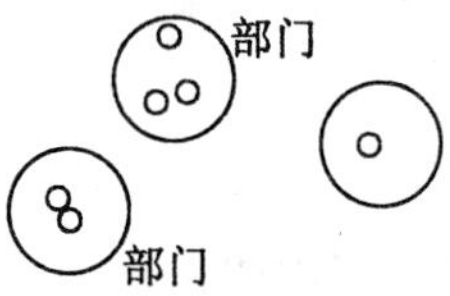	20 世纪 70 年代至 80 年代中期	工具型、流程型：CAD、CMD、PDM、CIMS、MRP	效率导向	密集性制造行业	生产体系的控制和执行能力及资源组配合理性	孤立单机系统，部分代替手工，信息孤岛	效率提高有限，冲突小，人工干预大
2 企业内应用阶段 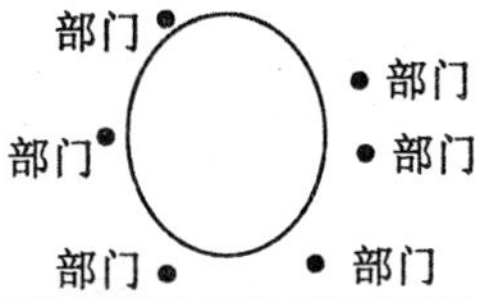	20 世纪 80 年代中期到 90 年代中期	平台型、工具型、流程型：MRP Ⅱ、MIS、OA、intranet、会计电算化	资源导向	制造业	企业内部一体化，降低管理成本	内部局域网，信息共享，内部供应链集成	企业内部协同，冲突大，改造多，效率高
3 供应链应用阶段 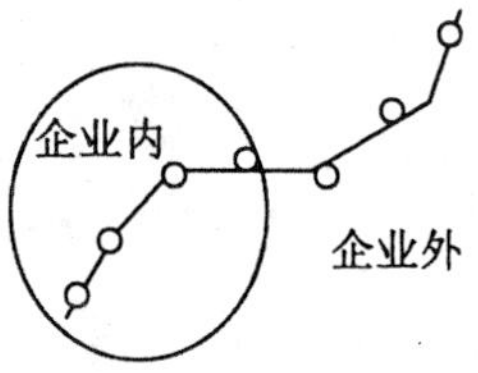	20 世纪 90 年代中期至 90 年代末	平台型、战略型：虚拟制造、ERP、JIT、Extranet、EDI、EOS、电子商务	集成导向	供应链中的核心企业	企业间快速的信息交流渠道和响应能力	基于过程的业务方式，协同商务机制	关注核心竞争能力，协同合作
4 知识管理阶段 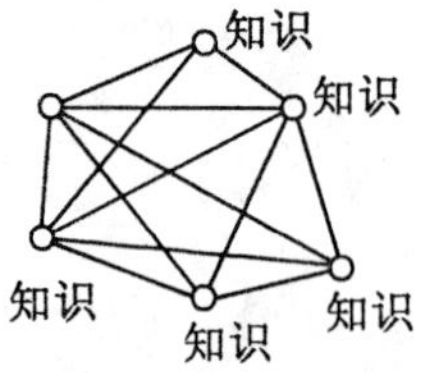	21 世纪开始	战略型、平台型：知识管理系统、KDD、Portal、知识仓库、群件、知识库系统、智能代理	学习导向	软件/咨询行业	企业所有相关资源整合，知识管理	高度集成，数据挖掘，创造，智能	自主学习，持续创新，可持续发展

明显地，信息化对组织战略的影响是渐进式的。需要说明的是：信息技术的更替不是连续的，新技术的出现不是严格在旧技术消失之后，所以该阶段的划分没有严格的时间界限，不同行业、不同企业也会有所差异。

① 信息技术的四种类型（吴晓波，2003）[24]

4 企业信息化对组织战略四要素的影响变迁分析

基于文献归纳及实践总结，得到表2的分析结果。

表2 分阶段的企业信息化对组织战略不同要素的影响作用分析

组织战略要素	企业信息化不同阶段的影响作用				文献依据或企业案例举例	典型应用技术
	阶段1 部门内应用	阶段2 企业内应用	阶段3 供应链应用	阶段4 知识管理阶段		
产品与市场范围	缩短周期提高性能、降低成本				黑龙江蓝艺地毯集团案例（计算机世界，2007）[25]	CAD
			提高产品质量；促进产品创新		Cisco公司案例，秦海（2002）[25]	ERP
			改变市场经济模式，扩大市场范围		王岑（2005）[26]，刘新（2004）[27]	电子商务
增长向量			市场渗透有效化		双汇企业案例（游战清等，2004）[28]	CRM、ERP
				市场渗透专业化	日本的花王公司案例（董小英等，2000）[29]	数据挖掘
			市场开发网络化		倪义芳等（2000）[17]	Internet
			产品延伸优质化		产品导向的“生产-流通-消费”逐步转变成市场为导向的“消费-生产”，信息化促进更加贴近消费者产品扩展	ERP
				降低多角化经营风险	通过数据仓库、数据挖掘技术发现新需求，以最低的成本、最高的响应度提供给顾客	数据挖掘
竞争优势	降低生产成本				姜继忱、张同斌（2008）[30]，（谢康等，1999）[31]	CAD \ CMD
		降低管理成本			中成进出口公司案例，（谢康等，1999）[31]	OA、MIS
			降低交易成本		威廉姆森的交易成本理论，谢康等（1999）[31]，薛剑虹（2007）[15]	网络营销
	增强产品差异性				汽车的GPS系统、工业设计中的3D技术	CAD \ CMD
			增强供应链差异性		黄志宇（2001）[32]	ERP
				增强企业核心竞争力的差异	徐徐、周春辉（2008）[33]	
协同作用		提高协同效率			赵戈（2008）[34]	MIS、ERP
			支撑协同战略		跨国企业合作的案例，赵戈（2008）[34]，薛淮中（2004）[35]	Extranet
				提高供应链响应速度	顾兢晶（2007）[36]	OSI \ 群件

可以看出，阶段1中信息技术与生产联系紧密，主要影响产品与市场范围；阶段2以内部办公软件为主，对协同作用的影响最为明显；阶段3的应用扩展到企业外部，供应链的每一个环节都与信息技术息息相关，所以对每个要素的影响都很显著，由此对企业的冲击也是巨大的，难度更大；第四阶段只有极少部分的企业达到。图2为企业信息化影响各要素的全景视图。

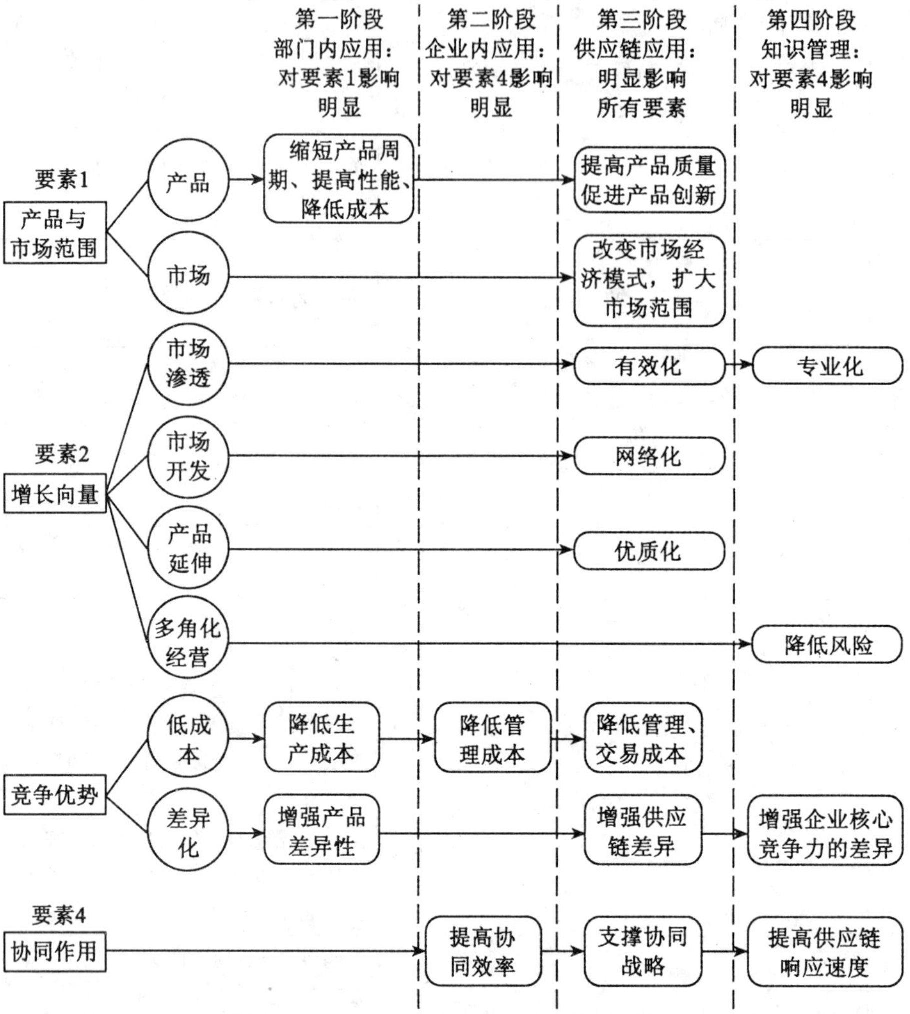

图2 企业信息化发展阶段对组织战略四要素的影响作用的全景视图

5 研究结论

5.1 企业信息化对组织战略各要素的影响作用特点不同

第一，企业信息化对前两个要素的影响为松散型。其中对产品与市场范围的影响是间歇性的，主要表现为，第1阶段是生产上的影响，产品（或服务）是企业生存的基础，信息化从基础性的要素入手，符合事物发展的规律；在第3阶段表现为更加深刻的对供应链的影响。增长向量的影响是后移的，其影响作用到了后两个阶段才显现出来，这与要素本身的前瞻性有关，它表示运营的方向，企业一开始信息化是为了解决某些具体问题，所以对前瞻性兼顾较少，后面更多的应用在战略层面，所以影响较大。这两个要素影响作用的共同点是：在第三阶段影响最大。

第二，企业信息化对后两个要素的影响表现为密集型，即竞争优势与协同作用受到的影响更加密集，几乎所有阶段都有所涉及。其中竞争优势的影响作用在各阶段都有，且密集程度逐渐加强，这是因为且通过信息化手段控制企业系统的运行成本一直是企业追求的成本优势手段，通过信息管理手段创造产品的差异性更是市场营销越来越重要的途径；协同作用则不同，从企业各部分协同、企业外部协同，发展到第四阶段的知识协同，其影响作用具有显著的持续扩张性。

5.2 企业信息化对组织战略各因素均有不同程度的影响

一方面，一项信息技术的应用往往同时作用在不同阶段的多个因素上，另一方面，信息化技术的渗透性越来越强，作用到组织战略要素的各个方面。如，在信息化阶段1，企业生产运用CAD技术，对增长向量要素和协同作用要素几乎没有影响，但却同时影响产品与市场范围要素和竞争优势要素，因为CAD技术增强了产品的差异化；进入阶段2，管理信息系统的应用，使得传统臃肿的组织机构得以改进，降低了管理成本，影响着“竞争优势”，同时提高协同效率；之后，ERP带来更为深远的影响，使企业整体运作效率提高，增强了供应链差异性，它同时影响了四个要素，程度更强。

此外，一些技术的影响比较显性：如CAD\CMD的应用能够缩短产品周期、提高性能、降低成本；OA的应用改善了企业内的协同作用，有效降低管理成本；Extranet的应用使得虚拟企业得以存在并发挥它的积极效应。而有些技术的影响则比较隐性，例如CRM（客户关系管理系统）实施后仍然需要有效的营销手段才能进一步扩大市场占有率。许多数据以及企业的实践表明，这些影响是积极的。

5.3 不同视角观察企业信息化对组织战略的影响作用变迁：渐进渐强式

从表2及图2可以看出企业信息化对组织战略的影响是渐进式的，随着阶段的演进其影响不断加强，这种渐进式曾被形象地描述为“体力的延伸到脑力的延伸”（王晓波，2003）[24]，即开始企业只是把信息技术作为工具，解决某个具体问题，应用范围也只是在部门内；后来信息技术带来了组织结构和业务流程的变化，引起了企业管理方式的变化；后来供应链管理思想、知识管理思想、学习型组织的思想的出现甚至成为一种趋势，信息技术带给企业的更多是一种战略视角、思维方式的改变。沃伦·麦克法兰等（2003）[19]提出的信息化对战略影响类型的模型（图3），模型除了帮助企业进行新的信息技术定位以外，也定义了企业信息化对组织战略的影响作用类型，而且从最初工具支持型，发展到影响并改变企业管理方式的工厂型，最终进入改变企业思维方式的转变型和战略型阶段。

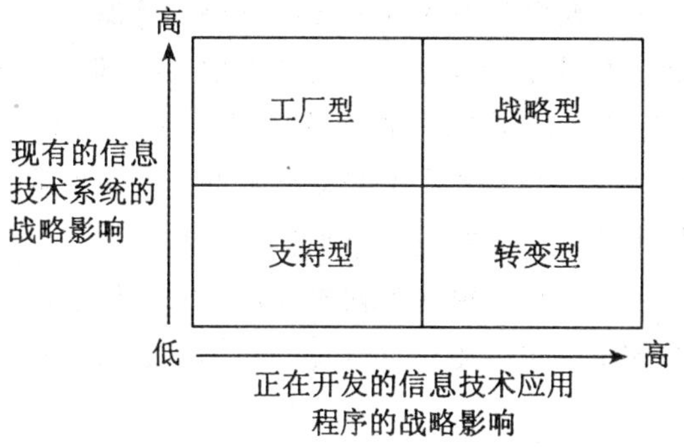

图3 信息化对战略的影响类型[19]

上述研究与本文的研究是从不同角度、不同的演化路径进行的，说明了同一个结论：企业信息化对组织战略影响的变迁是渐进且渐强式的（图4）。

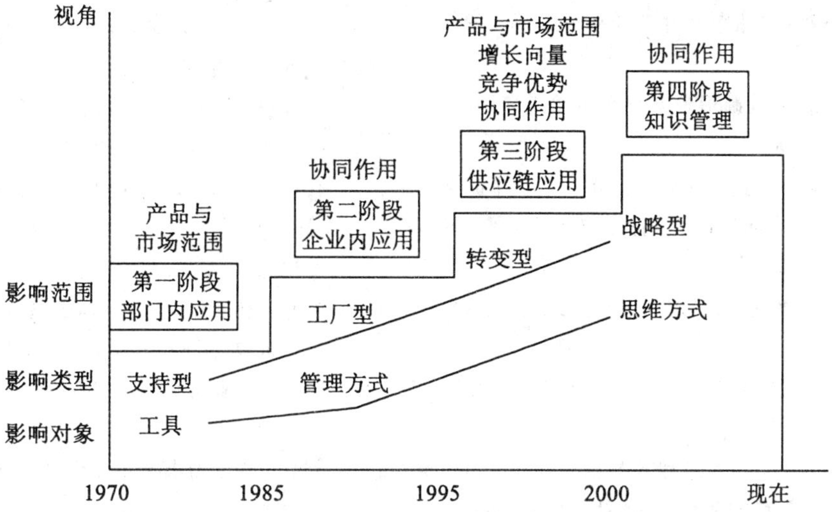

图4 基于不同视角的影响变迁路径的比较

5.4 企业信息化对协同作用要素的影响更为深刻和重要

协同作用一直是组织战略一个非常重要的因素，同时也在企业信息化中扮演着重要角色，信息化对于组织战略的协同作用已经由传统的业务协同上升为战略协同，J. C. Henderson，N. Venkatraman（1999）[18]不但研究了信息化战略与企业战略的匹配过程，还研究了两者之间的双向匹配方式，更加表明了企业信息化的战略渗透式影响作用。企业信息化的第四阶段知识管理阶段产生的影响主要体现在协同要素上，是对企业战略更为深刻、层次更高的影响作用。

6 结束语

企业信息化不仅为企业提供辅助或服务的参谋功能，而且逐步具有左右企业竞争战略和资源计划的作战功能；最初只作为实现企业战略目标的工具，现在与企业的发展战略有效融合，成为主要战略因素之一，协助企业形成竞争优势。

本文的研究中关于阶段4知识管理阶段的具体影响作用目前主要体现在协同方面，还有待进一步跟踪研究。

参考文献

[1] 薛华成．管理信息系统（第5版）［M］．北京：清华大学出版社，2007：3-5.

[2] Stephen Haag，Maeve Cummings，Amy Phillips．Management Infomation Systems for the Information Age（6th editio）［M］（New York：McGraw-Hill），严建援，译注，北京：机械工业出版社，2007：4.

[3] 高俊书．浅议企业信息化理论学习与研究［J］．1998（3）：31，37.

[4] 梁滨．企业信息化的基础理论与评价方法［M］．北京：科学出版社，2000.

[5] 林毅夫．企业信息化与企业竞争力［EB/OL］．精品资料网 http：//www. cnshu. cn．国家信息化领导小组委托课题．2002（12）.

[6] 乌家培．信息经济学与信息管理［M］．北京：方志出版社．2004：73-74.

[7] 宋玉贤．企业信息化管理［M］．北京：北京大学出版社．2005：62.

[8] 欧阳峰，傅湘玲．企业信息化管理导论［M］．北京：清华大学出版社，北京交通大学出版社，2006：9-10.

[9] 董小英，李芳芳，鄢凡．我国企业CIO在信息化建设中的角色：基于Q方法的研究［J］．信息系统学报，2008，10，2（2）：10-21.

[10] 曾庆学，龚敏．试论企业战略理论的演变与新发展［J］．商业研究，2000，220（8）：1-5.

[11] 娄策群，刘春年．信息化与企业竞争力发展研究——信息化如何改变企业竞争力［J］．情报学报，2004，23（6）：755-760.

[12] Ansoff H Igor．Corporate strategy：An Analytic Approach to Business Policy for Growth and Expansion［M］．New York：McGraw-Hill．1965.

[13] ［加］约翰·索普．信息悖论—如何实现企业IT投资的价值［M］．陈劲，译，大连：东北财经大学出版社，2003：3-34.

[14] 倪义芳．基于信息技术的企业战略管理平台理论与方法［D］．杭州：浙江大学，2002.

[15] 薛剑虹．论信息技术与企业战略［J］．中国管理信息化（综合版），2007，6（10）：41-43.

[16] 颜安，黄敏．企业竞争力与信息技术的战略应用［J］．钻采工艺，2002（2）：92-94.

[17] 倪义芳，张友福．试论信息技术在战略管理中的作用［J］．科学管理研究，2000 18（4）：23-26.

[18] Henderson J C，Venkatraman N．Strategic Alignment Leveraging Information Technology for Transforming Organization［J］．IBM systems journal．Vol 38（2&3），1999：472-484.

[19] 沃伦·麦克法兰，理查德·诺兰，陈国青．IT战略与竞争优势［M］．北京：高等教育出版社．2003：2-5.

[20] Nolan，Richard．Managing the Computer Resource：a Stage Hypothesis［J］．Communications of the ACM（Association for Computing Machinery），1973，16（7）：399-405.

[21] Nolan，Richard．Managing the Data Resource Function［M］．St. Paul，Minnesota，West Publishing，1982.

[22] 王良元．诺兰模型与企业信息化三段理论［J］．科技与管理，2009，11（1）：35-37.

[23] 杨绍兰．企业信息化的内在要求和演进规律［J］．现代情报，2007，27（8）：199-202.

[24] 吴晓波．信息技术与企业战略［EB/OL］．［2003-12］赛迪网.

[25] 方案评析实验室．中小企业信息化案例评析［J］．计算机世界，2007，5（19）：B13-B14.

[26] 王岑．企业信息化与创新能力的提升［J］．引进与咨询，2005，11：23-24.

[27] 刘新．信息化提升企业竞争力的策略研究［D］．长沙：湖南大学，2004.

[28] 游战清，李苏剑，王忠民等著．企业信息化理论与案例［M］．北京：机械工业出版社，2004：234-241.

[29] 董小英，李东．企业竞争力与信息战略的抉择（上）[J]．计算机系统应用，2000（10）：4-6.
[30] 姜继忱，张同斌．信息化提升企业竞争力的机理分析与机制研究［J］．东北财经大学学报，2008，4（7）：62-66.
[31] 谢康，陈禹，乌家培．企业信息化的竞争优势［J］．经济研究，1999（9）：64-71.
[32] 黄志宇．信息技术与企业的竞争优势［J］．电子科技大学学报（社科版），2001，9（3）：52-55.
[33] 徐徐，周春辉．企业知识管理研究［J］，经济师，2008（12）：218.
[34] 赵戈．信息化提升企业核心竞争力研究［J］．图书馆学刊，2008（3）：94-96.
[35] 薛淮中．基于信息化的企业竞争力分析［D］．重庆：重庆大学，2004.
[36] 顾兢晶．供应链协同管理中知识共享机制的研究［D］．合肥：合肥工业大学，2007.

Research on the Influence Changes of Enterprises Informationization on Corporation Strategy

HUANG Yijun[1], WEI Mei[1]

(1. Economics & Management School, Beijing University of Post & Telecommunication, Beijing 100876, China)

Abstract: The application of enterprises informationization has gone deeply and broadly far beyond the usual processing and management, and gradually becomes an important part of the strategy. To study the process and characteristics of the change is the goal of this paper. Based on literatures and enterprise practice research, enterprises informationization process is divided into four phases, and the panoramic view of the influences on four elements of organizational strategy is drawn in each phase, from which the characteristics of changes due to the impact are put forward. It would be beneficial to gain an insight into the law of enterprise informationization development and organizational strategy planning.

Key words: informationization; corporation strategy; influence; change; information system

业务与IT融合对企业竞争优势影响的实证研究*

戚桂杰[1]，焦丽媛[1]，张海涛[1]

(1. 山东大学 管理学院，济南 250100)

摘　要：本文研究目的是探讨企业业务与IT融合的构成维度、概念模型，以及IT融合对企业竞争优势的影响机制。基于国内外关于业务与IT融合及IT竞争优势的已有文献，提出并完善了业务与IT融合的理论模型，认为IT融合的理性维度和社会维度共同影响企业的竞争优势。另一方面，作者通过问卷调查、量表设计、数据收集、数据分析（结构方程模型）等过程，对于理论模型进行了实证研究。本研究将有助于指导企业实现业务与IT融合，有效地促进企业竞争优势的获取和维持。

关键词：业务与IT融合；竞争优势；结构方程模型

中图分类号：C931.6；C93-03；C931.1

如今信息技术（IT）已经成为企业的战略工具，是企业生存发展的基础。但事实上大量的IT投资并未给企业带来显著的经济效益，出现了“IT黑洞”。如何在激烈竞争和快速变化的环境下有效利用IT投资以适应变化的环境，从而获取持续的竞争优势是困扰企业管理者的一个问题。业务与IT的融合始终是CIO和其他高级IT经理关注的问题，也是诸多学者竞相探讨的课题。表1中我们将业务与IT融合的研究文献进行了综述、整理。一来帮助识别IT融合的核心构成维度；二来可以找到不足之处，寻求研究切入点。

表1　业务与IT融合研究文献回顾

研究学者	IT融合构成维度或关注点	研究内容与不足
Horovitz（1984）	理性维度、社会维度	理论研究，最先提出概念
Reich，Benbasat（1996）	理性维度、社会维度	理论研究，进一步给出定义
Nelson，Coopri-der（1996）	社会维度，强调IS与业务部门之间的信任与影响	实证研究，发现IS与业务部门间知识共享提升IS部门的业绩表现
Luftman（1998）	理性维度、社会维度	调查研究，发现业务与IT融合的六个重要影响因素
Henderson，Ven-katraman（1999）	理性维度	理论研究，提出企业与IT战略融合模型（SAM）衍生出实施融合的四种模式
Subramani et al.（1999）	社会维度，强调企业内部对IS部门评价的一致性	理论研究，发现融合与IT业绩的关系
Reich，Benbasat（2000）	社会维度，将其划分为短期融合和长期融合	实证研究，挖掘出融合的四个影响因素
齐二石（2004）	理性维度	理论研究，建立理论体系及工具
石代伦（2006）	从IT与商业的关系角度探讨融合的商业价值	理论研究，分析融合的程度与层次，提出融合的五个要素，而对融合本身的定义比较笼统、不明确
IBM中国商业价值研究院两位研究员（2007）	从战略和组织的角度理解融合创造商业价值与业绩回报	理论研究，提出实现融合的五个要素、战略路径以及指标体系

* 通讯作者：戚桂杰，E-mail：qiguijie@sdu.edu.cn

总体看来，国外学者对于 IT 融合的理性维度进行了比较广泛和深入的研究，形成了普遍认可的融合模型。而对于社会维度研究则相对较少，主要关注促进融合的相关因素和融合与 IT 绩效之间的关系，没有建立相应的理论体系及工具。国内研究多关注理性维度，基本以理论研究为主，而缺乏在我国信息化的实践背景之下的实证模型，而且许多概念不易操作并指导实践。因此，本文基于已有研究文献，试图从理性维度和社会维度两个方面研究适合国内企业信息化发展水平的 IT 融合概念模型。

1 研究模型与假设

我们在国内外学者关于业务与 IT 融合的研究基础上，提出了业务与 IT 融合、融合度的含义，IT 融合度的评价标准及具体指标，并建立和完善了涵盖理性维度和社会维度两个方面的业务与 IT 融合的概念模型，如图 1 和表 2 所示。

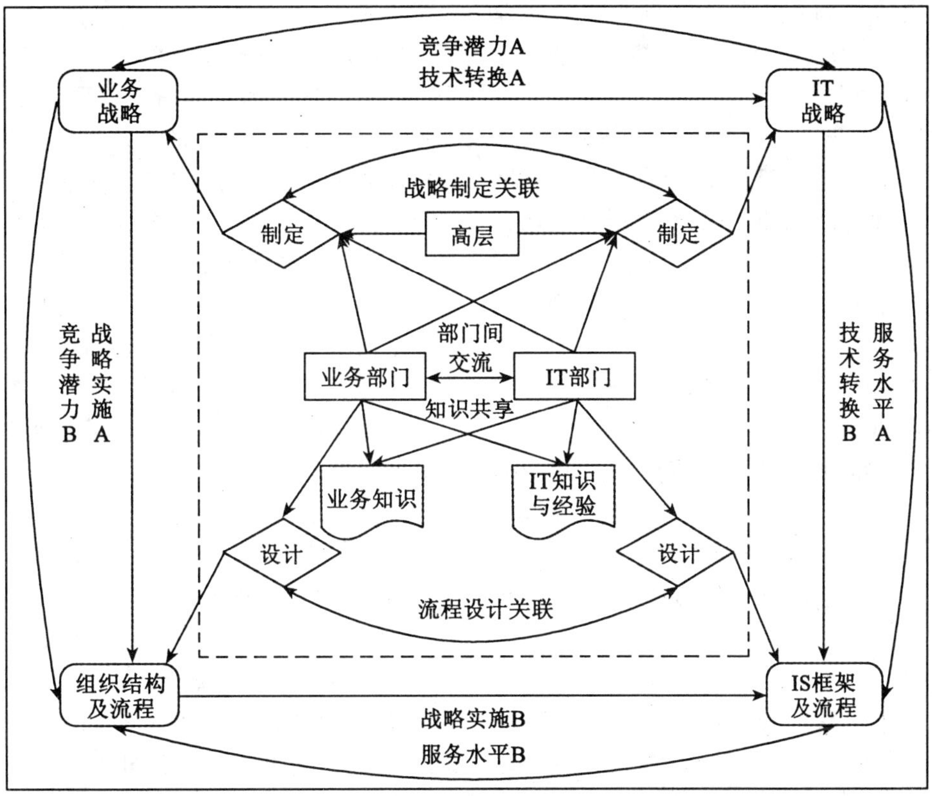

图 1 业务与 IT 融合的概念模型

表 2 IT 融合度的评价标准及具体指标

维度	评价标准	具体指标
IT 融合的理性维度	IT 基础设施建设以及利用效率	业务覆盖；网络建设；效率应用；战略应用
	业务导向的技术创新	行业先驱；创新频率；IT 战略
	技术创新引发的业务拓展	IT 影响；流程完善；IT 追踪
	IT 用户的满意度	积极性；认可程度；IT 资源配置；IT 需求满足

续表

维度	评价标准	具体指标
IT 融合的社会维度	业务与 IT 部门在制定战略、计划过程中的联系程度	IT 对业务战略的建议；IT 对业务流程的建议；业务对 IT 战略的建议；业务对 IT 实施的建议；部门联席会议
	业务与 IT 部门之间交流合作的程度	IT 服务；业务人员参与；战略理解一致；部门合作；沟通反馈
	业务与 IT 部门知识共享的程度	业务培训；IT 培训；IT 技术指导；文档共享
	IT 实施成功经验	专家经验；企业经验；行业经验
	企业高层的支持	IT 认知水平；实施推动；充分授权

我们认为，业务与IT融合是一个动态的过程，它分为理性维度和社会维度两个维度。理性维度指的是企业业务战略、组织结构、业务流程与IT战略、IS框架、IS流程之间的相互适应、完善调整以及创新发展的过程（图1虚线框以外部分）；社会维度指的是企业业务部门与IT部门之间的交流合作、知识共享以及相互支持的过程（图1虚线框以内部分）。

本文试图在概念模型的基础上，进一步研究业务与IT融合对企业竞争优势的影响。根据图1的研究框架，作者将详细界定业务与IT融合及企业竞争优势，并演绎、开发详细的研究模型与假设。

1.1 IT融合的理性维度

理性维度借鉴于Henderson和Venkatraman（1999年）提出的企业与IT战略融合的基本模型（SAM模型）。他们利用该模型衍生出融合的四种模式：战略实施、技术转换、竞争潜力和服务水平。图1中的四条有向直线和四条有向弧线则分别体现了这四种途径。根据IT融合的评价标准和具体指标，关于IT融合的理性维度对企业竞争优势的影响，作者提出以下假设：

假设1：IT基础设施建设以及利用效率可以从业务覆盖、网络建设、效率应用以及战略应用四个方面来衡量，将为企业带来竞争优势。

假设2：业务导向的技术创新可以从行业先驱、创新频率以及IT战略三个方面来衡量，将为企业带来竞争优势。

假设3：技术革新引发的业务拓展可以从IT影响、流程完善以及IT追踪三个方面来衡量，将为企业带来竞争优势。

假设4：IT用户的满意度可以从积极性、认可程度、IT资源配置以及IT需求满足四个方面来衡量，将为企业带来竞争优势。

1.2 IT融合的社会维度

社会维度主要借鉴于Reich、Benbasat等一大批学者的研究成果。根据IT融合的评价标准和具体指标，关于IT融合的社会维度对企业竞争优势的影响，作者提出以下假设：

假设5：业务部门与IT部门战略、计划制定过程中的联系可以从IT对业务战略的建议、IT对业务流程的建议、业务对IT战略的建议、业务对IT实施的建议以及部门联席会议五个方面来衡量，将为企业带来竞争优势。

假设6：业务部门与IT部门间的交流合作可以从IT服务、业务人员参与、战略理解一致、部门合作以及沟通反馈五个方面来衡量，将为企业带来竞争优势。

假设7：业务部门与IT部门间的知识共享可以从业务培训、IT培训、IT技术指导以及文档共享四个方面来衡量，将为企业带来竞争优势。

假设8：IT实施成功经验可以从专家经验、企业经验以及行业经验三个方面来衡量，将为企业带来竞争优势。

假设9：高层支持可以从IT认知水平、实施推动以及充分授权三个方面来衡量，将为企业带来竞争优势。

1.3 因变量——竞争优势

关于竞争优势的衡量，理论界主要有两种视角，一种是基于竞争的视角，一种是基于顾客的视角。基于竞争的视角本质上是直接与目标竞争者进行对比，找出企业独特的关键竞争能力。在这个视角下，关于竞争优势衡量的维度主要有市场占有率、相对利润率。基于顾客视角的竞争优势主要从顾客的角度出发找出顾客认为本企业优越于其他企业的能力，来判断企业的竞争优势。在这种视角下，对于企业竞争优势的衡量维度主要有顾客满意度和顾客忠诚度。

2 研究设计

2.1 实证方法选取

常规的回归分析、因子分析、聚类分析等方法在对抽象、无法直接观测的指标进行验证方面存在局限，难以检验上述概念模型的正确性，本文选用结构方程模型（Structural Equation Model，SEM）作为验证方法。结构方程模型是一种综合运用多元回归分析、路径分析和确认型因子分析方法而形成的一种统计数据分析工具，它通过建立反映潜变量和显变量的一组方程，利用显变量的测量推断潜变量，并对假设的正确性进行检验。该种方法已经成为社会科学研究中得到广泛应用的方法。结构方程分析有两个主要特点：第一，可以对诸如满意、公正等无法直接测量的潜变量进行分析；第二，可以对假定的模型进行验证，根据分析结果进一步修正模型。

业务与IT融合的九个评价标准很难直接测量，因此可以建立对应于这九个潜变量的测量指标，即通过对各测量指标的调查来判断IT融合概念模型的合理性，并检验IT融合和竞争优势之间的假设关系是否存在。本文使用AMOS 7.0软件对研究模型的合理性进行检验。

2.2 问卷设计及变量的操作化

在概念模型的基础上，作者设计了业务与IT融合程度的调查问卷，问卷的设计基于早期研究的理论和实证结果，并进行了试点调查。调查对象为企业的信息主管及财务主管，以期了解他们企业业务与IT的融合程度。该问卷由调查对象的个人及公司信息和基于IT融合的38个指标问题组成。问卷采用通行的Likert 5级量表形式，选“1”表示“非常不同意”该陈述，选“5”表示“非常同意”该陈述，其他分数在二者之间合理分布。具体问题及变量设计如表3所示。

表3　**模型中潜在变量对应的指标定义**

潜在的结构变量		指标变量	指标变量的含义
二阶潜变量	一阶潜变量		
IT融合的理性维度	基础设施	业务覆盖	IT应用能够覆盖企业的绝大多数业务
		网络建设	企业的IT网络建设处于行业领先水平
		效率应用	IT的应用极大地提高了企业整体运作效率
		战略应用	企业在运作层面上应用适当的IT支持业务战略
	技术创新	行业先驱	企业能够在同行业中率先采用新的信息技术或信息系统
		创新频率	企业善于并勤于进行信息技术创新以支持业务发展
		IT战略	企业在战略层面上运用适当的IT实施业务战略
	业务拓展	IT影响	企业善于采纳信息技术调整业务战略
		流程完善	企业根据新的信息系统进行业务流程优化完善
		IT追踪	企业具备对先进信息技术追踪、辨识及应用的能力
	用户满意度	积极性	企业员工能够积极应用信息技术
		认可程度	企业非常认可信息技术的作用
		IT资源配置	企业能够合理配置、有效利用有限的IT资源，服务于企业的生产经营
		IT需求	企业能够满足员工对信息技术的需求

续表

潜在的结构变量		指标变量	指标变量的含义
二阶潜变量	一阶潜变量		
IT融合的社会维度	战略联系	IT对业务战略的建议	业务战略规划中需要引进新的信息技术时，IT部门对技术可行性及项目实施提出关键性意见
		IT对业务流程的建议	IT部门能够参与设计组织结构及流程，以充分利用企业IT资源
		业务对IT战略的建议	IT部门追求技术先进性时会采纳业务部门的意见
		业务对IT实施的建议	企业根据IT战略对组织结构及流程进行必要的调整时，充分听取业务部门的意见
		部门联席会议	制定战略时企业召开各类业务部门和IT部门的联席会议
	交流合作	IT服务	IT部门为业务部门提供高质量的IT服务和指导
		业务人员参与	业务部门派遣人员参与IT项目，帮助IT人员了解业务流程
		战略理解一致	业务与IT部门对企业战略有一致的理解
		部门合作	业务与IT部门（尤其是主管）有良好的合作关系
		沟通反馈	企业信息化过程中，业务部门之间有良好的沟通与协作
	知识共享	业务培训	IT人员经常多渠道了解、熟悉业务流程
		IT培训	企业经常对业务人员培训IT应用知识
		IT技术指导	IT部门经常对业务部门进行技术指导
		文档共享	业务与IT部门之间知识能够有效地共享
	IT实施成功经验	专家经验	企业领导中有精通业务且IT实施经验丰富的人员
		企业经验	企业具备丰富的IT实施成功经验
		行业经验	企业所处行业信息化的应用程度高，成功经验丰富
	高层支持	IT认知水平	企业高层领导对IT有很高的认知水平，非常清楚IT能够给企业带来的效益
		实施推动	企业高层领导非常重视企业信息化建设，能有力地推动信息化建设的执行
		充分授权	企业高层领导充分授权IT部门调度企业资源

续表

潜在的结构变量 二阶潜变量	潜在的结构变量 一阶潜变量	指标变量	指标变量的含义
竞争优势		市场占有率	企业通过实施信息化，产品或服务的市场占有率显著增长
		利润	企业通过实施信息化，利润显著增长
		客户满意度	企业通过实施信息化，客户满意度显著提高
		客户忠诚度	企业通过实施信息化，客户忠诚度显著提高

2.3 抽样及数据收集

本研究采用便利抽样，在山东大学 MBA 班发放问卷 300 份，总共回收 228 份，回收率为 76%。其中，剔除无效问卷 14 份，最终得到有效问卷 214 份。使用 SPSS15.0 对样本数据进行统计分析，见表 4。

表 4 **样本描述性统计**

企业规模	频次	百分比	企业类型	频次	百分比
大型	83	38.8%	国有及国有控股	131	61.2%
大型－中型之间	41	19.2%	集体所有	5	2.3%
中型	44	20.6%	民营	29	13.6%
中型－小型之间	27	12.6%	三资	24	11.2%
小型	12	5.6%	其他	23	10.8%
合计	214	100%	合计	214	100%
信息化途径	频次	百分比	信息化开始时间	频次	百分比
外包为主	82	38.3%	2000 年以前	97	45.3
自主研发为主	47	22%	2000—2004 年	88	41.1
二者兼备	82	38.3%	2005—2008 年	29	13.6
合计	214	100%	合计	214	100%

3 数据分析与结果讨论

3.1 信度检验

根据 Cuieford 的观点，若 Cronbach's Alpha 0.35 为低信度，若 0.35 Cronbach's Alpha 0.7 为中等信度，Cronbach's Alpha 0.7 为高信度。根据表 5 中的数据可以看出量表总体和各部分的信度较高。我们认为，这是因为问卷设计完全基于业务与 IT 融合概念模型的关键环节及其内容，而这些内容又基于文献综述和实践经验，因此问卷的内容效度是可信的。

表 5 **潜在因子信度分析表**

潜在因子	问题个数	Alpha 系数	潜在因子	问题个数	Alpha 系数
基础设施	4	0.810	交流合作	5	0.869
技术创新	3	0.837	知识共享	4	0.860
业务拓展	3	0.810	IT 实施成功经验	3	0.857
用户满意度	4	0.828	高层支持	3	0.870
战略联系	5	0.818	竞争优势	4	0.881
量表总体	38	0.966			

3.2 测量模型的验证性因素分析

一般而言，对一个带有潜在变量的路径分析模型，将测量模型与结构模型分为两个模型进行检测，称为两阶段策略。第一个阶段确定因素结构的拟合性，第二阶段则是在不改变测量模型的前提下，增加结构模型的设定，并评估结构模型界定之后的拟合性。此种做法是目前广大学者所建议的分析策略。

测量模型的验证性因素分析对十个潜变量及其内部指标的效度进行检验。根据概念模型的要求以及结构方程模型中对识别步骤的规定，利用 AMOS 7.0 软件，对概念模型进行参数估计与模型拟合，获得相应的参数标准化解（Standard Solution）与统计显著性 p 值，分析过程和结果如下：

首先对模型的整体拟合状况做出检查。其中模型的总体值为 1175.909，模型自由度为 620，其比值为 1.897，小于判断临界点 3.0；同时 RMSEA 指标值为 0.065 处于可以接受的范围（0.05-0.08），因此，从总体上讲，测量模型的验证性因素分析通过相关指标验证。

其次考察潜变量与指标问题之间的关系强度及其显著性。检验结果如图 2 所示，所有指标问题与

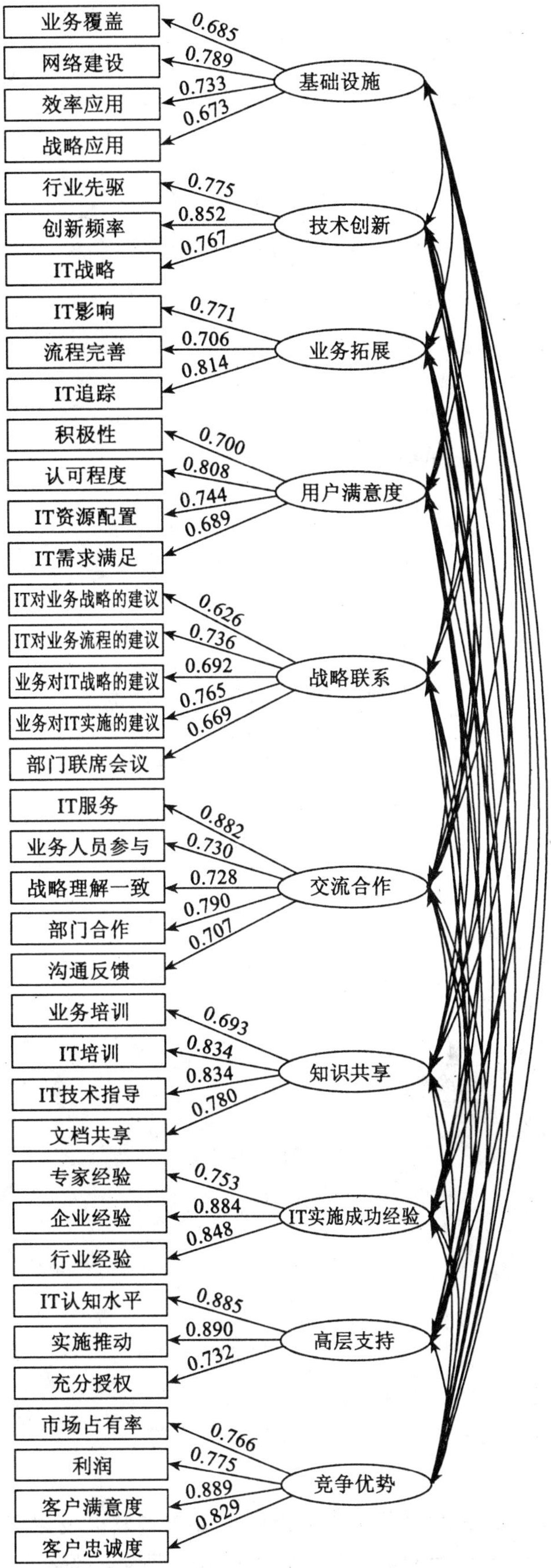

图 2　验证性因素分析路径图

相应的潜变量之间都存在明显的作用关系，相应的 C. R. 值均大于 1.96 的参考值，这表明各路径系数在 p = 0.05 的水平上具有统计显著性，证明潜变量与内部指标之间的关系是显著的。

通过上述验证性因素分析，可以发现在指标问题及其对应的潜变量之间存在比较明显的解释与被解释关系，并且这种关系是显著的。于是从验证性因素分析的角度分析，研究设计的指标体系对于反映企业业务与 IT 融合是有效的。因此上文提到的 9 个假设得到部分验证，得到本文第一个检验结论：

结论 1：IT 基础设施建设以及利用效率等潜变量可以通过表 3 中相应的指标变量来衡量。

3.3　结构模型的路径分析

本部分对结构模型进行路径分析，即对概念模型中潜在变量之间的逻辑关系进行检验。

根据上文中的 9 个假设，利用 AMOS7.0 软件可获得参数标准化解和统计显著性 p 值。根据模型检验的路径图、参数标准化解和 p 值的检验结果，首先对模型的整体拟合状况做出检查，其中模型的总体为 1512.225，模型的自由度为 654，其比值为 2.312，小于临界值 3；同时 RMSEA 值为 0.078，处于可以接受的范围之内（0.05-0.08），从总体上讲，结构模型可以通过验证。

其次，考察结构变量之间的关系的强度和显著性，如图 3 所示，可以发现，在假设中提出的潜在变量之间的逻辑关系是存在的，相应的 C. R. 值均大于 1.96 的参考值，这表明各路径系数在 p = 0.05 的水平上具有统计显著性，因此得到结构性验证的结论如下：

结论 2：业务与 IT 融合有理性维度和社会维度两个维度，理性维度可以从基础设施、技术创新、业务拓展、用户满意度四个方面来衡量；社会维度可以从业务与 IT 部门战略联系、交流合作、知识共享、IT 实施成功经验、高层支持五个方面来衡量。

结论 3：IT 融合的理性维度和社会维度对企业竞争优势有正向影响关系。

3.4　对策建议

业务与 IT 融合是获取和维持企业竞争优势的基础。从图 3 中可以看出，理性维度和社会维度对竞争优势的作用力分别为 0.393 和 0.451，可见 IT 融合的社会维度对企业获取持续竞争优势具有更大的促进作用。也就是说，竞争企业之间在领导支持、业务部门与 IT 部门之间的战略联系、交流合

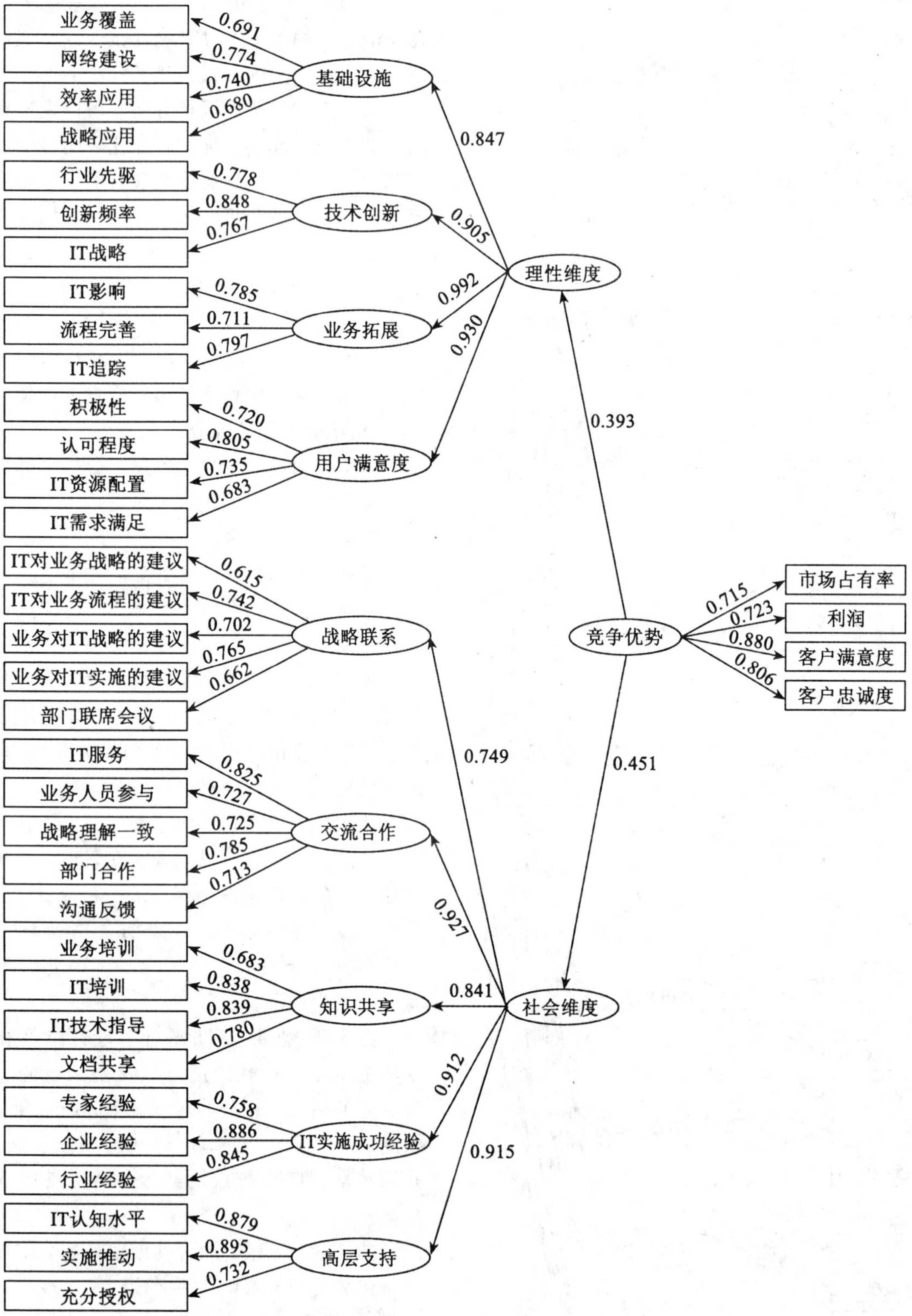

图3 结构模型路径图

作以及知识共享上，所做出的努力和取得的成绩有较大差异，而且难以模仿，从而使得善于沟通、交流、协作的企业赢得了持续的竞争优势。而在企业业务战略、组织结构、业务流程与IT战略、IS框架、IS流程之间的相互适应、完善调整以及创新发展的过程中，竞争企业之间的差距没有那么大，而且其他企业学习和模仿相对较容易，企业较难凭此能力获取持续的竞争优势。

业务与IT融合的各评价标准对企业竞争优势有不同的贡献作用。从图3中可得出IT融合的各评价标准对企业竞争优势的作用力，例如基础设施对企业竞争优势的作用力 =0.847 * 0.393 =0.333，由此可得表6。从表6中可以看出，业务部门和IT部门的交流合作作为关键影响因素对企业竞争优势的贡献是0.418，因此企业应该尤其关注这两个部门的交流合作。此外高层支持以及IT实施成功经验也是比较关键的影响因素。

表6 业务与IT融合的各评价标准对竞争优势的作用力

排名	1	2	3	4	5	6	7	8	9
评价标准	交流合作	高层支持	IT实施成功经验	业务拓展	知识共享	用户满意度	技术创新	战略联系	基础设施
作用力	0.418	0.413	0.411	0.390	0.379	0.366	0.356	0.338	0.333

对于IT应用水平不同的企业，业务与IT融合的各评价标准对企业竞争优势的影响程度不可一概而论。例如，对于IT应用水平较高的企业，交流合作、知识共享等是影响企业竞争优势的关键因素，但对于IT应用水平较低的企业IT基础设施建设及利用效率可能是十分重要的因素。

4 结束语

本文以国内外关于业务与IT融合及IT竞争优势的已有文献为基础，建立了业务与IT融合构成，以及与企业竞争优势之间关系的理论研究模型。另一方面，作者通过进行样本数据收集，并且采用SEM方法分别对于IT融合概念测量、内部关系，及其对于企业竞争优势的影响关系进行了实证研究。此外，本研究也为企业在信息化实践之中促进业务与IT的融合，有效获取和维持竞争优势提供了实践指导。然而，关于IT融合的构建、形成过程还需要进一步的深入研究，这将会在实践上帮助企业将IT投资转化为难以模仿与学习的竞争优势。

参考文献

[1] Horovitz J. New Perspectives on Strategic Management [J]. Journal of Business Strategy, 1984, 19.

[2] Reich B H, Benbasat I. Measuring the Linkage between Business and Information Technology Objectives [J]. MIS Quarterly, 1996, 20 (1).

[3] Nelson K M, Cooprider J G. The Contribution of Shared Knowledge to IT Group Performance [J]. MIS Quarterly, 1996, 20 (4).

[4] Luftman J. Enablers and Inhibitors. Information Week, [EB/OL]. http://informationweek.com/700/luftman.htm. 1998.

[5] Henderson J C, Venkatraman N. Strategic Alignment: Leveraging Information Technology for Transforming Organizations [J]. IBM Systems Journal, 1999, 38.

[6] Subramani M R, Henderson J C, Cooprider J. Linking IS-User Partnerships to IS Performance: A Socio-cognitive Perspective [D]. MISR C Working Paper WP99-01, University of Minnesota, 1999.

[7] Reich B H, Benbasat I. Factors that Influence the Social Dimension of Alignment between Business and Information Technology Objectives [J]. MIS Quarterly, 2000, 24 (1).

[8] 王谦. ERP工程中信息平台与管理平台融合理论及能力评测研究 [D]. 天津: 天津大学, 2004.
王谦. ERP工程中信息平台与管理平台融合理论及能力评测研究 [D]. 天津: 天津大学, 2004.

[9] 石代伦, 潘九朱. 发挥IT的商业价值——一个业务与技术融合的观点 [J]. 软科学, 2006 (5).

[10] IBM中国商业价值研究院. IBM中国商业价值报告: 战略与管理 [M]. 北京: 东方出版社, 2007.

[11] 易丹辉. 结构方程模型方法与应用 [M]. 北京: 中国人民大学出版社, 2008.

[12] 邱皓政, 林碧芳. 结构方程模型的原理与应用 [M]. 北京: 中国轻工业出版社, 2009.

Empirical Study on the Impact of a Firm's Business and Alignment on Competitive Advantage

QI Guijie[1], JIAO Liyuan[1], ZHANG Haitao[1]

(1. School of Management, Shandong University, Jinan 250100, China)

Abstract: The paper's research purpose is to discuss the construct and model of business and IT alignment and its impact on competitive advantages in enterprise. Based on the literature of IT alignment and competitive advantages in China and abroad, the paper built and advanced conceptual model of business and IT alignment which describe how rational and social dimension of IT alignment influence competitive advantages in enterprise. The author also collected data through survey method, and then analyzed and tested the theoretical model using structural equation model. The results give suggestions about how to realize business and IT alignment, which will promote acquirement and maintenance of competitive advantages.

Key words: business and IT alignment; competitive advantage; structural equation model

基于电子商务能力的客户关系管理流程绩效实证研究*

叶小琴[1]，赵晶[1]，周慧敏[2]

(1. 中国地质大学(武汉)经济与管理学院，湖北武汉 430074；
2. 广州工商职业技术学院，广东广州 510850)

摘　要： 本文基于企业资源和流程的观点，通过实证分析来研究电子商务能力、客户关系管理流程绩效以及企业财务绩效三者之间的关系，从而说明基于电子商务能力的客户关系管理的价值创造过程。结果表明客户关系管理流程绩效是电子商务能力和企业财务绩效的中间变量，在客户关系管理流程中，电子商务能力首先产生流程绩效，然后才会产生企业财务绩效。本研究将为企业实施客户关系管理提供一定的参考依据，帮助企业更好地实施客户关系管理。

关键词： 电子商务能力；客户关系管理流程绩效；企业财务绩效

中图分类号： F713.36

在当今激烈竞争的消费市场中，与客户建立并保持良好的关系对于企业长期的商业生存是十分有必要的。许多企业从以产品为中心转为以客户为中心，并运用客户关系管理（Customer Relationship Management, CRM）来获取并保留客户，构建客户的忠诚度。与此同时电子商务的蓬勃发展为企业客户关系管理带来了深刻变革，改变了传统商业运作中客户接触和客户服务等方式。而因特网作为一种媒介与传统媒介所不同的典型特征就是其交互性，这就使得企业可以通过网络与客户实现信息共享，挖掘潜在客户和客户的潜在需求，及时响应并满足客户需求，从而改善客户关系管理流程，最终改善企业绩效。利用基于因特网的电子商务来改善客户关系管理已成为企业界和学术界广泛关注的问题。

本研究从电子商务流程的角度，基于企业资源的观点，验证电子商务能力在企业客户关系管理流程中实现价值创造的过程。

1　文献综述

1.1　电子商务环境下客户关系管理研究

目前，客户关系管理（CRM）尚无统一的定义，不同的研究机构和公司对 CRM 都有不同的理解。本文认为：客户关系管理是树立以客户为中心的发展战略，将一系列方法、信息技术和电子商务应用在企业的营销、销售、服务和职能支持等业务流程中，提升客户满意度和忠诚度，改善客户服务和客户关系，最终创造企业竞争优势和利益的一种商务行为。

已有的电子商务环境下客户关系管理的文献，大体可分为两类：侧重管理营销的研究和侧重信息技术的研究。从管理营销角度看，企业和研究学者之所以关注电子商务环境下的客户关系管理，主要是因为电子商务能更好地改善客户关系，提高客户满意度。Petrissans A 指出客户关系管理是一个新型的以客户为中心的商务模型，公司的操作要围绕客户的需要（比如与产品、资源和流程相关的）以改进客户的满意度、忠诚度和保留率[1]。Korner V，Hans-Dieter Zimmermann 为了成功地管理供应商与客户之间的关系，提出一个商务媒介中的客户关系管理模型（MCR-BM），这个模型包含 7 个变量：客户交互、客户价值增值、客户剖面图、信任、虚拟社区、流程和控制[2]。也有学者从客户服务方面进行了研究。Bhattacherjee A（2001）基于期望—确认理论，验证了客户持续使用 B2C 电子商务服务目的的关键驱动因素，客户持续意图是由最初服务使用的满意度、他们认知的服务使用的有用性、服务使用认知的有用性和忠诚度之间的交互三个方面决定的[3]。国内学者张大陆和姚进

* 基金项目：国家自然科学基金资助项目（70172034，70672064），教育部人文社会科学资助项目（06JA630068），武汉市科技计划资助项目（200770834321）

作者简介：叶小琴（1985），女（汉），湖北广水

通讯作者：赵晶，中国地质大学（武汉）经济管理学院教授，博士研究生导师，E-mail：zhao5563@163.com

(2005) 从顾客的角度出发，通过提出服务质量评价体系的结构及其评价指标，建立了面向顾客的电子商务服务质量评价体系[4]。

从信息技术角度看，相关的文献对电子商务客户关系管理中数据挖掘比较关注。Terdeman RH 和 Sweiger M 等人认为在客户关系管理中电子商务与数据仓库是密不可分的[5][6]，在电子商务模式下缺少数据仓库支持的客户关系管理难以取得成功。而 Linoff GS 和 Berry M 则强调电子商务、数据挖掘与客户关系管理三者的结合[7]，认为基于 Web 的数据挖掘能使电子商务企业将客户数据转化为客户价值。Padmanabhan B，Zheng Zhiqiang 和 Kimbrough S. O 使用数据挖掘的方法实证分析在电子商务客户关系管理中收集的信息的价值，结果表明通过拥有完整信息可以获得建模优势[8]。

此外一些学者还研究了网络技术对客户关系管理的改善。Schubert P 认为共享性电子产品目录集合购买者的虚拟社区和销售者所提供的电子产品目录从而促进了客户与在线机制之间的流程交互[9]。Kohli R 等人提出了医院通过基于网页的医生记录系统采用的客户关系管理方法，结果指出医生记录系统可以改进病人的满意度[10]。

1.2 电子商务与绩效研究

在电子商务领域，电子商务的价值创造和绩效测评是两个主要的研究领域。其中电子商务的价值创造始于对 IT 价值的研究。而早期的 IT 价值研究主要局限在企业层面，而流程层面的研究处于起步阶段[11]。基于流程观点的文献，一般是研究信息技术和信息扩散与企业绩效之间的关系，认为 IT 技术可以改进流程从而产生价值，侧重 IT 技术对流程影响的研究。Grover V，Teng J，Segars AH 和 Fiedler K 从信息管理者观点出发，通过实证研究得出 IT 扩散与流程变革能影响企业生产率，流程变革是一个中间变量，IT 可以通过流程来产生价值[12]。Dehning B，Richardson VJ，Stratopoulos T (2005) 基于公司价值的方法和流程导向的方法建立了一个公司价值模型来解释 IT 投资对公司价值的大量影响[13]。Davamanirajan P 等人 (2006) 从业务流程绩效和经济绩效两方面讨论了 IT 在企业中的价值，认为从流程层面分析更适合说明 IT 对企业的影响[14]。

20 世纪 90 年代后期 IS 研究领域的学者将企业资源观 (RBV) 用于研究 IT 资源与 IT 价值之间的关系。一些学者进一步延伸到分析电子商务价值创造。Kevin Zhu，Kraemer KL (2002) 从动态能力角度，结合 RBV 理论，实证分析发现电子商务能力 (信息、交易、客户化和供应商联系) 和公司绩效之间存在显著关系[15]，但是公司绩效是用财务绩效来衡量的。Barua A，Konana P，Whinston A. B (2004) 基于 RBV，提出一个网络使能的商务交易和价值评估模型，这个模型可以调整公司的能力和开发公司的资源 (流程，信息技术和客户及供应商的准备就绪)，产生在线信息能力 (一个高级资源)，这个能力可以改进运作和财务绩效[16]。Barua A 等人已经明确说明流程、信息技术及客户和供应商的准备就绪这几种资源可以产生在线信息能力，但是他们是把能力作为高级资源，没有明确分开资源和能力，而且在衡量绩效时采用财务绩效作为指标，不能很好地说明电子商务的价值。Saeed K. A，Grover V，Hwang Y (2005) 通过实证分析电子商务能力，顾客价值与公司短期和长期绩效的关系，结果表明拥有较高电子商务能力的公司往往拥有更好的绩效[17]。Melville N 等人基于 RBV，整合其他理论，提出 IT 商务价值模型，指出 IT 资源通过业务流程产生业务流程绩效，然后产生组织绩效[18]，但是没有进行实证分析。

在国内，赵晶等人以企业资源观作为理论基础，从电子商务流程的角度，依照企业的战略—资源—能力—绩效之间的关联关系，提出了“电子商务价值创造过程”模型，实证论证了从“战略规划资源”到“资源转化能力”直至“能力产生价值”的完整过程[19]。张嵩，李文立和黄丽华 (2004) 从 IT 基础设施的结构研究了电子商务环境下企业 IT 基础设施的构成，划分为 IT 基础设施共享能力、服务能力和柔性能力三种能力[20]，并通过案例分析说明。

综上所述，电子商务环境下的客户关系管理研究文献中缺少专门针对 CRM 绩效衡量的研究。研究中企业绩效指标多是采用财务指标，缺少流程绩效指标。因此需要从业务流程这个中间层面分析和解释电子商务和企业绩效的关系。另外电子商务价值研究中，对于资源和能力是否有区分没有统一的定论，一类研究将能力和资源分开，认为资源可以产生能力，再由能力产生价值，Kevin Zhu，Kraemer K. L，Saeed K. A，Grover V，Hwang Y 和赵晶的研究都将能力和资源分开，探讨了能力对绩效的作用；但大多数研究没有将资源和能力分开，而是将能力作为一种资源研究他们对绩效的作用。

2 理论模型与假设

本文依据 Kevin Zhu 和赵晶等人的研究，将能力和资源分开，来验证电子商务能力在企业客户关系管理流程中实现电子商务价值创造的过程。从流程的观点看，电子商务能力是通过流程整合配置资源，首先产生流程绩效，进而产生企业绩效。电子商务能力是间接对企业绩效产生影响的。Melville N等人提出的IT商务价值模型，已经从理论上说明了流程绩效衡量IT价值的合理性。但是还缺少从流程的角度，来系统地研究电子商务能力对客户关系管理流程绩效的作用过程。

本文基于企业资源观，从客户关系管理流程的角度出发，依据赵晶提出的“电子商务价值创造过程”模型[19]，提出客户关系管理流程绩效模型（如图1所示），来探究电子商务能力、客户关系管理流程绩效以及企业财务绩效之间的因果关系。其中电子商务能力又包含两种能力：共享信息能力和合作流程能力。

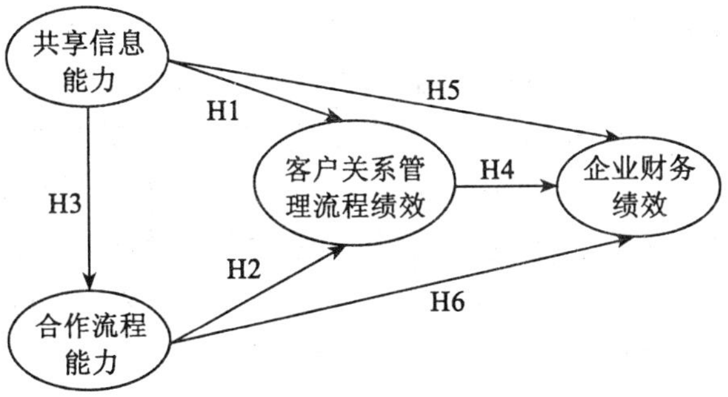

图1 客户关系管理流程绩效模型

2.1 电子商务能力与客户关系管理流程绩效的关系假设

本文所研究的电子商务能力对客户关系管理流程绩效的作用过程，由两个关联关系构成：信息共享能力和合作流程能力共同作用于流程绩效的关联关系；两种电子商务能力之间的关联关系。

在客户关系管理流程中，共享信息能力是指企业通过网络和IT技术来满足企业与客户双方信息需求的程度和能力。随着信息技术和电子商务的应用，企业共享信息程度的改善可以带来工作效率的提高和成本的节约，并能改进组织的效率、学习、创新以及适应性。研究表明信息技术的应用可以消除信息延迟，使得顾客订货信息能够立即传送到供应链中的各个成员，大大提高了企业的响应速度[21]。Gautam Ray 等人（2004，2005）研究就明确指出共享信息能力作为一个关键的IT能力，能改进客户服务流程绩效，使得客户服务质量得到有效改善[22][23]。因此企业和客户之间共享信息的程度和能力的提高，能够帮助企业提高客户关系管理流程的绩效。故提出

假设H1：共享信息能力对客户关系管理流程绩效产生显著积极的影响。

合作流程能力直接反映了在客户关系管理流程中企业与客户的合作水平和能力，基于因特网的电子商务可以为企业的客户关系管理提供很多在线的服务功能与营销方法，这些在线服务加快了企业对客户的反馈速度，同时客户可以主动参与到服务过程中，节省服务时间，从而提高客户的满意度。Bitner等人（1994）指出客户和服务提供者之间的交互质量对客户满意度有显著影响[24]。营销文献也指出在线服务的提供能产生更好的服务经历和更少的期望否决，产生更好的总体满意度，从而导致销售和客户忠诚度也增加。故提出

假设H2：合作流程能力对客户关系管理流程绩效产生显著积极的影响。

共享信息能力和合作流程能力之间的关联关系反映的是两个能力的依存关系，合作流程能力是企业与客户在共享信息基础之上的合作商务活动能力。Chae等人的研究证实信息共享将降低运作的风险[25]，因为它使流程更加简单并得到监控，更加开放的信息共享能够促使伙伴在合作中形成信任关系提高流程运作的有效性。在客户关系管理中，企业同客户的信息共享程度直接影响企业同客户的合作活动水平和能力。因此提出

假设H3：共享信息能力对合作流程能力产生显著积极的影响。

2.2 客户关系管理流程绩效与企业财务绩效的关系假设

客户关系管理流程绩效的改善对企业财务绩效的改善有重要影响。当共享信息能力和合作流程能力在客户关系管理中直接改进客户关系管理流程绩效后，表现为客户服务质量的改进，满意度的提高等。客户满意度提高，有利于增加企业忠诚客户数量，从而对企业财务绩效产生积极影响[26]。Davamanirajan P等人在用流程绩效模型和经济绩效模型鉴定IT影响的时候，发现IT影响流程绩效，流程绩效的提高又影响经济绩效[27]。因此提出

假设H4：客户关系管理流程绩效对企业财务绩效产生显著积极的影响。

2.3 电子商务能力与企业财务绩效的关系假设

虽然Kevin Zhu和Barua A等人研究指出共享信息能力等电子商务能力对企业财务绩效产生积极影响[15][28]。Straub D，Rai A，Klein R（2004）

从网络层次上测量公司绩效，也发现信息共享也能够改善网络组织绩效[29]。但本文认为电子商务能力是先产生流程绩效，后产生财务绩效，电子商务能力与财务绩效之间没有显著关系。为了验证本文的观点，需要通过否认电子商务能力对企业财务绩效能产生显著积极影响。因此提出

假设 H5：共享信息能力对企业财务绩效产生显著积极的影响。

假设 H6：合作流程能力和企业财务绩效产生显著积极的影响。

3 实证分析

为检验本文的研究模型以及研究假设，本文采用由问卷调查所得来的数据。数据来源于企业电子商务实施的相关调查问卷。调查的过程及数据收集已在赵晶等研究中详细说明[19]。本研究选取制造业作为研究对象有以下几点原因：一是集中于制造业这一个行业有利于控制行业特性对研究的影响；二是考虑到制造业越来越重视客户服务及客户关系管理的趋势。在 2006 年 11 月至 2007 年 10 月期间，总共发放问卷 500 份，回收 218 份。删除还没有正式开展电子商务以及漏填的问卷，得到有效问卷 148 份，占回收问卷总数的 71.6%。我们对已回收的问卷与未回收的问卷进行差异性检验，结果表明二者不存在显著性差异（$p>0.05$）。从被调查者个体层面看，被调查者 50% 以上是管理者，在公司具有 4 年以上工作经验，并且 40% 的人所学专业为经理管理类专业；从被调查企业 40% 以上实施电子商务的时间超过 4 年。因此问卷的可靠性能够得到保证。

考虑到所要验证的模型中企业财务绩效变量的指标是结构型指标（Formative Indicator），依据 Wynne W. Chin 等人的观点[30]，包含结构型指标的模型适合用偏最小二乘（Partial Least Square, PLS）方法建模。故本研究采用 PLS 方法进行模型的分析与验证。主要从两个方面进行数据分析与验证：一是效度分析和信度分析；二是结构模型验证。

3.1 效度和信度分析

效度（Validity）和信度（Reliability）是用来衡量量表的质量。其中效度的衡量采用因子分析和平均萃取变异量（Average Variance Extracted, AVE），另外采用 Cronbach α 系数和组成信度（Composite Reliability, CR）计量量表的信度水平。首先采用 SPSS11.5 完成探索性因子分析（EFA）。研究发现，所有的 KMO 统计量远大于 0.8，Bartlett's 球形检验在 0.01 的显著性水平下通过检验。同时可测各变量的标准因子负载在 0.61 ~ 0.89 之间。然后使用 PLS 来评价测量模型，结果发现各因子负载（loading）在 0.78 ~ 0.92 之间，在 0.01 水平下通过检验，因此测量模型的拟合效果达到规定要求。且所有潜变量 AVE 的值的最小为 0.68，均大于 0.5，所有因子间的相关系数（最大值 0.80）均小于 AVE 的平方根。因此测量模型具有很好的收敛效度和判别效度。

所有变量的 Cronbachα 系数在 0.92 ~ 0.95 之间，所有因子的 CR 值在 0.88 ~ 0.94 之间，远大于 0.7 的限制性水平。因此量表的信度达到较高的水平。综上，测量模型在效度和信度上均具有较高的可靠性。

3.2 结构模型的检验

结构模型的检验主要包括路径系数和 R^2，路径系数主要反映的潜变量之间影响的方向和影响的程度，R^2 值反映了结构模型中，内生潜变量能被外生潜变量解释的程度，也反映的模型的预测能力。运行 PLS Graph 后，得到结构模型检验结果的路径系数和 R^2（如图 2）。在 0.05 显著性水平下，信息共享能力对企业财务绩效（假设 5，$\beta=-0.042, p>0.05$）以及合作流程能力对企业财务绩效（假设 6，$\beta=0.025$，$p>0.05$）的影响不显著，其余的关系假设均显著成立。在删除 H5 和 H6 这两个不显著的路径后，重新运行 PLS Graph 后得到修正模型（如图 3）。模型修改前后的路径系数见表 1，并且所有路径均在 0.01 显著性水平下通过检验（$p<0.01$），表明修正模型的假设全部成立。因此，我们认为修正后的模型更加贴近数据的真实结构。

表 1 **路径系数的 T 值**

假设	原始模型 T 值	修改模型 T 值
H1	5.212***	5.227***
H2	2.971**	2.917**
H3	15.468***	15.230***
H4	3.197**	4.416***
H5	0.363	——
H6	0.247	——

注：$p<0.01$**；$p<0.001$***

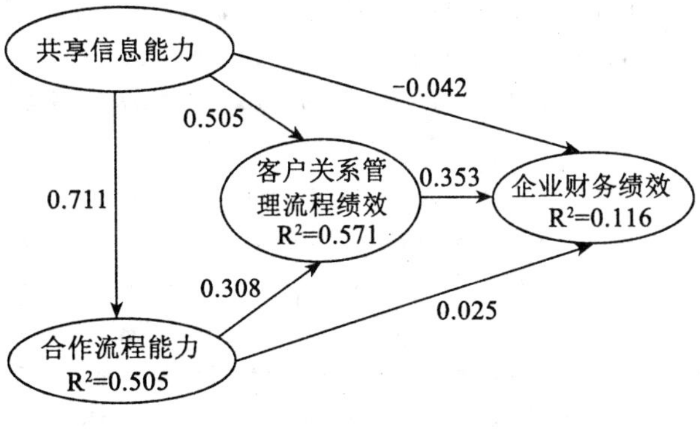

图 2 研究模型的路径系数和 R^2

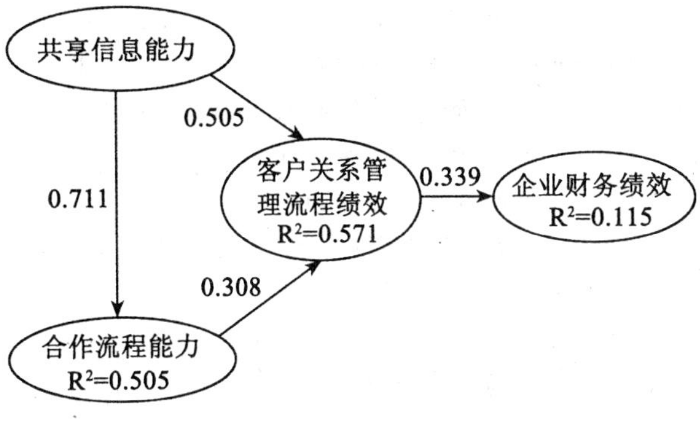

图 3 修改后模型的路径系数和 R^2

4 讨论及结论

4.1 电子商务能力与客户关系管理流程关系的讨论

通过实证分析，假设 H1（$\beta=0.31$，$P<0.01$）和假设 H2（$\beta=0.41$，$P<0.001$）的成立说明在企业的客户关系管理流程中电子商务的两种能力（共享信息能力和合作流程能力）均对客户关系管理流程绩效具有显著积极的影响。另外假设 H3（$\beta=0.71$，$P<0.001$）的成立表明共享信息能力对合作流程能力具有非常显著的积极影响。

假设 H1 及假设 H3 的成立，反映了在新经济时代信息是商务活动最重要的资源。企业只有通过建立共享信息能力，才有可能得到全面的客户需求信息以及市场更动信息，从而更有效地为客户提供有价值的服务。以前，由于企业没有建立网络，各个企业之间以及同一个企业不同部门之间都存在“信息孤岛”的现象。但是企业实施基于网络的电子商务，能够有效改善这种信息封闭的状态。在客户关系管理中，企业通过网络的交互功能与客户及时进行沟通，从而能够深入地理解客户需求。企业和客户也只有在充分共享信息，如产品更新信息、产品评论信息等，同时提供在线搜索，企业才能及时得到客户的反馈信息，从而获取客户的需求变动信息，使得所提供的服务更符合客户的需要。因此共享信息能力必须成为企业必备的能力，它直接关系着企业的发展和生存。

假设 H2 的成立表明，合作流程能力对客户管理管理流程绩效的改善至关重要。企业建立合作流程能力，为客户提供在线交易、订单跟踪以及产品推荐等服务，能够节省客户时间，改善客户的购物体验，从而提高客户的满意度和忠诚度，最终也将有利于企业财务绩效的改善。同时假设 H3 的成立表明，合作流程能力要发挥对客户关系管理流程绩效的作用，必须依赖于共享信息能力。而当企业和客户共享信息程度比较高的时候，往往也会刺激和促进在线交易和订单跟踪等业务的实施。

因此企业在客户关系管理流程中，必须注意共享信息能力的基础性作用，并重视两种电子商务能力的协同对流程的促进作用，不能一味强调共享信息，而忽视合作流程的作用。只有两种电子商务能力相辅相成，才能取得较好的客户关系管理流程绩效。

4.2 客户关系管理流程与企业财务绩效关系的讨论

通过实证分析，本文研究假设 H5（$\beta=0.11$，$P>0.05$）和假设 H6（$\beta=-0.03$，$P>0.05$）的成立，表明在客户关系管理中，电子商务能力对企业财务绩效没有显著的积极影响。而假设 H4（$\beta=0.33$，$P<0.001$）的成立，表明客户关系管理流程绩效对企业财务绩效有显著的积极影响。

以上结果证明，客户关系管理流程绩效是电子商务能力和企业财务绩效的必然中间变量。电子商务能力直接产生的是流程绩效，只有通过改善流程绩效，企业财务绩效才能得到改善。企业最初采纳电子商务，基本上都是为了改善企业财务绩效。但是当财务绩效没有出现预期结果的时候，往往认为电子商务就没有投资的价值。本研究证实了电子商务对企业的影响主要体现在流程绩效的改善上。由于流程绩效往往是非财务指标，反映的是企业长期效益，但是企业财务绩效指标反映的是短期效益，这样使得电子商务创造的价值即流程绩效的改进不可能在短期内被企业识别和认同。因此我们要看到电子商务对流程绩效的长期效益，注重流程绩效的改善，不能因为电子商务能力对企业财务绩效没有显著作用就此否认电子商务的价值和作用。企业在评价电子商务价值时，也需要将非财务与财务评价指标结合起来使用，有助于建立科学的电子商务价值评价指标体系。

本文的研究也存在一定的局限性。问卷调查时均选取企业中的某个个体，由此可能会产生由共同方法变异所产生的偏差。另外研究中的样本没有考虑制造业中各子行业特征，各子行业的样本分布不是很均衡，以后会进一步增加样本容量，并使样本的行业分布更为均衡。

参考文献

[1] Petrissans A. Customer Relationship Management: The Changing Economics of Customer Relationship [J]. Cap Geminir International Data, White Paper, May 1999.

[2] Korner , Hans-Dieter Zimmermann. Management of Customer Relationship in Business Media [J]. Electronic Markets Volume 10 (3): 162-168.

[3] Bhattacherjee A. An Empirical Analysis of the Antecedents of Electronic Commerce Service Continuance [J]. Decision Support Systems 32 (2001): 201-214.

[4] 张大陆，姚进. 电子商务环境下面向顾客的服务质量评价体系 [J]. 计算机工程，2005 (3): 66-67

[5] Terdeman R, Norris-Montanari J, Meers D, Innlon W , Inmon W . Data Warehousing for E -business.

[6] Sweiger M, Madsen M , Langston J, Lombard H. Click Stream Data Warehousing [M] . Wiley, 2002.

[7] Linoff G , Berry M . Mining the Web: Transforming Customer Datain to Customer Value [M]. Wiley, 2002.

[8] Padmanabhan B, Zheng Zhiqiang, Kimbrough SO. An Empirical Analysis of the Value of Complete Information for Ecrm Models [J]. MIS Quarterly, 2006 (1) Vol. 30 Issue 2: 247-267.

[9] Schubert P. The Participatory Electronic Product Catalog: Supporting Customer Collaboration in E-Commerce Applications [J]. Electronic Markets Volume 10 (4): 229-236.

[10] Kohli R, Piontek F, Ellington T, Osdol T V, Shepard M and Brazel G. Managing Customer Relationships through E-business Decision Support Applications: a Case of Hospital-physician Collaboration [J], Decision Support Systems. 2001 (32). 171-187.

[11] Davamanirajan P, Kauffman R J, Kriebel C H. Systems Design, Process Performance, and Economic Outcomes in International Banking [J]. Journal of Management Information Systems, 2006 , (2).

[12] Grover V, Teng J, Segars A H and Fiedler K. Business Process on Perceived Productivity: the IS Executive's Perspective [J]. Information & Management. 1998 (34) , 141-159.

[13] Dehning B, Richardson V J and Stratopoulos T. Information Technology Investments and Firm Value [J]. Information & Management . 2005 (42): 989-1008.

[14] Barney J. Firm Resources and Sustained Competitive Advantage [J]. Journal of Management, 1991, (1).

[15] Kevin Zhu, Kraemer K L. E-commerce Metrics for Net-Enhanced Organizations: Assessing the Value of E-commerce to Firm Performance in the Manufacturing Sector [J]. Information Systems Research, 2002. 9, 275-295.

[16] Barua A, Konana P, Whinston A B. An Empirical Investigation of Net-Enabled Business Value [J], MIS Quarterly, 2004. 12 (28): 585-620.

[17] Saeed K A, Grover V, Yujong Hwang. The Relationship of E-Commerce Competence to Customer Value and Firm Performance: An Empirical Investigation [J]. Journal of Management Information System, 2005 (22): 223-256.

[18] Melville N, Kraemer K, Gurbaxani V. Review: Information Technology and Organizational Perspective: An Integrative Model of IT Business Value [J]. MIS Quarterly, 2004, 28 (2): 283-322.

[19] 赵晶，朱镇. 企业电子商务价值创造过程模型 [J]，管理科学学报（稿件修订中），2009.

[20] 张嵩，李文立，黄丽华. 电子商务环境下企业 IT 基础设施能力的构成研究 [J]，计算机集成制造系统，2004 (11): 1640-1645.

[21] 马祖军，代颖，武振业. 用信息共享抑制供应链中的牛鞭效应 [J]. 西南交通大学学报，2003 (4): 204-207.

[22] Ray G, Barney J. and Muhanna W A. Capablities, Business Processes, and Competitive Advantage: Choosing the Dependent Variable in Empirical Tests of the Resource-based View [J], Strategic Management Journal, 2004 (25): 23-37.

[23] Ray G, Muhanna W A andBarney J. Information Technology and the Performance of the Customer Service Process: A Resource-based Analysis [J]. MIS Quarterly, 2005 (12): 625-652.

[24] Bitner, Mary Jo, Booms, Bernard H. and Mohr, Lois A. Critical Service Encounters: The Employee's Viewpoint [J]. Journal of Marketing, 1994. 10 (58): 95-106.

[25] Chae B S, Yen H J R, Sheu C. Information Technology and Supply Chain Collaboration: Moderating Effects of Existing Relationships Between Partners [J]. IEEE Transactions on Engineering Management, 2005, 52 (4): 440-448.

[26] Vickery S K, Jayaram J, Droge C, Calantone R. The Effects of An Integrative Supply Chain Strategy on Customer Service and Financial Performance: An Analysis of Direct versus Indirect Relationships [J]. Journal of Opera-

tions Management. 2003 (21): 523-539

[27] Prabu Davamanirajan, Robert J. Kauffman, Charles H. Kriebel, Tridas Mukhopadhyay. Systems Design, Process Performance and Economic Outcomes [J]. Proceedings of the 39th Hawaii International Conference on System Sciences, 2006.

[28] Barua A, Konana P, Whinston A B. An Empirical Investigation of Net-enabled Business Value [J]. MIS Quarterly, 2004. 12 (28), 585-620.

[29] Straub D, Rai A, Klein R. Measuring Firm Performance at the Netmork Level: A Nomology of the Business Impact of Digital Supply Networks [J]. Journal of Management Information Systems, 2004, 83-114.

[30] Wynne W. Chin. Issues and Opinion on Structural Equation Modeling [J]. MIS Quarterly, March 1998.

An Empirical Study of Customer Relationship Management Process Performance: Based on E-Business Capabilities

YE Xiaoqin[1], ZHAO Jing[1], ZHOU Huimin[2]

(1. Department of Economics and Management, China University of Geosciences, Wuhan 430074, China;
2. Guangzhou Business Vocational and Technical College, Guangzhou 510850, China)

Abstract: Based on the resource view of the firm and process perspective, this paper investigates the relationships among ebusiness capabilities, Customer Relationship Management (CRM) Process performance and firms' finance performance by the empirical analysis to find the value creation process of the customer relationship management which is based on the e-business capabilities. The result shows that the process performance of CRM is an medium variable of the e-business capabilities and finance performance. E-business will improve the process performance firstly, and then improve the finance performance. This study can provide a reference to the practice of customer relationship management activities and help the firm apply CRM successfully.

Key words: e-business capabilities; the process performance of customer relationship management; firms' finance performance

基于企业信息技术的互补性组织资源再配置过程研究

褚燕[1]，黄丽华[2]

（1. 华东电力试验研究院，上海 200437；2. 复旦大学 管理学院，上海 200433）

摘　要： 从资源互补性的视角出发，通过探索性案例研究信息技术实施后，与其互补组织资源的再配置过程，构建了基于企业信息技术的互补性组织资源的再配置路径图，深入分析信息技术实现其价值的途径和影响因素，并给出了相应的管理建议。

关键词： 互补性资源；资源再配置；信息技术资源；信息技术能力

中图分类号： C931.6

随着新的信息技术的引入，必然会打破已有的企业资源配置状况，企业势必要结合信息技术，重新配置企业资源组合，引发企业能力的改变，促成这些变化形成的过程就是资源再配置的过程。

企业获取资源和再配置资源是两个截然不同的战略性组织过程[1]。资源获取主要是选取资源的过程，资源再配置是有关企业能力建设，关注如何充分应用或开发现有资源。基于资源基础观，资源获取是指组织选择和获得能带来高于市场预期价值的资源，与输入要素的投资有关[2]。然而资源再配置则是指整合、建设和再配置现有的资源去建设新业务能力的过程[3][4]，所以资源再配置过程是影响企业绩效的非常重要环节。

本文通过信息技术在企业里实施应用的典型案例研究来剖析信息技术引入企业后，促使与信息技术互补的组织资源的资源利用结构的如何发生变化，哪些互补性的组织资源参与到资源的再配置过程中。研究结果有助于我们认识中国企业信息技术与其他企业资源相互融合的过程，提高企业信息技术应用的成功率，从而提高信息技术投资的价值，为中国企业的信息化提供理论指导。研究结果在一定程度上对于提高企业信息技术利用水平和经营管理水平具有实践指导意义。

1　文献综述

在基于信息技术的互补企业资源再配置中，信息技术与知识资源的互补是非常关键，直接影响企业能力重塑的成败。由于信息技术推动了知识资源的规划和学习过程，提升了知识资源的自组织功能，促使这些资源再调整和组合，培育新的企业能力，有助于企业实现战略灵活性[5][6]。因而信息技术可视作竞争性突破和敏捷性的平台[7]，尽管应用信息技术去改善组织绩效几乎不用进行组织变革[8]，但成功的信息技术应用常伴随着重大的组织变革[9]，包括政策和规则，组织架构，工作实践和组织文化。

信息技术的影响和应用常与其他组织因素交织在一起，这些资源互补决定信息技术产生的价值大小，如信息技术在有效率的流程上应用，对企业绩效贡献的价值更大，而同样在低效的流程上使用，贡献则小。这种资源互补或协作关系，表明信息技术自身对绩效贡献不大，而通过与其他企业资源的一起作用来发挥信息技术的价值。从另一方面来说，要用好信息技术，必须确保对其互补资源的投入，否则，仅对信息技术的投资将无法产生预期的良好回报。由于资源再配置是协调、扩展、整合和再组合知识资源形成新的企业能力的过程，信息技术作为企业管理知识资源的关键手段[10][11][12]，特别是信息密集型流程[13]，资源再配置过程必然涉及信息技术管理。事实上，信息技术的核心能力就是信息处理和沟通[14]。信息技术能力推动知识管理过程通过帮助客户服务部门迅速有效地管理和再配置知识资源来响应环境变化。用效率（Efficiency）和范围（Scope）作为知识整合形成能力的两个维度来衡量资源再配置过程[15]，效率指的是现有资源整合形成新的企业能力的速度。范围是指涉及资源的广度。企业面临真正的挑战来自于有效地对现有的知识资源从广度和深度进行再配置，最终形成新的企业能力。

信息技术/系统有利于组织内和组织间的知识

共享，因而信息技术同互补性的知识型资源，如人力资源、业务流程资源，相互协调、管理和整合，增加组织内和组织间的共享信息的丰富性[11]，有利于对企业知识的全面管理[16]。通过管理者和信息技术经理拥有共同知识的范围和深度的增加，提高了制定实施决策的效率，提高组织灵活性。信息技术支持流程导向的团队，让团队成员能相互了解角色、技能和专有知识[17]。作为建设高层次组织能力的平台，信息技术能力与其互补的人力资源和业务流程资源的重新组合协作，将会提高服务效率，改进服务质量，形成新的客户服务能力。

2 案例研究

本研究采用的是案例研究方法。案例研究能较调查研究更好对研究现象“是什么”，“如何发生”和“为什么”问题进行回答，从而能深入地发现根本性原因，更好地解释现象。企业信息技术资源再配置的过程与组织所处的现实情境密不可分，并且企业信息技术资源再配置涉及较多的各种影响因素，如信息技术应用氛围、业务流程和员工技能等。因此，案例研究作为企业信息技术资源再配置过程的研究方法是恰当的[18]，案例分析也有利于解释各因素之间的因果关系。

本案例研究探讨信息技术资源引发企业资源的再配置过程，重点关注随着企业信息技术引入实施使用过程中，与其互补的企业资源和能力的变化及促成这些变化的机制。具体而言，本文主要研究问题探索由信息技术引发的企业资源再配置过程中，与信息技术互补的企业资源和能力如何变化，以及这些变化的资源和能力之间的关系。

根据所提的主要研究问题，设计本次案例研究。案例样本是一家总部位于上海的本地法人外资银行，实施了客户关系系统（CRM）。从案例资料的丰富性和过程的代表性考虑，选取案例对象的原则是：①必须是大型企业，②针对改善客户服务实施的信息系统，③信息系统项目立项必须在1年以上。这家银行及实施的信息系统的基本情况见表1。

表1 案例企业的基本信息

公司	所属行业	收入（2007年）（亿美元）	信息系统	信息系统预算（万美元）
A	银行业	4.98	客户关系管理系统	25

本案例满足案例研究对效度和信度的标准，特别是结构效度、内部效度、外部效度和信度。结构效度由多种来源的数据来保证，例如访谈记录，和年报、文档等。内部效度由详细的研究架构来确保，指分析步骤。外部效度有限，由于本研究是探索性研究，其结论可能不具有很好的普适性。信度是基于仔细的案例研究过程，如时间计划表、访谈过程、记录、整理、发现问题和汇总数据。

2.1 数据收集

数据收集主要通过以下方式进行：①现场半结构化访谈。我们至少对A银行（中国）进行了4轮的现场访谈。访谈对象包括高层经理，如公司CIO和分管信息技术的高层领导，中层人员，如信息技术项目主管，中层经理，以及一线人员，如信息技术人员、客户经理、金融产品开发人员等。访谈对象的工作均会受到实施的信息系统的影响。作为现场访谈的补充，对于一些需要核实的资料通过电话对相关人员进行了电话访谈。②文档资料。除从内部获得包括公司的组织结构，信息系统实施项目规划、项目计划书，流程图等资料，另从公司的网站、年报和其他媒体收集与公司实施信息系统有关的各种信息。

访谈提纲包括信息技术实施的初始动机，信息技术的实施过程及过程中的关键事件，实施后的使用情况，在这一过程中碰到的主要问题，阻碍解决的方法和效果。访谈内容部分进行了录音，并把访谈资料进行汇总整理，把汇总整理好的访谈结果通过电子邮件发给相关访谈参与人，包括访谈人和被访谈人，来审核访谈内容的准确性和全面性。每次访谈时间基本上是1至2小时。

整个资料收集工作进行了近半年时间。通过调研访谈、内外部资料收集等方式获得企业实施客户关系管理系统的一手资料，对资料进行梳理，形成了企业资源和能力的变化过程。

2.2 案例背景介绍

A银行（中国）：客户关系管理系统

最早落户中国的外资银行之一的A银行有150多年的历史，在亚太、南亚、中东、非洲、英国及美洲等56个国家和地区拥有1400多家分支机构（含附属机构、合作公司和合资企业）。与其他银行不同，A银行超过90%的利润来自于亚洲、非洲及中东市场。目前在中国拥有14家分行，25家支行和2家代表处，近4300名员工和2000名客户经理。随着A银行在中国的版图不断扩大，A银行（中国）面临着来自其他外资银行和国内商业银行的竞争压力。2007年3月27日，A银行（中国）有限公司成为第一批本地法人银行，面向中国老百姓推出人民币零售业务，包括吸收公众存款，发放贷款，办理票据承兑与贴现，买卖股票以外的其他外币有价证券，办理国内外结算等。随着外资银行在中国境内分行改制为法人银行的步伐加快，国有银行重视零售业务的发展，逐步开发多种个人理财业务，并依靠原有的网点优势和品牌认知度，来抢占市场。相关政策的出台使得商业银行务必对客户信息进行收集和有效使用，来确保银行对零售客户信息的有效评估，而这一切都需要商业银行能够及时准确的收集和分析评估客户信息。A 银行（中国）作为成为首批本地法人银行的领先者优势逐渐消失，A 银行（中国）把零售业务和中小企业业务成为银行产品创新的重点，提升服务质量。

基于上述背景，A 银行（中国）要想在竞争激烈市场区别于其他竞争对手保持领先的地位，必须把各类客户数据有效整合分析利用，根据客户的需求来指导金融产品的设计和创新，细分定位客户群体，有针对性的提供服务，从而形成以客户为中心的经营管理模式。为了实现这一目标，A 银行目前需要解决以下的主要问题。

（1）没有一个统一的、稳固的平台以分享所有的用户信息，数据都分散地储存在不同产品和渠道各自的数据库中，这使得对客户情况的理解支离破碎。这种状况使 A 银行无法使用户拥有始终如一的、完满的品牌服务体验。对用户需求的回应也经常延迟，尤其在必须从不同产品和渠道的数据库中搜索相关信息的情况下，这种情况更为严重。

（2）缺乏对客户数据的深入挖掘和利用。客户数据的利用率较低，无法对客户经理提供辨识重要客户的依据，因而客户经理的营销方式仍以推销为主，并且对客户有针对性的服务不够。此外，产品设计人员难以获得所有区域内的客户信息，无法准确地根据一些客户行为特征来判断客户对已有的金融产品的态度，和了解客户需求的变化，设计出的业务要么接受度很低，要么与其竞争对手的金融产品同质性较高。

随着 A 银行（中国）在各地市场不断发展，分支机构的增加，客户经理的增多，客户的增加，产品类型的推陈出新，随之而来的各种数据也迅速膨胀，如果仍然依赖原有的信息系统及人工和电子化的流程，无法满足 A 银行对所有区域内的客户获得全面认识，这种客户信息缺乏管理和利用的状态严重阻碍了 A 银行实现高效全面地管理客户关系。为了解决这些问题，A 银行（中国）决定自主开发实施 CRM（客户关系管理）系统，来帮助企业能有效地把客户数据集中起来管理使用。

3 案例数据分析及结果

3.1 实施 CRM 系统的初始动机、建设过程及实施效果

A 银行（中国）实施客户关系管理系统的初始动机源于为了能抓住在中国银行业开放中发展壮大自身的契机，实现公司扩张的目标，就需要有效整合管理各类客户信息，加强对营销和客户服务的支持，并且实现以客户需求为导向来设计金融产品。

A 银行（中国）客户关系系统于 2007 年初立项，面向个人银行部服务，分为三期开发建设，总投资 25 万美元。第一期是通过建立客户信息数据仓库，形成集成的客户数据环境，从而确保了能进行面向特定主题的决策分析。这一过程是采用外包方式，由数据仓库产品的提供商 Oracle 公司来实施安装调试。第二期是客户数据整理及分析。数据仓库保存来自各种数据源中的数据经过清洗、抽取、转换、上载，使得其按某一主题存贮。第二期清洗提取分析数据的工作，则是由 CRM 项目组负责自主开发，要求信息技术人员要充分了解客户服务部门和产品设计部门的人员的信息需求，建立科学合理的分析工具，使得客户数据能够得到深入地挖掘利用，这一过程在整个开发实施过程中占了相当重要的地位。第三期是数据发布。客户信息数据被分析后，形成分析建议报告，根据各个部门的主要的信息需求不同，把对应的数据分析结果发给个人服务部的负责个人客户的业务部门。

A 银行（中国）客户关系系统的建立，使得 A 银行（中国）对客户消费投资行为有了深层次的理解，有助于 A 银行在本地化过程中，又能发挥出外资银行在优质的客户服务和丰富金融产品组合上的优势。

2007 年 11 月，A 银行（中国）的客户关系管理系统正式上线运行，主要对个人银行部服务，运行一段时间后，对该系统的评价都是正面的。根据调研资料显示，不同部门的访谈对象给出的回答是"能提供更有针对性的客户服务"、"提供更有效率的服务，服务流程时间缩短"、"帮助实现多样化的产品设计"、"部门间的协作提高了产品设计能力"、"盈利能力增加" 等，从客户服务质量、工作流程、产品开发和公司绩效方面反映了客户关系

管理系统带来的影响。

3.2 数据分析及结果

对照实施客户关系管理系统的动因和基于客户关系管理系统的资源再配置结果，可以发现A公司实施客户关系管理软件的动机与基于客户关系管理系统的资源再配置结果具有较一致性和较稳定性的结果，说明客户关系管理软件实施前的业务或企业需求，通过信息系统的实施得以实现，一定程度上表明A公司在客户关系管理系统上的实施比较成功，较好地部署配置各种企业资源来确保信息系统能发挥更大的商业价值。因此本文将分析的重点放在客户关系管理系统的引入带来的资源再配置过程，主要探讨在基于客户关系管理系统的资源再配置过程中，客户关系管理系统与哪些企业资源发生互补作用及互补后的结果，这些互补后的结果是否与其他企业资源继续发生互补关系，形成新的互补结果，按照这种逻辑探讨下去，直至呈现到访谈中提到的客户关系管理系统带来最高层次的影响为止。

第一阶段：革新信息技术管理能力

根据战略管理研究文献中对资源和能力内涵的差别，有研究明确指出信息技术资源和能力之间的区别[19]，认为资源是物质资产资源，人力资产资源或组织资源，而能力则是企业应用有价值资源的能力。信息技术资源，是指信息技术基础设施和信息技术架构。信息技术能力是企业获取、部署和配置、应用信息技术资源与其他组织资源和能力相互融合的一种组织能力，这种能力推动促使组织流程改善或变革，进而影响产品和服务的市场表现，最终能让企业获得竞争优势。信息技术能力涉及三类关键组织资源——信息技术管理技能、信息技术资源和信息技术应用的组织环境，信息技术能力强弱取决于企业对这三类资源配置的相互匹配程度。

通过在良好的信息技术应用氛围中完成客户关系管理系统的开发实施维护咨询等一系列任务，业务管理人员和信息技术人员提升信息技术管理技能，进而能更好地利用新的信息技术资源，提升部门工作效率。

（1）提升了信息技术员工的技术技能。

信息技术管理技能作为重要的前提条件决定着企业是否有能力利用好信息技术资源[7][20]。信息技术管理技能是企业应用信息技术资源的管理技能和技术技能，属于企业知识资源。“管理IT知识”作为一种战略性要素，驱动企业有效率地应用信息技术资产[21]。如果管理者缺少与信息技术相关的商业洞察力，很可能会阻碍企业的发展[22]。IT技术技能是关于信息系统硬件和软件的使用、升级的技术技能，为企业信息技术部门的员工所掌握[23]。尽管信息技术部门的员工流动性比较高，但一些信息技术技能不容易被转移，如企业层次的知识资产[23]和技术整合能力[24][25]，这些资源成为企业持续竞争力的来源。

采取借用外脑的策略，从外部招聘专业技术人才，成立CRM项目组，该项目组成员具有非常强的系统开发等技术能力。A银行（中国）的客户关系管理系统是自主开发，主要模块包括数据仓库、数据清洗整理、决策子系统和支持子系统。为开发该系统，A银行从社会招聘了具有在数据库和商务职能方面技术特长的、曾在商业银行有过3年以上工作经验的开发和数据分析人员，这些人员的一半有国外大学硕士以上学历，另外还从集团公司派来一位数据处理方面的技术专家，成立一个16人的CRM项目组，该数据处理技术专家成为信息技术部门经理兼任CRM项目组负责人。

CRM系统中数据清洗整理模块的专有知识，通过其拥有者—CRM项目组负责人的培训，向信息技术员工转移。CRM项目组负责人是美国某个大学的博士毕业，一直从事金融企业的数据处理研究，并开发出一套数据筛选清洗整理的算法，目前这套算法应用在A银行的CRM系统中的数据清洗整理模块。作为数据处理方面技术专家，CRM项目负责人就如何使用CRM系统中的数据清洗整理模块对项目组内负责这方面工作的3名信息技术人员进行了“手把手”的操作培训。由于该模块涉及大量统计分析数学知识，要求这3名信息技术员工必须学习理解这些知识，才能熟练地操作。

通过在A银行（中国）自主开发实施CRM系统，增强CRM项目组的信息技术员工对系统开发工具、数据库和系统架构设计等方面的技术能力。CRM项目组的信息技术员工普遍反映通过该系统的开发实施，提升了自己的技术技能，诸如，“这对我们来说，是一个学习机会，从系统开发中，学到很多实用的技术开发知识。”，“增强了我对数据架构的设计能力”等。尽管CRM项目组的成员，在招聘进入A银行（中国）前，就具有较强的技术实力，但在银行企业购买软件包和外包的普遍做法下，他们没有多少机会从头到尾来负责开发实施一个完整信息系统，而且还在A银行这样一个知名的外资银行。

（2）扩大加深了业务经理与信息技术经理共有

的 IT 知识。

业务经理与信息技术经理共有的 IT 知识决定了企业能否战略性地应用信息技术。Boynton 等学者从吸收能力的研究视角，论证了业务经理与信息技术经理的共有的 IT 相关知识决定企业信息技术使用程度[26]。信息技术经理和业务经理之间的信任、人际关系和共有的企业知识，虽能使他们有效地一起工作来规划、开发和实施新的信息技术应用，却也需要数年的时间才能逐步建立起来。因而管理 IT 知识的开发是路径依赖的、社会化的复杂过程。Mata 基于资源基础观，提出了在信息技术资源中，仅有管理 IT 技能作为持续竞争优势的来源[27]。

通过参与 CRM 项目开发实施和应用该系统，各业务部门骨干员工和主管认识到信息技术对银行客户服务和产品设计上发挥的重要作用。在 CRM 系统立项前，A 银行的客户数据属于一盘散沙，无法集中管理应用，业务管理部门无法从不全面的数据中获得对客户服务和产品设计有实质性帮助的信息，所以对信息技术感觉就是“一种工具”。通过 CRM 项目开发实施过程中的讨论会，让业务主管有机会和信息技术部门的经理和员工坐在一起沟通交流，使他们在如何利用信息技术实现业务目标上，产生了共识，例如销售管理部门的主管说“从来没想到该系统还能帮助我们客户经理能准确定位到最有价值的客户，界定了优质客户的特征，提高了我们对优质客户的服务。”

同时，这类沟通和具体系统实施也有助于 CRM 项目的信息技术员工和负责人对 A 银行（中国）的客户服务业务流程和产品设计流程有了全面深入的了解，理解业务部门的信息需求，理解 A 银行以客户为中心的经营管理策略，提高了信息技术人员的管理思维水平，使他们能提供“高于各管理部门信息需求”的分析报告，其效果是提供了业务部门所需要的重要信息，加深了客户服务和产品设计部门对客户需求的深入理解，借用一位信息技术部门主管的话“反响极其热烈”。

（3）高层领导对 CRM 项目开发实施的强力支持促使该系统成功实施应用。

高层管理者对信息技术的承诺，确保了信息技术的实施成功，是信息技术成功的必要条件[28]。高层管理者的承诺和支持增加了信息技术成功的可能性。高层管理者支持对信息技术应用的采纳，并调配相应的资源，把信息技术战略与业务战略进行整合，确保对信息技术投资的持续性[29]。

CRM 系统主要服务于 A 银行（中国）的个人银行部，而该项目的牵头领导则是个人银行部总经理，总经理在多种场合表示：“CRM 系统是 A 银行（中国）的一项重要投资，通过充分整合利用个人银行部的所有客户群、产品和地区业务的数据，给客户提供最优质的服务，塑造 A 银行最佳服务形象。”充分显示了高层领导给予 CRM 项目战略高度的定位。为了方便及时准确了解 CRM 系统的实施应用情况和遇到的问题，总经理让 CRM 项目主要负责人直接对他负责，向他直接汇报。

此外，总经理提出 CRM 系统实施上线后，CRM 项目组从信息技术部脱离出来，单独成立 CRM 部门，来专门负责开发维护 A 银行（中国）的客户关系管理系统，并负责每月对数据进行整理，根据各种数据模型来分析客户信息，形成相应的分析报告提供给管理部门和客户经理。根据访谈记录，CRM 项目组成员每周都有 1～2 次向总经理汇报和沟通的例会，汇报 CRM 系统开发实施进度，及遇到的各种问题等。

（4）开放的沟通氛围促使 CRM 项目组与业务部门的员工之间充分交流与合作。

开放的沟通环境是一种企业文化，常和信息技术商业价值相联系[13]。信息技术价值的实现依赖于企业具有让信息顺畅地在组织内流动的能力[30]。沟通环境在帮助企业内部信息共享方面起着重要作用，包括部门内部和跨部门的文件和口头沟通。

A 银行的包容差异和团队精神的企业文化，让客户服务部门、产品设计部门和 CRM 项目组之间有着良好的沟通氛围和合作精神。一名 CRM 项目成员举例“在每周的例会上，当遇到急需解决的问题时，而又没有最佳的解决方法，经常采用 Brainstorming（头脑风暴法），大家集思广益，这时老总跟我们一样是项目组的成员，思考并提出自己的建议，并鼓励大家多提不同的想法，而不是让大家都听从他的意见。”这种开放的沟通氛围还让 CRM 项目组与业务部门之间充分交流，相互学习，促进 CRM 的更好应用。

（5）组织灵活性让 CRM 系统在业务部门较快地得以使用。

灵活性是信息技术使能作用带给组织的变化，影响企业各个方面[31]，从组织架构的变化到业务处理方式的改变。组织灵活性就是要适应变化[13]。企业引入新信息技术会带来组织环境和组织架构的变化，为了确保信息技术应用成功，员工要乐于接受这种变化。灵活性作为重要的因素，调节信息技术实施和企业绩效的相互关系。

A银行的价值观强调灵活创新、勇敢进取、突破界限，要求员工不能安于现状，要求变，接受新事物，来保证组织能灵活地适应外界环境的变化。这种组织灵活性，让各业务部门的员工能乐于并较快地学会使用CRM系统，通过访谈，了解到业务部门通过CRM系统的使用培训，接下来两周时间就熟悉使用CRM系统功能，不会经常寻求技术人员的支持和帮助。

CRM系统在A银行（中国）的开发实施应用，提高了信息技术员工的技术技能，增加了业务部门与CRM部门对信息技术的共同知识，而高层管理者对CRM项目的有力支持、开放的沟通氛围和组织灵活性促使了业务部门和CRM部门对CRM系统的充分有效应用，进而提升了信息技术对各业务部门的支持服务能力。

第二阶段：革新客户服务能力

客户服务能力影响客户服务绩效，而客户服务的绩效对客户的态度有显著影响作用，通过良好的客户服务不仅能保留现有的客户，而且能吸引来新的客户[32]。在客户服务中有效地采用各种信息技术和应用，作为新的战略性策略的来源，可有利于市场份额增长。信息技术允许管理者更好地识别出客户需求，然后按其设计产品，为其产品外延附加了一系列内容，如客户服务，使最终产品能满足客户需求。

革新信息技术能力促进了客服和产品设计业务流程资源的优化配置，提升客户服务能力和产品设计能力。

(1) 理解客户需求，与客户建立密切关系。

信息技术对企业产生的重要价值，在于信息技术作为使能器，使得管理者能更好地读懂客户需求，并通过战略性采用客户需求信息来重塑企业运营模式，从而更精细地满足客户需求。比如，信息技术使定制化生产成为可能，按需定制是大规模定制之后的飞跃，其商业模式比大规模定制更复杂[33]。在客户告知企业他/她想要什么，并愿意为此支付的费用后，生产才开始启动。所以定制化显著地决定了客户满意度[34]。而互联网和网络技术是推动定制化生产模式萌芽和发展的使能器[33]。因而，以客户为导向来增强企业价值可通过战略性配置信息技术能力和资源，从而建立更高层次、更复杂的客户关系和带来更大程度的客户满意度[35][36][37][38]。

客户服务部门：CRM系统在客户服务部门的应用，使客户经理从以前的产品为导向的推销方式，改变为以客户为导向的营销方式，努力实现A银行的承诺“成为客户最理想的伙伴”。CRM系统通过分析客户交易和盈利能力，建立起来能够以一种响应的、容易使用的形式来产生、保存和获取特定客户信息。客户经理根据CRM系统的分析报告，对客户趋势进行跟踪，提升了对客户利润贡献的理解，并通过在交叉销售和增加客户对其最高价值利润产品和服务的使用来提高收入和利润的同时，与客户之间建立了紧密的关系。如，A银行的销售管理团队以其利润最高的客户为目标市场设计了一个客户忠诚计划，市场反应率达到50%。

产品设计部门：CRM系统在产品设计部门的应用，能让产品设计人员理解客户的实际需求，并根据客户的需求来对提供给A银行（中国）私人用户的金融产品进行设计和本土化。CRM系统反映出客户对金融产品的行为偏好，产品设计部门则从系统中获得的各类客户群的分析报告以及主要的购买产品的倾向，设计提供对应的金融产品。如，A银行瞄准客户对消费型贷款需求日益增大，而目前国内对个人客户办理消费型贷款手续烦琐，需房产抵押或他人担保。A银行（中国）推出的无担保个人贷款业务，只要用户出具在当地有稳定职业和收入、在现单位工作满3个月的证明就可提出申请，手续非常便捷，最快4个工作日就可放贷。该业务一经推出，就吸引了众多个人客户来申请办理该业务，A银行个人银行事业部的总经理介绍，该业务推出后，受到较多收入较高的白领阶层的青睐，目前来申请办理该业务的客户已超过预期。2007年7月，《经济观察报》与对外经济贸易大学联合授予该金融产品以“2006年度商业标杆”的称号。

(2) 采用跨部门的团队形式来解决问题。

采用以流程为导向团队协作对有效的信息管理很重要，信息技术应用的成功需要信息技术专家和业务专家都要深入参与[39]。每个组织都能采用团队的工作方式，因而团队本身不能有助于竞争优势的实现，然而由于组织的人力资源和文化带来不同的动机，团队的士气则难以模仿。实际上，团队工作与技术能力形成互补关系[39]，打破了传统的各个职能部门相互独立，信息沟通和决策的效率较低的问题，有利于组织创新和问题解决[40,41]，管理团队和技术之间关系的企业能力增加了对企业绩效的影响。

客户服务部门：CRM部门与客户服务部门常采用跨部门的团队形式来解决客户经理的新产生的信息需求，使得CRM系统的分析报告具有较强的实用性和指导性。如果客户经理认为目前的CRM系统分析报告中的信息不能满足自己的要求，向CRM部门提出新的客户信息需求，CRM部门初步评估需求的合理性和实现性，如果初步评估通过，则通知销售管理部门，随后由CRM部门员工和客户经理组成一个临时团队，共同来梳理设计数据结构，最后由CRM部门负责技术实现。

产品设计部门：CRM部门与产品设计部门常采用跨部门的团队形式来解决产品设计人员的新产生的信息需求，使得CRM系统的分析报告具有较强的实用性和指导性。同客户服务部门与CRM部门组成跨部门的团队解决问题的流程一样，根据竞争对手的新金融产品推出情况和对中国金融市场发展方向的预期，产品设计部门会考虑金融产品的创新，向CRM部门提出超前的客户信息需求，CRM部门初步评估需求的合理性和实现性，如果初步评估通过，则通知产品设计部门，随后由CRM部门员工和产品设计部门员工组成临时团队，共同来梳理设计数据分析结构，最后由CRM部门负责技术实现。

（3）显著改善客户服务和产品设计流程的效率。

由于许多企业能获得同样的信息技术资源，那对信息技术资源的管理的不同决定了战略优势或劣势。因而，管理者应该强调把信息技术整合到业务流程中。这种融合的观点类似于资源基础观，认为信息技术本身不能带来竞争优势，但信息技术与业务、人共同作用，则会带来竞争优势[42]。当信息技术与服务中业务流程和人的要素没有显著差异时，信息技术是经营的基础，企业经营的成功很难区分是基于人、信息技术或业务流程带来的。

客户服务部门：CRM系统使客户服务程序发生显著的改善。通过访谈得到，销售转换率增加了56%，交叉销售率增加了18%，业务处理效率比实施CRM系统前提高增加了60%，例如，零售客户如果已是A银行的客户，再申请其他个人业务时，原有的已被审核过客户信息不用重复审核，只需要对未审核的客户信息进行审核。这类个人银行客户的再次申请业务过程，实施CRM前需要22分钟的处理时间，而现在只需5分钟就可完成。

产品设计部门：CRM系统使产品设计程序发生显著的改善。通过访谈得知，在建立CRM系统之前，产品设计部门的工作只起到“搬运工”的作用，把总部的金融产品直接投放给国内客户，对国内客户群体需求无法根据差异化和本土化来设计和推出产品。CRM系统建立，产品设计部门开始从总部的众多金融产品中挑选出适合目前国内客户预期心理的产品，并依据国内金融监管条例，和国内客户对信贷和理财市场的需求反映，来重新开发设计产品，避免了“水土不服”的现象产生。2007年底，A银行（中国）获得《首席财务官》杂志颁发的“最佳企业金融增值服务奖”。

（4）CRM系统与客户服务和产品设计流程有效整合，确保了客户信息顺畅的流动。

信息技术全面与业务流程的整合，让信息技术应用着眼于企业整体发展目标[43]。为了全面发挥信息的战略潜能，企业着手流程再造前，必须考虑信息技术与其他业务和管理职能之间的联系[44]。信息战略对应，这种业务战略导向与信息技术资源的战略导向的适配，给企业带来正向的回报，业务战略与信息技术战略的对应程度，的确对组织绩效产生正向影响[45]。

A银行将CRM的实施应用作为其广泛的业务战略的一部分。通过访谈获知，CRM部门每年的信息技术规划建立于企业规划的基础上，确保信息技术规划能有效地支持企业实现发展目标。如，A银行（中国）提出每三年盈利翻一番，成为最有前进能力的银行、成为管理最好的银行。针对A银行（中国）的发展目标，CRM部门提出的为银行实现目标提供全面的客户数据分析支持，开发更准确、更具可行性的策略分析报告。A银行对CRM项目实施的优先顺序计划，先完成对个人银行客户的数据集中和分析处理工作，目前开始针对中小企业客户建立CRM系统，目前正在建立数据仓库，实现客户数据的集中分类存储。

第三阶段：革新协作能力

由于底层的信息技术物质资源和知识资源，在一定情景中相互作用，形成了信息技术能力，因而信息技术能力作为知识型的能力，通过有效地整合信息技术与业务流程，规划和开发稳定的和有成本效益的应用系统，能够有效地支撑企业的业务要求，并让部门间的沟通和协作更加顺畅，且能先于竞争对手，预计未来的业务发展需求和对产品创新等[23]，让信息技术得以逐步嵌入到企业能力中，创造出新的协作能力。在信息技术内嵌入业务流程的过程中，为了确保部门间的信息能够横向顺畅的流动，数据仓库把相关业务数据或客户数据集中存储，而这些数据集中分类存放调用能够让各相关职能部门获得关于业务、产品或客户的经过深度挖掘的信息，使得企业对外界环境变化及时响应，提升企业应变能力。

A银行CRM系统促使产品设计部门和客户服务部门有效协作，提升了部门间的协作能力，这种协作能力的提升有助于产品设计能力的提高和客户服务能力的提高。

在A银行（中国）实施CRM系统之前，产品设计部门和客户服务部门之间的客户信息无法共享，协作性很差。产品设计部门无法获得全面的客户信息，无法了解客户的收入状况和偏好，产品设计思路要么模仿同为外资银行的竞争对手，要么就把A银行在其他地区或总部推出的产品引入到中国。客户经理根据产品设计部门设计的产品去推销，如果是模仿的产品，同质性较高，客户可选择范围大，客户对产品或服务要求就高，产品利润空间就被压缩。而从国外引入的“舶来品”产品，很有可能水土不服，而无人问津。此外，客户经理也无法全面了解客户的信息，凭着经验和一些基本的客户数据来推销可能并非客户实际需要的金融产品。

实施CRM系统后，产品设计部门通过CRM系统的月度分析报告，能快速明确地辨析客户的特征和需求变化趋势，以客户需求为导向来设计金融产品。不但能加快金融产品的推出的品种和速度，提升了产品设计能力，这些金融产品还能满足某类顾客的需求。从2007年初，截至2007年11月，A银行推出包括投资理财、消费贷款、银行保险代理等近80款个人银行业务产品。而同比截止到2006年底，A银行（中国）推出个人银行业务产品仅为20多个新产品。客户经理根据CRM系统的月度分析报告，判断哪些优质客户、潜力客户和垃圾客户，对优质客户要保留，通过交叉销售和优质服务来保留，对潜力客户要争取。根据这些客户的购买特征，结合产品设计部门的产品设计对象，来定位客户，有针对性地进行营销，满足客户需求，提升了客户服务能力。

通过部门间的协作能力增强，实现了如访谈对象所讲的“帮助实现多样化的产品设计”、“部门间的协作提高了产品设计能力”、“盈利能力增加”等，如，在2007年A银行个人银行业务收入、总体客户人数和零售人民币业务的存款量均比2006年翻一番。

3.3 案例结论

通过案例可知，A银行（中国）实施和应用CRM系统过程中信息技术与不同组织层次的互补性资源逐层地相互作用，其结果是革新了不同企业能力，按这些企业能力革新的先后顺序，基于CRM的互补性企业资源再配置的过程从信息技术能力的革新——职能能力的革新（即客户服务能力和产品设计能力）——协作能力的革新——企业市场表现突出，竞争力增强。

A银行（中国）引入CRM跨部门使用的案例分析结果，基于信息技术的互补资源再配置过程，通过CRM系统在客户服务部门和产品设计部门中的应用分析，进一步得出信息技术的影响传导到跨部门协作中，使跨职能的协作能力得以增强。在图1的基础上，延伸到组织层面的能力的革新，形成基于CRM系统的互补性资源企业再配置路径图。

信息技术能力作为一种建设高层次组织能力的平台，与其互补性业务流程资源的重新组合协作，将会提高服务效率，改进服务质量，革新客户服务能力。A银行（中国）开发CRM系统并应用到业务部门和客户服务流程上，引发相关的信息技术管理技能，信息技术资源、与其互补的人力资源相互作用，这些资源得以再配置，使得信息技术能力得以革新，超越了企业能力的刚性和塑造新能力的过程。刚性则是指难以适应环境而改变以及改变的滞后性，企业能力刚性主要是通过其载体来反映。企业能力的载体包括企业的人力资本和作为非人力资本的企业无形资产和有形资产。企业非人力资本的刚性是十分明显的。作为有形资产的机器总是有一定的专用性，经营或市场服务方向的调整可能就意味着对其的放弃；而表现为品牌、商誉的无形资产也总是和一定的产品、或至少是特定领域的产品联系，它们在消费者大脑中的定位使其所指领域的转换变得很难接受。人力资本也表现出同样的特征，即某个领域的长期经营实践使得企业各部门员工形成了与特定领域相关的知识和技能，这种知识和技能的专门性和学习效应（即路径依赖性）也决定了企业能力改变的困难。为应对外界环境的变化，企业通过引入新的信息技术，依据信息技术在企业应用的范围和程度不同，从局部或整体地打破了原有的资源分配使用格局，同时需要对与信息技术相关联的企业资源重新进行配置应用，建立新的资源调拨利用结构，在这一过程中，企业能力的载体发生了变化，如流程再造、企业知识体系更新等，克服原有的企业能力载体的刚性，形成新的企业能力

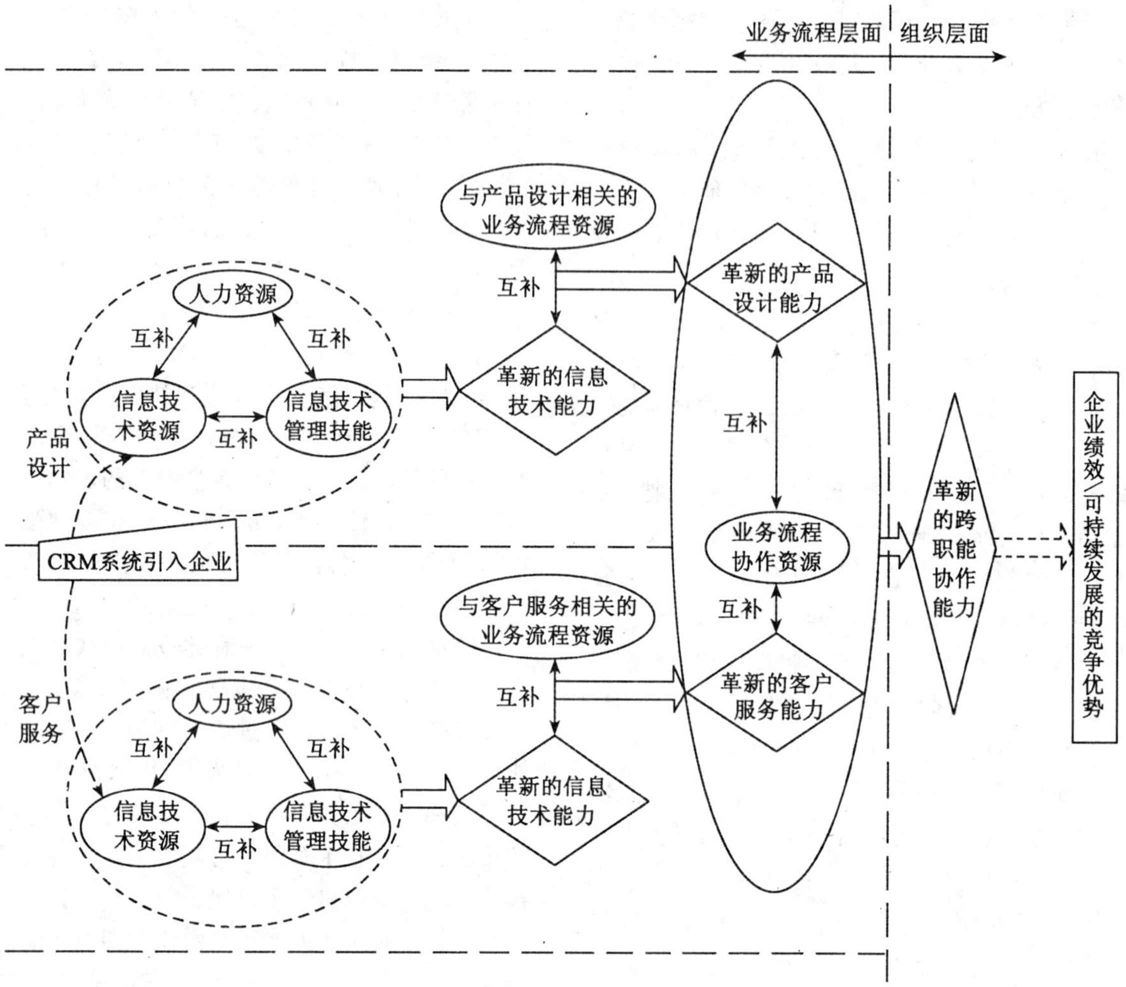

图 1　基于 CRM 的互补性企业资源再配置路径图

载体，从而塑造新的企业能力。因而，企业能力刚性超越的过程为了开发和建立新的能力来适应环境变化的需要。

知识资源在信息技术与互补性企业资源融合，革新企业能力过程中发挥着不可或缺的重要作用。不同类型的资源具有不同程度的柔性或顺从性去应对变化，当资源趋向无形的，不可见的和难以显性化编码的，这些资源易于再配置和改变。企业能力革新，意味着其内在特性—刚性发生了改变，适应了新的环境要求，因而呈现能力积累→刚性超越→新能力积累的过程，也就是说每个能力革新须要经过这三个环节。由于企业能力革新的路径依赖特征与其刚性的刚度成正比，企业能力的刚度愈强，能力革新的路径依赖特征愈明显；反之，能力革新受企业过去选择的影响程度愈低，所以说刚性超越决定企业选择建立能力的方向。而在刚性超越中，知识资源须发挥关键作用，使之在塑造新企业能力的过程中摆脱原有企业能力形成的路径依赖的束缚，而是否能及时扫描获取更新知识资源，决定了企业能否超越能力刚性，形成适合于环境要求的能力。

4　结束语

本文从资源互补性的视角，选取了 A 银行（中国）客户关系管理系统（CRM）应用为研究案例，考察信息技术应用与其互补资源再配置的过程。通过案例研究发现，信息技术与其互补资源的作用延伸至组织层面的能力革新来实现资源再配置的过程，构建了相应的基于企业信息技术的互补性组织资源的再配置路径图，研究结果讨论显示信息技术能力作为一种建设高层次组织能力的平台，和知识资源在信息技术与互补性企业资源融合，革新企业能力过程中发挥着不可或缺的重要作用，这些结论有助于企业深入广泛地应用信息技术。

由于企业所处的行业特性将影响信息技术在企业内的应用方式，将进一步选择其他的行业和企业流程作为研究背景，考察本文提出的基于信息技术的互补性组织资源再配置过程模型的适用性，行业特性的差别是否带来的互补性再配置资源途径的差异，以及哪些行业因素调节着价值实现差异，进一步修正该模型，从而使其能更好地对信息技术与业务体系和管理体系融合过程进行解释。

参考文献

[1] Makadok R. Toward a Synthesis of the Resource-based and Dynamic-cpability Views of Rent Creation [J]. Strategic-Management Journal, 2001, 22 (5): 487-505.

[2] Barney J. Firm Resources and Sustained Competitive Advantage [J]. Journal of Management, 1991, 17 (1): 99-120.

[3] Teece D. and Pisano G. The Dynamic Capabilities of Firms: An Introduction [M]: Oxford University Press. 1998.

[4] Grant R M. Toward a Knowledge-based Theory of the Firm [J]. StrategicManagement Journal, 1996, 17: 109-122.

[5] Quinn J B, and Baily M N. Information Technology: Increasing Productivity in Services [J]. Academy of Management Executive, 1994, 8 (3): 28-51.

[6] Boynton A C. Achieving Dynamic Stability Through Information Technology [J]. California Management Review, 1993, 35 (2): 58-77.

[7] Sambamurthy V, Bharadwaj A, and Grover V. Shaping agility through Digital Options: Reconceptualizing the Role of Information Technology in Contemporary Firms [J]. MIS Quarterly, 2003, 27 (2): 237-263.

[8] McAfee A. The Impact of Enterprise Information Technology Adoption on Operational Performance: An Empirical Investigation [J]. Production and Operations Management, 2002, 11: 33-54.

[9] Brynjolfsson E and Hitt L. Computing Productivity: are Computers Pulling their Weight? [J]. Mimeo, MIT and Wharton, 2000.

[10] Gomolski B, and Caldwell F, Managing IS Competencies [Z]. 2002.

[11] Scott J E. Facilitating Interorganizational Learning with Information Technology [J]. Journal of Manangement Informaiton Systems, 2000, 17 (2): 81-113.

[12] Tiwana A, and Ramesh B. A Design Knowledge Management System to Support Collaborative Information Product Evolution [J]. Decision Support Systems, 2001, 31: 241-262.

[13] Powell T. C, and Dent-Micallef A. Information Technology as Competitive Advantage: The Role of Human, Business, and Technology Resources [J]. Strategic Management Journal, 1997, 18 (5): 375-405.

[14] Alavi M, and Leidner D E. Knowledge Management and Knowledge Management Systems: Conceptual Foundations and Research Issues [J]. MIS Quarterly, 2001, 25 (1): 107-136.

[15] Grant R M. Toward a Knowledge-based Theory of the Firm [J]. Strategic Management Journal, 1996 17: 109-122.

[16] Brynjolfsson E, and Hitt L M. Beyond the Productivity Paradox. Association for Computing Machinery [J]. Communications of the ACM, 1998, 41 (8): 49-56.

[17] Day G. Continuous Learning about Markets [J]. California Management Review, 1994: 9-31.

[18] Yin R. K. 案例研究方法的应用 [M]. 重庆: 重庆大学出版社. 2004

[19] Jarvenpaa S L. An Information Company in Mexico: Extending the Resource-Based View of the Firm to Developing Country Context [J]. Information Systems Research, 1998, 9 (4): 342-361.

[20] Bharadwaj A S, Bharadwaj, and Konsynski B R. Information Technology Effects in Firm Performance as Measured by Tobin's q [J]. Management Science, 1999, 45 (7): 1008-1024.

[21] Ray G., Muhanna W A, and J Barney B, Information Technology, Business Process and Competitive Advantage: A Resource-based Investigation [Z]. The Ohio State University, 2001.

[22] Dos S B, and Sussman L. Improving the Returns on IT Investment: The Productivity Paradox [J]. International Journal of Information Management, 2000 (20): 429-440.

[23] Bharadwaj A S. A Resource-based Perspective on Information Technology Capability and Firm Performance: an Empirical Investigation [J]. MIS Quarterly, 2000, 24 (1): 169-196.

[24] Feeny D F, and P. Leslie W. Core IS Capabilities for Exploiting Information Technology [J]. Sloan Management Review, 1998 a: 9-21.

[25] Feeny D F, and Leslie P W. Re-designing the IS Function around Core Capabilities [J]. Long Range Planning, 1998 b, 31 (3): 354-367.

[26] Boynton A C, Zmud R W, and Jacobs G C. The Influence of IT Management Practice on IT Use in Large Organizations [J]. MIS Quarterly, 1994, 18 (3): 299-318.

[27] Mata F J, Fuerst W L, and Barney J B. Information Technology and Sustained Competitive Advantage: A Resource-based Analysis [J]. MIS Quarterly, 1995: 487-505.

[28] Liang H, et al. Assimilation of Enterprises Systems: The Effect of Institutional Pressures and the Mediating Role of Top Management [J]. MIS Quarterly, 2007, 31 (1).

[29] Kettinger W J, et al. Strategic Information Systems Revis-

ited: A Study in Sustainability and Performance [J]. MIS Quarterly, 1994, 18 (1): 31-58.

[30] Zuboff S. In the Age of the Smart Machine [M]. New York, NY: Basic Books. 1988.

[31] Benjamin R I, and Levinson E. A Framework for Managing IT-Enabled Change [J]. Sloan Management Review, 1993, 34 (4): 23-33.

[32] Innis D E, and LaLonde B J. Customer Service: The Key to Customer Satisfaction, Loyalty and Market Share [J]. Journal of Business Logistics, 1994, 15 (1): 1-27.

[33] Wind J, and Rangaswamy A. Customerization: The Next Revolution in Mass Customization [J]. Journal of Interactive Marketing, 2001, 15 (1): 13-32.

[34] Fornell C, et al. The American Customer Satisfaction Index: Nature, Purpose, and Findings [J]. Journal of Marketing, 1996, 60: 7-18.

[35] Griffin A, et al. Best Practice for Customer Satisfaction in Manufacturing Firms [J]. Sloan Management Review, 1995: 87-98.

[36] Foster G, and Gupta M, The Customer Profitability Implications of Customer Satisfaction [Z]. the Ohio State University, 1999.

[37] Neal W D. Satisfaction is Nice, But Value drives Loyalty [J]. Marketing Research, 1999, 11 (1): 20-23.

[38] Reichheld F, Markey R G, and Hopton C. The Loyalty Effect - The Relationship Between Loyalty and Profits [J]. European Business Journal, 2000: 134-139.

[39] Cross S E, and Madson L. Models of the Self: Self-construals and Gender [J]. Psychological Bulletin, 1997, 22 (1): 5-37.

[40] Good D J, and Schultz R J. Technology Teaming as a Marketing Strategy [J]. Industrial Marketing Management, 1997, 26 (4): 413-422.

[41] Leavy B. Organization and Competitiveness - Towards a New Perspective [J]. Journal of General Management, 1999, 24 (3): 33-52.

[42] Keen P G W. Information Technology and the Management Difference: A Fusion Map [J]. IBM System Journal, 1993, 32 (1): 17-39.

[43] Reich B H, and Benbasat I. Factors that Influence the Social Dimension of Alignment between Business and Information Technology Objectives [J]. MIS Quarterly, 2000, 24 (1): 81-113

[44] Laud R L, and Thies P K. Great Expectations: Structuring IT Organizations That Really Work [J]. Business Horizons, 1997, 40 (4): 25-34.

[45] Chan Y H, and Copeland D G. Business Strategic Orientation, Information Systems Strategic Orientation and Strategic Alignment [J]. Information Systems Research, 1997, 8 (2): 125-150

Complementary Organizational Resources Reconfiguration Process Induced by IT Embedment Case Study

CHU Yan[1], HUANG Lihua[2]

(1. East China Electric Power Test& Research Institute, Shanghai 200437, China;
2. Sch. of Management , Fudan University, Shanghai 200433 , China)

Abstract: From the perspective of interactive resources, the research makes a through investigation on the complimentary resources allocation process based on Customer Relations Management (CRM) in Bank A (China), and establishes the complimentary resources allocation process based on information technology, demonstrating and discussing how IT business value is realized. Practical implementations are presented in the end.

Key words: complementary resource, resource reconfiguration, IT resource, IT capability

IT 与业务流程匹配性的均衡度研究*

赵付春[1]，凌鸿[1]，徐小琴[1]

（1. 复旦大学 管理学院，上海 200433）

摘　要：信息技术（IT）与业务流程的匹配性越高越好一直是文献中的隐含假设，通过理论和实证检验，对此假设提出质疑和修正。基于双元性理论，对 IT 与业务流程匹配性对绩效影响模型进行了实证检验，运用调节性复回归分析法对线性和倒 U 形二次曲线两个关系模型对比分析和研究，发现后者更能解释 IT 与业务流程之间的匹配性对绩效的影响。结果表明企业在建设信息系统时，应该既要关注由于 IT 与业务匹配性过低而出现影响业务效率的问题，也要关注匹配性过高导致的企业对创新适应性不强的问题。本文将双元性理论运用到信息系统（IS）研究领域，对于理解匹配性的作用提供了新的理论和实际意义。

关键词：双元性；匹配性；IT 能力；业务流程能力

中图分类号：F273.1

信息系统领域的研究表明，IT 与业务之间的匹配性（Alignment）对于 IT 发挥商业价值、提升组织绩效至关重要[1][2]。Reich 和 Benbasat 将“IT 与业务的匹配性”定义为“IT 与业务在使命、目标和规划方面相互支持的程度”[1]。而 IT 与业务的匹配性包括两个层面：即战略层面和运营层面[3,4]，战略层面的匹配性指引着运营层面的匹配性；反之如果缺少运营层面的匹配性，战略层面的匹配性就会无所依凭。根据波特的价值链模型，运营层面的匹配性主要指价值链上各个流程活动与 IT 的匹配性，即 IT 对流程运作的相互支持和适应度。

一直以来文献中都有一个隐含的假设，即 IT 与业务（无论是战略还是流程层面）匹配性程度越高，企业绩效将会越高[2][5]。本文认同这种匹配性对 IT 商业价值的发挥来说是重要的，但对“匹配性越高越好”这一潜在假设提出质疑。实际上，在 IT 的应用和创新活动中，一方面企业为了提升组织绩效，会着力提升 IT 与业务的相互匹配性和匹配度；另一方面随着这种匹配程度的提升，组织要随着环境的变化而进行流程变革或运用全新的技术时，反而受到旧有信息系统和流程的制掣，从而影响到企业的适应性。由此可以看出，IT 与业务之间的匹配性与组织对环境的适应性之间存在着一种内在的张力。

近年来的文献对企业内部的这种张力也有所发现，学者们尝试用双元性理论（Ambidexterity Theory）对其作出解释。这一理论已经广泛应用于战略管理、组织学习、技术创新等多个领域（可参考[6]），它提出那些能在挖掘性（Exploitative）行为和探索性（Exploratory）行为上保持高度均衡的组织，将更可能获得成功[7]。从此视角看，IT 与业务流程匹配性对提升企业的效率等挖掘性创新行为会有促进，但会阻碍组织的探索性创新行为。

本文将着眼于流程层面的匹配性，基于双元性理论，通过实证调查对匹配性文献的潜在假设提出一个不同的主张，即 IT 与业务流程之间的匹配性对业务流程绩效的影响不是简单的线性，而是呈倒 U 形的二次曲线关系。利用对长江三角洲的 150 家大公司调研的数据对此两个模型进行对照检验，本文发现了支持二次曲线关系的有力证据。

1　文献综述

Henderson 和 Venkatraman[3]最早提出 IT 战略匹配性模型，主张组织要更好地利用 IT，应当使之与企业业务保持匹配性。这种匹配性有两层含义：一是战略适应性（Strategic Fit），即组织业务和 IT 两者都存在对外的战略和对内的管理（包括结构、流程、技能）之间的匹配，是战略和运营

* 基金项目：国家社会科学基金项目“业务流程重组过程的接受模型研究”（70572027）；复旦大学研究生创新基金
通讯作者：赵付春，E-mail：Nclzhaofc@ sina. com

两个层面的纵向匹配度；二是业务和 IT 的职能集成度，指 IT 职能与业务职能的横向整合度（包括战略层面和运营层面的整合）。Chan 及其同事对此展开了一系列的实证，发现 IT 与业务战略匹配性比 IT 和业务的战略导向本身能更好地解释 IS 对企业绩效[2][5][8]。国内学者杨青等也对此进行了实证研究[9]。

然而目前多数研究是将其重点放在企业整体和战略层面，正如 Tallon 所提出，从整体上分析，在 IT 方面应用良好的企业似乎没有差别。而当视角放在流程层面，就会发现不同的企业是将 IT 应用于不同的流程上，这种细微差别往往是该企业核心竞争力奥秘所在[4]。以 Dell 与另一家 PC 商 eMachine 为例，Dell 的 IT 主要关注供应链方面的应用，而 eMachine 为了占领低端市场，注重在生产和零售环节 IT 的应用，但这两家企业在市场运作和财务绩效上同样成功。不同的战略决定企业的不同关注点，进而会使得其一些流程比另一些流程更重要。因此在特定的战略下，IT 与流程需要正确的匹配，而并非匹配度越高越好。Tallon 这一观察无疑深具洞见，他提出了一个有意思的问题，即不论在战略层面还是在流程层面，匹配度在何种程度上更为合适？这是以往文献中没能回答的。同时，目前对 IT 与业务流程匹配性问题方面的研究仍十分稀少。

这种认为匹配性不是越高越好的观点也得到了组织理论学家的响应。如 Burns 和 Stalker 提出有机式组织和机械式组织的概念，他们发现当任务比较简单和稳定，目标是提升效率的时候，应该采取机械式的组织形式；而当任务复杂多变，需要提升柔性时，应当采取有机的、更加灵活的组织形式[10]。Benner 和 Tushman 发现尽管组织应用流程管理技术能提升组织的渐进式改进和创新，但它同时抑制了组织的探索式、激进式的创新能力，使组织变得机械，从而失去柔性，降低对环境的适应能力[11]。

针对这一冲突，学者们发展出了双元性理论。“双元性”一词由 Duncan 首次引入组织理论中，用来指代组织能同时完成一对不同的、经常相互冲突的战略性行动[12]。双元性理论主张企业要想获得长期、持续的竞争优势，必须能平衡这些组织内外部冲突。这些对立的冲突包括挖掘式和开发式学习、柔性和效率、匹配性和适应性、渐进式和突变式创新等[6][7][13]。

Gibson 和 Birkinshaw 将双元性理论应用于组织适应性中，他们提出情境双元性的概念，即企业拥有同时具备匹配性和适应性的行为能力，利用来自于 41 个业务单元 4195 个调研数据，发现了组织情境、双元性与绩效之间的显著关系[13]。最为重要的是，通过分组方差分析，他们发现双元性强的业务单元的绩效最高，然后依次是双元性中等组、适应性高组、匹配性高组，这表明组织匹配性高，并不必然导致绩效更高。在环境变动较大的情况下，组织的适应性则会显得更重要。这一结论陆续为其他学者的经验数据所证明[14, 15]，正是基于这一研究结论，本文提出匹配程度并非越高越好，而是需要在内部匹配性和对外适应性两个维度上进行均衡。

2 模型构建和假设提出

企业资源观（Resource-Based View of the Firm, RBV）主张 IT 是企业最主要的资源之一，虽然它本身并不能为组织带来竞争优势，但它可以与组织互补性资源一起嵌入组织流程之中产生更高的组织绩效[16]。基于这一理论，本研究认为组织内 IT 与业务流程之间匹配实质上就是 IT 能力与业务流程能力两种能力之间的匹配。因此，本文构建出 IT 与业务流程匹配性对业务流程绩效影响的模型如下（见图 1）：

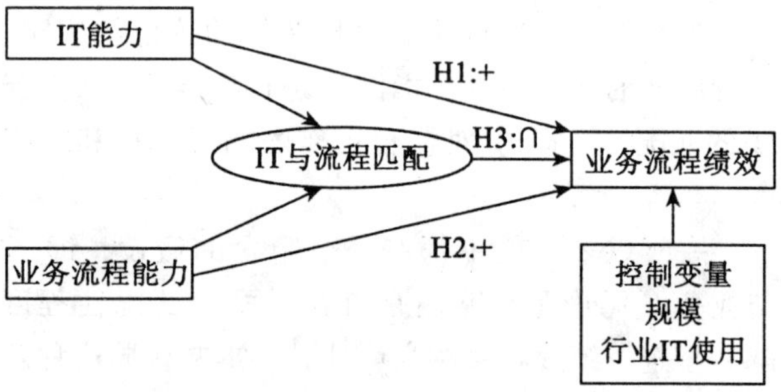

图 1 IT 与业务流程匹配性对绩效影响模型

2.1 IT 能力对业务流程绩效的直接影响

现有文献将 IT 能力定义为企业运用和配置基于 IT 的资源与企业其他资源和能力进行组合和相互共存的能力[17]，它可以分为 IT 技术能力和 IT 人力资源能力[16]。

IT 技术能力是指设计和开发有效的信息系统的能力，因此它包括在系统分析和设计、基础设施设计、应用程序开发等方面的技能[18]。IT 人力资源能力是指 IT 人员在领导 IS 部门、管理 IT 项目、评估选择技术方案的能力，管理变革，以及为业务问题提供创造性的技术解决方案的能力[17]。这一能力更多地体现IT人员在技术管理和业务沟通管理方面的能力。

在绩效研究方面，Melville等[16]从流程视角，将其分为业务流程绩效和组织整体绩效。前者是指与具体业务流程运作效率相关的绩效指标，如设计流程的质量和库存管理流程的周转时间等。而组织整体绩效是指IT驱动的各种流程绩效对整个企业的影响，可以用财务指标和竞争优势来反映，如成本降低、收入增加和提升竞争优势等。由于IT对于组织绩效作用受到很多中间因素的影响，很多学者主张应该先从具体的、最靠近IT的运营因素着手研究，这样建立的因果链也会更加牢靠[19]，多数情况下，高效的业务流程绩效必然会导致组织绩效的改进。因此本文中具体讨论业务流程绩效。

现有研究表明，IT技术能力和人力资源能力对企业来说是相当有价值的，能对企业绩效产生积极影响，尤其是在流程绩效方面[19,20]。因此我们提出：

假设1：组织IT能力对其业务流程绩效有着显著的正向影响。

2.2 业务流程能力对业务流程绩效的直接影响

从价值链角度看，组织是由一系列业务流程所组成的，每个业务流程为企业完成特定的功能。Teece等将组织流程列为组织动态能力的三个主要维度之一。按Teece等的定义，“当企业能够组合各类资源实施一些独具一格的行动时，这些行动就组成了组织的惯例和流程，例如质量管理、小型化、系统集成等”[21]。显然流程是对组织资源的一种组织形式，独特的跨越多个职能的流程可以构成组织的一种能力。由此可知，流程能力就是组织各项资源以更好地满足客户需求的能力，它是业务流程绩效的主要来源之一。因此，我们提出以下假设：

假设2：企业业务流程能力对其业务流程绩效的有显著的正向作用。

2.3 IT与业务流程匹配性对业务流程绩效的影响

根据双元性理论，组织需要在挖掘性行为与探索性行为方面保持平衡。一方面，如果IT与业务流程匹配性过低，IT不能很好支持业务流程的运作，显然不利于业务的发展，这一点已经为多数文献所证明。但另一方面，如果IT与业务流程之间匹配性过高，企业要实行业务战略转型或流程变革，以及进行技术全面升级，都会受到现有系统的限制。例如，在Dell的直销模式于1990年代获得巨大的成功之后，当时的计算机巨头IBM和Compaq试图模仿这一模式，结果几年下来遭到惨败。其主要原因就是因为Dell这一模式背后是其IT与流程的紧密配合，而IBM等公司由于原有运营模式，导致改革举步维艰。

另外，当业务流程延伸到组织间流程的供应链情境中时，这一关系就表现得更加明显。当前很多企业之所以在组织间的信息系统投入上并不是太积极，并非不想改进供应链信息透明性和运营效率（这一点正是信息系统所擅长的），而是企业有太多的顾虑，不想失去其更换供方的柔性可能是其最主要的考虑。因为一旦建立专门的信息系统，企业要想开展业务和流程创新这种探索性行动，其难度就明显会增加。有基于此，我们提出以下假设：

假设3：组织IT能力与业务流程能力之间的匹配性与组织业务流程绩效呈倒U形的曲线关系。

3 数据收集与构念测量

3.1 数据收集

本研究采用调研实证的方法直接从企业中高级管理人员处收集一手数据。这些管理人员主要来自于长江三角洲地区，数据收集时间是2009年1-4月。通过复旦大学管理学院EMBA班学员，并通过其中一名（国有银行高层经理）借助其社会网络将问卷传播到与之有业务关联的企业中（30家左右）。由于本文是以流程作为研究分析单位，所以同一集团企业处于不同行业的业务单元、子公司，可以作为不同的样本处理。为减少潜在的偏差，我们向调查对象确保他们的单个数据和身份将会保密，并且不会随意更改数据，最后免费发送研究报告。

我们散发问卷175份，最终收到了150个有效样本，回收率达86%。描述性统计如表1所示：

表1 **调查对象描述性统计**

员工数	频数	占比
<100	23	15.3
101—300	13	8.7
301—500	9	6.0
501—1000	9	6.0
1001—2000	8	5.3
>2000	88	58.7
合计	150	100.0

续表

企业性质	频数	占比
国有企业	53	35.3
外资企业	37	24.7
私营企业	35	23.3
公共事业	6	4.0
其他（如股份制）	19	12.7
合计	150	100.0

3.2 构念测量

本文所使用的构念多数是现有文献中使用过的成熟量表，由于原文是英文，在翻译过程中发现有个别措辞存在不适用的地方，作了微调，使之更适用于中文语境。对各构念测量详见表2：

表2 构念测量方法

构念	测量方法
业务流程绩效（BPP）	通过调查对象在实施企业 IS（如 ERP、CRM 等）之后三年中，对流程效率、成本、质量等几项主要指标的改进情况进行评估[16]
IT 能力（ITC） IT 技术能力（ITIR） IT 人力资源能力（ITHR）	从 IT 基础设施情况、人员配备和能力方面进行评估[18, 20]
业务流程能力（BPC）	对组织业务流程运行的通畅性、质量进行评估[22]

对于 IT 与流程的匹配性，本文使用两变量的互动进行测量，在统计学意义上，互动与调节是完全相同的，都是利用变量之间的乘积方式进行处理。这一处理方法已经为多数学者所采用（如[8]）。

为了避免受到一些混淆变量的影响，本文选择 IS 领域最常用的，也是通常被认为是对 IS 价值有较大影响的两个变量作为控制变量，即组织规模和行业类别。组织规模通常反映了企业过去的成功，可能会影响到当前的绩效。本研究用员工数量和组织上年收入作为对组织规模的衡量。同时，在不同行业中，IT 使用度可能是不同的，因此本文使用 IT 在行业的使用情况以区分其对不同行业的影响。

4 分析与结果

4.1 测量偏差处理

由于本研究每家企业只选取了一名中高级管理人员作为调查对象，可能存在共同方法偏差（Common-Method Bias）的问题。因此本研究执行 Harmon 单因子检验以确定此类偏差是否存在。通过主成分分析，如果只存在单一因子或某一个因子解释了绝大多数自变量与因变量之间协方差，则表明存在共同方法偏差[23]。将自变量和因变量的各个测项通过单一性探索性因子分析（EFA），未旋转因子分析（Unrotated Factor Analysis）结果未展示出单一因子的存在，而是有四个因子。第一个因子大约解释了总体偏差的 47%。同时，自变量和因变量的测量落在不同因子中，因此在本研究中共同方法偏差现象处于可接受的水平。

4.2 信度检验

本研究使用 SPSS 15.0 来检验测量模型各变量的信度。相应的结果如表 3 所示。可以看出 Cronbach's α 值在 0.70 以上，表明信度达到可接受的水平，表明测项的内部匹配性较好。各变量通过加总后其相关性也显示如表 3 所示：

表3 构念相关性和信度

变量	1	2	3	4
1. IT 人力资源能力（ITHR）	0.932			
2. IT 技术能力 ITIR	.554（**）	.880		
3. 业务流程能力（BPC）	.444（**）	.378（**）	.933	
4. 业务流程绩效 BPP	.448（**）	.367（**）	.611（**）	.905

注：* $p<0.05$；** $p<0.01$（双尾检验），对角线上为 Cronbach's α 值

4.3 聚合效度和判别效度检验

本研究利用主成分分析及最大方差法旋转对测量模型进行因子分析。聚合效度表示各测项与相应构念变量之间载荷值较高（0.6 以上）。而判别效度则看测项与其他变量之间的因子载荷低于其所测变量（交叉载荷值在 0.4 以下为可接受水平）[24]。

因子分析结果如表 4 所示。结果显示测项较好地落入四个因子之中，且有较高的聚合效度和判别效度。

表 4 因子分析结果

变量	Mea n	St. d.	因子			
			1	2	3	4
ITIR2	5.71	1.368	0.842			
ITIR3	5.29	1.383	0.839			
ITIR4	5.21	1.388	0.827			
ITHR1	4.98	1.435		0.866		
ITHR2	4.91	1.421		0.862		
ITHR4	5.05	1.421		0.842		
BPC1	5.11	1.106			0.831	
BPC2	4.97	1.209			0.839	
BPC3	5.14	1.149			0.834	
BPP2	5.26	1.102				0.848
BPP3	5.13	1.149				0.835
BPP4	5.01	1.141				0.822
BPP5	5.60	1.003				0.718

注：a. 提取方法：主成分分析．b. 旋转方法：Kaiser Normalization 最大方差法．c. 低于 0.4 的载荷都已设定不显示．

4.4 假设检验

调节性复回归分析（Moderated Multiple Regression）方法是检验互动性影响的主要方法之一，它是一种分阶段回归的方法，首先检验各自变量对因变量的影响，然后检验互动变量对因变量的关系，通过检验二者之间变化的显著性（计算 F 值），来判断自变量互动性对因变量的影响。

在构造互动变量之前，为了避免多元共线性问题，需要先对相关自变量进行标准化或中心化[25]，本文采取标准化的方法。同时为了检验多元共线性是否存在，本研究还对方差膨胀因子（Variance Inflation Factors，VIF）进行检验，发现模型中最大 VIF 值只有 1.44，远低于经验门槛值 10，因此共线性的问题在本研究中不严重。

另外对于控制变量，本文采取预先处理的方式。回归结果表明，两变量对业务流程绩效均无显著影响（规模变量：$p = 0.436$，行业 IT 使用：$p = 0.116$），因此在后继的分析中，本研究忽略这两个变量。

以下，本研究设计两个回归方案以检验匹配性与绩效之间的关系是线性还是二次型的。

方案 1：线性关系假设检验

按前述回归方法，首先将两个自变量（IT 能力与业务流程能力）进入回归方程，然后将互动变量（匹配性）加入。结果如表 5 中步骤 1 和 2 所示。第一步中，R^2 值为 0.414，调整后的 R^2 值为 0.406（$F = 20.903$. $p < 0.001$），这个解释度还是相当令人满意的。从第二步中看到 R^2 值的变化为 0.02（$\Delta F = -14.55$，$p < 0.001$），表明加入互动因素后，对因变量方差解释的增加量还是比较显著的。同时假设 1 和假设 2 得到了很好的支持。值得注意的是这里的匹配性对因变量的影响是负值，这一点将在后文作进一步的解释。

表 5 回归分析结果

Model		R. Square	Adjusted R Square	Unstandardized Coefficients		Standardized Coefficients	t	Sig
				B	Std. Error	Beta	B	Std. Error
步骤 1	(Constant)	0.414	0.406	1.949	0.336		5.793	0
	ITC			0.145	0.045	0.229	3.204	0.002
	BPC			0.451	0.064	0.504	7.051	0
步骤 2	(Constant)	0.434	0.423	2.296	0.365		6.297	0
	ITC			0.141	0.045	0.222	3.155	0.002
	BPC			0.399	0.067	0.446	5.965	0
	Align			-0.121	0.053	-0.155	-2.291	0.023
步骤 3	(Constant)	0.452	0.441	2.638	0.39		6.763	0
	ITC			0.091	0.049	0.143	1.835	0.069
	BPC			0.4	0.066	0.447	6.065	0
	Align			0.049	0.091	0.063	0.539	0.591
	SAlign*			-0.043	0.019	-0.284	-2.263	0.025

* SAlign 表示 alignment. 的平方

方案2：二次关系假设检验

方案2与方案1的差别在于第二步，我们将匹配性及其平方两个变量同时加入回归方程中，来观察回归结果。从表5的步骤3可以看出，它比第一步的 R^2 值的变化为0.038（$\Delta F=-14.55$，$p<0.001$）。与方案1相比，方案2的解释度更好（多出近2%），同时可以注意到匹配性这个变量的影响变得不显著。因此可以得出结论，对于本模型来说，二次关系比线性关系要合适。同时二次回归系数小于0，抛物线开口向下，呈倒U字形这充分支持了假设3。

在第三步中，本研究发现加入匹配性等调节变量之后，IT能力对业务流程绩效的影响变得微弱（$p=0.069$），这一结论与Chan等[8]基本吻合，即IT与业务的匹配性会充当IT与绩效之间的中间变量。因此我们认为IT能力对业务流程绩效的直接影响比较微弱，关键要看它与业务流程的匹配性程度。这表明假设1只得到微弱的支持，假设2得到支持。

为了进一步验证初步的统计结论，我们运用SPSS的曲线回归工具再进行一次统计比较，看看二次关系是否就是此模型的最好解释。本研究比较三个模型，即线性、二次和三次方程，如表6所示。

表6　线性、二次、三次模型的比较

方程		Linear	Quadratic	Cubic
模型汇总	R. Square	0.143	0.238	0.239
	F	24.598	22.991	15.246
	df1	1	2	3
	df2	148	147	146
	Sig.	0	0	0
参数估计	Constant	5.387	5.367	5.373
	b1	-0.294	0.062	0.065
	b2		-0.083	-0.095
	b3			0.002

说明：a. 自变量：align. b. 因变量：BPP

表面看来，三次方程匹配度最好。但事实上，它对二次方程的改善是有限的（R^2 值从0.238到0.239）。根据模型的精简性原则，在如此微小的改进前提下，我们更倾向于接受二次方程。

5　讨论和结论

本研究运用双元性理论、IT业务匹配性模型和企业资源观作为理论基础，考察了IT与业务流程的匹配性对业务流程绩效的影响，发现IT能力、业务流程能力对业务流程绩效有直接的、显著的影响（尽管在方案2中，假设1只得到微弱支持）。更为重要的是，本文发现二次方程比线性方程更适合于匹配性对绩效的影响，也就是说匹配性太高或太低都会导致绩效的下降。这一结果与IS领域的潜在假设相悖，但正好说明双元性理论在此情境中的正确性。

需要作进一步解释的是，从方案1看，匹配性负向影响绩效，这一现象从统计上看也是正常的。当两个变量实际上是二次关系时，用一次关系去拟合，完全有可能得出正向或负向的关系。从方案2中，当加入二次变量时，模型拟合度更高也足以说明一次变量回归方程存在不足。

本文的主要理论意义在于通过引入一个新的理论视角——双元性理论，对理论界长期持有的一个潜在假设，即匹配性程度越高越好提出质疑，通过调研数据对IT与业务流程匹配性模型进行反复验证，发现了支持本研究假设的证据。另外本文有助于增加学术界对IT与流程之间的匹配性的认识。Tallon[4]提出IT与流程的匹配不是越强越好，而应该有正确的匹配，本文尽管没有区分组织中不同的流程，但是选择从双元性理论的视角，得出了与Tallon同样的结论。

从实际意义看，本文有关IT与业务流程之间需要有恰当的匹配性的结果表明，企业一方面需要借助于IT资源来支持业务，但匹配性本身并非完美无缺，过于强调匹配性，就可能对流程产生阻碍作用。因此企业在建设信息系统时，应该适当关注基础设施的柔性。同时从供应链看，当企业供方投入专门IS进行相互连接后，其流程效率虽然会得到提升，但由此产生资产共用性，企业要进行战略转换就变得更困难，这也是很多企业不愿意过多投资在组织间信息系统的原因。另一方面，如果企业流程与现有IT保持良好匹配，当新型技术出现，尤其是突破性的技术出现时，现有流程要想与新的技术相结合将同样可能是企业面临的一道难关。

IT与业务流程之间的匹配性本身对企业来说是具有相当意义的，如果这种匹配性过低，会使得企业不能很好地利用 IT 资源为业务服务。但反，这并不表示匹配性程度越高越好。当前企业正面临着竞争越来越激烈的市场环境，一方面应当关注 IT 与业务流程的匹配性，同时也要警惕 IT 与现有流程结合过于紧密所带来的负面效应，企业同时需要保持一定的适应度。

参考文献

[1] Reich B H, and Benbasat I. Measuring the Linkage between Business and Infonnation Technology Objectives [J]. MIS Quarterly, March 1996, 20 (1): 55-81.

[2] Sabherwal R, and Chan Y E. Alignment between Business and IS Strategies: A Study of Prospectors, Analyzers, and Defenders [J]. Information Systems Research, 2001, 12 (1): 11-33.

[3] Henderson, J C, and Venkatraman N. Strategic Alignment: Leveraging Information Technology for Transforming Organizations [J]. IBM Systems Journal, 1993, 32 (1): 4-16.

[4] Tallon P P. A Process-oriented Perspective on the Alignment of Information Technology and Business Strategy [J]. Journal of Management Information Systems, Winter 2007-8, Vol. 24, No. 3: 227-268.

[5] Chan E, Sabherwal R, and Thatcher J B. Antecedents and Outcomes of Strategic IS Alignment: An Empirical Investigation [J]. IEEE Transactions On Engineering Management, 2006, 53 (1): 27.

[6] Raisch S, Birkinshaw J. Organizational Ambidexterity: Antecedents, Outcomes, and Moderators [J]. Journal of Management, 2008 (34): 375-409.

[7] March J G. Exploration and Exploitation in Organizational learning [J]. Organization Science, 1991, 2 (1): 71-87.

[8] Chan Y E, Huff S L, Barclay D W, and Copeland. D G. Business Strategy Orientation. Information Systems Orientation and Strategic Alignment [J]. Information Systems Research, 1997, 8 (2): 125-150.

[9] 杨青，黄丽华，何崑. 企业规划与信息系统规划战略一致性实证研究 [J]. 管理科学学报，2003, 8, 6 (4): 43-54.

[10] Burns T, & Stalker G M. The Management of Innovation [M]. London: Tavistock, 1961.

[11] Benner Mary I, Michael L. Tushman. Exploitation, Exploration, and Process Management: The Productivity Dilemma Revisited [J]. Academy of Management Review, 2003, Vol. 28, No, 2, 238-256.

[12] Duncan R. The Ambidextrous Organization: Designing dual structures for Innovation [M] // Killman R H, Pondy L R, & Sleven D (eds.), The Management of Organization, 1976 (1): 167-188. New York: North Holland.

[13] Gibson C B, & Birkinshaw J. The Antecedents, Consequences and Mediating Role of Organizational Ambidexterity [J]. Academy of Management Journal, 2004, 47: 209-226.

[14] Jansen J J P, Van Den Bosch F A J, & Volberda H W. Exploratory Innovation, Exploitative Innovation, and Performance: Effects of Organizational Antecedents and Environmental Moderators [J]. Management Science, 2006, 52 (11): 1661-1674.

[15] Uotila J, Maula M, Keil T, and Zahra S A. Exploration, Exploitation, and Financial Performance: Analysis of S&P 500 Corporations [J]. Strategic Management Journal, 2009, 30: 221-231.

[16] Melville N, Kraemer K, and Gurbaxani V. Review: Information Technology and Organizational Performance: An Integrative Model of IT Business Value [J]. MIS Quarterly, June 2004, 28 (2): 283-322.

[17] Bharadwaj A S. A Resource-based Perspective on Information Technology Capability and Firm Performance: an Empirical Investigation [J]. MIS Quarterly, 2000, 24 (1): 169-96.

[18] Ross J W, Beath C M, and Goodhue D L. Developing Long-term Competitiveness Through IT Resources [J]. Sloan Management Review, 1996, 38 (1): 31-45.

[19] Barua A, Kriebel C H, and Mukhopadhyay T. Information Technologies and Business Value: An Analytic and Empirical Investigation [J]. Information Systems Research, 1995, 6 (1): 3-23.

[20] Bharadwaj A S, Bharadwaj S G, and Konsynski B. Information Technology Effects on Firm Performance as Measured by Tobin's q [J]. Management Science, 1999, 45 (7): 1008-1024.

[21] Teece D J, Pisano G, & Shuen A. Dynamic Capabilities and Strategic Management [J]. Strategic Management Journal, 1997, 18: 509-533.

[22] Danneels E. The Dynamics of Product Innovation and Firm Competences [J]. Strategic Management Journal, 2002, 23: 1095-1121.

[23] Podsakoff P M, and Organ D W. Self-reports in Organizational Research: Problems and Perspectives [J]. Journal of Management, Winter 1986, 12 (4): 531-544.

[24] Cook T D, and Campbell D T. Quasi-experimentation: Design and Analysis Issues for Field Settings [M]. Bos-

ton: Houghton-Mifflin, 1979.

[25] Aiken L S, and West S G. Multiple Regression: Testing and Interpreting Interactions [M], Sage Publications, Newbury Park, CA, 1991.

An Investigation on Balance of Alignment between IT and Business Process

ZHAO Fu-chun[1], LING Hong[1], XU Xiao-qin[1]

(1. School of Management, Fudan University, Shanghai 200433, China)

Abstract: A long-standing assumption is that the higher alignment between IT and business is, the better firm performance would be. Theoretical and empirical evidences in this study are nevertheless advanced to challenge the assumption. Based on Ambidexterity Theory, two competing relationships are contrasted and compared by using survey data. One major finding is that an inverted U-shaped curve relationship is more likely. Meanwhile, by introducing Ambidexterity Theory into IS field, better understanding on alignment between IT and business is likely to be earned. Theoretical and practical implications are further discussed.

Key words: ambidexterity; alignment; IT capability; business process capability

MTO 型企业生产计划与控制集成系统研究*

郝鹏[1,2]

(1. 华南理工大学 工商管理学院，广州 510420；
2. 广东外语外贸大学 信息学院，广州 510420)

摘　要： 生产负荷控制（WLC）是一种面向订货生产方式的生产计划与控制技术。WLC 技术在企业广泛和深入应用时面临着与企业的其他信息系统的集成问题。本文在分析了 MTO 企业的生产特点和 WLC、ERP 技术基本思想的基础上，提出了在 MTO 型生产模式下，基于 WLC 和 ERP 的生产计划与控制的集成系统模型，并对该集成系统的关键技术进行了分析。

关键词： 生产计划与控制；订货生产；生产负荷控制；企业资源计划；集成

中图分类号： F273

随着经济全球化以及当前消费者个性化需求的日益增长，制造企业面临着前所未有的挑战，越来越多的制造企业都采用了面向订货生产的制造策略。订货生产方式（Make-to-Order，MTO）是指企业按客户订单进行的生产，客户对产品提出各种各样的要求，经过协商和谈判，以协议或合同的形式确认对产品性能、质量、数量和交货期的要求，然后才开始组织设计和生产过程[1][2][3][4]。它的优点是以客户为中心，通过客户化、差异化满足市场多元化的需求，同时能够使企业实现交货期短、库存低、成本低等目标。但是，这种生产模式要求企业具备快速反应、及时交付产品的能力，因此对企业生产计划、调度和控制的能力要求较高。

由于 MTO 企业生产环境较复杂，科学地制定适合 MTO 企业的生产计划与控制策略，对于控制车间的在制品库存、提高产品交货期满足率、缩短产品供货周期和提高企业竞争力起着至关重要的作用。目前在 MTO 企业中常用的生产计划与控制技术，如 MRPⅡ、JIT 和 OPT 是在多品种小批量生产方式下发展起来的，不是最适于订货生产方式的技术生产。因此，如何能够更加合理地制订生产计划，既能够满足不同客户的个性化需求，又能够充分利用企业现有产能，就成了 MTO 型企业现阶段急需解决的关键问题之一。

生产负荷控制（Workload Control，WLC）技术是一种面向订货生产的生产计划与控制技术。已有的文献通过案例研究或仿真研究已证明 WLC 能够有效地使企业降低在制品库存，控制生产提前期并改善交货表现，从而增强制造企业的竞争力[4][5][6][7][8][9][10]，并指出与 MTO 企业常用的 ERP、JIT、OPT 等生产计划技术相比，WLC 技术更加适用于订货生产企业。

但是，ERP、JIT、OPT 等生产技术，尤其是 ERP 技术在 MTO 企业中已有了一定范围的应用，许多企业已实施或即将实施 ERP 系统。因此，WLC 技术在企业应用实施过程中，将不可避免地面临着与其他的信息系统的集成问题。Hendry 和 Land [10]通过对两个实施了 WLC 技术的 MTO 企业进行的实证研究，表明 WLC 与企业已有或即将实施的其他信息系统（特别是 ERP 系统）的集成将决定 WLC 能否广泛且深入地在企业中应用以及 WLC 理论的进一步发展。由于订货生产方式将被越来越多的企业所采用，因此深入地研究生产负荷控制技术，尤其是研究 WLC 与企业已有的信息系统的集成，如与 ERP 系统的集成是一项非常有意义的工作。

本文就是针对这一问题进行的研究，提出了在 MTO 生产模式下，基于 WLC 和 ERP 的生产计划与控制的集成系统，并对该集成系统的关键技术进行了分析。

---

* 基金项目：广东外语外贸大学校级青年项目
通讯作者：郝鹏，E-mail：haoj@ mail. gdufs. edu. cn

1 WLC 和 ERP 的基本思想

1.1 WLC 基本概念

生产负荷控制起源于 1970 年由 Wight 提出的输入/输出控制思想，它适用于复杂的生产环境，如 Job Shop 生产流程和 MTO 企业[11][12][13][14][15][16]。Wight 认为订货生产中出现的许多严重问题都可以通过有效地控制工厂的输入（机器负荷）和输出（机器生产能力）来解决，即要控制好订单投放的速度与工厂的生产能力之间的平衡。

WLC 技术通过设置订单的交货期、订单的释放机制来控制及平衡生产系统中的负荷，以实现既要保证一定的按期交货率和产出率指标，又要尽量缩短生产提前期和降低在制品库存的目标。为了控制及平衡各台机器的生产负荷，WLC 共有三层控制结构，图 1 描绘了完整的 WLC 控制结构[2][17]。

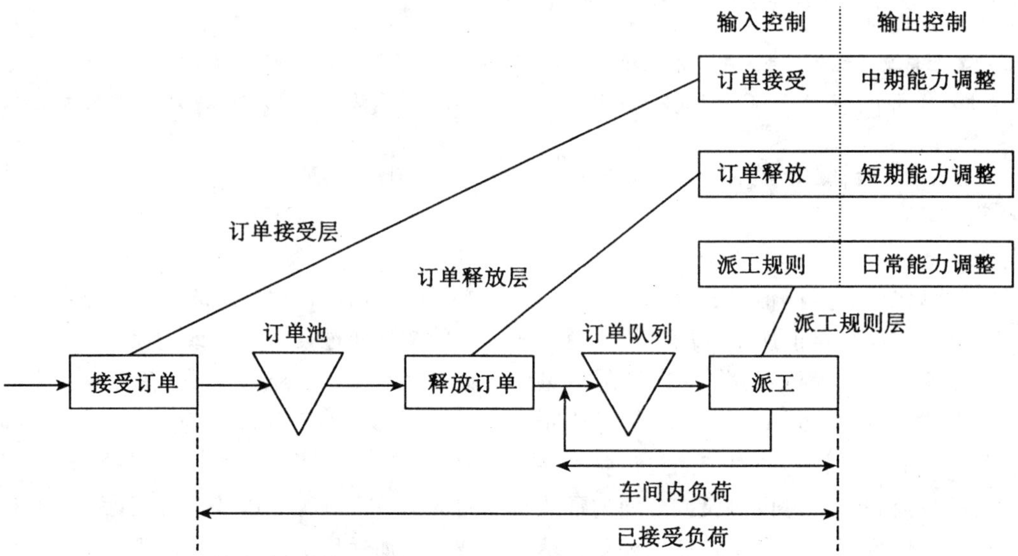

图 1 WLC 的三层控制结构

第一层是订单接受控制层，它通过设置订单交货期来控制进入生产系统的生产负荷总量，并在时间维度上平衡生产系统负荷。该层次属于中期生产计划层。

第二层是订单生产投放控制层，它通过控制订单进入生产车间的时间，来控制和平衡各台机器的负荷。具体的控制过程是：经过生产准备活动的订单并不直接投放车间生产，而是先进入一个订单池，在这里由订单投放方法决定何时投放车间开始生产。一旦订单被投放后，就按自身既定的加工路线，依次经过各台机器进行加工，直至加工完毕后离开，中间不能被取消加工。这一层控制属于短期生产计划。

第三层是生产车间的派工规则层，它负责安排工件在机器上的加工顺序，属于日常的生产车间控制。以往的研究主要集中在这个阶段，并设计出了上百种优先派工规则和调度算法。但是，在 MTO 企业中，由于订货生产方式的特点，客户需求波动比较大、订单变更比较频繁，实际上在这一层的生产调度能力是最弱的。

在 WLC 技术中，这三层控制机制之间相互影响，它们共同决定了 MTO 生产系统的表现[18]。其中，第二层的订单投放控制方法最为关键，它不仅直接影响到生产车间内的在制品库存及平均流水时间，对订单的生产提前期也产生影响。其次是第一层的订单接受控制，它控制进入生产系统的订单总量，对缩短生产提前期和改善交货表现有重要作用。同时第一层控制还降低了来自外部订单的波动性，可以增强 ORR 机制的作用。经过前两层的控制，第三层控制的重要性大大降低了。由于进入车间内的订单数量比较少，排序任务变得简单，所以可以用简单的派工规则取代复杂的派工规则和调度算法，并能取得很好的结果[18]。在实际生产中，简单的派工规则更加符合 MTO 企业实际车间管理的需要。

1.2 ERP 基本原理和结构

企业资源计划（Enterprise Resources Planning, ERP）由美国 Gartner Group Inc. 公司于 20 世纪 90

年代初提出，它是建立在信息技术基础上，利用现代企业的先进管理思想，全面地集成企业所有资源信息，为企业提供决策、计划、控制与经营业绩评估的全方位和系统化的平台。

ERP 的生产计划系统的核心部分采用物料需求计划的方式。物料需求计划也称 MRP（Material Requirements Planning），它的基本原理是根据客户订单和市场预测生成主生产计划，对主生产计划中的产品产量，自动按产品 BOM（Bill of Materials）和工艺流程逐级推演，计算出构成这些产品的相关物料的需求量和需求时间，即可得到在一般平稳生产条件下可以应用的生产计划方法[19]。MRP 的基本结构见图 2。

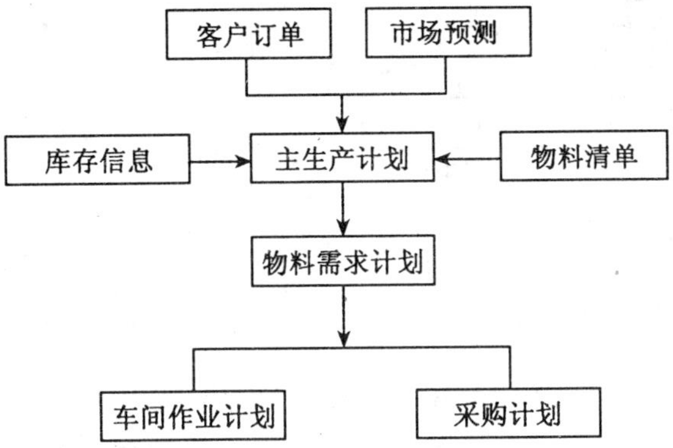

图 2　MRP 的逻辑结构

MRP 方法存在以下的弱点[19][20][21]：①计划方式是基于固定提前期的；②系统要求固定的工艺路线；③生产排产工作都是在假定无限能力的前提下进行的；④缺乏交货期设置机制；⑤执行逻辑单一，对于瓶颈资源不能及时优化。这些缺陷导致 MRP 更适用于产品品种变化少，而且需求量比较稳定的生产企业。

通过以上分析可以看出，WLC 技术是一种基于负荷控制的、面向订货生产方式的生产计划技术。对订货生产方式而言，MRP 不是一个很好的选择。

2　MTO 型企业生产计划与控制集成模型

2.1　MTO 型企业对生产计划与控制系统的要求

在 MTO 企业中，由于按客户订单进行生产，生产模式具有以下特点：①对产品的交货期要求短而且准时；②产品是面向客户需求的，需求波动比较大、变更比较频繁（这种波动包括需求时间上和数量上的波动）；③紧急订单多、插单多；④产品种类比较多、生产过程比较复杂，单个订单对产品的需求数量相对比较小。

MTO 企业的这些特有的生产特点对生产计划与控制系统提出了以下几点特殊要求。

具有订单接受判断机制。订单接受策略对企业绩效有着非常大的影响，不考虑订单对企业现有生产能力所造成的影响就接受订单，意味着企业正为接受这些订单付出代价[22][23]。盲目地接受太多的订单会导致生产系统超负荷，提前期延长，订单延误率升高。一个好的订单接受策略则有可能避免出现这些问题，因此生产计划与控制系统应能提供相应的信息支持管理人员决定是否接受一个订单。

具有交货期设置机制。对于 MTO 企业来说，能否按期交货是非常重要的。企业按期交货的能力在很大程度上受到订单交货期设置的影响[23][24]。如果交货期设置过短，生产部门无法按期完成就会拖期；如果交货期设置过长，又会降低企业竞争力。生产计划与控制系统应能够实时根据系统生产能力给每一个接受的订单设置可行的交货期[25]。

能够对订单实现全程跟踪管理。备货生产方式倾向于将需求加总进行考虑，而 MTO 企业的生产是根据订单展开的，要对每一个订单的交货期负责。因此生产计划与控制系统应能对每一个订单实现全程跟踪管理，掌握订单当前所处的状态，包括从设置交货期到加工以及交货等过程都要实施控制，保证每一个订单都能按期交货。

具有诊断与监控系统。在动态的 MTO 生产环境下，为了保证整个系统的有效运行，生产计划与控制系统必须具有诊断与监控功能，以实时监控计划与生产是否处在正常状态，发现问题后还应及时报警并找出原因。

2.2　MTO 型企业生产计划与控制集成系统模型

根据以上分析，按照生产计划与控制不同层次的要求，本文提出 MTO 型企业基于 ERP 和 WLC 技术的生产计划与控制集成系统模型。图 3 为该集成模型的结构图。

在该模型中，符合企业目标的客户订单首先进入客户询单子系统，该子系统运用一定的接受策略对订单的交货期和价格进行设置，以确定是否接受订单；被企业接受的订单进入订单组合管理子系统，在这里根据加工工艺对订单进行分解和组合，然后通过物料需求计划计算各种物料的需求量，以确定物料采购计划和外协计划；之后订单进入订单池等待；最后由订单投放子系统通过相应的控制策略决定何时投放订单进入车间开始加工。由于经过各层的控制，进入车间的订单数量较少，车间可采用较简单的派工规则或调度算法，如一般采用 FIFO（First In First Out）[26] 规则。加工完成后，

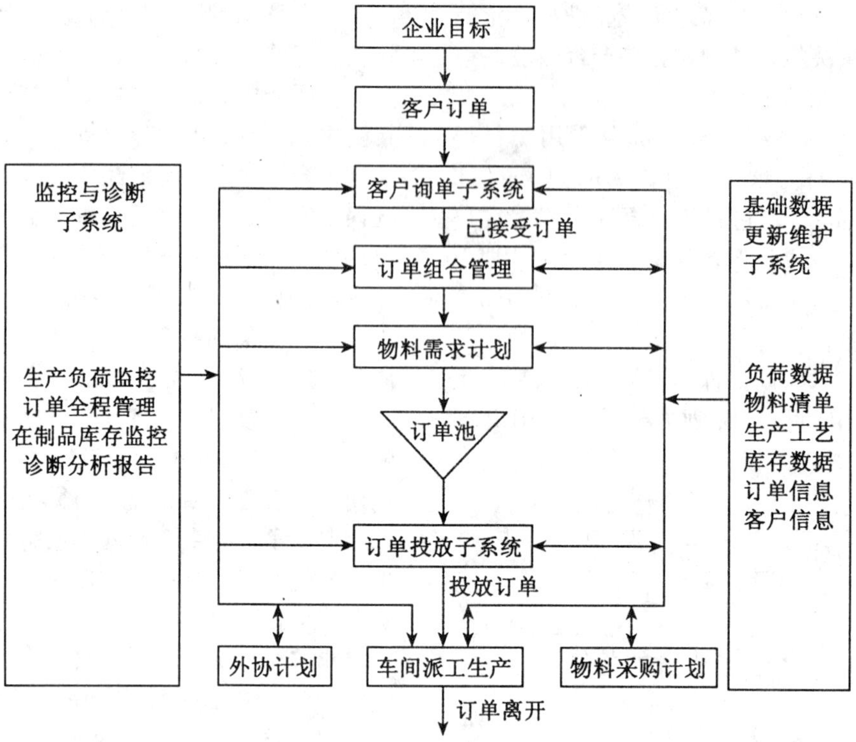

图 3　MTO 企业生产计划与控制集成系统模型

订单离开生产系统。

在订单从询单到加工完成的整个过程中，监控与诊断子系统一直在运行。它实时监控各加工中心的负荷状况、在制品库存、设备利用率、拖期等关键信息，把收集到的实际数据与计划值相比较，判断是否出现偏差。如有偏差，还要分析出现偏差的原因，并撰写诊断分析报告。同时，监控与诊断系统还要对订单进行全程管理，以控制生产进度，保证按预定的期限交货。

在整个集成系统中，有许多基础数据需要维护，如各加工中心的负荷数据、物料清单、加工工艺、产品信息、库存数据、订单信息、客户信息等。这些数据是整个系统有序运行的基本保证，所以需要基础数据更新维护子系统进行实时更新和维护。

3　集成的关键技术分析

3.1　WLC 与 ERP 功能和数据的有效集成

WLC 与 ERP 作为两种生产计划与控制系统，在功能上有交叉和重复的现象，集成时要对两种系统的功能做有效的集成。由于 WLC 更适合于 MTO 企业，系统集成时，应该以 WLC 的生产计划与控制方法为主，对 ERP 系统的各功能做相应的调整。如在 ERP 系统中由 MRP 下达生产计划和采购计划，在 WLC 系统中由订单释放系统来控制车间的生产，当系统集成时，ERP 系统中的 MRP 的功能主要是通过对订单的计算下达采购计划和外协计划，而车间生产计划主要由订单投放系统来下达。

在系统集成时数据集成的重点应该放在 ERP 如何为 WLC 提供实时准确的数据上。WLC 系统的运行需要大量的数据作为支撑，如各工作中心的负荷数据、工艺路线、物料清单、订单信息、客户信息、库存信息、设备能力数据等，其中很多信息都可以由 ERP 系统提供，因此与 ERP 系统进行数据集成的范围很广泛。系统集成时，应仔细分析两种系统中所需要数据的数据结构，在功能集成的基础上对两种系统的数据结构做适当调整。

3.2　算法的设计

在集成系统中，高效实用的算法设计是设计时的关键。如客户询单系统的功能主要是确定交货期和确定产品价格。询单的处理过程是一个企业反复和客户协商得到各自满意解决方式的过程，其中涉及了交货期设置、交货期检验和订单重排等问题，包含了大量的数据运算，因此需要有效的算法的支持。在订单释放系统中，为了使机器负荷平衡和按期交货等目标达到最优，需要设计相应的算法和投放规则。同样，诊断与监控系统为了能实时监控企业的生产状态，在生产负荷监控、在制品库存监控、诊断分析等功能的实现上也需要有效的算法的支持。

3.3 订单接受策略的研究

订单接受控制层在实际研究中又叫客户询单处理，主要指对客户提出的订单需求进行回应，在订货生产系统中占有十分重要的地位。它主要包括三方面内容：确定是否接受订单；确定订单交货期；确定报价。

制定准确的交货期对 MTO 企业来说非常重要，同时它的确定又是一个非常复杂的过程，涉及很多因素。

如越来越多的研究表明，生产车间的拥塞情况对订单的交货期有很大影响，因此当新订单到达时，根据机器的生产能力以及现有订单负荷情况（包括已接受的订单和新订单）来安排订单的交货期，将有助于提高预测的准确性。因此机器的生产能力和负荷状况是确定交货期时要考虑的因素之一。

客户的重要性程度也是影响交货期的因素之一。MTO 企业有时会因为考虑到客户的重要性而接受客户提出的较紧急的交货期或给客户报一个较短的交货期，而不考虑机器的实际负荷。

价格也是企业确定交货期时要考虑的因素。有时客户也许会因为优惠的价格而接受一个比自己预期稍长的交货期，也可能会接受因为自己要求一个较紧急的交货期而愿意付出较高的价格。

因此，首先要对影响询单的因素进行深入分析，在此基础上再制定本企业的订单接受策略。

3.4 数据的采集

在集成系统中，实时的生产数据采集系统是必不可少的。通过数据采集系统获取并存储生产现场各生产设备的负荷数据、能力数据、在制品库存、订单的加工状态等重要数据，以保证给客户询单系统、订单释放系统和监控系统提供实时且准确的数据。

4 结束语

实施科学的生产计划与控制技术，对于控制车间的在制品库存、提高产品交货期满足率、缩短产品供货周期和提高企业生产率起着至关重要的作用。WLC 技术是适合于 MTO 生产企业的一种生产计划与控制技术。为了进一步推广和深化 WLC 技术在企业中的应用，本文提出了在 MTO 型生产模式下，基于 WLC 和 ERP 的生产计划与控制的集成系统模型，并对该集成系统的关键技术进行了分析。

参考文献

[1] 黄卫伟．生产与运营管理［M］．北京：中国人民大学出版社，2006.

[2] 严浩云，李宏余．面向订货生产的生产计划与控制技术［J］．成组技术与生产现代化，2008，25（1）：12-17.

[3] Rainer Kolisch. Make-to-order Assembly Management [M]. Springer-verlag Berlin. Heidelberg, 2001, Germany.

[4] Peter Henrich, Martin Land, Gerard Gaalman. Grouping Machines for Effective Workload Control [J]. International Journal of Production Economics, 2006 (104): 125-142.

[5] Mark Stevenson. Refining a Workload Control (WLC) Concept: a Case Study [J]. International Journal of Production Research, Vol. 44, No. 4, 2006 (2), 767-790.

[6] Haskose H, Kingsman B G, Worthington D. Performance Analysis of Make-to-order Manufactruing Systems under Different Workload Control Regimes [J]. International Journal of Production economics, 2004 (90): 169-186.

[7] Mark Stevenson, Hendry L C, Kingsman B G. A Review of Production Planning and Control: The Applicability of Key Concepts to the Make-to-order Industry [J]. International Journal of Production Research. 43 (5): 869-898.

[8] Martin J Land, Gerard J Gaalman. The Performance of Workload Control concepts in Job Shops: Improving the Release Method [J]. International Journal of Production Economics, 1998 (56-57): 347-364.

[9] Hendry L C, Kingsman B G, Cheung P. The Effect of Workload Control (WLC) on Performance in Make-to-order Companies [J]. Journal of Operations Manage-ment. 1998 (16): 63-75.

[10] Hendry L, Land M, Stevenson M, Gaalman G. Investigating Implementation Issues for Workload Control (WLC): A Comparative Case Study Analysis [J]. International Journal of Production Economics, 2008 (112): 452-469.

[11] Bergamaschi D, Cigolini R, Perona M, et al. Order Review and Release Strategies in a Job Shop Environment: a Review and a Classification [J]. International Journal of Production Research, 1997, 35 (2): 399-420.

[12] Kingsman B G, TatsioPoulos I P, Hendry L C. A Structural Methodology for Managing Manufacturing Lead Times in Make-to-order Companies [J]. European Journal of Operational Researeh, 1989, 40: 196-209.

[13] Hans-Peter Wiendahl. 面向负荷的生产控制［M］．北京：清华大学出版社，1999.

[14] Mark Stevenson, Linda C Hendry. Aggregate Load-oriented Workload Control: A Review and a Re-classification of a Key Approach [J]. International Journal of Production Economics,104 (2006): 676-693.

[15] Kingsman B G, Tatsiopoulos I P, Hendry L C. A Structural Methodology for Managing Manufacturing Lead Times in Make-to-order Companies [J]. European Journal of Operational Research, 1989, 40: 196-209.

[16] Brian G Kingsman. Modeling Input-output Workload Control for Dynamic Capacity Planning in Production Planning systems [J]. International Journal of Production Economics, 2000, 68: 73-93.

[17] Soepenberg G D, Martin Land, Gerard Gaalman. The Order Progress Diagram: A Supportive Tool for Diagnosing Delivery Reliability Performance in Make-to-order Companies [J]. International Journal of Production Economics, 2008 (112): 495-503.

[18] Bas Oosterman, Martin Land, Gerard Gaalman. The Influence of Shop Characteristics on Workload Control [J]. International Journal of Production Economics, 2000 (68): 107-119.

[19] 齐二石等. 生产与运作管理教程 [M]. 北京: 清华大学出版社, 2006.

[20] 王军强, 孙树栋, 余建军, 孙强. 集成化生产计划管理与控制模型 [J]. 计算机集成制造系统, 2005, 11 (9): 1223-1228

[21] 陈绍文. SCM、APS 和 ERP [J]. 计算机辅助设计与制造, 2006 (3): 13-17.

[22] 张欣, 马士华. 基于有限生产能力和产出缓存的订单接受策略 [J]. 工业工程与管理, 2008 (2): 34-38.

[23] Zorzini M, Corti D, Pozzetti A. Due Date (DD) Quotation and Capacity Planning in Make-to-order Companies: Results from an Empirical Analysis [J]. International Journal of Production Economics, 2007 (8): 187-198.

[24] Donatella Corti, Alessandro Pozzetti, Marta Zorzini. A Capacity-driven Approach to Establish Reliable Due Dates in a MTO Environment. International Journal of Production Economics. 2006 (104) 536-554.

[25] 严浩云, 李宏余. 基于面向负荷的生产控制的交货期设置方法 [J]. 计算机集成制造系统, 2008, 14 (6): 1200-1206.

[26] Silva C, Roque L, Almeida A. MAPP-A Web-based Decision Support System for the Mould Industry [J]. Decision Support Systems, 2006 (42) 999-1-14.

Integrated Production Planning and Control Model Based on MTO

HAO Juan[1,2]

(1. School of Management, South China University of Technology , Guang zhou 510420, China;
2. School of Information Techology, GuangDong University of Foreign Studies, Guangzhou 510420, China)

Abstract: WLC is a hierarchical production planning an control approach for for make-to-order industry. The integration of WLC with other infromation systems already in place in an organisation, including ERP systems, is an essential challenge to overcome. After analyzing characteristics of MTO organization, and comparison between ERP and WLC with regard to their concept, an integrated production planning management model was constructed. Finally, some key technologies were described.

Key words: production planning and control; make-to-order; workload control; ERP; integration

非对称信息下的 KPO 成本收益分析*

王伟军[1]，罗金凤[1]，李延晖[1]，卢新元[1]

（1. 华中师范大学 知识管理与知识服务研究中心，武汉 430079）

摘　要：本文介绍了知识流程外包（KPO）的特点，分析了 KPO 过程中影响外包双方成本收益的因素。在借鉴现有外包研究成果基础上，结合 KPO 的特点和知识的累积性，建立了 KPO 过程中发包商与承包商之间的成本收益博弈模型。通过对模型中的各种因素进行分析比较，我们得出发包商对知识产品价值的评价能力会影响承包商的生产行为；另外，发包商对承包商进行适当的激励和监督会直接影响承包商是否愿意付出努力来增加知识产品的价值；最后，文章给出了如何增加外包双方整体利益的建议。

关键词：KPO；收益；成本；机会主义

中图分类号：F275.3

外包一般被定义为“转移某些价值贡献活动、过程或服务给代理人，主要是为了节省成本或把精力集中在企业的核心竞争力业务上”[1]。它在 20 世纪 90 年代得到了迅猛发展[2]，目前 ITO 和 BPO 的发展已经比较成熟，它们给企业带来了巨大的成本节省、工作效率和市场竞争力优势。近几年，一些公司开始考虑外包价值链的高端服务，抛弃了传统意义上的产品生产的概念[3]。这些高端服务需要很强的领域专业知识，对人才的要求比较高。易唯思（Evalueserve）是知识流程外包理念（Knowledge Process Outsourcing，KPO）的开创者。经过几年的发展，KPO 带来的经济优势已经凸显出来。经过调查统计，Evalueserve 估计 KPO 市场规模可望从 2003 年的 12 亿美元增长到 2010 年的 160 亿美元。数据搜索、集成和管理服务、金融和保险、生物技术及制药研究、计算机仿真和工程设计等部门在 KPO 行业中发展的潜力比较大[4]。

宏观方面，KPO 给整个知识密集型行业带来了巨大的经济效益，表现出了强有力的发展趋势；微观方面，KPO 是否会给企业带来效益需要领导者在做出知识外包的决策后，以企业利润最大化为基本出发点，结合知识的特性考虑知识流程外包涉及的影响成本和收益的因素，并且采取相应的措施来降低这些因素的负面影响。

Coase[5]首次提出外包概念后，研究者们在外包活动的成本收益方面做了很多研究。Arieh Gavious[6]等认为企业在做知识流程外包决策时需要比较维持和提高内部员工的知识所花费的成本与外包相关业务给承包商所花费的成本。在比较的过程中需要考虑内部员工知识学习曲线、维持相关知识的成本、知识价值贬值率和外包该业务的成本。他们通过对这些因素进行分析并结合时间动态性建立了动态优化控制模型，为企业的决策者提供了决策的参考价值。Benoit 等以交易成本理论和非完全合同理论为基础解释了两个不同层次的外包行为[7]。第一个层次，他们通过调查得知资产专用性、绩效测量问题和交易频率影响外包活动的选择；第二个层次，他们通过分析得知资产专用性和绩效测量问题影响外包双方合同的管理。Gerard 等用博弈理论框架分析了规模经济下对外包成本收益的影响，并且通过分析得出规模经济是外包活动的一个强有力的激励因素。[8]还有一些学者研究了激励因素和监督行为对外包活动成本收益的影响[9][10][11]。

现有研究成果为外包的成本收益分析提供了相应的方法和工具，但是，这些研究成果中的绝大多数考虑的都是具有标准化流程、成本和收益容易量化的外包模式，而 KPO 考虑的是企业价值链的高端服务，外包过程中涉及的衡量成本和收益的因素是很难量化的，再加上 KPO 是近几年才出现的新概念，学者们在这方面的研究很少，因此，对知识流程外包的成本和收益进行研究是很有意义的。本

* 基金项目：教育部新世纪优秀人才支持计划（NCET-07-0351）
通讯作者：李延晖，E-mail：yhlee@ mail. ccnu. edu. cn

文在现有外包成本收益研究成果的基础上，结合了知识流程外包的特点和知识的动态变化性对成本和收益的影响建立了知识流程外包活动事后的成本收益理论框架，在该框架中我们考虑了发包商的知识产品价值评价能力对成本和收益的影响，并在分析的基础上给出了降低成本和增加收益的建议。最后，我们对外包双方从各自利益出发产生的利益之和与两者建立同盟关系产生的整体利益进行了比较，根据比较结果我们建议外包双方从整体利益最大化出发来考虑需要建立长久合作的伙伴关系。

1 理论背景

1.1 KPO 介绍

知识流程外包（KPO）是业务流程外包（BPO）的高智能延续，是 BPO 最高端的一个类别，一般来说，它是指将公司内部具体的业务承包给外部专门的服务提供商。由此，KPO 是将业务流程外包和整个外包产业推向更高层次的发展，更多地寻求先进的分析与技术技能，以及果断的判断。KPO 更加集中在高度复杂的流程。这些流程需要有广泛教育背景和丰富工作经验的专家们完成。工作的执行要求专家们对某一特殊领域、技术、行业或专业具有精准、高级的知识。相比其他的外包类型，KPO 给组织提供更高的价值 KPO 的核心主题是通过提供业务专业知识而不是流程专业知识为客户创造价值，因此，KPO 需要从执行“标准化流程”转变到执行需要先进的分析和技术能力以及果断的判断能力的流程。KPO 服务可以使企业降低涉及市场的交货时间；有效地管理关键硬件；提供研究市场、竞争、产品和服务；加强企业管理的组织效率；帮助处理迅速变化的业务情况。最后，不像传统的业务流程外包具有商品化固定价格的解决方案，高端流程的外包服务通常是基于个性化和价值，往往是这种个性化提升了 KPO 的价值。

KPO 涉及的是战略层面，不是运营层面，其复杂程度和 ITO 以及 BPO 是完全不同的。企业进行 KPO 就是为了得到最好的咨询建议、最好的智力成果，从而提升他们的竞争力[4]。战略决定着企业的发展方向，企业的知识在提升竞争力方面具有很强的影响力[12]，因此，企业把价值链的高端活动外包给其他企业就不可避免地让承包方掌控着自己的部分命运，也正因为此，KPO 的外包双方追求的是长期合作的战略伙伴关系。

1.2 KPO 过程中承包商机会主义行为

由于知识流程外包成本和收益具有难以量化的特征，这就增加了承包商机会主义行为发生的可能性，从而增加了机会成本。Williason 定义机会成本为“自身利益追求与欺诈”。它包括信息扭曲和隐藏、精明行为和马基雅弗利意图[13]。这两者假设结合的结果就出现了信息不对称。交易双方为了各自的利益，卖者隐瞒产品的缺点，买者也不愿意透露他们打算偿付的报酬。由于双方都知道对方的机会主义行为，为了更好地了解交易活动，他们积极地搜寻相关信息，这就增加了额外的搜寻信息费用，使交易总成本上升。

KPO 活动中产生机会主义的原因包括以下几个方面：

（1）知识产品的非结构化。在知识流程外包过程中，外包的高端知识一般需要承包者运用自己的专业知识和与专业相关的知识进行分析和重新创造，产生发包商需要的知识。知识的自身特性决定了知识流程很难结构化，并且 KPO 的产品价值也不像 ITO 与 BPO 那样能够直接在生产中体现，这就使得发包商很难在短时间内准确地评价承包商的产品价值。承包商考虑到这一点就会违背契约的规定，降低投入，使得知识产品不具备可以达到的最大价值。

（2）资产专用性高。资产的专用性是指资产在没有价值损失的前提下能够被不同的使用者用于不同投资场合的能力[14]。结合知识流程外包的特点和目的我们知道企业外包高端知识主要是为了解决企业的发展战略问题，以及其他一些需要分析后才能解决的问题。承包商必须拥有渊博的知识、丰富的经验才有可能生产发包商需要的知识产品。从某种意义上来说，KPO 过程中知识对于发包商具有专用性，承包方是发包商的专用性人才资本，是发包商不可多得的专门财富，但是这种资产的专用性容易在交易中被“锁定”[14]，增加了发包商转向其他承包商的成本。发包商对于某一个承包商的过度依赖降低了承包商失去外包业务的可能性，增加了承包商决定提供知识产品价值水平的决定权。如果发包商转向别的承包商需要的成本超过了承包商提供低价值产品的成本，则承包商会倾向于提供低价值的产品或向发包商索取更高额的报酬却不会担心发包商毁约。为了降低承包商的机会主义行为发生的可能性，发包商需要与拥有这些知识的承包方建立起更加固定的关系，追求长久合同期限或者建立合同的双边调节机制，并且要加大对承包商行为的监控。

（3）交易的不确定性。交易的不确定性指交易过程中各种风险的发生几率。本文认为它主要是影响了KPO合同的制定。KPO涉及的是高端知识服务，工作不容易被编撰成文，具有无形性特点，很难清晰表达，加上交易过程外包双方常发生交易信息不对称，这就导致了合同中的很多指标难以量化。除此之外，由于信息无法完全获得，加上环境的变化，合同双方指定KPO中涉及的所有可能出现的情况和形势几乎是不可能的[15]。不完全合同容易让承包方发生机会主义行为。发包商处理交易不确定的基本途径是加强对承包方的监督，但是这种方法会产生监督成本，即增加了交易总成本，所以发包商要在监督和不监督之间进行权衡，最后达到利益最大化的目的。另外，交易外包双方还需要根据环境的变化变更合同。

虽然KPO一般是达成战略同盟的长期合作关系，经过上面分析我们知道机会主义仍然是存在的，外包双方总是在不断的追求自身利益最大化，行为方式表现为两者之间进行着重复博弈。如果发包商期望在博弈的每一个阶段自己总是得到最优战略结果，那么它就必须仔细考虑机会主义和讨价还价成本的影响因素以及最小化成本的策略[14]。除此之外，发包商还需要考虑给予承包方适当的激励报酬，从而维持长久的合作关系。

2 模型的建立

2.1 主要参数的设定

V：知识产品的实际价值；

v_0：发包商可接受的最低知识产品价值；

$\bar{v}$：发包商评估的知识产品的价值；

C：承包商的总成本；

c_{11}：发包商的监督成本；

$\bar{u}$：承包商的保留效用；

a：承包商的努力水平。

2.2 知识产品的价值

（1）实际知识产品价值 V

假设在KPO中知识产品的价值主要由承包商的知识投入决定，除此之外，它还受外生变量的影响（发包商和承包商都无法控制外生变量，比如国家政策，世界整体经济形势，自然灾害等）。在模型中我们定义

$$V = a + \theta \tag{1}$$

其中，θ 是外生的不确定因素，服从均值为零、方差等于 σ^2 的正态分布。

（2）发包商评估的知识产品的价值 $\tilde{v}$

因为知识产品的价值不可能精确测量，发包商只能对其价值进行评估，令评估误差为 ε，服从均值为零、方差等于 σ_0^2 的正态分布，即 $|V - \tilde{v}| \leqslant \varepsilon$。在模型中我们假设评估结果 $\tilde{v} = V + \varepsilon$ 的概率为 q，评估结果 $\tilde{v} = V - \varepsilon$ 的概率为 $1 - q$。

2.3 承包商和发包商的成本

（1）承包商的成本

在知识流程外包过程中，发包商把知识链的高端业务流程外包给承包商，这些业务的处理需要承包商的高端分析技能以及决策判断能力，因此，承包商对知识产品的投入成本与承包商员工的知识水平有关，知识水平越高，承包商为提高员工的能力需要的投入越少；同时，成本还与承包商选择的努力水平有关，承包商越努力需要的成本越高。

在现实生活中，承包商的努力水平可以在很多方面体现，比如花费时间、参加培训等等，这些因素共同影响了承包商的成本，他们不可能与成本是一次关系而应该是多次关系，为了便于计算，在模型中我们令承包商的成本与承包商的努力水平 a 呈现二次关系，即：

$$C(a) = \frac{a^2}{k_0} \tag{2}$$

因为 $\frac{\partial C}{\partial a} = \frac{a}{k_0} > 0$，$\frac{\partial^2 C}{\partial a^2} = \frac{1}{K_0} > 0$，这表明随着努力水平的提升，需要付出的成本越大，努力水平越高，成本增加得越快，这是符合实际情况的。k 是承包商投入生产成本后的知识水平，定义为：

$$k = k_0 + \alpha C(a) \tag{3}$$

其中，k_0 为承包商在 $t = 0$ 时的知识水平；α 为承包商吸收知识的能力系数，$0 \leqslant \alpha \leqslant 1$。

将（2）带入（3）得 $k = k_0 + \frac{\alpha a^2}{k_0}$，$k$ 成为下一次交易的初始知识水平。（4）

（2）发包商的成本

在该模型中我们不考虑合同建立成本、设置成本等，也不考虑转换承包商的问题，令发包商的成本即为承包商的收入。

2.4 承包商和发包商的利润

利润分析基于如下假设:

(a) 承包商是风险规避的，发包商是风险中性的;

(b) 当发包商评估的知识产品的价值低于最低可接受的价值 v_0 时，发包商对承包商的行为进行监督，并取消对承包商的奖励，同时对承包商进行惩罚。

(c) 发包商评估的价值与承包商生产的知识产品的价值偏离不会很大。

(d) 承包商在缺乏监督的情况下会发生机会主义行为，生产的知识产品的价值不会大于发包商可接受的最低知识产品价值 v_0。

在分析承包商和发包商的成本利益时，我们分两种情况考虑:

1) 第一种情况：承包商生产的知识产品的价值很低，以至于 $V+\varepsilon<v_0$

①根据假设 (b)，当发包商评估的价值 $\tilde{v}=V-\varepsilon$时承包商的收入为

$$S_1(\tilde{v})=\gamma-\beta(v_0-V+\varepsilon) \tag{5}$$

其中，β 是发包商给予承包商的激励强度（在此时为负强化)，$0\leqslant\beta\leqslant1$；$\gamma$ 是承包商的固定收入，$\gamma>0$;

因为 $\tilde{v}<v_0$，所以发包商需要对承包商的行为进行监督。令 $c_{11}=\lambda\ (v_0-\tilde{v})$，其中 $\lambda>0$ 为监督成本系数。发包商的利益为:

$$\begin{aligned}\pi_{121}&=V-S_1(\tilde{v})-c_{11}\\&=(1-\beta+\lambda)V-\gamma+(\beta-\lambda)\\&\quad(v_0+\varepsilon)\end{aligned} \tag{6}$$

②当发包商评估的价值 $\tilde{v}=V+\varepsilon$时，承包商的收入为:

$$S_2(\tilde{v})=\gamma-\beta(v_0-V-\varepsilon) \tag{7}$$

发包商的利益为:

$$\begin{aligned}\pi_{122}&=V-S_2(\tilde{v})-c_{11}\\&=(1-\beta+\lambda)V-\gamma+(\beta-\lambda)\\&\quad(v_0-\varepsilon)\end{aligned} \tag{8}$$

由于承包商是风险规避的，令风险成本 $RC=\frac{\rho\sigma^2\beta^2\sigma_0^2}{2}$，$\rho>0$ 是承包商的绝对风险规避量，则承包商的期望利益为:

$$\begin{aligned}\pi_{c01}&=E((1-q)S_1(\tilde{v})+qS_2(\tilde{v})-C-RC)\\&=E(\gamma-\beta(v_0-V)+(2q-1)\beta\varepsilon-\\&\quad C-RC)\end{aligned} \tag{9}$$

发包商的期望利益为:

$$\begin{aligned}\pi_{f1}&=E((1-q)\pi_{121}+q\pi_{122}\\&=E((1-\beta+\lambda)V+(\beta-\lambda)v_0-\gamma+\\&\quad(1-2q)(\beta-\lambda)\varepsilon)\end{aligned} \tag{10}$$

2) 第二种情况：发包商对知识产品估计的价值为 $V-\varepsilon<v_0$，$V+\varepsilon>v_0$

①根据假设 (b)，当发包商评估的价值 $\tilde{v}=V-\varepsilon<v_0$ 时，承包商的收入为:

$$S_3(\tilde{v})=\gamma-\beta(v_0-V+\varepsilon) \tag{11}$$

发包商的利益为:

$$\begin{aligned}\pi_{123}&=V-S_3(\tilde{v})-c_{11}\\&=(1-\beta+\lambda)V-\gamma+(\beta-\lambda)\\&\quad(v_0+\varepsilon)\end{aligned} \tag{12}$$

②当发包商评估的价值 $\tilde{v}=V+\varepsilon>v_0$ 时，承包商的收入为:

$$S_4(\tilde{v})=\gamma+\beta(V+\varepsilon-v_0) \tag{13}$$

发包商的利益为:

$$\begin{aligned}\pi_{124}&=V-S_3(\tilde{v})\\&=(1-\beta)V-\gamma+\beta v_0-\beta\varepsilon\end{aligned} \tag{14}$$

承包商的期望利润:

$$\begin{aligned}\pi_{c02}&=E((1-q)S_3(\tilde{v})+qS_4(\tilde{v})-RC-C)\\&=E(\gamma-\beta(v_0-V)+(2q-1)\beta\varepsilon\\&\quad-RC-C)\end{aligned} \tag{15}$$

发包商的期望利润:

$$\begin{aligned}\pi_{f2}&=E((1-q)\pi_{123}+q\pi_{124})\\&=E((1-\beta+\lambda-q\lambda)V-\gamma+(\beta-\lambda+q\lambda)v_0\\&\quad+[(1-2q)\beta-(1-q)\lambda]\varepsilon)\end{aligned} \tag{16}$$

3 模型分析

本文参考了状态空间模型化方法[16]，通过进一步分析得知发包商要想承包商提高努力水平 a 来增加知识产品的价值 V，提供的激励奖励必须满足两个约束：参与约束 IR 和激励相容约束 IC。

(1) 参与约束 IR

承包商从接受合同中得到的期望效用不能小于不接受合同时能够得到的最大期望效用。

(2) 激励相容约束 IC

如果 a 是发包商期望的努力水平，$\tilde{a}$ 为承包商可选择的任何努力水平，只有当承包商从选择中得到的期望效用大于从选择了 $\tilde{a}$ 中得到的期望效用时，承包商才会选择 a。

3.1 非合作状态下的收益分析

从前面的分析我们得知，在两种情况下，承包商的期望利益为：

$$\pi_c = E(\gamma + \beta V - \beta v_0 - RC - C)$$
$$= \gamma + \beta a - \beta v_0 - \frac{\rho\sigma^2\beta^2\sigma_0^2}{2} - \frac{a^2}{k_0} \quad (17)$$

该期望利益必须不小于承包商的保留效用为 $\bar{u}$，即满足参与约束（IR）$\pi_c \geqslant \bar{u}$。激励相容约束（IC）即是承包商最大化自己的期望效用函数，等价于最大化 π_c，对 a 求导得：$a = \frac{\beta k_0}{2}$，可以看出，承包商的努力程度与发包商给予的激励强度 β 有关，β 越大，承包商越努力。

对于发包商而言，要使得利润最大化主要是考虑怎样给定激励强度 β，使得承包商提高努力水平，从而增大知识产品的价值。

（1）分析第一种情况下的收益

$$\max\pi_{f1} = E((1 - \beta + \lambda)V - \gamma + (\beta - \lambda)v_0 + (1 - 2q)(\beta - \lambda)\varepsilon)$$
$$= (1 - \beta + \lambda)a + (\beta - \lambda)v_0 - \gamma \quad (18)$$

$$(IR)\gamma + \beta a - \beta v_0 - \frac{\rho\sigma^2\beta^2\sigma_0^2}{2} - \frac{a^2}{k_0} \geqslant \bar{u} \quad (19)$$

$$(IC)a = \frac{\beta k_0}{2} \quad (20)$$

发包商在考虑最大利润时，只需要满足

$$\gamma + \beta a - \beta v_0 - \frac{\rho\sigma^2\beta^2\sigma_0^2}{2} - \frac{a^2}{k_0} = \bar{u} \text{ 即可。} \quad (21)$$

将（20）和（21）代入到（18）得

$$\max\pi_{f1} = \frac{\beta k_0}{2} + \frac{\lambda\beta k_0}{2} - \lambda v_0 - \frac{\beta^2 k_0}{4} - \frac{\rho\sigma^2\beta^2\sigma_0^2}{2} - \bar{u} \quad (22)$$

在（22）中分别对 β 求导得最优化一阶条件：

$$\beta = \frac{k_0(1 + \lambda)}{k_0 + 2\rho\sigma^2\sigma_0^2} \quad (23)$$

将 β 代入到（20）得 $a = \frac{k_0^2(1+\lambda)}{2k_0 + 4\rho\sigma^2\sigma_0^2}$，可以看出在承包商的最初知识水平 k_0 一定的情况下，当发包商加大监督力度，即 λ 越大时，承包商越努力；在 k_0，λ 一定时，承包商的努力强度与承包商的绝对风险规避量 ρ，外生不确定因素的方差 σ^2 和发包商对知识产品价值的评估误差的方差有关。不难想象，当外生因素不确定时，承包商会将低产出解释为是不利的外生因素的影响，从而逃避惩罚。

（2）分析第二种情况下的收益

$$\max\pi_{f2} = E((1 - \beta + \lambda - q\lambda)V - \gamma + (\beta - \lambda + q\lambda)v_0 + [(1 - 2q)\beta - (1 - q)\lambda]\varepsilon)$$
$$= (1 - \beta + \lambda - q\lambda)a - \gamma + (\beta - \lambda + q\lambda)v_0 \quad (24)$$

$$(IR)\gamma + \beta a - \beta v_0 - \frac{\rho\sigma^2\beta^2\sigma_0^2}{2} - \frac{a^2}{k_0} \geqslant \bar{u} \quad (25)$$

$$(IC)a = \frac{\beta k_0}{2} \quad (26)$$

发包商在考虑最大利润时，只需要满足

$$\gamma + \beta a - \beta v_0 - \frac{\rho\sigma^2\beta^2\sigma_0^2}{2} - \frac{a^2}{k_0} = \bar{u} \text{ 即可。} \quad (27)$$

将（26）和（27）代入到（24）得

$$\max\pi_{f2} = \frac{1 + (1 - q)\lambda}{2}\beta k_0 - \frac{\beta^2 k_0}{4} - (1 - q)\lambda v_0 - \frac{\rho\sigma^2\beta^2\sigma_0^2}{2} - \bar{u} \quad (28)$$

在（28）中对 β 求导得最优化一阶条件：

$$\beta = \frac{k_0(1 + \lambda - q\lambda)}{k_0 + 2\rho\sigma^2\sigma_0^2} \quad (29)$$

因为 $\frac{\partial \beta}{\partial q} = \frac{-\lambda}{k_0 + 2\rho\sigma^2\sigma_0^2} < 0$，说明当发包商评价知识产品的价值偏大的概率较大时，发包商应该适当地降低激励强度。

将 β 代入到（26）得 $a = \frac{k_0^2(1+\lambda-q\lambda)}{2k_0 + 4\rho\sigma^2\sigma_0^2}$，可以看出在承包商的最初知识水平 k_0 一定的情况下，如果发包商希望承包商提高努力水平，则应该加大监督力度。

3.2 合作状态下的收益分析

发包商与承包商建立同盟关系，两者的利益一致，承包商不会发生机会主义行为，并且承包商按照整体利益最大化来生产知识产品。发包商对承包商完全信任，按照实际价值对承包商进行奖励。

承包商的收入：$S_5(\tilde{v}) = \gamma + \beta(V - v_0)$

发包商的利益为：

$$\pi_{125} = V - S_5(\tilde{v}) = (1 - \beta)V - \gamma + \beta v_0$$

承包商的期望利润：

$$\pi_{c03} = E(\gamma + \beta(V - v_0) - C - RC)$$
$$= \gamma + \beta(a - v_0) - \frac{a^2}{k_0} - \frac{\rho\sigma^2\beta^2\sigma_0^2}{2} \quad (30)$$

发包商的期望利润：

$$\pi_{f3} = E((1 - \beta)V - \gamma + \beta v_0)$$
$$= (1 - \beta)a - \gamma + \beta v_0 \quad (31)$$

两者的共同利益：

$$\pi = \pi_{c03} + \pi_{f3} = V - C - RC$$
$$= a - \frac{a^2}{k_0} - \frac{\rho\sigma^2\beta^2\sigma_0^2}{2} \quad (32)$$

当整体利益最大化时，承包商选择的努力水平为

$$\frac{\partial \pi}{\partial a} = 0, \text{得到 } a = \frac{k_0}{2} \quad (33)$$

因为$\frac{k_0}{2} > \frac{\beta k_0}{2}$，所以，在合作情况下承包商会更加努力地工作，带来的结果是知识产品的价值提高，并且发包商不需要支付监督成本，从而整体成本减少，整体利益比上面的两种情况都大。

4 结 语

本文结合知识流程外包特点、影响成本收益的因素和发包商评价知识产品价值的能力水平研究了知识流程外包事后交易的成本和收益。文章从外包双方不建立同盟关系，即只考虑自己的利润最大化和外包双方建立同盟关系，即同时考虑自己的利润和整体的利润最大化两个维度对双方的成本和收益进行了分析。分析得出：①外包双方建立同盟关系后，两者的利益和发展战略具有一致性，在这种情况下，承包商不会发生机会主义行为，整体的利益比非同盟关系的利益之和更大；②发包商需要结合自己的最低期望价值和评估的知识产品的价值对承包商进行激励、惩罚和监督，这样可以最低限度地降低成本；③承包商的努力强度与发包商给予的激励强度和发包商的监督力度均呈正相关；与承包商的绝对风险规避量、外生不确定因素的方差和发包商对知识产品价值的评估误差的方差呈负相关；④当发包商评价知识产品的价值偏大的概率较大时，发包商应该适当地降低激励强度。这些结论为企业考虑外包活动事后的成本和收益提供了参考。当然，本文建立的 KPO 成本收益框架偏于理论化，没有考虑知识随时间的变动可能出现贬值的情况，这也是以后进一步研究的方向。

参 考 文 献

[1] Ramachandran K, Voleti S. Business Process Outsourcing (BPO): Emerging Scenario and Strategic Options for IT-enabled Services [J]. Vikalpa, 2004, 29 (1): 49-62.

[2] Bryce D, Useem. The Impact of Corporate Outsourcing on Company Value [J]. European Management Journal, 1998, 16 (6): 635-643.

[3] Tempest R. Barbie and the World Economy [N]. Los Angeles Times, 1996, September 22: A1 and A12.

[4] Alok Aggarwal, Abhishek Pandey. The Next Big Opportunity -moving up the Value Chain-From BPO to KPO [R]. Business Research. July 13, 2004, Evalueserve.

[5] Coase R H. The Nature of the Firm [J]. Economica, 1937, 4 (16): 386-405.

[6] Arieh Gavious, Gad Rabinowitz. Optimal Knowledge Outsourcing Model [J] . Omega , 2003, 31 (6): 451-457.

[7] Benoit A. Aubert, Suzanne Rivard, Michel Patry. A Transaction Cost Approach to Outsourcing Behavior: Some Empirical Evidence [J]. Information & Management , 1996, 30 (2): 51-64.

[8] Gérard, Cachon P, Patrick, et al. Competition and Outsourcing with Scale Economies [J]. Management Science, 2002, 48 (10): 1314-1333.

[9] Audley Harris, Larry C. Giunipero, Tomas G. Impact of Organizational and Contract Flexibility on Outsourcing Contracts [J]. Industrial Marketing Management, 1998, 27 (5): 373-384.

[10] Ravi Aron, Subhajyoti Bandyopadhyay, Siddhartha Jayanty, et al. Monitoring Process Quality in Offshore Outsourcing: A Model and Findings from Multi-country Survey [J]. Journal of Pperations Management, 2008, 26 (2): 303-321.

[11] Ojelanki K. Ngwenyama, Noel Bryson. Making the Information Systems Outsourcing Decision: A Transaction Cost Approach to Analyzing Outsourcing Decision Problems [J]. European Journal of Operational Research, 1999, 115: 351-367.

[12] Wendy L. Currie, Vaughan Michell, Oluwakemi Abanishe. Knowledge Process Outsourcing in Financial Services: The Vendor Perspective [J]. European Management Journal, 2008, 26: 94-104.

[13] Williamson O E. Transaction Costs Economics [J]. Handbook of Industrial Organization, 1989, 1: 136-178.

[14] Klein B, Crawford R, Alchian A. Vertical Integration, Appropriable Rents and the Competitive Contracting Process [J]. Journal of Law and Economics, 1978, 21 (2): 297-326.

[15] Raghu Raman S, Pawan Budhwar, Balasubramanian G. People Management Issues in Indian KPOs [J]. Employee Relations, 2007, 29 (6): 696-710.

[16] 张照贵. 经济博弈与应用 [M]. 成都: 西南财经大学出版社, 2006.

Analysis of KPO's Cost and Benefit in Asymmetric Information Environment

WANG Weijun[1], LUO Jinfeng[1], LI Yanhui[1], LU Xinyun[1]

(1. The Research Center for Knowledge Management and Knowledge Service, Huazhong Normal University, Wuhan 430079, China)

Abstract: This paper introduces the Knowledge Process Outsourcing (KPO) characteristics, and analyzes the impact of outsourcer's and supplier's cost-benefit factors in the KPO environment. Based on predecessors' achievements in the outsourcing, we combine with the characteristics of KPO and knowledge's cumulative characteristic to establish the cost-benefit game-theory framework between outsourcer and supplier. Through analyzing and comparing with relative factors, we find out that outsourcer's capability used for evaluating the value of Knowledge Product will influence supplier's producing behavior; in addition, whether outsourcer will give proper incentive and monitor action to supplier will directly decide supplier's willingness to add value to the Knowledge Product ; finally, this paper proposes how to maximize mutual interests.

Key words: KPO; revenue; cost; opportunism

基于协同数据库的供应链协同信息共享的研究

李玲[1]，贺萍[1]

(1. 辽宁工程技术大学 工商管理学院，辽宁 125105，中国)

摘　要：在供应链协同的相关知识基础上，进行了供应链协同管理的必要性及其内容研究，确定信息共享是支持供应链协同工作的基础和必要条件。在供应链协同信息共享中，协同数据库能够将各个分散的数据库很好地连接起来，使各个数据库的直接使用者通过协同数据库查询达到间接使用其他数据库的目的，实现了彼此信息的充分共享，通过协同数据库技术与供应链协同管理结合研究解决了单纯的数据库实现信息共享的孤岛问题。

关键词：协同数据库；供应链协同管理；信息共享

随着科学技术的不断进步和经济的不断发展，高新技术的迅猛发展导致了生产效率的提高，缩短了产品更新换代周期，同时也加剧了市场竞争的激烈程度。企业面临的是新的挑战和新的发展机遇，业务外包和企业间的合作越来越广泛，企业要想生存并且获得更大的竞争优势只有通过协同和合作。

在供应链管理领域中，供应链协同强调了各企业之间的合作关系。如何建立一种共赢的业务联盟间的协作模式，最大限度地减少内耗与浪费，充分利用企业的外部资源，实现供应链整体效应，并最大化来获取利润等成为研究的热点问题。

1　供应链协同研究背景与综述

供应链的建立与运行，必须依靠供应链管理。刘志学为供应链管理给出的定义是：供应链管理是指对供应链中的物流、信息流、资金流、价值流以及工作流等进行计划、组织、协调与控制的总观点和系统的管理方法，它是连接供应商、制造商、分销商直到最终消费者的全要素、全过程的集成化管理模式，以实现从原材料到最终产品的物质和资金形态转化过程的全程监控，提高整个制造链的经济效益[1]。供应链管理的效果问题则是整个系统在受到内外各种因素制约下的一个多目标优化问题。

要提高供应链的竞争力，使供应链在竞争中获胜，关键是实现供应链企业之间的协同管理，把CSCM的思想应用到供应链中来提高供应链的整体运作效率。

1.1　CSCM 概念

计算机系统结构沿着“单机单用户——单机多用户——多机系统——计算机网络——计算机互联、互操作和协同工作”的方向发展。从协同到计算机支持的协同工作（CSCW）是信息时代的必然产物，它是以人们群体协作为背景、计算机和通信技术的发展和融合为基础、应用领域广泛为前提条件发展而自然形成的。

CSCW 经历多年的发展，现已形成了一个多学科交叉和支持的新兴领域，可以定义为：一个利用计算机技术、网络与通信技术、多媒体技术以及人机接口技术将时间上分离、空间上分布而工作上又相互依赖的多个协作成员及其活动有机地组织起来，以共同完成某一项任务的分布式计算机环境。它的三个基本要素是：通信、合作和协调。通信是CSCW 的基础；合作是 CSCW 的形式，是对象和内容；协调是 CSCW 的关键，是支持协同工作的技术手段。

CSCW 技术主要涉及以下几方面的研究。

（1）协同管理及群体感知。

（2）冲突消解、并发控制和一致性研究。

（3）支持群体角色和群体构成的动态变化。

（4）捕获和分析角色——系统以及角色——角色之间的交互过程[2]。

1.2　供应链协同管理

为了提高供应链的整体竞争力，供应链协同要求供应链中各节点企业进行彼此协调和相互努力。通过公司协议或联合组织等方式，各节点企业结成一种网络式联合体，在这一协同网络中，供应商、制造商、分销商、零售商和客户可动态地共享信息，紧密协作，向着共同的目标发展[3]。要实现协同，要求各节点企业树立“共赢”意识，为实现同一目标而努力；要求节点企业基于技术和

Internet网的信息共享和知识创新成果共享；要求合作伙伴在信任、承诺和弹性协议的基础上进行合作。同时，要求进行协同的节点企业进行供应链的重新整合，应以信息的自由交流、知识创新成果的共享、相互信任、协同决策、无缝连接的生产流程和共同的战略目标为基础。供应链协同管理就是针对供应链网络内各职能成员间的合作所进行的管理[4]。其主要内容如图1所示。

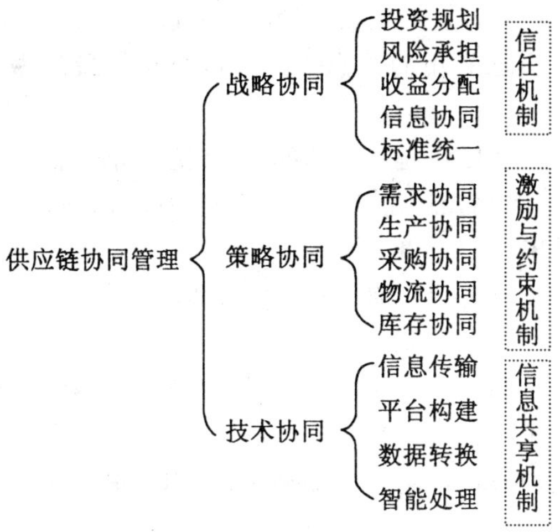

图1 供应链协同管理的内容

其中，信息共享是支持协同工作的基础和必要条件，同时也是 CSCW 应用区别于一般分布式系统的重要特征之一。

1.3 供应链协同管理中的信息共享

供应链协同只有在信息透明的前提下才会有效。随时了解供应链中的即时信息对于正确协调所有的物品流动至关重要，其中的关键在于实现标准化的信息共享。

信息共享一般是构筑在数据库基础之上的，许多数据库系统都支持多用户使用，各用户之间彼此共享数据。使用数据库系统实现信息共享的优点包括技术比较成熟、存储的数据量大、成本低下、能够支持多用户使用等。然而，它也存在着弊端。当多用户同时操作数据时，数据库的处理方式并不完全适合于协同工作的要求。因为在现有的数据库系统中，用户独自使用数据库，无法感知他人的活动和行为，就好像系统里面只有他一人在使用。而CSCW 应用需要感知其他用户的活动和状态，以得出正确的决策支持自己的工作[5]。因此，如何利用或增强已有的信息机制来实现信息协同共享是CSCW 研究的重要内容之一，其中通过协同数据库技术的使用能够很好地解决信息共享的问题。

2 基于协同数据库的供应链协同信息共享分析研究

2.1 协同数据库概念及特点

协同数据库系统或者数据库的协同管理系统，是由多个不同种类的数据库（异构数据库）构成的一个面向协同工作的虚拟环境，在逻辑上是同一个系统，物理上各个异构数据库是相互独立和分布的。协同数据库与一般意义上的分布式数据库不同，前者不存在一个统一的全局数据库管理系统（DBMS），各个节点的局部数据库间不存在什么隶属关系，纯粹是为了协同工作资源而进行数据库互联，而后者各个节点的局部数据库是在统一全局数据库管理系统（DBMS）的管理与控制之下运行的。

根据 CSCW 特点，协同数据库及其管理系统应该具有如下一些特点：

（1）各个数据库具有独立自治功能，分属于不同的协同群体。

（2）协同工作各个参与方的交互往往映射到其对数据库的访问和管理上。

（3）保障大数据量和长事务处理的可靠性。

（4）重视并发安全控制，以及实时访问和实时数据迁移速度。

2.2 协同数据库在信息共享中的工作机理

实现协同数据库的一种途径是在现有的数据库管理系统基础上，开发一种面向 CSCW 的数据库协同管理系统，通过网络把 CSCW 系统中的各个节点数据库连接起来，在保持它们各自的特点下，通过处理使它们使用同一种交流通信机制，实现异构数据库的协同管理。

协同数据库中各个被连接的数据库一般异构，又不像分布式数据库那样，具有全局的数据库管理系统来管理各个节点数据库，其用户 Agent、数据库协同服务器、硬件包括数据库协同接口 Agent 以及底层数据库等。

用户 Agent 是用来对用户查询语句进行词法、语法等检查，并把下层反馈回来的查询结果显示到用户界面上；数据库协同服务器是协同工作的核心，用来协调所有数据库；数据库协同接口 Agent 连接所有的数据库服务器，进行本地数据库用户权限检查，将运程查询命令转换成本地数据库相应语言格式。所以协同数据库通过各个硬件将各个分散的数据库很好地连接起来，使各个数据库的直接使用者通过协同数据库查询达到了间接使用其他数据库的目的，实现了彼此信息的共享。

2.3 协同数据库的查询

由于协同数据库涉及多个不同类型的数据库，所以在进行协同数据库查询时，采用的是标准的SQL语句加上每个数据库的标识。数据库协同服务器对它进行解析后再建立相关数据库的连接。对查询处理的整个过程是先将协同查询语句进行解析，分成为若干个子查询，再将这些子查询传递给对应的数据库协同接口 Agent 进行本地数据库语言转换，最后再由本地数据库执行查询。

基本步骤如下：

（1）写出查询语句。

（2）由用户 Agent 检查查询语句的语法正确性和语义连贯性后传给数据库协同服务器。

（3）协同数据库服务器读取知识库中的数据库资源表，根据此表来解析协同查询语句，再将这些子查询传递给对应的数据库协同接口 Agent。

（4）数据库协同接口进行本地数据库用户权限查询，将远程查询命令转换成本地数据库相应语言格式，并将查询结构转换成统一格式以便网络传输和结果合并。

（5）底层数据库执行查询并为上层提供查询结果[6]。

3 基于协同数据库的供应链协同信息共享的实现研究

根据供应链协同管理，为了实现供应商、制造商、分销商、零售商和客户之间动态地共享信息，紧密协作，向着共同的目标发展，需要共享以下的信息。

（1）市场信息，包括消费者定制产品的订单信息和 POS 系统的销售信息。

（2）产品研发信息，包括定制产品要求，产品结构清单，工艺、制造、装备等各部门对产品设计的要求。

（3）生产信息，供应链中上游企业的产品刚好是下游企业的原材料，各企业根据上下游企业的生产状况确定自己的库存安排和生产计划。

（4）库存信息，在以最低的成本实现对消费者需求最快响应的要求下，库存管理显得尤为重要。

（5）销售预测信息，每个企业都在做预测，并且按对未来的销售预测向供应商订货，各企业预测的依据不同，结果自然会出现差异。

假设数据库协同管理系统管理着供应商、制造商、分销商，零售商和顾客五个数据库，其所对应的数据库名称分别为 DB1、DB2、DB3、DB4、DB5、DB1 中主要有 S1（产品信息），S2（销售信息）等；DB2 中主要有 M1（产品信息），M2（订单信息），M3（生产信息）等；DB3 中主要有 D1（产品信息），D2（销售信息），D3（生产信息）等；DB4 中主要有 R1（订单信息），R2（库存信息），R3（销售预测信息）等；DB5 中主要有 C1（需求信息）等。现在对于分销商来说，要通过一些信息对下个月能销售多少产品，应该购进多少产品进行决策。分销商要做的是从这些数据库中查询出对自己有用的信息，并加以分析，最后做出决策。

具体做法是：在 DB4 中查询订单信息、库存信息、销售预测信息，在 DB5 中查询需求信息，在 DB2 中查询生产信息。

实现协同查询的具体步骤如下：

（1）查询语句如下。

SELECT DB4.R1*, DB4.R2*, DB4.R3*, DB5.C1*, DB2.M3*

FROM DB4.R1, DB4.R2, DB4.R3, DB5.C1, DB2.M3

（2）用户 Agent 检查上述查询语句的语法正确性和语义连贯性，然后传给协同数据库服务器。

（3）协同数据库服务器读取知识库中的数据库资源表，根据此表来解析协同查询语句。解析时先对 FROM 子句进行分解，再根据分解的 FROM 子句映射分解 SELECT 子句。上述语句分解成如下的子查询：

① SELECT DB4.R1*
FROM DB4.R1

② SELECT DB4.R2*
FROM DB4.R2

③ SELECT DB4.R3*
FROM DB4.R3

④ SELECT DB5.C1*
FROM DB5.C1

⑤ SELECT DB2.M3*
FROM DB2.M3

再将上述子查询传递给对应的数据库协同接口 Agent。

（4）数据库协同接口 Agent 进行本地数据库用户权限查询，可以使用基于角色的访问控制，根据具体用户对特殊信息的需要设置数据访问权限；也可以使用数字权限管理（Digital Rights Management），甚至可以对文件进行全程跟踪保护。将远程查询命令转换成本地数据库相应语言格式，并将查询结构转换成统一格式以便网络传输和结果合并。另外私人网络和商用网络都应该采取必要的措施来保护贸易伙伴之间的机密数据。

（5）由底层数据库执行查询并提供查询结果。分销商得到零售商的订单信息、库存信息、销售预测信息、顾客的需求信息和制造商的生产信息以后，就能大概预测出接下来能够售出多少产品和应该购进多少产品，使分销商不至于因为信息不对称导致过度的供不应求或供大于求，为分销商在市场供需方面提供了决策支持，从而大大地降低了分销商的风险与成本，进而提高了整个供应链的运作效率，增大整个供应链的总体效益。

4 总 结

基于协同数据库技术的供应链协同管理中的信息共享关键是做到标准化的信息共享，同时这种标准化的信息共享要建立在整个供应链所有环节中，通过标准化的格式，准确地识别各种相关信息。

由于供应链的不确定因素最终来自消费者的需求，因此必须对消费者需求作出尽可能准确的响应。要保持供应链的敏捷，企业必须建立统一的信息平台，并实行供应链协同管理。一旦市场发生变化，所有的信息就会立刻显示在供应链上，供应链上的各个节点就可以根据这些信息迅速作出响应。

通过对协同数据库技术与供应链协同管理的结合研究，能够较好地实现供应链协同信息共享的问题。同时在协同数据库的应用中还应该考虑数据操作的安全问题、并发控制问题、访问和检索问题以及协同数据库的扩展等问题，进一步完善协同数据库技术的应用，以达到供应链协同管理中信息充分共享。

参 考 文 献

[1] 于海滨，朱云龙．协同制造——e时代的制造策略与解决方案［M］．北京：清华大学出版社，2004.

[2] 汤庸，冀高峰，朱君等．协同软件技术及应用［M］．北京：机械工业出版社，2007.

[3] Srinivasan Raghunathan. Information Sharing in a Supply Chain: A Note on its Value when Demand is Nonstationary [J]. Management Science, 2001, 47 (4): 605-610.

[4] 付蓬勃，吕永波，任远等．供应链协同管理模式下的信息共享机制研究［J］．物流技术，2007，26（6）：88-93.

[5] Yun Yang, Chengzheng Sun, et al. Real-time Cooperative Editing on the Internet [J]. Internet Computing, 2000, 4 (3): 18-25.

[6] 张小波，成良玉，钟闰禄等．基于 Agent 的协同数据库模型研究与实现［J］．计算机工程，2005，31（6）：87-89.

Collaborative Supply Chain Information Sharing Research Based on Cooperative Database

LI Ling[1], HE Ping[1]

(1. College of Business Administration, Liaoning Technical University, Liaoning 125105, China)

Abstract: Based on relevant knowledge of supply chain collaboration, the need and the content of collaborative supply chain management are proposed. Among them, the information-sharing is the basis for the work and the necessary conditions to support the supply chain. In the collaborative supply chain information sharing, database applications have played a certain role. But, there are still some shortcomings. The emergence of collaborative databases solves the issue of simple database to realize information-sharing. Cooperative database can connect various databases well, so that all direct users of the database achieve synergy indirect purpose of the use of other databases through the database query, and each other achieves full sharing of information.

Key words: cooperative database; supply chain collaboration management; information sharing

IT Infrastructure Capabilities in Firm Performance Research: A Review and A Revised Research Model

Xiaobo (Bob) Xu[1]

(1. Department of Management Information Systems, School of Business and Management, American University of Sharjah, P. O. Box 26666, Sharjah, United Arab Emirates)

Abstract: IT infrastructure research has been developed significantly since it became the most important information systems management issue in 1996. Among IT infrastructure studies, the Zhu (2004) research model (referred to as the Zhu model hereafter) is notable in that it not only included the main effects of e-commerce and IT infrastructure but also emphasized their interaction effects on firm performance. However, the analysis of IT infrastructure capabilities in firm performance research suggested that the Zhu model needs to be revised because of 1) its application to the e-commerce context only; 2) its limited dimensions of IT infrastructure; 3) its tangible and financial measurements for firm performance. A revised research model was developed to generalize the applicable domain and all three constructs in the original Zhu model. This study contributes to the literature as well as provides practical guidance to managers.

Key words: information technology infrastructure; firm performance

1 Introduction

With the continually increasing role of IT in an organization, IT infrastructure has become a more and more important information systems management issue (Niederman et al, 1991; Brancheau et al., 1996). The study of organizational IT portfolio indicates that IT infrastructure is the base of the portfolio (Weill and Broadbent, 1998). Consequently, high IT infrastructure capabilities serve transactional processing information systems, informational technology, and strategic technology well, thus increasing the strategic flexibility of an organization. However, it is a challenge to assess the impact of IT infrastructure capabilities because of its long term, organizational sharability, and embedment in business activities and processes. For example, Xia (1998) found that organizational IT infrastructure capabilities affect organizational performance via information systems function and business processes. Motivated by the importance of IT infrastructure and the challenge, information systems professionals have developed some instruments to measure IT infrastructure capabilities as well as IT infrastructure flexibility. Researchers have further examined how IT infrastructure capabilities affect firm performance in terms of infrastructure services benefits (McKay and Brockway, 1989), business transformation (Weill and Broadbent, 1998), business process redesign and improvement (Broadbent et al., 1999; Law and Ngai, 2007), and international and business performance (Chung, et al, 2005; Zhang and Tansuhaj, 2007).

Despite the abundance of research on the relationship of IT infrastructure capabilities to firm performance, knowledge and context about how organizations can leverage IT infrastructure capabilities to achieve firm performance remain evolving. An in-depth and current review of the relationship between IT infrastructure capabilities and firm performance certainly contributes to both IT infrastructure theories and practices. Specifically, the goal of this study is to review this important relationship and propose a revised research model based on the Zhu model.

This paper is organized as follows. In Section 2, we review the literature of IT infrastructure capabilities research and discuss the Zhu model. Section 3 describes the research methodology and analyzes IT infrastructure capabilities in firm performance research, and Section 4 presents a revised research model and propositions for future research. Section 5 discusses both theoretical contributions and practical implications.

2 IT Infrastructure Capabilities Literature and the Zhu Model

Although the IT infrastructure research is still in the early stage, IS researchers have developed the fundamental theories and some validated measurement instruments. Literature concerning IT infrastructure related to this study is discussed as follows.

McKay and Brockway (1989) defined IT infrastructure as "the enabling foundation of shared information technology capabilities upon which business depends" and predict that investment in IT infrastructure would be an important business strategy for an organization in the 1990s because of the incompatibility of IT and the integration of cross-function. Weill (1993) argued that IT infrastructure is the most fundamental component of the organizational IT portfolio as well as the most difficult IT investment to evaluate. He proposed study of the impact of IT infrastructure investments on organizations from perspectives of its role and value. Weill also offered three different views of the IT infrastructure role (independent, reactive, and interdependent) to determine dissimilar expected benefits (cost saving, short-term benefits, and long-term flexibility).

As a pioneer of making IT infrastructure capabilities measurable, Duncan (1995a) identified four components (platform, network, data, and applications) and three characteristics (compatibility, connectivity, and modularity) of IT infrastructure to assess the IT infrastructure flexibility. Duncan (1995b) reconfirmed the validity of the IT infrastructure flexibility construct by using IT performance and IS response time as performance measures in a two-stage study, including Delphi study and interview. Byrd and Turner (2000) took a further step to develop an IT infrastructure flexibility measurement instrument from dimensions of technical IT infrastructure flexibility (IT connectivity, applications functionality, IT compatibility, and data transparency) and human IT infrastructure flexibility (technology management, business knowledge, management knowledge, and technical knowledge). These studies have indicated that the IT infrastructure flexibility is one of the most important IT infrastructure capabilities components.

Research concerning IT infrastructure has made rapid progress since "building a responsive IT infrastructure" was identified as the number one critical issue in IS management (Brancheau et al., 1996). Broadbent et al. (1996) identified IT infrastructure services and developed measurement of reach and range to capture IT infrastructure capabilities. After examining IT infrastructure capabilities patterns in different strategic contexts of firms, they concluded that higher level of IT infrastructure capabilities exist in firms where:

(1) Products changed quickly;

(2) Attempts were made to identify and capture synergies across business units;

(3) There was greater integration of information and IT needs as part of planning processes, and

(4) There was greater emphasis on tracking the implementation of long term strategy.

IT infrastructure services and measurement of reach and range are starting points for operationalizing IT Infrastructure capabilities. Weill and Broadbent (1998) not only distinguished four different views of IT infrastructure to justify investment in IT infrastructure but also reemphasized that IT infrastructure capabilities can be measured by using concepts of IT infrastructure services and "Reach and Range." They discussed several examples of organizational transformation to support the argument that business process reengineering (BPR) is positively influenced by IT infrastructure capabilities. Broadbent et al. (1999) arrived at similar conclusions via an exploratory case analysis and they specifically found that a higher level of IT infrastructure capabilities results in speedier and broader changes of organizational BPR.

Drawing from resource-based theory and real options theory, Xia (1998) developed a conceptual model to study both antecedents and consequences of IT infrastructure capabilities and proposed a 2x2 IT infrastructure analysis grid, including technological IT infrastructure components and organizational IT infrastructure components. For antecedents of IT infrastructure capabilities, Xia concluded that internal environmental variables influence IT infrastructure

capabilities more than external environmental variables. Further, Xia examined first-order impacts (IS function and business processes) and second-order impact (organizational performance) of IT infrastructure capabilities and found that, instead of direct effect, IT infrastructure capabilities do have a positive, indirect effect on firm performance via its first-order impacts.

Among IT infrastructure studies, the Zhu model (Figure 1) is notable in that it not only included the main effects of e-commerce and IT infrastructure but also emphasized their interaction effects on firm performance. Zhu found that integrating e-commerce capability and IT infrastructure seamlessly can maximize the benefits of e-commerce investments, resulting in firm performance improvement. However, the Zhu model needs to be revised because of 1) its application to the e-commerce context only; 2) its limited dimensions of IT infrastructure; 3) its tangible and financial measurements for firm performance.

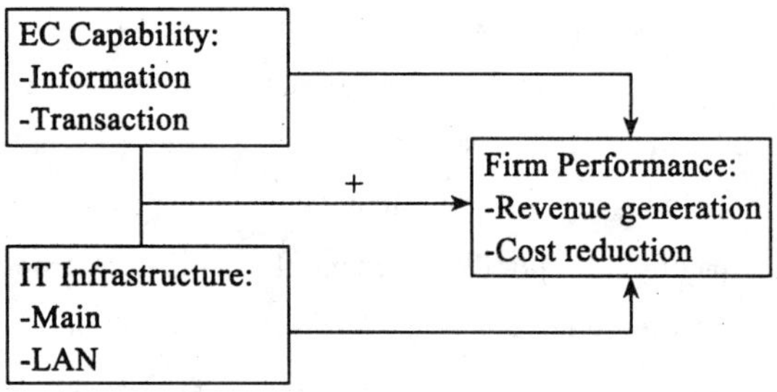

Figure 1 The Zhu Model (2004)

3 Research Methodology and Analysis

Using "IT infrastructure", "IT infrastructure capabilities", "performance", and "firm performance" as keywords in the ABI Inform, Business Source Premier, Emerald Fulltext, and JSTOR, we identified 28 relevant papers for our analysis. Among these 28 papers we reviewed, for examples, researchers examined how IT infrastructure capabilities affect firm performance in terms of business process redesign and improvement (Broadbent et al, 1999; Law and Ngai, 2007), international and business performance (Chung et al, 2005; Zhang and Tansuhaj, 2007), stock price (Morris and Strickland, 2008/2009), and etc. Table 1 provides a summary of IT infrastructure capabilities in firm performance research after 2004.

4 Revised Research Model and Propositions

Drawing upon the above in-depth analysis of 28 papers, we revised the Zhu model and proposed a revised research model (Figure 2) to address the relationship between IT infrastructure capabilities and firm performance from a more general perspective and context. Firm performance in the revised research model has two dimensions: strategic performance and operational performance. While operational performance has been traditionally and widely used to assess firm performance because of its tangible and financial nature, intangible and non-financial strategic performance is receiving an increasing attention. For example, strategic performance has been operationalized as customer focus (Bhatt, 2000), knowledge creation (Malhotra et al, 2005), competitive advantage (Bhatt and Grover, 2005; Fink and Neumann, 2009), customer satisfaction (Rai et al, 2006), strategic agility (Fink and Neumann, 2007). In order to increase the generalizability of the revised research model, specific IT capability and general IT infrastructure capabilities are used to replace EC capability and IT infrastructure, respectively. General IT infrastructure capabilities refer to the foundation of the IT portfolio (including both technical and human assets) and shared services throughout the firm (McKay and Brockway, 1989; Byrd and Turner, 2000; Chanopas et al, 2006; Fink and Neumann, 2007). Specific IT capability refers to technical skills and managerial expertise required to fulfill a specific task or project such as e-commerce, business process reengineering, knowledge management, and supply chain management.

The revised research model preserves the general form of the Zhu model. Hence, the proposed relationships in the revised research model lead to the self-explanatory propositions below.

Proposition 1a: *Specific IT capability positively affects a firm's strategic performance.*

Proposition 1b: *Specific IT capability positively affects a firm's operational performance.*

Proposition 2a: *The fit between general IT infrastructure capabilities and specific IT capability positively affects a firm's strategic performance.*

Table 1 **A summary of IT infrastructure capabilities in firm performance research after 2004**

Paper	Methodology	Independent Variables	Dependent Variables	Findings
Ragu-Nathan et al. (2004)	Survey of IS executives	Top management support, organizational positioning of IS (structure and integration), IS management issues, and IS control	IS performance	The organizational positioning of IS was used to capture IT infrastructure capabilities and found to have a significant relation to IS performance.
Tanriverdi (2005)	250 matched pair of IT survey and business survey	IT relatedness (IT infrastructure, IT strategy making, IT HRM, IT vendor management), KM capability	Corporate performance	IT infrastructure affects firm performance significantly and indirectly via KM capability.
Ravichandran and Lertwongsatien (2005)	Survey of senior IS executives	IS capabilities (IS human capital, IT infrastructure flexibility, and IS partnership quality), IT support for core competencies	Firm performance (operating performance and market-based performance)	IS capabilities enhance a firm's IT support for core competencies, which, in turn, improve firm performance.
Chung, et al (2005)	Survey of IT managers	IT infrastructure flexibility, mass customization	Business performance	Study found that integration and modularity of IT infrastructure facilitate mass customization. But, only the flexibility of IT personnel directly affects business performance.
Bhatt and Grover (2005)	Survey of senior IT executives from manufacturing firms	Intensity of organizational learning, IT infrastructure quality, IT business expertise, relationship infrastructure	Competitive advantage	Although IT infrastructure quality doesn't have an effect on the competitive advantage, both IT business expertise and relationship infrastructure have a significant positive effect on competitive advantage.
Huang, et al (2006)	Survey of top executives	IT investment, IT infrastructure, IT-enabled intangible resources, human IT resources	Firm performance (return on asset and return on sales)	IT infrastructure affects a firm's IT-enabled intangible assets, which, in turn, improves firm performance.
Rai, et al (2006)	Survey of supply chain and logistics managers from manufacturing and retail organizations	IT infrastructure integration for SCM, supply chain process integration	Firm performance (operational excellence, customer la-tionship, revenue growth)	The relationships between IT infrastructure integration, supply chain process integration, and firm performance were supported in this study.
Langdon (2006)	Conceptual model	IS capabilities (IS integration and IS flexibility), operational linkages, customer involvement	IT business value	Study provided a theoretical model to examine the relationship between IS capabilities and IT business value empirically.
Akhavan, et al (2006)	Conceptual model	Business strategy, IT strategy, organizational capabilities, IT capabilities	IT based business process reengineering	The conceptual model emphasized the importance of IT capabilities to business planning and IT based BPR.

续表

Paper	Methodology	Independent Variables	Dependent Variables	Findings
Law and Ngai (2007)	Survey of IS executives from multinational firms operating in Greater China	Senior management support-IT, senior management support-business process improvements, CEO-CIO reporting relationship, Dimensions of IT infrastructure capabilities (inter-firm communications, data integra-tion, IT facilities and management, and training)	The extent of business process improvements	Four dimensions of IT infrastructure capabilities were positively related to business process improvements.
Zhang and Tansuhaj (2007)	Exploratory case analysis of three companies going born global	Organizational culture, IT capability	International performance	A conceptual model about the relationships between organizational culture, IT capability, and performance was proposed in the study.
Lee and Kim (2007)	Survey of Korean companies	Technology innovation, organizational factors, IS related factors (IS infrastructure, IS expertise, and importance of IS security)	Implementation success of internet-based IS	Study revealed that IS infrastructure is one of the key determinants of implementation success of internet-based IS.
Coltman, et al (2007)	Survey of senior managers	IT organizational capabilities, external pressures, managerial beliefs, and feasibility constraints	Business performance outcomes	IT organizational capabilities were found to have a significant positive effect on business performance outcomes.
Byrd, et al (2008)	Survey of top computer executives	IT infrastructure, logistics information systems impact on the supply chain	Firm performance (return on assets and total cost of operations)	IT infrastructure had a significant positive effect on return on assets and a significant negative effect on total cost of operations.
Webb and Schlemmer (2008)	Survey of owner manager or managing director from e-business SMEs	Dynamic capabilities, business resources, and IT resources	Internet performance	Study found that business resources and IT resources have a significant positive effect on internet performance.
Wang, et al (2008)	Sample collection of news announcement from LexisNexis between January 1, 1993 to December 31, 2003	IT strategy (outsourcer and non-outsourcers), IT capability	Outcome (process level measures and firm level measures)	IT capability was found to be positively moderating the relationship between IT outsourcing and firm performance.
Straub, et al (2008)	Multimethod (surveys, interviews, and organizational documentation) study collecting 5 years of data on 54 business units in 27 global companies	Dependence on IT as strategic resource, extent of control	Firm performance	The statistical relationship between dependence IT as strategic resource and firm performance was established by including the moderating effect of extent of control.

续表

Paper	Methodology	Independent Variables	Dependent Variables	Findings
Jean, et al (2008)	Conceptual model	IT capabilities, internal B2B processes	Outcomes (strategic performance, operational performance, opportunism)	The conceptual model proposed that IT capabilities reduce partner opportunism and improve operational and strategic performance.
Morris and Strickland (2008/2009)	Sample collection of 54 firms' the CMM level transition announcements between 1998 and 2005 from LexisNexis	Tangible resources, IT personnel, intangible resources	Firm performance	Improved IS-related processes, measured by CMM level transitions, positively affected overall firm performance, measured by stock price.
Fink and Neumann (2009)	Survey of IT managers	Human IT infrastructure element, technical IT infrastructure element, process IT infrastructure element	Competitive impacts (strategic alignment and IT-based competitive advantage)	All human IT infrastructure elements were found to positively affect range of managerial capabilities, which, in turn, had a significant positive relation to competitive impacts.

Proposition 2b: *The fit between general IT infrastructure capabilities and specific IT capability positively affects a firm's operational performance.*

Proposition 3a: *General IT infrastructure capabilities positively affect a firm's strategic performance.*

Proposition 3b: *General IT infrastructure capabilities positively affect a firm's operational performance.*

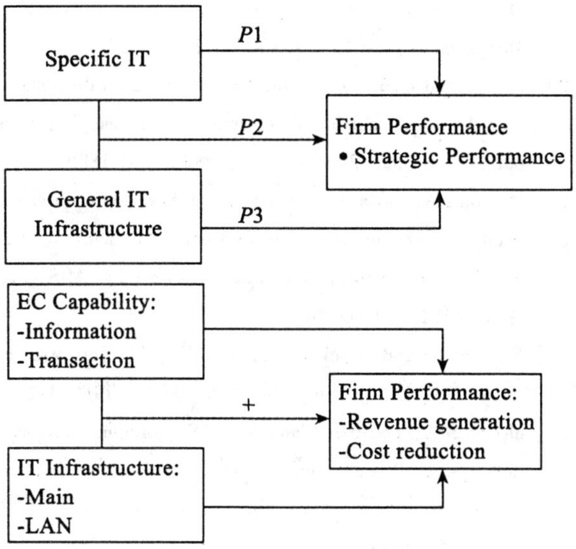

Figure 2 Revised research model of IT infrastructure capabilities and firm performance

5 Conclusion

This study makes contributions to the IT infrastructure literature because ① IT infrastructure development is still one of the most critical issues to capture managerial implications of IT; ② more knowledge about how to leverage IT infrastructure capabilities to improve firm performance is needed.

This study revised the Zhu model to increase its generalizability. After performing an extensive and careful literature review, a revised research model was developed to generalize the applicable domain and the constructs in the original Zhu model. The revised model can help managers realize the importance of integration between general IT infrastructure capabilities and specific IT capability to firm perfor-mance. Additionally, intangible and non-financial strategic performance should be used to measure firm performance as same as operational performance. One promising future work is to test the revised research model empirically. To do so, it can provide more insights about maximizing the benefits of IT infrastructure capabilities to firm performance.

References

[1] Akhavan P, Jafari M, and Ali-Ahmadi A R. Exploring the Interdependency between Reengineering and Information Technology by Developing a Conceptual Model[J]// Business Process Management Journal, 12(4), 2006, 517-534. Ohkubo M, Suzuki K, and Kinoshita S. RFID Privacy Issues and Technical Challenges. Communications of the ACM, 2005, 48(9): 66-71.

[2] Bhatt G D. Exploring the Relationship between Information Technology, Infrastructure and Business Process Re-engineering [J]. Business Process Management, 6(2), 2000: 139-163.

[3] Bhatt G D, and Grover V. Types of Information Technology Capabilities and Their Role in Competitive Advantage: An Empirical Study [J]. Journal of Management Information Systems, 22(2), 2005: 253-277.

[4] Brancheau J, Janz B, and Wetherbe J. Key Issues in Information Systems Management: 1994-1995 SIM Delphi Results [J]. MIS Quarterly, 20(2), 1996:225-242.

[5] Broadbent M, Weill P, and Clair D. The Implications of Information Technology Infrastructure for Business Process Redesign [J]. MIS Quarterly, 23(2), 1999:159-182.

[6] Broadbent M, Weill P, O'Brien T, and Neo B. Firm Context and Pattern of IT Infrastructure Capability [J]. Proceedings of the 17th International Conference on Information Systems. Cleveland, Ohio. 1996:174-194.

[7] Byrd T A, Pitts J P, Adrian A M, and Davidson N W. Examination of a Path Model Relating Information Technology Infrastructure with Firm Performance [J]. Journal of Business Logistics. 29(2), 2008:161-187

[8] Byrd T A, and Turner D. Measuring the Flexibility of Information Technology Infrastructure: Exploratory Analysis of a Construct [J]. Journal of Man-agement Information Systems. 17(1), 2000, 167-208.

[9] Chanopas A, Krairit D, and Khang D B. Managing Information Technology Infrastructure: A New Flexibi-lity Framework [J]. Management Research News. 29(10), 2006:632-651.

[10] Chung S H, Byrd T A, Lewis B R, and Ford F N. An Empirical Study of the Relationship between IT Infrastructure Flexibility, Mass Customization, and Business Performance [J]. The DATABASE for Advances in Information Systems. 36(3), 2005:26-44.

[11] Coltman T R, Devinney T M, and Midgley D F. E-business Strategy and Firm Performance: A Latent Class Assessment of the Drivers and Impediments to Success [J]. Journal of Information Technology. 22, 2007:87-101.

[12] Duncan N. Capturing Flexibility of Information Technology Infrastructure: A Study of Resource Characteristics and Their Measure [J]. Journal of Management Information Systems. 12(2), 1995a:37-57.

[13] Duncan N. The Invisible Weapon: A Study of Information Technology Infrastructure as a Strategic Resource [C]. Texas A&M University. Dissertation, 1995b.

[14] Fink L, and Neumann S. Exploring the Perceived Business Value of the Flexibility Enabled by Information Technology Infrastructure [J]. Information & Management. 46, 2009:90-99.

[15] Fink L, and Neumann S. Gaining Agility through IT Personnel Capabilities: The Mediating Role of IT Infrastructure Capabilities[J]. Journal of the Asso-ciation for Information Systems. 8(8), 2007:440-462.

[16] Huang S M, Ou C S, Chen C M, and Lin B. An Empirical Study of Relationship Between IT Investment and Firm Performance: A Resource-based Perspective [J]. European Journal of Operational Research. 173(3), 2006: 984-999.

[17] Jean R J B, Sinkovics R R, and Kim D. Information Technology and Organizational Performance within International Business to Business Relationships A Review and an Integrated Conceptual Framework [J]. International Marketing Review. 25(5), 2008:563-583.

[18] Langdon C S. Designing Information Systems Capabilities to Create Business Value: A Theoretical Conceptualization of the Role of Flexibility and Integration [J]. Journal of Database Management. 17(3), 2006:1-18.

[19] Law C C H, and Ngai E W T. IT Infrastructure Capabilities and Business Process Improvement: Association with IT Governance Characteristics [J]. Information Resources Management Journal. 20(4), 2007:25-47.

[20] Lee S, and Kim K J. Factors Affecting the Implementation Success of Internet-based Information Systems [J]. Computers in Human Behavior. 23, 2007:1853-1880.

[21] Malhotra A, Gosain S, and Sawy O A E. Absorptive Capacity Configurations in Supply Chains: Gearing for Partner-Enabled Market Knowledge Creation [J]. MIS Quarterly. 29(1), 2005:145-187.

[22] McKay D, and Brockway D. Building I/T Infrastructure for the 1990s [J]. Stage by Stage. 9(3), 1989:1-11.

[23] Morris S A, and Strickland T H. Exploration of Information System Process Improvement and Firm Performance [J]. Journal of Computer Information Systems. 49(2), 2008/2009:86-91.

[24] Niederman F, Brancheau J, and Wetherbe J. Information Systems Management Issues for the 1990s [J]. MIS Quarterly. 15(4), 1991:475-495.

[25] Ragu-Nathan B S, Apigian C H, Ragu-Nathan T S, and

Tu Q. A Path Analytic Study of the Effect of Top Management Support for Information Systems Performance [J]. Omega-The International Journal of Management Science. 32, 2004:459-471.

[26] Rai A, Patnayakuni R, and Seth N. Firm Performance Impacts of Digitally Enabled Supply Chain Integration Capabilities [J]. MIS Quarterly. 30(2), 2006:225-246.

[27] Ravichandran T, and Lertwongsatien C. Effect of Information Systems Resources and Capabilities on Firm Performance: A Resource-based Perspective [J]. Journal of Management Information Systems. 21(4), 2005:237-276.

[28] Straub D, Weill P, and Schwaig K S. Strategic Dependence on the IT Resource and Outsourcing: A Test of the Strategic Control Model [J]. Information Systems Frontier. 10, 2008:195-210.

[29] Tanriverdi H. Information Technology Relatedness, Knowledge Management Capability, and Performance of Multibusiness Firms [J]. MIS Quarterly. 29(2), 2005:311-334.

[30] Wang L, Gwebu K L, Wang J, and Zhu D X. The Aftermath of Information Technology Outsourcing: An Empirical Study of Firm Performance Following Outsourcing Decisions [J]. Journal of Information Systems. 22(1), 2008:125-159.

[31] Webb B R, and Schlemmer F. Predicting Web Ser-vices Performance from Internet Performance: An Empirical Study of Resources and Capabilities in E-Business SMEs [J]. Journal of Knowledge Management. 12(6), 2008:137-155.

[32] Weill P. The Role and Value of Information Technology Infrastructure: Some Empirical Observations [J]. In Banker, R., Kauffman, R. and Mahmood, M. A.. (eds.), Strategic Information Technology Management: Perspectives on Organizational Growth and Competitive Advantage [M]. Idea Group Publishing. 1993:547-573.

[33] Weill P, and Broadbent M. Leveraging the New Infrastructure: How Market Leaders Capitalize on Information Technology [M]. Harvard Business School Press. 1998.

[34] Xia W. Dynamic Capabilities and Organizational Impact of IT Infrastructure: A Research Framework and An Empirical Investigation [C]. University of Pittsburgh. Dissertation, 1998.

[35] Zhang M, and Tansuhaj P. Organizational Culture, Information Technology Capability, and Performance: The Case of Born Global Firms [J]. Multinational Business Review. 15(3), 2007:43-77.

[36] Zhu K. The Complementarity of Information Technology Infrastructure and E-Commerce Capability: A Resource-Based Assessment of Their Business Value [J]. Journal of Management Information Systems. 21(1), 2004:167-202.

IT投资对组织绩效的影响
——基于IT行业上市公司的实证研究*

孙晓琳[1,2]，王刊良[1]，邢一亭[1]

（1. 西安交通大学 管理学院，西安 710049；2. 西安财经学院 管理学院，西安 710061）

摘　要：IT投资与组织绩效的关系一直是学者和业界关注的热点问题，我国相关的实证研究很少且结论不一致。该研究以IT类上市公司为研究对象，研究了IT投资对组织绩效的影响。结果显示在该行业上市公司中，IT投资与组织绩效呈负相关关系；硬件投资存在时滞，短期内硬件投资对绩效有负面影响，2年后对绩效有正向影响；软件投资在短期内对绩效影响并不显著，2年后对组织绩效的负面影响实现出来；IT存量资产对组织绩效有显著影响，但当年新增IT投资对组织绩效的影响并不显著。

关键词：IT投资；组织绩效；IT行业；上市公司

中图分类号：F270.7

信息技术投资绩效的研究是近几十年来的研究热点，学者以及业内人士都在关注大量的信息技术投资是否收到了效果。目前人们对信息技术生产率悖论的讨论已形成了统一看法，现在研究者更关心信息技术投资回报问题。

相关研究多是基于发达国家，研究显示发达国家与发展中国家的IT投资回报的规律并不相同[1][2]，而目前我国相关实证研究较少且研究结论并不一致，无法为我国目前企业的信息化进程提供参考和指导。本研究以我国信息技术行业上市公司为研究对象，在对IT投资细分的基础上，对不同类型IT投资和IT新增投资与IT存量资产与组织绩效之间的关系，以及IT投资的时滞问题进行了实证研究，以揭示我国信息技术投资的规律。与已有研究我国IT投资效果的文献相比，本研究关注了以下问题：①我国企业的IT投资是否带来了回报？②不同类型的IT投资（硬件、软件）对绩效的影响是否相同？③IT存量资产和新增投资对绩效的影响是否相同？④IT投资是否存在时滞问题？

1　文献综述与研究假设

1.1　信息技术存量资产、新增投资与组织绩效

首先，分析信息技术投资与组织绩效之间的关系。

信息技术在企业的应用，能提高生产效率，减少成本，改善经营，并最终提高了组织绩效。从20世纪90年代以来，许多学者发现了信息技术对经济增长有着积极的贡献，而且，许多企业层面和行业层面的研究也得出了信息技术投资的正向影响的证据[2]。Hitt和Brynjolfsson（1996）[3]研究了IT资本与资产报酬率等组织绩效的关系，结果发现在1988年、1989年、1990年中，IT资本与ROA呈正相关关系，但IT资本与ROE无关；Weill（1992）[4]的研究结果显示，事务性IT投资与绩效增长有显著的正向关系。

我国实证研究结论如下：朱远彤（2004）[5]利用银行内部数据，对我国某国有商业银行的IT投资与产出率进行实证分析，研究发现投资于IT资产对银行的边际产出率有负面影响，而投资于IT劳动则有正面作用；李治堂（2005）[6]对上市公司信息化与公司绩效的关系进行了分析，结果显示从目前来看，信息技术投资对企业绩效的影响并不显著，存在生产率悖论的问题；林丹明等（2007）[7]结合行业因素分析了我国制造业的信息技术投资效果，研究显示信息技术投资显著提高了企业绩效，同时，行业特征对信息技术投资的效果有不同的调节作用。根据国家层面的研究结论，以

* 基金项目：国家自然科学基金重大项目（70890080，70890081），国家社会科学基金项目（07XTJ002）
通讯作者：孙晓琳，E-mail：sunxiaolin706@sohu.com

及目前我国信息技术投资现状，认为我国目前存在信息技术投资悖论，即信息技术投资与组织绩效有负相关。

其次，再分析信息技术存量资产和新增投资与组织绩效之间的关系。

关于信息技术悖论的解释，Bryjolfsson (1993)[8]提出了四点：错误测量、时滞、管理不善以及再分配。而 Bakos (1998)[9]从一个新的角度对其进行解释，提出了股本理论，该理论指出虽然现在有大量的信息技术的投资，计算机依然是现存的股本中很小的一部分，同时计算机很快就变得陈旧过时，因此，大量的花费并不意味着股本的大量累积。基于此理论，本研究认为信息技术存量资产才是影响组织绩效的关键因素。根据上述两方面的分析，提出如下假设：

H1a：信息技术存量资产与组织绩效之间呈负相关关系。

H1b：信息技术新增投资对组织绩效无显著影响。

1.2 硬件、软件投资与组织绩效

不同类型 IT 投资对绩效的贡献是不同的。一些学者建议，IT 投资应该按照其作用范围分为生产、销售等投资，或者按照管理目的的不同分为战略性投资、信息性投资和交易性投资。因此，研究者试图通过更详细的 IT 投资分类来区分不同的影响。Weill (1992)[4]使用晶体管制造业的数据来验证 IT 投资与公司绩效、销售增长、资产回报率与生产率的关系，结果发现在 6 年中，事务性 IT 投资与绩效增长有显著的一致的相关关系；而战略性投资在长期对绩效没有影响，而在短期有一些负面影响；信息性投资对绩效没有影响。Bender (1986)[10]对保险业的研究发现，在人员、硬件和环境上的投资使绩效显著增长，而软件投资对绩效影响并不显著。

我国学者汪森军、张维迎等 (2007)[11]基于浙江企业的实证研究中，将企业信息化分为三个阶段：信息化初级阶段、内部信息集成阶段和网络化阶段，根据调查得出我国目前处于信息化初级阶段和信息化内部集成阶段的早期，在该阶段企业信息化的物质资本是决定我国企业信息化绩效的关键，而美国企业信息化绩效的核心资源是信息化的人力资源和伴随性组织资本。在本研究中，信息化物资资本主要是企业在 IT 硬件上的投资，因此在我国目前的信息化阶段，企业往往注重在硬件上的投资，结合假设 1 的分析，认为硬件投资在短期内会对组织绩效带来负面影响。而在软件的投资对绩效的作用在目前阶段并没有显现出来，并不能直接带来绩效的提高，短期内不会对组织绩效产生显著影响。针对我国目前信息化状况，以及存量资产与新增资产对组织绩效的不同影响，提出如下假设：

H2a：硬件存量资产与组织绩效呈负相关关系。

H2b：软件存量资产与组织绩效无相关关系。

H3a：硬件每年新增投资与组织绩效无相关关系。

H3b：软件每年新增投资与组织绩效无相关关系。

1.3 信息技术投资的时滞

许多关于 IT 投资回报的研究只检验了 IT 投资与同期绩效的关系，但 IT 投资的影响可能在以后的时期才能被观察到。而在 IT 悖论的解释中，一些学者都提到了 IT 投资的时滞问题和研究介入时间的影响[8][9]。

由于信息技术如其他新技术一样，需要一个学习和扩散过程，在新技术实施的早期阶段，企业有相对较高的试验和学习的开销，所能得到回报往往不能令人满意，当技术熟悉后，它所带来的回报可能增加，因此，IT 投资的影响可能在几年之后才能显现。因为 IT 的复杂性和新奇性，使用者在熟练使用它之前需要一些经验，根据“干中学”模型，短期内的边际成本会高于短期的边际收益，但企业可以利用学习曲线并最终获得收益，这与规模经济的原理类似[8]。在对企业经理的调查中，经理们认为 IT 投资在 5 年后才能取得最大回报[8]。一些实证研究也验证了上述观点，Devaraj 和 Kohli (2003)[12]研究了医院中 IT 应用与绩效之间的关系，结果发现 IT 的应用与医院收入的增加和服务质量的提高有显著的正相关，这个影响发生在 2 个周期之后；Brynjolfson 等人 (1994)[13]在大量数据的基础上进行了实证研究，表明 IT 投资在 2～3 年后对组织的影响最为显著。Shaft 等人 (2007)[14]关于 IT 投资对公司层面绩效的时滞影响的研究发现，不同类型的 IT 投资对组织绩效有 1～2 年的滞后影响。综上所述，本文提出如下假设：

H4a：信息技术存量资产对组织绩效的影响有时滞性。

H4b：信息技术新增投资对组织绩效的影响有时滞性。

2 研究方法

2.1 样本选取

IT行业是所有行业中最具活力、发展迅速、最具创新和生产率的行业[15]，本文选取该行业为研究对象，考察在信息技术行业中 IT 投资的效果。本研究选取 2004 年前上市的 78 家 IT 类公司为研究对象，未剔除 ST（特殊处理）类上市公司，在剔除缺失数据后得到 27 家信息技术类上市公司 2004—2007 年 4 年的面板数据。

2.2 变量设计与测量

（1）因变量。在本研究采用上市公司的财务指标测量其绩效，沿用该领域的相关研究[4][16][17]的组织绩效指标，以总资产收益率（*ROA*）测量组织绩效。

（2）自变量。本研究采用 IT 投资强度作为自变量，即 IT 投资占公司资产比例，并将 IT 投资细分为硬件和软件投资，即将 ITS 分为硬件投资强度（*HARD*）、软件投资强度（*SOFT*）。根据 Bakos 提出的股本理论[9]，为验证 IT 的累计投资与当年新增 IT 投资对组织绩效的不同影响，本文采用了两类指标：一类为累计 IT 资产，一类为当年 IT 投资。累计 IT 资产分别为 *IT*、*HARD*、*SOFT*，依次表示 IT 累计投资强度、硬件累计投资强度和软件累计投资强度，其中 IT 累计投资强度为硬件累计投资强度与软件累计投资强度之和；当年 IT 投资强度分别为 ΔIT、$\Delta HARD$、$\Delta SOFT$，依次表示当年新增 IT 投资强度、当年新增硬件投资强度和当年新增软件投资强度，其关系与累积投资强度类似。

本研究中将信息技术投资按照类型不同分为硬件投资和软件投资。本研究按照研究惯例[15]用“电子设备”投资替代硬件投资；软件投资主要从公司无形资产中软件、系统的投资或由长期待延费用中的软件使用费等项目获得。

（3）控制变量。由于公司规模影响公司绩效，在相关研究中多采用公司规模作为控制变量[18][19]。本研究以公司总资产额的自然对数作为公司规模控制变量，以消除由于公司资产对绩效的影响。

各变量名称、定义归纳如表 1 所示：

表 1 变量设计

	变量名称	符号	定义
因变量	总资产收益率	*ROA*	= 净利润 / 总资产平均余额
自变量	IT 累计投资强度	*ITS*	= IT 投资累计总额/总资产
	当年新增 IT 投资强度	ΔITS	= 本期新增 IT 投资/总资产
	硬件累计投资强度	*HARD*	= 硬件资产累计总额/总资产
	当年新增硬件投资强度	$\Delta HARD$	= 本期新增硬件资产/总资产
	软件累计投资强度	*SOFT*	= 软件资产累计总额/总资产
	当年新增软件投资强度	$\Delta SOFT$	= 本期新增软件资产/总资产
控制变量	公司规模	*SIZE*	= 总资产的自然对数

2.3 研究设计

（1）研究模型。本研究采用逐步回归方法，对上述假设进行检验。

基本回归方程为：

$$M1: ROA = \alpha_0 + \alpha_1 ITS + \beta SIZE + \varepsilon \tag{1}$$

$$M2: ROA = \alpha_0 + \alpha_1 HARD + \alpha_2 SOFT + \beta SIZE + \varepsilon \tag{2}$$

$$M3: ROA = \alpha_0 + \alpha_1 \Delta ITS + \beta SIZE + \varepsilon \tag{3}$$

$$M4: ROA = \alpha_0 + \alpha_1 \Delta HARD + \alpha_2 \Delta SOFT + \beta SIZEi + \varepsilon \tag{4}$$

模型中，*ROA* 表示组织绩效，各类 IT 投资作为自变量，企业规模（*SIZE*）为控制变量，ε 为扰动项。回归模型中，M 1 考察了信息技术存量资产对绩效的影响，M 2 考查了软件和硬件存量资产对绩效的影响，M 3 考查了当年新增信息技术投资对绩效的影响，M 4 考查了当年新增软件和硬件投资对绩效的影响。对时滞的影响基本采用上述模型，采用滞后 2 ~ 3 期的因变量来进行检验。在基本模型的回归中，使用 4 年的混合数据。

（2）IT 投资的时滞。面板数据在时滞关系研究的建模和检验中具有其优势，本研究 27 家公司 4 年的面板数据进行回归分析，分别采用时滞为 3 年和时滞为 2 年的模型进行检验，以验证 IT 投资的时滞问题。本文的实证分析运用 SPSS 统计分析软件。

3 结果分析

3.1 样本特征

在这 27 家信息技术类上市公司中，信息制造类公司 16 家，信息服务类公司 11 家，共收集了 2004—2007 年的数据。对样本进行描述性统计分析，结果发现：①目前我国信息技术投资占总资产的比重较小，2004 至 2007 年间，企业每年 IT 投资占总资产比重的均值分别为 4.920%，5.239%，7.145% 和 5.520%，其中硬件投资约为软件投资的 2～3 倍；②各企业在信息技术投资强度上差异较大，也反映了不同企业对信息技术投资的重视程度不同；③总体来看企业信息技术投资比重呈上升趋势，在 2006 年企业对信息技术投资强度明显增大。

3.2 回归分析

在回归分析中，采用逐步回归方法。在时滞模型中采用 4 年的面板数据，样本数为 27 个，但在其他模型中采用 4 年混合数据，样本数为 108 个。

（1）相关系数

由于本文不但研究了 *ITS* 对绩效的影响，还细分了硬件与软件对绩效的影响，自变量间有如下关系：（Δ）*ITS* =（Δ）*HARD* +（Δ）*SOFT*，因此，相关系数矩阵（略）中这些变量之间的相关系数较高，但它们并不同时出现在一个回归模型中，因此并不影响回归分析。从相关系数可以看出，IT 投资以及硬件、软件投资对组织绩效有负相关关系，存量资产与组织绩效有显著影响，均在 0.01 的显著性水平下，而新增投资对组织绩效没有显著影响。初步的统计分析为上述假设提供了一定的支持。

（2）回归结果

对上述 4 个模型进行回归，回归结果如表 2（未包括时滞模型）。同时，各模型的方差膨胀因子 VIF 和 D-W 检验表明模型不存在多重共线性和序列相关问题。

表 2 回归结果

自变量	M1	M2	M3	M4
	ROA	*ROA*	*ROA*	*ROA*
Constant	-0.717 (-1.410)	-0.780 (-1.526)	-1.186 ** (-2.591)	-1.172 * (-2.534)
SIZE	0.152 (1.461)	0.170 (1.614)	0.240 ** (2.5099)	0.236 (2.440)
ITS	-0.221 ** (-2.122)			
HARD		-0.237 * (-1.793)		
SOFT		-0.003 (-0.025)		
Δ*ITS*			0.008 (0.838)	
Δ*HARD*				3.466 (0.803)
Δ*SOFT*				13.808 (0.377)
F	6.051 ***	4.506 ***	4.018 **	2.681 *
F sig	0.003	0.005	0.021	0.051
R^2	0.103	0.115	0.071	0.072
D-W	1.958	1.960	1.991	1.996

注：* $p<0.1$；** $p<0.05$；*** $p<0.01$。括号内的数值为 t 值。

由M 1的回归结果可以得出，信息技术存量资产*ITS*与组织绩效ROA呈显著负相关关系，假设H1a成立；由M 3的回归结果可以得出，信息技术新增资产Δ*ITS*对组织绩效ROA无显著影响，假设H1b成立；由M2的回归结果可以得出，硬件存量资产与组织绩效呈显著负相关关系，而软件存量资产对组织绩效无显著影响，假设H2a、H2b成立；由M4的回归结果可以得出，硬件与软件新增投资均对组织绩效ROA无显著影响，假设H3a、H3b成立。

下面分析信息技术投资的时滞问题。采用Devaraj和Kohli（2003）[12]中信息技术应用的时滞研究方法，分别对信息技术存量资产和新增资产进行2年和3年的时滞分析，采用逐步回归的统计分析方法。时滞模型中，采用4年面板数据进行回归，*ROA*（*i*）、*ITS*（*i*）、*HARD*（*i*）以及*SOFT*（*i*）表示该指标第i年的值，$i=04$，05，06，07，控制变量*SIZE*取4年均值。系数下括号内数值为对应t值，F值下括号内数值为其显著性。

回归结果显示，新增IT投资以及新增软件和硬件投资对组织绩效2年和3年的滞后影响均不显著（结果不再赘述），H4b不成立。下面列出IT存量资产的滞后影响的回归结果：

3年时滞的回归结果：

$$ROA(07) = 1.673 - 0.448\,ITS(04) - 0.055\,SIZE \quad F = 2.684^{*} \quad R^2 = 0.183 \tag{5}$$
$$(2.288)^{**}\ (-.270)\quad (2.201)^{*} \quad (.089)$$

$$ROA(07) = 1.838 + 0.165HARD(04) - 0.226SOFT(04) - 0.502\,SIZE \quad F = 2.443 * \ R^2 = 0.242 \tag{6}$$
$$(2.519)(0.896)\quad (-1.107)\quad (-2.460)^{**}\quad (.090)$$

2年时滞的回归结果：

$$ROA(07) = 1.684 - 0.222\,ITS(05) - 0.076\,SIZE \ F = 2.737^{*} \ R^2 = 0.186 \tag{7}$$
$$(2.415)^{**}\ (-.400)\quad (-2.310)^{**}\quad (.085)$$

$$ROA(06) = -0.819 - 0.596\,ITS(04) + 0.042\,SIZE \ F = 12.976^{**} * \ R^2 = 0.520 \tag{8}$$
$$(-1.309)^{**}\ (-3.824)^{***}\quad (1.447)\quad (.000)$$

$$ROA(06) = -0.364 + 0.418HARD(04) - 0.903SOFT(04) + 0.091\,SIZE \ F = 54.009^{***} \ R^2 = 0.876 \tag{9}$$
$$(-1.103)\ (1.985)^{*}\quad (-10.912)^{***}\quad (1.098)\quad (.000)$$

由回归结果可以得出，2年时滞的回归模型高于3年时滞模型拟优度。信息技术存量资产对2年后组织绩效依然有显著负面的影响，并且负面作用更大，并且该影响的显著程度提高。该结果表明我国目前阶段仍然存在信息技术悖论，即使在消除时滞原因之后依然存在，对组织绩效的负面影响更大。

（9）式进一步分析了不同类型信息技术投资对组织绩效的时滞影响，其中，软件存量资产对2年后组织绩效有显著的负面影响，而且软件资产存量的系数由当期影响模型（表2，M2）中的-0.003变化到2年时滞模型中的-0.903，其影响由不显著到非常显著，说明随着时间的增加，软件存量资产对组织绩效的负面作用突现出来；相反，硬件存量资产对2年后组织绩效有显著的正向影响，但其作用效果较小，而且该系数由当期影响模型（表2，M2）中的-0.237变化到时滞模型（9）中的$+0.418$，说明硬件累积资产存在时滞问题。综上所述，IT存量资产以及软件存量资产对组织绩效的影响不存在时滞影响，但硬件存量资产存在时滞问题，部分支持了假设H4a。

总体来说，我国存在信息技术悖论，且并非是由于信息技术投资时滞引起的，而且，随着时间的增长，信息技术投资对组织绩效的负面影响更大也更为显著，其中软件资产较硬件资产的影响更大。

4 管理启示

本文通过对我国信息技术行业上市公司的实证研究，根据回归结果的分析，得到如下结论及管理启示：

实证研究表明，在我国信息技术类上市公司中，信息技术投资并没有带来组织绩效的提高，即我国目前存在IT悖论。这与美国信息化初期的情况相似，美国早期许多研究发现企业信息化投资没有产生绩效，Brynjolfsson认为其原因在于企业处于信息化的初级阶段[8]，而目前我国企业信息化也处于初级阶段[11]，因此也同样存在IT悖论。

信息技术存量资产对组织绩效有显著的负面影响，新增信息技术投资对组织绩效的影响并不显著。硬件存量资产对当期的组织绩效也有显著负向影响，而软件存量资产对当期的组织绩效无显著影响，这说明在短期内，硬件对组织绩效的负面影响起着关键作用。

整体来说，IT 投资对绩效的时滞影响并不显著，但其中硬件存量资产存在明显的时滞影响。在当期影响模型中，硬件对组织绩效有显著的负向影响，但是在 2 年后，其对组织绩效的正面影响才呈现出来，这也说明员工对于新的技术需要一个学习过程，因此，企业大量的硬件投资可能在当期并未收到效益，但在未来会给组织带来更高的绩效。

在未来研究中，可以进行大规模调查收集一手数据，并全面评价信息技术投资的绩效；同时，可进一步采取基于过程的视角，从 IT 投资的互补因素以及生产过程等中介变量，以及组织结构、企业文化等调节变量角度，更全面考察 IT 投资何时产生回报以及如何产生回报，全面剖析信息技术投资"黑箱"，以提高信息技术投资的回报，加快我国企业信息化进程。

参考文献

[1] Dewan S, and Kraemer K L. IT and Productivity Evidence from Country-level Data [J]. Management Science, 2000, 46 (4): 548-562.

[2] Lee S Y T, GholamiR, and Tong T Y. Time Series Analysis in the Assessment of ICT Impact at the Aggregate Level—Lessons and Implications for the New Economy [J]. Information & Management 2005, 42 (7): 1009-1022.

[3] Hitt L M, and Brynjolfsson. Productivity, Business Profitability and Consumer Surplus: Three Different Mea-sures of Information Technology Value [J]. MIS Quarterly, 1996, 20 (2): 121-142

[4] Weill P . The Relationship Between Investment in Information Technology and Firm Performance: A Study of the Valve Manufacturing Sector [J]. Information Systems Research, 1992, 3 (4): 307-333.

[5] 朱远彤. 信息技术与国有商业银行产出率：一种实证分析 [J]. 当代经济科学, 2004, 26 (5): 31-36.

[6] 李治堂. 上市公司信息化与公司绩效关系分析 [J]. 商业时代理论, 2005 (24): 78-79.

[7] 林丹明，梁强，曾楚宏. 我国制造业的信息技术投资效果 [J]. 经济理论与经济管理, 2007 (12): 35-41.

[8] Bfynjolfsson E. The Productivity Paradox of Information Technology [J]. Communications of the ACM, 1993, 36 (12): 67-77.

[9] Bakos Y . The Productivity Payoff of Computers [J]. Science, 1998, 281 (5373): 52.

[10] Bender D H . Financial Impact of Information Processing [J]. Journal of Management Information Systems, 1986, 3 (2): 22-32.

[11] 汪淼军，张维迎，周黎安. 企业信息化投资的绩效及其影响因素：基于浙江企业的经验证据 [J]. 中国社会科学, 2007, (6): 81-93.

[12] Devaraj S, and R Kohli. Performance Impacts of Information Technology: Is Actual Usage the Missing Link? [J]. Management Science, 2003, 49 (3): 273-289.

[13] Brynjolfsson E, Malone T W, Gurbaxani V, Kambil A. Does Information Technology Lead to Smaller Firms? [J]. Management Science, 1994, 40 (12): 1628-1644.

[14] Teresa Shaft, Robert Zmud, Viet Dao. An Examination of Lag Effects in Relationships between Information Technology Investment and Firm-level Performance [C]. Proceedings of the twenty eighth International Conference on Information Systems, Montreal: AIS, 2007: 135-155.

[15] 林丹明，叶会，解维敏，曾楚宏. 信息技术应用对企业纵向边界的影响 [J]. 中国工业经济, 2006 (1): 106-112.

[16] Huang S M, Ou C S, Chen C M, Lin B. An Empirical Study of Relationship between IT Investment and Firm Performance: A Resource-based Perspective [J]. European Journal of Operational Research, 2006, 173 (3): 984-999.

[17] Tanriverdi H . Performance Effects of Information Technology Synergies in Multibusiness Firms [J]. MIS Quarterly, 2006, 30 (1): 57-77.

[18] Tanriverdi H. Information Technology Relatedness, Knowledge Management Capability, and Performance of Multibusiness Firms [J]. MIS Quarterly, 2005, 29 (2): 311-334.

[19] Aral S, and P Weill. IT Assets, Organizational Capabilities, and Firm Performance: How Resource Allocations and Organizational Differences Explain Performance Variation [J]. Organization Science, 2007, 18 (5): 763-780.

The Effect of Information Technology Investment on Organizational Performance: An Empirical Study Based on IT Listed Companies

SUN Xiaolin[1,2], WANG Kanliang[1], XING Yiting[1]

(1. School of Management of Xi'an Jiaotong University, Xi'an 710049, China;

2. School of Management of Xi'an University of Finance and Economics, Xi'an 710061, China)

Abstract: The relationship between IT investment and organizational performance continues to generate interest both among academicians and practitioners. There are seldom empirical studies and the collusions are inconsistent in our country. With a literature review, this paper empirically studies the effect of IT investment on organizational performance basing on the Chinese listed company of IT industry. Main findings and conclusions of this paper are as follow: in the listed company of IT industry, there is a negative correlation between IT investment and organizational performance; there are 2 years time lags of the hardware investment; the effect of software investment on organizational performance isn't significantly in short time and the negative influence has been became significant after 2 years later; IT stock has a significant effect on organizational performance and the new IT investment has not.

Key words: IT investment; organizational performance; IT industry; listed companies

组织间流程的柔性策略与影响因素研究*

张耕[1]，牛晶晶[1]，杨诺[1]

(1. 厦门大学 国际经济与贸易系，厦门 361005)

摘　要：在竞争环境日益激烈的背景下，为了促进联盟组织有效地协同工作，需要建立柔性的组织间流程系统。本文首先以组织间流程的三种主要柔性策略为基础，分别分析了环境不确定性、流程任务差异性、成员组织相互依赖性、流程任务时间紧迫性以及例外任务发生频率等组织间流程柔性策略的影响因素。然后对华为－CTT组织间流程案例进行了深入研究，以此辨析如何根据影响因素的特性选择组织间流程柔性策略。

关键词：柔性策略；组织间流程；影响因素

中图分类号：F273

联盟组织在运作过程中为了应对各种变化因素的影响，必须具有流程柔性应变能力[1]。在实际应用中，组织流程有多种柔性策略可供选择。例如，Golden 和 Powell[2] 将组织作为一个系统，提出理解组织柔性策略的 2 个维度：①意图（intension），即当环境的变化是不可避免时，组织需要选择主动进攻的柔性策略还是以防御为主的柔性策略；②焦点（focus），即获取柔性的来源是来自于组织内部和外部。而 Dellen[3] 则将流程的柔性策略分为选择性柔性策略和适应性柔性策略，前者强调是当变化发生时，正在执行的流程可以选择其他可替代的路径继续执行；而后者指的是针对各种变化情况，流程能够按照预定规则灵活地进行调整以适应新的运行条件。

对于组织间流程来说，主要存在三种主要柔性策略，分别是系统内在柔性策略、系统动态柔性策略和系统外部柔性策略[4]。其中，系统内在柔性策略的含义是在不需要对系统做出重大改变情况下，系统所能支持的组织间流程需求数量和应用范围。系统动态柔性策略指的是组织间流程在运行过程中需要修改、升级或扩展的范围，从根本无法改变到可以很大程度的改变，如提供新的系统功能、重新设计资源的存取方式、改变系统处理能力等。当内外部环境因素的变化超过系统内在柔性策略所能承受的程度时，系统动态柔性策略可以看成是重新提升了系统内在柔性水平。系统外部柔性策略指的是采取系统流程规范以外的手段处理流程任务，例如可以采取人工干预、成立应急专家小组或实施流程外包等方法。通常情况下，系统外部柔性策略适合于处理非常紧急的组织间流程任务，或者是偶尔发生的例外流程任务。

1　组织间流程柔性策略选择的影响因素

影响组织间流程柔性策略选择的不确定性因素主要有流程不确定性、流程任务差异性、相互依赖性以及时间与频率。虽然这 4 种因素可能分别源自于组织间流程的外部或内部，但都可以看作是一个特定组织间流程具有的特性。

1.1　流程不确定性

由环境的不确定性而产生的变化是柔性存在的前提，柔性首先是为处理不确定性而存在的[5]。根据交易成本理论，不确定性是指交易执行期间可能发生的难以预测的偶然因素。在组织间合作关系背景下，业务流程的定义和执行主要受环境不确定性和行为不确定性的影响。环境不确定性指的是可能导致组织间流程动态调整的各种变化因素，其来源既可能是业务流程外部影响因素，如行业政策、法律法规变化等，也可能是组织间流程内部变化因素，如异常事务。行为不确定性则包含影响成员组织是否遵守已订立协议的各种不确定因素，如信息不对称性、业绩评价复杂性和道德危害倾向性等。环境不确定性和行为不确定性是影响组织间流程任

* 基金项目：福建省重大专项资助项目（2004HZ02）
通讯作者：张耕，E-mail：gzhang@xmu.edu.cn

务可预见性的关键因素，而流程任务的可预见性与组织间流程柔性策略选择模式直接相关。在流程设计阶段，流程开发者根据自己掌握的需求信息和经验，定义出需要执行的所有流程任务，这部分任务是开发者在流程执行前就能够完整定义的，称为可预见任务。而在系统运行过程中，由于各种内外部环境因素的变化，可能产生新的任务需求，这部分任务是不可预见任务。

将所有的可预见任务都纳入流程定义模型是不必要的。如下文所述，由于存在任务差异性，实际执行任务可能只占可预见任务的一小部分，如果把所有可预见任务都事先集成到模型不仅增加模型复杂度，而且十分不经济。因此对于可预见任务，模型开发者可采取系统内在柔性策略处理常规任务，对非常规任务采取系统动态柔性策略或系统外部柔性策略进行处理。对于不可预见任务，也有两种解决方法。一是当出现不可预见任务时，模型开发者立即修改模型，把新任务及时增加到模型中。另一种方法则相反，为了保证模型一致性，以及维持模型运行的稳定性，在一段时间内不允许为支持额外流程任务而修改模型，而采取人工干预方式处理，或外包给其他第三方组织执行。因此，对于不可预见任务，流程开发者可选择系统动态柔性策略或系统外部柔性策略。

1.2 流程任务差异性

由于不确定性条件的存在，业务流程可能包含的任务类型相当广泛。然而在流程实际执行过程中，每个具体任务的执行频率不尽相同，可用流程差异性反映可执行任务的分布均匀性。根据流程执行状态，流程任务分别归属于定义任务集和执行任务集。定义任务集包含了所有理论上可执行的流程任务，其大小决定了流程设计阶段需要的最大投资成本。执行任务集是定义任务集的子集，包含所有在流程运行过程中最有可能执行的任务总体，其大小决定了流程执行时的运维成本。当组织间流程实际执行的任务主要由少量种类明确的任务组成时，即执行任务集远小于定义任务集，此时流程任务差异性大；当组织间流程执行过程中，定义任务集的所有任务都有可能执行，且各类任务的执行频率相差无几时，即执行任务集近似于定义任务集，则流程任务差异性小。

如果流程任务差异性较大，意味着定义任务集中只有少部分任务肯定会执行，其余大部分任务被执行的可能性不大。一般来说，执行概率较小的任务没有必要在流程定义阶段就纳入到模型中。此时为了减少投资成本，可采取以系统内在柔性策略为主的方式优先处理执行概率较大的流程任务，而执行概率较小的流程任务则可以等到有需求时，辅以系统动态柔性策略或系统外部柔性策略进行处理。

1.3 相互依赖性

跨组织合作关系的一个重要特征是成员组织间存在相互依赖性[6]。根据资源依赖理论，组织为了实现竞争优势，必须从外部组织获取自己不具有的稀缺资源，从而与外部组织之间产生了依赖性。此外组织还力图通过自己控制的资源使其他成员组织依赖于自己，最终，成员组织间既存在较强的相互依赖性，又存在目标差异性[7]。为了保障联盟组织目标一致，需要对它们之间的活动进行协调。在协调过程中产生的成本即为协调成本，成员组织之间的协调成本称为组织间协调成本，是衡量成员组织相互依赖性的重要指标。

过去的研究表明，组织间的相互依赖性程度是组织合作过程中产生冲突的重要因素，相互依赖程度越高，产生冲突的可能性就越大，并且随着相互依赖程度的增强，会不断增加组织间协调的必要性和困难度[8]。因此组织间相互依赖越强，所付出的组织间协调成本也越大，即相互依赖性与组织间协调成本正相关。当成员组织相互依赖程度较大时，如果选择系统动态柔性策略，为了支持新任务必然频繁修改流程模型，需要各成员组织共同协商流程调整方式，以及人员培训安排等事项，将大大增加组织间协调成本。相比之下，如果采取系统外部柔性策略，以人工干预或流程外包的方式做例外处理，更有利于减少组织间协调成本。因此在相互依赖程度较大时，增加系统外部柔性策略处理的任务比例是更优的选择；而在相互依赖程度较小时，则可以尽量采取系统动态柔性策略。

1.4 时间与频率

组织间流程还有一个重要特性是时间与频率，它包含了任务时间紧迫性与例外任务发生频率两个维度。每个流程任务都需要一定的处理时间，它是指业务流程从接受一次任务请求到执行完毕该任务所需的全部处理时间，其中与柔性策略密切相关的是任务等待时间。当流程任务要求的等待时间很短时，该任务时间紧迫性高；反之，若任务要求的等待时间不受限制，该任务时间紧迫性低。当新任务需求出现时，出于保证系统稳定性的考虑，组织往往对修改流程模型持谨慎态度，需要经历反复论证、与合作伙伴多次协调并建立层层审批制度加以监控，从而导致流程任务等待时间延长。于是当一个流程任务的时间紧迫性很高时，如果采取系统动态柔性策略，从时间上看不如系统外部柔性策略更具有经济效益。

另外如果同类型的新任务多次出现，表明这类任务需求并非偶然现象。对于频繁发生的例外任务，若每次都采取系统外部柔性策略处理无疑是得不偿失的。因此，对于发生频率较高的例外任务，采取系统动态柔性策略把它们纳入到流程模型中，能有效减少组织间流程的执行成本。由此可见，为了减少总成本，对于任务时间紧迫性高的组织间流程，可提高系统外部柔性策略处理的任务比例；而对于例外任务发生频率较高的组织间流程，则应该尽量提高系统动态柔性策略处理的任务比例。

2 案例研究

本文研究的组织间流程案例是由中国电信子公司 CTT 电信公司和通信设备制造商华为公司组成的买方-供应商合作组织。在进行案例调查时，我们分别选择长期参与组织间流程管理和实施的中高层管理人员作为被调查者，通过与被调查者的访谈详细了解在运作中组织间流程表现出来的特性，并由被调查者对每种组织间流程特性程度做出客观评价，然后通过深入访谈，了解他们在实践中如何根据不同运作条件选择最佳柔性策略。

2.1 华为-CTT 联盟基本情况

华为公司是国内知名的大型通信设备制造商，从事通信网络技术与产品的研究、开发、生产与销售，专门为电信运营商提供光网络、固定网、移动网和增值业务领域的网络解决方案，是中国电信市场的主要供应商之一，并已成功进入全球电信设备市场。CTT 电信公司是中国电信下属的一家分公司，CTT 地处沿海地区，是一家地方性基础电信服务运营商，其经营范围包括本地网范围内的国际国内通信与信息服务。

华为和 CTT 是典型的买方-供应商关系，其核心是保证 CTT 运营的本地电信网络稳定可靠地运行，并实现网络运营收益最大化。在华为-CTT 联盟中，华为负责为 CTT 提供网络组网解决方案和最优性价比的通信设备，同时提供包括网络设计、网络配置、设备运输、设备安装和设备试运行等全方位的交钥匙工程服务。CTT 电信通过监测华为设备在网上的运行情况向华为提出改进意见，同时凭借其卓越的电信网络运营经验，为华为产品的发展方向提出建设性意见，并且与华为公司共同开发符合电信客户需求的新业务新功能。华为作为设备开发商，凭借其强大的技术力量辅助 CTT 电信维护设备以及网络优化改造、培训 CTT 设备维护人员。

此外，鉴于华为公司近年来快速发展取得的令人瞩目的成就，正处于企业化转型期的 CTT 还不断从华为学习企业管理战略，并与华为分享电信运营的经验。因此，华为和 CTT 的合作关系已经超越了纯粹以商品交易为目的的传统买方-供应商关系（图 1 实线所示），而体现为一种相互学习、相互依赖、共同发展的战略合作伙伴关系（图 1 虚线所示）。

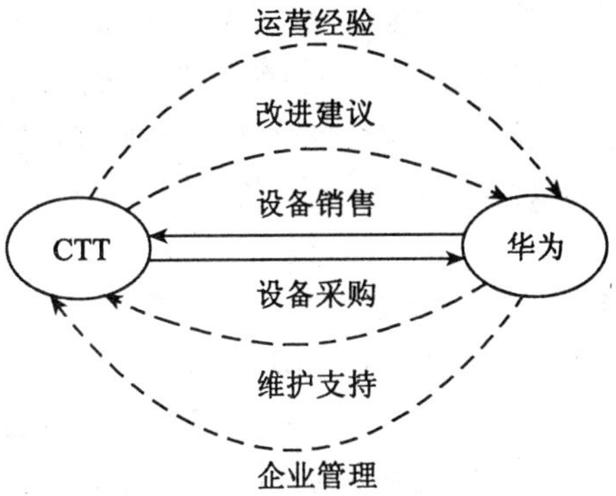

图 1 华为与 CTT 的合作关系

2.2 华为-CTT 组织间流程柔性特性

1. 不确定性

首先考察华为-CTT 组织间流程的环境不确定情况。CTT 所从事的基础通信运营服务行业在最近几年始终成为社会关注的焦点，是国家经济体制改革的前沿阵地。国家有关电信重组的历次改革对 CTT 的经营产生了较大影响，随着电信改革的深入，过去一直享受垄断地位的电信公司逐渐感受到竞争压力。在改革中新诞生的众多通信运营商，如中国移动、中国联通、中国网通等，更使国内通信运营市场的竞争趋势日益激烈。在同一时期，华为公司也经历了残酷的市场竞争的洗礼。华为公司进入局端通信设备市场之初，国内市场基本上被几家国外设备厂家垄断，行业中俗称七国八制。而与华为几乎同时期进入这个市场的还包括国内的几家具有国营身份的设备制造商-巨龙、大唐和中兴，与华为并称为“巨大中华”。面临如此强大的竞争对手，对于实力尚属弱小的华为来说市场竞争程度非常激烈。

经过近几年的发展，CTT 和华为公司所面临的环境不确定性都有所改善。一方面从 CTT 来看，随着国家电信改革的逐步深入和中国电信的成功上市，电信公司从受制于政策的易变转而成为国家新政的受益者。例如曾经喧嚣一时的小灵通业务和即将获得的3G运营牌照，以及电信公司在固话网和基础接入设施投资方面具有的垄断性，都有利于增强电信公司的盈利能力。另一方面对于华为来说，经过最近几年的迅猛发展，华为公司在国内电信设备制造行业已经逐步成为市场领先者，并且在一定程度上还成为能够左右行业标准制订的重要影响力量。同时华为不断向海外市场发展，逐步积累在全球范围参与市场竞争的经验和产品设计能力，这无疑大大增强了华为的整体竞争实力。与此同时，国内市场上的竞争者逐步减少，部分跨国公司的实力已江河日下（如NEC、富士通、NORTEL的市场份额已经大幅萎缩），国内的巨龙、大唐也日渐式微，再加上局端电信设备市场本身具有较高的进入门槛，可以说华为公司面临的市场不确定性已有所减少。

接着分析华为-CTT组织间流程的行为不确定情况。从合作关系来看，CTT和华为公司保持着长期友好的战略合作伙伴关系。CTT在早期决策引入一家国产交换机设备作为该本地网第二制式的交换机机型时，华为公司的交换机设备尚处于初期发展阶段，网上设备运行情况还远谈不上稳定可靠，并且在其他本地网开局不顺利的消息时有所闻。这个时候也正是华为转型最困难和最关键的时期。经过一段时间考察，CTT认为尽管华为的交换机不如另外3家国内品牌成熟稳定，但是它们对华为的发展潜力非常肯定，最终CTT选择了华为作为合作对象。因此从1997年以来，华为通过为CTT提供交换机开始，逐步参与了CTT的校园网、接入网、传输网、智能网和宽带城域网等通信网络的建设。在长期的友好合作过程中，CTT和华为彼此之间加深了解，双方高层管理人员频繁互访，逐步建立起全面而深入的战略合作伙伴关系。

根据深入访谈，被调查者对华为-CTT组织间流程的环境不确定程度评价为中等强度，对行为不确定程度评价为很小。综合环境不确定程度和行为不确定程度，可以认为华为-CTT组织间流程所面临的总体不确定性程度属于较弱的程度。

2. 流程任务差异性

传统的电信业务经历了百年发展历史，数字程控交换业务也有数十年的发展过程。由于电信网络的复杂性和重要性，为了保证不同网络之间的互联互通，各国电信行业成立了一个世界范围的技术协调组织：国际电信联盟（ITU）。ITU是一个运作效率极高的行业性组织，负责制定几乎世界上所有的通信业务标准和通信协议，任何一个通信运营商以及标准通信设备制造商都必须无条件地顺从ITU的标准。由于ITU制定的通信业务标准范围较广，作为该标准的子集，中国电信总公司根据国内用户特点制定了符合中国业务需求的基础通信业务标准。CTT需要根据国内基础通信标准向用户提供通信服务业务，华为公司在国内提供的设备也完全按照该业务标准进行设计。此外，CTT秉承了电信公司的投资建设惯例，即对每年的建设任务事先制订周详的计划，这也间接地保证了华为的生产计划性。因此总的来说，CTT提供的电信业务和华为开发的设备功能都集中于常用的通信服务需求。

当然，对于基础通信业务以外的业务需求，CTT也会根据市场新出现的用户需求变化情况向厂商提出新的业务要求，不过这正是华为的强项。因为华为的特点就是快速反应能力，凭借其雄厚的研发实力，华为一直在根据市场需求增加符合ITT标准的设备新功能，以满足市场变化需求。

根据深入访谈，被调查者对华为-CTT组织间流程的任务差异性因素做出的评价是，由于流程任务的集中度较大，华为-CTT的流程任务差异性程度较高。

3. 相互依赖性

由于华为公司与CTT是供应商－买方关系，因此华为必然对买方CTT有一定的依赖关系。虽然相对于华为每年数百亿元的销售额，CTT电信只是华为全球市场中的一小部分，然而由于CTT地处沿海发达地区，仅就华为的国内市场而言，CTT仍然是一个重要的地区市场，并且曾经在华为全国本地网市场排名中名列前十位。除此之外，CTT对华为的重要性还不局限于销售额，CTT多年积累的通信运营经验以及对电信技术发展方向的理解，常常成为华为公司开发新业务新产品的重要试验田。

此外，CTT对华为公司也有一定的依赖性。一般情况下，对于电信网络运营商来说，为了便于设备维护和减少网络复杂性，其经营的通信网络通常具有设备型号单纯性和排他性的特点。由于华为公司提供的诸多产品都是构成CTT基础电信网络的核心设备，已经在CTT的通信网络中占据主导地位，无论是网络扩容还是设备维护，CTT都需要得到华为公司的支持。另外恰如前文提到的，正处于企业化转型期的CTT电信，也十分需要向竞争中成长起来的华为公司学习市场竞争经验。

尽管华为与CTT之间是典型的买方-供应商关系，但是由于双方实力彼此对等，而且双方的合作主要是战略意义上的，因此被调查者认为华为-CTT组织间流程的相互依赖性程度评价较大。

4. 时间与频率

正如前面所提到的，CTT提供的电信业务具有一定的稳定性，但是也会为了响应客户需求变化而开发电信新业务。相应的，华为公司也顺应CTT的要求而成立专门的项目小组，为其提供的设备开发新功能。此外，尽管CTT对设备采购采取的是计划性很强的管理模式，但是由于受限于有待进一步提高的管理水平，以及市场竞争的需求，CTT有时会临时提出计划外的扩容采购，要求华为公司紧急处理。

通过深入访谈，被调查者对华为-CTT的时间紧迫性程度评价为中等，例外任务发生频率评价为较弱。

2.3 华为-CTT组织间流程柔性策略的实施

在国内电信市场竞争逐步开放的背景下，华为-CTT组织间流程实际营运过程采取的柔性策略，集中体现在双方共同执行的以框架协议为主体的组织间业务流程，以及华为公司为CTT量身订制专用业务版本的合作模式。

A. 框架协议。CTT向华为公司采购的局端通信设备通常涉及很大的商务合同，另外也有多个金额较小的扩容合同或备件采购合同，每年的合同金额总和超过1亿元。在这些合同当中，构成主体的是若干个金额在两千万元以上的大合同。尽管CTT秉承提前规划投资预算的传统，但是在一个完整的年度中仍然会为应付意外情况而进行计划外采购。例如，由于CTT地处经济发展较快的沿海地区，经常出现某个乡镇推出新的工业开发区导致电话新增用户急剧增加，从而超过计划中的交换机建设容量。此外竞争的加剧也经常迫使CTT不得不为了争夺集团用户而紧急建设接入网网点。这种紧急扩容的情况下通常涉及的主要是合同金额较小的扩容合同，或者是备件采购合同。然而由于CTT和华为均是业务流程比较规范的大公司，每个合同无论大小，都要经过完整的合同签订流程，包括技术方案协商、商务条件谈判、法律文书准备等多个阶段。如此繁琐的流程无法保证CTT快速响应市场出现的紧急扩容需求，为了解决这个难题，CTT与华为公司采取了“框架协议”的办法。首先每半年CTT与华为进行一次合同谈判，对经常采购的设备签订一个框架协议，内容包括主要的商务价格、售后服务条款、法律责任等。今后凡是符合框架协议的设备采购无须再进行合同谈判，直接参照框架协议执行。只有当采购的设备是框架以外的新建项目，双方才按照完整的合同签订流程进行谈判。

B. 专用业务版本。由于ITT规定了程控数字电话的标准功能和通信协议，为了保证网间互联互通，一般情况下制造商都按照该标准设计交换机，通信运营商也向用户提供标准的电话通信服务。例如，华为设计的C&C08交换机，在功能上坚持完全顺从ITU标准，并且符合中国通信管理局的相关规定，同时针对国内电信的发展特点，开发大容量、高处理能力的交换机。虽然ITU有关程控数字电话的标准功能完全能够满足大众电话通信需求，但是，中国的电信行业正处于快速发展时期，网络用户量正呈逐年快速增长时期，不同地区不同类型的用户对通信业务需求的种类出现了分化。同时，随着竞争格局的出现，各大电信运营商都在努力增加自己的网络用户数，提高通话业务量，从而加剧了这个行业的竞争状态。

为了在市场竞争中占据先机，提高网络利润率，CTT认识到如果针对不同层次的用户开发各种新业务，就能够最大限度满足用户通信需求，进而扩大网络用户量。为此CTT在业界率先提出针对学生用户群的校园网业务，并要求交换机提供商尽快开发这种新功能。由于当时校园网业务还不是ITU承认的标准通信功能，国外设备供应商认为这只是CTT局部需求而拒绝专门开发这项功能。本着与CTT的良好合作关系以及快速响应市场的原则，华为公司决定在C&C08机上开发校园网业务，但是采取了灵活的策略。在交换机上新增加的校园网功能最初主要是针对CTT电信公司的用户需求特点开发的，由于该项新业务可能还不太成熟，为了不影响C&C08机的总体性能和稳定性，华为只对CTT本地网运行的C&C08交换机增加了该功能，等于是开发了一个CTT版本的C&C08交换机。此后，CTT版本C&C08交换机提供的校园网业务为CTT增加网络业务量立下了汗马功劳，也进一步巩固了C&C08交换机在CTT电信网络的核心地位，实现了CTT和华为双赢的目标。随着校园网业务的成功推广，以及各地电信公司对该业务需求的增长，最终华为把校园网业务升级为C&C08机的基本功能，而且还以此构建了智能网，成为华为交换设备的核心业务。

3 结 语

为了促进成员组织协同工作，需要建立能够适应环境变化的、具有柔性的组织间流程体系。本文首先以组织间流程的三种主要柔性策略为基础，分别分析了环境不确定性、流程任务差异性、成员组织相互依赖型、流程任务时间紧迫性以及例外任务发生频率等组织间流程的特性及其对柔性策略选择的影响倾向。然后详细研究了一个买方-供应商类型的组织间流程案例，通过与被调查者的访谈详细了解在运作中组织间流程表现出来的特性，再通过深入访谈，了解他们在实践中选择的最佳柔性策略。

在这个案例中，华为-CTT组织间流程的特性是不确定性程度较弱，流程任务差异性程度较高，成员组织间的相互依赖性程度较高，而时间紧迫性程度中等，且例外任务发生频率较低。为此，华为-CTT联盟在实际营运过程中主要采取了以共同制订和执行框架协议为主体的系统内在柔性策略。同时，针对中国电信市场快速发展而导致用户不断分化的特点，他们还采取了根据以业务需求为导向而定制开发专用业务版本的系统动态柔性策略作为辅助战略。此外，由于CTT仍然保持了国营电信公司的运营特征，且在固话网络上具有一定的垄断地位，因此较少采用系统外部柔性策略。

案例研究表明，当流程不确定性程度较低，并且流程任务差异性较大时，必须把系统内在柔性策略作为主要的组织间流程柔性策略。此外，如果成员组织相互依赖程度较高，而时间紧迫性和例外任务发生频率不高时，可以适当地采取系统动态柔性策略作为辅助。

参考文献

[1] 詹姆斯. 钱匹. 企业X再造［M］. 北京：中信出版社，2002.

[2] Golden W, and Powell P. Towards a Definition of Flexibility: in Search of the Holy Grail? [J]. Omega, 2000 (28): 373-384.

[3] Dellen B, Maurer F, and Pews G. Knowledge-based Techniques to Increase the Flexibility of Workflow Management [J]. Data and Knowledge Engineering, 1997 (23): 269-295.

[4] Gebauer J, and Schober F. Information System Flexibility and the Cost Efficiency of Business Processes [J]. Journal of Association for Information Systems, 2006, 7 (3): 122-147.

[5] Beamon B M. Measuring Supply Chain Performance [J]. International Journal of Operations and Production Management, 1999, 19 (3): 275-292.

[6] Zhang G, Liu, Z. Managing Coordination Costs of Interorganizational Relationships: an Analysis of Determinants [C] // Proceedings of the Fifth International Conference on Electronic Business. 2005, The Chinese University of Hong Kong: Hong Kong.

[7] Pfeffer J, Salancik G R. The External Control of Organization [M]. New York: Harper & Row, 1775.

[8] Kumar K, Dissel H G V. Sustainable Collaboration: Managing Conflict and Cooperation in Interorganizational Systems [J]. MIS Quarterly, 1996, 20 (3): 279-300.

Study of Influencing Factors on Flexibility Strategy in Interorganizational Process – The Case of Huawei-CTT Alliance

ZHANG Geng[1], NIU Jingjing[1], YANG Nuo[1]

(1. Department of International Economics and Business, Xiamen University, Xiamen 361005, China)

Abstract: Under increasingly drastic competition context, it is essential to establish a flexible interorganizational business process to facilitate coordination among trading partners. This paper describes three dominating flexibility strategies in interorganizational process, then analyzes several influencing factors such as uncertainty, interdependency, process task diversity, time emergency and exceptional tasks frequency. At last, the case of Huawei-CTT alliance is discussed in detail, and from then this paper summarizes a few conclusions about relationship among influencing factors and flexibility strategies in interorganizational process.

Key words: flexibility strategy; interorganizational process; influencing factors

IT 能力对企业绩效的影响机制研究*
——基于组织学习的视角

迟嘉昱[1]，孙翎[2]

（1. 中山大学 管理学院，广州 510275；2. 中山大学 岭南学院，广州 510275）

摘　要：现有研究表明企业的IT能力与企业绩效间并没有必然的正相关关系。企业应该具备哪些IT能力？如何才能发挥这些IT能力的作用，帮助企业获取持续的竞争优势？这些问题成为当前信息系统研究的新热点问题。本文尝试从组织学习的视角，来探讨企业的IT能力对企业绩效之间的影响机制。本文通过实证研究验证了组织学习在IT能力与企业绩效的作用中起到了部分中介的作用。

关键词：IT 能力；组织学习；企业绩效

中图分类号：C931.6

1　引　言

信息技术（Information Technology，IT）投资对企业绩效的影响研究，一直是信息系统学科的热点研究问题。有效的信息管理能力对于企业非常重要，它不仅能够为企业提供管理决策所需的信息和分析处理能力，充分发挥企业各种资源的作用，加快企业对环境和需求变化的响应速度，而且能改变企业创造价值的方式，成为企业获取竞争优势的基础。

但是，信息技术投资与企业绩效之间的关系并不明确。单纯的IT应用由于非常容易被竞争对手复制和模仿，并不能为企业带来持续的竞争优势。一些学者认为企业的IT能力与企业绩效间有着更强的正相关关系。而且，Bharadwaj等人的实证研究认为企业的IT能力对企业的财务绩效和成本绩效有正向的影响[1]。但是，Santhanam等人的研究却发现在控制了以往的财务绩效的情况下，企业的IT能力和企业绩效之间并没有必然的关系[2]。总体而言，目前针对IT能力与企业绩效之间的关系及其影响机制的实证研究还非常少，而针对中国企业的实证研究更少，对于这一问题的研究也没有定论。企业应该具备哪些IT能力？如何才能发挥这些IT能力的作用，帮助企业获取持续的竞争优势？这些问题已成为当前信息系统研究的热点问题。

本文尝试从组织学习的视角，来探讨企业的IT能力对企业绩效之间的影响机制。本文通过实证研究验证了组织学习是信息技术与企业绩效之间的中介变量，企业的IT能力通过影响企业的组织学习活动来对企业绩效产生作用，组织学习是信息技术影响企业绩效的中间机制。

2　文献回顾

2.1　IT 能力

Mata（1995）认为企业的信息技术包括四个特性：IT资产需求、IT专有技术、IT技术技能和IT管理技能，并得出在这四种特性之中只有IT管理技能可能为企业带来竞争优势[3]。

Ross，Beath 和 Goodhue（1996）最早提出了IT能力的定义，认为IT能力包括控制IT相关成本的能力、按时交付信息系统的能力和通过IT的应用来帮助企业实现商业目标的能力。IT能力可以通过对三种关键IT资产的有效管理来获得。这三种IT资产包括：IT人力资产、技术资产和IT与业务管理之间的关系资产[4]。

Bharadwaj把企业的IT能力定义为调动以IT为基础的资源与其他资源和能力相结合的能力，认为企业的IT资源包括：IT基础设施、IT人力资源和由IT支持（IT-enabler）的无形资产[1]。在

* 基金项目："211 工程"三期重点学科建设项目"中国中小企业管理创新研究"
通讯作者：迟嘉昱，E-mail：chijiayu@hotmail.com

Bharadwaj 研究的基础上，Tarafdar（2003）提出以 IT 基础设施、IT 人力资源、IT 支持（IT-enabler）的无形资产、IT 治理以及 IT 协调五个维度来测量企业 IT 能力。

Tippins 和 Sohi 认为 IT 能力（IT Competency）是企业有效利用 IT 管理组织内部信息的程度，由 IT 知识、IT 运作、IT 实物（包括人）三个部分组成。通过对 271 家制造企业的实证研究，发现组织学习在 IT 能力对企业绩效的影响中起到了重要的中介作用[5]。

郑大庆、黄丽华、张篙等（2006）将 IT 能力归结为三类能力：配置与整合的能力、学习能力、IT 再配置能力[6]。张样在总结前人研究的基础上，并通过对 IT 专家和企业 IT 主管的访谈，提出 IT 能力的四个构建维度：IT 体系惯例、IT 基础设施、人力 IT 资源、IT 关系资产[7]。

综上所述，目前学术界对于 IT 能力的组成和衡量方式缺乏统一的认识，不同学者根据自身的理解来对 IT 能力进行测量，致使研究的结果和研究的层次存在很大的差异。本文主要采用 Bharadwaj（2000）的分类标准，认为 IT 能力主要由 IT 基础设施，人力 IT 资源，IT 无形资产三部分组成。

2.2 组织学习

由于众多学者对组织学习的理解不同，对于组织学习的定义也比较多，Argyris 和 Schon（1978）认为组织学习是指组织各成员经由体察以及纠正组织经营中发生的错误，来对组织内外环境的变化做出反应[8]。Shrivastava（1983）将组织学习定义为一种调试、一种资讯处理形态，是组织实用理论的发展。Huber（1991）把组织学习看做是通过信息处理而改变潜在行为的过程。Slater 和 Narver（1995）在 Huber 等研究的基础上，指出组织学习是指组织对那些影响（或潜在影响）行为的知识或洞察力的培育和开发，并将组织学习划分为适应性学习和创新性学习。

组织学习很重要的一个组成部分是知识管理。O'Leary 认为知识管理是将组织可得到的各种来源的信息转化为知识，并将知识与人联系来的过程[9]。

Quitas 定义知识管理为一个管理各种知识的连续过程，以满足现在和将来出现的各种需要，确定和探索现有和获得的知识资产，开发新的机会。目标是：①知识的发布，使组织内所有成员都能应用知识；②确保知识在需要时是可得到的；③推进新知识的有效开发；④支持从外部获取知识；⑤确保知识、新知识在组织内的扩散；⑥确保组织内部的人知道所需的知识在何处（Quitas，2002）。

Wiig 认为知识管理主要涉及四个方面：①自上而下地检测和推动知识有关的活动；②创造和维护知识基础设施；③更新组织和转换知识资产；④使用知识以提高价值（Wiig，1996）。

本文在总结前人研究的基础上，认为组织学习就是组织不断获取知识和信息，并在组织中进行知识共享，信息协同，并使用知识以提高价值，以及开发新知识的过程，它可以提高工作的效率及改进技术，并能够形成组织学习能力以应付环境的改变。

本文认为组织学习主要有三个主要阶段，即知识获取，知识共享，知识应用。三个阶段分别包括如下内容：

（1）知识获取：组织成员通过直接经验（如研发活动、与顾客交流等）、间接经验或者从外部获取相关的知识或信息（Quitas，2002）；

（2）知识共享：a. 知识在组织成员之间的发布、传播；b. 知识在组织内的组织和存储；c. 组织成员对知识的吸收和学习（O'Leary，1998）；

（3）知识应用：a. 组织成员使用、加工知识以提高知识的价值（Wiig，1996）；b. 创造、开发新知识（Quitas，2002）。

3 研究模型和假设

基于上面的文献回顾，本文提出了的概念模型如图 1 所示。在这个模型中，IT 能力和组织学习这两个构念都如前一小节所述，定义成二维构念。该模型的主要观点是组织学习是 IT 能力对企业绩效发生作用的中介变量。因此，本文将针对 IT 能力、组织学习和企业绩效这三个构念之间的两两关系提出并检验下面三个假设。

3.1 IT 能力和企业绩效

尽管根据 Bharadwaj 等人的研究，IT 能力能够对企业的绩效产生正向的影响[1]，但是许多现实的企业案例显示单靠 IT 能力并不能为企业带来可持续的竞争优势，因为企业的 IT 能力容易被其他企业所复制。企业资源理论（Resource Based Theory）认为，企业从创新的 IT 应用中获取的利益需要通过和企业独特的资源相结合，才能使得竞争对手无法通过模仿来获取全部收益。Teo 等也认为 IT 技术资源以及互补的人力资源需要和互补的 IT 业务资源一起才可以为企业带来超额利润（Teo and Ranganathan，2003）。

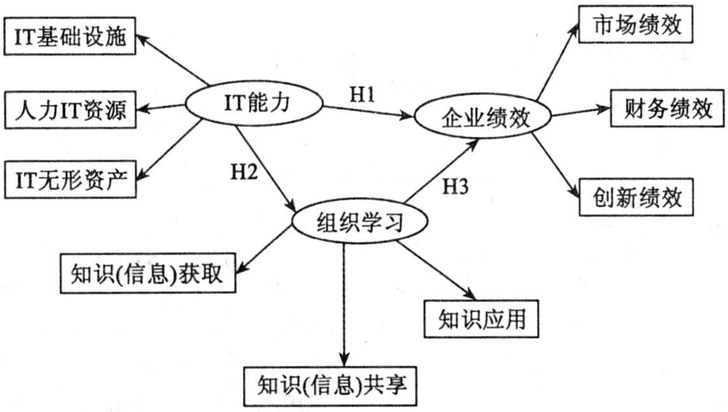

图 1　研究概念模型

因此，本文认为信息技术对企业绩效的影响，不能直接测量，而应该先定量的测量 IT 能力对某些中介的企业能力（如组织学习）的间接影响。因此，本文提出如下假设：

假设 1：IT 能力和企业绩效之间的关系被企业的组织学习能力所中介。

3.2　IT 能力和组织学习

信息技术不仅能够大大方便企业的员工对企业内外部信息的获取和分发，而且通过企业数据库和知识库技术，能够对企业的信息和知识进行统一的编码和管理，从而有效地促进组织对信息和知识的共享。正是在有效的进行信息的获取和共享的基础上，企业的员工可以将自身的新信息和新问题与企业已有的信息和知识相结合，提高企业信息和知识的利用水平。综上，本文提出如下假设：

假设 2：IT 能力正向影响组织学习能力。

3.3　组织学习和企业绩效

首先，一些研究已经发现了企业的组织学习能力对企业的财务绩效有着正向的影响。第二，一个学习型的组织能够通过更好的了解它的客户、竞争对手和管理机构，从而能够更快地感知市场的变化、发展趋势和存在的机遇，做出更有效的响应，从而获得较好的市场绩效。第三，善于学习的企业，激发企业的集体智慧，更快地开发出新的产品和服务，并对企业的流程和商务模式进行持续的改进，从而获取更高的创新绩效。因此，本文提出如下假设：

假设 3：企业的组织学习能力正向影响企业绩效。

4　研究方法

4.1　数据收集

因本研究调查问卷内容涉及企业层面的因素，要求问卷填写者对公司的整体运作状况和信息化情况有较全面的了解，故将访问对象设定为公司管理人员或 IT 部门较为高层的人员，并请填卷者依企业的实际情形做答。为了增加问卷数据收集结果的有效性，避免部分受访者随意填写问卷，本文在问卷题项中设置了检测题项（反问题），以检测问卷数据信息的有效性。

本文问卷的发放主要通过发放纸质问卷给受访者填写，问卷的发放对象是中山大学管理学院 2007 级的 MBA 的学员。本研究共发放问卷 180 份，实际回收 145 份，问卷回收率达到 80.0%，再经筛选剔除没有填写完整以及不符合样本调查对象特征等无效问卷共 47 份，余下 98 份有效问卷，实际有效问卷回收率为 54.4%。

4.2　基本资料分析

受访者特征的描述性统计分析结果见表 1。问卷受访者的平均工作时间为 6.3 年。其中有 5～8 年工作年限的受访者占受访者总数的 48.9%，并且中高层管理者占受访者总数的 70.4%，这说明问卷填写者符合本文对调查对象的样本特征的要求，受访者可以提供比较可靠的数据信息。

企业样本特征的描述性统计分析结果见表 5-2。受访企业中以国有或国有控股企业以及外商独资企业为主，企业的员工人数比较多，且企业 2007 年总收入 3 亿元以上占多数。根据这些信息，可以说明受访企业大多属于比较大型正规的企业，企业进行 IT 建设的需求以及建设的概率比较高，企业也具备组织学习的环境，比较符合本研究的对象特征。

表 1 受访者特征分布情况（样本数 98）

特征	特征分布	频次	百分比（%）	累计百分比（%）
工作年限	2 年以下	3	3.0	3.0
	2～4 年	28	28.5	31.5
	5～8 年	48	48.9	81.4
	8 年以上	19	19.3	100
部门	IT 相关	31	31.6	31.6
	其他	67	68.3	100
职位	基层管理者	29	29.6	29.6
	中层管理者	47	47.9	78.5
	高层管理者	22	22.4	100

4.3 量表的信度分析

信度分析的结果如表 3 所示，从检验结果来看，全部因子的 Cronbach α 系数均大于 0.7，大部分达到 0.8 以上，说明本研究所使用的评估工具的稳定性和一致性都比较好，可以进行进一步的分析。

4.4 量表的效度分析

本文问卷设计各维度的题项，都是参考国内外过去的相关文献，并引用著名学者的测量表项来进行测量量表的设计，部分量表借用国外学者的成熟量表，在此基础上得出问卷设计的初稿，接下来经由专家访谈及问卷前测，并根据相关建议进行调整后定稿。因此，本文的问卷保证了内容效度。

本文采用因子分析法来验证问卷的构建效度。首先，需要先进行 Bartlett 球体检验和 KMO 样本测度，来检测各题项是否具有相关性。只有当此相关性比较高时，才适合做因子分析。检验的结果表明本研究所采用调查文件具有较好的构建效度。由于篇幅所限，具体结果这里没有给出。

表 2 企业特征分布情况（样本数 98）

特征	特征分布	频次	百分比（%）	累计百分比（%）
企业性质	国有或国有控股企业	39	39.8	39.8
	民营企业	17	17.3	57.1
	中外合资企业	9	9.2	66.3
	外商独资企业	24	24.5	90.8
	其他	9	9.2	100

续表

特征	特征分布	频次	百分比（%）	累计百分比（%）
员工人数	小于 100 人	13	13.3	13.3
	105～500 人	22	22.4	35.7
	501～1 000 人	10	10.2	45.9
	1 001～2 000 人	16	16.3	62.2
	2 000 人以上	37	37.8	100
企业 2007 年总收入	500 万元以下	5	5.1	5.1
	500 万～3000 万元	8	8.2	13.3
	3000 万～1 亿元	9	9.2	22.4
	1 亿～3 亿元	14	14.3	36.7
	3 亿元以上	62	63.3	100

表 3 量表的信度检验表

	因子	简写	Cronbach α 系数
IT 能力	IT 基础设施	ITF	0.911
	人力 IT 资源	ITH	0.938
	IT 无形资产	ITA	0.927
组织学习	知识（信息）获取	LG	0.888
	知识（信息）共享	LS	0.814
	知识（信息）应用	LU	0.902
企业绩效	市场绩效	PM	0.853
	财务绩效	PF	0.767
	创新绩效	PI	0.866

5 模型估计和结果分析

5.1 相关系数矩阵

本研究的主要构念间的相关系数矩阵参见表 4。

5.2 结果分析

首先，验证 IT 能力对组织学习的作用，回归的结果如表 5 所示，IT 能力对组织学习的正向作用显著，标准化后的相关系数达到了 0.649，验证了假设 2。

接着，检验本文提出的其他两个假设。这两个假设的因变量都是企业绩效，为了能够控制其他主要因素对企业绩效的影响和作用，本文引入企业规模、企业年龄与行业类型三个控制变量。企业规模是影响企业行为与决策的一个重要因素，与企业绩效紧密联系在一起。企业年龄也是影响绩效的另外一个重要因素。根据 Park 和 Luo（2001）等人的研究，本文从员工人数角度对规模进行测量，从企业创立时间长短角度对企业年龄进行测量。区分了传统行业与非传统行业（高科技行业），给传统行业赋值为 0，非传统行业赋值为 1。另外本文员工人数是分类变量，共分 A、B、C、D、E 五类，分别是 100 人以下，101 ~ 500 人，501 ~ 1000 人，1001 ~ 2000 人，2000 人以上。因此在进行以员工人数进行衡量的企业规模的控制变量回归分析时，企业规模共设了 4 个虚拟变项。

表 4 相关系数矩阵*

	ITF	ITH	ITA	LG	LS	LU	PM	PF	PI
ITF	1								
ITH	.672 (**)	1							
ITA	.718 (**)	.776 (**)	1						
LG	.592 (**)	.524 (**)	.587 (**)	1					
LS	.631 (**)	.743 (**)	.446 (**)	.841 (**)	1				
LU	.469 (**)	.588 (**)	.494 (**)	.783 (**)	.755 (**)	1			
PM	.451 (**)	.550 (**)	.642 (**)	.477 (**)	.499 (**)	.396 (**)	1		
PF	.405 (**)	.591 (**)	.523 (**)	.482 (**)	.516 (**)	.397 (**)	.728 (**)	1	
PI	.311 (**)	.557 (**)	.521 (**)	.646 (**)	.492 (**)	.564 (**)	.628 (**)	.659 (**)	1

注：* ITF：IT 基础设施； ITH：人力 IT 资源； ITA：IT 无形资产；
LG：知识（信息）获取； LS：知识（信息）共享； LU：知识（信息）应用；
PM：市场绩效； PF：财务绩效； PI：创新绩效

表 5 IT 能力对组织学习作用的回归分析结果

自变量	非标准系数	标准系数	T 值	显著水平
常数项	2.145		6.287	.000
IT 能力	.616	.649	8.360	.000

本文为验证企业 IT 能力，组织学习对企业绩效的影响，采用层级回归法，形成了多个模型。在模型 1 中，仅加入控制变量，作为基准模型检验企业 IT 能力对企业绩效的影响；模型 2 同时加入控制变量与企业 IT 能力，以与模型 1 对比并找出企业 IT 能力的绩效效应；模型 3 则在模型 2 的基础上又加入组织学习，以检验组织学习对于绩效的影响，具体结果请参见表 6。

表 6 层级回归分析结果

变量	模型 1		模型 2		模型 3	
	标准系数	T 值	标准系数	T 值	标准系数	T 值
企业年龄	-.070	-.522	-.110	-1.011	-.142	-1.371
行业类型	-.069	-.586	-.189	-1.943	-.169	-1.827
企业规模（< 100 人）	-.244	-1.802	-.177	-1.616	-.211 *	-2.019

续表

变量	模型 1		模型 2		模型 3	
	标准系数	T 值	标准系数	T 值	标准系数	T 值
企业规模（101 ~ 500 人）	-.018	-.128	.077	.665	.056	.515
企业规模（501 ~ 1000 人）	.090	.722	.059	.586	.004	.038
企业规模（1001 ~ 2000 人）	-.128	-1.004	.005	.044	.021	.211
IT 能力			.616***	6.181	.305**	3.277
组织学习					.452**	2.962
R^2	.278		.640		.691	
Adjusted R^2	.003		.348		.415	
Sig.	.458		.000		.000	
ΔF	.961		38.205***		8.775**	
ΔR^2	.077		.332***		.068**	

注：$p^{***}<0.001$，$p^{**}<0.01$，$p^{*}<0.05$

模型 1 结果显示企业规模、行业类别、企业年龄对企业绩效均无显著性影响。

与模型 1 相比，模型 2 调整后的 R2 值从 0.003 增加到 0.348，F 变化值为 38.205（$p<0.01$），ΔR2 为 0.332（$p<0.01$），说明从企业 IT 能力对企业绩效有显著的影响。

与模型 2 相比，模型 3 调整后的 R2 值从 0.348 增加到 0.415，F 变化值为 8.775（$p<0.01$），ΔR2 为 0.068（$p<0.01$），说明从企业组织学习对企业绩效有显著的影响。验证了假设 3。

与模型 2 相比，模型 3 中 IT 能力对企业绩效的影响作用有比较大的下降，标准 β 系数从 0.616 下降到 0.305，但仍然显著，说明组织学习在 IT 能力和企业绩效之间起到了部分的中介作用，部分支持了研究假设 1。

6 结　论

本研究通过实证研究验证了组织学习在 IT 能力与企业绩效的作用中起到了部分中介的作用。本研究还发现企业 IT 能力对于企业的组织学习具有显著的正向影响，信息技术可以为组织进行有效的信息传递，储存，共享提供有效的技术支持。因此，企业想要通过 IT 技术投资提高企业绩效，除了需要注意培养自己核心的 IT 能力，还需要非常重视信息技术对于企业组织学习的促进与支持作用。

7 不足与展望

本文实证研究所取样本的代表性是受客观条件限制，范围局限在广东的企业，这样的数据获取方式会导致本文的实证结论的普遍性有所欠缺。未来可考虑将研究对象扩大到全国各地，这样研究得出的结论可能更具有借鉴意义。

另外，本研究采用的是静态截面数据，而企业的组织学习是一个动态的过程，企业的 IT 能力和组织学习之间的相互影响，也会随着时间发生动态的变化，未来可考虑进行纵向研究，揭示企业 IT 能力的学习过程，这样能更好地理解 IT 能力对企业绩效的影响机制。

参 考 文 献

[1] Bharadwaj A S. A Resource-based Perspective on Information Technology Capability and Firm Performance: An Empirical Investigation [J]. MIS Quarterly, 2000, 24 (1): 169-196.

[2] Santhanam R. and Hartono E. Issues in Linking Information Technology Capability to firm Performance [J]. MIS Quarterly, 2003, 27 (1): 125-153.

[3] Mata F J, Fuerst W L, et al. Information Technology and Sustained Competitive Advantage: A Resource-Based Analysis [J]. MIS Quarterly, 1995, 19 (4): 487-505.

[4] Ross, J W, Beath C M, et al. Develop Long-Term Competitiveness Through IT Assets [J]. Sloan Management Review, 1996, 38 (1): 31.

[5] Tippins, M J, and Sohi R S. IT Competency and Firm Performance: Is Organizational Learning a Missing Link? [J]. Strategic Management Journal, 2003, 24 (8): 745-761.

[6] 郑大庆，黄丽华. 信息系统（IS）能力与企业竞争优势研究——基于动态能力理论（DCV）视角 [J]. 软科学, 2006, 20 (5): 113-117.

[7] 张样. 组织学习导向、信息技术能力及其与企业绩效关系研究 [D]. 杭州：浙江大学硕士学位论文. 2007.

[8] Aigyris C, and Schon D. Organizational Leaning: A Theory of Action Perspective [M]. Addison-Wesley. 1978.

[9] O'Leary D E. Knowledge-management Systems: Converting and Connecting [J]. Intelligent Systems and their Applications, IEEE, 1998, 13 (3): 30-33.

Research on the Impact Mechanism of IT Capability to Enterprise Performance

—— An Organizational Learning Perspective

CHI Jiayu[1], SUN Ling[2]

(1. Business School, Sun Yat-sen University, Guangzhou 510275, China;

2. LingNan College, Sun Yat-sen University, Guangzhou 510275, China)

Abstract: The relationship of the IT capability and enterprise performance is not sure from existing researches. What are the IT capabilities that are essential for enterprise? How could these capabilities be utilized fully, to help companies earn more moneys? These problems are becoming the hot topics for research. This paper tries to survey the impact mechanism of IT capability to enterprise performance, from an organizational learning perspective. Through an empirical research, this paper proved that organizational learning plays a partial mediator role in the process of IT capability impacting enterprise performance.

Key words: IT capability; enterprise performance; organizational learning

The Impact of Motivation and Ability on Firm Internet-enabled Supply Chain Integration*

Hefu Liu[1, 2], Kwok Kee Wei[1], Jibao Gu[2], Huaping Cheng[2]

(1. City University of Hong Kong, Department of Information Systems, Hong Kong China;
(2. University of Science and Technology of China, School of Management, Hefei China 230000)

Abstract: Fostering Internet-enabled Supply Chain Integration (IeSCI) is becoming critical for developing competitive advantage. However, our understanding about the antecedents of IeSCI participation is limited. Drawing upon organizational motivation theory, dynamic capabilities theory, and motivation-ability theory, this study investigates how a firm's specific motivation and ability impact its IeSCI participation, and how ability moderates the influences of motivations. The results suggest that organizational ability, namely IT capabilities and absorptive capacity both positively influence firm IeSCI participation, and three of four organizational motivations (i. e., efficiency, agility, and complementarities motives) can significantly pull firm IeSCI participation too. In addition, it presents that ability can partially moderate the relationships between motivations and firm IeSCI participation. We conclude with implications and suggestions for future research.

Keywords: Supply chain integration; organizational motivation; dynamic capabilities

1 Introduction

With the rapid diffusion of Internet-based applications across the supply chain, firms are migrating toward the Internet-enabled integration that holds a promise of enhancing competitive with a more universal and easier to implement format [1][2]. Experiencing with the Internet-enabled SCI (IeSCI) allows firms to derive specific competitive advantage, which cannot be achieved by them individually [3]. However, in the real world, IeSCI is still seemingly rare, while its benefits have been proposed theoretically [4]. Many firms are still struggling with IeSCI participation. Existing empirical academic studies on the antecedents of IeSCI participation are lacking too [5].

To address the shortfall in this research area, following motivation-ability theory, we develop a syncretic model on IeSCI participation by integrating salient constructs suggested by organizational motivation and dynamic capabilities theories. In particular, we identify the salient factors rooted in organizational motivations[6], namely efficiency, exploration, agility, and complementarities motives, and investigate their influences on firm IeSCI participation. Meanwhile, we explore the influences of a firm's IT capabilities and absorptive capacity on its IeSCI participation. In addition, we propose that organizational ability and organizational motivation could affect firm IeSCI participation interactively.

2 Literature review and hypotheses development

IeSCI is defined as a firm's collaboration with its customers, suppliers, and other channel partners by managing and integrating intra and inter-organization activities, functions, processes and relationships across the supply chain based on the application of Internet technologies [2][3][5]. The existing literature has proposed a great deal of benefits of IeSCI theoretically. However, the integration may require firms to address issues such as the specific investment and the uncertainties of goal, resource and process across the supply chain. These uncertainties may make integration results highly unpredictable. Thus, the firm's participation in IeSCI would not only be affected by the firm's specific motives, but also be determined by its

* Corresponding author: Hefu LIU, hefuliu@cityu. edu. hk

equipped ability, since it needs motivations and ability to overcome the challenges of IeSCI [3].

2.1 Organizational Motivations

Organizational motivation theory notes that a firm's decision is strongly determined by its motivation [6]. Motivation refers to a firm's "assessed expectancy of an outcome given an action." [6] In this research, we identified efficiency, exploration, agility, and complementarities as four salient motives rooted in the organizational motivations for IeSCI participation, based on the framework of e-business value creation [7] and the literature of operations management and information systems.

Efficiency motive reflects a firm's attempt to reduce business cost, such as transaction and communication cost after participating in IeSCI [8]. Scholars suggest that the Internet with the open standards and universal access provides the firm with a perfect communication platform for inter-firm integration at a low cost [9][10]. Moreover, transaction cost theorist propose that firms are normally efficiency seeking and strive to minimize their cost of doing business by experimenting with new ways and innovation [11][12]. In existing literature, the relationship between the firm's efficiency motive and its innovation adoption has gained strong and consistent empirical support [11][13]. Thus,

H1. A firm's efficiency motive is positively related to its IeSCI participation.

Exploration motive reflects the degree to which a firm's emphasis on organizational experimentations with new business approaches, models and opportunities[14]. It is suggested that through conducting or adapting business in novel ways, such as online business, the firm will gain first-mover advantage [7]. In the case of IeSCI, it could facilitate the firm to experiment with new business model and achieve bettelillr partners coordination, since it allows the firm to discovery new value creation ways with the sharing of proprietary information across the supply chain [10][13]. As such, it is attractive for the firm to develop new business model and to penetrate new markets through participating in IeSCI [9]. Thus,

H2. A firm's exploration motive is positively related to its IeSCI participation.

Agility motive presents the degree of a firm's emphasis on its rapid and effective response to the sudden and unexpected changes in supply chain [15]. Since agility is all about customer responsiveness and mastering market turbulence, it is increasingly regarded as necessary for improving competitiveness in the hypercompetitive market [15]. In the context of IeSCI, it provides the firm a more universal, low cost, timely, and easier to implement format to improve agility [1]. In other words, since IeSCI enables a firm to improve market responsiveness and customer loyalty [9], the firm emphasizing agility will attempt to participate in IeSCI [16]. Thus,

H3. A firm's agility motive is positively related to its IeSCI participation.

Complementarities motive refers to the extent to which a firm attempts to acquire unique resources and strengths from partners [17]. It is suggested that a firm cannot equip with all the necessary resources to maintain and develop its competitive advantage in the hypercompetitive environment. With a more universal and easier to implement format, IeSCI can allow the firm to easily pool and deploy the integrated channel member's resources. It indicates that IeSCI participation facilitates the achievement of the effective and efficient flows of information, resources, competences and decisions, and finally enables the participated firm to complement resource with partners at a large extent [10]. Thus,

H4. A firm's complementarities motive is positively related to its IeSCI participation

2.2 Dynamic Capabilities

We apply the dynamic capabilities theory, which suggests that firms' intangible and knowledge-based organizational capabilities are critical for firm decision, to examine the relationship between firm ability and IeSCI participation. To explore the influences of dynamic capabilities on firm IeSCI participation, we focus on two types of firm ability: IT capabilities and absorptive capacity.

IT capabilities refer to a firm's ability to assemble, integrate, and deploy IT resources to meet business needs [18]. Researchers and practitioners have treated it as an organizational ability that is critical for supply chain integration [3]. Given IeSCI requires the firm to apply Internet to support the coordination of a series of complex supply chain activities, the role of IT capabilities would become more critical for firm participation. It can facilitate firms to reduce the technological and managerial constraints of Internet implementation and the inter-organizational relationship development [3]. Thus,

H5: A firm's IT capabilities are positively related with its IeSCI participation.

Absorptive capacity reflects a firm's ability to acquire, assimilate, transform, and exploit new knowledge to produce dynamic organizational capabilities[19]. In the case of IeSCI, absorptive capacity is treated as the necessary ability for firm participation due to the interwoven character and novelty associated with IeSCI. Given that absorptive capacity facilitates the processing of the acquired and existing knowledge[20], the firm with superior absorptive capacity would be easier to apply Internet technologies in the integration process, to transform supply chain operation to an Internet-enabled one, and to exploit the experiences to improve integration. Hence, with high absorptive capacity, the firm is likely to be more adept at IeSCI participation.

H6: A firm's absorptive capacity is positively related with its IeSCI participation

As above mentioned, both organizational motives and dynamic capabilities can influence firm IeSCI participation independently. Indeed, their effects are not independent of each other. As argued by the motivation-ability theory, motivation and ability should be presented to affect firm decision interdependently. In particular, previous research on the motivation-ability framework has suggested that motivation would be the primary driver, and that ability could impact the influences of motivation on firm decision [11]. Therefore, our final hypotheses investigate the interaction effects between the motives and ability we identified.

H7: A firm's IT capabilities can serve as a moderator to enhance the relationships in H1-H4.

H8: A firm's absorptive capacity can serve as a moderator to enhance the relationships in H1-H4.

3 Research Method

In this research, data were collected through a survey. We received 274 useful returned questionnaires from senor executives in China. The items in the questionnaire were adapted from the scales which had been proved to have good validity and reliability in the extant literature. All items were assessed with 5-point Likert scales, ranging from "strongly disagree" to "strongly agree".

To assess our measurement, we examined the convergent and discriminant validity of all constructs. For convergent validity, the results presented that all items' loading, Cronbach's Alpha, and the AVEs, as shown in Table 1, suggest that our measurement model has good convergent validity. We assessed the discriminate validity through comparing the relationship between correlations among constructs and the square root of AVEs. The results confirm the discriminant validity.

We assessed all hypotheses through a hierarchical regression analysis. We mean-centered the independent variables to minimize the potential multicollinearity issue. As Table 2 shown, main effects in Model 4 presented that the effects of efficiency ($b = 0.11$, $p < 0.05$), agility ($b = 0.14$, $p < 0.05$), complementarities ($b = 0.10$, $p < 0.05$), IT capabilities ($b = 0.23$, $p < 0.01$), and absorptive capacity ($b = 0.39$, $p < 0.01$) on firm IeSCI participation were significant, and therefore H1, H3, H4, H5, and H6 were supported. In contrast, the results indicate that exploration ($b = 0.03$) cannot significantly impact IeSCI participation and thus H2 was not supported.

On the other hand, the results for the moderating effects of IT capabilities and absorptive capacity present that IT capabilities can positively moderate the relationship between agility motive and IeSCI participation ($b = 0.18$, $p < 0.05$), and absorptive capacity can positively moderate the relationship between complementarities motive and IeSCI participation ($b = 0.17$, $p < 0.05$). Meanwhile, the results also reveal that IT capabilities weakened the influences of efficiency motive (b = − 0. 13, $p < 0.05$) and complementarities motive (b = − 0. 15, $p < 0.05$) on IeSCI participation. In summary, these results provide partial support for hypothesis H7 and H8.

Table 1 **The results for validity test**

	CA	CR	AVE	1	2	3	4	5	6	7
Efficiency	0.74	0.85	0.66	0.81						
Exploration	0.70	0.84	0.63	0.42	0.79					
Agility	0.66	0.82	0.60	0.53	0.64	0.77				
Complementarities	0.72	0.84	0.64	0.35	0.50	0.55	0.80			
IT Infrastructure Flexibility	0.84	0.89	0.68	0.27	0.24	0.22	0.28	0.82		
Absorptive Capacity	0.84	0.90	0.68	0.20	0.36	0.27	0.28	0.49	0.82	
Integration	0.86	0.89	0.51	0.37	0.39	0.42	0.39	0.50	0.58	0.71

Table 2 **The results of regression analysis**

Construct	M1	M2	M3	M4
	B	B	B	B
Industry	0.00	0.00	0.00	0.00
Ownership	0.13**	0.11**	0.10**	0.09**
Firm Size	0.02	0.03	0.02	0.01
IT Dep. Size	0.05	0.02	-0.06*	-0.06*
Efficiency Motive (EFM)		0.20**	0.14*	0.11*
Exploration Motive (EXM)		0.14*	0.00	0.03
Agility Motive (AGM)		0.13*	0.16**	0.14*
Complementarities Motive (COM)		0.17**	0.08	0.10*
IT Capabilities (ITC)			0.22***	0.23**
Absorptive Capacity (ABC)			0.40***	0.39**
ITC * EFM				-0.13*
ITC * EXM				0.00
ITC * AGM				0.18*
ITC * COM				-0.15*
ABC * EFM				-0.05
ABC * EXM				0.06
ABC * AGM				-0.11
ABC * COM				0.17*
R2	0.05	0.29	0.50	0.52
Adjusted R2	0.04	0.27	0.48	0.49
F	4.04**	13.35**	26.54**	15.61**

Note: * $p < 0.05$; ** $p < 0.01$

4 Discussion and Conclusion

The objective of this study is to explore the effects of organizational motivation and ability on firm IeSCI participation. Accordingly, we separately investigated the direct influences of four organizational motives and two dynamic capabilities on firm IeSCI participation. The findings are largely consistent with what is proposed by organizational motivation theory and dynamic capability theory. It is indicated that efficiency, agility, and complementarities motive can serve as key drivers for firm IeSCI participation. Also, it is suggested that both IT capabilities and absorptive capacity are critical for firm IeSCI participation.

There is no results support that exploration motive can act as a significant driver for firm IeSCI participation. This unexpected finding might be explained as follows: the firm with high exploration motive tends to experiment with new business partners to enter new markets or attract new customer segments. However, participating in IeSCI requires the firm to enhance the interdependence with its current partners which may lock it in the current supply chain [9][13]. Such interdependence or lock-in would make the firm difficult to shift from the current relationship network and to establish new relationships with new partners.

Finally, the results also indicate that ability can moderate the influences of motivation on firm IeSCI participation though the support for this idea is not strong enough. Specifically, the results present that the significant positive relationships were for ITC * AGM, ITC * EFM, ITC * COM, and ABC * COM. Although these findings only partially support our hypothesis H7 and H8, they indicate that ability may strengthen the relationships between motivation and IeSCI participation. Meanwhile, it implies that while efficiency and complementarities motives and IT capabilities can lead to an increase in firm IeSCI participation independently, this may not result in higher participation level when they work interdependently.

It would be important to evaluate the contributions of this research in light of its limitations. First, we collect the data about motivations, ability and participation from a single informant from each firm. We hope that future research will collect data from multiple resources. Second, there may exist other motivational factors that can affect the firm's IeSCI participation. Third, other types of organizational ability may impact IeSCI participation too. Finally, the generalizability of our findings may be limited by the demography of the respondents of this study.

Our study contributes to the emerging research in the area of IeSCI in the following ways. First, this study extends the applicability of organizational motivation theory to the highly complex IeSCI participation context. Through identifying these salient motives in one model, we contribute more systematic and integrative knowledge in this area compared to the research merely focusing on only one type of motive. Second, this research provides empirical support for the application of dynamic capabilities theory in the IeSCI context. It identifies the critical influences of IT capabilities and absorptive capacity on the firm's participation in IeSCI. Finally, this study enriches our understanding of the relationships among motivations, ability, and firm decision based on the motivation-ability theory. It provides the initial evidences to show that ability can act as moderator for the relationships between organizational motivation and firm decision.

This research also has important practical implications for managers that consider promoting or participating in IeSCI. First, our results could direct managers promote the Internet-enabled integration across the supply chain efficiently. Second, our findings would allow managers to differentiate the importance of the specific values of IeSCI firms emphasize when they make participation decisions. It suggests that highlighting the values of efficiency, agility and complementarities could be efficient IeSCI promoting strategy. Third, this research allows managers to investigate the influences of dynamic capabilities on firm IeSCI participation through assessing IT capabilities and absorptive capacity. The findings indicate that managers should pay enough attentions to these capabilities to promote IeSCI participation. Finally, managers should notice that the level of firms' ability would leverage the role of motives in firm IeSCI participation.

References

[1] Boyer K K and Olson J R. Drivers of Internet Purchasing Success [J]. Production and Operations Management, 2002, 11(4): 480-498.

[2] Frohlich M T, and Westbrook R. Arcs of Integration: an International Study of Supply Chain Strategies[J]. Journal of Operations Management, 2001, 19: 180-200.

[3] Rai A R Patnayakuni, and Seth N. Firm Performance Impacts of Digitally Enabled Supply Chain Integration Capabilities[J]. MIS Quarterly, 2006, 30(2): 225-246.

[4] Vaart T D, and Donk D P. A Critical Review of Survey-based Research in Supply Chain Integration[J]. International Journal of Production Economics, 2008, 111: 42-55.

[5] Zhao X, et al. The Impact of Power and Relationship Commitment on the Integration between Manufacturers and Customers in a Supply Chain[J]. Journal of Operations Management, 2008, 26: 368-388.

[6] Repenning N P. A Simulation-based Approach to Understanding the Dynamics of Innovation Implementation[J]. Organization Science, 2002, 13(2): 109-127.

[7] Amit R, and Zott C. Value Creation in E-business[J]. Strategic Management Journal, 2001, 22: 493-520.

[8] Frohlich M T, and Westbrook R. Demand Chain Management in Manufacturing and Services: Web-based Integration, Drivers and Performance[J]. Journal of Operations Management, 2002, 20: 729-745.

[9] Lee H L and Whang S. E-business and Supply Chain Integration[M]. The Practice of Supply Chain Management, ed. Harrison T P, Lee H L, and Neale J J. New York, 2004, Springer. Vol. 62:123-138.

[10] Zhu K, et al., Migration to Open-standard Interorganizational Systems: Network Effects, Switching Costs, and Path Dependency[J]. MIS Quarterly, 2006, 30(Special issue): 515-539.

[11] Grewal R Comer J M, and Mehta R. An Investigation into the Antecedents of Organizational Participation in Business-to-Business Electronic Markets[J]. Journal of Marketing, 2001, 65(3): 17-33.

[12] Oliver C. Determinants of Interorganizational Relationships: Integration and Future[J]. Academy of Managment Review, 1990, 15(2): 241-265.

[13] Frohlich M T. E-integration in the Supply Chain: Barriers and Performance[J]. Decision Sciences, 2002. 33 (4): 537-556.

[14] Rask M and Kragh H. Motives for E-marketplace Participation: Differences and Similarities between Buyers and Suppliers[J]. Electronic Markets, 2004, 14(4): 270-283.

[15] Swafford P M, Ghosh S, and Murthy N, Achieving Supply Chain Agility through IT Integration and Flexibility[J]. International Journal of Production Economics, 2008 (116): 288-297.

[16] Sambamurthy V, Bharadwaj A, and Grover V, Shaping Agility through Digital Options: Reconceptualizing the Role of Information Technology in Contemporary Firms [J]. MIS Quarterly, 2003. 27(2): 237-263.

[17] Kandemir D, Yaprak A, and S Cavusgil T. Alliance Orientation: Conceptualization, Measurement, and Impact on Market Performance[J]. Journal of the Academy of Marketing Science, 2006, 34(3): 324-340.

[18] Ray G W. A Muhanna, and Barney J B. Information Technology and the Performance of the Customer Service Process: a Resource-based Analysis[J]. MIS Quarterly, 2005, 29(4): 625-652.

[19] Cohen W M, Levinthal D A. Absorptive Capacity: a New Perspective on Learning and Innovation[J]. Administrative Science Quarterly, 1990(35): 128-152.

[20] Pavlou P A and El Sawy O A. From IT Leveraging Competence to Competitive Advantage in Turbulent Environments: The Case of New Product Development[J]. Information Systems Research, 2006, 17(3): 198-227.

CIO 地位及 IT 对企业创新作用的实证研究

宋丹[1]，李东[1]

(1. 北京大学 光华管理学院，北京 100871)

摘　要：本研究关注的问题是首席信息官（CIO）加入高层管理团队（TMT）的程度对 IT 的创新作用的影响。首先通过文献和论证给出理论模型和假设，然后通过对 150 个中国企业 CIO 的调查数据进行线性回归分析，验证了 CIO 加入高层管理团队的程度对 IT 的创新作用有直接的显著影响，并且通过影响高层管理者的 IT 知识而间接影响 IT 的创新作用。本文又进一步分析了高层管理者对 IT 工作的风险偏好在上述关系中的调节作用，发现只有当高层管理者愿意承担 IT 工作带来的风险时，CIO 加入高层管理团队才能发挥显著的作用。最后说明了这些研究结论对理论和实践的意义以及本研究的局限性及未来研究方向。

关键词：CIO；高层管理团队（TMT）；IT 知识；风险偏好；创新

中图分类号：F270.7 企业现代化管理

随着全球化经济的发展，越来越多的企业处在不断变化的市场环境中，面临着来自国内和国际的竞争。如果企业墨守成规，不能顺应变化而不断创新，迟早将面临失败[1][2]。创新已经成为企业生存发展的基础，许多企业就是依靠不断创新而在市场中始终立于不败之地。

在信息化时代，IT 不仅渗透到业务流程中的各个环节，而且已经成为产品或服务的一部分，甚至是重要的组成成分[3]。因此，对于一个希望在市场上处于领先地位的企业来说，需要积极和有效地使用 IT 进行创新。美国《信息周刊》每年都评选出 500 个商业创新企业，这些企业都在通过大胆使用 IT 驱动企业创新，并使企业收入快速增长。这些公司不仅使用 IT 提高它们在原有市场上的竞争力，而且应用 IT 创造新的市场机会。它们通过采纳新技术，或者使用新办法应用旧技术来驱动变化，例如给客户提供更好的服务、在雇员间更快地传递知识以及使自己与贸易伙伴的交易变得更容易[4]。我国政府也深刻意识到利用 IT 推动创新的重要性，例如工业和信息化部积极推动中小企业信息化，并提出信息化是中小企业走新型工业化道路、开展创新的重要阶段，是提高中小企业的管理水平、技术水平、决策能力和竞争力的有效途径。

虽然 IT 对创新的作用已经被企业界和学术界认识到，而且很多企业每年都在 IT 上投入巨资，但真正能做到有效利用 IT 创新的企业仍然很有限。针对这种情况，不断有学者分析影响 IT 创新作用的因素[5][6]，其中高层管理者的知识和行为特点成为一个重要视角。高层管理者包括 CEO（首席执行官）、COO（首席运营官）、CFO（首席财务官）以及其他负责企业关键业务或功能的高级管理者，他们组成的高层管理团队（Top Management Team，TMT）负责与企业经营和管理有关的重要决策。如果在 TMT 的决策活动中没有将 IT 工作的决策作为重要内容之一，IT 很难在企业创新中发挥重要作用。另外，CIO 作为企业信息化工作的主要领导者，他们在发挥 IT 的创新作用的过程中起着至关重要的作用。因此，CIO 是否加入 TMT 与 IT 创新作用的关系受到关注。虽然已经有学者研究了相关问题[7]，但并没有得到确切和肯定的结论，尤其在中国环境下，还缺乏通过分析一手调查数据探讨这一关系。本文试图通过分析中国企业 CIO 的调查数据，回答有关的问题。

1　文献综述和假设提出

1.1　IT 对创新的作用

Becker 和 Whisler[8]提出，创新是“在一组具有相似目标的组织中的某个组织第一个或较早使用一个想法（idea）”。创新也被定义为组织采纳一个新的观点或行为。虽然这个想法对其他组织来说是旧的，但只要采纳它的组织以前没有使用过，对该组织来说仍然是创新[9]。Evan（1966）将创新分成技术创新和管理创新。技术创新是一个关于新产品、流程或服务的想法；管理创新与人员招聘、资源分配以及任务、权利和报酬结构有关。技术创新经常与技术有关；管理创新与组织的社会结构有关[10]。Robey（1986）区分出新产品（或服务）、管理创新（提高内部控制、协调和结构）和技术创新（技术或工作流程的变化）[11]。Zmud（1982）将创新分成两大类：产品或服务的创新、流程创新。产品或服务创新是介绍新产品或服务；流程创新是介绍新方法、过程或责任。流程创新包含了管理创新和技术创新。产品或服务创新与组织资源的分配模式有关，而流程创新主要与个人完成任务的行为有关[12]。创新研究中的过程学派认为创新是人们在组织内部通过相互作用产生和/或采用新思想、新方法的过程[13]。Daft（1978）将创新分成四个过程：创新想法的形成、提出、采纳决策和实施[14]。Pierce 和 Delbecq（1977）在文献回顾中提出 Thompson（1965）[15]的三阶段模型最有代表性，包括发起、采纳和实施[16]。

本文主要采纳 Zmud（1982）[12]的观点，将创新分成产品或服务创新、流程创新。IT 对创新的作用意味着 IT 在企业实现产品或服务的创新以及流程创新中所发挥的作用。这里包含两个层次的内容，一个是企业是否创新；一个是企业创新是否充分应用 IT 去实现。

基于资源的理论学派（Resource-Based View）认为竞争优势的不同在于企业间拥有资源的差异[17]。当竞争优势与企业创新密不可分时，不同的企业资源也成为持续创新的来源。作为在企业决策中发挥重要作用的高层管理者来说，他们的知识和能力是决定企业间绩效差异的重要资源。一些研究已经指出组织的领导者对组织创新有影响[18][19]，其中 Offstein et al.（2005）提出高层管理者拥有的知识影响他们的创新能力，他们比公司的其他资源对竞争优势有更大贡献[19]。为了发挥 IT 在企业创新上的作用，需要 CIO 不仅具有出色的技术能力，还要具有足够的业务知识；同时，高层管理者需要具有必要的 IT 知识。

1.2 CIO 加入 TMT 与 IT 创新作用的关系

随着 IT 与业务的融合程度的增加，IT 的战略地位不断提高，IT 对业务目标的支持也成为 IT 工作的重点。IT 管理者不仅需要具备优秀的技术能力，他们的业务能力已经被认为是影响 IT 工作绩效的重要因素，而且这种能力在企业间的差异远远大于技术能力的差异，因此也是造成企业间 IT 绩效差异的重要原因之一[20]。Earl 和 Feeny（1994）发现，CIO 的业务能力和变革能力与技术能力一样重要[21]。只有了解业务，CIO 才能判断一个应用是否适合自己所在的企业；才能够对众多的 IT 应用需求进行判断，并将精力集中在对企业发展关键的地方。对业务有深刻理解的 CIO 能够站在业务角度思考 IT 的应用，提出利用 IT 支持企业创新的思路。如果 CIO 不能透彻了解企业，不能站在高层理解企业，就无法提出真正解决企业问题的思路和方案，最终损失了企业应用 IT 创新的机会。McKenney 等（1995）说明了公司只能通过结合 IT 知识和业务知识才能实现 IT 创新的成功[22]。Applegate 和 Elam（1992）发现 CIO 一定要拥有“宽的企业视角”以及组织和业务的专业知识[23]。Stephens 等（1992）建议可以使用业务相关知识的水平区分 IS 功能管理者和 IS 高层管理者[24]。其他研究也发现 CIO 的业务知识对创新成功的重要性[25][26][27]。

从组织行为学的视角，TMT 可以被看做是一个集成成员知识的组织结构，用于分享观点、集合知识和形成共同的理解[28]。TMT 的定期会议，使得每个管理者都能够全面地了解企业发展现状和问题，并及时做出重要决策。这种沟通促进思想交融与碰撞，启发了高层管理者的新思维。沟通所带来的知识共享推动新知识的创造和应用，促进新技术和新方法的产生，从而为组织创新提供原动力。如果企业希望 CIO 及时获得业务发展的最新知识、深刻了解组织战略的重点以及赢得高层管理者的认同和开展合作，CIO 成为 TMT 的正式成员是非常重要的一个条件。

当 CIO 作为正式成员参加高层管理者的会议时，基于对业务和企业战略的深刻理解，CIO 能够更容易地提出应用 IT 支持企业创新的机会。同时，通过这种沟通，CIO 与其他高层管理者能够较容易地在使用 IT 的创新机会上达成共识。成为正式成员也便于 CIO 与业务管理者进行非正式沟通。一些研究也提出和支持上述观点，例如 Lind 和 Zmud（1991）发现技术和业务管理者之间的充分交互提高了基于 IT 的创新的水平[29]；Keen（1991）认为 IT 的成功最需要高层的对话，没有什么比公司业务和 IT 领导共同决策对 IT 的有效应用更重要了[30]；Mata（1995）提出有效利用 IT 的核心在于通过组织内部的交互关系将业务和 IT 的知识进行结合[5]。按照 Cohen 和 Levinthal（1990）提出的吸收能力理论，这种结合业务和 IT 的知识，并通过学习产生利用 IT 创新的新知识体现了 TMT 的吸收能力[31]。Dehning 和 Richardson（2002）在研究中也发现 IT 管理者位于管理层的重要[32]。综合以上可提出假设一：

假设一：CIO 加入 TMT 对 IT 在创新中的作用有正向影响。

1.3 高层管理者的 IT 知识与 IT 创新作用的关系

虽然 CIO 负责企业的 IT 工作，但负责业务的高层管理者对企业的 IT 运用也发挥着不可替代的作用。在任何一个组织，使用信息技术的关键人员是各功能、业务和地理区域的一线管理者。他们最了解自己的业务部门，他们最清楚如何最有效地利用 IT 资源支持战略。一线管理者可以提供战略和战术的方向，并能给出财务支持的承诺和在实施中将新系统的目标转化为提高的组织流程的承诺[33]。因此，负责业务的高层管理者和一线管理者是使用 IT 创新的重要来源[22][25][30][34]。许多实践者也认为保持一个企业在技术上的竞争力是管理团队每个成员共同的责任。美国《信息周刊》评选出的 500 强企业的许多 IT 管理者强调他们正从业务管理者和用户那里得到更多关于如何创造性地使用 IT 的思路。他们认为一个项目真正的推动力来自业务方面，他们提出需求。创新是企业每个人的责任，要依赖整个公司提出最好地应用 IT 的好想法，不能仅依靠 IT 部门[4]。

为了从业务部门获得更多的关注，创新的挑战来自业务管理者对 IT 知识的缺乏或将 IT 作为成本中心。为了发挥在 IT 工作中的作用，IT 管理者需要具备必要的 IT 知识。具有 IT 知识的业务管理者被认为对 IT 工作成败很关键[30][25]。正如 Rockart 等所说[33]，“对于组织使用 IT 的成功或失败，IT 部门只能发挥部分的作用，更主要的原因在于一线管理者理解和有效使用 IT 资源的能力。”在技术上无知的管理者比对企业无知的 IT 人员更不利于一个企业的发展[35]。如果 TMT 没有拥有必要的 IT 知识，他们就会将重要的 IT 决策责任都推给 CIO 或 IT 部门，无法发挥他们不可替代的作用，因此将不利于 IT 的有效使用[30]。Bassellier 等提出业务管理者的 IT 知识和 IT 经验影响他们发起 IT 项目的积极性[35]。综合以上可提出假设二：

假设二：高层管理者的 IT 知识对 IT 在创新中的作用有正向影响。

CIO 加入 TMT 不仅能够增加自身的业务知识，也同时能够提高其他高层管理者对 IT 知识的了解。通过沟通，业务部门对 IT 的可能性有了更多的了解，也意识到 IT 的潜力，因此会提高他们应用 IT 创新的能力和积极性，提出利用 IT 的更多需求。虽然业务高层管理者和 CEO 也可以从其他渠道了解 IT 知识，但 CIO 在与他们沟通中发挥的作用是不可替代的。CIO 能够站在企业角度、针对企业实践启发和加深高层管理者对 IT 的理解。他们提供的教育和支持是持续而且顺应变化的。所以，CIO 加入 TMT 对 IT 创新作用产生了两种影响，一种是直接影响，一种是通过影响高层管理者的 IT 知识产生的间接影响。因此，提出以下假设：

假设三：CIO 加入 TMT 直接影响高层管理者的 IT 知识，并间接影响 IT 在创新中的作用。

1.4 高层管理者的风险偏好作为调节变量

创新或者意味着做着同行业其他企业没做过的事，或者意味着做着本企业以前没有做过的事。对于没做过的事，企业管理者和一线员工都缺乏经验，很可能会遭遇没有预料到的困难。这些来自组织管理、技术和财务的困难可能会给企业带来失败，所以创新往往伴随着风险。虽然有风险，但有些企业的管理者为了抓住发展的机会，他们愿意承担机会带来的风险。当他们认识到 IT 对战略和创新的作用后，更容易将想法付诸实施。对于不愿意承担风险的企业管理者来说，虽然他们意识到了 IT 可能带来的机会，但他们不愿意轻易尝试。因此，提出以下假设：

假设四：高层管理者的风险偏好对 CIO 加入 TMT 的程度与 IT 在创新中的作用之间的关系有调节作用。当高层管理者愿意承担风险时，CIO 加入 TMT 对 IT 在创新中的作用影响显著，否则不显著。

1.5 理论模型

根据以上提出的四个假设，本研究的理论模型如图 1：

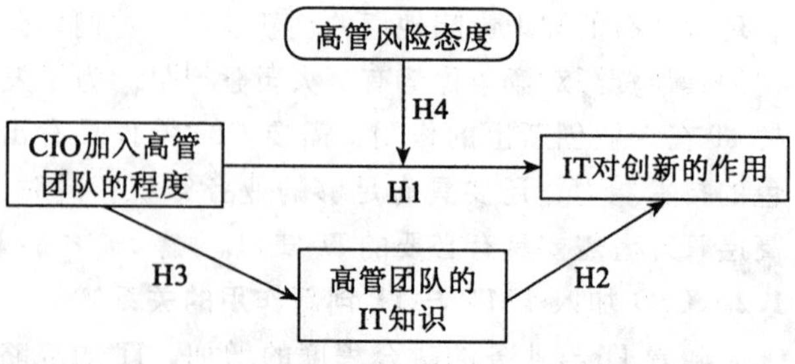

图 1 本研究的理论模型

2 研究方法

2.1 样本收集

本次研究采用调查分析方法，主要步骤包括问卷设计、样本抽样、问卷回收和统计分析。数据收集的对象是企业的 CIO 或者是主要负责 IT 工作的高层管理者。被调查企业来自某业内杂志提供的中国 CIO 数据库。这个数据库是为了系统地进行中国 CIO 群体的研究，从行业、规模、地域、产权、影响力等多个维度综合考查后，从中国 CIO 群体中精心选择出的 1000 个样本。问卷填答采用网上在线回答的方式，共回收 150 份有效问卷。

2.2 概念测量

IT 对创新的作用：根据 Zmud（1982）[12] 对 IT 创新的分类，IT 对创新的作用可以从两个方面衡量，一个是体现在企业产品（或服务）创新上的重要性，另一个是体现在流程创新上的重要性。另外，为了适应 IT 应用水平的不断发展，我们在问卷中加入了对业务模式创新的重要性的测量。本文采用李克特五点量表，被调查者根据企业实际情况，从代表“完全不重要”到“非常重要”的 1～5中选择 IT 对企业不同类型创新的重要程度。

CIO 加入 TMT：采用分类变量的方法测量“CIO 加入 TMT”。问卷共提供三个 CIO 参与企业战略决策的类型，分别是“作为高管团队中的一员”、“作为技术方面的咨询者”和“很少参与或基本不参与”。被调查者从中挑选最符合企业实际情况的答案。

高层管理者的 IT 知识：本研究主要测量高层管理者的战略层面的 IT 知识，并不包括与 IT 活动有关的具体的 IT 知识，例如网络、软件编程等。测量战略层面的 IT 知识的题项主要参考了 Armstrong 和 Sambamurthy（1999）[7]，具体包括对现有信息系统了解程度、对可能采用的其他信息系统的了解程度和对竞争对手的信息系统的了解程度。每个题项使用李克特五点量表测量，范围从“完全不同意”到“完全同意”。

高层管理者的风险偏好：本研究从三个方面测量高层管理者的风险偏好，即组织架构等方面发生重大改变而带来的组织风险、采纳本企业不熟悉的新技术、硬件和软件而带来的技术风险和新系统等重大投资带来的财务风险。高层管理者被作为一个整体对待，并不测量管理者个体的风险偏好。每个题项使用李克特五点量表测量，范围从“完全不同意”到“完全同意”。

3 数据分析结果和假设验证

3.1 数据特点

经过对 150 份有效样本的统计分析得到如下结果（表 1～表 3）。制造业和金融证券业所占比重较大，分别是 38% 和 25%，其他行业分布较零散。在组织类型的分布上，以国有（或国有控股）企业所占比重较大，约 46.7%。在回答问卷的被调查者的职务方面，IT 主管所占比重较大，约 53.3%，其次是 CIO，约 16%。

表 1 所分析数据的产业分布

产 业	数量	百分比
制造业	38	25.3
建筑房地产业	4	2.7
批零贸易业	9	6.0
电力、煤气、水供应业	3	2.0
交通运输仓储业	8	5.3
政府部门	11	7.3
社会服务业（如科教文卫等）	15	10.0
金融证券业	25	16.7
电信业	4	2.7
软件和信息服务业	8	5.3
媒体（出版/广播/广告/公关）	6	4.0
其他	14	9.3

表 2 所分析数据的组织类型分布

组织类型	数量	百分比
国有（或国有控股）企业	70	46.7
民营企业	21	14.0
外资独资企业	11	7.3
外资合资企业	9	6.0
政府部门或事业单位	33	22.0
其他	5	3.3

表 3 被调查者的职业头衔分布

被调查者的职业头衔	数量	百分比
CIO	24	16.0
IT 主管	80	53.3
主管信息化的副总裁	4	2.7
CIO 兼副总裁	5	3.3
CIO 兼高级或执行副总裁	2	1.3
其他	34	22.7

3.2 信度分析

在本次研究涉及的变量中，共有三个变量是使用量表测量的，分别是 IT 对创新的作用、高管的 IT 知识和高管的风险偏好。经过统计分析，它们的信度都超过了 0.7（分别是 0.72，0.81 和 0.79）。

3.3 假设验证

我们用线性回归分析法分别验证假设一和假设四。

假设一和假设四的验证：

为了验证假设一，我们将 CIO 加入高管团队的程度作为自变量，IT 对创新的作用作为被解释变量进行一元线性回归分析。从表 4 的结果可以发现，自变量的系数显著不等于零，说明 CIO 加入高管团队的程度显著地积极影响 IT 对创新的作用。CIO 加入 TMT 的程度越大，IT 对企业创新的作用也越大。因此，假设一得到验证。

表 4 **CIO 加入高管团队程度与 IT 的创新作用的关系**

被解释变量：IT 的创新作用	Unstandardized Coefficients		t	Sig.
自变量	B	Std. Error		
常数项	2.956	.271	10.914	.000
CIO 加入高管团队程度	.401	.120	3.344	.001

为了验证高管的风险偏好是否对假设一的关系有调节作用，我们将样本按照高管风险偏好的均值分成两组，分别是大于均值的样本组和小于均值的样本组，再分别对这两组样本进行上述的一元线性回归分析。从表 5 对分析结果的对比中可以明显发现两组样本的回归结果差异较大。大于均值的样本组的自变量系数的显著性明显好于小于均值的样本组。由此可见，CIO 加入高管团队的程度与 IT 对创新的作用的关系受到高管的风险偏好的影响。当高管的风险承受能力较大时，CIO 加入高管团队的程度对 IT 的创新作用的影响较显著；当高管的风险承受能力较小时，CIO 加入高管团队的程度对 IT 的创新作用没有显著影响。因此，假设四得到验证。

表 5 **高管的风险偏好调节 CIO 加入高管团队程度与 IT 的创新作用的关系**

被解释变量：IT 的创新作用	Unstandardized Coefficients		t	Sig.
风险偏好 > 均值	B	Std. Error		
常数项	2.532	.465	5.447	.000
CIO 加入高管团队程度	.657	.193	3.409	.001
风险偏好 < 均值	B	Std. Error		
常数项	3.265	.350	9.322	.000
CIO 加入高管团队程度	.160	.162	.984	.328

假设二的验证：

为了验证假设二，我们将高管的 IT 知识作为自变量，IT 对创新的作用作为被解释变量进行一元线性回归分析。从表 6 的结果可以发现，自变量的系数显著不等于零，说明高管的 IT 知识显著地积极影响 IT 对创新的作用。高管具有的 IT 知识越多，IT 对企业创新的作用也越大。因此，假设二得到验证。

表 6 **高管的 IT 知识和 IT 的创新作用的关系**

被解释变量：IT 的创新作用	Unstandardized Coefficients		t	Sig.
自变量	B	Std. Error		
常数项	2.943	.249	11.804	.000
高管的 IT 知识	.283	.078	3.635	.000

假设三的验证：

为了验证假设三，我们将高管的 IT 知识作为被解释变量，将 CIO 加入高管团队程度作为自变量进行一元线性回归分析。表 7 的分析结果表明自变量系数的显著性较高，说明 CIO 加入高管团队程度对高管的 IT 知识有显著的积极影响。CIO 加入 TMT 的程度越大，高管具有的 IT 知识也越多。因此，假设三得到验证。另外，为了进一步分析高管的 IT 知识是否在 CIO 加入高管团队程度与 IT 对创新的作用的关系中起到中介变量的作用，我们将 CIO 加入高管团队程度和高管的 IT 知识都作为自变量，将 IT 对创新的作用作为被解释变量进行二元线性回归分析，表 8 的分析结果显示它们的系数的显著性都比进行一元线性回归分析时降低了（参见表 4 和表 6），部分说明了高管的 IT 知识的中介作用，即 CIO 加入高管团队的程度通过影响高管的 IT 知识而间接影响了 IT 对创新的作用。

表 7 **CIO 加入高管团队的程度与高管的 IT 知识的关系**

被解释变量：高管的 IT 知识	Unstandardized Coefficients		t	Sig.
自变量	B	Std. Error		
常数项	2.204	.294	7.488	.000
CIO 加入高管团队程度	.391	.132	2.969	.004

表 8 **高管的 IT 知识是 CIO 加入高管团队的程度与 IT 对创新作用的关系的中介变量**

被解释变量：IT 的创新作用	Unstandardized Coefficients		t	Sig.
自变量	B	Std. Error		
常数项	2.441	.325	7.513	.000
CIO 加入高管团队程度	.292	.124	2.351	.020
高管的 IT 知识	.240	.079	3.054	.003

4 讨 论

本研究主要关注的问题是 CIO 加入 TMT 如何影响 IT 对创新的作用，经过对调查数据的分析得出以下几个研究发现：

（1）CIO 加入 TMT 的程度显著影响 IT 对创新的作用。当 CIO 作为 TMT 正式成员参与企业战略决策时，IT 在企业创新中发挥的作用最大。

（2）高层管理者的 IT 知识显著影响 IT 对创新的作用。当高层管理者掌握较多 IT 知识时，IT 在企业创新中发挥的作用也较大。

（3）CIO 加入 TMT 的程度显著影响高层管理者的 IT 知识。当 CIO 作为 TMT 正式成员参与企业战略决策时，高层管理者能够掌握较多的 IT 知识。

（4）高层管理者的风险偏好影响 CIO 加入 TMT 的程度与 IT 对创新作用的关系，只有当企业高层管理者愿意承受 IT 工作带来的风险时，CIO 加入 TMT 才更容易促进 IT 的创新作用。

本研究分析的是中国企业的数据，样本包含了不同行业、不同组织类型和不同大小的企业。这样的研究设计克服了以往研究在样本选择上的局限性[7]，由此得出的研究结论更有力地支持了理论的建立。另外，除了关注变量间的直接关系，本文还进一步分析了高层管理者的风险偏好作为调节变量的情况，这样的探索无疑更加丰富了相关的理论。从实践角度，本文的研究进一步说明了提高 CIO（或 IT 主管）在企业中的地位的重要性。为了充分发挥 IT 的作用，CIO（或 IT 主管）应当成为 TMT 的正式成员，并加强和其他高层管理者彼此间的沟通。通过沟通，不仅提高了 CIO 的业务知识，也能提高高层管理者的 IT 知识，他们的知识共享将大大提高 IT 在企业创新中的作用。

本研究的一些局限之处可能影响到结论的可靠性：由于研究条件限制，本研究没有让其他高层管理者填答问卷，只由负责 IT 工作的管理者填答问卷可能导致答案较多地受到个人主观判断的影响；另外，在测量 IT 对创新的作用时，没有测量与行业主要竞争对手相比较的情况，所以该变量还不能全面反映 IT 发挥作用的效果；最后，由于我们使用的是横截面数据，不能仅从变量的相关关系中判断它们之间的因果关系，也无法排除是否有其他变量对它们产生了共同影响。

在未来的研究中，一方面要完善能够有效测量 IT 在企业中应用水平的方法，另一方面要继续深入研究影响 IT 作用的因素。例如，虽然 CIO 能够加入 TMT，但 CIO 本身具有的其他能力可能影响 IT 作用的发挥。另外，为了持续优化 IT 的作用，除了让 CIO 加入 TMT，企业还需要建立其他的管理机制促进沟通、决策和 IT 责任的分担，它们将是未来有趣的研究方向。

参考文献

[1] Prahalad C K, Hamel G. The Core Competence of the Corporation [J]. Harvard Business Review, 1990, 66 (3): 71-91.

[2] Teece D J, Pisano G, Shuen A. Dynamic Capabilities and Strategic Management [J]. Strategic Management Journal, 1997, 18 (7): 509-533.

[3] Porter M E, Millar V E. How Information Gives You Competitive Advantage [J]. Harvard Business Review, 1985, 63 (4): 149-160.

[4] Violino B. Defining IT Innovation [J]. InformationWeek, 1998, September 14: 58.

[5] Mata F J, Fuerst W L, Barney J B. Information Technology and Sustained Competitive Advantage: A Resource-based Analysis [J]. MIS Quarterly, 1995, December: 487-506.

[6] Feeny D F, Wilcocks L P. Core IS Capabilities for Exploiting Information Technology [J]. Sloan Management Review, 1998, 39 (3) (Spring): 9-22.

[7] Armstrong C P, Sambamurthy V. Information Technology Assimilation in Firms: The Influence of Senior Leadership and IT Infrastructures [J]. Information Systems Research, 1999, 10 (4): 304-327.

[8] Becker S W, Whisler T L. The Innovation Organization: A Selective View of Current Theory and Research [J]. Journal of Business, 1967 (40): 462-469.

[9] Mohr L B. Determinants of Innovation in Organizations [J]. American Political Science Review, 1969, 63: 111-126.

[10] Evan W M. Organizational Lag [J]. Human Organization, 1966 (25): 51-53.

[11] Robey D. Designing Organizations [M], Second Edition. Irwin, Homewood, IL, 1986.

[12] Zmud R W. Diffusion of Modern Software Pratices: Influence of Centralization and Formalization [J]. Management Science, 1982, 28 (12): 1421-1431.

[13] 路琳,梁学玲. 知识共享在人际互动与创新之间的中介作用研究 [J]. 南开管理评论, 2009, 12 (1): 118-123.

[14] Daft R L. A Dual-core Model of Organizational Innovation [J]. Academy of Management Journal, 1978, June 21: 193-210.

[15] Thompson V A. Bureaucracy and Innovation [J]. Administrative Science Quarterly, 1965 (10): 1-20.

[16] Pierce J L, Delbecq A L. Organization Structure, Individual Attitudes and Innovation [J]. Academy of Management Review, 1977 (2): 27-37.

[17] Barney J B. Firm Resources and Sustained Competitive Advantage [J]. Journal of Management, 1991, 17 (1): 99-120.

[18] Becker M H. Sociometric Location and Innovativeness: Reformulation and Extension of the Diffusion Model [J]. American Sociological Review, 1970 (35): 267-282.

[19] Offstein E H, Gnyawali D R, Cobb A T. A Strategic Human Resource Perspective of Firm Competitive Behavior [J]. Human Resource Management Review, 2005 (15): 305-318.

[20] Ross J W, Beath C M, Goodhue D L. Develop Long-Term Competitiveness Through IT Assets [J]. Sloan Management Review, 1996, 38 (1): 31-42.

[21] Earl M J, Feeny D F. Is Your CIO Adding Value [J]. Sloan Management Review, 1994, Spring: 11-20.

[22] McKenney J L, Copeland D. Waves of Change: Business Evolution Through Information Technology [M]. Harvard Business School Press, Cambridge, MA, 1995.

[23] Applegate L M, Elam J J. New Information Systems Leaders: A Changing Role in a Changing World [J]. MIS Quarterly, 1992, 16: 469-489.

[24] Stephen C S, Ledbetter W N, Mitra A, et al. Executive or Functional Manager? The Nature of the CIO's Job [J]. MIS Quarterly, 1992, 16: 449-467.

[25] Boynton A C, Zmud R W, Jacobs G. The Influence of IT Management Practices on IT Use in Large Organizations [J]. MIS Quarterly, 1994, 18: 299-318.

[26] Feeny D F, Edwards B R, Simpson K M. Understanding the CEO/CIO Relationship [J]. MIS Quarterly, 1992, 16: 435-448.

[27] Rockart J F. The Line Takes the Leadership-IS Management in the Wired Society [J]. Sloan Management Review, 1998, 29: 57-64.

[28] Nahapiet J, Ghoshal S. Social Capital, Intellectual Capital, and the Organizational Advantage [J]. Academy Management Review, 1998, 23 (2) (April): 242-266.

[29] Lind M, Zmud R W. The Influence of a Convergence in Understanding Between Technology Providers and Users on Information Technology Innovativeness [J]. Organization Science, 1991, 2: 195-217.

[30] Keen P G W. Shaping the Future [W]. Harvard Business School Press, Boston, MA, 1991.

[31] Cohen W M, Levinthal D A. Absorptive Capacity: A New Perspective on Learning and Innovation [J]. Administrative Science Quarterly, 1990 (35): 128-152.

[32] Dehning B, Richardson V J. Returns on Investments in Information Technology A Research Synthesis [J]. Journal of Information Systems, 2002 (16): 7-30.

[33] Rockart J F, Earl M J, Ross J W. Eight Imperatives for the New IT Organization [J]. Sloan Management Review, 1996, Fall: 43-56.

[34] Swanson E B. Information Systems Innovation Among Organizations [J]. Management Science, 1994, 40 (9) (September): 1069-1092.

[35] Bassellier G, Benbasat I, Reich B H. The Influence of Business Managers' IT Competence on Championing IT [J]. Information Systems Research, 2003, 14 (4): 317-336.

The Influence of The Extent of CIO's Participation in TMT on The Importance of IT to Innovation

SONG Dan[1], LI Dong[1]

(1. Guanghua School of Management, Peking University, Beijing 100871, China)

Abstract: This research aims at examining the influence of the extent of CIO's participation in TMT (Top Management Team) on the importance of IT to innovation. Four hypotheses related to this question are proposed based on the analyses of the literature. Drawing upon a sample survey where responses were obtained from CIOs and the method of linear regression analysis, the study examines these hypotheses. The findings provide robust evidence about the impact of the extent of CIO's participation in TMT on the importance of IT to innovation. We also find the CIO's membership in TMT enhances the TMT's IT knowledge, which is found to have a positive influence on the importance of IT to innovation. Further, It is found when TMT are ready to take a risk to adopt IT, the intensity of the relationship between the extent of CIO's participation in TMT and the importance of IT to innovation is much stronger. Finally, some limitations and implications of the study are discussed , and some suggestions about future study are also provided.

Key words: CIO; TMT; IT knowledge; preference for risk; innovation

中国 CIO 地位的影响因素研究*

李猛[1]，邱凌云[1]，李东[1]

（1. 北京大学 光华管理学院，北京 100871）

摘　要：随着信息技术在组织管理中起到日趋显著的作用，首席信息官（Chief Information Officer，CIO）的工作也显得更加重要。通过一项针对国内各类型组织的大型调查，本文试图揭示影响中国 CIO 地位高低的各种因素，包括信息系统（IS）成熟度、高管对信息技术（IT）的了解程度以及高管的风险承受能力。我们的实证研究结果表明，高管对信息技术的了解程度以及他们的风险承受能力均对其所在组织 CIO 的地位提高具有显著的正向影响，而 CIO 的地位与其所在组织的信息系统成熟度之间的关系则有待进一步检验。

关键词：CIO；CIO 地位；IS 成熟度；高管对 IT 的了解程度；高管的风险承受能力

中图分类号：C931.6

1　引　言

在当今信息时代，信息技术（Information Technology，IT）已成为管理者必须面对的重要管理问题。IT 极大地提高了企业获取、处理和传递信息的能力，甚至能改变企业的运营方式[1]。CIO 作为一个组织中负责 IT 职能的最高级别员工[2]，虽然在不同类型的组织中其职责会有所不同，但一般而言，CIO 们大多负责评估所在组织的技术需求和信息需求，并为实现组织目标而管理和部署信息系统[3]。

CIO 的地位越高，其话语权就越强，其影响力也就越大。此外，CIO 的地位提升也有助于使 IT 在企业竞争优势的建立过程中发挥更加重要的作用[4]。然而，一份最近的调研结果显示，当前中国 CIO 在企业决策中的地位比较低[5]。主要原因在于我国企业对于 IT 的引入还处于发展阶段，信息技术在中国企业中的应用程度以及受重视程度相对不高，企业决策层尚缺乏对于 IT 战略意义的普遍认同。因此，如何使企业认识到信息技术及 CIO 工作的重要意义，并进一步发挥 IT 在企业运营中的作用，就成为一个迫切的问题。

结合这样的背景，本文试图研究究竟有哪些因素能够对 CIO 在组织中的地位高低造成影响。本项研究不仅可以帮助研究者和管理者更深入地理解造成 CIO 地位的成因，还可以更加有针对性地探究从哪些方面入手来提高 CIO 的地位。

本文的结构如下：第二部分回顾了与 CIO 地位相关的文献，第三部分提出了本文的研究模型和假设。之后在第四部分介绍了本文采用的研究方法及数据收集过程。通过数据分析，第五部分列示了本文的研究结果。最后在第六部分讨论了本文的研究贡献及未来研究方向。

2　文献回顾

不同企业中 CIO 的地位和工作职能差别很大，其对企业信息化的影响程度也不同。例如，Polansky 等人的研究发现随着 CIO 地位的升高，他们在技术方面的工作所占比重越来越小，而管理方面的工作所占的比重越来越大[6]。

一般而言，地位较低的 CIO 往往只是单纯的技术层面的负责人，管辖范围和作用力度都很有限，人们对 CIO 的要求也主要是在技术方面。该种类型的 CIO 基本上不会参与有关企业战略决策的问题，他们的主要任务是：确保企业 IT 系统的正常运行和维护、根据业务发展需要实现技术升级、为其他部门提供技术支持等[4]。

地位中等的 CIO 除了能够承担地位较低的 CIO 的职责和任务外，还可以为企业的战略决策提供信息技术方面的咨询意见，但还未成为企业的高层。在这个过程中，CIO 起到了一个提供决策所需信息的作用。与地位较低的 CIO 相比，他们不仅需要

* 通讯作者：李猛，E-mail：limengl@gsm.pku.edu.cn

处理信息技术的日常事务，还需要从管理的角度来看待 IT 的作用，以便更好地支持高层管理者的战略决策[7]。

地位较高的 CIO 则已经从 IT 的实际操作中解脱出来，跻身于企业高层管理者中，融管理理念及先进技术于一身，带动企业在信息化上的发展，决定企业在信息化方面的投入，并把这些投入转化为帮助企业运行的价值，从而引导企业在信息社会中保持竞争优势[4]。此时的 CIO 与其他高管可以有更好的沟通和协调，更好地向高管们说明某个 IT 项目对企业竞争优势的影响，并更加有效地推进 IT 项目的实施[8]。

随着信息技术的广泛采用以及信息化建设工作的不断推进，CIO 的地位和作用将不断上升[9]。但从目前的现状来看，由于我国整体的信息化程度依然较低，企业的高管团队对信息系统不够重视，缺乏与 CIO 的日常交流与配合，不能全面有力地支持他们的工作。这样的后果就表现为许多 CIO 的级别仍然偏低，常被视为高级技术员，无法参与高层决策[9]。要使 CIO 发挥出其应有的作用，需要包括 CEO 在内的管理者们了解 CIO 的职责和潜力，并了解如何才能提高 CIO 的地位。

3 研究模型和假设

现有文献中对于 CIO 地位的影响因素并未进行深入的研究，仅有的一些讨论这个问题的文献多数是从概念上进行一些描述性的介绍。这些影响因素可以归纳为以下两个方面：（1）IT 部门的水平。部分文献提到 CIO 的地位受 IT 部门水平的影响。相应的观点有：IT 部门的工作成果较好是 CIO 地位上升的重要原因[9]以及 CIO 是否能较好地控制 IT 资源的分配是影响其地位高低的因素[7]等。（2）高管对信息技术的观念。在 IT 部门之外，对 IT 投资影响最大的是高层管理者，高层管理者的支持是 IT 项目成功的必要条件[10]。相应的观点有：企业领导人不了解信息技术，看不到信息技术及 CIO 的价值和作用所在，从而不能给予他们足够的重视，导致 CIO 地位较低[9]；由于众多 IT 项目都是有风险的，若高管的风险承受能力较低，则可能会不愿意推动 IT 项目，从而导致信息技术无法发挥作用，CIO 的地位较低[11]。

现有文献这些零散的论述为我们了解 CIO 地位的影响因素提供了一定的参考，但还存在以下有待提高的地方：①这些论述多数是在理念层级阐述作者的想法，尚未经过实证检验。②这些观点缺少相应的整合。因此，本文接下来的内容将对这些观点进行概念上的概括和综合，并利用中国的实证数据对 CIO 地位的影响因素进行检验。

参考 CIO 地位方面的相关文献，本文提出 CIO 地位影响因素的研究模型。首先，我们选择了企业的信息系统（Information Systems，IS）成熟度作为反映 IT 部门的水平和工作成果的代表性指标[12]，并认为 IS 成熟度是影响 CIO 地位的因素之一。其次，在高管的理念方面，我们选择了以下两个因素，即①高管对信息技术的了解程度和②高管的风险承受能力。本文的研究模型如图 1 所示。

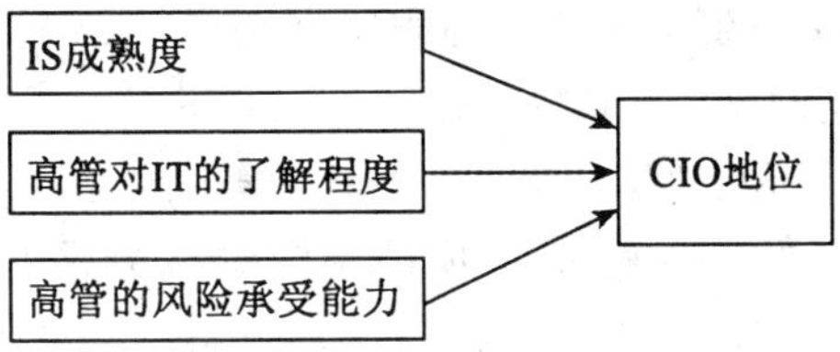

图 1 CIO 地位影响因素研究模型

3.1 信息系统成熟度

IS 成熟度反映了 IT 部门的工作绩效，其含义涵盖了 IT 项目管理水平、信息技术对企业决策的支持程度，以及 IT 用户对技术的熟悉程度等[12]。在由初级阶段向高级阶段过渡的过程中，企业 IT 部门的工作绩效在不断地提高。而 CIO 的职业生涯是与 IT 部门的水平紧紧联系在一起的[4]。一个组织的 IS 成熟度越高，则意味着 IT 部门的水平较高，能够在企业中有一定的影响力。此时高层经理越有可能提高对 CIO 的信任程度，并与 CIO 有更多的交流，从而有助于 CIO 地位的提升。据此，我们提出假设 1：

假设 1：组织的信息系统成熟度越高，则 CIO 的地位越高。

3.2 高管对信息技术的了解程度

高管对 IT 的了解程度是指高管对信息技术的特点、信息技术可能对企业带来的价值和潜力等的了解程度[13]。与国外相比，我国的信息化建设起步晚、水平低，企业高层往往看不到 IT 及 CIO 的价值所在，从而不能给予 CIO 足够的重视。这样的结果就是高层管理者缺乏与 CIO 的日常交流与配合，而参与高层决策对 CIO 来说则成为很困难的事[9]。

高层管理者在 IT 方面的知识越多，则越有可能在决策时考虑 IT 方面的话题，并更有可能认识到 CIO 所起到的作用，从而有助于 CIO 地位的提

升[14]。据此，我们提出假设2:

假设2: 组织高管对信息技术的了解程度越高，则CIO的地位越高。

3.3 高管的风险承受能力

高管的风险承受能力是指高管是否愿意承担IT投资所带来的风险[15]。IT有可能提升企业的竞争力，但若对IT项目管理不善，则有可能成为企业的成本负担。同时，IT投资还往往会带来企业组织结构和权力分配的变化[9]。例如，ERP的实施可能会改变原来的信息沟通渠道，并可能导致岗位的重新设置。

若企业高管倾向于愿意承担风险，则其较有可能在IT投资上采取较为积极甚至激进的态度，在这种情况下，CIO的工作自然会显得更为重要，进而有助于其地位的提高。但若高管是风险厌恶型的领导，在审批重大IT项目投资时就会顾虑较多，而企业在IT上投资的犹豫或保守将不利于CIO地位的提高。据此，我们提出假设3:

假设3: 组织高管的风险承受能力越高，则CIO的地位越高。

4 研究方法

在数据收集中我们采用问卷调查的方式。其中，衡量"IS成熟度"的题项改编自文献[16]和[17]。衡量"高管对IT的了解程度"的题项改编自文献[13]和[18]，衡量"高管的风险承受能力"的题项改编自文献[15]和[19]。上述自变量的所有题项均采用五点量表。

对于因变量"CIO地位"，我们首先需要选取能够代表CIO地位的变量。文献中曾提到，是否进入公司决策层，或者说CIO参与企业战略决策的程度，可以反映CIO地位的高低[2]。本文也采用这一方式，利用CIO参与企业战略决策的程度来反映CIO的地位高低。本文测量因变量的问题为"CIO如何参与企业战略决策"，其取值设定为"1=很少参与或基本不参与，2=作为技术方面的咨询者，3=作为高管团队中的一员"。

2008年8月至9月，我们向中国1000家各类企业的CIO通过电子邮件发放了调研问卷。本次调研共收回问卷150份，其中有12份无效问卷，从而有效问卷为138份，占发放问卷总数的13.8%。关于样本企业的一些基本特征如表1、表2及表3所示。可以看到，有效问卷主要来源于员工数量在300~2000的中型企业（占54.3%），行业主要分布于制造业（占24.6%）、金融证券业（占17.4%）和社会服务业（占10.1%），企业性质主要为国有企业（占46.4%）。

表1 样本企业的特征——规模

员工人数	数量	比例
300-2000	75	54.3%
>2000	33	23.9%
<300	24	17.4%
缺失	6	4.3%

表2 样本企业的特征——行业

行业类型	数量	比例
制造业	34	24.6%
金融证券业	24	17.4%
社会服务业	14	10.1%
政府部门	10	7.2%
批零贸易业	8	5.8%
交通运输业	8	5.8%
其他	35	25.4%
缺失	5	3.6%

表3 样本企业的特征——企业性质

企业性质	数量	比例
国有企业	64	46.4%
政府或事业单位	31	22.5%
民营企业	18	13.0%
外资独资企业	11	8.0%
外资合资企业	9	6.5%
其他	5	3.6%

在CIO的地位方面，选择"1=很少参与或基本不参与"的有12人，所占比例为8.7%，选择"2=作为技术方面的咨询者"的有94人，所占比例为68.1%，选择"3=作为高管团队中的一员"的有32人，所占比例为23.2%。可以看到，大多数CIO仍然是战略决策的咨询者，只有少部分人成为高管团队的一员。这表明，中国企业的CIO地位普遍还不够高。

5 数据分析

5.1 信度效度检验

为了获得较好的分析结果，我们首先对量表的信度和效度进行分析。各个变量的信度通过Cronbach's α来衡量，效度通过因子分析来衡量。

在第一轮因子分析的过程中，量表呈现出如下特点：(1)"高管对IT的了解程度"及"高管的风险承受能力”这两个变量都是单维的。但 IS 成熟度则明显地被分为两个因子，这与以往的研究是一致的[16]。与以往的文献类似，我们将这两个因子分别命名为 IS 管理成熟度和最终用户计算（End User Computing）成熟度。其中，IS 管理成熟度反映了 IT 部门管理和控制 IT 资源的水平，而最终用户计算成熟度则反映了 IT 部门对信息系统用户的培训力度以及 IT 项目得到最终用户支持的程度[16]。(2) 量表中除了其中一个题项载荷较小外（其载荷为 0.600），其余题项的载荷均在 0.7 以上，且对应于预期的因子。因此，为提高数据分析的有效性，我们将载荷较小的这个题项从量表中删除。

经过处理后，我们进行了第二轮因子分析，结果列在表 4 中。表 4 的数据表明，各题项的载荷均在 0.7 以上（分布在 0.707 ~ 0.872 之间），并且对应于各自的因子，这表明量表的效度较好。各变量的 Cronbach's α 值均在 0.68 以上（分布在 0.688 ~ 0.709 之间），表明量表具有较好的信度。

表 4　**量表的信度效度检验**

变量	α	题项	载荷
IS 管理成熟度	0.708	与信息系统相关的规则、程序和组织活动等都有正式的书面规定	0.752
		信息系统的规划与公司的组织结构规划联系在一起	0.820
		在系统设计、开发和使用的过程中有明确的流程和规则	0.807
最终用户计算成熟度	0.688	贵公司各信息系统的最终用户相当了解这些系统	0.707
		最终用户参与了系统设计和实施等方面的活动	0.848
		最终用户能够在系统设计和实施方面起到主导作用	0.763
高管对 IT 的了解程度	0.790	高管对公司现有的信息技术十分了解	0.828
		高管对公司将来可能采用的信息技术十分了解	0.872
		高管对公司竞争对手的信息技术使用情况十分了解	0.824
高管的风险承受能力	0.776	高管愿意承担由于在组织架构等方面发生重大改变而带来的组织风险	0.788
		高管愿意承担由于采纳本企业不熟悉的新技术、硬件和软件而带来的技术风险	0.843
		高管愿意承担由于新系统等重大投资而带来的财务风险	0.863

5.2　回归分析

本文在回归分析中，以 CIO 地位作为因变量，以 IS 管理成熟度、最终用户计算成熟度、高管对 IT 的了解程度及高管的风险承受能力作为自变量。因变量是序列型数据（ordinal data），而非一般线性回归所要求的连续型因变量，因此本文采用序列 probit 分析来进行回归。在计量经济模型中，序列 probit 分析是比较适合于序列型因变量的[20][21]。利用 SPSS 进行回归分析的结果如表 5 所示。

表 5　**probit 回归结果**

自变量	回归系数	Wald 统计量	Sig.
最终用户计算成熟度	-0.305 *	4.951	0.026
IS 管理成熟度	0.047	0.111	0.739
高管对 IT 的了解程度	0.356 *	4.662	0.031
高管的风险承受能力	0.289 *	4.390	0.036

注：* 表示 $p<0.05$

整个回归模型的 Chi-Square 值为 19.033（自由度 df = 4，显著性 Sig. = 0.001），这表明模型从整体上来说是合适的。表中的回归结果表明：① 最终用户计算成熟度对 CIO 地位的高低有显著负向影响。即最终用户计算成熟度越高，CIO 的地位变高的可能性越小。而 IS 管理成熟度则对 CIO 地位的高低没有显著影响。因此，总的来说，假设 1 未被支持。② 高管对信息技术的了解程度对 CIO 地位的高低有显著正向影响。即高管对信息技术越是了解，则 CIO 越有可能具有一个较高的地位，从而假设 2 得到了支持。③ 高管的风险承受能力对 CIO 地位的高低有显著的正向影响，即高管的风险承受能力越高，则 CIO 越有可能具有一个较高的地位，从而假设 3 得到了支持。

6　讨　论

6.1　研究结果

在本文提出的三个假设中，假设 2 和假设 3 得到了支持。这充分表明了高层管理者对 CIO 地位高低的影响。高管对 IT 的了解程度越高，则 CIO 与高管的沟通就更为准确及时，并提升 CIO 在高管面前的形象。同时，由于 IT 的发展速度较为迅速，新技术的出现较快，而未经过市场检验的新技术创新较多。因此，若高管愿意承担新技术所带来的风险，则会对 IT 投资有一个更为积极的态度，并赋予 CIO 更多的职责，从而有利于 CIO 地位的提升。

此外，假设 1 未得到支持。在回归分析中假设 1 被分成了两个子假设，所对应的自变量分别是 IS 管理成熟度和最终用户计算成熟度。其中 IS 管理成熟度对 CIO 的地位没有显著影响。这可能是因为，IS 管理成熟度主要涉及技术方面的事务，而这并不是高管所熟悉的，从而导致在为 CIO 赋予相应职权时，高管并不会考虑到 IS 管理成熟度。此外，最终用户计算成熟度对 CIO 地位的高低有显著负向影响，这与最初的假设是相反的。可能的原因有，当其他部门使用 IT 比较熟练时，对 IT 部门的依赖就会减少，进而导致 CIO 的地位趋于下降。

6.2 研究贡献

本文以实证研究的方式探讨了影响中国企业 CIO 地位高低的因素。本文的意义在于：① 从概念的角度讲，本文总结了可能影响 CIO 地位高低的各种因素，为研究 CIO 地位提供了一个较为全面的框架。② 从实证的角度讲，本文表明高管对 IT 的了解程度和高管的风险承受能力对 CIO 地位的高低有显著的正向影响，从而对概念上的框架进行了检验。CIO 地位与组织的具体情况，尤其与高层管理者的特征有关，而不仅仅取决于 CIO 本身的工作。

6.3 研究局限及未来研究方向

本文还存在一些局限：①本文的样本量为 138 家组织。对于中国这样一个人口众多、机构数量庞大的国家来说，该样本量可能会偏小，从而可能不足以代表中国 CIO 的一般情况。未来的研究可以采用更大的样本量，从而获得更具有代表性的结果。②本文对 CIO 地位高低的测量只是区分了三种不同的情况，并不是很完善。未来的研究可以尝试开发更适合研究者使用的测量工具。③本文所考虑的影响 CIO 地位的因素不可能涵盖所有方面，其他一些因素也需要进一步研究。如所处行业的环境动态性、CIO 对其他部门业务流程的理解等，都可能对 CIO 地位造成影响。总之，研究者可以根据本文做进一步的细化，以取得更深入的研究结果。

参考文献

[1] Porter M E, Millar V E. How Information Gives You Competitive Advantage [J]. Harvard Business Review, 1985, 63 (4): 149-160.

[2] Smaltz D H, Sambamurthy V. Agarwal R. The Antecedents of CIO Role Effectiveness in Organizations: An Empirical Study in the Healthcare Sector [J]. IEEE Transactions on Engineering Management, 2006, 53 (2): 207-222.

[3] 李江伟. 企业 CIO 的素质要求及其培养 [J]. 经济管理, 2002, (7): 24-25.

[4] 沈嵘. CIO 与企业信息化互动关系初探 [J]. 情报科学, 2004 (12): 1505-1506, 1510.

[5] 李卫忠. IBM 2008 CIO 峰会发布《中国 CIO 调研》[J]. 微型机与应用, 2008 (4): 20-21.

[6] Polansky M, Inuganti T, Wiggins S. The 21st Century CIO [J]. Business Strategy Review, 2004, 15 (2): 29-33.

[7] Stephens C S, et al. Executive or Functional Manager? The Nature of the ClO's Job [J]. MIS Quarterly, 1992, 16 (4): 449-467.

[8] Khallaf A, Skantz T R. The Effects of Information Technology Expertise on the Market Value of a Firm [J]. Journal of Information Systems, 2007, 21 (1): 83-105.

[9] 王守宁, 司光昀. 我国 CIO 现状及发展研究 [J]. 情报科学, 2004 (6): 757-764.

[10] Sabherwa R, King W R. An Empirical Taxonomy of the Decision-Making Processes Concerning Strategic Applications of Information Systems [J]. Journal of Management Information Systems, 1995, 11 (4): 177-214.

[11] Gupta Y P. The Chief Executive Officer and the Chief Information Officer: the Strategic Partnership [J]. Journal of Information Technology, 1991, 6 (3): 128-139.

[12] Chad L, et al. Effects of Information Technology Maturity on the Adoption of Investment Evaluation Methodologies: A Survey of Large Australian Organizations [J]. International Journal of Management, 2007, 24 (4): 697-711.

[13] Kearns G S, Sabherwal R. Strategic Alignment between Business and Information Technology: A Knowledge-Based View of Behaviors, Outcome, and Consequences [J]. Journal of Management Information Systems, 2006, 23 (3): 129-162.

[14] Armstrong C P, Sambamurthy V. Information Technology Assimilation in Firms: The Influence of Senior Leadership and IT Infrastructures [J]. Information Systems Research, 1999, 10 (4): 304-327.

[15] Grover V. An empirically Derived Model for the Adoption of Customer-based Interorganizational Systems [J]. Decision Sciences, 1993, 24 (3): 603-640.

[16] Grover V, et al. The Chief Information Officer: A Study of Managerial Roles [J]. Journal of Management Information Systems, 1993, 10 (2): 107-130.

[17] Gottschalk P. The Chief Information Officer: A Study of Managerial Roles in Norway [C]. The 35th Hawaii International Conference on System Sciences, 2002:

3133-3142.
[18] Armstrong C P, Sambamurthy V. Information Technology Assimilation in Firms: The Influence of Senior Leadership and IT Infrastructures [J]. Information Systems Research, 1999, 10 (4): 304-327.
[19] Fareena S, Lillian C. The Adoption of New Technology: The Case of Object-oriented Computing in Software Companies [J]. IEEE Transactions on Engineering Management, 2000, 47 (1): 106-126.
[20] Barkema H G, Shvyrkov O. Does Top Management Team Diversity Promote or Hamper Foreign Expansion? [J]. Strategic Management Journal, 2007, 28 (7): 663-680.
[21] Cheng H, Peavey S, Kezis A S. An Analysis of Factors that Influence the Purchasing Decision for Fresh Potoatoes: A Study of Consumers in a New England Market [J]. Journal of Marketing Theory & Practice, 2000, 8 (1): 46-54.

An Empirical Research on the Factors that Influence the Status of Chief Information Officers in China

LI Meng[1], QIU Lingyun[1], LI Dong[1]
(1. Guanghua School of Management, Peking University, Bejing 100871, China)

Abstract: With the widespread penetration of information technology (IT) in various types of organizations, Chief Information Officers (CIOs) are playing an increasingly important role. Through an empirical survey of more than 100 organizations in China, this paper attempts to identify the factors that influence the current status of CIOs in the organization. These factors include the organization's information systems (IS) maturity, top managers' IT knowledge, and top managers' risk attitudes. Our results indicate that both top managers' IT knowledge and risk attitudes have significant impacts on the status of CIOs. Nevertheless, the relationship between an organization's IS maturity and its CIO's status still needs further investigations.

Key words: Chief Information Officers (CIO); status of CIOs; IS maturity; IT knowledge; risk attitudes

第二篇

信息化与 IT/IS 采纳模式

信息技术采纳模型扩展及实证研究

钟永沣[1]，金昱成[1]，关婉湫[1]，陈本涛[1]

（1. 武汉大学 信息管理学院，武汉 430072）

摘　要：本文从用于推荐系统设计的信息技术采纳影响因素出发，在技术接受模型（TAM）的基础上，提出了扩展的技术采纳模型。首先回顾了关于信息技术采纳影响因素的研究，及技术采纳模型的建立；然后在推荐系统的实施环境中进行分析并提出了假设模型，最后通过对我国各类型企业各级员工进行抽样问卷调查，采用 Cronbach α 信度系数和线性回归方法进行数据分析，验证了假设模型。

关键字：信息技术采纳；TAM 模型

中图分类号：C289

随着信息技术的迅猛发展，企业在信息技术的采纳过程中面临更多选择。能否正确地采纳适合企业的信息技术，决定着企业能否持续健康地发展。相应地，在学术界有关信息技术采纳的研究也越来越多。1983 年，Rogers 在前人研究的基础上提出了创新扩散理论①；1987 年，Kwon 和 Zmud 提出了基于创新扩散的 IS 实施过程模型②；紧接着，Davis 从行为科学理论角度进行解释并提出技术采纳模型（Technology Acceptance Model，TAM）③，使信息科技采纳和使用行为理论的研究进入了新的发展阶段。在此基础上，国内外学者应用各种工具对 TAM 模型进行了实证检验和扩展，具体解释了用户态度、认知、信念及最终使用之间的关系，其应用十分广泛。

但是国内企业对于信息技术扩散过程缺乏全面研究，影响企业信息技术采纳的因素尚不明确，因而难以构建高效智能的 IT 采纳推荐系统。本文在前人研究的基础上，对影响企业信息技术采纳的各种因素进行了分析验证，重点从技术、组织、环境和领导者态度四方面讨论了影响企业采纳信息技术的因素，提出了一个适用于构建推荐系统的企业信息技术采纳扩散模型。

1　理论回顾与模型假设

1.1　信息技术采纳影响因素研究

传统的信息技术采纳的研究是建立在创新扩展理论的基础上的，在“个人创新采纳模型”中，Rogers 将技术采纳过程分为了知识、说服、决策、使用和确认五个阶段，并提出了技术采纳过程受到创新技术的特性、采纳决策者的特性、沟通渠道等因素的影响。

1990 年，Tornatzky&Fleischer（1990）对创新扩散模型进行了扩展，提出了创新采纳因素分析框架。该框架介绍了影响技术采纳的三方面因素：①技术因素（Technology，T），主要与企业在市场上能获得的技术相关，关注于技术与业务需求的契合度，成熟度，使用的便利性等如何影响技术采纳的过程及效果。②组织因素（Organization，O），包括组织规模、建设成本、信息部门在组织权力结构中的地位及组织 IT 技术设施的能力等。这些因素也都会直接影响到信息技术的采纳实施过程。③环境因素（Environment，E），包括行业所处的地位、竞争压力，政府政策引导等。

另外，从现代企业管理的角度出发还引入了领导人要素。作为企业的管理决策层，领导人的意见，创新精神，对技术的支持度等也直接影响着企业采纳技术的行为意向。

在信息技术采纳具体实施的过程中，我们把技术、组织、环境、领导人这四个要素归为外部因素，会直接影响到用户的主观感知，进而影响用户的行为意图。而用户的主观感知变量属于内部因素，主要可以分为对有用性的感知（Perceived

① Rogers，E. M. Diffusion of Innovations（Fourth Edition. The Free Press）［M］. New York，USA，1995.

② 李怡文. 企业 IT/IS 采纳决策行为模型分析［J］. 现代管理科学. 2006（2）.

③ 刘文雯，高平，徐博艺. 企业信息技术采纳行为研究综述［J］. 研究与发展管理，2005. 6，17（3），52-57.

Usefulness，以下简称 PU）和对易用性的感知（Perceived Ease of Use，以下简称 EU），这两个感知变量通常是决定用户是否实施技术采纳的关键性因素。

随着对这些影响因素研究的深入，国外的研究者 Davis 等人也根据这些内外部因素和用户的主观感知变量构建了一个基本的信息技术采纳模型，更好的展示信息技术采纳的逻辑结构和过程。

1.2 技术采纳模型的建立

技术采纳模型 TAM（Technology Acceptance Model）模型由 Davis 提出，是传统 TRA 的扩展。Davis 通过研究发现，在对信息技术的采用和使用过程中，相关人员对信息技术的易用认知和有用认知是两个十分关键的影响因素。他把易用认知定义为“使用者认为该技术容易使用的程度”；有用认知定义为“使用者认为使用此技术对于完成工作的表现及未来的助益”。Davis 在行为理论基础上建立了 TAM 模型[1]，反映了其他变量影响核心变量的过程，如外部变量、可用认知和易用认知与用户态度和实际使用之间的密切关系（见图 1）。

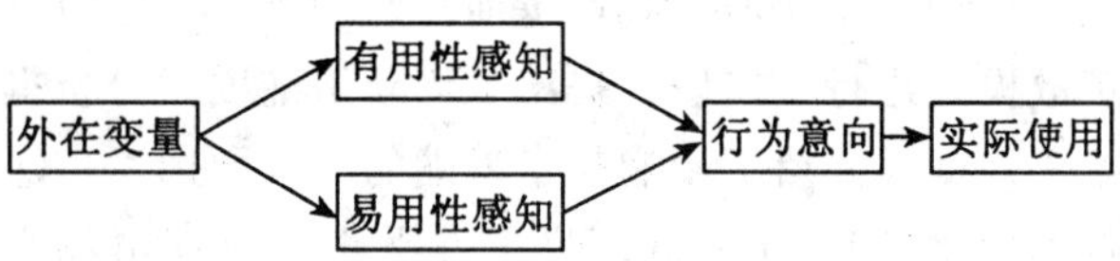

图 1 技术采纳模型 TAM

TAM 模型以理性行为理论为基础，很好地分析了影响技术采纳模型的决定性因素之间的逻辑结构，因而在实证研究中获得了较为普遍的肯定，目前已经广泛应用于预测组织内部对 IT 技术的接受、采纳和使用。然而，由于 TAM 模型更多的是基于个人主观态度来进行行为意向分析，而缺乏了相应的对组织任务的关注；只有对此模型进行应用具体环境下的扩展，才能更好地适用于新环境。

对 TAM 模型的扩展呈现在多个方面，有许多研究者对此进行了深入研究，如 Fenech 将可用认知和易用认知作为建构预测互联网使用中加入另一个变量——计算机自我功效；Mark 在研究企业大型管理信息系统中，将 TAM 模型和 TF 模型分别作为模型的一部分，很好地解释了企业管理信息系统的采纳决策；梅广发在 TAM 模型中加入了 TRA 模型中的建构一主观规范，也在实证上获得了验证。而笔者也对用于推荐系统的信息技术采纳因素进行了研究，通过实证检验对 TAM 模型进行了扩展。

1.3 技术采纳模型扩展

我国的大部分中小型企业在信息技术的使用和采纳方面都还处于起步阶段，企业发展现状与企业技术不配套，无法正确的采纳与企业相匹配的技术等现象较为严重。鉴于这种现状，本研究结合了当代我国中小型企业的现状，通过对内外部因素进行分析，解释了这些因素对于有用认知和易用认知的影响，提出假设并建立了 TAM 模型的初步扩展结构[2]。

1.3.1 内部因素

（1）技术匹配

我们选择采用一项技术必定是基于企业自身任务需求的。一项技术要对企业绩效产生正向影响，则该技术不仅要符合企业的发展情况，能够被企业所利用，也要考虑企业是否有相应的善于操作的技术人员以及符合技术的平台等。因此，我们提出如下假设：

假设 1a：任务技术匹配影响企业对信息技术采纳的有用性。

假设 1b：任务技术匹配影响企业对信息技术采纳的易用性。

（2）组织因素—— 财力成本

财力成本是技术采纳的物质基础。企业在进行信息技术采纳之前，必然要考虑技术采纳成本、企业自身的财力、成本回收及带来的收益等问题。相应地，提出如下假设：

假设 2a：财力成本影响员工对信息技术采纳的有用性。

假设 2b：财力成本影响企业对信息技术采纳的易用性。

（3）环境因素

①政府政策。在我国当前经济体制的前提下，企业进行信息技术采纳与当地政府的政策也息息相关。政府政策的偏好，鼓励或推荐采纳的技术、提供的相应技术支持等直接影响到了企业决策层的主观感知，也作用于企业信息技术采纳的实施过程。提出假设：

假设 3a：政府政策影响员工对信息技术采纳的有用性。

假设 3b：政府政策影响企业对信息技术采纳的易用性。

②社会环境。社会环境对相应技术的评价也会影响企业对技术采纳的感知及决策。企业在市场上面临的同行业竞争比较、上游供应商或下游使用者采用的技术、社会对技术的评价等因素也会左右信

息技术采纳的实施。据此提出假设：

假设 4a：社会环境影响员工对信息技术采纳的有用性。

假设 4b：社会环境影响企业对信息技术采纳的易用性。

（4）领导者态度

领导者作为企业的决策层，他们的态度在企业对于技术采纳的决策中占了很大比重。同时领导者作为管理层，他们彼此对信息技术的沟通、有关企业的信息交流对采纳过程也很重要。我们提出如下假设：

假设 5a：领导者态度影响员工对信息技术采纳的有用性。

假设 5b：领导者态度影响企业对信息技术采纳的易用性。

1.3.2 内部因素——主观感知

根据创新扩散理论以及 TAM 理论，有用性认知与使用者对信息技术的态度和使用呈正相关。信息技术是为企业服务的，员工认为技术对自己的工作、对企业有积极作用并愿意去使用它，员工的办事效率才会提高，进而对企业的绩效产生正向影响。

假设 6a：企业员工的有用性感知对信息技术的实施有着积极的影响。

Venkatesh 和 Davis 通过研究得出结论，易用认知和使用意图之间存在正相关。一项好的技术不仅要为企业带来效益，还要尽可能为用户提供便利。对于员工而言，易用认知也不仅仅局限于软件的操作界面，与相应任务匹配的技术方案也直接影响其可操作性，对后期技术的有用性认知产生影响。

假设 7a：企业员工的易用性感知对信息技术的实施有着积极的影响。

假设 7b：企业员工的易用性感知会积极影响有用性感知。假设模型如图 2 所示。

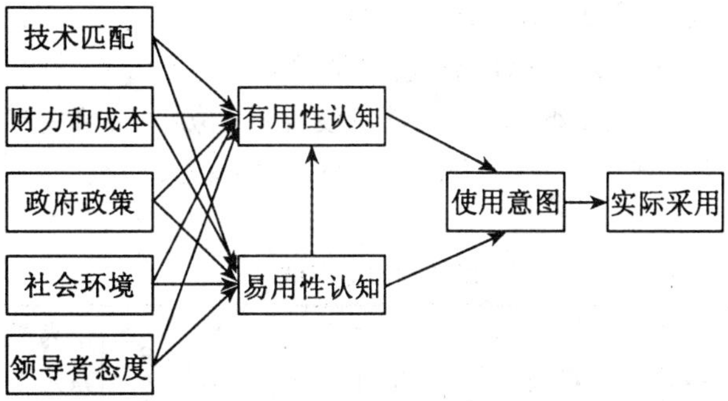

图 2 技术采纳假设模型

2 研究方法

2.1 数据获取

本次研究采用发放调查问卷形式获取数据。调查对象主要为中小型企业的各阶层员工。问卷设计以 Davis 提出的 TAM 模型为基础，根据 Tornatzky & Fleicher 提出的创新接纳因素框架为依据，针对外部变量、内部变量分别设置题项，请被调查者根据国际通行的 Likert 量分表打分。距离较远的企业通过邮寄的方式将问卷发给企业不同部门的工作人员，武汉市内企业通过实地考察发放问卷。本次调查总共发放 250 份问卷，收回 160 份问卷，有效问卷为 125 份。调查对象涉及海尔集团公司、华为技术有限公司、易居中国、深圳星源材质、金山软件等国内大小企业。这些企业的信息化水平在国内企业中有一定的代表性。

2.2 数据分析

2.2.1 数据可靠性分析。

对于态度、意见式问卷（量表）的信度分析通常采用 Cronbach α 信度系数进行度量，所以采用此方法分析[1]。α 系数评价的是量表中各题项得分间的一致性，一般来说，α 系数愈高，即内部一致性愈高。信度只要达到 0.70 是可接受，介于 0.7～0.98 均属高信度，而低于 0.35 则为低信度，表示这些项目不同质，应予剔除。对本次调查数据分析得出如表 1 所示数据。

表 1 **数据 Cronbach α 系数分析**

序号	内外因素	题目数	Cronbach α 系数
1	技术匹配	6	0.883
2	财力和成本	7	0.82
3	政府政策	6	0.810
4	社会环境	6	0.775
5	领导者态度	6	0.679
6	易用性认知	6	0.886
7	有用性认知	6	0.905
8	行动意图	2	0.892
	总量表	45	0.962

从表 1 可以看出，领导者态度的 Cronbach α 系数低于 0.7，信度最低，因此将该因素剔除；其他因素均大于 0.7，多数为 0.8 以上，总量表的 α

系数也达到0.976，有很好的信度。删除领导者态度后总量表 Cronbach α 系数达到0.980。

2.2.2 线性回归验证假设

借助SPSS统计软件用线性回归方法对研究模型中剩下的11个假设进行验证（见表2）。

表2 线性回归验证结果

序号	模型	β	P	t	R square	因果关系是否成立
假设1a	技术匹配——有用性	0.958	0.01	5.761	0.917	成立
假设1b	技术匹配——易用性	0.985	0.002	9.751	0.969	成立
假设2a	财力成本——有用性	0.573	0.313	1.211	0.328	不成立
假设2b	财力成本——易用性	0.954	0.012	5.542	0.911	成立
假设3a	政府支持——有用性	0.91	0.032	3.800	0.828	成立
假设3b	政府支持——易用性	0.984	0.002	9.515	0.984	成立
假设4a	社会环境——有用性	0.923	0.025	4.165	0.853	成立
假设4b	社会环境——易用性	0.988	0.002	11.06	0.976	成立
假设6a	有用性——使用意图	0.998	0	26.05	0.996	成立
假设7a	易用性——使用意图	0.965	0.008	6.413	0.932	成立
假设7b	易用性——有用性	0.969	0.006	6.821	0.939	成立

t 值用于 t 检验法对方程进行假设检验以说明其有无统计学意义[1]，当 $|t|>1.96$ 时，将 P 跟 $\alpha=0.05$ 做比较，可以认为 $P<0.05$ 水平下该路径显著，表2中计算结果除路径“假设2a”的 t 值为1.211小于1.96外，剩下路径均大于1.96，并且 P 值都小于0.05，所以剔除“假设2a”，其他路径均成立。

2.3 新模型构建

根据上面两个数据分析，得出修正后的TAM扩展模型（见图3）。

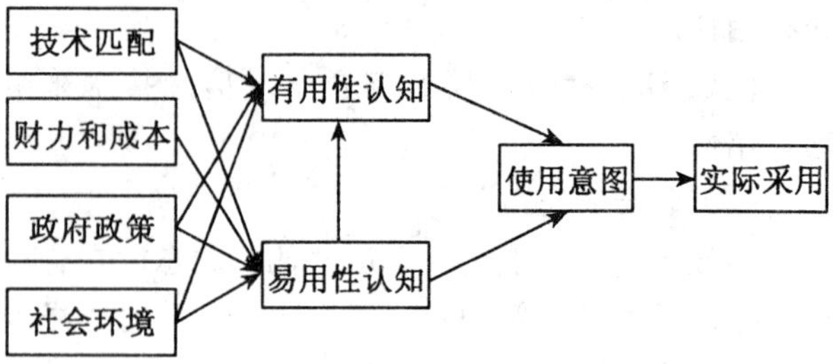

图3 技术采纳修正后的模型

结合调查过程和修正后的模型分析可以发现，领导者态度对公司对信息技术的有用性、易用性认知影响并不明显。领导者的态度在一定程度上能够影响公司高层决策，但是技术的采纳更多地受客观因素如该项技术是否成熟、是否与公司匹配、是否能给公司带来赢利等因素制约，在这里领导者的主观因素决定性不明显。

技术匹配既影响企业对信息技术的有用性认知，又影响易用性认知。如果新技术与企业适用程度高，并且与企业发展相匹配，那么企业对该项技术的有用性认知会比较高；如果企业内部有合适的技术人员采用该项新技术，企业人员过去的技术经验也与该项新技术相关，那么企业会觉得该项技术比较容易采用；反之亦然。

财力成本影响企业对新技术的易用性认知，但对有用性认知的影响不大。如果公司的财力成本有所改善，一方面会加强对员工的基本知识的提升，员工对新技术的接纳能力就提升了；另一方面，公司对基本设施的投入加大，为采用新技术做好准备。并不是说技术成本高有用性就高，技术对公司的有用性更多地取决于技术与公司是否匹配等别的因素。

政府政策和社会环境均属于环境因素，既影响公司对新技术的有用性认知又影响易用性认知。比如政府政策鼓励采纳的信息技术、政府成文要求或者推荐采纳的信息技术、政府免费提供的信息技都会提高公司对该项信息技术的有用性和易用性认知。社会环境方面如同行业竞争者采用的信息技术、公认的品牌信息技术、各种媒体的成功信息技术采纳广告和报道都会提高公司对新信息技术的有用易用认知，从而产生采用意图。

3 小 结

本文在TAM模型的基础上，引入技术匹配、财力与成本、政府政策、社会环境、领导者态度等外部因素，提出假设，并通过问卷数据的 Cronbach α 信度系数分析、线性回归分析对假设进行验证，建立了信息技术采纳修正模型。结果表明：技术匹配程度、政府政策和社会环境均会影响公司对技术的有用性和易用性认知，财力与成本影响易用性认知，领导者态度对公司采纳技术影响不大，有用性认知和易用性认知直接影响使用意图。所以在 IT 采纳推荐系统设计中，应着重分析技术匹配程度、政府政策和社会环境。

参考文献

[1] Rogers E M. Diffusion of Innovations (Fourth Edition. The Free Press) [M]. New York, USA, 1995.

[2] 李怡文. 企业 IT/IS 采纳决策行为模型分析 [J]. 现代管理科学. 2006.

[3] 刘文雯，高平，徐博艺. 企业信息技术采纳行为研究综述 [J]. 研究与发展管理, 2005, 17 (3): 52-57.

[4] 潘金峻，徐博艺. ERP 实施过程中的技术采纳模型及实证研究 [J]. 安徽农业科学, 2006, 34 (8): 1720-1723.

[5] 张楠，郭迅华，陈国青. 信息技术初期接受扩展模型及其实证研究 [J]. 系统工程理论与实践, 2007 (9).

[6] 吴红玲，黄国青，王常松. 信息技术接受和企业组织敏捷性的关系 [J]. 科技进步与对策, 2008, 2, 25 (2): 61-64.

[7] Tornatzky L G, Fleicher M. The Process of Technolo-gical Innovation [M]. Lexington Books, Lexington, MA, 1990.

Expansion and Empirical Study of Technology Adoption Model

ZHONG Yongfeng[1], JIN Yucheng[1], GUAN Wanqiu[1], CHEN Bentao[1]

(1. Wuhan University, School of Information Management, Wuhan 430072, China)

Abstract: According to the factors that affect the information technology adoption used to design the recommendation system, this paper proposes a diffused technology adoption model based on the Technology Acceptance Model (TAM). First, we reviewed the previous study in the influencing factors of information technology adoption and the construction of Technology Adoption Model. Second, we analyzed the factors in the actual environment of recommendation system and propose a hypothetical model. Finally, we surveyed all levels of the staff of various types of enterprises and analyzed the data with Cronbach α reliability coefficient and linear regression method, then the hypothetical model got verified.

Key words: information technology adoption; TAM mode

基于知识视角的组织信息技术吸收研究*

陈文波[1]，曾庆丰[2]，杨庆[3]

(1. 武汉大学经济与管理学院 管理科学与工程系，武汉 430072；
2. 上海财经大学 信息管理与工程学院，上海 200433；
3. 复旦大学 太平洋金融学院，上海 201300)

摘　要：本文试图识别和验证企业信息化中知识瓶颈的存在性，并探讨其对信息技术深入应用的影响，并针对验证结果进行信息化推进策略研究。论文采用实证研究方法，借助来自78家企业的调研数据，用PLS对模型进行了验证。结果表明组织信息技术实施知识以及组织的IT整合应用能力是企业信息化过程中的瓶颈。研究认为，在面临大型复杂信息系统时，大多数企业的信息技术应用还缺乏足够理性，“跟风”现象比较普遍。研究结果对于推进企业信息化和拓展企业信息技术扩散领域的研究具有实践价值和理论价值。

关键词：知识基础观；创新扩散；知识存量；吸收能力；吸收

中图分类号：F270.7

在利用复杂信息技术获取企业竞争优势上，现代企业表现出极大的热情。企业信息技术的成功应用需要企业深刻理解信息技术在组织内的应用和吸收过程，Saga 和 Zmud[1] 将这一过程分为六个阶段：启动、购买、实施、接受、惯例化和内化。这六阶段模式被称为“组织信息技术吸收研究的模板”[2]，在信息系统研究领域得到广泛应用。

学术界对企业信息化的研究可以分为两个层次：组织层面的技术扩散研究和组织内的技术应用研究。前者主要基于技术/创新扩散理论，研究技术、组织和环境因素对组织信息系统扩散的影响[3][4][5]。后者则从组织行为和个体行为出发，研究组织内部信息系统的实施、使用与绩效。主要的研究成果有任务—技术匹配[6]、信息系统成功模型[7][8]、战略对应模型[9][10][11]，以及个体层面的技术接受模型[12][13]等。

现代企业信息技术的应用往往意味着软件系统内含的技术知识、管理知识和制度知识的转移。随着现代企业信息系统越来越复杂，企业的知识瓶颈对于企业信息化的阻碍作用越来越明显。研究者开始从传统研究所关注的因素，如技术特征、组织结构和环境特征等因素向组织知识等因素转移[14][15]。组织学习理论也认为，组织的运营与管理流程都与一定的知识和技能相联系，新技术的引入需要组织具备一定的知识基础与技术结构，从而给组织带来学习的压力[16]，从知识视角出发，可以更深刻理解企业信息化[17][18]。因此，本文从组织知识基础理论出发，运用实证方法，探讨组织知识瓶颈的存在性以及验证其对组织信息化深入应用的影响，并针对实证结果讨论企业信息化深入应用的对策。

1　理论模型

1.1　企业的知识基础与企业信息化

企业知识基础理论（Knowledge-Based View，KBV）认为企业是一个知识的集合体[19][20][21]，企业之所以存在是因为“企业能够比市场更有效率地协调学习过程。”[22]从企业知识基础观出发，企业信息化的过程是企业不断克服知识壁垒的学习过程。企业对于信息技术的前期投资与应用会形成与信息技术有关的知识基础，由于知识的形成与积累具有历史相关性和路径依赖性，因此组织已有的知识基础会影响到组织对于新的信息系统的吸收与利用。

经济合作与发展组织（OECD）[23]将知识分为Know-what（有关事实本身的知识）、Know-why（有关事物发展的规律与定理）、Know-how（处理事情的技巧与能力）以及Know-who（有关清楚

* 通讯作者：陈文波，E-mail：cwb@whu.edu.cn

“谁知道什么”以及“谁知道怎么做”）的知识。在信息系统吸收研究中，Nambisan & Wang[24]将知识壁垒分成与技术有关的知识壁垒、与项目管理有关的知识壁垒和与实施相关的知识壁垒。从论文内容分析来看，其实与项目管理有关的知识壁垒可以归入与实施有关的知识壁垒一类。在对电子医疗的吸收的研究中，Tanriverdi 和 Iacono[25]将吸收者所面临的知识壁垒分成三类，分别是有关电子医疗特征的知识；将电子医疗在医院中应用并与医院工作流相集成的知识和有关医生行为变化的知识；评价电子医疗的经济效益的知识。他们发现上述知识的缺乏会影响到电子医疗的吸收。Ravichandran[15]将知识存量划分为事实知识（Factual Knowledge）、应用知识（Application Knowledge）和评价知识（Evaluation Knowledge），并研究了知识存量对信息技术消化的影响。他的研究发现，上述知识的缺乏会影响到信息技术的消化、吸收。

综合已有的研究成果，本文将组织与 IT 有关的知识存量为事实知识（Factual Knowledge）、实施知识（Implementation Knowledge）和评价知识（Evaluation Knowledge），提出如下三个假设：

假设 1：组织与 IT 有关的事实知识存量与组织信息系统吸收水平正相关；

假设 2：组织与 IT 有关的实施知识存量与组织信息系统吸收水平正相关；

假设 3：组织与 IT 有关的评价知识存量与组织信息系统吸收水平正相关。

1.2 IT 吸收能力与信息技术吸收

吸收能力（Absorptive Capacity）的概念来自宏观经济学领域，本意是指一种经济体利用和吸收外部资源与信息的能力[26]，Cohen 和 Levinthal[27]首先将这一概念用于组织层次，他们对吸收能力的定义是“组织识别、消化新的外部信息，并将这种信息应用于最终商品的能力”，并且认为组织的创新性主要由吸收能力决定。

组织与 IT 有关的知识存量代表了影响组织信息系统吸收的静态因素，组织与 IT 有关的吸收能力则表征了组织面临 IT 机会时表现出来的动态的、能力方面的因素。组织识别、消化信息系统应用机会的能力越强，则组织信息技术的应用与吸收程度就会越好。根据学者们对吸收的定义[26][27]，本文将组织与 IT 有关的吸收能力分为三个维度：技术机会发现能力、IT 整合应用能力和组织中 IT 人员与业务人员的共同语言。组织 IT 吸收能力越强，组织 IT 吸收效果则越好。因此，有以下三个假设：

假设 4：组织技术机会发现能力对组织信息技术吸收水平有正向影响；

假设 5：组织 IT 整合应用能力对组织信息技术吸收水平有正向影响；

假设 6：组织中 IT 人员与业务人员的共同语言对组织信息技术吸收水平有正向影响。

由假设 1～假设 6，可以得到如图 1 所示的研究模型。

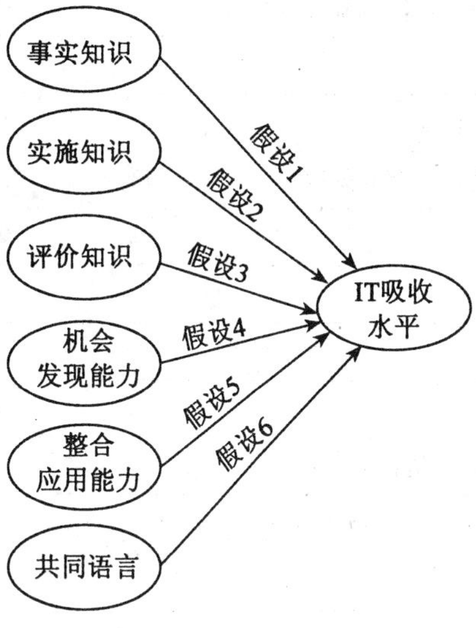

图 1 研究模型

2 研究方法

本文采用 Zmud 等人[1][28]的划分，将复杂信息技术组织吸收过程界定为机会发现、技术购买、技术实施、技术接受、惯例化和技术内化 6 个子过程。在问卷设计的过程中，通过前测、试测、专家讨论等方式保证了问卷的信度与效度，通过在线和邮寄等方式进行问卷收集。共发出问卷（和邀请）220 份，共回收问卷 125 份，其中有效问卷 78 份，问卷有效回收率为 35.5%。受访企业特征如表 1 所示，有效问卷的答题者均为处长、职能经理以上的中高层领导（见表 2），保证了“答题者的回答应该反映所在组织整体情况”这一要求。

如表 1 所示，从行业分布来看，受访企业最多的为制造业，约占全部受访企业的 1/3，其次为信息传输、计算机服务和软件业占 16.7%。近年来，随着我国工业化改造进程的不断加快，利用信息技术改造传统制造业成为信息技术投资的热点。本次调研也反映了这一趋势。“三资”企业是接受调研企业中的绝大部分，占了所有企业数量的 46.2%，其次是国有企业和民营企业，分别都超过了 20%。

上述三种经济类型的企业占了全部数据的88%。上述三类企业也是目前我国企业数量和经济总量的主体组成部分。

表1 受访企业特征

	频数	百分比（%）
1. 受访企业的行业分布：		
制造业	24	30.8
信息传输、计算机服务和软件业	13	16.7
金融业	7	9.0
批发和零售业	5	6.4
交通运输、仓储和邮政业	3	3.8
建筑业	2	2.6
其他行业	21	26.9
遗漏数据	3	3.8
总计	78	100.0
2. 受访企业是否上市：		
非上市公司（含政府和非盈利组织）	41	52.6
上市公司	31	39.7
遗漏数据	6	7.7
总计	78	100.0
3. 上市公司的资本所有权特征：		
三资企业	36	46.2
国有企业	17	21.8
民营企业	16	20.5
政府部门	3	3.8
集体企业	3	3.8
非盈利组织	2	2.6
遗漏数据	1	1.3
总计	78	100.0

表2 答题者特征

答题者特征	均值/百分比
在现职位的平均时间	23个月
在现组织的平均时间	48个月
职位：	
总裁/副总裁/总裁助理/处长	16.9%
● 职能经理/业务主管/主任/科长	69.0%
● 专员/高级工程师/咨询师	14.1%

表2给出了答题者特征。从表2来看，问卷填写者平均在现职位的时间平均约为23个月，在现组织的平均时间为4年。在答题者的诸种头衔中，属于组织高层领导的有16.9%，中层管理人员占据了绝大部分的比例，约为69.0%，中层技术人员占14.1%。上述三种人员代表了组织的中、高层领导或高级业务人员，能够了解组织的总体情况。

3 模型检验

3.1 数据分析

本研究首先进行主成分分析，结果如表3所示。结果显示，各个变量的载荷都非常显著。接下来进行信度、结构效度和判别有效性的检验。信度的测量可以采用Cronbanch Alpha系数来衡量，一般要求Alpha系数至少在0.6以上。结构效度的测量可以用三个指标来进行衡量，首先是标准化的因素载荷应该显著，其次是CFR指标应该高于0.7，最后是AVE应该高于0.5。表4报告了数据的分析结果，结果显示所有的标准化的因素载荷都显著，CFR指标高于0.7，AVE也高于0.5，与此同时，Alpha系数也在0.6以上，因此结构效度和信度都得到了验证。本研究采用Fornell和Larcker[29]在1981年提出的判别方法来进行验证潜在变量的判别有效性（Discriminant validity）。这种方式使用AVE（Average Variance Extracted）来进行判定。对于每一个概念，如果AVE的平方根是大于其与其他概念之间的相关系数，判别有效性就得以成立。结果如表5所示，对于每一个概念，AVE的平方根大于其与其他概念之间的相关系数，所以判别有效性也同样得到了验证。

表3 因子分析结果

	Component					
	1	2	3	4	5	6
KS_Fac1	0.414	0.159	0.670	0.130	0.205	0.250
KS_Fac2	0.124	0.229	0.812	0.215	0.105	0.017
KS_Fac3	0.201	0.104	0.801	0.102	-0.013	0.265
KS_Imp1	0.825	0.127	0.199	0.096	0.101	0.182
KS_Imp2	0.761	0.162	0.373	0.185	0.078	0.100
KS_Imp3	0.815	0.287	0.139	0.158	0.167	0.120
KS_Imp4	0.823	0.159	0.087	0.129	0.297	0.203

续表

	Component					
	1	2	3	4	5	6
KS_Eva1	0. 123	0. 788	0. 250	0. 111	0. 168	0. 087
KS_Eva2	0. 250	0. 831	0. 124	0. 295	0. 047	0. 252
KS_Eva3	0. 232	0. 822	0. 125	0. 270	0. 126	0. 137
CAP_Com1	0. 395	0. 169	0. 163	0. 163	0. 689	0. 279
ACAP_Com2	0. 300	0. 031	0. 016	0. 174	0. 835	0. 121
ACAP_Com3	0. 003	0. 188	0. 132	0. 207	0. 847	0. 108
ACAP_Tec1	0. 098	0. 311	0. 154	0. 803	0. 194	0. 282
ACAP_Tec2	0. 104	0. 309	0. 132	0. 776	0. 218	0. 241
ACAP_Tec3	0. 342	0. 143	0. 274	0. 720	0. 203	-0. 104
ACAP_Tec4	0. 261	0. 320	0. 395	0. 695	0. 302	-0. 006
ACAP_Mgt1	0. 151	0. 203	0. 150	0. 109	0. 188	0. 850
ACAP_Mgt2	0. 268	0. 169	0. 173	0. 130	0. 163	0. 845
ACAP_Mgt3	0. 246	0. 395	0. 206	0. 317	0. 134	0. 626

表 4　　结构效度和信度验证结果

	smallest std. loading	Composite Factor Reliability	AVE	Cronbach's alpha
事实知识	0. 670	0. 897	0. 743	0. 821
实施知识	0. 761	0. 940	0. 798	0. 912
评价知识	0. 788	0. 937	0. 832	0. 895
共同语言	0. 689	0. 911	0. 773	0. 855
机会发现能力	0. 695	0. 914	0. 727	0. 839
整合应用能力	0. 626	0. 903	0. 756	0. 835

表 5　　判别效度验证结果

	事实知识	实施知识	评价知识	共同语言	机会发现能力	整合应用能力
事实知识	**0. 862**					
实施知识	0. 591	**0. 893**				
评价知识	0. 489	0. 519	**0. 912**			
共同语言	0. 104	0. 417	0. 150	**0. 879**		
机会发现能力	0. 296	0. 152	0. 427	0. 576	**0. 853**	
整合应用能力	0. 218	0. 235	0. 383	0. 513	0. 531	**0. 869**

注：对角线上的数字为 AVE 的平方根

3.2　假设检验

在结构效度以及判别有效性得到验证之后，本研究使用偏最小二乘回归（PLS）方法验证提出的假设。图 2 显示了组织知识以及 IT 吸收能力对组织信息系统吸收关系的分析的结果。通过分析可以发现，事实知识和实施知识与组织 IT 吸收水平有显著的正相关关系，所以假设 1 和假设 2 都得到了验证。与此同时，机会发现能力和整合应用能力对组织信息系统吸收有显著的正相关关系，所以假设 4 和假设 5 都得到了验证。

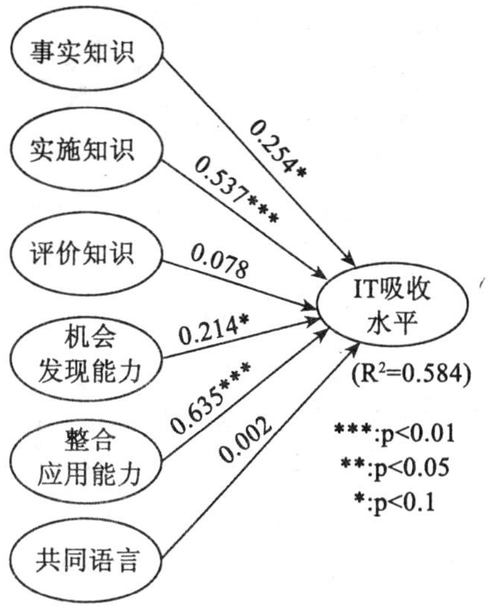

图 2　假设检验结果

4　讨　论

4.1　知识基础及各层面与组织信息技术吸收

知识存量与组织信息技术吸收阶段之间的显著的正向关系有力支持了有关组织信息技术采用是一个组织学习和知识壁垒不断降低的过程的观点，也验证了有关组织的知识壁垒是组织信息技术吸收中所面临的主要障碍这一结论[16]。实证分析表明，事实知识和实施知识对于组织信息技术的吸收有显著正向影响（系数为 0. 537，$p<0.01$）。组织实施知识是知识存量中决定组织信息技术吸收的最重要变量。这与我们对于现阶段中国企业信息化实施失败的原因的判断是一致的，即当前我国企业的信息化失败的主要原因是“非不知、不为，是不能也”。即经过了 10 多年企业信息化的洗礼，企业对于信息化的重要性和诸多关键的成功因素已经有所了解。但信息技术吸收的最大的障碍不在于企业不知道和不去做，而在于企业不知道怎样去做。也就是信息化实施的“Know How”——实施知识的

缺乏。例如，大部分的企业对于信息化是"一把手"工程都耳熟能详，但是对于企业的领导如何参与整个信息化过程则并不清楚，也成为众多企业信息化失败的根源。

事实知识对于组织信息技术的吸收也有显著的正向影响，尽管其影响不如实施知识的影响大（系数为0.254，$p<0.05$）。本文实证的结果表明，尽管有关信息技术特征的知识仍然是影响组织信息技术吸收的显著影响因素，但随着网络、专业杂志和各种媒体与交流会的普及，现代企业对于信息技术的一般功能与特征都有所了解，事实知识对于组织信息技术吸收的影响已经不再居于主导地位。

与假设相反，评价知识对于组织信息技术吸收没有显著影响。这一点，可以从两个方面来进行解释。第一，尽管信息技术在现代企业中已经得到了广泛的应用，但是对于信息技术评价的知识组织仍然关注不多。大多数企业的信息技术的应用都还是一种"跟风"现象（Bandwagon phenomenon），决策并不是完全理性[30]，或者没有建立在对信息技术采用所面临的危险进行全面预测与评价的基础之上。第二，已有评价知识的企业很有可能会对企业已经实施的信息系统持负面的评价（由于媒体的热炒，"信息技术实施高失败率"成为在企业界的先验观念），从而对企业进一步的信息技术吸收产生负面影响。Zhu[31]的研究也表明，越具有充分信息（包括评价知识）的企业在信息技术采用上往往更为谨慎，不会成为信息技术的先行者。其后果是，一方面，稳健的决策可以使公司少冒技术投资失败的风险，但另一方面，公司也失去了获得信息技术"租金"的机会。

4.2 吸收能力与信息技术吸收的关系

组织发现、利用和整合内外部知识的能力作为影响组织学习效果和绩效的变量在组织学习和战略管理领域一直受到学者的青睐。本文的实证研究也表明，组织与IT有关的吸收能力对于组织信息技术的吸收有显著的正向影响。尽管现有文献还没有吸收能力与组织信息技术吸收的直接文献，相似的文献也证明了相同的结论。例如，Szulanski[32]对于组织内最佳实践的传递研究表明，组织吸收能力是影响组织最佳实践传递效果的最主要因素，吸收能力的缺乏是导致最佳实践产生"知识黏性"（Stickiness）的主要原因。Galy[33]将吸收能力作为影响组织学习的变量进行研究，发现组织的吸收能力会影响到组织的学习效果，从而影响组织的绩效。针对本文研究的对象，本文对吸收能力针对信息技术吸收环境进行了定制，假设检验的结果也证明了组织信息技术的吸收能力对于组织信息技术吸收有显著正向影响作用。与此同时，实证结果还表明，在吸收能力各层面中，组织信息技术应用整合能力最为显著，回归系数和显著性都最高。这一结果表明，与组织获取信息的能力相比，组织应用、整合相关信息的能力对于组织信息技术的吸收更为重要。

5 结　论

与传统创新扩散理论所研究的变量，如技术的特征等不同，本文重点关注组织内部的知识基础和吸收能力对组织信息技术吸收的影响。实证结果表明基于知识基础的变量对组织信息技术吸收水平具有较大的解释能力，说明组织自身的知识和能力是影响信息化应用水平的重要因素，对于拓展信息技术采纳理论研究具有一定意义。

本文实证结果证明了组织与信息技术相关的知识基础，特别是信息技术实施知识对于组织信息技术吸收的重要影响。对于实施企业和IT提供商而言，这一结论说明当组织采用信息技术时，组织不但需要关注技术本身的先进性和功能特征，更需要具备实施知识，具有较强的IT项目管理和变革管理能力。可以通过借助外部咨询专家和实施顾问等方式来降低组织面临的知识壁垒，强化内部有关项目管理的培训和将相应的IT服务外包也是不错的选择。与此同时，为了促进信息技术吸收向更深的阶段融合，必须加强组织信息技术的整合应用能力和组织的变革管理能力的构建。

参 考 文 献

[1] Saga V L, and Zmud R W. The Nature and Determinants of IT Acceptance, Routinization, and Infusion [A] // in: Levine L. Proceedings of the IFIP TC8 Working Conference on Diffusion, Transfer and Implementation of Information Technology. Pittsburgh, PA, North-Holland, 1994: 67-86.

[2] Prescott M B, and Conger S A. Information Technology Innovations: A Classification by IT Locus of Impact and Research Approach [J]. Data Base Advances, 1995, 26 (2&3): 20-41.

[3] Rogers E M. Diffusion of Innovations [M]. New York: The Free Press. 1995.

[4] Xu S, Zhu K, and Gibbs J. Global Technology, Local Adoption: A Cross-Country Investigation of Internet Adoption by Companies in the United States and China [J].

Electronic Market, 2004, 14 (1): 13-24.

[5] Zhu K, and Kraemer K L. Post-Adoption Variations in Usage and Value of E-business by Organizations: Cross-country Evidence from the Retail Industry [J]. Information Systems Research, 2005, 16 (1): 61-83.

[6] Goodhue D L, and Thompson R L. Task-Technology Fit and Individual Performance [J]. MIS Quarterly, 1995, 19: 213-236.

[7] Rai A, Lang S S, and Welker R B. Assessing the Validity of IS Success Models: An empirical test and Theoretical Analysis [J]. Information Systems Research, 2002, 13 (1): 50-69.

[8] Larsen K R T. A Taxonomy of Antecedents of Information Systems Success: Variable Analysis Studies [J]. Journal of Management Information Systems, 2003, 20 (2): 169-246.

[9] Wainwright D, and Waring T. Three Domains for Implementing Integrated Information Systems: Redressing the Balance between Technology, Strategic and Organizational Analysis [J]. International Journal of Information Management, 2004, 24 (4): 329-346.

[10] Henderson J C, and Venkatraman N. Strategic Alignment: Leveraging Information Technology for Transforming Organizations [J]. IBM Systems Journal, 1993, 32 (1).

[11] 杨青, 黄丽华, 何崑. 企业规划与信息系统规划战略一致性实证研究 [J]. 管理科学学报, 2003, 6 (004): 43-54.

[12] Davis F D. Perceived Usefulness, Perceived Ease of Use, and User Acceptance of Information Technology [J]. MIS Quarterly, 1989, 13 (3): 319.

[13] Venkatesh V, et al. User Acceptance of Information Technology: Toward a Unified View [J]. MIS Quarterly, 2003, 27 (3): 425-478.

[14] Fichman R G. Going Beyond the Dominant Paradigm for Information Technology Innovation Research: Emerging Concepts and Methods [J]. Journal of the Association for Information Systems, 2004, 5 (8): 314-355.

[15] Ravichandran T. Organizational Assimilation of Complex Technologies: An Empirical Study of Component-Based Software Development [J]. IEEE Transactions on Engineering Management, 2005, 52 (2): 249-268.

[16] Fichman R G, and Kemerer C F. The Assimilation of Software Process Innovations: an Organizational Learning Perspective [J]. Management Science, 1997, 43 (10): 1345-1363.

[17] Edmondson A C, Bohmer R M, and Pisano G P. Disrupted Routines: Team Learning and New Technology Implementation in Hospitals [J]. Administrative Science Quarterly, 2001, 46 (4): 685-716.

[18] Attewell P. Technology Diffusion and Organizational Learning: the Case of Business Computing [J]. Organizational Science, 1992, 3 (1): 1-19.

[19] Grant R M. Toward a Knowledge-Based Theory of the Firm [J]. Strategic Management Journal, 1996, 17: 109-122.

[20] Spender J C. Making Knowledge the Basis of a Dynamic Theory of the Firm [J]. Strategic Management Journal, 1996, 17: 45-62.

[21] TSoukas H. The Firm As a Distributed Knowledge System: A Constructionist Approach [J]. Strategic Management Journal, 1996, 17 (Winter Special Issue): 11-25.

[22] Foss N J. Firms, Incomplete Contracts, and Organizational Learning [J]. Human Systems Management, 1996, 15 (1): 17-26.

[23] OECD. The Knowledge-Based Economy [Z]. Paris: OECD, 1996, 12.

[24] Nambisan S, and Wang Y M. Web technology adoption and knowledge barriers [J]. Journal of Organisational Computing and Electronic Commerce, 2000, 10 (2): 129-147.

[25] Tanriverdi H, and Iacono S C. Diffusion of Telemedicine: A Knowledge Barrier Perspective [J]. Telemedicine Journal, 1999, 5 (3): 223-244.

[26] Adler J H. Absorptive Capacity: the Concepts and Its Determinants [M]. Brooking Institutions, Washington. 1965.

[27] Cohen W M, and Levinthal D A. Absorptive Capa-city: A New Perspective on Learning and Innovation [J]. Administrative Science Quarterly, 1990, 35 (1): 128-152.

[28] Cooper R B, and Zmud R W. Information Technology Implementation Research: A Technological Diffusion Approach [J]. Management Science, 1990, 36 (2): 123-139.

[29] Fornell C, and Larcker D. Evaluating Structural Equation Models with Unobservable Variables and Measurement Error [J]. Journal of Marketing Research, 1981, 18: 39-50.

[30] Xiaotong L. Information Cascades in IT adoption [J]. Communications of the ACM, 2004, 7 (4): 93.

[31] Zhu K, Kraemer K L, and Xu S. A Cross-Country Study of Electronic Business Adoption Using the Technology-Organization-Environment Framework [A] // Proceedings of the Twenty-third International Conference on Information Systems. Barcelona, Spain, 2002: 337-348.

[32] Szulansky G. Sticky Knowledge: Barriers to Knowing in the Firm [M]. Thousand Oaks, CA: Sage. 2003.

[33] Galy E. The Mediating Role of Organizational Learning between Absorptive Capacity and Performance in Companies Employing Enterprise Resource Planning Software [D]. The University of Texas-Pan American, 2003.

Organizational Assimilation of Information Technologies: Research from the Knowledge Perspective

CHEN Wenbo[1], ZENG Qingfeng[2], YANG Qing[3]

(1. Economics and Management School, Wuhan University, Wuhan 430072, China;
2. Information Management and Engineering School,
Shanghai University of Finance and Economics, Shanghai 200433, China ;
3. Fudan-Pacific Institute of Finance, Shanghai 201300, China)

Abstract: The introduction of information technology means the transfer of technology knowledge, management knowledge and institutional knowledge. Based on the organizational knowledge perspective, this study empirically examined the process of assimilation of information technology. Results indicate that the IT related knowledge stock, especially the implementation knowledge, has significant positive influence on the technologies assimilation. Results also shows that absorptive capacity, especially the application and integration ability, have significant positive relationship with technologies assimilation.

Key words: knowledge based view of the firm; innovation diffusion; knowledge stock; absorptive capacity; assimilation

信息技术吸纳能力的动态演进机理研究*

余翠玲[1]，毕新华[1]

（1. 吉林大学 管理学院，长春 130022）

摘 要：本文围绕如何促进信息技术（IT）吸纳能力的提升，深入分析吸纳能力的动态演进机理。首先考察IT吸纳能力系统中的主要变量，包括企业管理层、IT项目组、员工等相关主体的能力要素；探讨IT吸纳能力演进的自组织机理，分析吸纳能力系统的序参量势函数及其非平衡相变和分岔，指出IT吸纳能力的演进是在各能力要素的协同作用下进行的；进而从组织内因和外因两个方面揭示出IT吸纳能力演进的动力机制；最后结合一个案例对IT吸纳能力的演进机理进行实证考察。

关键词：信息技术；吸纳能力；演进机理

中图分类号：C931.6

随着信息技术（IT）的飞速发展和企业信息化的不断深入，信息技术在企业的战略中扮演越来越重要的角色。虽然很多企业采纳了信息技术，然而在多大程度上能够应用到关键任务上有很大差异，相当一部分企业的应用结果通常与期望相距甚远。Boynton et al 和陈文波指出，组织与信息技术有关的知识存量和吸纳能力是影响组织信息技术应用的关键[1][2]。从企业内生能动的因素看，信息化效果的差异实际上反映了企业在信息技术选择、接受、消化、吸收过程中的决策和行为能力的不同，称之为IT吸纳能力[3]。要提高信息技术的应用效果，关键在于培育和提升企业的IT吸纳能力。如何培育和提升企业的IT吸纳能力，促进企业对信息技术的吸纳和应用，是我国信息系统（IS）管理理论界和实践界一个重要且紧迫的任务。

吸纳能力的概念在战略管理、知识吸收、技术转移等领域得到了广泛应用，但很少有研究将吸纳能力应用到IS领域。然而，Boynton指出，吸纳能力是理解IT管理实践和IT使用，提高IT实施能力的一个有潜力的概念[1]。从吸纳能力的视角来考察信息技术的吸纳和应用能有效地指导组织从自身能动的因素方面找到提高信息技术实施和应用效果的方法和途径，因而更具有实践意义。

现有文献对吸纳能力的研究内容主要集中在吸纳能力的前因、后果/产出等方面[4]，对吸纳能力演进机理的研究不够系统和深入，更缺乏一套行之有效的可操作性强的方法指导企业的管理实践，这是当前吸纳能力研究的一个重要不足。吸纳能力要应用于信息系统管理实践，明确IT吸纳能力演进机理和提高途径非常关键。理解吸纳能力的演进过程和机理，能更有效地指导组织对其进行管理，引导组织有意识地创造条件和环境来提升吸纳能力。因此，迫切需要提出一套具有科学、严谨、有效且可操作性强的理论和方法，帮助企业尽快提升自身的IT吸纳能力，以便更好地利用信息技术这个武器，在日益激烈的竞争环境中获得长期的竞争优势。

本文围绕如何促进IT吸纳能力的提升，深入分析吸纳能力的动态演进机理。首先分析IT吸纳能力系统的主要变量；进而考察吸纳能力的自组织演进机理；从组织内外因两个方面分析吸纳能力演进的动力机制。

1 IT吸纳能力系统的变量分析

吸纳能力是企业评估、消化外部新知识并应用到商业目的的能力[5]。本文将吸纳能力作用的对象聚焦到信息技术上，试图探求企业在信息技术吸纳过程所必须具备的行为能力。基于学者们对吸纳能力的定义，结合IT吸纳的背景，本文把IT吸纳能力定义为企业在IT吸纳过程中采纳和实施IT方案并使之与组织融合的能力。IT吸纳能力由三个维度构成：采纳能力、实施能力和融合能力。

* 基金项目：吉林大学种子基金项目（2008ZZ030）；吉林大学研究生创新基金资助项目（20091006）
通讯联系人：毕新华，E-mail：fasthome@yeah.net

从组织学习的视角看，信息技术吸纳是一个不断提高组织知识存量、降低知识壁垒的过程[2]，这个过程要求企业动态地部署和配置自身的资源，不断地吸收消化信息技术实施和使用的相关知识，从而强化自身的吸纳能力去适应信息技术应用对组织流程、结构、文化所带来的调整和变革。实际上，这种嵌入在信息技术吸纳过程中的获取、消化和利用新知识的吸纳能力是随吸纳过程的推进而动态发展变化着的，通过信息技术吸纳过程的“干中学”，企业不断地获取管理信息技术的技巧和能力，不断地积累和更新IT实施和应用的知识和经验，不断地自我增强从而去适应战略发展和业务变革对组织的能力提出的更高要求。正是吸纳能力的这种动态性使得组织能够不断地调整和更好地配置自身的资源、能力去学习和应用新技术、新方法，从而快速适应环境的变化[6]。

IT吸纳能力的这种从简单到复杂、从较低层次向较高层次不断进化、跃迁的发展过程就是其不断适应内外环境变化的演进过程。随着经营环境的变化和企业自身的发展，IT吸纳能力需要不断增强，这就需要企业不断培育和提升自身的吸纳能力。

企业IT吸纳能力的培养与发展是一个系统工程，是组织多方协同作用的过程，而其核心是能力系统中的智能所在——人。组织吸纳能力蕴涵于员工的个人吸纳能力之中，是所有员工吸纳能力的有机整合。而信息化建设中涉及的人员主要有企业管理层、IT项目组和普通员工。企业管理层的决策和管理能力、IT项目组的实施能力和普通员工的接受和使用能力对促进企业IT吸纳能力的形成和提高都是至关重要的。这三大主体的协同合作是影响吸纳能力的培养和发展的重要因素。

企业管理层是IT吸纳能力培育和发展的带头人。具有较高的IS素养的管理者能更好地进行采纳决策。在IT吸纳能力建设中，企业管理者的作用在于：做出正确的IT采纳决策，为IT项目实施提供充足的资金、人力资源保证，为IS建设建立有效的IT项目管理和监督机制，为项目组内部成员提供充分的信息系统实施和操作使用的培训，在行动上支持和鼓励信息系统使用并建立有效的促进信息系统使用的奖惩机制等。

IT项目组是促使信息系统顺利在企业中实施和实现IT知识转化的关键人物，因而IT项目组的能力是影响IT吸纳能力培育和提升的重要因素。IT项目组既要有足够的技术能力，又要有足够的管理能力来实施信息系统；既要有丰富的信息系统实施和管理经验，又要能够详细了解公司的业务流程；IT项目组需要与各部门员工之间很好地沟通和合作，及时解决信息系统实施中出现的问题；同时IT项目组应该与IT供应商保持良好的沟通合作关系。

企业员工对信息技术的接受和使用能力是IT吸纳能力的重要组成部分。各业务部门积极参与和配合信息系统实施、各业务部门之间的沟通与合作是保证信息系统成功实施的关键要素。而为促进信息系统在组织中的深入应用和融合，员工需要具有良好的教育和培训背景，具备良好的IT知识和使用经验，愿意接受变革和创新，积极使用信息系统来工作。企业全体员工中“IT文化”的构建为IT吸纳能力培育提供了良好的氛围。

由于IT吸纳能力的演进涉及组织内外多种因素的相互作用、相互协作，因而可看做是一个复杂系统。IT吸纳能力系统的演进就是由于其内部这三大主体的能力要素与环境的协同作用而不断发展，演变到新的有序结构。在一定条件下，当控制参量的改变把吸纳能力系统推过临界失稳点时，吸纳能力系统涌现出新的有序结构，提升到更高级的水平。

2 IT吸纳能力演化的自组织机理

IT吸纳能力系统状态演变过程是吸纳能力在内部参量（即上述各能力要素）的协同演化和外部参量的作用下不断提升的过程，是高级形态能力取代低级形态能力的过程，是新结构模式取代旧结构模式的过程。由于序参量主宰着系统涌现过程，研究吸纳能力系统序参量的势函数，即可对吸纳能力系统演化的自组织机理做出描述。

2.1 势函数分析

在协同学中对系统的结构、性能和演化行为的研究，都归结于对势函数的研究，所以可用势函数研究IT吸纳能力系统演化。借鉴前人对企业能力势函数的研究[7]，根据协同学原理[8]，考虑到IT吸纳能力演化的路径依赖型，将企业IT吸纳能力的非线性变化用运动方程（1）表示。

$$\dot{q} = (-k+\gamma)q - \beta q^3 \tag{1}$$

式（1）也就是吸纳能力系统的序参量方程。式中，k表示吸纳能力子系统的变化率与其原有状态的关系，γ表示促使吸纳能力子系统演化的控制参量，$-\beta q^3$表示吸纳能力的非线性（$\beta>0$）。

由 $\dot{q} = -\frac{\partial V(q)}{\partial q}$，得到其势函数为

$$V(q) = -\frac{(-k+\gamma)q^2}{2} + \frac{\beta}{4}q^4 \qquad (2)$$

由于 $\beta>0$，该函数的曲线形状由二次项的系数（$-k+\gamma$）决定。

（1）当（$-k+\gamma$）<0 时，势函数曲线如图1（a）所示。此时势的平衡点是唯一的，落在 $q=0$ 处，这是一个稳定点。这种情况下系统内部各能力要素的协同合作较差，吸纳能力演进的势能较小，很难向前发展。

这种状态下的企业吸纳能力演化行为，犹如一个处于势函数谷中的粒子，随机涨落力 F 的冲击可能迫使其偏离谷底，但最终在恢复力作用下又回到处于谷底的状态。也就是说，吸纳能力可能有微小变化，但绝大部分时间都维持原有水平。

（2）当（$-k+\gamma$）>0 时，势函数曲线如图1（b）所示。此时势函数有三个势点，分别为 $q=0$，$q=\pm\sqrt{\frac{|1-k+\gamma|}{\beta}}$ 三点。从势函数曲线形态可知，系统原有的平衡位置 O 现在变成不稳定点，吸纳能力在这点上随时都可能发生涌现现象，跃变到两个新的稳定点 A、B 中的某一个位置，它们表示两个稳定的有序结构。

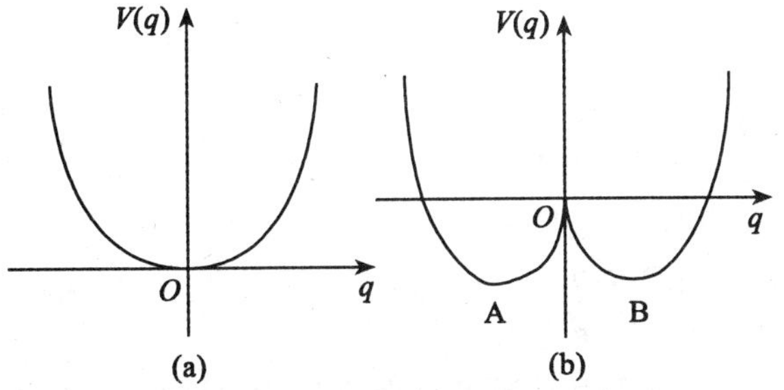

图1 势函数曲线

在没有涨落时，粒子在两个能谷中以相等概率出现，既可能出现在左边的能谷，也可能出现在右边的能谷（即对称性破缺）。企业吸纳能力将从一个状态变到多个可能状态，形成系统的非平衡相变，实际上就是旧结构让位于新结构的演化过程。

这表明 IT 吸纳能力的演化受控制参量的影响。在适当的控制参量下，系统内部各能力要素能较好地协作，其自组织作用较强，吸纳能力系统发生涌现的势能较大，能够较易促进吸纳能力的提升。随着促进吸纳能力演进的力量增强，打破了吸纳能力发展不前的状态，转变为吸纳能力稳定发展，促使吸纳能力系统形成新的有序结构。

当（$-k+\gamma$）$=0$ 时，其势函数曲线随时都可能演变为上面两种情形。

2.2 非平衡相变与分岔

（1）非平衡相变。非平衡相变是指远离平衡态系统从一种稳定状态跃迁到另一种稳定状态的现象。企业 IT 吸纳能力系统势函数中的二次项系数（$-k+\gamma$）从负到正的变化过程，对应着图2中势函数曲线由Ⅰ—Ⅱ—Ⅲ的变化过程。势函数曲线斜率越来越小，原平衡点 $q=0$ 处越来越平坦，系统的恢复力越来越弱，吸纳能力的演化范围就越大，此时，当企业管理层的决策和管理能力、IT 项目组的实施能力或者员工的接受和使用能力等发生微小变化时，都会对吸纳能力的演化产生影响。由于随机涨落力的作用，在远离平衡态时，非平衡相变不可避免会发生。

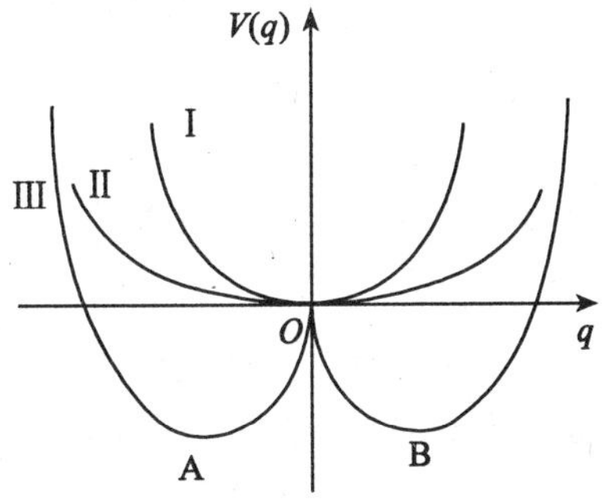

图2 势函数曲线变化示意图

（2）分岔与涨落。在 IT 吸纳能力系统演变过程中，从临界点 $q=0$ 处开始，随着相变过程的进行，势函数曲线出现了两个极值 $q=\pm\sqrt{\frac{|-k+\gamma|}{\beta}}$。这种由原来一个解在临界点分成两个解的现象，称为分岔现象。把 q 作为 $-k+\gamma$ 的函数表示出来，如图3所示。

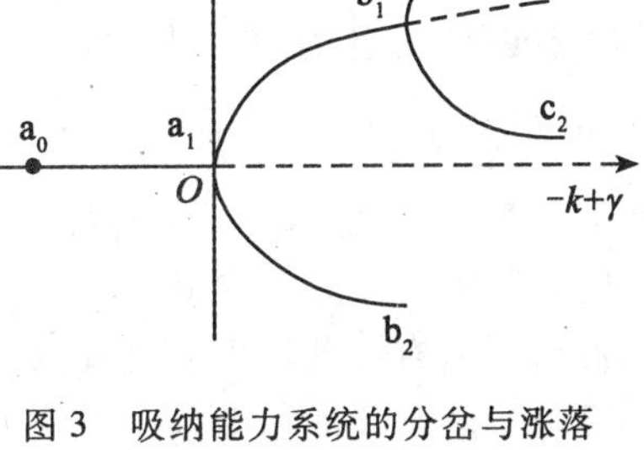

图3 吸纳能力系统的分岔与涨落

当（$-k+\gamma$）<0 时，$q=0$，系统处于稳定态；当（$-k+\gamma$）>0 时，系统不稳定，出现了分岔现象。图 3 中 a_0 表示原始状态；$a_0 \sim a_1$ 表示系统离开了平衡状态，处于非平衡的线性区域。a_1 表示分岔点，也就是不稳定点。由于企业随机涨落外力作用，随着系统内部各能力要素协同作用的增强，促进吸纳能力演化的序参量力量的增强，吸纳能力开始逐渐对系统整体性产生偏离，通过系统的自组织过程而被迅速放大，形成巨涨落，使吸纳能力得以跃迁，演变到新的有序结构。图 3 中的 $a_1 \sim b_1$ 或 $a_1 \sim b_2$ 这两个分岔分别表示由不同序参量引起的自组织产生的系统协同效应的两种不同状态。$a_1 \sim b_1$ 段，系统受到涨落力如政府采取信息化资金扶植政策的推动，或者采用先进信息技术的辅助等，使得系统内部协同合作效应得到提高，吸纳能力进入持续稳定发展的状态；$a_1 \sim b_2$ 段，系统受到涨落力如投资不足、组织惰性的影响等，导致系统内部合作受损，系统呈现衰减趋势。当外部环境又有所变化时，吸纳能力又会由一定的水平再向更高一级跃升，如图 3 中所示的 $a_1 \sim b_1$ 跃变到 $b_1 \sim c_1$，则系统又再次达到了一个新的有序结构。

每个分岔支的状态都是由不同的序参量控制的，而每一次新的有序结构的演化都是在前一次有序结构的基础上进行在适当外力的扰动作用下，便可实现。若由一支分岔转变到另一支分岔则需要做很大的调整，如 $a_1 \sim b_2$ 转变到 $b_1 \sim c_1$，需要耗费大量的人力、物力和财力，还不一定能达到目标。所以在吸纳能力系统内部各要素只有通过很好的协同合作，才有可能不断地向高级形态发展，否则就会被“锁定（lock out）”在某一较低水平，这也验证了 IT 吸纳能力的路径依赖性。我们的目标就是通过各个参量的协调发展使 IT 吸纳能力不断向更高、更强的方向发展。

在实际应用中，可以通过分析 IT 吸纳能力系统中各种外部变量和内部变量的影响，进而对各个控制参量进行合理调整，实现吸纳能力系统的整体性协调合作，便可推动吸纳能力向更高水平演进。

3 IT 吸纳能力演进的动力机制

IT 吸纳能力在组织的信息技术应用和持续性发展方面的重要性，迫使组织不断地培育、发展、完善自己的吸收能力。企业的 IT 吸纳能力的演进，既有外部推力，又有内部拉力，二者共同作用，促使组织形成独特的吸收能力。从内部拉力看，主要体现为信息技术收益期望驱动、内部激励、企业自身需求等。从外部推力看，主要体现为竞争压力、政策驱动、技术推动等。

3.1 内部动力

（1）对 IT 应用的收益期望

很多企业采纳信息技术，试图利用信息技术这个武器，以期提高运营效率、降低运营成本，获得绩效上的改善和竞争能力的提高。预期收益具有诱导和激励企业强化、完善其吸纳能力系统的双重功能。对 IT 应用的收益期望是诱发企业不断培育、强化和完善自身吸纳能力的最大动力，是实现 IT 吸纳能力向更高水平演进的根本原因。

（2）内部激励

吸纳能力培育活动得以顺利开展的前提是充分发挥各类人员的积极性、主动性。企业要想发挥员工的潜能就必须构造一套能够调动员工积极性的激励机制。激励的方法包括物质激励和精神激励，如采取基于绩效的报酬机制等。激励机制能调动员工主动参与 IT 实施和接受 IT 使用，因而是促进 IT 吸纳能力演进的重要动力。

（3）企业自身发展的需求

企业自身发展对 IT 应用的需求是企业 IT 吸纳能力培育活动的动力源泉。企业的 IT 需求包括业务发展的客观需要、提升管理水平的需要、顾客服务和市场开拓的需要、改变企业形象的需要等。IT 需求是企业 IT 吸纳能力培育的出发点，也是企业培育 IT 吸纳能力要达到的目标。为应对环境的不断变化，企业可能产生新的 IT 需求，从而拉动新一轮的 IT 吸纳能力的培养，这样循环往复，使得需求拉动成为 IT 吸纳能力演进的持续动力。

3.2 外部动力

（1）竞争压力

竞争压力是激发企业进行 IT 吸纳能力培育、强化、实现能力演进的外在动力。竞争压力来源于竞争对手的信息化举措、供应链集成的压力等。首先，竞争迫使企业快速收集情报资料，及时地掌握市场信息，准确地进行技术扫描，明确吸纳能力培育的方向、任务和要求。其次，竞争迫使企业更新思路，吸收新知识，采用先进信息技术，提升自身的能力。再次，竞争迫使人们产生危机意识，在竞争的实践中树立起新的观念，促使企业想方设法通过各种措施来提高员工的素质[9]。这就为企业进行更有效的能力培育与强化提供了人才保证。

（2）信息化政策

信息化政策对企业 IT 吸纳能力培育活动的影响主要是政府以及行业主管部门运用政策手段，引导、激励、保护 IT 吸纳能力培育的活动和行为，包括政策诱导、资金扶持、信息化示范的推广等。政府的信息化政策，一方面为企业 IT 吸纳能力的发展营造了政策环境，另一方面可以引导企业吸纳能力培育活动向正确的方向发展。

(3) 技术推动

新技术是推动企业 IT 吸纳能力培育与强化的重要力量。科学技术不断地被应用于企业的工作实践，成为推动企业吸纳能力演进的强大动力。借助先进的科学技术，如数据库、网络教学等，企业可以更好地展开吸纳能力的培养和提升活动。

4 案例分析

Y 公司是吉林省的一个有着 50 年历史的老企业，从事医药生产经营、加工制造、科研开发等经营活动。该公司的 ERP 建设是吉林省的企业信息化的示范。本文以 Y 公司的 ERP 系统的实施和应用历程[10]来分析吸纳能力系统中各要素的协同作用以及 IT 吸纳能力的动态演化。

4.1 IT 吸纳能力的形成和演进

(1) 采纳能力的形成和演进

在 2001 年公司改制之初，Y 公司的决策者们已经敏锐地意识到：传统公司要想生存和发展，必须引入新的管理理念，采用 ERP 先进管理手段与制药企业的 GMP 质量管理规范相结合，能够提高企业管理水平，改善公司绩效。公司领导对企业信息化和 ERP 项目的实施给予了高度的重视。首先，企业成立了“企业信息化小组”，参观和考察了成功实施信息化的企业的 ERP 系统的实施和应用状况。然后，公司先后与多家 ERP、MIS 软件开发商接触，对 ERP 系统的实施以及网络集成方面有了较成熟的认识，最终选择了合适的 IT 供应商。

拥有较强的创新意识、掌握丰富的信息和知识，使公司形成了较强的采纳能力。

(2) 实施能力的形成和演进

ERP 项目全面启动，专门成立 ERP 实施小组，指定既懂管理又懂计算机的项目负责人，具体负责日常性的实施工作，并配备系统管理员和部门管理员。实施过程中，切实坚持“一把手”工程，公司领导充分重视，给予大力支持，在会议上多次强调公司员工要更换思想转变意识，并指出在实施过程中部门人员“不换思想就换人”。与软件实施顾问充分沟通，使顾问既精通各项业务，又熟悉公司流程，同时还有较强沟通能力，能有理有据地引导公司达到一个新的管理水平。同时，建立了相应的规章制度及奖惩方案，使出现问题时，有据可依、有章可循。通过定期检查工作，严格执行奖惩制度，保证了实施工作的力度和进度。并对企业员工进行 ERP 实施方面知识的培训，以使员工在实施过程中积极地参与和配合。

以上这些措施，包括有力的管理支持、IT 项目组与各部门的沟通合作、制度保障、IT 实施培训等，促进管理层、IT 项目组和部门员工的协同合作，加强了公司的 IT 实施能力。

(3) 融合能力的形成和演进

Y 公司大部分企业员工对信息化技术和现代企业管理掌握不多，难以在短时间内同时掌握这套与以往完全不同的系统。为了促进员工的对 ERP 系统的接受和使用，公司在加大推行力度等强硬手段贯彻 ERP 先进管理思想的同时，加大教育培训力度，开展定期培训，区分不同层次进行全面培训，注重抓培训效果及人员素质的提高。如今，Y 公司的各个部门都已经掌握了企业信息化这个工具，ERP 系统的应用已成为组织的一种常规活动。系统投入运行后，各部门的管理水平和工作效率都正在稳步提高；公司向学习型组织转变，员工对信息系统知识有了更多认识，员工素质普遍提高；公司的核心竞争能力也开始显露。

通过贯彻 ERP 先进管理思想、教育培训、组织学习等措施加强组织对 ERP 的融合能力。

4.2 IT 吸纳能力的动态演进特征分析

从 Y 公司的 IT 吸纳能力的动态演进过程可以看出：

(1) 这个案例证明了企业对 IT 应用的收益期望、自身发展的需求是 IT 吸纳能力形成和发展的内在动因，激励机制是提高 IT 吸纳能力的重要手段。行业竞争、行业政策是企业 IT 吸纳能力演进活动开展的外在动力。

(2) IT 吸纳能力的形成和发展是一个长期的、渐进累积的过程。从吸纳能力的演化过程可以看出，企业的知识水平影响了组织对知识的吸纳能力，而组织知识是逐渐累积的，因此，吸纳能力同样也只可能是逐渐被改变的。

(3) 采纳能力与决策者的知识和能力密切相关，具有较高 IS 素养的决策者，其 IT 采纳能力较强；实施能力除了管理层的支持，主要与 IT 项目组的能力相关；而融合能力涉及整个组织各个层次人员的行为和能力。从企业内部因素来看，正是管理层、IT 项目组、员工的协同合作促进了 IT 整体吸纳能力的培养和提升。

(4) 组织的IT吸纳能力的演化实质是一个学习过程。吸纳能力来自不断学习的累积效应[5]。正是吸纳过程的组织学习和知识创造、积累,促进企业的IT吸纳能力动态增长,驱动IT吸纳能力动态演化,不断适应随着信息化建设的深入对组织的能力提出的更高要求,从而获得IS成功。

5 总 结

本文围绕如何促进IT吸纳能力的提升,深入分析吸纳能力的动态演进机理。首先考察IT吸纳能力系统中各主体的能力要素的协同作用,探讨IT吸纳能力的演进的自组织机理;进而从组织内外因两个方面分析IT吸纳能力演进的动力机制。研究指出IT吸纳能力的形成和演化是在组织内外动因的共同作用下各能力要素协同合作的结果,各要素的协同合作确定了吸纳能力演进的方向、速度和水平。最后结合一个案例对IT吸纳能力的形成和演进机理进行实证分析。

本文从吸纳能力的视角研究如何促进组织的信息技术吸纳,为IS学者开辟了一个崭新的研究视角。同时,本研究将吸纳能力理论应用到IS背景中,对IT吸纳能力的演进机理进行了系统深入的分析,有助于弥补目前缺乏对吸纳能力演进机理研究的不足,从而拓展和丰富吸纳能力领域的研究。

本文对IT吸纳能力的动态演进机理的研究,能够帮助企业认识和理解信息技术应用过程中自身的吸纳能力的发展,引导组织有意识地创造条件和环境促进IT吸纳能力的培养和提升,从而更好地进行信息化建设。

参 考 文 献

[1] Boynton A C, Zmud R W, Jacobs G C. The Influence of IT Management Practice on IT Use in large Organizations [J]. MIS Quarterly, 1994, 18 (3): 299-319.

[2] 陈文波. 基于知识视角的组织复杂信息技术吸收研究 [D]. 上海: 复旦大学, 2006.

[3] Bi Xinhua, Yu Cuiling. Absorptive Capacity of Information Technology and its Conceptual Model [J]. Tsinghua Science and Technology, 2008, 13 (3): 337-343.

[4] Todorova G, Durisin B. Absorptive Capacity: Valuing a Reconceptualization [J]. Academy of Management Review, 2007, 32 (3): 774-786.

[5] Cohen W M, Levinthal D A. Absorptive Capacity: a New Perspective on Learning and Innovation [J]. Administrative Science Quarterly, 1990, 35 (1): 128-152.

[6] Zahra S A, George G. Absorptive Capacity: a Review, Reconceptualization and Extension [J]. Academy of Management Review, 2002, 27 (2): 185-203.

[7] 范明, 汤学俊. 企业可持续成长的自组织研究 [J]. 管理世界, 2004 (10): 107-113.

[8] Haken H. Synergetics [M]. Berlin: Springer, 1978.

[9] 崔婷. 企业能力系统涌现机理及层次演进研究 [D]. 天津: 天津大学, 2006.

[10] 北京和利时信息技术有限公司网站. 炼就"ERP药丸"——吉林敖东制药厂信息化侧记 [EB/OL]. [2008-12-25]. http: //www. hollyinfo. com. cn/Casus_ view. aspx? CasusID =20.

A Study on the Dynamic Evolution Mechanism of Information Technology Absorptive Capacity

YU Cuiling[1], BI Xinhua[1]

(1. School of Management, Jilin University, Changchun 130022, China)

Abstract: This paper analyzes the dynamic evolution mechanism of information technology (IT) absorptive capacity to study how to promote it. First it examines the main variables of IT absorptive capacity system, which include the capabilities of enterprise manager, IT project team, and of employees. Then it further explores the self-organization mechanism of IT absorptive capability, and analyses the potential function of the order parameters of absorptive capacity system, its nonequilibrium phase transition and bifurcation, which indicate that the evolution of IT absorptive capacity depends on the synergic impact of various capability elements. It reveals the motivation mechanism of IT absorptive capacity evolution from endogenous and exogenous factors. Finally a case study is made to validate the formation and evolution mechanism of IT absorptive capacity.

Key words: information technology; absorptive capacity; evolution mechanism

企业信息化战略实施的问题讨论

刘彦平[1]

（1. 首都经济贸易大学 信息学院，北京 100071）

摘　要： 企业信息化是企业在信息经济环境下的必由之路，企业信息化进程中，如何解决继信息化战略确定之后，信息化实施的问题。企业信息化战略的实施的切入点的选择，坚持的原则，以及实施中的管理等是企业信息化中不可忽视的，是保证企业信息化进程顺利进行要重视的环节。本文对企业信息战略实施的基本原则、驱动模式选择、切入点的确定和信息化战略实施的项目管理进行讨论。

关键词： 适度合理性的原则；统一指挥的原则；权变原则；驱动模式；信息化战略实施切入点；项目管理

中图分类号： G202

企业经过信息化进程中，在制定了信息化经营战略之后便可进入到信息化战略实施阶段。这是企业信息化过程中的关键环节，是企业信息化预想能否走入正轨，能否实现信息化预期目标的环节。因此，企业信息化战略的实施要从坚持的原则，切入点和信息化实施的管理等方面要给予高度重视。

1　企业信息化战略实施的基本原则

1.1　适度合理性的原则

由于经营目标和企业经营战略的制定过程中，受到信息、决策时限以及认识能力等因素的限制，对未来的预测不可能很准确，所制定的企业经营战略也不是最优的，而且在战略实施的过程中由于企业外部环境及内部条件的变化较大，情况比较复杂，因此只要在主要的战略目标上基本达到了战略预定的目标，就应当认为这一战略的制订及实施是成功的。

另外，企业的经营目标和战略总是要通过一定的组织机构分工实施的，也就是要把庞大而复杂的总体战略分解为具体的、较为简单的、能予以管理和控制的问题，由企业内部各部门以至部门各基层组织分工去贯彻和实施，组织机构是适应企业经营战略的需要而建立的，但一个组织机构一旦建立就不可避免地要形成自己所关注的问题及本位利益，这种本位利益在各组织之间以及和企业整体利益之间会发生一些矛盾和冲突，为此，企业的高层管理者要做的工作是对这些矛盾冲突进行协调一致的折中、妥协，以寻求各方面都能接受的解决办法，而不可能离开客观条件去寻求所谓绝对的合理性。只要不损害总体目标和战略的实现，还是可以容忍的，即在战略实施时要遵循适度的合理性原则。

1.2　统一领导，统一指挥的原则

企业经营战略了解最深刻的应当是企业的高层领导人员，一般来讲，他们要比企业中下层管理人员以及一般员工掌握的信息要多，对企业战略各个方面的要求以及相互联系的关系了解得更全面，对战略意图体会最深，因此战略的实施应当在高层领导人员的统一领导、统一指挥下进行，只有这样其资源的分配、组织机构的调整、企业文化的建设、信息的沟通及控制、激励制度的建立等各方面才能相互协调、平衡，才能使企业为实现战略目标而卓有成效地运行。

同时，要实现统一指挥的原则，要求企业的每个部门只能接受一个上级的命令，但在战略实施中所发生的问题，能在小范围、低层次解决问题，不要放到更大范围、更高层次去解决，这样做所付出的代价最小，因为越是在高层次的环节上去解决问题，其涉及的面也就越大，交叉的关系也就越复杂，当然其代价也就越大。统一指挥的原则，看似简单，但在实际工作中，由于企业缺少自我控制和自我调节机制或这种机制不健全，因而在实际工作中经常违背这一原则。

1.3　权变原则

企业经营战略的制订是基于一定的环境条件的假设，在战略实施中，事情的发展与原先的假设有所偏离是不可避免的，战略实施过程本身就是解决问题的过程，但如果企业内外环境发生重大的变化，以致原定的战略的实现成为不可行，显然这时

需要把原定的战略进行重大的调整，这就是战略实施的权变问题。其关键就是在于如何掌握环境变化的程度，如果当环境发生并不重要的变化时就修改了原定的战略，这样容易造成人心浮动，带来消极后果，缺少坚忍毅力，最终只会导致一事无成。但如果环境确实已经发生了很大的变化，仍然坚持实施既定的战略，将最终导致企业破产，因此关键在于如何衡量企业环境的变化。

权变的观念应当贯穿于战略实施的全过程，从战略的制定到战略的实施，权变的观念要求识别战略实施中的关键变量，并对它做出灵敏度分析，提出这些关键的变量的变化超过一定的范围时，原定的战略就应当调整，并准备相应的替代方案，即企业对可能发生的变化及造成的后果，以及应变替代方案，都要有足够的了解和充分的准备，以使企业有充分的应变能力。当然，在实际工作中，对关键变量的识别和启动机制的运行都是很不容易的。

2 企业信息化战略实施的驱动模式选择

导致企业信息化战略实施的因素很多，构成多种驱动力量。企业应根据企业特点、不同的时期以及信息化发展的不同阶段，采用不同的驱动模式。这些驱动模式可以分为外部和内部驱动模式；或分为行政驱动模式、市场驱动模式和技术驱动模式。图1显示了上述各种驱动力量之间的关系。

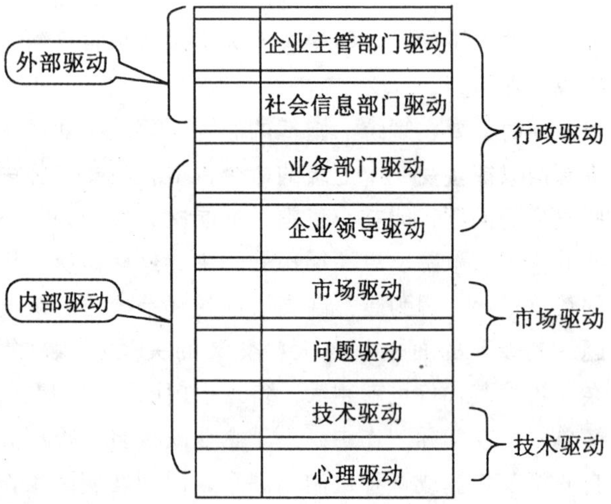

图1

通常，在信息化发展的初期，驱动模式相对单一，多为企业领导驱动或业务部门驱动等内部驱动。

当信息化发展到一个相对成熟的阶段时，驱动模式多为混合驱动，各个方面的驱动力都在推动着信息化的发展。

外部驱动，主要是市场竞争驱动的作用将日益突出，并与业务部门的驱动一起成为最关键的驱动力量。

2.1 问题驱动

企业在经营过程中往往碰到许多用传统方法解决很困难，而且效果不好的新问题，于是信息化人员采用信息化方案来解决问题。美国通用汽车在处理旧设备的时候碰到的问题就是很好的例子。该公司每年要处理大批旧设备，为此感到很头疼。后来企业网站人员提出信息化解决的办法。实践证明，通过网站进行旧设备拍卖是很好的解决途径。

2.2 技术驱动

在信息化系统解决方案与传统运作流程矛盾时，企业管理层的支持很难完成技术更新。信息化人员通过信息化技术的实施，改造现有流程，提高管理效率，从而调动企业管理层对信息化的支持力度。特别是在信息化技术飞速发展的今天，定期更新信息化技术是保证信息化健康发展的重要措施。

2.3 市场驱动

在经营活动中，竞争者的成功做法成为企业效仿的典范。当一家或者多家竞争对手开始采用信息化而且似乎进展顺利时，其他企业跟进效仿。

2.4 心理驱动

企业如果不采用信息化就会失去竞争优势，或者采用信息化就能够增强竞争实力。在这种情形下，它们畏惧丧失机会，所以经常仓促地开始不适当的冒险。

3 企业信息化战略实施切入点的选择

信息化战略的根本目的是服务于企业经营战略。企业信息化的内容非常广泛，不可能一下子全部实现，这就决定了企业信息化建设是一种长期性的投资，而不是一次性的消费。因此必须根据企业的经营战略需求做好信息化的长远规划，并以解决最迫切和急需的问题，作为企业信息化的切入点。企业在实施信息化战略时，需要根据市场地位和所处的市场环境科学地选择信息化实施的切入点。

很多企业在制定信息化实施策略时，都充分考虑并利用了现有经营管理模式中的主导地位，主动开展能够直接为企业增加赢利的信息化活动，如中国石化集团、联华超市公司、秦皇岛电力公司等集团企业，充分利用其大批量物资采购的谈判优势，在买方市场中建立起自己独立的采购平台，拉动供应商上网，利用网络平台达到采购信息透明化、降低采购成本、及时快速采购的目的。

2001 年奇安特借鉴有名的波士顿咨询公司的“金牛、新星、问题项目和狗”矩阵建立了一基于公司协调性和项目存续性适应网络环境的信息化战略方法（参见图 2）。

电子商务应用	潜在的市场价值	达到正现金流的时间	人员需求	资金需求	平均存续性
电子市场(A)	85	70	20	20	49
买方(B)	70	70	60	50	63
MRO采购(C)	80	60	80	90	78

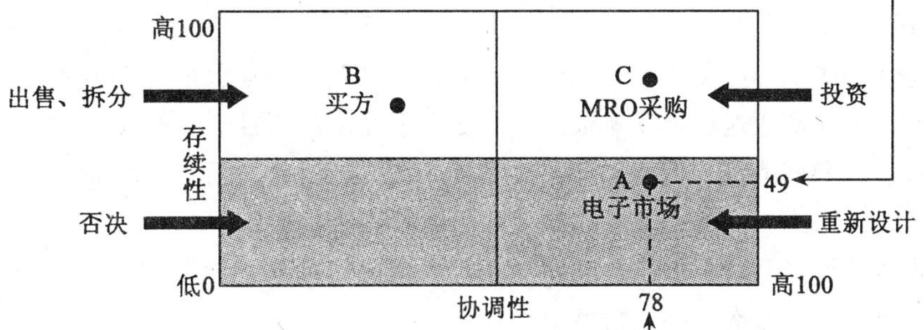

电子商务应用	与核心能力的协调	与其他公司项目的协调	与组织结构的协调	与公司文化和价值取向的协调	技术实施的方便程度	平均协调性
电子市场(A)	90	60	90	70	80	78
买方(B)	10	30	30	40	60	34
MRO采购(C)	90	60	90	80	80	80

图 2

协调性通过 5 条标准来衡量：与核心能力的协调、与其他公司项目的协调、与组织结构的协调、与公司文化和价值取向的协调以及技术实施的方便程度。同样，每个信息化项目都可以在 1 到 100 之间打分（或者按高、中、低定量评判），并计算平均分。存续性通过 4 条标准来衡量：潜在的市场价值、达到正现金流的时间、人员需求和资金需求。对于 B2B 采购网站、B2C 商店、儿童门户网站等信息化项目，可以针对上述每条标准在 1 到 100 之间打分，然后计算各标准的平均得分（简单平均）。

在图 2 中，因特网矩阵被分为 4 格，上述两个平均得分可以将不同的战略切入点项目放到因特网组合矩阵上。如果存续性和协调性都很低，那么项目被否决；如果都很高，那么项目被接受；如果协调性高而存续性低，那么项目被重新设计；如果协调性低而存续性高，那么项目被卖给其他人或者被拆分。图 2 中的表格显示了与一个玩具电子市场相关的多个应用的评级情况。

4 企业信息化战略的实施阶段

企业信息化战略的实施可以分为四个阶段。

第一阶段：酝酿阶段。企业研究实施信息化的条件，着手信息化战略规划的启动。

第二阶段：展开阶段。企业在主要业务环节实现信息化，在因特网上开设自己的网站，或在第三方信息化平台上创建网页，展示企业的交易信息，开始在网上进行网络营销、网络广告等信息化活动。

第三阶段：整合阶段。企业在虚拟市场上占据一定份额，信息化开始渗透到企业多个业务部门，与信息化配套的物流和售后服务不断完善。

第四阶段：转型阶段。企业根据信息化的要求，结合 ERP 等进行业务流程重组，形成新的网络经济理念。

5 企业信息化战略实施中的项目管理

企业信息化是一项庞大的系统工程，涉及多方面的领域和相关环节，实施中容易出现严重的偏差和失误，具体表现如下：

由于没有严格的绩效考评制度和监督机制，虽有量化而且是可操作、可实现的年度计划指标，也有先进的内部员工管理信息化系统，但每每计划出台还是流于形式、纸面和口头，工作的主动性差，责任心不强，遇事相互推诿，大量工作不能按计划落实和完成。许多工作被搁浅或被延误，也不对当事人给予一定的制裁和惩罚，所以屡犯不止的事并不是稀有的。这实际上就是管理的漏洞，也暴露出公司高层管理者水平的低下和不足。一个企业没有制度是可怕的，有了制度但没有强有力而公平的执行、监督机制是更可怕的。可以说产品开发周期过长，市场开发缓慢，与公司没有真正意义上对员工的绩效考评不无关系。

不能紧紧围绕企业发展战略和目标开展工作，恣意行事，偏离发展方向。在商业这块市场尚未攻克下来时，就想更大面积地撒网捕鱼，自然又是无功而返。这其实是犯了兵家之大忌。随意破坏战略部署，随意偏离战略发展轨迹，有章不循，必然导致节节败退。而战略实施上的一次次错误，无形中加大了公司的运营成本，也使员工信心受挫，同时还使公司丧失了主动优势和大好时机，给竞争者和潜在进入者更多的机会和时间，这又加大了公司的市场推进难度。

资金严重短缺和人力不足时，应采用收缩战略，集中优势兵力打歼灭战，但公司却仍是遍地开花，到处撒网，没有专注点，打一枪换一个地方。其实这说回来，又是战略实施失控，人为主观因素太强，战略偏移，无序发展的结果。归根结底还是战略管理上的失利。

从公司的资产负债表发现，其流动负债为0。就企业发展的角度来说，适度的负债经营是企业的明智之举。能适度地负债经营的企业也证明了其实力所在。公司的流动负债为0，从某种程度上表明了公司的偿债能力欠缺，在社会上没有建立起一定的资信，以致贷款无着落。

公司法人治理结构不健全，股权结构混乱，所有者与经营者错位，而且相互猜忌，互不信任。甚至高管在做出任何重大决定时，可以不通过董事会通过。当重大事项公布或重大事件发生后，董事会才被告之，而董事会表现出的是软弱无奈的接受。显然这样的结局是两败俱伤，投资人不再信任经营者，投入减少甚至不再继续投资。

为了保证整个战略的成功实施，必须在企业中推行项目管理，向项目管理要效益、要速度。项目管理是运用管理知识、工具和相关技术对某项工作的资金、时间、人力等资源进行控制的活动。项目管理分为5个阶段：项目启动、项目计划、项目执行、项目控制和项目收尾。在西方发达国家，项目管理的应用已十分普及，因为它的理论与应用方法从根本上改善了管理人员的运作效率，所以项目管理已从最初的国防和航天领域迅速发展到目前的电子、通信、计算机、软件开发、建筑业、制药业、金融业等行业甚至政府机关。

目前，项目管理已由适用于对某个信息化项目进行管理扩展到采用项目管理的理论和方法对整个信息化活动进行管理。许多企业都采用项目管理来运作信息化，使自己的组织变得更有效、更敏捷、更易于控制。项目管理的内容，也从主要关注的项目成本、进度（时间）和质量，扩展到集成管理、风险管理和沟通管理。

企业信息化项目管理，需要重点考虑以下环节：

（1）定义信息化项目成功的标准。在信息化项目开始时，要保证各方对于判断信息化项目是否成功有统一的认识。通常，紧跟预定的进度是唯一明显的成功要素，但是肯定还有其他的因素存在，比如，增加市场占有率、获得指定的销售量或销售额、取得特定用户满意程度、淘汰一个维护成本高的遗留系统等。

（2）建立项目经理负责制。项目经理负责制为信息化项目在企业的有效实施提供了可靠的保证。一个称职的信息化项目管理专业人员，必须具有相应的通用管理知识和经验、相关的业务知识背景以及精深的风险管理经验。也就是说，信息化项目经理应当是具有丰富知识及合理知识结构的高级复合型人才。

（3）把握各种要求之间的平衡。每一个信息化项目都需要平衡它的功能、人员、预算、进度和质量目标等五个方面。每一个方面都是一个约束条件，项目实施人员一般应在这些约束中进行操作，或在规定的范围内进行调整，在项目范围、时间、成本、风险和质量之间做出最佳平衡。

（4）制订详细的实施计划。信息化项目应当有详细的计划工作表和活动检查列表。这是一件具有相当难度的工作。制订一个信息化实施计划往往需要付出巨大的劳动，需要认真地思考、沟通、权衡、交流、提问并且倾听意见。计划时多花一些时间，就会减少以后项目实施中带来的意外。

（5）加强质量控制活动。信息化项目实施时，需要逐步记录实施的过程，记录任务完成的情况，公开、公正地跟踪项目状态。发现质量问题应及时提出，并根据具体情况加以修改。

总之，企业信息化战略实施是企业信息化的不容忽视的环节，用科学的态度和方法，用符合自然规律的理念面对这个问题是信息化战略实施成功的关键。

The implementation of enterprise information strategy discussion

LIU Yanping[1]

(1. Capital University of Economics School of Information, Beijing 100071, China)

Abstract: Enterprise information is the business environment in the information economy, the only way the process of enterprise information, information on how to solve the following strategy is established, information technology implementation. Enterprise Information entry point for implementation of the strategy of choice, adhere to the principles and the implementation of the management of information technology in the enterprise can not be ignored. Is to ensure that the process of enterprise information should attach importance to the smooth conduct of the link. In this paper, enterprise information basic principles of implementation of the strategy, driving mode selection, identification of entry points and information strategy for the implementation of project management for discussion.

Key words: moderate and reasonable to the principle, the principle of unity of command, contingency principle, drive mode, information-based entry point for implementation of the strategy, project management

电子政务系统采纳和渗透:基于结构化理论的概念模型与案例分析*

郭迅华[1]，张楠[2]，孟庆国[2]

(1. 清华大学 经济管理学院，北京 100084；2. 清华大学 公共管理学院，北京 100084)

摘　要：本文将社会学范畴的结构化理论（Structuration Theory）引入到电子政务系统采纳的研究之中，提出了一个用于从宏观视角上分析电子政务系统应用推广过程的“结构-模式”（Structure-Pattern）概念模型，并运用该模型对北京市朝阳区某电子政务系统应用进行了案例分析，从而验证了该模型的阐释能力，揭示了该电子政务系统应用推广过程结构与模式的互动演变。本案例研究的结果对于相关电子政务应用实践具有一定的现实启发意义，同时也表明基于结构化理论的研究思路以及定性化的案例研究方法将有助于克服传统的基于社会心理学思想和统计实证研究方法的信息系统采纳研究中由来已久的一些重要局限性。

关键词：电子政务；信息技术采纳；结构化理论；案例分析

中图分类号：C931.6；D630.1

1 引　言

中国电子政务建设在近年来取得了长足的发展。作为构建现代公共服务型政府的途径，电子政务在中国各级政府中快速推进。在经过“三金工程”和“政府上网工程”之后，中国的电子政务已经打下了坚实的基础，目前正步入深化发展的阶段[1][2][3]。在联合国每年发布的世界各国电子政务成熟度（Readiness）排名中，中国的位置持续上升[3][4]。美国布朗大学（Brown University）发布的研究报告中更认为中国是世界上电子政务发展最为迅速的10个国家之一[5]。可以预见，中国的电子政务建设在未来有着更广阔的发展空间。

但是，不能忽视的是在快速发展的背后，中国的电子政务建设也存在着问题，许多电子政务项目在系统实施成功后，却在应用层面遭遇尴尬。电子政务系统生命周期偏短和未能得到充分利用的现实也引发一些学者对电子政务投资价值的质疑[6]。微观层面的信息系统采纳研究表明，电子政务系统采纳在用户认知层面主要取决于系统的适合性（Perceived Fit）或相容性（Compatibility），而低适合性背后的原因又通常被归咎为未实现系统与部门业务的充分整合以及未实现有效的跨系统整合（“信息孤岛”问题）[7]。事实上，在定期出版的中国电子政务发展年度报告中，上述问题被多次反复提及[3]。但迄今为止，尚没有能够在电子政务项目中规避上述问题的有效策略和路径被提出。一些学者认为这一现象是电子政务在发展中在特定环境下面临的阶段性问题[8]，但现有研究也未能对所谓特定的环境做更清晰的界定和深入的阐释。

信息系统采纳相关研究在国内外已得到了长期的关注[9]。然而，这方面的研究工作大多是在微观层面上，从社会心理学的视角探讨个体认知与采纳决策之间的影响机制[10]。对于电子政务这类面向组织的复杂应用系统，建立在个体认知基础上的理论模型往往缺乏足够的解释能力。进一步而言，现有的信息技术采纳模型大多只是针对单一时间的决策行为分析，对于信息系统在组织中的渗透、演变过程则未能加以考虑。这些局限性在很大程度上制约了我们对组织中信息系统采纳与渗透机制的深入分析。

在此背景下，本文将社会学范畴的结构化理论（Stracturation Theory）[11]引入电子政务系统采纳的研究，提出了一个用于从宏观视角上分析电子政务系统应用推广过程的“结构-模式（Structure-pattern）”概念模型，并运用该模型对北京市朝阳区

* 基金项目：国家自然科学基金资助项目（70890081/70833002/70621061）；博士后科学基金资助项目（20080440030）

通讯作者：郭迅华，E-mail：guoxh@sem.tsinghua.edu.cn

某电子政务系统应用进行了案例分析，从而验证了该模型的阐释能力，揭示了该电子政务系统应用推广过程结构与模式的互动演变。本案例研究的结果对我国电子政务应用实践将具有较为深刻的启发意义。与此同时，结构化理论作为社会学领域的经典理论之一，在国际信息系统研究中已得到较为广泛的应用，本文也希望通过对相关研究视角和实证方法的探索，对国内信息系统领域定性研究思路的拓展和方法论的规范有所贡献。

2 结构化理论相关研究综述

20 世纪 70 年代，Giddens 的一系列著作陆续阐述了结构化理论所涉及的重要思想。1984 年出版的《社会的构成》一书被认为是对上述思想的概括和总结[11]，因此成为结构化理论的纲领性著作。结构化理论试图阐述的是社会结构（Social Structure）和行为自主体（Agency）之间的张力问题，关注社会结构持续反复的“再造”（Reproduction）。该理论强调社会结构的二重性（Duality），即结构在使能（Enable）并制约（Constrain）行动（Action）的同时，也被这些行动所再造。在这样的二重性中，结构和行动相互依存，形成一个持续动态演化的实践系统。如 Giddens 所言：“我们在受制约中创造了一个制约我们的世界”[11][12]。

作为现代社会学的经典理论，结构化理论在信息系统研究中的应用从其理论体系形成至今不断延续，Jones 和 Karsten 的研究显示，截至 2002 年，信息系统领域相关研究论文的数量就超过了 200 篇，其中包括在 MIS Quarterly、Information Systems Research、Information Systems Journal、European Journal of Information Systems 等信息系统领域顶尖期刊上发表的论文[13]。信息系统领域基于结构化理论的研究可大致划分为四个方向：（1）根据信息技术的特点重建理论体系，Orlikowski 和 Robbey 等人提出的调适性结构化理论（Adapting Structuration Theory，AST）是其中最具代表性的工作[14]；（2）将结构化理论作为一种分析工具；（3）将结构化理论作为其他理论背后的元理论；（4）借用结构化理论中的概念界定信息系统研究中的对象。随着应用的深化，上述方向在研究中也有融合的趋势[12][13][15]。

在近期的一项研究工作中，Reimers 和 Johnston 将结构化模型与实践理论（Practice Theory）[16] 相结合，提出了结构再造与强化模型（Model of Reproduction and Reinforcement of Structure，MRRS），用以分析行业内跨组织信息系统（IOIS）的采纳问题[17][18]，也取得了较好的效果。该模型将信息系统应用实践中的结构分解为观念性结构（Ideational Structure）、规范性结构（Normative Structure）和物质性结构（Material Structure），并通过模式（Pattern）的概念，对“二重性”概念进行了深化和发展。

3 “结构-模式”模型

本文的研究工作，即是在 Reimers 和 Johnston 模型的基础上，面向电子政务应用环境进行了针对性的调整，提出了基于结构化思想电子政务系统采纳与渗透分析模型，并以此对北京市朝阳区的一项系统应用进行了案例研究。延续结构化理论的基本思想，一项电子政务系统的采纳与渗透实践，可以被理解为一个组织中的社会结构不断催生组织中各主体的行动，同时又为这些行动所再造的持续、动态的过程。Reimers 和 Johnston 进一步引入了“模式”的概念，认为社会结构通过触发主体行动而造就了行为模式，而行为模式则反过来表现为新的主体行动，进而再造了社会结构[18]。信息系统应用的实践，正是在这种“催生-再造”的循环中形成一个个阶段性的动态平衡，并持续不断地演化发展。

进一步而言，组织中的结构可以被分解为观念性结构、规范性结构和物质性三个方面。根据 Reimers 和 Johnston 的观点，这三方面的结构往往会触发并产生三种对应的行为模式。针对政府组织中的信息系统应用，我们将上述三方面的结构具体化为观念、制度和流程。其中，观念代表了电子政务系统应用相关人员的意愿、态度和观点，制度指的是该系统应用相关的各种规范和规定（包括成文及不成文的规定），流程则指的是对该系统的程序化、常规化的使用。对应于这三种实践结构，组织中会形成三种系统采纳行为模式，即发散式（在行为主体各自观念的主导下自发的行为）、奖惩式（在成文或不成文的制度性奖惩条件下权衡选择的行为）、动作式（稳定、常规化的习惯性行为）。由此形成了用于分析电子政务系统采纳与渗透实践的“结构-模式”概念模型（如图 1 所示）。

一项信息系统应用实践的源起，往往可以追溯到最初的观念结构或流程结构。对于电子政务系统应用而言，则往往开始于特定的观念结构。在观念结构主导下产生了发散式的系统采纳行为模式，进而引发一系列的结构再造和行为模式演化，使得观

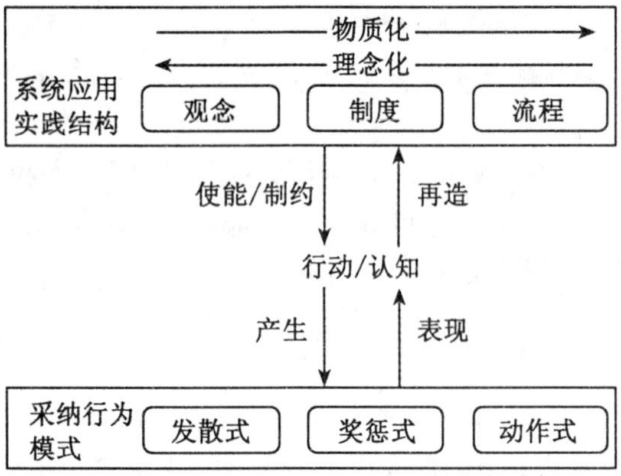

图 1 “结构-模式”概念模型

念结构逐渐物质化为制度和流程。另一方面，特定的流程结构中也可能产生新的动作式行为模式，进而引发结构再造和行为模式演化，使得流程结构逐渐理念化为制度和观念。

在此模型的基础上，可以认为，一项成功的电子政务系统应用实践，应体现为实践结构和采纳行为模式的良性、平衡的演变。在物质化的方向上，系统应用的观念催生出相关各主体的行动和认知，通过不断地再造实现观念的自我完善，并固化形成制度和流程；在理念化的方向上，流程活动中产生了新的应用实践行动，通过不断地再造实现流程的持续优化，并凝练形成制度和观念。相反，一项不成功的电子政务系统应用实践，往往也就体现为上述演变过程中的结构失衡。对于其推进过程中所出现的种种问题，我们也可以通过实践结构与行为模式之间的互动加以阐释和理解。

以下，我们将针对北京市朝阳区的一项电子政务应用系统实践，利用上述“结构-模式”概念模型对之加以分析，从而验证该模式的阐释能力，并剖析此项应用实践案例推进中的问题与缺陷，以期为相关类型的应用系统实践提供管理上的启示和指导。

4 案例研究方法

本研究遵循规范的案例研究方法展开，研究的目标系统是在北京市朝阳区于 2005 年底开发完成并投入使用的“全程代办”系统。该系统属于工作流管理系统，使用群体为各下属地区一站式服务大厅中的工作人员。项目的目标即通过这一定制电子政务系统的实施和应用，规范各下属地区日常公共服务工作流程，便于监察部门进行监督和考核。作为地方政府的一个普通电子政务项目，该项目的进程在一定程度上能够反映同类项目的一些共性问题。

在研究所需证据资料的搜集方面，研究者注重多种证据来源的搜集。现有证据资料包括：2006 年 5 月开放式问卷调查的反馈记录；2006 年 3 月至 2007 年 3 月间研究者之一在朝阳区信息化工作主管部门对项目情况的观察记录和获得的部分系统使用记录数据；2007 年 5 月和 2008 年 10 月两次实地集中访谈的记录；“全程代办”系统推广过程中的相关通知、通告和考核办法等文献资料。此外，为了确保研究具有较好的建构效度（Construct Validity），我们注意了在访谈中保证证据来源的多元性，既访谈了朝阳区信息化工作主管部门中项目的总体负责人，也访谈了下属地区相关业务的负责人和系统的具体使用者，尽量构建证据三角形（Evidence Triangulation），以减少被访谈者选择造成的研究局限[19]。

为了确保研究具有较好的内在效度（Internal Validity），研究者对搜集到的相关定性研究资料进行了编码（Coding）和样式匹配（Scheme Matching）[19]。如何有效利用上述方法验证和探索社会科学领域的抽象理论，一直是信息系统领域学者试图解决的难题。本研究在方法上参照了 Reimers 和 Jontson 结合自顶向下和自底向上两种思路的模式，先将具体的访谈记录和原始资料归纳为“惯例”（Rationale），再结合抽象理论演绎而来的模型对案例进行解释（如图 2 所示）[17]。表 1 的示例表明了一个惯例的由来。在不同访谈对象的访谈记录中都提到了上级指示、政策、精神对实际使用行为的影响，上述现象被归纳为“政策影响”惯例，被认为是制度结构发挥作用的一个证据。上述方法使研究者得以通过惯例层面的分析建立从概念模型与访谈记录之间的逻辑联系。

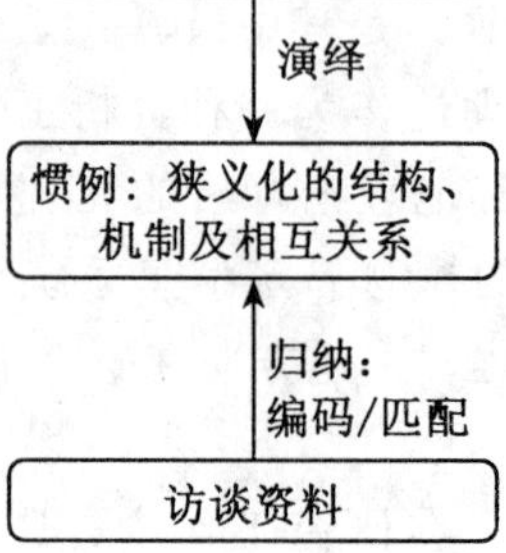

图 2 案例研究方法

表 1　政策影响惯例（示例）

名称	英文	简称	对应访谈记录
政策影响	Government Policy Impact Rationale	GPIR	D122：政府工作不像科研机构，主要是接受上级安排，“全程代办”上级安排了，大家就认为这是部门的职责。
			A200：受访者××作为所属地区比较了解“全程代办”系统的基层干部，并不能把“全程代办”系统的相关工作从她日常负责的工作中独立出来，在她看来，“全程代办”的使用和她接到的其他上级要求没有区别，她和她的下属都会按照执行（描述）
			Y203：系统使用挺麻烦的，需要重复劳动，主要是上面要求我们用

5　案例分析

依据上述方法，我们对 2006 年以来“全程代办”系统推行过程中的相关资料和两次访谈记录进行了编码和分析。在分析结果中，系统应用实践结构与采纳行为模式之间显现了鲜明的互生关系，该项目在实施、推行过程中所遇到的种种问题也通过模型分析得到了有效的解释。以下，我们将沿着“结构-模式”概念模型的思路，对该系统应用实践的演变过程加以梳理和讨论。

该电子政务系统应用实践源于组织中的观念结构。2005 年至 2006 年，“全程代办”系统的建设需求伴随着“全程办事代理制”的理念而产生，从北京市到各区县的推广过程都是首先强调理念。在实地访谈中，各级部门的受访者对与“全程代办”的理念和提高公共服务水平的初衷有较高的知悉度和认同度，这也是前期宣传推广效果的显现。而同期的系统使用情况却呈现了较大的跨地区差异和时间波动。2006 年 1 月至 8 月的系统使用记录显示，部分地区的使用情况已令人满意，但在 43 个下属地区中，还有 23 个地区从未使用过系统。此外，于 2006 年 5 月进行的一次视频培训，从系统使用记录来看，对系统应用的带动效应明显，系统使用量在短短几天中增加了一倍，但在随后的几个月，使用量又呈现下降趋势，并未能维持在最高水平[20]。上述现象体现了典型的“发散式”采纳行为模式，而这样的模式正是在初级阶段以观念为主导的结构特征下所产生的。

这种发散式的采纳行为模式不断对观念结构进行再造，使之逐步转变迁移，并开始塑造形成特定的制度结构。由于“全程代办”系统使用情况不佳，培训等手段也被证明并非长效措施，朝阳区信息化工作主管部门于 2006 年底尝试将“全程代办”系统使用纳入年度电子绩效考核体系，占 15% 的权重，并在随后的 2007 年开始实施，这一举措也带动了各下属地区配套规章制度的出台。这样的变化突出体现了观念结构向着制度结构发展的物质化过程。结构转变出现的同时，系统采纳行为模式也发生着变化。在 2008 年，政府各项规章制度均得到良好的贯彻，从 2008 年 10 月第三次访谈的记录来看，即便在下属地区存在一些对系统设计和可用性的质疑声音，但系统使用率始终是有保证的。而这种依靠规章制度保证的使用行为正是典型的奖惩式行为模式。

然而，在本案例中，观念结构和制度结构并没有能够物质化为流程结构，渗透融合于日常工作中的动作式采纳行为模式也始终未能出现。朝阳区信息化工作主管部门并不满足于“全程代办”系统的使用现状。实际上，从 2006 年开始，他们就试图推动“全程代办”系统与“网上审批”系统的整合，从而加强系统与业务的融合。倘若这样的融合能够实现，那么观念与制度主导的实践结构中就有可能再造出相对稳定的流程结构。相关负责人在访谈中曾多次提及这一计划，然而实现这一思路存在着巨大障碍。税收、财政等重点业务领域都拥有自己的“金”字工程，在电子政务中采取的是从国家到地方的纵向管理模式，拥有自己独立的系统和数据格式。各级地方政府打破壁垒，推动跨部门整合的尝试缺乏相应的权力支撑，面临的困难是艰巨的。正是这“不可能完成的任务”使得该系统应用实践停留于观念与制度主导下的奖惩式采纳行为模式，未能产生进一步的演变和发展。

上述过程验证了电子政务系统使用过程中实践结构与采纳模式之间的内在联系。地方政府部门在信息化进程中一方面憧憬着业务整合及随之而来的流程结构和动作式采纳行为模式，另一方面又出于现实困难的制约和体制的惯性而不断地强化制度结构，从而使采纳行为模式长期局限于奖惩式状态。这种实践结构与预期目标之间的错位正是许多电子政务项目难以不断深入并长期有效运行的深层原因。认识和理解上述原因，有助于研究者和实践者更准确地认识电子政务建设，更理性地调整电子政务项目目标，以避免陷入“一边承认错误，一边酝酿新错误”的恶性循环。

6 结 语

本文将社会学中的结构化理论引入电子政务系统采纳的研究当中，基于 Reimers 和 Johnston 的 MRRS 模型，提出了面向电子政务系统应用实践的“结构-模式”概念模型，力图使之成为一个阐释和剖析相关实践案例的有效框架。我们通过对北京市朝阳区“全程代办”系统使用的案例分析，展示了我国地方政府电子政务项目推进中一种典型的实践结构演变过程，并分析了该过程中结构与模式的互动关系。本案例研究的结果对于相关电子政务应用实践具有一定的现实启发意义。同时，本研究工作也表明“结构-模式”概念模型具有较强的实证阐释能力，基于结构化理论的研究思路以及定性化的案例研究方法将有助于克服传统的基于社会心理学思想和统计实证研究方法的信息系统采纳研究中由来已久的一些重要局限性[10][21]，例如对具体场景差异的分析不足、对采纳后的行为变化缺乏解释力等[20]。

参 考 文 献

[1] Ma L, Chung J, Thorson S. E-government in China: Bringing economic development through administrative reform [J]. Government Information Quarterly, 2005, 22 (1): 20-37.

[2] 钟明. 电子政府：现代公共服务型政府的实现途径 [J]. 中国软科学, 2003 (9): 27-31.

[3] 王长进, 许晓平. 中国电子政务发展报告 (2009) [M]. 北京：社会科学文献出版社, 2009.

[4] Un. Global E-government Readiness Report 2005: From E-Government to E-inclusion [M]. United Nations: www. unpan. org, 2005.

[5] West D M. Global E-Government, Providence, Rhode Island: Center for Public Policy, Brown University, 2006.

[6] 汪向东, Wilson Ernest J. 中国“以电子政务拉动信息产业发展”政策的再评估 [J]. 数量经济技术经济研究, 2005, 22 (10): 19-29.

[7] Zhang N, Guo X, Chen G, et al.. Impact of Perceived Fit on e-Government User Evaluation: A study with a Chinese Cultural Context [J]. Journal of Global Information Management, 2009, 17 (1): 49-69.

[8] 纪建悦, 王元月, 林则夫. 试论我国电子政务现状、问题及发展策略 [J]. 科学学与科学技术管理, 2002, 23 (6): 14-17.

[9] 张楠, 郭迅华. 电子政务相关研究的现状综述与趋势分析 [C]. 信息系统协会中国分会第二届学术年会, 昆明：云南科技出版社, 2007: 165-169.

[10] Benbasat I, Barki H. Quo Vadis, TAM? [J]. Journal of AIS, 2007, 8 (4): 211-218.

[11] Giddens A. The Constitution of Society: Outline of the Theory of Structuration [M]. Berkeley: University of California Press, 1986.

[12] Rose J. Evaluating the Contribution of Structuration Theory to the Information Systems Discipline [C]. The 6th European Conference on Information Systems, Granada: 1998.

[13] Jones M R, Karsten H. Review: Structuration Theory and Information Systems Research Judge Institute of Management Working Paper No. 11/2003. Available at SSRN: http: //ssrn. com/abstract = 424062, 2006.

[14] Orlikowski W J, Robey D. Information Technology and the Structuring of Organizations [J]. Information Systems Research, 1991, 2 (2): 143-169.

[15] Rose J. Structuration Theory and Information System Development — Frameworks for Practice [C]. The 9th European Conference on Information Systems (ECIS), Bled, Slovenia: 2001: 217-231.

[16] Wenger E. Communities of practice — Learning, meaning, and identity [M]. Cambridge, UK: Cambridge University Press, 2002.

[17] Reimers K, Johnston R B. The Use of an Explicitly Theory-Driven Data Coding Method for High-Level Theory Testing in IOIS [C]. The 28th International Conference on Information Systems (ICIS), Paris, France: 2008.

[18] Reimers K, Johnston R B. Explaining Persistence and Resilience of Inter-organisational Information Systems: Theoretical and Methodological Considerations [C]. The 16th European Conference on Information Systems (ECIS), Galway, Irland: 2008.

[19] Yin R K. Case Study Research: Design and Methods [M]. Thousand Oaks, CA: Sage Publications, 2003.

[20] Zhang N, Guo X, Chen G. An Extended IT Adoption Model and Two Empirical Studies in Chinese Cultural Contexts [Z]. Tianjin, China: 2008.

[21] Venkatesh V, Davis F D, Morris M G. Dead or Alive? The Development, Trajectory and Future of Technology Adoption Research [J]. Journal of AIS, 2007, 8 (4): 267-286.

Adoption and Penetration of e-Government Systems: Conceptual Model and Case Study based on Structuration Theory

GUO Xunhua[1], ZHANG Nan[2], MENG Qingguo[3]…

(1. School of Economics and Management, Tsinghua University, Beijing 100084, China;

2. School of Public Policy and Management, Tsinghua University, Beijing 100084, China)

Abstract: Introducing the sociological Structuration Theory to the research of e-Government systems adoption, this paper proposes "structure-pattern" conceptual model for analyzing the application practice of e-Government systems from a macro-level perspective. Based on this model, a case study with regard to the practice of an e-Government application in Chaoyang District of Beijing City is conducted, so as to validate the interpretive ability of the model, as well as to reveal the evolution process of typical applications. Results from this case study may provide helpful insight for related practice. It is also demonstrated that Structuration Theory based Concepts and the case study methodology are promising for tackling the long existing difficulties in the traditional IT/IS research.

Key words: e-government; IT/IS adoption; structuration theory; case study

UTAUT模型应用元分析

汪传雷[1,2] 李迎雪[2]

（1. 南京大学 信息管理系，南京 210093 2. 安徽大学管理学院，合肥 230039）

摘 要：整合型科技接受模型（UTAUT），是在总结信息技术采纳行为的理性行为理论（TRA）、技术接受模型（TAM）、动机模型（MM）、计划行为理论（TPB）、TPB和TAM的结合（C-TAM-TPB）、PC利用模型（MPCU）、创新扩散理论（IDT）及社会认知理论（SCT）八种模型基础上提出的，针对"影响使用者认知因素"的一种模型。对UTAUT模型从理论基础、研究层次、研究方法、核心维度的四个方面进行元分析，为今后的研究提供基础。

关键词：UTAUT；元分析；TAM；IDT；SCT

中图分类号：G202

随着信息技术的迅猛发展，我国的互联网事业已经从当初的创业时期发展到2007年腾讯、百度、阿里巴巴市值超过100亿美元；网络用户从1997年的62万户发展到2009年1月的2.98亿户，我国互联网事业跻身全球大规模用户行列[1]。与此同时，网络信息资源作为一种新兴的资源形式，随着网民数量的增多成为人们在搜寻信息时的首要方式。那么决定用户网络信息资源绩效的影响因素是什么呢？本研究拟通过对UTAUT模型的应用情况，为进一步的网络信息资源利用绩效研究奠定基础。

整合型科技接受模型[2]（Unified Theory of Acceptance and Use of Technology，UTAUT）是由Viswanath Venkatesh、Michael G. Morris和Gordon B. Davis在对当时具有重要意义的八个用户接受模型——理性行为理论（TRA）、技术接受模型（TAM）、动机模型（MM）、计划行为理论（TPB）、TPB和TAM的结合（C-TAM-TPB）、PC利用模型（MPCU）、创新扩散理论（IDT）及社会认知理论（SCT）的基础上提出的。在经过实证研究和对模型的验证之后，他们认为绩效期望、付出期望、社群影响、配合情况四个因素在用户采纳和使用行为中作为直接决定因素发挥着重要的作用，同时受到性别、年龄、自愿以及经验的调节。UTAUT模型自2003年提出以来受到了众学者的关注，截至2009年4月已经有不少相关文献在信息管理方面的杂志发表，而元分析是对已有同类研究结论进行综合评价、分析、整合，以获得普遍性、概括性结论的方法。本文主要通过ELSEVIER数据库和EBSCO数据库检索到有关UTAUT的21篇文献，从理论基础（Theory Foundation）、研究层次（Research Level）、研究方法（Research Method）和核心维度（Core Determinants）几个角度[3]对UTAUT进行元分析。

1 数据库的选择及研究过程

利用ELSEVIER数据库及EBSCO数据库中收录的期刊为研究对象，以UTAUT为关键词、题目和摘要等搜索方法，以2003—2009年为搜索时间段进行检索。之所以从2003年开始是因为Davis等人是在2003年才提出UTAUT理论。检索发现，文献分布在2007年及以后数量逐渐增多，由此可以推断该模型正在受到相关领域的重视。经将两个数据库中搜集到的文献进行对比发现，ELSEVIER数据库包含EBSCO的文献，只利用ELSEVIER可以搜到61篇文献，通过对61篇文献全文下载及逐一阅读，剔除了相关性不大的文献，只剩21篇。这21篇文献都是直接用UTAUT为首选模型对相关问题进行分析，并根据具体问题对模型进行修改，提出了适合自身研究的新观点。作者最终决定将这21篇文献作为采纳研究文献的元分析对象。通过对文献的仔细研读，确定文献的各种属性，利用spss16.0记录和分析数据，文献发表年份及数量见表1。其中Government Information Quarterly、Information & Management和International Journal of Information Management都是SSCI收录的核心期刊（见表2）。

表 1　　文献年份和文献数量

年份					
		Frequency	Percent	Valid Percent	Cumulative Percent
Valid	2007	5	23.8	25.0	25.0
	2008	10	47.6	50.0	75.0
	2009	5	23.8	25.0	100.0
	Total	20	95.2	100.0	
Missing	System	1	4.8		
Total		21	100.0		

表 2　　期刊名称和文献数量

杂志名（英文）					
		Frequency	Percent	Valid Percent	Cumulative Percent
Valid		1	4.8	4.8	4.8
	British Journal of Educational Technology	1	4.8	4.8	9.5
	Communication of the Association for Information Systems	2	9.5	9.5	19.0
	Computers&Education	1	4.8	4.8	23.8
	Cyber-Psychology & Behavior	1	4.8	4.8	28.6
	Expert Systems with Applications	1	4.8	4.8	33.3
	Government Information Quarterly	3	14.3	14.3	47.6
	Information & Management	2	9.5	9.5	57.1
	International Journal of Accounting Informationg System	2	9.5	9.5	66.7
	International Journal of Information Management	1	4.8	4.8	71.4
	International Journal of Medical Informatics	2	9.5	9.5	81.0
	Journal of Strategic Information Systems	1	4.8	4.8	85.7
	Telematics and Informatics	1	4.8	4.8	90.5
	TshingHua Science And Technology	2	9.5	9.5	100.0
	Total	21	100.0	100.0	

根据表 1 和表 2 可以看出有关 UTAUT 模型的文献发表的期刊名称相对分散，出现频率最高的是 Government Information Quarterly，刊登了 3 篇文献，其他的杂志基本上只有 1～2 篇。其中，2008 年发表的文献数量相对较多，占到了 21 篇文献总数的将近 50%，但并不能说 2008 年发表的文献最多，因为 2009 年文献数量还在统计中，2009 年的 4 个月，不能和 2008 年全年发表的文献数量相比。不过仅有的 4 个月时间发表文献数量就占到总数的 25%，几乎和 2007 年全年的文献数量相当，也从一个侧面反映 UTAUT 模型应用研究是 IS/IM 领域研究的热点问题。

2　UTAUT 基础理论元分析

2.1　理论基础

有关信息技术采纳的研究，特点之一就是理论基础丰富，TAM、TPB、TRA、MM、TAM&TPB、MPCU、IDT 及 SCT 模型就是该领域的经典模型，有着不同的决定性因素集。但随着时间的推移和科技的发展，这些模型暴露出了越来越多的局限性，其中某些变量及控制因素难以完全满足新事物发展的需要，而 UTAUT 正是在对八个经典模型综合分析的基础上提出来的。因此，利用 UTAUT 模型研究问题，势必会牵涉到其他模型的形成和使用。

2.2　元分析过程

UTAUT 模型是在经典的 TAM 模型及其他七个接受模型的基础上整合得出的，利用该模型研究时难免会涉及其原理模型的使用。在专门对 TAM2 及 IDT 对技术或系统的采纳做出显著贡献，但随着新的信息技术层出不穷，研究采纳范围的不断拓展，这些理论也就受到各种质疑。因此，结合整合型技术接受模型（UTAUT）对问题进行分析无疑是个明智的选择。但是并非说 UTAUT 模型是完美无缺的，还必须认识到它从提出到被广泛接受和应用还有很长一段路要走。通过文献研究发现有高达 67%（如表 3 所示）的文献在引用 UTAUT 模型进行采纳分析时引入其他因变量，如有文章提出感知风险 Perceived Risk（PR）[4] 也应该作为自变量之一，另外两篇文献对模型本身进行了研究[5][6]。虽然 UTAUT 的可用性和实用性已不再受怀疑，但是利用模型进行采纳分析时应根据实际情况对模型进行修改或审查，以确定是否添加强相关的其他变量或删除原有的弱相关变量，以得到一个合适的模型。

表3　文献中是否含有其他变量的百分比

是否含有其他变量					
		Frequency	Percent	Valid Percent	Cumulative Percent
Valid	No	7	33.3	33.3	33.3
	Yes	14	66.7	66.7	100.0
	Total	21	100.0	100.0	

3 UTAUT 研究层次元分析

3.1 层次分类

UTAUT 模型是一种整合型技术接受模型，可用以研究个人的采纳和使用行为，也可以研究企业或组织层面的采纳活动。根据 UTAUT 的应用情况，把现有的模型应用研究领域划分成了 3 个研究层次：个人层次模型应用、团体层次采纳和组织层次采纳。其中个人层次是指信息技术的采纳对象是个人；组织采纳指组织作为整体的采纳行为和过程，也指多个组织对跨组织系统的采纳；而团队采纳是指组织内具有共同特征的某一部门、层级或工作小组的采纳行为和过程。

3.2 元分析过程

从研究层次来看，将文献划分为三个层次：个人层次、团体层次以及组织层次。从图 1 中可以看出应用于个人层次的信息技术采纳研究占到相当部分——超过 50%，组织层次的研究次之。产生这种现象的原因可能是由于经典的采纳模型如 TAM 和 UTAUT 等模型主要适用于个人层次的采纳，而 UTAUT 模型的四个调节变量：年龄、性别、经验以及自愿情况主要是衡量个人属性的。通过对样本文献的统计分析可以发现，利用模型进行个人层次的采纳研究时分别有高达 72.7%、63.6%、81.8% 和 90.9% 的样本没有使用到年龄、性别、经验和自愿情况的调节变量。这也许就是 UTAUT 模型可以被用来研究组织或团队层次的采纳行为的原因。但团队层次的采纳模型也应该而且必须被引起重视，正如 Gallivan 和 Renbunan-Fich 指出的，团队层次的采纳被很多研究者们忽视了，其实它本应该是信息技术领域的一个非常重要的研究课题[7]。

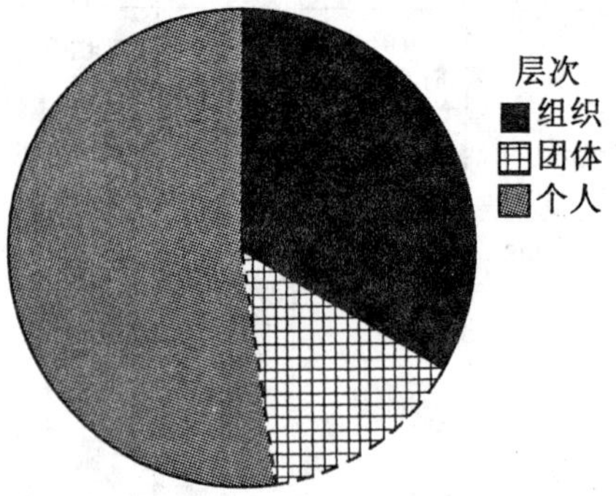

图 1　按研究层次划分的文献分布

表 4　调节变量在不同分组中的分布

$ 调节变量*层次 1 Crosstabulation						
			层次 1			Total
			组织	团体	个人	
$ 调节变量ᵃ	年龄	Count	2	1	3	6
		% within $ 调节变量	33.3%	16.7%	50.0%	
		% within 层次 1	50.0%	50.0%	75.0%	
	性别	Count	3	1	4	8
		% within $ 调节变量	37.5%	12.5%	50.0%	
		% within 层次 1	75.0%	50.0%	100.0%	
	经验	Count	2	2	2	6
		% within $ 调节变量	33.3%	33.3%	33.3%	
		% within 层次 1	50.0%	100.0%	50.0%	
	使用的自愿	Count	0	1	1	2
		% within $ 调节变量	.0%	50.0%	50.0%	
		% within 层次 1	.0%	50.0%	25.0%	
Total		Count	4	2	4	10
Percentages and totals are based on respondents.						
a. Group						

通过表 4 可以看出，在个人层次的采纳研究中调节变量——年龄、性别、经验及自愿的使用频率最高，团队层次的采纳研究中调节变量低，而在组织层次中没有一个研究用到自愿情况这个调节变量。

4 UTAUT 核心维度元分析

4.1 核心维度结构

尽管 UTAUT 已经被广泛应用到个人、团队和组织层次的采纳行为，但在所有的采纳行为研究中几乎没有一个案例所应用的模型是完全一样的，也就是说它们都在初始模型的基础上根据对实际情况的调查分析提出适合说明自身问题的模型。因此，模型中的核心维度在什么样的情况下会起到什么样的作用，以及调节变量会不会对核心维度产生影响，构成研究者利用 UTAUT 模型进行分析所要具体分析的一个重要部分。

4.2 元分析过程

UTAUT 模型的四个核心维度会对行为意图产生影响，它们分别是绩效期望、付出期望、社群影响以及配合情况，如表 5 所示。

表 5 UTAUT 模型中四个因变量的来源及解释

名称	来源	解释
绩效期望 Performance Expectancy	有用感知（TAM/TAM2 和 C-TAM-TPB）、外在动机（MM），工作的适合度（MPCU）、相对优势（IDT）以及结果期望（SCT）	个人感觉使用系统对工作有所帮助的程度
付出期望 Effort Expectancy	易用感知（TAM/TAM2），复杂性（MPCU），以及使用的难易（IDT）	和系统使用相关的缓解程度
社群影响 Social Influence	行为规范（TRA、TAM2、TPB/DTPB 和 C-TAM-TPB），社会因素（MCPU），以及形象（IDT）	一个人认为对于他或她来说重要的其他人认为他或她应该使用新系统的程度
配合情况 Facilitating Conditions	感知行为控制（TPB/DTPB，C-TAM-TPB）、配合情况（MPCU），以及兼容性（IDT）	个人认为组织以及现有专业基础设施对系统使用的支持程度

Case Summary

	Cases					
	Valid		Missing		Total	
	N	Percent	N	Percent	N	Percent
$ 核心维度ᵃ	17	81.0%	4	19.0%	21	100.0%

a. Group

表 6 各维度被引用的数量及比例

$ 核心维度 Frequencies				
		Responses		Percent of Cases
		N	Percent	
$ 核心维度ᵃ	Performance Expectancy	15	26.8%	88.2%
	Effort Expectancy	13	23.2%	76.5%
	Social Influence	17	30.4%	100.0%
	Facilitating Conditions	11	19.6%	64.7%
Total		56	100.0%	329.4%
a. Group				

表 6 中的数据是剔除缺失值的统计量，从表 6 和表 3 中都可以发现原模型核心维度的使用情况尚不太频繁，完全引用原模型的变量而没有引入其他任何变量的只占 33%。因此，有理由相信现在的采纳研究已经不仅仅局限于模型的套用，而是结合实际问题进行修改，避免维度因素单一而不能准确反映问题的现象。维度的多样化趋势使得对模型维度的研究变得更加重要，也为从一个更广阔的视角考察用户对信息技术的采纳提供理论基础。

5 UTAUT 研究方法元分析

5.1 研究方法分类

信息技术领域的研究方法有很多种分类。文献采用了 Alavi 和 Carlson（1992）提出的实证方法和非实证方法两大类[8]。Alavi 和 Carlson 针对 1968 年到 1988 年间的 918 篇资讯管理文献，研究分析其研究主题以及各文献所使用的研究方法时，提出实证研究（Empirical）和非实证研究（Non-empirical）的分类架构，然后把实证研究分为事件或过程（Event/Process）以及对象（Object）两类，而把非实证研究分为概念导向（Conceptual Orientation）、阐述（Illustrative）及应用概念（Applied Concepts）三类，整个架构如表 7 所示。实证方法推崇的是科学结论的客观性和普遍性，强调必须建立在观察和实验的经验事实上，通过经验观察的数据和实验研究的手段来揭示一般规律，如观察法、实验法。非实证方法则是在思想、框架或者思索的基础上，用实证数据加以佐证而进行的研究。文献将所研究的文献按照此两种方法进行分类汇总。

表 7 研究方法分类及解释[9]

	分类	解释或方法
实证研究	事件/过程 (Event/Process)	包含下列研究方法： 实验室实验 实地实验 个案研究 调查 IS 工具发展 事后叙述
	对象（Object）	对产品、技术、系统等形态或类别的综述
非实证研究	阐述（Illustrative）	（纯粹的，以事例或个人经验支持的）观点阐述，通常以规则、建议、步骤等形式对实践应用给予指导；或者描述一些方法或模型等，通常非常详细，在技术和方法上非常精确，具有可操作性
	概念导向 (Conceptual Orientation)	描述有关的框架、模型和理论，并提出解释或理由。
	应用概念 (Applied Concepts)	既包括概念的成分又包括说明的成分，先阐述一些概念或框架，然后再说明其应用

5.2 元分析过程

在文献研究过程中，研究方法被笼统地分为两大类：实证研究和非实证研究。研究发现，绝大多数的文献均采用问卷调查的实证研究方法。问卷调查的方法虽然所得到的数据是有章可循的，但若只采取“调查”研究方法可能是不全面的。“问卷调查”是一种横向的调查方法，虽然其获得的数据比较容易实现，但由于它只是在同一时间对不同的个体进行调查，不足以说明信息技术在随着时间推移的过程中被人们所接受的渐变过程。因此，今后的研究应将实证研究和以研究事物在不同时间段的变化为主的非实证研究相结合。正如 Benbasat 和 Barki（2007）所指提出的，运用纵向的多阶段模型研究技术采纳，有助于更好地理解在信息系统的不同实施阶段，信念变量对系统使用的影响，以及从信息系统上找到稳定使用不同阶段用户的行为互动，在这样一个动态过程中会有利于引入“适应”、“持续使用”等变量[10]。

6 结 语

通过元分析，可以得出如下结论：

（1）从文献分布上看，UTAUT 模型仍处在研究的初级阶段，今后必然会出现更多的实例，会将该模型加以有效地利用。

（2）从研究层次上看，UTAUT 模型多半用于个人采纳的研究，但也有一些组织和团体层次的研究，不管是何层次的研究对条件变量的使用都不多，特别是团体层次。

（3）从核心维度的使用上看，核心维度变量的多样化情况比较突出，这就要求研究问题时应结合实际，构建适合的模型。

（4）从研究方法上看，研究方法虽比较单一，但却是管理研究中的规范方法，即几乎全部采用调查问卷法，而单一的调查法必然存在一定的缺陷，如何与非实证研究方法相结合也许更加有说服力。

UTAUT 模型从提出到成熟也许还要经历很多，应用模型不能只是一味拿来，不加消化地全盘接受，还应结合对象实际进行“本土化改造”。本研究尚未对 UTAUT 的路径系数等方面的指标进行深入分析，这是进一步研究的方向，以便为技术采纳研究的深入抛砖引玉。

参 考 文 献

[1] 中国互联网信息中心，http：//www. cnnic. net. cn/.

[2] VisWanath Venkatesh, Michael G. Morris, Gordon B. Davis. User Acceptance of Information Technology: Toward a Unified View [J]. MIS Quarterly, 2003, 27 (3): 425-478.

[3] 闵庆飞，刘振华，季少波. 信息技术采纳研究的元分析：2000-2006 [J]. 信息系统学报 2008 (2): 22-32.

[4] Il Im, Yongbeom Kim, Hyo-Joo Han. The Effects of Perceived Risk and Technology Type on Users' Acceptance of Technologies [J]. Information & Management, 2008, 45: 1-9.

[5] Kakoli Bandyopadhay, Katherine A. Fraccastoro. The Effect of Culture on User Acceptance of Information Technology [J]. Communication of the Association for Information Systems, 2007, 19: 522-543.

[6] Chao-Min Chiu, Eric T G, Wang. Understanding Web-Based Learning Continuance Intention: The Role of Subjective task value [J]. Information & Management, 2008, 45: 194-201.

[7] Gallivan M J, Benbunan F R. A Framework for Analyzing Levels of Analysis Issues in Studies of E-collaboration [J]. IEEE Transactions on Professional Communication, 2005, 48 (1): 87-104.

[8] Alavi M, Carlson P. A Review of MIS Research and Disciplinary Development [J]. Journal of Management Infor-

[8] Alavi M, Carlson P. A Review of MIS Research and Disciplinary Development [J]. Journal of Management Information Systems, 1992, 8 (4): 45-62.
[9] Rogers E M. Diffusion of Innovations (4th Edition) [M]. New York: The Free Press, 1995.
[10] Benbasat I, Barki H. Quo vadis, TAM? [J]. Journal of the AIS, 2007, 8 (4): 211-218.

A Meta-Analyze of the Application of UTAUT

WANG Chunlei[1,2] LI Yingxue[2]
(1. the Department of Information Management of Nanjing University, NanJing 210093, China;
2. the Department of Management of Anhui University, He Fei 230039, China)

Abstract: The model of UTAUT which was summarized from the theory of reasoned action (TRA), the technology acceptance model (TAM), the motivational model (MM), the theory of planned behavior (TPB), a model combining the technology acceptance model and the theory of palanned behavior (C-TAM-TPB), the model of PC utilization (MPCU), the innovation diffusion theory (IDT), and the social cognitive theory (SCT), was one of the models which focus on "the effect factors of user cognitive". This article made a meta-analysis on the application of UTAUT, summarized from the theory foundation, research level, research method, and the core determinants, and offered a basis for more fruitful path-analyze and correlation-analyze.

Key words: UTAUT; the meta-analysis; TAM; IDT; SCT

移动即时通信服务持续使用意向影响因素研究*

李蒙翔[1]，尚小文[1]，顾睿[1]，王刊良[1]

（1. 西安交通大学 管理学院，西安 710049）

摘　要：随着移动即时通信服务的市场竞争日趋激烈，保证用户对移动即时通信服务的持续使用已成为移动即时通信服务提供商面临的重要的问题。本文从移动即时通信服务用户的技术使用者、服务消费者和网络成员角色的视角，结合移动即时通信服务的特点，对TPB理论进行了扩展，建立了移动即时通信持续使用影响因素的概念模型。运用结构方程模型对401个样本数据进行了实证研究，结果表明态度和感知行为控制均显著正向影响持续使用意向，而主观规范对持续使用意向的影响不显著。

关键词：移动即时通信服务；持续使用意向；计划行为理论；调查研究

中图分类号：C931.6

随着3G业务的推行，移动即时通信（mobile instant messaging）迅速地进入到人们的日常生活和工作中，移动即时通信市场竞争日趋激烈。尽管移动即时通信作为3G时代的杀手应用在全球范围内迅猛增长，但移动即时通信服务提供方在减少“沉默用户”，保证用户的持续使用方面面临挑战。因此，对于移动即时通信服务提供商来说，最需要解决的问题就是如何保证用户的持续使用，即需要关注哪些因素影响用户对移动即时通信服务的持续使用。目前，信息技术领域对移动即时通信的研究以及对持续使用的研究较少，且对移动即时通信的研究主要集中在技术方面。而持续使用研究的应用背景主要集中在互联网服务方面，对移动即时通信服务的持续使用的研究尚属空白。

为了弥补上述研究方面的空白，本研究尝试以移动即时通信服务随时随地、支持非正式交流、成本高、终端限制等特点[1]为出发点，基于移动即时通信服务用户的三种不同角色的视角，对计划行为理论（TPB）进行了扩展，构建了移动即时通信服务用户持续使用影响因素研究模型。并通过实证研究考察影响移动即时通信服务持续使用的关键因素。

1　文献回顾

在信息技术用户行为研究领域，用户采纳问题一直是被关注的焦点。许多的理论如TAM模型都是用来解释用户的采纳行为。TAM提出的最初目的是对计算机广泛接受的决定性因素做一个解释说明。由于模型结构简单和各种实证研究对其价值的证实[2]，TAM被广泛地用于各种技术背景下的接受与使用研究[3][4][5][6][7]。在将TAM应用于其他技术背景下时，学者们往往结合具体应用背景以及其他理论对原模型进行扩展，比如感知娱乐性、感知安全、感知风险、信任、隐私、自我效能等被加入到模型中以增强模型在不同应用背景下的解释力[8][9][10][11][12]。邓朝华、鲁耀斌和张金隆对274个具有移动短信服务使用经验的用户行为进行研究，发现网络外部性对感知易用性与感知有用性以及使用行为具有显著影响，沟通有效性对感知有用性有影响，而感知乐趣以及感知服务费用对使用行为也存在显著影响[13][14][15]。

对于信息技术情境中的期望确认模型（ECM-IT），是2001年Bhattacherjee基于期望确认范式（Expectancy Confirmation Paradigm），考虑到初始接受与持续使用行为的潜在差异，提出并实证检验了的适用于信息系统持续使用情境的模型[16]。尽管ECM-IT理论提出的时间相对较短，但也引起了不少学者的关注[15][17][18][19][20][21][22][23][24][25][26][27]。这

* 基金项目：国家自然科学基金重大项目资助（批准号：70890081）

作者简介：李蒙翔（1985-），男（汉），云南省曲靖，博士生。尚小文（1985-），女（汉），陕西省延安市，硕士

顾睿（1987-），男（汉），河南省固始县，博士生。王刊良（1966-），男（汉），陕西省户县，教授

通讯联系人：王刊良，教授，E-mail：klwang@ mail. xjtu. edu. cn

些学者在不同应用背景下对 ECM-IT 理论进行了扩展，Qin 和 Xu 对用户对在线英语学习服务的持续使用进行研究，发现感知娱乐性对用户满意具有显著正向影响从而间接影响用户的持续使用意向[17]。Hong，Tong 和 Tam 通过对1 000多位移动网络服务用户的持续使用意向进行研究，结果发现 ECM-IT 解释力度达到 50%，但低于 TAM 模型，加入感知易用性的扩展 ECM-IT 的解释力度最大，达到67%[21]。Thong，Hong 和 Tam 又对 811 为移动服务用户的持续使用进行研究，再次对 ECM-IT 进行扩展，结果发现感知易用性对用户满意、感知有用性以及用户持续使用意向具有显著作用，感知娱乐性对用户满意、感知易用性以及用户持续使用意向具有显著作用[22]。Kang，Hong 和 Lee 通过对 400 位韩国在线服务使用者的持续使用意向影响因素进行研究，对 ECM-IT 模型进行了扩展，发现用户自我印象对感知娱乐性、感知有用性以及持续使用意向具有显著影响作用，而后悔则对满意以及持续使用意向有显著负向影响[28]。

TPB 理论在信息系统接受的研究中得到了广泛应用，一些学者结合其他理论对 TPB 进行扩展。Hung，Ku 和 Chang 结合创新扩散理论（IDT）对 TPB 进行扩展，通过对台湾 WAP 服务用户的实证研究，验证了 IDT 中的个人创新性对态度具有显著影响[29][30]。Tan 和 Teo 将 TPB 结合 IDT 进行扩展，对在线银行用户的行为意向进行研究，发现兼容性通过影响态度间接影响行为意向[31]。Pavlou 将 TPB 与 TAM 相结合，对 B2C 在线交易进行实证研究，验证了感知有用性对态度的影响[32]。

也有不少学者加入新的变量以增加模型的解释力度。Hsu 和 Chiu 通过对电子商务接受的实证研究，验证了内部影响因素影响主观规范和感知有用性，感知娱乐性影响态度，自我效能影响持续使用意向[33]。Wang，Lin 和 Luarn 基于 TAM、TPB 对用户接受移动服务的因素进行研究，对 258 名台湾移动服务用户的样本数据分析显示感知信用、自我效能以及感知财务资源对用户的使用意向具有显著影响，并且自我效能对感知易用性存在显著影响，感知信用与感知财务资源对感知有用性存在显著影响[34]。Lu，Zhou 和 Wang 基于 TAM、TPB 以及 Flow 理论对中国即时通信用户的接受进行了研究，结果显示感知有用性与感知娱乐性显著影响用户态度，同时感知有用性、用户集中度、主观规范以及感知行为控制对用户行为意向有显著影响[35]。Hsu 和 Chiu 基于 TPB 对在线服务的持续使用意向进行研究，结果表明自我效能以及感知控制性影响感知行为控制，社会影响以及人际影响影响主观规范，感知有用性、感知可玩性以及感知风险影响态度，感知有用性、感知可玩性以及人际影响对用户满意有影响，用户满意和自我效能对用户持续使用意向有影响[36]。

2 理论基础与研究假设

2.1 理论基础

技术接受模型较为经典，但其最初提出的目的是对计算机技术广泛接受的决定性因素做一个解释性说明，其中有一个明显前提假设是用户无需承担技术采纳所造成的花费；另外，技术接受模型中，外部变量通过感知有用性与感知易用性作用于行为意向，但感知有用性与感知易用性都是感知的主观信念，并没有告诉我们哪些“系统功能特性”使系统更有用。因此，使用 TAM 模型研究移动即时通信用户的持续使用存在一定的缺陷。ECM-IT 提出较晚，与 TAM 相似，关注的是“行为主体的信念和态度”，而没有太多考虑环境因素对行为主体的影响。相比于 TPB，该模型不便于对前因变量的探索，并且没有研究表明该模型比计划行为理论解释力与预测力更高。

计划行为理论是社会心理学中著名的态度行为关系理论，在国外广受社会行为研究者们的青睐，已被成功地应用于多个行为领域，并且绝大多数研究证实它能显著提高研究对行为的解释力与预测力。Hung 和 Chang 在对 WAP 服务的接受研究中对 TAM、TPB 以及 DTPB 进行了比较，结果发现后两者在解释用户接受 WAP 服务的能力上优于 TAM，TPB 与 DTPB 解释力非常相近并且 TPB 模型更加简约[37]。

根据上述分析，本文选择以计划行为理论为理论基础，结合移动即时通信服务的具体应用背景，建立模型并进行实证分析。

2.2 假设模型

基于移动即时通信服务用户的技术使用者、服务消费者和网络成员三种角色视角的分析，结合 TPB 理论，本文提出如图 1 所示的研究模型。

在以往的移动服务采纳研究中，大多是从技术的角度建立模型并进行分析，但基于这种视角得出的模型往往解释不全面。因此有学者如 Pedersen，Methlie 和 Thorbjornsen[38] 提出应当对服务需求方的角色予以分解。基于这种用户具体角色分析建立的模型以及实证检验结果，可以增进服务提供商对

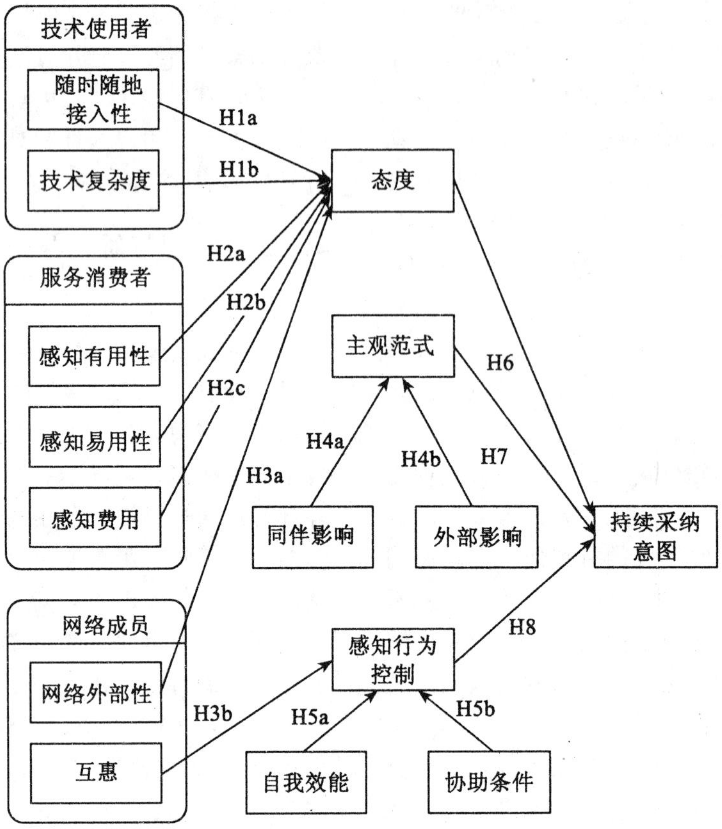

图1 研究模型

用户以及用户使用情境的理解。根据以前的研究，用户具有以下三重角色：

（1）技术使用者

在移动即时通信服务中，表现形式是移动即时通信工具，而移动即时通信工具实际上就是技术的集合，移动通信工具的设计体现的是各种各样的技术，比如用户界面设计技术、信息传输技术、加密技术等。因此我们假设：

H1a：随时随地接入性正向影响消费者对持续使用移动即时通信的态度。

H1b：技术复杂度正向影响消费者对持续使用移动即时通信的态度。

（2）服务消费者

在使用移动即时通信服务时，由于移动网络本身的高成本特点，用户需要支付一定的费用，因此，用户只要使用该服务就构成交易，用户是服务的消费者，这也是研究移动即时通信服务与以前的信息系统或技术的接受与使用的不同之处。因此我们假设：

H2a：感知有用性正向影响消费者对持续使用移动即时通信的态度。

H2b：感知易用性正向影响消费者对持续使用移动即时通信的态度。

H2c：感知费用逆向影响消费者对持续使用移动即时通信的态度。

（3）网络成员

首先，对移动即时通信服务的使用者而言，双方或多方的交流本身构成一个临时网络，在这个网络中，交流的双方或多方可能存在使用终端不同，反应速度不同等差异，这些差异有可能对个体产生影响。其次，用户与其他使用相同服务的用户构成通信网络，网络存在正反馈的网络外部性，使用的人数越多，网络的价值就越大，网络价值越大，就会吸引越多的用户加入。再次，作为社会网络中的一员，每个人都会与周围的家人、朋友、同事等沟通交流，他人的想法，经验等都可能对个体产生影响，同时，个体受到广告、报纸等大众媒体的影响，这也可能对个人行为产生影响。因此我们假设：

H3a：网络外部性正向影响消费者对持续使用移动即时通信的态度。

H3b：互惠正向影响消费者持续使用移动即时

通信的感知行为控制。

(4) 同伴影响与外部影响

在使用 TPB 模型解释信息系统的接受时，Taylor 和 Todd[2] 认为应该同时考虑个人因素与社会因素，因此，他将环境对个人的影响区分为同伴影响和外部影响，同伴影响是一种人际间的影响，包括同事朋友等周围人对个体的影响，外部影响则包括大众媒体、广播传媒等对个体的影响。因此，本文假设：

H4a：同伴影响正向影响消费者持续使用移动即时通信的主观规范。

H4b：外部影响正向影响消费者持续使用移动即时通信的主观规范。

(5) 自我效能与协助条件

移动即时通信服务作为一种新兴的服务和技术，用户需要掌握一定的知识和技能或者他人帮助等以获得对服务的完全掌控，而这种内部的、自我感受到的掌控会对感知行为控制有正向的影响。外部约束方面，协助条件指对使用可能构成约束的诸如时间、金钱等的资源因素和关于兼容问题的技术因素。Taylor 和 Todd 发现在信息系统接受中，个人感知的协助资源，比如时间、金钱会影响感知行为控制[2]，Lu 等认为协助环境不良，如没时间或缺乏金钱支持时，行为意向和 IT 使用将会降低[9]。综合以上，本文假设：

H5a：自我效能正向影响消费者持续使用移动即时通信的感知行为控制。

H5b：协助条件正向影响消费者持续使用移动即时通信的感知行为控制。

(6) 行为意向

在计划行为理论中，行为意向指个人想进行某项行为的主观意向，即行为意向越强则进行该项行为的可能性越大。在实证研究中发现，行为意向可以很好地预测实际行为，二者之间具有非常强的关系[44]。因此行为意向可以在很大程度上代替对行为的衡量，在本研究中，进一步地将行为意向具体为持续使用的行为意向。

(7) 态度

Fishbein 和 Ajzen 认为态度分为两种，一种是对行为的态度（Attitude toward the Behavior），另一种是对对象的态度（Attitude toward the Object）[45]。Fishbein 和 Ajzen 认为对对象的态度与行为之间并无直接关系。例如：个人对系统的态度并无法直接预测他是否会使用系统；相反，对行为的态度与此行为的发生有直接关系。因此，本文中应用 TPB 模型所衡量的态度，是人们对于持续使用移动即时通信服务的行为的态度，而不是对对象的态度。

(8) 主观规范

主观规范是指个体在决策是否执行某特定行为时感知到的社会压力，它反映的是重要他人或团体对个体行为决策的影响。Ajzen 和 Fishbein 认为，社会环境压力对行为的影响有时候会大过态度对个体行为的影响[46]。如前文所述，移动即时通信服务用户具有网络成员的角色，并且这个角色具有三重含义：与交流者构成的临时网络、与其他用户构成的通信网络，与同事朋友等周围人构成的社会网络，在这样的环境中，主观规范更容易对个人的行为意向产生影响。

(9) 感知行为控制

感知行为控制是指个体感知到执行某特定行为容易或困难的程度，它反映的是个体对促进或阻碍执行行为因素的知觉。有学者对基于计划行为理论的 76 个研究结果的分析显示感知行为控制和意向之间的相关强度达到 0.46。这说明，感知行为控制是影响个体行为意向和行为的重要变量。

综上所述，根据 TPB 理论，本文假设：

H6：态度正向影响消费者持续使用移动即时通信的意向。

H7：主观范式正向影响消费者持续使用移动即时通信的意向。

H8：感知行为控制正向影响消费者持续使用移动即时通信的意向。

3 研究设计与问卷调查

3.1 测量方法

本研究采用问卷调查方法。首先，通过对经典文献中经典量表的整理并结合应用背景得到初步的测量题项，所有引用的测量题项都经过英汉双向互译，并通过第三人的检测，做到了真实再现原问题的含义；其次，向 3 位学术界专家咨询讨论，在测量题项的选择、措辞、长度等方面进行修改和完善，然后，作者就经过专家咨询初步修改的问卷内容对 13 位用户进行了小规模的访谈，进一步修改测量题项；再次，进行了预调研。预调研对象为使用过移动即时通信服务的用户，发放了 100 份纸质问卷，共收集了 86 份有效数据。根据预调研的数据分析结果，分别剔除感知价值测量题项 1、6，自我效能题项 1，协助条件题项 1，以及个人信息的部分重复问题。最后，得到最终问卷。

3.2 样本和数据收集

本次调查通过发放纸质问卷、E-mail 以及 Google 问卷系统三种途径，向西安交通大学各专业、年级，吉林大学、延安大学、华东理工大学以及北京、上海、深圳等地的一些公司发放问卷，共发放纸质问卷 503 份，回收 427 份，其中有效问卷 344 份，有效率 68%，另外通过 E-mail 和 Google 问卷系统获得有效问卷 57 份，共得有效问卷 401 份。

被调查者基本信息情况统计见表 1。

表 1 被调查者描述性统计结果

特征	选项	飞信/%	手机 QQ/%
性别	男	66.98	69.35
	女	33.02	30.65
职业	学生	90.23	91.94
	在职	9.77	8.06
年龄	18 以下	0.00	0.00
	18-22	28.37	55.91
	23-26	54.42	40.86
	27-30	13.95	2.15
	30 以上	3.26	1.08
学历	大专以下	3.26	1.61
	本科	47.44	67.74
	硕士	44.19	26.88
	博士及以上	5.12	2.69
使用年限	3 个月以下	22.79	26.88
	3-6 个月	15.35	19.89
	6 个月-1 年	30.70	24.73
	1 年以上	31.16	28.49

4 结构方程实证研究

4.1 测量的信度与效度检验

对信度的测量采用 Cronbach α 值以及 SmartPLS 提供的复合信度值来检验[54]。经检验，除技术复杂度的 Cronbach α 值为 0.66，其他变量的 Cronbach α 值均大于 0.70，这说明测量题项的设计是可靠的。此外，SmartPLS 提供的复合信度值均高于 0.80，并且许多在 0.90 左右，这说明测量题项具有良好的内部一致性，问卷信度得到验证。

对聚合效度的检验可以通过潜变量的平均变异萃取 AVE 值来反映。一般来说，AVE 值大于 0.50 时具有较好的聚合效度，经过对本调查数据的检验发现，所有变量的 AVE 值均超过了 0.50，说明变量具有好的聚合效度。对区别效度的检验可以通过潜变量的 AVE 值的平方根是否大于潜变量之间相关系数来判定（见表 2）。经过对本调查数据的检验发现，所有潜变量的 AVE 值的平方根均满足大于潜变量之间相关系数的条件，说明变量具有好的区别效度。

4.2 结构方程模型检验

本研究使用 SmartPLS 对持续使用意向样本数据进行因果关系分析。图 2 显示了模型中的路径系数，持续使用意向被前因变量解释了 36% 的变化。按照结构方程模型构建的要求，解释的总变异量达到 30% 即可认为模型达到较好的解释性。因此，本研究模型对于影响移动即时通信服务用户持续使用意向的因素具有较高的解释力。

表 2 测量信度和效度

潜变量	Cronbachs α	复合信度	AVE
态度	0.80	0.88	0.71
外部影响	0.88	0.91	0.73
协助条件	0.79	0.88	0.70
持续使用意向	0.81	0.89	0.72
网络外部性	0.89	0.93	0.76
感知有用性	0.81	0.92	0.73
感知易用性	0.88	0.87	0.63
感知行为控制	0.86	0.91	0.71
感知费用	0.83	0.89	0.74
同伴影响	0.87	0.91	0.72
互惠	0.80	0.86	0.56
自我效能	0.80	0.87	0.63
主观规范	0.88	0.93	0.80
技术复杂度	0.66	0.81	0.60
随时随地接入性	0.90	0.93	0.76

表 3 假设检验结果

假设	路径系数	T 值	
H1a	0.02	0.39	不支持
H1b	0.13	2.04*	支持
H2a	0.42	7.73*	支持
H2b	0.02	0.31	不支持
H2c	0.07	1.22	不支持
H3a	0.25	4.61*	支持
H3b	0.12	2.30*	支持
H4a	0.64	12.89*	支持
H4b	0.09	1.42	不支持
H5a	0.52	10.26*	支持
H5b	0.29	5.72*	支持
H6	0.28	4.65*	支持
H7	0.02	0.33	不支持
H8	0.40	6.74*	支持

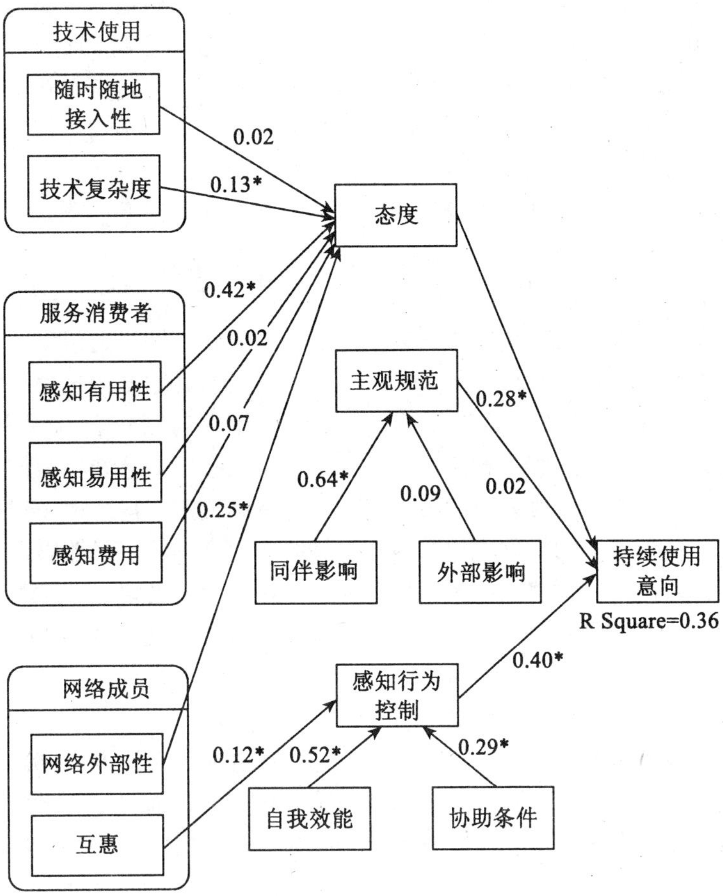

图 2 PLS 分析结果

5 研究结果与讨论

研究结果显示，除了 H1a、H2b、H2c、H4b、H7 假设没有得到支持外，其他假设均成立。

(1) 态度和感知行为控制均显著正向影响持续使用意向。在前人的研究中，态度对使用意向的显著作用得到了广泛的验证，如 Davis (1989)[51]、Taylor 和 Todd (1995)[2]、Venkatesh 和 Davis (2000)[6]、Lu 等 (2003)[52]、Hung，Ku 和 Chang (2003)[30]、Wang，Hsu 和 Fang (2004)[42]、Park 等 (2007)[53]、Lu，Zhou 和 Wang (2009)[35] 等的研究结果都显示态度对使用意向有显著的正向影响。用户对移动即时通信服务的态度是其持续使用意向的直接影响因素，积极的、正面的态度说明用户喜欢使用移动即时通信服务，会促使用户继续使用下去。感知行为控制对持续使用意向的影响的显著性也得到检验，Hung，Ku 和 Chang (2003)[30] 以及 Lu，Zhou 和 Wang (2009)[35] 等人认为个人的感知行为控制说明了用户使用服务时对阻碍的克服能力，这种对阻碍的克服能力反过来说就是用户对服务的掌控能力，用户认为自己对该技术或服务掌控的程度越高，那么他越愿意继续使用下去。

(2) 主观规范对持续使用意向影响不显著。这一点与前人研究结果不符，Karahanna，Straub 和 Chervany (1999)[54]、Tan 和 Teo (2000)[31]、Hung，Ku 和 Chang (2003)[30] 以及 Lu，Zhou 和 Wang (2009)[35] 等在研究中都发现主观规范对使用或持续使用意向具有显著作用。主观规范影响不显著的原因可能在于：一方面如前所述，移动即时通信服务是一种非常个性化的服务，相比于他人观点，用户在使用时更关注自身特点，包括自身的需求以及所具备的克服阻碍的能力与条件等；另一方面，本文研究的是持续使用意向，样本都正在使用该服务，对服务已经具有一定的体验和判断，因此他人的影响更加弱化。

(3) 感知有用性、网络外部性、技术复杂度显著正向影响态度。感知费用、随时随地接入性对态度影响不显著。感知有用性对态度的显著正向影响与大多数前人的研究保持一致。用户在使用移动即时通信服务时，最基本的诉求就是服务的有用性，即服务可以满足用户达成有效沟通的基本需求。因此，只有在感知服务有用的基础上，用户才会对其他因素予以考虑。用户感知的有用性越强烈，那么其对移动即时通信服务的态度就越积极。

网络外部性对态度具有显著正向影响。Wang，Hsu 和 Fang[42]以及邓朝华，鲁耀斌和张金隆[13]的研究认为，移动即时通信网络本身就是一个虚拟的人际交往网络，网络的价值吸引许多个体使用，更多个体使用进一步增加网络的价值，用户感受的价值越大，那么他的态度就越积极和正向，进而促使其继续使用该服务。技术复杂度对态度影响显著。这可能与移动即时通信技术特别是手机 QQ 发展比较成熟，在功能扩展、界面设计等方面较为完善，并且用户对移动即时通信各种功能的使用较为充分，现有的技术能够支持用户所需要的网络应用有关。

感知费用对态度没有显著影响作用，这与前人的研究结论不一致[37][40]。可能的原因有以下几个方面：首先，在移动即时通信服务中，为了迅速扩大用户基础，大多数服务提供商尽量降低用户的使用成本。飞信甚至采取免费策略，因此用户对费用的感知不显著；其次，在使用流量计费的方式中，目前用户聊天产生的通信流量相对较少，因此产生的费用也较低。相比于用户的整个收入或支出只占非常小的比例，因此费用不会对用户对移动即时通信的态度产生重大影响。

随时随地接入性对态度影响不显著，这也与前人研究不相符，可能的原因是由于移动网络运营商的基础设施不足造成的。在问卷预调研阶段，许多用户反映虽然移动即时通信服务功能强大，但有些时候不能正常地进行无线移动网络连接。这主要和基础无线网络建设和信号覆盖区域大小有关。

（4）同伴影响正向影响主观规范，外部影响对主观规范的影响不显著。Gefen，Karahanna 和 Straub（2003）[8] 以及 Hung，Ku 和 Chang（2003）[30]的研究结果认为，个人具有网络成员的角色特征，个人总是受到人际网络中其他人的影响，尤其是重要的朋友和同事。而外部影响对主观规范的影响并不显著，这说明在移动即时通信服务应用中，用户的持续使用意向建立在之前自己实际的使用经验基础上。在这个阶段，用户的持续使用意向受到外界的广告和营销的影响效果不显著。

（5）互惠对感知行为控制影响显著。互惠对态度的影响通过检验，原因在于：一方面，用户使用该服务进行沟通的对象往往是已经具有一定交往历史的个体，因此在沟通交流时互相的宽容与谅解成为基本前提；另一方面，目前用户对移动即时通信服务的使用主要集中在移动情境和朋友之间的聊天沟通情境中，由于沟通设备的差异性和沟通双方的亲密程度造成了互惠在沟通过程中显著影响用户对移动即时通信服务的感知行为控制。

6 结 语

基于移动即时通信服务用户不同类型角色的视角，本文对计划行为理论（TPB）进行了扩展，构建了移动即时通信服务用户持续使用意向研究模型，发现态度与感知行为控制是影响移动即时通信服务持续使用意向的两个重要因素，而主观规范对持续使用意向没有显著影响。感知有用性与网络外部性显著影响态度，同伴影响显著影响主观规范，互惠，自我效能与协助条件显著影响感知行为控制，进而对用户持续使用移动即时通信的意向产生影响。

本研究在实证方面取得了一定的成果，但今后还可在以下方面做进一步的研究和改进：① 本研究的样本数据相对偏少，可能会给研究结果带来一定的影响，建议在今后的研究中可以充分利用各种资源获取更多的样本数据。② 本研究采用的是截面数据，若采用纵贯研究的方法进行跟踪调查，会得出更多有益的结论。③ 还可以对不同移动即时通信服务的影响因素进行对比研究，以及对于有终止使用意向的用户影响其持续使用移动即时通信服务的因素的研究等。

参 考 文 献

[1] 鲁耀斌，邓朝华，陈致豫. 移动商务的应用模式与接受［M］. 北京：科学出版社，2008.

[2] Taylor S, Todd P A. Understanding Information Technology Usage: A Test of Competing Models [J]. Information Systems Research, 1995, 6 (2): 144-176.

[3] Szajna B. Empirical Evaluation of the Revised Technology Acceptance Model [J]. Management Science, 1996, 42 (1): 85-92.

[4] Venkatesh V. Creation of Favorable User Perceptions: Exploring the Role of Intrinsic Motivation [J]. MIS Quarterly, 1999, 23 (2): 239-260.

[5] Venkatesh V, Davis F D. A Model of the Antecedents of Perceived Ease of Use: Development and Test [J]. Decision Sciences, 1996, 27 (3): 451-481.

[6] Venkatesh V, Davis F D. A Theoretical Extension of the

Technology Acceptance Model: Four Longitudinal Field Studies [J]. Management Science, 2000, 46 (2): 186-204.

[7] Venkatesh V, Morris M G. Why Don't Men Ever Stop to Ask for Directions? Gender, Social Influence, and Their Role in Technology Acceptance and User Behavior [J]. MIS Quarterly, 2000, 24 (1): 115-139.

[8] Gefen D, Karahanna E, Straub D W. Trust and TAM in Online Shopping: An Integrated Model [J]. MIS Quarterly, 2003, 27 (1): 51-90.

[9] Lu J, et al. Technology Acceptance Model for Wireless Internet [J]. Internet Research: Electronic Networking Applications and Policy, 2003, 13 (3): 206-222.

[10] Pavlou P A. Consumer Acceptance of Electronic Commerce: Integrating Trust and Risk with the Technology Acceptance Model [J]. International Journal of Electronic Commerce, 2003, 7 (3): 101-134.

[11] Venkatesh V, et al. User Acceptance of Information Technology: toward a Unified View [J]. MIS Quarterly, 2003, 27 (3): 425-478.

[12] Fang X, et al. Moderating Effects of Task Type on Wireless Technology Acceptance [J]. Journal of Management Information Systems, 2006, 22 (3): 123-157.

[13] 邓朝华，鲁耀斌，张金隆. 基于TAM和网络外部性的移动服务使用行为研究 [J]. 管理学报，2007，4 (2): 216-221.

[14] Davis F D, Bagozzi R P, Warshaw P R. User Acceptance of Computer Technology: A Comparison of Two Theoretical Models [J]. Management Science, 1989, 35 (8): 982-1003.

[15] Mathieson K. Predicting User Intentions: Comparing the Technology Acceptance Model with the Theory of Planned Behavior [J]. Information Systems Research, 1991, 2 (3): 173-191.

[16] Bhattacherjee A. Understanding Information Systems Continuance: an Expectation-confirmation Model [J]. MIS Quarterly, 2001, 25 (3): 351-370.

[17] Qin M, Xu S. An Extended Expectation Confirmation Model for Information Systems Continuance [C]. International Conference on Wireless Communications, Networking and Mobile Computing, 2007.

[18] Bhattacherjee A, Premkumar G. Understanding Changes in Belief and Attitude toward Information Technology Usage: a Theoretical Model and Longitudinal Test [J]. MIS Quarterly, 2004, 28 (2): 229-254.

[19] Oliver R L. A Cognitive Model of the Antecedents and Consequences of Satisfaction Decisions [J]. Journal of Marketing Research, 1980, 17 (4): 460-469.

[20] Premkumar G, Bhattacherjee A. Explaining Information Technology Usage: a Test of Competing Models [J]. Omega, 2008, 36 (1): 64-75.

[21] Hong S J, Thong J Y L, Tam K Y. Understanding Continued Information Technology Usage Behavior: a Comparison of Three Models in the Context of Mobile Internet [J]. Decision Support Systems, 2006, 42 (3): 1819-1834.

[22] Thong J Y L, Hong S J, Tam K Y. The Effects of Post-adoption Beliefs on the Expectation-confirmation Model for Information Technology Continuance [J]. International Journal of Human-Computer Studies, 2006, 64 (9): 799-810.

[23] Hsu M H, et al. A Longitudinal Investigation of Continued Online Shopping Behavior: an Extension of the Theory of Planned Behavior [J]. International Journal of Human-Computer Studies, 2006, 64 (9): 889-904.

[24] Lin C S, Wu S, Tsai R J. Integrating Perceived Playfulness into Expectation-confirmation Model for Web Portal Context [J]. Information & Management, 2005, 42 (5): 683-693.

[25] Roca J C, Chiu C M, Martínez F J. Understanding E-learning Continuance Intention: an Extension of the Technology Acceptance Model [J]. International Journal of Human-Computer Studies, 2006, 64 (8): 683-696.

[26] Bhattacherjee A. An Empirical Analysis of the Antecedents of Electronic Commerce Service Continuance [J]. Decision Support Systems, 2001, 32 (2): 201-214.

[27] Hung M C, Hwang H G, Hsieh T C. An Exploratory Study on the Continuance of Mobile Commerce: an Extended Expectation-confirmation Model of Information System Use [J]. International Journal of Mobile Communications, 2007, 5 (4): 409-422.

[28] Kang Y S, Hong S, Lee H. Exploring Continued Online Service Usage Behavior: The Roles of Self-image Congruity and Regret [J]. Computers in Human Behavior, 2009, 25 (1): 111-122.

[29] Ajzen I. From Intentions to Actions: A Theory of Planned Behavior [M] // Kuhl J, Beckman J, (eds.), Action Control: From Cognition to Behavior [M]. Heidelberg, Germany: Springer, 1985. 9-11.

[30] Hung S Y, Ku C Y, Chang C M. Critical Factors of WAP Services Adoption: an Empirical Study [J]. Electronic Commerce Research and Applications, 2003, 2 (1): 42-60.

[31] Tan M, Teo T S H. Factors Influencing the Adoption of Internet Banking [J]. Journal of the AIS, 2000, 1: 1-42.

[32] Pavlou P A. What Drives Electronic Commerce? A Theory of Planned Behavior Perspective [C]. Proceedings of the

Academy of Management Conference, 2002.

[33] Hsu M H, Chiu C M. Internet Self-efficacy and Electronic Service Acceptance [J]. Decision Support Systems, 2004, 38 (3): 369-381.

[34] Wang Y S, Lin H H, Luarn P. Predicting Consumer Intention to Use Mobile Service [J]. Information Systems Journal, 2006, 16 (2): 157-179.

[35] Lu Y, Zhou T, Wang B. Exploring Chinese Users' Acceptance of Instant Messaging Using the Theory of Planned Behavior, the Technology Acceptance Model, and the Flow Theory [J]. Computers in Human Behavior, 2009, 25 (1): 29-39.

[36] Hsu M H, Chiu C M. Predicting Electronic Service Continuance with a Decomposed Theory of Planned Behavior [J]. Behavior & Information Technology, 2004, 23 (5): 359-373.

[37] Cheong J H, Park M C. Mobile Internet Acceptance in Korea [J]. Internet Research, 2005, 15 (2): 125-140.

[38] Pedersen P, Methlie L, Thorbjornsen H. Understanding Mobile Commerce End-User Adoption: a Triangulation Perspective and Suggestion for an Exploratory Service Evaluation Framework. 2002: Citeseer.

[39] Parthasarathy M, Bhattacherjee A. Understanding Post-adoption Behavior in the Context of Online Services [J]. Information Systems Research, 1998, 9 (4): 362-379.

[40] 任红娟. 我国移动商务用户使用行为影响因素分析 [J]. 现代情报, 2007, (9): 222-225.

[41] Katz M L, Shapiro C. Network Externalities, Competition, and Compatibility [J]. The American Economic Review, 1985, 75 (3): 424-440.

[42] Wang C C, Hsu Y, Fang W. Acceptance of Technology with Network Externalities: an Empirical Study of Internet Instant Messaging Services [J]. Journal of Information Technology Theory and Application, 2004, 6 (4): 15-28.

[43] Hu Y, Korneliussen T. The Effects of Personal Ties and Reciprocity on the Performance of Small Firms in Horizontal Strategic Alliances [J]. Scandinavian Journal of Management, 1997, 13 (2): 159-173.

[44] Ajzen I. The Theory of Planned Behavior [J]. Organizational Behavior and Human Decision Processes. 1991, 50 (2): 179-211.

[45] Fishbein M, Ajzen I. Belief, Attitude, Intention and Behavior: an Introduction to Theory and Research [M]. MA: Addison-Wesley Reading, 1975.

[46] Ajzen I, Fishbein M. Understanding Attitudes and Predicting Social Behavior [M]. NJ: Prentice-Hall Inc., 1980.

[47] CNNIC. 第 23 次中国互联网络发展状况统计报告 [R/OL]. 中国互联网络信息中心, 2009, http://www.cnnic.cn.

[48] 大度咨询. 手机软件发展调查分析报告 [R/OL]. 大度咨询, 2007, http://publish.it168.com/2007/0605/20070605006909.shtml.

[49] 彼得·G·W·基恩等. 自由经济: 无线世界移动商务优势 [M]. 北京: 机械工业出版社, 2002.

[50] 侯杰泰, 温忠麟, 成子娟. 结构方程模型及其应用 [M]. 北京: 教育科学出版社, 2003.

[51] Davis F D. Perceived Usefulness, Perceived Ease of Use, and User Acceptance of Information Technology [J]. MIS Quarterly, 1989, 13 (3): 319-340.

[52] Lu J, et al. Technology Acceptance Model for Wireless Internet [J]. Internet Research Electronic Networking Applications and Policy, 2003, 13 (3): 206-222.

[53] Park J, Yang S, Lehto X. Adoption of Mobile Technologies for Chinese Consumers [J]. Journal of Electronic Commerce Research, 2007, 8 (3): 196-206.

[54] Liang H, et al. Assimilation of Enterprise Systems: The Effect of Institutional Pressures and the Mediating Role of Top Management [J]. MIS Quarterly, 2007, 31 (1): 59-87.

[55] Karahanna E, Straub D W, Chervany N L. Information Technology Adoption across Time: A Cross-sectional Comparison of Pre-adoption and Post-adoption Beliefs [J]. MIS Quarterly, 1999, 23 (2): 183-213.

Critical Factors of Post Adoption of the Mobile Instant Messaging Service

LI Mengxiang[1], SHANG Xiaowen[1], GU Rui[1], WANG Kanliang[1]

(1. School of Management, Xi'an Jiaotong University, Xi'an 710049, China)

Abstract: With the rapid development of the mobile instant messaging service, service providers are facing the consumers' retention problem. It's more important to understand the determinants of consumers' continuance usage. In this paper, we developed a consumers' post adoption model based on TPB and made the contribution on the antecedents of the research model. We argued that consumers should be seen as the trinity of technique user, service consumer and network member in mobile service context. Then we use the SEM method to test the hypotheses in our research. The research findings supported most parts of our hypotheses. Some suggestions for subsequent researchers and practitioners seeking to understand mobile instant messaging services post adoption behavior are also provided.

Key words: mobile instant messaging service; post adoption; TPB

管理制度视角下IS应用的文化效应分析模型

肖静华[1]，谢康[1]

(1. 中山大学 管理学院管理科学系，广州 510275)

摘　要：跨文化比较在信息系统行为研究领域有丰富的成果，但现有研究主要针对欧美日企业，缺乏针对中国企业的研究；内容集中在信息技术采纳和扩散、系统外包及个体研究等方面，缺乏管理视角的研究。针对此，本文在实地调研98家中外企业和前期研究的基础上，以管理制度为视角，提出揭示文化差异通过管理制度对信息系统应用构成影响的过程和特征的研究设计和概念模型，对跨国公司与本土企业信息系统应用进行了概念性比较，为进一步探讨信息系统应用的文化效应建立分析基础。

关键词：管理制度；信息系统应用；跨文化比较

中图分类号：F270.7

2005年6月至今，我们实地调研了36家欧美大型跨国公司和62家大型本土企业。调研中有两个问题引起我们的关注：一是大型本土企业在信息技术（IT）硬件和软件方面与跨国公司的差距很小，但在业务系统应用效果上却存在显著差距（肖静华和谢康，2007a）；二是经过三十多年的信息化建设，大型本土企业已基本完成了信息化基础建设和应用，目前处于从基础应用向深层次应用的转型阶段，调研中85%的大型本土企业表示它们正面临着信息系统（IS）从基础业务运作应用向管理决策应用的转型，迫切需要解决的是管理提升的问题。实业界和学术界均认为，中国企业信息系统应有的价值潜能未能得到有效发挥，主要原因在于企业的管理“瓶颈”，如中石化、鞍钢、创维、TCL等企业的管理者在接受访谈时均表示在管理制度上与国际一流企业还存在相当差距。这样的差距无疑严重制约着企业信息系统效用的发挥。

作为西方企业管理思想的固化工具（Davison & Martinsons，2002），信息系统能够帮助中国企业提升管理水平，但对中国企业而言，应用信息系统的过程也是西方文化和管理思想与中国传统文化和管理制度冲突与碰撞的过程，中国本土企业需要在中国文化背景下，通过学习和吸收西方优秀的管理思想，探索中西方文化的有机融合，突破现有管理制度的障碍，才能有效发挥信息系统的作用。例如，华为希望通过引入、消化和吸收西方先进成熟的管理制度体系和业务流程来提升华为的综合竞争能力，但在大规模引进过程中，他们发现根植于企业中的中国传统文化与西方的管理制度之间存在明显冲突，于是，不断进行文化调整，探索文化融合的系统变革道路（吴建国和冀勇庆，2006）。

然而，从目前信息系统行为领域的跨文化比较研究来看，现有研究主要针对欧美日企业，缺乏针对中国企业的研究；内容集中在信息技术采纳和扩散、系统外包及个体研究等方面，缺乏管理视角的比较研究（Gallivan & Srite，2005；Leidner & Kayworth，2006）。针对此，本文拟从管理制度视角，通过对跨国公司与本土企业的实地观察分析，从理论上建立一个揭示文化差异通过管理制度对信息系统应用构成影响的过程和特征的概念模型，为进一步探讨信息系统应用的文化效应建立分析基础。

1　相关研究回顾

比较管理研究是对处于不同环境条件下具有可比性的组织管理问题进行比较分析，在组织文化和组织行为领域有较多的研究成果（陈晓萍，2005；陈晓萍等，2008），但在管理信息系统的行为研究领域，跨文化比较还处于探索和发展阶段（Gallivan & Srite，2005；张喆等，2005；Leidner & Kayworth，2006）。与本文相关的研究主要包括管理制度与信息系统应用、跨文化比较与信息系统应用领域的跨文化比较两个领域。

1.1　管理制度与IS应用研究

广义的制度指的是一种博弈规则，这些规则涉及社会、政治及经济行为（North，1981，1990）。在新制度学派的经典文献中，狭义的制度仅指企业组织的官僚制度，它是与市场机制相互替代的交易治理机制。企业制度是企业中人的要素与物的要素相结合的规则总和，包括产权制度、组织制度和管理制度三个方面。近年来，学术界从生产运作管理、流程管理、绩效管理、项目管理和财务管理等各种角度进行了与管理制度相关的研究（Donk & Fransoo，2006；Harmon & Davenport，2007；Lukka，2007；Scott-Young & Samson，2008）。在国内，对财务管理制度、生产管理制度等也有不少研究（杨会君，2005；祝桂玲，2006）。其中，郭咸纲（2004）将企业管理制度体系分为制定、执行和完善三个部分，并从公平性、时效性和权威性等方面对管理制度进行了评估。

借助制度理论分析企业信息系统应用中的制度因素成为该领域的主流内容，认为不同的组织制度对技术创新和信息系统应用具有不同的影响作用，而同构类型的制度能促进组织的信息技术应用（Lai et al.，2006）。在国内，现有研究主要关注制度创新对企业信息系统应用成效的影响，及信息系统与制度变迁的互动关系（沈越，2004；冯梅，2006；王秋石和肖文海，2007）。

管理制度对信息系统应用的影响研究主要体现在信息系统应用的关键成功因素研究中。许多学者从企业战略、高层领导、管理、文化、人员等诸多方面探讨了信息系统的关键成功因素（Rockart et al.，1988；Rai et al.，2002；DeLone et al.，2003；Sabherwal et al.，2006；Dawson & Owens，2008）。在关键成功因素的研究中，与管理制度相关的研究主要体现在以下三个方面：

一是流程管理、管理过程和管理能力等对信息系统应用的影响研究。其中，Desanctis 和 Courtney（1983）等从良好的流程管理、有效的执行力、明确的项目计划等方面探讨了管理能力对信息技术应用的影响作用。Morton（1991）建立了一个包括组织结构、管理过程、个人和职责、技术和战略的四个因素模型，强调这四个因素对信息技术与企业战略匹配的重要性。该模型的中心要素就是"管理过程"，认为如果企业管理过程不到位，就难以实现信息技术与企业战略之间的匹配。Holled 等（1999）、Peppard 等（2000）学者研究发现，清晰的战略目标、管理能力和开放的企业文化等是影响信息系统应用效益的关键影响因素。McKean（1999）、Umble（2003）等认为许多企业在信息系统应用方面的失败主要在于将大量的资金和注意力投资在技术方面，而忽视了真正提升企业信息系统应用效果的人力资源、企业文化、业务流程、领导能力和组织结构等重要方面。此外，还有许多学者从流程设计和制度安排方面探讨了其对信息系统应用的影响（Peffers，2003；Love & Zahir，2004；Kreps & Richardson，2007；Gebauer & Lee，2008）。

二是变革管理、监控管理和人员管理等对信息系统应用的影响研究。其中，Gallivan（1995，1998）归纳了影响信息系统实施的组织内部关键成功因素，包括高层支持、员工、资源、组织文化、计划和监控管理等，并进行了持续研究。Strebel（1996）、Bingi（1999）等认为在企业信息系统应用中，对变革的抵制是人们对感知威胁的自然反应，抵制行为在信息系统实施中难以避免，因此，信息系统实施所伴随的组织变革的复杂性和必然性决定了变革管理是极为重要的。近年来，许多学者进一步分析了变革管理和不同人员的关系管理在信息系统应用中的重要性（Radhakrishnan et al.，2008；McInerney，2009）。

三是项目管理、跨部门协同管理等对信息系统实施成功的影响研究。其中，Anand 和 Mark（2000）等强调了IT部门与业务部门之间的协同管理，还有许多学者从不同角度探讨了项目管理和跨部门协作对信息系统成功实施的影响（Nah et al.，2001；Plant & Willcocks，2007；Chen & Yang，2009）。

国内相关研究与国外类似，主要在企业信息化或信息系统应用关键成功因素中讨论或涉及管理制度的影响（吴瑞鹏等，2004；张喆和黄沛等，2005）。其中，谢康较早涉及企业管理对信息系统应用的影响研究，认为企业战略管理、投资管理，及组织管理等均构成企业信息系统应用的关键影响因素。刘建一（2001）则对中国企业管理制度的模糊性、部门之间割裂和相互扯皮等对信息化建设的制约影响进行了讨论。近年来，许多实证研究表明，变革管理、业务流程管理和高层管理者支持是中国企业实施ERP系统的关键成功因素，其中，变革管理的作用最为突出（闵庆飞，2005；于俭等，2006）。此外，在影响信息系统应用水平的各因素当中，管理制度也是最重要的因素之一（肖静华，2007）。

1.2 跨文化比较与IS应用领域的跨文化比较

跨文化比较研究主要涉及文化模型分析和关键文化因素分析。Hofstede 和 Trompenaars 是跨文化管理研究领域最具代表性的两位学者。Hofstede（1991，2001）认为，文化是被一个群体所共享的价值观念系统，权力距离、不确定性回避、个人主义与集体主义、男性化与女性化、长期取向与短期取向构成其文化模型的五个维度。Hofstede 的这一跨文化研究模型后来得到了广泛应用。Trompenaars 和 Hampden-Turner（1998）则从普遍性与具体性、个人主义与集体主义、中性与情感性、特殊性与扩散性、成就文化与归因文化、时间取向及环境七个方面的差异性提出另外一种民族文化分析模式。此外，文化分析模式还包括强调文化需要形成适当的价值观系统的“价值双向模型”（Klukhohm & Strodtbeck，1961），探讨东西方文化的差异的高情景文化与低情景文化分析框架（Hall，1976），虚拟洋葱模型（Straub，et al，2002），以及 House（2004）提出的九维度文化分析模型等。

文化运行从可观察的到心照不宣有三个意识层面（Schein，1986）。在意识层面之上，文化包括各类可视的标志、文物、风俗和习惯，可表达的价值观和信仰，以及无意识的思维和行为模式（Robey & Azevedo，1994）。其中，价值观、信仰和习俗等均是民族文化的重要因素（Karahanna，et al，2005）。此外，张岱年（1991）、Nisbert（2003）、汤谷良和夏怡斐（2009）等学者对东西方文化和思维的差异进行了分析。

在学科发展初期，信息系统行为研究就开始关注文化对信息系统应用的影响（Emery & Trist，1960；Mumford，1979），并从国家、种族、组织和职业等不同层面探讨文化对信息系统应用构成的影响（Markus，1983；Montealegre，1998；Aladwani，2003；Davison & Martinsons，2003）。许多学者认为，由于信息技术是西方科学家创造出来并推向市场的，因此，国际上成熟的信息系统实际上隐含了西方文化的特征，因此，在各国信息系统应用过程中加深对文化的研究和理解是至关重要的（Davison，2002）。Gallivan 和 Srite（2005）对 1961—2005 年 40 多年信息系统应用领域的跨文化比较研究进行了总结归纳，指出了民族文化层面和组织文化层面研究之间的区别和联系，提出构建更全面的文化观点。

近年来，信息系统研究中文化因素的影响及作用受到研究者越来越多的关注（Cushman & McLean，2008），学者们主张将文化偏好、民族文化及其形成的价值冲突引入到信息系统应用的研究中（Boersma & Kingma，2005；Pauleen，et al，2006），明确将文化因素作为信息系统研究领域的主要发展方向之一（Igira，2008）。其中，在 MISQ 上发表了三篇具有代表性的论文，提炼出信息系统的文化冲突理论（Leidner & Kayworth，2006），展开了组织文化与信息系统开发应用之间的理论探讨（Iivari & Huisman，2007），提出了信息系统发展和应用的文化模型（Kappos & Rivard，2008）。有关信息系统应用领域的跨文化比较研究主要包括以下六个方面：

一是某些特殊技术和系统在不同文化背景下的使用比较研究。如不同文化情境下对 GSS、电子邮件采用态度的差异等研究（Clark，et al，1996；Davison & Jordan，1998；Walsham，2002）。

二是在不同国家和地区有关 IT 采纳和扩散的研究。主要考察 IT 如何在一个或多个地理区域内扩散，文化传统、政府政策、社会或法律团体等在促进或限制技术扩散方面的影响（Loch & Hill，2001）。其中，Shoib 和 Nandhakumar（2003）对跨国公司中信息技术采纳在发达国家与发展中国家之间的差异进行了跨文化比较。随着跨文化信息系统采纳比较研究的增多（McCoy，et al，2005），McCoy 等（2007）提出应谨慎应用技术采纳模型（TAM）进行跨文化比较。

三是针对个体的跨文化比较研究。这类研究包括对不同国家 IT 人员的比较研究，如研究不同国家和地区 IT 人员的职业动机、价值观、工作态度等，以及比较不同文化背景下的企业高管对 IT 管理的差异（Calkoun，et al，2002；Preston，et al，2006）。

四是文化对信息系统应用的影响研究。Maya 等（2005）、Stahl（2006）等对信息系统应用中的跨国文化影响进行了研究。Martinsons 和 Davison（2007a，b）分析了文化对信息系统应用和业务流程变革的影响。Rao 等（2007）借助资源依赖理论对东道国资源有效性与跨国公司信息系统控制机制进行了实证研究。同时，在这一领域研究中，还形成了一批案例研究成果（Zhang，et al，2005；Lu，et al，2006；Plant & Willcocks，2007）。

五是外包管理中的跨文化研究。在外包管理中，研究者分析了 IS 离岸外包中的跨文化沟通（Avison & Banks，2008），以及离岸外包中文化差异的影响及策略（Samaddar & Kadiyala，2006；Winkler，et al，2008）。

六是不同文化背景下对信息系统成功的评价研究。在这类研究中，许多学者对不同文化情景下信息系统成功的含义展开了调查和讨论（Bradley，et al，2006；Ifinedo，2007；Agourram & Ingham，2007；Agourram，et al，2007）。这些研究对于从理论上解释民族文化对信息系统应用的影响提供了有益的帮助（Kreps & Richardson，2007）。

尽管信息系统应用领域的文化因素研究主要以欧美日文化情景为主，但近年来也出现了一些中国文化背景的研究。如 Martinsons 等（2007b，2008）对中国情景下的电子商务应用、决策支持系统应用和管理进行了跨国比较。Marble 和 Lu（2007）对关系商业习惯影响下的企业软件内嵌文化进行了探讨。此外，还有信息系统应用中组织决策的文化探讨和中国文化情景下电子政务技术的采纳研究等（Zhang，et al，2007，2009）。

1.3 总结性评论

通过对上述两部分相关研究现状的针对性回顾，可以获得以下结论：

第一，单领域和双领域研究多，三个领域交叉研究少。信息系统应用、管理制度和跨文化比较研究，以及管理对信息系统应用的影响研究、信息系统应用的跨文化比较研究均有丰富的成果，但缺乏将信息系统应用、企业管理制度和跨文化比较三者交叉分析的成果。其中，信息系统应用的跨文化比较研究主要针对欧美、日本、韩国、新加坡和中国香港等国家和地区的企业，缺乏针对中国内地企业的研究；内容主要集中在信息技术采纳和扩散、外包管理及个体研究方面，缺乏针对企业管理制度的比较研究。无论在理论上还是在实践中，管理制度对信息系统影响的重要性都是显著的，中国企业管理制度与跨国公司相比存在明显差异，这种差异直接或间接影响着中国企业信息系统的应用效果，进一步探讨中国企业与跨国公司管理制度的差异将联系到隐含在制度背后的民族文化差异。因此，开展跨国公司与本土企业的比较研究，探讨民族文化、管理制度和信息系统应用三者的关系构成重要的研究方向；

第二，在信息系统关键成功因素的研究中，讨论管理因素影响信息系统应用的研究多，但深入细化地讨论管理制度影响信息系统应用的研究少。管理因素构成企业信息系统应用的关键影响因素之一是学术界的共识，但现有研究对管理因素的讨论多限于一般性的描述或分析，缺乏深层、细化的讨论。由于企业管理的范围涵盖了战略、管理制度、流程、项目、人力资源等内容，因此，有必要将研究集中在一项或两项内容来深化研究。其中，管理制度对信息系统应用的影响显著，但研究尚处于探索阶段。随着中国企业信息系统应用的深入，探讨管理制度及其背后的民族文化因素对信息系统应用的影响过程和特征，具有重要的理论价值和实践意义。

2 研究设计与概念模型

影响企业信息系统应用水平的因素有许多，本文聚焦于讨论管理制度对信息系统的影响。同时，影响管理制度的因素也有许多，本文聚焦于探讨民族文化对管理制度的影响。在本文中，信息系统（IS）不指一般的操作系统，而专指面向企业业务运作的管理信息系统，如企业资源计划（ERP）、客户关系管理系统（CRM）、供应链管理系统（SCM）、办公自动化（OA）和财务管理系统等。此外，本文以管理制度为研究对象。管理制度指企业为实现有效管理和控制而制定的一系列规则和标准，包括工作的数量和质量标准、工作流程规定、岗位职责说明、激励机制和纪律要求等。

依据本文第二部分相关理论成果，在实地调研观察提炼的基础上，我们提出如图 1 所示的概念模型。在图 1 中，管理制度是中介变量，民族文化是前因变量，信息系统应用水平是结果变量。这样，通过对跨国公司与本土企业的实地调研和观察，可以分析企业信息系统应用的文化效应传导过程。

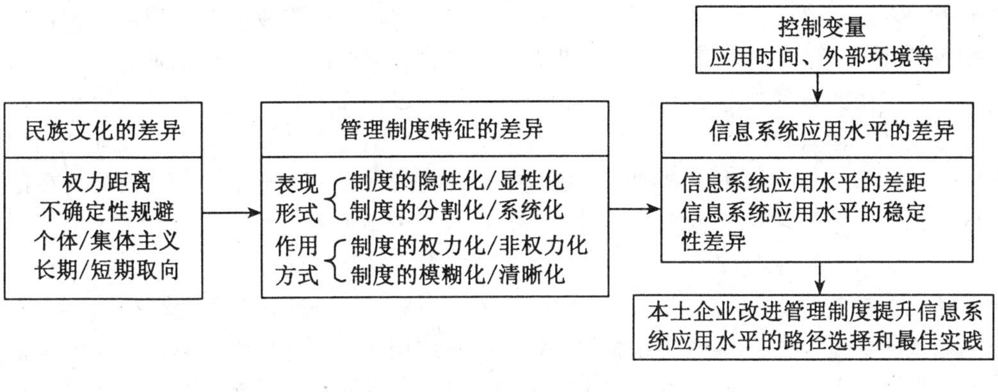

图 1 管理制度视角下 IS 应用的文化效应的概念模型

具体地说，该概念模型包含以下三个部分的研究内容：

2.1 比较跨国公司与本土企业管理制度的特征差异，探析背后的文化根源及关键文化因素

（1）跨国公司与本土企业管理制度的差异比较

企业管理制度的研究通常从纵向和横向两个角度进行：纵向角度即从管理制度的制定、执行和改进对管理制度进行过程研究（郭咸纲，2004）；横向角度即从管理制度的表现形式和作用方式对管理制度进行特征研究（Papamichail & Robertson，2005）。跨文化管理研究显示，欧美国家企业注重硬性管理和规范管理，系统、精细的管理制度体系是其显著的特征，企业管理以明确的制度和标准的业务流程为基础，通过制度和流程对个人行为进行规范和约束。中国本土企业注重软性管理，缺乏系统、细致的管理制度，强调人与人之间的协调和平衡（陈晓萍，2005）。

实地调研中我们发现，跨国公司与本土企业在管理制度的表现形式和作用方式上存在上述差异。在管理制度的表现形式上，主要呈现出两方面的差异：一是管理制度的模糊化与清晰化差异。调研发现，本土企业管理制度具有较强的模糊化倾向。调研中我们考察了许多本土企业的管理制度，并搜集了部分企业的管理制度，发现其中存在大量笼统、模糊的表述，如“定期检查、及时反馈、原则上进行处理、有效协调各部门之间的关系”等。跨国公司的管理制度则非常具体，并辅以更为细致的业务流程。二是管理制度的隐性化与显性化差异。调研发现，本土企业用文字方式体现出来的管理制度只是整体制度的一部分，企业中存在大量的隐性制度，内嵌于个人的知识和行为中。而在跨国公司中，则尽可能确保管理制度的显性化，以确保执行和监控的效率。如对于跨部门协调问题，跨国公司通常有明确的协调机制和相应制度，本土企业则多依赖于个人的协调能力和人际基础。

在管理制度的作用方式上，也主要呈现出两方面的差异：一是管理制度的权力化与非权力化差异。调研发现，本土企业的管理制度在许多情况下具有权力的意义，不同的管理者可以根据自己的偏好或利益制定不同的制度，不同的个人也可以根据自己的理解或利益执行制度。制度的权力化导致管理者变动导致制度随之而变动的情况十分普遍，调研中，62%的本土企业基层管理人员表示：“不是我们不执行制度，而是制度变动太快了。”在跨国公司中，管理制度是企业所有人员共同遵守的规则，尽管管理制度会随着环境的变革进行调整，但调整有明确的机制和流程，个人在管理制度的制定与执行中基本没有权力空间。二是管理制度的分割化与系统化差异。前期调研发现，本土企业的管理制度往往具有较明显的部门分割特性，部门之间的管理制度经常出现彼此脱节、相互矛盾等问题，缺乏整体的系统化。跨国公司则非常注重管理制度的系统化和一致性，以此保证企业的整体效率。调研中，通用公司（GE）的受访者表示：“GE 非常强调制度的整体性，为了保证整体的一致性，往往不惜牺牲一些局部的灵活性。”宝洁公司的受访者也强调：“宝洁的内部运行犹如一艘高度集成的航空母舰。”

（2）跨国公司与本土企业管理制度差异的文化根源及关键文化因素

制度理论的研究表明，所有制度的形成及其表现出来的特征，主要受其所处的文化传统和历史环境所影响（德勒巴克等，2003）。因此，跨国公司与本土企业在管理制度特征上呈现的诸多差异，背后蕴含的是中西方民族文化的差异。主要研究内容包括：第一，总结和提炼与企业管理制度和信息系统应用相关的民族文化模式内涵和关键文化因素，辨析内嵌于组织文化中的民族文化因素，识别对管理制度构成影响的关键民族文化因素；第二，探讨民族文化对跨国公司与本土企业管理制度差异的影响。

2.2 跨国公司与本土企业管理制度特征差异对信息系统应用水平的影响

现有研究表明管理因素会对信息系统应用构成影响，但影响具体表现在哪些方面则缺乏细化研究。实地调研发现，在信息系统应用过程中，由于管理制度的特征差异，使得本土企业在信息系统应用水平上与跨国公司存在显著差异，主要体现在以下两方面：

第一，与跨国公司比较而言，本土企业信息系统应用水平普遍较低。肖静华和谢康（2007a）提出了企业信息技术应用水平测评模型，用此模型对实地调研的跨国公司与本土企业进行了测评。结果显示，总体比较而言，36 家跨国公司信息系统应用水平的均值为 86，62 家大型本土企业的均值为 68；具体比较而言，本土企业与跨国公司在信息系统应用水平中差距主要体现在信息系统的监控管理、决策支持和整体协同方面（肖静华，2008）。

第二，与跨国公司比较而言，本土企业信息系统应用水平具有更大的离散性。由于本土企业管理制度呈现的特征，使得本土企业在信息系统应用中更多地依赖管理者的能力和态度，而跨国公司则更多地依赖管理制度和流程。在36家欧美跨国公司中，86%的受访者表示，如果公司更换总经理或首席信息官（CIO），对信息系统应用不会构成大的影响；然而，在62家大型本土企业中，90%的受访者表示，如果公司更换总经理或CIO，将会对信息系统应用构成巨大影响。因此，本土企业往往由于管理者的更换造成信息系统应用水平出现大幅波动；或者同行业、同规模、应用同样信息系统的企业，由于任用了不同能力的总经理或CIO，信息系统应用水平就呈现出巨大差异。数据显示，36家跨国公司信息系统应用水平的标准差系数为5.6，62家大型本土企业的标准差系数则为15.5。

2.3 本土企业突破管理制度障碍，提升IS应用水平的路径选择与最佳实践

新制度经济学对企业的发展和演化过程提供了有效的分析思路和框架（弗罗门，2003；埃格特森，2004）。实地调研发现，部分本土企业通过使用SAP、Oracle等国际上成熟的信息系统、引进跨国公司CIO和聘请跨国咨询公司等方式来突破原有管理制度的制约，提升规范化的管理水平，再通过管理制度的改进深化信息系统的应用。还有不少企业则通过先使用自己开发或定制的信息系统，逐步改进原有的管理制度，当管理制度比较规范后，再开始使用国际成熟的信息系统。前一种路径选择对应制度经济学中的激进式路径，后一种路径选择则对应制度经济学中的渐进式路径。在不同的路径选择中，有些企业取得了较好的效果，有些企业效果则不理想。

SAP公司认为，最佳实践代表了对相关业务及流程的精确把握，并已成为或即将成为该行业中的应用范例。企业遵循最佳实践并不意味着就一定会成功，但与不遵循最佳实践的企业相比，遵循最佳实践的企业提高信息系统应用水平、提高系统稳定性和效率的概率更高。针对此，可以总结和提炼中国文化背景下本土企业信息系统应用的激进式路径与渐进式路径下的最佳实践。具体包括以下三个方面的内容：一是最佳实践的总体原则；二是最佳实践的具体原则，包括战略性原则和策略性原则；三是最佳实践的过程特征和限制条件（肖静华和谢康，2007c）。

3 结 语

目前，尽管有不少文献研究了文化对制度变迁的影响，但文化对企业管理制度的影响研究则相对匮乏。在信息系统行为研究领域，尽管有文化影响信息系统的研究，但缺乏从管理制度视角分析信息系统应用文化效应的研究。本文从管理制度视角提出了一个信息系统应用的文化效应研究的概念模型，并对概念模型的主要研究内容进行了阐述和讨论。其中，对跨国公司与本土企业的管理制度特征和信息系统应用水平进行了初步的概念性比较研究，认为反映嵌入在信息系统中的西方文化和管理思想与中国文化和管理制度的冲突与融合过程，正是中国企业信息系统应用从不成熟逐步走向成熟的过程，亦是中国信息系统理论研究从探索走向深入的过程。

参考文献

[1] Agourram H, Ingham J. The Impact of National Culture on the Meaning of Information System Success at the User Level [J]. Journal of Enterprise Information Management, 2007, 20 (6): 641-656.

[2] Agourram H, Robson B, Talet A N. Defining Information System Success in France [J]. International Journal of Enterprise Information Systems, 2007, 3 (3): 66-80.

[3] Anumba H, Dainty A, Ison S, et al. Understanding Structural and Cultural Impediments to ICT System Integration: A GIS-based Case Study [J]. Engineering, Construction and Architectural Management, 2006, 13 (6): 616-624.

[4] Avison D, Banks P. Cross-cultural (mis) Communication in IS offshoring: Understanding through Conversation Analysis [J]. Journal of Information Technology, 2008, 23 (4): 249-268.

[5] Boersma K, Kingma S. Developing a Cultural Perspective on ERP [J]. Business Process Management Journal, 2005, 11 (2): 123-136.

[6] Bradley R V, Pridmore J L, Byrd T A. Information Systems Success in the Context of Different Corporate Cultural Types: an Empirical Investigation [J]. Journal of Management Information Systems, 2006, 23 (2): 267-294.

[7] Cardoso J, Bostrom R P, Sheth A. Workflow Management Systems and ERP Systems: Differences, Commonalities, and Applications [J]. Information Technology and Management, 2004, 5 (3~4): 319-338.

[8] Chen L, Yang S C. Managing ERP Implementation Failure: a Project Management Perspective [J]. IEEE Transactions on Engineering Management, 2009, 56 (1): 157-170.

[9] Davison D, Martinsons M G. Empowerment or Enslavement? a Case of Process-based Organisational Change in Hong Kong [J]. Information Technology & People, 2002, 15 (1): 42-59.

[10] Dawson J, Owens J. Critical Success Factors in the Char-

tering Phase: a Case Study of an ERP Implementation [J]. International Journal of Enterprise Information Systems, 2008, 4 (3): 9-24.

[11] Delone H, Mclean R. Information Systems Success: the Quest of the Dependent Variable [J]. Information Systems Research, 1992, 3: 60-95.

[12] Gallivan M, Srite M. Information Technology and Culture: Identifying Fragmentary and Holistic Perspectives of Culture [J]. Information and Organization, 2005, 15: 295-338.

[13] Hofsede G. Culture's Consequences: Comparing Values, Behaviors, Institutions, and Organizations Across Nations (2nd ed.) [M]. Thousand Oaks, CA: Sage Press, 2001.

[14] Hofstede G. Cultures and Organizations [M]. London: McGraw-Hill, 1991.

[15] House R J. Culture, Leadership and Organization: the Globe Study of 62 Societies [M]. Thousand Oaks, CA: Sage Press, 2004.

[16] Ifinedo P. Interactions between Organizational Size, Culture, and Structure and Some IT Factors in the Context of ERP Success Assessment: an Exploratory Investigation [J]. The Journal of Computer Information Systems, 2007, 47 (4): 28-44.

[17] Iivari J, Huisman M. The Relationship between Organizational Culture and the Deployment of Systems Development Methodologies [J]. MIS Quarterly, 2007, 31 (1): 35-58.

[18] Kappos A, Rivard S. A Three-perspective Model of Culture, Information Systems, and Their Development and Use [J]. MIS Quarterly, 2008, 32 (3): 601-634.

[19] Kluckhohn F, Strodtbeck F. Variations in Value Orientations [M]. Evanston, IL: Row, Peterson, 1961.

[20] Leidner D E, Kayworth T. Review: a Review of Culture in Information Systems Research: Toward a Theory of Information Technology Culture Conflict [J]. MIS Quarterly, 2006, 30 (2): 357-399.

[21] Liang H, Saraf N, Hu Q, et al. Assimilation of Enterprise Systems: the Effect of Institutional Pressures and the Mediating Role of Top Management [J]. MIS Quarterly, 2007, 31 (1): 1-30.

[22] Lu X H, Huang L H, Heng S H. Critical Success Factors of Inter-organizational Information Systems——a Case Study of Cisco and Xiao Tong in China [J]. Information & Management, 2006, 43 (3): 395-408.

[23] Marble R P, Lu Y P. Culturalizing Enterprise Software for the Chinese Context: an Argument for Accommodating Guanxi-based Business Practices [J]. International Journal of Production Economics, 2007, 107 (2): 364-379.

[24] Martinsons M G, Davison R M. Culture's Consequences for IT Application and Business Process Change: a Research Agenda [J]. International Journal of Internet and Enterprise Management, 2007a, 5 (2): 158-177.

[25] Martinsons M G, Davison R M. Strategic Decision Making and Support Systems: Comparing American, Japanese and Chinese management [J]. Decision Support Systems, 2007b, 43 (1): 284-296.

[26] Maya I, Rahimi M, Meshkati N, et al. Cultural Influence on the Implementation of Lessons Learned in Project Management [J]. Engineering Management Journal, 2005, 17 (4): 17-24.

[27] McCoy S, Everard A, Jones B M. An Examination of the Technology Acceptance Model in Uruguay and the US: a Focus on Culture [J]. Journal of Global Information Technology Management, 2005, 8 (2): 27-45.

[28] McCoy S, Galletta D F, King W R. Integrating National Culture into IS Research: the Need for Current Individual Level Measures [J]. Communications of the Association for Information Systems, 2005, 15: 211-224.

[29] McCoy S, Galletta D F, King W R. Applying TAM across Cultures: the Need for Caution [J]. European Journal of Information Systems, 2007, 16 (1): 81-90.

[30] Nah F H, Delgado S. Critical Success Factors for Enterprise Resource Planning Implementation and Upgrade [J]. The Journal of Computer Information Systems, 2006, 46 (5): 99-113.

[31] Pauleen D J, Evaristo R, Davison R M, et al. Cultural Bias in Information Systems Research and Practice: Are you Coming from the Same Place I am? [J]. Communications of the Association for Information Systems, 2006, 17: 354-372.

[32] Peffers K. IS and Organizational Processes: IS Design, Negotiation, Decisions, and Managing Knowledge [J]. Journal of Information Technology Theory and Application, 2003, 5 (2): 3-4.

[33] Peppard J, Lambert R, Edwards C. Whose Job is it anyway? Organizational Information Competencies for Value Creation [J]. Information Systems Journal, 2000, 10 (4): 291-322.

[34] Plant R, Willcocks L. Critical Success Factors in International ERP Implementations: a Case Research Approach [J]. The Journal of Computer Information Systems, 2007, 47 (3): 60-70.

[35] Preston D S, Karahanna E, Rowe F. Development of Shared Understanding between the Chief Information Officer and Top Management Team in U. S. and French Organizations: a Cross-cultural Comparison [J]. IEEE Transactions on Engineering Management, 2006, 53

(2): 191-206.

[36] Rao M T, Brown C V, Perkins W C. Host Country Resource Availability and Information System Control Mechanisms in Multinational Corporations: an Empirical Test of Resource Dependence Theory [J]. Journal of Management Information Systems, 2007, 23 (4): 11-28.

[37] Samaddar S, Kadiyala S. Information Systems Outsourcing: Replicating an Existing Framework in a Different Cultural Context [J]. Journal of Operations Management, 2006, 24 (6): 910-931.

[38] Sambamurthy V, Zmud R W. IT Management Competency Assessment: a Tool for Creating Business Value through IT [Z]. Working Paper, Financial Executives Research Foundation, 1994.

[39] Scott-Young C, Samson D. Project Success and Project Team Management: Evidence from Capital Projects in the Process Industries [J]. Journal of Operations Management, 2008, 26 (6): 749-766.

[40] Stahl B C. Emancipation in Cross-cultural IS Research: The Fine Line between Relativism and Dictatorship of the Intellectual [J]. Ethics and Information Technology, 2006, 8 (3): 97-108.

[41] Triandis H C. Individualism and Collectivism [M]. Boulder, CO: Westview Press, 1995.

[42] Winkler J K, Dibbern J, Heinzl A. The Impact of Cultural Differences in Offshore Outsourcing: Case Study Results from German-Indian Application Development Projects [J]. Information Systems Frontiers, 2008, 10 (2): 243-258.

[43] Zhang D S, Lowry P B, Zhou L, et al. The Impact of Individualism-collectivism, Social Presence, and Group Diversity on Group Decision Making under Majority Influence [J]. Journal of Management Information Systems, 2007, 23 (4): 53-80.

[44] Zhang N, Guo X H, Chen G Q, et al. Impact of Perceived Fit on E-government User Evaluation: a Study with a Chinese Cultural Context [J]. Journal of Global Information Management, 2009, 17 (1): 49-69.

[45] Zhang Z, Lee M K O, Huang P, et al. A framework of ERP Systems Implementation Success in China: an Empirical Study [J]. International Journal of Production Economics, 2005, 98 (1): 56-80.

[46] 陈晓萍. 跨文化管理 [M]. 北京: 清华大学出版社, 2005.

[47] 陈晓萍等. 组织与管理研究的实证方法 [M]. 北京: 北京大学出版社, 2008.

[48] 冯梅. 信息化的政治经济学分析 [M]. 北京: 经济科学出版社, 2006.

[49] 郭咸纲. G管理模式——打造管理平台的理论基石 [M]. 广州: 广东经济出版社, 2004.

[50] 刘建一. 影响我国企业信息化的制度障碍 [J]. 价值工程, 2001, 5: 49-53.

[51] 汤谷良, 夏怡斐. 母公司文化控制力: 中外合资企业文化陈述的差异与融合——基于中外合资汽车公司的多案例比较 [J]. 管理世界, 2009, 增刊: 65-74.

[52] 王秋石, 肖文海. 信息化与制度变迁的互动关系分析 [J]. 价格月刊, 2007, 3: 23-26.

[53] 吴建国, 冀勇庆. 华为的世界 [M]. 北京: 中信出版社, 2006.

[54] 吴瑞鹏, 陈国青, 郭迅华. 中国企业信息化中的关键因素 [J]. 南开管理评论, 2004, 4: 74-79.

[55] 肖静华, 谢康. 企业IT应用水平测评模型及实证研究 [J]. 信息系统学报, 2007a, 1: 60-78.

[56] 肖静华, 谢康. 企业IT应用水平测评模型与等级分析 [J]. 中山大学学报 (社会科学版), 2007b, 5: 110-116.

[57] 肖静华, 谢康. 企业IT应用最佳实践的理论分析 [M] //陈国青等主编. 中国信息系统研究: 理论与实践. 昆明: 云南科技出版社, 2007c: 52-58.

[58] 肖静华. 差距与差异: 跨国公司与本土企业IT应用的比较研究 [Z]. Working Paper, 中山大学管理学院, 2008.

[59] 于俭, 陈帆. 基于粗糙集理论的企业信息化关键因素实证研究 [J]. 工业工程与管理, 2006, 1: 67-71.

[60] 张喆, 黄沛, 张良. 中国企业ERP实施关键成功因素分析: 多案例研究 [J]. 管理世界, 2005, 12: 137-143.

Cultural Effects Analysis Model of IS Applications Under the Perspective of Regulation

XIAO Jinghua[1], XIE Kang[1]

(1. School of Business of Sun Yat-sen University, Guangzhou 510275, China)

Abstract: There was lots of research on cross-cultural comparison in the field of IS behavior, but most of them was concentrated on the enterprise of the Europe, the United States and Japan, lack of research on China's enterprises; most of the research focused on the adoption and diffusion of IT, IS outsourcing and individual research etc. , lack of research from the management perspective. For this, this paper introduced the research design of the process and characteristics of regulation affected IS application and presented conceptual model on the basis of preliminary studies and investigating 98 local and transnational enterprises in field from the perspective of regulations, presenting conceptual comparison of IS application between the transnational enterprises and local enterprises, established a foundation of analysis for further study on cultural effects in IS application.

Key words: regulation; information systems; cross-cultural comparison

计算机技术压力与角色压力的关系：基于组织支持感知的研究视角*

舒琴[1]，王刊良[1]，屠强[2]

（1. 西安交通大学 管理学院，西安 710049；2. 美国罗切斯特理工学院商学院）

摘　要：计算机技术和跨界活动引发的压力纷至沓来，员工在一定程度上分担了激烈竞争给企业带来的重压。因此，企业有必要重新审视与员工的雇佣关系。本文以国内企业信息技术员工为实证调查对象，研究组织支持感知对技术压力与三种角色压力之间关系的调节作用。研究发现，技术压力对角色冲突、角色模糊、角色超载的影响效果并不相同，并且组织支持感知在技术压力与角色冲突关系中起了调节作用。本文丰富了以组织支持感知为中心的研究领域，有助于企业深入了解信息技术员工的组织支持感知状况，为管理实践提供了有益的参考。

关键词：组织支持感知 1；技术压力 1；角色冲突 2；角色模糊 2；角色超载 2

中图分类号：C936；C939

1 引　言

近年来，世界正日益呈现出扁平化的趋势[1]。经济全球化和一体化的浪潮席卷了人类社会的各个角落，快速发展和变革创新的触角无处不在。呼吸着在同一个狭小舞台竞争的稀薄空气，身处“地球村”的人们更真切地感受到了世界经济跳动的脉搏。随着全球化进程的加快和企业之间竞争的加剧，现代组织和员工都肩负着多重压力。一方面，组织为了保持战略优势而不得不进行裁员、重组、兼并等重大变革；另一方面，员工由于不堪重负而不得不无奈选择怠工、逃避乃至离职。组织和员工间的关系正逐渐发生着微妙的变化，不得不重新加以审视。

面对企业员工表现出的种种压力现象，学术界和实践界开始探求其形成的根源。由于新技术的不断引入和快速变革而给人们带来的压力逐渐引起了广泛关注。早在 1984 年，Brod Craig 在《技术压力：计算机革命的人类成本》一书中便提出了“技术压力”（Technostress）。同时，自 20 世纪 60 年代 Kahn、Wofe、Quinn 和 Snoek 等人展开对个人角色压力及其影响的研究以来，该领域的问题至今仍然受到学者们的重视。研究表明，在科学和技术高速变化的产业中，组织结构趋于非正式化，员工将更多地面临着个人角色转换所引起的压力[3]。原有的角色压力依然存在，新生的技术压力渐渐浮出水面，“剪不断，理还乱”。在组织环境中，技术压力和角色压力是最为常见的两种工作压力源。因此，企业有必要辨识清楚重要的工作压力源与组织支持等关键因素间的关系。

组织支持感知的概念最早由美国 Delaware 大学的社会心理学家 Robert Eisenberger，自形成以来，引起了国外许多学者和专家的关注。目前，我国严重缺乏有关组织支持感知的单独研究文献。由于该领域的文献资料绝大部分来自欧美学者的研究，已有成果是否适合中国的实际情况还需要进一步验证和实践。Kahn 和 Byosiere 认为“组织理论和研究对组织、人际关系因素作为缓解压力及其影响的调节、缓冲作用关注太少”[4]。基于上述原因，本文将在中国背景下探讨信息技术员工的组织支持感知对技术压力与角色压力关系的调节作用。

2 文献综述及假说

基于社会交换理论和互惠原则，Eisenberger 等人首次提出了组织支持感知（Perceived Organizational Support，简称 POS）的概念，并在系统研究的基础上构建了组织支持理论（Organizational Supportive Theory，简称 OST）。他认为，组织支持感知

* 基金项目：本研究受到国家自然科学基金项目（70372049）资助

通讯作者：舒琴，西安交通大学管理学院，博士研究生，E-mail：shuqin@ mail. xjtu. edu. cn

是指员工对于组织重视自己的贡献并关注其利益的整体看法[5]。如果员工感受到较多的组织支持，便会形成一种责任感和义务感，促使他们关心组织的利益，并尽力帮助组织达成目标。

"技术压力"（Techno-Stress）的概念最早出现在 Brod Craig 的《技术压力：计算机革命的人类成本》一书中。他将技术压力定义为"一种由于没有能力应付新的计算机技术而引发的不适应症。它有两种独特而相关的表现方式：抵制计算机技术和以某种形式沉溺于计算机技术"[2]。Brod 的观点主要集中在计算机技术压力方面，即第一种表现方式。Ragu-Nathan，Ragu-Nathan and Tu 基于美国的数据发现并定义了计算机技术压力的五个构成因素：工作负荷增加、技术入侵生活、技术复杂难懂、工作受到威胁、技术升级过快[9]。这五个因子描述了使用计算机技术可能会产生压力的典型情况。本文沿用了该研究成果，将技术压力视为涵盖了上述五个构成因素的二阶因子。

现代企业的管理结构日趋扁平化，团队内部和相互之间的合作日益受到重视。在这样的组织环境和氛围中，员工的跨界活动逐渐频繁，扮演的角色也更加丰富而多元化。当组织传送的角色期望相互冲突或不清晰时，员工往往会产生沉重的角色压力。角色压力通常被定义为一种组合结构概念。依据 Kahn 等人的研究，本文着重研究角色冲突、角色模糊和角色超载三种类型[4]。

近年来，随着组织支持感知概念的引入，国内一些学者也开始探索相关的影响要素[6][8]。虽然这些研究推动了国内对组织支持感知的认识，但是涉及的内容还很有限。作者通过大量的文献整理发现，有关组织支持感知、技术压力与角色压力的研究大多在各自领域内分别展开，很少涉及三者之间关系的探讨。因此，本文着力探讨信息技术员工技术压力与角色压力的关系，以及组织支持感知对其的调节作用。

企业信息技术员工承受着巨大的工作压力，技术压力和角色压力是两种较为重要的工作压力源。这两种压力源之间也存在着相关性，导致技术压力的因素会增强员工的角色压力。Tarafdar 等人认为，由于信息通讯技术的广泛应用而产生的技术压力，也同样通过不同方式作用于角色压力；他们研究发现，技术压力增强了员工的角色冲突和角色超载[10]。由此可见，多种压力源并非独立作用，通常会互相促进，从而使主体形成更大的压力感。

信息技术的快速更新是员工面临的重要技术压力。先进信息技术的应用不仅改变了角色间的关系、扩展了角色集合，而且要求员工与其他部门进行更多的交互，深刻理解相关的功能领域以形成整合的视角。这些都会增加信息技术员工的角色冲突程度。随着虚拟团队的产生，信息技术员工可能成为多个以不同方式运作的团队中的成员，处理来自更多人的信息和协调更加多样的观点。信息技术员工不得不承受工作内容增加、工作安排紧凑等压力状况，也使其扮演的角色更加多样化，从而引发角色冲突现象。因此，本研究提出假说：

H1：技术压力与角色冲突显著正相关。

自从引入信息技术以来，企业的组织架构一直在发生着变化，日益呈现出扁平趋势，信息技术员工与外界的"触点"明显增多，更容易引起角色模糊。计算机技术等信息通讯技术的普及不仅加快了信息产生的速度，也使信息获取更加便利，与此同时，海量的信息增加了员工加工处理的难度，难以提取有用的关键信息来帮助自己清楚辨识所需扮演的角色，以及准确把握别人对自己的工作期望。随着国内信息化进程的推进，企业本身也处于变化发展的时期；作为技术压力的表象之一，信息技术员工面临着工作方式逐渐发生改变的状况，在这样一个变化的过程中，角色模糊现象也会频频发生。基于上述分析，本研究提出假说：

H2：技术压力与角色模糊显著正相关。

信息技术使工作结果更易于评估和量化，员工被期望实现更高的生产效率，即在更少的时间内更多、更快地工作。由于大量工作任务通过计算机来完成，员工往往同时面临着多个事务，需要付出更多的时间和精力来应对。同时，即时通讯技术和互联网的普及加剧了工作时间延长的现象，员工不得不牺牲业余时间来处理未完成的工作任务。因此，随着信息技术员工工作负荷的增加和任务安排的紧凑，多角色、多任务并发处理的现象不可避免，造成角色超载严重。基于以上论述，本研究提出假说：

H3：技术压力与角色超载显著正相关。

目前，国外已有学者研究了组织支持感知作为调节变量的作用，但仅限于角色压力与工作结果等少数领域。与已有研究相比，技术压力和角色压力作为两种重要的压力源，组织支持感知的调节作用可能会有所差异。

组织支持理论是对员工与组织间雇佣关系的有效补充，强调了交换关系的双方应享有平等的权利和义务。为了使双方都能在最大限度上获得收益，相互间的支持必不可少。基于社会交换理论，持有较高组织支持感知的员工往往会更加强烈地感受到来自组织的承诺，通常表现为对自身利益的关心、价值的认同和工作的帮助。作为回报，员工会尽力适应由于计算机等信息通讯技术的使用而引发的技术压力，并积极应对随之而来的角色上的变化，不但增强了自身对组织的承诺，也形成了一种责任感和义务感，愿意帮助企业实现其目标。正所谓“士为知己者死”。因此，在技术压力与角色压力的关系中，组织支持感知起了催化作用。

经济全球化和一体化渐渐模糊了地理位置的差距，市场竞争不再局限于企业所在地的狭小空间。因此，为了便于信息技术员工更好地工作，企业提供了先进的计算机技术和 ERP 等信息系统作为工具性支持。感受到组织支持的员工会尽力掌握复杂难懂的计算机知识，并在信息系统的帮助下在多个虚拟团队中履行职责。员工利用有限的时间和资源承担多个角色、实现多个目标，势必引起角色间的冲突，而且愈演愈烈。基于上述分析，本文提出假说：

H4：组织支持感知增强技术压力与角色冲突的相关关系。

信息技术的快速更新使员工面临着极大的挑战，必须不断提高自身的综合素质，否则“不进则退”。现代企业往往会为员工设计多种职业发展道路，营造良性的内部竞争环境，并且提供较好的平台帮助员工实现全面发展。组织支持感知较高的员工会在更大程度上感受到企业不仅在技术等硬件设施上给予支持，也通过增加跨界活动的机会来帮助员工达到更高的人才要求。在适应这样的变化中，信息技术员工难以在很短的时间内重新对自身的职责范围和工作权限有一个清晰的把握和界定，容易引发角色模糊现象。基于此，本文提出假说：

H5：组织支持感知增强技术压力与角色模糊的相关关系。

企业通常会对有能力的员工委以重任，让其承担相对重要的角色，着力解决关键性难题。这种来自组织对自身价值和已有贡献的认可，往往会促使信息技术员工以更大的热情投入到本职工作中，花费业余时间学习和掌握更新换代的计算机技术，充分利用企业搭建的信息系统平台，主动承担大量的工作内容和事务安排，牺牲私人空间来处理突发的紧急状况。员工在有限的时间和精力下，必然造成角色的严重超载。通过上述分析，本文提出假说：

H6：组织支持感知增强技术压力与角色超载的相关关系。

3 研究方法

3.1 测量

根据本研究关注的问题，针对各变量分别采用了学术界广泛使用的经典量表，并应用 Likert 五点量表的方式（1-根本不赞同，2-不赞同，3-中立，4-赞同，5-非常赞同，NA-不适用），用于调查被试者对于每个题项的态度。组织支持感知问卷采用了 Eisenberger 等人发展的 SPOS 量表的精简形式[5]，描述了在工作中感受到的组织支持情形。技术压力和角色压力分量表均来自 Techno-Stress Questionnaire 量表，此量表是由罗切斯特理工大学商学院 Qiang Tu 博士、多伦多大学商学院 Bhanu Ragu-Nathan博士以及 T. S. Ragu-Nathan 博士三位学者合作编写的[9]，分别描述了使用计算机技术可能会产生压力的典型情形，以及在工作环境中角色相关的典型压力情形。考虑到文化背景、语言习惯等方面的差异，作者花费了大量的时间来完成问卷的翻译工作，保持汉语意思与英文原意的等同，力求在我国文化背景下对各变量加以准确地表达和描述。

3.2 调研过程

为了确保实证调研的有效性，本研究首先采用 Q-Sort 方法对问卷的因子结构和题项进行修正。Nahm 等人提出将 Q-Sort 方法运用于实证研究的预调研阶段，不仅简单易行、节省成本，而且能够发掘出问卷中潜在的问题[11]。由于缺少实践经验和可借鉴的国内研究，本文基于国外已有的学术理论和实证研究对 Q-Sort 过程进行了设计。经过三轮测试，因素结构呈现出较好的效果。在此基础之上，进行了两次预调研。通过对回收的有效问卷进行初步的分析，综合考察已有的研究结果，对调查问卷加以修正，最终确定了用于正式调研的问卷。

3.3 样本选择

本文以企业信息技术员工（即信息技术岗位的从业人员）为研究对象，采用匿名形式，在事先取得联系、沟通达成一致的情况下，通过单位寻访、邮寄和电子邮件等方式将问卷发放给全国各地的企业信息技术部门联系人，再通过他们将问卷分发给企业内部的信息技术员工进行填写。本次调研于今年 3 月份开始，到目前为止共发放问卷 450 份，涉及西安、北京、深圳等地规模各异的企业（国有、民营、三资等不同性质企业）的信息技术员工，共回收问卷 362 份，回收率为 80.4%，剔除无效问卷后剩余 335 份有效问卷。

在回收的 335 份有效问卷中，调查对象主要集中在西安、北京和深圳三座城市。其中，信息技术专业员工所占比率最大，高达75.2%。从受教育程度来看，本科、硕士及以上学历者占88.1%，年龄在35岁以下者占绝大多数（95.5%）。由此可见，目前国内企业信息技术部门中，高学历的年轻职员为数众多，几乎所有都属于运用知识和信息为组织服务的员工。

3.4 测量效度和研究步骤

本文首先对回收的有效问卷进行了信度分析，结果表明：组织支持感知分量表的信度系数（Cronbach α 值）为0.88，达到理想水平，并表现出了较高的单维特性；技术压力分量表的信度系数为0.84；角色冲突、角色模糊和角色超载的信度测量依次为0.78、0.70、0.71。其中，角色模糊和角色超载的信度系数较低，但均在0.7以上，故仍可接受。

本研究将技术压力视为二阶单因子，采用结构方程模型分析工具 Lisrel 8.2 对这一结构进行了验证。整个模型的拟合优度指标达到了较好的水平，其中，$\chi2/df=2.03$，$RMSEA=0.056$，$CFI=0.93$，$NNFI=0.92$，Standardized $RMR=0.063$。由分析结果可知，技术压力分量表的二阶单因子结构相对稳定，技术升级过快、工作负荷增加、技术入侵生活、技术复杂难懂和工作受到威胁五个构成因素共同阐明了技术压力的典型状况。

本文主要运用 SPSS 11.5 for Windows 中的回归分析方法对假说进行验证。已有研究表明，角色压力与性别、年龄、教育程度等因素存在着相关性[12]。因此，本研究选取上述四个因素作为控制变量。根据前文假说，将组织支持感知调节技术压力与角色压力关系的模型作为主模型。同时，通过对已有文献和研究成果的整理综述发现，组织支持感知可以作为中介变量联系员工公平感和组织承诺间的关系[15]。基于上述研究结果，本文引入了比较模型，即将组织支持感知视为联系技术压力与角色压力的中介变量。通过对主模型和比较模型进行验证分析，有利于准确把握组织支持感知在技术压力与角色冲突关系中真正发挥的作用。

4 数据分析结果及讨论

4.1 数据分析结果

Baron 和 Kenny（1986）对调节变量和中介变量的作用进行了深入的分析[13]，本研究按照他们建议的方法进行数据分析。首先，对主模型进行验证，由于组织支持感知是连续型变量，故采用层次回归分析的方法检验其调节作用；同时，回归分析中存在着自变量与调节变量的交互项，先进行均值中心化处理，再形成交互项，结果如表1所示。

表1 组织支持感知调节技术压力与角色压力关系的回归分析结果

	预测变量	角色冲突	角色模糊	角色超载
第一步	性别	-.135 *	.066	-.144 *
	年龄	.053	-.099	.030
	教育程度	.023	.157 *	.199 **
	Adjusted R^2	.011	.013	.058 **
	F	1.644	1.795	4.758
第二步	TechnoStress	.331 **	.047	.424 **
	POS	-.135 *	-.343 **	.083
	Adjusted R^2	.114 **	.120 **	.247 **
	F	6.166	6.478	14.364
	ΔR^2	.109 **	.113 **	.192 **
第三步	TechnoStress	.321 **	.047	.418 **
	POS	-.143 *	-.343 **	.076
	POS × TechnoStress	.140 *	.006	.109
	Adjusted R^2	.130 **	.117 **	.256 **
	F	6.134	5.531	13.009
	ΔR^2	.019 *	.000	.012

注：** 表示 $p<0.01$ * 表示 $p<0.05$

其次，本文对引入的比较模型进行层次回归分析，结果如表2所示；其中，回归系数均为标准化以后的数值。

表2 组织支持感知的中介作用分析结果

	预测变量	POS	角色冲突	角色模糊	角色超载
第一步	TechnoStress	.167 **			
	Adj R^2	.062			
	F	-.050			
第二步	性别		-.102	.069	-.153 **
	年龄		.019	-.099	-.020
	教育程度		.005	.161 *	.156 **
	TechnoStress		.303 **	-.015	.432 **
	Adj R^2		.095 **	.012	.242 **
	F		6.375	1.643	17.559
第三步	TechnoStress		.331 **	.047	.424 **
	POS		-.135 *	-.343 **	.083
	Adj R^2		.114 **	.120 **	.247 **
	F		6.166	6.478	14.364

对于角色冲突而言，技术压力与角色冲突显著正相关，假说 H1 得到支持。如表 1 所示，当引入组织支持感知与技术压力的交互项时，R2 明显改善，说明对因变量角色冲突的解释能力显著增强；此时，交互项与角色冲突的相关性达到显著水平，且方向为正。由此可知，新引入的交互项对角色冲突影响显著，说明组织支持感知可以正向调节技术压力与角色冲突之间的关系，即组织支持感知增强了技术压力与角色冲突的正相关关系，假说 H4 通过验证。此外，组织支持感知与角色冲突也呈现出显著的负相关性。因此，组织支持感知对技术压力与角色冲突之间关系的调节作用并不是纯粹的，而是充当了半调节变量（Quasi-Moderator）。根据表 2 所示的比较模型分析结果，当引入待测中介变量组织支持感知时，技术压力、组织支持感知与角色冲突的相关关系均达到显著水平，且技术压力与角色冲突间的相关性反而有了一定程度的提高，未满足中介变量的四个条件。基于上述分析结果，组织支持感知不是技术压力与角色冲突关系的中介变量，即技术压力与角色冲突直接相关，而并非通过组织支持感知对角色冲突产生影响。

对于角色模糊而言，技术压力与角色模糊的关系未达到显著水平；更进一步，组织支持感知对技术压力与角色模糊之间关系的调节作用也不复存在。因此，假说 H2 和假说 H5 均未得到验证。

对于角色超载而言，技术压力与角色超载显著正相关，假说 H3 得到支持。如表 1 所示，当引入组织支持感知与技术压力的交互项时，回归模型的 R2 改善不明显，说明对因变量角色冲突的解释力度并没有显著增强；同时，交互项的系数未达到显著水平。因此可以认为，在技术压力与角色超载的正相关关系中，组织支持感知的调节作用并不显著，故假说 H6 未通过检验。根据表 2 所示的比较模型分析结果，当引入组织支持感知时，技术压力与角色超载的相关关系仍然达到显著水平，相比而言，组织支持感知对角色超载没有显著的影响，未满足中介变量的四个基本条件。因此，组织支持感知并不是技术压力与角色超载之间关系的中介变量。技术压力直接作用于角色超载，而并非通过组织支持感知对角色超载产生影响。

4.2 结论

本研究发现技术压力与角色冲突、角色模糊、角色超载并不都显著相关，并且组织支持感知能够调节技术压力与角色冲突之间的关系。这些结论使得对国内企业信息技术员工组织支持感知、技术压力与角色压力之间的关系有了更深入的认识，并对企业的管理实践提供了具有现实意义的参考。现分别对研究结果展开讨论。

研究结果表明，信息技术员工的技术压力对角色冲突和角色超载有显著的正向影响。就目前国内现状而言，信息技术对企业的日常运作和经营管理发挥着越来越重要的作用，而信息技术员工则成为联结企业需求和技术工具的纽带。信息系统整合了企业内各部门甚至与其他利益团体之间的价值和功能，为了满足多方的期望，信息技术员工往往陷入角色冲突的境地。同时，随着工作节奏的加快和工作安排的紧凑，信息技术员工经常处于并行处理多个任务的状态，进而引发自身承担的多个角色间的冲突、工作目标与拥有资源之间的冲突。另一方面，虽然国内引入计算机技术较晚，但已经大大提高了企业的生产效率，并在一定程度上改变了员工的工作方式。作为先进技术的“驾驭者”，信息技术员工也由此被赋予更高的期望，要求在更短的时间内完成更多的工作任务、履行更多的角色需求，不仅导致工作量加大、任务加重，也致使信息技术员工承担了超负荷的角色，形成巨大的压力感。

研究发现，组织支持感知能够增强技术压力与角色冲突间的正向关系。目前，国内许多企业正在着手实施大规模的信息化建设，这种变革不仅引起组织内在结构、工作流程与管理政策等方面的变化，也会对个人造成工作内容、常用技术、人际状况等方面的变化。因此，信息技术员工不但承受着沉重的技术压力，变革的组织环境也会导致角色冲突现象的加剧。这一过程中，企业通常会提供工具性、情感性的帮助来予以员工支持。在中国传统文化的背景下，组织支持感知较高的员工往往会产生强烈的责任感和义务感，势必努力适应伴随着企业信息化进程的技术压力，主动承担起更多样的角色集合和更丰富的角色内容，利用有限的时间和资源承担多个角色、实现多个目标，因而导致角色冲突状况日益明显。

同时，技术压力对角色模糊的影响并不显著。从分析结果考虑，现代信息技术提供的即时通讯工具一方面促进了企业内部的交流和沟通，为员工了解自身的工作任务和外界期望提供了有利条件；但是另一方面，由此产生的庞大信息量也超出了信息技术员工应对和处理的能力范围，难以提取有用的关键内容，反而造成对自身角色的辨识不清。故整体而言，信息技术员工的技术压力与角色模糊之间并无显著关系。

在数据分析中发现，当引入技术压力作为角色超载的直接预测变量时，组织支持感知不仅与角色超载的相关性不显著，而且也并未对技术压力与角色超载之间的关系产生显著影响。从分析结果考虑，技术压力与角色超载呈现出显著的正向关系，而组织支持感知与角色超载的关系并不明显。更进一步，无论组织支持感知状况的高低，并不会在很大程度上影响信息技术员工技术压力与角色超载间的相关性。对于持有较高组织支持感知的员工而言，技术压力更可能是一种良性压力，激励员工主动承担强度高、难度大的工作职责，从而引发角色的超载现象；相反地，对于持有较低组织支持感知的员工而言，技术压力更可能是一种劣性压力，迫使员工完成与自身能力并不匹配的任务或难题，势必造成角色的超载。

工作压力是企业员工不可避免的，而且各种压力源间的交互作用通常会引发主体更大的压力感。因此，面对信息技术员工技术压力和角色压力日益突出的状况，企业也绝不能一味地持有“闻压力而色变”的态度[14]。压力是一把“双刃剑”，虽然劣性压力会造成一定的负面影响，但良性压力却能够被员工转化为积极向上的“动力”，为员工和企业带来有益的结果。因此，企业管理者应该对压力形成的来源进行仔细区分，剖析其“良莠”特性：一方面，结合员工和企业特点，适当地施加良性压力；另一方面，控制劣性压力的滋长，对于无法避免的劣性压力应采取相应的管理措施加以疏导和削弱。

本文研究结果表明，组织支持感知在技术压力与角色冲突的关系中起了正向调节作用。通过调查发现，现有企业更多的是给予员工技术设施上的支持，对员工的人文关怀仍然欠缺。因此，企业在引入信息技术、搭建信息系统时应充分考虑到员工所要面对的技术压力状况，以及随之而来的角色变化，采取培训、进修等措施帮助员工提高应对多任务环境、处理海量信息的能力，真正从心理上和精神上给予员工支持、鼓励，注重满足其社会情感性需求，减轻员工过度承受的技术压力和角色压力状况以及随之来的负面影响。

已有研究表明，组织支持感知会对员工和企业的绩效形成有益的影响[7]。通过本次实证研究发现，国内企业信息技术员工的组织支持感知程度很低，为了建立良性循环的员工——组织关系，提高员工工作的积极性和主动性，企业应采取相关措施增强员工的组织支持感知，提高员工对企业的认同感和承诺度，真正重视员工的贡献、关心员工的利益。

参考文献

[1] Thomas L, Friedman. The World is Flat [M]. Farrar, Straus and Giroux, 2005.

[2] Brod, Craig. Technostress: The Human Cost of the Computer Revolution [M]. Readings, MA: Addison-Wesley, 1984: 1-3.

[3] Weil M M, Rosen L D. TechnoStress Coping with Technology @ WORK @ HOME @ PLAY [M]. John Wiley & Sons. New York, 1997.

[4] Kahn R L, Byosiere P. Stress in Organizations [R]. In M. D. Dunnette & L. M. Hough (eds.), Handbook of Industrial and Organizational Psychology (2nd ed.): Vol. 3. Palo Alto, CA: Consulting Psychologist Press, Inc., 1992.

[5] Robert Eisenberger, Robin Huntington, Steven Hutchison, Steven Hutchison. Perceived Organizational Support [J]. Journal of Applied Psychology, 1986, 72: 500-507.

[6] 吴志明，武欣．基于社会交换理论的组织公民行为影响因素研究 [J]．人类工效学，2006，2 (2)：7-9.

[7] Linda Rhoades, Robert Eisenberger. Perceiver Organizational Support: a Review of the Literature [J]. Journal of Applied Psychology, 2002, 87 (4): 698-714.

[8] 屈丽萍．基于组织待遇的组织支持感知、工作态度与工作结果关系研究 [D]．杭州：浙江大学，2006.

[9] 舒琴．组织内部环境特征和人口统计特征对计算机技术压力影响的实证研究 [D]．西安：西安交通大学，2005.

[10] Monideepa Tarafdar, Bhanu S. Ragu-Nathan, T. S. Ragu-Nathan, Qiang Tu. Exploring the Impact of Technostress on Productivity: An Analysis of Direct and Indirect Effects [C]. Unpublished, 2005.

[11] Abraham Y. Nahm, Luis E. Solis-Galvan, S. Subba Rao, T. S. Ragu-Nathan. The Q-Sort Method: Assessing Reliability and Construct Validity of Questionnaire Items at A Pre-Testing Stage [J]. Journal of Modern Applied Statistical Methods, Winter 2002, 1 (1): 114-125.

[12] Shenkar, Oded, Zeira, Yoram. Role Conflict and Role Ambiguity of Chief Executive Officers in International Joint Ventures [J]. Journal of International Business Studies, 1992, 23 (1): 55-70.

[13] Reuben M. Baron, David A. Kenny. The Moderator-Mediator Variable Distinction in Social Psychological Research: Conceptual, Strategic, and Statistical Considerations [J]. Journal of Personality and Social Psychology, 1986, 51 (6): 1173-1182.

[14] 许小东，孟晓斌.《工作压力：应对与管理》[M]. 北京：航空工业出版社，2004.

[15] Raymond Loi, Ngo Hang-yue, Sharon Foley. Linking employees' justice perceptions to Organizational Commitment and Intention to Leave: the Mediating Role of Perceived Organizational Support [J]. Journal of Occupational and Organizational Psychology, 2006, 79: 101-120.

The Relationship between Techno-Stress and Role Stress: the Perspective from Perceived Organizational Support

SHU Qin[1], WANG Kanliang[1], TU Qiang[2]

(1. the School of Management, Xi'an JiaoTong University, Xi'an 710049, China;

2. E. Philip Saunders College of Business, Rochester Institute of Technology, America)

Abstract: Considering the information technology employees as the research object, based on organizational support theory, this paper analyzes the relationship between Techno-Stress and three types of role stress (including role conflict, role ambiguity, and role overload). Accompanying introduced several comparative models, author discusses the influence of perceived organizational support, as a moderator on the relationship between Techno-Stress and role conflict, role ambiguity and role overload. These conclusions can help enterprises to deeply understand the degree of perceived organizational support held by their employees, and give some useful references for management practice.

Key words: perceived organizational support; techno stress; role conflict; role ambiguity; role overload

ERP 系统实施的 TAM-TOE 整合模型及实证检验*

陈晓卿[1]

（1. 江苏科技大学 经济管理学院，镇江 212003）

摘　要：基于 TAM 模型和 TOE 模型，同时借鉴组织同化的制度理论，提出了一个分析 ERP 系统实施的全新综合模型，从技术、组织和环境三个角度分别研究了 10 个因素对 ERP 实施程度的影响。通过对我国企业管理人员和员工的问卷调查，采用 SPSS 17.0 和结构方程模型进行数据分析。结果表明：技术兼容性、IT 能力和 ERP 感知易用性对 ERP 实施过程没有显著影响，其他因素的显著性影响都得到了实证检验。另外，通过对控制变量的方差检验，得出：企业所处的行业对 ERP 实施程度影响最大，其次为企业的从业人员数。

关键词：信息技术采纳；ERP 系统；SPSS 17.0；结构方程模型

中图分类号：F270.7

近些年来，企业资源计划（Enterprise Resource Planning，ERP）作为一种全新的管理思想和信息技术应用体系，在提高企业管理水平和竞争能力等方面起着重要的作用。然而，作为一项复杂的系统工程，ERP 系统实施的成功率并不高，企业投入的系统建设资金往往付之东流。Griffith 和 Zammuto 调查发现，尽管 65% 的调查者认为 ERP 系统是组织中最重要的战略信息平台，但 74% 的 ERP 系统实施案例被认为是不成功的，因此提高 ERP 系统实施的成功率刻不容缓。

ERP 系统实施过程中的技术采纳是以行为科学和社会心理学为基础，从用户的角度，研究 ERP 系统在被采纳过程中的组织行为与个体行为，总结 ERP 系统采纳过程中的行为规律，并反过来为 ERP 系统的开发、推广、采纳提供依据。因此，本文运用实证的方法，将 TAM 模型和 TOE 模型相结合，同时借鉴组织同化的制度理论，研究 ERP 系统在我国企业实施过程中的技术采纳问题，确定国内企业实施 ERP 系统的关键外部变量及其对 ERP 系统实施的影响程度，以提高国内企业 ERP 系统实施的成功率。

1　理论回顾

Davis 于 1989 年时提出技术接受模型（Technology Acceptance Model，TAM 模型），用以解释计算机的使用行为。TAM 认为，系统的使用是由行为意图决定的，而行为意图是由人们想用的态度和感知有用性（Perceived Usefulness，PU）共同决定的，想用的态度是由感知有用性和感知易用性（Perceived Ease of Use，PEU）共同决定的。TAM 模型简化了理性行为理论，提出影响技术采纳行为的决定性因素之间的逻辑结构，构建了一种能有效解释信息技术采纳行为的行为模式。Davis 模型提出后，国外研究者在各种信息技术应用背景下进行了广泛和深入的研究[1][2][3][4][5]。

在对经典的创新扩散模型进行批判的基础上，Tomatzky 和 Fleischer 对创新扩散模型进行了扩展，最后提出了 TOE 模型。TOE 模型认为，组织对一项创新技术的采纳受到技术本身特征、组织以及环境三方面因素的影响。其中，技术特征主要关注技术本身的一些特征。组织因素是指应用技术的组织的经济类型、组织自身的规模和组织现有的信息技术基础设施等。外部环境指的是组织运行所处市场竞争程度、政府政策等。

DiMaggio & Powell（1983）在探讨导致制度同形（Institutional Isomorphism）发生的压力机制时，提出制度压力，主要包括源自政治影响与合法问题的强制压力、源自应对不确定性的模仿压力以及与专业化相关的规范压力。强制压力可能来自政府，也可能来自掌握组织所需资源的组织。模仿压力是指组织通常会倾向于模仿该领域成功的组织以降低搜寻成本、实验成本以及作为创新先驱者的高风险性。规范压力常常通过厂商与供货商、厂商与客户这种二元的组织渠道，以及通过专业人士、贸易、

* 通讯作者：陈晓卿（1984—），女（汉族），江苏，硕士研究生，E-mail：shijin850408@126.com

企业和其他重要的组织而发挥作用。

2 研究框架及假设

在构建本研究的模型时，首先考虑到的是技术采纳理论中的 TOE 模型，原因在于：TOE 模型系统考察了组织内外因素和技术本身特点，具有较强的系统性，大多数相关研究得到的因素经抽象后都可以归纳到该框架中。鉴于 TOE 模型的广泛使用，本研究从两方面完善该模型：首先，考虑到实证研究中 TAM 模型在解释能力或理论简洁程度上皆获得相当程度的肯定，尝试将 TOE 模型与信息技术采纳理论中的 TAM 模型相结合，拓展 TOE 模型；其次，由于组织同化的制度理论将理性主义思路所无法概括的部分环境因素加以有效抽象，本研究借鉴制度理论中的三种压力来归纳 TOE 模型中环境因素，丰富本研究的理论内容。

据此，笔者对 TOE 模型中的有关变量进行了重新设置，以技术的相对优势（包括感知的直接利益和感知的间接利益）、兼容性（包括技术兼容性和组织兼容性）来表征信息技术的技术特性，以组织集权[6]、IT 能力、领导支持和参与来表征企业的组织特性，以强制压力[7][8][9]、模仿压力和规范压力来表征企业的环境特性。

本文做出如下假设：

H1a：感知的直接利益与 ERP 感知易用性正相关。

H1b：感知的直接利益与 ERP 感知有用性正相关。

H1c：感知的间接利益与 ERP 感知易用性正相关。

H1d：感知的间接利益与 ERP 感知有用性正相关。

H2a：技术兼容性与 ERP 感知易用性正相关。

H2b：技术兼容性与 ERP 感知有用性正相关。

H2c：组织兼容性与 ERP 感知易用性正相关。

H2d：组织兼容性与 ERP 感知有用性正相关。

H3a：组织集权与 ERP 感知有用性正相关。

H3b：组织集权与 ERP 实施程度正相关。

H4a：IT 能力与 ERP 感知有用性正相关。

H4b：IT 能力与 ERP 实施程度正相关。

H5a：领导支持和参与与 ERP 感知有用性正相关。

H5b：领导支持和参与与 ERP 实施程度正相关。

H6：强制压力与 ERP 感知有用性正相关。

H7：模仿压力与 ERP 感知有用性正相关。

H8：规范压力与 ERP 感知有用性正相关。

H9a：ERP 感知易用性与 ERP 感知有用性正相关。

H9b：ERP 感知易用性与 ERP 系统实施程度正相关。

H10：ERP 感知有用性与 ERP 系统实施程度正相关。

综上所述，本文构建的 ERP 系统实施过程的概念模型见图 1 所示。

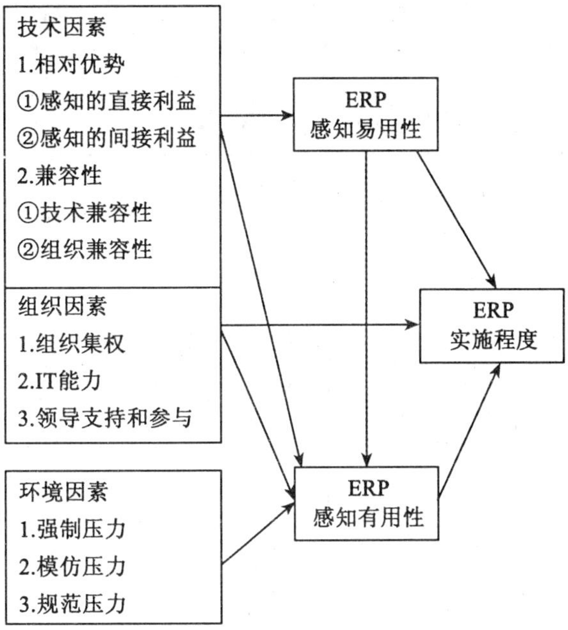

图 1 概念模型

3 数据与分析

本研究采用了实证研究方法，通过问卷调查，从实施 ERP 系统的企业中收集数据，来验证上述 ERP 系统实施的 TAM-TOE 整合模型。

3.1 数据收集

在小规模访谈基础上，我们设计和确定了上述变量及其测量指标。本研究的样本是企业中有 ERP 系统使用经验的用户和中高层管理人员。我们通过实地访谈、E-mail、邮寄和电话等方式向企业发放了 200 份问卷，收回 175 份问卷。在这 175 份问卷中，有 3 份问卷未完成，8 份问卷的答案都是一个选项，有效问卷为 164 份。采用结构方程模型方法验证模型，数据处理软件选用 SPSS 17.0 和 Amos 7.0。

3.2 数据分析

（1）信度和效度分析

Cronbach α 是最常用的用来度量量表可靠性的一个统计量。通过 SPSS 17.0 计算，变量组内部一致性均大于 0.7（如表 1 所示），表明数据具有良好的可靠性。

本研究通过执行因子分析来测量变量的聚合效度和判别效度。通过 SPSS 17.0 的分析，我们发现所有子问题在各自因子上的负荷都超过了 0.60（如表 1 所示），这表明各变量的聚合效度在期望的范围内。同样地，每个子问题在它所测量的因子上的负荷要高于在其他因子上的负荷，满足判别效度的要求。

表 1　　变量的信度和效度检验

变量	因子载荷	Cranboch α
感知的直接利益	0.845	0.7416
	0.850	
	0.720	
感知的间接利益	0.896	0.7446
	0.896	
	0.616	
技术兼容性	0.857	0.8285
	0.847	
	0.714	
组织兼容性	0.813	0.8801
	0.901	
	0.853	
组织集权	0.7056	0.8739
	0.7587	
	0.8179	
IT 能力	0.862	0.8932
	0.879	
	0.878	
领导支持和参与	0.645	0.8956
	0.712	
	0.905	
	0.879	

续表

变量	因子载荷	Cranboch
强制压力	0.785	0.8172
	0.828	
	0.798	
	0.656	
模仿压力	0.845	0.8172
	0.884	
	0.613	
规范压力	0.908	0.7975
	0.921	
	0.604	
ERP 感知易用性	0.899	0.8600
	0.896	
	0.838	
ERP 感知有用性	0.892	0.9243
	0.920	
	0.869	
	0.828	
ERP 实施程度	0.773	0.8075
	0.842	
	0.866	

（2）假设检验分析

按照前文的假设模型的关系建立模型，使用 Amos 7.0 软件对问卷数据进行运算后，得到衡量运算后的各种指标。运算结果发现：只有 RMSEA 满足要求，而得到的 GFI、AGFI、CFI、IFI、NNFI 都不满足要求，因此需要对模型进行调整。根据 Amos 7.0 软件运行的结果，考虑到环境因素中的模仿压力很不满足条件，因此尝试去除该因素。同时，根据软件 Amos 7.0 中的修正指数（Modification Indices）来修正模型。当然，还要考虑到经验数据，而非仅仅根据修正指数这个理论数据来修正模型。

在此基础上，再计算出每条路径的标准化回

归系数路径系数和显著性，来了解各个变量之间的因果关系，并构建各个变量之间的路径关系图。根据 Amos 7.0 软件分析出各个变量之间的显著性关系，分析模型中的路径关系。本研究对假设关系成立的检验标准为：路径系数的显著性水平（p 值）在 0.05 以下为显著，假设成立；路径系数的显著性水平高于 0.05 的，则认为不显著，该假设关系不成立。依据上述标准，假设 H2a、假设 H2b、假设 H4a、假设 H4b 和假设 H9b 均未得到实证确认，其余假设则得到了证实，如图 2 所示。

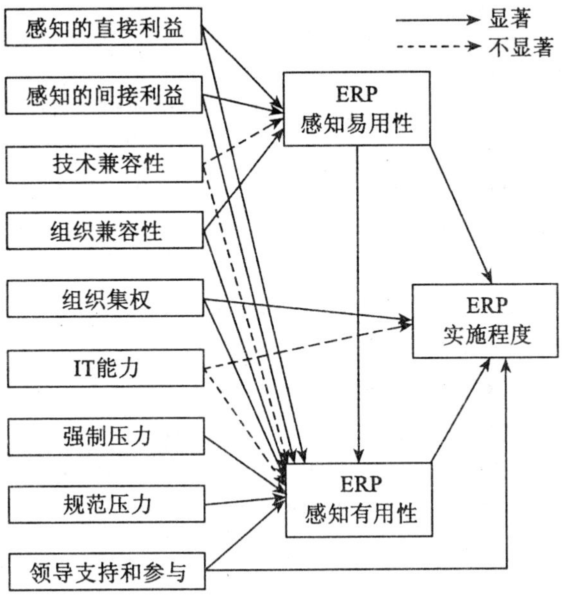

图 2　修正后的 ERP 系统实施采纳模型

（3）控制变量的方差检验

本研究设计了三个控制变量，分别是企业所处的行业、企业的经济类型和企业的规模（包括企业的从业人员数和企业的年销售额）。本研究采用多重比较检验，考察控制变量的不同水平对观测变量的影响程度。

通过 LSD 方差检验，我们得出：企业所处的行业、企业的从业人员数会对 ERP 系统的实施程度产生显著性的影响，其中企业所处的行业对 ERP 系统的实施程度影响最大，其次为企业的从业人员数，而企业的经济类型、企业的年销售额对 ERP 系统的实施程度没有产生显著性影响。

通过以上分析，我们可以总结出控制变量对各个变量的影响如表 2。

表 2　**控制变量对各个变量的影响**

<table>
<tr><th>控制变量</th><th>影响的变量</th></tr>
<tr><td rowspan="10">企业所处行业</td><td>感知的直接利益</td></tr>
<tr><td>感知的间接利益</td></tr>
<tr><td>组织兼容性</td></tr>
<tr><td>组织集权</td></tr>
<tr><td>领导支持和参与</td></tr>
<tr><td>强制压力</td></tr>
<tr><td>规范压力</td></tr>
<tr><td>ERP 感知易用性</td></tr>
<tr><td>ERP 感知有用性</td></tr>
<tr><td>ERP 实施程度</td></tr>
<tr><td rowspan="6">企业从业人员数</td><td>领导支持和参与</td></tr>
<tr><td>强制压力</td></tr>
<tr><td>规范压力</td></tr>
<tr><td>ERP 感知易用性</td></tr>
<tr><td>ERP 感知有用性</td></tr>
<tr><td>ERP 实施程度</td></tr>
</table>

4　研究结论

下面主要针对未验证的假设结合本研究所获数据的实际情况作进一步分析和探讨。

技术兼容性与 ERP 系统实施程度的相关性没有得到验证（假设 H2a，H2b 不成立）。这可能是由于以下原因造成的：首先，如今的企业系统之间比较容易实现数据的交换，因此对 ERP 系统的移植或集成不难实现；其次，如今组织的信息技术应用能力与应用经验相比从前都有大幅提升，组织成员已具有相当的信息技术应用知识，他们对信息技术的认知结构与应用经验可以帮助组织实现 ERP 系统与组织技术的融合。因此，在信息技术应用水平比较高的情况下，技术兼容性对 ERP 系统实施的影响已逐步弱化。

另外，IT 能力与 ERP 感知有用性和 ERP 系统实施程度的相关性也没有得到验证（假设 H4a，H4b 不成立）。这可能是出于以下原因：首先，IT 能力反映了组织对技术进步趋势的把握，反映了组织在信息技术应用方面的丰富经验与知识基础，这些经验与知识可能使得组织更细致地去分析采纳 ERP 系统将可能获得的优势、可能面临的困难与风险等，这种理性分析在一定程度上可能控制了组织对ERP系统的冲动采纳，帮助组织站在理性的角度去判断自身是否处于采纳的合适时机，当组织经过缜密思考后，若认为时机不恰当，则ERP系统的实施情况将被削弱。其次，IT能力强的组织通常已具备良好的IT基础，现有的IT/IS能够满足组织当前的技术需求，组织不愿意放弃当前的技术投资和面临有风险的变革，因而采纳ERP系统的积极性不高，导致实施ERP系统的意图不强烈。对于IT能力较弱的组织，当前的IT基础可能已无法满足组织的业务需求，组织若再不进行变革组织则可能面临更大的困境，因此即使IT能力较弱，组织也会愿意放手一搏，争取发展机会，因而具有较强的实施意愿。所以IT能力未能成为影响ERP系统实施的显著影响因素。

虽然ERP感知易用性与ERP系统实施程度之间的相关性没有得到证明（假设H9b不成立），但是这并不意味着ERP感知易用性和ERP系统实施程度之间没有相关性。主要有以下各原因：首先，在用户刚开始使用ERP系统时，ERP感知易用性与ERP实施程度有很强的相关性，即用户认为ERP系统容易使用，则ERP系统的实施程度就比较好，但是，在我们对用户进行调查问卷的时候，用户使用ERP系统已经有一阶段了，他们对ERP系统的感知易用性已经随着他们对ERP系统的熟悉而逐渐弱化。其次，本研究中，ERP感知易用性与ERP系统的实施程度虽然没有直接的显著关系，但是，ERP感知易用性通过ERP感知有用性间接影响着ERP系统的实施程度。所以，ERP感知易用性与ERP系统实施程度之间的相关性没有得到证明我们也就能理解了。

参考文献

[1] Kwasi Amoako-Gyampah. Perceived Usefulness, User Involvement and Behavioral Intention: an Empirical Study of ERP Implementation [J]. Computers in Human Behavior, 2007, 23 (2): 1232-1248.

[2] Venkatesh V, Morris M G, Davis F D. User Acceptance of Information Technology: toward a Unified View [J]. MIS Quarterly, 2003, 27 (3): 425-478.

[3] Jieun Yu, Imsook Ha, Munkee Choi, Jaejeung Rho. Extending the TAM for a T-commerce [J]. Information & Management, 2005, (42): 965-976.

[4] Sun Heshan, Zhang Ping. The Role of Moderating Factors in User Technology Acceptance [J]. Human-Computer Studies, 2006, (64): 53-78.

[5] 张洁，章雪岩，易明. ERP环境下的技术采纳模型研究 [J]. 商场现代化, 2007, 492 (1): 103.

[6] Gatignon H, Robertson T S. Technology Diffusion: an Empirical Test of Tom-petitive Affects [J]. J Mark, 1989, (53): 35-49.

[7] Mizruchi M S, Fein L C. The Social Construction of Organizational Knowledge: a Study of the Uses of Coercive, Mimetic, and Normative Isomorphism [J]. Administrative Science Quarterly, 1999, 44 (4): 653-683.

[8] Hu Q, Hart P, Cooke D. The Role of External Influences on Organizational Information Security Practices: an Institutional Perspective [J]. Journal of Strategic Information Systems, 2007, 16 (2): 153-172.

[9] Gosain S. Enterprise Information Systems as Objects and Carriers of Institutional Forces: The New Iron Cage? [J]. Journal of the Association of Information Systems, 2004, 5 (4): 151-182.

The TAM-TOE Integrated Model of ERP System Implementation and Its Empirical Test

CHEN Xiaoqing[1]

(1. School of Economics and Management, Jiangsu University of Science and Technology, Zhenjiang 212003, China)

Abstract: Based on two theories, TAM and TOE, this paper proposed a new integrated model for analyzing ERP system implementation by drawing the institution theory of the organization assimilation. In terms of technology, organization and environment, ten factors' influences on ERP implementation were studied. SPSS 17.0 and structural equation modeling techniques were used to analyze the data. Results from a survey involving managers and employees in our firms show that technology compatibility, IT competence and

ERP perceived ease of use don't have any strong effects on ERP implementation, while other factors' influences are empirically verified. In addition, company's industry affects the ERP system implementation most through variance test of controlled variables, and its employee number is next.

Key words: information technology acceptance; ERP system; SPSS 17.0; structural equation model

企业信息化投入产出定量分析模型研究

杨一平[1]，马惠[1]，张蚵莉[1]，戴莉[1]

（1. 首都经济贸易大学 信息学院，北京 100026）

摘　要：本文提出的企业信息化投入产出定量分析模型，基于企业信息化能力成熟度分级及测评体系，对每个级别建立指标体系，选取信息化效率较高的企业建立基准企业库，作为其他企业信息化效率评价的基准。然后从同级基准企业库中挑选一定数量的基准企业，对样本企业信息化的投入产出建立DEA有效性模型，计算效率值及偏差值，从而正确评价被测评企业在信息化投入和产出方面的水平和效率，调整投入产出性价比，以达到企业信息化建设中资源的合理配置，提高产出效益和投资回报率。

关键词：企业信息化；投入产出；DEA；基准法

中图分类号：F270

随着经济发展，许多企业正在投入和准备投入信息化建设以提高核心竞争力，亟须参考相关的研究找到方法去审视企业的现状和正确的信息化投资方案，信息化问题已经成为关系到企业生存发展的重大问题。然而，有些企业在不明现状的情况下盲目投资，有些企业没有充分考虑自身的企业环境、管理模式、人员结构、企业文化等隐性因素就投入，结果导致大量投入后看不到任何回报。因此，如何以最小的投入获取最大的回报，建设"有效益的信息化"（国家信息化测评中心），这是摆在我们面前的一个非常重要的课题，也是任何一个企业决策者最关心的问题。

目前，国内外已有一些文章致力于信息化投入产出要素上的研究，但都仅仅停留在定性的分析上，并没有指出企业应该怎样衡量自己的实际状况，在哪方面投入资源，如何投入最少资源以得到良好回报。另外，已有的文献都没能提出一个针对信息化投入产出问题的定量的整体模型设计思路。为了解决以上问题，本文基于DEA方法设计了企业信息化投入产出定量分析模型，从而能够定量评价信息化投入产出效率，并量化给出投入改进策略。此模型思路还引入了基准法，建立了系统性的基准企业库，作为评价标准来评价及给出企业最优投入策略，从而解决企业信息化投入中的种种非有效问题。

1　企业信息化投入产出定量分析模型利用的方法

本文的投入产出定量分析模型主要借鉴利用了DEA方法和基准法。这两种方法的结合使得定量分析企业信息化投入产出成为可能。

1.1　DEA方法

DEA方法非常适合研究企业信息化这样的多投入与多产出的项目工程。它是研究具有多个输出的"生产部门"的"技术有效"性，是否同时为"规模有效"与"技术有效"的十分理想且卓有成效的方法（魏权龄《评价相对有效性的DEA方法》）。DEA方法在根据一组关于输入、输出的观察值来估计有效"生产前沿面"方面要比经济学和计量经济学中的统计回归分析等的分析结果更加符合生产函数的"生产前沿面"的概念。另外，DEA模型的计算可以为我们提供更多的管理信息与经济信息。

通过建立CCR，BCC、Super-CCR三个DEA模型进行模型DEA有效性分析、有效性指标分析、投影分析及样本的超效率排名。第一个模型用来测量规模报酬不变下的综合技术效率，第二个模型用来测量规模报酬可变下的纯技术效率，第三个模型用来测评每个DMU的超效率及有效性排名。综合运用这三个相互补充的模型，可以为我们进行信息化投入产出分析提供良好的分析工具。

1.2　基准法

基准法，也称标杆法（benchmarking），就是将本企业各项活动与从事该项活动最佳者进行比较，从而提出行动方法，以弥补自身的不足。本模型思路以信息化能力成熟度及测评分级结果作为分级依据，基准企业是指在同行业、同规模、相同发展阶段的情况下，在信息化效益相关指标数据方面有典型特征意义的企业。企业信息化分级基准企业库，以基准企业数据为主构造可以反映统计规律性的公共数据库，并以此为参照基准，计算具体待测企业基本指标数据的偏离，可以准确评价企业信息化的综合水平。

2 企业信息化投入产出定量分析模型的总体研究思路

企业信息化投入产出定量分析模型针对某一行业中已经被定为某一级能力成熟度的企业。模型的核心和难点在于投入产出 DEA 模型的建立，重点在对此模型的量化分析及评价结论，创新点在基于信息化能力成熟度分级和基准企业库的整个模型建立思路。

2.1 企业信息化能力成熟度模型的引入

为了保证定量模型的科学性，我们选择同一行业，并且信息化程度相当的企业一起评价。在衡量企业信息化程度方面，我们引入企业信息化能力成熟度模型（如图 1 所示）及其分级、测评体系，来分析确定企业信息化能力成熟度的阶段和信息化过程能力的发展程度，它提出了一个相对静态的级别标准，共有五级，企业一方面可以利用它评估自己当前的过程成熟程度；另一方面该标准也可以作为企业对信息化所取得的成果的评价标准，使之在进行信息化的过程中不再是盲目的和无把握的。

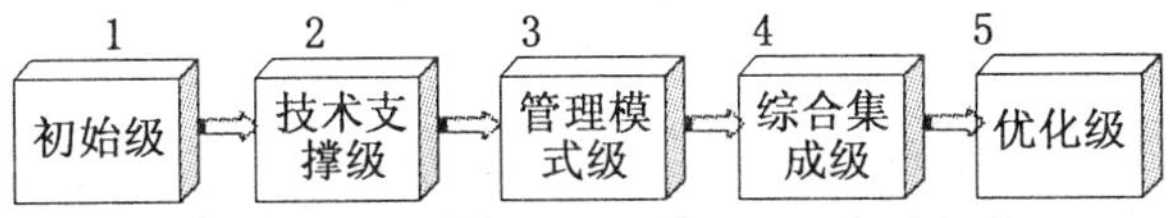

图 1 企业信息化能力成熟程度的等级标准

2.2 企业信息化投入产出指标量化

建立基于 DEA 的投入产出有效性模型，需要在对企业信息化能力分级的基础上，建立每个级别的投入、产出指标体系，并尽量满足 DEA 方法对数据指标的各项要求。其中，投入指标体系将充分体现出信息化级别的代表性和隐含因素的影响，指标具有内涵广泛性和延伸性，数据可测性和易测性等。产出要素体系一要可以同时衡量企业经济效益和经济效益两方面提高的指标；二要尽量去除因人员增加过多等其他原因造成的经济收效增加的影响；三要除去因为规模不同而带来的不可比性等。

2.3 建立分级基准企业库

定量模型引入分级基准的方法，在已设计的企业信息化投入产出指标体系基础上，建立起每一行业、成熟度层级的基准企业库，作为企业投入产出衡量的基线或标准，每层在库的企业信息化投入都具有典型有效性。具体来讲，当处同一分级的企业需要评价信息化投入产出成果或进行信息化投入策略研究时，可以基准企业为依据，与其企业数据一起进行 DEA 有效性分析进行投入产出有效性分析，计算具体待测企业指标数据的偏离，从而判断要素的最优投入策略，找到企业自己的改进方向。同时，被分析和测评的对象企业经过评价和改进以后，也可以按照信息化效果的显著程度，选择加入到基准企业库中，使企业库中的企业投入产出有效性更高，比例更科学合理。也可以根据行业和信息化投入特点，设计虚拟基准企业，将理论上较完美理想的企业投入情况作为基准进行评价和改进。

2.4 使用模型进行投入产出有效性分析和提出结论

在基准企业库的依托下，对于某一级别的某一企业，将选取某些基准企业，引入 DEA 方法建立投入产出有效性模型，并通过相关软件求解模型得到具体结果。建立 CCR、BCC、Super-CCR 三个模型，对结果进行比较分析和综合分析。计算各决策单元的总体技术效率、纯技术效率和规模效率，每个单元是否 DEA 有无效率，有效性排名，做投影分析，确定各投入产出要素中依次对效率值的影响程度，并给出优化投入方案和相应产出水平，并以有效性排序分析，估计企业在行业中的位置。最后根据以上数据的分析，给出结果报告，反馈给企业的用户。

3 企业信息化投入产出模型的实现路径及实证分析

根据以上的模型设计思路，下面我们给出了对于某一行业、级别的企业 M，利用企业信息化投入产出模型进行信息化评价及改进策略研究的实现路径和实证分析。具体可由图 2 所示流程来实现。

3.1 确定投入产出相关指标

依据指标设计原则，以企业信息化能力成熟度测评体系的第 3 级为例，我们选择投入指标包括：信息技术基础平台、流程软件配备、管理模式变革三个综合性指标；产出指标包括：利润增加额、人均劳动生产率两个指标。这五个指标均采用投入资金费用作为衡量的方式，单位为万元。需要说明的是，DEA 方法对指标数没有要求，本研究选择 5 个指标，某种程度上受到了收集信息化相关数据的

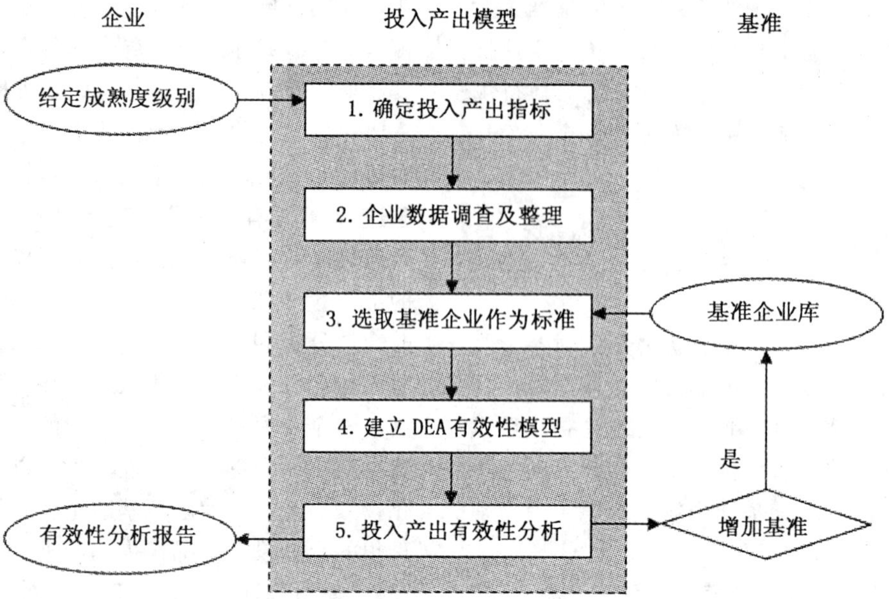

图2 投入产出模型实现路径

制约，具体见表1。

表1 投入产出指标设计（以三级企业为例）

指标（指标简称）	计算方法	单位
信息技术基础平台投入资金 x1（信息平台）	=中、高端设备费用+设备升级、维护费+通信、网络设施费用+操作系统、字处理软件费用+基础数据库、杀毒软件费用+人员培训费用等	万元
流程软件配备投入资金 x2（专业软件）	=计算机辅助设计、制造、处理软件+产品数据管理软件等购买费用+分布式生产控制系统费用+管理信息系统费用+质量管理投入等	万元
管理模式变革投入资金 x3（管理模式）	=企业管理咨询费+企业资源计划 ERP 投入+电子商务及电子支付费用等	万元
利润增加额 y1	=企业年利润－企业前一年利润	万元

3.2 企业数据调查设计及整理

我们以样本企业 M 为主线，依据三级企业投入产出指标体系设置的三个输入指标和两个输出指标，通过从网络、杂志等信息媒介对企业 M 有关的数据进行了调查和整理，具体见表2。

表2 企业 M 的投入产出指标数据

企业	产出指标		投入指标		
	利润增加额（万元）	人均劳动生产率（万元/人）	信息平台投入（万元）	流程软件投入（万元）	管理模式变革投入（万元）
M	6400	40	2200	250	200

3.3 选取基准企业作为标准

为了建立基准企业库，我们从《河北省制造业信息化发展报告》中所调查的 16 个企业中选择 12 个信息化程度较为相当的 3 级企业数据，作为基准库的备选企业的指标数据，建立 DEA 有效性模型，并通过超效率指标来确定每个企业的信息化投入产出有效性，从而挑选出了 6 个信息化投入有效性较高的企业作为基准企业形成基准企业库。这个基准库将随着所测有效企业的增加而逐渐扩充，以得到更加科学的结论。

3.4 建立 DEA 有效性模型

将企业 M 与基准企业一起利用 DEA 方法建立投入导向的 CCR 模型、BCC 模型和 Super-CCR 模型。以 CCR 模型为例，$s^+ s^-$ 为松弛变量，θ 为最优解，ε 取值为 10^{-5}，可对基准企业 1 列模型。同理可对其他企业列出模型，并利用软件求出模型最优解。

$$\begin{cases} \min \left[\theta-\varepsilon\ (s_1^- + s_2^- + s_3^- + s_1^+ + s_2^+)\right. \\ s.\ t \quad 3222\lambda_1 + 2700\lambda_2 + 2687\lambda_3 + 1765\lambda_4 + 890\lambda_5 + 680\lambda_6 + 2200\lambda_7 + s_1^- = 3222\theta \\ 250\lambda_1 + 300\lambda_2 + 340\lambda_3 + 170\lambda_4 + 76\lambda_5 + 120\lambda_6 + 250\lambda_7 + s_2^- = 250\theta \\ 300\lambda_1 + 280\lambda_2 + 100\lambda_3 + 120\lambda_4 + 80\lambda_5 + 80\lambda_6 + 200\lambda_7 + s_3^- = 300\theta \\ 10008\lambda_1 + 9846\lambda_2 + 7689\lambda_3 + 5342\lambda_4 + 2766\lambda_5 + 2167\lambda_6 + 6400\lambda_7 - s_1^+ = 10008 \\ 50\lambda_1 + 40\lambda_2 + 42\lambda_3 + 25\lambda_4 + 18\lambda_5 + 16\lambda_6 + 40\lambda_7 - s_2^+ = 50 \\ \lambda_j \geqslant 0, \quad j=1,\ 2,\ \cdots 15 \\ s_i^- \geqslant 0, \quad i=1,\ 2,\ 3 \\ s_r^+ \geqslant 0, \quad r=1,\ 2 \end{cases}$$

3.5　建立 DEA 有效性模型

通过三个模型的求解结果，我们可以进行模型有效性分析、有效性指标分析、投影分析、超效率排名等分析，并得到以下的有效性分析报告，报告中基于 DEA 模型给出了样本企业的信息化策略及建议。

（1）投入产出有效性及排名

首先我们要通过 Super-CCR 模型判断企业 M 的投入产出有效性和效率排名。企业 M 的效率值 θ Super-CCR $= 0.9214468 < 1$，模型 DEA 非有效，即投入要素与产出要素并未达到最优投入产出比例，投入资源没有被完全利用并转化为效率和效果。但是数值比较接近 1，投入要素浪费不是很严重。

（2）投入产出非有效原因

我们利用 CCR 与 BCC 模型的求解结果来计算表示综合技术效率 TE 和纯技术效率 PTE，规模效率 SE，规模效益增减趋势 Trend，分析各项指标值可以看出企业 M 的投入要素改进方向。通过计算，企业 MTE $= 0.9214468 < 1$，PTE $= 1$，说明综合技术效率仍然有提高空间，存在投入没有完全转化为产出的情况，但纯技术效率为最高值，在技术方面已经达到投入产出有效。因而，综合技术效率 TE 没有达到最优，并不是由于纯技术原因，而是由于规模效益的原因，企业应当对资源投入进行调整，从而影响产出效益。

（3）改进投入要素的策略建议

最后，我们结合 CCR 模型的投影分析，对企业 M 信息化投入给出策略建议，具体说明企业需要在哪些方面调整多少可以达到提高投入产出效率的效果。投影分析结果中可以看到，企业 M 在投入要素上的冗余的确产生了过多成本。在信息平台、流程软件费用、管理模式方面的投入都应相应减少，仍然可以保证利润增加 6400 万元。同时，通过 Super-CCR 模型的超效率排名，可以较高区分度地找到投入效率高的企业，并将加入基准企业库，保证基准库的典型性和科学性。

4　企业信息化投入产出模型总结及展望

利用以上的量化模型思路，我们通过网络、杂志、媒体等方面的调查，得到 20 个企业的数据，以已有的 6 个基准企业为基础，利用以上三个模型的求解并分析，得到这 26 个企业的投入产出超效率值，见图 3。其中企业 1～6 为基准企业，其他 20 个企业中，有 14 个企业（超效率值小于 1）需要进一步进行有效性指标分析、投影分析，进一步改善其投资效果和策略；有 4 个企业（超效率值大于 1）投入效率较高，可以更新到基准企业库中。

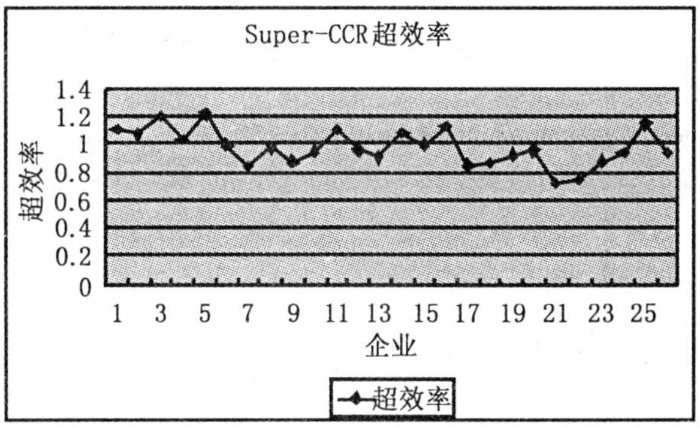

图 3　企业 M 投影分析结果

总结全文，国内外在企业信息化方面的研究多为单独论述信息化能力成熟度、测度、投入产出分析，有些缺乏科学性和系统性，而本文在一个大项目的详细调查、专家走访的基础上，整合一个研究信息化能力成熟度投入产出的整体思路。模型应用 DEA 模型对企业信息化进行分析评价，方法简便易行，且具有较强的适用性，评价结果具有较高的可靠性。还建立起了三级的基准企业库及良好的更新企业库方式，建立起将已有企业投入产出经验运用到其他企业中的持续发展机制，落实了国家信息化测评中心建设“有效益的信息化”的倡导。

在本文所提出的整体研究思路基础上，还可以结合模糊数学、多元统计分析等其他数学方法进一步完善，对其他深入的研究也起到了抛砖引玉的作用。如果可以突破指标设定、样本原始数据等方面的限制，必将对我国企业信息化事业作出贡献。

参考文献

[1] 廖波. 河北省制造业信息化发展报告［M］. 石家庄：河北人民出版社，2006.

[2] 魏权龄. 数据包络分析［M］. 北京：科学出版社，2004.

[3] 邱长波. 企业信息化成熟度阶段分类模型［J］. 吉林大学学报（工学版），2007（7）.

[4] 王志江. 企业信息化建设投入产出的相对有效性分析［J］. 运筹与管理，2001（3）.

[5] William W. Cooper, Lawrence. Introduction to Data Envelopment Analysis and Its Uses [R]. Birkhäuser, ISBN 0387285806, 2006.

[6] Li Shan-ling, Jahanshahloo G R, Khodabakshi M. A Super-effciency Model for Ranking Efficent Units in Data Envelopment Analysis [J]. Applied Mathematics and Computation, 2007, 184 (2): 638-648.

DEA-Based Research for Enterprise Informationization Input and Output

YANG Yiping[1], MA Hui[1], ZHANG Eli[1], DAI Li[1]

(1. Information Department, Capital University of Economics and Business, Beijing 10026, China)

Abstract: This paper introduces the concept of Enterprise Informationization Capability Maturity Model, which is based on the capability maturity classification and the scientific indicators' system. A benchmark enterprises Library is established through selecting investment effective enterprises of the same scale, which helps to build up the DEA valid model for the sample enterprise. Through the model operation, we are able to obtain the deviation data, and consequently evaluate the input-output efficiency of the sample investment in informationization, and thereby enhance the output benefit and the return of the investment.

Key words: Enterprise Informationization; Input-output Analysis; DEA (Data Envelope Analysis)

一种改进的 TAM 模型在 E-Learning 采纳中的应用研究*

谭明杰[1,2]，邵培基[1]

（1. 电子科技大学 经济与管理学院，四川 成都 610054；
2. 四川广播电视大学，四川 成都 610072）

摘　要：本文在对4种经典的技术接受模型进行归纳和分析的基础上，针对经典模型更关注用户属性而忽略信息技术属性的不足，引入界面友好度、用户培训度、环境支持度等与信息技术属性相关的自变量，提出一种改进的技术接受模型。E-Learning 是一种极具发展前景的信息技术，本文进而将改进的技术接受模型用于用户对 E-Learning 的采纳行为研究。

关键词：技术接受模型；E-Learning；信息技术属性

中图分类号：G201

1　引　言

随着信息技术的飞速发展，特别是互联网技术的出现和广泛应用，E-Learning 作为一种可以为学习者随时、随地提供学习机会的教育技术，正被广泛地应用于现代教育。E-Learning 适应了知识经济时代知识的更新换代速度不断加快的现实，利用 E-Learning 技术进行教育和培训，有利于更好整合和高效利用教育资源，提高全民素质。

E-Learning 是在信息技术应用于教育领域后出现的一个专有名词，按照美国培训与发展协会（ASTD）的定义[1]，E-Learning 是指涵盖基于网络的学习、基于电脑的学习、虚拟教室以及数字化协作等一系列技术的运用和过程，它包括利用因特网、局域网广域网、录音像带、卫星广播、互动电视、光盘等途径传递学习内容。

从全球来看，近年来由于信息技术及在线学习工具的应用，为在校学生及社会人员提供的在线学习课程显著增加。根据公司与市场网站（companiesandmarkets. com）2008 年所做的关于中国 E-Learning市场的调查报告[2]显示，我国 E-Learning 的市场规模 2007 年达到 145 亿元人民币，较 2006 年增长 20. 7%；2007 年有 1220 万人通过 E-Learning 的方式进行学习，人数较 2006 年增长 25. 1%。

E-Learning 作为一种信息技术，提供了在时间和空间上均具有弹性的学习方式。学习者对 E-Learning这一特性的认识及其他相关因素的影响，将决定其是否采纳该项技术。

技术接受模型（Technology Acceptance Model，TAM）[3]作为研究用户对信息技术的采纳行为的经典模型，由于其结构简单，且已经过大量实证研究证明有效，因而被广泛应用于各种信息系统的采纳研究。TAM 及其改进模型，更多是从使用者的角度出发，研究对使用者心理和行为产生影响的各种因素，而较少关注信息技术自身属性。本文针对 TAM 的这一不足，提出一种融入信息技术自身属性因素的 TAM 改进模型，并将其应用于 E-Learning 的采纳研究。

2　TAM 模型的演变

TAM 是一个从心理学和行为学的角度出发，研究用户对信息技术的采纳行为的模型。TAM 源于理性行为理论（Theory of Reasoned Action，TRA）[4]，在 TAM 模型提出后的 20 年中，研究者对原模型进行优化，相继提出了 TAM2[5]、UTAUT（Unified Theory of Acceptance and Use of Technology）[6]等改进模型及理论，使 TAM 的解释能力大幅提高。

2.1　理性行为理论（TRA）

TRA 是 1975 年由 Ajzen 和 Fishbein 提出的预测个体行为的理论[4]。TRA 假设个体的行为是经过理性思考而做出的，个体行为完全由其自身的行

* 作者简介：谭明杰，（1981—），男（汉族），四川成都，讲师，电子科技大学经济管理学院信息管理与电子商务专业博士研究生，E-mail：oliver. tan@ 163. com；邵培基（1946—），男（汉族），江苏南京，电子科技大学经济管理学院教授，博导，E-mail：shaopj@ uestc. edu. cn

为意图控制，个体行为不会受到无意识因素的影响。

根据 TRA 框架（见图 1），个体的实际行为（actual behavior，AB）受其行为意向（behavioral intention，BI）直接影响，行为意向是指个体实施某种行为的倾向的度量。个体的行为意向由行为态度（attitude toward behavior，ATB）和主观规范（subjective norm，SN）共同决定，行为态度是指个体对于实施某种行为的积极或者消极的主观感受，而主观规范是指对个体行为有着关键作用的人对其实施某种行为的影响。个体的行为态度由其对行为结果的估计（evaluations toward result，ETR）和对行为结果的信念（belief toward result，BTR）决定；而主观规范则由规范信念（normative belief，NB）和依从动机（motivation to comply，MC）共同决定。

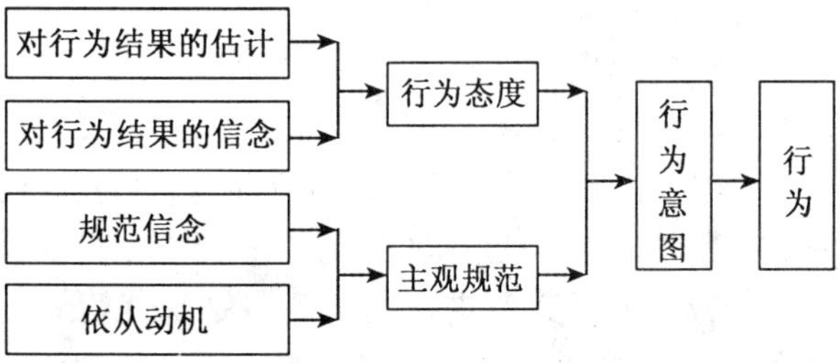

图 1　理性行为理论框架（TRA）

TRA 是研究个体的行为的通用理论，在许多领域的实证研究中该理论被证明有效，虽然 TRA 的提出已有 30 余年，但至今仍被广泛使用[7]。

2.2　技术接受模型（TAM）

20 世纪 80 年代，信息技术已被广泛应用，但对于信息技术的采纳行为却没有一个有效的解释模型。1989 年 Davis 以 TRA 为原型，吸收了期望理论模型、自我效能理论的相关内核，提出了专门用于解释用户对信息技术采纳行为的经典模型：TAM[5]。TAM 模型（见图 2）表明，用户的两个特殊信念，即感知有用性（perceived usefulness，PU）和感知易用性（perceived ease of use，PEOU），是影响其采纳行为的两个关键因素。

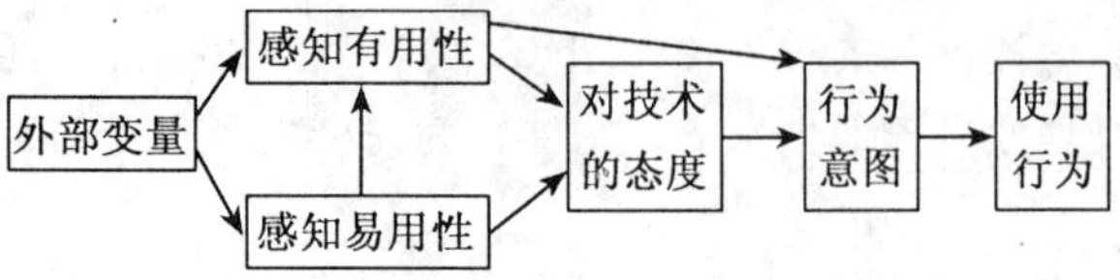

图 2　技术采纳模型（TAM）

感知有用性测量用户感受到的使用某种信息技术后对其工作表现的改善程度，而感知易用性测量用户感受到的使用某种信息技术的容易程度。感知有用性和感知易用性受到包括训练、设计阶段使用者的介入程度等诸多外部变量（external variables，EV）的影响。感知易用性正向影响感知有用性，感知有用性直接影响行为意图，而用户对信息技术的使用行为由其行为意图直接决定。

TAM 模型虽能较为有效地预测用户对信息技术（如 E-Learning）的采纳行为，但其对于外部变量的定义过于笼统。外部变量同时作用于感知有用性和感知易用性，但 TAM 模型没有明确指出分别影响感知有用性和感知易用性的具体外部变量。

2.3　拓展技术接受模型（TAM2）

2000 年，Venkatesh 与 Davis 对 TAM 模型进行了较大的拓展，进一步细化了作用于感知有用性的外部变量，提出了一个拓展的技术接受模型——TAM2（见图 3）。

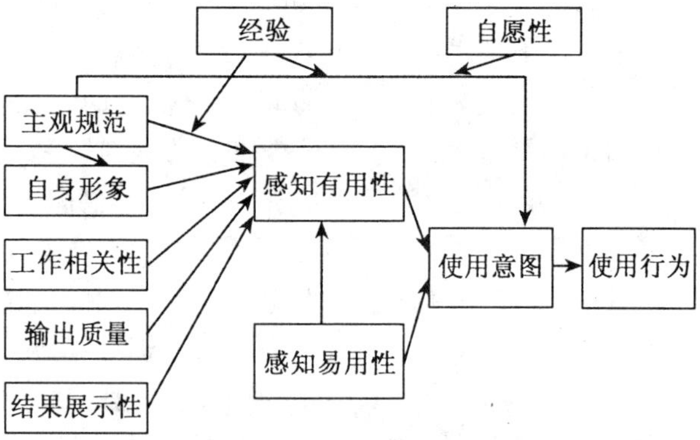

图 3　拓展的技术接受模型（TAM2）

TAM2 将外部变量分为社会影响过程（social influence process）及认知工具性过程（cognitive instrumental process）两部分。社会影响过程包括主观规范（subjective norm，SN）和自身形象（image，I），同时引入经验（experience，E）和自愿性（voluntariness，V）作为调节变量；认知工具过程包括工作相关性（job relevance，JR）、输出质量（output quality，OQ）和结果展示性（result demonstrability，RD）。社会影响过程和认知工具过程共同决定感知有用性，而主观规范可在经验和自愿性的调节下直接作用于行为意图。感知有用性和感知易用性对于使用行为的作用与 TAM 模型一致。TAM2 在一些较新的信息技术的采纳研究上被证明较 TAM 更为有效[8]。

TAM2 将影响感知有用性的外部变量进行了细

化，但忽略了外部变量对感知易用性的影响。虽然感知有用性较感知易用性对于行为意图的影响更为显著，并且感知易用性对于行为意图的影响会随着用户经验的增加而降低[3]，但感知易用性仍然相当关键，尤其是在用户接触某种信息技术的初期。

2.4 技术接受与使用统一理论（UTAUT）

2003年，Venkatesh与Davis在整合技术任务适配模型（Task-Technology Fit，TTF）、创新扩散理论（Innovation Diffusion Theory，IDT）、规划行为理论（Theory of Planned Behavior，TPB）等8种理论的基础上，提出了技术接受与使用统一理论（Unified Theory of Acceptance and Use of Technology，UTAUT）[6]。UTAUT（见图4）将影响使用意图的因素归纳为4种：预期绩效（performance expectancy，PE）、预期付出（effort expectancy，EE）、社会影响（social influence，SI）、便利条件（facilitating conditions，FC），同时引入性别（gender，G）、

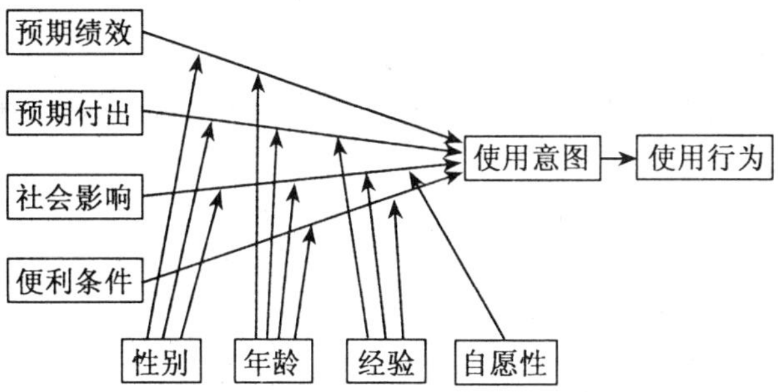

图4 技术接受与使用统一理论框架（UTAUT）

年龄（age，A）、经验（experience，E）、自愿性（voluntariness，V）作为调节变量。Venkatesh与Davis的实证研究表明，该模型对于用户对信息技术采纳行为的预测有效率可达到70%。

UTAUT因其提出时间较晚，相关文献尚不多见，但仍有一些研究证明UTAUT有效。相关实证研究指出，除便利条件对于使用意图的影响不显著外，其他3个因素对于使用意图的影响显著。

3 一种改进的TAM模型

上述研究用户对信息技术的采纳行为的经典理论与模型主要将用户属性和信息技术属性作为分析用户采纳行为的关键变量。本文以关注对象和变量类型（自变量、因变量、调节变量）两个维度对上述4种经典理论与模型进行归纳（见表1）。

从表中可以看出，4种经典理论与模型主要是从用户属性出发，预测用户对信息技术的采纳。涉及信息技术属性的只有TAM和TAM2，其中TAM只是将信息技术的相关属性笼统地包含于外部变量（external variables，EV）之中；而TAM2在模型中引入了输出质量（output quality，OQ）和结果展示性（result demonstrability，RD）两个与系统属性相关的具体变量，但这两个变量的作用对象仅限于感知有用性。关于用户对信息技术采纳行为的绝大多数研究都忽略了信息技术属性，而实际上信息技术自身的效果（effects）、环境（context）、能力（capabilities）也非常关键。

表1 **经典模型的变量归纳**

理论与模型	用户属性			信息技术属性		
	自变量	因变量	调节变量	自变量	因变量	调节变量
TRA	ETR，BTR，NB，MC	ATB，SN，BI，AB				
TAM	EV	PU，PEOU，ATT，AB		EV		
TAM2	SN，I，JR	PU，PEOU，BI，AB	E，V	OQ，RD		
UTAUT	PE，EE，SI，FC	BI	G，A，E，V			

说明：使用字母缩写表示，缩写含义已在前文中说明。

将信息技术属性融入模型，从行为的主体（用户）与客体（信息技术）两方面分析用户对信息技术的采纳行为将使得模型更为完善。考虑到TAM2较为有效，且模型中已引入两个作用于感知有用性且与信息技术属性相关的自变量，本文在TAM2的基础上引入新的作用于感知易用性且与信息技术属性相关的自变量，从而达到对原有模型进行改进的目的。

Treweek（1996）通过对比用户对图形化界面（GUI）与命令行界面（CLI）的使用表现，发现用户更乐于使用界面友好的系统，因为用户感觉这样的系统更容易操作[9]。Legris等学者认为，用户训练有利于提高信息技术的易用性认识[10]。一种信息技术的使用，往往需要其他相关的技术作为支

持，本文认为相关支持技术所构成的环境对于信息技术的易用性也存在影响，我们将这种因素定义为环境支持。综合上述分析，本文提出一种改进的技术接受模型（见图5）。

该改进模型中，主观规范等5种因素对于感知有用性的作用、感知有用性与感知易用性对于使用意图的作用、感知易用性对于感知有用性的作用、使用意图对于使用行为的作用在 Venkatesh 与 Davis（2000）的研究[5]中已被证明显著，并经过了大量实证研究的进一步检验。界面友好度、用户培训度及环境支持度对于感知易用性的影响具有一定的理论基础。用户自身的信息文化经验会产生一定的调节作用，因此本文将经验作为调节变量引入该改进模型。该改进模型从用户属性与信息技术属性两方面对用户的信息技术采纳行为进行解释，应当更为有效。

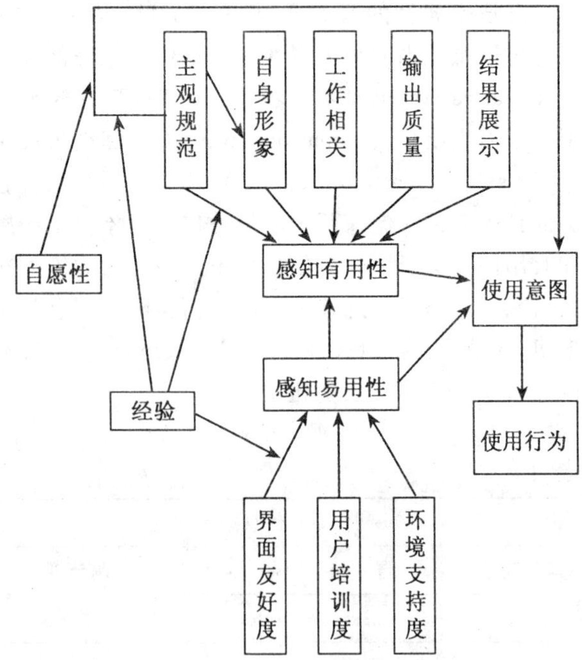

图5　一种改进的技术接受模型

4　在 E-Learning 中的应用

为研究学习者对 E-Learning 的采纳行为，在前文提出的改进技术接受模型的基础上，舍弃一些与 E-Learning 采纳行为相关性较小的因素，并略去调节变量，得到一种可以用于 E-Learning 采纳行为预测的简化模型（见图6）。

基于 E-Learning 接受模型，本文提出如下假设：

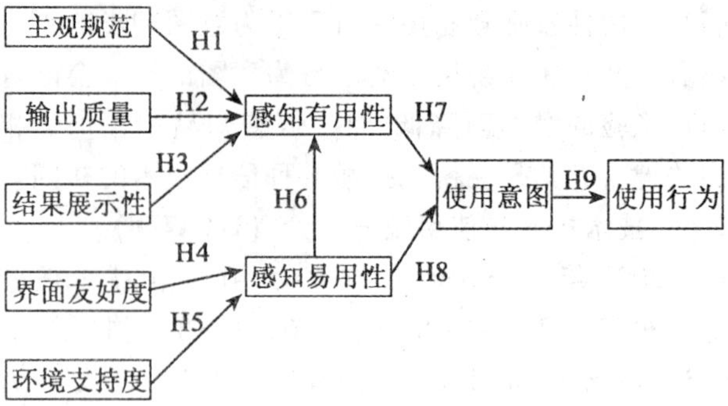

图6　E-Learning 接受模型

H1：学习者的主观规范正向影响其对 E-Learning 的感知有用性。

H2：E-Learning 的输出质量正向影响学习者对其的感知有用性。

H3：E-Learning 的结果展示性正向影响学习者对其的感知有用性。

H4：E-Learning 的界面友好度正向影响学习者对其的感知易用性。

H5：E-Learning 的环境支持度正向影响学习者对其的感知易用性。

H6：学习者对 E-Learning 的感知易用性正向影响感知有用性。

H7：学习者对 E-Learning 的感知有用性正向影响其使用意图。

H8：学习者对 E-Learning 的感知易用性正向影响其使用意图。

H9：学习者对 E-Learning 的使用意图正向影响其使用行为。

实证研究采用问卷调查的方式，将模型中的9种因素包含于问卷中，量表指标采用五区间尺度的 Likert 法进行测量，分值从1～5代表“非常不同意”至“非常同意”。

量表中感知有用性、感知易用性、行为意图的测量参考 Davis（1989）提出的测量方法[3]；主观规范的测量参考 Taylor 与 Todd（1995）提出的测量方法[11]；输出质量的测量参考 Davis 等（1992）提出的测量方法[12]；结果展示型的测量参考 Moore 与 Benbasat（1991）提出的测量方法[13]；界面友好度的测量参考 Treweek（1996）的研究方法[9]；环境支持度的测量参考 Goodhue 与 Thompson（1995）对教育信息技术的定义[14]。

5　结束语

E-Learning 作为一种能有效提高教育质量的信

息技术，极具发展前景。技术接受模型是研究用户对信息技术的采纳行为的经典模型。本文通过分析经典的TAM及其后续拓展模型所关注的变量，针对TAM模型主要关注用户属性而关注信息技术属性不足的特点，提出了一种同时关注用户属性及信息技术属性的TAM改进模型，并将其应用于E-Learning的采纳研究。本文论述了该项研究的阶段性成果，该模型各变量间关系的定量分析将通过下一步的实证研究加以验证。

参 考 文 献

[1] Allison Rossettt. The ASTD E-learning Handbook: Best Practices, Strategies and Case Studies for an Emerging Field [M]. New York, U. S. A.: McGraw-Hill. 2002.

[2] Companies and Markets. 2008 Report on China's E-learning Market [R/OL]. http://www.companiesandmarkets.com/Summary-Market-Report/2008-report-on-china's-e-learning-market-73297. asp. 2008.

[3] Davis F D. Perceived Usefulness, Perceived Ease of Use, and User Acceptance of Information Technology [J]. MIS Quarterly, 1989 (13): 319-340.

[4] Ajzen I, Fishbein M. Understanding Attitudes and Predicting Social Behavior. Englewood Cliffs [M], NJ: Prentice-Hall, 1980: 20- 35.

[5] Venkatesh V, and Davis F D. A Theoretical Extension of the Technology Acceptance Model: Four Longitudinal Field Studies [J]. Management Science, 2000, 45 (2): 186-204.

[6] Venkatesh V, Morris M G, Davis G B, and Davis F D. User Acceptance of Information Technology: Toward a Unified View [J]. MIS Quarterly, 2003, 27 (3): 425-478.

[7] 李国鑫，林振钦. 基于TRA理论的酒店员工信息技术心理研究 [J]. 旅游学刊, 2005, 20 (2): 33-36.

[8] 张楠，郭迅华，陈国青. 信息技术初期接受扩展模型及其实证研究 [J]. 系统工程理论与实践, 2007, 15 (9): 123-130.

[9] Treweek P. Comparing Interfaces: Should We Assume that Ease of Use Influences Users' Preference [C]. Computer-Human Interaction: Sixth Australian Conference, 1996.

[10] Legris P, Ingham J, and Collerette P. Why do People Use Information Technology? A Critical Review of the Technology Acceptance Model [J]. Information & Management, 2003, 40 (3): 191-204.

[11] Taylor Shirley, Todd Peter A. Understanding Information Technology Usage: a Test of Competing Models [J]. Information Systems Research, 1995, 6 (2): 144-176.

[12] Davis F D, Bagozzi R P, Warshaw P R. Extrinsic and Intrinsic Motivation to Use Computers in the Workplace [J]. Journal of Applied Social Psychology, 1992, 22 (14): 1111-1132.

[13] Moore G C, and Benbasat I. Development of an Instrument to Measure the Perceptions of Adopting an Information Technology Innovation [J]. Information Systems Research, 1991, 2 (3): 192-222.

[14] Goodhue Dale L, Thompson Ronald L. Task-technology Fit and Individual Performance [J]. MIS Quarterly, 1995, 19 (2): 213-236.

Research on an Improved Technology Acceptance Model in the Application of E-Learning Adoption

TAN Mingjie[1,2], SHAO Peiji[1]

(1. School of Management and Economics, University of Electronic Science and Technology, Chengdu, 610054, China;

2. Sichuan Radio and TV University, Sichuan, Chengdu 610072, China)

Abstract: This paper has summarized and analyzed the classic Technology Acceptance Models (TAM). On that basis, it tried to add several independent variables, such as interface-friendly, user-training, and environment-support etc, into TAM, in order to compensate their deficiency of neglecting the properties of IT when attaching more importance on properties of users. Consequently, the paper has brought up an improved TAM, which was used later to analyze the users' adoptive behaviors of E-Learning. E-Learning is one of the most promising message technologies.

Key words: technology acceptance model; e-learning; IT properties

跨组织信息系统采纳过程中的用户行为研究*

王铁男[1]，贺明明[2]

（1. 哈尔滨工业大学 工商管理系，哈尔滨 150001；2. 哈尔滨工业大学 工商管理系，哈尔滨 150001）

摘　要：本文旨在研究跨组织信息系统在汽车行业供应链采纳过程中的用户行为问题。本文从强制条件角度出发，对用户行为及影响因素进行深入探讨。利用影响因素——中间变量——采纳结果的研究思想和路径，构建了基于 TOE 的组织行为模型及基于 TAM 的个人行为模型；研究了信息系统采纳对供应商的组织行为及个人行为的反作用。本文将用户行为理论进行了拓展，提出了概念模型，为今后跨组织信息系统实施的用户行为问题提供了一个理论框架，将对实施跨组织信息系统的企业具有指导作用。

关键词：跨组织信息系统；强制条件；信息采纳；用户行为

中图分类号：C931.6；F270.7

21 世纪是群体竞争代替个体竞争的时代。特别是在全球经济危机使得竞争环境越来越激烈的条件下，市场竞争已由企业间的竞争转为供应链间的竞争。

随着信息系统发展呈现出跨组织、网络化的特征，跨组织信息系统的有效应用会对企业乃至行业竞争力的提升起着重要的作用[1]。对企业实践者而言，只有理解和把握了跨组织信息系统的实施过程及其实施过程中哪些影响因素起着关键性的作用，才能保证企业健康、持续的发展。因此，如何成功地应用跨组织信息系统，为企业带来价值，已逐渐成为学者们研究的热点问题。用户行为一直被认为是影响信息系统成功的重要因素[2]，但在跨组织信息系统实施文献中，尚未被引起足够重视，因此，跨组织信息系统采纳研究要从变革管理和创新扩散的视角，侧重用户行为，研究如何在信息系统实施中减少用户抵制，增进用户对新系统接受，获得实施成功。

本文以汽车制造业为背景。汽车行业供应链有其独特特点，汽车行业供应链上制造商是关键核心企业，在合作关系中具有强势地位，它能够决定和支配供应商团体。为了提高竞争优势、实现供应链整体最优，在汽车行业中处于不败之地，许多已经成功实施了信息化的汽车制造商，强制供应链上的供应商实施信息化。针对这一情境，本文试图研究跨组织信息系统采纳过程中的用户行为问题，分析如何在信息系统实施中减少用户的抵制、增进用户对新系统的接受、常规化及创新等问题。

1　文献回顾

1.1　关于跨组织信息系统的研究

跨组织信息系统（Inter-organizational Information System，IOIS）是指基于计算机与通信技术之上的、被多个组织共享的、服务于组织间的业务流程，实现信息在组织之间的流动，对企业内外信息进行集成管理的信息系统。典型的跨组织信息系统有组织间电子数据交换（Electronic Data Interchange，EDI）系统和电子资金转移（Electronic Fund Transfer，EFT）系统等[3][4]。相比组织内部的信息系统采纳的研究，跨组织信息系统采纳研究在近年逐步受到重视。

早在 1966 年，Felix Kaufman[5]就在《哈佛商业评论》中提出了“跨越组织边界的数据系统”的概念，并认为应该考虑跨越组织边界应用信息系统的可能性。但直到 20 世纪 80 年代，跨组织理论才开始广泛地引起学者们的注意，出现了大量的学术论文。Barrett[6]等最早提出跨组织分享信息资源系统的概念。他们认为，跨组织信息系统是“涉及两个或多个组织间的信息资源得到共享的系统”。Reima[7]将其看做是两个或两个以上的组织利用计算机等设备进行沟通的系统。Premkumar[8]认为跨组织信息系统是利用电信基础设施将供应链

* 通讯作者：贺明明，E-mail：mingming_ he@ yahoo. cn

上的各种伙伴连接起来的应用系统。

1.2 关于信息系统用户接受及采纳行为的研究

根据现有信息系统接受及采纳行为研究的成果，可以大致分为组织层面和个人层面两类。

（1）组织层面信息系统接受和采纳的相关研究

目前创新扩散理论[9][10]、TOE 理论模型[11]是研究组织信息技术接受和采纳的经典理论，被广泛应用于组织信息系统接受和采纳的影响因素研究中。创新扩散理论认为创新本身的特质对技术的扩散速度、采纳率、企业对新技术的接受和使用等有很大影响，创新本身的特质有：相对优势、兼容性、复杂性、可试验性和可观察性[12]。TOE 模型具有较强的系统性，考察了组织特征、组织外部环境和技术本身特点、组织对信息系统接受的影响[13]。Grewal[14]提出了组织的学习能力及 IT 基础会对组织使用电子交易市场的状态（被动使用→探索性使用→专业使用）有很大的影响。从组织行为学的角度来看，IS 实施中所包含的不同用户群体会为了增加自身的权力、控制信息、得到对计算资源的最大控制权而付出努力。但一旦用户认为系统的实施降低了自己的地位或削弱了自己的权力，就会对系统采取抵制的态度[15]。国内学者陈文波、黄丽华[16]认为组织对复杂信息技术的吸收过程实际上是一个组织学习和不断降低知识壁垒的过程。通过有意识增加组织知识存量，提高吸收能力，可以促进信息系统的成功实施和应用。

（2）个人层面信息系统接受和采纳的相关研究

个人层面对信息系统接受及采纳的研究相对组织层面而言理论较为成熟。自 20 世纪 80 年代中期以来，“用户对信息技术的接受行为”研究[17]日益受到理论界和产业界的关注，成为当今信息学系统应用科学中最受瞩目的前沿项目之一。

国外关于信息系统接受程度的研究，最初开始于 Davis 在 1989 年提出的技术接受模型[18]。技术接受模型的扩展首先从技术认知变量开始，它主要考虑了技术有用性感知和技术易用性感知两个认知变量。1967 年，心理学家 Martin 和 Icek 通过对人的行为的研究，提出了理性行为理论[19]。计划行为理论（TRB）[20]是在理性行为理论的基础上发展起来的。计划行为理论相比理性行为理论，它扩展了影响行为意向的条件，在承认态度和主观准则对行为意向影响的前提下，它又引入了获知的行为控制[21]。

创新扩散理论[22]从相对优势、易用性和兼容性三个角度研究了技术的接受问题。个人计算机利用模型[23]则从工作适合性、复杂性和便利条件三个不同的角度来研究技术的接受问题。

Markus 和 Mao J[24]指出尽管用户参与对信息系统实施很重要，但实践中总是有各种各样的问题，如用户与开发人员的专业背景及工作目标等多方面的差异、开发人员与用户的沟通脱离用户实际工作等，使得用户参与很难真正发挥作用。Anol[25]基于用户行为的文献和对前期 IS 使用经验结果的考察，提出了信任感知和感知有用性对 IS 继续使用有显著的影响。

国内近几年也开始重视信息系统在行为方面的研究。提出了诸如工作绩效预期、工作努力预期、社会因子和便利条件[26]、象征接受、感知兼容性、感知适用性、自我功效[27]、娱乐性、个人特性和培训效果[28]等用户接受信息技术的关键影响因素，建立了信息系统实施的用户接受模型、TAM/TTF 整合关系模型[29]，以期能使企业控制这些因素来提高信息系统实施的成功率和使用效果。

1.3 关于信息系统实施对用户行为影响的研究

IS 对企业组织行为的影响主要体现在组织设计、组织变革、组织文化、虚拟组织构建、组织沟通等方面。用户通常抵制信息系统实施带来的变化，但并不是抵制每一个变化。用户会欣然接受能给他们带来价值或增值的变化，然而对那些不利的变化他们要进行抵制[30][31][32]。调整组织结构和技术能力对于与信息技术有关的组织变革来说是一个重大的挑战。制度变革、技术变革要与信息技术实施相适应[33][34]。Zmud[35]认为信息系统实施过程是组织发生一系列变革的过程。每一个变革被称为一个执行阶段，每一个阶段包括不同的任务。信息系统的实施会带来社会维和技术维的组织变化，改变了组织成员的行为。

1.4 研究述评

（1）用户行为对信息系统接受及采纳影响问题。个人层面的信息系统接受及采纳问题研究远远成熟于组织层面的研究状况。而且很多研究都把重点放在技术与任务特性上，对于组织和环境因素的考虑不足，对于个人接受方面沿用技术接受模型、理性行为理论、计划行为理论、创新扩散理论，没有考虑采纳过程中的不同阶段所处的状态不同，还缺乏在强制条件下研究个人行为问题；对于组织层面的研究，缺乏在强制条件下组织行为对信息系统采纳的影响研究，缺乏调节信息系统采纳过程与影响因素的中间环节研究。

（2）跨组织信息系统采纳影响用户行为的研究。信息系统的采纳会对用户的行为产生许多影响，这些影响是随信息系统采纳的时间而变化的，这方面的研究尚不够深入。由于理论上的供给不足，很难为企业有效采纳跨组织信息系统提供理论指导。

2 采纳过程中的用户行为问题

根据前人的研究，初步拟将跨组织信息系统采纳的过程分解为初始化、接受、常规化及创新四个阶段[9][10][36][37]；影响信息系统采纳各阶段的因素主要有三个方面：技术因素、组织因素和环境因素[11]。研究在汽车供应链组织形式下、在强制实施条件下，是否具有相同的采纳过程，是否也主要是这三个方面的影响因素，这三个方面的影响因素中又有哪些是关键的因素。

2.1 用户行为对信息系统采纳的影响因素

识别在供应商团体中，每个组织中参与信息系统采纳的参与人有哪些，参与人影响信息系统采纳的具体行为有哪些，这些用户行为的关键影响因素以及这些行为是怎样影响信息系统采纳的，是什么原因导致这些组织在采纳信息系统的速度、质量及程度不同，从总体上把握、集成这些因素，分别从个人层面及组织层面建立供应商对跨组织信息系统初始化、接受、常规化及创新的个人、组织行为的关键影响因素模型。

（1）信息系统采纳各阶段组织行为影响因素。不同的技术和系统、不同特征的组织以及不同的企业环境，信息系统应用的用户行为是不同的。结合创新扩散理论[9][10]和 TOE 模型[11]，把各阶段的影响因素分解为技术因素（技术基础、技术特征）、组织因素（组织规模、集权程度、沟通机制、领导支持、组织文化）和环境因素（行业特点、政策环境、竞争压力）。信息系统的采纳过程及采纳程度受到内力场中的信息技术本身、组织特征及外力场中的外部环境的影响。Zhu K[36]基于创新扩散理论和理性行为理论提出了电子商务应用绩效研究模型，将技术因素、组织因素及环境因素共同引入模型中，阐明了这三个因素对电子商务的初始化、采纳和内化有重要作用。以往的研究只是阐明这三类因素对组织信息技术的采纳过程有影响，而没有研究是具体通过什么样的用户行为来影响的。

组织学习[38][39]作为组织获取核心竞争力和可持续发展能力的重要手段，是一个动态的过程。组织学习就是学习主体（组织、团队和个体）感知、检测内外部变化，辨识、吸收、处理、应用内外部信息知识，比较、反思和纠正自身行为，以及记忆的动态循环过程。组织学习可以提高组织中信息分享、沟通、理解以及决策的质量。

知识转移[40]是在受控环境中实现知识从拥有者到接受者的传播，缩小人类个体或组织之间的知识差距，并促进人类共同发展的过程。知识转移的目的可能涉及提升企业的核心能力和竞争优势、提高企业信息化速度、提高企业产品的质量、加速企业技术创新的速度、促进企业资产的增值，等等。但深入分析可知，知识转移不能够直接实现这些目的，知识转移首先是通过组织内部人员的知识水平和能力的提升来实现上述目的的。

因此，将模型里面融入组织学习和知识转移这两个中间变量，即组织、技术、环境这些影响因素通过组织学习、组织内部知识转移和获取等中间变量影响组织信息系统采纳过程。而供应链中的企业由于对技术掌握的基础不同、组织规模及企业文化不同、竞争压力不同，企业采纳信息系统的速度、质量及程度将有所不同。

根据以上分析提出如图 1 所示跨组织信息系统采纳过程中的组织行为模型。在此模型基础上，深入研究内力场中的技术、组织因素及外力场中的环境因素对供应链上的企业采纳跨组织信息系统的影响，识别组织行为的关键影响因素及其影响程度。

（2）信息系统采纳各阶段个人行为影响因素。

本文结合技术接受[18]、理性行为[19]、创新扩散[22]和社会认知[41]等理论模型，结合强制条件下各个阶段所涉及的用户的行为态度、具体行为模式、关键行为、用户自身的特点（性别、年龄、文化层次、知识存量、使用技术的经验）等因素对于跨组织信息系统采纳过程的影响进行研究。分析如何在信息系统采纳中减少用户的抵制、增进用户对跨组织信息系统的接受、常规化及创新等问题。

本文在 TAM 模型的基础上引入任务技术匹配、组织培训、领导支持和主观规范等外部变量，以及信任感知这一内部变量。

①Goodhue[42]认为只有用户感觉到信息技术的使用会满足他们的需求、符合他们的工作、提高他们的业绩和生产效率时，信息技术才会被采纳，

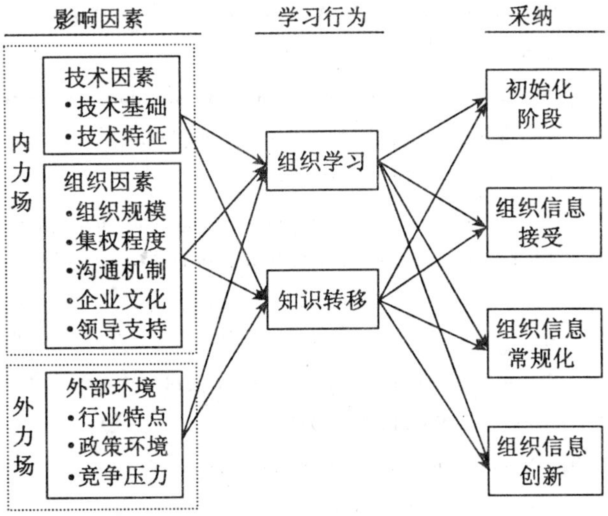

图 1　基于 TOE 的组织行为及影响因素模型

否则，信息技术将不会被采纳，这就是所谓的任务技术匹配。

②领导支持[43]在信息系统的采纳过程中起决定性作用。实现实施目标和绩效很大程度上取决于员工的态度和行为。领导与员工之间的交流与沟通，会促进员工对信息系统实施的积极态度和行为，从而达到预期效果。

③主观规范[19][41]指个人执行某种行为时，其重要关系人是否同意他的行为，亦即个体从事某一行为所预期的压力。有时候行为受社会环境压力的影响会大过个人自身的态度。

④组织培训[44]是企业实施 IS 战略的一致选择。由于 IS 实施将涉及全企业，它给职工带来的不仅是新的软件界面，而且是一系列新流程。由于 IS 将引起管理观念和方法的改变，所以它的实施迫使员工面临新的挑战。组织培训能使用户对 IS 功能、特点及如何使用等有所了解，会增加他们对信息系统的感知。

⑤信任感知[24][45]是一种重要的关系规范，在有关用户行为文献中被广泛地应用，用来研究用户的满意度，等等。信任感知理论说明用户购买一件产品，或者使用一项服务的意图很受他们先前对这些产品或服务的满意度影响。

基于以上分析，构建了如图 2 所示的跨组织信息系统采纳过程中的个人行为及影响因素模型。

该模型表明任务特征和技术功能决定任务技术的匹配，而任务技术匹配、领导支持、组织培训及主观规范影响个人对信息系统易用感知、有用感知

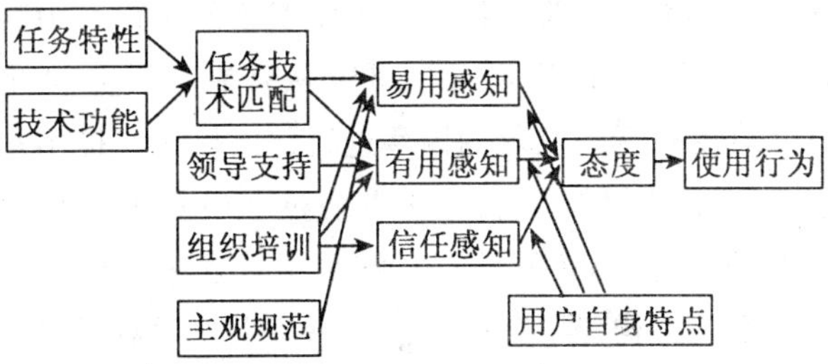

图 2　基于 TAM 的跨组织信息系统采纳的个人行为模型

及信任感知，而易用感知、有用感知及信任感知会影响个人对信息系统的态度从而影响使用行为，这些影响作用会受用户自身特点（性别、年龄、文化层次、知识存量、使用技术的经验等）的调节。识别个人行为的关键影响因素及其影响程度，通过研究提出促进组织实施信息系统的建议。

2.2　信息系统采纳对组织行为及个人行为的反作用

跨组织信息系统的采纳会对用户的行为产生许多影响。在组织层面上，对促进组织学习、加速组织变革、优化组织结构设计、提升组织文化、增进组织沟通方面有影响[33][35]；在个人层面上，对提升个人学习能力及业务能力、提高工作效率、增强自信心等方面有影响[30][46]。因此，本项目将研究跨组织信息系统采纳对组织及个人行为的影响，组织及个人行为随跨组织信息系统采纳的动态变化模型。信息系统采纳对用户行为的反作用研究模型如图 3 所示。

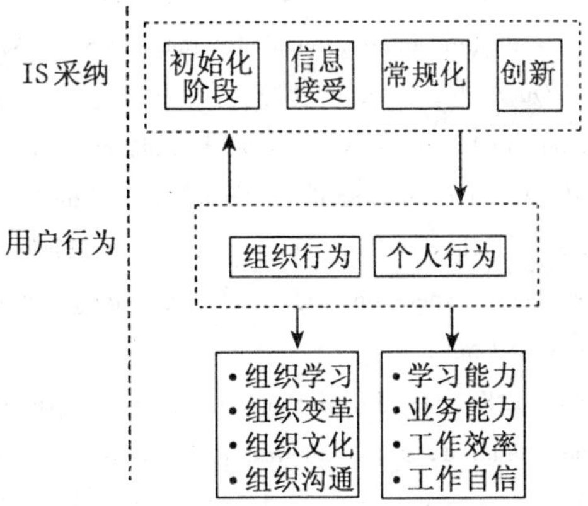

图 3　跨组织信息系统采纳对用户行为的反作用模型

3　结论与展望

本文将用户行为理论进行了拓展，结合跨组织

信息系统在汽车行业供应链上实施的特点提出了概念模型，为今后跨组织信息系统实施的用户行为问题提供了一个理论框架。研究从强制条件角度出发，对用户行为及影响因素进行深入探讨，提出基于 TOE 的跨组织信息系统采纳过程中的组织行为模型及基于 TAM 的信息系统采纳过程中的个人行为模型；并构建了跨组织信息系统采纳后对用户行为的反作用模型。使供应链上的核心企业对跨组织信息系统采纳中用户接受和创新的组织和个人行模式、影响因素和影响结果有更加清晰的认识和掌握；使信息化接受企业更好地掌握组织行为和个人行为怎样改变才能使信息系统发挥的作用更好、价值更大。因此，本研究的结论可以丰富跨组织信息系统、供应链管理、用户行为等理论，可以推动供应链企业对跨组织信息系统的有效应用，为提升供应链信息管理、加速我国企业信息化进程、促进我国经济的迅速发展发挥积极作用。

未来的研究可以从以下几个方面入手：

一方面是结合实施跨组织信息系统的汽车企业的实际数据进行实证研究，验证并改进模型。对于其他制造行业此模型是否也适用。

另一方面可以采用案例研究的方法对企业跨组织信息系统采纳过程进行更详细的研究，探讨随着时间的变化各层次用户（高级管理人员、中层管理人员、员工）行为的是怎样相互作用和变化的。

参考文献

[1] Johnston H R, Michael R V. Creating Competitive Advantage with Inter-organizational Information Systems [J]. MIS Quarterly, 1988, 12 (2): 153-165.

[2] Viswanath V, Susan A B, Likoebe M M, et al. Predicting Different Conceptualizations of System Use: The Competing Roles of Behavioral Intention Facilitating Conditions, and Behavioral Expectation [J]. MIS Quarterly, 2008, 32 (3): 483-502.

[3] Zhu K, Kraemer K, Gurbaxani V, et al. Migration to Open-standard Inter-organizational Systems: Network Effects, Switching Costs, and Path Dependency [J]. MIS Quarterly, 2006, 30 (special issue): 515-539.

[4] Teo H H, Wei K K, Benbasat I. Predicting Intention to Adopt Inter-organizational Linkages: an Institutional Perspective [J]. MIS Quarterly, 2003, 27 (1): 19-49.

[5] Kaufman F. Data Systems That Cross Company Boundary [J]. Harvard Business Review, 1966, (1): 141-155.

[6] Barrett S, Konsynski B. Inter-organization Information Sharing Systems [J]. MIS Quarterly, 1982, (6): 93-105.

[7] Reima S. On the Concept of Inter-organizational Information Systems [J]. The Journal of Strategic Information Systems, 1992, (2): 93-100.

[8] Premkumar G P. Inter-organizational Systems and Supply Chain Management: an Information Processing Perspective [J]. Information Systems Management, 2000, (2): 56-69.

[9] Rogers E M. Diffusion of Innovations (3rd Ed) [M]. New York: The Free Press, 1983.

[10] Rogers E M. Diffusion of Innovations (4th Ed) [M]. New York: The Free Press, 1995.

[11] Tornatzky L G, Fleischer M. The Processes of Technological Innovation [M]. Lexington, Mass: Lexington Books, 1990.

[12] Maryellen R K, Harvey B. External Learning Opportunities and the Diffusion of Process Innovations to Small Firms: The Case of Programmable Automation [J]. Technological Forecasting and Social Change, 1991, 39 (1): 103-125.

[13] Zhu K, Kraemer K L, Xu S A. Cross-Country Study of Electronic Business Adoption Using the Technology-Organization-Environment Framework [A]. Proceedings of the 23rd International Conference on Information Systems [C]. Barcelona, Spain, 2002. 337-348.

[14] Grewal R, Comer J M, Mehta R. An Investigation into the Antecedents of Organizational Participation in Business-to-Business Electronic Markets [J]. Journal of Marketing, 2001, 65 (3): 17-33.

[15] Ghorab K E. The Impact of Technology Acceptance Considerations on System Usage and Adopted Level of Technological Sophistication: An Empirical Investigation [J]. International Journal of Information Management, 1997, 17 (4): 249-259.

[16] 陈文波，黄丽华．组织信息技术采纳的影响因素研究述评 [J]．中国软科学，2006，20 (3)：1-4.

[17] Hu P J, Chau P Y K, Sheng O R L, et al. Examining The Technology Acceptance Model Using Physician Acceptance of Telemedicine Technology [J]. Journal of Management Information Systems, 1999, 16 (2): 91-112.

[18] Davis F D. Perceived Usefulness, Perceived Ease of Use, and User Acceptance of Information Technology [J]. MIS Quarterly, 1989, 13 (3): 319-339.

[19] Ajzen I. Attitudes, Personality and Behavior [M]. Chicago, Illinois: The Dorsey Press, 1998. 149-206.

[20] Taylor S, Todd P A. Understanding Information Technology Usage: a Test of Competing Models [J]. Information Systems Research, 1995, 6 (4): 144-176.

[21] Madden M J, Ellen P S, Ajzen I. A Comparison of the Theory of Planned Behavioral and the Theory of Reasoned Action [J]. Personality and Social Psychology Bulletin, 1992, 18 (1): 3-9.

[22] Moore G C, Benbasat I. Development of an Instrument to Measure the Perceptions of Adopting an Information Technology Innovation [J]. Information Systems Research, 1991, 2 (3): 192-222.

[23] Thompson R L, Higgins C A, Howell J M. Personal Computing: towards a Conceptual Model of Utilization [J]. MIS Quarterly, 1991, 15 (1): 124-143.

[24] Markus M L, Mao J. Participation in Development and Implementation [J]. Journal of the Association for Information Systems, 2004, 5 (11-12): 514-544.

[25] Anol B. Understanding Information Systems Continuance: an Expectation Confirmation Model [J]. MIS Quarterly, 2001, 25 (3): 351-370.

[26] 李霆，张朋柱，王刊良．影响用户接受信息技术的关键因素分析 [J]. 预测，2005，24 (4)：38-43.

[27] 胡安安，姜江，黄丽华．ERP 系统实施的用户接受模型及实证研究 [J]. 研究与发展管理，2008，20 (3)：73-80.

[28] 张楠，郭迅华，陈国青．信息技术初期接受扩展模型及其实证研究 [J]. 系统工程理论与实践，2007，27 (9)：123-130.

[29] 高平，刘文雯，徐博艺．基于 TAM /TTF 整合模型的企业实施 ERP 研究 [J]. 系统工程理论与实践，2004，24 (10)：74-79.

[30] Joshi K. A Model of Users' Perspective on Change: the Case of Information Systems Technology Implementation [J]. MIS Quarterly, 1991, 15 (2): 229-242.

[31] Kettinger W J, Teng J TC, Guha S. Business Process Change: a Study of Methodologies, Techniques, and Tools [J]. MIS Quarterly, 1997, 21 (1): 55-80.

[32] Leiser S, Rudy H. Fighting Against Windmills: Strategic Information Systems and Organizational Deep Structures [J]. MIS Quarterly, 2007, 31 (2), 327-354.

[33] Elizabeth J D, William G C. The Interaction of Institutionally Triggered and Technology-Triggered Social Structure Change: an Investigation of Computerized Physician Order Entry [J]. MIS Quarterly, 2007, 31 (4): 739-758.

[34] Damien P, Prakash S. The E-integration Dilemma: The Linkages between Internet Technology Application, Trading Partner Relationships and Structural Change [J]. Journal of Operations Management, 2007, 25 (6): 1292-1310.

[35] Zmud R W, James F C. The Implementation Process: a Change Approach [J]. MIS Quarterly, 1979, 3 (2): 35-43.

[36] Zhu K, Kraemer K, Xu S. The Process of Innovation Assimilation by Firms in Different Countries: a Technology Diffusion Perspective [J]. Management Science, 2006, 52 (10): 1557-1576.

[37] Cooper R B, Zmud R W. Information Technology Implementation Research: a Technology Diffusion Approach [J]. Management Science, 1990, 36 (2): 123-139.

[38] 冯海龙．组织学习的概念界定及测量 [J]. 中国科技论坛，2009 (1)：89-93.

[39] 戴万稳，赵曙明，蒋建武，等．复杂系统、知识管理与组织学习过程动态模型研究 [J]. 中国软科学，2006 (6)：120-128.

[40] 谭大鹏，霍国庆，王能元．知识转移及其相关概念辨析 [J]. 图书情报工作，2005，49 (2)：97-11.

[41] Fishbein M, Ajzen I. Believe Attitude, Intention, and Behavior: An Introduction to Theory and Research [M]. Reading, MA: Addison-Wesley Publishing Company, 1975. 52-98.

[42] Goodhue D L, Thompson R L. Task-technology Fit and Individual Performance [J]. MIS Quarterly, 1995, 19 (2): 213-236.

[43] Kwon T H, Zmud R W. Unifying the Fragmented Models of Information Systems Implementation [M]. Critical Issues in Information System Research, New York: John Wiley & Sons, Inc, 1987. 227-251.

[44] Rajeev S, Philip Y. The Contingent Effects of Training, Technical, Complexity and Task Interdependence on Successful Information Systems Implementation [J]. MIS Quarterly, 2007, 31 (2): 219-238.

[45] Anderson E W, Sullivan M W. The Antecedents and Consequences of Customer Satisfaction for Firms [J]. Marketing Science, 1993, 12 (2): 125-143.

[46] 李大勇，达庆利．信息技术对企业重组的双重影响及其投资策略 [J]. 中国软科学，2001 (1)：89-93.

Research on User Behavior in Inter-organizational Information Systems Adoption

WANG Tienan[1], HE Mingming[2]

(1. Department of Business Management, Harbin Institute of Technology, Harbin 150001, China;
2. Department of Business Management, Harbin Institute of Technology, Harbin 150001, China)

Abstract: This article aims to study user behavior problems in Inter-organizational information systems adoption of the automotive industry supply chain. From the perspective of mandatory conditions, our research discusses user behavior and the influencing factors in depth. Using the influencing factors - the middle variable - the adoption results ideas and paths, this paper builds organizational behavior model based on TOE and individual behavior model based on TAM, and study the reaction of the suppliers' organizational behavior and individual behavior after information systems adoption. Proposing conceptual model and theoretical framework for future studies, the results expand the theory of user behavior, and will play a guiding role on implementation the inter-organizational information system for enterprise.

Key words: inter-organizational information systems; mandatory conditions ; information adoption; user behavior

文化因素对手机支付使用意向的影响研究*

陈蕾[1]，张玉林[1]，薛锦[2]

（1. 东南大学经济管理学院，南京 211189；2. 南京人口学院工商管理系，南京 210042）

摘　要：基于技术接受模型和文化维度理论，结合手机支付的特点，增加权力距离、集体主义、男性主义、不确定规避和短期导向五个新因子，构建了文化因素对手机支付使用意向的影响研究模型，并采用结构方程模型进行实证分析。结果表明影响手机支付使用意向最为显著的因素为感知有用性和感知易用性，而集体主义、不确定规避和短期导向等因素对手机支付使用意向也有影响。

关键词：手机支付；移动支付；文化维度；技术接受模型；结构方程模型

中图分类号：F224-39

移动支付是指交易双方为了某种货物或者业务，借助移动通信设备，通过移动通信网络实现的商业交易。移动支付所使用的移动终端可以是手机、掌上电脑、笔记本电脑等。手机支付是指以手机为终端的支付方式，属于特殊的移动支付方式。从本质上讲，手机支付就是将移动网络与金融系统结合，把移动通信网络作为实现手机支付的工具和手段，通过短信、IVR（交互式语音应答）和WAP（无线应用协议）等多种方式为用户提供查询、商品交易、缴费、银行账号管理等金融服务的业务。

我国手机用户群数量庞大，手机渗透率高于笔记本电脑和掌上电脑，手机支付的普及率高于其他移动支付方式。原信息产业部发布的《2008 年 1 月全国通信行业运行状况分析》中称我国手机用户总量已超 5.5 亿户[1]。易观国际报告显示截至 2008 年第 1 季度，我国第三方手机支付交易额达 35.2 亿元，已占第三方电子支付市场交易额总规模的 7.74%[2]，手机支付有比较大的商业潜力。随着智能手机终端的普及以及 3G 业务的发展，手机支付将带给用户更佳的体验，未来甚至可能取代传统网上支付而成为电子货币时代的主要支付方式。因此，研究手机支付使用意向的影响因素，对移动运营商和金融机构采取更为有效的营销和管理措施具有重要的意义。

1　文献回顾

关于移动支付已有不少研究，这些研究主要以技术接受模型、整合性技术接受和使用模型、风险理论等为基础，通过添加外部变量或者对模型进行修改整合来对移动支付用户行为的影响因素进行研究[3][4][5][6][7]，而针对手机支付使用意向的研究还比较少。

Hans van der Heijden 将移动支付的使用过程划分为接受和购买两个阶段，通过访谈发现，移动支付的低成本和使用的简单性是成功接受和购买的影响因素，用户接受阶段的决策影响购买决策，感知风险对用户的接受和购买行为有负面影响[3]。

Niina Mallat 从移动支付的优点、与消费习惯的兼容程度、复杂性、成本、网络外部性和临界用户数量、安全和信任问题以及使用情景等角度，通过对手机短信服务、WAP 服务以及移动支付服务使用情况的调研，认为移动支付方式比现金支付和银行卡支付方便；由于安全信任问题，目前使用移动支付的消费条件还不成熟，用户倾向于使用小额的移动支付；移动支付的使用方法比较复杂；用户的使用行为与所处环境有很大关系[4]。

陈华平、唐军等人在整合型信息技术接受与使用模型的基础上，增加了成本和风险认知两个影响因素，对移动支付的接受与使用行为进行研究，他们认为风险认知、社会影响对移动支付使用意愿有

* 基金项目：国家自然科学基金项目（70771026），江苏省教育厅高校哲学社会科学研究项目（07SJD630003）

作者简介：陈蕾（1986—），女（汉族），江苏靖江，硕士研究生

通讯联系人：张玉林，教授，博士生导师，E-mail：zhangyl@ seu. edu. cn

着显著积极影响，而便利条件、努力期望和成本对移动支付使用行为的影响不显著[5]。但曹媛媛、李琪认为成本因素对移动支付使用意愿有着显著的负面影响，影响力为0.41[6]。

曹媛媛、李琪等人提出了中国文化背景下移动支付使用者的接受模型，认为中国文化的集体主义、高权力距离对社会有正向的影响，高权力距离对期望效用和努力期望有正向的影响，低不确定规避对风险认知有负向的影响，男性主义对期望效用有正向的影响，短期导向对便利条件有正向的影响[7]。但是他们没有进行必要的实证研究。

还有一些研究考虑了文化因素，探讨已有采纳理论在不同国家的适用性等问题。Detmar Straub 等发现由于日本特有的文化特征，TAM 在日本的适用性明显降低[8]；Harris 等发现，尽管英国和香港拥有相同的无线网络基础设施，但由于东西方文化的不同，两地的消费者在对移动商务的态度和使用行为上有很大差异[9]。

综上所述，目前从文化因素的角度针对手机支付使用意向的研究还比较少。作为一种与其他移动支付方式相比具有更高便捷性、渗透率和普及率的支付方式，文化因素对其使用意向的影响程度会有所不同。为此，本文考虑文化维度中的权力距离、集体主义、男性主义、不确定规避和短期导向等因素，实证研究这些因素对手机支付使用意向的影响。

2 研究模型与假设

借鉴 TAM 模型及文化维度理论，根据综述的分析，本文构建的文化因素对手机支付使用意向影响的具体研究模型如图1所示。下面对模型的主要部分及相关假设进行叙述。

(1) 感知有用性 (PU)

感知有用性和感知易用性首先是 Davis 等人在技术接受模型 (TAM) 中提出的。该模型是研究信息技术个人采纳的影响因素中使用最为广泛的模型，认为感知有用性和感知易用性决定了用户的使用意向[10][11]。

本文的感知有用性是指用户主观认为使用手机支付提高支付效率、改善生活质量的可能性。Davis等人认为信息技术采纳行为中感知有用性对个人采纳该技术的意愿有正面影响[8][9]，并且有研究表明便捷性有利于移动支付的使用意愿[4]。手机支付具有无需找零、快捷、多功能、便于查询所需商品信息和24小时服务等优点，避免用户在

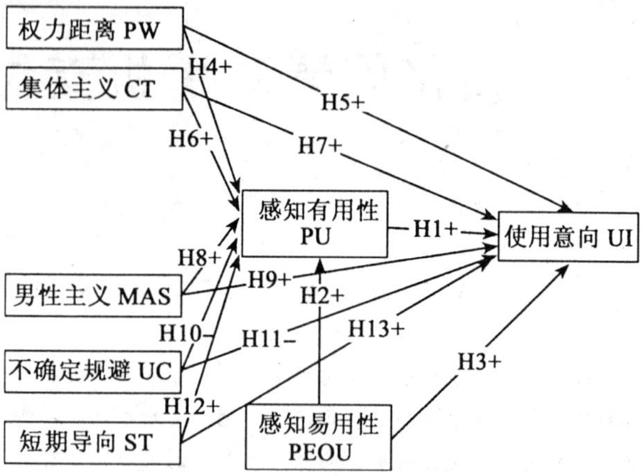

图1 文化因素对手机支付使用意向影响的研究模型

交易场所的无价值等待与资源浪费。手机支付不仅是一种新的支付选择，同时也给日常生活带来了更多乐趣。因此假设如下：

H1：感知有用性与手机支付的使用意向正相关。

(2) 感知易用性 (PEOU)

本文的感知易用性是指用户主观认为使用手机支付的容易性程度。Davis 等人认为信息技术采纳行为中感知易用性与感知有用性正相关，感知易用性对用户的采纳意向有正面影响[10][11]；并且有研究表明移动支付使用方法简单的特点有利于用户的使用意愿[4]。Venkatesh 认为硬件与软件条件是促成用户使用信息技术的因素，若期望用户使用该信息技术，必须先提供支持使用的资源[12]。相对于其他移动支付方式，开办手机支付业务比较容易，可有效利用金融机构与移动通信运营商的现有资源；手机便于携带且手机支付操作方法比较简单。因此假设如下：

H2：感知易用性与感知有用性正相关。

H3：感知易用性与手机支付的使用意向正相关。

(3) 权力距离 (PW)

Hofstede 的文化理论主要认为文化包括四个维度，即权力距离、个人/集体主义、男性/女性主义和不确定规避[13]。Bond 等又提出了第五个维度即长期/短期导向，形成了五维度的文化理论框架[14]。以往的研究表明，文化价值取向是影响消费者的期望或者感知的因素之一，会影响到消费者的意向和行为[15]。Sean Dwyer 等人认为国家文化对新产品的市场接受程度有一定的影响[16]。作为一种新的支付方式，手机支付的使用意向自然会受

到用户文化特质的影响。

权力距离是指组织或机构中的弱势成员对权力分配不均等的接受程度[13]。研究表明，高权力距离文化用户对大型企业的信任程度也较高，更倾向于通过改变自身的行为来适应企业规则和环境要求；同时用户对媒体的信任程度较高，较容易相信媒体所介绍的有关新产品的信息，对于科技能够带来的益处也怀有更大的期望[13]。出于对银行、中国移动、中国联通和中国电信等大型企业的信任，用户逐渐使用手机支付；同时，媒体的宣传使用户更容易相信、接受并使用手机支付。因此，有假设如下：

H4：权力距离与感知有用性正相关。

H5：权力距离与手机支付的使用意向正相关。

（4）集体主义（CT）

集体主义使人与人之间的联系更紧密，信息的传播也更迅速[13]。研究表明，相对个人主义而言，集体主义使用户比较尊重和信任群体意见；同时集体主义文化中的集体归属感和攀比心理，也容易促使用户接受群体的选择，有利于新产品的接受[16]。对于手机支付，只要一部分群体接受，其他用户就更加容易接受。而当手机支付成为普遍的支付方式时，剩余的用户为了让自我感觉没有游离到群体之外，将会使用它。因此假设如下：

H6：集体主义与感知有用性正相关。

H7：集体主义与手机支付的使用意向正相关。

（5）男性主义（MAS）

相对女性主义，男性主义使地位和物质成为人们成功的重要标志[13]。研究表明，男性主义重视通过物质财富的占有来表明个人的成功，人们容易接受新产品[16]。有文献认为移动支付在注重财富和成就的文化氛围中，可以加强用户对有用性的感受[6]。有研究表明男性主义使感知有用性和感知易用性对使用意向的正面影响更为明显[17]。男性主义用户在使用时增强对物质财富、身份地位和成就感的感知，有利于手机支付的使用意向。因此有假设如下：

H8：男性主义与感知有用性正相关。

H9：男性主义与手机支付的使用意向正相关。

（6）不确定性规避（UC）

不确定性规避是指人们由于不确定的、模糊的因素或情景感到的威胁程度[13]。研究表明不确定规避能够影响用户的风险意识从而影响他们对新产品的接受程度，具体表现为：高不确定规避用户倾向于回避风险，对于新产品持有谨慎的态度，接受速度比较慢；而低不确定规避用户倾向于冒险，由于好奇心理尝试新东西，比较容易接受新产品[16]。本文中的风险是指用户在使用手机支付的过程中可能承受的损失，有研究发现风险意识对移动支付使用意愿有负面的影响[3][4]，有文献认为低不确定规避对风险意识有负向的影响[7]。因此，有假设如下：

H10：不确定规避与感知有用性负相关。

H11：不确定规避与手机支付的使用意向负相关。

（7）短期导向（ST）

短期导向衡量人们对未来与眼前利益进行权衡时考虑长远利益的相对程度。长期导向表现的是一种实用主义，注重将来的倾向，并不注重短期利益。而短期导向的人总是期望能快速得到结果，注重短期利益[13]。研究表明，长期导向用户注重节俭，追求平稳地实现长期目标，接受新产品会有一个过渡的过程；短期导向用户急于跟进消费潮流，新产品在短期内会得到接受[15]。因此假设如下：

H12：短期导向与感知有用性正相关。

H13：短期导向与手机支付的使用意向正相关。

3 研究设计与结果分析

3.1 问卷设计

本研究中的问卷采用 Lickert 五点量表。所建立的模型涉及 8 个变量，其中感知有用性、感知易用性、使用意向的指标借鉴 Fred D Davis 以及陈华平的研究[5][10][11]，权力距离、集体主义、男性主义、不确定性规避和短期导向的指标是以 Hofstede&Bond 和 Sean Dwyer 等人的研究为基础根据实际背景加以修改和补充的，如表 1 所示。

表 1　八个因素的指标来源及内部一致性系数

因素	指标来源	Cronbach's Alpha α 系数
感知有用性	[5]，[10-11]	0.777
感知易用性	[5]，[10-11]	0.754
权力距离	[13-14]	0.737
集体主义	[13-14]	0.723
男性主义	[13-14]	0.88
不确定性规避	[13-14]	0.755
短期导向	[13-14]	0.715
使用意向	[13-14]	0.744

3.2 预测试

1）探索性因子分析

针对东南大学经济管理学院的研究生共120人进行问卷调查，回收有效问卷105份。为检验量表的因素结构和可靠性，本文使用SPSS 15.0，用最大变异法直交旋转进行探索性因子分析。

首先应用T检验进行显著性分析，来检验样本数据是否适合进行因素分析。显著性分析的结果表示，集体主义第一个题项、不确定性规避第三个题项和短期导向第三个题项显著性水平不符合要求（显著性一栏的值大于0.05），因此删除这三个题项，保留23个题项进行第二次因素分析。

第二次显著性分析结果表明达到显著性水平（显著性一栏的值小于0.05），取样适当性分析KMO值为0.786，表示适合进行因素分析。通过因素分析识别出八个因素，与初始设计的八个维度一致，解释了总异变量的79.684%，保留下来的23个题项的共同性和因子负荷都在0.5以上，说明问卷有着良好的因子结构。

2）信度分析

在探索性因素分析之后，为了进一步了解各个题项在测量上的可靠性和有效性，需要做内部一致性检验。

信度分析的结果显示量表总信度达到0.881，八个因素的内部一致性系数（α系数）都大于0.7，这说明设计的问卷具有较好的测量信度，如表1所示。

3.3 结构方程分析

根据预测试得到的正式问卷，对东南大学的本科生和研究生进行正式问卷调查。共回收问卷200份，有效问卷168份，有效问卷率84%。本文后续研究主要采用结构方程模型的软件工具AMOS进行数据分析和模型验证。

1）测量模型分析

在本文的结构方程模型中，潜变量为模型中的八个因素，即感知有用性、感知易用性、权力距离、集体主义、男性主义、不确定性规避、短期导向和使用意向；显变量为测量这八个因素的23个题项。外生变量有六个，即权力距离、集体主义、男性主义、不确定规避、短期导向和感知易用性；内生变量有两个：感知有用性和使用意向。

分析测量模型主要在于通过验证性因子分析方法验证模型中测量变量是否正确地测量了对应的潜变量，同时检验问卷的收敛效度和区别效度。在标准化负荷方面，感知有用性维度的第三个题项“使用手机支付带来生活乐趣”及感知易用性维度的第三个题项“使用手机支付非常简单”负荷小于0.5，说明这批样本人群与预测试的样本人群存在差异，对手机支付的乐趣性和容易程度的感知较低，如表2所示。总的来说，观测变量能够说明各潜变量的情况，解释能力较强，稳定性较高。同时表明测量模型具有良好的收敛程度，各个因子具有良好的区别效度，具有独立存在的必要。

表2 **验证性因子分析**

	Estimate		Estimate
B1←PW	0.824	C1←UI	0.75
B2←PW	0.608	C2←UI	0.696
B3←PW	0.647	C3←UI	0.664
B4←CT	0.673	A5←PEOU	0.885
B5←CT	0.726	A6←PEOU	0.922
B6←MANS	0.873	A7←PEOU	0.457
B7←MANS	0.863	A8←PEOU	0.541
B8←MANS	0.778	A1←PU	1.099
B9←UC	0.605	A2←PU	0.633
B10←UC	0.93	A3←PU	0.447
B11←ST	0.754	A4←PU	0.53
B12←ST	0.504		

2）结构模型分析

分析结构模型主要是检验模型结果与概念模型之间的一致性程度，验证概念模型中的因果关系是否得到模型检验结果的支持。结构方程模型总通过拟合度指标来衡量模型与数据的拟合程度。常用的模型拟合度指标有下列几项：卡方χ^2与其自由度比值（χ^2/df）、拟合优度指数（GFI）、调整后拟合优度指数（AGFI）、标准拟合度指标（NFI）、比较拟合度指标（CFI）和近似均方根残差（RMSEA）等。表3给出了模型的拟合度指标。

表3 **结构模型拟合指标**

	结果	评价标准
χ^2/df	3.024	$2<\chi^2/df<5$
GFI	0.953	>0.9
AGFI	0.926	>0.9
NFI	0.939	>0.9
CFI	0.929	>0.9
RMSEA	0.013	<0.05

AMOS对模型运行结果得到的路径系数如图2所示，其中椭圆形表示潜变量，矩形表示观测变量即测量指标，而圆形则表示各潜变量或观测变量的残差，单向箭头表示变量间的因果关系，上方标出其路径系数。

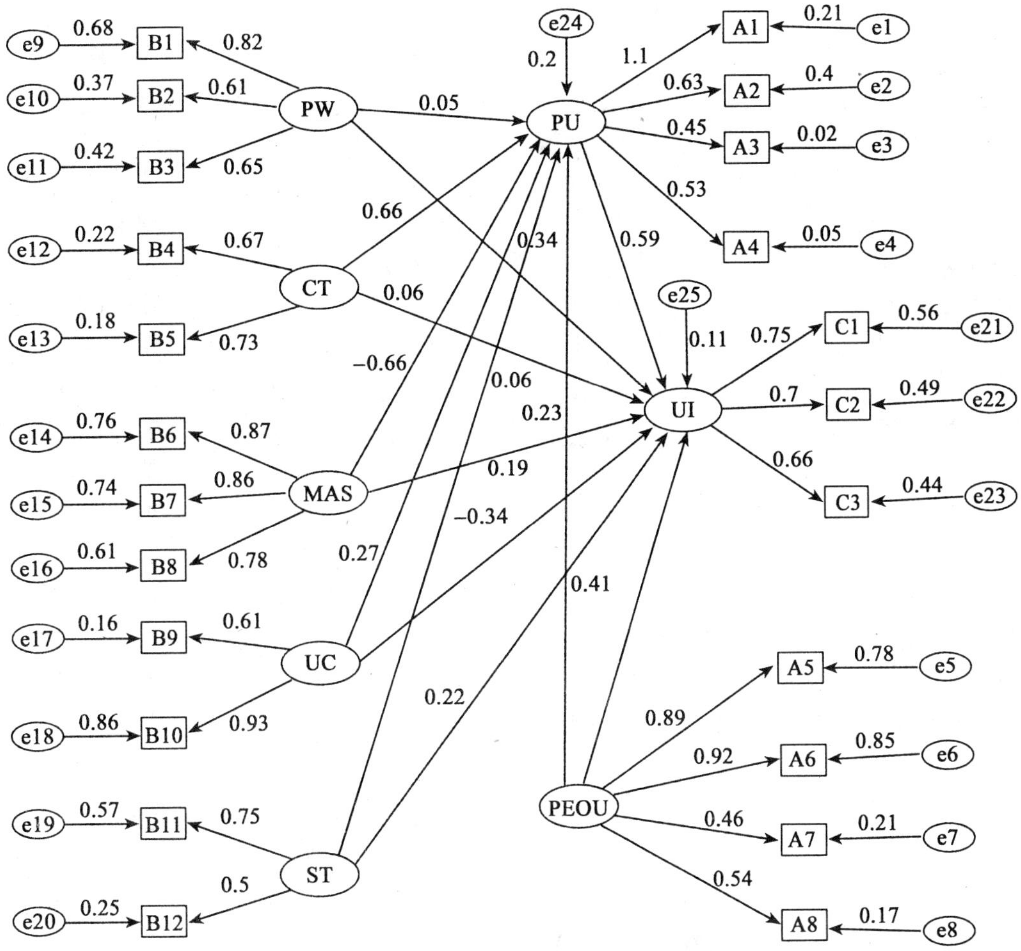

图2 文化因素对手机支付使用意向影响模型的实证结果

3.4 结果讨论

表4描述了结构模型分析所得的路径系数、显著性水平和假设检验结果，表明除权力距离和男性主义对感知有用性的路径系数，权力距离除对使用意向的路径系数不显著外，对其余路径系数都是显著的，即大部分假设都得到验证。

表4 研究假设的检验结果

假设	检验情况	Estimate	P
H1：感知有用性与手机支付的使用意向正相关。	支持	0.594	***
H2：感知易用性与感知有用性正相关。	支持	0.185	*

续表

假设	检验情况	Estimate	P
H3：感知易用性与手机支付的使用意向正相关。	支持	0.41	***
H4：权力距离与感知有用性正相关。	不支持	0.052	0.658
H5：权力距离与手机支付的使用意向正相关。	不支持	0.348	0.256
H6：集体主义与感知有用性正相关。	支持	0.663	*
H7：集体主义与手机支付的使用意向正相关。	支持	0.234	**

续表

假设	检验情况	Estimate	P
H8：男性主义与感知有用性正相关。	不支持	0.055	0.522
H9：男性主义与手机支付的使用意向正相关。	支持	0.004	*
H10：不确定性规避与感知有用性负相关。	支持	-0.661	*
H11：不确定性规避与手机支付的使用意向负相关。	支持	-0.34	**
H12：短期导向与感知有用性正相关。	支持	0.273	*
H13：短期导向与手机支付的使用意向正相关。	支持	0.217	***

注：* 表示 $p<0.05$，** 表示 $p<0.01$，*** 表示 $p<0.001$。

感知有用性、感知易用性对手机支付的使用意向有显著的正向影响，且感知易用性积极作用于感知有用性，用户认为手机支付容易使用的程度越高，感知到的有用程度也就越高，其使用意向越强，这与已有的相关研究结果都相同，符合理论逻辑。

集体主义、短期导向对感知有用性与使用意向有显著的积极影响，不确定规避对感知有用性与使用意向有显著的负面影响。集体主义使用户容易受周围人影响，手机支付以其便捷的特性受到越来越多的关注，成为我们生活购物方式的一种潮流，短期导向会促进用户追踪这一潮流，其他用户感知到的有用程度会更高，从而有利于手机支付的使用。然而，对于手机支付我国暂时还缺乏强有力的法律和技术保障，高不确定规避使用户倾向于回避风险，导致用户对其有用性持怀疑的态度，不愿意使用手机支付。

权力距离与感知有用性、使用意向正相关，男性主义对感知有用性有积极影响这三个假设没有得到验证。虽然男性主义与使用意向正相关得到支持，但是作用并不显著。原因可能如下：虽然用户对移动运营商和银行本身有较强的信任，但是短信金融欺诈、假冒银行网站进行欺诈的事件时有发生；而且使用手机支付是基于个人目的，例如购物和休闲娱乐等，主要是为了增加乐趣、提高生活水平，谈不上增强对物质财富、身份地位和成就感的感知。

4 结 语

本文在技术接受模型的基础上引入文化维度理论，提出了文化因素对手机支付使用意向的影响模型和研究假设，并采用结果方程模型方法对假设进行了验证。实证分析结果表明，感知有用性和感知易用性是影响手机支付使用意向最显著的因素，其他影响使用意向的因素还有，如集体主义、短期导向和不确定性规避，这些因素和感知易用性一起影响感知有用性。

本文存在一些局限，如测试样本是年轻学生，研究结论是否适用于其他用户？除了经典的文化维度外，是否还有其他新的维度？这些问题有待于进一步的分析验证。

参 考 文 献

[1] 原信息产业部. 2008 年 1 月全国通信行业运行状况分析 [J]，中国新通信. 2008，10 (6)：58-60.

[2] 易观国际. 2008 年第 1 季度中国第三方电子支付市场监测 [EB/OL]．[2008-07-09]．http：//topic. pcpop. com/publish/articleview. aspx？ id = 310252，2008. 07. 09.

[3] Hans van der Heijden. Factors Affecting the Successful Introduction of Mobile Payment Systems [A]. 15th Bled Electronic Commerce Conference eReality: Constructing the eEconomy [C], Bled: Slovenia, 2002.

[4] Niina Mallat. Exploring Consumer Adoption of Mobile Payments - A qualitative Study [J]. Journal of Strategic Information Systems, 2007, 16 (1): 413-432.

[5] 陈华平，唐军. 移动支付的使用者与使用行为研究 [J]. 管理科学，2006，19 (6)：48-55.

[6] 曹媛媛，李琪. 移动支付使用者使用意向与使用行为模型及实证研究 [J]. 统计与信息论坛，2009，24 (2)：72-77.

[7] 曹媛媛，李琪. 中国文化下的移动支付使用者使用意向与行为分析——基于整合型信息接受模型 [J]. 社会科学家，2008，8 (1)：50-53.

[8] Detmar Straub, Mark Keil, Walter Brenner. Testing the Technology Acceptance Model Across Cultural: A Three Country Study [J]. Information and Management, 1997, 33 (1): 1-11.

[9] Patricia Harris, Ruth Rettie, Cheung Chak Kwan. Adoption and Usage of M-commerce: a Cross-Cultural Comparison of Hong Kong and the United Kingdom [J]. Journal of Electronic Commerce Research, 2005, 6 (3): 210-224.

[10] Fred D Davis. Perceived Usefulness, Perceived Ease of

Use, and User Acceptance of Information Technology [J]. MIS Quarterly, 1989, 13 (3): 319-340.

[11] Viswanath Venkatesh, Fred D Davis. A Theoretical Extension of the Technology Acceptance Model: Four Longitudinal Field Studies [J]. Management Science, 2000, 46 (2): 186-204.

[12] Viswanath Venkatesh, Michael G. Morris, Gordon B. Davis, and Fred D Davis. User Acceptance of Information Technology: towards a Unified View [J]. MIS Quarterly, 2003, 27 (3): 425-478.

[13] Geert Hofstede. Culture's Consequences: International Differences in Work-Related Values [M]. Beverly Hills, CA: Sage Publications, 1980.

[14] Geert Hofstede, Michael H Bond. The Confucius Connection: from Cultural Roots to Economic Growth [J]. Organizational Dynamics, 1988, 16 (4): 5-21.

[15] Ben Shaw-Ching Liu. Olivier Furrer D Sudharsha. The Relationships between Culture and Behavioral Intentions toward Services [J]. Journal of Service Research. 2001, 4 (2): 118-129.

[16] Sean Dwyer, Hani Mesak, Maxwell Hsu. An Exploratory Examination of the Influence of National Culture on Cross-National Product Diffusion [J]. Journal of International Marketing, 2005, 13 (2): 1-27.

[17] Cheolho Yoon. The Effects of National Culture Values on Consumer Acceptance of E-commerce: Online Shoppers in China [J]. Information & Management. 2009, 46 (5): 294-301.

The Study of Influence of Cultural Factors on Mobile Phone Payment Use Intention

CHEN Lei[1], ZHANG Yulin[1], XUE Jin[2]

(1. School of Economics and Management, Southeast University, Nanjing 211189, China;
2. Department of Business Administration, Nanjing College for Population Program Management, Nanjing 210042, China)

Abstract: Based on Technology Acceptance Model and five-dimensional culture model, combining the characteristics of mobile phone payment, a model of mobile phone payment user intention was conducted with adding five new factors which were power distance, collectivism, masculinity, uncertainty avoidance and short-term orientation. And the data was collected for structural equation modeling. The results supported that: The most significant influence factors of mobile phone payment user intention are perceived usefulness and perceived ease of use, while collectivism, uncertainty avoidance and short-term orientation have impacts on mobile phone payment user intention.

Key words: mobile phone payment; cultural dimensions; technology acceptance model; structural equation modeling

消费者采用移动银行行为研究*

任利成[1,2]，史文翔[2]，王刊良[1]

（1. 西安交通大学管理学院，西安 710049；2. 太原科技大学经济与管理学院，太原 030024）

摘　要：本研究以科技接受模型、创新扩散理论与感知风险理论为基础，探讨影响消费者对移动银行的态度与采用的主要因素，着重关注可试用性及资费标准对消费者采用移动银行的态度与行为的影响。研究结果表明，科技接受模型仍然适用于对移动银行用户接受行为的研究，可试用性对消费者采用移动银行服务的影响程度不大，资费标准对消费者态度和行为存在负向影响。

关键词：移动银行；创新扩散；感知风险

中图分类号：C931.9；C912.69

1　引　言

随着信息通信技术的巨大进步，一种新的服务经济形态——移动商务正在全球迅速扩张。特别是伴随中国3G网络的开通，中国的移动商务将会出现爆炸性的增长。统计结果显示，中国国内手机用户数量在2008年6月底达到6.01亿户的庞大规模[1]，这表明我国手机普及率呈不断高涨的态势，并且已成为世界上最大的移动市场，这一现实背景为移动银行业务的大力发展提供了广阔的空间。尽管移动银行在我国已经经历了近7年的时间，但是移动银行及其业务并没有获得迅速发展；目前国内外对移动商务的研究还都处在起步阶段。针对这样的背景，本文以移动银行服务为研究对象，试图通过对消费者采用移动银行的态度和使用意向的分析，明确可试用性、资费标准对消费者采用移动银行的影响程度，为移动运营商、银行以及相关监管部门提供决策依据和思考路径，促进移动银行业务的发展。

2　相关理论概述

2.1　移动银行的概念

移动银行（Mobile banking），也可称为手机银行，是利用移动网络及终端办理相关银行业务的简称。作为一种结合了货币电子化与移动通信的崭新服务，移动银行业务不仅可以使人们在任何时间、任何地点处理多种金融业务，而且极大地丰富了银行服务的内涵[2]。

2.2　国内外研究现状

目前国内关于移动银行的研究大多注重在移动银行相关技术和商业模式方面，很少涉及对用户使用意向的实证研究。这方面的研究成果大多来自日本和欧美地区，对中国市场的适用程度还有待实证研究来进一步验证。目前国内外学者有关移动商务的研究，集中在消费者的搜索行为，网上拍卖，网上信用机制等方面[3]。而对现在大量出现的手机购票，移动银行等新现象研究甚少。

国外大多数的研究集中在移动银行的业务和商业模式方面[4][5][6][7]，关于移动银行用户接受行为的实证研究较少，Achraf（2004）的研究中，作者从价值定位的角度阐述了移动银行与其他银行渠道如网上银行，在满足客户不同需求方面的区别，Elke（2003）的研究则通过对欧洲24家提供了移动银行服务的银行的电话调查，总结了移动银行的服务内容、目的、部署初期的主要要求以及面临的主要困难，进而提出了信息系统风险管理的必要性，并给出了相关的风险管理框架。

Sang Jooh & Hee jin Lee（2005）的研究中，作者以移动银行为例，运用角色-网络理论（Actor-Network Theory，ANT），阐明了移动运营商和银行及其他移动银行业务的参与者如何把握新的技术进步所带来的机会，形成既竞争又合作的关系，共同

---

* 基金项目：国家自然科学基金重大项目（70890081）；山西省软科学研究计划项目（2008041008-05）
通讯作者：王刊良，E-mail：klwang@mail.xjtu.edu.cn

促进移动银行业务的发展。

Tzung-I Tang（2004）的研究与用户的接受行为有关，作者在TAM模型的基础上，加入了感知可靠性这一新的因素，并以电脑自我效能为感知有用性，感知易用性和感知可靠性的前置因素，通过调查研究验证了移动银行这一应用背景下，感知有用性，感知易用性和感知可靠性对使用移动银行的意向的正向影响关系。但是其感知可靠性主要是针对用户所感知的财务风险而言的，并没有考虑到用户所感知的其他风险因素，同时，其研究的适用性也有待进一步证明。

纵观国内外的相关研究，我们发现缺乏对移动银行消费者行为的深入研究，而对移动银行试用期后，能否继续使用移动银行服务的影响因素的研究更为鲜见。基于此，本文尝试对消费者采用移动银行的态度和使用意向的影响因素进行理论和实证分析。

3 研究模型

3.1 研究模型的基础

（1）科技接受模型

科技接受模式（Technology Acceptance Model，TAM）是由Davis所提出来的[8]。TAM是专门探讨信息技术的接受程度所发展出来的，模型当中的“感知有用性”与“感知易用性”为形成态度的关键，而影响到使用者的意图，最后影响使用者实际使用的行为。TAM模型如图1所示：

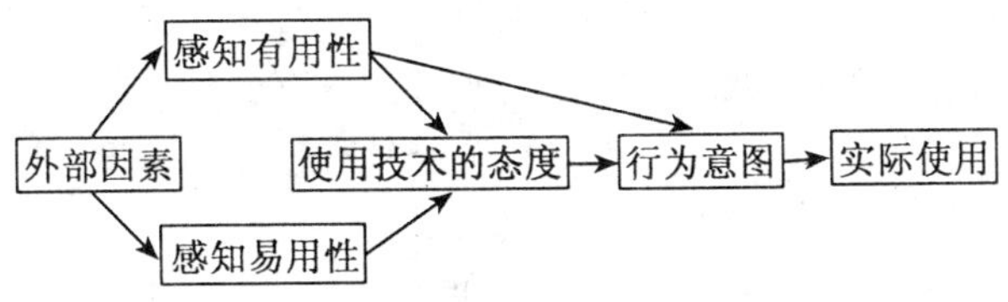

图1 科技接受模型

（2）创新扩散理论

创新扩散理论（Diffusion of Innovation，DOI）是Rogers在1983年所提出，其架构如图2，他以动态流程的观点，以时间为横轴，去解释一个新想法、新概念或新产品，从知晓到个人使用，最后继续使用导致新想法、新概念或新产品被扩散至社会群体的过程[9]。此过程分为认知、说服、决策、执行、确认五个阶段：

Rogers的模型将可试用性作为说服阶段的重要影响因素之一[10]，他将可试用性（Trialibility）解释为创新产品可被试用的程度，当一项新产品可以让消费者仅花费一部分期初的投资，就能获得试用时，则会鼓励人们提早采用此项新产品。

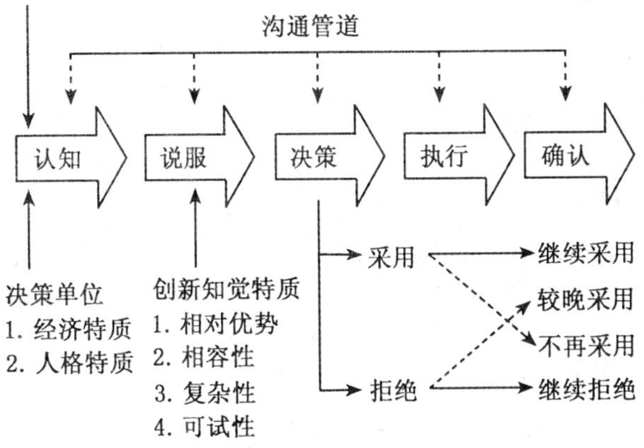

图2 创新扩散模型

（3）感知风险理论

Cox（1967）继Bauer（1960）的研究之后将感知风险的概念予以具体化的说明。他认为，感知风险理论的研究，其基本假设在于消费者的行为是目标导向的，在每一次购买时，都有一组购买目标[11][12]。当消费者主观上不能确定何种消费（地点、产品、品牌、式样、大小、颜色等）最能配合或满足其目标，即产生了感知风险。或者，是在购买行为发生后，结果不能达到预期的目标时，所可能产生的不利后果，也产生了感知风险。

国外一些学者已经对顾客担心新产品会给自己带来的风险做了较为深入的研究。1972年，Jacoby、Kaplan将顾客感知风险分为财务风险、功能风险、身体风险、心理风险和社会风险[13]。

3.2 研究模型的提出

本研究的主要目的是了解终端用户对移动银行的使用态度和意向及其影响因素。由于TAM在研究使用者对新技术应用的接受行为这一领域被广泛应用并获得很多学者实证研究的支持，同时其衡量工具具有一定的通用性，在信度和效度上也都得到了以往研究的支持，因此，本文选择TAM作为研究模型的主体。另一方面，学者Mitchel&Greatorex（1993）的研究表明[14]，用户对于无形的产品较有形的产品所感知到的风险程度来得高，再加上目前消费者比较关心移动银行服务的可试用性以及资费标准，进而影响其对移动银行的态度和使用意向。因此，本文结合移动银行的特性，将感知风险性、可试用性和资费标准也纳入研究模型之中，从而形成本文的研究模型，如图3所示：

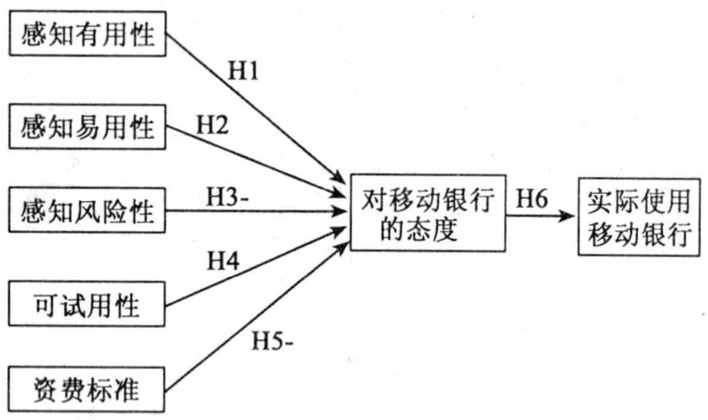

图 3 研究模型

3.3 研究假设

本研究以科技接受模型为基础认为，“实际使用”是由“行为意图”所决定，而“行为意图”是由“使用技术的态度”所决定，“感知有用性”与“感知易用性”对“使用科技的态度”具有显著影响（Davis et al，1989）。而根据 Igbaria et al.（1997）、Karahanna & Straub（1999）与吴俊毅（2000）的研究架构，将“行为意图”予以省略，认为“使用技术的态度”将直接影响“实际使用”行为，使得直接影响“实际使用移动商务”的因素为“对移动商务的态度”与“感知有用性”（Igbaria et al.，1997；Karahanna & Straub，1999；吴俊毅，2000）。而有鉴于学者的研究建议（Hu et al.，1999；Lin & Lu，2000；Mathieson &Chin，2001），除“感知有用性”与“感知易用性”对“使用科技的态度”具有显著影响之外应试图结合其他因素[15][16][17]；因此，本研究基于移动商务属于创新科技，纳入创新扩散理论中的“可试用性”、感知风险理论中的“感知风险”以及实际使用中的“资费标准”，依此形成本研究的研究假设：

假设 1：消费者感知到采用移动银行的有用性与对移动银行的态度正相关

假设 2：消费者感知到采用移动银行的易用性与对移动银行的态度正相关

假设 3：消费者感受到采用移动银行的风险性与对移动银行的态度负相关

假设 4：消费者感知到采用移动银行的可试用性与对移动银行的态度正相关

假设 5：移动银行服务的资费标准与消费者对移动银行的态度负相关

假设 6：实际使用移动银行与消费者对移动银行的态度正相关

4 研究方法

4.1 样本与数据收集

本研究在以往学者研究过程中所开发的量表工具的依据上，结合本文的研究主题形成问卷初稿，为了避免因语意不清等问题导致受访者误答的情况，影响问卷的效度以及研究结果，在正式进行问卷调查之前，作者随机选取了 20 位调查对象对问卷进行检测，以检验问卷的信度。所谓信度，指的是一项研究在多大程度上具有可重复性（Goetz&LeCompte，1984），一般以 Cronbach 的 a 信赖系数法为测量工具[18]。根据 Hair（1998）的建议，一般 a 值在 0.6 以上就足够了，问卷前测的结果表明，所有因素的 a 值均在 0.8 以上，说明问卷工具具有较好的信度。因此，本文研究将继续以该问卷为调查工具，进行正式的问卷调查。

本次问卷调查通过直接发放调查问卷的方式向被调查者发出邀请，一共发出约 240 份调查邀请，回收问卷 176 份。剔除乱答或有明显自相矛盾之处的 19 份无效问卷后，共收集到有效问卷 157 份。

4.2 信度分析

内部一致性信度（consistency reliability），主要反映的是测量项目之间的关系，考察各个测量项目是否测量了相同的内容或特质。本研究采用内部一致性信度，通过计算 Cronbach 的 a 系数来对变量组的信度进行评估，该系数的取值范围在负无穷大和 +1 之间，越接近 +1 表明变量组的信度就越高。如果系数较低，表明该组变量所测量的并不是同一个概念，因此必须重新对其进行调整[19]。

信度分析结果如表 1 所示，所有变量组的 a 值均在 0.8 以上，说明本次调研具有较高的信度。

表 1 **信度分析表**

	Min	Max	均值	标准差	Alpha
感知有用性—快捷迅速	4.00	7.00	6.0	1.05409	0.928
感知有用性—绩效提高	3.00	7.00	5.3	1.33749	
感知有用性—提高效率	3.00	7.00	5.3	1.15950	
感知有用性—有用	4.00	6.00	5.6	.69921	
感知有用性—增加生产力	4.00	7.00	5.8	1.13529	
感知有用性—支持决策	3.00	7.00	5.8	1.31656	
感知易用性—操作容易	5.00	7.00	6.2	.78881	0.872
感知易用性—花费心力少	5.00	7.00	6.1	.87560	
感知易用性—容易使用	4.00	7.00	6.3	.94868	

续表

	Min	Max	均值	标准差	Alpha
感知易用性—能快速熟练	5.00	7.00	5.9	.73786	
感知易用性—完成操作容易	5.00	7.00	6.4	.69921	
风险性—担心花过多时间	2.00	4.00	2.8	.78881	0.939
风险性—担心财产损失	1.00	5.00	2.4	1.17379	
风险性—心里不舒服	1.00	5.00	2.0	1.24722	
风险性—心理负担	1.00	6.00	2.1	1.52388	
风险性—担心辐射影响	1.00	7.00	2.1	1.91195	
可试用性—开通前可试用	4.00	7.00	6.3	.94868	0.919
可试用性—希望能长时间试用	3.00	7.00	5.9	1.19722	
可试用性—觉得试用期不够长	2.00	7.00	5.0	1.41421	
可试用性—试用后愿意使用	4.00	7.00	5.9	.87560	
可试用性—试用期长且免费后愿意采用	2.00	6.00	5.1	1.19722	
可试用性—试用后因增值服务而使用	3.00	7.00	6.1	1.19722	
可试用性—试用后感觉有帮助	4.00	6.00	5.2	.63246	
资费标准—资费合理愿意使用	3.00	7.00	5.7	1.33749	0.890
资费标准—越便宜越好	2.00	7.00	5.9	1.44914	
资费标准—越低使用人越多	4.00	7.00	6.1	.87560	
资费标准—按次优于固定收费	4.00	7.00	5.8	1.03280	
资费标准—不使用是因为资费不合理	3.00	7.00	5.4	1.07497	
态度—使用是好想法	4.00	7.00	6.3	.94868	0.905
态度—使用很明智	3.00	7.00	5.6	1.26491	
态度—使用很有价值	4.00	7.00	6.2	1.03280	
态度—了解对使用有帮助	3.00	7.00	5.9	1.19722	

4.3 效度分析

效度就是正确性程度，即测量工具在多大程度上反映了想要测量的概念的真实含义，效度越高，即表示测量结果越能显示出所要测量的对象的真正特征。本研究的问卷是在参考以往学者问卷的基础上形成的，因而确保问卷已经具备了较好的内容效度。结构效度指测量工具对理论上的概念或特质的测量程度，也就是说测量工具是否真正测量到了该概念或特质。本文分别对自变量和因变量进行因素分析，以验证问卷的结构效度。如表 2 和表 3 所示，在特征值大于 1 而被提取出来的六个因素中，各个自变量题项在其因素上的因素负荷量均高于 0.7，并且高于在其他因素上的负荷量。对因变量的因素分析也得到了同样的结果，这说明本次研究的问卷具有合理的结构效度。

（1）自变量因素分析

表 2　　效度分析表

因素	问题号	因子载荷	特征值	KMO	累计解释方差
感知有用性	1 快捷迅速	0.862	4.506	0.769	75.09%
	2 绩效提高	0.914			
	3 提高效率	0.861			
	4 有用	0.788			
	5 增加生产力	0.922			
	6 支持决策	0.847			
感知易用性	7 操作容易	0.730	3.450	0.621	69.00%
	8 花费心力少	0.904			
	9 容易使用	0.664			
	10 能快速熟练	0.884			
	11 完成操作容易	0.937			
感知风险性	12 担心花过多时间	0.771	4.200	0.732	84.00%
	13 担心财产损失	0.907			
	14 心里不舒服	0.965			
	15 有心理负担	0.971			
	16 担心辐射影响	0.954			
可试用性	17 开通前可试用	0.852	2.870	0.726	84.82%
	18 希望能长时间试用	0.822			
	19 觉得试用期不够长	0.830			
	20 试用后愿意使用	0.728			
	21 试用期长且免费用后愿意使用	0.878			
	22 试用后因增值服务而使用	0.951			
	23 试用后感觉很有帮助	0.752			
资费标准	24 资费合理愿意使用	0.829	3.530	0.678	70.60%
	25 资费越便宜越好	0.940			
	26 资费越低使用者越多	0.748			
	27 按次收费优于固定标准	0.747			
	28 不使用是因为资费不合理	0.918			

表 3 **自变量因素分析转轴矩阵**

	成分					
	1	2	3	4	5	6
感知有用性—快捷迅速	.022	-.191	.851	-.169	.204	.073
感知有用性—绩效提高	.234	-.081	.910	.043	.120	-.101
感知有用性—提高效率	.288	.113	.768	-.445	.186	.239
感知有用性—有用	.439	-.028	.718	-.002	-.421	.051
感知有用性—增加生产力	.105	.130	.934	.043	-.131	-.050
感知有用性—支持决策	.342	-.137	.748	-.157	-.090	-.291
感知易用性—操作容易	.368	.206	.693	-.040	-.185	.512
感知易用性—花费心力少	.824	.267	.064	.121	.400	.221
感知易用性—容易使用	.686	-.291	.299	.554	-.122	-.036
感知易用性—能快速熟练	.766	.399	.029	-.042	.108	.483
感知易用性—完成操作容易	.742	.158	.530	.092	.329	.089
风险性—担心花过多时间	-.757	-.124	.265	.169	.530	-.102
风险性—担心财产损失	-.882	-.212	-.280	.051	-.046	-.106
风险性—心里不舒服	-.916	-.031	-.278	.077	.082	.219
风险性—心理负担	-.907	.007	-.327	.036	.134	.210
风险性—担心辐射影响	-.924	.035	-.233	-.238	.159	-.057
可试用性—开通前可试用	.358	.820	.022	.297	.221	-.158
可试用性—希望能长时间试用	.289	.552	-.301	.535	.420	-.188
可试用性—觉得试用期不够长	-.198	.858	-.016	.168	-.095	.304
可试用性—试用后愿意使用	.295	.280	-.491	.603	-.025	.447
可试用性—试用期长且免费后愿意采用	-.088	.540	-.326	.675	.037	.320
可试用性—试用后因增值服务而使用	.001	.821	-.127	.325	.242	.362
可试用性—试用后感觉有帮助	.228	.950	.076	-.058	-.163	-.042
资费标准—资费合理愿意使用	-.118	.182	-.056	.951	.100	.041
资费标准—越便宜越好	.153	.702	-.085	.608	.205	-.153
资费标准—越低使用人越多	.209	.958	-.015	.166	-.070	.014
资费标准—按次优于固定收费	-.337	.600	.106	.357	.429	.155
资费标准—不使用是因为资费不合理	.126	.405	-.047	.866	-.025	-.061

注：提取方法：主成分分析法。旋转法：具有 Kaiser 标准化的正交旋转法。

（2）因变量因素分析（见表 4 和表 5）

表 4 **KMO 和 Bartlett 的检验**

KMO = 0.501	累计解释方差 = 79.13%		
组织因素子类	问题号及问题	因子载荷	特征根
对移动银行的态度	29 使用是好想法	0.911	3.165
	30 使用很明智	0.846	

续表

KMO = 0.501	累计解释方差 = 79.13%		
组织因素子类	问题号及问题	因子载荷	特征根
	31 使用很有价值	0.911	
	32 了解对使用有帮助	0.889	

表5 **KMO 和 Bartlett 的检验**

取样足够度的 Kaiser-Meyer-Olkin 度量。		.501
Bartlett 的球形度检验	近似卡方	26.277
	df	6
	Sig.	.000

4.4 相关分析

一般来说，要验证变量间的因果关系，首先必须检验这些变量间是否存在相关关系。即要验证影响因素与对移动银行的态度之间的因果关系以及对移动银行之间的态度与实际使用移动银行之间的因果关系，首先必须验证它们之间存在相关关系。本研究将分别从有用感知、易用感知、风险感知、可试用性、资费标准等方面来考察其与对移动银行的态度的相关性。

通过计算样本中有用感知、易用感知、风险感知、可试用性、资费标准等因素与对移动银行的态度的相关性，得到如表6的结果。

表6 **相关性分析表**

		有用感知	易用感知	风险感知	可试用性	资费标准	使用态度
有用感知	Pearson 相关性	1	.611	-.671（*）	-.170	-.170	.153
	显著性（双侧）		.061	.033	.639	.639	.673
	N	10	10	10	10	10	10
易用感知	Pearson 相关性	.611	1	-.859（**）	.302	.302	.331
	显著性（双侧）	.061		.001	.397	.397	.350
	N	10	10	10	10	10	10
风险感知	Pearson 相关性	-.671（*）	-.859（**）	1	-.080	-.080	-.169
	显著性（双侧）	.033	.001		.826	.826	.642
	N	10	10	10	10	10	10
可试用性	Pearson 相关性	-.170	.302	-.080	1	1.000（**）	.853（**）
	显著性（双侧）	.639	.397	.826		.000	.002
	N	10	10	10	10	10	10
资费标准	Pearson 相关性	-.170	.302	-.080	1.000（**）	1	-.853（**）
	显著性（双侧）	.639	.397	.826	.000		.002
	N	10	10	10	10	10	10
使用态度	Pearson 相关性	.153	.331	-.169	.853（**）	.853（**）	1
	显著性（双侧）	.673	.350	.642	.002	.002	
	N	10	10	10	10	10	10

注：* 在0.05水平（双侧）上显著相关。
**在.01水平（双侧）上显著相关。

从相关系数可以看出，有用感知、易用感知、可试用性与对移动银行的态度具有相关性，且为正相关。风险感知、资费标准与对移动银行的态度呈现负相关。即假设成立。

对移动银行的态度与实际选择移动银行进行相关性分析，结果如表7所示，从相关系数可看出，使用态度与实际移动银行使用成正相关，且相关度达到0.941，表明两者强相关，即假设成立。

表7 **相关性分析表**

		使用态度	使用移动银行
使用态度	Pearson 相关性	1	.941（**）
	显著性（双侧）		.000
	N	10	10
使用移动银行	Pearson 相关性	.941（**）	1
	显著性（双侧）	.000	
	N	10	10

注：**在.01水平（双侧）上显著相关。

4.5 回归分析和假设检验

为了验证研究模型中的假设，在确保测量工具达到了相当的信度和效度后，本研究对相关因素进行多元回归分析，结果如下。

从回归分析表8中可看出，有用感知、易用感知，感知风险与对移动银行的态度因变量之间的SIG值小于0.05，这表明模型中的假设1、假设2和假设3成立。资费标准与因变量之间的SIG值小于0.05，这表明模型中的假设5成立。

表8 回归分析表

模型		非标准化系数		标准化系数	t	显著性
		B	标准误	Beta		
1	（常量）	-1.459	3.907		-.374	.724
	有用感知	.579	.287	1.504	2.019	.020
	易用感知	-.386	.577	3.259	-.669	.033
	风险感知	-.473	.359	-2.017	.079	.042
	可试用性	.023	.293	.029	.079	.072
	资费标准	1.121	.229	-4.019	4.901	.004

注：a 因变量：使用态度。

将消费者对移动银行的态度作为自变量，实际使用移动银行作为因变量进行回归检验，结果如表9、表10、表11所示。相关系数为0.941，且SIG值为0.000，影响显著，即通过检验，即假设6成立。

表9 回归分析表 ANOVA（b）

模型		平方和	df	均方	F	显著性
1	回归	11.429	1	11.429	62.136	.000（a）
	残差	1.471	8	.184		
	合计	12.900	9			

注：a 预测变量：（常量），使用态度。
b 因变量：实际使用移动银行。

表10 模型摘要

模型	R	R方	调整的R方	估计的标准差
1	.941（a）	.886	.872	.42887

注：a 预测变量：（常量），使用态度。

表11 系数（a）

模型		非标准化系数		标准化系数	t	显著性
		B	标准误	Beta		
1	（常量）	-.957	.880		-1.087	.309
	使用态度	1.143	.145	.941	7.883	.000

注：a 因变量：实际使用移动银行。

通过对数据的回归分析可以看出，研究模型中除了假设4不成立外，其他的假设都得到了验证。

5 结果讨论及建议

对模型实证研究的结果表明，TAM模型仍然适用于对移动银行用户接受行为的研究。感知有用性和感知易用性都显著地影响用户对于移动银行的态度，这和以往学者的研究结果是一致的（oavisetal.，1989；Mathieson，1991；Taylor&Todd，1995）[20]。而感知有用性和对移动银行的态度也显著地影响用户使用移动银行的意愿，以往学者的研究也得到过类似的结论（Davis，et al.，1989；Taylor&Todd，1995；Huetal，1999；Mathieson&Chin，2001）。

研究结果同时表明，可试用性对消费者采用移动银行服务的影响程度不大，消费者还是更加注重服务的有用性，易用性，甚至有的消费者明确表示，只要提供的服务切实可用，方便效率，即使没有试用期依然采用。结论中表明感知风险性和资费标准确实会负面地影响用户对移动银行的态度。消费者在进行任何消费行为前都会权衡利弊，并且会综合其他的影响因素进行权衡，最终做出消费与否的决策。而且，当消费者面对无形的产品或服务时，其感知到的风险比面对有形的产品或服务时来得大。具体到移动银行，由于移动银行业务是一种无形的服务，同时它又关系到用户个人的金融账户，因此用户势必会对相关风险非常谨慎，反映到本文研究中就是影响其对移动银行的态度，进而影响其使用移动银行的意愿。从实证研究的结果可以看出，感知风险性和资费标准都将显著影响用户对移动银行的态度，这与移动银行业务的特点密切相关。随着加密技术的不断发展和完善，移动银行功能的不断升级，风险性也会相应的逐渐降低；伴随用户认知的不断提高，用户感知风险也将逐渐降低。资费标准目前确实是值得银行业者和移动运营商关注的因素，有的受访者对按次收费比较喜欢，但是当前各个银行采用的仍是每月固定的资费标准，这样也让部分消费者止步门外，只是在可试用期里面体验到服务的方便，而在可试用期过后，觉得资费标准过高而不继续使用，这部分消费者占较大比重，值得移动银行业者考虑，以便更好的拓展未来市场。

参考文献

[1] 偰娜．手机银行，随身的银行服务［J］．电子商务，

2009 (1): 78-79.

[2] 王开宇. 手机银行质优才能量升 [J]. 互联网天地, 2008 (9).

[3] 邓朝华, 鲁耀斌. 移动银行服务采纳模型的实证分析比较 [J]. 工业工程与管理, 2007 (6).

[4] Ahluwalia P, Varshney U. Supporting Quality-of-service of Mobile Commerce Transagtions [C]. Communications of AIS, 2005 (16): 421-434.

[5] Elke Wolf. Mobile Bax and Brokerage Systems: MaJlagin-gIS Risks in the Beginning ZlstCelltUry [A] //Blede Commerce Conference 2003, 2003: 918-932.

[6] Sangjo Oh, Heejin Lee. How Technology Shapes the Actor-Network of Convergence Services: A Case of Mobile Banking [A] //Intemational Conference on Information Systems 2005, 2005: 483-493.

[7] Taylor, Shirley, Peter, Todd A. Decomposition and Crossover Effects in the Theory of Planed Behavior: a Study of Consumer Adoption Intentions [J]. International Journal of Research in Marketing, 1995, 12 (2): 137-155.

[8] Davis F, Bagozzi R, Warshaw P. User Acceptance of Computer Technology: a Comparison of Two Theoretical Models [J]. Management Science, 1989, 35 (8): 982-1004.

[9] Rogers E M. Diffsion of Inovations, 3rd [M], New York: Free Press, 1983.

[10] Roselius T. Consumer Ranking of Risk Reduction Methods [J]. Journal of Marketing, 1971, 35 (1): 56-61.

[11] Yi-Shun W, Hsin-Hui L, et al. Predicting Consumer Intention to Use Mobile Service [J]. Information Systems Journal, 16 (2): 157-179.

[12] Cox Donald F, Stuart Rick. Risk-Taldng and Information Handling in Consumer Behavior [M]. Boston: Harvard University Press, 1967: 82-108.

[13] Xiaowen F, Susy C, et al. Moderating Effects of Task Type on Wireless Technology Acceptance [J]. Journal of Management Information Systems 22 (3): 123-157.

[14] Matllieson K, Peacock E, Chin W. Extending the Techlology Acceptance Model: the Influence of Perceived User Resources [J]. Database for Advancesin Lifornlation systems, 2001, 32 (3): 86-112.

[15] Igharia M, Zinatelli N, Cragg N, Cavare A L M. Personal Computing Acceptance Factors in Small Firms: a Structural Equation Model [J]. MIS Quarterly, 1997, 21 (3): 279-305.

[16] Davis F. Perceived Usefulness, Perceived Ease of Use, and User Acceptance of Information Technology [J]. MIS Quarterly, 1989, 13 (3): 319-340.

[17] Karahanna E. & Straub D W. The Psychological Origins of Perceived Usefulness and Ease-of-use [J]. Information & Management, 1999, 35 (4): 237-250.

[18] Moore G C, Benbasat I. Development of an Instrument to Measure the Perception of Adopting an Information Technology Inovation [J]. Information Systems Research, 1991, 2 (3): 192-222.

[19] 郭志刚. 社会统计分析方法——SPSS 软件应用 [M]. 北京: 中国人民大学出版社, 1999.

[20] Mallat N, Rossi M, et al. Mobile Banking Services [C]. Communications of the ACM, 2004, 47 (5): 42-46.

Research of Consumer Behavior to Use Mobile Banking

REN Licheng[1,2], SHI Wenxiang[2], WANG Kanliang[1]

(1. School of Management, Xi'an Jiaotong University, Xi'an 710049, China;

2. Taiyuan University of Science and Technology, School of Economics and Management Taiyuan 030024, China)

Abstract: This study draws upon the Technology Acceptance Model, Diffusion of Innovations, and Perceived Risk as the theoretical bases for the explanation of key factors affecting mobile banking, According to a questionnaire survey toward telecommunications users. The major findings indicate the ease of use and rates is the impact of the respondents were of the attitude of mobile banking the most significant factors.

Key words: mobile banking; diffusion of innovations; perceived risk

信息化领导团队沟通与共识：一项案例研究*

赵钊[1]，王云峰[1]，陈晓春[1]

（1. 河北工业大学 管理学院，天津 300130）

摘　要：沟通是促进信息化领导团队（首席信息官以及高层管理团队组成的领导团队）共识的重要因素。本文采用案例研究方法，深入讨论了信息化领导团队的沟通频率和沟通方式对共识的影响。结果发现，沟通频率越高，越容易达成共识；正式沟通和非正式沟通对共识均有积极影响，相对而言，非正式沟通的作用更重要；两种方式相结合是理想的沟通模式。此外，信息化成功会调节沟通对共识的影响作用。

关键词：沟通；共识；信息化领导团队；案例研究

中图分类号：F272；C93

现代企业对于信息系统的依赖程度越来越高。虽然信息化投资巨大，很多企业却不能有效应用信息系统，信息技术的价值得不到充分体现。造成上述现象的原因很大程度在于信息化领导团队（CIO 和高管团队，ISLT）存在“文化隔阂”而又缺乏必要的沟通，难以形成关于信息系统作用的共识和对信息化变革的协同领导。信息化领导团队共识对于实现信息化与业务的匹配、促进信息化成功、提升信息化和企业绩效有重要意义。

1　文献回顾及研究模型

1.1　文献回顾

共识指的是信息化领导团队关于信息系统作用认识的一致性程度。多数研究认为，基于不同的时间框架，共识基本上可以区分为短期共识和长期共识两个方面。而 Preston 和 Karahanna 等[1][2][3]的研究都是把共识作为一个单维构念来对待的。但 Preston（2004）[1]也承认，除了“共识”以外，未来研究还可以检验相关变量与共享愿景的关系。可见，Preston 和 Karahanna 等也并不完全否认共识构念的多维性。

研究者测量共识主要采用两种方法：第一种是由被试直接评价共识的程度[1]；第二种则采用间接方法，请被试单独评价共识对象的重要性，然后再通过特定方式（如计算差值）来表示双方认知的一致性[4]。Reich 和 Benbasat（1996）[5]对两种共识的测量方式的构念效度、变异性以及易用性等方面做了比较。

共识研究的另外一个侧重点是对共识前因变量的探索，研究者主要采用了两种理论视角。第一类研究主要是基于沟通理论开展的。该理论认为，沟通可以促进参与者信息的交流、交换和整合；沟通的目的即形成一致的看法。采用沟通理论视角的研究主要有 Lind 和 Zumd（1991）[6]、Johnson 和 Lederer（2005）[5]等。研究的基本假设是沟通频率越高、沟通媒介丰富度越高越有利于共识的形成。第二类研究是基于知识交流的视角。这类研究认为，信息系统和业务分属不同的领域，相互之间的交流可以促进知识的共享和整合，进而促进共识的形成。主要研究有 Preston（2004）[1]、Preston 和 Karahanna 等（2006，2009）[2][3]等。研究者主要从影响知识整合的途径和动机角度来检测前因变量对共识的影响。

这两种研究视角本质上是一致的，研究者都是试图探索 CIO 和高管团队可以通过什么途径来互通有无、消除他们对于信息系统在企业中作用的认识的差异。沟通过程与知识交流过程交织在一起。

相对而言，国内相关研究比较少。复旦大学的杨青等（杨青，2001；杨青等，2003；2007）①主要研究了业务规划和信息化规划（BP-ISP）匹配的

---

* 基金项目：河北省自然科学基金项目“企业信息化领导模式与机制研究”（G2007000122）

作者简介：赵钊（1979—），男，河北辛集人，管理学博士；王云峰（1952—），女，河北赤城人，博士生导师；陈晓春（1985—），女，浙江苍南人，博士研究生。

通讯作者：王云峰，sm_ hebut@ 163. com

测量及影响因素。北京大学的董小英等[7][8]“复制”了 Preston 和 Karahanna 等的研究模型，在国内企业中开展了一项关于 CIO 视野和影响力的调查。最后她（他）们采用描述性统计分析的方式将调查结果与国外文献研究结论进行了对比。赵钊等（2008）[9]对相关研究进行了较系统的回顾和评论。将国内外的研究相比照可以发现，很多学者都认识到，在不同的文化环境中，正式沟通和非正式沟通对共识的影响作用有差异，换句话说沟通对共识的影响具有文化依赖性。

国内外研究现状回顾表明，共识的相关研究以国外文献为主，国内学者也通过调查分析的方式对有关问题进行了尝试性的探索，但尚未有深入、规范的研究开展。

1.2 研究模型

沟通理论认为，频率越高，沟通双方越容易达成共识。这是因为，沟通有利于相互之间的知识交流和观点交换。Johnson 和 Lederer（2005）[4]的实证研究结果显示，CIO 和 CEO 的沟通频率可以用来预测他们关于信息系统在组织中作用的共识。尽管以往研究中并未直接验证沟通非正式性与信息系统作用共识的关系，但 Preston 等（2006）[2]的跨文化研究表明，在集体主义文化氛围中，CIO 与高管团队的社会交流系统而非正式交流系统对共识有显著的影响。换句话说，在这样的文化情境中，共识的达成主要依赖非正式沟通[7]。

基于文献回顾，本文拟通过案例研究方法验证沟通频率和沟通方式对共识的影响，并探索可能发挥调节作用的情景变量。研究模型如图 1 所示。

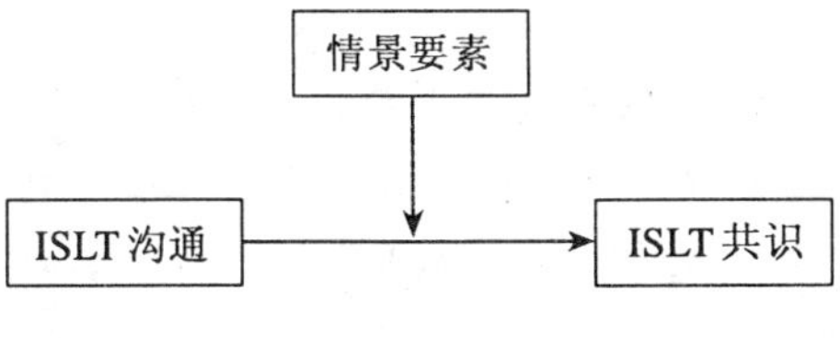

图 1 研究模型

基于研究构思，提出以下三个假设：

假设 1：沟通频率对共识的形成有积极影响。

假设 2：不同沟通方式对共识的影响有差异。

假设 3：沟通对共识的影响受到情景因素的调节作用。

2 研究设计

2.1 研究准备与案例选择

案例研究通常有事先发展的理论命题或清楚的问题意识，以指引资料收集的方向和资料分析的焦点[10]。清晰的研究问题和预想的理论模型是开展验证性案例研究的基础，是资料收集和分析必须围绕的中心。

案例研究的层次确定为由 CIO 和高层管理团队构成的信息化领导团队。出于外部效度的考虑，本文将采用多案例的分析方法，并依据复制法则来选择案例[11]。2008 年下半年，作者实地调查了位于唐山、石家庄、张家口的 10 家企业，并选择其中 4 家单位作为案例研究对象②：冀东水泥/JD、石家庄钢铁/SG、张家口卷烟厂/ZY 和二五一医院/YY，它们分别属于制造业（3 家）和医疗卫生行业（1 家）。

2.2 案例资料的收集

在案例研究中，常用的资料收集方法有三种：访谈、观察和文件/档案。这三种方法各有优缺点。在本研究中，主要采用了访谈的形式来收集资料③。为了保证访谈的顺利进行，作者在实地调研之前做了周密的准备，拟订了调研提纲并将之提前送阅访谈对象（各企业的 CIO），使其对访谈活动有一定准备，避免在时间有限的情况下不能完成全部访谈任务。此外，作者还准备了详细的“问题集”（包括对企业概况和信息化情况的了解，以及根据研究目的拟订的访谈问题）④主导访谈进程。在实际访谈过程中，访谈对象往往会对自己感兴趣或者自我欣赏的话题展开，甚至转移，作者则会不失时机地把谈话内容重新拉回到本研究的主题上。

为了准确和全面记录访谈内容，同时也为了消除个人偏见可能带来的影响，访谈小组由 2～3 名博士或研究生组成（包括第一、第三作者），他们对于研究主题和访谈目的都非常清楚。其中第一作者担任主要访谈者，负责与访谈对象交谈、提问，其他 1～2 人负责记录和补充提问。仅出于保证研究质量的目的，我们对访谈全程进行了录音。每家企业的访谈一般会经预约后安排在单独的半天，地点为访谈对象的办公室或所在单位的会议室，均采用面对面的形式，持续时间一般在 2～3 小时。在每家企业访谈结束后，访谈小组有较充裕的时间对访谈进行回顾和讨论，分享彼此的看法和心得体会，总结经验和不足，作为下一家企业访谈的参考。

在资料整理过程中，为保证材料的准确性和完整性，采用了三次录入/校验的方法。首先，由第三作者根据访谈记录完成初步整理；第二步，由另外的课题组成员根据录音资料，补充、校对资料；第三步，由第一作者根据访谈笔记和录音再次进行完善、梳理和校对，供分析使用。由于访谈过程非完全结构化，相同主题的内容可能多次无规律出现，在这三次整理过程中，根据主题相似原则将访谈内容进行了初步归类。

3 资料分析方法

3.1 案例资料编码方法

内容分析是一种分析定性文本内容的工具，将用于本研究案例资料的编码。文本是内容分析的特定对象，操作者根据信息加工过程的内在主观的综合规则进行系统化（马可一，2005）。由于可能会受到操作者主观性的影响，本研究对案例资料的编码采用了以第一作者为主、第三作者为辅的方式，以此保证内容分析的效度。首先，案例资料的编码由第一作者独立完成；然后，将相关原始文本材料、分析过程和结果资料一并提请第三作者进行资料复核，并根据其再分析的意见进行必要的调整。

3.2 案例资料分析步骤

资料分析过程根据如下步骤进行：

（1）根据研究主题和理论构思，详细、反复地深度阅读访谈资料，并对资料进行编码。在本研究中，资料编码采用了“企业代码 + 受访者代码 + 资料顺序码”组合方式（如，ZY-LJM-08）。

（2）根据预先设定的访谈问题，依内容/主题关联性将每个企业的材料分成若干组。

（3）将各组内材料进行比对（包括来自不同企业的材料），进一步明确各主题所涉及的构念及构念之间的关系。

（4）采用模式匹配方式[11]，将各组材料与已经提出的研究假设对照，验证假设。

上述四步完成后，研究理论背景、案例分析结果以及访谈原始资料等一并呈送给第二作者，请其予以审定以保证案例研究的效度[12]。总体而言，案例资料分析的步骤严格遵守了郑伯埙和黄敏萍(2008)[10]的建议，如图2所示：

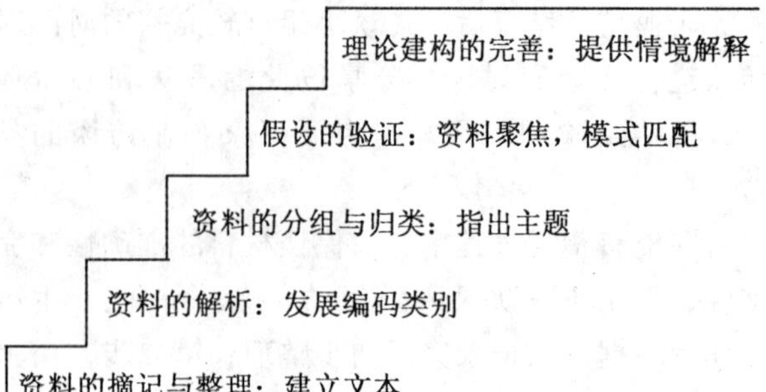

图2 案例资料分析步骤与层次

4 研究结果和讨论

4.1 沟通的作用和沟通频率

企业运作需要各层面、各领域的密切协作。与其他任务相比，企业信息化工作的推进对于沟通更加依赖。无论是 CIO 和高管团队之间，还是信息化部门和业务部门之间，他们都对于信息系统在企业中作用的认识往往是不一致的，需要同时了解企业（或部门）对于信息系统的“需求”和“供给”信息并实现供需的有效结合。这种结合一方面是通过告知对方不知道的信息，实现互通有无；另一方面，双方在沟通的过程中通过思想的碰撞而形成新的整合。因此，沟通是一个分享信息、创造信息和达成共识的过程。对于由来自不同领域而又需要协作的人组成的群体，沟通是形成共识的必由之路（Kleinsmann 和 Valkenburg，2008）。

从“供需”视角看，沟通无非包括两类，一是“供给”推动，即 CIO 与高层领导沟通：

> 在和高层领导的沟通过程中，我觉得自己扮演的是一个说客，我会把我的意思“强加”给他们。(ZY-LJM-08)
>
> 如果我要上三级系统，我就把自己的想法（通过 E-mail）发过去，开会的时候跟他们（高层领导）说，或者中午到食堂吃饭时见面在餐桌上聊两句……另外，我也可以找他单独汇报……沟通主要是为高管做决策提供一个手段。(SG-TGQ-06)
>
> 做管理的就是这样，一方面他（高层领导）不会深入到你这个程度，但不是什么也不懂就会决策或者支持去做一个事情，得让他有一个足够的、深入的了解。他会觉得主抓或者主导这样一个计划项目很有意义，这样在这个过程中他就会愿意去投入时间精力。(YY-SXG-22)

另一种是“需求”拉动，即高层领导与 CIO 的沟通：

> 医院领导会从管理角度提出需求：我要搞医护管理分开，你看信息系统怎么样能不能支持；还有我们要搞管理改革，流程怎么变化，你们看看怎么支持。(YY-SXG-10)
>
> 数据仓库（DW）本身在 SAP 应该是作为五级系统，作为决策支持的支撑……我们当时

的 SAP 系统虽然运转起来了，但是领导层看不见东西，只是给操作层看的，给领导层展示不出东西来，领导对这一块很着急。我们上了 DW 以后就解决了这个问题。(SG-TGQ-01)

无论是由谁发起，CIO 与高层领导通过沟通可以形成关于信息系统作用的共识：

（沟通一般探讨）与信息化相关的问题，哪些东西是信息化能帮助的、能做到的。比方说他们认为很费事、不可行的东西，通过系统支持，很简单……有些东西人怎么想都解决不了问题，对信息技术来说很简单。这得结合（需求和 IT 技术）。(JD-ZWJ-13)

虽然在访谈中，有的 CIO 说他与高管团队的沟通更多的是企业眼前关注的事，但包括其在内的几位 CIO 同时也谈到，他们沟通的内容不限于此，还会讨论信息系统规划的长远目标以及如何通过信息系统支持企业的发展变革。之所以会更关注眼前事物，这一方面是由于 CIO 访谈是在金融危机的背景下开展的，企业管理者可能更注重管理的实际效益而非长远规划；另一方面是由于在企业实际管理中，新的问题不断涌现，需要管理者着手解决，否则就可能会影响企业的正常运行，而信息系统长期规划一旦确定下来则不会经常更改。尽管如此，由于市场环境的迅速变化，任何长期规划也都不是一成不变的，企业的竞争战略决定了未来信息系统在企业运行中发挥什么作用（Henderson 和 Venkatraman, 1999）。CIO 与高管团队经常深入讨论 IT 愿景是必要的，因为只有这样彼此心中的愿景才能成为共同的愿景（圣吉，1998）。

此外，在企业信息化过程中，及时总结成功经验并将有关信息传达给高层领导是一个卓越 CIO 的职责[13]。这对于改变高管团队对于信息系统作用的认识以及对信息化部门和 CIO 本人的印象是有帮助的。

在信息化初始的阶段，信息化全靠信息中心，你和他（高层领导）沟通，要告诉他信息化能给管理带来了什么好处。(ZY-LJM-12)

和高层领导沟通……要和他讲我们上了一些（信息）系统之后的效率……我们要去研究这个事情，然后让医院领导知道。(YY-SXG-09)

沟通频率高意味着双方的接触机会更多，沟通会越充分，对于促进双方共识无疑是有积极作用的[4][6]。要保证沟通的高频率，在高管团队重视、熟悉或依赖信息系统作用的情况下，他们就会主动找 CIO 来沟通。但在很多企业中，高层领导的工作重心仍是企业业务和战略，在这种情况下，CIO 创造和把握机会的能力对于确保沟通频率非常重要。构建与高管团队的合作关系以及形成共享的信息化愿景是一个成功 CIO 的职责（Earl 和Fenny, 1994）。

基于上面的讨论，我们可以得出的结论是 CIO 与高管团队沟通越频繁，意味着沟通的机会越多，他们可以就信息化当前和长远作用的相关问题进行广泛的交流，有利于形成他们关于信息系统当前和长远作用的共识。假设 1 得到支持。

有研究表明（如，Smith 等，1994），沟通频率并非越高越好，与工作团队或管理团队的绩效之间呈现曲线关系。也就是说沟通频率越高，可能意味着团队成员间的冲突越严重，会对团队绩效产生不利的影响。但在本研究情境中，CIO 与高管团队的沟通应该说是更倾向于任务解决而非冲突解决。对于信息化工作而言，虽然冲突也是不可避免的，但 CIO 和高管团队最终会更关注那些对于彼此更为重要的内容[4]。频繁沟通代表了相互之间的一定程度的亲密关系[6]。

4.2 正式沟通和非正式沟通

在中国企业中，就个人而言，工作和生活是密切联系的；就人与人之间的关系而言，工作关系和人际关系也是联系在一起的，甚至人际关系比任务更重要（Hofstede, 2001）。这是由集体主义的文化特征决定的。此外，相对于正式沟通而言，非正式沟通中传递的信息更丰富和多样化，双方不必拘泥于工作层级和严肃氛围的限制，可以提高沟通的便利性和效率，有利于观点的融合和共识的形成。

非正式沟通重要或者沟通非正式性高并不是排斥或否定正式沟通。在企业环境中，这两种形式的沟通都是存在的[2][14]。但它们各有各的作用，而且在一些情况下，正式沟通也是必要的，只不过非正式的形式要更多一些：

正式沟通和非正式沟通各有各的作用。正式的沟通实际上是让更多的人统一思想，深入或更广泛地让大家了解信息化项目的过程。但是有很多工作是在私下里解决的，咱们的会议原则就是“个别酝酿、会议决定”⑤。你要做

什么项目、怎么做平常在底下沟通得很充分。这个环节很重要。(YY-SXG-18)

正式场合，咱们说官话，谈一下项目的重要性。非正式沟通，往往能达到要资金的作用。这每一种沟通是不可替代的。(ZY-LJM-06)

(正式沟通和非正式沟通)作用不一样，也不是说效果好还是不好。像总经理办公会，总经理等高层领导、相关职能部门都参加，你要立项就得过这一关。(JD-ZWJ-08)

各种沟通的频率差不太多，不过私下里先交流的形式可能会多一些。(SG-TGQ-06)

非正式沟通为 CIO 和高管团队提供了一个开放和轻松的环境。在非正式沟通中，成熟或者不成熟的观点和看法都可以交流。即使是自己的主张没有得到对方的认可，也不会感觉到丢了多少“面子”。而在正式沟通中，双方都会比较谨慎，尤其是通过书面的沟通，措辞就更谨小慎微了。对于本身具有模糊性和创新性的信息化工作而言，丰富和开放的沟通是必须的。相对而言，非正式性沟通往往涉及高管团队的部分成员而不是全体。因此，信息系统规划以及重大信息项目的立项就不可能“私底下进行”，需要通过 CIO 与高管团队的正式沟通来使大家对于信息系统在企业中的作用达成共识。假设 2 得到支持。

现实情况是，我国企业中还有不少 CIO 因职位本身较低而导致他们不能有效参与高层管理团队的活动中。CIO 的汇报层级和介入高管团队的程度，不仅削弱了他们与高层团队的正式工作关系，而且很大程度上限制了他们与高层领导的非正式沟通。这是因为，权力距离大是中国文化的另一典型特征。按照文化传统，无论是 CIO 还是高层领导，在非特殊情况下，都不应该越级联系。CIO 与高管团队的层级距离越大，他们直接接触的可能性越小。所以，CIO 离企业权力中心越远，越不利于与高层领导形成关于信息系统作用的共识。

4.3 沟通的情景要素

资料分析发现，信息化领导团队沟通对共识的影响会受到企业实施信息系统成败经历的制约。如果以往实施的信息系统都被高管认为是失败的，那么当 CIO 再向他们提议新的信息化项目时，他们就会很小心，失败阴影的副作用是不容忽视的[13]。本文将这一情景要素称为“信息系统成功”(IS success)⑥。以往信息系统的成功程度会影响高管团队对信息系统作用的感知（Martins 和 Kambil, 1999）以及对信息系统可以创造机会为企业成功作出贡献的期望和信心[15]。

在信息系统成功度不同的企业中，沟通对共识的影响程度不一样。在信息系统推行成功的组织中（如解放军二五一医院），高管团队更容易认识到信息系统的本质和对于企业业务和战略的价值。在这样的情况下，沟通对于共识的影响会更强。而在信息系统成功低的企业中，高管团队对于信息系统的认知一般会持传统或抵制观点（即认为信息系统投资对于企业来说意味着成本，对于企业业务来说处于从属地位）。不管 CIO 如何与高管团队沟通，其影响力和效果都是可想而知，共识程度自然不会很高。假设 3 得到支持。

不仅如此，“信息系统成功”这一情景要素还可能直接影响信息化领导团队共识。信息系统成功可以改善企业信息化部门的地位和声誉（Luftman 和 Brier, 1999）。在信息系统成功的企业中，CIO 会被邀请参加企业的业务规划，有机会与企业业务领域的各层次人员交流，有助于扩展和加深他们对于企业业务和战略的认识，掌握业务的发展方向和当前以及未来的 IT 需求（Chan 等, 2006）。另一方面，信息系统成功会影响高管团队未来信息系统开发的意向和期待（Nicolaou 等, 1995; Sabherwal, 1999）以及对信息系统当前和长远作用的评价（Ragunathan 等, 2004）。信息化成功拉近了 CIO 和高管团队的距离[14]，一定程度上消除了双方的认知差异（Bassellier, 2003）。

(1999 年）我们算了这么一个账（1998 年信息化投资 56 万元，医院减少损失 150 万元），院领导之后就越来越重视了。只要信息化花钱，我们这么多年做预算，院里头就没有给我们卡过。在那时候就及早地分析了信息化带来的直接效益，后续这么多年，医院里的各级领导，大家从各个层面上都亲身体会了信息化带来的效果……领导层……愿意去深入、给你支持。(YY-SXG-01; YY-SXG-04)

5 研究结论和管理启示

本文提出的三个假设均得到支持。这说明：

(1) 沟通是影响共识的重要前因变量，沟通频率对促进共识有积极影响。沟通频率越高，信息化领导团队越能形成关于信息系统在企业中作用的共识。此结果与 Johnson 和 Lederer（2005）[4]、Lind 和 Zumd（1991）[6]的研究结论是一致的。

（2）非正式沟通对信息化领导团队共识有促进作用。与正式沟通相比，CIO 与高管团队之间的非正式沟通对于共识的形成更有意义。但正式形式的沟通也是不可少的，"个别酝酿、会议决定"反映了非正式沟通和正式沟通与共识之间的关系。这一研究结论不仅反映了我国企业中信息化领导团队独具特色的沟通模式，也拓展了 Preston[2] 等（2006）关于知识交流形式对共识的影响具有文化差异性的推论，为其提供了中国文化情境中的实证支持。

（3）企业以往实施信息系统的成败经历会调节信息化领导团队沟通对共识的影响作用，信息系统成功可以强化沟通的效果。不仅如此，信息系统成功还可以改变高管团队对于信息系统作用的认知和期望，强化与 CIO 的合作关系，直接影响共识的形成。这一发现有助于进一步明晰沟通对共识的影响机制，深化人们对于事物内在规律的认识。

本文研究结论对于提升企业信息化领导力的指导意义在于：

（1）重建沟通秩序。鉴于 CIO 在信息化中的重要作用，企业要切实提升其地位和层级，使其成为企业高管团队的成员之一，并完善相互之间的联动机制，确保沟通成为常态，扩展沟通的广度和深度。

（2）培育沟通文化。文化可以影响和塑造行为。企业要着力培育开放性沟通的文化，改变沟通的自由度和容易度，增进 CIO 和高管团队之间的信任，促进共识的形成。

（3）营造成功氛围。推进企业信息化，有效的做法是选好突破口，营造成功氛围。这要求企业的信息系统项目要确保实施一个成功一个，以改变高管团队和业务部门的认识和看法，减小变革阻力。

注释：

① 限于篇幅，部分文献未在"参考文献"中列举，欲了解详细信息可与通讯作者联系。

② 就信息饱和程度而言，有经验的研究者建议 4～8 个最为恰当。理由是少于 4 个案例，可能无法掌握组织或管理的复杂度；而案例数多于 10 个时会导致资料过度庞杂而无法处理。

③ Reich 和 Benbasat（1996）关于业务和信息化目标一致性的研究表明，通过纸质资料（公司短期和长期的业务和 IT 计划）收集数据不是理想的方式。这可能由于落到纸面上的文字与管理者头脑中的认识未必一致。所以至少在他们这项研究中，访谈收集数据的方式更合适。

④"问题集"是由研究者关心的问题转换为受访者需要回答的问题。殷（2004）特别强调了这两种问题的差别（前者为第 2 级问题，后者为第 1 级问题），认为"清楚明确地提出第 2 级水平的问题远比试图提出第 1 级别的问题重要"。

⑤"个别酝酿、会议决定"是党的民主集中制原则的一部分，完整的表述应该是"集体领导、民主集中、个别酝酿、会议决定。"

⑥ 信息系统成功可以从组织和个人两个层面衡量（Delone 和 McLean，2003，2008；Sabherwal，1999；Bradley 等，2006）。就本文而言，CIO 和高管团队不可能太关注信息系统产生的个人层面的影响。在访谈过程中，CIO 也多是从组织层面来看待成功的。

参考文献

[1] Preston D S. Shared Mental Models between the Chief Information Officer and Top Management Team: towards Information Systems Strategic Alignment [D]. Athens, GA: The University of Georgia, 2004.

[2] Preston D S, Karahanna E, Rowe F. Development of Shared Understanding between the Chief Information Officer and Top Management Team in U. S. and French Organizations: a Cross-cultural Comparison [J]. IEEE Transactions on Engineering Management, 2006, 53 (2): 191-206.

[3] Preston D S, Karahanna E. Antecedents of IS Strategic Alignment: a Nomological Network [J]. Information Systems Research, 2009, 20 (2): 159-179.

[4] Johnson A M, Lederer A L. The Effect of Communication Frequency and Channel Richness on the Convergence Between Chief Executive and Chief Information Officers [J]. Journal of Management Information Systems, 2005, 22 (2): 227-252.

[5] Reich B H, Benbasat I. Measuring the Linkage between Business and Information Technology Objectives [J]. MIS Quarterly, 1996, 20 (1): 55-81.

[6] Lind M, Zumd R W. The Influence of a Convergence in Understanding between Technology Providers and Users on Information Technology Innovativeness [J]. Organization Science, 1991, 2 (2): 195-217.

[7] 董小英．CIO 的视野［J］．IT 经理世界，2006，（1）：75-76.

[8] 董小英，刘倩倩，蒋贵凰．CIO 影响力调查［J］．IT 经理世界，2006，（1）：69-72.

[9] 赵钊，王云峰，方莹，等．首席信息官与高层管理团队互动模式及其对共识的影响［J］．科学学与科学技术管理，2008，29（9）：186-191.

[10] 郑伯埙，黄敏萍．实地研究中的案例研究［M］//陈晓萍，徐淑英，樊景立主编．组织与管理研究的实证方法．北京：北京大学出版社，2008.

[11] 罗伯特·K. 殷．案例研究：设计与方法［M］．周海涛主译．重庆：重庆大学出版社，2004.

[12] Reich B H, Benbasat I. Factors that Influence the Social Dimension of Alignment between Business and Information Technology Objectives [J]. MIS Quarterly, 2000, 24 (1): 81-113.

[13] Lederer A L, Mendelow A L. Convincing Top Management of the Strategic Potential of Information Systems [J]. MIS Quarterly, 1988, 12 (4): 524-535.

[14] Feeny D F, Edwards B R, Simpson K M. Understanding the CEO/CIO relationship [J]. MIS Quarterly, 1992, 16 (6): 435-448.

[15] Sabherwal R. The Relationship between Information System Planning Sophistication and Information System Success: an Empirical Assessment [J]. Decision Sciences, 1999, 30 (1): 137-167.

Communication and Shared Understanding between ISs Leadership Team: A Case Study

ZHAO Zhao[1], WANG Yunfeng[1], CHEN Xiaochun[1]

(1. School of Management, Hebei University of Technology, Tianjin 300130, China)

Abstract: Communication is a primary antecedent of shared understanding (SU) between CIO and top management team (i. e. ISs Leadership team, ISLT). This paper explored the communication frequency and informality and the effects on shared understanding between ISLT, using case study approach. The results indicated that greater communication frequency led to more SU; formal and informal communication had positive influence on SU respectively, and the latter was more important than the former; and the combination of the two forms of communication induced ideal effect. Additionally, we found that IS success moderated the relationship between communication and SU. The conclusions might have significant implications for promoting ISs leadership.

Key words: communication; shared understanding; information systems leadership team; case study

第三篇

信息系统应用

信息系统价值在不同信息化情境的差异分析*

邱惟明[1]，李东[2]

（1. 大华技术学院 资讯管理系，中国台湾 307；2. 北京大学 光华管理学院，北京 100871）

摘　要：信息系统能否体现其价值与用户的感知有关。从信息系统战略规划的观点来看，系统功能是否灵活、信息输出是否通透，影响用户对于信息系统易用性和有用性的评价，进而影响信息系统价值的体现。这篇论文将企业信息化情境，按信息系统灵活性高、低和信息资源能见度高、低划分四种类型，分析在四种信息化情境之中，用户的感知是否有明显的差异。通过餐饮业网络预订系统为例子，对289位终端用户进行调查，分析结果表明：①在不同的信息化情境下，用户在有用性的感知有明显的差异；②在不同的信息化情境下，用户在易用性的感知有明显的差异。此结果说明，企业信息化方式影响用户对信息系统的评价。决策者可以依据“信息系统灵活性”和“信息资源能见度”这两个战略维度，对信息系统进行战略性规划，影响用户的感知，从而对信息服务进行分级。

关键词：感知有用性；感知易用性；信息系统灵活性；信息资源能见度

中图分类号：F270.7

1 引　言

“信息系统灵活性”和“信息资源能见度”是企业进行信息化时必须考虑的两项重点，也是表征企业所处的信息化情境的重要特性[1][2]。不同的信息化情境下，信息系统功能使用的感受是否灵活、信息资源的能见度是否全面，影响用户对于信息系统应用的综合评价。例如，如果信息系统功能灵活性高，信息系统比较容易满足用户个性化的需求，用户对系统的价值会有较为正面的评价；另一方面，如果信息资源能见度高，信息系统能提供全面且丰富的信息，用户能更有效地利用信息系统，因此也会对该系统有比较好的评价。所以，灵活性和能见度是两项非常重要的因素，这两项因素影响企业信息化的情境，也影响用户对于信息系统应用的评价，最终影响信息系统价值的体现。

虽然这两项因素是企业规划信息系统的重要考虑，二者之间难以取舍的问题时常发生，因为信息系统灵活性高，不同子系统之间协调的复杂度比较高，所以信息资源的规格就不容易标准化。例如，不同用户所需要的输出界面比较难以一致，只好牺牲信息资源的能见度来满足功能的灵活性。相反地，如果信息系统的灵活性低，就意味各个子系统之间衔接的考虑较为单纯，信息资源的规格就容易标准化，信息资源的能见度则较为标准和全面。所以，企业信息系统的战略性规划，常是基于信息系统灵活性和信息资源能见度两项因素交互影响下的考虑。企业如果追求高度信息系统灵活性和高度的信息资源能见度，难度比较大，而且付出的代价也会较高；反之，则较为容易，代价也较低。所以，企业信息化情境是在这两项因素交互影响之下的一种选择[1][2]。

以往的研究已指出，终端用户对于信息技术的采纳和使用，与终端用户对信息系统有用性和易用性的感知有密切的关系[3][4]。但是，终端用户对于信息系统“有用性”和“易用性”的感知，往往是基于信息系统应用的经验[5]，这说明“有用性”和“易用性”的感知，受企业信息化情境的影响。如果“灵活性”和“能见度”，是决策者进行战略性规划重要的考虑因素，而且战略性的规划方式又确实能够影响终端用户的感知，则决策者能够通过战略性的区隔，对信息服务进行分级，为不同类型的终端用户，提供不同等级的信息服务，使企业信息化战略更能细腻地与企业总体战略进行对应。但是，这个问题首先要解决的是：终端用户的感知在不同的信息化情境下是否确实有明显的不同？对于信息系统的规划者而言，这是进行信息系统的战略性规划要考虑的根本问题。因此，联结信

* 通讯作者：邱惟明，Tel：+886-916582991，E-mail：pkucwm@gmail.com

息系统战略性规划与终端用户感知两种概念，分析用户对于信息系统的“感知有用性”以及“感知易用性”在不同信息化情境下是否有差异，有助于规划者提升决策质量，使得信息系统与用户之间能够更好地匹配。

近年来以互联网为基础的信息系统已成为企业面对消费者的重要渠道和窗口，越来越多的企业信息系统规划是以 Web 技术为基础，强调用户自主的个性化服务，信息系统的规划，也朝向以满足用户自主订阅服务内容为信息系统发展的方向。所以，从用户对 Web 应用系统的感知进行研究，更能拉近信息系统与企业战略之间的战略性对应。这篇论文，我们基于信息系统战略规划和终端用户感知这两个重要主题，分析信息系统的用户其感知在“信息系统功能灵活性”以及“信息系统资源能见度”这两项战略性因素区隔出的四种企业信息化情境是否有明显的差异，以期对企业信息系统规划与信息服务的分级，提出更好的建议。

综合以上，本文研究的问题有二：①不同信息化情境下，终端用户对于“感知有用性”是否有明显的差异？②不同信息化情境下，终端用户对于“感知易用性”是否有明显的差异？通过这两项问题，分析不同信息化情境的终端用户感知的差异性，使信息系统规划能更完善地与用户需求匹配，是这篇论文要研究的主要目的。

2 文献综述

这一小节，我们分别讨论终端用户的价值感知和企业信息化情境的背景知识及理论依据，然后提出本研究的研究假设。

2.1 信息系统的有用性和易用性

Davis 以理性行为理论（Theory of Reasoned Action）为理论基础[6]，配合信息系统的情境特质，提出技术接受模型（TAM Model），这个模型为用户行为和信息技术使用之间的关系，提供了一个理论基础，用以解释外部变量如何影响用户内部变量的感知、态度和意向等因素，进而影响信息系统采纳的行为[7]。通过技术接受模型我们可以推论，如果用户认定信息系统的应用有其价值，则信息系统必定在有用和易用的这两项因素上让用户感受到有价值，从而影响用户使用信息系统的意愿。所以，从信息系统规划的角度，识别信息系统的规划方式对于有用性和易用性这两项因素有何影响，有助于预测信息系统的价值性。

运用 TAM 模型解释和预测技术接受和采纳行为的实证研究相当多，相关的研究议题包括：电子邮件、语音邮件、在线购物网站、无线通信服务、多媒体教育训练系统、博客等多方面的应用[8][9][10][11][12][13][14][15]。这些研究大多支持感知易用性与感知有用性对使用态度、使用意向和实际使用有正向的影响，有些研究结果认为使用态度对实际使用的经验影响并不显著，所以部分研究将此模型做了局部的调整，删减了使用态度或使用意向构念，直接以感知易用性与感知有用性解释用户技术采纳的意向[16]，也有一些研究者增添了其他的影响因素将此模型进行扩展[9][17]，扩大 TAM 模型的运用范围，不论删减或扩展，实证分析结果大多肯定了技术接受模型的解释能力，也表明感知有用性和感知易用性影响终端用户技术采纳的意向。

后来，有关技术接受模型的研究发展大致分为两个方向[12][18][19]，一个方向则是由内在动机扩充以增加模型的解释力；另一个方向是通过外在动机的观点，精简或者扩充感知易用、感知有用概念。通过外在动机的观点进行分析，验证企业信息化的各种变量对用户行为的影响，可对企业信息化的布局，在用户技术采纳和使用意愿上的影响有更深入的了解，也有助于企业推出信息服务更满足消费者的需求。虽然 2000 年网络泡沫化之后，人们对 B2C 网上销售模式的过度乐观的期望有所降低，但是，以 Web 为基础的信息系统应用却没因此一蹶不振，运用 TAM 模型预测用户行为的研究仍不断地出现[20]；对此，在强调个性化、定制化的 Web2.0 时代，以 TAM 为理论基础分析和预测信息系统规划因素对于用户使用信息系统的感受仍是一个趋势，也有助于完善新时代企业信息化环境的规划，促成以 Web 为基础的企业信息系统规划能更紧密地与消费者期待的信息服务进行对应。基于 TAM 模型简洁、可信的特质，以此作为分析企业信息化和用户使用信息系统的外在动机两者之间的相关性，TAM 模型仍是研究者青睐的重要理论基础来源之一。

2.2 企业信息化情境

Evgeniou 认为企业制定信息战略时有两项重要考虑因素：①灵活性，②能见度[1]。灵活性是指信息基础建设、信息系统的硬件规格、软件功能，能否个性化设计，以满足各个部门员工需求的程度。能见度则是信息资源兼容性、透通性与信息分享的程度。例如，不同系统规格的数据能否整合，输出的信息能否在跨部门或跨组织之间共享和直接分享使用等。许多企业投入 IS/IT 建设时，常会面临难以取舍的困境：如果想提升信息输出的能见度，很快就会发现企业因为环境条件的不同，使得信息系统的灵活性受到限制，所以必须牺牲部分灵活性；相反地，如果想提高系统使用的灵活性，信息资源的整合又会发生兼容性的问题，从而削弱了信息能见度。这样的结果，常造成信息战略与企业总体战略对应的困难。

就灵活性而言，Broadbent 和 Weill 以澳大利亚的银行业为例进行研究，认为信息系统的规划和设计、灵活性和特定议题的考虑非常重要，这使得终端用户在使用信息系统时，能够保有面对环境变化快速反应的动态能力[21]。Newkirk 和 Lederer 也认为进行战略信息系统规划时，面对高度不确定性环境，灵活性对于战略信息系统的影响非常显著[22]。当然，信息资源的能见度也是影响信息战略制订的考虑因素。一些研究以 ERP 系统的使用绩效为例，验证信息能见度和企业绩效的关系。例如，企业实施 ERP 系统，伴随的优势是数据的传送和分享具有高度跨组织的通透性。能见度与企业绩效的关系就在于做决策的时候，可及时容易地获取所需要的信息，决策的制订就能够更精确和快速，所以能创造较佳的企业绩效。

所以，信息系统灵活性和信息资源能见度这两项因素是企业进行信息系统规划时必然要考虑的重要的战略性因素，企业信息化的战略性布局，是在信息系统灵活性和信息资源能见度两项因素综合考虑下共同决定的一种情境，在不同信息化情境之下，终端用户对于信息系统应用的经验，影响用户对信息系统有用性和易用性的感知，从而影响信息系统使用的意向。

2.3 研究假设

大部分的研究都支持感知有用性和感知易用性是构成用户感知价值的两项重要因素[3][23]，价值感受是信息系统实施是否成功的评价重点之一。信息系统的规划方式决定了应用系统的形式，用户基于应用的经验，对系统有不同程度的评价，所以用户的感知，明显受到信息系统战略规划的影响。Evgeniou 认为信息系统进行战略性规划时，“灵活性”和“能见度”是两个重要的考虑维度[1]，Qiu 和 Li 的研究也认为这两项因素所决定的四种信息化情境之下的终端用户，他们对于企业总体战略的感知有明显的差异[2]。与此相似，一些研究者也曾提出相近的主张，认为信息系统定制化的程度越高，越能达成用户的目标，用户对信息系统的感知价值感受越强[24][25]，定制化扮演了影响终端用户感知的重要角色[26]，此处的定制化与灵活性有极密切的相关性，灵活性正是反映了信息系统的规划能否满足用户达到定制化要求的重要条件，灵活性是系统定制化的基础。因此我们提出研究假设一（H1）如下：

研究假设一（H1）：信息系统灵活性高、低两种情境下，终端用户对信息系统应用的评价有明显的差异。高灵活性情境终端用户的感知评价比低灵活性情境终端用户的感知高。

研究假设一可以区分为两项子假设：

H1a：信息系统灵活性高、低两种情境下终端用户对信息系统有用性的感知有明显的差异，高灵活性情境终端用户的感知评价比低灵活性情境终端用户的感知高。

H1b：信息系统灵活性高、低两种情境下终端用户对信息系统易用性的感知有明显的差异，高灵活性情境终端用户的感知评价比低灵活性情境终端用户的感知高。

除了信息系统的灵活性对用户的感知有强烈的影响，Zhang 等人的研究也主张信息的通透性，影响用户对信息系统的评价[27]。通透性影响了信息资源的能见度，Hong 和 Kim 以及 Somers 和 Nelson 等人的研究也认为，用户对于信息系统整合的程度的感受，决定了信息系统实施是否成功[28][29]，整合程度越高，则信息输出能见度越清晰，信息资源能见度越透明则用户做出的决策越准确，用户的价值感受越强烈。由此，我们提出研究假设二（H2）如下：

研究假设二（H2）：信息资源能见度高、低两种情境下，终端用户对信息系统应用的评价有明显的差异。高能见度情境终端用户的感知评价比低能见度情境终端用户的感知高。

研究假设二可以区分为两项：

H2a：信息资源能见度高、低两种情境下终端用户对信息系统有用性的感知有明显的差异，高能见度情境终端用户的感知评价比低灵活性情境终端用户的感知高。

H2b：信息资源能见度高、低两种情境下终端用户对信息系统易用性的感知有明显的差异，高能见度情境终端用户的感知评价比低灵活性情境终端使用。

基于信息系统灵活性与信息资源能见度这两项因素对于终端用户的价值感受有强烈的影响，同时，结合研究假设一和研究假设二的推论，我们提出研究假设三如下：

研究假设三（H3）：信息系统灵活性高、低和信息资源能见度高、低两种情境下，终端用户对信息系统应用的评价有明显的差异。四种情境中，高灵活性、高能见度情境的终端用户对于信息系统应用的感知评价比起低灵活性、低能见度情境的感知评价来得高。

3 研究方法

研究方法分别从研究模型、研究变量和抽样设计三方面说明，详述如后。

3.1 研究模型

参酌研究问题，研究的变数区分为两部分：一是企业信息化情境，二是终端用户对信息系统应用的价值感知。企业信息化情境为控制变量，由信息系统灵活性、信息资源能见度组成；终端用户价值感知为因变量，包括两项：感知有用性、感知易用性。分析方法是以企业信息化情境的两项因素个别区分高、低，交叉组合成四种情境，分析四种情境下，终端用户对于信息系统的价值感受是否有明显的差异。研究的概念模型，请参考图1。

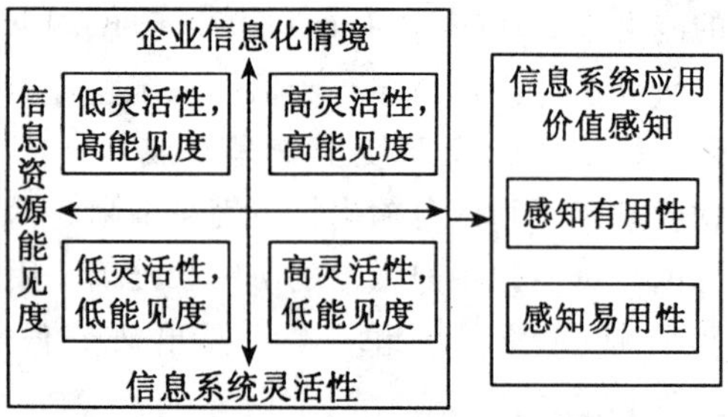

图1 本研究的概念模型

3.2 研究变量

研究构念有二；各个构念研究变量说明如后。

3.2.1 企业信息化情境

• 信息系统灵活性：终端用户使用信息系统之时感受个性化、定制化的程度，以及感受系统功能的丰富性，和使用信息系统时的受限程度。

• 信息资源能见度：终端用户感受信息呈现的清晰度和透明度，以及信息系统输出信息时内容是否完整，信息的解释前后是否一致。

3.2.2 信息系统应用价值感知

• 感知有用性：用户使用的信息系统时，是否能达成其预期的目的。用户使用信息系统时，是否有助于决策质量。

• 感知易用性：用户使用信息系统时的方便程度。用户使用信息系统时是否可以很快上手。

3.3 问卷抽样设计

研究问卷共分为三个部分：①企业信息化情境因素；②信息系统的价值性；③基本资料。前两部分采用李克特7度量表。问卷内容除了参考相关的文献，经过多次修正，修正后的问卷，再请20位大学生预试，之后，修正问卷中的部分语义，最后成为正式问卷。问卷发放自2008年9—12月，以便利抽样法，对台湾新竹大华技术学院信息管理系学生进行取样。问卷共计发出300份，回收289份，11份为无效问卷，有效回收率为96.3%。数据分析工具为SPSS v16，分别运用叙述统计法分析样本概况，因素分析法分析问卷的信度，T检验和ANOVA等方法分析不同信息化情境下，终端用户对网络定位系统的价值感知的差异。

4 数据分析

数据分析的结果如后。

4.1 样本基本资料分析

样本的基本资料共有五项，分述如下。性别方面，男性：42.9%，女性：57.1%。受访者年龄以18～22岁受访者比例最高，占55.7%。上网频率方面，以每天上网者比例最高，占83%。使用电脑的经验，以7～8年的比例为最高，占32.5%。网络定位经验方面，很少定位的人占多数，有69.6%。详细的数据整理，请见表1。

表1 样本基本数据分析

测度项		样本数	百分比（%）
性别	男	124	42.9
	女	165	57.1
受访者年龄（岁）	15～17	28	9.7
	18～20	161	55.7
	21～25	84	29.1
	26～30	11	3.8
	31以上	5	1.7
网络定位经验	很少	201	69.6
	偶尔	73	25.3
	经常	15	5.2
上网的频率	每天上网	240	83.0
	一周不超过三天	16	5.5
	每周上网一次	21	7.3
	每月上网一次	2	0.7
	很少上网	10	3.5

续表

测度项		样本数	百分比（%）
使用电脑经验（年）	1～2	10	3.5
	3～4	10	3.5
	5～6	58	20.1
	7～8	94	32.5
	9～10	84	29.1
	10 以上	33	11.4

4.2 问卷信度与效度

测度项的引据来源，已在前述文献综述中，说明其理论基础，符合内容效度。信度是以 Cronbach Alpha 统计量对问卷进行检验。依照 Nunnally 建议，若 Alpha 的值大于 0.6 才符合标准[30]。经过整理，各构念的因素皆高于 0.6，表示问卷量表的信度相当可信。各构念的信度分析结果，请见表 2。

表 2 各构念的信度

概念及其因素	题数	Cronbach α
• 信息化情境因素构念	8	
信息系统灵活性	4	0.752
信息资源能见度	4	0.868
• 终端用户价值感知构念	5	
感知有用性	2	0.675
感知易用性	3	0.799

4.3 终端用户感知因素的差异分析

这一小节的内容是检验“感知有用性”和“感知易用性”这两项因素在“信息系统灵活性”和“信息资源能见度”两项维度上是否有显著的差异。之后，再依据两项维度区分四种情境，分别检验“感知有用性”以及“感知易用性”在四种情境下有没有显著的差异。

4.3.1 终端用户感知在信息系统灵活性高、低两种情境的差异分析

这一小节，我们以 T 检定分析终端用户对信息系统的价值感知，在信息系统灵活性高、低两种情况下用户所感知的程度是否有显著的差异。在感知有用性方面，高灵活性这一组的均值为 4.91，低灵活性这一组的均值为 4.33，T 值为 4.949，差异显著。说明在高灵活性的信息化情境下，终端用户对于信息系统有用性的感知其评价较高。而且，在灵活性高、低两种情境下，终端用户对系统有用性的感知程度有显著的不同，研究假设 H1a 获得支持。在感知易用性方面，高灵活性这一组的均值为 5.30，低灵活性这一组的均值为 4.71，T 值为 5.374，高、低两组终端用户对感知易用性的差异显著。研究假设 H1b 获得支持。检验数据见表 3。

表 3 灵活性高、低下终端用户对感知因素的差异

感知因素	灵活性	均值	标准差	T	Sig.
感知有用性	高	4.91	1.052	4.949	0.000
	低	4.33	0.737		
感知易用性	高	5.30	0.975	5.374	0.000
	低	4.71	0.681		

注：样本数 灵活性高：102；灵活性低：187。

4.3.2 终端用户感知在信息资源能见度高、低两种情境的差异分析

与上一小节相同，我们运用 T 检定，分析终端用户的价值感知，在信息资源能见度高、低两种情况，是否有显著的差异。在感知有用性方面，高能见度这一组的均值为 4.66，低能见度这一组的均值为 4.29，T 值为 3.344，差异显著。显然，高能见度这一组的终端用户，它们对于有用性感知评价比较高，而且，这两组终端用户它们感知程度有明显的不同。研究假设 H2a 获得支持。在感知易用性方面，能见度高这一组的均值为 5.30，能见度低这一组的均值为 4.71，T 值为 5.374，高、低两组受访对象对易用性的感知差异显著。研究假设 H2b 获得支持。检验数据见表 4。

表 4 能见度高、低两组终端用户对感知因素的差异

感知因素	能见度	均值	标准差	T	Sig.
感知有用性	高	4.66	0.929	3.344	0.001
	低	4.29	0.796		
感知易用性	高	5.03	0.860	3.365	0.001
	低	4.68	0.762		

注：样本数 能见度高：194；能见度低：95。

4.3.3 终端用户感知在四种信息化情境下的差异分析

这一小节，我们使用 ANOVA 方法，对四组情境下终端用户的感知价值的差异进行分析。分析的

方式是将“信息系统灵活性”和“信息资能见度”这两个因素的测度项进行加总，以均值作为区分高、低组的标准，区分出四种情境（高，高）、（高，低）、（低，高）、（低，低）；区分后的样本描述性统计结果列在表5。

表5 四种情境下终端用户对价值感知的描述统计

感知因素	信息化情境		样本数	均值	标准差
	灵活性	能见度			
感知有用性	高	高	90	4.94	1.073
	高	低	12	4.71	0.884
	低	高	104	4.42	0.702
	低	低	83	4.23	0.770
感知易用性	高	高	90	5.31	0.991
	高	低	12	5.23	0.888
	低	高	104	4.80	0.645
	低	低	83	4.61	0.714

在感知有用性方面，“高灵活性，高能见度”这一组的均值为4.94；“高灵活性，低能见度”这一组的均值为4.71；“低灵活性，高能见度”这一组的均值为4.42；“低灵活性，低能见度”这一组的均值为4.23。

在感知易用性方面，“高灵活性，高能见度”这一组的均值为5.31；“高灵活性，低能见度”这一组的均值为5.23；“低灵活性，高能见度”这一组的均值为4.80；“低灵活性，低能见度”这一组的均值为4.61。

我们进一步观察四组情境之中感知因素方差的差异（请见表6）。在感知有用性方面，F统计值为11.037（p=0.000）。在感知易用性方面，F统计值为12.769（p=0.000）。由此可知，四种情境下，终端用户对有用性和易用性的感知均有明显的差异。研究假设H3获得支持。

表6 四种情境下终端用户对价值感知的差异

感知因素		平方和	自由度	均方	F	Sig.
感知有用性	组间	24.447	3	8.149		
	组内	210.421	285	0.738	11.037	0.000
	合计	234.869	288			
感知易用性	组间	24.285	3	8.095		
	组内	180.679	285	0.634	12.769	0.000
	合计	204.964	288			

5 研究结论

由数据分析的结果可知，在信息系统灵活性高、低两种情况下，终端用户对信息系统应用的价值感知有显著的差异。同样地，在信息资源能见度高、低两种情况下也有显著的差异。进一步观察，用户的感知在“信息系统灵活性”与“信息资源能见度”区隔的四种情况下进行检验，用户对信息系统有用性与易用性的感知都有显著的差异。由此可见，信息系统灵活性与信息资源能见度这两项战略性因素，对用户的感知有明显的影响。以上研究假设的检验结果见表7。

表7 研究假设检验结果

研究假设	检验结果
信息系统灵活性高、低两种情境下，终端用户对信息系统应用的评价有明显的差异。高灵活性情境终端用户的感知评价比低灵活性情境终端用户的感知高。	支持
信息资源能见度高、低两种情境下，终端用户对信息系统应用的评价有明显的差异。高能见度情境终端用户的感知评价比低能见度情境终端用户的感知高	支持
信息系统灵活性高、低和信息资源能见度高、低两种情境下，终端用户对信息系统应用的评价有明显的差异。四种情境中，高灵活性、高能见度情境的终端用户对于信息系统应用的感知评价比起低灵活性、低能见度情境的感知评价来得高	支持

以上的结果，说明信息系统战略性规划的方式，会对终端用户的价值感受产生不同程度的影响，从而，决策者可以通过“灵活性”和“能见度”这两项战略性因素的搭配，影响用户的价值感受；同时，基于用户的价值感受可以被控制，信息服务也可以此进行分级。进一步来说，企业信息化的战略性做法，会影响终端用户对于系统的评价，所以，企业领导可以通过不同的战略规划方式去影响终端用户对于信息系统的态度和使用意愿，信息服务的分级，便可由此得到实现。

整体来看，高信息系统灵活性和高信息资源能见度的终端用户，对于Web应用系统，其有用性与易用性的感知，比起低灵活性和低能见度终端用户，有较高的评价。这表示高信息系统灵活性和高信息资源能见度的这种战略性规划方式，对于终端用户能起到较高的价值感。此结果说明信息系统战略性规划方式，会使终端用户对信息系统应用的评价，起到不同程度的影响性，亦即如果通过信息系统战略性的区隔，影响终端用户对于信息系统应用的感知，促使信息系统的类型和特定用户群体之间的价值感产生对应，有助于完善信息化战略与企业总体战略之间的对应关系。

终端用户是使用信息系统的主体，因此，理解终端用户的想法有助于信息系统战略性规划，能更准确地对应用户的需求，使信息战略对应企业总体战略更为完善，从而对信息服务进行分级，并以此收取对应的信息服务报偿。从研究的结果可以发现，如果灵活性和能见度高，则其感受的信息系统的有用性和易用性也高；反之，如果灵活性和能见度低，则其感受信息系统的有用性和易用性也低。此结果表明“高灵活性、高能见度”的规划方式，用户对信息系统有用性与易用性的感知也比较强烈，信息系统采纳程度也比较高，所以决策者可以对此类型的信息服务收取较高的价格。反之，“低灵活性、低能见度”的规划方式，用户对信息系统的有用性和易用性的感知比较弱，信息系统采纳程度比较低，所以决策者对此类型的信息服务则必须收取较低的价格。如此，我们能促成企业信息化战略与企业总体战略有效的对应。

信息战略与企业总体战略对应（alignment），向来是信息管理领域关注的重点之一，本研究从战略规划的角度分析了用户心理在不同信息化情境下的差异，有助于企业实施的信息服务能更符合用户的期待，拉近了信息战略与企业总体战略之间的对应。这篇论文，仅从用户感知的角度对信息系统战略规划方式与认知态度的差异性作了基本的分析，后续的研究者可以此为基础，研究信息服务的分类和分级，进而完善企业信息服务，并进行定价。

参考文献

[1] Evgeniou T. Information Integration and Information Strategies for Adaptive Enterprises [J]. European Management Journal, 2002, 20 (5): 486-494.

[2] Qiu W, and Li Dong. A Study for End Users' Cognitions on Business Strategic Factors among Different IS/IT Contexts [J]. The Data Base for Advances in Information Systems, 2009, 40 (1): 52-61.

[3] Davis F D. Perceived Usefulness, Perceived Ease of Use, and User Acceptance of Information Technology [J]. MIS Quarterly, 1989, 13 (3): 319-340.

[4] Davis F D, Bagozzi R P, Warshaw P R. User Acceptance of Computer Technology: a Comparison of Two Theoretical Models [J]. Management Science, 1989, 35 (8): 982-1003.

[5] Jahangir N, and Begum N. The Role of Perceived Usefulness, Perceived Ease of Use, Security and Privacy, and Customer Attitude to Engender Customer Adaptation in the Context of Electronic Banking [J]. African Journal of Business Management, 2008, 2 (1): 32-40.

[6] Fishbein M, and Ajzen I. Belief, Attitude, Intention and Behavior: an Introduction to Theory and Research [M]. Addison-Wesley, Boston, 1975.

[7] Davis F D. A Technology Acceptance Model for Empirically Testing New end-user Information Systems: Theory and Results [D]. Doctoral Dissertation, Sloan School of Management, Massachusetts Institute of Technology, 1986.

[8] Serenko A. A Model of User Adoption of Interface Agents for Email Notification [J]. Interacting with Computers, 2008, 20 (4-5): 461-472.

[9] Zhang P, Zeng Z, and Huang C. An Extended TAM Model for Chinese B2C Websites Design [J]. Journal of Global Information Technology Management, 2007, 10 (1): 51-66.

[10] Turel O, Serenko A, and Bontis N. User Acceptance of Wireless Short Messaging Services: Deconstructing Perceived Value [J]. Information & Management, 2007, 44 (1): 63-73.

[11] Rigopoulos G, and Askounis D A TAM Framework to Evaluate Users' Perception towards Online Electronic Payment [J]. Journal of Internet Banking and Commerce, 2007, 12 (3): 1-6.

[12] Teo T S H, and Lim V K G, and Lai R Y C. Intrinsic and Extrinsic Motivation in Internet Usage [J]. Omega, 1999, 27 (1): 25-37.

[13] Lederer A, Maupin D, Sena P, and Zhuang Y. The Technology Acceptance Model and the World Wide Web [J]. Decision Support System, 2000, 29 (3): 269-282.

[14] Moon J, and Kim Y. Extending the TAM for a World-wide-web Context [J]. Information & Management, 2001, 38 (4): 217-230.

[15] Lin J, and Lu H. Towards an Understanding of the Behavioural Intention to Use a Web Site [J]. International Journal of Information Management, 2000, 20 (3): 197-208.

[16] Straub D, Limayem M, and Karahanna E E. Measuring System Usage: Implications for IS Theory Testing [J].

Management Science, 1995, 41 (8): 1328-1342.

[17] Yu J, Ha I, Choi M, Rho J. Extending the TAM for a T-commerce [J]. Information & Management, 2005, 42 (7): 965-976.

[18] Davis F D, Bagozzi R P, Warshaw P R. Extrinsic and Intrinsic Motivation to Use Computers in the Workplace [J]. Journal of Applied Social Psychology, 1992, 22 (14): 1111-1132.

[19] Shang R, Chen Y, Shen L. Extrinsic Versus Intrinsic Motivations for Consumers to Shop On-line [J]. Information & Management, 2005, 42 (3): 401-413.

[20] Vijayasarathy L. Predicting Consumer Intentions to Use Online Shopping: the Case for an Augmented Technology Acceptance Model [J]. Information and Management, 2004, 41 (6): 747-762.

[21] Broadbent M, Weill P. Improving Business and Information Strategy Alignment: learning from the Banking Industry [J]. IBM System Journal, 1993, 32 (1): 162-179.

[22] Newkirk H E, Lederer A L. The Effectiveness of Strategic Information Systems Planning under Environmental Uncertainty [J]. Information & Management, 2006, 43 (4): 481-501.

[23] Adams D A, Nelson R R, Todd P A. Perceived Usefulness, Ease of Use, and Usage of Information Technology: a Replication [J]. MIS Quarterly, 1992, 16 (2): 227-247.

[24] Al-Mashari M, Al-Mudimigh A, Zairi M. Enterprise Resource Planning: a Taxonomy of Critical Factors [J]. European Journal of Operational Research, 2003, 146 (2): 352-364.

[25] Somers T M, Nelson K G: A Taxonomy of Players and Activities across the ERP Project Life Cycle [J]. Information & Management, 2004, 41 (3): 257-278.

[26] Bingi P, Sharma M K, Godla J K. Critical issues Affecting an ERP Implementation [J]. Information Systems Management, 1999, 16 (3): 7-14.

[27] Zhang Z, Lee M K O, Huang P, Zhang L, Huang X. A Framework of ERP Systems Implementation Success in China: an Empirical Study [J]. International Journal of Production Economics, 2005, 98 (1): 56-80.

[28] Hong K K, Kim Y G. The Critical Success Factors for ERP Implementation: an Organizational Fit Perspective [J]. Information & Management, 2002, 40 (1): 25-40.

[29] Somers T M, Nelson K G. The Impact of Strategy and Integration Mechanisms on Enterprise System value: Empirical Evidence from Manufacturing Firms [J]. European Journal of Operational Research, 2003, 146 (2): 315-338.

[30] Nunnally J C. Psychometric Theory (2nd ed.) [M]. New York: McGraw-Hill, 1978.

An Analysis for the Differences of End Users' Cognitions on Perceived Values among Four e-Business Situations

QIU Weiming[1], LI Dong[2]

(1. Ta-Hwa Institute of Technology, Hsinchu 307, Taiwan, China;
2. Guanghua School of Management, Peking University, Beijing 100871, China)

Abstract: The realization of the information system's values is closed to the users' perceptions. Strategically, the flexibility of system and the transparency of information influence the end user's appraisal on usefulness and ease of information system; thus, the information system's value is determined by the end user's perception. In this paper, the e-business contexts are divided into four types by information system flexibility and information resources visibility based on strategic perspective. The differences of perceived usefulness and perceived ease of use are analyzed under these four type e-business situations. For the investigation of 289 end users on restaurant booking system, the results show that: (1) perceived usefulness is significantly different among four situations; (2) perceived ease of use is significantly different among four situations. It means that the consumers' perception on information system affected by e-business approaches. Decision makers could strategically segment e-business contexts by information system flexibility and information resource visibility; and grade the service level of information system applications by the two factors.

Key words: perceived ease of use, perceived usefulness, information system flexibility, information resources visibility

基于六标准偏差设计之信息系统创新服务流程研究

朱慧德[1]

(1. 德明财经科技大学 多媒体设计系，中国台北内湖 11451)

摘 要：顾客使用信息系统时不会关心系统存在那些问题，但却在乎信息系统“无法提供优质服务”。因此，企业在激烈的竞争环境中最不希望的是用劣质信息服务质量使得企业形象受损，导致顾客的流失。为了在竞争市场中能够提供比对手更高质量的服务，六标准偏差设计已发展成为近代质量活动中的一项突破性方法。和六标准偏差专注于流程改善比较起来，六标准偏差设计强调在产品或服务的最初开发设计时间，便依照顾客的需求与期望来设计或重新设计产品或服务。简言之，当六标准偏差设计的方法应用于信息系统服务时，其主要目标为于初始阶段即设计良好质量的信息服务，以避免成本昂贵的事后补救工作并达成顾客满意。

关键词：六标准偏差设计；信息系统服务；服务质量

中图分类号：G202

1 前 言

随着市场竞争激烈且信息科技发展快速，企业为增加其竞争优势，广泛地运用信息科技及投资各类系统开发，用以服务企业本身解决相关问题。然而，其快速传递性与全面散布性使得信息系统已无法再有错误空间，当顾客或用户使用信息系统发生无法运作时，不会知道是系统哪里出问题，只会说“不能上网”、“不能上机”，所以信息技术开发上的瓶颈所在就是“在第一时间传送正确与快速的服务信息”。信息系统服务质量的好坏可决定这位顾客会是过客或是常客，而口耳相传加上因特网的传播速度，更将使优质信息服务有如聚宝盆般的成倍数成长。因此，信息系统服务质量的认定主要来自于顾客是否获得良好的使用经验，良好的服务质量可将一般用户变成忠诚的使用者，而忠诚的用户所带来的交易，以及其将喜好的网页广为传播所带来的效果，促使网站获得广告商的关注，带来可观获益[1]。

标准偏差设计已发展成为近代质量活动中的一项突破性方法[4]。和六标准偏差专注于流程改善比较起来[6]，六标准偏差设计强调在产品或服务的最初开发设计时间，便依照顾客的需求与期望来设计或重新设计产品或服务[3][5]。简言之，当六标准偏差设计的方法应用于信息系统服务时，其主要目标为于初始阶段即设计良好质量的信息服务，以避免成本昂贵的事后补救工作并达成顾客满意。因此，本文的目的乃在于导入六标准偏差设计于信息服务质量提升中，以顾客为主创新信息系统服务流程，以迈向顾客满意的优质交易服务之共同愿景。

2 相关文献

2.1 服务质量理论

Sasser (1978) 认为服务水平即类似质量概念，而所谓服务水平意指厂商提供服务所带给顾客之外显及内隐利益的程度。Parasuraman et al. (1985) 认为顾客知觉的服务质量乃是事前的期望与知觉的服务两者之间的差距的方向与大小所决定，提出五个缺口服务质量差距模式（如图 1）说明服务质量的形成[1][5]。

缺口 1（期望的服务-管理者对顾客期望的认知）：经营业者通常不了解顾客心中真正想要的服务所造成的缺口。缺口 2（管理者对顾客期望的认知-服务质量规格缺口）：管理者欲将对顾客期望的认知转化为服务质量规格时，因某种因素或管理者疏忽所造成的缺口。缺口 3（服务质量规格-服务的传送缺口）：服务质量的规格与实际传送的服务之间的缺口，是因为在服务过程中涉及服务人员的因素。缺口 4（服务的传送与顾客的外部沟通缺口）：媒体广告或其他外部沟通会形成顾客某种期待，而此种期待与实际的服务传送之间所造成的缺口。缺口 5（期望的服务-知觉的服务缺口）：顾客期望的服务与实际知觉到的服务之间的差距所造成

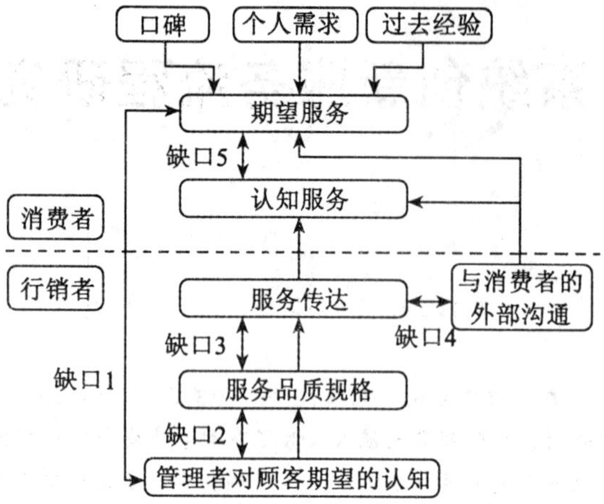

图1 服务质量缺口模式

的缺口。此一缺口为其他四项缺口所造成，视为其他四项缺口的函数[1]。

2.2 六标准偏差设计

自1987年于摩托罗拉（Motorola）公司肇端以来，全球目睹了热烈推行六标准偏差质量活动的风潮。许多绩优公司例如奇异（GE）公司，已借由推行六标准偏差质量活动而获得优质的经营绩效。然而，单纯逐步地改善企业的流程有时候无法使一个企业组织跟上科技、顾客需求或竞争关系的变迁速度。这就是为何六标准偏差设计继六标准偏差的脚步成为另一项突破性的产品或服务发展策略的原因。六标准偏差设计的方法应用于服务业时，其主要目标为于服务开发的初始阶段即设计良好质量的服务，以避免成本昂贵的事后补救工作。六标准偏差设计是一套严谨的方法，适用于确保在产品或服务的开发阶段初期，能够满足顾客的期望。因为它是六标准偏差改善方法的辅助者，六标准偏差设计于产品或服务的开发阶段初期整合了六标准偏差的特色及其一些工具以达到六标准偏差的绩效。然而，不同于六标准偏差有DMAIC方法论，六标准偏差设计的阶段或步骤并非有一致公认的版本。本文所采用六标准偏差设计的五大行动步骤（IDDOV）[4]：

（1）辨识出改善机会（Identify）：找出需要进行的项目，并完成整个项目规划。

（2）界定条件（Define）：精确掌握顾客心声，把顾客心声转换为公司的语言（即界定顾客需要的条件）。

（3）发展概念（Develop）：透过有创意的方法构思出可行方案，接着对这些方案进行评估，当挑选出解决方案后，最后对这个方案找出产品和服务可能失败的症结。

（4）最适化设计（Optimize）：利用稳健设计的观念来使设计优化，让流程能够适应实际使用状况可能存在的变异。

（5）验证（Verify）：测试与试产，并以适当的控制方式去执行工作，以维系成果。

3 六标准偏差设计于创新信息系统服务流程架构

信息系统的生命周期是由需求分析、功能设计、软件设计、编码、安装上线服务客户等一连串的过程所组成。当信息系统开发时，需针对顾客需求并依据各阶段之质量重点及相关标准及方法，适当地将服务质量模式导入开发各阶段，完成各阶段之质量重点，以求降低用户对信息系统服务的认知差距，进而达成使用者满意。当在信息系统提供服务予企业用户或企业客户时，信息系统用户期望的服务与实际知觉到的服务之间的差距所造成的缺口，如果差距很微小，则使用者感到满意，对企业提供服务产生信心，成为企业忠诚客户。反之，差距过大，则对信息服务产生抱怨且没信心，因而寻求其他更佳信息服务。因此，以用户观点执行服务流程改善，将六标准偏差设计管理哲学各步骤融入信息服务质量管理，以符合需求为最终目标。因此，本文提出导入六标准偏差设计之IDDOV五步骤于创新信息系统服务流程架构如图2所示。

3.1 辨识（Identify）改善机会

六标准偏差设计的第一阶段工作是为日后的努力确立明确的方向，这个阶段一点的错误都会造成涟漪效果，而在日后产生不良的后果，所以一开始就做正确是非常重要的。建立项目目标以及从顾客心声（VOC）归纳出来的需求是第一阶段的核心，而掌握顾客心声，继而纳入产品条件之内，其主要方法可运用质量机能展开（QFD）。

3.2 界定（Define）条件

在了解顾客需求和期望之后，将这些数据整合到顾客心声（VOC）里面，然后把顾客心声以质量机能展开（QFD）转译成可验证的条件。QFD这套方法可以将顾客主观想要的需求，转译为客观、可以计量的设计条件，协助业者设计出更好的产品或流程[4]。

3.3 发展（Develop）概念

完成第一阶段的辨识（I）及界定（D）的步骤，应已了解顾客的需求和目标的优先级了，DFSS的第二阶段的原则就是："跟着上个阶段完成的

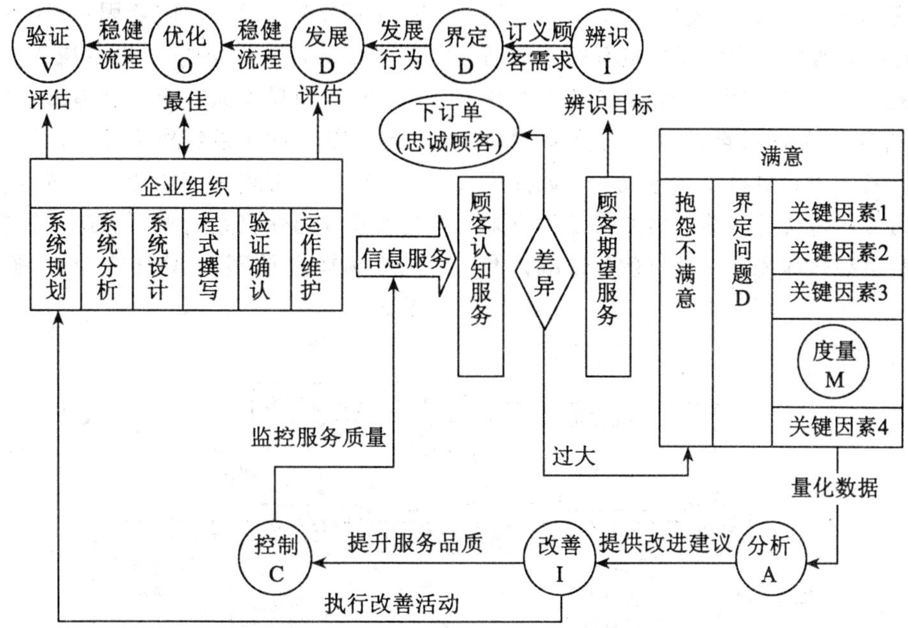

图 2　六标准偏差设计导入创新信息系统服务流程架构

关键因素走。”建立一套最有可能满足顾客需求，而且失败风险最低的概念，是第二阶段的主要目标。

概念的构思，基本上，我们要用充满创意的方式构想出解决方案。有许多方法可以有效激发点子，包括脑力激荡法（Brainstorming）、想到就写法（Brainwriting）、瓦解僵化假设法（Assumption Busting）以及问题求解创新理论法（Theory of Inventive Problem Solving，TRIZ）等，其中我们常用的便是脑力激荡法了。脑力激荡是重“量”不重“质”，所以别担心质量的问题。在脑力激荡过程中，所有的点子都是好点子。经过脑力激荡等方式所构思产生的点子或解决方法，再以成本效益分析、风险及潜在问题分析（例如：法律规定、安全规范或组织政策等），筛选出可行方案。

3.4　最适化（Optimize）设计

经过上述三个步骤，我们已根据顾客的心声拟定了设计的目标，并从众多点子当中挑出最有可能达成的方案，跟着现在我们就要进行“最适化设计”，这是六标准偏差设计的核心所在。我们将以“稳健设计”（Robust Design）为最适化设计找出最好的方法，接着进行允差设计（Tolerance Design），研究怎样才能将成本压到最低，又不会伤害到质量。依田口玄一博士的“稳健设计最适化”两段式的方法是：首先将变异性（Variability）降到最低；然后调整最终成果，以达到目标。换句话说，第一步是将设计绩效最适化，接着是调整成果，让所有的条件都获得满足。所以“稳健设计”能在问题出现之前就加以铲除，而不是传统的方法在问题浮现之后才忙着除错及解决问题。

3.5　验证（Verify）

最后的步骤就是验证最适化设计后的产品或流程，印证该设计的确如预期般理想。在前面几个步骤已经找出攸关设计的需求条件（Requirements），现在只需根据这些条件，验证流程及工作成果是否符合原先的预期即可。

4　个案探讨

就目前 A 网络花店来说，成立三年已培养 10 万名会员，透过 E-mail 及举办活动，以巩固消费者的忠诚度，然而其会员数仅占目前上网人数的 0.79%，显然仍有很大的成长空间亟须继续努力经营。目前 A 网络花店非节庆平均每天 50 束花，在中国及西洋情人节最高曾达 500 束花，一般节庆约 150 束，顾客消费平均每笔单价至少千元以上，2003 年全年营业额已达 2000 万元。它的经营模式，主要与全省 70 家花店结盟，只要顾客下订单，填妥数据后，可以选择信用卡或 ATM 付款，手续完成后，会以 E-mail 通知顾客。订购数据进入 A 网络花店后，计算机会自动将订单配送到最适合的花店，再由花店出货给消费者，为了维持鲜花的质量，A 网络花店并不以花店的签约量取胜，反而希望维持每县市2～3家质量最佳的花店，来控制花艺的水平。目前A网络花店主要的收入来自于与花店拆账，这种经营模式，国内早期也有类似的网站，如便当外送，但如今大部分的网站都已不存在。分析A网络花店可以日渐茁壮，最重要的原因是花卉的毛利高，扣除物料及运送成本，最高可达七成，适合通过网络薄利多销。但如果是单价太低的产品，订购量必须加大，一旦订购量锐减，网站很难生存。

近年来台湾岛内经济低迷，整体的花卉交易量减少了两至三成，但随着因特网的普及，通过网络订花的成交量却逆势增长一成以上。台湾地窄人稠、市场规模不大，成功之道最重要就是培养忠诚顾客，统一超市总经理徐重仁曾说过，巩固消费者的忠诚度，必须靠不断的创意与创新，从近来统一超商开发的便当系列便可知晓。因篇幅关系本文仅就发展概念阶段所设计之创新服务流程呈现如图3。

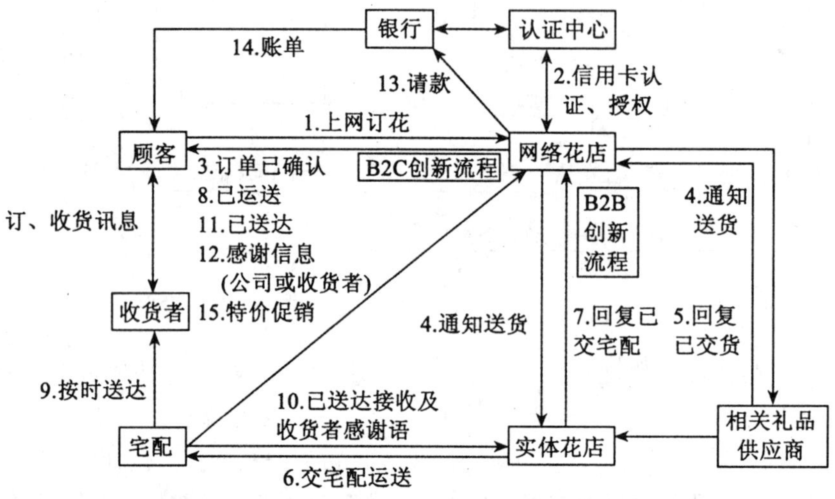

图3 个案之创新服务流程

图3中之解决方案，经与目前网络花店系统功能上检讨分析，可归纳以下3点不同。

4.1 B2C创新流程

目前网络花店系统功能中与顾客有互动的部分，只有订单确认、货物已送达及特价促销活动等信息通知，而信息通知的时间常不恰当（晚上顾客休息时间），且未能做到及时（30分钟）回馈。本研究提出订购全程互动的解决方案，通过订单已确认、货物已运送、货物已送达及感谢语（公司或收货者）及特价促销活动等信息的及时传送，让顾客有“以客为尊”的感受。

4.2 B2B创新流程

通过访谈花店业者了解顾客群中，情侣订花的比例相当高，在年龄层上则以年轻人占大多数，且除了订购花礼以外，常有附带订购巧克力、糖果、手表等礼品的需求。本研究乃针对策略厂商联盟部分，除了实体花店及宅配业者外，提出与礼品业者策略联盟，并可借以提供系统B2C及时回馈货物已运送、货物已送达及感谢语等信息的功能，达到符合顾客需求及质量要求的目标。

4.3 顾客管理

经本解决方案完成系统建构后，尚可通过数据挖掘技术，借由系统主动传送特价促销活动等信息，做好顾客管理工作，以巩固顾客忠诚度。图3中第3、8、11、12、15项活动为使顾客掌握情况，并让网络花店与顾客产生互动的解决方案。然其达到方案的运用方式可以是E-mail与简讯，将来并可依科技的进步取代，例如利用手机或计算机将配宅业者把花礼送到收货者的手上的情况以及收货者的感谢话语等，运用及时语音与影像传输的方式，传送给订货顾客，让顾客真正感受到“以客为尊”，并且适时传送特价促销活动信息，完全赢得顾客的心。而这些互动的过程，成本极低（E-mail可由系统传送、简讯一则不到3元），又无风险问题（通信技术稳定纯熟），实是相当好的可行方案。但是，要运用语音或影像传输的方式前，应先征求收货者同意，以免造成收货者的不快，或让收货者觉得侵犯了个人隐私等，反而弄巧成拙。

参考文献

[1] 朱慧德．运用六标准偏差提升信息系统服务质量之研

究［C］. 海峡两岸企业组织与管理学术研讨会，中国上海，2007.
[2] 杜玉杰. 以六标准偏差设计导入电子商务创新流程之研究［D］. 国防管理学院信息研究所论文，2004.
[3] 舒伯乔，贺瑞著. 六标准偏差设计——打造完美的产品与流程. 胡玮珊，译. 中国台北：经济新潮社，2002.
[4] 舒伯乔，贺瑞著. 我懂了！六标准偏差 2. 胡玮珊，译. 中国台北：经济新潮社，2002.
[5] Chu H D. The Application of Six Sigma to promote Information System Service Quality [C]. Asia Pacific Conference on Information Management (APCIM 2009), Beijing, China, 2009.
[6] Yang K, El-Haik B. Design for Six Sigma: A Roadmap for Product Development [C]. The McGraw-Hill Companies, Inc (2003).

The Study on the Innovation Service Process of Information System based on DFSS

CHU Huey-der[1]
(1. Department of Multimedia Design, Takming University of Science and Technology, Taipei 11451, China)

Abstract: When customers use the IS application, they do not care how the problem occurred. Instead, they just concluded that the system "does not work". The last thing a company wants in this seamless and competitive environment is to tarnish its image and efforts with inferior IS quality. However, one bottleneck in the Information System service remains: "How to get the deliverable right at the first time around." Compared with the "regular" Six Sigma that is featured by DMAIC, the new wave of Six Sigma is called Design for Six Sigma (DFSS). The regular Six Sigma is to improve a process without design or completely redesign the current system. DFSS puts a lot of focus on design and it tries to "do things right at the first time." Therefore, the application of DFSS into IS service process is presented in this paper to provide service with quality and low cost.

Key words: design for six sigma; information system; service quality model

跨国公司在中国本地化实施 ERP 的案例研究*

王伟[1]，毛基业[1]

（1. 中国人民大学 商学院，北京 100872）

摘 要：本文研究了一家跨国公司在其中国子公司成功实施总部的 ERP 系统的案例，旨在通过借鉴跨国组织实践转移的理论模型（TTOP）回答以下研究问题：①跨国公司在中国推广已在国外成功实施过的 ERP 系统时会遇到哪些本地化问题及其原因；②有哪些因素促成了子公司 ERP 成功实施及其原因。本文充分利用案例研究适用于理论构建的特点，发现创造学习和变革的组织文化、ERP 客户化和依赖本地领导团队是应对制度差异和组织障碍的有效措施，并最终形成了跨国公司在中国本地化实施 ERP 的理论模型。

关键词：跨国公司；ERP；跨国公司 ERP 实施；本地化

中图分类号：C931.6；F276.7

1 引 言

跨国公司出于战略或其他方面的考虑，往往要求其海外子公司采用和母公司同样的 ERP 系统。那么，哪些因素有助于跨国公司在海外子公司成功进行 ERP 本地化？这些因素为什么能够发挥作用以及如何发挥作用的呢？已有的相关研究大多是基于 Hofstede 的国家文化维度理论[1][2][3][4]，但在跨国公司和信息系统结合到一起作为研究对象时，文化不见得具有广泛适用性[5]，制度理论为我们提供了一个更具针对性的视角[6]。

本研究中的跨国公司已经在其美国总部和其他国家成功实施了同样的 ERP 系统，在中国实施时却险些失败；由于及时采取策略调整后获得成功。我们使用了单案例研究方法深入研究该跨国公司的 ERP 项目，最终借助扎根理论找到了跨国组织实践转移模型（TTOP）来解释跨国情境下 ERP 成功实施的理论参考。

以下我们将简要介绍相关研究和理论背景，然后介绍研究方法，并概述案例背景；随后，我们将详细展示出数据分析的结果；最后一节将讨论本研究的理论和实践意义和研究不足。

2 文献回顾

根据组织学中的制度理论（institutional theory）[7][8]，跨国公司的海外子公司为了获得合法性（legitimacy），面临着来自母公司和东道国两方面的同化压力（isomorphic pressure）[8]，即具有制度二元性（institutional duality）[9]。跨国公司向当地子公司推广统一的信息系统时，当地的文化、政治和经济等制度环境可能影响甚至重新塑造信息系统。作为一种软件产品，ERP 内嵌着设计者的理念、认知、假定的结构和流程，不同国家、不同公司的 ERP 产品有多方面的差异。ERP 软件中内嵌的“结构”和组织结构之间常常会出现不匹配[10]。跨国公司的子公司面对总部推广的“标准”ERP 系统时，不接纳就意味着违背了总部的意志，接纳则可能面临着子公司内外部各方面因素对这种“外来品”的挑战。以往研究表明，语言、文化、政治、法律法规、管理风格、当地技术人才和人员素质[11]等方面的国家差异可能影响到 ERP 的实施，甚至导致已在西方国家成功实施的 ERP 系统在中国遭遇挫折[12]，在中国实施西方的 ERP 软件时，针对国情改造 ERP 具有客观必要性[13][14]。

ERP 作为一种先进的企业管理工具和软件系统，内嵌了规范的管理理念和业务流程，ERP 实施常被看成是“最佳实践”的传递。针对从母公司向国外子公司进行组织实践转移的现象，Kostova 提出了一个理论模型（Trasnational Transfer of Organizational Practices，TTOP）来概括这个过程中

* 基金项目：国家自然科学基金（项目编号：70671103）
通讯作者：毛基业，教授，E-mail：jymao@ ruc. edu. cn

发挥作用的关键因素以及作用机制[15]。因此，该模型为我们的研究问题提供了一个很好的理论起点。

TTOP 模型包括五个组成部分——社会情境、组织情境、关系情境、组织实践的实施和内化（见图 1）。

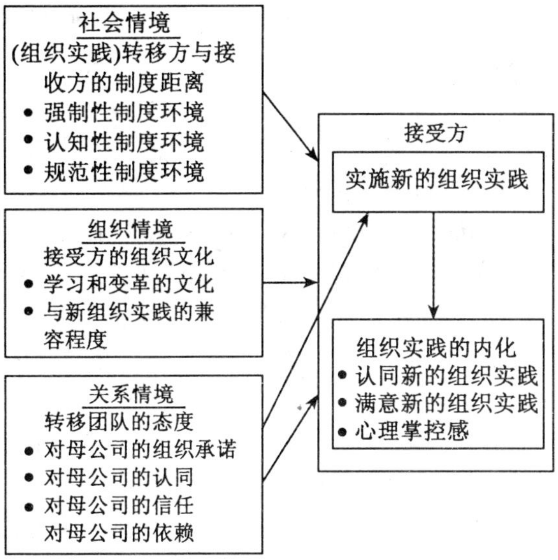

图 1 TTOP 模型

第一，社会情境方面，转移方与接收方的制度距离会影响到组织实践的成功转移。制度距离（institutional distance）指的是两个国家在制度特征（country institutional profile）方面的差异，具体包括强制性、认知性和规范性等三种制度环境的差异。强制性制度环境指有关的法律和各种具体的组织机构规范，例如中国的新会计准则。认知性制度环境是在现实生活中真正决定多数人行为选择的、被广泛接受的社会知识和个人认知，比如思维模式和传统观念。规范性制度指特定国家里的人们对人性和人的行为的认知和判断准则，比如价值观、信仰、道德风尚等非正式的行为规范[7]。两国的制度距离会对跨国公司的战略和行动产生不可忽视的影响作用[16]。对于 ERP 实施而言，当 ERP 系统内嵌的流程与当地法律、法规的要求或当地观念不一致时，他们很难理解、诠释和判断 ERP 是什么、能带来什么，ERP 实施陷入困境也就不足为奇了。

第二，组织情境主要包括两个方面，组织学习和变革的文化、实践内含的价值观与海外子公司已有的价值观之间的兼容性；这两者均会对组织实践转移的成功产生作用。

第三，关系情境包括了转移团队的态度和子公司对母公司的依赖两方面。前者指子公司对母公司包括人事、技术、资本和管理人才等各方面、各种形式的依赖，其中，转移团队包括了经理或相关的中高层管理人员和各个相关职能领域的专业人才。后者指子公司的关键角色“对母公司的承诺、认同和信任”。Kostova 认为后者只影响了实践的实施，前者才跟组织实践的成功转移直接相关。因为转移团队不仅是将母公司和子公司衔接起来的桥梁，而且决定着“什么被转移，被转移的东西如何被理解、传播、推广，以及被接受的程度和结果是什么”，在转移的整个过程中发挥着举足轻重的作用[15]。

第四，成功组织实践转移被分为实施和内化两个维度。实施指组织实践在当地得到了实际应用，内化是一种更深层次的成功，指组织实践的内在价值观得到当地员工的认可，当地员工满意新的工作实践，并有心理认同感和掌控感。

通过上面的介绍，我们发现跨国公司的子公司如何理解和看待母公司推广的实践是深深扎根于国家、社会和组织环境的，组织实践的转移过程还会受到子公司自身因素和母子公司之间关系的影响。该模型为本研究提供了相当好的理论指引。

3 研究背景

K 公司是一家总部位于美国的大型家族企业，在同领域产品的设计和制造上处于世界前沿地位，现在中国已经拥有十家工厂、五百多家直营网点。为了加强对世界各地的子公司的管理、协调，准确掌握它们的实时生产运营状况，K 公司迫切需要将分散在世界各地的子公司集中到统一的信息化平台上。于是，K 公司首先在其美国总部实施了 SAP，然后在澳大利亚和新西兰的两家工厂也实施了同一系统。有了成功的实施经验之后，K 公司决定顺势在中国上海的亚太区总部（下文用 KC 代指）和制造工厂（下文用 KS 代指）同时实施 SAP。

有了成功经验后，K 公司没有聘请第三方，而是大量使用公司内参与过之前实施的海外专家，旨在总部的支持和统一指挥下将成功经验应用到中国。2006 年 2 月，KS 的 SAP 实施项目正式启动。项目的执行负责人由副总 S 担任，超级用户（Super User）基本上都是职能部门的经理或主管，关键用户（Key User）也是由各业务部门的业务骨干组成。项目进行到第二轮测试时，用户①抱怨系统出错太多无法使用；顾问则十分不满用户的态度和数据准备工作的质量，并向KC的总经理进行了投诉。用户和顾问之间出现了明显的关系危机，项目遭遇很大困难，原定于当年7月份上线的计划不得不推迟了三个月。在这种情况下，KS的管理层做了许多努力，总经理Y则发起了一场持续一个多月的"头脑风暴"运动——具体形式是在每天午饭后的一个小时左右的时间里让参与项目的员工坐到一起，每天指定若干名用户上台讲述自己对SAP项目的体会和思考、实施中的经验以及遇到的难题和挑战，顾问在旁辅助解答问题并进行一些必要的补充讲解。自此以后，第三轮和第四轮测试进展较为顺利，用户和顾问密切合作，并在2007年10月实现了SAP的成功上线。经过不断地摸索和调整，截至2008年12月，KS几乎所有的业务流程都已融入SAP系统，SAP项目的目标得以实现。

从上面的介绍，我们可以清楚地看到一个ERP项目从近乎失败到成功的曲折过程，因此属于相对典型的极端案例[17]，为我们发现类似项目可能会面临的挑战和关键成功因素以及解释"头脑风暴"运动为什么如此有效提供了一个十分难得的材料。

4 研究方法

我们在2008年对KS的九名用户进行了两轮共十四人次的深入访谈，平均每次访谈都在一个小时左右。这九人大多是KS的超级用户，是KS实施团队的核心。访谈时，我们结合半结构式问卷进行提问，除了必要时补充一些问题，尽量保持谈话的流畅。所有的访谈都有笔记和录音，录音随后还全部被整理成了文字，形成了近十万字的材料。除了访谈，我们到KS进行了现场参观，参与了KS的SAP例行讨论会，与当地员工进行了相当数量的非正式沟通。我们还从公司网站和其他公共资源中收集了大量相关的背景资料和文件。这些都旨在辅助我们扩展和验证访谈得到的信息，便于三角验证。

本文采用了案例研究方法，这是因为在研究对象中，参与者的日常生活与所要研究的现象和过程是联系在一起的，案例方法具有适宜性[17]。在研究的整个过程中，遵循了以往案例研究的步骤和规范[17][18][19]。我们借鉴扎根理论方法，以主题编码的方式对访谈材料进行几轮迭代式的分析和归纳[20][21]，首先，我们反复阅读访谈材料，并对数据进行开放式编码，提取出一阶概念；在此基础上，我们进一步归纳出主题性质的二阶概念；然后，在二阶概念基础上汇总形成更加抽象、系统的概念，这也成为我们构建理论的直接基础；最后，根据汇总性概念之间的关系，我们提出了总的理论模型（图2）。整个过程类似于Strauss and Corbin的"选择性编码"[20]。

5 研究发现

5.1 制度距离导致的社会障碍

K公司在KS实施SAP时，从流程到实施活动的安排大多照搬了美国的先例。虽然"60%到70%的流程都是一样的，在上海工厂也适用"，但我们发现两者存在着明显的制度环境的差异，即制度距离。

首先，强制性情境上存在明显差异。国内有保税、出口退税、增值税等不同于国外的政府政策和许多本地化商业运作惯例，比如"他们（美国）都是拿到发票多少钱付款，因为我们中国是要增值税发票的，所以我们以货到多少钱付款"。

其次，顾问和当地用户之间存在着较大的认知距离。国外顾问们的实施经验参差不齐，且大多不熟悉中国文化和中国人的观念、逻辑，更不清楚KS多年来形成的业务模式。顾问按照以往的经验组织实施活动，提供的SAP系统培训和培训材料都是英文的，"（顾问）也要向我学习，很多东西她不懂的"，"他们电脑很熟，（但）不熟流程"，"老外讲的时候，我们这英语好的人也不是很多的，能听懂的不多"。然而，大部分KS用户知识水平有限，对SAP的认知更有限，且不能用英语和顾问进行有效沟通。因此在项目初期，用户不仅存在着对ERP的很多误解，而且认知距离对用户的学习效果产生了不小的消极影响。

此外，ERP内嵌了许多规范要求、标准流程和先进的管理理念，各模块间存在高度的相互关联性，当地用户未能充分认识和理解ERP的规范性情境。一方面，顾问只能间隔地在KS呆几天或者一星期，不能保证培训的连续性。而国内用户一切听从顾问安排，"跟任务似的"，随着项目的深入，两方在实施的规划和细节上产生了众多分歧，"很多的设定我根本没办法再去参与了，因为别人已经

① 除非需要区分，下文将用"用户"统称"超级用户"和"关键用户"。

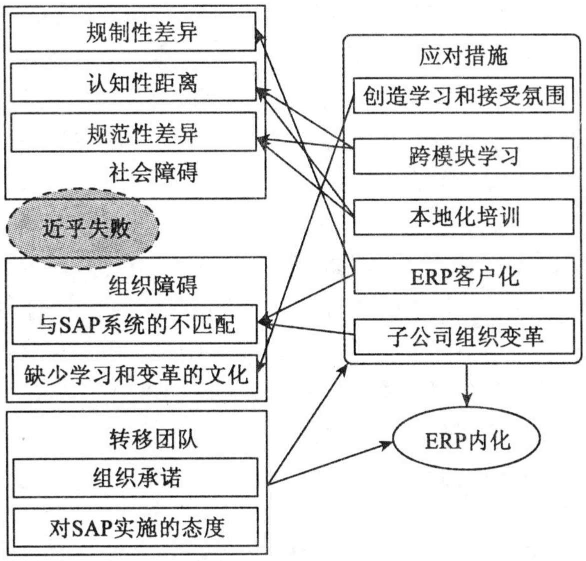

图 2 研究发现

设定好了；另外一个，很多的需求，比如说我 FICO 有哪些需求，其实这个和设定绑在一起的”。另一方面，顾问安排的培训、测试以及正式沟通都限于各模块内部，缺少集体学习的氛围，再加上认知距离的因素，用户在培训中的实际进步有限，因而也不能有效地理解 ERP 的规范和要求，“我们的同事得不到很多的培训，所以他输入的时候，这个东西在 SAP 里面作了一个默认，这个东西在我们 FICO 里面是影响报告的，放的地方不是我们想要的地方，再返过头来去找他们的时候，他们根本不知道”。

这三方面充分体现了制度距离的客观存在。在 SAP 项目初期，由于缺少有效的预防和应对措施，制度距离发展成为项目的一大障碍。亚太区专门有一个 FICO 的 super user 就因为和美国人意见分歧较大，在抗争无果的情况下选择了离职。

5.2 组织障碍

KS 的旧系统操作简单、功能有限。面对 SAP，用户需要学习大量的新知识，甚至是相关部门的知识。一方面，用户希望保持现状，“就是说要 SAP 来适应我们这里的工作方式”，“把我现在的工作变动得最小”，“那个时候老外也抱怨说，你们老是固执着你们现在手工的很多的落后做法，SAP 先进的做法你们都不要”；另一方面，厌恶、恐惧、抵制等各种负面情绪也屡见不鲜，“感到害怕，觉得这样工作太痛苦了”，“有的人就说这个东西一塌糊涂，那根本就绝望了”。项目初期 KS 未能形成积极的氛围来应对这些问题。

与此同时，SAP 系统也暴露出了许多与 KS 不匹配的地方。K 公司已经针对亚太区情况对 SAP 系统进行了定制和修改，“拿过来的时候呢，有很多都是轻车熟路的感觉”，但在输入、内部处理、输出等方面系统仍存在许多问题。信息录入方面，“它（财务的会计科目）字面是 match 的，但是数据导进去之后，跑出来的报告是不平的”，“之前他们说是不能输，因为系统里面没有这样一个地方可以让你输这个费用（产板费用）进去”。业务流程方面，SAP 出现了很多令当地用户不满意的地方，“国外是没有寄售这个概念的，我们要寄售，就是说这个货我们要用了才付款”，“到目前为止系统还不能出来一个标准的成本分析的程序”。输出方面，满足本地需求的许多报告都未能实现，“上海总部要的分析报告跟美国要的分析报告不一样，美国要的分析报告系统可以出来……我们要更 detail 的”。

总之，制度距离和组织方面的障碍为 KS 遭遇的挫折埋下了伏笔（具体编码结果见表 1）。

表 1 项目初期的不利因素

汇总概念	二阶概念	一阶概念
制度距离	强制性情境	政府监管和法律政策上的差异
		商业惯例差异
	认知性情境	当地用户对 ERP 的误解
		顾问缺少对当地公司的认知
		语言障碍
	规范性情境	不同的实施规划
		用户不理解 ERP 的规范和要求
组织障碍	缺少学习和变革的文化	用户希望保持现状
		对学习和变革的负面情绪
	与 SAP 系统的不匹配	信息录入上的不匹配
		和当地业务流程的不匹配
		本地报告需求

5.3 SAP 项目的转折

危机爆发后不久，KS 采取了包括“头脑风暴”运动在内的一系列措施，逐渐将项目拉回正轨，并最终成功实施了 SAP。我们通过编码归纳出了促成 SAP 项目转折的五项关键措施。

第一，创造学习和接受 ERP 的氛围。首先，领导鼓励学习 SAP。“Y 总跟我说，你学 SAP，你要记住，学了是你的”，“整个公司也在鼓励大家去学，不管是 super user 还是普通 user，公司都会鼓励大家去学，多学习”。其次，领导要求用户学习 SAP。“所有部门的凡是参加 ERP 的人都要参加”，“要求所有的人没有事情都必须要参加”，“Y 总说了，SAP 的事就是你的事，弄不好就是你的事”。最后，领导还作为学习示范。“（Y 总）每天都在听，很多问题都是他在问的”，“S 是副总，全面负责 SAP 的实施，然后他对生产模块是非常清楚，包括对生产模块的 T-code 都非常清楚”。概括地讲，KS 的高层领导发起并亲身参与了一场有利于学习和变革的集体活动，KS 逐渐形成了“一起学习”和“谁不学 SAP 就落伍了”的氛围。

第二，建立良好的跨模块机制。“头脑风暴”之后，跨模块沟通与协调的重要性深入人心，KS 逐渐形成了良好的跨模块机制。首先，跨模块沟通机制。“大家在一块讨论，昨天系统发生了什么问题，大家都会在会议上提出来，有什么解决方法”，“通过这个头脑风暴他们距离可以拉近一点，会后的话他们可能就说不懂的还会问，问自己内部的，问这个做 PPT 的人，会问他那块的”，其次，集体决策机制。在“头脑风暴”阶段之后，KS 成立了“三人决策小组”（副总 S、财务部负责人和物流部负责人），每天早晨召开 SAP 进展讨论会。会上各模块负责人汇报前一天遇到的问题，大家共同探讨原因和解决方案，并最终由三人决策小组做出决策，形成问题的解决方案。“所有的东西我们三人小组做决定就可以了，任何的东西，只要我们三人小组说可以做，那就去做”。

第三，开展本地化培训，即顾问本土化、培训本土化。顾问本土化指 K 公司在中国新招了许多中国顾问，确保 KS 的每个模块至少有一名本地顾问提供持续的支持。培训本土化指的是顾问的培训更具有针对性，更加贴合 KS 的业务实际，顾问通过参与“头脑风暴”大会也相应地调整了培训的形式和内容，整理出了专门针对 KS 的培训材料，并且在必要的时候提供额外的辅助指导。“（顾问的培训）等于说是加强了很多了，针对性比较强”，“（操作手册）后来都翻译成中文了”。

第四，SAP 客户化。经过当地用户和顾问的不断沟通和协商，顾问根据本地需求修改 SAP 系统，“我把要求提出来之后，他也去跟国外，跟 SAP 沟通好之后呢，他觉得可以做的，那就我这边靠拢，尽量不去改变我现在的工作流程”，“做一个叫 customized 的方案……他们进行配置，所有的付款条款都改一遍”。同时，KS 采取了一系列迂回策略以减少组织与系统之间的不匹配。

第五，子公司组织变革。SAP 客户化的同时，KS 不仅调整了部分业务流程，重新设计了许多作业流程和管理流程，而且调整了几个职能部门的职责，增设了数据中心部门。“原先，背面那个编号扫一下就入库了……（现在，浴缸）扫好以后，那你在包装的地方再放了一台电脑，他要扫一下成品标签……”“我们以前有计划的，专门做计划的，他们不但管生产计划、成品计划，还要管材料需求计划。那上了这个系统以后，我们公司是这样定的，就我们这个采购人员，他不单是要负责采购，还要负责 MRP controller”。

表 2　**KS 的五项应对措施**

二阶概念	一阶概念
创造学习和接受 ERP 的氛围	领导鼓励学习 SAP
	领导要求用户学习 SAP
	领导作为学习示范
跨模块学习	跨模块沟通
	集体决策
本地化培训	顾问本土化
	培训本土化
SAP 客户化	根据本地需求定制系统
	迂回策略
子公司组织变革	调整业务流程
	调整职能设置

总之，这五项措施在 KS 内部营造了积极的氛围，有利于克服顾问和用户之间在语言和认知上的障碍；使顾问的工作更加符合当地的情况和用户的需求；同时通过 SAP 客户化和组织变革增加了软件和组织之间的匹配度，最终减少了实施的客观障碍。

5.4 转移团队——决定组织实践转移成败的关键

这里的转移团队包括 KS 的总经理、副总经理和全部超级用户。首先，转移团队在内在动机、对当地组织的承诺、对母公司的认同三方面表现出了对 K 公司和 KS 的较高的组织承诺。我们很多人都很长时间，对这个公司还是蛮有感情的，所以它如果说是有这样一个系统要上的话，我们必须要把它做好，不管你怎么样付出，怎么样做”；“（Y 总）鼓励每一个员工都参加，说既然我们老板 K 先生花了这么多钱来做这个项目（我们应该……)”。另外，转移团队对 SAP 项目的态度也十分积极，具体表现在：①深入参与 ERP 实施，“（副总 S）在 SAP 上之前和上之后都是很深入的”，“十月一日上线的时候不是放长假吗，七天的时间，我是上了六天班，然后 Tommy 也是上了六天班，副总 S 好像是上了五天班，基本上都在这里”；②持续关注 ERP 项目，“他（Y 总）就是一直关心这个项目的进程，他老是问你这个项目怎么样，你们做得怎么样有什么困难”；③对关键用户的象征性支持，“我们每个人的电脑不是都换过了嘛，就是他把你要的资源都给你，人员也会给你”。总之，转移团队的态度、言论和行为向所有员工传递了清晰的信息——高管层对实施 SAP 的信念是坚定的，实施 SAP 势在必行。

5.5 SAP 项目的成功实施

SAP 上线一年多之后，KS 已基本在系统里实现了业务流程，当地用户体会到了 ERP 的好处，不仅认可了新系统的价值，还主动利用它开展工作，“（以前）手工输得太多的话，就容易出错。假如你基础工作做得好的话，这些都会自动跳出来”，“SAP 用好了，确实能够帮我们在工作中解决这个效率问题”，“现在说话，你不会说 SAP 的话就是外行了呀”，“平时不结账我们也会去看一看（系统），有什么特别、有差异的，特别明显的有点问题的地方，然后及时沟通。那样的话，避免了我们结账时的混乱”。现在 KS 的库存降低了，准时交货率由实施前的 92% ~95% 增加到 98%，和总部的联系也更加紧密，总部可以实时了解 KS 的工作情况。以上的种种迹象表明 KS 已实现了 SAP 的内化。

6 讨论与总结

我们的研究发现可以简单概括为：跨国公司的海外子公司在接受总部推广的 ERP（即战略性组织实践）时，当地的制度环境、组织文化和当地管理层都会对实施过程产生重要影响。如果不能妥善应对这些方面的潜在问题，跨国公司很可能面临项目的失败。

本文的贡献主要在于：①借鉴 Kostova 的 TTOP 模型，提出了一种比文化视角更贴合实际问题的理论框架来研究跨国企业在海外子公司（中国）实施 ERP 系统时面临的情景问题。虽然借鉴了已有理论模型，但我们进行了许多创新和改造，比如我们将“文化兼容性”换成了 Rogers[22] 提出的 ERP 和组织现状的实际兼容性，将转移团队的动机和对母公司的依赖这两点换成了转移团队的组织承诺，形成了更加适合研究跨国公司 ERP 实施的理论模型。②归纳了五项措施来应对社会制度环境和组织环境带来的 ERP 实施障碍（见表 2），这既可以视为对以往关键成功因素研究的进一步深化，也可以作为对跨国公司在中国实施 ERP 时的实践启示。

本研究也有许多不足之处。首先，案例中的公司规模不大，只有 600 多名员工，组织结构较简单，而且实施了 SAP 的五个模块，属于一个小型的 ERP 项目，研究对象的特殊性可能限制了结论的普遍意义。其次，我们的大部分数据源自访谈材料，而这些信息可能会受到被访谈人记忆衰退和事后反思等因素的影响。总而言之，本文为以后类似的研究提供了有益的启示，具有一定的参考价值，但本文的结论仍有待继续检验和深化。

参考文献

[1] Krumbholz M, Maiden N. The Implementation of Enterprise Resource Planning Packages in Different Organisational and National Cultures [J]. Information Systems, 2001, 26 (3): 185-204.

[2] Martinsons M G, Westwood R I. Management Information Systems in the Chinese Business Culture: an Explanatory Theory [J]. Information & Management, 1997, 32 (5): 215-228.

[3] Shanks G, Parr A, Hu B, et al. Differences in Critical Success Factors in ERP Systems Implementation in Australia and China: a Cultural Analysis [C]. Proceedings of the European Conference on Information Systems, 2000, 537-544.

[4] Sheu C, Chae B, Yang C L. National Differences and ERP Implementation: Issues and Challenges [J]. OMEGA - The International Journal of Management Science, 2004, 32 (5): 361-371.

[5] Myers M D, Tan F B. Beyond Models of National Culture in Information Systems Research [J]. Journal of Global Information Management, 2002, 10 (1): 24-32.

[6] Kostova T, and Dacin T. Institutional theory in the Study of Multinational Corporationsa Critique and New Directions [J]. Academy of Management Review. 2008, 33 (4): 994-1006.

[7] Scott W R. Institutions and Organizations [M]. London: Sage Publications, 1995.

[8] DiMaggio, Paul J, Powell Walter W. The Iron Cage Revisited: Institutional Isomorphism and Collective Rationali-

ty in Organization Fields [J]. American Sociological Review, 1983, 48 (1): 147-160.

[9] Kostova T, Roth K. Adoption of an Organizational Practice by Subsidiaries of Multinational Corporations: Institutional and Relational Effects [J]. Academy of Management Journal, 2002, 215-233.

[10] Soh C, Sia S K. An Institutional Perspective on Sources of ERP Package-organisation Misalignments [J]. Journal of Strategic Information Systems, 2004, 13 (4): 375-397.

[11] Sheu C, Chae B, Yang C L. National Differences and ERP Implementation: Issues and Challenges [J]. OMEGA—The International Journal of Management Science, 2004, 32 (5): 361-371.

[12] Avison D, Malaurent J. Impact of Cultural Differences: a Case Study of ERP Introduction in China [J]. International Journal of Information Management, 2007, 27 (5): 368-374.

[13] Zhang Z, Lee M, Huang P, et al. A Framework of ERP Systems Implementation Success in China: an Empirical Study [J]. International Journal of Production Economics, 2005, 98 (1): 56-80.

[14] Marble R P, Lu Y P. Culturalizing Enterprise Software for the Chinese Context: an Argument for Accommodating Guanxi-based Business Practices [J]. International Journal of Production Economics, 2007, 107 (2): 364-379.

[15] Kostova T. Transnational Transfer of Strategic Organizational Practices: a Contextual Perspective [J]. Academy of Management Review, 1999, 24 (2): 308-324.

[16] Xu D, Shenkar O. Institutional Distance and the Multinational Enterprise [J]. The Academy of Management Review, 2002, 27 (4): 608-618.

[17] Yin R K. Case Study Research: Design and Methods [M]. 3rd ed. Thousand Oaks, California: Sage Publications, Inc, 2003.

[18] Benbasat I, Goldstein D K, Mead M. The Case Research Strategy in Studies of Information Systems [J]. MIS quarterly, 1987, 11 (3): 369-386.

[19] Eisenhardt K M. Building Theories from Case Study Research [J]. Academy of Management Review, 1989, 14 (4): 532-550.

[20] Strauss A L, Corbin J M. Basics of Qualitative Research: Techniques and Procedures for Developing Grounded Theory [M]. Thousand Oaks, California: Sage Publications Inc, 1998.

[21] Van Maanen J. The Fact of Fiction in Organizational Ethnography [J]. Administrative Science Quarterly, 1979, 24 (4): 539-550.

[22] Rogers E M. Diffusion of Innovation [M]. New York: The Free Press, 1995.

Localized ERP Implementation in China by a Multinational Company: An Exploratory Case Study

WANG Wei[1], MAO Jiye[1]

(1. School of Business, Renmin University of China, Beijing 100872, China)

Abstract: This research investigates a foreign subsidiary's successful adoption of an ERP package used by its parent Multinational Company (MNC). Drawing upon the theoretical model of Transnational Transfer of Organizational Practices (TTOP), we aim to identify specifically, what are the barriers and challenges arising from the China context, and what are the factors contributing to the successful ERP localization, and why? Through a case study, we found several effective measures to deal with challenges in the institutional context of subsidiaries, categorized under the creation of learning and change culture, reduction in incompatibility with ERP, and reliance on the local implementation coalition. A theoretical model was proposed with reference to the theoretical lens.

Key words: Enterprise Resource Planning (ERP); ERP implementation in foreign subsidiaries; localization

社会性群体协作学习环境中的认知聚合研究*

王蓉[1]，刘妍妍[1]，陈禹[1]，方美琪[1]

（1. 中国人民大学 信息学院，北京 100872）

摘　要：本文先提出社会性群体协作学习和知识共享（SGCL）系统构想，介绍了SGCL系统的框架及需要研究的六个子任务，重点介绍群体认知聚合研究。本文提出群体聚合中的节点聚合、关系聚合及用户声望计算模型，然后针对这些模型进行实验验证，一是利用互联网上的分类目录生成个体认知，模拟用户行为，进行聚合，然后与原分类目录进行对比；二是利用Repast多主体建模工具，对系统进行建模仿真。实验结果证明聚合模型与算法符合系统目标的结论。

关键词：认知聚合；协作学习；社会计算；集体智慧

中图分类号：TP391；G434

目前整个社会正在发生着学习的变迁。这种变迁一方面来自于人类对于自身认知的深入研究，另一方面来自于技术对学习过程的支撑。知识的建构性、社会性、情境性、复杂性和默会性[1]强调学习者的学习过程应该是在一定社会环境下，与他人交流、协作，不断建构自己的认知或知识体系的过程，即强调社会性群体协作过程。计算机支持的协作学习（CSCL）领域也在适应着这种变化趋势。Koschmann认为CSCL的核心研究领域所关心的是在共同活动环境中意义形成的实践，以及实现这些实践活动的途径[2]。从这个阐释来看，“共同活动环境”强调了社会性；“意义的形成”强调人们对客观世界的认知是一个动态、变化、不断建构的过程；“实现这些实践活动的途径”则强调为意义的形成提供一种环境和工具。此外，全球大脑[3][4][5]和社会计算[6][7]的思想促使信息系统的研究向集成深度、群体广度和历史经验方向发展。在这种背景下，需要研究一种能够充分发挥数字化学习特点的支持社会性群体协作学习和知识共享（Social Group Collaborative Learning，SGCL）的机制与技术，这种机制与技术能够存储和展现微观上的个体认知和宏观上的群体认知，以及个体和群体的认知历史轨迹[8][9]。

1　SGCL系统目标及框架

从微观来看，每个个体从出生起就生活在社会中，从事各种社会活动，通过与其他个体或环境的交互、沟通，不断建构自己对客观世界的认知，整个人的生命过程就是一个不断学习的过程。每个个体的建构过程在宏观上又体现出人类对客观世界的认识，这种认知反过来又会影响个体知识的建构。社会作为一个整体，在不断地发现和积累知识，因此人类的历史也是一个不断探索、发现的过程。微观个体认知和宏观人类认知是不断发展、变化的，有其建构的历史轨迹（变迁）。SGCL系统的目标就是能够提供这样一个环境，个体在其中能够建构认知，然后系统将个体建构的认知聚合成群体认知，聚合后的群体认知反过来能够为个体建构认知提供帮助。个体与群体的交互关系如图1所示。

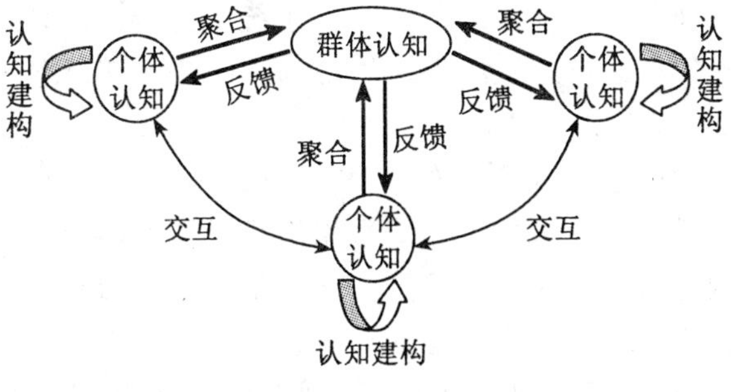

图1　SGCL系统中个体与群体的交互关系

根据系统目标设计出SGCL系统的系统框架（见图2）。SGCL包括六个主要的子课题：①个体认知建构研究；②群体认知聚合研究；③促进系统

* 基金项目：国家社会科学基金（06BTQ016），信息管理与信息经济学教育部重点实验室开放基金（F0607-16）

作者简介：王蓉（1971），女（汉），湖南，讲师，E-mail：rong@ruc.edu.cn

向良性方向演化的协作机制研究；④知识群、学友群和资源群的挖掘算法研究；⑤个体与群体认知历史及演化轨迹可视化研究；⑥个体认知在群体认知中的地位的可视化研究。本文重点介绍SGCL系统中的群体认知聚合的相关研究。

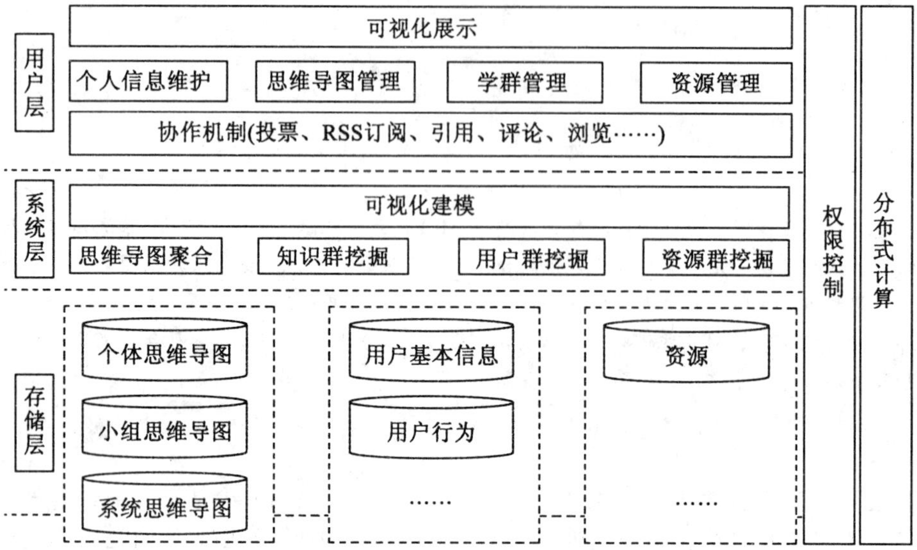

图2 SGCL系统框架

2 个体认知模型和行为

为了更清楚地说明SGCL系统中的认知聚合研究，先简单介绍一下个体认知建构研究。

2.1 个体认知模型

个体认知构建部分的实质是个体认知的外化。这种外化可以通过语言、肢体动作、文字、作图等方式进行展现。对于基于Web的环境而言，考虑到计算机处理数据的特点，并遵循“左右脑分工理论（split-brain）”[10]及“双重编码理论”（dual-coding theory）[11]，SGCL系统中为个人提供的认知构建工具需要以图的方式同时激活语言系统和非语言系统。

通过对现有的知识可视化工具进行分析研究[12][13]，SGCL系统采用思维导图作为个体建构自己认知体系的工具。思维导图（Mind Map），也称为心智图，是英国人托尼·巴赞（Tony Buzan）于20世纪60年代创造的一种笔记方法。思维导图从一个中心点开始，以一种无穷无尽的分支链的形式从中心向四周放射。思维导图遵循大脑放射性思维的方式，全面调动左脑的逻辑、顺序、条例、文字、数字以及右脑的图像、想象、颜色、空间、整体思维，使大脑潜能得到充分的开发，从而极大地挖掘人的记忆、创造、身体、语言、精神、社交等各方面的潜能[14]。

用户在自己的空间建构思维导图，可以将思维导图抽象为节点及节点与节点之间的连接。这样，第i个用户的个体认知体系的拓扑结构可以表示为$G_i(U_i,R_i)$，G_i表示个体i建构的知识体系，其中U_i表示学习者建构的知识点的集合，$R_i \subseteq U_i \times U_i$表示知识点之间的映射关系。为描述方便，本文中将个体以创建思维导图的方式建构的个体认知称为“认知图”。

2.2 个体行为

SGCL系统中个体参与将作为聚合参数，影响聚合结果，即用户群体行为决定着群体认知演化。用户在建构过程中可以参照系统聚合后的群体认知，以此实现个体与个体、个体与环境之间的相互协作。

个体可以在个人空间中建构自己的认知体系，建构过程中系统将提示聚合后的群体认知图中的相似节点和相关节点，用户可以浏览群体（或个体）认知图中节点，若认可其节点或关系，可对其进行投票、引用、订阅和评论。系统将记录个体的创建、浏览、投票、引用、订阅和评论等行为。这些行为将作为参数参与群体认知聚合计算。

3 聚合模型

聚合是将个体建构的认知图聚合为群体的认知图。本论文的聚合模型主要包括节点的聚合、节点关系的聚合以及用户声望的计算三个部分。

3.1 节点聚合模型

对于节点的聚合，SGCL 系统依靠人本身强大的语义理解与处理能力，所以弱化语义计算，仅当节点的字符完全匹配时认为是相同节点。因为，不同用户可能存储了同一个话题的不同副本，首先把这些不同副本聚合为同一个话题，同时记录拥有该话题的用户。除此之外，为了反映集体对每个话题的感兴趣程度，对每个聚合节点计算一个群体关注度权值，如式（1）所示。

$$W_t = d \times W_{t-1} + p \times R + x \times Q + y \times V + z \times L \quad (1)$$

式中，

W_t——当前时刻聚合节点的权重

W_{t-1}——前一时刻聚合节点的权重

d——时间衰减因子

p——声望权重系数

R——创建该节点的用户声望之和减去删除该节点的用户声望之和

x——引用权重系数

Q——引用该节点的人数减去引用后删除该节点的人数

y——投票权重系数

V——对该节点投票的人数

z——浏览权重系数

L——浏览过该节点的人数

从式（1）可以看到，聚合节点的权重根据用户参与及认可程度动态变化。每个节点的当前权重均与上一次聚合后的该节点权重，对该节点施加的行为及施加行为的人有关。因为老的节点有较长的生存期来积累权重，这样会抑制新产生认知内容，所以用时间衰减因子来降低老节点在系统中的影响力。各种行为对聚合节点的权值影响程度是不一样的，因此，用户声望、引用、投票、浏览权重系数的设置决定着聚合结果的价值取向，也体现着系统演化机制。

3.2 关系聚合模型

对节点关系的聚合，代表着群体认知路径的聚合，和节点的聚合是类似的，不同的是在聚合过程中，会对系统中的关系（边）计算权重。关系聚合可用（U, R, W）表示，其中 U 是用户感兴趣的话题构成的节点集合，$R \subseteq U \times U$ 是 U 和 U 之间的关系集合，W: $R \to R$ 是关系的权重。对节点关系的聚合，就是要确定节点与节点之间的关系和每个关系的权重 W。式（2）为关系权重的计算公式。

$$W_t = d \times W_{t-1} + p \times R + x \times Q + y \times V + z \times L \quad (2)$$

式中，

W_t——当前时刻聚合关系的权重

W_{t-1}——前一时刻聚合关系的权重

d——时间衰减因子

p——声望权重系数

R——创建该关系的用户声望之和减去删除该关系的用户声望之和

x——引用权重系数

Q——引用该关系的人数减去引用后删除该关系的人数

y——投票权重系数

V——对该关系投票的人数

z——浏览权重系数

L——浏览过该关系的个体数

由式（2）可以看到，关系创建权值取决于用户的声望高低和创建该关系的用户的数量。越是常被一起使用的话题，越是被权威人士认为相关，创建权值就会越高。引用代表着用户在浏览他人思维导图或者浏览全局聚合思维导图的时候对比较赞同的节点关系（也就是认知路径）引用到自己的思维导图中，一个关系被引用的越多，表明赞同这两个话题相关的用户越多，引用权值也就会越高。投票结果也代表着用户对话题相关度的赞同度，所有人投票结果之和，构成了投票权值。浏览行为也反映这种多用户对相关认知路径的使用频繁程度，浏览权值越高，代表着认知路径对用户的导向作用越明显，对认知的贡献程度越高。

3.3 用户声望计算模型

用户声望反映的是用户对群体建构贡献的程度，是用户个人的认知构建被群体所支持的程度，在 SGCL 系统中用户创建的节点和关系被他人引用、投票支持、浏览得越多，他建构的认知对集体智慧的贡献也就越大，声望也就越高。用户声望的计算公式如式（3）。

$$Ri_t = Ri_{t-1} + x \times Q + y \times V + z \times L \quad (3)$$

式中，

Ri_t——当前时刻 t 个体 i 的声望

Ri_{t-1}——前一时刻 $t-1$ 个体 i 的声望

x——引用权重系数

Q——个体 i 的认知图被其他个体引用的次数

y——投票权重系数

V——个体 i 的认知图被其他个体投票的次数

z——浏览权重系数

L——个体 i 的认知图被其他个体浏览的次数

4 系统建模与仿真

为了验证系统聚合模型的有效性，观察聚合模型中的参数对聚合的影响，我们从两方面做了实验。

4.1 分类目录模拟实验

实验一是基于聚合模型，将模拟生成的个体认知建构数据和用户行为数据通过聚合算法计算群体认知，并反馈给用户，为用户下一步的认知建构提供帮助。实验的基本思路为：

（1）首先在系统中模拟生成一些学习者；

（2）利用互联网上的新浪爱问分类目录①开放分类目录，根据一定的抽取原则，为用户生成初始的个体建构的认知图；

（3）针对每一个学习者，基于一定概率及当前群体认知情况，模拟生成一些可能产生的行为（浏览、投票、引用、创建、删除、无任何行为）；

（4）利用聚合算法将用户新产生的行为结果利用增量方式进行聚合，形成新的群体认知；

（5）重复执行第3、4步，整个系统不断地运行演化。

本实验新浪爱问分类目录下抽取10个大的分类，总共包含2 156个节点，再以这2 156个节点作为数据源，生成模拟数据。如果将新浪爱问下抽取的10个分类目录作为系统中所有个体的认知全集，那么每一次聚合后得到的群体认知就相当于这个全集下面的一个子集，那么随着时间的推移，如果子集的结构逐渐趋同于全集，则说明群体认知聚合模型能够有效地把集体智慧逐渐呈现给个体，从而使得个体在集体智慧的指导下更加有效地构建自己的认知。

为此，本文采用图的拟合度作为衡量聚合模型的指标。本文所指的图的拟合度是：假设认知全集中边的总数为 T，群体认知图中边的总目为 G，既在群体认知图中出现同时又在全集中出现的边的数目为 m，则该认知图的拟合度为 m/T。

另外，用群体认知图中有用边的比率（m/G）来表达群体认知中集体智慧的含量。因为个体在构建自己的认知时，可能存在一些观点不能被大众所接受，这样的观点不应该代表集体的智慧。好的聚合模型应该能保证聚合后的群体认知中代表集体智慧的成分保持在较高水平，并且不会随时间推移而衰减。实验结果对应的统计图如图3所示，图中 fitRate 表示拟合度，effectiveRate 表示有用边比率。

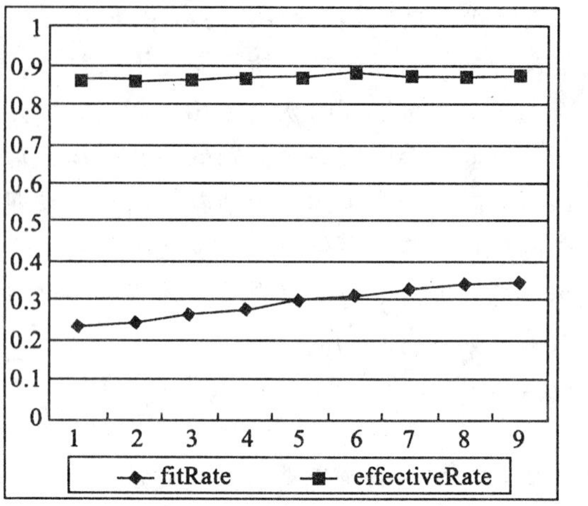

图3 聚合结果统计图

可以看出，随着时间的推移，群体认知图的拟合度逐渐增大，说明群体认知结构逐渐趋同于全集，则说明群体认知聚合模型能够有效地把集体智慧逐渐呈现给个体，从而使得个体在集体智慧的指导下更加有效地构建自己的认知。另外，群体认知图中有用边比率持续在较高水平，这说明集体智慧并没有随着时间的推移而衰减。

4.2 多主体建模与仿真

实验二是利用 Repast（recursive porous agent simulation toolkit），对系统进行建模仿真。Repast 是理想的多主体建模工具，提供了用于主体仿真建模的各种基本类。建模者可以通过直接使用这些类或从这些类继承子类来构造自己的模型[15][16]。

在 SGCL 系统中，将每个个体看作一个独立的主体，每个主体通过浏览、投票、引用其他主体认知图等方式与其他个体建立起协作学习关系。由于每个个体建构自己的认知图，个体之间的关系也是通过对认知图的相关操作而发生的，因此，为了模型的表达力更强，本文在模型实现时将每个个体的认知图看作行为主体，将聚合后的群体认知图作为环境主体，在每个时间步里，行为主体根据环境主体对其产生的反馈，并根据自己的行为规则采取相应的行为。这里的行为规则与4.1的实验相同。另外，为了简化模拟，模拟模型中只是考虑了用户对其认知图的行为，及认知图聚合后对用户行为的影响情况，而没有考虑用户对资源的操作情况。

① 新浪爱问分类目录是由新浪搜索专业编辑挑选而形成的，http：//dir.iask.com/

为了实现模拟，不失一般性，我们引入概念群（concept group），概念群中的概念与概念之间相关系数较大。设系统中有 n 个概念群 G_i $(1\leq i\leq n)$，每个概念群包含 m 个基本的概念元，基本概念元用字母表示，每个概念群的基本概念元的交集为空。概念元是用户认知图节点上的基本组成单位，这些概念元按一定规律组合，构成了认知图中的节点。这里还假设每个概念群包含 p 个用户，每个用户拥有自己唯一的认知图，每个用户的兴趣属于或专长于一个或多个概念群。

例如概念群数 n 为3，每个概念群的基本概念元 m 为6，则 {a，b，c，d，e，f} 为 G_1 概念群的基本概念元，{g，h，i，j，k，l} 为 G_2 概念群的基本概念元，{m，n，o，p，q，r} 为 G_3 概念群的基本概念元。假设某用户的兴趣为 G_1 概念群，则他的认知图主要围绕 G_1 中的概念元 {a，b，c，d，e，f} 生成，但也以小概率生成其他概念群中的节点。图4所示的是一个以 a 扩展的认知图，可以看到，除了节点 acm，其他节点中的概念均是由概念群 G_1 中的基本概念元 {a，b，c，d，e，f} 组合而成。

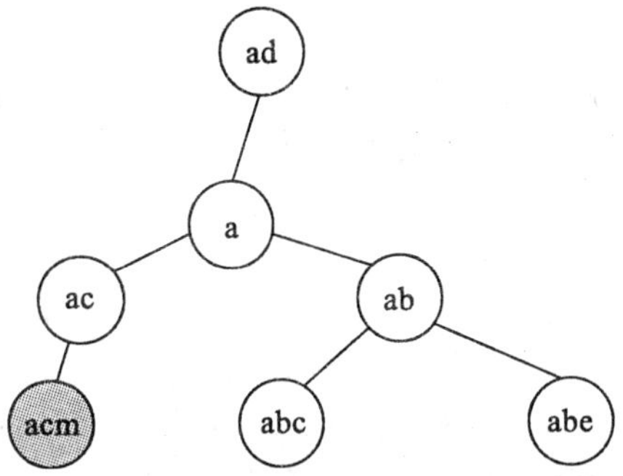

图4　模拟中某用户可能生成的认知图

实验中模拟用户可以采取的行为有：创建、浏览、投票、引用，实验将采取一定概率决定将采取哪种行为。一般情况下，我们认为比较贴近实际的规律是：学习者浏览的行为要多于其他的几种行为，因为大多数情况下，学习者首先会去浏览他感兴趣那部分系统整体的认知或者其他学习者的认知，然后确定如果他发现有他认同的认知，他才可能去创建这个认知点，或者将该认知点引入自己的认知图中。所以，我们在模拟用户行为时，赋予"浏览"这一行为的概率要比采取其他行为的概率大一些。

另外，聚合成群体认知以后，该群体认知可以认为是当时环境下所有学习者的集体智慧，学习者可以从中得到一些启示，从而采取相应的行为。在模拟群体认知对每个个体产生的反馈时，我们认为聚合后的群体认知图中，具备较大权值的那些认知点以及节点关系对学习者的影响更大，因为它们受到群体的关注度是相对较高的。

在 Repast 中，调度类负责仿真时钟的推进，行为的安排与调度。仿真时钟的单位是"Tick"，可称为时间步。在 Repast 中，系统状态的改变是在离散时间点上被改变的，分为离散事件调度和离散时间调度。事件与事件的处理子程序被封装在一个行为类中，事件的安排与调度变成了行为的安排与调度。

本文实验的调度中，第一步，将每个用户的当前认知图进行聚合，生成群体的认知图；第二步，获得当前群体认知图中的热门知识点；第三步，每个用户发生一次行为（创建、浏览、投票、引用或无行为），用户的行为会改变自己的认知图；第四步，显示本轮结果；第五步，准备下一轮运行。

图5、图6、图7显示了时间步为1、15和35时的系统仿真的聚合后群体认知图。刚开始时，系统中的认知图相对分散（用不同颜色表示不同类别的概念，图中有三种节点颜色：黄色、蓝色和灰色，红色表示关注度较高的节点），经过一段时间的运行后，随着用户创建、浏览、投票、引用等行为的发生，各概念群发生聚合。

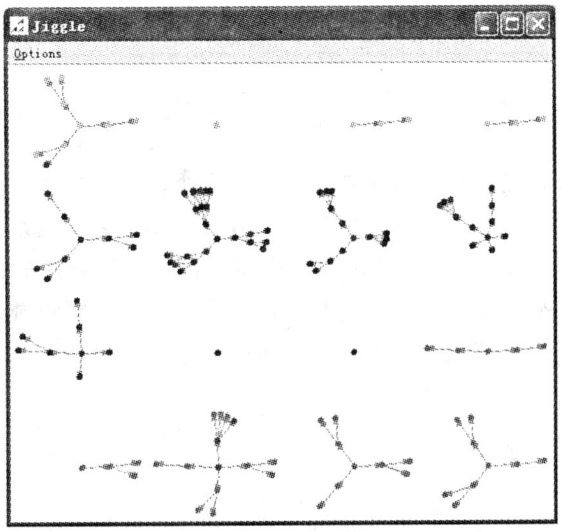

图5　tick = 1 的结果图

在时间步为35时（图6所示），三个不同颜色概念群的群体认知聚合在一起，表明经过足够长的时间演化，各个概念群已经打破了原有的领域限制，形成了一个更丰富、更完善的认知体系。从认

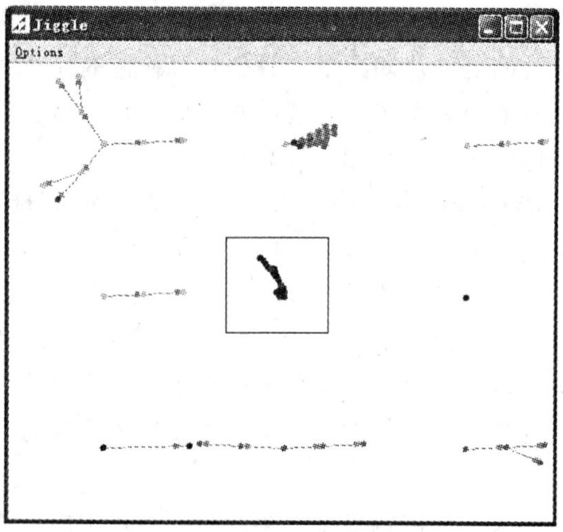

图 6　tick = 15 的结果图

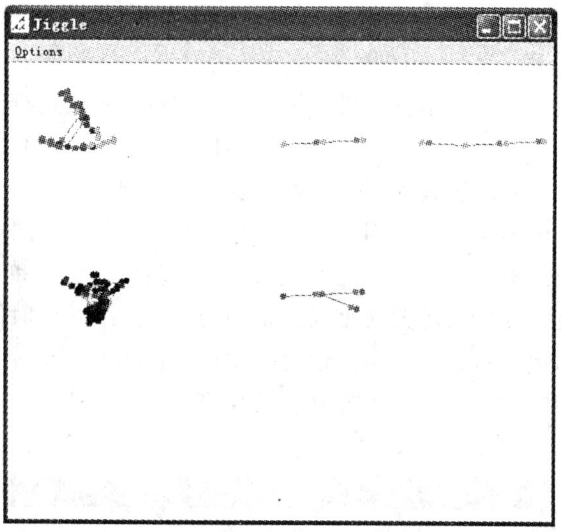

图 7　tick = 35 的结果图

知角度来看，大多数情况下，每个领域内的个体认知都集中分布在他所属的领域内，领域之间联系不是很紧密，在 SGCL 系统内，可以打破领域之间的壁垒，多样性个体的学习过程就可以在不同领域之间建立联系，从群体角度体现出来的就是一个相对完整的认知体系。

5　结　论

随着认知科学、教育理论和计算机及网络的发展，人们的学习方式正在发生变化，在此前提下本论首先提出社会性群体协作学习与知识共享的思想、系统框架以及在此框架下应该研究的六个子课题。然后重点介绍群体认知聚合研究，设计了节点聚合模型、节点关系聚合模型以及用户声望计算模型。通过实验对模型进行验证，证明聚合模型符合 SGCL 系统的设计目标。后续研究将进一步细化模型中参数之间的关系，将 SGCL 原型系统投入使用，收集实证数据，研究分析用户的行为，然后对群体认知聚合算法进行完善。

参 考 文 献

[1] John D. Bransford. 人是如何学习的——大脑、心理、经验及学校 [M]. 程可拉，等译. 上海：华东师范大学出版社，2002.

[2] Koschmann T. Dewey's Contribution to the Foundations of CSCL Research [A]. Computer Supported for Collaborative Learning: Foundations for a CSCL Community, the Proceedings of CSCL2002 [C]. Hillsdale, NJ: Erlbaum, 2002: 17-22.

[3] Russell P. The Global Brain: Speculations on the Evolutionary Leap to Planetary Consciousness [M]. Boston, MA: Houghton Mifflin, 1983.

[4] O'Reilly T. What Is Web 2.0—Design Patterns and Business Models for the Next Generation of Software [OL]. http://www.oreillynet.com/pub/a/oreilly/tim/news/2005/09/30/what-is-web-20.html, 2005.

[5] 张树人. 从社会性软件、Web 2.0 到复杂适应信息系统研究 [D]，北京：中国人民大学，2006.

[6] Bush V. As We May Think [J]. The Atlantic Monthly. July 1945.

[7] 王飞跃. 社会计算的意义及其展望 [J], Communication of CCF, 2006, (2): 28-35.

[8] 王蓉，方美琪，陈禹. 社会化群体协作学习研究 [J]. 管理科学，2007 (20): 80-83.

[9] Wang Rong, Feng Xia, Fang Meiqi. Social Group Collaborative Learning: Reasons and Features [A] //Proceedings of 3rd International Conference on Computer Science and Education 2007. 厦门：厦门大学出版社，2007.

[10] Wikipedia. Split-brain [EB/OL]. http://en.wikipedia.org/wiki/Split-brain, 2009.

[11] Paivio A. Mental Imagery in Associative Learning and Memory [J]. US: Psychological Review, 1969, 76 (3), 241-263.

[12] 王朝云，刘玉龙. 知识可视化的理论与应用 [J]. 北京：现代教育技术，2007, 17 (6): 18-20.

[13] Eppler M J, Burkard R A. Knowledge Visualization: Towards a New Discipline and its Fields of Application [A] //ICA Working Paper. Lugano: University of Lugano, 2/2004.

[14] Buzan T, Buzan B. The Mind Map Book: How to Use Radiant Thinking to Maximize Your Brain's Untapped Potential [M]. US: E P Dutton, 1994.

[15] 方美琪，张树人. 复杂系统建模与仿真 [M]. 北京：中国人民大学出版社，2005.

[16] Tobias R, Hofmann C. Evaluation of Free Java-libraries for Social-scientific Agent based Simulation [J/OL] // Journal of Artificial Societies and Social Simulation. 2004, 7 (1). http: //jasss. soc. surrey. ac. uk/7/1/6. html.

Aggregation Model of Group Cognition in Social Group Collaborative Learning Environment

WANG Rong[1], LIU Yanyan[1], CHEN Yu[1], FANG Meiqi[1]

(1. School of Information, Renmin University of China, Beijing 100872, China)

Abstract: At first, this paper introduces the idea of social group collaborative learning and knowledge sharing (SGCL), framework of SGCL system and its six research subtasks. Then this paper pays more attention to one of the subtasks, group cognition aggregation model research. As to group cognition aggregation, this paper suggests nodes aggregation model, relations aggregation model and users' reputation computing model. To verify these models, the paper introduces two experiments. In one experiment, we first draw individual cognition maps from directory on the Internet, then simulate user behaviors and aggregate individual cognition maps into group cognition map, at last compare the aggregation results with the original directory. In another experiment, we simulate the SGCL system with Repast. The results of the experiments show that the model and algorithm accord with the system's goal.

Key words: cognition aggregation; collaborative learning; social computing; collective intelligence

面向知识密集型企业的岗位知识管理系统研究与应用*

陈伟[1]，张旭梅[1]，但斌[1]，李俊[1]

（1. 重庆大学 经济与工商管理学院，重庆 400044）

摘　要：针对目前知识密集型企业中知识型员工流动性大，企业内部岗位知识分散且极易随知识型员工岗位变动而流失的问题，结合基于岗位的知识管理理念，搭建了基于岗位的知识管理系统框架，设计了系统体系结构和应用功能模块，开发了岗位知识管理系统，在重庆市永川供电局得到了有效应用，解决了"人走知识去"等问题，实现了岗位知识的分类、储存与共享。

关键词：岗位知识；知识管理系统；知识密集型企业

中图分类号：F270.7

管理大师彼得·德鲁克指出，20世纪的企业，最有价值的资产是生产设备；21世纪的组织，最有价值的资产是组织内的知识工作者和他们的生产力。正如德鲁克所说，随着21世纪知识经济时代的到来，纯资本密集型和劳动密集型企业的发展受到了前所未有的挑战，相比而言拥有大量知识的知识密集型企业则发展势头迅猛，可见，对于知识密集型企业而言，最稀缺、最重要、最有价值的资源不是资金，而是各岗位知识型员工头脑中的知识、技能和不断创新的能力。然而，知识密集型企业虽然拥有大量的知识资源，但大部分知识资源零碎分散在各岗位知识型员工头脑中，由于知识型员工的自身特点以及人才战的加剧，导致知识型员工流动频繁。随着知识型员工的岗位变动或离职跳槽，相应的岗位知识极易流失，如不能有效地促进岗位知识的积累和沉淀，企业的知识也就无法内部共享，将造成企业知识资产损失和员工基础培训的重复开支，不利于企业人力资源开发，阻碍了知识密集型企业快速发展[1][2]。因此，在知识密集型企业中开展岗位知识管理，建立岗位知识管理系统将知识型员工头脑中零碎分散的岗位知识资源整合成强有力的知识力量并加以储存对保持企业核心竞争力具有重要的意义。目前，国内外关于企业知识管理系统的研究已有不少[3][4][5][6][7][8][9]，基于岗位的知识管理系统研究还不多。有鉴于此，以岗位知识管理思想为理念，构建了岗位知识管理系统框架，设计了岗位知识管理系统的体系结构和功能结构，开发了岗位知识管理系统并在重庆市永川供电局进行了实际应用，取得了显著的成效，有效地解决了知识密集型企业中"人走知识去"等问题，实现了岗位知识的分类、储存与共享。

1　岗位知识管理系统的系统框架

岗位知识管理系统以岗位为基本管理单元实施知识管理，把企业知识按岗位进行分类整理，从而实现企业知识在岗位维度上的组织、分类、表示、沉淀和共享。此外，在岗位知识管理的基础上以个人知识管理为补充，通过促进个人隐性知识显性化、显性知识信息化，从而形成包括岗位知识和个人知识的企业知识管理体系。根据上述思想，岗位知识管理系统的系统框架如图1所示。

1.1　知识分析

岗位知识管理系统将企业的知识源分为两部分，岗位知识和员工个人知识，岗位知识是主体，员工个人知识是补充。通过岗位分析和员工个人知识分析，实现系统初始知识的获取。其中岗位分析又包括岗位工作分析和岗位知识分析。岗位工作分析是对岗位情况进行说明的一项重要的人力资源基础管理工作，岗位工作分析是获取岗位描述型知识的重要途径；岗位知识分析是对岗位内部显性知识的梳理和挖掘过程，是获取岗位内应用型知识的重要途径。通过岗位知识分析得到与特定岗位息息相

* 基金项目：国家自然科学基金项目（70871128）

通讯作者：陈伟，E-mail：cwcwj2004@yahoo.com.cn

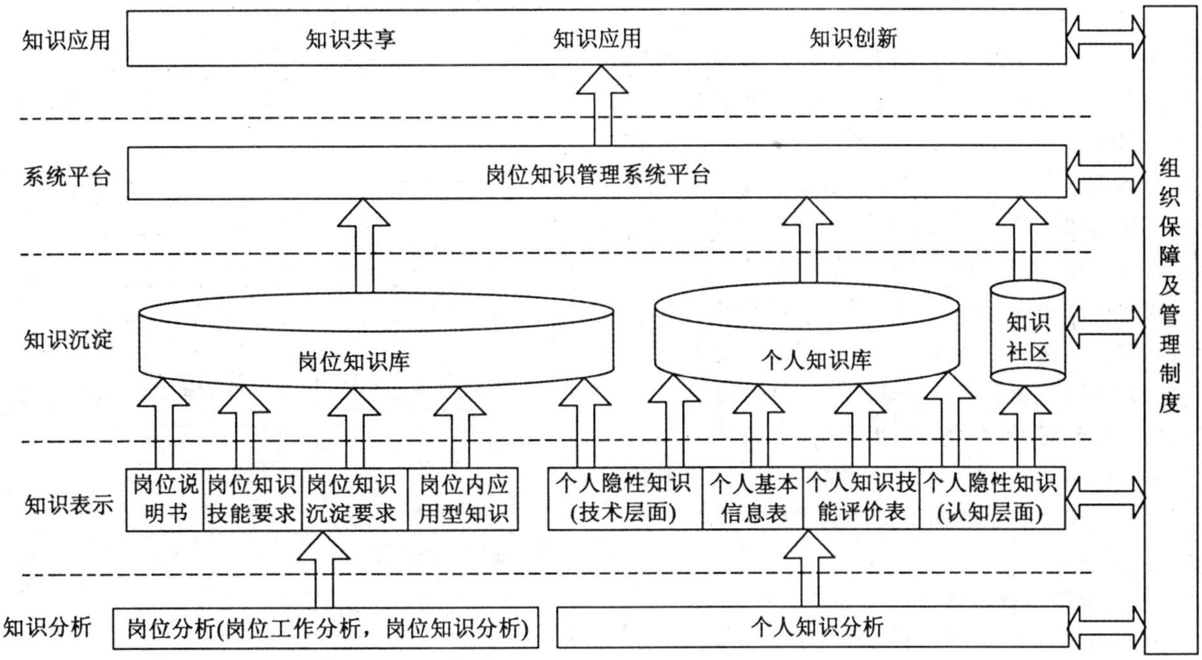

图 1　岗位知识管理系统总体框架图

关的知识，按照知识的性质进行整理、分类和表示。员工个人知识分析是对员工个人信息及个人知识进行梳理的过程，通过个人知识分析使个人显性知识进一步结构化，从而形成知识文档，同时促进个人隐性知识的显性化、岗位化。

1.2　知识表示

通过对知识源的深入挖掘、分析获得知识的分类表示。其中，作为岗位工作分析直接成果的岗位说明书能直观完整的反映出各岗位的具体情况，如岗位基本信息、岗位职责职权、工作协作关系、岗位任职资格等。通过岗位说明书中的岗位职责及其具体工作内容描述可以制定出岗位知识技能要求，进而制定出岗位知识沉淀要求。通过岗位知识分析可以获取岗位内应用型知识，这类知识包括与岗位相关的各类管理制度、管理方法、报表等岗位显性知识。个人知识分析将个人显性知识进一步结构化后形成个人基本信息表和个人知识技能评价表，反映个人姓名、岗位、职称、学历经历、工作经历、培训经历、个人知识评价、个人技能评价等个人情况。对个人隐性知识的分析从技术层面和认知层面两个层面进行。技术层面的个人隐性知识指员工个人在岗位上通过实践获取的无法形式化、难以具体说明的技巧、手艺或专门技术等经验型的知识；认知层面的个人隐性知识指员工个人心智模式、信念、直觉等意识层面知识。

1.3　知识沉淀

知识库是知识管理系统中重要组成部分，知识库的合理构建对系统各项功能的实现有重要影响。基于岗位的知识管理系统以岗位为基础构建岗位知识库；以员工为单位构建个人知识库。岗位知识和个人知识经过分类表示，以一定的结构组织起来，分别存储在岗位知识库和个人知识库中。每个岗位都有相应的岗位知识，该岗位的岗位知识库与其对应；每个员工都有独自的个人知识，该员工的个人知识库与其对应。在知识库的物理形式构建上，考虑了知识数据的复杂性和非结构化，采用了文档知识库技术。文档知识库通过对知识文档的操作来实现知识的存储和管理。知识文档是存储复杂非结构化知识的良好载体，通过全文检索，能够快速定位知识库中相应知识文档。同时，构建了一个类似于论坛的知识交流平台——知识社区，用于员工之间难以文档化的隐性知识的交流和共享。

1.4　系统平台

岗位知识管理系统中用户能够直接面对和操作的界面是由系统平台提供的。系统平台是系统底层知识库和上层知识应用的中间连接，它一方面提供统一的底层文档数据流管理，实现对知识文档的各项操作；另一方面通过提供各种具体应用功能模块，如岗位分类管理、个人知识门户、知识地图、知识检索、知识社区、系统管理等，负责响应用户的操作和结果反馈。

1.5 知识应用

建立岗位知识管理系统的目的是要实现知识共享、知识应用和知识创新。员工通过向岗位知识库和个人知识库提交知识文档或者在知识社区发表个人心得体会等进行知识贡献，同时又通过对知识库的访问实现知识获取和知识共享。考虑到知识的安全性和价值性，实行知识库授权访问制，不同岗位员工获得不同的知识库访问权限。员工在其个人权限内可以共享岗位知识库、个人知识库及知识社区中自己需要的知识，然后将这些知识结合自身的知识结构运用到实践中，实现知识的资产价值。知识的不断交流、共享和应用，不仅有利于知识的不断创新，而且有利于企业知识资产的增值和企业综合竞争力的提升。

1.6 组织保障及管理制度

组织保障及管理制度虽然不是岗位知识管理系统的基本组成单元，但它是系统实施的环境支持，系统正常运行的重要保障。系统的各个环节，从知识分析到知识应用，都需要有相应的组织保障及管理制度。这些外部环境，是系统取得成功的要素之一。企业需要构建相应的组织体系，如成立知识管理领导小组、设置知识主管以及部门知识管理员等，用于保障系统建设及运行的正常进行。同时，企业还需要制定相应的管理制度，如知识运行制度、知识管理考核及激励制度等。其中，知识运行制度包括知识积累沉淀、知识更新、知识交流、知识创新、知识培训等制度，它明确了员工在知识运行的各个环节中的工作内容和职责，是系统正常运行的重要保障；知识管理考核及激励制度明确了员工在知识运行中的任务指标、贡献大小以及相应的物质及精神回报，它是系统高效运行的动力。

2 岗位知识管理系统的体系结构

基于 IBM Lotus 知识管理系统设计理念，岗位知识管理系统采用四层体系架构，由表示层、应用层、功能层、基础平台层构成，如图 2 所示。

表示层展现为基于岗位的知识管理系统，是用户与系统的接口，负责响应用户操作，显示处理结果。应用层负责各种知识管理的处理逻辑，是岗位知识管理系统体系结构的核心，直接决定着整个体系的功能，包括岗位分类管理、个人知识门户、知识地图、知识检索、知识社区和系统管理六大模块。功能层没有用户界面，不直接实现具体的知识管理操作，为进一步开发知识管理应用提供开发平台，同时为应用层和表示层提供服务，建立上层应用和底层服务之间的联系，实现底层数据的传输、存储、用户管理等功能，系统功能层包括：知识存储管理、知识流管理、协作管理、用户管理等。基础平台层包括数据存储、操作系统、硬件平台。数据库管理系统平台采用 IBM DOMINO 和 SQL Server，分别对结构化和非结构化数据进行存储管理操作；操作系统选择 WINDOWS2000/2003；服务器采用高性能 CPU、内存为 1G 以上，硬盘空间为 100G 以上。

图 2 岗位知识管理系统体系结构图

3 岗位知识管理系统的功能模块

岗位知识管理系统包括岗位分类管理、个人知识门户、知识地图、知识检索、知识社区、系统管理等六大应用功能模块，如图 2 应用层所示。

3.1 岗位分类管理

作为整个知识管理系统的基础管理系统，岗位分类管理对企业的各个岗位进行分类，系统根据岗位分类设置相应的岗位知识库；同时，根据不同岗位上员工注册情况设置相应的个人知识库。企业员工所提交的知识文档将按其所定义的分类存入到相应的岗位知识库或者个人知识库中。岗位分类管理是系统知识库组织和构建的基础，包括增加岗位、删除岗位、修改岗位、岗位基本情况管理等功能。

3.2 个人知识门户

个人知识门户是用户个人进行各项具体操作的面板，是用户登录系统的首页，也是用户个人知识管理的平台。个人知识门户将知识管理系统的各项应用功能集成到一个界面上，用户可以在个人知识门户上通过各个链接进入到各个具体应用功能的管理界面进行相应操作。用户通过个人知识门户可以实现岗位知识提交与学习、个人知识贡献等。个人知识门户充分考虑用户利益，保证浏览、查询、提交和审核操作方便，大大提高员工工作效率，具体包括岗位知识提交、岗位知识审核、个人知识管理、个人日程管理、个人账户管理等功能。

3.3 知识地图

知识地图是岗位知识库和个人知识库的知识导航图，帮助用户定位到知识库中指定的位置，以迅速查找所需要的知识。知识地图包括岗位知识地图和个人知识地图，其中岗位知识地图是对应到岗位知识库结构的一个树形导航图，图形化展示系统内岗位知识分布状态；个人知识地图是对应到个人知识库结构的一个树形导航图，图形化展示系统内个人知识分布状态。知识地图通过图形化界面，十分清晰地展现了各个岗位知识库、个人知识库之间的逻辑关系，用户可以通过知识地图上的链接直接进入到相应的知识库中，实现知识库的快速高效访问。

3.4 知识检索

知识检索是一个搜索引擎，帮助用户在多个知识库的大量知识文档中查询所需要的知识。知识检索分为基本检索和高级检索。基本检索依据对知识文档的基本描述进行搜索，其搜索条目包括知识标题、关键字、正文、附件名称，以及对以上基本条目的简单并集组合搜索等；高级搜索可按用户的具体搜索条件自定义搜索，其搜索范围比基本检索要广，而且条目组合方式也比基本检索要复杂。高级检索搜索条目包括主题、标题、关键字、正文、知识维度、知识发布日期，知识发布人等，组合方式包括并集组合搜索、交集组合搜索以及先并后交组合搜索等。

3.5 知识社区

知识社区是企业员工之间进行知识交流、探讨和共享的一个平台，尤其是对于员工个人隐性知识的交流、探讨和共享。隐性知识存在于员工个人头脑当中，表现为经验和心智模式等，难以具体化、文档化，需要通过员工之间的交流与探讨才能实现共享。知识社区对此提供平台支撑，它包括两个子功能模块：知识论坛区和知识问答区。员工可以在论坛发布自己的知识文章，包括心得体会、感想、工作经验等，也可以在问答区提出问题，探讨问题与答案。通过这样一种较为实时的发帖与回帖的方式，较好地实现了隐性知识的交流与共享。

3.6 系统管理

系统管理包括用户注册管理、角色管理、权限管理、公告管理、积分管理和版本管理。注册用户管理主要实现对注册用户的增加、修改、删除和维护；角色管理是对不同角色，如普通用户、知识管理员、知识主管、系统管理员等进行增加、修改、删除和维护，并定义用户与角色组的关系；权限管理是将角色和不同权限，如知识审核权、知识发布权等分配给用户；公告管理是对系统通知、最新知识发布消息、最热知识访问消息等进行发布、修改和删除；积分管理根据员工在岗位知识库和知识社区中知识贡献的质和量进行积分考核和评定，员工知识贡献量越大、质量越高，其积分就越多，具体积分规则可以根据企业实际需要进行设置；版本管理是对所提交知识文档在不同时段、不同员工因修改升级而产生的不同版本进行管理。

4 应用案例

该系统已在重庆市永川供电局得到实际应用。作为供电企业，永川供电局资金密集、技术密集，知识管理的任务十分紧迫。以前，各个岗位、部门的知识分散于员工之中，随着人员岗位变动，相应的知识极易流失，造成企业知识损失和员工培训的重复开支，部分工作经常处于低水平重复，不能有效地促进企业知识的积累、应用和创造，造成企业知识库的薄弱与缺失，从而企业的知识和智力不能有效内部共享，不利于学习型企业建设和人力资源开发，阻碍了企业的快速发展。在此背景下，永川供电局以重庆市电力公司推行学习型企业建设和创新型企业建设为契机，实施了该岗位知识管理系统。系统上线后，根据岗位知识的分布和聚集情况，首先将全局所有科级及以上管理岗位和专业技术岗位纳入岗位知识管理范畴。经过半年多的运行，系统各项功能运行良好，取得了以下成效：

（1）解决了岗位知识分散且极易流失的问题。

以前永川供电局存在比较严重的“人走知识去”现象，即：各岗位的知识，没有积累沉淀到知识库中，储存在员工的头脑或自己的计算机中，导致企业员工一旦离开自己的岗位，这些知识就随之而去。岗位知识管理系统通过构建规范化和标准化的岗位知识库，为企业员工方便有效的积累沉淀知识提供了信息平台，另外，通过制定岗位知识沉淀要求、规范及相关考核与激励措施，促使员工积极主动、有效合理地积累沉淀与岗位相关的知识，使得员工的个人知识真正沉淀为企业的知识，从而实现了“人走知识留”。

（2）促进了知识在企业内部的交流共享。

在企业员工新老交替或离职跳槽时，针对新员工的培训是企业不可避免的重要工作内容之一。以前，永川供电局员工培训工作采取的方式比较传统，培训资料没有适时有效的储存，相同的培训任务需要人工重复进行，工作费时费力，往往还达不到预期的效果。岗位知识库的建设为员工培训提供了素材和平台，节省了培训时间和成本，实现了企业内部知识的有效共享；同时通过构建知识社区，提供了一个隐性知识交流共享平台，方便员工之间进行工作经验、心得体会等隐性知识的交流共享。在知识交流共享的基础上，再配合有效的考核激励措施，促进员工对知识的利用和再创造，同时再创造的知识沉淀到岗位知识管理系统中，形成新一轮知识交流共享的基础，最终实现了员工之间知识交流、共享、利用、再创造的良性循环。

（3）提高了企业知识管理的信息化水平。

在数据量与知识量激增的今天，传统的管理手段和方法已经显得力不从心，知识管理已成为当今企业面临的最重要的管理问题之一，知识管理能力的大小在一定程度上反映了企业管理水平的高低。以前，永川供电局的知识管理停留在对纸质文档的管理上，这已不足以应付企业急剧增加的数据和知识、不足以解决企业当前所面临的知识管理问题，极大地限制了企业知识管理能力的提升，不利于企业的发展壮大。岗位知识管理系统依据先进的知识管理方案、采取前沿的信息技术手段，通过构建知识库和知识交流共享平台，通过使用大量的IT工具和方法，从根本上改变了永川供电局目前的知识管理方式，大大增强了企业知识管理能力。

5 结束语

人类社会已逐渐步入一个以智力资源的占有配置与知识的生产分配使用为生存手段的经济时代，很多企业特别是知识密集型企业逐渐认识到企业的效益和成长性越来越依赖于员工的知识和技能。岗位知识管理系统从人力资源管理角度出发，利用岗位对企业知识的关口作用，以岗位为基本管理单元实施知识管理，实现了岗位知识的组织、分类、表示、沉淀和共享，不仅能有效解决目前各岗位知识型员工流动性大而导致的“人走知识去”的现实问题，而且增加了企业知识资产，促进了知识在企业内部的共享，为保持知识密集型企业的核心竞争力和可持续发展奠定了坚实的基础。

参考文献

[1] 张新安. 知识密集型企业的知识管理 [J]. 管理现代化，2003，23（1）：27-28.

[2] 王毓. 浅析知识密集型企业人力资源管理问题 [J]. 中国人力资源开发，2004，21（9）：101-104.

[3] 李富强，葛新权，吴永林. 知识共享的企业知识管理系统 [J]. 中国软科学，2002，17（10）：56-59.

[4] 高天真. 知识管理系统的模型框架及成功实施知识管理的核心问题分析 [J]. 科学学与科学技术管理，2005，26（3）：69-72.

[5] 郑刚，王方瑞，陈劲. 中国高新技术企业知识管理系统研究 [J]. 科研管理，2008，29（3）：1-8.

[6] 陈建军. 企业知识管理系统架构研究 [J]. 科技进步与对策，2009，26（3）：128-132.

[7] Lin Y, Wang L, Tserng H P. Enhancing Knowledge Exchange through Web Map-based Knowledge Management System in Construction: Lessons Learned in Taiwan [J]. Automation in Construction, 2006, 15 (6): 693-705.

[8] Juang Y, Lin S, Kao H. A Knowledge Management System for Series-parallel Availability Optimization and Design [J]. Expert Systems with Applications, 2008, 34 (1): 181-193.

[9] Cheng H, Lu Y, Sheu C. An Ontology-based Business Intelligence Application in a Financial Knowledge Management System [J]. Expert Systems with Applications, 2009, 36 (2, Part 2): 3614-3622.

Research and Application on Position Knowledge Management System for Knowledge-intensive Enterprises

CHEN Wei[1], ZHANG Xu-mei[1], DAN Bin[1], LI Jun[1]

(1. School of Economics and Business Administration, Chongqing University, Chongqing 400044, China)

Abstract: Base on the problems that knowledge workers are high fluidity, the position knowledge are dispersed in enterprises and lost easily with position change of knowledge workers. Combining with the theory of position-based knowledge management, the framework of knowledge management system based on position has been set up, the system structure and main function modules have been designed, and the position knowledge management system has been developed, which has been applied effective in Yongchuan power supply bureau in Chongqing. The problem of "knowledge loses with employee draining" has been solved effective and the aim of classifying, restoring and sharing position knowledge has been achieved.

Key words: position knowledge; knowledge management system; knowledge-intensive enterprises

西部种植业网站信息资源开发利用效率评价*

孙艳玲[1]，贺盛瑜[1]，李阳旭[1]

（1. 成都信息工程学院，成都 610103）

摘 要：在现有网络信息资源开发利用效率评价方法的基础上，构建了西部种植业网站信息资源开发利用效率的指标体系，运用数据包络分析方法对种植业网站进行评价研究。对我国西部56家种植业企业网站的效率进行评价。评价结果表明，西部种植业网站信息资源的开发利用效率普遍偏低，56家网站中有11家网站的效率相对有效，占网站总数的19.64%，另外45家网站效率相对无效。根据对无效网站的分析，给出了提高西部种植业网站信息资源开发利用效率可资借鉴的建议。

关键词：种植业网站；信息资源；效率；DEA；西部

中图分类号：G203

第23次CNNIC调查数据显示，截至2008年12月31日，中国网民规模达2.98亿人，普及率达到22.6%，已经超过全球平均水平。农村网民规模增长迅速，已达到8460万人，较2007年增长60.8%。在东中西部地区中，西部省份网民增长最快，网民增速达52%，远超过中部（占40.6%）和东部（占39.3%）地区。

在农村网民增速强劲的背景下，农业网站将成为广大农民获取农业信息资源的重要窗口。利用农业网站这一农业信息资源载体，抓好农业信息资源开发利用这一农业信息化的核心问题，是加强农业信息化建设的一项重要任务，也是促进农业产业发展、农业增效、农民增收的重要影响因素。

种植业是由多种作物种植组成的综合体。通常把种植业包括的作物列为粮、棉、油、麻、丝、茶、糖、菜、烟、果、药、杂等12项。种植业在整个农业中占有特殊重要的地位，是整个农业的基础。据2007年中国农村统计年鉴统计显示：粮食总产量四川位居全国第5位；棉花总产量新疆位居全国第1位，甘肃第9位；油料总产量四川位居全国第6位，内蒙古第9位，贵州第10位；糖料总产量广西位居全国第1位，云南第2位，新疆第4位，内蒙古第7位，四川第8位；水果总产量陕西位居全国第4位，广西第6位。“十一五”规划明确提出：西部地区逐步建成棉花、糖料、烟叶、水果、花卉、茶叶、马铃薯、畜产品、林特产品、中草药十大有特色优势的农产品生产基地。以上信息凸显了种植业在西部的重要地位。

因此，研究种植业网站发展，加强指导和规划，提高种植业网站的服务能力、水平和效果，已经成为一项重要而紧迫的任务。笔者从种植业网站建设的投入产出角度来研究西部农业信息资源开发利用状况，为西部种植业网站的合理建设和提高信息资源的开发利用效率提供参考依据。

1 评价方法

近年来，国内外开展了大量的网站评估活动，学术界也有大量的相关研究[1][2][3][4][5]。归纳起来主要有技术性实测调查、网站流量监测、网上调查、专家调查、网络计量学等方法。这些方法主要强调网站应用技术的先进性以及网站内容对用户需求的满足等方面进行评估。

数据包络分析（Data Envelopment Analysis，DEA）是著名运筹学家A. Charnes和W. W. Cooper等以“相对效率评价”概念基础，根据多指标投入和多指标产出的相同类型部门进行相对有效性综合评价的一种新方法[6][7]。该方法具有这样的特点：①对处理多输入特别是多输出的复杂系统问题的能力具有优势；②DEA方法并不直接对指标数据进行综合，因而建立模型前无须对数据进行无量纲化处理；③DEA方法无须任何权重假设，每一输入输出的权重不是根据评价者的主观认定，而是

* 基金项目：国家社科基金项目（06XTQ012）
通讯作者：孙艳玲，E-mail：sun.yan.lin@163.com

由决策单元的实际数据求得最优权重，具有很强的客观性。因此，本文选择DEA模型对种植业网站的信息资源开发利用状况进行评价。

DEA模型有多种形式，本文选择评价规模有效性和技术有效性的C^2R模型。

设有n个决策单元，每个决策单元($DMU_j(j=1,2,\cdots,n)$都有m种输入和s种输出。分别用输入X_j和输出Y_j表示，则：

$$X_j=(x_{1j},x_{2j},\cdots,x_{nj})^T,$$

$$Y_j=(y_{1j},y_{2j},\cdots,y_{sj})^T,j=1,2,\cdots,n$$

评价第j_0决策单元的C^2R模型线性规划(P)为：

$$(P)\begin{cases}\max \mu^T y_0=V_p\\ s.t.\ \omega^T x_j-\mu^T y_j\geqslant 0 \quad (j=1,2,\cdots,n)\\ \omega^T x_0=1\\ \omega\geqslant 0 \quad \mu\geqslant 0\end{cases} \qquad (\text{I})$$

由于线性规划问题的对偶线性规划模型具有明确的经济意义，为了使判定决策单元DEA有效、简便、实用，A. Charnes和W. W. Cooper引用了非Archimedes无穷小量的概念，从而可以利用单纯形方法求解线性规划问题，判断决策单元的有效性。

引入松弛变量s^-和剩余变量s^+以及非Archimedes无穷小概念，将不等式约束变为具有非Archimedes无穷小量ε的DEA模型：

$$(D_\varepsilon)\begin{cases}\min[\theta-\varepsilon(\hat{e}^T s^-+e^T s^+)]=V_{D_\varepsilon}\\ s.t.\ \sum_{j=1}^{n}x_j\lambda_j+s^-=\theta x_0\\ \sum_{j=1}^{n}y_j\lambda_j-s^+=y_0\\ \lambda_j\geqslant 0,(1\leqslant j\leqslant n)\\ s^+\geqslant 0,s^-\geqslant 0\end{cases} \qquad (\text{II})$$

解该模型，得最优解为θ^0，λ_0，s^{0-}，s^{0+}。

当最优解$\theta^0<1$，决策单元j_0不是DEA有效，即决策单元j_0的生产活动既不是技术有效也不是规模有效。当最优解$\theta^0=1$，且$s^{0-}=0$，$s^{0+}=0$，决策单元j_0为DEA有效，即决策单元j_0的生产活动同时为技术有效和规模有效。当最优解$\theta^0=1$，但至少有某个$s^{0-}>0$或$s^{0+}>0$，决策单元j_0不是DEA有效，即决策单元j_0的生产活动不是同时为技术有效和规模有效。

若$\sum_{j=1}^{n}\lambda_j^0=1$，则决策单元$j_0$规模收益不变；若$\sum_{j=1}^{n}\lambda_j^0<1$，则决策单元$j_0$规模收益递增；若$\sum_{j=1}^{n}\lambda_j^0>1$，则决策单元$j_0$规模收益递减。

2 西部种植业网站信息资源开发利用效率评价

2.1 指标体系构建

根据《国家信息资源开发利用规则》(1997)和《关于信息资源开发利用的若干意见》(2002.12)对信息资源开发利用的定义，农业网站信息资源可认为是围绕农业及涉农用户需求的信息资源进行采集、加工、处理形成的数字化、电子化资源。

TAM (Technology Acceptance Model, TAM)认为感知有用性(perceived usefulness, PU)和感知易用性(perceived ease of use, PEOU)是影响信息系统使用的最关键的两个因素，外部因素(external variables)间接起作用，影响使用态度(attitude towards using, AT)、行为意图(behavioral intention to use, BI)，并最终影响使用行为。任务技术适配模型(Task-Technology Fit, TTF)认为一个信息系统若想改善用户(即员工)的工作表现，则该系统使用的技术必须与它所要求的任务达成很好的“匹配”。[8][9][10]所以研究西部种植业网站信息资源开发利用效率主要考查网站建设者开发的信息资源内容、信息表现形式和手段等是否为其用户可接受的、可用的和易用的。

DEA方法评价种植业网站信息资源开发利用效率，主要通过网站在投入量和产出量的对比来评价网站的投入效率。网站的投入有网站搭建的硬件设施投入，网站开发及设计人员的投入、网站推广方面的投入以及内容设计、网站制作技术、网站维护方面的投入等。网站建设的目的主要是为用户提供信息服务，信息服务状况可以通过访问量、用户点击次数等反映。

种植业网站信息资源的开发指通过基础设施、人力等的投入，在网站上提供的信息资源数量、资源的更新情况、网站的影响力等。

考虑指标的相对完整性、可获得性、可量化性等因素，并参考近年来国内对网站评估的研究[11][12]，构建指标体系如表1所示。

输入指标中网站总页面数(Total number of web page，简称PAG)是整个网站的总页数，包括一级网站和二级网站；外部网站指向链接数(Total number of foreign sites references，简称TFS)是指通过其他网页可以连接到该网站的数量；有效链

表1 西部种植业网站信息资源开发利用效率评价指标体系

输入指标	输出指标
网站总页面数（PAG） 外部网站指向链接数（TFS） 网站页面平均大小（APS） 有效链接页面百分比（NBL） 外部网站链接数（FPR） “返回”的页面百分比（RP） 网站的连通率（CP） 页面的更新率（UDR）	流量（人/百万人） 点击率（页/人）

接页面百分比又叫不含无效链接的页面百分比(percentage of pages without broken links，简称NBL）指点击该网站页面所有的链接时出现链接失败的次数；网站外部链接数量（foreign（external）pages referenced，简称FPR）是指由该网站可以到达的其他网站的数量，“返回”的页面百分比(Returning percentage，简称RP）在这里指从该网站的任何页面能返回到该网站根目录的可能性。

输出指标中流量（人/百万人）是指每百万人访问该目标网站的人数，即一百万个上网用户中访问该决策单元(网站)的人数;点击率(页/人)指访问该目标网站的人数中，每人点击网页的数量。

2.2 数据采集

2008年7月，课题组针对不同的数据采集源编写了特定的网页数据抓取程序，完成原始数据库数据的采集工作，从中国农业信息网(http://guide. agri. gov. cn/)的农业网站搜索栏目、365农业网(http://so. ag365. com/? t=site)365农业搜索中的农业网站栏目、农博网(http://site. aweb. com. cn/index. asp)的农业网址子站点(2004-2007年四届的“中国农业网站百强榜单”)和中国农业科技信息网(http://www. cast. net. cn/ssyq/engine. asp)的农业网站搜索引擎等四个渠道共搜集到2133家有关西部农业信息的网站。经过去重、验证筛选，得到597家有效网站。在此网站样本的基础上，对其中的142家种植业网站按类型进行整理，再按属性分类（企业、政府、事业单位、官方团体、民间团体和个人五类）统计，企业网站有116家，政府网站等其他类型的网站都没有超过8家，考虑DEA方法对同类型网站的研究有效性以及决策单元与指标数量倍数的要求等，所以仅对遴选的77家种植业企业网站进行评价。

应用Maxamine[13]网站分析软件，于2009年5月对这77家企业网站进行扫描，并对每个网站对应输出的16份报告进行统计分析，汇总后得出DMU中输入指标的数值。其中，“网页的更新率(UDR)”指标数值的计算方法参见文献[14]。同时通过“中国网站排名网”[15]对样本网站进行与输入指标同期的相应数据采集，得到输出指标的数值流量和点击率，考虑农业信息获取受季节性因素影响，所以取其近三个月的平均值。去掉缺失数据的网站，最后得到可用于评价的网站56家。

2.3 评价结果

以每个网站为决策单元，应用模型（Ⅱ）对56家种植业网站进行评价，结果整理见表2和表3。

由表2可知，西部56家种植业企业网站中有11家网站DEA相对有效，占企业样本网站总数的19.64%，45家网站DEA相对无效，占企业样本网站总数的80.36%。无效网站中所有网站都是规模收益递增。

由表3可知，各网站在各输入输出指标的调整值，s^-指此投入指标相应数量没有充分利用，s^+指此种产出指标与最大值尚有相应数量的差距。通过调整投入产出指标数值使无效转变为有效。56家网站中，投入产出的平均调整值网站总页面数(PAG)、外部网站指向链接数（TFS)、网站页面平均大小（APS)、有效链接页面百分比（NBL)、外部网站链接数（FPR)、“返回”的页面百分比(RP)、网站的连通率（CP)、页面的更新率(UDR）和流量（人/百万人)、点击率（页/人）分别对应为15.05、39.66、30.57、0.25、32.06、0.03、0.16、3.47和0.22、0.12。

表2 企业网站信息资源利用效率评价

网站编号	网址 (http//：www.)	θ值	有效性	规模收益	网站编号	网址 (http//：www.)	θ值	有效性	规模收益
1	cdhysy. com	0.666667	无效	递增	4	chinacelec. com	0.11953	无效	递增
2	cdxqs. com	0.12184	无效	递增	5	chineseorchid. com	0.297844	无效	递增
3	cdxwyl. com	0.123668	无效	递增	6	cnetea. net	1	有效	不变

续表

网站编号	网址（http//：www.）	θ值	有效性	规模收益	网站编号	网址（http//：www.）	θ值	有效性	规模收益
7	guang-you. com	0. 244611	无效	递增	32	kaite-biochemical. com	0. 27742	无效	递增
8	schmw. com	0. 36901	无效	递增	33	nnsugar. com	0. 760271	无效	递增
9	sclhw. com	1	有效	不变	34	516tea. com	0. 375535	无效	递增
10	cnrfny. com	0. 134676	无效	不变	35	bbtree. net	0. 375535	无效	递增
11	cqhmw. net	1	有效	不变	36	chinadongyu. com	1	有效	不变
12	cqtree. net	0. 346556	无效	递增	37	huajiao. cn	0. 460682	无效	递增
13	cqyq. com	0. 814249	无效	递增	38	jiaherb. com	1	有效	不变
14	61km. net. cn	0. 16065	无效	递增	39	jinshan01. com	0. 889223	无效	递增
15	raretruffle. com	0. 128898	无效	递增	40	originherb. com	0. 195562	无效	递增
16	dzhongyu. com	0. 338365	无效	递增	41	scidoor. com	0. 632371	无效	递增
17	evergreen-aloe. cn	0. 522842	无效	递增	42	shajikeji. com	0. 287904	无效	递增
18	kmflower. com. cn	0. 133703	无效	递增	43	wllc. cn	0. 176488	无效	递增
19	liudachashan. com	0. 135176	无效	递增	44	xian-ye. com	0. 143481	无效	递增
20	luxflower. net	0. 224836	无效	递增	45	qingji. com. cn	0. 127524	无效	递增
21	yn2007. com	0. 539987	无效	递增	46	greagri. com	0. 207891	无效	递增
22	yngreen. com	0. 622064	无效	递增	47	changfa. com. cn	0. 222002	无效	递增
23	ynred. com	0. 197851	无效	递增	48	gouqiyecha. com	0. 114748	无效	递增
24	yunnan-lanhua. com	1	有效	不变	49	lingtian. com. cn	0. 321435	无效	递增
25	goldensun. net. cn	0. 403176	无效	递增	50	zhengbei. com	0. 209168	无效	递增
26	gz7688. cn	1	有效	不变	51	chncc. com	0. 320074	无效	递增
27	gzyn. cn	1	有效	不变	52	hongzao. com. cn	0. 608551	无效	递增
28	lycoris. cn	0. 130899	无效	递增	53	lavenderchina. com	0. 129861	无效	递增
29	moutaichina. com	1	有效	不变	54	lxjsg. com	1	有效	不变
30	gxtea. com	0. 299499	无效	递增	55	xj8898. com	1	有效	不变
31	hua-a. com	0. 186808	无效	递增	56	xjfruit. com. cn	0. 748469	无效	递增

表 3 **企业网站效率评价各项松弛变量值**

网站编号	s_1^-	s_2^-	s_3^-	s_4^-	s_5^-	s_6^-	s_7^-	s_8^-	s_1^+	s_2^+
1	1. 133	0. 467	22. 900	0. 427	0. 467	0. 133	0. 467			0. 740
2	6. 546	55. 204			33. 635	0. 018	0. 006	3. 802		
3	9. 785	123. 627		9. 509	0. 030	0. 007	3. 405			
4		2. 612	5. 322		2. 990	0. 078		5. 572		
5		20. 072	12. 618		18. 880	0. 085	0. 073	0. 539	0. 025	
7	3. 146	15. 069	636. 555	0. 020	15. 208				0. 735	
8		0. 117	0. 006		0. 122		0. 183	0. 210		0. 614
10		70. 781	99. 252		69. 217	0. 043	0. 023	1. 627		

续表

网站编号	s_1^-	s_2^-	s_3^-	s_4^-	s_5^-	s_6^-	s_7^-	s_8^-	s_1^+	s_2^+
12		77.035	9.483		65.315	0.074	0.107	11.606		
13	125.972			0.534	0.966		0.564		0.697	
14	23.952	10.010			7.557	0.020		3.329		
15		2.451	16.331		2.990		0.002		0.532	
16	41.528	64.467		0.140	56.338		0.149		0.540	
17		158.897			58.297		0.144	6.111		
18	28.407	2.634			2.214		0.019	1.780		
19		33.950	39.077		47.594	0.005		0.641		
20	6.409	67.922	39.112		56.862	0.081	0.064			
21	13.838	0.961		0.024	3.144		0.021		2.237	
22		11.898		0.199	12.301		0.192			
23	0.156	2.130	16.733		1.546	0.001				0.720
25	74.684	9.466			9.930		0.288	3.223		
28		28.965	3.033		21.289	0.067	0.018	4.218		
30		0.009	53.545				0.111			
31	2.267	7.377	32.509		7.244	0.005	0.001			0.615
32		0.274	36.834				0.062	0.917		0.579
33		42.908	56.662	0.069	41.387			4.982	1.073	
34		0.859	2.540		0.867		0.186			0.643
35		0.859	2.540		0.867		0.186			0.643
37	82.776	0.921	0.627	0.023		0.091		12.586		
39		82.051			81.359		0.390	18.197		
40	18.320		22.648		0.038	0.003	0.005	9.538		0.651
41			62.879		0.144		0.123	4.626		
42					0.084		0.035	10.125		
43	0.987	27.164			25.124	0.117	0.063	5.046		
44	9.468	280.164	21.399		269.551		0.026		0.125	
45		10.352	6.202		10.538	0.034	0.008	3.517		0.013
46		3.483	35.554		3.483	0.002	0.001	0.026	0.031	
47		2.308			2.256		0.033	1.060		
48		123.874	17.335		124.264	0.030		3.500		
49	0.691	5.873			2.187		0.030		2.434	
50		122.204	72.944		104.491	0.091	0.024	2.928		
51	14.713	134.855	10.627		109.426	0.010	0.066			
52		120.702	40.485	0.008	118.876	0.029		0.312	1.279	
53	6.639	16.206			11.158		0.005		0.126	
56	205.826	43.351		0.473	42.603	0.284		36.159	0.190	
平均值	15.05	39.66	30.57	0.25	32.06	0.03	0.16	3.47	0.22	0.12

2.4 评价结果分析

56家西部种植业企业网站中云南、四川、陕西、重庆和新疆网站数量排名趋前，而青海、新疆和西藏的网站数量排名靠后。云南种植业网站以花卉信息类网站占主体；四川网站种类较多，有花卉、茶、食品和绿茵工程类；陕西以水果类信息网站居多；重庆主要有花卉和水果类信息网站；而新疆的则大多是涉及棉花产业和瓜果产业的信息网站。网站信息资源的开发服务基本与区域产业发展特色相吻合。

从网站的有效性看，有效的网站数量很少，网站的信息资源开发利用效率普遍偏低。有效网站中反映的主要是花卉类网站、茶类网站、单纯的贸易公司、植物产品再生产公司和科技开发公司等。种植业网站的信息资源开发利用效率相对有效的网站主要分布在四川、陕西、新疆、贵州、云南和重庆等省和直辖市。网站的质量和数量没有明显的相关关系。

从规模效益看，所有无效网站都是规模效益递增，反映出种植业普遍需要加大网站资源开发的规模，可获得规模效率。

从松弛变量看，大部分网站在现有产出下投入没有充分利用，主要影响因素是外部网站指向链接的数量、网站外部链接数量、网站页面平均大小和网站总页面数等方面。在现有投入下，流量和点击率还没有达到最大化，反映出西部种植业网站在现有条件下，要适当控制网页的绝对数量，降低网页页面的平均大小，减少网站链接数量的投入；加强网站原创信息开发质量，主要是信息内容的易用性、可用性、适用性和完整性等方面加强；加强网站的链接质量，可以从链接的文本内容、链接站点的威信度、导出链接的数量及各链接站点之间主题的相似性等方面进一步加强和提高。

3 结 语

种植业网站的信息资源开发利用效率是反映西部网上农业信息资源开发与利用效率的重要内容之一。本文的研究，对种植业网站进一步做好系统规划管理工作，提升信息服务能力以及提高西部种植业网站的信息资源开发利用效率具有一定的指导价值。

但需要说明的是，指标体系设置的不同，应用DEA方法分析的结果会有差异。因种植业网站在全国网站的排名中比较靠后，“忠实访问率”、“网站流量黏着率”、“网站流量贡献率”、“网站流量依赖率”、“同类网站访问率”等反映种植业网站效率的指标在“中国网站排名网”等排名网站中无法获得。因此，种植业网站的信息资源开发利用效率问题还有待进一步研究。

参考文献

[1] 黄奇，李伟，接晓莉．网络半结构化信息资源的描述[J]．南京大学学报，2002.12：4-9.
[2] 蒋颖．因特网学术资源评价：标准与方法[J]．图书情报工作，1998，(11)：27-31.
[3] 刘雷鸣．关于科技信息网站评估的研究[C]．中国科技信息研究所，2003.
[4] 徐英．网站排行榜评价模式及其评价方法研究[J]．情报学报，2002 (4)：150-151.
[5] 孙瑾．网络信息资源评价研究综述[J]．大学图书馆学报，2005 (1)：7-9.
[6] 魏权龄．数据包络分析[M]．北京：科学出版社，2004.
[7] 郭立夫，李北伟．决策理论与方法[M]．北京：高等教育出版社，2004.
[8] 李明，雷银枝，李小鹏．网络信息资源利用效率研究内涵及模型分析[J]．图书情报工作，2008 (1)：77-79.
[9] 叶晓飞．基于TAM与TTF整合模型分析网络信息资源利用[J]．图书情报工作，2008 (3)：40-41.
[10] 董珏．基于TTF模型的网络信息资源利用效率研究[J]．图书情报工作，2008 (4)：42-44.
[11] Pekka J K, Luptacik M. Eco-efficiency analysis of power plants: An extension of data envelopment analysis [J]. European Journal of Operational Research, 2004, 154: 437-446.
[12] 邱虹．DEA在网站评估中的理论研究与应用[D]．电子科技大学，2005.
[13] Maxamine. Web Analyst Software Package. [EB/OL]. [2009-05]. http://www.maxamine.com.
[14] 孙艳玲，何源，赵卓宁．基于DEA的西部农业网站效率评价[J]．情报杂志，2009 (2)：14-17.
[15] http://www.chinarank.org.cn/download/ptxz.html [EB/OL]，[2009-05].

An Evaluation of the Development and Utilization Efficiency of Information Resources for Crop Production Websites in the West

SUN Yanling[1], HE Shengyu[1], LI Yangxu[1]

(1. Chengdu University of Information Technology, Chengdu, Sichuan 610103, China)

Abstract: Based on the evaluation methods of the development and utilization efficiency of network information resources, the indicator system of the development and utilization efficiency of information resources is designed for crop production websites in the west. And DEA is applied to evaluate crop production websites. In the paper, we evaluate the efficiency of fifty-six crop production websites in the west. The result shows that the development and utilization efficiency of information resources is commonly low for crop production websites in the west. Only eleven websites' efficiency is valid in fifty-six websites, which takes 19.64% of the total websites. Other forty-five websites' efficiency is relatively invalid. Finally, according to the analysis of invalid websites, some referential suggestions are put forward which can increase the development and utilization efficiency of information resources for crop production websites in the west.

Key words: crop production website; information resources; efficiency; DEA; west

使用电子标签实现宠物的信息化管理*

刘耘[1,2]，邵培基[1]

（1. 电子科技大学 经济与管理学院，成都 610054；2. 四川交通职业技术学院，成都 611130）

摘　要：虽然 RFID（Radio frequency identification）技术能够帮助我们识别每一只宠物，但是对宠物的管理来说，由于涉及的养殖户、经营户、宠物主人、宠物医院以及派出所（公安）、防疫站（畜牧兽医）、工商行政等政府部门和动物保护组织形成了一个非常复杂的跨组织的协同网络，所以更重要的是实现成员间的沟通、合作和协调。我们认为某一城市或区域的这个协同网络是一个宠物产业集群。通过一个案例我们对这个宠物产业集群的结构特征进行了分析，按照商品或服务的不同它可以分为三种：宠物供应网、宠物防疫网络和宠物用品供应链。在宠物产业集群的结构模型的基础上，我们着手开发宠物寻回网站。在此解决方案中，电子标签（RFID Tag）、宠物的电子谱系（Pet E-pedigree）和面向服务的体系架构（SOA）是核心。

关键词：协同网络；产业集群；结构模型，电子标签；宠物的电子谱系；面向服务的体系架构

中图分类号：TP319

最近，人们更多地采用电子标签来有效地管理宠物。在美国，发现走失宠物的人可根据标牌上的文字联系流浪动物救助中心，在流浪动物救助中心通过扫描标牌内部电子标签获取信息从而找到宠物的主人。电子标签的使用以及相应的人性化寻回奖励措施，大量减少了流浪动物的出现，减轻了社会压力，同时保护了动物的生存权益。

目前，我国的部分城市也开始进行这方面的工作。比如说，2008 年 2 月 28 日四川省成都市十五届人大常委会第二次会议首次提起审议《成都市犬只管理条例（草案)》，其中要求犬只植入电子芯片（即电子标签）作为身份标志。

但是宠物的管理不仅仅是建立一些宠物识别信息系统。由于涉及的养殖户、经营户、宠物主人、宠物医院以及派出所（公安)、防疫站（畜牧兽医)、工商行政等政府部门和动物保护组织形成了一个非常复杂的跨组织的协同网络，所以更重要的是实现成员间的沟通、合作和协调。

我们认为某一城市或区域的所有养殖户、经营户、宠物主人、宠物医院以及派出所（公安)、防疫站（畜牧兽医)、工商行政等政府部门和动物保护组织所形成的协同网络是一个宠物产业集群。通过一个案例我们对这个宠物产业集群的结构特征进行了研究。在此基础上，我们提出了一个简单可行的解决方案。在该方案中，电子标签、宠物的电子谱系和面向服务的体系架构是核心。

本文分为以下几个部分：第 2 部分讨论了在宠物的管理中存在的问题以及解决办法，在这一部分我们再次强调网络成员间的沟通、合作和协调的重要性；第 3 部分我们回顾了协同网络和产业集群中的相关理论，并且提出了宠物产业集群的概念；第 4 部分通过一个案例的分析我们建立了宠物产业集群的结构模型；在第 5 部分我们提出了一个解决方案—宠物寻回网站。在此解决方案中，采用了最新的计算机技术——电子标签和面向服务的体系架构来实现协同，并且借用药品的电子谱系的思想设计了宠物的电子谱系（Pet E-pedigree)。

1　在宠物的管理中存在的问题

2006 年在针对我国现有的宠物管理的法律法规的整理报告中，我们提出了在宠物的管理中存在的问题：

- 养殖的数量无目的地增加，品种没有得到很好的控制；
- 交易的诚信问题亟待解决；
- 宠物走失增加了流浪动物的数量；
- 登记等手续烦琐；
- 防疫制度落实不到位；

* 通讯作者：刘耘，电子科技大学经济管理学院博士研究生，研究方向为信息管理与电子商务。E-mail：xxiaoafu@hotmail.com

• 医院收费高昂，用药不合规定；

• ……

我们认为，以上问题的解决办法是：

• 养殖　控制宠物养殖的数量，提高宠物养殖的质量，鼓励对宠物（包括流浪动物）实施有效及人道的绝育手术。这涉及了养殖户、经营户、宠物主人、动物保护组织和派出所（公安）。

• 交易　对宠物的交易行为进行跟踪，杜绝坑蒙拐骗等不合法交易的发生。这涉及了养殖户、经营户、宠物主人和工商行政部门。

• 喂养　提倡文明喂养，避免宠物走失成为新的流浪动物。这涉及了养殖户、经营户、宠物主人、动物保护组织和派出所（公安）。

• 登记　简化业务流程，掌握派出所管辖区域内的宠物数量。这涉及了养殖户、经营户、宠物主人、动物保护组织和派出所（公安）。

• 防疫　为宠物建立免疫档案，还要对宠物养殖、销售和诊疗等场所的防疫措施加强管理。这涉及了养殖户、经营户、宠物主人、动物保护组织、宠物医院和防疫站（畜牧兽医）。

• 医疗　严格动物诊疗许可证管理、规范宠物医院的运作，防止收费不标准、用药不合规定情况的发生，同时对宠物在医院的免疫情况进行记录。这涉及了养殖户、经营户、宠物主人、动物保护组织、宠物医院和工商行政、防疫站（畜牧兽医部门）。

可以看出，要解决前面提出的问题，既不可能分散管理也不可能集中管理，而实现养殖户、经营户、宠物主人、宠物医院、动物保护组织和工商行政、防疫站（畜牧兽医部门）、派出所（公安）之间的沟通、合作和协调则是解决问题的唯一途径。

2　文献回顾

2.1　协同网络

对于协同的研究由来已久。Golicic et al. 从企业之间的关系出发，认为“协同是一个描述（企业）伙伴之间的紧密关系的术语”[1]。Anderson et al. 进一步认为“这些企业形成了由各种关系组成的网络”[2]。Seufert et al. 则从整体的角度考虑，认为这种跨组织的协同网络“包括了行动者（个人或组织），行动者之间的关系，在关系中流动的资源，以及网络的协调和控制机制”[3]。

“四种被广泛接受的协同网络为供应链、扩展企业、虚拟企业和产业集群”[4]。本文主要研究的是产业集群。

2.2　产业集群中的结构性研究

按照产业集群的理论，“产业集群是某一区域相互联系的企业或机构在地理上的聚集”[4]。

在宠物的管理中涉及了许多养殖户、经营户、宠物主人、宠物医院以及派出所（公安）、防疫站（畜牧兽医）、工商行政等政府部门和动物保护组织，这些行动者之间不仅相互联系，而且具有地理接近性：例如，宠物主人 C1 带宠物到附近的宠物医院 D1 注射疫苗，按照法律法规带宠物到就近的派出所 F1 登记等。因此，我们认为某一城市或区域的所有养殖户、经营户、宠物主人、宠物医院以及派出所（公安）、防疫站（畜牧兽医）、工商行政等政府部门和动物保护组织形成了一个宠物产业集群。

Markusen 基于区域中的企业大小、企业与企业之间的关系和内向/外向型把产业集群划分为马歇尔式、轮轴式、卫星平台式和政府定位式[5]。

Markusen 谈到的结构主要针对制造企业形成的网络，没有包括产业集群中的其他机构（如政府部门、大学）。而宠物产业集群则由为数众多的个人（宠物主人）、一些商业/服务企业（养殖户、经营户、宠物医院）以及少量政府部门和动物保护组织组成。在这里，政府部门和动物保护组织的作用不容忽视。所以接下来，我们将对宠物产业集群的结构特征进行分析，以便为宠物的信息化管理提供理论依据。

3　宠物产业集群

3.1　研究方法

我们的研究采用案例的形式。在这之前我们搜集了全国大部分城市与宠物有关的法律法规，经过分析提出了在宠物的管理中存在的问题及相应的解决办法。接下来，我们选择成都市作为研究案例，数据的来源除了该市与宠物有关的法律法规外，还包括从启明小动物保护协会网站上搜集的资料，以及我们和周围的人在宠物的登记、防疫时的亲身体验。

3.2　宠物产业集群的结构模型

一个城市或区域的宠物产业集群是一个复杂的网络，按照商品或服务的不同，我们把这个网络划分为三种价值网——宠物供应网、宠物防疫网络和宠物用品供应链。

同时我们从网络的行动者中抽象出了养殖户、经营户、宠物主人、宠物医院和派出所（公安）、防疫站（畜牧兽医）、工商行政等政府部门以及动物保护组织等社会角色。通过对这些社会角色之间关系的分析，我们得到了宠物产业集群的结构模型，如图1和图2所示。

（1）宠物供应网

宠物供应网中的商品是宠物，因此物流是宠物的流动，伴随着宠物的流动存在着信息流和资金流。

宠物供应网的协调和控制机制是宠物的追踪（Track）和追溯（Trace），通过该机制不仅派出所可以掌握所管辖区域的宠物数量，而且工商行政部门可以对宠物的交易行为进行跟踪以保护消费者的合法权益，动物保护组织也可以帮助被遗弃、走失的宠物（图1）。

（2）宠物防疫网络

宠物防疫网络主要提供宠物的医疗服务，存在信息流和资金流。

宠物防疫网络的协调和控制机制是防疫信息的收集和传递，通过该机制防疫站可以建立宠物的免疫档案，预防疾病（图2）。

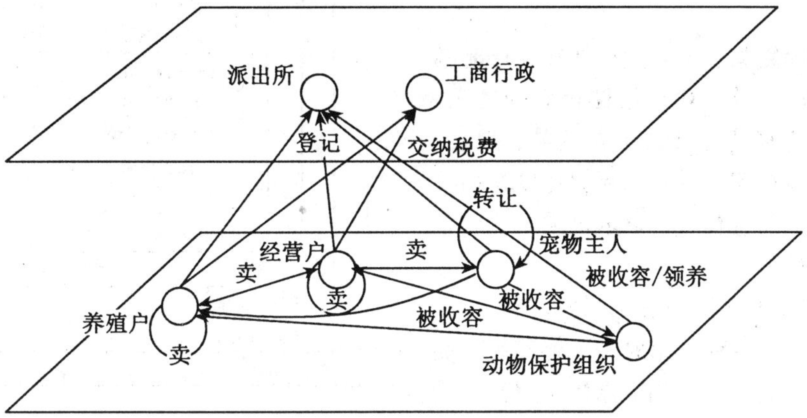

图1 宠物供应网

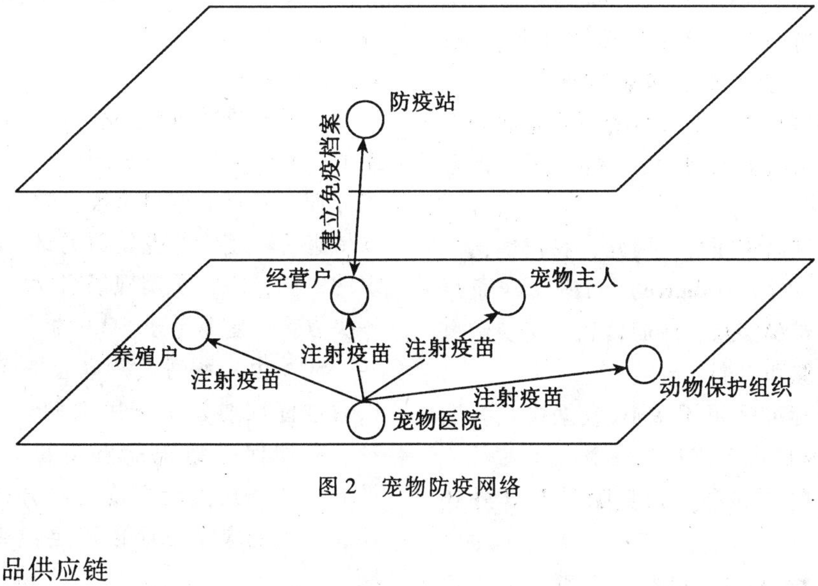

图2 宠物防疫网络

（3）宠物用品供应链

宠物用品供应链中的商品是宠物用品，因此物流是宠物用品的流动，伴随着宠物用品的流动存在着信息流和资金流。

图1和图2中的社会角色之间的关系还可以进一步简化得到如图3所示的“Triple Helix组织”[6]。政府的功能是监督管理，动物保护组织的功能是流浪动物的免费救助、收容及中转（图3）。

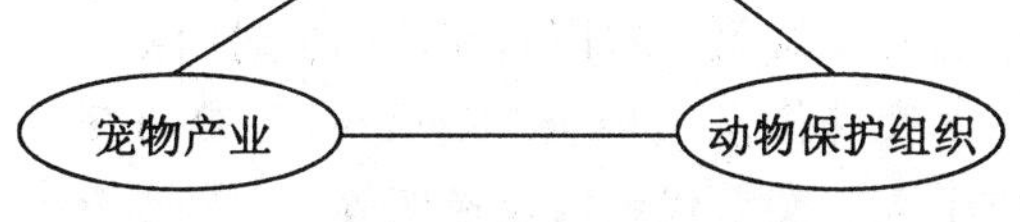

图3 宠物产业集群中的Triple Helix组织

基于宠物产业集群的结构模型，下面我们提出了解决方案——宠物寻回网站。

4　宠物寻回网站

宠物寻回网站是基于以上的结构模型采用信息技术来解决在宠物的管理中存在的问题。这些信息技术包括电子标签、宠物的电子谱系和面向服务的体系架构。

4.1　电子标签

最近，国内的几个大城市，如北京市、上海市、南京市等都计划在宠物体内植入电子标签以加强城市宠物管理。

每个宠物电子标签除了由制造厂商在生产时写入唯一的标志（UID）外，还可以储存它的姓名、性别、出生日期、生理特征及其主人姓名、地址、联系方式等信息。只要用手持式读写器往宠物的身体上一扫，它的各项信息就可以显示出来。

4.2　宠物的电子谱系

在药品的供应链中，通过对药品的追踪和追溯来保证药品的安全性。追踪是指时刻了解某一药品在供应链中的物理位置，而追溯则是指了解某一药品的历史信息，包括位置、停留的时间、所有者、包装和储藏的环境条件[7]。

在美国佛罗里达州通过的有关药品谱系的法案中要求在供应链的所有流通环节中提供以下信息：药品名称、剂量、包装大小、包装数量、药品批号、从制造商开始参与每一次交易的所有企业的名称和地址、每一次交易的日期[7]。所以药品谱系是药品真实性的证明。

同理，宠物也有血统证书。因此，我们提出了宠物的电子谱系（Pet E-pedigree）的概念，通过在电子标签中存储宠物信息、注册信息、交易信息等来实现宠物的追踪和追溯。

电子谱系文档标准采用了XML数据格式，图4是我们设计的宠物的电子谱系的一个示例。

在宠物电子标签中储存的信息除了UID外还应该有：

- 宠物信息（petInfo）：品种、性别、出生日期、毛色、父系、母系等；
- 注册信息（registerInfo）：身份证号、犬名、犬主、发证机关、发证时间、截止时间等；
- 交易信息（transactionInfo）：参与交易的组织或个人、交易代码以及检疫等；
- 托运信息（transportatiomInfo）；
- 接收信息（receivingInfo）；

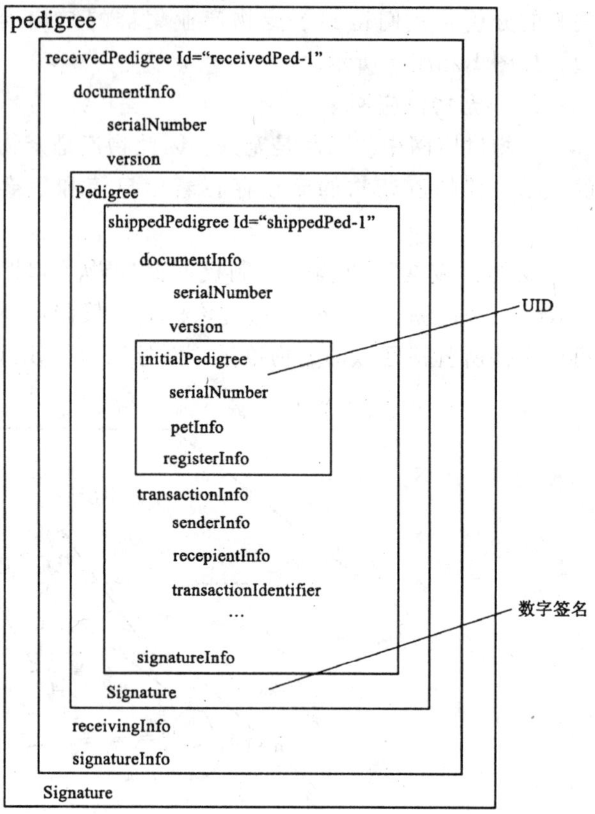

图4　宠物的电子谱系

- 数字签名（signatureInfo）：组织或个人的名称、签字日期。

4.3　SOA

从IT技术上讲，我们所面临的问题是一种典型的分布式应用，即派出所、防疫站、动物保护组织等拥有各自的信息系统，数据的处理和存储都在本地进行。宠物产业集群的结构模型针对的是跨组织的协同网络，要实现组织间的通信，目前最好的解决方案一定是基于SOA的。

SOA由一系列松散耦合的Web服务组成，可以通过标准协议来调用它们。如果派出所、防疫站、动物保护组织能够提供跟它们业务相关的Web服务，其他组织就可以方便地将这些服务设计成合成的应用程序以满足组织的业务流程和目标。

4.4　宠物寻回网站

在我们提出的解决方案——宠物寻回网站中，电子标签、宠物的电子谱系和SOA缺一不可。但这是最理想的情况，在实际的应用中可以采取循序渐进的办法。比如，电子标签的好处在于给每一只宠物提供一个唯一的标志，并且这样的标志不容易伪造。但是由于费用较贵，我们可以区别对待重点限养区、一般限养区和流浪动物，对后两者只要求办理准养证和犬牌。这样，重点限养区的宠物拥有电子谱系，而一般限养区和流浪动物拥有纸质谱系。它们都能帮助我们在基于 SOA 的环境中交换数据。电子谱系和纸质谱系的差别只在于后者的 UID 为空，另外，纸质谱系的信息分散存储在不同的信息系统中而电子谱系还可把大部分信息存储在电子标签中。

在宠物产业集群的结构模型中，派出所、工商行政、防疫站和动物保护组织都有自己的信息系统，而养殖户、经营户、宠物主人和宠物医院则没有。所以，在宠物寻回网站中首先为宠物供应网的参与者养殖户、经营户和宠物主人提供了以下功能：

- 养殖户店铺
- 经营户店铺
- 宠物空间（针对宠物主人）

另外，针对宠物防疫网络，宠物寻回网站还提供了宠物医院功能。

这样宠物产业集群结构模型中的个人和组织之间就能够相互交换数据。虽然养殖户、经营户、宠物主人和动物保护组织也可以通过派出所的信息门户（而不是通过宠物寻回网站）进行登记，但因为没有实现宠物供应网的集成，业务流程只能实现部分的自动化。

在图 1 和图 2 的基础上，我们绘制了宠物供应网和宠物防疫网络的信息流程图（图 5、图 6）。

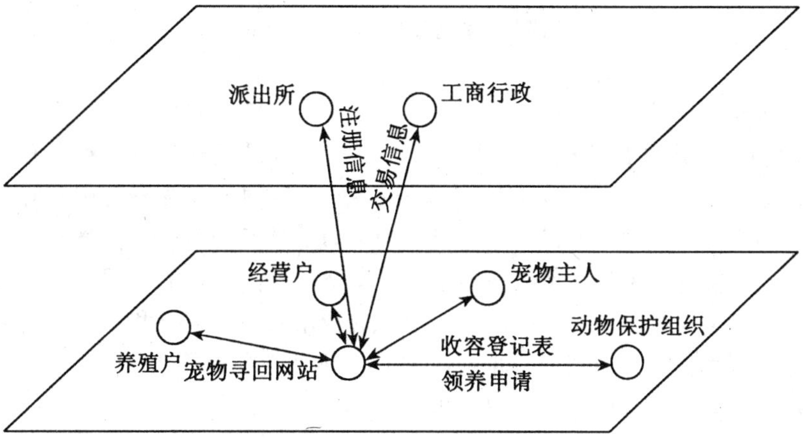

图 5　宠物供应网的信息流程图

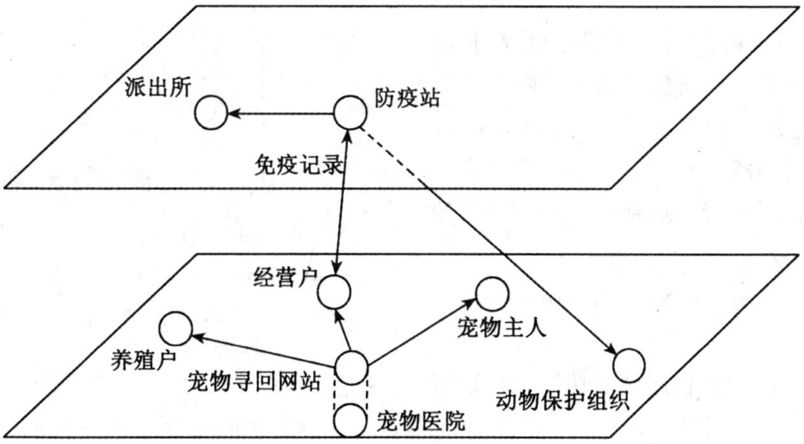

图 6　宠物防疫网络的信息流程图

下面我们就宠物寻回网站的业务流程加以解释。

首先我们希望宠物的流通过程中所有环节的信息都可以存储在电子标签中，所以建议植入电子标签从养殖户开始，但也可能从经营户和宠物主人开始。在登记时，宠物信息和注册信息都存储在电子标签中，这些信息也同时存储在派出所的信息系统中。在宠物寻回网站中，我们把存储在电子标签中的宠物电子谱系以XML文档的形式保存。

接着当宠物寻回网站的养殖户店铺（或经营户店铺）与宠物主人有宠物交易发生时，可以通过网站把交易信息、托运信息、接收信息和数字签名写入宠物电子谱系（XML文档）中，之后通过调用派出所的Web服务进行过户。这时业务流程如图7所示。可以从中看出通过调用Web服务，我们实现了宠物寻回网站和派出所的信息系统之间的数据交换，而宠物电子谱系标准化了数据交换的格式。

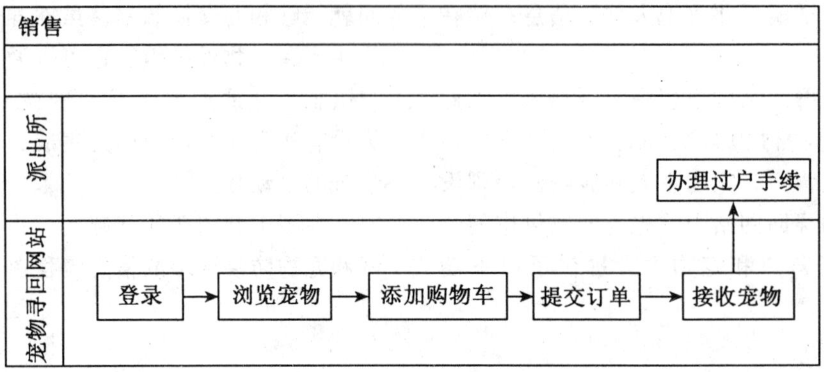

图7 宠物寻回网站的业务流程

同理，当宠物主人转让其犬时，宠物的新旧主人也可以在宠物空间通过调用派出所的Web服务进行过户。

当有人拣到遗弃和走失的宠物，可以携其到就近的宠物医院或宠物美容院，通过扫描植入的电子标签找到它的主人。如果无人认领，可以将其送往动物保护组织。所以，在宠物寻回网站中，我们包括了各个动物保护组织的网页，可以通过调用动物保护组织的Web服务在线填写收容登记表和领养申请。

养殖户、经营户、宠物主人和动物保护组织在宠物医院为宠物注射疫苗，宠物医院通过Web服务把宠物的免疫记录上传到防疫站的信息系统。同时防疫站也可以把建立的宠物的免疫档案通过Web服务共享给宠物医院和宠物美容院或宠物寻回网站的养殖户店铺、经营户店铺和宠物空间以便查询。

针对宠物用品供应链，宠物寻回网站还提供了宠物用品店铺功能。

该功能类似于一般的购物网站的功能，在这里就不再赘述。

5 结 语

从上面的介绍可以看出，除了控制宠物养殖的数量，像简化业务流程、掌握派出所管辖区域内的宠物数量，对宠物的交易行为进行跟踪，避免宠物走失成为新的流浪动物，对宠物的免疫情况进行记录、为宠物建立免疫档案等都可以通过宠物寻回网站和相关的信息系统得到实现。

并且对于作为宠物主人的普通老百姓来说，登记的手续变得简单了。另外，除了注册需要收取一定费用外，其他的费用建议取消或减少；并且注册的费用也被养殖户和经营户分担，这在一定程度上可以抑制无序繁殖。

但是，还是有一些问题值得进一步探讨，比如法律、隐私等。另外，我们提出的宠物寻回网站中没有考虑养殖户、经营户、宠物医院、宠物美容院和动物保护组织等所在场所的防疫，也没有考虑宠物医院的宠物诊疗许可证管理和除免疫外的其他医疗信息的记录，这不利于畜牧兽医部门及其所属防疫站对疾病的预防。

参 考 文 献

[1] Golicic S L, Foggin J H, Mentzer J T. Relationship Magnitude and its Role in Inter-organizational Relationship Structure [J]. Journal of Business Logistics, 2003, 24 (1): 57-75.

[2] Danilovic M, Winroth M. A Tentative Framework for Analyzing Integration in Collaborative Manufacturing Network Settings: a Case Study [J]. Journal of Engineering and Technology Management, 2005, 22 (1-2): 141-158.

[3] Poyhonen A, Smedlund A. Assessing Intellectual Capital creation in Regional Clusters [J]. Journal of Intellectual Capital, 2004, 5 (3): 351-365.

[4] Parung J, Bititci U S. A Conceptual Metric for Managing Collaborative Networks [J]. Journal of Modeling in Man-

agement, 2006, 1 (2): 116-136.

[5] Markusen A. Sticky Places in Slippery Space: a Typology of Industrial Districts [J]. Economic Geography, 1996, 72 (3): 293-313.

[6] Johnson, W H A. Managing Collaborations of Engineering Management with Academia and Government in Triple Helix Technology Development Projects: a Case Example of Precarn from the Intelligent Systems Sector [J]. Engineering Management Journal, 2007, 19 (2): 12-23.

[7] Koh R, Schuster E W, Chackrabarti I, et al. Securing the Pharmaceutical Supply Chain [R]. Massachusetts Institute of Technology: Auto-ID Center, 2003.

Applying RFID to the Pet's Information Management

LIU Yun[1,2], SHAO Peiji[1]

(1. School of Management and Economics, University of Electronic Science and Technology of China, Chengdu 610054, China; 2. Sichuan Vocational and Technical College of Communications, Chengdu 611130, China)

Abstract: Although RFID technology can help us identify each pet and get the lost back home, it is more important to realize communication, cooperation and coordination between members. This is because that the pet's management involves breeders, sellers, feeders, animal clinics, animal protection associations and polices, business administrative departments, epidemic-prevention stations which form a complex collaborative network. We consider, in a town or district, this network is a pet industry cluster. Through the analysis of a case, we build a structural model of the pet industry cluster, which is divided into three categories: pet supply network, epidemic-prevention network and pet care products supply chain. Based on the structural model we develop a website for the lost pets. In our solution to the pet's information management, RFID (Radio frequency identification) tags, pet e-pedigrees and Service-Oriented Architecture (SOA) are the core.

Key words: collaboration network; industry cluster; structural model; RFID tag; pet e-pedigree; SOA

旅游需求本体的设计与实现*

王晓燕[1]，蔡小芳[1]，刘轶[2]

（1. 鲁东大学 计算机科学与技术学院，烟台 264025；2. 山东理工大学 经济学院，淄博 255049）

摘　要：本研究设计了面向领域的需求本体的构建方法，使用 OWL 实现了一个面向旅游这个特定领域的需求本体实例，包括基本信息本体、交通本体、住宿本体和景点本体等，并以景点本体为例详细说明了设计与构建过程，为用户需求信息的描述提供语义支持，实现了旅游需求领域知识和信息的集成和共享。

关键词：本体；需求；OWL；旅游

中图分类号：TP182

下一代 Internet 内容服务的开发需要在语义丰富的层面上推进信息的自动化效能。由于领域业务多元化拓展步伐的日益加速，系统用户越来越强烈地要求各类 Web 服务协同组织共同完成综合性的业务功能。为了建立统一的信息交互平台，旅游智能服务流程应用模式采用本体技术来描述和推理领域内的知识和信息。基于本体的信息更方便于交换，基于设计良好的本体的知识可以根据本体的定义进行核实和引用。

采用本体技术支持用户需求获取与分析可以共享不同的人和软件代理之间对于信息结构的通用理解，重用领域需求相关的知识和信息，清晰定义具体应用的设想，从操作或应用中分离出功能性知识，有利于对用户需求信息进行详尽的分析和挖掘。本文重点研究了面向特定领域的需求本体的设计与实现机制，并以旅游领域为例进行需求本体的设计与构建，它可以在 Internet 环境中，通过集成用户的业务需求描述，在本体技术的支持下，对需求信息进行智能灵活的分析和处理，从而完成用户对于领域业务需求的多元获取、深层分析和有机集成，实现用户需求信息的智能处理，有效支持业务规划的自动生成。

1　本体技术

本体（Ontology）最早是一个哲学上的概念，从哲学的范畴来说，本体是客观存在的一个系统的解释或说明，关心的是客观现实的抽象本质。在人工智能界，最早给出本体定义的是 Neches 等研究者，他们将本体定义为“构成相关领域词汇的基本术语和关系，以及利用这些术语和关系构成这些词汇的外延规则”[1]。

本体的目标[2]是捕获相关领域知识，提供对该领域内知识的共同理解，确定共同认可的词汇，从不同层次的形式化模式给出词汇及其相互间关系的明确定义，通过概念间的关系来描述其语义，从而实现知识和信息的共享和重用。根据本体不同方面的属性，可以对本体进行相应的分类。依照领域依赖程度，可以将本体细分为顶级本体、领域本体、任务本体和应用本体 4 类。在实际应用中，各类本体的界限并不是很清晰，而且可能存在着非常多的类别交叉和重叠，但是这并不妨碍本体作为一种知识表示和语义描述方式的优越性能的充分发挥。在本文的研究中，我们需要构建的领域需求本体就属于领域本体与应用本体相结合的本体。

2　领域需求本体的构建

为了建立统一的信息交互平台，我们采用本体技术来描述和推理领域内的知识和信息。旅游需求本体设计用于帮助系统用户描述他们对于旅游所依赖的一些具体服务的需求。

2.1　构建方法

由于具体功用的不同，在获取和分析用户需求的过程中，需要使用为相应领域构建的领域需求本体建立与智能服务流程应用模式本体的联系和映射，并最终实现领域知识和信息的共享和重用，因此领域需求本体的构建在本文的研究中是至关重

* 通讯作者：王晓燕，E-mail：ElleWang@ Gmail. com

要的。

根据 Uschold 和 Gruninger 提出的本体构造方法学框架[3]，借鉴 Gruninger 和 Fox 在 TOVE[4]本体的研究中总结的设计和评估本体的原则，对面向特定领域的需求本体的构建方法描述如下：

1）收集信息资料，请教领域专家，确定该领域需求本体的背景和需求描述。

2）构造本体，包括：

a. 本体捕获：即确定关键的概念和关系，给出精确定义，并确定其他相关的术语；

b. 本体编码：选择合适的表示语言表达相关的概念及属性；

c. 对于已有本体的集成：对已有本体的重用和修改。

3）根据需求描述要求对本体及软件环境等进行评估，通过文档详细记录每一阶段的指导准则和方法。

2.2 以旅游领域为例的需求本体构建

在研究旅游智能服务流程应用模式的开始，我们曾考虑直接采用已有旅游领域研究项目[5][6]中的本体，但是发现这样做不能在系统应用中获得良好的衔接效果。根据对旅游需求的理解和旅游相关信息的研究[7][8]，我们决定借鉴已有本体的架构和功用，在需求信息层面进行分析和研究，创建面向本系统的旅游领域需求本体。

1）旅游需求本体的基本架构

作为面向旅游的需求本体的设计和实现，我们主要着眼于用户需求的描述和表达。在旅游服务中，包含吃、住、行、娱、游、购六大类服务，用户对于旅游的需求也是围绕着这六大类服务展开的。通过对旅游领域内用户需求信息的分析和研究，我们提供给用户四个本体来描述一个基本旅游流程的需求信息，分别是需求的基本信息本体、交通本体、住宿本体、景点本体。基本信息本体用于描述旅游行程的基本信息，行和住分别对应交通本体和住宿本体，其他的四类服务均可在景点本体中满足。同时，还要建立一些辅助的本体，如游客本体、房间本体等来完善需求信息的内容。图1所示为旅游领域需求本体的基本架构。

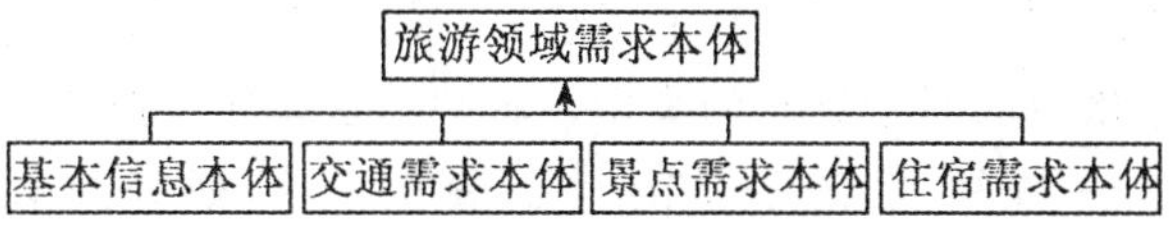

图1 旅游需求本体的基本架构

2）景点本体

为了清晰说明旅游领域内需求信息相关的概念是如何在一个本体中建模的，我们在每一个本体的构建描述中，图示表达了类和属性的定义。在此，我们以景点本体为例进行说明。景点本体是对旅游中的景点服务需求进行描述和表达的本体，用于详细定义用户旅游中的景点需求信息。面向旅游需求的景点本体的根类是 Scenery 类，按照用户需求描述方式的不同，它有两个主要的子类：一个是 RegionScenery 类，用于描述用户对某地点的景点的需求信息；另一个是 TypeScenery 类，用于描述用户对某类型景点的需求信息。

a. 区域景点。位置信息是旅游规划的基础，需要按照地点来获取用户的景点需求描述。RegionScenery 类的设计，通过使用相同的本体结构来描述地点信息，帮助用户准确具体地表达他们希望到达的地点。

为了便于本体的应用，我们采用 TBox 方法[9]来构建 RegionScenery 类。该方法通过声明其层级中的所有元素作为 RegionScenery 类的子类建立区域层级。比如，我们希望找到本体库中济南的景点，建模济南的层级，需要首先声明山东省是 RegionScenery 类的中国子类的一个子类；其次声明济南市作为山东省类的子类；然后递归声明后续层级……这样，我们可以构建一个区域层次及对应子类的实例。当需要在系统中指定地点时，就引用创建的实例，得到区域层次图如图2所示。由于包括类和实例的所有资源在本体描述语言中的名字是唯一的，区域分级中的每个元素的名字是唯一的，所以我们可以通过指明其名字明确说明层级中的区域。

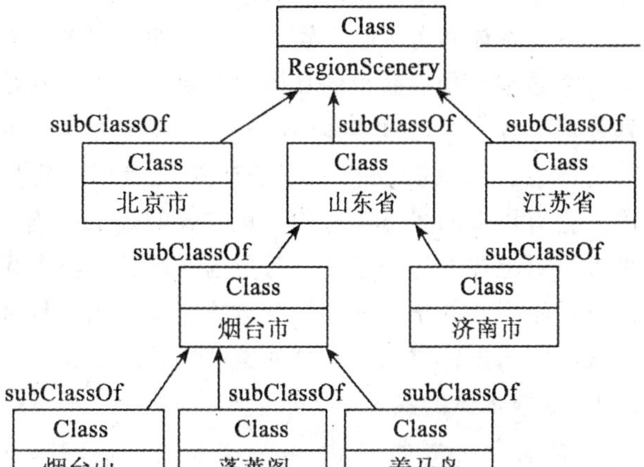

图2 使用 Tbox 描述 RegionScenery 类

b. 类型景点。用户对于旅游的需求是多种多样的，有时会希望按照多种多样的景点类型进行主题旅游。对于景点的类型，旅游学家约翰·斯沃布鲁克按照景点存在的最初目的将其划分为四种[10]，分别是：自然环境景点类、最初并非为吸引游客而建造的非目的性人造景点类、专门为吸引游客而建造的目的性人造景点类和特殊活动景点类。需要注意的是：前三类景点为长久性景点，而第四种是暂时性的，存在时间有限，通常事先已经做好了安排；四种类型的景点之间并没有明显的界限，可能会相互重叠，需要在本体库中进行规划。

按照以上景点划分理论及分析，对于类型景点 TypeScenery 类，设计两个主要的子类：一个是 Permanence 类，用于描述用户对长久性景点的需求信息；另一个是 Temporary 类，用于描述用户对暂时性景点的需求信息。由于用户对于每一类景点的需求的性质不同，我们在 TypeScenery 类设置基本属性 tsRank，用于描述用户对此类景点的偏好程度。

Permanence 类本身划分为自然景点的 Nature 类（包含山川的 Mountain 类、江河湖海的 River Lake Sea 类、野生动植物的 Wildlife 类）和人文景点的 ManMade 类（包含历史遗迹的 HistoricSpot 类、公共园区的 Park 类、娱乐休闲的 Entertainment 类、购物的 Market 类等）。

对于暂时性的旅游景点 TemporaryEvent 类，我们设计使用它的基本属性来描述可能发生的暂时性活动事件，其中，eventName 属性用于描述事件的名称，eventDate 属性用于描述事件的日期，eventDescription 属性用于描述事件的具体信息。TemporaryEvent 类又划分为多个子类，包括体育赛事的 Sport 类、艺术展会的 Exposition 类、民俗宗教历史性纪念活动的 Commemoration 类等。

景点本体涵盖了吃、娱、游、购四类服务。对于游客希望在景点获得的具体服务要求，可以在信息处理流程中，通过本体间的通信获得相互关联的需求信息。当旅游及相关服务产业发展到一定阶段，会有更多的景点类型和游玩方式的提供，当然也可以对上述本体的子类进行更为详尽的分类，可以通过添加新的子类和属性的方式完成。图 3 描述了旅游需求本体之景点本体的类和属性的定义。

2.3 需求本体的实现

研究中，我们采用 Protégé 3.1.1 版[11] + OWL2.1 插件[12]作为本体编辑器，来实现整个旅游需求本体的构建。由于篇幅的原因，我们在此仅以基本信息本体为例，截取其中的片段，使用 OWL 语言来编码实现本体的定义。

对于类的定义，下面的代码段说明了 BasicInformation 类是 Requirement 的子类：

```
< owl:Class rdf:ID = "BasicInformation" >
    < rdfs:subClassOf rdf:resource = " #Requirement"/ >
< /owl:Class >
```

对于属性的定义，下面的代码段说明了 hasTraveller 是 BasicInformation 类的对象属性，它的取值来自于 Traveller 类：

```
< owl:ObjectProperty rdf:ID = "hasTraveller" >
    < rdfs:domain rdf:resource = "#BasicInformation"/ >
    < rdfs:range rdf:resource = "#Traveller"/ >
< /owl:ObjectProperty >
```

下面的这段代码说明了属性 sumBudget 是 BasicInformation 类的数据属性，它的数据类型是 http：//www. w3. org/2001/XMLSchema 中定义的 float 类型：

```
< owl:DatatypeProperty rdf:ID = "sumBudget" >
    < rdfs: range rdf: resource = " http://www. w3. org/2001/XMLSchema#float"/ >
    < rdfs:domain rdf:resource = "#BasicInformation"/ >
< /owl:DatatypeProperty >
```

而下面的这段代码说明了 departureLocation 是 BasicInformation 类的数据属性，它的数据类型是 http：//www. w3. org/2001/XMLSchema 中定义的 string 类型，同时，它与属性 startLocation 是同义的，体现出本体中的语义特性：

```
< owl:DatatypeProperty rdf:about = "#departureLocation" >
    < owl:equivalentProperty rdf:resource = " #startLocation"/ >
    < rdfs:domain rdf:resource = "#BasicInformation"/ >
    < rdfs: range rdf: resource = " http://www. w3. org/2001/XMLSchema#string"/ >
< /owl:DatatypeProperty >
```

与之相对应的是，Tourism 类的数据属性 startLocation 在它的定义中以 http：//www. w3. org/2001/XMLSchema 中定义的 string 类型，以 < owl:equivalentProperty/ > 标签说明它与 departureLocation 的同义性，从而完成了 Tourism 域与 BasicInfor-

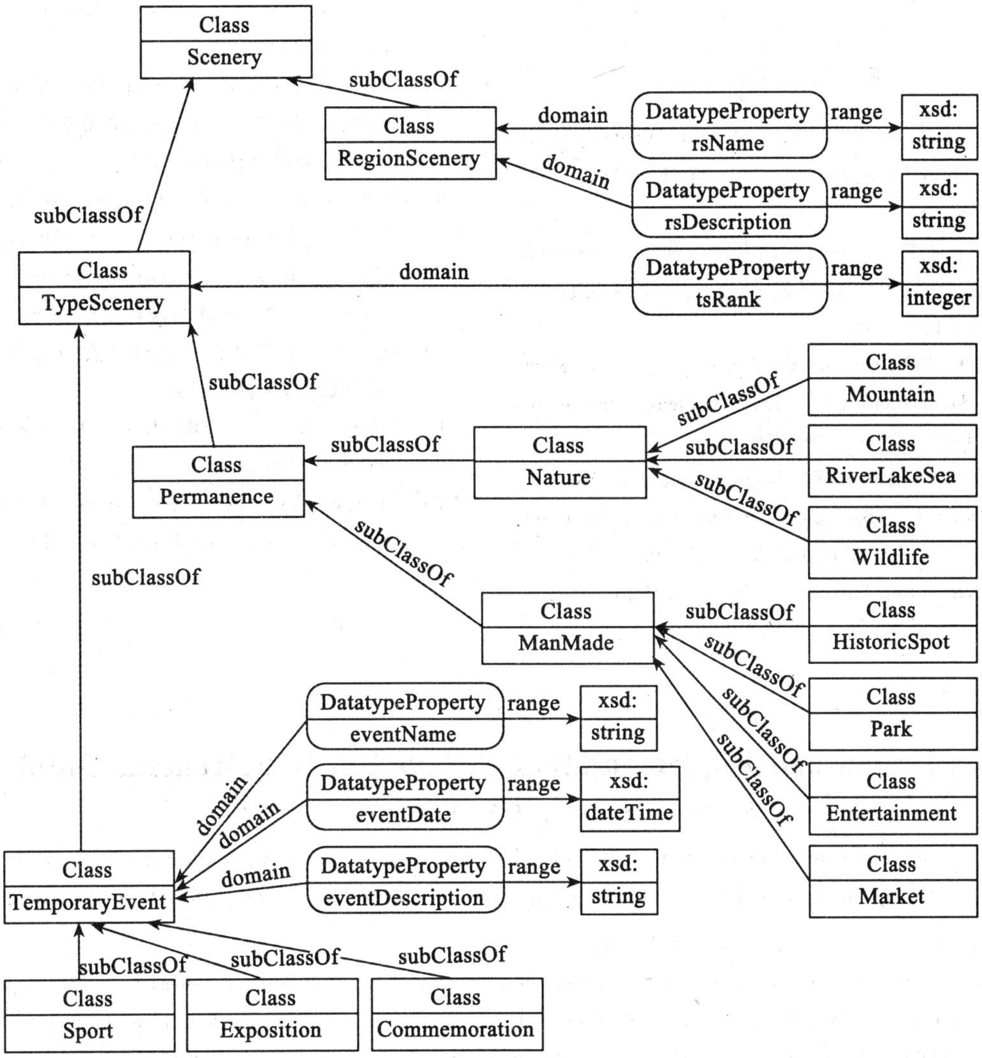

图 3　旅游需求本体之景点本体

mation 域间对应本体属性的语义映射：

```
<owl:DatatypeProperty rdf:ID = "startLocation" >
    < rdfs: range rdf: resource = " http://www. w3. org/2001/XMLSchema#string"/ >
    < owl:equivalentProperty >
        < owl: DatatypeProperty rdf: ID = " departureLocation"/ >
    </owl:equivalentProperty >
    <rdfs:domain rdf:resource = "#Tourism"/ >
</owl:DatatypeProperty >
```

以 OWL 描述的旅游领域的需求本体，定义了旅游需求的知识结构和信息存储格式。而作为实际的数据资料，只要按照上述格式的定义，将现实世界中的真实信息存入对应的信息结构中，即构成了上述实体的实例。这项工作可以通过在本体实例化工具中填充真实世界信息资料完成，在此不再赘述。

3 小　结

为了充分发挥各个应用领域的业务服务功能，及时、准确、有效地理解用户的需求信息，对面向特定领域的需求获取与分析技术进行研究，设计了面向领域的需求本体的构建方法，并以智能流程应用模式为背景，实现了面向旅游领域的需求本体，为用户需求信息的描述提供语义支持，实现旅游需求领域知识和信息的集成和共享。这对于充分利用基于网络的信息服务资源，对把握市场动态，快速响应客户需求，提高企业竞争力和影响力，具有重要的意义。

目前，对于需求本体的构建只是根据领域知识和信息，借助于本体开发工具，采用人工方式进行。在实际应用的过程中，则需要领域专家的技术支持，建立相关信息与结构模式，并进一步规范这一过程。

参考文献

[1] Neches R, Fikes R E, Gruber T R, et al. Enabling Technology for Knowledge Sharing [J]. AI Magazine, 1991, 12 (3): 36-56.

[2] 邓志鸿，唐世渭，杨冬青．面向语义集成——本体在Web信息集成中的研究发展［J］．计算机应用，2002，22（1）：15-17.

[3] Uschold M, Gruninger M. Ontologies: Principles, Methods and Applications [J]. The Knowledge Engineering Review, 1996, 11 (2): 93-155.

[4] Gruninger M, Fox M S. The Logic of Enterprise Modeling [A]. Brown J, O'Sullivan D. Reengineering the Enterprise [C]. London: Chapman & Hall, 1995.

[5] OTA (OpenTravel Alliance) [EB/OL]. http://www.opentravel.org, 2009.

[6] e-tourism [EB/OL]. http://deri.at/research/projects/e-tourism, 2009.

[7] 田里．旅游经济学［M］．北京：科学出版社，2004.

[8] 钟海生，郭英之．中国旅游市场需求与开发［M］．广州：广东旅游出版社，2001.

[9] Chen Po-Chun. The Trip Planner: Exploring an Ontology-Based Web Service Composition and Brokering Framework [Master Thesis]. Taiwan: Department of Information Management, National Taiwan University, 2004.

[10] 约翰·斯沃布鲁克．景点开发与管理［M］．北京：中国旅游出版社，2001.

[11] Proégé 3.1.1 [EB/OL]. http://protege.stanford.edu, 2009.

[12] Protégé OWL Plugin User's Guide [EB/OL]. http://protege.stanford.edu/plugins/owl, 2009.

The Design and Implementation of Tourism Requirement Ontology

WANG Xiaoyan[1], CAI Xiaofang[1], LIU Yi[2]

(1. School of Computer Science and Technology, Ludong University, Yantai 264025, China;
2. School of Economics, Shandong University of Technology, Zibo 255049, China)

Abstract: In this paper, a general method for requirement information ontology building is proposed, and the requirement ontology of a specific domain is designed and implemented using OWL. It also takes scenic spots ontology as an example to describe the design and implementation process in detail. It shows that ontology which reflects the relationships between entities and offers semantic support to requirement description could improve the performance of knowledge and information integration and sharing.

Key words: ontology; requirement; OWL; tourism

社会网络服务使用对个人社会资本影响机制研究

靳亚男[1]，朱岩[1]，李岩[1]

（1. 清华大学 经济管理学院 管理科学与工程系，北京 100084）

摘 要：社会网络服务（Social Network Service，SNS）越来越多地被个体所采用。先前对其的研究发现 SNS 的使用与个人社会资本之间存在着正向关系。那么，SNS 的使用如何改变个人社会资本？本文致力于回答这个问题。基于社会资本相关理论，本文提出 SNS 的使用（深度结构应用和认知专注性）首先是要改善个人社会网络结构（可达性与可动用性），而后则提升个人社会资本（跨接型、紧密型和保持型社会资本）。本文以校内网为研究对象，采用问卷调研方式收集数据。其次，本文探讨了研究结果的理论与实践意义。

关键词：社会网络服务；社会网络结构；社会资本；信息系统使用

中图分类号：C912.3；C931.6

社会网络服务（Social network service，SNS）作为一种新兴的互联网应用系统，为用户建立了一个以自我为中心的社交场，提供了一种联系、交流的新方式。SNS 用户通常是借助朋友的传递性，将个人社会网络延展开，并把个人的社会关系网显现出来，从而能有效管理个人社会网络，使用和扩大由社会关系带来的社会资本。

目前对于 SNS 的概念，学术界尚没有普遍认同的定义。Boyd 等人指出，SNS 也是社会网络网站（social network sites）的缩写。这种网站是一种基于网页的服务，允许个人在一个有界体系内创建公开或半公开的个人资料，将与之享有共同联系人的用户形成列表，在该体系内查看、传递自己和他人创建的联系人列表[1]。

社会网络服务通过改变人与人之间的交往模式，为获取、使用和保持个人社会资本提供了新途径。而社会网络服务如何改变个人社会资本，迫切需要理论进行解释分析和指导：首先，现有的社会资本理论不能完全适用于网络空间；其次，已有的针对互联网用户的社会资本研究多为相关关系分析[2][3][4]，缺乏因果性分析；第三，目前对 SNS 对社会资本影响的研究是“黑箱子”过程，即采用对 SNS 使用、社会资本分别进行衡量再回归分析的方法[5][6]，缺乏对于两者之间深层次关系的研究。尽管有研究开始探索隐含在互联网使用与社会资本关系之中的机制问题[7]，但针对 SNS 使用如何影响社会资本的研究并没有出现。因此研究 SNS 的使用对于个人社会资本的影响是必要的，具有较强的理论和现实意义。本文的研究目标就是在互联网时代背景下，探寻连接 SNS 的使用和个人社会资本之间的中介桥梁，从而构建出 SNS 使用对个人社会资本的较为完整的影响机制。

本文接下来的结构安排如下：第 1 部分描述研究模型、相应的理论背景，以及假设提出；第 2 部分描述研究方法以及数据收集方法；第 3 部分展示模型检验结果；第 4 部分对结果进行讨论并提出未来研究方向。

1 研究模型

依据林南的社会资本理论[8][9][10][11][12]，本研究构建了 SNS 的使用对个人社会资本的影响机制模型，如图 1 所示。本节将对该模型进行详细的阐释，对各个变量进行定义和说明，并提出有关四个（组）假设。

1.1 社会网络对社会资本的影响

林南将社会资本定义为：从个人整体社会网络中获取的资源[8]。并且明确指出社会资本是取决于社会网络[9]，社会资本植根于社会网络或社会关系之中。社会网络为接近和使用嵌入性资源提供了必要的条件[10]，网络结构特征应该被视为社会资本的重要而必要的前置外生变量[9][11]。

综合来看，林南从个体主义原则出发，以互动的关系论视角来描述社会网络结构中的成员的社会资本。由此，本研究选择个人社会网络结构作为个人社会资本的前置因素。并且参考林南社会资本理论模型中对于社会网络的衡量方法，从社会网络可

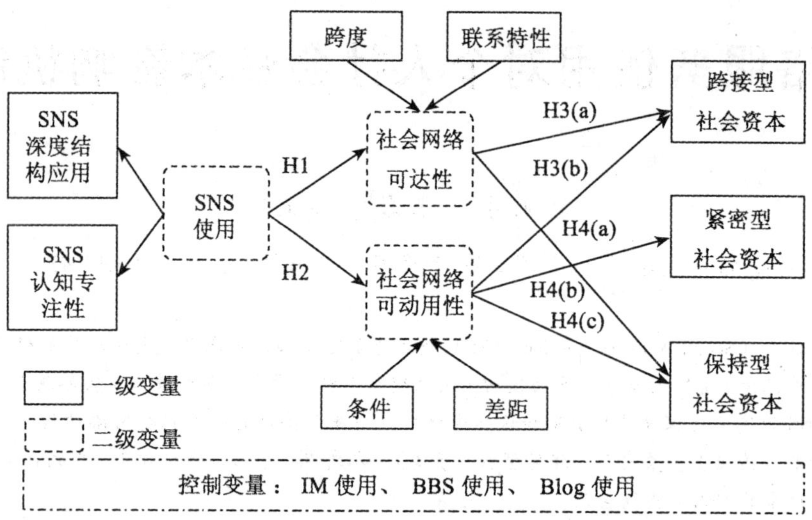

图 1 SNS 使用对个人社会资本影响机制模型

达性和社会网络可动用性两个方面描述个人社会网络结构。

社会网络可达性（accessibility，SNA）[10][12][13]是指个人通过其社会网络或社会关系能够接触到资源的机会。在衡量社会网络可达性时，需要考虑两个方面的因素，一是社会网络的跨度，二是社会网络成员之间的联系特性。前者指的是网络成员的多样性，包括成员年龄、教育水平、地域等方面的多样性。后者包括网络成员之间联系的频率、联系的强度以及成员地理位置接近度。

社会网络可动用性（mobilization，SNM）[10][12][13]是指个人通过其社会网络和社会关系能够动员并使用资源的特点。在衡量社会网络可动用性时，需要考虑两个方面的因素，一是动用资源的条件，二是预期和实际能够动员资源之间的差距。

社会资本可分为跨接型、紧密型和保持型社会资本。跨接型社会资本（bridging social capital，BrSC）是反映社会网络中成员之间的弱关系的社会资本。这种关系是一种可能提供有用信息或新视角，但不涉及情感支持的松散连接[14]，很适合于连接外部资源和信息扩散。紧密型社会资本（bonding social capital，BoSC）是反映家人、亲密朋友之间的强关系的社会资本[14]。这种关系是一种提供情感支持的紧密联系，能够给个人带来精神上和物质上较大的帮助。保持型社会资本（maintained social capital，MSC）是反映当生活地点发生改变后，社会网络成员从维系的原社会网络获取的社会资本[5]。

1.2 SNS 的使用

本文对 SNS 使用的刻画参考了信息系统研究领域中关于系统应用（system usage）的研究方法。Burton 和 Straub 将个人层次的系统应用定义为个体用户为完成一项任务而使用一种或者多种系统特性[15]，由此，本文将 SNS 使用定义为个体用户使用的多种 SNS 功能和用户对 SNS 的认知特性。

深度结构应用（Deep structure usage）是指与核心使用相关的 SNS 的功能特征[15]，即在 SNS 中使用了哪些功能、安装了哪几种应用程序或者安装了多少个应用程序，反映了 SNS 系统的应用程度，代表了系统的因素。认知专注性是指用户在使用 SNS 过程中在多大程度上被 SNS 吸引或者说用户在 SNS 使用方面身心投入的程度[15]，该指标也反映了 SNS 对用户的黏性，反映了 SNS 用户的使用程度，代表了用户的因素。以上两个维度结合起来全面地体现了 SNS 的使用情况。

1.3 假设提出

（1）SNS 的使用对个人社会网络可达性的影响

因为 SNS 构建的社会网络具有小世界效应（Small-World Networks），通过断键重连，有可能在相距较远或者异质的网络成员之间建立直达捷径，从而提高了个人社会网络的多样性。另一方面，SNS 的小世界效应使得随着网络规模即参与人数的增加，网络结构并没有变得很松散，网络中节点的联系仍然很紧密，即提高了网络成员之间联系的强度。使得 SNS 的使用促进了个人与社会网络成员之间的联系特性发生了有利的变化。综合来看，基于小世界模型构建的 SNS 社会网络能够增强社会网络可达性，使用 SNS 能够加强个人社会网络的跨度和联系特性，即个人社会网络的可达性。由此，本研究提出：

H1：社会网络服务 SNS 的使用能够增强个人社会网络的可达性。

（2）SNS 的使用对个人社会网络可动用性的影响

在社会网络中，与他人互动是换取资源最重要的前提。从 SNS 的综合使用来看，SNS 便利了与社会网络成员的交互，为保护个人既有资源和获取额外资源提供了平台和渠道。基于 SNS 的求助，具有较高的时效性，能够降低沟通成本，明确提供帮助的来源，有利于互动"交情"的累积。在经常性的提出问题并通过 SNS 的好友圈获取答案之后，这种正面的体验效果就能很好地降低对于动用社会网络资源的难度预期，个人社会网络也更容易被动用起来。

由此，本研究提出：

H2：社会网络服务 SNS 的使用能够增强个人社会网络的可动用性。

（3）个人社会网络可达性对个人社会资本的影响

社会网络可达性的要义在于通过其社会关系能够接触到资源的机会，个人社会网络跨度越大，即拥有多样背景的网络成员，这些相互异质的成员就越能充当跨越个人社会网络界限去获得信息和其他资源的桥梁，就能够带来更多元化的资源渠道，从而有助于个人获得更多的新信息、新观念和新机会。资源的多样化、网络成员的多样性对于个人跨接型社会资本的提高是非常有价值的。由此，本研究提出：

H3（a）：个人社会网络可达性对个人跨接型社会资本产生正向影响。

社会网络可达性的跨度代表着社会网络成员的多样性，成员之间高跨度的联系网能够为寻找曾经的关系提供有效的帮助。由此，个人社会网络可达性通过成员之间的联系与传递，促进了个人保持型社会的提高，本研究提出：

H3（b）：个人社会网络可达性对个人保持型社会资本产生正向影响。

（4）个人社会网络可动用性对个人社会资本的影响

社会资本要发挥作用、实现它的价值，必须要依托于一定的社会网络。而社会网络的有效维持，直接关系到社会资本的作用和价值。要使网络成员进行配合，需要依靠一种驱动力，这种驱动力就来自个人对社会网络的动员。

当个人在动员弱关系以获取资源时，动用的结果对个人跨接型社会资本产生影响；当个人在动员强关系以取得支持时，动用的结果对个人紧密型社会资本产生影响；当个人在动员保持的关系以争取资源时，动用的结果就对个人保持型社会资本产生影响。由此，提出本研究的第四组假设，即：

H4（a）：个人社会网络可动用性对个人跨接型社会资本产生正向影响。

H4（b）：个人社会网络可动用性对个人紧密型社会资本产生正向影响。

H4（c）：个人社会网络可动用性对个人保持型社会资本产生正向影响。

2　研究方法和数据收集

SNS 的使用对个人社会资本的影响机制模型可通过对 SNS 用户的问卷调查收集数据进行验证。本节将说明问卷的量表设计、样本特征和数据收集程序。

2.1　量表设计

本研究所有测度指标见表 1，如果没有特别说明都采用 Likert 7 级尺度量表，从"完全不同意"到"完全同意"来加以衡量。

表 1　　**测度指标**

项目	变量	测度问题	来源
SNS 使用的测度指标	SNS 深度结构应用	浏览资讯	本研究
		玩游戏	
		给好友打招呼或留言	
		写评论	
		写日志	
		上传照片	
	SNS 认知专注性	平均每天上 SNS 的时间	[5]
		上 SNS 是我每天活动的一部分	
		我经常通过SNS和朋友联系	
		如果一段时间没有上 SNS 就感觉被隔离了	
		如果校内关闭了会遗憾难过	

续表

	变量	测度问题	来源
社会网络可达性指标	网络跨度	社会网络成员的地域分布	[9][10][13]
		社会网络成员的教育水平分布	
	联系特性	与社会网络成员联系的频次	
		联系较多的社会网络成员比例	
		关系紧密的社会网络成员比例	
		地理位置接近的社会网络成员比例	
社会网络可动用性指标	动用资源的条件	通过人际网中的成员找到多个渠道来解决问题	
		网络资源的易动员性	
		成员有能力给予我很多的帮助	
	差距	网络中所获得的帮助会超出我的预期	
		困难时获得意想不到的帮助	
社会资本测度	跨接型社会资本	我对发生在我人际网中的事感兴趣	[5]
		和我人际网中的成员交往促使我尝试新事物	
		和我人际网中的成员交往让我感觉是更大的人际网络一分子	
		和我人际网中的成员交往让我感觉世界紧密相连	
	紧密型社会资本	和我关系亲密的朋友中，有一些我信任的、能帮我解决问题的人	
		在做重大决策时，我能够从亲密朋友那里获得建议	

续表

项目	变量	测度问题	来源
社会资本测度	紧密型社会资本	和我关系亲密的朋友能帮我推荐、联系工作	[5]
		急需时，我可以从关系亲密的朋友那里借到钱	
		和我关系亲密的朋友乐意与我分享快乐	本研究
		和我关系亲密的朋友愿意听我倾诉	
	保持型社会资本	我能够了解到以前的同学的现状	[5][6]
		如果需要，我能够找以前的同学帮我些小忙	
		如果到外地旅游，我能够找到在当地的老同学玩	
		以前的同学能够给我提供工作或实习的信息	
		班级聚会时很容易找到以前的同学	

其中，SNS使用的测度，即深度结构应用、认知专注性构成SNS使用的一级反映性指标[16]。社会网络跨度和联系特性组成了社会网络可达性的构成型一级指标，动用资源的条件和差距组成了社会网络可动用性的构成型一级指标。社会资本的测度是一级指标。

因为存在其他在线交流工具的使用对个人社会资本产生影响的可能性，本研究将即时通讯工具(IM)、以自我为中心的(ego-centered)互联网应用(如博客）和以话题为中心的互联网应用（如BBS和社区）的使用三种因素作为控制变量。每个控制变量有三个问项，分别为是否使用IM/Blog/BBS、每天使用时长和满足个人交流需求的程度。

2.2 问卷发放和数据收集

在问卷设计上，每个部分之间通过加入与问卷内容具有一定相关性的描述段落，设计出心理学意义上的分割，以便更好地隐藏预测变量的衡量指标与效标变量的相关性，从而减少共同方法偏误(common methods bias)[17]。

目前国外对于SNS的研究，绝大多数都是基于学生用户群为主体的Facebook，为了加强与国外研究的可对比度，本研究选择国内与Facebook最为相像的校内网（xiaonei.com）作为具体研究对象。“校内网”作为国内 SNS 的突出代表，其用户数超过 4000 万，在全国具有较大的影响力。清华大学作为校内网的发源地，发展用户的时间较长，覆盖面较大，用户的行为趋于稳定，非常适合作为调查对象。

问卷发放方式有如下两种：一是在线调查（网址是 http://www.rccm.tsinghua.edu.cn/questionnaire/问卷_校内网用户.htm），二是纸质问卷。共收到问卷 329 份，通过清理数据，最终得到有效问卷 235 份。

本研究采取分层抽样的方法来获取样本，因为本科低年级学生是保持型社会资本的主要体现人群，所以大一、大二年级学生各约占样本的 1/4，另外大三、大四的学生作为高年级学生占 25%，研究生略超 1/4。人口统计特征如表 2 所示。

表 2　样本构成特征（N = 235）

统计量	均值或百分比（人数）
年级：	
本科大一	22.6%（53）
本科大二	23.4%（55）
本科高年级	25.1%（59）
研究生	28.9%（68）
协会成员	61.3%（144）
性别：	
男	58%（137）
女	42%（98）

3　数据分析

3.1　信度效度检验

信度（Reliability）即可靠性，进行内部一致性分析能够评价测度的可靠性，进行内部一致性分析能够评价测度的信度[19]。本研究的结果显示，所有变量的信度系数值处于［0.719，0.981］的区间内，均高于 0.7，该量表或问卷具有可靠性[20]。同时，绝大多数问项在其对应的变量上的因子负荷值高于 0.707，表现出很好的单问项可靠性[21]。因此，两种类型的指标都表明本研究的测度指标具有较为满意的可靠性。

效度（Validity）是指测量结果与测量目标之间的接近程度。本研究的结果显示，每个问项在其对应变量的因子负荷值都比其在任一其他变量的因子负荷值要高，并且每个问项在其对应变量的因子负荷值（除深度结构应用 1 之外）都比其他问项在该变量上的因子负荷值要高，本模型有较好的聚合有效性（Convergent Validity）[21]。同时，每个变量 AVE 的平方根比该变量与其他变量的相关系数要高，由此本模型具有较好的区分有效性（Discriminant Validity）[20]。

3.2　模型结果

利用 SmartPLS 软件，借助回收整理的 235 个有效样本对本研究中提出的模型进行验证，得以分析 SNS 的使用对个人社会资本的影响作用。结果如图 2 所示。

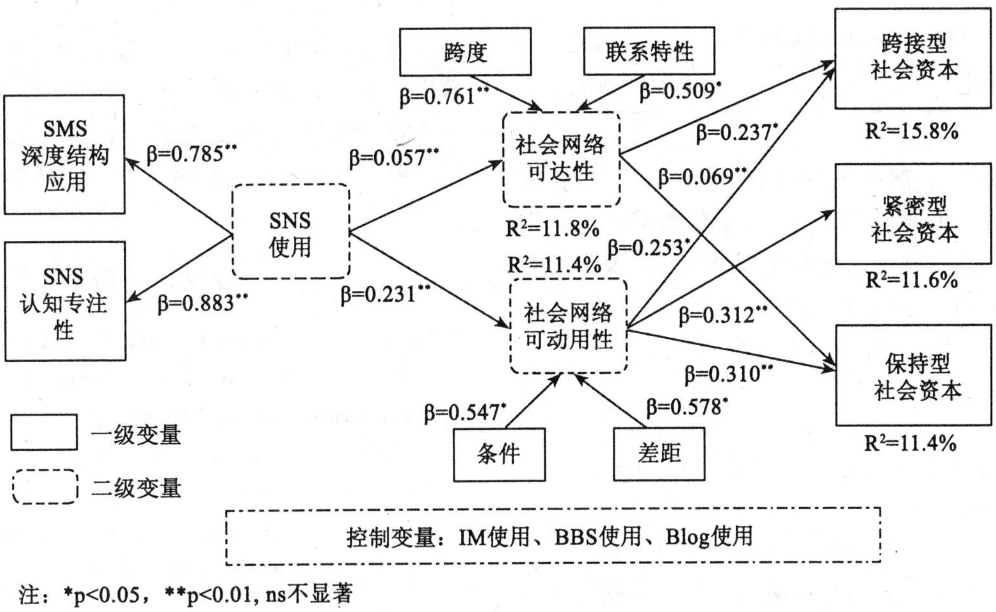

图 2　PLS 结果：路径系数

假设H1没有得到数据结果的支持，其原因可能有如下两点：一是，本研究的调查对象全部是大学生，社会关系相对简单，在网络多样性水平比较低；二是，控制变量IM作用非常强，使SNS增强个人社会网络可达性的作用不突出。

假设H3（b）没有得到数据结果的支持，原因可能是，本次调查所指的保持型社会资本主要是从中学同学关系中获得的资本，但调查对象可能与中学同学联系频率不高。

其他假设均得到了本次数据结果的支持。

最后，将SNS的使用对个人社会网络的影响、后者对个人社会资本的影响进行综合考虑，得出SNS的使用对个人社会资本的影响，如表3所示。其中总效果采用的是SmartPLS中的total effect，表示由SNS的使用通过不同的途径最终对个人社会资本的影响。间接作用是将两重因素的效果相乘。整体上看，在0.05显著性水平下，SNS的使用对于个人跨接型社会资本有正向影响，在0.01显著性水平下，SNS的使用对于个人紧密型、保持型社会资本均有正向影响。

表3 综合作用

路径	间接作用及比例	总效果	t值
SNS→SNA	–	0.057	0.812^{ns}
SNS→SNM→BrSC	0.0538（80.3%）		
SNS→BrSC	–	0.067	2.232 *
SNS→SNM→BoSC	0.0664（94.4%）		
SNS→BoSC	–	0.07036	2.761 **
SNS→SNM→MSC	0.0660（94.4%）		
SNS→MSC	–	0.06995	2.724 **

本研究对全部数据进行了Harman单因子检验，结果表明并没有单独的一个能够解释大部分变量方差的因素存在，而是存在多个因子，表明本研究中没有产生公共方法偏差（common method bias）[22]。

4 结果讨论

社会资本概念近几年开始受到广泛讨论和关注，本研究是一个初步的尝试，将其应用至网络空间的SNS，探讨互联网时代的SNS使用行为对个人社会资本的影响，具有多学科和跨学科研究意义。

4.1 理论创新

本研究提出了SNS使用对个人社会资本的影响机制模型，弥补了当前没有因果联系实证研究的欠缺。通过探索影响个人拥有社会资本的直接影响因素，研究SNS使用模式，发现SNS是利用何种渠道影响了个人社会资本，解决了由SNS使用到社会资本增加的“黑箱子”问题。

4.2 实务建议

由本次调研的结果来看，一方面校内网的各项功能处于初级应用，缺乏体现SNS社会属性的核心功能或“杀手级”应用。校内网只有不断地推陈出新，才能保留用户。但这种对于新鲜感的追求使得社会网络服务SNS与其他网游、社区愈发趋于同质化，无法成为引领互联网革命的先锋。SNS网站应该更加注重对于能够辅助用户建立和维护个人社会网络的功能应用进行设计和开发，真正担负起社会网络服务的盛名。

另一方面，校内网的用户对于SNS的使用还处于较为初级的阶段，以了解好友信息和浏览资讯为主要目的，缺乏使用社会网络服务来管理自身社会网络的主动意识。因此在校内网没有加强其社会网络服务功能之前，学生用户可以适当减少对校内网投入的时间和精力。

4.3 研究局限与展望

在快速发展的互联网上，SNS的概念同样在变化，其内涵和外延仍在持续丰富和扩展中。校内网的实证结果在推广过程中可能受到一定的影响，在以后的研究中可以进一步对新兴的SNS网站，比如阿里巴巴在2009年5月推出人脉通，这是继生意宝之后第二家电子商务网站进军SNS，从而进一步拓展了SNS的应用领域。

另外，基于校内网在学校里无孔不入的极大覆盖度，本研究的主要调查对象是SNS用户，因为非SNS用户数量太少而被迫放弃，从而无法对与SNS用户与非用户进行对比分析，减少了研究包含的信息量。

参考文献

[1] Boyd D M, Ellison N B. Social Network Sites: Definition, History, and Scholarship [J]. Journal of Computer-Mediated Communication, 2008, (13): 210-230.

[2] Wellman B, Haase A Q, Witte J, et al.. Does the Internet Increase, Decrease, or Supplement Social Capital? Social Networks, Participation, and Community Commitment [J]. American Behavioral Scientist, 2001, 45 (3): 436.

[3] Kraut R, Kiesler S, Boneva B, et al. Internet Paradox Revisited [J]. Journal of Social Issues. 2002, 58: 49-74.

[4] Beaudoin C E, Tao C C. Benefiting from Social Capital in Online Support Groups: an Empirical Study of Cancer Patients. CyberPsychology & Behavior [J]. 2007, 10 (4): 587-590.

[5] Ellison N, Steinfield C, Lampe C. The Benefits of Facebook "Friends": Social Capital and College Students' use of Online Social Network Sites. Journal of Computer-Mediated Communication [J]. 2007, 12: 1143-1168.

[6] Steinfield, et al. Social Capital, Self-esteem, and Use of Online Social Network Sites: a Longitudinal Analysis [J]. Journal of Applied Developmental Psychology. 2008, 29: 434-445.

[7] Beaudoin C E. Explaining the Relationship between Internet Use and Interpersonal Trust: Taking into Account Motivation and Information Overload [J]. Journal of Computer-Mediated Communication. 2008, 13: 550-568.

[8] Lin Nan. Social Networks and Status Attainment. Annual Review of Sociology [J]. 1999, 25: 467-487.

[9] Lin Nan. A Network Theory of Social Capital [A] //Castiglione D. The Handbook of Social Capital. Oxford: Oxford UniversityPress, 2008.

[10] Lin Nan. Social Capital: A Theory of Structure and Action. [M]. London and New York: Cambridge University Press, 2001a.

[11] 林南. 社会资本——关于社会结构与行动的理论 [M]. 上海: 上海人民出版社, 2005.

[12] Lin Nan. Building a Network Theory of Social Capital [A] //Cook and Burt R S. Social Capital: Theory and Research. New York: Aldine de Gruyter, 2001.

[13] Franke S. Measurement of Social Capital. Reference Document for Public Policy Research, Development, and Evaluation. PRI Project Social Capital as a Public Policy Tool. Canada: Policy Research Initiative, 2005.

[14] Granovetter M. The Strength of Weak Ties : A Network Theory Revisited [A] //Social Structure and Network Analysis, Peter V. Marsden and Nan Lin Beverly Hills. CA : Sage, 1982.

[15] Gittell Ross, and Vidal A. Community Organizing: Building Social Capital as a Development Strategy. [M] Sage Publications, 1998.

[16] Burton J. Reconceptualizing System Usage: An Approach and Empirical [J]. Test Information Systems Research, 17 (3): 228-246.

[17] Jarvis C B, Mackenzie S B, Podsakoff P M. A Critical Review of Construct Indicators and Measurement Model Misspecification in Marketing and Consumer Research. [J] The Journal of Consumer Research, 2003, 30 (2): 199-218.

[18] Quan-Haase A, & Wellman, B. How does the Internet affect social capital? [M] Huysman M, & Wulf V. Social Capital and Information Technology. Cambridge, MA: MIT Press, 2004.

[19] Fornell C, Larcker D F. Structural Equation Models with Unobservable Variables and Measurement Error: Algebra and Statistics [J]. Journal of Marketing Research, 1981, 18 (3): 382-388.

[20] Nunnally J C, Bernste I A. Psychometric Theory [M]. New York: McGraw Hill, 1994.

[21] Barclay D, Thompson R, Higgins C. The Partial Least Squares (PLS) Approach to Causal Modeling: Personal Computer Adoption and Use as an Illustration [J]. Technology Studies, 1995, 2: 285-309.

[22] Podsakoff P M, Organ D W, Self-Report in Organizational Research: Problems and Prospect [J]. Journal of Management, 1986, 12: 531-544.

An Investigation into the Effects of the Usage of Social Network Service on the Individual Social Capital

JIN Yanan[1], ZHU Yan[1], LI Yan[1]

(1. Department of Management Science and Engineering, School of Economics and Management, Tsinghua University, Beijing 100084, China)

Abstract: Social Network Service (SNS) has been adopted extensively. The previous research on SNS found that the usage of SNS was positively associated with the individual social capital. But how the usage of SNS can affect the social capital? This paper attempted to answer this question. Based on the social capital theory, this paper proposed that the usage of SNS (including deep structure usage and cognitive absorption) could improve the individual social network structure (including accessibility and mobilization), which in turn could increase the individual social capital (including bridging, bonding and maintained social capital) . This study chose one of the most famous domestic SNS sites, xiaonei. com as the research object and collected data through a field survey. The empirical results showed that the usage of SNS had a significant positive effect on the mobilization of the social network and the improved mobilization in turn positively affected the three types of social capital. This paper is concluded by discussing the theoretical and practical implications of the results.

Key words: social network service; social network structure; social capital; information system usage

一种基于容错设计的医院分诊排队系统

闻思源[1]，魏红翠[2]

(1. 山东经济学院 信息管理学院，济南 250014；2. 山东经济学院 图书馆，济南 250014)

摘　要：分诊排队系统是指优化就医环境在医院的具体落实，现有的分诊排队系统大部分是基于485总线、CAN总线或基于医院局域网的单一实现，但由于医院复杂脆弱的基础网络环境，单一手段难以保障系统的不间断运行，本文提出一种集中式与分布式相结合的具有智能容错特性的分诊排队管理系统，实现了故障情况下的系统自动切换工作模式和故障排除后自动现场恢复，有效保障了系统的可靠运行，对其系统结构、实现原理、协议组成等进行了介绍，并对其在全国60余家三甲医院的实施和运行状况进行了总结。

关键词：分诊排队；智能容错；故障切换；现场恢复

中图分类号：TP274

1　前　言

医院分诊排队系统（HQMS）专用于医院分诊排队，能有效地改善服务环境，提高工作效率。具备语音叫号、大屏显示、号票打印功能，可同步显示当前系统工作状况，体现就诊次序的公开、公正、公平，对于改善医患关系有重要作用。

目前排队管理系统分为两类，一类是基于485或CAN总线的以拍号器为总线节点，以专用排队机为队列处理和总线控制器的硬件结构排队管理系统；另一类是基于局域网，用计算机代替硬件拍号器和专用排队机的软件结构排队管理系统，在银行、政务大厅、医院等地点均有应用。硬件结构排队管理系统与现有信息系统相互独立，具有独立运行能力强、可靠性高、与其他系统无串扰等优点，但造价高、调试复杂、维护不方便、故障恢复响应慢、不易与现有信息系统互联；软件结构排队系统建设方便、易于调试、设备价格低、易于系统互联，但容易与其他系统相互串扰、不易定位故障。

本文提出并实现了一种将硬件结构排队系统与软件结构排队系统的优势相结合，并采用集中式与分布式管理相互补充、互为备份的智能容错排队管理系统（Intelligent Fault-Tolerant Queue Management System，以下简称IFTQMS），针对医院复杂脆弱的基础环境，能保障全天不间断的可靠运行，其系统结构采用模块化构建，可根据用户具体需求灵活定制，从而适应多样化的应用环境，经过在全国60多家三甲医院的实施和运行，效果明显，为医院优化就诊秩序、改善医患关系起到了良好作用。

2　系统结构

IFTQMS的线路由控制器局域网络（CAN）和以太网两种组成[1]。

其中CAN是Robert Bosch公司在20世纪80年代初为汽车业开发的一种串行数据通信总线，其通信速率可达到1 Mbit/s，通信距离在1 Mbit/s下为40m。CAN已有国际标准，即用于高速场合的ISO 11898和用于低速场合的ISO11519-3。由于其高可靠性和良好的性能价格比，已得到广泛应用。相对于485总线，虽然初期设备成本稍高，但其具有多主节点、传输速率高、有错误处理和检错机制、单点故障对整体无影响、通信距离远、调试方便、后期维护成本低等优势，所以在IFTQMS中采用CAN总线连接各叫号点。

在医生端采用两种叫号方式：硬拍号器和医生工作站的虚拟拍号器软件，硬件拍号器采用CAN总线串联，根据诊区环境不同和区域大小，在采用超5类双绞线布线、满足100kbps传输速率情况下，总线最大长度达到600米，单控制器可控制多至100个拍号器[2]，完全满足单诊区需要，单诊区CAN总线控制器由分诊台护台工作站承担；虚拟拍号器软件安装在联网的医生工作站上，数量不受限制。每诊区在分诊台有1台联入医院局域网的护士工作站，其作用是：控制CAN总线上各拍号器；为本诊区所属虚拟拍号器提供局部控制；与集控服务器通信进行控制和叫号数据的实时传输；在集控服务器故障情况下自动接管其数据接口和队列控制功能；控制本诊区叫号显示屏的显示输出和语音合成输出；提供队列管理界面以方便护士对队列进行灵活调整。

医院局域网内设置1台集控服务器，其作用是：维护和管理全院各诊区的患者队列，与各诊区护士工作站实时通信提供控制数据、队列数据、叫号数据，与医院信息系统（HIS）定时同步挂号数据以更新各诊区队列；向网络播放盒实时传输叫号数据；提供大屏幕节目源的管理和更新。

叫号显示设备采用大屏幕平板显示器，根据诊区大小可选择32寸、42寸、50寸、60寸等多种规格，其逐行输入接口与网络播放盒逐行输出相连，DVI输入接口和护士工作站双头输出显卡的DVI输出相连，在默认情况下显示逐行接口内容，在逐行接口无信号时，自动切换到DVI接口。

每台叫号显示屏配置1台网络播放盒，该设备与医院局域网相连，负责接收集控服务器的叫号数据并进行显示和语音播放；存储叫号显示屏的节目文件并按照播放规则进行播放，该节目文件可与集控服务器同步更新。

整体系统结构如图1所示：

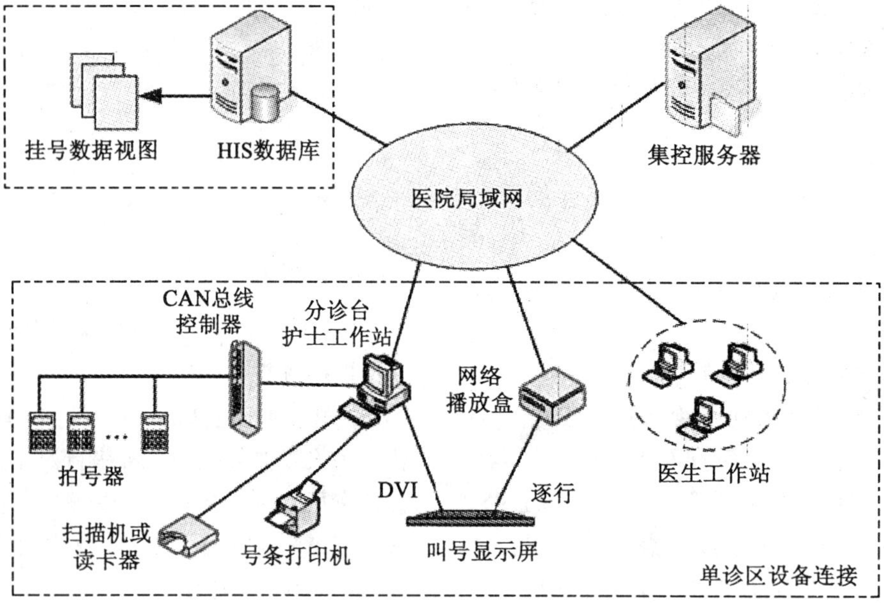

图1 ITFQMS总结结构图

3 软件组成与实现

IFTQMS软件系统由3部分组成：

3.1 集控服务器控制子系统（以下简称集控子系统）

安装在集控服务器上，用于管理全院各诊区的分诊。主要包括：①数据接口模块，作用是通过HIS数据接口更新本地挂号数据（由于HIS系统存储大量医疗关键数据，不会放开访问，一般会以视图、API等形式为其他系统提供访问接口）；②队列管理模块，作用是根据HIS数据接口访问模块取得的新挂号数据重新调整患者队列，并维护各诊区、各挂号类别（以下简称号别）的相应患者队列，向各医生站实时传送所需患者队列，由于医院科室划分复杂、号别种类繁多，该模块一般会同时维护几百个号别队列；③叫号管理模块，通过队列管理模块选择待呼叫人员，并变换为供给网络播放盒使用的叫文件，包括语音文件、文本文件、图片（JPEG格式）文件，经测算，在X3323双核2.5G处理器（6MB-1333MHz）/2GB内存配置服务器上，每小时可生成5000套以上的叫号文件，完全满足大型三甲医院的叫号需求；④更新管理模块，用于定时或按需更新网络播放盒和护士工作站的视频播放文件；⑤日志管理模块，用于记录视频更新和播放日志、叫号日志、运行状态日志；⑥状态监测模块，用于监测网络播放盒实时状态，在其故障时，通知护士工作站接管其功能，并通过通信控制模块接收护士工作站的状态监测查询，返回当前工作状态；⑦同步模块，向诊区护士工作站定时传送诊区队列数据，以便其在集控服务器故障时，接管分诊工作；⑧通信控制模块，负责与网络播放盒的网络通信，用于将叫号管理、更新管理、状态监测模块的命令和数据翻译为专用通信协议转发至网络播放盒，并将网络播放盒的返回值解析后转发给其他模块。

由于本子系统管理的数据量较大，采用了关系型数据库进行队列数据存储。

本子系统软件结构示意图如图 2 所示：

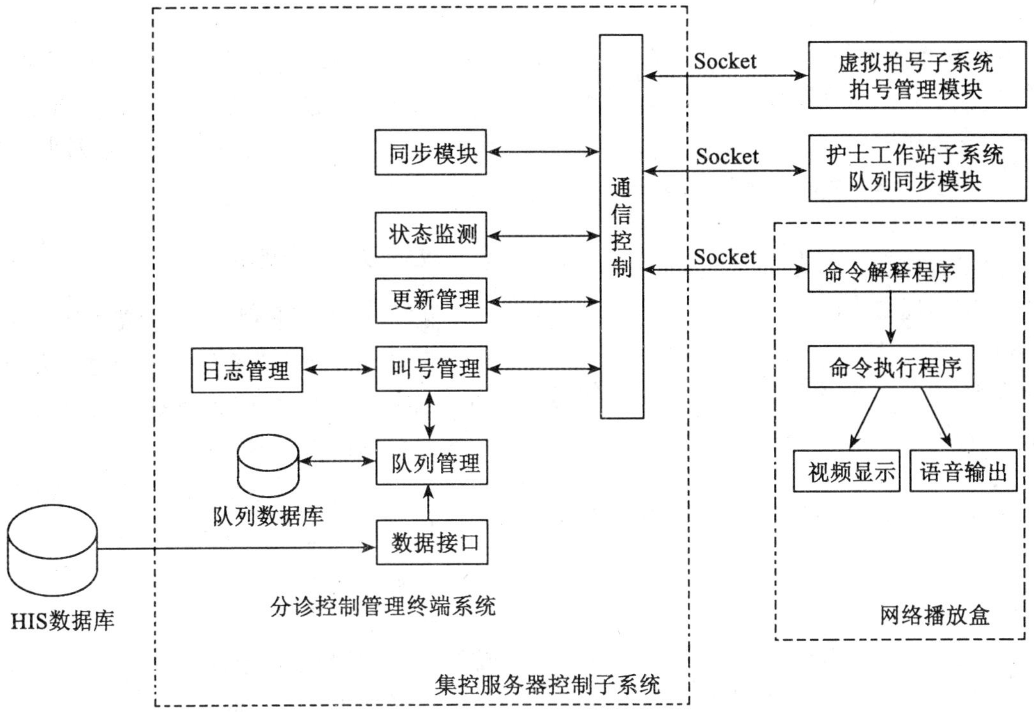

图 2　集控子系统软件结构示意图

3.2　护士工作站子系统

安装在各诊区的护士工作站上，用于管理本诊区各科室的分诊。主要包括：①数据接口模块，作用于集控服务器的相同，但只是定时更新本诊区所管理门诊科室的挂号数据；②队列管理模块，维护本诊区的各号别患者队列；③叫号管理模块，通过队列管理模块选择待呼叫人员，并将结果传送到显示与语音管理模块；④显示与语音管理模块，用于接收叫号管理模块的数据并送相应输出，并在系统故障切换和故障恢复切换时，将大屏显示在逐行显示和 DVI 接口间切换；⑤日志管理模块，与集控服务器的相同；⑥状态监测模块，用于监测集控服务器工作状态，如发现其不正常工作，则自动切换数据接口和分诊控制，以保证系统的不间断运行，在故障恢复后，再自行切换回集控服务器控制；⑦队列同步模块，定时与集控服务器管理的诊区队列保持同步，当集控服务器故障时，通过状态监测模块接管分诊叫号，当集控服务器故障恢复后，将本地队列上传，使集控服务器恢复现场；⑧CAN 总线管理模块，负责接收 CAN 总线上各拍号器的呼叫信息，在本地筛选待呼叫患者，或将呼叫请求发送到集控服务器。

本系统只管理单诊区队列数据，数据量不大，所以采用了 XML 文件存储诊区队列数据，经测算和实际运行，2000 人的挂号队列文件（XML 格式）最大不超过 1M（一般大型医院单诊区均达不到 2000 日门诊量），完全满足访问速度需求，并且有效节约了数据库系统开支。

3.3　虚拟拍号子系统

安装在医生工作站上，为医生提供呼叫患者的手段。主要包括：①诊台队列管理模块，从集控服务器或护士工作站取得本诊台队列数据供医生查看；②拍号管理模块，具有顺呼、选呼、重呼功能，用于向集控服务器或护士工作站传送叫号请求和显示叫号结果；③系统监测与切换控制模块，用于检测集控服务器的状态，在其出现故障时切换到与护士工作站联系取得队列数据，发送呼叫请求。

三个子系统的通信控制模块均采用异步 Socket 编程实现，削减了诊区队列的多线程管理所带来的系统开销，有效提高了系统运行效率，尤其适用于网络传输速率不稳定的医院网络环境，使系统运行稳定性得到提升。

4 通信协议设计

为节省网络传输带宽，提高数据打包和协议解析速度，IFTQMS 的协议均采用纯文本和自定义分隔符方式定义。

IFTQMS 的协议主要用于三个方面的通信：

第一，集控子系统与分诊台护士工作站子系统间的数据和信令传输协议；

第二，集控子系统与医生站虚拟拍号器子系统之间的数据传输协议；

第三，分诊台护士工作站与医生站虚拟拍号器子系统之间的数据传输协议。

协议格式：

[命令类别]*|*[命令]*|*[命令验证随机码]*|*[命令参数]*|*[返回值]

举例：

护士工作站要求集控服务器返回当前工作状态

首先护士工作站向集控服务器命令监听端口发送以下字符串：

"ASK*|*Status*|*2355*|**|*"

其中"2355"为发送端随机生成的数字验证码，以区别其他命令返回结果，命令参数和返回值字段为空；

如集控服务器工作正常，则返回：

"ASK*|*Status*|*2355*|**|*0"

其中返回值结果字段为"0"表示集控子系统工作正常；

如 HIS 接口不能正常取得数据（在 HIS 数据接口模块中如访问不成功，会在日志中做记录），则返回：

"ASK*|*Status*|*2355*|**|*1 2009-7-1 09:15:30"

表示从 2009 年 7 月 1 日上午 9 点 15 分 30 秒开始数据接口不能正常访问。

护士工作站要求集控服务器向其返回当前某诊区的挂号列表

首先护士工作站向集控服务器监听端口发送以下字符串：

"ASK*|*RegList*|*3567*|*WK001,EBHK002,SJK001*|*"

其中，"WK001，EBHK002，SJK001"（外科，耳鼻喉科，神经科）表示该诊区的 3 个科室的科室编码；

集控服务器向护士工作站返回结果：

"ASK*|*RegList*|*3567*|**|*WK001,200907010022,张磊,12,1355,12;NK001,200907010240,李小萌，01，87"表示有 2 名患者，第 1 名是：外科、挂号流水号为 200907010022、名字是张磊、号别是 12，医生代码为 1355、挂号序号为 12，第 2 名是：内科、挂号流水号为 200907010240、名字是李小萌、号别是 01，无医生代码（因为该号别是普通号，不指定医生）、挂号序号为 87，当然在实际中挂号列表结果会比较多。

5 故障切换与恢复

由于医院网络环境基础参差不齐、人员素质等诸多因素，分诊排队系统在使用过程会遇到各类故障，以下分别说明 IFTQMS 在出现两类主要故障时的容错处理措施。

第一，集控服务器故障。正常情况下，全部诊区的排队叫号由集控服务器管理，护士工作站子系统的状态监测模块定时监测集控子系统状态，当发现其运行不正常时（运行状态不正常或网络故障），①自动启动本地排队队列（该队列与集控服务器定时同步）；②通知诊区各虚拟拍号子系统将后续的呼叫请求发送到护士工作站子系统；③由于拍号器通过 CAN 总线连接到护士工作站，护士工作站不再将拍号器产生的呼叫请求向集控服务器转发；④切换显示，在本机 DVI 口输出显示，当叫号显示屏检测到 DVI 口有视频输入时，自动将其显示从逐行接口切换到 DVI 口；⑤启动本地 HIS 数据接口模块，从 HIS 直接取得本诊区的挂号数据；⑥停止本地患者与集控子系统的同步。

通过这几个步骤，可完成队列管理、叫号管理、HIS 数据接口等功能由护士工作站子系统接管。在集控子系统故障期间，护士工作站子系统也会定时监测其状态，一旦连续 3 次检测其反馈均正常，则首先将本地患者队列同步至集控子系统，然后关闭本地的队列管理、数据接口、叫号管理，关闭 DVI 显示输出，停止 HIS 接口访问，继续转发 CAN 总线上的呼叫请求，使 ITFQMS 系统恢复正常工作状态。

第二，护士工作站故障。由于正常情况下，护士工作站担负着转发 CAN 总线上拍号器呼叫请求的任务，当其发生故障时，①集控服务器通知该站所负责诊区所有虚拟拍号子系统自动弹出提示，提醒医生使用虚拟拍号器软件进行呼叫；②在集控服务器上产生提示，提醒系统管理员尽快做维护。

6 应用实践总结

到目前为止，ITFQMS 已经在北京朝阳医院、同仁医院、天坛医院、北大第一医院、北大人民医院、北京妇产医院、北京军区总医院、广东省人民医院、广东省武警总医院、中山大学第一、二、三附属医院、辽宁省人民医院、山东省立医院等全国60余家大中型三甲医院实施运行。

在实施过程中，根据医院要求，从成本控制、个性化、适应性等多方面考虑，ITFQMS 系统也做了不同的调整，由此产生了适用于大型诊区、特需诊区、医技类诊区等不同诊区类型的排队管理系统，针对网络环境很好和门诊楼无网络环境等情况，也在模块上进行了适当精简，使 ITFQMS 适合于各种类型的医院门诊排队应用。

从近两年的使用反馈情况来看，医院对 ITFQMS 普遍认可，认为其在规范门诊秩序、有效引导患者、改善医患关系、提高工作效率等方面发挥了较好的作用。

参考文献

[1] 胡道元．信息网络系统集成技术［M］．北京：清华大学出版社，1996.

[2] 饶志强，严国萍．基于 CAN 的最大总线长度和节点数求解方法［J］．通信与计算机，2007，Volume 4，No. 4（Serial No. 29）.

[3] 张向文，许学雷．CAN 总线系统信号传输延时分析［J］．导弹与航天运载技术，2006，3.

[4] 李晓辉．多窗口混合制数字排队机的研究与实现［J］．仪器仪表学报，2000（2）：18-20.

[5] 邹志康，刘巽明．战时医院船床位利用排队系统研究［J］．海军医学 2003，6（24）：2.

[6] 韩中庚．实用运筹学［M］．北京：清华大学出版社，2007.

A Hospital Queue Manage System Based on Fault-tolerant Design

WEN SiYuan[1]，WEI HongCui[2]

（1. Department of Information Management，Shandong Economic University，Jinan Shandong 250014，China；
2. Library of Shandong Economic University，Jinan Shandong 250014，China）

Abstract：Hospital Queue Management System（HQMS）is designed to optimize the environment of medicalassistance，now all HQMS is single based on 485 bus，CAN bus or hospital LAN and most hospital's base net are complicate and weak，so only one measue can not ensure HQMS running without break. This paper bring out a type of HQMS，it has Intelligent fault tolerance property，implemented work mode auto switch when sytem has fault and auto recovery when fault is excluded，this mechanism can effectively ensure HQMS's running without a break. In this paper，Introduced the system architecture，implement method，and relevant protocols. At last，make a conclusion of it's execute and running state in more than 60 hopitals of Grade III Level A.

Key words：hospital queue management；intelligent fault tolerant；failure switch；context recovery

一种动态自适应的 Web 新闻主题追踪方法*

徐建国[1]，仇丽青[1]

（1. 山东科技大学 信息学院信管系，山东青岛 266510）

摘　要：本文提出了一种动态自适应的 Web 新闻主题追踪方法 DAT。该方法基于改进的 KNN 分类法，主要采用了 3 个策略：动态的 DF 特征选择、自适应的词权重设置和文档时间相关系数，使之更适合 Web 新闻主题跟踪。最后用 TDT2 标准测试集进行测试，测试结果表明 DAT 方法取得了较好的实验效果。

关键词：主题追踪；KNN 分类法；DAT

中图分类号：TP391

不同用户对新闻的需求是不一样的：有的人只关心政治新闻，有的人只关心娱乐新闻。当用户希望能方便快捷地追踪了解自己感兴趣的新闻时，理想的解决方法是自动追踪特定新闻并将结果推送给用户。而由于 Web 新闻信息的时效性较强，对新闻信息的检索和推送也需要具有实时性。

利用 Web 主题追踪技术，可以实现个性化的内容服务，使得用户可以定制新闻，将最新的新闻信息通过邮件、短信等方式提供给用户，还可以将系统管理人员从繁重耗时的人工劳动中解脱出来，此外，还可以分析特定事件的演化、发展趋势，为用户提供更高层次的服务。

本文提出了一种动态自适应的 Web 新闻主题追踪方法 DAT（Dynamic & adaptive Tracker）。该方法基于 KNN 文本分类方法的思想，主要策略包括：动态的 DF 特征选择、自适应的词权重设置、文档时间相关系数。实验结果证明，该方法可以有效地避免经典的 Web 新闻主题追踪方法的一些缺点，例如计算量大、阈值确定多等特点。最后在 TDT2 标准测试集进行测试，测试结果表明该设计取得了较好的实验效果。

1　主要策略

1.1　动态 DF 特征选择方法

Web 新闻主题追踪的训练数据太稀疏，学习方法就很难用较少的信息学习出正确的模型。另外，学习算法的复杂度将会随着文档空间的规模呈指数级增长。因此有必要采用特征选择来降低数据的维数。Yang 和 Pedersen 所做的大量的实验显示[1]，DF 特征选择方法具有计算效率高、降维效果好等特点，是一种优秀的特征选择方法。因此，我们选用 DF 作为特征选择方法。

但是新闻追踪技术又不同于一般的文本分类技术，它具有训练文档少、正例文档少等特点。另外，在训练过程中存在着严重的主题漂移现象，例如主题 A 描述的是 2009 年我国四川汶川发生的特大地震，随着事件的发展，描述这次地震伤亡情况、营救工作的报道以及政府关于这次地震制定的方针与政策都是与该主题相关的，在这种情况下，主题已经发生了漂移，而不仅仅局限于关于地震情况的报道。

为了使 DF 特征选择方法更好地应用于事件追踪技术，同时自动适应主题漂移现象，本文定义了一种动态 DF 特征选择方法。

定义 1（动态 DF 特征选择方法）：动态 DF 特征选择方法首先将训练集中出现的每个非停靠词 w，按照下面的公式的值由高到低进行排序：

$$\frac{r}{R}-\frac{nr}{NR}>0 \tag{1}$$

其中，R 为训练集中的相关新闻的数量，NR 为不相关新闻的数量，r 为包含词 w 的相关新闻数量，nr 为包含词 w 的不相关新闻的数量。如果词 w 在相关新闻中出现的比例比其在不相关新闻中出现的比例要大，那么词 w 对应上述公式的值就大于 0。

然后根据经验选取总特征的一部分，从而达到

* 基金项目：山东青岛软科学项目，基金号 KZG-41
通讯作者：徐建国，E-mail：1964xjg@163.com

降维的目的。

另外，我们定义了一个特征阈值 FeaturesThreshold。如果 KNN 分类法中的文本相似度大于该阈值，则更新特征词库。需要注意的是，特征阈值 FeaturesThreshold 要略大于追踪阈值 TrackingThreshold，也就是说文档相似度虽然大于追踪阈值 TrackingThreshold，从而判断该文档是相关文档，但是未必需要调整更新特征词库，只有当文档相似度高于特征阈值 FeaturesThreshold 时，才更新特征词库。设置特征阈值 FeaturesThreshold 的目的一方面是为了避免因为频繁更新特征词库而引起的运行速度降慢；另一方面是为了避免因为分类的错误而引入过多的噪音特征。

1.2 自适应的词权重设置

经典的信息检索模型有三种，即布尔模型、向量模型和概率模型。通过若干不同的实验，Salton 和 Buckley[2] 指出：对于一般集合，向量空间模型预期比布尔模型的概率模型的检索效果更佳。此观点在研究者、开发者以及 Web 研究中占主流地位。

基于上述的考虑，本文采用向量空间模型表示词的权值特性。在向量空间模型中，每个文档被看做一个词袋，然后被表示成词权重的向量：$d_i=(w_{i1}, w_{i2}, \cdots, w_{in})$，其中 d 表示一个文档，n 表示词空间的维数。每一个词的权重代表了该词在文档中的重要性。

在确定每个词的权重时，常用的方法有 *TF－IDF* 公式[3]。*TF－IDF* 公式是在文本处理领域使用最广泛的权重计算方法，该公式在一定程度上反映了词的重要性，在实际应用中也被证明非常有效。*TF－IDF* 公式基于两个观点：特征在文本中出现次数越多，越重要；特征在越多的文本中出现，越不重要。围绕 *TF－IDF* 公式的基本思想，有许多种变形的 *TF－IDF* 权重计算方法，它们都是对这一思想的完善或修正。

定义 2（加权频率）：设 N 表示系统文档集合中的文档总数，n_i 表示包含词 k_i 的文档数目；$freq_{i,j}$ 表示词语 k_i 在文档 d_j 中的频率（即词 k_i 在文档 d_j 的文本中被提及的次数）。

其中，最大值 $\max_l freq_{l,j}$ 是通过计算文档 d_j 文本中出现的所有词出现频率，并统计出最大值来获得的。如果词 k_i 不出现在文档 d_j 中，则 $tf_{i,j}=0$。

定义 3（倒排文档频率）：

词 k_i 的倒排文档频率 idf_i 如下式所示：

$$idf_i=\log\frac{N}{n_i} \tag{3}$$

其中的参数描述详见定义 1。

这里的 idf_i 为静态倒排文档频率，是根据一定的文档集合预先计算出来的，不同事件的追踪将使用这个固定的倒排文档频率，而且以后不会有变化，但是，由于不同的事件内容不一样，强调的重点不一样，而且不断在演化发展，使用的词汇也在变化，因此采用动态变化的与事件相关的 $idf_{i,p}$ 值将会改进事件探测的结果，自适应 $idf_{i,p}$ 的计算如下式所示[5]：

定义 4（自适应倒排文档频率）：自适应倒排文档频率 $idf_{i,p}=\log\frac{N_p}{n_{i,p}}$。其中，$p$ 表示当前的时间点，N_p 表示到当前时间为止已有的文档数量（已经处理过的文档集），$n_{i,p}$ 则表示在时间 p 时已有文档中包含词 k_i 的文档频率。

定义 5（自适应词权值）：词的自适应词权值计算如下式所示：

$$w_{i,j}=g_i(d_j)=tf_{i,j} * idf_{i,p} \tag{4}$$

其中的参数描述详见定义 1 和定义 2。

这种词的权值计算方法是对传统 *TF－IDF* 方法的改进。这样改进的原因主要有两个：一是，在主题追踪的过程中，文档是按照次序处理的，无法一次性地得到全部的文档；二是，由于不同的主题其文档内容不一样，强调的重点不一样，而且不断在演化发展，使用的词汇也在变化。所以，在本文提出的 DAT 方法中，我们就采用了这种自适应的词权重设置方法。

1.3 文档时间相关系数

根据我们的观察，人们对一个事件关注的时间通常都集中在一个时间段内，一个事件通常不可能延续很长时间，因此如果一个文档离训练文档的时间间隔越长，就认为它对事件的贡献就越小。我们定义了如下的文档时间相关系数 α $(0<\alpha<1)$：

定义 6（文档时间相关系数）：

文档时间相关系数

$$\alpha=\frac{timestamp(D_i)-timestamp(D_{\min time})}{timestamp(D_{\max time})-timestamp(D_{\min time})} \tag{5}$$

其中，$timestamp(D_{\max time})$ 是类别的当前最大时间跨度，$timestamp(D_{\min time})$ 是该类别中距离待处理文档 D_i 的最近的新闻文档报道时间，$timestamp(D_i)$ 是待处理新闻文档 D_i 的报道时间。

α 值越大，说明待处理新闻文档属于种子文档所在类别的可能性比较大。

1.4 改进的 KNN 分类法

目前的主流方法是基于文本分类技术的追踪方法，这种方法的特点是对传统的文本分类算法进行改进，使之更适合事件追踪技术。所以本文的事件追踪方法也是基于文本分类技术的。文本分类算法的选择至关重要。KNN 分类法（K-Nearest Neighber），即最近邻居分类法，是最有效的分类法之一[6]。KNN 分类法最初由 Cover 和 Hart 于 1968 年提出，是一个理论上比较成熟的方法。KNN 分类方法的主要缺点是，随着 k 的增大，计算量也越来越大。

为了使 KNN 分类法更加适合 Web 新闻主题追踪，我们一方面改进了文档相似度计算公式，考虑了文档时间相关系数；另一方面，简化了复杂的类权重计算公式。另外鉴于 KNN 方法的计算量大的特点，我们采用一定的策略改进特征词算法，主要是降低维数。

1）改进一：文本相似度计算

定义 7（余弦相似度）：根据 VSM 模型，每一个文档都可以看作一个向量。为此，我们可以用余弦相似度来度量它们之间的相近程度。余弦相似度计算公式如下式所示：

$$sim(d_i,d_j)=\frac{d_i\times d_j}{|d_i|\times|d_j|}=\frac{\sum_{m=1}^{n}(w_{m,i}\times w_{m,j})}{\sqrt{\sum_{m=1}^{n}w_{m,i}^2}\times\sqrt{\sum_{m=1}^{n}w_{m,j}^2}} \qquad (6)$$

其中 d_i 为测试文本的特征向量，d_j 为第 j 类的中心向量；n 为特征向量的维数；w_m 为向量的第 k 维。m 值的确定一般先采用一个初始值，然后根据实验测试结果调整 K 值。因为 $w_{m,i}\geqslant 0, w_{m,j}\geqslant 0, sim(d_i,d_j)$ 的取值在 0 和 +1 之间。

定义 8（文本相似度）：文本相似度 $similarity(d_i,d_j)=\alpha\times sim(d_i,d_j)$。其中，$\alpha$ 是文档时间相关系数（见定义 6），$sim(d_i,d_j)$ 是文档 d_i 和 d_j 的余弦相似度（见定义 7）。

这样，我们在计算文本相似度的时候考虑了新闻报道的时间信息。

2）改进二：类权重计算

定义 9（改进的类权重计算）：

改进的类权重

$$P(x,C_j)=\begin{cases}1 & \text{如果}\frac{1}{m}\sum_{d_i\in KNN}similarity(x,d_i)-\frac{1}{n}\sum_{d_j\notin KNN}similarity(x,d_j)\geqslant 0\\0 & \text{其他}\end{cases} \qquad (7)$$

其中，x 为测试文档，$similarity(x, d_i)$ 是 x 和 d_i 的文本相似度值（见定义 8），$similarity(x, d_j)$ 是 x 和 d_j 的文本相似度值（见定义 8），m 代表相关文档的数目，n 代表不相关文档的数目。

3）改进三：WordNet 降维

根据特征词的语义，聚合文本向量中具有相同语义的特征词，取代传统方法中一个特征词对应于向量一维的做法，不但缩减了向量的维数，而且加强了特征项对文本分类的贡献。在本文中，我们采用 WordNet 来进行特征词的语义聚合。

2 DAT 方法

基于以上分析，我们设计了一个动态自适应的 Web 新闻主题追踪方法 DAT。该方法采用了动态的特征选择、自适应的词权重设置、文档时间相关系数和改进的 KNN 分类法。该方法的最大特点就是具有动态自适应性，很适合快速的 Web 新闻主题追踪。

2.1 算法说明

输入：文档 D_i（$i<L$），特征词阈值 *FeaturesThreshold*，追踪阈值 *TrackingThreshold*，阈值 K；

输出：该文档的分类；

开始：

第一步：根据定义 5 进行自适应的词权重设置，把 D_i 文档存储为 VSM 模型。如果该文档是系统的第一个文档，则读入下一个文档，否则转向第二步；

第二步：根据定义 8 计算 D_i 与测试集中每个文本的文本相似度：

$Similarity(D_i, D_j)$ $\quad(i\neq j,\ i<L,\ j<L)$；

第三步：按文本相似度，在训练文本集中选出与测试文本最相似的 K 个文本；

第四步：在测试文本的 K 个近邻中，应用定义 9 依次计算每类的权重 $P(D_i, C_k)$；

第五步：如果最大的相似度值 p 大于追踪阈值 *TrackingThreshold*，则判定该文档是该近邻所属类的相关文档，否则为不相关文档；

第六步：如果 p 大于特征词阈值 *FeaturesThreshold*，则应用动态 DF 特征选择方法，进行动态的特征提取，提取出重要的特征词，并把这些特征词放置到一个特征词库；完毕。

2.2 复杂度分析

DAT 算法分为训练和分类两个阶段。在训练阶段，由于 DAT 方法并不作任何的处理，它把工作都推迟到待分类文档到达时来做，因此不计时间复杂度；在分类阶段，它要顺序扫描一遍训练集以确定 K 个与查询文档最近的邻居，然后确定其中最相似的类别，其时间复杂度和训练集中的文档数目成正比。

综上所述，DAT 算法的时间复杂度为 $O(N)$，其中 N 为训练文档总数。

3 实验及分析

3.1 实验数据集

本文实验采用语言数据联盟 LDC（Linguistic Data Consortium）提供的数据集，TDT2 Multilanguage Text Version 4.0（LDC2001T57），这是一个供高校进行学术研究使用的数据集合。本实验采用 TDT2 中来自 ABC 新闻源的 447 篇新闻文档。表 1 是测试集的数据信息表。

表 1　测试集的数据信息表

时间范围	6 个月
文档的数目	497
类别数目	57
平均每个类别的文档数目	8

另外，由于 DAT 方法需要训练数据，所以我们选每个主题中最先报道的新闻文档作为该事件的训练集，其余的新闻文档作为测试集，这样就能很好地模拟出 Web 主题追踪中正例少、负例多的应用场景。

3.2 实验评价标准

测试 Web 新闻主题追踪效果的实验标准主要有：准确率（precision）、查全率（recall）和 F 测试值。F 测试值又分为微平均（micro-F）和宏平均（macro-F），其中微平均主要是考察单一类别的性能，而宏平均则是考察分类器的整体性能。在本文中我们采用准确率、查全率和宏平均作为实验标准来衡量我们设计的方法的整体性能。

3.3 实验结果和分析

我们选取了 CMU 事件追踪系统[7]，标准 KNN 分类法作为参照系统，得到的实验结果，如图 1 所示：

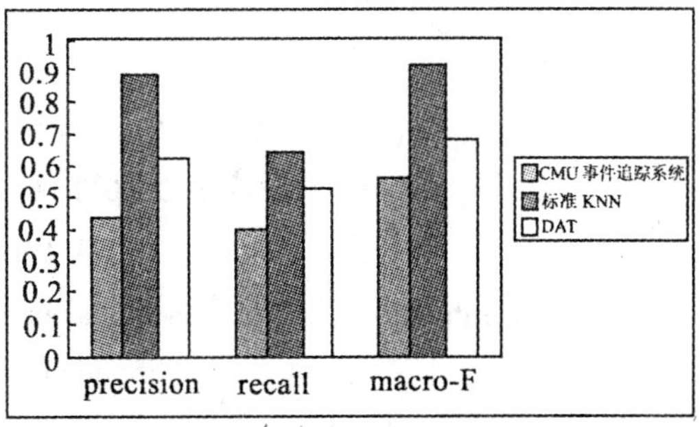

图 1　不同事件追踪系统的性能对比

附注：所有的数据都是在 Nt = 4，K = 20 的情况下测试得到。

从实验结果中，我们可以得到如下两个结论：

（1）通过比较标准 KNN 分类法和 DAT 方法，我们发现 DAT 方法的准确率要比标准 KNN 高出 0.16，查全率高出 0.27，而 macro-F 值高出 0.15。这说明，DAT 方法采用的策略，包括动态的特征选取，自适应的词权重设置、文档时间相关系数等取得了较好的效果。

（2）通过比较 CMU 事件追踪方法和 DAT 方法，我们发现 DAT 方法要比 CMU 事件追踪系统高出 0.12，查全率高出 0.02，而 macro-F 值高出 0.06。这说明，DAT 方法已经接近甚至超过了一些比较经典的事件追踪系统的性能。

参考文献

[1] Yang Y, Pedersen J O. A Comparative Study on Feature Selection inText Categorization [A] //Proceedings of International Conference on Machine Learning. 1997: 412-420.

[2] Salton G. Buckley C. Term-Weighting Approaches in Automatic Text Retrieval [J]. Information Processing & Management. 1988, 24 (5): 513-523.

[3] Roberston S E, Sparch Jones K. Relevance Weighting of Search Terms [J]. Journal of the American Society for Information Science, 1976 (27): 129-146.

[4] Ricardo B Y, Berthier R N, et al. Modern Information Retrieval [M]. 王知津，贾福新，郑红军，等，译. 北京：机械工业出版社，2005.

[5] 万小军，杨建武. 在线新闻主题检测系统的设计与应用 [J]. 华南理工大学学报，2004, 11: 42-46.

[6] Yang Y, Liu X. A Re-examination of Text Categorization Methods [A] //Proceedings of ACM SIGIR Conference on Research and Development in Information Retrieval. 1999: 42-49.

[7] Yang Y, Carbonell J, Brown R, et al. Learning Approaches for Detecting and Tracking News Events [J]. IEEE Intelligent Systems: Special Issue on Application s of Intelligent Information Retrieval, 1999, 14 (4): 32-43.

A Dynamic and Adaptive Web News Topic Tracking Program

XU Jianguo[1], QIU Liqing[1]

(1. Deptment of Information Management, Shandong University of Science and Technology, Shandong Qingdao 266510, China)

Abstract: The paper puts forward a dynamic and adaptive Web news topic tracking program called DAT. The main innovations include adaptive feature selection, time strategy and so on, so as to realize automatic Web news topic tracking. The program on TDT2 shows that DAT can get better results.

Key words: topic tracking; KNN Classification; DAT

烟草行业零售终端卷烟需求预测研究*

——以某地级市烟草公司为例

戚桂杰[1]，张海涛[1]

(1. 山东大学管理学院，济南 250100)

摘　要：中国加入WTO之后，中国烟草行业面临更加激烈的市场竞争，如何准确把握市场需求成为烟草行业关注的焦点。本文利用某地级市烟草公司的相关历史数据，建立了烟草行业零售终端卷烟需求的多元时间序列回归预测模型，以期为我国烟草行业市场需求预测提供有效工具。

关键词：卷烟需求；时间序列；多元回归；预测

中图分类号：F713.52；C81；C81；F713.54

近几年我国烟草行业实现了较快发展，2007年，全行业年度实现税利达到3880亿元，与2002年的1450亿元相比较，年均增长超过20%。[1]同时，中国烟草行业也面临着巨大的挑战，自中国加入WTO之后，烟草产业国内市场国际化的压力增大，使得烟草行业面临更加激烈的市场竞争。要应对市场的挑战，必须及时分析卷烟市场信息，了解消费者的需求，从而制定有效的营销策略。

中国烟草行业具有行政上的垄断性和生产上的计划性，有别于其他行业。做好"按客户订单组织货源"工作，是当前烟草行业工业生产环节与商业环节协同平滑进展的前提[2]。而卷烟市场需求预测是"按客户订单组织货源"工作的关键。市场需求预测是企业对市场需求的一个分析研究过程。通过采用一系列科学的方法，预测出某个时段内的市场卷烟需求，并以此作为向工业企业组织货源的依据，进而更好地满足零售客户和消费者的需要。

长期以来，烟草公司大都是依靠市场部业务人员凭借经验来进行卷烟市场需求预测的，没有一套成熟、科学的方法。鉴于这种情况，我们提出建立一套科学预测模型，分别对月度和半年的卷烟需求总量进行分析预测。

1　预测方法和模型

1.1　预测方法

就烟草行业而言，由于行业的计划性很强，烟民的消费需求变化相对较稳定，烟草行业较少存在其他行业的激烈且无序的竞争；但另一方面，需求量易受宏观经济因素影响，并可能存在一定的趋势和季节性[2]。针对这一行业特点，我们采用带有虚拟变量的多元时间序列回归[3]来做卷烟需求预测。

1.2　预测模型

本文主要以半年和月度为单位研究某地级市烟草公司卷烟需求预测。

1）半年预测

根据烟草公司市场部相关业务人员及有关专家提供的信息，初步认定半年卷烟需求量的影响因素包括：上一个半年的卷烟需求量、上一年的历史同期卷烟需求量以及相应的宏观因素（地区年国民生产总值、消费者价格指数、城市居民人均消费性支出、农村居民人均消费性支出）。所以我们尝试以半年卷烟需求量为响应变量，以上一个半年的卷烟需求量、上一年的历史同期半年卷烟需求量、地区国民生产总值、消费者价格指数、城市居民人均消费性支出、农村居民人均消费性支出为解释变量，并考虑时间变量的影响，建立一时间序列回归预测模型，具体如下：

$$y_t = \beta_0 + \beta_1 t + \beta_2 SecondHalfYear_t + \beta_3 y_{t-1} + \beta_4 y_{t-2} + \beta_5 x_1 + \beta_6 x_2 + \beta_7 x_3 + \beta_8 x_4 + u_t$$

其中，y_t：半年卷烟需求量；t：时间变量；$SecondHalfYear_t$：下半年虚拟变量（取值0或1，0代表上半年，1代表下半年）；y_{t-1}：上一个半年的

* 通讯作者：戚桂杰，E-mail：qiguijie@sdu.edu.cn

卷烟需求量；y_{t-2}：上一年的历史同期卷烟需求量；x_1：（该地市）年国民生产总值；x_2：（该地市）年居民消费价格指数；x_3：（该地市）城市居民人均消费性支出；x_4：（该地市）农村居民人均消费性支出；u_t：误差项。

2）月度预测

同样，根据烟草公司市场部相关业务人员及有关专家提供的信息，我们了解到本月卷烟需求量主要和上一个月的卷烟需求量以及时间变量存在着相关关系。所以我们尝试建立一个以月卷烟需求量为响应变量，以上一个月的卷烟需求量和时间变量为解释变量的时间序列回归预测模型，具体如下：

$$y_t = \beta_0 + \beta_1 t + \beta_2 y_{t-1} + \delta_1 Feb_t + \delta_2 Mar_t + \delta_3 Apr_t + \cdots + \delta_{11} Dec_t + u_t$$

其中，y_t：某月卷烟需求量；t：时间变量；y_{t-1}：上一个月卷烟需求量；Feb_t、Mar_t、$Apr_t \cdots Dec_t$：月虚拟变量（取值0或1）；u_t：误差项。

2 数据收集与整理

综合各方面的考虑，我们选取2004—2008年期间该地级市烟草公司的相关数据作为我们收集的对象，如下所示：

- 需求量y：按照半年和月为单位收集历史需求量数据。
- 国民生产总值x_1：按照半年为单位收集历史国民生产总值数据。
- 居民消费价格指数x_2：按照半年为单位收集历史居民消费价格指数数据。
- 城市居民人均消费性支出x_3：按照半年为单位收集历史城市居民人均消费性支出数据。
- 农村居民人均消费性支出x_4：按照半年为单位收集历史农村居民人均消费性支出数据。
- 时间变量t：趋势序列变量，取值从1开始，后面依次为2、3、4……
- $SecondHalfYear_t$：是虚拟变量，即所处的时间是否为下半年，如果是，则其取值为1，否则为0。
- Feb_t：是虚拟变量，即所处的月份是不是2月，如果是，则其取值为1，否则为0。
- Mar_t、$Apr_t \cdots Dec_t$：是虚拟变量，同Feb_t。

其中，卷烟需求量历史数据是由该地级市烟草公司提供，相应的宏观数据则来源于《××市统计年鉴》。

3 数据分析与结果讨论

利用收集到的相关历史数据，借助统计软件SPSS，我们对预测模型进行相关性分析与参数估计。

3.1 半年预测模型

1）相关性分析

利用统计软件SPSS，我们对半年卷烟需求量和上一个半年的卷烟需求量、上一年的历史同期卷烟需求量以及相应的宏观因素进行Pearson检验。

结果表明，城市居民人均消费性支出和农村居民人均消费性支出这两个解释变量和响应变量的相关系数小于5%显著性检验水平时的临界值0.632，所以这两个解释变量不应该进入模型。同时，其他各个解释变量和响应变量的相关系数都大于5%显著性检验水平时的临界值，所以这些解释变量可以进入模型。

2）参数估计

通过参数估计，我们得到初始的半年预测回归模型：

$$y_t = -8827269 + 288090.2t + 151280.4 SecondHalfYear_t - 0.827y_{t-1} - 1.045y_{t-2} - 1499.639x_1 + 117670.9$$

3.2 月度预测模型

1）相关性分析

利用统计软件SPSS，我们对月卷烟需求量和上一个月的卷烟需求量、时间变量进行相关性检验，并做出反映该三个变量相关关系的散点图，如图1所示。

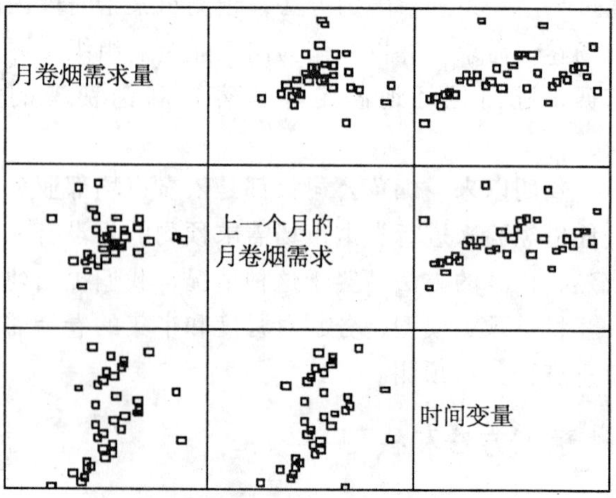

图1 月卷烟需求量散点图

由图1可以看出，月需求量和上一个月需求量存在一定相关关系。

2）参数估计

通过参数估计，我们得到初始的月度预测回归模型：

$$y_t = 195470.4 + 728.002t + 0.317y_{t-1} - 168830Feb_t - 101564Mar_t - 98128.6Apr_t - 115750Ma - 100554Jun_t - 90121.3Jul_t - 91355.9Aug_t - 82394.8Sep_t - 112270Oct_t - 69469.1Nov_t - 115238Dect$$

4 模型的检验

通过模型估计得到回归模型后，我们对其进行相应的检验，包括拟合优度检验、F 检验、T 检验、DW 检验、多重共线性检验以及异方差性检验。

4.1 半年预测模型

1）第一次回归分析

（1）拟合优度：模型的判定系数 $R^2 = 0.995$，调整的判定系数 $\overline{R}^2 = 0.989$，说明模型的整体拟合很好。

（2）F 检验：统计量 F = 30.307，Sig. = 0.032 < 0.05，说明回归方程的显著性很好。

（3）T 检验：上一个半年卷烟需求量的 Sig 值等于 0.271，大于 0.05，说明没有通过 T 检验，应该从模型中剔除。同时，其他各个自变量的 Sig 值都小于 0.05，说明这些自变量都通过了 T 检验，应该在模型中保留。

（4）DW 检验：统计量 DW = 2.768，通过查看 DW 检验临界值表可知，模型存在序列相关性。

（5）多重共线性检验：时间变量、上一个半年卷烟需求量、国民生产总值以及居民消费价格指数的 VIF 值远大于 10，说明存在一定多重共线性。

（6）异方差性检验：我们通过残差图来检验模型是否存在异方差性，如图 2 所示。

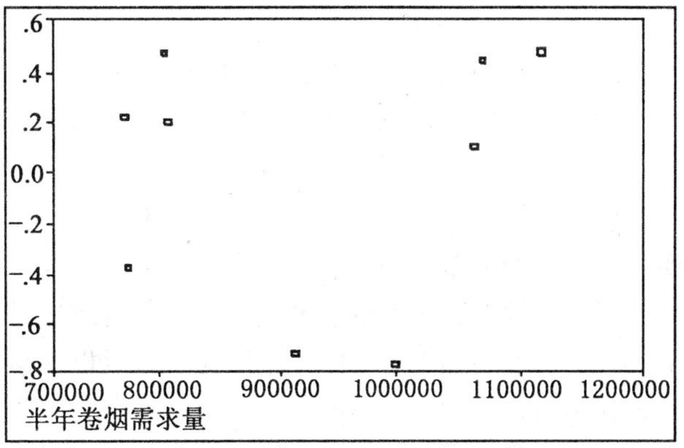

图 2 半年预测模型残差图（1）

2）剔除上一个半年卷烟需求量 y_{t-1}，进行第二次回归分析

（1）拟合优度：模型的判定系数 $R^2 = 0.994$，调整的判定系数 $\overline{R}^2 = 0.979$，说明模型的整体拟合很好。

（2）F 检验：统计量 F = 66.191，Sig. = 0.015 < 0.05，说明回归方程的显著性很好。

（3）T 检验：常数项、时间变量、下半年虚拟变量、上年同期卷烟需求量、国民生产总值以及居民消费价格指数的 Sig 值都小于 0.05，说明这些自变量都通过了 T 检验。

（4）DW 检验：统计量 DW = 2.083，通过查看 DW 检验临界值表可知，模型不存在序列相关性。

（5）多重共线性检验：各个变量的 VIF 值都小于 10，说明模型不存在多重共线性。

（6）异方差性检验：我们通过残差图来检验模型是否存在异方差性，如图 3 所示。

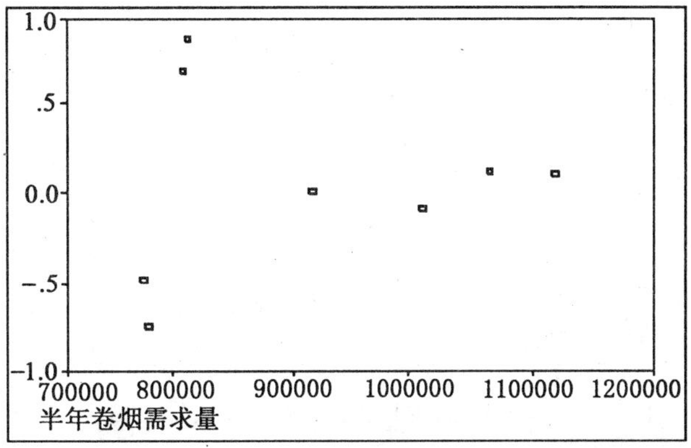

图 3 半年预测模型残差图（2）

由图 3 可以看出，残差图中的点分布是随机的，没有出现趋势性，说明异方差性不显著，所以回归模型是有效的。

通过上述分析与检验，我们得到最终的半年预测回归模型：

$$y_t = -4580477 + 252284.2t + 131206.8 SecondHalfYear_t - 1.097y_{t-2} - 1368.688x_1 + 69641.83$$

由回归模型可以看出，半年卷烟需求量和时间变量、下半年虚拟变量以及居民消费价格指数之间呈正相关，和上年同期卷烟需求量、国民生产总值之间呈负相关。

4.2 月度预测模型

1）第一次回归分析

（1）拟合优度：模型的判定系数 $R^2=0.895$，调整的判定系数 $\bar{R}^2=0.801$，说明模型的整体拟合很好。

（2）F 检验：统计量 F = 6.482，Sig. =0，说明回归方程的显著性很好。

（3）T 检验：时间变量和上一个月卷烟需求量的 Sig. 值大于 0.05，没有通过 T 检验，所以应该尝试把两者之一或全部从模型中剔除。同时，常数项和月份虚拟变量的 Sig. 值都小于 0.05，通过了 T 检验，所以应该留在模型中。

（4）DW 检验：统计量 DW = 2.126，通过查看 DW 检验临界值表可知，模型不存在序列相关性问题。

（5）多重共线性检验：各个自变量的 VIF 值都小于 10，说明不存在多重共线性问题。

（6）异方差性检验：

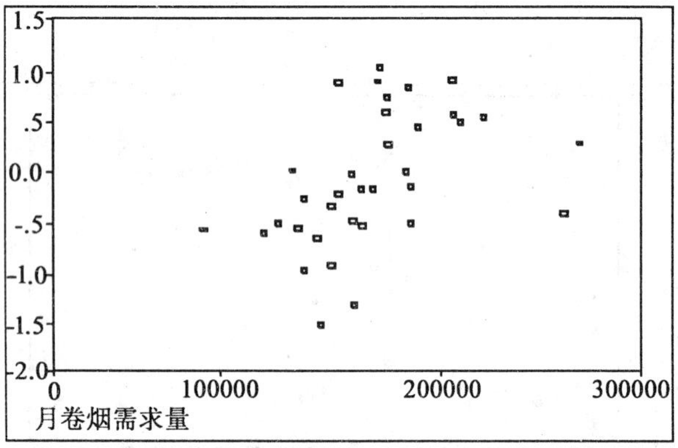

图 4 月度预测模型残差图（1）

由图 4 可以看出，残差图中的点分布是随机的，没有出现趋势性，说明异方差性不显著，所以回归模型是有效的。

2）剔除时间变量 t，进行第二次回归分析

（1）拟合优度：模型的判定系数 $R^2=0.782$，调整的判定系数 $\bar{R}^2=0.663$，估计标准误差为 22514.24868，比较大，说明模型的整体拟合很好。

（2）F 检验：统计量 F = 6.571，Sig. =0，说明回归方程的显著性很好。

（3）T 检验：常数项、上一个月卷烟需求量和各个虚拟变量的 Sig. 值都小于 0.05，通过了 T 检验，回归系数的显著性检验通过。

（4）DW 检验：统计量 DW = 2.38，通过查看 DW 检验临界值表可知，模型不存在序列相关性问题。

（5）多重共线性检验：各个自变量的 VIF 值都小于 10，说明不存在多重共线性问题。

（6）异方差性检验：

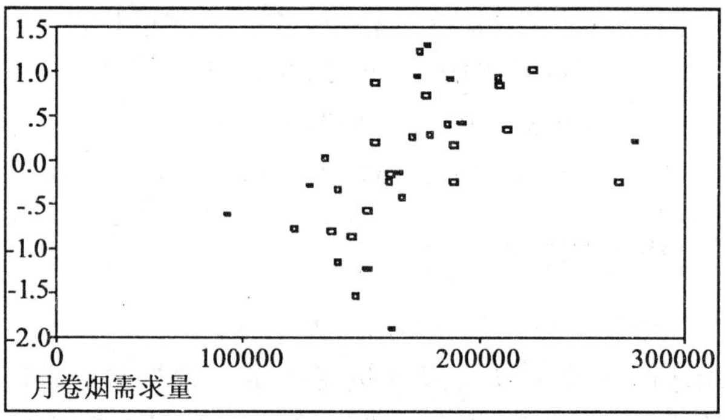

图 5 月度预测模型残差图（2）

由图 5 可以看出，残差图中的点分布是随机的，没有出现趋势性，说明异方差性不显著，所以回归模型是有效的。

通过上述分析与检验，我们得到最终的月度预测模型：

$$y_t = 174410 + 0.524 y_{t-1} - 187567 Feb_t - 93041.3 Mar_t - 94477.9 Apr_t - 114007 May_t - 95435.8 Jun_t - 86718.4 Jul_t - 90301.5 Aug_t - 81484.3 Sep_t - 112906 Oct_t - 64089.1 Nov_t - 116427 Dec_t$$

由回归模型可以看出，上一个月卷烟需求量和月卷烟需求量之间呈正相关，和月度虚拟变量呈负相关，显示出月需求量的趋势性。

5 预测模型的应用与验证

我们用建立的预测模型对该地级市烟草公司 2008 年下半年的卷烟需求量以及 2009 年 1 月和 2 月的月卷烟需求量进行了预测，结果如表 1 所示。

表 1 预测结果及误差分析

时间	真实卷烟需求	预测值	相对误差
2008 年下半年	1066738	969962.12	0.09
2009 年 1 月	264381	246754.488	0.067
2009 年 2 月	116113	125378.644	0.079

6 结论

利用烟草公司提供的历史数据，借助统计软件 SPSS，我们分别建立了半年和月度卷烟需求预测

模型。通过上述分析可以看出，模型通过了各项检验，并且其经济意义符合实际情况，预测效果也令人满意，说明我们建立的预测模型是合理的。我们还进一步针对各品牌、各类别的卷烟需求量模型进行了构建和分析，发现其模型结构及效果与总量模型基本一致。因此，本文提出的预测模型对烟草行业零售终端卷烟需求量的预测有实际指导意义，可以作为我国烟草行业市场需求预测的有效工具。

参考文献

[1] 姜成康．国家烟草专卖局2008年全国烟草工作会议报告 [R]. 2008.

[2] 王森，吴春明．烟草系统卷烟需求预测模型的探讨 [J]. 现代机械，2007 (2)．

[3] Jeffrey M. Wooldridge. Introductory Econometrics: A Modern Approach [M]. United States: South-Western College Publishing, 2005.

[4] 何晓群．现代统计分析方法与应用 [M]. 北京：中国人民大学出版社，1998.

[5] 马庆国．应用统计学 数理统计方法、数据获取与SPSS应用 [M]. 北京：科学出版社，2005.

Study about Retail Terminal Demand Forecast of Tobacco Industry —Take the Tobacco Company of One Prefecture-level City as an Example

QI Guijie[1], ZHANG Haitao[1]

(1. School of Management, Shandong University, Jinan 250100, China)

Abstract: Since China joins WTO, China's tobacco industry is facing more intense market competition, so how to accurately grasp the market demand of the tobacco industry has become the focus of attention. In this paper, we use the historical data related to tobacco companies of a prefecture-level city to establish the multi-time series regression forecasting model about the retail terminal cigarette demand of the tobacco industry, so as to provide an effective tool for forecasting market demand to China's tobacco industry.

Key words: tobacco demands; time series; multiple regression; forecast

移动商务运营的系统动力学建模及仿真研究*

付静[1]，杨小平[2]，彭亮[1]

（1. 四川师范大学计算机科学学院电子商务教研室，成都 610101；
2. 四川师范大学信息技术学院，成都 610101）

摘　要：面对移动商务运营的复杂系统，本文分析了系统存在的相互因果关系及系统的组成要素，明确该系统包括运营收益和移动商务市场用户规模两个子系统，构建了对应的系统动力学模型流图，并应用仿真软件对系统的动态发展进行仿真，模型检测整体有效，针对用户行为特征影响因子、用户接触速率、服务促销影响因子等敏感变量预测系统动态变化趋势，为决策者制定良性可持续的移动商务发展战略提供可行的依据和支持。

关键词：移动商务；系统动力学；建模；仿真；

中图分类号：C936；F224.3

随着互联网与3G时代的到来，移动通信和互联网行业通过产业链整合，移动互联网与移动商务成为通信行业新的经济增长点。同时，移动商务的相关研究亦成为国内外学者研究的热点，主要集中在技术采纳影响因素、用户使用行为、价格策略、风险评估、战略管理研究等方面[1][2][3][4][5][6][7][8][9]。

褚燕、黄丽华从移动商务在企业内部使用的分析角度出发，通过研究员工个体自我效能对其工作绩效和个人方面期望结果的影响，提出影响员工使用移动应用的认知因素理论模型，得出使用经验、同事和组织支持将直接影响移动工作者自我效能，从而导致员工使用移动技术的期望结果发生变化的结论[1]。该研究主要以定性分析为主，但缺乏对模型的验证分析。邓朝华等人针对移动环境下消费者普遍使用的短信服务，研究移动环境下影响消费者移动服务使用行为的因素，以技术接受模型（Technology accepted model，TAM）和网络外部性为理论基础来构建移动服务用户使用行为模型，并采用结构方程模型方法验证模型，研究结论发现移动商务环境下技术接受模型仍然有效，而网络外部性和沟通的有效性对用户使用行为有直接影响[2]。

王建玲等人采用灰色关联分析法，选取2000年至2003年移动数据增值收入、国内生产总值GDP、移动电话用户等指标，对我国移动电子商务市场发展的影响因素进行定量分析，得出电信业务总量关联程度相对较高、用户商务动机关联程度相对较低的结论[3]。卢安文等分别通过动态博弈经典模型研究移动通信市场价格竞争问题，提出对应的价格策略，但研究主要从运营商单方面入手，没有充分注重用户忠诚度、价格敏感等不同行为特征带来的影响[4][5]。胡润波等人提出信息资产价值、威胁性程度、脆弱性程度3类核心指标，采用层次分析法确定评估指标的层次结构，并通过建立识别移动商务信誉系统风险的三维决策矩阵定量分析模型，来划分风险等级和进行风险评估[6]。

此外，国外学者 Tariq Bhatti [7]提出了一种集成技术扩散理论的扩展技术采纳模型开展移动商务用户采纳行为研究，结论发现行为控制和主观意愿影响感知易用性，从而影响用户采纳意图。Mc Q Robert J. [8]等以新西兰国家作为研究案例，分析国家层面上采纳移动商务的障碍，提出了研究框架并通过案例来测试该框架价值；S. J. Barnes[9]等则从价值链角度分析移动商务的未来发展。

综上所述，现有的研究多针对移动商务发展的某个阶段或某种状态进行静态分析，还未有从系统论的角度对移动商务的发展演变展开动态系统研究，本文将应用系统动力学方法对我国移动商务运营环境建模并开展仿真分析，对移动商务发展战略

* 基金项目：四川省教育厅08SB036
作者简介：付静（1973年—），女（汉），四川简阳，副教授，E-mail：fujing@sicnu.edu.cn

制定提供可行的决策依据。

1 系统动力学

系统动力学（system dynamics，SD）于1956年由美国麻省理工学院的Jay M. Forrester教授所创始。它综合运用了控制论、信息论和决策论等有关的理论和方法建立SD模型，并以计算机模拟技术为主要手段，用所获得的信息来分析和研究系统的结构和行为，以便为正确决策提供科学依据。能作长期的、动态的、战略的仿真分析与研究，适用于处理长期性、周期性的问题[10]。

系统动力学模型基于非线性动力学理论，可用于解决各种局部或整体的复杂非线性系统动态变化，可广泛应用于区域与城市规划、社会经济、战略决策、企业研究、供应链管理等方面。

例如，查先进等人对中国网络环境进行系统动力学方法建模和仿真，主要是针对新增网民、网站数、网民和实际共享的动态变化等方面对网络环境的变化趋势进行有效的分析[11]。刘俊杰等人运用系统动力学对高技术企业创新环境这个复杂动态系统进行研究，通过建模及仿真，对影响高技术企业创新过程的知识产权保护力度、政府采购及市场竞争度三个重要环境因素进行动态调控分析，并提出相应对策[12]。黎继子等人采用系统动力学模拟仿真方法，考虑基于两单链的集群式供应链跨链间库存补充，探讨基于两单链的集群式供应链库存管理问题的三种策略模型，研究结论主要表现在总体库存水平、库存分布的均衡性、满意度等方面[13]。

而由于移动商务同时具有整体性、关联性、结构性、动态性、复杂性、环境适应性等系统特征，根据系统动力学理论，适合采用系统论的方法对其影响因素及发展趋势进行动态分析[14]。目前，用于SD的建模语言和工具软件主要有Dynamo、i Think、Stella、Powersim以及Vensim等。

2 移动商务运营的系统动力学建模

移动商务（Mobile commerce，M-Commerce）是指利用手机、PDA、移动PC等移动终端，通过移动通信网与互联网开展的各种商务活动的总称[1]。

据iResearch咨询预计，未来五年内中国移动商务市场将呈现高速发展，2008年中国移动商务市场规模将达到37亿元。预测到2010年，市场规模将达到76亿元。对有着全球最大用户规模即6亿手机用户、1.176亿手机网民的中国移动互联网市场来说，如何良性可持续地发展值得关注。

本文将采用Vensim PLE软件对我国移动商务运营复杂系统进行系统动力学模型构建，并对系统的动态发展进行仿真及预测，以帮助决策者面对复杂问题提高决策的正确性。

2.1 因果关系分析

根据系统动力学建模步骤[14]，首先确定研究对象的系统边界，根据移动商务运营情况进行因果关系及原因树分析，明确该系统的组成要素及相互因果关系。该系统主要由运营收益和移动商务市场用户规模两个子系统组成，如图1所示。

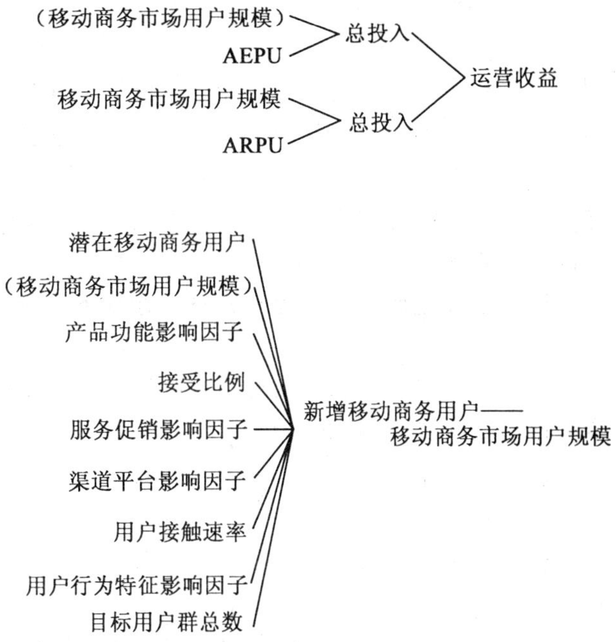

图1 移动商务运营的原因树分析

2.2 系统流图构建

根据因果关系画出系统流图，如图2所示。

模型中使用的分析数据来源于中国互联网络信息中心CNNIC、中国工业与信息化部、国家统计局等相关统计数据，相关常量采用德尔菲技术评估得出。尤其需要指出的是，系统动力学方法不是局限于某些具体精确的定量计算，更适用于对可能数据范围内系统动态变化趋势的分析，更便于直观观测系统的动态变化，因此在以上统计数据基础上，流图对应的系统动力学方程分析建立如下：

1. *移动商务市场用户规模子系统*

该子系统包括存在两个状态变量潜在移动商务用户和移动商务市场用户规模，设置流入速率变量为新增移动商务用户，设置辅助变量渠道平台影响

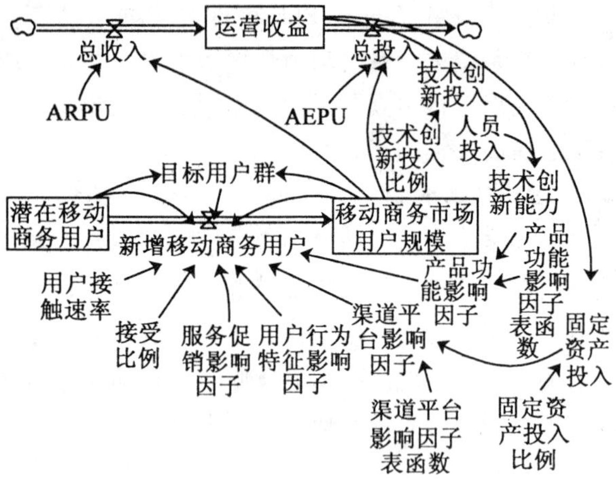

图 2　移动商务运营的系统动力学模型流图

因子、产品功能影响因子，设置用户接触率（每年每百位当前移动用户接触潜在用户数量）、接受比例（每百＊次接触中潜在用户接受使用移动商务的概率）、服务促销影响因子、用户行为特征影响因子为常量。

该子系统主要变量方程和常量描述如下列等式：

（1）目标用户群＝潜在移动商务用户＋移动商务市场用户规模，Units：百

（2）接受比例＝0.5，Units：1/（百＊次）

（3）用户接触速率＝4，Units：百＊次/Year

（4）用户行为特征影响因子＝0.5，Units：Dmnl

（5）服务促销影响因子＝0.9，Units：Dmnl 5）

（6）潜在移动商务用户＝INTEG（-新增移动商务用户，5.224e＋006），Units：百

（7）移动商务市场用户规模＝INTEG（新增移动商务用户，1.176e＋006），Units：百

（8）新增移动商务用户＝潜在移动商务用户＊用户接触速率＊接受比例＊（移动商务市场用户规模/目标用户群总数）＊产品功能影响因子＊渠道平台影响因子＊用户行为特征影响因子＊服务促销影响因子，Units：百/Year

（9）渠道平台影响因子＝渠道平台影响因子表函数（固定资产投入），Units：Dmnl

（10）渠道平台影响因子表函数＝[(0,0)－(4e＋007,2)],(0,0),(1e＋006,0.1),(2e＋006,0.25),(3e＋006,0.4),(4e＋006,0.5),(6e＋006,0.6),(7e＋006,0.7),(8e＋006,0.75),(9e＋006,0.8),(1e＋007,1),(1.5e＋007,1.1),(2e＋007,1.2),(3e＋007,1.25),Units:Dmnl

在以上方程中，潜在移动商务用户是当前手机总用户减去当前手机上网用户即移动商务市场用户规模；渠道平台影响因子由与固定资产投入变量相关的表函数方程定义，模型考虑当固定资产投入越大时，渠道平台建设越完善，对新增移动商务用户影响越大；服务促销影响因子主要描述广告促销、售后服务等因素，用户行为特征影响因子主要表现为用户收入、上网时间等因素，为简化模型，分别用常量进行描述，其初始值由 CNNIC、iResearch 相关统计数据，采用德尔菲技术评估得出。

2. 移动商务运营收益子系统分析

该子系统包括状态变量运营收益，设置流入速率变量为总收入，流出速率变量为总投入，设置辅助变量技术创新投入、固定资产投入，设置常量 ARPU（Average Revenue Per User，每用户月平均收入）、AEPU（Average Expenditure Per User，每用户月平均分摊成本）。

该子系统主要变量方程和常量描述如下列等式：

（11）ARPU＝0.8，Units：万元/（百＊Year）

（12）AEPU＝0.3，Units：万元/（百＊Year）

（13）总投入＝移动商务市场用户规模＊每百位用户平均增加投入，Units：万元/Year

（14）总收入＝ARPU＊移动商务市场用户规模，Units：万元/Year

（15）运营收益＝INTEG（＋总收入－总投入，2e＋007），Units：万元

（16）技术创新投入＝运营收益＊技术创新投入比例，Units：Dmnl

（17）技术创新投入比例＝0.03，Units：Dmnl/万元

（18）技术创新能力＝exp（2.124＋1.065＊Ln（人员投入）－0.278＊Ln（技术创新投入）)，Units：Dmnl

（19）产品功能影响因子＝产品功能影响因子表函数（技术创新能力），Units：Dmnl

（20）产品功能影响因子表函数＝[(0,0)－(60,1.5)],(0,0),(5,0.1),(10,0.2),(15,0.4),(20,0.5),(25,0.6),(30,0.7),(35,0.75),(40,0.8),(50,1),(60,1),Units:Dmnl

（21）固定资产投入＝固定资产投入比例＊运营收益，Units：Dmnl

（22）固定资产投入比例＝0.35，Units：

Dmnl/万元

在以上方程中，ARPU 与 AEPU 数据来源于中国工业与信息化部、国家统计局等相关统计数据，采用德尔菲技术评估得出；其中技术创新能力计算依据肖虹对国有企业创新投入产出问题研究得出[15]；产品功能影响因子由与技术创新能力变量相关的表函数方程定义，模型考虑当技术创新能力越强时，产品功能实现越完善，对新增移动商务用户影响越大。

3 仿真及分析

采用 Vensim PLE 软件对以上模型进行了单位、现实性、极限与敏感性检测，结果显示模型整体有效。正式仿真以截至2008 年12 月的 CNNIC、中国工业与信息化部、国家统计局等相关统计数据为基准，以年为运行时间单位，步长为 0.5 年，得出 10 年内的移动商务运营的系统仿真结果。

调试运行显示，用户接触速率、服务促销影响因子及用户行为影响因子调控效果明显，因此选择它们为主要观测对象，设置仿真条件如表 1 所示，对应仿真结果如图 3、图 4 所示。

从多次仿真结果对比分析，当用户接触速率由 4 增至 8 时，移动商务用户新增速度较快，但增至 12 后，则产生较大幅度的下降，并产生较强振动。当增加用户接触率的同时，增强服务促销因子的影响值，则产生缓和波动的作用。

表 1 仿真条件设置

实验序号	用户接触速率	服务促销影响因子	用户行为特征影响因子
1	4	0.9	0.5
2	8	0.9	0.5
3	12	0.9	0.5
4	4	1.8	0.5
5	4	2.0	0.5
6	4	0.9	1.2
7	4	0.9	1.8
8	8	1.2	1.8

可见，适当增加用户接触速率，会增大市场用户规模，例如通过定期召开客户见面会、免费试用等策略，但较高的用户接触速率会带来较强的市场波动，而服务促销影响则带来良性的稳定作用，因此在用户对移动商务充分了解接触基础上，注重提供满足用户需要的服务，提高用户的满意度是稳定市场规模的关键。

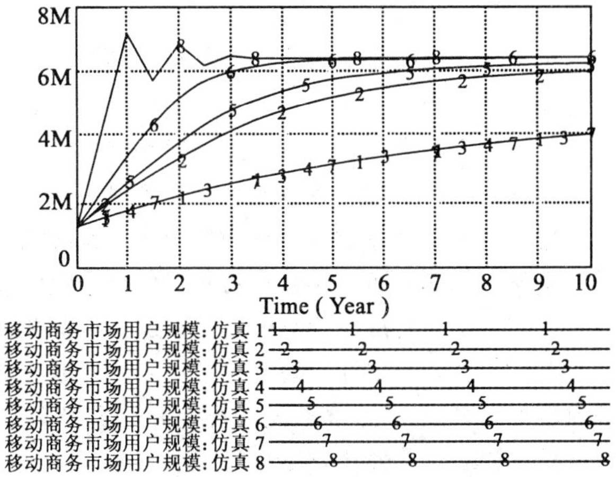

图 3 移动商务市场用户规模的模型仿真结果对比

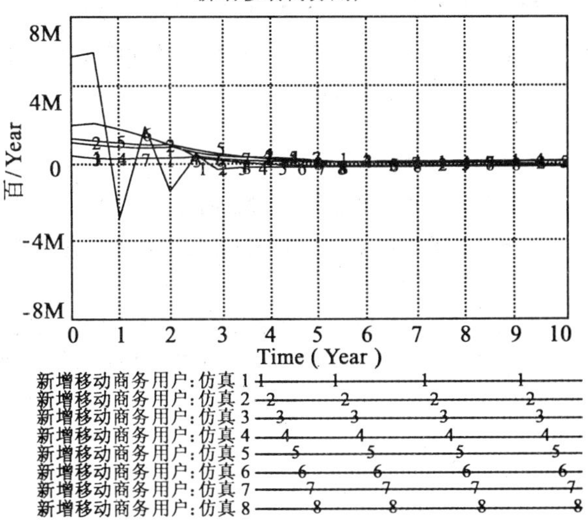

图 4 新增移动商务用户的模型仿真结果对比

当用户行为特征影响因子由 0.5 增至 1.2 时，移动商务用户新增速度也较快，用户行为特征影响因子值增加的带来更高的新增移动商务用户速率，说明由于目前用户对移动商务的了解程度不高，未来市场容量存在较大弹性，各运营商应注重培养用户使用习惯，重视用户体验，提高用户认知及使用黏性，增强竞争实力。

另外，模型仿真显示，ARPU 值、技术创新投入比例也影响着市场规模动态趋势，因此运营商应在了解用户需求，提高终端性能，创新业务内容，提供更优质的用户体验等方面提升移动商务的盈利能力。

4 小 结

本文从系统动力学角度，针对移动商务运营展开建模及仿真分析，避免局限于某个点上的静态研究，更关注系统的动态发展趋势，模型整体检测有效，并主要分析了用户接触速率、服务促销影响因子、用户行为特征影响因子等敏感变量对系统的作用。更深入的研究可以结合采用回归分析、定价模型、动态博弈等方法对模型中的要素及关键参数进行更准确的描述与估计，同时应进一步研究细分业务内容对移动商务运营系统的影响，比如移动搜索、移动游戏等，使模型更加完善。

参考文献

[1] 褚燕，黄丽华．影响员工接受移动商务应用因素研究［J］．研究与发展管理，2007，19（1）：72-78.

[2] 邓朝华，鲁耀斌，张金隆．基于TAM和网络外部性的移动服务使用行为研究［J］．管理学报，2007，4（2）：216-221.

[3] 王建玲，刘思峰．移动电子商务发展影响因素的灰色关联分析［J］．商业时代，2006，16：71-73.

[4] 卢安文．我国移动通信市场价格竞争的动态博弈模型［J］．企业经济，2007（7）：103-105.

[5] 吴著，刘文勇．中国移动通信业的理性竞争战略与公平定价策略［J］．价格理论与实践，2003（3）：39-40.

[6] 胡润波，王建军，杨德礼．移动商务信誉系统风险评估模型［J］．计算机工程，2009，35（3）：186-188.

[7] Tariq B. Exploring Factors Influencing the Adoption of Mobile Commerce［J］. Journal of Internet Banking&Commerce. 2007，12（3）：1-13.

[8] Li Weiwei，Robert J M Q. Barriers to Mobile Commerce Adoption：an Analysis Framework for a Country-Level Perspective［J］. International Journal of Mobile Communications，2008，6（2）：231-257.

[9] Barnes S J. The Mobile Commerce Value Chain：Analysis and Future Developments［J］. International Journal of Information Management，2002，22（2）：91-108.

[10] Forrest J W. Industrial dynamics：a Breakthrough for Decision makers［J］. Harvard Business Review，1958，36（4）：37-66.

[11] 查先进，严密，严亚兰．中国网络环境的系统动力学建模［J］．中国软科学，2007（1）：128-133.

[12] 刘俊杰，傅毓维．基于系统动力学的高技术企业创新环境研究［J］．科技管理研究，2007，12：24-27.

[13] 黎继子，李柏勋，刘春玲．基于系统动力学仿真的集群式供应链跨链间库存管理［J］．系统工程，2007，25（7）：25-32

[14] 钟永光，贾晓菁，李旭．系统动力学［M］．科学出版社，2009：21.

[15] 肖虹．中国产业技术创新投入产出特点检验—1999—2004［J］．财经研究，2007，33（4）：52-61.

System Dynamics Modeling and Simulation for Mobile Commerce Management

FU Jing[1]，YANG Xiaoping[2]，PENG Liang[1]

（1. Department of Electronic Commerce，College of computer science，
Sichuan Normal University，Chengdu 610101，China；
2. College of Information Technology，Sichuan Normal University，Chengdu 610101，China）

Abstract：Faced to the complex system on mobile commerce management，this paper analyzes interactional causalities and constituents in this system，defines the two subsystems：management income and market consumer scales of mobile commerce，designs the corresponding model flow diagram，and simulates dynamic development by means of simulation soft. Finally，this model entity validity is checked，the dynamic trends of these sensitivity variables，such as effect factor on user behavior characteristic，user contact speed，effect factor on service sales promotion，are forecasted，which would provide practicable supports for sustainable development strategy of mobile commerce.

Key words：mobile commerce；system dynamics；modeling；simulation

第四篇

信息系统架构、集成及信息产业

大型信息网络中病毒免疫策略的容错性研究*

袁华[1,2]，陈国青[2]，吴俊杰[3]
（1. 电子科技大学 管理科学与电子商务系，成都 610054；2. 清华大学 管理科学与工程系，北京 100084；
3. 北京航空航天大学 经济管理学院，北京 100191）

摘　要：理论分析中常用的免疫措施在实践中常常会碰到的不可持续性和免疫目标群体的识别和选择困难。为了克服这一问题，本文提出并分析了一种基于 e-SEIR 扩散模型的脉冲免疫策略，简要讨论了其效果和实施方法。实际分析结果表明，脉冲免疫策略在一定条件下可改变网络病毒扩散的增长，并且能够很好地解决大型网络中反病毒的时滞问题和免疫对象的选择问题，具有较好的容错能力。

关键词：计算机网络安全；e-SEIR 模型；周期免疫；反病毒策略容错
中图分类号：TP393.08

反病毒是网络信息安全的重要部分。电子商务时代利用信息网络进行扩散的病毒扩散无论从计算技术，传播途径和生存机会上都大大加强，被感染节点的数量也高速增加。如何在网络系统中实施有效反病毒策略将不仅是一个技术问题，而是很大的管理难题。所以，研究大型网络中反病毒策略的有效性及相关的管理需求具有很强的现实意义。

在大型信息网络中，反病毒任务的紧迫性与网络规模以及网络分布式位置的矛盾说明将所有反病毒任务都由 IT 部门专家来完成无论从人员还是财力支持上来说都是不现实的。所以，提高普通用户反病毒意识和能力是一个可行的方案。但是，普通用户能够实现的反病毒措施需要满足条件：

（1）为了保证反病毒控制的一致性和全局性效果，要求终端用户具备一定 IT 能力（病毒行为识别，处理）。

（2）由于网络上用户 IT 背景和能力的差异，反病毒措施要具有较低的技术难度。

（3）由于在病毒传播过程中，各节点设备可能处于不同的中毒阶段，因此，反病毒措施要具有多阶段适用性。

（4）最后，为了保持电子商务/业务连续性，必须避免使用隔离、频繁扫描等暴力反病毒措施。这样，反病毒策略的可实践性与效果的矛盾就显现出来了：效果好的措施在管理上有顾忌，而技术难度低易于实施的措施其控制效果未必很好。在这种情况下，免疫则变成了网络反病毒管理的首选措施，它具备易于实践的特征，更重要的是它适用于节点状态变化的各个阶段。

病毒扩散模型与反病毒措施的结合更容易使人们了解病毒的扩散机理以及反病毒策略对病毒扩散的影响。下面我们将用 e-SEIR 模型[1]来研究免疫策略的影响及其容错性。

文章的组织如下：1. 简要介绍 e-SEIR 模型；2. 建立了基于 e-SEIR 的周期免疫模型；3. 分析了周期 e-SEIR 模型的系统性质；4. 分析了周期免疫策略的容错特性；最后是文章总结。

1　e-SEIR 扩散模型简介

传统的研究中，通常是将网络节点在病毒的影响下的状态划分为 S（易感染）、E（潜伏）、I（发作）和 R（恢复）。反病毒措施主要影响状态之间的转化路径。根据不同病毒的扩散特征和应用环境，主要的扩散模型有 SIS、SIR 及 SEIR 模型[2][3][4][5][6]。

1.1　e-SEIR 病毒扩散模型

文献[1]研究了现代大型信息网络中信息的“点-组”的快速传播模式以及群组传播中的“无效传播”效应，建立了如下 e-SEIR 病毒扩散模型（见图 1）：

* 基金项目：自然科学基金支持项目（70890080/70621061）及教育部人文社会科学重点研究基地基金资助（07JJD630005）
通讯作者：袁华，E-mail：yuanh3@sem.tsinghua.edu.cn

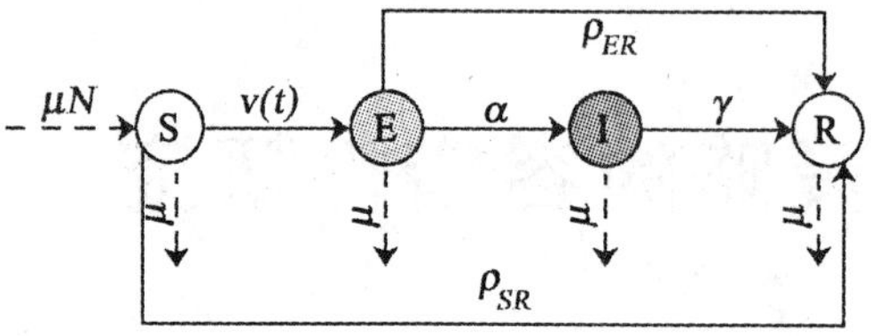

图 1 信息网络中的 e-SEIR 病毒扩散模型

模型中μ表示网络系统与外界的信息设备更替速率；$\nu(t)$为传染函数，表示从 S 到 E 状态的转化速率；ρ_{SR}表示从 S 到 R 状态的转化比例；α 表示从 E 到 I 状态的转化比例；ρ_{ER}表示从 E 到 R 状态的转化比例；γ 表示从 I 到 R 状态的转化比例。其中ρ_{SR}和ρ_{ER}可用来表示相应状态下免疫措施的力度。

1.2 免疫策略

e-SEIR 模型中的免疫是指通过技术或管理措施，使得网络节点上的信息设备具备能够自动或半自动识别网络病毒代码，拒绝病毒进程，从而保护自身信息资源的安全以及信息能力不被非法使用。根据实施的时间和目的不同主要有两种类型的免疫：预免疫（preimmunization）和实时免疫（real-time immunization）。预免疫通过初期 $R(0)$的大小来反映，而实时免疫的水平分别为ρ_{SR}、ρ_{ER}和 γ。在免疫技术的基础上研究得出的合理的、能达到预期反病毒效果的实施方案称为免疫策略。有如下常见的免疫策略[7]：

（1）随机免疫（Random Immunization）：就是按照某种免疫概率f，随机选择网络中的个体进行免疫。随机免疫是最简单也是研究最深入的一种方法，它的问题在于要使免疫结果有效必须选择很大的免疫比例f。对于大型网络来说，这在技术上和经济上都会带来巨大压力。

（2）目标免疫（Targeted Immunization）：在该策略中，节点度大的节点将获得优先免疫。这样，可能只需要免疫很少部分的节点就可以将网络“分割”，从而阻断病毒向其他节点扩散的途径。在度分布比较广的网络上，目标免疫效果远好于随机免疫。但是，要实使目标免疫达到很好的效果，需要了解网络结构的全局信息。对于大部分真实网络（如社会关系网络）这个要求很难达到。

（3）熟识者免疫（Accquaintance Immunization）：该策略在选择免疫目标个体时分两步：先随机选择一个节点，再随机选择该节点的一个相邻节点进行免疫。这种策略可以回避计算每个节点的度，而且效果比随机免疫好很多。但是熟识者免疫策略在免疫比例较低的情况下没有好的容错机制。而且，对于在第一步被选中节点，它需要对其熟识者中没有被免疫的部分个体信息有所了解[7]，这对于节点私有信息保密程度较高或者熟识者在物理上分布较远的情况下无法满足。

除目标免疫之外，其他都在选择免疫目标的方法上与随机策略相关。随机选择免疫目标的优点：技术难度低，实施成本可控，易于在终端用户中实施。也有缺点：信息资产保护的针对性差；在大型网络中用随机策略反病毒，无法保证实施的同步性（有时滞）。

下面我们将在 e-SEIR 模型的基础上建立一个具有相当容错能力的周期免疫模型。

2 周期免疫 e-SEIR 模型

大型信息网络要求反病毒策略中的技术难度低，易于广泛实施。基于此，免疫技术才在网络反病毒中被广泛运用。

2.1 免疫策略的管理要求

已有的策略有一个共同问题是技术容错能力差。技术容错的要求是信息网络大型化，网络用户 IT 背景多样化的直接结果。也是在现代大型信息网络中实施免疫所面临的无法避免的管理挑战。其具体要求如下：

（1）时间/空间容错。即策略能够规避网络规模带来的同步问题；

（2）对象选择容错。即策略能够规避网络结构信息，节点状态信息；

（3）反病毒结果容错。即策略能规避扩散系统对反病毒阈值的敏感性。

这些容错能力对于企业有重要意义，解决了传统反病策略面临的如下问题：①连续免疫可实施性差；②反病毒资源限制；③网络结构知识和节点状态的全局识别限制；④用户 IT 背景的差异导致反病毒水平和态度不一致。考虑这些因素之后，理想的免疫措施应该具有下面的特点：

- 实施（相对同一水平的）免疫；
- 实施过程允许随机选择免疫目标群；
- 允许对网络节点分阶段实施免疫措施；
- 允许网络中部分节点的免疫结果无效。

事实上，面对病毒流行压力时，大多采取一种分批次（财务周期、系统生命周期）对网络内节点实施免疫的策略，即每次免疫设备中的一部分，分多次完成免疫任务。这是大多数企业在通常情况下采用的方法，我们称之为脉冲免疫（Pulse Vaccination）。但是，简单地将免疫策略周期化将导致结果不可控，即免疫的有效性仍然需要一定的机制来保证。

2.2 周期免疫 e-SEIR 模型

下面，我们设计一个基于 e-SEIR 扩散模型的

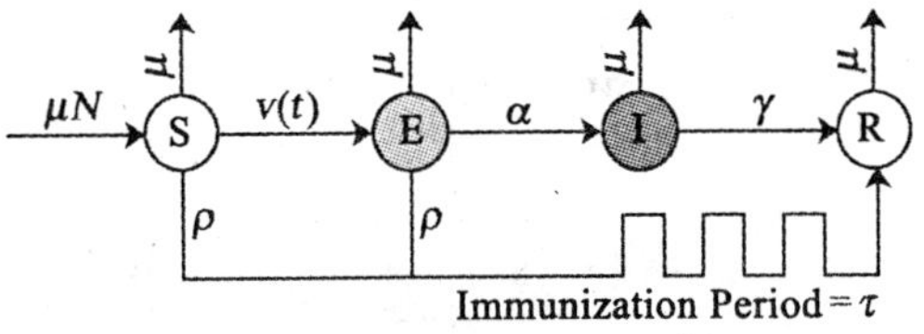

图 2 具有脉冲免疫的 E-SEIR 模型

随机脉冲免疫策略，它能保证免疫措施在具有更好可实施性的同时，还具备一定的容错能力。

将免疫过程脉冲化，则在 e-SEIR 基础之上的脉冲免疫系统模型可由图 2 表示。设免疫以周期 τ 进行，$S(t)$，$E(t)$，$I(t)$ 和 $R(t)$ 分别表示各不同状态节点在网络中的比例，$\nu(t)=\alpha rE(t)$，则上述脉冲系统可用方程组表示为：

$$\begin{cases}\left.\begin{aligned}\dot S&=\mu-v(t)S(t)-\mu S(t)\\ \dot E&=v(t)S(t)-(\alpha+\mu)E(t)\\ \dot I&=\alpha E(t)-(\gamma+\mu)I(t)\\ \dot R&=\gamma I(t)-\mu R(t)\end{aligned}\right\}t\neq k\tau,k\in N\\ \left.\begin{aligned}S(t^+)&=(1-\rho)S(t)\\ E(t^+)&=(1-\rho)E(t)\\ I(t^+)&=I(t)\\ R(t^+)&=R(t)+\rho[S(t)+E(t)]\end{aligned}\right\}t=k\tau,k\in N\end{cases}\tag{1}$$

且 $S(t)+E(t)+I(t)+R(t)=1$。

2.3 周期免疫反病毒控制算法

由系统方程（1）知道，只要 E-状态群体数量随时间下降，则系统将趋于无病毒状态，这是为脉冲免疫策略提供了可行思路。

为了使脉冲免疫能够足以阻止传染增长，必须使 $E(t)$ 是时间减函数，从而随着时间的变化感染者数量将逐渐趋近于 0。由 $dE/dt\leqslant 0$ 得到控制病毒流行的 $S(t)$ 阈值：

$$S\ (t)\ \leqslant\frac{\alpha+\mu}{\alpha r}=S_c \tag{2}$$

定义 S_c 为病毒流行阈值。对这种阈值，只要实施免疫措施的脉冲间隔 τ 保持在固定临界值 $\tau_{\max}$ 之下，$S(t)$ 就能保证在 S_c 之下。时间 τ 为免疫周期，在每个周期内脉冲免疫算法如下：

> 步骤 1：随机选择比例 ρ 的网络节点；
> 步骤 2：对选中的 S，E-节点免疫；
> 步骤 3：对选中的 I-状态节点用专门恢复过程，R-状态节点忽略；
> 步骤 4：完毕。等待下一个免疫周期。

算法 1 脉冲免疫策略算法

3 周期免疫策略的可行性分析

下面将分析基于 e-SEIR 的周期免疫模型的无病周期解，进而说明策略有效性。

3.1 无病毒周期解的存在性

病毒消失意味着在网络系统中没有带毒节点：$E(t)=0$，且 $I(t)=0$，$t\geqslant 0$。在这一条件下，易感者的增长满足：

$$\begin{cases}\dfrac{dS(t)}{dt}=\mu-\mu S(t)\\ S(k\tau^+)=S(k\tau^-)(1-\rho)\end{cases}\tag{3}$$

得到 $S(t)$ 以 τ 为周期的脉冲免疫周期解：

$$S(t)=1+(S_{k\tau}-1)e^{-\mu(t-k\tau)} \tag{4}$$

其中 $k\tau<t\ (k+1)\ \tau$，$S_{n\tau}$ 是易感群体在第 k 个免疫脉冲时刻 $t=k\tau$ 免疫后的数量。取 $S_{k\tau}=S^*$，利用不动点理论，得到一个在时间段 $k\tau<t(k+1)\tau$ 内无病毒流行周期解如下：

$$S^*\ (t)\ =1-\frac{\rho}{e^{\mu t}+\rho-1}e^{-\mu(t-k\tau)} \tag{5}$$

进而可得到病毒流行消失周期解为 $(S^*(t),0,0\ 1-R^*(t))=(S^*(t),0,0\ 1-S^*(t))$。

3.2 无病毒周期解的稳定性

为了研究无病毒周期解 $(S^*(t),0,0,R^*(t))$ 的稳定性，定义 $S(t)=S^*(t)+s(t)$，$E(t)=E^*(t)+e(t)$，$I(t)=I^*(t)+i(t)$，$R(t)=R^*(t)+r(t)$，其中 $s(t)$、$e(t)$、$i(t)$ 和 $r(t)$ 是周期解的一个微小扰动[8]。扩散系统（1）在无病毒周期解附近可被线性化为：

$$\begin{cases}\left.\begin{aligned}\dot s&=-\mu s(t)-\alpha rS^*(t)e(t)\\ \dot e&=\alpha rS^*(t)e(t)-(\alpha+\mu)e(t)\\ \dot i&=\alpha e(t)-(\gamma+\mu)i(t)\\ \dot r&=\gamma i(t)-\mu r(t)\end{aligned}\right\}t\neq k\tau,k\in N\\ \left.\begin{aligned}s(t^+)&=(1-\rho)s(t)\\ e(t^+)&=(1-\rho)e(t)\\ i(t^+)&=i(t)\\ r(t^+)&=r(t)+\rho[s(t)+e(t)]\end{aligned}\right\}t=k\tau,k\in N.\end{cases}\tag{6}$$

下面我们将运用 floquet 理论[9][10]来检验线性化系统(6)在周期参数作用下的稳定性。

通过计算得到系统(6)的 floquet 乘子(floquet multiplers)为：

$$\lambda_1 = (1-\rho)e^{-\mu\tau}$$

$$\lambda_2 = (1-\rho)e^{\int_0^\tau [\alpha r S^*(t)-(\alpha+\mu)]dt} \qquad (7)$$

$$\lambda_3 = e^{-(\gamma+\mu)\tau}$$

$$\lambda_4 = e^{-\mu\tau}$$

根据 Floquet 理论,所有的 floquet 乘子绝对值小于单位 1 时脉冲系统周期解局部稳定[8][10]。在 $\mu>0,\gamma>0,0<\rho<1$ 时,有 $|\lambda_1|<1,|\lambda_3|<1,|\lambda_4|<1$ 成立,故周期解的稳定性就依赖于是否满足条件

$$|\lambda_2|<1 \qquad (8)$$

因此,如果病毒扩散系统(1)满足条件：

$$\frac{1}{\tau}\int_0^\tau S^*(t)dt < \frac{\alpha+\mu}{\alpha r} - \frac{\ln(1-\rho)}{\alpha r\tau} = S_c^* \qquad (9)$$

则系统的无病毒周期解局部渐进稳定。

上述关系说明要使系统(1)在脉冲免疫作用下趋于无病毒状态,则 $S^*(t)$ 在一个脉冲周期上的均值必须小于阈值 S_c^*。

4 周期免疫策略的容错性

根据前面的模型分析结果，我们下面讨论周期免疫策略的容错机理。

4.1 免疫结果容错

从关系（9）知道，甚至在某些情况下，$S(t)$ 是允许大于阈值 S_c，而无病毒周期解仍然是局部渐进稳定的，只要满足在免疫周期之内，$S(t)$ 的均值小于 S_c。显然，这个条件比连续免疫模型中的条件要松，而且在真实世界实施免疫策略反病毒时也更具操作性。

另外，关系（9）也表明脉冲免疫选择的 E-状态目标要比 S-状态目标节点更有效。如果在脉冲免疫过程有 $\rho_E>0$ 比例的 E-状态节点被免疫，则对 S-状态节点的免疫压力要小于公式（2）的结果，S_c 的阈值可以提高到（9）的水平。

4.2 免疫目标群体选择与免疫容错

无病毒 $S(t)$ 的阈值 S_c^* 的公式（9）和公式（2）有些不同，这涉及实施免疫措施时目标群体的选择问题。在真实世界的反病毒应用中，每次脉冲免疫的目标群体的选择相对于整个网络的节点总数其比例为 ρ（见图 3）。用函数 Sel（$X(t)$）表示被选中免疫的 X-状态节点数目，即有：

$$\mathrm{Sel}(S(t)+E(t)+I(t)+R(t))=\rho$$

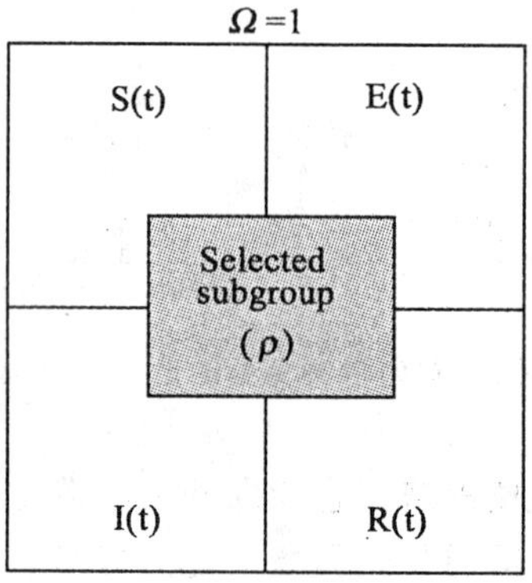

图 3 选中的免疫目标占总体 Ω 的比例为 ρ

考虑免疫目标群体选择的随机性（例如随机选择网络中某个子组织，对其下面的节点进行免疫，免疫的数量相对于整个网络的比例为 ρ），被选中的群体内，S-，E-，I-和 R-状态的节点也是随机分布（见图 4）。

为了简化问题的复杂度，不失一般性，显然这里可假设满足：被选中的子群体的 S-状态个体相对于整个网络中 S-状态个体的比例大致也是 ρ，这种情况对 E-状态群体也适用，即 $\frac{\mathrm{Sel}(S(t))}{S(t)}=\rho$，$\frac{Sel(E(t))}{E(t)}=\rho$（见图 4）。

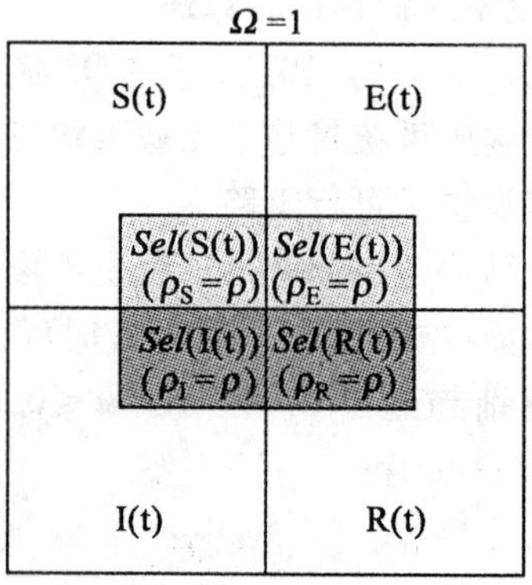

图 4 选中的免疫目标群体分布(效率平均的情况 $\rho_S=\rho_E=\rho$)

在这种免疫目标选择策略中，如果被选中的节点中有I-群体的个体，则进入专门的反病毒程序，因而I-和R-群体节点在脉冲免疫策略中允许被选中，只是之后在免疫过程中将被忽略。

这也表明，脉冲免疫在免疫目标群体的选择上更具灵活性，与真实网络世界中不同状态节点混合分布的现状相适应。因此，脉冲免疫不要求被选中的节点全部必须是S-或E-状态节点，因而容错性更好，即在实施策略时可以不需要更多关于节点的状态信息。

4.3 免疫时滞

由于不再进行连续免疫处理，因而每两次实施免疫措施之间必定有时间间隔，这样的间隔要能够保证病毒最终不会在网络中传染开去。我们定义出如下最大免疫周期。

定义：最大免疫周期 $\tau_{\max}$ 就是从初始值 $S(0)=(1-\rho)S(t)$ 出发，使得不等式 $S(t)<Sc$ 成立的最大允许时间。

在每一个免疫脉冲中，$S(t)$ 的最小值出现在实施免疫之后的一刻，其大小为 S^*；而最大值出现在实施免疫之前的一刻，其大小为 $S^*/(1-\rho)$。

已知在每一个离散时间中，系统保持安全状态（无病毒流行）的条件是 $S(t)<S_c$，则条件阈值可改写成 $\frac{S^*}{1-\rho}<S_c$，可以获得 $\tau_{\max}$ 的表达式[8]：

$$\tau_{\max}=\frac{1}{\mu}\ln\left(1+\frac{\rho S_c}{1-S_c}\right), \qquad (10)$$

公式（10）即是免疫系统的最大免疫周期，也即是在保证长期无病毒流行的情况下，两次免疫脉冲之间允许的最大时滞。

5 结 论

当前，网络中反病毒扩散的技术和策略非常多。其中很多的技术和策略因为其实施上的复杂性和相当的技术难度，导致大多数技术在较大规模的网络反病毒应用中只具有理论价值，可操作性差。通过E-SEIR扩散模型的动力学性质分析，我们发现很多反病毒技术与策略跟免疫措施有相互影响和替代关系。而免疫措施相对与其他措施有初始成本低，技术易实施，成本可控等优点，因而在实际反病毒扩散中被广泛应用的一种基本技术。考虑到在实际反病毒过程中，理论分析中常用的连续免疫措施的不可持续性和免疫目标群体的选择困难，本文提出并分析了脉冲免疫策略的效果和实施方法，实际分析结果表明，脉冲免疫策略在一定条件下可改变网络病毒扩散的增长为衰减过程，并且能够很好地解决大型网络反病毒中不同子网实施反病毒策略的时滞问题和免疫对象群体的选择问题。

参 考 文 献

[1] Hua Yuan and Guoqing Chen. Network Virus-epidemic model with the Point-to-group Information Propagation [J]. Applied Mathematics and Computation, 206: 357-367, 2008.

[2] Zoltan Dezso and Albert-Laszlo Barabasi. Halting Viruses in Scale-free Networks [J]. Physical Review E, 65: 055103 (R), May 2002.

[3] Kephart J O, and White S R. Directedgraph Epidemiological Models of Computer Viruses [C] //IEEE Symposium on Security and Privacy 1991: 43-361.

[4] Marcelo Kuperman and Guillermo Abramso. Small World Effect in an Epidemiological Model [J]. Physical review letters, 2001, 86 (13): 2909-2912.

[5] Bimal Kumar Mishra and Dinesh Saini, Mathematical Models on Computer Viruses. Applied Mathematics and Computation [J], 2007 (9), 187: 929-936.

[6] Yang Wang, Chenxi Wang. Modeling the Effects of Timing Parameters on Virus Propagation [C] //The 2003 ACM workshop on Rapid malcode, 2003 (8): 61-66. ACM.

[7] Madar N, Kalisky T, Cohen R, ben Avraham D, Havlin S. Immunization and Epidemic Dynamics in Complex Networks [J]. Eur. Phys. J. B, 38: 269-276, 2004.

[8] Boris Shulgin, Lewi Stone, Zvia Agur. Pulse Vaccination Strategy in the SIR Epidemic Model [J]. Bulletin of Mathematical Biology, 1998, 60 (6): 1123-1148.

[9] Drumi Bainov, Pavel Simeonov. Impulsive Differential Equations: Periodic Solutions and Applications. Longman PubGroup, 1993.

[10] Gerard Iooss, Daniel D Joseph. Elementary Stability and Bifurcation Theory. Springer (2nd edition), New York, 1997.

Research on Fault Tolerance of Immunization—Strategy in Large Information Network Antivirus

YUAN Hua[1,2], CHEN Guoqing[2], WU Junjie[3]

(1. Department of Management Science and E-commerce, University of Electronic Science and Technology of China, Chengdu 610054, China;

2. Department of Management Science and Engineering, Tsinghua University, Beijing 100084, China;

3. School of Economics and Management, Beihang University, Beijing 100191, China)

Abstract: The theoretic continuous immunization assumption and the necessary of getting the detailed information of each nodes during the immunization target groups selection are two main problems in applying immunization in network anti virus. This work promotes an e-SEIR model based periodic (impulse) immunization strategy to meet these problems, also, the implementation process and results are generally analyzed. The analysis results indicate that the periodic immunization strategy can restrain the virus prevalence efficiently and have a good capacity of immunization fault tolerance.

Key words: network security; e-SEIR model; periodic immunization strategy; fault tolerance

AHP 与模糊综合评价在网络信息安全评价中的应用*

肖会敏[1]，张国政[1]

（1. 河南财经学院 信息与系统工程研究所，郑州 450002）

摘　要：本文利用层次分析法和模糊评价方法研究网络信息安全评价问题，建立了网络信息安全指标体系模型。首先，利用层次分析法，对网络信息安全的因素进行综合评判，计算各评价因素对于网络信息安全的权重；其次，用模糊评价对网络信息安全进行实际研究，运用指标体系模型和模糊评价方法对评价指标进行模糊化处理；最后，建立网络安全性评价模型，有效地解决了网络信息安全的多指标评价问题，结合各指标评价质量和模糊综合评价方法评价网络安全性。所得结果可用于指导相关人员进行网络安全方面改进，实现网络信息安全。

关键词：网络信息安全；层次分析法；模糊评价

中图分类号：TP 309.2

1　引　言

随着计算机网络的广泛应用，网络安全问题变得日益突出。网络安全问题已成为网络技术发展迫在眉睫，亟待解决的重要前沿研究课题。不同的计算机网络对其安全级别的要求不尽相同，军队、银行的网络安全程度要求很高，而校园网等网络的安全程度要求则相对低一些。因此，对网络安全状况进行科学的评价，有助于用户对网络安全进行全面的了解，从而采取相应的防范措施，提高网络的安全性能及其总体效益。当前，网络安全评价方法主要是利用自动检测、扫描工具软件，寻找系统的安全漏洞和薄弱环节，测试和评估系统的安全程度等。但是，计算机网络是一个复杂的人机系统，网络安全涉及计算机、通信、物理、数学、生物、管理、社会等众多领域，是一项复杂的系统工程。因此，必须采用系统工程的思想和方法，对整个网络的安全状况进行综合评价，才能得出科学的评价结果。

模糊综合评价是以模糊数学为基础。应用模糊关系合成的原理，将一些边界不清，不易定量的因素定量化，进行综合评价的一种方法。在网络安全综合评价中，涉及大量的复杂现象和多种因素的相互作用，而且，评价中存在大量的模糊现象和模糊概念。因此，在综合评价时，常用到模糊综合评价的方法进行定量化处理，评价出网络信息安全的质量等级，取得了良好的效果。但权重的确定需要专家的知识和经验，具有一定的缺陷，为此，本文采用层次分析法来确定各指标的权系数。使其更有合理性，更符合客观实际并易于定量表示，从而提高模糊综合评判结果的准确性。

2　网络信息安全评价指标体系

网络信息安全主要涉及数据安全、硬件安全、系统软件安全、环境安全、人员管理安全等方面。

网络信息的安全控制要求：有效性、保密性、完整性、确定性、不可否认性及合法性。

危害网络信息安全的主要因素：网络硬件不安全因素、网络软件不安全因素、工作人员的不安全因素、计算机病毒和黑客攻击、组织的安全管理、环境的不安全因素。维护网络信息安全主要对策：

（1）技术对策：设置虚拟专用网、使用安全访问设备、防火墙技术、网络防毒、信息加密、访问控制等。

（2）管理对策：人员管理制度、保密制度、跟踪审计制度，系统维护制度、数据备份制度、病毒定期清理制度等。

根据网络信息安全涉及的因素，以及网络信息安全的要求和对策，我们得出网络信息安全评价指标体系，它包括 5 个一级指标数据安全、硬件安全、软件安全、管理安全以及环境安全，在这些指标下又设置数据加密、操作系统、入侵检测、电磁

* 基金项目：河南省前沿与技术研究项目（No. 072300410110）

通讯作者：肖会敏，E-mail：xiaohm@ hnufe. edu. cn

泄露、组织体系等17个具体评价指标，据此建立了网络信息安全评价指标体系（见表1）。

表1 网络信息安全评价指标体系

	综合指标	评价指标
网络信息安全 C	C_1 数据安全	C_{11} 据加数密
		C_{12} 数字签名
		C_{13} 访问控制
		C_{14} 数据备份
	C_2 软件安全	C_{21} 操作系统
		C_{22} 应用软件
		C_{23} 漏洞扫描
		C_{24} 防毒软件
	C_3 硬件安全	C_{31} 入侵检测
		C_{32} 防火墙
		C_{33} 容错备份
	C_4 环境安全	C_{41} 电磁泄漏
		C_{42} 搭线窃听
		C_{43} 安全供电
	C_5 管理安全	C_{51} 组织体系
		C_{52} 管理制度
		C_{53} 安全教育

3 模型建立

3.1 模糊综合评价方法和步骤

3.1.1 模糊综合评价方法

模糊综合评价是通过构造等级模糊子集把反映被评事物的模糊指标进行量化（即确定隶属度），然后利用模糊变换原理对各指标综合。

3.1.2 评价步骤

（1）确定评价对象的因素论域。

设 C 的因素集 $C=\{C_1,C_2,C_3,C_4,C_5\}$，其中 $C_1=\{C_{11}\quad C_{12}\quad C_{13}\quad C_{14}\}$；$C_2=\{C_{21}\quad C_{22}\quad C_{23}\quad C_{24}\}$；$C_3=\{C_{31}\quad C_{32}\quad C_{33}\}$；$C_4=\{C_{41}\quad C_{42}\quad C_{43}\}$；$C_5=\{C_{51}\quad C_{52}\quad C_{53}\}$。

（2）确定评语等级论域。

V 为评语集 $V=\{Y_1\quad Y_2\quad Y_3\quad Y_4\quad Y_5\}$，其中 Y_1 代表很重要；Y_2 代表重要；Y_3 代表一般；Y_4 代表不重要；Y_5 代表较不重要。

（3）建立模糊关系矩阵 R。

对每个 $C_i(i=1,2,3,4,5)$ 进行综合评价，但是由于指标 C_{ij} 并不能都直接获得定量的原始数据，通过德尔菲法或随机调查，根据评语集 V 判断 C_{ij} 隶属于 Y 的程度 r_{ik}，并由此构造判断矩阵

$$R_i=\begin{pmatrix} r_{11} & r_{12} & r_{13} & r_{14} & r_{15} \\ r_{21} & r_{22} & r_{23} & r_{24} & r_{25} \\ \vdots & \vdots & \vdots & \vdots & \vdots \\ r_{n1} & r_{n2} & r_{n3} & r_{n4} & r_{n5} \end{pmatrix}$$

（4）确定评价因素的权向量。

在模糊综合评价中，确定评价因素的权向量：$A=(a_1,\ a_2,\ \cdots,\ a_p)$。权向量 A 中的元素 a_i 本质上是因素 u_i 对模糊子集｛对被评事物重要的因素｝的隶属度。本文使用层次分析法来确定评价指标间的相对重要性次序。从而确定权系数，并且在合成之前归一化。即

$$\sum_{i=1}^{p} a_i = 1, a_i \geqslant 0, i = 1,2,\cdots,n$$

（5）合成模糊综合评价结果向量。

利用合适的算子将 A 与各被评事物的 R 进行合成，得到各被评事物的模糊综合评价结果向量 B。即：$B=A\circ R$

（6）对模糊综合评价结果向量进行分析。

实际中最常用的方法是最大隶属度原则，但在某些情况下使用会有些勉强，损失信息很多，甚至得出不合理的评价结果。提出使用加权平均求隶属等级的方法，对于多个被评事物并可以依据其等级位置进行排序。

3.2 层次分析法确定权重

3.2.1 层次分析法

求权重是综合评价的关键。层次分析法是一种行之有效的确定权系数的有效方法。特别适宜于那些难以用定量指标进行分析复杂问题。它把复杂问题中的各因素划分为互相联系的有序层使之条理化，根据对客观实际的模糊判断，就每一层次的相对重要性给出定量的表示，再利用数学方法确定全部元素相对重要性次序的权系数。

3.2.2 层次分析法的步骤

（1）确定目标和评价因素。

P 个评价指标，$u=\{u_1,\ u_2,\ \cdots,\ u_p\}$。

（2）构造判断矩阵。

判断矩阵元素的值反映了人们对各元素相对重要性的认识，一般采用1~9及其倒数的标度方法。但当相互比较因素的重要性能够用具有实际意义的比值说明时，判断矩阵相应元素的值则取这个比值。即得到判断矩阵 $S=(u_{ij})_{p\times p}$。

（3）计算判断矩阵。

用Matlab软件计算判断矩阵S的最大特征根λ_{max}，及其对应的特征向量A，此特征向量就是各评价因素的重要性排序，也即是权系数的分配。

（4）一致性检验。

为进行判断矩阵的一致性检验，需计算一致性指标$CI=(\lambda_{max}-n)/(n-1)$，平均随机一致性指标$RI$。它是用随机的方法构造500个样本矩阵，构造方法是随机地用标度以及它们的倒数填满样本矩阵的上三角各项，主对角线各项数值始终为1，对应转置位置项则采用上述对应位置随机数的倒数。然后对各个随机样本矩阵计算其一致性指标值，对这些CI值平均即得到平均随机一致性指标RI值。当随机一致性比率$CR=CI/RI<0.10$时，认为层次分析排序的结果有满意的一致性，即权系数的分配是合理的；否则，要调整判断矩阵的元素取值，重新分配权系数的值。

4 模糊综合评价在网络安全评价中的应用

4.1 建立模糊关系矩阵R

通过网络安全管理人员及相关专家依据网络信息安全指标和评语集对某一网络信息安全做出全面的评价。可以得到模糊判断矩阵。

$$R_1=\begin{bmatrix}0.28 & 0.2 & 0.32 & 0.2 & 0.1\\ 0.2 & 0.15 & 0.35 & 0.2 & 0.1\\ 0.27 & 0.16 & 0.23 & 0.2 & 0.14\\ 0.25 & 0.2 & 0.3 & 0.15 & 0.1\end{bmatrix}$$

$$R_2=\begin{bmatrix}0.28 & 0.14 & 0.25 & 0.2 & 0.13\\ 0.25 & 0.16 & 0.24 & 0.21 & 0.14\\ 0.26 & 0.18 & 0.23 & 0.22 & 0.11\\ 0.30 & 0.14 & 0.26 & 0.2 & 0.1\end{bmatrix}$$

$$R_3=\begin{bmatrix}0.17 & 0.2 & 0.22 & 0.24 & 0.17\\ 0.2 & 0.18 & 0.3 & 0.2 & 0.12\\ 0.22 & 0.17 & 0.2 & 0.32 & 0.09\end{bmatrix}$$

$$R_4=\begin{bmatrix}0.13 & 0.21 & 0.3 & 0.04 & 0.32\\ 0.2 & 0.16 & 0.15 & 0.22 & 0.27\\ 0.25 & 0.23 & 0.17 & 0.11 & 0.24\end{bmatrix}$$

$$R_5=\begin{bmatrix}0.17 & 0.2 & 0.31 & 0.24 & 0.08\\ 0.21 & 0.15 & 0.25 & 0.3 & 0.09\\ 0.3 & 0.15 & 0.17 & 0.23 & 0.15\end{bmatrix}$$

4.2 使用层次分析法来确定评价指标间的相对重要性次序

（1）利用专家打分法建立网络信息安全与一级指标：数据安全、软件安全、硬件安全、环境安全和管理安全的判断矩阵，并用方根法计算权值（见表2）。

表2 网络信息安全与一级指标判断矩阵

C	C_1	C_2	C_3	C_4	C_5	W
C_1	1	3	3	7	5	0.46
C_2	1/3	1	1/2	4	3	0.17
C_3	1/3	2	1	5	5	0.26
C_4	1/7	1/4	1/5	1	1/3	0.04
C_5	1/5	1/3	1/5	3	1	0.08

其中，表中数据C_{ij}是对A而言，C_i对C_j的相对重要性的数值表示，其中i，j分别表示行与列。通常C_{ij}取为1，2，3，…，9及它们的倒数，其含义是：

$C_{ij}=1$，表示C_i与C_j一样重要；

$C_{ij}=3$，表示C_i比C_j重要一点（稍微重要）；

$C_{ij}=5$，表示C_i比C_j重要（明显重要）；

$C_{ij}=7$，表示C_i比C_j重要得多（强烈重要）；

$C_{ij}=9$，表示C_i比C_j极端重要（绝对重要）。

其间的数2，4，6，8及各数的倒数具有相应的类似意义。显然，任何判断矩阵都满足：$C_{ii}=1$，$C_{ij}=1/C_{ji}$，$(i, j=1, 2, 3, \cdots, n)$

（2）单一准则下元素相对权重的计算以及判断矩阵的一致性检验：

利用Matlab计算判断矩阵最大特征根

$$\lambda_{max}=\sum_{i=1}^{n}\frac{(CW)_i}{nW_i}=5.29$$

计算一致性指标$C.I$（consistency index）

$$C.I.=\frac{\lambda_{max}-n}{n-1}=\frac{5.29-5}{5-1}=0.07$$

计算性一致性比例$C.R.$（consistency ratio）

$$C.R.=\frac{C.I.}{R.I.}=\frac{0.07}{1.12}=0.06$$

一致性指标$R.I.$（random index）可以在表3给出的1～15阶正互反矩阵计算1000次得到的平均随机一致性指标。

表3 平均随机一致性指标$R.I.$

阶数	1	2	3	4	5
RI	0.00	0.00	0.58	0.90	1.12
阶数	6	7	8	9	
RI	1.24	1.32	1.41	1.45	

由此得$C.R.<0.1$时，可以认为判断矩阵的一致性是可以接受的。

（3）计算各层元素对系统目标的合成权重，

并进行排序和一致性检验：

由上述计算，得出网络信息安全与第一层（即一级）指标的权值分布，W_C =（0.46，0.17，0.26，0.04，0.08）；同样我们可以求出第三层相对于第二层各个指标的权值，即：

W_{C_1} =（0.50，0.07，0.26，0.17）

W_{C_2} =（0.57，0.08，0.11，0.24）

W_{C_3} =（0.08，0.22，0.70）

W_{C_4} =（0.63，0.24，0.13）

W_{C_5} =（0.11，0.64，0.25）

第三层因素相对于第二层因素权数求出后，还需检验其分配是否合理。这需要对判断矩阵进行一致性检验。当随机一致性比率 $C.R. < 0.1$ 时，即认为判断矩阵具有满意的一致性，说明权数分配是合理的；否则，就需要调整判断矩阵，直到取得具有满意的一致性为止。根据计算，各评判矩阵的随机一致性比率均小于 0.10，因此可以认定各评价指标的权数分配是合理的。

（4）模糊综合评价结果向量计算。

利用合适的算子将 A 与各被评事物的 R 进行合成，得到各被评事物的模糊综合评价结果向量 B。即：$B = A \circ R$

$$B_1 = A \circ R = W_{C_1} \circ R_1 = (0.28\ 0.2\ 0.32\ 0.2\ 0.14)$$

$$B_1 = A \circ R = W_{C_2} \circ R_2 = (0.28\ 0.14\ 0.25\ 0.22\ 0.3)$$

$$B_1 = A \circ R = W_{C_3} \circ R_3 = (0.22\ 0.18\ 0.22\ 0.32\ 0.12)$$

$$B_1 = A \circ R = W_{C_4} \circ R_4 = (0.2\ 0.21\ 0.3\ 0.22\ 0.32)$$

$$B_1 = A \circ R = W_{C_5} \circ R_5 = (0.25\ 0.15\ 0.25\ 0.3\ 0.15)$$

$$R = (B_1\quad B_2\quad B_3\quad B_4\quad B_5)^T$$

$$A = W_C = (0.46\ 0.17\ 0.26\ 0.04\ 0.08)$$

$$B = A \circ R = (0.23\ 0.17\ 0.27\ 0.21\ 0.12)$$

我们得到综合评价结果为 $B = A \circ R$ =（0.23 0.17 0.27 0.21 0.12），可知该网络的网络信息安全性评价结果为一般，应该加强网络的安全性。具体的措施可以根据各个因素的重要性来加强安全性，重要的措施为：一阶指标重要性依次是数据安全、硬件安全、软件安全比较重要，管理安全相对于环境安全较为重要。对于一级下面的二级指标，可以参考其权重，有重点地进行维护。

网络信息安全评价是一个非常复杂的问题，尤其是评价指标体系的设立以及各指标权重系数的确定。不同组织、不同行业对网络信息安全要求不同，我们在进行评价时要注意结合实际情况。同时，还需指出的是，AHP 法中的两两比较是由个人的主观判断给出，其结果受到个人知识结构、能力水平、实践经验等影响。

总之，在运用模糊综合评价是，要结合实际情况，构建出能够反映评价对象的特点，建立合适的评价矩阵。在进行专家评判时，应尽量多地征求不同专家的意见，避免少数人的主观偏好对结果准确性的影响。只有这样才能达到通过模糊层次综合评价方法来辅助网络管理者，以制定网络信息安全防护策略。

参考文献

[1] 徐燕，钟德明．基于模糊评价方法的网络安全评价研究［J］．测控技术，2009（2）．

[2] 许福永，申健，李剑英．网络安全综合评价方法的研究及应用［J］．计算机工程与设计，2006（8）．

[3] 李翔．电子商务概论［M］．北京：中国计划出版社，2006：7．

[4] 胡道元，闵京华．网络安全［M］．北京：清华大学出版社，2007：12．

[5] 任帅，慕德俊，朱灵波．一种基于灰色层次分析法的信息安全评估模型［J］．计算机应用，2006（9）．

[6] 黄丽民，王华．网络安全多级模糊综合评价方法［J］．辽宁工程技术大学学报．2004（8）．

[7] 李铁．网络安全层次分析［J］．甘肃科技．2008（3）．

The Network Information Security Evaluation Based on AHP and Fuzzy Comprehensive Evaluation

XIAO Huimin[1], ZHANG Guozheng[1]

(1. Institute of Information & Systems Engineering, Henan University of Finance & Economics, Zhengzhou 450002, China)

Abstract: In this paper, the problem of network information security is studied by means of AHP and fuzzy evaluation method, the index model of network information safety is established. Firstly, all index factors of the network information security are comprehensively evaluated, the weight of factors is calculated; Secondly, the evaluation index is fuzzily processed by using the fuzzy evaluation method; Finally, the multi-index evaluation of the network information security is effectively solved by establishing the evaluation model. The evaluation model can be used to guide the relevant personnel to improve network security, and the network information security can be realized.

Key words: network information security; AHP; fuzzy evaluation

对等网环境下动态知识地图的构建研究*

赵捧未[1]，王亚楠[1]，窦永香[1]

（1. 西安电子科技大学 经济管理学院，西安 710071）

摘　要：知识地图可以有效组织对等网环境下分布、无结构化的数据。本文主要研究对等网环境下知识地图的构建，提出了一种根据用户查询需求动态生成知识地图的方法。该知识地图基于领域本体的概念及其逻辑关系，利用SOM算法，实现了语义层次上的知识地图。

关键词：动态知识地图；对等网；领域本体；SOM

中图分类号：G203

知识地图可以有效地组织信息资源，使杂乱无章的信息有序化，从而方便用户的检索。对等网环境下的信息都是杂乱无章的，这就给用户的查询带来困难，如果能够构建对等网环境下的知识地图来组织无序的信息，把信息和信息之间的关联展示给用户，那么就可能提高检索的效率。目前，对等网环境下的知识地图构建研究较少，但是它已经受到越来越多的关注，成为一个研究热点。相关研究主要有：一种是主要研究对等网环境下全局知识地图的构建方法[1]。它首先生成每个peer的局部知识地图，然后利用GSOM算法对局部知识地图进行集成，从而生成全局知识地图。但是，它的输入是文档的关键词向量矩阵，这就意味着它仅仅是基于关键词匹配的，缺乏有效的语义信息，比如当两篇文献的关键词是同义词时，尽管这两篇文献是相似或相同的，它仅仅通过关键词匹配，无法识别这两篇文献。同时，它生成的知识地图是静态的，当有新的节点加入或原有节点有新的资源加入时，它就要对原有知识地图做很大的改动，甚至要重新生成知识地图，这就加重了系统的负担。一种是构建一个个人学习知识地图，它用概念地图来指导内容地图的生成，同时采集用户的兴趣，把用户兴趣加入到个人知识地图的生成之中，最后用SOM聚类生成知识地图[2]。一种是主要研究一种本体知识地图的构建方法，给出了构建模型、知识地图的3层结构等[3]。一种是提出一种图书馆专家知识地图的构建方法，它利用XTM技术，以专家为节点，在各节点上通过专家模型对专家所具有的知识即各种技能等进行显性化的标引[4]。

本文提出的知识地图，利用本体技术，实现语义层次上的知识地图。同时，本文的知识地图是根据用户的查询需求动态生成的，从而解决了静态知识地图在新加入节点或节点产生新文献时需要重新对整个知识地图做较大调整的局限性，具有较好的灵活性。

1　知识地图与SOM

知识地图[5][6]亦称认识地图、认知地图。知识地图（knowledge map）的发展覆盖的领域很多，如情报学、图书馆学、哲学、知识工程、知识管理等。现有文献一致认为知识地图起源于地理上的地图，美国捷运公司最早的知识地图是一张充满知识资源的美国地理地图。知识地图主要包括两方面的内容：知识资源目录及知识间的相互关系。英国情报学家布鲁克斯（B. C. Brookes）第一个提出了运用认知地图原理组织知识的设想。知识地图思想提出之后，尽管首先得到了图书馆学、情报学界的广泛响应，但其实践应用却首先是在企业管理界。语义地图用于有效的组织企业内部的隐性知识与显性知识，形成组织的知识框架，方便组织对其所有知识进行管理。对于企业知识管理地图的绘制，已经有很多成熟的方法。

自组织地图[7]（Self-Organizing Maps，SOM）算法作为一种聚类和高维可视化的无监督学习算

* 基金项目：国家自然科学基金项目“基于语义对等网的知识组织和灵捷检索研究（70873090）”
通讯作者：王亚楠，wynll520@sina.com.cn；赵捧未，pwzhao@mail.xidian.edu.cn；窦永香，douyx@yeah.net

法，是通过模拟人脑对信号处理的特点而发展起来的一种人工神经网络算法。该模型由芬兰赫尔辛基大学教授 Teuvo Kohonen 于 1981 年提出后，现在已成为应用最广泛的自组织神经网络方法。

网络结构如图 1 所示，它由输入层和竞争层（输出层）组成。输入层神经元数为 n，竞争层由 m 个神经元组成的一维或者二维平面阵列，网络是全连接的，即每个输入节点都同所有的输出节点相连接。

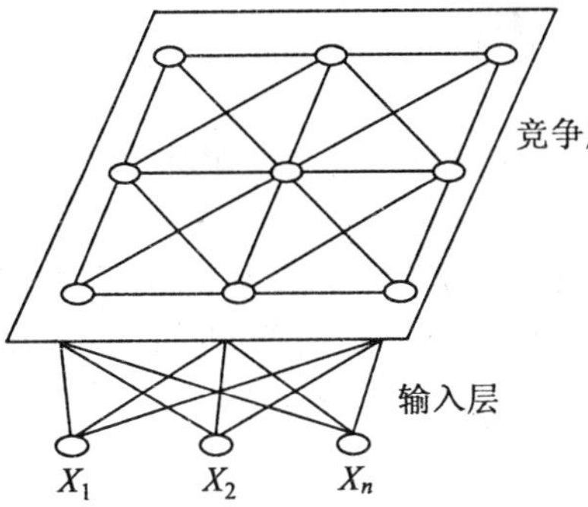

图 1　SOM 网络结构

2　动态知识地图的构建方法

本文拟构建的知识地图，引入本体技术，对文档进行语义标注，把表示文档的向量和用户查询向量转化为语义向量，从而使 SOM 算法生成的知识地图具有语义性。为了减轻构建知识地图的复杂性，同时缩减知识地图的规模，方便用户查找，本文采用动态的方法构建有关用户需求的知识地图。其生成步骤如下：

①各 peer 生成文本向量矩阵；

②用户查找需求映射到全局领域本体中的某些概念；

③下一级概念构成查询向量；

④查找 peer 中存在上述下一级概念的，确定待生成知识地图的文档集 T；

⑤生成文档集 T 的局部领域本体；

⑥用户查询需求映射到局部领域本体中的某一个概念，以该概念的下一层作为 SOM 的输入向量。SOM 聚类，知识地图生成。

2.1　各 peer 文档的文本向量矩阵

本文中，我们假设待聚类的资源都是文档信息。由于中文文档的词与词之间没有分词标记，我们首先要对中文文档进行分词处理，然后结合本体概念对文档表示，形成文档的主题概念向量矩阵。由于同一概念可用不同的词语表示，同一词语可以表示不同的概念，切分出来的关键词可能不等同于本体概念中的词语，本文应用中文版的 WordNet[8] 词表来识别同义词，实现关键词到本体概念的映射。生成的文本向量矩阵用 V 表示。V_{ij}表示第 i 篇文献的第 j 个关键词概念。

2.2　查找需求到本体的映射

首先，用户的查找需求用一组关键词 C_i 来表示，$i=1\sim n$。同时用户对不同的关键词赋予不同的权重 w_i，$\sum_{w=1}^{n} w_i = 1$，n 为查询关键词个数。

然后，把用户的查询关键词与全局领域本体中的概念相比较，结合 WordNet 中的词语之间的关系，把用户的查询关键词与领域本体中的某些概念相比较，把查询关键词 C_i 映射为领域本体中的概念 C'_i。同时，查询关键词 C_i 的权重 w_i 即为领域本体中对应概念 C'_i 的权重。

领域本体中对应概念 C'_i 的下一级概念 C_i^* 构成向量 F，$i=1\sim n$，n 为下一级概念的数量。为了简便起见，设 C_i^* 的权重 $w_i^* = \frac{w_i}{n}$。

2.3　确定待生成知识地图的文本集

为了减轻生成知识地图的难度，缩减知识地图的规模，方便用户查找，本文在生成知识地图之前首先缩减待生成知识地图的文本集的范围。

首先，将文本的关键词概念 V_{ij}分别与 C'_i 及 C_i^* 比较，从而确定查询比较向量（查询比较向量用来计算与文档的关键词向量的语义相似度）。当 $V_{ij}=C_i^*$ 时，C_i^* 的权重作为比较向量的第 i 个向量值；当 $V_{ij}=C'_i$ 时，C'_i 的权重作为比较向量的第 i 个向量值。然后计算文档与查询比较向量的相似度，可根据基于语义的向量空间模型的语义相似度方法来进行计算，具体方法文献[9] 进行了详细的阐述。

接着确定一个阈值 γ，当相似度 $\geqslant\gamma$ 时，第 i 篇文献即为候选文献，否则，由于第 i 篇文献与用户需求相关性不大，第 i 篇文献不入选。阈值 γ 可由用户根据查询结果进行调整。候选文档集用 T 表示。

2.4　局部领域本体的生成

领域本体包括了某个领域的比较全的概念和概念之间的关系。而对于本文的知识地图来说，它仅是一个动态的知识地图，是根据用户的需求动态生成的，因此用到的本体也仅是领域本体的子集。我们在 SOM 聚类时要用到领域本体中对应用户检索需求概念的下一层概念，而领域本体中包含了比较全的概念，我们在聚类时有些概念涉及不到，会产生很多冗余，大量0向量对聚类结果也会有影响，因此，我们在聚类之前首先生成和用户需求相关的局部领域本体[10]。

假设领域本体为 O_1，文档集为 T，每篇文档的主题概念向量为 F_i，F_{ij}为第 i 篇文献的第 j 个主题概念，生成的局部领域本体为 O_2。由文档中的主题概念生成局部领域本体的算法步骤如下：

初始化 O_2 为空；

For each，T_i，do {

For each F_{ij}，do {

初始化 C 为空；

从本体 O_2 中查找是否有概念等同于主题概念 F_{ij}，若有则将其赋值给变量 C；

If O_2 中没有概念等同于主题概念 F_{ij}

Then {从本体 O_1 中查找是否有概念等同于主题概念 F_{ij}，若有则将其赋值给变量 C；

If C 不为空 then {For O_1 中的从 R 到 C 的每一个概念 C_k do {

If $C_k \notin O_2$ then 把 C_k 添加到 O_2}

}}}}

Return O_2

2.5 知识地图生成

将用户的查询需求向量与局部领域本体中的概念映射，找到局部领域本体中对应查询需求的概念，以该概念的下一层概念作为 SOM 算法的输入关键词。输入关键词的权值作为 SOM 的输入向量。每个概念的权值计算方法同 2.2 节中的确定方法。当第 i 篇文献的主题概念中不含有输入关键词时，该处权值设为0，否则为输入关键词的权值。然后利用 SOM 算法最终生成用户需求的动态知识地图。

3 动态知识地图构建的系统结构

由以上动态知识地图生成的步骤可知，系统的结构主要包括文本向量矩阵生成代理、待选文献确定代理、SOM 算法输入向量确定代理。系统的结构如图2。

系统各模块的功能如下：

①文本向量矩阵生成代理。各个节点中的文档通过文本向量矩阵代理生成关键概念矩阵。文本向量矩阵生成代理首先对各个文献进行分词处理，然后参照领域本体产生文本的关键概念矩阵。生成的文本向量矩阵存储在个人文献存储数据库中。文本向量矩阵仅当有新的文献加入时才工作。

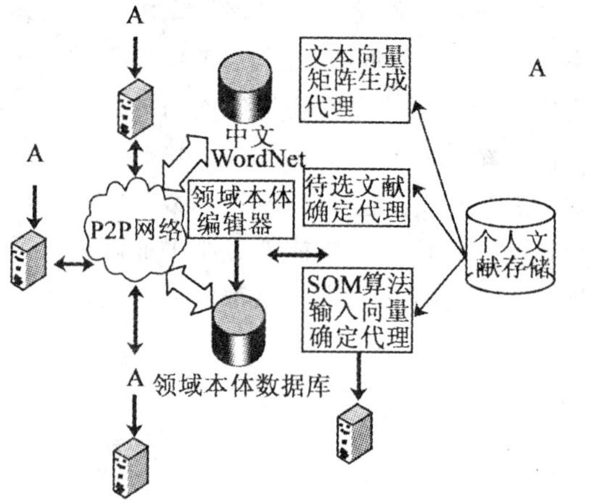

图2 对等网环境下动态知识地图生成系统

②待选文献确定代理。待选文献确认代理主要负责筛选待生成知识地图的有关用户需求的文献。该代理的工作过程如图3所示。查询关键概念与本体中的对应概念相映射，从而把查询关键概念对应为领域本体中的某些概念。领域本体中的对应概念与文本关键概念相比较，确定查询比较向量中的关键概念为上一层领域本体概念还是下一层领域本体概念。然后计算查询比较向量和文本关键概念向量的相似度，与阈值 γ 比较，当相似度大于等于 γ 时，文献入选。

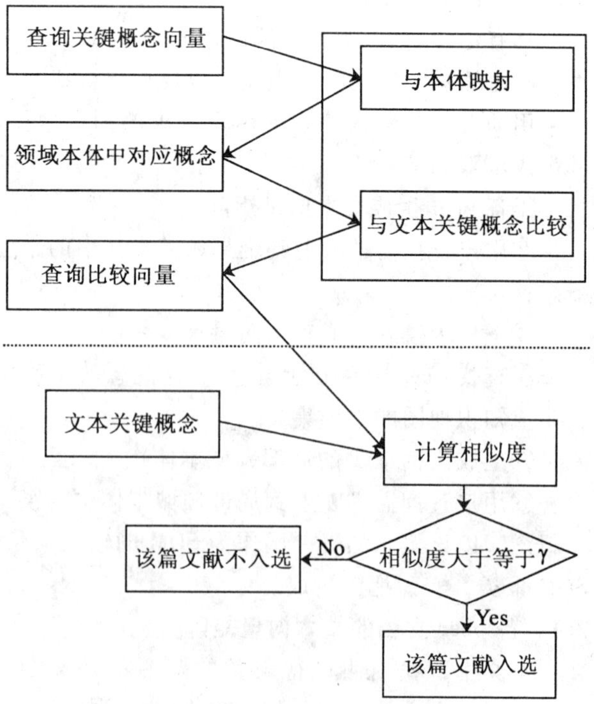

图3 待选文献确定代理结构

③SOM 算法输入向量确定代理。该代理主要完成局部领域本体的生成和 SOM 输入向量的确定。具体的实现方法在第 2 章已经详细的讨论过，这里不再赘述。

本文选用 CNKI 中的文献作为实验数据，以用户想查找与知识地图有关的信息为例，来说明本方法的实现过程。

假设用户输入的查询关键词分别为：知识地图，构建，概念，模型，本体；权值分别为：0.5，0.2，0.1，0.1，0.1。阈值设定为0.6。

首先，待选文献确定代理根据用户输入的查询关键词向量和存储在个人文献存储数据库中的文献关键概念向量确定待选文献集合。它先把查询关键词与领域本体中的对应概念相映射，接着确定每篇文献的查询比较向量。然后计算每篇文献的查询比较向量与文献的关键概念向量的相似度，当相似度大于0.6时文献入选。本例最终确定的文档集个数为6。用户在查询中可以根据需要不断调整阈值。阈值设定得越小，文档集个数就会越多。

然后 SOM 算法输入向量确定代理就开始工作了。它接收待选文献确定代理输出的文档集，根据文档集和全局领域本体，按照第二章的算法，生成局部领域本体。将查询关键词知识地图、构建、概念、模型、本体与局部领域本体中的对应概念相映射，其下一层作为 SOM 的输入向量。最终 SOM 聚类，生成的知识地图如图4。用户可以参考生成的知识地图中的相似度以及概念向量，来选择感兴趣的文献。比如上述用户主要意图是查找利用本体技术构建知识地图的方法的，同时想查找知识地图的模型、概念等。从生成的知识地图中看出，第一二篇文献是和本体有关的，其中第一篇文献和知识地图构建有关，这样用户就可以一目了然快速找到自己最需要的信息。

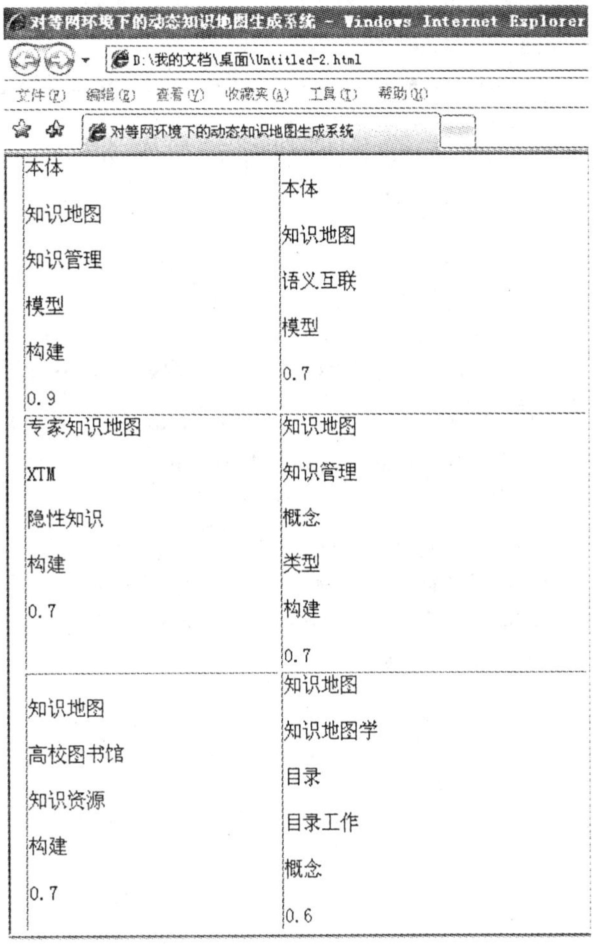

图4 知识地图实例

4 小 结

本文主要研究了对等网环境下知识地图构建的方法，提出了一种根据用户需求动态生成知识地图的方法。动态知识地图的构建，大大地提高了检索效率，在不影响查全率的前提下提高了信息的查准率，可对对等网环境下的杂乱无章的信息进行有效的组织。本文的知识地图，不是静态的，而是随着用户需求变化不断变化的知识地图，具有较好的灵活性，解决了出现死链接等问题。同时，在知识地图的构建过程中引入本体技术，使知识地图具有语义性，而不是简单的基于关键词的匹配。但是，本文的知识地图需要与用户交互，比如在确定待选文献集的阈值时，这就要求用户具有一定的知识基础。SOM 算法生成知识地图时学习参数的设定会对知识地图的生成产生很大的影响。这些问题将有待进一步研究。

参 考 文 献

[1] Lin Furen, Yu Jenhung. Visualized Cognitive Knowledge Map Integration for P2P Networks [J]. Decision Support Systems, 2009, (46): 774-785.

[2] Jasminko Novak, Michael Wurst, Monika Fleischmann, et al. Discovering, Visualizing, and Sharing Knowledge through Personalized Learning Knowledge Maps [EB/OL]. [2009-06]. http://netzspannung.org/about/tools/intro.

[3] 毕强，韩毅，牟冬梅. 基于知识地图的多领域本体语义互联研究 [J]. 情报科学，2009，27 (3)：321-325.

[4] 夏立新，王忠义，张进. 图书馆专家知识地图的 XTM 的构建方法研究 [J]. 中国图书馆学报，2009 (3)：

47-52.

[5] 杨曦宇．知识地图研究综述［J］．图书馆学刊，2007（3）：133-136.

[6] Ronald A Howard. Knowledge Maps [J]. Management Science, 1989, 35 (8): 50-63.

[7] Kohonen T. The Self-organizing Map [C]. Proc. IEEE, 1990: 1464-1480.

[8] 张俐，李晶皎．中文WordNet的研究及实现［J］．东北大学学报（自然科学版），2003，24（4）：327-329.

[9] 王进．基于本体的语义信息检索研究［D］．北京：中国科学技术大学博士学位论文，2006.

[10] 朱恒民，马静，黄卫东．基于领域本体的SOM文本逐层聚类方法［J］．情报学报，2008，27（6）：845-850.

Construction of Dynamic Knowledge Map for P2P Network

WANG Yanan[1], ZHAO Pengwei[1], DOU Yongxiang[1]

(1. Economy and Management School, Xidian University, Shaanxi Xi'an 710071, China)

Abstract: Knowledge map is an important tool of organizion of the information for P2P network. The thesis mainly deals with the mehtods for the construction of knowledge map. A dynamic knowledge map on the basis of users' needs is proposed, which is a semantic map based on hierarchical relations of ontology concepts and is visualized by SOM algorithm.

Key words: dynamic knowledge map; P2P; domain ontology; SOM

区域在线网络信息资源分布的观测与实证研究*

赵卓宁[1]，梁静[1]，孙艳玲[1]，张瑞桃[2]

（1. 成都信息工程学院管理学院，成都 610225 2. 成都信息工程学院基础教学部，成都 610225）

摘　要：为观测区域网站群在网站、频道、栏目（专题）、网页四个层次上的在线信息资源分布特征，本文以区域、行业为主导因素，提出了基于用户视角的人机结合的观测模型，实现了区域在线网络信息资源的定量化观测与分析，将其用于西部农业网站群的实证研究，得到西部网上农业在线信息资源的编辑、发布、地域等分布特征。

关键词：网络信息资源开发；西部农业网站；观测模型；信息资源分布

中图分类号：G250.73；S11 +7

1　问题提出

用户通过访问网站所获信息资源的状态是在线（online）的。存储在服务器上通过网络可被用户直接获取的信息资源称为在线信息资源。出于计费、安全等管理需要，公开的、可直接获取的网络信息资源只是网上信息资源的子集。本文所研究的在线网络信息资源是指用户可直接从网络免费获得的在线信息资源。

区域在线网络信息资源是按区域划分组成的网站群中，实体组织主办的网站在线信息资源全部输出的集合。这个集合包含直接反映信息资源生产者信息资源生产和发布能力、信息服务的质量和数量等与信息资源开发指标相关的数据。这个集合也包含可间接反映用户所处区域网络信息资源环境的信息服务层次、结构、内容等与宏观信息资源利用指标相关的数据。这些指标多数可以汇聚成区域分布指标参数，作为区域信息资源开发和利用相关研究的重要依据。

区域在线网络信息资源数量巨大，内容组织结构差异明显，分类繁杂，目前单纯用技术手段实现自动观测尚有困难，探索一种人机结合的可行观测方法，在区域在线网络信息资源的时间、空间、内容等分布层面开展研究，已成为将网络信息资源与区域发展和产业需求相结合的研究急待解决的基础问题。从区域、行业两个主导因素出发，构造人机结合的观测模型，并对观测指标进行定性分析是本文所要解决的主要问题。

2　研究设计

2.1　文献回顾

国内有关网络信息资源分布公开发表的研究成果，主要集中在自 2001 年以来中国互联网信息中心发布的中国互联网发展状况报告和中国互联网络信息资源数量调查报告。学者们研究网络信息资源分布时，大多不同程度地采用了这两份报告的数据。马费成等（2003）根据中国互联网络信息中心的历年域名注册信息，研究了网络信息资源的增长规律，根据中国互联网络信息中心 2001 年 7 月的统计数据，研究了信息资源的时间分布规律[1]。贾春华（2003）对比 2003 年以前的报告数据做了我国网络信息资源分布的调查分析[2]。刘辉（2006）根据 2004 年中国互联网络信息资源数量调查报告，从地域分布角度对各省信息资源进行了聚类分析[3]。陶慧卿等（2008）根据 2001 年至 2005 年中国互联网发展状况统计报告和中国互联网络信息资源数量调查报告，从网络信息资源的地域分布、时间分布、内容分布和行业分布进行了实证分析[4]。

国内部分学者也采用其他方式对信息资源分布进行了研究。马费成等（2003）基于 BBS 类信息更新情况，考察某一短暂时段中的信息生产状态，推测了网络信息资源生产者（著者）的分布情况[1]。高秀英（2006）从典型农业网站来说明重

---

* 基金项目：国家社会科学基金项目（06XTQ012）

作者简介：赵卓宁（1972—），男，甘肃宁县，硕士，副教授，研究方向：信息融合、数据挖掘、商业智能

通讯作者：赵卓宁，E-mail：zhaozhn@cuit.edu.cn

要信息资源的分布[5]。张敏等（2008）从联机联合目录、电子书刊、互联网数据库、综合性或专门性网站以及这些网站上的专题，调查网上信息资源的分布情况[6]。

网上信息资源数量巨大，具有离散性、动态性、不规范性、不均衡性等分布特征[7]，使得网上信息资源分布研究面临两个难题，一是选取适宜研究的网络信息资源样本，二是选择相对一致的信息资源描述结构。以上学者的研究侧重于网络信息资源与实体组织的关联，研究网络信息资源的宏观特征，避免了这两个问题对研究的干扰。本文试图根据在线信息资源的中观和微观特征，从用户视角解决样本选择和信息资源结构描述的问题。

2.2 在线信息资源特性

在线信息资源是在联机状态下获得的，具有以下特点：

（1）以网页为载体的信息资源再组织。在线信息资源主要存储在网络服务器数据库中，因行业标准、组织规定、管理制度、人员认识、技术系统等差异，各服务器在线信息资源存储结构不同。当服务器响应客户访问请求，按业务逻辑进行再组织呈现给最终用户时，又增加了艺术风格、内容关联、个性化等的差异。这是影响观测的重要因素。

（2）基于网站内容组织框架组织在线信息资源。网站的内容组织框架，如频道、栏目、专题等是提供用户检索和获取在线信息资源的重要工具。在线信息资源的内容和数量的增长，扩展了信息资源的应用领域，也提高了检索难度，加剧可用资源的隐藏深度。孙瑞英等（2007）指出不同信息资源的可获得性不同，优化信息资源内容结构和分布结构，使资源使用者能方便地各取所需[8]。这是研究在线信息资源分布的一项重要意义。

（3）以多层次导航支持用户按需自由获取资源的使用模式。网站提供全局、局部等多层次信息导航方便用户访问，用户可随需要通过提交表单、点击链接等发送访问请求，服务器响应并提供相应数据和信息。其中导航信息具有在线信息资源的宏观描述性，链接资源在访问权限上具有公开性，这为观测在线信息资源中观或微观特性提供了可行性。

2.3 在线信息资源的组织形式

在线信息资源组织形式分为结构组织和内容组织。汇总这两类相关数据可定性分析分布结构。

（1）结构组织。网站网页架构一般包括频道、栏目（专题）等内容分类工具，有时也统称为栏目，按级区分。这些网页架构向用户提供信息服务分类，向用户提供浏览导航信息，从逻辑和形式上为信息资源的组织和使用提供了呈现结构。

频道是网站全部内容最低层的主题划分。一般按网站信息服务内容、信息服务对象或业务领域等来划分主题，以标记在线信息资源服务。频道是管理栏目的工具，一个频道可包含多个栏目。

表1 区域在线信息资源分布结构的观测模型

观测维度＼观测层次		结构层次	特征层次	数据层次
区域	资源来源	省、市等（地域结构）	组织特征（政府信息资源生产者、企业信息资源生产者、个人信息资源生产者）	依据行政区划或行业分类标准来选择样本所在的领域
网站群	资源载体（网站）	频道（服务结构）	服务窗口特征 资源划分特征	频道名称、网站地图、频道下的栏目、原创性
		栏目/专题（时间结构）	编辑特征（年发布强度、季发布强度、月发布强度、周发布强度、原创性、优势资源）	栏目下的所有网页的发布时间、来源、点击数等
		网页（内容结构）	信息组织特征（内容资源深度、布局模板特征、热点资源）	网页模板、交互接口（如搜索、投票、论坛、系统入口等）

续表

网站群	资源行业分类（以农业分类为例）	①社会经济。包括基础信息、动态信息两大类。其中：基础信息又包括耕地面积、农村经济指标、农民收入、人口、农村劳动力、农村教育、医疗卫生、人文、其他。动态信息包括：新闻、政策法规、通知、动植物检疫、农药管理、兽药监察、食品、扶贫开发、科技管理、网络论坛、其他。 ②科学技术。包括有科研、专业教育、实用技术、新产品、新技术、贮藏加工、植物保护、生物技术、信息技术、电子期刊、数字化图书、数据库、软件、出版物、搜索引擎、网络服务、专家系统、其他。 ③生产资料。包括品种、肥料、农药、兽药、饲料、农膜、工程设备、其他。 ④农产品市场。包括市场信息和市场分析。其中：市场信息包括供求热线、价格行情、商业贸易、批发市场、外经外贸、电子商务、企业信息、产品信息、招商引资、金融、其他。市场分析包括机构评述、专家观点、政府导向、其他。 ⑤地理信息。包括自然资源和环境和基础设施。其中：自然资源和环境包括土地、气候、河流、地貌、生物、土壤、旱灾、火灾、水灾、病虫草害、地质灾害、冰雹冻雨、台风风暴潮、气象服务、其他。基础设施包括水利、交通、能源、通讯、其他。 ⑥机构人才。包括机构和人才。其中：机构包括政府、科研、教育、企业、媒体、社会团体、图书馆、博物馆、咨询、仲裁、人才市场、其他。人才包括管理、科研、教学、营销、生产、服务、其他。

栏目是频道内容的主题划分，是管理网页的分类工具。一个栏目下有多个子栏目或多个网页，子栏目内可嵌套建立子栏目。专题是频道与频道、栏目与栏目间交叉内容或交叉主题所独立设置的分类。

网页是承载在线信息资源内容和形式的基本单元，是在线信息资源面向服务聚合多种资源的信息集合，体现在线信息资源的信息组织特征。

（2）内容组织。在一次用户访问服务中，在线信息资源内容组成并不完全是单一的，一个网页中常包含着几个相关内容分类的信息资源。内容分类是一种逻辑分类，是按学科或领域知识对信息资源的逻辑划分。一种内容分类可以出现在多个频道、栏目、专题、网页之中，反之亦然。

（3）在线信息资源分布结构包含宏观和微观两个层面。宏观层面是指某类信息资源在所有相关站点构成的网络空间中的数量和比例。微观层面是指某类信息资源在某个网站上按结构组织和逻辑组织分布的数量和比例。

2.4 区域在线信息资源观测模型

区域在线信息资源观测模型（表1）是从用户访问角度展开观测的，以利于解决从信息资源生产者角度不易获取信息资源存量确切数据的困难。这也符合信息资源使用的局部性原理，即用户使用过程都发生在局部信息资源环境中，用户使用的信息资源是全部信息资源中的小部分。

在观测维度上，区域在线信息资源观测包括两个重要维度。一是区域维度。依据行政区划和行业分类标准来选择样本，从地域结构观测组织特征，以描述和记录实体信息资源生产者的特征。二是网站群维度，分为资源载体和资源行业分类两个层次，其中资源载体层次通过网站、频道、栏目、网页描述信息资源结构，符合“小世界”[9]现象。从这四个层次进行多层次抽样，能够基本反映在线信息资源复杂系统的分布特征。资源分类层次依据行业信息资源分类标准，分类评价资源载体内容。

观测层次分结构、特征、数据三个层次。其中资源层次由来源、载体、分类三个层次组成。结构层次由地域、服务、时间、内容四个层面组成。特征层次由实体组织的组织特征和网络载体的服务窗口、资源划分、编辑特征、信息组织特征描述构成。数据层次指明了观测属性的数据采集点。

以农业为例，资源行业分类是农业信息资源的一种分类标准[10]，可应用于结构、特征、数据三个层次上，供人工观测或机器识别时，进行内容的分类评价。根据区域在线信息资源的观测模型，设计了相应的在线观测数据库的E-R（实体-关系）模型（图1），观测数据库中各分布指标的内涵与处理方法见表2。

表 2 观测数据库中主要分布指标的内涵与处理方法

主要分布指标	观测数据	主要数据处理方法	表征的分布特征
频道主题词	主题名称	文本聚类，统计	网站群频道分布，信息服务设置趋向
网页提取方式	分动态、静态、外部链接等描述变量	分类汇总	在线信息资源服务采用的技术手段
原创比例（模式）	人工观测估计数值	分类汇总	信息资源开发的方式
网页最早日期，网页最晚日期	人工观测编辑日期	计算时间跨度，图表化分析或聚类分析	信息资源发布的强度和密度
网页总数	观测获取总页数	分类统计，聚类	频道或栏目内的资源存量
分页数	观测获取分页数	分类统计，聚类	估计资源深度和服务页面大小
频道评价、栏目评价、网页评价、内容评价	通过软件内容评价面板进行标准化输入	模式分解和聚类分析	频道、栏目中信息资源所涉及的分类
优势资源	人工非结构化描述	人工观测汇总	获取特色和优势明显的资源信息
网页观测相关指标	布尔数值标识有无	聚类分析	不同类型网页的版面构成模式

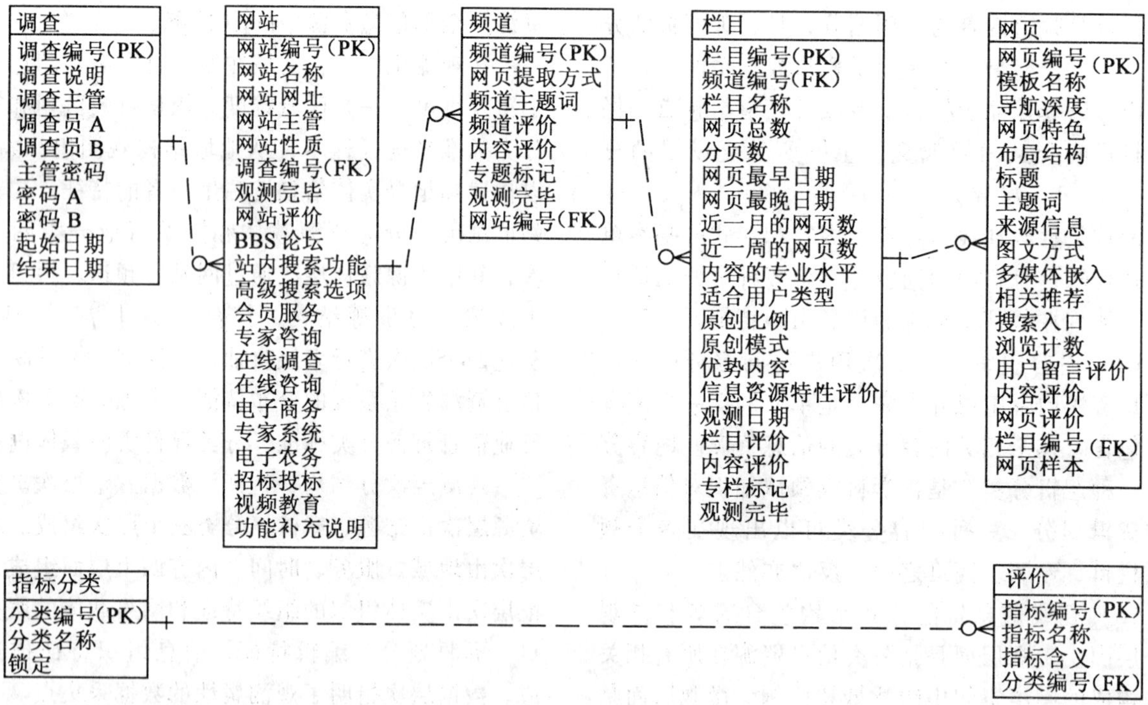

图 1 在线网络信息资源观测数据库的 ER 模型

3 观测模型的应用

本文以西部 12 省的农业网站群为观测对象，采用区域在线信息资源观测模型，结合观测软件采集指标相关数据，从时间、空间、内容等角度汇总、分析在线信息资源分布的特征。

3.1 样本选取

选择国内农业网站信息聚集程度较高的三个网站的农业网站搜索栏目为网址来源：①中国农业信息网（http://guide.agri.gov.cn）；②中国农业科技信息网（http://www.cast.net.cn/ssyq/engine.asp）；③365 农业网（http://so.ag365.com/?t=site）。采用网页抽取技术获取所在省、网站域名、网站网址、连通性等信息，并进行有效性分析（表3），得到737个网址基础样本。

表3　网址信息源数据有效性检验结果

数据来源	原始记录	排除内部重复	有效	绝对有效率	相对有效率
中国农业信息网	608	608	238	39.14%	39.14%
365农业网	532	482	287	53.95%	59.54%
中国农业科技信息网	954	889	212	22.22%	23.85%
合计	2094	1979	737	35.20%	37.24%

从737个网址基础样本中选出了233个观测网站，这此网站满足以下条件之一：①省、市级农业主管政府部门网站；②各省农业专业组织网站；③各省有信息资源特色的企业网站或龙头企业网站；④有特色的个人网站。对最终观测检验有158个为有效观测网站，其中，企业网站120个，政府机构网站23个，政府主办委托管理的网站12个，个人网站3个，按地域分布见表4。

表4　西部网上农业在线信息资源调查有效样本网站分布

省份	四川	重庆	云南	贵州	广西	陕西
数量	31	16	22	9	7	25
省份	甘肃	宁夏	青海	内蒙	新疆	西藏
数量	12	6	1	17	11	1

3.2　观测实施

本文采用Microsoft Access2003利用VBA快捷开发了网站信息资源观测软件。该软件包括工作登记、网站观测、频道观测、栏目观测、网页观测、内容分类评价六个模块。其中内容分类评价提供农业信息资源的六种分类[10]（表1）。通过信息资源内容分类评价面板（图2）实现分类代码标准化录入。以2人为一组分发给6组观测者，观测者在2008年10月至2008年12月，观测并记录了相关数据。

3.3　观测有效性分析

基于样本网站的多级抽样中，各层次抽样均满

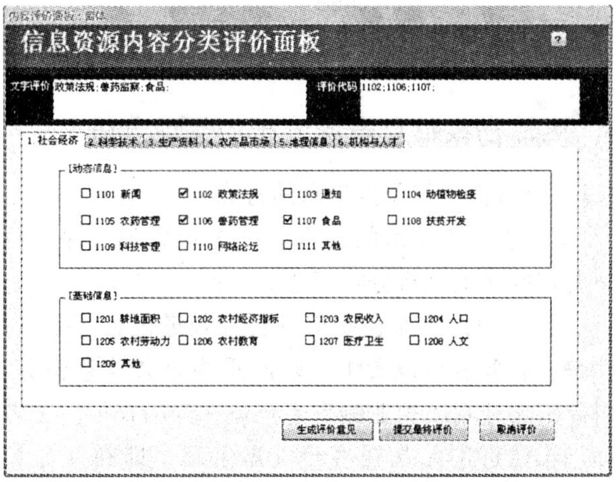

图2　信息资源内容分类评价面板

足给定总体规模下的样本规模要求[11]（表5）。

表5　基于样本网站多级抽样的样本规模有效性

项目 \ 抽样	理论规模		观测网站规模		有效性
	总体规模	样本规模	观测总体	观测样本	
区域网站	600	234	567	230	是
观测网站	230	144	230	158	是
频道所在网站	160	113	158	158	是
栏目所在网站	160	113	158	123	是
网页所在网站	130	97	123	123	是

在同层各观测指标数据采集中，有效样本栏目来自123个观测网站，受人力观测影响，每个网站只选择一个内容集中的栏目观测，造成从频道抽栏目母本时，样本规模受限，这是人工观测中的不足。其余各层抽样均满足样本规模要求（表6）。

表6　同层各观测指标数据采集多级抽样的有效性

构建母本 \ 抽样	理论规模		观测规模		有效性
	总体规模	样本规模	观测总体	观测样本	
从互联网抽取区域网站	600	234	737	230	是
从区域抽取观测网站	230	144	230	158	是
从网站抽取频道	160	113	158	123	是
从频道抽取栏目	3500	346	3710	123	受限
从栏目抽取网页	1700	313	1695	998	是

观测过程中对观测结果都进行了标准化的编

码，提高数据清理和汇总的效率。但受人工操影响，存在一定的观测误差。

4 区域在线信息资源分布的实证分析

4.1 服务窗口与服务信息的分布

对3710个频道的频道名称进行聚类，并归约到所在网站上进行分类汇总。

（1）西部农业在线信息资源频道设置（表7）反映，服务窗口设置上，政府重视公共信息服务，引导市场开发，企业侧重于企业和产品宣传。二者都重视通过网站加强客户关系管理，即在人才招聘、在线交流、在线交易信息共享等方面均有侧重。

（2）网站通过自身服务为用户提供信息称为本地服务，按动态网页、静态网页分为“本地动态”和“本地静态”两种。频道服务信息来源分类统计显示，“本地动态”占51%和“本地静态”占35%，而“链接转外”占5%，“外部文摘”占1%，“网站资源指向外部链接”占14%。总体上，本地类型的信息占的86%，主要来自于网站内部的内容维护，反映了西部网上在线农业信息资源本地化生产占主要方式，表明样本网站以信息资源生产者居多，可表征信息资源生产者的信息资源开发状况。

4.2 信息资源编辑特性的分布

从3710个频道中抽取123个有效观测频道，对其中1695个有效栏目进行汇总分析。

（1）将所调查的栏目按频道进行汇总，得到不同频道中所包含的栏目数，对这些包含相同栏目数的频道进行聚类（图3）显示大多数频道含有1~12个栏目，其中7个栏目的频道最多，反映网站频道内栏目的设置遵循人能同时关注7个左右事物的心理特征。

表7 西部农业在线网络信息资源中网站频道设置的分布结构

内容方向	频道名称	网站数	出现概率	类型	说明
前台界面	首页	158	100%	常规	网站必备的页面
新闻信息	新闻中心	48	45.6%		以组织内部信息为主的页面
	新闻资讯	14			以外来信息为主的页面
	信息中心	10			集成了电子化资源的页面
关于我们	关于我们	32	70.9%		介绍网站业主的页面
	联系我们	80			与网站业主取得联系的页面
人力资源	人才招聘	28	28%		对外公布招聘信息，吸引高质量应聘者
	人力资源	18			包含对外招聘和内部人力资源信息
访客留言	访客留言	14	31.6%		具有普通用户的留言功能页面
	客户留言	24			产品用户、VIP用户的服务功能页面
	留言板	12			具有普通用户的留言功能的页面
公共信息服务	专家咨询	12	67.1%	政府	以专家解答为主的专题服务、专业服务页面
	农业信息	12			农业知识普及页面
	政务公开	20			政府农业政策、农业工作等公开信息
	政策法规	62			电子化的重要的农业法规页面
引导市场开发	新农村建设	14	50.6%		地方政府部门时政工作页面
	一村一品	12			地方政府产品规模化经营的网络营销页面
	招商引资	16			地方政府对外开发市场的网络营销页面
	劳动力转移	12			地方政府对外劳务输入输出的信息发布页面
	植物保护	12			地方环境保护页面
	分析预测	12			地方经济、行业经济、权威展望等政府指导信息

续表

内容方向	频道名称	网站数	出现概率	类型	说明
企业宣传	企业文化	20	65.8%	企业	企业形象宣传
	公司概况	12			企业整体宣传
	公司简介	60			企业状况、资质宣传
	企业简介	12			企业状况、资质宣传
产品服务	产品展示	40	78.5%		产品目录页面
	产品介绍	38			产品目录页面
	产品价格	10			产品目录页面
	产品世界	12			产品目录页面
	产品中心	12			产品目录页面
	售后服务	16			客户服务页面
资讯平台	供求信息	46	68.4%	平台	交易信息汇总页面
	农业科技	38			新技术、新产品、科技普及等相关页面
	市场信息	24			行业、经济形势、细分市场的动态信息页面

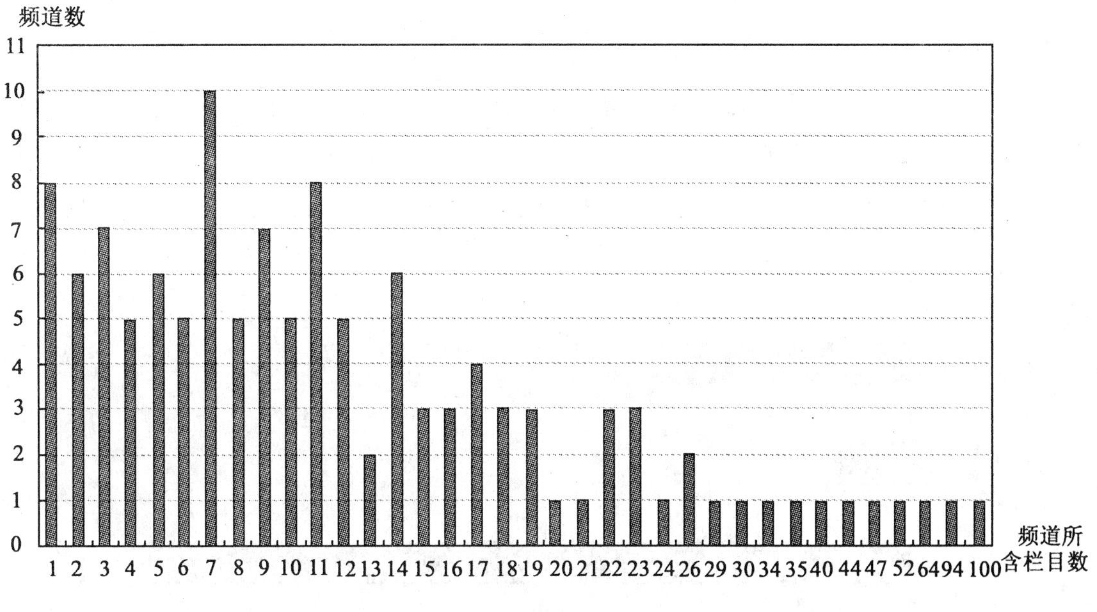

图 3 西部农业在线网络信息资源网站群频道中栏目分布

（2）在栏目原创方式上，主要农业栏目“整理原创”比例为43%，“完全原创”为32%，“网站与用户原创”为10%。反映主要农业栏目依赖农业信息资源生产者的开发工作（图4）。

（3）在原创比例上，31%的栏目的原创比例达90%以上，15%的栏目原创比例在10%以下，12%的栏目原创比例在40%～50%。其中，原创比例在90%以上的533个栏目中原创方式的分布（图5），表明网站完全原创为最多，其次是网站整理原创。

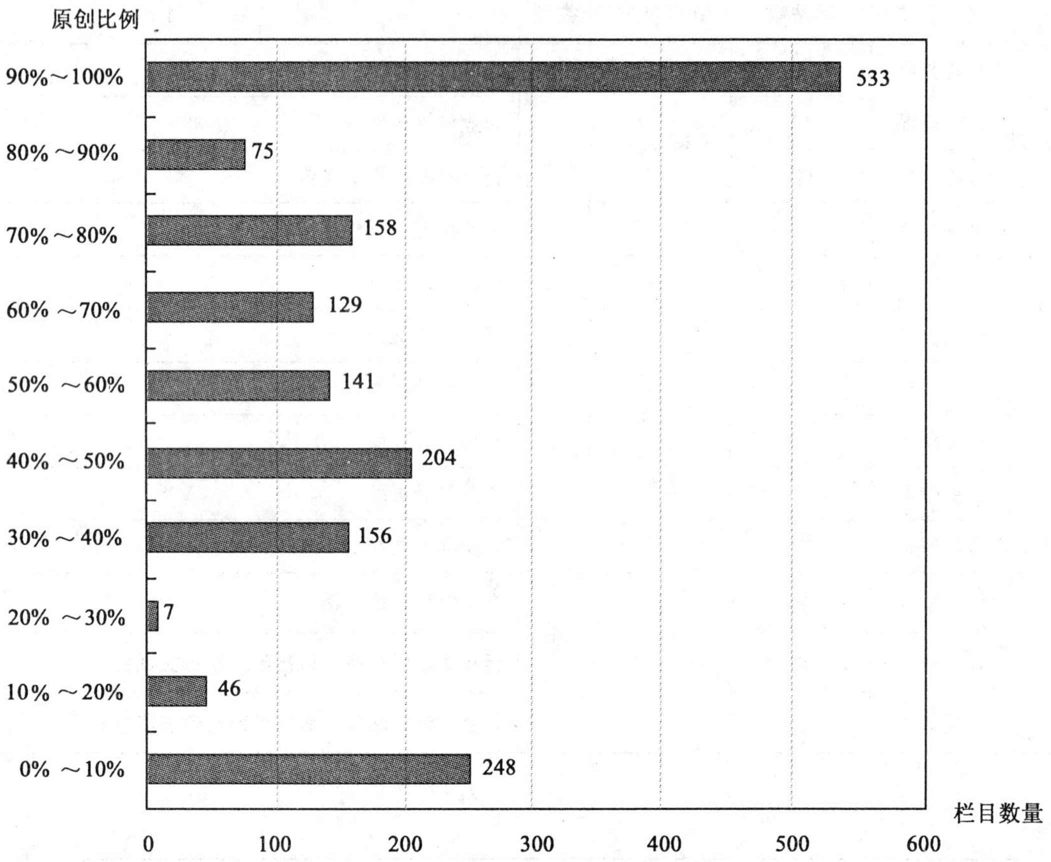

图 4　西部农业在线网络信息资源网站群栏目原创比例分布

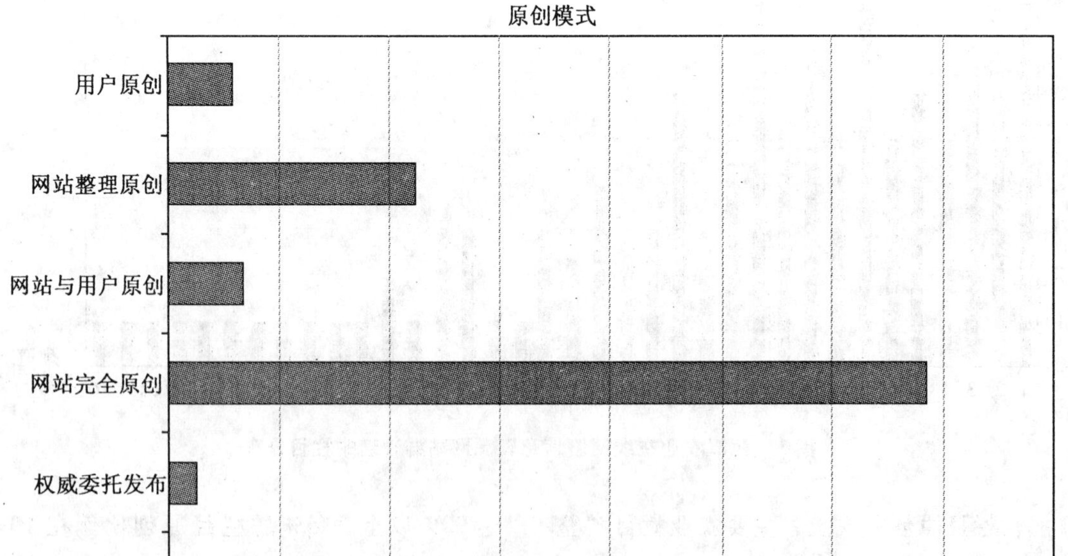

图 5　西部农业在线网络信息资源网站群原创比例在 90% 的栏目原创类型分布

4.3 网页发布特性的分布

对1695个栏目中网页进行聚集分析，得到栏目中网页发布特征的指标数据：

（1）网页时间跨度分布。截至2008年12月31日，以栏目中网页最后发布日期减最早发布日期的天数为积累变量，栏目中网页的时间跨度（图6）显示大多数栏目最后更新时间都分布在自2006年以后的1年半的时间内，2004年以前留存的栏目相当稀少。以栏目为聚类（图7）显示自2004年起栏目的生命周期多维持在500天均线附近。

（2）月发布强度。对619个有效月观测栏目的汇总（图8）显示，到观测日为止的近一月栏目发布的网页数分布，表明每月有大量更新的页数的栏目只是少数，一般更新维持量在2~21页的栏目较多。尤其是月更新量在4~12页的栏目相对较多。

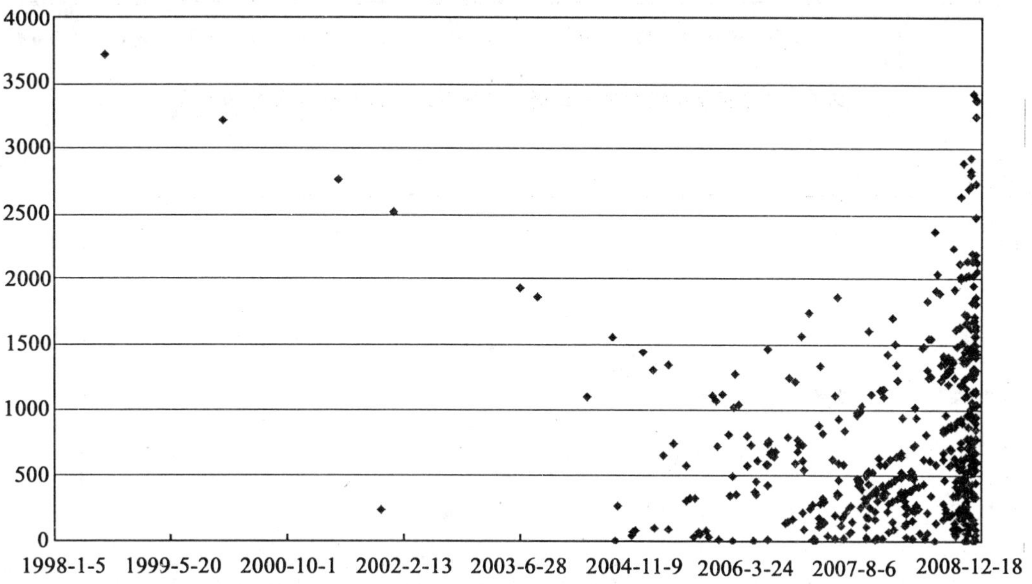

图6 西部农业在线网络信息资源网站群中栏目的网页时间跨度的分布图

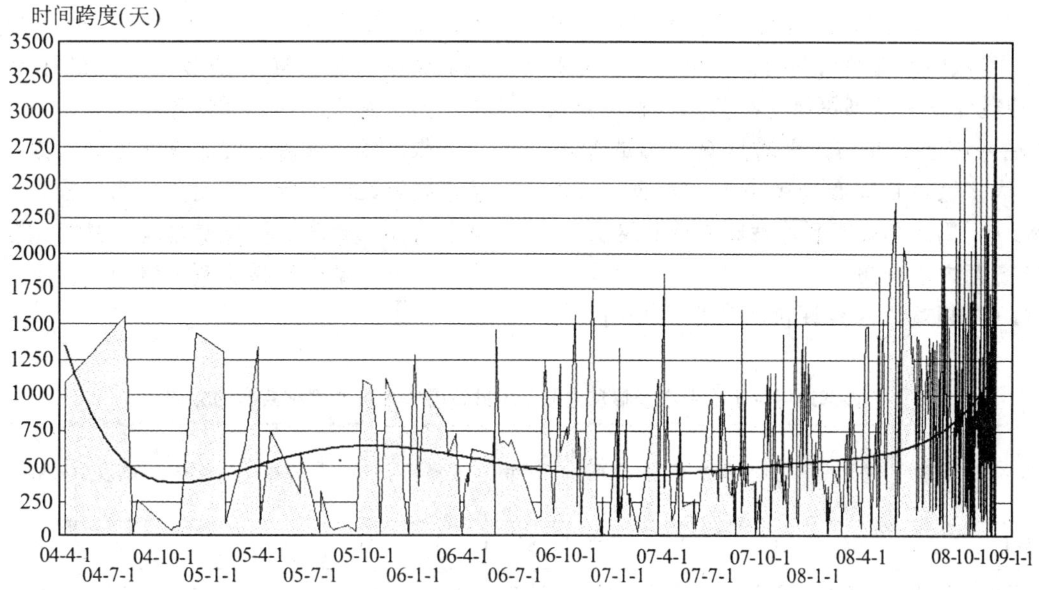

图7 2004年4月至2008年12月期间栏目中网页时间跨度分布

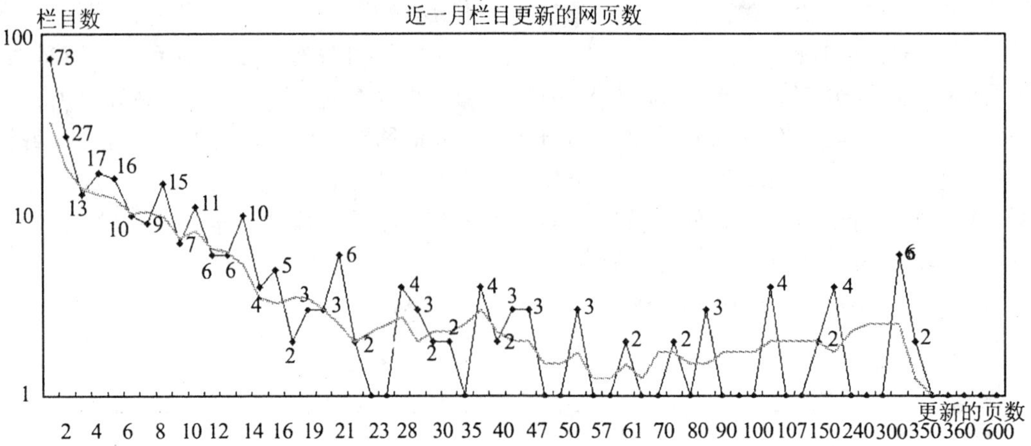

图 8　西部农业在线网络信息资源网站群近一月栏目发布的网页数

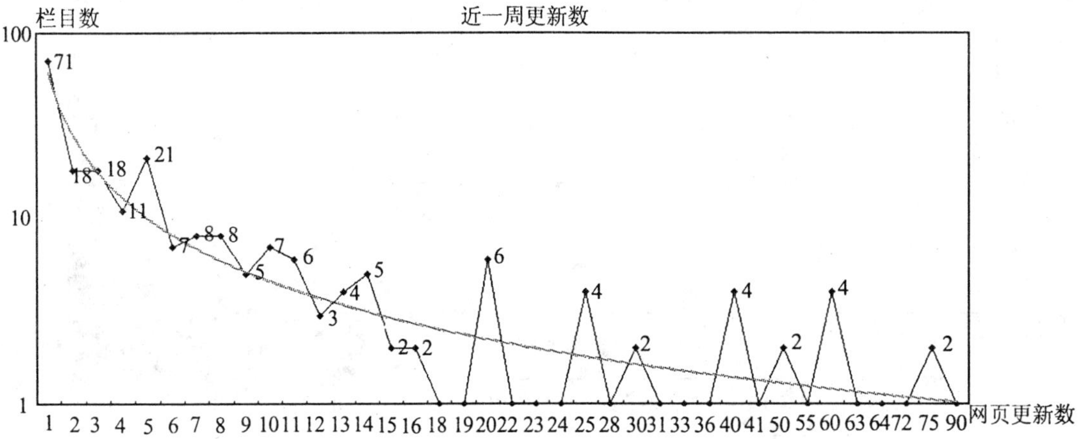

图 9　西部农业在线网络信息资源网站群近一周栏目发布的网页数分布

（3）周发布强度是每个栏目近一周发布出来的网页数，有效周观测栏目共有 235 个。图 9 表明每周只有少数发布大量新网页的栏目，一般大量发布网页的栏目在 2 个左右，平均网页发布数为 44 个/栏目。大多数栏目发布量集中 1～14 页，平均发布量为 7 个/周，即每天平均发布 1 篇新网页。

4.4　信息资源内容分布

对 3710 个频道的内容评价进行聚类分析，并按省聚类每类频道的网站数（表 8）。在内容分类上，基础信息类频道最多，其次是科学技术类频道，再次是市场信息类频道。

根据各省频道总数和网站频道均数，网上农业信息资源在陕西省、宁夏分布密度较大，其次是四川、内蒙、重庆，再次是新疆、甘肃，较少的是云南、广西，最少的是贵州、青海、西藏。

表 8　西部地区网上农业在线信息资源中网站频道按内容类型在各省的分布

内容类型	省份	四川	重庆	云南	贵州	广西	陕西	甘肃	宁夏	青海	内蒙	新疆	西藏	总计
基础信息	数量	134	64	47	32	19	85	43	21	0	51	40	4	540
	比例%	24.8	11.9	8.7	5.9	3.5	15.7	8.0	3.9	0.0	9.4	7.4	0.7	
动态信息	数量	73	17	36	17	11	10	24	16	3	25	9	0	241
	比例%	30.3	7.1	14.9	7.1	4.6	4.1	10.0	6.6	1.2	10.4	3.7	0.0	

续表

内容类型	省份	四川	重庆	云南	贵州	广西	陕西	甘肃	宁夏	青海	内蒙	新疆	西藏	总计
科学技术	数量	101	48	34	13	15	90	30	20	0	39	40	7	437
	比例%	23.1	11.0	7.8	3.0	3.4	20.6	6.9	4.6	0.0	8.9	9.2	1.6	
生产资料	数量	41	19	16	1	9	75	5	12	0	17	12	3	210
	比例%	19.5	9.0	7.6	0.5	4.3	35.7	2.4	5.7	0.0	8.1	5.7	1.4	
市场信息	数量	55	41	56	13	16	99	20	19	7	41	28	3	398
	比例%	13.8	10.3	14.1	3.3	4.0	24.9	5.0	4.8	1.8	10.3	7.0	0.8	
市场分析	数量	8	3	1	2	2	3	4	2	0	7	1	0	33
	比例%	24.2	9.1	3.0	6.1	6.1	9.1	12.1	6.1	0.0	21.2	3.0	0.0	
机构	数量	43	37	35	12	5	31	17	5	2	45	12	0	244
	比例%	17.6	15.2	14.3	4.9	2.0	12.7	7.0	2.0	0.8	18.4	4.9	0.0	
人才	数量	22	17	19	4	3	17	2	2	0	23	6	0	115
	比例%	19.1	14.8	16.5	3.5	2.6	14.8	1.7	1.7	0.0	20.0	5.2	0.0	
观测样本网站		31	16	22	9	7	25	12	6	1	17	11	1	158
各省频道总数		477	246	244	94	80	410	145	97	12	248	148	17	2218
网站频道均数		15	15	11	10	11	16	12	16	12	15	13	17	-

5 结 语

本文提出区域在线信息资源观测模型，从用户视角面向信息资源服务，将观测标准化记录和人工估计相结合，解决了观测数据存储问题，并提出了网站、频道、栏目、网页四个层次上的抽样、汇总方法，模型中相关分布指标能直接反映在线信息资源的开发特征，间接反映用户所处信息环境，为区域在线信息资源分布提供了以定量指标为基础的定性研究途径。

本文实证研究取得了西部农业在线网络信息资源在编辑、发布、区域、内容等方面中观或微观的定量描述数据，可支撑分布特征的定性判断。表明相关观测模型和数据处理方法有助于获得有价值的证据，但模型有效性还受以下条件制约：（1）观测指标数据处理后的信度问题有待深入研究；（2）在实践观测中，观测样本规模受人力和时间限制，需要进一步提高自动化水平；（3）估计指标不可避免地受观测人为因素影响。这些都是本文后续主要研究的问题。

参 考 文 献

[1] 马费成，裴雷．网络信息资源的分布规律［J］．情报科学．2003，21（11）：1121-1169.

[2] 贾春华．我国网络信息资源分布的调查分析［J］．图书馆学研究，2003，8（8）：34-36.

[3] 刘辉．我国互联网络信息资源数量分布统计研究［J］．中国图书馆学报，2006，3（3）：61-41.

[4] 陶慧卿，庄琦，潘卫．国内网络信息资源分布实证分析［J］．大学图书馆学报，2008，4（4）：48-53.

[5] 高秀英．互联网上的农业信息资源分布与检索利用［J］．农业图书馆情报学刊，2006，18（11）：106-108.

[6] 张敏，苏健．互联网三峡文化信息资源分布状况调查及开发对策研究［J］．高校情报图书论坛，2008，7（2）：53-56.

[7] 杨先明，但碧霞．网络信息资源的分布特点及其利用对策分析［J］．图书馆论坛，2005，25（5）：112-114.

[8] 孙瑞英，马海群．网络信息资源质量配置效率与DES模型研究［J］．中国图书馆学报，2007，3（3）：73-77.

[9] Watts Duncan J, Strogatz Steven H. Collective dynamics of "small-world" networks. Nature［M］. 1998, 393: 440-442.

[10] 牛振国，付海芳．面向多层用户的农业信息资源分类初步研究［J］．资源科学，2003，25（2）：20-25.

[11] Uma Sekaran. Research Method for Business: A Skill Building Approach［M］. John Wiley&Sons, Inc. 2003.

Observation and empirical studies of regional online network of information resources distribution

ZHAO Zhuoning[1], LIANG Jing[1], SUN Yanling[1], ZHANG Ruitao[2]

(1. School of Management, Chengdu University of Information Technology, Chengdu 610225, China;

2. Ministry of Basic Education, Chengdu University of Information Technology, Chengdu 610225, China)

Abstract: This study focused on the regional web site group observation on the site, channel, column (thematic) and page four levels of distribution of on-line information resources. In this paper, regions, industries as the leading factor, we propose a user perspective of man-machine combination of observation model, and achieved a regional online network of information resources and analysis of quantitative observation. This method is used to the agricultural site in the China's western group of empirical studies, to obtain the distribution characteristics of online information resources of the agricultural in Western China in editing, publishing, geographic, etc.

Key words: network information resources development; western agricultural site; observation model; distribution of information resources

基于用户兴趣聚集的 P2P 网络构建研究

孙丽婷[1]，徐建国[1]，历颖[1]

（1. 山东科技大学 信息科学与工程学院，青岛 266510）

摘 要：P2P 搜索效率跟 P2P 用户的特性相关，本文将基于 P2P 用户的群聚特性，在非结构化 P2P 网络之上，通过构建个人兴趣剖象来建立共同兴趣的社区网络。在基于兴趣网络的基础上改进了搜索机制，同时提出了"熟人"引进服务。

关键词：对等网络；兴趣剖象；社区网络；"熟人"引进

中国法分类号：TP393

对等（Peer-to-Peer，简称 P2P）网络技术是近几年兴起的热门技术，它改变了人们使用网络的方式，也为未来网络的发展提供了一种新的思路[1]。

P2P 共享应用中都是通过查询关键字来获取自己所需要的信息资源。在搜索过程中，P2P 的技术原理是：利用用户网络终端组成搜索网络，用户搜索时无需通过 Web 服务器，不受信息格式的限制，即可达到传统目录式搜索引擎无可比拟的深度（传统引擎智能搜索到 20% ~30% 的网络资源[2]。无结构 P2P 网络的搜索策略可以分为无引导搜索和带引导搜索。带引导的搜索利用了用户特性、资源特性等，不像无引导搜索那样盲目，其搜索效率往往高于无引导搜索[3][4][5]。

在传统的 P2P 网络中（如 Gnutella、Kazaa、eMule），相邻的节点存储的内容并不相似。为了保障检索的结果，就必须遍历比较多的节点以获得较高的检索召回率，对于稀疏的资源就更加难以定位了，不仅网络承受的带宽压力较大，而且网络节点由于需要频繁的处理检索而负担较重。P2P 测量表明，每个节点都表现出某些可以被捕捉到的兴趣，而兴趣接近的节点所保存的内容和提交的查询也呈现出一定的相关性。通过挖掘每个节点的兴趣，将节点按照它们所表现的相关性聚合在一起，使得相关性高的节点在网络上比较近，从而对于提高检索效率是非常有效的。

针对节点兴趣的局部性原理对搜索性能产生的影响，本文提出建立在传统的搜索机制上，通过"兴趣"这个量化值建立起资源与网络拓扑间的统计相关性。本文将把现实世界的兴趣模型用于 P2P 系统，通过个性化的信息抽取与建立兴趣生成树来构建用户的兴趣模型。然后再根据节点共享的资源建立具有社区结构的兴趣网络，这样，P2P 能提供更丰富的服务。

1 用户的兴趣模型

1.1 个性化的信息抽取与兴趣模型

用户向个性化信息抽取，即剖象文件的生成，主要可以使用交互法来完成。

所谓交互法是指根据与用户的交互操作来抽取用户的特征信息。在第一次生成用户兴趣剖象时让用户回答一系列问题，然后根据用户选择的答案，启发式的转到下一个问题。这样根据用户的回答结果对用户兴趣进行评价[4]。

利用交互法第一次生成用户兴趣剖象时，要求用户回答的一系列问题可以构成一棵兴趣生成树（见图 1）。从兴趣生成树的根节点往下，提供给用户选择的兴趣越来越具体。从兴趣树的根节点通往叶节点的过程是发现用户兴趣的过程。用户个性化信息提取的过程就是从兴趣生成树中找出一棵用户兴趣子树的过程。例如：在图 1 中，首先有计算机、体育、数学等兴趣可供用户选择，在选择了计算机后，又有 Internet、WWW、软件等兴趣可供选择。

1.2 用户个人兴趣模型

为了更好地描述用户剖象的生成过程，我们先给出如下定义：

定义 1 用户个人兴趣剖象的为由二元组组成的集合，即

$Ui = \{(l_{i,1}, w_{i,1}), (l_{i,2}, w_{i,2}), \cdots, (l_{i,n}, w_{i,n})\}$ 其中，$l_{i,j} \in T, T = \{t_1, t_2, \cdots, t_m\}$ 为词条集（词典），$w_{i,j} \in [0, \cdots, 1]$ 为 $l_{i,j}$ 词条在用户兴趣剖象中的权

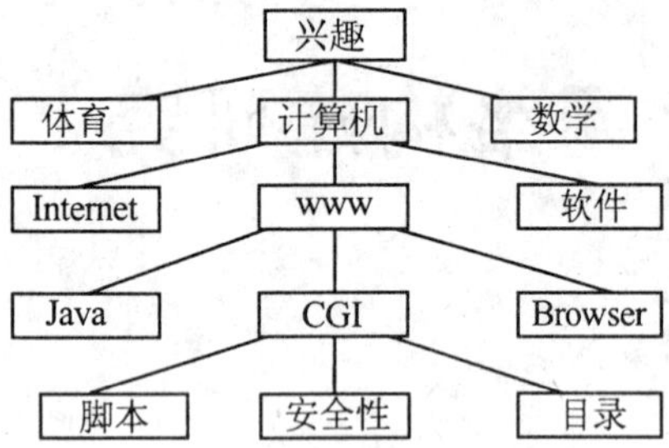

图 1　兴趣生成树

重，$\sum_{j=1}^{n} w_{i,j} = 1$ 。

用户从如图 1 所示的兴趣树的根节点向叶子节点方向进行选择，根据用户的选择，生成用户兴趣剖象。其生成算法如下：

算法 1　用户个人兴趣剖象的生成算法

根据用户在兴趣生成树上的选择结果得到用户兴趣子树。从用户兴趣子树可以得到用户个人兴趣剖象 Ui。

（1）置兴趣树中叶节点权 $subw_i = 1$；

（2）中间节点权 $midw_j = \sum_{i=1}^{x} subw_i$，其中 x 为中间节点的下一节点数目；

（3）将所有节点按照权值从大到小排序，取前 n 个节点，为 $(l_1,v_1),(l_2,v_2),\cdots,(l_3,v_3)$，其中 li 为词条，vi 为对应词条在兴趣树中的权重；

（4）$U_i = \{(l_{i,1},w_{i,1}),(l_{i,2},w_{i,2}),\cdots\cdots(l_{i,n},w_{i,n})\}$，其中 $(l_{i,j},w_{i,j}) = \left(\frac{l_j,v_j}{\sum_{k=1}^{n} v_k}\right)$，$1 \leqslant j \leqslant n$，$U_i$ 即为用户个人兴趣剖象。设用户兴趣词条的特征向量为 V，那么 $V = (w_{i,1},\ w_{i,2},\ \cdots,\ w_{i,n})$；

用户个人兴趣剖象随着用户兴趣的变化而更新。用户个人兴趣剖象更新算法：

算法 2　用户个人兴趣剖象的更新算法

用户发出的检索信息作为更新用户兴趣剖象的信息源。

（1）检索用户输入的检索关键词中的词条 L（利用上文中的词干抽取技术）。

（2）若词条 L 在集合 $\{l_{i,1},\ l_{i,2},\ \cdots,\ l_{i,n}\}$ 中（设 $L = l_{i,p}$），则转（3），否则转（4）；

（3）$(l_{i,p},\ w_{i,p} \pm c) \rightarrow (l_{i,p},\ w_{i,p})$，其中 C 为常数，且 $0 <= c <= 1/n$。转（6）；

（注：当用户在词条前输入“—”时，表示对该项不感兴趣，因为权重变轻，若此时减成负数，则置为 0；否则权重增加。）

（4）设 $l_{i,p} \in \{l_{i,1},\ l_{i,2},\ \cdots l_{i,n}\}$，其对应 $w_{i,q} = \min\{w_{i,j} \mid 1 \leqslant j \leqslant n\}$，判断 c 是否大于 $w_{i,q}$，其中 C 为常数，且 $0 \leqslant c \leqslant 1/n$，若大于，则转（5），否则转（6）；

（5）$(L,\ c) \rightarrow (l_{i,q},\ w_{i,q})$；

（6）如果还有词条没有检查，则重复该过程，即转（1）；

（7）将 $w_{i,j}$ 单位化，即 $w_{i,j} = w_{i,j} / \sum_{i=1}^{n} w_{i,t}$。

（8）用户个人兴趣剖象经过以上处理后，得到更新后的用户个人兴趣剖象，即 $\{(l_{i,1},\ w_{i,1}),\ (l_{i,2},\ w_{i,2}),\ \cdots,\ (l_{i,n},\ w_{i,n})\}$。这时，用户词条的特征向量就为：$(w_{i,1},\ w_{i,2},\ \cdots,\ w_{i,n})$；

2　基于兴趣的 P2P 网络架构

P2P 网络分为结构化和非结构化两种，由于非结构化 P2P 网络健壮性强而且比较灵活，因此本文基于非结构化 P2P 网络形成兴趣网络。基于兴趣的 P2P 网络架构如图 2 所示，整个网络基于 Internet 网络，主要包括以下几部分：

（1）非结构化网络。网络中节点的连接具有随机性，其连接方式和 Gnutella 网络类似，节点及其相邻节点构成了非结构化网络。

（2）非结构化网络拓扑管理。它负责维护非结构化网络，处理节点的加入退出等，保证网络的连通性。

（3）兴趣网络。网络中相似的节点互相连接，它具有社区结构，节点及其友邻节点构成了兴趣网络。

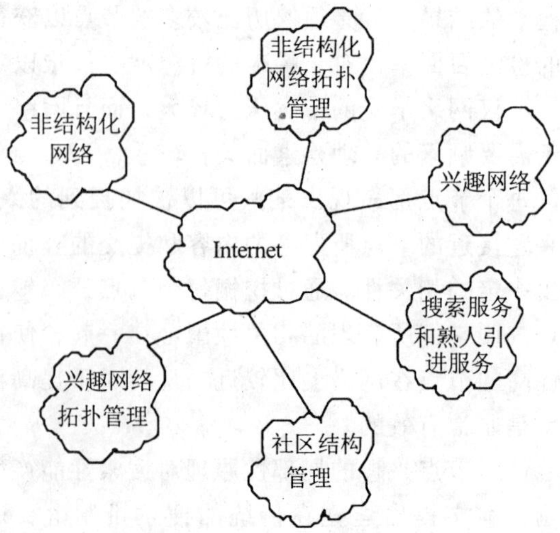

图 2　基于兴趣的 P2P 网络架构

（4）兴趣网络拓扑管理。它负责维护兴趣网络，处理节点的加入和退出等，保证网络的连通性。

（5）社区结构管理。它负责维护兴趣网络中的社区结构，保证节点知道所属的社区[6]。

（6）搜索服务和“熟人”引进服务。搜索服务基于兴趣网络的社区结构搜索资源，熟人引进服务是把访问量多的节点推荐给自己的邻居节点，以更快速的使节点彼此找到所需资源。

3 基于兴趣的 P2P 网络应用

由于对于非结构化网络管理及其拓扑管理已经由 Gnutella 协议介绍，因此本文不再介绍。本文采用分布式社区管理方法来管理社区结构。发现社区后节点有社区向量（$w_{i,1}$，$w_{i,2} \cdots w_{i,n}$）；表示节点和社区 i 的相关程度，节点属于相关度最高的那个社区。

兴趣网络的管理包括节点的加入和节点的退出操作，在定义他们之前先定义节点之间的相似度。

3.1 兴趣网络构建

（1）节点的相似度度量

所谓相似度，是节点与节点之间兴趣爱好的相似程度。本文用近年来使用较多、效果较好的表示方法——向量空间模型法来度量相似度。每个节点用向量表示，节点之间的相似度是向量之间的标准化点积。

每个节点的向量可以由 1.2 中用户个人兴趣剖象的生成算法中得到。对于两个节点用户 q，d，如果得到的两个向量为 $q = \{q_1, q_2, \cdots, q_n\}$，$d = \{d_1, d_2, \cdots, d_n\}$，它们之间的相似度就可以通过如下公式来计算：

$$similarity(q,d) = \frac{\sum_{i=1}^{n} q_i d_i}{\sqrt{\sum_{i=1}^{n} (q_i)^2}\sqrt{\sum_{i=1}^{n} (d_i)^2}}$$

（2）节点的加入

节点基于非结构化网络获取邻居节点，进而再加入兴趣网络。节点获取邻居节点的方式如下：

①当节点 i 加入系统时，根据网络的规模选取一个合适的 TTL 值和 TS 值（其中，TTL 值控制路由的深度，而 TS 值则是控制查询消息的生命周期，TTL 是经过每一跳则减一，TS 经过每毫秒减一）发出 Ping 消息，主动探测跟自己最接近的节点。

②收到探测信令的节点计算自己与节点 i 的相似度，如果该相似度超过了系统定义的阈值，则该节点发送回复指令，包含该节点的 IP 地址和相似度的值。如果探测信令的值 TTL 不为零，则把消息再转发给相邻的节点。倘若 TTL 或 TS 有一个值为 0，则停止探测。

③节点 i 在收到回复指令后，则把回复节点选为备选邻居节点。节点 i 再对所有的备选邻居节点根据相似度进行排序。节点 i 再根据排序结果，对相似度最大的节点进行连接请求，假设次节点为 j。

④节点 j 再根据节点 i 发送的连接请求中的相似值来同自己邻居节点中的最小相似值的节点进行比较。如果节点 i 的相似值比最小相似值小的话，则节点 j 观察自己邻居节点个数有没有超过设定的限值。如果没有超过，则节点 j 把节点 i 作为自己的邻居节点，若超过了，则不予回复。而倘若节点 i 的相似值比最小的相似值大，而节点 j 的邻居节点个数已经到了限值，则把相似度最小的节点断去连接，把节点 i 选为自己的邻居节点，然后回复节点 i 成功讯息。

⑤节点 i 反复做③，直到节点 i 的邻居节点个数达到系统设置的限制或者 TTL 或 TS 值为 0。

以上就是节点加入兴趣网络的过程。通过 TTL 和 TS 两个参数值，可以降低网络开销。如果网络出现拥塞时，消息迟迟不能转发到别的节点。TTL 不能递减，若拥塞时间过长，此时消息实际上已经超时，由于 TTL 值没有递减为 0 而消息不能被丢弃，不能缓解拥塞。加上 TS 字段，到一定时间消息就被丢弃，避免了长时间拥塞。

除了在加入网络时进行探测。节点 i 还需要发送周期性探测，以便获取备选的邻居节点。若在节点 i 的邻居个数达到饱和的状态下，后进的备选邻居节点与自身的相似值大于队列中的最小相似值，则断开与最小邻居节点的连接，而与新成功加入的备选节点建立连接。此过程一直到自身的邻居节点个数达到系统设置的最大值。这样做，总能得到节点 i 的最新邻居列表。

（3）节点的退出

在网络中，相邻节点总会发送周期性的心跳消息的 UDP 报文给邻居节点。通过这个消息列表来表明消息的源是一个有效节点。通过检测心跳消息的源，节点可以很快地检测到邻居节点映射中的失效节点。当发现失效节点时，则此节点的相邻节点就会断开与它的连接，然后各个相邻节点再检查自己的邻居节点个数。如果发现自己的邻居节点的个数低于设置的阈值，则再从后背邻居节点中选择一个出来，做法与上述类似。

3.2 搜索服务

节点进行资源搜索的过程就是查询消息在网络中进行路由的过程。兴趣网络中运用的查询方式就是 Random Walk 同 Flooding 相结合的方式。

具体搜索步骤：

（1）搜索发起者计算查询请求与本节点的相似度。如果相似度大于设置的阈值，则选择 k 个与之相似度比较高的邻居节点发送查询消息。这里，TTL 设置为 1[7]。随机的再往一个普通节点发送查询消息。

（2）普通节点收到洪泛搜索请求时，如果在自己的共享资源中找到被查资源，则发消息通知搜索发起者，消息同时包括本节点与搜索发起者的相似度；否则不作处理。

（3）当节点收到随机漫步发来的搜索请求时，先在本节点的共享资源中查找，找到则通知搜索发起者。否则，当查询请求与本节点的相似度大于阈值时，向其所有相似邻居发起查询（TTL 设为 1），同时随机选取一个普通邻居，作为查询消息转发对象。需要注意的是，为了避免查询消息再传给已转发过此消息的节点，需要在搜索请求中加个标识。如果节点已经转发过此消息，则将此请求抛弃。

（4）按随机方式路由 k 步，当前节点将会向搜索发起者询问是否已经找到资源，如果找到了，则不再往前搜索。

（5）搜索到资源时，搜索发起者将收到资源拥有者发来的确认消息。

（6）搜索发起者根据资源拥有者发来的消息计算它们之间的相似度。如果相似度大于设置的阈值，则把对方作为自己的后备邻居节点。然后把这个结果告诉资源拥有者。资源拥有者再根据情况自己做决定。

3.3 "熟人"引进服务

电子商务推荐系统（Recommender System）是根据用户个人的喜好、习惯来向其推荐信息、商品。"熟人"引进服务就是基于推荐系统而提出的。基于兴趣网络可以提供基于用户的引见服务。

"熟人"引进服务过程如下：

节点在过去一段时间内的命中率越高，它再次命中查询的概率就越大。而在基于兴趣的 P2P 网络中，若某节点曾经对相似的历史查询作出响应，则该节点也可能响应当前查询[8]。因此，当某个节点拥有所查询的资源时，可以在此节点增加一个全局一致的变量 iststep。每成功访问一次，就把 iststep 的值增一。在路由过程中，如果发现某个节点的 iststep 值超过了全局一致变量 δ_0（根据网络规模设置），则判断此节点拥有大众普遍感兴趣的资源，会在此节点做一个标识。路由结束后，查询信息会沿着标识路径一路返回给搜索发起者，搜索发起者会把这些带有标识的节点介绍给自己的其他邻居节点。

当收到推荐的节点发出搜索请求时，就可以直接把搜索请求发送给那些标识节点，从而减少了访问的节点数。由于是在兴趣网络中，查询访问的是最相关的信息，从而得到的是相当精确的结果，优化了查询结果。

4 结 语

本文结合 P2P 用户兴趣的群聚特性，构建基于用户兴趣的网络架构。通过构建个人兴趣剖象确认用户兴趣所在。然后根据节点相似度度量方法来建立兴趣社区。搜索过程中利用 Random Walk 同 Flooding 结合的方法确认节点所属社区所在。另外，本文提出的熟人引进服务可以快速地在社区内找到所需资源，提高了查询效率和准确率。

参 考 文 献

[1] 本书编写组．对等网络（P2P）[M]．北京：人民邮电出版社，2007.

[2] 徐宝文，张卫峰．搜索引擎与信息获取技术 [M]．北京：清华大学出版社，2003.

[3] Sripanidkulchai K, Maggs B, Zhang H. Efficient content location using interest-based locality in peer-to-peer systems [C]. IEEE Infocom 2003, San Francisco, USA, 2003.

[4] Crespo A, Garcia-Molina H. Semantic overlay networks for P2P systems [R]. Technical report, Stanford University, 2003.

[5] Voulgaris S, Kermarrec A M, Massouli'e L, et al. Exploiting semantic proximity in peer-to-peer content searching [C]. In: 10th International Workshop on Future Trends in Distributed Computing Systems (FTDCS 2004), China, May 2004.

[6] 牛尔力，单明辉，陈君，王劲林．P2P 网络中的社区发现方法 [J]．计算机工程，2009，2.

[7] 何颂颂，顾乃杰，田舟贤，谢静．基于用户兴趣的 P2P 资源搜索算法设计与分析 [J]．小型微计算机系统，2008.

[8] 王新生，崔晓微，董雷刚，李春风．基于轮廓查询技术的 P2P 智能搜索算法 [J]．计算机工程，2009，4.

Research of P2P community Based on User Interest-proximity

SUN Liting[1], XU Jianguo[1], LI Ying[1]

(1. College of Information Science and Technology, Shandong University of Science and Technology, Qingdao 266510, China)

Abstract: Efficiency of P2P search has strong relation with the habit of users. Based on the clustering of users in P2P overlay network, this paper proposed a new network model by using interest splits algorithm. A new searching method is proposed by utilizing community structure. We also propose the introduction of acquaintance services based on interest network.

Key words: peer-to-peer; interest splits; community network; introduction of acquaintance.

一种网络安全态势预测方法*

万紫骞[1]，李涛[1]，梁刚[1]

(1. 四川大学，计算机学院，成都，610065)

摘　要：本文提出了一种基于加权基因表达式编程的网络安全态势预测方法（PCN_GEP）。该方法提出周期加权滑动窗口方法预测未来的网络安全态势。提出斐波拉契数列加权来实现预测过程中的“重今轻古”的思想。提出人工免疫的风险态势评估方法准确获取实时网络风险态势值。试验结果分析表明该方法能够很好地预测实时网络的未来风险态势。

关键词：人工免疫系统；网络风险周期；滑动窗口算法；斐波拉契数列

中图分类号：TP393.08

1　引　言

网络安全态势预警是有效预防大规模网络入侵的重要前提，网络安全态势的研究已经成为网络安全领域中的一个热点研究方向。很多机构[1][2]都开始涉足该方向，参考文献[3][4]中提出了预测单一或多个攻击的一些方法，但是他们算法的适应度还不够理想，而且没有考虑到网络行为的周期性规律。George G. S 首先提出了使用基因表式编程来预测时间序列问题[5]，文献[6][7]是其后运用基因表达式编程预测时间序列的一些研究。

人们的网络行为遵循一定的社会规律，比如周末的网络流量就比工作日要多，如果预测周日的网络风险值，那么上一个周日的风险值比上周其他日期的风险值应该有更大的参考价值。因此本文提出了周期权重的概念。最近发生的入侵行为将会对未来产生更大的影响，距离预测日期越远其相应的影响值也就越小，斐波拉契权重的引入将有效地解决这个问题。

为了预测网络的未来安全态势，对当前态势的评估是一个重要前提。大部分网络安全评估方法[8]都是基于静态的，他们不能很好的适应不断变化的动态网络。本文采用参考文献[8][9]提出的基于人工免疫的动态网络风险评估方法来获取预测样本数据。

2　PCN_GEP 的预测机制

2.1　模型框架

图 1 描述了 PCN_GEP 方法的预测流程，基于免疫的网络风险评估模型提呈训练数据集，原始训练数据集经过权重预处理后转化成训练数据集，由随机基因片个体构成的初始种群进行若干代复制、重组、变异等各种遗传操作进化，当达到规定的进化代数则返回通过适应度函数选择的最优解，之后通过最优解计算预测未来的网络风险态势值。

2.2　基于人工免疫的训练数据提呈

抗原为网络中传输的数据包，取 32 位源/目的 IP 地址，16 位端口以及 16 位协议标志位等构成 $l=96$的二进制串提呈抗原。

$$Ag=\{ag \mid ag\subset D, D=\{0,1\}^l\} \tag{1}$$

其中 l 是字符串的长度，定义正常的网络活动为自体集合 $Self\subset Ag$，非正常的网络活动为非自体集合。自体集的定义为：$Noself\subset Ag$。其中

$$Self\cap Noself=\varnothing,\ Self\cup Noself=Ag \tag{2}$$

和人体的免疫细胞一样，检测单元用来检测异常的网络活动，检测单元集合定义为

$$DU=\{<d,\ p,\ age,\ count>\mid d\in D,\ p\in R,\ age,\ count\in N\} \tag{3}$$

其中 p 是检测单元的浓度值，age 是检测单元的年龄，$count$ 是成功匹配的次数。

自体检测集通过自体耐受转变为成熟检测集，成熟检测单元在匹配到攻击的时候其浓度值都按照

* 基金项目：基金项目类别（国家自然科学基金 No. 60502011；高等教育博士基金 No. 20070610032；中国高科技研发计划 No. 2006AA01Z435）

通讯作者：万紫骞，E-mail：wan.ziqian@gmail.com

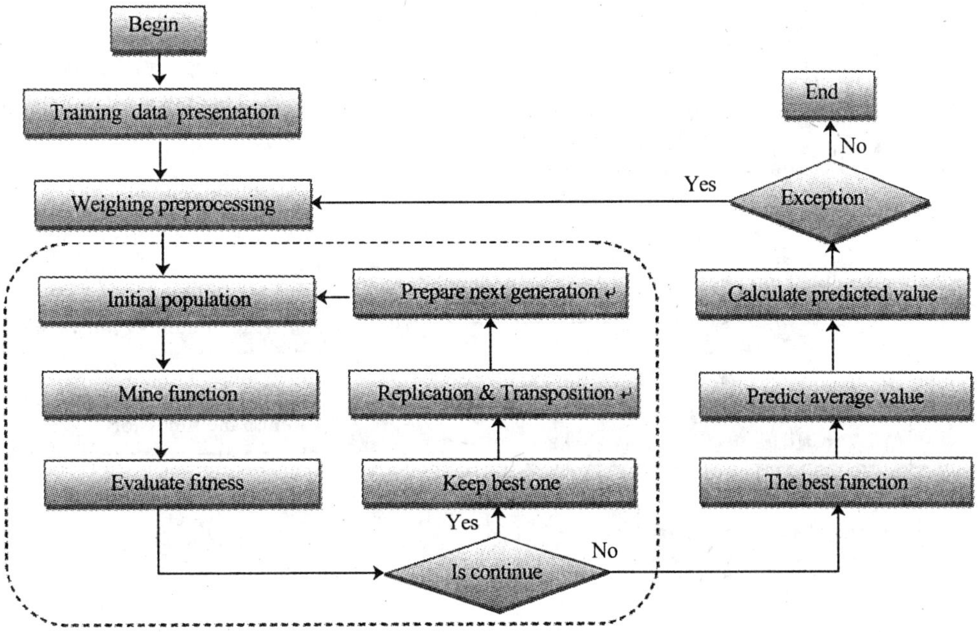

图 1 PCN_GEP 预测流程

方程 4 变化。

$$du(t).p = \begin{cases} du(t-1).p \cdot \left(1 - \dfrac{1}{\gamma - y(t-1).age}\right) & y(t).age < \lambda \\ 0 & y(t).age \geqslant \lambda \end{cases} \quad (4)$$

其中 γ 是浓度维持周期，在一个浓度周期中如果匹配到攻击其浓度值增加，反之，其浓度值下降。网络中单个主机的风险值定义为

$$r_k(t) = \frac{2}{1 + e^{-\sum_{i=1}^{n}\left(\mu_i \cdot \sum_{x \in A_i(t)} x.p\right)}} - 1 \quad (5)$$

其中 μ_i 是攻击类型 i 的攻击权重．时刻 t 的网络风险 $risk_t$ 定义为

$$risk_t = \frac{2}{1 + e^{-\sum_{k=1}^{K}(r_k(t) * v_k)}} - 1 \quad (6)$$

其中 $r_k(t)$ 是单个主机的风险值，v_k 是主机权重，我们定义训练数据集

$$\text{Train} = \{risk_t \mid 1 \leqslant i \leqslant m,\ 0 \leqslant risk_t \leqslant 1\} \quad (7)$$

其中 m 是训练集的长度，$risk_t$ 是 insre 模型[8]通过计算网络抗体浓度获得的时刻 t 的网络风险平均值。我们需要预测时刻 $t+1$ 的网络风险值 exp_risk_{t+1} 可以表述为训练集的一个函数如下：

$$exp\_risk_{t+1} = f(risk_1, risk_2, risk_3, \cdots, risk_{t-1}, risk_t) \quad (8)$$

我们通过公式（8）可以将对 exp_risk_{t+1} 的计算传化为通过样本数据集挖掘函数 f（$risk_1$，$risk_2$，$risk_3$，…，$risk_{t-1}$，$risk_t$），本文将使用加权的滑动窗口方法挖掘该函数。

2.3 通用 GEP 滑动窗口预测方法

滑动窗口算法是依据特定训练数据集挖掘最优解的一种方法，该方法首先读取滑动窗口长度 W 个数的训练数据，将前 $w-1$ 个训练数据作为参数赋值给检测函数 f，计算预测值 p. 计算预测值 p 和真实值 $Tain[w+1]$ 后，窗口滑动一位，该过程一直循环直到游历完训练集（图 2）。当满足运算次数后，返回最优解 f。

2.4 加权预处理算法描述

斐波拉契数列定义为

$$fibo[\,] = \{1, 1, 2, 3, 5, 8, 13, \cdots\cdots\} \quad (9)$$

为了预测 $risk_{t+1}$，我们定义 cycle 值作为网络活动周期值，定义 $cycle\_index$：

$$cycle\_index = (t+1)\,\%\,cycle \quad (10)$$

定义周期权重

$$cycle\_weight_t = \begin{cases} 1 & t\%cycle\,! = cycle\_index \\ w & t\%cycle = cycle\_index \end{cases} \quad (11)$$

其中 w 为周期奖励因子，定义权重 $index\_weight_t$ 为：

$$index\_weight_t = cycle\_weight_t * fibo_t \quad (12)$$

总权重 $total\_weight$ 定义为：

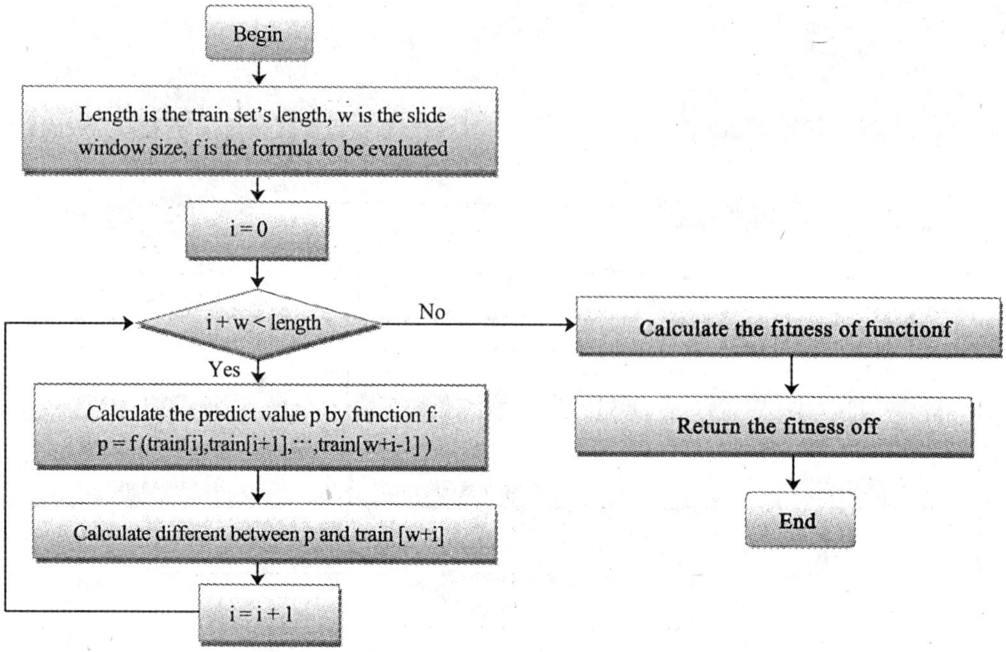

图 2　滑动窗口算法流程

$$total\_weight = \sum_{j=1}^{t} index\_weight_j \quad (13)$$

定义过滤器 h 对训练数据进行预处理：

$$h_j = \begin{cases} index\_weight_j / total\_weight & j \leq m \\ 0 & j > m \end{cases} \quad (14)$$

因此，过滤结果

$$Y_j = [index\_weight_1 {}^* Risk_{j-m} + index\_weight_2 {}^* Risk_{j-m+1} + \cdots + index\_weight_{t+1} {}^* Risk_j] / total\_weight \quad (15)$$

其中 m 为滑动窗口长度减 1，Y [ ] 为加权处理后的训练数据集。

3　实验分析

为了获取初始训练数据集，我们在四川大学计算机网络与安全研究所的网络攻防实验室进行了一系列的实验，20 台计算机组成我们的实验网络进行了为期八周的实验 .

为了评估预测算法的性能，我们给出算法适应度函数的定义如下：

绝对适应度函数：

$$AbsoluteErrorFitness = \sum_{t=1}^{n} (M - |EXP_t - T_t|) \quad (16)$$

相对适应度函数：

$$RelativeErrorFitness = \sum_{t=1}^{n} \left(M - \left| \frac{EXP_t - T_t}{T_t} * 100 \right| \right) \quad (17)$$

适应度函数：

$$Fitness = AbsoluteErrorFitness / n * M \quad (18)$$

其中 M 为取值范围，n 为训练集长度。如果预测结果和实际评估值完全一致则该预测过程称作精确匹配，在精确匹配的情况下

$$RelativeErrorFitness_{max} = AbsoluteErrorFitness_{max} = n * M \quad (19)$$

为了评估 PCN_GEP 的执行效果，我们进行了多组实验，实验模型配置参数参见表 1[11]。

表 1　**配置参数表**

函数集合	+ − * / ~
连接函数	+
基因头长度	10
基因长度	8
人口数量	50
选择算子	轮盘赌模型
变异率	0.04
IS 转化率	0.1
IS 单元长度	1，2，3
RIS 转化率	0.1
RIS 单元长度	1，2，3

续表

函数集合	+ - */~
Gene 转化率	0.1
训练数据长度	35
适应度函数	绝对适应度函数

实验选用预测日期前 28 天的数据作为训练数据，设定 M 为 1，则最大误差适应度 N * M 为 35. 试验周期参数为 7，周期奖励因子为 3 我们做了 10 次实验，每一次运行 10000 代，选择适应度最高的一次，其适应度为 34.68406073577947。预测结果见图 3。

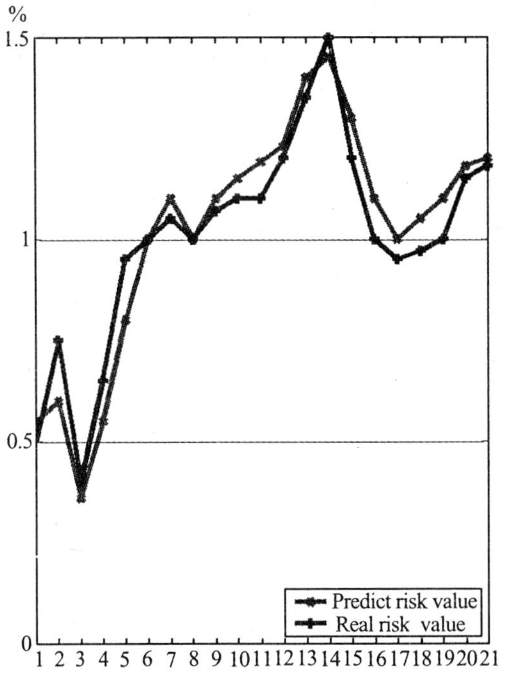

图 3 预测风险态势曲线与实际风险态势曲线

从图 3 我们可以看出 PCN_ GEP 方法有效的预测了真实网络的风险态势变化，并反映出风险变化趋势的周期性。其最高适应度达到了 0.94。为了进一步验证 PCN_ GEP 在网络风险预测方面的优越性，在相同的实验环境下我们与传统滑动窗口模型[12]进行了对比分析，每种方法运行 10 次，每次产生 1000 代，实验结果参见表 2。

表 2 实验结果比较

	PCN_ GEP	传统滑动窗口	最大值
绝对适应度	34.68	31.54	35
相对适应度	34.58	30.35	35
最高适应度	940	793	1000
最低适应度	854	668	1000
平均适应度	901	456	1000

我们可以发现无论是在绝对适应度还是相对适应度方面，PCN_ GEP 相对于传统滑动窗口模型都有了明显的提高，从而也验证了 PCN_ GEP 更适合网络风险态势的预测。

4 结 语

基于人们网络活动的周期性，本文提出了一种周期加权的网络风险预测方法。面对真实多变的网络环境，实验结果表明 PCN_ GEP 能够有效地预测未来的网络安全态势. 该方法使用周期加权有效地反映出了网络风险的周期变化趋势；使用斐波拉契加权反映最近风险值对未来的影响最大；引入人工免疫风险预测模型获取可靠的预测训练数据集。理论分析和试验结果都证明该方法是预测网络安全态势的一种很好的方法。

参 考 文 献

[1] CMU/CERT. Network Situational Awareness (NetSA). 2006. http://www.cert.org/netsa/.

[2] National Center for Advanced Secure SystemsResearch. Security Incident Fusion Tools (SIFT) Research Project. 2006. http://www.projects.nca.

[3] Bao Xuhua, Dai Yingxia, Feng Pinghui, et al. A Detection and Forecast Algorithm for Multi-step [J]. Attack Based on Intrusion Intention, 2005, 16 (12): 2132-2138.

[4] Guiling Zhang, Jizhou Sun. A Novel Network Intrusion Attempts Prediction Model Based on Fuzzy. Neural Network [C]. The 6th International Conference in Artificial Intelligence and Lecture Notes in Bioinformatics, v 3991 LNCS-1, 2006: 419-426.

[5] Ferreira C. Gene Expression Programming: a New Adaptive Algorithm for Solving Problems [J]. Complex Systems, 2001, 13 (2): 87-129.

[6] Zuo Jie, Tang Changjie, Li Chuan, Chen Anlong, Yuan Chang'an. Time Series Prediction based on Gene Expression Programming [C]. WAIM04 (International Conference for Web Information Age 2004). LNCS Berlin: Springer-Verlag, July 2004: 16-17.

[7] LiTao. An Immunity Based Network Security Risk Estimation [J]. Sciencein China Ser F Information Sciences,2005, 48 (5): 557-578.

A prediction method of network security situation

WAN ziqian[1], LI tao[1], LIANG gang[1]

(1. School of Computer Science, Sichuan University, Chengdu 610065, China)

Abstract: A prediction method of network security situation based on gen expression programming (PCN_ GEP) has been proposed. The main contribution include: ①Propose cycle-weighted sliding window prediction method to deal with the cycle-changing network risk situation. ②Fibonacci-weighted is added to the preprocessing of training dataset to ensure that the latest data have the most impaction to the future. ③Immunity model which can dynamically reflect the network real-time state has been introduced into computer network risk evaluation to get the initial training data. The experimentation proved that this method has high precision in the forecasting of the real network risk situation.

Keywords: genes expression programming; network risk cycle; sliding window; fibonacci

面向服务体系架构的设计与实现技术

沈锢[1]，盛定宇[1]

（1. 首都经济贸易大学信息学院，北京 100026）

摘　要：面向服务体系架构（SOA）是一种企业系统架构，要求开发人员将应用设计为服务的集合，从而使得开发人员跳出了应用程序本身而进行更高层的思考，考虑现有服务的重用，或考虑他们的服务如何能够被其他项目重用。本文从对SOA的认识、实践中遵循的原则开始，分析SOA的特征以及该模型的优点，论述面向服务的分析与设计原理，提出SOA设计的三层结构。其中提出了一种新的分析设计原理SOAD；最后主要介绍了面向服务体系架构的实现技术的设计思路与方法。

关键词：面向服务体系架构；实践原则；设计原理；三层结构；实现技术；技术服务栈

中图分类号：TP368.5

1　面向服务体系架构的实践原则

1.1　对于面向服务体系架构的认识

关于面向服务体系架构（SOA）的研究，近年来有一些不同的理解和认识。许多组织从不同角度和不同侧面对SOA进行了刻画。

虽然不同厂商或个人对SOA有着不同的理解，但是可以从上述的定义中看到SOA的几个关键特性：一种粗粒度、松耦合服务架构，服务之间通过简单、精确定义接口进行通信，不涉及底层编程接口和通信模型。SOA要求开发人员将应用设计为服务的集合，从而使得开发人员跳出了应用程序本身而进行更高层的思考，考虑现有服务的重用，或考虑他们的服务如何能够被其他项目重用。“单独的”、“独立的”、“封装完善的”服务所具有的一个关键的好处是，可以采用多种不同方法将它们组合成较大型的服务，由此来实现重用。SOA并不是一种现成的技术，而是一种架构和组织IT基础结构及业务功能的方法，是一种在计算环境中设计、开发、部署和管理离散逻辑单元（服务）模型的方法。但是，SOA不仅仅是一种开发方法，它还具有组织上的优点。例如，现在业务流程师可直接组织开发人员所构建的服务而形成自己的应用，这远胜于以往组织单个应用的方式。通过分析服务间的交互，SOA可以帮助企业了解何时以及为什么业务逻辑被切实执行了，这使管理员或分析师能够有针对性地优化业务流程。

SOA是一种企业系统架构。它是从企业的业务需求开始的，但是，SOA比其他企业架构方法具有明显优势的地方在于SOA提供了业务的敏捷性。业务敏捷性是指企业对业务的变化能更快速和有效地进行响应，并且利用快速变更来得到竞争优势的能力。

1.2　SOA的实践必须遵循的原则

1.2.1　业务驱动服务，服务驱动技术

在抽象层次上，服务位于业务和技术之间。业务处于主导地位，业务的变化需要服务的重新编排和组合，服务的编排和组合可能会带来服务实现细节的变化。面向服务的架构设计师一方面必须理解在业务需求和可以提供的服务之间的动态关系；另一方面，同样要理解服务与提供这些服务的底层技术之间的关系；最后，需要设计良好的服务的动态组合来应对多变的业务逻辑，这也是面向服务架构师最重要的职责。

1.2.2　业务敏捷是基本的业务需求

SOA考虑的是下一个抽象层次：提供响应变化需求的能力是新的“元需求”，而不是处理一些业务上的固定不变的需求。从硬件系统而上的整个架构都必须满足业务敏捷的需求，因为在SOA中任何的瓶颈都会影响到整个IT环境的灵活性。因此，服务架构师需要将业务敏捷的思想贯穿在整个系统的设计中。

1.2.3　一个成功的SOA总在变化之中

SOA工作的场景，更像是一个活的生物体，而不是像传统所说的“盖一栋房子”。IT环境唯一不变的就是变化，因此面向服务架构设计师的工作

的灵魂就是应对变化。其最高准则是以不变应万变，也就是以尽量少的变化成本应对不断变化的业务需求。对于习惯于盖房子的设计师来说，要转向设计一个活的生物体要求崭新的思维方式。

2 面向服务的分析与设计原理

从概念上讲，SOA 中有三个主要的抽象级别：操作、服务和业务流程。其中位于抽象层最低层的操作代表了单个逻辑工作单元（LUW）的事务。执行操作通常会导致读、写或修改一个或多个持久性数据。SOA 操作可以直接与面向对象（OO）的方法相比。它们都有特定的结构化接口，并且返回结构化的响应。完全同方法一样，特定操作的执行可能涉及调用附加的操作。位于第二层的服务代表了操作的逻辑分组。例如，如果我们将客户管理视为服务，则按照电话号码查找客户、按照名称和邮政编码列出顾客和保存新客户的数据就代表相关的操作。最高层的业务流程则是为实现特定业务目标而执行的一组长期运行的动作或活动。业务流程通常包括多个业务调用。业务流程的例子有：接纳新员工、出售产品或服务和完成订单。在 SOA 术语中，业务流程包括依据一组业务规则按照有序序列执行的一系列操作。操作的排序、选择和执行称为服务或流程编排。典型的情况是调用已编排的服务来响应业务事件。

从建模的观点来看，服务架构带来的主要挑战是如何描述设计良好的操作、服务和流程抽象的特征以及如何系统地构造它们。针对这个问题，Olaf Zimmermann 和 Pal Krogdahl 综合了面向对象的分析与设计（Object-Oriented Analysis and Design, OOAD）、企业体系结构（Enterprise Architecture, EA）框架和业务流程建模（Business Process Modeling, BPM）中的适当原理，将这些规则中的原理与许多独特的新原理组合起来提出了面向服务的分析与设计（Service-Oriented Analysis and Design, SOAD）的概念。现在有关 SOAD 的理论还不太成熟，还有待于理论和实践的完善，用 Olaf 的话说："我们还只是刚刚跨入 SOAD 的殿堂。"下面就对 SOAD 的一些概念作一个简单介绍。

SOA 实现项目经验表明，诸如 OOAD、EA 和 BPM 这样的现有开发流程和表示法仅仅涵盖支持 SOA 范式所需的部分要求。SOA 方法在加强已经制定的良好通用软件体系结构原则（如信息隐藏、模块化和问题分离）的同时，还增添了附加的主题，例如，服务编排、服务库和服务总线中间件模式，在建模时需要对它们给予特别的关注。这就需要整合这三种方法，保留适用的理论，摒弃不适用的地方，并且融入一些新的原则和方法。总的来说，OOAD、EA 和 BPM 分别从基础设计层、应用结构层和业务组织层三个层次上为 SOAD 提供了理论的支撑。

SOAD 第一层是基础设计层，它采用了面向对象的分析与设计（OOAD）的思想，其主要目标是能够进行快速而有效的设计、开发以及执行灵活且可扩展的底层服务组件。对于设计已定义的服务中的底层类和组件结构，OO 是一种很有价值的方法。但是目前与 SOAD 有关的 OO 设计在实践中也存在着一些问题：OO 的粒度级别集中在类级，对于业务服务建模来说，这样的抽象级别太低。诸如继承这样的强关联产生了相关方之间一定程度的紧耦合（因而具有依赖性）。与此相反，SOAD 范式试图通过松耦合来促进灵活性和敏捷性。这使得 OO 难以与 SO 体系结构样式直接保持一致。诸如这些问题还有待于进一步解决，但需要申明的是 OO 确实为 SOAD 提供了丰富的理论源泉。许多 OOAD 技术，比如类、责任、协作等方法，如果将它们提升到更高层次的抽象的话，将可以直接为服务建模提供理论的指导。

SOAD 第二层是架构层，它采用了企业体系结构（EA）的理论框架。企业应用程序和 IT 基础架构发展成 SOA 是一个庞大的工程，其中可能会涉及众多的业务线和组织单元。因此，需要应用 EA 框架和参考体系结构（如开放组织体系结构框架（The Open Group Architecture Framework, TOGAF)），以努力实现单独的解决方案之间体系结构的一致性。在 SOA 中，架构层必须以表示业务服务的逻辑构件为中心，并且集中于定义服务之间的接口和服务级协定（Service Level Agreements, SLA）。

SOAD 第三层是业务层，它采用了业务流程建模（BPM）规则。BPM 是一个不完整的规则，其中有许多不同的形式、表示法和资源。现在应用较为广泛的是统一建模语言（UML），此外，一些咨询公司和 ERP 软件包厂商还有许多专用的 BPM 技术，ARIS Implementation Platform 就是这样的产品的一个例子。其他的方法包括：Line of Visibility Enterprise Modeling（LOVEM）和 IBM 的组件业务建模（Component Business Modeling, CBM）战略。SOA 中必须利用所有现有的 BPM 方法作为 SOAD 的起点；同时，必须使用服务流程编排模型中用于驱动候选服务和它们的操作附加技术来对其加以补充。此外，SOAD 中的流程建模必须与设计层用例建模保持同步。

SOAD 以 OOAD、EA 和 BPM 为基础，为 SOA 架构的业务和 IT 实现之间搭建了一个桥梁，并且为 SOA 项目的分析和设计提供了一套理论方法。随着时间的推移，SOAD 还有待于在理论和实践上得以完善。

3 面向服务体系架构的实现技术

3.1 Web 服务（Web Services）技术简介

SOA 并不是新生事物，大型 IT 组织成功构建和部署 SOA 的应用已有多年的历史，这要比现有的 XML 和 Web 服务长很多。IBM CICS 和 BEA TUXEDO 就是过去被用于构建 SOA 应用的两种技术范例。Web 服务是近两年提出的一种新的面向服务的体系结构，也正是由于 Web 服务的出现使得人们更加坚信面向服务体系结构的重要价值，因为很多 Web 服务项目的成功显示了面向服务体系架构的可行性。不过，必须理解 Web 服务并不完全等同于面向服务的体系架构。Web 服务是包括 XML、SOAP、WSDL 和 UDDI 在内的技术的集合，它使您能够针对特定的消息传递和应用程序集成问题构建编程解决方案。它是 SOA 的一个很好的范例。下面就对 Web 服务做一个介绍：

3.1.1 Web 服务的定义

Web 服务是可以使用标准 Internet 协议进行访问的可编程应用程序逻辑。Web 服务结合了基于组件的开发的最佳方面和 Web。与组件类似，Web 服务表示可以重复使用的黑匣功能，而无须担心服务实现的方式。与当前的组件技术不同，不能通过对象模型特定的协议，如分布式组件对象模型（DCOM）、远程方法调用（RMI）或者 Internet Inter-ORB 协议（IIOP）访问 Web 服务。取而代之的是，可以通过普遍的 Web 协议及数据格式访问 Web 服务，比如超文本传输协议（HTTP）和可扩展标记语言（XML）。Web 服务用标准的、规范的 XML 概念描述，称为 Web 服务的服务描述。这一描述囊括了与服务交互需要的全部细节，包括消息格式（详细描述操作）、传输协议和位置。该接口隐藏了实现服务的细节，允许独立于实现服务基于硬件或软件平台和编写服务所用的编程语言使用服务。这允许并支持基于 Web 服务的应用程序成为松散耦合、面向组件和跨技术实现。Web 服务履行一项特定的任务或一组任务。Web 服务可以单独或同其他 Web 服务一起用于实现复杂的聚集或商业交易。此外，Web 服务接口根据 Web 服务接受和生成的消息进行严格的定义。只要可以创建和使用为 Web 服务接口定义的消息，那么 Web 服务的使用者便可以用任何编程语言在任何平台上实现。

3.1.2 Web 服务模型

Web 服务体系结构基于三种角色（服务提供者、服务注册中心和服务请求者）之间的交互。交互涉及发布、查找和绑定操作。这些角色和操作一起作用于 Web 服务构件：Web 服务软件模块及其描述。在典型情况下，服务提供者托管可通过网络访问的软件模块（Web 服务的一个实现）。服务提供者定义 Web 服务的服务描述并把它发布到服务请求者或服务注册中心。服务请求者使用查找操作来从本地或服务注册中心检索服务描述，然后使用服务描述与服务提供者进行绑定并调用 Web 服务实现或同它交互。服务提供者和服务请求者角色是逻辑结构，因而服务可以表现两种特性。图 1 描述了这些操作、提供这些操作的组件及它们之间的交互。

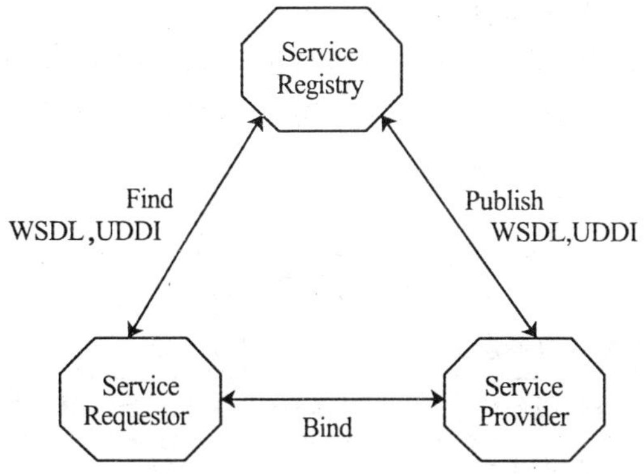

图 1 Web 服务角色、操作和构件

3.1.3 Web 服务体系结构中的角色

（1）服务提供者（Service Provider）：从企业的角度看，这是服务的所有者。从体系结构的角度看，这是托管访问服务的平台。

（2）服务请求者（Service Requestor）：从企业的角度看，这是要求满足特定功能的企业。从体系结构的角度看，这是查找和调用服务，或启动与服务的交互的应用程序。服务请求者角色可以由浏览器来担当，由人或无用户界面的程序（例如，另外一个 Web 服务）来控制它。

（3）服务注册中心（Service Registry）：它是

指用来存储服务描述信息的信息库。服务提供方在这里发布他们的服务；服务请求方在这里查找服务、获取服务的绑定信息。

3.1.4 Web服务体系结构中的操作

对于利用Web服务的应用程序，必须发生以下三个行为：发布服务描述、查询或查找服务描述以及根据服务描述绑定或调用服务。这些操作具体为：

（1）发布。为了使服务可访问，需要发布服务描述以使服务请求者可以查找它。发布服务描述的位置可以根据应用程序的要求而变化。

（2）查找。在查找操作中，服务请求者直接检索服务描述或在服务注册中心查询所要求的服务类型。对于服务请求者，可能会在两个不同的生命周期阶段中牵涉到查找操作：在设计时为了程序开发而检索服务的接口描述，而在运行时为了调用而检索服务的绑定和位置描述。

（3）绑定。在绑定操作中，服务请求方通过分析从注册服务器中得到的服务绑定信息，包括服务的访问路径、服务调用的参数、返回结果、传输协议、安全要求等，对自己的系统进行相应配置，进而为远程调用服务提供者所提供的服务。

3.2 Web服务技术栈描述

Web Services以技术栈的形式规范了Web Ser-vices体系中的各类关键技术，包括服务的描述、发布、发现以及消息的传输等，如图2所示。

Web服务技术栈		
发现服务层	→	UDDI、DISCO
描述服务层	→	WSDL、XML、SCHEMA
消息格式层	→	SOAP
编码格式层	→	XML
传输协议层	→	HTTP、SMTP等

图2 WEB服务技术栈框图

第一层是发现服务层，该层主要帮助客户端应用程序解析远程服务的位置，现通过UDDI（Universal Discovery，Description，Integration）来实现。UDDI规范由Microsoft、IBM、Ariba三家公司在2000年7月提出。它是在原有Microsoft提出的DISCO（Discovery of Web Services）和IBM的ADS（Advertisement and Discovery of Services）的基础上发展而来的。UDDI是Web Services的信息注册规范，以便被需要该服务的用户发现和使用它。UDDI规范描述了Web Ser-vices的概念，同时也定义了一种编程接口。通过UDDI提供的标准接口，企业可以发布自己的Web Services供其他企业查询、调用；也可以查询特定服务的描述信息，并动态绑定到该服务上。通过UDDI，Web Services可以真正实现信息的“一次注册到处访问”。

第二层是描述服务层，该层主要为客户端应用程序提供正确地与远程服务交互的描述信息，现通过WSDL（Web Service Description Language）来实现。WSDL由Microsoft，IBM，Ariba三家公司在2000年9月推出。它是Microsoft公司的SDL（Services Description Language）、IBM公司的NASSL（Network-Accessible Services Specification Language）合并后被W3C接纳所形成的标准。WSDL为服务提供者提供以XML格式描述Web Services请求的标准格式，将网络服务描述为能够进行消息交换的通信端点的集合，以表达一个Web Services能做什么，它的位置在哪里，如何调用它等。

第三层是消息格式层，该层主要保证客户端应用程序和服务器端在格式设置上保持一致，现通过SOAP（Simple Object Access Protocol）协议来实现。SOAP协议最先由Microsoft公司提交给W3C组织，并于2000年4月通过1.0版本。它是SOA架构实现的线缆级协议，定义了服务请求者和服务提供者之间的消息传输规范。SOAP用XML来格式化消息，用HTTP来承载消息。SOAP包括三部分：定义了描述消息和如何处理消息的框架的封包（SOAP封包）、表达应用程序定义的数据类型实例的编码规则（SOAP编码规则）以及描述远程过程调用和应答的协定（SOAPRPC表示）。

第四层是编码格式层，该层主要为客户端和服务器之间提供了一个标准的、独立于平台的数据交换编码格式，现通过XML（eXtensible Markup Language）来实现。XML是一种元语言，可以用来定义和描述结构化数据。XML使用基于文本的、利用标准字符集的编码方案，避开了二进制编码的平台不兼容问题。XML有许多优点，包括跨平台支持、公用类型系统和对于行业标准字符集的支持，它是Web Services得以实现的语言基础。Web Ser-vices的其他协议规范都是以XML形式来描述和表达的。

第五层是传输协议层，该层主要为客户端和服务器之间提供了两者交互的网络通信协议，现主要通过超文本传输协议（Hypertext Transfer Protocol，

HTTP)、简单邮件传输协议（Simple Mail Transfer Protocol, SMTP）协议来实现。HTTP是一个在Internet上广泛使用的协议，为Web Services部件通过Internet交互奠定了协议基础，并具有穿透防火墙的良好特性。SMTP则非常适合于异步通信，如果服务中断，SMTP可以自动进行重试。此外，HTTP和SMTP的另一个显著优点是它们的普及型。现在企业中Web浏览器和电子邮件服务使用相当广泛。

3.3 Web服务体系结构的优势

Web Services是近两年提出的一种新的面向服务的体系结构。同传统的分布式模型相比，Web Services体系的主要优势在于：

（1）高度的通用性和易用性：Web Services利用标准的Internet协议（如HTTP、SMTP等），解决了面向Web的分布式计算模式，提高了系统的开放性、通用性和可扩展性；而CORBA、DCOM、RMI使用私有的协议，只能解决企业内部对等实体间的分布式计算。此外Http协议能够很容易地跨越系统的防火墙，具有高度的易用性。

（2）完全的平台、语言独立性：Web Services进行了更高程度的抽象，只要遵守Web Services的接口即可进行服务的请求与调用。Web服务将XML作为信息交换格式，使信息的处理更加简单，厂商之间的信息很容易实现沟通，这种信息格式最适合跨平台应用。此外，Web服务基于SOAP协议进行远程对象访问，开发实现可以通过各种开发工具，而不需要绑定到特定的开发工具之上，这很容易适应不同客户、不同系统平台以及不同的开发平台。而CORBA、DCOM、RMI等模型要求在对等体系结构间才能进行通信。如CORBA需要每个连接点都使用ORB（Object Request Broker，对象请求代理），DCOM需要每个连接点都使用Windows平台，RMI需要每个连接点都使用Java，否则双方是不能通信的。

（3）高度的集成性：Web服务的实质就是通过服务的组合来完成业务逻辑的，因此，表现出了高度的组装性和集成性。可以说集成性是Web服务的一个重要特征。Web服务体系结构是建立在服务提供者和使用者之间的松散耦合之上的，这样使得企业应用易于更改。相对于原来的集成方式，Web服务集成体现了高度的灵活性。Web服务还可以提供动态的服务接口来实现动态的集成，这也是传统的EAI解决方案所不能提供的。

（4）容易发布和部署：Web服务体系结构方案通过UDDI、WSDL、SOAP等技术协议，能够很容易实现系统的部署。

4 结 语

本文阐述了面向服务体系架构的立本理论内容和实现技术。首先简单介绍了SOA的概念、特征以及该模型的优点；然后介绍了SOA架构的设计原则，其中提出了一种新的分析设计原理SOAD；最后主要介绍了一种实践SOA架构的技术规范Web Services。关于具体实现细节是通过一个SOA架构的案例来说明的。限于篇幅，本文略去了案例部分，仅以此初步的认识与大家交流。

参 考 文 献

[1] Greg Lomon. Understanding SOA with Web Service [M]. 徐涵，译. 北京：电子工业出版社，2006.

[2] Thomas ERL. SOA概念、技术与设计 [M]. 王满红，译. 北京：机械工业出版社，2006.

[3] Paul C Brown. SOA实践指南——应用整体架构 [M]. 北京：机械工业出版社，2006.

[4] 梁爱虎. 精通SOA：基于服务总线的Struts + EJB + Web Service整合应用开发 [M]. 北京：电子工业出版社，2006.

The Design and Implement Technique of Service-Oriented Architecture

SHEN Mei[1], SHENG Dingyu[1]

(1. Information Department, Capital University of Economics and Business, Beijing 100084, China)

Abstract: Service-Oriented Architecture (SOA) is an enterprise system architecture, it requires developers to transform applications to a collection of services. According to it, developers can jump out of application programs themselves and have a profound thinking. For example, developers can think of a reuse of existing services, considering how their services can be reused in other projects. In this paper, we start with the acquaintance of SOA and the principles SOA conforms in practice, subsequently analyze the characteristics of SOA as well as the advantages of the model, illustrate service-oriented analysis and design principles, at the same time, we provide a three-tiered structure of SOA design, among which we specially propose a new analysis design principle——SOAD. At last, we mainly introduce design ideas and methods of implement technique in service-oriented architecture.

Key words: service-oriented architecture practice principle, design theory three-tiered structure, implement technique technology service stack

第五篇

信息系统设计、开发与项目管理

管理信息系统的演进：基于知识层级与系统集成的分析*

张晓娟

（武汉大学信息管理学院，武汉 430072）

摘　要：本文旨在建立一个智能——集成二维研究体系，并在此体系内分析和研究管理信息系统的演进。作者以DIKW知识层级和系统集成框架为基础，为管理信息系统的演进过程建立了概念模型。通过概念模型分析了传统MIS前后的一些代表性企业信息系统的发展过程，如EDPS，DSS，GDSS，IDSS，EIS，ERP和BI等，描述了它们之间的关系。文章最后得出结论，在智能——集成二维体系内，管理信息系统的演进是一个沿着知识层级智能不断增强和在系统集成框架内分层级集成的持续发展过程。

关键词：管理信息系统；系统集成；知识层级；演进；模型

分类号：C931.6；N94；F27

1 引　言

从进行简单文件数据处理的数据处理系统到智能化的决策支持系统，都属于现代的管理信息系统的范围。其中代表性的企业信息系统包括：电子数据处理系统（EDPS）、传统管理信息系统（MIS）、决策支持系统（DSS）、群决策支持系统（GDSS）、智能决策支持系统（IDSS），经理信息系统（EIS）、企业资源规划（ERP）、数据仓库（DW）、数据挖掘（DM）和商业智能（BI）等。上述每一信息系统各自代表了现代企业信息系统发展过程中的某一阶段，它们各具特征，以满足不同的管理需求；它们各自独立发展，而又相互交叉。EDPS是面向事务的信息系统，MIS是面向管理的信息系统，DSS则是面向决策的信息系统；DSS在组织中可能是一个独立的系统，又可能作为MIS的一个子系统而存在。20世纪90年代以来，DSS与人工智能、计算机网络技术等结合形成了智能决策支持系统；而商务智能的问世，数据仓库和数据挖掘技术的产生及其与DSS的集成，又为综合决策支持系统的诞生奠定了基础；从MRP到ERP，则实现了企业业务功能的全面集成。企业信息系统演进过程中，新旧系统或交替更迭，或分离组合，或继承发展，给研究者、实践者展现了一幅纷繁复杂的图景。而寻找企业信息系统演进的规律，是研究者和实践者们一直孜孜以求的课题。

为企业信息系统演进而建立各种模型以体现其发展规律，是这一领域研究的一个重要而富于挑战的方面，其中以反映“组织中的计算演进（computing evolution in organization）的Nolan Stage Hypothesis最为著名和被广泛引用[1]。

为探求现代管理信息系统演进的规律，本文作者在前人研究成果的基础上，从分析Nolan模型的局限性出发[2]，以DIKW知识层级和系统集成框架为基础，建立以智能维和集成维为框架的研究体系，在此体系下探讨、分析具有代表意义的、典型的企业管理信息系统的发展轨迹，并提出相应的概念模型。

上述部分所称MIS是指传统MIS，即“20世纪六七十年代MIS刚出现时的概念，那时它实际上只有计划与控制的功能”；“后来发展起来的MIS，可以称之为狭义的MIS”[3]，可以理解为是当时研究者和实践者们所设想的满足一个企业内一切管理需要的MIS。

在信息时代，管理信息系统有更为广泛的涵义。在Stephen Hagg等所著*Information Systems Essentials*（2nd Edition）一书中，管理信息系统被“正式地定义”为“涉及对信息技术工具的规划、开发和运用，其目的是帮助人们完成与信息处理和信息管理相关的一切任务”[4]。这是对于管理信息系统的广义理解。本文的标题中的“管理信息系统”指称广义MIS，代表对于在现代企业环境中

* 通讯作者：张晓娟．博士，副教授，xjz@whu.edu.cn，xjzhang2003@gmail.com

的各个信息系统，包括 EDPS，DSS，GDSS，IDSS，EIS，ERP 和 BI 等的研究。

2 拟研究的问题

本文以以下三个问题为出发点进行研究：

问题一：为全面体现管理信息系统的演进，20 世纪 70 年代提出的 Nolan 阶段假设不断被修正，一系列后续模型随之建立[5]。集成作为这些模型中的不可或缺的组成部分，首先表现为演进过程中的一个阶段，而后成为其中的几个阶段。在企业信息系统的发展中，集成是一个单一的阶段，或是几个阶段，还是一个过程？

问题二：在 Nolan 模型中，“集成”是一个未加明确界定的概念，其实质是“应用集成”，即与企业的购销活动中的信息处理密切相关[6]。而在各个不同时期研究者的扩展模型中，“集成”的含义各不相同，除了“应用集成”外，还可以是“信息系统集成”等，不一而足。如何确定集成的内容，在企业背景下哪个部分是它的核心：信息集成，技术集成，应用集成，业务集成抑或是企业集成？并由此而引发另外一个问题，如何建立集成的框架来全面地勾勒出管理信息系统的发展过程？

问题三：如何描述决策支持系统的演进。这里“决策支持系统”是用来描述企业中的决策活动，它包括但不仅限于 DSS。即，考察现代企业信息系统的发展，除集成维外，还需要另一个维度。这一维度至少与决策支持系统相关，并能揭示其演进的内在规律。

为了回答上述三个问题，本文首先建立了一个新的基于集成维和智能维的研究视角，并且以此为基础建立一个研究体系以探讨管理信息系统的演进。从这个视角和体系，作者分析了在 MIS 前后一些具有代表性的管理信息系统，如 EDPS，DSS，GDSS，IDSS，EIS，ERP 和 BI 等，描述了它们在演进中的相互关系，并在此基础上建立起一系列概念模型，从而得出有关管理信息系统发展演进规律的一些结论。

3 系统集成框架与集成维的建立

研究者们往往不加区分地使用信息集成、企业集成与系统集成这三个名词。在 Lee 的著述中提到，“术语企业集成或称系统集成反映了集成各种不同系统功能的能力。”[7] Giachetti 在其关于企业集成的文章中，从“企业集成”无痕地转换到“企业信息集成”[8]，似乎“企业集成”与“企业信息集成”可以互换使用。

但是，我们必须把企业集成、信息集成和系统集成区分开来以便找到一个“稳定的核心”，或者说是一个“容器”来包涵这些到目前为止仍未能获得准确定义的不同集成类型。

通过对企业集成、信息集成和系统集成等术语的分析，作者首先将企业集成、信息集成统一于系统集成，并全面总结其集成内容，建立集成化研究框架，以便在企业背景下全面而富有逻辑地来表示所有的集成基本类型[9][10]。基于系统集成的研究框架包括五个层次，即物理集成（例如网络集成）、数据集成、应用集成、业务流程/功能层（包括业务流程（水平层面）和功能集成（垂直层面））和表现层/用户界面集成。这五个层次不仅描绘出在一个单一企业内部的系统集成，在不同层面上发生的不同企业间的集成也可以同一框架来表示。

考察现代企业信息系统发展的“集成维”由此建立。现代管理信息系统（商业信息系统）集成活动的演进过程能够在这个维度上逐一进行分析。

在系统集成的框架下考察现代企业信息系统发展的过程，其“集成化”的轨迹表现为不同的信息系统，如 MIS，ERP，BI 等在发展的不同时段有不同的集成方式，而不是沿袭着某一个单一的集成类型，如数据集成或应用集成，持续地演进。狭义的 MIS 试图实现“一个完全集成的系统”[11]，但是，MIS 的设计目标与其实际应用之间存在着巨大的差距。“MIS 的实际发展情况已表明，……它本身太复杂以致根本不可能按最初的工程设想进行一体化系统设计。”[12] 管理信息系统随后的发展，如 ERP 的应用集成、DSS 的功能集成以及 BI 的数据集成的加强不仅有力地表明了这些管理信息系统是如何一直在延续所期望却未能完成的 MIS 的集成并且在“系统集成”的框架内相互关联，同时，它还验证了“集成过程”的概念[13][14]。

4 知识层级与智能维的建立

我们对知识层级，或称信息层级的“数据-信息-知识-智慧”（DIKW）已很熟悉，然而，如何将它们与商业管理活动相联系还没有清楚地得以展示。在这一部分，DIKW 将通过决策行为映射到企业活动中。智能维度也在这一映射的基础上建立起来。

4.1 知识层级与智能

DIKW 起源于 Sharma[15] 的研究。一般认为代表简单事实数据通过结合有意义的结构因素而转化为信息；将有意义的信息置入一定的语境（context）中并用来帮助预测时就转化成了知识。在数据到智慧的转化过程中我们也可以看到“理解”（understanding）在从数据、信息、知识到数据的每个转换环节中起到的不可或缺的作用。数据-信息-知识-智慧的转换也可以一种“理解”不断增强的形式来表达[16]。

韦氏在线词典将智能（intelligence）定义为“领会、理解的能力；从理解和经验中获利”[17]。从这一点出发，作者通过对智能的深入分析，提出数据-信息-知识-智慧的转换实际是一个“智能增强”的过程。在此过程中，智能作用于从数据到智慧的每一个转换环节，使得这一转换不断向更加“智能”的方向发展[18]。

4.2 知识层级与决策的映射

在上述数据、信息、知识、智慧以及智能的基础上，我们现在将知识层级通过决策行为映射到商业管理活动中。

在企业或其他组织中，信息系统实际上起到支持决策的作用，为决策行为提供信息。这里的信息应该是数据、信息和知识的集体名称。也就是说，在决策制定过程中，收集、处理、综合和利用所用相关的数据、信息和知识，以达到支持决策的目的，而不是相互间做出严格的区分。一个较好的例子是，即使我们有明确的数据驱动 DSS、文件驱动 DSS 和知识驱动 DSS，而最为适用的决策支持系统实际上“是一个从原始数据、文件、个人知识和企业模型中编译出有用的信息用来确定和解决问题，做出决策的交互式的软件系统。”[19]

4.3 智能维的建立

上述有关知识层级及其在管理/决策活动上的映射可以描述为（图1）：

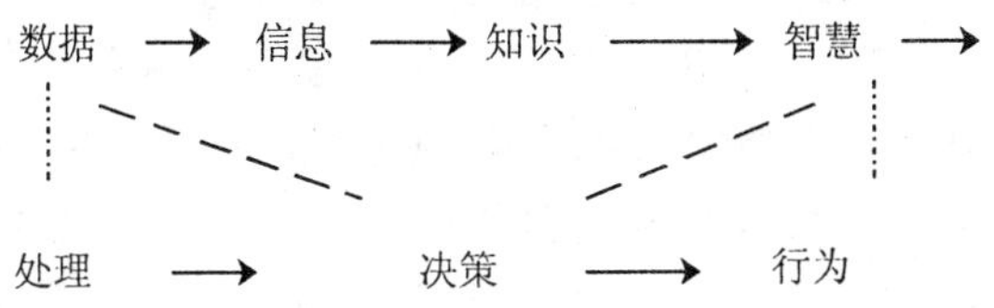

图1 智能维的形成

断点线代表知识层级与企业决策行为之间的映射。记录企业交易活动的数据经过收集和处理，在支持决策的过程中转换成信息、知识和智慧，并在此基础上形成有效的解决方案，为企业更好发展采取行动措施。

管理信息系统通过不同的方式在不同的“智能水平”上发挥作用，从低水平到高水平，分别代表着知识层级中的数据、信息、知识和智慧。EDPS 的作用是收集与企业交易相关的数据，进行初步处理；传统 MIS 将数据转换为信息；DSS 和 BI 所做的是将数据和信息进一步转换成知识，支持决策者做出决策。

传统 MIS 重在数据和信息的存储、处理和利用，从而对运作层和战术层的决策提供支持；BI 的重点在于知识挖掘和智能化决策，对战略性决策提供帮助。从 EDPS 到 BI 的发展代表了决策支持系统的演进，即从自动化到智能化，从低水平到高水平。在智能维度，我们看到了管理信息系统发展中智能不断增强的过程。

5 管理信息系统的演进：概念模型

从上述建立的基于系统维和集成维两个维度的研究体系视角，我们现在重新考察管理信息系统的演进，试图描画一幅这些系统的演变、改进及其相互关系的清晰图景。

5.1 从 EDP 到传统 MIS

当计算机在 1954 年首次被用于商业数据处理，它们主要应用于文件和报告的准备工作，这种准备工作是建立在事务数据的批量输入基础之上的。这些系统被称为电子数据处理系统，即 EDPS。它的基本特征包括[20]：关注数据（data focus）；以操作层面的数据、存储、处理和流动为焦点；相关工作的文件集成，以及有关管理工作的总结报告。

EDP 是一个对相关工作进行有限集成的数据层面的事务处理和报告系统。

传统 MIS 除了在事务处理、业务流程以及产品和服务等方面的作用以外，还能支持管理工作流程例如计划控制和决策行为。MIS 的特征包括[21]：关注信息（information focus）；结构化信息流；通过业务功能对 EDP 工作进行集成，比如生产管理信息系统，市场管理信息系统，个人管理信息系统等；查询和报告的生成，通常与数据库有关。

伴随着“对于集成的特别的强调”[22]，传统 MIS 提供了一个新层次的信息服务以满足管理和决策的需要（图2）。

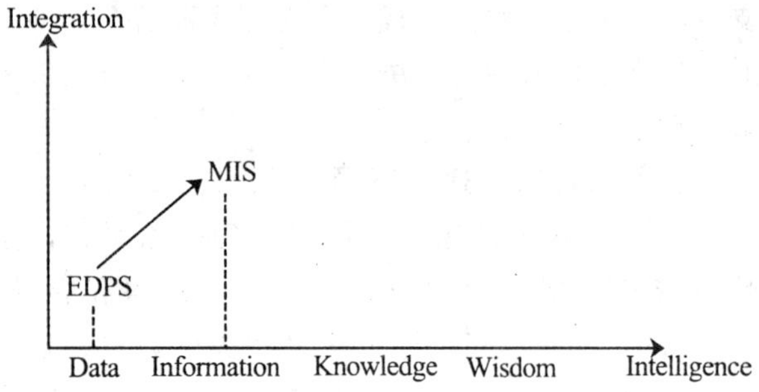

图 2 传统 MIS：从数据处理到信息管理

具体而言，MIS 的集成有以下特征：

数据集成：在计算机之前，事务数据文件始终“归属于”或者说是单个业务职能的责任。在 EDP 阶段，相关工作的集成文件出现了；作为 MIS 基石的数据库管理系统和数据库将组织从数据使用的功能限制中解脱出来。数据开始被管理以利于组织范围内的广泛使用。

应用集成：由于通用数据库的使用且其与应用集成相关，应用集成在 MIS 中变得十分重要。

功能集成：MIS 的应用软件由两部分组成，一部分是具有单一功能的应用，另一部分是那些跨功能的应用。

除了它的集成和管理功能之外，传统 MIS 同样被期待用于满足一个企业内部各种层次的决策需求。“最简单最直接地来说，MIS 处理所有的与经营管理一个组织相关的信息和决策活动”[23]。

在 MIS 发展的早期，它曾被称作总系统（Total System），总管理信息系统（Totol Management Information System），或者简单地称作管理信息系统。它定位为公司唯一的信息系统。但以 Deardon 的观点来看，用一个单一的系统来满足公司里所有管理者的信息需求，即，以“一个单一的完全集成的超级系统（completely integrated supersystem）——一个管理信息系统——来帮助管理企业活动的每一个方面”[24]，是不可能的。他认为，重点应该放在满足管理者需求的子集上。Deardon 代表了那一时代对于狭义 MIS 的看法。

5.2 DSS 和集成的 DSS：从基于信息的决策到基于知识的决策

尽管研究者对于是否应该把 MIS 和 DSS 加以区分还存在争议，但是 DSS 在支持决策活动方面具有传统 MIS 所不具备的功能，即用于解决没有明确结构的问题，却是大多数研究者公认的结论。DSS 的重点是决策制定，目标是提高组织决策过程的有效性。“DSS 的特征包括协助解决非结构化的问题及外部数据资源的利用”[25]。“早期 DSS 的开发者的目标是创建环境以便于决策者与 IT 系统共同工作，以交互的方式解决问题；人类处理复杂的非结构化的问题，而信息系统则通过对结构化要素的自动化为决策提供帮助[26]。

显而易见，人的智能被引入到 DSS 中，使与用户的交互和为管理者提供个性化的报告都成为可能。与“关注数据”的 EDP，“关注信息”的 MIS 相比，DSS 是“关注决策”的系统，这种观点也曾被质疑[27]。事实上，在“数据 - 信息 -”的转换中看到“决策”一词很让人困惑。在智能维度，一个基于知识的系统应该是传统 MIS 发展的必然结果。但是早期的 DSS 并不是以知识为基础的决策支持系统。确切地说，它是从基于信息的系统到基于知识的系统的一个过渡系统。

现代 DSS 包括个人决策支持系统（PDSS），群决策支持系统，经理信息系统，在线分析处理系统，数据挖掘和商务智能[28]。

作为“集成系统”的 DSS[29][30]也包含一些下属领域，如专家系统（ES）、智能决策系统（IDSS）、群决策支持系统（GDSS）和经理信息系统（EIS）。这表明了传统 DSS 在智能维度上的进一步发展。集成的 DSS 代表了不同决策信息系统在功能上的集成（图 3）。

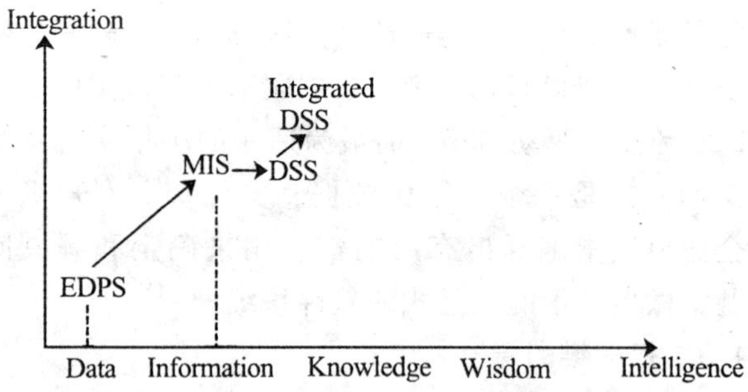

图 3 DSS 与集成的 DSS：向基于知识的决策系统发展

5.3 ERP：一个应用驱动的集成系统

ERP 系统是一个将业务流程与创造价值和减少成本的目标相结合的信息系统。一个 ERP 由服务和支持多种业务流程的多模块应用软件包组成。企业内部集成是早期 ERP 系统设计、发展和使用的驱动力，而 ERP 系统的发展则显示了企业间集成的更为广阔的集成范围[31]。

尽管在集成方面有了巨大的进步，但是 ERP “未能完成企业软件的根本任务——业务和技术集成于一体”[32]。最初设计ERP的初衷是用一个单一的集成系统来代替多种功能的系统，并能够有效地、高效率地运行工作。这也许是为了延续狭义MIS集成的梦想。

值得注意的是，在关于ERP集成的文献中，研究者和实践者交替使用应用集成，过程集成，企业集成甚至信息集成等等术语[33]。ERP系统的出现使企业核心业务流程集成化。严格来讲，ERP属于业务流程集成。但在实际当中，ERP表现为一种能够支持企业业务运作的有效的企业应用软件方案，因此人们公认ERP为应用集成的代表：“ERP通过运作（应用）集成来支持企业的日常运作。”[34]基于且集中于应用集成的ERP一直都是朝着发展“新型的、模块化同时又是相关联的企业应用”[35]而努力的（图4）。

ERP是以应用集成来带动系统内数据集成和系统外数据共享的，基于此，研究者们得以“信息集成”来概括其系统内数据集成和系统外数据共享的特点。这也证实了ERP是一个信息层面的系统。

从智能方面来看，ERP对于商业决策的应用集成支持被称为“应用中心”方法，它是用数据来支撑一个单独的或者一些相互关联的应用[36]。这种方法使数据集成受到了限制。它对实时决策的支持主要是在战术和操作层面。而要想使其扩展为能够有效帮助战略决策或者充分地帮助涉及多个企业的决策就十分困难了，因为后者需要大量的数据。

虽然ERP在应用集成领域已取得了巨大进步，提高了不同系统间的互操作性，并且企业系统内部和不同企业系统间更加完全的集成很可能是ERP进一步发展中的优先考虑，但是在ERP系统在智能化维度上的进步，或称“决策自动化”，还“有赖于知识管理系统、数据仓库/数据集市和商业智能系统的辅助，而这些还需要得益于在人工智能领域的进步和突破[37]”。

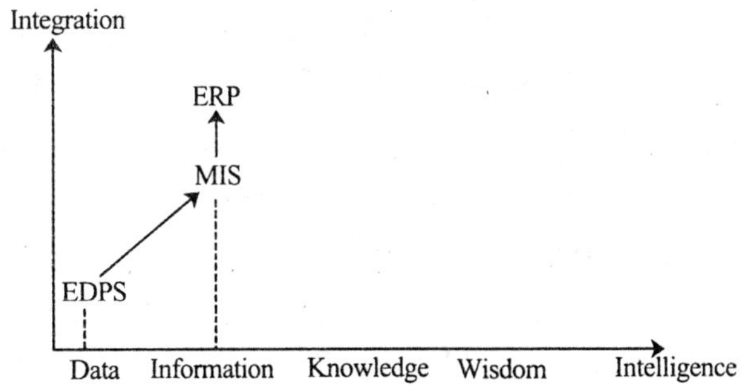

图4 ERP：应用驱动的集成系统

5.4 BI：数据驱动和基于知识的决策系统

商务智能是先前一系列支持决策系统发展的结果。BI一词曾一度作为“决策支持，EIS和MIS”的替代名词[38]。Nagash[39]将BI系统定义为：BI系统将数据收集、数据存储和知识管理与分析工具相结合，为规划者和决策者提供复杂的内部信息和竞争信息。这意味着，理想的商业智能系统能在合适的时间，正确的地点以及合理的形式向决策者提供可行动的信息（actionable knowledge）。他还明确强调“BI将数据转换成有用的信息，并通过人类的分析转换成知识”。

作为BI的基础，数据仓库是支持管理决策的数据集成化存储[40]（图5）。这个论述突出了BI的两个显著特征：

- 大量数据的存储器。商务智能系统从多个和分散的数据来源获取数据，并存储这些数据，从而起到“静态”数据存储器的作用[41]。在这个数据存储器中，保存有外部和内部数据，结构化、半结构化和非结构化数据，这些数据经转化处理后具有一致的数据结构。
- 在决策层、管理层和运作层全面地支持企业决策。通过商务智能工具和人的分析，商务智能系统将数据转化为有意义的信息，进一步转化为可支配行动的知识，并支持企业从这一过程中获得利润。[42]从决策支持系统的角度来看，“商务智能系统是数据驱动的决策支持系统。”[43]

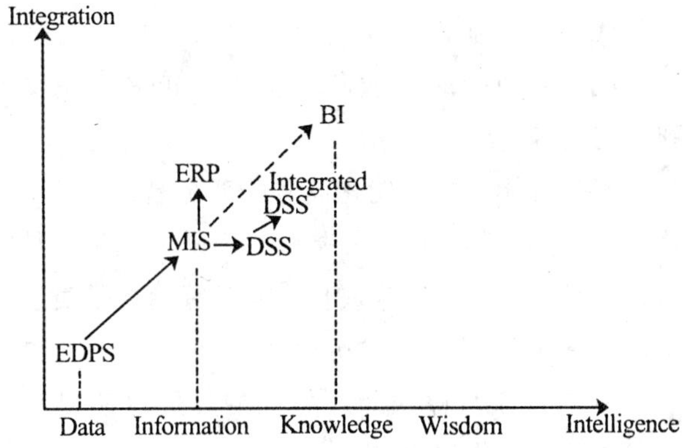

图5 BI：基于知识的决策系统

6 结论：管理信息系统在二个维度内演进的总体分析

在集成和智能维构成的研究体系内，现代企业信息系统发展的总体图景得以清晰地展现出来。

传统MIS的起源和发展反映了现代企业信息系统从EDPS的数据处理到信息管理的演进。在这以后，由于狭义MIS没有达到它的完全集成和全面支持企业管理活动的设计目标，从系统集成框架角度，未能在数据层、应用层、业务功能层和表现层全面地实现集成，也未能在企业决策活动中引入人类知识和智慧，使得管理信息系统在智能维和集成维上的进一步发展成为必要。

决策支持系统在传统MIS数据库基础上增加了模型库系统，以提高系统的定性分析能力与智能化程度，从而使决策支持系统能在更加智能化的层面上辅助决策，代表了企业信息系统朝向知识化决策支持系统的演变。

作为集合名词的DSS则代表和反映了DSS及其子域，如专家系统、智能决策系统、群决策支持系统和经理信息系统等，是DSS进一步发展并朝向智能化演进的明证。作为集合名词的DSS，代表了众多辅助决策系统的集成。其集成实质上是功能集成，并通过功能集成实现进一步的智能化。

ERP系统的出现，是传统MIS在集成化方向上的延伸。ERP使企业核心业务流程集成化，通过应用集成来支持企业的日常运作。从“信息集成”的视角考察ERP的演进历程，勾勒出了一条关于ERP系统发展的清晰脉络，它契合了企业信息系统在集成化的维度上对于MIS的发展，并提供了有力的印证：ERP是在MIS基础上，向着集成化方向的延伸，是一个基于信息的集成系统；ERP代表了企业内、外的应用集成，其集成范围在企业业务功能的“横向”上不断扩展，并发展到协同商务。

商务智能，即智能化商务。商务智能“智能”地支持决策；其智能化的基础，则是集成化，具体而言，是数据的高度集成化。商务智能数据集成的特点是基于数据仓库的历史数据和大量数据的集成；BI有助于战略决策，但它的发展也使得它用于战术层和运作层决策。

一系列的概念模型表现了集成和智能维度形成的分析系统内的管理信息系统演进过程，从模型中可以得出结论：在“集成维”与“智能维”所形成的二维空间内，现代企业管理信息系统的演进是一个沿着知识层级智能不断增强和在系统集成框架内分层级集成的持续发展过程。

参考文献

[1] King, J L, & Kraemer, K L. Evolution and Organizational Information Systems: An Assessment of Nolan'sStage Model [J]. Communications of the ACM, 1984, Vol. 27, (5): 466-475.

[2] 张晓娟．现代企业信息系统演进规律研究——从智能维、集成维视角的分析［D］．武汉大学博士学位论文，2007.

[3] Laudon K C, Laudon J P. Management Information Systems: Managing the Digital Firm (9th Edition) [M]. Pearson Education, 2006.

[4] Hagg S & Cummings, M. Information Systems Essentials. 2nd Edition [M], McGraw-Hill Companies, Inc. 2008.

[5] 陈国青，［德］雷凯著．信息系统的组织、管理、建模［M］．北京：清华大学出版社，2002.

[6] Nolan R L. Managing the Crisis in Data Processing [J]. Harvard Business Review, 1979, (March - April): 115-126.

[7] Lee J, Siau K, & Hong S. Enterprise Integration with ERP and EAI [J]. Communications of the ACM, 2003, 46 (2): 54-57.

[8] Giachetti R E. A Framework to Review the Information Integration of the Enterprise [J]. International Journal of Production Research, 2004. 42, (6): 1147-1166.

[9] 张晓娟．“系统集成框架下现代企业信息系统的演进：兼析诺兰模型的局限性”［J］．情报科学，2007，25，no. 8: 1128-1134, 1140.

[10] Zhang, Xiaojuan. System Integration in the Contemporary Business Information Systems: Framework, Implementation and Case Study [A]. Proc. of 2008 International Conference on Wireless Communications, Networking and Mobile Computing, IEEE 2008, 4681094: 1-6.

[11] Dearden J. MIS is a Mirage [J]. Harvard Business Review, 1972. 50. January /February: 90-99.

[12] Curtis G, & Cobham D. Business Information Systems: Analysis, Design and Practice [M]. Pearson Education Limited, 2002.

[13] 张晓娟．系统集成框架下现代企业信息系统的演进：兼析诺兰模型的局限性［J］．情报科学，2007，25，8：1128-1134，1140.

[14] Zhang Xiaojuan. System Integration in the Contemporary Business Information Systems: Framework, Implementation and Case Study [A] Proc. of 2008 International Conference on Wireless Communications, Networking and Mobile Computing, IEEE 2008, 4681094: 1-6.

[15] Sharma N. The Origin of the "Data Information Knowledge Wisdom" Hierarchy. [EB/OL]. [2009-04-08] http://www-personal.si.umich.edu/~nsharma/dikw_origin.htm, Updated: February 4, 2008.

[16] Syed A, Shah A. Data, Information, Knowledge, Wisdom: A Doubly Linked Chain? [J] IKE, 2006, 270-278.

[17] Websters-online-dictionary [EB/OL]. [2009-07-08]. http://www.websters-online-dictionary.org/definition/intelligence.

[18] 张晓娟．现代企业信息系统演进规律研究——从智能维、集成维视角的分析 [D]. 武汉大学博士学位论文，2007.

[19] Wikipedia [EB/OL].[2009-07-11]. http://en.wikipedia.org/wiki/Decision_support_system.

[20] Sprague R H. A Framework for the Development of Decision Support Systems [J]. MIS Quarterly 1980, (11): 1-26.

[21] Sprague R H. A Framework for the Development of Decision Support Systems [J]. MIS Quarterly 1980, (11): 1-26.

[22] Sprague R H. A Framework for the Development of Decision Support Systems [J]. MIS Quarterly 1980, (11): 1-26.

[23] Dickson G W. Management Information Systems: Evolution and Status [A/OL] //Advances in Computers, 1981, Volume 20, edited by Rubinoff M. and Yovits M. C.: 1-37, http://dblp.uni-trier.de.

[24] Dearden J. MIS is a Mirage [J]. Harvard Business Review, 1972. 50 January /February: 90-99.

[25] Vierck R K, Decision Support Systems: An MIS Manager's Perspective [M]. MIS Quarterly, 1981, December: 35-48.

[26] Arnott D, Pervan G. A critical analysis of decision support systems research [J]. Journal of Information Technology 2005, 20: 67-87.

[27] Sprague R H A Framework for the Development of Decision Support Systems [J]. MIS Quarterly 1980, 11: 1-26.

[28] Arnott D, & Pervan G. A Critical Analysis of Decision Support Systems Research [J]. Journal of Information Technology 2005, 20: 67-87.

[29] Marakas G M. Decision Support Systems in the 21st Century, 1st ed. [M]. Prentice Hall, 1999.

[30] Min H, & Eom S B. An Integrated Decision Support System For Global Logistics [J]. International Journal of Physical Distribution and Logistics Management, 1994, 24, (1): 3-23.

[31] McGaughey R E, & Gunasekaran A. Evolution of Enterprise Resource Planning [A] //Global Implications of Modern Enterprise Information Systems: Technologies and Applications, edited by Gunasekaran, A. New York: Hershey 2009: 17-31.

[32] Koch C. Koch's IT Strategy: The ERP Pickle. [EB/OL]. [2009-05-01]. http://www.cio.com/blog_view.html? CID = 935.

[33] 张晓娟．现代企业信息系统演进规律研究——从智能维、集成维视角的分析 [D]. 武汉大学博士学位论文，2007.

[34] Inmon W. A Brief History of Integration. eAI Journal [EB/OL]. [2009-06-09]. http://www.eaijournal.com/applicationintegration/BriefHistory.asp.

[35] McGaughey R E, & Gunasekaran A. Evolution of Enterprise Resource Planning [A] //Global Implications of Modern Enterprise Information Systems: Technologies and Applications, edited by Gunasekaran, A., New York: Hershey 2009: 17-31.

[36] Waston H J, et al. Real Time Business Intelligence: Best Practices at Continental Airlines [J], Information Systems Management 2006, 23 (1): 7-18.

[37] McGaughey R E, & Gunasekaran A. Evolution of Enterprise Resource Planning [A] //Global Implications of Modern Enterprise Information Systems: Technologies and Applications, edited by Gunasekaran, A. New York: Hershey 2009: 17-31.

[38] Thomsen E. BI's Promised Land [J], Intelligent Enterprise, 2003, 6 (5): 20-25.

[39] Nagash S. Business Intelligence [J]. Communications of the Association for Information Systems, 2004, 13: 177-195.

[40] Inmon W H. Building the Data Warehouse [M], Wiley, Chichester, UK, 1993.

[41] Zhang X Business Intelligence: A Data Integration Perspective [A]. Proceedings of the 9th World Conference on Integrated Design & Process Technology, California: 353-355

[42] Liautaud B, and Hammond M. E-business Intelligence: Turning Information Into Knowledge Into Profit [M]. McGraw-Hill Companies, Inc. 2001.

[43] Powell D J. http://dssresources.com/history/dsshistory.html. [EB/OL]. [2006-03-08].

Evolution of Management Information Systems: An Analysis based on Knowledge Hierarchy and Integration Framework

ZHANG Xiaojuan

(School of Information Management, Wuhan University, Wuhan 430072, China)

Abstract: This paper aims to develop a two dimensional research system of intelligence-integration to investigate the evolutionary development of management information systems. The intelligence dimension is based on the Knowledge Hierarchy and a mapping of human intelligence to decision making activities, and the integration dimension, on the system integration framework which unifies physical integration, data integration, application integration, process integration and presentation integration in an enterprise context. A series of conceptual models are built, in-depth analysis of the evolutionary development of some representative management information systems before and after traditional MIS including EDPS, DSS, GDSS, IDSS, EIS, ERP, and BI is performed and their inter relationships of are also explained in the two dimensional research system. In the end, the author reaches a conclusion that the evolution of management information systems is a continuous process of intelligence enhancement along the knowledge hierarchy and of multi-type integration in the system integration framework.

Key words: management information systems; system integration; knowledge hierarchy; evolution; models

社区服务信息资源共享平台构建*

刘钊[1]，柳军[1]，邹凯[1]，马葛生[1]

（1. 湘潭大学 公共管理学院，湘潭 411105）

摘　要：社区服务信息资源共享是社区服务信息化的高级阶段，构建社区服务信息资源共享平台是促进社区服务信息资源共享的有效途径。本文在我国社区信息化现状的基础上，探讨了社区服务信息资源的内涵，分析了社区服务信息资源共享平台的目标、特点和基本框架，并进行了战略规划，明确了平台建设方案的实施步骤，从终端用户和共享中心两个方面分析了平台的需求，从技术基础、系统架构和网络架构三个方面讨论了平台的体系结构，以期为社区服务信息资源共享平台的开发提供有益的借鉴。

关键词：社区服务；共享平台；信息资源；构建

中图分类号：C913.7；G203

我国“十一五”规划指出要深度开发信息资源，促进信息资源共享；国务院制定的《2006—2020年国家信息化发展战略》强调要规范政务基础信息的采集和应用，建设政务信息资源的交换体系。2007年，民政部和国务院信息化工作办公室共同起草的《关于推进社区信息化工作的指导意见（征求意见稿）》中，明确提出社区信息化要“满足政府、公众、企业与社会多重需求”。可见，社区信息化建设是社区建设的重要组成部分，在信息社会以及两型社会建设中，显得尤为重要。

社区信息化建设的最高层次就是社区计算机网络化，实现了社区电子政务、社区电子商务以及社区服务信息化，通过建立社区服务信息资源共享平台提供社区服务。社区服务信息资源共享是社区服务信息化的高级阶段，通过社区服务信息资源共享平台，实现社区服务信息资源共建共享，避免重复建设，节约资源。在社区这一基层单元，构建社区服务信息资源共享平台是促进社区服务信息资源共享，深度开发社区服务信息资源的有效途径。同时，开发社区服务信息资源共享平台是政府加强城市管理和为民服务的有效手段，通过构建社区服务信息资源共享平台完善社区信息化建设，利用信息化手段提供良好的社区服务，从而促进两型社会又好又快地发展。

1　国内外研究现状

信息资源共享平台最近几年一直是研究热点。从国内外的研究成果来看，对信息资源共享的机制、模式、策略、管理体制、评价体系和涉及的知识产权保护问题，以及共享平台的架构和技术等相关方面都有相当深入的研究。从信息资源共享平台建设涉及的领域来看，主要集中于政府、学校、图书情报系统、军队和某些大型企业。在社区服务这一领域中研究信息资源共享平台的论著在国内外都还极为少见。

另一方面，社区服务信息化是当前社区信息化的重点和热点之一。目前国内外专家学者对社区服务信息化的功能、内涵、需求分析、建设思路、技术手段、运作模式、服务平台及存在的问题等方面进行了研究：Wiggins[1]，Civille[2]等人（1999，2000）认为社区经济重建与可持续发展是社区信息网络研究的目标，而建立长期稳定的经费来源、维护网络的持续发展、满足用户不断扩张的社区服务需求则是社区服务信息化建设面临的主要挑战；Shuffstall[3]（2000）在介绍西方国家社区信息服务发展状况的基础上，对社区居民对各项信息服务的需求量进行了调查和统计分析；Lao，G.，Zhong，Y.[4]（2007）在国际信息处理联合会（IFIP）

* 基金项目：湖南省软科学一般项目：长株潭两型社会建设中社区服务信息资源共享平台构建研究（2009ZK3078）
通讯作者：刘钊，E-mail：liuzhao@ xtu. edu. cn

的会议上阐述了社区服务信息资源集成平台；陆首群[5]（2004）认为城市信息化的需求主要应该包括：实行电子政务、电子商务，建立城市社会保障体系、社区服务体系，建设现代物流，打造诚信中国，设立便民服务信息亭等；林宏基、王瑞章认为社区服务信息化应以社区综合信息共享平台和社区综合信息服务中心为突破点，建设一个比较完善的"数字社区"和"数字家庭"信息网络化服务平台，让更多的社区居民上网享受"数字化生活"；何守才等[6]（2001）对社区信息服务网络系统中Web与CORBA这两种技术的互操作模型作了介绍；刘杰[7]（2004）等人认为是社区服务信息化实现了社区服务计算机网络、社区服务电话热线网络、实体服务网络"三网联动"以及信息实体和实体服务的"虚实结合"，并提出了社区服务信息系统的基本框架结构，开发了一个社区信息化系统，为社区服务信息化"一站式"服务平台的构建奠定了基础。

从国内外的相关研究成果来看，目前的研究主要集中于对社区服务信息化的功能、技术手段、运作模式等方面。但目前的研究主要还存在三大局限：第一，国内外的相关研究整体上偏重于社区信息化的理论探讨，应用研究还很少；第二，已有的信息资源共享平台主要应用于政府部门和企事业单位，在社区服务领域还鲜有涉及，社区服务信息资源共享研究急需推进；第三，社区信息化过程中主要以分散信息为主，以信息资源共享为导向来研究社区服务信息化还是一项十分新颖的研究课题。

2 社区服务信息资源共享平台概述

2.1 社区服务及其信息资源

社区服务是伴随着我国经济发展和社会进步，为了满足在工业化大生产、城市化的社会形势中激发的各种需求而产生的。

改革开放以来，随着经济转轨和社会转型，中国的社会福利制度由单位办福利逐渐为社会办福利所取代，社区服务在我国开始出现。1987年民政部主持召开大连市民政工作现场座谈会，首次提出了社区服务的设想，认为社区服务就是"在政府的领导下，发动和组织社区内的成员开展互助性的社区服务活动，就地解决本社区的社会问题"。

社区服务主要为社区居民和弱势群体提供日常的公益性和福利性服务，其信息资源广泛分布于社区服务的各个领域，涉及面广，包含的内容庞杂，与一般行业的信息资源相比较有其独特的地方。

在本文中，社区服务信息资源就是指社区服务信息化中需要采集、加工、发布、传递和处理的社区服务供需关系信息、业务信息和其他相关信息的总体，是社区管理与服务相关资源的整合，主要指社区信息资源数据库建设，可以认为社区服务信息资源是社区信息资源的一个子集。社区服务信息资源是社区信息化的前提和必要条件。社区信息化必须以汇聚大量信息资源并对其进行必要的加工和利用为基础。

2.2 社区服务信息资源共享平台

从目前我国社区信息化建设调研实践中可发现，无论是社区服务的接受者还是提供者或者是管理者，都希望有一个可检索的统一的平台能够方便快捷地获取所需的相关信息。社区服务信息资源共享平台主要针对打破"信息孤岛"局面，实现不同的社区信息系统和数据资源库互联互通的要求而提出，其建设目标就是构架一个统一、通用、独立、开放、灵活的共享体系，为社区服务信息化提供统一的技术支撑环境，实现信息资源的安全控制、组织管理、交换传输和查询应用等基本功能。

社区服务信息资源共享平台的有以下几个特点：一是共享平台运行的区域性。社区服务信息资源共享平台的应用范围主要定位于街道办事处；二是体系结构的适应性。共享平台必须具有良好的扩展性与伸缩性，从技术上讲就是要为系统提供封装适度的标准化接口，为各种应用系统和以后新技术和新工具的引入提供空间；三是开发技术手段的集成性。特别是社区服务的复杂广泛性以及动态变化性，要求社区服务信息资源共享平台开发技术手段具有集成性。

社区服务信息资源共享的平台是一种结合基础技术架构和业务应用模型的复合框架，平台以共享应用为导向，抽象各类应用的共同技术特征，通过构件建模满足不同的个性化需求，形成一个集成化的统一技术支撑环境。社区服务信息资源共享平台的建设需要针对类型复杂的信息共享需求，采用层次与模块划分的办法，建立其基本框架结构，如图1所示[8]。

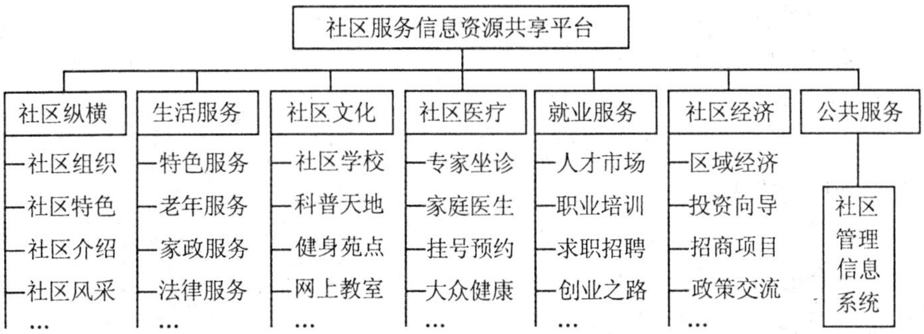

图 1 社区服务信息共享平台基本框架结构

3 社区服务信息资源共享平台的系统分析

3.1 社区服务信息资源共享平台项目建设的战略规划

社区信息化建设的最终目标是提供良好的社区服务，促进社区建设和社会发展。因此，社区服务信息资源共享平台项目的定位也在于为社区公众提供一个综合性的信息化服务平台，从而利用信息技术延伸和拓展社区服务。社区服务信息资源共享平台是一个多维的系统，它的目标是从多层次、多角度为包括政府、社区内企事业单位以及社区居民在内的社区公众提供信息化服务，实现社区内的"统一网络系统，统一系统平台"。

社区服务信息资源共享平台以社区信息收集、处理以及提供为中心，从数据的管理、交换和应用三个环节构建平台，以安全控制和管理保障各环节的运行，以标准和规范保证各环节数据接口的兼容[9]。社区服务信息资源共享平台的整体视图见图 2。

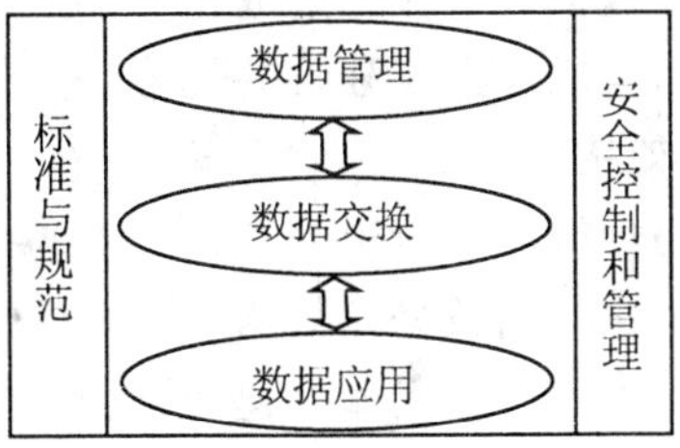

图 2 社区服务信息资源共享平台的整体视图

社区服务信息资源共享平台的构建是社区信息化的高级阶段，是推进社区建设和社区服务发展的新的探索。平台能够针对政府、企业、居民等不同服务对象的特殊要求提供其所关心的信息和服务，同时，三者又通过相关的技术平台相互关联、交换信息，实现资源的共享。此外，社区公众的信息和服务需求纷繁复杂，这些都决定了社区服务信息资源共享平台的构建是一项复杂的系统工程，必须明确共享平台的总体方案以及实施步骤：

第一步，对街道办事处所辖社区内相关信息系统及其资源进行整体的调度规划。依托社区现有的信息化基础设施和应用系统，统一管理协同规划。明确社区服务信息资源共享平台的需求，形成网络化分布式的共享平台解决方案，合理配置平台建设的各种资源。

第二步，形成强有力的共享平台开发组织。对项目管理建立专门机构，从人员组织、制度建设、技术力量配备和运行维护管理等方面保证社区服务信息资源共享平台的开发质量和维护质量。

第三步，执行严格的项目建设流程。遵循系统开发的生命周期，按系统的整体规划、可行性分析、需求分析和系统设计、实现、运行、评价、维护实施平台建设各环节依次实施，并在各个阶段形成阶段性的任务评述报告。

第四步，系统试运行。即在一定范围做社区服务信息资源平台的试点运行，测试平台的功能、性能等，并总结平台的功能缺陷，逐步将其完善。

第五步，逐步推广。在广度和深度上逐步推动社区服务信息资源共享平台的运用，提高共享平台的应用效益。广度上，逐步推广社区服务信息资源共享平台的实施，并考虑各地不同的实际情况适当调整共享平台的功能；深度上，继续完善、拓展社区服务信息资源共享平台，细化平台提供的信息和服务。

3.2 社区服务信息资源共享平台项目建设的需求分析

需求分析的质量对于整个共享平台构建的成败来说是决定性的。在需求分析阶段，我们要对共享平台进行系统调查，明确平台用户对平台的各项需求，确定平台需要完成的具体工作。我们从终端用户和共享中心两方面对平台进行需求分析：

终端用户是共享平台提供终端服务的对象。根据目前社区服务信息化已有的应用，终端服务总体上面向社区居民、公众、企业、社会团体和组织、政府机构及公务员等。不同的服务对象在社区服务信息资源共享平台的功能需求上表现出不同的服务需求特点。

共享中心是共享平台的核心部分，担负着维护数据资源、管理信息资源和维持平台正常运行的任务，是平台提供终端服务的基础。终端服务程序通过中间件或者直接向中心服务程序传送终端用户的请求，符合权限要求的请求会被执行，转化为对数据库管理系统的指令。数据操作完成后，中心服务程序从数据库管理系统接收结果，转换成特定格式，通过中间件或者直接传送回终端服务程序。在共享平台的开发中，涉及的应用域较多，为保证各应用域有较高的独立性，必须实现数据通信的低耦合，因此应该考虑开发以中立方式定义的独立于具体服务基础的接口。这样不同的应用域就可以以统一的和标准的方式进行通信。目前实现这一思想的较新的开发方式被称为面向服务的体系结构（Service-Oriented Architecture，SOA）[10]。

4 社区服务信息资源共享平台的系统设计

4.1 体系结构

由社区服务信息资源共享平台的需求分析可以导出形成共享平台基本的体系结构：对社区服务信息资源平台的各项功能进行抽象和适度封装，再划分出各个功能模块的逻辑边界，按照社区服务信息资源共享平台终端用户－共享中心结构的整体设计思路，可以形成社区服务信息资源平台的体系结构。具体如图3所示[11][12]：

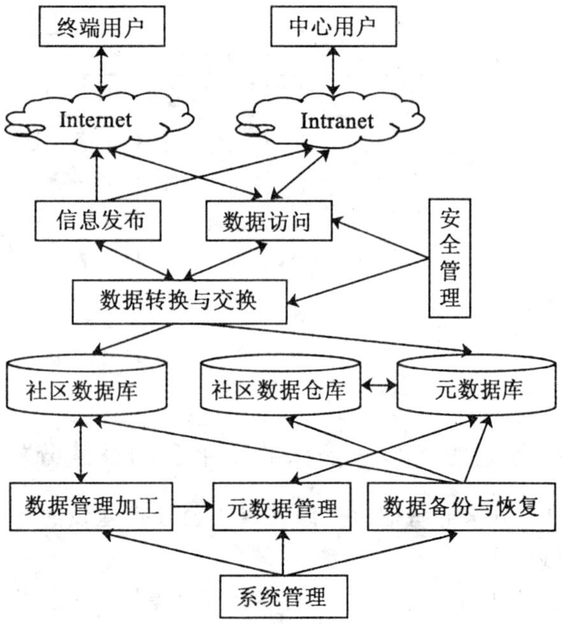

图3 社区服务信息资源共享平台的体系结构

社区服务信息资源共享平台的数据库、数据仓库和元数据库可以是独立的数据库系统，也可以如图3所示作为社区数据库、数据仓库和元数据库的子库整合在社区数据库、数据仓库和元数据库中。

4.2 技术基础

SOA（service-oriented architecture，也叫面向服务的体系结构或面向服务架构）是一种网络环境中的组件模型，它将应用程序的不同功能单元抽象为服务（Service），服务通过接口联系起来，接口采用独立于具体实现的硬件平台、操作系统和编程语言的中立方式定义，使得构建在这样的系统中的服务可以使用统一和标准的方式进行通信，实现业务系统间的互操作[13]。实现SOA的方法有很多种，最常用的是Web Services。

WEB Service是建立可互操作的分布式应用程序的平台。WEB Service具有一个以机器可处理的格式（WSDL，Web Service Description Language）描述的接口，其他系统按照该接口描述的规定方式，通过SOAP消息和该服务交互。

SOAP全称Simple Object Access Protocol，这是一种基于XML的不依赖传输协议的表示层协议，用来在应用程序之间方便地以对象的形式交换数据。WEB Service体系结构并未完全限定承载SOAP消息的底层通讯协议，但通常SOAP绑定的通讯协议是HTTP协议，它广泛应用于互联网，能够通过防火墙，对于应用集成，尤其是跨系统、跨平台的应用集成，具有独特的优势。

4.3 系统架构

首先要分析一个街道办事处下不同社区以及社区不同部门之间的数据库数据元之间的共性，进行政府数据库之间的数据库重建和再造；然后，根据重建和再造的数据库，建立虚拟服务，用以支持跨部门的居民信息化服务需求。居民在实际申请这些服务时，虚拟的服务会通过XML格式发送的SOAP消息和实际政府部门的应用系统进行交互，如图4所示[14]。

4.4 网络架构

社区服务信息资源共享平台涉及内网、专网和外网三个网络系统，其中，内网即社区管理机构内

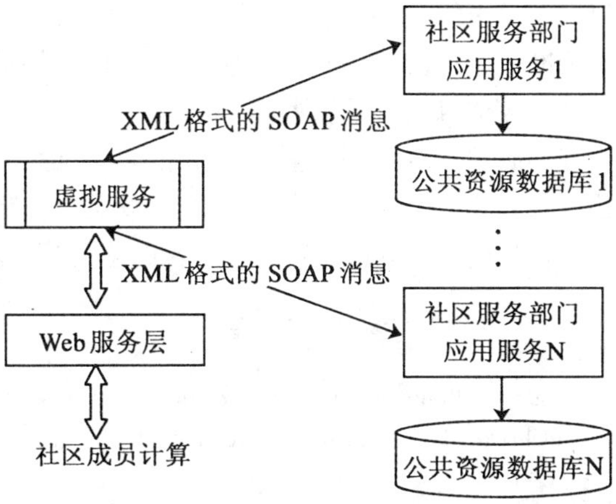

图4 基于WEB Service的社区服务信息资源共享平台

部办公业务网，为Intranet架构，处理机构内部的业务和信息，实现无纸化办公；专网即办公业务资源网络，为Extranet架构，实现社区管理机构与上级政府机构网络互联，在业务范围内与内网有条件互联，实现涉密信息共享；外网即社区服务信息网，为Internet，用于社区服务机构与社会公众之间的信息交流和服务。内网与专网严格要求与外网物理隔断。街道办事处下辖的所有社区的居委会和社区服务受理中心均通过VPN网关与社区服务信息资源共享平台的连接，实现数据的安全交换。

社区服务信息资源共享平台的网络构架如图5所示：

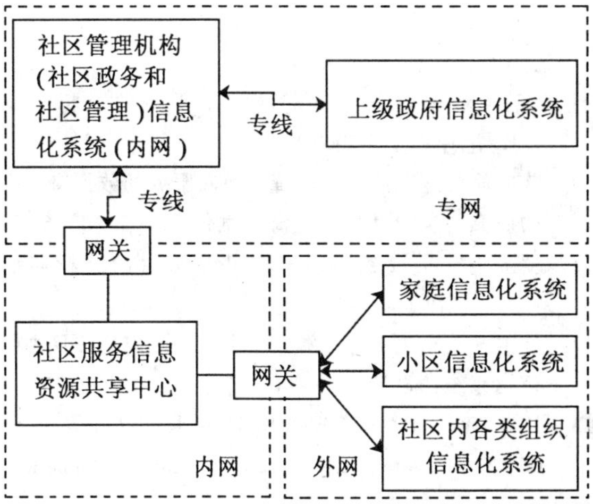

图5 社区服务信息资源共享平台网络架构图

5 案例分析："长沙社区信息服务亭"

2006年，长沙市政府正式立项建设"长沙市24小时多功能便民信息工程"，即"长沙社区信息服务亭"项目。"长沙社区信息服务亭"利用通信技术、计算机信息网络技术、触摸屏技术、信息查询技术、多媒体技术等电子化服务手段为社会公众提供信息查询和发布、在线支付和传统综合服务等公益信息服务及增值服务。"社区信息服务亭"是长沙市信息化建设的一个重要组成部分，其最大的特点是作为电子社区、电子政务和电子商务三位一体的服务终端提供所在社区的独有信息，社区居民通过信息服务亭的多媒体自助服务终端就能获取本社区的相关信息，同时，通过其后台系统的集成，与多个系统进行通信和功能整合，实现信息资源的整合和共享。该项目从这个角度来说，正是一个社区服务信息资源共享平台。

"长沙社区信息服务亭"系统的物理结构由多媒体信息终端和管理中心两个部分组成：多媒体信息终端是安放在信息服务亭内为用户提供直接的多媒体交互功能的用户终端系统，由包括计算机、网络设备、接口设备、多媒体设备及电子交易设备等基础硬件设备和包括操作系统、设备驱动程序、网络服务程序和客户端应用程序在内的软件系统组成。管理中心是由中心网络连接起来的终端管理服务器、内容管理服务器和网络应用管理服务器及与之相连的终端网络组成，对系统的各种前端应用和后端服务进行管理。

系统的应用子系统由数据层、服务层和界面层构成，其整体构架如图6所示：

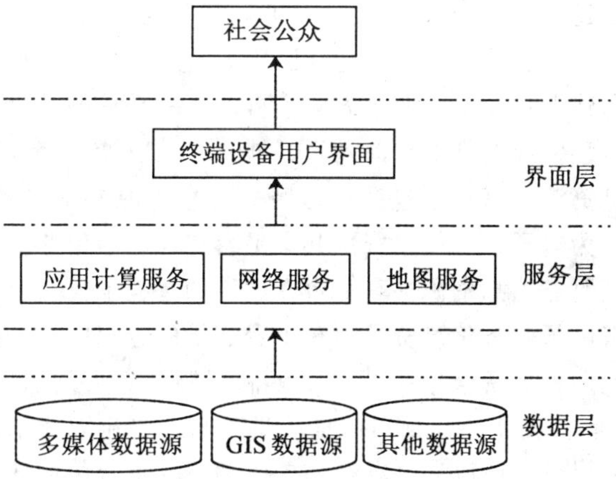

图6 信息亭应用子系统结构图

系统的数据层整合了地理信息数据、多媒体数据和包括政策、各类专题统计数据等的其他数据，组成一个共享的复合数据源。系统的服务层从数据源提取数据，进行处理融合，然后提供给界面层。界面层根据用户的喜好，按照相应的模板，对服务层提供的数据进行格式化处理后，在触摸屏上展示给用户。

系统通过宽带线路将分布在城市不同地点的信息亭中的触摸屏多媒体信息终端联接起来，形成一个网络。网络以管理中心的核心交换机为中心，通过路由器和宽带线路联接信息亭终端，构成一个独立的区域网络，并通过防火墙实现与银行、政府等其他系统网络的联网，实现信息资源的共享。

系统的软件架构可以表示成由客户端、表示层、业务逻辑层和内容管理层组成的四层结构：客户端采用带触摸功能的一体机，软件采用包含扩展功能的 Web 浏览器，支持如 IP 电话、短消息收发、音频视频邮件等功能。表示层通过各种组件实现对各种接入设备的驱动和支持，并负责数据格式的转换。业务逻辑层主要由应用服务器和数据库服务器组成，用于处理和存储各种业务数据，应用服务器主要实现各种业务逻辑，将 Web 服务器转发过来的请求转发分配到相关的业务处理子系统中去作相关的处理，同时还提供系统管理功能。数据库服务器主要用来存储业务数据。内容管理层实现数据内容与数据格式的分离，并提供权限控制、版本控制等内容管理手段，通过内容网关将不同的数据格式转换成统一的可识别的 XML 格式，系统可以扩展集成其他内容提供者的数据内容供用户使用。

6 结 语

从整体上说，我国的社区服务信息资源共享平台建设尚处于起步阶段，出现各种问题也难以避免。从宏观上看，目前社区服务信息资源共享平台的建设主要是从两个方向进行的：一是从电子政务信息资源共享平台向社区延伸；二是以社区综合信息资源共享平台包括社区服务信息资源共享平台。作为电子政务信息资源共享平台在社区的延伸，社区服务信息资源共享平台在建设的过程中自然会带有电子政务信息资源共享平台建设的过程中的一些问题，如资金浪费严重，黑洞问题，应用范围窄，“信息孤岛”问题和信息质量不高，交流方式单调等[15]。而以社区综合信息资源共享平台包括社区服务信息资源共享平台的方式考虑的范围过大，容易忽视社区服务中一些特殊的信息资源共享需求，共享平台难以针对社区服务中信息资源的特点进行优化。

今后的共享平台建设，要注意从以下几个方面寻找解决途径：一是参照电子政务信息资源共享平台建设过程中的经验和教训，仔细论证，注重规划，统一标准，避免落入同样的陷阱中；二是要仔细研究社区服务信息资源及其需求和共享的特点，注重对已有资源的整合利用，重视技术和工具对共享平台建设的作用，以提高共享平台的建设质量，降低共享平台的建设成本，缩短共享平台的建设时间。

参考文献

[1] Wiggins R. Building A Community Information network: A guidebook [J]. Lansing, MI Library of Michigan Foundation, 1999.

[2] Civille R. Community Networking Gets Interesting-Results of a Strategic Planning Retreat [J]. Harbor, WA: Center for Civic Networking, 2000.

[3] Shuffstall B. Building a Community Information Network [J]. Penn State Cooperative Extension, Clearfield County, 2000.

[4] Lao G, Zhong Y. An Information Resource Integration Platform for Community Service [A]. In IFIP International Federation for Information Processing [C]. Boston: L. Xu, Tjoa A., Chaudhry S., 2007.

[5] 陆首群．论城市信息化 [J]. 北京联合大学学报，2004，02：5-8.

[6] 何守才，陈坚，闫昱．在《面向上海城市社区信息服务示范工程》中 Web 和 CORBA 互操作模型研究 [J]. 计算机工程，2001，(01)：92-93，134.

[7] 刘杰，鄢丹．城市街道社区信息化系统工程研究 [J]. 同济大学学报(社会科学版),2004,15(4):9-15.

[8] 刘杰，彭宗政．社区信息化理论与实务 [M]. 北京：清华大学出版社，2004.

[9] 罗卫．电子政务信息资源共享平台的分析与设计 [D]. 湘潭大学，2007.

[10] 陈向峰，陈东浩，方峻峰．面向服务的数据交换平台的研究与实现 [J]. 上海信息化，2006,(8):69-71.

[11] 罗卫．电子政务信息资源共享平台的分析与设计 [D]. 湘潭大学，2007.

[12] 邹凯，马葛生，陈添源．一个地方政府门户网站绩效评估系统的设计 [J]. 情报杂志，2008，(10)：9.

[13] IBM DW. SOA and Web Services [EB/OL]. [2009-05-15]. http://www-128.ibm.com/developerworks/cn/webservices/newto/index.html.

[14] 朱静华．一种基于社区服务的信息化方案 [J]. 现代情报，2007 (7)：44-45.

[15] 罗卫．电子政务信息资源共享平台的分析与设计 [D]. 湘潭大学，2007.

Constructing Community Service Information Resource Sharing Platform

LIU Zhao[1], LIU Jun[1], ZOU Kai[1], MA Gesheng[1]
(1. Institute of Public Administration, Xiangtan University, Xiangtan 411105, China)

Abstract: Community service information resource sharing is advanced stage of community service informatization. The construction of community service information resource sharing platform is an effective way to promote community service information resource sharing. First, the paper discusses the connotation of community services information resources. Then the paper analyzes the goal and the features and the basic framework of the sharing platform. Third, the paper carries out the strategic planning of the community service information resource sharing platform. Then it discusses the steps of the implementation of the sharing platform. Fourth, the paper launches the requirement analysis from two aspects of the end-user and the sharing center. Based on the previous analysis, the author puts forward the systematic structure of the sharing platform from technology foundation, system structure and network construction, in order to provide a meaningful reference for the development of community service information resource sharing platform.

Key words: community service; sharing platform; information resource; construction

基于SOA的社区信息集成服务平台研究与设计*

邹凯[1]，马葛生[1]，肖静波[1]，毛太田[1]

（1. 湘潭大学 公共管理学院，湘潭 411105）

摘　要：随着我国信息化建设的发展，社区信息化成为公众关注的焦点。社区信息集成服务是社区信息化发展的趋势，其关键在于科学设计社区信息集成服务平台，从而实现社区“一站式”服务，提高社区服务质量。文章以面向服务架构（SOA）为开发工具，分析与设计了社区信息集成服务平台的体系结构、逻辑模型以及系统部署，为社区信息化建设提供了一个有益的尝试和参考。

关键词：社区信息集成服务平台；SOA；社区信息化；社区服务

中图分类号：TP302.1

随着我国信息化建设的发展，数字化技术广泛应用于人们工作和生活的各个领域，电子商务、网上教育、网上娱乐等新的工作方式和生活方式快速兴起，数字化生活已经成为人们向往的生活方式并且逐步成为公众的现实选择。在国家信息化领导小组第五次会议通过的《2006—2020年国家信息化发展战略》中，明确将推进社区信息化列为我国信息化发展的战略重点之一，《关于推进社区信息化工作的指导意见》、《国家信息化领导小组2006年工作要点》以及“十七大”报告均对社区信息化建设做了相关部署。社区信息化被喻为解决信息化建设“最后一公里”问题，已成为电子政务面向公众服务的“落脚点”和“末梢神经”。

社区信息化的本质目标是为公众提供良好的社区服务，社区信息集成服务平台作为社区信息汇聚与交换中心的地位已经确立，成为我国社区信息化建设及“数字城市”的重要组成部分。因此，社区信息化实质上属于政府实施电子政务目标的范畴[1]。特别是“宏观调控在中央、综合协调在省市、综合管理在区县、具体操作在街镇、资源整合在社区”的特征，促使了社区信息集成服务平台成为社区服务发展的重要支撑载体。

社区信息集成服务是社区信息化的目标，是提高社区服务质量、促进社区建设的倍增器。随着社区信息化的不断发展，开发社区信息集成服务平台，从而探索行之有效、健康持续发展的社区信息集成服务模式和途径，对于提高社区居民生活质量、社会信息化发展以及促进和谐社会建设都具有重要意义，已经成为公众迫切关注的焦点。本文即以目前盛行的面向服务架构SOA为开发工具研究社区信息集成服务平台，力求提出较为合理的设计方案。

1　相关文献综述

随着我国经济体制改革的推进与深化，社区已成为实现社会整合功能的基础单元，社区服务也日益成为公众关注的焦点。社区服务信息化将社区服务延伸到信息通信网络，极大地扩展了社区服务的范围，提高了社区服务的质量和效率，是社区服务追求的目标。社区信息集成服务是社区服务信息化的发展趋势，是通过系统集成的技术和理念实现社区信息集成服务。国外和我国的上海、深圳等发达地区的城市社区目前已经开始引入信息集成的理念和技术，主要进行以公众需求为中心的信息集成和社区综合管理的功能集成。目前国内外专家学者对社区信息集成服务研究主要体现在以下几个方面：①需求分析方面，Wiggins[2]，Civille[3]等人（1999，2000）认为维护社区服务信息网络的持续发展、满足用户不断扩张的社区服务需求是社区服务信息化建设面临的主要挑战；Shuffstall[4]（2000）对社区居民对各项信息服务的需求量进行了调查，并对这些统计数据进行了详细分析。②目

* 基金项目：湖南省软科学项目“长株潭两型社会建设中社区服务信息资源共享平台构建研究（2009ZK3078）”
通讯作者：邹凯，E-mail：ziukai@xtu.edu.cn

标定位方面，Balaji Rajendran、Neela Narayanan 等学者[5]（2005）认为社区也存在“数字鸿沟”，提出了电子社区（E-community），探讨了社区信息系统（Community Information System）；刘杰[6]（2004）认为社区服务信息化应实现社区服务计算机网络、社区服务电话热线网络、实体服务网络“三网联动”以及信息实体和实体服务的“虚实结合”。③集成管理方面，Harrison，T. M.、Zappen，J. P. 等[7]（2005）针对社区青年，利用组件（groupware）和协作信息系统（collaborative information system）相关技术构建了社区信息系统；Lao，G.，Zhong，Y.[8]（2007）在国际信息处理联合会（IFIP）的会议上阐述了社区服务信息资源集成平台；刘丽、杨扬[9]（2004）将网格计算思想应用到社区管理中，并结合 LDAP、XML、Web SERVICE 等技术架构，提出了基于开放网格服务结构（OGSA）的虚拟社区服务网格体系结构，并给出随机高级 Petri 网模型。④服务模式方面，Joan C Durrance、Karen E Fisher[10]（2002）介绍了一种新型的以知识型信息服务为主的社区信息化服务模式“i-bus”；张迎燕[11]（2007）以杭州市为研究对象，对其社区服务信息化的“5A”模式和企业参与模式进行了探讨以及效益分析。

从国内外研究现状可以看出，社区信息集成服务已成为社区信息化建设中的焦点，目前的研究存在以下几点薄弱之处：第一，在社区信息集成服务的概念界定及其内容的划分标准方面，存在着一定的争论，没有形成共识；第二，在社区信息集成模式和实现途径方面，学者们的观点虽然都比较集中于构建社区服务信息网络系统，但较少涉及具体的系统开发与设计，特别是在社区信息集成服务平台方面，几乎没有相关研究文献；第三，在理论研究与实践联系方面，国内的理论研究与结果运用上存在严重脱节，学者的研究结果没有得到有效地运用。

2 SOA 构架

2.1 SOA 概述

SOA（service-oriented architecture，也称为面向服务的体系结构或面向服务架构）是一种在计算环境中设计、开发、部署和管理离散逻辑单元（服务）的模型。它可以根据需求通过网络对松散耦合的粗粒度应用组件进行分布式部署、组合和使用。SOA 的关键和核心是服务，服务层可以直接被应用调用，从而有效控制系统中与软件代理交互的人为依赖性。SOA 是一个组件模型，它将应用程序的不同功能单元——服务（Service），通过服务间定义的接口联系起来，接口采用独立于具体实现服务的硬件平台、操作系统平台和编程语言的中立方式定义，使得构建在这样的系统中的服务可以使用统一和标准的方式进行通信，实现业务系统间的互操作[12]。SOA 的几个关键特性：一种粗粒度、松耦合服务架构，服务之间通过简单、精确定义接口进行通信，不涉及底层编程接口和通信模型。正是这些特性造就了 SOA 的优势：高可复用性，灵活性，以及更好的扩展性和可用性[13]。

2.2 SOA 实现方法

实现 SOA 的方法有很多种，包括 CORBA 组件实现方法、DCOM 组件实现方法、远程方法调用（RMI）实现方法、Web Service 组件实现方法、Jini 组件实现方法等[14]。最流行的一种实现方法是 Web Services 技术[15]，Web Services 是基于网络的、分布式的模块化组件，它执行特定的任务，遵守具体的技术规范，包括服务描述（UDDI、WSDL）、通信协议（HTTP、SOAP）以及数据格式（XML）等。这些规范使得 Web Service 能与其他兼容的组件进行互操作。它向外界暴露出可以调用的 API 接口，而其他的应用程序可以远程调用这个接口，提供接口的一端为服务端，而调用接口的一端成为客户端。XML 作为 Web Services 技术的基础，是开放环境下描述数据和信息的标准技术。如此，开发者可以开发出平台独立、编程语言独立的 Web 服务，从而充分利用现有的软硬件资源和人力资源。

3 基于 SOA 的社区信息集成服务平台分析

3.1 SOA 平台的优越性

与传统架构相比，SOA 是一种新的应用架构模型，以服务驱动为核心理念，按需连接系统资源，规定了资源间更为灵活的松散耦合关系，利用开发标准的支持，采用服务作为应用集成的基本手段，不仅可以实现资源的重复使用和整合，而且能够跨越各种硬件平台和软件平台的开放标准，实现不同政务资源和应用的互联互通[16]。在社区信息集成服务平台构建中，社区服务流程和社区信息集成服务均可视为服务，覆盖社区信息化的各个层面，包括需要共享的信息资源服务、能独立完成某项功能的基本社区业务服务、跨社区的协同业务服务以及面向领导及决策部门的管理决策服务。

在社区信息集成服务平台构建中实施 SOA 主

要有以下优势：

①SOA 可通过互联网服务器发布，从而突破社区内网和不同部门的限制，实现与政务上下级部门的紧密结合。通过 SOA 架构，社区可以与其他社区及部门直接建立新渠道，沟通交流成本得以大大降低。

②SOA 与平台无关，减少了服务应用实现的限制，也能整合利用现有的软硬件环境和设施。

③SOA 具有低耦合性特点，增加和减少业务流程对整个集成平台的影响较低。社区服务内容和流程处于不断的变化之中，这样即可有效节省费用。

④SOA 具有可按模块分阶段进行实施的优势，可以成功一步再做下一步，缓冲实施过程中产生对社区信息集成服务平台建设的冲击。

3.2 设计思想

基于 SOA 的社区信息集成服务平台是建立在“leave-and-layer”架构之上，其意味着在不用对现有的社区服务信息系统做修改的前提下，系统可对外提供 Web 服务接口，因为它们已经被可以提供 Web 服务接口的应用层做了一层封装，SOA 可以将系统和应用迅速转换为服务。SOA 以业务服务为焦点、通过面向服务的方式组织开发，可以更正确地体现用户需求，这正体现了社区服务以公众为中心的理念。服务以松耦合的状态存在于整个系统中，并可以随政务需求而变，一方面快速深度满足公众需求，另一方面减少系统中的业务冗余和重复开发，从而提升社区跨地区、高协作、高综合的服务能力、决策水平和行政监督能力，提高服务效能。设计思想充分体现的是“重用”和“互操作”，突出服务，以服务为基本单元，每一项服务完成实际政务流程中的一项任务，从而将社区的服务资源整合成可操作的、基于标准的信息资源，并且能够被重新组合和重用，达到快速满足公众需求的目的。

3.3 体系结构

国家电子政务的总体建设目标是：以信息安全为基础，以数据获取和整合为核心，面向决策支持，面向公众服务[17]。社区信息化作为电子政务面向公众服务的落脚点，必须以国家政务总体建设目标为依托，连接、整合现有社区和上级政府部门内外网各种广域/局域数据库和应用系统，统一平台接入、统一资源调配，将业务服务从各个分散的系统抽取出来，形成政务应用服务构建，集成到该模型的 Web Services 层，然后进行清洗、整理、加工，通过社区政务信息门户网站呈现出来。它不仅能着眼于为社区内的工作人员服务，也能通过社区信息门户网站向广大公众、企业提供服务，帮助社区树立“服务型社区”新形象，还能对社区相关部门和上级政府的信息资源进行整合、交换，实现资源共享与管理，同时提供决策支持。其体系结构如图 1 所示。

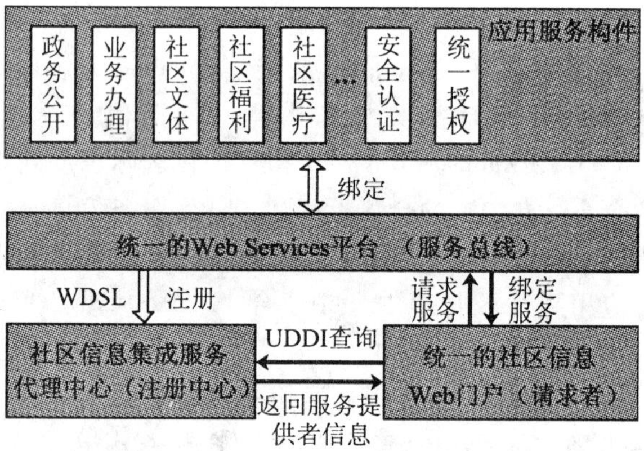

图 1 基于 SOA 的社区信息集成平台体系结构图

在基于面向服务架构（SOA）的社区信息集成服务平台中，主要包括四大部分，各类社区政务应用服务构件、统一的 Web Services 平台、社区信息集成服务代理中心和统一的社区信息 Web 门户。统一的 Web Services 平台作为 SOA 中的服务提供者，它通过一定的规范化协议发布统一标准，凡符合该平台标准的服务构件都可以通过接口组装到该平台上来，从而将原有应用中的零散功能整理包装为具有互操作性的标准服务，实现服务的快速组合和重用，保证应用敏捷性与扩展性，满足社区政务发展需要。Web Services 平台通过接口绑定各政务应用服务构件，用 WSDL（Web 服务描述语言）描述 Web 服务，用 UDDI 向社区信息集成服务代理中心（注册中心）发布和注册 Web 服务，统一的社区信息 Web 门户（服务请求者）在收到公众、企业的某一服务请求后，通过 UDDI（统一描述、发现和集成）进行查询，找到所需的服务后，利用 SOAP（简单对象协议）从 Web Services 来调用、绑定这些服务，然后再通过浏览器展示在客户面前。

4 基于 SOA 的社区信息集成服务平台设计

4.1 系统分层逻辑模型

系统的分层逻辑模型能够描述系统的逻辑结构与主要部分，从逻辑模型可以进一步推出物理模型，进而实现系统。为了实现建立基于 SOA 的社区信息集成服务平台，根据其体系结构和我国社区服务信息系统建设的基础设施等现状，首先推出建立在该平台基础上的系统分层逻辑模型。如图 2 所示。

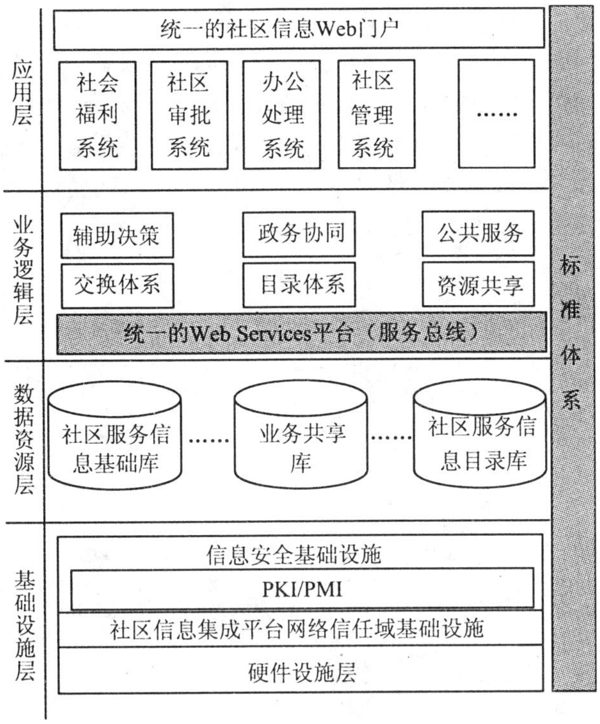

图 2　系统分层逻辑模型图

该系统分层逻辑模型从下到上主要分为基础设施层、数据层、逻辑层、应用层 4 层。

（1）基础设施层：包括硬件设施层在内，主要涉及网络基础设施和信息安全基础设施。这两个基础设施在技术方案上必须考虑当前使用技术的成熟性与安全性，确保整个体系对关键技术的发展具有良好的适应能力，从而保持系统服务的延续性和稳定性。网络信任域基础设施是提供信息交换与传输的基础，也是整个社区信息集成服务平台运行的基础；信息安全基础设施则主要提供系统的安全保密管理工作，是整个社区信息集成服务平台运行的保证。

（2）数据资源层：主要是整合各社区和上级政府的信息资源，包括社区服务信息基础库、业务共享库、社区服务信息目录库等数据库，为逻辑层的基础平台及逻辑层提供数据服务。

（3）业务逻辑层是社区信息集成服务平台的枢纽，提供了统一的社区信息集成服务总线，包括公共服务、政务协同、交换体系、目录体系、资源共享等业务逻辑，同时还可以保留现有的社区信息集成服务业务逻辑。它包括对外门户提供给公众、企业的业务功能的接口，也包括对内提供的数据共享、政务协同、决策支持等服务构件的接口。该共享交换平台能适用于各社区和相关政府部门的电子政务系统，这样既能降低系统的复杂度，减少系统的维护，也能降低成本。

（4）应用层是真正为公众提供社区信息集成服务的最直观的层，也是是否能得到公众认可和满意的重要部分。包括社会福利系统、社区审批系统、办公处理系统、社区管理系统、社区物业管理系统、用地户论坛等，这些都通过社区服务 Web 门户网站展示到公众面前。

4.2　系统实现

4.2.1　技术实现

在基于 SOA 架构的系统中，利用不同的方法对粗粒度、可复用的服务等进行组装整合，以构成各种新的应用。SOA 架构的服务独立于具体的实现技术，能提供很好的交互能力和位置透明性。通过组织服务总线等架构模式，来达成系统的重要架构特征，如松散耦合、可复用、可组装避免一个地方的变化扩散等。SOA 是从面向对象、构件架构等逐步发展完善，并与之相互依托、相互补充。SOA 架构和构件技术紧密相连，其根本思想就是在构件技术的基础上，结合 SOA 的理论来指导软件开发，以便提高系统生成的效率和可靠性[18]。图 3 为 SOA 技术实施图。

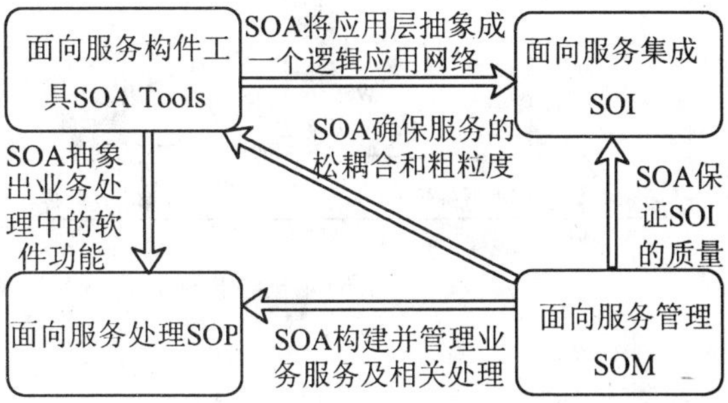

图 3　SOA 技术实现图

SOA 中的服务是由多个构件组装和实现的。在实现该系统时，主要利用面向服务组件的架构 SCA（Service Component Architecture），它提供了一种统一的与编程语言无关的调用方式，从而使得服务请求者可以把不同的组件类型，比如普通旧式 Java 对象 POJO、Enterprise JavaBean、流程组件、人工交互组件等通过一种标准的接口来封装和调用，进而满足服务请求者的服务需求。借助于SCA，我们能够更容易创建新服务或者将现有的信息资产（原有的用传统技术开发的社区服务信息系统等）转化为可重用的服务，这些服务可以快速适应不断变化的政务需求。而对于那些部门专用的和从现有平台转换为服务构件须较高成本或难以实现的系统模块，也可以保留在现有的社区信息化平台中。

4.2.2　系统部署

此阶段是根据SOA项目目标、通过部署工具将所开发的各类服务及流程部署至用户的物理环境内，比如用户的应用服务器、流程服务器、门户服务器等。服务部署包括静态和动态两种。静态部署是指服务之间的调用关系在运行前已确定，动态部署是指在应用系统运行中需要通过动态路由后确定服务调用关系[19]。部署建立在基于SOA的社区信息集成服务平台是一项复杂的工程，必须从统一规划的高度着手，统筹各部门系统间、系统内部之间的关联与协作关系，按照系统实现的流程实施，同时必须以现有平台的信息安全基础设施（PKI/PMI）为基础，配合防火墙以保证系统安全，通过图4可以更直观地理解基于SOA的社区信息集成服务平台的逻辑结构与物理构成，也为系统的部署提供了蓝图。

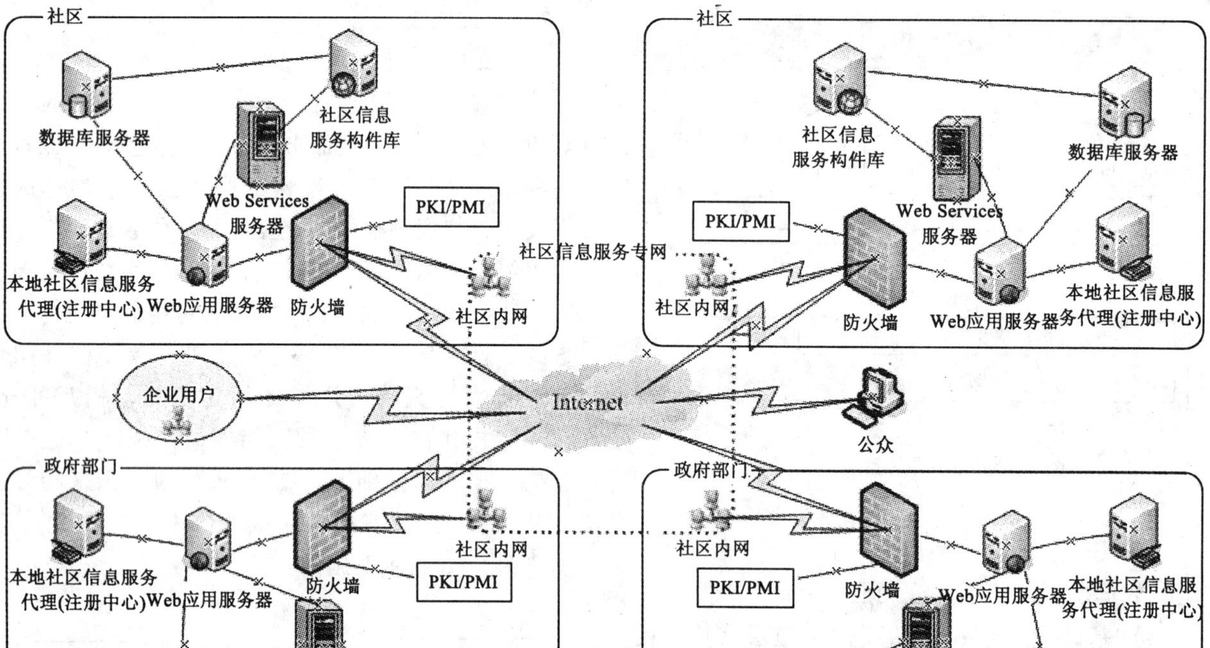

图4　基于SOA的社区信息集成服务平台逻辑结构与物理构成

5 结　语

社区信息集成服务目前还处于新生期和初步发展期的阶段，涉及范围广、投入资金多、发挥作用重大等特点要求我们在建设社区信息集成服务平台时必须以最新的理念和技术来保障其顺利的实现并发挥效用，将学者的研究成果充分利用到实践中，改变目前我国社区信息化建设“只谈不建、盲目建设”的不利现状，从而推动社区信息化的发展以及和谐社区的建设。SOA这种以Web服务为基础框架的崭新理念正迅速改变着以往的系统开发模式和产业格局，它的优越性给管理者和系统开发人员提供了一个美好的蓝图和设想。因此，基于SOA分析与设计社区信息集成服务平台是一项有益的尝试。然而，SOA在实施中还存在一些问题需要斟酌：SOA技术涉及大量的标准，而这些标准又有众多厂商推动，当前针对同一技术还存在多个标准互相竞争的问题，这对标准的选用带来了较大的风险。同时，随着技术的发展，SOA正成为人们关注的焦点，但却缺乏对SOA开发人员的技术训练。这些是实施社区信息集成服务及其他相关项目时需要注意的地方，也是今后需要研究和解决的问题。

参 考 文 献

[1] 苏航，杨超．社区信息化——2005 年上海人的幸福生活［J］．上海标准化，2004（6）：17-20.

[2] Wiggins R. Building a Community Information Network：A Guidebook［J］. Lansing, MI Library of Michigan Foundation, 1999.

[3] Civille R. Community Networking Gets Interesting-Results of a Strategic Planning Retreat［J］. Harbor, WA：Center for Civic Networking, 2000.

[4] Shuffstall B. Building a Community Information Network［J］. Penn State Cooperative Extension, Clearfield County, 2000.

[5] Balaji Rajendran, Neela Narayanan Venkataraman, Ponraj Murugesan, Kailash Tandel. Establishment of Community Information Network in a Developing Nation［C］. 2005 IEEE Region 10 Conference (TENCON 2005), Melbourne, Australia, 2005.

[6] 刘杰，鄢丹．城市街道社区信息化系统工程研究［J］．同济大学学报（社会科学版），2004，15（4）：9-15.

[7] Harrison T M, Zappen J P, Adali S. Building Community Information Systems：the Connected Kids Case［J］. Computer, 2005, 38（12）：62-69.

[8] Lao G, Zhong Y. An Information Resource Integration Platform for Community Service［C］//IFIP International Federation for Information Processing. L. Xu, Tjoa A., Chaudhry S. Boston, 2007：1435-1440.

[9] 刘丽，杨扬．基于 QoS 的社区公共服务网格资源调度［J］．北京科技大学学报，2004，26（05）：560-563.

[10] Joan C Durrance, Karen E Fisher. Online Community Information：Creating a Nexus at your Library［M］. Chicago：American Library Association, 2002.

[11] 张迎燕．城市社区信息化服务实现途径研究［D］．重庆大学硕士学位论文，2007.

[12] IBM DW. SOA and Web Services［EB/OL］.［2008-08-15］. http：//www-128. ibm. com. /developerworks/cn/webservices/newto/index. html.

[13] 刘新法，叶晓俊．基于 XML Beans 和 Web 服务技术构建 SOA［J］．计算机工程与设计，2007，28（6）：1320.

[14] 尹红丽，王永明，伍晓敏．SOA 的实现方法及其比较研究［J］．云南师范大学学报，2008，28（2）：28-29.

[15] 汪清明．基于 SOA 的 ERP 系统体系结构的研究［J］．计算机应用，2007，27（2）：413.

[16] 冯方回，蔡鹏程，李威．SOA 是电子政务的基础架构［J］．软件世界，2007. 6. 20：80-81.

[17] 国家信息安全工程技术研究中心，国家信息安全基础设施研究中心．电子政务总体设计与技术实现［M］．北京：电子工业出版社，2003：23.

[18] 孙奇平．基于 SOA 架构和构件技术的软件开发方法应用［J］．福建广播电视大学学报，2007，1（61）：74.

[19] 中国电子技术标准化研究所．SOA 用户指南［M］．北京：电子工业出版社，2008：38.

Design of the Community Information Integration Services Platform Based on SOA

ZOU Kai[1], MA Gesheng[1], XIAO Jingbo[1], MAO Taitian[1]

(1. Public Administration College of Xiangtan University, Xiangtan 411105, China)

Abstract: With the development of informationization construction, community informationization has become the focus of public concern. Community information integration services is the development trend of community informationization, whose key lies in the scientific design to achieve "one-stop" service of community and enhance the quality of community service. Service-oriented architecture (SOA) tools for the development, this paper analyses and designs the system architecture, logic model and system deployment of community information integration services platform, as well as providing an useful attempt and reference for the construction of community information.

Key words: community information integration services platform; SOA; community informationization; community Service

基于SOA的信息系统实施方法论研究*

左美云[1]，刘卿[1]，王璐[1]

（1. 中国人民大学 信息学院，北京，100872，中国）

摘　要：基于SOA的信息系统已经成为目前建设信息系统的重要类型。论文分析并比较了IBM、Oracle、微软、普元等主流厂商的SOA实施方法论，在此基础上，提出了一个基于SOA的信息系统实施方法论的框架，该框架中将SOA系统的采纳分为三个过程，即规划过程、实施过程和治理过程。论文的作者对某移动公司实施SOA项目的过程进行了调研，调研数据验证了论文提出的实施方法论框架的正确性和可行性。

关键词：面向服务的架构；信息系统；采纳；方法论

中图分类号：C931.6；TN948.61

激烈的市场竞争使得现代企业面临巨大的压力，业务流程需要不断变化以适应新的市场需求，所以企业希望有一套能够灵活快速地响应业务变化的IT系统来支持其业务运营，同时这种技术最好能将不同时期、不同类型的异构系统进行整合以适应业务频繁的流程改进的需要。面向服务的体系结构（Service-Oriented Architecture，SOA）以它的可重用性、松耦合、粗粒度、互操作性等优点，已经成为企业应用系统架构设计的主要方法，得到了广泛应用。

SOA的核心思想就是把业务功能包装成标准的服务，之后把这些服务组装成企业应用，它提供了出色的可重用性和灵活性，可以有效地重用现有的系统并及时开发出新的功能。在技术上，SOA可以通过“服务总线”、“中间件”等连接企业内外各种业务相关的异构系统、应用以及数据源，使他们能够无缝地进行连接、共享和交换数据，从而尽可能地减少“信息孤岛”，它最终的目标是实现SOE（Service-Oriented Enterprise，面向服务的企业），在这样的企业中，所有的业务流程和服务都非常灵活，当业务发生变化后，团队可以迅速创建、配置和重新布置业务流程，可以使得该企业以很快地响应速度面向市场，因此，SOA成为了现代企业信息系统架构的重要实现方式之一。

然而，SOA从诞生到其理念推广，再到目前的落地应用不过短短十几年的时间，所以不能盲目地采纳基于SOA的信息系统。另外，由于SOA的项目往往涉及对企业信息技术基础架构、管理和运营全方位的冲击，基于SOA信息系统的成功实施对系统设计、产品技术和实施人员都提出了很高的要求。能够遵循软件工程的方法论，寻找到一条通用的SOA实施方法框架，是我们需要考虑的一个重要的方面，目前许多大的应用厂商在这个方面已经展开了实践。那么，基于SOA的信息系统如果要成功实施，实施过程是怎样的？应该有哪些实施步骤？本文正是希望对这个问题进行分析，以期对基于SOA信息系统的实施提供一个理论上的框架。

1　文献回顾

SOA（Service-Oriented Architecture，面向服务的架构）并不是一种现成的技术，而是一种架构和组织IT基础结构及业务功能的方法。到目前为止，关于SOA还没有一个统一的、被广泛认可的定义，这是因为SOA横跨了业务领域和技术领域，他们之间存在重叠，因此不同的厂商和个人根据自己的需求对SOA进行了不同的诠释（凌晓东，2007）。

Gartner 1996年最先提出了SOA的概念，将SOA描述为：“客户端/服务器的软件设计方法，一项应用由软件服务和软件服务使用者组成——SOA，与大多数通用的客户端/服务器模型的不同之处在于它强调软件组件的松散耦合，并使用独立的标准接口。”

* 基金项目：教育部数据工程与知识工程重点实验室开放基金资助，中国人民大学“985”工程经费资助

通讯作者：左美云，教授、博导。E-mail：zuomeiyun@263.net

Microsoft 关于 SOA 的定义为："SOA 是一种基于标准的设计方法，可用于创建能够对不断变化的业务需求进行快速响应的集成 IT 基础结构。SOA 提供了必要的原则和指导，可将公司现有的一系列异类的、分布式的、复杂的、不灵活的 IT 资源转化为集成的、简化的、高度灵活的资源，这种资源可以进行改变和调整，以便对业务目标提供更直接的支持。"

显然不同的组织对于 SOA 有着不同的定义，但是可以明确的是 SOA 是一种以服务为基础搭建的企业 IT 架构，它以业务驱动为核心、采取粗粒度、松耦合的方式组织应用系统，目的是为了灵活地满足企业组织内外部日益变化的业务需求。

基于 SOA 的信息系统实施，本质上也是一类信息系统的采纳过程。在信息技术采纳的研究领域中，技术采纳理论（Technology Adoption Theory）被普遍认同。它以行为科学和社会心理学为基础，从用户的角度，总结技术采纳过程中的行为规律，并反过来为"技术"的采纳提供依据。一般来说，技术采纳理论可分为采纳过程理论与采纳行为理论。前者关注采纳的时序关系，后者关注采纳的因果关系[3]。本文就是从采纳的时序即步骤的角度研究基于 SOA 的信息系统实施方法论。

Kwon 和 Zmud（1987）提出的采纳过程理论定义了影响 IT 实施的 6 个阶段[1]（初始、采纳、适应、接收、规范、融合）以及与之相关联的 5 个因素（用户群体特征、组织特征、技术特征、任务特征、环境因素）。此后，Cooper 和 Zmud（1990）对这个模型进行了扩展，结合了信息技术被组织采用后在组织内部的接受与融合，提出了一个更加完整的信息技术实施六阶段模型[2]：启动（initiation）、采纳（adoption）、调适（adaptation）、接受（acceptance）、惯例化（routinization）与内化（infusion）。Gallivan（2001）在前人工作的基础上进一步提出了一个六阶段的创新吸收（Innovation Assimilation）模型。Gallivan 认为，尽管组织中的创新采纳永远需要一个自顶向下的高层决策，但如果没有自底向上的创新吸收也是不可能的。该模型可用来描述创新的渗透深度，适用于组织、部门和个人的创新吸收。

"方法论"一词，原本是哲学领域的专业术语，是一种认识论和世界观。按照韦氏词典的解释，方法论（methodology）是指从事某一学科或进行某项研究所采用的一整套步骤、方法和规则，这个概念现在已被 IT 产业界所接受并广泛运用。由此，我们可以将基于 SOA 的信息系统看成是企业级别的 IT 资源管理的一种世界观，研究基于 SOA 信息系统的实施方法论其实就是研究基于 SOA 项目的管理过程和技术过程——以文档化的方法、以一致可协调、可解释、可重复的方法来指导 SOA 的具体实践①，其中一个最重要的内容就是基于 SOA 信息系统的实施框架和步骤的研究。接下来，我们将对目前主要厂商提出的 SOA 实施方法论进行分析和比较，在此基础上，我们提出一个通用的基于 SOA 信息系统的实施框架，并结合一个移动公司实施 SOA 项目的过程进行验证。

2 主要 IT 厂商的基于 SOA 系统实施方法论比较分析

由于 SOA 仅是一种技术架构，在具体的信息系统实施过程中，不同的公司提出了各自的解决方案和实施方法论。本节我们列举几个有代表性的主流厂商的 SOA 系统实施方法论，并对它们进行分析比较。

2.1 IBM 的 SOA 方法论

IBM 公司每年投资 10 亿美元左右用于 SOA 的研发，目前在 SOA 方面拥有 300 多个专利，完全遵循开放标准，并参与了 15 个标准委员会，推动 SOA 标准的发展。IBM 强调 SOA 绝对不是一个单纯的 IT 问题，企业必须从业务角度和 IT 角度两方面出发，分析自己的需求，根据自身现状和业务需求确定适合的 SOA 阶段性目标，并考虑到 SOA 发展的连续性，制定适合的 SOA 发展总体目标和战略，从而保证持续有效的投资回报。

IBM 采用演进的策略实现 SOA，将客户实施 SOA 的阶段总结为"SOA 演进图谱"：基础整合、跨部门扩展、企业转型、随需而动四个阶段。IBM 的方法论体系十分完整，有着"切入点"理论、"生命周期理论"、"SIMM"（SOA 成熟度框架）、"SOMA 建模方法论"、"SOA 开发参考架构"，"Smart SOA"方法论等。比如 SOA 切入点理论中，IBM 为 SOA 作用于企业的角度定义了五个切入点，这些切入点同时受到业务需求（人员、流程和信息三个切入点）和 IT 需求（连接性和重用两个切入点）的驱动。

IBM 公司认为，SOA 的实施项目应该包含如表

① 参见 http://blog.csdn.net/hu_zhenghui/archive/2008/06/17/2558141.aspx《SOA 咨询方法论的主要内容》，博客作者胡争辉。

1 的实施步骤①。具体的步骤包括六步，分别是：①SOA 采纳步骤和价值分析；②SOA 监管；③服务建模；④服务实现和架构设计；⑤以服务为中心的开发和集成；⑥服务管理。由上述步骤可以看出，IBM 公司主要是站在厂商的技术角度，从一个具体的 SOA 系统项目实施的角度来讨论实施方法论。

表 1 IBM 公司建模实施步骤表

实施步骤	阶段性任务
1. SOA 采纳步骤和价值分析	由于客户现有 IT 环境和业务环境的不同，采纳 SOA 的步骤和价值也会相应不同。对任何一个企业或者是应用提供商，在采纳 SOA 之前，要深刻理解 SOA 的内涵和外延，客观分析采纳 SOA 的益处以及带来的风险，并根据实际情况规划 SOA 实施的步骤
2. SOA 监管	SOA 监管通过建立适当组织和流程保证服务模型和服务元数据在创建时和运行时的质量。一个企业采纳了 SOA 后，SOA 监管会成为企业 IT 部门的重要任务之一，它不仅影响 IT 系统的设计者和开发者，它更需要改变业务部门对 IT 系统的看法，也需要运营部门改变系统运营的方式
3. 服务建模	如何根据服务建模方法学创建符合 SOA 设计原则的服务模型是实施 SOA 中极其重要的一步。发现候选服务、决定服务如何暴露和进行服务规约是这一步的重要内容
4. 服务实现和架构设计	根据确定的服务模型，结合现有 IT 环境确定服务和服务组件的实现策略，并设计用于实现服务的基础架构（如 ESB、流程服务引擎、人工服务容器等）。服务组件划分、服务实现决策和服务基础设施设计是这一步的重要内容
5. 以服务为中心的开发和集成	在 SOA 的实施项目中，服务会成为开发阶段的中心概念。服务模型映射到编程模型，逐步实现服务，并在服务层次上进行持续的集成是这一阶段的主要内容
6. 服务管理	不同于以上的在功能层次上实现 SOA 的步骤，服务管理则侧重于在 SOA 实施中如何实现非功能性需求，这包括服务性能、服务安全等

2.2 Oracle 公司的“SOA 五步走”方案

Oracle（甲骨文）公司也同样不甘示弱，Oracle SOA Suite 系列产品已经抢占了一部分 SOA 的市场。2008 年，Oracle 公司在完成整合 BEA 公司，保留了 BEA 的 Tuxedo 和 Web Logic 系列产品，使其中间件在针对开放标准支持方面，更为全面而完整，两家公司的产品有了很高的互补性。而 2009 年初 Oracle 公司又收购了 SUN 公司，使得 Oracle 公司真正成为了一个横跨软件、硬件、服务领域的巨型 IT 公司。Oracle 公司已经正式发布了其“SOA 五步走”的方案②，参见表 2。具体的步骤包括五步，分别是：①试点；②集成；③部门业务流程自动化；④企业架构；⑤行业/工业标准化应用。由上述步骤和表 2 中的内容可以看出，Oracle 公司的五步法是希望站在用户的角度，从 SOA 系统的演化来看实施过程，牵涉的不是单个的项目，而是从 SOA 系列项目的角度来讨论实施方法论。

被 Oracle 公司收购的 Sun 公司发布了一个新的专业化的名为“SOA Path”（SOA 路径）的服务导向架构的实际执行方式，与 Sun 为市场提出的服务导向架构（SOA）解决方案计划组成了完整的体系。其 SOA Path 涉及的内容③包括：SOA Jumpstart Workshop（SOA 启动研讨会）、SOA Opportunity Assessment（SOA 机会评估）、SOA Proof of Concept（SOA 概念验证）和 SOA Center of Excellence（SOA 卓越中心）。由以上内容可以看出，SOA Path 很看重 SOA 技术对于客户的效益和机会分析。

表 2 Oracle 公司“SOA 五步走”实施方法论

实施步骤	阶段性任务
1. 试点	这是部署 SOA 的第一步，即确定简单且迅速实施的单个 SOA 项目，以其为试点，为企业提供信息，使他们快速体会到 SOA 的益处。这是最简单的 SOA 的实现
2. 集成	包括数据集成和应用集成。这阶段只是战术级的应用，对业务系统没有任何影响，只是体现 IT 的美妙无穷，具有数据交换平台的功能
3. 部门业务流程自动化	即在单个部门实施 SOA 项目，使 SOA 在部门里使用，使部门业务进入业务自动化

① http://www.ibm.com/developerworks/cn/webservices/0610_jinge/index1.html

② http://www.it.com.cn/f/server/0710/29/499184.htm.

③ http://wiki.huihoo.com/index.php?title=SUN_SOA.

续表

实施步骤	阶段性任务
4. 企业架构	当部门间的 SOA 集成完成时，SOA 可以跨部门实施，从而可以在企业里共享，成为企业架构，管理部门间的业务，并提供良好的业务敏捷性，能够快速和有效地对变更进行响应，并且利用变更来获取更大的竞争优势
5. 行业/工业标准化应用	这阶段企业的 SOA 系统开始作用于上下游供应商与合作伙伴，并对自身的发展环境进行自动适应，成为一个生态系统

2.3 Microsoft 的 SOA 解决方案

微软一直专注于其.NET 平台下的产品创新，微软认为 SOA 解决方案具有以下优点：能够与客户和供应商建立更稳定的关系；能够改善业务决策；能够提高员工生产力。从技术的角度来看，微软的 SOA 解决方法可以归纳为一种三步法：公开、组合和消耗①，微软认为这三个步骤是每个渐进的 SOA 项目必不可少的部分，参见表 3。从这三个步骤可以看出，微软公司主要是站在厂商的技术角度，从 SOA 系统项目技术实现的角度来讨论实施方法论，并且比较侧重于讨论遗留系统如何通过公开阶段与其他系统进行集成和互操作。

表 3　微软公司 SOA“三步法”解决方案

实施步骤	阶段性任务
1. 公开阶段	对于本身不能通过 Web 服务协议来传递信息的现有技术资产，可通过使用适配器来实现互操作性。在开发人员考虑应该公开哪些服务时，这些决策必须由明确定义的优先化业务需求进行引导，而基于标准的 Web 服务是最常用的一套实现技术，使得现有的 IT 资源（例如传统系统和应用程序）作为服务提供，通过标准化的消息格式进行通信
2. 组合阶段	单独的服务公开了之后，将其合并或组合到较大的业务流程或工作流程中，使其在不受基础 IT 系统和应用程序限制的情况下增加或修改流程，从而更好地实现业务灵活性和机动性

续表

实施步骤	阶段性任务
3. 消耗阶段	开发消耗基础服务和流程的动态（或复合）应用程序。可以使用一些基于 Web 技术（例如门户或 AJAX）、丰富的客户端、Office 业务应用程序或移动设备的应用程序

2.4 普元公司的实施方法论

普元软件（Primeton）是成立于 2001 年的中国本土企业，从开始代理 SUN/IBM 产品的同时就专注于开发自己的 SOA 中间件平台（EOS）和业务流程软件（BPS）。目前是 SOA 国际标准 SCA/SDO 的主要参与制定者和电子商务标准的主要制定者 OASIS 的核心奠基成员之一②，发展势头较为迅猛。其中，EOS6.0 为实施 SOA 应用提供了从构件设计、开发、调试、部署、应用监管、维护与升级的全生命周期管理功能。

在不断实践的同时，普元也有一套适合自己产品的方法论体系，包括 SOA 的企业应用架构（EAA）、构件化业务模型、SOA 的管控与治理框架、SOA 的企业参考架构、技术分层架构（ETA）等，值得注意的是他们提出的“SOA 全生命周期模型”，包括如下几个部分：①规划与设计；②构造与流程；③运营与管理；④管控与治理。从这四个方面可以看出，普元公司主要是站在用户企业的角度，从 SOA 系统的全生命期角度来讨论实施方法论，视野比较开阔，体系比较完整。

2.5 主流 IT 厂商实施方法论的分析比较

IBM 公司由于在 SOA 软件、硬件、咨询、研究和开发领域的全面性特点，在 SOA 的整体实施方法上有着比较领先的优势；而微软由于.NET 的技术体系，注定与其他几家公司走不一样的发展道路；而普元由于根植中国的本土化因素，在整个市场的客户群上也占有一定优势。最值得关注的是 SUN、BEA 两大厂商相继被 Oracle 吞并，这不仅仅意味着 Oracle 从此也变成了从软件、硬件到服务的全能型公司，更使得 Oracle 在 SOA 的这个市场上占据更为有利的优势，IT 业的竞争格局也将更加激烈。在对各主流公司 SOA 解决方案和实施方法论进行详细分析的基础上，不难发现，每个公司都突

① http://soft.chinabyte.com/90/7683590.shtml.
② http://www.primeton.com/about/introduce.php.

出了以下的特点：

（1）在SOA的采纳方面都以信息系统的采纳过程理论为出发点，突出了整个采纳“演进”的时序阶段；

（2）都非常重视业务战略与业务分析部分，因为SOA原则上是更加偏向业务的一种企业架构思路；

（3）不同程度上强调了企业遗留资产的分析和整合，这也是SOA技术现在广泛应用于EAI（企业应用集成）系统实施的原因之一，它具有松耦合与灵活性的特点。

与此同时，由于各个公司自有的优势和弱势，也影响了其SOA理念的推广和应用程度。表4是每个公司的SOA解决方案与实施方法论特点的比较图。

表4 各大IT厂商的SOA解决方案与实施方法论特点比较

公司名称	SOA套件	数据库	服务器	管理咨询	特点
IBM	有	有	有	有	IBM公司主要是站在厂商的技术角度，从一个具体的SOA系统项目实施的角度来讨论实施方法论
Oracle	有	有	有	无	Oracle公司是希望站在用户的角度，从SOA系统的演化来看实施过程，牵涉的不是单个的项目，而是从SOA系列项目的角度来讨论实施方法论
微软	有	有	无	无	微软公司主要是站在厂商的技术角度，从SOA系统项目技术实现角度来讨论实施方法论，并且比较侧重于讨论遗留系统通过服务公开与其他系统进行集成和互操作
普元	有	无	无	无	站在用户企业角度，从SOA系统的全生命期角度讨论实施方法论，视野较开阔，体系较完整

3 用户视角的基于SOA系统实施方法论框架及案例分析

以上我们分析比较了主流的大型IT公司的SOA实施方法论，作为一种应用型的IT技术，我们应该从用户的角度出发，结合技术的应用来全面理解基于SOA系统实施的方法论。

3.1 用户视角的基于SOA系统实施方法论框架

在参考Kwon和Zmud（1987）、Cooper和Zmud（1990）以及Gallivan（2001）等人信息系统采纳过程的阶段模型基础上，吸收主流厂商的全生命期观点，在参考产业界①提出的方法论的基础上，把基于SOA信息系统的实施方法论合并为三个过程：规划、实施、治理，形成了基于SOA系统实施方法论框架图，参见图1。之所以叫“过程”而不叫“阶段”，是因为整个SOA项目有着“边交付边使用”的并行的特点，而且在整个SOA项目治理过程中设置的相应规范与标准对统领整个规划与实施过程起到了强有力的指导作用。不过要说明的是，规划和实施是有着比较明显的前后阶段特征的。由于篇幅关系，我们仅对其中三个主要的过程进行阐述，对于图中每个细节的内容不做展开。

3.1.1 规划过程

基于SOA系统实施方法论框架图中的规划过程包括一般信息系统采纳过程理论中的启动（Initiation）和采纳（Adoption）的含义。在规划阶段，应该引入企业战略这个因素的作用，因为任何企业都是由“企业层—业务层—操作层”这样的三层体系构成的，如果脱离企业战略谈业务，视野不够宽阔。

规划过程包括企业战略、信息化战略、IT项目规划、具体的SOA项目各项元素。其中企业业务战略对信息化战略产生直接影响，信息化战略需要IT项目规划的配合和支持，也需要互相适应，在此基础上制定具体SOA项目的目标和建设方式。

3.1.2 实施过程

基于SOA系统实施方法论框架图中的实施过程包括一般信息系统采纳过程理论中的调适（Adaptation）和接受（Acceptance）的含义。在实施阶段，对应SOA系统分析设计的全过程，包括服务的分析、设计、开发、测试、部署与服务运维监控。

长风软件联盟（2007）提出的《SOA项目实施的过程与关键点》一文中[4]，明确提出了SOA

① 此处参考了中国电子技术标准化研究所编写的《SOA用户指南》（2008年10月）以及IBM公司实施具体SOA项目的方法论思想。

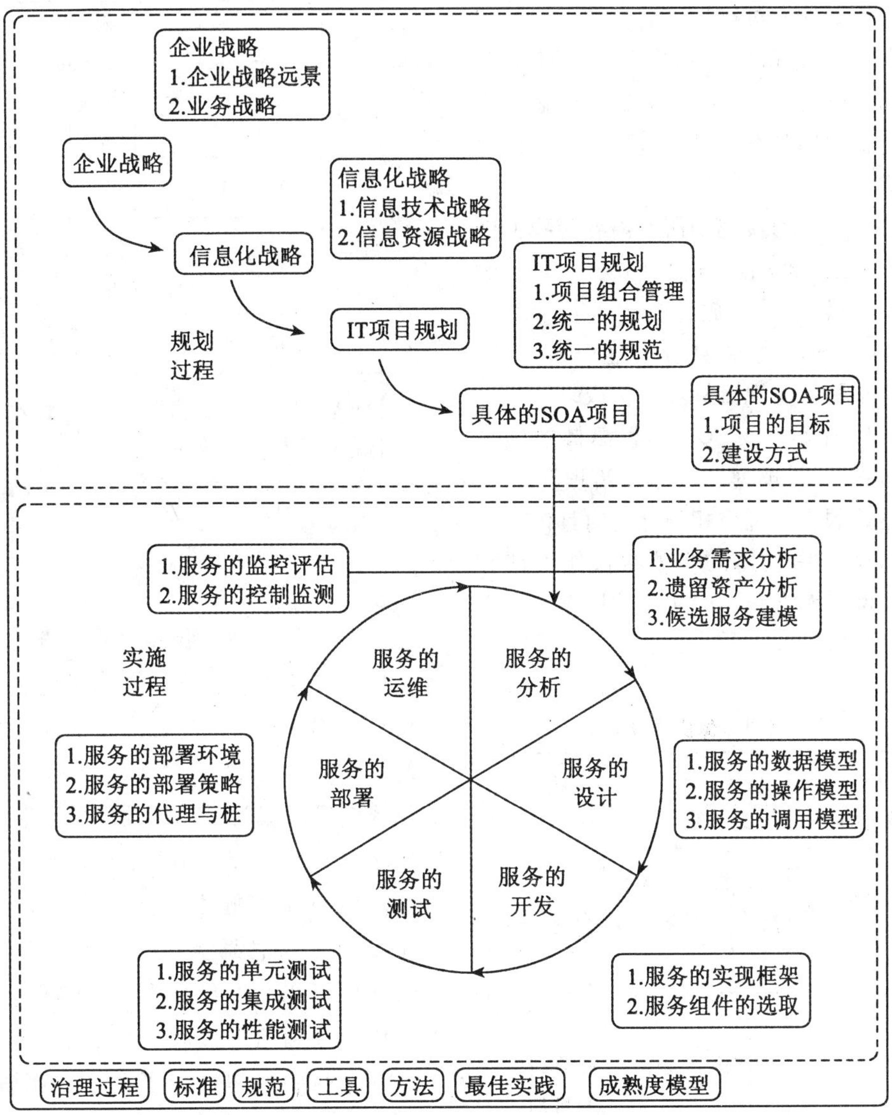

图 1　基于 SOA 系统实施方法论框架图

项目的实施跟一般的信息系统在建设的阶段上没有什么特别的地方。体现 SOA 特点的是在项目实施过程中的每一个具体环节中对服务的关注，如规划阶段对标准的考虑，分析阶段对业务的详细描述和定义，设计阶段技术架构（包括逻辑架构和物理架构）的定义，实现阶段更多依赖于定义而不是编码，以及运维阶段对服务运行情况的重点关注等。

3.1.3　*治理过程*

基于 SOA 系统实施方法论框架图中的治理过程包括一般信息系统采纳过程理论中的惯例化（Routinization）与内化（Infusion）的含义。在治理阶段，与一般信息系统采纳不同的是，这不是一个紧跟在实施过程之后的阶段，不仅仅是整个 SOA 项目上线之后的治理过程，而是贯穿整个 SOA 规划和实施过程的策略和指南，是整个组织 IT 治理的一部分。

SOA 的治理过程在 SOA 系统的项目中起着十分重要的作用，它包括的内容有标准、规范、工具、方法、最佳实践、成熟度模型等。

3.2　某移动公司 SOA 系统实施的案例分析

电信行业是国民经济的先导行业，自 1996 年启动电信行业企业信息化工程“九七工程”10 余年以来，电信企业的 IT 应用获得了快速的发展。电信行业是 IT 系统密集型行业，其业务运营需要大量的 IT 系统支撑，这也决定了很多创新的技术都首先在这个领域开始实施。本案例的实际项目背景是某移动公司“人力资源管理门户 SOA 项目一期”项目，我们对这个项目的实施过程进行了完整而详细的调研，目的是从一个典型的 SOA 的项目出发，验证我们所建立的基于 SOA 系统实施方法论框架模型的正确性与可行性。

该项目由某移动公司信息部发起，合作方是 IBM 公司的 SOA 团队，包揽了从规划到实施的整个过程。项目实施周期是 5 个月，采用的是迭代式的并行开发方式。

由于篇幅限制，我们仅把调研的内容与我们图 1 中提出的实施方法论框架进行比对分析，表 5 为该移动公司 SOA 项目总体实施流程表，其中前四列是实施该项目的 SOA 团队划分的过程和任务，以及提出的具体步骤、实现目标和交付成果。

从表 5 中可以看到，该 SOA 项目总体实施过程比较清楚地划分为“规划、实施、治理”三个部分，与本文设计的实施过程相吻合，而具体到每一个任务，也与图 1 中具体的步骤与操作大体相同。所以从该案例来看，图 1 中实施的框架是可以得到较好的解释和验证的。

表 5　某移动公司 SOA 项目总体实施框架表

过程	任务	具体步骤与实现目标	阶段性成果与交付的文档	对应图 1 框架中内容
规划	总体业务规划	分析整体业务策略	组织机构图及现阶段“痛点”分析	企业战略
	IT 战略分析	IT 战略规划	IT 演进路线图	信息化战略和 IT 项目规划
	项目需求规划	结合具体项目目标，制定 SOA 项目实施的需求	项目需求说明书	具体的 SOA 项目分析
实施	服务识别	业务域分析	业务域分析图表、业务流程定义	业务需求分析
		现有资产分析（遗留系统）	遗留系统详细分析说明书	遗留资产分析
		目标服务建模	服务接口定义及文档	候选服务建模
		服务重构与整理	目标服务模型	
	服务决策	服务的定义	服务模型	服务的设计：服务的数据模型、操作模型、调用模型的建立
		服务规范	服务使用的规范文档	
		服务实现决策	服务实现框架、WSDL 文件、SCHEMA 文件	
实施	服务实现	服务开发	开发的服务程序	服务的开发
		服务测试	测试版本	服务的测试
		服务部署	生产系统的上线运行	服务的部署
		服务的运维	服务监控记录	服务的运维
治理	SOA 治理	制定服务规范性文件	业务、技术等规范	SOA 治理

4　结　语

SOA 是一种以服务为基础搭建的企业 IT 架构，它以业务驱动为核心、采取粗粒度、松耦合的方式组织应用系统，目的是为了灵活地满足企业组织内外部日益变化的业务需求。显然，基于 SOA 的信息系统已经成为目前建设信息系统的重要类型。我们在分析并比较了 IBM、Oracle、微软、普元等主流厂商 SOA 实施方法论的基础上，提出了一个基于 SOA 的信息系统实施方法论的框架，该框架中将 SOA 系统的采纳分为三个过程，即：规划过程、实施过程和治理过程。我们还对某移动公司实施 SOA 项目的过程进行了调研，调研数据验证了我们提出的实施方法论框架的正确性和可行性。

参 考 文 献

[1] Kwon T H, Zmud R W. Unifying the Fragmented Models of Information Systems Implementation [A] //Boland J R, Hirshheim R. Critical Issues in Information Systems Research. New York: John Wiley, 1987.

[2] Cooper R B, Zmud R W. Information Technology Implementation Research: A Technological Diffusion Approach [J]. Management Science, 1990, 36 (2): 123-139.

[3] 宋振晖，邓超. 企业信息化技术采纳理论的发展现状分析 [J]. 信息技术与标准化，2005，(1)：38-40.

[4] 长风软件联盟. SOA 项目实施的过程与关键点 [EB/OL]. http://www.changfeng.org.cn/views.do?ccid=5b6fb2551c02c2e7011c07521d4a0011，2007.

Research on SOA-based Information Systems Implementation Methodology

ZUO Meiyun[1], LIU Qing[1], WANG Lu[1]
(1. School of Information Renmin University of China, Beijing, 100872, China)

Abstract: SOA-based information systems have already become the important kind of enterprise IT applications at present. This paper analyzed and compared the SOA implementation methodologies belonging to the mainstream IT corporations such as IBM, Oracle, Microsoft, and Primeton. Moreover, the paper proposed a framework of SOA-based information systems implementation methodology. The framework consists of three processes: planning process, implementation process, and governance process. The authors interviewed a mobile-telecommunication corporation on the SOA project implementation, and the case data verified the correctness and feasibility of the framework presented in this paper.

Keywords: SOA; information systems; adoption; methodology

基于SOA的虚拟研发组织协同服务模型的研究与设计*

熊曙初[1]，陈鑫铭[1]，罗毅辉[1]

（1. 湖南商学院 信息学院，湖南长沙 410205）

摘 要：本文针对虚拟研发组织的特点和需求，采用工作流与Web服务技术，设计了一个基于SOA的协同服务管理平台，分离了研发管理的核心业务逻辑和流程控制逻辑，采用面向语义的流程服务模型构建了Web服务的执行环境，以提高业务服务和流程服务的动态发现和建模能力。最后，结合实例分析了虚拟研发组织成员间的业务协作过程，说明了研究成果的实际应用价值。

关键词：虚拟研发组织；SOA；协同服务；工作流

中图分类号：TP311.52

1 引 言

企业信息化程度的提高，促进了企业职能部门、企业之间的集成化、虚拟化，企业所服务的流程和对象发生了根本性的变化。企业的重心转移到项目的研发。研发项目是发挥科学技术第一生产力作用的重要堡垒，因而项目管理也就成为当今研发领域的主要管理模式，研发管理的主要内容也开始转向以研发项目为核心组建研发机构、配置研发资源和优化研发流程。由于基于互联网络的全球化研发环境日趋成熟，一种新的研发组织形式——虚拟研发组织开始出现并得到越来越多的关注。

本文研究了虚拟研发组织的定义与特点，针对研发项目管理的特点与虚拟研发组织的实际需要，以面向服务架构（Service-oriented Architecture，SOA）和工作流技术为基础构建了一个虚拟研发组织的协同管理平台，旨在为虚拟研发组织的业务协同服务提供技术支持，从而降低研发项目的管理成本，提高虚拟研发组织的管理水平和工作效率。

2 虚拟研发组织的定义与协同服务模式

2.1 虚拟组织的定义

美国学者Kenneth Preiss等早在1991年便提出了“虚拟组织”[1]一词，在后来出版的*Agile Competitors and Virtual Organization*一书中进一步明确了虚拟组织的概念范畴。

目前，关于虚拟组织尚无统一的定义，很多类似的提法如虚拟企业、动态联盟和网络组织等也相继被提出。Jehuen认为虚拟组织是无固定工作地点、使用电子通信方式进行成员间的联系的组织，在这样的组织中，除硬件维护外，所有业务都可以在组织以外进行。Byrne将虚拟企业定义为由相互独立的企业伙伴通过信息技术连接起来的暂时性的网络和联盟关系，共享彼此的技术、成本和市场[2]。Barnest和Hunt等认为虚拟组织是由多个组织围绕一个核心组织形成的临时性联盟，成员的核心能力集中到一起，以较低的成本高效率地满足客户。Applegate、McFarlan和McKeney认为虚拟组织是指保留了协调、控制以及资源管理等活动，而将所有或大部分的其他活动外包的组织。Hodge，Anthony和Gales提出虚拟组织由一核心组织为中心执行关键的功能，其余功能则由临时或签约的员工以及由核心组织与其他组织所组成的联盟来完成，只在有生产能力或有利可图时核心组织才能维持这些关系[3-4]。Davidow和Malone将虚拟组织定义为由独立的厂商、顾客，甚至竞争对手通过信息技术联成的临时网络组织，以共享技术、分摊费用以及满足市场需求为目的，这种组织没有中央办公室和多层次的组织结构[5]。Davis等认为虚拟组织是将非专业的工作外包出去，只专注在本身所拥

* 基金项目：湖南省自然科学基金项目（项目编号：05JJ40103）
通讯作者：熊曙初（1964.10—），男，湖南益阳人，教授。E-mail：xiongshuchu@yahoo.com.cn

有的核心竞争力，快速地反应市场需求的组织，只保留了少数的核心能力以及为了协调控制其关系网络所需的管理系统。

综合上述，虚拟研发组织是由来自不同的部门或机构的学术背景与业务知识各异的成员组成的以研发项目为合作基础的动态研究型网络合作组织，其成员间没有严格的隶属关系，利用网络平台共享研发资源、发挥交叉优势和攻克研发难题，实现协同作业。

2.2 虚拟研发组织的协同服务模式

在虚拟化的环境下，虚拟研发组织的主要成员包括研发项目委托方、项目专家组、各级研发机构与研发人员、项目评审组织、图书馆或信息中心、研发服务机构以及研发项目相关的单位或部门。在一个研发项目的组织管理过程中，以项目负责人或专家组为核心，虚拟成员动态地组成一个虚拟的研发组织。虚拟研发组织在统一的研发目标和任务的指导下，其成员单位或个人看做一个整体/服务，实现基于网络化的项目申请、成员、经费和成果等协同管理和服务的职能，研发信息、技术、资源和人才的共享，并合理规划和控制虚拟研发组织中的物流、资金流、业务流和信息流。虚拟研发组织协同服务模式如图1所示。

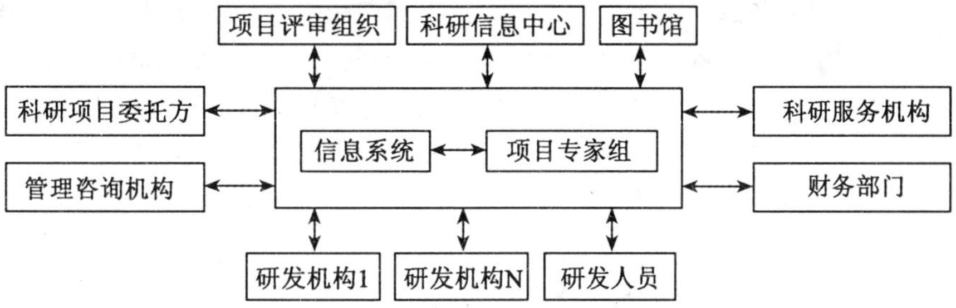

图1 虚拟研发组织协同服务模式

3 基于SOA的协同服务管理平台设计与实现

3.1 基于SOA的协同服务的架构设计

以虚拟研发组织的协同服务模式为基础，从服务需求出发，结合工作流思想，对虚拟组织协同服务的业务流程通过自顶向下来构建系统的层次结构，如图2所示。

（1）服务层。服务层是面向用户的视图服务，即面向协作部门/单位或研发人员提供服务，其核心是提供统一服务窗口。服务提供方只为用户提供服务的内容，不暴露自身的流程。

（2）业务流程层。本层主要是将外部服务需求转化为具体的流程，即将面向服务需求归纳为业务流程，定义在服务层中公开的服务的组合和编排。同时，流程还将根据业务服务需求进行抽象和优化，形成一般性的业务流程。

（3）工作流层。本层主要在业务流程层基础上进一步分解，采用统一的工作流管理系统来实现，将各个业务系统中有关的流程控制的公共职能抽取出来，以中间件（模块）形式提供，实现跨部门协同业务内容。即将业务流程层所配置的流程转化为服务，组合需求的服务资源，满足业务应用的即时构造。

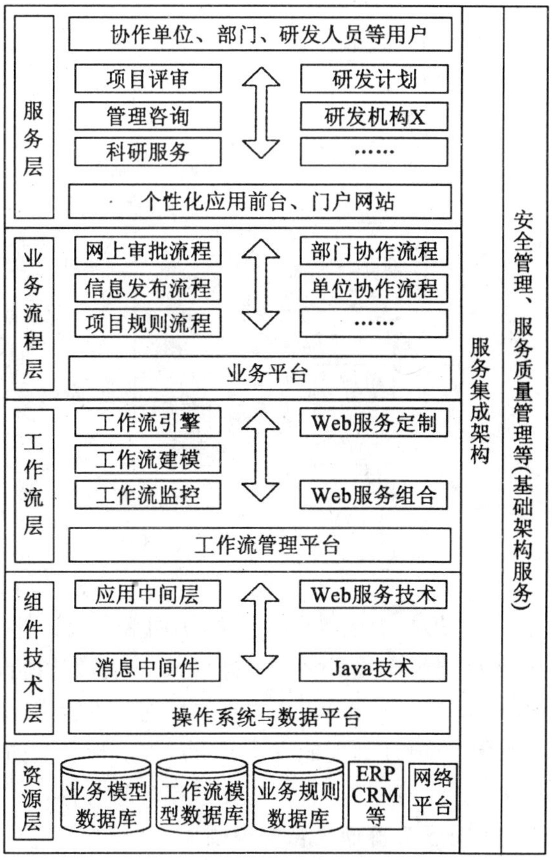

图2 基于SOA的协同服务层次结构

(4) 组件技术层。这一层主要是工作流的实例化，即通过 Web 服务、Java 技术等实现对资源的访问、存取等服务。在 SOA 中，采用标准化接口，模块服务采用低层组合、继承创建高层服务，实现重用。

(5) 资源层。这一层主要是对研发组织系统现有的程序资源、计算资源、各种业务数据等资源的集成管理，为上层提供共享资源。如业务模型库、工作流模型库、业务规则与标准库、ERP、CRM、网络系统等。

此外，在系统架构中还有能够满足系统中的非功能性服务级别需求以及服务质量（QoS）方面的需求。主要包括两个方面：

服务集成架构：即协同服务总线，提供服务请求从服务请求者到正确的服务提供者的中介、路由和传输的功能。

安全管理、服务质量管理等（基础架构服务）：主要是为 SOA 提供实现非功能性需求所需的功能、与数据体系结构和信息体系结构相关的重要注意事项、SOA 中业务操作生命周期管理的所有方面等。

在此系统层次结构基础上，构建如图 3 所示的研发业务服务和研发管理流程服务的协同模式。研发业务服务用于封装各类研发业务规则，研发管理流程服务用于搭建研发业务服务，提供研发管理流程的控制逻辑。协同服务管理通过流程建模工具和 BPELWS（Business Process Execution Language for Web Service）转换器进行建模[6][7][8][9]，并通过工作流引擎执行。重要的研发业务流程的信息和规则将其置于工作流引擎的控制之下，以 SOA 作为支持虚拟研发管理流程的基础结构，提供虚拟研发组织所需要的各类服务功能。虚拟研发组织的业务流程作为 Web 服务进行发布和使用，在服务发现[10]和建模的过程中可以使用 BPEL 建模工具，组合现有的 Web 服务，在 UDDI 注册服务器上发布相关的 Web 服务，并动态绑定到流程服务中。

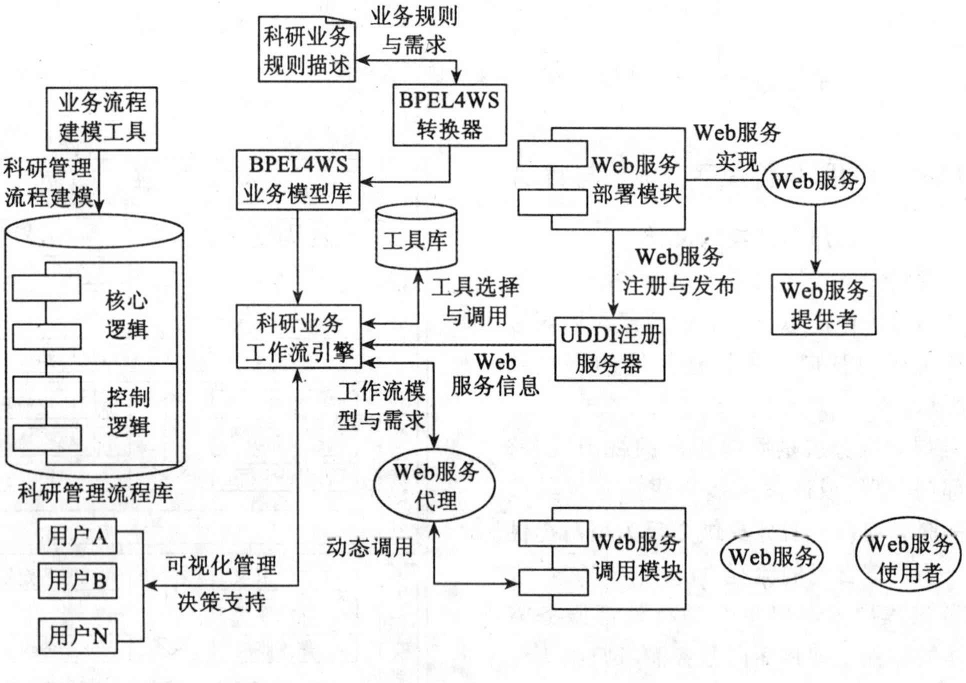

图 3 基于 SOA 的虚拟研发组织协同服务模式

基于 SOA 的虚拟研发组织协同服务管理平台能够在虚拟组织成员之间通过 Web 开展设计协同、数据协同和人员协同等各类研发协同，也能满足虚拟研发组织项目管理的安全需求。如实现安全的通信、消息认证和不可否认的数字签名等内容。

3.2 协同服务管理平台的组成

在基于 SOA 的虚拟研发组织协同服务平台中，主要包括以下组成部分：

(1) 研发管理流程库。该库储存虚拟研发组织的业务流程信息，其中：研发管理核心业务逻辑与流程控制逻辑被分离开来。核心业务逻辑包括研发数据访问服务和研发业务规则，它们以服务组件的形式存在于流程库中；流程控制逻辑只包含与虚拟研发管理流程本身相关的状态（虚拟研发流程状态)。如虚拟研发组织成员、项目参与者的输入及研发管理基本规则等，将研发核心业务服务粘合在一起。通过组合后的虚拟研发管理业务流程服务可以在协同管理平台的注册服务器上进行注册，并被其他的服务组合和调用。当工作流引擎查询到有流程改变时，可以从流程库中查询可执行的流程。

(2) BPELWS 转换器。基于流程单元的状态模型，将研发业务流程和业务逻辑进行组合，形成 BPELWS 规范支持的可执行业务流程模型，并能通过 Web 服务进行发布。

(3) 流程引擎。负责处理虚拟研发管理流程执行和维持执行的当前状态，还能够预先估算研发项目管理流程的选择。

(4) 工具库。用来管理虚拟研发组织业务协同过程中用到的一些工具，工作流引擎从工具库中选择任务所需的工具，并用该工具来执行任务。当一个用户通过工作流引擎为一个特殊的工具发送了一个执行请求给工具库时，它可以远程查找所需的工具并在线执行，最后把执行结果返回给工作流引擎。

(5) Web 服务代理。根据虚拟研发组织各类用户的需求或偏好规则选择相应的 Web 服务，设置具体的服务绑定信息，并返回调用结果。

(6) UDDI 注册服务器。虚拟研发组织的共有构件，储存虚拟研发组织成员发布的各类 Web 服务的详细信息，如项目数据处理和功能规范等。注册服务器不仅包括服务类型、输入输出规范、前置条件和后置条件等语义信息，还包括 WSDL 描述的技术信息。

(7) Web 服务的执行。连接工作流引擎和 Web 服务，工作流引擎能为某个任务或项目查找到适当的服务，并且实现对这些服务的调用，即工作流引擎通过参数调用该模块，该模块再去注册服务器查询，当工作流引擎选择好服务提供者后，该模块调用 Web 服务。Web 服务的执行环境支持带有语义的服务的发布。

3.3 协同服务的实现技术

协同服务管理的实现技术，采用语义 Web 服务机制，将流程服务定义为一个大类或组件包，它具有四个属性：前置条件、后置条件、输入和输出，并可利用连接属性描述服务组件之间的业务流和逻辑规则。流程服务的语义信息采用 OWL 描述，通过 UDDI 注册中心进行注册和发布，并提供服务名称、服务类型、输入输出规范和前置条件、后置条件等语义信息。这些信息通过 OWL 进行描述，并在注册中心与该服务的技术信息——WSDL 描述进行匹配，便于服务使用者进行语义检索和匹配，服务语义和技术注册信息如图 4 所示。例如服务提供者可以为服务请求者限制一定的条件，并指定输入参数的限制来发布服务结果，服务提供者在后置条件中描述服务执行的参数矩阵，如项目经费、计划时间等。在 UDDI 注册中心通过 OWL 和 WSDL 提供流程服务的全部信息，其中 OWL 提供给服务详细的语义信息，如类型、前置条件和后置条件、输入和输出等；WSDL 提供 URL (Uniform Resource Locator, 统一资源定位器) 地址、服务中的方法列表和输入参数类型等技术信息。在此基础上建立的 Web 服务执行环境由 Web 服务部署模块和 Web 服务调用模块组成，如图 5 所示。利用 Web

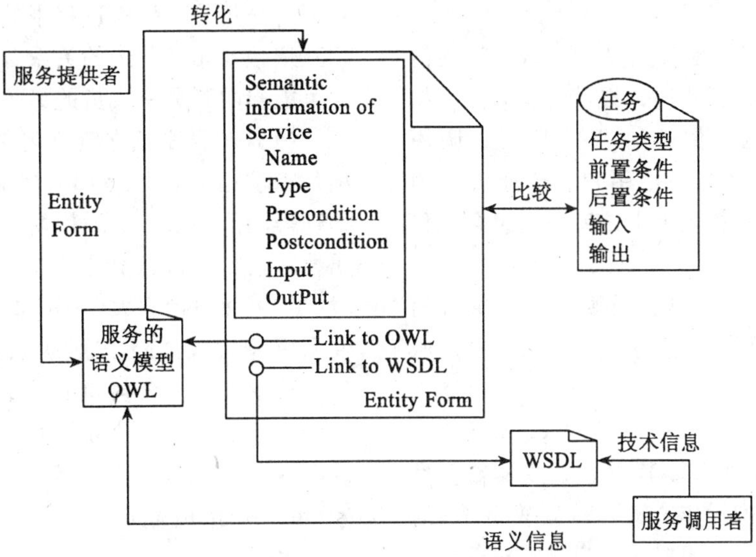

图 4 协同服务管理的 OWL 语义与 WSDL 技术描述模型

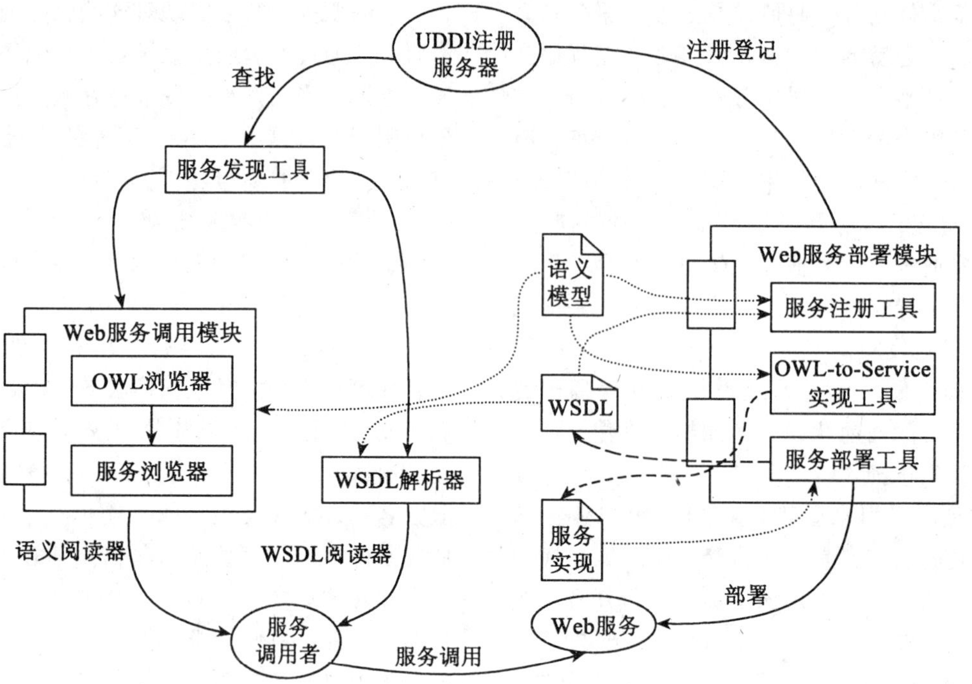

图5 协同管理平台上的 Web 服务实现过程

服务部署模块，服务提供者首先描述虚拟研发协作服务的语义信息，然后通过 Web 服务注册、Web 部署和 OWL-to-Service 实现等工具[11][12][13][14][15][16]，把服务部署到自己的 Web 服务的服务器上，并注册到 UDDI 注册服务器。当虚拟研发组织决定通过 Web 服务来实现一项协作流程或任务时，协同管理平台激活执行环境中的 Web 服务调用模块，搜索并调用合适的服务和流程。

Web 服务实现过程主要包括下面几个部件：

（1）Web 服务部署工具。编译服务执行，并部署到 Web 服务器。

（2）OWL-to-Service 实现工具。把语义描述信息通过编码形成服务执行代码，提供转换方法。如从用户得到输入规范并传递给 Web 服务、调用 Web 服务、把输出规格传递给用户、传递流程图形信息给用户、把服务提供者本地库中的组合流程传递给用户等。

（3）Web 服务注册工具。阅读服务提供者提供的 WSDL 文档和 OWL 描述的语义信息，并把服务存进 UDDI 注册服务器。

（4）服务请求者/调用者。利用 Web 服务调用模块发现和执行 Web 服务。其中，服务发现工具通过对注册中心的查询操作来发现一个 Web 服务，语义阅读器供虚拟研发组织成员用户浏览服务语义信息，WSDL 阅读器帮助服务调用者理解 WSDL 文档，服务调用者可以调用已选 Web 服务发布的一个方法。

4 实 例

本节以一个研发项目的协作过程作为协同服务管理平台的设计与实现原型。该研发项目管理过程被分为若干子任务，每一个子任务被分配到既定的虚拟组织成员。如图6所示的五个成员准备进入协作过程，每一个组织有自己的详细工作，如定义项目需求与约束、可行性分析、制订研究计划和数据处理与分析等。协作过程中的各个子任务之间存在相互依赖与相互制约的关系，即一个成员的一项任务可能影响到另一成员的另一个任务。

（1）项目委托方负责定义项目的需求与约束，项目需求描述包括诸如 C/S 网络结构、联机实时处理等功能要求，负载均衡、自动检错等项目关键属性和诸如项目预算小于 20 万元、项目时限不超过 1 年、网络带宽大于 100M 等项目约束。这些属性采用 OWL 定义，按照如下实例所示的输出规范传送给管理咨询公司和项目专家组。

虚拟研发组织业务服务中的一个输出规范信息的实例：

```
<ProjectRequirements>
    <Functions>
        <NetworkStructure>C/S</NetworkStructure>
```

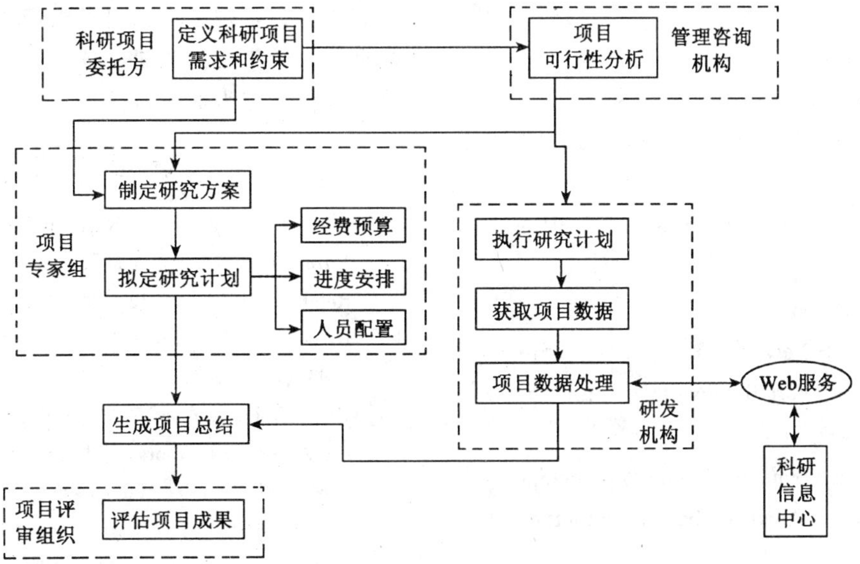

图 6　某研发项目的协作过程

```
<ProcessMode>Realtime<Database/>
      …
</Functions >
  <Performance>
    <factor>load balance</factor>
    <factor>automatically detect</factor>
      …
</Performance>
  <Constraints>
    <Budget range = " LT" >20</Budget>
    <Bandwidth range ="GT">100</Bandwidth>
      …
  </Constraints>
      …
  </ProjectRequirements>
```

(2) 管理咨询公司根据所获取的项目需求与约束实施项目的可行性分析，并为该项目选择参与成员和合作伙伴，可选的人员包括专家甲、专家乙、专家丙和专家丁，可选机构包括机构 A、机构 B、机构 C 等，由于专家甲和专家乙在该领域有较高的知名度，机构 A 有类似项目的经验，最终选择了专家甲、专家乙和机构 A。

(3) 项目专家组得到委托方的项目需求与约束和管理咨询公司的可行性分析报告后，开始制定研究方案和拟订研究计划，包括经费预算、进度安排和人员配置等几个子流程。每一项子流程还可细分为带有规则的子任务，例如进度有几个可供选择的过程，像乐观估计、悲观估计和实际估计等。

(4) 研究机构根据管理咨询公司的可行性分析报告和专家组制订的研究计划开展研究和实验，获取实验数据并对其进行分析和处理。在处理研究数据的过程中，当研究机构决定以外包的方式来执行实验数据处理任务时，首先定义数据处理的需求，如精度、分析方法和误差范围等要求，然后在 Web 服务注册中心中用这样的需求进行搜寻。

(5) 假设长沙地区的一个研发信息中心能满足研究机构的数据处理需求，服务注册中心会告知研究机构该信息中心能够胜任实验数据处理工作。下面给出了一个 OWL 描述的注册实体的信息，用于描述在 UDDI 注册中心所注册的服务的语义信息。研究机构还可以评估其他一些在查询条件里面没有的品质，如果有必要还可以准备商议，之后调用该信息中心的数据处理 Web 服务来完成此次外包。

```
<entry>
  <entryID>00001</entryID>
  <serviceType>Data Analysis</serviceType>
  <profile>
    <serviceName> OLAP</serviceName>
      <Address> Changsha, Hunan, China
</Address>
    <Telephone>0731-xxxxxxx</Telephone>
    …
  </profile>
  <precondition>
    <Quantity>2T</Quantity >
```

```
<Type>text</Type>
…
</precondition>
<postcondition>
<Certifications>GB/T18219-2008
</Certifications>
<EndUsers>registered users</EndUsers>
…
</postcondition>
<inputSpec>Network Traffic</inputSpec>
<inputSpec>Port Bandwidth</inputSpec>
…
<outputSpec>Statistic Report</outputSpec>
<outputSpec>Trend Analysis</outputSpec>
…
<wsdl_binding>http://www.hnuc.edu.cn/
vromp/wsdl/dataanalysis.wsdl</wsdl_binding>
<owl_binding>http://ww.hnuc.edu.cn/
vromp/wsdl/netservices.daml</owl_binding>
</entry>
```

（6）项目专家组与研究机构生成项目总结，评审组织评估项目成果。

在协作的过程中，为防止单个成员的决策导致协作任务失败，可以允许在分布式协作环境中取消某些决策任务。例如，管理咨询公司执行可行性分析工作并产生可行性分析报告，经过某一过程，项目专家组也完成了研究计划，研发组织开始执行数据分析外包流程。但在该流程中，研发组织发现了一个设计问题，经过诊断分析得出结论：网络带宽与服务器处理能力需要提升。管理咨询公司需要重做技术可行性分析，这一改变影响到了项目专家组和研发机构的进程执行，因为他们用到了咨询公司可行性分析报告的结论。在此情况下，项目专家组和研发机构需要初始化其业务流程，以返回到原先的工作状态，并进行相应修改。

5 结 语

本文针对虚拟研发组织的特点和需求，采用工作流与语义 Web 服务机制，建立了一个基于 SOA 的协同服务管理平台，分离了研发管理的核心业务逻辑和流程控制逻辑，采用面向语义的流程服务模型构建 Web 服务的执行环境，以提高业务服务和流程服务的动态发现和建模能力。最后，结合实例分析了虚拟研发组织成员间的业务协作过程，将研究成果与实际应用相结合。该平台采用面向服务的架构、业务流程管理和语义 Web 服务等相关的标准和技术，实现了虚拟研发组织成员间应用程序和数据的有效集成，为研发项目在虚拟组织间的协同服务提供了有力的支持。

参 考 文 献

[1] Preiss K, Goldman S, Nagel R. Agile Competitors and Virtual Organizations [M]. New York: Van Nostrsand Reinhold, 1995: 23-32, 158-166.

[2] Byrne J A. The Virtual Corporation [J]. Business Week, 1993 (8): 98-102.

[3] Hodge B J, Anthony W P, Gales L. Organization Theory: A Strategic Approach [M]. 5thed., Upper Saddle River, NJ: Prentice-Hall, 1996.

[4] Jehuen. The Virtual Corporation [EB/OL]. http://www.tvshow.com.tw/vr.htm, 1997.

[5] Malone M, Davidow W. Virtual Corporation [J]. Forbes, 1992 (12): 102-107.

[6] Casati F, Shan E, et al. Business-oriented Management of Web services [J]. Communication of the ACM, 2003, 46 (10): 55-60.

[7] Mike P, Manfred A, et al. Distributed, Interoperable Workflow Support for Electronic Commerce [J]. Lecture Notes in Computer Science, 1998 (1402): 192-204.

[8] Chris Peltz. Web Services Orchestration and Choreography [J]. IEEE Computer, 2003, 36 (10): 46-52.

[9] BPEL. Web Services Business Process Execution Language (WS-BPEL) [EB/OL]. [2007-03-16]. http://www.oasis-open.org/committees/tc_home.pht? wg_abbrev = wsbpel.

[10] Sycara K, Paolucci M, et al. Automated discovery, interaction and composition of semantic Web services [J]. Journal of Web Semantics, 2003, 1 (1): 27-46.

[11] Krafzig D, Banke K, Slama D. Enterprise SOA Service-oriented Architecture Best Practices [M]. New York, N.Y., USA: Prentice Hall, 2005.

[12] Kim W, Chung M J, et al. WSCPC: an Architecture Using Semantic Web Services for Collaborative Product Commerce [J]. Computers in Industry, 2006, 57 (8/9): 787-796.

[13] Martin D, Paolucci M, et al. Bringing Semantics to Web Services: the OWL-S Approach [J]. Lecture Notes in Computer Science, 2005 (3387): 26-42.

[14] Cardoso J. Approaches to Developing Semantic Web Services [J]. International Journal of Computer Science, 2006, 1 (1): 8-21.

[15] Ioana M, Marco B, et al. Model-driven Design and Development of Service- enabled Web Applications [J]. ACM Transactions on Internet Technology, 2005, 5 (3): 439-479.

[16] Christensen K, Olesen T H, Thomsen L L. Matching Semantically Described Web Services Using Ontologies [J]. Information Technology and Control, 2006, 35 (3):267-275.

Research and Design of SOA-based Virtual R&D Organization Collaboration Service

XIONG Shuchu[1], CHEN Xinming[1], LUO Yihui[1]

(1. Information Department, Hunan University of Commerce, Changsha, Hunan, 410205, China)

Abstract: Based on work flow and web services, a SOA-based collaboration platform is designed for virtual R&D organizations. One advantage of it is that kernel business logic and flow control logic are separated. Furthermore, the semantics-oriented service model is applied to set up execution environment for Web service. Therefore, the ability of dynamical finding and modeling for business services and process services is improved significantly. Finally, a collaboration case among virtual R&D organizations is demonstrated to validate the production of the thesis.

Key words: virtual R&D organizations; SOA; collaboration services; work flow

Designing Service Oriented Automated Negotiation System Based on Agent*

CAO Mukun (曹慕昆)[1], Robert Chi[2], Ying Liu[2]

(1. School of Management, Xiamen University, Fujian, China 361005;
2. College of Business Administration, California State University, Long Beach, CA, USA)

Abstract: Automated negotiation has become the core of the intelligent e-commerce. Traditional research in automated negotiation is focused on theory about negotiation protocol and strategy. However, the application of automated negotiation system has lagged far behind. This paper first discusses the reason for such a situation, and then, according to the idea of SaaS (Software as a Service), points out that making the automated negotiation system as a software service in line with the SOA (Service Oriented Architecture) is a feasible way for the practical application of the automated negotiation system, then proposes a technology roadmap for the development of automated negotiation system using the software agent technology. In order to find a way to the applicable application of the system, finally this paper proposes an application architecture using SOA and web services technology.

Key words: Automated Megotiation, Agent, Web Services, Service Oriented Architecture

1 Introduction

Electronic commerce is affecting business profoundly. It is changing the way businesses interact with consumers, as well as the way the consumers interact with each other. No matter whether it is a case of B to B purchase or a case of online shopping, it becomes more and more important to make the traditional negotiation price mechanism automated and intelligent[1]. Today, e-commerce has entered a time of dynamic trade. Its role has not only been confined to provide trading places and related information for the buyers and sellers, but has changed from a simple trade matcher to a price coordinator. The tremendous successes of online auctions show that the dynamic trade based on e-negotiation will gradually become the core of e-commerce.

Traditionally, e-negotiation processes have been carried out by humans registering themselves at certain web pages, placing bids and making offers through fill-in forms, and receiving counter-offers of other participants by updating the respective web pages. One major drawback of this human-centred way of e-negotiation is that the underlying processes are not explicitly modelled but only kept within the human minds. The next step towards automated e-negotiation systems was achieved through software agents who acted as participants in the e-marketplace. Automated negotiation is an important research area of e-commerce negotiation after the negotiation support system (NSS). It is the direction of development for the e-commerce automated trade. Its main principle is using software agent technology to make the process of negotiation to be part or full automation. The purpose is improving the efficiency of online negotiations and reducing costs of trade. Since the mid-90's last century, the research on automated negotiation system has been given high priority by researchers[2].

At present, one severe problem for the research of automated negotiation is how to take the theoretical results into practical applications. For more than Ten years, compared with the fruitful results of theoretical research, the application of automated negotiation systems has lagged far behind[6][7]. So far, there is scarcely any applicable automated negotiation system can be applied in e-commerce[8]. The realization of system remains at experimental stage, most prototype systems were developed in university laboratories,

* 基金项目：国家自然基金（70902042），福建省自然基金项目（2009J05162）
通讯作者：曹慕昆：Tel.：86-592-13625019295；Fax：86-592-2187289；E-mail：caomukun@yahoo.cn

automated negotiation technology is still under investigation in research labs, and it could take some time before practical B2B e-commerce systems to adopt a negotiation tool[3]. That has been a bottleneck for the research of automated negotiation. A lot of good theories, models and algorithms can hardly be verified without a practical application platform, thereby constraining the further development of automated negotiation research. In fact, this kind of situation is widespread in the entire e-commerce oriented automated trading applications[9]. While some systems have been widely cited in literatures, such as the Kasbah, Tete-a-Tete, ADEPT, AuctionBot, eMediator, MAGNET, MATE, etc. , however, strictly speaking, they are not automated negotiation system. Because software agent technology in these systems is mainly used to achieve automated trading functions, such as product selection, price comparison[10] and so on. Even some applications involved in negotiation are also mainly for auction. This situation can be mainly attributed to the followings:

First, the theory of automated negotiation is still booming, new theories and methods appear one after another. The industry and academia have not yet reached a consensus for some basic questions, and have not formed a unified standard.

Second, the research of automated negotiation has close relationship with the disciplines of artificial intelligence, multi-agent systems theory and software agent technology. These disciplines are not yet ripe, and constrain the actual application of automated negotiation system. Automated negotiation system is essentially a multi-agent system, whose development is inseparable from the software agent technology. However, software agent technology and the development method of multi-agent system are not yet ripe. Therefore, the development of automated negotiation system has no technology roadmap to follow nowadays.

Third, the basic rules of software engineering tell us that the generation, development and application of a new technology is a time consuming process. Human's psychological acceptance of this new technology is also a time consuming process.

Finally, the automated negotiation system does not find a suitable application mode for its own development. This is one of the most important reasons. The first three are objective reasons for most new technologies, and are likely to be encountered during the process of development. However, under the circumstances of the rapid development of e-commerce applications and network technology nowadays, researchers cannot ignore the fact that the automated negotiation system has developed too slowly. We should consider this problem further from a subjective aspect.

2 Negotiation as a Service

As mentioned above, a lot of negotiation systems are produced in academic environment, such as laboratories in universities. They are usually experimental systems, which are often in order to verify a particular model or theory, and face many problems about technology, security and credit that need to be resolved. There is a long way to the practical commercial application. At the same time, colleges and universities find it is difficult to meet completely such requirements of industrial development, with the result that these systems only stay in the primary stage of system's development and application. Moreover, many such systems were abandoned later, that is a great waste. In fact, we found that:

First, in the current network environment, businesses and individuals do not often want software but a service.

Second, research teams in university are not fit to play the role of software companies. They are more suitable to act as a service provider.

Therefore, we need to introduce a new operation mode to support the whole process from research to application. The idea of Software as a Service (SaaS) verifies the correctness of the above experiences. SaaS, which rises in 21st century, is a completely innovative application mode of software. It provides software services through Internet. Software providers deploy application software on their own servers. Customers order software services according to their own demand, and pay the software providers according to the number of types of services and the length of time, and obtain software services via the Internet[4]. The emergence of SaaS subverts the traditional life cycle (design-development-testing-Installation) of software. Users buy software service as an alternative to permanent license. The design of software has changed from original function-oriented design into a service-oriented design. Users need not to concern any more about the upgrade and maintenance of software, but directly lock on services[5]. According to the data from IDC, the global scale of SaaS will grow continuously with a compound annual growth rate of 21%, and will reach 10.7 billion U.S. dollars in 2009. Gartner expected that, before 2011, 25% of the global enterprise software applications will be delivered in the way of SaaS[6]. We can say that SaaS is the future direction for the development of the software industry.

Applying automated negotiation system in the form of service is a trend in the future! The negotiation system is essentially software, whose role is providing users with negotiation service. SaaS points out the direction for the application of automated negotiation system, as well as provides an idea for scientific research in colleges and universities. Most of the current automated negotiation prototype systems are developed in the laboratories in universities. Research teams should cooperate with third-party e-commerce platform, and deploy the application system in the e-commerce portal, perform test-run for the application in the mode of SaaS. If there is enough hardware, software and human resources in the laboratory, we can use service-oriented architecture (SOA) to make the system running in the laboratory as a service node integrated with the third-party e-commerce platform. Then the research institutions can directly play the role of negotiation service provider.

The benefits for doing so are obvious: first, we can obtain stable visiting quantity. Second, the latter maintenance and upgrade of system can be completed on the server in the laboratory, saving human and material resources. Third, the automated negotiation system can make use of the existing basic facilities provided by the e-commerce platform, such as security, authentication, transaction management, and so on, saving costs of development. In fact, this kind of development mode is meaningful for industrializing the other scientific research contributions generated from colleges and universities.

3 Implementing Negotiation Service with Web Services

A very important requirement for the automation of e-negotiation processes is the adequate support of interoperability between the partner processes in the e-negotiation application domain. In order to meet this requirement, the dynamic invocation of web services within a SOA (Service Oriented Architecture) is the most appropriate approach[18]. According to Kim and Segev[17] web services are the most appropriate way to deploy e-negotiation systems for the following reasons: ① relationships between negotiating partners are dynamic therefore run-time binding is preferable to design-time binding; ② negotiation is part of procurement, therefore interoperability with internal and external IT systems is important; and ③ web services provide a standardized and flexible integration technology that no organization can afford to ignore if it wants to interact with its partners.

The term SOA refers to a style of building reliable distributed systems that deliver functionality as services, with the additional emphasis on loose coupling between interacting services. Technically, the term SOA refers to the design of a system, not to its implementation. We regard SOA as an architectural style that emphasizes implementation of components as modular services that can be discovered and used by clients. SOA has the good characteristic of loose coupling, which implies that the interacting software components minimize their in-built knowledge of each other: they discover the information they need at the time they need it. For example, having learned about a service's existence, a client can discover its capabilities, its policies, its location, its interfaces and its supported protocols. Once it has this knowledge, the client can access the service using any mutually acceptable protocol.

Web service is the implementation of SOA. It allows e-commerce activities to be carried out based on a set of XML standards such as Simple Object Access Protocol (SOAP), Universal Description, Discovery and Integration (UDDI) and Web services Description Language (WSDL). Traditional business-to-business applications connect trading partners through nonstandardized architecture. A major drawback is the lack of interoperability where setting up connections with a new trading partner can be costly and time consuming. In contrast, the benefits of adopting Web services include faster time to production, convergence of disparate business functionalities, a significant reduction in total cost of development, and easy-to deploy business applications for trading partners. In addition, Web services provide a flexible, highly coherent, and loosely coupled interface, which supports both programmatic and human users[11]. Web services provide the means for software components to communicate with each other on the web using XML. A web service describes itself (using WSDL), can be located (using UDDI), and invoked (using SOAP). A SOA will permit, for instance, an online auction to be deployed on the e-marketplace, and located and invoked through the web by a distant Automated Negotiation System.[18]

The service oriented architecture is very useful for the application of automated negotiation system. As mentioned above, there are many difficulties, such as security and credit, to make the automated negotiation system to be applicable. In fact, in most cases, the enterprises and individuals always don't want a software system for commercial negotiation, but just a negotiation service. On the other hand, it is more convenient for the developers to just provide a negotiation service to the users, rather than to deploy software negotiation system in the user's company, for there will be less work of late maintenance, update and so on. Therefore, we can make the automated negotiation system as a service node, and deploy it in an enterprise application integration system based on service oriented architecture. To do so, the automated negotiation system can take advantage of the infrastructure, such as network, security, transaction and so on, provided by the whole integration system, and benefit from the existing customer resource.

Negotiation service generally has the following characteristics. ① It is individually useful, and also can be integrated and composed to provide higher-level services. Among other benefits, this promotes re-use of existing functionality. ② It communicates with their clients by exchanging messages: they are defined by the messages they can accept and the responses they can give. ③ It can participate in a workflow, where the order in which messages are sent and received affects the outcome of the operations performed by a negotiation. ④ It is completely self-contained, but to some extent, it depends on the existence of a resource such as a database. In the simplest case, a negotiation service can perform without needing to refer to any external resource, or it may have pre-loaded all the data that it needs for its lifetime.

Moreover, the automated negotiation system base on SOA will have the following good cross-platform features: ① Flexibility: A negotiation service can be located on any server, and relocated as necessary. As long as it maintains its registry entry, prospective clients will be able to find it. ② Scalability: negotiation services can be added and removed as demand varies. ③ Replacing ability: provided that the original interfaces are preserved, a new or updated implementation of negotiation service can be introduced, and outdated implementations can be retired, without disruption to users. ④ Fault tolerance: If a server, a software component, or a network segment fails, or the negotiation service becomes unavailable for any other reason, clients can query the registry for alternate services that offer the required functionality, and continue to operate without interruption.

4 Automated Negotiation System Based On Software Agent Technology

Before the service oriented application of the automated negotiation system is proposed, we must first design the negotiation service. A negotiation service is built on a real automated negotiation system, which is a self-contained software system.

As emphasized by Badica, multi-agent theory and technology is the main way for realizing the e-commerce antomation[16]. An automated negotiation system needs full support from multi-agent system theory and software agent technology for the following reason.

Negotiating agent is composed of various cognitive components (believe, desire and intention), which make the agent has the ability to negotiate independently. The contents of these cognitive components define the cognitive state of agent. Agent makes decision to negotiation autonomously on the basis of its internal cognitive state. That is different from the basic module unit in traditional structured programming, process and function, and the basic module unit in object oriented programming, object. Therefore, it is not suitable to develop the negotiating agent through traditional process-oriented or object-oriented programming methods, but the Agent-Oriented Programming (Agent Oriented Programming, AOP) .

The realization of automated negotiation system needs using software agent technology totally. However, analysis, design and realization of multi-agent system, so far, have not strict, systematic approach to follow. Although there are many development methods and modeling techniques have been put forward, they are still in the phase of research and experiment. Together with the variety and complexity of agent-oriented software development tools, the development of multi-agent automated negotiation system is unsystematic, that is an important factor hindering the realization of automated negotiation system.

As a result, we firstly discuss the technology roadmap for the development of automated negotiation system using the software agent technology. After that, we will propose a practical application architecture using SOA and web services technology for the service oriented negotiation application.

4.1 Technical Background

It is necessary to make full use of existing software agent development platform, rather than anything from scratch. Now we have a lot of agent-oriented software development platforms, which provide the required infrastructure for the multi-agent system, such as message processing, tracking and monitoring, operation management and so on. Multi-agent automated negotiation system does not care about realizing the underlying infrastructure, but spends the valuable development time to realize the business logic and communication logic in the process of negotiation.

In automated negotiation system, negotiation between agents is a high-level social interaction, which is realized by agent communication language. Agent Communication Language is actually a special kind of message transport format, which can not only express clearly the intention of interaction between agents, but also describe in detail the contents of interaction. So that it can effectively contribute to the complicated collaboration between agents. This is different from the message transport between objects in object-oriented programming, for messaging between objects is essentially activating methods. Therefore, we have to use agent development platform to realize the communication between agents.

Agent development platform is based on the concepts and techniques of agent, which provides a full range of support for the development of agent system, such as support for communications, security, directory management and other services. Among them, the support for the realization of communication currently is one of the most important natures of agent development platform available for engineering applications. Some scholars even believe that: a software system is called agent development platform, if and only if it can support communication between agents[12]. Taking use of agent development platform reduces the developers' burden of the work, thus contributing to the rapid and efficient development and deployment of agent-oriented software systems.

Since the 80's of the 20th century, as the main driving force for applying agent technology, the research and application of agent development platform has been received great attention from academy and industry. Up to now, dozens of Agent Development Platform tools has been put forward, but also caused severe heterogeneous problems, mainly reflected in the heterogeneous of programming languages, network transmission protocols, operating systems, communication languages, agent architectures and so on.

These heterogeneous hampered the agent development platform to be applied widely, especially hampered the interoperability between agent systems. For this reason, the academia and industry were committed to the standardization of agent technology, developed a number of general specifications, which usually regard agent communication language as the core content. That is because standard communication language is a fundamental solution for the interoperability between heterogeneous agent systems. Typical specification is KQML made by KSE, and FIPA made by Intelligent Physical Agent Fund.

According to the differences between the specifications, the current agent-oriented development platform can be divided into KQML-oriented tools and FIPA-oriented tools. Typical KQML-oriented agent development tools is JATLite developed by Stanford University, which is a Java software development kit used to build multi-agent system; Zeus developed by British Telecommunication Co. and so on. The typical FIPA-oriented agent development platform is JADE (Java Agent Development Environment) developed by Italy Telecom Lab, which is a Java-based agent integrated development platform[13].

Summarizing the above analysis of agent technical specifications and the corresponding agent development platform, we can see that KQML specification is a product at the end of the last century, the highest version is issued in 1997, and there is no new development in recent years. The agent development tools and platforms following KQML specification will gradually withdraw from the stage of history. So it is unsuitable now to use these tools for the development of multi-agent system.

FIPA, since its establishment in 1996, has maintained a strong momentum of development, has developed a package of specifications, the latest version is FIPA2000. Moreover, FIPA is more comprehensive than KQML, involving not only the content of agent communication language, but also agent life-cycle management, architecture, interactive protocol and so on. It can be foreseen that FIPA will eventually be the common standards of industry in the future. The most agent development platforms following FIPA specification also maintain good momentum of development.

In conclusion, the development of multi-agent automated negotiation system will follow the FIPA specification, and select the JADE as the development tool for realizing the whole system.

4.2 Software Architecture For Automated Negotiation System

According to the technology discussed above, we propose an overall architecture design of automated negotiation system combining the JEE and JADE architecture.

A complete automated negotiation system, same to a negotiation support system, also needs some function components to support the negotiation process, such as user management, information release, contract management and so on, which can guarantee the negotiation process to be implemented smoothly. We will reuse the function components of an existing negotiation support system to serve for the new automated negotiation system. It is equal to add functions of automated negotiation to the original negotiation support system. Then we have a full-featured on-line negotiation system.

Figure 1 shows that there are five layers in the software architecture of the automated negotiation system, which derives from the three layers (data layer, business logic layer and presentation layer) architecture of JEE technology. On the bases of the three layers, we add message transport layer and agent service layer which are about the agent management service. Starting from the bottom:

Data layer is composed of database, decision models and negotiation strategy models, which are used by the negotiating agent and the whole system in the process of negotiation. Database plays an important role in the whole system. It administrate and maintain not only the runtime data of automated negotiation process, but also the data of every system function module supporting the process of negotiation, such as data of user information and production information etc.

Message transport layer is in charge of transporting FIPA ACL message to the negotiating agent in the system. At the same time, it can also communicate with other agent platform via HTTP, IIOP and SOAP, making the local negotiating agent can interact with agents on other remote agent platforms.

Agent management layer is made up of two components, Agent Management System (AMS) and Directory Facilitator (DF), which implement the communication facilitator designed in almost all abstract automated negotiation communication models. AMS is in charge of the basic operation on the negotiating agent , such as creating and deleting a

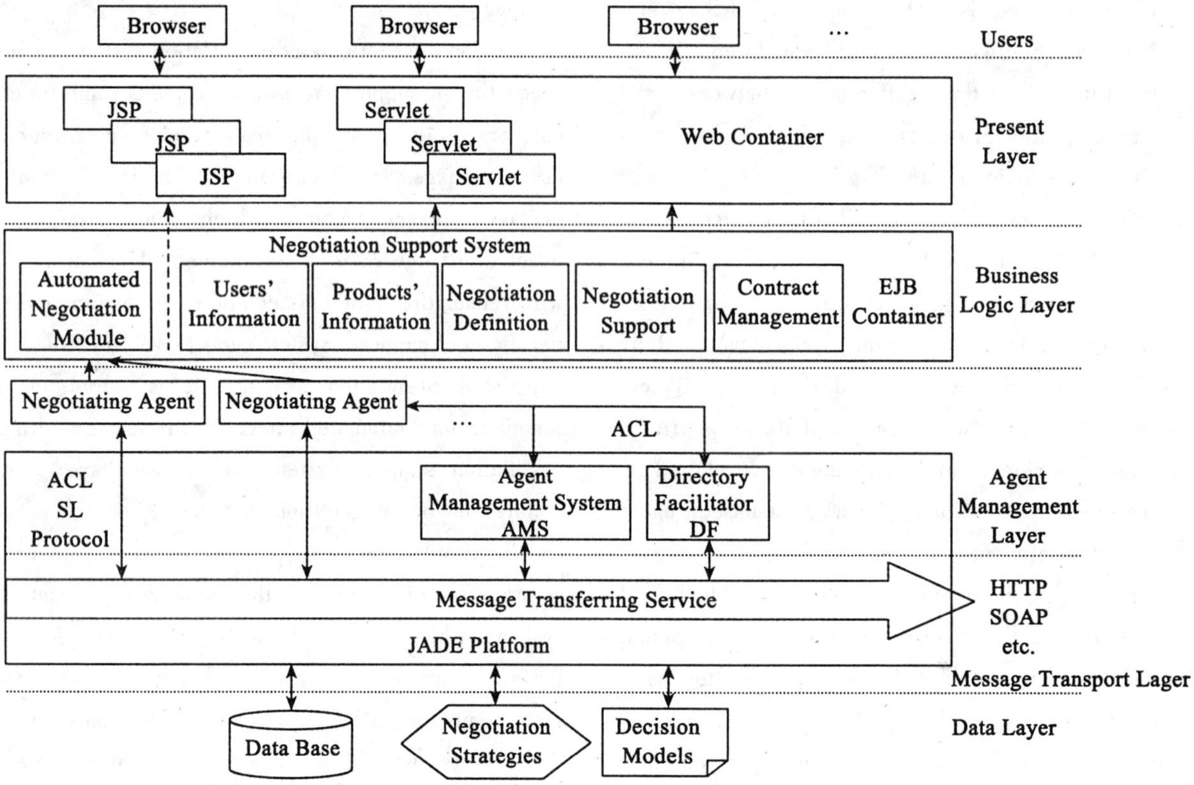

Figure 1: Automated negotiation system's architecture

negotiating agent, modifying the agent's description, or surveiling agents shifting among different platforms. Any negotiating agent resides in the current agent platform must register on the AMS. AMS will assign them an ID. DF provides yellow page query service for all of the negotiating agents. It can provide timely, accurate and complete listed information about negotiating agent in current system. Every negotiating agent have to make known timely to the public the detailed information on their own via DF, such as their name, address, services they can provide and so on. Other negotiating agents can establish ties with the agent by searching DF. AMS and DF together constitute the core of agent management system. Their function definition comes from FIPA specification SC00023J[14], and can be realized by JADE platform.

The negotiating agent administrated by the agent platform provides services for the automated negotiation module in the business layer. The business layer is divided into two function module, automated negotiation module and negotiation support module. The part of negotiation support is a legacy system, which includes the every function module supporting the negotiation process online. According to the theory of JEE architecture, the whole business layer is deployed in the EJB (Enterprise Java Bean) container, and every function module is realized by EJB technology, which can provide data persistence and transaction management for the whole negotiation system, and can ensure good security and stability.

The presentation layer uses the technologies of JSP, Servlet and HTML to produce web page dynamically on the user's browser, to help the interaction between the system and the users. This layer runs on the web container, whose function is making response to the web request based on HTTP protocol.

5 Abstract Architecture For Service Oriented Automated Negotiation System

From the abstract viewpoint, the service oriented

automated negotiation system includes the following four participants: registration service centre, negotiation service requester, negotiation service provider, and protocol.

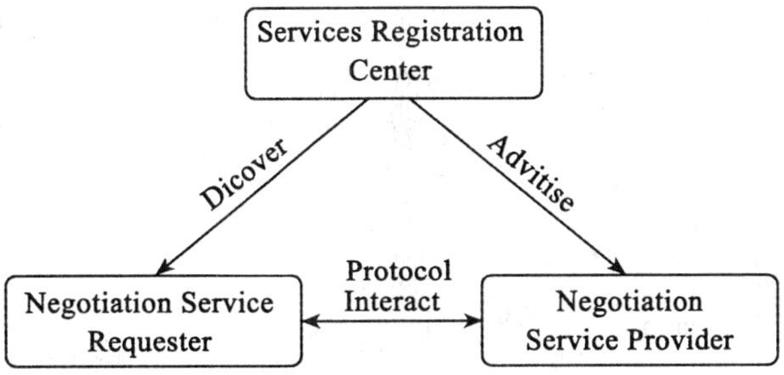

Figure 2: Abstract architecture for automated negotiation system

Registration service centre is a database of services' information, providing a platform to ensure the negotiation service requester can know the provider. At the same time, there is a common standard, which is followed by the negotiation service provided by the negotiation service provider, so that the services used by customers can be from different service providers. Registration service centre supports all customers and services in the open system, of which negotiation is just one.

Negotiation service requester discovers and calls negotiation service, provides business solutions to enterprises and individuals using the negotiation service. In general, the service requestor does not directly interact with service registration centre, but through an application portal system. The benefit for doing so is the application portal can provide users with access to a wide range of services.

Negotiation service provider, namely the negotiation software vendors, advertises negotiation service to the service registration centre, including the registration of their functions and access interfaces, then responses to the request in use of their services. At the same time, it must ensure that any modifications to the service will not affect the requester.

Protocol is an agreement between negotiation service requesters and providers. It standardizes service request and response, and ensures mutual communication.

Figure 2 illustrates a simple negotiation service interaction cycle, which begins with a negotiation service ADVERTISE itself through a well-known registry service centre. A negotiation requester, who may or may not be another service, queries the service registration centre to DISCOVER a service that meets its need of negotiation. The service registration centre returns a (possibly empty) list of suitable services, and the service requester selects one and passes a request message to it, using any mutually recognized protocol. In this example, the negotiation service responds either with the result of the requested operation or with a fault message. Then they INTERACT with each other continuously.

6 Architecture For Automated Negotiation System Based On Soa

SOA is an architectural style, while Web services are an implementation technology. Service-oriented automated negotiation system requires the following technical specifications based on SOA[15], including: XML (Extensible Mark-up Language), SOAP (Simple Object Access Protocol), WSDL (Web Service Description Language), UDDI (Universal Description, Discovery and Integration) and so on. WSDL is programming interface for describing Web Services used by the programmers. Web Services can register their properties on the UDDI, and other applications can find their needed web services through the UDDI. SOAP provides means of communication between applications and web services. WSDL, SOAP and UDDI are based on the XML technology.

UDDI service registration centre is the core of integrated application services, and is a technical specification for querying web services. Negotiation service providers can issue negotiation service on the services registration centre, and negotiation service requestor can find the desired services in the registration centre. There will be two UDDI registration centres in the architecture: one is privately established by the negotiation service provider itself (not showed in figure 3), located within the automated negotiation system, mainly for service-oriented negotiation. It can query and discover web services inside the system. Another UDDI is public (as showed in figure 3), built up by a neutral third party e-commerce platform, mainly provides services for the clients visiting the web site, and can also be a popular public registration centre. Here, we assume that the automated negotiation system, as a service node, is deployed outside the third party e-commerce platform.

SOAP router supports interaction between entities of the web services. It provides a lightweight mechanism for exchanging structured information in the Internet, which realizes the interoperability between heterogeneous applications. When the service requestor choose a negotiation service, it will use the WSDL description to find how to access to the negotiation services; once found, WSDL description will be used to generate SOAP request message sent to the application server. Application server plays the role of negotiation service provider.

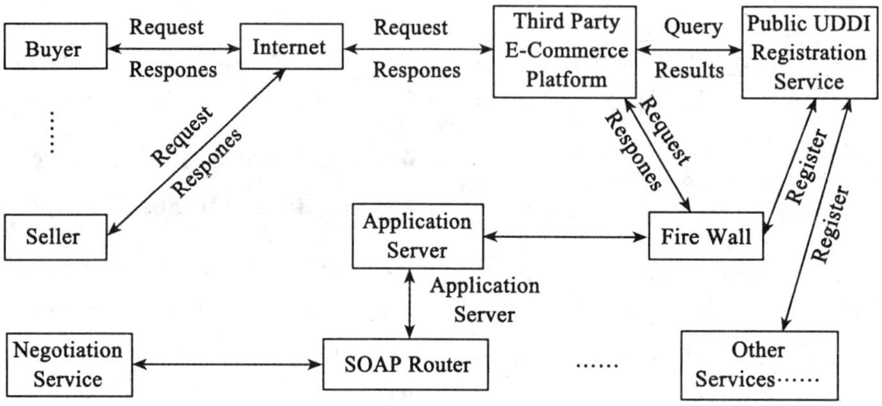

Figure 3: Architecture for automated negotiation system based on SOA

In Figure 3, the automated negotiation system is deployed in the SOA-based architecture of enterprise application integration, which realizes the abstract architecture of the service oriented automated negotiation system. In the architecture, the clients (buyers and sellers) visit a third party e-commerce platform through Internet, and request a service. Of course, the clients can request for varieties of services provided by the platform. The application server of the e-commerce platform realizes the service requester in the abstract architecture. It sends a request to the Public UDDI Registration Server, which realizes the service registration centre, to find a required service. We assume the service here is negotiation.

Besides providing the function of publishing and querying product information to the client, the third party e-commerce platform, in order to meet the varieties of trade demand, can also provide varieties of trade services, such as negotiation service, auction service, direct trade service, and so on. All the services bind service information and service interface specification on a directory server, the Public UDDI Registration Server. The service interface specification is described by the universal WSDL. Users visit the third party e-commerce platform through Internet. Sellers publish product information on the platform, and buyers query the product information and then determine the trade object. Buyers and sellers query the UDDI Server to search for suitable transaction, and then obtain the Web Services' invocation information. Assuming the negotiation service is discovered and invoked. The system binds the buyers and sellers to the negotiation service, and activates the automated negotiation system, which is deployed in another server somewhere. The buyers and sellers start their negotiation on the automated negotiation system through SOAP.

WSDL plays a very important role for realizing the architecture. Because the negotiation service must have the characteristic of loosely couple and automatic integration, which requires that the description of interface can be identified automatically by machines. Before a service requester invokes the negotiation service, it must know the call interface. WSDL describes the service interface of negotiation. It is defined in XML Schema style, and able to describe service interfaces realized by a variety of language, which means language independence. The negotiation service is defined as a collection of network endpoints in WSDL, in which some elements, such as type, message and ports, is used to describe the service interface. Requestor can know the data type, message structure and transferring protocol required by the service, so as to realize the call of the negotiation service.

Our prototype system was developed using JWSDP (Java Web Service Developer Pack) provided by Sun Microsystems. In particular, the JAXP (Java API for XML Processing) and JAXB (Java Architecture for XML Binding) were used to manipulate the XML documents. The JAXM (Java API for XML Messaging) was used to send messages over the Internet in a standard format using the SOAP method calls. Essentially, this is how the offer information is communicated between our negotiation server and the client application programs. The JAXR (Java API for XML Registries) was used by a client program to query a service registry to identify the appropriate negotiation services.

7 Conclusions and future work

Web services and service-oriented style of architecture are widely seen as the basis for a new generation of distributed applications and system management tools. In this paper we have introduced the key concepts, relationships and benefits of these two technologies, and indicated how they can be combined to develop automated negotiation application systems that can be integrated in an enterprise application, regardless of the hardware and software platforms deployed in each. We have also attempted to show how to use software technology to develop a multi-agent automated negotiation system, and how to integrate the system with the service oriented architecture. The result is meaningful for the development and application of e-commerce oriented intelligent trading system.

On the other hand, while the combination of SOA and Web services will clearly be the focus of development for the foreseeable future, it must be recognized that they still have a number of pervasive issues to overcome, including still-immature technology, dissent and some confusion in the area of standards, and the significant performance overhead of serializing, de-serializing and parsing SOAP messages and XML documents on each message exchange. So, these problems will also affect the development and application of the automated negotiation, which needs to be resolved in the future.

References

[1] Bartolini C, Preist C and Jennings N R., A Software Framework for Automated Negotiation [J]. Software Engineering for Multi-Agent Systems III: Research Issues and Practical Applications, Springer Verlag 2005, LNCS 3390: 213-235.

[2] Lomuscio R, Wooldridge M, and Jennings N R, A Classification Scheme for Negotiation in Electronic Commerce [J]. In Journal of Group Decision and Negotiation, 2003, 12 (1): 31-56.

[3] Kwei-Jay Lin. E-commerce Technology Back to a Prominent Future [J]. IEEE Internet Computing, 2008, 12: 60-65.

[4] Vidyanand Choudhary. SaaS Comparison of Software Quality Under Perpetual Licensing and Software as a Service [J]. Journal of Management Information Systems, 2007, 24 (2):141-165.

[5] Chen Peng, Xue Heng-xin. Research of SaaS for Small medium-sized Enterprises Informationization [J]. Manufacture Information Engineering of China, 2008, 37 (1): 10-13.

[6] Abhijit Dubey, Dilip Wagle. Delievering Software as a Service [J]. McKinsey Quarterly Web Exclusive, 2007, 5: 1-12.

[7] He M H, Jennings N R, Leung H F. On Agent-mediated Electronic Commerce [J]. IEEE Transactions on Knowledge and Data Engineering, 2003, 15 (4): 985-1003.

[8] Resinas M, Fernandez P, Corchuelo R. A Conceptual Framework for Automated Negotiation Systems [J]. Proceedings of Intelligent Data Engineering And Automated Learning-Ideal, 2006, 4224: 1250-1258.

[9] Debenham J. Foundations for Automated Trading—It's the Information that Matters [J]. Proceedings of Database And Expert Systems Applications, 2005, 3588: 534-543.

[10] He M H, Jennings N R, Leung H F. On Agent-mediated Electronic Commerce [J]. IEEE Transactions on Knowledge and Data Engineering, 2003, 15 (4): 985-1003.

[11] Open Grid Services Architecture (OGSA). [EB/OL]. v1.0: http://www.gridforum.org/documents/GFD.30.pdf, 2009.

[12] Genesereth M R, Katchpel S P. Software Agents [J]. Communication of the ACM, 1994, 37 (7): 48-53.

[13] Java Agent Development Framework [EB/OL]. http://jade.tilab.com/ 2009.

[14] FIPA Specifications for Agent Management [EB/OL]. http://www.fipa.org/specifications/index.html, 2009.

[15] An Overview of Service-oriented Architecture, Web Services and Grid Computing [EB/OL]. http://h71028.www7.hp.com/ERC/downloads/ SOA-Grid-HP-WhitePaper.pdf. 2009.

[16] Badica C, Ganzha M, Paprzycki M. Implementing Rule-based Automated Price Negotiation in an Agent System [J]. Journal of Universal Computer Science. 2007, 13 (2): 244-266.

[17] Jin Baek Kim, Arie Segev. A Web Services-enabled Marketplace Architecture for Negotiation Process Management [J]. Decision Support Systems, 2005, 40: 71-87.

[18] Stefanie Rinderle, Morad Benyoucef. Towards the Automation of E-Negotiation Process Based on Web Services—A Modeling Approach [J]. Lecture Notes in Computer Science, 2005, 3806: 443-453.

IT 项目外包风险因子识别研究——基于承包商视角*

刘咏梅[1]，罗艳[1]，曹仙叶[1]

（1. 中南大学 管理科学与信息管理系，长沙 410083）

摘　要：IT 项目外包风险的研究大多是基于客户的视角，然而作为 IT 外包项目的承包方同样需要十分关注 IT 项目的风险，以提高 IT 外包项目的成功率。本文基于承包商的视角，提供了一个包含 TOE 维度、IT 外包项目类型维度与时间维度的三维 IT 外包风险因子识别框架，并给出了相应的研究假设。通过案例研究，对 IT 外包中的风险因素进行识别，结果验证了大部分的假设，同时发现外包项目类型不同，风险因素有所差别，不同的项目开发阶段有不同的风险因子，在案例研究中还发现了一些中国情境下出现的新的 IT 项目外包风险因素。

关键词：IT 外包；风险因素识别；TOE 模型

中图分类号：C931.6

1　引　言

IT 外包是将组织的部分或全部 IT 资产、人员和（或）活动委托给一个或多个外部提供商来执行[1]。IT 外包可使企业利用外部最优秀的 IT 资源，从而达到降低成本、提高效率、集中精力提高核心竞争力和增强客户对外部环境的应变能力。然而，选择 IT 外包的很多企业却没有得到期望的利益，将近半数的 IT 外包项目最终失败或是没有达到指定的绩效目标[2]。IT 外包在带来各种好处的同时，也使实践者面临诸多的风险。

国外学者陆续提出了许多关于 IT 项目外包风险因子清单及风险因子的识别体系，然而这些清单、体系是否适合中国国情，还需要研究者们进一步验证。国内关于 IT 外包风险因素识别的实证研究较少，多为定性研究，IT 外包风险因素的研究缺乏一个实用的较完整的风险因素识别框架。此外，目前关于 IT 外包风险的研究大都是从发包方的角度出发，然而承包方作为 IT 外包过程中执行 IT 运作的一方，相对于发包方而言，具有更高的技术水平，对 IT 外包运作更为熟悉，经验更加丰富，对风险的认识也会更加深刻，所以站在供应商的角度对 IT 外包的风险进行识别，是对目前已有研究的一种有益补充，研究的发现也可用于帮助客户更全面的认识 IT 外包风险，并能更好地对风险进行管理和控制。

本研究在分析国内外 IT 外包风险因子文献的基础上，结合作者自身的 IT 项目外包的工作经验及对部分项目经理进行访谈，从接包方的角度试探性地提出了 IT 外包风险因子识别框架，并通过选取有代表意义的 IT 外包案例，进行案例研究，验证风险因子识别框架的合理性。

2　相关研究综述

2.1　风险因素相关研究

随着管理者与研究者对 IT 外包研究的重视，IT 外包风险辨识成为人们研究关注的一个焦点。一些学者采用 Delphi 法来得到 IT 外包的风险清单[2][3]，也有采用案例研究的方法研究 IT 外包的风险因素[4][5]，还有学者从理论出发得到 IT 外包风险因素的分类框架[6]，Earl 识别并分析了 11 项风险因素[7]，也有文献[8]从供应商角度出发研究了 IT 外包的风险因素。此外，Charalambos 等研究了离岸开发项目的风险因素对绩效的影响[9]。

近期，国内也有学者对 IT 外包风险因素进行了研究，王梅源运用 Delphi 方法对软件外包项目全过程中的风险因素进行识别，得到了 17 种风险[10]。鲁虹，孙绍荣在调查的基础上，分析了企业在 IT 资源外包中常见的六大风险因素[11]。戴竹青[12]依据委托-代理理论中的五条基本假设，参考相关学者的研究成果，提出 13 条风险因素。

* 通讯作者：刘咏梅，ymliucsu@163. com

田庆锋[13]提出基于交易成本理论的信息技术外包风险分析框架。

以上的研究能帮助我们对 IT 外包风险因素的了解，但是总体而言缺少一个系统的框架，容易导致对风险的认识不够全面，不利于采取有效的措施去消除或减轻风险。

2.2 TOE 模型

TOE 模型的产生来自于实践和归纳，它并非一种理论，却是一种非常有效的因素分类的框架。TOE 模型是 Tomatzky 和 Fleischer[14]建立在创新扩散理论基础上的，并对其进行了扩展。该模型认为组织对一项创新技术的采纳受到 T（技术）、O（组织）、E（环境）三方面的影响。其中技术因素包括技术的相对优势、兼容性、可试性、复杂性和可观察性。组织因素包括采纳信息技术的组织的创新性、组织规模。环境因素则来自于外部的商业环境的竞争以及政府压力，商业环境包括竞争对手行为，行业竞争性。TOE 模型考察了组织内外因素和技术本身特点，具有较强的系统性，近年来被广泛应用于组织技术的采纳影响因素分析中。在经典的 TOE 模型提出以后，国内外学者们在其理论框架的基础上，主要从技术采纳者（组织因素）、采纳环境和察觉的创新（技术因素）这三个方面来研究影响信息技术采纳的因素。

3 风险因子识别框架及研究假设

3.1 风险因子识别框架

本研究所使用的风险因子识别框架如图 1 所示：

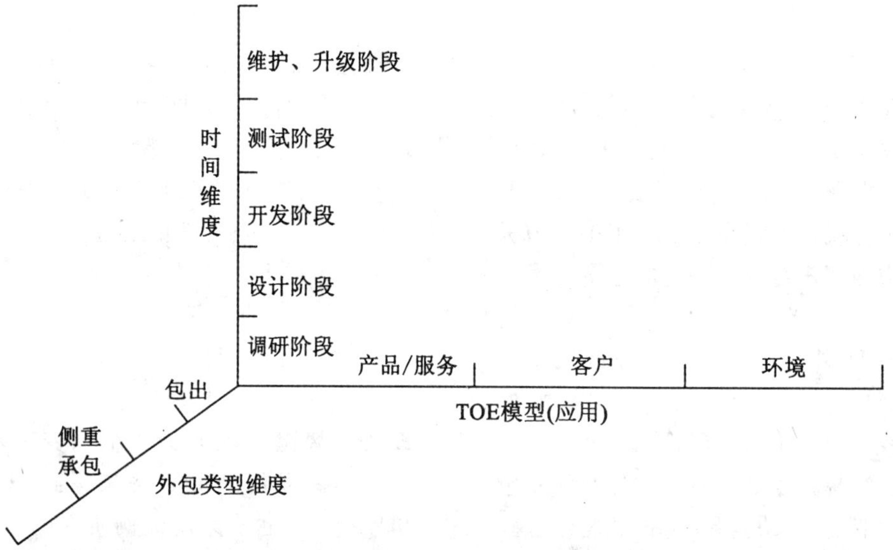

图 1 IT 外包风险因子识别框架

3.1.1 TOE 维度

TOE 模型认为：技术、组织、环境影响着技术采纳。IT 外包作为一种企业获取信息技术的方式，它的实施和采纳也受到技术、组织、环境的制约，IT 外包风险也与技术、组织、环境高度相关。所以我们采用 TOE 维度作为本研究的基础维度。在本研究中，TOE 模型的技术是指承包商提供的产品、服务；组织是指客户，即发包方的组织。

3.1.2 IT 项目外包类型维度

在 IT 项目外包的过程中，不同类型的外包合作方式，会产生不同的风险因子，或某些风险因子会显得尤为重要。因此，根据不同类型的外包模式，进行风险因子的识别，即将外包类型增加到模型中，可以增加识别框架的全面性。本研究采用江兵，夏晖，刘洪[15]的分类，将 IT 项目外包类型分为：包出与侧重承包两种类型。

包出：承包商负责交付 IT 活动的结果。当企业很有能力在合同中细致周密地明确自己的要求时，这个战略会很成功。但此合同必须十分完整，因为他将作为管理承包商的原始参照文件。

侧重承包：企业与承包商签订合同以共同规避风险，承包方负责管理和交付 IT 活动。为保证承包方尽职尽责，企业订立共同分享合作成果的激励性合同。

3.1.3 时间维度

目前，大部分风险因子识别清单的文献没有考虑项目开发的阶段性特征。实际上，在外包项目开发过程中，不同的项目开发阶段所面临的风险会有所区别，所需要管理的风险必然也会有所侧重。因此将项目开发的时间维度增加到风险因子识别框架中，也显得尤为关键。

在本研究中，项目开发的阶段按照软件开发的生命周期，进行了以下的划分，并结合了 IT 项目外包的特征，对每个阶段进行了简单解释：

项目调研阶段：该阶段需要承包商与客户共同参与。承包商通过不断地与客户交流、调研，了解客户对于软件的基本需求，同时学习客户的业务知识。

项目设计阶段：该阶段主要参与方为承包商。承包商根据调研报告，对系统进行需求分析以及系统设计，以满足客户的需求。

项目开发阶段：该阶段主要参与方为承包商。承包商进行项目的编码实现。

项目测试阶段：该阶段主要参与方为承包商。承包商进行项目测试。

项目维护、升级阶段：该阶段主要参与方为客户。

3.2 基于 TOE 维度的相关假设

3.2.1 产品/服务

在我们的研究中，技术被看作是产品/服务，它的特征影响着 IT 外包采纳。

相对优势：相对优势是指客户使用承包商所提供的信息系统后，企业管理所发生的改善情况。由于企业引入了信息技术为企业管理带来了优势，因此企业管理层会对信息系统的实施给予高度重视，投入更多的关注来实施工作，可以降低信息系统在实施过程中的风险。所以：

H1：感知产品的相对优势与风险程度负相关。

复杂性：复杂性是指承包商提供给客户的系统软件，不被客户了解和使用的程度。承包商提供给客户的系统软件复杂程度越高，就可能导致客户所需要的人员培训、成本等相应地增加，因此会为信息系统在实施过程中引入风险。所以：

H2：感知技术复杂性程度与风险程度正相关。

兼容性：产品兼容性是指承包商提供给客户的系统软件，与目前客户的信息系统、硬件、网络设施、硬件设施，以及与客户组织架构、管理水平、业务流程等管理层面相适应的程度。对于信息系统而言，兼容性不仅是指信息系统与组织的价值观、实践经验以及需求相一致，还包括即将使用的信息系统是否与组织的现有的信息化基础设施相匹配。承包商提供给客户的系统软件兼容程度越高，客户为实施该信息系统所投入的额外成本就会越低，因此也就降低了实施的风险。所以引出以下假设：

H3：感知技术兼容性与风险程度负相关。

感知有用性：产品的感知有用性是指承包商提供给客户的系统，让最终用户感觉到对其工作是有帮助的。当客户引入新的信息系统，往往会造成企业的一些管理变革、业务流程重组等，如果说企业的管理变革，让有可能使用该系统的最终用户获得收益（提高工作效率，节约工作成本等），最终用户将积极配合该系统上线，则降低了信息系统在企业进行实施的风险。所以：

H4：感知有用性与风险程度负相关。

3.2.2 客户

客户自身的特征：客户的组织规模也是影响 IT 项目外包风险的一个重要因素。从总体上来说，大组织出于提高企业管理效率，提升企业对外形象建设，会投入更多的财力、人力、物力进行信息化系统的建设，因此风险会相比较小规模的客户组织小。也有研究认为，公共机构或政府由于其垄断地位，在使用创新技术方面要落后于私营企业。由于 IT 投资风险高、投资大、收效慢，所以一些私营企业在信息化方面的投入比较谨慎，因此在信息系统实施过程中也会更仔细。因此，根据组织自身的特征提出以下假设：

H5：规模不同的企业对 IT 项目外包风险的程度有显著差异。

H6：所有制不同的企业对 IT 项目外包风险的程度有显著差异。

资金：客户资金是指客户投入信息化建设的资金，是否能够按照预先签订的合同条款履行，如期支付给承包商。在 IT 项目外包的合同中，一般都是按照项目进展支付款项，以控制承包商的质量，但很多情况下，客户不会按照合同履行付款协议，用以不断要求承包商履行额外行为的手段。在这种情况下，承包商往往会表现出不满，甚至消极怠工，降低系统质量，因而增大风险的可能性。因此：

H7：客户资金的到位程度对 IT 外包的风险程度有显著差异。

客户方项目团队：客户方项目团队是指在进行

IT 项目实施的过程中，客户方组建的配合承包方开展项目实施工作的项目团队。代表客户方参与 IT 建设的人员素质，也影响着 IT 项目外包的风险。参与者的计算机水平、业务能力、职业水准越高，客户接受新的信息系统的能力就越高，为此承包商所付出的各项成本就越低，因此降低了信息系统实施的成本。因此，提出以下假设：

H8：参与者综合能力与 IT 项目外包风险程度负相关。

高管支持：Teo 等[16]对传统的 IS/IOS/EDI 和电子商务文献中关于高管支持的文献进行了总结。认为：

H9：客户高层支持力度与 IT 项目外包风险程度负相关。

实施基础条件：客户实施信息化系统的基础条件一定程度上也影响着项目的成功，客户实施基础条件包括很多方面，比如硬件设施、软件、网络等，如果客户目前的硬件、网络设施齐全，说明该企业接触 IT 比较早，相应的岗位操作人员 IT 程度化高，一定程度上降低了实施风险。因此，引出以下假设：

H10A：客户实施硬件基础条件与 IT 项目外包风险程度负相关。

H10B：客户实施软件基础条件与 IT 项目外包风险程度负相关。

H10C：客户实施网络基础条件与 IT 项目外包风险程度负相关。

沟通频率，在 IT 项目外包过程中，沟通是一个很重要的因素，在项目实施过程中，出现了问题，需要双方协商解决的时候非常多，如果不建立有效的沟通机制，有可能导致项目偏离客户需求，增加修改成本。只有通过频繁地沟通，才能及时、有效地解决在实施过程中的各类问题。因此：

H11：客户的沟通频率与 IT 项目外包风险程度有负相关。

3.2.3 环境

竞争压力：市场的竞争压力往往是组织利用 IT 的一个重要因素，但是 IT 价值的实现更多来自组织内部资源和能力而不是外部压力[17]。企业在同行业的市场竞争中，将会促进企业主动采用 IT 降低运营成本、扩大销售额，提高企业核心竞争力。组织面对的市场压力越大，组织利用 IT 的欲望就会越强烈[18]。因此，当承包商面临着巨大的市场竞争压力的时候，他们为了保证项目顺利签订合同，不得不降低价格，从而导致了产品质量的下降。因此，引出以下假设：

H12：承包商面临的竞争压力与 IT 项目外包实施的风险程度正相关。

政府因素：对于发展中国家来说，政府相关立法、政策缺位，会成为企业进行 IT 实施重要阻碍因素[19]。政府环境是影响 IT 采用的重要因素之一，政府可以通过政策、补贴、税收等手段，影响组织 IT 的应用，这种影响主要发生在发展中国家。因此，引出以下假设：

H13：政府监管力度与 IT 项目外包风险程度负相关。

4 研究方法

本文采用多重个案研究来验证前一章提出的假设。采用案例研究主要基于以下考虑：

（1）本文是通过理论和实践总结出的 IT 外包风险因子识别的框架模型，通过案例研究来探索该模型在实践应用中的合理性。

（2）本文研究的主题是如何使用框架模型，对 IT 项目外包中风险因子进行识别。因此，很大程度上，属于“如何（How）”之类的问题。且研究的对象是一个比较复杂的社会经济系统，无法对研究变量进行控制，也适合采用案例研究的方法。

本研究将通过分析归纳访谈资料、观察资料和文件及档案资料，将分析结果与本研究的假设进行对比，来验证研究假设的正确与否。

4.1 案例的选择

本研究在选取研究对象时必须符合以下准则：

（1）两种外包类型的案例进行研究。

（2）每个案例所选择的受访者必须参与了整个项目实施过程，即经历了项目实施的调研阶段、设计阶段、开发阶段、测试阶段、维护升级阶段。

（3）在研究案例的选择上，兼顾成功与失败的 IT 外包项目。失败的项目可以让我们更好地了解失败的原因。在选定的案例后，尽量选择参与该案例的高级管理者进行访谈，以期挖掘出更全面、更深层次的数据，以待分析。

4.2 案例介绍

我们对国内三家知名 IT 项目承包商的软件企业的资深项目经理进行了深度访谈，表 1 为参加案例访问的项目名单，以及针对项目所选择的具体每个受访者的名单。

表1 受访者情况

序号	职位	经验	公司名称	项目类型	客户名称	结果
1	项目经理	15年	A软件公司	侧重承包	D集团	成功
2				包出	E公司	失败
3	中南地区实施总监	13年	B软件公司	侧重承包	F公司	成功
4				侧重承包	G公司	失败
5				侧重承包	H公司	失败
6	项目经理	10年	C软件公司	侧重承包	I公司	成功
7				侧重承包	J公司	失败

4.3 资料的收集

多证据来源是案例研究的一个优势，本文研究的主要证据来源为访谈以及文件和档案资料。

（1）访谈资料：本研究以实际访谈所得到的资料作为研究过程中最重要的来源，所有访谈均采取亲自面谈的形式进行，在事先皆以传真或电子邮件的形式，将访谈题目发送给受访者，让其首先了解访谈的大纲与目的，在访谈的过程中，全程以录音器材记录下访谈内容，并以笔记辅助记录。

（2）文件与档案资料：除访谈内容外，作者还将收集与各案例相关的文件与档案作为补充资料，这些多来源地证据可为本研究提供更有力的支撑。

5 案例研究的结果及讨论

5.1 基于TOE维度的假设检验

在案例研究中，项目经理都支持我们所提出的大部分假设，但对于企业所有制与IT项目外包风险的相关假设仅得到部分支持：A经理指出“一般人会认为私营企业的执行力会相对而言强一些，但是我认为这个影响并不大，因为主要是一把手的执行力的问题”；而B经理则说：“我个人比较偏好私营企业的实施，国有企业的项目实施太复杂。”

大多数案例认为企业的硬件、网络、软件平台对项目的实施风险影响很小。只有两个特殊行业的项目验证了硬件环境和网络环境对项目实施有很大的影响：在案例8中，项目经理谈道：“这个对我们有影响，因为有时候客户提供的硬件以及网络环境不能满足软件的需求，就不能很好地保证交货期，这个主要体现在项目的试运行阶段。”案例7中的项目经理认为：“应该会有影响的，比如说我们在进行这个项目建设的时候，由于客户的网络设备达不到要求，这里的网络设备主要指的是无线、有线和宽带，超过六公里就没有任何信号，导致项目无法顺利展开。当然目前企业对于硬件投入也是完全可以支付得了的，至于软件设施我认为没有什么影响。”

另外，所有的项目都认为企业的基础数据对于项目的实施有很大的影响。案例5则是完全由于企业的基础数据紊乱，而导致项目的失败。“由于基础数据紊乱，导致上马的项目根本无法实施下去，他们的仓库根本就没有进行过盘点，所以数据根本就无法初始化，而导致了项目的失败。”案例研究的结果如表2所示：

表2 案例研究结果

假设	变量	与风险关系	结果
H1	产品的相对优势	负相关	支持
H2	技术复杂性程度	正相关	支持
H3	技术兼容性	正相关	支持
H4	感知有用性	负相关	支持
H5	企业规模	显著差异	支持
H6	企业所有制	显著差异	部分支持
H7	客户资金到位程度	显著差异	支持
H8	参与者综合能力	负相关	支持
H9	客户高层支持力度	负相关	支持
H10A	客户实施硬件基础条件	负相关	部分支持
H10B	客户实施软件基础条件	负相关	不支持
H10C	客户实施网络基础条件	负相关	部分支持
H11	客户的沟通频率	正相关	支持
H12	承包商面临的竞争压力	正相关	支持
H13	政府监管力度的大小	负相关	支持

5.2 各项目开发阶段的主要风险因子

在进行案例访谈过程之中，作者发现大多数变量的影响是贯穿整个项目实施的5个阶段之中，只是影响的程度有所不同。

其中客户资金、客户执行力、客户内的派系斗争、沟通频率，这些变量是贯穿整个项目的实施过程中。在不同阶段影响IT外包风险的主要风险因子如表3所示：

本研究发现，在IT外包项目的不同开发阶段，会受到不同的风险因素影响。在调研和设计阶段，项目实施更多地受到来自客户和环境的影响；在设计和开发阶段，项目实施则更多地受到来自产品的影响。因此，承包商在进行项目开发的时候要有针对性地采取风险规避的策略来降低风险。

表3　各个实施阶段的风险因素变量

时间 / 变量	调研	设计阶段	开发阶段	试运行	维护升级
产品相对优势	√		√		
产品复杂度				√	√
产品兼容性					
产品有用性				√	
产品生命力（新）					
产品行业特性（新）		√	√		
客户规模					
客户所有制结构					
客户资金	√	√	√	√	√
项目参与者能力				√	
高层支持	√		√		
实施硬件基础					
实施网络基础					
实施软件基础					
沟通频率	√	√	√	√	√
基础数据（新）				√	
需求确认（新）	√		√		√
组织变革（新）					
派系斗争（新）	√	√	√	√	√
执行力（新）	√	√	√	√	√
商业竞争压力					
政府监管力度					

5.3　IT外包类型的主要风险因子

从案例研究中，我们发现不同的IT外包类型，其风险因子也是不一样的，这也验证了我们的假设。表4总结了不同类型的IT外包项目的风险因子。

5.4　基于中国情境的新的IT外包风险因素

在案例调查中我们也发现了在中国情境下出现的7个新的IT外包风险因素：

第一个因素是：组织变革，有四个案例的项目经理提到了组织变革，人事变动为项目实施带来的风险。他们一致认为，在需求确认的前期客户方领导发生人事变革，很有可能会导致大幅度的需求修改，从而引发风险。

客户内部的派系斗争为第二个因素，它在国有企业表现得尤为明显。三个项目经理一致认为，在他们进行项目实施的时候，这种情况经常出现。由于组织内利益集团之间的派系斗争，很有可能把承包商卷入其中，导致项目实施无法顺利展开。

表4　各个类型的IT外包项目的风险因素变量

类型 / 变量	包出	侧重承包
产品相对优势	√	
产品复杂度	√	
产品兼容性	√	
产品有用性	√	
产品生命力（新）		
产品行业特性（新）	√	√
客户规模		
客户所有制结构		
客户资金		√
项目参与者能力		√
高层支持		√
实施硬件基础		
实施网络基础		
实施软件基础		
沟通频率		√
基础数据（新）		√
需求确认（新）		
组织变革（新）		
派系斗争（新）		√
执行力（新）		√
商业竞争压力		
政府监管力度		

第三个因素是：执行力，有三个项目经理都谈到了执行力的问题。他们认为客户与承包商双方无论项目的蓝图规划得多么伟大，一旦缺失了执行

力，则无法保障项目的成功。

第四个因素是：高层管理的重要性，大多数项目经理认为，高层管理的重要性贯穿于整个项目的实施过程中，但是在调研阶段则尤其重要，因为在调研阶段就是承包商与客户的需求进行拟合的阶段，在最初的调研阶段来自承包商的项目团队与来自客户方的项目团队，是最初的合作，无论是在工作方式和对项目远景上有着需要进行不断沟通协调的地方，在这个过程中，难免也会出现很多摩擦，甚至发生强烈的对抗，这个时候就需要高层管理的介入来进行协调。实际上高层的介入，更多的是帮助项目的需求边界的确认，以保证后续步骤的顺利实施。

第五个因素为：基础数据，所有的项目都认为企业的基础数据对于项目的实施有很大的影响。案例六则是完全由于企业的基础数据紊乱，而导致项目的失败。

产品的生命力也很重要：案例二、案例四都提到了产品生命力这个变量。而产品的生命力也主要与供应商的实力有关。他们认为软件产品百分之六十的工作在于系统的升级和维护，如果企业的生存、发展得不到很好的保障，那么一旦企业的解散一定程度上对于产品的生命力是一个重大打击。

再次就是产品的行业特征：八个案例的项目经理都认为，产品的行业特性这个变量相当重要，因为产品的行业特性如果很明显的话，在实施同行业的项目的时候，对于项目的成功有很大的影响；如果实施的不是同行业的产品的时候，则提高了项目实施的风险。

6 结论与展望

6.1 研究结论

本研究站在 IT 项目外包中承包商的视角，对 IT 项目外包的风险因子识别进行了研究。主要研究结论如下：

（1）以 TOE 模型为基础，提出了包含 TOE 维度、IT 项目外包类型维度与项目开发阶段维度的三维 IT 外包风险因子识别框架，并在相关文献以及自身实践经验的基础上提出了基于 TOE 维度的研究假设；

（2）多重案例分析的结果验证了所提出的大部分研究假设；

（3）多重案例分析的结果说明，在 IT 外包项目的不同开发阶段，有着不同的风险因素，不同的外包类型所面临的风险也不一致；

（4）通过多重案例研究，我们还发现了在中国情境中出现的 7 个新的 IT 外包风险因素。

本研究的结论不仅对 IT 外包的承包商进行 IT 外包风险管理与控制具有参考价值，同时也对 IT 外包的发包方全面认识 IT 项目外包风险具有借鉴作用。

6.2 局限与展望

本研究存在如下局限：

（1）由于本研究属于实践应用的探索性研究，采用的案例研究方法只能选择几个企业进行研究，至于其他规模、行业的软件企业是否会呈现出相同的特征，还需要进一步的实证研究来证明。

（2）本研究只是给出了在 IT 项目外包实施过程中出现的风险因子，至于这些风险因子之间的关系以及如何影响 IT 项目外包实施成败，有待进一步研究。

因此，在本研究的基础上，有两个方向值得进行深入研究：

（1）扩大研究企业的覆盖范围。在案例研究的基础上，设计调查问卷，将问卷发放到不同的行业、区域、国家的企业进行调查研究，在根据调查研究的结果进行数据分析，验证该风险因子识别模型的合理性。

（2）进一步研究风险因素之间的关系。在进行大规模调查问卷的基础上，对识别出来的风险因子之间关系，以及与项目成败之间关系进行更深入的研究。

参考文献

[1] Lee J N, Miranda S M, Kim Y M. IT Outsourcing Strategies: Universalistic, Contingency and Configurationally Explanations of Success [J]. Information Systems Research, 2004, 15 (2): 110-131.

[2] Charalambos L Iacovou, Robbie T Nakatsu. A comparative study of important risk factors involved in offshore and domestic outsourcing of software development projects: A two-panel Delphi study [J]. Information & Management, 2009, 46 (1): 57-68.

[3] Schmidt Roy, Lyytinen Kalle, Keil Mark. Cule Paul. Identifying Software Project Risks: An International Delphi Study [J]. Journal of Management Information Systems, 2001, 17 (4): 5-36.

[4] Willcocks L P, Lacity M C. IT outsourcing in insurance services: risks, creative contracting and business advantages [J]. Information Systems Journal, 1999, 9 (3): 163-180.

[5] Willcocks L P, Lacity M C, Kern T. Risk mitigation in IT outsourcing strategy revisited: longitudinal case research at LISA [J]. Journal of Strategic Information Systems, 2000, 8 (3): 285-314.

[6] Benoit A, Michel P, Suzanne R. Assessing the Risk of IT Outsourcing [C]. 31st Annual Hawaii International Conference on System Sciences, Hawaii, 1998.

[7] Earl M J. The Risks of Outsourcing IT [J]. Sloan Management Review, 1996, 37 (3): 26-32.

[8] Moynihan T. How Experience Project Managers Assess Risk [J]. IEEE Software, 1997, May/June, 35-42.

[9] Charalambos L, Iacovou R N. A Risk Profile of offshore-outsourced development projects [J]. COMMUNICATIONS OF THE ACM, 2008, 51 (6): 89-94.

[10] 王梅源．软件外包项目全过程风险管理研究 [D]. 武汉：华中科技大学，2006.

[11] 鲁虹，孙绍荣．IT 资源外包的风险及防范对策 [J]. 企业经济，2007，2：50-52.

[12] 戴竹青．委托-代理论视角的 IT 外包风险因素分析 [D]. 南京：河海大学，2007.

[13] 田庆锋．基于交易成本理论的信息技术外包风险及控制 [D]. 西安：西北工业大学，2005.

[14] Tornatzky L G., Fleischer M. The Processes of Technological Innovation [M]. Lexington: D. C. Heath & Company, 1990.

[15] 江兵，夏晖，刘洪．企业信息技术外包的策略分析 [J]. 管理工程学报，2002，16 (2)：38-41.

[16] Ramamurthy K, Premkumar G.. Determinants and outcomes of electronic datainter change diffusion [J]. IEEE Trans. Eng. Manage, 1995, 42 (4): 332-351.

[17] Thong J Y L. An integrated model of information systems adoption in small business [J]. Journal of Management Information Systems, 1999, 15 (4): 187-214.

[18] Kwon T H, Zmud R W. Critical issues in information systems research [M]. New York: John Wiley & Sons, Inc., 1987.

[19] Lai V S, Guynes J L. An assessment of the influence of organizational characteristics on information technology adoption decision: A discriminative approach [J]. IEEE Transaction on Engineering Management, 1997, 44 (2): 146-157.

Risk factors in IT outsourcing: A service provider perspective

LIU Yongmei[1], LUO Yan[1], CAO Xianye[1]

(1. Business School, Central South University, Changsha, 410083, China)

Abstract: Most of the researches about IT outsourcing risks are based on the client perspective, but the provider of IT outsourcing also need concern the risks to increase success ratio. The paper presents a framework which included three dimensions: TOE model, IT outsourcing Type and time dimension for identifying outsourcing risks from the provider perspectives, meanwhile corresponding hypotheses were provided in the paper. The research identified IT outsourcing risks with case study; the result supported most of our hypotheses. And the findings revealed that risk factors are different from outsourcing type and outsourcing process, and some new risks which was unique in Chinese context was found.

Key word: IT outsourcing, risk factors identification, TOE model

基于 G 语言的 FIPA 协议栈及其实现*

周俊[1]，冯海旗[1]

（1. 中央财经大学 信息系，北京 100081）

摘　要：多主体（Multi-Agent）技术为复杂系统的建模和求解提供了一种有效的方法，但主流的多主体开发平台多采用专门的或复杂的开发语言，开发过程和解决方案的可视化程度差，应用系统的开发难度大。基于 G 语言的应用系统的开发可视性好，能够有效地降低开发难度，目前被越来越多的工程技术人员所青睐。本文分析了 FIPA 通信协议的相关标准，并使用图形化 G 语言 LabVIEW 设计实现了 FIPA 协议栈的三层结构。这不仅拓展了多主体技术的应用领域，而且从理论和实践上证明了采用图形化 G 语言开发实现 Agent 平台的可行性。

关键词：Multi-Agent 技术；复杂系统；FIPA；LabVIEW

中图分类号：TP399；TP311.5

目前智能科学界提出一种 Multi-Agent 技术[1]，这种技术主要研究一组自治的 Agent 在分布式开放的动态环境下，通过交互、合作、竞争、协商等智能行为完成复杂的控制或任务求解。这种技术非常适合为复杂系统建立软件解决，它将要解决的问题看成是大量的相互交互的 Agent，各个 Agent 都有自己的目标，通过 Agent 之间的交互来实现整个系统的功能，从而为分布、动态、开放、复杂的现实系统提供了自然、直观的模拟。

使用 Multi-Agent 技术进行复杂分布式问题求解的时候，集成在这个系统中的 Agent 之间必须能够互相通信，通信是协作的基础。目前国际上主要的智能体消息语言有 ACL 和 KQML[2] 两种。KQML 是 1993 年由美国国防部高级研究计划署 ARPA 的知识共享计划提出来的，1997 年智能物理主体基金 FIPA[3] 提出一种新的标准——ACL 通信规范。FIPA-ACL 和 KQML 在基本概念和规则上几乎是相同的，两者之间最大的不同在于语义框架。FIPA- ACL 有 SL 等精确形式化语义，而 KQML 则使用 KIF 非形式化语义。相比较而言，FIPA-ACL 更加标准规范，现已成为国际上主流的智能体通信语言。

目前国外已经有许多符合 FIPA 规范的智能体开发平台，例如 FIPA-OS、JADE 等，这些开发平台主要是使用 Java 和 C 等文本语言实现的。除了我们熟悉的文本语言之外，还有一种比较活跃的、直观的图形化 G 语言 LabVIEW[4]。使用这种语言编程时，基本上不写程序代码，取而代之的是流程图或框图。因此，LabVIEW 是一个面向最终用户的工具，它可以增强研究人员构建科学和工程系统的能力，大大提高工作效率。本论文旨在使用这种图形化 G 语言来设计实现 FIPA 协议栈，这不仅拓展了 FIPA 的使用范围，而且对于其他研究人员使用 LabVIEW 进行 Multi-Agent 系统的开发也是一个重要的启示。

本论文在第二部分的文献综述中介绍了当前国际上一些使用文本语言实现的 Agent 开发平台。第三部分详细阐述 FIPA 协议栈的三大内容：消息传输规范、ACL 消息结构规范以及内容语言规范。第四部分使用图形化 G 语言 LabVIEW 设计实现 FIPA 协议栈。最后结论部分讨论本论文的意义、不足之处以及未来的研究方向。

1　文献综述

FIPA 官方网站公布了 10 个遵循 FIPA 规范的开放源代码的 Agent 开发平台：

Agent Development Kit

April Agent Platform

Comtec Agent Platform

FIPA-OS

Grasshopper

JACK Intelligent Agents

* 通讯作者：周俊，zhoujuncj@163.com

JADE

JAS (Java Agent Services API)

LEAP

ZEUS

Agent Development Kit 是由 Tryllian BV 开发的最早版本的 Agent 开发平台，ADK 是用 JAVA 语言实现的，采用基于 JXTA 的 P2P 结构体系，使用 XML 封装数据来支持 FIPA 规范和简单对象访问协议 SOAP。除了 April Agent Platform 是采用 April 编程语言以外，其他的 8 种 Agent 开发平台也都是用 JAVA 语言实现，都遵循 FIPA 规范，不同之处在于有的开发平台使用 SL 来封装数据，例如：Comtec Agent Platform；有的开发平台不仅遵守 FIPA 规范，而且遵守 OMG MASIF 规范，例如：Grasshopper；有的开发平台则支持不同主机中的 Agent 之间的交互，例如：JADE。

除了官方发布的 Agent 开发平台外，mobile-c[5]也是一种遵循 FIPA 规范的 Multi-Agent 的开发平台，它采用的编程语言是 C 或 C++，主要是用于开发网络智能机电仪器或嵌入式系统中的移动 Agent。

以上 Agent 开发平台均是由 JAVA 或 C 等文本语言实现，这大大限制了 Muti-Agent 技术的应用领域和使用范围。LabVIEW 是美国国家仪器开发的图形化程序编译平台，它打破了传统的思维模式，使得程序设计者在流程图构思完毕的同时也完成了程式的撰写。经过多年的发展，LabVIEW 已经实现了从测试测量领域到设计、控制领域的飞跃，更凭借其出色的数学分析、图形显示和数据处理能力在这些领域独树一帜。未来 Multi-Agent 技术将会渗入到各行各业的领域当中，而有些领域又是 LabVIEW 所擅长之处，因此本论文采用 FIPA 相关规范，使用 LabVIEW 设计实现 Agent 协议栈，从而为将来使用 LabVIEW 开发 Agent 平台打下基础。

2 FIPA 协议栈的内容

FIPA 是一个由活跃在 Agent 领域的公司和学术机构组成的国际组织，其目标是为异质的 Agent 和 Agent 系统之间能够互操作而制订相关的软件标准。FIPA 规范包括五大部分，即 Agent 管理、Agent 通信、Agent 消息传输、抽象体系结构和 Agent 应用。其中 Agent 消息传输模型如图 1 所示：

本协议栈就是根据 FIPA 规范中的 Agent 通信规范和 Agent 消息传输规范实现 Agent 消息传输模型中的消息部分。也可以形象地表示成图 2 所示：

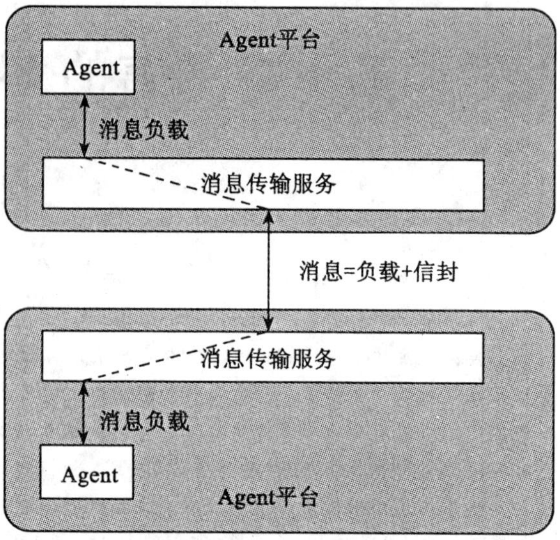

图 1 Agent 消息传输模型

图 2 FIPA 协议栈

2.1 信封

当两个不同平台的 Agent 进行传输的时候，消息必须封装在信封当中，信封的格式如表 1 所示：

表 1 信封的格式内容

参数	描述
to	接收局（ACC）
from	发送者（Agent）
comments	备注
acl-representation	负载的词法、句法
payload-length	负载长度
payload-encoding	负载编码
date	时间戳
intended-receiver	目标接收 Agent
received	一个表示信息接收到的戳记，包含接收 ACC 的 URL、发送 ACC 的 URL、信息接收的时间、信息的唯一标识以及传输信息的 MTP 的类型

当一个平台里 Agent 通过本平台 MTS 发送一个信息时，本平台的 MTS 中的 ACC 只需要解释消息的信封部分，不需要从语法上分析消息的内容。根据解释后信封的内容，将消息传送给另外一个平台的 MTS，然后由本平台的 MTS 将信息传送给相应的 Agent。

2.2 消息

智能体间的消息负载采用 ACL 消息格式，一个 ACL 消息包含的内容如表2所示：

表2 ACL消息格式内容

参 数	描 述
performative	通信动作类型，包括 accept-proposal、agree、cancel、confirm、inform、refuse、request、proposal 等16项
sender	发送 Agent
receiver	接收 Agent
reply-to	将回复的消息发给带有此参数的 Agent，而不传给 sender
content	消息内容
language	表示消息内容的语言
encoding	消息编码
ontology	内容表达式符号的含义
protocol	通信协议
conversation-id	通信动作的序列号
reply-with	使相应的 Agent 能够识别消息的表达
in-reply-to	消息答复的原动作请求
Reply-by	等待回复的最迟时间

2.3 内容

ACL 消息中的 content 是 ACL 消息的一个参数，用以说明消息表达的内容。另外 一个参数 language 则用来表示这个内容，从而让 Agent 不仅能读到这个消息，而且能够理解消息所表达的意思。FIPA 规范推荐使用 SL 内容语言、CCL 内容语言、KIF 内容语言以及 RDF 内容语言，还有许多开发平台还使用 XML 作为内容语言，例如前面所提到的 ADK。虽然这些内容语言标准在一定程度上解决了问题，但是让一个 Agent 真正理解人的思维和语言在目前看来还不是一件很容易的事情，因此本论文的研究范围不包括 ACL 消息中内容语言的实现。

3 FIPA 协议栈的实现

实现 FIPA 协议栈主要解决三个层面的编码和解码，分别为信封的编、解码；消息的编、解码；消息内容的编、解码。下面是利用 G 语言对信封和消息进行编解码的 vi 列表以及部分程序源代码。

3.1 信封的实现 vi

G_FIPA_envelope_encode. vi

G_FIPA_envelope_decode. vi

3.2 消息负载的实现 vi

G_FIPA_ACL_encode. vi

G_FIPA_ACL_decode. vi

3.3 消息内容的实现 vi

G_FIPA_envelope_encode. vi

G_FIPA_envelope_decode. vi

Encoder、Decoder 以及 ACL 编码运行效果分别如图3、图4、图5所示：

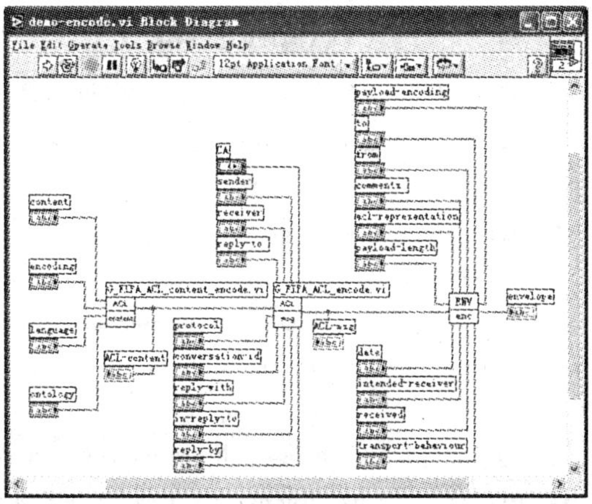

图3 Encoder 实例程序代码

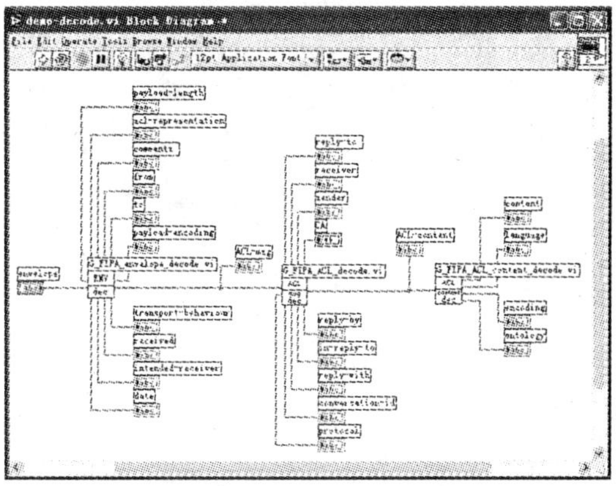

图4 Decoder 实例程序代码

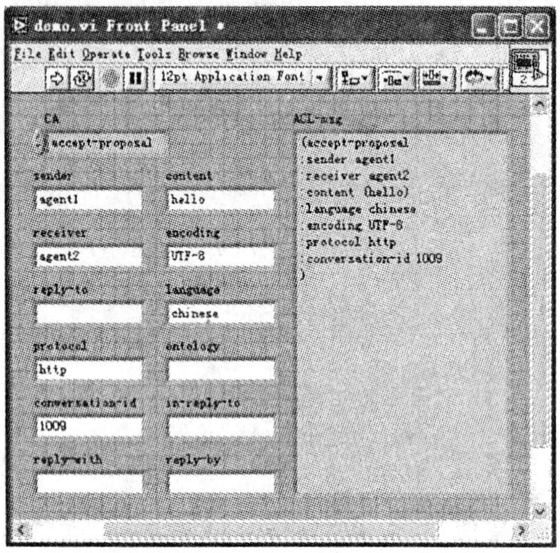

图 5　ACL 编码运行效果

4 结　论

本论文根据 FIPA 的相关规范，使用 LabVIEW 设计实现了智能体消息传输协议栈，这不仅开拓了 Multi-Agent 技术应用领域，也从事实上证明采用图形化 G 语言开发实现 Agent 平台的可行性，为在图形化 G 语言 LabVIEW 所擅长的测量及控制领域中实现 Multi-Agent 技术奠定了理论和现实的基础。

本论文没有涉及消息内容语言这方面，可以在未来针对这一方面做更进一步的研究，例如使用 LabVIEW 实现 SL 解析器等。相信 Multi-Agent 技术必将在各个领域中发挥重要的作用。

参考文献

[1] Sycara K P. Muti-angent Systems [J]. AI Magazine, 1998, 10 (2): 79-92.

[2] 石慧,徐从富，刘勇，等．Agent 通信语言 KQML 的实现及应用 [J]. 计算机工程与应用，2005，41 (13): 94-97.

[3] FIPA [EB/OL]. http: //www. fipa. org.

[4] John Pasquarette. LabVIEW8. 20 [J]. CEM 基础电子，2007，64-67.

[5] Mobile-C [EB/OL]. http: //www. mobilec. org.

Developing the FIPA Protocol Stack with G Language

ZHOU Jun[1], FENG Haiqi[1]

(1. Information Institute, Central University of Finance and Economics, Beijing 100081, China)

Abstract: Although multi-Agent technology provides an effective method of modeling and resolving of the complex system, most of the agent platforms are developed by special or complex language which are lack of visualization in the developing process and difficult to develop. The application system based on the G language has good visibility and makes the development easier, so it is used by more and more developers nowadays. In this paper, corresponding specifications of the FIPA communication protocol are analyzed and the FIPA protocol stack are developed with G language-LabVIEW, which not only expands the application area of the Multi-Agent technology, but also proves the feasibility of the development of the agent platform with G language from the theory and the practice.

Key words: Multi-Agent technology; complex system; FIPA; Lab VIEW

软件外包项目中知识转移模式研究*

李伯森[1]，曲刚[1]

（1. 大连理工大学 管理学院，大连 116024）

摘　要：本文综合运用控制理论、信息处理理论和社会资本等理论，构建软件外包中控制机制的维度；通过知识转移理论构建知识转移行为的维度。将控制机制分为正式控制机制和社会控制机制，并分别对正式控制机制和社会控制机制各自的维度进行了构建；将知识转移行为分为知识的外部获取和内部吸收两个阶段。研究了两种控制机制不同的维度对知识转移行为不同阶段的影响。在此基础上提出了影响软件外包中知识模式的命题和概念模型。

关键词：软件外包；知识转移；组织控制；社会资本

中图分类号：F276；G302；F270；F270

近年来，随着高新技术成为组织越来越重要的要素，软件开发项目飞速增长，经济全球化的发展促使信息技术外包（ITO）成为软件行业的一种发展趋势。我国企业不能仅仅依靠目前成本优势来获得短期的利润，更应该依靠在承接软件外包项目的过程持续地从国外企业获取知识，提高本土企业软件的承接竞争力能力知识积累，抓住契机向软件外包产业链上游发展，这是关系到我国未来软件外包业发展的重要问题。与传统的制造业不同，软件外包是知识密集型服务行业，每一个软件项目是软件外包业务的基本单元，软件项目中嵌入的知识很难像制造业领域的技术那样有设备材料等物质固化形式。在软件项目开发过程中，发包方与承包方之间需要通过不断地协作与交流，使知识从发包方流入本土企业承接方，承接方从而可以学习知识并将这些知识应用到软件开发项目中，因而软件外包项目实施过程不仅仅是协作和项目管理的问题，也是知识转移的过程。如何构建有效的知识转移模式，不仅是软件外包项目成功的关键，也是提高我国企业承接竞争力的知识能力积累，在产业链上获得更高价值的基本企业活动。

尽管创造和转移知识的能力已经成为企业竞争优势的关键，然而 Bresnen，Edelman，Newell，Scarbrough & Swan 研究表明，仅仅在最近几年软件项目开发环境下的知识管理问题才开始受到关注[1]。从目前的研究现状来看，国外的研究基本都是基于发包方的角度，研究的目的在于发包方如何通过外包获得成本优势、核心竞争力和实现战略目标，包括发包方如何进行外包决策、如何对承接方进行控制，以及如何配置双方关系进行项目绩效管理等。无论是从管理过程还是外包产出来看，对国内的借鉴作用都有很大局限性。国内学者虽然已经认识到从软件外包项目中获取知识的重要性，但对承接外包项目的知识转移机制尚缺乏进一步的研究。因此从我国企业的角度，作为承接方的本土企业，如何为提高承接竞争力进行由发包方向承接方的知识转移，还需要从新的理论视角出发构建新的研究模型。

软件外包中的知识转移行为是基于信息处理的概念由组织内向组织间的延伸，而组织控制机制具有信息处理的特性，能够实现信息流和知识流的有序扩散并抑制不想要的知识损失，组织控制已成为知识从发包方向承接方转移的关键途径。但目前对软件外包项目中控制机制的研究，重点在于软件项目开发的过程中，不同控制模式的选择，以及影响控制模式选择的因素，很少从知识转移的角度，研究不同的控制机制对从发包方向承接方的知识转移行为的影响。所以本文以信息流和知识流的有序扩散为目的，从行为控制和目标管理入手，在组织控制机制的研究框架内，尤其是社会控制机制中进一

* 基金项目：教育部高等学校博士学科点基金（200801411130），辽宁省教育厅高等学校科研项目计划（2009B045）

作者简介：李伯森（1986—），男，大连理工大学管理学院硕士研究生，曲刚（1978—），男，大连理工大学管理学院，博士，讲师，研究方向：管理信息系统。

通讯作者：曲刚，qug@ dlut. edu. cn

步引入了社会资本理论、社会交易理论和企业网络等方面的内容，研究正式控制机制和社会控制机制的不同维度对知识转移行为两个不同阶段（知识获取和知识吸收）的不同影响，构建全面的知识转移控制模型，为我国软件外包承接企业提供借鉴意义。

1 理论基础

1.1 软件外包项目中知识转移

知识基础理论（Knowledge-based Theory）认为创造和转移知识的能力已经成为企业竞争优势的源泉。承接方企业是否具有相应的知识资源，以及将知识资源转化成竞争优势的知识整合能力和应用知识进行技术发展和创新的能力，已成为发包方选择承接方的重要依据[2]。面对发包方对承接方的知识能力、科研开发和技术创新能力要求越来越高的情况，相比传统产业主要依靠自身能力的知识转移模式，我国软件外包业作为知识密集型服务业，要依靠公司之间的知识转移[3]，通过在承接软件外包项目的过程中持续地从国外企业获取知识。刘绍坚从产业经济的视角出发，对我国软件外包企业获取外部技术的影响因素进行了研究，实证研究结果显示，本土企业可以通过承接国际软件外包产生技术外溢，在技术外溢的假设因素中，传统行业的产业关联效应、产业集聚效应、人员流动效应和市场环境效应这四个途径无法实现技术外溢，而作为发包方的国外公司的示范效应则有显著作用，可达到提高本土企业软件研发能力的目的[4]。从结论可以看出，我国企业在软件外包承接时，从发包方学习是获取知识、提高组织研发能力和承接竞争力的最佳途径。

软件项目承接中的知识转移是知识从发包方向承接方转移，被承接方消化吸收并对承接方产生影响的过程，包括知识外部获取和知识内部吸收两个阶段。知识获取是组织获取新知识的过程，新知识可以是组织内部成员通过研发、试验等产生的，也可以是从外部资源中获取的，软件外包项目承接中的知识获取是知识从发包方流向承接方并被承接发获取的过程。一旦发包方的知识被承接方获取了，承接方还需要对知识进行吸收。这是一个内部消化的过程，承接方将获取的新知识与组织现存的知识进行整合并加以利用。知识吸收是组织知识积累和能力提高的一个重要的方面，引起了大量学者的关注，并开始从知识吸收能力的角度进行了研究[5]。

然而发包方和承接方之间的知识转移是一个费时、费力、非常困难的过程，在知识转移的过程中存在着大量的风险，如知识转移过程中的机会主义行为[6]。因此有必要在知识转移的过程中采取适当的控制机制来约束组织成员的行为、抑制知识转移过程中的机会主义风险、降低交易成本，保证从发包方向承接方之间知识转移的顺利实现。

1.2 控制机制与经济理论和社会理论

发包方与承接方间知识转移所采用的控制机制分别建立在采用经济观点的理论和采用社会观点的理论上。经济的观点的理论主要有交易成本理论（Transaction Costs Economics）和代理理论（Agency Theory），这两种理论认为组织是自利的，在合作过程中只要有需要就会产生机会主义行为，因此在知识转移的过程中要注意核心能力的丧失[7]。这种观点更关注于基于契约[8]的正式控制，强调在契约中建立和应用正式的规则、程序、政策和目标，对承接方遵从或实现这些规定的程度进行评估，并依据评估的结果决定相应的奖惩，从而影响承接方的行为，更好地实现发包方的目标。控制理论研究表明，正式控制主要有两种——产出控制和过程控制[9]。由于软件外包中的正式控制是基于契约的，发包方通过契约给承接方有选择地提供信息，使承接方能够被发包方控制和管理[10]，通过基于契约的正式控制机制实现知识的有序流动并减少不想要的知识损失。因此本文将正式控制中的产出控制定义为基于绩效的契约控制（后文简称为绩效控制），将过程控制定义为基于流程的契约控制（后文简称为流程控制）。

采用社会观点的理论主要有社会交易理论、社会关系理论和企业网络理论，与采用经济管理的理论有所不同，采用社会观点的理论认为，任何经济行为都是发生在一定的社会关系之下的[11]。法学家 Macneil 也指出每项交易都是嵌入在复杂的关系当中的[12]。外包涉及两个或多个企业之间的关系，是介于市场和等级制度之间的一种组织安排。发包方和承包方之间存在影响他们相互之间行为的准则、价值观、信仰等，要考虑发包方和承接方之间的关系以及影响他们之间关系的信任、交流、合作等这些经济观点中没有涉及的因素。这种观点应用到控制机制的研究中强调建立共享的组织准则、价值观、文化和内部化的目标等社会化或基于人的策略来确保承接方产生期望的行为。这种控制方式融合了社会资本理论[13]和社会交易理论[14]，因此也被称之为社会控制[15]。通过设置共同目标、组织认同、信任等，可减少投机行为，促使组织成员更大限度地交流信息以完成知识转移。根据社会资本理论，我们将社会控制机制分为认知维和关系维两个维度，其中认知维包括共享目标和共享文化，关系维包括信任。

2 研究模型和命题

2.1 正式控制机制与知识转移

（1）绩效控制与知识转移

软件外包项目中的绩效控制是发包方通过在契约中规定软件项目所应实现的功能、目标以及交付日期（既包括最后的目标也包括期间的目标）等，允许承接方自己决定如何实现这些绩效目标，对承接方按期间的交付日期提交的项目进行绩效检测，并根据检测结果进行相应的奖惩。绩效控制是一种基于市场的控制机制，而市场机制是一种无效的知识转移机制。发包方采用绩效控制的原因主要是希望承接方能够自我控制，自己只负责对绩效进行评估，以达到对承接方监督的目的[16]。因此绩效控制对知识转移本身没有影响，它是通过绩效评估检验知识转移的效果，若发包方对绩效不满意，再通过社会控制或者流程控制进一步转移需要的知识。根据上述讨论，我们提出命题：

P1：绩效控制对软件外包项目中的知识转移无影响

（2）流程控制与知识转移

软件外包项目中的流程控制强调发包方明确规定承接方在软件项目开发过程中所应遵循的流程和方法，应用适当的监督方法监视承接方的行为，并依据承接方遵循这些行为标准的程度进行相应的奖惩。流程控制机制包括标准的操作程序和规则、明确的工作描述、详细的工作指导等。一些学者认为当发包方具有充分的项目开发流程知识，能够清晰地陈述承接方应遵循的方法、程序和规则的时候，发包方更倾向于应用流程控制。然而实证研究表明，在项目的初始阶段发包方更倾向于应用绩效控制和社会控制，如果承接方交付的项目出现绩效问题，发包方才会更多地应用流程控制。流程控制对于从发包方到承接方的知识获取可以说是一把双刃剑。

一方面，适度的流程控制有利于从发包方向承接方的知识获取，从而提高软件项目的质量。

根据 Argote[17] 提出的框架，组织知识主要存储在组织的三个基本元素——人、工具、任务以及这三个元素所形成的子网络中。组织间的知识转移就是通过转移这些知识“存储库”或者通过“修改”这些知识“存储库”来实现。流程控制相当于发包方通过转移任务、工具以及他们所形成的网络来实现知识转移。任务网络由组织的一系列任务按照一定的关系组成，这也就是标准的操作程序，发包方的软件开发流程知识嵌入在任务网络中，任务——工具网络则包含完成某项任务所应用的技术知识，发包方的技术知识嵌入在任务——工具网络中，承接方可以通过发包方的流程控制获取到软件开发更加有效的流程知识和完成某项任务更加有效的技术知识。当发包方应用流程控制的时候，代表流程知识能够被编码和清晰的陈述，发包方能够转移准确的知识。当知识转移通过标准的操作程序、指导手册和清晰的政策陈述等流程控制机制的时候，知识接受者将能够更准确的获取这些知识。

另外，由于机会主义行为和关系冲突所产生的结果难以准确的衡量，因此对于抑制机会主义行为，流程控制比绩效控制更加有效[6]。发包方通过流程控制可以增强向承接方知识转移的信心和意愿，从而更有利于知识的获取。

另一方面，过多的流程控制将不利于有效的知识获取。

首先，过于僵化的流程规范和过于严格的监督将会使承接方失去自主权。由于惧怕因不遵从规定的程序而受到惩罚，承接方不敢发挥自己的聪明才智，应用自己的技术和技能到项目中去，发包方规定的要求承接方严格遵守的方法和程序，承接方将不能随意调整，即使出现机能失调的现象[18]。这将极大地降低知识获取的效率。

其次，由于软件外包的发包方和承接方企业处于不同的地域、不同的国家，而且发包方对承接方不具有等级权利，因此不管是直接监督还是通过信息系统监督都将非常困难，过于严格的监督将极大地增加交易成本，从而降低了流程控制的有效性，甚至有可能导致外包合作关系的终结[15]。根据上述讨论，我们提出命题：

P2：流程控制与软件外包项目中的承接方的知识获取呈倒 U 形的关系

2.2 社会控制机制与知识转移

1）认知维

在社会资本的文献中，Nahapiet & Ghoshal[13] 认为认知维代表那些能够为合作各方提供共享的表示、解释和系统含义的资源。在社会控制机制中认知维则代表为提高合作各方的成员间相互理解程度而采取的一种社会控制方式。在软件外包项目开发过程中，社会控制的认知维表示通过设置共享的准则、目标、价值、文化等手段提高软件外包项目发包方和承接方成员之间相互理解的程度。对认知维的划分我们采用 Inken & Tsang[19]的分法，主要研究共享目标和共享文化对软件外包项目中知识转移的影响。

（1）共享目标。共享的目标表示合作双方成员拥有完成任务需要的理解和方法的共享程度。共享的目标起源于共享的愿景的概念，在 Nahapiet & Ghoshal 提出社会资本的认知维概念之后，Tsai & Ghoshal[20]进一步将这种资源称为共享的愿景，在他们看来共享的愿景包括合作成员共同的目标和共同的愿望。当合作成员之间拥有共享的愿景时，他们对他们之间将如何相互作用会有类似的感知，这将促进他们之间的相互理解以及想法和资源的交换。因此，共享的目标可以看做是一种帮助合作双方整合知识的一种联系机制。按照控制论过程的逻辑，目标是控制的前提也是控制的起点。

当软件外包项目的发包方和承接方开始合作的时候，发包方和承接方都有各自不同的目标，他们将会把矛盾或不一致的目标带到合作关系中来，合作过程中双方之间的冲突也会随之上升。双方在协作完成软件开发任务过程中，这种冲突将会导致挫折感和互相的不满意。这种消极的氛围将不利于知识在合作双方之间有效的流动。软件外包项目的合作双方不像跨国公司的母、子公司一样可以通过母公司为各个子公司设置共同的目标，在软件外包项目开发过程中，发包方和承接方之间共同目标的设置比较困难[16]，因此通过社会控制机制中的共享目标主要是使软件外包合作双方的目标相互协调，能够相容，为了达到这个目的，合作双方需要不断地协商以减少双方的冲突。如果目标能够被清晰地描述，相互协调，那么完成协作任务需要的共同理解和方法也就建立起来了[21]。

组织间资源交换中共享目标的重要性在组织合作文献中已经讨论过。共享目标之所以是组织资源有效交换发生的必要条件，是由于组织战略资源的识别和组合只有在组织中的系统足够协调、足够相容的情况下才能使协作行动更容易发生[22]。Nahapiet & Ghoshal 提出了知识交换或组合的四个条件：知识获取或组合的机会、价值的预期、动机、组合能力。我们认为前三个是影响软件外包项目中知识外部获取的条件，第四个则是影响软件外包项目中知识内部吸收的条件。共享目标的存在促使合作双方的成员联系在一起，提高了相互间的理解[23]，增加了知识获取的机会，提高了对知识价值的预期，增强了知识交换的动机，使合作双方成员愿意为了达到共同的目标贡献自己的知识，从而使知识获取更容易发生。另外，由于成员相互的理解程度的提高也有利于知识组合能力的提高。对于共享目标对知识吸收影响的研究，Yli-Renko et al[24]在 Nahapiet & Ghoshal 研究的基础上，进一步强调共享的目标在知识吸收过程中能增强吸收能力，还使组织更多的参与到知识获取和知识开发过程[25]。共享的目标增强了软件外包合作双方为知识共享创造一种传导的环境和内部动机的责任[26]。根据上述讨论，我们提出命题：

P3a：共享目标与软件外包项目中的承接方的知识获取正相关

P3b：共享目标与软件外包项目中的承接方的知识吸收正相关

（2）共享文化。文化是一个包含多种因素的复杂概念，我们认为文化主要包括组织成员共享的规范和价值观[27]。在软件外包环境中，共享文化则代表了发包方和承接方成员的规范和价值观的共享程度。根据 Coleman[28]，在社会活动中，当控制某种行为的权利掌握在其他人手中而不是自己手中的时候，规范就存在了，规范代表了行为在社会系统中的共识程度。规范和价值观决定了在社会活动过程中哪些行为是被接受的哪些行为是不被接受的[29]。共享文化具有控制的功能，因为它统一了合作双方成员处理信息和对环境如何反应的方式，这将有利于更高水平的行为可预见性。人们被共享的价值观和准则所指导，他们更愿意以其他人员希望的方式行事。

文化对组织间知识转移的重要性已经引起了许多学者的关注，早期关于技术转移的研究已经表明组织文化和工作价值观的差异将显著影响知识转移[30]。Davenport[31]则认为组织文化或许是影响知识管理最重要的因素。

软件外包项目的发包方和承接方通常来自不同的文化背景，而从来自不同文化背景的合作方中学习知识（尤其是隐性知识），要比从来自同一文化背景的合作方中学习更加困难。软件外包这种合作关系是在合作双方都关注的文化妥协的基础上形成的，如果某一方坚持按照自己的方式做事，那么文化冲突将会加剧[19]。而文化冲突和文化误解都将影响信息的共享和学习[32]。文化差异也将给项目经理带来更多的困难和挑战，他们不得不花费更多的时间在交流、设计兼容的工作程序和开发共同的管理方法上。文化差异已成为发包方和承接方之间知识转移的关键的阻碍因素[33]。

Mowery, Oxley & Sliverman 研究发现文化相似的联盟，企业间的知识转移效果比跨文化的联盟知识转移效果要好。Lane & Lubatkin 在 Cohen & Levinthal“吸收能力”概念的基础上提出了“比较吸收能力”的概念，将组织的吸收能力分为识别、消化和应用知识的能力，结合 Lyles & Salk 对匈牙利的调查研究，他们发现当组织拥有兼容的规范和价值观的时候能更好地从合作方中学习知识，这种能力主要是由于共享文化可以提高合作双方相互间的规范和价值观的理解[34]，从而提高知识吸收能力。因此，发包方和承接方的文化应该尽量兼容，从而使合作双方成员更好地理解合作方隐含在 Know-how 中的规范和价值观。根据上述讨论，我们提出命题：

P3c：共享文化与软件外包项目中的承接方的知识获取正相关

P3d：共享文化与软件外包项目中的承接方的知识吸收正相关

2）关系维：信任

在社会资本的文献中将关系维看做一种资本，这种资本是通过关系创造和改变的，关系是个体与个体在合作和互动过程中发展起来的，个体间不同的关系将影响他们产生不同的行为[17]。Szulanski[35]研究发现组织间知识转移的最大的阻碍因素就是知识发送者和接受者之间的关系恶劣。社会控制机制中的关系维则表示为改善合作双方的关系质量而采取的社会控制方式。这个维度包含的内容很多，包括信任、交流、互惠等。而信任是影响组织间知识转移和创造的决定性因素。Goles 综述了关系营销、组织理论（组织间关系）和信息系统外包等研究领域中的 12 篇经典文献，试图识别影响外包双方关系的主要要素，发现信任是最广泛应用的影响因素[36]。信任作为一种社会控制机制和风险减少手段[37]，既影响组织间知识交换的范围[38]又影响组织间知识交换的效率[39]。

尽管信任非常重要，但对信任定义的问题依然没有解决。信任的定义在大量的文献中出现过，但我们认为信任是基于社会化的判断（包括对合作方的善意、能力判断等等），连同对是否存在合作方会变得不值得信任的风险的估计。也就是说，信任表示在风险存在的情况下，一方对另一方的积极预期，认为另一方将会按照预期行动，完全履行自己的责任，甚至当机会主义可能出现时也能公平的行动[40]。这时信任就表现为将自己的命运放在其他人手中的一个决策。

Tsai & Ghosha 将信任当做一个维度来处理，然而关于信任的文献已经识别出信任的很多维度。信任的不同维度在不同的情境下，呈现出不同的适应性[41]。在软件外包合作环境中，信任的其中两个维度对发包方和承接方之间的知识转移尤其重要。第一个是基于善意的信任，有很大的感情成分。基于善意的信任是基于合作一方对另一方的合作意图的积极感知，认为合作方在即使机会出现的情况下也不会过度利用本方的优势，或者至少不会有意地伤害本方的利益。第二个是基于能力的信任，有很大的认知成分。基于能力的信任是基于合作一方对另一方的能力的积极感知，认为合作方具有完成任务所需要的各种技能和专业知识[42]。基于善意的信任有助于减少合作双方感知的关系风险，而基于能力的信任有助于减少绩效风险[6]。

关于信任和组织间知识转移的关系在很多文献中都已经讨论过。信任是有价值的信息和知识共享的前提[43]。Nahapiet & Ghoshal 认为代表社会资本关系维度的信任可以使智力资本的共享更加容易，他们从理论上表明信任通过为知识共享创造和加强必要的条件来影响知识共享。当合作一方感知到在合作过程中会有机会主义的风险的时候，他们就会采取防御措施防止机会主义行为的发生，增加知识保护的措施，这不仅会增加交易成本，还会阻碍知识在个人和群体间的流动。基于善意的信任则有助于减少感知的关系风险，使人们更愿意交换知识，减少防御措施，进而减少知识转移的成本[44]。基于能力的信任会使一方相信另一方有能力提供建议和影响本方的思考方式，从而愿意倾听、吸收和应用另一方的知识[45]。两种信任的增加都会促进双方进行更加频繁的交流从而增加相互间知识的理解，使知识的消化和吸收更加容易。根据上述讨论，我们提出命题：

P4a：基于善意的信任与软件外包项目中的承接方的知识获取正相关

P4b：基于善意的信任与软件外包项目中的承接方的知识吸收正相关

P4c：基于能力的信任与软件外包项目中的承接方的知识获取正相关

P4d：基于能力的信任与软件外包项目中的承接方的知识吸收正相关

综合以上分析和命题的提出，我们可以得到以下的概念模型如图 1 所示。

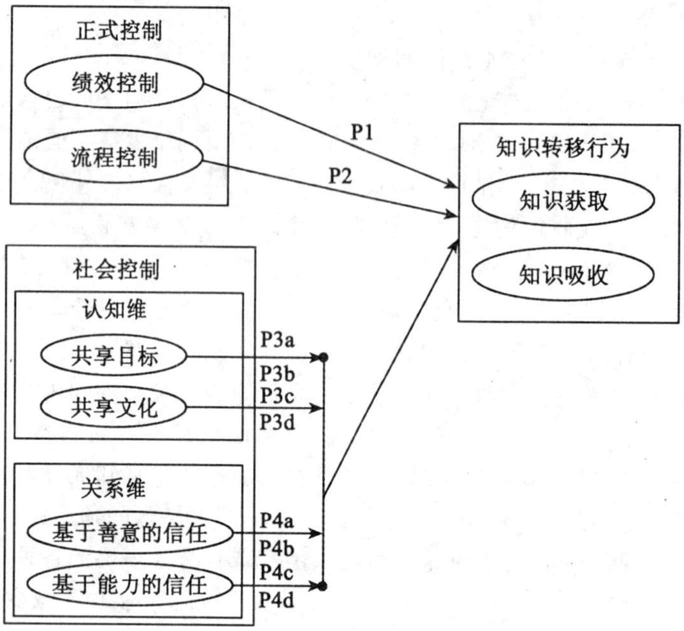

图 1　概念模型

3　结论与展望

本文基于软件外包中的经济观点理论（社会交易理论和代理理论）和社会观点理论（社会交易理论、社会资本理论和企业网络等理论）并结合组织控制理论，提出了软件外包中的两种控制机制（正式控制和社会控制），将正式控制分为绩效控制和流程控制，将社会控制分为共享目标、共享文化、基于善意的信任和基于能力的信任。根据知识转移理论，本文分析了控制机制不同的维度对知识转移两个阶段的影响，提出了相关的命题，并构建了概念模型。分析结果表明，基于契约的流程控制有利于知识的获取，但过度地使用将不利于知识的有效获取并可能导致外包合作关系的终结；社会控制不仅利于知识的外部获取也有利于知识的内部吸收。因此作为承接方的中国企业要想真正吸收利用国外企业的知识到自己的企业，提高科研开发和创新能力，需要更多地依赖社会控制机制，通过与发包方建立共享的目标、文化并提高相互间的信任，来有效地获取和吸收发包方的知识。本文为软件外包中的知识转移模式提出了一个理论框架，研究中还有一些不足之处，需要在未来进一步研究。未来的研究焦点主要在以下几个方面：

首先，需要进一步应用实证研究方法，对本文提出的命题进行验证。其次，对于知识转移，需要分析知识源、接收者、转移情境和知识本身的一系列特征，这些特征在知识转移中起着不同的作用[46]。本研究中缺乏对软件外包项目中的知识系统特征的分析，也未考虑地域差异、时区差异、语言差异等管理情景因素。因此未来软件外包中知识转移模式的研究应该从知识系统的特征出发，结合软件项目的服务业特点，划分软件项目知识的系统维度，构建软件外包项目知识系统模型，针对不同的知识系统特征，选择相匹配的控制机制，并综合考虑具体的情境因素，研究在不同情境下对知识转移模式的影响，通过分析产业链不同阶段的项目知识特征和转移模式，探明本土企业针对项目知识特征的知识转移模式演化路径。

参考文献

[1] Tony Jewels, Marilyn Ford. Factors Influencing Knowledge Sharing in Information Technology Projects [J]. e-Service Journal, 2006, 5 (1): 99-117.

[2] Niederman F. International Business and MIS Approaches to Multinational Organizational Research: the Case of Knowledge Transfer and IT Workforce Outsourcing [J]. Journal of International Management, 2005, 11: 187-200.

[3] 蔡荣海，罗晖. 服务业创新是未来经济增长的希望所在 [J]. 中国软科学，2006，8：154-157.

[4] 刘绍坚. 承接国际软件外包的技术外溢效应研究 [J]. 经济研究，2008，5：105-115.

[5] Cohen W M, Levinthal. Absorptive Capacity: a New Perspective on Learning and Innovation [J]. Administrative

Science Quarterly, 1990, 35 (1), 128-152.

[6] Das T K, Bing-Sheng Teng. Trust, Control, and Risk in Strategic Alliances: An Integrated Framework [J]. Organization Studies, 2001, 22 (2): 251-283.

[7] Lee J N, Miranda S, Kim Y M. IT Outsourcing Strategies: Universalistic, Contingency, and Configurational Explanations of Success [J]. Information Systems Research, 2004, 15 (2): 110-131.

[8] Ang K, Straub. IT Outsourcing Success: A Psychological Contract Perspective [J]. Information Systems Research, 2004, 15 (4): 356-373.

[9] Kirsch L, Sambamurthy V, Ko D, et al. Controlling Information Systems Development Projects: the View from the Client [J]. Management Science, 2002, 48 (4): 484-498.

[10] Tiwana A, Bush A. A Comparison of Transaction Cost, Agency and Knowledge-based Predictors of IT Outsourcing Decisions: A U. S.-Japan cross-cultural Field Study [J]. Journal of Management Information Systems, 2007, 24 (1): 259-300.

[11] Nooteboom B, Berger H, Noorderhaven N G. Effects of Trust and Governance on Relational Risk [J]. Academy of Management Journal, 1997, 40 (2): 308-338.

[12] Macneil. 新社会契约论 [M]. 雷西宁, 潘勤. 北京: 中国政法大学出版社, 2004.

[13] Nahapiet J, Ghoshal S. Social Capital, Intellectual Capital, and the Organizational Advantage [J]. Academy of Management Review, 1998, (23): 242-266.

[14] Floyd S, Lane P. Strategizing throughout the Organization: Managing Role Conflict in Strategic Renewal [J]. Academy of Management Review, 2000, 25: 154-177.

[15] Yuan Li, Yi Liu, Mingfang Li, et al. Transformational Offshore Outsourcing: Empirical Evidence from Alliances in China [J]. Journal of Operations Management, 200826 (2): 257-274.

[16] Choudhury V, Sabherwal R. Portfolios of Control in Outsourced Software Development Projects [J]. Information Systems Research, 2003, 14 (3): 291-314.

[17] Argote L, Ingram P. Knowledge Transfer: A Basis for Competitive Advantage in Firms [J]. Organizational Behavior and Human Decision Processes, 2000, 82 (1): 150-169.

[18] Amrit Tiwana, Mark Keil. Does Peripheral Knowledge Complement Control: An Emprical Test in Technology Outsourcing Alliances [J]. Strategic Management Journal, 2007, 28: 623-634.

[19] Inkpen A C, Tsang E W K. Social Capital, Networks, and Knowledge Transfer [J]. Academy of Management Review, 2005, 30 (1): 146-165.

[20] Tsai W, Ghoshal S. Social Capital and Value Creation: the Role of Intrafirm Network [J]. Academy of Management Journal, 1998: 41 (4): 464-476.

[21] Das T K, Bing-Sheng Teng. Between Trust and Control: Developing Confidence in Partner Cooperation in Alliances [J]. Academy of Management Review, 1998, 23 (3): 491-513.

[22] Dyer J H, Singh H. The relational view: Cooperative strategy and sources of interorganizational competitive advantage [J]. Academy of Management Review, 1998, 23 (4) : 660-679.

[23] Wing S Chow, Lai Sheung Chan. Social Network, Social Trust and Shared Goals in Organizational Knowledge Sharing [J]. Information & Management, 2008, 45: 458-465.

[24] Yli-Renko, H Autio E, Sapienza H J. Social Capital, Knowledge Acquisition, and Knowledge Exploitation in Young Technology-based Firms [J]. Strategic Management Journal, 2001, 22: 587-613.

[25] Lane P J, Lubatkin M. Relative Absorptive Capacity and Interorganizational Learning [J]. Strategic Management Journal, 1998, 19: 461-477.

[26] Hewett K, Bearden W O. Dependence, Trust, and Relational Behavior on the Part of Foreign Subsidiary Marketing Operations: Implications for Managing Global Marketing Pperations [J]. Journal of Marketing, 2001, 65: 51-66.

[27] Schein E H. Culture: The Missing Concept in Organization Studies [J], Administrative Science Quarterly , 1996, 41 (2): 229-240.

[28] Coleman J S. Foundations of Social Theory [M]. USA: Belknap Press of Harvard University Press, 1994.

[29] O'reilly C A. Chatman J A. Culture as Social Control: Corporations, Cults and Commitment [J]. Research in Organizational Behavior, 1996, 18: 157-200.

[30] Tushman M L. Special Boundary Roles in the Innovation Process [J]. Administrative Science Quarterly, 1977, 22: 587-605.

[31] Davenport, Thomas H, De Long, et al. Successful Knowledge Management Projects [J]. Sloan Management Review, 1998, 39 (2): 43-57.

[32] Lyles M A, Salk J E. Knowledge Acquisition from Foreign Parents in International Joint Ventures [J]. Journal of International Business Studies, 1996, 27 (5): 877-904.

[33] Mowery D C, Oxley J E, Silverman B S. Strategic Alliances and Interfirm Knowledge Transfer [J]. Strategic

Management Journal, 1996, 17 (Winter Special Issue): 77-91.

[34] Joanne Roberts. From Know-how to show-how? Questioning the Role of Knowledge Transfer [J]. Technology Analysis & Strategic Management, 2000, 12 (4): 429-443.

[35] Szulanski G. Exploring Internal Stickiness: Impediments to the Transfer of Best Practice Within the Firm [J]. Strategic Management Journal, 1996, 17 (Winter Special Issue): 27-43.

[36] Tim Goles, Wynne W Chin. The Impact of the Client-vendor Relationship on Outsourcing Success [J]. The Database for Advances in Information Systems, 2005, 36 (4): 47-67.

[37] Gulati R. Does Familiarity Breed Trust? The Impli-cations of Repeated ties for Contractual Choices in Alliances [J]. Academy of Management Journal, 1995, 38 (1): 85-112.

[38] Inkpen A C, Currall S C. International Joint Venture Trust: an Empirical Examination [J]. Cooperative Strategies, 1997: 308-334.

[39] Kogut B. Joint Ventures: Theoretical and Empirical Perspectives [J]. Strategic Management Journal, 1988, 9 (4): 319-322.

[40] Boon, Susan D, John G Holmes. Exploring the Effects of Interorganizational and Interpersonal Trust on Performance [J]. Organization Science, 1991, 9 (2): 141-159.

[41] Rousseau D M, Sitkin S B, Burt R S, et al. Not so Different After all: a Cross-discipline view of Trust [J]. Academy of Management Review, 1998, 23 (3): 393-404.

[42] Mayer R C, Davis J H, Schoorman F D. An Integrative Model of Organizational Trust [J]. Academy of Management Review, 1995, 20: 709-734.

[43] Inkpen A C, Beamish P W. Knowledge, Bargain-ing Power and International Joint Venture Instability [J]. Academy of Management Review, 1997, 22 (1): 177-202.

[44] Zaheer A B. McEvily , V Perrone. Exploring the Effects of Interorganizational and Interpersonal Trust on Performance [J]. Organization Science, 1998, 9: 141-159.

[45] Daniel Z levin, Rob Cross. The Strength of Weak Ties You Can Trust: The Mediating Role of Trust in Effective Knowledge transfer [J]. Management Science, 2004, 50 (11): 1477-1490.

[46] Szulanski G. The Process of Knowledge Transfer: a Diachronic Analysis of Stickness [J]. Organizational Behavior and Human Decision Processes, 2000, 82 (1): 9-27.

Research on model of knowledge transfer in outsourced software projects

LI Bosen[1], QU Gang[1]

(1. Department of information management, Dalian University of Technology, Dalian 116024, China)

Abstract: Through a cross-cutting theoretical study approach and using integrated control theory, information processing theory, social capital theory and knowledge transfer theory, we construct the dimensions of control mechanisms and knowledge transfer behavior. Control mechanisms are divided into formal control mechanisms and social control mechanisms, knowledge transfer behavior is divided into external knowledge acquisition and internal absorption. Research shows that different dimensions of control mechanisms play different role at different knowledge transfer stage. Based on the hypothesises proposed, we construct the conceptual model of knowledge transfer in Outsourced software project.

Key words: software project outsourcing; knowledge transfer; organizational control; social capital.

Factors Influencing Offshore Outsourcing in Xi'an, China: A Research in Progress*

RONG DU[1], SHIZHONG AI[1], PAMELA ABBOTT[2], YINGQIN ZHENG[3]

(1. School of Economics and Management, Xidian University, No. 2 Taibai Rd, Xi'an City, Shaanxi Province, 710071, China;
2. School of Information Systems, Computing and Mathematics, Brunel University. Kingston Lane, Uxbridge, Middlesex, UB8 3PH, the United Kingdom;
3. Information Systems and Innovation Group, London School of Economics, Houghton Street, London WC2A 2AE, the United Kingdom)

Abstract: This research brings together a collaboration of academic resources from mainland China and from the United Kingdom to perform an in-depth study of the offshore outsourcing industry within one of China's main cities and centres of outsourcing activity: Xi'an, in Shaanxi Province. The aim of the research, in the first instance, is to establish a framework of strategic success factors deemed necessary for Xi'an to establish a viable software and services export industry. Thereafter, in November 2008, we did an initial investigation, visiting 7 software companies where we interviewed 9 managers who work in those companies. Depending on the results of the initial study, those areas that are deemed most influential in providing a successful environment for Xi'an were more closely investigated in May 2009. We visited 7 more software companies and revisited 2 of the 7 companies that were investigated in 2008. We performed 8 interviews with top managers who work in those software companies. At the same time, we conducted a questionnaire survey, collected 201 answered questionnaires from 13 software companies that were visited by us. The respondents are employees who participate in outsourcing projects. We have some findings from this research, which might provide insightful implications to both academics and practitioners, including both clients and suppliers in information system outsourcing industry.

Keywords: Offshore outsourcing; information systems; success factors; investigation

1 Background and research question

An increasing number of countries are becoming involved in providing offshored and outsourced information-intensive services to meet growing global demand. These services include those related to information systems development, maintenance and operation generally referred to as information systems outsourcing (ISO) work and those related to non-core business processes, generally referred to as business process outsourcing (BPO) work. India has traditionally led the way in both maturity and breadth of expertise offered in both ISO and BPO work ($ US 40. 4 billion/ £ 26 billion in software and services exports in 2008, of which $ US 10. 9/ £ 7 billion represents BPO work while $ US 29. 5 billion / £ 19 billion represents ISO work (NASSCOM). In the near future, China is expected to challenge India's impressive competitive position (Qu, Brocklehurst 2003) through investment in its skilled human resource capacity and in encouraging foreign direct investment (FDI) in the software development sector. To date, statistics suggest that 2500,000 workers are employed in the Chinese software industry compared to 860,000 in India. The number of trained graduates in software engineering was expected increase from 1. 08 million in 2002 to 3. 77 million in 2004. China is thought to be actively addressing areas of weakness such as shortage of skilled

* This research is supported by the National Natural Science Foundation of China through grant 70871096 and Program for New Century Excellent Talents in University in China through grant NCET-08-0812. It is also supported by Research Development Fund in Bunel University and Seed Fund in London School of Economics, the United Kingdom.

labour, quality certification, and fragmentation of the Chinese software industry. This latter aspect is being fortified by boosting the number of software export clusters so as to increase the access to overseas clients seeking global markets for outsourced work. China is no stranger to hosting outsourcing work since a large amount of manufacturing work was outsourced there in the 1980's (Mol 2007) and this continues to be the case even today.

The Chinese software outsourcing market is reported to have reached 453 million RMB (£ 43 million approximately) in the third quarter of 2008 (Analysis International), up 8.8% over the last quarter and representing an increase of 19.5% over the same period of the previous year. Major clients include Japan, with a market share of 51.6%, the EU and USA, 32.1%, and Hong Kong, 9.1%. In addition to ISO work, China is developing an industry for BPO work. ISO work contracted to Chinese firms typically includes coding, systems integration, data mining and network management. The incidence of large scale outsourced projects is limited, however. Similarly, BPO contracts consist mainly of call centre work and document management. There is still room for growth in the range of BPO activities that are outsourced to China.

The major outsourcing hubs in China are located in the cities of Dalian, Shenzhen, Shanghai, Beijing, Hangzhou, Changsha, Nanjing, Chengdu and Xi'an. The city of Xi'an, in which we propose to conduct this research, is located in Shaanxi Province in Northwest China and is the core city for the five provinces located in the northwest. In comparison to the other major outsourcing hubs, Xi'an is smaller in size but with promising investment and growth opportunities. Some of its locational advantages include access to a plentiful and skilled labour supply, lower operating, labour and living costs, an existing supportive industry base, advanced infrastructure and local and provincial government support for developing the outsourcing industry. Xi'an Software Park is the main industrial site for software and information-intensive services firms engaging in offshore outsourcing in the city. Up to the first half of 2008, there were about 145 such firms, both local and foreign-owned operating in the Software Park, employing up to about 61,500 workers. As an outsourcing hub, Xi'an seems to be developing both as a favoured venue for BPO (in particular from Japan, thus challenging the dominant position of Dalian) and in the specialist area of disaster preparedness services. Despite its current commendable market position and obvious potential for growth, Xi'an aims to position itself more assertively in comparison to other Chinese and foreign competitors in the software and services export industry.

Previous research suggests that a number of factors are thought to influence success in software export strategies for developing countries from both the firm and country levels of analysis. At the firm level, access to location-specific features such as skilled labour, appropriate infrastructure and potential markets seems to influence decisions relating to the location of outsourced work (Graf, Mudambi 2005). At the country level successful export strategies may involve interrelated issues such as the local resource base specific to software development, national government investment and incentives, external linkages to other countries including the extended Diaspora, local market demand and characteristics of the national software industry (Heeks, Nicholson 2004). Literature specific to ISO also echoes these ideas and suggests countries follow a trajectory toward maturity in providing offshored services (Carmel 2003). Country level analyses such as these may be useful to some degree in establishing broad pre-requisites for potential success in an export-oriented software industry, but one area that is often neglected is the influence of contextual factors such as culture, history and institutional settings in creating an environment that may provide uniquely advantageous aspects that can be exploited. (Krishna, Ojha et al. 2000), for example, demonstrate convincingly how India's social and historical heritage proved invaluable in providing a basis for their well-documented successes in soft ware export.

In the light of the above considerations, this project proposes to investigate factors that may influence the success of the city of Xi'an in establishing a viable software export industry. The study will consider not only factors generally assumed to be necessary conditions for such an outcome, but also, the often neglected cultural, historical and institutional factors that provide stitutional factors that provide specific competitive advantages to a region will be explored.

The initial research questions for this research are: What factors influence the choice of Xi'an, Shaanxi Province as an outsourcing venue? What are the factors that are specific to Xi'an, Shaanx Province that are likely to provide an environment supportive of success in software export?

2 Methodologies

For the initial study, the researchers interviewed the top/middle managers who work for software and information-intensive services firms in Xi'an. In November 2008, we did an initial investigation, visiting 7 software companies where we interviewed 9 managers who work in those companies. In addition, we interviewed a Chief Information Officer in Xi'an Software Park, who participated in the design of government outsourcing strategy. We tried to obtain valuable information from software and information-intensive services firms operating within Xi'an Software Park which are engaged in offshore outsourcing with a view to establishing the basic parameters of the theoretical framework.

After researching into transcripts of those interviews, we identified some themes and sub-themes, obtaining some initial findings. On the basis of the initial results, we decided to conduct some further investigations to closely investigate the areas that are deemed most influential in providing a successful environment for Xi'an. As the starting point of the further investigation, in May 2009, we held a seminar in Xi'an Software Park. More than 30 software companies were invited to the seminar. After that, we visited 7 more software companies and revisited 2 of the 7 companies that were investigated in 2008. We performed 8 interviews with top managers who work in those software companies.

At the same time, based on the initial results, we designed a questionnaire for quantitative survey. While our major researchers were going to interview the managers in those companies, our postgraduate students went with the major researchers, conducting questionnaire survey there. We distributed 260 questionnaires in 14 companies. One company turned down to the questionnaire survey. Therefore, we collected 201 answered questionnaires from 13 software companies that were visited by us. The respondents are employees who participate in outsourcing projects.

We transcribed the interviews and made analysis of the transcriptions with help of software. With regard to the collected questionnaires, we used SPSS software to make statistical analysis. It is expected that this research will prioritise the factors most likely to influence the success of these firms in attracting outsourcing work in the Xi'an-specific context. The follow-up work will necessarily involve case studies geared toward investigating in more detail the prioritised factors revealed in the initial study.

3 Expected research outcomes and expected impact and possible application

From the initial work in Period 1 (2008. 11—2009. 04), after previous strategic frameworks are evaluated and a new conceptual model is created we have finished a working paper and a report in Chinese language. At the moment we are working further on the working paper, hoping to finish a journal paper related to success model of offshore outsourcing in China and submit it for publication in a Chinese journal.

From the research work in Period 2 (2009. 05—2009. 08), after interviews and questionnaire surveys, we will get the answers to many of our questions and finish a report for the local government in Xi'an and relevant organisations and firms, which will be expected to be used as a reference for the development of Software and Services Export Industry in Xi'an. At the same time, we will finish a conference paper on questionnaire design and the interviews and questionnaire surveys. Working further on it, we will finish a journal paper related to qualitative study of offshore outsourcing in China and submit it for publication in an international journal.

From the research work in Period 3 (2009. 09—2009. 12), after interview and questionnaire survey results are analysed, we will finish an empirical paper on offshore outsourcing in China for a prestigious international conference. Working further on it, we will finish a journal paper related to quantitative study of offshore outsourcing in China and submit it for publication in a prestigious international journal, making the survey instrument publicly available.

4 Acknowledgement

We are grateful to the people we interviewed in the firms in Xi'an Software Park and the people who helped us with the arrangements. We appreciate our respondents who answered our questionnaires. Thanks to the research students in Xidian University who participated in this project. This research is supported by the National Natural Science Foundation of China through grant 70871096 and Program for New Century Excellent Talents in University in China through grant NCET-08-0812. It is also supported by Research Development Fund in Bunel University and Seed Fund in London School of Economics, the United Kingdom.

References

[1] Analysis International. China offshore software outsourcing market reached CNY 4. 53 billion in Q3 of 2003 [EB/OL]. http: //english. analysys. com. cn/3class/detail. php? id = 397&name = report&FocusAreaTitleGB = &daohang = Report &title = China Offshore Software Outsourcing Market Reached CNY 4. 53 billion in Q3 of 2003, 27/11/2008.

[2] Carmel E. The New Software Exporting Nations: Success Factors [J]. The Electronic Journal of Information Systems in Developing Countries, 2003, 13 (4): 1-11.

[3] Graf M, Mudambi, S M. The outsourcing of IT-enabled business processes: A conceptual model of the location decision. [J]. Journal of International Manage-ment, 2005, 11 (2): 253-268.

[4] Heeks R, Nicholson B. Software Export Success Factors and Strategies in 'Follower' Nations [J]. Competition and Change, 2004, 8 (3): 267-303.

[5] Krishna S, Ojha, A K, Barrett M. Competitive Advantage in the Software Industry: An Analysis of the Indian experience [Z]. Information technology in context: studies from the perspective of developing countries, 2000: 182-197.

[6] Michael J. Mol. Outsourcing: Design, Process and Performance [M]. Cambridge: Cambridge University Press, 2007.

[7] NASSCOM. Factsheets [EB/OL]. http: //www. nasscom. in/Nasscom/templates/NormalPage. aspx? id = 53615, 27/11/2008.

[8] Zhonghua Qu, Michael Brocklerhurst. What will it take for China to become a competitive force in offshore outsourcing? An analysis of the role of transaction costs in supplier selection [J]. Journal of Information Technology, 2003, 18 (1): 53-67.

支持 MES 的设备管理系统的设计与实现*

康萍[1]，杜来红[1]，蒋梦莉[1]

（1. 西安财经学院 信息学院，西安 710100）

摘　要：满足车间制造执行系统对生产设备的有效管理和合理配置的需求。利用 EXPRESS-G 表示方法对设备资源建模，并运用面向对象思想对设备管理系统进行了分析与设计，最后通过 JavaBeans 组件技术、JavaScript 脚本技术以及 CSS 等关键技术实现了该系统。提出了一套支持车间制造执行系统的设备管理系统分析、设计与实现方法。实现了设备动态信息及时跟踪和获取，提高了车间制造执行效率。

关键词：车间制造执行系统；建模；设备管理；面向对象

中图分类号：TP391

车间制造执行系统（Manufacturing Execute System，MES）[1]由美国先进制造研究机构提出，它是上层计划管理系统与底层工业控制之间的、面向车间层的管理信息系统，它能够通过信息传递对从订单下达到产品完成的整个生产过程进行优化管理。对状态变化的迅速响应使 MES 能够减少企业内部没有附加值的活动，有效地指导工厂的生产运作过程，从而使其既能提高工厂及时交货能力，改善物料的流通性能，又能提高生产回报率。在制造执行系统国际联合会（MESA）定义的 MES 应具备的 11 个功能模块中，资源分配和状态管理尤为重要。

设备是企业的重要生产资料，是国民经济赖以发展的重要物质基础。加强设备管理，理顺设备管理流程，实现设备的合理配置，提高设备的利用率和经济效益，是每个企业都面临的重要课题，尤其针对大型企业，设备多，种类繁，分布广，依靠传统的管理手段，各相关部门间手续繁琐，不能实现设备管理信息流的畅通，更无法实现企业装备数据在企业范围内的共享[2]。上述问题难以保证车间实时排产和动态调度的顺利进行，已成为 MES 在企业应用和实施的一个瓶颈。为了有效解决上述问题就需要用先进的信息与网络技术，运用先进的管理思想来改造传统的设备管理方式，以提高企业的效益和综合竞争力。

1　设备资源特征的描述和表达

设备资源模型不可能强求描述的统一，特别是对于种类繁多、个性丰富的具体设备很难抽象[3]。综合分析设备资源生命周期各个阶段的信息特点，本文采用特征建模技术对设备资源信息进行描述，设备资源特征可以分为 5 大类：基本信息、历史信息、使用信息、技术参数、维护信息，利用 STEP 标准中图示化表示方法 EXPRESS-G 得到的设备资源信息描述框架如图 1 所示。

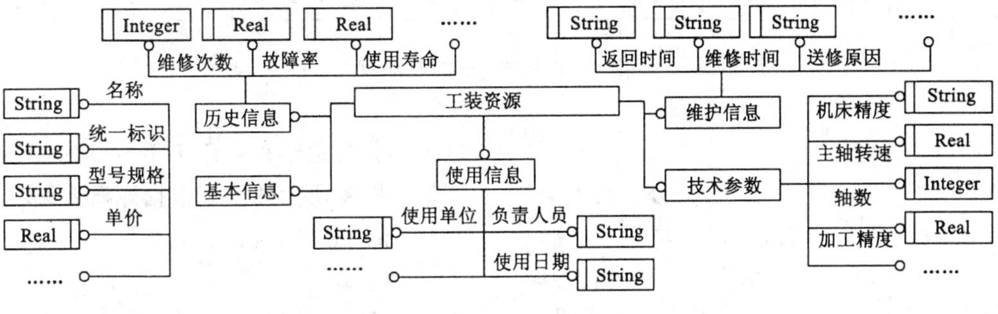

图 1　设备资源信息模型

* 基金项目：陕西省自然科学基金计划项目（SJ08ZP14）、陕西省教育厅自然科学基金（07JK244）

通讯作者：康萍（1961—），女，硕士，教授，主要研究方向：信息管理与知识管理、网络环境下的信息管理系统、企业信息化工程等．E-mail：kangpingxinxi@126.com

2　系统分析与设计

2.1　设备管理系统功能树

在分析MES环境下设备管理业务流程的基础上，运用面向对象的思想，通过UML建模工具Rational Rose对设备管理进行了建模，其Business用例如图2所示。其中，涉及的用户角色包括系统管理员、车间设备管理员、班组长、计划调度员、设备维修员等，设备管理的功能有设备查询、设备注册、设备注销、设备修改、设备维护管理和公告栏管理等。系统功能树如图3所示。

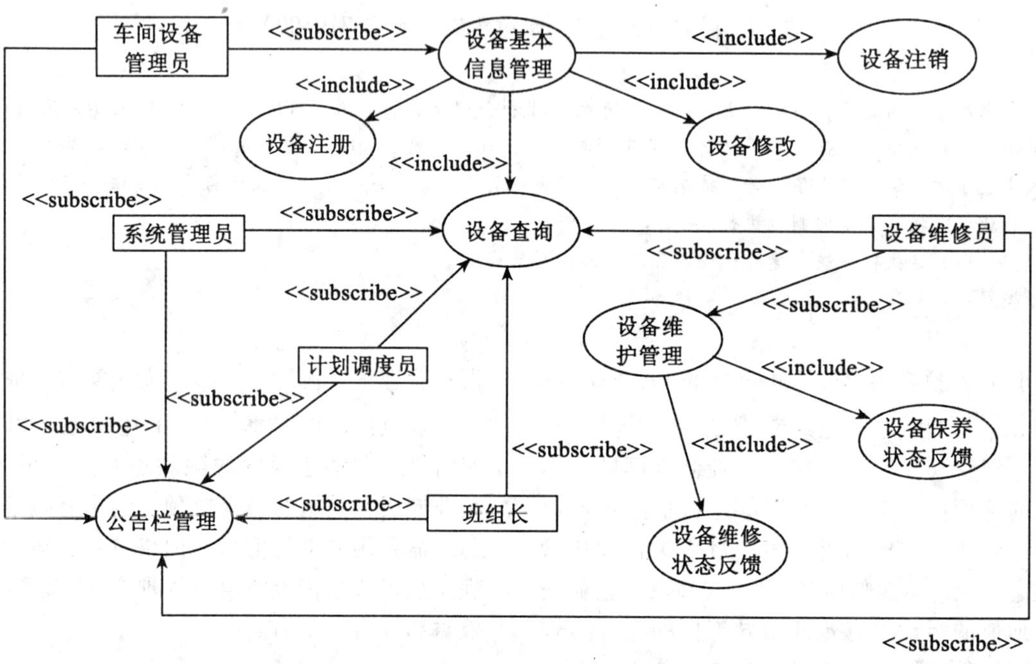

图2　设备管理用例分析

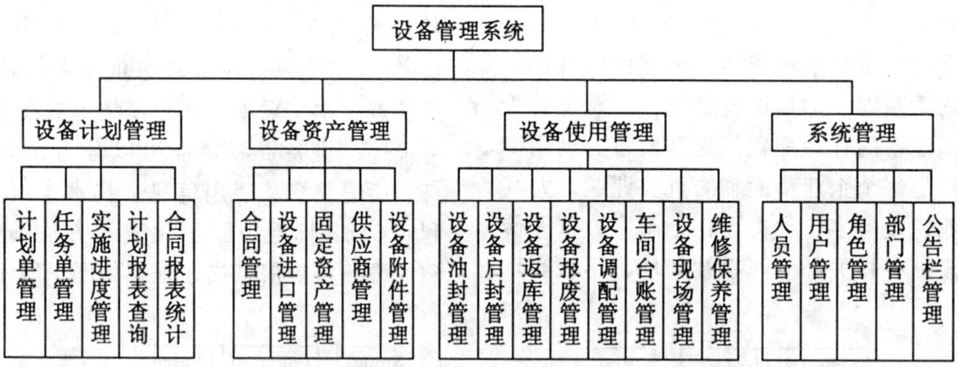

图3　设备管理系统功能树

2.2　数据库设计

支持MES的设备管理系统的数据分为两大类：静态数据、动态数据[4]。静态数据包括：涉及设备各个环节的部门信息、人员信息、设备的各种原始性能参数等，这些信息一般来说是不会随着设备状态的变化而改变。动态信息包括：设备的状态信息、日常使用信息、维修保养后的性能参数、合同信息等。通过对航天某企业中设备总台账单等原始数据的分析总结，利用EMbarcadero ER/Studio 7.0实现如图4所示的系统数据库概要设计。

2.3　系统总体架构

鉴于J2EE体系的跨平台性、应用移植性、组件重用性、应用互操作性以及与非JAVA系统的集成性等方面的优势[5]，设备管理系统采用J2EE标准体系结构，如图5所示。分层详细功能介绍如下：

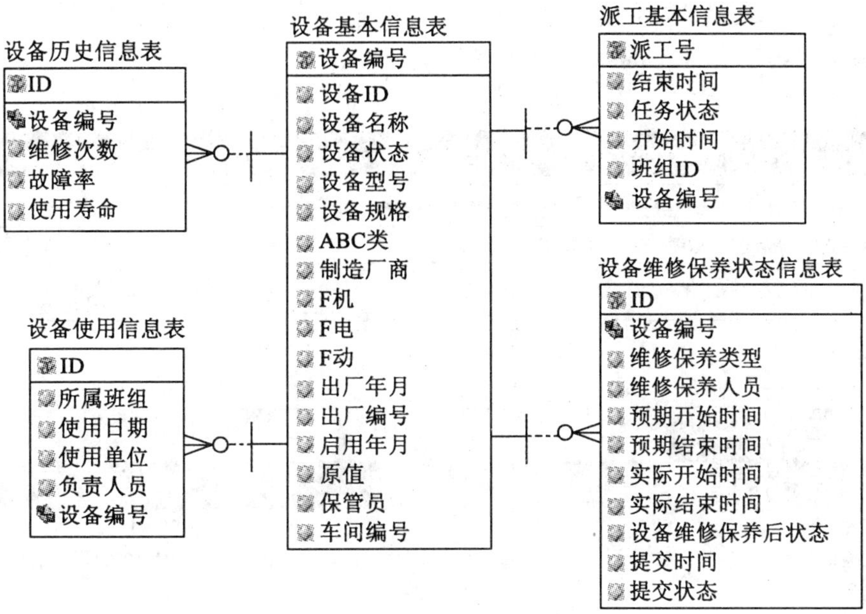

图4 设备管理系统实体关系图

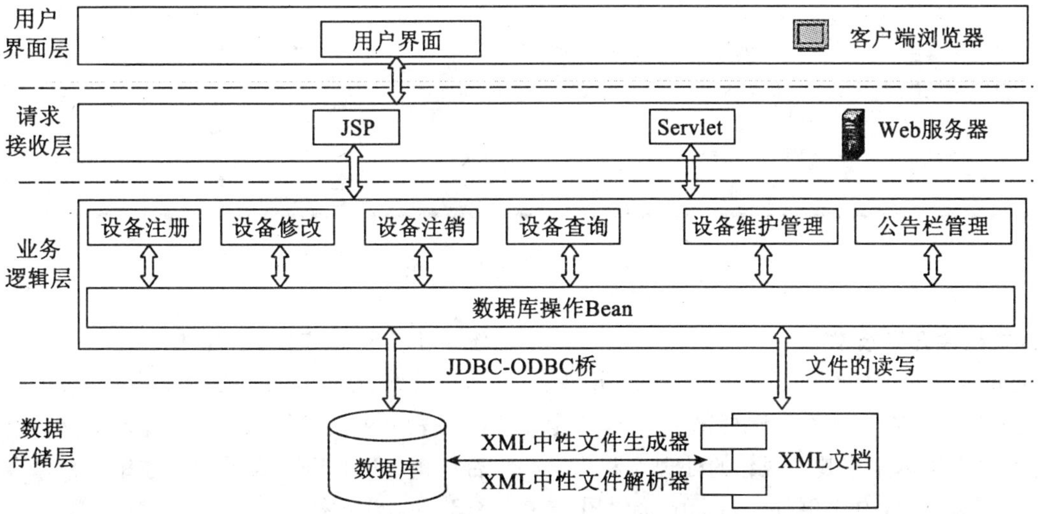

图5 支持MES的设备管理系统体系结构

（1）用户界面层：采用基于客户端组件形式，用户需要数据交互时通过Web服务器以及企业JavaBean（Enterprise JavaBeans，EJB）服务器提供的接口进行访问，保证后台数据的安全性。

（2）请求接收层：主要用于接收从浏览器传来的请求并将其交给底层进行处理，同时将请求处理结果发送给浏览器。

（3）业务逻辑层：业务逻辑层是管理系统的核心，该层主要实现设备管理业务流程，并将其运行在Java应用程序服务器中，所有事务处理逻辑均封装于EJB组件中，应用服务器为EJB组件提供一个优化的执行环境。

（4）数据存储层：由数据库和XML文件管理器两部分组成，数据库存储设备资源相关的数据，主要是为业务逻辑层提供数据服务，如存储应用逻辑层的处理结果、返回应用逻辑层检索的数据结果。XML文档则保存依据企业标准存储的设备资源信息。

3 系统实现与关键技术

设备管理系统采用基于Web的B/S三层结构体系，网页动态显示及流转以基于Java语言的JSP技术和JavaBean、Applet、Servlet及JavaScrip为依托。系统开发环境采用支持JSP和JavaScript语言的 Dreamweaver 和 Editplus，通过 Java 中 JDBC-ODBC 桥连接数据库。系统 Web 服务器采用 Tomcat4.1.24，操作系统采用 WindowsXP，数据库服务器采用 SQLServer2000。图 6 为设备查询页面界面。

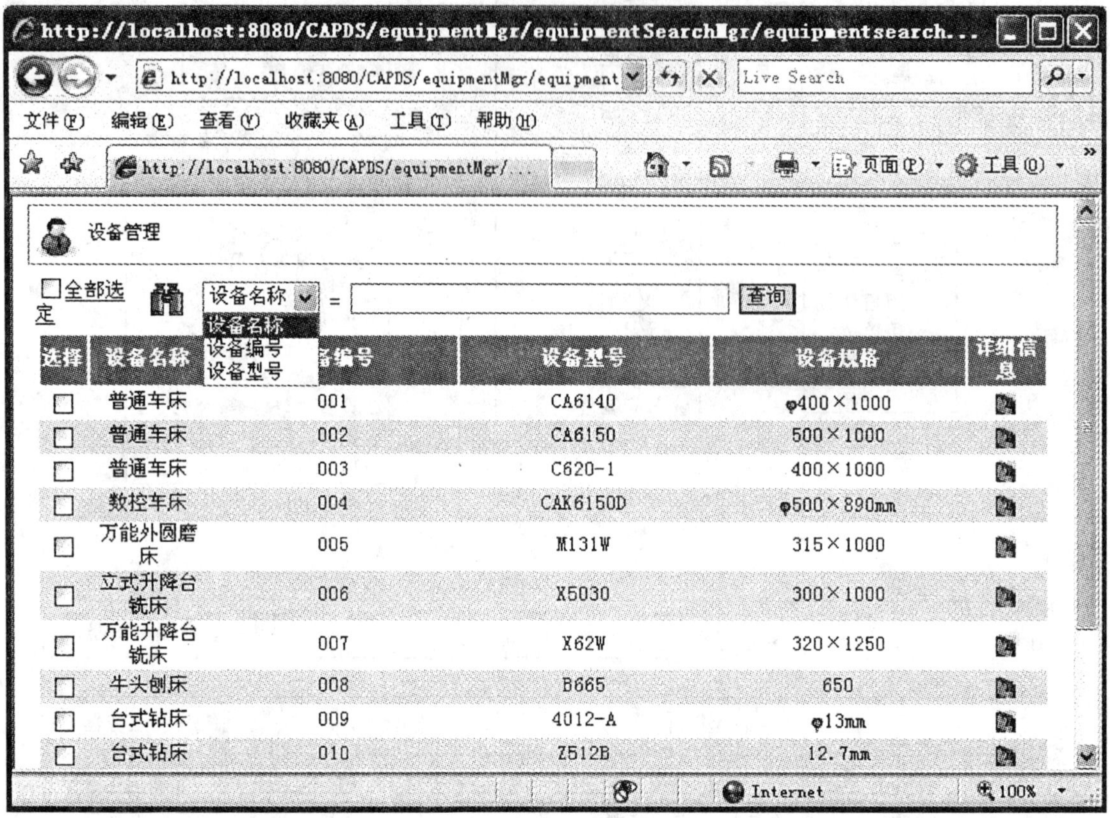

图 6 设备查询主页面

3.1 分布式组件开发技术

JavaBean 为 Java 类提供了定义方法、事件、属性的方法，以便在设计时允许外部的操作和定制。用这个组件可以生成其可视化的处理。利用组件技术可以使程序结构化更强，JavaBeans API 与操作基础的独立于平台的 Java 系统相结合，提供了独立于平台的组件解决方案。本文通过标签符 <jsp: useBean> 调用部署在服务器端的数据库操作类 capdsBean. DataOpeBean 实现与底层数据库的交互，数据库操作类类图如图 7 所示。

3.2 灵活实用的 JavaScript 脚本技术

JavaScript 是一种基于对象和事件驱动并具有安全性能的脚本语言，有了 JavaScript，可使网页变得生动。使用它的目的是与 HTML 超文本标识语言、Java 脚本语言一起实现在一个网页中链接多个对象，与网络客户交互作用，从而可以开发客户端的应用程序。它是通过嵌入或调入在标准的 HTML 语言中实现的。系统中对数据类型以及格式的判断都是通过 JavaScript 来实现的。设备管理系统中 JavaScript 应用体现在按钮动作的处理以及数据校验两方面，一些常用函数如 editEquipmentMgr ( ) 表示对设备信息修改，confirmDel ( ) 表示是否注销，Del ( ) 表示选择注销。

3.3 CSS 技术

级联式样式表（CSS）包含应用于 HTML 文档中元素的样式定义。CSS 样式定义元素的显示方式以及在页面中放置元素的位置。可以创建一个通用规则，只要 Web 浏览器遇到一个元素实例，或是一个分配给某个样式 CLASS 的元素，该规则就立刻应用属性，而不是将属性逐个分配给页面中的每个元素。

CSS 样式可以通过内联方式放置在单个 HTML 元素内，也可以在 Web 页 HEAD 部分的 <STYLE> 块内加以分组，或从单独的 CSS 样式表文件中导入。同一个外部样式表文件可链接到很多 Web 页，从而使整个 Web 站点具有统一的外观。本系统定义了一套丰富的 CSS 样式表，使得系统页面达到了简洁大方。如在Web服务器指定位置部署了外

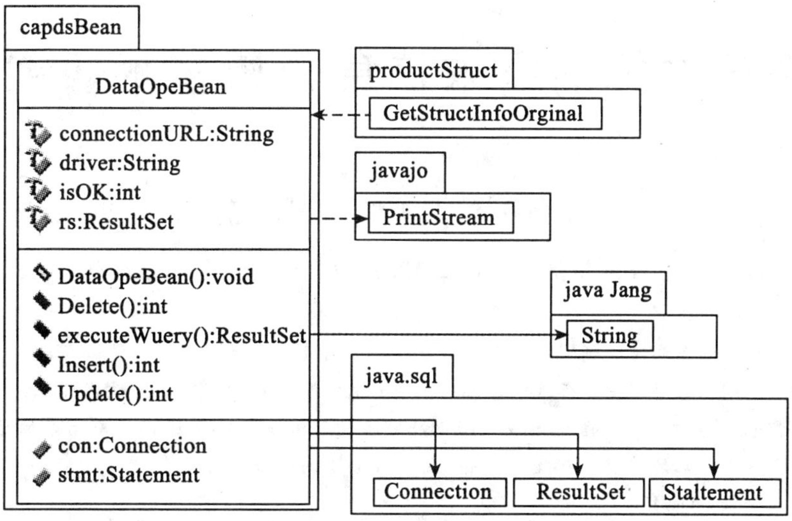

图 7 数据库操作类类图

部样式表文件 pageType. css，站点中无论是静态页面还是动态页面都可以通过标签符 < link href = " ../standardPartBase/pageType. css " rel = " stylesheet " type = "text/css" / > >加以引用。

4 结 论

本文介绍了基于 B/S 三层网络体系结构的设备管理系统的设计与开发，该系统可实现对车间生产设备的有效管理，对现有资源的合理配置。本项目受陕西教育厅专项基金支持，目的是为了提高车间制造执行效率，该系统具有快速、高效、使用的特点，适应网络环境下企业管理模式的需求。

参 考 文 献

[1] Wang Su'an, Fang Yadong. Research of Tooling Life-cycle Management System Supporting Networked Agile Manufacturing [A]. First International Multi- Symposiums on Computer and Computational Sciences [C]. Piscataway, NJ: IEEE Press, 2006, 466-471.

[2] Lee, Byeong-Eon. An Architecture for Ubiquitous Product Life Cycle Support System and its Extension to Machine Tools with Product Data Model [J]. International Journal of Advanced Manufacturing Technology, 2009, 142 (5): 606-620.

[3] 王建利，何卫平等. 基于 Web 的设备全生命周期管理系统的研究 [J]. 制造业自动化, 2004, 26 (8): 42-46.

[4] 石建玲，宋海生，李金良. 基于 Web 制造执行系统的设备管理系统研究 [J]. 现代制造工程, 2003, 8: 16-19.

[5] Fang Yadong; Du Laihong; Chen Hua; He Weiping. Cutting Tool Information Tracking and Management Technology for Manufacturing Execute System [A] // (2nd) International Multi-Symposiums on Computer and Computa-tional Sciences 2007. Piscataway, NJ: IEEE Press, 2007, 192-197.

Research and Realization of Machine Tools Management System Supporting MES

KANG Ping[1], DU Lai-hong[1], JIANG Meng-li[1]

(1. School of Information, Xi'an University of Finance and Economics, Xi'an, 710100, China)

Abstract: To meet the requirement of manufacturing execution system that machine tools need to be managed and deployed efficiently. Machine tools resource model is discussed by EXPRESS-G method of STEP, and machine tools management system is analyzed and designed by object oriented method. What's more, the key technologies of system realization, such as JavaBeans component technology, JavaScript script technology and CSS technology is introduced. A method about machine tools management system supporting MES is put forward. Machine tools dynamic information tracking and acquiring are realized, and the efficiency of plant manufacturing execution is improved.

Key words: manufacturing execution system; model; machine tools management; object oriented method

基于本体的需求信息分析技术研究*

王晓燕[1]，苏兆锋[1]，刘晓蕾[2]

（1. 鲁东大学 计算机科学与技术学院，烟台 264025；2. 滨州医学院 卫生管理学院，烟台 264003）

摘　要：本文对基于本体的面向特定领域的需求获取与分析机制进行了研究：借助领域需求本体的语义支持，实现领域需求信息的集成和共享；纳入需求期望目标吸引力模式，对需求信息的目标期望进行量化处理；通过信息归并方法，实现基本需求信息与扩展需求信息的结构与语义集成；辅以冲突检测及处理策略，保证需求信息的语义一致性和数据完备性，并最终完成用户业务需求信息的处理，有效支持领域综合业务规划的自动生成。

关键词：本体；需求分析；OWL

中图分类号：TP182

随着 Internet 技术的飞速发展，Web 信息灵活快捷的优势得以充分发挥，Web 服务逐渐取代许多传统的交互模式，成为众多行业竞相选用的信息发布媒介和应用集成平台。由于领域业务多元化拓展步伐的日益加速，系统用户越来越强烈地要求各类 Web 服务协同组织共同完成综合性的业务功能。目前已经有了一些 Web 服务规划的研究，比如 eFlow[1]、Metro-s[2]、SHOP2[3]等。然而，在系统用户的需求信息处理方面，这些项目只是简单地将需求信息通过系统接口输入到系统中，没有通过需求信息的深层解析来获得让用户更为满意的执行效果。

需求获取与分析技术用于帮助用户描述他们对于领域应用的业务需求，对这些信息进行分析和处理，并将处理结果提交给流程生成模块来自动生成服务规划。本文重点研究了面向特定领域的需求获取与分析机制，它可以在 Internet 环境中和本体技术的支持下，通过集成用户的业务需求描述，对需求信息进行智能灵活的分析和处理，从而完成用户对于领域业务需求的多元获取、深层分析和有机集成，实现用户需求信息的智能处理，有效支持业务规划的自动生成。

1　领域需求本体的构建

下一代 Internet 内容服务的开发需要在语义丰富的层面上推进信息的自动化效能。为了建立统一的信息交互平台，我们采用本体技术来描述和推理领域内的知识和信息。本体（Ontology）最早是一个哲学上的概念。在人工智能界，最早给出本体定义的是 Neches 等研究者，他们将本体定义为“构成相关领域词汇的基本术语和关系，以及利用这些术语和关系构成这些词汇的外延规则”[4]。

在以旅游业为背景的智能服务流程应用模式研究的开始，我们曾考虑直接采用已有旅游领域研究项目[5][6][7][8]中的本体，但是发现这样做不能在系统应用中获得良好的衔接效果。所以，根据对旅游需求的理解和旅游相关信息的研究[9][10]，我们决定借鉴已有本体的架构和功用，在需求信息层面进行分析和研究，创建面向本系统的旅游领域需求本体。

1.1　旅游需求本体的基本架构

在旅游服务中，包含吃、住、行、娱、游、购六大类服务，用户对于旅游的需求也是围绕着这六大类服务展开的。通过对旅游领域内用户需求信息的分析和研究，我们提供给用户四个本体来描述一个基本旅游流程的需求信息，分别是需求的基本信息本体、交通本体、住宿本体、景点本体。基本信息本体用于描述旅游行程的基本信息，行和住分别对应于交通本体和住宿本体，其他四类服务均可在景点本体中满足。同时，还要建立一些辅助的本体，如游客本体、房间本体等来完善需求信息的内容。图 1 所示为旅游领域需求本体的基本架构。

1.2　基本信息本体

在面向旅游的需求本体的设计与实现中，我们

* 通讯作者：王晓燕，E-mail：ElleWang@Gmail.com

主要着眼于用户需求的描述和表达。在此，我们以基本信息本体为例进行说明。基本信息本体主要用于描述用户旅游的基本需求信息，它们是流程规划的基础。有了这些信息，即使用户没有进行更为详尽的业务需求描述，系统仍然可以为用户自动生成旅游规划。图 2 描述了旅游需求本体之基本信息本体的类和属性定义。

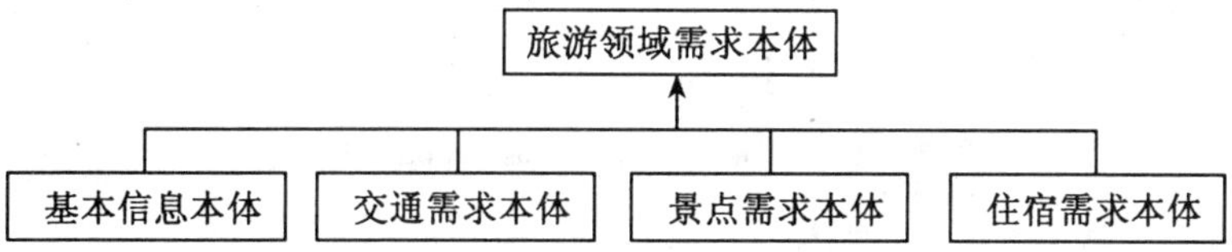

图 1 旅游需求本体的基本架构

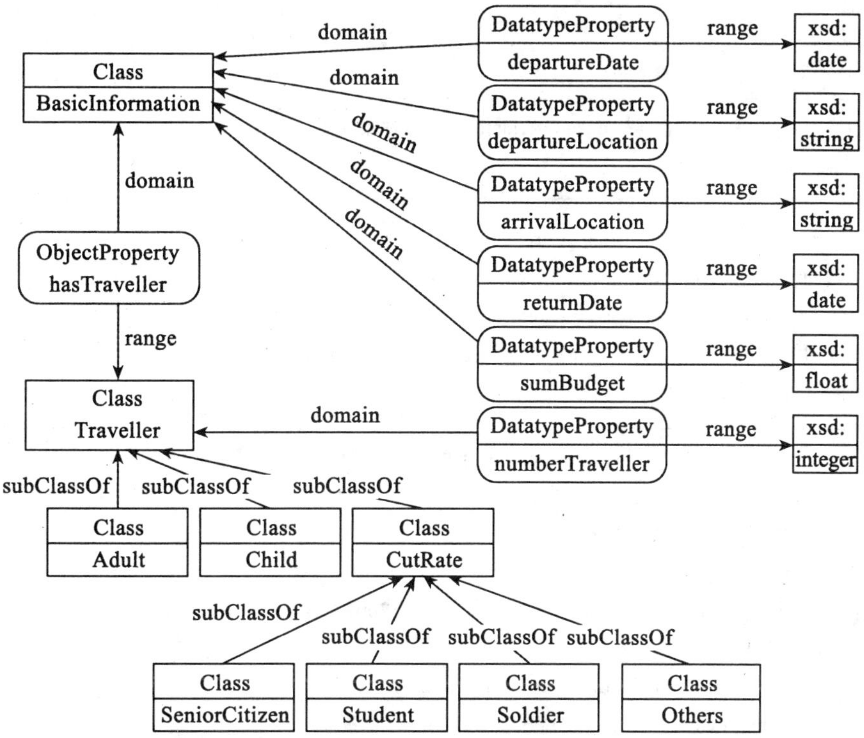

图 2 旅游需求本体之基本信息本体

1.3 需求本体的实现

研究中，我们采用 Protégé 3.1.1 版[11] + OWL2.1 插件[12]作为本体编辑器，来实现整个旅游需求本体的构建。由于篇幅的原因，我们在此仅以基本信息本体为例，截取其中的片段，使用 OWL 语言来编码实现本体的定义。

对于类的定义，图 3 中的代码段说明了 BasicInformation 类是 Requirement 的子类。

对于属性的定义，图 4 中的代码段说明了 hasTraveller 是 BasicInformation 类的对象属性，它的取值来自于 Traveller 类。

图 5 中的代码段说明了 departureLocation 是 BasicInformation 类的数据属性，它的数据类型是 http://www.w3.org/2001/XMLSchema 中定义的 string 类型，同时，它与属性 startLocation 是同义的，体现出本体中的语义特性。

与之相对应的，图 6 中的代码段表明 Tourism 类的数据属性 startLocation 在它的定义中以 http://www.w3.org/2001/XMLSchema 中定义的 string 类型，以 <owl: equivalentProperty/> 标签说明它与 departureLocation 的同义性，从而完成了 Tourism 域与 BasicInformation 域间对应本体属性的语义映射。

以 OWL 描述的旅游领域的需求本体，定义了旅游需求的知识结构和信息存储格式。而作为实际的数据资料，只要按照上述格式的定义，将现实世界中的真实信息存入对应的信息结构中，即构成了上述实体的实例。这项工作可以通过在本体实例化工具中填充真实世界信息资料完成，在此不再赘述。

```
<owl: Class rdf: ID = "BasicInformation" >
    <rdfs: subClassOf rdf: resource = "#Requirement"/>
</owl: Class>
```

图 3 Requirement 的子类 BasicInformation 类

```
<owl: ObjectProperty rdf: ID = "hasTraveller" >
    <rdfs: domain rdf: resource = "#BasicInformation"/>
    <rdfs: range rdf: resource = "#Traveller"/>
</owl: ObjectProperty>
```

图 4 BasicInformation 类的对象属性 hasTraveller

```
<owl: DatatypeProperty rdf: about = "#departureLocation" >
   <owl: equivalentProperty rdf: resource = "#startLocation"/>
   <rdfs: domain rdf: resource = "#BasicInformation"/>
   <rdfs: range rdf: resource = "http: //www. w3. org/2001/XMLSchema#string"/>
</owl: DatatypeProperty>
```

图 5 BasicInformation 类的数据属性 departureLocation

```
<owl: DatatypeProperty rdf: ID = "startLocation" >
      <rdfs: range rdf: resource = "http: //www. w3. org/2001/XMLSchema#string"/>
      <owl: equivalentProperty>
        <owl: DatatypeProperty rdf: ID = "departureLocation"/>
      </owl: equivalentProperty>
      <rdfs: domain rdf: resource = "#Tourism"/>
</owl: DatatypeProperty>
```

图 6 Tourism 类的数据属性 startLocation

2 面向特定领域的需求获取与分析机制

为了研究在 Internet 环境中，如何灵活可靠地满足特定领域的业务用户（客户或者企业代理）所提出的各种业务应用需求，实现“按需服务”，即对用户在该领域中的业务需求描述进行系统的分析和处理，生成用户定制的个性化业务规划，本文提出了一个面向特定领域的用户需求获取与分析机制。该机制建立在 Internet 环境下，依据用户对领域业务需求信息的集成描述和定制，快速、灵活地向智能流程应用模式的后续处理模块提供机器可以理解的业务需求信息，为实现领域业务规划的动态生成打下了基础。

2.1 总体架构

用户需求模块的功能就是根据用户的需求描述，在领域需求本体的支持下，进行分析和处理，生成形式化的需求描述文档，提供给后续的流程生成模块。在获取和分析用户需求的过程中，需要借助于为该领域构建的需求本体来实现领域需求知识和信息的共享和重用，因此领域需求本体的构建在本文的研究中是至关重要的。在此，我们以智能服务流程应用模式为背景，以旅游领域为例，对需求获取与分析架构中的各功能模块进行详细的构建，图 7 清晰说明了框架的层次和基本组成结构。

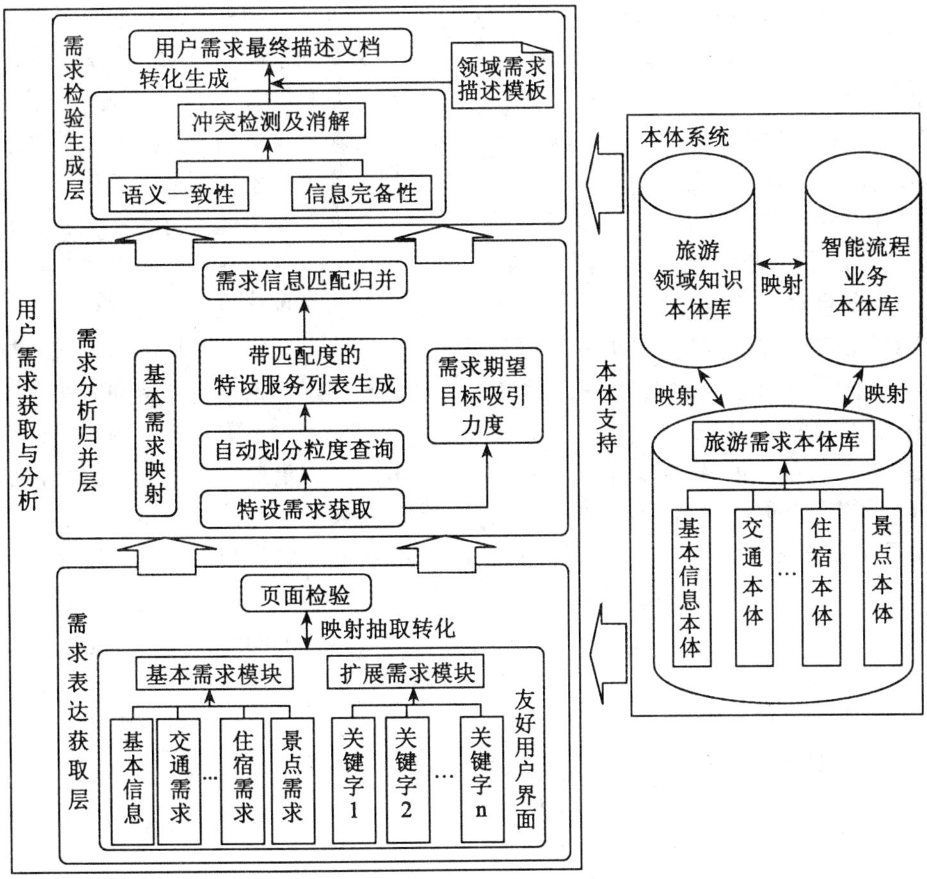

图 7　面向旅游的需求获取与分析

2.2　处理流程中的关键技术

1）需求分析机制

根据罗森伯格的目标吸引力模式[13]，可建立起面向特定领域的需求期望目标吸引力模式，从而分析出某一领域服务对于用户的吸引力程度：

$$A_j = \sum_{i=1}^{n} I_{ij} V_{ij} \tag{1}$$

其中，A_j 指 j 应用服务的吸引力；I_{ij} 指用户对于 j 服务的 i 特性的兴趣倾向，即重要性权值设定；V_{ij} 指用户对于 j 应用服务的 i 特征提供的价值认同；n 指用户对 j 应用服务中所设定的扩展需求描述的特征数。

2）信息归并方法

研究中，我们采用模式集成理论和方法[14]，根据基于语义的 XML 信息操作定义需求信息归并操作。集成模式与输出模式有直接对应关系的元素类称为基类，在集成过程中建立的新类称为虚类。

a. 模式一致化

假定类 C_1 为某个待集成模式中的类，为了消除类 C_1 与其他模式中语义相关的类之间存在的冲突，需对类 C_1 进行同构处理，主要的同构操作可形式化地描述为以下两个函数：

$$nf: I \times I \times \cdots \times I \rightarrow I \tag{2}$$

$$df: D_1 \times D_2 \times \cdots \times D_m \rightarrow D_{m+1}, m \geq 1 \tag{3}$$

其中，I 表示标识符的集合；D_i 表示类 C_1 属性的域；函数 nf 为属性名操作函数，这个函数可以将一个属性的属性名改变为另外一个名字，将一组属性名对应为一个新的属性名；函数 df 为性值转换函数，它由原属性的值或属性组的值导出原属性或新属性在类 C_1 中的新值。

b. 模式集成操作

合并操作：C_1，C_2 为语义上等价的类，C_3 为合并后形成的新类，是一个虚类。如果在定义 C_3 时提供了 C_1，C_2 的语义标识符函数，则表明 C_1，C_2 的实例集存在重叠，否则，表明 C_1，C_2 的实例集不存在重叠。

概括操作：C_1，C_2 为已存在的类，该操作建立 C_1，C_2 之间的共同超类 C_3，C_3 为一虚类。关于实例集是否重叠的约定同上。

特化操作：C_1，C_2 为已存在的类，该操作建立 C_1，C_2 之间的共同子类 C_3，C_3 为一虚类。由于 C_1，C_2 的实例集必然存在重叠，因此在定义 C_3 时必须提供 C_1，C_2 的语义标识符函数。

3）冲突检验及解决策略

研究中，需要对用户需求信息中可能存在的冲突进行检查并使用一定的解决策略[15]，以保证需求信息的描述准确无误、清晰无歧义、无内在冲突，为后续的流程规划的自动生成打好基础。

假设：O_1，O_2 是 C_1，C_2 的实例，且 O_1 与 O_2 表示相同的实体；I_1，I_2 是 C_1，C_2 中的数据项，且 I_1 与 I_2 表示相同的实体特征。

a. 语义关系冲突及解决策略

描述：设 C_1'，C_2' 是成员模式 S_1，S_2 中的类，且 C'_1 与 C'_2 有相同的实体信息集。若 C_1 是 C'_1 的子类但 C_2 不是 C_2' 的子类（或相反），则 $\langle C_1, C_1', 1\rangle$，$\langle C_2, C_2', 1\rangle$ 间有继承关系冲突。

解决策略：删除 C_1 与 C_1' 之间的继承关系，或建立 C_2 与 C_2' 之间的继承关系。

b. 数据语义冲突及解决策略

量纲冲突：若 I_1 与 I_2 量纲不同，则 $C_1.I_1$ 和 $C_2.I_2$ 间有量纲冲突。其解决策略是，将发生量纲冲突的数据项在全局范围内定义为适当的量纲。

精度冲突：若 I_1 与 I_2 精度不同，则对象 $C_1.I_1$ 和 $C_2.I_2$ 间有精度冲突。其解决策略是，在需求检验中将发生精度冲突的数据项定义为最高精度。

c. 数据冲突及解决策略

不兼容数据冲突：若 $O_1.I_1$ 和 $O_2.I_2$ 具有含义不同的值，则对象 $O_1.I_1$ 和 $O_2.I_2$ 间有不兼容数据冲突。不兼容数据冲突一般是由对知识库中的知识和信息实体的不一致维护造成的。很难找出一个完美的解决办法。一种方法是将最近修改的信息值作为冲突的信息实体的值。

数据表示冲突：若 $O_1.I_1$ 和 $O_2.I_2$ 具有含义相同、但表示符号不同的值，则 $O_1.I_1$ 和 $O_2.I_2$ 间有数据表示冲突。其解决策略是，依据领域知识本体，使用领域知识使同类信息实体的多种表达在领域应用范围内统一。

3 小 结

为了充分发挥各个应用领域的业务服务功能，及时、准确、有效地理解用户的需求信息，本文对面向特定领域的需求获取与分析技术进行研究，设计并构建了面向旅游领域的需求本体，为用户需求信息的描述提供语义支持，实现旅游需求领域知识和信息的集成和共享；使用需求期望目标吸引力模式、需求信息归并处理机制以及建立需求信息冲突检验及处理策略，分别用于用户需求的表达获取、分析归并和检验生成，完成用户需求信息的处理，生成需求描述文档，提交给后续处理模块生成业务规划。整个技术机制协同工作，体现了模块化、可扩展性、可重用性、可移植性，以及语义级的互操作性等特点，保证了用户需求信息的多元获取、深层分析和有机集成，从而有效支持业务规划的自动生成，为面向特定领域的需求获取与分析机制的实施，提供了理论上的支持和方法上的指导。

目前，对于需求本体的构建，只是根据领域知识和信息，借助于本体开发工具，采用人工方式进行。在实际应用的过程中，则需要领域专家的技术支持，建立相关信息与结构模式，并进一步规范这一过程。对于领域需求处理机制，则应在兼顾稳定性与扩展性的同时，降低信息在各个层面间传递的跨边界成本，提高执行效率。同时，对于归并方法及冲突解决策略的分析还需要在以后的研究工作中进一步完善和提高。

参考文献

[1] Casati Fabio, Ilnicki Ski, Jin LiJie. Adaptive and dynamic service composition in eFlow [A] //In Proceedings of 12th International Conference on Advanced Information Systems Engineering. London: Springer Verlag, 2001.

[2] Casati Fabio, Sayal Mehmet, Shan Ming-Chien. Developing e-services for composing e-services [A] //In Proceedings of 13th Int. Conference on Advanced Information Systems Engineering. London: Springer Verlag, 2001.

[3] Wu D, Parsia B, Sirin E, et al. Automating DAML-S web services composition using SHOP2 [A] //In Proceedings of 2nd International Semantic Web Conference. Sanibel Island, Florida, 2003.

[4] Neches R, Fikes R E, Gruber T R, et al. Enabling Technology for Knowledge Sharing [J]. AI Magazine, 1991, 12 (3): 36-56.

[5] OTA (Open Travel Alliance) [EB/OL]. http: //www.opentravel.org, 2009.

[6] Mondeca [EB/OL]. http: //www.mondeca.com, 2009.

[7] E-tourism [EB/OL]. http: //deri.at/research/ projects/e-tourism, 2009.

[8] AAMAS 2003 Workshop on Ontologies in Agent Systems [EB/OL]. http: //oas.otago.ac.nz/OAS2003/, 2009.

[9] 田里．旅游经济学 [M]. 北京：科学出版社，2004.

[10] 钟海生，郭英之．中国旅游市场需求与开发 [M].

广州：广东旅游出版社，2001.

[11] Proégé 3.1.1 [EB/OL]. http://protege.stanford.edu, 2009.

[12] Protégé OWL Plugin User's Guide [EB/OL]. http://protege.stanford.edu/plugins/owl, 2009.

[13] Moweu John C. Consumer Behavior [M]. New York: Macmillan Publishing Company, 1990.

[14] 石祥滨，张斌，于戈等．基于模式集成语义的查询处理 [J]. 软件学报，1998，9 (5)：321-326.

[15] 张斌，王国仁，郑怀远．面向对象的多数据库系统中冲突的分类及解决策略 [J]. 计算机研究与发展．1997，34 (S1)：300-304.

Research on Ontology-based Requirement Information Analysis Technology

WANG Xiaoyan[1], SU Zhaofeng[1], LIU Xiaolei[2]

(1. School of Computer Science and Technology, Ludong University, Yantai 264025, China;

2. School of Health Management, Binzhou Medical University, Yantai 264003, China)

Abstract: In this paper, a new mechanism for requirement acquisition and analysis in the specific domain is proposed: use the semantic support of domain requirement ontology to realize the information integration and share in the request industry; adopt requirement object attractiveness model to quantify user expectation; realize the structure and semantic integration using information merger method; assist with the conflict checkout policies to ensure the processing result consistent on both semantic and data integrity in a good condition to have the process accomplished.

Key words: ontology; requirement analysis; OWL

网络信息系统设计人员人因失误及其影响因素分析*

王以群[1]，张延芝[1]

（1. 南华大学 信息管理研究中心，湖南衡阳市 421001）

摘　要：以 NIS（网络信息系统）设计人员为研究对象，应用 CREAM 的思想，将 NIS 设计人员人因失误划分为偏离、疏忽、错误、违反四种类型；追溯分析 NIS 设计人员人因失误因素，得到其后果—前因追溯表。然后，利用该表，辨识导致 NIS 设计人员人因失误四种类型的影响因素。

关键词：网络信息系统；设计人员；人因失误；失误因素

中图分类号：G203，TP393

网络信息系统（NIS）的安全问题已成为全世界共认的最复杂、最重要与最紧迫的问题，而在该系统中的设计人员贯穿于网络信息系统的整个过程，Forrester 公司高级分析师 Khalid Kark 说[1]，“我认为，大部分网站都是可被攻破的。问题的症结在于设计师们在建站的时候没有考虑过安全问题。”安全专家 Cesar Cerrudo 也发现，微软于 2005 年 4 月 12 日发布的 MS05-018 补丁原为修复一个客户/服务器运行时拒绝服务的缺陷，但经过实验，这一补丁并未完全起作用。安全顾问 Dana Epp 在对微软安全性能的评估中指出[2]，以微软最新的安全设计为例，最近的一系列补丁问题暴露出整个过程的不完美，表明信息系统设计人员依然是安全体系中最薄弱环节之一，毕竟人是容易出错的。可见，设计人员的人因失误对 NIS 安全起着主导性作用，那么，NIS 设计人员的失误类型是什么？又如何辨识 NIS 设计人员的失误因素？这将是 NIS 设计人员人因失误行为预测方法的基础。为此，本文在已有的网络信息安全人因失误行为研究的基础上[3][4][5]，根据 Hollnagel 等人提出的 CREAM 方法，分析 NIS 设计人员人因失误类型及其原因，为构建 NIS 设计人员人因失误纵深防御模型打下基础。

1　NIS 设计人员失误类型

根据 NIS 设计人员认知行为模型、认知功能和认知功能失误，将 NIS 设计人员的失误划分为偏离、疏忽、错误、违反四种类型，具体解释见表 1。

表 1　　NIS 设计人员失误类型及解释

失误类型	解　释
偏离	所设计的程序不充分或不准确，精度损失，子程序、模块不匹配，误解释，不满足用户需求，等等。
疏忽	丧失注意力，忽视应有的信息，遗忘情况或步骤，忽略了极限条件，遗漏条件测试，等等。
错误	数据初始化不正确，数据引入越界，不正确的循环，逻辑错误，变量类型不正确，冲突、冗余、混淆的程序，等等。
违反	违反组织规定或计划，违反有关规程原则，如数据库中禁用约束和触发器；不提倡使用 retrun 语句终止循环，不提倡使用 exit（0）退出程序，等等。

2　NIS 设计人员人因失误因素

基于认知可靠性的失误分析方法典型的代表是 CREAM 分析方法（Cognitive Reliability and Error Analysis Method）[6]。它是由 Hollnagel 等人 1998 年提出的，是第 2 代 HRA 中的一种代表性方法。

* 通讯作者：王以群，E-mail：w-yiqun@ tom. com

CREAM 将人因失效事件可观察到的外在表现形式称为“失误模式”，分为 8 类，包括时间（太早、太晚、遗漏）、历程（太长、太短）、力量（太大、太小）、速度（太快、太慢）、方向（错误方向）、距离（太远、太近）、序列（颠倒、重复、错误动作、插入）和目标（错误目标）。根据 CREAM 方法，参照 MTO 框架，认为个体、组织、技术和环境是导致 NIS 设计人员失误的四个主要因素，其中：

①个体因素包含个体感知（A）、预测与决策（B）、选择（C）、个体临时功能（D）、人的永久功能（E）；

②技术因素包含硬件设备（F）、技术规则方法（G）；

③组织因素包含组织管理（H）、组织交流（I）、培训（J）、组织文化（K）；

④环境因素包含工作环境（L）、社会环境（M）。

图 1 直观地反映了这四个主要因素对 NIS 设计人员失误类型及 NIS 失效的影响。

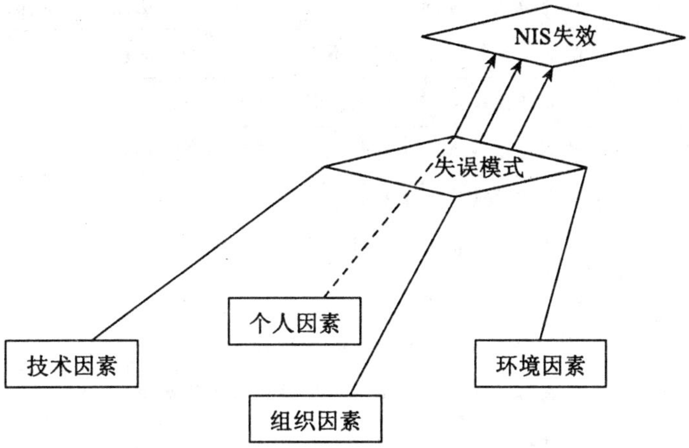

图 1　主要因素对 NIS 失效的影响

3　NIS 设计人员人因失误因素追溯分析

CREAM 追溯分析的基本思想是以失效类型为起点，首先分析失效类型可能的一般前因和具体前因，得到“失效类型前因”表，然后在该表中，选定某个前因作为后果，继续分析寻找可能的前因，如此下去，直到找到根原因。因此，针对 NIS 设计中的人因失误因素，采取追溯分析法，其流程如图 2 所示。它是以 NIS 失效为起点，寻求网络信息安全设计人员人因失误原因，并将上述四个主要因素称为“前因”，分成若干个前因，如“与人有关的前因”、“与技术有关的前因”和“与组织有关的前因”三大类，每一类又细分为若干前因。表 2 描述了这些前因及其具体解释。对于其中的某一前因，将其作为后果，又追溯其前因，从而得到一个后果-前因表（如表 3），反复依次追溯分析，至到最后前因就是该人因失误事件一个可能的根原因。例如，表 2 中的前因“设计认识错误 A1”，作为后果，追溯到可能的前因为 B1、B2、D2、E1、H1、I1、K1，见表 3。然后，再以 B1 或其他任何一个用作后果，持续追溯直到找到“设计认识错误 A1”的根原因。

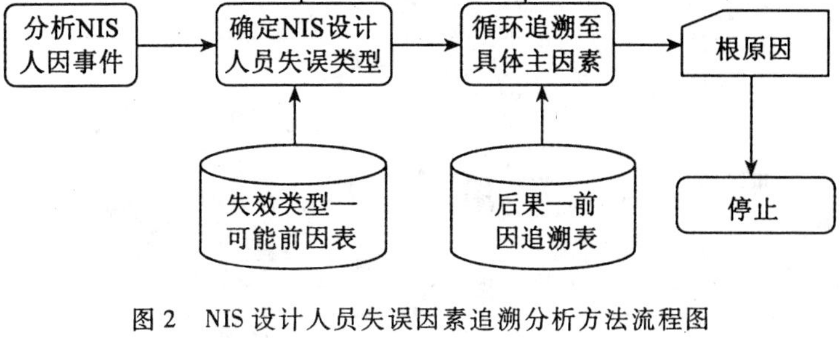

图 2　NIS 设计人员失误因素追溯分析方法流程图

4 NIS设计人员失误类型与失误因素辨识

据表2和表3，辨识导致表1中NIS设计人员失误四种类型的影响因素，得到表4。

表2 前因类别表

代码	前　因	解　释
A1	认识错误	不能正确地识别原有的NIS功能和数据流程
A2	认识疏忽	没有收到充足的信息，没有完全掌握用户对NIS的要求
A3	理解偏差	对事物做出不合理的认识，没有完成用户对NIS的功能需求
B1	错误的诊断	对环境或系统的诊断错误、对已有的NIS功能或数据作出不完整的诊断
B2	错误的推理	归纳、推导错误，或用不合理的规则和方法推导
B3	错误的决策	未能作出决策或作出的决策片面或不正确、采用的设计方案错误，不合适
B4	不正确的预测	预测错误或不完全的预测，所预测的时间不准确
C1	不适当的计划	计划错误或计划不充分
C2	计划目标错误	所计划目标错误导致计划失效
D1	记忆错误	短期遗忘，不正确或不充分的回忆
D2	分心	任务中断或推动目标，导致没有达到指定目标
D3	无工作激情	由自身或社会、环境因素导致没有工作激情
D4	不良身体状况	生病或疲劳
E1	功能性缺陷	生理缺陷，如口齿不清
E2	认知偏好	偏好某种方式方法或者专注于特定事物或事物的特定方面，如信息收集受到现有假设的影响
E3	性格缺陷	对现实比较稳定的态度和与之相适应的习惯行为方式，如走捷径、爱冒险、主观性强等
F1	硬件失效	所购置的硬件不满足系统设计的需要，或者硬件本身存在缺陷
F2	网络失效	网络连接错误或不能满足系统安全性、可靠性的要求
G1	不适当的操作规则与方法	某些规则、方法存在固有缺陷或过多的限制条件
H1	不完善的任务分配	任务时间不合理、任务量过多、任务间有冲突、责任不明确
H2	不完善的质量控制	出现不符合计划或要求的问题无法反馈给组织，所以也不能及时控制，没有有效的奖罚机制
H3	部门间配合失效	部门之间不能有效配合，出现很多系统设计障碍
I1	错过信息	信息提供不正确或不完整，信息结构或形式不统一
I2	交流失误	信息交互过程中无效的沟通，信息传递过程中人员的误解释或因通迅干扰而未收到信息
J1	技能培训不足	不能有效地完成所分配的任务
J2	知识培训不足	缺乏相关知识和经验，出现新情况不知如何应对或者作出错误的决策
J3	培训的频度和持续时间不合要求	不了解新的信息系统设计技术、没有完全掌握所需技能和知识
J4	培训的目标设置不合适	无法检测培训是否有效

续表

代码	前　　因	解　　释
K1	班组成员合作无效	设计人员之间不能进行有效配合，合作效率不高或质量低下
K2	工作风气不良	设计人员没有以最佳状态投入到工作中，表现为敷衍了事、不负责任、没有创造性和创新思维
K3	管理教育失效	管理不到位，没有形成潜在的安全文化
L1	不良的工作环境	温度、湿度、照明、颜色噪音等不满足人类工效学的要求
L2	不当的工作地点	采访、与用户交流应选择被访对象喜好的地点，否则会影响工作效果
M1	社会环境	家庭问题、社会压力和外部活动直接或间接影响设计人员的行为
M2	法律环境	所设计的系统是否符合法律规范和现有的信息系统安全标准

表 3　**后果—前因追溯表**

代码	后　　果	一般前因	具体前因
A1	认识错误	B1、B2、D2、E1、H1、I1、K1	信息提供格式不统一、信息过多
A3	理解偏差	A2、B2、B4、D1、E2、I2、J2、L2	信息量过大、不规范
B1	错误的诊断	A3、D1、E2、G1、J1	重复的信息、新的需求过多
B2	错误的推理	A3、D2、E2、E3	错误分析、过度概括、模型错误
B3	错误的决策	A1、A3、D2、D4、E3、M1	缺乏知识、模型错误、工作超载
B4	不正确的预测	B1、B2、D3、E3	过度乐观或悲观、时机不对
C1	不适当的计划	B4、C2、D1、D2、H2、J2	目标错误、计划不全面、不适当的培训
D1	记忆错误	D2、D4、H1、K2	生理疲劳、心理压力大
D3	无工作激情	H1、K2、M1	工作风气、对组织的满意度
D4	不良的身体状况	H1、L1	工作环境、身体素质
E2	认知偏好	E3、J1	走捷径、偏好某种方式方法
F1	硬件失效	B3、C1、C2	硬件自身要求或不符合要求
F2	网络失效	C1、C2、K3	网络故障或不符合要求
G1	不适当的规则、方法	J4	不符合具体要求
H1	不完善的任务分配	C1、I2、K1、K2	责任不明、任务时间不合理、任务量过多
H2	不完善的质量控制	H1、K1、K3	缺乏相应的规章、计划不合理
H3	部门间配合失效	H1、I2、L2	部门间没有配合或配合不积极
I1	错过信息	A1、H3、J1	分心，信息过多且格式混乱
I2	交流失误	A3、B2、D1、D2、L1、L2	暂时能力不足、表述不准确
J1	技能培训不足	E2、J3、J4	培训不足，安排不到位
J2	知识培训不足	E3、J3	培训不足，安排不到位
K1	班组成员合作失效	K2、K3	管理不到位、薪酬机制不健全

从表 4 可以看出一个 NIS 设计人员失效类型可能由多个原因因素引起，一个原因因素也可能产生多种失效类型[7]。这充分说明了 NIS 设计人员失误因素追溯分析，寻求根本原因的必要。导致同一失误类型的多种原因因素之间的关系、重要度不是本文研究的范围，可参见相关文献[8]。

表 4　　NIS 设计人员失误类型—可能前因表

失误类型	可能前因
偏离	A1、A2、A3、B1、B2、B3、C1、D1、D3、E1、F1、F2、H1、I1、J3、J4、K1、L1、L2、M1、M2
疏忽	A1、A3、B1、B2、C2、D1、D2、D4、H1、H2、I1、J2、K1、K2、L1、L2、M1、M2
错误	A1、A2、B1、B2、B3、B4、C2、D2、F1、F2、J1、J2、J3、J4、L1、L2、M1、M2
违反	B1、B4、D2、H1、H2、H3、I2、K2、K3、M1、M2

5 结　语

为了使得信息系统设计更加安全，本文基于 CREAM 的追溯分析方法，从个人、技术、组织、环境四个主要因素分析了 NIS 设计人员人因失误因素，并对 NIS 设计人员失误四种类型进行因素辨识。以此为基础，还需要将 NIS 设计人员的人因失误影响因素的辨识与概率安全评价相结合，得出更加系统和完善的 NIS 安全评价体系。再者，通过对 NIS 设计人员失误影响因素辨识，确立减少 NIS 设计人员失误的共同绩效条件及其纵深体系，有待于进一步深入系统地研究，从而为预防与减少 NIS 设计人员失误提供一种理论基础。

参 考 文 献

[1] 网络安全：网站被黑的 10 大原因 [EB/OL]. [2009-2-20]. http://network.chinabyte.com/145/8721645.shtml.

[2] 微软失误致安全补丁无效发布机制被指漏洞百出 [EB/OL]. [2005-11-16]. http://digi.it.sohu.com/20051103/n240651530.shtm.

[3] 王以群，张力，李鹏程．一种网络信息安全分析视角——人因失误分析 [J]. 图书情报工作．2007，51(2)：79-82.

[4] 王以群，李鹏程，张力．网络信息安全中的人因失误分析 [J]. 情报科学，2007.25 (11)：1706-1710.

[5] 张延芝，王以群，李军舰．网络信息安全人因误类型分析 [J]. 情报杂志．2008，6：112-113.

[6] Hollnagel E, Marsden P. Further Development of the Phenotype-Genotype Classification Scheme for the Analysis of Human Erroneous Actions [M]. European Commission JRC-ISIS, Varase, Italy, 1996.

[7] 李鹏程，王以群，张力．人误模式与原因因素分析 [J]. 工业工程与管理，2006，(1)：94-98.

[8] 李鹏程，王以群，张力．人误原因因素灰色关联分析 [J]. 系统工程理论与实践，2006，26 (3)：131-134.

The Analysis of Human Error and the Causing Factors for Network Information System Designers

WANG Yiqun[1], ZHANG Yanzhi[1]

(1. Center for research in Information Management, University of South China, Hengyang, 421001 China)

Abstract: Based on the CREAM theory, human errors of designer in network information system (NIS) is classified into four types of slips, lapses, mistakes and disobeys in this paper. Then, the authors analyze the causing factors of designer human errors in NIS by backward method, and gain the list of consequence-causes trace. Finally, the causes matching the four types of human errors are identified using the list.

Keywords: network information system; designer; human errors; causing factors

供应链复杂适应系统的协同优化研究*

查先进[1]，陈明红[1]

（1. 武汉大学 信息资源研究中心，武汉 430072）

摘　要： 本文以复杂适应系统理论为指导，首先通过理论研究和系统思考，指出供应链系统是复杂适应系统，进而分析其复杂适应特征，提出供应链复杂适应系统的概念模型，探求适应性协同的最优策略。在最优策略下，供应链复杂适应系统的适应性协同保证供应链信息能被透明、实时、高效率地传递和利用，从而减少“牛鞭效应”并消除“信息孤岛”。

关键词： 复杂适应系统；供应链复杂适应系统；信息系统协同

中图分类号： G203

1 引　言

供应链管理是21世纪企业适应全球竞争的一种有效途径，对企业在全球经济环境下的生存和发展具有重要意义。供应链管理通过对供应链上的供应商、制造商、分销商、零售商直至最终用户的物流、资金流和信息流进行计划、组织、指挥、协调和控制，从而实现供应链价值增值。众多跨国企业如IBM、HP、Motorola、Apple、Dell、Wal-Mart等供应链运作与管理实践表明，供应链管理的效益基于各成员之间的协调，而协调的基础又依赖于信息共享，其关键在于要有相应的信息系统支持[1]。这就要求供应链系统能够实时地与各条链上的合作企业进行信息共享、信息交互以及有效利用共享信息的同时，也能避免信息资源的冲突，根据整条链上的信息快速调整采购计划、生产计划、销售计划等。具体而言，供应链系统应具备信息透明化、信息交互、信息跟踪、信息同步化以及信息规范化的功能。

然而，在供应链运作实践的过程中，企业本身拥有一套完整的面向生产制造完全流程的系统，包括计划、采购、生产、质量等流程的信息系统，但企业外部缺少上游供应商和下游客户管理的协同，缺乏供应商管理和客户关系管理就不能有效地与供应商沟通，进而降低了供应链对市场的快速响应能力，最终导致信息延迟、信息失真、信息孤岛、信息风险等问题十分普遍。可见，一旦缺乏供应链信息流的协同管理，供应链整体运作效率将会极其低下。

本文从复杂科学的视角出发，将整个供应链系统视为复杂适应系统（Complex Adaptive System，简称CAS），提出供应链复杂适应系统并剖析其复杂结构，分析该系统中适应性主体通过自学习、自组织实现系统协同优化的过程并探讨其最优策略。

2 供应链复杂适应系统及其协同

2.1 供应链复杂适应系统

根据CAS理论，复杂适应系统是一类具有代表性的复杂系统，是由用规则描述的、相互作用的智能体组成的系统[2]。在复杂适应系统中，系统成员称为主体，所有主体处于一个共同的大环境中，各主体具有自己的利益和目标，为了能更好地适应环境，它们会不断地调整行为和修改规则，并行地、独立地进行适应性的协同和演化。同时，这些适应性主体的各种行为又不断地影响和改变着环境，而动态变化的环境则以一种“约束”的形式对主体行为产生影响，如此反复，主体和环境处于永不停止的相互适应和协同状态。那么，系统内部及其与环境之间的适应性协同使得整个系统产生演化，包括新系统的产生、分化和多样性的涌现或新主体的出现等。

供应链组织实质上是一种虚拟组织，对应的供

* 基金项目：教育部“新世纪优秀人才支持计划”项目（NCET-06-0624）；教育部人文社会科学重点研究基地重大项目（06JJD870007）。

查先进（1967—），男，教授、博士生导师，主要研究方向：信息经济、信息资源管理、信息分析与竞争情报。E-mail：xianjinzha@163.com。陈明红（1983—），女，博士研究生，主要研究方向：信息资源配置与管理。E-mail：chenmh629@yahoo.com.cn

应链网络实属复杂适应系统[3]，被称为供应链复杂适应系统。供应链复杂适应系统是节点企业通过自觉的复杂选择而达成的并随外部环境及内部成员之间协调程度而动态变化的系统在当前位置上的一个“定格”[4]，系统及其演化过程呈现出聚集、流、非线性、积木机制、标识、多样性和内部模型共7种特性和机制[5]，供应链复杂适应系统的层次结构如图1所示。

供应链复杂适应系统分为三个层次，主体对应着整个系统的最底层即企业业务流程，业务流程的集成与协同构成企业信息系统（Enterprise Information System，简称EIS），而各企业信息系统通过分化、整合、协同演化而成供应链复杂适应系统。主体、系统及外部环境之间的信息共享、信息转移和信息创造等复杂性信息行为决定了供应链复杂适应系统的形成、发展、成熟、灭亡轨迹及其演化速度。总体而言，供应链复杂适应系统的动态演变过程中呈现出以下特征：

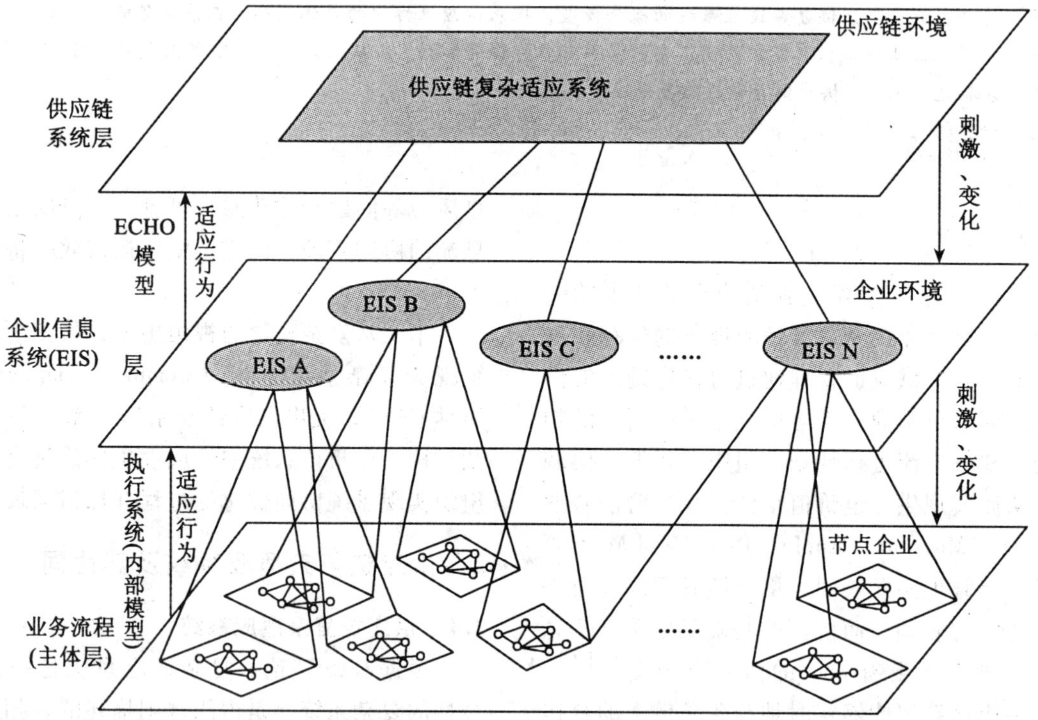

图1 供应链复杂适应系统的层次结构

第一，供应链复杂适应系统由信息、企业业务流程、企业信息系统等要素以一定方式，按一定结构组成的多级递阶系统。该系统要素多，彼此间关系复杂，整个系统处于持续的不断变化中，表现出系统的整体性[6]，即整个系统并不是系统要素形成单元的简单累加，各单元行为最优并不能保证系统整体行为最优。

第二，供应链复杂适应系统各组成要素是非线性关系，系统在与外部环境的信息交流中获得负熵流，使得各主体根据其执行系统（又称内部模型），利用正反馈机制实现系统的自组织和协同演化[7]，供应链复杂适应系统呈现出一种非平衡的有序结构。

第三，供应链复杂适应系统中的企业业务流程、企业信息系统都是系统的主体，具有适应性，能够根据企业和供应链环境的变化而不断学习和改变，系统按照“适者生存”的原则，自主选择最适合的主体，从而实现供应链复杂适应系统的协同优化。

第四，当主体、系统和环境之间存在不协调、不一致时，主体为了生存并获得最大利益，与其他主体合作实现系统协同优化的同时，系统也将按照其ECHO模型发生分叉和突变，涌现出新的、原有系统不具备的、更高层次的系统特征，以改变系统的结构和性能，实现与外部环境的协调演化，使得供应链复杂适应系统的演化和发展具有多样性。

2.2 供应链复杂适应系统协同

供应链系统包含的信息系统数量众多、类型繁杂，从功能型信息系统到综合型信息系统以及集成智能型信息系统[8]，其应用范围相距甚远。目前，信息系统大多是针对企业而建立的，各信息系统相对孤立、互操作性差，跨企业的流程管理效率较低，在快速响应市场变化和满足客户需求方面缺乏优势[9]。而供应链复杂适应系统的协同是主体根据系统其他主体以及环境的变化而采取适应性的协同行为，因此其协同是一种适应性协同。各主体在相互间的竞争和合作的博弈行为中不断改变自身的适应性策略，调整系统自组织演化的内部涨落力，能够实现系统的协同优化。具体而言，供应链复杂适应系统协同能促进供应链企业和多条供应链的协调、同步运作，有利于实现多条供应链的信息共享、资源共享和利益共享，进而缩短供应链响应时间、降低总成本，以使这些供应链高效、有序地运作。

3 供应链复杂适应系统的协同层次

供应链复杂适应系统协同主要是指多条供应链上企业信息系统独立的同时，合理让出部分信息资源与其他成员共享、交互，实现信息转移与信息创造；不仅在企业内实现信息协同，更主要的是实现跨企业的信息协同，目的是从战略合作角度，实现物流、资金流、信息流在多条链上高效流动，发挥出强大的整体竞争优势。供应链复杂适应系统协同包括企业内部业务流程的协同、企业间信息系统的协同以及信息系统与环境间的协同。

3.1 企业业务流程协同

企业内部信息系统的协同是供应链复杂适应系统协同的基础。如果一个企业内部管理十分混乱，就很难找到其他的合作伙伴。企业业务流程协同必须具备的技术条件是企业内部信息系统之间的整合，即使用同一个数据平台，实现企业信息系统之间无缝连接，结束以往企业内部信息系统混乱、难以交流的局面。

3.2 企业信息系统协同

企业信息系统协同是企业协同的信息化表现形式，企业信息系统之间的关系就是供应链企业协作关系在信息网络上的体现。与上一层次不同，系统不再是由一个主体和众多客体组成，各信息系统关系也不再是集中控制与反馈关系，而供应链上各企业信息系统是由松耦合的主体组成，各系统之间是共享与合作关系，每个系统都可视为系统主体，具有一定的协商和控制能力，可根据任务需求交互形成优化协同方案并形成灵活的协作关系。同时，多主体之间的并发性造就了系统的非线性，使得系统之间除了合作、共享以外还存在竞争和冲突关系，所有这些关系最终都是为了完成任务并获得最大效益[10]。

3.3 供应链复杂适应系统协同

供应链复杂适应系统协同是指整个信息系统与环境间的协同。供应链复杂适应系统通过与环境间的信息交换促使系统状态和行为从无序向有序演化，因此，系统与环境的相互作用是供应链复杂适应系统协同的重要内容。系统与环境的关系包括两个方面的内容：一是系统与供应链内部环境之间的关系，由系统之间通过协同产生，并随着协同的进行而演化发展；二是系统与供应链外部环境之间的关系，它是协同的基点也是手段。没有系统与外界的信息交换，供应链复杂适应系统就变成一个封闭系统，没有了动态处理的内容，协同也没有了依据。系统与外界环境的关系体现为环境感知——信息处理——信息输出反作用于环境这三个环节，此过程不断重复循环，使系统与环境始终处于一个临界的平衡状态。

4 供应链复杂适应系统的适应性协同

4.1 供应链复杂适应系统的数学描述

企业业务流程：在供应链复杂适应系统中，业务流程是系统的主体 Agent，表示为 $A=(a_t^A, s_t)$，其中 a_t^A 为时刻 t 主体 A 的属性，s_t 是时刻 t 主体 A 的策略集，$s_t=\{s_1, s_2, \cdots, s_m\}$。

企业信息系统：企业信息系统是若干业务流程 A_i 的集合，可表示为 $P=\{a_t^P, A_i, S_t^P\}$，其中 a_t^P 为 t 时刻企业信息系统 P 的属性，S_t^P 为时刻 t 企业信息系统 P 的状态空间，A_i 为 P 中包含的业务流程主体($i=1,2,\cdots,k_i$)，那么企业信息系统 P 的联合策略空间为 $S_t^P=(s_{t,1}\times s_{t,2}\times\cdots\times s_{t,k_i})$。

供应链复杂适应系统：一个系统由若干个企业信息系统 P_i 组成，系统处于一定的环境 E 之中，对于供应链复杂适应系统而言，企业信息系统 P 和环境 E 都在动态变化，若考虑时间因素，则供应链复杂适应系统可表示为一个三元组：$\tilde{S}_t=\langle P_t, E_t, S_t^S\rangle$。其中，$P_t=\{P_{t,1}, P_{t,2}, \cdots, P_{t,N}\}, t=0,1,2,\cdots$，$S_t^S=\{S_t^{P_1}, S_t^{P_2}, \cdots, S_t^{P_N}\}$

4.2 适应性协同的概念模型

对于供应链复杂适应系统的适应协同既包含了企业内部的“生存竞争”，也包含了企业间的协同进化，还包括来自供应链环境的“选择压力”等影响。

供应链复杂适应系统适应性协同优化过程如图2所示，其中 P_i 表示第 i 个企业信息系统，P_{-i} 表示除 i 外的其他企业信息系统。

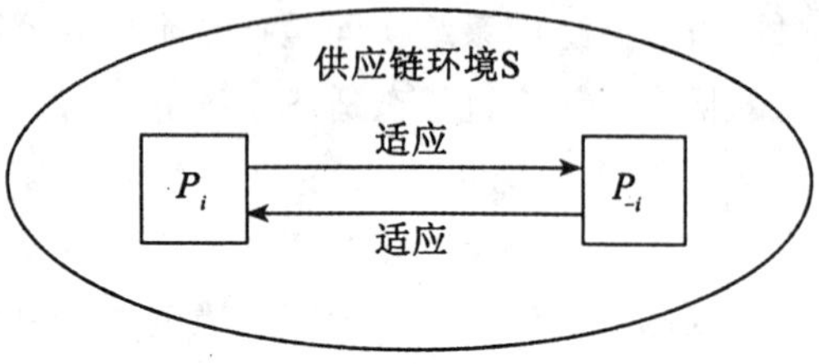

图2 供应链复杂适应系统协同的概念模型

4.3 适应性协同的优化策略

企业信息系统 P_i 中主体即业务流程的适应度受其他业务流程、企业以及环境的影响，那么业务流程 k 在 t 时刻的适应函数表示为：

$$u_t(i,k)=f(S_{t,i}^{P}g(s_{t,k},s_{t,-k}),S_{t,-i}^{P},E_t)$$

其中，$i=1,2,\cdots,N$，$S_{t,i}^{P}$ 表示 t 时刻企业信息系统 i 的协同策略，$S_{t,-i}^{P}$ 表示 t 时刻除 i 外的其他企业信息系统的协同策略。

供应链复杂适应系统协同具有周期性，所有周期对应的适应函数构成了函数集合 $U(T)$，表示供应链复杂适应系统在整个协同过程中的适应性测度，即 $u_t(i,k)\in U(T)$，那么，$U(T)$ 可表达为：

$$U(T)=\sum_{t=1}^{T}u_t(i,k)=\sum_{t=1}^{T}f(S_{t,i}^{P}g(s_{t,k},s_{t,-k}),S_{t,-i}^{P},E_t)$$

显然，系统的协同过程与业务流程策略集 $s_t=\{s_1,s_2,\cdots,s_m\}$、企业信息系统的策略集 $S_t^P=(s_{t,1}\times s_{t,2}\times\cdots\times s_{t,k_i})$ 紧密相关，在适应策略 s_t 和 S_t^P 的作用下，供应链复杂适应系统协同过程的适应性测度可表示为：$U(T,s_t,S_t^P,E_t)$。而供应链复杂适应系统协同的最终目标就是要实现供应链信息资源的合理配置，以提高信息资源的利用效率，提高供应链运行绩效，设为：$U^*(T)=\max\{U(T,s_t,S_t^P,E_t)\}$。

若系统的协同策略 $U(T,s_t,S_t^P,E_t)$ 要成为最佳策略，则需满足以下条件：

$$\lim_{T\to\infty}[U(T,s_t,S_t^P,E_t)/U^*(T)]=1$$

当每个业务流程都是最优的协同策略时，整个供应链复杂适应系统协同效果达到最优。

5 结语

本文从CAS理论视角出发，分析了供应链系统的复杂适应特征，提出了供应链复杂适应系统的理论模型，指出供应链复杂适应系统协同分为业务流程协同、企业信息系统协同和供应链复杂适应系统协同三个层面，构建了供应链复杂适应系统协同的概念模型，探讨了适应性协同的优化策略。将CAS理论和方法引入供应链复杂适应系统协同研究中，不仅拓展了传统的信息交流、信息传递、信息共享、信息经济等信息管理理论和方法体系，同时也丰富了供应链管理理论，在供应链协同管理研究方面具有一定的开拓意义。然而，本文研究只是理论探讨，其中的理论模型还需进一步模拟和验证，今后需进一步深入研究。

参考文献

[1] 韩明星，凌鸣．面向供应链管理的企业信息系统集成构架［J］．物流技术，2003（7）：40-42.

[2] Holland J. Complex adaptive system [M]. Addison-Wesley, 1995.

[3] Thomas Y. Choi, Kevin J. Dooley, Manus Rungtusanatham. Supply Networks and Complex Adaptive Systems: Control Versus Emergence [J]. Journal of Operations Management, 2001 (19): 351-366.

[4] Li G, Ji P, Sun LY, et al. Modeling and Simulation of Supply Network Evolution Based on Complex Adaptive System and Fitness Landscape [J]. Computers &Industrial Engineering. 2009, 56 (3): 839-853.

[5] Dirk Helbing. Information and Material Flows in Complex Networks [J]. Physica A, 2006, 363 (1): xi-xvi.

[6] Hülsmann M, and Grapp J. Autonomous Cooperation in International-supply-networks-the Need for a Shift from Centralized Planning to Decentralized Decision Making in Logistic Processes [C]. Proceedings of the 10th International Symposium on Logistics. Loughborough, UK, 2005: 243-249.

[7] Caforio A, Corallo A, Elia G, et al. Service Customization Supporting an Adaptive Information system [J]. Knowledge-based Intelligent Information and Engineering Systems, 2004, 32 (15): 342-349.

[8] 俞文锦，赖志标，刘凯．供应链信息系统应用：过去、现在和未来［J］．物流技术，2006（3）：154-157.

[9] Sajadifar S M, Haji R. Optimal Solution for a Two-level Inventory System with Information Exchange Leading to a More Computationally Efficient Search [J]. Applied Mathematics and Computation, 2007, 189 (2): 1341-1349.

[10] 杨军，李中学，胡礼兵．物流信息系统协同研究［J］．探讨与研究，2009（2）：114-115.

Research on the Collaboration and Optimization in Complex Adaptive System of Supply Chain

ZHA Xianjin[1], CHEN Minghong[1]

(1. Center for Studies of Information Resources, Wuhan University, Wuhan 430072, China)

Abstract: Based on Complex Adaptive System (CAS) theory, this paper firstly pointed out that a supply chain system is a complex adaptive system and analyzed its characteristics of complex adaptability through theoretical research and systems thinking. And then the conceptual model of complex adaptive system of supply chain was proposed in order to explore the optimal strategy in the process of adaptive collaboration. This Study showed that the complex adaptive system under the optimal strategy ensured that information of supply chain could be delivered and used transparently, real-time and efficiently, thereby the bullwhip effect is reduced and the islands of information are eliminated efficiently.

Keywords: complex adaptive system; complex adaptive system of supply chain; the collaboration of information system

基于活动文档的知识整合与扩散系统研究*

夏火松[1]，陆文娟[1]，王倩倩[1]

（1. 武汉科技学院 经济管理学院，武汉 430073）

摘　要：企业文档知识表现形式各异，如何有效地从多个维度整合和扩散文档知识使不同的用户准确获取知识，成为文档知识管理的一个重点和难点。活动文档将文档作为可细分的实体，由文档结构、行为和内容三个部分组成，为多维整合和扩散提供了多维管理视角。这篇论文在设计活动文档知识本体模型的基础上，构建了基于活动文档的知识整合与扩散的系统框架，并实现了原型系统，为企业文档知识从文档结构、内容和行为三个维度层次得到重用提供了新思路。

关键词：活动文档；知识整合与扩散；本体建模

中图分类号：F270.7

随着信息时代的到来和互联网的日益普及，电子文档式的企业业务数据急剧增加，面对如此膨胀的文档资源，人们无法准确地发现或应用现有的文档知识。充分利用文档资源实现有效的知识整合与扩散逐渐成为人们关注的焦点。而现有文档管理与知识管理系统还未完全满足用户对文档知识的服务需求，企业知识表现形式有 PPT 格式、Word 格式、Excel 格式、E-mail 格式等，如何将这些知识从文档内容、结构以及行为层次实现语义整合与扩散，帮助企业员工从现有文档资源中获取知识，成为信息技术领域亟待解决的关键问题。

目前已有一些学者对文档知识获取进行了研究，但这些研究主要从内容层次围绕文档的分类及检索算法或文档内容仓库进行，使企业可以从单一维度中汲取文档内容知识，但很难从文档结构和行为层次维度上获取宏观的文档知识。因此，针对以上不足，这篇论文引入了活动文档思想，在设计活动文档知识本体模型的基础上，构建了基于活动文档的知识整合与扩散的系统框架，并开发出了原型系统，实现了从文档结构、内容和行为方面重用文档型知识。

1　活动文档定义

大量基于互联网的应用和服务都是以文档为中心，促使大量的知识都以文档的形式来传递和保存。国内外对文档知识的研究主要分为以下三个方向：第一个方向将文档作为完整实体，从中抽取内容属性，进而研究它的分类、检索、存储以及在工作流或知识流中的应用等；第二个方向将文档看成是可以细分为不同组成部分（如内容、结构或行为）的实体，提出了活动文档概念，进而从文本挖掘、知识重用进行研究；第三个方向在活动文档的基础上，更注重文档的行为，主要研究文档职能体。

在第二个方向研究中，从软件设计者的角度来看，文档是在一个应用交换中的一种数据结构。根据这个定义，文档必须由两部分组成，首先包含内容为数据、文本、图像和音乐等；此外，任何文档还必须具有个结构，这通常由各种代码来定义，例如 ASCII、标记和格式化信息是文档的元级信息或结构化信息，外部的文档处理实体（例如人或者打印机等）使用这些信息来对文档内容进行索引或理解文档，所以有人将文档定义为[1]：文档 = 内容 + 表示。

文档可以包含元级信息就像一本书中的术语表或者一个 BMP 文件作为描述文档内容的最基本的信息；而 HTML 文档或 XML 文档中的标记则用来定义结构化信息。

诸葛海[2]提出了活动文档框架。他认为活动文档框架是一个自表示、自解释、自执行的文档机制，每一个活动文档包括一系列内置引擎，用于浏览和检索文档，并进行推理。活动文档的内容通过

* 基金项目：国家社会科学基金项目（07BTQ010）；湖北省课题（2007097、2007062、2006028）。
通讯作者：夏火松，E-mail：xiahuosong8@gmail.com

四个方面反映：粒度层次、模板层次、背景知识和类型化的语义链。每一个活动文档有两种类型的粒度：文档和内容。模板层次由文档模板和文档碎片模板之间的对应关系构成。文档的背景知识涉及一系列理论和相关应用领域，包括概念本体、公理、推理规则、方法和约束。

Rorbert[3]给活动文档添加了处理逻辑部分，增加了活动文档的动态特征。Chul-Ki Nam 等人[4]提出了用 XML 表示活动文档，主要研究活动文档在工作流中的应用，并将其用于智能 Web 应用中。他将活动文档定义如下：

Active Document = Structure (XML) + Presentation (XSL) + Data (XML) + Behaviors (ERML)

本文着重从第二个方向进行研究，根据文档在不同层次上可以进一步细分的特点，定义活动文档由内容（数据）、结构（基本结构和表示结构）和行为组成，而内容是由不同层次的文档碎片构成，结构层次由不同文档碎片模板构成，行为由不同子流程、子规则或子计算逻辑组成，如图 1 所示。基于以上定义，从理论上使文档知识从文档结构、内容和行为层次重用成为可能。

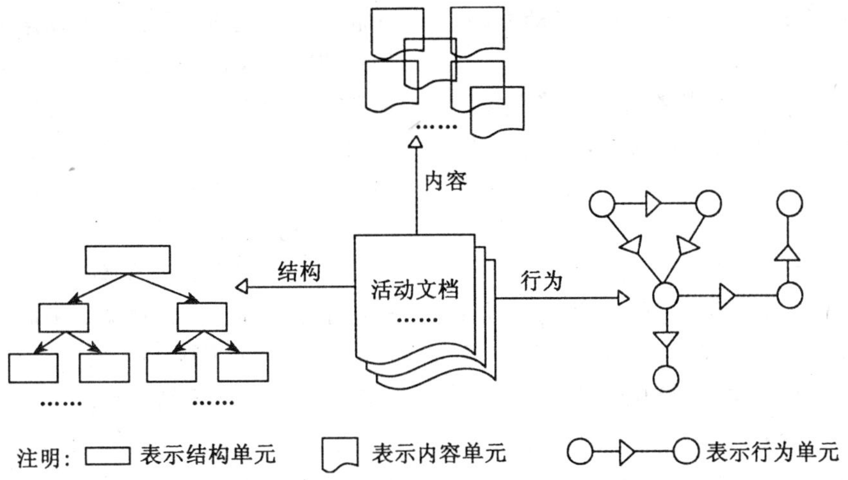

图 1 活动文档组成

2 活动文档知识本体建模

2.1 活动文档本体知识模型框架

应用活动文档理论实现活动文档知识的整合与扩散，需要各种类型的数据存储作为支撑，如本体库、知识库、文档仓库、文件系统（存放源文档）等。活动文档本体库建立了活动文档本体概念、关系和实例等信息，计算各概念之间相关性。在网络化企业知识需求下，本文将活动文档与企业的经营特点联系起来[6]提出面向活动文档的本体知识模型构建方法，以六个基本类来描述企业活动文档动态应用与处理的关系。图 2 构造了企业活动文档本体模型框架，其中箭头表示这六个抽象类之间的层次和动态关系。

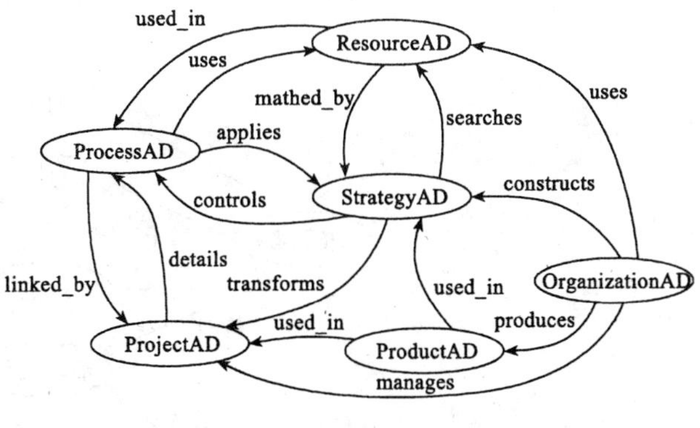

图 2 企业活动文档本体模型框架

（1）ProcessAD 类。企业过程活动文档类通常是对某个企业经营活动过程的详细描述，例如设计、生产、质检流程等。其中每个流程都对应于相应的活动文档子类，各个子类之间也定义了一些相对的关系或定理，如质量检测流程 AD 类 Qos_p rocessAD 是其他子类（Test_p rocessAD class ∩ Customer_acceptance_processAD class）的交集。该类的定义表示产品质量检测活动文档内容不仅需要从质量检测过程中产生的活动文档来体现，还必须从是否满足客户对质量的特殊要求的活动文档来说明。

（2）ResourceAD 类。资源活动文档类描述企业所拥有的所有资源信息，包括资源的属性、状态、应用说明、触发形式等，如企业机器设备评估活动文档需要描述设备名称、类别、出厂日期、折旧情况等。企业资源在整合知识级别中作为一个基本单元，或在企业中占有基础地位。

（3）ProjectAD 类。在网络环境中，每类客户需求都映射为一个工程或项目，即 Project，工程或项目是企业团队合作的触发器，也是企业运转的关键。在工程或项目运作过程中，所有不规范的需求都会转换成项目规划中的各种活动文档，以便项目任务的分解和重组随着各种需求活动文档产生而执行。项目执行的每个阶段都会产生相应的活动文档如项目可行性分析活动文档、项目计划活动文档、项目实施活动文档等。

（4）StrategyAD 类。企业策略活动文档类主要用来描述企业策略的发现与提出，制定、优化、匹配组合并协同企业各类活动的信息。策略 AD 控制着动态企业活动模式的构建，通过资源 AD、流程 AD 的匹配，以及流程组合算法的优化，将相关企业活动动态地联系在一起，构建面向知识的活动文档动态组合。策略 AD 与流程 AD 以及资源 AD 在本体知识模型中是紧密相关、相互影响的。资源需要流程的操作和控制，在流程中获取相互的联系；策略通过比较、选择，去组合、控制流程，并通过资源的优化配置更新流程的选择。

（5）OrganizationAD 类。组织活动文档类描述企业组织构成和组织管理形式及各种组织信息，包括人员档案、组织机构岗位、项目成员委派等。它为企业提供了活动主体，任何企业活动都离不开组织，各类活动文档都与组织活动文档有直接或间接的关系。

（6）ProductAD 类。产品活动文档类描述了与产品相关的各类信息如产品基本信息、采购及销售信息等，产品基本信息包括产品的配置、构成、设计方法、使用方法等。任何企业活动的最终结果是创造企业价值，而价值大都通过实物产品的形式来体现。该类是企业最重要的活动文档信息。

以上活动文档本体模型框架作为企业活动文档本体库构建的基础，将企业各个环节有机地融合在一起，清晰地描述了其间的动态关系，并为企业文档知识整合和扩散模式的建立提供了有力的支持。从活动文档本体库中抽取的元数据信息通过本体描述语言 OWL 进行描述和形式化，存储到知识库中，使语义文档知识的整合与扩散成为可能。

2.2 活动文档知识的本体表示

在本体模型框架的基础上，每类活动文档本体是用于描述在整个活动文档生命周期内对活动文档内容、结构及行为等相关数据的术语及其定义的集合。基于本体的逻辑和推理层，可以采用一阶逻辑表示式形式化表示文档知识的需求，通过本体推理能够建立本体概念间的语义映射，从而实现不同本体间的转换。图 3 建立了活动文档本体概念模型，该模型能够支持整个文档的设计及处理过程。活动文档主要成分分析如下：

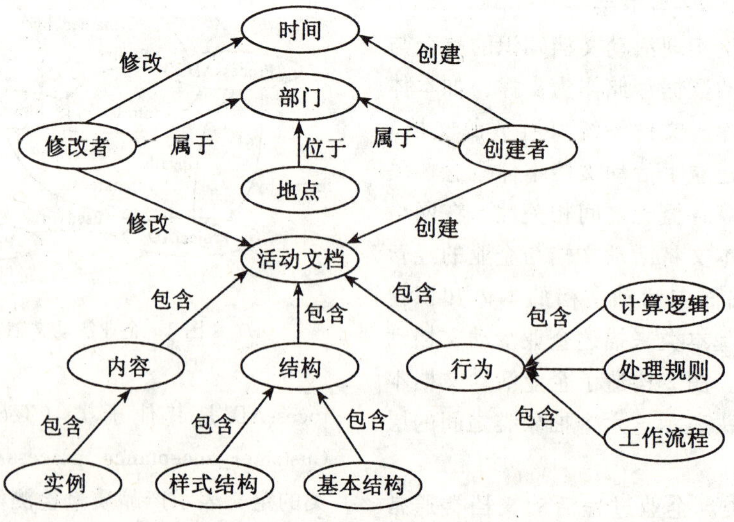

图 3 活动文档的本体表示模型

（1）内容。内容是活动文档的数据源，作为活动文档处理的数据输入，可以是文本数据也可以是数值性数据。

（2）结构。结构包括活动文档的样式结构和基本结构，样式结构指明了活动文档的显示风格，而基本结构定义了活动文档的基本元素及其属性。活动文档结构无论是样式结构还是基本结构都随着文档作用与性质的不同而不同，活动文档实例则借助文档结构来表示。

(3) 行为。行为是活动文档中暗含的处理过程，如图4所示，包括计算逻辑（简单运算、复杂算法等）、处理规则（顺序处理规则、条件判断规则、推理规则等）和工作流程（文档状态、工作阶段、单元过程实例等）。

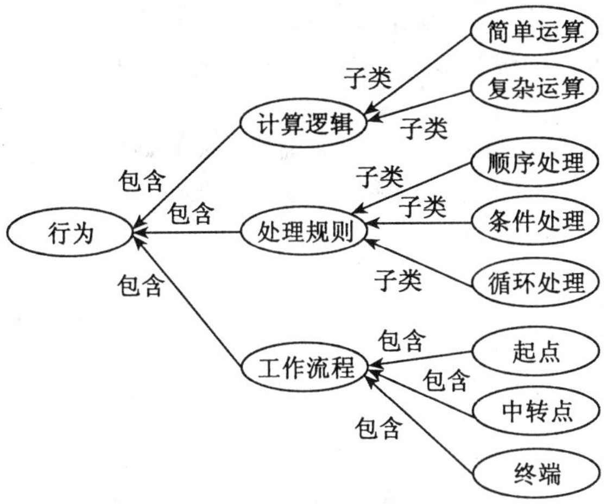

图4 行为组合及分类

其中，计算逻辑既可以是简单计算，也可以是复杂计算，它满足以下公理：

$$(\forall c)comlogic(c) \Rightarrow \exists(x)subclass\_of(c,x) \wedge (x \in \{computing\_simple, computing\_complex\})$$

简单计算是指不能再进行分解的基本计算步骤，这种计算一般为加减乘除，属于不可再分解的计算单元，它满足以下公理：

$$(\forall c)comlogic(c) \wedge \neg \exists(q)component\_of(q,c) \equiv subclass\_of(p, computing\_simple)$$

复杂计算是简单计算的组合体，由多个简单计算的集合组成，表现为公式或函数，属于可再分计算，它满足以下公理：

$$(\forall c)comlogic(c) \wedge subclass\_of(p, computing\_complex) \equiv \exists(q,r)component\_of(q,c) \wedge component\_of(r,c)$$

活动文档的处理规则，可能属于顺序处理、条件处理或假设处理，也可能是三者中的组合，它满足以下公理：

$$(\forall p)processrule(p) \Rightarrow \exists(x)subclass\_of(p,x) \wedge (x \in \{process\_consequece, process\_condition, process\_hypothesis\})$$

顺序处理从流程中的一个节点到下一个节点，只要一条路径，公理如下：

$$(\forall p)processrule(p) \wedge \neg \exists(q)component\_of(q,p) \equiv subclass\_of(p, process\_consequece)$$

条件处理从流程中的一个节点出发有两条路径可选或多条路径可选，公理如下：

$$(\forall p)processrule(p) \wedge \neg \exists(q)component\_of(q,p) \equiv subclass\_of(p, process\_condition)$$

循环处理从流程中的一个节点出发后，经过若干节点再回到原来节点，公理如下：

$$(\forall p)workprocess(p) \wedge \neg \exists(q)component\_of(q,p) \equiv subclass\_of(p, process\_circulation)$$

工作流程包括起点、中转点和终点，公理如下：

$$(\forall w_1 \forall w_2 \forall w_3)workprocess(w_1, w_2, w_3) \Rightarrow$$
$$\exists(x_1)subclass\_of(w_1, x_1) \wedge (x_1 \in \{process\_beginpo\}) \wedge$$
$$\exists(x_2)subclass\_of(w_2, x_2) \wedge (x_2 \in \{process\_transferpo\}) \wedge$$
$$\exists(x_3)subclass\_of(w_3, x_3) \wedge (x_3 \in \{process\_endpo\})$$

对于活动文档来讲，随着流程处理阶段的不同，文档所处的状态也会不同，所包含的信息也随之发生变化。OWL语言对本体的构造和描述是分布式的，而且支持不断的智能的理解更新，这样在活动文档的信息发生改变后，只需要把改变部分重新写入或者加入本体中，从而及时而准确的反映出知识实体所处的状态，大大提高了本体的构造和描述的可操作性和高效率。为了完成各类活动文档实例的表示，本文采用以上本体表示模型，以某企业的网络销售订单为例说明应用OWL语言构建活动文档实例，将网络订单样本转换成活动文档的OWL语言表示，并提供对活动文档的本体表示的思路和方法。

1）订单活动文档结构本体表示

订单结构完整本体描述应包括：定义领域空间、本体的概况、定义相关的类及其属性（对于一个订单可定义的相关类和属性很多，如订单编号、时间、客户编号、产品、单价、数量、金额等），以及定义个体，个体属性，数据类型以及属性特性等，如表1所示。

表1 订单活动文档结构的OWL表示

类别	代 码
定义本体	<rdf: RDF xmlns: rdf = http: //www. w3. org/1999/02/22-rdf-syntax-ns# xmlns: xsd = http: //www. w3. org/2001/XMLSchema# xmlns: rdfs = " http: //www. w3. org/2000/01/rdf-schema#"

续表

类别	代　　码
定义本体	xmlns：owl = http：//www. w3. org/2002/07/owl# xmlns = " http：//www. owl-ontologies. com/Ontology ActiveDocument. owl # " xml：base = " http：//www. owl-ontologies. com/OntologyActiveDocument. owl" > < owl：Ontology rdf：about = ""/ > < owl：Class rdf：about = "#Structure" > < rdfs：subClassOf rdf：resource = "#ActiveDocument"/ > < /owl：Class > < owl：Class rdf：ID = "BaseStru" > < rdfs：subClassOf > < owl：Class rdf：ID = "Structure"/ > < /rdfs：subClassOf > < /owl：Class > < owl：Class rdf：ID = "StyleStru" > < rdfs：subClassOf > < owl：Class rdf：about = "#Structure"/ > < /rdfs：subClassOf > < /owl：Class > < owl：Class rdf：ID = "OrderDocument" > < rdfs：subClassOf rdf：resource = " #BaseStru" / > < /owl：Class >
定义个体	< OrderDocument rdf：ID = "OrderDocumen01" > < owl：DatatypeProperty rdf：ID = "CustomerNumber" > < rdfs：comment rdf：datatype = " http：//www. w3. org/2001/XM LSchema#string" > 客户编号 < /rdfs：comment > < rdfs：range rdf：resource = " http：//www. w3. org/2001/XM LSchema#string"/ > < rdfs：domain rdf：resource = "#Order Document"/ > < /owl：DatatypeProperty > < owl：DatatypeProperty rdf：ID = "TotalAmount" > < rdfs：comment rdf：datatype = " http：//www. w3. org/2001/XM LSchema#string" > 总额 < /rdfs：comment > < rdfs：domain rdf：resource = "#OrderDocu-ment"/ > < rdfs：range rdf：resource = " http：//www. w3. org/2001/XM LSchema#float"/ > < /owl：DatatypeProperty >

续表

类别	代码
定义个体	< owl：DatatypeProperty rdf：ID = "UnitPrice" > < rdfs：domain rdf：resource = "#OrderDocument"/ > < rdfs：comment rdf：datatype = " http：//www. w3. org/2001/XM LSchema#string" > 价格 < /rdfs：comment > < rdfs：range rdf：resource = " http：//www. w3. org/2001/XM LSchema#float"/ > < /owl：DatatypeProperty > < owl：DatatypeProperty rdf：ID = "OrderDate" > < rdfs：comment rdf：datatype = " http：//www. w3. org/2001/XM LSchema#string" > 订购时间 < /rdfs：comment > < rdfs：range rdf：resource = " http：//www. w3. org/2001/XM LSchema#string"/ > < rdfs：domain rdf：resource = "#OrderDocument"/ > < /owl：DatatypeProperty > < owl：DatatypeProperty rdf：ID = "OrderId" > < rdfs：range rdf：resource = " http：//www. w3. org/2001/XM LSchema#string"/ > < rdfs：domain rdf：resource = "#OrderDocument"/ > < rdfs：comment rdf：datatype = "http：//www. w3. org/2001/XM LSchema#string" > 订单编号 < /rdfs：comment > < /owl：DatatypeProperty > < owl：DatatypeProperty rdf：ID = "Quantity" > < rdfs：range rdf：resource = " http：//www. w3. org/2001/XM LSchema#int"/ > < rdfs：domain rdf：resource = "#OrderDocument"/ > < rdfs：comment rdf：datatype = " http：//www. w3. org/2001/XM LSchema#string" > 数量 < /rdfs：comment > < /owl：DatatypeProperty > …… < /OrderDocument >

2）订单活动文档内容的本体表示

订单活动文档的内容有 DR2310005、100023、20081223、eHR 软件 4.2、2、7000、140000 等，它的个体实例通过应用相应文档的结构来定义，如表 2 所示。

表 2　订单活动文档内容的 OWL 表示

类别	代　码
定义个体	<OrderContent rdf：ID＝" OrderContent01" > <Quantity rdf：datatype＝"http：//www.w3. org/2001/XMLSchema#int" > 2 </Quantity> <CustomerNumber xml：lang＝"en" > 100023 </CustomerNumber> <OrderDate xml：lang＝"en" > 20081223 </OrderDate> <OrderId ml：lang＝"en" > R2310005 </OrderId> <UnitPrice rdf：datatype＝"http：//www. w3. org/2001/XMLSchema#float" > 7000 </UnitPrice> <ItemName xml：lang＝"en" > eHR 软件 4.2 </ItemName> <ItemNumber ml：lang＝"en" > 2 </ItemNumber> <TotalAmount rdf：datatype＝"http：//www. w3. org/2001/XMLSchema#float" > 140000 </TotalAmount> </OrderContent>

3）订单活动文档行为的本体表示

订单活动文档的行为主要有处理流程和处理规则，表 3 是文档行为的 OWL 表示方法。处理流程表示了订单的流转方向，需要从销售部传递到财务部，以便于公司收帐；而处理规则是“凡是购买总额超过 15000 元，将享受 10% 的折扣”，说明了订单数据的处理方式。

表 3　订单活动文档行为的 OWL 表示

类别	代　码
定义本体	<owl：Class rdf：about＝"#Behavior" > <rdfs：subClassOf rdf：resource＝"#ActiveDocument"/> </owl：Class> <owl：Class rdf：ID＝"ProcessRule" > <rdfs：subClassOf> <owl：Class rdf：about＝"#Behavior"/> </rdfs：subClassOf> </owl：Class> <owl：Class rdf：ID＝"ComputeLogic" > <rdfs：subClassOf df：resource＝"#Behavior"/> </owl：Class> <owl：Class rdf：ID＝"WorkProcess" > <rdfs：subClassOf> <owl：Class rdf：ID＝"Behavior"/> </rdfs：subClassOf> </owl：Class>
定义个体	<owl：DatatypeProperty rdf：ID＝"Beginpo" > <rdfs：domain rdf：resource＝"#WorkProcess"/> <rdfs：range rdf：resource＝"http：//www.w3.org/2001/XMLSchema#string"/> </owl：DatatypeProperty> <owl：DatatypeProperty rdf：ID＝"Then" > <rdfs：domain rdf：resource＝"#ProcessRule"/> <rdfs：range rdf：resource＝"http：//www.w3.org/2001/XMLSchema#string"/> </owl：DatatypeProperty> <owl：DatatypeProperty rdf：ID＝"If" > <rdfs：domain df：resource＝"#ProcessRule"/> <rdfs：range rdf：resource＝"http：//www.w3.org/2001/XMLSchema#string"/> </owl：DatatypeProperty> <owl：DatatypeProperty rdf：ID＝"Endpo" > <rdfs：domain rdf：resource＝"#WorkProcess"/> <rdfs：range rdf：resource＝"http：//www.w3.org/2001/XMLSchema#string"/> </owl：DatatypeProperty> ……

续表

类别	代码
	< OderBeh rdf: ID = " OderBeh01" >
	< ProcessRule rdf: ID = " ProcessRule01" >
	< Then xml: lang = " en" >
	Discount 10.0 percent
定义	< /Then >
个体	< If xml: lang = " en" >
	TotalAmount 15000
	< /If >
	< /ProcessRule >
	< WorkProcess rdf: ID = " WorkProcess01" >
	< Beginpo xml: lang = " en" >
	销售部
	< /Beginpo >
	< Endpo xml: lang = " en" >
	财务部

续表

类别	代码
	< /Endpo >
定义	< /WorkProcess >
个体	……
	OderBeh >

3 活动文档知识整合与扩散系统框架

基于活动文档的知识整合与扩散系统利用活动文档隐含商业规则和处理流程的特性，促进了商业处理的自动化，并为企业文档内容及文档结构（模版）的统一管理和多维分析处理提供了有利的平台。图 5 是基于活动文档的知识整合与扩散系统框架。

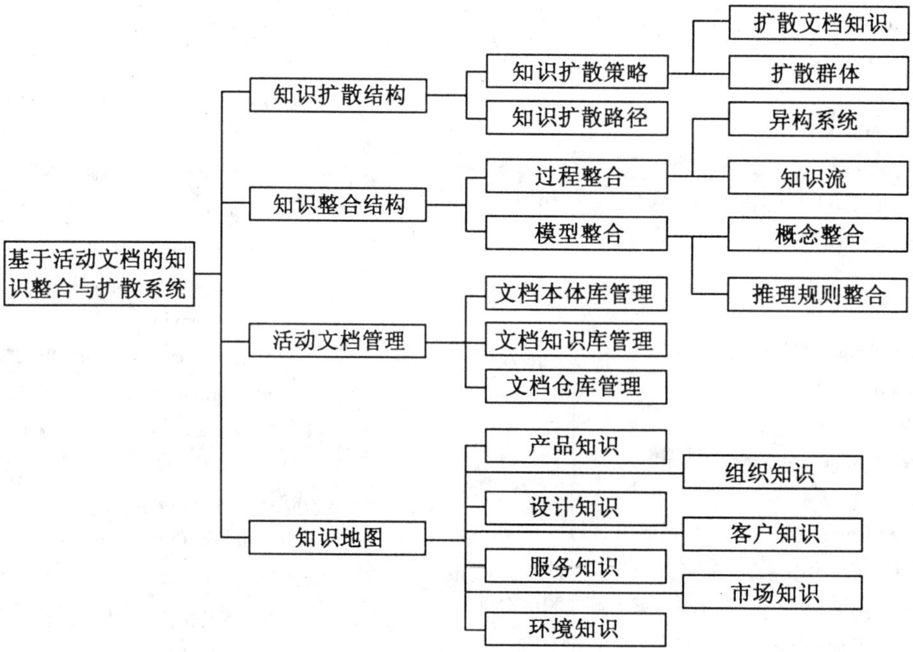

图 5 基于活动文档的知识整合与扩散系统框架

这个框架的组成部分描述如下：

知识扩散结构提供了知识扩散策略和扩散路径，其中知识扩散策略包括扩散知识内容（包括扩散的知识类别、知识粒度及扩散工具等）和欲扩散的知识群体（包括扩散群体设置、扩散的条件及安全机制设置等）；知识扩散路径包括通过各种网络工具如在线会议、E-mail、博客、MSN 等。

知识整合结构是一个基于互联网的复杂结构，其中过程整合和模型整合是最重要的两个部分，过程整合中以异构系统和知识流整合为主，而模型整合以概念整合和推理规则整合为主。

活动文档管理主要包括活动文档本体库管理、活动文档知识库管理和活动文档仓库管理，而活动文档本体管理主要维护现有本体的更新、添加新的本体概念、关系及规则等；活动文档知识库管理用于维护活动文档领域知识；活动文档仓库管理主要对活动文档进行多维分类管理。

企业知识地图提供各类文档知识的路径，方便用户快速获得企业某类知识。企业文档知识包括各种类型的知识如产品知识、设计知识、服务知识、环境知识、组织知识、客户知识、市场知识等[5]。

4 应用实例

采用上述系统框架和活动文档知识本体建模方法，应用 Protege3.3 本体构建工具及 Mashup、J2EE 等技术，构建了软件企业活动文档领域本体模型和知识整合与扩散原型系统。

软件企业活动文档领域本体类包括软件过程活动文档本体、客户活动文档本体、软件项目活动文档本体、人员活动文档本体、软件产品活动文档本体以及技能活动文档本体。根据以上类型，图 6 显示了软件领域活动文档本体类关联图，具体描述如表 4。

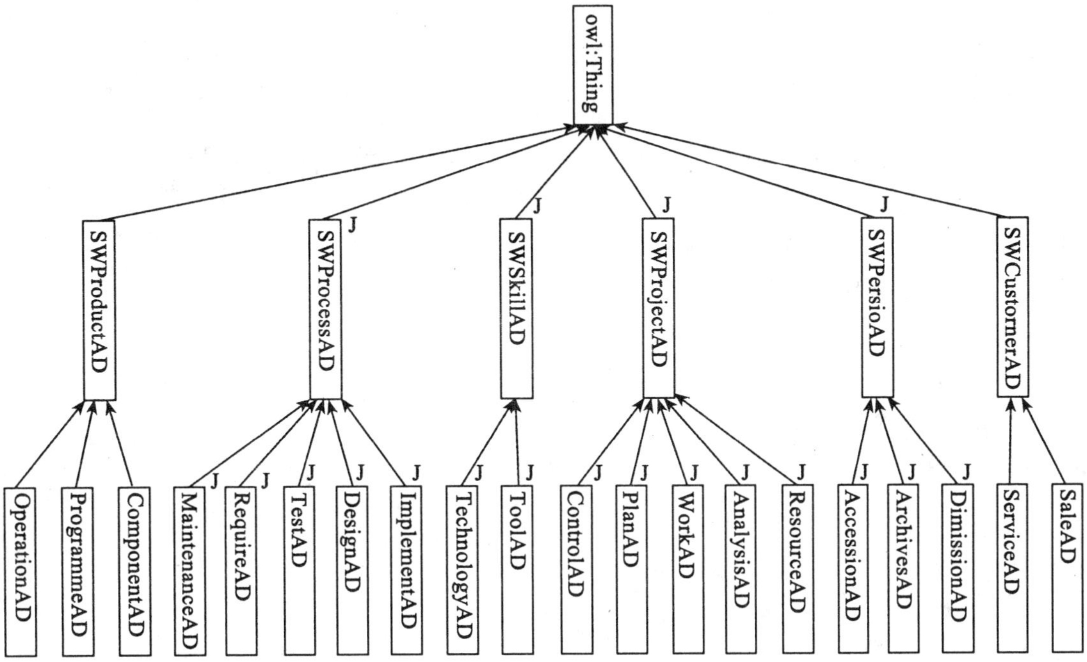

图 6 软件领域活动文档类关联图

表 4 **软件领域活动文档本体类**

本体类名	描述说明
软件过程活动文档本体	描述了软件工程中所有过程以及过程层次结构，如维护过程、开发过程，而开发过程分为需求分析、设计、实现、测试
软件项目活动文档本体	描述了有关软件项目信息，如名称、项目周期、所费人力、技术等级、小组人数、所用技术、产品形式、应用领域、策略等，建立了软件过程与项目的关系，即项目中采用的过程类型
人员活动文档本体	描述员工信息，如姓名、住址、年龄、性别、个人邮箱、个人主页、岗位类型等
产品活动文档本体	描述软件产品相关的各种文档及其之间的层次结构，以及对软件类型分类

续表

本体类名	描述说明
客户活动文档本体	描述软件企业的客户购买信息、反馈信息及维护信息，如客户姓名、地址、公司性质、领域等
技能活动文档本体	描述了执行特定任务时所需技能及其层次结构，自定义本体概念间的语义关系，如在软件过程中产生软件产品、软件工程使用、技能、人员拥有、技能

原型系统的主要功能包括活动文档仓库管理、活动文档实例库管理、活动文档扩散管理、活动文档分类管理、活动文档应用整合管理。图 7 是 ADKIDS 系统总界面。

为了将企业与客户相关的活动文档基本结构和内容显示在地图上，这里主要通过 Mashup 技术实现面向服务的体系构建，将企业外网服务和内网服

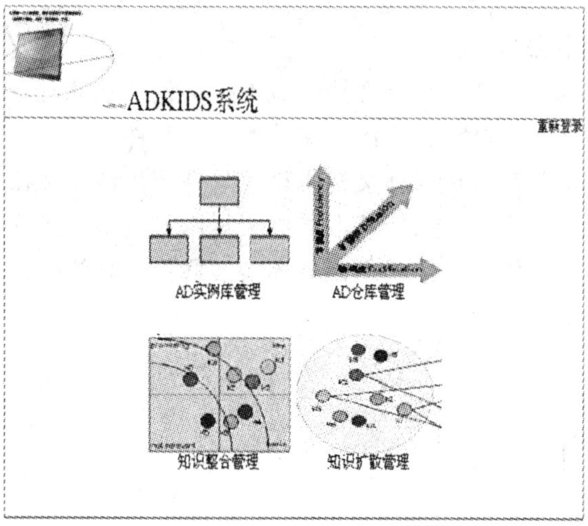

图 7　ADKIDS 系统总界面

务相整合，同时可以获取源文档和活动文档的本体实例文件。应用整合部分界面如图 8 所示，主要实现在 Google 地图上加载的企业活动文档信息，整合了三类活动文档结构和内容信息，分别是客户基本信息活动文档、购买产品活动文档、客户反馈活动文档。

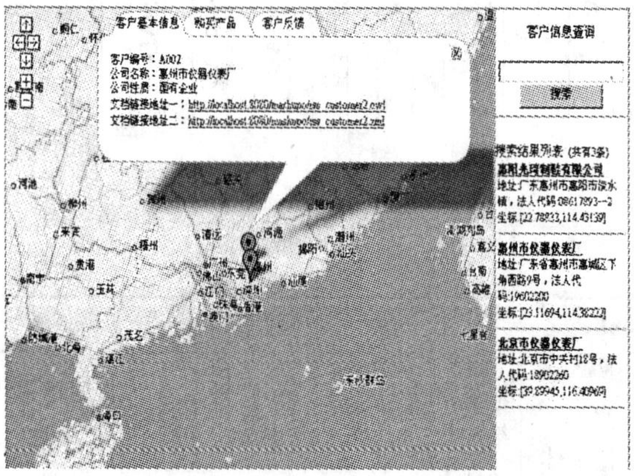

图 8　在 Google 地图上加载客户信息显示功能

所有活动文档都存储在站点的活动文档仓库，用户不需要再次存储活动文档便能快速访问到文档信息。图 9 是活动文档结构维扩散的界面。

5　结　论

充分利用企业已有的以文档为载体的知识（包括文档的结构、内容和行为）并进行有效知识管理，其关键是建立一个可共享的、重构的、统一语义的知识集成与扩散系统。从目前知识整合与扩散的研究来看，采用活动文档思想，结合本体、语义网等技术实现知识整合与扩散是一个重要的研究方向。本文在建立活动文档知识本体模型的基础上，对活动文档知识整合与扩散系统进行了探索和研究，并结合软件企业活动文档领域本体开发了活动文档知识整合与扩散原型系统，为文档知识管理提供了新的思路和方法。在今后的研究中需要深入企业开展调查以了解企业应用文档知识的特点和难点，并进一步开展研制工作，构建适用于各个领域的活动文档本体库，不断提高系统的语义重用效率。

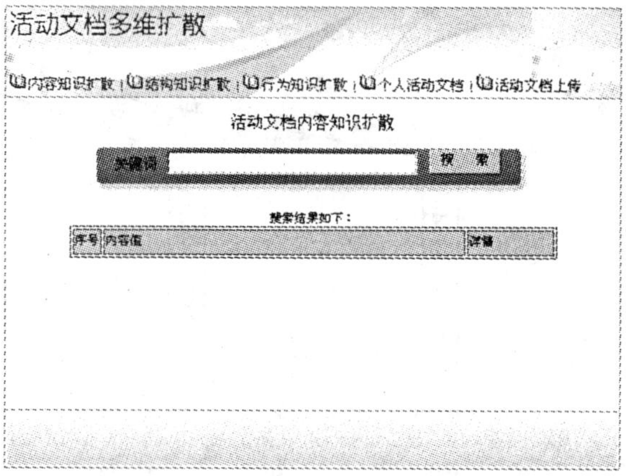

图 9　活动文档内容维扩散界面

参 考 文 献

[1] Paolo Cianearini, Robert Tolksdorf, Franeo Zambonelli. Coordination Middleware for XML-centric Application [J], 2002 ACM 1581134452/02/03.

[2] Hai Zhuge. Active E-document Framework ADF: Model and tool [J]. Information& Management 2003, 41: 87-97.

[3] Robert. Programming the World Wide Web 4/E [M]. Reading, MA: Addison-Wesley, 2007, 356-362.

[4] Chul-Ki Nam, Gil-Sang Jang, Jae-Hak J. Bae. an XML-based Active Document for Intelligent Web Applications [J]. 2003, 25: 165-176.

[5] Huosong Xia, Zhanyan Fan, Wenjuan Lu, Qianqian Wang, Guodong Chen, Wei Zhang. Enterprise Knowledge Integration and Diffusion System Based on CBR [C]. Proc. of The Sixth Wuhan International Conference on E-Business, 2007, 2: 952-956.

[6] 姚远，张权，胡庆夕等．面向网络化制造服务的本体知识建模研究 [J]. 计算机应用研究，2008，25 (9): 3671-4672.

Study on Knowledge Integration and Diffusion System based on Active Document

XIA Huosong[1], LU Wenjuan[1], WANG Qianqian[1]

(1. College of Economics and Management, Wuhan University of Science and Engineering, Wuhan 430073, China)

Abstract: How to effectively integrate and diffusion active document knowledge of different forms from a number of dimensions in order to accurately access to knowledge for different users has become a focus and difficult of document knowledge management. Active document as a document of entity can be broken down and consists of document structure, content and behavior that can supports multi-dimensional integration and diffusion multi-dimensional management perspective. Based on the designed ontology model of active documents knowledge, this paper builds the system framework of knowledge integration and diffusion based on active document, and achieves the prototype system, which provides enterprise document knowledge reuse from three dimensions of the document structure, content and behavior a new idea.

Keywords: active document; knowledge integration and diffusion; ontology modeling

基于保证金的网托预防机制设计*

姜锦虎[1]，曹操[1]，王刊良[1]

(1. 西安交通大学 管理学院，西安 710049)

摘　要：网托（Shiller）是指网络拍卖中以抬高拍卖品价格为目的而使用不正当手段参与竞价的卖方或其代理人。网托在网络拍卖中泛滥成灾，部分原因在于网络的高度匿名性、英式拍卖机制、竞拍人数及其估价未知。本文在Wang首倡的SDFS基础上提出了基于保证金的网托预防机制，本机制最大的特点是：无论是卖方还是买方，只要出现不诚信行为，就会受到惩罚，但不会给诚信交易的一方带来损失。这种机制下，网托出价将无利可图，从而从根本上能够预防网托的发生。

关键词：电子商务；网络拍卖；网络欺诈；网托预防；机制设计

中图分类号：F270

随着网络的普及，一大堆网络交易拍卖平台应时而生并获得高速发展，国外有著名的eBay，Amazon，Yahoo，国内则有淘宝、TOM易趣、拍拍网。eBay是该行业的全球领导者，有超过5亿的商品在交易，2008年第二季度的销售额就达到了22亿美元，较去年同期增长20%，净利润为4.603亿美元，较去年同期增长22%。而国内电子商务巨头淘宝网凭借其免费策略成功击退eBay后，2008年其销售额达到999.6亿元，较前一年大幅上升131%；而根据商务部的统计数据，淘宝网的交易额去年已超越中国境内最大综合零售商的销售额，占全国零售总额的1%。

然而网络交易给买卖双方带来便利的同时也催生了很多新问题，比如网络诈骗，它有多种形式，例如不投递已购商品，拍卖物品描述夸大其词，欺诈性网评等。这些都直接或间接地损害了买方和卖方之间的信任，也使拍卖网站信誉受损。这些诈骗形式都涉及卖方，其实买方也可能参与诈骗，比如合谋、投标保护（Bidding Shield）。最近也有发现有些人气较低的网络拍卖服务提供商也可能从事一些欺诈活动，比如虚拟出价（Phantom Bid）等。网络拍卖各个参与方的主要诈骗形式如图1所示。其中，竞价保护是指买方使用一个不打算实际成交的身份在拍卖品的竞价上报出天价，从而使其他竞争者退出竞拍，并且使自己打算成交身份的竞价处于次高的位置，临近结束时才撤回自己的天价标，使其他竞拍者来不及反映，从而使拍卖以自己的次高价成交，而这个成交价格会比公平竞争的成交价格低得多。网托出价是指网络拍卖中卖方为了抬高拍卖品成交价格而采用不正当手段参与竞价，这些不正当手段包括卖方通过注册另一个身份来伪装成买方参与竞价，雇佣或请其他买方以托的形式参与竞价，或是几个卖方合谋相互参与到对方的网络拍卖中，这几种形式本质上都是以托的形式参与到拍卖竞价中，所以我们把具有这种行为的卖方或其代理人称为网托。虚拟出价是指拍卖商经营的网站人气较低，举行拍卖时由于参与人数很少，所以很多时候最终的成交价格会很低，这样卖方就不会愿意去他们的网站上发布拍卖，为了吸引卖方，使卖方免遭可能会受到的损失，一旦竞价过低时，拍卖商就自动发出一个竞价，阻止低价买方获胜，使卖方

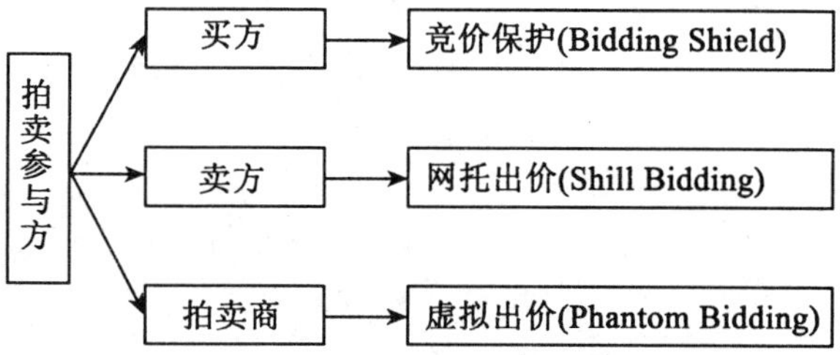

图1　网络拍卖主要诈骗形式

* 基金项目：国家自然科学基金（70890081）

通讯作者：姜锦虎，jiangjinhu@mail.xjtu.edu.cn；西安交通大学管理学院信息管理与电子商务系，博士、副教授、系主任，研究方向为信息系统与电子商务

的损失变小。当然这些诈骗形式不仅存在于网络经济中，也存在于实体经济中；不仅存在于拍卖，也存在于固定价格销售，只不过在网络环境下，这些诈骗更容易实施，更具隐蔽性罢了。

我们知道，很多拍卖网站的注册并不需要提供真实的身份证明，这使得每个人只要愿意都可以获得很多不同的身份来代表不同的个人。这种高度的匿名性一方面将网络的便利性发挥得淋漓尽致，另一方面也使身份甄别变得极其困难，让网络充满风险。而且现在的大多数网络拍卖都采用英式拍卖，采用英式拍卖有以下几个原因：第一，买方和卖方都偏爱英式拍卖，买方可以从竞价中得到乐趣，卖方也可以从激烈的竞价中获利。第二，英式拍卖规则简单，买方可以方便地看到其他竞争者的报价，根据这些信息决定是参与还是退出。第三，英式拍卖比其他拍卖方式披露的信息较多，买方相对而言不太害怕“赢者诅咒”。因此，现在的主流拍卖网站均采用英式拍卖，例如 eBay，Amazon，淘宝等。而且 Lucking Reiley[1] 发现，142 个拍卖网站中，有 121 个使用英式拍卖。但由于英式拍卖允许竞价者以同一身份反复参与并且竞价者身份具有高度匿名性等特点，这也吸引了大量的网托参与拍卖，网托正演变成网络拍卖主要的欺诈方式。事实上，网托出价也只存在于英式拍卖中，其他拍卖比如荷式拍卖、暗标一价拍卖、暗标二价拍卖不存在网托，因为这些拍卖中只有一次出价机会，网托的目的不是为了赢得拍卖而仅仅是想抬高价格，所以他们不会参与这些类型的拍卖。此外，网托与传统的托儿还有一些不同，比如传统中的托儿一般不是卖方本身，往往是他们的亲戚朋友或是雇佣的专职托儿；而网托则相反，由于网络的匿名性，卖方伪装成另一个身份的成本很小甚至为零，而且不存在沟通成本，所以卖方往往亲自从事托儿的活动，所以网托很有可能就是卖方本身。当卖方以另一个身份或使用他们的托儿参与到自己所售商品的竞价活动时，网托欺诈就发生了，他唯一的目的就是要从商品中获取更大的利润。除了网托直接参与竞价，迫使买方作出让步提高竞价外，它还造成一种假象：拍卖很活跃，这也吸引了更多买方参与其中，使竞价更加激烈从而使卖方获得更大的利润，榨取更多消费者的剩余价值。

传统理论认为：卖方可以通过设置适当的保留价来实现其最大化收益[2][3][4]，而且大多数拍卖理论认为最优的保留价应该高于卖方的成本价才能实现最大的收益[5][6][7]。其中，保留价既可以设置成保密，又可以设置成公开以作为拍卖品价值的信号。但是拍卖开始后，保留价就不能再更改了。在这种条件下，理论上证明：英式拍卖中买方的最优竞价策略就是参与竞价直到当前的竞价超过自己的估价。然而网托的出现则打破了这种游戏规则，拍卖开始前所设置的最优保留价对卖方来说变得无足轻重，因为如果有需要，卖方随时可以通过网托的形式直接参与竞价，这就相当于为拍卖品设置了一个新的保留价，只是这个保留价对买方来说并不知晓。卖方运用网托出价相当于在拍卖的进行过程中可以根据实际情况设置动态保留价，从而在更大程度上榨取消费者剩余价值，因而大多数国家都将网托出价当作一种欺诈，在美国网托出价可能会被判以严厉的罚款，情节严重者甚至会进监狱。

随着网托的泛滥成灾，人们也采取了很多措施来打击网托出价。例如，eBay 采用识别软件通过对拍卖记录运用关联规则的数据挖掘方法来甄别出网托出价[8][9]，但由于 eBay 只保留最近一个月的拍卖记录，而且连 eBay 自己也承认这种软件识别能力有限，所以这种方法收效不高。Kauffman 和 Wood[10][11]也曾采用统计方法来识别网托出价，但这些实证的方法强烈依赖数据，所得结果可能与现实情况相差甚远。另外，美国联邦交易委员会（FTC）为了营造一种没有欺诈的网络购物氛围曾发动过一场打击网托的运动，并且教了网民很多识别网托的绝招，当然这种运动的效果只是扩大了网托的名气，并不见得网托会收敛很多。总之，现阶段我们仅仅停留在对网托的道义谴责上，还缺乏有效的发现识别机制，而且更有效的武器是预防网托而不是造成危害后才秋后算账。主动打击网托要比仅仅识别和谴责有效得多，一种可行方法是重新设计一种拍卖机制使网托出价无利可图。

然而人们在拍卖机制的研究方面做得还不够，特别是在网托预防方面，国内外也只有屈指可数的几位学者从事这方面的基础性研究工作。最先在此问题上展开研究的是 Wang[12][14]，他提出了一种网托预防机制（SDFS），这种机制适合于固定竞拍人数的英式拍卖以及多轮英式拍卖，并论证了如果采用该机制，网托出价将无利可图，从而从根本上杜绝了网托生存的土壤。JUN MA[14] 在 Wang 的基础上讨论了竞拍人数满足泊松分布情况下的 SDFS，结果发现 Wang 的结论在这种情况下仍然成立。然而 Wang 在 SDFS 的设计中对卖方较为苛刻，为了保证机制惩罚的可信性，SDFS 规定只要拍卖成交，无论买卖双方是否发生实际交割，无论未发生实际交割情况下责任在何方，卖方都要缴纳佣金，除非卖方能够证明未发生实际交割的责任不在自己，并且还要证明自己不是网托。我们知道要证明自己不是罪犯的难度是很大的，尤其在佣金较少时，即使能够证明也得不偿失。如果买方不诚信，那么诚实的卖方也会遭受损失。所以这种机制实际应用价值不大，比如对卖方太过苛刻，这样会阻止卖方前往网络拍卖平台进行交易，从而拍卖商也不敢采用。本文在这个问题上做了明显的改进，使得机制的实用性明显增强。一方面，该机制对诚实的买卖双方都是友好的，他们在该机制下不会蒙受损失；而对不诚实的卖方或买方则有很强的惩罚作用。另一方面，拍卖商在此机制下，他的佣金收入是可以保证的，不会因为潜在的变数而影响收益。所以基于保证金的网托预防机制不仅可以净化网络交易环境，使网托出价无利可图；而且其实用性方面也比 SDFS 有明显的提高，可以为拍卖商进行拍卖机制选择时提供一个较好的备择项。

1 机制描述

虽然 Wang 设计的 SDFS 防托机制在某种程度上实用性不大，但是却给我们设计更好的网托预防机制提供了一些可以遵循的基本原则，比如要从根本上杜绝网托生存的土壤，那么网托出价行为必须无利可图。在 Wang 开创性工作的基础上，我们提出了一种基于保证金的网托预防机制，其核心的原则如下：

原则 1：不诚实的行为会受到惩罚，无论这种行为主体是卖方还是买方；

原则 2：网托出价无利可图；

原则 3：买卖双方交付的费用尽可能低。

原则 1 是为了杜绝欺诈，使网络拍卖有一个诚信公正的商业氛围。不能只对卖方施加约束而纵容了买方，事实上也有很多网络欺诈是由买方发起的，比如拍下后反悔而不愿成交等；原则 2 能从根本上消除网托生存的土壤，当卖方从网托出价行为中无利可图时自然不会从事这种劳神劳时而又无利可图的违法工作，事实上如果一种行为缺乏正向激励时就会慢慢走向衰亡，这也是自然选择的结果。原则 3 是从整个网络拍卖市场能够健康发展考虑的，因为网络拍卖之所以能够获得快速发展，其中一个重要的原因就是它的中介费用相对传统拍卖比较低，由于费用低才有可能吸引更多的卖方在网络上举行拍卖，也使更多的买方乐于参与其中，淘到自己中意的宝贝，这对繁荣整个市场将会起到举足轻重的作用，另一方面我们也要考虑到，网络拍卖交易平台也是一个充满竞争的市场，如果一个网络平台的收费明显高出其他平台很多时，无异于自掘坟墓，毫无疑问会走向衰亡。例如 eBay 在中国市场的败退就是明证。所以原则 3 也是拍卖平台愿意采用的重要原因。

一种满足上面三个原则可行的网托预防机制如图 2 所示。

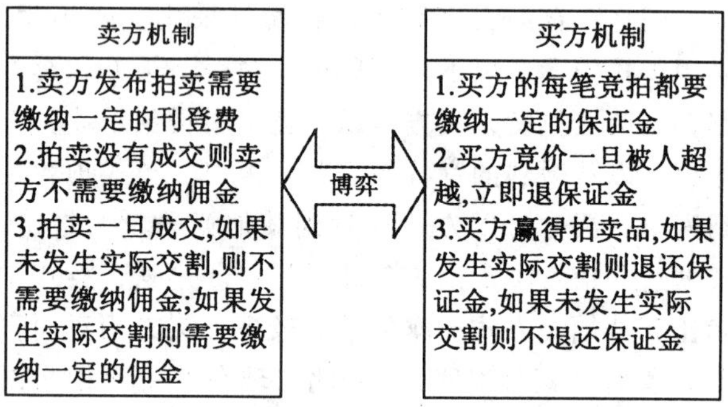

图 2　基于保证金的网托预防机制

这里要记住买方可能是诚实的买方，也有可能是不诚实的买方，不诚实的买方中可能包括网托，即不诚实的卖方。通过设置适当的佣金比率来使卖方网托出价无利可图，通过征收适当的保证金来使网托赢得拍卖情况下能够发生实际交割，通过设置适当的刊登费来调整卖方缴纳的费用。一种较为可行的方法是使保证金的大小大于等于佣金，这样赢得拍卖的网托的最优策略是发生实际交割，同时根据原则 3 缴纳费用尽可能低，所以使保证金的大小等于佣金。下面我们讨论各种情况下各方的收益：

（1）如果买方未能赢得拍卖，即他的竞价一定会被别人超越，所以他的保证金会被立即归还，因此未胜出的买方在此规则中不会受到惩罚；

（2）如果买方赢得拍卖，即他的竞价是最高的，他的身份有如下几种可能：

- 如果他是诚实合法的买方，那么他会去实际交割，保证金也会被退回来，卖方支付佣金，买卖双方都未受到惩罚。
- 如果他是不诚实的合法买方，比如他拍得后反悔而不去实际交割，那么保证金不会退回来，卖方因为没有发生实际交割，所以不用缴纳佣金。这样诚实的卖方没有受到惩罚，而不诚实的买方受到了惩罚。
- 如果他是卖方的网托，不论该网托是卖方注册的另一个身份，还是卖方雇佣的托，如果网托交割，则退还保证金给网托，但卖方要支付佣金；如果网托不交割，网托损失保证金，卖方不用支付佣金，而保证金数额等于佣金，所以无论网托是否发生实际交割，卖方都将损失佣金数额，从而对不诚实的卖方进行了惩罚。

综上，我们通过这种基于保证金的防托机制成功实现了对不诚实有关方面进行了惩罚，从而成功实现了原则 1；通过设置合理的佣金率使网托出价无利可图，从而实现了原则 2；通过设置保证金等于佣金来实现买卖双方交易费用尽可能低，从而实现了原则 3，同时还可防止买方或网托赢得拍卖后却不交割的情形。另外还可运用适当的刊登费来调整卖方交付的费用，拍卖平台可以运用这些手段来营造一种公开、公平、公正的网络购物环境。

2 机制分析

2.1 佣金率的确定

当拍卖进行到最后阶段，只剩下最后一个买方参与拍卖，且当前拍卖最高竞价为 b，设网托出价为 s，保留价格为 r，卖方需要支付的刊登费为保留价格 r 的函数 $l(r)$，佣金为 $c(v-r)$，其中 c 为佣金率，v 为成交价格，$(v-r)$ 表示成交价格超出保留价格的部分，拍卖品对卖方来说价值为 v_0。在这之前，无论网托是否参与拍卖都不影响最终结果，因为前面买方出价所起的作用与网托无异。

①如果托不出价，此时将以价格 b 成交，卖方收益为：

$$\pi_1 = b - l(r) - c(b-r) - v_0 \tag{1}$$

②如果托出价参与拍卖，设其出价为 s。这需要分两种情况进行讨论：

a. 若托出价太高，超出买方的估价，此时托自己拍得物品，此时成交价格为卖方的最大估价 v，显然 $b \leqslant v < s$，此时买方的累计概率为：

$$G(v) = p(x < v \mid x > b) = \frac{F(v) - F(b)}{1 - F(b)} \tag{2}$$

此时托可以选择购买或不购买，我们设置保证金的目的就是要保证托买与不买收益都一样，即保证金 = 佣金。此时托中标卖方的收益为：

$$p_1 = -[l(r) + c(v-r)] \tag{3}$$

b. 如果托出价合适，买方估价高于托出价，即托出价未超出买方估价，此时成交价格为 s，显然 $v \geqslant s$，累计分布函数为：$1 - G(s)$。此时卖方的收益为：

$$p_2 = s - l(r) - c(s-r) - v_0 \tag{4}$$

这样我们可以得到托出价卖方的期望收益：

$$\begin{aligned}\pi_2(s) &= \int_b^s p_1 dG(v) + p_2[1 - G(s)] \\ &= s - l(r) - c(s-r) - v_0 \\ &\quad - (s - v_0)G(s) + c\int_b^s G(v)dv\end{aligned} \tag{5}$$

请注意 $\pi_2(b) = \pi_1$，也即卖方网托出价为 b 时，相当于网托没有出价，这与常识相符。在此，我们可以设定适当的佣金率 a，使得托出价无利可图。即 $\pi_1 \geqslant \pi_2$，即：

$$b - l(r) - c(b-r) - v_0 \geqslant s - l(r) - v_0 - c(s-r) - (s-v_0)G(s) + c\int_b^s G(v)dv$$

化简可得：

$$c \geqslant \frac{s - b + G(s)(v_0 - s)}{s - b - \int_b^s G(v)dv} \tag{6}$$

当 $s \to b^+$，此时(6)式可以化为：

$$c \geqslant 1 - \frac{b - v_0}{1 - F(b)} F'(b) \tag{7}$$

定理 1 对于给定的拍卖品对卖方的成本价 v_0，在 $b \geqslant v_0$ 和 $s > b$ 的条件下，卖方网托出价无利可图当且仅当佣金率 $c \geqslant 1 - \frac{b - v_0}{1 - F(b)} \cdot F'(b)$ 对所有 $b \geqslant v_0$ 成立。

证明：(反证法)

(必要性)在 $c \geqslant 1 - \frac{b - v_0}{1 - F(b)} \cdot F'(b)$ 对所有 $b \geqslant v_0$ 都成立的情况下，我们假设卖方网托出价仍然有利可图，也即 $\exists s > b$，使得 $\pi_2(s) > \pi_1 = \pi_2(b)$ 成立，那么必 $\exists b < \varepsilon < s$，使得 $\pi_2'(\varepsilon) > 0$。也就是：

$$\begin{aligned}&1 - c - G(\varepsilon) - (\varepsilon - v_0)G'(\varepsilon) + cG(\varepsilon) > 0 \\ &\to c < 1 - \frac{\varepsilon - v_0}{1 - F(\varepsilon)} \cdot F'(\varepsilon)\end{aligned} \tag{8}$$

因为 $\varepsilon > b \geqslant v_0$，根据题干，那么必有 $c \geqslant 1 - \frac{\varepsilon - v_0}{1 - F(\varepsilon)} F'(\varepsilon)$，与式(8)矛盾，所以假设不成立，即当 $c \geqslant 1 - \frac{b - v_0}{1 - F(b)} F'(b)$ 对所有 $b \geqslant v_0$ 都成立的情况下，卖方网托出价无利可图。

(充分性)假设 $\exists \varepsilon \geqslant v_0$，使得 $\pi_2'(\varepsilon) > 0$，也即 $c < 1 - \frac{\varepsilon - v_0}{1 - F(\varepsilon)} F'(\varepsilon)$，那么在 ε 附近，存在充分小的正数 ε^*，使得 $\pi_2(\varepsilon - \varepsilon^*) < \pi_2(\varepsilon + \varepsilon^*)$，从而使得网托出价有利可图，与题干矛盾，所以假设不成立，即卖方网托出价无利可图情况下，$c \geqslant 1 - \frac{b - v_0}{1 - F(b)} \cdot F'(b)$ 对所有 $b \geqslant v_0$ 都成立。从而命题

得证。

等式(7)是计算佣金率下界的简化算法，基于原则3，佣金率要尽可能小，对于不同情景的拍卖，最小的佣金可能并不相同。实际中我们可以从定理二求出最小佣金。当 $b \geqslant v_0$ 时，令算式 $1-\frac{b-v_0}{1-F(b)} \cdot F'(b)$ 的最大值为 M，那么最小的佣金率就等于 M，即最小的佣金率满足等式(9)：

$$c=\max_{b \geqslant v_0}\left[1-\frac{b-v_0}{1-F(b)} \cdot F'(b)\right] \tag{9}$$

2.2 保证金模式下最优保留价格的确定

由于基于保证金模式下的防托机制对于诚实的买方来说没有惩罚，其期望支出可以由买方期望支出 $T(r)$[6] 给出：

$$T(r)=\int_r^{\bar{v}}\left[vF'(v)+F(v)-1\right]F^{n-1}(v)dv \tag{10}$$

由于增加了佣金与刊登费，卖方的期望收益显然不能再由前面的算式来计算了，设成交价格为 v，那么卖方的收入：

$$\begin{aligned}u(r) &= -l(r)+\left[v-c(v-r)-v_0\right]\left[1-F^n(r)\right]\\ &= -l(r)+(cr-v_0)\left[1-F^n(r)\right]\\ &\quad +(1-c)v\left[1-F^n(r)\right]\end{aligned} \tag{11}$$

根据我们前面的分析，$v[1-F^n(r)]$ 的期望收入就是 $T(r)$，考虑到有 n 个人，所以还应该乘以 n，即保证金模式下，卖方的总期望得益：

$$\begin{aligned}u_n(r) &= -l(r)+(cr-v_0)\left[1-F^n(r)\right]\\ &\quad +(1-c)nT(r)\\ &= -l(r)+(cr-v_0)\left[1-F^n(r)\right]\\ &\quad +n(1-c)\int_r^{\bar{v}}\left[vF'(v)+F(v)-1\right]F^{n-1}(v)dv\end{aligned} \tag{12}$$

对 $u_n(r)$ 求导，并令其为零，则可以得到下面的式子：

$$\begin{aligned}&-l'(r)+c\left[1-F^n(r)\right]-n(cr-v_0)F^{n-1}(r)F'(r)\\ &-(1-c)n\left[rF'(r)+F(r)-1\right]F^{n-1}(r)=0\end{aligned} \tag{13}$$

对(13)式化简即可得到最优保留价格应该满足的等式：

$$r^*=v_0+c\frac{1-F^n(r^*)-l'(r^*)/c}{\left[F^n(r^*)\right]'}+(1-c)\frac{1-F(r^*)}{F'(r^*)} \tag{14}$$

3 结 论

在基于保证金的网托预防机制下，各拍卖参与方将进行如下行动：①拍卖商首先向每一位卖方征收刊登费 $l(r)$，由于刊登费并不影响佣金率，所以其主要作用是调节卖方缴纳的总费用，为了保证总费用在一个合理范围内，若佣金率高可以征收一个较低的刊登费，具体可由拍卖商自行决定。然后对每笔发生实际交割的拍卖向卖方征收 $c(v-r)$ 的佣金，其中佣金率 c 由（9）式确定，或者对未发生实际交割的违约买方没收保证金，保证金的大小刚好等于卖方应该缴纳的佣金。②在该种机制下网托出价无利可图，所以卖方只能依靠设置一个最优的保留价格 r^*，具体计算由（14）式确定。如果卖方想发布拍卖消息需要先缴纳 $l(r^*)$ 的刊登费，如果成交发生实际交割，那么再向拍卖商缴纳 $c(v-r^*)$ 的佣金，在拍卖过程中，卖方不会使用网托出价。③买方的每次竞价，账户上都有一定数额的资金作为保证金被冻结，这个数额相当于以自己竞价为成交价时卖方所应缴纳的佣金数额。如果某位买方的竞价被竞争者超过，那么他的保证金会立即解冻；如果最终赢得拍卖的买方与卖方发生实际交割，那么买方的保证金也会解冻；但如果买方反悔，那么他将损失保证金。

当然本文所研究的问题还有很多值得进一步研究的地方：本文结论的基础还是建立在独立私有价值模型，这一模型是对现实的一个简化，有些地方简化得有些不切合实际，比如每个人的估值独立同分布。因此要放宽此条件，或者基于共同价值模型下，这一模型是否仍然有效是下一步应该研究的方向。另外，网托预防机制虽然能够使网托无利可图，从而消除了网托生存的土壤，但其实质上是将网托收益转移给了网络拍卖商，这样做是否公平，还值得商榷。不过拍卖商获得这部分收益是很重要的，这样他们才有更多的资源进行创新促进网络拍卖行业的发展，从而更好地服务于买卖双方。这一点儿在中国尤为重要，很多电子商务平台由于激烈的竞争，大多使用免费策略，负债经营在所难免。要获得长远地发展，这种情况必不能持久，找到一个稳定的盈利模式无论是对网络平台本身还是对行业发展都是非常重要的。最后，我们要特别感谢 Wang 在这方面的开拓性工作，给了我们很多的启发。

参 考 文 献

[1] Lucking-Reiley D. Auctions on the Internet: What's Being Auctioned, and How? [J]. The Journal of Industrial Economics, 2000, 48 (3): 227-252.

[2] Milgrom P R, Weber R J. A Theory of Auctions and Competitive Bidding [J]. Econometrica, 1982, 50 (5): 1089-1122.

[3] Vickrey W. Counterspeculation, Auctions, and Competitive Sealed Tenders [J]. The Journal of Finance, 1961, 16 (1): 8-37.

[4] Capen E C, Clapp R V, Campbell W M. Competitive Bidding in High-risk Situations [J]. Journal of Petroleum Technology, 1971, 23 (6): 641-653.

[5] Riley J G, Samuelson W F. Optimal Auctions [J]. The American Economic Review, 1981, 71 (3): 381-392.

[6] Myerson R B. Optimal Auction Design [J]. Mathematics of Operations Research, 1981, 6 (1): 58-73.

[7] Engelbrecht-Wiggans R. On Optimal Reservation Prices in Auctions [J]. Management Science, 1987, 33 (6): 763-770.

[8] Shah H, Joshi N, Sureka A, et al. Mining eBay: Bidding Strategies and Shill Detection [J]. WEBKDD 2002-MiningWeb Data for Discovering Usage Patterns and Profiles, 2003: 17-34.

[9] Matsuo T, Ito T, Shintani T. An Approach to Detecting Shill-Biddable Allocations in Com-binatorial Auctions [J]. Data Engineering Issues in E-commerce and Services, 2006: 1-12.

[10] Kauffman R J, Wood C A. The Effects of Shilling on Final Bid Prices in Online Auctions [J]. Electronic Commerce Research and Applications, 2005, 4 (1): 21-34.

[11] Kauffman R, Wood C. Doing their bidding: An Empirical Examination of Factors that Affect a Buyer's Utility in Internet Auctions [J]. Information Technology and Management, 2006, 7 (3): 171-190.

[12] Wang W, Hidvegi Z, Whinston AB. Shill Bidding in English Auctions [J]. Working paper of Goizueta Business School, 2001.

[13] Wang W. Shill Bidding in Multi-round Online Auctions [C], 2002: 7-10.

[14] Jun M W S, Lai K K. Shill Bidding in Online English Auctions with A Random Number of Bidders [J]. International Journal of Information Technology & Decision Making, 2004, (4): 539-562.

The Mechanism Design for Shill-Prevention Based on Deposit

JIANG Jinhu[1], CAO Cao[1], WANG Kanliang[1]

(1. School of Management, Xi'an Jiaotong University, Xi'an 710049, China)

Abstract: Shiller refers to the seller or his agent who uses illegal means in order to raise the auction price. This kind of fraud is very popular in online auction partly because of the anonymous of internet, English auction mechanism and unknown distribution function. In order to fight against shill bidding, we propose a new mechanism based on deposit, which improves Wang's SDFS. The biggest feature of this mechanism is fighting against acts of dishonest, regardless of the buyer or the seller. In this mechanism, the dishonest side will suffer loss, but the honest side will not. Of course, the shill bidding can't make a expected profit in this mechanism, so the mechanism can prevent the occurrence of shill bidding radically.

Keywords: electronic commerce; online auction; internet fraud; shill bidding; mechanism design

2009年10月23-25日
中国 武汉

信息系统协会中国分会第三届学术年会
The Third CNAIS National Congress, CNAIS2009

中国信息系统研究：新兴技术背景下的机遇与挑战

（下册）

陈国青　马费成　主编

Information Systems Research in China: Opportunities and Challenges in the Context of Emerging Technologies

WUHAN UNIVERSITY PRESS
武汉大学出版社

第六篇

决策支持与商务智能

利用频繁事件组挖掘用户上网行为模式*

周文志[1]，刘红岩[1]

（1. 清华大学经济管理学院，北京 100084）

摘　要：研究不同用户群上网行为的异同模式具有多方面的实际意义。频繁事件组挖掘常用于发现潜藏在事件序列中的频繁模式。本文利用该技术来研究某一类用户的上网特点，设计了一种基于最小发生域的频繁事件组挖掘算法 MOFE，并结合最小发生域的特性，提出了若干优化方法。MOFE 同时适用于连续时间和离散时间的事件序列，且不会出现重复计数问题。应用 MOFE 挖掘老、中、青三类用户的上网习惯，发现了许多有趣的行为模式。MOFE 也可用于其他具有连续或离散时间事件序列背景的实际应用研究。

关键词：事件序列；频繁事件组；最小发生域；上网模式

中图分类号：TP182

在数据挖掘应用中，实际收集到的数据往往具有内在的有序性，一般可以抽象为时间上具有先后顺序的事件序列。事件组是指序列中满足一定偏序关系、在一定时间内发生的一组事件。挖掘频繁事件组（frequent episode）就是从输入序列中发现经常发生的事件组（episode）。通过频繁事件组可以导出序列中的潜在规则，帮助描述和预测该序列的行为模式。

频繁事件组的概念最早由 Mannila 等研究者提出[1]，随后有一些相关的研究[2][3][4][5][6]。Mannila 等人提出了基于滑动时间窗的挖掘算法 WINEPI，但该方法存在一定的缺陷。首先，事件组 α 的同一个实例可能出现在多个连续的时间窗中，由此引发重复计数问题，使得部分实际发生次数较少的事件组被不恰当的评估为频繁事件组。其次，给定基本时间单位，WINEPI 算法的设计模式只适用于时间严格连续的输入事件序列，对实际应用中更常见的离散时间事件序列，通常需要先进行转换。另外，WINEPI 算法在每次迭代生成频繁事件组的过程中，都需要扫描整个输入序列，算法效率显著受到数据总量的影响。

本文将要探讨不同网络用户群体上网行为的相同和不同之处。通过对用户上网模式的分析，网站经营者可以更好地掌握客户需求，更合理地设计页面布局，更有效地给每个用户提供个性化链接推荐服务，进而提高网站的知名度和访问流量，为网站带来更多的商业契机。实际用户的上网活动往往具有周期性和集中性的特点，单个用户访问网站的数据流通常属于离散时间事件序列，采用 WINEPI 算法来挖掘频繁的上网模式将会导致诸多不便。

Mannila 等研究者通过引进最小发生域（minimal occurrence）的概念，提出了基于最小发生域发现频繁事件组的基本设想（算法称为 MINEPI 算法）[1]，并给出了算法框架[2]，希望可以解决 WINEPI 的上述不足，但没有给出该算法的具体实现方法。本文通过借鉴最小发生域的基本概念，设计并实现了从离散时间事件序列中发现频繁事件组的新算法（我们称之为 MOFE），并将该算法应用于网络用户上网行为的实际研究中，发现了一些有意义的模式。

1　模型描述和基本性质

给定事件类型集合 E，一个离散时间事件序列可以表示成一个二元组(S, T)。其中：

$S = \{(s_i, i) \mid i = 1,2,\cdots,N; s_i = \{A_{i1}, A_{i2}, \cdots, A_{ik}\}, A_{ij} \in E\}$；$T = \{(t_i, i) \mid i = 1,2,\cdots,N; t_i < t_{i+1}\ (i = 1,2,\cdots,N-1)\}$；$N$ 为实际有事件发生的时间点个数。

事件为事件类型—时间对(A_{ij}, t_i)。

本文所研究的事件组为串行事件组[1]，即所有事件都有严格的时间先后顺序的事件组（下文统

* 基金项目：国家自然科学基金项目（70871068，70621061，70890083）

通讯作者：刘红岩，liuhy@sem.tsinghua.edu.cn

一简称为事件组）。一个串行事件组 α 可用如下一个序列表示：$\langle A_1, A_2, \cdots, A_n\rangle$。例如，事件组 $\langle A, B\rangle$ 和 $\langle B,A\rangle$ 是两个不同的串行事件组。在 $\langle A,B\rangle$ 中，事件 B 在事件 A 之后发生，而在 $\langle B,A\rangle$ 中，事件 B 则发生在事件 A 之前。

下面是设计 MOFE 算法将要使用的一些重要的定义和性质。

定义 1[1] 如果一个时间区间 $[t_s, t_e)$ 满足：(1)在 $[t_s, t_e)$ 内，包含事件组 α 的一个实例；(2)不存在任何一个更小的时间区间 $[t'_s,t'_e)\subset[t_s,t_e)$（即 $t_s\leq t'_s$，$t'_e\leq t_e$ 且 $t'_e - t'_s < t_e - t_s$），包含该实例；则称 $[t_s, t_e)$ 是 α 的一个最小发生域（minimal occurrence）。其中 t_s、t_e 分别为最小发生域的起始时间、结束时间。$t_e - t_s$ 为最小发生域的时间跨度。

由定义 1 可知，(1)事件组 α 在序列 (S,T) 中的每一个实例都对应于一个最小发生域；(2)事件组 α 的每一个最小发生域都精确记录了某个实例发生的具体时间，同时还确定了该实例首、尾两事件发生的具体时间点。

引理 1 如果 $[t_s, t_e)$ 是事件组 $\alpha=\langle A_1,A_2,\cdots,A_n\rangle$ 的一个最小发生域，那么在输入事件序列 (S,T) 中，必定存在 (A_1,t_s) 和 (A_n,t_e-1) 两个事件。

一个事件组在事件序列中往往存在多个实例，这些实例之间具有先后关系，先发生的实例也必然先结束。结合事件组实例和最小发生域之间的一一对应关系，可得如下引理。

引理 2 假设时间区间 $[t_s,t_e)$、$[u_s,u_e)$ 是事件组 α 的两个最小发生域，如果 $t_s<u_s$ 则 $t_e<u_e$；反之亦然。

给定事件序列 (S,T) 和时间窗阈值 win，时间跨度在时间窗阈值范围内（$t_e - t_s \leq \mathrm{win}$）的最小发生域称为事件组 α 的**有效最小发生域**。下面是 α 在序列 (S,T) 中的**有效最小发生域有序集合**的定义。

定义 2 给定事件序列 (S,T) 和时间窗阈值 win，如果事件组 α 的某个最小发生域集合具备如下三个性质：

(1)有效性，集合中所有元素均为 α 的有效最小发生域；

(2)完备性，集合中包含 α 在序列 (S,T) 中的所有有效最小发生域；

(3)有序性，集合中所有元素按照起始时间升序（或降序）排列。

则该集合为事件组 α 在事件序列 (S,T) 中的有效最小发生域有序集合（下文简称为最小发生域集合），记做 $\mathrm{mo}(\alpha)$。

显然，事件组 α 最小发生域集合的大小——$|\mathrm{mo}(\alpha)|$，即为该事件组在序列 (S,T) 中发生的次数，可以作为衡量 α 的出现频率的指标。基于以上的性质我们设计了 MOFE 算法。

2 MOFE 算法

MOFE 算法的基本思路仍然是先发现长度为 k 的频繁事件组，然后根据长度为 k 的频繁事件组生成长度为 $k+1$ 的候选事件组，再通过特定的评估方式判断这些事件组是否频繁，进而得到长度为 $k+1$的频繁事件组，依次循环迭代，直至没有更长的频繁事件组生成为止。借助最小发生域集合，MOFE 算法在多次迭代过程中，总共只需要扫描一次原始输入序列，就可将其中所有有价值的事件信息完整地保存并传递下去。整个挖掘过程可以分为三个阶段——生成 F_1（频繁事件组集合，集合中每个频繁事件组的长度都为 1；生成候选事件组和评估候选事件组，分别实现了读入原始信息、传递有效信息和使用频繁信息的功能。

MOFE 算法

输入：事件序列 (S,T)，时间窗阈值 win，绝对频率阈值 min_fr;

输出：所有频繁事件组的总集合 F;

过程：

1. 遍历输入事件序列（S，T），生成 F_1 和 MO_1;
2. while ($F_k != \phi$) {
3. 调用 GenCandidate 函数；生成候选事件组集合 C_{k+1} 以及相应的 CMO_{k+1};
4. 评估 $\alpha\in C_{k+1}$ 是否频繁；生成频繁事件组集合 F_{k+1} 和相应的 MO_{k+1};
5. }

/* MO_i、CMO_i 均为 mo（α）的集合，其中 α 的长度为 i */

2.1 生成 F_1

在这一阶段，MOFE 算法通过遍历输入事件序列，将事件（A_i，t_i）中的原始信息以 A_i 的最小发生域 $[t_i, t_{i+1})$ 的形式存储在集合 mo（A_i）中；然后根据 $|$mo（A_i）$|$ 的大小，判断 A_i 是否频繁，最终生成 F_1。

2.2 生成候选事件组

MOFE 算法通过最小发生域集合来保存和传递

有效信息，因此要求在产生候选事件组后，立即生成与之相应的最小发生域集合。前者用来确定信息传递的对象，后者完成信息传递的具体过程。

MOFE 采用与 WINEPI 相同的候选事件组生成方法。首先，通过组合同一数据块中的两个频繁事件组产生可能的候选事件组（对长度为 n 的两个频繁事件组，如果它们的前 $n-1$ 个事件相同，则认为它们在同一个数据块中），再根据文后参考文献［1］中的引理 1 "任何频繁事件组的子事件组必定是频繁的"，来进一步确定可能的候选事件组。

MOFE 算法的核心是生成候选事件组的最小发生域集合。Mannila 等研究者分析了目标事件组（即长度为 n 的候选事件组）的最小发生域和它的子事件组（长度为 $n-1$）的最小发生域之间的关系，并由此提出了生成目标事件组的最小发生域的方法[1][2]。在此基础上，本文提出以下由两个特殊子事件组的最小发生域集合生成目标事件组最小发生域集合的方法。

假设目标事件组 $\alpha = \langle A_1, A_2, \cdots, A_n \rangle$，$\alpha_1$ 和 α_2 分别是 α 的两个特殊子事件组。其中 $\alpha_1 = \langle A_1, A_2, \cdots, A_{n-1} \rangle$，没有 α 的最后一个元素；$\alpha_2 = \langle A_2, \cdots, A_{n-1}, A_n \rangle$，没有 α 的第一个元素。mo（α_1）和 mo（α_2）分别是 α_1、α_2 的最小发生域集合。mo（α_1）［i］＝［t_s，t_e）表示 α_1 的第 i 个最小发生域，mo（α_2）［j］＝［u_s，u_e）表示 α_2 的第 j 个最小发生域，其中 $t_s < u_s$。

如果不存在任何 $k_i > i$ 使得 mo（α_1）［k_i］＝［t'_s，t'_e）且 $t'_s < u_s$，则称［t_s，t_e）是 α_1 在 u_s 之前"最晚"发生的实例。如果不存在任何 $k_j < j$ 使得 mo（α_2）［k_j］＝［u'_s，u'_e）且 $u'_s > t_s$，则称［u_s，u_e）是 α_2 在 t_s 之后"最早"发生的实例。如果［t_s，t_e）是 α_1 在 u_s 之前"最晚"发生的实例，同时［u_s，u_e）是 α_2 在 t_s 之后"最早"发生的实例，则称［t_s，t_e）和［u_s，u_e）为 α_1、α_2 的一组**相邻发生域**。

引理 3 由 α_1、α_2 的一组相邻发生域组合得到的时间区间［t_s，u_e）是 α 的一个最小发生域。

因篇幅所限，证明略。

函数 GenMO 通过交叉遍历 α_1、α_2 的最小发生域集合，寻找并组合所有可能的相邻发生域，生成了事件组 α 的一个有效最小发生域的集合 mo′（α）。

GenMO 函数

作用：生成目标事件组 α 的最小发生域集合

输入：最小发生域集合 mo（α₁）、mo（α₂），时间窗窗口阈值 win；

输出：目标事件组 α 的最小发生域集合 mo（α）；

```
过程：
1. i = 1, j = 1;
2. ω1 = mo(α1)[i]; ω2 = mo(α2)[j];
3. do{
4.    while(ω1.ts ≥ ω2.ts) do
         /* 固定当前 α1 的最小发生域[t's, t'e)，在 mo(α2) 中找出第一个有可能组成相邻发生域的时间区间，确定 α2 在 t's 之后"最早"发生的实例[us, ue) */
5.       j = j + 1;
6.       if (j ≤ |mo(α2)|) then do ω2 = mo(α2)[j];
7.       else break to line 16
8.    while(ω1.ts < ω2.ts) do
         /* 固定当前 α2 的最小发生域[us, ue)，在 mo(α1) 中找出 α1 在 us 之前"最晚"发生的实例[ts, te) */
9.       i = i + 1;
10.      if (i ≤ |mo(α1)|) then do ω1 = mo(α1)[i];
11.      else break to line 12;
12.   ω0 = [mo(α1)[i-1].ts, ω2.te);
13.   if ((ω2.te - mo(α1)[i-1].ts) ≤ win) then do
14.      mo(α) = mo(α) + ω0;
         /* 组合当前 α1、α2 的相邻发生域，生成目标事件组 α 的一个最小发生域 */
15. }while(true);
16. output mo(α);
```

定理 由 mo（α_1）和 mo（α_2）按照 GenMO 函数生成的集合 mo′（α）是目标事件组 α 的有效最小发生域有序集合，即 mo′（α）＝mo（α）。

证明：我们分别从有效性、完备性和有序性进行证明。

（1）有效性。GenMO 中 Line 13 的判断确保了 mo′（α）中的元素是 α 的有效最小发生域。

（2）完备性。用反证法，不妨假设存在 α 的一个有效最小发生域［t_s，t_e）$\notin$ mo′（α）。依据参考文献［1］中的引理3，必定存在 $t_s^1 > t_s$ 和 $t_e^1 < t_e$，使得［t_s，t_e^1）$\in$ mo（α_1）、［t_s^1，t_e）$\in$ mo（α_2）。按照 GenMO 交叉遍历的设计思路，由于存在 $t_s < t_s^1$，则必定可以找到 α_1 在 t_s^1 之前"最晚"发生的实例［t，t_e^2），使得 $t_s \leq t < t_s^1$、$t_e^2 < t_e$；同理，由于存在 $t_s^1 > t$，也必定可以找到 α_2 在 t 之后"最早"发生的实例［t_s^2，u），使得 $t < t_s^2 \leq t_s^1$、$u \leq t_e$；从而得到了 α_1、α_2 的一组相邻发生域［t，t_e^2）和［t_s^2，u）。

GenMO 通过组合这组相邻发生域可得 α 的一个最小发生域 $[t, u)$，且满足 $t_s \leq t$、$u \leq t_e$。显然，$[t, u)$的时间跨度 $u-t$ 小于或等于 $[t_s, t_e)$ 的时间跨度 $t_e - t_s$，即应有 $[t, u) \subset [t_s, t_e)$ 或者 $[t, u) = [t_s, t_e)$ 成立。如果 $[t, u) \subset [t_s, t_e)$，说明 $[t_s, t_e)$ 不是 α 的最小发生域，与假设矛盾。如果 $[t, u) = [t_s, t_e)$，说明 $[t_s, t_e) \in mo'(\alpha)$，也与假设矛盾。完备性得证。

（3）有序性。GenMO 交叉遍历 $mo(\alpha_1)$ 和 $mo(\alpha_2)$ 的设计方式可确保所生成的集合为有序集合。

下述函数 GenCandidate 实现了第二阶段生成候选事件组及其最小发生域集合的功能。

GenCandidate 函数

作用：生成候选事件组集合以及相应的 mo（α）集合

输入：事件组长度为 k 的频繁集合 F_k、最小发生域集合 MO_k，时间窗窗口阈值 win；

输出：事件组长度为 $k+1$ 的候选集合 C_{k+1}，以及相应的最小发生域集合 CMO_{k+1}；

过程：

```
1. count = 0;
2. if k == 1 then for h = 1 to |F1|
       do F1. block_start [h] = 1;
3. for i = 1 to |Fk| do
4.     current_ block_ start = count + 1;
5.     for (j = Fk. block_ start [i]; Fk. block_ start [j] ==
   Fk. block_ start [i]; j + + ) do
6.         record α1 = Fk [i];
       /* 生成候选事件组 */
7.             for x = 1 to k do α [x] = Fk [i] [x];
8.             α [k+1] = Fk [j] [k];
9.             for y = 1 to k - 1 do
10.                for x = 1 to y - 1 do β [x] = α [x];
11.                for x = y to k do β [x] = α [x+1];
12.                if y == 1 then record α2 = β;
13.                if β is not in Fk then continue with the next j at
   line 6;
14.            find mo (α1) and mo (α2) in MOk;
           /* 调用 GenMO，生成候选事件组的最小发生域
   集合 mo (α) */
15.            mo (α) = GenMO (mo (α1), mo (α2), win);
16.            count = count + 1;
17.            Ck+1 [count] = α;
18.    Ck+1. block_ start [count] = current_ block_ start;
19.            CMOk+1 [count] = mo (α);
20. output Ck+1 and CMOk+1;
```

2.3 评估候选事件组

候选事件组 α 的最小发生域集合的大小表明了该事件组在序列 (S, T) 中发生的次数，通过比较 $|mo(\alpha)|$ 和频率阈值 min_ fr 的大小即可判断 α 频繁与否。

2.4 简单比较 MOFE 和 WINEPI

1）解决重复计数问题

WINEPI 中，目标事件组 α 的发生频率由包含该事件组的时间窗的数目来表示。然而 α 的同一个实例可以出现在多个时间窗口当中，带来了重复计数问题，使得部分实际发生次数较少的事件组被不恰当的评估为频繁事件组。如表 1 中事件序列：

表 1 **事件序列 Test（win = 5）**

Time（min）	1	2	3	4	5	6	…	86	87
Events	A	B	C	D	A	C	NULL	A	B

考虑事件组〈A，B〉。WINEPI 算法统计的发生次数为 8 次；而〈A，B〉实际发生的次数仅为 2 次。如果频率阈值设定为 3～7，事件组〈A，B〉将被不恰当的评估为频繁事件组。

MOFE 算法通过最小发生域可以精确记录事件组每一个实例发生的具体时间区间，并由此建立事件组实例和最小发生域之间的一一对应关系，有效地解决了重复计数问题。例如，事件组〈A，B〉的最小发生域集合 $mo(\langle A,B\rangle) = \{[1,3), [86,88)\}$，其中只有两个元素，分别对应了〈A,B〉的两个实例。

2）适用于连续时间和离散时间序列

WINEPI 算法的时间窗一次只能向后滑动一个时间单位，为了保证滑动过程中时间窗的大小不变，在给定基本时间单位后，读入内存的事件序列必须为严格的连续时间事件序列。然而在实际应用中，具有周期性集中生成特点的离散数据流往往更常见（如用户上网活动的记录）。由这类数据流转换而得的连续时间事件序列，通常会包含大量不发生任何事件的空时间点。这不仅会造成内存资源的浪费，还将使得 WINEPI 算法在运行过程中产生大量无效的空时间窗口，影响算法的效率。以事件序列 Test 为例，在一次遍历过程中，WINEPI 算法总共需要访问 87 个时间点，其中有 80 个为空时间点；总共产生了 91 个时间窗口，其中有 75 个为空时间窗口。

因此，WINEPI 算法在某些情况下不适用于离

散时间事件序列的频繁事件组挖掘。而 MOFE 算法所针对的数据序列(S，T)中,T 可以是连续时间，也可以是离散时间。考虑 Test 序列，MOFE 只需要访问其中的 8 个时间点，且只访问一次。与 WINEPI 相比，MOFE 对离散时间数据序列的处理将更加高效、方便。

3 不同客户群上网行为挖掘实验

网络用户的上网行为因人而异。不同的用户经常访问的网站不同，浏览网页的顺序也不同。本文将网络用户按照年龄大小分为老、中、青三个群体，试图达到以下两个目的：a）找出每个用户的上网模式，归结单个群体的上网特点；b）发现不同群体之间用户上网模式的差别，分析其中原因。(其中，青年用户是指年龄在 18 ~ 29 岁之间的用户，中年用户是指 30 ~ 49 岁之间的用户，而老年用户则是指年龄在 50 岁以上的用户。)

本文所采用的数据来自 COMSCORE 商用数据集(记录用户上网数据的数据集)。经过对原始数据的分析、抽象、整理，最终确定 400 名网络用户作为实验样本(其中，中年用户 200 名、青年用户 100 名、老年用户 100 名)，并选取这些用户在同一个月内的上网记录作为输入数据。

实验的基本过程如下：

(1) 应用 MOFE 算法，分别挖掘出每个样本用户的频繁上网模式(即频繁事件组)，得到三张记录用户编号和频繁上网模式的事务表 D_i，$i=1, 2, 3$；

(2) 从 D_i 中挖掘频繁一项集，发现相应用户群的上网习惯；

(3) 比较不同用户群的上网模式，发现它们之间的相同和不同之处并总结规律。

实验参数设定如下：

(1) 在步骤 2 中，挖掘频繁一项集的相对频率阈值 min_sup 设为 0.2（D_i 为输入数据)；

(2) 在步骤 1 中，所有输入事件序列的基本时间单位都设定为分钟，绝对频率阈值 min_fr = 30 (即认为平均每天出现一次的事件组为频繁事件组)；

(3) 分别设时间窗阈值 win = 15 和 win = 20，进行两次实验。

实验结果和分析如下。

3.1 三个用户群共有模式

老、中、青三个用户群大部分上网模式都相同，反映了现代网络用户之间的通性。如表 2 所示。

表 2 老中青三个用户群共有的上网模式

事件组长度	win = 15 min_ fr = 30	win = 20 min_ fr = 30
1	A, D, F, H, O, P, Q, T, U, V, Z	A, D, F, H, O, P, Q, T, U, V, Z
2	〈A, A〉〈Q, A〉〈Q, P〉〈Q, Q〉〈Q, T〉〈Z, Z〉	〈A, A〉〈Q, A〉〈Q, D〉〈Q, H〉〈Q, P〉〈Q, Q〉〈Q, T〉〈T, Q〉〈Z, Z〉
3	〈Z, Z, Z〉	〈Z, Z, Z〉
4	〈Z, Z, Z, Z〉	〈Z, Z, Z, Z〉

注：表中显著标识的事件组为两次实验中均发现的三个用户群共有的上网模式

从表 2 中不难发现，在老、中、青三个用户群所共有的上网模式中，大部分都包含 Q 类网站，即 Portals 类网站。

表 3 老中青用户群中经常访问 Portals 类网站的用户比例

用户群	win = 15 min_ fr = 30	win = 20 min_ fr = 30
Old	0.96	0.96
Middle	0.945	0.945
Young	0.97	0.97

结合表 3 以及 Q 类网站的主要特征（Q 类网站主要是导航网站或者门户网站)，可以得出大部分网络用户所共有的上网习惯：先访问导航网站或者门户网站；然后通过该类网站中提供的链接访问其他类型的网站。可能原因：网络用户更偏好于使用以网站名称简单标识的链接而不是具体、繁杂的网络地址。

3.2 单个用户群特有模式

存在部分上网模式，只在单个群体中频繁出现，体现了该类客户的特点。如表 4 所示。

表 4 单个用户群特有的上网模式

用户群	win = 15 min_ fr = 30	win = 20 min_ fr = 30
Only-Young	〈A, Q〉, 〈G〉, 〈T, Q〉	〈A, Q〉, 〈G〉, 〈H, Q〉
Only-Middle	〈I〉, 〈Z, Z, Z, Z, Z, Z〉	〈I〉, 〈Z, Z, Z, Z, Z, Z〉, 〈Z, Z, Z, Z, Z, Z, Z〉
Only-Old	〈H, H〉, 〈R〉	〈D, D〉, 〈R〉, 〈T, T〉

〈G〉和〈A，Q〉为青年用户特有的上网模式；〈I〉和〈Z，Z，Z，Z，Z，Z〉为中年用户特有的上网模式；老年用户特有的上网模式为〈R〉。结合各类网站的主流信息，发现：

（1）青年人更多地访问 G：Education 类网站。可能原因：青年用户普遍处于求学阶段。

（2）中年人更加关注 I：Finance &Investing 类型的网站。可能原因：中年人需要承担更多家庭责任。

（3）部分中年人（23.5%）会在一段时间内频繁访问成人类网站（Z：XXX/Adult Content）。

3.3 两个用户群共有模式

存在部分上网模式，只由两个用户群共有，反应了它们之间在某些方面的相似性。

表 5 只由两个用户群中共有的上网模式

用户群	win = 15 min_ fr = 30	win = 20 min_ fr = 30
Young-Middle	〈Z，Z，Z，Z，Z〉	〈Z，Z，Z，Z，Z〉
Young-Old	〈H，A〉，〈Q，D〉，〈Q，H〉	〈H，A〉，〈H，H〉
Middle-Old	NULL	NULL

从表 5 中可知：部分青年人和中年人会在短时间内频繁访问成人类网站；部分青年人和老年人会在访问完娱乐类型（H：Entertainment）的网站后，接着访问类似网上商城的网站（A：Ad Banner Networks）。可能原因：老年人和青年人有更多空闲时间关注娱乐新闻和进行网上购物。

4 结 论

本文通过借鉴最小发生域的基本概念，设计并实现了基于最小发生域挖掘频繁事件组的 MOFE 算法。该算法可以从事件序列中有效地挖掘频繁事件组，解决了重复计数问题和离散时间序列带来的问题，并且只需要遍历一次原始事件序列，降低了原始数据总量对算法效率的影响。在不同客户群上网行为的实际研究中，应用 MOFE 算法，可以快速地发现每个样本用户的上网习惯，为进一步分析群体的上网模式准备数据。不同客户群的上网模式既有相同之处，又存在差别。两个客户群相同的上网模式是二者在某些方面相似性的体现。而由某个用户群所独有的上网模式则反应了该类用户在某方面与其他用户群的显著不同。

参考文献

[1] Mannila H, Toivonen H, Verkamo A I. Disco Very of Frequent Episodes in Event Sequences [J]. Data Mining and Knowledge Discovery, 1997, 1 (3): 259-289.

[2] Mannila H, Toivonen H. Discovering Generalized Episodes Using Minimal Occurrences [M]. KDD Conference, 1996.

[3] Laxman S, Sastry P S, Unnikrishnan K P. A Fast Algorithm For Finding Frequent Episodes In Event Streams [M]. KDD Conference, 2007.

[4] Anny Ng, Ada Wai-chee Fu. Mining Frequent Episodes for Relating Financial Events and Stock Trend. Pacific-Asia on Knowledge Discovery and Data Mining, 2003.

[5] 邓勇，施文康．发现频繁情节的改进算法 [J]. 上海交通大学学报，2005，39 (3)：405-408.

[6] 王云岚，周兴社，侯正雄．频繁情景并行挖掘算法研究．西北工业大学学报，2007，25 (2).

Finding User's Online Browsing Patterns by Frequent Episode Mining

ZHOU Wenzhi[1], LIU Hongyan[1]

(1. School of Economics and Management, Tsinghua University, Beijing 100084, China)

Abstract: Internet users have their own way to browse websites. The patterns behind their action are useful for internet companies. So how to find each user's browsing pattern from his (her) website-browsing sequence quickly and efficiently is a challenging task. Frequent episode discovery is an important data mining technique for finding patterns from event sequence. There are two existing algorithms, WINEPI and MINEPI, for mining frequent episodes. In this paper, we present a new algorithm for frequent episodes mining under the definition of minimal occurrence. This algorithm can be applied to both consecutive and discrete events sequence. In order to improve its performance, we found some valuable properties and proposed several useful methods. Before its application on website-browsing pattern analysis, we first group users into three parts, young, middle and old. Using our methods we get some interesting and reasonable results.

Key words: events sequence; frequent episode; minimal occurrence; online browsing pattern

网络广告位置对点击率 CTR 影响的实证研究

卫强[1]，阮楠[2]，单艺[3]

（1. 清华大学 经济管理学院管理科学与工程系，北京 100084

2. 清华大学 经济管理学院市场营销系，北京 100084

3. 北京传智锐媒广告有限公司，北京 100005）

摘　要：网络广告作为一种新兴广告形式正在高速发展，而点击率（CTR）是影响点击量、广告效果、广告位定价及用户竞拍意愿的关键指标之一。其中，研究广告位置如何对 CTR 产生影响具有理论意义和实践意义。本文针对某网络广告服务商提供的 27 天广告浏览和点击日志数据，采用非参数检验，分别按行、列与九宫格对广告位对 CTR 影响进行实证分析并发现：（1）广告位置对 CTR 的影响显著；（2）右列 CTR 显著低于前两列 CTR；（3）中间行 CTR 显著高于上方行。在论文最后，作者进行了归纳分析和展望。

关键词：网络广告；CTR；非参数检验

中图分类号：TP399

1　背景简介

随着互联网的快速发展和普及，互联网经济规模和影响力越来越大。而支撑大量免费互联网服务的主要经济形式之一是网络广告。网络是广告主以付费方式运用互联网对公众进行劝说的一种信息传播活动。虽然互联网广告占整个广告市场的份额较小，但它以高精准性、相对低成本、内容丰富性、时空灵活性取得了高速发展[1][2][3][4][5][6][7][8]。据艾瑞咨询统计显示，2008 年我国网络广告市场规模达 180.6 亿元人民币，近些年以 70% 以上增速发展。占整体广告市场比重从 2006 年的 3.8% 增至 2008 年的 10% 左右[2]。特别在目前全球经济危机背景下，网络广告更具独特优势。

网络广告主要形式是在网页相关位置上添加各种形式的文本广告、图片广告及富媒体广告等。不同网络广告有多种不同收费模式[5][6]，如每千人广告展示数 CPM（Cost Per Thousand Impressions），每点击成本 CPC（Cost Per Click），每行动成本 CPA（Cost Per Action），每购买成本（Cost Per Purchase）等。这些不同收费模式（除 CPM）都跟网络广告被点击次数相关。而点击率（CTR，Click Through Rate）=广告点击量/广告展示量，是最能广泛应用的网络广告质量评估指标之一。它反映在一定时间内，网络广告受关注的概率估计值。1995 年，美国网站横幅广告点击率能达到 30% ~40%，这反映了互联网时代初期的用户特点。然而随着网络广告越来越多，同时用户逐渐对广告产生了“免疫”，近年来 CTR 大幅下降。2008 年，网络广告的平均 CTR 不到 0.1%[4][9]（尚未剔除点击欺诈的影响）。

因此，网络广告运营商和厂商都希望能有效提高广告的点击率，从而可赚取更多利润（广告运营商）或吸引更多眼球（厂商）。这就需要找到影响 CTR 的关键因素并采取针对性措施。业界和学界普遍认为影响 CTR 的主要因素包括：（1）广告的一些基本特征（生动性、大小、样式）；（2）广告内容，以及与网页/网站内容的相关程度；（3）广告位置的影响；（4）时间因素的影响[17][18][19][20][21]，等等。

但是，上述因素的有效性和合理性尚未得到严格证明和分析。许多分析是定性说明和解释，而缺乏数据分析的支撑。而一些数据分析结果也更多的是网络公司的分析报告。出于竞争的需要，这些公司一般不提供技术细节。在我国，针对我目前的网络广告 CTR 的影响因素和效果分析的研究和行业报告还非常不够。

本论文通过与某专业网络精准广告服务商进行合作，获得了 27 天的网络广告浏览和点击日志数据，并基于此进行实证分析，得到一些具有一定指导意义的分析结果。不但填补了我国这方面研究不足，也为互联网广告行业发展提供一定指导。

2　网络广告位置与 CTR 的关系

网络广告行业在十几年高速发展中一直受到 CTR 下降的困扰，网络用户越来越趋于实用和理性，早在 20 世纪 90 年代中期广告 CTR 很高的时候，就已经开始出现了明显下降的趋势。2000 年，横幅广告平均 CTR 已下降到约 0.5%[10]。2007 年，eMarketer 报告显示横幅广告平均 CTR 只有约 0.2%[11]。中国的情况也如此。2007 年 AC 尼尔森的《2007 年 10 月中国网络广告市场研究报告》显示，横幅、弹出、按钮等广告形式的平均 CTR 不足 0.18%，搜索广告 CTR 也出现不同程度下降[12]。comScore 公司数据表明 2008 年展示广告平均 CTR 不足 0.1%[4]。

从用户点击网络广告的原因来看，Rubin 的使用与满足理论将媒体使用动机分为工具性行为（instrumental behavior）和仪式化行为（ritualistic behavior）。前者表现为寻找信息，如搜索等；后者表现为寻找娱乐，如随意浏览冲浪行为等[13]。Hirshman 和 Holbrook 将人们消费行为划分为实用型消费和享乐型消费。在网络广告上，前者更注重内容，后者更追求广告颜色、图像、动画等带来的感官感受[14]。1996 年，Hoffman 和 Novak 发展了使用满足理论，提出两种网络导航模式：目标导向（Goal-directed）和体验性（Experiential）网页浏览行为[15]。

人们点击网络广告主要也是基于这两种动机，第一种是目标导向，即用户有意搜索信息，慎重考虑广告提供的信息；第二种是在网上冲浪或进行娱乐时，用户未经主动探究和思考就受到了周围广告的暗示及影响而点击了广告[16]。

关于广告位置对 CTR 的影响，国内外研究都相对匮乏，以定性研究居多。相关研究中，一般将网页上位置划分成九宫格，如图 1 所示。这种划分方法比较简单实用，也是实际应用中网络广告摆放时所考虑的位置[22]。

在相关研究中，Doyle 通过对几个网页进行了一周的数据统计，对三对位置进行比较发现[21]：（1）C3 的 CTR 要比 A 行的 CTR 高 228%，B 行的 CTR 比 A 行的 CTR 也显著高。其原因主要在于用户对横幅广告产生了相当的“免疫”而直接跳过。（2）在同一页面放两个相同广告的 CTR 要比一个广告 CTR 略高，但不显著。然而，Doyle 的研究数据量较小，同时没有采用合适统计方法进行检验，结果也过于简单，缺乏代表性。在 Google 的统计报告中[22]，首页上方的 A 行横幅广告，内容页面 A1 的广告或第 3 列的广告 CTR 较高，论坛页面下方 C 行横幅广告的 CTR 较高。但是 Google 的报告没提供必要技术细节。

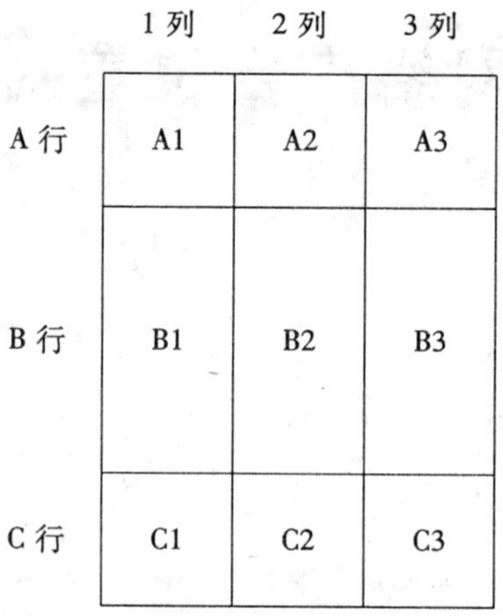

图 1　网络广告九宫格位置示意图

总的来说，广告位置对广告 CTR 的影响的研究非常有限。且由于数据获得比较困难，严谨的统计分析和实证研究难以进行。而本文通过与某专业网络精准广告服务商的合作，获得了 27 天的网络广告浏览和点击的日志数据，并基于此进行实证分析和定量分析，得到了一些具有一定指导意义的分析结果。

3　数据描述与分析方法说明

提供数据的是一家网络精准广告联盟平台服务商。该服务商提供精准定向和智能化平台来提供互联网广告发布、监测与效果优化服务。其客户包括很多国际国内知名企业，合作媒体包括各个大型行业网站。该公司从网络媒体上买下部分广告位，再卖给广告主，并提供广告创意设计、内文匹配广告发布、广告布局优化等服务，致力于达到网络广告精准投放的目的，使得广告主、网站和它自己三方获益。该平台具有自动识别和匹配功能模块，可将广告投放到与之相关网页上。

该公司对广告主收费大多采用点击付费 CPC 方式，因此如何有效提高 CTR 非常重要。该公司合作网站超过 100 个，90% 是垂直门户网站，涉及行业很广。该公司进行广告投放等操作时，也采用图 1 中九宫格方式进行。网络广告形式大多为包含文字和图像的横幅广告以及少量小规模按钮广告。该公司购买广告位大多不在同一网页上。同一个广告位一天会自动滚动多个广告。

该公司所提供数据包括两种网络日志文件，一种为展示日志，一种为点击日志。数据整理发现，每天展示日志有 8000 多万条记录，点击记录只有几万条，一天总数据规模超过 20G。本文分析了 27 天的数据（从 2009 年 3 月 30 日至 4 月 26 日），数据总规模约有 500G。前期数据处理工作量较大，采用 MySQL 进行按不同网站广告位进行统计，然后对应九宫格位置进行提取和汇总，计算得到每个位置每天浏览量、点击量和 CTR。

经过前期处理发现数据具有以下几方面特点：(1) 每个网站广告位非常少，大多数只有 1 个；(2) 各个广告位上浏览次数分布极不平均。如 A3，C2 和 C3 浏览量非常少；(3) 点击率都非常低，平均各个位置点击率约不足 0.05%。最多的位置，如 B2，C1，能达到千分之几。

由于影响 CTR 因素非常多。如考虑广告位置对 CTR 影响，最理想情况应在同一个网页的九个位置上都有相同广告，且网页数量较多。这样才能剔除其他因素进行统计。显然这种情况在实际数据中不存在。因此，为了构建合理统计量，并针对广告位置的影响因素进行实证分析，本文将 27 天中每天九个位置的 CTR 作为一个样本，并将九个位置上的每天总 CTR（每个位置的一天内的总点击量/总浏览量）分别作为一组样本。这样的数据量较大，都能达到数十万级以上的浏览量，则其他因素，如广告内容，广告时间等影响相对而言可忽略。表 1 所示的就是处理后所得到的用于统计的部分数据。

表 1　**27 天的 9 个位置的 CTR 数据**

（单位：万分之一）

CTR	3 月 30 日	4 月 1 日	4 月 2 日	…	4 月 26 日
A1	3.1975	3.0364	5.7203	…	7.2023
A2	5.1235	5.7924	4.8289	…	7.795
A3	2.9399	2.5914	2.2435	…	4.2179
B1	6.7899	11.997	8.6206	…	81.756
B2	16.782	19.453	13.216	…	16.542
B3	2.4842	1.8687	2.0157	…	2.0012
C1	17.0933	20.3098	17.2739	…	23.3114
C2	7.8138	10.559	10.3718	…	34.1413
C3	6.6252	4.2022	5.4086	…	13.5501

进一步，在统计分析方法选择上，常用的 T 检验要求总体符合正态分布，F 检验要求误差呈正态分布且各组方差整齐等约束太强。而 CTR 数据分布的理论分析匮乏，无法保证满足这些要求。因此采用非参数秩检验方法，这些方法不要求总体服从正态分布[22][23][24]。针对多组样本非参数检验，采用 Friedman 检验方法。针对两组样本非参数检验，采用 Wilcoxon 检验方法。使用的统计软件是 SPSS。

4　假设检验与实证分析

首先，需要判断位置是否是影响广告 CTR 的重要因素之一，则第一个假设是：

H1：广告位置对 CTR 有影响

根据表 1 中的数据，采用 Friedman 方法进行研究得到结果如图 2 所示。

Ranks

	Mean Rank
A1	4.85
A2	4.11
A3	2.63
B1	8.22
B2	7.63
B3	1.63
C1	5.22
C2	7.33
C3	3.37

Test Statistics[a]

N	27
Chi-Square	155.654
df	8
Asymp. Sig.	.000

a. Friedman Test

图 2　Friedman 检验结果

检验结果显示拒绝零假设，即可以接受认为位置对 CTR 的影响是显著的。更为准确的说法是，至少有两个位置 CTR 差别显著不同。按照顺序大小排列，9 个位置 CTR 顺序是 B3 < A3 < C3 < A2 < A1 < C1 < C2 < B2 < B1。需要说明的是，由于在 C1，C2 和 C3 的浏览量非常低（许多天的浏览量低于 10 万），因此 C1，C2 和 C3 点击率会收到其他因素扰动较大，所以剔除 C 行位置。但是，从此结果仍可以得到一个粗略结果，即第 3 列 CTR 是最低的，而第 1、2 列 CTR 相对较高。进一步统计分析假设不同列 CTR 之间差异显著，因此提出以下三个假设：

H2a：第 1 列的 CTR 和第 2 列的 CTR 不同

H2b：第 1 列的 CTR 和第 3 列的 CTR 不同

H2c：第 2 列的 CTR 和第 3 列的 CTR 不同

各列 CTR 汇总后则数据量足够大（每行每天浏览量超过 10 万），可进行统计分析。采用 Wilcoxon 检验发现：（1）H2a 不成立，即第 1 列与第 2 列 CTR 没有显著差别；（2）H2b 和 H2c 的零假设被拒绝，即第 3 列 CTR 明显少于 1，2 列。

最右侧广告 CTR 很低的原因大体有两个：（1）用户浏览网页习惯通常从左向右，对右部页面关注较少，则左面广告 CTR 会比较高。（2）由于技术习惯，很多网站页面是从左向右逐渐载入，则右侧的广告也最晚展示而被用户忽略。因此，对广告主来说，可能更愿意购买左侧广告位。而对广告运营商来说，一方面应对右侧广告位定价进行调整，另一方面需考虑是否采取技术手段来平衡页面载入。

进一步，需要对各行 CTR 进行分析比较。由于用户浏览习惯是从上至下，因此提出假设认为各行 CTR 也有所不同。但由于 C1，C2 和 C3 的浏览量过低，因此受到其他因素扰动过大，因此不对此进行检验（但由于 C 行的浏览量都非常低，则 C 行广告不适宜采用 CPM 的计价方式）。进一步提出假设如下：

H3：A 行的 CTR 与 B 行的 CTR 不同

将各行 CTR 进行汇总，采用 Wilicoxon 检验发现拒绝零假设，则认为 H3 假设成立，即 B 行 CTR 要显著高于 A 行 CTR。这与 Doyle 的结果也一致[21]。这可解释为，随着网上用户越来越成熟，好奇型点击行为很少，过于明显的广告虽容易被看到，但往往被用户忽略，被点击几率不高[17][18][19][21]，而和内文广告靠近广告（通常在 B 行）很可能在用户浏览内容时被看到，而由于内容相关获得点击（或遭到误点），因此 B 行 CTR 较高。这对于实践来说具有重要意义。即对于广告服务商而言，内文广告倾向于采取 CPC 模式，而横幅广告倾向于采取 CPM 方式，以获得利益的最大化。实际上，许多网站广告运营商已采取这种策略。

进一步对 9 个广告位 CTR 进行两两比较分析，同样采用 Wilicoxon 检验方法。由于 C1，C2 和 C3 的浏览量过低，从统计上来说缺乏可靠性，故略去。提出的假设为“X 的 CTR 与 Y 的 CTR 不同”等，其中 X 和 Y 分别为 A1，A2，A3，B1，B2 和 B3 中的任一位置。统计结果如表 2 所示。

27 天的广告位（A1，A2，A3，B1，B2 和 B3）

表 2 **CTR 两两比较结果**

	A1	A2	A3	B1	B2	B3
A1		显著	显著	显著	显著	显著
A2			显著	显著	显著	显著
A3				显著	显著	显著
B1					显著	显著
B2						显著
B3						

表 2 中的结果显示，任意两个广告位 CTR 之间差别都显著。进行统合后得到 B3 < A3 < A2 < A1 < B2 < B1，该排序中每两个之间差别都显著。这也与 H1 的假设检验分析的结果一致。

5 总 结

本文针对广告位置对网络广告点击率 CTR 的影响进行了实证分析。通过对某网络广告运营商 27 天网络广告浏览和点击日志数据进行整理，并采用通行九宫格形式，采用 Friedman 和 Wilicoxon 非参数检验方法进行了统计分析。通过假设检验分析发现：（1）广告位置对 CTR 的影响显著；（2）右列的 CTR 显著低于前两列 CTR；（3）中间行的 CTR 显著高于上方行。并进一步对造成这些情况的原因进行了解释和分析。

本研究的主要贡献体现在：（1）目前国内外对影响 CTR 关键因素的研究较少，特别是对于广告位置影响更为匮乏。因此本文做出了有益尝试。（2）由于缺乏第一手数据，相关定量研究非常有限。由于广告运营商出于保护竞争优势目的也不愿公布数据。因此本研究通过与广告运营商的合作获取了第一手数据，并进行了统计分析，具有一定新意。

本研究也存在一些不足。首先，数据来源是一个公司，则不可避免地受到该公司选择网站和行业的偏好影响，会存在偏差。其次，数据规模虽大，但无法确定数据分布，因此难以采用更为可靠统计方法。进一步的工作主要包括：（1）进一步对数据进行整理并深入分析，并结合其他因素来构建影响 CTR 指标体系。（2）结合实际应用背景，分析结果的管理含义和价值。

参考文献

[1] CNNIC，《第二十三次中国互联网络发展状况报告》[R]. 2009.

[2] 艾瑞咨询（iResearch），http：//www. iresearch. com. cn/.

[3] 艾瑞咨询（iResearch），《2009 年第一季度中国网络广告市场监测报告》[R]. 2009.

[4] Gian M. Fulgoni, Marie Pauline Mörn. How online advertising works, Empirical Generalizations in Advertising Conference for Industry and Academia [C]. December 4-5, 2008.

[5] 邓文峰，周朝民.《浅谈网络广告效果评价方法》[J].《上海管理科学》2005 (4).

[6] 孟今圣.《门户网站网络广告定价策略及定价模型研究》[R]. 吉林大学，2008.

[7] 吕学良.《基于视觉信息的上下文广告关键词提取算法研究》[R]. 浙江大学，2007.

[8] 艾瑞咨询，《网络广告的市场现状及发展趋势》[R]. 2009.

[9] IAB, 2007 Internet Advertising Revenue Report [R]. http：//www. iab. net/media/file/IAB_PwC_2007_full_year. pdf.

[10] Sweeney T. Advertisers Seek More Bang for Their Web Bucks [J]. Informationweek. com, October 2, 2000, 130.

[11] eMarketer. The E-Mail Marketing Report [R]. [2007-02-25] eMarketer, January 2007, http：//www. emarketer. com/.

[12]《尼尔森 2007 年 10 月中国网络广告市场研究报告》[R]. http：//www. inghe. net/ingheblog/7. html.

[13] Rubin A M. Ritualized and Instrumental Television Viewing [J]. The Journal of Communication, 1984.

[14] Hirschman E C, Holbrook M B. Hedonic Consumption: Emerging Concepts, Methods and Propositions [J]. Journal of Marketing, Vol. 46 No. 3, 1982: 92-101.

[15] Donna L. Hoffman and Thomas P. Novak. Marketing in Hypermedia Computer-Mediated Environments: Conceptual Foundations [J]. Journal of Marketing, Vol. 60, No. 3 (1996), pp. 50-68.

[16] Chang-Hoan, Hongsik John Cheon. Why Do People Avoid Advertising on the Internet [J]. Journal of Advertising, 33 (4): 89-97.

[17] Cho, Chang-Hoan. Factors Influencing Clicking of Banner Ads on the www [J]. Cyberpsychology & Behavior, 2003, Vol 6, No 2, 201-215.

[18] Moore R S, Stammerjohan C A. Coulter R A. Banner advertiser-web site context congruity and color effects on attention and attitudes [J]. Journal of Advertising, 2005, Vol 34, No 2, 71-84.

[19] Cho Chang-Hoan. The Effectiveness of Banner Advertisements: Involvement and Click-Through [J]. I&MC Quarterly, 2003, Vol. 80, No. 3, 623-645.

[20] Chtourou M S, CHandon J L, Zollinger M. Effect of Price Information and Promotion on Click-Through Rates for Internet Banners [J]. Joural of Euromarketing, 2001, Vol. 11, Issue 2, 23-41.

[21] Doyle, K, Minor A and Weyrich C. Banner Ad Placement Study [R/OL]. University of Michigan. 1997. http: //www. webreference. com/dev/banners/ (accessed July 2007).

[22] Google Adsense Blog [N/OL], http: //adsense. googlechinablog. com/.

[23] 薛薇.《统计分析与 SPSS 的应用》[M]. 北京：中国人民大学出版社，2002.

[24] 袁卫，庞皓，曾五一，贾俊平.《统计学》[M]. 北京：高等教育出版社，2006.

Empirical Studies on Internet Ads Positions Influencing CTR

WEI Qiang[1], RUAN Nan[2], Shan Yi[3]

(1. Department of Management Sciences and Engineering,
School of Economics and Management, Tsinghua University, Beijing 100084, China
2. Department of Marketing, School of Economics and Management,
Tsinghua University, Beijing 100084, China
3. ITOP 24/7, Beijing 100005, China)

Abstract: Internet Ads have been rapidly developing for decades of years. CTR (Click Through Rate) is one of the key factors that influencing ads' clicks, ads' effectiveness, ads pricing, etc. Ads psotioning is one of the important issues, which is meaningful not only theoretically but applicably. This paper empirically studies how rows, columns and 9 positions influence CTRs using non-parameter test methods, based on the collected 27-days browsing and clicking data from a online-ads company. The results show that:

① positions significantly influence CTR; ② Right column's CTR is significantly lower than the other two columns; ③ Middle row's CTR is significantly higher than the upper row. The conclusion is presented in the last section.

Key words: internet ads; CTR; non-parameter test

决策支持系统研究的设计科学研究方法探讨*

尚维[1]，徐山鹰[1]，汪寿阳[1]

（1. 中国科学院数学与系统科学研究院，北京 100190）

摘　要：为提高决策支持系统研究的科学性与规范性，本文提出了一个决策支持系统研究的设计科学研究方法框架。该框架从决策问题发现到模型和系统的开发、评估与结论得出的循环递进保证了研究在理论上的规范性和与决策实践的紧密联系。文献分析表明：目前我国决策支持系统研究在问题提出、方案设计、模型研发与系统设计方面比较规范科学，但在对整个研究产出进行评估和结论得出部分略显不足。在评估方面应用实验、调查等方法，将有助于提高决策支持系统研究的完整性、规范性和科学性。

关键词：决策支持系统；研究方法；设计科学

中图分类号：C931.6

决策支持系统研究是信息系统研究的一个重要分支。20 世纪 40 年代第一台现代计算机出现，人们就开始不断探索如何利用电子计算机技术来辅助进行管理决策。最早的用计算机技术进行管理决策支持方式是电子表格及一些优化算法的求解。20 世纪 60 年代，为了应用计算机技术解决更加复杂的管理决策问题，研究人员们开始系统地针对决策的制定、规划等管理任务在计算机系统上的实现进行研究。于是决策支持系统（Decision Support Systems）的概念出现了。早期的决策支持系统是利用定量模型计算来为决策提供支持的计算机系统[1][2]。为了更深入地研究决策支持系统相关的理论问题和应用问题，从 20 世纪 70 年代开始，决策支持系统逐渐作为一个研究课题出现在管理科学与计算机科学等领域的重要学术会议中。到了 80 年代，决策支持系统的应用领域不断拓展，应用规模不断增大。对决策支持系统理论及规范性框架等方面的研究也逐渐开展，决策支持系统的数据库、模型库和对话生成等独有的特性被普遍接受，Sprague 和 Carlson 的著作[3]成为决策支持系统研究的重要标志。进入 21 世纪之后，随着信息通信技术的发展和决策支持系统研究设计的领域更加广泛，应用也日趋复杂。迄今为止，决策支持系统的研究涉及运筹学、系统科学、人工智能、软件工程、信息技术，决策与对策理论和组织行为学等多个基础学科与应用学科领域。

决策支持系统的发展过程是决策支持系统不断为其他领域研究提供支持与服务的过程，同时，也是决策支持系统吸收其他研究成果的过程。决策支持系统研究作为一类特殊的具有极强交叉性的研究课题，其研究进展与其他学科的发展密不可分。从应用领域角度，决策支持系统研究多集中于项目或投资评价、与地理信息系统相结合的水资源管理或土地资源管理、供应链协调与管理等领域。从技术角度，决策支持系统研究主要涉及数据仓库的应用、SOA 架构的应用、智能算法与新的推理技术应用等。

决策支持系统研究可针对决策支持系统设计或使用中的某个问题的研究，包括系统采用的决策模型的研究、决策过程行为模型的研究、决策支持效率和效果的研究等[4][5][6]；也可对某一特定应用或特定类型的决策支持系统的研究，包括设计、应用及评价等内容[7][8]。决策支持系统的研究方法有规范性研究、实证研究、行动研究、案例分析和设计科学研究等。鉴于决策支持系统超强的实用性，设计科学研究可以说是决策支持系统研究的最重要方法。本研究提出了面向决策支持系统研究的设计科学研究方法框架，对我国近年来的决策支持系统研究从研究方法层面进行分析和评述，给出了加强决策支持系统研究科学性的建议。

---

* 基金项目：国家自然科学基金（70801059）

通讯作者：尚维，E-mail：shangwei@amss.ac.cn

1　科学研究方法简述

作为一项严肃、神圣的工作，一般来说，科学研究的任务包括发现事实真相、创建新的知识和改进已有知识。科学研究所采用方法的科学性直接决定了科学研究工作成果的正确性。因此在任何科学研究工作之前都有必要对所采用的研究方法作出谨慎的选择。科学研究的方法论（Methodology）指导基于对客观事实的认知（Epistemology）方式，而对客观事实的认知则基于对客观事实本身的定义，即本体论（Ontology）。如图 1 所示，研究客观事实本身的哲学属于本体论范畴，在本体论的基础上对认知的研究属于认识论范畴，在认识论基础上所建立的对如何去认知的研究属于方法论范畴。

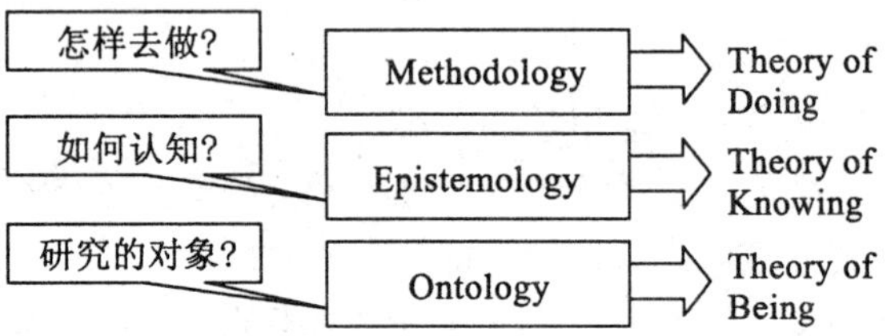

图 1　本体、认识论与方法论

本体论层面涉及对世界本源认识的哲学问题，基本上可分为唯物主义和唯心主义两大基础阵营，随着哲学研究的发展，这两大阵营分别有了繁多的流派及交叉，在此不再赘述。在唯物主义本体论基础上有实证主义认识论方法（Positivistic）；在唯心主义本体论基础上有解释主义认识论方法（Interprestic）。实证主义认为客观世界可以被唯一认知，人对客观世界的观察可以是无偏见的；而解释主义认为客观世界不能被唯一认知，人对客观世界的观察都是有偏见的。实证主义科学研究与解释主义科学研究的任务、态度、方法、形式及起源如表 1 所示。

表 1　实证主义研究与解释主义研究含义的对比

	实 证 主 义	解 释 主 义
	Positivism	Interpretivism
任务 Mission	发现事实 To find the truth	解释事实 To interpret
态度 Attitude	客观 Objective	主观 Subjective
方法 Method	定量方法 Quantitative	定性方法/定量方法 Qualitative/Quantitative
形式 Style	数字统计与度量 Number crunchers	论述 Story telling
起源 Origin	自然科学 Natural Sciences	行为科学 Behavioral Sciences

2　信息系统研究方法论

2.1　信息系统研究方法

信息系统学科产生于 20 世纪 70 年代。Keen 在第一届信息系统国际会议（International Conference on Information Systems，简称 ICIS）上指出，信息系统是一个综合借鉴许多其他交叉学科的应用学科[9]。信息系统研究围绕信息技术制品（IT Artifacts）展开。信息系统学科的研究对象包括：表现为软硬件产品的信息技术制品、应用信息技术制品的各项任务、服务于信息技术制品应用任务的组织结构以及整个以信息技术制品为核心的环境[10]。分析（Analytical）、实证（Empirical）和技术（Technical）是信息系统研究的三个主要方面。信息系统学科的研究方法，从以认识论为基础的科学研究方法论角度可分为实证主义方法（Positivistic）和解释主义研究方法（Interpretistic）。但随着各种研究方法不断融合发展，其界限开始变得不那么明显。信息管理学科的研究方法体系见图 2。严格遵循理论构建与统计检验原理的调查（Survery）和实验研究（Lab

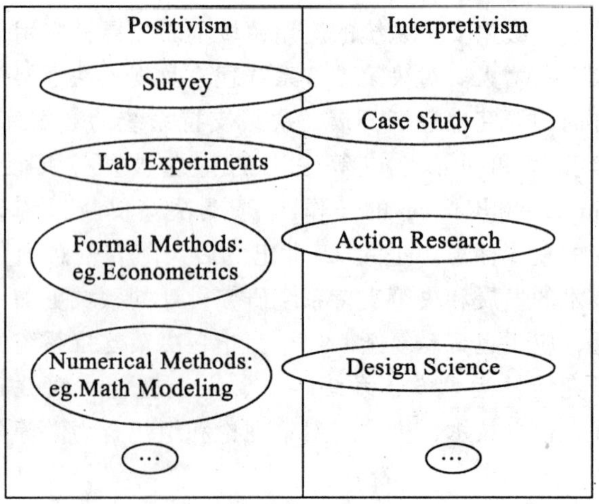

图 2　信息管理学科的研究方法体系

Experiments）也经常辅以解释性的案例和阐述。而原本基于解释主义认识论的案例研究（Case Study）、行动研究（Action Research）和设计科学（Design Science）也经常包含一些规范化的统计测度，从而带上了实证主义的色彩。

2.2 信息系统的设计科学研究方法

设计科学（Design Science）是近年来信息管理研究中的重要研究方法流派[11]。设计科学起源于计算机和工程学科。Smith 在文献[12]中区分了自然科学（Natural Science）和人工科学（Science of the Artificial）的概念，并将作为人工科学的重要研究方法的设计科学定义为：科学研究者参与的以创造概念、模型、方法和实例为目的的研究方法。经过众多学者的研究与实践[13][14]，设计科学研究方法在信息系统学科领域的应用逐渐成熟[11][15]。Vaishnavi 总结了设计科学研究方法体系。

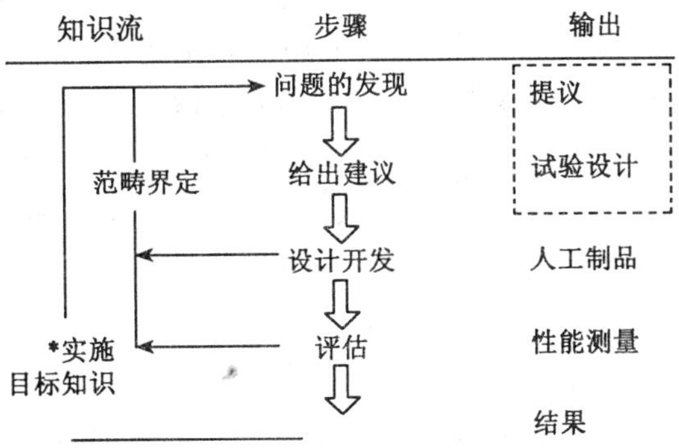

图 3 设计科学研究的方法体系[16]

如图 3 所示，设计科学研究方法的核心过程包括识别问题、提出建议与假设、设计开发、评估和结论得出。这些过程通过一个或几个知识产生循环，产生相应的信息技术制品产生。

设计科学的特点是通过模型、构架或系统的设计、开发与实施，实现从实践问题到解决方案的循环推进。其优势是研究过程不仅包括理论模型的构建，还包括方法、概念的实现以及实证检验，能够做到从多方位多角度对目标问题进行研究。设计科学方法适用于已有一定理论研究基础，亟须寻找如何进行实践应用的研究问题。

3 决策支持系统的设计科学研究方法

决策支持系统与一般信息系统相比，更加侧重于通过提供信息的方式对决策者决策过程进行支持。决策支持中，最为重要的是通过决策分析模型的实现来为决策提供依据。因此，在很多决策支持系统的研究中，决策模型的实现和决策支持系统实现被作为研究过程迭代的两个重要步骤[17]。决策模型一般为优化、评价等规范性模型，作为对决策问题建模及求解的解决方案，使决策支持系统的一项重要产出。而决策支持系统的建立，一般是在决策模型的基础上进行设计和分析，作为最终对决策者决策进行辅助的产品。因此，本研究将图 3 所示的信息系统的一般设计科学方法体系发展为图 4 的决策支持系统的设计研究方法体系。

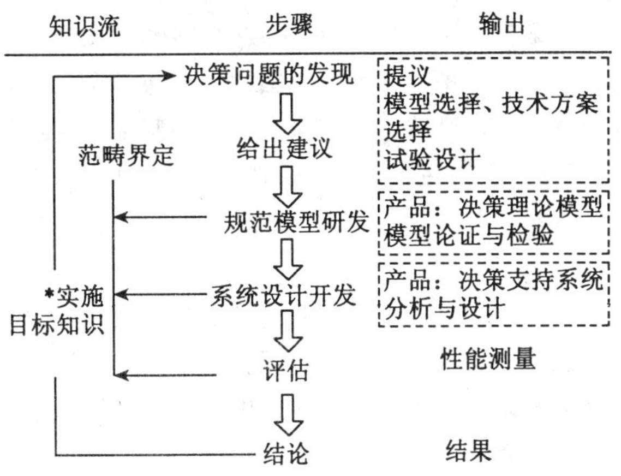

图 4 决策支持系统的设计科学研究的方法体系

决策问题的发现包含决策问题的界定、决策主体的识别和决策目标确定三个方面。确定了决策问题后，要根据已有的经验给出解决决策问题的初步方案，这里的研究输出为决策方法模型和对决策效果评价的试验设计。常用的决策方法模型有最优化模型、组织行为学模型、经济学模型等。评价决策效果的试验设计主要侧重于如何度量决策的效果，一般的试验有现场试验、模拟场景试验和数值仿真试验。针对决策问题本身的特点，选择了决策模型方法和试验之后，就需要利用所选择的决策方法模型工具对决策问题进行建模和求解。在这里，如果决策模型无法得到解析解，就需要补充设计数值仿真试验对模型求解的稳定性进行验证。如果所采取的模型是行为模型和经济计量模型，则需要利用试验数据或实证经济数据对模型进行检验。完成规范模型开发之后一般可继续进行决策支持系统设计开发。决策支持系统设计开发的产品一般是一个支持利用已论证的决策模型，针对所提出的决策问题进行决策过程支持的软件系统。同时，产出还包括系统分析与设计的相关文档。一般决策支持系统研究的学术文章中用系统设计的一些关键图来代替无法全部呈现在文章中的系统程序源代码。常用的用于描述系统分析与设计的方法有业务流程图、数据流程图、E-R 图、UML 图等。完成系统开发后可利用最初设计的试验方案对系统及其中实现的成果进行评估，最后得出结论。与一般设计科学方法体系类似，决策支持系统的设计科学研究方法体系中也有若干个反馈循环。在模型研发、系统研发和评估阶段，可能会对所提出的问题进行重新界定，或修改对模型方法与系统实现的建议。

4 我国决策支持系统研究方法分析

决策支持系统研究具有多学科多领域交叉的特点。决策支持系统研究的论文发表遍布各个学术科研领域。本研究选择了国家自然科学基金委管理学部指定的 22 类期刊，从中挑选 2003 年以来的决策支持系统相关文献 40 篇，依据本文提出的决策支持系统研究框架对其进行了分析。分析结果表明，近年来我国大多数决策支持系统研究涉及了我们所提出框架中的两个或多个过程，可看作应用设计科学方法的研究。下面以本文提出的方法框架为依据对所选研究进行分析。

4.1 决策问题与解决方案

决策问题的界定为决策支持系统研究确定了目标和方向。所选文献中有 15 篇为通用决策支持问题，14 篇为领域决策问题，11 篇为企业或组织的特定决策问题。可见我国决策支持系统的研究主要以一般性或行业领域通用决策问题为研究对象。这类决策支持问题的研究比特定决策支持问题的研究更具备泛化特性（generalizability），从而研究也更具科学性。

决策问题的解决方案在决策支持系统研究中主要指代所选择的决策支持系统类别及所采用的主要技术手段。所研究文献中群体决策方案有 12 篇，智能决策系统 8 篇，空间决策、数据驱动和模型驱动的决策支持系统各 4 篇，其他少数几篇分别为过程支持、可视化等。可见当前决策支持的解决方案中群体决策支持是采用较多的决策问题解决方案。

4.2 规范模型研究

规范模型研究是我国决策支持系统研究的重要内容。所选文章中有 8 篇给出了详细的决策支持的数学模型，22 篇给出了决策机理描述或概念模型。其中 7 篇文章以决策模型为主要研究产出。规范模型主要采用优化模型、推理模型、评价模型和数据挖掘方法等。所采用的决策模型大多依据不同的决策问题，给出了详尽的决策制定和决策过程设计与分析。几乎所有以建模为主要研究工作的文章都在阐述决策模型后，同时给出了模型求解的算例或案例。

4.3 系统设计开发

系统设计开发是决策支持系统研究必不可少的内容。所选文献中有 24 篇给出了系统架构设计和功能设计，4 篇给出了核心代码。以系统的设计为主要研究产出的文献有 11 篇。但由于在系统设计与开发研究的泛化性较弱，以系统原型或应用系统为主要产出的研究大多同时在技术、理念或模型算法等方面同时进行创新。所调查文章中，10 篇文章给出了系统使用案例说明，7 篇文章给出系统决策支持问题求解验证，1 篇文章采用了使用者调查的方式对系统设计进行验证，6 篇文章对系统的验证情况作了简要的说明。其余有 16 篇文章没有涉及任何对所设计系统的验证工作。

4.4 评估与结论

对决策支持系统进行科学的评估是得出正确研究结论，并对未来更深入的研究工作进行指导的必要前提。所分析文献中，12 篇文章以决策模型为主要创新点，15 篇以系统的设计为主要创新点，其余文章多以模型和系统辅以技术、应用及概念框架为创新点。虽然大多数文章中都通过给出实例或阐述系统使用状况等方式进行了研究工作的评估与总结，但总体来说所调研文献在评估与结论部分均比较单薄，很少能给出规范完整的决策支持系统设计的评价。一方面原因是国内期刊篇幅所限，另一方面也是过于强调决策支持系统中的模型与系统创新，而对系统的评价方面不够重视。

5 结 论

设计科学的研究方法是信息系统研究的重要研究方法。本文首先介绍了科学研究方法论体系，接下来简述了信息系统研究的不同研究方法，并着重介绍了设计科学研究方法及其适用范围。进而对设计科学研究方法在决策支持系统研究领域的应用进行分析和拓展，在已有的信息系统设计科学研究方法的基础上，结合决策支持系统研究的特点，提出了决策支持系统研究的设计科学研究框架。应用该框架对我国近年来发表的决策支持系统研究文献进行了分析和评述，得出如下结论：

首先，决策支持系统的研究鉴于其理论及应用的双重特性，以及对解决实践决策问题的创造性需求，非常适合应用设计科学的方法来进行研究。将设计科学研究中的设计研发过程扩展为规范模型研究和系统设计开发两个步骤，更能够体现决策支持系统研究的特点，从理论和实践应用两个方面保证研究的规范性和相关性。

其次，对我国管理科学研究领域近几年的决策支持系统研究文章分析表明，我国决策支持系统方面的研究多集中于设计科学方法，较少使用单纯的实证研究、案例分析和调查研究等方法。加强对决策支持系统的设计科学研究方法的研究，有助于发挥我国决策支持系统研究的传统和优势，使我们的研究更加国际化。

最后，依据本文所提出决策支持系统的设计科学研究框架，近年来我国决策支持系统研究在决策问题发现、方案设计、模型研发与系统设计方面比较规范科学，但在对整个研究产出进行评估和结论得出部分缺少规范的研究工具。可参照国际上常用的信息系统评价方法，在评估方面应用实验、调查等方法对所提出的方案、模型和系统进行规范的验证，得出更加科学的结论。

由于时间和精力所限，本研究仅针对 2003 年以来我国管理科学领域的决策支持系统文献进行了分析，因此所得出结论未必足以代表我国决策支持系统研究的全貌。未来的研究将更全面覆盖其他学科的决策支持系统研究，验证并完善所提出的设计科学方法框架。未来研究还包括对决策支持系统领域的著名国际期刊中高引用率的优秀决策支持系统研究文章进行深入的分析，提炼研究方法层面值得我们借鉴的理论和经验。

参考文献

[1] Raymond R C. Use of the Time-sharing Computer in Business Planning and Budgeting [J]. Management Science, 12 (8), 1966: 363-381.

[2] Turban E. The Use of Mathematical Models in Plant Maintenace Decision Making [J]. Management Science, 13 (6), 1967, B342-359.

[3] Sprague R H Jr, Carlson E D. Building Effective Decision Support Systems (Englewood Cliffs) [M]. N. J.: Prentice-Hall, Inc., 1982.

[4] Ferguson R L, Jones C H. A Computer Aided Decision System [J]. Management Science, 15 (10), 1969: 550-562.

[5] Mora M, Forgionne G, Cervantes F, et al. Toward a Comprehensive Framework for the Design and Evaluation of Intelligent Decision-making Support Systems (i- DMSS) [J]. Journal of Decision Systems 14 (3), 2005: 321-344.

[6] Hung Shin-Yuan, Ku Yi-Cheng, Liang Ting-Peng, et al. Regret Avoidance as a Measure of DSS Success: An Exploratory Study [J]. Decision Support Systems, 42, 2007: 2093-2106.

[7] Repoussis P P, Paraskevopoulos D C, Zobolas G, et al. A Web-based Decision Support System for Waste Lube Oils Collection and Recycling [J]. European Journal of Operational Research, 2009 (195): 676-700.

[8] Phillips-Wren G, Mora M, Forgionne G A, et al. An Integrative Evaluation Framework for Intelligent Decision Support Systems [J]. European Journal of Operational Research, 195, 2009: 642-652.

[9] Keen P G W. MIS Research: Reference Disciplines and a Cumulative Tradition. Proceedings of the First International Conference on Information Systems [A] //E. McLean (ed.), Philadelphia, PA, 1980: 9-18.

[10] Benbasat I, Zmud R W. The Identify Crisis Within the IS Discipline: Defining and Communicating the Discipline's Core Properties [J]. MIS Quarterly. 2003, 27 (2): 183-194.

[11] Hevner A, March S T, Park J, et al. Design Science in Information Systems Research [J]. MIS Quarterly, 2004, 28 (4): 75-105.

[12] Simon H. The Sciences of the Artificial, (Third Edition) [M]. Cambridge, MA: MIT Press, 1996.

[13] Vaishnavi V, Buchanan G, Kuechler W. A Data/Knowledge Paradigm for the Modeling and Design of Operations Support Systems [J]. IEEE Transactions on Knowledge and Data Engineering, 1997, 9 (2): 275-291.

[14] Albert T C, Goes P B, Gupta A. GIST: A Model for Design and Management of Content and Interactivity of Customer-Centric Web Sites [J]. MIS Quarterly. 2004, 28 (2): 161-182.

[15] Salvatore T M, Smith G F. Design and Natural Science Research on Information Technology [J]. Decision Support Systems. 1995 (15): 251-266.

[16] Vaishnavi V, Kuechler W. Design Research in Information Systems [EB/OL]. URL: http://www.isworld.org/Researchdesign/drisISworld.htm. 2004.

[17] Giampiero B, Designing and Evaluating E-management Decision Tools [M]. Springer's Integrated Series in Information Systems, 2005.

A Design Science Research Methodology for Decision Support Systems Research

SHANG Wei[1], XU Shanying[1], WANG Shouyang[1]

(1. Academy of Mathematics and Systems Science, China Academy of Sciences, Beijing 100190, China)

Abstract: A design science research framework is proposed to encourage rigorous in decision support systems researches. The proposed framework extends the development step in original design science framework to two steps, i. e. the model development and system development. The iterations of decision problem awareness and suggestion, decision model development, DSS systems development and evaluation insures rigorous in theory development and relevance in practical applications. Selected research papers from several key academic journals in china are measured by the proposed framework. It reveals that all the processes except the evaluation are rigorous. According to the methodology discussed in this paper, if employ methods of experiment or survey in the evaluation step, the rigorous of DSS research in China can be enhanced and research papers in China might have more chance to be published in international journals.

Key words: decision support systems; research methodology; design sciences

影响供应商数量选择因素的博弈分析*

杨璐[1]，屈妍[1]

（1. 中国人民大学 信息学院，北京 100872）

摘 要：本文立足于供应商数量选择的问题进行研究，基于博弈思想建立关于采购商和供应商的博弈收益矩阵，提出了一个讨论在供应链环境下采购商选择多供应商还是少供应商的数学模型。该模型描述了影响供应商数量选择的主要因素，包括产品采购价格、双方合作紧密度、合作成本、风险因子等，并对这些主要因素对决策的不同影响进行了分别研究。通过对模型的讨论和若干实际案例的分析，研究了这些因素对采购商选择合适供应商数量规模的决策的影响。

关键词：博弈；采购成本；交易成本；合作紧密度；风险

中图分类号：O225；F014.31

企业的供应商数量选择问题一直是企业非常重视的问题。当采购商选择较多供应商时，供应商间的竞争导致的采购价格降低，缺货风险降低，对采购商有利；但当采购商选择较少供应商时，合作趋向于更加紧密，相互共享的信息、资源增多，寻求合作总成本的降低也是吸引采购商做此决策的原因。采购商在选择同类产品的供应商时，究竟选择多少供应商为宜，国内外至今没有对此问题的系统性研究。

目前管理学术界对企业间关系的研究非常关注，既有理论方面的研究，各种解释新的企业间关系产生的背景和原因特点等的理论，如交易成本理论[1]、资源依赖理论[2]、竞争优势理论[3]等，也有各种研究组织与环境之间关系的理论，如权变理论（1960）、合作竞争理论[4]、商业生态系统理论[5]等。本文主要基于交易成本理论进行收益计算，运用合作竞争理论的博弈的思想进行分析建模，获得相应结论。

交易成本理论[6]认为，由于人的有限理性和机会主义倾向，交易成本即发现价格、寻找交易对象、获得准确的市场信息的费用和讨价还价、签约、监督交易进行的费用，不可避免。Williamson（1975）将交易成本分为三个维度：资产专用性、交易频率和需求不确定性，其中资产专用性指专门为交易关系所作的资产投资。根据交易成本理论，在资产专用性程度中等、交易频率较高、需求不确定性较低的情况下，通过与少数供应商建立战略联盟，有利于双方专用资产投资，从而降低交易成本；有利于交易双方活动协调，缩短产品开发周期；有利于信息共享，促进知识转移和创新，从而有利于企业竞争力的提高。

合作竞争理论[7]认为，企业经营活动是一种特殊的博弈，是一种可以实现双赢的非零和博弈。它是网络经济时代企业如何创造价值和获取价值的新思维，强调合作的重要性，有效克服了传统企业战略过分强调竞争的弊端。同时，合作竞争理论利用博弈理论和方法来制定企业合作竞争战略，强调了战略制定的互动性和系统性，并通过大量的实际案例进行博弈策略分析，为企业战略管理研究提供了新的分析工具。合作竞争战略管理理论的核心逻辑是共赢性，反映了企业战略在网络信息环境下，要以博弈思想分析各种商业互动关系，与商业博弈活动所有参与者建立起公平合理的合作竞争关系为重点。

本文从采购商的角度出发，研究基于采购商收益如何选择供应商数量[8][9]。将采购商与供应商之间的关系视为一种合作竞争的博弈关系，运用“猎鹿博弈”理论建立了双方的收益矩阵，给出采购商的期望收益。通过比较选择多供应商与少供应商的期望收益，得出包括各影响因子在内的数学模型。在此模型基础上，采用单变量分析法，分析各因子对收益的影响以及供应商数量选择的影响。最

* 基金项目：教育部数据工程与知识工程重点实验室开放基金资助，中国人民大学“985”工程经费资助
通讯作者：左美云，教授、博导。E-mail：zuomeiyun@263.net

后，利用此数学模型对实际市场中的供应商数量选择实例进行了实证分析。

1 供应商数量选择博弈模型

1.1 问题背景

设某采购商需要购进某种零部件，在市场上可以寻找到多家提供该零部件（同质）的供应商。所要解决的问题是根据该零部件的采购价格、采购商讨价还价能力、缺货成本、合作成本等因素确定选择多供应商还是少供应商。

1.2 模型假设

（1）采购商采购商品可以选择一家或多家供应商；

（2）所有供应商提供的产品都是同质的；

（3）在本模型中仅考虑一个采购商与多家供应商的策略博弈问题；

（4）采购商与供应商之间可以采取合作或不合作关系策略。①合作：双方相互共享信息多，供应商可以根据采购商的需求情况来安排生产，且不会因为采购商对某商品的需求较多而采取挟持价格态度等；②不合作：指双方信息不共享且倾向于追求价格上的控制；

（5）提供商品的供应商越多，供应商之间的竞争越激烈。采购商在供应链中占主导，供应商有尽力达成交易的积极性。为了获得与采购商的合作机会，供应商会倾向于以更低的价格折扣吸引采购商；

（6）对采购商来说，越多的供应商意味着越多的管理合作成本，但同时缺货风险会相应降低；

（7）供应商越多，采购商和单个供应商之间的合作紧密度相对较低，而供应商较少时，合作紧密度会相对较高。

1.3 变量解释

π_s——供应商采取不合作策略时获得的正常收益；

π_p——采购商采取不合作策略时获得的正常收益；

$_\Delta V$——双方均采取合作策略时获得的超额收益；

β——交易双方的合作紧密程度，供应商的数量越多，采购商与单个供应商的合作紧密度就越低；

C_s——供应商方选择合作时所投入的初始成本（如调查、商谈、管理成本、提供公司运营信息等）；

C_p——采购商选择合作时所投入的初始成本（同 C_s）；

P——销售单价，由销售市场上的供求关系决定，在此不做讨论；

Q——采购商的销售数量，等于采购数量；

W——采购单价，由采购市场上的供需关系决定，在此我们主要认为其会由于供应商数量的改变而变化；

r——采购商与所有供应商的合作（或称交易）成本；

R——风险成本，主要指由于供应商不能按时供货所产生的缺货损失；

n——供应商数量。

1.4 博弈收益矩阵

建立采购商与供应商间收益矩阵如下：

		采购商：合作	采购商：不合作
供应商	合作	$\pi_s+\beta_\Delta V$，$\pi_p+\beta_\Delta V$	π_s-C_s，π_p
	不合作	π_s，π_p-C_p	π_s，π_p

收益矩阵

现对以上支付矩阵中的变量做进一步说明，详细解释各变量在市场中所代表的具体意义及构成：

（1）合作紧密度 β：

我们认为在供应商数量比较多的情况下，采购商与每一个供应商合作的次数、每次采购的数量等都会减少，于是合作紧密度相对较低；而供应商数量比较少时，每个供应商与采购商的合作紧密度会较高。

$$\beta=\beta(n),\quad \frac{\partial(\beta)}{\partial(n)}<0 \tag{1}$$

随着供应商数目 n 的增大，供应商与采购商间的合作紧密度 β 会降低。

当 $n=1$ 时，$\beta=1$；当 $n\to0$ 时，$\beta=0$

（2）采购商的正常收益：

$$\pi_p=(P-W)*Q-r-R \tag{2}$$

供应商数量规模不同时，采购商的正常收益也是不同的：

供应商数量多和少时采购商的正常收益分别为 π_{pm} 和 π_{pl}，则

$$\pi_{pm}=P\cdot Q-W_m\cdot Q-r_m-R_m \tag{3}$$

$$\pi_{pl}=P\cdot Q-W_l\cdot Q-r_l-R_l \tag{4}$$

(3) 双方为选择合作而投入的初始成本 C_p, C_s。

交易过程中，某一方可能会主动寻求合作机会而产生初始成本，如调查、商谈、管理成本、提供公司运营信息等；而另一方选择不合作，则不产生此初始成本。

(4) 双方为选择合作而获得的超额利润$_\Delta V$。

由于双方均选择合作，由“猎鹿博弈”理论知双方收益均会增加。这可能由于合作使交易双方的生产、管理成本均降低（信息共享及时）、市场份额扩大（合作预测市场准确）等因素造成，此处我们不予讨论具体表达式，仅以$_\Delta V$进行方向性表示。

建立期望收益的数学模型：

假设在供应商群体中，选择合作策略的供应商的比例为 x，相应的选择不合作策略的供应商比例为 $1-x$；选择合作策略的采购商的比例为 y，相应的选择不合作策略的采购商比例为 $1-y$。

则采购商在博弈整个过程中的平均收益为：

$$U=xy(\pi_p+\beta_{\Delta V})+x(1-y)\pi_p+(1-x)y(\pi_p-C_p)+(1-x)(1-y)\pi_p \tag{5}$$

用 U_l，U_m 分别表示多供应商和少采购商的收益期望，则：

$$U_l=xy(\pi_{pl}+\beta_{l\Delta}V)+x(1-y)\pi_{pl}+(1-x)y(\pi_{pl}-C_{pl})+(1-x)(1-y)\pi_{pl} \tag{6}$$

$$U_m=xy(\pi_{pm}+\beta_{m\Delta}V)+x(1-y)\pi_{pm}+(1-x)y(\pi_{pm}-C_{pm})+(1-x)(1-y)\pi_{pm} \tag{7}$$

由于本模型中不考虑寻求合作时投入的初始成本与合作超额收益对供应商选择的影响，因此，我们假设多供应商与少供应商的合作成本 C_p 是相等的，即 $C_{pl}=C_{pm}$，同样我们还假设合作的超额收益$_\Delta V$与在供应商数量多少的情况下都相等。

为判断多供应商与少供应商选择的分界点，令多供应商与少供应商环境下采购商的期望收益相等，即 $U_l=U_m$，

则有

$$xy(\pi_{pl}+\beta_{l\Delta}V)+x(1-y)\pi_{pl}+(1-x)y(\pi_{pl}-C_{pl})+(1-x)(1-y)\pi_{pl}=xy(\pi_{pm}+\beta_{m\Delta}V)+x(1-y)\pi_{pm}+(1-x)y(\pi_{pm}-C_{pm})+(1-x)(1-y)\pi_{pm} \tag{8}$$

经化简得：

$$\frac{\pi_{pm}-\pi_{pl}}{\beta_l-\beta_m}=xy_\Delta V \tag{9}$$

当各变量满足上述等式时，采购商选择多供应商或少供应商的收益是相同的，否则就会有不同的选择。

1.5 因素分析

分析$\frac{\pi_{pm}-\pi_{pl}}{\beta_l-\beta_m}=xy_\Delta V$所代表的含义：（在这里我们运用单因素分析法，即分析每种变量单独变化时对结果产生的影响）

(1) 假设 $\beta_l-\beta_m$，x，y，为定值：

即供应商数量的多少不影响其与采购商之间的合作紧密度，并且所处的市场环境不变。

因为：

$$\pi_{pm}-\pi_{pl}=(W_l-W_m)*Q+(r_l-r_m)+(R_l-R_m) \tag{10}$$

当供应商数量很多时，依据假设前提可知，供应商会互相激烈竞争，促进创新与生产成本的降低，降低供应价格给予折扣以博取合作机会，于是 W_m 会低于 W_l；采购商与多供应商合作时其沟通费用、与供应商之间的联系费用等都会相应增多，于是 r_m 会高于 r_l；相反，对于采购商而言 R 在供应商多时缺货风险会随之降低，于是采购商的风险成本就会较供应商少时低，即 R_m 小于 R_l。

可见 $\pi_{pm}-\pi_{pl}$是一组由多个因素共同决定的变量。若 $\pi_{pm}-\pi_{pl}$增加，多供应商的环境下采购商收益会比少供应商的环境下高，采购商选择多供应商较合适。由于行业背景的差异，各因素在不同的采购商收益中的权重不尽相同，即对收益的影响大小是不一样的。若采购成本在所有成本中所占比重较大（如电脑等），供应商单件产品进价的降低对收益的影响更大，此时的采购商倾向于选择较多的供应商；若风险成本所占比重较大，如高科技行业，产品单价进价上的折扣不会对收益产生重大影响，此时的采购商若发生缺货，会造成较大的损失。在这种情况下，采购商倾向于选择较多供应商来降低缺货风险。若合作成本在所有成本中所占比重较大（如贵重物品等），即建立合作信任程度成本昂贵，此时的采购商倾向于选择较少的供应商进行长期合作。

(2) 假设 $\pi_{pm}-\pi_{pl}$，x，y_Δ，为定值：

即在供应商数量多的情况下，供应商不会为了争取合作机会而采取低价策略，并且所处的市场环境不变。

因为：

$$\beta=\beta(x)\quad \frac{\partial(\beta)}{\partial(x)}<0 \tag{11}$$

供应商数量较少，彼此交易的频率增加，双方利益相互影响关系更为密切，采购商更有能力参与产品的研发定制阶段，双方信息共享程度提高。即供应商数量减少时，$\beta_{少}$ 增大，则 $\beta_l-\beta_m$ 增加，此时少供应商的环境下采购商收益会比多供应商的环境高。因为少供应商可以促进关系专用投资，降低交易成本；另外，长期交易关系有利于双方信息共享，促进知识转移，加强协作，共同创造价值。

（3）假设 $\pi_{pm}-\pi_{pl}$，$\beta_l-\beta_m$ 为定值（即供应商数目不变）：

即供应商数量对双方收益及合作紧密度的影响相同，只考虑市场环境。此时采购商收益主要由 x、y 决定。这涉及市场环境善良程度（即选择合作的供应商与采购商比例）影响。

当 x、y 增大时，少供应商的环境下采购商收益较高。这是因为整体市场环境善良程度高，即合作氛围强，采购商可依赖于少量供应商以可接受的价格获得供应量的保证，也减少了与多个供应商保持交易关系的合作成本。

当 x、y 减少时，多供应商的环境下采购商收益较高。这是因为整体市场环境善良程度低，即不合作氛围强，采购商需依赖多供应商来保证供货，降低缺货风险，获得较大收益。

在我国，对于某些国家进行监管、宏观调控的行业，如石油、钢铁业等，国家调控的目标就是使其满足人民日常生活需要、工业正常生产需求，规定企业不能随便提价或自主决定产量，因此能够保证其价格和供应量都维持在一个可以接受的合理水平，不会出现较大的波动。我们认为这样的行业环境属于善良的市场环境，市场中的供应商合作程度较高，即 x，y 较大。在此市场环境中的采购商可以放心地依靠几家供应商来保证供货，与供应商共享自己的需求信息，而不用担心少供应商产生的缺货、挟持价格等问题。

在服装、饰品等行业中，供应链显得不够成熟，行业规范也不够完善，不诚信情况时有发生，即 x、y 较大，我们认为这样的行业环境属于不太善良的市场环境，选择多供应商对采购商比较有利。此时交易成本、合作成本较低，但风险较高，采购商应看情况选择相对较多的供应商以支持供货的持续性，也降低了交易的风险。

2 实例分析

经以上分析不难看出，供应商数量的选择与企业日常经营收益密切相关。

（1）多供应商策略：①可以和较多的供应商保持联系，以保证稳定的供应，使经营更加稳健。②利用众多供应商相互竞争赢得较多折扣机会以增加收益。这种策略适用于原材料供应紧张的市场环境。在此种交易模式下，采购方更多地处于优势地位，具有更强的讨价还价能力，且可以把价格维持在一个比较合理的水平。③缺点：多供应商交易会产生较大的交易成本、对供应商的管理维系成本也会增加；并且，从供应商的角度来看，由于不是主要客户，货源往往会受到影响。

（2）少供应商策略：①可以建立起双方较高的信任合作关系，供应商也会把该采购商作为稳定的大客户而加以重视。②与少数几个供应商保持合作关系，其交易成本也会大大降低。③缺点：完全与供应商共享销售需求信息，供应商可能会因为某商品销售得比较好而企图提价，及“挟持价格”，此时采购商就会显得比较被动。并且由于一个供应商供货不足导致采购方缺货的风险也会增大。

但正如我们的公式推导出的结果一样，实际情况要复杂得多，它会受到各方面因素的综合影响，因此在实际决策时需要综合考量。

2.1 大众汽车——大量削减零部件供应商

2008 年初，大众汽车提出计划在未来几年将中国的 700 多家零部件供应商缩减到 450 家。由另外一个机构——中国联合采购委员会，统一管理采购过程的工作。探究其背后的原因，我们不难发现，这一决策与汽车这个特殊的产业环境是密切相关的。汽车行业由于其零部件的特殊性质，比如占用资金很大、重要程度高，为适应生产需要，与其供应商建立起更为亲密的合作关系显得更为重要。

在此种环境下，我们认为以下因素影响供应商的选择：

（1）生产成本（此处指汽车零部件的生产成本）：生产一个汽车零部件的边际成本会随着生产数量的增加而显著减少，在这种情况下，向一个供应商定货 10 000 件与订货 100 000 件的成本差别是很大的，100 000 件的成本会远远低于 10 000 件的成本，汽车零部件的这种特殊性质要求更看重向少量供应商大批量进货，因为这样供应商减少的生产成本给采购方带来的收益远远多于多个供应商之间竞争时的价格折扣。

（2）产品专用程度：生产汽车部件设备的专用性强，需要进行专用资产投资，少数供应商便于双方建立长期合作关系，促进专用性投资，从而降低交易成本，因此标准化生产可以选择较少的供应商。

(3) 产品复杂程度：产品越复杂，需要环节越多，产品可靠性就更难以保证，为了便于对产品质量进行监控，减少供应商机会主义行为，则与少数供应商建立长期合作关系，降低了风险，更为有利。

(4) 汽车行业中零部件降价幅度较小，不及由于向少数供应商大批量订货获得的折扣，即边际成本的降低使得众多汽车品牌倾向于与少数供应商建立起长期紧密合作关系，降低合作成本，共同对工作流程、产品进行改进创新，大大提高公司竞争力。

2.2 新惠普不减供应商数量，以促进竞争

早在2002年，康柏电脑和惠普公司合并成为全球第二大电脑公司，极大地加强了公司的购买力。但新公司并没有如许多人预期的那样减少亚洲的供应商，以整合外包资源，而是计划保持与两家公司原先的制造伙伴公司的关系。其目的就是为了让供应商们在投标过程中形成竞争。

新惠普之所以会做出这样的决定，是有其特殊的企业背景支持的。新惠普成立后，其对元件的购买力会大大增加，这势必会对供应商产生强大的吸引力，促使供应商之间相互竞争以争取合作机会的动力就会大大增加，如此供应商的价格折扣对其收益的影响相对会比较重要，于是选择不减少供应商数量，与较多的供应商合作会更有利可图。另一方面，从其行业特点来看，高科技产品一直处于动态变动之中，价格随时间波动的趋势非常明显，这决定了其高风险性，由于缺货等造成的损失是巨大的。于是选择较多的供应商以保障供货，较少风险成本也是明智的选择。

2.3 沃尔玛——重视合作紧密度，共享需求信息

作为一家连锁商业零售企业，沃尔玛经营商品的多样性决定了其供应商数量之众多。单就在中国，沃尔玛就拥有2万多家供应商，而且供应商分布非常广泛。

与一般供应商等待上游厂商供货、组织配送的纯粹的商业企业不同，沃尔玛在其供应商管理中主要使用了提升与其供应商合作紧密度（β）的策略，主动地参与到上游厂商的生产计划、产品的研发与制造中去，并借助自己的经验技术帮助供应商降低成本，以实现自身平价的销售策略。并且通过建立一个信息高度共享的企业间信息平台，使厂商可以清楚地了解各种产品的销售情况。这样，一方面沃尔玛可以比较清楚地了解供应商的质量、技术发展蓝图，适宜的库存管理计划，从而更容易抵御供应链的不确定性；另一方面，供货商们就可以了解销售情况，来决定生产计划，使得他们的产品成本降低。

此企业间信息平台得以建立有以下两个前提：其一，沃尔玛销售产品的广泛性决定了其必须依靠众多供应商保证供货，与如此之多供应商合作的高额合作成本是催生该信息平台的最初动力。此合作平台使沃尔玛与供应商之间的合作固定化、透明化，有利于降低双方的交易成本；其二，沃尔玛作为零售业的巨头，与众多小供应商相比其占有绝对的强势地位（及某单个供应商对沃尔玛的需求远远超过沃尔玛对其的依赖程度），因此，沃尔玛对某个供应商挟持价格的担心程度会相对较低，这种买方在交易过程中的主导地位在一定程度也决定了高度的信息共享有可能实现。

3 结 论

本文从博弈论角度出发，对采购商与供应商间的合作竞争建立博弈收益矩阵，提出以采购商利益最大化为目标函数的采购商期望收益数学模型。讨论了影响采购商期望收益的各项因子在供应商数量选择上的变化，从而推导出在实际情况下，如何通过衡量各项因子对整体收益的影响以选择合适的供应商数量规模。研究结果表明，在选择供应商数量相对是多还是少时，需要考虑采购成本、合作成本、缺货成本、合作紧密度以及整个供应链市场环境氛围的影响。

当采购价格对收益的影响居于首要地位时，多供应商有利于采购商收益的增加；当合作成本对收益的影响居于首要地位时，少供应商有利于采购商收益的增加；当缺货风险较大时，采购商应选择多供应商以降低缺货风险。除此之外，采购商应尽量提高与供应商的合作紧密度以求得成本的降低与增值收益的扩大。总之，供应商数量规模的选择是一个多因素共同作用影响的结果，不同行业中的零售采购商应根据产品特征以及整个行业供应链的环境进行综合决策，以降低成本的同时扩大收益，并实现与供应商双赢的局面。

参考文献

[1] Coase R H. The Nature of The Firm [M]. Oxford University Press, USA, 1993.

[2] Jeffrey Peffer , Gerald Salancik . The External Control of Organizations [M]. Simon & Schuster Ltd, 2004.

[3] Michael E. Porter. Competitive Advantage. Free Press 1998.

[4] Barry. J. Nalebuff, Adam M. Brandenburger. Co-opetition [J]. Broadway Business. 1997 (12).

[5] James F. Moore . The Death of Competition [P]. Harper Paperbacks, 1997.

[6] 王永平 . 供应链企业合作竞争机制的演化博弈分析 [J]. 管理工程学报 . 2004 (2).

[7] 张春明，张彤 . 合作竞争下的供应商数量分析 [J]. 成组技术与生产现代化 . 2007 (1).

[8] 钟德强，仲伟俊 . 合作竞争下的供应商数量优化问题研究 [J]. 管理科学学报 . 2003 (3).

[9] 商学娜，郑建国 . 基于风险防范的供应商数量优化决策 [J]. 工业工程 . 2008 (6).

Game-theory Based Analysis of Choosing the Right Supplier Numbers in a Supply Chain

YANG Lu[1], QU Yan[1]

(1. Renmin University of China, Information School, Beijing 100872, China)

Abstract: This paper focuses on the analysis of supplier quantity selection. Based on game theory, we establish an income matrix and build up a mathematical model on choosing large number or small number of supplier in a certain supply chain environment. This model describes the major factors which influence the choice of supplier number, including product purchase price, the degree of cooperation closeness, cooperation cost, risk factor and so on. Based on the broad and deep analysis of model and practical cases, the paper studies the different influences these major factors have on the decision of choosing the right number of supplier in a certain supply chain environment.

Key words: game theory; purchase cost; transaction cost; cooperation closeness; risk

基于遗传与自适应蚁群算法融合的虚拟企业伙伴选择研究*

姚忠[1]，朱鹏宇[1]，潘苒苒[1]

（1. 北京航空航天大学 经济管理学院信息系统系，北京 100191）

摘　要： 在设计了基于蚁群算法的虚拟企业伙伴选择模型的基础上，对蚁群算法和遗传算法进行了比较，阐述了融合的遗传算法与蚁群算法应用于伙伴选择问题的好处及必要性。在此基础上，将遗传算法与自适应蚁群算法相融合，描述了融合算法的基本原理和方法，给出了基于融合算法的虚拟企业伙伴选择模型及求解过程；数值仿真实验中，用一个实例分别对遗传算法、基本蚁群算法、自适应蚁群算法以及融合算法的伙伴选择方法进行仿真实验，并对实验结果进行分析。

关键词： 管理信息系统；虚拟企业；伙伴选择；蚁群算法

中图分类号： C931.6

从工业时代过渡到信息时代的过程中，实体企业因不能适应环境变化而陷入困境，虚拟企业逐渐代替实体企业，成为与信息时代相适应的新型组织模式。在虚拟企业的建立过程中，如何进行伙伴选择是关键问题之一。虚拟企业伙伴选择问题是一种组合优化问题，该问题已经引起了许多学者的关注并进行了大量的研究。然而伙伴企业的选择涉及多方面的因素，这使得伙伴选择变成了一个非常复杂的系统问题。目前国内外学者们提出了众多的模型和算法，其中建立伙伴选择数学模型并选择优化方法来帮助虚拟企业选择伙伴是最常用的，也获得了大批研究成果，比如王丹、杨晓春等以层次分析法和模糊数学为基础，提出了一种实现虚拟企业中的盟友选择的模型[1]；曹洪医、汪定伟等人用遗传算法求解虚拟企业伙伴选择的多目标优化模型，同时考虑费用、时间和风险三个因素，以最小化项目失败风险和项目完工时间为目标[2]；刘晓冰、黄学文等人以人工智能知识为基础，提出一种动态联盟伙伴选择决策方法[3]；Talluri 提出了一种设计经营联盟的定量分析框架，是一种两阶段定量框架[4]的方法等。AHP 法的难点是当决策指标及候选伙伴较多时，需要决策者提供复杂的信息与知识；同时，为使决策科学合理，需要不同领域的专家共同决策，而以往的研究对此没有足够的重视，基于此，李帅等人采用基于模糊群决策的综合评价方法来研究该问题。钟诗胜等人引入多 Agent 和合同网模型，提出网络协同环境下面向目标的虚拟企业伙伴选择及任务调度优化模型，解决了虚拟企业环境下任务的分解、子任务规划，以及任务分配优化问题。

针对候选企业过多等问题，李忠伟等人提出用支持向量机的方法来选择伙伴。其要点是采用分类算法对合作伙伴进行有条件的选择以缩减决策输入的数量。他们采用的分类方法是支持向量机的方法，将对企业的综合评价转换为分类，按照量化后的影响因素对企业进行自动分类，符合一定条件的成为候选企业并作为其他决策方法的输入，否则被淘汰[24]。但由于虚拟企业伙伴选择问题的复杂性，至今还没有公认的科学解决办法，可以说虚拟企业伙伴选择问题的研究还处在初级阶段，因此需要继续寻找更合适的伙伴选择方法。

本文第二部分将对虚拟企业伙伴选择问题进行描述，第三部分阐述蚁群算法、遗传算法、融合算法的基本原理，并在蚁群算法的基础上说明应用融合算法的必要性，第四部分详细论述融合算法在虚拟企业伙伴选择过程中的基本模型和算法流程，并在第五部分应用实例中，用仿真实验对算法进行结果分析。

---

* 基金项目：国家自然科学基金（70672020，70521001）

通讯作者：姚忠，E-mail：iszhyao@ buaa. edu. cn

核心能力 1	核心能力 2	核心能力 3	……	核心能力 J
$u_1^{(1)}$ ✓	$u_1^{(2)}$	$u_1^{(3)}$	……	$u_1^{(J)}$ ✓
$u_2^{(1)}$ ✓	$u_2^{(2)}$	$u_2^{(3)}$ ✓	……	$u_2^{(J)}$
$u_3^{(1)}$	$u_3^{(2)}$ ✓	$u_3^{(3)}$	……	$u_3^{(J)}$
⋮	⋮	⋮		⋮
$u_{I_1}^{(1)}$	$u_{I_2}^{(2)}$	$u_{I_3}^{(3)}$	……	$u_{I_J}^{(J)}$ ✓

图 1　虚拟企业伙伴选择图

1　虚拟企业伙伴选择问题描述

虚拟企业的定义是：虚拟企业（Virtual Enterprise）又称动态联盟，是指一个企业内部或多个独立企业之间的多个经营实体，基于市场机遇，为达成共同目标而形成的核心能力的联盟。它是一种虚拟的企业组织结构形式。虚拟企业依靠电子信息手段进行联系及合作，将分布在不同地区的不同公司的人力资源和物质资源组织起来，实现快速响应某一市场需求的目标。只要市场机会存在，虚拟企业就会继续存在，市场机会消失，虚拟企业就将解体[5]。

在创建上述虚拟企业的过程中，伙伴选择问题可描述为：发起企业在确定虚拟企业组建的项目后，对该项目目标所需的核心能力逐一分析，确定每个核心能力下的候选企业评价指标体系，通过对外发布信息公开招标，一段时间后，收集候选企业的竞标信息，并通过相关专家对候选企业做出评定，从而确定最佳的候选企业组合。虚拟企业伙伴选择问题可用图 1 表示。图 1 表示该虚拟企业共需 J 种核心能力，且每种核心能力下分别包括 I_1，I_2，…，I_J个候选伙伴，发起企业需要根据预先确定好的标准，从每一个核心能力下选择一定的伙伴，组成动态联盟。假设某一动态联盟包括 J 种核心能力，对于第 j 种核心能力有 I_j 个潜在的候选伙伴，考虑到动态联盟的现实意义，各种类型至少选择 1 个、至多选择 2 个合作伙伴，则第 i 种类型的伙伴选择组合为$\frac{I_j\ (I_j+1)}{2}$，整个联盟伙伴选择的可能组合数为 $\frac{1}{2^J}\prod_{j=1}^{J} I_j(I_j+1)$。

不失一般性，虚拟企业伙伴选择问题可以表述为一个多目标组合优化问题。为了保证伙伴选择的有效性，所有的组合必须根据一些准则和标准加以评价，目前在伙伴选择原则方面，已有不少相关标准和评价指标，详见本文参考文献［17］。本论文通过对各项评价指标重要性和普遍性的研究（参见本文参考文献［18]），参考已收集到的案例数据，最终选定了内在成本 C、连接成本 L、生产时间 T、质量 Q、信誉 H 和风险评估 R 这 6 个指标作为本文伙伴选择的依据，其中，

$$C' = \sum_{j=1}^{J}\sum_{i=1}^{I}\left(1-\frac{c_{ij}}{c_{\max}}\right)H_{ij} \tag{1}$$

$$L' = \sum_{j=1}^{J-1}\sum_{i=1}^{I}\sum_{w=1}^{J}\sum_{q=1}^{I}\left(1-\frac{l_{ijqw}}{l_{\max}}\right)H_{ij}H_{qw} \tag{2}$$

$$T' = \sum_{j=1}^{J}\sum_{i=1}^{I}\left(1-\frac{t_{ij}}{t_{\max}}\right)H_{ij} \tag{3}$$

$$Q = \sum_{j=1}^{J}\sum_{i=1}^{I}\frac{q_{ij}}{q_{\max}}H_{ij} \tag{4}$$

$$H = \sum_{j=1}^{J}\sum_{i=1}^{I}\frac{h_{ij}}{h_{\max}}H_{ij} \tag{5}$$

$$R' = \sum_{j=1}^{J}\sum_{i=1}^{I}\left(1-\frac{r_{ij}}{r_{\max}}\right)H_{ij} \tag{6}$$

$c_{\max}$，$l_{\max}$，$t_{\max}$，$q_{\max}$，$h_{\max}$，$r_{\max}$分别表示 6 个指标的最大值，且

$$H_{ij}=\begin{cases}1 & \text{选择 } u_{ij}\text{参与虚拟企业；}\\ 0 & \text{不选择 } u_{ij}\text{参与虚拟企业。}\end{cases}$$

除了以上目标函数外，还有制约因素对优化选择模型进行制约。根据虚拟企业的实际意义，每种类型要求至少选择 1 个候选伙伴，至多选择 2 个候选伙伴参加并组成虚拟企业。

2　基于遗传算法与蚁群算法的 PSP

2.1　基于遗传算法 PSP

遗传算法的基本思想来源于达尔文（Darwin）的进化论和门德尔（Mendel）的遗传学说。达尔文的进化论认为：每一物种在不断的发展过程中都是越来越适应环境；物种的每个个体的基本特征被后代所继承，但后代又不完全同于自己的父代；在个体的生存与发展中那些更能适应环境的个体特征则能被保留下来，体现了适者生存的自然法则。与此相应，门德尔的遗传学则认为：遗传是作为一种指令遗传码封装在每个细胞中，并以基因的形式包含在染色体中；每个基因有特殊的位置并控制某个特殊的性质，而由每个基因产生的个体对环境有一定的适应性，通过基因杂交和基因突变可能产生对环境适应性强的后代，并通过优胜劣汰的自然选择，适应值高的基因结构则被保存下来。

Holland 等人正是综合了上述两种学说的基本思想，创立了遗传算法。该算法借助于计算机编

程，一般是将待求问题表示成串（或染色体），即为二进制码或数码串，从而构成一群串，并将它们置于问题的求解环境中，根据适者生存的原则，从中选择出适应环境的串进行复制，且通过交换、变异两种基因操作产生新的一代更适应环境的串群，经这样一代代地不断变化，最后收敛到一个最适应环境的串上，而求得问题的最优解[7]。

基于遗传算法的 PSP 方法在本文参考文献［6］［15］中已经介绍。这里需要指出的是，本文中的计算实例与本文参考文献［6］［15］中用到的算例均不同。

2.2 基于蚁群算法 PSP

实验观察表明，蚂蚁在运动过程中会留下一种分泌物，其后面的蚂蚁可根据前面走过的蚂蚁留下的分泌物选择其要走的路径。一条路径上的分泌物越多，蚂蚁选择这条路径的概率就越大。因此，蚂蚁群体的集体行为实际上构成了一种学习信息的正反馈现象，蚂蚁之间通过这种信息交流寻求通向食物的最短路径。蚁群算法正是模拟了这样的优化机制，即通过个体之间信息的交流与相互协作最终找到最优解。由此可见，蚁群算法的优化过程的本质在于：①选择机制，信息量越大的路径，选择的概率越大；②更新机制，路径上面的信息量会随蚂蚁的经过而增长，而且同时也随时间的推移逐渐减小；③协调机制，蚂蚁之间实际上是通过信息量来互相通讯、协同工作的。这样的机制使得蚁群算法具有很强的发现较好解的能力。基于蚁群算法的 PSP 问题已在本文参考文献［16］中作了详细描述。

2.3 遗传算法和蚁群算法融合的基本原理

通过对遗传算法与蚁群算法的研究发现，它们在总体态势上呈现出如图 2 所示的速度-时间曲线。遗传算法在搜索的初期（$t_0 \sim t_a$ 时间段）具有较高向最优解收敛的速度，但 t_a 之后求最优解的效率显著降低。而蚁群算法在搜索的初期（$t_0 \sim t_a$ 时间段）由于缺乏信息素，使得搜索速度缓慢，但当信息素积累到一定的强度之后（t_a 时刻之后），向最优解收敛的速度迅速提高。遗传算法与蚁群算法动态融合的基本思想就是：在最佳点（a 点）之前采用遗传算法生成初始信息素分布，在最佳点之后采用蚁群算法求取最优解[8][13]。

丁建立等人提出了遗传算法与蚁群算法融合的一般性优化问题求解策略，在 TSP 应用实验中取得了良好的优化效果。该策略将遗传算法设置为运行固定的迭代次数，这样会造成过早（如 t_d 时刻）

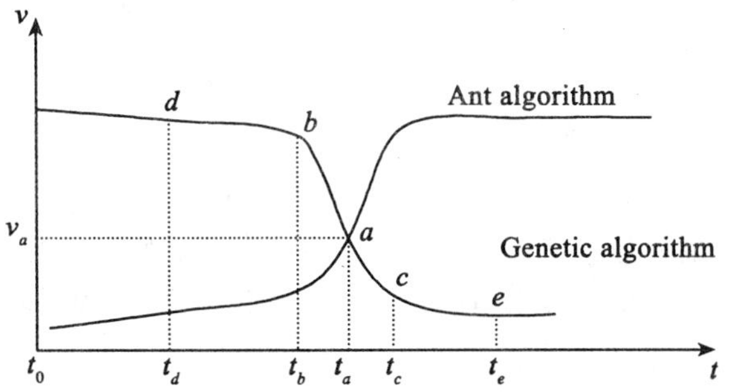

图 2 遗传算法与蚁群算法收敛速度-时间曲线

或过晚（如 t_e 时刻）结束遗传算法过程，不能有效保证两者在最佳时机（t_a 时刻）的融合。

熊志辉等人提出的动态融合策略可以较好地让遗传算法与蚁群算法在最佳时机融合。方法是：(a) 设置最小遗传迭代次数 $Gene_{min}$（如 t_b 时刻）和最大遗传迭代次数 $Gene_{max}$（如 t_c 时刻）；(b) 遗传算法迭代过程中统计子代群体的进化率，并以此设置子代群体最小进化率 $Gene_{min\text{-}impro\text{-}ratio}$；(c) 在设定的迭代次数范围内，如果连续 $Gene_{die}$ 代子代群体的进化率都小于 $Gene_{min\text{-}impro\text{-}ratio}$，说明这时遗传算法优化速度较低，因此可终止遗传算法过程，进入蚁群算法[8][19]。

3 基于自适应蚁群算法的 PSP

3.1 自适应蚁群算法

基于遗传算法的 PSP 方法在本文参考文献［6］［15］中已经介绍。这里需要指出的是，本文中的计算实例与本文参考文献［6］［15］中用到的算例均不同。蚁群算法在构造解的过程中，随机选择策略使得算法的进化速度变慢，正反馈原理旨在强化性能好的解，却容易出现停滞现象。对蚁群算法的状态转移概率、信息素挥发因子、信息素等因素采取自适应调节策略是一个基本的改进思路，可以在一定程度上有效克服基本蚁群算法的一些不足之处。本文中的自适应蚁群算法是对信息素挥发因子 ρ 和调整信息素 $\Delta\tau_{ij}^{k}$ 进行自适应和动态的调整。

3.1.1 自适应调整信息素挥发因子

蚁群算法中信息素挥发因子 ρ 的大小直接关系到全局搜索能力及其收敛速度。而通过自适应调整信息素挥发因子，可以提高算法的全局性，改进蚁群算法的搜索能力和搜索速度。

假设信息素挥发因子 ρ 的初始值 $\rho(t_0)=1$，则当蚁群算法求得的最优值在 N 次循环内没有明显改进时，ρ 按照下式做自适应调整：

$$\rho(t)=\begin{cases}0.95\rho(t-1) & 若\ 0.95\rho(t-1)\geqslant\rho_{\min}\\ \rho_{\min} & otherwise\end{cases} \tag{7}$$

其中，$\rho_{\min}$为 ρ 的最小值，可以防止 ρ 过小降低算法的收敛速度。同时为了提高蚁群算法的全局搜索能力，提高搜索速度，还在每次循环结束时求出最优解并将其保留。

3.1.2　动态自适应调整信息素

针对蚁群寻优过程中容易出现停滞和陷入局部最优等问题，可以根据蚁群算法搜索情况来自适应动态修改信息素，即用时变函数来代替调整信息素 $\Delta\tau_{ij}^{k}=Q/L_k$ 为常数项的信息素强度 Q。这样可以在一定程度上有效解决扩大搜索空间和寻找最优解之间的矛盾，使算法跳离局部最优解。

令

$$\Delta\tau_{ij}^{k}(t)=f(t)=Q(t)/L_k \tag{8}$$

由状态转移概率公式 3.1 可知，当 $\alpha=0$ 时，只是路径信息起作用，算法相当于最短路径寻优，从而有 $p_{ij}^{k}=\eta_{ij}^{\beta}(t)$；当 $\beta=0$ 时，路径信息的启发作用为 0，此时算法相当于盲目搜索，从而有 $p_{ij}^{k}=\dfrac{\tau_{ij}^{\alpha}(t)}{\sum\tau_{is}^{\alpha}(t)}$

选用时变函数代替常数项 Q，在路径上的信息素随搜索过程蒸发或增多的情况下，继续在蚂蚁的随机搜索和路径信息的启发作用之间继续保持“探索”和“利用”的平衡点。这里，可选择如下阶梯函数：

$$Q(t)=\begin{cases}Q_1 & if\ t\leqslant T_1\\ Q_2 & if\ T_1\leqslant t\leqslant T_2\\ Q_3 & if\ T_2\leqslant t\leqslant T_3\end{cases} \tag{9}$$

其中，Q_i 对应阶梯函数的信息素强度不同取值，T_i 为设置的运行时间界限。根据以上描述，总结出基于自适应蚁群算法的伙伴选择算法流程如下：

(1) nc=1（nc 为搜索的轮次数）；每条边上的 $\tau_{ij}^{(mn)}(0)=c$（c 为常数）；$f=0$（f 为最优目标函数值）；在起始伙伴处放置 m 只蚂蚁。

(2)设置这 m 只蚂蚁的初始解集及可行集。如假设蚂蚁 k 的出发点为 $u_1^{(2)}$，则其初始解集 $tabu_k=\{u_1^{(2)}\}$，初始可行集 $allowed_k=\{u_1^{(3)},u_2^{(3)},\cdots,u_{l_3}^{(3)}\}$。设置挥发因子 ρ 的最小值 $\rho_{\min}$，以防止 ρ 过小。设置动态 $Q(t)$ 阶梯函数[10]。

(3)蚂蚁 k 搜索连接矩阵中其下一步要走过的类型所含企业的集合，按概率 $p_{ij}^{k(mn)}(t)$ 移到下一个企业，将选中的企业加入 $tabu_k$ 中，并更新可行集 $allowed_k$。

(4)经过 n 个时刻，所有蚂蚁都遍历完 J 个类型，完成一轮搜索。计算 $f_k=f(tabu_k)$，$k\in[1,m]$，将最大的 f_k 记为 $f_{\max}$，并将相应的解记为 $tabu_{\text{best}}$。

(5)更新最优路径上的信息量 $\tau_{ij}^{(mn)}(t+n)=(1-\rho)\cdot\tau_{ij}^{(mn)}(t)+\Delta\tau_{ij}^{(mn)}(t)$，若 $0.95\rho(t-1)\geqslant\rho_{\min}$，则令 $\rho(t)=0.95\rho(t-1)$，否则令 $\rho(t)=\rho_{\min}$；根据 $Q(t)$ 阶梯函数计算 $\Delta\tau_{ij}^{(mn)}(t)$；求得更新后的信息量 $\tau_{ij}^{(mn)}(t+n)$。置 $nc=nc+1$。

(6)若 $f_{\max}>f$ 且 $nc<nc_{\max}$（$nc_{\max}$ 为最大迭代次数），则 $f=f_{\max}$，将各蚂蚁重新放回它们的初始出发点，转至(2)；否则若连续 3 次 $f_{\max}=f$，且 $nc\geqslant nc_{\min}$，删除 $tabu_{\text{best}}$ 中的重复企业，并打印 $tabu_{\text{best}}$，终止整个程序。

3.2　遗传算法与自适应蚁群算法的衔接

实验观察表明，本文融合算法前期执行遗传算法过程，后期执行蚁群算法过程，因此两者的衔接是重要的步骤，主要包括以下两个问题：

(1) 动态融合时机设置：同前述“遗传算法结束条件”。

(2) 蚁群算法初始信息素设置：遗传算法结束后，得到 N 个解（N 为种群规模），计算这 N 个解的适应度，分别记为 $f_1\sim f_N$。然后根据基于蚁群算法的伙伴选择模型，设置这 N 个解对应路径上的信息量 $\tau_{i'i''}^{(j',j'')}(n)=f_n$，其中 n 表示第 n 条路径，且 $n\in[1,N]$。

4　仿真实验

4.1　实例描述

有一个模具制造企业[12]接了一个大型注塑模的订单，它需要大型铣床和磨床加工模架，以及在模架上进行相关加工；需要精密数控机床加工型腔和型芯；需要大型注塑机进行试模。型腔和型芯由镶块组成，一些镶块先要用数控机床加工出初步外形，再用电火花加工成精确外形。该企业不具备所有这些资源，需要组织虚拟企业来完成。这项生产任务根据所需核心能力可以分解成下列制造任务：

任务 1　产品的三维造型、模具设计，包括型腔、型芯和电极的设计，需要有经验的模具设计人员和相关的 CAD 软件包。

任务 2　模架的设计、模架制造工艺设计、模架加工制造以及在模架上进行相关加工，需要大型铣床和磨床。

任务 3 型腔和型芯的工艺设计，NC 编程及镶块的粗加工，需要数控机床。

任务 4 电极的工艺设计，NC 编程和加工，需要精密的 NC 机床。

任务 5 镶块的电火花加工。

任务 6 其他零部件的设计和制造、模具装配，需要有经验的模具工人。

任务 7 试模，需要大型注塑机。

任务 8 根据试模结果进行修模，需要有经验的模具工人。

公司决定任务 1 要由公司自己完成，其他的任务由合作伙伴来完成，公司本身也可以作为一个合作伙伴投标其他任务。在收到投标书后，经过初选，任务 2 有 5 个候选伙伴，任务 3 有 5 个，任务 4 有 5 个，任务 5 有 5 个，任务 6 有 4 个，任务 7 有 5 个，任务 8 有 4 个。

这个注塑模制造动态联盟共包括 8 种核心能力（任务），每种核心能力下的候选伙伴数分别为 1 个、5 个、5 个、5 个、5 个、4 个、5 个、4 个。根据虚拟企业的实际意义，要求每种核心能力下至少选择 1 个，至多选择 2 个企业组成动态联盟。可以计算出候选伙伴可能组合数目在理论上为 $\frac{1}{2^J}\prod_{j=1}^{J} I_j(I_j+1) \approx 7.6\times 107$ 个，这显然已经出现了所谓的“组合爆炸”。我们分别采用遗传算法、基本蚁群算法、自适应蚁群算法和融合遗传算法与自适应蚁群算法（即本文提到的融合算法）来求解这个问题。依据选择的虚拟企业核心能力指标，构造多目标函数为

$$\max f = W_1\max C' + W_2\max L' + W_3\max T' + W_4\max Q + W_5\max H + W_6\max R' \quad (10)$$

各指标权重值分别设定为 0.30，0.02，0.23，0.24，0.16，0.05。这样一来，伙伴选择问题的目标函数就变为 max$f$(optimal)[9]。

4.2 实验结果及分析

分别用遗传算法、蚁群算法、自适应蚁群算法和融合遗传算法与自适应蚁群算法（融合算法）来求解 6.1 中的实例，求解结果为：遗传算法经过了 20 次迭代后，伙伴组合最大适应度稳定在 1.7043；基本蚁群算法经过 50 次迭代，仍然难以获得稳定的适应度值，自适应蚁群算法在 45 次迭代后基本稳定，而遗传算法与蚁群算法的融合算法经过 6 次迭代后，目标函数值达到最大值 1.7043。现在分别对这四种算法每次迭代的最优解进行分析，可得到最优解目标值关于迭代次数的折线图，如图 3 所示[11]。

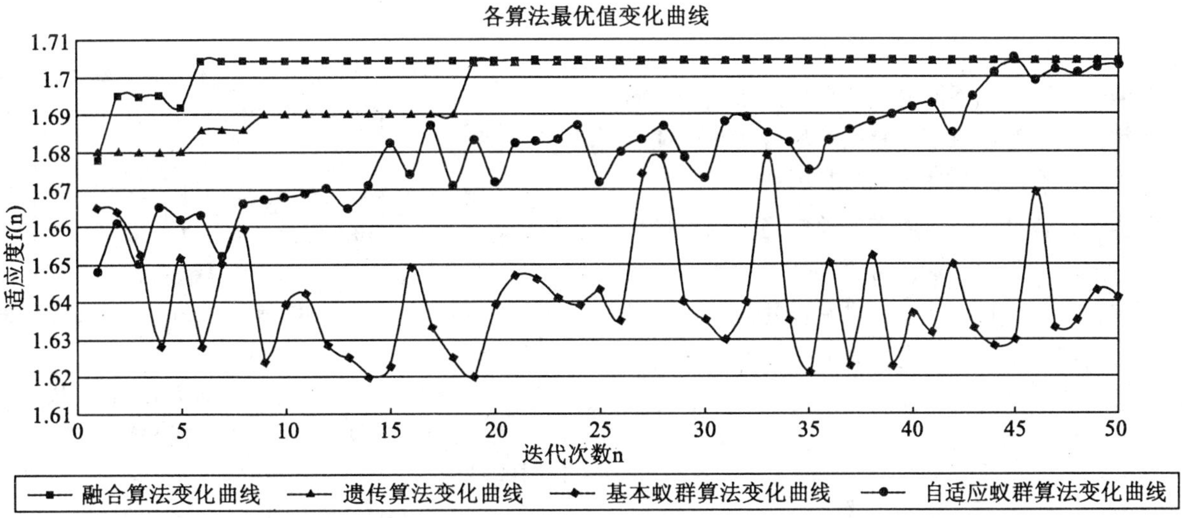

图 3 三种算法目标函数值－迭代次数折线对比图

于是，下面对图 3 中的三条折线进行分析比较：

（1）遗传算法在解决虚拟企业伙伴选择问题上有较好的效果，能够在相对较少的迭代次数中，寻找到最优解，但在中间曾陷入局部最优解进行了冗余迭代，后期也进行了冗余的迭代，降低了求解的

效率。

(2) 基本蚁群算法在搜索期间目标函数的最优值和平均值，呈现较大幅度的振荡波动，较难达到稳定状态，但振荡后期的平均值要稍高于起始时期，说明搜索过程存在初步的进化。

(3) 在基本蚁群算法基础上，对信息素挥发因子和调整信息量进行动态自适应调整，可以在一定程度上提高算法效率。但是改进效果并不十分明显，依然处于振荡波动阶段，未达到稳定最优，初步判断是本文实验中的迭代次数过少、参数设定未达最优产生了影响。不过依然可以看出，相比基本蚁群算法，自适应蚁群算法的振荡范围更小，且更快地趋于最优值，因此，笔者研究尚浅，对其进行进一步研究以得到更优效果是有价值的。

(4) 以遗传算法和自适应蚁群算法为基础的融合算法，吸收了两种算法的优点，通过实验可以看出，融合算法在解决虚拟企业伙伴选择问题上具备一定的可行性。相比于前几种算法，融合算法能够克服遗传算法易陷入局部最优和冗余迭代降低效率的缺点，也能够克服蚁群算法初期信息素缺乏带来的盲目性、迭代效率低的缺点，在稳定最优值收敛的代数、最优收敛值、获得次数、收敛的平均目标值四个方面都更优。

5 结 论

虚拟企业伙伴选择涉及多方面的因素，是一个非常复杂的系统问题。从以往的研究中发现，在伙伴选择问题中，采用不同的伙伴选择方法针对不同实例所得出的实验结果不尽相同。尽管实验已证明文中提出的融合的伙伴选择方法是可行的且在某些方面要优于遗传算法，然而在实验中仍发现不少目前还未能解决的问题，这就需要进一步对这个方法进行研究，以解决这些问题。进一步的研究工作主要集中在继续寻找不同的虚拟企业伙伴选择实例来验证融合算法、如何确定遗传算法与蚁群算法的融合时机两方面的问题。

参考文献

[1] 王丹，杨晓春，王国仁等．基于模糊层次分析法实现虚拟企业中的伙伴选择［N］．东北大学学报（自然科学版），2002，21（6）：606-609.

[2] 曹洪医，汪定伟．用 GA 求解动态联盟中伙伴选择的多目标优化模型［J］．信息与控制，2001，30（4）：348-351.

[3] 刘晓冰，黄学文，高天一等．面向动态联盟的伙伴企业选择决策方法及系统［J］．工业工程，2001，4（2）：10-13.

[4] Talluri S, Bake R C. A Quantitative Framework for Designing Efficient Business Process Alliance［A］// International Conference on Engineering Management and Control. Vancouver: Lonely Planet Publications Ltd., 1996: 656-660.

[5] 齐二石，霍艳芳，李晓梅，等．虚拟企业发展研究综述［J］．制造技术与机床，2004，9（1）：37-41.

[6] 冯蔚东，陈剑，赵纯均．基于遗传算法的动态联盟伙伴选择过程及优化模型［J］．清华大学学报（自然科学版），2000，40（10）：120-124.

[7] Holland J H. Adaptation in Natural and Artificial Systems［R］. Detroit: Ann Arbor University of Michigan Press, 1975.

[8] 熊志辉，李思昆，陈吉华．遗传算法与蚂蚁算法动态融合的软硬件划分［J］．软件学报，2005，16（4）：503-512.

[9] Toni Jarimo. Optimal Partner Selection in Virtual Organisations With Capacity Risk and Network Interdependencies［D］. Working-paper, 2007. 04.

[10] 吴子珺，姚忠．基于蚁群算法的动态联盟伙伴选择模型与算法［J］．管理科学，2007，20（增）：52-55.

[11] Stutzle T, and Hoos H. MAX-MIN Ant System［J］. Future Generation Computer System, 2000, 16（1）: 889-914.

[12] 苏平，伍乃骐，于兆勤，等．遗传算法在虚拟企业伙伴选择与优化中的应用［J］．系统工程理论与实践，2006，12（12）：85-92.

[13] 丁建立，陈增强，袁著祉．遗传算法与蚂蚁算法的融合［J］．计算机研究与发展，2003，40（9）：1351-1356.

[14] 赵磊，马唯为．西方虚拟企业理论述评［J］．中外企业家，2002，10（4）：62-66.

[15] 吴斌，史忠植．一种基于蚁群算法的 TSP 问题分段求解算法［J］．计算机学报，2001，24（12）：1328-1333.

[16] 刘健．改进遗传算法与蚁群算法融合的虚拟企业伙伴选择研究［D］．北京：北京航空航天大学，2008.

[17] Dickson G. An Analysis of Vender Selection Systems and Decision. Joumal of purchasing. 1966. 2（1）: 5-17.

[18] Prahalad C K, Hamel P. The Core Competences of the Corporation［J］. Harvard Business Review, 1997, 5（6）: 79-91.

[19] 段海滨．蚁群算法原理及其应用［M］．北京：科学出版社，2005：119-125.

Fusing Genetic Algorithm and Adaptive Ant Colony Algorithm to Optimize Virtual Enterprise Partner Selection Problem

YAO Zhong[1], ZHU Pengyu[1], PAN Ranran[1]

(1. Department of Information Systems, School of Economics and Management, Beihang University, Beijing 100191, China)

Abstract: Based on the analysis of using Ant Colony Algorithm and Genetic Algorithm to optimize the virtual enterprise partner selection problem (PSP), we design a new algorithm, named fusing adaptive ant colony algorithm into genetic algorithm, to optimize the PSP. After the description of the fusing algorithm, we conduct the simulating experiment to compare the performance of the genetic algorithm, ant colony algorithm, adaptive ant colony algorithm and fusing algorithm used in optimizing the PSP. Results show that the fusion algorithm has better performance than the case of the independent algorithms in partner selection problem under some conditions.

Key words: management information systems; virtual enterprise; partner selection problem; ant colony algorithm

大型水电站工程总承包群决策信息系统研究*

徐选华[1]，陈晓红[2]

（1. 中南大学 商学院，长沙市 410083；2. 中南大学，长沙市 410083）

摘　要：针对大型水电站工程总承包涉及众多参建方，工程进度和投资控制的复杂性和难度大的问题，提出了一种基于P3&EXP&VS混合信息技术平台的工程总承包群决策信息系统，设计了系统运行的网络结构、系统运行平台、数据管理模式与数据库部署方法，提出了基于P3&EXP&VS平台的工程项目进度计划与控制、工程项目投资决策与控制、工程项目沟通管理网站三个核心子系统的实现技术和方法。系统在酉酬水电站建设过程中应用，效果良好，有效地解决了酉酬水电站工程总承包项目的建设和实施问题。

关键词：大型水电站；工程总承包；P3&EXP&VS平台；决策信息系统

中图分类号：C93

大型水电站由于工程的复杂程度非常高，工程进度和投资控制难度非常大，本文以重庆酉阳县酉酬枢纽水电站工程总承包为研究背景，酉酬水电站投资11亿元人民币，建设周期为3年。业主方（投资方）为重庆酉水水电开发有限公司，设计单位为中国水电顾问集团中南勘测设计研究院（以下简称中南院），总承包商为中南院，施工方为葛洲坝集团公司等，监理方为中国水利水电建设工程咨询西北公司。水电站现场设建设项目部1个，为总承包商中南院的派出机构，项目部承担着总指挥、总协调、总管理的职责，工程建设实行项目经理负责制。项目部下设综合管理部、工程部、计划合同财务部、机电部等部门。项目部计算机已经联网，配有一台24口交换机，通过光纤接入宽带网，共有微机17台，其中一台微机作为项目部内部临时服务器，临时提供文件服务和WWW服务。系统应用前期项目部的业务管理采用人工纸质和计算机文档处理相结合的方式，各个施工方采用Excel表格进行项目计划与进度控制、计量支付等业务处理。

由于水电站工程建设规模庞大、工程高度复杂、投资巨大、建设周期较长、投资风险控制难度大、参建单位和人员众多，使得工程的成败更大程度上依赖于相应的信息技术与决策信息系统的支持，然而长期以来水电站工程建设实践表明，仅靠某一个单一的信息技术平台是难以实现工程的有效管理与决策的。水电站工程总承包建设实际上就是一个群决策问题，酉酬水电站项目部的工程总承包业务运作就缺乏一个统一的由所有参建方参加的群决策信息平台，急需建立一个以工程项目部业务为核心的工程总承包群决策信息系统进行有效管理和决策。P3(Primavera Project Planner)和EXP(Expedition)是专业工程管理实施平台，其中P3平台在大型水电站工程建设中的应用主要侧重于项目计划与控制[1][2][3]，P3与企业原有管理信息系统的数据交换与数据集成也有可行的应用[4][5][6]，EXP主要侧重于实施投资管理，VS（Visual Studio）为Microsoft公司的Browser/Server模式的应用系统专业开发平台。这三个信息技术平台有机地联合使用来解决大型水电站工程总承包问题是一种新的尝试。本文提出一种基于P3&EXP&VS混合信息技术平台的以工程总承包商现场项目部业务为核心的酉酬水电站工程总承包群决策信息系统，深入研究系统实现技术和方法。设计和开发的系统投入酉酬水电站工程总承包建设过程中成功使用，系统运行实践表明该系统为酉酬水电站枢纽工程的成功建设提供了有效支持，同时也为其他水电站工程总承包管理决策与信息化提供有益借鉴。

1　工程总承包决策信息管理模式

工程总承包群决策信息管理模式主要包括：数据通信网络结构和通信方式、系统运行平台的建

* 基金项目：国家自然科学基金项目（70871121），国家自然科学基金重点项目（70631004），湖南省软科学基金（2008ZK3038）
通讯作者：徐选华，E-mail：xuxh@ mail. csu. edu. cn

立、数据管理模式与数据库部署，这三个部分是整个工程总承包顺利实现的保证。

1.1 通信网络结构设计

在西酬水电站工程总承包项目管理中，中南院总部和现场项目部分别建立局域网，项目部与中南院总部数据通信采用 VPN（Virtual Private Network 虚拟专用网络）方式，VPN，通过 Internet 建立一个临时和安全的连接（也是对企业内部网的扩展）构成广域通信网。由于系统需要具有行业通用性，还要应用于其他水电站工程总承包管理与决策，因此其他水电站工程总承包项目部网络通信结构应该与西酬水电站项目部的配置相似，最后形成中南院总部为中心，以各个水电站项目部为分支的星形广域网络通信结构。

1.2 决策系统运行平台建立

根据现场调研和比较，本系统的实现采用 Primavear5、Expedition10 和 VS. NET2005 作为系统实施、运行与开发平台。考虑到工程进度计划与控制比较复杂，参考工程管理业界要求，P3 主要用来实现范围管理、进度计划与控制、统计分析（赢得值分析等），安全/权限控制等功能。为了提高工程实施进度，降低风险，与总承包相关的合同/变更管理、费用（进度款支付）管理、材料/采购管理、质量控制采用 EXP 平台开发来实现，沟通/文档/竣工管理网站采用微软的 VS 开发平台开发实现。结合西酬水电站工程项目管理的现状，P3 配置不少于 5 个并发用户供现场项目部、施工方、监理方，以及业主和中南院等使用。应用服务器安装 Weblogic，同时安装 Primavera 的组件 MyPrimavera 和 TeamMember 的服务器。客户端分两种：局域网客户（C/S 模式）和互联网客户（B/S 模式）。局域网客户需安装 P3 平台的 C/S 的客户端，如果是管理层、项目经理或计划人员，需安装 PM/PA 及 MM 组件。项目部也需要安装 PM 的客户端用于填报进度/费用等。其他客户端主要是浏览器。

1.3 工程数据管理模式与数据库部署

充分考虑项目部的数据共享和更新需求，数据管理采用集中式管理模式，将西酬水电站工程总承包管理信息系统数据库统一放在中南院总部信息中心的数据库服务器中，工程总承包管理业务产生的数据（包括文档数据）均通过 VPN 存放在中南院总部数据库服务器中，现场各方通过 VPN 与中南院总部共享数据库并进行业务操作，如图 1 所示。

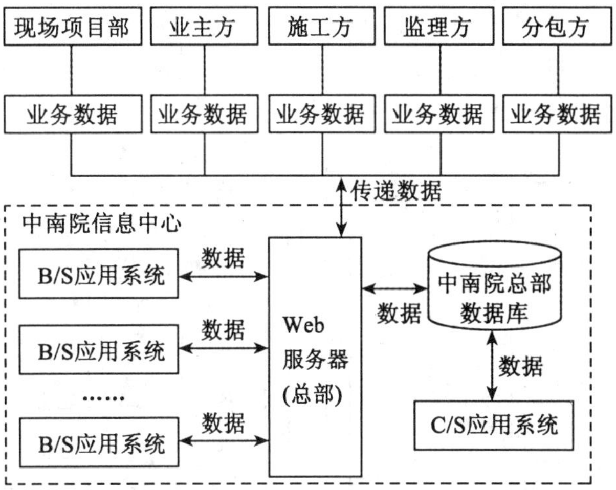

图 1 西酬水电站集中式数据管理模式

集中式的优点是数据集中管理，便于系统升级和数据的维护与更新，能够及时保证工程整体数据的一致性和共享性。缺点是中南院总部 Web 服务器的负担相对较重，Web 服务器要求的档次较高（可使用小型机或专用服务器提高处理效率），一旦出错容易影响全工程业务的正常进行。为此必须准备一个备份/备用的 Web 服务器。

由于 P3 和 EXP 支持 SQL Server 数据库，同时为了尽量与中南院原有数据库配套，数据库服务器端的数据库平台采用 MS SQL Server2005，安装 Primavera 的核心数据库 PMDB 和项目经验库 MMDB。在项目建设前期，以工程现场项目部为核心，参建各方按照项目部的要求（可采用 P3 单机版）按时填写业务数据，然后及时到项目部导入/出数据。待系统运行一段时间比较稳定后，有条件的参建方在网上填报数据，没有条件的参建方仍然采用到项目部导入/出数据的方式进行。

2 基于 P3&EXP&VS 决策信息系统结构及其实现方法

根据水电工程建设需求和目标，参照工程项目管理知识体系的九大领域划分相应的功能子系统，其逻辑关系和数据流如图 2 所示。其中工程项目进度计划与控制、工程项目投资决策与控制、工程项目沟通管理网站是工程总承包管理系统的三个核心子系统，其他子系统为辅助子系统。

2.1 总承包工程进度计划与控制

2.1.1 总承包工程工作分解方法

结合 P3 平台和西酬水电站的实际及水电行业现有的工程项目管理模式，从进度计划和控制角度出发将西酬水电站工程总承包项目工作分解

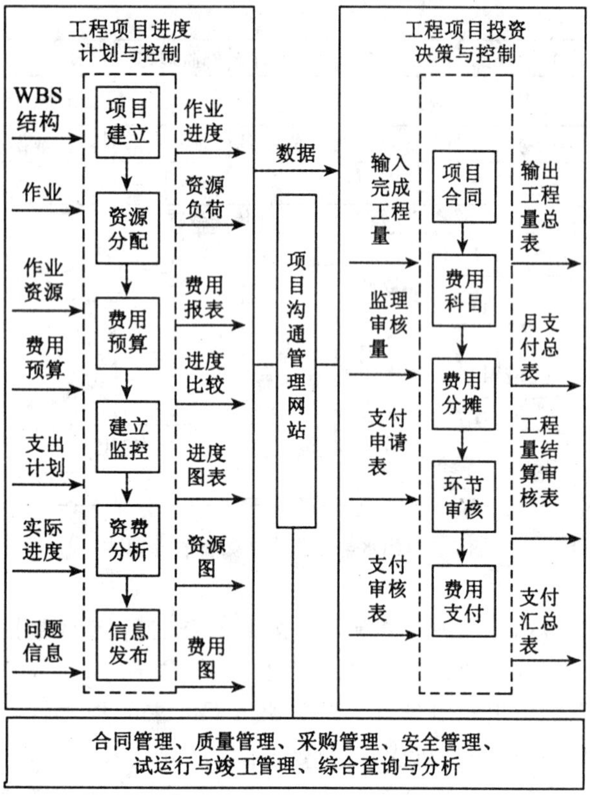

图 2 基于 P3&EXP&VS 群决策信息系统功能结构图

（WBS）为四级：单位工程、分部工程、分项工程、单元工程。分部工程隶属于单位工程，分项工程隶属于分部工程，单元工程隶属于分项工程。其中单元工程为最小结算单位，将其视为 P3 中的作业；单位工程按照合同标段划分为下面 11 个单位工程：合同文件要求的控制性工程、施工准备、施工导流、进厂公路工程、大坝工程、消力池工程、进水口工程、压力钢管工程、发电厂房及开关站工程、工程尾工及验收、工程完工。

2.1.2 总承包工程进度计划设计方法

在工程总承包中，制定工程进度四级计划：一级为控制型节点（里程碑）计划，二级为业主和总承包商核准的综合性控制计划，三级为施工方的作业总进度计划，四级为施工方的实施进度计划。考虑到总承包项目计划的特殊性，将一级计划中的作业定为二级计划中的 WBS，将二级计划中的作业定为三级计划中的 WBS，将三级计划的作业定为四级计划的 WBS，然后在三、四级 WBS 下定义 WBS 型作业，这样可以将分包的进度情况与总承包的进度计划有效地建立逻辑关系，便于进度控制和分析。其逻辑关系如图 3 所示。

2.1.3 工程进度计划控制与分析方法

工程进度控制的关键是进度更新，汇总和分

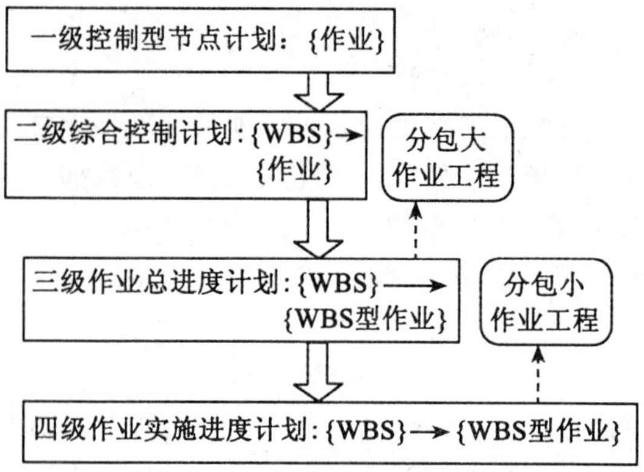

图 3 总承包工程各级进度计划控制关系图

析。工程项目实际情况的更新（包括进度，资源和费用的更新）由施工方定期在网上进行填报或通过 PM 导入项目文件（.xer）的方式向现场项目部报送进度。更新的周期可以定位“周”，更新的内容主要包括：作业的实际开始与实际完成日期、尚需工期、完成百分比；作业上分配的资源实际数量（或本期实际数量）与尚需数量；作业实际发生费用与尚需费用等。进度的汇总采用自下而上逐级汇总的方式，在前两部分的基础上就可以借助 P3 自动生成进度完成情况横道图、网络图等。但形象进度图需要二次开发才能实现，采用通过数据库读取进度信息，再利用决策平台[6]的图形组件来绘制形象进度图放在项目沟通管理网站上供有关各个层次的管理人员查看和监督。

进度分析从两个层面进行：一是利用 P3 的目标计划的功能，它支持为每个工程项目定义 50 个目标计划（为当前项目计划的一个“快照”，或者是当前项目的副本，用于对工程项目进行各种执行分析的参照对象），并且在同一时刻能将当前计划与 1 个项目目标计划及 3 个用户分配的目标计划进行对比分析；二是通过赢得值分析的方法，通过 WBS 等级里程碑和为不同的 WBS 设置不同的赢得值计算方法来实现。

2.2 总承包工程投资决策与控制

采用 P3 和 EXP 联合集成的方式实现，用 P3 定期更新的工程实际进度信息作为计量和支付的依据。工程项目计划工程量在目标计划中，工程施工的实际工程量信息包含在项目的作业中，实时的工程量在进度更新时采集。

总承包工程投资决策过程：首先各个施工方根据施工成果在网上填报实际施工数据；其次监理方审核施工方填报的施工数据并到现场进行计量和核

对，对施工方填报的数据进行必要的修正形成监理方的数据；接着项目部审核监理方和施工方的数据，并对施工方提出业务指导；最后业主查看项目部认可的数据，并与项目部共同讨论施工情况提出决策建议。其中实际工程量的数据从 P3 的作业信息中提取和汇总，工程量单价在合同文本中获取，依据这两部分信息，可生成《月支付申请表》，同时分别按照单元、分项、分部、单位工程进行汇总，可以生成《月计量与支付申请汇总表》，汇总表的具体格式采用 EXP 的开发功能来实现。其决策实现流程和逻辑关系如图 4 所示。

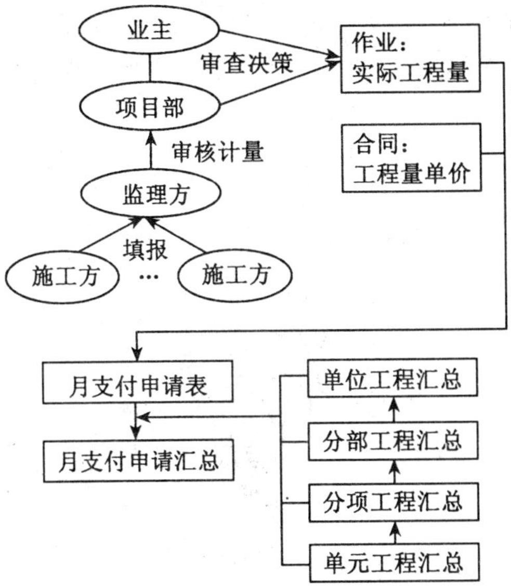

图 4 总承包工程投资决策与控制关系图

总承包工程投资控制包括，①投资费用管理：实现预算费用、合同费用、实际费用和费用差值（反映预算费用和合同费用的差值）管理。②合同的计量支付：第一次进度款申请，可以由合同生成，对既有总价又有单价的合同，总价为一条支付内容，单价则照搬，以后各期进度款的支付采用复制的方式，进度款申请首先由施工方在网上填报，然后由监理方在网上审核，到现场计量并进行复核，最后由项目部在网上审定。③费用变更管理，实现进度计划变更后的费用管理，不过这种情况相对比较少。④材料采购费用管理：实现采购合同的建立，根据控制概算的情况分摊合同金额到具体的费用科目。⑤进度与支付统计报表管理：输出月计量与支付申请表，拨款通知单，费用赢得值分析曲线及报表（能分时段统计工程量的完成值，累积值，剩余值），统计表等。

2.3 工程项目沟通管理网站

工程项目沟通管理网站采用微软的 VS. NET 开发平台进行开发，与 P3 和 EXP 共用后台数据库。总承包工程项目沟通管理网站对网上流转的文档（如附件等）和邮件进行管理，是一个对内、对外的信息发布与展示的窗口，其功能是基于多栏目树状结构的新闻发布系统，以及辅助的形象进度图的生成、员工考勤的数据录入与统计分析、工程车辆管理、工程图片管理、工程文件/资料管理等。让用户可以直接在门户网站上查看合同、报表等文档信息；提供 P3 的接口，通过利用 VS. NET 开发平台进行二次开发让用户可以直接在门户网站上查看工程进度形象图。总承包工程项目沟通管理网站结构和流程如图 5 所示。

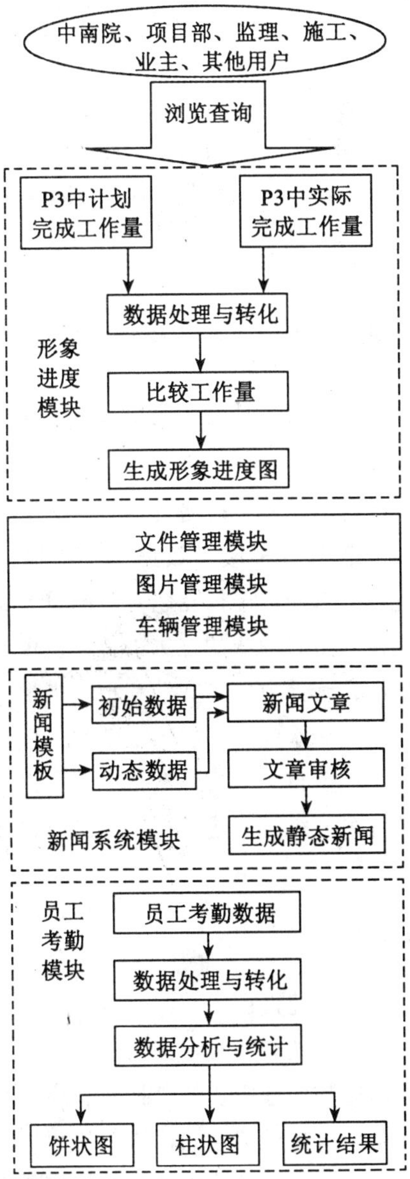

图5 工程项目沟通管理网站简明流程图

3 系统实施效果与分析

系统在西酬水电站建设过程中使用，实现了根据标段产生总体进度计划，查询各标段和整个工程的月、季、年度计划，通过各种形象的进度图了解分析计划的完成情况和总体进度情况。编制产生报总承包商和业主单位的《月计量与支付申请汇总表》，根据业主的总体支付情况编制各标段的《拨款通知单》进行付款，查询、审核、统计各标段每月的《月支付申请报表》，保证了投资的安全性、资金支付的合理性和透明化，使得施工成本比工程预算节省了1亿多元。查看反映工程形像的内容，各种文档资料、文件等工程项目管理公共信息。编制、会签项目部的服务采购合同并进行拨款，查询各标段的合同、工程量清单及其支付情况。查询各标段和整个工程的质量信息和影响质量的要素及整改情况。根据各标段的《月支付申请报表》的当月完成工作量，自动统计汇总产生各标段当月实际使用的材料数量及金额作为材料扣款依据，使材料扣款及时、准确，符合标段的实际施工情况，及时监控和统计各标段和全线的实际材料总数量，做到计划准确，避免人为的多供或少供的现象发生，查询各标段材料月度、季度及年度需用计划及当月累计供应情况，并根据不同的供应商进行汇总统计，做到材料的供应有计划进行。自动生成竣工验收需要的各种表格资料等，浏览、统计分部（项）工程的各种竣工数据。系统提供多层次权限设置，分部门、岗位及职责范围设置每人的权限，用户通过密码确认的方法进行数据填报、审批或审核操作，确保数据、文件和报表审批的程序化和安全性。由于水电站工程的复杂性，使得系统在第四级计划进度控制方面仍然存在较大误差，今后可通过设置第五级计划进行控制，同时也会加大控制难度。

4 结束语

大型水电站建设由于其工作的特殊性和高度的复杂性，参建单位和人员众多而且复杂，其工程管理与决策越来越多地采用信息技术和决策信息系统来实现，是一个比较典型的群决策过程。水电站工程管理信息技术平台的采纳在国内外主要有两种模式：一种是采用微软公司的 Project 平台，另一种是美国 Primavera 公司的 P3 平台。微软的 Project 平台主要实现设计项目的进度控制，使用非常方便，但侧重单机使用，对于大型复杂工程管理则存在一些困难；P3 能够实现的功能非常广泛，可在网络环境下实现大型复杂工程的建设、管理和工程参建各方的决策。

目前国内水电站建设工程信息管理模式多数采用以投资方（即业主）为核心，其他参建方为辅助的信息管理模式，比如浙江华光潭水电站工程建设项目管理即为典型。以设计方进行工程总承包项目管理与决策很少见到报道，属于一种新的工程建设管理模式，重庆西酬水电站枢纽工程就属于这种管理模式，本文的主要工作就是尝试采用 P3&EXP&VS 混合信息技术平台实现这种大型复杂工程管理决策与控制模式。

本文依托重庆西酬水电站枢纽工程建设与管理实际，建立工程总承包群决策信息管理模式，设计并实现了水电站工程项目总承包决策信息系统。设计了系统运行的网络通信方式和网络结构，构建了系统运行平台，根据总承包工程项目要求提出了工程数据管理模式与数据库部署方法。利用 P3&EXP&VS 混合平台的先进管理思想，提出了基于 P3&EXP&VS 平台的系统功能结构，提出了工程项目进度计划与控制、工程项目投资决策与控制、项目沟通管理网站三个核心子系统的实现技术和方法。系统为西酬水电站枢纽工程成功建设提供了良好的支持。

参考文献

[1] 刘绍．P3 进度计划软件在二滩水电工程项目管理中的应用［J］．四川水力发电，1998，17（4）：25-27.

[2] 周厚贵．Primavera 软件包在三峡工程建设中的应用［J］．项目管理，2003，（10）：21-23.

[3] 陈洲．P3 项目管理软件的应用与实践［J］．电力信息化，2006，4（4）：72-75.

[4] 侯鑫，常谦端．企业管理信息系统与 P3、P3e/c 数据交换的研究与实现［J］．管理工程学报，2005，（19）：58-61（Supplement）.

[5] Devogele T，Parent C，Spaccapietra S. On Spatial Database Intergration［J］. International Journal of Geograhica Information Science，1998，12（4）：335-352.

[6] 陈晓红，徐选华．决策应用软件开发平台 SmartDecision 研制［J］．管理学报，2006，3（3）：253-257.

Research for Group Decision Information System of Engineering General Contract of Large-Scale Hydropower Station

XU Xuanhua[1], CHEN Xiaohong[1]

(1. School of Business, Central South University, Changsha 410083, China)

Abstract: Aiming at the problem on the complex and difficulty of schedule and investment control of engineering general contract of large-scale hydropower station with involving numerous participating-construction sides, a group decision information system of engineering general contract is proposed based on mix IT platform of P3&EXP&VS. The network structure of system performance, the platform of system operating, the data management mode and the database disposition method are designed. The realization technology and method of three kernel subsystems of engineering project schedule planning and control, investing decision and control, engineering project interaction managing website based on P3&EXP&VS are proposed. The system was used in constructing process of Yuchu hydropower station with good effect. The construction and implement problem of Engineering General Contract project of Yuchu Hydropower Station is effectively solved.

Key words: large-scale hydropower station; P3&EXP&VS platform; engineering general contract; decision information system

基于遗传算法的客户价值聚类方法及应用*

万映红[1]，姜立权[1]

（1. 西安交通大学 管理学院，西安 710049）

摘　要：客户价值评价及分类是客户关系保持管理决策有效性的关键。针对客户保持战略意图下客户价值评价指标的重要性差异，以及主流K-means聚类算法因其局部搜索局限而导致结果次优，提出了引入指标权重及遗传算法的客户价值聚类方法，通过综合评价和全局搜索得到客户价值聚类的最优解。本文系统阐述了该方法中评价体系设计、指标权重设置、客户价值计量、遗传聚类分析等关键实现步骤，随后以某企业客户关系保持管理为例，详细介绍了其应用过程，以及聚类结果较K-means的改进之处。

关键词：客户价值；评价体系；遗传算法；聚类分析

中图分类号：F626

客户关系保持管理决策的有效性在于：其一，综合评价识别客户价值，吸引并保有高价值客户，有选择地放弃低价值的客户[1]；其二，通过客户分类合理配制资源，针对不同类客户的“产品-服务”需求模式，制定有效的保持和营销策略，从而达到提高盈利收入和客户满意度的目的[2]。因此，企业具备准确评价客户的价值贡献并进行有效分类的决策能力，是客户关系保持战略得以实施的关键。

综观客户价值评价模型发展及应用，一方面，价值评价发展出多层级、多指标的相对全面的评价体系；另一方面，采用基于数据挖掘技术的聚类方法实现客户分类成为主流，取代了传统的统计排序或“20/80原则”划分方法，而快速聚类（K-means）正因其快速、实用、易于理解而得到广泛应用[3][4]。

然而，上述两方面联合应用的深入，面临不可回避的基本问题。首先，多层级评价体系，使得聚类变量选择与设置的复杂性增加。其次，不同层级评价指标的重要性差异很少纳入聚类过程。最后，K-means聚类结果依赖于所选择的初始聚类中心，存在收敛于局部最优解的弊端。因此，客户价值聚类分析结果的有效性存在质疑。

遗传算法模拟生物进化过程，具有很好的自组织、自适应和自学习能力，被广泛应用于求解复杂优化问题的全局最优解[5]。针对聚类中心求解问题，对问题的可能解进行编码，通过对编码进行选择、交叉和变异操作，再结合适应度评价函数，实现对聚类中心的全局搜索寻优，该方法被验证明显优于K-means算法，给更科学和精确地进行客户分类提供了思路[6]。此外，具体管理情景下，客户价值评价指标对企业客户保持战略存在重要性差异，引入经权重计算得到的客户价值评价指标，再进行聚类细分，对企业具有现实意义。

针对上述存在问题，本文提出了引入指标权重和遗传算法的客户价值聚类方法，在考虑客户保持战略下评价指标重要性差异的同时，对现行的主流K-means聚类算法进行改进。下面各节将阐述评价体系设计、指标权重设置、客户价值计量、遗传聚类分析等关键步骤的实现方法和技术。某企业客户关系保持管理的案例分析，将详细介绍提出方法的应用流程，以及聚类结果较K-means的改进之处。

1　相关模型及方法

1.1　客户价值评价模型

综观客户价值相关研究文献，可以发现客户价值评价模型主要有以下三种：

（1）基于RFM量化计算。需要根据客户的RFM（Recency，Frequency and Monetary）数据计算出客户的静态价值，继而采用统计排序、空间划

* 基金项目：国家自然科学基金资助项目（70471036；70771086）
通讯作者：万映红，E-mail：wanyh@mail.xjtu.edu.cn

分、聚类分析等实现客户价值分类[7]。

（2）基于生命周期利润计算。先计算出客户的生命周期利润，即某一时间内销售收入和间接收益与产品、服务、营销、交易四项成本的差，随后采用统计排序或“20/80 原则”进行客户价值划分[8]。

（3）基于评价指标体系计量。构建综合考虑当前价值和潜在价值的多级评价指标体系，全面考查和计量客户价值。这是目前企业应用的热点，本文将采用这种评价模型，构建客户价值评价体系。

具体管理情景下，客户价值评价指标对企业客户保持战略存在重要性差异，考虑指标权重的价值评价及分类，使企业识别和把握客户价值更准确，更符合企业客户关系保持战略意图，对企业的管理实践具有重要现实意义。

客户价值评价指标权重的设置主要有：关联矩阵法、模糊综合评价法和层次分析法（AHP），关联矩阵法适合在评价指标较多时使用；模糊综合评价法适合在多主体同时进行评价时使用；AHP 则适合在评价体系多层级分布时使用[9]。

鉴于本研究涉及评价体系为多层级分布形式，因此 AHP 成为指标权重设置的首选方法，即针对客户价值评价体系[10]：

①按照从属关系分组形成递阶层级结构；

②对同一层级的各个指标关于上一层级中某一准则的重要性进行两两比较，构造判断矩阵 $A=(a_{ij})$，式中 a_{ij} 是指标 i 与 j 相比的重要性标度，标度定义如表 1 所示；

表 1　**AHP 判断矩阵标度定义**

标度	含　义
1	两个要素相比，具有相同的重要性
3	两个要素相比，前者比后者稍重要
5	两个要素相比，前者比后者明显重要
7	两个要素相比，前者比后者强烈重要
9	两个要素相比，前者比后者极端重要
2、4、6、8	上述相邻判断的中间值
倒数	两个要素相比，后者比前者的重要性标度

③对判断矩阵进行一致性检验，即计算得出一致性指标 $C.I.$，通常情况要求 $C.I.<0.1$；

④计算出各层指标对评价体系总目标的合成重要性权重。

1.2　客户价值聚类方法

聚类分析是一种非督导式的“类”划分方法，其基本思想是将多维空间中的特征向量按照它们之间的某种距离度量划分为若干个集合，使得相同集合中特征向量间的距离比较接近。

具体到客户价值聚类分析，则是在评价体系的多维指标空间中，选定价值特征评价向量并且设置权重，根据客户数据计算出价值特征向量值，继而以此向量作为聚类变量，采用适当的聚类算法完成聚类分析。在客户价值评价及分类的相关研究中，K-means 聚类算法因其具有快速、实用且易于理解等特点而得到广泛的应用[11][12][13]。

K-means 常采用误差平方和准则函数 J_c 作为聚类准则函数：

$$J_c = \sum_{j=1}^{C}\sum_{k=1}^{n_j} \| x_k^{(j)} - m_j \qquad (1)$$

式中，C 为类个数，n_j 为第 j 类的个体数，$x_k^{(j)}$ 是第 j 类第 k 个成员，m_j 是第 j 类数据对象的均值向量，即聚类中心。其工作原理如下：

①从数据集中随机选取 K 个向量作为初始聚类中心；

②计算每个成员到各个类的距离，将其归到离它最近的那个类；

③计算形成类数据对象的均值向量，得到新的聚类中心；

④若相邻两次迭代的聚类中心没有任何变化，说明聚类准则函数已经收敛，样本分类结束。否则，重复上述各步骤；

⑤必要时需调整 K 值，重复上述各步骤，J_c 值最小时即得到最优聚类结果。

正如引言所述，K-means 聚类结果依赖其随机选取的初始聚类中心，而其局部搜索局限可能导致得到局部最优解（全局次优）。因此，引入具有全局搜索寻优能力的遗传算法，成为改进 K-means 算法的有效途径[14][15]。

1.3　基于遗传算法的聚类方法

借鉴生物界自然选择和进化机制发展起来的遗传算法，是具有自组织、自适应和自学习能力的全局搜索寻优算法。

基于遗传算法的聚类方法改进之处在于：随机产生一组可能解，经编码形成可能解的集合，称为初始种群，每个可能解便是种群的一个个体。模仿适者生存原理，结合评价解“好坏”的适应度函数，计算每个个体的适应度值，进行选择、交叉和变异遗传操作，直到满足特定终止条件，从而实现聚类中心全局搜索寻优[16]，其工作原理如图 1 所示。

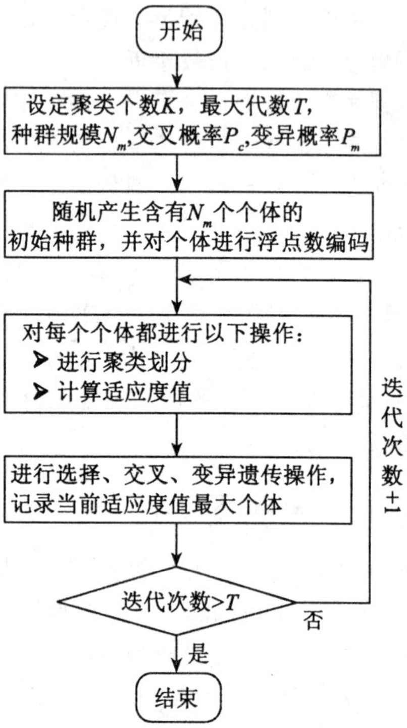

图 1　遗传聚类算法工作原理

①设定聚类的类划分个数 K，最大进化代数 T，初始种群含聚类中心的个数 N_m，交叉概率 P_c，以及变异概率 P_m；

②随机产生含 N_m 个个体的初始种群，根据聚类空间维度 N，将每个个体编码成含 $N \times K$ 个浮点数的基因序列；

③对初始种群中的每个个体（初始聚类中心）都执行 K-means 算法第 2 步，并计算其适应度值 f，因遗传算法要求 f 越大越好，因此取 J_c 的倒数；

④进行选择、交叉和变异操作，产生适应性更好的子代种群。其中，选择操作采用保留精英个体的轮盘赌算法；交叉操作采用单点交叉；变异操作采用均匀变异。最后，记录当前种群中适应度值最大的个体，即当前最优聚类中心；

⑤遗传聚类的进化代数若大于 T 则终止程序，否则反复执行第 3、4 步；

⑥调整 K 值，重复上述各步骤，f 值最大时即得到最优聚类结果。

2　客户价值遗传聚类模型

本节阐述基于遗传算法的客户价值聚类分析模型及关键处理技术。该模型包括：评价体系设计、指标权重设置、客户价值计量，遗传聚类分析以及聚类结果评估 5 个步骤，其流程如图 2 所示。

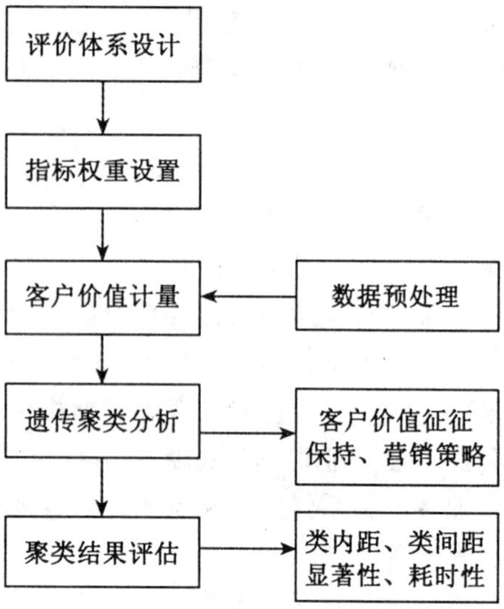

图 2　客户价值遗传聚类分析模型

（1）评价体系设计。根据客户价值理论以及行业具体背景，根据当前价值和潜在价值两个一级指标的语义概念，设计出二级评价分量，当前价值包括购买量、利润、成本等，而潜在价值包括忠诚度、信用度、成长性等。二级指标又下设可直接或间接观测和量化的三级指标，由此形成有递阶层级结构的客户价值评价体系。

（2）指标权重设置。上文中已经阐述了 AHP 方法适用于多层级体系的指标重要性评价，即指标权重设置。针对已构建评价体系，组织资深管理专家、营销专家、高层管理决策者等，结合企业客户保持战略和中长期经营发展战略，利用 AHP 方法得到与评价体系配套的指标权重设置表。

（3）客户价值计量。客户价值计量是指客户价值贡献特征向量的计算与衡量，本文评价体系当前价值和潜在价值下属的二级指标即为价值特征向量，其计量步骤如下：

①建立数据宽表。先从企业相关运营与管理数据库中，抽样提取出客户的基本情况、消费记录、交易记录等数据，再将不同来源的客户数据按照某关键字进行汇总与合并，最后清洗删除冗余信息或缺失严重记录，形成客户统一数据宽表。

②数据预处理。根据三级指标的语义概念以及数据测量特性，通过数据转换处理得到无法直接观测的三级指标，如客户消费的构成、增长率、趋势、波动等。计算好的三级指标需要进行归一化处理，将取值范围不同的指标映射到同一区间上，

避免分析结果偏向取值范围较大的指标，本文主要采用以下两种方法进行三级指标的归一化处理[17]：

其一，极差归一化。此方法将变量变换到[0，1]区间上，计算公式如下：

$$x_{inew}=\frac{x_i-x_{\min}}{x_{\max}-x_{\min}} \tag{2}$$

式中，x_{inew}是变换后值，x_i是带变化值，$x_{\max}$和$x_{\min}$分别为变量的最大值和最小值。

其二，Sigmoid归一化。此方法将变量变换到[-1，1]区间上，计算公式如下：

$$x_{inew}=\frac{1-e^{-x_t}}{1+e^{-x_t}} \tag{3}$$

$$x_t=\frac{x_i-\bar{x}}{\sigma} \tag{4}$$

式中，x_t是标准差归一化后值，$\bar{x}$和σ分别为变量的均指和标准差，其余变量同极差归一化。

③价值特征向量计算。根据归一化三级指标及其关于上层二级指标的权重，即可加权求得初步二级指标向量，但还需乘以其关于总目标（客户价值）的合成权重，才能得到最终客户价值特征向量。

④遗传聚类分析。根据上文中阐述的基于遗传算法的聚类方法，比较不同K对应的f值，再综合考虑聚类变量的方差显著性，聚类中心的空间区分性，成员样本比和收入贡献比的合理性，确定最优聚类结果。在此基础上，分析各客户“类”的价值特征，并进行“类”命名，以支持企业针对不同的“类”合理配置资源，制定相应的保持与营销策略。

⑤聚类结果评估。此处主要从类内距、类间距、显著性和耗时性等方面，对比评估遗传聚类算法较K-means的改进之处，以验证提出模型的科学性。

3 实证案例

陕西移动有限公司WN分公司（简称WN移动）是一家移动通信服务运营商，因其客户规模的扩大及行业竞争的加剧，公司又并没有进行有效的客户价值评价及分类，一视同仁的客户服务与管理使得公司的运营成本居高不下，客户的满意度水平却有所下降，客户流失情况也越来越严重。因此，公司亟待进行客户价值评价及分类，以此达到识别客户价值特征的目的，为企业客户保持策略和营销策略的制定提供有效依据。

3.1 评价体系设计

在普适的二级指标基础上，参考权明富（2004）、雷朱红（2006）、吕国志（2008）等学者研究成果，设计出适用于WN移动的客户价值评价体系中的第三级观测指标，如表2所示。

表2 客户价值评价体系及指标权重

总目标	一级指标	二级指标	三级指标
客户价值（1.000）	当前价值（0.603）	购买量（0.364）	通话时长（0.336）
			信息条数（0.107）
			数据流量（0.198）
			业务数量（0.359）
		收入贡献（0.375）	基本业务费用（0.381）
			数据业务费用（0.277）
			增值业务费用（0.342）
		成本占用（0.261）	主叫时长比例（0.480）
			网外短信比例（0.520）
	潜在价值（0.397）	忠诚度（0.476）	积分值（0.444）
			在网时长（0.556）
		成长性（0.524）	总费用增长率（0.400）
			总费用趋势（0.203）
			总费用波动（0.115）
			业务数量增长率（0.282）

3.2 指标权重设置

此处采用AHP方法进行层级指标权重设置，评价过程聘请了5位专家参与，每位专家独立打分，最后取均值得到各层级指标权重，如表2所示。

3.3 客户价值计量

①建立数据宽表。抽取了WN移动5000个人客户2009年第二季度的消费和交易数据作为研究样本。根据客户价值评价体系，经过汇总、合并及清洗后形成含3730条记录的客户统一数据宽表。

②数据预处理。客户入网至今的积分值和在网时长是可直接观测赋值的三级指标，其余指标都需经过相关转换处理间接赋值，包括月均值、占比、增长率、趋势及波动。其中，趋势用费用线性回归直线的斜率表示；波动用费用中值与均指的差再除

以均指表示。最后，成长性下设三级指标取值可能为负，采用 Sigmoid 归一化映射到［-1，1］，其余三级指标都采用极差归一化映射到［0，1］。

③价值特征向量计算。客户的价值贡献由5个二级指标构成的特征向量来衡量。因此，需求出其关于总目标的合成权重，用二级指标关于一级指标的权重乘以一级指标关于总目标的权重，即可得到该向量 W =（0.220，0.226，0.157，0.189，0.208）。至此，利用赋值三级指标及其关于二级指标的权重，即可加权求得初步二级指标向量，再乘以合成权重向量 W，即可求得最终客户价值贡献特征向量。

3.4 遗传聚类分析

将客户价值特征向量作为聚类变量，设定遗传聚类最大进化代数 $T=50$，种群规模大小 $N_m=100$，交叉概率 $P_c=0.7$，变异概率 $P_m=0.01$，K 依次取2~6之间数值，进行客户价值聚类分析。探索结果显示 $K=4$ 时，可得到最大的适应度值 $f=0.007$，对应的最终聚类中心如表3所示。

表3 客户价值最终聚类中心

聚类变量	客户群1	客户群2	客户群3	客户群4
购买量	0.050	0.040	0.027	0.033
利润贡献	0.046	0.030	0.014	0.028
成本占用	0.048	0.051	0.049	0.049
忠诚度	0.060	0.014	0.002	0.014
成长性	0.001	0.041	-0.147	-0.007

每个客户群的成员数量占总样本容量的比例，以及费用占总收入的比例，如图3所示。客户群1与客户群2的累计样本比为40%，累计收入贡献比却接近60%，大致符合客户价值划分“20/80原则”，这也说明了利用遗传聚类算法来进行客户分类的合理性。

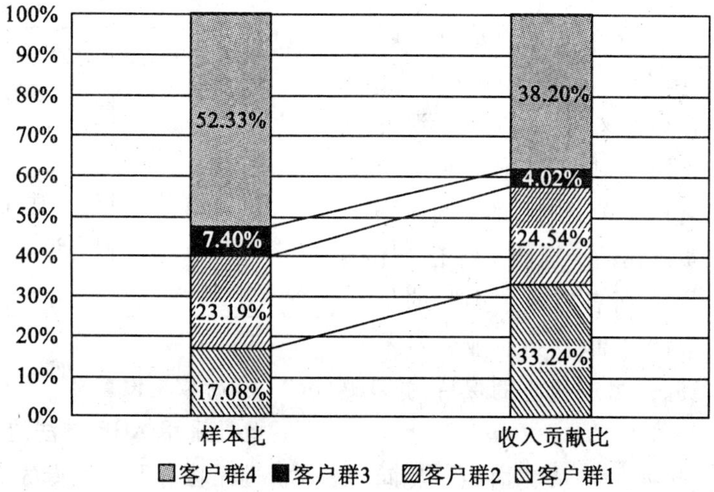

图3 客户群样本比及收入贡献比

上述四个客户群的命名、价值特征描述、保持及营销策略如下：

“高值潜力型”（客户群1）的购买量最多，利润贡献最大，忠诚度最高，成本占用较少，整体呈现微弱的价值上升趋势。对此类客户应采取以增量折扣为主的增益销售策略，以刺激其提高购买量。

“成长示范型”（客户群2）的成长性最好，成本占用最多，利润贡献较多，忠诚度一般。对此类客户应采取以交叉销售为主的营销策略，提高客户购买量的同时，增加客户的粘性，提高客户忠诚度，使此类客户具有宣传示范作用。

“高危淘汰型”（客户群3）的利润贡献最小，成本占用最高，忠诚度最低，成长性最差。此类客户规模最小，但是耗用公司资源较多，并且存在极高的流失可能性，应采取有选择的保持或放弃的CRM策略。

“规模预警型”（客户群4）的规模最大，利润贡献一般，忠诚度较低，整体呈现出微弱的价值下降趋势。对此类客户应采取以客户关怀为主的

CRM 策略，以提高客户的满意度感知，维持企业的规模效益。

3.5 聚类结果评估

为了验证遗传聚类算法比 K-means 算法有更大的分类优势，同样以客户价值贡献特征向量为聚类变量，利用 K-means 算法将客户划分为 4 类。然后，从类内距、类间距、显著性和耗时性四方面，进行两者的对比分析，如表 4 所示。

表 4 **客户价值聚类结果评估**

比较项目	K-means 聚类算法	遗传聚类算法
类内距	167.13	142.86
类间距	0.52	0.66
显著性	方差显著	方差显著
耗时性	20.18 秒	152.53 秒

可见，遗传聚类的类内距小于 K-means，成员与其聚类中心有更好的紧凑性；遗传聚类的类间距大于 K-means，聚类中心有更好的空间区分性；两者聚类变量的方差检验都显著，5 个变量在类群间有显著的差异性；遗传聚类的耗时稍大于 K-means，算法效率较低。

总体来说，除耗时性较差外，遗传聚类算法较 K-means 算法有更好的分类性能，这就验证了本文提出模型选用遗传聚类算法的严谨性和可行性。

4 结 论

本文从理论模型和实例应用两方面来对论文主题进行系统阐述，理论和现实意义在于：一方面，具体管理情景下，构建评价体系来评价客户价值，考虑评价指标对企业客户保持战略的重要性差异，可以使企业更准确地识别和把握客户价值，这也更符合客户关系保持战略意图。另一方面，引入具有全局搜索寻优能力的遗传算法，可以改进现行主流 K-means 算法因其局部搜索能力局限，对初始聚类中心敏感，容易收敛于局部最优解的不足。

结合在最后实际企业背景，系统阐述方法应用过程，包括评价体系设计、指标权重设置、客户价值计量、遗传聚类分析等关键步骤的实现方法和技术，并验证了该模型的有效性和可操作性。对企业具有实用的指导作用。

本研究采用标准遗传算法进行客户聚类分析，搜索效率有待改进地方，同时该方法的应用将继续结合同类方法进行大规模数据对比分析和改进。

参 考 文 献

[1] Romano N C. Customer Relations Management in Information Systems Research [A] //Proceedings of the America's Conference on Information Systems. Longbeach, California, USA, 2000.

[2] Group G. Strategic Planning [R]. Research Note, 2001.

[3] 吕巍，蒋波，陈洁．基于 K-means 算法的中国移动市场顾客行为细分策略研究 [J]. 管理学报，2005，2 (1):80-84.

[4] 吕巍，陈洁．基于 K-means 算法的中国商业银行零售业务顾客行为细分策略 [J]. 系统工程理论方法应用，2005，14 (6)：502-505.

[5] Goldberg D E. Genetic Algorithms in Search Optimization and Machine Learning [M]. New York: Addison-wesley, 1989.

[6] 王磊，戚飞虎．大矢量空间聚类的遗传 k-均值算法 [J]. 上海交通大学学报，1999，33 (9)：1154-1156.

[7] Ching-Hsue Cheng, You-Shyang Chen. Classifying the Segmentation of Customer Value via RFM Model and RS Theory [J]. Expert Systems with Applications, 2008, 36 (3): 4176-4184.

[8] 陈明亮．客户生命周期利润变化趋势分析与应用研究 [J]. 管理工程学报，2004，18 (1)：1-3.

[9] 汪应洛．系统工程 [M]. 北京：机械工业出版社，2004.

[10] Saaty T L. The Analytical Hierarchy Process [M]. New York: McGraw Hill, 1980.

[11] 陈智高，陈月英，常香云．基于客户价值的期货业客户聚类细分方法 [J]. 清华大学学报，2006，46 (S1)：1046-1051.

[12] 杨本昭，田耕．基于人工神经网络的客户价值分类研究 [J]. 科技管理研究，2007，(12)：168-170.

[13] 万映红，申杨．基于聚类—神经网络的客户价值分类方法及应用 [J]. 管理科学与工程，2008，30 (8)：78-84.

[14] 陆林花，王波．一种改进的遗传聚类算法 [J]. 计算机工程与应用，2007，43 (21)：170-172.

[15] 赖玉霞，刘建平，杨国兴．基于遗传算法的 K 均值聚类分析 [J]. 计算机工程，2008，34 (20)：200-202.

[16] 傅景广，许刚，王裕国．基于遗传算法的聚类分析 [J]. 计算机工程，2004，30 (4)：122-124.

[17] 胡可云，田凤占，黄厚宽．数据挖掘理论与应用 [M]. 北京：清华大学出版社，2008.

Customer Value Clustering Method and Application Based on Genetic Algorithm

WAN Yinghong[1], JIANG Liquan[1]

(1. Department of Management, Xi'an Jiaotong University, Xi'an 710049, China)

Abstract: The key points of effective customer relationship maintaining strategies decision-making are customer value evaluation and classification. The different importance of customer value evaluation indexes under the intent of customer maintaining strategies, and the popular K-means clustering algorithm leads to sub-optimal result as its local search limitation. So we proposed a customer value clustering method which introduced indexes weight and genetic algorithm, the optimal customer value clustering solution was gotten through integrated evaluation and global search. This paper systematically described the key processes of our method such as evaluation system construction, indexes weight setting, customer value measurement, genetic clustering analysis, et al, then explained its application procedure in detail took an enterprise customer maintaining management as an example, and the improving of clustering result compare to K-means.

Key words: customer value; evaluation system; genetic algorithm; clustering analysis

基于局部关联规则的推荐算法优化

任明[1,2]，李飞[1]

（1. 清华大学 经济管理学院，北京 100084；
2. 中国人民大学 信息资源管理学院，北京 100872）

摘　要：个性化推荐正快速成为新兴电子商务平台中的重要组成部分。关联规则能够识别出不同产品之间的关联，被用于进行产品推荐，基于局部关联规则的推荐算法在与目标顾客相似的顾客的范围内进行关联规则挖掘，改善了推荐的效果。本文提出基于局部关联规则的个性化推荐的优化算法，首先将全体顾客划分为不相交的若干顾客群，为每个群生成频繁集，在此基础上得到面向群内的各个顾客的频繁集，从而提高生成规则和推荐的效率。实验证明，优化算法减少了频繁集的重复生成，有效提高了计算效率。

关键词：个性化推荐；关联规则；最近邻

中图分类号：TP311.1；TP315

个性化推荐正成为电子商务网站的核心功能之一。当前，企业所面临的是一个竞争激烈的市场，也是消费者充分显示个性化的市场。只有充分了解顾客，掌握他们的消费行为模式，才能帮助用户发现最适合自己的未知事物，带来最有趣的用户体验，从而提高用户黏着度和忠诚度，增强市场竞争力。亚马逊（Amazon.com）的个性化网页、个性化推荐一直走在业界的前列，并开始享受其带来的巨大的商业利益。近年来，国内也出现了许多具备推荐功能的电子商务平台，如推荐音乐的八宝盒(8box.cn)，推荐图书的豆瓣网（Douban.com）。电子商务推荐系统现在正快速成为电子商务平台销售中不可缺少的工具，而且必将获得更加广泛的应用和发展。

与此同时，学术界也对推荐系统的研究给予了充分关注，该研究的热点与难点问题是设计良好的推荐算法，以改善推荐的效果和提高电子商务推荐系统的性能。目前看来这仍然为研究人员所关注，并在不断向前推进。传统的推荐技术主要有基于内容的方法（content based）[1]和协同过滤方法(collaborative filtering)[2][3]，由于这些推荐算法各有优劣，研究人员将不同的算法结合，提出了混合的推荐算法，比如将协同过滤推荐和基于内容的推荐结合起来，以得到更准确的推荐。随着网络社区的发展和成熟，还出现了基于网络结构的推荐等技术[4]。

关联规则是一种常见的数据挖掘算法，能够识别出不同的数据项共同出现/发生的规律，因此也被用于分析产品之间的关联从而向用户进行推荐。一般的，在给定的数据集上进行关联规则挖掘，得到一群规则，其中有更高的支持度、置信度的规则将被挑选出来，以供决策支持。这种规则在针对大规模目标群体的推荐时是有效的，如根据“啤酒尿布”的规则调整超市卖场的货架摆放。而在迅速发展起来的新兴电子市场上，个性化服务备受推崇，尤其在顾客群体呈现多样性的情形下，传统的基于关联规则的推荐就可能无法进行成功的个性化推荐。

在之前的一份研究中，我们提出了基于局部关联规则挖掘的个性化推荐算法[5]，该算法综合考虑了基于用户和基于产品的算法。首先，计算用户之间的相似度，为目标用户找到一些相似的顾客(也称最近邻)；其次，在这些相似顾客的购物数据中使用关联规则模型预测目标用户的兴趣点，并向其进行推荐。数据实验表明，该算法相对于传统的基于关联规则的推荐有更好的推荐效果。

本文对上述局部关联规则挖掘算法进行完善和扩展，以提高计算效率。为了给每位顾客进行个性化的推荐，上述算法为每个人找到相似顾客的购物列表作为目标数据集，执行一次关联规则挖掘。实际上，如果两位顾客是相似的，那么这两次处理的目标数据集也可能是相似的，甚至是相同的，如果算法对相似顾客之间的计算结果加以利用，就不需为每位顾客进行完全的重新计算，这样，将减少计算资源的浪费，提高运算效率。基于这一认识，我们对现有的局部关联规则挖掘进行了算法优化，在处理相似顾客时，优化算法首先将全体顾客划分为不相交的若干顾客群，为每个群生成频繁集，并在这一频繁集基础上得到面向群内的各个顾客的频繁集。基于某大型商场的购物数据的实验证明，优化算法减少了频繁集的重复生成，从而提高了计算效率。

更进一步的，如果将上述算法的部分计算结果保存下来，还可以增量的更新关联规则和推荐内容。随着用户和产品的信息的动态的改变，即新用户、新产品不断加入，用户的选择或评价数据也不断的累积，推荐内容需要不断的更新。我们在另一份工作中具体讨论了在事务数据库增加新记录的情况下，通过增量的更新关联规则和推荐内容，提高计算效率。

1 相关工作

1.1 基于局部关联规则的个性化推荐

基于局部关联规则的推荐综合考虑了基于用户和基于产品的算法。首先，基于顾客的购物列表计算用户之间的相似度，找到目标用户的相似顾客（即最近邻）；其次，在相似顾客的购物数据中进行关联规则挖掘，预测目标用户的兴趣点，从而向其进行推荐。

给定产品集 $\boldsymbol{I}=\{\boldsymbol{I}_1,\boldsymbol{I}_2,\cdots\boldsymbol{I}_n\}$，顾客集 $\boldsymbol{C}=\{C_i \mid i=1,\cdots,m\}$ 以及交易数据 $\boldsymbol{T}=\{\boldsymbol{T}(C_i)\mid i=1,\cdots,m\}$，其中 $T\in\boldsymbol{T}(C_i)$ 是顾客 C_i 的一次交易数据，$T\subseteq\boldsymbol{I}$。顾客 C_i 的购物列表定义为 C_i 的交易记录的并集，记作 P_{i_1}，$P_i=\{\cup T\mid T\in\boldsymbol{T}(C_i)\}$。任两个顾客之间的相似度可由比较他们的购物列表计算得出，我们采用 Jaccard coefficient[6] 计算顾客之间的两两相似程度。

$$S_{i,j}=\frac{n(P_i\cap P_j)}{n(P_i)+n(P_j)-n(P_i\cap P_j)} \quad (1)$$

这样，对任一顾客 C_i，我们就可以在给定的相似度水平 S 上找到与他相似的顾客 $SC_{i,s}=\{C_j\mid s_{i,j}>s,C_j\in\boldsymbol{C},\}$，这群顾客的购物列表构成的集合记为 $\boldsymbol{P}_{i,s}$。接下来，基于 $\boldsymbol{P}_{i,s}$ 进行关联规则挖掘，进而对 C_i 进行推荐。在相似顾客数目不足（比如，小于最小支持度的要求）的情况下，也就是说，该目标顾客的购物情况并不典型的与其他顾客类似，将使用所有的购物列表进行关联规则挖掘和推荐。经典的关联规则挖掘算法 Apriori 被用来生成关联规则 **AR**，基于此向顾客 C_i 推荐的集合定义为：$R_i=\{\boldsymbol{I}_k\mid X\Rightarrow Y\in\mathbf{AR},X\subseteq P_i,\boldsymbol{I}_k\in Y\}$。

如上，推荐集 R_i 中的一项产品是根据某关联规则推出的，其前项是顾客 C_i 曾购买的产品，根据关联规则前后项没有交叉的性质，推荐的产品是顾客未曾尝试的新产品，从而达到向他推荐新产品的目的。

1.2 关联规则的挖掘与更新

1993 年 Agrawal 等提出了关联规则的概念，并提出了经典的 Apriori 算法[7]。该算法首先通过扫描数据库发现频繁集，即满足最小支持度的项集，而后生成关联规则并计算它的置信度。发现频繁集是关联规则挖掘的关键，Apriori 利用项集的下闭合性质（即任一频繁集的子集都是频繁的），通过多次迭带由长度较短的频繁集产生长度更长的频繁集。另外，也有许多研究人员从不同的侧面来研究改善算法的性能，如 FP-growth[8] 算法通过建立频繁模式树来得到频繁集，AprioriTid 算法[9] 通过为项集标注 tidList（即项集在哪些记录中出现）减少数据库扫描次数，等等。

关联规则的增量更新是现实中面临的一个问题。随着数据库的动态变化（如增加新数据、删除数据或算法参数调整），隐含于其中的关联规则也随之变化。研究人员正在对增量式挖掘技术给予越来越多的关注，在 Apriori、FP-growth 等算法框架下提出了增量算法[10][11][12][13]。这些算法基于现有的计算结果（如频繁项目集、频繁模式树）来发现新的关联规则，有效地提高了更新效率。

2 基于局部关联规则的推荐算法优化

按照最初的局部关联规则挖掘算法的思路，为每位顾客找到相似顾客，将这些相似顾客的购物列表数据作为目标数据集，执行关联规则挖掘，生成规则并进行推荐。实际上，相似顾客所对应的目标数据集也可能是相似的，甚至是相同的。基于这一认识，我们对现有的局部关联规则挖掘算法进行了优化和改进，算法优化体现在处理相似顾客时，在每个顾客群的挖掘中进行计算资源的重用。

2.1 算法描述

优化算法首先将顾客群划分为不相交的若干，为每个群生成频繁集，并在这一频繁集基础上得到群内的各个顾客的频繁集。算法包括三个步骤，具体如下。

步骤 1：顾客群的划分

不妨将用户购物数据看作一张图。

假设由 m 个顶点，$\boldsymbol{P}=\{P_i \mid i=1,\cdots,m\}$ 构成的完全图 $\boldsymbol{G}=\{\boldsymbol{P},\boldsymbol{E}\}$，用户相似度 $\boldsymbol{S}=\{s_{ij} \mid 0\leqslant s_{ij}\leqslant 1, i,j=1,\cdots,m\}$ 表示顶点之间的连接强度。给定最小连接强度 s，可以得到 $\boldsymbol{G}_s=\{\boldsymbol{P},\boldsymbol{E}_s\}$，$\boldsymbol{E}_s=\{<P_i, P_j> \mid P_i, P_j\in \boldsymbol{P}, s_{ij}>s\}$。$\boldsymbol{G}_s$ 包含着若干连通分量 $\boldsymbol{G}_s^{(q)}$。

命题 1 在图 $\boldsymbol{G}_s=\{\boldsymbol{P},\boldsymbol{E}_s\}$ 中，对任意 $P_i,P_j\in \boldsymbol{P}$，如果 $s_{ij}>s$，那么 P_i,P_j 属于同一个连通分量。

证明：对任意 P_i，$P_j\in\boldsymbol{P}$，如果 $s_{ij}>s$，那么 $<P_i, P_j>\in \boldsymbol{E}_s$，可知 P_i，P_j 属于 G_s 中同一个连通分量。

推论 1 如果在 $\boldsymbol{G}_s=\{\boldsymbol{P},\boldsymbol{E}_s\}$ 中，$P_i\in\boldsymbol{P}$ 属于连通分量 $\boldsymbol{G}_s^{(q)}=\{\boldsymbol{P}_s^{(q)}, \boldsymbol{E}_s^{(q)}\}$，那么 $\boldsymbol{P}_{i,s}=\{P_j \mid s_{ij}>s, P_j\in\boldsymbol{P}\}\subseteq \boldsymbol{P}_s^{(q)}$。

证明：任取 $P_j\in\boldsymbol{P}_{i,s}$，都有 $s_{ij}>s$，根据命题 1，P_i 与 P_j 属于同一个连通分量 $\boldsymbol{G}_s^{(q)}$，那么 $P_j\subseteq\boldsymbol{P}_s^{(q)}$。得证。

上述命题及推论说明，给定最小相似度，可以得到若干不相交的顾客群。对一名顾客来讲，如果他所在顾客群中还有其他顾客，那么他至少与其中一名顾客在给定的相似水平上相似。由命题 1 可知，对每个顾客，与之相似的顾客都落在他所在的顾客群中，那么，为每个顾客寻找相似顾客就只需在他所在的顾客群的范围内。

步骤 2：为顾客群生成频繁集

顾客群的生成使同一群内的计算资源的重用成为可能。对每个顾客群执行挖掘之前，首先生成群对应的频繁集，为下一步中生成群内每个顾客对应的频繁集合做好准备。这样，如果将 m 个顾客划分成 q 个顾客群，生成频繁集的运算由 m 次减少至 q 次，其他是采用集合运算来完成，便于提高计算效率。显然，随着顾客数的增大，这种计算效率的提高将会愈加明显。

这里，项集 X 的定义包含两部分，X. itemset 是项集元素，X. pidList 列举了包含 X 的购物列表的编号，pidList 的长度是该项集的支持数。

下面具体说明顾客群 $\boldsymbol{G}_s^{(q)}$ 的频繁集的生成。(a)．扫描 $\boldsymbol{G}_s^{(q)}$ 对应的购物列表生成 1 项频繁集 $L1^{(q)}$；(b)．基于 k 频繁集生成 $k+1$ 项候选集：根据 k 频繁集的 pidList 的交可以得到该 $k+1$ 项候选集的 pidList，如果 pidList 长度满足最小支持度的要求，则该候选集成为频繁集。

步骤 3：为群内每个用户生成关联规则和推荐

根据顾客群对应的频繁集分别生成其中的顾客 C_i 对应的频繁集 Lk_i，具体的，使用 C_i 的相似顾客 $SC_{i,s}$ 与 $\boldsymbol{G}_s^{(q)}$ 的频繁集 X 的 X. pidList 求交，得到候选集的 pidList，如果 pidList 的长度满足最小支持度的要求，则该候选集成为 C_i 对应的频繁集之一。进一步的，生成关联规则，进行产品推荐。

算法描述具体如下。

输入：产品集 $\boldsymbol{I}=\{I_1,I_2,\cdots I_n\}$，购物列表 $\boldsymbol{P}=\{P_i \mid P_i\subseteq\boldsymbol{I}, i=1,\cdots,m\}$，相似度矩阵 $\boldsymbol{S}=\{s_{ij} \mid i,j=1,\cdots,m\}$，关联规则最小支持度 Dsupp，最小置信度 Dconf，最小相似度 s

输出：推荐 $\{R_i \mid i=1,\cdots,m\}$

```
SET q = 1
SET P_bak = P
WHILE (P)
    Get Pi ∈ P&& i = min j {Pj ∈ P}
    Add Pi into Gs^(q)
    Delete Pi from P
    FOR Pi ∈ Ps^(q)
        FOR Pj ∈ P
            IF sij > s && Pj ∉ Ps^(q)
                Add Pj into Ps^(q)
                Add <Pi, Pj> into Es^(q)
                Delete Pj from P
            END IF
        END FOR
    END FOR
    q ++;
END WHILE
SET P = P_bak
FOR Gs^(q) ∈ Gs
    Gen L1^(q)
    k = 1
    WHILE ( |Lk^(q)| )
        FOR X ∈ Lk^(q)
            FOR Y ∈ L1^(q) && Y! ⊆X
                SET Z. itemset = X. itemset ∪ Y. itemset
                SET Z. pidList = X. pidList ∩ Y. pidList
                IF ( |Z. pidList| > Dsupp )
                    Add Z into Lk + 1^(q)
                END IF
            END FOR
        END FOR
        k + + ;
    END WHILE
    FOR Pi ∈ Gs^(q). P
        FOR X ∈ Lk^(q)
```

续表

```
            SET Z. itemset  =  X. itemset
            SET Z. pidList  =  SC_{i,s} ∩ X. pidList
            IF ( | Z. pidList |  >  Dsupp )
                Add Z into Lk_i
            END IF
        END FOR
        Compute AR
        Gen R_i =  {I_k | X⇒Y∈AR , X⊆P_i, I_k∈Y };
    END FOR
END FOR
```

2.2 举例

假设有表 1 的购物列表，以及基于 Jaccard 系数计算的相似度矩阵。我们按优化算法的处理步骤来进行个性化推荐（见表 1、表 2）。

表 1　　购物列表

购物列表编号	产品编码
1	{a,f,g}
2	{e,m}
3	{b,e,m}
4	{g,k}
5	{e,f,m}
6	{d,k}
7	{c,e,m}
8	{c,d}
9	{a,e,g,k}
10	{d}
11	{e,m,k}
12	{a,e,g}
13	{a,e}
14	{a,e,g}

表 2　　顾客相似度矩阵

sim	1	2	3	4	5	6	7	8	9	10	11	12	13	14
1	1	0	0	0.25	0	0.33	0	0	0.50	0	0.25	0.25	0	0.25
2		1	0.67	0	0.67	0	0.67	0	0.20	0	0.67	0.25	0.33	0.25
3			1	0	0.50	0	0.50	0	0.17	0	0.50	0.20	0.25	0.20
4				1	0.20	0	0	0	0.40	0	0	0.50	0.25	0.50
5					1	0	0.50	0	0.17	0	0.50	0.20	0.25	0.20
6						1	0	0.33	0.20	0.5	0.25	0	0	0
7							1	0.25	0.17	0	0.50	0.20	0.25	0.20
8								1	0	0.5	0	0	0	0
9									1	0	0.40	0.75	0.50	0.75
10										1	0	0	0	0
11											1	0.20	0.25	0.20
12												1	0.67	1
13													1	0.67
14														1

给定 $s=0.5$，得到三个顾客群：

$G_{0.5}^{(1)}=\{(1,4,9,12,13,14),(\langle 1,9\rangle\langle 4,12\rangle\langle 4,14\rangle\langle 9,12\rangle\langle 9,13\rangle\langle 9,14\rangle\langle 12,13\rangle\langle 13,14\rangle)\}$，

$G_{0.5}^{(2)}=\{(2,3,5,7,11),(\langle 2,3\rangle\langle 2,5\rangle\langle 2,7\rangle\langle 2,11\rangle\langle 3,5\rangle\langle 3,7\rangle\langle 3,11\rangle\langle 5,7\rangle\langle 5,11\rangle\langle 7,11\rangle\}$，

$G_{0.5}^{(3)}=\{(6,8,10),(\langle 6,10\rangle\langle 8,10\rangle)\}$。

对 $G_{0.5}^{(1)}$，由 1,4,9,12,13,14 购物列表构成目标数据集。给定 Dsupp = 2，扫描生成频繁集 $L1^{(1)}=\{(a,(1,9,12,13,14)),(g,(1,4,9,12,14)),(k,(4,9)),(e,(9,12,13,14))\}$。通过在 $L1$ 上的运算，得到 $L2^{(1)}=\{((a,g),(1,9,12,14)),((a,e),(9,12,13,14)),((g,k),(4,9)),((g,e),(9,12,14))\}$，进而得到 $L3^{(1)}=\{((a,g,e),(9,12,14))\}$。

对 $G_{0.5}^{(1)}$ 中的顾客 1，$SC_{1,0.5}=\{1,9\}$。根据 $L1^{(1)}$，$L2^{(1)}$，$L3^{(1)}$ 得到：

$L1_1=\{(a,(1,9)),(g,(1,9))\}$，$L2_1=\{((a,g),(1,9))\}$，进而有关联规则 $a\Rightarrow g$（supp = 2；conf = 1）和 $g\Rightarrow a$（supp = 2；conf = 1）。由于后项 a 和 g 是已经出现在 1 的购物列表中的产品，因此，$R_1=\varnothing$。

对 $G_{0.5}^{(1)}$ 中的顾客 4，$SC_{4,0.5}=\{4,12,14\}$。根据 $L1^{(1)}$，$L2^{(1)}$，$L3^{(1)}$ 得到：

$L1_4=\{(a,(12,14)),(g,(4,12,14)),(e,(12,14))\}$，$L2_4=\{((a,g),(12,14)),((a,e),(12,14)),((g,e),(12,14))\}$，$L3_4=\{((a,g,e),(12,14))\}$。进而有关联规则 $e\Rightarrow g$（supp = 2；conf = 1）和 $g\Rightarrow e$（supp = 2；conf = 0.67）等，根据 4 的购物列表 $\{g,k\}$ 生成推荐 $R_1=\{e\}$。

其他顾客可类比运算。此处略。

3　数据实验

为了对算法效率进行对比，我们在某大型商场

的购物数据上进行了实验，根据其会员的购物情况进行产品推荐。该数据集包含两年内的15731条交易记录，格式为（时间，会员卡号，产品类比号，数量，价格），涉及5000种不同的产品。为避免出现购物列表过于稀疏的问题，导致顾客的相似度计算出现困难，我们将5，000种不同的产品根据品牌归为1350类。

一方面，在不同的最小支持度的水平上对原推荐算法和优化算法进行对比实验，最小置信度为0.4，最小相似度为0.1。图1显示了实验结果，左侧为推荐算法的运行时间，右侧为优化算法的运行时间。结果表明，在最小支持（度）数为10时，优化算法是原算法耗时的19.5%（=16/82）；随着最小支持度降低，算法耗时增长，优化算法的耗时的增长远远低于原算法的耗时增长；在最小支持（度）数为5时，优化算法是原算法耗时的5.0%（=37/743）；

另一方面，在不同的最小相似度的水平上对原推荐算法和优化算法进行对比实验，最小支持（度）数为9，最小置信度为0.4。图2显示了实验结果，左右两侧分别是推荐算法、优化算法的运行时间。结果表明，在最小相似度为0.1时，优化算法是原算法耗时的19.1%（=17/89）；随着最小相似度降低，算法耗时增长，优化算法的耗时的增长远远低于原算法的耗时增长；在最小相似度为0.1时，优化算法是原算法耗时的9.3%（=19/205）。

由实验结果可见，为顾客群生成频繁集减少了频繁集的重复生成，降低了计算资源的消耗，大大提高了计算效率。进一步的，还可以通过保存这些频繁集，并设计合适的增量算法来提高效率，有关算法将在另一份工作中具体阐述。

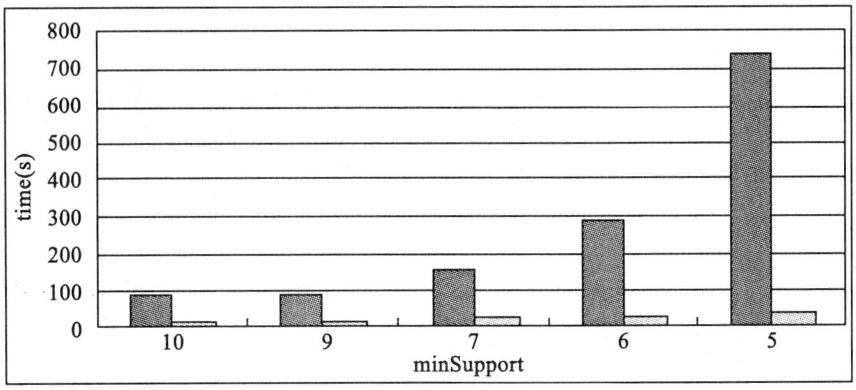

注：*minConfidence* = 0.4，*minSimilarity* = 0.1

图1　在不同最小支持度下的算法运行时间对比

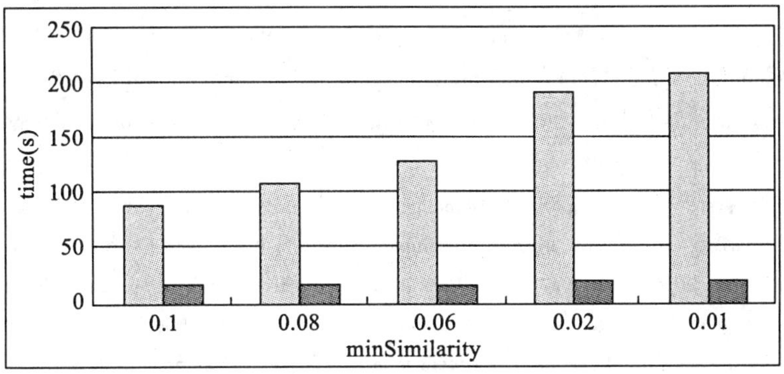

注：*minSupport* = 9，*minConfidence* = 0.4。

图2　在不同最小相似度下的算法运行时间对比

4　结　论

基于局部关联规则的个性化推荐算法通过找到与目标顾客相似的那些顾客，进而挖掘产品之间的关联，提高了推荐的效果。本文对之前提出的推荐算法进行完善和优化，优化算法首先将全体顾客划分为不相交的若干顾客群，为每个群生成频繁集，并在这一频繁集的基础上得到面向群内的各个顾客的频繁集，从而提高生成关联规则和推荐内容的效率。基于某大型商场的购物数据的实验证明，优化算法减少了频繁集的重复生成，从而提高了计算效率。进一步的，还可以通过保存这些频繁集，并设计合适的增量算法来减少重复计算和提高效率。有关的增量算法，将在另一份工作中具体阐述。

参考文献

[1] Zhang Y, Callan J, Minka T. Novelty and Redundancy Detection in Adaptive Filtering [A] //Proc 25th Ann Int'l ACM SIGIR Conf. Tempere, 2002: 81-88.

[2] Konstan J, Mmiller B., Maltz D, et al. GroupLens: Applying collaborative filtering to usenet news [J]. Communications of ACM, 1997, 40 (3): 77-87.

[3] Chen YL, Cheng LC. A Novel Collaborative Filtering Approach for Recommending Ranked Items [J]. Expert Systems with Applications, 2008, 34 (4): 3055-3062.

[4] Huang Z, Zeng D, Chen H. Analyzing Consumer-product Graphs: Empirical Findings and Applications in Recommender Systems [J]. Management Sciences, 2007, 53 (7): 1146-1164.

[5] Ren M, Wei Q, Li F, Chen G.Q. Personalized Recommendation Based on Association Rule Mining in Neighborhood [A] //The Asia Pacific Conference on Information Management, Beijing, China, 2009.

[6] Mild A, Reutterer T. An Improved Collaborative Filtering Approach for Predicting Cross-category Purchases Based on Binary Market Basket Data [J]. Journal of Retailing and Consumer Services, 2003, 10 (3): 123-133.

[7] Agrawal R, Imielinski T, Swarmi A. Mining Association Rules between Sets of Items in Large Databases [A] // Proc 1993 ACM-SIGMOD. Washington D. C., 1993: 207-216.

[8] Han J W, Pei J, Yin Y W, et al. Mining Frequent Patterns without Candidate Generation: A Frequent-Pattern Tree Approach [J]. Data Mining and Knowledge Discovery, 2004, 8: 53-87.

[9] Agrawal R, Srikant R. Fast Algorithms for Mining Association Rules [A] //Proc 20th Int'l Conf VLDB, Santiago, Chile, 1994: 487-499.

[10] Cheung D W, Han J W, Ng V T, et al. Maintenance of Discovered Association Rules in Large Databases: an Incremental Updating Technique [A] //Proceedings of the 12th International Conference on Data Engineering, New Orleans, Louisiana, 1996: 106-114.

[11] Cheung D W, Lee S D, Kao B. A General Incremental Technique for Maintaining Discovered Association Rules [A] //Proc. 15th Int. conf. on database systems for advanced applications, Melbourne, Australia, 1997.

[12] 冯玉才，冯剑琳，关联规则的增量式更新算法，软件学报，1998，9 (4)：301-306.

[13] 吉根林，杨明，宋余庆等，最大频繁项目集的快速更新，计算机学报，2005，28 (1)：128-135.

A personalized recommendation algorithm based on association rule mining in neighborhood

REN Ming[1,2], LI Fei[1]

(1. School of Economics & Management, Tsinghua University, Beijing 100084, China;
2. School of Information Resource Management, Renmin University of China, Beijing 100872, China)

Abstract: Recommender systems are being widely adopted in E-Commerce to help predict customer behavior. Association rule mining finds interesting associations and/or correlation relationships among data items, and has been applied in recommender systems. An earlier work has introduced a personalized recommendation algorithm, which provides recommendation to a target customer, by mining association rules in the data sets of his similar customers (i. e., nearest neighbors). This paper attempts to optimize the algorithm by segmenting whole customers and generating frequent item sets for segments and further for individual customers separately. An experiment on a real data set from a department store indicates the computational efficiency is significantly increased by using the optimized algorithm

Key words: personalized recommendation; association rule; nearest neighbor.

应急决策支持系统中的模型组合方法研究*

仲秋雁[1]，王恒[1]，张笑楠[1]，郭素[1]

（1. 大连理工大学 管理学院，大连 116024）

摘　要：当前关于模型组合的研究与应用越来越广泛，但是针对应急领域模型组合的方法研究还很少。本文结合BDI模型，设计了应急模型智能主体，讨论了应急模型组合的五种原理，并描述了在这五种原理下智能主体的心智状态。最后研究了模型组合工作流程。

关键词：应急管理；智能主体；模型组合；BDI模型

中图分类号：X43；X45

我国是一个灾害频繁发生的国家，应急救援是政府部门的重要工作。一个优秀的应急决策支持系统可有效地辅助决策者决策，将灾害损失减小到最低。模型库是应急决策支持系统的核心，而模型的组合一直是模型库设计的难点。模型的组合包含两个层次：一个是部件级别的组合，是指模型和模型之间的组合；另一个是零件级别的组合，是指模型和方法、方法和方法之间的组合。

在模型的组合方法上，国内外许多学者进行了理论研究，戴超凡和陈俊设计了一个通用模型组合工具，实现了对多种文件格式的模型资源的可视化组合和服务调度[1]；韩祥兰等利用逆向推理技术实现了模型agent的动态自动组合，提出了基于多agent的分布式模型管理与组合方法[2]；陈晓红、刘磊辉提出了模型复合的两种形式，即串联和并联[3]；于宏、李战怀提出了基于Petri网的模型组合方案，将模型组合的要素映射到Petri网结构[4]；于海龙等分析了基于Web services的模型服务生成、模型服务表示、模型服务集成，结合实例给出了基于Web services模型服务开发和集成应用过程[5]。通过分析这些文献发现它们或是研究模型组合实现工具，或是基于某种理论探讨模型组合方法，或是研究模型组合实现的平台和环境，但是从应急决策支持系统的特点，探讨应急模型组合方法的研究还很少。本文研究应急领域中模型组合问题，结合智能主体BDI模型，设计了应急模型智能主体，探讨了应急模型组合的五种原理，为应急决策支持系统构建提供了新的设计思想。

* 基金项目：国家“十一五”应急平台建设重大科技项目

通讯作者：仲秋雁，E-mail：zhongqy@dlut.edu.cn

1　应急决策支持系统特征及应急模型智能主体设计

1.1　应急决策支持系统的特征

一个实用的应急决策支持系统应有以下几点特征：

（1）分布性

由于很多应急模型需要大量的模拟仿真计算，所以不可能由一台服务器来完成所有计算，更多的情况是需要空间上分布式的计算机来协作完成大量的计算。此外，应急模型库还有功能分布性和时间分布性的特点。

（2）互操作性

模型在运行过程中可能需要频繁的设置和展现中间结果，所以，需要智能化地与用户交互。

（3）资源共享

在模型组合运算中，后一个模型可能会用到前一个或前几个模型的数据，这需要模型数据的持久化，从而能够实现资源共享。

（4）可重构性

对于一个新的问题，整个模型库应能进行重构，从而智能地形成解决新问题的方案。

由于应急决策支持系统有以上特点，所以引入智能主体技术可大大提高系统的智能性和可靠性，同时也便于应急模型库的模型组合。

1.2　单个智能主体的BDI模型

在DAI学术界，Moulin和Chaib-draa等人根据

问题求解能力将主体分为反应主体、意图主体和社会主体。反应主体（Reactive Agent）是能响应环境的变化或来自其他主体的消息；意图主体（Intention Agent）是能够针对意图和信念进行推理，建立行为计划，并执行这些计划，这类主体也称为慎思主体。社会主体（Social Agent）除具有意图主体的能力外，还具有关于其他主体的明确模型[6]。本文采用意念主体的信念—愿望—意图（Belief-Desire-Intention，BDI）模型。

智能主体的实际推理过程涉及三个重要环节：选择目标；确定怎样获得这些目标；当环境发生改变时，如何调整所追求的目标以适应变化了的环境。环节一称为慎思，环节二称为手段—目的推理，环节三称为反应性[7]。

BDI 主体的 7 个主要成分如下：

（1）当前信念集：表示主体所具有的关于其当前环境的信息。

（2）信念求精函数（brf）：该函数根据主体的感知输入当前信念和确定新的信念集。

（3）愿望产生函数（options）：该函数依据主体关于其环境和目前意图的当前信念确定一个主体可能的愿望。

（4）当前愿望集：表示主体可用行为的可能过程。

（5）筛选函数（filter）：代表主体的慎思过程，该函数基于主体当前信念、愿望和意图确定主体的新意图。

（6）当前意图的集合：表示主体当前的主要任务，它承诺试图求解的事件状态。

（7）行为选择函数（execute）：该函数基于当前意图确定要执行的行为[8]。

设 Bel 为所有可能信念的集合，Des 为所有可能愿望的集合，Int 为所有可能的意图集合。在任意给定时刻，一个 BDI 主体的状态表示呈如下三元组：

（B，D，I），这里 $B\subseteq Bel$，$D\subseteq Des$，$I\subseteq Int$

BDI 体系结构是一个实际的推理结构，其基本成分是表示主体信念、愿望和意图的数据结构，表示慎思过程的功能和手段—目的推理。

1.3 应急模型智能主体的设计

由于应急模型的协作要求非常高，故应急模型平台将每个模型都进行面向主体的程序设计（Agent-Oriented Programming，AOP，Shoham，1977）。根据 BDI 模型，虽然在功能方面每个 Agent 是不同的，但在通信方面、执行机和心智状态的表示方面是相同的，不同之处仅在于各 Agent 所掌握的知识、动作和动作的策略。通过分离这些部分，我们定义了一个所有 Agent 共有的内核，每个 Agent 都由通用的内核和相应的知识库、规则库组成，利用这种方法，可以方便地实现复合式结构的 Agent。每个模型智能主体的设计如图 1 所示。

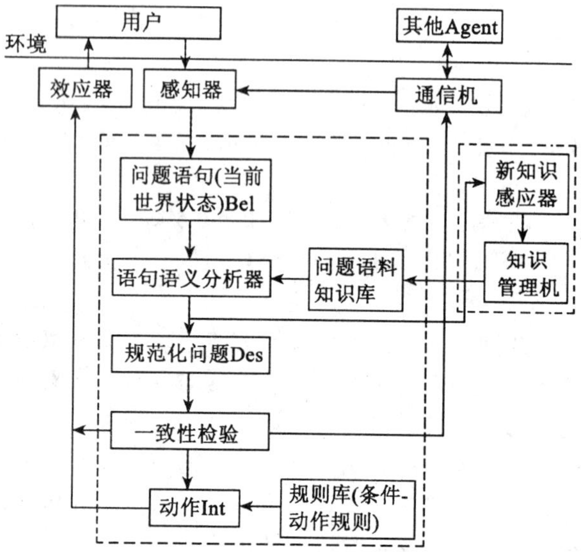

图 1 应急模型智能主体 BDI 结构

Agent 由感知器、任务处理机、通信机、效应器和学习机五部分组成。感知器负责接收环境中用户或通信机传递过来的刺激，并描述成问题语句，这样 Agent 便感知了当前世界的状态，与自身的情况组成了 Agent 的信念集；任务处理机负责接收问题语句，通过问题语料库分析出 Agent 任务列表，如果发现该任务为新任务，则交给学习机，否则将愿望集进行一致性校验，如果通过则根据规则通过反应方式做出相应的动作（意图），如果没通过校验，则通知通信机或效应器；通信机负责与其他 Agent 进行通信；效应器负责将任务处理机的动作传递给环境；学习机通过新知识感知器接收新知识，并通过知识管理机进行学习，从而丰富任务处理机的问题语料库和规则库。

本文将每个形式模型封装成一个智能主体，首先向智能主体注册形式模型的元数据，包括模型的编号（ID）、输入参数（input）、输出参数（output）、所需资源（resource，内存、CPU 等）、模型目的（goal）、所属类型（Category）等，这些元数据和问题语句组成了应急模型智能主体的信念集 Bel；然后通过语句语义分析形成规范化的问题，这形成了智能主体的愿望集；当规范化问题通过一致性检验后，通过规则库推理出动作，这就形成了意图库。执行意图就产生了相应的动作。其形式化如下：

$$Bel = \langle ID, input, output, resource, goal, Category, T \rangle \quad (1)$$

T 表示外部可能世界的任务。

$$\rho(Bel) \to \rho(Des)$$

$$Des = \langle Tsta \rangle$$

愿望集 Des 是由问题语料库规范化后的标准问题组成，从信念集到愿望集的映射就是根据语料库进行语句语义分析。

$$\rho(Des) \to \rho(Int)$$

$$Int = \langle confirm, exec \rangle$$

通过规则库将愿望转换为意图，意图库是由承诺和运行指令组成，这意味着应急模型智能主体会根据可能世界的情况做出承诺或运行模型。

2 模型组合的原理

2.1 问题分解的原始驱动力

一个复杂的问题通过转换成任务并对任务进行分解，分解为易于求解的原子任务后，该复杂问题的求解就变为对每个原子任务求解，根据问题链的形成理论，每个子问题对应一个模型，子问题的关系就是模型组合的关系。所以问题的分解是模型组合的原始驱动力。问题求解链的形成可扩展为如图 2 所示。

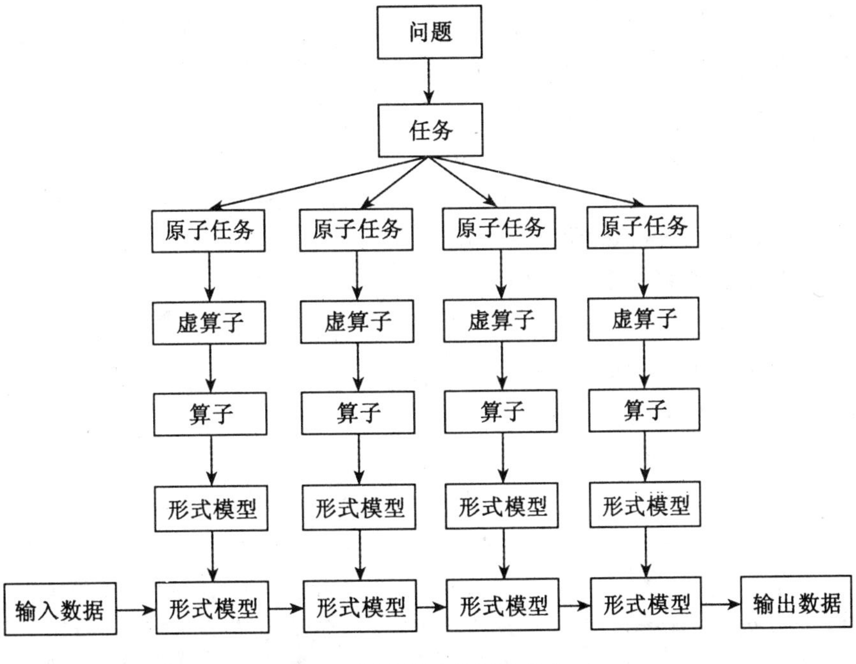

图 2 问题驱动的模型组合

从图 2 可以看出对于一个形式模型而言，如果其中的部分或全部的算子是另外的形式模型的话，该形式模型就是一个模型组合，运行该形式模型所对应的实体模型其实就是运行了一个模型组合。

应急模型智能主体的心智状态表示为：

$$B_i \in Bel_i = \langle ID_i, input_i, output_i, Resourse_i, goal_i, Category_i, T_i \rangle \quad (2)$$

$$Confirm(Ti) \text{ iff}$$

$$goalTi = goalBi \wedge ResourceBi \subseteq ResourceTi \quad (3)$$

$$Confirm(Ti) = \langle info, ResourceBi \rangle \quad (4)$$

$$Des = \langle succeeds(Ti) \rangle \quad (5)$$

$$succeeds(T_i) \text{ iff}$$

$$\forall T_i \to hasmodel(T_i) = true \quad (6)$$

谓词 hasmodel 表示该子任务有一个或一个以上的模型与其对应。以上形式化说明当任务被分解后，把分解的原子任务分配给各个模型智能主体与主体对自身的认识构成了主体的信念集，当模型消耗的资源在任务约束范围内，并且模型的目标与原子问题一致的话，模型主体会发出完成任务的承诺，承诺包括肯定或否定的答复，以及占用的资源。如果所有的原子问题都得到一个以上主体的承诺的话（即满足模型组合智能主体的愿望，转化为意图），则该问题按问题分解的关系将主体承诺的模型组合起来就会得到一个模型的组合链。

2.2 参数驱动的本质驱动力

问题的分解是模型组合的原始驱动力，但模型组合的本质是传递参数，要求每个模型的输入都应该由前面运行的模型或用户提供，否则该模型是无法满足运行要求的，所以参数驱动是模型组合的本质驱动力。

参数驱动有两种不同的方式，一种是从问题的初始状态出发，寻找满足输入条件的所有模型，直到目标结果都被解出，从而选出满足结果的模型链；另一种方法是从需求解的指标出发，寻找能求解出指标的模型，再寻找能够满足该模型输入的模型，直到所有的输入都能满足为止。这两种方法具体分析如下。

（1）正向参数驱动

正向参数驱动是自可能世界的状态向结果寻找的自顶向下的模型组合驱动方式。首先，模型组合智能主体发布已存在的输入参数，模型智能主体接收输入参数，当输入参数和约束条件全部满足时，则该模型则发出承诺。当接收到执行命令时，智能主体执行模型，并向模型组合智能主体提交输出数据，供下一个模型输入使用。

对于模型组合智能主体，它的信念集是一个用一个黑板模型表示，存储共享的参数，初始的时候，其信念集由用户输入的参数（i-parameter）和希望得到的参数（o- parameter）组成。

$$B_i \in Bel = \langle i-parameter, o-parameter \rangle$$
$$\langle i-parameter \rangle := \langle concept, type, value \rangle$$
$$\langle o-parameter \rangle := \langle concept, type, value \rangle \quad (7)$$
$$Confirm(B_i) \text{ iff}$$
$$(\forall input-concept \Rightarrow$$
$$\text{parameter}-\text{concept}) \wedge (\forall input-type \Rightarrow$$
$$\text{parameter}-\text{type}) \quad (8)$$
$$Confirm(B_i) = \langle \text{inf}, output, \text{Resource}_{B_i} \rangle \quad (9)$$

参数必须定义其概念、类型和值。概念由知识库统一概念，使得同一概念的不同表示得到规范，从而能够匹配。类型也由知识库定义为几大类，主要有：N 维数组、整形、XML 等。当且仅当一个模型所有输入参数的概念和类型均能匹配的时候，该模型的智能主体就会向模型组合智能主体发出承诺，模型组合智能主体会将此模型加入到模型链中去。模型智能的承诺除了肯定或否定的信号、需要的资源外，还要包含输出承诺，该输出的承诺会存入模型组合智能主体的黑板模型中，以便检测是否满足其他模型的输入。

每个模型智能主体需要寻找满足自身输入的参数资源，该资源来源有两类，一类是存储于模型组合智能主体黑板模型的静态资源，可能为用户输入的，或是系统初始化时存在的；另一类是前几个模型承诺输出的资源，称为动态资源，动态资源在模型运行前只有承诺，在模型运行后才会有值。

当有模型承诺时，模型组合智能主体就需修改信念集：

$$\text{Bel} = \text{Bel} \cup \text{confirm (Bi)} \quad (10)$$

模型组合智能主体的愿望集是希望系统达到的状态，即所有用户需要的数据都已有值，表示为：

$$Des = \langle succeeds\ (o-parameter) \rangle \quad (11)$$
$$\text{succeeds (o} - \text{parameter) iff}$$
$$\forall o - \text{parameter} \rightarrow \text{hasvalue (o} - \text{parameter)} = \text{true} \quad (12)$$

谓词 hasvalue 表示参数已被运算出结果。只有当满足上述条件时，一条模型链才算满足条件。

（2）逆向参数驱动

逆向参数驱动是另一种思维方式，它是自下向顶的模型寻找方式。首先从模型组合智能主体的愿望集出发，寻找能够满足主体愿望的模型，再向上寻找能够满足该模型输入条件的输出主体（可能为一个或多个），知道所有的输入都满足，模型链也就会形成。

逆向参数驱动中，模型组合智能主体的愿望集是最终所有的一级模型的输入都可由静态资源来满足，即：

$$Des = \langle succeeds\ (\text{models1}) \rangle \quad (13)$$
$$succeeds\ (\text{models1) iff}$$
$$\forall \text{models1} - \text{input} \rightarrow$$
$$\text{hasstatic value (models1} - \text{input)} = \text{true} \quad (14)$$

在以上描述中，models1 表示一级模型，谓词 hasstaticvalue 表示静态资源可以提供其值。

（3）参数驱动方法的局限性

参数驱动没有业务背景因素，除参数概念的匹配外，只靠数学关系进行模型的组合，势必会造成大量的无意义的模型链，而且模型在参数匹配的时候效率也很低，如果几个模型互相满足输入输出的话，势必会形成一个闭环，从而形成死循环。

2.3 模型分类驱动力

模型参数驱动由于缺少了业务背景，使得模型的匹配搜索和无意义的模型链大大增加，但实际上应急模型领域的模型都有其业务背景，比如，一个典型的灾害链如下：

台风-降雨-海啸-洪水-瘟疫

如果把部分模型按此分类的话，就会形成一条模型链，示意图如图 3 所示。

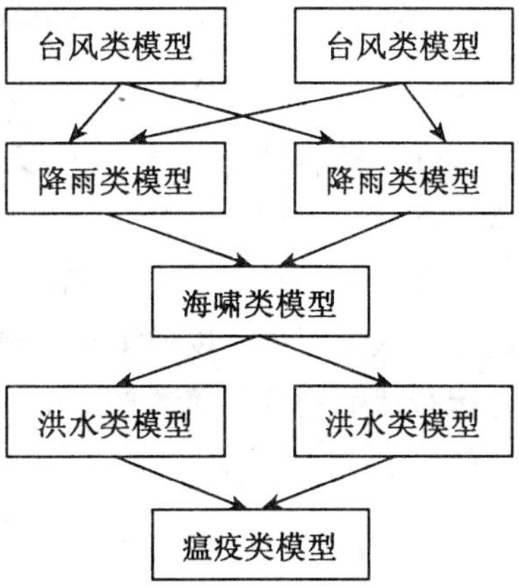

图 3　模型的分类驱动

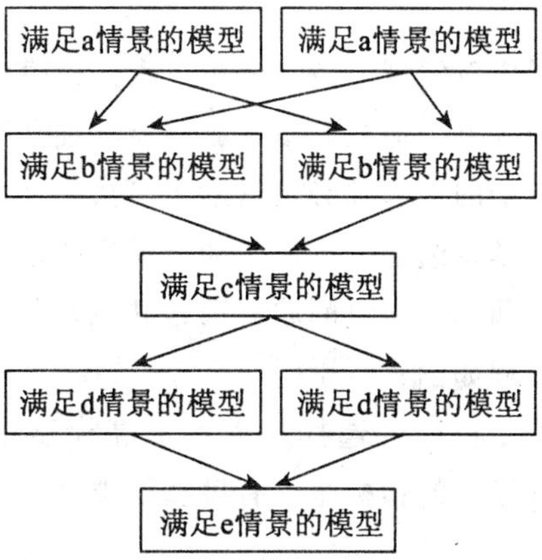

图 4　模型的情景驱动

模型的分类驱动需要将任务按照模型的类型进行分解，这对任务分解和模型的分类都要求很高，但模型分类可以大大减少无意义的模型链，对模型组合效率的提高非常有作用。

模型的分类驱动是问题驱动的特例，模型组合智能主体承诺条件修正为：

$$\text{Confirm (Ti) iff Category Ti} = \text{Category Bi} \wedge \text{ResourceBi} \subseteq \text{ResourceTi} \quad (15)$$

2.4　应急模型的情景驱动力

应急模型还有一种特点是往往与情景相关联，如 A 地的地震模型和 B 地的地震模型往往是不同的，或是 A 地春季和秋季的暴雨模型也不相同。应急决策者往往会关系台风、暴雨等灾害会对下一个城市造成如何影响，或是在下一个时刻会影响到什么地理位置，这种基于情景模型选择导致的模型链的形成，就称为模型链的情景驱动力。

情景指标包括经度、维度、海拔、时刻、温度、气压等，例如。一条灾害链经过地点 a-b-c-d-e，其模型调用的示意图如图 4 所示。

情景驱动是分类驱动的特例，模型组合智能主体承诺条件修改为：

$$\text{Confirm (Ti) iff SceneTi} = \text{SceneBi} \wedge \text{ResourceBi} \subseteq \text{ResourceTi} \quad (16)$$

其中，$\text{Scene} \subseteq \text{Category}$

2.5　知识导引的驱动力

应急 DSS 系统中模型库和知识库有着紧密的关系，利用知识库的知识导引可以方便地根据事实与规则推出模型链来。

知识库采用产生式规则，如果满足前件，就可以推出或执行后件，在规则足够完善的情况下，就可以根据当前的事实（参数、分类、情景等）以及输入输出匹配的结果推出事件链，甚至能够推出事件所对应的模型。

由于与知识库的协作，使得模型组合智能主体的信念集扩充为：

$$Bel = \langle facts, rules \rangle \quad (17)$$

$$\text{Confirm (eventi) iff if eventi then modeli} \quad (18)$$

$$Des = \langle succeeds\ (event_i) \rangle$$

$$succeeds\ (event_i)\ \text{iff}\ \forall\, event_i \rightarrow hasmodel\ (event_i) = true \quad (19)$$

知识导引驱动的模型链示意图如图 5 所示。

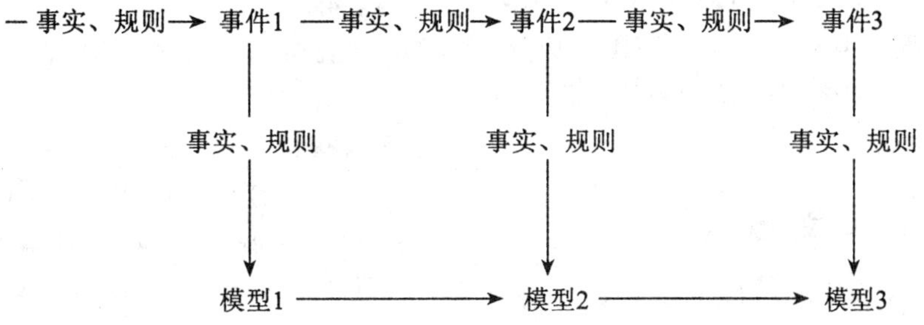

图 5　知识导引驱动的模型链

3 模型组合的流程

根据应急领域的特点分析，本文把模型组合的原理分为五类，但只有参数驱动能够独立组合出模型链，其余的方法都必须借助于参数驱动，所以参数驱动是模型组合的本质驱动。模型的组合也是对应于某一问题，所以问题驱动是其原始驱动。模型组合的流程如图6所示。

此外，模型的选择会大大提高模型链的准确性。选择模型的指标主要有模型的类型、模型的作用、模型的优先级、模型消耗的资源，可以用AHP方法对每个指标设置权重，得出总分后衡量，即：

$$Y = \sum a_i X_i$$

a为每项指标的权重值，X为每项指标的分值，Y为总分值。

模型链应有学习功能，当产生新的模型链后，应经模型链存入数据库中，以便下次直接调用，同时，还应将运行后的指标存入数据库中，便于模型链之间的比较。

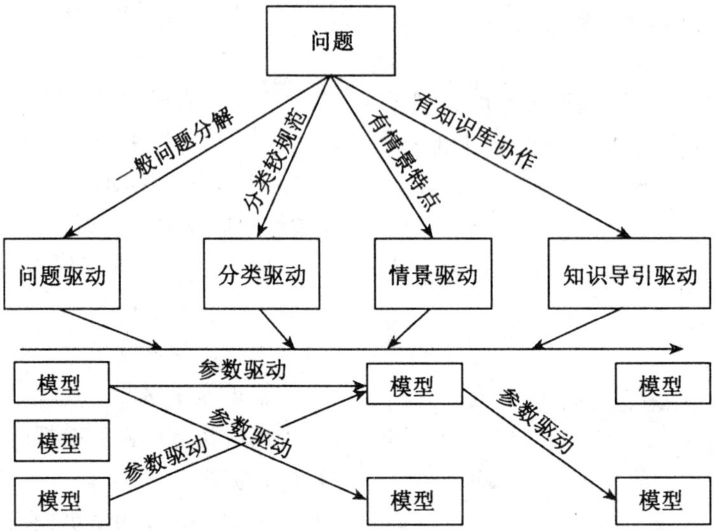

图6 模型组合流程

4 结 论

模型组合是DSS研究应用的重要组成部分，通过模型库可以将多个模型组合起来构成更强大的模型。这种模型管理系统能够部分弥补传统模型库的不足，最大限度地满足应急管理领域的需要。本文设计了应急模型智能主体BDI结构，并在此基础上提出了应急模型组合的五种原理，并描述了在这五种原理下智能主体的心智状态。然后，讨论了模型组合的工作流程。但本文的讨论还比较初级，具体实现起来，模型的组合的准确性和效率是要解决的一个问题。

参 考 文 献

[1] 戴超凡，陈俊．模型组合技术研究与实现 [J]．计算机应用研究，2009，26（4）：1419.

[2] 韩祥兰，吴慧中，陈圣磊．基于多agent的分布式模型管理与组合方法 [J]．计算机集成制造系统，2004，10（专刊）：114-118.

[3] 陈晓红，刘磊辉．DSS模型库管理系统中模型复合技术研究 [J]．微计算机应用，2004，52（2）：141-144.

[4] 于宏，李战怀．基于Petri网的模型组合方法研究 [J]．微处理机，2008（4）：76-82.

[5] 于海龙，刘丽萍，邬龙．基于Web service的模型复用研究 [J]．系统仿真学报，2007，19（18）：4139-4145.

[6] 张维明主编．智能协作技术．北京：电子工业出版社，2002.

[7] 陈国梁，王文杰，贾文臣．自适应BDI主体研究 [J]．计算机仿真，2004，21（10）：104.

[8] Wooldridge M, and Jennings N R. Intelligent Agents [M]. Theory and practice, Knowledge Engineering Review, 1995：236-291.

Research on the Method of Model Combination of Emergency Decision Support System

ZHONG Qiuyan[1], WANG Heng[1], ZHANG Xiaonan[1], GUO Su[1]

(1. School of Management, Dalian University of Technology, Dalian 116024, China)

Abstract: Model composition has been studied and applied widely nowadays, but there is few research on model composition in the field of emergency. Based on BDI model, the paper designs agent of emergency model, discusses five principles of emergency model combination, and describes state of mind of agent on the five principles. Finally, the thesis studies the workflow of model combination.

Key words: emergency management; intelligent agent; model combination; BDI model

一种基于支持度变化的关联规则重挖掘算法*

朱晓东[1,2]，李帮义[2]，曹杰[1]

（1. 南京信息工程大学 经济管理学院，南京 210044；
2. 南京航空航天大学 经济与管理学院，南京 210016）

摘　要：使用关联规则进行数据挖掘时，使用者为了达到一定的挖掘效果，经常需要不断地改变关联规则的支持度阈值（Support）。本文中我们提出了一种从大型数据库中挖掘关联规则的快速算法，该算法以经典的Apriori算法为基础，可以在提出新的支持度后直接在首次挖掘的基础上进行再一次挖掘。结果表明，它较Apriori算法的实现速度有明显的提高。

关键词：数据挖掘；关联规则；支持度；算法

中图分类号：TP311

引　言

数据挖掘（Data Mining，DM），又称为数据库中的知识发现（Knowledge Discovery from Database，KDD），它是一个从大量数据中抽取挖掘出未知的、有价值的模式或规律等知识的复杂过程[1]。数据挖掘作为一个新兴的多学科交叉应用领域，汇集了统计学、机器学习、数据库、模式识别、人工智能等学科的内容，并且正在各行各业的决策支持活动中扮演着越来越重要的角色。

关联规则挖掘就是从大量的数据中挖掘出有价值的描述数据项之间相互联系的有关知识，具体来说就是在数据库的知识发现中描述一个事务中物品之间同时出现规律的知识模式，通过找出所有频繁项集来产生强关联规则。随着收集和存储在数据库中的数据规模越来越大，人们对从这些数据中挖掘相应的关联知识越来越有兴趣。

目前，为了发现频繁项集，人们已经研究了各种各样有效的算法。一般说来，这些算法都遵循两个原则：一是要建立频繁项集的一个候选集；二是在候选集中找出确实包含频繁项集的所有子集。在关联规则方法中Apriori[2]方法应用最为广泛。Apriori方法是使用一种称作逐层搜索的迭代方法，利用前一次迭代所得的频繁项集作为后一次迭代的候选项集，再通过剪枝得到最后的结果。因此，可以看出关联规则算法的关键所在是候选项集的选取，它决定着算法的高效与否。

然而在现实的应用领域中，由于用户缺乏实践经验，用户在开始时对挖掘所需要的最小支持度并没有一个明确的值，因此就会出现这样的情形：用户对自己找出的关联规则并不满意，转而再去进行一遍又一遍的挖掘，直到获得满意的效果，显然对于大型的数据库及数据仓库来说这样的重复工作是非常浪费时间的。同时我们也注意到，重复的挖掘工作也存在着重复计算，我们就有必要寻找一种针对支持度变化的高效挖掘算法。本文提出了针对这种情况的快速算法，利用前次的挖掘结果进行再挖掘，从而大大节省挖掘时间。

1　关联规则重挖掘技术

1.1　关联规则的基本概念

定义1　设 $I=\{i_1,i_2,\cdots,i_m\}$ 是项的集合。设任务相关的数据 D 是数据库事务的集合，其中每个事务 T 是项的集合，使得 $T\subseteq I$。每一个事务有一个标识符，记作 TID。

定义2　给定一个记录集 $D=\{\langle I,D,T\rangle\}$，$T\subseteq I$，如果 $A\subset I$，$B\subset I$ 且 $A\cap B=\varnothing$，则称 $A\Rightarrow B$ 为关联规则。如果在 D 中 $s\%$ 的记录同时包含 A、B，那么称 $A\Rightarrow B$ 在 D 中的支持度为 s，它是概率 $P(A\cup B)$。如果在所有包含 A 的记录中有 $c\%$ 的记录同时还包含 B，则称 $A\Rightarrow B$ 在 D 中的可信度为 c，这是条件概率 $P(B|A)$。即

* 基金项目：国家自然科学基金项目资助（项目批准号：60804047）
通讯作者：朱晓东，E-mail：zxdnuist@126.com

$$\text{Support}(A \Rightarrow B) = P(A \cap B)$$

$$\text{Confidence}(A \Rightarrow B) = P(B \mid A)$$

同时满足最小支持度阈值（min_sup）和最小置信度阈值（min_conf）的规则称作强关联规则。提取关联规则就是要寻找出所有满足 $s >$ min_sup（用户指定的最小支持度阈值），$c >$ min_conf（用户指定的最小可信度阈值）的关联规则 A⇒B。[3]

定义 3 项的集合称为项集(Itemset)。包含 k 个项的项集成为 k-项集。如果项集满足最小支持度阈值，则称它为频繁项集(Frequent Itemset)。满足最小支持度 s 的项集称为频繁 k-项集。

根据以上定义，关联规则的挖掘过程就分为两步[4]：

(1)找出所有频繁项集：根据定义这些项集出项的频率至少和预定义的最小支持计数一样。

(2)由频繁项集产生强关联规则：根据定义这些规则必须满足最小支持度阈值和最小置信度阈值。

1.2 支持度变化的高效关联规则算法

数据挖掘用户进行了一系列关联挖掘后，他们可能对其结果并不满意，就试图改变支持度阈值 s 改为 s' 来进行再一次挖掘。这时关联规则重挖掘的任务就是求出在 s' 下的频繁项集 L'。应该注意到：L 中的一个频繁项集在 L' 中未必频繁(最小支持度 $s' > s$ 时)；另一方面 L 中没有的项集 I 或许在 L' 中是频繁的(最小支持度 $s' < s$ 时)。设所有频繁项集的集合记为 L_k，则满足新的最小支持度 s' 的频繁 k-项集的集合记为 L'_k。设 C_k 为进行第 k 次迭代时的候选项集，$I.\sup port$ 为项集 I 在 D 中的支持频度。

当 s 改变时会出现两种情况：

(1)当 $s \to s + \Delta$ 时

在这种情况下，一些原来的频繁项集将在新的 s' 下变为不再频繁，从而应该被删减掉。

命题 1 在数据项集 D 中频繁 k-项集 L'_k(支持度为 s')一定在频繁项集集合 L_k 中(支持度为 s)。

证明 反证法：设 $X \notin L_k$ 则 $I.\sup port < s \times |D|$，又因为 $s < s'$，所以 $I.\sup port < s' \times |D|$，则 I 也不在 L'_k 中。证毕。

当 $s \to s + \Delta$ 时，算法 ReApriori_A 描述如下：

输入：L_k(支持度未改变时交易数据库 D 的频繁项集集合)

s'(最小支持度阈值)

输出：L'(支持度改变时交易数据库 D 的频繁项集集合)

$L' = \varnothing$ /* 初始化 L' */

for(k = 1;k < r;k + +)do begin

$L'_k = \{X \in L_k \mid I.\sup port \geq s'\}$ /* 把频繁项集送给 L'_k */

$L' = L' \cup L'_k$

return L'

(2)当 $s \to s - \Delta$ 时

命题 2 若 $s > s'$，L_k(支持度为 s)中的频繁项集 I 一定也属于 L'_k(支持度为 s')中。

证明 因为 $I \in L_k$，所以 $I.\sup port \geq s \times |D|$；又因为 $s > s'$，所以 $I.\sup port \geq \times s' |D|$，故命题 2 成立。证毕。

命题 3 一个频繁项集中的任何一个子集也应该是频繁项集。[1]

证明 若一个项集 I 不满足最小支持度阈值 s，那么该项集 I 就不是频繁项集，即 $P(I) < s$；若增加一个项 A 到项集 I 中，那么所获得的新项集在整个交易数据库中所出现的次数也不可能多于原来项集 I 出现的次数，因此 $I \cup A$ 也不可能是频繁的，即 $P(I \cup A) < s$。这样根据逆反公理：即若一个集合不能通过测试，该集合所有的超集也不能通过测试，这样命题 3 显然成立。证毕。

命题 4 当 $s > s'$ 时，若 $I \notin L_k$，则 I 在支持度变为 s' 时可能会变为频繁项集。这时应该满足 $I.\sup port \geq \times s' |D|$。[3]

根据以上命题，在这种情况下我们提出一种新的算法，这种算法类似于 Apriori，也是通过多次迭代找到候选集，但是它存在自己的特点：所产生的候选集被分为三个部分，每一个部分的候选集独立生成。这个特点使得新算法较之于重复使用 Apriori 挖掘更为高速，更为有效。下面是详细设计过程。

(1)第一次迭代过程

在命题 2 的基础上为了发现频繁 1-项集 L'_1，就是要扫描删除 L_1 后余下的数据项集合，也就是扫描项集 $C_1 - L_1$。因此，第一次迭代非常简单，即获得满足条件 $I.\sup port \geq \times s' |D|$ 的项集，记为 l_1，那么 $L'_1 = L_1 \cup l_1$。

(2)第二次及更高次迭代过程

在第一次迭代中，所有频繁 1-项集被分为两个部分 L_1 和 l_1。由命题 3 知道，所有频繁 k-项集也都由 L_1 和 l_1 中的许多单个子集组成的。基于此原理，我们把在支持度 s' 下的所有频繁 k-项集分为三个级别：

①对于所有频繁 k-项集 $\{X_1, X_2, \cdots X_k\}$，$\forall i(1 \leq i \leq k)$，$\{Xi\} \in L_1$；

②对于所有频繁 k-项集 $\{X_1, X_2, \cdots X_k\}$，$\forall i(1 \leq i

$\leq k$)，$\{Xi\} \in l_1$；

③对于所有频繁 k-项集 $\{X_1, X_2, \cdots X_k\}$，$\forall i(1 \leq i \leq k)$，存在两个非空子集 x_1 和 x_2，其中 $x_1 \cup x_2 = \{X_1, X_2, \cdots X_k\}$，$x_1 \cap x_2 = \varnothing$，且 $x_1 \in L_1$，$x_2 \in l_1$；分别记为 $L_k[1], L_k[2], L_k[3]$。

$\therefore L'_k = L_k[1] \cup L_k[2] \cup L_k[3]$，其中 $L_k[1] \cap L_k[2] = \varnothing, L_k[1] \cap L_k[3] = \varnothing, L_k[2] \cap L_k[3] = \varnothing$。同时我们还可以从 $L_k[1]$ 分离出 L_k，剩余部分为 l_k，即：$L_k[1] = L_k \cup l_k$。

在以上划分的基础上，我们也把候选项集分为三个部分，分别记为 $C_k[1], C_k[2], C_k[3]$，我们的目的就是要获得这三个集合。应用 Apriori 算法进行递归：

$$C_k[1] = Apriori(L_{k-1}[1]) - L_k = C_k - L_k$$

$$C_k[2] = Apriori(L_{k-1}[2])$$

即求出了 $C_k[1]$ 和 $C_k[2]$，剩下的关键问题是求 $C_k[3]$。

从以上讨论中我们得知，$C_k[3]$ 是由 $L_i[1]$ 和 $L_{k-i}[2]$ 组成，其中 $\forall i(1 \leq i \leq k)$。设计以下算法 ReApriori_B：连接 $L_i[1]$ 和 $L_{k-i}[2]$，即 $L_i[1] \rhd\lhd L_{k-i}[2]$；再通过删除所有不属于 L'_{k-1} 的项集，即得到 $C_k[3]$。

综合以上，通过对 $C_k[1]$，$C_k[2]$ 和 $C_k[3]$ 的剪枝就可以得到 $L_k[1]$，$L_k[2]$ 和 $L_k[3]$，新的挖掘结果 L'_k 可得出。

$s > s'$ 时算法 ReApriori_B 描述如下：

输入：L_k（支持度未改变时交易数据库 D 的频繁项集集合）

s'（最小支持度阈值）

C_k（s 时的候选 k-项集）

输出：L'（支持度改变为 s' 时交易数据库 D 的频繁项集集合）

```
L' = ∅/* 初始化 L' */
l1 = {新的频繁 1-项集}；
那么 L'1 = L1 ∪ l1
for(k = 2; L'k-1 ≠ ∅; k ++) do begin
Ck[1] = Ck - Lk；
Ck[2] = Apriori(Lk-1[2])；
Ck[3] = ∅；
for(j = 1; j ≤ k - 1; j ++) do
Ck[3] = Ck[3] ∪ ReApriori_B (Li[1], Lk-i[2])；
lk = {c ∈ Ck[1] c. sup port ≥ s'}；
Lk[1] = Lk ∪ lk；
Lk[2] = {c ∈ Ck[2] | c. sup port ≥ s'}
Lk[3] = {c ∈ Ck[3] | c. sup port ≥ s'}
L'k = Lk[1] ∪ Lk[2] ∪ Lk[3] /* 把频繁项集送给 L'k */
end
return L'k
```

2 试验结果对比

客户关系管理是数据挖掘重要的应用领域，包括客户获取、客户保持、客户价值提升等各个方面。本文将选用某超市销售数据库中的记录，利用经典的关联规则算法进行客户关系管理的挖掘，并使用新提出的关联规则算法进行效率验证。

下面，通过实例验证 ReApriori 算法的有效性：使用某集团销售数据库中的 20000 多条销售记录进行 ReAprior 算法的性能分析；使用 VC ++ 语言编写程序；运行平台是 Pentium 3.00GHz，内存 1G。使用不同的数据条数挖掘结果如表 1 及图 1 所示。

表 1 实验结果对比表

算法/数据量	50000	80000	100000	150000	200000
Apriori	16.26s	32.01s	38.17s	43.81s	53.88s
ReAprior	7.56s	8.10s	9.32s	10.06s	10.06s

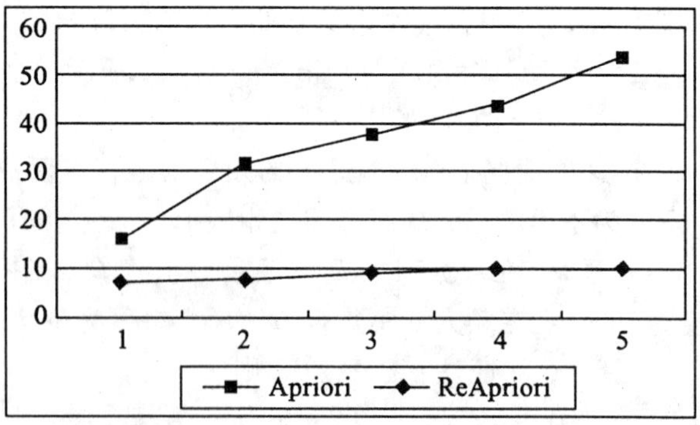

图 1 算法比较示意图

以上实验结果显示：当数据量为 {50000，80000，100000，150000，200000，} 时，ReApriori 算法的挖掘速度快于 Apriori 算法的倍数分别为 { 2.2 倍，4.0 倍，4.1 倍，4.4 倍，5.3 倍 }，即 Apriori 算法运行时间约为新算法 ReAprior 的 2 ~ 6 倍，而且数据量越大就越显示出 ReApriori 算法的优越性。因此，ReApriori 算法的工作效率远远优于 Apriori 算法。

3 结束语

本文提出了一种从大型数据库中挖掘关联规则的高效算法，该算法以经典的 Apriori 算法为基础，其特点在于可以在提出新的支持度后直接在首次挖掘的基础上进行再一次挖掘，节省挖掘时间。从实验结果来看，它较 Apriori 算法有明显的提高。

关联规则挖掘的研究是近几年研究较多的数据挖掘方法，在数据挖掘的各种方法中应用得也最为广泛。目前，与经典的关联规则采掘研究相比，提高算法效率是研究的发展趋势。在采掘规则过程中需要处理海量数据库记录，并且可能对数据库进行多次扫描，所以提高算法的效率至关重要。相信我们提出的算法对于提高挖掘效率有一定的促进作用。

参考文献

[1]朱明．数据挖掘[M].合肥:中国科学技术大学出版社，2002.

[2] Agrawal R, Srikant R. Fast algorithm for mining association rules[J]. Proceedings of the International Conference on Very Large Data Bases,1994:487-499.

[3]Jiawei Han, Micheline Kamber. 范明，孟小峰等译．数据挖掘概念与技术[M].北京:机械工业出版社，2001.

[4]史忠植．知识发现[M].北京:清华大学出版社，2002.

Algorithms Research for Re-mining of Association Rules Based on Support Changes

ZHU Xiaodong[1,2], LI Bangyi[2], CAOJIE[1]

(1. College of Economics & Management, Nanjing University of Information Science & Technology, Nanjing 210044, China;

2. College of Economics & Management, Nanjing University of Aeronautics & Astronautics, Nanjing 210016, China)

Abstract: When users mine associating rules, they need to change support continuously in order to achieve their results. In this paper, we present a new and fast algorithm for mining associating rules in large database. The algorithm is based on the traditional Apriori. And it can re-mine the database based on the first mining results in light of support changes.

Key words: data mining; association rules; support; algorithms

基于网格的综合决策支持系统模型研究*

唐晓波[1]，石锐[1]

（1. 武汉大学 信息管理学院，武汉 430072）

摘 要：本文分析了综合决策支持系统的现有模型和存在的问题，在现有的综合决策支持系统框架模型的基础上，将网格技术、多 Agent 技术和一种新的信息资源发现机制相结合，提出了改进的基于网格的综合决策支持系统模型。详细论述了该模型的层次结构和主要模块功能，阐述了模型的工作机制和关键技术。采用网格技术可以实现广域信息资源的分布共享，向每个用户提供统一的服务，解决资源分布性和异构性。采用多 Agent 技术实现数据和功能的分布处理，可解决信息资源的动态性问题。

关键词：网格；决策支持系统；多 Agent；资源路由器

中图分类号：TP311

20 世纪 90 年代中期兴起的数据仓库迅速地得到发展，它与联机分析处理和数据挖掘结合起来形成了新决策支持系统，但是由于它和传统决策支持系统采用完全不同的辅助决策方式，因此新决策支持系统不能替代传统决策支持系统，而是应该相互结合，综合决策支持系统就是在这样的背景之下产生的。目前，国内外的学者对于综合决策支持系统已有的研究，大多侧重于数据仓库的搭建以及模型库和知识库的设计，忽略了各功能模块之间以及各个系统之间的通信和交互问题[1]。同时，随着 Internet 网络的发展和普及，决策支持系统的决策资源：数据资源、模型资源、知识资源等将作为共享资源，为决策者提供服务。决策支持系统的发展出现了新的研究方向，也将综合决策支持系统中存在的弊端暴露出来。首先，大多决策支持系统只能提供辅助决策过程中的数据级支持，可现实决策所需的数据却往往是分布、异构的，限制了系统的适应性，不适应决策过程的需要；其次，为了做出最新状态的战术性决策，必须要解决数据仓库与日常生产系统间的数据衔接和协同问题。最后，还需要解决各个系统之间信息交互困难，协调能力差等问题。

针对上述问题，笔者阅读了大量的文献，在前人的研究基础上，利用现在很热门的网格、Agent 以及资源路由器技术，结合决策支持系统的现有模型，提出一种分布式的决策支持系统模型，为解决决策系统中知识获取和交互困难的问题提供了一种新的思路，将决策者从繁琐的工作中解脱出来，让他们有更多的时间去选择更好的决策方案。

1 理论基础

1.1 综合决策支持系统

把数据仓库、联机分析处理、数据挖掘、模型库、数据库、知识库结合起来形成的决策支持系统，即将传统决策支持系统和新决策支持系统结合起来的决策支持系统，称为综合决策支持系统（synthetic-decision support system，S-DSS）[2]。综合决策支持系统发挥了传统决策支持系统和新决策支持系统的辅助决策优势，能更有效地帮助决策。

传统决策支持系统以模型库（MB）和知识库（KB）为基础，充分发挥了模型资源的辅助决策作用和知识资源的辅助决策作用。而新决策支持系统的基础是数据仓库，利用数据资源获取信息和知识辅助决策。综合决策支持系统通过将二者的优势相互结合，充分发挥数据、模型、知识这三种不同的决策资源，获取企业或组织的内部和外部相互补充的信息及知识，为决策者提供更全面、更广泛和更有效的辅助决策信息和知识。

综合决策支持系统的体系结构如图 1 所示。对现有的体系结构的分析，能让我们了解其功能模块和它们的工作的机制，帮助我们建立正确的综合决策支持系统模型。

---

* 基金项目：教育部人文社会科学研究一般项目“企业信息资源集成研究”（编号：08JA870013）成果之一

通讯作者：石锐，E-mail：threehaoa@163.com

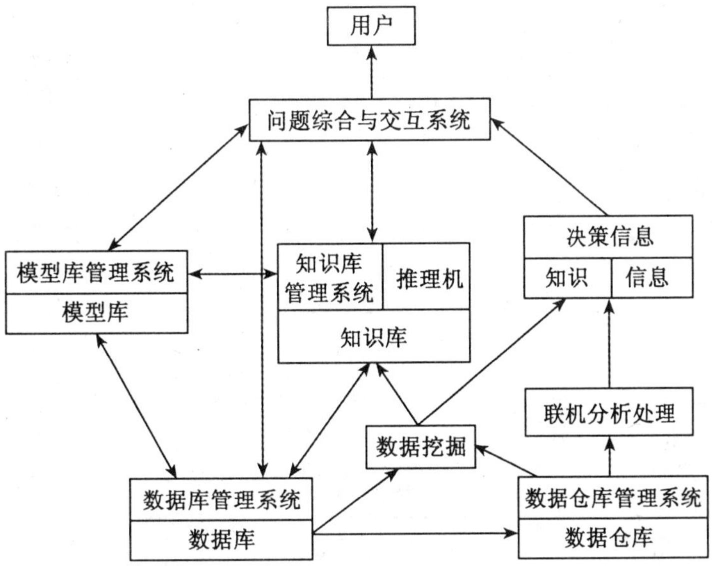

图 1　综合决策支持系统结构图

1.2　网格

网格是借鉴电力网的概念提出的，网格的最终目的是希望用户在使用网格计算能力解决问题时像使用电力一样方便，用户不用去考虑得到的服务来自于哪个地理位置，由什么样的计算设施提供[3]。网格作为最新一代建立在互联网之上的基础设施，它能够将地理不同分布的，异构的各种高性能计算资源、存储资源、数据资源和其他特殊资源通过高速网络连接起来，协同解决大型应用问题，进行广域信息资源的分布共享，向每个用户提供一体化的服务。由于网格技术能够实现信息完全共享，提供优质的信息服务并且具有平台无关性，近年来在国内炒得比较热门，各种学术论文、专著等都出现了大量有关网格的论述。这些文章都对国内网格技术的推广和应用起到了很大的推动作用，使网格技术被推广应用到各种信息化建设中。

在网格技术的研究中，网格资源的寻找、发现以及管理等问题是研究的重点和难点。由于网格资源具有分布性、异构性、动态性、自治性等特点，并且随着网格技术应用的深入和推广，涉及的资源越来越多，任务过程也越来越复杂。因此，如何在网格中寻找到合适的资源成为网格技术研究的一项重点课题。目前中国科学院计算所正在进行的织女星网格的研究，提出了一种完全分布式的资源发现机制：网格路由器（也被称为资源路由器），能够较好地解决网格中资源发现问题。本文将在模型中借用该资源发现机制，并且资源路由器的具体工作机制将在第 4 节中作详细的说明。

1.3　多 Agent 技术

1962 年 Hintikka 提出了用于描述知识和信念逻辑的可能世界模型，这是 Agent 理论基础的开创性工作之一[4]。Agent 具有移动性、自主性、智能性等特点，可以自主地在异构网络上按照一定的规程迁移，寻找合适的资源，完成用户给定的任务。因此，将 Agent 技术广泛应用于网格环境中，可以支持网格中的任务调度、资源管理和智能决策等关键技术的问题，并且可以将异构性、分布性、动态性的网格资源透明化，减少横跨多管理域的各种网格资源之间的信息交互量。同时，Agent 不仅能作用于自身，还可以作用于环境，并能够接收环境的反馈信息，重新评估自己的行为，同时它还能与其他 Agent 协同工作。Agent 系统放松了对集中式、非开放式、顺序控制的限制，提供了分布控制、动态应急处理和并行处理。基于以上 Agent 的这些特征和优点，在综合决策系统中引入 Agent 技术是非常自然的。

现在的决策信息资源是分散的，计算和任务的执行是分布的，所以引入多 Agent 系统。它是由多个可计算的 Agent 组成的集合，其中每个 Agent 是一个物理的或抽象的实体，可作用于自身和环境，并与其他的 Agent 通信。各 Agent 之间活动是自治的和独立的，行为和意图不受其他 Agent 限制，它们之间通过竞争、协商、协作等手段共同完成系统设定的目标。

综上所述，将网格技术、Agent 技术与综合决策支持系统融合是一个必然的趋势，迟嘉星等人曾在2005年提出了GBODSS的框架模型（Grid Based Open Decision Support Systems）的概念[5]，并对该系统的体系结构进行了研究，利用Globus工具对GBODSS的实现方案进行了研究。弥补了传统DSS的许多不足，能较好地解决目前DSS面临的问题。GBODSS有很多的优势，比如：决策资源与服务共享的充分性、复杂决策任务求解的协同性，等等。本文在此研究基础之上，进行了相应的改进，建立了基于网格的综合决策支持系统模型。

2 基于网格的综合决策支持系统体系结构

根据前人的研究，综合网格技术、Agent技术、以及决策支持系统的相关理论，基于网格的综合决策支持系统模型如图2所示。

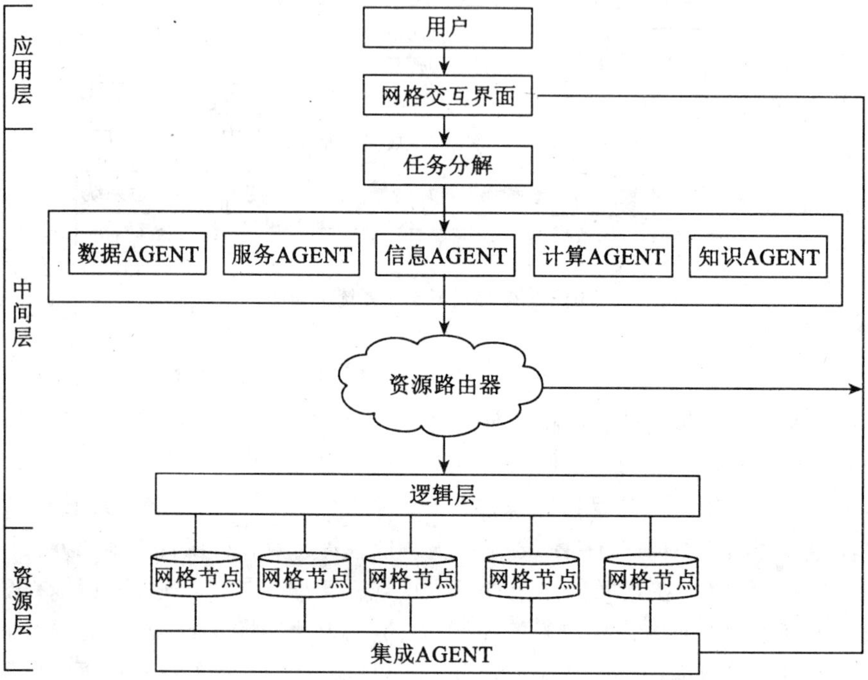

图2 基于网格的综合决策支持系统模型

该模型的运行机制如下：

（1）用户通过网格交互界面进行相应的操作，下达决策任务，并且在任务完成后由交互界面将决策方案返回给决策者。

（2）在交互界面对问题的共同特征进行抽取，转化成规则的问题描述形式交给任务分解单元，按各子问题的任务要求交给不同的Agent去完成相应的功能。

（3）通过资源路由器找到合适的资源。

（4）在逻辑层或者网格节点中完成决策任务。

（5）在集成Agent上进行相应的处理和最终决策问题的集成，并将结果传送给交互界面。

3 模型层次结构

3.1 应用层

拥有系统账户并经授权的用户可以通过网格交互界面动态地添加、访问、操作自己的文件和数据，提交、监视和取消与相关系统的交互。当用户通过网格交互界面请求网格服务时，网格接口先将用户的请求转换为XML文件，并传送给任务分析模块，形成任务的宏观工作流程。当任务完成后，网格交互界面又可以将返回的结果解释为用户可见的形式。

3.2 中间件

中间件包括两个基本功能模块，这两个模块协同完成网格服务。

首先，任务分解模块针对任务流程中的每个阶段，向网格服务管理和发现层查询本系统中是否有对应的网格服务。如果发现了这些服务，就进行任务优化和分解，将任务分配给相应的Agent，并生成该任务所需的网格服务列表，如果没有发现该服务则返回出错信息。

任务生成后，由资源路由器为不同的Agent搜寻可用资源，进行相应的处理。资源路由器除了用来寻找资源外，还用来管理与维护网格环境中各种资源（如节点信息）、服务和其他主体的描述[6]。节点信息主要包括主机名、IP 地址、体系结构类型、内存大小、主频等。网络信息包括网络带宽、传输延迟等。资源路由模块为网格计算、资源共享提供单一系统映像，其他模块都或多或少地依赖着该模块，因此它是系统中至关重要的一部分。

3.3 资源层

资源层处于系统的最低层，为决策提供丰富的数据资源和各种决策服务。它主要由逻辑层和物理层两部分组成。

1）逻辑层

逻辑层使分散的和分布式的资源服务，看起来像一个统一的功能。让所有感兴趣的异构且分布的决策资源变现为同构并本地化的决策资源，实现访问的透明化。逻辑层按照一定的规则自行决定抽象哪些节点功能来完成相应的 Agent。逻辑层中可以包括虚拟数据库、虚拟知识库、OLAP、数据挖掘、虚拟方法库和模型库。

2）物理层

物理层主要由多个网格节点组成，网格节点是多个物理上分离的信息处理节点，它可以是数据库系统、知识库系统、模型库系统或独立的 DSS，每个节点可以至少含有一个 DSS 或具有若干决策支持功能。数据库系统中存储有企业内部各种动态的数据和联网获得的外部环境的数据。知识库存放各种专家知识以及企业外部的有关信息，如国家政策、经济、科技、金融市场、商情等方面的动态信息。模型库可存储用于分析预测的各种模型和方法。

网格节点以计算机网络通信技术为信息交互基础，通过网络连接的工作平台和分布式数据库、模型库提供的各种格式的数据、信息和工具，支持分布在异地的 DSS 彼此交互，从而使它们共同地为决策问题提供正确及时的决策支持。

4 关键技术

4.1 多 Agent 技术

1）多 Agent 分类

根据第 1 节中现有的综合决策支持系统的体系结构，利用 Agent 的性能，结合网格的分类特点，将 Agent 分为定量 Agent、信息 Agent、知识 Agent、推理 Agent、服务 Agent、集成 Agent。

定量 Agent：为决策问题提供定量分析（模型计算）的辅助决策信息。

信息 Agent：根据决策者的需要从信息源检索出相应信息，这些数据和信息能反映大量数据的内在本质。同时信息 Agent 可对检索到的信息进行加工，使其能够满足具体需求，并在此基础上进行问题的求解，信息 Agent 兼有解决问题的能力。

知识 Agent：知识的管理和获取。从数据库和数据仓库挖掘知识，丰富知识库中的知识。所有的知识获取活动是基于持续目标或用户的计算请求发出的。

推理 Agent：从知识中推理出问题的目标，用知识进行定性分析。

服务 Agent：服务的管理和集成。

集成 Agent：利用相应的算法将各种 Agent 的知识、行动、规划等进行集成，并且能从中寻找到所需的知识，经过自身推理得出合理的方案。对于特定用户，他们只需利用到整个网络中的部分资源，并且大多数情况下真正需要的是经过组合加工内容。因此，单独某个 Agent 解决的问题对他们而言显得单调而没有针对性。集成 Agent 的设置正是为了解决这一问题，为最终用户提供更为有效的组合决策。

本文中 Agent 采用的是近年来计算机学术界广泛研究的一种智能 Agent 结构——BDI 范例[7]，系统中 Agent 可以通过信念—愿望—意图（Belief to Desire to Intention，BDI）建立模型。结构如图 3 所示。

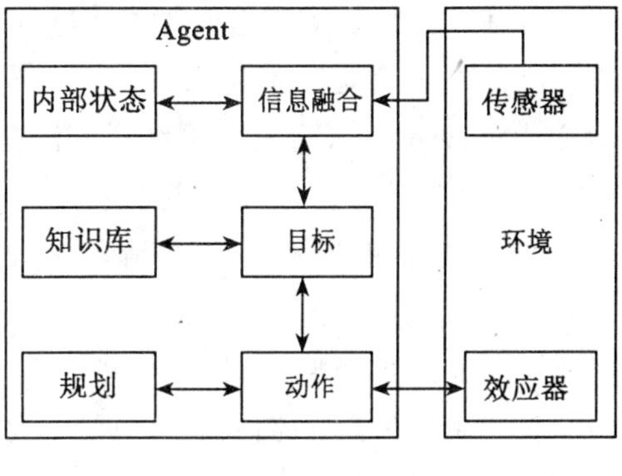

图 3 Agent 基本结构

2）多 Agent 协调

在多 Agent 系统中，各个 Agent 是通过相互间的消息发送和接收来协同工作的。通信机制使得各个 Agent 能够互相传递消息。正是基于协作机制，各个 Agent 才能根据运行过程中所传递的消息，协调彼此的行动，实现合作。

Agent 之间为了交换信息而使用的语言是 Agent 通信语言（ACL）。可以通过它来表达对其生存环境的认识、观念、态度、它的知识、解题能力、合作愿望和方式、情感、它对问题空间的理解和定义等。而多 Agent 系统中，Agent 间的通信策略一般分为两类——信息传递方式和黑板方式[8]。信息传递方式中，一个 Agent 向另一个 Agent 传递信息时，采用点对点传递。黑板方式则是把信息放在广泛可存取的“黑板”上，实现广播通信。

4.2 资源路由器

由于网格资源的分布性、异构性、动态性、自治性等特性，因此，网格资源发现机制与 Web 等传统分布式系统中通过 URI 等方式定位资源不同，它不仅应考虑资源的位置信息，还要考虑资源的属性等语义信息[9]。

资源路由器借鉴织女星网格资源发现机制的原理。该发现机制采用分布式定位方式，能够屏蔽资源的位置等物理信息，实现了基于资源属性的查找，并且具有较好的定位性能和可扩展性，能够适应网格资源自主控制、动态变化的特点，可以方便地解决请求转发的负载平衡问题。资源路由器使网格节点中的各个系统、数据库等，可不依赖集中控制。且该资源发现机制面对的是封装成服务的资源，而不是各种各样原始的物理资源，因此资源发现机制的实现更加简单。

网格路由器以类似 IP 路由器的方式进行工作，相邻的路由器之间会定时更新路由表，形成一个 Internet 之上的 Overlay（覆盖）网络；资源提供者在网格路由器上注册，需要时可被路由器发现；资源请求者向网格路由器发出资源请求来发现资源[10]。

资源发现步骤可简要归纳如下：

（1）网格资源信息在路由器中传播。

（2）用户发出资源请求。

（3）资源路由器做出相应的处理。

（4）将处理结果返还给用户。

资源路由器上还实现资源定位模型，该模型负责解决包括路由器网络的生成和维护、路由更新策略、资源信息聚类策略和资源请求处理等多个问题。同时，资源信息在路由器网络中传播时，为获得更好的定位性能，通常会预先对资源信息进行处理，资源信息处理是独立于资源请求的。比如：资源信息在路由器上的聚类和路由传播。

5 结束语

网格技术能够有效连接地理分布式资源以解决大规模问题，并支持开放的标准和动态服务，很适合综合决策支持系统平台的构造需求，对综合决策支持系统理论与应用带来巨大的变革意义。而网格技术和 Agent 技术的融合与渗透，代表了互联网的未来发展方向和趋势，所以本文建立的模型有较好的理论基础。但是由于网格技术和 Agent 技术仍在研究和完善当中，还有很多不成熟的地方，所以本文建立的模型，还需要在技术层面上做进一步的研究和改进。

参考文献

[1] Han XI, Wu HZ, Chen SL, et al. A Meta-synthetic Decision Support System for Complex Problem Solving [J]. Technologies and Applications, 2004 (8): 491-495.

[2] 陈文伟，廖健文．决策支持系统及其开发［M］．北京：清华大学出版社，2008.

[3] 张炜，丁振国．基于信息网格的教育资源共享模型研究［J］．微电子学与计算机，2008，25（3）：28-31.

[4] 陈松．移动 Agent 综述［J］．计算机科学，2002，129（7）：104-107.

[5] 迟嘉星．基于网格的开放式决策支持系统研究［D］．华中科技大学，2004.

[6] 王方雄，金宝轩，侯英姿．空间信息网格的数据互操作方法［J］．武汉理工大学学报，2008，32（3）：569-572.

[7] 王学通，王伟，于蕾等．多 Agent 系统研究概述［J］．现代电子技术，2006（10）：65-67.

[8] 缪治，邓辉宇．多 Agent 系统的合作与通信的实现［J］．电脑知识与技术，2009，11（5）：2859-2861.

[9] 董方鹏，龚奕利，李伟等．网格环境中资源发现机制的研究［J］．计算机研究与发展，2003，40（12）：1749-1755.

[10] 谈恩华．织女星网格路由器的改进设计与实现［D］．中国科学院研究生院，2004.

Study on Grid based Model of Synthetic-decision Support System

TANG Xiaobo[1], SHI Rui[1]

(1. School of Information Management, Wuhan University, Wuhan 430072, China)

Abstract: This paper analyzed the model and the existing problems of the synthetic-decision support system. Based on the existing framework of the synthetic-decision support system, the grid, multi-Agent technology and a new information resource discovery mechanism are combined to propose an improved grid-based model of synthetic-decision support system model. This paper discussed the level of the structure and functions of the main module in details and explained the working mechanism of the model and key technologies. Grid technology can be used to achieve sharing wide-area information resources and provide a unified service to each user, and also solve the problem of resource distribution and heterogeneity. Multi- Agent technology used for dealing with data and functions separately can solve the problem of dynamic nature of information resources.

Key words: grid; decision support system; multi-agent; resource router

基于案例推理的混合智能系统构造研究

王刚[1,2]，黄丽华[2]，张成洪[2]，马建[1]，郝金星[1]

(1. 香港城市大学 信息系统系，香港；2. 复旦大学 管理学院，上海 200433)

摘　要：自1956年提出人工智能的概念以来，人工智能已经走过了五十多年的研究历程，产生了许多很好的技术和方法，但是这些技术和方法单独应用时还都存在一些问题。针对这一问题，目前研究的焦点很大一部分集中在将多种智能技术综合集成上，也形成了人工智能领域的一个新的研究方向——混合智能系统。本文在对混合智能系统研究历程回顾的基础上，给出了混合智能系统的概念。并在对混合智能系统构造分析的基础上，提出了基于案例推理的混合智能系统构造方法。

关键词：混合智能系统；构造方法；案例推理

中图分类号：TP18

1 引　言

自从1956年Minsky、McCarthy等学者提出人工智能的概念以来，人工智能已经走过了五十多年的研究历程，并取得了一些划时代的成果，如50年代的感知器、60年代的模糊集理论、70年代的专家系统、80年代的误差反向传播算法、90年代初的遗传算法和案例推理等[1][2]。这些研究成果为人工智能的发展奠定了基础，丰富了人工智能的研究内容。但是经过五十多年的发展，人工智能前进的步伐越来越小，创新与突破和人们在五六十年代的预期也越来越远，此时人们开始对人工智能的进一步发展进行反思[3]。目前，人工智能研究的焦点很大一部分集中在将多种智能技术综合的研究上，也形成了AI领域的一个新的研究方向——混合智能系统（Hybrid Intelligent Systems）[4]。

混合智能系统是人工智能领域的一个新的研究方向，其目的是使建立的系统在知识表示、推理等方面更有效。早在1991年，AI领域的著名专家Minsky就认识到研究不同智能技术组成的人工智能系统的必要性[5]。最初的混合智能系统研究始于80年代末90年代初期的专家系统和神经网络的组合，开发了有关应用系统，并在两者集成模式方面进行了研究[6]。后来随着模糊逻辑、遗传算法、案例推理等技术在人工智能领域中的应用，混合智能系统的研究也随之不断扩大，并开始进入了一个新阶段，不同的学者提出了新的混合方式不同的混合智能系统。

目前，由IEEE的Computer Society主办的专门针对混合智能系统研究的国际学术会议International Conference on Hybrid Intelligent Systems也从2001年开始，每年举办一次。最近的一次第六届混合智能系统国际会议是2006年12月13—15日在新西兰的Auckland举行。除此之外，IEEE、ACM、AAAI等举办的国际会议也纷纷把混合智能系统作为一个重要的研究领域。并且2004年混合智能系统领域的第一本专门刊物*International Journal of Hybrid Intelligent Systems*正式出版，把混合智能系统研究推向一个新的高潮。

但从总体上看，混合智能系统的发展还处于起始阶段，需要更多的学者从各自不同角度提出新的思路，特别是对混合智能系统的构造这一核心问题，以促进这一领域的发展。

2 混合智能系统的发展历程和基本概念

目前学术界对混合智能系统的研究范围、研究层次、基本概念还没有统一的界定。早期的定义简单地将混合智能系统认为是由专家系统和人工神经网络组成的集成系统，或认为凡具有两种或两种以上智能技术的就是混合智能系统。这些虽然反映了混合智能系统的某些特征，但不系统，缺乏对混合智能系统的全面理解。后来随着遗传算法、进化计算、模糊逻辑、免疫算法等智能技术，以及传统“硬计算”技术的不断加入，混合智能系统目前已初步发展成一个专门的领域，其主要发展脉络如图1所示。

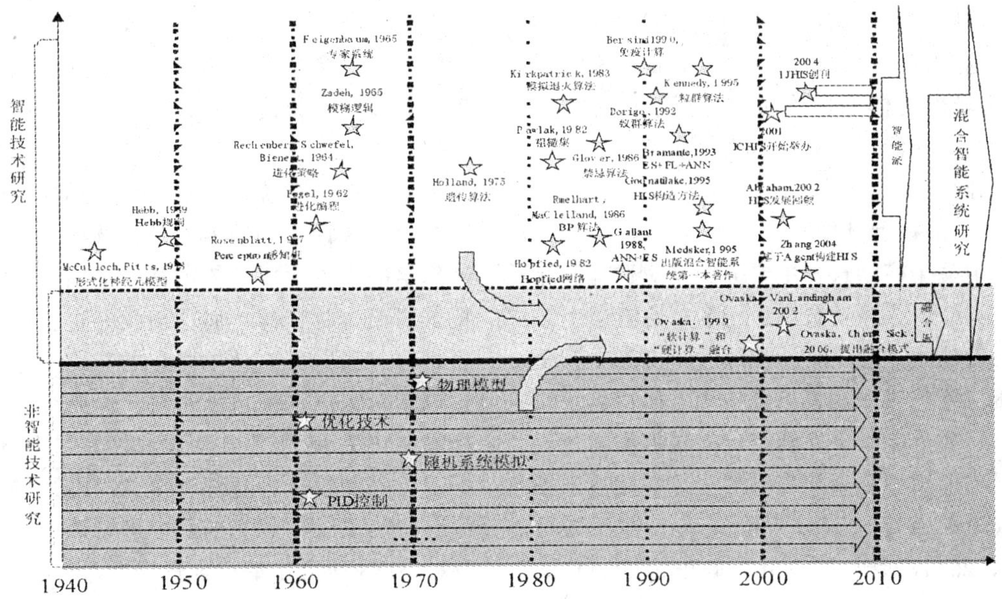

图 1　混合智能系统的发展历程图

如图 1 所示，混合智能系统的研究是以各种智能技术和非智能技术的研究为基础的，随着人们对各种单个技术研究的逐步深入，人们对每一种技术的特点更加了解，知道它的优势所在，也知道它存在的主要问题。这时不同领域的学者从各自的研究目的出发，开始研究将单个的智能技术，同其他的智能技术或非智能技术组合起来，发挥各自的特长，避免不足，从而开创了一个新的研究领域——混合智能系统。

从目前对混合智能系统研究的趋势来看，主要有两个流派在进行着混合智能系统的研究。一个流派是“智能派”，主要是原来人工智能领域的研究者，特别是计算智能领域的研究者。他们主要从人工智能的角度，特别是计算智能的角度出发，将混合智能系统的研究界定在人工智能的领域，特别是计算智能的研究领域，主要把混合智能系统作为一种新兴的计算智能来研究[7][8][9]。这一分支也有一些学者是将新兴的计算智能和传统人工智能的“符号主义”结合起来，作为混合智能系统的研究范围[10]。但总体上来讲，他们都还把混合智能系统局限在人工智能的研究内，并没有把传统的“硬计算”纳入混合智能系统的研究版图内。

另一个流派是“融合派”，主要是非人工智能领域的研究者，他们以应用为主要目的，在研究混合智能系统的过程中，从实际应用背景出发，不仅考虑人工智能领域的各种技术，还考虑传统“硬计算”在内的许多技术，将这些技术组合起来，强调“软计算”和“硬计算”的融合，即他们研究的混合智能系统中既要包含传统的“硬计算”，又要包含人工智能领域中的“软计算”，共同作为混合智能系统的技术基础，从而能更好地解决现实中的问题[11]。

“智能派”和“融合派”在混合智能系统研究范围上的差异，最终也导致了其对混合智能系统定义上的差异。通过上面的分析我们可出，混合智能系统的研究重点是在如何混合使用各种已有技术，以达到克服各自缺陷的目的，因此在技术选择上不能仅仅局限于智能领域，同样也不能仅仅局限在研究“软计算”和“硬计算”的融合上，而应该综合考虑这两个方向。

基于以上分析，我们重新给出混合智能系统的定义：混合智能系统是在解决现实中复杂问题的过程中，从基础理论、支撑技术和应用视角，为了克服单个技术的缺陷，而采用不同的混合方式，使用各种智能技术和非智能技术，但至少有一种智能技术，从而获得知识表达能力和推理能力更强，运行效率更高，问题求解能力更强的智能系统。

3　混合智能系统构造方法分析

混合智能系统研究的一个重要问题就是混合智能系统的构造方法，在提出新的构造方法前，我们首先对混合智能系统的构造方法进行一下分析。对于混合智能系统的构造来讲，首先要考虑的问题是如何从众多已有的智能技术中，挑选出适合求解问题的智能技术来，然后再根据所挑选智能技术来构造混合智能系统。为此，首先要对混合智能系统的技术选择问题进行研究，对此问题，目前已有统计学和 DSS 领域中对模型选择问题进行了研究，这对本文进行混合智能系统的技术选择研究是一个重要的理论基础。

3.1 统计学中的模型选择

统计学中关于模型选择主要分为绝对选择和相对选择两大类[12]。绝对选择利用了理论方法上较为完善的假设检验作为工具，在统计学文献中，从渐近性性质、校验方法和模拟分析等方面得到了广泛的研究。一般遵循以下原则：首先根据实际情况和数据特征决定模型和未知参数的个数，然后根据模型和参数个数选定一族分布函数族（称其为可行分布族），然后在这些可行分布族中选取满意的分布函数族和最优分布函数。

通常采用以下两种方法选取可行分布族和最优分布函数：第一，基于零假设检验的分布族：首先确定数据的一般明显特征，选取所有满足这些特征且包含上述未知参数的分布族为可行分布族，然后在这些分布族中进行检验，看其是否和数据的其他特殊特征一致。此时可以确定一个检验指标，如果不满足检验指标，则舍去此分布函数族，检验下一族函数分布族，直至找到满意的分布函数族和最优的分布函数。如果最后仍没有满意的分布族，可进一步观察数据，减少一般特征的个数（可把减下来的一般特征看作特殊特征），重新确定可行分布函数族，进行检验。如此反复，直到满意为止。

第二，基于矛盾的分布族：其主要思想是选出分布族，该分布族和实际背景假设、样本大小、问题的具体要求等实际情况相符。然后在此基础上，检验这些分布族与实际情况差距的大小，选出差距最小的分布族作为最终的分布函数族。该方法具有很大的灵活性，因为操作者可根据实际要求或自己的直观感觉，将模型的特征排序，选出某一特征作为最重要的判断指标，在此条件下选择分布函数。但它的一个重要缺陷在于："真实模型"必须被包含在建模者已设定的各种可能的模型结构之中。而且由此在处理多个"分离"的模型时会遇到严重的障碍。

有鉴于此，不需要事先已知真实模型的相对选择在实践中得到了更多的应用[12]。它一般是通过比较某个准则，例如 AIC、R2、FPE 等，在不同模型下的值来选择模型。不过应当指出的是，与理论上相当成熟的假设检验相比，这些准则多是启发式的，并常常源于完全不同的原理概念，推导上缺乏较统一的模式。同时，这些准则均是统计量，在实际使用中只考虑其数值大小固然有简单实用之处，但对其概率背景的了解缺乏却往往可能使建模者失于盲目。

通过以上对统计学领域模型选择的分析我们可以看出，统计学领域内的模型选择要么必须根据已经确定的模型，要么依据某个准则，根据对数据的拟合情况进行选择，而这与我们进行选择模型的初衷相悖，我们是要从不确定的环境中选出模型，并且可能对数据情况也不了解，因此统计上的模型选择不能作为我们进行混合智能系统技术选择的依据，但其相对选择过程中定义的准则可以作为进行混合智能系统构建完毕后，进行评价的依据。

3.2 DSS 研究中的模型选择

决策支持系统（Decision Support System，DSS）是以信息技术为手段，应用决策科学及有关学科的理论和方法，针对某一类型的半结构化和非结构化的决策问题，通过提供背景材料、协助明确问题、修改完善模型、列举可能方案、进行分析比较等方式，为管理者做出正确决策提供帮助的人机交互式信息系统[13]。Eom 将 DSS 的主要研究领域划分为六个方面：DSS 的理论基础、DSS 的模型管理、人机界面、多标准 DSS、DSS 的实现和群决策支持系统 GDSS[14]。

关于 DSS 的模型管理研究的主要内容包括模型的表示和模型操作方法，其中模型选择又是模型操作的基础，在模型管理中起着重要作用。对于模型的选择，主要分为两大类：解析法与人工智能法。其中解析法最早有 Klein 等人提出，用来选择单一模型和组合模型。这种基于目标线性规划的方法，依靠模型使用的历史信息来选择模型。模型选择的过程是：①对于某个特定的问题，排除不可能用到的模型。②对于剩余的模型，根据用户提出的问题特征定出线性规划表达式。③对于每个模型进行线性目标规划，以求出该模型与问题特征之间的距离。④选择具有最短距离的模型。

基于人工智能的模型选择方法是指依据一定的模型选择策略（启发式算法、专家规则）自动地从模型库中选择合适的模型。模型选择的人工智能方法目前是研究的热点，国内外许多研究人员提出了各自的模型选择方法。例如 Maron Oded 等人利用竞争策略方法选择模型，Arinze 采用规则推导的方法选择预则模型等。人工智能技术在模型选择问题研究中的应用，极大地推动了模型管理的研究工作，从以往的研究来看，这是一条解决模型管理的极好途径[15]。

综合上述统计学研究和 DSS 领域中对模型选择问题的分析，我们不难看出统计学中的相对模型选择可以作为我们进行混合智能系统评价的一个依据，而要直接作为混合智能系统选择技术的手段则是行不通的；DSS 领域内的模型选择理论为我们的混合智能系统进行技术选择提供了一个很好的思路，但是也存在几个问题：①缺乏学习的能力。学习能力是指系统无论何时，对于新的情况、新的案例的决策不适应时，就应该能够自动地进行再学习，精炼现有的方法。②缺乏适应性。适应性是指任何系统处于一个易变的、不确定的环境下维持下去的最重要的能力之一。也正是适应性使一个系统能够对内部或外部引起的需求变化做出反应，能够处理不确定的问题。③缺乏对经验的积累。对于单一的决策者来说，决策环境相对稳定，他所面对的决策问题存在很大的相似性。通常传统的模型选择方法相互独立地确定相似问题的求解过程，模型的利用率较低，造成了系统时间和空间开销的浪费。

针对 DSS 领域内模型选择理论的不足，本文在进行混合智能系统的技术选择时，借用钱学森教授提出的"从定性到定量综合集成的研讨厅体系"的基本思想[16]，以基于案例的推理（Case-based Reasoning，CBR）技术为基础，构建了基于 CBR 的混合智能系统技术选择构架，通过借助 CBR 的学习和推理能力解决以上问题，从而为混合智能系统的构造打下坚实的基础。

4 基于案例推理的混合智能系统构造

要正确的构造混合智能系统，必须将领域内专家的知识，混合智能系统构建的知识综合起来，借助信息技术的手段从大量已有知识库中进行推理决策，才能彻底解决这个问题。而这个思路与钱学森教授所倡导综合集成的思路不谋而合。

1992 年初，钱学森教授在从定性到定量的综合集成方法论的基础上，将国内外科技发展中的成功经验加以总结，进一步把从定性到定量综合集成法加以拓广，提出了"从定性到定量综合集成研讨厅"（The Hall For Workshop Of Metasynthetic Engineering，HWME）。从定性到定量的综合集成研讨厅体系是专家们同计算机和信息资料情报系统一起工作的"厅"，包括专家体系，机器体系和知识体系，这三者本身也构成了一个系统，是人机结合以人为主的智能系统。而这个方法的成功应用就在于发挥系统的综合优势和整体优势。

下面本文就根据钱学森教授提出的"从定性到定量综合集成研讨厅"的基本思想，提出了混合智能系统构建的方法，其主要的流程如图 2 所示，并对其主要过程分析如图 3 所示。

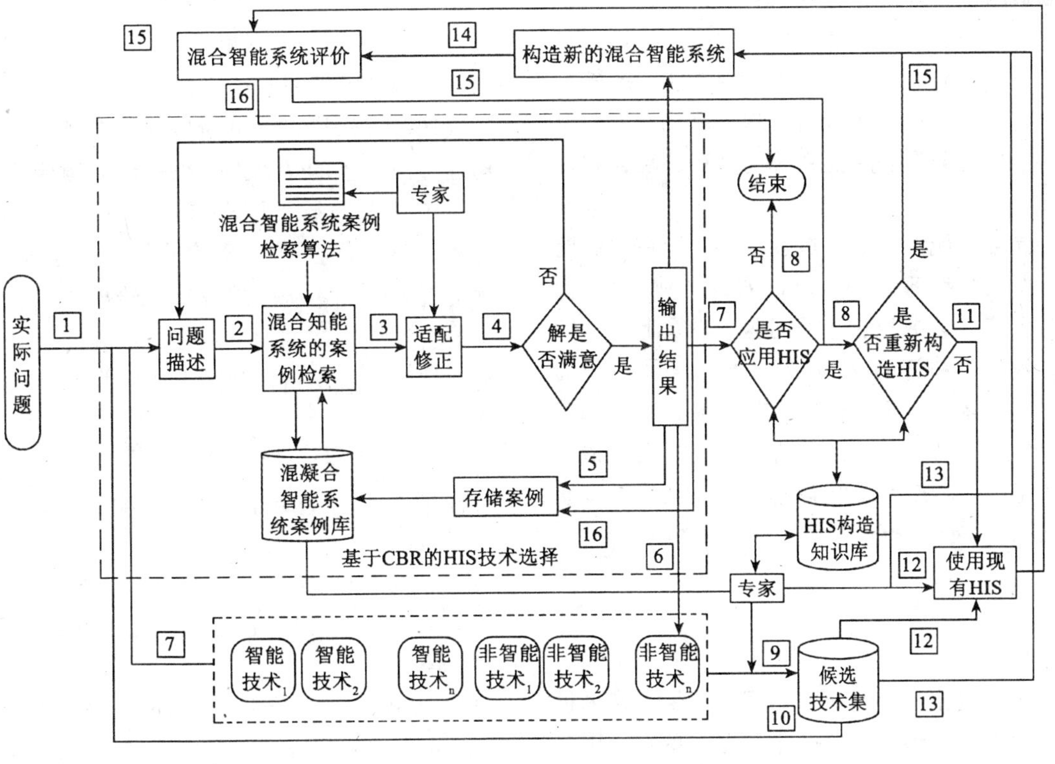

图 2 混合智能系统的构造流程图

第一步：了解实际问题的背景，明确求解目标。 第二步：根据对实际情况的了解和求解目标，以及基于 CBR 的混合智能系统技术选择的要求，对求解问题进行描述。 第三步：根据案例检索算法，对案例库进行检索，找到与实际问题相匹配的案例或案例集。 第四步：由专家根据用户需求以及自身经验对第三步得到案例或案例集进行适配修正。然后判断得到案例或案例集是否满意，如果不满意则对问题重新进行描述。 第五步：对得到的满意案例或案例集，再根据案例学习算法存放到案例库中。 第六步：对得到案例或案例集进行分析，分别按照智能技术和非智能技术进行统计使用频率。 第七步：根据混合智能系统的构造知识库，由专家判断是否需要应用混合智能系统。 第八步：如果不需要，则结束混合智能系统的构造过程；如果需要，则进行混合智能系统的构造。 第九步：由专家根据混合智能系统构造知识库，对第六步得到的智能技术和非智能技术进行选择，得到候选技术集。	第十步：对候选技术集中的智能技术和非智能技术，再通过基于 CBR 的混合智能系统技术选择架构，得到由这些智能技术和非智能技术构成的混合智能系统的信息。 第十一步：由专家根据混合智能系统构造知识库，综合决策是否需要构造新的混合智能系统。 第十二步：如果不需要重新构建混合智能系统，则根据候选技术集，以及重新检索的案例集，构造混合智能系统。 第十三步：如果需要重新构建混合智能系统，则根据候选技术集，重新检索案例集，以及混合智能系统构造知识库，构建新的混合智能系统。 第十四步：进行混合智能系统的评价。 第十五步：如果构建的混合智能系统没有通过评价，则要重新进行混合智能系统的构造。 第十六步：如果构建的混合智能系统通过评价，则再根据案例学习算法将新的案例存放到案例库中，从而结束整个混合智能系统的构造。

图 3　混合智能系统构造流程的分步解释

图 2 给出了混合智能系统构造的整体流程，从图 3 的流程分析我们不难看出，混合智能系统的构造不仅需要领域内专家的知识，也需要计算机对已有案例检索的配合才能完全真正解决混合智能系统的构造问题。根据以上分析，混合智能系统构造过程的关键技术主要有：是否应用混合智能系统的判定；候选技术集生成技术；是否构造新混合智能系统的判定；构造新混合智能系统的算法；混合智能系统评价。

上述混合智能系统的构造方法已应用在中国建设银行全面质量管理，环洞庭湖农业产业化评价，入侵检测系统，数据挖掘分类问题，以及上海烟印厂企业绩效管理和订单成本分析中，取得了良好的效果，限于篇幅，以上关键技术的说明，以及基于案例推理的混合智能系统构造方法的具体应用请详见《混合智能系统及其在商务智能中的应用研究》[17]。

5　结束语

自 1956 年提出人工智能的概念以来，人工智能已经走过了五十多年的研究历程，产生了许多很好的技术和方法，但是这些技术和方法单独应用时还都存在一些问题。针对这一问题，目前研究的焦点很大一部分集中在将多种智能技术综合集成上，也形成了人工智能领域的一个新的研究方向——混合智能系统。

本文在对混合智能系统发展历程回顾分析的基础上，给出了混合智能系统的概念。并以此为基础，对混合智能系统研究的核心问题——混合智能系统构造方法进行了分析研究。在对混合智能系统构造方法分析的基础上，以基于案例推理的混合智能系统技术选择为核心，依据“从定性到定量综合集成研讨厅”的基本思想，提出了基于案例推理的混合智能系统构造方法，给出了基于案例推理的混合智能系统的构造流程，以及基于案例推理的混合智能系统构造流程的分步解释。

参考文献

[1] 史忠植. 智能科学 [M]. 北京：清华大学出版社，2006，8.

[2] 任明仑，杨善林，朱卫东. 智能决策支持系统：研究现状与挑战 [J]. 系统工程学报，2002，17 (5)：430-440.

[3] Medsker L. Hybrid Intelligent Systems [M]. Boston, MA: Kluwer; 1995.

[4] Abraham A, Nath B. Hybrid Intelligent Systems Design:

A Review of a Decade of Research [R], Technical Report, Monash University, 2002.

[5] Minsky M. Logic Versus Analogical or Symbolic Versus Connectionist or Neat Versus Scruffy [J]. AI Magazine. 1991, 12 (2): 35-51.

[6] Gallant I S. Connectionist Expert Systems [J]. Communication of the ACM, 1988, 31 (2): 152-169.

[7] Negoita M G, Neagu D, Palade V. Computational Intelligence [M]. Studies in Fuzziness and Soft Computing 174, Springer-Verlag, 2005.

[8] 徐敏，沈晓红．浅析混合智能系统 [J]. 中国科技信息，2006，19 (22)：318-321.

[9] 鲁斌．智能混合系统研究进展 [J]. 微型机与应用，2005，27 (7)：4-6.

[10] Negoita M G, Reusch B. Real Word Applica-tions of Computational Intelligence [M]. Studies in Fuzziness and Soft Computing 179, Springer-Verlag, 2005.

[11] Ovaska S J. Computationally Intelligent Hybrid Systems: the Fusion of Soft Computing and Hard Computing [M]. Wiley, 2005.

[12] 张维，刘豹．模型选择准则的渐近性与选择检验 [J]. 系统工程学报，1995，10 (4)：17-24.

[13] 黄梯云，吴菲，卢涛．模型自动选择方法研究的进展 [J]. 计算机应用研究，2001，18 (4)：6-8.

[14] 黄梯云，李一军，周宽久．模型管理系统及其发展 [J]. 管理科学学报，1998，1 (1)：57-63.

[15] Sean B E. Mapping the Intellectual Structure of Research in Decision Support Systems through Author Cocitation Analysis [J]. Decision Support Systems, 1996, 16: 315-338.

[16] 钱学森，于景元，戴汝为．一个科学新领域——开放的复杂巨系统及其方法论 [J]. 自然杂志，1990，13 (1)：3-10.

[17] 王刚．混合智能系统及其在商务智能中的应用研究 [D]. 上海复旦大学，2008.

Study on Construction Method of Hybrid Intelligent Systems based on Case-based Reasoning

WANG Gang[1,2], HUANG Lihua[2], ZHANG Chenghong[2], MA Jian[1], HAO Jinxing[1]

(1. Department of Information Systems, City University of Hong Kong, China;

2. Management School, Fudan University, Shanghai 200433, China)

Abstract: Since the concept of Artificial Intelligence is proposed in 1956, it has had 50 years' development and gotten some outstanding achievements. But these technologies come into contact with some problems when they applied independently. At present, the most research of Artificial Intelligence has been focused on integrating different intelligent techniques, and these have formed a new field: Hybrid Intelligent Systems. This article reviews the developing process of Hybrid Intelligent Systems and proposes the concept of Hybrid Intelligent Systems. At last, based on analysis of construction method of Hybrid Intelligent Systems, the article proposes the construction method of Hybrid Intelligent Systems based on case-based reasoning.

Key Words: hybrid intelligent systems; construction method; case-based reasoning

基于关联规则的组合服务发现方法研究*

陈富赞[1]，李敏强[1]

（1. 天津大学管理学院，天津 300072）

摘 要：在面向服务的应用中，服务集成商通过选择已有服务并对这些服务进行组合，为其消费者提供增值（value-added）服务。如何从大规模服务集合中快速而准确的发现目标服务是应用Web服务技术的关键。本文从知识发现的角度，提出了一种基于关联规则的组合服务发现方法。该方法首先对服务组合系统记录的以往组合服务成功执行的执行信息进行数据挖掘，产生候选执行路径集，然后再基于产生的关联规则从中选取既满足数据依赖关系又具有较高可信度的可达的执行路径。

关键词：面向服务的计算；Web服务；服务发现；关联规则

中图分类号：TP311

1 引 言

Web服务是一种基于网络环境的自适应、自描述、模块化的应用程序，因其具备良好的互操作能力和可重用性而在电子商务、应用集成、流程管理等领域中扮演越来越重要的角色。面向服务计算（Service-Oriented Computing，简称SOC）已逐渐成为开放异构环境中复杂分布应用的主流计算模型。作为应用构造的基本单元，为尽可能地提高重用性和应用构造效率，Web服务不是各个服务孤立地使用而是更趋向于服务的组合。服务组合被定义为使用当前存在的服务创建一个定制服务的过程，该过程按照一个计划的次序来动态发现、集成和调用执行这些服务以满足用户需求[1]。Web服务组合可以有效地解决跨组织、异构平台上应用的相互连接和集成问题。然而，如何能够在大量实现相同功能的Web服务中选取出一组服务，使得组合服务具有良好的质量、较高的用户满意度已经成为一个亟待解决的问题[2]。

不同的研究人员分别从不同的角度和侧重点对它进行了研究，根据Web服务组合方法所依赖的技术基础，将其归纳为以下几个方面：

1.1 基于业务过程驱动的服务组合

基本方式是通过商业过程模型，借助适合Web服务的商业过程建模语言来捕获一个组合服务的逻辑。最流行的商业过程建模语言是2002年8月由微软公司、IBM公司和BEA公司联合发布的商业流程执行语言BPEL4WS（Business Process Execution Language For Web Services），它提供了组合工作流的框架，能对可执行过程和抽象过程进行建模，完成Web服务调用、操作数据、抛出故障或终止一个流程等工作的不同活动，从而创建出复杂的流程。LSDIS实验室研究的METROR-S就是一个典型的基于工作流管理技术及语义Web服务的项目[3]。

1.2 基于形式化方法的服务组合

鉴于基于BPEL4WS的Web服务组合方法的建模理论基础比较薄弱，形式化工具被引入以提高对Web服务组合进行模型的分析和验证的能力[4]。目前在Web服务组合研究领域常采用的形式化工具有Petri网[5][6][7]、进程代数[8]等。基于形式化方法服务组合研究的主要目标是使Web服务组合在实际运行之前，对错误进行检测和修改，并且可以形式化验证服务流程的设计是否满足要求。因此对web服务组合的形式化描述和验证是一个重要的研究方向。

1.3 基于人工智能理论的服务组合

基于人工智能（AI）理论的Web服务组合方法主要是将AI中的规划算法应用于动态服务组合中，主要有HTN规划[9]、情境演算[10]、基于规则的规划[11]等，另外还有一方法采用模型检验规

* 基金项目：国家自然科学基金（No. 70571057，No. 70771074）
通讯作者：陈富赞，fzchen@ tju. edu. cn

划算法、基于图的各种搜索算法的规划算法等[12]。通常这类方法复杂度较高，特别是规划空间变得越大时，其复杂度会随之显著提高，如何降低搜索空间规模以提高 Web 服务组合效率是其关键问题。

除此之外，在其他服务组合方法方面也取得了一些进展，如基于信任评估思想的软件服务选取与组合[13]，基于历史组合服务执行信息深度挖掘的服务选取[14]，等等。

本文从知识发现角度出发，提出了一种基于关联规则分析的组合服务发现方法，该方法首先通过日志记载以往成功的组合服务执行信息，提取相关数据集；然后在这些数据集上进行关联规则挖掘，并使用挖掘产生的关联规则来进行组合服务选取、或优化组合服务方案。该方法基于以下认知：在以往的组合服务执行历史中，相对于一般执行路径及服务而言，高频发生的执行路径及其上的具体服务，在经过多次执行验证后一般会表现出较优良的性能。该方法即不需要修改现有服务、也不需要改变原有的服务描述及服务注册方法，只需要在服务组合系统中增加服务组合日志记录历史的组合服务执行情况即可；在服务组合过程上具有较高自动化程度，适合于用户对应用服务请求具体的业务要求及所处的服务环境不太熟悉的情况。

2 相关概念与定义

在服务组合中，服务和服务之间包括两种基本关系：控制流程及数据流程。在面向服务体系结构（Service-Oriented Architecture，简称 SOA）中，会有大量提供相同及相似功能 Web 服务的存在，有些 Web 服务随着时间推移可能会存在功能变更、甚至不可用等情况，因此组合服务的每次执行都会产生一个执行实例。以下将给出一些服务组合过程中涉及的相关概念与定义。

定义 1：（组合服务）组合服务 S 可以形式化地定义为一个三元组 $S=(SS, CF, DF)$。其中：

（1）SS 是由 m 个子服务组成的集合 $\{S_1, S2, \cdots, S_m\}$，S_i 可以是组合服务也可以是基本服务；

（2）CF 是为 m 个子服务间的逻辑控制关系集合；

（3）DF 是为 m 个子服务间的数据依赖关系集合。

定义 2：（逻辑控制关系） 对于组合服务中的任意两个子服务 S_i 与 S_j，如果它们之间存在以下四种关系之一，则称子服务 S_i 与 S_j 之间存在逻辑控制关系：

（1）顺序关系（sequence relation），如果执行完 S_i 后再执行 S_j，则子服务 S_i 与 S_j 之间是顺序关系；

（2）选择关系（choose relation），如果根据前面的执行结果或者执行 S_i 和 S_j 中的一个，则子服务 S_i 与 S_j 之间是分支关系；

（3）并行关系（parallel relation），如果 S_i 和 S_j 的执行各自独立、互不依赖，则子服务 S_i 与 S_j 之间是并行关系；

（4）循环关系（iteration relation），对子服务 S_i，如果 S_i 被连续执行多次，则子服务 S_i 上存在是循环关系。

定义 3：（数据依赖关系） 对于组合服务中的任意两个子服务 S_i 与 S_j，如果 S_j 的输入是 S_i 的输出，则子服务 S_i 与 S_j 之间存在数据依赖关系，称子服务 S_j 数据依赖于子服务 S_i。

如图 1 所示，子服务 $\{S_1, S_2, \cdots, S_9\}$ 组合成一个组合服务、完成一个完整的业务流程。控制流程是子服务间的逻辑控制关系，其中子服务 S_1 开启了两个并行性的分支，这两个分支到 S_9 才进行合并，S_2 和 S_4 是顺序关系，S_4 和 S_7 处于一个循环当中，S_3 选择性分支到 S_5 或者 S_6。数据流程则是子服务之间数据传输的关系，如 S_1 的输出结果是 S_2 和 S_3 的输入，而 S_3 和 S_8 之间虽然没有直接的控制流程，但 S_8 的输入却依赖于 S_3 的输出。

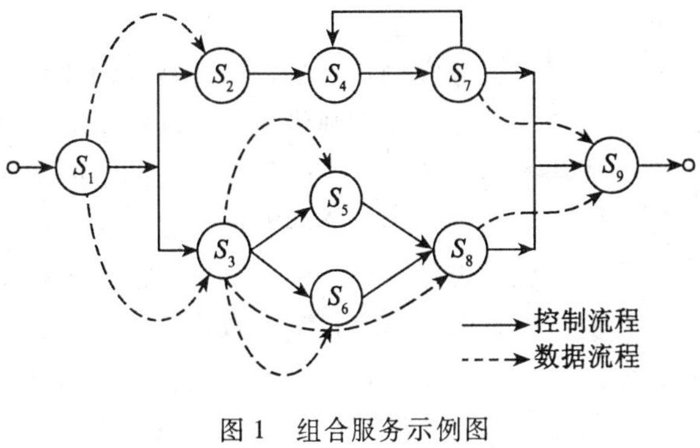

图 1 组合服务示例图

定义 4：（执行路径） 如果组合服务 S 由 m 个抽象子服务 $SS=\{S_1, S_2, \cdots, S_m\}$ 组成，那么执行路径 EP 是一个有序的子服务序列 $\langle S_{i1}, S_{i2}, \cdots, S_{in}\rangle$，$S_{i1}\in SS$，并且满足以下四个条件：

（1）S_{i1} 为起始子服务、S_{in} 为终止子服务，S_{ik+1} 是子服务 S_{ik} 的后继子服务；

（2）不存在 S_i 及 S_j，使得 S_i 及 S_j 分别属于不

同的选择或并行“分支”；

（3）S_{ik}是〈S_{i1}，S_{i2}，…，S_{ik-1}〉中某个子服务的直接后继子服务；

（4）S_{ik}不是〈S_{ik+1}，S_{ik+2}，…，S_{in}〉中任意子服务的直接后继子服务。

如图1所示的组合服务中，〈S_1，S_3，S_5，S_8，S_9〉就是该组合服务的一个执行路径。

在以上定义中，后继的含义是指在组合服务S的一次执行实例中，S_{i+1}所对应的具体服务在S_i的后面执行。显然，对于顺序和选择关系抽象子服务间的后继关系是固定的，但对于并行关系则可能随着执行实例的不同而不同。

如果存在与执行路径EP相对应的具体服务序列，使得组合服务S能够被完整地执行，则称该执行路径EP是可达的。显然，如果一个执行路径EP是可达的，则该EP所覆盖的子服务间需要同时满足逻辑控制关系及数据依赖关系。而组合服务选取过程就是选择可达的执行路径的过程。

定义5：（组合服务实例） 对由m个抽象子服务$\{S_1, S_2, \cdots, S_m\}$组成的组合服务$S$，那么组合服务实例$S_I$是一个由$m$个二元组组成的集合$\{\langle S_1, s_{1,i1}\rangle, \langle S_2, s_{2,i2}\rangle, \cdots, \langle S_m, s_{m,im}\rangle\}$，其中$s_{j,ij}$是抽象子服务$S_j$的一个可选服务。

定义6：（执行路径实例） 给定组合服务的一个执行实例中，如果执行路径EP的子服务序列为〈S_{i1}，S_{i2}，…，S_{in}〉，那么执行路径实例EPI是一个由n个二元组组成的集合$\{\langle S_{i1}, s_{i1,j1}\rangle, \langle S_{i2}, s_{i2,j2}\rangle, \cdots, \langle S_{in}, s_{in,jn}\rangle\}$，其中$S_{ik,jk}$是抽象子服务$S_{ik}$的一个可选服务。

一个组合服务实例代表组合服务被成功执行一次，而一个执行路径实例则代表组合服务中的一个路径的成功执行，显然一个执行路径实例中的各个子服务间满足数据依赖。这些数据由服务注册中心作为服务组合日志的一部分记录下来，然后对组合服务实例数据集及执行路径实例数据集进行数据挖掘，所产生的知识就可以用于指导组合服务方案的产生。值得说明的是，组合服务的任意一次执行都会产生一个执行路径实例，可能会包含子服务间顺序、选择、并行、循环逻辑控制关系中的一种或几种，尤其是并行、循环逻辑控制关系的特殊性使得原始的执行路径实例数据需要进行转换才能进行数据挖掘。具体转换规则如下：执行路径上各子服务间的顺序及选择关系在执行过程中保持不变，而自循环关系及并行关系需要进行相应转换：通常对存在自循环关系的子服务，以出现频繁最高的子服务代替所有循环子服务；而对存在并行关系的子服务仅保留一个并行分枝。

3 基于关联规则的服务发现机制

关联规则是数据挖掘领域中一个非常重要的研究内容，是表示大量数据集中一组对象（项目）之间某种关联关系的规则[15]。基于关联规则的组合服务发现就是通过在组合服务执行路径数据集上进行关联规则挖掘，具体过程分为两个阶段：首先，通过挖掘频繁项集（频繁子服务集）产生候选的组合服务执行路径，但每个执行路径中的各子服务是孤立的、不具有执行次序关系；其次，再根据生成的关联规则选取一条既满足数据依赖关系、又具有较高可信度的可达的执行路径，形成大粒度组合服务。

3.1 关联规则任务定义

设I为一个由m个项目组成的集合$I=\{i_1, i_2, \cdots, i_m\}$，$T$是$I$上的事务（Transaction），每一个事务包含若干个项目i_i，i_j，…，$i_k \in I$，即事务T为由I中项目组成的I的子集（$T \subseteq I$），数据集D是由一组事务组成的数据集合，其中每个事务都有一个唯一的标识号*Tid*标识。由I中项目组成的I的子集称为项集（itemset），包含k个项目的项集记为*k-itemset*。

设T为数据集D是的一个事务，$X \subseteq I$是一个项集，如果有$X \subseteq T$则称事务T支持项集X。每个项集都有一个统计指标称为“支持度”（*support*）：数据集D中支持项集X的事务所占的比例称为X在D中的支持度，记为$supp(X)$或$S(X)$。设*minsup*为给定的最小支持度，如果$supp(X) \geq minsup$，则称项集X是频繁的（frequent）。

关联规则表示为如下形式蕴涵式：$R: X \Rightarrow Y$，其中X，$Y \subset I$，并且$X \cap Y = \phi$；其中X称为规则的前项或前提，Y为后项或结果。每个关联规则R也有两个度量标准：支持度（Support）及可信度（Confidence），分别定义如下：

关联规则R的支持度（Support）定义：$Supp(X \Rightarrow Y) = Supp(X \cup Y)$

关联规则R的可信度（*Confidence*）定义为：$Conf(X \Rightarrow Y) = Supp(X \cup Y) / Supp(X)$。

同时满足最小支持度阈值（*minsup*）和最小置信度阈值（*minconf*）要求的规则称为强规则。关联规则$X \Rightarrow Y$表示X和Y之间具有的联系，发现强规则就能找到某条件的出现（前项）频繁地导致另一条件（后项）同时出现的模式。基于关联规则的服务组合机制就是通过强规则来对用户提出的应用服务请求进行自适应调整。

关联规则挖掘问题就是要找出这样的一些规则，它们的支持度或可信度分别大于用户指定的最小支持度值 *minsup* 和最小可信度值 *minconf*。因此，该问题可以分解成如下两个子问题：

（1）产生所有支持度大于等于指定最小支持度值 *minsup* 的项集，这些项集称为频繁项集（frequent itemsets），而其他项集则称为非频繁项集（infrequent itemsets）。

（2）对每个频繁项集，产生可信度大于等于最小可信度 *minconf* 的规则，具体过程如下：对于一个频繁项集 L 及任意 $S \subset L$，如果 $Supp(L) / Supp(S) \geq minconf$，那么关联规则 $S \Rightarrow L - S$ 就是一个强规则。

3.2 基于频繁项集挖掘的可达执行路径选取

对于一个具体的业务流程而言，为完成客户提出的具体的应用请求服务，需要由粒度较小的子服务组合成粒度较大的组合服务。如果把一个组合服务在执行过程中产生的一个执行路径实例看做一个事务，执行路径实例数据集则可看成事务数据集 D。如果组合服务 S 由 m 个抽象子服务 $SS = \{S_1, S_2, \cdots, S_m\}$ 组成，事务数据集 D 中项目集合为 $I = \{S_i \mid S_i \in S\}$，$S_i$ 为组合服务 S 中的子服务，而忽略执行次序关系的执行路径实例就可以看做为事务，每个事务都有一个唯一标识号。

从有向图的定义可知，一个集合 $P = \{P_1, P_2, \cdots, P_m\}$ 上的关系 R 可以用一个有向图 $G = \langle V, E \rangle$ 表示。集合 P 中的元素可用图中的结点表示，即 V 表示 P；关系 R 的有序偶 (p_i, p_j) 可用图中从结点 p_i 到 p_j 的有向边表示，即 E 表示 R。本节将定义一个有向图－项集邻接网络，用以表示事务数据集 D 中项目集合 I 上的关系，这样事务数据集中频繁项集的挖掘就转化为项集邻接网络上的结点搜索问题。

定义 7：设 X 及 Y 分别为数据集 D 中的项集 I 上的两个不同的项集，如果在项集 X 中加入一个项目可以得到项集 Y，则称这两个项集是**相邻**的。此时称 X 是 Y 的**父亲**，而 Y 则称为 X 的**孩子**。

定义 8：数据集 D 中项集 I 所组成的幂集 $P(I)$ 上的邻接网络 L 的结构如下：对项集 $I = \{i_1, i_2, \cdots, i_m\}$ 来说，它是一个以项集 $X \subseteq I$ 为结点的有向无环图，结点 $v(X)$ 内的项目都按一定次序排列，并且每个结点都有一个属性来记录它的支持度值，这一属性以 $S(X)$ 来表示；设 $v(X)$ 及 $v(Y)$ 分别为与项集 X 及 Y 对应的两个结点，当且仅当 X 是 Y 的父亲时，在 $v(X)$ 及 $v(Y)$ 之间存在一条有向边。$v(X)$ 及 $v(Y)$ 之间的边以 $E(X, Y)$ 表示。结点 $v(X)$ 称为边 $E(X, Y)$ 的尾，而 $v(Y)$ 则称为边 $E(X, Y)$ 的头。邻接网络 $L = P(I)$ 的顶元素为 I，底元素为 $\{\}$。

表 1 中给出了一个实例事务数据集 D，其中项目集合 $I = \{A, B, C, D\}$。图 2 中给出了实例数据集 D 中项目集合 I 所对应的项集邻接网络 L。

表 1 **事务数据库 D**

Tid	Itemsets
1	ABC
2	CD
3	ABC
4	ACD
5	ABCD
6	BCD
7	D
8	BC
9	ABCD
10	B

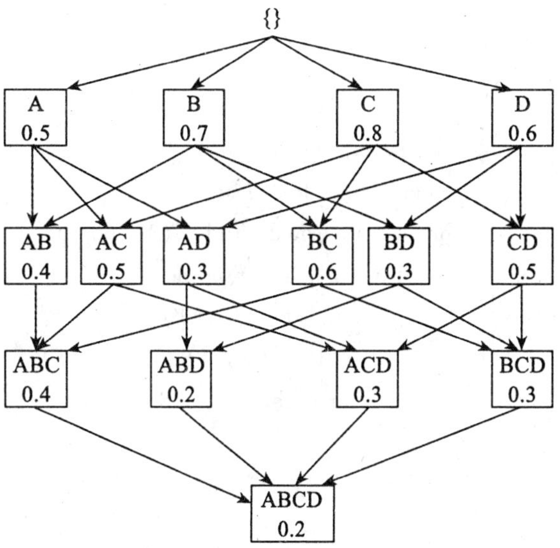

图 2 项集邻接网络 $L = P(I)$

为了在项集邻接网络 L 中检索出能满足最小支持度 s 约束条件的所有频繁项集，需要在网络 L 中解决以下搜索问题。

问题 对给定的项集 X，检索出满足下列条件

的所有项集 Y：在网络 L 中 $v(X)$ 与 $v(Y)$ 之间存在一条通路，并且 $S(Y) \geq s$。

在项集邻接网络中，从网络的底元素出发可以通过一条路途到达的结点数目虽然很多，但是能够满足最小支持度 s 约束条件的结点数目却是有限的。设在项集邻接网络的每一层中，项集按支持度的大小进行逆序排列。下面将讨论项集邻接网络中的 Breadth-First 搜索策略。Breadth-First 搜索过程首先从子网络的底元素开始，从上往下逐层搜索。即首先处理完一层中的所有项集后，然后才开始下一层中项集的处理过程，由于搜索过程是广度优先的，因此该技术可以保证列举出所有频繁项集。

算法 1 给出了 Breadth-First 搜索过程。算法的输入是底元素为 B，顶元素为 T 的子网络 S，输出的是子网络 S 中只由频繁项集结点组成的部分 FS。搜索过程从子网络中底元素 B 及 $List = \{v(B)\}$ 开始，检查 $v(B)$ 的每个未访问过的孩子结点 $v(Y)$，如果支持度 $S(Y) \geq minsup$，则将该结点加入到 $List$ 中，将结点及边加入 FS 中，然后将 $v(B)$ 从 $List$ 中删除。重复该过程直至 $List$ 为空。对 $List$ 中给定的一个结点，它所有未到达过的支持度大于等于 $minsup$ 的孩子结点都会被搜索到。算法终止时，FS 中包含了所有满足 $S(Y) \geq minsup$ 条件的项集及反映邻接关系的边，并且 $Y \supseteq B$。

算法　Breadth-First 搜索过程

```
Algorithm Breadth-First (S)
Begin
  FS = {(v(B), S(B))}; List = {v(B)};
  While List ≠ φ do
    Select v(X) from List;
    For each unvisited child v(Y) of v(X) do
        if S(Y) ≥ minsup do
            List = List ∪ v(Y);
            add (v(Y), S(Y)) to FS
            for each i_j ∈ Y add
        E(Y - {i_j}, Y) to FS
    end for;
  end do;
  delete v(X) from List
end;
```

基于以上讨论可知，由于数据集 D 中项集间的相关关系已经存储项集邻接网络中，在频繁项集的挖掘中不需要再多次扫描原始数据集 D，算法的时间开销将主要取决于挖掘出的频繁项集的数目。

通过以上搜索算法可以挖掘出数据集 D 中的所有频繁项集，每个频繁项集就是一条候选的可达执行路径对应的子服务集合。

3.3 基于关联规则的可达执行路径配置

关联规则挖掘中项目集合 I 中各元素之间没有次序关系，而关联规则也是只关心项集的前后位置关系。但由于组合服务在执行过程中，各子服务间存在严格的逻辑控制关系及数据依赖关系，可达路径上各子服务间是按一定次序执行的，属于同一个执行路径的各子服务序列中，后面的子服务（对应关联规则的后项）依赖于前面子服务（对应关联规则的前项）的执行。因此还要为各执行路径配置可行的执行路径实例。

定义 9：给定组合服务 S 由 m 个抽象子服务 $SS = \{S_1, S_2, \cdots, S_m\}$ 组成，它的一条执行路径 $EP = \langle S_1, S_2, \cdots, S_n \rangle$，如果存在集合 $Ant = \{S_1, S_2, \cdots, S_k\}$，其中 $\langle S_1, S_2, \cdots, S_k \rangle$ 是 S 中已经选择的子路径，而 $Con = SS - Ant = \{S_{k+1}, S_{k+2}, \cdots, S_n\}$，集合 Ant 和 Con 分别称为执行路径 EP 的前件服务集和后件服务集。给定关联规则 R：$X \Rightarrow Y$ 和执行路径 EP，如果有 $X \subseteq EP.Ant$ 及 $Y \supseteq EP.Con$，则称执行路径 EP 与关联规则 R 是相容的。

设 EPS 是一个由 n 个元素组合的候选执行路径集，基于关联规则可达执行路径的配置过程如下：首先，对其中的每一个执行路径 EP_i，根据路径本身及已经选择的前件服务集判断该执行路径是否可达，即前件服务集中各子服务间是否满足数据依赖关系；如果执行路径 EP_i 可达，则在必要规则集合 $RuleSet$ 中查找与之相容的、并具有最大可信度的关联规则 R_{ik}，并将 R_{ik} 的可信度做为执行路径 EP_i 的可信度；然后选择其中具有最大可信度的路径 EP_j 执行。

4　仿真实验与结果分析

为了测试上文所给出算法的性能，我们在一个高性能 PC 机上实现了算法。合成数据是采用 IBM Almaden 研究中心 Rekesh Agrawal 教授领导的 KDD 研究小组提供的源程序生成的，见 http://www.almaden.ibm.com/cs/quest/syndata#AssocSynData。设 D 为数据库中交易记录的数目，T 为交易数据记录的平均长度，I 为最大潜在频繁项目集的平均长度。一个测试数据库实例记为 Tx. Iy. DmK，表示 T = x, I = y，D = mK。

图 3 中给出了项集邻接网络中用 Breadth-First 搜索策略对频繁项集进行搜索所需要的时间与输出量的关系。实验数据为 T5. I3. D1K 和 T5. I3. D2K，

由图3中可以看出，搜索频繁项集所需的时间基本上与输出量成正比关系。原因在于搜索过程中涉及的只是简单的对结点的访问操作，而不涉及诸如项集支持度计算之类的复杂操作。因此搜索所需要的时间将主要受输出量的影响，受输入数据的影响不是很大。

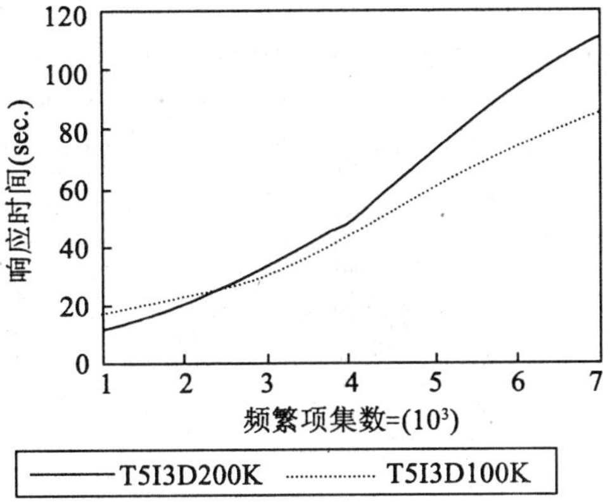

图3 频繁项集数目与时间比较

5 结束语

高效的Web服务发现方法是推动Web服务技术进一步发展与应用的关键，本文从数据集中知识发现的角度，提出的基于关联规则的服务组合选取机制，是基于已往均能正确执行的服务组合的执行结果数据进行选取，充分考虑了基本服务间的关联关系，可以提高选取出的组合服务的健壮性及可适应性。该方法即不需要修改现有服务、也不需要改变原有的服务描述及服务注册方法，只需要在服务组合系统中增加服务组合日志记录历史的组合服务执行情况即可；在服务组合过程上具有较高自动化程度、适合于用户对及所处的服务环境不太熟悉的情况。另外，也可以对它进行适当扩展，根据以往用户在服务组合筛选过程中表现出的行为特点，挖掘出用户的隐含需求，使用户的个性化需求得到支持。

本文的研究是基于以往Web服务组合成功执行产生的历史信息，但Web服务组合是一个动态过程，一般来说近期产生的组合服务实例相对于较早产生的组合服务实例更具有参考价值，如何考虑时间要素以使挖掘出的知识更具有效性也是未来需要考虑的一个问题。

参考文献

[1] Dipanjan Chakraborty, Filip Perich, Anupam Joshi, Timothy Finin, Yelena Yesha, A Reactive Service Composition Architecture for Pervasive Computing Environments [C], In 7th Personal Wireless Communications Conference (PWC). Singapore. Oct. 2002.

[2] Agarwai V, Dasgupta K, et al. A Service Creation Environment Based on End to End Composition of Web Services [C]. In conf. proceeding: WWW2005, 2005. 128-137.

[3] Kunal Verma, Karthik Gomadam, The METEOR-S Approach for Configuring and Executing Dynamic Web Processes, Technical Report [EB]. 2005, http: //lsdis.cs. uga. edu/projects/meteor-s/techRep6-24-05. pdf.

[4] Jeppe B, Klaus M Hansen. Survey of Service Composition Mechanisms for Ubiquitous Computing [C], Second Workshop on Requirements and Solutions for Pervasive Software Infrastructures (RSPSI'2007), Ubicomp 2007.

[5] Aalst W P, Dumas M. Conformance checking of service behavior [J]. ACM Transactions on Internet Technology, 2008, 8 (3): 1-30.

[6] Yang Xiaoping, Zhou Xiangbing, Ontology-oriented Petri Net Model of Semantics Service Composition [J], Knowledge Discovery and Data Mining, Second International Workshop on Knowledge Discovery and Data Mining, 2009, 932-936.

[7] 范贵生，刘冬梅等，可靠服务组合的协调策略与分析[J]. 计算机学报，2008，31 (8)，1445-1457.

[8] 康辉，苑森淼 等，基于Pi演算的Web服务建模与WSDL转换 [J]. 北京工业大学学报，2008 (11)，1202-1207.

[9] Faisal Abouzaida, John Mullins, A Calculus for Generation, Verification and Refinement of BPEL Specifications [J], Electronic Notes in Theoretical Computer Science, 2008, 200 (3): 43-65.

[10] Liangzhao Zeng, Anne H H Ngu. Dynamic Composition and Optimization of Web Services [J]. Distribute Parallel Databases, 2008, 24, 45-72.

[11] Rao J, Kungas P, Matskin M. Composition of Semantic Web Services Using Linear Logic Theorem Proving [J]. Information System, 2006 (31): 340-360.

[12] Cagdas E Gerede, Oscar H Ibarra, Bala Ravikumar, Jianwen Su. Minimum-cost Delegation in Service Composition [J]. Theoretical Computer Science, 2008, 409 (3): 417-431.

[13] 王远，吕建，徐锋，张林. 一种面向网构软件体系结构的信任驱动服务选取机制 [J]. 软件学报，2008，19 (6): 1350-1362.

[14] 张明卫，魏伟杰等. 基于组合服务执行信息的服务选取方法研究 [J]. 计算机学报，2008，31 (8): 1398-1412.

[15] Agrawal R, ImielinSki T, Swami A, Mining Association

Rules Between Sets of Items in Large Database [C]. Proc. of the ACMSIG2 MOD International Conference on Management of Data, Washington, DC. 1993, 2: 207-216.

A Method of Service Discovery Based on Association Rules

CHEN Fuzan[1], LI Minqiang[1]

(1. School of management, Tianjin University, Tianjin 300072, China)

Abstract: In service oriented application, value-added service is composed of some component services which are selected from the candidate services. How to discover services for users efficiently is the key for the application of the Web service technology. In this paper, a service discovery approach based on association rules is proposed in the sense of knowledge discovery. This approach includes two steps, firstly, a set of candidate execution paths will be discovered in a dataset of history execution information of composite services, gathered by composite service system only for implemented successfully ones. Secondly, a reachable execution, that not only satisfies with data dependence relationship but also has the highest confidence, will be selected based on association rules generated from frequent itemsets. A frequent itemsets found algorithm is designed based on a structure of Item-adjacent-lattice. Composite service can be gained efficiently applicability and robustness through the proposed heuristic based services discovery approach.

Key Words: service oriented computing; web service; service discovery; association rules

第七篇

电子商务与电子政务

沿海城市突发公共事件应急能力的综合评价*

仲秋雁[1]，孙宁宁[1]

（1. 大连理工大学 管理学院信息管理系，大连 116023）

摘　要：本文在分析沿海城市突发公共事件种类的基础上，借鉴国内外城市突发公共事件应急能力的研究成果，建立了一套适合我国沿海城市的突发公共事件应急能力评价指标体系，并采用层次分析法与模糊综合评价法相结合的方法对沿海城市的应急能力进行评价。运用层次分析法建立层次结构模型，确定指标权重，通过模糊综合评价法构建评价模糊矩阵，进行模糊运算，得出评价结果并进行分析。

关键词：沿海城市突发公共事件；应急能力评价；层次分析法；模糊综合评价法

中图分类号：X43；X45

从世界范围来看，沿海城市是新产品、新技术和新成果的聚集地，商业发达，服务业完善，交通通信畅通，是地球上最适宜居住的地区之一，也是全球经济发展的前沿地带。2003 年，全球约有 12 亿人口（占世界总人口的 23%）生活在近岸 100km 的沿海城市，到 2030 年，将有近 50% 的人口生活在沿海地区。而我国的沿海地区占全国面积的 15% 左右，承载了全国约 50% 的人口，全国约 65% 的工业总产值、55% 的国民生产总值都分布于该地区，使沿海城市成为我国国民经济和社会发展的重要区域和战略重心[1]。

由于特殊的地理位置和在社会经济发展中的重要地位，沿海城市的公共安全受到来自多方面的威胁，主要有普遍威胁我国城市公共安全的流行病、地震、地质、火灾和水旱灾害、交通事故和生产事故以及政治安全、社会安全和信息安全事件，还有一些沿海城市特有的威胁：

海洋灾害：我国是世界上遭受海洋灾害损失最多的国家之一，每年都有大大小小数十次台风侵袭我国的沿海城市，风暴潮已经成为我国沿海城市面临的主要自然灾害之一，而赤潮及对虾、贝类的疫病则对我国的海洋渔业构成严重的威胁。此外，海岸带侵蚀等灾害也日趋严重。

经济安全：虽然我国其他城市也同样存在此种威胁，但沿海城市开放较早，属于外向型经济，与世界经济联系紧密，容易受到国外市场和资本的影响，诱发经济和金融动荡，进而影响内陆经济和金融稳定，引起一系列社会事件。

我国沿海城市公共安全受到来自多方面的威胁，其中有一些是沿海城市所特有的，如果这些威胁得不到重视，将严重影响到沿海城市的公共安全，进而影响到我国的社会主义现代化建设事业。

1　沿海城市突发公共事件分析

我国以上海、广州、北京和天津为龙头的长江三角洲、珠江三角洲和环渤海经济圈都位于沿海地带。随着沿海城市人口、经济快速发展，相伴而生的突发公共事件隐患不断增多，原有的公共事件因素和事件源不断外延和激化，新的事件和事件源不断产生，人为因素的突发公共事件频率呈非线性提高，事件的“放大效应”更为显著。

根据突发公共事件的发生过程、性质和机理，可以分为以下几类[2]：

（1）自然灾害：沿海城市是自然灾害发生频率和强度最高的地区，一直以来，自然灾害对城市生命财产和社会物质财富有着重大危害。在我国，从北部辽东湾到南部北部湾的沿海地区，是自然灾害种类最多，活动最频繁的地区，主要包括洪涝、台风、风暴潮、海啸、地震，其次还有低温冷害、旱灾、农作物病虫害、干热风、地面沉降、海水入侵和赤潮等灾害。

（2）事故灾难：沿海城市是我国经济最发达

* 基金项目：国家社会科学基金（06BTQ026）
通讯作者：仲秋雁，E-mail：zhongqy@ dlut. edu. cn

的地区，集中了大量的工矿企业、服务业、高楼大厦、车辆等，沿海城市也是我国最先对外开始的地区，由于为了大量吸引外资发展经济，沿海城市最初对城市的规划、生态保护方面关注较少，造成了重大的事故隐患。主要的事故灾难有重大交通运输事故、各类重大安全事故、造成重大影响和损失的城市生命线事故、核辐射事故、重大环境污染和生态破坏事故等。

（3）突发性公共卫生事件：主要是指突然发生，造成或可能造成社会公共健康严重损害的重大传染病疫情、群体不明原因疾病、重大食物和职业中毒，重大动物疫情以及其他严重影响公众健康的事件[3]。而我国沿海城市人口流动性比较大，既有各地的大量工作及旅游人员，又有来自港澳台地区及国外的大量境外人员，相互混杂，一旦发生重大传染疫情极难控制。

（4）突发性社会安全事件：沿海城市既是我国的对外窗口，又由于其在我国经济和发展的重要地位而成为恐怖袭击的主要目标，同时沿海城市还吸引了来自全国各地的大量移民，成分复杂，给社会安全埋下隐患，主要有重大刑事案件、涉外危机、恐怖袭击事件及规模较大的群体性突发事件。

（5）经济危机：沿海城市多为地区性中心，工商业和金融业的主要投资中心，以及海外贸易的主要进出口大港，它们占我国经济活动和国民生产总值的很大一部分百分比。虽然在总体预案中并未将其归为单独的一类，但它在现阶段却对沿海城市的安全构成严重的威胁。主要有资源、能源和生活必需品严重短缺，金融信用危机和其他严重经济失常、经济动荡等涉及经济安全的危机。

2　沿海城市突发公共事件应急能力评价体系

2.1　评价指标体系的构建

（1）评价指标的选取

沿海城市突发公共事件应急能力的评价涉及多个因素的综合，可供选取的指标很多，而且在众多指标中有很多重复的内容，如果选取带有重复内容的指标参与评价，各指标间没有过滤的重复信息，会严重影响评价结果的真实性，因此，选取能够真实反映沿海城市突发公共事件应急能力的综合评价指标较为困难。现有的指标选取分析方法主要有层次分析法、德尔非法、头脑风暴法及统计学分析法等，每个人可以根据自己掌握资料的具体情况选取比较实用的方法。

根据危机管理生命周期理论和突发方法事件的发展特征，管理公共突发事件的功能体系可以分为预防、准备、反应、恢复、总结五个方面。在分析研究的基础上，本文依据突发公共事件的功能体系和危机处理实质，运用层次分析法（Analytic Hierarchy Process，AHP）[4]，将应急能力分为基本保障能力、危机处理能力和善后处理能力3个没有重复内容的一级指标和多个二级评价指标，如图1所示。

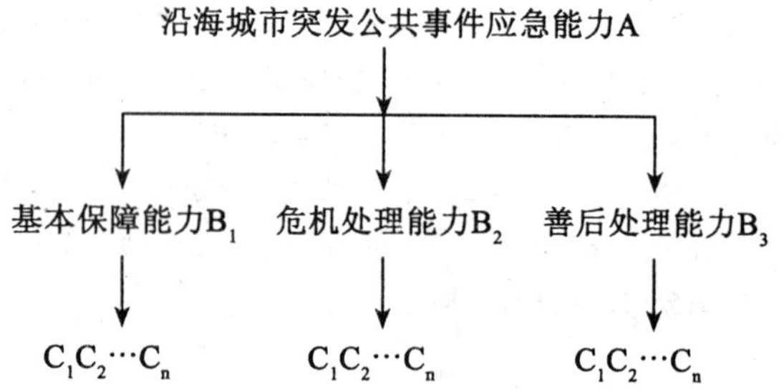

图1　沿海城市突发公共事件应急能力指标体系的层次模型

（2）沿海城市突发公共事件应急能力评价指标的构建

本着科学性、全面性与针对性结合、定性定量结合、可行性和简明性的评价指标体系设置原则，考虑到资料的可获得性和详尽程度，运用系统理论中的层次分析法（AHP）对沿海城市突发公共事件应急能力评价指标体系进行构建。沿海城市突发公共事件应急能力评价指标体系可分为3个层次：最高层次、第二层次和第三层次。其中最高层次指沿海城市突发公共事件应急能力的大小；第二层次表示沿海城市突发公共事件应急能力评价中一级评价指标，在这一级中包括了3个同级的指标：基本保障能力、危机处理能力和善后处理能力；第三层次表示沿海城市突发公共事件应急能力评价中的二级评价指标，在这一层次中包括了多个同级的评价指标，如图2所示。

2.2　指标权重的确定

多指标建模的过程中，权重分配是一个不可避免的问题，考虑到AHP法在定量分析与客观状况吻合方面有较多优越性[5][6][7][8]，本文采用此方法确定各指标权重。

AHP法确定指标权重的一般步骤：

（1）构造判断矩阵。判断矩阵表示相对于上一层次某一因素时，本层次各因素之间的两两相对重要性程度。设 A 层因素 a_k 与下一层次 B 中的因素 B_1，B_2，…，B_n 有联系，则可以构造如下的判断矩阵 B：

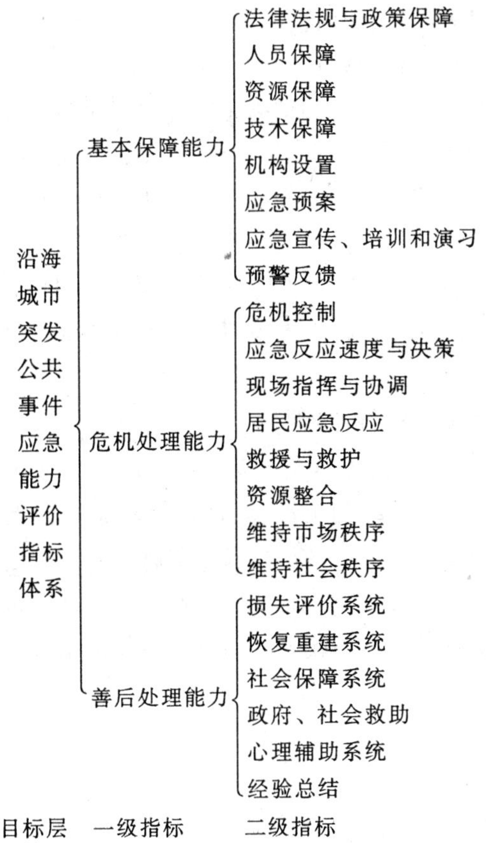

图 2　沿海城市突发公共事件应急能力评价指标体系

$$B=[b_{ij}]_{n\times n}=\begin{pmatrix} b_{11} & b_{12} & \cdots & b_{1n} \\ b_{21} & b_{22} & \cdots & b_{2n} \\ \vdots & \vdots & \ddots & \vdots \\ b_{n1} & b_{n2} & \cdots & b_{nn} \end{pmatrix} \quad (1)$$

其中，b_{ij}表示相对于上一层次因素 a_k 时，因素 B_i 对 B_j 的相对重要性。判断矩阵 B 具有如下特征：$b_{ii}=1$，$b_{ij}=1/b_{ji}$，$b_{ij}b_{jk}=b_{ik}$（i，j，$k=1$，2，…，n）。b_{ij}的值可用 1～9 及其倒数表示，这些数字称为判断矩阵的标度，如表 1 所示。判断矩阵的标度是由 T. L. Saaty 经过大量的模拟试验证明得出的，与其他 26 种标度方法比较，1～9 标度法更能有效的将思维判断数量化[9]。表 1 中各列标度，在数值上给出两元素相对重要程度的等级，根据 1～9 标度就可以构造判断矩阵。

表 1　　判断矩阵标度及其含义

标度	定义	含义
1	同等重要	两元素对某属性同样重要
3	稍微重要	两元素对某属性，i 元素比较 j 元素稍微重要
5	明显重要	两元素对某属性，i 元素比较 j 元素明显重要
7	强烈重要	两元素对某属性，i 元素比较 j 元素强烈重要
9	绝对重要	两元素对某属性，i 元素比较 j 元素绝对重要
2、4、6、8	介于两相邻重要程度间	表示相邻两标度之间折衷时的标度
上列标度倒数	反比较	元素 i 对元素 j 的标度为 b_{ij}，反之为 $1/b_{ij}$

（2）采用方根法来求解判断矩阵 B 的特征向量及最大特征值，先计算判断矩阵 B 每行元素乘积的 n 次方根：

$$a_i=\sqrt[n]{\prod_{j=1}^{n} b_{ij}} \quad i=1,2,\cdots,n \qquad (2)$$

对向量 $a=(a_1, a_2, \cdots, a_n)^T$ 作正规化，归一处理

$$w_i=\frac{a_i}{\sum_{i=1}^{n} a_i} \quad i=1,2,\cdots,n \qquad (3)$$

则 $W=(w_1, w_2, \cdots, w_n)^T$ 为对应判断矩阵的特征向量。

（3）计算判断矩阵最大特征值：

$$\lambda_{\max}=\frac{1}{n}\sum_{i=1}^{n}\frac{(BW)_i}{w_i} \qquad (4)$$

其中 $(BW)_i$ 表示向量 BW 的第 i 个元素。

$$BW=\begin{bmatrix} (BW)_1 \\ (BW)_2 \\ \vdots \\ (BW)_n \end{bmatrix}=\begin{pmatrix} b_{11} & b_{12} & \cdots & b_{1n} \\ b_{21} & b_{22} & \cdots & b_{2n} \\ \vdots & \vdots & \ddots & \vdots \\ b_{n1} & b_{n2} & \cdots & b_{nn} \end{pmatrix}\circ\begin{bmatrix} W_1 \\ W_2 \\ \vdots \\ W_n \end{bmatrix} \qquad (5)$$

（4）一致性检验[10]　AHP 法的主要优点是将决策者的定性思维过程定量化，但在模型化过程中必须保持判断思维的一致性。在判断矩阵 B 上，即要求各元素 b_{ij}应满足：对任意 $1\leqslant k\leqslant n$，有 $b_{ij}=b_{ik}/b_{ij}$。这是对应判断矩阵最大特征值的特征向量为因素权重的前提条件。为了度量不同阶判断矩阵是否具有满意的一致性，需要计算一致性指标 $CI=\frac{\lambda_{\max}-n}{n-1}$，引入平均随即一致性指标 RI 值，见表 2。用一致性比率 $CR=CI/RI$[11] 检验判断矩阵的一致性，当 CR 越小，判断矩阵的一致性越好，一般认为 $CR<0.1$ 时，判断矩阵具有满意的一致性，层

次单排序的结果是可以接受的，否则就需要调整判断矩阵，直至有满意的一致性。

表2 平均随机一致性判断指标 *RI*

n	3	4	5	6	7	8	9	10
RI	0.52	0.89	1.12	1.26	1.36	1.41	1.46	1.49

2.3 应急能力评价模型

考虑到指标体系中因素较多，且各因素之间有层次之分，所以本文采用模糊综合评价法（Fuzzy Comprehensive Evaluation，FCE）[12][13][14]，它能比较好地解决应急能力评价问题。其具体步骤如下：

（1）建立模糊综合评判矩阵。设因素或指标集合为 $U=(u_1, u_2, \cdots, u_n)$，因素评语集为 $V=(v_1, v_2, \cdots, v_m)$，评语 v_j（$j=1, 2, \cdots, m$）表示各因素或指标做出的评价等级，各因素的模糊评价就是 V 上的一个模糊子集。假设第 i 个因素的单因素模糊评价为 $R_i=(r_{i1}, r_{i2}, \cdots, r_{im})$（$i=1, 2, \cdots, n$），其中 r_{ij} 表示第 i 个因素对第 j 个评语的隶属度。n 个模糊向量 $R_1, R_2, \cdots, R_n$ 构成了 U 到 V 的模糊关系，则模糊综合评价矩阵为：

$$R=\begin{bmatrix} R_1 \\ R_2 \\ \vdots \\ R_n \end{bmatrix}=\begin{pmatrix} r_{11} & r_{12} & \cdots & r_{1m} \\ r_{21} & r_{22} & \cdots & r_{2m} \\ \vdots & \vdots & \ddots & \vdots \\ r_{n1} & r_{n2} & \cdots & r_{nm} \end{pmatrix} \tag{6}$$

（2）一级模糊综合评价。对因素集 U 上的子集 $u_i=(u_{i1}, u_{i2}, \cdots, u_{ik})$（$i=1, 2, \cdots, n$）的权重向量为 $w_i=(w_{i1}, w_{i2}, \cdots, w_{ik})$（$i=1, 2, \cdots, n$），请若干专家对各指标通过投票进行评价，得到一级模糊评价矩阵 R_i（$i=1, 2, \cdots, n$），得出一级模糊评价向量：$B_i=w_i \circ R_i=(b_{i1}, b_{i2}, \cdots b_{im})$（$i=1, 2, \cdots, n$）。

（3）二级模糊综合评价。设子集的权重向量为 $A=(a_1, a_2, \cdots, a_n)$（$0 \leqslant a_i \leqslant 1, \sum_{i=1}^{n} a_i=1, i=1,2,\cdots,n$），综合评价矩阵为 $R=(B_1, B_2, \cdots, B_n)^T=(b_{ij})_{n \times m}$。因此，综合评价向量为 $B=A \circ R(b_1, b_2, \cdots, b_m)$。

这是二级综合评价，以此类推，可以得到三级、四级和更多级的模糊综合评价，本文只需要进行二级模糊综合评价。

2.4 评价结果分析

模糊综合评价的结果是被评对象对各等级模糊子集的隶属度，它构成一个模糊向量，而不是一个点值，它能提供的信息比其他方法丰富。对模糊评价结果的分析常用的方法有最大隶属度原则、最大接近度原则、加权平均原则、模糊向量单值化等[15]。本文选择最大隶属度原则对评价结果进行分析。

设模糊综合评价向量为：

$$B=(b_1, b_2, \cdots, b_p) \tag{7}$$

若 $b_r=\max\limits_{1 \leqslant k \leqslant p}\{b_k\}$，则被评价对象总体上来说隶属于第 r 等级，这就是最大隶属度原则。但在某些情况下，这样做会损失较多的信息，甚至得出不合理的评价结果。因此，对评价对象的最终等级应该作有效性验证[16]。

对上式定义：

$$\beta=\frac{\max\limits_{1 \leqslant k \leqslant p}\{b_k\}}{\sum\limits_{i=1}^{p} b_k} \tag{8}$$

$$\gamma=\frac{\sec\limits_{1 \leqslant k \leqslant p}\{b_k\}}{\sum\limits_{i=1}^{p} b_k} \tag{9}$$

其中，$\sec\limits_{1 \leqslant k \leqslant p}\{b_k\}$ 表示 B 中的第二大分量，β 和 γ 分别是 B 中最大分量和次大分量占各分量总和比例，易得 $\beta \in \left[\frac{1}{p}, 1\right]$，$\gamma \in \left[0, \frac{1}{2}\right]$，再由 β 和 γ 定义：

$$\beta'=\frac{\beta-\frac{1}{p}}{1-\frac{1}{p}}=\frac{p\beta-1}{p-1} \tag{10}$$

$$\gamma'=\frac{\gamma-0}{\frac{1}{2}-\gamma}=2\gamma \tag{11}$$

则 $\beta' \in [0, 1]$，$\gamma' \in [0, 1]$，在定义：

$$\alpha=\frac{\beta'}{\gamma'}=\frac{p\beta-1}{2\gamma(p-1)} \tag{12}$$

可以证明，$\alpha \in [0, +\infty)$，由 α 的定义可知，α 越大，最大隶属度原则有效性越高，可以用 α 指标对最大隶属度原则的有效性进行度量。表3给出了 α 值域最大隶属度原则有效性的关系。一般情况下，当 $\alpha<0.5$ 时，不宜采用最大隶属度原则，应该用加权平均原则。

表 3　最大隶属度原则的有效性判断

α	B	最大隶属原则的有效性
$+\infty$	(0, …, 0, 1, 0, …, 0)	完全有效
$[1, +\infty)$		非常有效
$[0.5, 1)$		比较有效
$(0, 0.5)$		低效
0	$\left(\frac{1}{m}, \frac{1}{m}, \cdots, \frac{1}{m}\right)$	完全失效

3　应用实例

以某滨海城市为例，对其突发公共事件应急能力进行评价，从中找出不足之处，以便进一步改进。

将沿海城市突发公共事件应急能力分为优、良、中和差 4 个等级，对相关专家进行问卷调查，要求受访者独立完成评价，根据其频率统计得出隶属估计值，建立模糊隶属度矩阵 R_i，见表 4。

表 4　沿海城市突发公共事件应急能力指标权重及模糊评价矩阵

目标层	准则层 一级指标 u_i（一级权重）	指标层 二级指标 u_{ij}	二级权重	总权重	评价值 r_{ikj} 优	良	中	差
沿海城市突发公共事件应急能力	基本保障能力 u_1（0.34）	法律法规、政策保障 u_{11}	0.13	0.0442	0.2	0.3	0.4	0.1
		人员保障 u_{12}	0.06	0.0204	0.2	0.2	0.5	0.1
		资源保障 u_{13}	0.17	0.0578	0.1	0.3	0.5	0.1
		技术保障 u_{14}	0.11	0.0374	0	0.2	0.5	0.3
		机构设置 u_{15}	0.13	0.0442	0.2	0.4	0.4	0
		应急预案 u_{16}	0.16	0.0544	0.2	0.2	0.5	0.1
		应急宣传培训演习 u_{17}	0.09	0.0306	0	0.2	0.4	0.4
		预警反馈 u_{18}	0.15	0.051	0	0.2	0.5	0.3
	危机处理能力 u_2（0.39）	危机控制 u_{21}	0.11	0.0429	0.2	0.3	0.4	0.1
		应急反应速度、决策 u_{22}	0.18	0.0702	0.2	0.3	0.4	0.1
		现场指挥与协调 u_{23}	0.15	0.0585	0.2	0.3	0.3	0.2
		居民应急反应 u_{24}	0.13	0.0507	0	0.2	0.6	0.2
		救援与救护 u_{25}	0.16	0.0624	0.3	0.2	0.4	0.1
		资源整合 u_{26}	0.16	0.0624	0.2	0.2	0.5	0.1
		维持市场秩序 u_{27}	0.05	0.0195	0.5	0.2	0.3	0
		维持社会秩序 u_{28}	0.06	0.0234	0.6	0.2	0.2	0
	善后处理能力 u_3（0.27）	损失评价系统 u_{31}	0.17	0.0459	0	0.3	0.4	0.3
		恢复重建系统 u_{32}	0.23	0.0621	0.2	0.3	0.4	0.1
		社会保障系统 u_{33}	0.11	0.0297	0.1	0.2	0.4	0.3
		政府、社会救助 u_{34}	0.14	0.0378	0.1	0.2	0.5	0.2
		心理危机干预 u_{35}	0.10	0.027	0	0.1	0.6	0.3
		经验总结 u_{36}	0.25	0.0675	0.1	0.2	0.4	0.3

考虑到模糊算子[17]

$$M(\cdot,\oplus)\left(b_j=\sum_{i=1}^{n}a_i r_{ij}=\bigvee_{i=1}^{n}(a_i\wedge r_{ij})j=1,2,\cdots,m\right)$$

既突出了主因素，又兼顾了其他因素，充分利用了模糊评价矩阵 R 的信息，故选其作为模糊评价的模糊算子，得到一级模糊综合评判集 B_i 如下：

$$B_1 = w_1 \circ R_1 = \begin{bmatrix} 0.13 \\ 0.06 \\ 0.17 \\ 0.11 \\ 0.13 \\ 0.16 \\ 0.09 \\ 0.15 \end{bmatrix} \circ \begin{bmatrix} 0.2 & 0.3 & 0.4 & 0.1 \\ 0.2 & 0.2 & 0.5 & 0.1 \\ 0.1 & 0.3 & 0.5 & 0.1 \\ 0 & 0.2 & 0.5 & 0.3 \\ 0.2 & 0.4 & 0.4 & 0 \\ 0.2 & 0.2 & 0.5 & 0.1 \\ 0 & 0.2 & 0.4 & 0.4 \\ 0 & 0.2 & 0.5 & 0.3 \end{bmatrix}$$

$$= [0.113 \quad 0.256 \quad 0.465 \quad 0.166]$$

同理可以得到：

$$B_2 = [0.229 \quad 0.244 \quad 0.410 \quad 0.117]$$

$$B_3 = [0.096 \quad 0.230 \quad 0.434 \quad 0.240]$$

由此可得第二层评价矩阵 $R = [B_1 \quad B_2 \quad B_3]^T$，则第二层模糊综合评价集

$$B = A \circ R$$

$$= \begin{bmatrix} 0.34 \\ 0.39 \\ 0.27 \end{bmatrix}^T \circ \begin{bmatrix} 0.113 & 0.256 & 0.465 & 0.166 \\ 0.229 & 0.244 & 0.410 & 0.117 \\ 0.096 & 0.230 & 0.434 & 0.240 \end{bmatrix}$$

$$= [0.154 \quad 0.244 \quad 0.435 \quad 0.167]$$

对评价结果进行分析，有上面可知：最大分量和次大分量分别为 $\beta = 0.435, \gamma = 0.244$，可以求得 $\beta' = 0.247, \gamma' = 0.488$，最后求得 $\alpha = \beta'/\gamma' = 0.506 > 0.5$，所以本文所得的结论比较有效。

所以，按照最大隶属度原则，上述结果表明该沿海城市突发公共事件应急能力为第三等级，即应急能力为一般，可以判断该城市的应急能力不是很乐观，还需要不断地提高。

4 结论与展望

由于早期沿海城市把主要精力都放在了优先发展经济上面，以至沿海城市应对突发公共事件的能力非常薄弱，但最近几年由于国际和国内形势的变化，沿海城市日益重视其应对突发公共事件的能力，本文意在建立一套沿海城市突发公共事件应急能力评价指标体系，以便沿海城市对其突发公共事件应急能力进行评价，在纵向和横向比较中，发现自己的不足，在今后的工作中不断提高自身应对突发公共事件的能力，本文所作的研究工作主要有以下几个方面：

（1）分析总结了沿海城市突发公共事件的类型。沿海城市突发公共事件主要分为自然灾害、事故灾难、突发公共卫生事件、突发性社会安全事件和经济危机五类，其中经济危机为沿海城市近年来新出现的一种危机。

（2）在参考城市突发公共事件应急能力和城市灾害应急能力评价指标体系的基础上，结合沿海城市自身的特点，本文提出了一套沿海城市突发公共事件应急能力评价指标体系，主要包括基本保障能力、危机处理能力及善后处理能力 3 个一级指标以及 24 个二级指标。

（3）本文采用层次分析法（AHP）和模糊综合评价方法（FCE）建立的 AHP-模糊综合评价模型，全面考虑影响应急能力的各种因素，将定性和定量的分析有机地结合起来，既充分体现评价因素和评价过程的模糊性，又尽量减少个人主观臆断所带来的弊端，使评价结果更可信、可靠。

（4）本文采用最大隶属度原则对评价结果进行分析，并对最大隶属度原则的有效性进行分析，确保评价结果的真实、可靠。

（5）以某沿海城市为例，进行了突发公共事件应急能力评价，得出一些初步的结论，与实际情况基本吻合。

由于本人水平有限以及数据等方面的限制，本评价模型还需进一步验证和改进，但本文所提出的指标体系和评价模型对沿海城市突发公共事件应急能力的评价具有较大的参考价值。

参考文献

[1] 武强，郑铣鑫，应玉飞，等．21 世纪中国沿海地区相对海平面上升及其防治策略［J］．中国科学（D 辑），2002，32（9）：760-766.

[2] 全国干部培训教材编审指导委员会组织编写．公共危机管理［M］．北京：人民出版社，党建读物出版社，2006.6：9-10.

[3] 国务院．突发公共卫生事件应急条例．北京：新华社，［2003-05-12］.

[4] Satty T L. The Analytic Hierarchy Process: Planning, Priority Setting, Resource Allocation. New York: McGraw-Hill, 1980.

[5] Gregory Bromn. A Method for Assessing Highway Qualities to Integrate Values in Highway Planning [J]. Journal of Transport Geography, 2005 (11): 271-283.

[6] 樊晓一，乔建平，陈永波．层次分析法的典型滑坡威胁度评价中的应用［J］．自然灾害学报，2004（1）：72-76.

[7] 张庆年，周志中．湘江航运安全状况模糊综合评价模型研究［J］．武汉理工大学学报：交通科学与工程版，2007，31（6）：984-987.

[8] Gilbert Laporte, Mesa Juna A. Optimization methods for the planning of rapid transit systems [J]. European Journal of Operational Research, 2000, 122 (1): 1-10.

[9] 林齐宁．决策分析［M］．北京：北京邮电大学出版

社，2002.
[10] 赵文晋．战略环境评价指标体系研究：（博士学位论文）．长春：吉林大学，2004.
[11] Ramanathan R. A Note on the Use of the Analytic Hierarchy Process for Environmental Impact Assessment. Journal of Environmental Management, 2001, 63 (1): 27-35.
[12] 吴秉坚．模糊数学与经济分析 [M]. 北京：中国标准出版社，1999. 1-114.
[13] 杨崇瑞．模糊数学及其应用 [M]. 北京：农业出版社，1995. 2. 186-188.
[14] Shan F, Li DX. Decision Support for Fuzzy Comprehensive Evaluation of Urban Development. Fuzzy Sets and Systems, 1999, 105 (1): 1-12.
[15] 张学庆．财政部专题研究报告指出：我国居民收入不均衡亟待调整 [R]．http: //www. ewen. cc/books/bkview. asp? bkid = 42321&cid = 76939.
[16] 卢岚．安全工程 [M]. 天津：天津大学出版社，2002.
[17] 姜启源．数学模型 [M]. 北京：教育出版社，1999.

Comprehensive Assessment on Emergency Capability of Coastal Cities Public Emergency

ZHONG Qiuyan[1], SUN Ningning[1]

(1. Department of Information Management, School of Management of Dalian University of Technology, Dalian 116023, China)

Abstract: Based on the analysis of the category of coastal cities public emergency, and the use of the research findings of the coastal cities public emergency capability from domestic and overseas, an assessment index system for our coastal cities public emergency capability is constructed, and coastal cities public emergency capability is evaluated by the combined method of the analytic hierarchy process (AHP) and fuzzy comprehensive evaluation (FCE). Using AHP, the hierarchical structure model was established and the index weights were determined. Based on FCE method, the evaluating fuzzy matrix was constructed. Finally, through fuzzy operation the comprehensive evaluation result is presented and analyzed.

Key words: coastal cities public emergency; emergency capability assessment; AHP; FCE

基于资源观的 ERP 价值产生机制研究模型*

张晶[1]，黄京华[1]

（1. 清华大学 经济管理学院，北京 100084）

摘 要：ERP 是企业重要的 IT 应用，研究 ERP 价值的产生机制能够为企业的信息化提供指导和建议。本文以资源观理论为基础，通过分析以往文献对 ERP 关键成功因素的研究，提出了我们要研究的 ERP 资源和组织资源，并在以往研究结论的基础上，总结了 ERP 对企业绩效的提升作用具体体现在哪些方面。最后，基于对研究成果的分析和归纳，提出了一个 ERP 价值产生机制的综合模型。从而弥补了目前基于资源观研究 ERP 价值的空白，为进一步的实证研究打下了良好的基础。

关键词：资源观；IT 资源；组织资源；ERP 实施；企业绩效

中图分类号：F270.7

企业在实施信息化的过程中，一直被一个问题所困扰：IT 投资的价值是如何产生的？只有明确了 IT 投资价值的产生机制，才能更充分地利用信息系统提升企业绩效，进而为企业带来竞争优势。ERP 系统是一种重要的信息系统类型，也是企业信息化进程的重要方面，能为企业带来库存成本的下降和生产利润的提升，因此越来越多的企业开始使用 ERP 系统。但是相对于企业投资 ERP 系统的热情，ERP 实施的成功率却一直偏低，国外的企业成功率不足 30%，国内的企业甚至不足 20%，因此，我们更有必要深入研究 ERP 价值产生的机制，从而为企业顺利实施 ERP 系统，并在实施之后充分发挥 ERP 系统的价值提供理论依据和实践参考。

目前针对 ERP 系统实施的研究成果主要可以归纳为三个方面：ERP 实施的阶段研究、ERP 系统成功因素研究以及 ERP 实施效果的评价体系研究。ERP 的实施阶段研究主要是对企业应用 ERP 的不同阶段进行划分，例如 Cooper&Zmud 根据创新扩散理论提出 ERP 实施的六阶段模型，包括发起阶段、采用阶段、适应阶段、接受阶段、常规化阶段和扩散阶段[1]。ERP 系统的成功因素研究则主要针对影响 ERP 系统实施成功的因素进行分析，Olson 总结出 ERP 实施的关键成功因素包括：BPR、企业愿景、沟通、外部支持、内部支持等因素[2]。ERP 系统实施效果的评价体系研究又可细分为成功评价研究和企业绩效研究，通常用 D&M 模型中的 6 个维度来分析 ERP 系统实施的成功与否[3]，而 ERP 实施对企业绩效的影响则细化为客户对产品/服务的满意度、客户保留率、销售增长率、利润增长和企业的竞争位置等衡量指标[4]。

通过对 ERP 研究文献的分析，我们发现 ERP 实施与企业绩效的研究还存在如下的空白：

（1）还没有文章系统地以资源观理论为指导来研究 ERP 价值的产生机制。尽管我们已经知道了一些 ERP 项目实施过程的影响因素，但是并不知道 ERP 资源与组织资源是如何对企业过程绩效和整体绩效起作用的。

（2）尽管很多文章提到了组织文化、组织结构等因素会对 ERP 实施的效果产生影响，但是并没有对影响的机理进行实证研究。而企业资源观把这些看做是组织资源，可以通过实证研究找出它们与 ERP 资源之间相互作用的关系。

（3）ERP 系统对企业绩效的影响体现在企业过程层面以及整体企业绩效层面上，并且可以分成客观的评价指标和主观的评价指标。目前，还没有文章从这两个层面及两个维度同时评价 ERP 系统对企业绩效的影响。

针对上述问题，我们将在企业资源观的理论框架之下，通过综述 ERP 的研究文献结论，来建立

* 本文得到国家自然科学基金资助（70772022、70621061、70831003 和 70890081）以及教育部人文社科重点研究基地项目资助（06JJD630014）。

通讯作者：黄京华，E-mail：huangjh@sem.tsinghua.edu.cn.

ERP价值产生机制的综合模型。

1 文献综述

在这部分，我们首先简单地回顾企业资源观理论以及基于该理论的IT价值研究的相关成果，接着综述ERP实施的关键成功因素研究和实施效果研究，最后，基于此提出ERP价值产生机制的综合模型及假设。

1.1 基于资源观的IT价值

企业资源观理论（Resource-based View，简称RBV）是战略管理领域研究企业如何获得并保持竞争优势的重要理论，与传统的产业-组织经济学强调外部因素不同的是，基于资源的观点把竞争优势的来源从企业外部转移到了企业内部[5]。Penrose认为“企业是一系列资源的集合”，企业资源包含的范围很广，包括资产、能力、组织过程、企业性质、组织中的信息和知识等[6]。那么，企业资源在什么条件下可以带来竞争优势并维持这种优势呢？研究结果表明：有价值的、稀缺的、难以模仿和替代的资源是企业特有的形成竞争力的来源[7]。

IT资源是指有助于对市场机会和威胁做出反应的IT资产和能力。其中，IT资产指企业可利用的有形的信息系统软件、硬件、网络和无形的知识、经验、版权等，而IT能力指可重复使用的IT资产产生价值的行为模式[8]。通过回顾IT资源与企业绩效关系的研究文献，我们归纳出了4种能够带来竞争优势的企业IT资源，分别是IT基础设施、IT人力资源、IT关系能力和IT战略能力（见表1）。

表1 主要的IT资源及文献来源

IT资源	文献来源
IT基础设施	Bharadwaj 1998, 2000; Feeny 1998; Armstrong 1999; Dehning 2003; Zhu K. 2002, 2004; Ravichandran 2005; Huang 2006; Tanriverdi 2006
IT人力资源	Mata 1995; Ross 1996; Powell 1997; Bharadwaj 1998, 2000; Ray 2001, 2005; Dehning 2003; Ravichandran 2005; Huang 2006; Tanriverdi 2006
IT关系能力	Bharadwaj 1998; Feeny 1998; Barua 2004; Bhatt G. 2005; Ravichandran 2005; Tanriverdi 2006
IT战略能力	Kearns et al. 2003; Aral S. 2007; Tallon P. P. 2007; Oh W. 2007; Tanriverdi 2006, 2007

随着基于RBV的IT价值研究的深入，越来越多的研究将IT的作用与企业组织的特点联系起来[9]。组织的作用主要体现在企业的IT资源和其他组织资源可以形成互补关系。Milgrom和Roberts提出了IT互补机制（complementarities）的假说，即一种资源的回报会随着其他资源的回报水平而变化，并认为IT、组织变革与人力资本互补，综合作用于企业绩效[10]。根据Barney对企业资源的分类，互补组织资源包括非IT有形资本资源、非IT人力资本资源以及组织资本资源，具体来说包括政策和规章、组织结构、工作行为以及组织文化等[6]。

1.2 ERP研究综述

通过文献回顾，我们发现ERP价值产生机制研究可以分为ERP实施的关键成功因素研究和ERP实施之后的效果研究。

关键成功因素（Critical Success Factors，CSFs）是指组织为了获得较高的绩效，必须给予特殊和持续关注的少数几个领域和管理活动[11]。到目前为止，国内外关于ERP关键成功因素的研究已经取得了相当多的成果。Holland最初以一般项目管理关键成功因素为基础，建立了ERP系统实施的关键成功因素模型，分为战略性因素和战术性因素两类。战略性因素主要包括高层管理者支持、发展愿景、ERP实施策略等；战术性因素主要包括用户参与、沟通、BPR和软件配置等[12]。在此基础上，Estsves从战略性、战术性、组织性和技术性这四个维度描述了ERP系统实施的关键成功因素[13]。Olson总结出ERP实施的关键成功因素包括：BPR、企业愿景、沟通、外部支持、内部支持、组织文化和变化、项目管理、高层管理者支持、用户参与、教育和培训[2]。

相应地，国内的学者也提出了一系列关于ERP实施的关键成功因素。陈志祥提出了领导重视、全员参与。（厂商）服务和支持细致、与企业长期密切配合、总体规划、分步实施、保证质量、基础数据的完善、正确处理ERP、业务流程重组等10项关键成功因素[14]，相对于国外的提法，更加具体化和中国化了。王海青等归纳了国内文献中提出的所有影响ERP成功的因素：领导因素或责任主体（一把手）、人力资源管理、组织变革、需求分析、最高决策者和全体员工的参与、培训、项目实施的控制与规划、管理咨询、对风险因素的控制、员工的素质、CIO能力、IT部门技术实力、企业文化变革、外部支持、流程重组、知识管理、变革管理等43项因素[15]。

关键成功因素研究只回答了企业成功实施ERP需要注意哪些方面，而ERP系统实施对企业绩效的影响也是研究者和企业非常关注的问题，下面我们通过国内外的文献回顾得到关于ERP实施绩效的考核方法。Ifinedo从供应商/咨询师质量、系统质量、信息质量、个人影响、小组影响和组织影响这6个方面来评价ERP系统成功[3]。Hong则认为ERP的成功体现在项目成本、时间、系统绩效目标的实现上[16]。Gattiker从企业绩效的角度强调了ERP能提升任务处理效率、数据的质量和企业协同能力[17]。Ragowsky的实证研究指出，ERP实施绩效可以按照价值链的各个环节，分为库存成本的降低、单位生产成本的降低、售后服务成本的降低和客户保留度的提升[18]。Karimi实证研究从主观的角度将ERP对企业绩效的提升总结为企业的过程效率、过程效果、过程的灵活性[19]。Wieder建立了详细的客观绩效评价指标，主要包括投资回报率、主营业务利润、销售增长率、现金流、生产成本、订单处理时间、速度、错误率等方面[20]。

在中文文献中，艾文国等系统总结了ERP环境下企业绩效评价指标体系，主要包括财务指标、客户指标、内部业务过程指标、学习与成长指标以及其他利益相关者指标[21]。闵庆飞等还在D&M模型和Markus观点的基础上，归纳了ERP项目阶段、试行阶段、前进和上升阶段不同的评价指标[22]。这些研究结论为我们全面考察ERP系统实施对企业绩效的影响提供了很好的理论基础和实践依据。

2 ERP价值产生机制综合模型及假设

通过对以往研究成果的总结分析，我们将按照RBV理论，结合ERP实施的关键成功因素，提出ERP资源与互补的组织资源；并结合ERP评价指标，提出ERP对企业影响的衡量指标；进一步，我们提出ERP价值产生机制的综合模型。

2.1 ERP资源与互补的组织资源分析

从国内外的研究结果中可以看出ERP实施的关键成功因素有很多是相同或相似的，但由于不同的研究侧重的角度和重点不同，对因素的归纳就有一些差别，也可能存在对同一个因素的不同定义导致的差异。下面我们试图按照IT资源和组织资源的定义，来对主要的关键成功因素按照组织的资源进行分类，得到表2：

表2 关键成功因素与企业资源的分类关系

ERP实施关键成功因素	企业资源分类
原有系统硬件、软件 数据准确性	IT基础设施：指的是企业共享的IT资产，包括硬件、软件、通信技术、数据技术等IT应用的物理基础
员工技术技能 员工的企业流程知识 项目管理知识和技能 ERP培训	IT人力资源：指的IT人员所具有IT知识、技能、经验、培训和思想。与ERP相关的是IT人员的ERP技术技能、企业流程知识、项目管理知识和技能以及ERP的相关培训
供应商支持 用户参与	IT关系资源：企业内部IT部门与其他部门的关系，企业外部供应商与企业的关系
ERP实施策略 发展愿景	IT战略资源：描述了IT战略和企业战略之间的一致性
高层管理者支持 组织变革管理	组织资源：组织内部支持
外部咨询	组织资源：组织外部支持
组织学习ERP 知识能力 组织具有交流、分享和协作的文化特征 组织结构的复杂度、集权化程度以及正规化程度	组织资源： 组织学习是从企业内部和外部学习ERP知识的能力；组织所形成的合适的、有序的结构就是组织结构；组织文化被定义为组织成员共有的信念体系，或广泛接受的核心价值观

2.2 ERP价值分析

ERP实施对企业绩效的影响主要体现在两个层次上：其一是过程层面，即ERP系统本身能带来的如缩短生产计划时间、降低库存成本、降低管理费用、提高信息及时性和有效性等等；其二是组织层面，即ERP能带来企业销售增长、利润提升以及组织的竞争优势。同时在每个层面的绩效指标中，又可以划分为主观评价指标和客观评价指标。例如过程层面的绩效可以通过库存周转率、库存成本、生产时间等客观的指标来衡量，也可以通过生产计划的灵活性、信息的时效性以及管理的有效性等主观的指标来衡量。而企业整体绩效也需要通过企业利润增长、销售额增长、投资回报率增长等客观的指标，并综合企业客户满意度、企业竞争优势等主观的指标。

2.3 ERP价值产生模型

在上述ERP资源和价值分析的基础上，我们依据RBV理论，提出如图1所示的ERP价值产生机制模型。

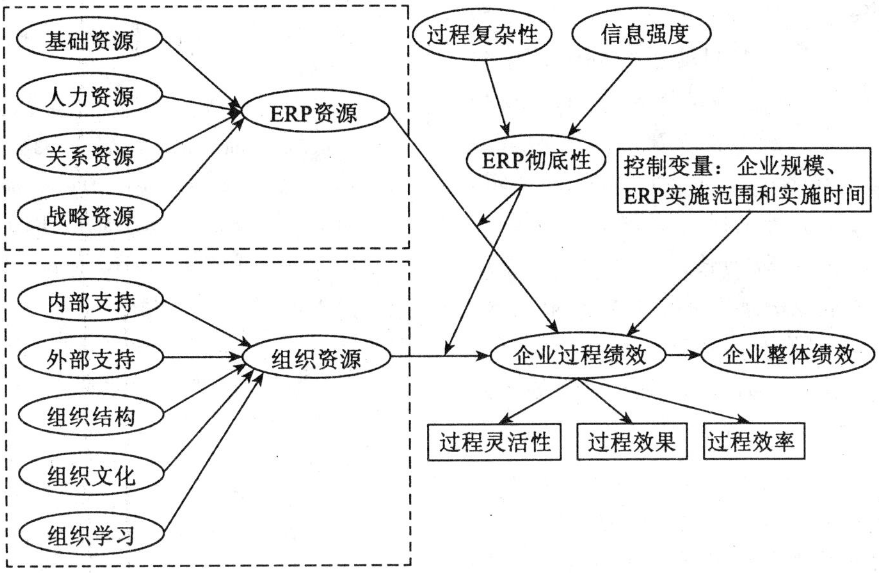

图1 ERP价值产生机制的综合模型

其中ERP资源包括IT基础资源、IT人力资源、IT关系资源、IT战略资源（见表2）。从表2建立起的ERP实施的关键成功因素和IT资源之间的关系可知，上述四种IT资源能够决定ERP能否成功实施，进而会影响到ERP实施的效果和企业的绩效表现。企业过程绩效主要用Karimi提出的过程效率、过程效果和过程灵活度三个方面来衡量：其中过程效率主要是客观的评估指标，即上面提到的库存周转率、订单完成率、库存成本和生产时间等指标，而过程效果和过程灵活度更多地从主观层面来考察产品质量的提升、销售预测的准确性、运作的灵活性等指标[19]。企业整体绩效也是从客观的利润上升和成本下降，以及主观的客户满意度和企业竞争优势两个方面来评价实施ERP之后企业的整体绩效水平的提升。正如Karimi的实证研究指出，IT基础设施、IT关系资源和IT知识资源会提升企业的过程绩效表现[19]。因此，我们得到假设1：

假设1：ERP资源能对企业的过程绩效产生显著的正向影响，进而影响到企业的整体绩效。

组织资源包括内部支持、外部支持、组织结构、组织文化、组织学习等组织特征和因素（定义见表2）。早在关键成功因素的研究中就表明上述因素能够影响ERP的实施成功与否以及实施后的效果，Law的实证研究表明高层管理者支持、CIO与CEO的距离以及战略定位都会影响ERP实施的效果[4]。张喆等通过多个案例研究指出组织环境、用户环境、系统环境等会影响ERP的实施成功，其中组织环境就包含了组织文化[23]。Stratman认为ERP能力能够影响企业的绩效表现，其中ERP能力除了包括IT技能、项目管理、ERP培训外，还包括企业的学习能力[24]。因此我们得到假设2：

假设2：组织资源能对企业过程绩效产生显著的正向影响，进而影响到企业的整体绩效。

模型的一个主要调节变量是ERP的彻底性，在Karimi的实证研究中，ERP的彻底性指的是ERP系统代表的技术转变的剧烈程度，也即系统转变的彻底性以及与之相关的组织成员行为改变的程度，包括组织过程的复杂性和信息强度（有效地管理企业产品、服务和价值链活动所需的信息处理总量）。他的实证研究结果表明过程的复杂性和企业信息强度高会使得ERP应用的效果更好，即实施ERP能为这样的企业带来更大的经济效益和无形收益[19]。因此我们在模型中也把它作为资源到绩效影响过程的一个调节变量，得到假设3：

假设3：ERP的彻底性能够显著影响ERP资源和组织资源对企业过程绩效的作用，企业过程越复杂，信息强度越高，实施ERP的效果就越好。

除此之外，我们还将一些不属于ERP资源和组织资源，但又对实施ERP的效果有显著影响的因素作为模型的控制变量，来排除这些因素的干扰作用。这些控制变量包括ERP的实施范围、实施时间长短以及企业规模。我们都知道ERP能使得企业各个部门的信息和数据得以共享，因此多个模块在多个部门中同时实施能够更好地发挥ERP对企业绩效的影响，在Karimi的实证研究中，ERP的实施范围直接影响企业的绩效表现[19]。同时，由于ERP的实施是一个较为长期的过程，实施的时间足够长，它对企业的影响才能日益凸显出来，因此ERP的实施时间将对绩效产生显著影响，郑称德等的实证研究指出ERP实施两年之后的绩效表现明显好于刚实施了一年的企业[25]。同时企业规模对ERP的实施效果肯定是有影响的，Duplaga的研究就表明小规模的企业更容易实施ERP[26]。我们需要在研究中控制上述因素对ERP实施效果的影响。

通过文献综述和理论分析，我们得到了ERP价值产生机制的综合模型，今后我们将分析各维度的测量指标，并通过问卷调查的方式收集数据，用实证研究的结论来验证模型的正确性和可靠性。

3 小　结

本文主要是基于资源观的理论基础，通过文献回顾总结了ERP关键成功因素与企业资源的联系，从而建立了ERP资源、组织资源对企业过程绩效和整体绩效影响的综合模型。同时也全面地回顾了ERP实施效果评价的主观绩效指标和客观绩效指标，从而建立起从过程绩效到企业整体绩效的关系。最后还在模型中加入了以往文献出现过的调节变量，并指出了需要控制的因素。通过模型的建立为我们后续的实证研究打下了良好的基础。

参考文献

[1] Cooper R, Zmud R. Information Technology Implementation Research: a Technological Diffusion Approach [J]. Management Science, 1990, 36 (2): 123-139.

[2] Olson D L, Zhao F. CIOs' Perspectives of Critical Success Factors in ERP Upgrade Projects [J]. Enterprise Information Systems. 2007, 1 (1): 129-138.

[3] Ifinedo P, Nahar N. Enterprise Information Systems. 2007, 1 (1): 25-48.

[4] Law C C H, Ngai E W T. ERP Systems Adoption: An Exploratory Study of the Organizational Factors and Impacts of ERP Success. Information & Management, 2007, 44: 418-432.

[5] Bain J S. Industrial Organization [M]. New York: Wiley, 1959.

[6] Barney J B. Firm Resources and Sustained Competitive Advantage [J]. Journal of Management, 1991, 17 (1): 99-120.

[7] Wernerfelt B. A Resource-based View of the Firm [J]. Strategic Management Journal, 1984, 84 (5): 171-180.

[8] Wade M, et al. Review: The Resource-based View and Information Systems Research: Review, Extension, and Suggestions for Future Research [J]. MIS Quarterly, 2004, 28 (1): 107-142.

[9] Feeny D F, and Willcocks L P. Core IS Capabilities for Exploiting Information Technology [J]. Sloan Management Review, 1998, 39 (3): 9-21.

[10] Milgrom P, and Roberts J. Complementaries and Fit Strategy, Structure, and Organizational Change in Manufacturing [J]. Journal of Accounting & Economics, 1995, 19 (3): 179-208.

[11] Rockart J F. Chief Executives Define Their Own Data Needs [J]. Harvard Business Review, 1979, 81-93.

[12] Holland C, Light B, Gibson N. A Critical Success Factors Model for Enterprise Resource Planning Implementation [C]. 7th European conference on information systems ECIS, Copenhagen, Denmark, 1999.

[13] Esteves J, Pator H. Towards the Unification of Critical Success Factors for ERP Implementatio [C]. Proceedings of the i0th Annual business technology (BIT) conference, Manchester, 2000.

[14] 陈志祥. 我国企业ERP系统实施问题探讨 [J]. 中国软科学, 2001, 12: 58-61.

[15] 王海青, 彭赓. 基于成功要素的中国企业实施ERP事前评估模型研究 [J]. 科学学与科学技术管理, 2007, 9: 115-119.

[16] Hong K K, Kim Y G. The Critical Success Factors for ERP Implementation: An Organizational Fit Perspective [J]. Information & Management, 2002, 40: 25-40.

[17] Gattiker T F, Goodhue D L. What Happens After ERP Implementation: Understanding the Impact of Interdependence and Differentiation on Plant level Outcomes. MIS Quarterly, 2005, 29 (3): 559-585.

[18] Ragowsky A, Adams D A. Assessing the Value Provided by ERP Applications through Organizational Activities. Communications of AIS, 2005, 16: 381-406.

[19] Karimi J, et al. The Role of Information Systems Resources in ERP Capability Building and Business Process

Outcomes [J]. Journal of Management Information Systems, 2007, 24 (2): 221-260.

[20] Wieder B, et al. The Impact of ERP Systems on Firm and Business Process Performance [J]. Journal of Enterprise Information Management, 2006, 19 (1): 13-29.

[21] 艾文国，安实，孙洁．ERP环境下企业绩效评价体系研究 [J]. 中国软科学，2003，2：133-139.

[22] 闵庆飞等．ERP系统成功评价研究 [J]. 科学学与科学技术管理，2003，2：23-27.

[23] 张喆，黄沛，张良．中国企业ERP实施关键成功因素分析：多案例研究 [J]. 管理世界，2005，12：137-143.

[24] Stratman J K, Roth A V. Enterprise Resource Planning Competence Constructs: Two-stage Multi-item Scale Development and Validation, Decision Science, 2002, 33 (4): 601-628.

[25] 郑称德等．我国企业ERP系统实施绩效的实证研究．科学学与科学技术管理，2008，4：148-151.

[26] Duplaga E A, Astani M. Implementing ERP in Manufacturing. Information Systems Management. 2003, 6: 68-75.

An research model for evaluating ERP values based RBV

ZHANG Jing[1], HUANG Jinghua[1]

(1. Department of management science and engineering, Tsinghua University, Beijing 100084, China)

Abstract: ERP is an important IT application in firms, therefore the research about how ERP value created provides useful guidance and suggestions to enterprises. From resourced-based view, this paper proposed some ERP resources and organizational resources by analyzing the literatures on critical success factors in ERP research. And we also summed up the roles ERP play on business performance through analyzing the conclusions of past studies. Finally, based on the synthesis of research results, we proposed an integrated model for evaluating ERP values. As a result, this paper makes up the blank about present ERP value study from resource-based view, and has laid a good foundation for further empirical research.

Key words: resource-based view; IT resources; organization resources; ERP implement; firm performance

消费者在线购买商品类别预测*

蔡元珏[1]，刘红岩[1]

（1. 清华大学经济管理学院 管理科学与工程系，北京 100084）

摘　要： 消费者的网上浏览行为和购买行为是相关联的，因为消费者在网上购买商品之前，通常都会浏览商品的相关网站，因而找出浏览与购买的关系便于预测消费者的购买行为。在本文中，我们试图通过对以消费者为中心的数据，包括消费者个人信息以及浏览的网站记录等信息的分析，运用数据挖掘的方法，找出浏览行为与购买行为的关系，进而对消费者将要购买的商品类别进行预测。本文提出了根据浏览和购买的历史记录构建描述用户浏览行为的两种方法。第一种方法通过是否浏览最多访问的50个网站来构建训练集数据特征（或属性），第二种方法选取购买行为前最近浏览的20个网站作为描述特征，来实现对购买商品类别的预测。在实际数据集上的实验结果表明所提的第二种方法具有更好的预测准确度。本文所提方法对于个性化广告推荐以及精准营销等具有实用价值。

关键词： 分类；预测；预处理；在线购买；个性化

中图分类号： F713.36

在信息时代的今天，海量的数据给人们带来了海量的信息。尤其互联网的大量应用，使得人们在网上的浏览行为成为对人们行为的重要分析手段。加上人们在网络上的购买行为日益增多，网络营销的商机越来越大，人们的浏览行为与人们在网上购买行为的关联分析也显得尤为重要。本文试图通过对网络用户在网上的浏览行为和购买行为的历史数据的分析，运用数据挖掘的方法，来对消费者即将购买哪种类别的商品进行预测。

这样的预测将会有很广泛的适用性。很多网站希望能够分析用户的行为来进行商品推荐。Google会根据用户的搜索行为提供不同种类商品的广告以提高准确率，此处也是一样，网站可以通过对用户在整个互联网上浏览行为的分析，预测出用户所寻找的商品，然后给出具体的商品推荐，也就是所谓的个性化营销。个性化营销既可以提高商家广告的效率，也可以很大程度上满足消费者需求。而本文给出的预测结果，也可以帮助消费者行为分析学家进行他们的研究，因为我们是从消费者的角度出发，来分析他们的浏览行为和购买行为的关联。

本文所使用的数据集为 comScore 2004 Disaggregate Dataset，其中记录了2004年12个月之内，全美约50 000个用户的所有浏览行为和购买行为。数据集中记录了用户的个人信息，也记录了这些用户一年之中上网的所有会话以及这些会话中每一次点击所访问的页面。同时数据集将商品分成了65个类别，全部用整形量化表示。数据形式在数据预处理一节还会有更详细的说明。

分类是数据挖掘领域经常使用的数据分析技术，用于提取描述各种类别的模型（称分类模型或分类器）以预测新样本的类别，在本文中我们使用分类预测用户将要购买何种产品。分类方法的使用要求大量的数据预处理，其中特征抽取（feature selection）或特征构建是其中非常关键的一步，是为分类模型的构建提供充足的相关的属性的过程，这一步直接关系到分类模型预测性能的好坏。本文通过研究用户上网行为的特点，提出使用两种类型的特征。第一种是选择常见的网站作为描述不同用户的上网行为特性。这种方法中每个用户的属性都是一样的，是一组网站的域名，区别只是该用户有或者没有访问该网站。第二种方法是为每个用户使用不同的网站作为浏览属性来构建合适的数据集，与第一种方法不同，这种方法会选取最能够表征该用户的一组网站来构建数据集。针对这两种方法，我们分别采用多种分类算法进行分类模型的构建，对这两种方法的预测结果进行比较，并对模型进行分析。

本文首先在第一部分介绍文章的概况、数据形

* 基金项目：国家自然科学基金项目（70871068，70621061，70890083）
通讯作者：刘红岩，E-mail：liuhy@sem.tsinghua.edu.cn

式和使用的方法；第二部分介绍已有相关工作；第三部分具体介绍数据预处理的情况，包括如何使用用户层面的数据构建特征及相应的数据集，如何对商品类别进行预测；第四部分给出不同预处理方法下分类预测的结果及其比较；第五部分是本文的结论。

1 相关工作

在数据挖掘和机器学习领域关于分类的研究已经比较成熟，已经提出的分类方法有很多，如决策树[1][5]，贝叶斯网络[1][6]以及基于规则的分类方法[7]等。书中详细介绍了分类和预测的各种问题。书中对分类和预测的理论进行了详实地阐述，并且提供了多种分类算法的原理和处理模式，这些也正是我们的文章所要使用的方法。书中详细介绍了决策树和贝叶斯分类等，给出了各种理论推导和算法构建，同时还对多种常见分类算法进行了阐述。文献［4］中也介绍了相似的内容，并且还介绍了 Weka 软件平台的使用。

文中介绍了一系列与本文内容十分相关的研究内容。文中介绍了两个分类问题，一个是对用户在一个会话之内是否会有购买行为进行预测，另一个是对用户在某一个时间点之后短期内会不会有购买行为进行预测。但是此文所做的预测都只是一个简单的判定，是或者否的预测，本文所研究的购买商品类别的预测便是从此文的研究问题上发展而来。同时，本文还详细介绍了用户层面的数据形式，即区别于网站层面的数据形式。用户数据记录下了一个用户完整的在整个网络上的浏览和购买信息，是所谓的完全信息。书中详细阐述了数据库的各项操作，为本文的数据处理提供技术支持。

2 数据预处理

2.1 数据清洗与整理

原有的数据是 SAS 数据表的形式，并不是以数据库的方式进行存储的[3]。我们为了便于操作，将 SAS 数据导入 Access 数据库中进行操作。整个导入过程中删去了出现数据错误的元组，以保持整个数据的纯净。最后在 Access 数据库中的数据形成了三个表：

Demographic 表：包含了用户的基本信息，包括家庭人数、最高收入、最高受教育程度等属性，每个用户以 Machine_ID 属性作为主键加以区分。为了便于在数据库中进行操作，我们给每个元组自动编了号。该表共 52028 条记录，而其中家庭人口为 1 的约有 6000 条。

Product_transaction 表：包含了交易的基本信息，包括购买发生的网站、购买者、商品名称、类别、数量等。商品被分成了 65 个类别，这也是最后分类所要得出的类别属性的取值。该表共 6249 条记录，记录了大约 5 万个用户 2004 年全年的网上交易情况。

Browsing 表：包含了用户在网上的所有浏览信息，包括浏览的用户、浏览的域名、会话等内容。此表约有 2000 万条记录，记录了 5 万个用户 2004 年全年的所有浏览记录。此表有一个 flag 属性，当一个浏览页面发生了交易时，flag 值为 1。此表对交易的记录内容和 Product_transaction 表完全匹配。

图 1 表示三个表之间的关系。

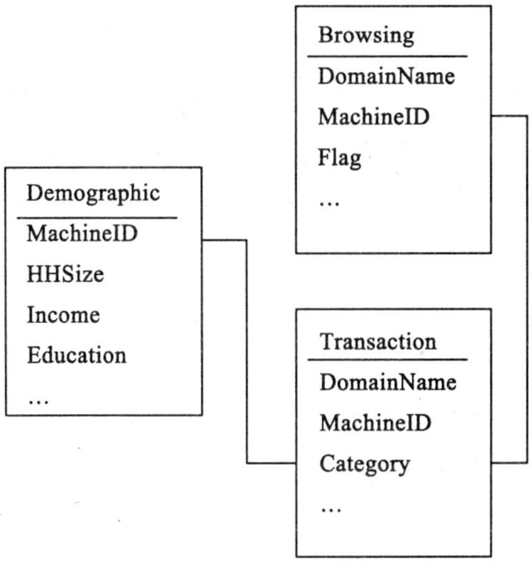

图 1 表间关系

2.2 特征构建

由于可供使用的算法比较有普适性，数据变换就可以有多种形式。但是总的来说，数据变换的结果是想要得到一个最终的表，这个表中每一个元组就是一条购买记录，属性中一部分用来表示用户的浏览记录，一部分属性用于描述用户的个人信息，另有一组属性表示购买的记录，其中一个属性 Category 记录了用户购买了哪种类别的商品，对应类别属性。

表 1 为这个表（称之为初始数据集）的示例。对于浏览行为（browsing_record）方面的属性，我们提出两种方法来构建这部分属性，各有特色，我们希望通过两种方法的使用，以及对结果的比较，可以找到比较好的预测消费者在线购买行为的方法。

表 1 **初始数据集**

Demographic		Browsing_record			Transaction_record
Income	Education	Domain1	………	DomainN	Category
I_1	E_1	D_{11}		D_{1N}	C_1
I_2	E_2	D_{21}		D_{2N}	C_2

2.2.1 *第一种方法*：Top 50

提出的第一种方法使用所有用户浏览量最多的 50 个网站（称为 Top 50）作为属性，来标识不同的用户和购买类别，也就是 Final_0 表中的 Browsing_record 部分是 50 个固定的属性，每个属性的名称为网站的域名。当一次购买记录当天访问了这个网站，该属性的取值就被记为 1，没有访问则记为 0。

具体实现时，首先我们将消费者的浏览记录和购买记录连接一起，然后筛选出购买行为当天发生的所有浏览记录作为将要使用的数据，因为我们认为购买当天发生的浏览行为应该对购买类别的预测比较重要。然后我们对留下来的数据中各网站的访问次数进行计数得到购买当天发生的被消费者浏览最多的 50 个网站。我们认为被浏览最多的网站可以对购买行为有比较好的预测能力，所以我们筛选出消费者在这 50 个网站上的购买记录，结合用户本身的个人信息所购买的商品类别的信息，以及用户是否浏览过 top 50 网站的信息，构成分类算法的训练数据集，该表我们称之为训练数据集_1，如表 2 所示。

表 2 **训练数据集_1**

Demographic		Browsing_record			Transaction_record
Income	Education	Atdmt. com	………	Amazon. com	Category
I_1	E_1	1	0	1	C_1
I_2	E_2	0	1	0	C_2

2.2.2 *第二种方法*：Recent 20

我们提出的第二种方法尝试给每条购买记录赋予不同的浏览属性，而购买之前的浏览与购买的相关性相当大，所以我们选取了每次购买发生前的 20 次浏览记录（称之为 Recent 20）作为描述用户浏览行为的特征（或属性）。

这种方法首先是筛选出消费者购买当天的所有浏览记录，因为我们基本可以假定购买发生前的 20 次浏览记录发生在当天。当某个被浏览的页面上发生了购买行为，就会被记录下来，即前文所说的 flag = 1。以此作为时间的基准点向前回溯找出购买发生前的最近的 20 次浏览，这 20 个浏览记录发生在同一次购买行为之前，也就是说，如果回溯过程中发现了另一次购买记录，回溯即停止，否则将可能会使用上一次购买前浏览的网页。

同样，用户本身的个人信息，用户所购买的商品类别的信息，以及购买发生前浏览的 20 个页面（用域名的形式表示）共同构成了分类的训练数据，其示意数据如表 3 中所示的训练数据集_2。

表 3 **训练数据集_2**

Demographic		Browsing_record			Transaction_record
Income	Education	1	…	20	Category
I_1	E_1	Msn. com		Amazon. com	C_1
I_2	E_2	Google. com		Msn. com	C_2

3 实验及结果

我们使用了一套图形化的数据挖掘软件工具 WEKA (Waikato Environment for Knowledge Analysis)[4]，来进行数据挖掘的实验。WEKA 是一个公开的数据挖掘工作平台，集合了大量能承担数据挖掘任务的机器学习算法，包括预处理、分类、回归、聚类、关联规则以及可视化。利用 WEKA 中集成的分类算法，就可以对预处理后得到的数据（表 Final_1 和表 Final_2）进行挖掘实验。

为了得到更加充分的结果，每次实验我们都使用十折交叉验证（10-folds cross validation）的方式，用十次分类的准确率的平均值来衡量预测效果。

对于两种方法得出的最终数据，我们使用了三种分类算法，分别是：C4.5 决策树分类算法、Bayes Net 分类算法以及 Zero R 分类算法。结果在表 4 中。

表 4　预测结果准确率（%）

	第一种方法	第二种方法
C4.5	9.8	50.1
Beyes Net	11.7	22.5
Zero R	11.6	11.6

两种方法的实验得出的结果，说明通过对用户的浏览行为和购买行为的历史数据的分析，来对用户今后的购买行为进行预测，是可以实现的。第一种方法的预测准确率在 10% 左右，而第二种方法的预测准确率最高可达 50.1%。从结果上来看，第二种方法的预测准确率要明显高于第一种方法的预测准确率。

第二种方法的结果好于第一种方法，包括以下两个原因：

（1）第一种方法只选取了 50 个网站作为区分购买不同商品的标准，也就是说每次购买行为的属性只局限在这 50 个网站之内，对其他网站的浏览行为被舍去，信息损失十分严重。而第二种方法虽然只选取了 20 个网站作为区分标准，但是由于并不对具体的网站进行限制，每次购买行为的网站属性值各不相同，这就在很大程度上（至少能够比第一种方法大）保留了不同购买行为之间存在差别的信息，每次购买更具个性化，这也是个性化营销中非常重视的问题。

（2）第一种方法选取的浏览行为的时间区间是购买行为发生的一天之内。虽然一天之内发生的浏览行为会与发生的购买行为有很大的相关关系，但是有时候一次购买之前只会花几十分钟甚至几分钟去浏览相关网站，那一天之中的大部分时间都与这次购买行为无关。但是第一种方法也将这种情况计算在内，而且有时购买行为发生之后的浏览行为也会被第一种方法考虑在内，这些都会造成结果的不准确。而第二种方法是选取了距离购买行为最近的 20 个网站，这就较第一种方法更具有针对性，人们在购买行为发生之前往往会浏览一些相关的网站去寻找信息，所以第二种方法所保留的信息应该是与购买行为最有密切关联的。

显而易见，第二种方法所做的预测要明显好于第一种方法。但是其实第二种方法的准确率也不是很高，只有 50% 左右，在个性化推荐过程中只有 50% 的可能性会正确，这是不是意味着实际上第二种方法也不是那么可取呢？虽然如此，但是我们认为第二种方法仍然是可取的。首先，我们要预测的是购买商品的类别，共有 65 类商品，如果是没有任何信息，而完全随机的猜测的话，准确率只有不到 2%，但是应用了第二种方法之后，准确率已经达到了 50%，这说明这种预测方法是合理的，其给出的预测能在 65 类商品中达到 50% 的准确率，这种方法也是完全可取的。试想一下，给正来浏览网页的用户提供广告，如果有 50% 的推荐可以让用户感兴趣，广告发布的受众中的 50% 有购买的需求，这实际上已经是一个比较好的结果了。

4 结 论

本文通过对用户的浏览行为和购买行为的分析，提出两种描述用户浏览行为的方法，应用数据挖掘中的分类技术，对用户购买商品类别进行预测，利用实际数据的实验结果表明第二种方法，即利用购买行为前的最近 20 个浏览页面信息结合用户个人信息利用决策树算法 C4.5 构建分类模型进行消费者购买行为的预测可以达到 50% 的准确率，远远高于类别的随机预测比例。本文所提方法可以在个性化广告推荐，以及消费者行为分析等领域发挥重要的作用。进一步研究工作包括尝试更多的方法进一步提高分类准确度。

参考文献

[1] Jiawei Han, Micheline Kamber 著. 数据挖掘：概念与技术 [M]. 范明、孟小峰，等，译. 北京：机械工业

出版社，2001.
[2] Balaji Padmanabhan, Zhiqiang Zheng and Steven O. Kimbrough. Personalization from Incomplete Data: What You Don't Know Can Hurt [J]. Philadelphia: The Wharton School, University of Pennsylvania.
[3] 刘红岩．数据库技术及应用．北京，清华大学出版社，2006.
[4] Ian H. Witten、Eibe Frank 著．数据挖掘：实用机器学习技术 [M]．董琳、邱泉、于晓峰、吴韶群、孙立骏译．北京：机械工业出版社，2006.
[5] Quinlan J R. C4.5: Programs for Machine Learning. San Mateo [J]. CA: Morgan Kaufmann, 1993.
[6] Heckerman D. Bayesian Networks for Knowledge Discovery [M] //Fayyad U M, Piatetsky-Shapiro G, Smyth P, and Uthurusamy R. Advances in Knowledge Discovery and Data Mining, Pages 273-305. Cambridge, MA: MIT Press, 1996.
[7] Wenmin Li, Jiawei Han, Jian Pei. CMAR: Accurate and Efficient Classification Based on Multiple Class-Association Rules [J]. School of Computing Science, Simon Fraser University, Burnaby, B. C., Canada.

Consumer Online Purchasing Category Prediction

CAI Yuanjue[1], LIU Hongyan[1]

(1. Department of Management Science and Engineering, School of Economics and Management, Tsinghua University, Beijing 100084, China)

Abstract: The browsing and purchasing behaviors of consumers on the internet are correlated, because people usually like to search for information about what they want to buy first before buying it. Finding this correlation is helpful for predicting users' online purchase behavior. In this paper, we try to analyze consumer-centered data which includes demographic data and browsing records using data mining methods to find the correlation between browsing and purchasing, and to predict the category of products that consumers tend to buy. We propose two methods to preprocess historical data of browsing and purchasing records in order to construct user behavior models. One method is to differentiate users by checking whether or not top-50 sites are browsed, and the other is to differentiate users by checking what is the 20 recent browsing sites. Then, we construct different classification models to predict the category of products a customer will purchase. Experiments conducted on real data show that the second method can obtain better prediction. This kind of prediction has many potential applications such as personalized advertisements and precision marketing.

Key words: classification; prediction; preprocessing; online purchasing; personalization

商业网站链接类型研究
——以网络购物行业网站为例

孙建军[1,2]，董珏[2]

（1. 武汉大学 信息资源管理研究中心，武汉 430070；2. 南京大学 信息管理系，南京 210093）

摘　要：本文借鉴已有的商业链接分析研究，结合网络购物行业网站进行实证分析，证实了网络链接在商业环境中包含了大量的商业信息，有利于对商业情报进行挖掘。在进行数量统计的同时结合链接内容和结构的分析，系统地进行了商业链接分析，在以往的链接分析基础上进一步完善了商业链接分类体系。

关键词：链接分析；链接类型；网络计量学；商业网站

中图分类号：G350

链接分析法作为网络计量学的重要分析方法之一，受到了学者的广泛关注。目前，学者的链接分析应用集中在学术、科研领域。本文的研究正是要在网络市场竞争的环境中，分析商业网站的链接动机和链接类型，为基于链接分析的网络竞争情报挖掘提供理论和实践基础。

1　国内外商业链接类型研究

最早从 Woodruf 开始，在网络链接的计数研究中将链接分为自我链接和外部链接两类进行计量分析。Robert C. Vreeland 根据链接靶向的差异，将与网站相关的链接分成该网站指向其他网站的链接（Luminosity）和其他网站指向该网站的链接（Visibihty）[1]；Peter Ingwerse 将指向特定网站和网页的链接（Inlinks 或 Inboundlinks）分为来自外部的链接（External Citations）和来自内部的链接（Self-citations）[2]；Trigg R 将网站指向自身内部的链接分为普通链接和评论性链接。Smith AG[3] 根据对链接作用的“认可”（或“推荐”）与“不认可”，将网络链接分成实质性链接和非实质性链接两大类，这种方式最常被借鉴。

商业链接分析目前以 Liwen Vaughan 为代表[4][5][6][7][8][9]，通常可以运用一个网站指向外部的链接，或是外部链接到该网站的链接，排除了网站的自链接。页面的内容以及链接的上下文都会按照三个变量进行记录：国家、网站类型、链接动机，其研究的分类表基于 BERG [10] 的理论建立。

根据文献调研，总结链接分析在竞争情报领域应用的情况，得到以下相关的基于竞争情报的链接分类表，见表 1。

表 1　　基于竞争情报的链接分类

研究学者	研究视角	分类	
Vaughan[11]	页面上下文内容	鸣谢公司赞助者；来自顾客的链接；在线名录（包括搜索引擎名录）；来自工作招聘的链接；链接到商业合作者；关于产品或公司的新闻（提到了产品或公司的新闻，不是深入的报道评论，不是简单的公司或产品列表）；产品列表（只是产品列表，而非评论）；客户列表；公司列表（仅为公司列表，不是赞助者名单、合作者名单，如果链接可以归为上面提到的则不能归入该类）；其他（例如，博客，书签，产品评论，时事通讯）	
Wallin[12]	权益相关者视角	内部权益相关者	顾客，雇员，投资者，合作者/供应商等
		外部权益相关者	协会，教育机构，政府等
Boulton 等[13]	资产视角	有形资产	固定资产（财产，建筑物，存货等），金融资产（现金，负债，支付，投资等）
		无形资产	产品/服务（产品特性），顾客资产（购买力），文化资产（文化、战略，领导力等）
Payport，Sviokla[14]	信息管理行为视角	信息收集	列表、名录
		信息组织	列表、名录
		信息选择	报告，事件
		信息综合	新闻材料
		信息散布	产品评论

2 实证研究——以网络购物行业网站为例

为了验证商业网站中网络链接的不同类型有利于发掘不同的商业信息，本文选取网络购物行业网站链接进行研究。为了有效地进行链接分析，提取链接类型，数据分析根据最基本的网站自链、出链、入链三个方面进行统计分析，最后进行类型分析，并提取分类体系。

2.1 样本选取

根据中国互联网协会公布的网上购物网站排名以及网上各种排名榜，我们选取了一些企业网站作为分析对象，见表2。

表2 样本网站列表

排名	国内网站	网址	类型说明
1	淘宝	www.taobao.com	C2C，个人交易平台
2	易趣	www.eachnet.com	C2C，网上交易商城
3	ebay 中国	www.ebay.cn	C2C，后与易趣合并
4	ebay	www.ebay.com	B2C，
5	拍拍	www.paipai.com	C2C
6	百度有啊	youa.baidu.com	C2C
7	当当	www.dangdang.com	B2C，中文图书网上商城
8	亚马逊	www.amazon.com	B2C

2.2 工具选取

本章涉及的所有 Web 链接数据均来自于所选站点的最新页面，链接数据更新到 2008 年 12 月。本案例选择雅虎中国作为链接搜集工具。本文的实证研究中“入链分析”、“出链分析”中都将使用雅虎作为链接的搜集工具。网络自身链接分析借助 SocSciBot [15]，选择不同的链接类型和 ADM 进行分析。数据分析采用 Pajek。用 SocSciBot 进行数据爬取，利用 Pajek 软件 Kamada-Kawai 算法绘制社群图。

2.3 数据分析

2.3.1 自链分析

本章以淘宝为例，可视化爬虫爬取到的 4931 个页面中链接到淘宝网站的链接节点简化为以域名为单位，得到淘宝网站的内部结构如图1。

统计各密集节点的自出链和自入链，说明网站内部结构是以二级域名作为信息集散的主体，对网页的内容、性质进行分类分析可以反映网站的经营状况，如表3。

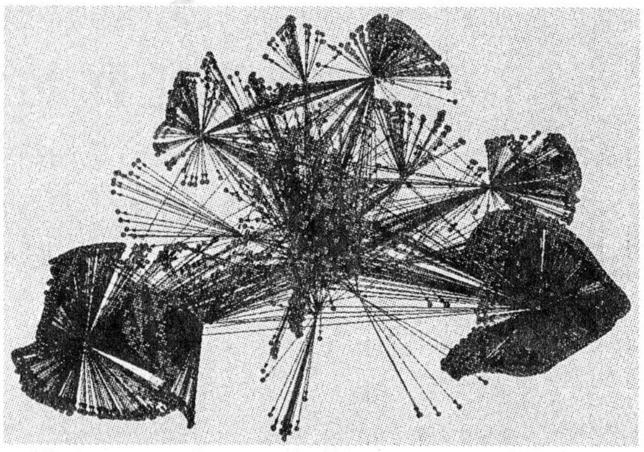

图1 淘宝网站自链接结构（以域名为单位）

表3 淘宝网页类型统计

出链	比例	入链	比例
产品	41.26%		28.43%
列表	14.34%	C2C 卖家	12.15%
搜索	6.09%	B2C 卖家	9.80%
……	……	……	……
频道	17.29%	itaobao.taobao.com	16.27%
beauty.taobao.com	6.88%		3.33%
luxury.taobao.com	6.29%	luxury.taobao.com	1.57%
itaobao.taobao.com	2.75%	beauty.taobao.com	1.37%
……	……	……	……
首页	13.16%		5.99%
		台湾	0.39%
帮助	11.39%		12.16%
指南/说明	8.64%		
提问	2.75%		3.33%
会员	9.34%		10.98%
协会	5.50%		3.33%
社区	4.32%		3.73%
其他		招聘，视频，非官方网站彩票	

从表3中可以看出，产品列表和宣传始终是淘宝网站的主要业务。另外，台湾地区网站也是被关注的重要对象。mall 店入链数甚至超过了原来的 C2C 业务店铺，反映了淘宝开发 B2C 业务的经营方向。

采取同样的办法对淘宝所属集团内部公司间进行链接分析（以站点为单位），如图2。从中不难看出阿里巴巴集团下属的7家公司在网络中的地位基本对称。阿里巴巴和淘宝作为重要的业务公司反而网络集中程度一般，反映出阿里在业务经营上更趋向于对外化和多元化。

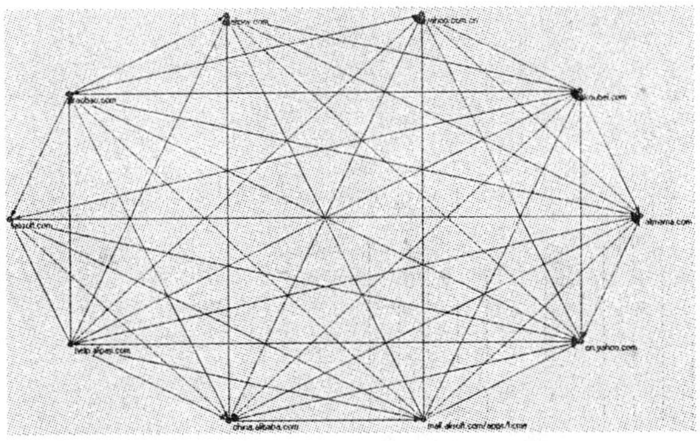

图 2 集团内部关系

再进行集团内部链接分析时，易趣、拍拍、ebay、百度有啊等都有大量反映内部合作的链接，例如易趣与安付通，拍拍与 QQ、财付通，ebay 与 paybao，有啊与百付通以及百度的各项相关服务等。

2.3.2 出链分析

出链，在本文中统一定义为由一个网站创建，指向其他网站的链接。

1）外部网站链接情况

本节以站点为单位，将爬取到的淘宝网站网页链接到外部的网站显示如图 3。

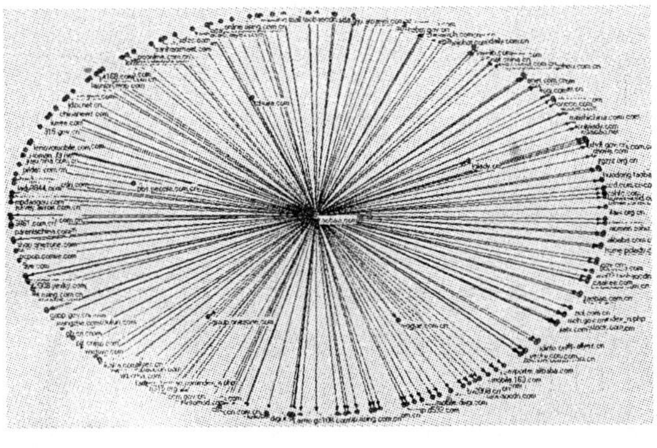

图 3 淘宝指向其他网站的链接（以站点为单位）

图 4 中统计出频道的对外链接是最多的。淘宝在主要网页的下方都会有链接指向集团的各个公司站点，因此该部分链接也占到了很大比例。值得关注的是进货渠道的链接，大多是服饰、小商品的集散地链接，一方面给卖家提供进货渠道，另一方面也体现了一种宣传作用，具有潜在的供应商和合作者关系。

另外笔者尝试利用 Vaughan 分类表来对网站自身创建的链接进行分类时，覆盖率仅为 40% 左右，

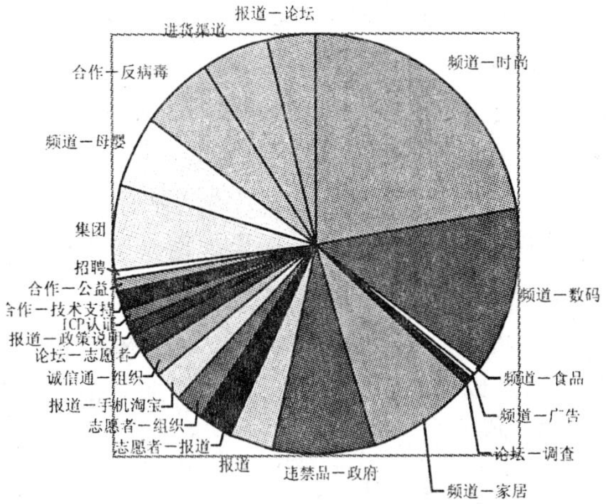

图 4 链接创建页面类型

可见已有的分类表是有缺陷的，需要进一步地完善和修正。

2）竞争对手间链接情况

利用 SocSciBot 对网站间的链接情况进行分析，得到图 5。

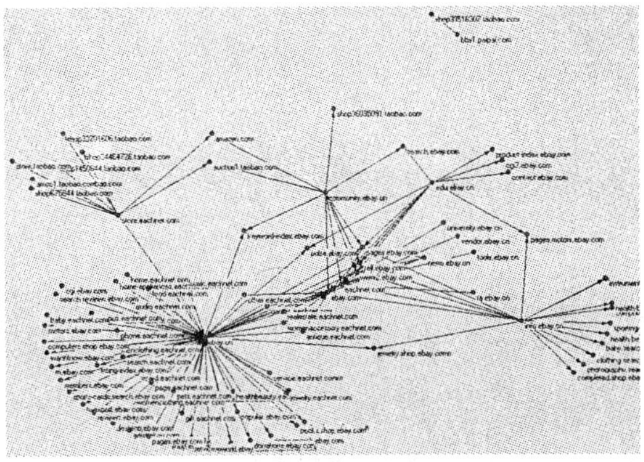

图 5 竞争对手间的内部链接（域名）

主站间有联系的是 ebay.cn，ebay.com，eachnet.com，这几家是战略合作关系的，eachnet 已经与 ebay.cn 进行了商业整合。淘宝与 ebay，淘宝与拍拍，亚马逊与 ebay、eachnet 间的联系是各社区、信息介绍中存在的链接。

3）行业与外部链接情况

从图 6 可以看出，具有相同规模外部链接的网站分成几类：eachnet，ebay.cn，ebay.com（最多的网络链接群体）；taobao.com，paipai.com（对外链接网站数相当）；amazon.cn，amazon.com；dangdang.com、youa.baidu.com。以与淘宝有共同链接

对象的网站为例，进行入链和类型统计得到以下结果：

（1）政府类网站。miibeian. gov. cn 得到了易趣、ebay 中国、百度有啊、拍拍、当当、亚马逊中国网站的链接，而 ebay、amazon 的国外网站没有链接。

（2）淘宝与易趣共同链接的网站最多，淘宝多是产品相关信息的链接，而易趣则是给出的友情链接列表中直接链接到各站的主页。

（3）淘宝与其他网站的共同链接网站都为商品相关消息或介绍，链接到的页面不同，但都出自同一个网站。

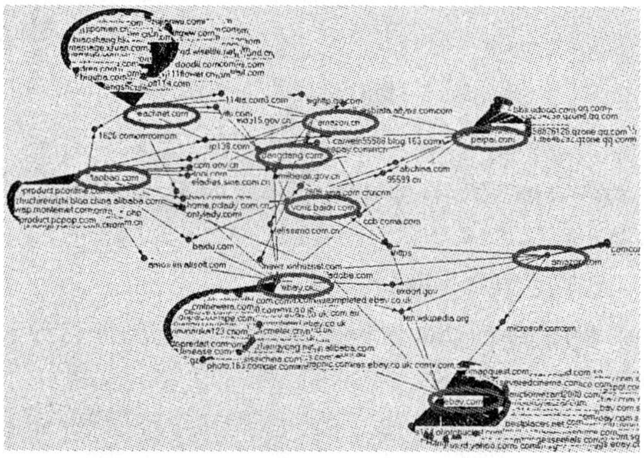

图 6　行业中代表性企业与项目中未爬取网站间的相互链接（以站点为单位）

2.3.3　入链分析

本节对网站的入链进行相关分析。本节将结合采用 Vaughan 的分类表与 Wallin 框架进行链接分析，在分析过程中如有分类表不能覆盖的链接类型，采用 Vaughan 三步走的方法对分类表进行修改。

表 4　　页面内容视角分类

页面内容	比例	页面内容	比例
列表	34.81%	合作	5.52%
集团外	3.31%	合作网站	1.10%
集团内	31.5%	合作商户	0.55%
名录	12.71%	合作伙伴	1.66%
集团内	1.10%	其他合作	2.21%
集团外	11.61%	推荐	2.21%
导航	23.76%	产品	1.66%
集团内	0.55%	网站排名	1.66%
集团外	23.21%	无效	1.10%
友情链接	16.57%	其他	

页面内容的划分是根据链接在页面中所处的板块主题，以及页面的主题而定的。从表 4 中看出，“列表”和“导航”是所占比例较大的两类主题。其次是名录和友情链接。“列表”、“导航”、“名录”“友情链接”从数量上占了外部链接的绝大比例，但却没有实质内容，对于内容挖掘作用不大。很少有网站直接将“合作”者列在网站中，但是有列出的，其页面都有专指的主题，例如产品、同类网站等，对于链接创建网页来说其战略意义较大，而对淘宝本身而言只是商业内容的极小组成部分。而“推荐”、“网站排名”类似于第三方评价，淘宝目前在同行业或同类网站中都名列前茅，吸引了大量的外部链接。

根据 Wallin 的权益相关者的视角，发现 33.15% 的链接来自集团内部，这种类似联谊的联系并没有反映出相关商业策略，但却大大提高了网站的网络集中度，有利于很多引擎的排名，对网站影响较大。剩下的 66.85% 是来自于外部权益相关者。

Boulton 的资产视角的分类与 Vaughan 的页面内容分类相似。网络最大的作用就在于吸引公众的注意力，网站经营成为企业无形资产的重要组成部分。

Payport 和 Sviokla 的行为视角分类相对于网站自身创建的链接覆盖力不大。确切地说大量的“列表”、“导航”和“名录”成为引擎结果的首选，而原来设计中的选择、散步类的行为很难在这些链接中体现出来，而从前面网站自身的视角，这种行为就体现得更为充分了。

3　商业链接类型研究

3.1　链接中包含的商业信息

电子购物网站的自发性链接主要反映了以下几种类型的商业关系。

公共政策：法律、监管、技术标准等。例如在分析网站对外部网络的链接时，就有链接到国家 ICP 标准管理网站 miibeian. gov. cn，并且国内的几个网络购物网站都有链接，国外网站则没有。另外在淘宝、易趣都与不良违法商品的管理网站 net. china. cn 建立链接。淘宝还专门建立了主题网页，其中有大量相关政府、媒体链接。另外淘宝有一个链接指向一个法律数据库网页。

市场营销：在对淘宝网站进行链接抽取时，网站的自身结构就以产品分类/列表、产品说明介绍、网站频道等形式进行各种商品介绍、宣传、促销等活动。网站自身的建设起到了很好的经营、购买、交易导向作用。在市场调查方面，淘宝的论坛中有一链接指向艾瑞网，在进行网页内容分析时，发现该网站有很大部分淘宝作为数据来源的网络购物行业报告，说明淘宝和艾瑞网有很多关于网络调查方面的合作。

支持服务：物流、支付、通信、安全系统。该方面的合作，目前在电子行业内具有很强的集团性。例如淘宝有专门的物流管理网页（wuliu. taobao. com），其支付工具支付宝、通讯工具淘宝旺旺都与淘宝一起属于阿里巴巴集团。淘宝还有一些链接指向 MSN 网站，经分析二者也属于合作关系。另外关于网络安全、网络管理等方面，淘宝都有建立指向国家或地方相关管理机构网站的链接。

合作伙伴：合作计划、合资并购、行业协会、网站联盟。这方面淘宝在行业内具有很好的代表性。众所周知，它所属的阿里巴巴集团内部公司网站都与其有大量链接，它还建立了诚信通网页，呼吁行业的诚信道德自律等，其宣传自己的企业文化的志愿者网页与志愿者相关机构组织也建立了链接等。

舆论：报道、新闻、材料等。确实有很多单独的报纸、新闻网站与其有链接，但都不是指向主页，而是淘宝有选择性地链接到相关报道的网页。

可见，淘宝在自身建设中形成了很好的行业环境，在该行业中具有很好的代表性。值得注意的是，在一些与竞争对手、合作伙伴的链接中，有一定数量属于弱性的链接，它存在于回帖、文章引用当中，需要对网页和链接指向网页进行内容分析才能发现二者的关系，这也是链接分析在商业信息发现中值得引起注意，同时也是目前分析技术的薄弱之处。

3.2 商业链接分类

表5基于竞争情报的链接分类为我们从页面内容、权益者视角、资产视角和行为视角等不同的方面提供了分类的依据。

从前文的统计结果发现，对自链、出链、入链分别进行统计分析能够代表不同的研究视角。自链分析有利于对网站构架进行解析，可以反映出网站的结构层次，通过数量的统计得到网站的重点运营内容，对与数量少的类型进行分析有时能得到公司的运营细节，特别是对服务性内容的链接分析；出链反映了网站主动构建的网络环境，能够有效地解析网站在网络中构架的关系网络；入链，来自于其他网站的链接，反映的是网站在网络中的影响力。

表5基于类型的分类，可以对网页/网站进行很好的归类，但对于网站链接间的关系和动机仍需要进一步的解构，因此，从学者们提出的权益相关者视角、行为视角进行解析也是有益的。

最终形成一个交叉表6，利用该表可以对网站的经营内容、经营环境、网络影响力等方面进行一个系统的剖析。

表5　　网站链接类型分析表1

研究对象	视角		
		类型	子类/说明
自链接	结构视角	域名级别	一级（首页）、二级（频道/主题）、三级（频道下属页面）
		域名主题	店铺类：网络购物网站的经营主体
			服务类：属于网站提供的帮助、说明、查询、提问等辅助性主题
			文化类：属于网站经营的社区/论坛、倡导的协会/组织等
出链接	环境视角	社会类	指导类：例如法律、政府、组织协会等
			业务相关类：合作者、媒体、网路服务等
			其他类：导航/名录、论坛/社区
		行业类	同行业类网站，包括公司或行业组织网站等
		集团类	同集团的公司网站，或者有技术、支付等方面合作的网站等
入链接	页面内容视角	导航/名录	通常以列表形式出现，但在页面中不属于某主题
		友情链接	在页面中出现在“友情链接”栏的链接
		合作网站	在页面中出现在“合作”字样栏的链接
		产品介绍	页面属于产品说明、介绍，并有明显链接的网页；
		网站排名	在网站排名中有公司链接的页面
		无效链接	无法打开或过期的链接

表 6 网站链接类型分析表 2

研究对象	视角	权益相关者视角		行为视角				
		内部	外部	组织	散布	选择	搜集	其他
自链	结构视角	✓						
出链	环境视角	✓	✓			✓		
入链	内容视角	✓	✓					

注：打✓表示交叉使用是有意义的

4 结 语

总结目前国内外链接分析的研究对象和研究方法不难发现，对于链接的来源网站类型集中在对学术机构、大学、期刊、政府或行业性网站上面，这些网站通常会有丰富的来自同类型网站的链接，这会在学术研究领域或行业领域形成明显的交流渠道和网络社区，其链接的性质和研究动机也得到了一定的研究。对于网站的研究，也集中在评价、核心网站、社区交流的研究上。然而对于商业网站、企业网站之间的交流，企业通过链接建立的网络影响力、市场竞争力方面的研究仅集中在定性分析以及模型研究上，为此，本文希望通过对企业网站的链接动机和类型研究，就链接对于企业在网络中建立的市场商业关系进行分析。

参 考 文 献

[1] Vreeland Robert C. Law Libraries in Hyperspace: A Citation Analysis of World Wide Web sites [J]. Law Library Journal, 2000, 92 (1): 9-25.

[2] Ingwersen P. The Calculation of Web Impact Factor. Journal of Documentation [J]. 1998 (2): 236-243.

[3] Smith A G. Classifying Links for Substantive Web Impact factors [C]. //Proceedings of ISSI 2003, Beijing, 25-29. August 2003.

[4] Vaughan L. Web Hyperlinks Reflect Business Performance: A Study of U. S. and Chinese IT Companies [J]. Canadian Journal of Information and Library Science, 2004, 28 (1): 17-31.

[5] Vaughan L, Wu G. Links to Commercial Web Sites as a Source of Business Information [J]. Scientometrics, 2004, 60 (3): 487-496.

[6] Vaughan L, Comparing Business Competition Positions Based on Web Co-link Data: The Global Market vs. the Chinese Market [J]. Scientometrics, 2006, 68 (3): 611-628.

[7] Vaughan L. Exploring Website Features for Business Information [J]. Scientometrics, 2004, 61 (3): 467-477.

[8] Vaughan L. Web Hyperlinks Reflect Business Performance: A Study of U. S. and China IT Companies [J]. Canadian Journal of Information and Library Science, 2004, 28 (1): 17-31.

[9] Vaughan L. Exploring Website Features for Business Information [J]. Scientomentrics, 2004, 61 (3): 467-477.

[10] Berg B L. Qualitative Research Methods for Social Science [M], Boston: Allyn and Bacon. 1995: 176.

[11] Vaughan L., Gao Yijun, Margaret Kipp. Why are Hyperlinks to Business Websites created? A content analysis [J]. Scientometrics, 2006, 67 (2): 291-300.

[12] Drik Vriens. Information and Communications Technology for Competitive Intelligence [M]. 2004.

[13] Boulton R E S, Libert B D, Samek S M. Cracking the Value Code: How Successful Businesses Are Creating Wealth in the New Economy [M]. Harper Business, 2000.

[14] Rayport J F, Sviokla J J. Exploiting the Virtual Value Chain [J]. Harvard Business Review, 1995: 75-85.

[15] SocSciBot 3: Link crawler for the social sciences. [EB/OL]. [2008-07-14]. http://socscibot. wlv. ac. uk/.

Analysis of Business Website Links
—A Case Study of the Online Shopping Websites

SUN Jianjun[1,2] DONG Jue[2]

(1. Wuhan University Information Resources Research Center, Wuhan 430072, China;

2. Nanjing University Information Management Department, Nanjing 210093, China)

Abstract: Based on the research of the business web links, this paper made a case study of the online shopping websites links, which proved the links contained lots of business information that could be used for the intelligence mining. Besides the quantitative analysis, this paper analyze the content of links, and proposed a improved classification schedule.

Key words: link analysis, link types; webometrics, business websites

理解企业间电子商务系统使用失败：社会技术视角*

吴金南[1]，仲伟俊[1]，梅姝娥[1]

（1. 东南大学管理科学与工程系，南京 211189）

摘　要：虽然很多信息系统文献研究了系统开发失败，但是很少有人研究信息系统，尤其是企业间电子商务系统使用失败。本文从跨学科集成的社会技术视角，构建了一个由技术、组织、管理和社会政治等四个维度构成的企业间电子商务系统使用失败模型，使用此模型识别了导致企业间电子商务系统使用失败的关键影响因素。研究表明，系统使用失败是导致企业无法从一个成功的企业间电子商务系统中获取预期 IT 收益的根本原因，而且，企业在管理这四个维度及其之间依赖关系时的低效或无效是系统使用失败的决定性因素。

关键词：企业间电子商务；系统使用失败；关键失败因素；社会技术视角

中图分类号：F270.7

企业间电子商务系统能够有效地支持供应链企业之间的信息与知识共享以及业务流程整合[1]，从而显著改善单个企业以及供应链伙伴企业的绩效水平[2]。而且，IT 资源与互补资源的协同以组织惯例的形式嵌入组织，进一步给企业带来持续的竞争优势[3]。因此，我国有大量企业，尤其是传统制造企业投入战略资源于企业间电子商务，试图通过应用电子商务技术增强企业竞争力。然而，连续的企业 IT 投资，尤其是企业间电子商务技术投资，并没有实现预期的 IT 收益，进而引发了对互联网及相关 IT 的新悖论[4]。过去一些企业间电子商务的成功经验和失败教训都表明，并不是只要企业投资了企业间电子商务系统，就能提高企业的工作效率和经济效益，就能增强企业的竞争力[5]。这些频繁和严重的信息系统失败案例表明，企业的信息系统失败问题远远没有得到解决[6]。那么，相比企业内部信息系统，为什么企业间电子商务系统应用失败率更高？哪些因素导致了企业间电子商务系统应用失败？

虽然，已有 IS 文献对这些问题进行了不同视角和层面的研究[6][7][8][9]，但是很少有学者将传统的企业内部信息系统失败研究扩展到企业外部的企业间电子商务领域，开发一个同时集成不同研究视角和层面的概念性框架的研究就更少。研究人员和实践人员都越来越清楚地意识到，随着企业面临的商业环境日益复杂多变，企业决策者需要重点关注的不是是否参与电子商务，而是如何以及多大程度地投资和部署电子商务[10]。因此，信息化实践的迫切需要，要求我们必须对上述问题做出有效回答。

1　相关文献评述

从 20 世纪 70 年代以来，信息系统与信息管理领域的学者们，如 Lucas[7]、Sauer[8]、Kim 等[9]以及 Pan 等[6]，已经开发了一些概念性框架，用来解释信息系统失败的概念。基于这些概念性框架，研究人员已经从不同理论视角研究了信息系统失败问题，包括社会—政治[11][12]、组织行为[13][14]、组织变革[15][16]等角度，也取得了丰硕的研究成果。然而，谨慎和仔细地分析现有研究成果可以发现，该领域有三个问题需要引起研究人员和管理人员的足够重视。如果这些问题能够很好地得到解决，我们相信企业间电子商务应用水平和应用效果就可以得到显著提升和改善。

第一，现有研究主要关注信息系统开发或实施失败以及导致这类失败的关键因素，很少有学者研究系统交付之后的用户接受和使用过程中的组织、管理和社会—政治失败。最近的研究已经表明，过于关注系统开发而忽视系统使用，是导致大部分信息系统应用不成功甚至失败的重要原因[4][17][18]。第二，很少有学者将研究对象从企业内部信息系统扩展到企业间电子商务系统，系

* 基金项目：国家自然科学基金资助项目（70671024）博士点基金资助项目（20070286008）
通讯作者：吴金南，E-mail：wujinnanseu@yahoo.com.cn

统地研究企业间电子商务系统使用失败。由于企业间电子商务系统的独特性使其在技术上更复杂，在组织和管理上更加困难，从而更容易遭致失败。企业内部信息系统的一些研究成果不足以帮助企业成功应用企业间电子商务系统显著增强竞争力。第三，大多数文献都是基于某一种理论视角研究信息系统的失败问题，到目前为止，很少有学者从跨学科集成的视角研究企业间电子商务系统失败问题。企业间电子商务系统是一个多学科交叉领域，任何单一的理论都不能很好地解释组织间信息系统的失败和价值创造[19]。

本文的目标是构建一个比较全面和系统的企业间电子商务应用失败模型，并使用此模型识别关键失败因素，以更好地理解相比那些成功实践而言，为什么更多企业的电子商务实践是不成功甚至失败的。我们通过对国内外企业的案例分析发现，没有任何一种理论或观点可以占据主导地位，企业间电子商务系统需要恰当的社会、组织和智力投资才能产生预期的 IT 投资回报[20]。本文整合信息系统、社会—政治、组织设计以及组织行为等不同理论或观点，从技术、组织、管理和社会—政治等四个维度研究企业间电子商务系统使用失败。这不仅能够丰富已有信息系统研究，而且可以为我国企业成功应用电子商务来促进企业间协同、提高供应链响应能力和整体竞争力，提供重要的理论指导。

2 概念模型构建

从过程的角度看，企业间电子商务应用可以分为两个相互联系的必不可少的阶段，即系统开发和使用阶段。过去的信息系统研究主要关注企业间电子商务系统开发阶段，而忽略了对系统交付用户之后的接受和实际使用过程的研究。实践中，很多企业的管理层在批准 IT 项目和/或开发出一个成功的系统之后，就等着从系统使用中获取竞争优势。根据我们对那些失败案例的分析，理论和实践对系统使用阶段的忽视，正是绝大部分企业间电子商务应用失败的关键。除非任务、工作和组织流程都随新系统发生变化，否则 IT 对组织绩效的显著改善不可能发生[16]。比如，成功实现供应商与制造商之间的协同商务，不仅仅需要技术先进、功能完善和可以运行的 SCM 软件，还要求双方的协同商务系统用户愿意并知道如何使用系统与其他人员或企业共享信息。另外，进行必要的组织变革，构建新的业务流程和激励符合系统需要的行为，同样非常重要。最近的研究也表明，仅有 20%—25% 的 IT 收益与系统开发有关，而 75%—80% 的 IT 收益是由系统使用决定的，比如公司内部用户以及供应商和企业客户等外部参与者对系统和信息的使用。系统开发和使用在管理重点和思维模式等方面都不一样[22]。二者之间的这些差异意味着，业务经理在实际进行战略选择时可能倾向系统构建，或可能倾向系统使用，还可能同时关注两方面。

与成功的信息系统实践相比，现有信息系统文献中很少研究企业信息系统失败的案例[6]。因此，过去的三年时间，我们研究过很多试图通过应用企业间电子商务技术显著提高自身竞争力的企业。这些企业在规模、国别以及应用成效方面都不尽相同，其中既有像通用汽车那样非常成功的企业，也有像 FoxMeyer 这样由于系统实施失败导致破产的企业。戴尔公司 2000 年企业间电子商务战略的失败和思科系统公司 2001 年 22 亿美元的库存注销还表明，即使是行业领导企业也可能面临企业间电子商务失败的挑战[21]。最近一项对公司高管的调查表明，企业投资的 CRM 系统根本没有达到预期水平，甚至彻底失败。有些高管证实，他们原本期望投资电子商务项目能够为企业带来竞争优势，但实际情况是，IT 投资仅仅能够让他们不至于因为信息管理的落后而处于竞争劣势[22]。基于已有研究和案例分析认为，企业间电子商务应用不仅仅是一个技术问题，企业的组织和管理方面的“软因素”，尤其是企业间关系和政治因素，对获取 IT 收益的影响日益显著。

最近一个新的研究方法是将信息系统失败放在社会和组织情境中研究。Sauer 基于社会交换关系开发了一个重要的信息系统失败模型，包括三个创新过程：项目组织、信息系统及其支持者，并且这些构成形成了一种受到环境影响的三角形依赖关系[8]。Zhu & Kraemer 指出，技术、组织、环境和管理因素可以为探究电子商务的战略应用提供有用的分析框，因为它们识别了影响技术创新采纳、实施与使用过程的企业情境[4]。由此看来，要充分理解企业间电子商务系统，必须了解除了技术之外的组织、管理和社会政治维的因素。研究人员将行为方法和技术方法结合起来就形成了一个更加系统的社会技术（Social-technology）方法，用来研究信息系统[20]。本文集成信息系统、组织设计、组织行为学、一般管理、社会资本以及政治组织等多学科的理论或观点，从社会技术视角构建一个用于分析企业间电子商务应用失败的概念模型（图 1）。

企业间电子商务应用失败的原因是多方面的，

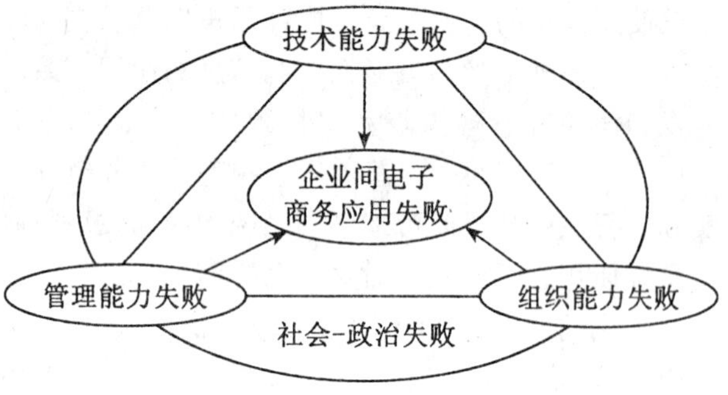

图 1　企业间电子商务应用失败概念模型

包括没有成功地提供技术能力，低水平的 IT 项目组织和管理能力，以及缺乏管理各参与企业之间的社会政治关系的能力，也就是图 1 所示的四个维度：技术维、组织维、管理维和社会—政治维。而且，这四个维度的关键失败因素并不是彼此独立的关系。它们之间实际上是相互关联的，前三个维度形成了一种三角形依赖关系，并且嵌入在社会—政治维中。如果任何一种关系存在问题或者缺陷，就可能对该系统产生不利影响，进而可能导致系统失败或终止[6]。技术能力失败、组织能力失败和管理能力失败直接导致企业间电子商务应用失败，而且这三者之间是相互联系、相互依赖的关系。社会—政治失败一方面可能直接导致企业间电子商务应用失败，另一方面可能通过影响技术、组织和管理方面的失败间接导致企业间电子商务应用失败，因为所有因素都在不同程度上受到企业之间关系环境的影响。

3　关键失败因素分析

在影响企业间电子商务系统应用的诸多因素中，有一些占据着比较关键的地位。表 1 根据图 1 所示的概念模型，并基于已有的信息系统失败研究和案例分析结果，识别了企业间电子商务系统使用中最常见、最严重的关键失败因素。

3.1　技术能力失败

一般而言，系统开发阶段已经交付了一个可以正常工作的系统，但是 IT 技术人员和外部技术提供商的任务并没有结束。参与企业在说服用户接受并实际使用新系统时，仍然需要足够的技术支持。现实中有些企业以为系统交付之时，就是清退外部技术提供商、开始收获企业间电子商务投资回报之时。然而，企业在系统使用阶段经常会犯以下一些技术方面的错误。有的企业没有组织技术人员编订清晰的系统使用指南/用户使用手册，也没有为内部和外部的系统用户进行接受测试，导致新系统没有被广泛使用，或者被错误地使用（以发起者预期之外的方式使用）[16]。Maxima 公司是一家早在 2000 年营业收入就达到 3 亿加元的电子设备制造商。该公司领导层在实施一项价值 200 万加元的电子商务项目时，公司 SCM 软件中的财务模块就没有通过用户接受测试，有些模块被用户终止了，因为他们觉得系统人机界面以及交互性设计得不友好、缺少人性化，最终放弃了项目。

企业信息系统管理部门在系统使用阶段的一项重要工作是，采取一种及时和安全的方式维护高质量的企业门户网站。然而，我们研究的很多传统制造企业（包括一些大型企业）在系统维护方面资源投入非常有限、有关技术人员配备严重缺乏，而且，有些企业为了节约系统运行和维护成本，在与技术提供商签订的服务合同中没有涉及系统运行和维护服务。这就进一步导致企业无法按照预期要求及时监控系统运行效率和效果，网站信息经常得不到及时更新，网站在高峰期运行速度缓慢，用户抱怨现象时有发生。有一家年销售收入超过 2 亿元的中型服装生产商，其投入较大资金构建的 CRM 系统运行不到 2 个月，各地零售商就经常抱怨系统反应速度缓慢，批评网站缺少方便易用的导航功能，而公司又没有及时对这些系统缺陷做出响应，结果使得很多零售商转向竞争对手，损失一部分市场。还有一些非技术的个人或企业用户访问网站的沮丧经历，使它们不再想进一步访问，比如网页安排不好，或者用户不容易找到所需的信息，或需要很长时间才能在用户的计算机显示网页。这就是 Amway 公司的 Quixtar. com 所发生的情况。这个网站被认为是设计成功的，但是没有能够提供企业预期的 IT 价值。

另外，系统构建失败对系统本身和业务创新产生的不利影响，开始在使用阶段显现。比如，有些企业的系统需求频繁变化，目前运行时间不长的新系统无法满足很多新的业务需求，导致需要增加部分功能和/或升级现有模块功能，才能实现预期系统目标。然而，有些企业此时又没有足够的技术资源和能力来及时响应这些系统需求变化。此外，尽管人们越来越强调，设计全面和平衡的衡量指标，及时对新系统进行评价，但是与系统技术性能和数据质量有关的指标，仍然是系统评价时需要重点关注的。如果仅仅重视系统对业务运作或创新的服务能力评价，忽视网站质量和信息质量，反而会失去系统的这种服务能力。

表 1　　关键失败因素

技术能力失败	组织能力失败	管理能力失败	社会政治能力失败
* 缺乏足够的系统维护知识	* 内外的用户不熟悉新系统	* 缺少 IT 审计	在使用新系统和/或信息时：
* 没有及时评价系统性能	* 内外的用户接受培训不足	* 没有把变革固化到文化中	* 参与企业不信任系统潜能
* 系统需求频繁变化	* 内外的用户抵制新系统	* 过早宣布成功	* 参与企业之间缺少信任
* 对需求变化响应迟缓	* 敌对的组织文化	* 缺乏风险管控机制	* 权力的过度使用
* 缺乏风险管控技术能力	* 缺乏有效的激励系统设计	* 领导没有在系统使用中以身作则	* 权力的不公平使用
* 缺少及时和安全地维护高质量网站的 IT 经验和知识	* 实施后出现计划外的大规模业务流程调整机制	* 不能及时或有效地评价系统及应用效果	* 分配合作收益存在冲突
* 缺少详细的技术方案监控在线系统运行效率与效果	* 新流程没有制度化	* 新的衡量标准和激励政策	* 用户因恐惧而抵制新系统
* 没有制订系统使用指南	* 缺乏持续有效的学习能力		
* 人机交互方式过于复杂	* 后续投入不及时、不足量		

因此，那些以前视 IT 为辅助功能的传统企业，需要改变视系统运行与维护为成本动因的传统观点，采取一种选择合作伙伴而不是供应商的观点，保持与软件供应商之间的长期关系，接受其提供的系统运行、维护与更新的技术服务。表 1 中列举了这些系统使用的关键失败因素。

3.2　组织能力失败

如表 1 所示，在系统使用阶段，培训本企业和其他参与企业的用户，以熟悉新系统和充分了解其潜在应用，时常被忽略。如果在项目开始时就经费紧张，到了系统使用阶段可能就没有足够的经费进行相关培训。这样做的后果是各参与企业的用户从心理上都不愿意使用新系统；即使他们愿意使用新系统，由于没有或缺少足够的系统使用方面的培训，他们也没有能力更好地使用系统以及系统产生的各类信息。另外，正如一项最新研究所证实的，信息文化是组织文化中影响信息管理和使用的那部分企业价值、规范和实践，企业信息文化能够解释30%—50%的信息使用效果差异[23]。如果企业内部存在敌视新系统或不利于新系统使用的组织文化，它们将不利于供应链信息被各参与企业有效地感知、创造和使用。

企业间电子商务系统使用的失败还因为缺少其他互补的组织变革，因为当新系统被引入现有组织时，它们可能产生很多种形式的“不匹配”。Markus（2004）识别了三种主要类型的不匹配：工作或业务流程不匹配、文化不匹配、激励不匹配。比如，第一种不匹配就发生在国内一家国有大型机械公司。该公司刚实施新系统才 5 个月，就开始了大规模业务重组，导致新业务流程跟先前嵌入系统的业务流程完全不同，最终损失了全部的 IT 投资。另外，适应新系统的流程没有作为正式管理制度固化，也是导致某中型毛巾被公司系统瘫痪的根本原因。当初在设计业务流程时没有和业务部门达成共识，流程的执行只是依靠个人的影响力而不是业务习惯，并且没有相关的流程执行监督部门，结果当该公司主管副总调离后，造成系统近乎瘫痪。需要强调，哪一种类型的不匹配最需要避免，这需要因具体企业而异，但是激励不匹配最需要引起注意[16]。我们在进行案例分析时也的确发现，很多企业在企业间电子商务应用的前两个阶段各方面都是成功的，但是新系统就是不能广泛地被使用，企业也没有实现预期收益。根据激励原理和公平理论，关键失败原因是这些企业没有重新制定促进新系统使用的人力资源管理政策，没有变革绩效测评体系，使得员工及其部门主管并没有因为准确地使用系统和信息被考核或奖励，进而使得他们从付出与收获之间的横向和纵向比较中感到很强的不公平，这进一步影响了企业使用系统的意图和行为。

缺少企业内部以及企业之间的组织学习能力，被 Lyytinen & Robey 认为是很多企业失败的重要原因。在我们看来，企业间电子商务系统要想真正影响工作效率和业务创新，员工必须接受新的工作职能和责任，因此，他们需要学习如何执行一套新的流程和理解他们输入系统的信息如何影响企业的其他部分和其他参与企业。Laudon & Laudon 也认为，关于新的企业惯例和流程的组织学习对员工获得复杂的新知识是必要的[20]。另外，系统使用并不是电子商务应用结束的标志，实际上，各实施企业，尤其是系统发起方需要在新系统在企业中被使用一段时间后，全面总结其在整个系统生命周期内的成功经验或失败教训，以及将自己的实践与行业内的最佳实践和最差实践进行对比，确立优势并寻找差距，为未来的系统升级/更新或开发新技术应用提供宝贵的参考。

3.3 管理能力失败

成功实施企业间信息系统的最重要因素包括管理系统的能力与支持[24]。表1列出了导致企业间电子商务系统使用失败的关键失败因素。国外一些成功企业将财务会计学科中的审计知识引入信息系统项目，提出了企业 IT 审计的概念。国内很多传统制造企业在电子商务应用过程中，很少分析并评估现有的信息化理念的合理性、信息资源的管理水平和 IT 系统架构体系的科学性以及 IT 治理状况。如果没有把变革固化到公司文化中，变革努力和结果很可能被传统颠覆[25]。同样地，在系统使用阶段，企业间电子商务系统只有彻底改变企业的运营方式和员工的工作方式，使之融入到公司文化之中，才能持久。如果使用新系统后出现的新行为没有深深扎根于各参与企业的社会规范和共同价值观，那么只要创新和变革的压力消失，它们就会退化。还有企业在系统使用阶段失败，部分原因是它们过早宣布企业间电子商务应用成功。这些企业的领导者在付出较长一段时间的投入和努力之后，一看到业绩有明显的改善，就忍不住宣布变革成功。虽然我们强调确定合理的期望水平和里程碑目标，对于获得短期的可被明显感知的 IT 收益非常重要，但过早地宣布赢得了整个项目会带来灾难性的后果。发生在一家轴承制造商的 CRM 项目中的情形在其他一些传统制造企业中也可以看到。该公司在系统实施后的第一年销售收入增长了 50% 以上，而且产品在线销售收入比例占 20%，客服服务水平也有很大程度改善，于是年终时所有的人都处于兴奋状态中，一心想着往上冲，发布新产品、增加销量、争取更多的收入。至于客户在过去一年使用新系统的反应，这些本应该是至关重要的反馈信息，却被管理层忽略了，由此产生的消极影响在第二年就显现出来了。

还有一些企业在系统使用一段时间后，没有及时地对系统质量、信息质量和系统服务质量进行评估，一些潜在的问题和一些小的问题因此没有引起系统维护人员的注意，这将增加未来业务运作风险。尤其需要引起重视但在实践中经常被忽视的问题是，很多不成功的企业即使对系统进行了准确的评估，却没有将评估结果反馈到企业高层领导和业务部门领导那里。即使这些评估结果反馈到了高层那里，他们也只是关注一些财务数据，如系统运行和维护成本，以及系统为企业和供应链带来的成本节约和/或收入增加，很少有人会将这些财务指标与企业竞争战略联系起来。根据我们对一些在这方面失败的企业的分析，如果有关系统、信息和服务质量的评价信息不能与竞争环境对企业未来竞争战略的要求联系起来，CEO 和 CIO 等高层领导就可能无视当前系统范围扩展和/或功能升级。这使得正在使用的企业间电子商务系统能力具有刚性，即目前看上去强大的电子商务系统能力可能束缚企业发展新的系统能力，其结果是正在使用的系统可能逐渐失去相对于竞争对手系统的优势，因此企业无法维持基于 IT 的竞争优势。这与最近一些 IS 研究人员将"平衡计分卡绩效管理系统"引入电子商务绩效评价研究的做法是一致的[26][27]。

高层领导在系统使用阶段的领导失败，还包括没有或没有足够参与系统使用，没有为系统使用提供资源投入，以及没有制定有效的支持系统使用的激励政策。我们在进行案例分析时发现，与成功企业相比，失败企业的高层领导想当然地认为，只要构建了成功的系统，就可以等着从新系统的使用中获取源源不断的商业价值回报。他们基于这种错误假设：（1）很少在系统使用阶段以身作则，自己也很少使用系统提供的信息进行管理决策；（2）很少在正式场合或以公司文件的方式告知系统用户，系统使用对于提高工作效率和经济效益的作用；（3）很少提供足够的资源为用户更好地熟悉系统操作提供必要的培训；（4）没有将激励措施与用户和业务伙伴使用系统进行工作和业务创新联系起来，使得 Markus 所谓的"新系统与现有激励政策的不匹配"[16]，进而造成系统没有被使用、错误地被使用，或虽被使用却不能获取预期收益。

3.4 管理能力失败

企业间电子商务系统的使用，在实践中往往导致混乱的权力斗争与政治，有时甚至导致明显破坏作用[28]。不信任、控制、权力使用以及冲突等社会政治问题，也会出现在企业间电子商务系统使用阶段，也是导致系统使用失败的关键因素（企业内部的社会—政治因素暂不考虑）。比如，由于从一开始部分企业都是在系统主导企业或发起方的权力强制下参与系统构建的，因此它们对主导企业或发起方越来越不信任，他们怀疑对方强制他们参与系统的动机的友好性，有时候也不相信它们提供的信息不会被同时参与企业的竞争对手竞争性地使用。而且，有些企业不相信新系统会为它们创造多少价值，这种不信任尤其发生在它们自身已有的系统运行良好的时候；并且，这些企业管理者对系统本身的安全性产生怀疑，担心一旦自己的隐私数据和信息在没有得到授权的情况下被侵入，就会造成难以挽回的损失。如表1所示，我们在分析一些失败案例时还发现一种情况，有些企业为了避免与主导企业发生直接冲突，经常会选择消极使用系统或不及时提供信息，或提供及时信息，它们也是不准确的、不相关的或者冗余的，这会导致没有企业能在真正需要时获得有用的信息，使决策人员面对各种大量信息不知所措，甚至误导业务伙伴的重要决策。不同于欧美竞争对手，丰田公司和本田公司深知，一旦淹没在信息的海洋中便只有针对性地提供信息方能见效，它们有选择性地与业务伙伴共享信息，同时也要求它们的业务伙伴这样做。

有时候，系统主导企业或发起方会在参与企业不愿使用系统或提供信息时，过度和频繁地使用压制的权力实现其目标。在 Allen 等研究的 Trans-Lease 的案例中[29]，主导企业之外的参与企业经历了有关数据准确性和交易规则严厉性的系统问题，因此它们减少了对系统的使用，部分主导企业因此转向使用压制的权力。它们试图发挥它们的购买权力迫使上游参与企业使用该系统。压制权力的过度使用降低了不同利益相关者之间的信任水平。很多上游参与企业视之为它们最大的担心："该系统是如此糟糕以至于我们实际上想离开它，但主导企业不让我们这么做。实际上，并非系统本身，而是主导企业怎么能够坚持要我们使用系统，它们仅仅是在使用规则控制我们。"通过这种方式，压制权力的使用恶化了利益相关者之间的关系，并显著地增加了它们之间的不信任水平以及上游参与企业对系统的不信任。

除了过度使用压制的权力外，系统主导企业或发起方在讨论合作收益的分配时，由于企业间电子商务系统成本和收益的隐性特征（或者说难以衡量的特征），经常会发生搭便车和机会主义行为，其结果是各方无法就合理分配方案的设计达成一致意见。这个时候，最容易出现的结果是各方根据其规模和在供应链中的地位而不是贡献分配合作收益，并通过不公平的权力使用要求或威胁弱势参与企业接受该方案。长期下去，这些弱势企业必然会对此做出不利于整个供应链竞争力的行动。

如果上述不信任和冲突的问题能够得到很好解决，那些失败企业就能够降低系统构建失败的风险。然而，很多情况下，项目经理缺乏处理跨企业团队之间的不信任和冲突的能力，并且各跨企业实施团队领导也缺乏处理团队内部的不信任和冲突的组织社会和政治技能。面临这种紧张的政治气氛，与准备阶段类似，主导企业或发起方往往选择使用其强大的优势地位（项目经理和团队领导则经常使用其正式的职务权力），迫使一些团队成员或参与企业领导接受他们本来不愿意接受的观点或工作。这往往会使本来糟糕的状况进一步恶化，甚至会迫使一些企业退出供应链。

总之，根据对失败企业的分析，组织间信息系统的任何构建努力的内在冲突和不确定性，如果不能通过高超的社会政治技能妥善处理，最可能遭致以下后果：整体成本严重超出预算、时间拖延、技术缺陷导致性能严重低于预期水平，且不能获得预期的 IT 投资收益。

4 结束语

国内外大量企业信息系统失败的事实表明，无论是传统的企业内部信息系统，还是基于互联网技术的企业间电子商务系统，都仍然是一个非常危险的尝试，并且信息系统项目失败问题远没有解决[6]。本文从社会技术视角，结合典型案例，研究了为什么企业间电子商务系统使用会失败，证实了组织、管理和社会—政治等非技术维度的关键失败因素，对于实现预期信息技术投资收益的影响。本文得出的一个重要结论是，除了技术因素之外，企业有效投资和管理互补性资本如组织、管理以及社会政治等的能力差异，导致了企业间电子商务应用成效的显著差异。企业如果没有对这些成功使用电子商务系统的必需能力，进行必要投资和有效管理，不仅不能实现预期收益，还会因此造成大量资源浪费、削弱竞争优势，甚至导致破产。只有 IT 基础设施资源、IT 人力资源和能使无形资源协同运作，才能很好地给企业带来持续的竞争优势[3]。

虽然传统企业在具体的企业间电子商务系统使用过程中会犯的错误还有很多，但本文提到的这些关键失败因素是它们使用系统时最常见也是最严重的错误。实际上，即使是在那些成功的企业实践中，也充满了混乱和意外。但是，我们构建的企业间电子商务应用失败模型为比较全面地理解这些关键失败因素提供了一个分析框架，如果得到进一步的实证检验，将有助于降低犯错误的概率。而这些企业所犯错误的多少，往往决定了它们应用企业间电子商务增强竞争力的成败。

对于正在实施或准备实施企业间电子商务系统的企业来说，从自己和其他企业过去的失败中进行有效的学习，可以帮助它们克服那些常见的可能导致信息系统失败的问题。如果它们掩饰自己失败或以技术缺陷为借口取消项目，抑或对行业失败案例不加研究，就会对企业未来成功应用信息技术的能力产生长期的消极影响。因此，企业实践者和 IT 专家都需要更好地理解为什么传统制造企业应用企业间电子商务会失败，造成这种失败结果的关键因素是什么，以及如何有效管理这些关键成功或失败因素才能最大程度地获取电子商务技术的商业价值。

参考文献

[1] Saraf N, Langdon C S, Gosain S. IS Application Capabilities and Relational Value in Interfirm Partnerships [J]. Information Systems Research, 2007, 18 (3): 320-339.

[2] Straub D, Rai A, Klein R. Measuring Firm Performance at the Network Level: A Nomology of the Business Impact of Digital Supply Networks [J]. Journal of Management Information Systems, 2004, 21 (1): 83-114.

[3] 杨道箭，齐二石．基于资源观的企业 IT 能力与企业绩效研究 [J]. 管理科学, 2008, 21 (5): 37-45.

[4] Zhu K, Kraemer K L. Post-Adoption Variations in Usage and Value of E-Business by Organizations: Cross-Country Evidence from the Retail Industry [J]. Information Systems Research, 2005, 16 (1): 61-84.

[5] 仲伟俊，陶青，梅姝娥．企业间电子商务的战略规划方法研究 [J]. 管理科学学报, 2002 (2): 22-28.

[6] Pan G, Hackney R, Pan S L. Information Systems Implementation Failure: Insights from Prism [J]. International Journal of Information Management, 2008 (28): 259-269.

[7] Lucas H C. Why Information Systems Fail [M]. New York: Columbia University Press, 1975.

[8] Sauer C. Why Information Systems Fail: A case study approach [M]. Alfred Waller: Henley-On-Thames, 1993.

[9] Kim H, Iijima J. A Framework for Analysis of Systems Failure in Information Systems Integration [J]. IEMS, 2005, 4 (2): 207-217.

[10] Zhuang Y, Lederer A L. A resource-based view of electronic commerce [J]. Information & Management, 2006, 43: 251-261.

[11] Hoogeveen D, Oppelland H J. A Socio Political Model of the Relationship between IT Investments and Business Performance [C]. Proceedings of the 35th Hawaii International Conference on System Sciences. Hawaii: IEEE Computer Society, 2002.

[12] Chatterjee D, Segars A H, Watson R T. Realizing the Promise of E-business: Developing and Leveraging Electronic Partnering Options [J]. California Management Review, 2006, 48 (4): 60-84.

[13] Yen H R, Li E Y, Niehoff B P. Do Organizational Citizenship Behaviors Lead to Information System Success?: Testing the Mediation Effects of Integration Climate and Project Management [J]. Information & Management, 2008, 45 (6): 394-402.

[14] Carmeli A, Sternberg A, Elizur D. Organizational Culture, Creative Behavior, and Information and Communication Technology (ICT) [J]. Usage: A Facet Analysis. Cyberpsychology & Behavior, 2008, 11 (2): 175-180.

[15] Power D, Singh P. The E-integration Dilemma: The Linkages between Internet Technology Application, Trading Partner Relationships and Structural Change [J]. Journal of Operations Management, 2007, 25 (6): 1292-1310.

[16] Markus M L. Technochange Management: Using IT to drive Organizational Change [J]. Journal of Information Technology, 2004 (19): 3-19.

[17] Devaraj S, Kohli R. Performance Impacts of Information Technology: Is Actual Usage the Missing Link? [J]. Management Science, 2003, 49 (3): 273-289.

[18] Saeed K A, Abdinnour-Helm S. Examining the Effects of Information System Characteristics and Perceived Usefulness on Post Adoption Usage of Information Systems [J]. Information & Management, 2008, 45: 376-386.

[19] Amit R, Zott C. Value Creation in E-business [J]. Strategic Management Journal, 2001, 22 (6/7): 493-520.

[20] Laudon K C, Laudon J P. 管理信息系统：管理数字化企业（第 9 版）[M]. 薛华成，译，北京：机械工业出版社, 2007: 89-94.

[21] Turban E, King D, Viehland D, et al. Electronic Commerce: A Management Perspective [M]. Upper-Saddle River, NJ: Pearson/Prentice-Hall 2004.

[22] Marchand D A. Reaping the Business Value of IT [J]. Business & Economic Review, 2005, 51 (4): 21-24.

[23] Choo C W, Bergeron P, Detlor B, et al. Information Culture and Information Use: An Exploratory Study of Three Organizations [J]. Journal of the American Society for Information Science, 2008, 59 (5): 792-804.

[24] Emmelhainz M. Strategic issues of EDI Implementation

[J]. Journal of Business Logistics, 1988, 9 (2): 55-70.

[25] Kotter J P. Leading Change [J]. Harvard Business Review, 2007, 85 (1): 96-103.

[26] Bremser W G, Chung Q B. A Framework for Performance Measurement in the E-business Environment [J]. Electronic Commerce Research and Applications, 2005, 4 (3): 395-412.

[27] 吴金南，仲伟俊，梅姝娥. 电子商务环境下企业绩效衡量标准设计 [C]. 信息系统协会中国分会第二届分会. 昆明，2007, 114-120.

[28] Homburg V. The Political Economy of Information Exchange Politics and Property Rights in the Development and Use of Interorganizational Information Systems [J]. Knowledge, Technology, & Policy,, 2000, 13 (3): 49-66.

[29] Allen D K, Colligan D, Finnie A, et al. Trust, Power and Interorganizational Information Systems: the Case of the Electronic Trading Community Translease [J]. Information System Journal, 2000 (10): 21-40.

Usage Failure of B2B e-Business Systems: A Socio-technology Perspective

WU Jinnan[1], ZHONG Weijun[1], MEI Shu'e[1]

(1. Department of Management Science and Engineering, Southeast University, Nanjing 211189, China

Abstract: Although many IS literature have studied IS development failure, few focused on failure of IS/IOS usage. The purpose of this study is to provide a more comprehensive and systematic understanding of the critical factors leading to the usage failure of B2B e-Business Systems. A socio-technology perspective through integrating multi-disciplinary approach was used to develop a conceptual model for examining the usage failure of B2B e-Business Systems. This failure model consists of four dimensions, i. e. technical, organizational, management, and socio-political dimensions. Then the usage failure of B2B e-Business Systems was examined with the model, and some Critical Failure Factors (CFF) leading to the usage failure were further identified in terms of four dimensions by analyzing some firms' failure practice. The results show that usage failure of B2B e-Business Systems makes many firms fail to achieve expected IT payoff. The findings also suggest that a firm's inability to manage these four dimensions of CFFs and their interactions determines the usage failure of B2B e-Business Systems.

Key words: B2B e-business; system usage failure; CFF; socio-technology perspective

C2C 电子商务消费者满意、信任与忠诚之间关系的实证研究*

廖列法[1,2]，王刊良[1]

（1. 西安交通大学管理学院，陕西西安，710049；2. 江西理工大学信息工程学院，江西赣州，341000）

摘 要：以 C2C 电子商务为目标，本文研究了消费者对网络交易市场及卖家满意、信任和忠诚之间的相互关系。实证研究结果与所假设的不同，在交易过程中，消费者对卖家的满意并不直接影响对卖家的忠诚，信任作为满意与忠诚之间的中介变量；与此相反，消费者对市场的信任并不直接影响对市场的忠诚，满意作为信任与忠诚之间的中介变量；此外，消费者对市场和卖家的感知存在传递性，即对市场的信任影响对卖家的信任，对卖家的信任影响对市场的满意，对卖家的忠诚影响对市场的忠诚。

关键词：网络交易市场；信任；满意；忠诚

中图分类号：F713.36

近年来，网络交易市场交易额呈现快速增长的态势。研究消费者在网络交易过程中的满意、信任和忠诚及其相互关系是网络交易市场和卖家共同面临的重要问题。研究表明在 B2C 电子商务中消费者满意与信任[1]，消费者信任与忠诚[2]，消费者满意与忠诚[3]有显著相关。

与 B2C 电子商务不同，在 C2C 电子商务交易过程中，网络交易市场（以下简称为市场）及销售商品的网络卖家（以下简称为卖家）不是同一个企业，而是由企业和个人分别扮演不同的角色；其中，市场提供网络交易平台，商品展示平台，信誉系统，第三方服务等功能辅助消费者和卖家完成网络交易[4]；市场上的卖家使用网络交易平台销售商品和服务，消费者从卖家购买商品。C2C 交易过程和 B2C 具有显著不同。因此消费者感知的满意、信任与忠诚也相应的包括市场和卖家两个部分。据我们所知，目前关于 C2C 电子商务消费者满意、信任和忠诚关系的研究还为数不多，本研究的目的就是为了探索三者的关系，具体来说包括三个部分：①消费者卖家满意、信任和忠诚及其相互关系；②消费者市场信任、满意和忠诚及其相互关系；③消费者对卖家和市场二者满意、信任和忠诚的相互关系。通过对以上三个问题的研究，便于研究者和实践者深入理解 C2C 电子商务消费者行为，为网络交易市场和网络卖家实施市场策略提供指导。

本文的结构如下，首先我们回顾了消费者满意、信任和忠诚的相关研究，并阐述了与本研究相关的内容；在此基础上，我们提出了本文的研究模型和相关假设；接着，我们论述了研究的设计、研究方法论和研究的过程；在给出研究结果的基础上，我们进一步讨论了相关研究启示和未来的研究方向。

一、相关研究回顾

1. 信任

与传统人际交互过程和组织内信任的含义不同，电子商务中的信任是基于商品交易的，在这个过程中，消费者与卖家时空距离导致的不公平价格、不准确商品信息、隐私侵犯、未授权使用信用卡等行为影响信任的建立[5]，卖家建立初始信任的途径不是通过员工与消费者的交互，而是通过消费者与电子商务网站的交互和对整个电子商务环境的感知，在这个过程中，消费者会产生以下信任疑问：商家是否有能力完成成功的交易？商家是否能够诚实的完成好的交易？商家是否是善意的实施网上交易？因而，构成当前电子商务研究中信任构念的主要维度：能力（ability），正直（integrity），

* 基金项目：国家自然科学基金项目（70890081）；江西省高校人文社会科学研究项目（GL0916）

通讯作者：廖列法，liaolf@mail.xjtu.edu.cn

仁慈（benevolence）[6]。

本文所研究的信任包括消费者卖家信任和市场信任。对于卖家，本文主要考察消费者通过交易体验形成的信任感知。对于网络交易市场，消费者在交易之前就可以获得关于网络交易市场的作用，市场交易过程的机制，市场提供商的规模，声誉以及媒体的宣传等信息，从而建立市场信任，本文研究的网络市场信任为交易之前的信任。

2. 满意

在网络交易市场中，有将近 90% 的交易中买家和卖家是一次性关系[7]，在交易过程中，消费者感知的服务包括网站系统的访问，商品和卖家的选择，商品订购和等待等过程，其满意感知包括对所购买商品的满意以及整个过程的满意，消费者满意包括消费者对卖家的满意感知和对市场的满意感知两个部分。每部分都包括多个维度[21]，本文研究焦点为满意感知与信任、忠诚的关系，我们从交易总体感知来测量消费者满意。

二、研究框架与假设提出

基于以上讨论，本文提出的研究框架如图 1 所示，该研究框架包括三部分：消费者卖家满意（简写为 PSS）、信任（PST）和忠诚（PSL）之间的关系（包括 H1，H2，H3）；消费者市场信任（PMT）、满意（PMS）和忠诚（PML）之间的关系（包括 H4，H5，H6）以及消费者市场感知与卖家感知之间的相互影响关系（包括 H7，H8，H9）。

1. 消费者卖家满意、信任与忠诚

消费者满意与消费者信任相关，这种关系会随着满意程度的增加而不断增强[8]，因此，对卖家的信任是卖家能够满足消费者需求能力的一种结果。在 C2C 电子商务中，网络交易市场为交易安全提供了保障措施，但消费者交易的对象是市场中的卖家，市场上有各种各样的卖家，依然存在道德风险行为，消费者在交易之前很难确认卖方是否能诚信的完成交易，交易存在一定的不确定性和风险，因此，消费者对卖家的信任主要来源于交易过程的感知。研究表明，消费者满意来源于期望与实际感知的一致性，其期望又来源于服务过程的一系列情绪，当消费者感知到卖家在交易过程中的能力、正直和善意时，会引起消费者信任，由此，满意可以作为导致信任的工具[9]。基于此，我们假设：

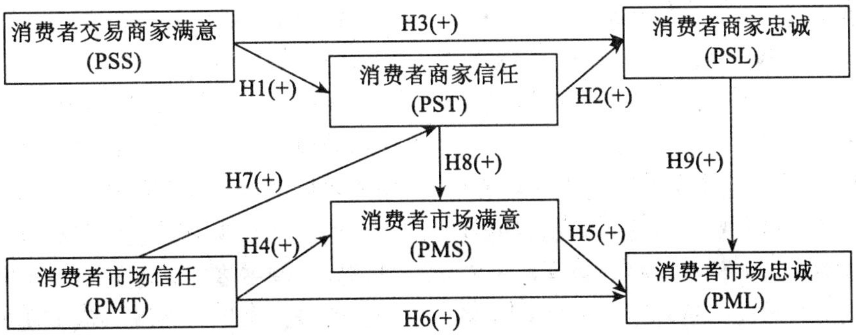

图 1 C2C 电子商务消费者信任、满意与忠诚研究框架

假设 1：消费者对卖家的满意感正显著影响于其对卖家的信任感。

Quelch 等[10]的研究表明消费者忠诚直接依赖于消费者信任程度，而且信任也是促使消费者网上购买的关键因素。由于缺乏信任，49% 的消费者反对在网上购买东西[3]，消费者忠诚直接依赖于信任的程度，大量的研究表明信任是促成购买的主要因素[11]。在 C2C 电子商务中，卖家是匿名的，不同卖家的信誉等级参差不齐，而且在市场反馈系统还存在信誉操作等情况，即使是高等级的卖家其实际信誉水平可能不高，消费者通过自身感知建立起来的信任具有更高的可信性，同时，消费者转换到其他卖家也存在风险感知和不确定性感知等转换成本，和保持与当前卖家交易相比，转换到其他卖家具有更高的成本，因此，我们假设：

假设 2：消费者对卖家的信任感正显著影响于其对卖家的忠诚感。

Hong-Youl Ha 等研究表明[12]，在网上交易中，消费者过去积极的经历会促成消费者满意，而消费者满意也会促成消费者对该品牌的忠诚度。对卖家产品或服务的满意会使消费者产生对卖家后续交易行为的有效预测，同时也使消费者更不愿意更换到其他卖家，由此，我们假设：

假设 3：消费者对卖家的满意感正显著影响其对卖家的忠诚感。

2. 消费者市场满意、信任与忠诚

网络交易市场为买家和卖家提供交易支持服务，其能力和可信性是市场成功的一个重要因素。网络交易市场可以通过多个渠道建立信誉，从而增强其可信性，媒体和社会环境中传递的市场相关信息让消费者增强对市场能力的感知。根据社会交换理论，消费者前驱信任会直接影响其交易后的满意度感知；因此，累计的信任感知会影响满意感知。Gwinner 研究发现信心会降低焦虑感，增加对供应商的信任，降低交易的风险和不确定性[13]。反过来，根据认知一致性理论，人们会致力于协调其信念和行为，当信任信念不强时，人们的满意倾向更低。基于此，我们假设：

假设 4：消费者对网络市场的信任正显著影响其对网络市场的满意感。

研究表明，在传统的市场上，满意顾客更倾向于重复购买商品和产生口碑传输[14][15]，美国消费者满意指标的研究也表明消费者忠诚也是满意的重要结果[16]。虽然在传统市场中仍有大量的顾客会忠诚于不满意的服务提供商，比如对银行和通信服务的不满意并不能改变其继续使用卖家提供的服务，但在电子商务中，不满意的消费者可以轻易地改变服务提供商或服务渠道，消费者只要使用鼠标就可以轻易地切换到其他网站中。

在 C2C 电子商务中，消费者交易过程中包括：通过访问电子市场的网站浏览并查询需要购买的商品，访问并查看相关卖家的信誉信息，通过电子市场的网站系统完成购买过程，通过电子支付系统完成支付过程，接收网上卖家发送过来的物品以及收到货品后向电子市场反馈或投诉等步骤，其中，交易市场为网络交易提供保障措施和相关服务（如反馈系统、第三方支付服务），消费者需要通过交易体验感知网络交易市场满意，从另一方面讲，如果转换到其他网络交易市场，消费者除了要熟悉网站系统，还要熟悉网站提供的各种服务，这需要消费者花费时间和精力，从而增加了消费者转换成本，降低了消费者变换网络市场的可能性。基于此，我们假设：

假设 5：消费者对网络市场的满意感正显著影响其对网络市场的忠诚感。

与假设 2 相似，网络交易市场提供系统和政策保障市场交易的顺利进行，其中，对网络市场能力，正直和善意的感知也会影响消费者使用市场的意图，基于此，我们假设：

假设 6：消费者对网络市场的信任感正显著影响其对网络市场的忠诚感。

3. 消费者市场感知与卖家感知相互关系

网络交易市场在交易过程中是作为买卖双方第三方的形式存在的，其运用互联网技术收集、处理和传播信息，增进买卖双方的信任和降低双方之间的信息不对称性[17]是网络市场的主要功能之一。在这个过程中，其采取的措施包括：提供一个可靠的安全的交易环境，建立公平和公开的规则和过程，鉴定、评估和铲除有问题的交易方，鼓励友善的交易规范。消费者对网络市场的信任中包括其信任建立和执行有效规则的能力。从交易传递的逻辑看[18]，对网络市场的信任会影响其对卖家的信任。基于此，我们提出假设：

假设 7：消费者对网络市场的信任感会正显著影响其对卖家的信任感。

在消费者对卖家信任构建的因素中，除了卖家自身的努力外，如上所述，还有市场的规则在起作用，消费者对卖家的信任也说明了市场保障机制的有效性，由此，可能引起消费者对市场服务感知的满意，基于此，我们假设：

假设 8：消费者对卖家的信任感正显著影响其对网络市场的满意感。

在市场交易过程中，消费者需要借助于网络市场提供的服务（比如：淘宝旺旺和拍拍网的 QQ 为网络交易提供了良好的沟通渠道），离开该网络市场，消费者可能不能获得网络市场平台提供的功能和信息，消费者对卖家忠诚的影响因素中可能有部分是市场的原因，由此，我们提出假设。

假设 9：消费者对卖家的忠诚感正显著影响其对网络市场的忠诚感。

三、研究的设计与实施

我们使用实际的 C2C 电子商务消费者为被试来验证假设模型，并选取 taobao，ebay，paipai 作为目标市场展开研究（在问卷中被试可以自己填写交易的市场）。这三个 C2C 网络交易市场在中国具有很高的知名度，占据了大部分市场份额，三者提供类似的市场机制，因此，这些研究被试及环境的设置可以作为 C2C 网络交易市场中消费者心理的真实体现。

1. 变量测量

国内外有大量的研究开发了消费者满意、信任和忠诚量表，同时也为了验证国外相关构念在中国的适用性，本研究没有独立开发新的量表，而是结合国内外研究，运用访谈和焦点小组的方式分析本研究构念的内容，并针对 C2C 电子商务实际情况对现有的量表进行调整，具体的过程包括：首先分析国外现有量表的内容并进行翻译，然后采用小组讨论的方式清晰化量表的内容，并验证翻译过程中内容的一致性。在此过程中，为保证国外量表在中国国情的适用性，我们运用专家分析法保证各题项内容对应于相关构念、消费者访谈保证问卷的清晰性和国内相关研究量表内容分析等方法保证问卷的内容效度。

本研究主要包括了消费者对卖家满意、网络交易市场满意、卖家信任，电子市场信任，卖家忠诚，电子市场忠诚六个量表。量表问项全部采用 5 级 Likert 量表，1 表示完全不同意，5 表示完全同意。其中，卖家满意包括对所购买商品表示满意、感觉自己的决策是明智的，购买商品是正确的以及对卖家整体上表示满意共四个题项。消费者卖家信任借鉴 Gefen 的量表，分别包括对卖家能力、正直和善意的感知。所采用的题项包括：购买商品之后，我觉得该卖家是诚实的；购买商品之后，我觉得该卖家关心顾客（根据统计方法和指标生成方法，我们采用两阶段分析方法[19][20]，通过因子分析，该题项因子负载不高，根据报告的标准残差值，我们去除该题项，在去除该题项之后，所有信度效度指标都达到检验标准，在最后的结构分析中没有包括该题项）；购买商品之后，我觉得该卖家能够诚信的完成交易；购买商品之后，我觉得该卖家能够提供很好的服务；购买商品之后，我觉得和该卖家交易很放心；购买商品之后，我觉得该卖家是可信赖的。卖家忠诚包括：与其他卖家相比，我总会优先选择该卖家；与其他卖家相比，我会一直偏爱该卖家；与其他卖家相比，我总会优先选择该卖家提供的商品。

2. 预调研

我们分别在西安的两所高校进行预调研（n = 50），被试为具有 C2C 电子商务交易经验的学生，在预调研过程中，通过访谈部分被试的方式调整问卷题项语句表达，以增加量表的可理解性和清晰性，同时，由于英语与中文语义的差异，删除了部分被认为具有重复含义的题项。确定最终调研问卷的内容。

3. 调研实施

我们采用滚雪球的方法实施调研，调研的对象为在网络市场上有购物经验的学生和企事业员工，被试根据他们的购物体验填写问卷，本次调研共发放 350 份问卷，收回 303 份，其中因信息缺失的废卷 80 份，最后确定有效问卷 223 份。

4. 结果分析

（1）测量模型验证

本研究的指标变量属于反映型指标，即测量模型连接方向在理论上是从潜变量连接到测量指标上的，可以采用收敛效度和区分效度来检验测量模型。除了控制变量，其他采用多指标测量的潜变量都需要检验其收敛效度和区分效度。

统计结果显示，各指标负载都超过了 0.5，符合收敛效度和区分效度的要求[21][22]。

（2）结构模型验证

表 1 给出了全模型的拟合度以及各个假设的验证，图 2 给出了假设模型的通径图。如表 1 所示，全模型的拟合优度统计量为：$x^2 = 393.19$；P = 0.00000；CFI = 0.940；NNFI = 0.930；RMSEA = 0.066；这些统计数值表明，该模型有好的拟合度[23][24]。

结构模型的检验包括估计路径系数和模型解释能力的检验，假设模型的标准化路径系数如表 1 所示，9 个假设当中的 7 个得到显著性支持，假设 3 和假设 6 没有通过显著性检验。结果表明，消费者对卖家满意有利于卖家信任的建立，而对卖家的信任进一步产生对卖家的忠诚，消费者对市场的信任也有利于卖家信任的建立，但是，与我们的预期不同，消费者对卖家的满意对卖家忠诚没有显著相关性。对于市场而言，对市场的信任影响对市场的满意，而对市场的满意影响对市场的忠诚，对卖家的忠诚也有利于对市场的忠诚，但是，对市场的信任却与市场忠诚没有显著相关。

模型的解释能力方面，该模型解释消费者卖家信任 $R^2 = 0.582$，解释消费者卖家忠诚 $R^2 = 0.315$，解释消费者市场满意 $R^2 = 0.640$，解释消费者市场忠诚 $R^2 = 0.502$，说明该模型能够较好地解释消费者 C2C 电子商务消费者忠诚。但消费者卖家忠诚的解释只有 0.315，还需进一步探索其他影响消费者卖家忠诚的重要因素。

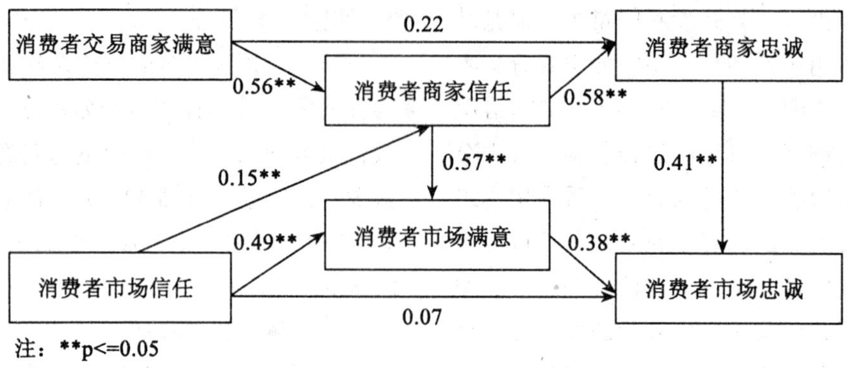

图 2　模型因子间关系通径图

表 1　　　假设模型检验结构

路径	假设	期望相关性	标准化结构系数	T 值	评价（P≤0.05）
PSS－＞PST	H1	+	0.56	7.07	显著
PST－＞PSL	H2	+	0.58	3.40	显著
PSS－＞PSL	H3	+	0.22	1.53	不显著
PMT－＞PMS	H4	+	0.49	5.38	显著
PMS－＞PML	H5	+	0.38	3.78	显著
PMT－＞PML	H6	+	0.07	0.70	不显著
PMT－＞PST	H7	+	0.15	2.79	显著
PST－＞PMS	H8	+	0.57	5.28	显著
PSL－＞PML	H9	+	0.41	5.42	显著

注：Chi-Square = 393.19，df = 199，P-value = 0.00000，RMSEA = 0.066，GFI = 0.852，NNFI = 0.930，CFI = 0.940，IFI = 0.940

四、结　论

本研究验证了信任和满意在消费者 C2C 电子商务忠诚建立方面的重要作用，同时也验证了两者在交易市场和卖家忠诚度建立过程中具有不同的作用，研究表明 C2C 电子商务卖家与市场二者之间的信任、满意和忠诚具有相互相关，相互扶持的关系。有效地探讨了 C2C 电子商务消费者信任、满意和忠诚之间的关系和消费者忠诚形成的机制。

（1）本文的主要结论

第一，消费者网络市场满意是网络市场信任和网络市场忠诚的中介变量，消费者网络市场信任与网络市场忠诚没有显著正相关关系。一种可能的解释是，当前网络市场在网络交易中的主要目标是保证交易的顺利进行和网络市场的有效性，对于交易过程没有道德风险问题，而且当前各主要网络市场都具有较大规模，有较高的声誉，因而有较高的可信性。消费者对网络市场的信任就不是导致消费者市场忠诚的主要因素，而是需要通过感知市场提供的其他服务（如网络市场的网站可用性设计，网络市场对网络卖家的管理等方面）来提高对网络市场的满意度。在此基础上提高对网络市场的忠诚度。访谈过程中有消费者认为网络平台的温馨性感知影响其持续使用该网络平台。第二，消费者网络商家信任是网络商家满意和网络商家忠诚的中介变量。在网络市场中，消费者主要通过网络市场的反馈系统和沟通平台获得商家信息，商家具有匿名性和易于更改用户名等特点，交易满意难以确保在将来的交易中商家能够遵守交易规则，完成好的交易；而且，消费者也可以通过网络市场平台轻易地寻找其他商家，并获得其他商家的交易历史和交易评价信息，即消费者在网络市场中的转换成本很低，从而降低了忠诚度[25]。第三，消费者对网络市场信任与消费者对网络商家信任的正相关关系，表明在法律不健全的网络市场中，网络市场提高自身可信性对提高消费者对网络商家的信任度具有显著作用，论证了在网络市场中存在信任转移现象。第四，消费者商家信任与对市场满意具有正相关关系，表明网络市场提高商家的可信性是消费者判断市场服务质量，提高满意度的重要因素。第五，消费者网络商家忠诚与对网络市场的忠诚具有正相关关系，表明除了提高网络消费者满意度之外，网络市场还需要保持网络商家的满意度，否则网络商家的流失会导致其相关忠诚顾客的流失，从而导致网络市场人气的下降，降低用户对网络市场的忠诚度。

（2）本文的理论意义

第一，对于信任构念。国外研究成果显示电子商务消费者信任包括三个维度，即善意，能力和正直。国内相关研究鲜有详细考察信任的各个维度在电子商务中的适用性，本文研究表明，在 C2C 网络交易市场中，信任主要包括两个维度，能力和正直，而善意却没有得到验证，该研究结论与 Ba 等的研究结果一致[26]。F. David Schoorman 等在回顾综合信任模型经典研究也认为，相对于能力和正直维度，消费者需要更长的时间才能够判断商家是否具有的善意，因此，对于新兴的 C2C 网络交易市场，消费者需要更长的时间才能判断商家的善意感，商家则首先需要提高自身的能力和正直，然后进一步提高善意。第二，对于网络市场和网络商家之间的交互关系部分。本研究验证了网络市场和网络商家之间的信任感知转移现象，从而表明在高交易风险的 C2C 电子商务中，作为中间商的网络市场的重要性。

（3）本文的实践意义

第一，对于网络市场。首先，消费者对市场的信任显著相关于市场满意，而且消费者对卖家的信任也影响消费者对市场的满意，因此，市场管理者应该建立有效的网络交易机制管理市场卖家，提高市场卖家的诚信程度，除了当前市场已经提供了信誉系统，先行赔付等服务之外，还需要针对当前存在的问题提供其他服务（如售后保险服务[26]）。其次，由于提高信任度难以维持消费者网络市场忠诚，因而，除了提高对网络商家的管理之外，市场管理者还需要根据我国文化和消费者背景提供更符合消费者习惯的服务（比如个性化的网店设计功能等）。第二，对于网络商家。首先，消费者满意与消费者忠诚的关系不显著，因此，网络商家除了完成让消费者满意的交易之外，还需要通过其他途径建立消费者信任（如与消费者建立好的关系、其他消费者的推荐、从机制上提升可信性等），提高关系性转换成本。其次，商家所在网络市场的可信性显著影响商家可信性，因此，网络商家需要慎重地选择网络交易市场，由网络市场所提供的服务来提高自身可信性。

参考文献

[1] McKnight D. Harrison, Charles J. Kacmar, and Vivek Choudhury. Shifting Factors and the Ineffectiveness of Third Party Assurance Seals: A Two-stage Model of Initial Ttrust in a Web Business [J]. Electronic Markets, 2004, 14 (3): 252-266.

[2] Flavian, Carlos, Miguel Guinaliu, and Raquel Gurrea. The Role Played by Perceived Usability, Satisfaction and Consumer Trust on Website Loyalty [J]. Information & Management, 2006, 43 (1): 1-14.

[3] Balabanis, George, Nina Reynolds, and Antonis Simintiras. Bases of E-store Loyalty: Perceived Switching Barriers and Satisfaction [J]. Journal of Business Research, 2006, 59 (2): 214-224.

[4] Pavlou, Paul A, and David Gefen. Building Effective Online Marketplaces with Institution-based Trust [J]. Information Systems Research, 2004, 15 (1): 37-59.

[5] Gefen D, Karahanna E, and Straub D W, Trust and Team in Online Shopping: An Integrated Model [J]. MIS Quarterly. 2003, 2007 (1): 51-90.

[6] McKnight D. Harrison, Vivek Choudhury, and Charles Kacmar. Developing and Validating Trust Measures for E-commerce: An Integrative Typology [J]. Information Systems Research, 2002. 13 (3): 334-359.

[7] Bolton Gary E, Elena Katok, and Axel Ockenfels. How Effective are Electronic Reputation Mechanisms? An Experimental Investigation [J]. Management Science, 2004, 50 (11): 1587-1602.

[8] Kennedy, Mary Susan, Linda K Ferrell, et al. Consumers' Trust of Salesperson and Manufacturer: An Empirical Study [J]. Journal of Business Research, 2001, 51 (1): 73-86.

[9] Oliver, Richard L A. Cognitive Model of the Antecedents and Consequences of Satisfaction Decisions [J]. Journal of Marketing Research, 1980, 14 (3) : 495-507.

[10] Quelch, John A, and Lisa R. Klein. The Internet and International Marketing [J]. Sloan Management Review, 1996, 37 (3): 60-75.

[11] Jarvenpaa S L, Tractinsky N, and Vitale M. Consumer Trust in an Internet Store [J]. Information Technology Management, 2000. 45-71.

[12] Hong-Youl Ha, and Helen Perks. Effects of Consumer Perceptions of Brand Experience on the Web: Brand Familiarity, Satisfaction and Brand Trust [J]. Journal of Consumer Behaviour, 2005, 4 (6): 438-452.

[13] Gwinner K P, Gremier D, Bitner M J. Relational Benefits in Service Industries: The Customer's Perspective [J]. Journal of the Academy of Marketing Science, 1998, 26 (2): 101-114.

[14] Yoon Sung-Joon, and Joo-Ho Kim. An Empirical Validation of a Loyalty Model Based on Expectation Disconfirmation [J]. Journal of Consumer Marketing, 2000, 17 (2/3): 120-134.

[15] Anderson Eugene W, and Mary W Sullivan, The Ante-

cedents and Consequences of Customer Satisfaction for Firms [J]. Marketing Science, 1993, 12 (2): 125-143.

[16] Mithas, Sunil, Narayan Ramasubbu, Krishnan M S, et al. Designing Web Sites for Customer Loyalty Across Business Domains: A Multilevel Analysis [J]. Journal of Management Information Systems, 2006, 23 (3): 97-127.

[17] Pavlou, Paul A, Liang Huigang, and Xue Yajiong. Understanding and Mitigating Uncertainty in Online Exchange Relationships: A Principal—agent Perspective [J]. MIS Quarterly, 2007, 31 (1): 105-136.

[18] Stewart K J. Trust Transfer on the World Wide Web [J]. Organ. Sci. 2003, 14 (1): 5-17.

[19] Gerbing D W, and Anderson J C. An Updated Paradigm for Scale Development Incorporating Unidimensionality and its Assessment [J]. Journal of Marketing Research. 1988, 25 (2): 186-192.

[20] Gefen D, Straub D W, and Boudreau M. Structural Equation Modeling and Regression: Guidelines for Research Practice [J]. Communications of AIS. 2000, 10: 1-78.

[21] Straub D W, Boudreau M C, and Gefen D. Validation Guidelines for is Positivist Research [J]. Communications of the AIS. 2004, 14: 380-427.

[22] Hair J F, Anderson R E, Tatham R L, and Black W C. Multivariate Data Analysis with Readings [M]. 5th ed. New York: Macmillan, 1998.

[23] Chee Wei, Phang, Juliana Sutanto, Atreyi Kankanhalli, et al. Senior Citizens' Acceptance of Information Systems: A Study in the Context of E-government Services [J]. IEEE Transactions on Engineering Management, 2006. 53 (4): 555-569.

[24] 侯杰泰，温忠麟，成子娟．结构方程模型及其应用 [M]．北京：教育科学出版社，2004.

[25] 桑辉．网上顾客转换成本的影响因素及其结果的实证研究 [J]．南开管理评论，2007，10 (6)：33-39.

[26] Xia, Zhao, Fang Fang, and Andrew B. Whinston. Designing On-line Mediation Services for c2c Markets [J]. International Journal of Electronic Commerce, 2006, 10 (3): 71-93.

An Investigation of the Relationship among Consumer Satisfaction, Trust and Loyalty in C2C Electronic Commerce

LIAO Liefa[1,2], WANG KanLiang[1]

(1. The Management School of Xi'an Jiaotong University, Xi'an 710049, China;

2. JiangXi University of Science and Technology, GanZhou 341000, China)

Abstract: This paper focuses on loyalty, trust, satisfaction and the way in which they interact in marketplace and electronic seller. It was found that buyers increase loyalty to electronic marketplace (EM) when they perceived satisfaction to EM and increase loyalty to seller when they perceived trust in seller, marketplace's satisfaction is influenced by trust in marketplace and trust in seller is influenced by satisfaction to seller, while trust in marketplace do not significantly positive influence buyer's loyalty to marketplace directly, satisfaction to seller do not significantly positive influence loyalty to seller directly. We also find that buyer's trust in marketplace also builds buyer's trust in sellers in marketplace. In addition, buyer's trust in sellers increases buyer's satisfaction to marketplace, buyer's loyalty to sellers' increases buyer's loyalty to marketplace. Seven of the nine hypothesis are supported in the research.

Key words: electronic marketplace; trust; satisfaction; loyalty

B2C 电子商务的特征分析与用户行为影响因素建模*

杨超[1]，赵昆[2]

(1. 云南财经大学 信息学院，昆明 650221；2. 云南财经大学 现代教育技术中心，昆明 650221)

摘　要：随着网络的普及与信息技术的发展，电子商务已成为人们日常生活中的一部分。B2C 电子商务是电子商务主要组成部分之一，在 B2C 电子商务中技术接受问题受到人们的广泛关注。本文通过分析当前技术接受模型在 B2C 电子商务中的应用状况和 B2C 电子商务中影响用户行为因素的基本特征，结合相关研究文献和国内 B2C 电子商务实际，在此基础上提出一个 B2C 电子商务中技术接受模型，以对电子商务环境下的用户行为影响因素进行合理分析。

关键词：B2C 电子商务；技术接受模型；用户行为；影响因素

中图分类号：F062.5

随着网络的普及与信息技术的发展，网络购物已经成为人们使用互联网的重要体现，加之我国整体网络购物环境的改善，网络购物增长趋势明显。目前，围绕电子商务的研究受到广泛关注。B2C（Business to Customer）电子商务是企业对消费者的电子商务模式，是电子商务主要组成部分。利用技术接受模型对 B2C 电子商务中购物者购买行为的影响因素进行分析是当前电子商务应用和研究领域中的热点问题之一。本文在分析技术接受模型在 B2C 电子商务中的应用现状基础上，结合 B2C 电子商务的特点，提出一个 B2C 电子商务中技术接受模型，以对 B2C 电子商务环境下的用户行为影响因素进行合理分析。

1　B2C 电子商务中技术接受研究现状分析

技术接受模型 TAM（Technology Acceptance Model）是 Davis 在 1989 年，以社会心理学中的理性行为理论（TRA）为基础，并进行了适当改进而提出来的。理性行为理论认为：如果知道一个人的信念、态度和意图，就能够预测其行为。根据 TRA 理论，Davis 进一步认为：如果 TRA 能够预测人的任何行为，它就可以用来预测人的计算机使用行为。因此，Davis 以理性行为理论关于信念、态度和意图之间关系的假设为基础，提出了技术接受模型 TAM。

在 TAM 模型中，用户使用系统的行为意图可以由感知有用 PU（Perceived Usefulness）和感知易用 PEOU（Perceived Ease of Use）两个信念来确定，而外部变量（如系统特征、开发过程、培训等）对使用意图的影响是通过感知有用和感知易用来实现的，此外，感知有用还受到感知易用的影响（越易用就会也有用），如图 1 所示。

Davis 提出的技术接受模型是一个基本模型，在不同研究领域中，技术接受模型得到了很多扩展。在 B2C 电子商务领域中，技术接受模型的扩展研究大致可以分为如下三类（图 1）：

（1）感知有用性和感知易用性因素不变，也不改变 Davis 提出的 TAM 总体结构，着重分析外部因素对感知有用和感知易用的影响。例如，QIU Lingyun，LI Dong [1] 在 Davis 提出的 TAM 模型的基础之上，着重分析用户信任、社会地位、感知乐趣这三个外部因素对 B2C 电子商务购物者行为态度和行为意向的影响。用户信任影响购物意向，感知易用和感知有用。社会地位影响用户信任和购买意向。感知乐趣影响感知有用、感知易用和购买意向。

（2）把 Davis 提出的 TAM 中感知有用和感知易用作为影响行为态度和行为意向因素之一，并对其影响因素进行扩充，提出与感知有用与感知易用相并列的影响因素。例如，XU Chenyan[2] 基于 Davis 提出的 TAM，把个人购买意向的影响因素归结为社会地位、信任、感知价值、感知有用、感知

* 基金项目：国家社会科学基金（06XTQ009）；教育部科学技术研究重点项目（208128）

作者简介：杨超（1985—），男（汉），辽宁阜新，硕士研究生；赵昆（1963—），男（汉），云南泸西，教授

通讯联系人：杨超，硕士研究生，E-mail：52syyc@163.com

易用。社会地位、信任、感知价值这三个因素是新加入的影响因素，同感知有用和感知易用并列，形成影响个人购买意向的主要因素。

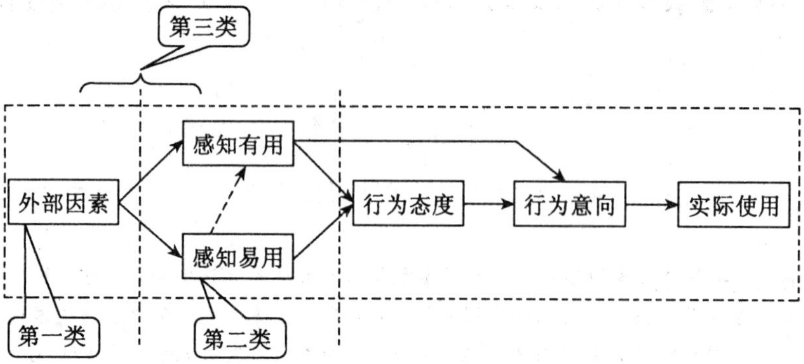

图 1　技术接受模型研究分类

（3）在分析外部因素影响 TAM 中感知有用与感知易用的同时，也分析感知有用与感知易用相并列的影响因素。例如，LEI-DA CHEN，JUSTIN TAN[3] 提出 TAM 的扩展模型是以可协调、感知有用、感知易用是影响购买态度和购买意向的因素，并分析感知信任、提供产品、信息充分、页面布局、感知服务质量外部因素对扩展模型的影响。其中感知信任影响购物者的行为态度，商品和网站的信息充分性影响感知有用，页面布局影响感知易用，而感知服务质量影响购物者的行为态度。

上述文献分别对 B2C 电子商务中用户接受行为从不同的角度进行了研究。由于 B2C 电子商务存在区别传统商务的特殊性，本文从成功的 B2C 电子商务业务流程中所体现的直接或间接影响购物者购买行为因素出发，并对这些因素进行分析。如购物者对风险的感知[4]、购物者对相关乐趣的感知[5]、购物者对购物综合感知等，这些因素都对购物者购买行为产生影响，是用户接受模型需要考虑的重要因素。

2　基于 B2C 电子商务特征的影响因素分析

从各种 B2C 电子商务用户行为影响因素研究文献中可知，购物者对风险的感知、购物者对相关乐趣的感知、购物者对购物综合因素的感知等都是在 B2C 电子商务特殊环境下对用户行为产生影响的重要因素。购物者对风险的感知，即 B2C 电子商务是把互联网作为购物工具，而互联网的虚拟性注定使得购物者存在一定程度的风险感知，而这种风险感知通过购物者的购买态度影响购买行为。购物者对相关乐趣的感知，即感知相关乐趣影响购物者购买心情，在省去同实体店中商家零和博弈的同时，取而代之的是购物者感知乐趣性提升，这也是影响购物者购买行为的重要因素。此外，购物者不只是注重所售商品质量[6]，还有网站质量[7]、服务质量[6]、可信度[8]、满意度、承诺与执行力等因素，这些因素都对购物者实现其购买行为产生影响，也在不同的模型中有所体现。但是，本文认为，商品质量、网站质量、服务质量、可信度、满意度、承诺与执行力等都反映了购物者对 B2C 购物的主观感受，都使得购物者的心理需求得到满足。为了模型的简捷性（这是技术接受模型的一个重要特征），这些因素可以作为一个综合因素来考虑，即购物者综合感知因素。

上述特征，在我国电子商务实践中得到了充分体现。近年来，我国涌现出一些成功的 B2C 电子商务网站，如当当网、卓越网、携程网等。其中当当网是我国著名的 B2C 电子商务网站之一。笔者通过对其运营管理模式的仔细分析，看到其获得成功的主要因素有以下几个方面：①在商品展示环节上采用多样化的展示方法，体现出网站质量，还体现出一定乐趣性与易用性。②在交易过程中充分采用第三方交易平台实施交易，不仅可以降低购物者感知交易风险性，而且提高可信度。③在物流配送方面把 B2C 电子商务内部物流与物流公司的物流分离，做到已订购的商品在每个物流环节都具有可监控性，从而提高服务质量，承诺和执行力。④注重信息反馈。反馈可分为商品反馈、物流反馈、服务反馈。商品反馈主要处理售出商品的相关问题，并对其出现问题原因给出明确回答，同时给予跟踪售后服务，使购物者对所购商品放心。物流反馈主要处理当购物者想要查看其订购的商品时，能明确给出商品所处的物流阶段，不但降低了购物者的感知风险，而且又能提高满意度与服务质量。服务反馈主要是快速及时地对购物者提出的各类问题做出有效回答，这使得B2C电子商务更加贴近人们的现实生活，并且使得购物者购物的感知相关乐趣和购物综合感知都有所加强，同时对风险感知大大降低。

3 用户行为影响因素建模

根据以上对影响购物者行为因素的分析，在对前述相关模型改进的基础上，本文提出一个B2C电子商务中技术接受模型（见图2）。模型中感知有用与感知易用同Davis提出的TAM相一致，即购物者对B2C电子商务中购物有用性的感知和易用性的感知。感知风险与感知易用，感知有用相并列。外部因素是购物者对B2C电子商务的综合感知和感知乐趣。研究模型中购买态度受感知风险、感知有用和感知易用因素的影响。购买意向又受感知有用、购买态度和感知乐趣因素的影响。感知乐趣和购物者综合感知共同影响感知易用，感知易用和购物者综合感知共同影响感知有用。在模型中虚线框中的是Davis提出的TAM基本模型。

感知风险是对事件所产生结果的不确定性的预期，或是对可能产生的负面影响的预期。感知风险大致有三个方面：①感知交易风险，即B2C电子商务是通过互联网进行交易，而互联网的虚拟性注定购物者在交易时存在风险性。②感知商品风险，即B2C电子商务是通过虚拟的平台展示商品，实际到达的商品难免与图片中商品有所不同，即使是同样的商品人们对图片中商品与现实商品的感受也不尽相同。③感知服务风险，即购物者买的不仅仅是商品，还有商品的服务，而服务是无形的，B2C电子商务中该服务是否存在对购物者就本来是一个风险。综上分析，感知风险对购买态度存在影响，进而影响购买行为。

感知乐趣是竞争条件下，影响互联网回访的重要因素。同样在B2C电子商务中，也存在着广泛的竞争性，购物者很少第一次登录某个B2C电子商务网站就发生购买行为，回访者在比较同类网站后才能感知易用，这时对回访者的关注显得尤为重要，回访者可能成为你的忠实购买群体。感知乐趣影响购买意向，感知购买相关乐趣性会促使购物者产生购物意向，以使得自己的感知乐趣性得到满足。

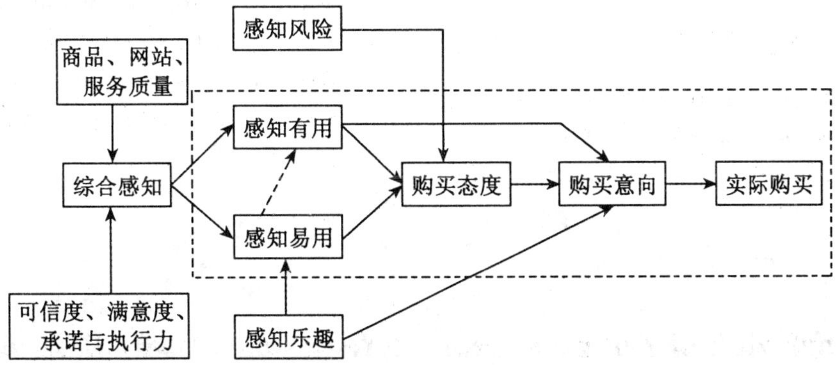

图2 用户技术接受模型

购物者综合感知可分为两部分。一是显性因素购物者的外在感知，即商品质量、网站质量、服务质量。B2C电子商务销售商品质量是购物者购买的主要依据，若所售商品质量存在问题，则会使购物者的综合感知降低。网站质量是指网站的读取速度、页面设计、商品展示方法等。一个专业的B2C电子商务网站应该做到页面读取速度快，页面设计符合不同产品细分采用不同展示方法的原则，使得访问者感知网站质量对其购物便利性的影响。B2C电子商务出售的不仅仅是商品，更主要是提供购买服务。无论是商品售后服务质量还是购物服务质量都会影响购物者综合感知。二是隐性因素购物者内在感知[9]，即可信度，满意度，承诺和执行力。可信度主要是指B2C电子商务的声誉，良好的声誉就是一笔无形的财富，可信度高低影响着综合感知。满意度是指购物者所提供的种种商品和服务的满意程度。购物者满意程度越高，综合感知就越好。承诺与执行力是指在购物者下了订单后，B2C电子商务对交易中具体细节的承诺以及执行力（承诺的兑现能力）。这个因素同样影响购物者综合感知。购物者的综合感知通过感知有用和感知易用，影响购买态度、购买意向，进而影响购买行为的发生。购物者综合感知因素不仅可以通过直接经验获取，也可以通过间接经验取得。直接经验是购物者亲自购买时的体验，而间接经验是通过第三方体验获得的相关了解，这往往是购物者第一次通过B2C电子商务购物的依据，如向熟人咨询购物的相关经验，了解网站中先前购物者的有效评价等。

4 结 论

本文讨论了当前技术接受模型在B2C电子商务中的应用状况，结合相关研究文献和国内电子商务实际，分析了B2C电子商务的基本特征，在此基础上提出一个B2C电子商务中技术接受模型，以对B2C电子商务环境下的用户行为影响因素进行合理分析。模型着重分析了除感知有用与感知易用以外的感知风险、感知乐趣和综合感知对购物者的影响，这种扩展在理论上对正确分析用户的行为影响因素是有意义的。但是，理论模型的有效性和适应性还需要进行实证检验，这也是笔者今后在研究中需要做的工作。这种检验，既是验证模型适用与否的需要，也为理论模型能够应用于B2C电子商务实践提供依据，通过分析用户接受和采纳电子商务技术的行为影响因素来引导电子商务的应用和发展。

参 考 文 献

[1] QIU Lingyun (邱凌云), LI Dong (李 东). Applying TAM in B2C E-commerce Research: An Extended Model [J]. TSINGHUA SCIENCE AND TECHNOLOGY, 2008, 13 (3): 265-272.

[2] Xu Chenyan. Enhancing Personal Interaction through the Web Interface in Online Shopping [D]. Hong Kong: The Chinese University of Hong Kong, 2007.

[3] Chen LeiDa, Tan JuStin. Technology Adaptation in E-commerce: Key Determinants of Virtual Stores Acceptance [J]. European Management Journal, 2004, 22 (1): 74-86.

[4] Dimitrios I Maditinos. Predicting E-commerce Purchasing Intention in Greece: An Extended TAM Model [Z]. 5th International Conference on Accounting and Finance in Transition. London, 2007.

[5] Hans Van Der Heijden. A Revision of the Technology Acceptance Model to Explain Website Revisits [J]. Faculteit der Economische Wetenschappen en Econometric, 2000, 9 (29): 152-163.

[6] Terry J Smith. Senior Citizens and E-commerce Websites: The Role of Perceived Usefulness, Perceived Ease of Use, and Web Site Usability [J]. Informing Science: the International Journal of an Emerging Transdiscipline, 2008, 15 (5): 446-452.

[7] Gefen D, Karahanna E, Straub D W. Trust and TAM in Online Shopping: An Integrated Model [J]. MIS Quarterly, 2003, 27 (1): 51-90.

[8] Gefen D, Straub D. Managing User Trust in B2C E-services [J]. E-Service Journal, 2003, 2 (2): 7-24.

[9] Pavlou P A, Fygenson M. Understanding and Predicting Electronic Commerce Adoption: An Extension of the Theory of Planned Behavior. [J]. MIS Quarterly, 2006, 30 (1): 115-143.

Analyzing of Business Characteristics and Users Behavior Influential Factors Modeling in B2C E-commerce

YANG Chao[1], ZHAO Kun[2]

(1. Information Department, Yunnan University of Finance and Economics, Kunming 650221, China;
2. Modern Education Technology Center, Yunnan University of Finance and Economics, Kunming 650221, China)

Abstract: With development of information technology and network is extensively spread, B2C E-commerce has already become a part of our daily life. B2C E-commerce is a main part of E-commerce, and the technology acceptance is concerned widely in B2C E-commerce. This paper analyzes the situation that technology acceptance model is applied and the basic characteristics of user behavior influential factors, aims at giving a technology acceptance model in B2C E-commerce by combining the related researching literatures and the fact of B2C E-commerce in China, so as to provide a reasonable analysis of users behavior influential factors in E-commerce environment.

Key words: B2C e-commerce; technology acceptance model; users behavior; influential factors

电子商务视角下农村现代商品流通网络商业模式的研究*

叶琼伟[1]，宋光兴[2]

（1. 云南财经大学 商学院电子商务系，昆明 650221；2. 云南财经大学 公共管理学院，昆明 650221）

摘　要：农村商品流通网络承载着商品在城乡市场“一网多用、双向流通”的功能，利用新兴电子商务技术和网络信息技术（ICT），以供销合作社积极发挥其政府职能部门的作用为基础，加大龙头企业、配送中心、农副产品交易市场、再生资源回收网络、连锁超市、加盟店和直营店等农村商品流通载体的建设力度，构建和完善以龙头企业为引领、交易市场和配送中心等为依托、零售网点为终端，以农村商品流通网络管理信息系统为供应链信息网络，以农村流通电子商务为虚拟市场平台，构建农村商品流通综合网络。该文以供销社经济合作组织为例，在大量深入实际调研的基础上，从电子商务视角提出了现代农村商品流通网络商业模式。

关键词：电子商务；商业模式；农村现代商品流通；供销社

中图分类号：TP311；F207

科技是商业创新和管理创新的助推器，以现代电子商务技术及信息网络技术（ICT）为主要支撑的具有高技术含量和高文化含量的知识密集型的农村商品流通，称为农村现代商品流通。完善农村流通服务体系建设，为农民创造一个优良放心的购物环境；解决农产品买难卖难问题，农村千家万户小生产与千变万化大市场对接问题；提高农民的组织化程度和市场化程度，加快农村社会化服务体系建设，重构符合市场经济要求的农村现代商品流通商业模式，对于方便农民生产生活，加快农村经济社会的发展，促进农业增效、农民增收具有十分重要的意义。本文以供销社农村商品流通调研资料为基础，提出了基于电子商务的农村现代商品流通的商业模式。

1　构建以供销社的农村商品流通管理信息系统为基础的现代供应链网络

1.1　供销社农村现代商品流通网络管理信息系统的建设

（1）供销社农村现代商品流通网络商业模式

供销社农村现代商品流通网络管理信息系统是一个存货、加盟店、配送中心、供应商等供应链上各节点的信息集散地，通过供应链上各节点的数据信息及时捕捉、沟通和分析。供销社商品流通管理信息系统是整个行业商品流通网络价值链信息的中枢和集散地，所有关于供应商、物流配送、特许加盟店的信息都将汇总到供销社商品通管理信息系统平台节点上，供销社节点就成为整个虚拟价值网的集成者。供销社现代农村商品流通的商业模式如图1所示。

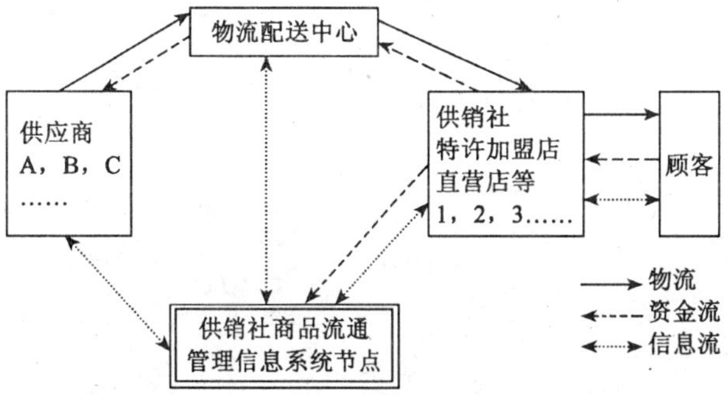

图1　供销社现代农村商品流通商业模式

从图1可以看出，供销社现代农村商品流通网络的管理信息系统节点具有对信息的收集、传送、整合和存储等管理能力，在整条价值网上是唯一可以获得全部实体信息的节点，也是唯一可以全面掌握农村市场和农民需求的动态，而供应商、运输商、物流中心和加盟店等供应链上的节点都只能获得部分信息，对所获得的销售和产品进行信息分析；没有这样的能力，获得的大量数据就不可能带来价值。只有不断分析农村市场和农民的变化，才

* 基金项目：云南省教育厅青年基金（04Y303F）；国家社会科学基金项目（04XSH001）
通讯作者：叶琼伟（1972—），男（白族），云南大理人，副教授，主要研究：电子商务，商务模式。E-mail：yeqiongwei@163.com

能更好地为三农服务，也为供销社自身带来价值，从而创新性地解决了供销社系统松散联系的组织机构经济联系的体制问题。

（2）供销社农村现代商品流通网络管理信息系统的初步设计方案

供销社农村现代商品流通网络管理信息系统根据运营需求分为供销社后台管理系统（Back End）、社有店铺销售管理系统（Front End）和加盟商管理系统（Web Base）三大部分，这三大部分各为独立的管理系统，其三方数据通过通信服务器进行无缝链接，以确保数据的安全性、贯通性和准确性（见图2）。

图2为农村现代商品流通网络管理信息系统处理流程图，该系统采用多层架构体系结构，可以实现灵活的数据流通，客户端不必限制数据的上传和下载。通过简单的设定，所有的层次可以发送/接收来自于其他层级的数据。因此，通过每个层次的数据和数据分析引导可以做出更及时的决定。通过三层架构的设计，所有店铺的事务可以在本店处理，比如存货调拨、采购单的申请、销售状况、盘存报告单。通过三层架构的设计，系统允许每个加盟商/店铺处理他们的采购申请、收货、转入/转出、货品维护、价格维护以及让自己授权的用户可以查看他们自己权限内的报表，而且总部将只需处理所有的基本资料维护，比如种类维护、VIP维护、促销以及采购单、Open-to-Buy等之类的操作。

（3）农村现代商品流通网络管理信息系统核心功能

农村现代商品流通网络管理信息系统核心功能管理模块如下：

①基本资料管理，包括商品及条码管理、各社有分销点资料建立等。

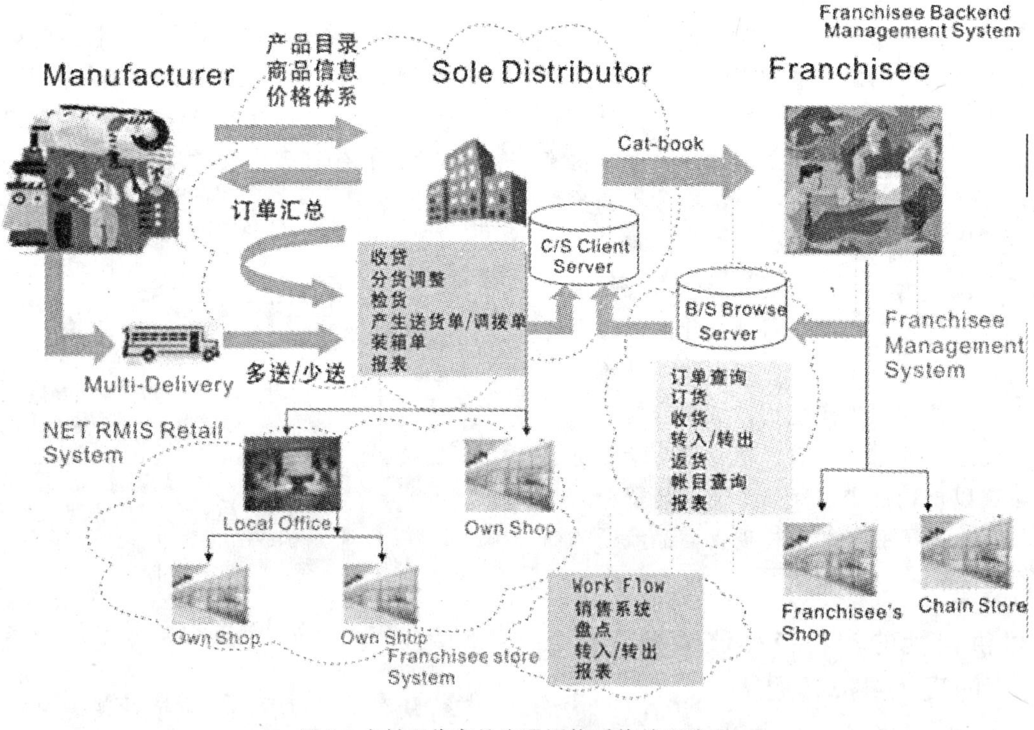

图2　农村现代商品流通网络系统处理流程

②批发客户管理，指销售渠道的资料管理，如代理商、加盟商、批发商、直营店、专柜等。

③报价目录管理。在系统中价格有：吊牌价、现零售价、实际卖价、结算价。支持国际上通用的2种价格形式Retail Less and Cost Plus的价格管理体系，根据各客户的级别可以灵活设置不同的Cat Book，可以根据不同产品系列建立不同的报价体系和折扣。

④批发订单管理。提供多种订单来源，包括期货订货，现货订货，零售补货和网上订货。

⑤期货订货。根据各分公司或各加盟商订货申请，汇总产生生产采购订单。

⑥现货订货。加盟商的日常订货，一般是按照现时仓库库存来进行。

⑦零售补货。零售终端的补货，可以根据店铺销售情况、库存情况、在途情况和未执行完的补货

等依据，系统自动生成补货需求。

⑧网上订货。提供 Internet Browser 方式的订货系统，由加盟商等销售渠道在网上发出订单，经总经销商确认后转为正式订单。

⑨分货/检货管理。根据送货日期、期货、现货和分货的优先次序自动产生分货计划，并可以根据实际的需求灵活调整分货数量。导入信用额度的检查自动生成检货和送货单，实现库存的转移。

⑩B/S 加盟商网上管理平台。该管理平台包括供应商商品信息查询（款式、定价、促销价、图像等)、批发订单状态及送货情况查询、退货请求管理及状态查询、账目及结算查询、各类销售分析报表、库存成本及毛利分析报表和业务指导差异分析报表。

1.2 农村商品流通网络的现代供应链网络构建

“三农”工作已进入工业反哺农业、城市反哺农村的新格局。针对农村的社会化服务体系建设滞后，农业抵御自然风险和市场风险的能力不强，农民买难卖难问题依然较为突出，假冒伪劣商品不断进入农村市场，坑农、害农、伤农事件时有发生，农民利益受到严重损害的状况，供销行业积极发展“两社一会”（即专业合作社、综合服务社和农产品流通协会)，推进农村现代商品流通服务体系建设，提高农民组织化程度和抵御市场风险的能力。在经营机制上，坚持市场主导，以电子商务技术和信息网络技术（ICT）为手段，遵循和把握市场经济规律，突破所有制和区域界限，逐步改变传统的以行政区域和按照行政级别建立流通体系的做法。在自愿互利的前提下，进行跨行业、跨地区、跨所有制的联合与合作，发展以现代产权制度为核心、资本为纽带的工商、商商、农商联合的市场流通主体；以网络节点为信息节点，通过龙头企业的扶持、物流配送中心的建设以及收购、改组、兼并、直营、特许、加盟等多种连锁经营，积极向上、下游延伸服务领域，拉长经营链条；同时，发挥已有的网络优势，拓宽城乡商品经营领域，争取一网多用，扩大商品经营网络的覆盖面，形成省有特大型龙头企业，市、县有骨干企业，乡（镇)、村有连锁门店的农村流通网络体系。建立高效、畅通的农业生产资料、日用消费品（下乡）分销和流通信息（上传）网络，构建云南供销社农村流通管理信息系统，打造现代农村商品流通的供应链网络，创新供销合作社组织机构经济联系机制。

2 供销社农村商品流通网络电子购销系统的构建

在供销社农村商品流通网络管理信息系统平台的基础上，对农业生产资料、日用消费品进行拍购，从而降低采购成本，让利于农民；对农副产品和再生资源进行拍卖，最大限度提高农民的经济收入。电子购销系统从源头上杜绝假冒伪劣产品，营造安全、便捷、放心和便宜的农村消费环境和农副产品流通的生态环境。

3 以电子商务平台为依托，构建供销社农村现代商品流通网络的虚拟市场

围绕城乡市场和“三农”发展需要，以进城为经营重点，发挥流通体系对生产的引领作用，引导农业标准化生产，促进现代农业的产业化和市场化。构建农产品购销虚拟市场，发挥流通对生产的带动作用，构建以信息为先导，农产品批发市场为集散地、以专业经营公司为经销渠道、以连锁超市和农贸市场为终端，以农资、农产品购销电子商务为平台的供销社农村商品流通网络的虚拟市场。该虚拟市场的主要功能如下：

（1）建设网上农副产品批发市场，发挥虚拟市场的集散功能；

（2）培育农副产品流通骨干企业，利用信息网络，发展集产、储、运、销配套服务于一体的农副产品网络经销商；

（3）利用连锁管理软件，培育农产品连锁经营企业，建立农副产品直销网络，把农副产品直接配送到超市、社区菜市场、便利店，逐步把农副产品营销网络延伸到城市社区；

（4）发展农副产品物流，加快现有农副产品物流配送企业的改造升级，培育专业化的农副产品冷藏、运输和物流配送企业；整合农产品信息资源，加快建设资源共享、标准统一、实用性强的农副产品供求信息库，强化农副产品购销综合网络信息服务；

（5）整合和完善再生资源回收利用网络，加大再生资源网络整合力度，形成以骨干企业为龙头，以社区回收站点为基础，以集散虚拟市场为核心的新型再生资源回收利用的信息网络；

（6）构建烟花爆竹经营信息网络，加快构建以专营公司为龙头，以安全经营、安全消费为重点的烟花爆竹连锁经营的虚拟市场体系；

（7）构建农村非处方药品经营网络，充分利

用日用品经营信息网络，加快农村非处方药品经营网络建设，提升信息网络整体服务功能。

4 打造供销社门户网站，构建供销社农村流通的综合网络营销系统

县以上各级供销合作社建立自己的信息门户网站，将供销合作社的组织机构、职能分工、经营业务、发展状况等相关信息进行整合，在网站统一发布，逐步形成覆盖全系统的"供销合作社信息网络体系"。加大与省移动公司等单位和行业的战略合作，整合内外部力量，共同打造"农信通"等服务"三农"的信息平台。利用信息家电（Bluetooth）、WAP、3G、GPRS 、CDMA、GPS 以及移动互联网、移动商务等技术，将各种电器设备通过互联成一个以计算机、手机、农信通、供销社综合服务社 VOD 信息点播系统、店面统一标识（统一门店装修、统一牌匾标识、统一服装、统一服务规范、统一证照发放、统一商品配送、统一服务承诺等)、掌上电脑、个人数字助理（PDA)、电话、传真、呼机、移动电话、广播、平面广告、数字电视为一体的综合网络营销环境，利用该综合网络环境可沟通供销社内各成员、经销商、合作伙伴、供应链各节点成员及客户、消费者等，以将农村的乡镇企业、农村手工艺品、民族工艺品、特色农产品及农副产品等营销出去，发挥综合网络营销环境对农副产品生产的引领作用，引导农副产品及农村民族手工艺品标准化生产，促进现代农业的产业化，农副产品及农村民族手工艺品品牌化和市场化。

5 结 语

农村商品流通网络承载着商品在城乡市场"一网多用、双向流通"的功能，利用新兴电子商务技术和网络信息技术（ICT)，以供销合作社积极发挥其政府职能部门的作用为基础，加大龙头企业、配送中心、农副产品交易市场、再生资源回收网络、连锁超市、加盟店和直营店等农村商品流通载体的建设力度，构建和完善以龙头企业为引领、交易市场和配送中心等为依托、零售网点为终端，以农村商品流通网络管理信息系统为供应链信息网络、以农村流通电子商务为平台，构建农村商品流通综合网络，探索农村现代商品流通网络增值的商业模式。

参 考 文 献

[1] 中共中央国务院《关于 2009 年促进农业稳定发展农民持续增收的若干意见》（2009 年中央一号文件）. [EB/OL]. [2009-07-05]. http://www.ydcoop.cn/wjfg/ShowArticle.asp? ArticleID = 264.

[2] 云南省人民政府办公厅《关于大力发展"两社一会"推进农村流通服务体系建设的意见》（云政办发[2005] 171 号）. [EB/OL]. [2009-07-05] http://www.yn.gov.cn/yunnan, china/78533717525528576/20060509/1068580.html.

[3] 云南省人民政府办公厅. 关于加快农村现代流通网络建设开拓农村市场的意见（云政办发 [2006] 139 号）.

[4] 原梅生，弓志刚. 论现代农村商品流通体系的构建 [J]. 财贸经济，2005 (3)：81-83.

[5] 廖咸真，朱丽娜. 农产品 B2B 电子商务交易模式初探 [J]. 特区经济，2005 (11)：180-182.

[6] 刘湖，彭晖. 构建新农村现代商品流通体系实现城乡和谐发展 [J]. 消费经济，2006，8 (4)：3-7.

[7] 李佩. 电子商务对现代商品流通的影响 [J]. 合作经济与科技，2007 (2)：4-5.

On the Business Model of Modern Rural Commodity Circulation Network in the perspective of E-business

YE Qiongwei[1], SONG Guangxing[2]

(1. Department of E-business, the Business School of Yunnan University of Finance and Economics, Kunming 650221, China; 2. School of Public Policy and Management, Yunnan University of Finance and Economics, Kunming 650221, China.)

Abstract: Rural commodity circulation network is playing a significant role of "one network multi-purpose and two-way circulation" in the urban and rural commodity market. Taking the Supply and Marketing Cooperative (SMC), an organization of economic cooperation in China, for an example, this paper proposed a business model for the modern rural commodity circulation network based on extensive and thorough actual survey. That is to strengthen the construction of rural commodity circulation carriers, including the leading enterprises, distribution centers, agriculture product market, recovery network of renewable resources, chain supermarket, franchise stores, direct-sale stores and so on, by using the newly developing e-business technique and information communication technology (ICT) and actively taking the advantages of the SMC as a government functional department. Then, construct and improve the information network of taking the leading enterprises as guide, trading market and distribute centers as support, retail stores as terminal, management information system of rural commodity circulation as supply chain. And ultimately construct a comprehensive rural commodity circulation network on the virtual marketing platform through the e-business of rural circulation.

Key words: electronic business; business model; the Supply and Marketing Cooperative (SMC); modern rural commodity circulation network

知识积累与共享影响服务业电子商务绩效的实证研究*

刘谆[1]，赵晶[1]，池毛毛[1]

（1. 中国地质大学（武汉）经济管理学院，湖北武汉 430074）

摘　要：本文以企业资源观为理论依据，提出知识积累与共享在IT资源-价值产生中的作用模型，研究了知识积累与共享和企业电子商务流程绩效的关系；分析了知识积累与共享作为交互变量，对IS集成和人力资源产生流程绩效的影响。采用实证研究的方法，通过对我国185家服务业进行实际调查，得出企业可以应用知识积累与共享来提高电子商务流程绩效，IS集成是企业知识积累与共享的有效途径，同时电子商务高素质人才能增强企业的核心竞争力。

关键词：知识积累与共享；IS集成；人力资源；流程绩效

中图分类号：F014

知识经济背景下，服务业正从传统模式向电子商务模式转型。现代服务业是依托信息技术和现代化管理理念发展起来的，信息和知识相对密集的企业，具有知识性、高技术性、员工的高素质性等特征，在国外被称为“知识密集型服务业”。我国现代服务业已有了显著的发展，但仍处于发展的初级阶段，知识的有效利用成为加快产业发展和提高产业竞争力的强有力措施之一。

知识作为组织的一种无形资产[3]，如何加以利用成为广大学术界潜心研究的重要课题，服务业中知识的积累与共享也成为了一个热门的话题。知识积累与共享是否会对企业的绩效产生影响是值得我们深思的问题。近期的研究指出知识管理能促进新技术的应用[1]，知识共享对企业的流程绩效有一定的影响[2][30]，对知识的有效管理和利用与组织的成功有一定的关联[3]，知识资源与其他补充性资源结合起来能创造价值，例如IT资源等[4][5]。这些理论大多数是从行业层面来研究知识积累与共享和绩效的关系，几乎没有从流程视角来叙述知识积累与共享和流程绩效的关联关系。同时这些研究偏重于研究知识积累与共享对绩效的直接关联关系，很少有研究知识资源与互补性资源交互作用对绩效产生影响的文献。前人的研究大多是建立在案例分析与讨论的基础上，实证研究是薄弱环节。

因此本研究采用实证研究的方法，从企业资源论（RBV）的角度研究知识积累和共享与IS集成以及人力资源的交互效应对流程绩效的影响。通过问卷调查的方式，对我国185家现代服务业进行了实际调查，收集了一系列数据。研究结果表明知识积累与共享不仅能直接作用于电子商务流程绩效，而且知识积累与共享对IS集成和人力资源管理产生电子商务流程绩效具有调节作用。本研究将为服务业实施电子商务提供宝贵的经验，具有重要的实践指导意义；为将服务业提高到一个新的水平，从而推动经济社会走上科学发展的轨道提供理论指导。

1　理论模型与假设

本文依据赵晶教授提出的“电子商务价值创造过程模型”[6]，该模型通过研究“战略—资源—能力—价值”之间的因果关联关系，揭示企业电子商务价值产生机理。本文基于企业资源观（Resource- Based View of the Firm，RBV），重点研究知识积累与共享在企业利用IT资源获取电子商务价值过程中的重要作用，提出了理论模型（图1）。该理论模型能描述知识积累与共享影响IS集成和人力资源产生流程绩效的作用关系。

RBV被广泛地应用于IS领域来研究企业如何得到和维持竞争优势[7][8][9][10][11]。本文基于RBV理论对IT资源与IT价值产生的相关理论进行了阐述。

* 基金项目：国家自然学科基金资助项目（70172034，70672064），教育部人文社会科学一般项目成果（06JA630068），武汉市科技计划项目（200770834321）

通讯作者：赵晶，中国地质大学（武汉）经济管理学院教授，博士生导师，E-mail：zhao5563@163.com

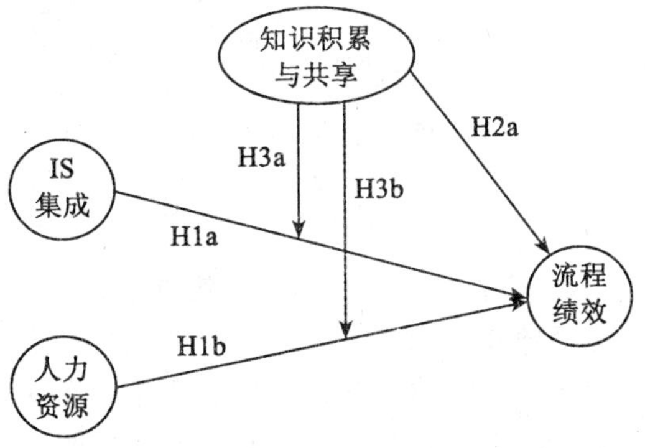

图 1 知识积累与共享在 IT 资源-价值产生中的作用模型

1.1 基于 RBV 的 IT 资源与 IT 价值产生

RBV 的主要观点认为企业的竞争优势源自企业所拥有的特殊资源、资产和技巧，这些资源应该具备稀缺性、异质性、难以模仿性，以及不可替代性，对这些资源的最大化利用能够给企业带来竞争优势，创造和维持这种独特的优势是企业成功的关键[8]。RBV 理论认为资源本身并不能直接转化为企业价值，强有力的战略有助于培养和利用有价资源[8]。

在信息系统（IS）研究领域，有学者认为产生 IT 价值的资源主要包括 IT 资源（技术和人力资源）和补充式组织资源两类，这些资源是产生价值的基础[4]。Barua（2004）的实证研究证明了 IT 技术资源、人力资源以及商务资源（包括商务流程以及伙伴就绪）是产生电子商务价值的主要来源[12]。Bharadwaj（2000）研究证实 IT 基础设施、IT 人力资源以及 IT 无形资源是信息技术能力改善和产生 IT 价值的最重要的三类资源[13]。Melville（2004）等人提出了 IT 商务价值模型，指出 IT 商务价值是 IT 在流程和组织两个不同的水平对组织绩效的影响，流程绩效决定了组织绩效，从理论上明确了采用流程绩效衡量 IT 价值的观点[4]。Ray 和 Barney（2004）等人认为 IT 产生的组织竞争优势首先表现在流程水平，业务流程是公司资源和能力的一个重要决定因素，因此管理者应该根据资源配置状况重新设计公司商务流程，从而更有效率地开发其已有的组织资源和能力，并取得长期的竞争优势[12]。他们的实证研究整合和完善了关于将流程绩效作为检测 IT 价值的观点[14]。

1.2 假设模型

基于上述相关理论，我们主要分析与企业电子商务实施紧密相关的两类 IT 资源：信息系统资源、复合型人力资源。这两类资源对电子商务实施的影响在先前的研究中都已分别得到证实[14][15]。定义信息系统资源为“支持组织内外信息共享的企业数据资源和信息系统的集成程度和应用水平”。复合型人力资源是指“具有整合和利用 IT 技术进行企业经营管理和决策的知识基础和能力”。通过企业内部各部门之间以及与外部客户之间的知识的积累和共享的程度来衡量企业知识积累与共享的水平。定义电子商务流程绩效为执行具体电子商务流程的终端绩效，是 IT 资源在电子商务流程中转化为企业独特的电子商务能力所产生的电子商务价值。

（1）IS 集成与流程绩效的关联关系。

早期的研究指出信息技术可能会对组织绩效产生作用[16][17][18]。当 IT 资源能提高企业流程的效率和效益时，它是有价值的。有很多因素会影响 IT 价值的产生，如 IT 的类型、管理实践、组织结构，以及竞争环境[19][20][21]。由于信息系统易于模仿，很容易扩散到竞争企业中去，IT 所产生的价值可能会被贸易伙伴所截取，竞争对手提供的更低价格或更好的产品质量会导致终极客户的大量流失[22][23]。这些可能导致 IS 集成在一定程度上不再能成为企业的竞争优势。企业的竞争优势应来自于企业所特有的异质性资源而非与其他企业相近的同质性资源[24]。

综上所述，提出假设：

假设 1a：IS 集成对电子商务流程绩效没有显著性影响。（H1a）

（2）复合型人力资源与流程绩效的关联关系。

复合型人力资源作为 IT 互补性资源在电子商务执行过程中是很重要的因素。复合型人力资源是企业所独有的，难以模仿的[4]。电子商务专业技能主要指企业员工用于提高 IT 应用所具备的基本的技术，当这些技能能够有效地应用于企业时，他们是有价值的[25]，当这些技术异质性地分布于企业的不同地方时，他们富有特色的变动将很难被竞争者所模仿[26]。更好的人力资源将有利于整合 IT 与商务流程，使之产生更高的效率，同时可以加强流程的应用从而支持快速变化的商务需求，此外还将促进团队合作产生更高的合作效率，通过员工参与组织生产管理会产生比竞争者更好的创新性[13]。

综上所述，提出假设：

假设 1b：人力资源对电子商务流程绩效有显著性影响。（H1b）

（3）知识积累与共享、IT 资源与流程绩效的关联关系。

知识管理关心的是人员、流程、技术使能如何影响知识资源，从而影响流程、组织的单元或企业的绩效的问题[27][28]。Kwan（2003）认为知识管理涉及建立一种环境：允许组织的员工通过创造、获取、共享和平衡知识来取得绩效[29]。收集我们已经了解的IT商务价值知识，通过知识共享来了解我们所不知道的知识，通过积累的IT商业价值知识来了解IT资源如何在流程中产生绩效[30]。

对跨流程的知识的合作交流和整合对企业的绩效有积极的影响[31]。组织内部更多的知识共享可以提高企业服务的专业性和企业运作效率，企业市场管理知识的积累与共享可以更好地分析市场，从而取得比其竞争对手更多的市场优势。知识共享与创造将使企业的信息系统集成更加合理高效，从而带来更加便利和快捷的跨部门以及跨功能的商务信息的共享。

知识管理是人与技术相互的配合，IT技术只有为人所掌握和运用，才能发挥作用。知识管理能增加IT的使用[32]，能增加IS团体的可操作性和使用性能[33]。知识管理能提高各部门员工获取和共享商务信息的能力；能支持合作伙伴的数据获取、传输、整合和利用；能提高员工的电子商务专业技能，缩短新员工的培训时间，有助于将个人知识转化为组织知识，同时，对知识共享的理解程度比较高的个体，对知识的转变和整合有积极的作用[32]。知识管理实现企业内部知识共享，促进对企业外部知识的利用，加强企业知识网络建设，或提高个人在知识管理链条中的作用。

综上所述，提出下列假设：

假设2a：知识积累与共享对电子商务流程绩效有显著性影响。(H2a)

假设3a：知识积累与共享和IS集成的交互效应对电子商务流程绩效有显著性影响。(H3a)

假设3b：知识积累与共享和人力资源的交互效应对电子商务流程绩效有显著性影响。(H3b)

2 实证研究

依据上面的研究假设，我们拟采用统计调查的研究方法进行实证研究。本文参照一般的实证研究方法步骤进行了一系列的分析。

2.1 量表设计

本问卷采用李克特五点量表进行设计，采用5级评分，即“没有（没有作用）、不好（不显著）、一般、比较好（比较显著）、非常好（非常显著）”。本研究问卷主要分为企业属性和企业电子商务资源与绩效状况两个部分。第一部分调查企业以及问卷填写者的基本信息，包括企业性质、规模、电子商务实施的情况，以及问卷填写者的职位、学历等因素，第二部分测量企业电子商务的资源配置情况以及电子商务流程绩效的状况。

2.2 数据收集

问卷调查从2007年5月开始，截至2008年6月。调研小组通过E-mail、电话、上门拜访等方式，向武汉市及全国典型的服务型企业发放问卷约800份，共回收233份问卷，最终用于分析的有效问卷共185份。

问卷填写人中中层及高层人占57.8%；有3年以上工作经验的人员占27.6%；本科及本科以上文凭者占81.1%。公司中层管理者和电子商务项目负责人是参与企业电子商务决策的主要群体，这些成员具有较高学历能够更好地理解组织电子商务的实施情况。因此，该管理群体填写的问卷能够真实反映企业的IT资源和流程绩效的状况，问卷的可靠性能够得到保证。

用于分析的185个企业的基本数据：正式职工100人以下的占50.3%，5 000～10 000人占19.7%；年销售1 000万以下的占49.2%，1 000万～5 000万占20.1%；以国有企业和民营企业为主，占73.2%。主要包括金融证券企业（占12%）、信息传输计算机服务与软件业（占33.9%）以及旅游服务业（占12%）等现代服务型企业。

2.3 效度检验和信度检验

由于调查问卷的变量是由一系列指标组合来测量的，因此我们利用SPSS16.0软件对量表进行了描述性统计、效度分析和信度分析（见表1）。

本文应用探索性因子分析（EFA）对调查问卷的结构效度进行检验，结合信度检验删除部分测量效果较差的指标。在进行EFA之前，要根据KMO统计量和Bartlett's球形检验对进行EFA的所有指标进行评价。因子分析的结果，KMO值均接近0.9，因子分析的效果极佳，说明每个变量所包含的指标能够解释变量的含义，大部分信息已被提取，符合要求，问卷具有很好的效度。

信度分析是指对同一事物进行重复测量时，所得结果的一致性程度，通常用Cronbach的α系数来衡量。SPSS16.0检验结果得出四个变量的α系数都接近于0.9，因此问卷中量表的内部一致性很好，量表较为稳定。

表1　效度分析和信度分析

变量	指标	因子	KMO	α	解释%
IS系统	部门共享	.686	0.879	0.9088	73.582
	内部集成	.779			
	外部连接	.765			
	外部共享	.729			
	系统安全	.720			
人力资源	专业技能	.672	0.878	0.8995	71.662
	员工培训	.698			
	运用IT	.813			
	中层决策	.686			
	员工接受	.714			
知识积累与共享	产品研发	.731	0.896	0.9430	81.507
	客户知识	.829			
	需求知识	.849			
	流程知识	.826			
	市场知识	.841			
电子商务流程绩效	个性服务	.812	0.908	0.9547	81.595
	反馈意见	.847			
	满意度	.822			
	服务时间	.838			
	忠诚客户	.757			
	服务质量	.820			

2.4　数据分析

本文首先采用SPSS16.0进行相关分析，然后采用OLS（Ordinary least squares）多元线性回归验证模型中的假设关系[34][35]。OLS线性回归是处理变量间线性关系的常用统计方法[36]。

（1）相关性分析。

为了明确IS集成、人力资源、知识积累与共享和电子商务流程绩效之间的作用关系，首先利用相关性分析得出相关系数矩阵和协相关矩阵。

IS集成、人力资源、知识积累与共享、流程绩效均是正相关关系（相关系数分别为0.702**、0.705**、0.678**）。可当把知识积累与共享作为控制变量时，IS集成对流程绩效的相关系数从0.702**下降至0.4275，人力资源对流程绩效的相关系数从0.653**下降至0.2699。由此可见，知识积累与共享与IS集成和人力资源的交互效应可能会影响企业流程绩效。

（2）聚类分析与独立样本T检验。

我们依据知识积累与共享的实施情况，采用SPSS16.0中的K-means Cluster过程对知识积累与共享进行聚类分析，将企业分为高知识积累与共享企业（N = 94）和低知识积累与共享企业（N = 91）两类。独立样本T检验得出两类企业在三个变量上的均值有显著性差异（$p < 0.05$），即不同知识积累与共享水平下，企业的IS集成、人力资源、电子商务绩效有明显的不同。

（3）回归分析。

进一步为了分析知识积累与共享作为交互变量对IT资源价值产生的影响，本研究进行了回归分析。通过四个模型（如表2），采用逐一纳入变量的方法，对比研究IS集成、人力资源、知识积累与共享以及他们的交互效应对电子商务流程绩效的影响。为了消除多重共线性问题，进行了方差膨胀因子（VIF）、杜宾-沃特森（D-W）检验。从表2数据可以看出所有模式的D-W都在2附近，从R^2、F值可以看出，方程具有很好的解释力，其中模式1的VIF远远小于10，表明回归模式1消除了多重共线性问题，回归模式2.3.4存在少许的多重共线性。

我们可以发现，四个模式中，IS集成对电子商务流程绩效有显著性影响，H1a不成立；人力资源对电子商务流程绩效的影响不显著，H1b不成立；知识积累与共享均对电子商务流程绩效有显著性影响，H3a成立；知识积累与共享与IS集成的交互效应对流程绩效的产生有显著性影响，H2a成立；知识积累与共享与人力资源的交互效应对电子商务流程绩效没有显著性影响，H2b不成立。

表2　不同知识积累与共享水平下的回归分析

假设/变量	流程绩效（模式1）	流程绩效（模式2）	流程绩效（模式3）	流程绩效（模式4）
	Beta p-值	Beta p-值	Beta p-值	Beta p-值
IS集成（H1a）	.394*** .000	.381*** .000	.395*** .000	.389*** .000
人力资源（H1b）	.124 .152	.123 .154	.106 .230	.112 .230
知识积累与共享（H2a）	.304*** .000	.438** .006	.457** .008	.459** .008
知识积累与共享*IS集成(H3a)		.134** .063		.057* .096

续表

假设/变量	流程绩效（模式1）	流程绩效（模式2）	流程绩效（模式3）	流程绩效（模式4）
	Beta p-值	Beta p-值	Beta p-值	Beta p-值
知识积累与共享*人力资源（H3b）			-.149 .305	-.057 .834
R^2	.561	.564	.564	.564
调整 R^2	.554	.554	.554	.552
D-W 值	1.913	1.915	1.904	1.908
F-值 P-值	76.356 .000	57.515 .000	57.550 .000	45.802 .000
最大的VIF	3.030	10.107	11.771	35.003

3 讨论与结论

随着现代服务业在IT上投入资金比例的增加，很多研究者指出企业IT投资对绩效的影响会产生很多复杂的结果，同时指出IT资源要与互补性的资源相结合才会对绩效产生一定的影响。因此本研究基于RBV理论，采用实证研究的方法，分析知识积累与共享是如何影响IT资源产生电子商务流程绩效的，本研究证实知识积累与共享对电子商务流程绩效有直接的影响，它能推动现代服务业电子商务的有效实施。研究和证明知识积累与共享作为交互变量对IS集成以及人力资源产生流程绩效具有调节作用。

本文通过实证研究发现：第一，知识积累与共享能推动服务业电子商务的有效实施。现代服务业具有知识性，通过对新产品或新服务的知识积累与共享来满足不同客户个性化服务、及时有效地了解客户的反馈意见，从而提高客户满意度；同时通过客户服务知识的积累与共享提高服务质量，缩短服务时间。通过对市场管理知识的积累和共享，来促进利用早期的市场分析表来预测后期市场的进程等。因此，服务业电子商务的有效实施，必须着眼于企业内外部知识的积累与共享。

第二，IS集成为知识积累与共享提供了技术平台，为企业的商务活动提供更多的支持和帮助，提高了企业流程绩效，提高了企业的竞争力。现代服务业具有高技术性，可以通过计算机网络技术和相关的应用系统提供一系列服务。企业内部各个部门商务信息的积累与共享能通过企业的信息系统或统一的数字化信息平台来实现，企业外部伙伴和客户信息的积累与共享能通过与伙伴之间的有效连接来实现。

第三，知识积累与共享对人力资源产生电子商务流程绩效的影响不大。现代服务业要求从业人员具备电子商务高素质性，即现代服务业的从业人员应具有良好的电子商务认知、专业知识基础和技术、管理能力等要素，否则会影响电子商务的实施效果；而目前我国服务业电子商务实践中，企业的员工达不到高素质性的要求，主要原因有以下几点：①企业员工不具备基本的电子商务专业技能。②企业对员工信息化培训的关注度不够，几乎没有建立激励机制来提高员工适应电子商务运作的能力。③员工不具备运用IT进行商务活动的能力，不能有效地将个人知识转化为组织知识。④企业的中层管理者不会通过企业的内部网或决策支持系统等信息系统进行管理或决策。⑤企业的领导者以及企业员工对接受这一新型的商务模式产生抵触情绪，不能很好地理解和认知企业所积累的有价知识。⑥服务业人员流动性大。

因此，针对现代服务业的知识性、高技术性，以及员工应具备的高素质性等特征，本文认为企业IS集成平台是企业知识积累与共享应用的有效途径，可以应用知识积累与共享来提高电子商务流程绩效，但是当前服务业内企业员工的电子商务素质明显不合要求，要求企业引进高素质人才，为企业带来新的活力，从而提高企业的核心竞争力。

本文研究存在一些不足，同时也引发了一些新的课题值得做进一步研究。

①本研究主要分析了变量层的关系，下一步将深入到指标层进行分析。

②本研究的电子商务绩效主要通过企业流程绩效来衡量，下一步我们将分析对战略绩效和财务绩效的影响。

参考文献

[1] Lester M. Innovation and Knowledge Management: The Long View [J]. Innovation and Knowledge Management, 2001, 10 (3): 165-176.

[2] Alavi M. and Leidner D E. Knowledge Management and Knowledge Management Systems: Conceptual Foundations and Research Issues [J]. MIS Quarterly, 2001, 25 (1): 107-136.

[3] Marchand D A, Kettinger W J, and Rollins J D. Information Orientation: People, Technology and the Bottom Line [J]. Sloan Management Review, Sum 2000, 41

(4): 69.

[4] Melville N, Kraemer K, and Gurbaxani V. Review: Information Technology and Organizational Performance: An Integrative Model of IT Business Value [J]. MIS Quarterly, Jun 2004, 28 (2): 283-322.

[5] Wade M, and Hulland J. Review: The Resource-based View and Information Systems Research: Review, Extension, and Suggestions for Future Research [J]. MIS Quarterly, Mar 2004, 28 (1): 107-142.

[6] 赵晶，朱镇. 企业电子商务价值创造过程模型，管理科学学报（稿件修订中），2009.

[7] Amit R, and Schoemaker, P J H. Strategic Assets and Organizational Rent [J]. Strategic Management Journal (14), 1993: 33-46.

[8] Barney J B. Firm Resources and Sustained Competitive Advantage [J]. Journal of Management, 1991, 17 (1): 99-120.

[9] Barney J B. Organizational Culture: Can it be a Source of Sustained Competitive Advantage? [J]. Academy of Management Review, 1986, 11 (3): 656-665.

[10] Rumelt R P. Towards a Strategic Theory of the Firm, in Competitive Strategic Management, 1984: 556-570.

[11] Wernerfelt, B. A Resource-based View of the Firm [J]. Strategic Management Journal, 1984, 5 (2): 171-180.

[12] Barua A, Konana P, Whinston A B, et al. An Empirical Investigation of Net-enabled Business Value [J]. MIS Quarterly, 2004, 28 (4): 585-620.

[13] Bharadwaj A S. A Resource-Based Perspective on Information Technology Capability and Firm Performance: An Empirical Investigation [J]. MIS Quarterly, 2000, 24 (1): 169-196.

[14] Ray G, Muhanna W A, Barney J B. Information Technology and the Performance of the Customer Service Process: A Resource-based Analysis [J]. MIS Quarterly, 2005, 29 (4): 625-652.

[15] Clemons E, Row M. Sustaining IT Advantage: the role of Structural Differences [J]. MIS Quarterly, 1991, 15 (3): 275-292.

[16] Brynjolfsson E, and Hitt L. Paradox Lost? Firm-level Evidence on the Returns to Information Systems Spending [J]. Management Science, 1996, 42 (4): 541-558.

[17] Kohli R, and Devaraj S. Measuring Information Technolo-gy Payoff: A Meta-analysis of Structural Variables in Firm-Level Empirical Research [J]. Information Systems Research, 2003, 14 (2): 127-145.

[18] Mukhopadhyay T, Kekre S, and Kalathur S. Business Value of Information Technology: a Study of Electronic Data Interchange [J]. MIS Quarterly, 1995, 19 (2): 137-156.

[19] Brynjolfsson E, Hitt L, and Yang S. Intangible Assets: Computers and Organizational Capital [J]. Brookings Papers on Economic Activity, 2002, (1): 137-181.

[20] Cooper B L, Watson H J, Wixom, B H, and Goodhue D L. Data Warehousing Supports Corporate Strategy at First American Corporation [J]. MIS Quarterly, 2000, 24 (4): 547-567.

[21] Dewan S, and Kraemer K L. Information Technology and Productivity: Evidence from Country-level Data [J]. Management Science, 2000, 46 (4): 548-562.

[22] Bresnahan T F. Measuring the Spillovers from Technical Advance: Mainframe Computers in Financial Services [J]. American Economic Review, 1986, 76 (4): 742-755.

[23] Hitt L, and Brynjolfsson E. Productivity, Business Profitability, and Consumer Surplus: Three Different Measures of Information Technology Value [J]. MIS Quarterly, 1996, 20 (2): 121-142.

[24] Penrose E. The Theory of the Growth of the Firm, Basil Blackwell, London, 1959.

[25] Gautam Ray, Waleed A. Muhanna, Jay B. Barney. Information Technology and The Performance of the Customer Service Process: A Resource-based Analysis [J]. MIS Quarterly, 2005, 29 (4): 625-652.

[26] Mata F J, Fuerst W L, and Barney J B. Information Technology and Sustained Competitive Advantage: A Resource-Based Analysis [J]. MIS Quarterly, 1995, 19 (4): 487-504.

[27] Hawryszkiewycz I T. A Meta Model for Modeling Collaborative Systems [J]. The Journal of Computer Information Systems, 2005, 45 (3): 63-72.

[28] Hansen M T, Nohria N, and Tierney T. What's Your Strategy for Managing Knowledge? [J]. Harvard Business Review, 1999, 77 (2): 106-117.

[29] Kwan M M. and Balasubramanian P. KnowledgeScope: Managing Knowledge in Context [J]. Decision Support Systems, 2003, 35 (4): 467-482.

[30] Nigel Melville, Kenneth Kraemer, Vijay Gurbaxani. Review: Information Technology and Organizational Performance: An Integrative Model of It Business Value [J]. MIS Quarterly, 2004, 28 (2): 283-322.

[31] Davenport T H, Long W D, and Beers M C. Successful Knowledge Management Projects [J]. Sloan Management Review, 1998, 39 (2): 43-57.

[32] Boynton A C, Zmud R W, and Jacobs G C. The Influence of IT Management Practice on IT Use in Large Organizations [J]. MIS Quarterly, 1994, 18 (3): 299-318.

[33] Armstrong C, and Sambamurthy, V. Information Technology Assimilation in Firms: The Influence of Senior

Leadership and IT Infrastructures [J]. Information Systems Research, 1999, 10 (4): 304-327.

[34] Aiken L S, and West S G. Multiple Regression: Testing and Interpreting Interactions, Sage Publications, Newbury Park, CA, 1991.

[35] 张文彤. SPSS11 统计分析教程（高级篇）[M]. 北京：北京希望电子出版社，2002.

[36] 孟晓明，陈拥军. 电子商务促进现代服务业发展的对策研究 [J]. 中国管理信息化，2007，12，10 (12)：70-74.

An Empirical Study of Knowledge Accumulating and Sharing and the E-Business Performance of the Service Firms

LIU Zhun[1], ZHAO Jing[1], CHI Maomao[1]

(1. Economics and Management, China University of Geosciences, Wuhan 430074, China)

Abstract: Based on the Resource-based view of the firm, we propose a model which demonstrates the interactive variable, knowledge accumulating and sharing, playing a critical effect in the process of e-business value creation. From the perspective of e-business process, we study the relationships among IS integrate resources, human resources, knowledge accumulating and sharing, and e-business process performance. An empirical study of 185 service firms in China validates our proposed hypotheses. The results demonstrate that knowledge accumulating and sharing affects the e-business performance directly. Our findings suggests that the management of IS integrates resources and human resource will enhance the firm's competition through knowledge accumulating and sharing.

Key words: knowledge accumulating and sharing; IS resources; human resources; e-business performance

虚拟商业社区的信任机制研究*

颜志军[1]

(1. 北京理工大学管理与经济学院，北京 100081)

摘　要：虚拟商业社区是企业开展社区营销、用户交流产品/服务购买和使用经验的平台，社区平台中的产品/服务信息将会显著影响用户的消费决策，而用户对社区的信任决定了用户是否愿意采纳社区产品/服务信息。本文将用户对社区的信任分为对社区平台的信任、对社区成员的信任和对社区产品/服务信息的信任三个层次，探讨了影响社区信任产生的主要因素，提出了用户建立社区信任和采纳社区产品/服务信息的研究假设模型。

关键词：虚拟商业社区；信任机制；信息采纳

中图分类号：F270；F724.6

随着因特网的广泛应用和信息技术的迅速发展，越来越多的网络用户开始通过因特网建立紧密的社会关系，并逐渐形成了网络虚拟社区这一特殊的交互形式。随着网络用户群体的不断扩大，这种交互形式成为信息时代的一种全新商业模式，并可以给企业和它们的客户提供更多的商业机会[1]。然而，由于网络虚拟社区的开放性、匿名性和虚拟性等基本特征，人们对虚拟社区和社区商业信息还持有一定的怀疑态度，而信任是人们愿意参与虚拟社区并采纳社区商业信息的主要原因[2][3]。许多学者对虚拟商业社区中的信任问题进行了研究，并分别探讨了虚拟社区中的社区平台或社区成员的信任问题。然而，虚拟商业社区的信任涉及社区平台、社区成员和社区产品/服务信息三个层次，而且这三个层次之间的信任关系也相互影响。因此，本文分析了虚拟商业社区中不同层次的信任问题，建立了信任研究框架，提出了虚拟商业社区的信任研究模型。

1　研究现状分析

网络虚拟社区由一群在虚拟环境中相互联系的用户构成，他们有共同的目标或兴趣并共同遵守相关的行为规则和管理制度[4]。通过提供交易者之间、消费者之间或者消费者与企业之间的沟通平台，网络虚拟社区为消费者提供一个多维度的交流平台，帮助交易双方形成更紧密和更稳定的合作关系，而企业也能及时了解消费者的个性化需求和商品反馈信息，从而提供更好的产品和服务[1][5]。国内外学者对虚拟社区的研究主要包括基础理论研究（概念、性质和分类）、成员参与动机研究、知识共享研究和关键成功因素等几个方面[6]。

信任是一个受到心理学、经济学和社会学广泛重视的问题。Mayer 认为，信任是指不管能否监督或控制受信方，基于对受信方将执行某一有利于施信方的行为的期望，施信方愿意承担受信方行为所造成后果的意愿[7]。

随着电子商务的发展，信任的概念被广泛地应用于电子商务领域，信任体系是降低交易复杂度、减少交易风险和消除不确定性的一种重要机制。网络虚拟社区同样存在开放性、虚拟性、匿名性和信息不对称等特征，社区成员之间的交往和互动受到很大的约束，而信任能够为社区交往提供一个更安全的交互环境，并避免一些投机行为。因此，信任是虚拟社区成功的关键，也是虚拟社区持续发展的基本保证，人们对社区的信任程度是决定是否在虚拟社区共享知识、分享经验、获取信息和开展交易的主要因素[8]。

虚拟社区信任的研究主要集中在两个方面：一方面是信任在虚拟社区中的作用和影响，另一方面是虚拟社区信任的影响因素和建立过程。

在信任对虚拟社区的作用和影响方面，Schubert 认为虚拟社区的建立有助于建立人们之间的信

* 基金项目：教育部哲学社会科学研究重大课题攻关项目（07JZD0019）
通讯作者：颜志军，E-mail：yanzhijun@bit.edu.cn

任关系，并认为虚拟社区中的信息交流为电子商务提供了一个可信的交易环境[9]。Smith 研究了虚拟社区中信任对社区商业推荐信息采纳的影响关系，认为信任与成员采纳社区商业推荐信息有正相关关系[10]。Porter 认为信任对社区成员的参与非常重要，企业必须培育客户对企业虚拟社区的信任，使客户参与到企业的新产品开发和知识经验共享中，并建立对企业的忠诚度[3]。Enders 分析了虚拟社区如何创造商业价值，认为信任建立对虚拟社区价值创造至关重要，并将信任分解为对社区平台的信任和对其他用户的信任[11]。

在社区信任的影响因素和建立过程方面，Ridings 认为感知响应程度、可信的个人信息和信任倾向对社区信任的建立有直接影响，而信任的建立则决定了成员是否愿意采纳虚拟社区信息以及是否愿意在虚拟社区中发布信息[2]。Leimeister 将虚拟社区信任问题分解为对虚拟社区平台和其他社区成员的信任两个部分，认为感知能力和感知善意是支持和维系社区信任的两个重要因素[8]。Mei 研究了虚拟社区和现实世界中教师之间人际关系和人际信任的相互影响过程，认为教师的社会角色、专业社区和现实世界中的交往对知识共享型虚拟社区中的成员间信任有重要影响[12]。孟魁提出了一种双向评分机制，通过成员之间的双向评分建立虚拟社区中成员之间的信任[13]。张喜征对虚拟社区的信任基础进行了分析，给出了虚拟社区中的 5 种不同信任模式[14]。

2　研究模型

Armstrong 将网络虚拟社区分为交易型、兴趣型、幻想型和关系型社区[1]，其中交易型社区的目的是提供各种与交易相关的信息，促进成员间的互动和交流，实现产品/服务的交易。本文所指的虚拟商业社区就是侧重于产品/服务信息评论和推荐的交易型社区，在这类虚拟社区中，社区成员会对购买或使用的产品/服务发表文字评论，并进行多维度的评分。而一些潜在消费者也会通过社区中其他用户的评论或评分情况做出购买决策。

2.1　虚拟商业社区的信任研究框架

网民在购买商品前期通过社区查阅相关信息已经成为一种习惯，有 88.0% 的网民选择在购买产品/服务前在社区论坛上寻求相关信息情况[15]。而社区中特定产品/服务的评论信息对用户的最终购买决策更是具有重要的影响[16]。已有研究表明，信任既影响到用户是否愿意参与社区互动[3]，也直接影响到用户对社区发布信息的感知和采纳[2][10]。

与现有研究不同，我们将虚拟社区的信任分为三个层次，分别是对社区平台的信任、对社区成员的信任和对社区产品/服务信息的信任。对社区平台的信任会影响到对社区成员的信任[17]，而对特定产品/服务评论信息的信任又受到发布信息的社区成员的影响[10]。本文提出如图 1 所示的虚拟商业社区信任研究框架。

虚拟商业社区的信任研究框架以 McKnight 的 Web 信任模型为基础，该模型是理性行为理论的简化，认为信任信念将导致信任意愿，并产生与信任相关的行为。同时，与 McKnight 的研究相似，本文也不考虑最终的用户采纳行为[18]。

研究框架包括三个部分：信任产生、信任信念和信任意愿。信任产生是指虚拟商业社区信任产生的关键因素，或者说是信任的来源，这些因素将增强或削弱网络用户对虚拟商业社区的信任感。对于信任产生的因素，我们将从多个角度来进行考虑，将包括基于制度、基于特征、基于知识、基于能力、感知易用性和感知信息质量六个方面。按照 Gefen 的分类，信任分为基于制度的信任、基于特征的信任、基于知识的信任、基于个性的信任和基于计算的信任。其中，基于个性的信任强调个人在信任方面的自然倾向，然而这种因素只会影响不熟悉网络的用户，而对于熟悉虚拟社区的用户来说，它并不是影响用户的主要因素[19]。同时，基于计算的信任根据人们对信任行为造成的直接经济收益和损失来判断，故也不在本文的研究框架内。此外，在虚拟社区中的信息发布受到发布者能力或专业知识水平的直接影响，即基于能力的信任[8][20]。虚拟社区最终是一个技术平台，技术采纳模型（TAM）理论认为感知易用性和感知有用性是影响用户是否采纳技术平台的主要因素[21]，感知有用性描述了用户是否觉得虚拟社区平台有价值，而感知易用性则描述用户对虚拟社区平台操作简易性的评价，本文仅将感知易用性作为信任产生的因素之一。最后，社区发布信息的质量情况也对用户是否愿意采纳社区信息有影响[22]。

信任信念是对一个事物的特定信任属性的感知，而信任意愿表示一个人或一个组织是否愿意参与到与信任相关的某个行为[18]。虚拟商业社区的信任就是指对社区平台、社区成员和社区产品/服务信息的信念，这种信念受到制度、特征、知识和能力等多方面因素的影响，同时这种信念的产生又

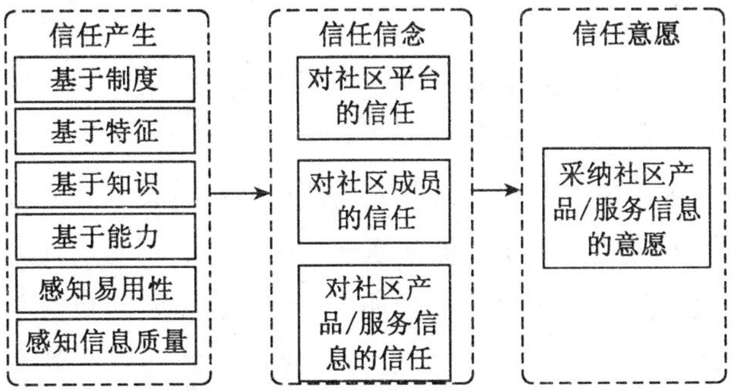

图 1　虚拟商业社区信任机制研究框架

会影响用户采纳/参与虚拟社区、接受社区产品/服务推荐或评论信息的意愿。最后，这种意愿将直接导致用户对虚拟社区产品/服务推荐或评论信息的采纳或使用。

2.2　虚拟商业社区信任研究的假设模型

社区用户面临着大量的不确定性问题，而信任是减少不确定性的主要机制。本小节对信任研究框架的三个部分进行解释并提出研究假设。

基于制度的信任是由于第三方的保障或者承诺所产生的信任[17]，制度一般包括法律法规、合同、道德规范、行业规则和文化观念等多个方面，有效的制度可以提供网络用户间的信任保障机制，改善用户之间的信任依赖关系，并有助于建立用户之间的长期信任关系。Pavlou 将虚拟商业社区中的制度分为反馈机制、信用卡担保、契约服务和信任中介四种形式，其中信用卡担保和契约服务与货币交易有关，信用中介与第三方服务有关，三者与建立社区信任的关联不大，而反馈机制是虚拟社区信任建立的重要因素，它是虚拟社区的声誉评价系统，用户可以根据社区信息的真实性和使用价值对社区成员进行评价。

对社区有效反馈机制的感知可以定义为用户认为社区的反馈机制能够在多大程度上保证产品/服务信息的精准度和可靠性。对有效反馈机制的感知将使用户相信社区信息的真实性，并相信虚拟社区其他用户将真实地描述自己的交易经历、公正地评价交易商或交易产品。

因此，我们提出研究假设（假设 1）：对社区有效反馈机制的感知将促进用户对社区成员的信任。

认同和归属感是人的一种基本需要，也是用户参与社区的动机之一。虚拟社区用户因为具有相似背景或相似特点而组织在一起，形成各种不同的社区群体，人们参与到各个不同的社区群体以获得虚拟社会中的认同感。社区群体中的用户会具有比较相近的目标和价值感，群体用户之间很容易形成相互的好感，并建立信任关系。人们认为具有共同特征或属于同一群体的人会具有相似的消费理念、消费能力、价值观和道德标准，因此也愿意赞同或支持同一群体成员的观点和意见，人们常常会认为同一群体内的成员比其他群体的成员具有更高的可信度[23]。虚拟社区为网络用户提供了一个虚拟的交流和沟通场所，人们在虚拟社会中寻找具有共同特征的朋友，并建立基于共同特征的虚拟关系。这种共同特征的感知或者认同可以增进人们之间的相互信任[24]。

因此，我们提出研究假设（假设 2）：对社区成员共同特征的认同将促进用户对社区成员的信任。

随着用户间交往过程的增加，用户之间的熟悉程度不断增强，这种因多次交互而减少不确定性的信任产生过程就是基于知识的信任。用户通过与其他人的多次交流和沟通，了解其他人当前行为的目的、原因和措施等各方面内容，不断积累相关信息，进而预测未来的可能行为。在电子商务领域，已有研究已经证明随着对 Web 网站和在线交易商熟悉程度的增加，用户更容易建立对在线交易商的信任[19]。同样，虚拟社区用户也常常建立这种基于知识的信任，许多网友都因为在虚拟社区上的交流成为现实世界中的好友。用户之间熟悉程度的增加意味着用户知识的增加，这种逐步积累的、与信任相关的知识和多次成功的交流经历将有助于用户间建立信任关系。

因此，我们提出研究假设（假设 3）：对社区成员熟悉程度的增加将促进用户对社区成员的信任。

基于能力的信任是对他人是否能够完成某项特殊工作的感知[7]。它是对他人的能力、知识或者专业水平的评估，描述了用户对推荐人能力的衡量[10]。能力信任可以有效降低虚拟社会中协作的复杂性、提高协作效率[20]。显然，虚拟社区中发布产品/服务评论信息的用户的专业水平和能力对其他用户是否愿意采纳该信息的影响至关重要，比如，一个专业摄影师对某款式照相机的推荐肯定比一个普通用户的推荐更具有影响力。

因此，我们提出研究假设（假设4）：对社区成员能力的感知将促进用户对社区成员的信任。

从技术上看，虚拟社区实质上还是一个基于Web的信息系统，因此，TAM的相关假设仍可以应用到虚拟社区的采纳中。当虚拟社区平台管理者能够提供一个易使用的平台时，这往往意味着社区平台管理者试图通过易操作的平台来吸引用户、建立与用户之间的良好互动关系。相反，如果虚拟社区平台可操作性差，则意味着社区平台管理者并不关注用户的利益，这将导致用户信任水平的下降。此外，虚拟社区平台的可用性也会影响到用户对社区平台管理者能力的感知，例如，如果社区平台的连接速度和响应速度很慢，用户必然会质疑平台管理者的系统开发和运作能力，进而怀疑社区平台信息的真实性。所以，感知易用性与用户对技术系统的信任具有正相关关系[25]。

因此，我们提出研究假设（假设5）：社区系统平台的感知易用性将促进用户对社区平台的信任。

社区产品/服务信息的质量体现了社区信息的效用情况，包括信息的准确性、时效性、使用价值、完整性和可读性[22]。这些特征可以归纳为信息内容和信息形式两个方面。从信息内容角度看，信息质量高则代表发布信息的社区成员对该产品或服务的了解程度高，购买或使用经历丰富，具备相关的产品/服务基础知识背景。从信息表现的形式上看，较高的信息质量说明发布信息的社区成员愿意与其他人共享特定产品/服务的相关知识，愿意分享自己的购买或使用经验，并以帮助他人提高消费满意度为乐。感知信息的质量将会影响到用户对信息提供者的信任信念[26]。显然，用户更愿意信任准确性高、时效性强、使用价值大、可读性好、完整全面的信息。

因此，我们提出研究假设（假设6）：社区信息质量的感知将促进用户对信息发布者和社区产品/服务信息的信任。

社区平台实质上是一个第三方信任中介，社区平台的规模、声誉和口碑直接影响到用户对社区和社区用户的信任。第三方信任中介通过设定各种管理制度和规则来降低网络开放性带来的不确定性风险，其能够实现如下功能：（1）提供可靠和安全的网络环境；（2）实施公正和开放的规则和管理制度；（3）评价、限制或清除有问题的社区成员；（4）鼓励善意的成员交互。在电子商务中，对信任中介的信任可以显著增强对社区交易者的信任，降低交易的不确定性[17]。同样，在虚拟社区中，社区用户的可信度与社区平台的可信度也是息息相关的。

因此，我们提出研究假设（假设7）：对社区平台的信任将增强对社区成员的信任。

人们总是愿意相信自己信赖的人所提供的建议或者意见。人们之间的信任关系实质上是对他人在能力、善意、正直等方面的一个综合评估，每个人会根据与其他人的历史交往形成对他人的一种主观判断，并对自己是否采取信任行为进行决策。一旦建立与他人的信任关系后，人们会自然而然地更愿意接受和采纳他人的观点、思想和价值观。同样，当人们之间建立了虚拟社区中的信任关系后，会更容易地接受所信任人的产品/服务信息推荐，其信息采纳的分析、决策过程会更短、更快，推荐信息对用户决策的影响越大[10]。

因此，我们提出研究假设（假设8）：对社区成员的信任将增强对该社区成员所发布信息的信任。

虚拟社区是信息和知识共享的新平台，人们会评估社区信息的可信度和质量，并决定是否采纳社区信息[27]。人们会根据发布信息的质量、发布信息者的可信度和专业水平等多个角度来分析和判断社区信息的可信度，当人们认可了社区信息的可信度后，人们将更愿意采纳社区信息。

因此，我们提出研究假设（假设9）：对社区信息的信任将增加用户采纳社区信息的意愿。

图2是本文提出的最终研究假设模型。

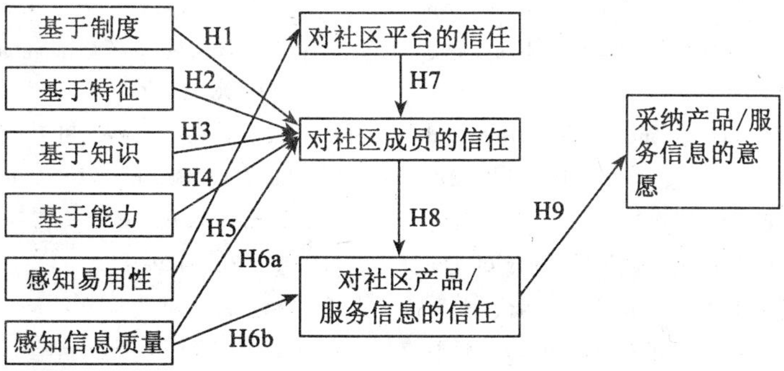

图 2 虚拟商业社区信任机制研究模型

3 结束语

虚拟社区是随着互联网技术不断发展而产生的一种全新的商业模式，虚拟社区中的产品/服务信息是多数网民完成消费决策的重要信息源，企业必须重视网络虚拟社区的建设和管理，深入挖掘其价值，探索全新的商业模式[3]。本文针对虚拟社区中的信任建立和信任对虚拟社区产品/服务信息采纳的影响进行研究，首先简要分析了信任在虚拟社区中的应用研究现状，进而从对社区平台的信任、对社区成员的信任和对社区产品/服务信息的信任三个层次提出了虚拟社区信任机制的研究假设，构建了虚拟商业社区信任机制研究模型。下一步的研究工作将选择我国大型虚拟商业社区开展实证研究，通过实验设计和数据分析检验本文的研究假设模型。

参考文献

[1] Armstrong A, and Hagel. J, The Real Value of ON-LINE Communities [J]. Harvard Business Review, 1996, 74 (3): 134-141.

[2] Ridings C M, Gefen D, and Arinze B, Some Antecedents and Effects of Trust in Virtual Communities [J]. The Journal of Strategic Information Systems, 2002, 11 (3-4): 271-295.

[3] Porter C E, and Donthu N. Cultivating Trust and Harvesting Value in Virtual Communities [J]. Management Science, 2008, 54 (1): 113-128.

[4] Preece J, Online Communities: Designing Usability, Supporting Sociability [M]. John Wiley Chichester, UK 2000.

[5] Hye-Shin K, Jin Yong P, and Byoungho H Dimensions of online community attributes [J]. International Journal of Retail & Distribution Management, 2008. 36 (10): 812-830.

[6] 徐小龙，王方华，虚拟社区研究前沿探析 [J]. 外国经济与管理，2007，29 (9): 10-16.

[7] Mayer R C, Davis J H, and Schoorman F D. An Integrative Model of Organizational Trust [J]. Academy of Management Review, 1995, 20 (3): 709-734.

[8] Leimeister J M, Ebner W , and Krcmar H. Design, Implementation, and Evaluation of Trust-supporting Components in Virtual Communities for Patients [J]. Journal of Management Information Systems, 2005, 21 (4): 101-131.

[9] Schubert P. The Pivotal Role of Community Building in Electronic Commerce [A]. in 33rd Hawaii International Conference on System Sciences [C], 2000.

[10] Smith D, Menon S, and Sivakumar K. Online Peer and Editorial Recommendations, Trust, and Choice in Virtual Markets [J]. Journal of Interactive Marketing, 2005, 19 (3): 15-37.

[11] Enders A, et al. , The Long Tail of Social Networking: Revenue Models of Social Networking Sites [J]. European Management Journal, 2008, 26 (3): 199-211.

[12] Mei-Lien Y, and Fan-Chuan T , Interplay between Physical and Virtual Settings for Online Interpersonal Trust Formation in Knowledge-Sharing Practice [J]. CyberPsychology & Behavior, 2008, 11 (1): 55-64.

[13] 孟魁，虚拟社区环境下信任机制的研究 [D]. 2005，复旦大学.

[14] 张喜征，基于虚拟社区的网络信任管理模式研究 [J]. 情报杂志，2006. 25 (4): 20-22.

[15] iResearch，2008 年中国网络社区电子商务研究报告简版 [R/OL]. http: // www. iresearch. com. cn，2008.

[16] Poston R S, and Royne M B, Ratings Scheme Bias in E-commerce: Preliminary Insights [J]. Journal of Organizational and End User Computing, 2008, 20 (4): 45-73.

[17] Pavlou P A, and Gefen D, Building Effective Online Marketplaces with Institution-based Trust [J]. Information Systems Research, 2004, 15 (1): 37-59.

[18] McKnight D H, Choudhury V, and Kacmar C. Developing and Validating Trust Measures for e-Commerce: An Integrative Typology [J]. Information Systems Research, 2002, 13 (3): 334-359.

[19] Gefen D, Karahanna E, and Straub D W, Trust and TAM in Online Shopping: an Integrated Model [J]. MIS Quarterly, 2003, 27 (1): p. 51-90.

[20] Paul D L, and McDaniel R R Jr, A Field Study of The Effect of Interpersonal Trust on Virtual Collaborative Performance [J]. MIS Quarterly, 2004, 28 (2): 183-227.

[21] Davis F D, Perceived Usefulness, Perceived Ease of Use, and User Acceptance of Information Technology [J]. MIS Quarterly, 1989, 13 (3): 319-340.

[22] Hsiu-Fen L, and Gwo-Guang L, Determinants of Success for Online Communities: an Empirical Study [J]. Behaviour & Information Technology, 2006, 25 (6): 479-488.

[23] McKnight D H, Cummings L L, and Chervany N L, Initial Trust Formation in New Organizational Relationships [J]. Academy of Management Review, 1998, 23 (3): 473-490.

[24] Malinowski J, Weitzel T, and Keim T, Decision Support for Team Staffing: An Automated Relational Recommendation Approach [J]. Decision Support Systems, 2008, 45 (3): 429-447.

[25] Song J, and Zahedi F M. Trust in health infomediaries [J]. Decision Support Systems, 2007, 43 (2): 390-407.

[26] Zahedi F M, and Song J, Dynamics of Trust Revision: Using Health Infomediaries [J]. Journal of Management Information Systems, 2008, 24 (4): 225-248.

[27] Wei Z, and Watts S A, Capitalizing on Content: Information Adoption in Two Online Communities [J]. Journal of the Association for Information Systems, 2008, 9 (2): 72-93.

A Study on Trust Mechanism of Virtual Commerce Communities

YAN Zhijun[1]

(1. School of Management and Economics, Beijing Institute of Technology, Beijing 100081, China)

Abstract: Virtual commerce community is an operation platform for enterprises' community marketing and it also provides a channel for customers' communication on buying and usage experience. The product/service information in the virtual community will affect the consumption decision remarkably, and whether customers adopt the community product/service information or not mostly depend on customers' trust on virtual community. The paper divides the customers' trust on virtual community into three levels: the trust to community system platform, the trust to community members and the trust to community product/service information. The main elements that affect the derivation of community trust is discussed and the research hypotheses and model are proposed.

Key words: virtual commerce communities; trust mechanism; information adoption

IT 能力——一种企业动态能力的具体形式*

陈建斌[1]，方德英[1]，石彤[1]

（1. 北京联合大学商务学院，北京 100025）

摘　要：本文探讨了 IT 能力与动态能力的关系。在总结“IT 能力”内涵与外延的基础上，结合动态能力理论，深入讨论了 IT 能力的动态特性，指出 IT 能力是企业动态能力的一种具体表现，并具体总结了 IT 能力的动态特征，以及对实践的指导意义。

关键词：企业 IT 能力；动态能力；资源基础理论

中图分类号：F062.5

1　引　言

关于 IT 应用的管理与评价，一个新的视角是基于企业资源理论（Resource Based View，RBV）的 IT 能力（IT Capability）的观点。IT 能力的观点认为，企业间在信息化绩效方面的差异，是由各自“IT 能力”的差异决定的。相同的 IT 投入，可能形成不同的 IT 资源和能力；相同的 IT 资源和能力，又可能由于不同的协同机制，导致不同的绩效表现。IT 能力、资源和协同机制的异质性，是信息化应用不同效果的根源。国内外学者关于 IT 能力的研究表明，无论是新兴市场、中小企业、制造企业、多元化企业，IT 能力与客户服务、竞争优势、企业绩效等都呈正相关关系[1][2][3][4][5][6][7]，表明 IT 能力在企业竞争和发展中发挥着重要的作用。

但是，当前关于 IT 能力本身的认识尚有不足。多数研究把 IT 能力作为“黑箱”，研究它的外部行为特性，证明它的相关作用。但是，IT 能力作为一个系统，其内部结构、高层 IT 能力涌现（Emergence）、IT 层次演进的序参量等问题尚未得到有效解决。更为重要的是，作为企业能力体系的一部分，IT 能力的性质和地位如何界定，其与企业核心竞争力、动态能力的关系如何？这些本质问题的探讨，有利于对 IT 能力的深层认识和广泛应用。

本文从内涵和外延两个角度，对现有 IT 能力的研究成果进行总结，并深入阐述 IT 能力与企业动态能力的关系，分析 IT 能力的本质、在企业能力体系中的地位和作用，从而帮助企业用户把握 IT 能力培育与发展的基本规律。

2　IT 能力的内涵

信息技术本身只是一种工具，如何充分发挥这种先进工具的先进特性，有赖于企业 IT 能力的高低。正如哈佛商业评论编辑 Hal Varian 指出的那样：“卡尔说信息技术正在商品化，不再提供竞争优势，这一点他是对的。但知道如何有效使用信息技术还是一种非常稀缺的技能”；“提供竞争优势的不是信息技术本身，而是那些知道如何有效利用它的人”。依据 RBV 理论提出的“IT 能力”成为考察企业在 IT 应用方面异质性根源的重要思想。

IT 能力的概念，最早由 Ross 等于 1996 年提出：“控制与 IT 相关的成本以及通过实施 IT 来影响组织目标方面的能力。”[8] 他们指出，信息技术本身的先进性不能为企业带来成功，而企业的成功源自于信息技术能力，即企业形成了一种运用信息技术去捕捉稍纵即逝商业机会的能力。Bharadwaj 于 2000 年定义为：“组织通过配置和使用自身 IT 资源，来整合组织其他资源的能力。”[9] 研究认为，能为组织带来持续竞争优势的不是信息技术和信息系统，而是 IT 能力，并通过实证表明，信息技术能力是由企业运用多种资源共同作用所产生的才能，能产生“准租”，难以模仿或替代。这项研究开创了从资源基础观视角检验 IT 能力的先河，

* 通讯作者：陈建斌，jianbin.chen@bcbuu.edu.cn

其关于IT资源和能力的分类影响深远。

William R. King认为信息技术能力是硬件、软件、共享的服务、管理实践以及技术和管理技能的集合，并强调信息技术能力对企业整体绩效的影响主要是通过业务流程实现的。

国内学者张嵩等人认为，信息技术能力是一种调用和部署企业IT资源从而获取长期竞争优势的社会复杂惯例[10]。

曹明认为，信息技术能力是一种部署信息技术资源并与企业战略意图及其优势资源相协调、匹配，从而帮助企业获得持续竞争优势的持续能力[11]。

从国内外研究来看，能够给出"IT能力"定义的并不多，其中由于Bharadwaj定义的普遍性，得到后来研究者较为广泛的认同和应用。综合各方观点，关于IT能力的内涵有以下几点共识：第一，IT能力不仅仅是IT本身，更多地强调运用IT的技能；第二，IT能力作用的对象是IT资源，IT资源是IT能力的基础；第三，IT资源与其他资源的协调、互补；第四，IT能力体现在业务流程、企业惯例（Routine）中。

3 IT能力外延

国内外学者在研究IT能力概念的同时，伴随着对IT能力构成的探讨。由于"资源"与"能力"的密切相关性，在很多学者的研究中，"IT能力"、"IT资源"与"IT资产"混合使用。Ross等[8]指出重要的IT资产包括具有较强能力的IT人员、可重复使用的技术资源、信息技术部门与企业各部门及供应商的良好关系。Bharadwaj构建了三种关键的IT资源：IT基础设施、嵌入的IT人力资源及嵌入的、需以IT促成的无形资源。

Caldeira和Ward[12]指出使中小制造企业取得成功的IT资源主要包含管理层对使用IT的态度和观点、开发IT的内部独特竞争力两个方面，印证了企业嵌入的人力资源的重要性。Keen[12]将IT资源分为人力资源、业务资源及技术资源。张嵩等[10]综合国外学者关于资源的分类方法，认为以信息技术为基础的关键资源可分类为以下几个层次：一是由实体性的信息技术基础设施要件组成的有形资源；二是由IT管理技能与IT技术技能组成的嵌入的IT人力资源的技能；三是由嵌入的组织学习、客户导向、协同等业务资源组成的嵌入关系组织资源。李润钿[13]则把信息技术能力划分为三个层次：IT静态能力、IT动态能力和IT创造性能力。IT静态能力主要指IT基础设施能力，IT动态能力是指IT基础设施能力加IT人力资源的技能，IT创造性能力是IT人力资源技能加IT综合组织能力。

上述关于IT能力构成的研究中，仍以Bharadwaj三种关键IT资源的划分最具代表性，也被广泛应用在案例、实证研究当中。但是，上述关于IT能力构成的认识，局限在静态、单一层面上，即使部分学者提出了IT能力的多维性[14]，仍无法避免能力结构讨论的静态特征。而根据系统论观点，企业的IT能力是一个复杂系统问题[15][16]，结构具备有机性、层次性、动态性等诸多特征。

从相关文献发现，国外有两个较为重要的趋势，一是关于ERP能力、CRM能力、电子商务能力等高层IT能力的培育问题[17][18][19][20]；二是与动态能力理论的结合问题[21][22]。这两个问题的探讨有一个共同的特性，就是运用了系统的观点看待IT能力诸要素之间的联系，关注了高层IT能力的涌现问题。

4 IT能力——基于过程的动态能力

4.1 动态能力理论

传统的能力理论已不能充分解释企业资源与企业竞争优势的关系，因此借用演化经济学等新兴理论，一些学者将能力理论拓展到了动态的市场环境中，产生了动态能力学说，并且形成了诸多学派，如整合（Integration）学派、过程（Process）学派、学习（Learning）学派等。其中过程学派的代表人物Eisenhardt和Martin指出动态能力是企业整合、重构、获取和释放资源的过程，用来匹配甚至创建市场变化[23]。将动态能力理解为特定的过程具有两种含义。首先，它将RBV的思想用大量实质性的经验研究体现了出来，将能力的研究集中在诸如产品研发、客户服务、企业联盟等方面不仅，使得这些特定过程更加清晰，而且也点明了动态能力的基本特性。更为重要的是，从过程角度识别用于改变资源基础的特定惯例解决了同义重复。Eisenhardt和Martin进一步指出，在适度竞争的市场条件下，动态能力类似于惯例，演化的核心是变异，而在快速变化的市场条件下，动态能力则带有明显的经验性，演化的核心是选择。基于过程性定义，动态能力可以划分为资源整合型、资源重构型、资源获取和释放型等。

动态能力作为一种崭新的企业能力形式，除了一般能力所具有的稀缺性、价值性、异质性、难以模仿性等普遍特性外，还有区别于其他能力的显著个性特征[24]，这些特征包括：过程性、战略性、跨职能性、开拓性和开放性、全面性等。

动态能力理论将企业视为一个追求目标的开放系统，该系统在战略逻辑的指导下，由带有明显管理过程特征的有形和无形资产构成。它认为企业动态能力是与环境变化相适应的能力，有利于克服核心能力的刚性，使企业形成持续的竞争优势。在分析竞争优势来源时，它采取了由内向外、内外结合的分析方法，认为经济是不断进化的，实质性的市场竞争不是价格的竞争、规模的竞争，而是创新的竞争，能力创新尤为重要，而这种创新来自持续的学习。创新的租金是熊彼特式的，在动态环境中更能体现持续性。

4.2 IT能力是一种典型的动态能力

第一，IT能力是一种复杂的企业能力。诸多文献已经指出，IT能力及其形成过程具有高度的动态性、层次性和复杂性[13][15][16]。从历时的角度看，企业IT能力的发展经历了单一、静态的IT资源到低层、简单的IT能力，再到高层复杂、动态的IT综合能力的过程；从共时的角度看，企业IT能力由IT基础设施、IT人力资源和IT使能的无形资源构成。关于IT静态能力、IT动态能力和IT创造性能力的划分体系中，更进一步体现了IT能力的层次性[13]。

第二，IT能力作用的对象是企业关键资源，而非单一的IT资源。Bharadwaj在定义"IT能力"时已经指出，IT能力是通过IT资源的配置与调用来整合组织其他资源的能力。IT能力首先调度的是IT资源，然后是企业其他资源，尤其是关键资源。由于IT的特殊性，由IT资源构造的企业"神经系统"就是用来指挥和调度企业资源完成企业战略目标的。在此过程中，IT能力通过企业关键资源及相应的组织知识、业务流程，最终作用于企业核心能力和战略目标。

第三，IT能力是企业动态能力的关键要素。Zollo和Winter认为企业只有具备不断的整合、重新配置、获取和让渡自身所拥有资源的能力，才能够匹配急剧变化的市场需求，甚至创造新兴的市场需求获得竞争优势[25]。企业动态能力对企业资源的不断整合、重新配置，离不开信息系统的内在支持，而信息系统的可用性、可靠性、稳定性和柔性，都离不开强有力的IT能力的支持。符合企业战略需要的信息系统，反映了企业拥有与战略相适应的IT能力，反映了IT能力在企业动态能力中发挥的关键作用。

第四，IT能力是企业整合、重构、获取和释放IT资源的"过程"。IT能力不是虚无地存在，而是具体存在于企业构建IT系统的过程及其知识中。将IT能力理解为特定的过程，一方面可以将RBV的思想用大量实质性的经验研究体现出来，使得IT过程更为清晰；另一方面，从过程角度识别用于改变资源基础的特定惯例解决了同义重复[24]。基于过程定义IT能力，可以参考COBIT将其区分为规划与组织（Planning & Organization）、获取与部署（Acquisition & Implementation）、交付与支持（Delivery & Support）、监控（Monitoring）等四个方面共34个流程（processes）。

第五，IT能力是企业动态能力的一种具体表现。动态能力寓于组织的流程，并且受企业的资产位势和演化路径的影响。总结上述几点可以看出，IT能力符合动态能力的诸多特征，并受企业资产位势和演化路径影响。所谓资产位势是指企业特定资产及其在产业中的位势，决定了企业的战略目标位。IT能力是企业资产位势决定下的能力体系，IT资源和能力的培养受企业战略位势、目标选择的约束，也服务于战略目标的实现。所谓演化路径，是指企业以前的投资和惯例影响着未来的行为路径选择。当收益递增时，路径依赖的重要性被放大，通过考虑技术机会，路径依赖的前景可被预测。企业的历史制约着未来的选择。IT能力的培育是企业IT应用过程中逐步形成的，反过来控制IT应用过程。作为企业一种技术变革，IT应用受企业既有的技术路线和变革思维控制，有着明显的路径依赖。

第六，IT能力有利于企业动态能力的跃迁和创新。在激烈竞争的市场环境下，动态能力演化的核心是选择。由于信息技术革命较历次技术革命的深远影响，企业面临的机会和挑战前所未有。重大机遇面前，企业动态能力的演化，可以摆脱资产位势的约束和传统演化路径的依赖，通过"战略和创新性的技术选择"，构建强有力的IT能力和信息系统，实现技术创新、模式创新和业务创新。同时，动态能力得到提升和跃迁。

5 "IT能力"的动态特性

IT能力作为一种动态能力，其特征主要有：

（1）IT能力具有与核心能力相似的特征，并具有开拓性。

IT能力作为一种动态能力，基本作用在于对企业其他能力（包括核心能力）的改变，其焦点在于创新的开拓性动力上。创新的动力可能是再生性的或开拓性的，因为倾向于以具有强烈路径依赖的经验性学识为基础的再生性动力并不能改变能力中的惯性，所以IT能力只有立足于创新的开拓性动力才能克服能力中的惯性。

（2）IT能力具有开放性。

动态能力处理的是多变环境下企业能力改变的问题，实则是企业核心能力与外界环境的桥梁，因此必须具有吸纳外部知识的机制。信息技术对于企业来说是外生的，IT能力则是企业应用与IT之间的桥梁，具有开放性并显现一定的灵活性。

（3）IT能力具有复杂性和难以复制性。

IT能力建立在一组流程的基础之一，涉及IT资源、业务资源等多种，具有明显的层次性和复杂性。在IT能力体系中，低层资源和能力的相互作用与融合"涌现（Emergency）"高层能力，静态资源、动态资源、创造性资源的互动反馈，形成类似"ERP Capability"、"CRM Capability"、"E-Business Capability"等典型的高层IT能力。高层IT能力融合了企业特有的知识，形成的过程包含了大量隐性知识，具有非常个性化特征，因而是难以复制的。

IT能力的动态特性使其具备了价值性、稀缺性、不可完全模仿性和不可等效替代性等战略资源特性。这种战略资源特性在高层IT能力更为明显，例如关于ERP能力的构建，首先是包括IT基础设施、关系资源、知识资源在内的IS资源（IS Resource）构成了ERP能力的互补资源，然后是ERP功能范畴（ERP functional scope）、ERP组织结构范畴（ERP organizational scope）以及ERP地理范畴（ERP geographic scope）三个方面的资源和能力基础[17]。这样融合了诸多IS资源、功能资源、结构资源和地理资源的高层IT能力，显然完全不同于低层的网络、数据库或信息系统开发能力等简单的资源与能力，因此能够为企业带来竞争优势，属于战略性资源。

6 结 语

研究IT能力及其动态特性，其目的一是明确IT能力的定性问题，二是明晰高层IT能力培育的问题。本文重点解决的是第一个问题。

（1）IT能力属于动态能力导致IT绩效的战略性和间接性。IT能力作为动态能力，具备战略性。但正如动态能力的定义，IT能力是通过调度IT资源来调度企业的业务资源，在企业绩效体系中具有间接性，因此无法直接度量IT投资与企业绩效的关系。IT投资的直接结果是IT资源的拥有和IT能力的发展，对IT投资的绩效评估，或者直接评估资源和能力的有效性，或者通过中间变量从企业绩效中析取IT贡献，才能够正确认识IT投资的效益。

（2）IT能力的价值主要体现在高层综合IT能力作用的发挥。因此，企业实践中就需要注重IT能力的层次性，通过适度的IT规划，把企业战略目标与IT能力的培育联系起来，有计划地对资源配置和能力培育做出选择性安排，以符合战略要求。多项研究表明[15][16][17]，在构建高层IT能力过程中，知识资源、关系资源的重要性远远大于IT基础设施的重要性；多种单一IS资源或能力的综合、集成能够形成高层IT能力，协同效应更为突出；资源的相关性和互补性是形成资源协同的关键因素。

（3）关于IT能力的研究，对IT应用实践具有重要的指导意义。这些意义包括：①实施大型信息系统项目之前，对企业的IS资源和IT能力进行全面评价是必要的。这有利于认清信息化基础的优劣势，并确定建设的重点和步骤。②创建和培育包括ERP能力在内的高层IT能力是一项长期艰苦的管理任务，需要在企业知识、关系和基础设施等资源方面的持续投资、详细规划和管理。尤其是在企业知识资源和关系资源方面的投入，需要企业的重视和关注。③对企业现有IT资源和能力集成和融合，是实现信息化目标的关键。拥有单一的资源，无论其单体价值有多高，都无法保持其价值性、稀缺性、不可完全模仿性和不可替代性，而只有与其他资源整合在一起，产生 $1+1>2$ 的协同效应，才能发挥其最大效用。

本文探讨了IT能力与动态能力的关系。在总结"IT能力"内涵与外延的基础上，结合动态能力理论，深入讨论了IT能力的动态特性，指出IT能力是企业动态能力的一种具体形式，并具体总结了IT能力的动态特征以及实践意义。

参考文献

[1] 任迎伟，张曼．新兴市场中组织结构和信息技术能力对组织效率的影响［J］．财经科学，2003.5.

[2] 郑大庆，黄丽华等．信息系统（IS）能力与企业竞争优势研究［J］．软科学，2006，20（5）：113-118.

[3] 任迎伟．组织学习能力及信息技术能力对中小企业业

绩的影响分析 [J]. 软科学, 2004. 3: 94-96.

[4] 任迎伟, 何杰, 张宁俊. 信息技术 (IT) 能力与组织结构以及组织效益的关系研究——基于国内企业的实证分析 [J.] 当代经济管理, 2007, (1).

[5] 马艳峰; 王雅林. 制造业企业信息技术能力评价研究 [J]. 计算机集成制造系统, 2007, (9).

[6] Huseyin Tanfiverdi. Performance Effects of Information Technology Synergies in Multibusiness Firms [J]. MIS Quarterly, 2005, 30 (1): 57-77.

[7] Gautam T, Muhanna W, and Barney J B. Information Technology and the Performance of the Customer Service Process: A Resource-based Analysis [J] . MIS Quarterly, 29, 4 (2005): 625-651.

[8] Ross J W, Beath C M, Goodhue D L. Develop Long-term Competitiveness through IT Assets [J], Sloan Management Revie, 1996, 38 (1): 31-41.

[9] Anandhi S. Bharadwaj. A Resource-based Perspective on Information Technology Capability and Firm Performance: An Empirical Investigation [J]. MIS Quarterly, March 2000, 24 (1): 169-196.

[10] 张嵩, 黄立平. 基于资源观的企业信息技术能力分析 [J]. 同济大学学报 (社会科学版), 2003 (8): 52-56.

[11] 曹明. 企业信息技术能力相关研究 [D]. 北京邮电大学博士学位论文, 2007, 1.

[12] Keen P G W. Information Technology and the Management Difference: A Fusion Map [J]. IBM System Journal (32: 1), 1993: 17-39.

[13] 李润钿. 基于 RBV 的信息技术能力与企业绩效关系研究 [D]. 汕头大学, 2006, 5.

[14] Caldeira M M, and Ward J M. Using Resource-based Theory to Interpret the Successful Adoption and Use of Information Systems and Technology in Manufacturing Small and Medium Sized Enterprises [J]. European Journal of Information Systems (12) 2003: 127-141.

[15] 陈建斌, 方德英, 黄爱华. 多元化企业 IT 协同能力的构成及其形成研究 [J]. 外国经济与管理, 2007 (10).

[16] 陈建斌, 方德英, 孙洁. 在动态复杂的环境下企业信息化的协同观 [J]. 情报杂志, 2008, 1.

[17] Jahangir Karimi, Toni M. Somers, Anol Bhattacherjee. The Role of Information Systems Resources in ERP Capability Building and Business Process Outcomes [J]. MIS Quarterly, 2007, 24 (2): 221-260.

[18] Yong-gui Wang, Hui Feng. CRM Capability in Service Industries: Conceptualization and Scale Development [J]. IEEE/SOLI'2008, Beijing, 2008, 10.

[19] Chatterjee D, Segars A H. Assessing E-business Capability and Effectiveness: A Set of Key E-business Metrics [J]. International Journal for Infonomics, 2004 (6).

[20] David A Johnston , Lorna Wright. The E-business Capability of Small and Medium Sized Firms in International Supply Chains [J] . Information Systems and E-business Management Volume 2, Numbers 2-3 / 2004.

[21] Helfat C E, and Peteraf M A. The Dynamic Resource-based View: Capability Lifecycles [J]. Strategic Management Journal, 2003, 24: 997-1010.

[22] Makadok R. Toward a Synthesis of the Resource-based and Dynamic-capability View of Rent Creation. Strategic Management Journal, 2001, 22 (5): 387-401.

[23] Eisenhardt K M, Martin J A. Dynamic Capabilities: what are they? . Strategic Management Journal Special Issue (2000) 21 (10-11): 1105-1121.

[24] 郑胜华. 透视企业联盟能力: 基于动态能力的 S-IPL 分析框架 [M]. 中国社会科学出版社, 2007, 16: 55.

[25] ZolloM, Winter S G. Deliberate Learning and Evolution of Dynamic Capabilities [J]. Organization Science, 2002, 13 (3) : 339- 351.

IT Capability : A Special Form of Enterprise Dynamic Capability

CHEN Jianbin[1], FANG Deying[1], SHI Tong[1]

(1. Business College of Beijing Union University, Beijing 100025, China)

Abstract: The relationship of IT capability and dynamic capability of enterprise has been discussed in this paper. Firstly, the summary of *IT capability* was presented after literature researching, the meaning and extension of the concept *IT capability* have been discussed. Secondly, supervised by the *theory of dynamic capability*, the dynamic characteristics of IT capability were studied deeply. In such condition, the *IT capability* was a special form of dynamic capabilities. Thirdly, after the emphasis of dynamic specialities of IT capability, some advices have been presented about IT resource-picking and capability-buildings to guide enterprise's practice of IT application widely.

Key words: IT capability; dynamic capability; RBV

SNS用户持续行为的理论模型及实证研究*

殷国鹏[1]，杨波[2]

（1. 对外经济贸易大学 现代服务业研究中心 北京 100029；2. 中国人民大学 经济信息管理系 北京 100872）

摘 要：社会性网络服务（Social Networking Service，SNS），旨在促进人与人的互动沟通以及社会网络的广泛建立，被誉为“继Google之后互联网又一大变革”。本论文以SNS应用这一新兴电子商务模式为问题背景，对于用户在初始采纳后持续使用的影响因素及行为模式进行深度综述及理论研究，在文献述评基础上提出SNS用户持续行为的理论模型，并采用问卷调查数据与结构方程方法进行实证研究。从理论意义上来看，将会丰富与深化信息系统持续使用理论体系，以期全面、深刻地解释及预测SNS用户的行为规律；从实践角度来看，有助于把握在中国文化情境下SNS应用的关键成功因素，从而为社会性网络服务在中国的发展提供理论指导。

关键词：社会性网络服务；持续使用；行为模型；影响因素

中图分类号：C931.6；C936

1 研究概述

进入新世纪以来，信息与通信技术的巨大进步促使互联网由信息传播渠道、商务交易平台进而逐步发展为社会交往空间，以个性化、互动参与、虚拟性及社会性等新兴特征为代表的Web2.0与社会性网络服务正在全球及中国范围快速扩散。社会性网络服务（Social Networking Services，SNS），旨在促进人与人的沟通互动及社会网络的广泛建立，融合了日志、社群、在线游戏以及照片、音乐、视频共享等Web2.0应用，也被誉为“继Google之后互联网的又一重大变革”[1]。社会性网络服务是以促进人与人之间交流互动为目标的一种新兴电子商务模式，它所蕴含的巨大成长空间需要以下两个重要支撑条件：注册用户规模是其基本生存的重要前提与必要条件，但是活跃用户才是保证其最终成功的充分必要条件。若是没有持续有效地使用，最初注册用户也难以为SNS网站带来预期的使用价值[2]。

从理论研究的角度来看，上述问题亦即：SNS网站成功最终是取决于用户持续有效的使用（Continuous Usage），最初的采纳（Initial Adoption）仅是迈向成功的第一步，因为用户在整个使用过程中的意愿和行为是存在变化的。然而，现有信息技术采纳（IT Adoption）理论的行为模型均是基于静态时点考虑的，难以解释用户在初始采纳之后并未持续性使用（Adoption-Discontiuance）的前后不一致行为[3]。为了弥补IT采纳研究不足之处，信息系统持续使用（IS Continuance）的理论研究正方兴未艾，用户在初始采纳后使用意图与行为的动态建模逐步成为国际IS学者关注的前沿领域[3][4]。尽管国内学术界已在IT采纳研究上做出一定的理论贡献，但是用户持续的行为研究却并未充分受到关注，存在很大的理论与实证研究空白[5]。

鉴于实践需求以及理论不足，本文将以SNS应用这一新兴电子商务模式为问题背景，对于用户在初始采纳后持续使用的影响因素及行为模式进行深度综述及理论研究，在文献述评基础上提出SNS用户持续行为的理论模型，并采用问卷调查及结构方程等方法进行实证研究。研究成果将会丰富与深化IS持续使用理论体系，并有助于把握在中国文化情境下SNS用户持续使用的行为规律。

2 相关文献综述与分析

信息系统研究向来重视用户行为规律研究，近20年来则主要聚焦在初始采纳的意愿及行为上，并呈现出相当繁荣的研究景象，形成了理性行为理论（TRB）、技术接受模型（TAM）以及整合性技术接受和使用理论（UTAUT）等[5][6]。然而，

* 基金项目：国家自然科学基金青年项目（70901020）“社会性网络服务持续使用理论模型与实证研究”
通讯作者：殷国鹏（1979—），男，讲师，管理学博士。E-Mail：hilbert@yeah.net

IS 持续使用（IS Continuance）则是指用户在初始采纳后并未中断使用某一特定系统的持续意愿或行为，与之相关或类似的提法有采纳后行为（Post Adoptive Behavior）、实施后阶段（Post Implementation）等[3][4][7]。尽管初始采纳是信息系统迈向成功的重要一步，但是用户持续使用才是其最终成功的关键驱动力[8][9]。因此，近几年来，国际学术界逐步开始关注用户采纳后行为规律研究。

2.1 用户持续使用研究

基于相关研究文献的整理及分析，用户持续使用研究主要是沿着两条不同的线索展开：一方面是希望通过追踪性研究来扩展与改进 TAM、TPB 等 IT/IS 采纳模型，使其适宜于解释采纳之后的用户持续使用行为，但是仍以原有影响因素作为研究切入点[7][10]；另一方面就是引入新的参考理论框架以及完全不同的研究变量（包括满意度、用户习惯等）来构建 IS 持续使用理论模型[9][11]。总体来看，相比较于 IT 采纳理论研究，IS 持续使用理论还是一个方兴未艾的研究领域，尚存在不少理论空白有待完善。

（1）通过追踪性研究扩展已有 IT 采纳理论

Taylor & Todd（1995）在扩展 TPB 模型进而提出"可分解的计划行为理论（DTPB）"之时，就已指出影响用户初始 IS 采纳意图的关键因素—态度、主观规范、感知行为控制等不能再很好地预测经验用户的 IS 使用意图[12]。Karahanna（1999）则是通过对处于初始采纳以及持续使用两个阶段 IS 用户行为的纵向比较，从实证研究角度验证了上述结论[1]。为了深入理解用户行为的连贯性，Venkatesh（2002）通过追踪性研究将短期 IS 使用（Short-term IS Usage）或者说以往使用行为（Prior Usage）纳入 TAM 模型并用来预测用户的持续使用行为，实证结果表明 TAM 中的感知易用性、感知有用性、行为意图等与 IS 持续使用之间影响关系变得不再显著[13]。之后，少量文献也进行追踪性研究（Longitudinal Study，依据文献[6]综述分析，在 100 余篇 IT/IS 采纳研究中，仅有 13 篇应用追踪性设计），亦即将技术采纳模型用于分析用户在采纳后的使用行为及影响因素，但是却逐渐意识到必须突破采纳前行为模型的理论框架，否则将难以准确把握用户在采纳后的行为规律[6][14]。

（2）构建全新的用户持续使用理论

Bhattacherjee 发表于《MIS Quarterly》的论文是最早突破信息技术采纳理论的研究框架，基于期望确认理论（Expectation Confirmation Theory，ECT）来构建全新的 IS 持续使用模型，并以网络银行为背景进行实证检验，从而做出了开创性理论贡献[9]。期望确认理论最初出现在消费者行为的研究文献中，是 Oliver 提出用于研究消费者购买产品或服务后满意、后续意愿以及行为之间关系的理论[15]。ECT 理论逻辑如下：消费者是以购买前期望（Expectation）与购买后绩效（Perceived Performance）表现的比较结果（Confirmation），判断是否对产品或服务满意度（Satisfaction），而满意度成为之后再次购买或使用（Repurchase Intention）的参考依据。

基于 ECT 的 IS 持续使用模型（Expectation-Confirmation Model of IS Continuance，ECM-ISC）如图 1 所示，它对于研究采纳后行为规律具有以下突出理论贡献：首先，最大贡献就是真正关注采纳后行为研究，能够提供 TAM 模型所无法解释的问题，比如用户在初始采纳后未持续使用的前后不一致现象；其次，基于 ECT 理论框架，通过引入系统满意度、期望确认程度等研究构念来丰富持续使用研究。用户满意度（Satisfaction），这一针对客体的态度和信念（Object-based Attitude/Belief）在 IS 持续使用理论研究之中受到广泛重视[16][17]。再次，弥补了 ECT 理论未注意到用户期望在采纳后会潜在改变的事实，将 TAM 模型中的感知有用性（Perceived Usefulness）视为采纳后的用户期望，并认为该研究变量是在采纳前与采纳后两个阶段均对用户行为具有影响。

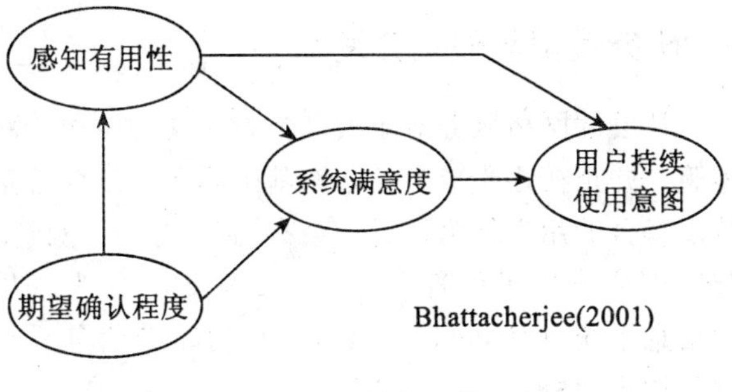

图 1 基于 ECT 的 IS 持续使用模型（ECM-ISC）

2.2 国内的 IS 持续使用相关研究

因此，尽管国际学术界已开始关注采纳后行为规律以及用户行为的动态建模，但是国内学者在此领域却并未投入太多精力。其中，张楠、郭讯华等（2007）较早指出组织中信息技术接受是一个复杂而变化的过程，IT/IS 采纳研究从静态向动态的转变是国际上本领域研究的重要发展趋势，并且以

TAM模型为基础做了一些简单的理论扩展[18]。黄丽华（2005）以满意度研究为基础，建立了B2C网站持续使用的动态模型[17]。最近，秦敏与徐升华（2008）以技术接受模型和期望确认理论为基础，综合考虑信息系统采纳前和采纳后两个阶段，提出了基于过程的采纳行为模型[19]。尽管文献[17][18][19]中模型还很不足，实证研究也不甚完善，但是开始在IS行为的动态建模方面进行有益尝试。

2.3 SNS用户的使用行为研究

进入新世纪以来，互联网发展引起IT应用突破了传统组织和工作场合情境的局限，这使得IT/IS用户行为研究进入新的时期[5][16]。社会性网络服务是一种新兴的电子商务模式，既不同于在组织与工作场合中的功能型系统，也不同于B2C/B2B、网络银行等传统电子商务应用，具有个性化、互动性、虚拟性及社会性等重要特征，其用户行为规律难以完全用传统IS或电子商务下的理论模型进行解释[2][20]。

自然地，国际IS学术界在2006年末才开始"用户对社会性网络服务的接受与使用"研究，并且重视从持续使用角度来进行SNS用户行为模型研究，逐渐成为新兴电子商务参与者行为规律研究的热点领域[20]。这一点从研究文献基本发表在近两年国际信息系统会议（ICIS）、全美信息系统会议（AMCIS）等国际IS领域顶级学术会议便可得到佐证[2][20][21][22][23]。然而截至目前，作者还未见到国内有针对SNS用户行为模型的实证研究。

3 研究模型与假设开发

社会性网络服务对于大多数人来说是一种全新体验，并正在逐步成为互联网基础服务，结合特定技术场合的用户行为研究将会有助于拉近理论模型与应用情境之间距离。表1主要从SNS作为享乐型信息系统（Hedonic）而言，与功能型信息系统进行初步比较：

表1 SNS应用与功能型信息系统比较

	功能型信息系统	社会性网络服务
任务环境	组织和工作场合	工作之余休闲时间
使用模式	注重用户与系统之间互动	注重用户与用户之间互动
价值体现	工作效率；绩效提升	愉悦体验；情感渠道
系统目标	与工作任务匹配	"好玩性"；沉浸其中
制度环境	组织具有一定的硬性使用要求	个人目的；自愿使用

基于ECT的IS持续使用模型在研究采纳后的持续行为规律时被广泛接受，本文以ECM-ISC模型为参考理论框架，结合SNS实践情境与特征分析，在深度文献整理与分析基础上，将从理论多样性、新的研究构念以及动态建模三个角度对ECM-ISC模型进行理论扩展与假设开发，进而归纳得出SNS用户持续行为的理论模型，详见图2。

3.1 理论基础的多样性

基于ECM-ISC模型的用户持续研究成果广泛发表《MIS Quarterly》《Information Systems Research》、《Information & Management》等高水平学术期刊上，从而肯定了该理论对采纳后行为研究的价值[11][24][25]。ECM-ISC模型将用户满意度视为影响持续使用的关键因素，体现了用户对系统使用的态度，并由一系列的信念所决定[9][11]。因此，作者在研究SNS用户持续行为时，仍将用户满意度、期望确认程度等关键概念视为影响持续使用的关键因素，并依据ECM-ISC模型提出下列研究假设：

假设1（H1）：在初始采纳SNS应用后，用户满意度是直接正向地影响SNS用户持续使用意愿。

假设2（H2）：在初始采纳SNS应用后，感知有用性是直接正向地影响SNS用户持续使用意愿。

假设3（H3）：在初始采纳SNS应用后，期望确认程度是正向地影响SNS用户的满意度。

假设4（H4）：在初始采纳SNS应用后，感知有用性会是正向地影响SNS用户的满意度。

假设5（H5）：在初始采纳SNS应用后，期望确认程度会正向地影响SNS用户的感知有用性。

特别需要指出的是：SNS应用属于典型的享乐型系统[20]，其任务环境不是组织及工作场合之下，那么SNS使用价值也并不是体现在用户的工作效率或绩效提升，而更多地应该从"社会性"角度来考虑。依据社会网络理论，SNS应用实际上形成了电子化媒介的人际网络（社区），也就是用户透过SNS应用所建立与维持的关系联结（Ties），以及这种电子化联结所带来的共享信息价值[2][23]。因此，在SNS用户持续行为研究中，

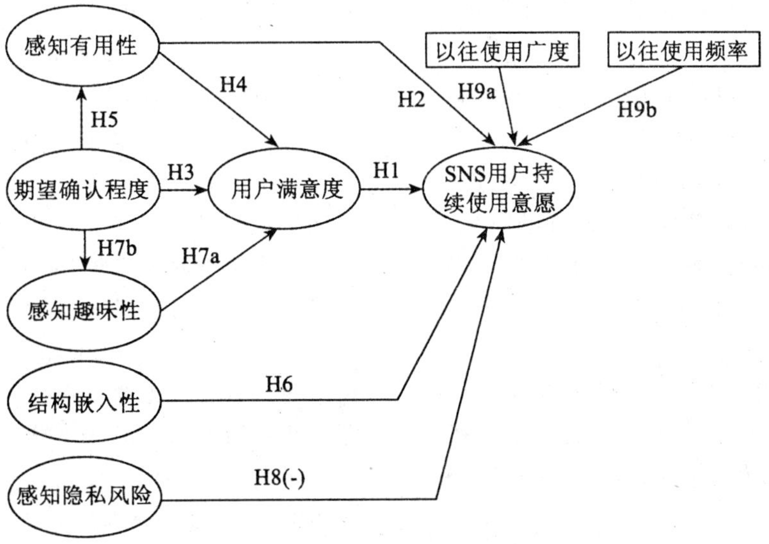

图 2　SNS 用户持续使用的行为模型

作者将主要从关系联结规模、新联结建立以及信息价值等角度来进行界定感知有用性概念。

结构嵌入性（Structural Embeddedness）是社会网络理论中的重要概念，那么对于旨在建立以互联网为媒介的社会关系网络的 SNS 应用而言就显得极为重要[2][26]。依据网络嵌入性观点，若是用户主观上认为其社交关系网络中（包括同学、朋友及同事等）很大比例都在与其通过 SNS 网站来进行沟通交流、关系保持，那么用户就更加有持续使用 SNS 的行为意愿，这也是创新扩散理论（DOI）所揭示的基本规律[27]。因此，作者提出如下研究假设：

假设 6（H6）：在初始采纳 SNS 应用后，SNS 用户的结构嵌入性是直接正向地影响其持续使用意愿。

3.2　扩展及引入新的研究构念

正如上述，SNS 用户使用大多是基于个人目的——人际关系、生活休闲及情感交流等，而非组织及工作场合下的绩效提升[20]。因此，TAM、UTAUT 等理论模型所提出的感知有用性或绩效预期概念，对于像 SNS 这一类享乐型（Hedonic）系统并不完全适用[28]。Rosen（2006）将 TAM 中感知有用性替换为感知趣味性（Perceived Enjoyment）来研究 SNS 用户接受问题，并且探讨了影响它的前因变量[20]。Rosen（2008）、Sledgianowski（2008）等均认为应加入娱乐性（Playfulness）、愉快度（Pleasure）等内在性因素来解释 SNS 用户行为[21]。此外与感知有用性类似，期望确认程度也是直接地影响用户的感知趣味性，进而提升用户满意度。因此，作者提出如下研究假设：

假设 7a（H7a）：在初始采纳 SNS 应用后，感知趣味性是正向地影响 SNS 用户的满意度。

假设 7b（H7b）：在初始采纳 SNS 应用后，期望确认程度正向地影响 SNS 用户感知趣味性。

由于高不确定性和高风险的存在，对于大多须以真实身份及信息来参与的社会性网络服务而言，在我国相关法律与市场环境还不甚完善的情况下，特别需要强调感知隐私风险（Perceived Privacy Risks）对于持续使用的负向影响，用户会关注其在参与过程中网站对收集的个人信息的保护能力[22][29]。相应地，信任是在互联网环境下理解电子商务参与者行为的正面态度[29]。因此，作者提出如下研究假设：

假设 8（H8）：在初始采纳 SNS 应用后，感知隐私风险是直接负向地影响 SNS 用户持续使用意愿。

3.3　考虑用户以往使用

IS 持续使用研究的基本前提是：用户在整个系统接受与使用过程中的意愿和行为是存在变化的[3][8][10]。某些学者也在尝试进行用户行为的动态建模来探索这种变化：Limayem（2007）通过扩展 ECM-ISC 模型，详尽考察了初期使用对于采纳后持续行为的影响[11]；Kim（2005）则是以 TAM 模型为基础，加入了一些反馈机制从而建立 IS 持续使用的两阶段动态模型[4]；Hong（2006）则是实证检验 TAM、ECM-ISC 以及它们的整合模型对 IS 持续意愿的解释能力，结果表明联结采纳前与采纳后的整合性模型效果最佳（R^2 达 67%）[25]。

因此，作者将考虑以往使用行为对于采纳后持续使用的影响，从而探索用户行为在采纳前与采纳后的动态变化规律。已有文献分析表明，对于 SNS 用户使用而言，可以从频繁程度（Frequency）、广泛程度（Comprehensive）两个维度来恰当地界定系统使用[11][30]。因此，作者提出如下研究假设：

假设 9（H9）：在初始采纳 SNS 应用后，以往使用行为（包括频繁程度、功能范围）是直接正向地影响 SNS 用户持续使用意愿。

4　研究设计

4.1　抽样设计

本文选择校内网为典型 SNS 网站，着重分析大学生这一互联网的关键用户群，主要出于以下几点考虑：

（1）由于本文是研究 SNS 用户持续行为，需要样本具有一定的 SNS 使用经验，而大学生在参与 SNS 应用方面较为先行，Facebook、校内等 SNS 领先网站也是依靠大学生广泛使用而发展起来的。

（2）研究抽样的便利性，在选修课、学生活动时发放问卷，既易于回收也具有一定的随机性。

（3）不同用户群体在职业、年龄、教育及收入水平等方面不尽相同，以大学生为关键用户群也有助于重点分析态度、感知与信念等影响因素。

本次调查发放问卷 200 份，共回收 110 份，回收率 55%。其中，剔除少数完全未接触 SNS 的 5 个样本，最终得到有效问卷 105 份。样本基本分布情况为：男、女比例为 44%，56%；本科、硕士、博士比例为 45%、47%、8%；互联网使用经验大约一半为 1～5 年（48%），6～10 年为 34%，而 10 年以上的也有 18%。

4.2　概念测量开发

为保证本研究概念测量的信度与效度，测量项目基本上借鉴已有文献，并根据实际情况稍做调整。问卷设计采用通行的 Likert 7 级量表，概念测量及问题设计详见表 2，量表分值的计算则采用简单平均方法。概念间相关性矩阵详见表 3。

表 2　　概念测量开发与验证

研究概念	测量指标	信度检验	因子载荷
感知有用性（PU）-（Hu 2008，Rosen 2008）	1. SNS 网站是有助于我和朋友们保持联系	0.80	0.85
	2. SNS 网站使得我所结识的朋友更加广泛了		0.81
	3. SNS 网站有助于我及时地从其他朋友那里获得一些有价值信息		0.89
期望确认程度（ECT）-（Bhattacherje 2001）	1. 我在使用 SNS 的过程中所获体验与经历远超过了我的预期	0.89	0.90
	2. 使用 SNS 网站所提供的各类应用服务，为我带来超出我之前预期的更大益处		0.93
	3. 总体而言，我对于 SNS 网站的期望在使用过程中均获得了满足		0.89
感知隐私风险（PCR）-（Pavlou 2007）	1. 我很是烦恼 SNS 网站会过多地收集个人信息	0.83	0.85
	2. 在访问、使用 SNS 网站时，我比较留意个人信息暴露及隐私保护问题		N/A
	3. 我较为怀疑 SNS 网站未尽其所能来较好地保护用户隐私		0.89
	4. 我很担心第三方或其他人会在不被允许的情况下访问到个人信息		0.62
	5. 我很担心个人信息会被 SNS 网站所滥用（比如垃圾邮件与广告等）		0.65
用户满意度（SAT）-（Bhattacherje 2001）	请问您使用 SNS 网站时的总体感觉如何？	0.86	
	（1）非常不满意/非常满意		0.85
	（2）非常不愉快/非常愉快		0.87
	（3）非常郁闷/非常惬意		0.91
	（4）极为糟糕/很是欣喜		0.73

续表

研究概念	测量指标	信度检验	因子载荷
持续使用意愿 (SCI) -(Bhattacherje 2001)	1. 在以后日子，我更加愿意继续使用 SNS 网站，而非准备不再使用 2. 在以后日子，我会更多地利用 SNS 网站方式来与朋友保持联系与沟通 3. 在以后日子，我可能不会再使用 SNS 网站	0.83	0.91 0.90 0.78
感知嵌入性 (PSE) -(Li 2005)	1. 我认识朋友（同学、同事等）中相当大的比例都使用 SNS 网站 2. 与我经常联系的朋友，大多都在使用 SNS 网站 3. 只有少数朋友会与我通过 SNS 网站沟通交流 4. 与我用 SNS 联系的朋友将会继续使用 SNS 来保持沟通	0.76	0.74 0.89 0.68 0.73
感知趣味性 (PEN) -(Agarwal 2000)	1. 使用 SNS 网站让我感到很有趣、很好玩 2. 使用 SNS 网站可能使我感到很是不爽 3. 使用 SNS 网站能为我带来许多生活快乐 4. 使用 SNS 网站是让我感觉很享受的过程	0.87	0.88 0.72 0.89 0.90

表 3 相关系数矩阵及 AVE

	PU	ECT	PCM	PCR	PEN	SAT	SCI	Com	Freq
PU	0.85								
ECT	0.46	0.90							
PNS	0.66	0.47	0.76						
PCR	0.01	−0.16	0.01	0.76					
PEN	0.58	0.69	0.62	−0.31	0.85				
SAT	0.23	0.63	0.23	−0.38	0.57	0.84			
SCI	0.52	0.67	0.50	−0.21	0.58	0.53	0.86		
Com	0.25	0.36	0.28	0.00	0.35	0.26	0.40	1.00	
Freq	0.14	0.15	0.13	−0.17	0.25	0.34	0.21	0.29	1.00

4.3 数据分析方法

本研究采用 PLS（偏最小二乘法）方法分别进行模型分析。PLS 方法与 Lisrel 同属结构方程，其下列特征使其利于本研究[33]：（1）对于小样本也较适宜，从而使结论更为可靠；（2）与多元回归类似，PLS 可以获得 R^2 系数，作为因变量的被解释程度。

5 数据分析结果

根据结构方程分析的标准步骤，我们首先分析测量模型，以保证概念测量通过信度、效度检验；之后，进一步分析结构模型，以验证研究假设。

5.1 测量信度检验

测量信度检验主要是通过 Cronbach α 系数检验潜变量的测量指标间的一致性。社会科学研究中，α 系数大于 0.7 是很可信的。因此，根据表 2 的数据，α 信度均在 0.76～0.89，因此，概念测量通过信度检验，具有较高的稳定性。

5.2 测量效度检验

测量效度检验分为聚合效度、辨别效度两个侧面，反映了理论层次的抽象概念与可测量指标之间的符合程度[34]。聚合效度主要是通过确认型因子分析来检验，测量项目在相应的一阶潜变量上因子负载均在 0.6 以上，也说明概念测量具有较好的聚合效度。

辨别效度主要通过计算平均抽取方差(Average Variance Extracted，AVE）来检验[34]。AVE 反映潜变量的测量指标与测量误差相比，在多大程度上捕获了此潜变量的变化。表 5 是一阶潜变量间相关系数矩阵，对角线为相应 AVE 平方根，此表反映潜变量 AVE 平方根均大于 0.707，且大于其他潜变量之间的相关系数，表明测量模型具有较好的辨别效度。

辨别效度亦可通过潜变量、与测量指标的交叉载荷系数矩阵来检验，篇幅所限并未列出。

5.3 结构模型分析

在测量模型经过实证检验后，我们就可以利用 PLS 方法检验概念之间的结构关系模型。如图 3 所示，研究模型的实证结果主要包括以下几点：

（1）研究模型的 R^2 整体达到了 0.511，说明它可以解释 SNS 用户持续使用意愿 50% 以上变动方差，模型总体上具备了较强的解释能力。

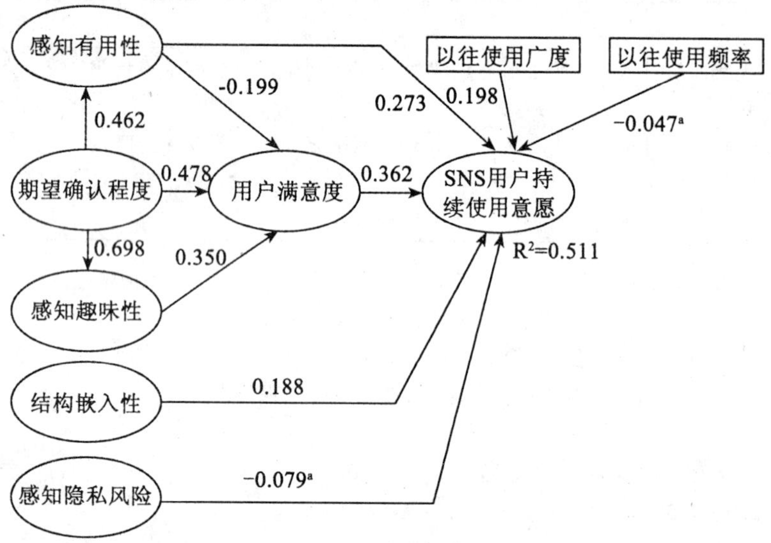

图 3　结构模型分析结果

（a. 不显著；其他路径系数显著性水平小于 0.05）

（2）结构模型分析表明，研究假设 H1～H3，H5～H7，以及 H9a 均得到了数据统计的有效支持，显著性水平均小于 0.05。用户的满意度与 SNS 用户持续意愿之间的路径系数最高（0.362），其次是感知有用性（0.273）。相对而言，结构嵌入性、以往使用广度与 SNS 用户持续意愿之间的路径系数不高。

（3）结构模型分析表明，研究假设 H4、H8、H9b 并未得到有效支持。其中，感知隐私风险（H8）、以往使用频率（H9b）与 SNS 用户持续使用意愿之间可以认为并无统计意义上的因果关系。特别值得关注的是，感知有用性与用户满意度之间的路径系数为负，且通过显著性水平检验，却是直接正向影响用户持续意愿，而非以用户满意度为中介因素。此结果可以从两方面分析：已有文献表明，在互联网、移动等应用场合下，感知有用性与用户满意度之间也经常是无显著关系，或是微弱的负相关[25]，可能感知有用性在研究享乐型系统时的影响机制还需商榷；此外，也可能是作者并未能够很好地把握在非工作场合下感知有用性的概念界定与测量量表。

（4）结构模型分析表明，以往使用广度（功能范围）对于 SNS 用户持续意愿是显著性影响（0.198），而以往使用频率却几乎没有起影响作用。

6　研究结论

本论文以社会性网络服务这一新兴电子商务模式为问题背景，对于用户在初始采纳后持续使用的影响因素及行为模式进行了深度文献综述与分析，在此基础上从三个方面扩展与改进传统 ECM-ISC 模型，进而提出 SNS 用户持续使用的行为模型，并进行数据收集与统计分析等实证研究。主要的研究结论包括以下五个方面：

（1）基于 ECT 的 IS 持续使用模型对于 SNS 用户持续研究是较为适用的，期望确认过程、用户满意度等均是进行用户持续使用研究所必须考虑的关键影响因素。

（2）在关注用户感知、信念等内在性因素之外，考虑 SNS 用户持续研究时应侧重考虑结构嵌入性、以往使用以及系统自身特性等外在性因素。

（3）感知有用性在研究 SNS 用户的持续使用问题时，如何界定、怎样测量以及影响路径等还需要详细研究。

（4）感知隐私风险并未在实证研究中体现负向影响效应，这可能与抽样样本主要是在校大学生有关，其他社会群体还需进一步加以实证分析。

（5）实证结果表明对于用户的持续意图与行为进行动态建模是十分必要的，还需进一步考虑以往不断使用会导致习惯形成，并进而直接影响持续行为。

进一步研究可从两个方面展开，首先是实施追踪性研究，继续跟踪上述抽样样本的持续使用行为，从而考察用户在整个动态过程中的意图和行为的变化；其次是扩展典型用户群体，将不同职业、年龄与收入群体都纳入研究范围，从而能够为不同类型SNS网站发展实践提供理论指导。

参考文献

[1] OECD, Participative Web and User-created Content Web 2.0, Wikis and Social Networking [M]. OECD Publishing, 2007.

[2] Hu Tao, and Kettinger, William J. Why People Continue to Use Social Networking Services: Developing a Comprehensive Model [A]. Proceedings of 29th International Conference on Information Systems, Paris, 2008.

[3] Jasperson J, Carter P E, and Zmud R W. A Comprehensive Conceptualization of Post-adoptive Behaviors Associated with Information Technology Enabled Work Systems [J]. MIS Quarterly, 2005, 29 (3): 525-557.

[4] Kim S S, Malhotra N K. A Longitudinal Model of Continued IS Use: An Integrative View of Four Mechanisms Underlying Post Adoption Phenomena [J]. Management Science, 2005, 51 (5): 741-755.

[5] 张楠，郭讯华，陈国青．行为建模角度的信息技术采纳研究：发展阶段和未来方向 [A]. 信息技术采纳：理论发展与中国实践．北京：电子科技大学出版社，2006, 11: 3-6.

[6] Lee Y, Kozar K, & Larsen K R T. The Technology Acceptance Model: Past, Present, and Future [J], Communications of the Association for Information Systems, 2003, 12 (1): 752-780.

[7] Karahanna E, Straub D W, and Chervany N L. Information Technology Adoption Across Time: A Cross-Sectional Comparison of Pre-adoption and Post-adoption Beliefs [J]. MIS Quarterly, 1999, 23 (2): 183-213.

[8] Saga V L. and Zmud R W. The Nature and Determinants of IT Acceptance, Routinization, and Infusion [A]. Diffusion, Transfer and Implementation of Information Technology, L. Levine (ed.), Elsevier Science, Amsterdam, 1994: 67-86.

[9] Bhattacherjee A. Understanding Information Systems Continuance: an Expectation-confirmation Model [J]. MIS Quarterly, 2001, 25 (3): 351-370.

[10] Venkatesh V, Davis F D, A Theoretical Extension of the Technology Acceptance Model: Four Longitudinal Field Study [J]. Management Science, 2000, 45 (2): 186-204.

[11] Limayem M, et al. How Habit Limits the Predictive Power of Intention: The Case of Information Systems Continuance [J]. MIS Quarterly, 2007, 31 (4): 705-737.

[12] Taylor S, and Todd P A. Assessing IT Usage: The Role of Prior Experience [J]. MIS Quarterly, 1995, 19 (4): 561-570.

[13] Venkatesh V, Speier C, Morris M G, User Acceptance Enablers in Individual Decision Making about Technology: Toward A Integrated Model [J]. Decision Sciences, 2002, 33 (2): 297-316.

[14] Venkatesh V, Morris M G. User Acceptance of Information Technology: Toward a Unified view [J]. MIS Quarterly, 2003, 27 (3): 425-478.

[15] Oliver. A Cognitive Model for the Antecedents and Consequences of Satisfaction [J]. Journal of Marketing Research. 1980, 17: 460-469.

[16] Kim D J, Steinfield C. Consumers Mobile Internet Service Satisfaction and their Continuance Intentions [A]. Proceedings of the Tenth Americas Conference on Information Systems, New York, 2004: 2776-2780.

[17] Dai L, Huang L H, Yi H D, How B2C Service Quality Influences Website Continuance [A]. Proceeding of the 9th Pacific Asia Conference on Information Systems, Bangkok, Thailand, 2005.

[18] 张楠，郭迅华，陈国青．信息技术初期接受扩展模型及其实证研究 [J]. 系统工程理论与实践，2007, 27 (9): 123-130.

[19] 秦敏，徐升华．基于过程的信息系统采纳行为模型及实证研究 [J]. 情报学报，2008, 27 (5): 733-739.

[20] Rosen Peter and Sherman Peter, Hedonic Information Systems: Acceptance of Social Networking Websites [A]. Proceedings of the 12th Americas Conference on Information Systems, 2006.

[21] Sledgianowski D, Kulviwat, Songpol, Social Network. Sites: Antecedents of User Adoption and Usage [A]. Proceedings of the 14th Americas Conference on Information Systems, 2008.

[22] Dwyer C, Hiltz S, Trust and Privacy Concern within Social Networking Sites: A Comparison of Facebook and MySpace [A]. Proceedings of the 13th Americas Conference on Information Systems, 2007.

[23] Rosen Peter A, and Kluemper, Donald H., The Impact of the Big Five Personality Traits on the Acceptance of Social Networking Website [A]. Proceedings of the 14th Americas Conference on Information Systems, 2008.

[24] Lin C S, Sheng W, Tsai R J, Integrating Perceived Playfulness into Expectation-confirmation Model for Web Portal Context [J]. Information&Management, 2005, 42 (5): 683-693.

[25] Hong S J, Thong J Y L, Tam K Y. Understanding Continued Information Technology Usage Behavior: A Comparison of Three Models in the Context of Mobile Internet [J]. Decision Support Systems, 2006, 42: 1819-1834.

[26] Nov O, and Ye C. Community Photo Sharing: Motiva-

tional and Structural Antecedents [A]. Proceedings of the 29th International Conference on Information Systems, 2008.

[27] Li D, Chau P Y K, Lou H. Understanding individual adoption of instant messaging: an empirical investigation [J]. Journal of Association for Information Systems, 2005, 6 (4): 102-129.

[28] Heijden V D, User Acceptance of Hedonic Information Systems [J]. MIS Quarterly, 2004, 28 (4): 695-704.

[29] 孟德才，闵庆飞，仲秋雁. 移动商务采纳的信任因素研究 [A]. 中国信息系统研究：理论与实践(CNAIS第二届学术年会论文集). 昆明：云南科技出版社，2007. 11: 98-102.

[30] Cheung C M K, and Limayem M. Understanding Continuance of Advanced Internet-based Learning Technologies: The Role of Satisfaction, Prior Behavior, and Habit [A]. Proceeding of the 8th Pacific Asia Conference on Information Systems, 2005.

[31] Pavlou P A, Liang H, & Xue Y. Understanding and Mitigating Uncertainty in Online Exchange Relationships: A Principal-Agent Perspective [J]. MIS Quarterly, 2007, 31 (1): 105-136.

[32] Agarwal R, Karahanna E. Time Flies When You're Having Fun: Cognitive Absorption and Beliefs about Information Technology Usage [J]. MIS Quarterly, 2000, 24 (4): 665-694.

[33] Chin. Issues and Opinion on Structural Equation Modeling [J], MIS Quarterly, 22 (1): 7-16.

[34] Gefen D, Straub D. A Practical Guide to Factorial Validity Using PLS-Graph: Tutorial and Annotated Example [J]. Communications of the Association for Information Systems, 2005, 16: 91-109.

The Empirical Study on Usage Continuance Model of Social Network Services

YIN Guopeng[1], YANG Bo[2]

(1. University of International Business and Economics China Service Industry Research Center, Beijing 100029, China; 2. Renmin University of China Department of Economic Information Management, Beijing 100872, China)

Abstract: As a newly emerging e-business model, Social Networking Service (SNS) has encouraged new ways to communicate and relationship building, also viewed as "the next big thing after Google". This study draws attention to the substantive differences between adoption and continuance behaviors in context of SNS, and develops the usage continuance model of SNS to investigate continued usage behavior and underlying factors through literature review and theoretical analysis. Then, we collected data through survey questionnaire, and present the results of an empirical test that involved structural equation modeling. This study will advance the theory of IS continuance, and provide a comprehensive research model to investigate the post-adoptive behaviors of SNS. Otherwise, the research may help SNS-empowered businesses and organizations to identify critical factors that are fundamental to long-term viability and the eventual success of these services.

Key words: social network services; continious usage; behavior model; critical factors;

基于 DEA 的电子商务能力评估模型研究*

路应金[1]，蒋相岚[1]，杨文博[1]

（1. 电子科技大学经济与管理学院，四川 成都 610054）

摘　要：本文通过对电子商务及电子商务系统能力的理解，针对电子商务系统的服务能力评估问题，提出了将电子商务能力指标划分为可靠度、响应度、保证度、关怀度、美观度和趣味度，并建立成本收益数据包络分析（Data Envelopment Analysis，DEA）数学模型对其进行分析，据此提出了基于数据包络分析模型的电子商务能力评价方法。最后，用算例分析验证了改模型的有效性和实用性。

关键词：电子商务；电子商务服务能力；DEA 模型

中图分类号：F713.36

最新调查数据显示，2008 年中国电子商务市场交易额达到 24000 亿元，同比增值达到 41.2%，其中 B2B 市场仍是总交易额的构成主体，占总体交易额的 89.5%，达到 21480 亿元。2008 年 4 月以来，因为猪流感在全球范围内的流行以及信息技术和物流技术的发展，越来越多的人选择网上购物，因此电子商务一定会得到更好的发展。

电子商务的发展速度惊人，但现在对电子商务系统服务能力评估的模型还没有正式建立。因此建立一个可以评估电子商务系统服务能力的模型具有重要的理论和实践意义。

1　电子商务及其能力指标

1.1　电子商务的定义

电子商务是在信息技术（Internet）广泛应用的基础上发展起来的。对电子商务的理解，应从“商务”和“现代信息技术 Internet”两个方面考虑。一方面，电子商务实质上是商业活动；另一方面，电子商务的支撑平台是现代信息技术 Internet. 所以我们可以把电子商务定义为：是一种基于因特网，以交易方为主体，以银行电子支付和结算为手段、以客户数据为依托的全新商务模式。简而言之，电子商务就是利用电子信息技术进行的各种商务活动。

1.2　电子商务的优势

电子商务极大提高了传统商务活动的效益和效率，与传统商务活动相比它具有下列优点：

（1）降低交易成本。首先，通过网络营销活动企业可以提高营销效率和降低促销费用，据统计在 Internet 上做广告可以提高销售数量 10 倍，同时它的成本是传统广告的 1/10；其次，电子商务可以降低采购成本，因为借助 Internet 企业可以在全球市场寻求最优惠价格的供应商，而且通过与供应商信息共享减少中间环节由于信息不准确带来的损失。有资料表明，使用 EDI 通常可以为企业节省 5%-10% 的采购成本。

（2）减少库存。企业为应付变化莫测的市场需求，不得不保持一定库存产品。通过 Internet 可以将市场需求信息传递给企业决策生产，同时企业的生产信息可以马上传递给供应商适时补充供给，从而实现零库存管理。

（3）缩短生产周期。电子商务应用信息共享的协同工作，从而可以最大限度减少因信息封闭而出现等待的时间，从而缩短生产周期。

（4）提高劳动生产率。可以通过网络自动处理业务流程和与供货商、配送商的合作来提高劳动生产率。

（5）扩展市场范围。传统的交易受到时间和空间限制，而基于 Internet 的电子商务则是 24 小时全球运作，网上的业务可以开展到传统营销人员销售和广告促销所达不到的市场范围。

（6）与客户良好沟通。成本低，速度快、不通过中间商直接双向沟通，效果好。

（7）为顾客提供个性化服务。顾客可以定制商

* 通讯作者：路应金，E-mail：luyingjin@ uestc. edu. cn

品，商城可以自动根据老顾客以前购买的情况为其推荐商品，自动按其累计购买量打折，还可以为顾客提供个人信息服务。

1.3 电子商务系统能力组成

SERVQUAL 理论是 20 世纪 80 年代末由美国市场营销学家帕拉休拉曼（A. Parasuraman）、来特汉毛尔（Zeithaml）和白瑞（Berry）提出的 。SERVQUAL 将服务质量分为五个层面：有形设施（Tangibles）、可靠性（Reliability）、响应性（Responsiveness）、保障性（Assurance）、情感投入（Empathy）。Cronin 和 Taylor（1992）推出了“绩效感知服务质量度量模型”SERVPERF（1992）。

Rice（1997）提出网站设计、结构和易于登录等是用户再次访问网站的关键。Liu et al.（2000）访问了 1000 个公司的 122 个网络主管，得出系统应用（system use）、系统质量（system quality）、服务质量（service quality）、信息质量（information quality）是网站成功的关键因素。Lim（2002）从安全性角度讨论了电子商店网站的使用。Ji and George（2003）认为可靠性（reliability）、交互性（interactivity）、趣味性（entertainment）、安全性（security）和隐私性（privacy）是网站质量的主要影响因素。

Zeithaml（2001）等人的研究是个例外，他们与有在线购物经验的客户进行了六焦点小组访谈，得出可靠性（reliability）、可访问性（access）、安全性（security）、易于登录（ease of navigation）、担保/信任（assurance/ t rust）、网站美观（site aesthetics）、反应性（responsiveness）、个性化/定制化（personalization/ customization）、价格知识（price knowledge）、灵活性（flexibility）、效用（efficiency）11 个维度为 e-服务质量的影响因素。

这篇论文综合分析了上述的各种影响因素，考虑到当下人们采用可靠度（reliability），响应度（responsiveness），保证度（assurance），关怀度（empathy），美观度（aesthetics），趣味度（entertainment）作为评价电子商务能力的指标。

因为有这么多的电子商务能力指标，对于电子商务网站来说，就需要知道在这么多种电子商务能力指标中哪些才是效果比较好的，以便在以后的网络推广中更多的关注那些对顾客效果好的电子商务能力指标，从而提供顾客满意度，最后可以得到较高的收益。所以，在电子商务服务商选择电子商务能力指标时，就需要选择一种较适用于该类问题的方法。从评价方法上看，电子商务能力指标评价的决策问题是典型的多目标决策问题。在多个电子商务能力指标中，势必会出现有一些电子商务能力指标效果好一些，而另外一些电子商务能力指标差一些的情况。从而在资金和服务能力有限的情况下，会造成电子商务服务商在面对众多电子商务能力指标的时候会侧重选择其中的一部分而不是全部的原因主要是评价电子商务能力选用的评价准则。因此，经过研究调查确定，电子商务能力的评价可以利用数据包络分析方法（Data Envelopment Analysis，DEA）。

2 DEA 模型

2.1 DEA 的简单介绍

1978 年由著名的运筹学家 A. Charnes，W. W. Cooper 和 E. Rhodes 首先提出了一个被称为数据包络分析（Data Envelopment Analysis，简称 DEA）的方法，去评价部门间的相对有效性（因此被称为 DEA 有效）. 他们的第一个模型被命名为 CCR 模型。从生产函数角度看，这一模型是用来研究具有多个输入、特别是具有多个输出的“生产部门”同时为“规模有效”与“技术有效”的十分理想且卓有成效的方法。

1984 年 R. D. Banker，A. Charnes 和 W. W. Cooper 给出了一个被称为 BCC 的模型。

1985 年 Charnes，Cooper 和 B. Golany，L. Seiford，J. Stutz 给出了另一个模型（称为 CCGSS 模型），这两个模型是用来研究生产部门之间的“技术有效”性的。

1986 年 Charnes，Cooper 和魏权龄为了进一步地估计“有效生产前沿面”，利用 Charnes，Cooper 和 K. Kortanek 于 1962 年首先提出的半无限规划理论，研究了具有无穷多个决策单元的情况，给出了一个新的数据包络模型——CCW 模型。

1987 年 Charnes，Cooper，魏权龄和黄志民又得到了称为锥比率的数据包络模型——CCWH 模型。这一模型可以用来处理具有过多的输入及输出的情况，而且锥的选取可以体现决策者的“偏好”。灵活的应用这一模型，可以将 CCR 模型中确定出的 DEA 有效决策单元进行分类或排队等等。

这些模型以及新的模型正在被不断地进行完善和进一步发展。

上述的一些模型都可以看作是处理具有多个输入（输出越小越好）和多个输出（输入越大越好）的多目标决策问题的方法。可以证明，DEA 有效性与相应的多目标规划问题的 pareto 有效解（或非支配解）是等价的。数据包络分析（即 DEA）可以看作是一种统计分析的新方法．它是根据一组关于输入－输出的观察值来估计有效生产前沿面的。在经济学和计量经济学中，估计有效生产前沿面，通常使用统计回归以及其他的一些统计方法，这些方法估计出的生产函数并没有表现出实际的生产前沿面，得出的函数实际上是非有效的。因为这种估计是将有效决策单元与非有效决策单元混为一谈而得出来的。在有效性的评价方面，除了 DEA 方法以外，还有其他的一些方法，但是那些方法几乎仅限于单输出的情况。相比之下，DEA 方法处理多输入，特别是多输出的问题的能力是具有绝对优势的。并且，DEA 方法不仅可以用线性规划来判断决策单元对应的点是否位于有效生产前沿面上，同时又可获得许多有用的管理信息。因此，它比其他的一些方法（包括采用统计的方法）优越，用处也更广泛。特别值得指出的是，DEA 方法是纯技术性的，与市场（价格）可以无关。

2.2 电子商务能力 DEA 模型的建立

实际上，电子商务能力的输出指标和输入指标结合投入量越小越好、产出量越大越好的特点，根据具体情况，可以分别选用输出指标与输入指标来构造 DEA 模型，解决电子商务能力指标的选择评价问题。

目前，还没有出现应用 DEA 来评估电子商务能力的研究情况。因此，本文在这个方面算是一个新的研究。

将电子商务的能力指标作为决策单元（Decision Making Unit，DMU），一共有 n 个，对决策单元 j，他的评价指标 x_{ji}（$i=1, 2, \cdots, m$）越小越好（相应于投入指标），评价指标 y_{ji}（$i=1, 2, \cdots, s$）越大越好（相应于产出指标）。由此，可以构造出 DEA 模型。

$$(P1)\begin{cases} \max & \dfrac{u^T y_0 = y_{j0} ms}{v^T x_0 = x_{j0}} \\ \text{s. t.} & \dfrac{u^T y_j}{v^T x_j} \leqslant 1, j = 1,2,\cdots,n \\ & v \geqslant 0 \\ & u \geqslant 0 \end{cases}$$

其中，$x_j = (x_{j1}, x_{j2}, \cdots, x_{jm}) y_j = (y_{j1}, y_{j2}, \cdots, y_{js})$，$y_j$ = 决策单元 j 的产出指标（越大越好）；x_j = 决策单元 j 的投入指标（越小越好）；$u = y_j$ 的权重；$v = x_j$ 的权重；n = 决策单元的个数；$m = x_j$ 指标的数量；$s = y_j$ 指标的数量；$y_0 = y_{j0}$，表示待评价电子商务能力的评价指标；$x_0 = x_{j0}$ 表示待评价决策单元的评价指标。

该模型假定评价有效性的约束条件是电子商务系统能力的有效性最大值是 1，这是借鉴自然过程中能量转化效率的最大值为 1 的原则。模型的主要特点是将投入、产出指标的权重 u、v 作为取得待评价决策单元 j 0 有效性最大值的优化变量。决策单元 j 0 有效性值或者等于 1，或者小于 1。前者表示决策单元 j 0 是相对有效的，后者表示决策单元 j 0 是相对无效的。对于相对无效的决策单元，模型的解可以反映该决策单元于相对有效决策单元的差距。对所有的决策单元依次解上述的模型，可以得出各个决策单元的相对效率。不同电子商务能力对应的评价指标的权重是一般来说不同的，这种权重的选择方式比权重分析方法优越之处在于权重选择方式更具有客观性。数据包络分析方法通过对权重精细的选择，使一个在少数指标上有优势，而在多数指标上有劣势的决策单元有可能成为相对有效的决策单元。使用该方法，如果决策单元被评价为相对无效的，这有力地说明该决策单元在各个指标上都是处于劣势。

分式规划可以转变为如下的线性规划问题：

$$(P2)\begin{cases} \max & \mu^T y_0 \\ \text{s. t.} & w^T x_j - \mu y_j \geqslant 0, , j = 1,2,\cdots,n \\ & w^T x_0 = 1 \\ & w \geqslant 0 \\ & \mu \geqslant 0 \end{cases}$$

通过 Charnes-Cooper 变换，分式目标函数中的分子部分从形式上保留下来，分母的值转变为 1，成为约束条件的一部分。这样分式目标函数就变成了线性目标函数。

定义 1　如果线性规划问题的最优解 w^*，μ^* 满足 $\mu^T y_0 = 1$，则称决策单元 DMUj 0 是弱 DEA 有效的。

定义 2　如果线性规划问题的最优解 $w^* > 0$，$\mu^* > 0$ 满足 $\mu^T y_0 = 1$，则称决策单元 DMUj 0 是 DEA 有效的。

模型中的评价指标以量化的电子商务能力评价准则来表示。关于电子商务能力的主要评价准则有以下的 4 项，即运营成本，浏览时间，交易次数，收益。本文以这样的准则为基础，制定出了具体的适用于本文的评价准则。

3 算例分析

我们构建一个评估电子商务能力的算例，其中

表 1 是电子商务能力的运营成本，浏览时间，交易次数和收益。

在表 1 中，x_1 表示运营成本；x_2 表示浏览时间；x_3 表示交易次数，y_1 收益。在上述指标中，运营成本，浏览时间和交易次数指标都是越小越好，因此列为评价模型的投入指标；收益是越大越好，列为评价模型的产出指标。评价结果即电子商务能力的相对有效性指标。

表 1　　电子商务能力指标数据

电子商务能力指标	运营成本	浏览时间	交易次数	收益（万元）
可靠度	9120	8650	7230	12309
响应度	9785	9631	7525	13682
保证度	7650	5308	4776	9216
关怀度	9982	9720	8732	16000
美观度	4890	5093	5087	5098
趣味度	5376	6324	6540	6733

对主要的电子商务能力进行评价的时候，用软件 DEA-Solver 运行计算出各个评价指标的数据，应用 DEA 模型得出的结果如表 2 所示。

表 2　　电子商务能力的 DEA 分析结果

No.	DMU	Score	Rank
1	可靠度	0.8822798	4
2	响应度	0.9422474	3
3	保证度	1	1
4	关怀度	0.9495725	2
5	美观度	0.5193498	6
6	趣味度	0.5335225	5

用图表示如图 1 所示：

表 2 中 Score 就是 DEA 的评价结果，由表 2 和图 1 可以看出，相对效率是 1 的是关怀度和保证度；其他则较低。由图 1 可以看出关怀度和保证度的相对效率是大于其他的电子商务能力的。

因此，可以知道，随着电子信息技术的发展和广泛应用，传统的电子商务能力已经趋于成熟，它们对电子商务能力的影响已经逐渐降低。由于人们出于个性化和服务水平的需要，电子商务能力比如关怀度和保证度将变得越来越重要，而且从数据中也可以看出它们是 DEA 有效的。因此，当电子商务网站在提高它们的服务能力时，可以选择优化它们的关怀度和保证度等人性化方面的指标，由此，不但能够增加网站的收益，还能更进一步提高顾客服务水平和顾客满意度。

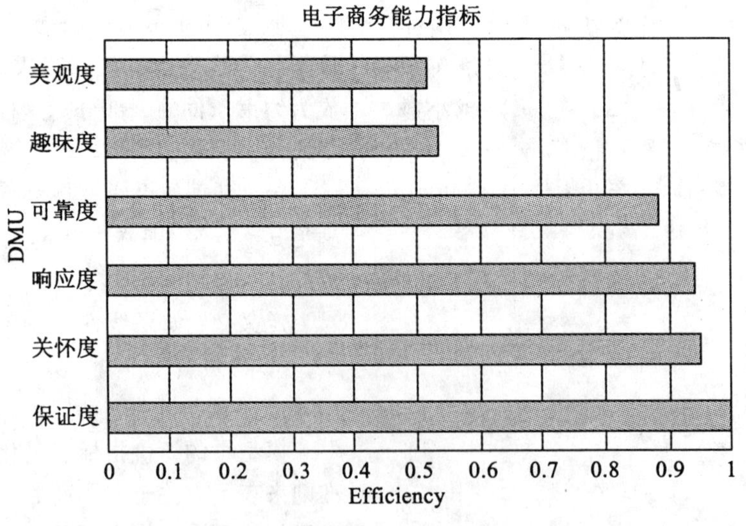

图 1　电子商务能力的 DEA 分析结果

4　结　论

随着信息技术和物流的发展，电子商务在人们的生活中起着越来越重要的作用。尤其当今年猪流感流行时，越来越多的顾客选择用电子商务代替传统市场。因此，评价电子商务能力具有深远的理论和实践意义。

本文建立了电子商务能力评价的 DEA 模型，在此基础上研究了建立评价电子商务能力有效性的概念，解决了电子商务能力的评价问题，进一步利用数据包络分析模型的计算结果来选择电子商务能力。算例的分析结果表明，文中提出的选择方法是有效的。

参考文献

[1] 魏权龄．评价相对有效性的 DEA 方法［M］．北京：中国人民大学出版社，1988.

[2] 魏权龄．数据包络分析（DEA）［J］．科学通报，2000，45（17）：1493-1796.

[3] William W Cooper, Lawrence M Seiford, Kaoru Tone. Data Envelopment Analysis—a Comprehensive Text with Models, Applications, References and DEA-Solver Software [M]. Springer Science Business Media, 2007: 438-473. Wei Quan-ling (2002) Equivalence between Weak Pareto and Weak DEA Efficiency in Input-oriented and Output-oriented DEA Model. System Theory and Practice 10: 74-96.

[4] William W. Cooper Lawrence M. Seiford, Kaoru Tone. Data Envelopment Analysis—a Comprehensive Text with Models, Applications, References and DEA-Solver Software [M]. Springer Science + Business Media 2007: 438-473.

[5] Zeithaml V A, Parasuraman, and Arvind Malhotra. A Conceptual Framework for Understanding e-service quality: Implications for Future Research and Managerial Paractice. Working paper, Cambridge, MA: Marketing Science Institute 23 (6): 38-65.

[6] Peterson Robert A, Sridhar Balasubramanian, and Bart J. Bronnenberg. Exploring The Implications of The Internet For Consumer Marketing [J]. Journal of the Academy of Marketing Science25 (4): 239-346.

[7] Parasuraman A, Zeithaml V A, and Berry L. SERVQUAL: a Multiple-item.

[8] Scale for Measuring Consumer Perceptions of Service Quality [J]. Journal of Retailing, spring, 1988, 64: 12-40.

[9] Zeithaml V A, Berry L L, and Parasuraman A. A Multiple Item Scale for Measuring Consumer Perceptions of Service Quality [J]. Journal of Retailing, 1988, 64 (1): 12-40.

[10] Zeithaml V A, Berry L L, and Parasuraman A. The Bhavioral Consequences of Service Quality [J]. Journal of Marketing, April, 1996, 60: 31-46.

[11] Zeithaml V. A Service Excellence in Electronic Channels. Managing Service Quality, 2002, 12 (3): 135-139.

Research on E-commerce Capability Evaluation Model Based on DEA

LU Yingjin[1], JIANG Xianglan[1], YANG Wenbo[1]

(1. School of Management and Economics, University of Electronic Science and Technology of China, Sichuan 610054, China)

Abstract: This paper establishes a math model of cost-benefit data envelopment analysis based on service capacity evaluation issue of E-commerce system, and presents it as the E-commerce capability evaluation method. This evaluation method based on the basic thinking of DEA. Finally, it verifies the validity and practicality of this model through taking the actual operation of e-commerce service platform as an example.

Key words: e-commerce; e-commerce capability; DEA model

在线黏度前置因素及其对再购意愿的影响研究

刘子龙[1]，徐健[1]

（1. 东北财经大学信息工程学院，大连 116025）

摘 要：电子商务交易模式的特殊性使得在线消费者能够轻易地转向其他网站，从而导致其在线忠诚度普遍不高。如何吸引在线消费者使他们对网站产生依赖和黏性，是电子商务网站面临的一个重大挑战。本文从网站设计的视角考察了在线黏度的前置影响因素以及其对消费者再购意愿的影响。笔者利用问卷调查方式获得的351个成熟在线消费顾客的调查数据进行结构方程建模。研究结果表明，在线黏度、在线满意和在线信任是影响消费者再购意愿的重要的因素。内容感知价值、情景感知价值和基础感知价值以在线满意为中介显著影响在线黏度。本文还分析和讨论了研究发现的理论和实践的意义。

关键词：在线黏度；再购意愿；网站感知价值；在线信任；在线满意

中图分类号：F713.36

随着中国的网络购物市场取得了爆发式增长，越来越多的消费者开始采纳在线购物这种新的消费模式，但统计数据显示大多数网络商店的顾客回头率依然很低。根据营销理论，提升消费者忠诚度是促使消费者再次购物的重要影响因素之一。然而在线消费者具有传统消费模式中前所未有的低廉转移成本和搜寻成本，这就导致了在线消费者忠诚度通常很低。因此如何吸引在线消费者使他们对网站产生依赖和黏性，是在线企业面临着的一个挑战。黏度是网站吸引并保留消费者使用其网站的一种能力。较高的消费者黏度能够显著降低网站的营销成本，这是因为通常来讲保持一个用户的费用远远要低于获取一个新用户的成本。Crockett（2000）在研究中发现在全部营销费用中通常吸引新用户的预算要占到75%，而保持旧用户只占到25%。McCloskey（2004）的研究证明如果一个用户在一个网站花费的时间越多，他在该网站购物的可能性也就越大。Zott等人（2000）的研究表明，消费者随着与网站交易次数的增多、时间的增长，其对该网站的黏度就会提高，从而交易的意愿和数量也随之增加。因此黏度已经成为提升电子商务企业竞争力的一个重要的影响因素。本研究着重从网站设计的角度来考察在线黏度的影响因素以及对再购意愿的影响的因素。

1 理论模型及相关假设

1.1 在线黏度（online stickiness）

在线黏度通常用于描述网站的使用者对网站的依赖程度。Davnport（2000）认为用户黏度是指一个网站能够吸引其用户更加持久的访问的能力。Li（2006）从用户的角度定义黏度，尽管环境和市场行为导致用户有转向其他替代网站的潜在可能，但用户依然重复访问并使用一个其偏好的网站。Lin（2007）认为黏度是用户重复访问并持续使用其偏好网站的意愿。对于定义用户黏度通常有两个方面最为重要：用户访问的频率和持续的时间。Li（2006）从关系理论的视角考察网站和用户之间的关系。他认为竞争对手的质量、用户的情感投入、用户满意度、网站和用户间的沟通质量以及投机行为通过承诺和信任影响着在线黏度。Lin（2007）从网站设计的视角，考察了网站感知价值通过积极的态度和信任对在线黏度和交易意愿的影响。

从其定义来看，忠诚度的一个显著标志为消费者的重复购买行为，而黏度着重考察消费者的重复访问行为。在线消费者是一个对价格非常敏感的群体，在线交易模式的特殊性以及在线转移的低成本，决定了在线消费的低重复率，用户对某一特定的网站并不像品牌那样产生较高的归属感和忠诚度。因此，本文在并没有将在线忠诚度作为研究的对象，而是选择了黏度和再购意愿来考察消费者对某一网站的偏好。在线消费模式的特殊性同时又决定了消费者在购物决策过程中要进行广泛的信息搜集，甚至那些潜在的在线消费者也经常进行“线上浏览，线下购买”。在线用户在进行信息搜集的过程中不可避免地要重复访问其偏好的网站，在这个过程中对网站产生依赖和黏性，而用户重复访问网站的意愿是其网站忠诚度的一个强烈暗示。据此，本文作出如下假设：

H1：在线黏度对消费者再购意愿有显著正向影响。

1.2 在线满意

在线满意是指用户在使用网站所提供的服务后，对其使用经历的一种评价。Yi（1990）将满意划分为3个层次：产品满意、过程满意和售后服务满意。本文研究的是在线用户和网站之间的关系，因此在线用户满意特指过程满意。大量的研究证明顾客满意是影响顾客忠诚的重要因素，但也有研究发现65%～85%的流失顾客对企业的满意程度是满意或非常满意的（Reichheld，1996）。Ranaweera和Prabhu（2003）认为，在满意与忠诚之间存在"顾客信任"的中间作用，即顾客满意对顾客忠诚的影响可能通过顾客信任作为中介。汪旭晖、徐健（2008）的研究表明在线满意对顾客忠诚的直接影响和以在线信任为中介的间接影响都是存在的。此外，在线满意还有利于形成消费者对网站的偏好，提高在线黏度。据此，本文提出如下假设：

H2：在线满意对再购意愿有显著的正向影响。

H3：在线满意对在线黏度有显著的正向影响。

H4：在线满意对在线信任有显著的正向影响。

1.3 在线信任

Moorman et al.（1993）将顾客信任定义为"某人对某一交易伙伴具有信心并认为可依赖的意愿"。电子商务交易的特殊性使得消费者选择在线交易模式相比传统的线下模式面临着更多的风险和不确定性。前期的研究已经证明信任是电子商务成功的一个关键因素，它不仅能够增加用户的重复访问网站的意愿（Suh，2003），而且促使其达成购买意愿。同时，信任也是电子忠诚的一个非常显著的标志（Pavlou，2003）。在线交易过程中如果网站能够建立并维护用户对其的信赖，则可以有效地降低感知风险，增强消费者的购买意愿。另外，信任也是吸引消费者经常访问本网站的重要前提。不可信任的网站既不能为消费者提供可信的市场信息，也不能提供具有可行性的购买机会，消费者没有重复访问这类网站的动机。据此，本文提出如下假设：

H5：在线信任对在线黏度有显著的正向影响。

H6：在线信任对再购意愿有显著的正向影响。

1.4 网站感知价值

在线交易模式使得消费者和商家之间的沟通从传统的面对面变成人机交互的方式，一个好的购物网站会影响消费者对其依赖程度的意愿。Lin（2007）认为网站的感知价值包括三个维度：内容感知价值（Perceived Content Value），情景感知价值（Perceived Context Value），基础感知价值（Perceived Infrastructure Value）。内容感知价值是指用户对网站提供信息服务质量的感知价值。情景感知价值是指用户对网站交互界面设计有效性的感知程度，例如字体颜色搭配的舒适度等。基础感知价值是指用户对网站基础设施效率的感知，例如网站的连接速度等。据此本文提出如下假设：

H7：内容感知价值对在线满意有显著正向影响。

H8：内容感知价值对在线信任有显著正向影响。

H9：情景感知价值对在线满意有显著正向影响。

H10：情景感知价值对在线信任有显著正向影响。

H11：基础感知价值对在线满意有显著正向影响。

H12：基础感知价值对在线信任有显著正向影响。

根据以上假设本研究提出以下概念模型，如图1所示：

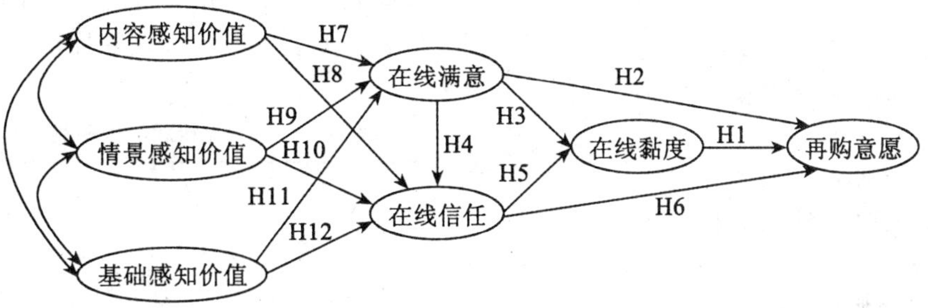

图1 概念模型

2　研究设计

2.1　调研设计

我们的问卷主要分为3个部分，第一部分是用户的网购经验的调查。在这一部分需要被调查者回答其最喜欢的购物网站，以及使用该网站的时间和次数。由于本文研究的是在线消费者的用户黏度及其再购意愿，主要面向的群体是成熟的网购消费者。为了保证调查问卷数据来源的有效性，我们剔除了那些使用购物网站少于3个月或网上购物次数少于10次的用户所填的问卷。第二部分主要是针对在线黏度和影响在线黏度的前置因素，包括感知价值、在线满意和在线信任，以及受在线黏度影响的再购意愿等。第三部分为被调查者的人口统计变量信息。

2.2　量表的开发与设计

本文量表问项来源主要基于国外文献的研究基础，并在此基础上经过两轮的翻译，形成了初始量表。其中在线黏度问项来源于 Lin（2007）；在线满意的问项来源于 Rusbult（1998）；在线信任的问项来源于 Gefen（2000）；内容感知价值来源于 Davis（1989）；情景感知价值和基础感知价值的问项来源于 Aladwania 和 Palvia（2002）；再购意愿的问项来源于 Yi 和 la（2004）。为尽可能地减少国内外差异对问项的影响，我们又对10名有丰富网络购物经验的消费者进行了深入的访谈，在此基础上，笔者确定了26个问项，采用 Likert7 量表格式（见表1）。

表1　测量量表

题项	测量内容
在线黏度（St）	St1 相对其他网站，我愿意花费更多时间使用该网站*
	St2 今后，我打算花费比现在更多的时间使用该网站
	St3 只要有空，我就会访问该网站
	St4 每次上网我都想访问该网站
在线满意（Sa）	Sa1 我很满意该网站
	Sa2 在该网站的购物经历令我非常愉快
	Sa3 该网站令我非常沮丧 b
	Sa4 该网站令我非常快乐
	Sa5 该网站能够很好的满足我的需要。
在线信任（Tr）	Tr1 即使没有监督，我认为该网站也照章办事**
	Tr2 我信任这个网站
	Tr3 我认为这个网站是值得信赖的
内容感知价值（Ct）	Ct1 该网站所提供的内容是有用的
	Ct2 该网站的内容是全面的
	Ct3 该网站的内容组织的很有条理
	Ct4 该网站的内容是及时的*
	Ct5 该网站的内容是简明的*
	Ct6 该网站的内容不是含糊不清的*
情景感知价值（Cx）	Cx1 该网站的界面组织的很有条理
	Cx2 该网站的字体看起来很舒服
	Cx3 该网站的颜色搭配得很合适
基础感知价值（In）	In1 该网站的导航的设计使用方便*
	In2 该网站的网页总是可以打开的
	In3 该网站的网页打开的速度很快
再购意愿（Rc）	Rc1 我倾向继续在该网站购物
	Rc2 我有很高的意愿再次于该网站消费

注：b 数据分析时反向处理 * 为探索性因子分析删除的问项 ** 为验证性因子分析时删除的问项

2.3　探索性分子分析

在大规模样本调查前，我们展开了小样本的探索性因子分析，共搜集111份问卷。本文利用 SPSS16.0 软件进行探索性因子分析，结果显示 KMO 为 0.825，Bartlett 球度检验显著性为 P = 0.000，表明数据非常适合做因子分析。根据指标项在一个维度中的因子载荷值要高于0.5，删除了不达标的5个问项，在所保留的21个测项中共提取7个成分因子，累计解释度达到79.608%，每个测项的因子负荷均大于0.6，旋转后因子载荷矩阵如表2所示。据此得到了用于验证性分析的正式量表，如表1所示（删除标记为 * 的问项）。

表2　旋转后的因子载荷矩阵

	1	2	3	4	5	6	7
Sa1	.777	.131	.217	.256	.099	.148	.107
Sa2	.765	.165	.314	.123	.130	.156	.035
Sa3	.751	.241	-.085	.139	.154	.005	.153
Sa4	.751	.303	.022	.064	.025	.185	.171

续表

	1	2	3	4	5	6	7
Sa5	.671	.109	.140	.130	.293	.101	.127
Tr1	.030	-.003	.106	.055	-.127	.896	-.020
Tr2	.429	.083	-.014	.115	.363	.700	.166
Tr3	.421	.102	.061	.264	.362	.647	.118
Ct1	.279	.209	.171	.634	.157	.316	.104
Ct2	.179	.106	.022	.863	.079	.012	.197
Ct3	.148	.331	.220	.731	.013	.103	.163
Cx1	.272	.771	-.012	.251	.142	.045	.125
Cx2	.241	.858	.151	.151	.199	.031	.013
Cx3	.209	.895	.157	.138	.086	.038	.106
Ln1	.164	.080	.146	.167	.114	.031	.884
Ln2	.231	.114	.201	.211	.049	.090	.843
St1	.048	.201	.612	.156	.258	.032	.329
St2	.172	.093	.865	.158	.213	.011	.117
St3	.117	.042	.873	.033	.049	.108	.067
Rc1	.198	.155	.192	.070	.878	.021	.062
Rc2	.283	.251	.280	.103	.782	.131	.130

2.4 数据采集

大规模数据采集在2009年2月至2009年4月期间，通过发放纸质调查问卷和在线调查相结合的方式展开。总共发放问卷500份，收回423份，剔除数据缺失等无效问卷后，有效问卷351份。通过被调查者的人口信息分析数据我们可以看出C2C电子商务尤其是淘宝网在中国的影响最为显著，约有74.9%的消费者喜欢该网站。有丰富在线购物经历的消费者年龄以年轻的高学历者居多，大部分集中在19~35岁（约89.2%），学历在本科以上（约82.9%）。受访对象大多都具有非常丰富的网上购物经验，其中55%的受访者使用网上购物已经1年多了，52.7%的受访者网购次数在50次以上，因此满足了本研究对受访者网上购物经验的要求。

3 数据分析

3.1 测量模型的检验

为确保数据分析结果的正确性，本文在路径假设检验前首先用SPSS16和AMOS7.0对测量模型进行了信度和效度的检验。模型整体的拟合度指标如表4所示，其中x2/df为2.054，小于门槛值3，RMSEA为0.055，低于门槛值0.08，拟合优度指数中CFI、NFI、GFI、AGFI均在0.90以上，因此本测量模型的拟合优度比较理想，可以接受。

本研究包含的所有量表的α值均大于0.7（见表3），这表明本研究中的量表具有较高的内部一致性。本研究中各题项的因子载荷系数绝大多数都高于0.6，只有Tr1的载荷系数为0.441，低于临界值的0.5，因此本研究删除了Tr1的问项（表1中删除标记为**）；在剩余的测项中St3、Tr2、Tr3、Cx2、Cx3、Rc2都超过了0.9，T值最小为12.717，都在$p<0.001$的统计水平上。这说明本研究的各变量具有充分的收敛效度。此外，本文还对判别效度进行了检验，以确保各个概念之间存在着内涵和实证方面的差异，结果如表4所示，模型中每个概念的平均提炼方差（AVE）的平方根均大于该概念与其他概念的相关系数，这表明本研究使用的量表具有很好的判别效度。

表3 测量模型的信度和效度检验结果

结构变量	观测变量	标准化载荷系数	T值	信度（α）
在线黏度（St）	St2	0.639	12.717	0.827
	St3	0.934	20.718	
	St4	0.806	16.980	
在线满意（Sa）	Sa1	0.874	20.219	0.853
	Sa2	0.844	19.111	
	Sa3	0.640	12.964	
	Sa4	0.714	14.959	
	Sa5	0.757	16.259	
在线信任（Tr）	Tr2	0.907	21.415	0.937
	Tr3	0.973	24.055	
内容感知价值（Ct）	Ct1	0.822	17.711	0.819
	Ct2	0.722	14.797	
	Ct3	0.755	15.884	
情景感知价值（Cx）	Cx1	0.807	18.086	0.913
	Cx2	0.925	22.250	
	Cx3	0.914	21.795	
基础感知价值（In）	In2	0.863	16.510	0.827
	In3	0.821	15.673	
再购意愿（Rc）	Rc1	0.867	19.648	0.904
	Rc2	0.952	22.691	
模型拟合优度	$\chi^2=304.108$；df=148；RMSEA=0.055；GFI=0.926；AGFI=0.894；PGFI=0.652；NFI=0.941；PNFI=0.733；CFI=0.968；IFI=0.969			

表 4 相关系数和 AVE 平方根

	St	Sa	Tr	Ct	Cx	In	Rc
St	0.802						
Sa	0.450	0.771					
Tr	0.336	0.750	0.941				
Ct	0.392	0.761	0.744	0.767			
Cx	0.331	0.663	0.525	0.686	0.884		
In	0.384	0.526	0.450	0.552	0.447	0.843	
Rc	0.509	0.746	0.651	0.652	0.612	0.489	0.910

3.2 结构方程模型基本路径检验

在验证了测量模型的信度和效度后，为了检验内容感知价值、情景感知价值、基础感知价值、在线信任、在线满意、在线黏度和再购意愿 7 个潜在变量之间的影响关系，本研究通过 AMOS7.0，采用 ML（最大似然估计）的方法进行结构方程模型的拟合检验。结构方程模型分析结果收敛，且模型的拟合优度指标均通过评估标准，说明本模型具有很好的拟合性，其结果如表 6 所示。其中 x2/df = 2.255 低于临界值 3，CFI、NFI，IFI 均在 0.9 以上，RMSEA = 0.06 小于临界值 0.08。路径假设检验结果如表 5 所示，在 12 条假设路径中有 3 条没有通过显著性检验，即情景感知价值对在线信任，基础感知价值对在线信任，在线信任对在线黏度没有显著影响。从表中的结论我们可以看出，对于消费者再购意愿而言，在线满意（路径系数 0.533）的影响程度最大，在线黏度（路径系数 0.199）次之，影响最小的是在线信任（路径系数 0.186）。虽然以往的研究都强调信任对再购意愿的影响，但实际上在线黏度对再购意愿的影响要比在线信任大。在线满意同时对在线黏度和在线信任又有显著影响作用，路径系数分别为 0.478 和 0.471。内容感知价值、情景感知价值、基础感知价值会通过在线满意和在线信任影响消费者的在线黏度和再购意愿。这其中内容感知价值分别对在线满意（路径系数 0.526）和在线信任（0.463）有着显著的影响，情景感知价值只对在线满意有显著影响（路径系数 0.257），同样基础感知价值只对在线满意有显著影响（路径系数 0.140）。

表 5 结构方程模型路径假设检验结果

假设路径关系	标准化路径系数	T 值	结论
在线黏度→再购意愿（H1）	0.199***	4.174	得到支持
在线满意→再购意愿（H2）	0.533***	7.180	得到支持
在线满意→在线黏度（H3）	0.478***	4.968	得到支持
在线满意→在线信任（H4）	0.471***	5.928	得到支持
在线信任→在线黏度（H5）	-0.023	-0.269	没有得到支持
在线信任→再购意愿（H6）	0.186**	2.890	得到支持
内容感知价值→在线满意（H7）	0.524***	6.730	得到支持
内容感知价值→在线信任（H8）	0.470***	5.243	得到支持
情景感知价值→在线满意（H9）	0.255***	4.050	得到支持
情景感知价值→在线信任（H10）	-0.108	-1.782	没有得到支持
基础感知价值→在线满意（H11）	0.137*	2.459	得到支持
基础感知价值→在线信任（H12）	-0.019	-0.349	没有得到支持
模型拟合优度	χ^2 = 349.504；df = 155；RMSEA = 0.06；GFI = 0.917；AGFI = 0.888；PGFI = 0.677；NFI = 0.932；PNFI = 0.76；CFI = 0.961；IFI = 0.961		

注：* 表示 P < 0.05；** 表示 P < 0.01；*** 表示 P < 0.001

4 结论及建议

4.1 研究结论

有效地提高在线用户的黏度是电子商务网站的一个重要的营销策略。在线消费模式由于其较低的转换成本使得用户的忠诚度相对传统的线下消费模式低很多，越来越多的研究证明用户对网站的依赖程度影响消费者的购买决策。本研究试图通过消费者的购买行为来分析影响其在线黏度的前置因素以及在线黏度对再购意愿的影响。结果显示在线黏度是影响消费者在某一偏好网站消费意愿的一个非常重要的因素。而在线黏度主要来源于消费者对该网站的满意度，在线信任对在线黏度并没有显著的影响。出现这种情况的一个可能解释是在电子商务的环境下，网站对消费者的黏度主要来自于消费者是否能够获得满意的信息和商品，虽然他对网站不信任，但他还是会经常性地访问一个具有自己所需信息的网站，信任只是在最终购买决策时才会起作用。网站的内容感知价值、情景感知价值和基础感知价值是影响在线满意和在线信任的重要因素。在这3个因素中，网站的内容感知价值、情景感知价值和基础感知价值对在线满意都有着显著的正向影响作用，进而通过在线满意影响在线黏度。在这三个因素中，只有内容感知价值能够显著影响在线信任，情景感知和基础感知价值对在线信任的影响并不显著。网站的基础设施和情景便利性是一个网站最基本的要求之一，良好的界面设计和稳定的访问速度能够提高在线用户的网站满意度，但并不能显著提高消费者的在线信任。由于在线消费模式的特殊性，信任是影响消费者购买决策的一个重要因素，仅有这些基本要求很难提高消费者的信任。从现实的交易过程来看，在C2C交易模式中基于反馈机制的在线信誉系统是消费者进行决策时最重要的信誉信息来源之一。

4.2 对策建议

本研究发现在线黏度、在线信任和在线满意对消费者再购意愿有着显著的影响，因此电子商务网站应该更加通过各种措施来促使用户重复地使用该网站，从而提高其交易意愿，进而提高消费者的再购行为。同时本文还证实如何通过提高网站的3个感知价值来提高消费者的满意和在线信任，进而影响消费者的在线黏度以及消费者的再购意愿。具体可以通过以下措施：（1）丰富和完善电子商务网站所提供的信息和服务。这其中包括商品的种类、商品的导购信息、在线社区以及方便的支付方式等。这些内容方面的提升有助于满足消费者的需要和减少消费者信息搜集的成本，进而提高消费者的满意和在线信任。在线社区为消费者扩展了交流和沟通的渠道，一方面消费者可以通过在线社区交流购物经验，这些经验是其他消费者进行决策的重要参考；另一方面由于积极地参加社区，增加了会员之间的联系，进一步提高了消费者的在线黏度。电子商务网站应尽可能地扩展在线支付的方式，为用户完成交易提供便利，提高用户的满意度和信任度。（2）提高网站界面的设计和基础设施的完善。在线交易模式与传统消费模式不同，商家无法直接和消费者交流，网站的界面是代表零售商和消费者接触的主要媒介。网页界面设计不好，会增加消费者的搜寻成本，降低消费者的满意度。基础设施的建设同样影响用户的满意度，进而影响消费者的黏度。如果用户访问某一网站的连接速度过慢，势必影响其再次访问的意愿。在我国主要存在3种不同的网络：网通、电信和教育网。不同网络之间的访问速度差别很大，因此电子商务网站在设计时应该能够自动地按照用户访问IP为其匹配最合适的网络，同时加大力度提高服务器等基础设施的建设，提高页面的响应时间，进而提高消费者的基础感知价值。（3）从研究中我们发现在线信任也是一个影响消费者再购意愿的因素，然而网站的感知价值中只有内容感知价值对其有显著的影响。因此，从网站的内容入手是一个有效提高在线信任的方法。具体而言，在网站内容的开发上一定要内容准确、翔实，而且有良好的分类组织。

参考文献

[1] 艾瑞咨询.2008-2009年中国网络购物行业发展报告[R].[2009-02-24].

[2] 汪旭晖，徐健.基于转换成本调节作用的网上顾客忠诚研究[J].中国工业经济，2008，(12)：113-123.

[3] Aladwania A M, Palvia P C. Developing and Validating an Instrument for Measuring User-perceived Web Quality [J]. Information & Management. 2002, 39 (6): 467-476.

[4] Assael Henry. Consumer Behavior and Marketing Action [M]. Bonston, MA: PWS-KENT Publishing Company. 1992.

[5] Burnham T A, Frels J K, Mahajan V. Consumer Switching Costs: a Typology, Antecedents, and Consequences [J]. Journal of the Academy of Marketing Science, 2003, 31 (2): 109-126.

[6] Crockett R O. Keep Emcoming Back Business Week, May 15 2000.

[7] Li Dahui , Glenn J Browne, James C Wetherbe. Why Do Internet Users Stick with a Specific Web Site? A Relationship Perspective [J]. International Journal of Electronic Commerce, 2006, 10 : 105-141.

[8] Davenport T. Sticky Business [J]. CIO, 2000, 2: 58-60.

[9] Davis F D. Perceived Usefulness, Perceived Ease of Use, and User Acceptance of Information technology [J]. MIS Quarterly, 1989, 13 (1): 319-340.

[10] Fornell C. A National Customer Satisfaction Barometer: the Swedish Experience [J]. Journal of Marketing, 1992, 56 (1): 6-21.

[11] Gfen D, E-commerce: the Role of Familiarity and Trust [J]. Omega, 2000, 6: 725-737.

[12] Hagel John III , Arthur G. Armstrong . Net Gain: Expanding Markets Through Virtual Communities [J]. Mckinesy Quarterly, 1997, 1: 140-146.

[13] Lin Chuan-chuan. Online Stickiness: its Antecedents and Effect on Purchasing Intention [J]. Behaviour & Information Technology , 2007, 26 (6): 507-516.

[14] Kelley H H. Personal Relationships: Their Structures and Processes [M]. Hillsdale, NJ: Lawrence Erlaum 1982.

[15] Lu H, Lin P . Predicting Consumer Behavior in the Market-space: a study of Rayport and Sviokla's framework [J]. Information & Managment, 2002, 40 (1) : 1-10.

[16] Mario Christ, An Empirical Analysis of Web Site Stickiness. ECIS June 6-8 Ganrisk, Poland, 2002: 1279-1307.

[17] McCloskey. Evaluating Electronic Commerce Acceptance with the Technology Acceptance Model [J] . Journal of Computer Information Systems, winter 2004: 49-57.

[18] Moorman C, Deshpande R, Zaltman G. Factors Affecting Trust in Market Research Relationships [J]. Journal of Marketing, 1993, 57 (1): 81-101.

[19] Pavlou P A. Consumer Acceptance of Electronic Commerce Integrating Trust and Risk with Techonology Acceptance Model [J] International Journal of Electronic Commerce 2003, 7: 101-134.

[20] Ranaweera C, Prabhu J. The Influence of Satisfaction, Trust and Switching Barriers on Customer Retention [J]. International Journal of Service Industry Management, 2003, 14 (4): 374-395.

[21] Reichheld, Ferdrick F. Learning from Customer Defections [J]. Harvard Business Review, 1996, 74 (2): 56-63.

[22] RusBult C E, Martz JM, Agnew CR. The investment model scale: Measuring commitment level, satisfaction level, quality of alternatives, and investment size [J]. Personal Relationships, 1998, 5 (4): 357-391.

[23] Srinivasan S S, Anderson R, Ponnavolu K . Customer Loyalty in E-commerce: an Exploration of its Antecedents and Consequences [J]. Journal of Retailing 2002, 78: 41-50.

[24] Suh Bomil , Han Ingoo . The Impact of Customer Trust and Perception of Security Control on the Acceptance of Electronic Commerce [J]. International Journal of Electronic Commerce 2003, 7 (3): 135-161.

[25] Yi Y. A Eritical Review of Consumer Satisfaction Review of Marketing V. A. Zeithaml (ed.) Chicago: American Markting Associtation , 1990.

[26] Youjae Yi , Suna La . What Influences the Relationship between Customer Satisfaction and Repurchase Intention? Investigating the effects of adjusted expectations and customer loyalty [J]. Psychology and Marketing, 2004, 21 (5): 351-373.

[27] Zott C , Amit R , Donlevy J . Strategies for Value Creation in E-commerce: Best Practice in Europe [J]. European Management Journal, 2000, 18 (5): 463-475 .

Study of Online stickiness: its antecedents and effect on Repurchase Intention

LIU Zilong[1], XU Jian[1]

(1. Department of Information Engineering, Dongbei University of Finance & Economics, Dalian 116025, China)

Abstract: As online consumer can easily switch to other website in e-commerce, their online loyalty is generally not high. How to attract the attention of online consumer and make them stick with the website has become a big challeage for online companies. In this paper, the antecedents of online stickiness and its effect on Repurchase Intention was examinded from the view of website design. Structural equation modeling analysis method was used to reveal the relationships with a survey of 351 online consumer. The results show that: online stickiness, online satisfaction, online trust significantly positively affects repurchase intention. Perceived content value, Perceived context value , Perceived Infrastructure value significantly positively affects online stickiness via online satisfaction. The theoretical and practical implications of these findings are discussed.

Key words: online sitckness; repurchase intention; perceived website value; online trust; online satisfaction

在线拍卖成交价格影响因素的实证研究*

——以淘宝网现代翡翠手镯拍卖数据为例

葛虹[1]，孙丽丽[1]，冯玉强[1]

（1. 哈尔滨工业大学 管理学院，哈尔滨 150001）

摘　要：运用偏相关以及多元逐步回归分析方法，以淘宝网现代翡翠手镯的在线拍卖成交数据为例，实证分析了在线拍卖成交价格的影响因素及各因素的重要程度。分析结果除了得出起始价格是重要影响要素（与现有文献研究结论一致）外，还得出了加价幅度、出价次数、卖家所在地区、商品证书、卖家是否保修、售后服务等因素是拍卖品（现代翡翠手镯）成交价格的关键影响要素，并得出各要素的影响程度，丰富了现有的在线拍卖理论。本文进一步对研究结论进行分析，给出了在线拍卖网站和卖家的经营建议。

关键词：在线拍卖；成交价格；影响因素；偏相关；多元逐步回归

中图分类号：F724.6

据 CNNIC 数据显示，截至 2008 年底，我国的网民数量已达到 2.98 亿，其中网络购物市场的增长趋势明显，其用户已经达到 7400 万人，年增长率达到 60%[1]。我国最大的 C2C 网上购物平台淘宝网，2009 年第一季度的在线拍卖业务总成交额突破 70 亿元人民币，同比增长超过 100%。这些数字显示了在我国互联网络的快速发展下网络购物所蕴藏的巨大商机。

在线拍卖是通过互联网实施的拍卖活动，即利用互联网，在网站上公开有关待售物品或服务的信息，通过竞争投标的方式将其出售给出价最高者，其实质是以价格竞争为核心，建立生产者和消费者之间的交流与互动机制，共同确定价格和数量，从而达到均衡的一种交易过程[2]。拍卖的成交价格是衡量拍卖结果的重要指标[3]。我国在线拍卖的起步较晚，国内学者对于该课题的研究相对较少。国外学者关于在线拍卖成交价格影响因素的研究主要基于 eBay 网站上商品拍卖数据的实证研究，由于所选择的拍卖品特性不同以及数据处理方法的多样性，导致对同一因素影响作用的分析得到不一致的结论，所以现有文献考虑的影响因素是否具有一般性，还有待更多的分析与验证。此外，在线拍卖与传统拍卖在时间、空间、竞买者人数、商品种类等方面存在很大的差异，使得传统拍卖理论对在线拍卖中存在的一些现象失去了解释能力。在线拍卖成交价格影响因素及其作用大小的研究是对在线拍卖理论的丰富。

在线拍卖成交价格影响因素的研究，无论对拍卖买家、卖家还是提供交易平台的拍卖网站而言，都会产生极大的作用。一方面买家在已知成交价影响因素的情况下，可以更加准确地估计拍卖品的价格，明智出价，以提高中标率；另一方面，成交及影响因素及各因素的重要程度的分析，可以指导卖家对这些影响因素进行优化设置，提高拍卖品的成交价，从而获得更高的利润；此外，作为服务提供商的拍卖网站可以参考价格的影响因素，为卖家提供更加优质的服务，吸引更多的投标者，提高网站的收益。

基于上述分析，结合互联网技术与环境来研究在线拍卖的成交价格影响因素，对我国在线拍卖的发展有一定的理论价值和实践意义。鉴于此，本文在研究过程中，首先，参考前人研究中所采用的影响因素假设以及对我国最大的 C2C 在线拍卖网站淘宝网的深入分析，提出了一系列的影响因素假设；然后，收集淘宝网上的拍卖数据（以现代翡翠手镯为例），采用偏相关及逐步回归分析方法对

* 基金项目：黑龙江省自然科学基金重点项目（ZD2008）
通讯作者：冯玉强，E-mail：fengyq@hit.edu.cn

这些数据进行统计分析，得到影响在线拍卖成交价格的关键影响因素及各因素的作用大小；最后，本文利用相关理论对研究结论进行解释，并分析研究结论，向在线拍卖网站和卖家提出经营建议。

1 文献回顾

对在线拍卖成交价格影响因素的研究主要集中在国内外学者关于 eBay 网拍卖数据的实证研究上，学者们对成交价格影响因素的认识和研究方法不尽相同。大多数学者都注意到信用对成交价格的决定作用，但通过实证研究，得到的结论却存在差别。有些学者认为信用对成交价格具有显著的影响作用，“好评”对拍卖结果有正面影响，“差评”有显著的负面影响，而“中评”的影响作用则存在分歧，有的学者认为“中评”没有显著的正面或负面影响，有的学者认为“中评”可以对成交价有显著的负面影响[4][5][9][10]；而 Dennis van Heijst 等[7]采用回归树，结合文本挖掘和 Boosting 算法对拍卖的最终成交价格进行预测，发现卖家对商品描述中的某些关键词比卖家信用更能影响最终价格，吉吟东等[8]研究了异质商品成交价格的决定因素，发现卖家的信用对竞买者的购买意愿仅有很小的积极影响，对拍卖成交价的影响不显著。

学者们还注意到起始价格对成交价的影响作用，李平等[2]研究发现无论是淘宝网站还是 eBay 网站，无论是钱币类物品、书画还是书籍类物品，卖家设置的高起始价格都显著降低了物品的成交概率，但同时也显著增加了物品的成交价格。刘跃文[10]也发现起始价格对拍卖有显著的影响作用。

拍卖结束时间对拍卖成交价的影响作用也引起了很多学者的关注，学者们将拍卖结束时刻划分为是否周末、是否晚上来进行分析。Bryan[4]认为拍卖结束时间对成交价有显著的影响作用，而吉吟东等[8]则认为拍卖结束时间对拍卖结果的影响不显著。

除上述信用、起始价格、拍卖结束时间等影响因素外，前人的研究中还引入参考价格、投标人数、拍卖品图片数量、出价次数、浏览次数、是否支持安付通、拍卖持续时间，是否有保留价等因素[4][5][6][7][8][9][10][11]。

2 研究对象与研究假设

2.1 研究对象

现有文献的研究大多集中于独立私有价值模型的商品，如电脑、数码相机、Mp3、掌上电脑 PDA 等，以及具有纯公共价值模型的商品如钱币、字画等。而作为收藏品和首饰用品的现代翡翠手镯，结合了私有价值和公共价值两个方面的特性[12]，该商品更具有代表性。

目前，淘宝网上现代翡翠手镯类拍卖品的数量达到了 8000 件，可以确保大量拍卖实证数据的获取。同时翡翠手镯的交易不受季节、时间的影响，数据采集较方便。

本文利用自行编写的爬虫程序，收集了淘宝网上 2009 年 4 月 7 日到 2009 年 4 月 15 日的 1602 条现代翡翠手镯的拍卖记录，每条记录包括拍卖品信息、卖家信息、买家信息、拍卖出价记录等。经过数据预处理保留了其中成功交易的 430 条有效数据，作为本文研究的样本。

2.2 研究假设

在线购物在我国的起步较晚，经济、文化、交通以及各地翡翠的集散程度不同，促使卖家所在地区的不同，也导致现代翡翠手镯的成交结果不同。根据经济、交通以及是否翡翠的加工集散地，本文将卖家所在地区分为“经济发达地”非加工集散地、“经济发达且为加工集散地”、“加工集散地”非经济发达地区以及“其他地区”等。翡翠种地是指翡翠的质地，好的翡翠质地细腻无瑕，透明度高，甚至起胶、起荧，刚性足。根据质地的好坏，依次是玻璃种、冰种、糯种。冰糯种是翡翠商人的一种叫法，介于糯种和冰种之间。翡翠证书可分为 CMA、CAL、CNAL 等。CMA 是检测机构计量认证合格的标志，是珠宝类检验最基本的机构，CAL 是经国家质量审查认可的检测、检验机构的标志，CNAL 是国家级实验室的标志，其检验珠宝的水平从低到高依次为 CMA、CAL、CNAL。淘宝网上现代翡翠手镯的证书分为“CMA 证书”，“国内其他证书”，“不带证书”三种，其中“CMA 证书”是最基本的宝石检验证书，“国内其他证书”是指 CAL、CNAL 或者上述三者的集合。售后是拍卖商向买家提供的一些售后服务，也是拍卖品的质量保证，主要包括收货后鉴赏 3 日、收货后鉴赏 7 日、复鉴后再付款、店铺保修、其他保证。

基于上述淘宝网现代翡翠手镯所特有的拍卖特性的分析以及现有文献所提出的价格影响因素，笔者对现代翡翠手镯成交价格的影响因素作出如下（H1—H25）假设。其他因素如支付方式、运费、有无照片等，在淘宝网在线拍卖中都使用支付宝、银行汇款等方式进行付款，免运费，有照片，故不将这些因素引入研究假设中。

H1：起始价格与成交价相关；

H2：加价幅度与成交价相关；

H3：拍卖持续时间与成交价相关；

H4：最后修改持续时间与成交价相关；

H5："商品与描述相符"得分与成交价相关；

H6：卖家信用得分与成交价相关；

H7：卖家信用对数与成交价相关；

H8："卖家服务态度得分"与成交价相关；

H9："卖家发货速度得分"与成交价相关；

H10：买家信用与成交价相关；

H11：买家信用对数与成交价相关；

H12：出价次数与成交价相关；

H13：所在地区为"经济发达且为加工集散地"与成交价相关；

H14：所在地区为"经济发达地"与成交价相关；

H15：所在地区为"加工集散地"与成交价相关；

H16：翡翠种地为"冰糯种"与成交价相关；

H17：翡翠种地为"冰种"与成交价相关；

H18：翡翠种地为"糯种"与成交价相关；

H19：售后为"收货后鉴赏 3 日"与成交价相关；

H20：售后为"复鉴后再付款"与成交价相关；

H21：售后为"收货后鉴赏 7 日"与成交价相关；

H22：售后为"店铺保修"与成交价相关；

H23：证书为"CMA 证书"与成交价相关；

H24：证书为"国内其他证书"与成交价相关；

H25："是否保修"为"有"与成交价相关。

3 研究方法

3.1 变量说明

通过对数据的初步处理和分析，本文研究的因变量为在线拍卖成交价格（Y），自变量 X 为拍卖属性及拍卖品特性、卖家信息、买家信息等，如表 1 所示。

表 1 自变量说明

	变量名	含义
拍卖属性及拍卖品特性	X_1：起始价格（startPrice）	由卖家设置的起拍价格
	X_2：加价幅度（stepPrice）	由卖家设置的最低加幅
	X_3：持续时间（lastDay）	结束与开始的间隔天数
	X_4：最后修改持续时间（lastModiDay）	拍卖结束与拍品最后编辑修改的间隔天数
	A：所在地区（sellerCity）	卖家所在地区
	B：翡翠种地（jadeKind）	翡翠的种地，如冰种等
	C：售后（jadeAftermarket）	卖家的售后服务，如复鉴后再付款、店铺保修
	D：证书（jadeCertifica）	拍卖品质量的鉴赏证书
	E：是否保修（hasWarranty）	卖家是否有保修服务
卖家信息	X_5：商品与描述相符得分（evaluationScore）	买家收到标的后，对商品描述真实程度的打分
	X_6：卖家信用得分（sellerRate）	买家对卖家打分的信用总分（好评-差评）
	X_{66}：卖家信用得分取对数（sellerRate）	对卖家信用得分取对数值，降低方差影响
	X_7：服务态度得分（serviceScore）	买家收到标的后，对卖家服务态度的打分
	X_8：发货速度得分（speedScore）	买家收到标的后，对卖家发货速度的打分
买家信息	X_9：买家信用（buyersRate）	交易成功后，卖家对买家信用的打分总和
	X_{99}：买家信用（buyersRate）取对数	对买家信用得分取对数，降低方差影响
	X_{10}：出价次数（bidTimes）	统计每个拍卖品所有买家的出价次数

在表 1 中，$X_1 - X_{10}$ 为定量变量，A、B、C、D、E 为定性变量，在进行偏相关和多元逐步回归分析时，需要对分类变量和有序变量进行赋值[13]，本文采用虚拟变量的方法对上述定性变量进行赋值。

虚拟变量 A 表示"所在地区（sellerCity）"（见表 2）：通过样本数据中所在地区的分布可以看出"经济发达且为加工集散地"、"经济发达地"、"加工集散地"、"其他地区"的比例分别为 0.41，0.19，0.17，0.23。"其他地区"作为"所在地区"这一虚拟变量的参照类。

表2 所在地区虚拟变量 A

	经济发达且为加工集散地	经济发达地	加工集散地	其他地区
A	$A_1=1$	$A_1=0$	$A_1=0$	$A_1=0$
	$A_2=0$	$A_2=1$	$A_2=0$	$A_2=0$
	$A_3=0$	$A_3=0$	$A_3=1$	$A_3=0$

虚拟变量 B 表示“翡翠种地（jadeKind）”（见表3）：样本所显示的翡翠种地主要有冰糯种、冰种、糯种、其他等，比例分别为 0.55、0.31、0.06、0.08，“其他”作为参照类。

表3 翡翠种地虚拟变量 B

	冰糯种	冰种	糯种	其他
B	$B_1=1$	$B_1=0$	$B_1=0$	$B_1=0$
	$B_2=0$	$B_2=1$	$B_2=0$	$B_2=0$
	$B_3=0$	$B_3=0$	$B_3=1$	$B_3=0$

虚拟变量 C 表示“售后（jadeAftermarket）”（见表4）：样本数据中，售后分为五类，收货后鉴赏3日、复鉴后再付款、收货后鉴赏7日、店铺保修、其他保证等，比例分别为：0.24、0.33、0.09、0.05、0.29，“其他保证”作为参照类。

表4 售后虚拟变量 C

	收货后鉴赏3日	复鉴后再付款	收货后鉴赏7日	店铺保修	其他保证
C	$C_1=1$	$C_1=0$	$C_1=0$	$C_1=0$	$C_1=0$
	$C_2=0$	$C_2=1$	$C_2=0$	$C_2=0$	$C_2=0$
	$C_3=0$	$C_3=0$	$C_3=1$	$C_3=0$	$C_3=0$
	$C_4=0$	$C_4=0$	$C_4=0$	$C_4=1$	$C_4=0$

虚拟变量 D 表示“证书（jadeCertificate）”（见表5）：样本数据中，证书分为三种，CMA 证书、国内其他证书、不带证书，比例分别为：0.65、0.04、0.31，“不带证书”作为参照类。

表5 证书虚拟变量 D

	CMA 证书	国内其他证书	不带证书
D	$D_1=1$	$D_1=0$	$D_1=0$
	$D_2=0$	$D_2=1$	$D_2=0$

虚拟变量 E 表示“是否保修（hasWarranty）”：该变量也可以看成二分类变量，有和无，比例分别为：0.04、0.96。有：$E_1=1$；无：$E=0$。

3.2 偏相关分析

为了验证前面提出的研究假设，使用 SPSS 作为数据分析的工具，分别对样本数据进行 Person 简单相关和固定其他变量的偏相关统计分析，分析结果如表6所示。

表6显示了起始价格、加价幅度、拍卖持续时间等变量与成交价格的简单相关和偏相关关系，并以偏相关作为相关性判断的最终依据。从表6可以得出下面的结论。

表6 各影响因素与成交价相关性分析表

假设序号	Person 相关系数	双尾检验	偏相关系数	双尾检验	综合结论
H1	.662‘’	.000	.860‘‘	.000	强正相关
H2	.606‘’	.000	.762‘‘	.000	强正相关
H3	-.064	.187	-.170‘‘	.001	弱负相关
H4	-.014	.778	-.079	.114	
H5	.030	.540	-.015	.757	
H6	.195‘’	.000	.093	.062	
H7	.179‘’	.000	-.051	.303	
H8	.072	.134	-.013	.800	
H9	.099‘	.041	.033	.504	
H10	.050	.297	-.046	.353	
H11	.087	.071	.040	.421	
H12	.389‘‘	.000	.563‘’	.000	强正相关
H13	.169‘‘	.000	-.021	.671	
H14	-.122‘	.011	.000	.997	
H15	-.051	.291	.109‘	.027	弱正相关
H16	-.053	.275	-.023	.645	
H17	.128‘’	.008	-.047	.342	
H18	-.054	.263	-.012	.813	
H19	.161‘’	.001	-.058	.247	
H20	.040	.412	.098‘	.049	弱正相关
H21	-.105‘	.030	-.011	.826	
H22	.004	.932	.014	.783	
H23	.200‘‘	.000	.127‘	.011	弱正相关
H24	.203‘‘	.000	.371‘‘	.000	强正相关
H25	.088	.068	.129‘‘	.009	弱正相关

注：研究假设见2.2，显著性水平为5%。‘‘ 表示通过了显著性水平为1%的检验，‘ 表示通过了显著性水平为5%的检验。

（1）起始价格、加价幅度、拍卖持续时间、出价次数、所在地区为“加工集散地”、售后为“复鉴后再付款”、证书为“CMA”证书、证书为“国内其他证书”、是否保修为“有”是现代翡翠手镯在线拍卖成交价格的重要影响因素，其中起始价格、加价幅度、出价次数、证书为“国内其他证书”与成交价格的相关性最大，偏相关系数绝对值均大于 0.3，而拍卖持续时间、所在地区为“加工集散地”、售后为“复鉴后再付款”、证书为“CMA 证书”、是否保修为“有”与成交价格的相关性较弱一些。

（2）相关性显著的影响因素中只有拍卖持续时间是负的影响作用，这与我们认为拍卖持续的时间越长，越能吸引更多的竞标者竞买从而提高拍卖成交价的常识相悖。

（3）值得注意的是卖家信用在简单相关分析中与成交价格的相关性非常显著，而在控制其他变量基础上的偏相关分析中却不存在显著性，说明在综合考虑各因素的情况下，卖家信用对成交价格的影响作用非常弱。

（4）反映卖家服务水平的服务态度、发货速度等因素对在线拍卖成交价格没有显著相关性，可以认为投标者在对拍卖品的竞价过程中并不关注卖家的服务水平。

3.3 多元逐步回归分析

上文运用简单相关和偏相关方法探析了各因素与成交价格的相关性及相关程度大小，接下来运用多元逐步回归法探索各变量对成交价格的影响作用及程度大小，利用 SPSS 软件对样本数据进行逐步回归分析，结果见表 7。

如表 7 显示，回归方程的整体拟合优度为 88.1%，调整的决定系数为 87.9%，说明方程整体拟合得相当理想。方程的 F 值为 346.61，通过了方程的线性检验。通过逐步回归分析最终保留了 9 个影响因素，从 t 值和 p 值的情况看，在给定的显著性水平上（$\alpha=0.01$）这些因素均通过了系数不为零的统计检验。

由表 7 中回归方程的系数可知，起始价格、加价幅度等因素对拍卖品成交价格具有正的影响，而拍卖持续时间对拍卖品的成交价格有负的影响。同时，标准化的回归系数揭示出起始价格、加价幅度、出价次数、证书类型为“国内其他证书”等因素是成交价格的关键影响因素，而其他自变量为次要影响因素。其中起始价格对成交价格的贡献最大，这一现象可以用信息流理论[14]来解释，即较低的起拍价在拍卖刚开始时更容易吸引到买家参与竞拍。对于后续的买家而言，前面若干个买家的参与和出价包含了丰富的信息（表明这些买家对此商品感兴趣，以及他们对商品和服务的估计）。当后续的买家无法自己观察到充分的商品及卖家信息时，他们更倾向于观察和参考前面的出价，形成盲目跟风的竞拍局面。所以，根据信息流理论，较低的起拍价格会吸引更多的竞拍，提高买家的出价次数，从而提高拍卖成功的概率。

自变量为定量变量的解释比较简单，X_1 的系数表示其他变量不变的情况下，起始价格每提高 1.0 元，成交价格平均增加 0.98 元，同理，加价幅度每提高 1.0 元，成交价格平均增加 9.02 元；拍卖持续时间每延长一天，成交价格平均减少 10.36 元；出价次数每提高 1 次，成交价格平均增加 10.91 元。回归模型中引入了虚拟变量用来表示定性变量，其回归系数表示该类别与参照类均值之差，又称为差别截距。D_2 表示证书的类型为“国内其他证书”，D_2 的参照类为“不带证书”，所以 D_2 的系数表示拥有“国内其他证书”比“不带证书”要平均增加 254.72 元的成交价格。同理，“有保修”比“无保修”要平均增加 74.80 元的成交价格；售后类型为“复鉴后再付款”比“其他”要平均增加 36.46 元的成交价格；卖家所在地区为“加工集散地”等翡翠集中加工贸易的地方，与所在地区为“其他”相比要平均增加 43.35 元的成交价格；证书类型为“CMA 证书”比“不带证书”要平均增加 26.77 元的成交价格。

表 7 多元逐步回归分析结果

模型整体检验		R		R^2		调整的 R^2		F		Sig.
		.939		.881		.879		346.618		.000
系数检验		常数	X_1	X_2	X_{10}	D_2	E_1	C_2	X_3	A_3	D_1
	C	−62.263	.981	9.021	10.907	254.719	74.795	36.642	-10.355	43.351	26.765
	SC		.618	.495	.296	.184	.056	.066	-.078	.062	.049
	t	-3.134	36.047	26.889	15.251	9.478	3.254	3.341	-4.025	3.077	2.573
	p	.002	.000	.000	.000	.000	.001	.001	.000	.002	.010

结　论

本文运用偏相关及多元逐步回归分析方法，以淘宝网现代翡翠手镯的在线拍卖成交数据为例，实证分析了在线拍卖成交价格的影响因素及各因素的重要程度，得到了下面的结论。

（1）淘宝网现代翡翠手镯的拍卖成交价格的主要影响因素有起始价格、加价幅度、出价次数、拍卖持续时间、证书的类型为“国内其他证书”，保修类型为“有”，售后类型为“复鉴后再付款”、所在地区类型为“加工集散地”，证书类型为“CMA 证书”等因素。

（2）起始价格、加价幅度等对成交价格有正的影响，只有拍卖持续时间是负的影响。

（3）得到了各因素对成交价格影响的重要程度，其中起始价格、加价幅度、出价次数、证书类型为“国内其他证书”4 个因素是翡翠手镯成交价格的关键影响因素，而保修类型为“有”、售后类型为“复鉴后再付款”等其他变量为次要影响因素。

在线拍卖中，卖家的目标是追逐较高的成交价格。根据本文的研究结论，可以为卖家提高拍卖成交价格提供一些建议。

（1）设定较低的起始价格：拍卖的起始价格是成交价格最重要的影响因素，但提高起始价格并不能显著增加成交价格，在实际网上拍卖中，设定较低的拍卖价格（比如一元拍）可以较好地吸引买家，增加网页的浏览次数及出价次数，从而增加拍卖品的成交价格。

（2）设定较高的加价幅度：加价幅度是成交价格重要的影响因素，提高加价幅度可以显著地增加成交价格。

（3）缩短拍卖持续时间：拍卖持续时间对成交价格有较大的负面影响，持续时间长的话会分散拍卖买家的注意力，而且随着淘宝网上大量卖家的涌入，拍卖品的信息会下沉，得不到买家的注意，所以应尽量缩短拍卖的持续时间。

（4）提供优质的服务：本文是以翡翠中的手镯为例的，作为收藏品、饰品、易碎品，需要鉴赏证书、优质的售后、保修等服务，对其他的商品也有一定的借鉴意义。优质的服务可以提高买家对拍卖品的信任，激发买家的购买欲望，提升买家的满意度等。所以作为普遍的拍卖品，卖家要提高其成交价格，就要提供优质的服务，包括拍卖品的质量保证书、便捷的退换货服务、物流过程中物品损坏的保修政策等。

在线拍卖中，拍卖网站作为第三方服务提供商，主要目的是促进拍卖交易的成功进行及获取更多的服务佣金，针对本文的研究成果，可以向拍卖网站提出如下的建议。

（1）在线拍卖已经成为电子商务中一种新兴且发展快速的商业模式，为了促进这种商业模式的快速发展，吸引大量拍卖商的加入，降低拍卖商的风险，拍卖网站可以实行一种价格保险业务。网站通过阅读拍卖商提供的拍卖品并参考之前成功交易的拍卖品成交价及市场价，为拍卖商提供一种价格保险业务，如果最终的成交价格低于保险价格，由拍卖网站向拍卖商提供保险的价格，如果高于保险价格，那么拍卖商获得最终的成交价。拍卖商要花费一定的费用来购买保险。保险业务的提供，既可以降低拍卖商的拍卖风险，又可以增加拍卖网站的收入，促进在线拍卖的快速发展。

（2）本文在对现代翡翠手镯的实证研究中发现了影响这类拍卖品成交价格的主要因素及其重要程度，根据这些结论就可以帮助现代翡翠手镯的拍卖商设置拍卖的参数，提高拍卖商的拍卖利益。鉴于此，拍卖网站可以向拍卖商提供一种推荐服务，为拍卖商的拍卖品设置起始价格、加价幅度以及一些服务的建议，进而帮助拍卖商获得更高的拍卖收益，降低风险，提高拍卖网站的收入。

本文的研究得到了与前人关于起始价格影响在线拍卖成交价格相一致的结论，也得出了影响成交价格的新的影响要素，但由于样本数据中拍卖品种类的单一性，研究结论的一般性还需要进一步的验证。对此，作者下一步的研究将考虑将多种类型产品（手机类、古董类）以及不同拍卖机制（淘宝和 eBay 等）下的数据分别进行分类和集成分析，考察结论的异同，以便得出普遍性的结论。

参 考 文 献

[1] 中国互联网络信息中心（CNNIC）. 第二十三次中国 Internet 发展状况统计报告［EB/OL］. http://www.cnnic.net.cn/, 2009-01.

[2] 李平，吉吟东，张子柯. 起始价格在英式网上拍卖中的作用［A］. 第三届（2008）中国管理学年会论文集［C］. 中国湖南长沙：中国管理现代化研究所，2008.

[3] Gilkeson, Reynolds J H. Determinants of Internet auction success and closing price: An exploratory study [J]. Psychology & Marketing, 2003, 20 (6): 537-566.

[4] Bryan D, Lucking-Reily D, Prasad N, et al. Pennies from

Ebay: The Determinants of Price in Online Auctions [J]. Journal of Industrial Economics, 2007, 55 (2): 223-225.

[5] Daniel Houser, John Wooders. Reputation in Auctions: Theory, and Evidence from eBay [J]. Journal of Economics & Management Strategy, 2006, 15: 353-369.

[6] Robert J Kauffman, Charles A Wood. Doing their bidding: An empirical examination of factors that affect a buyer's utility in Internet auctions [J]. Information Technology and Management, 2006, 7: 171-190.

[7] Dennis Van Heijst, Rob Potharst, Michiel van Wezel. A support system for predicting eBay end price [J] s. Decision Support System Nov, 2007, 44 (2008): 970-982.

[8] Ji YD, Li P, Zhang ZK. Can Bidder's Buying Patterns Affect the Price in Online Auctions for Heterogeneous Goods? [J]. 15th International Conference on Management Science and Engineering, 2008, 19-24.

[9] 吕彦儒，吕巍，周颖．网上一元竞拍成交价格影响因素相关性研究：基于 eBay 网络 MP3 竞拍的实证 [J]. 生产力研究，2006，4：84-85.

[10] 刘跃文，陈华平，魏国基，等．荟萃分析：信用评价能促进网上拍卖吗 [J]. 信息系统学报，2007，01 (01)：16-33.

[11] 李雪峰，刘鲁，吴丽花．在线拍卖商品最终成交价格预测 [J]. 计算机工程，2006，32 (18)：189-191.

[12] 黄正伟，郑霞忠．在线拍卖理论与实务 [M]. 中国时代经济出版社，2008.

[13] 张晋昕，李河．回归分析中定性变量的赋值 [J]. 循证医学，2005.

[14] Wu F, Huberman B A, Adamic L A, et al. Information Flow in Social Groups. [J]. Physica a-Statistical Mechanics and Its Applications, 2004, 337 (1-2): 327-335.

Empirical Research on the Determinants of End-Price in Online Auctions: Based on the Modern Jade Bracelet from Taobao

GE Hong[1], SUN Lili[1], FENG Yuqiang[1]

(1. Management College, Harbin Institute of Technology, Harbin 150001, China)

Abstract: Using the data from the modern jade bracelet collected from Taobao, the paper empirically investigates the determinants of end-price of online auction item and the importance of the factors by means of Partial Correlation and Multiple Stepwise Regression Analysis. Results show that starting price has a significant effect on the end-price of online auctions as the prior literature found out. What's more, we propose that minimum bid, the number of bids, the city where sellers live, product certification, having warranty or not and after-sales service are the crucial determinants of the end-price. Based on these research results, relevant business suggestions are proposed for online auction websites and auctioneers.

Key words: online auctions; end-price; impact factors; partial correlation analysis; multiple stepwise regression analysis

基于 WSMO 的 B2B 集成研究*

蒋翠清[1]，易成成[1]

（1. 合肥工业大学　管理学院，合肥 230009）

摘　要：针对现有 B2B 集成中业务流程的集成无法被有效解决的问题，应用语义 Web 服务技术和 WSMO 提供的本体模型，在 WSMX 集成环境下，建立基于 WSMO 的 B2B 集成框架，探讨在此架构下服务发现、组合和调用的过程，并设计实现了自动采购原型系统，为电子商务环境下的 B2B 集成提供了良好的解决方案。

关键词：语义 Web；Web 服务；B2B；本体；Web 服务本体模型（WSMO）

中图分类号：TP311

B2B 集成需要解决的主要问题是企业内部和企业之间信息和资源的共享和交换及业务流程的集成。随着计算机技术的飞速发展，信息和资源共享与交换已经能被很好地解决。企业业务流程上的集成成为 B2B 集成中最需解决的问题。

现有 B2B 集成解决方案主要有[1][2][12][13]：CommerceOne 的 Xcbl（The XML Common Business Library）、RosettaNet 的 PIP（Partner Interface Process）标准、UN/CEFACT 和 OASIS 提出的 ebXML（Electronic Business）、OBI（Open Buying on the Internet）规范等。这些业务流程规范标准都是基于 XML 的。但由于 XML Schema 缺乏语义表述能力（计算机无法理解），企业之间进行交互时（如下达和确认订单）仍需很多人工干预，无法实现 B2B 的自动化操作。同时，采用这种规范标准的企业要求参与 B2B 集成的所有合作伙伴均采用同样的规范标准，导致限制性太强，灵活性差。

语义 Web 和 Web 服务技术的结合——语义 Web 服务技术为有效解决 B2B 集成中业务流程的集成提供了新思路。结合 Web 服务松耦合和平台无关等特性将 Web 服务注入语义信息，计算机可以分辨和识别这些语义信息，并对其自动进行解释、交换和处理。语义 Web 服务成为当今 Web 服务研究的一大热点。目前，描述语义 Web 服务的方法主要有[3][4] OWL-S（Web Ontology Language for Services）、SWSF、SAWSDL、WSDL-S 和 WSMO（Web Service Modelling Ontology）。其中最流行的是 OWL-S 和 WSMO。WSMO 是基于语义 Web 服务模型框架——WSMF 基础上扩充和提炼出来的 Web 服务本体模型标准，虽然 WSMO 提出较晚，发展相对不够成熟，但相比其他方法具有以下优点[6]：提供中介器解决数据、流程或者通信协议的异构性；支持服务请求目标和服务提供者 Web Services 的本体分离。

因此，本文选用 WSMO 作为本体模型，WSMO 的家族成员 WSMX（Web Service Modelling eXecution environment）作为实现 WSMO 的执行环境，WSML（Web Service Modelling Language）作为本体描述语言，建立基于 WSMO 模型的 B2B 集成框架，探讨在此框架下的服务发现、组合和调用的过程，并设计实现自动采购原型系统。

1　WSMO 体系介绍

1.1　WSMO 要素

WSMO 提供了四个顶层要素对语义 Web 服务进行描述[5]：目标（Goals），Web 服务（Web Services），本体（Ontologies）和中介器（Mediators）。

图 1 描述了 WSMO 的四个顶层要素及其相互关系。目标（Goals）描述客户端请求想要达到的目的，Web 服务（Web Services）描述服务提供者

* 基金项目：国家自然科学基金资助项目（70871034），安徽省高校自然科学重点项目（KJ2008A060）

作者简介：蒋翠清，男，1965 年生，教授，博士，硕士生导师，主要研究方向：信息管理与信息系统，知识管理，语义 web 服务，E-mail：jiangcuiq@163.com；电话：15005519191；通信地址：安徽省 合肥工业大学 南区 管理学院。易成成，女，1985 年生，硕士研究生，主要研究方向：电子商务，语义 Web 服务；电话：13856095960；E-mail：yipipi2003@163.com

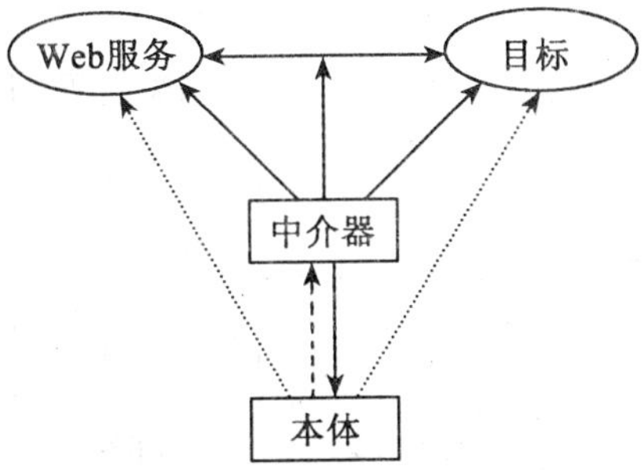

图 1 WSMO 顶层要素

能够提供的服务，本体（Ontologies）提供一个特定领域的术语用于描述其他要素，中介器（Mediators）可以用来解决应用术语间的误匹配（数据层）、Web 服务间如何通信（协议层）以及组合 Web 服务和目标（过程层）之间不兼容的问题。

WSMO 定义了四种不同类型的中介器用以连接它的顶层要素：目标-目标中介器，本体-本体中介器，服务-目标中介器，服务-服务中介器，分别用于解决要素之间不同类型的误匹配问题。

1.2 WSMO 家族成员

WSMO 的家族成员都是为了支撑 WSMO 本体模型而发展起来的，各成员的工作内容也围绕着 WSMO 的四个顶层要素展开。

WSMX 是 WSMX 工作组为了支撑 WSMO 本体模型，定义的语义 Web 服务架构作为其执行环境。WSMX 环境提供了很多重要的组件[7]，如通信管理器、服务发现组件、推理机、流程中介器、数据中介器，匹配器、Choreography 引擎等，这些组件可以共同合作完成服务发现到调用的过程。依据 WSMO 提供的中介器的思想，WSMX 相应地提供了两种中介器组件：数据中介器和流程中介器，分别用于在服务发现、组合和匹配的过程中解决各种数据、通信、协议等之间异构的问题。

WSMT [7]（Web Services Modelling Toolkit）工具包提供了一个快速部署 WSMO 的执行平台，它允许其他一些工具以插件的方式集成到 WSMT 中使用，并提供数据中介映射工具（Data Mediation Mapping Tool）如 Mapping Editor 和 MUnit 来建立本体之间的映射。此外它还提供 WSML 编辑器来编辑 WSMO 的四要素（本体，目标，Web 服务，中介器）形成 WSML 文档，并可以结合 WSMX 执行环境开发和测试语义 Web 服务。

WSML（Web Service Modeling Language）旨在为 WSMO 中定义的各元素提供形式规则和语义的描述，它采用规范的人类可读的句法规则，并提供 XML 和 RDF 句法与 WSML 之间的转换规则，便于各种基于 RDF 或 XML 的服务之间进行交互。简言之，WSML 是一种本体描述语言，在 WSMX 环境内部只识别 WSML 语言描述的各元素。

2 基于 WSMO 的 B2B 集成框架

B2B 集成亟待解决的问题是异构业务流程集成，WSMO 提供的中介器能很好地解决异构问题，其中包括业务流程的异构。WSMX 执行环境提供了各种组件来支撑 WSMO 本体模型。因此本文利用 WSMO 提供的本体模型，在 WSMX 环境下建立了基于 WSMO 的 B2B 集成框架，如图 2 所示。

图 2 给出的集成框架主要涉及三方：服务提供者，服务请求者，WSMX 中间件。Web 服务过程最终是服务提供者和服务请求者的直接对话，而他们对话的顺利完成由 WSMX 中间件来支持和保证。

2.1 本体（Ontology）

本体是各种抽象概念的集合，它提供了某一领域形式化的描述和共享概念。在本体中需要对服务请求者、服务提供者、功能接口、双方交互过程中用到的各种概念（或称为类）和概念特征进行统一描述，包括类的含义描述，类之间的关系，类的实例的数据类型和值等。表 1 给出了用 WSML 描述的制造企业向供应商发送订单请求的本体部分代码。

表 1　**订单请求本体部分代码**

```
concept Pip3A4PurchaseOrderRequest
    fromRole ofType core#FromRole
    purchaseOrder ofType PurchaseOrder
    thisDocumentGenerationDateTime ofType _ dateTime
    thisDocumentIdentifier ofType _ string
    toRole ofType core#ToRole
concept PurchaseOrder
    nonFunctionalProperties
    dc#description hasValue "The collection of business properties that describe a buyer's offer to purchase a quantity of products at an agreed price and schedule. "
    endNonFunctionalProperties
    globalPurchaseOrderTypeCode ofType dict # GlobalPurchaseOrderTypeCode
    isDropShip ofType core#IsDropShip
    productLineItem ofType ProductLineItem
    requestedEvent ofType core#RequestedEvent
    shipTo ofType core#ShipTo
    totalAmount ofType core#TotalAmount
```

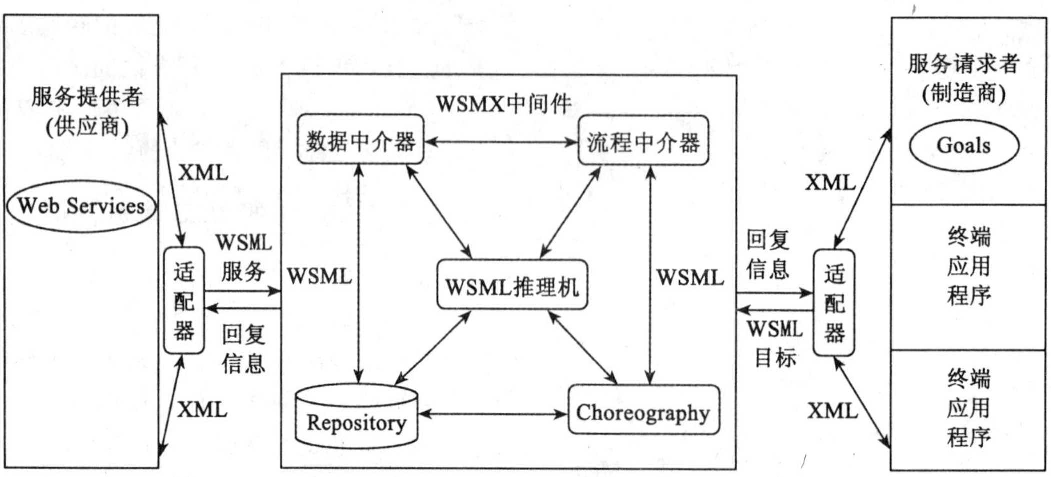

图 2　基于 WSMO 的 B2B 集成框架

2.2 建立映射

B2B 集成需要解决各种异构的数据和业务流程以及通信协议的集成问题，因此必须建立映射规则，主要包括以下几方面：

（1）Web 服务都是用 WSDL 描述的，而在整个语义 Web 服务集成架构内部只识别 WSML 描述的信息，返回给服务交互方的信息又需要以 WSDL 的形式描述，因此需要建立 WSDL 和 WSML 之间的映射，通过降低或提高映射规则实现 WSDL 和 WSML 之间的互转换；

（2）当服务提供方和请求方使用不同的本体描述概念时，有可能会产生同义异形的情况，即用不同的方式表达同一种含义；

（3）很多 Web 服务可能提供相同的功能，但是由于采用不同的标准，内部定义的流程不一样，因此在服务发现组合的过程中会由于流程异构导致交互失败，因此需要对各服务方的异构流程建立映射；

（4）同样对于请求目标类似的 Goals，可能因为不同的标准而定义的流程不一致导致异构性；

（5）服务各方采用的通信协议若不一致，需要建立不同协议之间的映射（本文考虑服务各方统一采用 SOAP——Simple Object Access Protocol 传输协议）。

本文利用 WSMT 提供的 Mapping Editor 建立的服务请求者本体 JWD. wsml 和采购请求本体 purchaseorderrequest. wsml 之间的映射关系，如图 3。

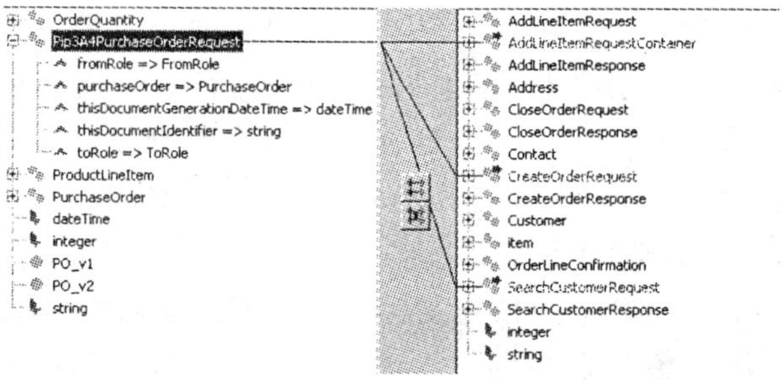

图 3　映射关系图

3 基于 WSMO 的服务发现、组合与调用

3.1 服务发现

服务发现是语义 Web 服务中最重要的任务之一，即找到满足请求者需要的服务。将此过程自动化也是实现语义 Web 服务的一个重要方面。WSMO 为语义 Web 服务发现的问题提供了一个解决方案，主要包括三个步骤，即目标发现、Web 服务发现、服务发现。目标发现即将一个用户具体的目标抽象化为预先定义的、可重用的、形式化的目标；Web 服务发现即将 Web 服务和目标进行匹配，查找出可能满足目标的 Web 服务；服务发现即利用上一步查找出来的 Web 服务接口去读取这些服务具体提供的功能，进一步筛选出能满足目标的服务。服务发现过程需要依靠 WSMX 环境提供的各组件共同合作来完成。

（1）适配器

在 WSMX 环境内部只能处理 WSML 类型的文档，适配器（Adapter）[8] 是处理 XML 文档和 WSML 文档之间转换的组件，结合数据中介映射工具提供的映射规则，将包含请求者目的信息的 XML 文档转换成 WSML 形式的文档传递给 WSMX 环境，再将获得的回复信息转换成 XML 文档传递给终端调用程序，从而为服务请求者提供相应的服务。Adapter 对于服务发布信息处理方式类似于服务请求者。

（2）Repository 知识库

依据 WSMO 定义的四个要素（目标，本体，Web 服务，中介器），WSMX 内部定义了 5 种知识库，分别是目标知识库、本体知识库、Web 服务知识库、中介知识库、数据知识库。其中数据知识库管理的是在 Web 服务进程中即时生成的有状态的数据，这些数据可能与服务进程有关，可能是 WSMO 四种资源生成的临时数据。这些知识库由资源管理器和资源登记器进行统一管理。

知识库里存储了所有发布的 Web 服务、目标请求或中介器等，它的功能类似于数据仓库，当服务请求者请求服务的时候，WSMX 里的各种组件与知识库进行交互，来查找相应的服务。

（3）数据中介器

当两个异构的实体需要进行交互时，若它们采用不同的规范标准而不能直接进行交互，需要用到中介器。数据中介器能调节各种本体之间的差异性，根据这些本体的规范，映射规则来解决本体之间可能出现的误匹配，即解决数据兼容性问题。这里用到的是 WSMO 提供的本体—本体中介器（OO-Mediator），从而帮助服务发现引擎（WSMX 提供的组件之一）查找相应的服务。

（4）Choreography 引擎

Choreography 概念模型由四种元素组成：状态信号、状态、转换规则、非功能属性。抽象状态机 ASMs（Abstract State Machines）[9] 由词汇表、状态、转换规则组成。其恰巧满足 WSMO 的 Choreography 的概念模型中状态信号（Q）、状态（w（Q））、转换规则（T）三个要素的需求，所以采用抽象状态机形式化表示 Choreography 接口。本文将每一个 Web 服务的 Choreography 记作 C（S_1，S_2，…，S_n）。

Choreography 用于对接口进行描述，即服务行为描述（如 Web 服务 Choreography 定义请求者与其通信交互的方式，即怎样被请求者调用），一般服务请求者定义的通信交互方式会与服务提供者不同，Choreography 为了解决这种异构的交互方式下服务双方通信的问题，需要和流程中介器密切合作，确保服务请求者的通信方式能和服务提供者所提供的通信方式匹配，从而解决在服务发现与选择调用的过程中服务双方的互操作问题。例如流程中介器可以通过将一个服务请求分割成很多个子目标，或将多个目标合成一个综合目标，或通过改变消息传递顺序等方式来改变 Choreography 中服务或目标的描述，从而确保交互的顺利进行。

3.2 服务组合

查找出来满足服务请求目标的候选 Web 服务可能是单个的 Web Service，也可能是一些 Web Services 组合成的更高级的 Web Service 来满足请求者需要。服务组合过程中涉及一个很重要的问题即服务兼容性问题。服务兼容性是服务组合正确性的重要保证，决定 Web 服务是否能够进行互操作。

服务兼容性可具体化为数据兼容性（SCdata（C），C 代表 Choreography）、信息兼容性（SCinformation（C））、交互兼容性（SCcommunication（C））。数据层次中介器（本体-本体中介器、目标-目标中介器）解决数据兼容性问题；Choreography 的概念模型解决信息兼容性问题；过程层次中介器（目标-服务中介器、服务-服务中介器）解决交互兼容性问题。

如果一个服务组合涉及企业内部私有业务逻辑，则企业很有可能将此服务直接封装成更高级的服务，将组合逻辑私有化，因此服务组合的过程对服务请求者来说是不可见的。外部服务调用者只关注公开发布的服务功能和接口描述。

3.3 服务调用

服务调用是整个语义 Web 服务流程的最后阶段，通过服务选择已经将适合的服务存储到了服务提供者的 Choreography 中，此时服务双方会通过一些对话来调用相应的服务。而这些会话的规则在集成设计阶段就已经被定义好了。例如在供应商对请求者请求的产品问价进行确认回复之后，流程中介器会将回复的数据添加到请求者的 Choreography 中，下一个规则就是自动产生一个请求确认接收款项信息发送给供应商。这样服务请求者的 Choreography 已经没有其他规则存在了，即请求者的会话结束。同理，流程中介器会将请求者回复的数据添加到供应商的 Choreography 中，触发下一个规则自动产生一个确认已经接收款项信息发送给请求者。这样服务提供者的 Choreography 已经没有其他规则存在了，即服务提供者的会话结束。此时双方会话都结束，即整个服务过程结束。

4 原型系统

现以一家汽车制造企业 A 为核心企业，其内部主要有 7 个独立的业务流程：售前流程，销售流程，采购流程，原材料库存流程，生产流程，产品库存流程和交付流程，不同的流程是由不同部门控制的。售前、销售流程归销售部门管；原材料库存和产品库存流程受仓储部门控制；生产流程由生产部主导而最后的交付履行由客户服务部门运作。B2B 集成不仅涉及企业内部各业务流程的集成，还包括企业与企业之间、企业与多个企业之间的业务流程上的整合，而实现这些是一项非常庞大的工程。因此本文仅以采购流程为例，实现 A 企业查找各零部件供应商，发送订单、订单信息交互、订单确认和下达订单等流程的自动化。

本系统中不考虑各零部件供应商的内部业务流程问题，假设他们均已经将各自的供应信息作为 Web Services 发布。原型系统架构如图 4。

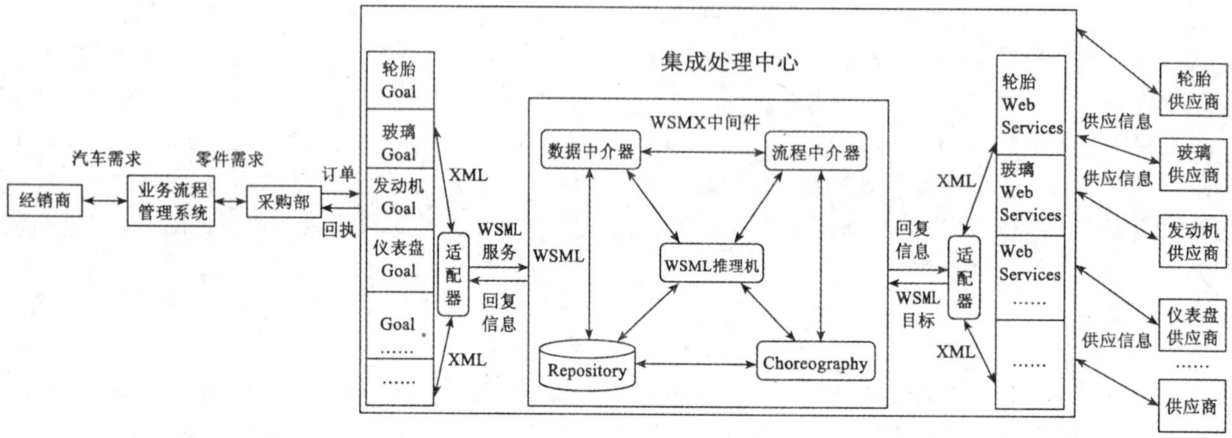

图 4 基于 WSMO 的汽车零部件自动采购系统架构

首先企业 A 内部业务流程管理系统根据各经销商提供的需求信息，如车型、颜色、需求量、需求时间等，结合本企业内部库存管理系统中的零部件库存信息，生成零部件需求信息，如车轮型号、车轮数量、玻璃数量、发动机类型、仪表盘数量等，并将零部件需求信息提交给采购部。采购部确认后生成订单，提交给集成处理中心。集成处理中心根据采购请求将各 Goals 转换成以 WSML 形式描述的请求目标，到各供应商发布的服务中进行匹配和查找，查找完成后将满足需求的服务列表返回给服务选择组件，根据生产商的采购偏好以及匹配度对服务进行排序，并推荐最优服务，自动生成所有零件的采购订单。生产商根据需求对订单进行修改直到满意为止，最终自动将订单下发到下游零件供应商系统，执行生产过程。

该原型系统基于 WSMO 家族成员，以 WSMT 为开发工具，利用 WSMT 提供的 WSML 编辑器对 WSMO 的各要素进行编辑描述，利用映射工具 Mapping Editor 建立映射关系，以 WSMX 作为 Web 服务环境，综合利用 WSMX 提供的各种组件和引擎，选择 IRIS 作为推理机，实现了服务的自动查找、匹配和选择，进而实现采购零部件订单的自动下达。

5 结束语

由于基于 WSMO 的语义 Web 服务技术研究起步较晚，理论研究和实践均处于探索阶段，本文提出的基于 WSMO 的 B2B 集成模型旨在为电子商务环境下 B2B 集成提供一种解决思路。将 Web 服务和语义 Web 相结合，在 WSMX 环境下，利用 WSMO 作为本体模型，WSML 作为本体描述语言，对 B2B 集成中所需要的本体进行建模，并制定映射规则，给出了基于 WSMO 的 B2B 集成框架，并探讨了在此框架下的服务发现、组合和调用的过程，并以采购流程为例设计了多个 Web 服务以实现采购商与供应商之间的业务流程的集成。现实生活中参与 B2B 集成的企业业务流程更加复杂，B2B 集成中诸如安全性问题、通信协议等问题将是下一步研究的重点。

目前很多机构都在内部尝试实现语义 Web，作为一个新事物，WSMO 给语义 Web 服务技术注入了新的思路，相信随着研究的不断深入和成熟，会给在 Internet 范围上实现语义 Web 提供很好的实践经验，能对电子商务环境下的 B2B 集成提供更好的解决方案和强有利的支持。

参考文献

[1] RosettaNet. RosettaNet [EB/OL]. http://www.rosettanet.org/cms/sites/RosettaNet, 2008-12.

[2] The OASIS ebXML Joint Committee. The Framework for eBusiness [EB/OL]. http://www.ebxml.org, 2006-04.

[3] Vipul Kashyap, Christoph Bussler, Matthew Moran. The Semantic Web [M]. Berlin Heidelberg: Springer-Verlag, 2008.

[4] The OWL Services Coalition. OWL-S: Semantic Markup for Web Services [EB/OL]. http://www.daml.org/services/owl.S/1.1/, 2005.

[5] W3C. Web Service Modeling Ontology (WSMO) Submission [EB/ OL]. http://www.w3.org/Submission/WSMO/, 2005-06.

[6] Omair Shafiq, Emilia Cimpian. Investigating Semantic Web Service Execution Environments: A Comparison between WSMX and OWL-S tools [J]. Second International Conference on Internet and Web Applications and Services (ICIW'07), 2007, 13 (19): 31-36.

[7] Maximilian Herold. WSMX DOCUMENTATION [EB/OL]. http://www.w3.org/Submission/WSMX/. 2008-05-01.

[8] Seyyed Ali Rokni Dezfouli, Jafar Habibi. Promoting B2B Integration with Semantic Web Service Technologies [J]. Second Asia International Conference on Modelling & Simulation IEEE, 2008, 13 (15): 65-70.

[9] Tomas Vitvar, Paavo Kotinurmi. Semantic SOA to Promote Integration of Heterogeneous B2B Services [J]. The 9th IEEE International Conference on E-Commerce Technology and the 4th IEEE International Conference on Enterprise Computing, E-Commerce and E-Services (CEC-EEE), 2007, 23 (26): 451-456.

[10] 满君丰，朱艳辉，杨伟丰．语义 Web 服务系统中互操作问题的研究 [J]. 计算机集成制造系统，2006, 12 (12): 2103-2108.

[11] Fensel, Mick Kerrigan, Michal Zaremba. Implementing Semantic Web Services [M]. Berlin Heidelberg: Springer-Verlag, 2008.

[12] Chong Minsk, GOH, Siew Poh. Web 2.0 Concepts and Technologies for Dynamic B2B Integration [J]. Emerging Technologies and Factory Automation (ETFA), 2007, 25 (28): 315-321.

[13] Jae-Yoon Jung, Hoontae Kim B, Suk-Ho Kang. Standards-based Approaches to B2B Workflow Integration [J]. Computers & Industrial Engineering, 2006, 51 (1): 321-334.

B2B integration based on WSMO

JIANG Cuiqing[1], YI Chengcheng[1]

(1. School of Management, Hefei University of Technology, Hefei 230009, China)

Abstract: Aimed at the problems that the existing B2B integration solutions cannot resolve the business process integration effectively, it used semantic web service technologies and WSMO, presented a B2B integration architecture based on WSMO. In the WSMX execution environment, it discussed the service discovery, composing, matching and invoking process in this architecture. Particularly, it presented a prototype system which realized automated purchasing process and provided a good solution for B2B integration in e-commerce environment.

Key words: semantic web; web service; B2B; integration; ontology; Web Service Modelling Ontology (WSMO)

淘宝网手机拍卖价格与成功概率影响因素研究*

赵佳[1]，黄京华[1]

（1. 清华大学　管理科学与工程系，北京 100084）

摘　要：网上拍卖近年来正在飞速发展着。与传统拍卖不同，由于它的非现场属性，交易双方互不见面，也不能够在交易之前查看商品质量，所以存在一定的交易风险。淘宝网是中国最大的网上拍卖市场，为促进交易的顺利进行和规范卖家的交易行为，它建立了用户信誉系统和交易保障。本文就其用户信誉系统和交易保障对拍卖价格和成功概率的影响进行了实证研究，并证实卖家的信誉分值、好评率、消费者保障计划、起拍价对拍卖价格和成功概率具有显著影响，同时也验证了淘宝网上信誉系统和交易保障的有效性。

关键词：网上拍卖；拍卖价格；成功概率；卖家信誉分值；淘宝网

中图分类号：F724.6

1　引　言

网上拍卖是一种新兴的电子商务交易方式。相比于传统拍卖，它具有信息传播高效、方便快捷、不受时间和空间限制等特点，深受广大交易者的青睐。目前国外最大的拍卖网站是 eBay 网，中国最大的拍卖网站是淘宝网。它们近年来都实现了极为迅猛的发展，赢得了巨大的交易量和收益。

然而，网上拍卖在给人们带来诸多方便的同时，也带来了更多的风险。网上拍卖具有非现场性和匿名性的特点，交易的双方往往互不相识，彼此不熟悉情况；如果只依靠网上提供的有限信息进行判断和决策，容易产生信息不对称和不公平交易问题。例如，卖家利用虚假商品信息骗取货款，寄送物品与所描述的内容不符，质量低下，卖家单方面解除交易等。虽然网上拍卖的每一笔交易达成之后，买家的付款金额可以通过特定的交易平台，如第三方支付平台，得到保障，但是卖家的发货质量却难以通过类似的媒介得到有效的监管。因此网上拍卖中，买家往往比卖家面临着更大的交易风险，自身利益更易受到侵害。

为了减少因信息不对称带来的交易风险，很多拍卖网站都建立了信誉系统，记录既往交易者的反馈信息，为新的交易者提供决策参考。以国内最大的拍卖网站淘宝网为例，它要求买卖双方在交易之后互相评价，并计入用户信誉档案：评价分为好评、中评、差评三种，分别对应 1、0、－1 的分数，全部积分构成用户的总信誉分值。买家在参与交易时，可以随时查阅卖家的信誉分值，考察其交易表现，并决定是否与之交易以及竞拍的价格。这种方式为新进入的买家提供了具有一定价值的参考信息，尽管它并不具有绝对的权威性，但是毕竟提供了在网络环境中的一组相对客观和中立的数据，因此会对买家的交易决策产生很大的导向作用。

目前，针对卖家信誉分值对拍卖价格影响关系的研究十分丰富，并且主要以国外拍卖网站作为研究对象。但是，针对中国本土网站的研究，以及针对成功概率影响因素的研究却十分稀少。本文将着眼于国内的网上拍卖市场，结合既往理论研究和国内网上拍卖市场自身的特点，对可能影响拍卖价格与成功概率的若干因素进行分析，研究是否存在类似的影响作用。同时，本文将根据研究数据与结论，为国内的拍卖网站和卖家提供一些参考建议。

本文选取的研究对象是中国最大的网上拍卖市场——淘宝网。本文将以淘宝网的拍卖交易记录作为数据来源，采用实证研究的方法展开研究。

* 本研究得到国家自然科学基金（项目号：70831003，70621061，70772022），以及教育部人文社科重点研究基地重大项目支持（06JJD630014）

作者简介：赵佳（1985—），女（汉），北京，清华大学硕士研究生

通讯作者：黄京华，教授，E-mail：huangjh@sem.tsinghua.edu.cn

2 既往研究综述

2.1 信誉分值对拍卖价格的影响机制

卖家信誉分值是通过影响信任进而影响拍卖价格的。

信任（Trust）指的是买家对于卖家的置信态度。它表示买家相信卖家所具备的能力、可依赖性以及安全性，是一种在可能存在交易风险的情况下仍然愿意交易的意愿[1]，是买家的一种主观感受和判断。在网上拍卖中，信任增加了买家的购买倾向，并使得买家愿意支付一个比较高的价格来换取更为放心、更有保障的交易。如果卖家能够赢得买家的信任，就可能获得更高的拍卖价格[2]。

信任作为买家的主观采纳，它不能凭空产生，需要建立在客观的信息来源之上。卖家信誉（Reputation）就是这样一种客观的信息来源，它为买家提供了“该卖家是否值得信任”的信息[3]。在网上拍卖中，卖家的信誉是既往买家关于卖家历史行为、诚实表现的记录和评价[2]。在 eBay 网和淘宝网上，它是以信誉分值来表示的。信誉分值越高，表明卖家信誉情况越良好，就越容易得到买家的信任。这是一种由客观数据到主观采纳的影响过程。

在网上拍卖中，卖家信誉分值帮助买家建立了对卖家的信任态度，而这种信任态度又进而影响了拍卖价格。这是一种从客观数据到主观采纳，再到实施行为的影响过程。

2.2 信誉分值对拍卖价格和成功概率的影响

针对卖家信誉分值对拍卖价格的影响，大量文献以 eBay 作为数据来源进行了实证研究。eBay 网占有国外网上拍卖市场 90% 的份额，每日交易量很大，并且其搜索引擎提供既往拍卖数据的搜索，非常便于数据收集，所以研究多以它作为样本来源。

Melnik 研究了 eBay 网上一种金币的拍卖情况，建立多元回归模型进行了分析。其结果表明，卖家总信誉分值对拍卖价格具有正向影响。他指出，卖家总信誉分值尽管不是决定拍卖价格的全部因素，但对拍卖价格的影响非常显著[4]。这个分值越高，卖家越可能获得更高的价格。

Ba 和 Hou 等学者的实证研究也得到了类似的结论[2][5]。他们认为，总信誉分值反映了卖家的整体信誉状况。相对于其他数据，例如好评、中评、差评分值等，总信誉分值最为直观和简单，具有高度概括性；该数值越高，说明卖家的整体信誉情况越良好，同时也表示具有更多交易经验和获得了更多的好评，越容易赢得买家的信任和更高出价。此外，卖家的总信誉分值通常直接被显示在拍卖页面上，成为第一个映入买家眼帘的参考数据，有的买家甚至无暇去点击链接查看信誉记录明细，仅仅凭借总信誉分值的对卖家信誉状况进行大致判断并作决策，因此总信誉分值会对拍卖价格产生显著影响。

针对国内拍卖市场的研究并不多。仅有一篇是张维迎等学者的研究文献，以易趣网作研究对象。研究得到了同样的结论：卖家总信誉分值对拍卖价格具有正向影响[6]。这说明，无论是国内还是国外的拍卖市场，卖家总信誉分值都会促进买家对卖家产生信任，进而带来拍卖价格的提升。

在网上拍卖中，如果商品最终成交，则该笔拍卖获得成功；如果未能成交，例如无人出价或者出价未达到卖家的最低价格要求，则拍卖不成功，即流拍。成功概率指的是某一笔拍卖交易获得成功的可能性，是一个介于 0 和 1 之间的数值。它指的是单笔拍卖获得成功的概率，而不是某个卖家全部拍卖获得成功的总体概率；同一个卖家的两笔拍卖交易，其成功概率可能是不同的。某一笔拍卖交易，如果成功概率为 0.3，表示获得成功的可能性为 0.3，流拍的可能性为 0.7；如果成功概率为 0.8，则获得成功的可能性为 0.8，流拍的可能性为 0.2。关于卖家信誉分值对成功概率的影响，目前尚没有针对国外市场的研究。

2.3 拍卖价格和成功概率的其他影响因素

卖家好评率是拍卖价格和成功概率的另一个影响因素。研究结果表明，卖家好评率对拍卖价格和成功概率均有正向影响。对于总信誉分值来说，只要卖家的好评次数大于差评次数，其总信誉分值总会不断地增长。然而对于潜在的买家来说，仅有卖家总信誉分值数据是不够的，还需要了解卖家有没有出现负面评价。因此好评率会成为卖家信誉衡量标准的一个重要补充，对拍卖价格和成功概率产生影响[6]。

起拍价是卖家为商品设立的竞拍的起始点。关于这个因素对拍卖价格的影响，几篇国外文献给出了不同的结论。一种观点认为，起拍价作为卖家设定的下限，传递的是一种商品价值信号[7]，如 Lucking。如果卖家认为自己的商品非常优质，就会设定一个较高的起拍价；反之起拍价就会比较低。所以起拍价对拍卖价格会有正向影响。另一种观点认为，更低的起拍价格会吸引更多买家竞价，由于竞争的激烈，买家甚至会在最后给出高于自己原先估价的价格，因而更容易抬高拍卖价格，例如Ku等人的研究结果表明，起拍价与拍卖价格呈现负相关关系[8]。

关于起拍价对成功概率的影响，张维迎等人的文献给出了正向影响的结论。他们认为，低起拍价确实会吸引更多竞标者的注意，但是易趣网上还有一个隐含的“保留价”，即拍卖成交必须达到的价格；这个价格是隐藏的，不对买家公布。如果起拍价过低，买家根本摸不准保留价在什么水平，就会处于信息不对称的地位，可能会降低他们竞标的意愿。所以起拍价对成功概率是呈正向影响的[6]。

既往文献研究了网上拍卖价格和成功概率的影响因素，但是它们全部着眼于国外拍卖网站（如eBay）或具有国外背景的拍卖网站（如易趣网），尚没有对于中国本土拍卖网站的研究。此外针对成功概率影响因素的研究亦十分稀少。所以很有必要研究在中国本土的拍卖网站中，拍卖价格和成功概率的影响因素。

3 理论假设与模型建立

国内外的研究都指出，卖家总信誉分值反映了卖家的历史交易状况，该数值越高，表明卖家交易的次数越多，经验越丰富，获得的好评次数越多，越值得信赖。对这类卖家，买家一方面愿意给出更高的价格，另一方面也更加乐于与之交易，因此卖家总信誉分值对拍卖价格和成功概率都会产生正向影响[2][6]。

不过，在作出针对淘宝网的第一组假设之前，本文注意到一个现象，即在总信誉分值的累计方式上eBay与淘宝网存在区别。eBay网上每个用户的总信誉分值是这位用户全部的历史评价积分：它既包括用户作为卖家（出售者）、来自买家的评价，也包括用户作为买家（购买者）、来自卖家的评价。eBay上就总信誉分值并不依据卖家/买家身份区分统计，其他用户看到的是一个总的信誉分值，并不知道是来自哪个身份。而淘宝网则不同，它对每个用户依据其卖家和买家的身份分别积分，即对出售行为和购买行为分别积分，得到卖家总信誉分值和买家总信誉分值两个数据，同时呈给其他用户，清晰明确。对于这两个数据，我们认为，卖家总信誉分值反映的是用户的出售行为状况，并不代表用户的购买行为状况；而买家总信誉分值反映的是用户的购买行为状况，并不代表用户的出售行为状况。因此当一位买家在与卖家进行交易的时候，他更关心的是卖家历史出售行为状况如何，因此会重点考察卖家的卖家总信誉分值，而不大会关注其买家总信誉分值。所以我们有了第一组假设：

H1（a）：卖家总信誉分值对拍卖价格有正向影响。

H1（b）：卖家总信誉分值对成功概率有正向影响。

另外，淘宝网在拍卖页面上显示了卖家的好评率数据。我们认为，好评率标示着卖家交易行为的可靠程度，这个数值越高，表明卖家表现越稳定，越值得信赖，所以好评率越高，拍卖价格和成功概率也会越高。所以我们可以建立第二组假设：

H2（a）：卖家的好评率对拍卖价格有正向影响。

H2（b）：卖家的好评率对成功概率有正向影响。

关于起拍价对拍卖价格和成功概率的影响，我们的分析包含两个方面：一是起拍价作为商品价值的反映，会对拍卖价格产生正向影响；二是起拍价作为卖家吸引客户的手段，会对成功概率产生负向影响。

关于第一个方面，起拍价在一定程度上反映了卖家对于商品的价值态度。与eBay不同，在淘宝网上，拍卖只设置起拍价，不设置保留价，这意味着起拍价是卖家愿意接受的最低价格；只要有买家出价，给出不低于起拍价的价格，商品就可以成交。既然起拍价是卖家愿意接受的最低价格，他就要承受这个定价带来的一切可能结果；虽然多数情况下成交价往往高于起拍价，但是如果买家真的给出了这个价格，他就要以这个价格成交。因此卖家在制定起拍价的时候会适当地考虑商品的真实价值，以避免万一买家竞价过低时造成的损失。所以，起拍价暗含着卖家对于商品真实价值的评估。真实价值越高、质量越上乘、越有保障的商品，卖家往往倾向于给予更高的起拍价；反之则不会刻意制定一个很高的起拍价。因此如果起拍价是商品真实价值的一种反映，那么起拍价越高，买家就会认为商品越有价值，就会给出越高的价格。所以起拍价可能会对拍卖价格产生正向影响。

关于第二个影响，起拍价也可以成为卖家吸引客户前来竞价的手段。每个买家心中对竞买的商品都有一个愿意出具的最高价格，即心理价位，他不可能高出这个价格竞拍，却希望以尽可能低的价格成交。由于最低的价格是起拍价，所以价格区间就是起拍价和他的心理价位，如果幸运的话，就可以以靠近起拍价的价格买到商品。起拍价的不同，就代表了最低价格的不同，对于完全同质的商品，买家自然会青睐起拍价较低的那一件，以有机会以更低的价格成交。所以从单纯价格的因素考虑，买家一定会倾向于选择起拍价低的商品。所以起拍价越低的商品，人气越高，参与的买家可能就越多，成交的概率就会增大。

H3（a）：起拍价格对拍卖价格有正向影响。

H3（b）：起拍价格对成功概率有负向影响。

除了卖家总信誉分值、好评率、起拍价三个影响因素之外，还有一个重要因素，就是淘宝网上的消费者保障计划。消费者保障计划是淘宝网独家推出的一项举措。它要求参与该计划的卖家提交一定保证金；如果卖家出现过错导致买家利益受损，淘宝网将从保证金中提款赔付给买家。这项计划旨在促使卖家诚信交易，帮助买家放心购买。同参与该计划的卖家作交易，买家面临的风险较小，会愿意支付更高的价格来享受更为放心的交易过程。同样，买家也更愿意与这样的卖家进行交易，因此其成功概率也会更高。

H4（a）：加入消保计划对拍卖价格有正向影响；

H4（b）：加入消保计划对成功概率有正向影响。

为验证上面提出的假设，参考 Hou 的模型[5]，本文分别建立 2 个回归模型：

模型 1：拍卖价格 $=\alpha_1*$ 卖家总信誉分值 $+\alpha_2*$ 卖家好评率 $+\alpha_3*$ 有无消保 $+\alpha_4*$ 起拍价 $+\gamma$

模型 2：Logit（$P_{拍卖成功}$）$=\alpha_1*$ 卖家总信誉分值 $+\alpha_2*$ 卖家好评率 $+\alpha_3*$ 有无消保 $+\alpha_4*$ 起拍价 $+\gamma$

在模型 2 中，$P_{拍卖成功}$ 表示该笔拍卖交易的成功概率。Logit（$P_{拍卖成功}$）是对 $P_{拍卖成功}$ 的 Logit 变换，其公式如下：

$$\text{Logit}(P_{拍卖成功})=\ln\left(\frac{P_{拍卖成功}}{1-P_{拍卖成功}}\right)$$

根据前文的定义，成功概率指的是某一笔拍卖交易获得成功的可能性，是一个介于 0 和 1 之间的数值。而在淘宝网的样本数据中，并不存在成功概率的具体数值，有的只是每一笔拍卖交易的结果——成功或者流拍。如果用 1 表示拍卖成功，0 表示流拍，则作为因变量的拍卖结果就是一个二分变量。我们需要用这样的样本，拟合出成功概率的决定公式来。Logit 回归模型则正好适用于我们的分析。这种回归模型专门用于分析因变量为二分变量的样本，并通过一系列的复杂计算，求得成功概率的决定公式。Logit 回归分析可以在 SPSS13.0 软件上实现。它通过输入因变量为二分变量（成功与否）的样本数据，可以拟合出成功概率 $P_{拍卖成功}$ 的决定公式。与线性回归类似，进行计算之后，可以得到各个自变量的回归系数 α_1，α_2，α_3，α_4；如果代入不同的自变量数值，就可以求得 logit（$P_{拍卖成功}$）的值，进而求得成功概率 $P_{拍卖成功}$ 的值。

Houser 等人的文献中提出了信誉分值的边际效用问题，指出信誉分值的边际效用会随着卖家信誉分值的增加而减少[9]。Ba 等在文章中提出拍卖价格和卖家信誉分值之间应该呈现一种凹函数关系，并在其文章中使用了对数线性模型进行处理[2]。所以我们将模型作出如下调整：

模型 1：拍卖价格 $=\alpha_1*\ln$（卖家总信誉分值 $+1$）$+\alpha_2*$ 卖家好评率 $+\alpha_3*$ 有无消保 $+\alpha_4*$ 起拍价 $+\gamma$

模型 2：logit（$P_{拍卖成功}$）$=\alpha_1*\ln$（卖家总信誉分值 $+1$）$+\alpha_2*$ 卖家好评率 $+\alpha_3*$ 有无消保 $+\alpha_4*$ 起拍价 $+\gamma$

两个模型当中，取对数时采用 ln（卖家总信誉分值 +1）形式而不是直接的 ln（卖家总信誉分值），是考虑到卖家总信誉分值可能存在 0 的情况；这时如果括号里面不加 1，就会出现 ln（0）的问题。所以采用 ln（卖家总信誉分值 +1）的对数形式。

此外，由于淘宝网上单一某种同质商品的拍卖成交数量有限，所以我们计划采集若干种商品的数据放在一起进行分析。这就涉及商品种类差异可能会对研究结果带来偏倚的问题，因为不同商品有不同的市场价格。我们借鉴了 Ba 的方法。他的研究采集了 eBay 上 7 种电子商品的数据，为了消除商品种类差异，他引入了拍卖价格溢价比率替代原始的拍卖价格。所谓拍卖价格溢价比率就是商品的拍卖价格高出该种商品平均价格的比率[2]。用公式来表述如下：

拍卖价格溢价比率 =（拍卖价格 / 该种商品的平均价格）-1

类似地，对于每件商品的起拍价，我们也用起拍价比率来替代：

起拍价比率 = 起拍价 / 该种商品的平均价格

模型 1：拍卖价格溢价比率 $=\alpha_1*\ln$（卖家总信誉分值 $+1$）$+\alpha_2*$ 卖家好评率 $+\alpha_3*$ 有无消保 $+\alpha_4*$ 起拍价比率 $+\gamma$

模型 2：logit（$P_{拍卖成功}$） $=\alpha_1 * \ln$（卖家总信誉分值 +1） $+\alpha_2 *$ 卖家好评率 $+\alpha_3 *$ 有无消保 $+\alpha_4 *$ 起拍价比率 $+\gamma$

4 数据收集与结果分析

4.1 数据收集

对样本商品的选取，我们主要考虑两个条件：一是商品要有一定的标准化，便于确定完全同质的商品；二是商品在淘宝网上要有较大的拍卖交易量，以便收集到尽可能多的同质商品样本进行彼此间的价格比较。经过观察，我们发现电子产品同时具备这两个特点，所以计划从电子产品中挑选适宜的商品进行数据采集。

具体的商品类别方面，由于我们在收集之后需要计算每一种同质商品的平均价格，进而计算拍卖价格溢价比率，所以如果每种商品的数量太少的话，所计算出来的商品平均价格就不够客观，或者说不具有代表性。经过对淘宝网的研究，我们发现手机类商品的交易信息中含有平均交易价格，可以解决完全同质商品的样本数量不足的问题。所以最终决定选用手机类商品为样本来源。

数据收集工作存在一个最大的困难：淘宝网的搜索引擎只能搜索正在进行的拍卖内容，不能搜索历史拍卖数据，这一点与 eBay 等国外网站不同。大量的既往文献均以 eBay 或者易趣网作为数据来源，而没有选择淘宝网，就是这个原因。经过研究，我们找到了具体的收集方法：首先利用淘宝网上的搜索引擎查询正在进行的某一物品的拍卖信息，例如“诺基亚 1200 手机”，搜索条件为“1 天之内结束”，得到拍卖活动列表，并逐一记下每个拍卖页面的 URL。1 天之后，待这些拍卖活动结束，再将它们的 URL 逐一输入 IE 浏览器，便可以打开它们的拍卖结果页面，得到拍卖价格、起拍价、卖家信誉分值等详细信息。这样收集的另一个好处是注重了卖家信誉分值数据的时效性。因为在淘宝网上，成交结束的页面上所显示的卖家信誉分值并不是成交结束当时的情况，而是即时数据。所以如果数据收集时刻与拍卖结束时刻相隔过久，卖家信誉分值数据将发生变化，并影响样本的准确性，因此在拍卖结束之后立刻收集数据可以避免卖家信誉分值发生变化，获得最为客观的样本。

数据收集时间方面，总时间不宜过长，因为过长的时间跨度会带来市场价格变动的偏倚，影响样本的有效性。我们最终利用 2009 年 3 月 1 日至 4 月 30 日共两个月时间进行收集。

4.2 结果分析

本文总共收集到 374 个样本，涉及 8 个手机品牌的 85 种手机商品。其中拍卖成功 150 个样本，流拍 224 个样本。150 个拍卖成功的样本将被用于研究拍卖价格的影响因素，全部 374 个样本将被用于研究成功概率的影响因素。

我们首先检验一下自变量的相关性情况。

从表 1、表 2 中得到，卖家总信誉分值（对数）与卖家好评率、消费者保障计划之间存在正相关；卖家好评率与消费者保障计划之间存在正相关。我们需要将存在相关性的变量分离开来进行回归。于是，模型 1 就被分解成 3 个模型。回归结果如表 3 所示。

表 1 **模型 1 中各自变量之间相关性分析**

	卖家总信誉分值（对数）	卖家好评率	起拍价比率	消保
卖家总信誉分值（对数）	1	.733 **	-.056	.619 **
卖家好评率		1	-.005	.395 **
起拍价比率			1	-.142
消保				1

注：括号内数字为 Sig.（2-tailed）

Correlation is significant at the **. 0.01 level, *.0.05 level (2-tailed).

表 2 **模型 2 中各自变量之间相关性分析**

	卖家总信誉分值（对数）	卖家好评率	起拍价比率	消保
卖家总信誉分值（对数）	1	.773 **	-.246 **	.537 **
卖家好评率		1	-.253 **	.344 **
起拍价比率			1	-.205 **
消保				1

注：括号内数字为 Sig.（2-tailed）

Correlation is significant at the **. 0.01 level, *.0.05 level (2-tailed).

表 3 **模型 1 的回归结果（n：150）**

	模型 1.1	模型 1.2	模型 1.3
(Constant)	.415 *** (.032)	.346 *** (.036)	.461 *** (.028)
卖家总信誉分值（对数）	.026 *** (.007)		
卖家好评率		.218 *** (.041)	
起拍价比率	.349 *** (.071)	.337 *** (.067)	.359 *** (.073)
消保			.068 ** (.030)
R^2	.194	.267	.154
Adjusted R^2	.183	.257	.143

注：括号内数字为标准差； * $p<0.1$ ** $p<0.05$ *** $p<0.01$

根据模型 1.1 的回归数据，卖家总信誉分值对拍卖价格表现出显著正向影响，显著水平为 0.01。这说明卖家总信誉分值是拍卖价格的一个重要影响因素，假设 H1（a）被接受。在卖家好评率方面，模型 1.2 的回归结果显示它对拍卖价格具有非常显著的正向影响，显著水平达 0.01，假设 H2（a）被接受。在模型 1.1、1.2、1.3 当中，起拍价比率对拍卖价格均表现出了显著的正向影响，显著水平均为 0.01，证实了假设 H3（a）；再由模型 1.3，加入消费者保障计划对拍卖价格存在显著正向影响，显著水平为 0.05，假设 H4（a）被接受（见表 4）。

表 4 **模型 2 的回归结果（n：374）**

	模型 2.1	模型 2.2	模型 2.3	模型 2.4
(Constant)	-.482 *** (.141)	-.578 *** (.163)	3.312 *** (.356)	-.274 ** (.112)
卖家总信誉分值（对数）		.174 *** (.044)		
卖家好评率		.840 *** (.217)		
起拍价比率			−6.204 *** (.568)	
消保				.934 *** (.244)
Cox & Snell R^2	.043	.040	.542	.047
Nagelkerke R^2	.058	.054	.723	.062

续表

注：括号内数字为标准差； * $p<0.1$ ** $p<0.05$ *** $p<0.01$

根据模型 2.1，2.2，2.4 的回归数据，卖家总信誉分值、卖家好评率、参加消费者保障计划对成功概率都具有正向影响，显著程度均为 0.01，假设 H1（b）、H2（b）、H4（b）被接受。起拍价比率对成功概率表现为负向影响，显著程度也为 0.01，假设 H3（b）被接受。

5 结 论

根据上一节的回归结果，拍卖价格的影响因素有卖家总信誉分值、卖家好评率、起拍价比率、参加消费者保障计划，并且都是正向影响；成功概率的正向影响因素有卖家总信誉分值、卖家好评率、参加消费者保障计划；负向影响因素有起拍价比率。

卖家总信誉分值对拍卖价格和成功概率有正向影响，这与 Melnik 与 Ba 对 eBay 的研究、张维迎对易趣网的研究结论是一致的。无论是国外还是国内市场，卖家总信誉分值表现出来的对拍卖价格的影响都是显著的，这说明国内买家同国外买家一样，会重视对卖家信誉状况的考察，并以卖家总信誉分值作为参考数据。同时，卖家信誉状况良好，就会使得买家乐意与之交易，因此会赢得更高的成功概率。

卖家好评率对拍卖价格和成功概率有正向影响，这与张维迎对易趣网的研究结论是一致的。这说明，买家在考察卖家总体信誉状况的时候，不会只局限于对信誉分值总数的观察，还会注意他一贯以来的表现。换句话说，就是在重视“数量”的同时，也很重视“质量”。总信誉分值作为卖家总体信誉水平在“数量”上的描述，是把各种好中差评糅合在一起的数值，在信息表述上还不够清晰和客观。相应地，卖家好评率作为对卖家总体信誉水平在“质量”上的描述，表现的是卖家的整体交易质量，成为卖家信誉分值的一个重要补充；这个比率越偏离 100%，表明卖家交易时的瑕疵越多，与之交易就越需要谨慎对待。

起拍价比率对拍卖价格具有正向影响，这与Lucking的结论是一致的。起拍价作为拍卖价格的下限，标示着卖家对于商品价值的评测，这个数值越高表明商品越有价值，卖家服务越良好，同时也表明卖家对于自己的商品富有信心，所以较高的起拍价比率会带来较高的拍卖价格。但是对于成功概率，起拍价比率是负向影响。起拍价预示着成交价格不可能低于这个水平，如果把起拍价定得太高，就会令相当一部分买家望而生畏，减少交易的兴趣，降低成功概率。

由于起拍价比率对拍卖价格呈现正向影响，对成功概率呈现负向影响，我们在此对起拍价的设置水平进行简单的讨论。我们统计了拍卖成功样本的起拍价比率数据。在拍卖成功样本中，起拍价比率最大值为0.920，即该种商品平均价格的92%，这个数据很接近1，即起拍价十分接近该种商品的平均价格。在没有更多的证据证实起拍价的上限数值时，可以放宽一点考虑，即认为该种商品的平均价格就是起拍价的上限，超过这个上限，买家就没有兴趣购买了。同时，在拍卖成功样本中起拍价比率平均值为0.204，说明起拍价可以设置在该种商品平均价格的20%左右。这样较为理想的起拍价是该种商品平均价格的20%左右，最高不能超过该种商品的平均价格。

最后讨论一下消费者保障计划。它对拍卖价格和成功概率都表现出正向影响。消费者保障计划是淘宝网特有的一项内容，它作为一项硬性的交易保障，通过要求卖家先行缴纳违约保证金的方式来约束其行为。这一交易保障直接解除了买家的后顾之忧，有力地规范了卖家的交易行为，为买家降低了交易风险，也就间接地提升了商品价值和促成了更多的交易，因此参与消费者保障计划会对拍卖价格和成功概率产生正向影响。

根据前文实证研究的结果，我们也对淘宝网和卖家提出一些建议。对淘宝网来说，首先，它的信誉系统建设是非常成功的，它为买家提供了非常有价值的参考数据，并对拍卖结果产生了显著影响；此外，淘宝网推出的消费者保障计划也是一项十分成功的措施，它有效地促进了拍卖的成交，并为卖家带来了更高的收益。这两项内容都应该继续维持和推进。对于卖家来说，一方面要保持一个良好的信誉记录，另一方面可以考虑加入消费者保障计划，从而提高拍卖价格和成功概率。同时，应该注意起拍价的设置水平，过低会影响拍卖价格，过高会影响成功概率；比较合适的起拍价水平是设置在平均价格的20%左右。

本文的研究局限在于没有收集足够的同质商品样本。由于淘宝网上拍卖数据较少，而拍卖成功的数据更为稀少，所以只能采用若干种不同商品的数据作为样本。希望日后的研究中能够找到某种单一商品的样本进行研究，这样可以进一步削减非同质商品因素带来的影响，获得更为客观的结果。

参考文献

[1] Wang W, Benbasat I. Attributions of Trust in Decision Support Technologies: a Study of Recommendation Agents for E-commerce [J]. Journal of Management Information Systems, 2008, 24 (4): 249-273.

[2] Ba S, Pavlou P. Evidence of the Effect of Trust Building Technology in Electronic Markets: Price Premiums and Buyer Behavior [J]. MIS Quarterly, 2002, 26 (3): 243-268.

[3] Resnick P, Zeckhauser R, Swanson J, et al. The Value of Reputation on eBay: a Controlled Experiment [J]. Exp Econ, 2006, 9: 79-101.

[4] Melnik M I, Alm J. Does a Seller's Ecommerce Reputation Matter? Evidence from eBay Auctions [J]. Journal of Industrial Economics, 2002, 50 (3): 337-349.

[5] Hou J. Price Determinants in Online Auctions: a Comparative Study of eBay China and US [J]. Journal of Electronic Commerce Research, 2007, 8 (3): 172-183.

[6] 周黎安，张维迎，顾全林，等．信誉的价值——以网上拍卖交易为例 [J]．经济研究，2006，12：81-91.

[7] Lucking-Reiley D. Auctions on the Internet: What's Being Auctioned and How? [J]. Journal of Industrial Economics, 2000, 48: 227-252.

[8] Ku G, Galinsky A D, Murnighan J K. Starting Low but Ending High: a Reversal of the Anchoring Effect in Auctions [J]. Journal of Personality and Social Psychology, 2006, 90 (6): 975-986.

[9] Houser D, Wooders O. Reputation in Auctions: Theory, and Evidence from eBay [J]. J of Econ. & Management Strategy, 2006, 15 (2): 353-369.

Factors Affecting Online Auction Price and Success Probability: The Case of Taobao Mobile Phone Auction

ZHAO Jia[1], HUANG Jinghua[1]

(1. School of Economics and Management, Tsinghua University, Beijing 100084, China)

Abstract: Online auction is developing very rapidly. Unlike traditional auction, traders are usually strangers and can not see each other during the transaction. The buyer can not check the good's quality before trading. These factors increase the risk of online auction. Taobao is China's biggest online auction market. To regulate sellers' behavior and improve transaction, Taobao sets up the reputation system and guarantee plan. This paper studies factors affecting auction price and success probability, finding that the seller reputation, positive rate, guarantee plan and starting bid have significant impact on auction price and success rate, and verifies the effectiveness of Taobao's reputation system and guarantee plan.

Key words: online auction; auction price; success probability; seller reputation; Taobao

企业电子商务转型过程模型的实证研究*
——上海烟草集团电子商务转型案例分析

曾庆丰[1]，黄丽华[2]，郑大庆[1]

（1. 上海财经大学 信息管理与工程学院，上海 200433；2. 复旦大学 管理学院，上海 200433）

摘　要：电子商务已经成为了企业的发展平台与生存方式，如何使企业有效地向电子商务转型是许多企业获得持续竞争优势的关键问题。本文基于企业电子商务转型过程模型，通过研究上海烟草集团公司信息化发展的不同阶段，如何从增强IT能力与电子商务转型能力来制定有效的企业电子商务战略，揭示公司在电子商务转型过程中的能力构建特征，从而提出电子商务转型过程模型的理论有效性及不足，为企业实施电子商务战略提供了一定的参考价值。

关键词：组织转型；电子商务转型过程模型；案例研究

中图分类号：F270

电子商务不再只是一种选择，而是每个企业都必须是一个电子商务企业[1]。随着信息技术的持续迅猛发展，企业进入一个全球化竞争的网络经济时代，电子商务成为了企业的发展平台与生存方式。传统的企业管理理念、管理模式和运营模式已经难以适应新经济环境和新的竞争方式，企业只有通过自身的变革并充分利用电子商务带来的机遇才能够继续成功地在新的商业环境下不断发展，否则将面临被淘汰的境遇。因此，如何有效地向电子商务转型（e-business transformation）是许多企业获得持续竞争优势的关键现实问题，也是当前信息系统（IS）研究领域关注的理论前沿课题。“电子商务转型不仅是中国企业需要，也是全球所有的企业最关注的问题。”[2]

企业电子商务转型只是企业组织转型中的一种。Moreton认为转型是组织面对高度不确定性的和变革中的商业环境的有效反应以及组织行为的重塑，转型是多维度、大规模、全方位性的变革[3]。如基于全面质量管理（TQM）的企业组织转型；以及Senge构建的通过五项修炼——自我超越、改善心智模式、确立共同目标、团队学习、系统思考使组织向学习型组织转型[4]；由Hammer和Champy[5]提出的通过业务流程再造（BPR）思想，以期在成本、质量、服务和速度等企业绩效方面获得戏剧性的改善，随后，许多学者对基于BPR的企业组织转型问题进行了深入的研究；而以Venkatraman和Henderson为代表人物研究的IT性能的组织转型问题，从企业IS规划与企业战略规划匹配方式上研究企业组织转型途径，强调通过逐级、多层次信息化的途径向网络化组织转型[6]。同时，Miller和Friesen认为可能引发组织转型的三大动因是：外部生存环境的强烈变革（竞争与运营环境的变革）、企业运营绩效出现重大危机、首席执行官的更替[7]。因此，转型是企业成长过程中所要面临的一种“常态”，组织转型也一直是管理科学和社会学中一个非常重要的研究论题。

本文在企业电子商务转型过程模型的理论基础上[8]，试图通过研究上海烟草集团公司信息化发展的不同阶段，如何从增强IT能力与电子商务转型能力来制定有效的企业电子商务战略，通过电子商务转型来支持企业的发展战略而获得竞争优势的整个历程，揭示公司在电子商务转型过程中的能力构建特征，从而提出电子商务转型过程模型的理论有效性及不足，为企业管理人员的实践提供一定的指导和借鉴意义。

1　企业电子商务转型过程模型及实施综述

1.1　企业电子商务转型过程模型

追溯组织转型研究的文献发现，组织转型研究

* 通讯作者：曾庆丰（1977—），男（汉族），湖南，副教授
E-mail：qfzeng@shufe.edu.cn

是随着组织变革研究的产生与发展而兴起的。早在20世纪40年代，美国学者Kurt Lewin就提出了著名的变革“三步曲”模型：“解冻（Unfreezing）—变革（Change）—再冻结（Refreezing）”[9]，这一模型阐释了组织从“原状态”经过变革到达一种“新状态”的整个过程。Lewin的三阶段模式虽然比较简单，但这一模式描述了组织变革与转型过程的整体轮廓，有着开创性和奠基性的意义，该模型也成为了企业组织转型研究的重要理论基础。

2000年以后，以Internet为核心的信息技术以极强的渗透力触发了整个商业环境的变革，一些企业通过成功的电子商务转型获得了前所未有的竞争优势。企业电子商务转型现象成为企业组织研究领域关注的焦点，并且是比以往任何一次企业组织转型现象规模更大、更复杂的组织转型，是企业以前从未遇到过的新挑战，没有现成转型经验可供企业予以借鉴，也没有固定统一的转型模式[10]。企业需要用创造性的思维来实施电子商务转型。

因此，在总结组织转型理论的基础上，基于识别出的五个关键组织转型维度，曾庆丰、陈文波和黄丽华建立了企业电子商务转型过程模型[8]（见图1）。

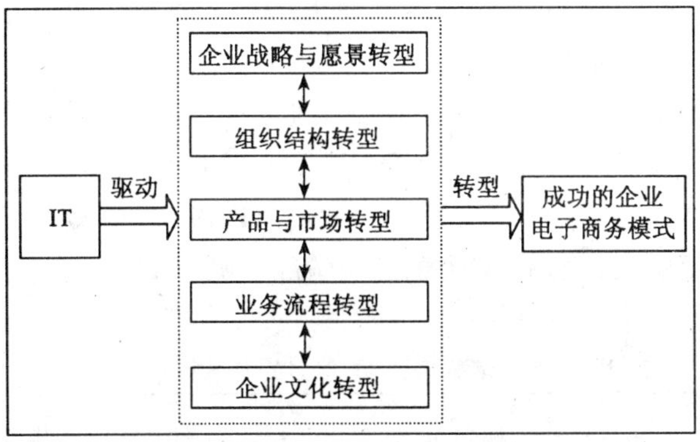

图1 企业电子商务转型过程模型

图1所示的转型模型主要是基于两个过程所构建，首先是在电子商务环境下，企业IT能力的使能（enabler）作用驱动与加速企业电子商务转型，并增强五个维度的转型能力。然后就是企业从原有状态——传统经营模式——转型到一种新的状态——成功的企业电子商务模式。

为什么用企业经营模式来描述与研究企业电子商务转型的状态变化呢？Afuah和Tucci认为每个企业背后都有一个属于自己的经营模式，经营模式是企业的生存之本[11]。美国微软公司总裁Bill Gates认为今天的竞争，不再只是技术与产品的竞争，更重要的是企业的经营模式之争。同时，企业经营模式的描述与构建也包含了企业五个转型维度的内容和行为。因此，成功的企业电子商务模式成为了企业电子商务转型的方向与目标，企业经营模式也就成了企业电子商务转型状态变化的载体。

企业需要构建自身能力来实现电子商务转型，而企业的IT能力与五个关键组织维度的转型能力是推动企业电子商务转型的核心能力。

1.2 企业电子商务转型实施步骤研究

基于以上分析，根据企业电子商务转型过程模型，企业电子商务转型的实施方法与途径可以分为以下几个步骤进行：

步骤1：识别出适合自己的企业电子商务模式。通过分析外部环境因素、行业特征因素、企业特征因素、企业战略因素、企业产品/服务特征因素、顾客特征因素、企业文化因素以及IT基础设施等方面的因素，来识别与选择企业所需的电子商务模式。

步骤2：依据所选择的企业电子商务模式，构建与增强企业相应的IT能力和电子商务转型能力。不同类型的企业电子商务模式对企业各种能力有不同的需求，识别出关键能力，从而有针对性地加强培育自己的核心能力。

步骤3：全面实施企业电子商务转型。基于企业所选择的电子商务转型方向，集中全部力量实施电子商务转型以实现成功的电子商务模式，从而为企业获取持续竞争优势。

当然，这三个步骤是企业实施电子商务转型战略的方向，而如何来增强企业组织五个维度的转型能力则需要企业根据自身情况与外界环境的变化进行变革。

2 上海烟草集团电子商务转型案例研究

2.1 上海烟草集团信息化发展历程

上海烟草集团信息化最早始于20世纪70年代末。1978年起，烟草集团开始引入单板机用于工业控制和检测。1982年开始烟草集团引入了8位计算机，当时投资也相当大，主要用于劳动分配、工资计算、成本核算，其上的应用程序完全是自己开发，曾经先后使用过BASIC、DB2、COBOL等开发工具。1987年烟草集团开始进行Novel网建设，到1989年逐步开发了大量的与仓库相关的应用，完成了财务核算系统，各个生产车间也都基本上有了计算机终端；随着公司内部网络逐步的拓展，计算机终端系统的应用也逐步增长，这一阶段的开发主要也是内部人员进行的，还没有建立稳定的合作关系。

1993 年，上海烟草集团高层认为原有的内部人员零散的开发没有什么管理思想作为基础，作用不是很大，希望借助西方的一些成熟的软件以及固化在其中的先进管理思想来提高公司的管理水平，开始考虑上马 MRP Ⅱ 系统。烟草集团选择的是 BPCS 系统，选用 IBM 主机 AS400，投资总额 1500 万元。这一系统的实施最终没有取得应有的效果，各个业务单位基本没有接受新的系统，当时也只在物资处用了一些模块。其主要原因在于没有考虑实施策略，没有考虑好先进的管理软件对于落后的管理的冲击的承受能力；同时过多的二次开发削弱了集成性，稳定性；国外软件的升级过快，不支持二次开发。1997 年开始上海烟草集团在外部合作伙伴的支持和内部开发人员的共同努力之下逐步建立多个子系统：烟厂的生产指挥系统、烟叶管理系统、物质（辅料）管理系统、销售管理系统、设备管理系统、人力资源管理系统。

2000 年后，上海烟草（集团）公司的信息化建设得到了迅速的发展，经历了建设、运转、优化三个阶段，公司在系统平台建设、业务应用和信息管理三个层面上突出了重点，全面推进了信息化进程，对企业的运营与发展起到了关键的作用[12]。

2.2 上海烟草集团电子商务转型的需求分析

从上海烟草集团信息化发展状况来看，公司的信息系统建设虽然有了比较好的基础，但现有的信息系统无法支持新的运营模式：随着信息技术的迅速发展，电子商务、第三方物流等新的运营模式的出现给企业提高竞争力创造了新的机会，然而这些新的技术基本上都需要新的信息技术、信息系统的支持。这是现有系统无法解决的。

信息化与管理中存在的问题使得上海烟草集团在日趋激烈的市场竞争中感受到越来越大的困扰，特别是面对我国加入 WTO 和电子商务迅猛发展，都对国内烟草行业带来的极大的挑战和机遇，为了更好地适应市场发展的需要，上海烟草集团及时地提出“做精做强”的战略思想。为了适应这一新变化，就要求重新思考企业的产、供、销这个核心价值链，对其管理运营模式进行创新，有效地实现“以市场为龙头，以订单为导向，科学调度和配置企业资源，实现最佳生产组合结构、最佳的物资储备结构，最大程度满足客户需求，使企业内部实现最低的运行成本，提高经济运行质量”的管理目标。要实现这一目标，具体来讲烟草集团首先需要以市场为总导向，以生产管理为重点。在原辅料供应方面，提高采购过程的效率，尽量以低成本、低库存、高质量来保证生产的及时供应；在生产制造方面，强调按照精益化思想来组织和计划生产，降低在制品库存，提高产品质量，保证生产的连续进行；在成品销售方面着重于新市场的开拓，维护市场销售渠道和销售网络，以及提高售后服务质量，为生产提供准确的信息。另外在公司各层的业务管理中加强信息共享和各职能部门之间的交流，统一管理思想，有效执行集团公司的战略目标。

集团领导层意识到要实现上述目标就必须变革传统的管理与运营模式，依托新的电子商务模式而使企业向电子商务转型，这也是在电子商务环境下，上海烟草集团的必由之路。认识到这一点，上海烟草集团很快就决定规划与实施整个集团层面的电子商务战略[13][14]。

2.3 IT 能力与企业电子商务转型能力分析

从上海烟草集团信息化发展历程来看，上海烟草集团对 IT 的投资与管理是非常重视的，近二十多年的信息化发展可以清晰的划分为三个阶段：局部信息化阶段、内部应用系统集成阶段、经营网络化集成阶段。每个阶段都具有不同的 IT 发展特征。从这三个阶段的分析中，我们可以探究上海烟草集团所具备的 IT 能力的发展情况（见表 1）。

表 1 上海烟草集团 IT 能力的阶段特征

阶段 / 能力维度	局部信息化阶段	内部应用系统集成阶段	经营网络化集成阶段
IT 基础设施	PC 机，单机应用；数据库、网络，C/S 技术，MRP	OA，ERP，CRM，SCM，B/S、WEB 技术，内部网络数据共享	电子商务、数据仓库、BI、宽带网、企业数据中心
高层对信息系统的认识	降低成本，工作自动化	对 IT 及其管理投入更多，IT 作为企业管理的重要资源	组织变革的使能器，IT 作为组织战略的驱动力

续表

阶段 能力维度	局部信息化阶段	内部应用系统集成阶段	经营网络化集成阶段
IT 部门的角色与职能	任务：按照现行业务流程实现系统； 角色：技术支持部门； 表现形式：科级职能部门	任务：制订 IS 建设计划并负责实施，制订规范和标准，对 IT 进行管理； 角色：技术建议和实施部门，并参与组织流程设计；表现形式：初级职能部门	任务：发展新的商务模式，优化和改善业务流程的管理； 角色：企业战略规划的重要组成； 表现形式：综合管理部门组成的委员会
IT 与业务匹配能力	能得到 IT 厂商和公司的支持十分有限；技术驱动为主的实施方法；企业员工的 IT 应用能力比较低	企业与主要的 IT 厂商和公司建立战略合作关系；业务驱动为主的实施方法；企业员工熟练掌握 IT 的应用	信息系统战略直接影响或者帮助企业战略的实施；企业各级管理人员主动从 IS 的角度思考所负责的业务；积极采用业务外包方式

从表 1 中可以清晰地看到上海烟草集团信息化发展及其 IT 能力各维度特征。在三个阶段的变化趋势中，上海烟草集团 IT 能力不断得到增强，可以说 IT 对上海烟草集团不同阶段的发展起到了重要作用，其中 IT 基础设施的构建尤为突出。但同时也可以看到，上海烟草集团各个时期的信息化建设缺乏一致性的规划，信息系统很多，但缺乏有效集成，各个平台之间难以高效沟通。这些都显示其 IT 管理能力、IT 与业务匹配能力还有待加强。

同样，通过对上海烟草集团的调研与考察，我们分析与总结出了上海烟草集团电子商务转型能力的构建情况（见表 2）。

从表 2 中各维度转型能力的分析可以看出，上海烟草集团具备较强的企业战略与愿景转型能力、业务流程转型能力和企业文化转型能力，而组织结构转型能力和产品与市场转型能力则相对较弱。这一组能力特征显示出上海烟草集团在战略规划与愿景执行方面能力很强，高层领导具备良好的前瞻性眼光；同时在业务流程变革方面也是上海烟草集团长期关注的焦点，逐步积累了较强的流程变革能力；上海烟草集团对于信息时代的企业文化的建设也是非常的重视的，员工的学历层次不断提高，并为他们创造了各种学习的机会，鼓励对新技术的学习，强调团队之间的合作。而表中同时显示上海烟草集团在组织结构转型能力、产品与市场转型能力方面较弱，有待加强。

表 2　上海烟草集团电子商务转型能力分析表

特征 能力维度	具备的能力特征
企业战略与愿景转型能力	- 公司电子商务战略与企业战略是紧密集成的； - 公司高层领导非常重视电子商务应用，并提供必要的资源支持电子商务项目的实施； - 公司制定的企业发展战略具有全球化视野； - 公司的战略愿景深人员工们的心中； - 公司的运营战略是以顾客需求为中心的
组织结构转型能力	- 已经形成了扁平化组织结构，并向网络化组织结构发展； - 组织职能部门的划分越来越灵活，能够进行跨部门间的合作
产品与市场转型能力	- 通过互联网与信息技术开拓了新的市场
业务流程转型能力	- 公司成功实施过业务流程重组项目； - 通过跨组织信息系统，公司与主要供应商之间能够实时交换和共享相关信息； - 一些重复的活动已经从公司与合作伙伴之间的跨组织业务流程中除去； - IT 的应用在整个企业业务流程运作中具有战略性的作用； - 公司能够有效地对相关业务流程进行拆分与外包
企业文化转型能力	- 公司具有较强的新技术接受能力； - 公司内部已经建立起了基于网络的电子文化； - 公司鼓励员工们用数字说话和阐述问题； - 公司强调团队精神，注重培养员工共享的价值观； - 公司大力鼓励员工运用信息技术及网络来解决面临的问题； - 公司不断给员工创造新的学习机会

3　案例讨论

通过案例分析发现，经过这几年的努力，上海烟草集团电子商务转型战略取得了优良的成绩。公司业绩稳固上升，产品占国内的市场份额不断增大，并且逐步建立起完善的销售网络体系，为外烟的进入做好了竞争准备。

案例分析结果显示，上海烟草集团选择的两种电子商务模式在能力需求方面与企业能力基本上是匹配的，两个模式之间的组合也是可行的，但是在IT管理能力、IT与业务匹配能力、组织结构转型能力等方面还有待增强。总体而言，上海烟草集团具备了较好的IT能力与电子商务转型能力，特别是近二十多年对IT的高投入使上海烟草集团始终处于IT应用的领先地位，并逐步培育出企业强大的IT能力，有力地驱动着企业电子商务转型能力的提高，尤其是在业务流程转型能力与企业文化转型能力方面表现突出。同时，公司高层对于电子商务战略的重视，也有力地促进了公司在电子商务环境下企业战略与愿景转型能力的提升。上海烟草集团所具有的这些能力是通过长期的积累而形成的，也是难以被模仿的，因此它们将为上海烟草集团获取持续竞争优势提供有力的支持。

4 小 结

通过上海烟草集团电子商务转型的案例研究，我们已经可以认识到，传统企业的电子商务转型的动力来源于企业的自身能力，包括企业IT能力与企业电子商务关键组织维度的转型能力。基于能力的企业电子商务转型过程模型为我们实施电子商务战略提供了有价值的理论指导，使企业容易识别自己需要改进的关键能力在哪里，从而有效促进企业电子商务转型。

当然，本研究也存在一定的局限性，由于是单个案例的研究，无法对比研究过程模型中的对于企业普遍关键的能力维度，这是需要我们下一步深入研究的工作。

参考文献

[1] Peter Fingar. The Death of "e" and the Birth of the Real New Economy [M]. Florida: Meghan- Kiffer press, 2001.

[2] 周伟焜，IBM：25年内信息产业仍扮演重要角色[R]. IBM2004信息论坛，北京，2004.

[3] Moreton, R. Transforming the Organization: The Contribution of the Information Systems Function [J]. Journal of Strategic Information Systems, 1995, 4 (2): 149-163.

[4] Senge P. The fifth discipline [M]. New York: Doubleday, 1990.

[5] Hammer M, Champy J. Reengineering the Corporation: a Manifesto for Business Revolution [M]. New York: HarperCollins, 1993.

[6] Venkatraman N. IT-enabled Business Transformation: from Automation to Business Scope Redefine [J]. Sloan Management Review, 1994, 35 (2): 73-87.

[7] Miller D, Friesen P. Structural Change and Perfor-mance: Quantum vs Piecemeal Incremental Approaches [J]. Academy of Management Journal, 1982, 25 (4): 867-892.

[8] Zeng Qingfeng, Chen Wenbo, Huang Lihua. Research on E-business Transformation: An Analysis Framework Based on Critical Organization Dimensions [J]. Tsinghua Science and Technology, 2008, 13 (3): 408-413.

[9] Lewin K. Field Theory in Social Science [M]. Harper and Row, New York, 1951.

[10] Hauge; Elisabet. SMEs Competence for E-business Success-exploring the Gap between the Needs for Ebusiness Competence and Training Offered [R]. Agder Research, Kristiansand, 2002.

[11] Slavin A M, Woodard J B. Enterprise Transformation: Lessons Learned, Pathways to Success [M]. New Mexico: Sandia National Laboratories Albuquerque, 2006.

[12] 上海烟草集团信息中心. 上海烟草行业"十五"后三年信息化发展纲要 [R]. 上海烟草（集团）公司，2003.

[13] 上海烟草集团信息中心. 上海烟草行业信息化建设"十五"计划 [R]. 上海烟草（集团）公司，2002.

[14] 陈忠明. 企业管理与信息系统战略对应研究 [D]. 复旦大学博士论文，2004.

Research on E-business Transformation: An Analysis Framework Based on Critical Organization Dimensions

ZENG Qingfeng[1], HUANG Lihua[2], ZHENG Daqing[1]

(1. School of Information Management and Engineering, Shanghai University of Finance & Economics, Shanghai 200433, China; 2. School of Management, Fudan University, Shanghai 200433, China)

Abstract: In the era of Internet economics, E-business has become one of the most important strategic factors for the enterprise development. In the paper, based on the theory of e-business transformation process model, we analysis the case of the Shanghai Tobacco Corporation e-business transformation strategy intensively, we identified the process about how the Shanghai Tobacco Corporation to establish their critical IT capability and e-business transformation capability, which proves the usefulness of the e-business transformation theory. And this study will help enterprise to make e-business transformation strategy more effectively.

Key words: organization transformation; e-business transformation process model; case study

RFID与电子商务中隐私保护

周磊[1]

（1. 武汉大学 信息管理学院，武汉 430072）

摘　要：RFID技术为电子商务的发展提供了一种更加智能化、自动化的解决方案，被广泛应用于电子商务的各个领域中。RFID技术依赖于无线技术进行数据传输，容易造成商业信息和个人信息的泄露。电子商务活动中的隐私权保护已经成为RFID技术研究领域中的一个重要问题。本文通过对电子商务活动中RFID技术可能引起的信息泄露途径进行研究，对当前国内外针对此问题采取的解决方法进行分析，讨论了从信息技术、管理手段和消费者个人行为三个方面进行信息隐私保护。

关键词：射频识别；电子商务；隐私权

中图分类号：TP391.4；F713.36

1　引　言

网络环境下，电子商务业务已经延伸到人们日常生活和商务世界的各个角落。通过Internet，人们可以快速地浏览到最新的资讯，购买到各式各样的商品；企业通过构建合作伙伴间的企业外部网Extranet，实现了信息资源的共享。伴随着电子商务的迅猛发展，促进了许多新技术更大规模的商业应用：无线射频识别技术——RFID就是其中的一种。

电子商务环境下，为了实现对商品运输的实时监测，对消费者行为的记录和分析，RFID技术在供应链管理和零售业中应用广泛。将RFID应用于智能化的仓储管理环节中，可以有效地解决仓库里与货物流动相关的消息。通过对RFID电子标签的定位来获取商品的入库、库存和出库信息；并且可以通过设定阈值来提醒商家进行及时的补货[1]。作为电子商务交易重要一环，支付技术历来受到了买方和卖方的双重关注。电子支付卡作为电子购物的支付工具，是买家们不可缺少的伙伴。与传统情况下使用的磁卡相比，内置RFID标签的支付卡显示出更强大的信息存储能力，更加经久耐用[2]。此外，电子购物的买家们常常会对够买的商品的真伪产生怀疑。网络店铺的商家，通过在所售出的商品中置入电子标签，就好像对商品贴上了仿冒者看不见的防伪标签；顾客可以将收到的商品拿到实体店进行识别，以对商品的真伪做出判断。2003年，沃尔玛（Wal-Mart）集团以及美国国防部分别对各自的供应链成员提出使用RFID标签的要求，实现了RFID技术在商业领域和政府采购中的大规模应用[3]。

伴随着RFID技术的展开，由此引发的隐私权问题成为了商家与客户双方都非常关注的焦点。RFID技术提供的非接触性的自动识别功能，可以在人们并不知情的情况下读取商品和个人信息。为此，它遭到了人权组织的抗议[4]。欧盟委员会数据保护组织对RFID技术的滥用可能侵害消费者的个人隐私数据表示担忧[4]。2003年，意大利服装制造商班尼腾与半导体巨头菲利普合作，计划在销售的服装中装入RFID电子标签，此举遭到了隐私权保护组织的抗议，他们甚至建立了专门的网站来进行抵制活动。在国外，对RFID技术带来的隐私权问题关注较多。但是，在我国，由于RFID技术的应用还属于初级阶段，隐私问题尚未成为多数关注RFID技术的人群和机构所关心的问题[5]。

本文的组织结构如下：第二部分将介绍文章的理论背景，包括RFID技术的介绍、隐私权定义以及二者之间的联系。第三部分详细介绍了RFID技术给电子商务交易过程带来的威胁机制。第四部分提出了一系列以技术为信息技术为核心的解决方案，以及可以改善这一威胁的法律法规政策和个人行为习惯。结论部分重申了信息技术、管理手段和个人行为三者配合方能营造一个更有利于个人信息保密的电子商务交易环境。

2　理论背景

2.1　RFID技术简介

RFID（Radio Frequency Identification）无线射

频识别技术，是对采用无线射频信号来交换识别信息的设备和技术的概括性称呼。RFID 技术进行识别工作时无需人工干预，并且可以工作于各种恶劣环境，可识别高速运动物体并可同时识别多个标签。

RFID 的基本组成包括三个部分：识读器（Reader）、电子标签（Tag）和天线（Antenna）[6]。识读器的功能是对标签中的数据进行写入、读出和识别。电子标签含有内置芯片，标签的全球唯一标识码存放在 ROM 中，一旦生成便不可修改；产品的相关信息则存放在标签的数据区，这些信息可以通过阅读器来写入和修改。根据是否包含电源，可以将电子标签分为有源标签和无源标签。天线则用来在阅读器和标签之间传递信号。

RFID 的工作原理可以简单地解释为：标签进入磁场后，无源标签接收识读器发出的射频信号，产生感应电流来获得的能量，向识读器发送出存储在芯片中的产品信息；有源标签则主动向阅读器发送某一频率的信号；识读器读取信息并解码后，送至中央信息系统进行有关数据处理。这个过程的示意图如图 1 所示：

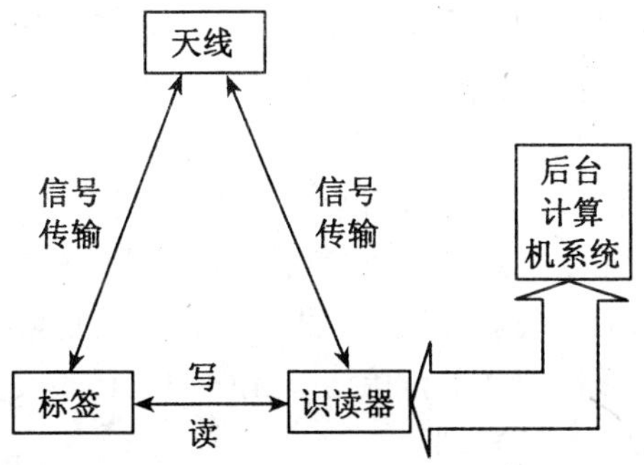

图 1 RFID 系统工作流

2.2 隐私权

1890 年，Samuel Warren 和 Louis Brandeis 合作发表了一篇重要的文章：隐私权[7]。两人将隐私权这种新兴的权利看做是法律发展过程中不可避免的一个阶段，它由更为基础性的生命和财产神圣化进化而来的，是一项包含了价值观、个人行为的自主权。公正的信息保存处理措施应当基于以下原则：①不应秘密收集个人数据；②应当为个人提供相关途径找出何种信息被收集及其用途；③个人有权阻止任何未经本人同意的信息泄露行为。欧盟则通过定义强势的、广义的信息隐私权来保护信息隐私。

在我国现行法律中，并无提及隐私权字眼的明文条款。但是，根据我国国情和国外有关资料，泄露公民的个人材料或公之于众，以及收集公民不愿向社会公开的纯属个人的情况，都可归入侵犯隐私权的范畴。

由 RFID 技术引起的隐私权问题是由商品的唯一身份与电子商务活动中物品拥有者的对应关系引起的。信息技术对隐私造成的威胁根源在于信息的永久保存，及其与个人信息的链接。

2.3 RFID 与隐私权

目前，RFID 安全性和隐私权关注是一个非常热门的研究领域。RFID 安全性的一个问题在于对 RFID 标签的非法跟踪。携带包括文本信息在内的标签具有全球可读性，由此构成了对个人信息和商业信息的双重威胁。RFID 技术的推广和利用导致了较大的社会争议，甚至出现了对 RFID 商品的抵制行动。

总体来说，对 RFID 隐私的担忧主要来源于三个方面：①通过 RFID 标签导致不经个人同意的信息泄露；②借贷卡和信用卡中的 RFID 标签信息会间接泄露消费者的身份；③商品上附着的 RFID 标签甚至直到购买行为完成后仍未失活，商家可借此进行诸如监视等与供应链库存功能无关的活动。

3 RFID 与电子商务隐私权

利用 RFID 技术，在电子商务领域中的隐私权侵犯问题主要来自于对客户信息的窃取和不正确的使用两方面。

3.1 RFID 隐私威胁

正如 RFID 系统是由几个基本的部分组成的，RFID 系统的信息窃取也有几种不同的方式。这些信息窃取方法包括射频操控、中间件攻击、后台数据攻击等。

1）射频操控

对 RFID 系统进行攻击的最为简便的方法就是阻止识读器和电子标签之间的通信。通过这些手段，合法的识读器将一直忙于接收虚假或者无用的信息。而非授权的识读器则可以利用开放的无线通信网络，从标签和识读器的空中接口进行信息窃取。具体说来，这些攻击方法主要有：

欺骗攻击。系统攻击者向系统提供与有效信息极为相似的虚假信息。在 RFID 系统中，当需要获得有效的数据时，攻击者在空中广播一个错误的电子产品编码，以此混淆识读器的读取过程。

重复播放。系统攻击者还可以将有效的RFID信号进行中途拦截，并将其中某个数据保存下来，随后将这些数据不断发给识读器。由于，这些数据是真实可靠的，识读器将以正常的方式不停的接受和处理数据。

拒绝服务攻击。RFID系统中的拒绝服务攻击是指攻击者不断向识读器发出“噪音”，当射频信号被这种噪声淹没时，就会发生射频阻塞的现象，使得系统丧失了正确处理数据的能力。

2）中间件攻击

中间件是数据传输的必经之路，位于识读器与后台数据库之间。中间件攻击可以发生在识读器到后台数据处理系统的任何一个环节上。利用这种方式，信息窃取者可以搜集到许多包含了客户个人资料的敏感信息。对于中间件的攻击中，最为薄弱的环节是针对本地网络的攻击。系统攻击者可以相对容易得在本地网络中窃取数据，并用来进行重发播放；或者直接将该数据输入本地网络，从而导致拒绝服务攻击。

3）后台攻击

后台的数据库系统是距离RFID标签最远的地方，但同时也是存储各类数据信息，含金量最高的地方。后台攻击也是RFID系统中信息窃取的一个重要手段。与日常的商业数据库攻击案例相似，在RFID系统攻击中，攻击者可以通过置入病毒的方法导致后台数据库的瘫痪。也可能由于操作员越权访问未授权的网络节点，导致敏感信息的暴露。此外，黑客可以通过钓鱼程序关注计算机的运行情况，来判断执行任务的情况，监听敏感信息。

3.2 数据的不正确使用

电子商务的网络条件下，网络购物的私密性是许多顾客采用这种新兴的购物模式的一个重要原因所在。但是，RFID标签的可跟踪性，使得客户不得不重新考虑这种购物方式对自身隐身安全带来的困扰。电子商务环境下，利用RFID技术，可以通过远距离的读取药品上的标签，知道别人是否在服用何种药物。病人服药信息属于个人隐私，通常不愿意被他人知道。此外，超市可以对客户记录进行收集和分析处理，以了解客户的购买行为。更有甚者，企业可以将相关信息在企业Extranet上与合作伙伴们共享，提升供应链的响应速度和精准度。尽管，这种应用可以帮助商家更好的把握顾客信息。但是，就客户本身而言，他的隐私权受到了侵犯。这种“不请自来”的探访将引起大部分顾客的反感。

4 解决对策及方法

利用RFID技术，在电子商务领域中的隐私权侵犯问题并不简单是一个技术问题或者道德问题。实际上，它涉及了无线通信科学、密码加密学、政府法律法规、消费者行为学等多个方面的问题。接下来，我们将从技术层面、管理法规和个人消费习惯等几个方面来具体研究如何修正RFID技术在电子商务环境中对隐私权的侵犯问题。

4.1 技术解决方案

RFID窃取用户信息的主要攻击手段可分为主动攻击和被动攻击两种类型。主动攻击是影响RFID应用系统正常使用的重要因素。尽管被动攻击不改变RFID标签中的内容，也不影响RFID应用系统的正常工作，但它是获取RFID信息、个人隐私和物品流通信息的重要手段，也是RFID系统应用的重要安全隐患。

针对RFID的信息窃取和隐身侵犯问题，我们主要从物理破坏和限制、加密和验证三个方面来讨论。

1）物理方法

（1）kill命令。为了保证标签的信息不被泄露，最简单的方法是采用kill命令，对标签进行彻底的毁坏。该方法由EPCGlobal提出，每个标签在生产时生成了24bit密码。当收到正确的密码执行kill命令后，标签的内容就不可恢复了[8]。这个措施适用于在顾客收到货物，不希望个人信息被实时跟踪的情况。kill命令虽然可以彻底地防止个人信息被跟踪泄露的危险，但是客户自己也丧失了查询产品信息的权利。

执行kill命令后，标签被彻底毁坏，不可重复使用了。为了防止由于这种方法带来的浪费问题，也可以采用休眠的办法，让标签在一定时间阈值后隐藏其所携带的信息；只有当合法的识读器进行数据读取时，标签才被激活。

（2）阻塞标签。阻塞标签（Blocker Tag）这个方法由Juels、Rivest、Szydlo[9]三人提出，它在标签中设置了1bit来表示标签信息的属性，即：Public/Private。标签初始化时，私有位的值为“0”，即为公共属性。这时，任意识读器都可以读取该标签的内容。当该商品被购买后，结账处的装置将会自动将私有位的值改为“1”。根据反碰撞协议，当识读器读取标示为private的信息时，就会发生信号的碰撞，阻塞本次读取活动。作为阻塞标签方法的扩展版本，软阻塞标签的方法利用软件方法，实现了协议层次上的信息保护策略。

(3) 法拉第笼方法。这种方法用于干扰无线信道，是一种主动阻塞的方法。利用电磁波的转播规律，“法拉第笼”方法将标签置于一种由金属网或金属薄片制成的容器（通常称为 Faraday cage：法拉第笼）中屏蔽起来，这样某一频段的无线电信号将无法穿透外罩，当然也就无法激活内部的射频标签。

(4) 信号噪音测量。信号噪音测量方法则规定了识读器与标签间的信任距离。所有大于这个距离的读取行为都被看做是不安全的。

(5) 可重写的存储单元。该方法的主要思想在于：在标签中存入一个匿名 ID：E（ID）来代替真实的 ID。这里的 E 可以用公钥加密算法或者对称密钥算法实现，也可以是一个与 ID 有关的随机值。这样，非授权的识读器就不能读出标签的 ID 了。这个方法实现过程中需要解决的一个问题是：需要频繁得对标签的匿名 ID 进行加密更新。

2) 加密

由于受到 RFID 标签的成本限制，对标签进行加密的想法还仅仅停留在设计阶段。但是，为了保证 RFID 系统中的数据传输安全性，可以对 RFID 中间件进行加密。无线网络使用多个不同的密文加密方法的组合来维护系统所需的安全。对称加密、非对称加密和椭圆曲线加密方法都是保证 RFID 系统安全的加密方法。应用到无线网络的安全机制则包括无线应用协议（Wireless Application Protocol, WAP）、有线网络等效私钥（Wired Equivalent Privacy, WEP）和安全套接字层（Secure Socket Layer, SSL）[3]。

3) 验证

为了确保从标签到识读器的信息读取过程必须发生在身份验证之后，避免对标签存储区的非法接触，应当设置一个专门的接入控制程序。Sarma 等人提出了 Hash- Lock 协议[10][11]，为了避免信息泄漏和被追踪，它使用 metaID 来代替真实的标签 ID。其具体的读取过程如图 2 所示。

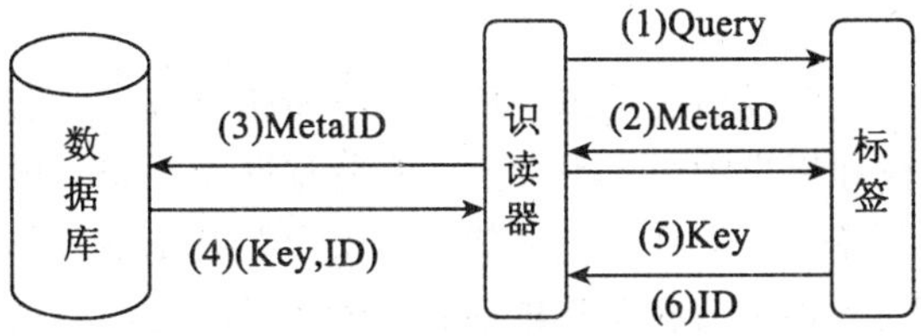

图 2 RFID 系统验证流程

(1) 识读器向标签发出读取要求 Query；

(2) 标签回复自身的 metaID；

(3) 识读器将标签的 MetaID 传给后台的数据库；

(4) 数据库程序经过查询过程，找出与 MetaID 相对应的标签 ID 和加密密钥 Key，并将最后的结果（Key，ID）返回给识读器；

(5) 识读器将密钥 Key 发送给标签，标签利用该密钥对自身 ID 进行加密，如果最终结果与 MetaID 相同，就可以证明通信的识读器为合法的识读器；

(6) 识读器通过验证后，标签向发送自己的 ID，识读器开始数据的读取工作。

4.2 管理与规范

美国部分地方政府已经讨论要立法保护消费者，以避免不适当得收集和使用 RFID 数据的问题。欧盟和它的成员国采用了一组隐私保护政策，控制欧盟和成员国之间的信息流动。此外，EPC-Global 为了推进 RFID 的应用，一直强调隐私问题，它提出了在消费者的单品上使用 RFID 标签前，应当满足以下前提：消费者应当被告知 RFID 标签的存在；消费者有权丢弃或者除去他们所获得的产品上的 EPC 标签；商家应当努力帮助消费者理解 RFID 的好处和限制。

综合来看，我们认为，应当利用立法手段强制商家在采集和处理数据时，提前告知消费者。同时，商家有义务告诉客户所收集信息的类型、内容、用途。另外，未经客户同意，不得将客户的个人信息透露给其他机构。

除了恶意窃取个人信息和商家不正确的使用信息的威胁，消费者个人的不谨慎的使用习惯也是导致个人信息外泄、隐私权遭到侵犯的一个因素。消费者在完成了网络购物收到商品后应当及时将商品包装上的 RFID 标签丢弃，以防被识读器的实时监测。

此外，对个人隐私信息的保护意识必须建立起来。这种意识会对消费者的行为产生一个长期的提醒作用，提示消费者无论是在公共场合还是私人领域，都要小心个人信息的外泄。

5 结束语

因特网使电子商务得以诞生并且成为主流的商务模式，RFID 技术则为推动电子商务的发展起到了巨大的推动作用。RFID 技术被广泛应用到物流管理、生产制造、供应链管理和自动识别采集数据的众多领域中。同时，它也使得对个人信息和商业信息的窃取成为可能。

诚如我们所意识到的，只有将信息技术、管理手段和用户的个人习惯三者有效地联系起来，电子商务经营、交易环境才能更加安全。技术手段是一个完备系统的底层基础部分，管理手段和用户的个人行为则处于更高的层次上，更加灵活和不确定。管理规范的变化、用户的误操作都可能导致一个在技术实现过程中堪称完美的系统丧失其原有功能。因此，只有将这三者结合起来，才能不断提升电子商务交易中信息的安全性和隐私性。

参考文献

[1] 田苗，陈洪全．电子商务物流技术创新分析［J］．商场现代化．2006（4）：131.

[2] 叶荣华，金华．用RFID识别电子商务时代［J］．中国水运．2006（4）.

[3] Frank Thornton, Brad Haines. RFID Security [M]. Syngress Publishing, Inc.

[4] 徐昊．RFID离中国零售业依然遥远［J］．新视角，2004，8.

[5] 慈新新，王苏滨，王硕．无线射频识别（RFID）系统技术与应用［M］．人民邮电出版社.

[6] 王晓华．RFID系统的安全问题及其解决方案［J］．物流与技术，2008，1.

[7] Harvard Law Review. 193 (1890).

[8] 张宏壮，王建民．RFID中的安全隐私问题及策略分析［J］．微计算机信息，2008：3-6.

[9] Gardinkel Simson, Roseberg Beth. RFID: Application, Security, and Privacy [M]. Upper Saddle River, NJ: Addison-Wesley, 2006.

[10] Weis S A, Sarma S E, Rivest R L, and Weis Engels D W. Security and Privacy, Aspects of Low-Cost Radio Frequency Identification Systems [J]. Security in Pervasive Computing, 2003: 201-212.

[11] Xingxin Gao, Zhe Xiang, Hao Wang, Jun shen, Jian Huang, and Song Song. An Approach to Security and Privacy of RFID System for Supply Chain [J]. IEEE International Conference, 2004 (9): 164-168.

RFID and E-commerce Privacy Protection

ZHOU Lei[1]

(1. School of Information Management, Wuhan University, Wuhan 430072, China)

Abstract: The implementation of radio frequency identification (RFID) technology in E-commerce provides an intelligent and dynamic technical solution for all kinds of online transactions. RFID system relies on wireless transmission technology which may easily cause the leakage of personal or business private information. The violation of privacy protection in the E-commerce activities becomes one major part of RFID research. This paper makes a research of the mechamism of information leakage that caused by RFID technology in E-commerce activities and analysis of solutions against such issues applied over the world. Based on this, the paper demonstrates that we can protect information privacy in the following aspects: technology, management, and regulation and consumers education.

Key words: RFID; e-commerce; privacy

企业跨组织电子商务能力形成机理的实证研究*

江毅[1]，赵晶[1]，叶小琴[1]

（1. 中国地质大学（武汉） 经济管理学院，武汉 430074）

摘　要：企业跨组织电子商务能力的形成过程已经成为了企业和学术界共同关注的焦点问题。本文从“企业间合作”的研究视角出发，结合企业资源观、动态能力等理论观点，论证企业跨组织电子商务能力形成机理，揭示了企业分别以复合型人力资源和企业间信息平台为核心整合企业内外IT资源，从而形成企业内部和企业间的电子商务能力，并以共享信息能力为过渡，实现企业内外电子商务能力间的整合。研究结果为企业管理者对企业内外资源的规划和调配提供理论指导，具有重要的管理实践意义。

关键词：电子商务能力；跨组织；偏最小二乘

中图分类号：F713.36

电子商务之所以区别于其他的IT技术，除了网络技术固有的高效及信息交互的优点外，更重要的是电子商务强调技术手段与商务管理的有机结合，并且涉及企业与伙伴之间的协作，通过集成企业内外的各种资源，更好地实现企业的并行运作，提高跨组织流程对客户需求的快速响应能力。许多企业已经在考虑如何建立这样一种跨组织的电子商务能力，以便高效地管理业务流程，形成快速满足客户需求的敏捷的电子价值链。因此，如何利用和整合企业IT资源形成跨组织电子商务能力成为当今企业电子商务发展的热点问题。

在学术界，关于电子商务的研究重点也在发生转移，先前对IT能力的研究主要集中在以企业资源观为理论核心的企业竞争优势上，而针对电子商务环境下的跨组织能力研究则将主要集中在客户关系管理和伙伴关系的研究上，将信息共享渗入业务环节当中，研究企业间的动态合作关系。研究难度在于如何通过对企业内外部资源整合调配，形成能够创造出价值的电子商务能力，内外能力又是如何整合在一起的，这也正是目前电子商务领域的研究趋势[1][2]。

于是，本研究的重点将放在多组织环境下企业的跨组织电子商务能力构建上，结合企业电子商务流程的实际应用，探究在面对供应链中合作伙伴时，企业如何有效地通过企业内外部IT资源进行整合调配，实现内外部信息共享，从而形成企业内部和企业间的电子商务能力，以及跨组织能力之间如何整合协作进而相互作用。

1　IT能力的研究综述

IT能力作为信息时代的产物，已经不仅仅是各企业家在管理实践中重点考虑的因素，在学术理论研究方面，也已受到越来越多专家的关注。本节通过对IT能力在不同视角下的研究进行梳理，为后面的实证打下良好的理论基础。

1.1　RBV与IT能力

企业资源观（Resource-Based View of the Firm，RBV）于20世纪90年代中期开始出现在信息系统研究领域，从本质上讲，通过RBV来研究IT能力，就是研究如何使企业在内部建立和获得一种IT能力，从而使企业获得在信息技术应用方面的长期优势。

Barney采纳了Daft[3]对企业资源的定义，指出企业资源是由企业控制，促进企业构建和实施旨在提高效率和效用战略的所有资产、能力、组织流程等，并将资源分成三类：有形资本资源、人力资本资源和组织资本资源[4]。

而Grant的研究则是将资源和能力分开阐述，他指出资源是企业在贯穿于生产过程中的一种投入，包括人力、资金、技术等6种资源，而能力是指在企业利用这6种资源当中的一种或者几种资源

* 基金项目：国家自然科学基金资助项目（70172034，70672064），教育部人文社会科学资助项目（06JA630068）
通讯作者：赵晶，中国地质大学（武汉）经济管理学院教授，博士生导师，E-mail：zhao5563@163.com

时，执行某种任务或者活动的能力[5]。

随着研究的深入和发展，能力与资源的区别得到了越来越明确的阐述。Gautam Ray 等人通过研究指出企业的竞争优势是通过对内部组织资源进行合理调配和利用而获得的，并且资源和能力之间存在着一种相关转化的关系，而在由资源转化为能力的过程中，业务流程是一个重要的中间控制变量，总的来看，企业通过流程属性来整合企业内部 IT 资源，从而产生 IT 能力[6]。

近几年，随着电子商务越来越多地嵌入到企业业务流程当中，关于 IT 能力的称谓也有了更为细致的分化。Kevin Zhu 通过对全球范围的企业（包括制造业、零售业、金融服务行业）进行调查研究，提出了“电子商务能力”的概念：电子商务能力是指企业通过 Internet 与其顾客和商业伙伴进行商务活动的能力，由信息、交易、客户定制以及系统整合四个维度构成。他从电子商务能力定义出发，指出企业需要在电子商务环境下尽可能地通过网络实现与客户、合作伙伴的信息共享，注重合作双方的 IT 整合，而不是一味地对单方进行 IT 投资，同时，企业必须将电子商务能力与内部 IT 基础设施相整合，方能产生电子商务绩效[7]。

1.2 动态能力视角与 IT 能力

目前企业所处的环境正在不断地发生变化，面对产品的不断更新，客户需求的多变，企业的竞争优势能否得以持续，将面临着越来越大的挑战，在这种情况下，企业如何保持一种持续性的竞争优势，成为了战略管理研究的主题。而传统的 RBV 理论对于这种处于动态环境下的持续竞争优势获取问题也都无法很好地进行解释。Teece 等人依据 Leonard-Barton 关于“核心能力”的言论[8]，于 1994 年提出了改变能力的能力即动态能力的概念[9]，随后，Teece 在 1997 年提出了著名的动态能力框架，并且指出动态能力能够在动态的环境下使企业的竞争优势得以保持。他将动态能力定义为企业整合、建立和重构内外部能力以适应快速变化的环境的能力。“动态”是指能与环境变化保持一致而更新企业的能力，“能力”强调的是整合和配置内外部能力，以此来使企业适应变化的需要[10]。

Esienhardt 等人的研究表明，动态能力是一套具体的和可识别的过程，如产品开发、战略决策、伙伴结盟。它们既不含糊，也不重复。虽然动态能力在许多细节上表现多变，但它们之间通常有一种最佳做法，最终得出这样的结论：传统的资源观在动态的市场中无法定义长期竞争优势[11]。

Garrido 等人认为各企业组织处于一种持续的变化过程当中，由此不断地更新着企业的能力和竞争优势。作者提出了一个动态能力的构建模型，来研究企业动态能力的创造以及 IT 技术在这种能力的创造过程中所起到的支持作用：①确定公司能力储备；②保持一种能力条目；③帮助实现企业内部现有能力到外部新合成能力的转变[12]。

Pavfou 等人同样对 IT 能否在多变的环境中带来持续性竞争优势提出质疑，作者通过对业务流程水平进行分析，提出 IT 调节能力的概念，指出这种能力能够有效地利用 IT 设施，并间接地影响了企业竞争优势的产生，其主要连接因素来自于企业的结构功能和动态能力[13]。

综上所述，RBV 研究为电子商务价值创造过程提供了良好的理论基础，但其始终将视角放在企业内部的资源整合上，忽略了企业外部资源和能力，这在对电子商务环境下企业与伙伴之间合作的研究中，存在着一定的局限性。而动态能力观点证明了动态能力是企业持续竞争优势的源泉，并且很好地将企业的外部环境与能力结合了起来，弥补了 RBV 理论的不足，但动态能力理论主要强调的是能力本身与市场环境变化的关系，研究内容也主要集中在对动态能力的识别和对市场环境影响的研究上，忽略了企业对内外资源的整合规划以及能力的形成过程。

2 模型假设

本文依据赵晶等人提出的电子商务价值创造过程模型[14]，它系统地描述了企业的战略—资源—能力—绩效之间的因果作用关系，其关联作用为本研究的假设提出奠定了理论基础。本研究主要针对价值模型中“资源—能力”阶段，将其“延伸”到企业的跨组织流程中，对企业跨组织电子商务能力的形成机理进行探究，因此本文把企业资源对于能力形成的整个作用过程划分为三个关联部分：企业内部 IT 资源整合对电子商务能力的作用关系；伙伴资源整合对电子商务能力的作用关系；企业内外电子商务能力之间的作用关系，组成我们的研究模型，并提出相应的研究假设（见图 1）。

RBV 认为资源本身并不具有营利性，不能直接转化为企业价值，只有通过一组资源的合作和协调，才能制定出适合于企业的竞争战略，并最终获利。Lien 认为对企业组织绩效产生作用的 IT 能力主要来源于 IT 设施和 IT 人力资源，而并非伙伴资

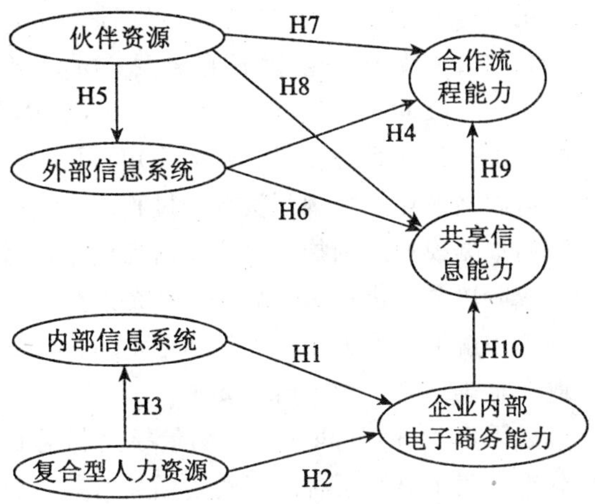

图1 研究模型

源，尤其是IT人力资源对组织绩效的产生起到的决定作用最为显著[15]。Marchand等认为企业必须结合那些胜任于"对信息进行收集、组织及维护，并且能够让他们的员工在信息处理工作上拥有正确的行为和价值观"的管理能力。这些方面都是IS职能之外的因素，但是对整个战略的成功有着关键的作用[16]。Ravichandran等人的研究很好地解释了企业是如何通过使用IT来支持形成企业的核心竞争力，并且构建由IS相关资源、IS能力、IT支持和企业绩效组成的研究模型，证明了企业使用IT获得竞争优势的能力来源于IT组织能力，其中包括人力资源、IT技术以及IS部分的关系资源[17]。为此特作以下假设：

假设1：内部信息系统对企业内部电子商务能力的形成具有显著的影响（H1）。

假设2：复合型人力资源对企业内部电子商务能力的形成具有显著的影响（H2）。

假设3：复合型人力资源对内部信息系统的形成具有显著的影响（H3）。

随着电子商务在企业物流供应链中的渗透，核心企业与合作伙伴之间的交互显得尤为重要，企业也越来越注重与伙伴间通过互联网来实现交易，通过构建企业内部的ERP系统以及电子采购等系统，实现与伙伴企业间的信息共享，避免了企业间冗余的中间成本，加强了对业务流程的改造。

唐连生的研究重点分析了电子商务下的物流供应链与企业合作伙伴间的关系，并论证了两者相互间的影响，指出了电子商务环境下企业与伙伴间的信息共享以及网络实时动态控制对供应链高效化的提升有着重要的作用[18]。Barua通过实证研究解释了企业网络势能形成的重要因素，除了来源于企业内部各种IT资源的整合，还与合作伙伴企业间的电子交互有着显著的关系[19]。Chae等[20]人的研究则认为企业间通过信息共享能够使流程更加便捷，并且易于监控，从而降低企业运作的风险，更大程度的信息共享能够促使伙伴在合作中形成信任关系，从而提高流程运作的有效性。因此企业在电子商务环境下，与伙伴企业的合作将对企业间共享信息能力与合作流程能力的形成具有重要的作用，为此特作以下假设：

假设4：外部信息系统对企业面向伙伴的合作流程能力的形成具有显著的影响（H4）。

假设5：伙伴资源对外部信息系统的形成具有显著的影响（H5）。

假设6：外部信息系统对企业面向伙伴的共享信息能力的形成具有显著的影响（H6）。

假设7：伙伴资源对企业面向伙伴的合作流程能力的形成具有显著的影响（H7）。

假设8：伙伴资源对企业面向伙伴的共享信息能力的形成具有显著的影响（H8）。

假设9：企业与伙伴的共享信息能力对合作流程能力的形成具有显著的影响（H9）。

基于网络的供应链管理提供了大量削减成本和改善服务的机会，并优化了供应链管理的业务流程，同时，IT是实现供应链"无缝连接"的关键。Intranet联结各个部门分散的信息系统，实现企业内部信息共享；Extranet则提供对外信息集成的途径，实现供应链上与合作伙伴的信息共享，并且不受地域的限制，而参与全球的合作与竞争。两者分别作为一种能力体现在整条电子供应链中，对于企业提高供应链管理的效率和效益起到了重要的作用。企业要想成为供应链中的主导者，意味着企业内部管理水平和信息化水平较高，通过实现企业内部资源整合，完善的内部信息共享水平促使企业足以将信息延伸到企业外部，来改善与合作伙伴之间的资源与流程。Lee等人指出高质量、实时的双向的涉及需求和供应的信息是企业实施供应链管理的基础[21]。为此提出以下假设：

假设10：企业内部电子商务能力对与伙伴共享信息能力的形成具有显著的影响（H10）。

3 实证研究

3.1 量表设计

我们根据研究模型的7个变量以及假设关系设计问卷结构，并参考已有的文献设计指标以及相应的问题描述。研究问卷的内容主要包括两大部分：

第一部分为企业电子商务实施背景资料和被调查人员的背景资料。包括企业实施电子商务历史时间，发展阶段，实施流程，被调查人员的职位，工作时间，学历和专业等，以多项选择为主。

第二部分依据理论模型的7个变量进行设计，题项采用李克特（Likert-type）五点量表测量。问卷是在查阅了国内外IS和电子商务文献基础上，并结合对国内成功企业（例如：联想、神州数码等）的案例研究基础上设计完成，体现了我国企业电子商务的实施现状与特点。

3.2 样本和数据收集

我们在全国范围内通过E-mail、人工、电话等方式，大面积地发放问卷，共计600份，发放后一个月总共回收问卷218份，回收率为31.8%。通过筛选分类，甄选出有效问卷202份，作为进一步统计研究并得出相关结论的依据。

我们对筛选出的有效样本进行了样本特征统计，从问卷填写人员看，公司的中高层管理人员以及电子商务相关的项目负责人占到填写人员的77.7%，而这些群体同时也是公司电子商务战略的制定与实施的关键人员，因此大部分填写者能够清楚地了解公司内外资源的就绪以及电子商务的实际运作情况，这也提高了回收样本的有效性。此外，拥有本科及以上学历的填写人员占到了总人数的85%以上，并且以经济管理、计算机等专业的人员居多，这也保证了填写人员能够对问卷中的题目以及所涉及的相关知识有着更为深刻的理解，因此，问卷填写的准确性同样得到了保证。

从调查企业的分布情况看，样本主要来自于华中地区，占到了64.8%，此外，我国发达地区的样本数量比率也达到了25%，因此从企业地域分布情况看，样本在电子商务发展水平的分布上具有一定的全面性和普适性。从企业规模上看，各类数量较为平均，其中员工数量在101~500的企业样本数量最多，占到了22.3%。此外，国有企业和民营企业的数量分别占到了40.1%和32.3%。总的来看，样本的收集具有代表性，能够很好地反映各类企业电子商务实施的实际情况。

3.3 问卷信度和效度检验

本文利用SPSS软件对量表进行信度分析。信度分析用来检验各个变量的指标一致性，通常用Cronbach的α系数来衡量量表的信度。SPSS检验结果显示七个变量的α系数都接近于0.8，因此，量表的内部一致性较好，量表较为稳定，可以直接用于测量制造企业战略规划资源的过程。

我们根据模型的结构，对企业内外电子商务能力的形成阶段分别进行因子分析。结果发现，所有因子的累积解释度都大于0.6，说明大部分信息已被提取，量表结构合理，符合要求。

最后采用PLS Graph 3.0对测量模型做验证性因子分析，表1显示了各因素间的相关系数。位于对角线上的AVE平方根均大于0.78，虽然有些因素间的相关系数较高，但均小于对角线上的AVE平方根。因此，本研究模型的效度是令人满意的。

表1 **相关系数矩阵及AVE**

	IIS	IHR	IEC	OIS	OPT	PTSC	PTPC
IIS	0.88						
IHR	0.58	0.78					
IEC	0.69	0.60	0.79				
OIS	0.37	0.68	0.53	0.86			
OPT	0.57	0.70	0.65	0.66	0.84		
PTSC	0.53	0.64	0.62	0.62	0.82	0.84	
PTPC	0.43	0.71	0.51	0.69	0.80	0.74	0.81

4 PLS路径分析及结果

PLS结构模型的检验包括估计路径系数和R^2的值。路径系数反映了潜在变量之间影响的方向和影响的程度。R^2值反映了结构模型中，内生潜在变量能被前面潜在变量解释的程度，也反映了模型的预测能力。我们从R^2可以看出，模型的五个内生变量都有大约30%以上的解释力。可见，结构方程的总体测量方程解释功效较好，整个模型具有很强的预测能力，符合后续的讨论要求。

我们通过观察R^2值，发现内部电子商务能力的R^2值为54.5%，说明变量IEC有54.5%的信息可以与由其相关的前面的潜变量所解释；共享信息能力的R^2值为70.8%，说明了变量PTSC有70.8%的信息可以由与其相关的前面的潜变量所解释；合作流程能力（PTPC）的R^2值为64.1%，

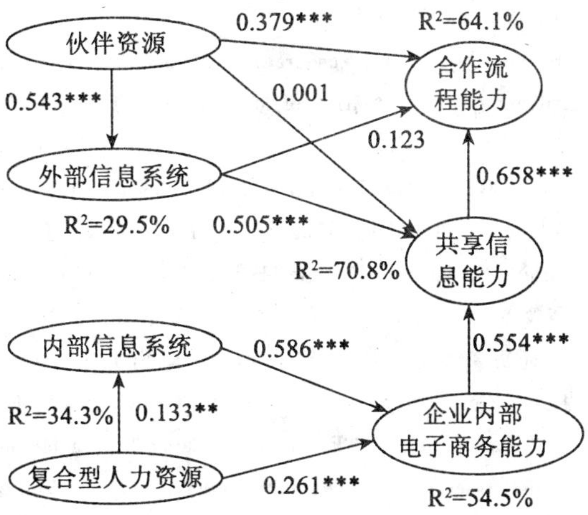

图 2 模型结果

说明了变量 PTPC 有 64. 1% 的信息可以由与其相关的前面的潜变量所解释。在解释力方面，大部分的路径系数都大于 0. 3。可见总体测量方程解释功效较好，这说明整个模型具有很强的预测能力，符合后续的讨论要求。从显著性检验结果可以看出，除假设 H4 和 H8 不成立外，即外部信息系统对企业面向伙伴的合作流程能力的形成不具有显著的影响，伙伴资源对企业面向伙伴的共享信息能力的形成不具有显著的影响，其余所有的假设都得到了实证研究结果的验证。

5 讨 论

根据以上分析，总结阶段特征如下：

（1）复合型人力资源是企业内部电子商务能力形成的关键。

从企业内外部电子商务能力的形成过程来看，资源整合成为了电子商务能力形成的关键因素，并且在企业内外部资源整合的过程中，“人”起到了尤为重要的作用。

在电子商务环境下，IS 基础设施是电子商务实施的基础和保障，企业在大量使用 IS 设备的初始阶段，的确能够提高业务执行的效率，产生较高的回报，因此，许多企业在面临多重信息交互的问题时，往往借助于 ERP 等信息系统实现组织间信息透明化，从而降低业务执行过程中所产生的时间成本和资金成本，不过，从长远角度看，这些系统在如今信息高速发达的市场中，很容易被竞争对手所模仿，从而失去资源的独特性和异质性，而复合型人力资源同样作为公司有价资源的一种，却并不容易被其他企业所模仿，也因此能够为企业带来持续性的竞争优势。Barney 指出企业的竞争优势来源于公司拥有的有价值的、稀缺的、不易模仿的和不易取代的资源和能力，这其中就包括了人力资源，如经验、判断能力、天资及培训体系等[4]。

因此企业应更加注重对员工进行相关培训，使其员工能够获得运用电子商务的知识与能力，从而实现复合型人力资源与内部 IS 资源的整合，进而实现企业内部各组织部门的信息共享和流程改造，形成企业内部的电子商务能力。

（2）企业外部连接与信息共享平台的构建是企业间电子商务能力形成的基础。

在外部资源整合形成共享信息能力的过程中，同样突出的是“人与机器”的整合产生电子商务能力，但与企业内部不同，从模型结果来看，伙伴资源对共享信息能力的形成作用并不显著，只有在建立企业间信息系统的基础上才能整合形成共享信息能力。因此，企业与伙伴的外部连接和双方信息共享平台的构建是企业间电子商务能力形成的基础。

以神龙公司为例，企业在实现企业内部生产、销售和财务系统上线的基础上，与上游供应商实现信息交互时，首先搭建了电子采购系统和电子订购系统，电子商务采购系统由 EFI 和 SAP 两个系统组成，要货主要通过 EFI 来实现。SAP 主要实现商务谈判、合同管理与签订和财务系统整合在一起；而电子订购流程则由经销商网点管理系统来实现，企业通过搭建外部信息系统，使企业间业务合作高度集成化，企业电子商务能力得到了有效地提升。

因此，单纯的构建伙伴资源而不考虑企业外部 IS 系统作为硬性基础，将无法形成面向伙伴的共享信息能力，企业首先需要与合作伙伴外部搭建的信息平台和流程接口，其次再考虑与伙伴企业间的合作机制等，将外部 IS 系统与伙伴资源整合起来，实现企业与伙伴双方信息交互，实行电子采购、电子订购等跨组织的业务流程，进而最终形成企业间的共享信息能力和合作流程能力。

（3）共享信息能力在企业内外电子商务能力的转化过程中起到了过渡作用。

企业内外电子商务能力的转化过程中，需要以共享信息能力作为过渡，最终转化为合作流程能力，进而实现电子商务能力的跨组织转换，企业间共享信息能力成为企业跨组织电子商务能力形成的关键，并且企业内部资源的整合促进了企业跨组织电子商务能力的形成。

企业在与供应商进行网络合作的初始阶段，主要通过 IT 技术实现企业间的信息共享，当合作机制、激励措施日趋成熟之后，企业与伙伴间基于充分信任，展开更为深入的合作关系，在实现企业间 IS 设施对接基础上，改善业务流程，实现合作活动的电子化，通过信息共享来提高合作绩效。Maloni 等人的研究也指出企业与合作伙伴间能够通过增强信息共享水平，来提高整条供应链上每家企业的财务绩效，同时实现与伙伴的合作，来改善服务、技术创新和产品设计[22]。

因此，企业应该在内部资源整合的基础上，加强与合作伙伴的信息共享水平，包括信息交互平台以及合作共享机制的构建，进而在信息共享基础上实现企业与合作伙伴之间的在线供应链商务活动。

6 总 结

本文以国内制造企业为研究对象，对我国 202 家实施电子商务的制造企业，结合企业电子商务流程的实际应用，采用实证的研究方法，论证了企业分别以复合型人力资源和企业间信息平台为核心整合企业内外 IT 资源，从而形成企业内部和企业间的电子商务能力，并以共享信息能力为过渡，实现企业内外电子商务能力间的整合。

本研究从“跨组织合作”的视角，分别探究了企业内外电子商务能力的形成以及相互转化的过程，区别于其他学者单纯就单一电子商务能力的概念、组成以及关键因素的研究，在研究角度上具有明显的创新特色。与此同时，研究基于电子商务流程，针对“资源—能力”的转换阶段，突出了企业由资源整合产生电子商务能力的动态转化过程，为企业电子商务能力理论的研究提供了新途径。

本文同样存在有一定的局限性，本研究在样本分类时，并没有涉及各个制造子行业，对于不同的制造行业，其研究结论是否适用，或者说是否存在一定的差异，有待我们进一步研究。在今后的研究中，除了可针对不同行业、不同领域的样本进行研究外，在研究方法上可采用更为稳定 SEM 结构方程建模方法，并根据该研究方法的特点，收集足够的样本，进一步优化模型。

参考文献

[1] Dawn Tutla, Peter Bodorik, Yie Wang. Developing Internet E-commerce Benchmarks [J]. Information System, 1999, Vol. 24: 474-493.

[2] 胡泳. 电子商务大趋势：协同式商务 [J]. 互联网周刊，2000 (46): 84-88.

[3] Daft R. Organization Theory and Design [M]. New York: West, 1983.

[4] Barney Jay. Firm Resources and Sustained Competitive Advantage [J]. Journal of Management, 1991, Vol. 17: 203-227.

[5] Grant R M. The Resource-based Theory of Competitive Advantage: Implication for Strategy Formulation [J]. California Management Review, 1991, 33 (3): 114-135.

[6] 谷文辉. 制造企业 IT 资源与电子商务能力关联效应的实证研究 [D]. 武汉：中国地质大学出版社，2008.

[7] Kevin Zhu. The Complementarity of Information Technology Infrastructure and E-commerce Capability: a Resource-based Assessment of Their Business Value [J]. Journal of Management Information Systems, 2004, 21 (1): 176-202.

[8] Leonard-Barton D. Core Capabilities and Core Rigidities: a Paradox in Managing New Product Development [J]. Strategic Management Journal, 1992, Vol. 13: 111-125.

[9] Teece D J, Pisano G. The Dynamic Capability of Firm: An Introduction [J]. Industrial and Corporate Change, 1994, 3 (3): 537-556.

[10] Teece D J, Pisano G, Shuen A. Dynamic Capability and Strategic Management [J]. Strategic Management Journal, 1997, 18 (7): 509-533.

[11] Esienhardt K M, Martin J A. Dynamic Capability: What are They? [J]. Strategic Management Journal, 2000, 21: 1105-1121.

[12] Medina-Garrido J A, Jose Ruiz-Navarro. IT and Dynamic Capabilities [J]. International Journal of Information Technology, 2003, 9 (1): 47-66.

[13] Pavlou P A, Sawy O E I. From IT Compe-tence to Competitive Advantage in Turbulent Environment: A Dynamic Capability Model [J]. Information Systems Research, 2004.

[14] 赵晶，朱镇. 企业电子商务价值创造过程模型 [J]. 管理科学学报（稿件修订中），2009.

[15] Lien Thi Phama, Ernest Jordan. Information Technology Capability, the Effects on Organizational Performance [J]. Proceedings of the 13th Asia Pacific Management Conference, Melbourne, Australia, 2007: 261-269.

[16] King W R. IT Capabilities, Business Processes, and Impact on the Bottom Line [J]. Information Systems Management, 2002, 19 (2): 85-87.

[17] Ravichandran T, Chalermsak Lertwongsatien. Effect of Information Systems Resources and Capabilities on Firm Performance: A Resource-Based Perspective [J]. Journal of Management Information Systems, 2005, Vol. 21: 237-276.

[18] 唐连生，程文明，吴晓. 电子供应链中企业伙伴关系

与发展策略 [J]. 商业现代化, 2007, 3 (466): 100-101.

[19] Barua A, Konana P, Whinston A B, et al. An Empirical Investigation of Net-enabled Business Value [J]. MIS Quarterly, 2004, 28 (4): 585-620.

[20] Chae B S, Yen H J R, Sheu C. Information Technology and Supply Chain Collaboration: Moderating Effects of Existing Relationships between Partners [J]. IEEE Transactions on Engineering Management, 2005, 52 (4): 440-448.

[21] Hau L. Lee, Billington C, Managing Supply Chain Inventory: Pitfalls and Opportunities [J]. Sloan Management Review, 1992, Vol. 33: 65-73.

[22] Maloni M J, Benton W C. Supply Chain Partnerships Research [J]. European Journal of Operational Research, 1997 (101): 419-429.

An Empirical Research of The Forming Mechanism of Enterprises' Cross-organization E-commerce Capability

JIANG Yi[1], ZHAO Jing[1], YE Xiaoqin[1]

(1. China University of Geosciences, College of Economics and Management, Wuhan 430074, China)

Abstract: The forming process of enterprises' cross-organization e-commerce capability has already become the key problem focused in enterprises and academic circles. Based on the research perspective "Enterprises' collaboration", this study, combining with the theory of RBV and dynamic capability, demonstrated the forming mechanism of enterprises' cross-organization e-commerce capability, disclosed that the IT human resource is the core resource during the forming of the e-commerce capability and the integration of resources, and that the outside connection among enterprises and information of platform is the key factor of the formation of the outside e-commerce capability, and indicated that the sharing information capability is the key factor of the formation of the cross-organization e-commerce capability. It provides the theory instruction for the managers in planning firm's resources inside and outside and has the important management practice significance.

Key words: e-commerce capability; cross-organization; PLS

E-SCM 中电子商务能力与绩效作用关系的实证研究*

池毛毛[1]，赵晶[1]，刘谆[1]，王学军[1]

（1. 中国地质大学（武汉）经济管理学院　电子商务国际合作中心，湖北武汉 430074）

摘　要：本文从 E-SCM 流程视角出发，在三个典型电子供应链流程中研究电子商务能力与绩效作用关系，并揭示 E-SCM 中电子商务能力对于价值创造的作用机理。在对 201 个企业问卷调查的基础上，采用结构方程建模（SEM）对模型和假设进行了验证，主要研究结论包括：①电子商务能力直接产生流程绩效；②E-SCM 的动态过程通过电子商务能力在流程之间的驱动作用来体现；③流程绩效是产生于企业绩效之前的潜在中间变量，电子商务能力对企业绩效的影响是通过对组织的结构和过程的影响来实现的。本文证实了电子商务能力对 E-SCM 中电子商务价值创造的关键性作用，论证流程绩效用于测度电子商务价值的合理性，有助于管理者正确实施 E-SCM。

关键词：E-SCM；电子商务能力；流程绩效；企业绩效

中图分类号：F224.5

因特网技术和电子商务的迅速发展为传统供应链管理提供了信息共享平台，使供应链上各节点企业实现灵活的电子化无缝连接，也催生了全新的电子供应链管理（E-SCM）模式。大量的制造型企业都积极采用 E-SCM，然而实施效果比较理想的并不多。Deloitte 咨询公司发布的一项研究报告发现，虽然现在已有 91% 的制造企业将 E-SCM 列为关键管理活动，但是只有 2% 的企业达到了世界水平，差不多有 75% 的企业在平均及以下水平[1]。

一些学者也研究证明 IT 技术本身并不能为企业带来竞争优势[2]，只有电子商务能力才能为企业带来竞争优势，只有通过关键流程将资源整合利用产生电子商务能力，才能为企业带来电子商务价值[3]。在 E-SCM 模式下，采购、订购和客户服务管理等流程内部以及流程之间均发生了根本变化，处于这种环境下的电子商务能力在电子商务价值创造中的作用将会表现得尤为重要和复杂。

本文将从 E-SCM 流程视角出发，研究电子商务能力与绩效作用关系，并在对 201 个企业问卷调查的基础上，采用结构方程建模（SEM）对模型和假设进行了验证，揭示 E-SCM 中能力对于电子商务价值创造的作用机理。

1　文献综述

我们首先分别简述企业资源观和流程理论在电子商务能力与价值方面的相关研究，接着梳理了 E-SCM 中有关能力的研究。

1.1　电子商务能力与电子商务价值相关研究

研究电子商务价值的一个理论视角是企业资源观理论（Resource-based view of the firm，RBV），它将企业绩效与组织资源和能力联系在一起[4]。Barua 等人[5]的实证研究证明了资源和能力在企业与供应商和客户的电子商务活动中的关联关系及作用于组织绩效的路径，研究了在线信息能力的重要中介作用。Zhu 认为电子商务能力紧紧地连接于 IT 基础性资源，并嵌套在商务流程中，分析和评估电子商务能力与 IT 基础设施的整合作用对于电子商务价值的影响[6]。

1.2　电子商务流程绩效与企业绩效相关研究

一些研究者认为 IT 对企业的作用可以通过中间层面的变量间接衡量出来[8]，即以流程视角来研究 IT 的商务价值。Tallon 等站在执行经理的立场从流程层面来衡量 IT 的商务价值[8]。Ray 等发现采用商务流程的效能来衡量 IT 的商务价值比采用笼统性的企业绩效更加合理[9]。

* 基金项目：国家自然科学基金资助项目（70172034，70672064），教育部人文社会科学资助项目（06JA630068），武汉市科技计划资助项目（200770834321）

作者简介：池毛毛（1985—），男（汉），福建长乐人，硕士研究生

通讯作者：赵晶，中国地质大学（武汉）经济管理学院教授，博士生导师，E-mail：zhao5563@163.com

流程观点认为，技术对组织绩效的影响是通过对组织的结构和过程的影响来实现的。因而，对于IT投资价值的评价应包括：组织绩效与组织流程改善两个方面。这类评价方法主张打开“黑箱”，对IT价值形成过程进行系统研究，将IT产生的绩效与其产生过程中的因素结合起来进行全面的评价。

1.3 电子供应链管理（E-SCM）中能力的研究

E-SCM 的一个典型特征就是企业内部的业务联系、不同企业间的价值链关系已经演变成价值网络的关系。E-SCM 表现出一种协调企业间流程交互作用的能力，这种能力越发受到重视。组织之间核心流程所表现出的能力，像客户关系管理、供应链管理、总承包生产等对企业总体绩效至关重要[10]。

近来，Devaraj 提出了供应链中的电子商务能力的概念，指出电子商务能力是指企业运用网络技术来共享信息，流程交易，协调活动并且便利与供应商以及顾客之间合作能力，这种能力可以改善供应链的绩效[11]。为了与供应链中的合作伙伴达成实时性的信息对接和通畅的流程合作，它需要共同的数据、应用软件和标准整合的流程。然而有关电子使能的供应链整合的研究还相当有限[12]。

本文同以往研究的区别和意义在于：①从 E-SCM 流程视角来研究电子商务能力与绩效的跨流程作用关系，将 RBV 理论对电子商务价值的研究和流程理论对 IT 价值的研究相结合，这对 E-SCM 中电子商务价值创造的研究具有重要的理论意义。②密切结合我国制造业 E-SCM 中电子商务的实际应用，从三个典型电子商务流程（电子采购、电子订购和电子客服流程）[13]构建客观反映现状的过程性、协同性和动态性的系统模型，研究其作用机理对利益共同体构建电子供应链乃至电子供应链的价值网络无疑具有深远的实践指导意义。

2 研究模型与理论假设

本文依据赵晶等人提出的电子商务价值创造过程模型[7]，它系统地阐述了企业的战略—资源—能力—绩效之间的因果作用关系，从电子商务流程中介作用的视角，实证论证了从“战略规划资源”到“资源转化能力”直至“能力产生价值”的完整过程。本研究是其延续性工作，从电子供应链（E-SCM）流程视角，研究电子商务能力与绩效作用关系，结合电子供应链上下游流程，建立“电子商务能力与绩效作用关系”概念模型（图1），它包含电子商务能力、流程绩效和企业绩效三个维度。电子商务能力反映了企业通过执行电子商务流程集成利用三类 IT 资源的核心能力[14]，它包括了信息共享能力和合作流程能力两大类指标。绩效包含两个维度：流程绩效和企业绩效。电子商务能力和流程绩效对应所属流程构成7个变量。

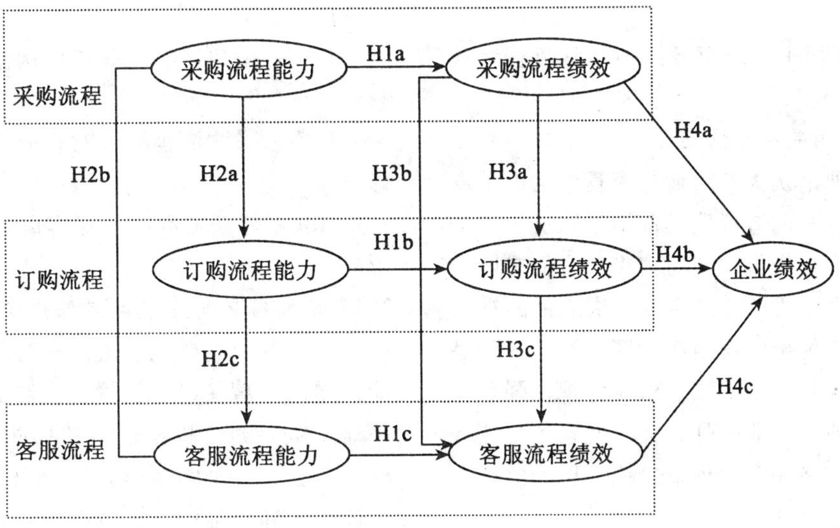

图1 电子商务能力与绩效作用关系模型

该概念模型从三个层面作理论假设分析：第一个层面研究电子商务能力和流程绩效之间的作用关系；第二个层面从需求导向的电子供应链上下游流程，研究跨流程电子商务能力之间和流程绩效之间的作用关系；第三个层面研究流程绩效与企业绩效之间的作用关系。

2.1 电子商务能力与流程绩效作用关系的假设

企业资源理论认为电子商务价值来源于 IT 相关资源整合的资源集合，流程在这种转化过程中充当了重要的传递角色。Zhu 认为资源与能力整合在一起产生一种内嵌的、互助的、绩效增强的资源集合，这是一种关注于实现电子商务价值路径的补充性资源，是产生电子商务价值的根源[15]。本文所指的电子商务能力是由信息共享能力和合作流程能力组成。一方面商务信息的共享能够降低信息不对称，提高企业间商务活动的效率（例如控制库存，及时提供售后服务等）[13]，供应链上任何节点的企业都能及时掌握最终市场的需求信息和整个供应链的物流运作状况，有效地避免了需求信息在供应链由下游向上游逐级放大导致的“牛鞭效应”。另一方面，供应链代表了一种企业联盟间跨功能部门之间运作程序的整合与协调的合作策略。因此借助于供应链的合作及企业流程的整合、协调，才能缔造企业合作的竞争优势。E-SCM 允许企业通过协调、整合，甚至通过对关键流程的自动控制，进一步加强彼此之间的协作。从而以更低的成本、更快的速度、更少错误同时更可靠地完成供应链协作。由此，我们提出如下假设：

假设 1：电子商务能力对流程绩效具有正向影响（H1）。

H1a：采购流程中电子商务能力对其流程绩效具有正向影响。

H1b：订购流程中电子商务能力对其流程绩效具有正向影响。

H1c：客服流程中电子商务能力对其流程绩效具有正向影响。

2.2 流程之间作用关系的假设

企业资源观理论认为各个业务流程中的电子商务能力源于资源，其创造价值程度不但取决于各个业务流程能力的单独作用，同时取决于它们之间的协同作用和跨流程作用[16]。企业从供应链的视角来看价值创造，与传统的视角诸如客户视角、产品视角和竞争对手视角完全不同。供应链视角强调一种系统观点，从核心企业向外延伸，包括各种业务流程的合作以及为终端客户创造价值而展开的供应链成员之间的信息流共享[16]。

电子供应链是由参与顾客价值创造的供应商、制造商、分销商、零售商以及顾客共同形成的网络系统，这个系统不同节点上的企业拥有各自的资源和组织方式[17]。一个产品从设计、制造直至交付给客户的全过程中，会涉及若干个企业，企业作为供应链上的一个节点，要发挥供应链的整体效益，除了考虑市场中形成的买卖关系之外，不可忽视供应链中上游电子商务能力对下游电子商务能力的作用。因此，从以客户需求为导向的需求链视角，上游电子商务能力会对下游电子商务能力产生积极影响。于是提出如下假设：

假设 2：从以客户需求为导向的需求链视角，上游电子商务能力对下游电子商务能力具有正向影响（H2）。

H2a：采购流程电子商务能力对订购流程电子商务能力具有正向影响。

H2b：采购流程电子商务能力对客服流程电子商务能力具有正向影响。

H2c：订购流程电子商务能力对客服流程电子商务能力具有正向影响。

满足顾客需求，为客户创造价值是企业经营的宗旨。客户绩效的提高表现在很多方面，如企业收集客户反馈意见的效率提高，满足客户定制的要求得到提高，客户对企业产品和服务的满意程度提高，对于市场变化的反应和应变能力得到提高等。在客户关系管理流程中我们同时考虑多个流程之间的相互作用。从跨流程角度分析，不但订购流程直接作用于客户绩效，同时采购流程也直接作用于客户绩效并通过订购绩效间接作用于客户绩效。因此，我们提出如下假设：

假设 3：从以客户需求为导向的需求链视角，上游流程绩效对下游流程绩效具有正向影响（H3）。

H3a：采购流程绩效对订购流程绩效具有正向影响。

H3b：采购流程绩效对客服流程绩效具有正向影响。

H3c：订购流程绩效对客服流程绩效具有正向影响。

2.3 流程绩效与企业绩效作用关系的假设

我们的前期研究发现，流程绩效是产生于企业绩效之前的潜在中间变量，资源对企业绩效的影响是通过组织的结构和过程的影响来实现的[7]。E-SCM 通过扩展的市场空间、分销渠道、新的营销沟通媒介和增强的运作效率影响企业绩效。电子商务应用可自动执行客户服务操作，减少销售成本、提高收入、收集高质量的顾客数据，以提高支持率并增加销售机会。因此，随着实施成功的 E-SCM，公司的财务绩效、利润和销售增长率都将得到改善和提高。

假设 4：流程绩效对企业绩效具有正向影响（H4）。

H4a：采购流程绩效对企业绩效具有正向影响。

H4b：订购流程绩效对企业绩效具有正向影响。

H4c：客服流程绩效对企业绩效具有正向影响。

3 实证分析

本研究从 E-SCM 流程的视角实证检验理论模型，采用 IS 领域通行的企业问卷调查和结构建模方法研究制造企业的电子商务能力与绩效作用关系。

3.1 数据收集

本文采用实证研究通用的“预测—实测”方法，将问卷调查与企业个案相结合，通过企业个案调查修正量表的兼容性，保证理论研究与中国企业管理实践的紧密结合。我们使用 Likert 五点量表测量易于量化的指标。其中 5 表示“非常同意”，1 表示“很不同意”。

2007 年 1 月至今，我们分两个阶段采用实地访谈的形式发放问卷，共向华中、华东、华南、东北和西北共 20 个省市共发放问卷 500 份。问卷均要求企业信息化部门负责人或企业总经理填写。共回收问卷 240 份，回收率为 48%，201 份有效问卷，问卷有效率为 83.8%。

3.2 样本特征

在本研究中，企业遍布于全国各个地区，但是主要集中于华东、华中和华南地区，样本结构很好地代表了全国各地区企业电子商务的发展水平，既有发达地区的样本，也具有欠发达地区的样本，具有较好地代表性。企业规模分布比较合理，大中小规模企业各占 1/3。样本的企业属性见表 1。

表 1 **样本企业的属性表**

	数量	比率（%）		数量	比率（%）
样本区域			销售额		
华北	32	15.9	1000 万以下	34	16.9
西北	2	1.0	1001 万 ~5000 万	18	9.0
华东	26	12.9	5001 万 ~1 亿	20	10.0
华南	36	17.9	1 亿-10 亿	44	21.9
华中	90	44.8	10 亿以上	74	36.8
西南	2	1.0	未知	11	5.5
未知	13	6.5			
员工数量			企业性质		
100 以下	40	19.9	国有/国有控股	72	35.8
101 ~ 500	35	17.4	中外合资	36	17.9
501 ~ 1000	28	13.9	民营	59	29.4
1001 ~ 5000	38	18.9	外商独资	24	11.9
5000 以上	56	27.8	未知	10	5.0
未知	4	2.0			

3.3 数据预分析

数据预分析的目的是对变量的测量项目进行净化，采用探索性因子分析的方法。在进行因子分析之前，首先进行相关性检验，以验证是否适合进行因子分析。判断的标准是检验数据的 KMO 值，当 KMO 值大于 0.5 时，适合用因子分析。将收回的 201 份有效问卷输入计算机，用 SPSS16.0 对数据进行分析，数据的 KMO 值为 0.958，因此，本文的数据可以采用因子分析。采用主成分分析和正交旋转法分析出了 7 个特征值大于 1 的因子，累计解释方差达到 79.511%，因子结构清晰。

3.4 测量模型的检验

本文采用验证性因子分析对测量模型进行检验，包括内部一致性信度检验和内敛效度的检验。我们使用 LISREL8.72 进行验证性因子分析，得到测量模型的拟合参数为：$\chi2/df = 1.6$，$CFI = 0.99$，$NFI = 0.98$，$RMSEA = 0.054$，$IFI = 0.99$，$PNFI = 0.85$，拟合效果达到规定要求。内部一致性信度由 Fornell 和 Larcker 定义的综合信度（Composite Reliability）来测量；内敛效度由各潜变量的 AVE（Average Variance Extracted）以及相应可测变量的负载来测量。结果如表 2 所示。表 2 还给出了各潜变量的 Cronbach's Alpha 值。所有潜变量的 Cronbach's Alpha 值均大于 0.83，样本数据的信度很好[18]。所有变量的 AVE 值均大于 0.5，根据 Fornell 和 Larcker 的建议，样本数据的内敛效度较好。结果表明，因子间的两两相关系数均小于相应的因子 AVE 的平方根，表明各变量的区别效度良好。总之，本研究的模型效度和信度均达到令人满意的程度。

3.5 结构模型的检验

结构方程建模法是一种综合运用多元回归分析，路径分析和确认型因子分析方法而形成的一种统计数据分析方法。本研究的结构方程模型以路径图的形式描绘，使用软件 Liseral8.72 进行模型的估计和路径的计算。

运行 Lisrel8.7 后，模型的拟合参数（$\chi 2/df$ = 1.65，CFI = 0.99，GFI = 0.81，NFI = 0.98，RMSEA = 0.057）表明模型对数据有较好的拟合度，如图 2 所示。SEM 验证的模型显示，本研究所有路径均达到显著水平，具体如下：①在电子商务能力与流程绩效关系假设中，H1a，H1b，H1c 三个假设均得到证实。②在跨流程电子商务能力之间和流程绩效之间的作用关系假设中，H2a，H2b，H2c 和 H3a，H3b，H3c 等六个假设也得到证实。③在流程绩效与企业绩效关系假设中，H4a，H4b，H4c 三个假设得到证实。以上的路径分析证明本文提出的 E-SCM 中电子商务能力和绩效间关系的合理性。

SMC（Squared Multiple Correlation）用于判别模型的解释率。如图 2 所示，验证模型中，采购流程绩效，订购流程能力，客服流程能力，订购流程绩效，客服流程绩效，以及企业绩效等的变异量均保持在 50% 以上。因此，我们认为，本研究提出的假设模型具有很好的解释性。

4 讨论与结论

我们根据三个层面的理论假设验证结果，给出如下三方面的结论。

（1）电子供应链上下游流程中的电子商务能力对流程绩效产生直接作用。

在电子采购流程中电子商务能力对该流程绩效的作用效果非常显著（$\beta = 0.71$，$p < 0.001$），这说明在电子采购流程建立高效的电子商务能力是成功实施电子采购流程的关键。而供应商是企业的直接伙伴之一，建立高效的电子商务能力将有利于企业同供应商的紧密协作，减少传统采购中不必要的成本，并为企业创造直接价值。电子订购流程中电子商务能力对流程绩效的作用效果也比较显著（$\beta = 0.44$，$p < 0.001$）。代理商是企业销售链中的密切伙伴，订购交易发生在代理商与企业之间，他们形成了紧密的同盟关系去面对客户，完成每一笔订购，因此代理商与企业之间共享信息和合作有利于成功实施订购流程。在这样的订购环节中，电子商务能力将为企业带来缩短订购周期和降低成本等直接商务价值。电子客服流程中电子商务能力对该流程绩效的作用也非常显著（$\beta = 0.67$，$p < 0.001$）。确定客户需求，服务于客户是企业实现价值的根本途径。整合合作流程能力和共享信息能力的电子商务能力是成功实施客户关系管理的保证，也是企业创造价值的一种重要能力。

（2）流程协同是实现客户价值最大化的保证。

研究发现跨流程电子商务能力之间和流程绩效之间的作用关系假设均通过显著性检验，说明采购流程作为处于供应链上游的流程，对下游流程能力和绩效的实现非常重要，同时还表明了订购流程作为处于供应链采购流程下游的流程，直接影响客服流程的能力与绩效。

上游流程如采购流程承担着从原材料采购、加工成半成品并配送给制造商的繁重任务，与供货商的电子商务能力以及工作效率在很大程度上影响下游电子商务能力的实现（H2a 与 H2b）。同理，上游流程如采购流程绩效的优劣很大程度上决定着下游流程绩效的优劣（H3a 与 H3b）。

采购流程的整体能力和工作效率直接影响了下游企业和客户对合作的乐意接受度和满意程度，而作为面向代理商和客户的下游订购流程，它对下游客服的电子商务能力和流程绩效的影响同样不可忽略（H2c 与 H3c）。例如，代理商及时将客户潜在需求（例如：新的需求）反馈给企业，以便企业及时做出战略调整。企业根据代理商合作需求改造业务流程，支持跨企业的商务合作（例如：电子订购）从而更有效地提供客服。

（3）流程绩效对企业绩效的作用效果显著。

研究还发现，假设 H4a，H4b，H4c 通过显著性检验，说明采购流程绩效，订购流程绩效，以及客服流程绩效对企业绩效的作用显著。这也就更加证实了流程绩效测量电子商务的合理性，它是产生企业绩效之前的中间变量。

然而，作为以实证调研为基础的研究，本文的工作也必然存在一些遗憾与不足，本文主要是针对制造业的研究，尽管制造业在 E-SCM 研究领域具有一定的代表性，但考虑到研究结论的推广性，未来的研究可以扩大样本规模和范围，提高样本的随机性。

表2 **测量模型检验结果**

题项	负载	AVE	Cronbach's Alpha
采购电商能力		0.72	0.918
采购进度	0.86 ***		
采购信息	0.86 ***		
采购流程	0.82 ***		
在线采购	0.87 ***		
订购电商能力		0.73	0.918
订购目录	0.83 ***		
订购进度	0.86 ***		
在线采购	0.87 ***		
订购流程	0.90 ***		
在线订购	0.84 ***		
客服电商能力		0.56	0.833
客户交流	0.67 ***		
信息提供	0.76 ***		
在线客服	0.77 ***		
支持决策	0.78 ***		
企业绩效		0.70	0.924
投资回报	0.90 ***		
资产回报	0.88 ***		
库存周转	0.82 ***		
销售额	0.77 ***		
市场占有	0.80 ***		

续表

题项	负载	AVE	Cronbach's Alpha
采购流程绩效		0.71	0.931
采降成本	0.84 ***		
采降周期	0.83 ***		
采缩时间	0.86 ***		
采提能力	0.81 ***		
采降库存	0.86 ***		
订购流程绩效		0.72	0.928
订降成本	0.88 ***		
订缩时间	0.83 ***		
订降周期	0.81 ***		
订改关系	0.81 ***		
提升分销	0.90 ***		
客服流程绩效		0.79	0.946
客服效率	0.93 ***		
客户满意	0.86 ***		
增加客户	0.84 ***		
市场反应	0.88 ***		
服务质量	0.93 ***		

注：显著性水平： *** $p<0.001$。

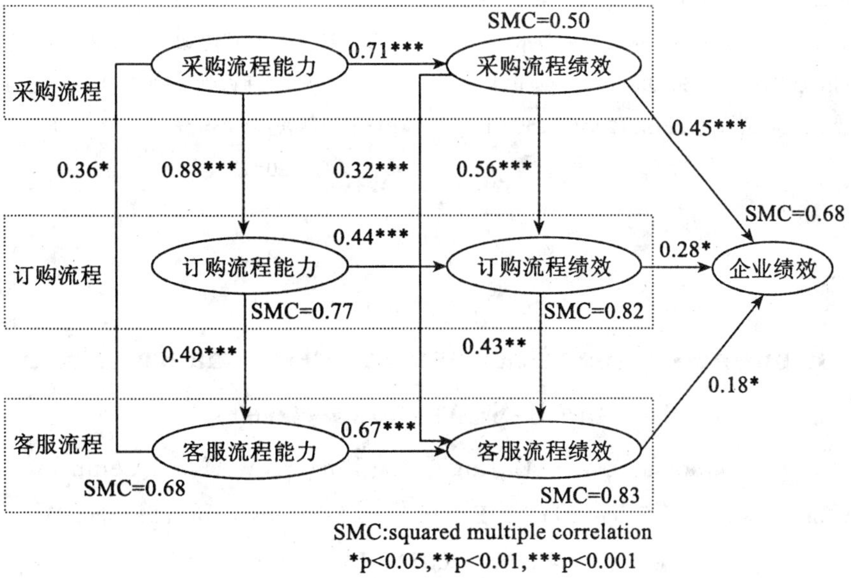

图2 结构方程模型分析关系图

参考文献

[1] 王春喜，查建中，李建勇．供应链性能评价的研究现状和发展趋势 [J]．管理工程学报，2003，17（3）：34-41．

[2] Osei-Bryson K M. Exploring the Relationship Between In-

formation Technology Investments and Firm Performance Using Regression Splines Analysis [J]. Information & Management, 2004, 42: 1-13.

[3] Zhu K, Xu S, Dedrick J, Information Technology Payoff in E-business Environments: An International Perspective on Value Creation of E-Business in the Financial Services Industry [J]. Journal of Management Information Systems, 2004, 21 (1): 17-54.

[4] Mata F J, Fucrst W L, Barney J B. Information technology and Sustained Competitive Advantage: a Resource-based Analysis [J]. MIS Quarterly, 1995, 19 (4): 487-505.

[5] Barua A, Konana P, Whinston A B, et al. An Empirical Investigation of Net-enabled Business Value [J]. MIS Quarterly, 2004, 28 (4): 585-620.

[6] Zhu K. The Complementarity of Information Technology Infrastructure and E-commerce Capability: A Resource-based Assessment of their Business Value [J]. Journal of Management Information Systems, Sum 2004, 167-202.

[7] 赵晶，朱镇．企业电子商务价值创造过程模型 [J]．管理科学学报（稿件修订中），2009.

[8] Tallon P K, Gurbaxani V. Executives'Perceptions of the Business Value of Information Technology: a Process-oriented Approach [J]. Journal of Management Systems, 2000, 16 (4): 145-173.

[9] Ray G B, Muhanna, W A. Capabilities, Business Processes, and Competitive Advantage: Choosing the Dependent Variable in Empirical Tests of the Resource-based View [J]. Strategic Management Journal, 2004. 25 (1): 23-37.

[10] Hagel J, Singer M. Unbundling the Corporation [J]. Harvard Business Review, 1999, 77 (2): 133-141.

[11] Devaraj S, Krajewski L, and Wei J C. Impact of Business Technologies on Operational Performance: the Role of Production Information Integration in the Supply chain [J]. Journal of Operations Management, Nov 2007, 25 (6): 1199-1216.

[12] Sahin F, Powell R E. Flow Coordination and Information Sharing in Supply Chains: Review, Implications and Directions for Future Research [J]. Decision Sciences, 2002, 33 (4): 505-536.

[13] 赵晶，朱镇．企业电子商务战略实施关键成功因素的实证研究 [J]．清华大学学报（自然科学版），2006, 46 (S1): 914-922.

[14] Zhao Jing, W V H., Zhu Zhen. An Empirical Investigation of E-Business Implementation Process in China [J]. IEEE Transactions on Engineering Management, 2008, 55 (1): 54-65.

[15] Zhu K L., Xu S. The Process of Innovation Assimilation by Firms in Different Countries: A Technology Diffusion Perspective on E-business [J]. Management Science, 2006, 52 (10): 1557-1576.

[16] Scott C, Westbrook R. New Strategic Tools for Supply Chain Management [J]. International Journal of Physical Distribution & Logistics Management, 1991, 21 (1): 23-33.

[17] 蓝伯雄，郑晓娜．电子商务时代的供应链管理 [J]．中国管理科学，2000, 8 (3): 41-48.

[18] 吴明隆．SPSS 统计应用实务 [J]．北京：科学出版社，2003.

E-business Capabilities and the Performance: From the E-SCM Perspective

CHI Maomao[1], ZHAO Jing[1], Liu Zhun[1], WANG Xuejun[1]

(Center for International Cooperation in E-Business, School of Economics and Management, Wuhan 430074, China)

Abstract: From the E-SCM perspective, we propose a model of E-business capabilities and the performance. An empirical study of 201 manufacturing enterprises in China validates the proposed hypothesizes in the model using structural equation modeling (SEM). The results reveal that ① the E-business capabilities affect the process performance directly; ②the E-business capabilities is also a critical factor to drive the dynamic process among the processes performance in the E-SCM; ③ the process performance is the immediate variables before the financial performance. The paper substantiates that E-business capabilities is critical factor in the process of value creation of E-business. Also, it is reasonable to use process performance to measure E-business value. These will help our managers to implement the E-business strategy in the E-SCM effectively and efficiently.

Key words: E-SCM; E-business capabilities; process performance; financial performance

关于 B2B 电子市场研究的重要背景理论述评

王珊[1]

（1. 中国人民大学 管理科学与工程，北京 100872）

摘　要：针对国内目前对 B2B 电子市场的研究不深入，缺乏实证研究和理论支撑的现状，本文对 20 个国际顶极期刊的论文进行了系统性的文献综述，目的是了解国际上 B2B 电子市场的研究热点，并重点探讨研究者们在利用什么理论研究 B2B 电子市场。本文研究总结了 5 大类理论，并对各个理论在本领域的应用进行了阐述，并提出了未来的研究方向。

关键词：背景理论；文献综述；B2B 电子市场

中图分类号：F49

目前我国已有一些关于 B2B 电子市场的研究，然而对这些文献的研究发现，这些研究往往留于对现状和问题的总结[1][2]，极少有实证研究。而且这些研究缺乏合适的理论指导，即使是实证性的研究也多限于描绘性研究[3]，较少探索与 B2B 电子市场相关的因果关系。

鉴于上述情况，笔者对国外 B2B 电子市场的论文做了一个文献综述，综述的目的是了解国外的 B2B 电子市场的研究关注点在哪里，用到了哪些理论，这些理论有没有规律性的地方。笔者认为总结这些理论能够帮助我们更深入地研究 B2B 电子市场。从国外的研究经验来看，当理论视野变换了时，不同的新发现就会出现。比如，传统对电子市场好处的探讨是基于交易成本经济学的，但是 Christiaanse[4]基于社会网络理论，提出 B2B 电子市场还有物流和资金清算（Cash Netting）方面的好处。我们希望本研究能够推动国内 B2B 电子市场研究的理论深度的提高，将对电子市场的研究深入下去。

1　研究方法

目标论文的确认遵循了标准的文献综述的方法，并从中提炼出电子市场研究的热点问题和背景理论。文献综述的一个难点就在于研究对象的界定，对 B2B 电子市场的研究亦是如此。在本文，B2B 电子市场被定义为支持企业之间交易和交流的第三方电子平台。在对电子市场的理解中，我们通常认为电子市场可以分为独立电子市场，企业集团电子市场和私有电子市场[5]。本文所指的电子市场包括独立电子市场和企业集团电子市场，而将私有的电子市场排除在外。排除私有电子市场的主要原因在于学者对该电子市场定义的争议。有的学者认为私有电子市场其实是一种电子科层，一个从经济学的角度讲，与电子市场相对的概念[6]。

与 B2B 电子市场的有关的论文的搜索被限定在 20 个期刊。这 20 个期刊来自两个期刊排名的前 10 名期刊，一个是传统的 isworld（www. isworld. org）的 IS 期刊排名，一个是电子商务期刊排名[7]。笔者在这些期刊使用较为宽泛的词汇进行搜索，之后进行人工筛选，选出了符合本文电子市场定义的 106 篇论文，其中包括 54 篇 B2B 电子市场的论文和 52 篇一般性电子市场的论文。

2　目前国际上 B2B 电子市场研究焦点

根据对这些文献的总结、分类和编码（Coding），目前大多数关于 B2B 电子市场的研究集中在 7 大类，包括①B2B 电子市场的采纳；②成功和失败因素探讨以及 B2B 成功策略，这一类主要是研究利益相关者；③电子市场的影响；④电子市场中中小企业的问题；⑤电子市场中的信任问题研究；⑥电子市场中的智能代理研究；⑦关于电子市场的总体描绘。其中，电子市场的采纳和成功、失败因素的探讨是研究最多的题目，分别占总论文数的13%和 22%。由于对上述热点问题的深入探讨不是本文的重点，且这些热点问题的具体内容部分地体现在相关理论的论述中，这里就不再赘述。

3　B2B 电子市场研究背景理论述评

国际研究的趋势是，对电子市场热点问题的研究已经走出了早期对电子市场泛泛的描绘性阶段，开始由一系列的理论作为支撑，对 B2B 电子市场某一具体的问题做深入研究。我们对抽样论文所依赖的背景理论进行了分类，总结出 5 大类的理论，包括信息技术采纳理论、阶段性理论、战略管理理论、经济学理论和结构性理论。这五大类理论被用来从不同的角度阐述和考证了 B2B 电子市场的热点问题：电子市场的采纳、成功策略和影响问题。这其中，信息技术采纳理论和结构性理论是涉及具体理论数和论文数最多的类别。以下笔者将对这五大理论趋势及其在电子市场研究中的应用做具体的阐述。

3.1 技术采纳理论

技术采纳理论是管理信息系统领域被运用最多，也是最为成熟的理论之一。技术采纳理论有着较多的流派和研究视野。在我们的样本论文中，以下理论被用来分析电子市场的成功因素和采纳：创新扩散理论[8]、技术接受理论（TAM 模型）[9]、计划行为理论分解版[10]、Ventaksh 对八大采纳理论进行综合之后得出的技术接受和使用的联合理论（UTAUT 模型）[11]，动机/能力理论[12]和任务/技术匹配理论[13]。这些理论都是一些传统的经典技术采纳理论。基于这些理论，B2B 电子市场的采纳和成功受到一系列的经典采纳变量的影响，包括 B2B 电子市场的可用性（Ease of Use），有用性（Usefulness），支持性条件（Facilitating Conditions），社会影响等。

Fichman[14]对技术采纳的实证研究表明，大多数的实证研究可以按照技术的特点（即技术对采纳者造成的知识负担，或者技术的使用是否需要用户的相互配合），以及采纳者的特点（是个人采纳还是组织采纳），可以分为 4 大类（见图 1）。根据技术和采纳方特点，B2B 电子市场应当处于 III 和 IV 的位置，即 B2B 电子市场的采纳属于组织采纳范畴，具有较高的用户相互依赖度，且这种依赖是跨企业组织的范畴。同时，电子市场根据不同的类型，对采纳者造成的知识负担是不一样的。如有的电子市场提供的功能非常简单，用户很容易就能够学会使用，但是有的电子市场提供复杂的 B2B 功能如 CPFR，供应链管理等，对用户提出的新知识学习和掌握的要求较高，需要组织用户具有较高的技术吸收能力。在图 1 中，用斜线画出的是目前电子市场的采纳研究中还没有学者研究的因素。结合该图（尤其是 III 和 IV 中总结的采纳变量），我们对目前 B2B 电子市场采纳的研究现状进行了如下总结：

（1）目前大部分 B2B 采纳研究基于传统的技术采纳理论，研究了 Fichman[14]所说的传统经典变量对 B2B 电子市场采纳的影响，如可用性，易用性，动机和能力等。但是传统的技术采纳理论对 B2B 电子市场采纳的解释力有限。也有一些研究者将经济因素（价格）、采用者的行业竞争因素和供应商因素（伙伴就绪）加入到研究中。

（2）一些研究中加入了和 B2B 特别相关的一些变量，如关键大量，实施因素和行业因素（即行业是否具有较高的集中度，低的集中度有利于阿里巴巴式的电子市场的实施）。这些因素游离于传统的技术采纳理论之外，因其与 B2B 的相关性而被研究者们研究。

（3）由于一些 B2B 电子市场也提供供应链管理功能，所以技术知识的复杂度较高，需要企业具有较高的吸收能力和减轻知识障碍的制度。目前这一类的研究还未出现在对 B2B 电子市场的采纳研究中。

（4）由于 B2B 电子市场的采纳行为属于组织采纳，需要考虑组织特点。传统研究的组织特点包括组织的正规化（Formalization），集中度（Centralization），决策过程等。这些因素目前还未包括在 B2B 电子市场的采纳研究中。

（5）“IT 开发组的特点”因素还没有研究者在 B2B 电子市场的情景下进行研究。这也是一个值得关注的现象；尤其是如果 B2B 电子市场是由大型企业自己主导的私有电子市场。当大型企业将开发项目外包给软件开发商时，软件开发商会碰到什么样的问题？这些问题和承接企业内部信息化系统的外包是一样的吗？如果不是，企业又应当具有什么样的能力呢？据我们所知，目前还没有研究者回答这些问题。而从企业实践来看，该因素是值得探讨的。比如中石油和香港和记黄埔有限公司共同开发的“能源一号”网站中就碰到了各种问题，而这些问题是和企业内部信息化软件外包不同的一些问题。

B2B 技术具有较高的用户相互依赖度，导致了在采纳上问题的研究上，必须突破传统的技术采纳理论的范围，寻求新的理论视野，并入 B2B 技术采纳中较高的用户相互依赖度特点。这些新的理论视野即为我们总结出的第二类理论：解释企业间关系和结构的理论，我们简称为结构性理论。目前这些理论已经或多或少的用于 B2B 电子市场的研究（包括 B2B 的采纳、战略和影响等问题）。

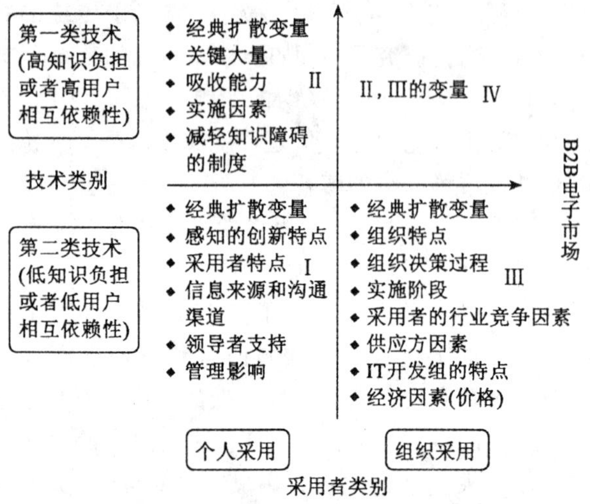

图 1 B2B 电子市场采纳和成功策略研究现状剖析

3.2 结构性理论

这一类的理论是对企业间组织结构与关系进行描述和研究的理论。出现在我们的样本论文中的理论具体包括：① 交易成本理论；② 资源依赖理论；③制度理论；④ 社会交换理论；⑤代理理论；⑥社会网络理论；⑦关系性交换理论和营销渠道理论；⑧产业组织经济学理论。不同的理论被用来从企业间关系和结构的不同方面来研究 B2B 电子市场。Koch[15]将 B2B 电子市场看成是很多企业结成的一个联盟。基于交易成本经济学理论和资源依赖理论，Koch 认为 B2B 电子市场的成立是电子市场的运营者们在其早期基于稳定性（减少环境不确定性）和提高交易效率（以减少无形的和有形的交易成本）的动机而成立的，而在后来，别的企业是基于资源依赖理论提出的合理性（legitimacy）以及互惠非对称性（reciprocity asymmetry）加入到该电子市场中的。

制度理论被较多地用来研究 B2B 电子市场的问题。这主要是因为：①B2B 电子市场本身就是一种新的交易制度，对这种制度的研究和制定也有助于 B2B 电子市场效率的提高[16][17][18]。②制度环境是制度理论中的一个重要概念。由于 B2B 跨企业组织的特点，制度环境（organizational fields）对 B2B 电子市场的采纳和发展具有较大的影响[18][19]。制度影响发挥作用的具体机制包括规范，强制和合理性压力。

代理理论主要被用来研究 B2B 电子市场中的风险。如 Saeed and Leitch (2003)[20]利用该理论分析了电子市场中的道德风险和逆向选择的问题。

社会交换理论和营销渠道理论中的关系交换理论具有很多相似之处，即注意到无形的关系投资和这种投资带来的好处。不同之处在于社会交换理论是社会学理论，注重研究个人的无形关系投资；而关系交换理论是营销学理论，带有较浓厚的经济学特点。这两个理论的引进在 B2B 电子市场的研究中具有重要意义。基于理性假设的经济学认为电子市场是一个纯理性的交易平台，企业之间是完全竞争的关系。但是这两个理论认为企业之间不仅仅是完全竞争的关系，而更多的表现为关系性关系。在关系性关系下，企业对 B2B 电子市场的使用体现为仅仅利用这个平台自动化与交易伙伴的已经协商好了的交易。这是很多 B2B 电子市场也提供供应链管理功能的一个原因。比如 Gosain 和 Palmer[21]确认企业在 B2B 电子市场中可能存在三种类型的联系：信息型，交易型和关系型。针对不同的联系，B2B 电子市场应当有不同的价值定位和取向。Ivang 和 Sϕrensen[22]在研究 B2B 网上拍卖时认为，供应商倾向于利用关系型营销来减少竞争，而买方倾向于利用电子市场来做纯粹的短期市场交易。

产业组织经济学对 B2B 电子市场研究的意义在于，B2B 是存在于一个行业环境中的，行业环境对 B2B 电子市场势必有重要影响。比如市场集中度能够影响电子市场的形成和成功[23]。

近两年来，社会网络理论也被应用于 B2B 电子市场的研究，并得出了关于电子市场的一些新的结论。虽然交易成本经济学经常被用来分析电子市场的好处，但是这种好处是以二元关系（dyadic relationship）为基础的。当社会网络理论被用来分析电子市场的好处时，研究者们发现了网络级好处。如 Christiaanse[4]发现 Elemica 式的电子市场还具有运输最优化和资金结算（cash netting）方面的好处。社会网络理论的另一好处就是该理论提供了较强的分析型工具和概念，为实证分析电子市场网络提供了依据。如 Christiaanse 和 Rodon (2005)[24]分析了一些网络特点，包括中心度（Centrality），结构等同度（Structural Equivalence）和浓度（Density）是如何影响 B2B 电子市场的采纳以及被其影响的。

3.3 阶段性理论

阶段性理论主要以一种动态的观点看待电子市场的各种问题，如电子市场的演进，交易的动态特征等。在样本论文中，我们发现以下阶段性理论：①阶段理论；②以流程为导向的 IT 测量方法；③交换流程模型；④商业流程再造。

阶段理论有着很多的版本，其中较早也是最有名的就是 Gibson 和 Nolan [25] 的 6 阶段增长模型。这些阶段包括开始、扩散、控制、整合、数据管理和成熟阶段。在我们的样本论文中，没有论文直接采纳了该模型中所阐述的阶段，但是这种阶段性的思想被保留了。Gengatharen [26] 等人认为一种阶段性的增长模式比较适合政府支持的中小企业电子市场的发展。他们确认了四个增长阶段，并明确了每个增长阶段的关键成功因素。Scharl 和 Brantweiner[27] 采用增长阶段模型的理念，确认了 4 个主要的虚拟商业生态系统的演进阶段，包括出现、扩张、权威、重生或死亡。这个理论框架同时确定了每一阶段的领导力挑战，合作挑战和竞争挑战。

在 IT 价值测量方面，研究者们最初存在争论与困惑，一些实证研究并不能得出 IT 为企业带来了生产率的提高。这也是著名的生产力悖论（productivity paradox）。但是现在研究者们开始达成共识，即 IT 的价值很多是体现在无形中的，与企业别的方面一起构成企业的核心竞争力，从而提高企业绩效。IT 的具体好处则体现在流程中，即减少了完成某一流程所需的时间，减少了流程中的错误等。Subramaniam 和 Shaw [28] 关于电子市场好处的探索从这种思想出发，进一步模拟了一阶和二阶电子市场好处，即将电子市场的好处也分阶段性来进行描绘，一阶的好处进一步导致了二阶的好处。

在 Driedonks [8] 在解释一些农产品电子市场的失败时，比较了交换流程模型和传统的技术采纳理论—技术扩散理论模型而得出的，技术扩散模型更能解释电子市场的失败。交换流程模型的具体做法是，首先确认电子市场的主要流程，如搜索、物流、付款等，然后确认每一流程的利益相关者。然后从利益相关的利益得失来看待他们对该电子市场的态度，从而解释电子市场失败的原因。

企业流程再造是现代企业管理的重要理念之一。Lee 和 Clark[29] 和 Yen 和 Ng [30] 将这种理念适用到电子市场的研究中，提出电子市场本身提供了企业流程再造的机会，并将其称为“市场流程再造”。企业流程再造和设计的一些分析方法也被用来分析电子市场。比如 Hopkins 和 Kehoe[31] 利用 QFD（Quality Function Deployment，质量功能展开）开发了一个矩阵，这个矩阵将电子市场的功能和客户需求映射起来，并确认了这些功能的设计目标和主要质量控制点。这种方法为设计成功的电子市场提供了依据。

综上所述，我们可以看出，阶段性理论为深入细致的剖析电子市场提供了分析思路。它能为我们提供电子市场的历史的或纵向的剖面图，然后研究者可以在这个剖面图上对电子市场的成功，失败和采纳进行研究。

3.4 战略理论

一些战略管理理论也被用于电子市场的研究。其合理性和必要性在于，无论是电子市场，还是参与企业，都是需要盈利的经济实体，都要进行战略运作。比如新兴的电子市场也需要像别的企业一样进行融资，进行创业，没有良好的资金运作和商业模式，一个电子市场很难成功。在我们的样本论文中，以下企业战略方面的理论被用来研究电子市场：①企业资源观；②竞争异质性理论；③波特的竞争策略；④推拉理论。

企业资源观是现在战略管理最为著名的理论之一。企业资源观认为企业的绩效增长源于企业在各种资源的基础上构筑的企业核心能力和竞争力。Hoopes 等人[32] 认为企业资源观不足以解释为什么一些非常相似的竞争者的绩效会有所差别，于是提出了竞争异质理论。该理论拓宽了企业资源观的理论基石，将所有权结构等也包括到企业绩差别的解释变量中了。在 B2B 电子市场的研究中，资源观和竞争异质理论的一些重要变量，被用来预测电子市场的绩效。Laseter 和 Bodily [23] 通过实证的方法证实了电子市场的绩效（以首次到达金融里程碑所需的时间）是受以下基于企业资源观和竞争异质理论的变量影响的：执行速度、所有权结构、初始基金比率、战略持续性和服务宽度。Koo 等人[23] 采用波特的竞争策略模型分析了电子市场中参与者的策略，即哪些参与者将在电子市场上获得最大的利益。Dasgupta 等人[34] 在其论文中利用了推拉理论的理念，利用移动智能代理设计了一种机制来帮助供应商将商品主动推向买方企业，而不是等着买方企业找上门。以上这些理论及其运用为企业和电子市场更好的战略运作提供了指导依据。但是从总体上讲，目前的研究还是不够深入，比如还较少有研究者基于企业资源观理论探讨，第三方 B2B 电子市场应当具备什么资源和能力才能成功？

3.5 经济学理论

一些经济学理论也被用来研究 B2B 电子市场，包括微观经济学理论，博弈论和公共产品理论。这些研究一般采用经济学建模的方法。一些研究者利用微观经济学理论及假设探讨了 B2B 电子市场的效率、定价、电子市场上的参与者行为，隐私和信任等问题[35][36][37][38]。博弈论也被用于分析电子市场上的参与者行为。有趣的是公共产品理论也被用来分析电子市场。当采用该理论来分析电子市场时，电子市场被看成是一种公共产品，具有不可排除性和非竞争性（Non-excludability 和 Non-rivalry）[39]。但是公共产品理论还未完全用于 B2B 电子市场的分析中，只是作为一种假设存在。比如，基于 B2B 电子市场是一种公共产品的观点，Koch[15]构建了一个理论框架来解释企业为什么形成和加入电子市场，并在这个理论框架中并入了交易成本和资源依赖两种视野。

4 总结和未来研究机会

本文试图以述评背景理论为出发点，探索并推进 B2B 电子市场研究的理论深度。在综述中，我们确认了 6 大类的理论，每一类理论都有其特色，相互补充，相互竞争，共同促进对 B2B 电子市场热点问题（包括电子市场的采纳、成功战略和影响）的探讨。研究者利用传统的采纳理论的经典变量说明了 B2B 电子市场的采纳和成功，同时基于结构性理论，从企业组织间结构层面对其进行了补充。阶段性理论帮助研究者将电子市场的分析进一步深化和纵向化。战略管理和经济学理论则以不同的视野和方法论（如建模）的方法对上述研究层面进行细致的补充。如果说上述研究理论偏向管理层面，协议设计和智能代理理论帮助研究者在技术层面上深入了 B2B 电子市场的研究。

基于本述评，笔者认为 B2B 电子市场的研究的未来可从以下研究方向着手：

（1）采用上述理论研究中国的 B2B 电子市场。目前中国的 B2B 电子市场研究略显浮浅。研究者们可以在上述一些理论的指导下做更深入细致的研究。

（2）在研究 B2B 电子市场采纳时，仅仅依赖于传统的采纳理论是不够的。研究者们可以考虑结合结构性理论，组织学习理论等来深化对 B2B 电子市场的采纳研究。

（3）战略理论在 B2B 的研究中应当进一步加强，尤其是电子市场的参与者应当采取何种策略才能从电子市场获得最大利益，这方面的研究几乎是空白。国际上亦是如此。

（4）政府支持的中小企业电子市场的成功失败的探讨。中国在推行信息化早期有大量政府支持的中小企业电子商务平台，探讨其成功失败对未来是很有借鉴意义的。

（5）加强 B2B 电子市场的实证研究。由于电子市场处于其发展早期阶段，未大面积普及，难以取得实证数据，是 B2B 电子市场实证研究偏少的原因之一。但是目前国际上一些研究者开始利用分析性较强的理论工具（Analytical Tools）对 B2B 电子市场进行研究，如社会网络分析和流程分析等，国内的作者也应当跟踪到这些动向，加强对 B2B 电子市场的实证分析。

参考文献

[1] 李洪心，刘丽丽．中外 B2B 电子商务比较［J］．信息化建设，2005：38-39.

[2] 张颖，江张琴．全程 B2B 电子商务模式研究［J］．软件导刊，2006（1）：29.

[3] 常广庶，我国 B2B 电子市场的实证分析［J］．科技管理研究，2005，（11）：115-116.

[4] Christiaanse E. Performance Benefits through Integration Hubs [J]. Communications of the ACM, 2005 48 (4): 95-100.

[5] Palvou P A, Sawy O A. A Classification Scheme for B2B exchanges and Implications for Inter-organizational E-commerce [A]; Business to Business Electronic Commerce: Challenges and Solutions [M]. M. Warkentin. Editor. Hershey, PA, USA: Idea Group Publishing, 2002.

[6] Wang S, Archer N P. Electronic Marketplace Definition and Classification: Iiterature Review and Clarifications [J]. Enterprise Information Systems, 2007, 1 (1): 89-112.

[7] Bharati P, Tarasewich P. Global Perceptions of Journals Publishing E-commerce Research [J]. Communications of the ACM, 2002, 45 (5): 21.

[8] Driedonks C, et al. Economic and Social Analysis of the Adoption of B2B Electronic Marketplaces: A Case Study in the Australian Beef Industry [J]. International Journal of Electronic Commerce, 2005, 9 (3): 49-72.

[9] Yu C S. What Drives Enterprises to Trading via B2B E-marketplaces? [J]. Journal of Electronic Commerce Research, 2007, 8 (1): 84-100.

[10] Lau A, et al. Adoption of On-line Trading in the Hong Kong Financial Market [J]. Journal of Electronic Commerce Research, 2001, 2 (2): 58-65.

[11] Wang S, et al. An Exploratory Study of Electronic Marketplace Adoption: A Multiple Perspective View [J]. Electronic Markets, 2006, 16 (4): 337-348.
[12] Gallaugher J. Market Formation and Fixed Income E-commerce [J]. Journal of Electronic Commerce Research, 2002, 3 (2): 50-58.
[13] O'Reilly P, Finnegan P. Performance in Electronic Marketplaces: Theory in Practice [J]. Electronic Markets, 2005, 15 (1): 23-37.
[14] Fichman R. Information Technology Diffusion: A Review of Empirical Research [J]. Proceedings of the Thirteenth International Conference on Information Systems, Dallas, 1992.
[15] Koch H. Business-to-business Electronic Commerce Marketplaces: The Alliance Process [J]. Journal of Electronic Commerce Research, 2002, 3 (2): 67-76.
[16] Wareham J, et al. Standardization in Vertical Industries: An Institutional Analysis of XML-Based Standards Infusion in Electricity Markets [J]. Electronic Markets, 2005, 15 (4): 323-334.
[17] Brandtweiner R, Scharl A. An Institutional Approach to Modeling the Structure and Functionality of Brokered Electronic Markets [J]. International Journal of Electronic Commerce, 1999, 3 (3): 71-88.
[18] Reimers K. The Non-market Preconditions of Electronic Markets: Implications for their Evolution and Applicability [J]. European Journal of Information Systems, 1996, 5 (2): 75-83.
[19] Reimers K. Developing Sustainable B2B E-commerce Scenarios in the Chinese Context: A Research Proposal [J]. Electronic Markets, 2003, 13 (4): 261-270.
[20] Saeed K A, Leitch R A. Controlling Sourcing Risk in Electronic Marketplaces [J]. Electronic Markets, 2003, 13 (2): 163-172.
[21] Gosain S, Palmer J W. Exploring Strategic Choices in Marketplace Positioning [J]. Electronic Markets, 2004, 14 (4): 308-321.
[22] Ivang R, Sφrensen O. J. E-markets in the Battle Zone Between Relationship and Transaction Marketing [J]. Electronic Markets, 2005, 15 (4): 393-404.
[23] Laseter T M, Bodily S E. Strategic Indicators of B2B E-marketplace Financial Performance [J]. Electronic Markets, 2004, 14 (4): 322-332.
[24] Christiaanse E, Rodon J. A Multilevel Analysis of eHub Adoption and Consequences [J]. Electronic Markets, 2005, 15 (4): 355-364.
[25] Nolan R L. Managing the Crisis in Data Processing [J]. Harvard Business Review, 1979, 57 (3): 115-126.
[26] Gengatharen D, et al. Government-supported Community Portal Regional E-marketplaces for SMEs: Evidence to Support a Staged Approach [J]. Electronic Markets, 2005, 15 (4): 405-417.
[27] Scharl A, Brantweiner R. A Conceptual Research Framework for Analyzing the Evolution of Electronic Markets [J]. Electronic Markets, 1998, 8 (2): 39-42.
[28] Subramaniam C, Shaw M J. A Study of the Value and Impact of B2B E-commerce: The Case of Web-Based Procurement [J]. International Journal of Electronic Commerce, 2002, 6 (4): 19-40.
[29] Lee H G, Clark T H. Market Process Reengineering through Electronic Market Systems: Opportunities and Challenges [J]. Journal of Management Information Systems, 1996/1997, 13 (3): 113-136.
[30] Yen B P, and Ng E O. Migrating Procurement onto the Internet [J]. Electronic Commerce Research, 2002, 2 (1-2): 113.
[31] Hopkins J L, Kehoe D F. The Theory and Development of a Relationship Matrix-based Approach to Evaluating e-Marketplaces [J]. Electronic Markets, 2006, 16 (3): 245-260.
[32] Hoopes D, et al. Why is there a Resource-Based View? Toward a Theory of Competitive Heterogeneity [J]. Strategic Management Journal 2003, 24 (10): 889-902.
[33] Koo C M, et al. An Examination of Porter's Competitive Strategies in Electronic Virtual Markets: A Comparison of Two On-line Business Models [J]. International Journal of Electronic Commerce, 2004, 9 (1): 163-180.
[34] Dasgupta P, et al. Dynamic Pricing for Time-Limited Goods in a Supplier-Driven Electronic Marketplace [J]. Electronic Commerce Research, 2005, 15 (2): 267-292.
[35] Bakos J Y. Reducing Buyer Search Costs: Implications for Electronic Marketplaces [J]. Management Science, 1997, 43 (12): 1676.
[36] Bakos J Y. A Strategic Analysis of Electronic Marketplaces [J]. MIS Quarterly, 1991, 15 (3): 295-311.
[37] Kalvenes J, and Basu A. Design of Robust Business-to-business Electronic Marketplaces with Guaranteed Privacy [J]. Management Science, 2006, 52 (11): 1721-1736.
[38] Zhu K. Information Transparency of Business-to-business Electronic Markets: A Game-theoretic Analysis [J]. Management Science, 2004, 50 (5): 670-685.
[39] Fulk J, et al. Connective and Communal Public Goods in

Interactive Communication Systems [J]. Communication Theory, 1996, 6 (1): 60-87.

A Review of the Background Theories in B2B Electronic Marketplace Researches

WANG Shan[1]

(1. Department of Management Science, School of Business, Renmin University, Beijing 100872, China)

Abstract: Currently there is a lack of in-depth research about B2B electronic marketplaces (EMs) in China. This paper systematically reviewed articles in B2B EMs in top 20 international information systems and electronic commerce journals, in order to provide some guidelines for further B2B EM researches in china. This paper summarized the advanced topics in B2B EMs, and classified their background theories into five categories. The applications of these theories in B2B EM research were also discussed.

Key words: background theories; literature review; B2B electronic marketplaces

我国电子政务面临的信息环境分析*

唐增增[1]，娄赤刚[1]，程鹏[2]

（1. 华中师范大学 信息管理系，湖北武汉 430079；2. 湖北省科技信息研究院，湖北武汉 430071）

摘　要：本文立足于中外学术文献和网络资料，采用定量分析与定性分析相结合、静态分析与动态分析相结合的方法，从电子政务的参与主体——政府、公众和社会组织三方入手，在理论与实践层面上梳理和总结了我国电子政务信息环境的现状及亟待解决的问题。作者认为加强电子政务自身建设，普及全民信息素质教育，积极与社会组织合作，是构建电子政务和谐网络环境的有效举措。我们希望这些分析能有助于我国电子政务应"信息环境"而变。

关键词：电子政务；信息环境；政府；公众；社会组织

中图分类号：TP311

美国记者出身的社会学家、未来学家阿尔温·托夫勒在其所撰写的《第三次浪潮》中，将人类社会划分为三个阶段：在农业和工业之后，第三阶段是信息化社会，是我们现在亲历着的信息化浪潮。第三次浪潮作为一个重要技术因素，对于整个世界将带来长期和深远的变革，这些变革不仅仅是技术、经济上的，整个社会状态都因之而产生了深刻的变化。伴随信息化浪潮引进中国的，不仅有国外的资金与技术，还有与之相伴的现代政府管理观念及模式——电子政务。

自 2008 年 12 月份以来，我国网络舆论热点持续增加，网络问政总体呈上升态势。信息环境的复杂化趋势，使我国电子政务面临前所未有的挑战。如何在挑战中把握变革的机会？电子政务该走向何方？能否实现"嬗变"？这是一个很重要的课题。解答这些疑问，我们的出发点必须立足于当前，立足于电子政务当前面临的信息环境。本文将从政府和社会两个角度展开剖析。

信息公开是信息社会的必然，电子政务的出现是由信息社会的性质决定了的，也是现代政府管理的需要决定的。作为电子政务的建设者，同时也是使用者，我国政府对电子政务的重要性和必要性已有充分认识，并一直致力于探索有中国特色的电子政务发展道路。

1　政府自身努力不懈

1.1　基础设施已基本具备

20 世纪 90 年代以来，我国一直致力于加速国家信息化基础结构建设的努力，电子政务的物理网络和其他基础设施已基本具备

政务信息资源增长迅猛。近几年，我国政府信息化建设发展更加迅速，电子政务也稳步展开。根据《信息化建设》杂志公布的调查数据，截至 2008 年，已开展电子政务时间超过 5 年的地方政府比例达 54.4%，超过 1 年的达 84.92%，仅有 8.38% 的地方政府尚未开展电子政务建设[1]。电子政务已建设相当数量的应用系统，这些系统分为三大类：一是与围绕各部门业务建立的专项业务应用系统，以十二金工程为代表，在各个部门管理领域内积累了海量有效的业务信息资源；二是各级政府部门建设的相当数量的面向公众服务的政府网站和门户网站，积累了大量服务类信息资源；三是办公自动化平台，积累了大量档案类信息资源[2]。

信息基础设施逐步完善。《国家信息化领导小组关于我国电子政务建设指导意见》中明确了政府网站在电子政务框架中的地位。截至 2009 年 7 月，以 .gov.cn 注册的政府域名总数达 52，477 个[3]。目前，由国家信息中心承担建设的国家电子政务外网一期工程建设任务已基本完成。据不完全统计，国家电子政务外网在全国已覆盖到 31 个省、自治区、直辖市和新疆建设兵团，160 多个地市州，420 多个区县，接入政务外网的各级政务部门达 9400 多个，接入终端近 31 万台[4]。绝大部分国家部、委、办、局与地市级以上地方政府都覆盖在内。财政部、国家发改委于 2009 年 6 月 12 日

* 通讯作者：唐增增，E-mail：tzz1182@yahoo.com.cn

下发通知，要求政府机构加快推进电子政务外网建设，所有的国家机关和政府机构应于2010年初实现与中央政务外网的互联互通。

在全球信息化浪潮的推进下，世界各国提出电子政府、电子政务建设，其目的是为了建立起更有效率的行政流程，为公众提供更广泛、更便捷的信息及服务。“建为用”是共识。但是，用在何处？如何用？用好的标准是什么？——应该有的放矢，针对现阶段我国电子政务在信息资源利用方面存在的问题着手，包括信息孤岛、死库、重电子轻政务等等。

1.2 人力资源有保障

电子政务的成效，在很大程度上要视公务员群体的综合素质而定。因为他们是党和国家管理职能的直接执行者，是电子政务的建设、使用和管理主体。

一支高素质、专业化的公务员队伍已基本建立。自1993年实行中国公务员制度至今，我国公务员队伍结构进一步优化。从学历上看，大专以上人员占总数的比例由1992年的30%上升到2007年的86%[5]。公务员的科学文化素质全面提高。电子政务培训工作于2004年就已被纳入“国家信息化培训工作”中，针对电子政务利用能力和水平的专项培训持续进行，相关的培训认证管理机构也应运而生，步入正轨。

群体性事件处理能力的提升检验了公务员群体的素质。针对群体性事件举行新闻发布会，及时主动发布相关信息，主动引导舆论特别是网上舆论，这是需要具备电子政务的意识并掌握一些基本技能才可能做到的。必须看到，身处日益开放的社会环境，地方政府和部分官员面临着越来越多的利益兼顾和角色冲突而引发的挑战，其思想和观念的更新、心理承受和应对能力还有待进一步提高。

1.3 政府信息活动效果显著

电子政务网络平台肩负着四大职责：“对外宣传的平台、老百姓的办事平台、机关工作人员的工作平台、政府的服务平台”。政府的信息活动也围绕这四个方面展开。

“中国学会了面对境外媒体”，这是外国媒体在国内某地发生骚乱事件后，对中国官方的评价。政府上网工程实施以来，全国政府部门建立的网站增长飞速，网上办公、网上审批已逐步展开，很好地推动了我国电子政务建设工作。但是网站内容单一，介绍性的静态信息占据大量版面，与群众生活密切相关的政务信息少有发布；网站便民交互功能不强；更新不及时；部门条块分割，“一站式”服务的政府网站屈指可数。“提高工作效率”是我国政府开展电子政务最直接的目的[1]。党政机关事业单位工作者占网民中的10.3%，他们的网络应用通过表1可窥见一二。数据基于开放式回答，真实再现政府工作人员对电子政务的应用现状。重要性和见效性是基本相对应的，但是居于前三项的都是政府内部被动的静态信息传递，与主要日常工作紧密相连的协同办公、网上审批列于微弱地位，视频会议和信息报送重要但无见效性排名，其既有成效在实际工作中未能发挥。按照重要性加以推广应用的话，政府工作人员工作效率的提升还是有很大空间的。

表1 政府工作人员的网络应用

应用系统	重要性加权值排名	见效性比例排名
政府网站	346	29.88%
门户网站	113	15.24%
电子公文	237	20.73%
协同办公	98	15.24%
网上审批	36	3.66%
视频会议	27	/
信息报送	15	/
信息公开	12	3.66%

任重而道远。电子政务肩负支撑和服务于我国建设服务型政府的历史性重任，现实是，中国在全球电子政务发展水平中排名第65[6]。韩国于2009年8月17日公布的一份20个国家（G20）国力评估指出，中国国政管理水准方面排在靠后的第18位。这恐怕不是电子政务自身建设的改进所能解决的，政务改进的根本在于制度的变化，网络只不过是工具、平台，是政务的呈现场所之一。

电子政务应该建成什么么样？并非由政府来决定，而应该由社会公众来决定；不是靠政府的目标、规章来定义的，而是由公众的需要以及获得服务时感知到的满意度来定义的。因为要分析电子政务面临的信息环境，我们需要从内往外看，关注公众的状况。

2 公众参与度大幅提升

联合国2008年度全球电子政务调查报告显示，在电子政务的公民参与程度方面，中国从2005年度的第32位跃至第21位。2009年以来，群体性事件中网民的影响力在中国越来越明显。

网民规模扩大。这与中国互联网络快速发展是紧密联系的。根据《第23次中国互联网络发展状况统计报告》，截至2008年12月31日，中国网民规模达到2.98亿人，普及率达到22.6%，而且保持快速增长之势。互联网作为信息渠道和交往工具，已得到网民的高度认可。这既是我国全民信息素养提升的契机，也是把“双刃剑”，如此大规模的网民“参与”是个强大的利器。该如何进行互联网的监督管理，又该如何恰当地进行引导，也是我国电子政务亟待解决的问题之一。

网民的信息意识增强。随着中国公民的民主意识和权利意识日益增强，网民近年来积极通过网络参与社会现象的监督，使民意对党委、政府的影响与日俱增。“网络问政”效果显著，也激发更多公民信息意识的觉醒和参政议政的热情。

网民的信息素质参差不齐。网民以极大的热情参与博客、论坛及其他探讨活动，表达从无意识到理性是大趋势。但是伴随互联网日益向低学历、低年龄、低收入人口普及，支撑政府财政的重要群体——工薪阶层在网民中所占比重还比较低，整个社会的中坚力量没有包括进来，网民的结构还不够合理稳固。“网络是谣言的温床”，网民辨别、防范虚假信息的能力需要全面验证；部分网民的法律意识淡薄，滥用网络监督权利，利用互联网捏造、散布谣言，引发网民猜疑，误导公众舆论，扰乱公共秩序。网民信息素养的提升应该与电子政务的发展保持同步，为电子政务的发展营造良好的社会环境，与此同时公众的言论才更有影响力，合法监督的权利也能得到保障。

3 社会组织担当“桥梁”

电子政务的发展需要政府作出不懈的努力，政府要有听取民意的诚意，也需要有一种专门的渠道使老百姓的意见能得到反映。在这方面，网络媒体和NGO组织发挥了桥梁的作用。

3.1 网络媒体“上传下达”

更及时客观地传播新闻。电台、电视台和报纸利用网络，切实而及时地发布和公开各种社会敏感问题，对政府的相关处理措施持续进行跟踪报道。如此一来，既体现了媒体的公开监督，避免郁积梗阻情况的发生，也实现了政府的信息公开，有效抑制谣言。日前中央电视台节目改版，其核心指导原则非常明确：增加信息量、实行新闻报道的滚动式播出、加强新闻评论的分量和力度。

网络媒体能更方便地为网民服务。吸纳民意，倾听民声，汇集各方呼声、建议和批评等信息，利用网络尽可能减少阻碍真实民意表达的中间环节，使得各种不同的阶级、政党和社会团体的声音得到传递。

网络媒体能在一定程度上实现“有渠道、有反馈”，逐步搭建政府与公众信息沟通的桥梁。紧随而来的问题是“有无行动，能否见实效”。如何保证政府职能机关对网民所反映的问题和意见进行及时、负责和诚恳的回复和督办？谁来监督网络媒体？

3.2 NGO

电子政务发展较成熟的国家，一条很重要的经验就是充分发挥非政府组织的作用。

中国NGO组织发展迅速。包括有官方背景的民间组织、民间的草根NGO以及海外NGO，总数在300万左右[7]。部分NGO对国家政策的影响力在逐步扩大，例如环保NGO；NGO的慈善救济功能也逐渐得到国家的认可；随着公民社会的发展，一些NGO将推行制度改革为己任，并更积极地干预社会现实。NGO地位相对中立，它们对一些问题的看法，提出的质疑，提供的建议，可能更贴近群众，对推动政府解决问题有更独到的作用。

信息环境变幻莫测，电子政务如何借既有之优势，应“环境”而变，化不利为有利？要求政府聚精会神地去应付。本文提出一些对策拙见，希望能够为正面临挑战的中国电子政务提供一个参考的维度。

4 政府自身的改进

重心向“政务”倾斜，探索“电子”外包模式。电子政务系统的开发和维护完全依靠政府自身的力量是有难度的，同时也不利于社会资源的有效配置。将电子政务的信息系统建设及系统的日常运行维护等工作中的部分或全部委托或外包给专业服务商，由他们组织专业技术队伍，为政府部门提供服务，更为经济、高效。以合肥电子政务服务外包为例，通过效益对比分析显示，外包服务比自行维护节约成本29%以上[8]。“电子”外包，使政府能集中精力办好政务。

深化应用，服务民生。树立“以公众为中心”的观念，完善网上各项服务功能，提升互动的应用和效果。

提高官员“执网能力”。官员的执网能力就是党的执政能力在互联网上的具体展现。官员不仅要懂网，还应该主动上网、用网，以官民互动为价值导向。同时“执网能力”功夫在网外，“网上网下一致”应该力求形成常态。

建立 CIO 制度。目前首要的是在政府机构中设立 CIO，全面负责信息资源的管理、开发、利用和直接参与高层决策管理等。我国一些电子政务发展较早、水平较高的部门和地区，已经设立了政府 CIO 职位，并在建立 CIO 制度方面进行了很多有益的尝试。但是与规范、成熟的 CIO 制度相比还有很大差距，专职的、参与决策的、有协调权力的 CIO 制度在我国还远未建立起来。

5 加强全民信息素质教育

以国家政策的形式将全民信息素质的培养提到较高层次，上下结合，积极探讨全民信息素质教育目前存在的问题与今后的发展对策，不断改进信息素质教育的内容、方法和手段。利用各种渠道加强宣传，广泛开展信息产业、信息服务，提高人们对信息重要性的认识；培养人们客观、审慎地评价信息与信息源的能力；传递有关信息使用的经济、法律以及社会因素，树立获取与使用信息要符合道德与法律规范的意识。努力提升全民的信息意识和信息能力，树立良好的信息道德。

6 积极与社会组织合作

扩宽与网络媒体的合作。政府在引导网络媒体群体的协调与合作的同时，加强各级政府的网站与其他网站的合作，如商业类网站、生活娱乐类、个人博客类网站等的合作。通过有关主管部门强制规定，将网络媒体“上传下达”过程置于政府、社会组织、民众的三重公开监督之下，将电子政务转化为在网上可以具体落实的可行样式和运行机制。

中国在推进电子政务时，也要充分发挥大专院校的相关研究机构、电子政务领域的学会协会、电子政务咨询公司等非政府组织的作用。政府需要通过立法保护 NGO 的权益等工作，来帮助 NGO 的成长。

在硬件基础设施、重点业务应用系统和重要政务信息资源开发利用等取得阶段性成果的同时，我们分析下一阶段电子政务建设的面临的信息环境，新情况、新问题层出不穷，质疑、困惑和争论也将越来越多。有一点毋庸置疑：和谐的网络环境与和谐的电子政务应该是一种相互促进相辅相成的关系。

参考文献

[1] 2008 中国电子政务发展现状大型问卷调查统计结果［R］. 北京：《信息化建设》杂志社，2009（2）.

[2] 政务信息资源目录体系的总体架构［EB/OL］.［2009-07-10］环渤海区域信息网. http：//www. huanbohai. gov. cn/article. asp？ id = 78665.

[3] 第 24 次中国互联网络发展状况统计报告［R］. 北京：中国互联网络信息中心，2009（7）.

[4] 国家电子政务外网一期工程建设任务已基本完成［EB/OL］.［2009-07-10］中央政府门户网站. http：//www. gov. cn/jrzg/2009-06/09/content_ 1335992. htm.

[5] 尹蔚民. 深化干部人事制度改革，健全公务员制度体系［N/OL］.［2009-07-10］人民网-《人民日报》. http：//politics. people. com. cn/GB/101380/8578762. html.

[6] United Nations e-Government Survey 2008 From e-Government to Connected Governance［EB/OL］.［2009-07-10］联合国公共行政网. http：//www. unpan. org/Library/MajorPublications/UNEGovernmentSurvey/tabid/646/language/en-US/Default. aspx.

[7] 中国 NGO 组织调查［N/OL］.［2009-08-10］. 联合早报网. http：//www. zaobao. com/zg/zg090810_ 007. shtml.

[8] 合肥电子政务服务外包启动［N/OL］.［2009-08-19］安徽新闻网. http：//www. ah. chinanews. com. cn/Article/gedijujiao/200908/22758. html.

Information Environment Analysis of China's E-Government

TANG Zengzeng[1], Lou Chigang[1], Cheng Peng[2]

(1. Hubei Academy of Scientific & Technical Information, Wuhan 430079, China;
2. Information Management Department of CCNU, Wuhan 430071, China)

Abstract: By investigating doucuments on the topic at home anh abroad, using quantitative and qualitative analysis、static and dynamic analysis, the article analyzes from the main bodies which construction and utilizing E-Government: government、public and social organization, from the perspectives of theory and practice it sorts out and sums up the status quo of the information environment and problems that demand prompt solution. The author holds that improving the quality of E-Government itself, the popularization of information literacy edution of the public, promoting the cooperation with social organization are effective to construct harmonious Network environment. We hope these analysis help China's E-Government take positive actions for "information environment".

Key words: e-government; information environment; government; the public; social organization

政府信息资源多维治理目标和工具评价*

裴雷[1]，望俊成[2]

（1. 南京大学 信息管理系，南京 210093；2. 武汉大学 信息资源研究中心，武汉 430072）

摘　要：本文以政府信息资源治理的目标和手段为考察对象，通过对领域内的专家调查，得到对治理目标的科学评价，同时关注主体不同角色对政府信息资源治理的期望差异，各种治理手段的认可和接受程度，进而勾勒出当前我国政府信息资源治理框架的构建准则。

关键词：政府信息资源；多维治理；框架；评估

中图分类号：G203

当前，政府信息资源管理难以从信息视角、政府管理视角、业务视角或法律法规视角某一独立视角进行解构，而在不同的管理模式和层次之间逐渐形成了映射或集成机制，并形成综合和多元的管理体系——这是信息资源管理的变革趋势。在政府信息资源管理实践中，国内外相继开发了一些辅助管理工具，使得信息资源多维治理框架理念逐渐浮现。

1　政府信息资源多维治理及其基本架构

1.1　政府信息资源多维治理理念的形成

信息资源管理机构面临从专业化向普及化的交替演进，政府信息资源管理先从附属性工作转化为专门性工作，政府信息系统的大量应用使得政府信息资源管理的范畴逐渐扩展，管理方法的综合性和集成性越来越强，越来越得到重视，不仅政府信息资源管理部门成为专门部门，而且其地位显著提升。[1]本文认为，从文书管理向公民服务的演进中，政府信息管理机构逐渐经历了单列预算和独立、高层参与、战略咨询和顾问角色、普及和协调角色四个阶段的演变。尤其是在政府信息资源应用于公民服务以后，政府各个部门都要负责政府与公众的信息交互，使得信息资源规划和管理普及到政府各部门，多机构的参与使得信息治理主体更为多元，信息治理视角、各机构擅长方案和可选择方案变得多样化；而专业的政府信息资源管理机构则需要协调分散各部门的信息资源管理，必定需要对政府信息资源治理有多元认识。

政府信息资源多维治理理念大约形成于20世纪80年代中后期，伴随着政府信息资源战略管理或集成管理的兴起而产生。1986年，列维坦和迪宁（Levitan & Dineen）提出需要从管理科学的角度对信息资源进行规划和管理[2]。他们通过建立“集成信息资源管理”模型，将战略规划、技术应用以及顾客互动等问题纳入信息资源集成过程，并把这一模型作为评估联邦信息资源集成管理的标准。1988年，马尔香和克雷斯莱因认为，政府部门在信息资源管理过程中发生了显著变化[3]：用技术集成管理取代技术垂直管理以实现战略规划；组织机构越来越依赖于信息技术的内部利用，关注信息技术规划在组织机构战略规划中的整合；对跨领域利用提出更多要求；信息技术投资越来越需要最高管理层的介入和监督。1989年，麦克卢尔等研究人员进一步发现[4]，有一半人员认为是过分强调信息资源管理的技术管理而导致联邦机构的信息资源集成化程度不充分，与机构使命和项目管理的整合不充分，需要进行更好的规划。

1.2　政府信息资源多维治理描述

关于信息资源的多维治理描述，有多种研究视角。

第一类是理论构建说。主要将信息资源管理理论从不同的研究视角进行解剖或构建，并形成最终的多元治理框架或结构。如国内最早提出信息资源管理多维管理框架的学者之一孟广均研究员，在信

* 本文系国家自然科学基金重点项目“基于生命周期理论的数字信息资源深度开发与管理机制研究”（项目编号：70833005/G0314）成果

息资源管理思想刚刚引入中国时总结当时信息资源管理的各种思想提出的技术—经济—人文的三维管理框架[5]；系统研究公共信息资源的多元管理模式的夏义堃博士也构建了技术—经济—管理的三元治理架构[3]。

第二类是实践体验说。主要来自国内外的众多大型数字信息资源开发项目的项目管理实践，通过战略管理指南或规划所分解的各种信息资源管理事务。比如数字保存联盟（DPC）的执行计划将数字信息资源的管理分为技术、组织和法律三个层面，技术层面主要包括数据载体规范、技术环境和数据流的变更、数据权威保障、数据规模保障以及战略变更带来的软硬件升级和再编码工作，组织层面包括建设成本、专家组织、组织结构、人力资源角色变迁、评估与选择，法律层面则包括知识产权、数字权限管理 DRM、法定存储、存取安全、商业运营和授权管理（Licensing）、道德和隐私问题、投资管理，甚至如公共记录法案、财务和税收、医药产业的病例和记录以及隐私权这样的相关法规限定[6]。通过类似组织建立战略决策支持模型。而 Erpanet 集成管理指南则认为信息资源管理包括数字对象、人、标准、实践、系统、方法、技术、法律和政策以及组织机构本身的管理。

第三类是政策指南说。主要是围绕电子政府建设的数字信息资源管理框架，像 FEA、eGIF、SAGA 这样的总体架构框架理论，通过技术、业务、战略和人力资源的交互，建立了一种战略层面的治理框架，比如 FEA 就包括绩效参考模型、业务参考模型、服务参考模型、数据参考模型和技术参考模型五层相互映射和关联。

2 调查组织和实施

2.1 调查目标和对象

政府信息资源的多维治理虽已达成社会共识，然而其维度如何描述，以及政府信息资源在具体环境下的优先级别和协调关系如何，却困扰当前的信息管理界。简而言之，该多维治理架构需解决的问题包括：政府信息资源治理的主要目标是什么？或者说治理目标应该如何描述？现有的治理手段和措施有哪些，分属怎样的维度？这些维度的评价如何？有没有优先级的差异？类似的治理理念能否通过一定的简明框架或模型概括？已有的类似框架有效性如何？基于此，本课题组开展了以领域内研究电子政务的部分专家或博士研究生的问卷调查。

2.2 问卷调查的实施

本次共发放 50 份电子问卷，收回有效问卷 36 份。专家调查实施中，在选项识别和判断中一般按“非常重要、重要、一般和不重要”四个层次予以评级打分，四个层级分别赋予 4 到 1 的权值（Little 量化）。在小样本处理中，按百分比减小相对误差，即 $a_{ij}=n_{ij}/N$；将问题回答人数的百分比乘以该选项的权值，再累计求和 $\sum J\cdot a_{ij}$ 得到某一指标 a_i 的最终得分。而在复合因素计算中，复合因素取所涵盖因素的算术平均值，即若 A 包含 a_1 到 a_n n 个因素，则 A 的得分为 $(a_1+\cdots+a_n)/n$。

以该调查的 36 个样本为研究对象，在治理态度、治理方式等问题上达到一定共识。

3 调查内容和结论

3.1 政府信息资源综合治理目标

政府信息资源综合治理态度与目标（A 因素）主要描述政府信息资源综合治理的最终评价标准。从现有文献梳理，一共分离出 15 个决策因素，分属三个方面。其中，经济方面（A_e）包括 a_1 信息资源的投资效率、a_{11} 资源利用率、a_{15} 政府信息资源市场开发程度等；服务方面（A_s）包括 a_2 信息资源的公平获取、a_3 政府执行力提升、a_4 政府冗余信息削减、a_6 政府透明度、a_7 获取便利、a_9 信息权威性保证、a_{10} 公众权益保障、a_{12} 信息存档与保全、a_{13} 信息法治环境等；技术方面（A_t）主要是 a_5 信息技术方案标准化程度、a_8 信息安全和 a_{14} 信息技术供应商的兼容和非垄断性等。评测结果如表 1 所示。

表 1 政府信息资源治理目标（A）的单因素评估

因素	得分 4	得分 3	得分 2	得分 1	加权得分
a_1	0.3333	0.5278	0.1111	0.0278	3.1666
a_2	0.7222	0.2500	0.0278	0.0000	3.6944
a_3	0.5833	0.3611	0.0556	0.0000	3.5277
a_4	0.3611	0.3611	0.2500	0.0278	3.0555
a_5	0.3056	0.4167	0.2500	0.0278	3.0003
a_6	0.7778	0.1944	0.0278	0.0000	3.7500
a_7	0.5000	0.3889	0.1111	0.0000	3.3889
a_8	0.8056	0.1944	0.0000	0.0000	3.8056
a_9	0.4444	0.3889	0.1667	0.0000	3.2777
a_{10}	0.6944	0.3056	0.0000	0.0000	3.6944

续表

因素	得分4	得分3	得分2	得分1	加权得分
a_{11}	0.3889	0.5000	0.0833	0.0278	3.2500
a_{12}	0.1944	0.6111	0.0833	0.1111	2.8886
a_{13}	0.3611	0.5278	0.1111	0.0000	3.2500
a_{14}	0.1111	0.2778	0.6111	0.0000	2.5000
a_{15}	0.0000	0.3611	0.5556	0.0833	2.2778

注：$N=36$；其中，$a_{ij}=n_{ij}/N$

按单因素的统计属性来看，最受关注的分别为a_8信息安全、a_6政府透明度、a_2信息资源的公平获取和a_{10}公众权益保障。而按复合因素来看，信息资源的服务功能（3.3914）显著优先于技术和经济指标，而且评估认可度较为稳定（0.2847）。而在技术性指标评估中，内部因素差异性较大（0.5378），信息安全问题（3.8056）明显超过对技术方案的标准化程度（3.0003）和兼容性（2.5000）的关注（见表2）。

表2 政府信息资源治理目标（A）的复合因素评估

复合因素	包含因素	复合因素评估（均值V）	内部因素差异性（STDEVP）
A_e	a_1，a_{11}，a_{15}.	2.8981	0.4400
A_s	a_2，a_3，a_4，a_6，a_7，a_9，a_{10}，a_{12}，a_{13}	3.3914	0.2847
A_t	a_5，a_8，a_{14}	3.1020	0.5378

注：$N=36$；其中，$a_{ij}=n_{ij}/N$

根据上述分析，政府信息资源治理最受认可的目标仍是政府信息资源服务的提升，而非经济或技术性障碍。

3.2 政府信息资源治理角色关注度差异

不同的角色对政府信息资源具有不同的期望，角色关注度差异是指通过不同角色对政府信息资源治理关注点的识别，辨别其差异，以便分析政府信息资源政策制定的内在分歧和阻力。首先是角色识别。正如EA理论对信息资源规划的描述，其规划主体的角色达19种之多。而根据一般理解，政府信息资源治理涉及的主体角色主要有具有决策权力的政府官员（G）、偏重政府事务处理和执行的普通公务员（O）、专门负责信息资源管理的信息管理人员（ITO）、提供技术支持和服务的系统开发商或服务商（S）、作为咨询建议的信息管理专家（C）以及作为信息受众的普通公众（M）六种主要类型。其次，分离政府信息资源治理的关注点。一般而言，涉及的政府信息资源治理的关注点或评价因素包括b_1政府公共事务的实现、b_2技术性指标、b_3政府日常管理事务、b_4经济性指标、b_5参与者权益保障、b_6信息安全性、b_7政策与法律制定、b_8信息服务满意度指标以及b_9信息资源组织和方便获取等九种。按上述体系分解实施，其评测结果如表3所示。

表3 政府信息资源治理关注点（B）的评估

因素	G角色	O角色	ITO角色	S角色	C角色	M角色	Σ
b_1	0.53	0.33	0.28	0.08	0.53	0.47	2.22
b_2	0.25	0.17	0.22	0.69	0.08	0.72	2.14
b_3	0.61	0.33	0.36	0.11	0.39	0.31	2.11
b_4	0.19	0.00	0.14	0.72	0.39	0.36	1.81
b_5	0.39	0.33	0.19	0.03	0.67	0.39	2.00
b_6	0.61	0.33	0.69	0.47	0.50	0.81	3.42
b_7	0.58	0.33	0.31	0.06	0.33	0.42	2.03
b_8	0.50	0.53	0.81	0.53	0.81	0.58	3.75
b_9	0.25	0.19	0.17	0.17	0.64	0.61	2.03
Σ	3.92	2.56	3.17	2.86	4.33	4.67	21.5

注：$N=36$；其中，$a_{ij}=n_{ij}/N$

从不同角色的单一关注点来看，最得到专家认可的有11个关注热点。依次是：政府信息管理人员和公众对政府信息服务满意度的关注（80.56%的认可度）；信息管理专家对政府信息安全性的关注（80.56%）；信息管理专家对技术性指标的关注（72.22%）；系统开发商对经济性指标的关注（72.22%）；政府信息管理人员对系统安全性的关注（69.44%）；公众对自身权益保障的关注（66.67%）；公众对信息资源获取便利的关注（63.89%）；政府官员分别对政府日常管理和系统安全的关注（61.11%）；信息管理专家对信息资源组织和可获取的关注（61.11%）。

而从关注点的评估来看（横向加总），b_8信息服务满意度指标是各种角色最受关注的（3.4167），而b_4经济性指标最不受关注（1.8056）。而从关注者的角色差异来看（纵向加总），信息管理专家所关注的领域最为广泛（4.6667），公众要求也比较高（4.3333），而一般政府公务员关注政府信息资源管理最为有限(2.5556)。

此外，针对不同角色，其关注点的差异性比较明显。比如政府决策官员最关注的政府信息资源治理分别为安全性、日常管理性和政策法律制定，而政府信息管理人员最关注的政府信息资源治理分别为政府信息服务满意度和信息安全性，公众最关注的政府信息资源治理分别为政府信息服务满意度、参与者权益保障和政府信息资源组织和获取便利。

最后，将不同角色对政府信息资源治理的关注点作耦合分析。得到四组高关注度的耦合关系：第一组，政府官员、政府信息管理人员和信息管理专家都对信息系统安全体现高关注度，即政府信息资源管理在政策和管理层面容易就安全问题达成一致，也能较好得到社会专家的智力支持；第二组，政府信息管理人员、公众和专家对政府信息服务满意度的高关注度，体现了政府信息管理人员对公众需求和服务满意度的关注，而专家体现公众导向的研究动力；第三组，专家和公众对政府信息资源组织和获取便利的高关注度，依然体现了专家的公众导向；第四组，专家和系统开发商或服务商对技术性指标的高关注度。

总之，从角色关注度的差异性看，当前对政府信息资源安全的投入和建设具有最广泛的接受度；而技术性和经济性指标关注度差异大。

3.3 政府信息资源治理要素

政府信息资源治理要素和框架是指通过对政府信息资源治理目标或关注点的分析，分离较重要或具有代表性的要素、工具或制度，进行有机组合并生成一定的指南、框架、方针的过程，是一种集成管理的思想。课题组随机选取已有治理要素的加权认可度仅为1.573，因而政府信息资源治理框架模型的构建主要依赖对政府信息资源治理要素的选取及对其实施效果的评价。

政府信息资源治理要素散见于各种政府信息资源管理学术文献、技术指南和政策文件。本课题组在前期研究中，一共分离了19种相互独立的要素。分别为：c_1 完整的信息政策“触发”机制，指以系统制定信息政策为主，而非“临时”政策制定，即政策和法律的长远规划或战略规划；c_2 规范、适用的信息立法流程；c_3 完善的现有信息资源法律体系；c_4 系统的公务员信息培训机制；c_5 专门政府信息管理人员和CIO制度；c_6 政府信息管理人员长期职业规划；c_7 公众和信息专家广泛参与综合治理；c_8 权威的政府信息资源元数据标准；c_9 政府信息资源统一存取门户；c_{10} 政府信息设备和软件统一采购平台；c_{11} 政府信息技术的持续更新和维护；c_{12} 政府信息资源的体系框架；c_{13} 政府信息资源促进政府业务改进和再造的建设机制；c_{14} 政府信息资源的共享和流通；c_{15} 政府信息安全保障(含国家秘密)；c_{16} 信息资产审查和资金管理机制；c_{17} 政府信息资源市场化管理机制；c_{18} 跨机构信息资源存取协商管理组织和 c_{19} 国家最高级别的常设治理组织和机构。同样，上述19项因素也分属六个不同的面：c_1、c_2、c_3 属于政府信息资源政策与法律层面(C_p)；c_4 到 c_7 属于政府人力资源管理(C_h)；c_8 到 c_{12} 属于政府信息资源技术工具层面(C_t)；c_{13} 到 c_{16} 属于政府信息资源行政管理层面(C_g)；c_{17} 属于政府信息资源市场层面(C_m)；c_{18} 和 c_{19} 属于政府信息资源机构管理(C_i)。统计调查结果如表4所示。

表4 政府信息资源治理要素(C)的点评估

因素	得分4	得分3	得分2	得分1	加权得分
c_1	0.3889	0.6111	0.0000	0.0000	3.3889
c_2	0.5000	0.3611	0.1389	0.0000	3.3611
c_3	0.4722	0.5278	0.0000	0.0000	3.4722
c_4	0.1111	0.7778	0.1111	0.0000	3.0000
c_5	0.5556	0.2500	0.1944	0.0000	3.3612
c_6	0.1111	0.5278	0.3056	0.0556	2.6946
c_7	0.4722	0.4722	0.0556	0.0000	3.4166
c_8	0.5278	0.3889	0.0833	0.0000	3.4445
c_9	0.2778	0.5833	0.1389	0.0000	3.1389
c_{10}	0.1389	0.5833	0.2778	0.0000	2.8611
c_{11}	0.1111	0.6389	0.2500	0.0000	2.8611
c_{12}	0.4722	0.4722	0.0556	0.0000	3.4166
c_{13}	0.2500	0.6111	0.1389	0.0000	3.1111
c_{14}	0.4722	0.4722	0.0556	0.0000	3.4166
c_{15}	0.6389	0.2778	0.0833	0.0000	3.5556
c_{16}	0.2500	0.5556	0.1944	0.0000	3.0556
c_{17}	0.1111	0.5556	0.2222	0.1111	2.6667
c_{18}	0.0000	0.8056	0.1944	0.0000	2.8056
c_{19}	0.1389	0.4722	0.3889	0.0000	2.7500

注：$N=36$；其中，$a_{ij}=n_{ij}/N$

按单要素评价，最认可的仍然是c_{15}政府信息安全保障（3.5556），然后依次有（>3.3）：c_3完善的现有信息资源法律体系、c_8权威的政府信息资源元数据标准、c_7公众和信息专家广泛参与综合治理、c_{12}政府信息资源的体系框架、c_{14}政府信息资源的共享和流通、c_1完整的信息政策“触发”机制、c_5专门政府信息管理人员和CIO制度和c_2规范、适用的信息立法流程。

而按面来组织（如表5所示），政府信息资源治理的政策法律层面评价较高，市场和机构管理偏低，其他则差异性不显著。

表5　政府信息资源治理目标（A）的复合因素评估

复合因素	包含因素	复合因素评估（均值V）	内部因素差异性（STDEVP）
C_p	c_1，c_2，c_3	3.4074	0.0472
C_h	c_4，c_5，c_6，c_7	3.1181	0.2922
C_t	c_8，c_9，c_{10}，c_{11}，c_{12}	3.1444	0.2548
C_g	c_{13}，c_{14}，c_{15}，c_{16}	3.2847	0.2082
C_m	c_{17}	2.6667	-
C_i	c_{18}，c_{19}	2.7778	0.0278

注：$N=36$；其中，$a_{ij}=n_{ij}/N$

3.4　政府信息资源治理工具效度评价

将上述19类要素进一步综合，可归结为d_1法律法规、d_2政策、d_3标准规范、d_4管理制度和规章、d_5专业机构、d_6网络和平台、d_7专业软件、d_8专家顾问8类工具或治理手段。在各种工具的评价中，有两类评价指标：一类是可用性，即先验评估方法，实施之前的评估，若开发容易、易于接受、便于开展，实施成本低，“入口”容易的工具或手段属于此类，而过程并不一定好控制，而且效果不可控；一类是有效性，即后验评估方法，实施之后，若容易操作、易于评估、结果易于控制，效果较为理想，则为有效的工具或手段。以此为标尺，分别得到8类治理工具或手段的可用性和有效性指标，如表6所示。

表6　政府信息资源治理工具（D）的效度评估

因素	可用性评价 $\sum U$	有效性评价 $\sum E$	综合评价 $(\sum U+\sum E)$
d_1	3.3333	3.0000	6.3333
d_2	2.8889	2.8056	5.6945
d_3	3.2222	3.1667	6.3889
d_4	2.9722	2.8333	5.8055
d_5	3.0278	2.7222	5.7500
d_6	2.9722	2.7778	5.7500
d_7	2.7500	2.9167	5.6667
d_8	2.8889	2.9167	5.8056

注：$N=36$；其中，$a_{ij}=n_{ij}/N$

从可用性角度看，专家认为我国目前的信息资源法律法规具有先入为主性，往往居于“先验性”立法，先验性实施最难的认为是专业软件的开发；从有效性角度看，专家认为标准规范是最为有效的手段和工具，效果最差的可能是专业机构的管理和网络平台的管理。而综合考虑，最为理想的工具或手段是标准规范，其次是法律法规。说明专家对法律法规仍然评价最高。

3.5　政府信息资源治理框架选择

开发政府信息资源综合治理的框架，指南或软件体系，可将上述19种要素再次划分为15类规划元素：e_1治理全景视图规划、e_2政府业务目录体系、e_3政府业务绩效评估体系、e_4政府信息系统功能规划、e_5政府数据流程规划、e_6政府信息数据标准和元数据规划、e_7政府信息设备和技术清单、e_8政府信息安全保障体系、e_9政府信息资源治理专家资源规划、e_{10}政府信息资源质量管理体系、e_{11}政府信息资产投资与审计、e_{12}政府开源软件评估体系、e_{13}政府信息资源治理框架实施指南和软件、e_{14}政府信息资源治理标准和参照体系、e_{15}政府信息资源治理法律法规体系。而在专家评估中，各规划元素的选取标准如表7所示。

表 7 政府信息资源治理框架（E）的可用性评价

因素	得分 4	得分 3	得分 2	得分 1	加权得分
e_1	0.6667	0.2727	0.0606	0.0000	3.6061
e_2	0.4545	0.5455	0.0000	0.0000	3.4545
e_3	0.3030	0.6061	0.0909	0.0000	3.2121
e_4	0.5152	0.4848	0.0000	0.0000	3.5152
e_5	0.4848	0.5152	0.0000	0.0000	3.4848
e_6	0.3636	0.5152	0.1212	0.0000	3.2424
e_7	0.1818	0.6364	0.1818	0.0000	3.0000
e_8	0.2424	0.6667	0.0909	0.0000	3.1515
e_9	0.0303	0.5455	0.4242	0.0000	2.6061
e_{10}	0.3030	0.5455	0.1515	0.0000	3.1515
e_{11}	0.3636	0.3636	0.2727	0.0000	3.0909
e_{12}	0.1818	0.5758	0.1515	0.0000	2.7576
e_{13}	0.1515	0.5152	0.3333	0.0000	2.8182
e_{14}	0.1818	0.7273	0.0909	0.0000	3.0909
e_{15}	0.1818	0.7273	0.0909	0.0000	3.0909

注：$N=36$；其中，$a_{ij}=n_{ij}/N$

在上述评估结论中，最受关注的是 e_1 治理全景视图规划，然后是传统的 e_4 政府信息系统功能规划和 e_5 政府数据流程规划；而最不受关注的依次是 e_9 政府信息资源治理专家资源规划、e_{12} 政府开源软件评估体系和 e_{13} 政府信息资源治理框架实施指南和软件——在政府信息资源治理框架的规划元素选定中，e_{13} 方法论被否决。

4 结论与建议

本次调查整体样本较小，专家主要选取了高校教师和信息管理专业博士，没有涉及政府官员和技术专家，存在一定误差。仅从已有的样本分析，得到如下有益的结论：

结论 1：政府信息安全具有较高的识别度和公共认可价值。这也意味着短期内政府信息安全保障体系的建设最具有迫切性和可实施性。

结论 2：政府信息资源治理最受认可的目标仍是政府信息资源服务的提升，而非经济或技术性障碍的解决。

结论 3：政府信息资源治理存在不同角色的理解差异和耦合。一般地，信息管理专家对政府信息资源治理的理解最为广泛，公众要求也较高，而一般政府公务员关注政府信息资源管理最为有限。

结论 4：政府信息资源治理的政策法律层面评价较高，市场和机构管理偏低。

结论 5：最为理想的政府信息资源治理工具或手段是标准规范，其次是法律法规。

结论 6：政府信息资源治理框架认可度最高的元素仍为传统规划工具。

基于上述结论，在政府信息资源治理框架的设计应以现有规划工具为基础，完善信息资源的政策法律体系建设，优先建设政府信息安全保障体系，同时提升政府信息资源服务水平。

参考文献

[1] 裴雷，马费成．政府信息资源规划理论的沿革及发展——基于美国政府信息资源规划的历史演进分析 [Draft Paper]．图书情报工作 2009 年已录用．

[2] Levitan K B & Dineen J Integrative aspects of information resources management（IRM）[J]．Information Management Review，1986，1（4）：61-67.

[3] 夏义堃．公共信息资源的多元化管理体制研究 [D]．武汉大学博士学位论文，2005：22.

[4] Holden S H. The Evolution of Information Technology Management at the Federal Level：Implications for Public Administration// G. David Garson（ed.）. Information technology and Computer Applications in Public Administration：Issues and Trends（62-80）. Hershey，PA：Idea Group Publishing. 1999.

[5] 马费成，李纲，查先进．信息资源管理 [M]．武汉：武汉大学出版社，2001：45-48.

[6] 国家自然科学基金重点项目“基于生命周期理论的数字信息资源深度开发与管理机制研究”（项目编号：70833005/G0314）项目标书 [R]．武汉大学信息资源研究中心．

Evaluate the Goals and Tools Used in Government Information Resources Multi-Dimension Governance

PEI Lei[1], Wang Juncheng[2]

(1. Department of Information Management, Nanjing University, Nanjing 210093, China;

2. College of Information Management, Wuhan University, Wuhan 430072, China)

Abstract: Taking government information resources management goals and the means for the inspection object, the investigation by experts has got the target of the scientific evaluation of treatment guidelines, while concerns about the different roles of government information resources on the expectations of management differences, and evaluates the various governance means' recognition and acceptance. And then, the paper outlines the current management of information resources of our government to build a framework for guidelines.

Key Word: government information resources; multi-dimension governance; frame; evaluation.

政务信息共享中的数据交换研究*

罗卫[1]，邹凯[1]

（1. 湘潭大学 公共管理学院，湖南湘潭 411105）

摘　要：从描述政务信息共享的需求行为入手，建立了政务信息共享的数据交换逻辑模型，分析了数据交换的四种实现机制：远程调用、对象请求、数据访问和事务处理，描述了XML在数据交换中的应用。

关键词：电子政务；信息共享；数据交换；需求；XML

中图分类号：TP311

深度开发信息资源，促进信息资源共享是我国各级政府推进电子政务的重要规划与举措。但是，由于长期以来我国的电子政务系统建设在不同地区和部门都存在各自为政的现象，形成了为数众多的异构系统，这些异构的系统之间难以进行信息共享和业务协同，底层政务数据库也只是作为固定应用领域的应用数据库存在[1]。随着国家对政务信息共享与政府业务协同日益重视，异构系统间的信息共享与交换问题，迫切需要获得很好的解决。

1　政务信息共享的需求行为

政务信息共享在功能上是指要利用多元化的信息系统，满足不同应用对象，如社会公众、法人和政府雇员等不同群体在工作或生活上的具体需求。信息系统规划方面的研究已经告诉我们，底层数据是稳定的，应用系统则是多变的。从基于共享的数据交换角度而言，我们需要将用户纷繁复杂的需求行为进行抽象，进而归纳出不同用户相似的需求行为：信息查询、信息提交、信息导航、在线交流、个性化定制等方面。

1.1　信息查询

信息查询主要由主题查询和输入查询两种方式实现。主题查询的方式是将信息按主题分类，用户根据需求选择相应主题一步步往细节层次上寻找并点击链接，直至获得所需信息为止。该查询方式一方面要求提供合理的分类标准，该标准与后台数据存储标准要么一致，要么存在数据转换的接口；另一方面要求链接接口在平台界面上能清晰友好的表示，美国联邦政府网站的“U. S. Government Information, by Topic”功能是在这方面实现较好的案例。输入查询的方式是用户输入待查信息的某项关键词，系统后台完成查询后将结果输出给用户的方式。由于对主题定位和导航定位常常感到模糊，许多用户倾向于使用这一方式获取信息，但它的传统弊端是往往需要多次的深度检索。目前已出现“输入检索+信息类别”的结合查询方式，如我国中央政府门户网站允许用户输入检索词从“本网站、国务院公报、政府网站、图片、文档”五个类别查找信息。但显然这种划分方式过于粗糙。我们需要对信息对象的属性做更细的提取，以提供更多具有针对性的查询入口。

1.2　信息提交

信息提交是一项范围比较广泛的服务需求。在电子政务迈向双向交互阶段之后，这项服务将需要电子政务的业务系统存在政府与服务对象的一个接口，为政府和公众解决在线办事相关问题提供逻辑通道。在政务信息共享中，该接口作为一个承载用户表达特定信息获取需求描述的容器存在。我国的政府信息公开条例中引入了依申请公开的程序，信息提交服务将为解决这一问题提供互联网窗口。

1.3　信息导航

提供信息导航接口是为用户提供便捷地获取政府信息的途径之一。政府信息资源以分布方式存储在不同地理空间上，信息导航为用户锁定信息存储的具体机构和单位提供接口，导航分类一般按行政级别、职能部门、特定企事业单位、相关单位进

* 基金项目：湘潭大学青年培育项目“政务信息共享的制度安排和技术支持互动研究（0709019）”
通讯作者：罗卫，E-mail：luoweixtu@163.com

行，分类指向的级别一般以上下浮动一级为准，浮动过大容易导致导航失效和分类模糊。

1.4 在线交流

在线交流是用户进行信息共享时实现互动交流的多种需求行为的统称。电子政务信息共享的各种应用系统是动态发展的，需要通过不断满足用户新的细节级的需求以提高信息服务水平。在线交流的需求细节主要包括网上投诉、领导信箱、民意调查、在线访谈、公众留言等。

1.5 个性化定制

个性化定制是根据用户身份、在应用平台上所处位置甚至他们与平台的历史交往记录为用户提供不同服务内容或方式的过程。个性化的基本方法主要表现为用户自定义用户接口的特定部分，包括在什么位置布置什么内容、挑选不同的显示样式、选择要展示的服务和后端系统等。个性化定制提供的服务通常结合了基础应用程序自动设置的用户喜好和选择。它涉及运用数据发掘、基于点击流的用户信息收集和用户分隔来传达用于确定定制内容的复杂业务逻辑。

2 数据交换的逻辑模型

从功能上讲，异构政务系统的数据交换，要求数据支持在各节点之间采用端对端（P2P）对等的方式直接交换，数据路由可根据数据内容自动分发，包括部门地址信息、基于工作流的业务信息等；数据路由也可按业务规则进行流转，而且支持动态灵活地连接和构建新的业务系统。

从实现机制上讲，政府办公业务的协同处理常需要访问分布在不同服务器上的数据源和应用系统，这时就需要通过采用适当的数据交换方式来满足不同用户的需求。数据交换往往伴随着远程调用、对象处理、事务请求和数据访问等事件发生。目前的软件应用开发，基本都是面向网络的分布式开发，上述事件由于具有较高的逻辑独立性，因此常被单独开发为功能明确的软构件，这些构件也就是所谓的中间件。但是由于不同的中间件厂家开发规范不一样，中间的适应性也是特定的。因此，中间件的相互通信还需要一种数据交换的规范，目前应用广泛的是 XML。XML 能够实现各种数据之间的格式转换，包括 XML 与 XML 之间、文本文件与 XML 之间、数据库与 XML 之间的转换等，同时提供多种转换函数。数据交换模型的结构如图 1 所示。

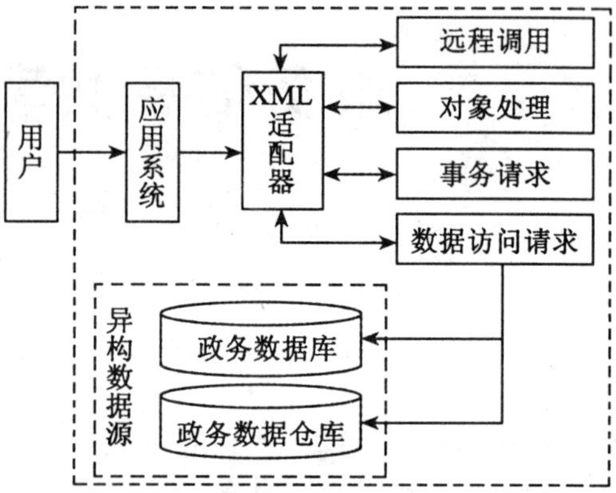

图 1 电子政务数据交换的逻辑模型

3 数据交换的实现机制

3.1 远程调用

远程调用又被称作远程过程调用（Remote Procedure Call，RPC），主要任务是解决复杂环境下的基于客户机/服务器架构的分布式计算；同时 RPC 具有跨平台的灵活性，它可以调用物理或逻辑远端的程序——即使这种调用需要跨越不同操作系统平台[2]，这就能在很大程度上解决现在信息资源共享中存在的异构系统的难题。RPC 在实现上沿用了程序员都比较熟悉的编程模式——程序员就像调用本地过程一样在程序中调用远程过程，启动远程过程的运行然后将运行结果返回给本地程序。RPC 实现机制如图 2 所示。

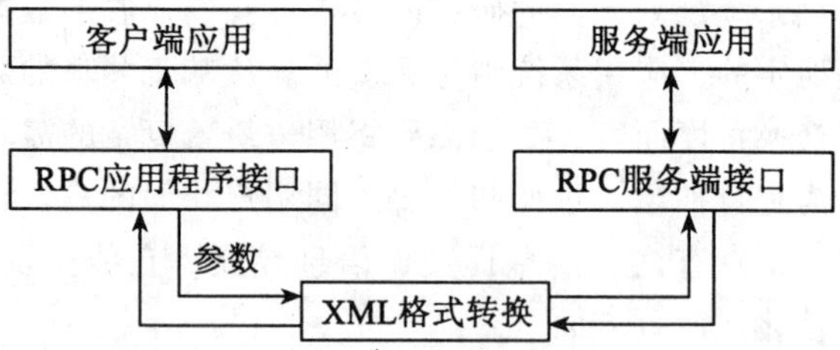

图 2 远程调用的实现机制

3.2 对象请求

异构的信息系统或数据库管理系统可以被理解为电子政务共享环境所集成的不同系统平台上功能各异或版本不一的组件。组件的含义通常指的是一组对象的集成，其种类有数百万种，但这些组件面临着缺乏标准而不能相互操作，各类组件只能在各自的平台上运行，要对这些组件进行访问，应用程序就要发生对象请求事件。从管理和封装的模式上看，对象请求代理和远过程调用有些类似，不过它是面向对象的 RPC 应用，而且可以包含比远过程调用更复杂的信息，可以适用于非结构化的或者非关系型的数据。

3.3 数据访问

数据访问负责解决外部应用程序或其他中间件与数据库之间的通信任务。目前数据访问的典型应用有 ODBC（Open Database Connectivity，开放式数据库连接）和 JDBC（Java Database Connectivity）。以 JDBC 为例，它是用于 Java 应用程序和数据库进行连接的标准方法。JDBC 对 Java 程序员而言是 API，对实现与数据库连接的服务提供商而言是接口模型。作为 API，JDBC 为程序开发提供标准的接口，并为数据库厂商及第三方中间件厂商实现与数据库的连接提供了标准方法。在具体的工作机制上，Java 应用程序通过 JDBC API 向 JDBC Driver Manager 发出请求指定要装载的 JDBC 驱动程序和连接的数据库的具体类型与实例。Driver Manager 会根据这些要求装载合适的 JDBC 驱动程序代码，并要求其负责连接指定的数据库实例。以后 Java 应用程序与数据库实例之间的一切交互，就由驱动程序转换为数据库实例 DBMS 所能理解的命令，再将数据库返回的结果转换为 Java 程序能识别的数据[3]。这一过程中，目标数据库的实现原理、实现机制对 JDBC 完全是封装而信息隐蔽的。如果 Java 程序访问的是异构数据库的话，则需要通过 XML 进行转换，其实现机制如图 3 所示。

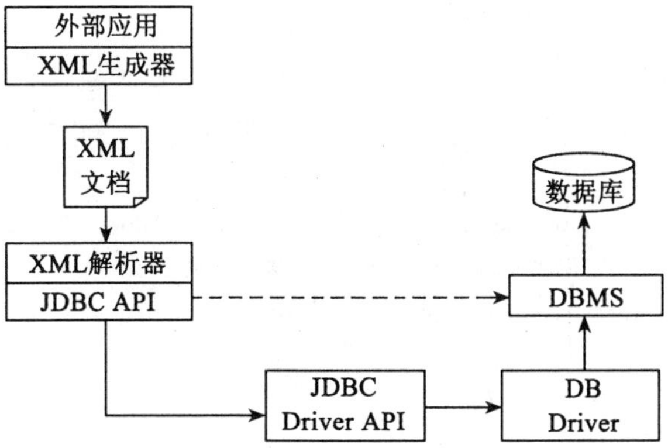

图 3 数据访问的实现机制

3.4 事务处理

数据交换模型中的事务处理主要是针对复杂环境下分布式应用的速度和可靠性要求而设计。它给程序员提供了一个事务处理的 API，程序员可以使用这个程序接口编写高速而且可靠的分布式应用程序。执行事务处理的组件向用户提供一系列的服务，如应用管理，管理控制以及应用程序间的消息传递等。常见的功能包括全局事务协调、事务的分布式两段提交、资源管理器支持、故障恢复、高可靠性、网络负载平衡等。事务处理组件的主要功能是管理分布于不同计算机上的数据一致性保障系统处理能力的效率与均衡负载，负载维护异构系统中事务的完整性、安全性。一般工作在高负载、适时性强的环境中，适用于联机交易处理系统。

4 XML 在数据交换中的应用

XML 于 1996 年 11 月在波士顿的 SGML（Standard Generalized Markup Language，通用标记语言标准）1996 年会上被公之于世。XML 与 HTML 的最大区别是：前者是用来描述信息，后者是用来显示信息[4]。XML 具有三个方面的特点：信息提供者能够根据需要，自行定义新的标识及属性名；文件结构的嵌套可以复杂到任意程度；XML 文件可以包括一个语法描述，使应用程序可以对此文件进行结构确认。

数据交换中的 XML 应用是通过将需要交换的数据转换为 XML 文档来实现的。原则上是数据交换中各参与方采用统一的 XML 标签和格式生成 XML 文档，再要求共享或协同时，不同语言编写的应用程序就可正确识别和解析文档中的数据，实现数据的动态交换。XML 文档的生成与传送由 XML 文档表示、XML 文档转换及 XML 文档传输这三个步骤完成。

4.1 XML 文档表示

数据表示是通过 XML 的数据描述机制对信息的内容、背景和结构进行表示。目前主要采用 DTD（Document Type Definition，文档类型定义）或 XML Schema 进行数据表示。DTD 能很好地定义 XML 文档和验证其有效性，但同时存在不支持数据类型、扩展性差等问题。XML Schema 较 DTD 有更强的表现力，具有一致性、扩展性、易用性、规范性等优点。而且还允许在定义中使用命名空间。命名空间是一个应用于 XML 文档的具有结构的元素名称和属性名称的集合。一般地，对于单个简单的应用，可用 DTD 定义，而对于数据结构和应用关系较复杂的，可用 XML Schema 定义。

4.2 XML 文档格式转换

XML 文档之间的转换主要通过 XSLT（Extensible Style sheet Language Transformation，可扩展样式单语言转换）技术实现[5]。在数据表示完成后，文档转换的主要任务是将源 XML 文档转换成另一种新的 XML 文档，新文档的数据组织结构和布局格式与旧文档不同，但它却保留原有文档的数据内容。具体的转换过程是：先按照系统双方事先约定的 XML 文档格式，遵循 XSLT 语法规则来为需要交换的信息进行样式表定义，形成样式表文档，该文档定义了数据格式转换规则。然后通过处理器把样式表所定义的数据格式转换规则应用到源 XML 文档中，并且通过运行源文档而转换成新的 XML 文档。至此就完成了 XML 文档的数据格式转换过程，为信息交换奠定基础。

4.3 XML 文档传输

在完成格式转化的任务后，就是利用支持 XML 文档格式传输的中间件进行数据传输，如面向 XML 数据传输的数据库中间件、消息中间件等。例如消息中间件里的具体传输过程是：客户端发送一个请求消息，服务器收取消息，并根据路由策略算法决定消息的去向路由来转发该消息；消息经过网络传输到达被请求客户端：被请求客户端分析消息，并按要求返回响应消息；再由服务器决定消息路由，并再经过网络将该响应消息发送到请求客户端[6]。

5 结论

通过从远程调用、对象请求、数据访问和事务处理四个方面理解异构数据交换的实现机制，有助于把握不同应用系统与数据源在进行数据交换时的内部逻辑和相应中间件模块的分析设计。以 XML 作为数据交换的中介，则给复杂的数据共享交换平台的实现带来极大的灵活性，对于协同业务的任何一方而言，系统都屏蔽了后台的多种数据源，同时用户既可以使用统一的 XML 文档还可以根据 XML 文档的类型对其进行任意的业务处理。

参考文献

[1] 欧毓毅，郭荷清，许伯桐．基于 Web 服务的电子政务信息共享平台研究［J］．计算机应用与软件，2007 (5).

[2] 苏洁，李祥和，万方杰．利用远程过程调用获取网络信息［J］．信息工程大学学报，2000 (1).

[3] 李德水，阴国富．JDBC 体系结构分析［J］．电脑开发与应用，2006 (19).

[4] Introduction to XML [EB/OL]. http://www.w3schools.com/xml/xml_whatis.asp, 2007-03-06.

[5] 彭其华．网络环境下基于 XNLL 的异构数据交换的研究［J］．云南民族大学学报，2003 (6).

[6] 段健滨，程广运．基于 XML 的数据交换技术在电子政务中的应用［J］．信息技术，2006 (7).

Research on Data Exchange of Government Information Sharing

LUO Wei[1], ZOU Kai[1]

(1. School of Public Management, Xiangtan University, Xiangtan, 411105, China)

Abstract: Starting with the requirement of E-government information sharing, the paper aims to construct a logical model of data exchange, and along the way, this paper launches a profound analysis to the four achieved mechanisms, namely, remote procedure calling, object requesting, data accessing and transaction processing, and in the end, the author gives a detailed description to the application of XML of data exchanging.

Key words: e-government; information sharing; data exchange; requirement; XML

Order Effects of Purchase Experiences on Repurchase Probability in the Online Marketplace*

LIU, Yuewen[1,2], Yang, Luyan[1,2], Wei, Kwok Kee[2], Chen, Huaping[1]

(1. University of Science & Technology of China, Hefei, 230026 China;
2. City University of Hong Kong, China)

Abstract: This study examines whether the sequence of a consumer's purchase experiences with a seller will influence the consumer's repurchase probability. In detail, this study tries to find out whether a consumer's first transaction with a seller has stronger impacts on the consumer's repurchase probability than the following transaction experiences (the primacy effect), and whether a consumer's last transaction is more influential on the consumer's repurchase probability than the previous transaction experiences (the recency effect). Objective transaction data collected from a dominant online marketplace in China are used in verifying the research questions. The findings show that there are recency effects but no primacy effects of purchase experiences on repurchase probability. Theoretical contributions and practical implications of the research findings are discussed.

Keywords: electronic commerce, repurchase, order effects, primacy effects, recency effects, satisfaction

1 Introduction

It is crucial to understand the impacts of consumers' purchase experiences on their repurchase behaviors, because increased repurchase rates commonly mean the reducing of costs and rising of profits [9]. Since repurchase behavior is a relatively classical topic, there are several streams of research which focus on the topic. These streams of research examine the impacts of consumer experiences (e. g. satisfaction, perceived consumer value, seller performance and product quality) on repurchase related variables (e. g. repurchase intention, repurchase behavior and loyalty) in different settings (e. g. repurchase of a product, repurchase of a brand, continue use of a service, repurchase from a website and repurchase from a retailer). [1][6][8][11][12] Despite the variety, these studies are the same in examining the effect of merely one transaction experience (satisfied or dissatisfied) on repurchase behavior. However, when a consumer has a sequence of transaction experiences with a seller (especially when the transaction experiences are inconsistent), how to estimate the consumer's repurchase probability? There is no explicit answer to this question in the literature.

The effect of a transaction experience sequence on repurchase behavior is not an imaginary research question, but a practically important problem. In conventional marketplace, a consumer may have inconsistent experiences when purchasing different products of a certain brand, or when purchasing commodities from a certain retailer. In online marketplace, a consumer may also have inconsistent experiences when purchasing books from an online book store, or when purchasing goods from an e-retailer. How will the consumer process a sequence of inconsistent transaction experiences? How does the transaction experience sequence influence the consumer's repurchase behavior? Will the consumer still repurchase when he/she is dissatisfied

* Acknowledgement: This research is supported by RGC General Research Fund No. 9041194 (formerly known as Competitive Earmarked Research Grant) from the Hong Kong Government and CityU Strategic Research Grant No. 7001895.

First Author: LIU Yuewen is a PhD student of the Joint PhD program by University of Science & Technology of China and City University of Hong Kong. His research interests include reputation systems, consumer behavior and pricing strategy in electronic commerce.

Corresponding Author: Wei Kwok Kee is the dean of the College of Business in City University of Hong Kong. His e-mail is fbweikk@ cityu. edu. hk with the last transaction but the previous transactions are all satisfied? Will the consumer's first transaction experience with a product (or retailer, service, brand) be more influential than the following transaction experiences on the consumer's repurchase probability? Answers to these questions can not only help managers understanding consumers' repurchase behavior, but also guide managers in estimating consumers' repurchase probabilities, identifying consumers who are loyal and retaining consumers who are about to leave.

This study tries to verify the effect of a consumer's transaction experience sequence (with an e-retailer) on his/her repurchase probability in the online marketplace. In detail, this study tries to find out whether a consumer's first transaction has stronger impacts on his/her repurchase probability than the following transaction experiences, and whether a consumer's last transaction is more influential on his/her repurchase probability than the previous transaction experiences. The study adopts the belief updating psychology to capture the order effect of transaction experiences on repurchase probability. Using actual transaction data collected from Taobao (a dominant online marketplace in China), the research questions are examined. The research findings are hopefully generalized to other settings both in conventional marketplaces and electronic marketplaces.

The paper is organized as follows: After the introduction, section 2 reviews literature, illustrates the research model and propose several hypotheses. Section 3 describes the research methodology. Section 4 presents the research results. Finally, section 5 discusses the research findings.

2 Research Model

2.1 Belief-Updating Model

Suppose a consumer has n transaction experiences with a seller. The transaction experiences are coded by signs: '+' for a satisfied transaction experience, and '−' for a dissatisfied one. The transaction experiences happened as a sequence S. For example, '+−+' indicates that the consumer has purchased three times in total, and he/she is satisfied with the first and third transaction, while is dissatisfied with the second transaction. After these n transactions, the consumer will repurchase from the seller at the probability of $R_S(0 \leqslant R_S \leqslant 1)$.

The most classical psychology of estimating a probability based on previous experiences is the Bayesian psychology. However, Bayesian psychology treats a sequence of experiences as a collection, and the sequence of the experiences is omitted. For example, according to the Bayesian psychology, $R_{++-} = R_{+-+} = R_{-++}$, which means the position of the dissatisfied transaction experience has no impact on the repurchase probability. In fact, this is not likely to happen, because the last transaction experience is usually more impressive than the previous ones. Researchers also criticized that the Bayesian psychology is incomplete in accounting for the order of experiences [3].

Another psychology is the belief updating psychology [5]. This psychology allows a consumer adjusts his/her repurchase probability based on the purchase experiences one by one. This psychology has been widely used in the cognitive psychology [4] and education[10] literature. It also has been adopted in electronic commerce research [7].

There are two important inferences of the belief updating psychology: the primacy effect and the recency effect.

2.2 Primacy Effect and Recency Effect

The primacy effect means the first impressions are important [7], while the recency effect means the last impressions are influential [7]. Researchers found that students are more likely to remember the first several words and the last several words in a words list [10]. Buda and Zhang found order effects of information presentation on the attractiveness, willingness to purchase, and perceived performance of a product [2].

In the online marketplace, when a consumer plans to transact with a new seller, the consumer knows little about the seller. The first transaction experience will influence the consumer's evaluation of the seller's performance stronger, because the belief updating based on a 'zero' is relatively large [5].

Hypothesis 1 (Primacy Effects): A consumer's first transaction experience with a seller has a stronger impact on his/her repurchase probability than the following transaction experiences in the online marketplace.

According to the belief updating model, the last transaction experience will also has stronger impacts on repurchase probability, because the last transaction experience will update the "summarization" of all the previous transaction experiences [5]:

Hypothesis 2 (Recency Effects): A consumer's last transaction experience with a seller has a stronger impact on his/her repurchase probability than the previous transaction experiences in the online marketplace.

A further research question is: if both the primacy effect and the recency effect exist, which effect is stronger? Because a seller's performance can change, the last transaction experience will signal the seller's performance more accurately than the first transaction experience. Therefore, we expect a stronger recency effect than the primacy effect.

Hypothesis 3 (Comparison): The recency effect of purchase experiences with regards to repurchase probability in the online marketplace is stronger than the primacy effect.

3 Methodology

This study uses field data collected from actual online marketplace website to verify the hypotheses. Compared with survey or experiment, the field data is more relevant to practice. Moreover, this study use actual repurchase behavior data, which can more accurately represent consumer's repurchase behavior [6][8] than repurchase intention.

3.1 Data Collecting & Coding

We collected from Taobao by a spider program. Taobao is the most dominant online retailing marketplace and the second largest marketplace in China. The online marketplace platform and the reputation system of Taobao are similar to other prevalent online marketplaces, such as eBay. The representative nature of Taobao makes our findings easy to be implied and generalized.

We collected more than 20,000 consumers' full transaction histories, and then coded these consumers' experiences according to their ratings to sellers. Positive rating was coded as '+', and neutral or negative ratings were coded as '–' (according to Taobao rules, both neutral ratings and negative ratings indicate dissatisfied transactions). If a consumer purchased multiple items within a transaction, we used the worst rating to represent the transaction. This is because that the neutral & negative ratings are not usual, thus will be more impressive. The coding process is illustrated by Table 1. The table shows four transactions between a consumer and a seller. We coded the four transactions as four data points, and set "Repurchase" as "Yes" or "No" according to whether there are following transactions.

After the coding process, we summarized all the data points, and calculated the average repurchase rate of each case. The number of data points and average repurchase rate in each case is illustrated in Table 2.

3.2 Test Order Effects

We selected the cases with only one dissatisfied experience, such as '+–', '++–' and '++–+++', to control the impacts of the number of satisfied or dissatisfied transactions on repurchase probability.

If there are no order effects, then the sequence of transaction experiences should have no impact on the repurchase rates, e. g. $R_{++-} = R_{+-+} = R_{-++}$. However, if there are recency effects, the dissatisfied experience in the last position is more influential than the dissatisfied experiences in other positions (except the first position, which will be discussed later), e. g. $R_{++-} < R_{+-+}$. Similarly, if there are primacy effects, the dissatisfied experience in the first position is more influential than the dissatisfied experiences in other positions (except the last position), e. g. $R_{-++} < R_{+-+}$. We compared the repurchase rates of these cases to test Hypothesis 1 and 2.

Table 1 **Example of Coding**

Order	Purchase	Coding	Repurchase
1	1 item, 1 positive rating	+	Yes
2	3 items, 3 positive ratings	++	Yes
3	2 items, 1 negative rating, 1 positive rating	++–	Yes
4	1 items, 1 neutral rating	++––	No

Table 2 **Repurchase Rates**

Purchase Experience	N	R	Purchase Experience	N	R
−	9750	0.056	++++	37321	0.606
+	1313390	0.162	−++++	14	0.857
−+	423	0.177	+++−+	9	0.556
+−	536	0.136	++++−	12	0.417
++	211637	0.351	+++++	22603	0.671
−++	72	0.319	−+++++	11	0.727
+−+	64	0.266	+++++−	9	0.222
++−	103	0.155	++++++	15163	0.711
+++	74101	0.504	−++++++	8	0.500
−+++	23	0.609	+++++++	10786	0.748
+−++	16	0.313	++++++++	8063	0.765
+++−	35	0.257	+++++++++	6167	0.798

To test Hypothesis 3, i. e., whether the recency effect is stronger than the primacy effect, we directly compare each two cases when dissatisfied experience is in the first and in the last position, e. g. R_{-++} and R_{++-}.

We used t-test in comparing the repurchase rates of different purchase experiences. The t-test in use is unequal sample sizes and unequal variance t-test. The cases with no more than 5 data points are omitted, because the repurchase rates calculated based on no more than 5 data points is not reliable. It is also less possible to generate significant results based on such a small sample size.

4 Results

The summary of the t-tests is illustrated in Table 3. The second row of the table shows the comparison results with regards to the primacy effect. Surprisingly, we found that the comparison results are consistently reversed compared with our predictions. Therefore, H1 is not supported.

The third row of the table shows the comparisons related to the recency effect. We found that when the dissatisfied experience is at the last position, the repurchase rates are consistently lower than when the dissatisfied experience is not at the last position. However, only one of the four comparisons is significant. The insignificant results may be caused by the small samples of these cases. Therefore, H2 is weakly supported.

The comparison results in the fourth row illustrate a stronger effect of recency effect than primacy effect. In other words, the last transaction experience has stronger impacts on the repurchase rate. H3 is also supported.

The discussions of the results are reported in the next section.

Table 3 **Comparison Results**

Hypotheses	Predictions	Findings	Supported
H1 Primacy Effect	$R_{-++} < R_{+-+}$	$R_{-++} > R_{+-+}$ (n. s.)	Reverse
	$R_{-+++} < R_{+-++}$	$R_{-+++} > R_{+-++}$ (+)	
	$R_{-+++} < R_{++-+}$	$R_{-+++} > R_{++-+}$ ($p<0.1$)	
	$R_{-++++} < R_{+++-+}$	$R_{-++++} > R_{+++-+}$ ($p<0.1$)	
H2 Recency Effect	$R_{++-} < R_{+-+}$	$R_{++-} < R_{+-+}$ ($p<0.05$)	Weakly Yes
	$R_{+++-} < R_{+-++}$	$R_{+++-} < R_{+-++}$ (n. s.)	
	$R_{+++-} < R_{++-+}$	$R_{+++-} < R_{++-+}$ (n. s.)	
	$R_{++++-} < R_{+++-+}$	$R_{++++-} < R_{+++-+}$ (n. s.)	
H3 Comparison	$R_{+-} < R_{-+}$	$R_{+-} < R_{-+}$ ($p<0.05$)	Yes
	$R_{++-} < R_{-++}$	$R_{++-} < R_{-++}$ ($p<0.01$)	
	$R_{+++-} < R_{-+++}$	$R_{+++-} < R_{-+++}$ ($p<0.01$)	
	$R_{++++-} < R_{-++++}$	$R_{++++-} < R_{-++++}$ ($p<0.05$)	
	$R_{+++++-} < R_{-+++++}$	$R_{+++++-} < R_{-+++++}$ ($p<0.05$)	

5 Discussions

This study has two main findings. First, the last purchase experience has stronger impact on repurchase probability, which illustrates a recency effect. Second, the primacy effect does not exist in the online marketplace.

These findings show that the transaction experiences are not treated as equal by consumers, thus the Bayesian method will be not appropriate in evaluating a consumer's belief on a seller's performance, or in estimating the consumer's repurchase probability. Models considering the order effects [5] should be used in this situation.

The first finding illustrates that a consumer's repurchase probability is more sensitive to his/her last

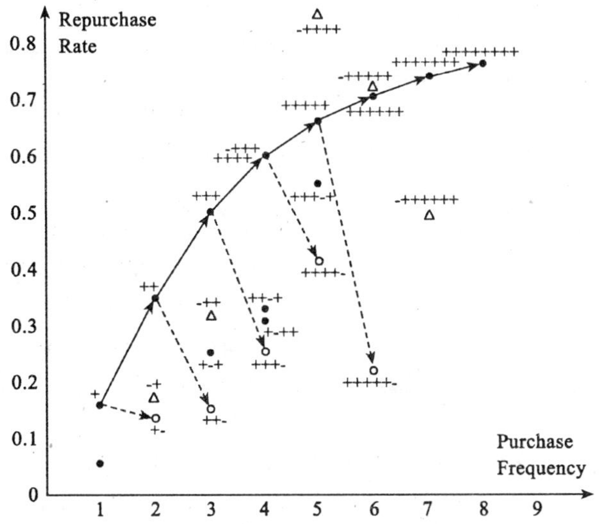

Figure 1 Purchase Experience & Repurchase Rates

purchase experience. This finding suggests a seller should treat a consumer always carefully no matter how many satisfied transactions have been conducted between them, because the most recent transaction experience has a powerful impact on the consumer's repurchase probability. We demonstrate the repurchase rates in Figure 1. As illustrated by the dashed lines, the repurchase rates drop sharply when consumers have one dissatisfied transaction experience. Even when consumers already have four or five satisfied transaction experiences, one dissatisfied purchase experience is enough to drive valuable consumers away.

This finding also suggests that the reputation system of the online marketplace should put heavier weight on recent ratings than on earlier ratings. When the reputation systems of eBay and Taobao treat ratings in different time periods equally, however, Yahoo! Kimo (an online marketplace in Taiwan area) use only each consumer's last rating in calculating the seller reputation. Researchers may compare the order effects in the reputation systems by comparing these different reputation system mechanisms.

The second finding is that the primacy effect does not exist in the online marketplace. As illustrated in Figure 1, the repurchase rates of the cases with a dissatisfied first transaction experience are not only higher than the cases with the dissatisfied experience in other positions, but also close to or even higher than the cases with perfectly satisfied transaction experience. As illustrated in Table 4, except $R_{-+} < R_{++}$ and $R_{-++} < R_{+++}$, other comparisons are insignificant, and R_{-++++} is even significantly larger than R_{+++++}. One possible explanation of the results is that, when a consumer's demands are remedied and the consumer comes back to the seller, the consumer's relationship with the seller will be even stronger. In this case, the consumer's repurchase rate will be at least equivalent to the situation as if the consumer has perfect purchase experiences.

Table 4 **Comparisons with Perfect Experiences**

Comparisons			Sig.
R_{-+}	<	R_{++}	p < 0.01
R_{-++}	<	R_{+++}	P < 0.01
R_{-+++}	>	R_{++++}	n. s.
R_{-+++}	>	R_{++++}	n. s.
R_{-++++}	>	R_{+++++}	p < 0.05
R_{-+++++}	>	R_{++++++}	n. s.
$R_{-++++++}$	<	$R_{+++++++}$	n. s.

The finding suggests that sellers should try to readdress consumers' needs when the consumers are not satisfied. A further question is that, does it mean sellers can pay less caution when they face a new consumer, because they can remedy the relationship afterwards? The answer is no. When consumers encounter a dissatisfied first transaction with a seller, their repurchase rate is about 5.6%, which is only one third to the repurchase rate when they encounter a satisfied transaction (16.2%). Sellers lose two thirds potential consumers from the first dissatisfied transaction, and these consumers will never give sellers the opportunity to remedy the relationships.

This study is one of the early studies which examine the order effects of consumer experiences in online marketplaces. Because the study is based on the objective data collected from a Chinese online marketplace, culture factors may influence the research findings. Researchers may collect data from eBay to see whether culture will moderate the order effects.

References

[1] Anderson, E. W. and M. W. Sullivan, The Antecedents and Consequences of Customer Satisfaction for Firms[J].

Marketing Science, 1993,12(2):125-143.

[2] Buda R, Zhang Y. Consumer Product Evaluation: The Interactive Effect of Message Framing, Presentation Order, and Source Credibility[J]. Journal of Product & Brand Management, 2000,9(4): 229-242.

[3] Doring F. Why Bayesian Psychology is Incomplete. Philosophy of Science, 1999,66(3):379-389.

[4] Haugtvedt C P, Wegener D T. Message Order Effects in Persuasion—an Attitude Strength Perspective[J]. Journal of Consumer Research, 1994,21(1):205-218.

[5] Hogarth R M, Einhorn H J. Order Effects in Belief Updating—the Belief-Adjustment Model[J]. Cognitive Psychology, 1992,24(1): 1-55.

[6] Mittal V, Kamakura W A. Satisfaction, Repurchase Intent, and Repurchase Behavior: Investigating the Moderating Effect of Customer Characteristics[J]. Journal of Marketing Research, 2001,38(1):131-142.

[7] Murphy J, Hofacker C, and Mizerski R, Primacy and Recency Effects on Clicking Behavior[J]. Journal of Computer-Mediated Communication, 2006,11(2).

[8] Oliver R L. Whence Consumer loyalty? [J]. Journal of Marketing, 1999,63:33-44.

[9] Reichheld F. The Loyalty Effect: The Hidden Force Behind Growth, Profits, and Lasting Value[M]. Boston: Harvard Business School Press,1996.

[10] Soetens E, Melis A, and Notebaert W, Sequence Learning and Sequential Effects[J]. Psychological Research-Psychologische Forschung, 2004,69(1-2):124-137.

[11] Yen C H, Lu H P, Factors Influencing Online Auction Repurchase Intention[J]. Internet Research, 2008,18(1):7-25.

[12] Yi Y J,La S, What Influences the Relationship between Customer Satisfaction and Repurchase Intention? Investigating the Effects of Adjusted Expectations and Customer Loyalty[J]. Psychology & Marketing, 2004,21(5):351-373.

第八篇

信息管理与知识管理

国家文化对知识共享影响的研究*

魏佳呈[1]，刘鲁[1]

（1. 北京航空航天大学　经济管理学院，北京 100191）

摘　要：本文提出了一个知识共享的动机认知模型，在此基础上将中西方具有最大差异的三个文化维度：集体主义/个人主义，权力距离和长期取向与短期取向引入到这个模型中，探讨了国家文化对组织员工的三个知识共享认知过程：内在化，认同感和盲从性的影响。然后通过跨文化的实证研究验证了该认知模型和国家文化的调节作用。本文不仅从理论上丰富了国家文化价值与行为动机交互的相关研究，其研究结果也可以为跨国组织的知识共享实践提供指导。

关键词：知识共享；国家文化；认知模型

中图分类号：F272.9；F276.7

知识经济时代下，知识已经成为组织的第一要义[1]，企业竞相利用自己的知识财富打造核心的竞争力，力图使自己成为某一领域的专家型企业。这种专业化的趋势大大增加了组织间与组织内广泛交流和协作的需求。而基于知识交换的交流和协作，即知识共享活动自然成为企业最为重要的运作方式。个人所拥有的知识是组织知识中最为活跃的部分，它们构成了组织最宝贵的财富，企业内拥有不同专业知识的员工间的知识共享，即可将这种个人的知识转化为组织共有的知识，成为企业形成核心竞争力的重要方式[2]。

如何有效地激励员工知识共享因此成为企业实际管理者和研究者们共同关注的问题[3]。相关的研究可划分为两类：一类是强调如何利用信息技术手段促进知识共享；另一类则是着眼于对个人知识共享行为的心理动机激励[4]。随着信息技术的不断进步，前一类研究已经取得了很大的突破，同时人们也逐渐认识到信息技术虽能为知识共享提供便利的环境，但最终决定是否共享和共享程度的却取决于人的动机因素。这样，以人的心理为基础的行为动机研究逐渐盛行，并成为提供有效激励知识共享方法的最为实质的研究[4]。

现有的关于知识共享动机的研究有很多。学者们从各自不同的角度提出了形色各异的动机模型和激励因素，并通过直接测量各个激励因素对知识共享行为的影响关系来证明激励因素的有效性[5][6][7]。本文试图探究个人对各类激励因素的内在认知，从而将这些激励因素的作用机理整合到一个多层次的知识共享动机认知模型中。

经济全球化的趋势使得越来越多的企业开始在全球范围内配置资源，跨国公司和跨国组织不断涌现。来自不同国家和不同文化背景的员工间知识共享的需求不断增加，随之而来的文化冲突，尤其是东西方文化的冲突问题也日益凸显[8]。国内外学者开始关注到国家文化对人的行为的影响问题：国家文化作为重要的个人属性变量影响着个人价值的形成；而人的价值又作为人的行为决策和动机形成的基础，这样国家文化必然影响人的行为决策和动机形成[9]。目前已有的知识共享动机的研究大多产生于单一的文化背景，并没有考虑国家文化的影响，所得出的结论和方法都在一定程度上受限于他们所产生的国家背景。这样在经济全球化的背景下，在知识共享动机的研究中引入国家文化这一个人属性变量就显得十分重要。它可以从理论和实践上指导协调跨国组织中的文化冲突并且针对员工和组织所处的文化背景来制定更有针对性的激励措施。

本研究的贡献不仅在于提出了知识共享的动机认知模型，更引入了国家文化这一影响因素，将国家文化当作个人的变量纳入模型中，全面检查了它对这一模型的调节作用。最后本研究利用实证的方法对这一模型进行了验证。为了使用于模型验证的

* 基金项目：本文由国家自然基金（编号：70671007）和中国教育部博士点基金（编号：200800060005）资助

通讯作者：魏佳呈，E-mail：jiachengwei@buaa.edu.cn

数据在国家文化这一变量上具有足够大的变化范围，我们打破了已有的单一文化背景研究的限制，分别对中美这两个文化差异巨大的国家的企业进行调研，以充分证明国家文化对知识共享动机的影响。本研究不仅从理论上丰富了国家文化价值与行为动机交互的相关研究，其研究结果也为跨国企业和跨国组织的知识共享实践提供指导。

1 理论模型与假设

1.1 知识共享动机认知模型

本文的知识共享动机认知模型的理论基础来源于理性行为理论和社会影响理论。

理性行为理论[10]指人的行为是由他的行为意向决定，而行为的意向取决于人对这一行为的态度和他的社会规范。其中，社会规范指的是其主观感知到的周围与其相关的人对他这一行为的期望。这一理论为我们提供了人的行为动机的两大要素：对行为的态度和社会规范。

社会影响理论[11]为我们提供区分动机认知的三个心理过程，即内在化（Internalization），认同感（Identification）和屈从性（Compliance）。将其演绎到知识共享行为，内在化即指人的动机来源于对知识共享本身价值的认可，即行为人认为通过知识共享可以改善组织绩效，这本身就是个人价值的一种体现；认同感指人期望通过知识共享而获得别人的认可，得到更好的人际关系。屈从性指知识共享的动机仅仅是迫于组织上的压力或者金钱的诱惑。

除此之外，借鉴“羊群效应”[12]这一心理现象，我们可以把上述理论扩充为四个层次，介于认同感和屈从性之间增加的层次为“盲从性”，它是指当个人感受到周围人都非常认可知识共享的时候自己也盲目地认同周围人的观点。由此，人对知识共享各类激励因素的认知就可以归纳到这四个层次中。其中，内在化、认同感主要来源于个人规范，而盲从性和屈从性主要来源于社会规范[13]。在此基础上我们提出的动机认知模型如图1所示：

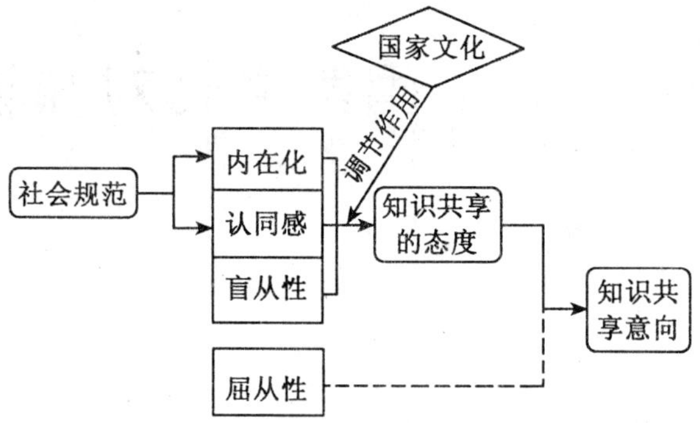

图1 知识共享动机认知模型

由理性行为理论可以直接得知积极的知识共享态度有助于积极的知识共享意向，即：

假设1：个人对知识共享的态度会积极地影响知识共享的意向。

由社会影响理论和羊群效应可知，内在化，认同感和盲从性都是主观自发型的心理过程，尽管这三种心理过程本身的来源不同，但其结果都会改善人对知识共享本身的认识，因此有助于形成积极的知识共享态度[14]。故有如下假设：

假设2：内在化过程有助于形成积极的知识共享态度。

假设3：认同感过程有助于形成积极的知识共享态度。

假设4：盲从性过程有助于形成积极的知识共享态度。

理性行为理论提出了社会规范对行为意向有正向的影响。很多学者已经证明这种影响一方面是通过内在化和认同感的心理过程将之纳入到个人的规范，从而导致积极的行为意向；另一方面是盲从性和屈从性的心理过程直接将这种影响映射到人的行为意向[13]，因此有：

假设5：社会规范正向影响内在化过程。

假设6：社会规范正向影响认同感过程。

关于屈从性的心理动机，它主要来源于两个方面：一是追求金钱物质奖励，二是避免团队的惩罚[11]。鉴于知识共享的实践中基本不存在明确的惩罚措施，我们只考虑“金钱奖励”这一因素。现有的许多研究都发现金钱奖励对知识共享的作用微乎其微，甚至会起到负面的影响[5]。这主要是因为知识共享本质上是自我决定的行为，员工知识共享的程度很难量化和观测，因而奖金的数量与知识共享的程度很难成比例配合，所以员工的内在动机才是决定知识共享行为的主要因素。因此我们假设：

假设7：屈从性（即金钱奖励）不会直接影响知识共享的意向。

综上可见，个人的知识共享认知主要来源于三个层次，即内在化、认同感和盲从性。

1.2 国家文化的影响

已有的知识共享动机的研究大多产生于单一的文化背景，为数不多的考虑国家文化变量的研究也仅仅对知识共享中一些一般性的概念作了国家间的对比分析[4,14,15]。本文将会深入到知识共享动机的三个认知层次来分析国家文化的影响。

我们采用霍夫斯坦德提出的五维度的国家文化模型，从而把抽象的文化概念分解成可分析和测量的五个维度：集体主义/个人主义，权力距离，不确定性避免，男性度与女性度，长期取向与短期取向[16]。其中三个维度最能体现出以中美两国为代表的东西方文化的差异，即集体主义/个人主义，权力距离和长期取向与短期取向。我们将这三个维度引入上述模型，分别分析它们对认知的三个层次的调解作用，从而得到东西方文化的差异如何影响员工对知识共享动机的认知过程。以下将按照三个维度分别论述：

（1）集体主义/个人主义

集体主义/个人主义的文化维度是衡量个人融入集体的程度[16]。集体主义文化倾向于强调集体的力量，因而常常会忽略员工的个人创造力和价值。个人主义文化则反之[17]。而内在化过程则是由于个人价值在知识共享过程中得到体现而导致员工更积极的知识共享态度[13]。这一过程与集体主义文化价值并不一致，所以我们假设：

假设8：集体主义文化价值调节内在化对知识共享态度的影响，使得对于越倾向于集体主义的员工来说内在化对知识共享态度的影响越小。

集体主义文化价值往往更加看重集体对个人融入集体程度的认同[18]，个人主义文化价值更强调个人能力得到认可[17]。尽管集体主义与个人主义文化价值持有者在知识共享中获得的良好的人际关系的内容不相同，但都会因此而导致积极的知识共享态度，所以我们假设：

假设9：集体主义/个人主义文化价值不调节认同感对知识共享态度的影响。

在集体主义社会中，个人倾向于无条件的服从集体和接受集体的观点[19]。因此我们可以假设：

假设10：集体主义/个人主义文化价值调节盲从性对知识共享态度的影响，使得对于越倾向于集体主义的员工来说盲从性对知识共享态度的影响越大。

（2）权力距离

权力距离维度是衡量拥有较低权力的个人对权力差距认可和接受的程度[16]。拥有高权力距离文化价值的人更倾向于服从命令，因而更倾向于相信自己的能力不如权力高于自己的人[20]。而内在化动机则是由于在知识共享过程中展示了个人的能力而导致员工更积极的知识共享态度[13]。这一影响与高权力距离倾向于否定员工个人能力的价值观并不一致，所以我们可以假设：

假设11：权力距离文化价值调节内在化对知识共享态度的影响，使得对于权力距离文化价值越高的员工来说内在化对知识共享态度的影响越小。

拥有低权力距离文化价值的人更倾向于希望得到别人的尊重，更强调自己的地位；而拥有高权力距离文化价值的人更看重其他人对自己的评价，特别是领导的认可[16,21]。所以尽管他们追求的认同感本身的内容不尽相同，但认同感导致积极的知识共享态度的程度却难分伯仲，所以我们假设：

假设12：权力距离文化价值不调节认同感对知识共享态度的影响。

拥有高权力距离文化维度的人倾向于认为具有高权力地位的人的能力更强，他们的意见和想法最有可能是正确的，所以他们更倾向于直接采用管理者的想法[21]。这样我们假设：

假设13：权力距离文化价值调节盲从性对知识共享态度的影响，使得对于权力距离文化价值越高的员工来说盲从性对知识共享态度的影响越大。

（3）面向未来/面向现在

面向未来/面向现在的文化价值是指个人目前的决策更着眼于未来的利益/现在的利益[8]。面向未来的文化维度是典型的中国特色的维度，它的价值观主要来源于孔子思想，即通过建立一个等级分明的秩序来维持个人或社会长期和谐的发展。这一思想十分强调尊重阶级等级观念和安分恪守社会秩序[8]。这一价值并不重视个人的价值和突出个人的贡献，相反，它视每个人为一个庞大复杂机器的零件，认为只有每个零件都安守本职才能保证整个机器的正常运转。而如前所述，内在化过程则是知识共享本身体现出了个人价值而导致员工更积极的知识共享态度[13]。这一影响与面向未来的文化价值并不一致，所以我们假设：

假设14：面向未来文化价值调节内在化对知识共享态度的影响，使得对于面向未来文化价值越高的员工来说内在化对知识共享态度的影响越小。

具有面向未来文化价值的人为了自己长期的利益而追求与人和谐和互惠的良好关系[15]，而具有面向现在文化价值的人将良好的人际关系视为取得当前利益[8]，如升职、荣誉等的一个重要因素。所以尽管他们追求人际关系的立足点不尽相同，但认同感导致积极的知识共享态度的程度却难分伯仲，所以我们假设：

假设 15：面向未来文化价值不调节认同感对知识共享态度的影响。

面向未来文化价值也倾向于忽视个体能力，而重视集体和等级高的人的能力[8]，所以持有这一文化价值的人更倾向于用集体和高层的意见自觉地代替自己的意见，所以我们假设：

假设 16：面向未来文化价值调节盲从性对知识共享态度的影响，使得对于面向未来文化价值越高的员工来说盲从性对知识共享态度的影响越大。

2 研究方法和模型验证

本文采用调查研究的方法从中美两国的 20 个实际的企业收集数据，然后利用以偏最小二乘为基础的结构方程建模方法处理数据[22]。

2.1 调查方法

我们的目标群体是实际企业中有着知识共享经历的员工们。为了使得三个文化维度的得分值的变化范围足够大，我们采用跨文化的研究，即分别从中国和美国两个国家收集数据。

问卷的结构分为两大部分：知识共享部分和文化价值部分。其中前者涵盖了：内在化、认同感、盲从性和屈从性、社会规范、知识共享态度和意向这七个部分的相关调研问题；后者涵盖了三个文化维度的相关问题。除了盲从性的问卷问题是我们根据相关概念和理论自行设计的，其他问题均是借鉴了已有的有效测量工具[5][13]。我们一共调查了美国的 10 家公司和中国的 10 家公司，采用网上填写问卷的方法，共收到了来自这 20 个组织的 280 份问卷，通过初步筛选最后保留了 200 份有效问卷。

2.2 统计分析方法

问卷涉及的 10 个部分（7 个知识共享相关部分，3 个文化相关部分）构成了结构方程里的 10 个隐形变量，这 10 个变量以理论假设所述的关系构成结构模型。与之相对应的问卷各项为显性变量并一起构成测量模型。

2.3 测量模型验证

在进行数据分析之前，我们对测量模型进行了有效性（效度）和可靠性（信度）验证。检验标准遵从 Chin[22] 和 Fornell 等[23] 的研究。在以下计算中我们忽略了与面向未来相关的项目，因为面向未来由 8 个相对独立的文化特征以形成型的方式构成，故不受以上标准的约束。

两个计算量：组合信度（composite reliabilities）和方差析出量（the average variance extracted）用来检验测量模型的信度。表 1 列出了计算的结果，所有结构的组合信度值均高于 0.7，即达到较高的标准；而所有结构的方差析出量也高于 0.5，即达到了可以接受的标准。

表 1 **测量模型信度验证**

结构	问题个数	组合信度	方差析出量
INT	4	0.89	0.67
IDEN	7	0.91	0.58
CONF	4	0.82	0.53
COMP	3	0.91	0.75
SN	3	0.79	0.57
ATT	5	0.89	0.62
INTEN	6	0.91	0.63
COL	4	0.858	0.604
PD	3	0.794	0.563

注：INT = 内在化，IDEN = 认同感，CONF = 盲从性，COMP = 金钱奖励，COL = 集体主义文化维度，PD = 权力距离文化维度，SN = 社会规范，ATT = 知识共享的态度，INTEN = 知识共享的意向。

效度测量显示：（1）所有显性变量对相应结构的负载均大于其与其他结构的交叉负载（cross-loading）；（2）每一结构内的方差析出量的平方根均大于其与其他结构间的相关性。

因此，该测量模型的有效性和可靠性都通过了验证，其测量的结果可以作为下一步分析的基础。

2.4 数据分析结果

我们利用 PLS-Graph 3.0 软件运行上述结构模型，其中三个文化维度的调节作用是按照 Chin 等[24] 提出的方法验证的。表 2 显示知识共享动机认知模型的验证结果，表 3 显示文化调节作用的验证结果。

表 2 **知识共享动机认知模型验证结果**

因变量	自变量	路径系数
INT	SN	0.346 ***
IDEN	SN	0.273 ***
ATT	INT	0.278 ***
	IDEN	0.385 ***
	CONF	0.142 **
INTEN	ATT	0.713 ***
	COMP	−0.058

注：* 表示在 0.1 水平下显著，** 表示在 0.05 水平下显著，*** 表示在 0.01 水平下显著。

表 3 **文化调节作用的验证结果**

独立变量	调节作用项	路径系数
ATT	INT × COL	-0.215 ***
	IDEN × COL	-0.117
	CONF × COL	0.115
	INT × PD	-0.125
	IDEN × PD	-0.136
	CONF × PD	0.139 *
	INT × LT	-0.312 ***
	IDEN × LT	-0.1510
	CONF × LT	0. 257 ***

注：* 表示在 0.1 水平下显著，** 表示在 0.05 水平下显著，*** 表示在 0.01 水平下显著。

由表 2 和表 3 可知，与知识共享动机认知模型有关的所有假设（假设 1～7）均得到证实，而与文化的调节作用相关的假设除假设 10 和 11 之外，均得到证实。假设 10 中所述的集体主义/个人主义文化价值对认同感和盲从性与知识共享态度关系的调节作用并不显著；同样的，权力距离文化价值对内在化与知识共享态度之间关系的调节作用也不显著。

3 结 论

本文主要探讨了国家文化对组织内员工间知识共享动机影响的问题。提出了一个多层次的知识共享动机认知模型，在此基础上，将中西方具有最大差异的三个文化维度引入到这个动机模型中，并从理论上分析了文化对知识共享动机认知过程的调节作用。最后本文通过跨文化的实证研究证实了理论上提出的动机模型和国家文化的调节作用。

在理论上，该研究不仅提供了知识共享动机模型，还分析得到了文化维度对动机模型的调节作用机理。具体的结论包括：

（1）知识共享主要是凭个人意愿，也就是个人态度决定的行为，很难对其量化和控制，因而以物质奖励措施为主的管理措施对员工共享意向的影响很小。

（2）个人对知识共享的态度主要受三个动机层次的影响，即内在化、认同感和盲从性。其中内在化和认同感主要是个人规范决定的，但仍会受到社会规范的影响。盲从性则完全是对社会规范的无条件服从。

（3）内在化相关动机对个人最终的知识共享态度的影响被集体主义和面向未来的文化维度调节。具体来说，个人主义感或面向现在倾向越强的人，他的内在化动机对知识共享态度的影响越强；而对集体主义感或面向未来倾向强的人，这种影响则会相对弱一些。

（4）盲从性相关动机对个人最终的知识共享态度的影响被权力距离和面向未来的三个文化维度调节。具体来说，拥有高权力距离或面向未来文化价值的人，他的盲从动机对知识共享态度的影响较强；而对拥有低权力距离或面向未来文化价值的人，这种影响则会相对弱些。

在实践上，本文得出的建议特别适合那些要去欧美发展市场的东方（特别是中国）组织和那些要来东方（特别是中国）发展市场的欧美组织。这些组织的管理者应注意，由于两者间的文化差异，对各国员工的知识共享行为应采取不同的激励措施。由于欧美员工的文化价值是倾向于个人主义，低权力距离和面向现在的，其内在化相关动机对知识共享态度的影响更大，因此在组织内知识共享实践中应多鼓励和表扬个人的贡献。由于东方（特别是中国）员工的文化价值是倾向于集体主义，高权力距离和面向未来的，其盲从性的动机对知识共享态度的影响要强于欧美员工，所以要积极在组织中多树立知识共享的榜样，多宣传知识共享的益处，营造组织认同、知识共享的积极氛围。

参 考 文 献

[1] 陈春宝，陈建成，杨德林，企业内知识共享模型研究[J]. 经济问题探索，2005（7）：77-81.

[2] 任岩，企业知识共享影响因素研究综述[J]. 情报杂志，2006（10）：106-108.

[3] 樊治平，孙永洪，知识共享研究综述[J]. 管理学报，2006. 3（003）：371-378.

[4] Chow C W, Deng F J, Ho J L, The Openness of Knowledge Sharing Within Organizations: A Comparative Study of the United States and the People's Republic of China [J]. Joumal of Management Accounting Research, 2000, 12: 65-95.

[5] Bock G W, Lee J N, Zmud R W, Behavioral Intention Formation in Knowledge Sharing [J]. MIS Quarterly, 2005, 29 (1): 87-111.

[6] Hwang Y, Kim D J, Understanding Affective Commitment, Collectivist Culture, and Social Influence in Relation to Knowledge Sharing in Technology Mediated Learn-

ing [J]. IEEE Transactions on Professional Communication, 2007. 50 (3): 232-248.

[7] Hsu I C, Wang Y S. A Model of Intraorganizational Knowledge Sharing: Development and Initial Test [J]. Journal of Global Information Management, 2008, 16 (3): 45-73.

[8] Hofstede G. Problems Remain, but Theories will Change: The Universal and the Specific in 21st-century Global Management [J]. Organizational Dynamics, 1999, 28 (1): 34-44.

[9] Srite M, Karahanna E. The Role of Espoused National Cultural Values in Technology Acceptance [J]. MIS Quarterly, 2006, 30 (3): 679-704.

[10] Fishbein M, Ajzen I. Beliefs, Attitude, Intention and Behavior: An Introduction to Theory and Research [M]. 1975, Reading, MA: Addison-Wesley Publishing Company.

[11] Kelman H C. Compliance, Identification, and Internalization: Three Processes of Attitude Change [J]. Journal of Conflict Resolution, 1958, 2 (1): 51-60.

[12] Bikhchandani S, Hirshleifer D, Welch I, Learning From the Behavior of Others: Conformity, Fads, and Informational Cascades [J]. Journal of Economic Perspectives, 1998, 12 (3): 151-170.

[13] Malhotra Y, Galletta D, A Multidimensional Commitment Model of Volitional Systems Adoption and Usage Behavior [J]. Journal of Management Information Systems, 2005, 22 (1): 117-151.

[14] Geng Q, et al. Comparative Knowledge Management: A Pilot Study of Chinese and American Universities [J]. Journal of the American Society for Information Science and Technology, 2005, 56 (10): 1031-1044.

[15] Griffith D A, Myers M B, Harvey M G. An Investigation of National Culture's Influence on Relationship and Knowledge Resources in Interorganizational Relationships Between Japan and the United States [J]. Journal of International Marketing, 2006, 14 (3): 1-32.

[16] Hofstede G. Culture's Consequences [M]. 1984, Newbury Park, CA: Sage Publications.

[17] Hofstede G. The Cultural Relativity of the Quality of Life Concept [J]. The Academy of Management review, 1984, 9 (3): 389-398.

[18] Triandis H. The Many Dimensions of Culture [J]. Academy of Management Executive, 2004, 18 (1): 88-93.

[19] Bond R, Smith P B, Culture and Conformity: A Meta-analysis of Studies Using Asch's line Judgment task [J]. Psychological Bulletin, 1996, 119 (1): 113-137.

[20] Tsui J S L. The Impact of Culture on the Relationship Between Budgetary Participation, Management Accounting Systems, and Managerial Performance: An Analysis of Chinese and Western Managers [J]. The International Journal of Accounting, 2001, 36: 125-146.

[21] Huang Q, et al. The Impact of Leadership Style on Knowledge-sharing Intentions in China [J]. Journal of Global Information Management, 2008, 16 (4): 67-91.

[22] Chin W W. The Partial Least Squares Approach to Structural Equation Modeling, in Modern Methods for Business Research [M], Marcoulides. G A, Lawrence Eribaum Associates: Mahwah, NJ. 1998: 295-336.

[23] Fornell C, Larcker D F, Evaluating Structural Equation Models with Unobservable Variables and Measurement Error [J]. Journal of Marketing Research, 1981, 18 (1): 39-50.

[24] Chin W W, Marcolin B L, Newsted P R, A Partial Least Squares Latent Variable Modeling Approch for Measuring Interaction Effects: Results from a Monte Carlo Simulation Study and an Electronic-mail Emotion/Adoption Study [J]. Information Systems Research, 2003, 14 (2): 189-217.

The impact of national culture on knowledge sharing behavioral motivation

WEI Jiacheng[1], LIU Lu[1]

(1. School of Economics and Management, Beihang University, Beijing 100191, China)

Abstract: This paper firstly proposed a cognitive model of knowledge sharing; and then based on it the three special dimensions of national culture were incorporated into this model to investigate the impact of national culture on the cognitive processes of knowledge sharing, which include internalization, identification and conformity. Finally a survey was conducted to validate the model and the moderating effects of national culture. This paper provides not only a general framework and methodology that the other research on the interplay between national culture and some behavioral motivation can utilize, but also some useful insights for cooperation management and human resource management in multinational corporations and multinational teams.

Key words: knowledge sharing; national culture; cognitive model

企业知识管理系统中的超循环*

沈峰[1]，刘红丽[1]

（1. 华东理工大学 商学院，上海 200237，中国）

摘　要：知识管理系统是企业有效管理知识资源的重要工具。本文借鉴国内外学者对知识管理活动的分类，将企业知识管理系统细分为知识获取与整合子系统，知识应用与创新子系统。使用超循环理论对两个子系统进行分析后发现这两个子系统中均存在着反应循环与催化循环，同时两个子系统间存在相互催化，循环促进的密切关系，从而使企业知识管理系统中存在超循环。企业知识管理系统中的超循环能揭示企业知识管理系统的发展规律，有助于提升企业知识管理系统的绩效。

关键词：知识管理系统；知识获取与整合；知识应用与创新；超循环

中图分类号：F270

知识管理最早由管理学大师彼德·德鲁克于1988年在《新型组织的出现》一文中提出[1]，经过几十年的理论发展与实际应用，正逐步走向成熟。知识管理是对信息资源管理的延伸与拓展，既包括将组织中的显性知识编码化，也包括发掘员工头脑中的隐性知识使其转化为可编码的显性知识，实现隐性知识的共享[2]。知识管理的出现对解决当今企业面临的许多新问题和新挑战提供了很好的思路，是目前企业获取竞争力的有效手段。

随着知识管理在许多企业中得到广泛的应用，知识管理系统应运而生。知识管理系统是一种基于IT的用于支持组织中知识创造、聚集、组织和传播的系统[3]，它提供对知识获取与整合、应用与创新过程的系统支持。通过知识管理系统，企业可以有效地获取和整合企业的内外部知识资源，在交流互动的平台上充分实现知识的共享，并通过应用实现知识创新，提升企业知识的价值，从而推进企业的快速发展。如何使知识管理系统运作更为高效，已成为诸多企业关注的问题。

企业知识管理系统中的超循环能有效增强企业知识管理系统的稳定性，促进知识管理系统的发展和进化，增强企业的知识获取与整合能力，知识应用与创新能力。本文探讨企业知识管理系统的组成，分析企业知识管理子系统中存在的反应循环与催化循环，以及企业知识管理系统中的超循环。

1　超循环理论概述

超循环理论由英国生物化学家艾根所创立，他于1979年在其著作《超循环论》中系统地概括了超循环理论[4]，这是现代管理哲学的重大发展。超循环理论起源于阐述生命起源的化学进化理论[5]，是一门关于非平衡系统的自组织理论，它不仅揭示了复杂系统在发展中存在超循环的规律，而且为研究人类社会系统复杂现象提供了新的科学方法和方法论启示[6]。

循环现象是自然界和人类社会发展中普遍存在的现象，其表现形式是：多种事物或要素在发展过程中互为因果，致使发展的起点与终点相互衔接，构成封闭圈[6]。在此，首先了解一下反应循环和催化循环的概念。

反应循环是一组相互关联的反应序列，其中每一步形成的产物都是先前一步的反应物[7]。反应循环是循环反应中一种比较低级的组织形式。反应循环中可包含催化剂，但催化剂是外来的，不是由反应自身产生的[8]。如图1所示，底物S经过与催化剂E的反应，生成了产物P。

催化循环是由多个反应循环相互联系形成的二级循环网络[7]。催化循环是比反应循环更高一级的组织形式，是至少存在一种能够对反应本身进行催化的中间物的反应循环，并且这种中间物也是反应循环自身在相互作用过程中产生的[8]。自催化

* 通讯作者：沈峰，E-mail：fshen@ecust.edu.cn

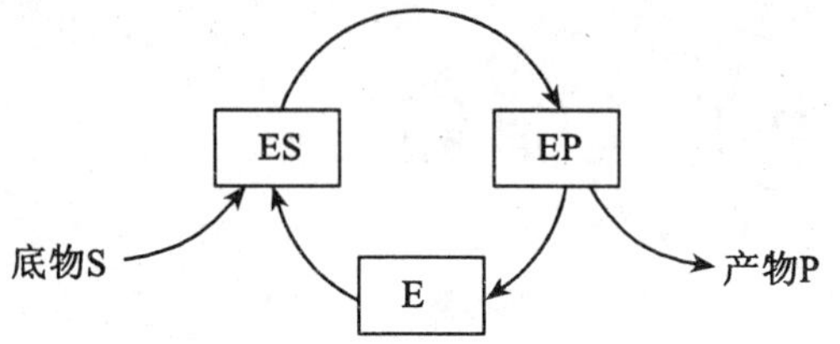

图 1　反应循环

是催化循环中最简单的代表形式。如图 2 所示，底物 S 经过反应生成了催化剂 E_1、E_2、E_3……En，而这些催化剂又会转入下一轮新的反应，这样往复来回，形成了一个持续不断的催化循环。

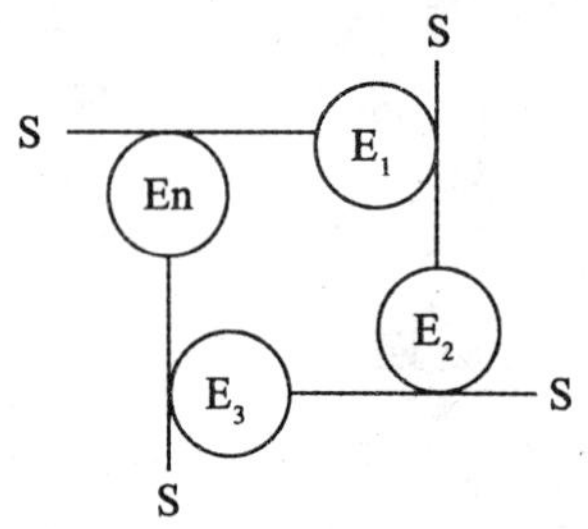

图 2　催化循环

超循环是比催化循环更高级的形式，属于第三级循环，是由催化循环通过功能耦合而联系起来的高级循环组织[8]，是由循环组成的循环。超循环的形成有两个条件：一是催化循环不仅是内部自催化的，它还能产生副产物，产生对其他催化循环有作用的催化剂；二是通过这些催化剂，能形成相互催化和循环催化的超循环催化网络系统[7]。如图 3 所示，I_1、I_2、I_3……In 代表催化循环，它们共同作用构成了超循环。

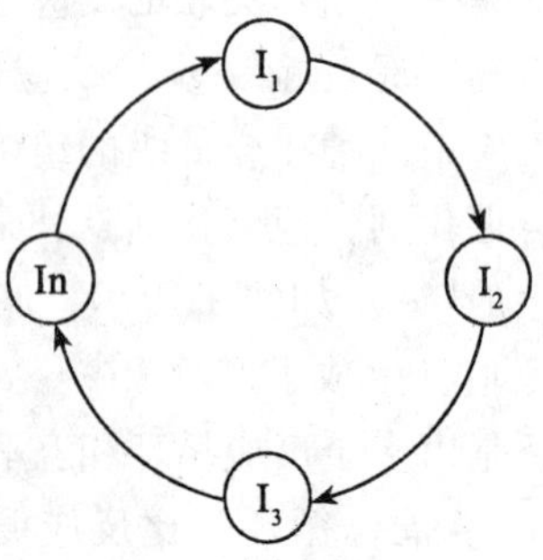

图 3　超循环

在确立超循环概念的基础上，艾根提出了基于超循环理论的系统演化原理，这些原理主要包括以下几点[5]。

1）开放性原理：超循环是开放的系统，可以与外界进行物质和能量的交换。

2）自稳定原理：超循环具有自稳定性，即当外界环境发生变化，系统内原有的平衡被打破时，超循环可以通过自我调节、与外界环境进行物质和能量的交换达到新的平衡。

3）突现原理：所谓突现是指不同的部分相互联合，形成新结构、产生新的功能和整体性的过程。在超循环的发展过程中，除了有循序渐进的进化过程，系统内还发生突现，即系统内的突变。

4）选择评价原理：系统内的自动评价机制是“竞争”。通过竞争，超循环对系统内各部分进行选择，竞争中的胜利者得以生存，而失败者则被淘汰。系统内存在竞争并不意味着没有合作，相反，系统内竞争与协同、整合并存。

2　企业知识管理系统的组成

知识管理系统是一个有助于知识的收集、组织和传播的知识管理技术集合，其核心是网络技术与知识库[9]。企业知识管理系统，能有效收集企业内外部信息和各种知识资源，通过组织和存储，提供给企业内各部门的人员使用，支持他们的业务活动。对于知识管理活动的流程及步骤，国内外学者进行了深入细致的研究。Wiig（1993）提出知识管理活动的流程可以分为四大步骤，分别是：创造与获取（Creation & Sourcing）、编辑与转化（Compilation & Transformation）、传播（Dissemination）、利用与价值实现（Application & Value Realization）。Beckman（1997）则提出知识管理活动的流程可以分为八个步骤，分别是：定义（Identify）、获取（Capture）、选择（Select）、存储（Store）、分享（Share）、利用（Apply）、创造（Create）、销售（Sell）。国内学者林东清整合了许多国内外专家的意见和看法，他认为知识管理活动可分为六个步骤，分别是：战略定义、获取、创造、分享传送、利用、存储[10]。

本文认为知识管理活动可分为两大部分——知识获取与整合（包括知识识别与获取、知识选择、知识组织与存储），知识应用与创新（包括知识传播与分享、知识利用、知识创造），企业的知识管理系统由知识获取与整合子系统和知识应用与创新子系统所组成。

2.1　知识获取与整合子系统

知识获取与整合子系统依据企业的知识战略，进行企业知识识别，确定企业的知识缺口，从各类知识源获取相应知识，再从中选择对企业有价值的知识，给予合理地组织，存入企业知识库，为下阶段所有的知识应用与创新提供支持。知识获取与整合子系统中涉及三个知识管理活动，它们是知识识别与获取、知识选择，以及知识组织与存储。

知识识别与获取是知识管理工作的基础。知识识别指企业为获得所需知识，以及有效利用既有知识，必须清楚了解其内外部存在着哪些重要知识。通过知识识别，企业能明确自身所存在的知识缺口，为知识获取指明方向。知识获取，指企业通过外部市场采购、战略联盟合作，或相关团体间非正式地交流而获得有价值知识的过程。影响知识获取的因素主要有知识获取渠道的丰富性、知识获取来源的多样性，以及知识获取量的大小。

知识选择指企业决定在获取的知识中保留哪些知识，并过滤出有价值知识的过程。知识选择可以选择出符合市场需求、企业发展战略、技术发展前景、企业本身技术能力状况，以及满足成本效益核算要求的各类知识，为今后企业各方面的知识应用提供保障。此外，被选择的知识应具有很高的可信性、新颖性，以及有效性，并容易被理解和掌握。

知识组织与存储是企业积累核心知识资源的重要手段。知识组织指企业为有效地存储与检索知识，需对其进行合理的组织，并使之结构化，以便实现对知识的高效存取[11]。而知识存储指企业将有价值的知识经过选择、过滤、加工和提炼后，存储在适当媒介内以利于需求者更为便利、快速地采集，并随时更新和重组其内容与结构。知识组织与存储过程能实现对知识的高效存取、检索和管理，为知识的传播与分享奠定了基础。影响知识组织与存储的因素主要有知识存储的分类结构、知识存储的主要媒介等。

2.2 知识应用与创新子系统

知识应用与创新子系统依照企业的知识战略，加大对企业共享知识库中有益于企业价值取向的知识的推广与应用，使其共享面更广泛、程度更深入，进而确保企业的经营活动得到有力的知识支持。知识创造基于良好的知识应用，不仅要充分掌握各类整合知识，更要密切关注在知识应用过程中收集到的各种反馈信息，才能真正带来企业知识创新能力的提升（例如，设计出新的业务流程，或研发出新的产品技术等）。知识应用与创新子系统中涉及三个知识管理活动，它们是知识传播与分享、知识利用，以及知识创造。

知识传播与分享指企业在其各部门和员工间有效传递和分享知识的过程。企业可通过信息技术和信息网络建立搜索系统、专家系统、交流网络等，为员工提供获取知识的平台，促进知识在企业内外及企业内各部门间的快速传递[12]。一些日常技术诀窍、信函、备忘录、非正式会谈和报告都是知识的形式，可通过纸质文档的方式进行传播。在知识被传播出去后，企业各部门及其员工可依据实际背景及自身情况对传播的知识进行分享。影响知识分享的因素主要有知识分享的态度、知识分享行为的主观规范，以及执行知识分享能力的信心。知识分享在整合企业智慧成果的基础上，实现企业各部门对知识的合理选用，为利用知识解决实际问题打下扎实基础。

知识利用指企业部门或其员工将所获取的知识实际运用到工作流程、问题解决或决策上的过程。影响知识利用的因素主要有知识利用的动机和知识利用的能力。知识利用是知识应用与创新中的关键环节，是企业尝试实施知识管理来解决自身面临问题的具体行动。在知识利用过程中会产生许多反馈信息，这些反馈信息可促进企业的知识创造。

知识创造指除了由外部获取所需知识外，企业内部的个人或群体，通过各种不同的方法（包括实验、培训、谈论及互动等）增进、强化原有知识，或创新开发原来不存在而对企业有价值的新知识的过程。知识创造通过知识积累，依据知识利用的反馈信息，生成各类新知识（如新的业务流程知识、新的产品技术知识等），从而帮助企业实现知识规模的稳步拓展以及知识质量的日益提升，推动形成企业自身的核心知识资源。

3 企业知识管理系统中的反应循环与催化循环

依据超循环的理论，对企业知识管理系统进行分析，可以发现在系统中存在着超循环。一方面，知识获取与整合子系统和知识应用与创新子系统中都存在着反应循环与催化循环；另一方面，这两个子系统又相互促进，协调发展，通过共同作用形成了超循环。

3.1 知识获取与整合子系统中的反应循环与催化循环

（1）知识获取与整合子系统中的反应循环

知识获取与整合子系统中输入的是企业内外的各种资料和文档、个人经验、专家技能，以及创新的知识和理念，在企业知识战略的指引下，通过知识管理人员与知识获取和整合工具的共同作用，得到企业的整合知识。这些整合知识主要包括企业的各类决策知识、操作知识，以及相应的概念及规则等，如图4所示。

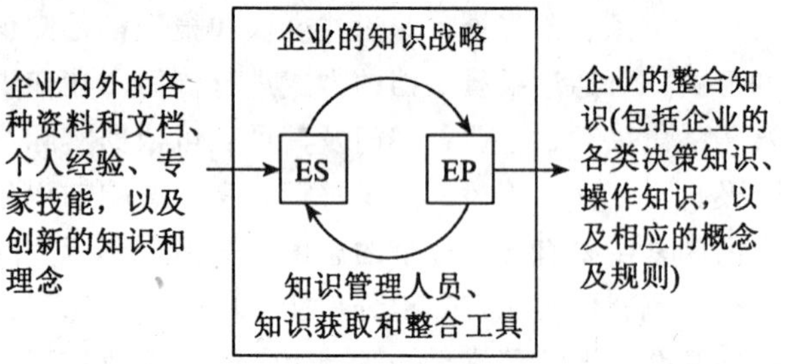

图4 知识获取与整合子系统中的反应循环

（2）知识获取与整合子系统中的催化循环

该子系统中存在着三项知识管理活动，分别是知识识别与获取、知识选择，以及知识组织与存储。知识识别与获取在识别与获取知识的同时又生成了相关知识的解释和说明，这为下一步的知识选择提供了有效的支持；知识选择、知识组织与存储同样也能生成关于选择、组织与存储知识的必要解释和说明，这都为它们后续的知识管理活动提供了有效的支持。这三项知识管理活动相互作用，彼此间提供催化支持，促进了三者的共同发展，从而有效地提升了企业的知识获取与整合能力，如图5所示。

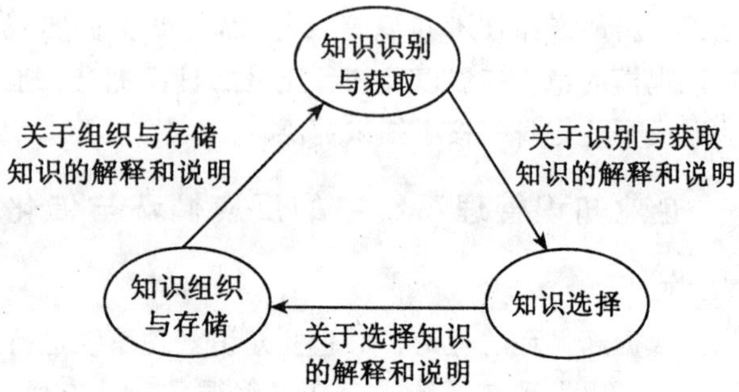

图5 知识获取与整合子系统中的催化循环

3.2 知识应用与创新子系统中的反应循环与催化循环

（1）知识应用与创新子系统中的反应循环

知识应用与创新子系统中输入的是企业的整合知识、领导层的决策知识，以及员工的业务知识和操作知识，在企业知识战略的指引下，通过企业领导、员工、知识应用与创新工具的共同作用，得到企业的创新知识。这些创新知识主要包括企业的新业务流程知识及新产品技术知识等，如图6所示。

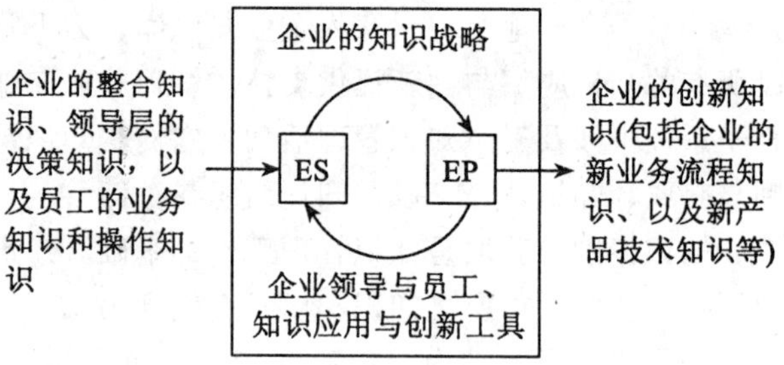

图6 知识应用与创新子系统中的反应循环

（2）知识应用与创新子系统的催化循环

该子系统中存在着三项知识管理活动，分别是知识传播与分享、知识利用以及知识创造。知识传播与分享在传播分享知识的同时又生成了关于所传播分享知识的反馈信息，这能有效促进下一步的知识利用；知识利用和知识创造也生成了关于利用及创造知识的反馈信息，这同样为它们后续的知识管理活动提供了有效的支持。这三项知识管理活动相互支持，分享着关于应用与创新知识的各类反馈信息，彼此间具有很好的催化支持作用，通过相互促进，共同发展，有效地提升了企业的知识应用与创新能力，如图7所示。

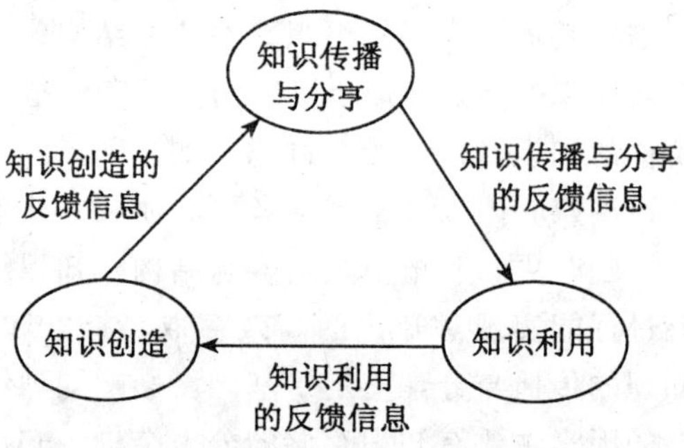

图7 知识应用与创新子系统中的催化循环

4 企业知识管理系统中的超循环

超循环是高层次的复杂循环，它能有效揭示系统的发展规律。企业知识管理系统中的知识获取与整合子系统和知识应用与创新子系统，两者相互催化，相互促进，共同作用，形成了超循环，有效增强了企业的知识获取与整合，以及知识应用与创新能力，如图8所示。

在企业知识管理系统的超循环中，一方面，企业知识获取与整合子系统依据企业知识战略，利用知识获取与整合工具，整合出可供企业各部门使用的知识资源。这些知识资源作为企业知识应用与创

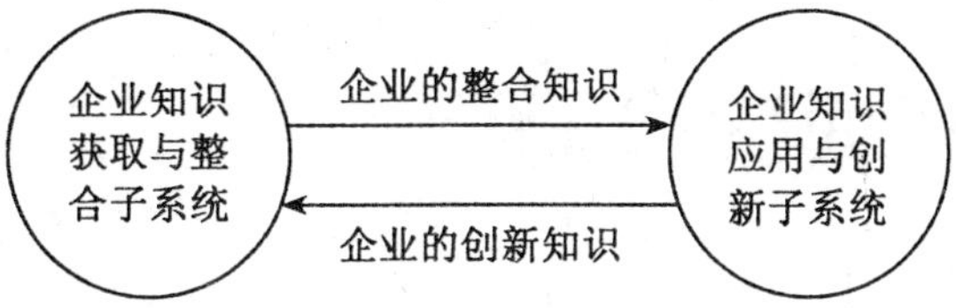

图 8　企业知识管理系统中的超循环

新子系统的主要输入，将被应用到企业运营的整个流程中，用于解决企业遇到的各类问题。另一方面，企业知识应用与创新子系统以整合知识为基础，结合知识分享和应用过程中收集到的反馈信息，在企业领导、员工、知识应用与创新工具的共同作用下，创造出各种新业务流程知识和新产品技术知识。这些知识是一笔宝贵的财富，是维持企业竞争实力的关键，它将通过知识获取与整合子系统被企业所内化吸收，成为企业极具价值的核心知识资源。由此可见，两个子系统之间关系密切，它们相互催化，彼此促进，形成了超循环，实现了共同发展，也带来了企业知识管理系统绩效的显著提升。

5　结束语

知识管理系统为企业的发展带来了变革，它正成为企业在新时期获取竞争优势的重要手段。企业知识管理系统中的超循环是推进企业知识管理系统绩效提升的重要动力。本文认为企业知识管理系统由知识获取与整合子系统、知识应用与创新子系统组成。这两个子系统不仅实现了自我催化、自我发展，而且彼此催化、共同发展，在企业知识管理系统内部形成了一种稳定的超循环关系。企业知识管理系统中的超循环揭示了企业知识管理系统的发展规律，通过持续改善企业的知识获取与整合，以及知识应用与创新能力，有效提升企业知识管理系统的绩效。

参考文献

[1] 吴菁．21 世纪信息资源管理的趋势——知识管理［J］．现代情报，2006（2）：53-57.

[2] 毕强，杨达，霍红梅．国外信息资源管理的主流研究领域及热点内容分析［J］．中国图书馆学报（双月刊），2004（1）：81-84.

[3] Gray P H. The Effects of Knowledge Management Systems on Emergent Teams: Towards a Research Model [J]. Journal of Strategic Information Systems, 2000 (9): 175-191.

[4] M. 艾根，P. 舒斯特尔．超循环论［M］．上海：上海译文出版社，1990.

[5] 桂萍，陈剑峰．企业与高校合作中的超循环［J］．科学学研究，2002，20（4）：428-431.

[6] 黄浩．企业、市场和政府的超循环发展观［J］．科学管理研究，2005，23（2）：8-11.

[7] 全继业．基于超循环理论的科技型中小企业发展战略研究［J］．经济管理·新管理，2005（14）：65-71.

[8] 刘建香．超循环理论在供应链联盟中的应用［J］．商业经济文荟，2006（3）：26-28.

[9] 乐飞红．公司知识管理系统［J］．图书情报工作，2000（5）：42-45.

[10] 林东清．知识管理理论与实务［M］．北京：电子工业出版社，2005. 7.

[11] 高天真．知识管理系统的模型框架及成功实施知识管理的核心问题分析［J］．科学学与科学技术管理，2005（3）：69-72.

[12] 陈华，张明林．提升高科技企业核心竞争力——构建技术知识管理系统模型［J］．科学学与科学技术管理，2005（1）：74-78.

The Hyper Cycle of Enterprise Knowledge Management Systems

SHEN Feng[1], LIU Hongli[1]

(1. School of Business, East China University of Science and Technology, Shanghai 200237, China)

Abstract: Knowledge management systems are important tools for enterprises to manage their knowledge asset. Based on classification of knowledge management activities, the knowledge management systems of an enterprise can be divided into two kinds of subsystems (knowledge acquisition and knowledge integration subsystem, knowledge application and knowledge innovation subsystem). Using the theory of hyper cycle to analyze the two subsystems, the reaction cycle and catalytic cycle of two subsystems is found. Furthermore, the two subsystems catalyze and promote each other. All of these certificate that the hyper cycle of knowledge management systems of an enterprise exists. The hyper cycle of enterprise knowledge management systems can enclose the evolution of the systems and improve the performance of knowledge management systems.

Key words: knowledge management system; knowledge acquisition and integration; knowledge application and innovation; hyper cycle

虚拟企业知识转移博弈分析*

杨波[1]，徐升华[1]

（1. 江西财经大学 信息管理学院，南昌 330013）

摘　要：通过对虚拟企业中知识转移的特征及过程的分析，探讨虚拟企业中各成员知识转移的博弈模型框架，并对博弈模型框架中各相关因素进行仿真分析，指出了博弈过程中可能出现的策略选择以及需要进一步探讨的问题。

关键词：虚拟企业；知识转移；博弈；仿真

中图分类号：C931

虚拟企业（Virtual Enterprise，VE）指分布在不同地区的多个常规企业，利用信息和网络技术，为快速响应环境需求和变化而组建的动态联盟，是组织、人力、技术和信息等资源在完善的网络组织结构基础上的有效集成[1][2]。虚拟企业具有动态性、离散性、合作性等特征，这些特征决定了知识共享与转移对虚拟企业的成功运作至关重要[3][4]。目前，对知识转移问题和虚拟企业知识管理问题的研究，已经受到国内外学者的重视。首先，在知识转移方面，研究从对转移知识的分类、转移方式的选择、影响知识转移的障碍因素、组织学习、信任的产生及评估等多个方面展开。例如Dixon针对面对面的知识交流与共享进行了研究[5]；Lynne提出使用一个电子知识库进行同步和异步的知识交流来实现知识的共享及转移[6]；Richard、Gillian等人对知识转移过程中可能遇到的阻碍因素从人、技术和组织三个方面进行了论述，认为知识转移的最主要障碍是人为因素[7]；Nahapiet和Ghoshal认为信任体现着社会资本的关系维度，有助于智力资本的共享；愿景是共同的价值观念和共同的目标及合作关系中的相互理解，是合作的充分而非必要条件[8]。其次，有关虚拟企业中知识管理的研究也取得了一些初步的成果，如Ulrich Franke等人从基于知识的观点对虚拟网、虚拟组织进行了研究，揭示了虚拟组织建立的核心诀窍以获取竞争优势的内在机理[9]；Ronald Rice等人对跨组织界面的虚拟团队如何利用基于计算机媒介的合作工具进行知识转移的相关问题进行了探讨[10]等等。但是，对虚拟企业来说，其知识管理的重点和关键问题是成员企业之间跨组织界面的知识转移活动的管理。正如Lyons等人所说的，"如何在合作伙伴间实现知识转移是虚拟企业管理面临的最大挑战"[11]。因此，研究虚拟企业的知识转移问题无论是对于提高虚拟企业的整体运作效率还是对于其成员谋求进一步发展都具有非常重要的意义。

1　虚拟企业知识转移的特征及过程

由于虚拟企业是由两个或两个以上具有互补知识资源的组织（如企业）组成的动态联盟，因而其知识系统的构成要素与运动规律也与单个企业的有所不同。虽然虚拟企业的知识系统是在其各成员企业知识系统的基础上形成的，但是前者并不是后者之和。这是因为，在虚拟企业中，存在着两类性质不同的知识：组织内知识（也称"组织知识"），它是各成员企业所独有的知识，包括成员企业在个人、团队和组织三个层次所拥有的显性知识和隐性知识，这一类知识一般不在组织之间进行流动和共享；另一类是"组织间知识（也称"组织间的网络知识"），它是各成员企业可以共享的显性知识和隐性知识。显然，在虚拟企业知识系统中，组织间知识所占的比例越大，该系统发挥的功能和创造的价值就越大，因而虚拟企业的知识创新和技术创新活动也就越有效。在这里主要针对的是成员企业

* 基金项目：国家社会科学基金资助项目"虚拟企业知识转移机制与效用研究"（编号：08BTQ028）；国家自然科学基金项目"基于提高企业自主创新能力的校企知识转移理论与实证研究"（编号：70761003）资助

通讯作者：杨波，E-mail：yb_ lh@126.com

之间进行的跨组织界面的知识转移。

1.1 虚拟企业知识转移的特征

1998 年 Davenport 和 Prusak 针对知识转移给出了一个公式：转移 = 传播 + 吸收[12]，说明知识转移的成功离不开知识提供方的传播与知识接受方的吸收。在虚拟企业中，知识转移过程具有以下主要特征：(1) 虚拟企业知识转移的目标是共同开发市场所需要的某种新的知识产品。(2) 其合作过程是围绕虚拟企业目标的实现而在各成员企业之间进行的一种基于知识创新的双向互动行为过程。成员企业经常同时扮演知识提供和知识接受的双重角色。(3) 由于虚拟企业是依托信息技术和信息网络而建立的一种高度信任、强强联合性组织，因此其知识转移活动的频度和深度都比一般的合作性组织高。(4) 通过知识转移，在完成虚拟企业使命的同时，各成员企业的知识存量和创新能力都将得到增长和提高，但增长和提高的幅度受成员企业的知识吸收能力的影响。(5) 虚拟企业的知识转移活动具有一定的时间限度，一旦虚拟企业的合作使命完成，知识转移活动将不再进行。在虚拟企业中，成员之间的知识转移包含多个方向的知识转移活动，每一方向的知识转移又包括知识传递和知识吸收两个环节。虚拟企业的成员在知识传递、吸收和整合的基础上进行合作，共同进行知识产品的创新，完成虚拟企业的使命。

1.2 虚拟企业的知识转移过程

首先，将成员企业的知识资源按照在虚拟企业的生命周期内转移的情况分为不可转移性知识和可转移性知识。不可转移性知识是以隐性知识为基础的企业的核心知识或特有知识，在短期内难以转移、模仿或因为转移需要极大成本而无法进行，可以认为在虚拟企业的生命周期内是不可转移的。如一个企业的技术诀窍、核心能力、企业品牌、社会公众形象等。可转移知识是以显性知识为基础的企业基础知识和构成其核心竞争力的一部分技术知识。如企业的管理制度与方法、工艺规程、技术参数、市场信息等等。这里主要讨论可转移知识。

其次，虚拟企业成员在知识转移过程中，除了直接吸收提供方的原有知识而增加的倍增价值以外，还会由于知识的协同及杠杆作用而获得新创造的协同价值（Synergy Value）。协同价值是由于企业间核心竞争力的差异，双方同时进行知识转移时专有知识的融合而新获取的那部分知识的价值，且各企业间相互依赖性越强，联盟产生的协同价值越大。倍增价值是知识接受方利用提供方的知识提高自身竞争优势的能力，与接受企业是否对外进行知识转移和共享无关[13]。

这里我们假设某虚拟企业的知识转移的成员是对称的，即两成员企业具有相同大小的可转移知识价值和吸收能力。成员间可转移性知识的价值用 V1 表示；其知识吸收能力系数为 $\alpha(0 < \alpha <= 1)$，知识转移后由于知识的协同效应而创造的协同价值为 V2，以及由于知识的杠杆作用而创造的倍增价值为 V3。这样，虚拟企业知识转移过程中成员企业的可转移知识价值从 V1 经过转移后增加为 $(1+\alpha)V1 + V2 + V3$，然而企业在进行知识转移的同时不仅仅只会获取收益，同样需要付出知识转移的成本。同时接受方使用联盟中获取的知识会降低知识提供方原有的知识价值，如丧失垄断地位而引起的知识损失，知识转移也会给知识提供方带来联盟的负效应。实际上成员企业在行动上有不同的策略选择。一般来说，在虚拟企业的知识转移过程中，低的协同价值和低的倍增价值意味着知识转移中各成员的所得与所失都差不多。但是，当对自身来说是低的协同价值而对对方来说能获取较大的倍增价值时，则知识转移的倾向就比较低，高的协同价值与低的倍增价值意味着协同的所得要多于由倍增带来的所失。然而，即使有较高的协同价值与较高的倍增价值，预期的协同价值也会被潜在的损失抵消一部分[14]。

2 虚拟企业知识转移的博弈分析

2.1 虚拟企业知识转移的博弈模型

虚拟企业的知识转移涉及两个或两个以上的成员企业，某一企业的知识转移行为或多或少地会影响到其他企业的行为，而反过来其行为又往往或多或少地受到其他成员企业的制约，因此虚拟企业的知识转移是彼此合作的企业之间的相互博弈的过程[15]。

将虚拟企业中各成员企业看成是决策主体。每个企业可选择的策略是知识转移或不转移，形成决策主体的策略集 $S_i = \{s_1, s_2, s_3 \cdots s_n\}$，$s_i$ 表示其中某个可选策略，在这里成员企业策略集 S =（知识转移，不转移）。企业进行知识转移或不进行知识转移是基于转移行动给他们所带来的预期收益（或效用）。假定每个成员企业都是有限理性的，开始时，虚拟企业成员随机选择知识转移或不进行知识转移策略，在经过反复的博弈过程，调整策略，最终获得一个稳定策略。进行知识转移的目的最终就是选择一个能给他们带来最大收益的策略。

在这里除了考虑成员企业各自所拥有的在虚拟企业的生命周期内的可转移价值 V1 外，还要考虑虚拟企业运作以后产生的协同价值 V2、倍增价值 V3 以及由于联盟给知识的提供方带来的成本等因素，用 V4 表示（V1，V2，V3，V4 > 0）。图 1 给出了两个成员企业进行博弈时成员企业选择不同策略时的收益矩阵。其中：$a = (1+\alpha)V1 + V2 + V3 - V4$；$b = V1 - V4$；$c = (1+\alpha)V1 + V3$；$d = V1$。

		成员企业 B 转移	成员企业 B 不转移
成员企业 A	转移	a，a	b，c
	不转移	c，b	d，d

图 1　两企业博弈时的收益矩阵

在虚拟企业成员进行随机反复博弈的过程中，按照生物进化复制动态的思想，采用的策略收益较低的博弈方会改变自己的策略，转向有较高收益的策略。以下方程（1）[16] 描述了成员企业选择转移或不转移策略的动态调整过程。

$$\begin{cases} W(s_i) = \sum_j P_i E(s_i, s_j) \\ \overline{W} = \sum_i P_i W(s_i) \\ \dot{p}_i = \dfrac{p_i(W(s_i) - \overline{W})}{\overline{W}} \end{cases} \tag{1}$$

其中，$W(s_i)$ 表示成员企业采用策略 s_i 的适应度函数；P_i 表示成员企业选择策略 s_i 的概率；$E(s_i, s_j)$ 表示成员企业采用策略 s_i，对手采用策略 s_j 时的收益。在本文中的博弈模型中的策略集 $S_i = \{s_1, s_2\}$，s_1 = "转移"，s_2 = "不转移"，两种策略的期望收益和平均收益分别是：

$$W(s_1) = p*(V1\alpha + V2 + V3) + V1 - V4 \tag{2}$$

$$W(s_2) = p*(V1\alpha + V3) + V1 \tag{3}$$

$$\overline{W} = p*W(s_1) + (1-p)*W(s_2) \tag{4}$$

选择"转移"策略的成员企业的复制动态方程[17]为：

$$F(p) = \frac{dp}{dt} = p(W(s_1) - \overline{W}) \tag{5}$$

把方程（2）、（4）代入（5）中得到：$F(p) = p(1-p)(pV2 - V4)$，令 $F(p) = 0$，求出复制动态的稳定态时 p 三个值：$p1 = 0$；$p2 = 1$；$p3 = V4/V2$。该博弈存在"不转移"或"转移"两个纯策略和以 V4/V2 的概率选择"转移"策略，（V2 - V4）/V2 的概率选择"不转移"策略的一个混合策略，随着支付结构的不同取值，$p3$ 可能与 $p1$ 或 $p2$ 相等或者不存在（$p3 \notin [0, 1]$），博弈退化为只有两个稳定态。假设存在一个稳定策略 $p*$，如果一个干扰使 p 低于 $p*$，则要求 $F(p) > 0$；如果一个干扰使 p 高于 $p*$，则要求 $F(p) < 0$，保证其稳定状态，即 $p*$ 处 $F(x)$ 的导数必须小于 0，这时 $p*$ 是该博弈模型的进化稳定策略。

2.2　虚拟企业知识转移的博弈仿真及分析

根据博弈模型利用美国桑塔费研究所提供的 Swarm 仿真平台上建立计算机仿真程序，在仿真初始时随机输入成员企业选择"转移"策略的概率 $p \in [0, 1]$；$p = 0$ 表示"不转移"，$p = 1$ 表示"转移"，为了便于研究 p 的初始取值为 0.5，吸收系数 α 取 1。根据该成员企业本次收益及适应度函数确定下一次博弈将要采用的策略，经过多次的策略调整获得稳定的策略过程。在此过程中分析可转移知识价值 V1、协同价值 V2、倍增价值 V3 及转移成本 V4 的不同取值对结果的影响。

M. Levy 等通过对一类企业的实证研究发现，低的协同价值与高的倍增价值是没有联系的，而协同价值与联盟负效应是相联系的，因为低的协同价值通常伴随低的负效应，而高的协同价值伴随高的负效应，低的协同价值很少与高的负效应同时发生，高的倍增价值也很少伴随着低的联盟负效应[17]。因此当知识转移后成员企业新增加的价值（包括从对方吸收的价值以及协同价值和倍增价值）大于转移成本，即 $\alpha V1 + V2 + V3 > V4$ 时，通过进一步比较协同价值 V2 与转移成本 V4 的大小，虚拟企业的知识转移可能出现以下两种博弈。

1）当协同价值小于转移成本 $V2 < V4$ 时，则有 $(1+\alpha)V1 + V2 + V3 - V4 > V1$；$(1+\alpha)V1 + V3 > (1+\alpha)V1 + V2 + V3 - V4$；$V1 > V1 - V4$，即在图 1 中 $c > a > d > b$。图 2 表示是仿真的结果图，图中纵轴代表博弈演化过程中企业选择"转移"的概率，横轴代表仿真时钟，图中实线表示选择知识转移策略概率曲线，虚线表示平均转移概率曲线。从图中可以看出选择"转移"策略的企业成员博弈过程中数量逐步减少，到最后趋于都选择"不转移"策略，即当某个企业选择知识转移策略时，本次选择知识转移策略时获得的收益可能小于它选择不转移策略时的收益，因此它就可能在下次改变策略为"不转移"。当协同价值小于转移成本时，双方同时向对方转移知识，专有知识融合而产生的协同价值不足以弥补合作而带来的风险时，企业就会双双陷入囚徒困境，博弈的纳什均衡解是（不转移，不转移）。此时任何一方的收益都可能低于双方都转移时的收益。为了获取最大收益，每一方都需要通过同时选择转移策略而与其他企业合作。

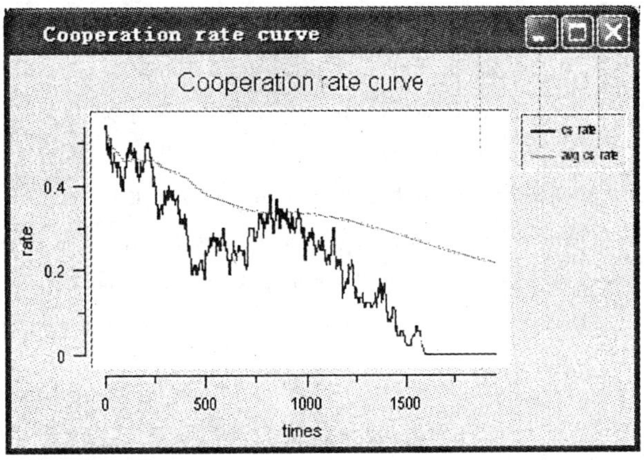

图 2　V2 < V4 时的仿真结果

这时可以通过加大倍增价值 V3，或提高吸收系数使双方都能在演化过程中选择知识转移策略获得收益大于不转移的收益，实现基于知识转移的合作。为了能使联盟得以顺利进行，需要建立一种相应的合作机制，使博弈的稳定策略为（转移，转移），如图 3 的仿真结果所示。

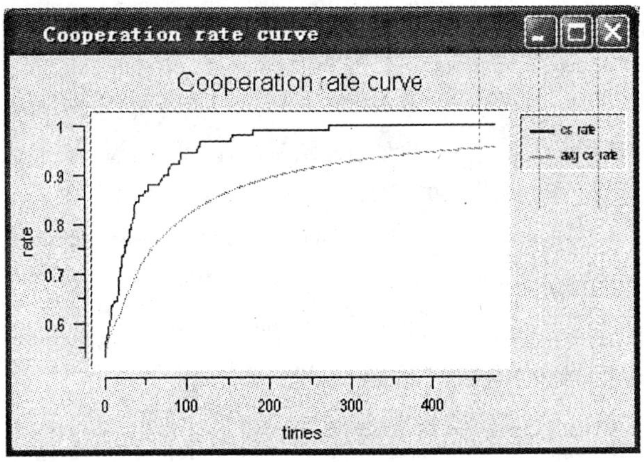

图 3　V2 < V4 时，增大 V3 值的仿真结果

2）当联盟产生的协同价值大于其转移成本，即 $V2 > V4$ 时，则 $(1+\alpha)V1 + V2 + V3 - V4 > (1+\alpha)V1 + V3$；$(1+\alpha)V1 + V2 + V3 - V4 > V1$；$V1 > V1 - V4$；

$(1+\alpha)V1 + V3 > V1$ 即在图 1 中 $a > c > d > b$，此时将出现"信任博弈"。这就是说，在企业成员选择参与知识转移策略时，对方企业在选择参与知识转移的情况下获得的期望收益可能大于在其选择不参与知识转移情况下的收益，对方企业在下次博弈过程中选择转移策略。在企业选择不参与知识转移的条件下，对方企业在选择参与知识转移的情况下可能获得的期望收益小于在他选择不参与知识转移的情况下的收益，这时对手企业下次博弈过程中选择不转移策略，如图 4 所示，选择"转移"策略的成员企业的平均数达到稳定状态，选择转移的概率与具体的收益值和初始概率有关，即各成员都在采取观望态度，如果对方合作，则合作；如果对方不合作，则也不合作。

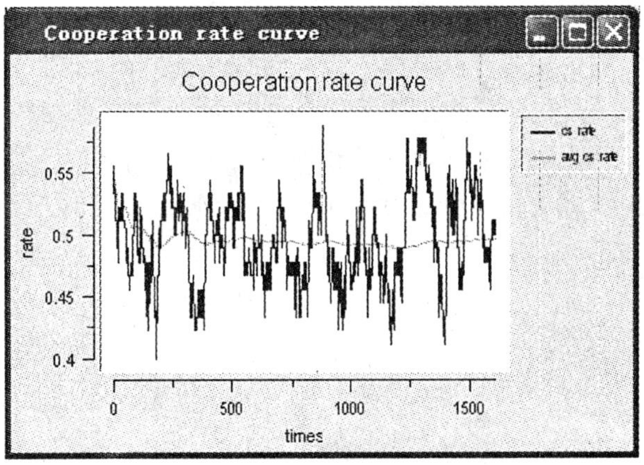

图 4　V2 > V4 时的博弈仿真结果

当然，在 V2 远大于 V4 条件下，可以通过建立一种相应的合作机制，保证知识联盟的顺利实施，也将实现如图 3 所示的情形。

3　结束语

虚拟企业知识转移行为具有以开发知识产品为目标、平等的双向互动行为、较高的频度和深度以及具有一定的时间限度等特征。虚拟企业成员之间的知识转移行为策略的选择建立在对其他成员企业知识的价值、协同价值、倍增价值以及转移成本的预期的基础上：

1）当虚拟企业某成员进行知识转移的收益小于转移成本，即当 $\alpha V1 + V2 + V3 < V4$ 时，该成员不参与或退出合作。

2）在虚拟企业运作过程中，当合作收益大于合作成本（$\alpha V1 + V2 + V3 > V4$），并且增加的协同价值不足以弥补转移成本（V2 < V4）时，成员之间的合作博弈可能陷入囚徒困境，此时摆在虚拟企业知识管理面前的一个重要问题是如何设计一种合作机制使双方都能选择知识转移策略，实现基于知识转移的合作。

3）当合作收益大于合作成本（αV1 + V2 + V3 > V4），并且增加的协同价值足以弥补成本（V2 > V4）时，可能出现信任博弈情形，此时建立联盟双方的信任机制仍然是必要的。

上述结论是建立在假设参与虚拟企业的成员企业具有的知识优势相对均衡的基础上得出的，并且具有相似的理性层次。然而事实上，各企业间总是存在着或高或低的知识势能差，并且每个企业的知识吸收能力和理性程度显然也是有差异的，由此会对企业知识转移后的协同价值、倍增价值、知识损失等产生不同的影响。因此后续研究还需深入探讨当各企业拥有差异性的知识资源优势以及吸收能力时的知识转移情形。另外，虚拟企业成员对知识转移行为所带来的收益的预期还与进行合作的社会、经济、文化环境等因素有着密切的联系，同时还受知识的交易成本、知识的时间价值等因素的影响，这些都是今后研究中需要考虑的问题。

参考文献

[1] Mowshowitz A. Virtual organization [J]. Communication of the ACM, 1997, 40 (9): 30-37.

[2] Eo'leary D, Kuokka D, Plant R. Artificial Intelligence and Virtual Organization [J]. Communication of the ACM, 1997, 40 (1): 52-59.

[3] 张艳，史美林．描述虚拟企业协作关系动态演变的模型［J］．计算机集成制造系统，2003，9（11）：966-971.

[4] 严开涛，邓家堤．虚拟企业及虚拟企业中的信息共享管理［J］．北京航空航天大学学报，1998，24（6）：699-703.

[5] Dixon. N M. Common Knowledge: How Company Thrive by Sharing What They Know [M]. Harvard Business School Press, Boston, MA, 2000.

[6] Lynne M M. Toward a Theory of Knowledge Reuse: Types of Knowledge Reuse Situations and Factors in Reuse Success [J]. Journal of Management Information System, 2001, 18 (1).

[7] Richard J Barsonl, Gillian Fosterl, Thomas Struckl. 2000: Inter-and Intra-Organizational Barriers to Sharing Knowledge in the Extended Supply-chain [EB/OL]. http://www. corma. net/ download/ e2000. pdf.

[8] Li L. The Effects of Trust and Shared Vision on Inward Knowledge Transfer in Subsidiaries'Intra and Inter-organizational Relationships [J]. International Business Review, 2005 (14): 77-95.

[9] Ulrich Franke. The Knowledge-Based View (KBV) of the Virtual Web, the Virtual Corporation and the Net-Broker [M]. Yogesh Malhotra. Knowledge Man2 agement and Virtual Organizations. Hershey USA and London U K: Idea Group Publishing, 2000.

[10] Rice, Majchrazak, King, Ba & Malhotra. Computer Mediated Interorganizational Knowledge Sharing: Insights form a Virtual Team Innovating Using a Collabo2 rative Tool [M]. Yogesh Malhotra. Knowledge Management and Virtual Organiza2 tions. Hershey USA and London U K: Idea Group Publishing, 2000.

[11] 顾元勋，孙林岩．企业联盟与企业集团的组建及运行成本分析比较［J］．系统工程理论与实践，2001，（8）：75-79.

[13] Davenport T H, Prusak L. Working Knowledge, Boston MA [M]. Harvard Business School Press, 1998.

[13] Jeffrey Cummings. Knowledge Sharing: A Review of the Literature [EB/OL]. http://lnweb18. worldbank. org/ oed/ oeddoclib. nsf/ DocUNIDViewFor2 JavaSearch/ D9E389E7414BE9DE85256DC600572CA0/ $ file/ knowledge - e2 val - literature - review. pdf, 2003.

[14] Loebbecke C, van Fenema P C. Knowledge Transfer under Coopetition [EB/OL]. http://www. bi. no/ dep2/ infomgt/ wg82 - 86/ proceedings/ loebbel. pdf, 2001.

[15] 罗炜．企业合作创新理论研究［M］．上海：复旦大学出版社，2002.

[16] John Maynard Smith. Evolution and the Theory of Games [M]. Cambridge University Press, 1982.

[17] Taylor P D, Jonker L B. Evolutionarily stable strategies and game dynamics [J]. Mathematical Bioscience, 1978: 145-156.

[18] M. Levy C, Loebbecke P Powell. Knowledge Transfer and Small Business2 es [EB/OL]. http://www. mm. uni - koeln. de/ loebbecke- pdf/ Conf - 048 - 2001 - Knowledge %20 Transfer %20and %20Small. pdf.

The Game Analysis of Virtual Enterprises Knowledge Transfer

YANG Bo[1], XU Shenghua[1]
(1. School of Information Management, Jiangxi University of Finance & Economics, Nanchang 330013)

Abstract: Based on the analysis of the process and characteristics of virtual enterprises' Knowledge Transfer , this paper discusses the game model framework of each member of the virtual enterprises Knowledge Transfer, and make a simulation analysis of the related factors in each frame, pointing out that the strategies and further discussion may appear in gaming process.

Key words: virtual enterprises, knowledge transfer, game, simulation

应急管理多知识库建模研究*

吴力文[1]，李平安[1]，裘江南[1]

（1. 大连理工大学 管理学院信息管理系，大连 116023）

摘 要：单一领域的知识库系统割裂了突发事件之间的联系，不利于从整体上来应对突发事件。本文通过构建突发事件整体模型和突发事件元模型，建立了突发事件多知识库，并探讨了突发事件多知识库的推理机制。应急多知识库实现了应急知识的模块化划分，使知识的存储结构化、简单化，有利于应急知识的存取和知识推理，有助于从整体上辅助应急决策，提高了预防和处置突发事件的能力。

关键词：应急管理；突发事件；多知识库

中图分类号：X43，X45

近年来，由于自然原因或人为原因造成的突发事件不断发生，给人类社会造成了巨大的损失，使得突发事件的应急管理成为当前的热点问题。

突发事件的应急管理是一个开放的复杂系统，具有多主体、多因素、多尺度、多变性的特征[1]。应急领域牵涉多学科、多层次、多类型的知识，如应急预案、法律法规、案例总结、研究文献以及各种专业知识等。为了存储和管理这些知识，目前的研究大都侧重于单一突发事件领域，通过建立单一领域知识库来为应急决策提供支持，如Martin Molina建立集预警、评估、决策功能于一体的洪水预警系统[2]，叶志强等人提出的广东核电基于知识库的决策支持系统[3]，刘小生等人提出的矿山安全预警专家系统知识库[4]等。这些单一领域的知识库系统割裂了突发事件之间的联系，不利于从整体上来应对突发事件。如果将所有有关突发事件的知识都存储在单一知识库中，不仅要求所有知识必须具有一致的知识表示形式和推理策略，而且对问题的理解、建模都要困难得多，很难建立一个知识模型来表示这些突发事件的应急知识。

为了解决上述问题，本文从突发事件的共性要素出发，构建基于事件的定性知识表示模型，并基于该模型构建各个突发事件的知识模型，进而建立应急多知识库。应急多知识库既体现了各个突发事件的个性特征，又保持了突发事件之间的关系，有助于辅助决策和提高处置突发事件的能力，预防和减少各类突发事件及其造成的损失。

1 应急多知识库的构建

1.1 多知识库构建的必要性

知识库是关于某一特定领域的陈述性知识和过程性知识的集合[5]，与传统数据库的区别在于它不但包含了大量的事实，而且包含了规则和过程性知识。多知识库是为了提高分类性能而提出的一个概念，其思想是根据一个数据集建立多个知识库，并适当组合各个知识库的决策结果，提高或改善分类的准确性和有效性[6]。

应急领域牵涉多学科、多层次、多类型的知识，如应急预案、法律法规、案例总结、研究文献以及各种专业知识等，过于集中的知识组织方式也必然会影响知识库的存取效率，并且突发事件之间存在着联系，突发事件本身就是一个系统，突发事件之间会形成灾害链，如台风—暴雨—洪水—溃坝便是一个典型的灾害链，因此在台风应急管理的过程中，既要能够提供台风的应急知识，又要能够提供暴雨、洪水、溃坝等突发事件的知识，这就需要一个应急平台，能够提供突发事件发生发展的过程中所有相关的知识，这样显然单一突发事件知识库不能满足突发应对的需求，需要一个能够储存和管理所有应急知识的大型知识库来辅助应急决策。

应急知识种类繁多、关系复杂，有的有其自身的组织结构，如法律法规、应急预案等，有的则是

* 项目来源：国家“十一五“应急平台建设重大科技项目
通讯作者：裘江南，qiujiangnan@gmail.com

零碎的专业知识，因此采用单一的模式来组织和表示应急知识非常困难，同时由于单一知识库的知识过多，会影响知识库的存取效率以及知识推理的效率。为了能够管理所有突发事件的应急知识，又可以提高知识库的存取效率以及知识推理的效率，保持突发事件之间的关系，只有按照一定的规则将知识库进行模块化分解，将知识库中的知识分成一组既相互兼容、共享，但又相互独立的模块，建立多知识库，使知识的存储结构化、简单化，才能满足应急知识管理的需求。

1.2　多知识库的知识表示

无论是单知识库或多知识库，知识表示均是其核心问题。知识表示也就是知识的模型化、形式化，即采用适当的形式语言、逻辑符号或网络图形表示知识，以便将知识库存储在计算机的知识库中，进行有效地组织与管理，进行知识库的检索、增删、扩充以及利用知识进行推理求解问题[7]，如产生式规则、语义网络、框架、谓词逻辑等。为了解决应急管理跨领域知识的分散和异构问题，解决应急知识的表达问题，需要建立一个知识模型来描述各领域的法律法规、预案、案例以及各种专业知识，为应急处置采取更为有效的对策提供理论依据。

为了能够描述突发事件的本质特征和突发事件之间的关系，在基于裘江南、师花艳等人提出的事件定性知识表示模型[8]基础上，本文首先构造事件整体模型（如图1所示），然后根据突发事件之间的继承关系构建各个突发事件元模型。在知识表示方法上，采用框架知识表示法表示事件模型要素（如图2所示），采用产生式规则表示模型要素之间的关系（如表1所示）。具体模型的构建可参见文献[8]。

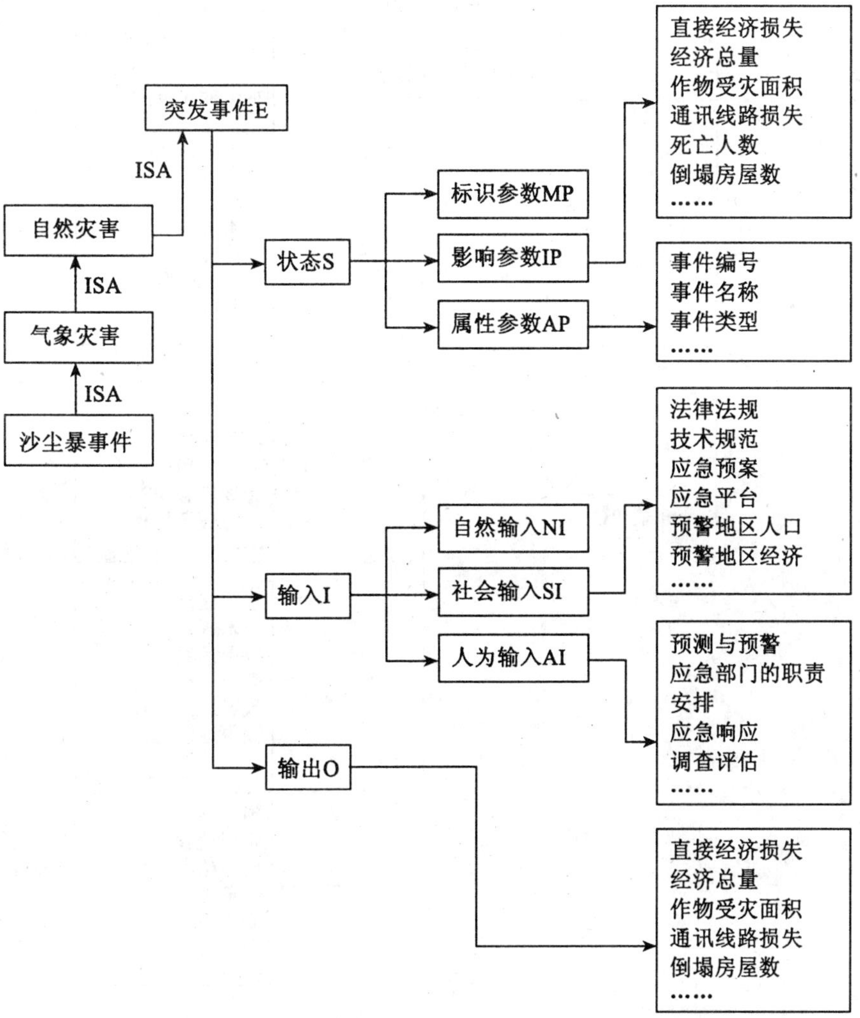

图1　事件整体模型[8]

沙尘暴元模型要素之间的关系采用产生式规则表示。产生式规则用于表示具有因果关系的知识，其基本形式是 IF P THEN Q WITH C。其中，P 代表一组前提或状态，Q 代表若干结论或动作，其含义是如果前提 P 得以满足，即为“真”，则可得出结论 Q 或 Q 所规定的动作，C 代表可信度，表示该规则的可信度，$c \in [0, 1]$。沙尘暴事件元模型中要素之间的关系约束其产生式规则表示法如表 1 所示。

表 1 沙尘暴要素关系约束产生式规则表示

约束方程	规则
f_{NS} （NI，SI，AP，MP） =0	IF 强风存在 AND 沙源 存在 AND 不稳定的空气 存在 THEN 沙尘暴发生 WITH 0.9
f_{MM} （MP_i，MP_j） = 0	IF 水平能见度 小于 10 公里 THEN 沙尘类别 浮尘 WITH 0.95 IF 事件级别 浮尘 THEN 预警 蓝色预警 WITH 0.95

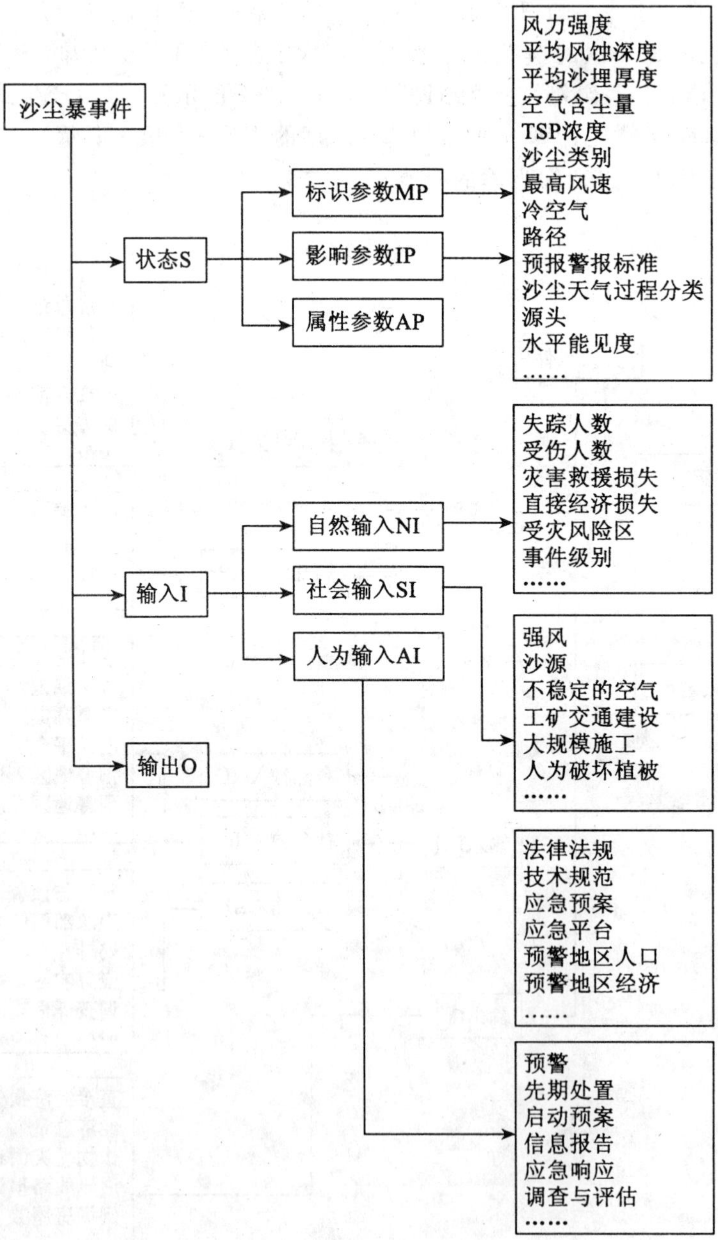

图 2 沙尘暴事件元模型

事件元模型建立以后，就可以在逻辑上实现应急知识的模块划分。根据每一个知识元模型，通过模型与应急知识间的映射，我们都可以构建一个知识库，这样便实现了多知识库并存、各个知识库相对独立的目的，这样既可以实现知识的模块化划分，实现知识的分类存储，也可以根据各事件元模型之间的链式关系，实现各知识库之间的知识共享。

1.3 多知识库的架构

应急知识库构建的目的是为了解决突发事件发生的问题，降低突发事件造成的损失。由于突发事件的复杂性，突发事件中的问题也往往是复杂多变，牵涉多个方面，需要对问题进行分解，以便进一步明确目标，从而根据这些目标从知识库中进行知识推理和问题求解。为了能够解决问题，辅助应急决策，本文采用多级专家系统的模式来构建应急知识库系统，即将系统分为两级：总体系统和专业系统。总体系统负责问题的分解和分配，并在各专业系统求解的基础上，通过协调来使得问题得到求解；专业系统则是不同学科、不同领域的专家系统，根据总体系统分配的子问题在本专业内部进行求解。总体系统和专业系统相互协调，共同构成应急知识库系统。

为了实现知识存储和辅助应急决策的目的，本文将知识库分为问题库、方法库和领域库，具体构架如图3所示。其中问题库实质上是问题分解规则库，储存的是一些问题分解规则，是根据以往的经验建立起来的，它根据突发事件中问题的复杂度进行问题分解，从而得到一系列相关度较低、独立性较高的子问题，并根据其主次从属关系构成一个问题树，问题树中的叶子节点都是最终分解出来的子问题，并分配给相应的领域知识库中进行求解；方法库是指冲突解决方法库，当从不同的知识库中调用知识的时候，知识的冲突问题不可避免，采用哪

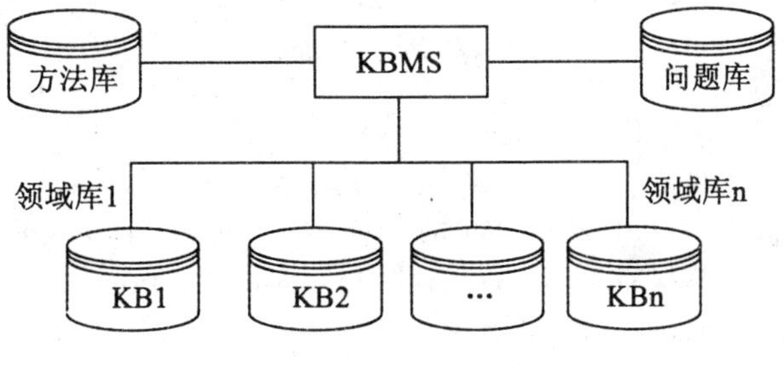

图3 多知识库构架

种方式和如何解决规则的冲突问题，是方法库要解决的问题；领域库是指根据突发事件元模型分别建立的知识库，包含了该领域的应急知识，为应急决策提供知识。各个独立的领域知识库根据各事件元模型之间的链式关系，实现各知识库之间的知识共享。

2 多知识库的推理机制

知识库的建立是为了能够辅助决策，而辅助决策的实质则是利用知识库中现有的知识来进行知识推理从而得出问题答案的过程。多知识库的知识推理按照层次的不同，可以分为库间的推理和库内的推理。

2.1 知识库间的推理

知识库间的推理是指通过将问题进行分解，进而分配给相关的知识库，并对所有知识库的推理结果进行合并的过程。如图4所示，其具体步骤为：

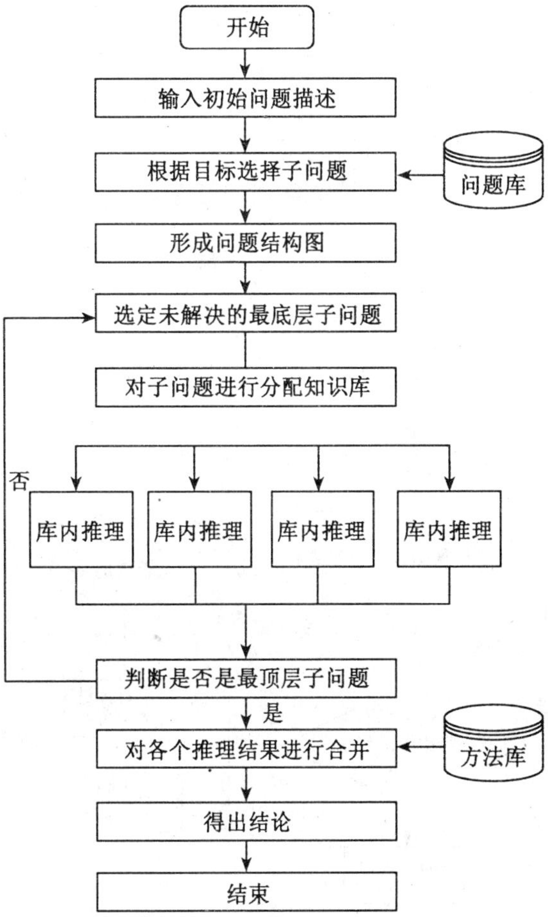

图4 多知识库间的推理流程

Step1：输入初始问题的描述，然后根据问题的描述及问题的目标，从问题库中选择涉及的子问题单元；

Step2：采用解释结构建模方法，形成该问题的问题结构图；

Step3：选定未解决的最底层子问题，并根据领

域对子问题分配知识库，并进行求解；

Step4：判断子问题是否全部求解，如非全部求解，则转 Step3，否则转 Step5；

Step5：对各子问题求解结果合并，问题得到求解。

2.2 库内的推理

库内的推理是指分解出的子问题如何求解的问题。问题的求解是指为了实现给定目标而展开的动作序列的执行过程，在应急过程中，问题求解的实质是利用知识库中现有的知识来进行知识推理从而得出问题答案的过程。由于突发问题涉及的领域过多，对于一个问题，不同的领域会有不同的求解方法，因此首先要确定问题所涉及的领域，在领域内通过知识推理求解该问题。

整个子问题求解的流程主要为（如图 5）：

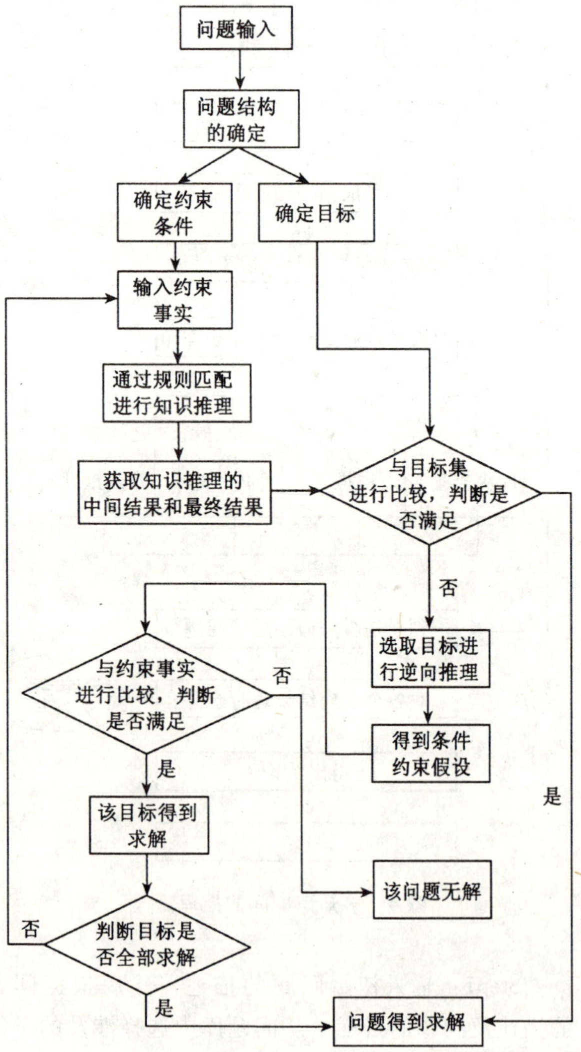

图 5 知识库内的推理流程

Step1：问题的输入；

Step2：根据突发事件确定该问题所属的领域和应该选择的知识库；

Step3：根据系统提供的子问题的接口，确定该子问题的结构，即确定问题的约束条件和目标；

Step4：输入约束事实，通过规则匹配进行知识推理；

Step5：获取规则推理的中间结果和最终结果，并与目标集比较，判断是否满足，如满足转 Step8，不满足则转 Step6；

Step6：选取目标进行反向推理，从而得到约束条件假设；

Step7：与约束事实进行比较，判断该约束条件是否满足，如满足说明该假设成立，则转 Step8，如不满足说明该问题无解，本次求解结束。

Step8：判断目标是否全部求解，若未完全求解，转 Step4，继续求解，如完全求解，说明问题求解完全，转 Step9；

Step9：问题得到求解。

3 小 结

本文针对当前应急知识库相互独立、互不相连的问题，从突发事件发生发展的机理出发，抽象突发事件的共性要素，构建突发事件整体模型，在此基础上构建各个突发事件元模型，并根据模型与数据的映射，建立突发事件多知识库，并探讨了突发事件多知识库的推理机制。应急多知识库实现了应急知识的模块化划分，使知识的存储结构化、简单化，有利于应急知识的存取和知识推理。

应急多知识库可以有效的对应急知识进行分类存储和管理，并在此基础上快速有效地实现知识推理，给应急决策人员提供必备的知识支持，提高应急处置的速度和效率及应急反应能力，最大限度地预防和减少突发事件及其造成的损害。

参考文献

[1] 范维澄．国家突发公共事件应急管理中科学题的思考和建议［J］．中国科学基金，2007（2）：71-76.

[2] Martin Molina. Building a decision support system with a knowledge modeling tool［J］. Journal of Decision Systems, Lavoisier, 2006.

[3] 叶志强，徐家树．广东核电基于知识库的决策支持系统［J］．核科学与工程，2006（3）：79-87.

[4] 刘小生，孙群．矿山安全预警专家系统知识库的研究［J］．矿业安全与环保，2008（6）：34-36.

[5] 于鑫刚，李万龙．基于本体的知识库模型研究［J］．计算机工程与科学．2008（6）：134-136.

[6] 沈晨鸣．基于多知识库决策融合的分类识别［J］．南京工程学院学报（自然科学版），2006（12）：40-45.
[7] 涂序彦，王枞，郭燕慧．大系统控制论［M］．北京：邮电大学出版社，2005（5）．
[8] 师花艳．基于事件链的应急领域知识导航模型研究［D］．大连：大连理工大学硕士论文，2009.

Research on Emergency Multiple Knowledge Bases Modeling

WU Liwen[1], LI Ping'an[1], QIU Jiangnan[1]
(1. Department of Information Management, School of Management of Dalian University of Technology, Dalian 116023, China)

Abstract: The single emergency knowledge base separates the link of the emergency, which makes against dealing with the emergency from whole level. Concerning the independent and unconnected issues of emergency knowledge bases, multiple knowledge bases of emergent events are set up through construct overall model of emergent events and meta-model of emergent events. Then the reasoning mechanism on multiple knowledge bases of emergent events is discussed. Emergency knowledge is modularization devised in emergency multiple knowledge bases that make the storage of knowledge become structure and simple. It is beneficial to the access to emergency knowledge and knowledge reasoning. And it can assistant emergency decision-making and raise the ability of preventing and handing emergent events.

Key words: emergency management; emergent events; multiple knowledge bases

基于句子包相似度的文本复制检测研究*

王宇[1]，王森[1]，何维[1]

（1. 大连理工大学 管理学院，辽宁大连 116024）

摘 要：对学术论文的复制检测研究进行了概述和分析。为实现语义相同写法不同的文本的复制检测，提出基于句子包相似度的复制检测算法。该算法注重从句子语义的角度计算句子间的相似度，首先把文本切分成句子包，然后定义并计算句子的相似度，再在此基础上计算句子包的相似度，从而得到文本相似度。本文最后分别从全集复制、超集复制、子集复制和移位复制等几个方面对提出的算法进行了测试和分析，实验结果表明该算法是可行的、高效的。

关键词：文本复制检测；句子包；句子相似度；文本表示

中图分类号：TP391.1

1 引 言

随着现代社会计算机技术和网络的蓬勃发展，尤其是Internet应用的普及，互联网已经成为人们进行信息传递和交流的平台。网络上的信息资源大部分以文本的形式存在，对广大学者来说最有价值的文本信息来源于专业的学术论文数据库和高校自建的学术论文数据库、学位论文库以及各种商业数据库等。这些学术资源以各种形式提供论文高效的检索和下载，这就为广大学者和师生进行学术研究、交流和资源共享提供了极大的方便。但同时，由于学术资源获取的便利和电子文档本身提供了便利的“复制”、“粘贴”操作，这就助长了学术论文的剽窃和抄袭等不法行为。因此，对学术论文进行文本复制检测研究是很有必要的。

文本复制检测（Text Copy Detection）又称文本剽窃检测（Text Plagiarism Detection），是指判断一个文本的内容是否复制或抄袭于另一个或多个文本。对它的研究始于20世纪90年代。1995年，Stanford大学的Brin和Garcia-Molina等人在“数字图书馆”工程中首次提出了文本复制检测机制COPS（Copy Protection System）系统[1]与相应算法，该系统采用基于字符串匹配的文本复制检测；随后，Shivakumar，Brin和Garcia-Molina等人[2]又提出了SCAM（Stanford Copy analysis Method）原型改进COPS系统，它借鉴了信息检索技术中的向量空间模型（VSM）来度量文本相似性；再后来，香港理工大学的Si和Leong等人建立了CHECK原型[3]，该系统采用统计关键词的方法来度量文本相似性，并首次把文档结构信息引入到文本相似性度量中；西安交通大学宋擒豹等人提出了CDSDG系统[4]，这是为了解决数字商品非法复制和扩散问题而开发的一个基于注册的复制检测原型系统。这几个系统的共同特点是基于词频统计的文本复制检测，这种统计方法由于没有考虑到文本上下文的语义关系，因此不能识别同样语义不同写法的抄袭，也不能检测出同义词替换的抄袭。进入2000年以后，国内出现了很多文本复制检测的研究综述和进展报告[5][6][7]。

文本复制检测的核心任务是判断文本间的相似度。所谓文本相似度是指文本间内容相同和相似的比例，文本间相似度越大，文本复制的可能性越大；反之，相似度越小，文本复制的可能性越小[5]。一篇科技论文是由章节、段落、句子、字词等组成的文本。字词无法表达论文的语义，章节又无法表达论文的细节，句子是组成文章的重要单位，也是表明作者行文观点的最小单位。因此把文章切分成句子进行内容分析颇有意义[8]。近几年，文献[9]从语义理解角度提出基于句子的文本相似度复制检测算法，文献[10]从兼顾文本的全局特征和结构信息角度提出了基于句子相似度的文本复制检测算法，克服了COPS对于局部修改过于敏感的缺点，提高了检测精度。

* 通讯作者：王宇（1959—），男（汉族），吉林通化人，教授。E-mail：ywang@dlut.edu.cn

本文借助于作者先前提出的句子包概念和句子包相似度计算[11]，提出了一个新的文本复制检测算法。该算法注重从句子语义的角度计算句子的相似度，句子的相似度由主题相似度和词形相似度决定，主题相似度取决于名词的语义相似度，词形相似度取决于除名词以外的其他词的词形相似度。实验分别从全集复制、超集复制、子集复制和移位复制等几个方面进行，结果表明该算法是可行的、高效的。

2 一种新的文本复制检测算法

基于句子包相似度的文本复制检测算法的关键问题包括：文本表示、相似度计算。该算法的基本思想是：以句子为单位对文本进行切分，把文本表示成句子包，然后由主题相似度和词形相似度计算句子相似度，再以最大的句子相似度作为句子包相似度，从而计算出文本相似度。当两篇文本的相似度大于给定阈值时，就认为二者存在抄袭。

2.1 文本的句子包表示

文本复制检测一般是从原始文本中抽取一些文本块（或称特征项）来代表整个文本，通过比较文本块（特征项）之间的相似度来比较文本间的相似度。最大的文本块是整个文本，最小的文本块是一个字。文本块的选择是复制检测的关键，文本块过大，容易遗漏存在的抄袭，文本块过小就会存在误判而且计算量也会大大增加。

句子是表达完整信息的最小单位，因此选择句子作为文本块是合理的。

（1）句子切分容易。词频统计方法以词语作为文本块，需要先对文本进行词语切分，而中文词语之间没有明显的分隔标记，所以切分时存在歧义，也占用大量的存储空间，而且到目前为止并没有很好的解决方法。而本文以句子作为文本块，切分句子时以句子结束符为标记，句子结束符包括{。！？；}。

（2）句子语义信息丰富。句子是独立表达完整信息的基本单位，它能表达比词语和短语更丰富的语义信息，用句子表示文本可以保留大部分重要的原文本语义信息。而且文本中的句子能够代表作者的写作风格。

（3）句子表示可以降低时间和空间复杂度。选择句子作为文本块可以减少文本块数量，从而减少工作量，降低存储空间的消耗[10]。

（4）句子可以保持文本的结构信息。词频和字符串表示方法拆分了原文本的结构信息，用拆分后的词语往往不能表达原文真正的含义。比如有些句子用词不同但可以表达同样的意思，所以用句子可以减少漏判。

现在就可以把一篇文本看成是由多个示例[12]表示的包，一个示例就是一个句子。在文本复制检测中，人们并不关心待检测文本中哪些句子是抄袭来的，而只关心待检测文本是否存在抄袭。如果待检测文本被判定为抄袭，则文本中肯定存在抄袭的句子。所以文本用句子包[11]表示是合适的。

按如下的3个步骤把文本表示成句子包BOS (a Bag of Sentences)：

（1）文本由句子结束符隔开，表示成：

文本 $D=\{s_1, s_2, \cdots, s_n\}\ (n\in N)$

其中 s_i（$i\in 1, 2, \cdots, N$）表示句子 i。其中句子之间的顺序可以相互改变，允许不同文本的句子数不一致。这样，就把文本表示成句子包。

（2）由于本文选用了按词形和词义度量句子的相似度，所以还得经过分词这一步，利用ICTCLAS中文分词系统[13]对句子进行分词，词之间用空格隔开，并标注词性。然后把一个句子中的词性标注成字符串的形式，放到处理后的句子的最前面。在这一过程中要进行去噪声处理：

①去除停用词和标点符号。在分词后，通过词性标记将停用词（包括助词、叹词、语气词、拟声词）和标点符号去除，保留其他的词。

②限制词的数量。设定句子包含的有效词数为k，对句子进行分词，如果去除停用词后剩下的词数大于等于k，则认为该句子是有效的，否则丢弃。

③限制句子长度。设定有效句子长度为n，保留长度大于等于n的句子。因为短句包含的信息量很少，为了减少计算量，丢弃长度小于n的句子。

（3）在句子之间加上分隔标记“:”。

2.2 文本相似度计算

将文本表示成句子包后，我们要通过句子包的相似度来计算文本的相似度，而句子包的相似度要以句子的相似度计算为基础。

（1）句子的相似度

在大多数抄袭情况下，抄袭者不是整篇文本、整段或是原句子一字不差地抄袭，有的是调整语序或更换部分词和短语，有的是用不同的词语表达同样的意思，所以本文从语义角度进行文本复制检测。

句子相似度由下述公式1)[11]给出：

$$Sim(s_1,s_2)=\alpha Sim_1(s_1^n,s_2^n)+\beta Sim_2(s_1^o,s_2^o) \quad 1)$$

其中 s_i 表示句子 i，s_i^n 表示句子 i 的名词部分，s_i^o 表示句子 i 的其他词部分，$\alpha+\beta=1$。Sim_1 表示名词部分的相似度，Sim_2 表示其他词部分的相似度。Sim_1 和 Sim_2 的定义皆由文献[11]给出。

(2)句子包的相似度

设有两个文本，文本 1 有 m 句，文本 2 有 n 句，两个文本的句子包相似度分别由公式 2) 和 3) 给出：

$$p_{1i}=\max\{Sim(s_i^1,s_1^2),Sim(s_i^1,s_2^2),\cdots,Sim(s_i^1,s_n^2)\} \quad 2)$$

$$p_{2j}=\max\{Sim(s_1^1,s_j^2),Sim(s_2^1,s_j^2),\cdots,Sim(s_m^1,s_j^2)\} \quad 3)$$

其中，s_i^1 为文本 1 中的句子 i，s_j^2 为文本 2 中的句子 j，$Sim(s_i^1,s_j^2)$ 表示 s_i^1 与 s_j^2 的句子相似度。

(3)文本的相似度

文本相似度由公式 4) 给出：

$$Psim=\frac{1}{2}*\frac{1}{m}\sum_i p_{1i}+\frac{1}{2}*\frac{1}{n}\sum_j p_{2j} \quad 4)$$

其中，$Psim$ 值越大表明两文本的相似度越大。

(4)参数的确定

文本去噪声处理中：句子包含的有效词数 k 取 3，丢弃有效词数小于 3 的句子；有效句子长度 n 取 7，丢弃字数小于 7 的句子。公式 1) 中，$\alpha+\beta=1$ 根据经验令 $\alpha=0.7$。Sim_1 和 Sim_2 属于[0,1]区间，在 Sim_1 和 Sim_2 的定义中涉及的参数取值均与文献[11]相同。公式 4) 中 $Psim$ 属于[0,1]区间，$Psim$ 的临界值取 0.5。当 $Psim$ 值大于 0.5 时，即表明待判定文本抄袭了给定文本。

3 实验验证及结果分析

为了验证本文提出的基于句子包相似度的文本复制检测算法的有效性，本文进行了一系列的实验。

3.1 实验文本集

从中国期刊全文数据库上下载 5 篇关于中文文本处理领域的学术论文 A、B、C、D、E，为实验需要，首先将其转化成文本文档，然后又有针对性地对这些文档进行了修改，总共形成 20 篇文档。

文本集形成方式参考文献[14]：

(1) 完全复制。形成 5 篇完全一样的文档 A1、B1、C1、D1、E1，添加到文本集中，进行完全抄袭的复制检测；

(2) 超集复制。首先进行完全复制，然后再对每篇文档加上一部分相关内容的文档，形成 5 篇新的文档 A2、B2、C2、D2、E2，添加到文本集中，进行超集的复制检测；

(3) 子集复制，分别进行部分章节及其标题的复制，复制内容占原文档的 1/3，再在其基础上增加一部分相关内容，形成 5 篇新的文档 A3、B3、C3、D3、E3，添加到文本集中，进行子集的复制检测；

(4) 移位复制，首先进行完全复制，然后再对每篇文档进行语句和词语的换位，形成 5 篇新的文档 A4、B4、C4、D4、E4，添加到文本集中，进行移位的复制检测；

(5) 再从中国期刊全文数据库中查找 5 篇和以上 5 篇不是同一类的论文，将其转化为文本文档 X1、X2、X3、X4、X5，加入到文档集中，文档集中总共包括 25 篇文本文档。

3.2 实验步骤

以移位复制为例：

原文档 1：特征提取的方式有 4 种：①用映射或变换的方法把原始特征变换为较少的新特征。②从原始特征中挑选出一些最具代表性的特征。③根据专家的知识挑选最有影响的特征。④用数学的方法进行选取，找出最具分类信息的特征。

原文档 2：特征提取的方式有 4 种：①从原始特征中挑选出一些最具代表性的特征。②用数学的方法进行选取，找出最具分类信息的特征。③用映射或变换的方法把原始特征变换为较少的新特征。④根据专家的知识挑选最有影响的特征。

实验步骤如下：

(1) 分词：通过 ICTCLAS 在线演示系统，把文本文档进行汉语分词；

分词后文档 1：特征/n 提取/v 的/ude1 方式/n 有/vyou 四/m 种/q ：/wp (/wkz 一/m) /wky 用/p 映射/vi 或/c 变换/v 的/ude1 方法/n 把/pba 原始/a 特征/n 变换/v 为/v 较/d 少/a 的/ude1 新/a 特征/n 。/wj (/wkz 二/m) /wky 从/p 原始/a 特征/n 中/f 挑选/v 出/vf 一些/mq 最/d 具/vg 代表性/n 的/ude1 特征/n 。/wj (/wkz 三/m) /wky 根据/p 专家/n 的/ude1 知识/n 挑选/v 最/d 有/vyou 影响/vn 的/ude1 特征/n 。/wj (/wkz 四/m) /wky 用/p 数学/n 的/ude1 方法/n 进行/vx 选取/v ，/wd找/v 出/vf 最/d 具/vg 分类/vn 信息/n 的/ude1 特征/n 。/wj

分词后文档 2：特征/n 提取/v 的/ude1 方式/n 有/vyou 四/m 种/q ：/wp (/wkz 一/m) /wky 从/p 原始/a 特征/n 中/f 挑选/v 出/vf 一些/mq 最/d

具/vg 代表性/n 的/ude1 特征/n 。/wj (/wkz 二/m)/wky 用/p 数学/n 的/ude1 方法/n 进行/vx 选取/v ,/wd 找/v 出/vf 最/d 具/vg 分类/vn 信息/n 的/ude1 特征/n。/wj (/wkz 三/m) /wky 用/p 映射/vi 或/c 变换/v 的/ude1 方法/n 把/pba 原始/a 特征/n 变换/v 为/v 较/d 少/a 的/ude1 新/a 特征/n 。/wj (/wkz 四/m) /wky 根据/p 专家/n 的/ude1 知识/n 挑选/v 最/d 有/vyou 影响/vn 的/ude1 特征/n。/wj

(2) 预处理：利用本文的算法程序，把一个句子中的词性标注成字符串的形式，放到处理后的句子的最前面，并进行去噪声处理。

预处理后文档 1：nvnvmqmpvcvnpanvvdaan 特征。提取方式有 4 种：①用映射或变换方法把原始特征变换为较少新特征：mpanfvvmdvnn 。②从原始特征中挑选出一些最具代表性特征：mpnnvdvvn。③根据专家知识挑选最有影响特征：mpnnvvvvdvvnn。④用数学方法进行选取找出最具分类信息特征。

预处理后文档 2：nvnvmqmpanfvvmdvnn 特征。提取方式有 4 种：①从原始特征中挑选出一些最具代表性特征：mpnnvvvvdvvnn。②用数学方法进行选取找出最具分类信息特征：mpvcvnpanvvdaan。③用映射或变换方法把原始特征变换为较少新特征：mpnnvdvvn。④根据专家知识挑选最有影响特征。

(3) 文本相似度计算：文档 1 和文档 2 的相似度为 0.928。

(4) 结论：因为这两个文档的相似度大于 0.5，所以判断为抄袭。

3.3 实验结果分析

计算出每种复制文档与原文档的相似度，然后求取平均值，就得到每种复制文档和无关文档的平均相似度，如图 1 所示。图中黑线标出的相似度 0.5 是确定为抄袭的标准值，即当待检测文档与已知文本相似度大于 0.5 时，视为抄袭文档。

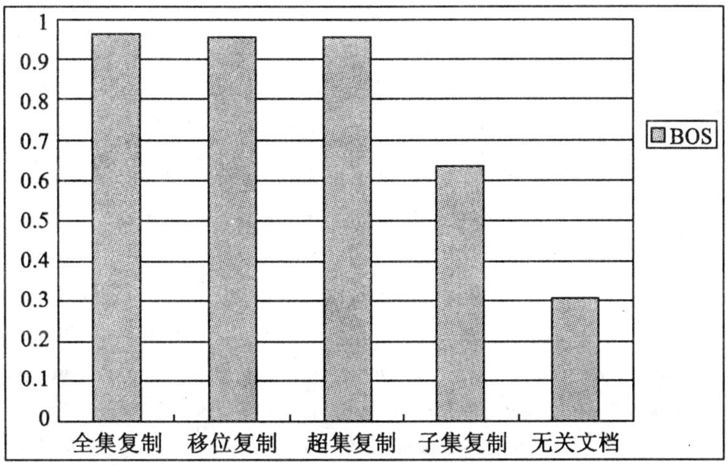

图 1 文档相似度对照表

在全集复制检测中，由于使用了中文词典，词典中没有人名、英文和阿拉伯数字，所以相似度是 0.96，没有达到 1；在移位复制检测中，本文使用的是基于句子包相似度的文本复制检测，检测时程序会查找待检测文本中的句子与已知文本中相似度最大的一个句子，作为句子间的相似度，那么句子间的相似度与句子在文本中的位置几乎没有关系，所以检测结果很好；在子集复制检测中，待检测文本复制了已知文本的 1/3，因为一般情况下，只要某论文 X 与其他论文有 1/3 的内容相同，即判定论文 X 抄袭。虽然子集复制检测的相似度不是很高，但相似度数据都超过了 0.5，基本上可以判定为抄袭；在无关文档检测中，由于本文的检测算法核心是根据句子的语义计算句子间的相似度，所以即使是无关内容的文档，相似度也不是 0。

4 结 语

本文提出了基于句子包相似度的文本复制检测方法，它以句子为单位，把文本表示成句子包。核心是计算两个句子包的语义相似度，再在其基础上计算文本相似度。本方法解决了现有原型系统只能检测全部抄袭和大部分抄袭的文本，而不能检测语义相同写法不同的文本。实验证明这种方法在进行文本复制检测时的精度高、效果好，具有实用价值。

参考文献

[1] Brin S, Davis J. Gareia-Molina H. Copy Detection Mechanisms for Digital Doeuments [C]. // Proceedings of the ACM SIGMOD Annual Conferenee, 1995.

[2] Shivakumar N, Gareia-Molina H. SCAM: A Copy Detection Mechanism for Digital Doeuments [C]. //Proceedings of the 2nd International Conference in Theory and Practice of Digital Libraries (DL'95), 1995.

[3] Si A, Leong H V, Lau R H. Check: A Document Plagiarism Detection System [J]. Proceedings of the ACM Symposium for Applied Computing, 1997: 70-77.

[4] 宋擒豹，沈钧毅．数字商品非法复制和扩散的监测机制 [J]. 计算机研究与发展，2001，38（1）：121-125.

[5] 鲍军鹏，沈钧毅，刘晓东，宋擒豹．自然语言文档复制检测研究综述 [J]. 软件学报，2003，14（10）：1753-1760.

[6] 史彦军，滕弘飞，金博．抄袭论文识别研究与进展 [J]. 大连理工大学学报，2005，45（1）：50-57.

[7] 易彤，徐升华，万常选，吴方君．抄袭剽窃论文识别研究综述 [J]. 情报学报，2007，26（4）：567-573.

[8] 化柏林．基于句子匹配的文章自写度测评系统 [J]. 现代图书情报技术，2007，(11)：40-44.

[9] 金博，史彦军，滕弘飞．基于语义理解的文本相似度算法 [J]. 大连理工大学学报，2005，45（2）：291-297.

[10] 秦新国．基于句子相似度的文档复制检测算法研究 [J]. 现代图书情报技术，2007，(11)：63-66.

[11] 何维，王宇．基于句子关系图的网页文本主题句抽取 [J]. 现代图书情报技术，2009，(3)：57-61.

[12] 黎铭，薛晓冰，周志华．基于多示例学习的中文 Web 目录页面推荐 [J]. 软件学报，2004，15（09）：1328-1335.

[13] ICTCLAS 汉语分词系统．ICTCLAS2009 版在线演示 [CP]. [2009-03-25]. http: // ictclas. org/ test. html.

[14] 宋擒豹，杨向荣，沈钧义．数字商品非法复制的检测算法 [J]. 计算机学报，2002，25（11）：1206-1211.

Research on the Text Copy Detection Based on the Similarity of Sentence Bag

WANG Yu[1], WANG Sen[1], HE Wei[1]

(1. School of Management, Dalian University of Technology, Dalian 116024, China)

Abstract: The copy detection of academic thesis is summarized and analyzed. In order to achieve the copy detection of texts which have the same semantic meaning but different description, it is put forward that a new algorithm of the copy detection based on the similarity of sentence bag. The algorithm first represents text to sentence bag, then defines and computes the similarity of sentence, and furthermore computes the similarities of both sentence bag and text. In order to test the algorithm, the experiments have been done from the four aspects of equivalence replication, superset replication, subset replication and shift replication. Result shows that this algorithm is feasible and effective.

Key words: text copy detection; sentence bag; similarity of sentence; text representation

港口数据立方体的关联规则挖掘*

王宇[1]，孔胜[1]，张承伟[1]，潘明霞[1]
（1. 大连理工大学 管理学院，辽宁大连 116024）

摘　要：关联规则挖掘是数据挖掘研究的主要领域之一。本文在详细分析现有关联规则挖掘算法的特点、适用性和港口现有数据仓库建设的基础上，针对原始 FP-growth 算法在港口数据挖掘中的不足，引入了港口兴趣度概念，提出了一种港口多维多层关联规则挖掘算法——MD&ML FP 算法。该算法由构造各维频繁项集树，构建 FP-树和挖掘 FP-树得到频繁模式集三步组成。通过实验证明 MD&ML FP 算法比 FP-growth 算法有着较好的空间和时间性能。

关键词：关联规则挖掘；数据立方体；兴趣度；港口
中图分类号：G202；TP392

1　引　言

关联规则（association rule）挖掘是数据挖掘（data mining）研究的主要领域之一[1]，其任务是发现大量数据中项集之间有趣的关联或相关联系。R. Agrawal 等人于 1993 年首先提出关联规则[2]的有关概念，此后许多学者对关联规则的挖掘问题进行了大量的研究。Han 等人[3]提出的 FP-Growth 算法便是一个代表。近几年，随着数据仓库和 OLAP 技术的发展，将数据立方体、OLAP 与关联规则结合成为关联规则挖掘研究的一个新热点，提出了一些基于数据立方体的关联规则挖掘算法。文献[4]将 OLAP 的钻取操作引入关联分析挖掘过程中，对 Apriori_ cube 算法进行了改进；文献[5]对 Adaptive FP 算法[6]进行了改进，提出了数据立方体上的 Hib&Dim-FP 算法，并进行了多维多层关联规则挖掘；文献[7]分析了以上多层关联挖掘算法存在的不足，提出了改进的交叉层关联规则挖掘算法 FP-Tree *；文献[8]则针对数据立方体的特点提出了挖掘维间关联规则的算法。

本文在详细分析上述各挖掘算法的特点和适用性基础上，结合港口具体数据的特点和结构，定义了港口兴趣度准则，提出了挖掘多维多层数据立方体的 MD&ML FP 算法。空间和时间上的性能分析表明，该算法有较好的性能和适用性。

2　港口数据库分析

为了更好地有针对性对港口数据进行关联分析，得出强关联规则来辅助管理决策，我们首先对港口现有数据进行分析，定义港口兴趣度，生成港口数据立方体。

2.1　定义港口兴趣度

港口企业与商业企业如销售数据相比，存在很大不同，事务的个数在交易系统中不是影响业务的关键数据，比如某地区客户数的多少并不能代表本地区对港口的贡献率的多少，某客户交易次数的多少也不能决定该客户对港口的贡献率的大小。港口企业生产的目的是为了提高港口的吞吐量，从而盈利，对于港口交易数据，那些具有比较多的交易次数、货物交易重量较大又有比较高的交易金额的客户，其对港口利润的贡献最大。加大对这些货物重量大、利润高的交易行为的关注，挖掘出这些项目集的关联规则，势必为商家带来更好的经济效益，所以分析出这样的关联规则才是用户真正感兴趣的规则。因此本文在支持度和置信度的基础上增加一种新的阈值——兴趣度，用兴趣度权重 u_k $\left(\sum_{k=1}^{n} u_k = 1; (0 \leqslant u_k \leqslant 1)\right)$ 来提高关联规则的挖掘精度。

兴趣度权重可以通过两种准则进行计算，即利润准则 u_k^p 和货物重量准则 u_k^w。首先，以利润为计算准则，对港口而言，利润是效益的体现，某种交易所创收的利润越高，对港口经济效益的影响越

* 通讯作者：王宇（1959-），男，汉族，吉林通化人，教授。E-mail：ywang@ dlut. edu. cn

大，则越感兴趣；其次，以货物重量为计算准则，某类货物重量越高，说明市场对此货物的需求越大，将给港口带来的效益也越大。这两种准则的计算方法如下：

$$\text{项 } i_k \text{ 的兴趣度权重} \quad u_k^p = \frac{\text{项 } i_k \text{ 所创造的利润}}{\text{所有项所创造的总利润}}$$

$$\text{项 } i_k \text{ 的兴趣度权重} \quad u_k^w = \frac{\text{项 } i_k \text{ 的重量}}{\text{所有项的总重量}}$$

2.2　数据立方体的生成

为了将港口分散存储在各自数据库中的数据集中到一个统一的数据平台上，达到信息资源的充分开发、合理利用，作者在文献[9]中利用现有的数据建立了港口数据仓库。数据仓库提供数据 OLAP 的逻辑视图是数据立方体（Data Cube），它是一个四元组（D，M，F，AGG）[10]，其中：

（1）D 是维度（Dimension）的集合，$D=\{D_1, D_2, \cdots D_n\}$，每个维有一个层次集合；

（2）M 是度量数据（Measurement）集合，$M=\{M_1, M_2, \cdots M_m\}$，且 D 与 M 的交集为空；

（3）F 表示维的域 DOM（D）到度量域 DOM（M）的映射 F：DOM（D）→DOM（M）；

（4）AGG 为聚集函数（SUM，COUNT 等）的集合。

数据立方体上的 OLAP 能够从不同的角度（维）来观察存储在数据仓库中的数据，或者对这些数据进行多维分析，立方体中的每个单元代表一个度量值。本文从构建的数据仓库中抽取出时间维、货主维和航线维，度量为交易次数构建三维数据立方体，表示为图 1。

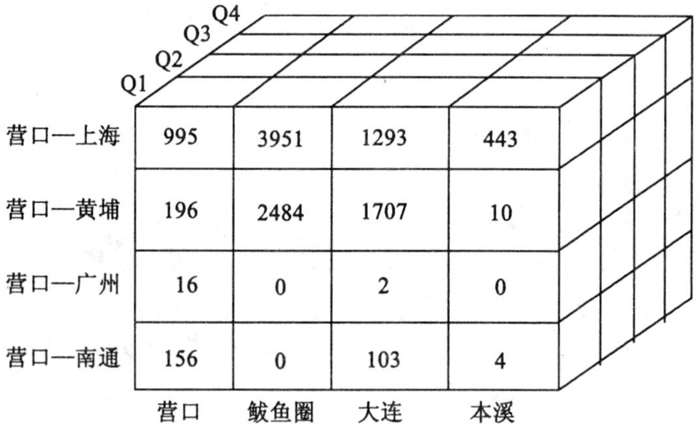

图 1　港口数据立方体实例

港口数据立方体的各个维之间存在着层次关系，如图 2 所示。

图 2　港口数据立方体各维层次关系

OLAP 可以对立方体进行一系列的多维分析操作，包括上卷、下钻、旋转、切片、切块等，以便能深入地剖析数据，使用户能从多个角度、多个侧面、不同层次观察所分析的数据，从而为决策分析做出强有力的支持。

3　MD&ML FP 算法设计

本节就具体的实例来介绍适合港口数据的关联规则挖掘算法——MD&ML FP 算法的设计与实现过程。

3.1　初始数据的获取

初始数据获取是 MD&ML FP 算法设计的第一步。在前面港口数据分析的基础上，本文只要在图 1 的多维立方体模型中执行 MOLAP 查询即可，例如以货主维、时间维和航线维来展示，即可执行以下查询：

```
Select shipper, time, line
From production
```

任取 10 条记录，得到表 1。

表 1　货主维、时间维和航线维的查询数据结果片断

事务编号	货主维		时间维			航线维			利润	重量
	地区省份	城市	年度	季度	月份	国家航线	省份航线	地区航线		
T1	鲅鱼圈		2005 年	1 季度	1 月		营口-上海		7390129	341206
T2	鲅鱼圈		2005 年	4 季度	10 月		营口-上海		11243115	524675
T3	营口		2005 年	4 季度	10 月		营口-宁波		581971	26045
T4	鲅鱼圈		2005 年	2 季度	4 月		营口-宁波		271096	12714
T5	大连		2005 年	3 季度	7 月		营口-黄埔		3157771	145167
T6	营口		2005 年	4 季度	10 月		营口-上海		6780611	277152
T7	鲅鱼圈		2005 年	3 季度	8 月		营口-黄埔		10669701	499376
T8	大连		2005 年	4 季度	10 月		营口-黄埔		4013514	184235
T9	本溪		2005 年	1 季度	1 月		营口-宁波		3675	175
T10	营口		2005 年	1 季度	1 月		营口-上海		7252423	265722

为了进一步简化数据结果的表示，参照图 2 维层次的表示，只保留查询结果中具有非空值的数据项，并且参考文献[7]中利用级别的概念方法对数据项进行编码，将表 1 简化成表 2。

表 2　编码简化后的查询结果

TID	Items	profit	weight
T1	{A111, B111, C111}	7390129	341206
T2	{A111, B141, C111}	11243115	524675
T3	{A112, B141, C131}	581971	26045
T4	{A111, B121, C131}	271096	12714
T5	{A113, B131, C121}	3157771	145167
T6	{A112, B141, C111}	6780611	277152
T7	{A111, B132, C121}	10669701	499376
T8	{A113, B141, C121}	4013514	184235
T9	{A114, B111, C131}	3675	175
T10	{A112, B111, C111}	7252423	265722

3.2 MD&ML FP 算法设计步骤

针对抽取出来的具体实例数据，本文采取三个步骤来阐述 MD&ML FP 算法的设计及实现过程。

（1）统计出各维各层频繁 1-项集，并构造各维频繁项集树

设最底、中间和最高抽象层支持度分别为 2，3，5，且算法采用层交叉单项过滤搜索策略，即一个第 i 层上的项被考察，当且仅当它在第 i-1 层上的父节点是频繁的；设各层的 min_u_k 分别为 0.2，0.1，0.05，计算表 2 算例的各维各层频繁支持度计数和各项的权重，结果如表 3 所示。

表 3　MD&ML FP 算法实例-支持度计数

Item	Support	u_k
A1	10	1
A11	10	1
A111	4	0.5758
A112	3	0.2845
A113	2	0.1396
B1	10	1
B11	3	0.2851
B12	1	0.0053
B13	2	0.2692
B14	4	0.4404
B111	3	1
B141	4	1
C1	10	1
C11	4	0.6360
C12	3	0.3473
C13	3	0.0167
C111	4	1
C121	3	1
C131	3	1

表 3 中，粗体带下画线的项 B12 既不满足最小支持度也不满足最小兴趣度原则，因此它不是频繁项集，斜体带下画线的项 C13 虽然满足最小支持度，但是不满足最小兴趣度原则，因此它不是频繁项集，斜体项 C131 虽然既满足最小支持度也满足最小兴趣

度原则，但是由于它的上层结点 C13 不是频繁项集，因此它也连带不是频繁项集。特别值得注意的是，带下画线的项 B13 在第 2 层上由于它的支持度计数为 2，不满足最小支持度原则，但是它满足第 3 层最小支持度为 2 的原则，且满足第 3 层最小兴趣度的原则，因此视为跨第 3 层的 1-项频繁项。

（2）构建 FP-树

为了构建 FP-树，首先定义 MD&ML FP 算法的头表结点和树结点的数据结构，如图 3 所示。

头表结点数据结构	MD&ML FP 中结点数据结构
Typedef struct HTable { Struct node * item_ name; int count; struct node * item_ head; } HTable; item_ name 是频繁树头指针； count 是支持度计数； item_ head 是结点链的头指针；	Typedef struct fptnode } struct fptnode * parent; sfruct fptnock * next; int node_ name; int node_ count; int node_ mark; int num; } FPTnode; * parent 是指向最左子女结点或者父结点的指针； * next 是指向右兄弟结点或者具有相同 ltem 的结点的指针； node_ name 是存放 item 数值的数据； node_ count 表示记录 item 在事务对象中出现的支持度计数； node_ mark 是标记位，标识当前结点是否是需要操作的结点； num 是标识回溯路径中 item 出现的次数；

图 4　头表和树结点的数据结构

定义好了头表和树结点后，将表 2 的事务递归地调用 FP-树构建算法插入到 FP-树，图 4 显示的是改进了的第 3 层的频繁模式树。其中黑色的实线代表指向父结点的单项树路径；黑色的虚线代表相同项之间的连接。

（3）挖掘 FP-树得到频繁模式集

MD&ML FP 算法对图 4 的频繁模式树进行挖掘过程如下：

首先，按照项头表中长度为 1 的频繁项 B13* 开始，B13* 出现在图 4 所示的频繁模式树的两个分枝中，这些路径由分枝 < A111 C121 B13*：1 > 和 < C121 A113 B13*：1 > 形成。

B13* 的两个对应前缀路径是 < A111 C121：1 > 和 < C121 A113：1 >，对前缀路径上的每个结点的 num 值进行赋值，其值等于其孩子结点的 num 之和，结果为 < A113 （1：0：1） C121 （1：0：1） C121 （1：0：1） A111 （1：0：0） >，判断具有相同 item 的结点的 num 值之和 NUM 是否大于该层的 mini_ support，如果大于，则将其 mark 值赋值为 1，因此，C121 的 mark 为 1，所以 B13* 的前缀只有单个路径，该单个路径产生的频繁模式组合为 C121 B13*：2，挖掘过程如图 5 所示。

同理，可以得出各 1-项频繁项、2-项频繁项的频繁模式。

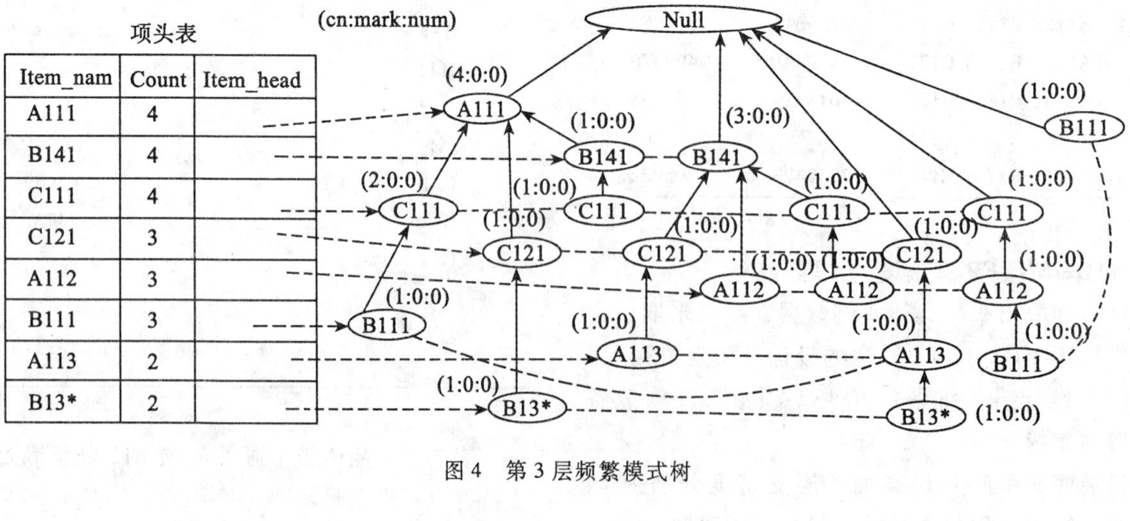

图 4　第 3 层频繁模式树

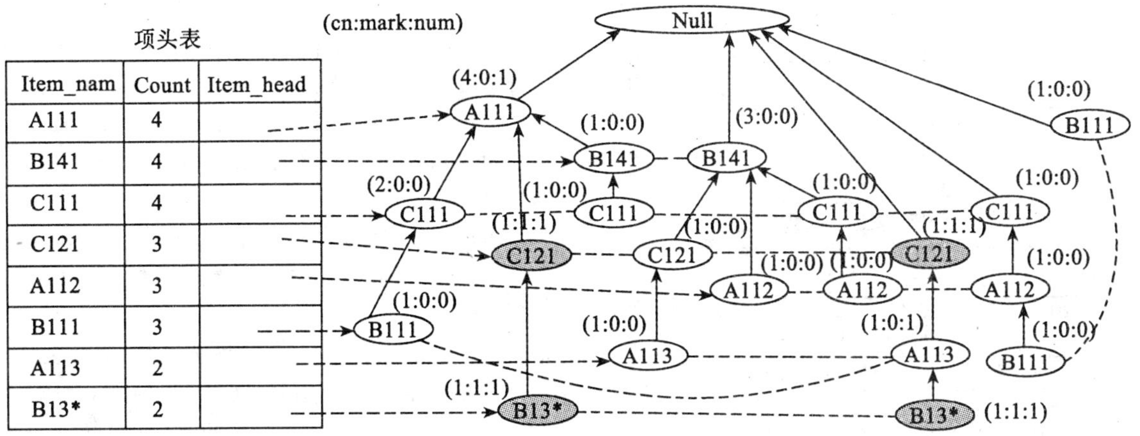

图 5 频繁树挖掘过程

4 算法实验分析

本节主要是对本文算法与原始 FP-growth 算法分别在空间和时间上进行性能分析比较。

（1）空间上的分析

以表 1 中的事务数据库为例，对于 FP-growth 算法，其第 3 层次的同层间和跨层间挖掘分配的内存需要如下两个方面：

① 建立 FP-树：每个结点数据结构占用内存至少为 20 个字节，建立 FP-树时需要为 21 个结点分配内存空间，一共需要分配 420 个字节的内存空间。

② 生成条件 FP-树：计算可知对于 B13* 进行操作，对 A113 进行操作，对 B111，A112，C111 进行操作共需要 180 个字节。

因此，原始 FP-growth 算法所需的总内存空间为 600 个字节。

对于 MD&ML FP 算法而言，单个结点占用空间为 24 个字节，生成 FP-树的结点和原始 FP-growth 算法一样，需要为 21 个结点分配内存空间，大小为 504 个字节，但是 MD&ML FP 算法在挖掘时不需要生成条件模式基和条件 FP-树，所有的操作均在 FP-树上进行，从而节省了存储空间。整个过程所需的内存空间为 504 个字节，比原始的 FP-growth 算法节省了近 100 个字节，即节省了 16% 的内存空间。

由于表 1 所示的数据事例中的数据量和属性都很少，所以节省的空间还不是很明显。一般数据库中的数据事务量大，属性多，且层次也多，此时节省的内存空间就可观了。假设频繁 1-项集有 n 个，则在最坏的情况下，构建 FP-树需要的结点为 2^n，产生条件 FP-树所需的最大结点个数为 2^{n-1}，因此所需的内存空间为 $20^*\ (2^n+2^{n-1})\ =30*2^n$ 个字节；而对于本文算法，只需要 24^*2^n 个字节。表 4 为 MD&ML FP 算法和 FP-growth 算法的空间性能比较。

表 4 算法空间性能比较

频繁 1-项集个数	FP-growth 算法空间	MD&ML-FP 算法空间	节省的内存空间
5	960byte	768byte	192byte
10	30k	24k	6k
15	960k	768k	192k
……	……	……	……
……	……	……	……
n	$30*2^n$ byte	$24*2^n$ byte	$6*2^n$ byte

（2）时间上的分析

本文从原始数据集中选取 1000 个事务来比较算法的时间复杂度。图 7 表示在数据集大小一定的条件下，MD&ML FP 算法与 FP-growth 算法随着支持度变化而变化的时间复杂度比较。

从图 7 可以看出，MD&ML FP 算法除能同时挖掘出同层间关联规则和跨层间的关联规则外，在执行时间上也比 FP-growth 算法优越。特别随着支持度的减小，MD&ML FP 算法的优越性也越明显。

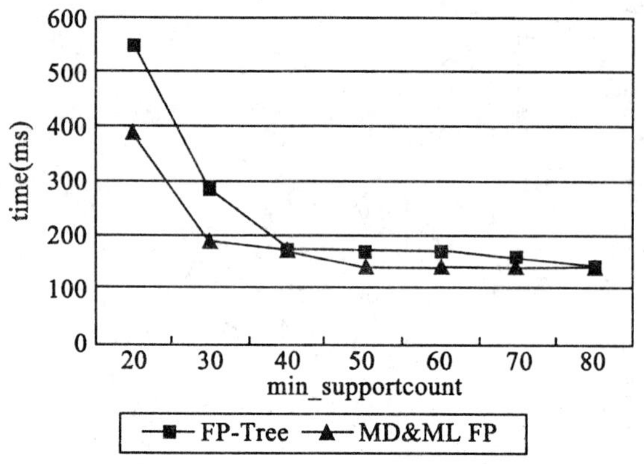

图 6 算法的时间复杂度比较

5 结 论

针对现有 FP-growth 算法的不足，本文提出了一种针对港口数据的多维多层关联规则挖掘算法——MD&ML FP 算法。在通过具体的实例阐述该算法的基础上，从空间和时间两个角度对 MD&ML FP 算法和 FP-growth 算法进行性能分析，证明了 MD&ML FP 算法的优越性。

参 考 文 献

[1] Han J, Kamber M. Data Mining Concepts and Techniques [M]. Beijing: Higher Education Press, 2001.

[2] Agrawal R, Imielinski T, Swami A. Mining association rules between sets of items in large databases [A]. In Proc. ACM SIGMOD Conference on Management of data [C]. Washington DC, May 1993: 207-216.

[3] Han J, Jian P, Yiwen Y. Mining Frequent Patterns without Candidate Generation [C]. Proceedings of the ACM SIGMOD International Conference on Management of Data, Dallas, 2000.

[4] 高学东，王文贤，武森. 基于数据立方体的多维关联规则的挖掘方法 [J]. 计算机工程，2003，8 (14)：74-76.

[5] 贺琼，刘潭仁，郭平. 数据立方体上多维多层关联规则挖掘算法 [J]. 计算机应用，2004，24 (3)：85-88.

[6] Mao R. Adaptive-FP: an efficient and effective method for multi-level multi-dimensional frequent pattern mining [EB/OL]. http://fas.sfu.ca/pub/cs/theses/2001/RunyingMaoMSc.ps.gz, 2003-07.

[7] 辛燕，鞠时光. 基于多维数据模型的交叉层关联规则挖掘 [J]. 小型微型计算机系统，2006，27 (4)：681-686.

[8] 郑晓曦，王引辉，宋浩远. 基于数据立方体的关联规则挖掘及其实现 [J]. 计算机与现代化，2008 (3)，25-28.

[9] 潘明霞，王宇. 港口数据仓库设计及其应用研究 [J]. 交通与计算机，2008，26 (5)：83-86.

[10] 蒋外文，熊东平，张肖霞. 基于多维数据库的 MOLAP 存储及查询技术研究 [J]. 计算机工程与应用，2005，(24)：166-168.

Mining Association Rules of Port Data Cube

WANG Yu[1], KONG Sheng[1], ZHANG Chengwei[1], PAN Mingxia[1]
(1. School of Management, Dalian University of Technology, Dalian 116024, China)

Abstract: Association rules mining is a main research region of data mining. Based on the detail analysis of the characteristics and applicability of association rules mining algorithms and the current of port data warehouse, this paper introduces the concept of port interestingness, and proposes a new algorithm—MD&ML FP algorithm, which in order to resolve the shortage of FP-growth algorithm in port data mining. The algorithm consists of three steps: construct frequent items, build FP-tree and mining FP-tree. The experience results prove that the MD&ML FP algorithm is more efficient than the FP-growth algorithm in both of space and time dimension.

Key words: association rules mining; data cube; interestingness; port

媒体丰富度理论的研究综述*

李明辉[1]，卢向华[1]

（1. 复旦大学管理学院，上海 200433）

摘　要：媒体丰富度理论（MRT）是媒体相关理论中最具影响力的理论之一。随着沟通媒体的不断发展，MRT 显示出其局限性，诸多学者对 MRT 进行完善并在此基础上提出新的理论模型用以解释不同媒体对沟通效果的影响作用。本文围绕 MRT 对相关的研究进行了梳理，从 MRT 的实证研究及扩展研究两方面进行了综述，有助于更全面地了解媒体沟通理论的研究现状及未来研究方向。

关键词：媒体丰富度理论；媒体；沟通

中图分类号：F270

在现代社会特别是商业活动中，信息沟通在管理过程中具有特殊重要的作用，据 Panko 和 Kinney（1995）的研究，企业管理者每天用于沟通的时间占所有时间的 5/6。随着当前经营环境的国际化，如何利用多种沟通技术更好地支持有效的沟通更是成为企业关注的重点，特别是随着沟通工具的多样化，例如传统的面对面沟通、电话、Email、视频、网页、即时通讯、Wiki 等，正确地理解不同媒体技术的特点以及影响沟通的因素，对于企业选择合适的沟通方式进而提高工作绩效有着重要的意义。事实上，学术界已经存在很多关于沟通媒体的相关研究（Fulk 和 Boyd，1991），如沟通理论、媒体丰富度理论（Media Richness Theory，MRT）、技术使用的社会影响模型、媒体自然性理论、社会表征理论等，这些研究对不同沟通方式的效果进行了充分的解释，并揭示了不同媒体的作用机制，为企业更好地选择与管理基于不同媒体的沟通过程提供了重要的理论支持。而其中最有影响力的理论是媒体丰富度理论（Daft 和 Lengel，1986）。虽然从 MRT 理论提出至今，Internet 技术的发展带来了沟通媒体的不断更新，很多媒体是 Daft 和 Lengel 当时未能预见到的，但 MRT 理论对于现在的媒体沟通仍有一定的适用性，而且很多新的媒体理论大都是以 MRT 理论为基础的扩展。如果我们能对这些研究的研究进展加以梳理，相信对于更好地利用媒体理论解释现有媒体的效果具有重要意义，也有助于更全面地了解媒体沟通理论的研究现状及未来研究方向。

1　媒体丰富性理论

Daft 和 Lengel 在研究组织信息处理问题时发现，组织处理信息的目的是为了降低信息的不确定性（Galbraith，1973）和模糊性（Weick，1979）。所谓任务的不确定性是指缺乏充足的信息使得对任务把握不准确；而任务的模糊性是指在一项任务的执行过程中，对于已有信息存在多种可能互相冲突的理解，使得参与者难以达成共识。任务的不确定性在于信息的缺失，而模糊性则是无关信息充分与否，强调在现有信息量的基础上不同参与者之间的理解冲突。在组织设计过程中，为了降低不确定性，组织必须能够管理协调和控制所需的信息量；而降低模糊性的关键在于通过组织机制推动对丰富信息的处理（Daft 和 Lengel，1984），信息丰富度理论就是在这一背景下被提出的。

所谓信息丰富度（Information Richness），是指信息在一定时间内改变参与者理解的能力。由于信息要经过媒体传递和处理才能作用于参与者，因此信息丰富度也被称为媒体丰富度（Media Richness Theory，MRT）。能克服不同的知识背景或者将不明确的问题阐述清楚，使得沟通双方及时达成共识的媒体可以认为是丰富的（Rich Media），丰富度高的媒体通过克服不同观点，且有足够的能力处理各种复杂的主观信息，从而可以降低任务的模糊

* 通讯作者：卢向华，E-mail：lxhua@fudan.edu.cn

性。相反，如果需要较长时间才能达成共识或者难以克服多方观点达成一致的媒体则是丰富度较低的(Lean Media)，丰富度较低的媒体提供的线索和反馈有限，无法处理复杂沟通，但可以有效地处理已经达成共识的信息或标准信息，从而降低信息的不确定性（Daft 和 Lengel，1986）。衡量媒体丰富度的标准有四个：

1）反馈的及时性。在沟通过程中，媒体如果能提供及时反馈，会有利于参与者互相提出疑问并修正自己的理解，从而能够更有效地处理信息。

2）传递多种线索（声音、表情等）的能力。媒体能够传递的线索越多，越有利于参与者获得更加丰富的信息，作出正确的判断。

3）语言多样性。媒体使用的语言越多样越有利于传递较多的概念和观点，从而加深参与者之间的理解。

4）个人关注度。参与者的知识背景、所处环境和对信息的需求会影响其对信息的理解，当个人对某种信息倾注其情感时，对信息的理解也越充分，因此信息丰富度也越高。

丰富度依次降低的媒体可分类为（1）面对面；（2）电话；（3）个人文件，如信件、备忘；（4）非个人的书面文件；（5）数字文件①。面对面方式被认为是最丰富的媒体，由于面对面可以提供及时反馈，保证沟通各方能正确理解其他人员的观点或意见。此外，面对面沟通不仅传递语音信息，而且还能传递其他多种信息，如肢体语言、说话语气、情绪等。

由于丰富媒体能够使得用户沟通更快速、更好地理解模糊信息，有助于解决高模糊性的任务；而对于低模糊性任务而言，丰富媒体提供的信息过多容易导致信息过载，反而使得参与者难以达成一致，因此使用简单媒体反而效果更佳。基于以上的分析，Daft 和 Lengel（1986）认为，媒体与任务之间的匹配性是提高组织内部、组织内部与外部之间的沟通效果的重要前提。丰富媒体（如面对面沟通）更适合于模糊性任务（如公司收购），而简单媒体则在处理模糊性较低的任务时效果更好。当媒体丰富性与任务模糊性相匹配时沟通效果最佳，其核心的理论如图 1 所示。

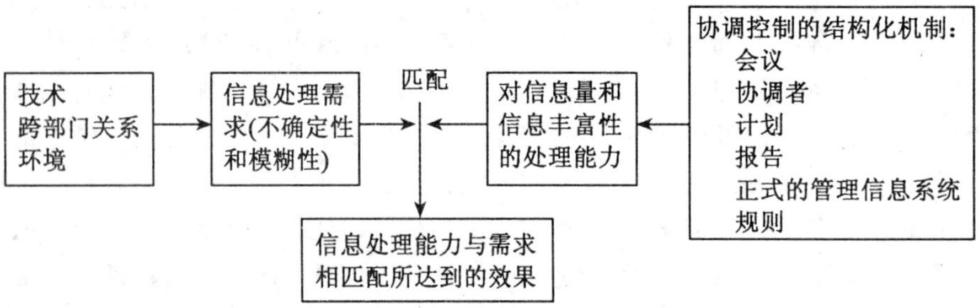

图 1 信息处理与组织设计模型

2 媒体丰富性理论的实证研究综述

在 MRT 理论提出之后，很多学者，包括 Daft 本人，在不同的场景下对 MRT 理论进行了实证研究，这些场景涵盖了任务执行的全过程，如针对从任务执行前期对媒体选择的研究、在任务执行过程中对媒体特征与任务特征的匹配性分析、对任务执行完成之后媒体使用效果的研究。

第一个针对 MRT 的实证研究是 Daft（1987）针对媒体选择展开的实证研究。作者通过调查企业管理人员设定的沟通目标，以及他们最终选择的媒体情况，来验证管理人员对最佳媒体任务匹配的感知是否与 MRT 理论一致。这一实证研究在一定程度上支持 MRT 理论。在这之后也有一些关于媒体选择方面的实证研究，如 Rice（1992）的研究发现，对于模糊性较高的任务，丰富媒体的使用效果确实优于简单媒体；不过对于模糊性较低的任务，使用简单媒体的效果并不显著优于丰富媒体。Kahai 和 Cooper（2003）的研究也发现丰富媒体可以提高用户的社会感知和评价其他用户的能力，有助于解决复杂任务，不过他们还提出，当参与者对任务比较陌生时简单媒体则有利于明确的沟通。

Mennecke 等（2000）的实证研究是第一个较全面地检验 MRT 理论中关于媒体特征与任务特征的匹配性的实证研究，分析了不同任务类型采用不同媒体时的客观效果。作者通过实验设计了基于多

① Daft 等对媒体的分类为当时背景下存在的媒体种类，未考虑现在的新兴媒体，如网络视频。

种媒体的双人沟通，包括面对面、视频电话、电话（纯粹语音沟通）以及基于计算机的同步沟通，任务类型包括智力（Intellective）和谈判（Negotiation）任务。研究结果表明，谈判型任务的实验结果很大程度上是支持MRT理论的，而智力型任务则不支持MRT理论，其原因是智力型任务只要求沟通双方共享各自拥有的事实信息，对沟通的要求较低。Kerr和Murthy（2009）也采用了对比的方式，比较面对面沟通和同步计算机媒体沟通的效果，不过与Mennecke的实验研究方法不同，Kerr等采用实际业务进行研究，结果显示采用聊天工具的小组交流和处理信息的效果比采用面对面小组差，主要是因为在有时间限定的任务执行过程中，面对面方式的及时反馈和传递线索的多样性会更有效，这与MRT理论的内涵是一致的。除了对比的方法，Kishi（2008）通过调查也进一步支持MRT理论的适用性，不过他的研究发现媒体的使用受到所用媒体本身是传统的还是电子的，以及组织对其所处环境的理解，所处环境复杂的组织倾向于使用传统媒体，而主动型的组织则更倾向于使用电子媒体。

除了单纯地验证MRT理论外，还有很多学者利用MRT理论来分析媒体差异对沟通效果的影响。例如Dennis和Kinney（1998）利用实验研究了媒体丰富性对决策的影响，实验结果显示选择与任务模糊性相匹配的媒体并没有改进决策效果（质量、时间、意见一致以及沟通满意度），所以这并不支持MRT理论的核心论点（当媒体丰富性与任务模糊性相匹配时绩效最佳）。Otondo等（2007）采用结构方程模型研究媒体丰富度与沟通效果之间的关系。实验结果显示不同媒体的媒体丰富性显著不同，但媒体类型、沟通效果与媒体丰富性特征之间的关系与MRT理论预测的结果不一致。媒体类型与满意度、沟通效果之间的关联度较与媒体丰富性之间的关联度强。不过Brunelle和Lapierre（2008）通过调查发现用户感知的在线商店的丰富性对用户的购买意愿有显著的正面影响，支持MRT理论，可见MRT理论对于不同的决策有着不同的解释力。

从以上分析可以看出，针对不同的任务MRT理论的适用性不同，部分研究支持MRT理论，而部分实证研究结果与MRT理论相悖，这主要是因为各类研究的场景、采用的媒体、受调查者的教育水平、计算机水平等的差异所导致的。例如，场景的不同会导致任务的模糊性特征的差异；参与者的教育程度和计算机水平也会对媒体的使用效果产生影响，即使在同一场景下，不同的参与者对媒体使用效果的感知也会不一致，所获得的信息和理解程度也可能不同；同样在媒体选择的决策中，媒体选择决策者的素质以及非理性行为也会对最终选择产生影响，从而偏离MRT理论的预测。针对这些问题，很多研究者对MRT理论进行了进一步完善和扩展，以期更好地解释和预测媒体沟通的效果。

3 MRT理论的完善和扩展

MRT的完善和扩展涉及的内容包括MRT理论范畴以内的改进（Trevino等，1990，DeSanctis和Poole，1994），如对媒体丰富度概念本身的界定；也有融合其他理论提出新的理论模型（Lee，1994；Kahai和Cooper，2003；Kock，2004；Dennis等，2008；等）以更好地解释媒体与使用效果之间的作用机理。

3.1 媒体丰富度概念的完善

Daft和Lengel（1986）认为各种媒体的丰富度是其内生的固有属性，与用户、组织情境无关。Sitkin等（1992）在这基础上，将媒体丰富性分解成两个要素：数据传递能力和符号传递能力。数据传递能力是指对信息本身的传递，而符号传递能力是指传递关于信息本身的信息或者沟通者信息的能力。Otondo等（2007）进一步将媒体丰富性细化成一系列变量，包括符号使用、社会存在感、个人关注和信息过载。而Dennis等（2008）则采用了媒体能力来描述媒体本身特征，他提出媒体能力是指某种媒体提供的影响用户传递和处理信息方式的潜在结构，Dennis提出有三种能力影响媒体传递信息：传输速率、并行性、符号集，有两种能力影响信息处理：再获取性和再处理性。

与研究单个媒体本身的特征不同，Kock（2004）从媒体对比的角度提出媒体自然性的概念。所谓媒体的自然性即媒体与面对面交流方式的相似程度，媒体越自然，所耗费的认知精力就越少。随着用户不断地使用某种媒体，用户也在逐渐适应使用该媒体，所耗费的认知精力也会随之减少。而Lee（1994）基于社会信息处理理论（也称社会影响理论），提出媒体丰富与否应该与是否与沟通需求相适应。他认为只有当媒体与组织环境的沟通需求相适应时才是丰富的；而当媒体与沟通需求不相适应时则是丰富度较低的，即使媒体本身非常丰富。尽管定义角度不同，但是在对不同媒体进行丰富度的比较结果还是基本一致的。例如，所有的学者均认为面对面沟通是最丰富的媒体。

3.2 媒体丰富度与沟通效果作用机理

媒体丰富度究竟如何影响媒体使用效果以及又有哪些因素会影响用户对媒体丰富度的感知一直是媒体理论研究关注的重点。诸多学者对此既有相同的基本观点，又有各自独特的看法。近年来的学者大多在之前的研究成果基础上得出现有的结论，同时结合当今的媒体应用，将 MRT 理论应用于现有新媒体上，提高其解释力。

在解释媒体丰富度如何影响沟通效果之前，首先要了解有哪些因素会影响媒体丰富度。除了前文起到的媒体本身的特征会影响媒体的丰富度之外，主要有两大类外在因素也会影响对媒体丰富度的感知：使用者因素和环境因素。使用者因素包括使用者的使用经验、用户之间的关系（Calson 和 Zmud，1999），媒体使用者的社会结构和使用者对媒体的理解和接受程度（Walther，1992；DeSanctis 和 Poole，1994）。当用户对某种媒体越熟悉时，从个人情感上越愿意接受这种媒体，也越能够充分利用该媒体的功能；而当用户对某种媒体不熟悉时，由于用户对媒体的功能和特征不熟悉，需要消耗精力去熟悉媒体的使用以及将其与现时任务相匹配，这些将大大削减用户感知到的媒体丰富性。环境因素既主要包括组织场景、使用媒体的任务（Calson 和 Zmud，1999），也包括各种社会过程的影响，如赞助、社会化、社会控制等（Markus，1992）。在模糊性任务环境下，这些社会过程的作用往往会掩盖个人喜好等因素的影响（Trevino 等，1990）。

使用者对媒体的感知不同会导致其使用媒体的方式和效果也不同。无论是传统媒体（如电话），还是新的媒体（如 email），同一种媒体在不同组织、不同部门的使用方式和效果都可能不相同。DeSanctis 和 Poole 自适应结构化理论（Adaptive Structuration Theory）也认为对于给定的媒体，沟通各方使用的方式会有所不同。参与者使用的方式会受其现有的社会结构以及参与者对该媒体物理结构的理解这两个方面因素的影响。由于媒体使用方式和使用效果才是研究者最终关注的问题，因此有学者提出 MRT 的研究应该更关注用户理解自我、媒体使用以及组织环境的过程，而不仅仅是媒体本身的丰富与否（Lee，1994）。相同的媒体在不同的组织环境下的丰富度是不相同的，那么在沟通过程中更应该关注的是媒体使用的过程而不是媒体本身（Walther，1992）。

在媒体使用过程中也有媒体丰富度与媒体使用效果之间往往不是直接的作用关系，更多的是通过其他因素的调节和影响，众多学者对此提出了各自的见解。Kahai 和 Cooper（2003）引入社会感知（Social Perceptions）、信息清楚性和评价其他用户的能力三个中间变量来揭示媒体特征与决策质量之间的关系。Trevino 等（1987）则提出符号交互的概念，即媒体在传递信息内容本身的同时也附带了符号含义（比如，人们一般认为采用书面媒体比采用口头媒体更加正式）。用户对于媒体的符号含义的感知也会影响媒体的选择和使用效果。而 Johnson 和 Cooper（2009）则引入沟通情感和让步，他们认为相对于面对面沟通，计算机媒体会削弱沟通的情感和让步程度，影响沟通效果，这将降低达成共识的可能性。

Dennis 等（2008）提出一种新的理论来研究新媒体的能力——媒体同步性理论（Media Synchronicity Theory，MST）①。与 MRT 理论认为当媒体丰富度与任务模糊性相匹配时沟通效果最佳类似，MST 理论认为媒体能力与任务的沟通需求之间的匹配程度影响媒体的适用性和使用效果，并反作用于沟通效果。Dennis 等进一步将沟通需求与媒体能力之间的匹配进一步细化为信息传递和信息处理需求与媒体的信息传递和信息处理能力的匹配，信息汇聚过程要求能够进行快速的信息传递，对信息处理的需求相对较少；信息传递则相反。不同的沟通情境下，对信息传递和信息处理的需求不同，媒体能力与沟通需求越匹配，沟通效果将越佳，进而使得任务完成的效果也更佳。

与以上分析大多从静态的角度分析媒体丰富度与沟通效果之间的关系不同，也有学者从动态演变的角度研究媒体与沟通之间的关系。Lee（1994）认为最好的沟通媒体不是由单个管理者的理性决策行为决定的，而是随着时间的推移，在不断与用户交互的过程中形成。Kock（2004）认为随着用户不断地使用某种媒体，用户也在逐渐适应使用该媒体，所耗费的认知精力也会随之减少。媒体自然性与认知精力之间的因果关系还受到模式匹配程度（Schema Alignment，即用户与其他参与者之间智力模式的相似程度）和认知适应性的调节。基于这一模型，随着使用某种媒体所耗费的认知精力的减

① 所谓同步性是指参与者目标一致、步调一致。而媒体同步性则是指沟通媒体推动参与个体达到同步性的能力大小。具有同步性的媒体沟通并不一定能带来同步性。

少，沟通效果也会得到提高。动态演变更适合媒体使用的实际效果，在同一个沟通任务中，用户的媒体使用经验的增加会影响其对媒体丰富度的感知及对媒体接受程度，而在不断熟悉媒体的过程中，沟通效果也会得到提高。

3.3 沟通效果的测度

Daft 和 Lengel（1986）在 MRT 理论时并没有对媒体使用或沟通效果给出精确的测度方法，在后期的研究中，有很多学者在这方面做了很多补充。例如 Trevino、Daft 和 Lengel（1990）在 MRT 的理论框架基础上从三个方面讨论沟通效果：决策质量、参与者达成共识、决策效率（即得出结论所需时间）。决策质量是可以用决策结果与决策目标之间的差距来衡量，当决策结果与目标越接近时，据侧质量越好。而对于没有明确目标的沟通任务（如谈判），还需要采用沟通参与者是否达成共识来衡量沟通效果。之所以将时间也作为沟通效果的一个方面，是因为 Daft 和 Lengel（1986）将丰富度定义为改变参与者理解的速度，对于同样的决策结果，决策时间越短，效率越高（Mennecke 等，2000）。Lengel and Daft（1998）在这基础上提出用户满意度也可以用来衡量沟通效果，因为满意度历来是研究团队合作时用来衡量团队合作效果的一个因素，因此参与者的沟通满意度也可以作为沟通效果的一个衡量标准。这些研究与 Dennis 和 Kinney（1998）将沟通效果分成个人和整体两个层面的研究非常类似。Dennis 等认为衡量个人层面的沟通效果包括个人主观感受的沟通满意度以及对丰富度、模糊性和任务复杂性的感知，而整体层面则包括以上提到的决策质量、是否达成共识以及时间。

Dennis 等（2008）的 MST 理论把媒体沟通效果的测度进一步细化，认为媒体使用效果分成沟通效果和任务效果两个层次。沟通效果指参与者之间形成统一的理解，而任务层的效果衡量包括任务完成质量、数量以及完成时间等。他们认为媒体能力与沟通需求之间的匹配程度直接影响沟通效果，而沟通效果进一步影响任务效果。不过任务效果还受到其他因素的影响，所以良好的沟通效果并不一定带来良好的任务效果，因此需要同时测度这两方面的效果。

4 MRT 的未来研究方向

尽管 MRT 理论从提出至今已经有二十多年，但随着技术的不断发展，新的媒体不断出现，MRT 的适用性也在不断受到挑战，这就需要专家学者也在 MRT 理论的基础上提出改进意见，提出新的理论来解释新媒体情境下的沟通和使用效果。从本文的文献综述可以看出，未来 MRT 理论可以进一步研究的内容涉及以下两个方面：

4.1 基于 MRT 完善媒体沟通效果的理论模型

在研究媒体与沟通效果的文献中，很多研究者对媒体对沟通效果之间的作用机理提出自己的见解，建立自己的理论模型，但这些也只能在特定的情境下成立，要提出一个对所有媒体具有普适性的媒体与使用效果作用机理的模型，还需要大量的实验归纳和理论创新。沟通效果的不同不仅仅取决于媒体的不同，也受到其他诸多因素的影响。同样媒体对沟通效果的影响程度也受到其他因素的调节作用，如企业文化，参与者自身的素质，环境等。在将来的研究中，可以将这些因素考虑到理论模型中，从而更好地解释各种场景。

4.2 基于 MRT 的实证研究

目前，针对 MRT 理论的实证研究涵盖了很多领域，如组织信息处理，决策效果研究，团队协作沟通等。这些都是基于比较封闭的环境之中，即参与沟通协调的对象是确定的。随着电子商务的不断兴盛，B2B、B2C 等电子商务模式也逐渐趋于成熟，交易、沟通双方的不确定性也给沟通媒体的应用研究提供了机遇和挑战。很多任务场景从传统的封闭式环境转变成开放式的环境，比如教育培训，传统的培训沟通主要基于面对面的知识传授，而新兴的网络培训则是更多地面向不确定的受培训者。关于不同培训媒体的沟通效果，目前尚无定论。此外，网络环境与传统媒体环境下信息传播效果的对比也可以采用 MRT 理论进行解释并对其进行实证研究。

对实证研究的改进重点还在于如何设计出更好的实验方法来验证理论模型的有效性。首先是衡量方法的有效性。比如，要更好地衡量沟通效果，就需要有更加合理、更加贴近实际沟通效果测量方法，而不仅仅是就对沟通效果的感知进行调查。其次是实验场景的一般化，针对不同场景得出的媒体沟通效果可能会不一致，甚至得出矛盾的结果，这就需要从各种不同的场景中抽象出可以一般化的任务需求。在此基础上比较不同任务环境下不同媒体沟通效果的差异和共性，将更有利于理解媒体和任务的本质特征。

总之，媒体沟通方面的研究还远没有成熟，如何进一步从理论与实证两方面探讨媒体与沟通效果的机理，将有助于人们选择正确的媒体，提高沟通效率，改善沟通效果。

参考文献

[1] Brunelle E, Lapierre J. Testing Media Richness Theory to Explain Consumers' Intentions of Buying Online [A]. Proceedings of the 10th International Conference on Electronic Commerce. Innsbruck, Austria, 2008.

[2] Carlson J R, Zmud R W. Channel Expansion Theory and the Experiential Nature of Media Richness Perceptions [J]. Academy of Management Journal, 1999, 42 (2): 153-170.

[3] Daft R L, Lengel R H. Organizational Information Requirements, Media Richness and Structural Design [J]. Management Science, 1986, 32 (5): 554-571.

[4] Daft R L, Lengel R H, Trevino L K. Message Equivocality, Media Selection and Manager Performance: Implications for Information Systems [J]. MIS Quarterly, 1987, 11 (3): 355-366.

[5] Daft R L, Lengel R H. Information Richness: a New Approach to Managerial Behavior and Organizational Design [A] // Cummings, L. L. & Staw, B. M. (eds.), Research in Organizational Behavior 6, (191-233). Homewood, IL: JAI Press, 1984.

[6] Dennis A R, Kinney S T. Testing Media Richness Theory in the New Media: Cues, Feedback, and Task Equivocality [J]. Information Systems Research, 1998, 9 (3): 256-274.

[7] Dennis A R, Valacich J S. Rethinking Media Richness: Towards a Theory of Media Synchronicity [A] // Proceedings of the 32nd Hawaii International Conference on System Sciences, Los Alamitos, CA: IEEE Computer Society Press, Volume 1, 1999.

[8] Dennis A R, Fuller R M, Valacich J S. Media, Tasks, And Communication Processes: A Theory of Media Synchronicity [J]. MIS Quarterly, Sep 2008, 32 (3): 575-600.

[9] DeSanctis G, Poole M S. Capturing the Complexity in Advanced Technology Use: Adaptive Structuration Theory [J]. Organization Science, 1994, 5 (2): 121-147.

[10] Fulk J, Boyd B. Emerging Theories of Communication in Organizations [J]. Journal of Management, 1991, 17 (2): 407-446.

[11] Johnson N A, Cooper, R B. Media, affect, concession, and agreement in negotiation: IM versus telephone [J]. Decision Support Systems, 2009, 46 (1): 673-684.

[12] Kahai S S, Cooper R B. Exploring the Core Concepts of Media Richness Theory: The Impact of Cue Multiplicity and Feedback Immediacy on Decision Quality [J]. Journal of Management Information Systems, 2003, 20 (1): 263-299.

[13] Kerr D S, Murthy U S. The Effectiveness of Synchronous Computer-mediated Communication for Solving Hidden-profile Problems: Further Empirical Evidence [J]. Information & Management, 2009, 46 (1): 83 - 90.

[14] Kishi M. Perceptions and Use of Electronic Media: Testing the Relationship between Organizational Interpretation Differences and Media Richness [J]. Information & Management, 2008, 45 (2): 281-287.

[15] Kock N. The Psychobiological Model: Towards a New Theory of Computer-Mediated Communication Based on Darwinian Evolution [J]. Organization Science, 2004, 15 (3): 327-348.

[16] Lee A S. Electronic Mail as a Medium for Rich Communication: An Empirical Investigation Using Hermeneutic Interpretation [J]. MIS Quarterly, 1994, 18 (2): 143-157.

[17] Lengel R H, Daft R L. The Selection of Communication Media as an Executive Skill [J]. The Academy of Management Executive, 1988, 2 (3): 225-232.

[18] Markus M L. Electronic Mail as Medium of Managerial Choice [J]. Organization Science, 1994, 5 (4): 502-527.

[19] Mennecke B E, Valacich J S, Wheeler B C. The Effects of Media and Task on User Performance: A Test of the Task-Media Fit Hypothesis [J]. Group Decision and Negotiation, 2000, 9 (6): 507-529.

[20] Newberry, Brian. Media Richness, Social Presence and Technology Supported Communication Activities in Education [EB/OL] //http: //learngen. org/resources/module/lgend101 _ norm1/200/210/211 _ 3. html. Aug. 31, 09.

[21] Ngwenyama, Ojelanki K, Lee, Allen S. Communication Richness in Electronic Mail: Critical Social Theory and the Contextuality of Meaning [J]. MIS Quarterly, 1997, 21 (2): 145-167.

[22] Otondo R F, Scotter J R V, Allen D G, Palvia P. The Complexity of Richness: Media, Message, and Communication Outcomes [J]. Information & Management, 2008, 45 (1): 21-30.

[23] Rice R E. Task Analyzability, Use of New Media, and Effectiveness: a Multi-Site Exploration of Media Richness [J]. Organization Science, 1992, 3 (4): 475-500.

[24] Sitkin S Sutcliffe K, Barrios-Choplin J. A Dual-Capacity Model of Communication Media Choice in Organizations [J]. Human Communication Research, 1992, 18 (4): 563-598.

[25] Suh K S. Impact of Communication Medium on Task Performance and Satisfaction: an Examination of Media-rich-

ness Theory [J]. Information & Management, 1999, 35: 295-312.

[26] Trevino L K, Lengel R H, Daft R L. Media Symbolism, Media Richness, and Media Choice in Organizations: A Symbolic Interactionist Perspective [J]. Communication Research, 1987, 14: 553-574.

[27] Trevino L, Daft R L, Lengel R H. Understanding Managers' Media Choices: A Symbolic Interactionist Perspective [A] // J. Fulk and C. W. Steinfield (eds.), Organizations and Communication Technology, 71-95. Sage Publications, Newbury Park, CA, 1990.

[28] Trevino L, Lengel R, Bodensteiner W, et al. The Richness Imperative and Cognitive Style: The Role of Individual Differences in Media Choice Behavior [J]. Management Communication Quarterly, 1990, 4 (2).

[29] Walther J B. Interpersonal Effects in Computer-Mediated Interaction [J]. Communication Research, 1992, 19 (1): 52-90.

[30] Yoo Y, Alavi M. Media and Group Cohesion: Relative Influences on Social Presence, Task Participation, and Group Consensus [J]. MIS Quarterly, 2001, 25 (3): 371-390.

Research Review on Media Richness Theory

LI Minghui[1], LU Xianghua[1]

(1. School of Management, Fudan University, Shanghai 200433, China)

Abstract: As one of the most famous media-related theory, Media Richness Theory (MRT) lacks of certain Explanatory power with the development of new communication media. To explain the effect of media on communication performance, many scholars have improved the theory, and even raised new media theories based on it. The present study focused on the media theories related to information systems. We summarized the empirical studies for MRT and different improvements from different perspectives, which might be helpful for the future research of media theories.

Key words: media richness theory; media; communication

支持企业创新的知识网络影响因素及其优化*

陈智高[1]，汤婧[1]，田燕[1]

（1. 华东理工大学 商学院，上海 200237）

摘　要：随着市场竞争的日趋激烈，持续创新成为提升企业核心竞争力的有效途径。在知识经济背景下，企业创新与知识活动和知识网络联系紧密。本文在分析知识网络对于创新作用的影响因素的基础上，构建支持企业创新的知识网络影响因素模型，提出结构性和非结构性两类影响因素的评估方法，从七个方面探讨如何进行知识网络的优化。

关键词：企业创新；知识网络；影响因素；网络优化

中图分类号：F273.1；F062.3

企业竞争日趋激烈，持续创新成为提升企业核心竞争力的有效途径。企业的创新与知识活动，尤其是与知识的转移、交流与共享联系紧密，这些知识活动都是在知识网络的环境中进行的。越来越多的学者认为知识网络对于企业的知识活动有重要的意义，正如克里琴·赫格伯（Christian Hogberg）所说："为利于今后生存，企业应该需要知识网络，由它来获取与存储所有已经创建的知识和新观念，并把这些知识传递给适当的人，以便这些知识可得到再利用和创造更多的价值。"企业在整个创新过程中都会遇到个人层面及组织层面的各种障碍，而创新本身的特性又使创新障碍与制造业创新障碍在内容和程度上有所差异[1]。介于组织和市场之间的知识网络对于知识转移和共享具有特殊的效用，因而知识网络对于企业创新障碍的克服，对于企业创新的支持能产生重要的作用，企业创新的绩效与创新所依赖的知识网络有密切的关系。

过去的研究提出了不少推动企业创新的策略，包括企业创新与知识活动的紧密关联和相互促进等（Boschma 等，2007；Paton 等，2008）[2][3]。知识网络功能作用的发挥与其结构特性和所处环境有关，因此结构与环境因素对于知识网络作用的发挥产生影响，如何改进这些影响因素来优化知识网络，使其更有效地推动知识创新是一个值得研究的问题[2]。但有关企业创新与网络、知识网络的关系的研究还不多见[4]，本文将从结构性和非结构性两个方面分析知识网络对于企业创新支持作用的影响因素，探讨如何改进这些影响因素和优化知识网络[5]，以使知识网络为企业创新提供更有效的支持。

1　支持企业创新的知识网络影响因素分析

知识网络支持企业创新的作用强弱和有效程度取决于知识网络的功能和环境。知识网络的功能由网络节点、节点之间的关系、网络运作机制等因素决定。在环境方面，知识网络、节点及其关系虽不与企业组织结构成映照关系，但与组织结构密切相关。已有研究表明，节点之间的知识转移受节点的相互信任、情感、动机、意愿等因素影响，这些因素都与企业文化有关。信息技术应用于知识网络，有利于可编码的显性知识的转移。

知识网络的节点和节点关系属于结构性因素，网络运作机制和环境方面的因素则是非结构性因素。因此，可以从这两类因素来分析知识网络对于企业创新的作用。

（1）内部网络的闭合性。内部网络的闭合性对于创新绩效的影响可以通过结构洞的理论进行解释。网络闭合性越高，节点的关联程度越强，结构洞就越少[6]。强连接能为企业带来的优势主要在于有利于高质量信息和隐性知识的转移。内部知识网络的闭合性保证了知识载体之间的紧密联系和顺畅沟通，有利于提高知识转移和创造的效率[6]。

* 基金项目：上海市自然科学基金项目（No.06ZR14138）

通讯作者：陈智高（1953-），zgchen@ecust.edu.cn；男，上海市人，教授，博士生导师，研究方向：信息系统，知识管理专家、创新角色、一线员工，以及不同团队之间的知识与信息的转移、知识与经验的交流与分享，对于创新是否能成功实施具有重要的意义。可见，内部网络闭合性的高低是影响创新的一个重要因素。

(2) 外部网络的开放性。网络开放性越高，节点的关联程度越弱，结构洞就越多。在稀疏网络中，横跨许多结构洞的企业具有网络的控制力，处于结构洞中的节点往往是其他节点的信息中介，能够控制信息的流动，企业将依靠它来接收和发送信息[7]。企业在有限的资源条件下，能通过桥连接，横跨多个结构洞，使之接触广泛的知识和信息源，增加相遇创新机会的可能性。企业外部的知识源主要包括顾客、供应商、竞争对手、合作伙伴，他们都对创新发挥着不同程度的作用。已有研究表明，在企业战略合作网络中，创新绩效与网络规模成正比[4]。因此，外部网络的开放性对创新绩效有显著的影响。

(3) 节点配置的有效性。不同的节点在创新活动中的作用是不同的，核心节点发挥着引导企业创新的作用，次节点是企业创新活动的广泛参与者。缺少核心节点的引导作用，知识网络中创新活动的开展会出现无序的状态。没有了次节点的广泛参与，知识转移与知识共享的效率会大大降低。只有合理配置核心节点与次节点，才能最大限度地发挥其功能。创新角色是网络中的核心节点，它们引导着从检索阶段到实施阶段的整个创新过程，从产生创意到设计到市场测试，它们是整个创新活动的主导者，但是专家、一线员工甚至顾客的广泛参与同样重要。如何合理配置不同节点，是创新成功实施的一个关键因素。在跨企业知识网络中，节点的配置之外还有如何连接的问题。对发达国家企业知识创新网络不同连接机制的比较分析表明，发现联合体连接机制是可以产生根本性、破坏性创新的连接机制；非正式交流是自由度最大、投入和风险小、创新效果较好的连接方式；而以大公司为中心的创新连接机制对知识创新的贡献相对较小[8]。因此，跨企业知识网络节点的连接机制也是影响企业创新的重要影响因素。

(4) 知识网络运行机制。知识网络的结构只是一个静态的、体制上的概念，企业的知识网络如果只有体制没有机制是无法正常运转的，因此必须建立企业知识网络的运行机制。对于企业而言，知识的积累是创新的源泉，知识网络的运行机制保证了企业内部知识的积累、分享、更新，使企业内部的知识库持久、有效地发挥作用。因此，知识网络的运行机制是创新成功实施的重要影响因素之一。

(5) 企业文化。文化氛围的好坏直接影响到创新的绩效，没有创新文化，整个社会的创新就会受到压抑和阻碍[9]。优良的企业文化意味着员工具有共同的价值观、理念和行为准则，能够相互信任地进行知识交流与共享。由于创新本身具有顾客导向性，企业文化直接影响到客户对企业的信任度和认同度，进而影响客户的创新参与度。员工是知识网络的创新主体，存在于他们脑海中的隐性知识交流与共享，是创新得以实现的重要保证。此外，创新文化也是建设企业文化的一个新的方向，一个企业是否具有创新精神，也会对知识网络从而对创新产生很大的影响。

(6) 组织结构。组织结构是体现员工工作关系的正式系统，它包含了公司运行的规则和程序、岗位职责、合作关系和激励体系。组织结构决定了企业目标的分解方式与知识单元间分工协作的各种途径与联结方式，组织结构的类型决定了企业内部知识网络的活动绩效，从而影响到企业的创新。

(7) 信息化程度。企业的信息化程度即企业信息系统应用和信息资源利用的水平。信息技术作为新兴技术，其最新成果在企业的广泛应用必将对创新产生积极作用。知识网络正是建立在信息共享平台基础上的，信息技术的应用构成了知识网络的基本设施。如果没有了信息技术的支撑，快速有效的数据处理、信息的共享与传递、开放式的知识库的实现都会受到限制，知识网络的运行会受到很大的影响。因此，企业信息化程度也是一个重要的影响因素。

2 支持企业创新的知识网络影响因素建模

依据以上分析，本文提出一个由“主要目标”和“二类七个影响因素”构成的支持企业创新的知识网络影响因素模型。其中“主要目标”是通过知识网络的优化来提高企业创新绩效的。“二类七个影响因素”为企业知识网络的影响因素分析，对影响企业创新绩效的知识网络因素进行优化提供了线索。见图1。

(1) 结构性因素。知识的创造和转移并不限于企业内部员工之间，还涉及员工与顾客之间、员工与外部企业之间。创新需要知识积累作为概念产

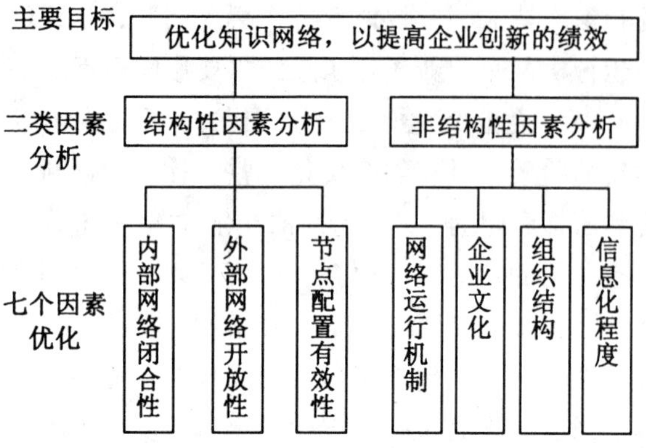

图 1　支持企业创新的知识网络影响因素模型

生的第一步，员工的知识转移有助于提高企业创新管理的绩效，顾客知识转移有助于增强企业的知识基础，企业内外部的知识转移有助于企业适应市场的需求。因此如果将员工、顾客看做是企业知识网络中的节点，那么知识网络的结构就将影响到节点之间的知识转移，从而影响创新的绩效。

（2）非结构性因素。现实中的知识网络并不是一个封闭网络，它通常处于一种开放的环境下，随时随地都会受到外界环境的刺激。当外界环境刺激到网络时，必然会引起网络状态发生改变。知识网络的运行机制、企业文化、企业的组织结构及信息化进程都是影响知识网络的外在因素。这些因素与企业自身的特点密切相关，是结构上的优化所不能实现的，必须通过对企业机制的调整来实现。这些知识网络的非结构因素也会直接影响创新的过程。

3　支持企业创新的知识网络影响因素评估方法

要优化知识网络，首先要对影响因素的状态做出评估，因此需要可操作的知识网络影响因素评估方法。依据图 1 所示的模型，以下提出七个知识网络作用影响因素的评估方法。

（1）内部网络闭合性。内部知识网络的闭合性描述一个节点与其他节点直接或间接联系的紧密程度，可以采用网络约束系数（Network Constraint Index）对网络闭合性和结构洞进行测量[5][10]。对企业内部网络按 $\left(p_{ij} + \sum_{q} p_{iq}p_{qj}\right)^2$ 计算节点 i 和节点 j 的关联程度 c_{ij}，然后按 $\sum_{j} c_{ij}$ 计算节点 i 的网络约束系数 C_i，最后计算整个企业内部知识网络各节点的平均网络约束系数。其中，$q \neq i,j$，p_{ij} 为 i 花费在 j 上的时间 / 精力占其总时间 / 精力的比例，当 j 是 i 的唯一连接节点时，c_{ij} 取最大值 1；当 j 不通过其他节点与 i 间接相连时，c_{ij} 取最小值 p_{ij}^2。

（2）外部网络开放性。与内部网络闭合性计算方式相同，仅节点范围扩大到企业外部知识网络。

（3）节点配置有效性。通过核心节点的密度来衡量，本文定义核心节点即引导企业创新活动的创新角色，企业中部门的核心节点的密度按 $m_i = d/p$ 计算，其中 i 表示不同的部门，d 是部门中核心节点的数量，p 是部门员工的总数。通过比较不同部门核心节点的密度，可以分析整个公司层面的节点配置情况。

（4）网络运行机制。主要评估企业知识网络的知识分类机制、知识共享机制、知识更新机制[11]的运行状况。知识分类机制考察知识分类的系统化、标准化、条理化；知识共享机制考察知识流通渠道的畅通性以及员工之间知识分享的效率；知识更新机制考察企业知识是否过时、失效或相互冲突。此外，网络的治理功能将影响创新绩效[4]，因此网络治理力度是否与网络特性相适应也是需要考察的一个方面。

（5）企业文化。可以采用企业文化评估模型[12]衡量企业文化现状。通过这个模型，企业可以充分了解自己的组织氛围、员工态度，企业文化的优势和不足，进而估计和把握创新精神的基础状况。

（6）组织结构。根据 Burns 和 Stalker（1961）两位学者在其“创新管理”的专著中提出的观点，组织结构的类型可以从三个维度进行识别：层级的数量、组织高层对知识和控制的重视程度、规则和政策的规范程度。因此企业组织结构的状况应该从扁平化程度、集权化程度、规范化程度等三个维度来考察和估计。组织结构对于企业创新的影响也可以从组织柔性的角度考量。组织柔性包含资源柔性和能力柔性两方面，企业的资源柔性越高，企业越有利于开展渐进创新，但不利于进行突变创新；较强的能力柔性对企业进行突变创新和渐进创新都是有利的[13]。

（7）信息化程度。企业信息化水平的评价可以从企业信息基础结构、信息量、企业信息活动主体水平三个方面来评测[14]。企业信息基础结构由人均信息技术和信息系统的装备率表示，信息量由企业持有的数字化数据和信息的总量表示，企业信息活动主体为各类信息管理和信息技术应用人员的比例。

4 支持企业创新的知识网络优化

通过上一节提出的以创新为目标的知识网络影响因素综合评估分析后，可以找出存在的问题，进而针对性地制定具体的优化措施，从结构性因素和非结构性因素两个方面对知识网络进行优化。

4.1 结构性因素的优化

4.1.1 内部网络闭合性的优化

知识网络的优化应当提高内部网络的闭合性。网络约束系数的高低即网络闭合性的高低。如果计算出的网络约束系数偏低，即内部网络的闭合性低，说明内部网络中的结构洞偏多，内部的沟通与交流会形成阻碍，那么企业的内部网络需要优化。

提高内部网络的闭合性应当减少内部网络中的结构洞，内部网络中的结构洞可能发生在成员与成员之间、成员与任务之间、任务与任务之间等。企业可以针对具体的情况采取具体的措施，诸如通过服务人员之间分享最佳实践经验减少成员之间的结构洞、通过将优质服务的知识嵌入标准化流程减少任务与任务之间的结构洞等。

4.1.2 外部网络开放性的优化

针对外部网络的开放性，知识网络的优化应当降低外部网络的闭合性、提高外部网络的开放性。如果网络约束系数过高，说明外部网络的闭合性高、开放性低，企业内部知识借助于频繁交流和协调很快就会同质化，最终停止创新和发展。这时企业的外部网络的开放性需要进行优化。

提高外部网络的开放性需要企业对获取外部知识进行战略布局，使得内部知识网络节点尽可能与不同的外部知识源连接，以源源不断地获得多种新知识及更多的创新机会。那么知识网络就能依赖其高效的知识转移和创造体系，持续地为组织创造竞争优势。此外，企业还可以充分利用整个行业的资源，与行业中其他企业联合组成一个网络，共同完成创新活动。

4.1.3 节点配置的优化

核心节点发挥着引导企业知识创新的作用，次节点是企业创新活动的广泛参与者。只有合理配置核心节点与次节点，才能最大限度地发挥其功能。

（1）团队层面。应当保证每一个知识活动团队至少有一个核心节点，这样能领导该团队知识活动的展开。

（2）部门层面。各部门应根据其对创新要求程度的大小配置核心节点的数量。对于创新程度要求高的部门，如研发部门、市场部门，必须提高核心节点与次节点的比例。

（3）企业层面。各节点的配置应当呈现局部有所差异、整体保持均衡的形态，这样才能保证整个企业内部知识的良好循环。

（4）跨企业层面。企业创新活动需要与网络从属企业之间实现知识转移和知识共享，因此加强核心企业与从属企业的合作与协调是至关重要的。在跨企业知识节点的配置上，已有研究表明不同地位和目标的企业应该采用相适应的连接机制[8]。核心企业应该以能够增强自己的核心竞争力为标准选择外部网络从属企业，用自己擅长的能力和其他企业建立联盟关系。

4.2 非结构性因素的优化

4.2.1 知识网络运行机制的优化

（1）建立知识共享机制。一方面，企业中的所有员工可以互相学习；另一方面，可以减小重要员工的离职、退休给企业带来的损失，这一点在分支机构比较多的企业尤为重要。一个部门的成功经验和最佳实践整理成规范的文档后，通过有效的知识分享机制可以快速为其他部门共享，避免信息交流不畅引起的资源浪费[11]。

（2）建立知识定期更新制度。定期审视已有知识是否过时、失效或相互冲突，以保证企业知识能够持续、有效地发挥应有作用。一旦发现就要启动相应的知识更新机制，确保企业知识的有效性、精炼性和一致性。还可以建立内外部网络相互交互的更新机制，通过外部网络知识与内部的知识进行整合，形成的新知识对内部知识进行更新[11]。

（3）相适应的网络治理。网络一旦运行起来，建立一个有力的网络委员会等治理机构能为网络成员的匹配交流创造有利的条件。网络越大，网络治理功能要求越强大[4]。

4.2.2 企业文化的优化

企业文化的优化关键是为建设创新文化和提高企业员工和合作企业的创新精神。对比分析东西方文化对创新的影响，可以发现传统文化中的一些思想观念制约了我国的创新，因此必须对传统文化进行反思、变革和创新，使之具备创新的文化氛围和环境，通过企业之间、企业与其他主体之间的分工、合作以及交流形成知识的流动，能使各主体及整体创新效率得以提高[9]。为此需要创建激励员工创新、鼓励员工之间知识共享、相互信任与合作的企业文化。提高创新意识要从高层领导人员做起，依次引导知识网络中创新积极分子和一般的网络成员。其中，面向客户需求的创新，必须将注重内部业务的管理转向外部的客户关系管理，从重视如何吸引新客户转向客户生命周期的关系管理。

4.2.3 组织结构的优化

组织结构要趋于扁平化，尽可能减少组织结构的层级、降低集权化和规范化程度，进而提高新知识的利用效率，提高知识活动的频率与水平。企业之间为争夺消费者的竞争日趋白热化，这就要求企业内部组织层级简捷，对外界反应要迅速，员工要有充分授权。在组织柔性方面，不仅要提高资源柔性，更重要的是要提高能力柔性[13]，组织结构扁平化的实质也是为提高能力柔性。此外，组织结构要以顾客为导向，将客户纳入企业的知识网络，使客户知识得到有效的配置、传递、转化和共享。

4.2.4 信息化进程的优化

信息化进程的优化，一是企业信息基础设施建设要有适时和合理的投入，二是知识共享要有实在的内容，三是知识活动要有便捷的空间。信息基础设施的投入对很多企业来说都是一笔很大的支出，因此企业应当根据自己的规模及运行情况进行不同规模不同阶段的投入，过多或过少的投入都不能取得理想的创新支持效果。在确保信息安全的前提下企业内部和跨企业之间要配置足够的知识资源，为网络节点的创新活动提供便捷的知识交流和共享平台。

5 结 语

越来越多的企业认识到创新的重要性，创新对于企业获得和保持长期的竞争将起到日益显著的作用。在此背景下，企业必须意识到创新与一系列知识活动的紧密联系。在强调创新作用的同时，更重要的是如何通过一些途径来突破企业创新的障碍、推动知识创新的实现。知识网络是知识交流与共享的重要途径，对企业创新具有不可替代的支持和促进作用。

但是，实际中并不是所有的知识网络都能发挥创新支持作用，知识网络的作用受一系列因素的影响，这些因素可分为结构性因素和非结构性因素两类。在结构因素方面，应做到外部连接和内部连接相互交叉，合理配置、有效协调核心组织和从属组织节点；非结构因素方面，还应在运行机制、企业文化、组织结构、信息化进程等方面进行改进和提高。只有综合以上各方面进行知识网络的优化，企业才能最大限度地发挥知识网络对知识创新的作用。

参 考 文 献

[1] 高强，蔺雷. 服务创新的障碍与保护 [J]. 商业研究，2006，(18)：30-33.

[2] Boschma R A, Ter Wal L J. Knowledge Networks and Innovative Performance in an Industrial District: The Case of a Footwear District in the South of Italy [J]. Industry and Innovation, 2007, 14 (2) : 177-199.

[3] Paton R A, McLaughlin S. Services Innovation: Knowledge Transfer and the Supply Chain [J]. European Management Journal, 2008, 26: 77-83.

[4] Thorgren S, Wincent J, Ortqvist D. Designing Interorganizational Networks for Innovation: An Empirical Examination of Network Configuration, Formation and Governance [J]. Journal of Engineering and Technology Management, 2009, 26: 148-166.

[5] 张龙. 知识网络结构及其对知识管理的启示 [J]. 研究与发展管理，2007，19：86-90.

[6] Geraghty K, Desouza K C. Optimizing Knowledge Networks [J]. Industrial Management, November/December 2005: 25-30.

[7] Nerkar A, Paruchuri S. Evolution of R&D Capabilities: The Role of Knowledge Networks within a Firm [J]. Management Science, 2005, 51 (5): 771-785.

[8] 蒋翠清，杨善林，梁昌勇等，发达国家企业知识创新网络连接机制及其启示 [J]. 中国软科学，2006，(8)：134-140.

[9] 杜跃平，王开盛，创新文化与技术创新 [J]. 中国软科学，2007，(2)：150-153.

[10] Burt R S. The Network Structure of Social Capital [J] // B. M. Staw and R. I. Sutton (eds.), Research in Organizational Behavior, 2000, 22: 345 - 423.

[11] 孙建华. 企业内外部知识网络管理体系研究 [J]. 工业技术经济，2007，26 (3)：117-119.

[12] 张旭，韩笑. 企业文化评估模型开发及应用 [J]. 科学学与科学技术管理，2008，(1)：150-153.

[13] 周玉泉，李垣. 合作学习、组织柔性与创新方式选择

的关系研究 [J]. 科研管理, 2006, 3, 27 (2): 9-13.

[14] 金勇. 企业信息化的机理、模式与方法研究 [D]. 武汉: 武汉汽车工业大学, 2000.

Effect factors and optimizing of knowledge networks to support enterprise innovation

CHEN Zhigao[1], TANG Jin[1], TIAN Yan[1]

(1. School of Business, East China University of Science and Technology, Shanghai, 200237, China)

Abstract: With the increasingly fierce of the marketing competition, innovation has become an effective means of prompting core competitiveness of enterprises. In the age of knowledge economy, enterprise innovation has a close relationship with knowledge activities and knowledge network. Base on the effect factors analysis of the knowledge network function to innovation, this paper establishes an effect factors model of knowledge network to support enterprise innovation, presents the effect factor evaluation approaches around structural and nonstructural aspects. According the model and evaluation approaches, this paper probes the problem how to optimize the knowledge network from seven factors.

Key words: enterprises innovation, knowledge networks, effect factors, network optimizing

移动虚拟社区知识共享行为研究*

邓朝华[1]，赵玲[1]，张金隆[1]，鲁耀斌[1]

（1. 华中科技大学 管理学院，武汉 430074）

摘 要：分析了移动虚拟社区与互联网络虚拟社区的特点，对知识共享行为的理论进行了综述，提出了动机—能力—环境三因素的移动虚拟社区知识共享行为意向的研究模型框架，并考虑了性别、年龄、互联网虚拟社区使用经验等因素的调节作用，为后期移动虚拟社区知识共享行为的实证研究提供了理论框架。

关键词：虚拟社区；移动虚拟社区；知识共享

中图分类号：C931

互联网和电子商务的发展，使得虚拟社区得以迅速发展。虚拟社区是由基于计算机信息技术支持的虚拟空间，它以成员的互动和交流为中心，社区的内容由成员产生，在这个交流与互动的过程中，成员间建立起一定关系。社区内的沟通和人际互动主要是通过发帖、聊天等形式进行，而这种交流方式中传递了大量的信息和知识，包括成员的个人资料，成员拥有的经验、兴趣，对某个问题的看法等等。也就是说，可以将社区看做一个自由讨论的平台，成员们就自己感兴趣的话题发表意见，通过这种过程能够拉近成员之间的距离，促进他们之间的感情，增加社区的活力以及创造更多的知识等等，因此这种知识交流过程值得关注。虚拟社区在近年内得到了长足的发展，在某种程度上取代传统社区。

随着移动技术和基础设施的进一步发展，虚拟社区开始出现在移动设备屏幕上，呈现出没有时间与空间限制的移动化的趋势。移动互联网用户使用个人移动终端，通过移动网络平台聚集在一起，从而可以不受时间、地域的限制进行信息交流和经验分享，形成了一种新的虚拟社会关系网络——移动虚拟社区。移动虚拟社区的知识共享行为对用户的积极参与和社区的繁荣具有重要的作用。国内外文献对这方面的研究还比较缺乏。本文的研究目标主要在于采用知识共享行为理论，构建移动虚拟社区的知识共享行为研究框架。

1 移动虚拟社区

学者们给出了移动虚拟社区的定义。Schubert和Hampe将移动社区定义为：一个以移动技术支持的，在互动中分享兴趣的集合体[1]。Morr和Kawash认为，移动设备和无线技术的发展，使得用户可以在移动的环境中登录网上社区，这样就形成了一种新的没有边界的虚拟见面空间，称为移动虚拟社区[2]。Beijnum等认为，由于计算和通信技术的发展，当今移动设备和无线技术使得一种虚拟空间不受时间和空间的限制，这种虚拟空间就是移动虚拟社区[3]。这些定义都是在虚拟社区的基础上，强调了时间与空间不受限制的特点。

虚拟社区的特点主要表现在用户的需求、沟通方式和界面三个方面。由于移动虚拟社区具有随时随地沟通的特点，因此从时间和地点方面与虚拟社区也存在着差异。表1从需求、沟通方式、界面、地点和时间等方面对比了互联网虚拟社区与移动虚拟社区的特点[4]。

表1 虚拟社区与移动虚拟社区的对比

	虚拟社区	移动虚拟社区
需求	个人、企业	个人、企业
沟通方式	不是直接沟通	既能直接也能非直接
界面	电脑	移动设备
地点	能用电脑的特定的地方	随处
时间	登录虚拟社区的特定时间	随时

* 基金项目：国家自科基金重点项目（70731001）

作者简介：邓朝华（1981-），女（民族），湖北云梦人，博士后

通讯作者：赵玲，博士研究生，E-mail：lingzhao@ smail. hust. edu. cn

2 知识共享行为研究理论

知识共享行为是一种人类行为，与个人的意愿息息相关，关注的是组织内人们与他人共享其获得或创造的知识的意愿。研究表明，虚拟社区知识共享水平对虚拟社区的运行有重要影响。信息共享是一种将信息变得让他人能够获得的自愿行为，分享者可以传递信息，但并不意味着他必须这么做。所以知识共享不能依靠强制，只能依靠鼓励和推动。虚拟社区的研究具有大量文献，而移动虚拟社区相对而言还是新鲜事物，因此有必要对虚拟社区的知识共享行为的研究理论进行综述。以往的文献中针对知识共享行为的产生提出了各种各样的模型，这些模型大部分以产生行为的个人作为主体，分析了促进或阻碍这种行为的各种因素。

在对以往研究文献进行回顾后，将研究虚拟社区中知识共享行为研究所涉及的理论概括如表 2 所示。

表 2 虚拟社区知识共享行为研究涉及理论

领域	理论	针对的问题
经济学	公共品理论	知识共享的两难境地
信息技术	TAM	技术有用性及易用性对人行为的影响
	任务技术匹配理论	任务和技术匹配程度对人行为的影响
社会心理学	社会影响理论	考察虚拟社区中，群体或团队对个人行为产生的影响
	社会交换理论	人们知识共享行为的回报和成本的考虑
	计划行为理论	影响个人行为的态度、主观规范以及感知的控制等个人因素
	信息交换理论	从社会环境、技术和个人三个角度考虑对共享行为的影响
	社会认知理论	从环境、个人和行为三方的互动认识人行为产生的原因
社会学	社会网络理论	将虚拟社区看做一个复杂网络，研究他人对个人行为所产生的影响，以及个人行为给社会带来的影响
	社会资本理论	主要关注社会环境，不可见的社会资本对人行为的影响
行为科学	期望理论	结合人们完成工作的心理过程，分析促使知识共享行为的激励因素
	动机理论	研究人们的行为动机，促使知识共享行为的动机因素

3 移动虚拟社区知识共享行为研究模型

3.1 动机因素

动机（Motivation）是指“在自我调解下，有机体使自身的内在要求与行为的外部诱因相协调，从而形成引发、维持行为活动，并促使行为活动朝向某一目标进行的内部动力”。动机理论也被应用于对虚拟社区中知识共享行为的研究[5]，它帮助理解人们进行知识共享的动机和驱动因素。动机从总体上分为两类，包括内在动机和外在动机。

内在动机指的是因为内在的兴趣和乐趣而去做某事，在虚拟社区中，出于自身乐趣的行为会更多引发与他人共享知识的意向。帮助他人的乐趣（Enjoyment in Helping Others）指人们会与人共享知识仅仅是因为他们认为帮助他人解决有挑战性的问题是有意思的，他们认为帮助他人是快乐的[5]。帮助他人的乐趣从利他主义（Altruism）的概念而来，利他主义指人们从帮助他人中获得快乐，而不期望任何回报。感知的乐趣指人们在从事某一行为时所获得的快乐，如果人们感知到的快乐越多，他们就越愿意从事该行为。在虚拟社区中，感知的乐趣是人们参与社区活动的重要影响因素之一[6]。

外在动机是指人们参与某个活动是为了寻找外部的回报，当人们认为他们的行为会产生一定的其所关心的结果时，他们被外部动机所驱动[5]。这类动机包括声誉的建立及回报等等。对于移动虚拟社区而言，只有极少数的社区管理者获得相应的薪酬，大多数的参与者并没有直接的金钱报酬，但有些社区则会给予会员以其他形式的奖励，比如参与越多，给予越多的积分，而这些积分则可以换来更多的阅览或下载权限。此外，多多参与社区的发帖回帖，也会增加用户的知名度，从而获得声誉方面的奖励。

3.2 能力因素

能力是影响社区成员进行知识共享行为的重要因素之一。能力因素包括用户对自身拥有知识能力的感知以及传递表达知识能力的感知。知识自我效能对知识贡献有正向的影响[7]，当成员对自身拥有的知识或技能有着更强烈的自信时，他就更愿意将其所拥有的知识与他人共享。

但感知的知识能力只是一部分，知识共享还涉及传达知识的能力，即信息创造能力。知识分为隐性知识和显性知识两类，隐性知识是个人技能和心智模式，难以表达，显性知识则可用文字、数字、数据、图表等来表达。信息创造能力指的就是隐性知识向显性知识转化的能力。用户的信息创造能力越强，在移动虚拟社区提供信息的意向也会越强。

3.3 环境因素

影响个体从事某行为的意向除了动机与能力的因素以外，外来的环境方面的因素也具有相当的影响力。虽然虚拟社区不同于现实世界的社区，但它同样存在着物理环境和由于人与人之间的互动而产生的社会环境。

理性行为理论认为，主观规范正向影响个体行为意向，主观规范是指社会系统中一定程度的舆论，它对人的行为有调节作用，以使该行为与群体或社区的期望保持一致，因此主观规范的形成受到所处社会环境的影响。社会影响会促使成员进行符合社会规范的行为，当社区环境是鼓励成员间进行知识共享的，那么成员就会更多参与到知识共享的行为中。此外，来自社会环境的影响因素还包括成员在社区中的身份。社区身份指的是成员对自己在某个移动虚拟社区的身份的归属感[8]。用户在社区中的身份在开源性项目中具有重要的影响因素，在移动虚拟社区中，这种影响可能也会存在。

移动虚拟社区不同于互联网虚拟社区，拥有移动技术所带来的随时随地的便利性，这种便利性使得社区成员能够随时访问社区，查看最新的发帖，并发表自己的见解。因此，由于移动技术带来的社区访问便利性，社区成员会更愿意进行知识共享。

3.4 调节变量

研究表明，增加了调节变量的模型对于理论发展的贡献会更大[9]。在信息系统研究的众多文献中，年龄、性别和使用经历常常被作为调节变量，研究的结果也表明，这三个变量对于用户的感知因素对其行为意向的影响存在着显著的调节作用[10][11]。因此，本文也将这三个变量加入到模型中，假设其对移动虚拟社区知识共享模型中的自变量和因变量之间的关系会产生调节作用。在上述理论假设的基础上，本文提出了移动虚拟社区的知识共享研究框架，如图1所示。

为了保证变量的信度和效度，变量的测度项根据已有的文献改编而来。后期将大量收集样本，采用SPSS、Lisrel等统计分析软件对研究模型进行因子分析、信度分析、效度分析、结构方程模型分析以及调节变量分析，从而检验本研究模型个人动机、社区因素、能力以及用户个人特征等因素移动虚拟社区知识共享行为意向的解释能力。

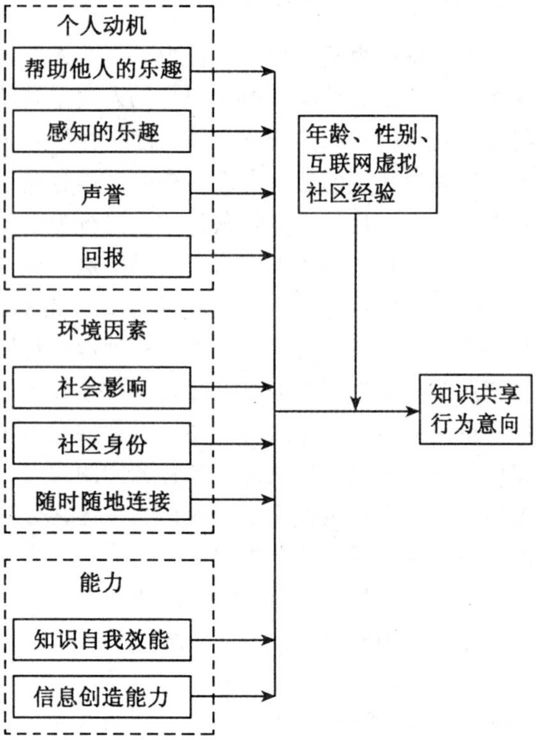

图1 移动虚拟社区知识共享行为研究模型

4 结 语

本文对移动虚拟社区的定义和特点进行了归纳，并对知识共享的理论进行了综述，提出了移动虚拟社区知识共享行为的研究框架模型，为移动虚拟社区的研究提供了理论借鉴。

参考文献

[1] Schuber P, Hampe J F. Business Models for Mobile Communities [A] // Proc 38th Annual Hawaii International Conference on System Sciences. Hawaii: IEEE Press, 2005.

[2] Morr C E, Kawash J. Mobile Virtual Communities Research: a Synthesis of Current Trends and a Look at Future Perspectives [J]. International Journal of Web Based Communities. 2007, 3 (4): 386-403.

[3] Beijnum B J F VAN, Pawar P, Dulawan C B, et al. Mobile Virtual Communities for Telemedicine: Research Challenges and Opportunities [J]. International Journal of Computer Science and Applications. 2009, 6 (2): 19-37.

[4] Kim M, Kim J. Framework and New Value Chain for a Mobile Virtual Community [EB/OL]. http: //www. iadis. net/dl/final_ uploads/200403C053. pdf, 2004.

[5] Ye Shun, Chen Huaping, Jin Xiaoling. An Empirical Study of What Drives Users to Share Knowledge in Virtual Communities [A] // Lin F and Wang J (eds): Knowledge Science, Engineering and Management. Berlin, Heidelberg: Springer Press, 2006: 563-575.

[6] 杨艳，虚拟社区中的知识交流和共享行为研究 [D]. 杭州：浙江大学，2005.

[7] Kankanhalli A, Tan B C Y, Wei K K. Contributing Knowledge to Electronic Knowledge Repositories: An Empirical Investigation [J]. MIS Quarterly. 2005, 29 (1): 113-143.

[8] Hars A, Ou S. Working for free? Motivations for Participating in Open-source Projects [J]. International Journal of Electronic Commerce. 2002, 6 (3): 25-39.

[9] Nysveen H, Pedersen P E, Thorbjφrnsen H. Explaining Intention to use Mobile Chat Services: Moderating Effects of Gender [J]. Journal of Consumer Marketing. 2005, 22 (5): 247-256.

[10] Venkatesh V, Brown S A, Maruping L M, et al. Predicting Different Conceptualizations of System use: the Competing Roles of Behavioral Intention, Facilitating Conditions, and Behavioral Expectation [J]. MIS Quarterly. 2008, 32 (3): 483-502.

[11] Venkatesh V, Davis F D. A Theoretical Extension of the Technology Acceptance Model: Four Longitudinal Field Study [J]. Management Science. 2000, 45 (2): 186-204.

Study on the framework of knowledge sharing behavior in mobile virtual community

DENG Zhaohua[1], ZHAO Ling[1], ZHANG Jinlong[1], LU Yaobin[1]

(1. School of Management, Huazhong University of Sci. & Tech., Wuhan 430074, China)

Abstract: This study analyzed the difference between Internet virtual community and mobile virtual community, and then reviewed the literature on the theory of knowledge sharing. Based on the theoretical bases, we developed a motivation-ability- environment framework to explore users' behavior intention to share knowledge in mobile virtual community. In the model, we also considered the moderating effects of user statistical characteristics, such as age, gender, and usage experience of Internet virtual community. This work provides implications for the future empirical testing of the research model.

Key words: virtual community; mobile virtual community; knowledge sharing

研发合作模式下校企知识转移的机理研究*

徐升华[1]，芦亮[1]

（1. 江西财经大学 信息管理学院，南昌 330013）

摘　要：校企知识转移主要有研发合作和知识交易两种模式。其中，在研发合作模式下，高校和企业之间的主要问题是企业无法了解高校的具体研究过程，也无法把握高校的知识成果是否能为企业未来发展带来实际效用。因此，研发合作模式下的校企双方存在明显的信息不对称。针对这一问题，本文运用信息经济学中的委托代理理论，旨在研究校企知识转移过程中的机理关系。研究发现，企业在事先明确预期知识收益、固定报酬及投入的情况下，最终影响校企知识转移的主要因素有：高校初始的合作意愿、企业惩罚措施的力度、高校从事其他活动的净效用、企业对高校是否采取监督手段以观察高校的合作情况等。通过对研发合作模式下的机理进行研究，将对高校和企业之间的知识转移活动带来促进作用。

关键词：研发合作；校企知识转移；委托代理

中图分类号：C931

1　引　言

随着经济全球化进程的不断加快和信息技术的飞速发展，经济发展表现出从资本经济向知识经济转变的重要特征[1]。知识经济是以知识为基础的经济，是建立在以知识的生产、分配和使用之上的经济[2]。在知识经济时代，社会的发展使市场节奏不断加快，市场竞争也日趋激烈，知识创新活动面临着更多的要素投入和市场风险[3]。在激烈的市场竞争面前，为保持竞争优势，企业不能仅仅依靠已有的知识资源，还必须不断从外部转移新的知识，以提高其综合竞争实力。在这一背景下，许多企业开始向组织外部寻求帮助，实施校企知识转移的合作发展策略。越来越多的企业开始走进校园和科研机构，寻求一条产业界和学术界共同发展的道路[4]。企业将高校作为科技竞争的战略基地，通过高校的人才培养、知识生产、技术研发和自主创新，为企业提供科技发展必需的人才、技术、科研成果[5]。这样，关于校企知识转移问题的研究也就应运而生。

校企知识转移是企业通过与高校和科研机构的联合，获取知识资源的重要途径[6]。对知识的学习和创新是校企知识转移的中心目标。高校和科研机构具有知识与技术优势，但缺乏对市场的把握与实现技术商业化的能力；而企业与高校相比，在知识资源与前沿技术成果的创新方面相对较弱，但其把握市场和实现技术商业化的能力相对较强。因此，校企知识转移为企业学习和吸收高校和科研机构的知识提供了极好的机会，并有助于企业与高校之间互补性知识的融合，甚至创造出新的交叉性知识。同时，校企知识转移还能促使高校帮助企业形成新的知识和创新能力，而这种新的知识和创新能力将有助于彼此今后的发展[7]。

校企知识转移的合作创新方式按照合作契约的不同可分为技术转让、联合开发、委托开发和共建实体四类，按照紧密程度划分可分为内部化模式、外部化模式和半内部化模式三类。总的来说，以上校企知识转移的合作方式可以归纳为两大类：知识交易和研发合作。

知识交易是指企业向高校购买知识成果，并通过自己的开发能力和对市场的把握将其商业化。研发合作是由高校投入知识资源，企业投入资金或其他资源，双方协作共同开发，最终通过知识创新，将新的产品推向市场。具体来讲，研发合作就是指面对市场激烈的竞争形势，高校接受企业所提供的研究项目，利用自身优势，组织科研人员进行重点研究。企业提供科研经费，最终的知识创新成果双方共享，但由合作企业优先使用，从而保证企业以

* 基金项目：国家自然科学基金资助项目（70761003）；国家社会科学基金资助项目（08BTQ028）
通讯作者：徐升华，教授、博士生导师，E-mail：jxcdxsh@yahoo.com.cn

及高校的可持续发展。本文主要针对研发合作模式下的校企知识转移机理特性进行研究。

2 动因分析

从经济学的角度出发，无论高校或企业的初衷是利己还是利他，在最大化偏好的条件下，都需要进行合作[8]。在校企知识转移的过程中，信息技术的发展为知识供给方（高校）和知识需求方（企业）提供了便捷和有效的技术支持。然而从本质上分析，进行知识转移的高校或企业仍然是相互各自独立的利益主体，它们的最终目的是追求各自利益的最大化[9]。因此，为了解决合作中存在的冲突，实现合作的最大利益，我们可以运用博弈理论方法进行研究，找出促进高校和企业共同合作的有效途径。在有限理性条件下，通过博弈论方法，分析在比较稳定的环境中企业与高校知识转移的策略调整及其稳定性，是极其必要的。

在研发合作模式下，高校和企业之间的最大问题之一是信息的不对称。具体来说就是企业无法了解高校的具体研究过程，更无法把握高校所可能产生的知识成果是否可以为企业未来发展提供帮助。更为严重的是：高校所产生的知识成果可能与企业发展严重脱节。因此，研发合作模式下的校企知识转移的本质是：对未来知识成果不确定性的一种事前知识交易行为。

由于校企知识转移中的知识供给方（高校）对预期成果的知识效用、知识价值等有更直接的了解，而知识需求方（企业）缺乏对这些信息的了解，因此，在校企知识转移的过程中，知识供给方（高校）拥有更多的信息量，而知识需求方（企业）拥有的信息量则相对较少。我们可以运用信息经济学中的委托—代理理论来解决这一信息不对称的问题，拥有更多信息量的高校即为“代理人”（Agent），拥有较少信息的企业即为“委托人”（Principal）。而解决这种委托代理问题的关键就在于委托人要设计一套对代理人的激励相容约束机制的方案，使代理人在追求自身利益最大化的过程中同时维护委托人的长远利益。变“损人利己”为“双赢”是这套机制的核心所在。

3 博弈分析

通过以上分析我们发现，对于委托人（企业）来说，代理人（高校）的行为是不可预测的，委托人所面临的主要问题是如何根据可观测到的信息（努力程度、知识产量等）来奖惩代理人，以激励其进行对委托人最有利的行动。

3.1 博弈模型假设

我们通过综合分析，在不改变问题本质的条件下，对一些复杂条件进行简化，对校企知识转移的博弈模型作如下假设：

A：研发合作结束后预计获得的知识成果；

T：企业支付给高校的固定报酬及投入；

X：高校为完成相应的知识成果所付出的投入，包括在数量和质量上的人力投入、资金设备投入和开发研究等；

θ：代表高校在研发合作过程中的消极态度，包括抄袭他人知识成果、从事与研发合作不相关的活动等。θ 分布于［1，0］区间。

当 $\theta=0$，代表高校按照合作初衷完全投入到研发合作的活动中，且从未将相应的研究资源移为他用；当 $\theta=1$，代表代理人完全没有投入到研发合作的活动中，并且从未将相关的人力、资金、设备等研究资源投入到研发合作活动中去。毫无疑问，对于企业而言，所获得的真正知识成果为 $(1-\theta)A$，而高校为研发合作活动所付出的真正投入为 $(1-\theta)X$。

假设企业的知识效用函数为 $V(X)$，并且，该效用函数 $V(X)$ 满足条件：$V'(X)>0$，$V''(X)<0$。则企业所获得的实际效用为：

$$Z_B=V[(1-\theta)A]-T \tag{1}$$

假设高校为完成相应知识成果所付出的成本函数为 $C(X)$，该成本函数 $C(X)$ 满足条件：$C'(X)>0$，$C''(X)>0$，$C(0)=0$。高校将相应的研究资源移为他用所获得的收益函数为 $H(X)$，该成本函数 $H(X)$ 满足条件：$H'(X)>0$，$H''(X)<0$，$H(0)=0$。同时，假设企业为约束高校行为，设定了惩罚机制 $R(\theta)$，$R(\theta)$ 是相对应于 θ 的惩罚措施，且 $R(1)\geqslant R(\theta)\geqslant R(0)=0$。则高校的实际效用为：

$$Z_A=T-C[(1-\theta X)+H(\theta X)-C(\theta X)-R(\theta)] \tag{2}$$

假设在不考虑其他影响因素的前提下，A 与 X 具有线性函数关系，即 A 可以由变量 X 解释得到。因此，可以由（1）和（2）得到一个两阶段的博弈模型：

$$Z_B(X)=V[1-\theta X]-T \tag{3}$$

$$Z_A(\theta)=T-C[(1-\theta X)]+H(\theta X)-C(\theta X)-R(\theta) \tag{4}$$

第一阶段首先由企业给出奖惩机制，给定 A、T 和 $R(\theta)$，即期望得到的知识收益、固定报酬和惩罚措施。第二阶段再由高校根据企业所给出的奖惩机制，选择机会主义行为 θ。

3.2 博弈模型求解

在这一博弈过程中，第一个约束是参与约束（Individual Rationality），即高校接受企业的研发合作项目所得到的期望效用不能小于从事其他活动所得到的效用，可以表示为 $Z_A(0) \geq Z_A$。

第二个约束是激励相容约束（Incentive Compatible），在任何奖惩机制下，高校总是选择使自己期望效用最大化的行为，因此企业期望的 A 只能通过高校的效用最大化行为实现。

在这样的条件下，由于委托人（企业）和代理人（高校）的利益是冲突的，因此除非企业能对高校提供足够的激励，否则，企业将得不到所期望的知识收益。该激励机制可以转换为以下模型：

$$\mathrm{MAX}(\theta, X)\{Z_B(X) = V[(1-\theta)X] - T\} \tag{5}$$

$$s.t\theta \in \arg\max Z_A(\theta) = T - C[(1-\theta)X] + H(\theta X) - C(\theta X) - R(\theta) \geq Z_A(1) \tag{6}$$

可以看出，式（6）表示该博弈模型既要满足参与约束，也要满足激励相容约束。我们通过分别研究 $\theta=0$，$\theta=1$，$0<\theta<1$ 三种情况，分析其机理。

1）设 $\theta=0$。即高校完全按照合作初衷投入到研发合作的活动中，且从未将相应的研究资源移为他用。则将 $\theta=0$ 代入式（6）可得到：

$$Z_A(0) = T - C(X) + H(0) - C(0) - R(0) \tag{7a}$$

由于当 $\theta=0$ 时，高校从事其他活动的成本及收益为零，且企业也无需采取惩罚措施，此时 $H(0)=C(0)=R(0)=0$，因此，式（7a）可转换为：

$$Z_A(0) = T - C(X) \tag{7b}$$

高校的实际效用取决于企业给予的固定报酬以及为完成研究所付出的成本。并且由于 $Z'_A(0) = -C'(X)$ 且 $C'(X)>0$ 可推导得知此时 $Z'_A(\theta)<0$，必然满足 $Z_A(\theta) \geq Z_A(1)$，表示高校此时如果选择消极的研发合作策略，随着 θ 的增加，高校的实际效用将递减。出于自身利益的理性考虑，高校将毫不犹豫地继续采取完全合作的策略，并且从不动摇。

2）设 $\theta=1$。即高校在一开始就完全没有投入到研发合作的活动中，并且从未将相关的人力、资金、设备等投入到研发合作活动中去。将 $\theta=1$ 代入式（6）可得到：

$$Z_A(1) = T - C(0) + H(X) - C(X) - R(1) \tag{8a}$$

由于当 $\theta=1$ 时，高校从事研发合作的成本为零，此时 $C(0)=0$，因此，式（8a）可转换为：

$$Z_A(1) = T + H(X) - C(X) - R(1) \tag{8b}$$

由于 $H(X)-C(X)>0$（从事其他活动的收益大于其成本）且 $H'(X)-C'(X)>0$（从事其他活动的边际收益同样大于其边际成本）。因此，此时影响高校行为的关键因素为：高校从事其他活动的净效用以及企业惩罚措施的最大力度。

3）设 $0<\theta<1$。即高校在最初是否完全投入到研发合作的活动中，是一个随机的决策行为。则由式（6）可得到：

$$\begin{aligned} Z'_A(\theta) &= C'[(1-\theta)X]X + H'(\theta X)X - C'(\theta X)X - R'(\theta) \\ &= X[C'(1-\theta) + H'(\theta X) - C'(\theta X)] - R'C(\theta) \end{aligned} \tag{9}$$

由式（9）可知，此时影响高校行为的关键因素包括：高校从事研发合作活动的边际成本、高校从事其他活动的边际净效用、企业惩罚措施的力度。

特殊的，我们也可以假设，企业对于高校的消极行为采取的惩罚措施如果为固定值，即企业对高校不采取任何监督手段以观察高校的消极程度 θ，只是在一旦发现高校有任何消极行为的情况下就采取无差别的惩罚手段，则式（9）将演变为：

$$Z'_A(\theta) = X[C'(1-\theta) + H'(\theta X) - C'(\theta X)] \tag{10}$$

此时，由于 $H'(\theta X) - C'(\theta X) > 0$（高校从事其他活动的边际收益大于其边际成本），且 $X>0$，$C'(1-\theta)>0$，因此 $ZA'(\theta)>0$。在这一情况下，高校由于采取消极行为的边际效用反而递增，所以将导致研发合作的最终结果走向破裂。

4 机理分析

通过对研发合作模式下校企知识转移的博弈分析我们得知，企业在事先明确预期知识收益、固定报酬及投入的情况下，高校根据其初始合作态度可能有以下三种情况发生：

（1）高校完全按照合作约定投入到研发合作的活动中，且从不将相应的研究资源移为他用。在这一情况下，存在定理 1。

定理 1：高校一旦在最初选择完全合作的态

度，则研发合作行为将顺利进行，且高校出于理性思维，将毫不动摇地与企业始终进行完全合作。

（2）高校在一开始就完全不打算投入到研发合作的活动中，采取消极态度，并且从未将相关的人力、资金、设备等投入到研发合作活动中去。则此时能够影响高校行为的关键因素为：高校从事其他活动的净效用以及企业惩罚措施的最大力度。于是，存在定理 2 和定理 3。

定理 2：如果企业惩罚措施的最大力度大于高校从事其他活动的净效用，则出于理性思维，高校的策略将逐渐向合作转化。

定理 3：如果企业惩罚措施的最大力度小于高校从事其他活动的净效用，则从利益最大化的角度出发，高校将继续采取消极的态度。

（3）高校在最初是否完全投入到研发合作的活动中，是一个随机的决策行为。此时影响高校行为的关键因素包括：高校从事研发合作活动的边际成本、高校从事其他活动的边际净效用、企业惩罚措施的力度等。此时，存在定理 4 和定理 5。

定理 4：如果在研发合作中，企业对高校不采取任何监督手段以观察高校的合作程度，只是在一旦发现高校有任何消极行为就采取无差别的惩罚手段，则合作将可能最终破裂；

定理 5：如果在研发合作中，企业对高校采取一定的监督手段，随时观察高校的合作情况，并根据高校的消极程度进行相对应的惩罚措施，则最初选择消极合作的高校将有可能最终选择积极合作并最终促使校企双方成功的合作。

5 结 语

高校与企业通过研发合作进行知识转移，除了有利于企业创新能力的培养与提高外，对高校自身发展也具有至关重要的作用。通过研发合作，一方面，可以为高校进一步从事科研活动提供研究经费上的支持，可以为高校的教学与科研提供实践基地，也可以为高校及时提供市场的需求信息，有利于高校进一步凝聚科研力量，提高科研水平与创新能力，促进高校与企业的良性互动。另一方面，校企之间通过研发合作进行知识转移可以为企业提高管理水平、人员素质提供帮助，也将有助于企业生产技术改造和新产品的开发，提高劳动生产率，更能推动企业提高自主创新能力，使企业真正成为整个创新链的主导者。

通过研发合作下校企知识转移的机理研究我们发现，企业在事先明确预期知识收益、固定报酬及投入的情况下，最终高校能否与企业顺利完成合作并产生预期的知识成果取决于以下几个因素：高校初始的合作意愿、企业惩罚措施的力度、高校从事其他活动的净效用、企业对高校是否采取监督手段以观察高校的合作情况。

综上所述，在校企知识转移的研发合作过程中，企业设置一定的惩罚机制并对高校进行监督可以促进校企知识转移活动的有效进行。然而，高校的合作意愿、从事其他科研活动所带来的净效用等也将影响校企知识转移活动的最终结果。因此，这就要求我们在研发合作的过程中，设计合理有效的促进机制，以保证校企知识转移活动的顺利进行。

参 考 文 献

[1] 齐二石，郑晓东，郑铁松，李钢. 基于 Web 的虚拟企业知识管理系统研究 [J]. 工业工程，2006，1，9（1）：70-74.

[2] Prasert Kanawattanachai, Youngjin Yoo. The Impact of Knowledge Coordination on Virtual Team Performance over time [J]. MIS Quarterly, 2007, 31 (4): 783-808.

[3] 胡汉辉，潘安成. 组织知识转移与学习能力的系统研究 [J]. 管理科学学报，2006，6，9（3）：81-87.

[4] Lewis K. Knowledge and Performance in Knowledge-worker Teams: A Longitudinal Study of Transactive Memory Systems [J]. Management Science, 2004: 1519-1533.

[5] Pfeffer J, Salancik G. The External Control of Organizations: A Resource Dependence Perspective [M]. New York : Harper and Row, 1978.

[6] 陶洋，海龙. 基于网络的知识转移机制 [J]. 科技进步与对策，2008，2，25（2）：168-171.

[7] Santoro M D, Bierley P E. Facilitators of Knowledge Transfer in University-Industry Collaborations: A Knowledge-Based Perspective [J]. IEEE Transactions on Engineering Management, 2006 (4): 495-507.

[8] 张维迎. 博弈论与信息经济学 [M]. 上海：上海人民出版社，2004.

[9] Leonid Hurmicz. On Informationally Decentralized Systems, in Decision and Organization [M]. edited by R. Radner and C. B. McGuire. Amsterdam: North-Holland, 1972.

[10] Ann Majchrzak, Ronald E. Rice, Nelson King, Arvind Malhotra & Sulin Ba. Computer Mediated Inter-organizational Knowledge Sharing: Insights form a Virtual Team Innovating Using a Collaborative Tool [J]. Information Resources Management Journal, 2000: 44-53.

[11] Link A N, Siegel D S. Generating Science-based Growth: an Econometric Analysis of the Impact of Organizational Incentives on University-industry Technology Transfer

[J]. The European Journal of Finance, 2005 (3): 169-181.

[12] Loebbecke C, Fenema P C, Powell P. Knowledge transfer under competition [J]. American Management System, 1997 (2): 215-229.

[13] Lode L. Cournot Oligopoly with Information Sharing [J]. Rand Journal of Economics, 1985, 16 (4): 521-5361.

[14] Horng D, Hsueh C. How to Improve Efficiency in Transfer of Scientific Knowledge from University to Firms: The Case of Universities in Taiwan [J]. Journal of American Academy of Business. 2005 (2): 187-190.

[15] Eun J, Lee K, Wu G. Explain the "University-run Enterprises" in China: A theoretical framework for university-industry relationship in developing countries and its application to China [J]. Research Policy, 2006 (35): 1329-1346

[16] Golob E. Capturing the Regional Economic Benefits of University Technology Transfer: A Case Study [J]. Journal of Technology Transfer, 2006 (31): 685-695.

Research on the Mechanism of Knowledge Transfer in University-Industry under R&D Collaboration Model

XU Sheng-hua[1], LU Liang[1]

(1. School of Information Management, Jiangxi University of Finance & Economics, Nanchang 330013, China)

Abstract: The way of knowledge transfer in university-industry can be divided into two models: knowledge exchange and R&D collaboration. This paper is focus on research the mechanism of knowledge transfer in university-industry under R&D collaboration model. Because there is information asymmetric between university and enterprise, it can use principal-agent theory to solve this problem. In different conditions of R&D collaboration, the important factors are difference. Both the marginal cost of university for R&D collaboration, the marginal utility of university with negative strategy and the punish level are key influencing factors. This research will be propitious to establish an effective mechanism for knowledge transfer in university-industry based on R&D collaboration.

Key words: university-industry; knowledge transfer; R&D collaboration; principal-agent theory

基于知识生态系统的企业知识治理模式研究

徐亚南[1]，张玉莹[1]，黄有蓓[1]

（1. 中国人民大学 信息学院，北京 100872）

摘　要：本文借助生态学和复杂系统的理论对企业知识治理做了探索性的研究，主要分为两部分：企业知识生态系统基本理论研究和企业知识治理研究。作者深入阐述了企业知识生态系统的概念、元素、层次结构、自组织演化和环境机制。在此基础上提出了企业知识三层治理模型——通过知识基础层、知识集成层和知识愿景层的合理组织治理来寻求企业知识自组织和控制的平衡，依照该治理模式，既能通过影响层次聚集及人为控制实现企业知识的演化，又能充分利用内外环境影响企业的演进方向。

关键词：知识治理；企业知识；知识生态系统

中图分类号：F270

1　知识治理国内外研究现状

知识时代的到来令知识管理的发展日趋成熟和完善，但是也逐渐暴露出缺陷及局限性。斯隆管理学院的教授 Mullen（1999）指出，管理意味着控制，而我们要关注的是通过知识的自由流动去创造知识[1]。因此只有知识管理远远不够，需要进行制度设计或安排才能减轻知识活动中的各种困境。

知识管理意在充分构建或利用外在的机制、手段来有效地组织和影响知识活动，而知识的组织过程具有复杂性和特殊性，现有理论已不能为以知识活动为核心的企业提供有效的组织机理。“知识治理”是关于知识经济条件下企业本质和组织机理的探索，是利用正式的制度去影响非正式的知识实践活动，减少外在具体机制对知识活动干预的同时促进知识的自由流动。

知识治理是一个新兴的多层次、跨学科的研究领域[2]（Foss，2005），而目前的研究主要批判性地运用各种理论和视角讨论治理机制如何影响知识的管理、创造、交流和共享，表1列举了这个研究领域的主要学者和关注问题。

由上所述，现阶段对知识治理的研究多为限于某一具体方面，但由于各自学科的局限[14]（Foss，Husted，2003），不具备整体性，而知识治理需要的是系统的、本质的研究；同时，传统的知识治理研究是建立在环境稳定、连续变化和可预测的假设基础之上，学者们主要在平稳的环境内研究企业知识活动的行为模式以及规则。但在企业内外知识环境变化日新月异，变幻莫测的新时期，程式化的治理模式显然难以为企业找寻最优的解决方案。

表1　知识治理相关研究

研究视角	研究问题	主要学者
组织经济学	引入组织经济学的理论重新审视以知识交换为核心的“企业”。	Osterloh 和 Frey[3]（2000），Nooteboom[4]（2000），Grandori[5]（2001）
联盟治理	根据知识特性与合作伙伴间的匹配关系选择相应的治理模式	Contractor 和 Ra[6]（2002）O' Dwyer 和 O' Flynn[7]（2005）
知识流	知识治理框架显示多样化的知识流（内部和外部、纵向和横向），研究适当的机制以促进知识流动，实现知识价值	Mahnke 和 Pedersen[8]（2004）
信息经济学	利用信息经济学的分析工具探讨知识治理的措施如何对组织知识的生产和使用过程进行动态协调	Antonelli[9]（2006）
社会学、人类学	探讨影响知识交换过程的社会机制	Choi 等[10]（2005）
系统动力学	界定知识管理各项要素之间的依赖关系	De Moor 和 Smits[11]（2005）
人力资源管理	从人力资本相关的管理实践出发，关注绩效、组织结构等因素对知识治理的影响	Lord 和 Ranft[12]（1998），Laursen 和 Foss[13]（2003）

企业的知识活动具有复杂、多样性，企业的系统化、开放性也令知识活动实时变化，呈现出很强的生态特性，因此，本文借助生态学的视角探讨企业的知识治理，力求构建一套系统化且能够应对复杂环境变化的治理模式。

2 企业知识生态系统研究

乔治·波尔[15]（2000）和沃伊切霍夫斯基[16]（2003）等较早关注知识生态学的研究，并提出了知识生态系统的概念和模型。对于企业知识生态系统，当前的研究鲜有涉及。少数相关研究主要从企业知识生态的特性出发进行较宏观的解释性的研究，如叶培华、徐宝祥[17]（2008）等。这些已有的研究多少涉及了企业知识生态系统的生态特性及机理，对企业知识生态系统的研究主要从其组成因素、生态特性及组织机理等方面进行了讨论，但对生态性的演化过程等未作深入阐述。本文将从知识生态系统的核心元素出发深入探究企业知识生态系统的结构、组织机理和知识的演化机理。

2.1 知识生态系统及其构成要素

学界并未对知识生态系统的概念达成共识，本文在深入研究的基础上给出如下定义。知识主体与环境通过物质、能量和信息的交换进行知识活动，构成一个相互作用、相互依赖、共同发展的整体，这种相互作用、相互影响的系统叫做知识生态系统。知识生态系统的构成三因素包括知识客体、知识主体和知识环境。

（1）知识客体

知识客体在知识生态系统内部是系统各要素相互作用的媒介物。它尽管是由人所建构，但有着自己相对独立的实体存在。这也符合了“知识是可以被治理”的研究假设。知识客体流动的速度会影响生态系统的发展。

（2）知识主体

知识主体是指能为问题求解提供专门的高水平的知识的个人、群体或组织等，是知识的承载者。知识主体间通过相互协作的知识活动（知识学习，知识共享，知识创新）连接在一起，形成知识网络。

（3）知识环境

任何对主体、客体及知识活动具有影响作用的因素统称为知识环境，它是知识主体及客体赖以生存的空间，决定了知识生态系统的系统性能和演进方向。

2.2 企业知识生态系统的层级结构

企业是一个“互惠共生”知识主体的集合，内部包含若干层级，层级内和层级间通过共居关系组成一个统一的利益共同体，企业知识生态系统对内部子系统具有支配和组织的职能；对外以企业知识生态系统与同类系统和环境进行交互。

（1）“聚集”导致层级的出现

为完成共同功能的知识主体通过“黏着”形成多主体的“聚集”，导致了层次的出现。聚集的方向是从较小主体向较大主体；从较低层次主体到较高层次主体。

聚集发生在具有共同职能或相同目标的主体之间，它们一起形成具有一定综合性知识集合的子系统，完成企业生产经营中的某一特定职能；而不同的知识子系统又通过聚集共同完成企业生存发展的最终目标。在此过程中，企业知识生态系统内部知识结构及层次不断形成，实现获取长期稳定竞争优势这一共同目标。

企业内部的知识主体对于其外部环境进行适应性知识活动，以此来选择最优结果。企业内部的知识主体为增强存在和延续能力，会加强学习功能，逐渐作出理性、正确的判断。具有共同职能的主体之间产生“趋同效应（Convergent）”，相互影响，进行相近的具有适应性的知识活动。主体间的非线性作用形成了一个层次的出现[18]（张君弟，2005）。一个层次形成后，同级主体的“趋同效应”又能聚集出更高层次。层层涌现最终形成企业整体知识。

需要特别提出的是，主体的层层聚集是一种具有耦合性的前后关联的相互作用。因此，整体行为远比各部分行为的总和更为复杂，层级并不简单是下层元素的累加，而是作为一个新主体在企业知识生态系统中发挥更大的作用。

（2）企业知识生态系统层级结构

与生物生态系统类似，企业的知识生态系统也具有“知识个体→知识种群→知识群落→知识生态系统”的层级结构。每一层次均是构筑上一层次的基本单元，并对下一层次的单元起支配和控制作用。知识生态系统的层级结构如图1：

知识个体，是知识的最基本载体，他们通过个体的知识“新陈代谢”过程与周围环境实现知识交换。比如企业的每一位员工即最基本的知识

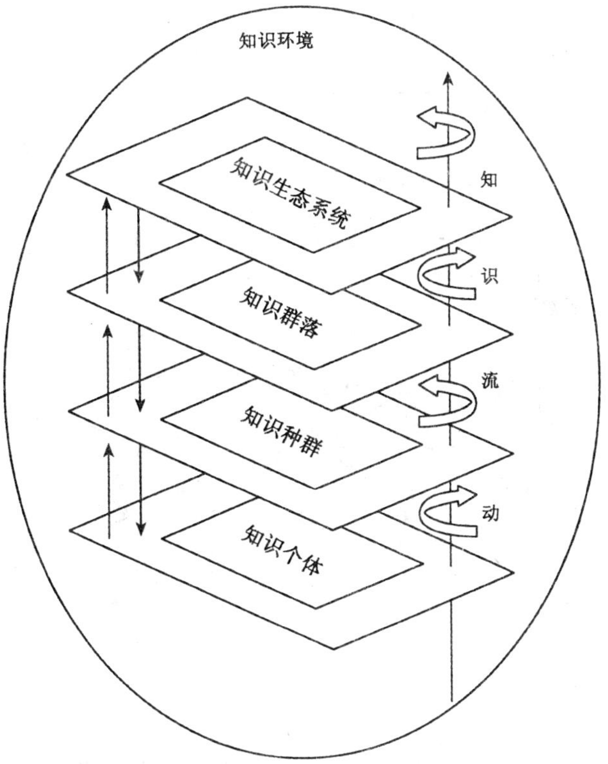

图 1　知识生态系统层级结构

个体。

知识种群是指在一定空间范围内进行共同知识活动的知识个体的集群知识种群活动，需要以知识最大限度的共享作为基础。例如：某手机公司的手机平台研发团队进行平台研发，完成这一职能的主体第一次聚集形成知识种群共同进行职能的履行。

知识群落是指具有直接或间接关系的多种知识种群的有规律的组合，具有复杂的种间关系。例如：某手机公司的研发知识群落通过将平台研发、应用软件研发、硬件研发等知识种群聚集，实现新产品研发这一共同的知识活动，部门员工在协同中共同分享知识经验、交流思想。

企业知识生态系统通过以上主体聚集得到。企业中的知识群落通过共同的利益和目标联系到一起，形成一个对外稳定的统一整体。

2.3　企业知识自组织演化的动力——竞争和协同

自组织系统演化的动力来自系统内部的两种相互作用：竞争与协同。

竞争是知识生态系统中的基本生存形态。在层级内部，知识的竞争主要体现在两个方面：首先，多个知识个体具备同样知识导致了竞争；其次，不同知识个体对外部环境的适应与反应不同，在此基础上进行的知识创新存在差异，因而必定造成竞争。知识个体为应对各种竞争，必须对自身的资源及配置资源的能力不断进行调整，逐步形成符合能够体现自身优势，符合组织目标、组织战略以及组织文化的知识。

在企业知识生态系统层面，单一的知识个体不可能创造企业所需的所有知识，它们必须在保持差异的同时相互协作与联合。协作是知识个体为了自身更好发展而进行的必然选择[19]（沈运红，2006）。

企业知识的动力来自系统内部的竞争与协同两种相互作用。知识个体之间的激烈竞争导致了企业内新知识的不断形成，促进系统动态有序。而知识个体间的协同则能保证产生的新知识稳定下来，防止过度竞争导致的系统产生无序状态，明确其演化方向，同时在非平衡态条件下使企业的某些运动趋势联合起来并加以放大，从而占据优势地位，支配着企业知识整体的演化。

由上可知，自组织是企业知识演化的内在机制和根本动力。

2.4　企业知识生态系统动态演化的环境动力

自组织只是在知识演化中起着增加复杂性、提高有序化的作用。事实上，企业知识生态系统有许多发展方向，如何选择方向以及怎样进入该方向需要经过环境的选择作用，只有对环境的适应，才能谈得上是真正的演化[20]（胡斌，2008）。对于企业知识生态系统，那些能够适应组织内外部环境的企业往往得到了快速发展，不断成长壮大。而那些对环境不能很好适应的企业则被淘汰，而保留下来的企业竞争力不断提高，资源不断优化。

知识环境在系统结构中处于基础的地位，往往决定系统的演进方向。知识环境与知识主体、知识客体的核心作用机制就是刺激—反应和反馈—调节机制。

在企业知识生态系统中，知识客体并不能自动形成一个动态循环、不断流动的知识流，而作为知识主体的人或团体，是具有主动性的因素，在接收到外部环境的刺激后，会将外界刺激转化成自身可理解的内容，整理成行动目标，形成反应活动，作用于知识客体。

知识生态系统能够抵抗外界环境的刺激并保持自身的结构的稳定性。主体在对刺激做出反应时，产生的效应不能一次达到适宜的程度，必须经过多次的反馈调节，使自身的活动达到最适效度，获取稳定生态位。

企业知识生态系统对于环境的选择和适应都是通过刺激反应和反馈调节机制实现，企业知识治理需要着眼于如何准确、快速应对刺激并实施积极的调节。

3　基于知识生态系统的企业知识治理模式

传统的公司通过等级制度和劳动分工来运营，知识也依托于这种模式在企业内部流动。工作源动力的Y理论认为“多数人愿意对工作负责，寻求发挥能力的机会”，这也恰恰符合生态的发展观。企业知识生态系统介于自然生长和人为控制之间。一方面，知识客体通过自组织等内在机制参与知识活动，从无序走向有序状态，不断涌现层级，实现企业知识由量变到质变的创新过程；另一方面，知识生态系统自组织的完全自发性导致的不完备性，需要积极的人为举措来加以掌控和修正。

因此，知识的治理模式应该考虑：第一，企业应当通过关注知识的自组织特性来减少过多干预与控制，通过构建一些不易改变、持续延续的机制，在尽可能减少人为干预的情况下，使得知识能够自由、有序地流动。第二，减少并不意味着没有控制，企业应通过适当控制来把握企业知识发展的方向。第三，面对内外的环境变化，企业应能够实时改变自身知识的发展方向以适应环境，获取并保持核心优势。

（1）企业知识三层治理模式

在企业知识生态系统中，知识客体层层聚集形成企业的核心知识。然而，知识流动的无序性容易让知识涌现的结果与企业发展无关。因此，应设立一种对应于知识流动与涌现过程的层级治理结构，来促使知识流动从无序走向有序。

相关学者对组织结构如何影响知识做了多方面的研究。Nonaka（1988）基于知识创新提出了一种管理风格模式“Middle-Up-Down Management”[21]，并以此为基础提出组织设计模型——超链接组织（Hypertext Organization）。这两个模型提出知识的创造起源于知识的混沌和冗余状态，强调知识的自组织带来知识的创新；同时，还解释了企业是如何层层实现知识的自组织，提供了构建企业结构的新视角。基于这一思想，本文提出“企业知识三层治理模型”，通过知识的分层化治理结构促使知识主体发挥自身积极性，企业知识有序、合理地发展，如图2。

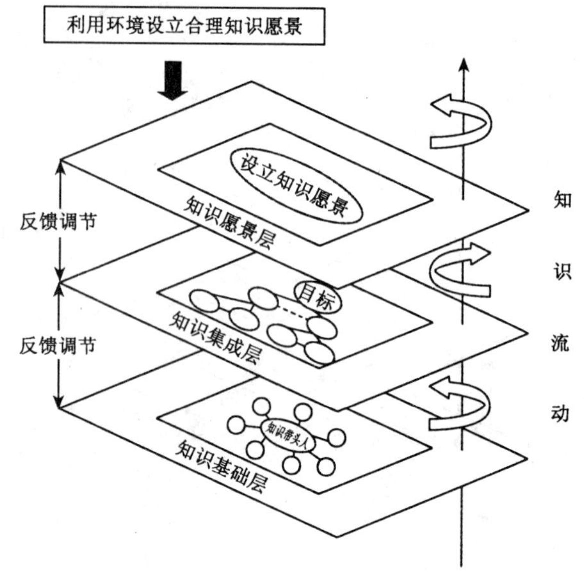

图2　企业知识三层治理模型

“企业知识三层治理模型”包括三个层次：知识基础层、知识集成层、知识愿景层。模型每一个层级对应企业中不同级别的组织和员工。高层管理者处于知识愿景层，他们提供“知识愿景的发展方向”。知识基础层包括企业中较低级别的员工和组织，他们进行知识的基本活动，主要包括知识的获取与共享。知识集成层主要包含中层管理者，他们是连接知识愿景层和知识基础层知识的桥梁。一般而言，高层指定的宏观愿景是综合性目标，企业中的一个子系统（部门、小组等）不能完全实现这个目标。中层管理者将其转换成较小范围且细化的目标，使之能够在子系统内部实现。另一方面，中层管理者也要对底层的零散知识进行筛选、剔除、集成，使之符合愿景方向。需要说明的是，在企业中，尤其是在大中型企业中，由于企业本身结构的复杂，知识集成层本身也蕴含了多个层次。知识愿景的分目标也可能被层层拆分成若干级子目标，以易于知识基础层的知识活动的进行。

模型每一个层级对应着不同的知识活动。知识基础层主要是依据集成层传达的分目标进行的基础零散性知识活动，如细微的业务流程或知识点。在这里知识的获取与共享较为重要。员工会根据工作需求自发地将自身知识与企业知识进行匹配、重组，不能够满足工作要求时便会自发获取相应的新知识。同时，在清晰了解知识活动目标的前提下，员工为尽量好地完成知识目标，不断将工作中的知识演进方向与目标相对照，通过成员间的竞争协同及时调整自身的知识状态，从而规避知识的无序发展。在知识基础层活动进行中或结束后，集成层的人员对知识进行有目标的集成，促使“知识个体”聚集成“知识种群”。一方面，知识集成层人员检查知识基础层提交的知识是否符合分目标，满足则进行知识递交，否则反馈给知识基础层人员，要求新一轮的知识活动。在集成过程中，知识集成层人员也要不断检查分目标是否符合企业知识愿景，通过反馈调节优化知识基础层的知识活动。知识愿景层的核心是知识总目标的设定，也就是企业在更高一级生态系统中的定位。作为知识生态系统的企业与来自企业所在其内外环境相互作用，最终产生适当的知识愿景。

（2）寻求自组织与控制的平衡点

基于企业知识三层治理模型的模式，企业可以通过知识愿景来层层影响下层知识的活动。而每一层的员工可以根据所在层级的知识活动目标，采取相应的知识活动。

从知识愿景层到知识基础层的活动一般会跨越若干层级，如：董事会—部—项目—小组—个人。如果不加控制，很可能导致知识活动偏离愿景。因此，企业应当控制部分关键环节，以达到“以点带面”正确引导知识活动的效果。事实上，知识活动总是以某些成员为核心，这些核心成员被称为“知识带头人”。这主要指在一定知识目标内，知识量较大或者权利较高的人员；而知识相对较少，级别相对较低的员工被称为知识追随者，他们一般依托于知识带头人来获得知识，以完成工作目标或实现自身知识的提升。换而言之，知识带头人可以凭借自身的知识来控制某个知识活动的发展，使得不同成员间零散的知识朝有序的方向发展。因此，上层管理人员通过控制知识活动的核心成员就能对整个基础知识活动进行有效的把握。企业知识愿景的层级分配如图 3 所示。

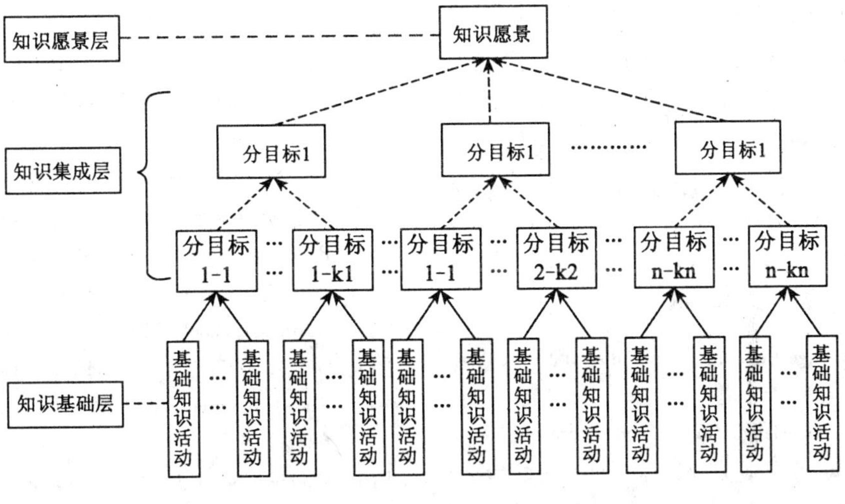

图 3　企业知识愿景层级分配图

如今，知识在企业中的作用日益重要。企业的各种经营活动都以知识活动为核心。企业知识三层治理模型可以将知识治理结构与组织结构较好地结合在一起，将知识治理依托于各行政职能部门，而无需对已有的组织结构进行重组。企业需要根据自身结构，依据知识治理三层结构模型，明确企业内部组织所属的知识层次，然后，在不同的层次上明确知识带头人，通过控制其知识活动，保证企业知识健康有序的发展。

（3）环境驱动形成知识愿景

知识主体和客体在企业内部的三个层次中相互作用，促进知识愿景从上到下层层落实，而知识愿景设置的正确与否，直接影响了企业知识治理效果。而企业内外环境是愿景形成的核心驱动力，企业内外广泛复杂的环境因素促进了愿景的形成，通过反馈调节实时影响和调整愿景。因此，企业必须建立促进、优化愿景形成的机制，以确保企业制定合理的知识愿景。

首先，企业应建立知识差异化机制，寻求最佳愿景定位。企业间相同或相似的核心知识会导致相互竞争，企业应明确自身的优势和劣势，在充分把握内部知识境况的前提下对知识进行调整、升华，促进差异化，将自身从竞争中解放出来；同时不断创造出新知识，为企业带来新理念、新产品。差异化为企业愿景的形成确定了最初方向和定位。

同时，企业应建立信息主动收集机制，积极调整和完善愿景。在开放的环境中，一方面，部分环境因素瞬息万变，这要求企业能及时抓住变化的核心及趋势；另一方面，部分环境因素十分重要，而企业对该微弱信息的不敏感性令企业不能进行有效的反应和调整，需要能够主动挖掘具有潜在影响力的环境刺激，并转换成最终可执行、可实施的愿景的一部分。因此，企业应当建立信息主动收集机制，迅速将重要极微弱的环境的因素转化为企业内部正式的愿景。该机制可以通过不断的反馈调节作用于愿景，令其达到最适效度，最广泛地影响企业知识活动，并更新完善知识治理体系。

4 总结及研究局限

鉴于少有学者研究企业知识生态系统，本文对其做了探索性的研究。并且从系统角度出发，依据生态系统的层次特性，提出了企业知识三层治理模型，为企业知识治理的宏观层面提供了参考，但是对治理机制的推行和治理效果未作过多描述。此外，本文仅提出了对企业知识治理模式的思考及建议，没有进行可行性及实际的验证。

参考文献

[1] Mullen P. Knowledge Governance in Indian [J]. FT Information, 1999.

[2] Foss N J. The Knowledge Governance Approach [R]. SMG Working Paper, No. 1/ 2005, Center for Strategic Management and Globalization, Copenhagen Business School, 2005.

[3] Osterloh M, Frey B S. Motivation, Knowledge Transfer, and Organizational forms [J]. Organization Science, 2000, 11 (5): 538-550.

[4] Nooteboom B. Learning by Interaction: Absorptive Capacity, Cognitive Distance and Governance [J]. Journal of Management and Governance, 2000, 4: 69-92.

[5] Grandori A. Neither Hierarchy nor Identity: Knowledge Governance Mechanisms and the Theory of the Firm [J]. Journal of Management and Governance, 2001, 5: 381-399.

[6] Contractora F J, Ra W. How Knowledge Attributes Influence Alliance Governance Choices: a Theory Development Note [J]. Journal of International Management, 2002, 8 (1): 11-27.

[7] O'Dwyer M, O'Flynn E. MNC-SME Strategic Alliances: a Model Framing Knowledge Value as the Primary Predictor of Governance Modal Choice [J]. Journal of International Management, 2005, 11 (3): 397-416.

[8] Mahnke V, Pedersen T. Knowledge Governance and Value Creation [A] // Mahnke V, Pedersen T. Knowledge flows, governance and the multinational enterprise. London: Palgrave Macmillan, 2004.

[9] Antonelli C. The Business Governance of Localized Knowledge: an Information Economics Approach for the Economics of Knowledge [J]. Industry & Innovation, 2006, 13 (3): 227-261.

[10] Choi C J, Cheng P, Hilton B, Russell E. Knowledge Governance [J]. Journal of Knowledge Management, 2005, 9 (6): 67-75.

[11] De Moor A, Smits M T. An Indicator Wizard for the Knowledge Governance Framework [R]. Progress Report of the METIS Project, Tilburg University, 2005.

[12] Lord M D, Ranft A L. Transfer and Sharing of Local Knowledge within the Firm and Entry into new International Markets [J]. Academy of Management Best Papers Proceedings, 1998.

[13] Laursen K, Foss N J. New HRM Practices, Complementarities, and the Impact on Innovation Performance [J]. Cambridge Journal of Economics, 2003, (27): 243-263.

[14] Foss N J, Husted K, Michaillova S, Pedersen T. Governing Knowledge Processes: Theoretical Foundations and Research Opportunities [R]. CKG Working Paper, No. 1/2003, Center for Knowledge Governance, Copenhagen Business School, 2003.

[15] Pór G, Molloyn J. Nurturing Systemic Wisdom Through Knowledge Ecology [J]. The Systems Thinker, 2000, (8): 125.

[16] Wojciechowski J. A Ecology of Knowledge [J]. Philosophy in Review, 2003, 23: 232-234.

[17] 叶培华，徐宝祥. 企业知识生态系统的复杂适应性研究 [J]. 情报杂志，2008，(02)：99-103.

[18] 张君弟. 论复杂适应系统涌现的受限生成过程 [J]. 系统辩证学学报，2005 (2).

[19] 沈运红，王恒山. 中小企业网络组织生态运行演化机制初探 [J]. 科学学研究，2006 (S1)：249-252.

[20] 胡斌. 基于复杂系统理论的企业生态系统动态演化研究 [J]. 商业研究，2008 (11)

[21] Nonaka I. Toward Middle-up-down Management: Accelerating Information Creation [J]. Sloan Management Review, 1988, 29 (3): 9-18.

A Research on Enterprise Knowledge Governance Model Based on the Theories of Knowledge Ecosystem

XU Yanan[1], ZHANG Yuying[1], HUANG Youbei[1]

(1. Information School, Renmin University of China, Beijing 100872, China)

Abstract: A pilot and exploratory study about enterprise knowledge governance is conducted based on the theories of ecology and complex systems. This research is mainly divided into two parts: both the basic theories and mechanism of enterprise knowledge ecosystem and research about enterprise knowledge governance model. The authors expound theoretical research of enterprise knowledge ecosystem about the concept, constituents, structure, environmental mechanism and self-organization evolution of knowledge. In addition, to seek an equilibrium state of enterprise knowledge system between self-organization evolution and control, the authors put forward a three-layer enterprise knowledge governance model which includes knowledge basis layer, knowledge integration layer and knowledge vision layer. In conclusion, this research makes contributions both academically and practically. We can influence hierarchical aggregation of enterprise knowledge or use control methods to realize the enterprise knowledge evolution; also it is possible to influence it by using the internal and external environment.

Key words: knowledge governance; enterprise knowledge; knowledge ecosystem

隐性知识转移建模及对校企合作的启示*

廖述梅[1]，徐升华[1]

（1. 江西财经大学 信息管理学院，江西南昌 330013）

摘　要：高校企业合作下的知识转移被认为是企业拓展自身知识资源和提升自主创新能力的有效方法之一。本文分析高校向企业转移隐性知识过程的特性，对隐性知识转移建模并求解；讨论企业获得高校隐性知识的条件和改善转移效果的途径，最后找出模型对校企合作的启示。

关键词：知识转移；微分动力学；隐性知识；校企合作

中图分类号：C931；C939

1　引　言

近年来，我国依靠走工业化道路经济得到了迅速发展，但是单纯依靠相对成本优势无法保持持续的竞争力和高增长率，提升企业的技术能力和创新能力被认为是发展中国家经济发展的关键成功因素。发展中国家构建区域创新体系（Regional Innovation System，RIS）采取两个战略：（1）在创新体系中大力引入外资企业，推动知识和技术进步；（2）支持大学和科研院所，改善它们对区域技术需求的响应能力，提升本国知识资源和自主创新能力。然而，发展中国家普遍存在的问题（诸如吸收能力的有限性、本土政策的低效性以及创新体系的不连续性等）成为采取前者策略的主要障碍，因此通过后者探讨自主知识生产成为当今国际（尤其是发展中国家）RIS研究的热点。

Etzkowitz于1983年首次提出“创业型大学”[1]。在随后的20多年时间里，各国高校逐渐意识到其职责必须从传统的通过研究与教学活动完成知识创造与传播延伸到与地方企业的直接联系[2]。一方面，知识经济环境下的竞争压力要求企业进行不断的创新；另一方面，日益减少的政府资助迫使学校寻求资金来源。因此，高校为满足企业需求提供前沿的核心知识、企业与各类外部知识所有者密切联系，必然导致高校企业的知识转移越来越频繁[3]，多种转移途径也越来越多，如专利授权、合作研发、高校科技园以及高校新创/衍生企业[4]。与此同时，国际学术界掀起了高校企业知识转移研究的热潮[5]。

同时，企业要获取并保持强大的竞争优势，就必须创造并集成组织内的知识，还必须探索和获取组织外的知识[6]，高校知识被认为是企业拓展自身知识资源和提升自主创新能力的有效来源[7]。而隐性知识又是企业核心竞争能力的主要存在形式，因此，如何有效掌握高校向企业转移隐性知识的规律，对提高校企知识转移效率和企业利用高校知识提升自身竞争力具有重要的理论意义和实践意义。

目前，出现了大量的校企知识/技术转移研究，文献[8]对比分析了国内外校企知识转移研究，发现国内较多从定性描述的角度阐述校企知识/技术转移特性，如文献[9][10][11]；知识转移的理论研究较多停留在组织内部和组织之间，如文献[12][13][14][15]，缺少校企合作环境下的知识转移过程建模。文献[16]认为我国目前的校企知识转移研究应放在提高企业自主创新能力上。文献[17]利用DEA方法分析了2005年我国各省市校企知识转移效率，发现各省市效率差异较大，研发产出还有很大的空间。可见，已有的研究工作主要表现在：以定性分析为主、将显性知识转移和隐性知识转移混在一起、企业知识工作者划分不明确、缺乏从定量描述和数学模型的角度对高校向企业转移隐性知识的研究。

本文基于已有工作[18]建立的校企合作下隐性

* 基金项目：国家自然科学基金项目（编号：70761003，70663002）；国家社会科学基金项目（编号：08BTQ028）；江西省教育厅科技项目（编号：GJJ08349，GJJ09556）

通讯联系人：廖述梅，Email：lsmzl@ hotmail. com. cn.

知识转移模型，进一步讨论了模型各参数的控制条件，并找出模型对校企知识转移合作的启示。

2 校企隐性知识转移过程建模

文献[18]指出校企知识转移过程有四类知识工作者：高校知识传播者、企业外部知识学习者、企业知识传播者、企业内部知识学习者。

2.1 模型假设

考虑某高校拥有某隐性知识 K,用“知识专家”指代高校中拥有隐性知识 K 的专家(即高校知识传播者),用“知识员工”指代企业中经过学习后获得高校隐性知识 K 的员工(即企业知识传播者),一类是完成了外部学习的知识员工,另一类是完成了内部学习的知识员工。下面通过建立微分动力学模型来研究高校向企业转移该隐性知识的一般规律。对于多个高校向多个企业转移知识可分解为多个不同高校向企业间的转移,而对多个隐性知识的转移可看做是单个隐性知识转移的叠加。

在校企合作环境中,模型假定高校和企业都有一定数量的员工在一起工作、交流和讨论,高校员工会积极主动地指导同时企业员工也会积极主动地掌握企业所需的隐性知识 K。假设高校与企业各自拥有员工数为 U 和 F,且均为常数。高校中知识专家为 T_1 类员工,企业学习高校知识的员工为 S_1 类人员(即外部知识学习者)。企业的知识员工是 T_2 类员工,企业内部未掌握 K 仍需要学习的员工是 S_2 类人员(即内部知识学习者)。

$S_1(t)$、$S_2(t)$ 和 $T_2(t)$ 分别表示 t 时刻上述三类人员占企业员工总数的比例,假设企业员工总数 F 足够大,可以把 $S_1(t)$、$S_2(t)$ 和 $T_2(t)$ 看做连续变量,并可以进一步假设为连续可微变量。考虑企业员工有正常的调入调出情况,这里企业员工调入分两种情况,一是招聘一定比例的高效知识专家(即 T_1 类人员),其比率假定为 c_1,员工数为 c_1UT_1;二是招聘普通员工成为企业 S_2 类人员,假定调入率为 c_2。此外,假定企业的员工(即 S_1、S_2、T_2 类人员)的调出率为 d。

假设企业的知识传播者和知识学习者是均匀分布的。首先考虑企业的外部学习,假定单位时间内 T_1 类员工和 S_1 类员工的接触率为 β_{11},且 T_1 中参与传播隐性知识 K 的员工占全部 T_1 类员工的比率为 r,因此 T_1 类人员与 S_1 类人员接触传播隐性知识 K 的员工数为 $\beta_{11}UT_1S_1r$。再假定单位时间内企业派员工进高校学习隐性知识 K 的比率为 a,那么企业派出的员工数为 aFS_1。企业员工对知识的领悟力和掌握能力各不相同,假定单位时间内 S_1 类员工完成学习隐性知识 K 的比率为 b,则员工数有 bFS_2。

接着考察企业的内部知识吸收,假定单位时间内 T_2 类员工和 S_2 类员工的接触率为 β_2,则接触传播的员工数为 $\beta_2FT_2S_2$,同时假定 T_2 类人员的遗忘率为 e。若考虑企业的员工流失因素,则企业员工的平均学习周期为 $LC = 1/(e+d)$,且 $\delta = \beta_2/(e+d)$ 为企业的一个知识传播者在其传播周期内与其他员工接触的总数,成为接触数。由模型假设的参数性质可知,上述提到的所有参数除 K 外均为正的实常数。

2.2 模型的建立

由于隐性知识的传播相对缓慢,需要一定的时间来完成。在 $t=0$ 时刻,企业的所有员工均未掌握隐性知识 K,没有 T_2 类人员(即 $FT_2(0)=0$);此时,有一定比例的员工(即 $S_1(0)>0$)开始向高校学习知识 K,企业内部学习人员为 $F\text{-}FS_1$。随着时间的推移,知识 K 逐渐转移到企业内部,企业各类知识工作者的身份也发生了转换,转移过程如图 1 所示,其中企业知识传播者是校企隐性知识转移两阶段过程发生的关键。

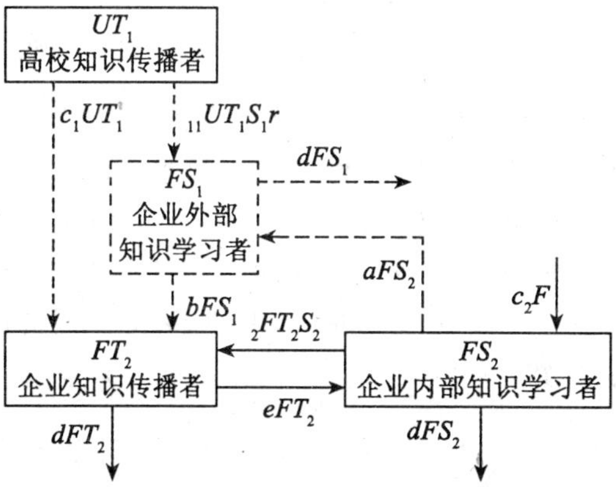

图 1 校企合作中隐性知识转移过程

根据图 1 的转移过程建立微分动力学方程如下:

$$
\begin{cases}
(FS_1)' = \beta_{11}UT_1S_1r + aFS_2 - dFS_1 - bFS_1 \\
(FS_2)' = c_2F + eFT_2 - \beta_2FT_2S_2 - aFS_2 - dFS_2 \\
(FT_2)' = c_1UT_1 + bFS_1 + \beta_2FT_2S_2 - eFT_2 - dFT_2 \\
FS_1 + FS_2 + FT_2 = F \\
0 < FS_1(0) < F \\
FS_2(0) = F - FS_1(0) \\
FT_2(0) = 0 \\
0 < r < 1
\end{cases}
\tag{1}
$$

文献[18]对方程求解得到：

$$T_2(t) = \frac{B}{2\beta_2} - \frac{\sqrt{B^2 + 4\beta_2 C}}{2\beta_2} + \frac{\sqrt{B^2 + 4\beta_2 C}}{\beta_2(1 + Ne^{-t\sqrt{B^2+4\beta_2 C}})} \qquad (2)$$

其中：$N = \frac{B - \sqrt{B^2 + 4\beta_2 C}}{B + \sqrt{B^2 + 4\beta_2 C}}$,

$$B = \beta_2 - e - d - \beta_2 \frac{dF - c_2F - c_1UT_1}{\beta_{11}UT_1r} \qquad (3)$$

$$C = c_1 \frac{U}{F}T_1 + b\frac{dF - c_2F - c_1UT_1}{\beta_{11}UT_1r} \qquad (4)$$

式(2)就是校企隐性知识转移的微分动力模型。

3 校企隐性知识转移模型分析和启示

3.1 模型的分析

3.1.1 模型的渐近平衡点

当时间 $t \to \infty$ 时，对(2)式两端求极限，有：

$$\lim_{t\to\infty} T_2(t) = \frac{B + \sqrt{B^2 + 4\beta_2 C}}{2\beta_2} \qquad (5)$$

可见，随着时间 t 趋向于无穷大，T_2 存在极大值：$T_2^* = \frac{B + \sqrt{B^2 + 4\beta_2 C}}{2\beta_2}$，即 $T_2 \to T_2^*$。T_2^* 为企业知识员工的最大值，它是一个渐近平衡点。下面以一个示例观察 $T_2(t)$ 随时间 t 的变化规律。取 $\beta_2 = 0.5$、$e = 0.08$、$d = 0.02$、$\beta_{11} = 0.5$、$T_1 = 0.15$、$r = 0.5$，$b = 0.08$、$c_1 = 0.06$、$c_2 = 0.012$、$U/F = 1$，根据(5)式得到 T_2 的时间变化曲线如图2所示，此时的渐近平衡点 $T_2^* = 0.843$。

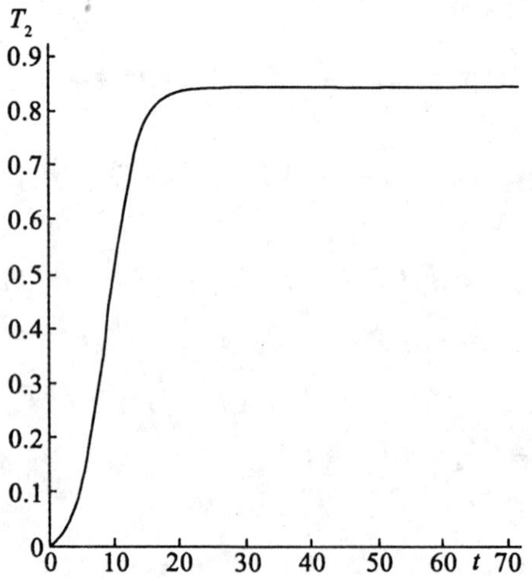

图2 $T_2(t)$ 随时间 t 的变化曲线

从图2可知该 T_2 曲线是一条S型的学习曲线：在初始阶段，企业处于外部知识学习阶段，由于外部隐性知识要突破组织壁垒，其传播速度相对缓慢，需要一定的时间来完成，因此，该阶段 T_2 的增长速度相对缓慢；一旦企业外部知识学习者完成了学习，隐性知识 K 就在企业内部迅速传播开来，该阶段 T_2 的增长速度迅速；随着企业内部掌握隐性知识 K 的人数达到饱和状态，T_2 便不再增长，进入了平台阶段，开始下一轮隐性知识的学习。

3.1.2 影响渐近解的各参数控制

校企隐性知识转移的效果体现在高校隐性知识在企业的传播速度和知识员工总量两方面。由图2可以看出，企业的知识传播速度和知识员工总量反映在 $T_2(t)$ 随时间 t 增长的速度和高度的变化上。

模型式(2)中的各参数对 $T_2(t)$ 增长速度和高度的影响可进一步通过图形描述出来。这里给定各参数的基准值：$\beta_2 = 0.5$、$e = 0.08$、$d = 0.02$、$\beta_{11} = 0.5$、$T_1 = 0.15$、$r = 0.5$，$b = 0.08$、$c_1 = 0.06$、$c_2 = 0.012$、$U/F = 1$，即当某参数变化时，其余参数均取基准值。如图3为模型(2)主要参数 β_2、β_{11}、c_1、c_2、d 和 e 变化带来的 $T_2(t)$ 系列曲线。

从图3可知，参数 β_2、c_1 和 c_2 与 $T_2(t)$ 成正增长。β_2 的增长不仅提高了企业知识传播的速度，而且增加了知识员工的总量，表明企业在完成外部学习后要最大限度地提高企业内部员工的接触率。c_1 的增长略微降低企业知识传播的速度，c_2 则较明显地降低了传播速度，两者均增加了知识员工总量，但两者的作用却不同。这是由于 c_1 的增长增加了企业聘请的高校专家人员，c_2 的增长则增加了企业聘请的新员工，新增的高校专家和新员工适应企业环境均需要一定的时间，但高校专家是企业的知识传播者，新员工为知识的学习者，前者会推动知识的传播，而后者则一定程度上阻碍了知识的传播，最终新员工也将成为知识的传播者。故而 c_1、c_2 的增长对知识传播速度的作用各不同，但总体上都增加了知识员工总量。

从图3也可以看出，参数 β_{11}、d、和 e 与 $T_2(t)$ 成负增长。β_{11} 的增加能提高知识传播的速度，但略微降低了知识员工的总量。b 的增加降低了知识传播的速度，对知识员工总量没有太大影响，说明有效的隐性知识传播不由企业完成外部学习的快慢而决定。d(即企业员工流失)的增加提高了企业知识传播的速度，但显著降低了知识员工总量；e(即企业员工对 K 的遗忘率)的增加不仅降低了知识传播的速度，而且降低了知识员工总数。因此，d 和 e 表明如何防止企业人才流失和员工的知识遗忘是企业有效知

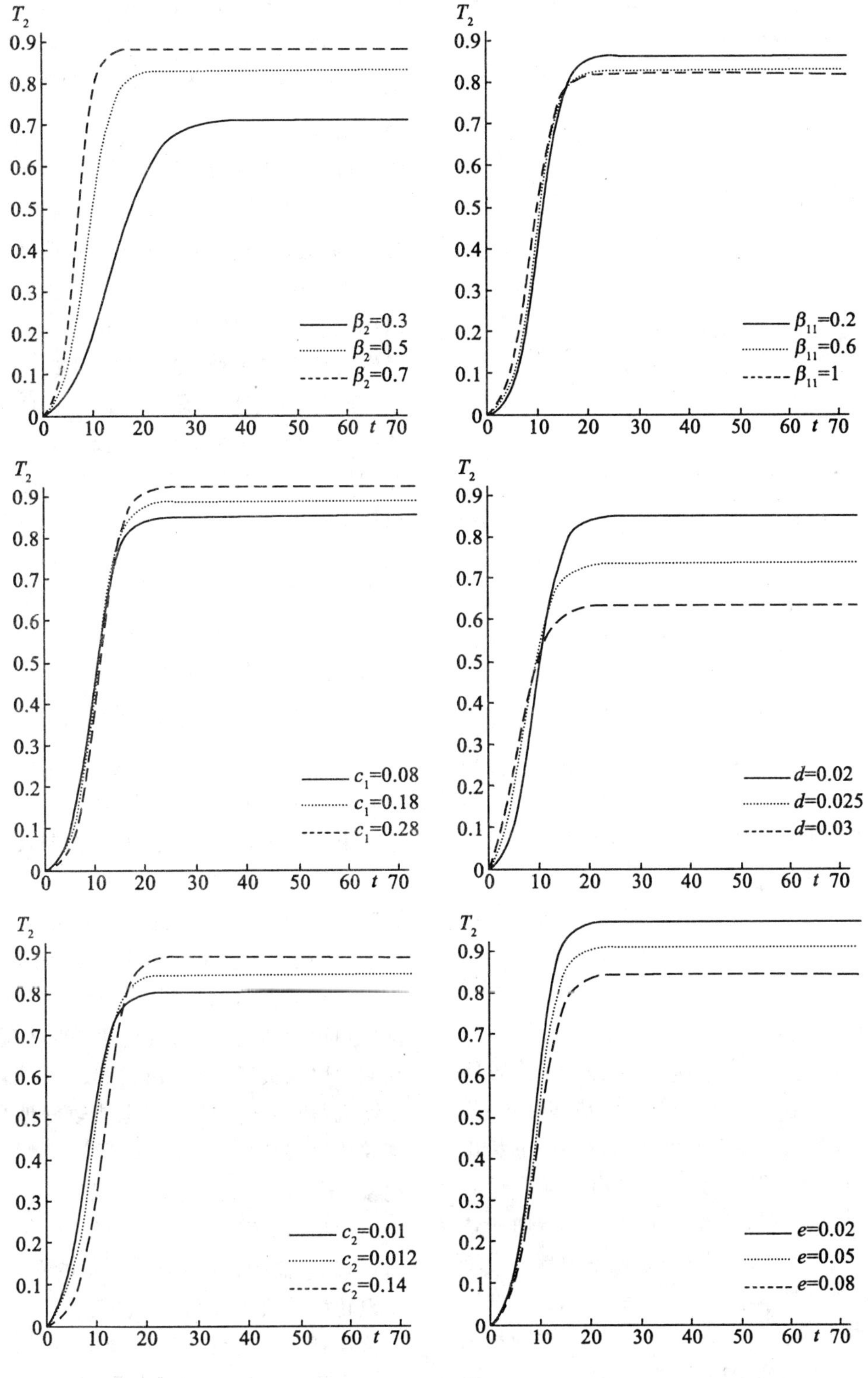

图 3　各参数的变化对 $T_2(t)$ 曲线的影响

识转移的主要问题。

3.1.3　模型的阈值条件

接着考察高校隐性知识 K 得以在企业传播并吸收的阈值条件。

定理 1　在模型(2)中，$\beta_{11}>0$ 是 $T_2(t)$ 存在的充分必要条件。

证明：由模型的假设有 $\beta_{11}\geq 0$。模型(2)中必要条件显而易见，考察充分条件：假设 $\beta_{11}=0$，则没有高校企业的合作交流，即在图 2 中没有 $\beta_{11}UT_1S_1r$ 联系 UT_1 和 FS_1，就相应没有 FS_1 和与 FS_1 联系的其他入边和出边，即去除图 2 中的主要虚线部分如图 4 所示。此时构建微分动力模型，得出：$d=c_1UT_1/F+$

c_2，而 c_1 和 c_2 均为企业的调入率，可以将两者合并为 μ，这样图 4 即为企业内部知识隐性知识转移模型[13]。所以，在模型(2)中，$\beta_{11}>0$ 是 $T_2(t)$ 存在的充分条件。

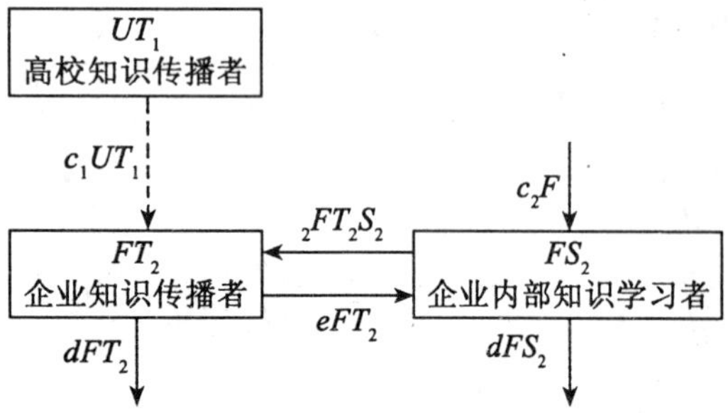

图 4　图 1 中 $\beta_{11}=0$ 的隐性知识转移过程

由定理 1 可以看出，$\beta_{11}=0$ 意味着企业没有和高校交流与合作，由于不存在与高校合作的平台，企业无法获得高校的隐性知识 K，当然也谈不上知识 K 在企业内部的共享和吸收。也就是说，$\beta_{11}=0$ 使得校企隐性知识转移过程中的第一阶段不会发生。反过来，企业希望获取高校的隐性知识就必须通过有效途径拓展与高校合作交流的平台与渠道(即使得 $\beta_{11}>0$)。此外，企业单纯地从高校招聘专家(即 c_1UT_1)并不能发生校企隐性知识转移的两个阶段。后面讨论的前提均为 $\beta_{11}>0$。

定理 2　对于模型(2)，当 $\delta>1$ 和 $\delta\leq 1$ 时，都有 $\lim\limits_{t\to\infty}T_2(t)=\dfrac{B+\sqrt{B^2+4\beta_2C}}{2\beta_2}$，但是 $\delta>1$ 时 $T_2(t)$ 达到的最大值 T_2^* 为大。

由定理 2 可以看出，由于 $\beta_{11}>0$ 保证了高校隐性知识向企业的传输，即有效的第一阶段转移过程。当接触数 $\delta>1$ 时，表明企业不断有内部学习的员工获得该隐性知识，不会因为员工的调出和知识遗忘而使该知识消失，并使知识员工数量逐渐增加并达到最大值 T_2^*。而当 $\delta\leq 1$ 时，表明企业中内部学习增加知识员工的速度赶不上员工调出和知识遗忘的速度，这必然导致企业内部学习的知识员工越来越少，单纯靠外部学习增加的知识员工。显然，在这种情况下，达到的知识员工总量要低于 $\delta>1$ 的情况。可见，$\delta>1$ 保证了高校隐性知识在企业内部的共享和吸收，即有效的第二阶段转移过程。

推论 1　若 e 和 d 为常数，对于模型(2)，则当 $\beta_2>e+d$ 时，$T_2(t)$ 达到的最大值 $\lim\limits_{t\to\infty}T_2(t)=T_2^*=\dfrac{B+\sqrt{B^2+4\beta_2C}}{2\beta_2}$ 比 $\beta_2\leq e+d$ 时大。

由推论 1 可以看出，当企业内部员工的调出率和知识遗忘率为常数时，校企隐性知识的传播与企业内部的接触率有关，当接触率大于 $e+d$ 时，企业内获得高校隐性知识的员工数达到最大值，接近 $(B+\sqrt{B^2+4\beta_2C})/(2\beta_2)$。从图 4 中 β_2 对 T_2 的作用曲线也可以看出，β_2 越大，企业内知识传播的速度越高，知识员工的总数也越大。当接触率小于 $e+d$ 时，企业通过外部学习获得的隐性知识不能在内部员工中共享和传开。可见，企业要想高校隐性知识在内部快速共享并传开，必须使企业内部的员工保持经常而广泛的接触，尽量增大接触率。

此外，由定理 2 及其推论可知：① 高校隐性知识的传播与企业内部的知识遗忘率有关，要使高校隐性知识在企业内快速共享并传开，必须尽量减少企业员工的知识遗忘率；② 高校隐性知识的传播与企业内部的员工调出率有关，要使高校隐性知识在企业内快速共享并传开，必须尽量减少企业员工的调出率。

定理 3　使模型式(2)的二阶导数为 0 的 t 值为 $t=-\dfrac{1}{\sqrt{B^2+4\beta_2C}}\ln\dfrac{B+\sqrt{B^2+4\beta_2C}}{B-\sqrt{B^2+4\beta_2C}}$，即在此时高校的隐性知识 K 在企业内部的传播速度达到最大值。

由定理 3 可以看出，通过控制校企知识转移的一些参数，可以控制高校隐性知识在企业内部的传播速度，以及传播速度达到峰值的时间。

3.2　模型对校企知识转移的管理解释

一般而言，在高校和企业合作的环境下，如果高校的知识传播动机、高校企业的联系程度、企业的吸收能力以及员工的学习动机较高的话，高校的知识传输就很有效，高校知识也能较好地在企业内部共享并传播[4][5][10]，可以通过模型(2)解释这些现象。

模型(2)表明，知识转移的效果体现在两个层面：知识传播的速度、知识员工的总量，有效的校企知识转移是获得较高知识员工总量的前提下提高知识传播速度。知识转移效果与 β_{11}、c_1、c_2、U/F、T_1、r 和 δ 等因素相关，而 δ 又与因素 β_2、e、d 相关。如果高校有较强的知识传播动机，必然有相当数量的知识专家(T_1)掌握了企业所需的隐性知识，同时也有相当比例的知识专家希望参与该知识(r)的传播。因此，T_1 和 r 反映了高校的知识传播动机。企业与恰当规模(U/F)的高校保持较高的接触率(β_{11})、较多的知识专家(c_1)参与企业的学习过程表现出校企联系的密切程度，即 U/F、β_{11} 和 c_1 反映了校企的联系程度。企业内部的接触数(β_2)和遗忘率(e)反映了企业的学习能力,而企业的吸收能力是员工学习能力的总体表现[14]。如果企业员工有较强的学习动机的话,企业员工会积极提高与企业内外其他员工的接触水平,同时也会吸引企业内外的人才(c_2、d)参与企业学习过程。可见,β_2、e、d和c_2反映了企业的吸收能力和员工的学习动机。

综上所述,模型(2)所讨论的因素如接触率(β_{11},β_2)、接触数(δ,e,d)、调入率(c_1、c_2)、校企规模(U/F)、高校专家特性(T_1,r)从不同层面反映了校企知识转移过程中高校的知识传播动机、高校企业的联系程度、企业的吸收能力以及员工的学习动机问题,同时模型(2)对解决这些问题给出了很好的解释。在管理实践中,高校和企业均可通过主动调节这些相关参数,使对企业有价值的高校知识在企业内部迅速传播开来。

4 结 论

本文针对隐性知识转移模型分析了模型的渐近解、参数控制和阈值条件,最后给出了模型对校企知识转移的管理解释。分析表明:在校企隐性知识转移的两阶段过程中,$\beta_{11} > 0$是高校知识向企业传输的条件;$\delta > 1$是隐性知识在企业内部学习和共享的条件。要想高校隐性知识在企业内部得到广泛而迅速的传播,主要措施包括保持高校和企业的密切联系、吸引人才(特别是专门人才)参与企业学习、保持企业内部员工的密切接触、减少企业员工的知识遗忘和员工调出等。模型不仅考虑了高校与企业员工间面对面接触的转移方式,也考虑了高校与企业之间的员工互调的转移方式,对于企业有效开发和利用高校的隐性知识,促进企业的知识管理,进一步提高企业自主创新的竞争力具有一定的价值。

参 考 文 献

[1] Etzkowitz H, Entrepreneusial Scientists and Entrepreneurial Universities in American Academic Science, Minerva 21 (Autumn), 1983: 198-233.

[2] Feldman M, Gertler M, Wolfe D. University technology Transfer and National Systems of Innovation: Introduction to the Special Issue of Industry and Innovation. Industry and Innovation, 13 (4), 2006: 359-370.

[3] Schiller D. Nascent Innovation Systems in Developing Countries: University Responses to Regional Needs in Thailand. Industry and Innovation, 13 (4), 2006 (a): 481-504.

[4] Siegel D S, Phan P H. Analyzing the Effectiveness of University Technology Transfer: Implications for Entrepreneurship Education [J]. University entrepreneurship and Technology Transfer: Process, Design, and Intellectual Property Advances in the Study of Entrepreneurship, Innovation and Economic Growth. 2005 (16): 1-38.

[5] Phan P H, Siegel D. The Effectiveness of University Technology Transfer: Lessons Learned from Quantitative and Qualitative Research in the U.S. and the U. K [OL]. Rensselaer Working Papers in Economics. Available at: http: //www.rpi.edu/dept/economics/www/workingpapers/.

[6] Kogut B. Joint venture: Theoretical and empirical perspectives [J]. Strategic Management Journal, 1998 (2): 319-332.

[7] Schiller D. The Potential to Upgrade the Thai Innovation System by University-Industry Linkage [J]. Asian Journal of Technology Innovation, 14 (2), 2006 (b): 67-91.

[8] 廖述梅. 国内外校企知识转移研究比较与启示 [J]. 情报杂志, 2008 (4): 52-54, 51.

[9] 章琰. 大学技术转移的双重过程分析 [J]. 科学学与科学技术管理, 2004 (7): 27-30.

[10] 章琰. 大学技术转移网络系统分析 [J]. 科技进步与对策, 2006 (6): 151-154.

[11] Agrawal A. University-to-Industry Knowledge Transfer: Literature Review and Unanswered Questions [J]. International Journal of Management Reviews, 2001 (4): 285-302.

[12] Lin L, Geng X, Whinston A B. A Sender-Receiver Framework for Knowledge Transfer [J]. MIS Quarterly, 2005 (2): 1-23.

[13] Watson S, Hewwet K. A Multi-Theoretical Model of Knowledge Transfer in Organization: Determinants of Knowledge Contribution and Knowledge Reuse [J]. Journal of Management Studies, 2006 (2): 141-173.

[14] 张生太, 李涛, 段兴民. 组织内部隐性知识传播模型研究 [J]. 科研管理, 2004 (6): 28-32.

[15] 卢兵, 岳亮, 廖貅武. 组织通过外部学习进行隐性知识转移的模型研究 [D]. 系统工程理论与实践, 2006 (10): 35-43.

[16] 徐升华, 廖述梅. 我国校企知识转移研究定位分析 [J]. 科技进步与对策, 2009 (2): 143-145.

[17] 廖述梅, 徐升华. 基于DEA的我国高校对企业知识转移效率分析 [D]. 第六届管理科学与工程论坛. 2008年5月中国上海: 1235-1239.

[18] 徐升华, 廖述梅. 校企合作中隐性知识转移模型研究 [J]. CNAIS 2007: 423-425.

Study of Modeling Tacit Knowledge Transfer and its Implications for University & Enterprise Cooperation

LIAO Shumei[1], XU Shenghua[1]

(1. School of Information Management, Jiangxi University of Finance & Economics Nanchang 330013, China)

Abstract: Knowledge transfer in university-industry cooperation has been seen as one of the effective ways to enhance firms knowledge resources and promote the capability of their endogenous innovation. After analyzing the characteristics of tacit knowledge transfer in university industry cooperation, this paper establishes the differential model of tacit knowledge transfer under university-industry cooperation, and finds ist solution; then puts forward the condition of firm getting university's tacit knowledge, and points out the ways to enhance the efficiency of the transfer. And finally, the management implications for guiding university-enterprise cooperation is illuminated.

Key words: knowledge transfer; differential dynamics; tacit knowledge; university-industry cooperation

联盟网络中两类知识对知识转移影响路径实证研究*

吴翠花[1]，刘新梅[2]，关海玲[3]

（1. 天津工业大学管理学院，天津 300387；2. 西安交通大学管理学院，西安 710049；
3. 太原科技大学经济与管理学院，太原 030024）

摘　要：本文在对相关理论进行评述的基础上，分析了联盟网络中的两类知识：显性知识与隐性知识、知识转移的内涵和特征，剖析了两类知识对知识转移的影响路径。在此基础上，设计了问卷，并对200家联盟网络企业的知识转移状况进行问卷调查，运用SPSS13.0统计软件对所获有效数据验证它们之间的理论联系。实证结果显示，显性知识、隐性知识与知识转移之间存在正相关关系，并且显性知识转移的数量高于隐性知识转移的数量。同时，实证结果还验证了知识距离和学习能力对知识转移的调节作用。

关键词：联盟网络；知识转移；显性知识；隐性知识

中图分类号：F273

1　引　言

20世纪90年代以来，随着知识经济形态的日益凸显及经济全球化趋势的不断深入，企业间竞争的核心愈来愈表现为知识的竞争，知识已成为一个国家或地区经济增长、社会发展和企业成长的关键资源，越来越多的企业通过知识管理来塑造自身的核心竞争力。由于与满足市场需求的新产品制造、新工艺设计等技术要求相适应的知识和技能越来越复杂，加之，经济全球化趋势的不断增强和技术竞争的更为激烈所导致的组织过程的复杂化、动态化，使得单一企业不可能及时高效地拥有更新技术、产品和服务的所有知识，企业必须依靠与他组织进行合作，依靠企业间联盟的方式[1]获取内部所不能产生的知识，才能适应竞争环境的要求。因此，组织间成功的知识转移就成为企业获取竞争优势的基础，也成为当前战略理论研究的中心命题[2]。以往绝大多数研究主要是从单个组织的角度进行考察的，对联盟网络组织形式下的知识转移活动缺乏足够的关注。为此，本文透过企业联盟网络的视角，通过对建立了网络合作关系并发生知识转移活动的200家企业展开的问卷调查，运用有效样本数据实证分析联盟网络中两类知识及其知识距离与学习能力对成功的知识转移的影响作用，揭示它们之间的作用机理和影响路径，以期为联盟网络企业更好地进行知识转移活动提供理论依据和实证支持。

2　相关理论概述

联盟网络作为创新网络的一种形式，是近年来学术界和实业界关注的热点之一，以往研究认为联盟网络是传播和转移新信息的新的实践活动和便利方式[3][4]，Gulati认为，公司间的联盟网络本身是不可模仿和不可代替的资产以及能够被便利使用的独特的资源和能力，并且网络能够为其成员企业提供基本的战略优势[5][6]，而这种基本战略优势源于网络本身所拥有的各类知识。

目前，关于知识的概念学术界尚无一个统一、权威的界定。基于知识的观点认为，知识是企业最重要的资源，不断识别、创造和管理知识是企业创造价值的根本前提，为此学者们分别从信息、经验技能、行为方式和信仰等角度对知识做了界定[7][8][9][10]，以揭示知识的内涵和外延，并以显性知识与隐性知识[11][12]、模糊知识与清晰知识[10]、科学知识与技术知识[13]等为研究变量，研究这些变量对企业创新活动的影响作用。

---

* 基金项目：国家自然基金项目（70473071）；国家自然基金项目（70890081）；山西省软科学项目（2008041008-05）；山西省社科联研究项目（SSKLZDKT2008061）

通讯作者：吴翠花（1967-），女，汉族，河北正定人，天津工业大学管理学院，副教授，硕士生导师，博士，研究方向：知识管理、联盟网络、组织创新。E-mail：cuihuawu@126.com

对于联盟网络中知识转移这一研究领域，现有研究已经从探讨知识转移对推动联盟网络形成的作用，转向围绕知识本身的特性及其对知识转移的影响路径和作用机制方面，进而探讨联盟网络中不同类型的知识如何影响和推动企业创新活动的发展，这表明联盟网络中知识转移研究向前推进了一步，并且对联盟网络通过知识转移实现创新管理也具有很大的现实意义。尽管如此，这一研究领域仍然存在一些不足。

首先，对联盟网络中知识类型的研究，目前文献尚不存在统一的表述，未能对联盟网络中知识的类型、特征和作用机理作深入分析，从而未能为更深刻地把握联盟网络中知识类型与知识转移的关系，更好地把握二者的作用规律并提供有效的理论和实践建议。事实上，联盟网络中的知识类型在很大程度上影响着知识转移的数量和质量，进而影响到企业的创新活动，联盟网络中不适当的知识转移会增加企业创新活动的风险，加大企业创新活动的成本。

其次，对联盟网络成员间所存在的知识距离、学习能力与成功的知识转移之间关系方面的研究，还缺乏有效的理论和实证支持。

再次，对联盟网络中两类知识——隐性知识和显性知识对成功的知识转移的影响路径和作用机理方面的研究尚不多见。

综上所述，目前在该领域的研究大多还是分散的，如关于联盟网络影响知识转移因素的研究往往缺乏其系统性和实践性。上述理论研究中所存在的缺陷，大大影响了联盟网络中知识管理的实践性。因此，本论文将研究快速变化的动态环境下，联盟网络中两类知识对知识转移的影响路径，以改善企业的创新管理并创造持续的竞争优势。

基于上述分析，本文认为联盟网络中的显性知识是指以文件、数据、规章制度等方式存在的各种有价值的信息的总和。它具有如下特点：（1）能够以编码的形式（语言和程序）储存并可以清楚地表达出来，在知识创造者和参与者不在场的情况下，也可以被理解和分享。（2）可以独立于认知主体之外而被传达和交流。（3）可以通过逻辑推理、正规书本学习而生产出来。（4）具有可加总性，在此地生产出来的知识可以储存起来，通过交流和传授在彼地无障碍地交流沟通。

隐性知识是指以思想、观念、经验、情感和人类的心智模式等方式存在的各种有价值的信息总和。它的特点如下：（1）它不能够以编码的形式（语言和程序）储存，如果没有知识创造者的参与和介绍就无法被清楚地表达出来。（2）它不能独立于认知主体之外而存在，很难转移和传达交流。（3）它是通过人类的直觉、经验和人类的心智模式等形式在“干中学，学中干”中生产出来的。（4）它是离散分布、不易加总的，需要依靠认知主体之间高度信任和密切合作才能够得到交流和传授。

这两类知识各自具有不同的特点，同时在这两类知识的转移方和接受方之间不可避免地存在着知识需求的差异性，这种差异性所导致的知识距离，即知识发送方和接收方拥有相似知识的数量和程度方面的差距也构成企业间知识转移成功进行的障碍之一，此外，双方在知识转移过程中所具有的学习能力的大小也是影响知识转移的重要因素，所谓学习能力是指双方传递、吸收并将知识内在化、制度化的技能。

因此，联盟网络中两类知识及其所存在的知识距离和学习能力与成功的知识转移之间存在着理论上的联系。

3　联盟网络中两类知识与知识转移关系模型的提出

3.1　知识转移的内涵

关于知识转移的内涵，学者们从不同角度进行了研究和界定，如从技术转移的角度，Teece 认为企业通过技术的国际转移，能积累起大量跨国界的应用知识；从组织的角度，Argote 认为知识转移是一个组织的经验影响另一个组织行动的过程，它意味着知识的改变或者改变知识接受者的行为[14]；从组织与个体关系的角度，Bloodgood 认为知识转移是知识在不同组织或个体之间的转移或传播[15]，是现存的信息或“know-how”从一个单元向另一个单元的移动；从知识互惠的角度，Szulanski 把知识转移定义为组织知识在知识源和知识接受者之间的双边交换[16]；从构成要素的角度，Drucker 认为一个完整的知识转移过程应当是由知识发送方、知识接收方、转移渠道、被转移对象以及发生知识转移时嵌入的情景等因素所构成的[17]；从过程的角度，Davenport & Prusak 则认为知识转移包括知识传递和知识吸收两个过程[18]，有效的知识转移表明知识的接收者已经把接收到的知识整合到其工作环境之中并加以有效使用，同时给知识转移双方带来了有意义的效果。

综合上述学者们的研究，结合企业实际，本文认为知识转移就是各类知识包括显性知识和隐性知识在联盟网络企业间的有效传递的过程，通过这一过程，实现知识从一个单元向另一个单元的转移[19]。成功的知识转移不仅仅取决于企业间这两类知识的作用程度，而且还取决于企业间在这两类知识间存在的差距的大小即知识距离的差异性和知识转移过程中所具备的学习能力的高低。

3.2 理论模型与研究假设

1）两类知识对知识转移的影响

从知识黏合性的角度而言，知识在本质上是可以被转移的，如嵌入在企业或个体中的显性知识或隐性知识都是能够被有效转移的，特别是那些基于知识的产品，如公司文件、数据、规章制度等被加工整理过的显性知识比隐性知识更容易传播和转移，Almeida & Kogut [20] 的实证研究也支持了这一观点；Moreland et al. [21] 的研究发现，在伴随知识转移而没有人员转移发生的情况下，接受方几乎无法熟练地使用工具和熟悉公司流程，因此，知识转移不仅发生在企业内部，还经常发生在企业间。从知识的特性来看，构成知识有效成分的那些隐性知识的转移更为困难，一般而言，嵌入在产品或技术中的显性知识比嵌入在组织流程和组织实践中的隐性知识更容易被转移，那些广泛分布于企业生命周期特定阶段的要素、技巧或语言等模糊性、隐性的知识在某种程度上是难以转移的，知识的模糊性越强，越难以确认和转移[22]，不仅如此，知识的模糊性也是影响知识成功转移的重要障碍[17]，Simonin[23] 的研究也揭示了隐性知识与模糊性之间有正向的、积极的关系。由此可见，两类知识对有效的知识转移具有一定的影响作用，但是由于其各自的特性，决定了两类知识在被有效转移的数量和质量方面存在差异。

2）知识距离、学习能力对知识转移的影响

知识距离是指知识发送方和接收方拥有相似知识的数量和程度上的差距。以研发知识转移为例，由于发送方和接收方研发情境的不同，双方在研发活动中存在诸多差距，如组织治理模式、组织文化、知识结构等方面的差异会导致知识距离的增加，若是跨部门和跨企业的知识转移，那么组织学习存在的问题就更多。但是当组织学习发生时，双方在知识距离方面的差异将不会增大。Nonaka &Takeuchi[10] 和 Hamel[24] 的研究也揭示了发生转移知识的领域往往是存在多余和过量的冗余知识的地方，然而当双方在技巧、认知、价值观等隐性知识方面存在过大差距时，组织学习几乎不可能存在，因此，伙伴间存在密切合作的知识领域对于成功的知识转移是必要的。此外，企业在学习能力方面存在的差异性也会影响到知识的有效转移。因此，知识距离和学习能力在一定程度上也对知识转移具有影响作用。

基于上述理论分析，本文建立了如下两类知识及其知识距离、学习能力与企业知识转移的关系模型，如图 1 所示。

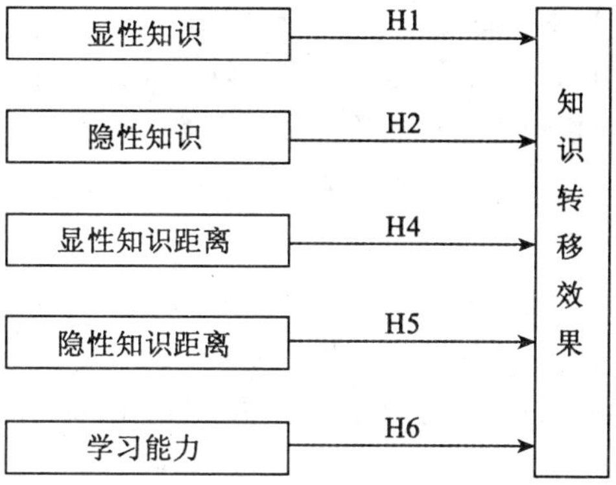

图 1 两类知识影响知识转移的路径示意图

假设 1：随着显性知识数量的增加，成功的知识转移数量将逐渐增加。

假设 2：随着隐性知识数量的增加，成功的知识转移数量将逐渐增加。

假设 3：显性知识转移的数量要大于隐性知识转移的数量。

假设 4：双方显性知识距离的增加会导致成功的知识转移的减少。

假设 5：双方隐性知识距离的增加会导致成功的知识转移的减少。

假设 6：双方学习能力的增强会导致成功知识转移的增加。

4 研究设计与研究方法

4.1 问卷设计

为了验证上述研究假设的有效性，本文采用问卷调查方法获取有关数据。具体方法如下：在大量阅读国内外相关文献基础上，通过对山西、河南两省部分高新区企业的预调研结果，结合国内外知识转移相关研究成果设计了本文的调查问卷。问卷调研样本企业分布于上海、浙江、山东、山西、河南、陕西、湖北等地区，调研对象为拥有知识转移并建立合作关系的企业中从事知识管理相关工作的中高层管理人员。问卷发放形式：通过各省市公开出版的企业名录以及与当地高新技术企业管理机构取得联系并获得相关企业名单后采用随机抽取企业并发送电子邮件、上门直接访谈等形式获得。问卷采用7级指标度量方法采集数据。本次调查共发放问卷200份，收回问卷83份，有效问卷74份，有效问卷回收率为89.2%，回收的有效数据采用spss13.0统计软件进行相关统计分析。

4.2 主要指标测量和分析方法

1）因变量——知识转移效果

知识转移效果是对企业有效获取自身所需知识资源数量和能力的一种反映，成功的知识转移是双方组织过程与结果中重要的组成部分，是企业竞争优势的主要来源。当知识接受方认识到缺乏某种知识时，通过与知识发送方之间的互动，利用各种媒介获取所需要的知识并加以吸收、应用、发展与创新，融入企业日常的核心工作之中就是成功的知识转移。Machlup认为，知识转移是知识接受方的求知过程，通过这一过程获取所需要的知识[25]，对于发送方而言，成功的知识转移是本组织的经验影响他组织行动的过程，它意味着知识的改变或者改变知识接受方行为的能力，Harem等认为知识转移是指双方了解相同知识的过程[26]。成功的知识转移是在知识的接受单元累积和吸收到的新知识[27]，或是知识在接受方被内部化和制度化的程度[28][29]，基于上述认识，本文从获取需要的知识、输出满意的知识、转移过程中解决问题的能力三方面测量知识转移效果，对上述指标按7级刻度打分构成。

2）自变量

（1）显性知识与隐性知识。显性知识是以文件、数据、规章制度等方式存在的各种有价值的信息，隐性知识是指以思想、观念、经验、情感和人类的心智模式等方式存在的各种有价值的信息，本文结合上述研究成果，以技术知识、新产品开发知识、生产运作知识、营销知识、组织知识、管理知识作为测量两类知识的指标，对上述指标按7级刻度打分构成。

（2）知识距离。知识距离是指知识发送方和接收方拥有相似知识的数量和程度上的差距。本文以知识的差异程度、吸收能力差异程度、输出能力差异程度、交流能力差异程度作为测量的指标，对上述指标按7级刻度打分构成。

（3）学习能力。学习能力是指双方传递、吸收并将知识内在化、制度化的技能。本文以知识的识别能力、传递能力、吸收能力和运用能力作为测量的指标，对上述指标按7级刻度打分构成。

4.3 统计结果分析

首先，以Cronbach' s alpha值作为评判问卷信度的标准，每一指标的Cronbach's Alpha值均大于0.7，KMO值均大于0.5，达到了有效性标准，因此，可以使用上述变量做进一步的分析。

其次，对各变量的统计特征和Pearson相关性进行分析，如表1所示，各变量间的Pearson系数值均在理想的范围之内，表明变量间不存在多重共线性问题。

再次，利用回归模型检验本文所提出的6条假设，结果如表2所示。

表1 **各变量的描述统计与Pearson相关系数一览表**

变量	Mean	S. D.	1	2	3	4	5
显性知识	4.92	1.434	1				
隐性知识	4.61	1.424	.724**	1			
知识距离	4.55	1.393	.756**	.666**	1		
学习能力	4.75	1.297	.624**	.516**	.592**	1	
知识转移效果	478.	1.273	.459**	.317**	.398**	.524**	1

注：（1）**表示在99%的置信度下显著；（2）样本数，N=74

表 2 各因子回归分析结果一览表

回归方程	自变量	因变量	标准化回归系数（Beta 值）	回归系数的显著性 t 检验（显著性 P 值）	回归方程的显著性 F 检验（显著性 P 值）	拟合优度检验（R^2 值）
	显性知识	知识转移效果	0.266	0.000*	0.000**	0.312
	隐性知识		0.260	0.007		
	知识距离		-0.011	0.000*		
	学习能力		0.537**	0.000*		

注：1）* 表示在 95% 的置信度下显著；2）样本数，N = 74

5 结论与展望

知识转移是企业获取竞争优势的有效途径之一，对企业的成长、发展和创新具有重要的影响作用。本文通过理论与实证分析，探讨了显性知识、隐性知识、知识距离、学习能力对成功知识转移的影响路径和作用机理，并得出以下结论：

第一，分析了联盟网络企业中的两类知识、知识转移、知识距离及其学习能力的相关基本理论。

第二，构建了联盟网络企业中两类知识、知识距离、学习能力与知识转移之间的关系模型。

第三，设计问卷，选择样本企业进行调查，运用有效数据，采用统计分析方法验证它们之间的结构关系。

第四，实证结果显示，显性知识、学习能力与成功的知识转移之间存在正相关关系；知识距离与成功的知识转移之间存在负相关关系；隐性知识与成功的知识转移之间虽然在统计上具有显著性，P = 0.007，但方程拟合状态不好，因此它们之间线性相关关系不存在，但两者之间的正相关关系是存在的，说明显性知识转移的数量高于隐性知识；实证分析还发现，学习能力在两类知识、知识距离与成功的知识转移之间发挥着调节作用。

综上所述，本文的研究具有较为重要的理论意义，对于发现影响联盟网络企业知识转移的关键因素提供了实证支持，弥补了以往研究的不足。本文还存在如下局限：第一，就本研究而言，样本量还偏小，不能完全满足研究的需要。如本次调查共发放问卷 200 份，但收回问卷 83 份，有效问卷 74 份，难以达到用回归方法验证多级回归模型和交互作用模型的要求，期待在今后的研究当中对于上述存在的问题能够开展更深入的研究。第二，由于受篇幅所限，未讨论性别、年龄、教育程度等人口控制变量对知识转移的影响作用。第三，本研究未作探讨组织学习在知识转移过程中的重要的作用，在未来研究中，我们将对组织学习对知识转移的作用机制给予关注。

参考文献

[1] Andrew L S, Goh. Harnessing Knowledge for Innovation: an Integrated Management Framework [J]. Journal of Knowledge Management, 2005, 9 (4): 6-18.

[2] Argote L, Ingram P. Knowledge Transfer: A Basis for Competitive Advantage in Forms [J]. Organizational Behavior and Human Decision Processes, 2000, 82 (5): 50-86.

[3] Palmer D, Barber B, Zhou X, Soysal Y. The Friendly and Predatory Acquisition of Large U. S. Corporations in the 1960s: the Other Contested Terrain [J]. American Sociological Review, 1995, 60 (4): 469-499.

[4] Dvais G, Greve H. Corporate Elite Networks and Governance Changes in the 1980s [J]. American Journal of Sociology, 1997, 103 (1): 1-37.

[5] Koka B, Prescott J. Strategic Alliances as Social Capital: a Multidimensional View [J]. Strategic Management Journal, 2002, 23 (9): 795-816.

[6] Zollo M, Reuer J, Singh H. Interorganizational Routines and Performance in Strategic Alliances [J]. Organization Science, 2002, 13 (6): 701-713.

[7] Kogut B, Zander U. Knowledge of the Firm, Combinative Capabilities, and the Replication of Technology [J]. Organization Science, 1992, 3 (3): 383-397.

[8] Starbuck, William H. Learing by Knowledge Intensive Firms [J]. Journal of Management Studies, 1992, 29 (6): 713-741.

[9] Drucker P. Post Capitalist Society [M]. London: Butter worth Heinemann, 1993: 25-27.

[10] Nonaka I, akeuchi H. The Knowledge Creating Company: How Japanese Companies Create the Dynamics of Innovation [M]. New York: Oxford University Press, 1995.

[11] Polanyi M. Personal Knowledge: toward a Post-critical Philosophy [M]. Chicago: University of Chicago Press,

1958: 22-101.

[12] Polanyi M. The Tacit Dimension [M]. Garden City, NY: Doubleday, 1966.

[13] 傅家骥，雷家骕，程源. 技术经济学前沿问题 [M]. 北京：经济科学出版社，2000：148-187.

[14] Argote. Organization Learning: Creating, Retaining and Transferring Knowledge [M]. Kluwer Academic Publishers, 1999: 142-189.

[15] Bloodgood J M, Salisbury W D. Understanding the Influence of Organizational Change Strategies on Information Technology and Knowledge Management Strategies [J]. Decision Support Systems, 2001, 34 (1): 55-69.

[16] Drucker P. Post capitalist society [M]. London: Butter Worth Heinemann, 1993: 25-27.

[17] Szulanski, Exploring Internal Stickiness: Impediments to the Transfer of Best within the Form [J]. Strategic management joumal, 1996, 17: 13-27.

[18] Davenport and Prusak. Working Knowledge: How Organizations Manage What the Know [M]. Boston: Harvard business school press, 1998.

[19] 吴翠花，王三义，刘新梅，万威武. 联盟网络社会资本对知识转移影响路径研究 [J]. 科学学研究，2008 (5)：1031-1036.

[20] Almeida P, Kogut B. Localization of Knowledge and the Mobility of Engineers in Regional Network [J]. Mangement Science, 1999, 45: 905-917.

[21] Moreland R L, Argote L, Krishnan R. Socially Shared Cognition at Work: Transactive Memory and Group Performance [M] // Nye, J. L., Brower, A. M. (eds.), What's So Social About Social Cognition? Social Cognition Research in Small Groups. Thousand Oaks, CA, 1996: 57-84.

[22] Spender J C, Grant R M. Knowledge of the Firm: Overview [J]. Strategic Management Journal, 1996, 17: 5-9.

[23] Simonin B L. Transfer of Marketing Know-how in International Strategic Alliances: an Empirical Investigation of the Role and Antecedents Knowledge Ambiguity [J]. Journal of International Business Studies, 1999, 30 (3): 463-490.

[24] Hamel G. Competition for Competence and Inter-partner learning within International Strategic Alliances [J]. Strategic Management Journal, 1991, 12: 83-103.

[25] Machlup, Fritz. The Production Distribution of Knowledge in the United State [M]. NJ: Princenton University Press, 1962.

[26] Harem T, Krogh G V, Roos J. Knowledge-based Strategic change, Managing Knowledge-perspectives on Cooperation and Competition [M]. SAGE Publication, 1996.

[27] Zander. Exploiting a Technological Edge: Voluntary and Involuntary Dissemination of Technology [M]. Stockholm: Institute of International Business, 1991.

[28] Kostova T. Transnational Transfer of Strategic Organizational Practices: a Contextual Perspective [J]. Academy of Management Review, 1999, 24 (2): 308-324.

[29] Cummings J L, Teng B S. Transferring R&D Knowledge: the Key Factors Affecting Knowledge Transfer Success [J]. Journal of Engineering and Technology Management, 2003, 11 (33): 1-30.

An Empirical Study of the Effect on Explicit Knowledge and Tacit Knowledge to Knowledge Transfer in Alliance Network

WU Cuihua[1], LIU Xinmei[2], WAN Weiwu[2]

(1. School of Management Tianjin polytechnic university, Tianjin 300387, China;
2. School of Management Xi'an Jiao tong University, Xi'an 710049, China)

Abstract: In this paper, the explicit knowledge and tacit knowledge are studied, and the both relationship between the two knowledge and knowledge transfer is analyzed. And uses questionnaire investigation method collects the conditions of knowledge transfer of 200 enterprises in alliance network. On the basis of this, the both relationship is demonstrated by using the effective data that are from 200 enterprises in alliance network and using SPSS13. 0. The empirical results indicate that explicit knowledge and tacit knowledge have related to knowledge transfer and the quantity of explicit knowledge is more than that of tacit knowledge, and knowledge distance and learning ability have related to knowledge transfer and mediate effect.

Key words: alliance network; knowledge transfer; explicit knowledge; tacit knowledge

影响个人在线提供隐私信息意愿的实证研究*

周曼[1]，王洪伟[1]，刘仲英[1]

（1. 同济大学经济与管理学院，上海，200092）

摘　要：用户的个人信息是个性化网络服务的主要依据，然而网络世界的种种风险使得用户心存疑虑，拒绝提供个人信息或是提供虚假信息。本文从个人、网站和情境三方面的因素着手，以已有研究成果为基础，建立一个影响个人在线提供信息隐私意愿的模型。并采用结构方程模型对理论模型和研究假设进行实证分析，根据研究结果提出建议，帮助网站制定更好的网站注册流程和顾客信息收集策略等，从而更好地获得顾客的个人信息。

关键词：个人信息隐私；结构方程模型；信任倾向

中图分类号：C931

了解顾客需求是现代企业的首要任务，而最可靠的需求信息无疑是来自于顾客自身。激烈的竞争迫使电子商务平台转向顾客去获取个人信息，通过专业化的数据分析，获得具有商业价值的资料，从而识别顾客身份，改进网络营销，提供个性化的产品和服务。而在电子政务中，公民必须提供真实的个人信息，才能进行有效的身份认证。再如，校内网、Chinaren 等网络社区的个人注册信息基本上都是真实的，为寻找同学、结识朋友提供了便利。也就是说，没有真实的个人信息，这类网站本身也就失去了意义及生存的能力。可见，无论是商业性和服务性网站，都需要从访问者/客户那里获取个人信息。尤其是网络实名制的提议，尽管备受争议，但已提到议事日程上来。所以，为了便于网络监管，个人信息的真实性也是必不可少的。

在线注册是最便捷的个人信息收集途径。然而近年来侵害个人隐私信息的现象愈演愈烈，例如在用户不知情的情况下将个人数据用于商业性交易，再比如黑客、研究人员、犯罪者、竞争对手等出于不同目的，对个人隐私信息进行非法侵害，加之顾客本身的个性特征，致使很多顾客在线注册时心存疑虑，不愿意提供过多的个人信息，或者是提供虚假的个人信息，这些行为影响了网站的服务效果。因此了解顾客在注册时个人信息隐私提供意愿的各种影响因素及影响机制，对于网站的建设与运营是非常有价值的。

1　文献综述

顾客向网站及商家提供个人信息行为意愿的研究近几年备受关注，主要集中在国外且针对电子商务网站。Andrede 根据社会交换理论，通过实证研究发现，隐私政策和公司声誉能够降低个人的隐私顾虑[1]。Mertzger 基于同一理论，研究顾客个人特征以及网站的感知特征对于顾客个人信息提供意愿的共同作用，强调信任的中介作用以及顾客过去的个人信息提供行为对于顾客提供个人信息的行为意愿的影响[2]。虽然模型中没有引入信息敏感度的概念，但是 Mertzger 还是对不同的信息类型对消费者行为意愿的影响进行分析，并指出不同敏感度的信息，消费者的行为也会有差异。Castañeda 和 Montoro 从电子商务消费者网络隐私顾虑和信任角度以及所需提供的信息敏感度来研究消费者个人信息提供意愿[3]，正式将信息敏感度作为因子引入分析。Chellappa 和 Sin 则从顾客特征（网络隐私顾虑，对特定个性化服务的重视程度）角度研究顾客对于个人信息提供（输入）与产出之间的权衡[4]。他将消费者提供个人信息能获得的产出从局限性的奖励扩展到服务产出（个性化服务），认为个人在网上提供个人信息时，更多的是考虑定制化服务。Phelps 等认为顾客对于企业对个人信息的使用途径的顾虑程度由四类因素决定：个人信息类型、公司提供的信息控制的数量、交换信息带来的

* 基金项目：国家自然科学基金资助项目（70501024），教育部人文社会科学资助项目（05JC870013），上海市重点学科建设项目资助（B310）

通讯作者：王洪伟（1973-），男，大连人，博士，副教授/博导。研究方向：信息管理与信息系统；E-mail：hwwang@ tongji. edu. cn

潜在利益与风险以及顾客个人特征[5]。

总结相关文献，消费者在网站提供个人信息的行为意愿受到以下四类变量的影响：（1）消费者个人特征：如社会因素，网络经验，网络隐私顾虑；（2）认知、信任和态度：信任或者对于信息控制机制的认知等；（3）网站相关的变量：如网站的声誉、隐私政策中包含的信息等。（4）情境变量：贝尔曾提出非情境因素（Non-situational factors）与情境因素（Situational factors）。非情境因素指那些消费者个人或商品所具有的长期特性，如人的个性、性别和文化等，商品的品牌形象、质量和功能等。情境因素指那些在某时某地非由个人或刺激物长期特性发生改变而具有的特性，即消费者面临的，能够对其生理和心理引起反应的内外部刺激因素[25]。例如要求提供的信息的类型和敏感度、提供个人信息的感知收益、通过网络传递个人信息的感知风险，以及消费者与网站是否建立了一定的关系等。

由于政治、经济、文化等方面的差异，各国的网络使用环境、网络使用情况及用户个人特征也不尽相同，因此国外研究中的一些因素移植在我国背景下，其影响作用可能也会不同。在国内为数不多的研究中，杨姝等人考察了声誉、隐私协议、隐私信用图章对隐私信任和信息披露意图的影响[6]。经验证，声誉、隐私协议和隐私信用图章对隐私信任和信息披露意图均有着显著的正向影响，并且对不同声誉的网站而言，这些因素影响作用也会有差异。卢叶微等人将影响个人提供信息隐私意愿的因素划分为三个方面[7]：（1）和网站相关的因素，包括网站声誉和隐私政策；（2）和个人相关的因素，包括信任倾向，隐私顾虑和定制化意愿；（3）和个人提供信息隐私这一行为过程相关的因素，包括感知有用性和易用性。

同时，还有一些研究强调涉入度对顾客行为的影响，Spiekermann 等人通过实证验证涉入度和信息提供意愿之间的关系，结果发现用户对于特定网站的涉入度越高他们就越愿意回答网站提出的更多的有关个人信息的问题[8]。Paulus 等人对 189 名学生进行网上问卷调研，发现涉入度（即网上论坛对于个人的重要程度和个人相关程度）对学生在论坛中信息提供的行为有直接的正向影响[9]。

综上所述，本文认为影响个人在线提供信息隐私的因素包括：与个人相关的因素（网络隐私顾虑、信任倾向）；与网站相关因素（网站声誉、网站安全控制及隐私政策）；情境因素（易用性感知、有用性感知、网站涉入度、信息敏感度）。

2 研究模型和假设

2.1 与个人相关的因素

1）网络隐私顾虑

Malhotra N K 等人将网络隐私顾虑定义为：网络用户对于网站收集个人信息、对被收集信息的控制权、对被收集信息如何使用的知情权的关注[10]。收集信息作为第一维度，Phelps 发现在直接营销领域，尽管顾客愿意通过共享他们的个人信息来获得有价值的回报，但是多数人还是想要限制被收集的个人信息的量。同时，他认为控制权非常重要，因为顾客在网上提供信息的时候冒着很大的风险。如果顾客对提供的个人信息拥有一定的控制权，就会认为这是一个公平的过程，顾客的隐私顾虑就会相对低一些。在知情权维度，顾客拒绝提供个人信息是由于对个人信息如何使用的不确定性[11][12]。Eastlick 等人研究了顾客隐私顾虑和商家声誉对信任、承诺和购买意愿的研究，发现隐私顾虑不仅会直接负向影响顾客的行为意愿，同时还会通过信任负向影响行为意愿[13]。Sheehan 也发现随着网络隐私顾虑的加重，顾客在线注册的频率降低，同时还会选择提供不完整或虚假的个人信息，而且对于网站的信任也会降低[14]。因而假设 H1：顾客的网络隐私顾虑负向影响其对网站的信任；H2：顾客的网络隐私顾虑负向影响个人信息隐私提供意愿。

2）信任倾向

信任倾向是顾客个体的特征，即经过长期社会化形成的依赖其他人的意愿，它是由文化背景、个性以及个人的发展经历等决定的[15]。研究指出，信任倾向会直接影响顾客对网站的信任程度[16]。尤其面对陌生事物时，顾客的信任倾向会显著影响其对该事物的初始信任。在决定是否信任时，消费者会寻找可信任的特征或线索，个人信任倾向会增强或减弱信任特征所产生的信任程度。当顾客还没有网站任何信息的情况下，信任倾向对于信任的作用尤其明显[17]。因此假设 H3：顾客的信任倾向正向影响其对网站的信任。

2.2 与网站相关的因素

1）网站声誉

声誉是指公众感觉到的企业对消费者的诚实、关心和履行协议的程度[18][19]。无论是在传统市场还是在网络环境中，声誉对信任均具有正向影响[20]。Fung 和 Lee 指出，对网站而言，声誉是信任最重要的前因变量之一，在建立信任的初始阶段其作用尤为显著[21]。当消费者访问声誉较高的网站时，更信任网站其能保护自身的信息隐私。与之类似，学者在探讨声誉对行为意图的影响中指出，消费者更愿意将个人信息交给声誉较高的网站[22][23]。此外，声誉可以口碑相传，若某网站被公认为诚实可靠，那么新顾客也会认可和信任该网站。为检验网站声誉与信任的关系，提出假设H4：顾客感知的网站声誉正向影响其对该网站的信任。

2）网站安全控制及隐私政策

Hoffman认为隐私与安全要素是影响顾客信任的重要因素[12]。如果网站采取必要保护措施，拥有好的隐私政策，顾客会在一定程度上认为网站的意图是良善的，从而对卖家信任的"善意"维度有更积极的感知，并采取合作的态度提供个人资料给网站。如果网站设有正规的安全程序或采取必要的措施保证顾客信息不会被篡改或毁坏、个人信息不会被泄露或滥用，顾客就会在一定程度上相信网站是诚实的，承诺是可靠的，从而对网站信任的"正直"维度有更积极的感知。Hoffman的实证研究显示，若网站能清楚说明如何搜集和利用消费者的个人资料，则92%的消费者愿意提供他们的个人资料[12]。Meinert也发现，网站隐私政策提供的保障越高，顾客就更加信任网站，继而更加愿意提供个人信息[24]。因此假设H5：网站安全控制及隐私政策正向影响其对网站的信任。

2.3 情境因素

易用性感知和有用性感知来自Davis的技术接受模型（Technology Acceptance Model，TAM）。TAM模型认为用户接受使用某技术的行为意向由使用的态度和感知的有用性来共同决定，使用态度反映了个体对其喜好程度，它由感知的有用性和感知的易用性来决定。

1）网站易用性感知

综合Koufaris和卢叶微对易用性感知的理解，结合在线提交隐私信息的特点，本文将易用性感知归纳为：个人在网上提供信息隐私这一行为过程易于使用的程度[7]，以及未来学习和使用网站所付出努力的感知[26]。如果用户注册过于繁琐，需要花费过多时间，则会影响个人填写信息的意愿[7]。TAM模型认为技术的易用性会积极影响使用这项技术的意愿。对于顾客而言，将来更容易学习和使用该网站，即顾客对网站预期的易用性感知越强，其注册并提供个人信息的意愿也越强烈。同样，这种易用性感知也会形成顾客对网站的信任。例如清晰的结构和快速方便的导航，客户帮助和新手上路等设置都将有助于顾客对网站信任的提高。黄永哲认为加强网站导航功能，能引导顾客更快在网站找到需要的信息，并减少信息难以查找给顾客带来的挫折感，增加顾客使用网站时的愉快感觉，进而增加顾客对网站的信任[29]。同时，TAM模型已验证了感知易用性将影响感知有用性，因此假设H6：顾客对网站的易用性感知正向影响其提供个人信息隐私的意愿；H7：顾客对网站的易用性感知正向影响其对网站的信任；H8：顾客对网站的易用性感知正向影响其对网站的有用性感知。

2）网站有用性感知

网站有用性感知是指顾客对在网站使用过程中网站效用的感知[26]。TAM模型的另一个观点是技术的有用性会积极影响使用这项技术的意愿。根据效用最大化理论，顾客在线提供个人隐私是因为感知这个行为能为其带来收益，能够带来效用的提高。Chellappa和Sin将消费者提供个人信息能获得的产出从局限性的物质奖励扩展到服务产出（个性化服务），认为在网上提供个人信息的时候考虑更多的是定制化服务[4]。卢叶微也认为，效用包括网站提供一定的物质激励，如虚拟社区积分、礼物赠送等，以及预期的定制化服务，并验证了定制化意愿能较显著影响个人提供信息隐私的意愿[7]。Koufaris M将定制化定义为：顾客感知网站为自己量身订制产品的意愿和能力[26]。目前网络商家通常会利用信息技术记录网站使用者的个人信息和消费行为来为顾客提供定制化服务。定制化服务要求顾客提供足够多的信息，信息越充足且真实，网站才能提供更高质量的定制化服务。当网站承诺定制更好的服务时，暗示着网站拥有强大的服务能力，顾客感知到的预期效用会越大，提供个人信息的意愿也就越强烈。同样，也只有对网站信任的前提下，顾客才能预期获得方便的产品或服务，才能相信网站的定制化服务承诺，然后才能感知网站带来的效用。从这一角度，信任将会影响顾客的网站有用性感知。因此假设H9：顾客对网站的有用性感知正向影响个人信息隐私提供意愿；H10：顾客对网站的信任正向影响其对网站的有用性感知。

3）网站涉入度

Jackson等在TAM模型中引入涉入度，建立了TAME模型，并指出涉入度会直接影响用户的使用行为意愿，使用者对信息系统的涉入度会促进他们更频繁地使用系统的更多功能[27]。Santosa 等指出用户的论坛涉入度直接影响其在论坛上信息提供的意愿：涉入度越高，信息提供意愿也越高[9]。参考文献也验证了涉入度和信息提供意愿之间的关系，结果发现顾客对于网站的涉入度越高，就更愿意回答网站提出的更多的有关个人信息的问题。因此假设 H11：顾客的网站涉入度正向影响其个人信息隐私提供意愿。

4）信息敏感度

信息敏感度是指一个人对于自己的个人信息被泄露或与他人分享可能给他们带来的伤害程度[28]。通常，顾客对于个人信息敏感度的认知因人因情境而异。Phelps J E 等人指出，顾客对于隐私威胁的反应依赖于商家所收集的个人信息的敏感度。如果其他因素都相同，那么泄漏敏感度高的信息就会觉得比泄漏敏感度低的信息风险大[11][14]。

Maihotra、Kim 和 Agarwal 将信息分为两类：(1) 较不敏感的信息：个人偏好信息（最喜欢的产品类/服务类等）；(2) 较敏感的信息：个人财务相关的信息（如收入水平、负债状况、存款余额等）[10]。结果表明，顾客感知的信息敏感度会负向影响信息提供的意愿。Castañeda 和 Montoro 验证了信息的敏感度对个人信息提供意愿有直接负向影响[3]。因此假设 H12：顾客感知的所需提供的个人信息的敏感度负向影响其个人信息隐私提供意愿。

2.4 信任与信息提供意愿

本文将信任定义为顾客相信网站在保护顾客个人隐私信息方面的可依赖程度。诸多研究表明信任与个人信息提供意愿呈正相关，信任可能是影响个人信息提供意愿的最重要因素之一。95%的顾客都有过拒绝提供在线个人信息的经历，其主要原因就是缺乏信任[12]。如果消费者认为电子商务网站会遵守保护个人信息隐私和安全、不泄露和滥用个人信息的承诺，或者相信网站会采取对消费者有益的行为，就会增强个人信息提供意愿。基于上述考虑，可以推断信任会对消费者提供个人信息的行为意愿产生直接影响。同时，本文前面提及的一些因素，如网站的特点（声誉、安全性等）以及顾客自身的网络隐私顾虑，都会影响顾客对网站的信任，并通过信任进一步影响个人信息提供意愿，因此假设 H13：顾客对网站的信任正向影响其个人信息隐私提供意愿。

综上所述，个人在线提供信息隐私意愿的概念模型如图 1 所示。

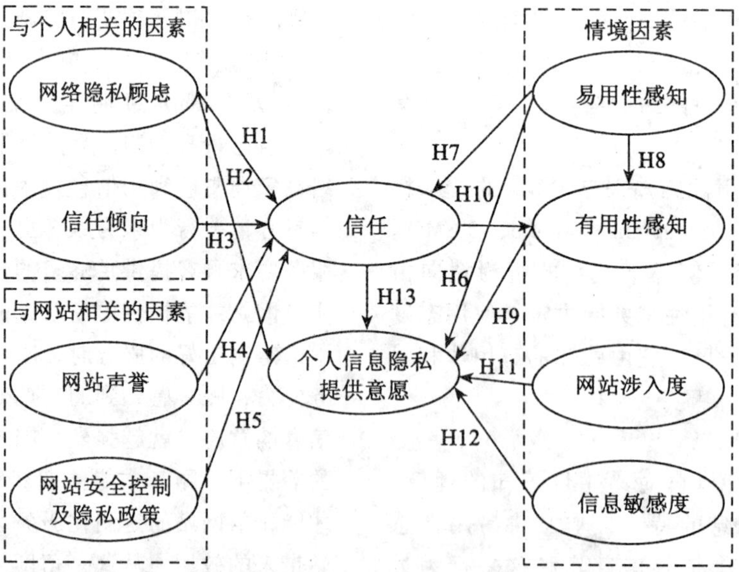

图 1 个人在线提供信息隐私意愿的概念模型

3 问卷设计与数据收集

问卷设计尽量引用前人研究中的成熟量表。为了避免因翻译不当而引起语义上的理解偏差，笔者访问了多名具有网络经验的专业人士，征求意见，然后采用修改后的问卷进行小规模的前测，并在预调查阶段对量表进行信度和效度分析。问卷预调查阶段共收集 41 份有效问卷，目的是检测问卷是否有语义不清的问题和文字是否符合习惯的表达方式，并根据信度分析的结果对问项进行调整。

正式问卷分三部分：(1) 个人基本信息；(2) 基于某次注册经历的关于网站相关的因素以及情境因素等7个变量的24个问题；(3) 关于调查者个人特征等3个变量的11个问题。受访者基于在网站进行（或尝试）的一次注册经历填写问卷。除了第一部分个人基本信息采用一般性选择题，其他部分均采用Likert七级量表。

受访者包括大部分本科生，少部分硕/博士生和MBA/MPA学员及夜大专科生。共发放问卷220份，回收198份，有效问卷数181份，有效回收率为82.27%。Gorsuch认为样本量的大小，应保证测量问项与受访者的比例最好保持在1:5以上，最好达到1:10。本研究共有35个指标需要进行因子分析，因此样本数量是合适的。

4 信度分析与效度分析

4.1 信度分析

采用Cronbach系数来评价多维度量表的内部一致性。通常Cronbach'α值大于0.8表示内部一致性极好，在0.6~0.8表示较好，而低于0.6表示内部一致性较差。表1中是各变量测量指标来源以及Cronbach'α系数。

表1 各变量测量指标来源及信度分析结果

变量名	测量指标来源	Cronbach'α
网络隐私顾虑	Mallhotra等（2004）	0.704
信任倾向	Cheung&Lee（2001）	0.883
网站声誉	Koufaris（2004）	0.840
网站安全控制及隐私政策	Metzger（2004）	0.822
易用性感知	Koufaris（2004）	0.772
有用性感知	Corbitt（2003）	0.773
网站涉入度	Santosa、Wei和Chan（2008）	0.883
信息敏感度	Castañeda&Montoro（2007）	0.768
信任	Malhotra、Kim &Agarwal（2004）	0.902
个人信息隐私提供意愿	Malhotra、Kim &Agarwal（2004）	0.883

由表1知，大部分变量的Cronbach'α系数都大于0.8，其余的Cronbach'α系数也都大于0.7，说明调研结果具有较好的信度。

4.2 效度分析

本文对问卷各变量的测量题项做过调研和前测，已保证内容效度。对于结构效度，采用因子分析对其验证。KMO样本测度和Bartlett球体检验是用于验证指标是否适合做因子分析的方法。据经验判断，当KMO值>0.5，可进行因子分析。对要进行因子分析的变量进行KMO样本测度和Bartlett球体检验，结果如表2所示。

表2 各构建层次的KMO测度和Bartlett球体检验结果

变量	KMO样本测度	Bartlett球体检验	
与个人有关的因素	.664	近似卡方值	480.595
		自由度df	28
		显著性概率Sig.	.000
与网站有关的因素	.807	近似卡方值	629.279
		自由度df	15
		显著性概率Sig.	.000
情境因素	.782	近似卡方值	1247.537
		自由度df	91
		显著性概率Sig.	.000

KMO值均大于0.5，且巴特利特球体检验统计值的显著性概率是0.000，小于0.01，适合做因子分析。使用主成分分析法，结合最大方差旋转法进行正交转轴，分别对量表中的3个构建层次（与个人相关的因素、与网站相关的因素、情境因素）进行因子分析。各层次变量因子分析结果见表3、表4、表5。

表3 旋转后的因子负荷矩阵表（与个人相关的因素）

问项	因子	
	1	2
1. 信任倾向		
TP2	.879	.072
TP1	.850	.054
TP3	.814	.087
TP4	.642	-.243

续表

问项	因子	
	1	2
2. 网络隐私顾虑		
OPC4	.082	.788
OPC3	.079	.785
OPC1	.019	.711
OPC2	-.184	.622
解释总体方差变异：60.274%		

表4 旋转后的因子负荷矩阵表（与网站相关的因素）

问项	因子	
	1	2
1. 网站声誉		
WR1	.891	.136
WR2	.881	.249
WR3	.739	.295
2. 网站安全控制及隐私政策		
SCPP2	.208	.871
SCPP3	.137	.857
SCPP1	.386	.738
解释总体方差变异：76.516%		

表5 旋转后的因子负荷矩阵表（情境因素）

问项	因子			
	1	2	3	4
1. 网站涉入度				
WI3	.910	.103	-.011	.132
WI4	.885	.095	.039	.174
WI2	.881	.171	-.059	.079
WI1	.713	.042	-.015	.192
2. 有用性感知				
PU2	.066	.821	.147	.038
PU3	.206	.800	.087	.113
PU1	.160	.766	.028	.225
PU4	.002	.592	.114	.224
3. 信息敏感度				
IS3	.018	.028	.859	-.075
IS2	-.018	.124	.857	-.010
IS1	-.073	.209	.721	.249
4. 易用性感知				
PEU1	.170	.207	.106	.869
PEU2	.246	.225	.093	.862
PEU3	.384	.215	-.161	.479
解释总体方差变异：69.990%				

结果表明，经过因子分析后抽取出的主因子完全符合理论架构，且解释总体方差变异值较高，所以该问卷具有良好的结构效度。

5 模型检验与结果分析

5.1 模型检验

本文采用结构方程模型对模型进行验证分析。结构方程模型通过拟合度指标来衡量模型与数据的拟合程度。表6给出了各拟合度指标。

表6 模型的拟合度指标

拟合度指标	指标值	可接受值
χ^2（卡方统计量）	1239.488	——
Df（自由度）	547	——
χ^2/df（调整卡方）	≈2.3	<3
RMESA（均方根残差）	0.077	<0.05 很好；0.05～0.08 不错；0.08～0.10 一般 >0.10 不能接受
GFI（拟合优度指标）	0.906	>0.9
AGFI（矫正拟合优度指数）	0.893	>0.9
CFI（比较拟合指数）	0.919	>0.9
NFI（标准拟合指数）	0.922	>0.9

其中，RMSEA值为0.077。除AGFI值略低于0.9的标准，其余值都超过0.9的最低标准。总体而言，模型的拟合度较好。

模型结果如图2所示。其中椭圆表示潜变量，矩形框表示可测变量，即测量指标，单向箭头表示变量间的因果关系，圆形表示测量误差，其中 *e*1～*e*35 表示各度量指标的测量误差，*d*1～*d*3 表示各潜在变量的测量误差。运用AMOS7.0软件，采用最大似然估计对模型进行参数估计，单箭头上方标出了每条路径的路径系数及显著性水平。

5.2 结果分析及讨论

实证结果支持假设2、假设3、假设4、假设5、假设8、假设10、假设12及假设13，部分支持假设9，而假设1、假设6、假设7和假设11没有获得支持。

1）与个人相关的因素

网络隐私顾虑（$\gamma = -0.332$，$p < 0.001$）对个人提供信息隐私的意愿产生显著的负影响，说明消

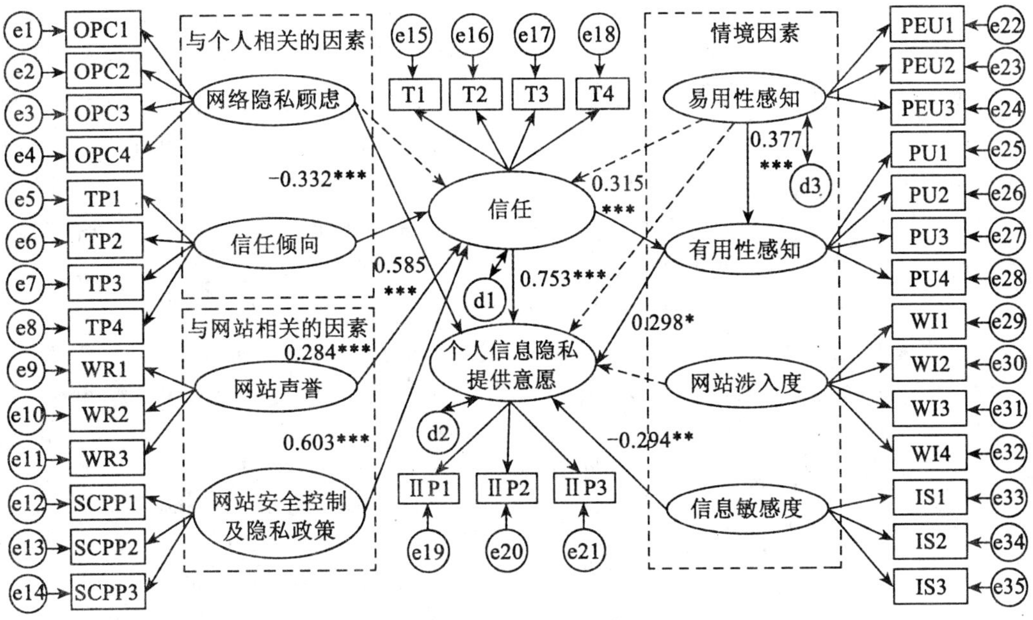

图2 个人在线提供信息隐私意愿模型的模型结构及实证分析结果

费者的网络隐私顾虑越高，就越不愿意在电子商务网站注册时提供个人信息。但是，与其他学者的研究结果不一致的是，结果表明网络隐私顾虑对信任的作用并不显著。此外，信任倾向（$\gamma=0.585$，$p<0.001$）在很大程度上正向影响用户信任。

2）与网站相关的因素

网站声誉和良好的网站安全控制与隐私公告对提高用户对网站的信任有积极影响，结果显示网站安全控制及隐私政策（$\gamma=0.603$，$p<0.001$）对于用户对网站信任的影响最大。这表明用户对个人隐私的安全非常重视，是决定是否信任网站的关键因素之一。该结果突出了网站安全性及隐私政策对建立用户信任的重要性。

网站声誉（$\gamma=0.284$，$p<0.001$）对用户信任的形成也有显著作用，因为用户更依赖于外在评价来判断从没浏览过的网站的可信任程度。在用户看来，网站拥有良好声誉是因为它比其他竞争者在产品和服务上更为出色，并且这些网站会在将来提供更好的产品/服务来保持其在消费者心中的良好形象，因而更容易得到用户的信任。就影响效果而言，网站安全控制及隐私政策对信任的作用最大，网站声誉相对较小。这说明加强网站安全控制和隐私政策对于那些名气不大的网站来说更加有效。

3）情境因素

用户对网站的有用性感知（$\gamma=0.298$，$p<0.05$）正向影响其个人提供信息隐私意愿，即用户感知到网站能带给他的预期效用越大，越愿意提供个人信息，这些效用不仅是物质激励，还包括定制化服务。另一因素——易用性感知并不影响个人信息提供意愿。一方面是因为本文的被调查者学历较高，对网络和电脑操作熟练，并不觉得网站操作有难易区别；另一方面，目前大多数网站的设计较人性化，不存在操作上的复杂，也无异质性[7]。与技术接受模型已验证的结果一致，易用性感知（$\gamma=0.377$，$p<0.001$）会正向影响用户对网站的有用性感知。

除此之外，结果还证明信息敏感度（$\gamma=-0.294$，$p<0.01$）对个人信息提供意愿有显著的影响作用，而涉入度的影响并不显著。这一结果可能是因为对于大多数网站而言，用户只有注册后才能真正获得网站的产品和服务，因此在用户向网站提供个人信息隐私之前，是难以真正“涉入”网站。

4）信任与个人信息隐私提供意愿

所有因素中，信任（$\gamma=0.753$，$p<0.001$）对个人提供信息隐私意愿的正向影响作用最大。同时，结果还证明了信任（$\gamma=0.315$，$p<0.001$）正向影响用户对网站的有用性感知。

5.3 管理启示

基于上述分析，提出如下建议以帮助网站更好地获取用户信息。

（1）提高网站声誉。网站经营者应服务好已有客户，通过高度满意的顾客来传播网站的卓越产品和服务，结合正面宣传，逐步建立或提高网站声誉。

(2) 加强网站安全控制、完善隐私政策。不仅要确保网站的加密技术安全可靠，将网站的安全措施有效地传递给顾客，保护顾客个人隐私安全。同时，应以容易理解的方式说明如何搜集顾客的信息，如何被使用和储存，使顾客知道其个人隐私受到严密的保护，这也可以降低用户的顾虑。

(3) 合理设置所需信息数量与信息类型。网站应尽量避免强制顾客提供敏感的个人信息，可将一些敏感度高的信息的填写要求设置为可选，将来用户“高度涉入”网站时，他们也会愿意提供这些信息。

(4) 提高用户对网站的有用性感知。网站不仅应设置一些激励措施，强化顾客对提供个人信息隐私有用性的感知，还应承诺为用户提供定制化服务，增强用户对网站预期可带来的效用的感知。

(5) 个人信任倾向是顾客的个人特质，不易受网站影响，但会受网络使用者所处的环境影响，如社会与家庭文化、教育等。网站经营者不能改变顾客的信任倾向，但可以将信任倾向高的群体作为目标群，同时经营者和政府都应该致力于为用户创造一个良好的网络环境，从而提升整个社会的正面认知，逐渐影响用户提供个人信息的态度。

6 结束语

为了探讨影响用户向网站提供个人信息隐私的因素，从而指导网站经营者制定收集用户信息隐私的策略，本文从个人（网络隐私顾虑、信任倾向）、网站（网站声誉、网站安全控制及隐私政策）和情境（易用性感知、有用性感知、网站涉入度、信息敏感度）三方面着手，建立一个影响个人在线提供信息隐私意愿的模型，并采用结构方程模型对模型和假设进行分析。研究结果表明，个人的网络隐私顾虑会负向影响个人信息提供意愿，而其信任倾向则可通过影响用户对网站的信任进而对用户提供信息隐私意愿产生积极作用。从网站特点而言，良好的声誉及网站安全控制和隐私政策在很大程度上通过建立用户信任进一步正向影响用户个人信息提供意愿。此外，用户提供个人信息隐私的意愿还受到用户对网站的有用性感知和信息敏感度的影响，而易用性感知以及涉入度对个人信息提供意愿的直接影响作用并没有得到支持，但易用性感知正向影响用户对网站的有用性感知。

随着网络的发展，将会有更多因素影响着用户提供个人信息隐私意愿，后续研究可针对其他因素进行探讨，也可针对本文所提出的模型进行验证。同时拥有不同声誉的网站，影响用户提供个人信息隐私的因素可能不同，这些因素的作用强度也会有差异，所以后续研究还可以基于不同类型的网站（主要是声誉上的差别）来分别进行探讨。

参考文献

[1] Andrede E B, Kaltcheva V, Weitz B. Self-Disclosure on the Web; The Impact of Privacy, Reward and Company Reputation [J]. Advances in Consumer Research (29), GA, 2002: 350-353.

[2] Metzger M J. Privacy, Trust, and Disclosure: Exploring Barriers to Electronic Commerce [J]. Journal of Computer-Mediated Communication, 2004, article 1.

[3] Castañeda J, Montoro F. The Effect of Internet General Privacy Concern on Customer Behavior [J]. Electronic Commerce Research, 2007 (2): 117-141.

[4] Chellappa R K, Sin R G. Personalization Versus Privacy: an Empirical Examination of the Online Consumer's Dilemma [J]. Inform Technol Manage, 2005 (2): 181-202.

[5] Phelps J E, D'Souza G, Nowak G J. Antecedents and Consequences of Consumer Privacy Concerns: an Empirical Investigation [J]. Journal of Interactive Marketing, Vol. 15 No. 4, 2-17.

[6] 杨姝，王刊良等. 声誉、隐私协议及信用图章对隐私信任和行为意图的影响研究 [J]. 管理评论，2009 (3): 48-57.

[7] 卢叶微，胡治严. 对个人在线提供信息隐私意愿的影响因素研究 [J]. 上海管理科学，2008 (5): 36-39.

[8] Spiekermann S, Grossklags J, and Berendt B. E-privacy in 2nd generation E-Commerce: Privacy Preferences Versus Actual Behavior [J]. Proceedings of the ACM Conference on Electronic Commerce (EC'01) (Tampa, FL, Oct. 2001), 38-47.

[9] Paulus, Insap, Santosa. Student Involvement with Online Forum and Its Effects on Intention to Seek and Intention to Share: An Exploratory Study [EB/OL]. [2008-05-20]. http://www. pacis-net. org/file/2005/252. pdf.

[10] Malhotra N K, Kim S S, Agarwal J. Internet Users' Information privacy concerns (IUIPC): the Construct, the Scale, and a Causal Model [J]. Information Systems Research, Vol. 15 No. 4, 2004: 336-355.

[11] Phelps J E, Nowak G, Ferrell E. Privacy Concerns and Consumer Willingness to Provide Personal Information [J]. Journal of Public Policy & Marketing, Vol. 19, No. 1, 2000: 27-41.

[12] Hoffman D L, Novak T P, Peralta M A. Information Privacy in the Marketspace: Implications for the Commercial Uses of Anonymity on the Web [J]. The Information Society: An International Journal, Volume 15, Issue 2, 1999: 129-139.

[13] Eastlick M A, Lotz S L, Warrington P. Understanding online B to C Relationships: An Integrated Model of Privacy Concerns, trust, and Commitment [J]. Journal of Business Research, Vol. 59, 2006: 877-886.

[14] Sheehan K B, Hoy M G. Flaming. Complaining, Abstaining: how online users Respond to Privacy Concerns [J]. Journal of Advertising, Vol. 28 , 1999: 37-51.

[15] 卢锋华. 顾客对 B2C 网站初始信任的影响因素研究 [D]. 浙江: 浙江大学, 2008.

[16] Gefen D. E-commerce: the Role of Familiarity and Trust [J]. Omega, 2000 (6):.725-737.

[17] Mayer R C, Davis J H, Schoorman F D. An Integrative Model of Organizatioal Trust [J]. Academy of Management Review, 1995, 20 (3): 709-734.

[18] Doney P M, Cannon J P. An Examination of the Nature of Trust in Buyer-seller Relationships [J]. Journal of Marketing, 1997, 61 (2): 35-51.

[19] 邵兵家, 孟宪强, 张宗益. 中国 B2C 电子商务中消费者信任前因的实证研究 [J]. 科研管理, 2006, 27 (5): 144-149.

[20] Ganesan S. Determinants of Long-term Orientation in Buyer-seller relationships [J]. Journal of Marketing, 1994, 58 (2): 1-19.

[21] McKnigh H, Cummings L, Chervany N. Initial Trust Formation in new Original Relationships [J]. Academy of Management Review, 1998, 23 (3): 473-490.

[22] Earp J B, Baumer D. Innovative Web use to Learn about User Behavior and Online Privacy [J]. Communication of ACM, 2003, 46 (4): 81-83.

[23] Xie E, Teo H H, Wan W. Volunteering Personal Information on the Internet: Effects of Reputation, Privacy Notices, and Rewards on online Consumer Behaviors [J]. Marketing Letters, 2006, 17 (1): 61-74.

[24] Meinert D B, Peterson D K. , Criswell J R, et al . Privacy Policy Statements and Consumer Willingness to Provide Personal Information [J]. Journal of Electronic Commerce in Organizations, 2006: 1-17.

[25] 庄贵军, 周南, 李福安. 情境因素对于顾客购买决策的影响 (一个初步的研究) [J]. 数理统计与管理, 2004, (4): 7-13.

[26] Koufaris M, Hampton-Sosa W. The Development of Initial Trust in an Online Company by Newcustomers [J]. Information & Management, 41 (3): 377-397.

[27] Jackson C M, Chow S, Leitch R A. Toward an Understanding of the Behavioral Intention to Use an Information System [J]. Decision Sciences, 28 (2), 1997: 357-389.

[28] 梁忠. 电子商务网站消费者个人信息提供意愿研究 [D]. 浙江: 浙江大学, 2008.

[29] 黄永哲. 电子商务环境下的顾客信任 [J]. 中山大学学报论丛, 2005, 2: 245-247.

Empirical Research of Individuals' Intention to Provide Privacy Information Online

ZHOU Man[1], WANG Hongwei[1], LIU Zhongying[1]

(1. School of Economics and Management, Tongji University, Shanghai, 200092, China)

Abstract: Users' personal information is the basis of online personalized services. However, because of the risks in cyber world, online users are more concerned about their privacy security than ever, which results in either their unwillingness to provide personal information to websites or falsifying some of the required personal information during the registration. Based on the review of relevant literatures, a theoretical model is proposed, which show the influencing factors affecting online users' intention to provide personal information and privacy. Three kinds of factors, related to individuals, websites and situations, are adopted in this model. Furthermore, the theoretical model and relative hypotheses are verified by the empirical research by means of Structural Equation Model. The results will be beneficial to websites with regard to the online users' personal information collection and a better registration procedure.

Key words: personal information and privacy; structural equation model; trust tendency

需求不确定情况下的供应链双渠道信息共享模型研究*

马费成[1]，周雄伟[1]

（1. 武汉大学 信息资源研究中心，武汉 430072）

摘 要：本文旨在研究一个制造商在电子商务环境下建立的电子直销和两个零售商销售混合并存的双渠道模型下的信息共享问题：根据两个零售商是否参与信息共享的不同，分三种不同情况对模型信息共享进行最优求解和博弈均衡分析。研究结果表明：在电子商务环境下不确定需求信息共享对供应链的利润影响并不能完全保证增加供应链系统总的利润，必须满足特定的条件才能产生；传统渠道与电子渠道之间的协调与零售商的基本需求和需求不确定性相关联，并要求满足复杂的条件；价格歧视策略在稳定的均衡条件下能够作为电子商务环境下双渠道供应链的信息共享机制设计的有效手段。

关键词：供应链；信息共享；双渠道；价格歧视；电子商务

中图分类号：F274

信息共享可以抵消供应链的“牛鞭效应”，提高供应链的性能，降低成本、减少库存[1]，但Z. Huang和L. Li等的研究也指出信息共享并不能提高零售商的效益，要使零售商愿意分享自己的私有信息，必须设计适当的激励机制来使得供应链的零售商参与信息共享[2][6]。马新安等在基于委托-代理理论中研究了供应链中的信息共享的动态模型最优激励机制，以实现信息共享[3]。张玉林等人从供应链中处于上游的供应商角度出发，根据Stackelberg主从对策模型，研究供应商应如何制定最优的供货价格，以引导零售商积极参与信息共享[4]。侯琳琳等运用信号传递博弈理论，研究了在随机需求信息不对称情况下，掌握市场需求信息的制造商设计一种分离均衡的利润共享契约机制以实现信息共享的问题[5]。L. Li考虑了对零售商采用价格歧视策略，但他认为供应商为了激励零售商参与需求信息共享必须支付一定的信息费用，在利润最大化驱动下并没有任何动机使用该策略[6]。刘开军等分析了在分散式供应链中的定价激励模型[7]，从供应商的角度出发，在企业利润最大化约束下，针对一个供应商和多个零售商组成的分散式二级供应链，进一步提出使用价格歧视策略来激励零售商参与信息共享。但他们的研究都是在传统供应链中信息共享的价值和博弈分析。

随着互联网的高速发展和信息技术的不断进步，电子商务迅速促使供应链的结构发生很大的变化，通过E-tailor建立的直销渠道与传统销售渠道同时并存，供应链混合双渠道并存的情况下的协调问题成为研究的新热点。Dong-Qing Yao等针对混合渠道结构中零售商的批发价格问题进行了研究，给出了Stackelberg和Betrand竞争的优化批发价格[8]。Tsay Andy A等给出了价格和服务竞争的动态渠道结构中的协调模式[11]，Chiang WY等研究了供应链设计双渠道的战略分析，分析了直销渠道和传统渠道的基本框架和动态协调机制[12]。晏妮娜等研究了电子市场环境中供应链双源渠道主从对策模型[13]，邢伟等对B2B电子市场环境下供需双方博弈分析[14]，熊中楷等研究了网络环境下考虑动态定价的渠道协调问题[15]。在混合双渠道中关于传统渠道中的零售商的信息共享问题也成为研究的新方向。Dong-QingYao等设计了具有回收策略的额外直销渠道供应链模型，分析了他们的模型中的需求预测信息共享的影响，信息共享对制造商和零售商都能获利[9]。Samar K. Mukhopadhyay等研究在混合渠道高技术供应链中具有价值增值的零售商的信息共享，按照他们设计的模式零售商愿意参与信息共享[10]。

在本文的研究中，与他们的研究视角不同，从

---

* 基金项目：国家自然科学基金重点项目类别（70833005）
通讯作者：马费成，E-mail：fchma@whu.edu.cn

以下三个方面展开研究：①供应链中存在制造商的电子直销和零售商双渠道，电子直销和零售商之间需要渠道协调；②零售商是否共享私有需求信息，私有需求不确定性信息对供应链是否有一定程度的影响；③价格歧视策略。对于是否参与信息共享的零售商的批发价格采取不同的策略，为了激励零售商参与信息共享，制造商给参与信息共享的零售商的批发价格比不参与信息共享的零售商的批发价格要低。本文考虑一个制造商和两个零售商且制造商建立了电子直销和零售商销售混合并存的双渠道模型下的信息共享问题研究，该研究模型利用价格歧视策略激励传统零售商参与信息共享。根据两个零售商是否参与信息共享的不同，对模型的以下三种情况进行研究：①零售商 R_1 和 R_2 都参与信息共享；②零售商 R_1 参与信息共享 R_2 不参与信息共享；③零售商 R_1 和 R_2 都不参与信息共享。

本文通过分别求解各三种不同情况下零售商和制造商的最优均衡决策及其利润，进行博弈均衡比较分析，研究信息共享在制造商电子直销和零售商销售混合并存的双渠道模型下的性能影响，引导零售商积极参与信息共享发挥信息共享的价值，使得电子直销和零售商渠道协调提高整个供应链的性能。

1 双渠道中信息共享模型

本文考虑一个制造商 M 和两个零售商 R_1、R_2 的供应链系统，根据两个零售商是否共享不确定性需求信息构建具有电子直销渠道的部分零售商参与信息共享的激励模型[8][9][10][11][12]，如图 1 所示。在模型中顾客可以从两个零售商购买或直接从制造商的电子直销渠道购买，零售商给顾客提供价值增值服务，零售商的零售价格比制造商的电子直销的价格要高；零售商之间相互独立，不存在水平竞争，但顾客在零售和直销两个渠道间由于价格敏感、获取成本、获取机会、购买习惯等因素进行自由转移。在模型中制造商采用了价格歧视策略对零售商参与信息共享进行激励，即制造商为了激励零售商参与信息共享对其批发价格采用比其不参与信息共享的批发价格低的策略。模型的具体博弈结构为三阶段决策序列，首先，制造商选择是否执行价格歧视策略进行信息共享激励机制以获取零售商渠道需求信息，制造商以其最大化利润原则决定零售商渠道的批发价格以及电子渠道的零售价格；其次，零售商决定是否共享其私有的需求信息；最后，零售商以自身利润最大化原则决定零售价格并发出订货要求，制造商满足零售商的订货。模型的基本符号假设为 π_1、π_2 分别为零售商 R_1、R_2 的利润，π_3 为制造商 M 的利润，π_T 为供应链系统的总利润；d_1、d_2 分别为零售商 R_1、R_2 的需求，d_3 为制造商直销的需求；p_1、p_2 分别为零售商 R_1、R_2 的零售价格，p_3 为制造商直销的价格；v_1、v_2 分别为零售商 R_1、R_2 的服务价值增值，$c\ (v_1)$ 为零售商 R_1 提供服务价值增值 v_1 的成本，$c\ (v_2)$ 为零售商 R_2 提供服务价值增值 v_2 的成本；w_1 为制造商给零售商 R_1 的批发价格，w_2 为制造商给零售商 R_2 的批发价格；t_i 反映市场需求不确定性大小的信号，需求大其值也大，需求小其值也小。t_i 服从于期望为 0 和方差为 σ_i^2 的正态分布，即 $t_i \sim N\ (0,\ \sigma_i^2)$，$t_i$ 可能为负值，$i=1,\ 2,\ 3$。所有参数最优值采用右上标"*"标注，其中 * = I, II 和 III，分别表示零售商 R_1 和 R_2 都参与信息共享，零售商 R_1 参与信息共享，R_2 不参与信息共享和零售商 R_1 和 R_2 都不参与信息共享三种不同情况下的最优决策值。

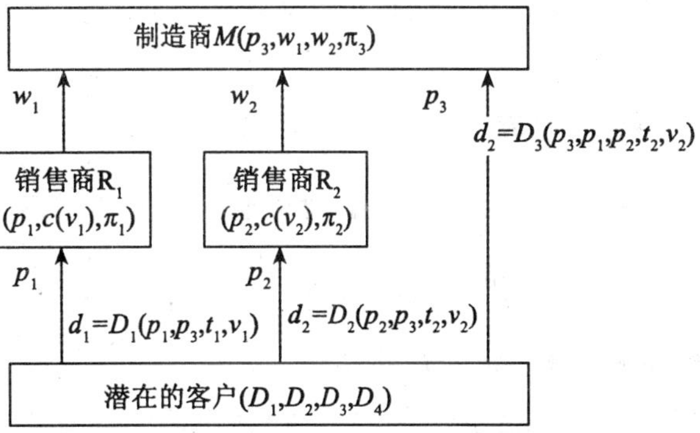

图 1 双渠道价格歧视激励需求信息共享模型

假定商品的需求函数满足线性关系，在具有价值增值服务和渠道转移的双渠道供应链系统中，则零售商和制造商的需求函数如下。

零售商 R_1 的需求函数：

$$d_1 = D_1(p_1, p_3, v_1) = a_1 - bp_1 + t_1 + \beta v_1 + \theta(p_3 + v_1 - p_1)$$

零售商 R_2 的需求函数：

$$d_2 = D_2(p_2, p_3, v_2) = a_2 - bp_2 + t_2 + \beta v_2 + \theta(p_3 + v_2 - p_2)$$

制造商直销渠道的需求函数：

$$d_3 = D_3(p_3, p_1, p_2, w_1, w_2) = a_3 - bp_3 + t_3 + \theta(p_1 - v_1 - p_3) + \theta(p_2 - v_2 - p_3)$$

其中 a_i（$i=1,\ 2,\ 3$）表示不同零售价格市场的基本需求，b 表示对价格敏感的边际需求系数，β_1（i

=1，2）表示零售商服务价值增值的边际零售需求系数，θ 表示根据价格和价值增值在两个渠道之间进行转移的扩散强度，即顾客感觉价格和价值增值的不同按比例在渠道之间进行移动[8][9][10][11][13]，b 和 θ 都大于0。对于零售商为了与电子直销竞争进行价值增值 v_i 满足以下的成本函数[8][10][11]：

$c(v_i)=\eta\frac{v_i^2}{2}$，$i=1,2$，$\eta$ 是零售商产生价值增值 v_i 的成本系数，$\eta>0$。

为了便于简化利润函数的计算，不考虑产品在供应链的各阶段的边际成本，则各零售商和制造商的利润函数如下，其中制造商的利润由两个零售商的购买和自己的直接销售利润组成。

零售商 R_1 的利润函数：

$$\pi_1=(p_1-c(v_1)-w_1)d_1$$

零售商 R_2 的利润函数：

$$\pi_2=(p_2-c(v_2)-w_2)d_2$$

制造商直销渠道的利润函数：

$$\pi_3=w_1d_1+w_2d_3+p_3d_3$$

供应链系统总的利润函数：

$$\pi_T=\pi_1+\pi_2+\pi_3$$

2 模型求解

模型的求解思路是：利用逆向法分析求解模型，其中对于不确定市场信息 t_i，如果某方不掌握 t_i，则在相应方的模型中用 t_i 的期望0代替。模型的求解满足以下的表达式：

$$\max_{p_3,w_1,w_2}\pi_3=w_1d_1+w_2d_3+p_3d_3$$

$$\text{s. t. }\max_{p_1,v_1}\pi_1=(p_1-c(v_1)-w_1)d_1$$

$$\max_{p_2,v_2}\pi_2=(p_2-c(v_2)-w_2)d_2$$

由于零售商 R_1 和 R_2 是彼此独立的，并都掌握了私有的不确定性的需求信息，所以对于零售商 R_1 和 R_2 在任何情况下是否参与信息共享他们的决策求解过程是相同的；只是在求解出来的值中有关的 p_3，w_1，w_2 的含义不同而已。而信息共享的三种不同情况的关键区别是在制造商的决策过程和最终对利润分配机制的不同上，下面根据信息共享的不同情况通过最优解表达式

$$\max_{p_3,w_1,w_2}\pi_3=w_1d_1+w_2d_3+p_3d_3$$

对它们进行相应的求解。

2.1 零售商 R_1 的决策

当零售商 R_1 无论是否参与信息共享时，制造商给其批发价格为 w_1，零售商 R_1 进行信息共享的零售商的根据自己利润最大化原则确定零售价格为 p_1，服务增值为 v_1，即求 $\max\limits_{p_1,v_2}\pi_1$，$\pi_1$ 对 p_1 和 v_1 分别求导并令其都为0可以求解其决策变量。

命题1 当零售商 R_1 无论是否参与信息共享时，制造商给其批发价格为 w_1 时，零售商的零售价格 p_1 和服务增值 v_1 的最优均衡决策为：

$$p_1^*=\frac{3(\theta+\beta)^2}{4\eta(b+\theta)}+\frac{a_1+\theta p_3+t_1+(b+\theta)w_1}{2}$$

$$v_1^*=\frac{\theta+\beta}{\eta(b+\theta)}$$

证明：由于篇幅，证明略，以下同。

2.2 零售商 R_2 的决策

同理，当零售商 R_2 无论是否参与信息共享时，制造商给其批发价格为 w_2，零售商 R_2 根据自己利润最大化原则确定零售价格为 p_2，服务增值为 v_2，即求 $\max\limits_{p_2,v_2}\pi_2$，$\pi_2$ 对 p_2 和 v_2 分别求导并令其都为0可以求解出其决策变量。

命题2 当零售商 R_2 无论是否参与信息共享时，制造商给其批发价格为 w_2 时，零售商的零售价格 p_2 和服务增值 v_2 的最优均衡决策为：

$$p_2^*=\frac{3(\theta+\beta)^2}{4\eta(b+\theta)}+\frac{a_2+\theta p_3+t_2+(b+\theta)w_2}{2}$$

$$v_2^*=\frac{\theta+\beta}{\eta(b+\theta)}$$

根据命题1和2可以得出以下性质：

性质1 零售商 R_1 和 R_2 独立地根据各自利益最大化原则进行商品价值增值服务的价值增值相等。

性质2 零售商进行价值增值的决策只与零售商产生价值增值 v_i 的成本系数、价格波动系数 b、价值增值波动系数 β 和渠道扩散强度 θ 有关，而与需求不确定性系数 t_i 无关。

2.3 制造商的决策

根据两个零售商参与信息共享与否的三种不同情况，制造商获得零售商的私有需求不确定性信息的不同其决策完全不同，下面根据不同的情况分别进行决策讨论和求解。

1）零售商 R_1 和 R_2 都参与信息共享

在零售商 R_1 和 R_2 都参与信息共享时制造商知道零售商 R_1 和 R_2 的不确定市场信息 t_1 和 t_2，并且给零售商的批发价格相同 $w_1=w_2=w_s$，通过求解制造商的决策问题 $\max\limits_{p_3,w_1,w_2}\pi_3$，可以得到以下命题和结论：

命题3 制造商的直销价格 p_3，零售商都参与

信息共享零售商的批发价格 w_s 的最优均衡决策为：

$$w_s^I=\frac{1}{4b\eta(b+\theta)^2(b+3\theta)}((\beta+\theta)(b(3\beta-\theta)\theta+4\beta\theta^2+b^2(\beta+\theta))+\eta(b+\theta)^2((b+2\theta)a_1+(b+2\theta)a_2+b(t_1+t_2)+2\theta(a_3+t_1+t_2+t_3)))$$

$$p_3^I=\frac{1}{2b\eta(b+\theta)(b+3\theta)}(-2(b-\beta)\theta(\beta+\theta)+\eta(b+\theta)(b(a_3+t_3)+\theta(a_1+a_2+a_3+t_1+t_2+t_3)))$$

把命题 3 的结论代入命题 1 和 2 可以有下面的命题和结论：

命题 4 零售商 R_1 和零售商 R_2 都参与信息共享时，零售商的零售价格和服务增值的最优均衡决策分别为：

$$p_1^I=\frac{1}{8b\eta(b+\theta)^2(b+3\theta)}((\beta+\theta)(8\beta\theta^2+7b^2(\beta+\theta)+b\theta(21\beta+13\theta)+\eta(b+\theta)(5b^2+15b\theta+4\theta^2)a_1+\eta(b+\theta)(b^2+3b\theta+4\theta^2)a_2+\eta(b+\theta)[4\theta(b+\theta)a_3+(5b^2+15b\theta+4\theta^2)t_1+(b^2+3b\theta+4\theta^2)t_2+4\theta(b+\theta)t_3)]$$

$$p_2^I=\frac{1}{8b\eta(b+\theta)^2(b+3\theta)}((\beta+\theta)[8\beta\theta^2+7b^2(\beta+\theta)+b\theta(21\beta+13\theta)+\eta(b+\theta)(b^2+3b\theta+4\theta^2)a_1+\eta(b+\theta)(5b^2+15b\theta+4\theta^2)a_2+\eta(b+\theta)(4\theta(b+\theta)a_3+(b^2+3b\theta+4\theta^2)t_1+(5b^2+15b\theta+4\theta^2)t_2+4\theta(b+\theta)t_3)]$$

$$v_1^I=\frac{\theta+\beta}{\eta(b+\theta)}\quad v_2^I=\frac{\theta+\beta}{\eta(b+\theta)}$$

2）零售商 R_1 参与信息共享 R_2 不参与信息共享

在零售商 R_1 参与信息共享 R_2 不参与信息共享时，制造商知道零售商 R_1 的不确定市场信息 t_1 而不知道 R_2 的不确定市场信息 t_2 且给零售商的批发价格不同 $w_1<w_2$，通过求解制造商的决策问题 $\max\limits_{p_3,w_1,w_2}\pi_3$，可以得到以下命题和结论：

命题 5 制造商的直销价格 p_3，参与信息共享零售商的批发价格为 w_1 和不参与信息共享零售商的批发价格为 w_2 的最优均衡决策为：

$$w_1^{II}=\frac{1}{4b\eta(b+\theta)^2(b+3\theta)}((\beta+\theta)[b(3\beta-\theta)\theta+4\beta\theta^2+b^2(\beta+\theta)]+2\eta(b+\theta)^2\{(b^2+3b\theta+\theta^2)a_1+2\eta\theta^2(b+\theta)a_2+2\eta(b+\theta)[\theta(b+\theta)a_3+(b^2+3b\theta+\theta^2)t_1+\theta(b+\theta)t_3)]\}$$

$$p_3^{II}=\frac{1}{2b\eta(b+\theta)^2(b+3\theta)}(2(\beta+\theta)\theta(\beta-b)+\eta(b+\theta)(b(a_3+t_3)+\theta(a_1+a_2+a_3+t_1+t_3)))$$

$$w_2^{II}=\frac{1}{4b\eta(b+\theta)^2(b+3\theta)}((\beta+\theta)(b(3\beta-\theta)\theta+4\beta\theta^2+b^2(\beta+\theta))+2\eta(b+\theta)(b^2a_2+\theta(b(3a_2+a_3+t_3)+\theta(a_1+a_2+a_3+t_1+t_3))))$$

把命题 5 的结论代入命题 1 和 2 可以有下面的命题和结论：

命题 6 零售商 R_1 参与信息共享和零售商 R_2 不参与信息共享时，零售商的零售价格和服务增值的最优均衡决策分别为：

$$p_1^{II}=\frac{1}{8b\eta(b+\theta)^2(b+3\theta)}\{(\beta+\theta)[8\beta\theta^2+7b^2(\beta+\theta)+b\theta(21\beta+13\theta)+2\eta(b+\theta)(3b^2+9b\theta+2\theta^2)a_1+4\eta\theta^2(b+\theta)a_2+2\eta(b+\theta)\times(2\theta(b+\theta)a_3+(3b^2+9b\theta+2\theta^2)t_1+2\theta(b+\theta)t_3)]\}$$

$$p_1^{II}=\frac{1}{8b\eta(b+\theta)^2(b+3\theta)}\{(\beta+\theta)[8\beta\theta^2+7b^2(\beta+\theta)+b\theta(21\beta+13\theta)+2\eta(b+\theta)(2\theta^2a_1+(3b^2+9b\theta+2\theta^2)a_2+2\theta(b+\theta)a_3+\theta^2t_1+b(b+3\theta)t_2+\theta(b+\theta)t_3)]\}$$

$$v_1^{II}=\frac{\theta+\beta}{\eta(b+\theta)}\quad v_2^{II}=\frac{\theta+\beta}{\eta(b+\theta)}$$

3）零售商 R_1 和 R_2 都不参与信息共享

在零售商 R_1 和 R_2 都不参与信息共享时，制造商不知道零售商 R_1 和 R_2 的不确定市场信息 t_1 和 t_2，并且给零售商的批发价格相同 $w_1=w_2=w_u$，通过求解制造商的决策问题 $\max\limits_{p_3,w_1,w_2}\pi_3$，可以得到以下命题和结论：

命题 7 制造商的直销价格 p_3，零售商都不参与信息共享零售商的批发价格为 w_u 的最优均衡决策为：

$$w_u^{III}=\frac{1}{4b\eta(b+\theta)^2(b+3\theta)}\{(\beta+\theta)[b(3\beta-\theta)\theta+4\beta\theta^2+b^2(\beta+\theta))+\eta(b+\theta)^2((b+2\theta)a_1+(b+2\theta)a_2+2\theta(a_3+t_3))]\}$$

$$p_3^{III}=\frac{-2(b-\beta)\theta(\beta+\theta)+\eta(b+\theta)(\theta(a_1+a_2)+(b+\theta)(a_3+t_3))}{2b\eta(b+\theta)(b+3\theta)}$$

把命题 7 的结论代入命题 1 和 2 可以有下面的命题和结论：

命题 8 零售商 R_1 和零售商 R_2 都不参与信息共享时，零售商的零售价格和服务增值的最优均衡决策分别为：

$$p_1^{III}=\frac{1}{8b\eta(b+\theta)^2(b+3\theta)}\{(\beta+\theta)$$

$$[8\beta\theta^2+7b^2(\beta+\theta)+b\theta(21\beta+13\theta)+\eta(b+\theta)$$
$$((5b^2+15b\theta+4\theta^2)a_1+(b^2+3b\theta+4\theta^2)a_2$$
$$+4(\theta(b+\theta)a_3+b(b+3\theta)t_1+\theta(b+\theta)t_3)]\}$$

$$p_2^{III}=\frac{1}{8b\eta(b+\theta)^2(b+3\theta)}\{(\beta+\theta)$$
$$(8\beta\theta^2+7b^2(\beta+\theta)+b\theta(21\beta+13\theta)+\eta(b+\theta)$$
$$[(b^2+3b\theta+4\theta^2)a_1+(5b^2+15b\theta+4\theta^2)a_2$$
$$+4(\theta(b+\theta)a_3+b(b+3\theta)t_2+\theta(b+\theta)t_3)]\}$$

$$v_1^{III}=\frac{\theta+\beta}{\eta(b+\theta)}\quad v_2^{III}=\frac{\theta+\beta}{\eta(b+\theta)}$$

2.4 利益分配机制

根据两个零售商参与信息共享与否的三种不同情况求得的制造商和零售商的不同决策代入各自的利润函数可以求得不同情况的利润分配机制。

命题 9 在零售商 R_1 和 R_2 都参与信息共享时，制造商、零售商 R_1 和零售商 R_2 都参与信息共享的利润收益为：

$$\pi_T^I=\pi_1^I+\pi_2^I+\pi_3^I$$

$$\pi_1^I=\frac{[(\theta+\beta)^2+\eta(b+\theta)(3a_1-a_2+3t_1-t_2)]^2}{64\eta^2(b+\theta)^3}$$

$$\pi_2^I=\frac{[(\theta+\beta)^2-\eta(b+\theta)(a_1-3a_2+t_1-3t_2)]^2}{64\eta^2(b+\theta)^3}$$

$$\pi_3^I=\frac{1}{16\eta^2(b+\theta)^3(b+3\theta)}\{[(\beta+\theta)^2+\eta(b+\theta)$$
$$(a_1+a_2+t_1+t_2)]\times[(\beta+\theta)(b(3\beta-\theta)\theta+4\beta\theta^2$$
$$+b^2(\beta+\theta)+\eta(b+\theta)^2((b+2\theta)(a_1+a_2)$$
$$+b(t_1+t_2)+2\theta(a_3+t_1+t_2+t_3))]\}$$
$$+2\{-2(b-\beta)\theta(\beta+\theta)+\eta(b+\theta)[b(a_3+t_3)$$
$$+\theta(a_1+a_2+a_3+t_1+t_2+t_3)]\}$$
$$\{-\theta(4b-3\beta+\theta)(\beta+\theta)+\eta(b+\theta)2b(a_3+t_3)$$
$$+\theta(a_1+a_2+2a_3+t_1+t_2+2t_3))))$$

命题 10 在零售商 R_1 参与信息共享 R_2 不参与信息共享时，制造商、零售商 R_1 参与信息共享和零售商 R_2 不参与信息共享的利润收益为：

$$\pi_T^{II}=\pi_1^{II}+\pi_2^{II}+\pi_3^{II}$$

$$\pi_1^{II}=\frac{(2\eta(b+\theta)(a_1+t_1)+(\theta+\beta)^2)^2}{64\eta^2(b+\theta)^3}$$

$$\pi_2^{II}=\frac{(2\eta(b+\theta)(a_2+2t_2)+(\theta+\beta)^2)^2}{64\eta^2(b+\theta)^3}$$

$$\pi_3^{II}=\frac{1}{32\eta^2(b+\theta)^3(b+3\theta)}(((\beta+\theta)^2+2\eta(b+\theta)$$
$$(a_1+t_1))((\beta+\theta)(b(3\beta-\theta)\theta+4\beta\theta^2$$
$$+b^2(\beta+\theta)+2\eta(b+\theta)((b^2+3b\theta+\theta^2)a_1$$
$$+2\eta\theta^2(b+\theta)a_2+2\eta(b+\theta)(\theta(b+\theta)a_3$$
$$+(b^2+3b\theta+\theta^2)t_1+\theta(b+\theta)t_3))+((\beta+\theta)^2$$
$$+2\eta(b+\theta)(a_2+2t_2))((\beta+\theta)(b(3\beta-\theta)\theta$$
$$+4\beta\theta^2+b^2(\beta+\theta)+2\eta(b+\theta)(b^2a_2$$
$$+\theta(b(3a_2+a_3+t_3)+\theta(a_1+a_2+a_3+t_1+t_3))))$$
$$+4(-2(b-\beta)\theta(\beta+\theta)+\eta(b+\theta)(b(a_3+t_3)$$
$$+\theta(a_1+a_2+a_3+t_1+t_2+t_3)))(-\theta(4b-3\beta+\theta)$$
$$(\beta+\theta)+\eta(b+\theta)(2b(a_3+t_3)+\theta(a_1+a_2+2a_3$$
$$+t_1+2t_2+2t_3))))$$

命题 11 在零售商 R_1 和 R_2 都不参与信息共享时，制造商、零售商 R_1 和零售商 R_2 参与信息共享都不参与信息共享的利润收益为：

$$\pi_T^{III}=\pi_1^{III}+\pi_2^{III}+\pi_3^{III}$$

$$\pi_1^{III}=\frac{((\theta+\beta)^2+\eta(b+\theta)(3a_1-a_2+4t_1))^2}{64\eta^2(b+\theta)^3}$$

$$\pi_2^{III}=\frac{((\theta+\beta)^2-\eta(b+\theta)(-a_1+3a_2+4t_2))^2}{64\eta^2(b+\theta)^3}$$

$$\pi_3^{III}=\frac{1}{16\eta^2(b+\theta)^3(b+3\theta)}(((\beta+\theta)^2+\eta(b+\theta)$$
$$(a_1+a_2+2t_1+2t_2))((\beta+\theta)(b(3\beta-\theta)\theta+4\beta\theta^2$$
$$+b^2(\beta+\theta)+\eta(b+\theta)^2((b+2\theta)(a_1+a_2)$$
$$+2\theta(a_3+t_3)))+2(-2(b-\beta)\theta(\beta+\theta)$$
$$+\eta(b+\theta)((b+\theta)(a_3+t_3)+\theta(a_1+a_2)))$$
$$(-\theta(4b-3\beta+\theta)(\beta+\theta)+\eta(b+\theta)2b(a_3+t_3)$$
$$+\theta(a_1+a_2+2(a_3+t_1+t_2+t_3)))))$$

3 模型分析与讨论

Z. Huang 和 L. Li 等指出信息共享可以抵消供应链的“牛鞭效应”，并提高供应链的整体性能[2][6]，但并没有分析其在电子环境下是否同样有效。下面我们对信息共享在电子商务环境下双渠道中的有效性，双渠道协调问题和价格歧视策略的稳定性条件进行分析和探讨。

3.1 不确定需求信息共享对供应链的利润影响分析

1）不确定需求信息共享对供应链系统总的利润影响分析

根据命题 9、命题 10 和命题 11 求得的不同情况下供应链系统总的利润可以求出它们在不同情况下的利润之差：

$$\pi_T^I-\pi_T^{III}=\frac{1}{32b\eta(b+\theta)^2(b+3\theta)}$$
$$((t_1+t_2)(2b(b+3\theta)(\beta+\theta)^2+\eta(b+\theta)$$
$$(2b(b+3\theta)(a_1+a_2)$$
$$+(b^2+3b\theta-8\theta^2)(t_1+t_2))))$$

$$\pi_T^I-\pi_T^{II}=\frac{1}{32b\eta(b+\theta)^2(b+3\theta)}$$

$$(b\eta(b+\theta)(b+3\theta)(a_1-a_2+t_1)^2-2b(b+3\theta)((\beta+\theta)^2+\eta(b+\theta)(a_1+a_2+t_1))t_2-\eta(b+\theta)(b^2+3b\theta-8\theta^2)t_2^2)$$

$$\pi_T^{II}-\pi_T^{III}=\frac{1}{32b\eta(b+\theta)^2(b+3\theta)}(b\eta(b+\theta)(b+3\theta)(a_1^2+a_2^2-2a_1(a_2-2t_1))+2t_1(b(b+3\theta)(\beta+\theta)^2+\eta(b+\theta)(b-\theta)(b+4\theta)t_1-8\theta^2t_2^2)))$$

如果信息共享在电子环境下能够增加供应链的利润，那么必然有 $\pi_T^I>\pi_T^{II}>\pi_T^{III}$，则有 $\pi_T^I-\pi_T^{III}>0$ 且 $\pi_T^I-\pi_T^{II}>0$ 且 $\pi_T^{II}-\pi_T^{III}>0$，化简为：

$$-(t_1+t_2)(2b(b+3\theta)(\beta+\theta)^2+\eta(b+\theta)(2b(b+3\theta)(a_1+a_2)+(b^2+3b\theta-8\theta^2)(t_1+t_2)))>0$$

且

$$b\eta(b+\theta)(b+3\theta)(a_1-a_2+t_1)^2-2b(b+3\theta)((\beta+\theta)^2+\eta(b+\theta)(a_1+a_2+t_1))t_2-\eta(b+\theta)(b^2+3b\theta-8\theta^2)t_2^2>0$$

且

$$-b\eta(b+\theta)(b+3\theta)(a_1^2+a_2^2-2a_1(a_2-2t_1))-2t_1(b(b+3\theta)\times(\beta+\theta)^2+\eta(b+\theta)((b-\theta)(b+4\theta)t_1-8\theta^2t_2^2))>0$$

进一步化简：

$$\frac{1}{2}+\frac{(\beta+\theta)^2}{\eta(b+\theta)(t_1+t_2)}+\frac{a_1+a_2}{t_1+t_2}<\frac{8\theta^2}{2b(b+3\theta)}$$

且

$$(a_1-a_2+t_1)^2+\frac{8\theta^2t_2^2}{(b+\theta)(b+3\theta)}>\frac{2((\beta+\theta)^2+\eta(b+\theta)(a_1+a_2+t_1))t_2}{\eta(b+\theta)}+\frac{bt_2^2}{(b+\theta)}$$

且

$$a_1^2+a_2^2+2a_1(a_2-2t_1)+\frac{2t_1(\beta+\theta)^2}{\eta(b+\theta)}+\frac{2t_1((b-\theta)(b+4\theta)t_1-8\theta^2t_2^2)}{b(b+3\theta)}<0$$

因此要使得信息共享在电子环境下能够增加供应链的利润必须满足以上三个条件。显然在上述三个条件之外的情况下信息共享在电子环境下并不能够增加供应链的利润。

2）不确定需求信息共享对零售商的利润影响分析

根据命题 9、10 和 11 求得的不同情况下零售商 R_1 和 R_2 最优利润，分别可以求得它们在同一种情况下的利润之差，即 $\pi_1^*-\pi_2^*$（$*=I$, II 和 III）的值如下：

$$\pi_1^I-\pi_2^I=\frac{(a_1-a_2+t_1-t_2)((\beta+\theta)^2+\eta(b+\theta)(a_1+a_2+t_1+t_2))}{8\eta(b+\theta)^2}$$

$$\pi_1^{II}-\pi_2^{II}=\frac{(a_1-a_2+t_1-2t_2)(2(\beta+\theta)^2+\eta(b+\theta)(a_1+a_2+t_1+2t_2))}{8\eta(b+\theta)^2}$$

$$\pi_1^{III}-\pi_2^{III}=\frac{(a_1-a_2+t_1-t_2)((\beta+\theta)^2+\eta(b+\theta)(a_1+a_2+2(t_1+t_2))}{8\eta(b+\theta)^2}$$

如果零售商的需求不确定性信息变化范围不超过基本需求的一半，那么以上三个利润之差 $\pi_1^I-\pi_2^I$、$\pi_1^{II}-\pi_2^{II}$ 和 $\pi_1^{III}-\pi_2^{III}$ 的大小关系分别取决于以下简化的表达式：$a_1-a_2+t_1-t_2$，$a_1-a_2+t_1-2t_2$ 和 $a_1-a_2+t_1-t_2$。

如果 $a_1=a_2$ 和 $t_1=t_2$，则有 $\pi_1^I=\pi_2^I$ 和 $\pi_1^{III}=\pi_2^{III}$；而 π_1^{II} 和 π_2^{II} 的大小关系取决于 t_2 的负值，当 $t_2>0$ 时，$\pi_1^{II}<\pi_2^{II}$，而当 $t_2<0$ 时，$\pi_1^{II}>\pi_2^{II}$。由此可知在零售商的外部环境完全一样的情况下，零售商 R_1 参与信息共享与零售商 R_2 不参与信息共享的利润之差取决于不参与信息共享零售商 R_2 的需求不确定性的变化。

3.2 传统渠道与电子渠道之间的协调

1）不确定需求信息共享对零售商零售价格的影响

根据命题 4、6 和 8 求得的不同情况下零售商 R_1 和 R_2 最优零售价格，分别可以求得 $p_1^*-p_2^*$（$*=I$, II 和 III）的值如下：

$$p_1^I-p_2^I=\frac{a_1-a_2+t_1-t_2}{2(b+\theta)}$$

$$p_1^{II}-p_2^{II}=\frac{3(a_1-a_2+t_1)-2t_2}{4(b+\theta)}$$

$$p_1^{III}-p_2^{III}=\frac{a_1-a_2+t_1-t_2}{2(b+\theta)}$$

分析可知零售商 R_1 和 R_2 最优零售价格之间的大小关系都只与 a_1、a_2、t_1 和 t_2 有关。如果 $a_1=a_2$ 和 $t_1=t_2$，则在情况 I 和 III 下零售商 R_1 和 R_2 最优零售价格相等；而在情况 II 下，$p_1^{II}-p_2^{II}=\frac{t_1}{4(b+\theta)}$，则它们的大小根据 t_1 的实际情况决定，当 $t_1<0$，则 $p_1^{II}-p_2^{II}<0$ 和 $t_1>0$，则 $p_1^{II}-p_2^{II}>0$。

2）传统渠道与电子渠道之间的价格协调

根据命题 3～8 求得的不同情况下零售商 R_1、R_2 和制造商最优零售价格，分别可以求得零售商 R_1 与制造商和零售商 R_2 与制造商的零售价格的差值，由于零售商的零售价格比制造商的电子直销的价格要高，所以 $p_1^I-p_3^I$、$p_2^I-p_3^I$、$p_1^{II}-p_3^{II}$、$p_2^{II}-p_3^{II}$、

$p_1^{III}-p_3^{III}$ 和 $p_2^{II}-p_3^{II}$ 的差值大于 0，化简有如下表达式：

$$(\beta+\theta)(7b\beta+15b\theta+21\theta^2)+\eta(b+\theta)(5b+11\theta)a_1+\eta(b-\theta)(b+\theta)a_2+\eta(b+\theta)(-4(b+\theta)a_3+(5b+11\theta)t_1+(b-\theta)t_2-4(b+\theta)t_3)>0$$

$$(\beta+\theta)(7b\beta+15b\theta+13\beta\theta+21\theta^2)+\eta(b-\theta)(b+\theta)a_1+\eta(b+\theta)(5b+11\theta)a_2+\eta(b+\theta)(-4(b+\theta)a_3+(5b+11\theta)t_1+(b-\theta)t_2-4(b+\theta)t_3)>0$$

$$(\beta+\theta)(7b\beta+15b\theta+13\beta\theta+21\theta^2)+2\eta(b+\theta)(3b+7\theta)a_1-2\theta a_2-2(b+\theta)a_3+(3b+7\theta)t_1-2(b+\theta)t_3)>0$$

$$(\beta+\theta)(7b\beta+15b\theta+13\beta\theta+21\theta^2)+2\eta(b+\theta)(-2\theta a_1+(3b+7\theta)a_2-2((b+\theta)a_3+\theta t_1-(b+3\theta)t_2+(b+\theta)t_3)>0$$

$$(\beta+\theta)(7b\beta+15b\theta+13\beta\theta+21\theta^2)+\eta(b+\theta)((5b+11\theta)a_1+(b-\theta)a_2-4((b+\theta)a_3-(b+3\theta)t_1+(b+\theta)t_3))>0$$

$$(\beta+\theta)(7b\beta+15b\theta+13\beta\theta+21\theta^2)+\eta(b+\theta)(b-\theta)a_1+(5b+11\theta)a_2-4((b+\theta)a_3-(b+3\theta)t_2+(b+\theta)t_3))>0$$

即只有同时满足以上 6 个条件，传统渠道与电子渠道之间的价格才能协调，传统渠道才能使零售商给顾客提供价值增值服务与制造商的电子渠道进行竞争和协调共存。这些条件比较复杂，不只与需求不确定性信息的变化有关而且跟各种系数一起组成了传统渠道与电子渠道之间的协调机制。

3.3 价格歧视策略的稳定的均衡条件

根据命题 3、5 和 7 在不同情况下制造商给零售商的批发价格，可以得到如下的直接体现参与信息共享的零售商的批发价格要低于不参与信息共享的零售商的批发价格的是情况 *I* 和情况 *III* 的批发价格差和情况 *II* 中两零售商之间的批发价格差：

$$w_s^I-w_u^{III}=\frac{(b+2\theta)(t_1+t_2)}{4b(b+3\theta)}$$

$$w_1^{II}-w_2^{II}=\frac{a_1-a_2+t_1}{2(b+\theta)}$$

即有 $w_s^I-w_u^{III}<0$ 和 $w_1^{II}-w_2^{II}<0$，化简可得 $t_1+t_2<0$ 和 $a_1-a_2+t_1<0$。即要使得激励参与信息共享的零售商的批发价格更低的价格歧视策略稳定有效，则必须满足两个零售商的不确定性需求信息之和小于零，且零售商 R_1 的基本需求与不确定性需求之和小于零售商 R_2 的基本需求两个条件同时成立才能达到稳定均衡状态。

4 结 论

根据两个零售商是否参与信息共享的不同，应采用独特的视角对零售商 R_1 和 R_2 都参与信息共享、零售商 R_1 参与信息共享 R_2 不参与信息共享和零售商 R_1 和 R_2 都不参与信息共享三种情况的信息共享模型进行最优求解和博弈均衡分析。研究结果表明在电子商务环境下不确定需求信息共享对供应链的利润影响并不能完全保证增加供应链系统总的利润，必须满足特定的条件才能产生，因此需要对电子商务环境下双渠道供应链的信息共享进行适当的机制设计，以使得信息共享对电子商务环境下双渠道供应链产生最大效益；传统渠道与电子渠道之间的协调与零售商的基本需求和需求不确定性相关联，并要求满足复杂的条件；价格歧视策略的稳定的均衡条件与零售商的基本需求和需求不确定性正相关，价格歧视策略能够作为电子商务环境下双渠道供应链的信息共享机制设计的有效手段。

我们进一步的研究工作是针对在电子商务环境零售商 R_1 参与信息共享和零售商 R_2 不参与信息共享情况下具体的私有信息考虑部分信息共享激励机制的设计研究，需求不确定情况下的供应链双渠道中部分信息共享定价激励模型研究，供应链双渠道中多个零售商的部分信息共享定价激励模型研究。

参 考 文 献

[1] Huang Z, Gangopadhyay A. A Simulation Study of Supply Chain Management to Measure the Impact of Information Sharing [J]. Information Resource Management Journal, 2004, 17 (3): 20-31.

[2] Huang Z, Gangopadhyay A. Information Sharing in Supply Chain Management with Demand Uncertainty [J]. Advanced Topics in Information Resource Manangement, Hertfordshire: Idea Group, 2005, 5: pp. 45-45.

[3] 马新安，张列平，田澎. 供应链中的信息共享激励：动态模型 [J]. 中国管理科学，2001，9 (1)：19-24.

[4] 张玉林，陈剑. 供应链中基于 Stackelberg 博弈的信息共享协调问题研究 [J]. 管理工程学报，2004，18 (3)：118-120.

[5] 侯琳琳，邱菀华. 基于信号传递博弈的供应链需求信息共享机制 [J]. 控制与决策，2007，22 (12)：1421- 1424，1428.

[6] Li L. Information Sharing in a Supply Chain with Horizon-

tal Competition [J]. Management Science, 2002, 48 (9): 1196-1212.

[7] 刘开军，张子刚. 分散式供应链中信息共享的定价激励模型 [J]. 管理工程学报，2007，27 (1)：131-133。

[8] Dong-Qing Yao, John J. Liu. Competitive Pricing of Mixed Retail and e-tailor Distribution Channels [J]. Omega, 2005, 33 (2005): 235-247.

[9] Dong-QingYao, XiaohangYue, Xiaoying Wang etc. The Impact of Information Sharing on a Returns Policy with the Addition of a Direct Channel [J]. Production economics, 2005, 97 (2005): 196-209.

[10] Samar K. Mukhopadhyay, Dong-Qing Yao, Xiaohang Yue. Information Sharing of Value-adding Retailer in a Mixed Channel hi-tech Supply Chain [J]. Journal of business research. 2008, 61 (9): 950-958.

[11] Tsay Andy A, Agrawal N. Channel Dynamics nder Price and Service Competition [J]. Manufacturing and Service Operations Management, 2000, 2: 372-391.

[12] Chiang WY, Chhajed D, Hess JD. Direct Marketing, Indirect Profits: a Strategic Analysis of Dual-channel Supply Chain Design [J]. Management Science 2003, 49 (1): 1-20.

[13] 晏妮娜，黄小原，刘兵. 电子市场环境中供应链双源渠道主从对策模型 [J]. 中国管理科学，2007，15 (3)：98-102.

[14] 邢伟，汪寿阳，冯耕中. B2B 电子市场环境下供需双方博弈分析 [J]. 系统工程理论与实践，2008 (7)：56-60.

[15] 熊中楷，李根道，唐彦昌等. 网络环境下考虑动态定价的渠道协调问题研究 [J]. 管理工程学报，2007，21 (3)：49-55.

An Information Sharing Model in Dual-channels Supply Chain in E-commerce Environment

MA Feicheng[1], ZHOU Xiongwei[1]

(1. Center for Studies of Information Resources, Wuhan University, Wuhan 430072, China)

Abstract: This paper studies information sharing model in hybrid coexist dual-channel supply chain, which includes two retailers and one manufacturer with the electronic direct marketing. According to two retailers whether to take part in the information sharing, there are three different information-sharing submodels for the optimal solution and Game Equilibrium Analysis. The optimal results and analysis show that in e-commerce environment uncertain demand information sharing impacts on profits in supply chain, but it can not be completely reassured to add to the total profit in supply chain, which must be fit for the specific conditions; the coordination between traditional channels and electronic channels is associated with the basic demand and uncertain demand of retailers, which is requested to fit for certain conditions; the price discrimination strategy under the conditions of the stable equilibrium can be used as an effective means for the design of information-sharing mechanism in dual-channel supply chain in e-commerce environment.

Key words: supply chain; information sharing; dual-channel; price discrimination; e-commerce

汽车环境污染预警机制知识库研究*

蒋国瑞[1]，李慧[1]

(1. 北京工业大学 经济与管理学院，北京市 100124)

摘　要：本文对汽车环境污染预警机制的知识库进行了研究。提出了汽车环境污染预警机制的概念及其基本结构，设计了汽车环境污染预警机制知识库的架构及组成。从知识的分类、知识的抽取、转换、输入和检测等过程研究了知识的获取。用语义网络、谓词逻辑和产生式知识表示方法研究了知识的表示。建立了预警知识库，并刻画了知识库中各数据表的关系。通过研制原型系统并设计预警实验，证实了本文建立的预警知识库的正确性和可行性。

关键词：汽车环境污染；预警机制；知识库；知识获取；知识表示

中图分类号：TP302；C931.6

汽车环境污染预警机制是一种智能分析机制，它能够通过解析汽车对环境造成的各种污染的安全状态及污染风险，对这些污染进行提前警示和积极防范，从而减少对人类的身体健康及生活环境造成不利影响。知识库是汽车环境污染预警机制的核心，主要用于存储汽车环境污染领域的专家经验知识、书籍文献知识、法规标准知识以及为推理机制提供的问题求解知识等。知识库存储知识的数量和质量直接关系到预警机制的智能程度，因而，构建知识库是建立汽车环境污染预警机制的关键。

回顾以往的研究，主要有两点不足：①在分析汽车对环境的污染时，多数研究集中在某一方面的污染，或者是汽车排放污染[1][2]，或者是汽车噪声污染[3][4]，或者是车内环境污染[5]，均没有对上述三大汽车环境污染进行综合研究；②关于汽车预警的研究，多数集中在追尾预警[6]、防碰撞预警[7]、轮胎故障预警[8]等预防事故的预警；关于污染预警的研究，多数集中在土壤污染预警[9]、大气环境污染预警[10]、光化学污染预警[11]、水资源污染预警[12]等某一特定的污染预警；目前对汽车环境污染预警的研究尚不多见。

针对上述问题，本文综合考虑汽车对环境造成的三大污染，提出建立一个全面的汽车环境污染预警机制知识库。本研究从几个方面展开：①在明确汽车环境污染预警机制的概念及其基本结构的基础上，研究知识库的架构及组成；②从知识的分类、抽取、转换、输入和检测等研究知识的获取过程；③用语义网络、谓词逻辑和产生式知识表示方法研究陈述性知识及过程性知识的表示；④建立预警知识库，刻画知识库中各数据表的关系；⑤设计原型实验，证明该知识库的建立为实现汽车环境污染预警机制奠定了良好的基础。

1　汽车环境污染预警机制概述

1.1　汽车环境污染预警机制的概念

汽车环境污染预警是指对汽车向环境造成的各种污染进行提前警示和积极防范，从而减少或避免对人类的身体健康及生活环境造成不利影响。汽车环境污染预警机制通过对预警指标的实时检测，利用预警机制的智能分析功能，解析汽车对环境造成的各种污染的安全状态及污染风险，进行发展态势的描述和成因过程的探究，发出相应警示信号来帮助人们提前采取预防性的应对策略。

1.2　汽车环境污染预警机制的基本结构

汽车环境污染预警机制是一种基于知识的智能机制，从总体来看，主要由知识库、预警推理机和人机接口组成。其中，知识库存放求解问题所需要的各种知识，预警推理机是用知识库中的知识来求解问题的程序，人机接口和预警推理机合起来称为预警机制的“外壳”。预警机制的基本结构如图1所示。

* 基金项目：北京市自然科学基金（9072001）、北京现代制造业发展研究基地项目（JS011790200901）
通讯作者：蒋国瑞，E-mail：jianggr@bjut.edu.cn

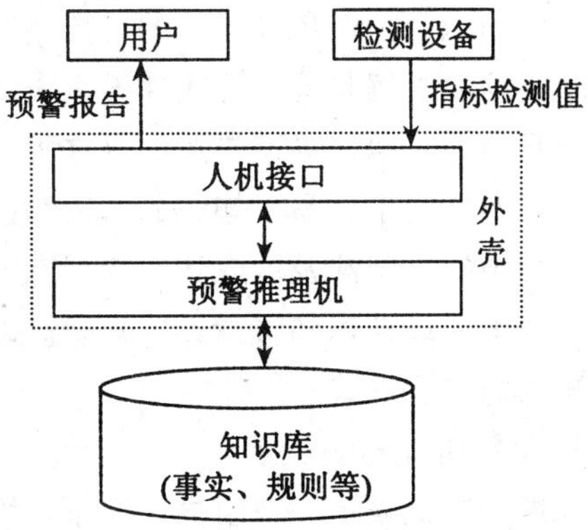

图 1 汽车环境污染预警机制的基本结构

从汽车环境污染预警机制的基本结构可以看出，知识库是整个预警机制的基础，预警机制中其他组件的工作都是围绕知识库展开的。知识库的构建是否合理直接关系到整个预警机制的运行。

1.3 汽车环境污染预警机制知识库的组成

汽车环境污染预警机制的知识库由事实知识库和规则知识库组成，如图 2 所示。

图 2 中，事实知识库存放预警指标、警情等级和警情频数等过程性知识；规则知识库存放预测模型、警情等级判定和警情分析等过程性知识；可用语义网络、谓词逻辑、产生式等知识表示方法对各种知识进行表示。另外，用预警推理机调用过程性知识，对陈述性知识进行各种操作。

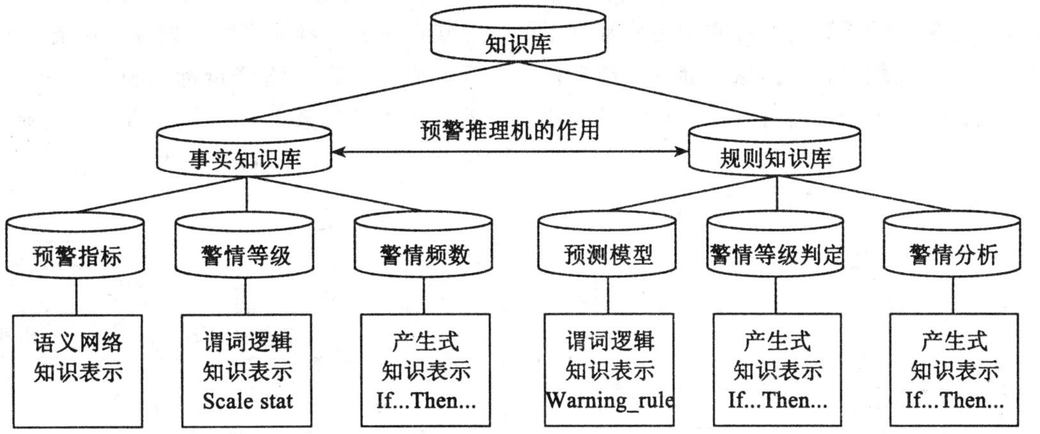

图 2 汽车环境污染预警机制的组成

2 汽车环境污染预警机制的知识获取

2.1 知识的分类

对汽车环境污染状况进行判断和预警是一项全面综合的工作，必须对汽车向环境造成的各种污染进行全面的监控，经过预警知识的合理表示和预警机制的推理过程，才能达到对汽车环境污染状况进行预警的目的。因此，根据不同知识在预警机制的推理过程中所发挥的不同作用，将汽车环境污染预警机制的知识分为如表 1 所示的几类[13]：

表 1 知识的分类

知识的分类	解释	说明
陈述性知识	对象、事实	对应于事实知识库
过程性知识	规则、策略	对应于规则知识库
控制性知识	求解步骤、技巧	对应于预警推理机
元知识	描述知识的结构化数据	标注各二级预警指标

2.2 知识的获取

知识获取的基本任务是为预警机制获取知识，建立起健全、完善、有效的知识库，以满足求解问题的需要。知识获取要经过如下几个过程[14]：

（1）知识的抽取

知识的抽取是指通过收集资料、访谈领域专家等途径，把蕴含于汽车环境污染领域的专家、书籍、文献、法规标准中的知识经过识别、理解、筛选、归纳等抽取出来，用于建立知识库。例如，通过阅读和理解《欧洲汽车废气排放标准Ⅰ、Ⅱ、Ⅲ、Ⅳ》，筛选出汽车排放污染预警指标，并且归纳出各指标警情等级的上下限。

（2）知识的转换

知识的转换是指把抽取的汽车环境污染领域知识转换为某种知识表示形式，如语义网络、谓词逻辑、产生式等，便于知识的存储与使用。例如，用语义网络知识表示法描述预警指标的构成关系和每种指标对属性的具有关系。

（3）知识的输入

知识的输入是指把用适当的知识表示形式表示

的知识经过编辑、编译送入知识库的过程。例如，将用语义网络知识表示法表示的预警指标及其属性输入到知识库相应的表中，便于预警机制的直接利用。

（4）知识的检测

知识库的建立是通过对知识进行抽取、转换、输入等环节实现的，任何环节的失误都会造成知识错误，从而影响到预警机制的性能。知识检测可以发现知识可能存在的不一致和不完整等问题，从而尽早发现并纠正错误。

3 汽车环境污染预警机制的知识表示

汽车环境污染预警机制涉及的知识主要来自于专家经验、书籍、文献资料、国家标准等，按其在预警机制中的作用，大致分为陈述性知识和过程性知识两类。

3.1 陈述性知识及其知识表示

陈述性知识是指对象及概念的特征、问题的相互关系及问题的求解状况。陈述性知识表示与知识处理是分开的，知识是静态描述的，这种表示的主要优点是：形式简单，易于知识的修改和扩充。汽车环境污染预警机制涉及的陈述性知识有：预警指标知识、警情等级知识和警情频数知识。以下介绍这三种知识的表示形式。

（1）预警指标知识表示

预警指标知识表示是一组描述汽车环境污染领域内，预警指标实体和该实体属性、行为及实体关系的词汇、定义、公理、定理的集合，即用领域概念知识来表达具体事物、事件。用语义网络知识表示方法，来表示预警指标的概念和概念之间的关系。从语义联系上看，各级指标之间是 Composed-of 联系，表示指标的“构成”关系，见图3所示。

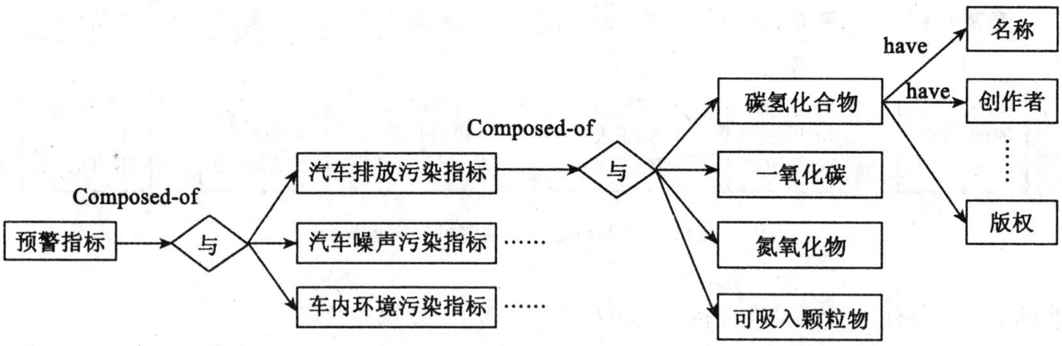

图3 预警指标的语义网络表示

元数据[15]即关于数据的数据，是提供关于信息资源或数据的一种结构化的数据，是对信息资源的结构化的描述。其作用为：描述信息资源或数据本身的特征和属性，规定数字化信息的组织，具有定位、发现、证明、评估、选择等功能。都柏林核心（Dublin Core）是国际组织 Dublin Core Metadata Initiative 拟定的用于标识电子资源的一种简要目录模式。在“都柏林核心”的简化形式（Simple Dublin Core）中，共包含15个元素，它们是：名称（Title）、创作者（Creator）、主题及关键词（Subject and Keywords）、说明（Description）、出版者（Publisher）、发行者（Contributor）、时间（Date）、类型（Type）、格式（Format）、标识（Identifier）、来源（Source）、语言（Language）、相关资源（Relation）、范围（Coverage）、版权（Rights）。用都柏林核心元数据进行知识标注，就是将都柏林核心简化形式所含的15个元素，作为一组简单的标准化的元数据记录，用来标注各二级预警指标，从而更加有效地描述和检索数据资源。从语义联系上看，各二级预警指标与都柏林核心元数据之间是有联系的，表示指标对属性的“具有”关系，见图3所示。

（2）警情等级知识表示

警情等级是指每个预警指标当前或未来的污染程度，用重警、中警、轻警和无警四个等级来描述。用谓词逻辑知识表示方法表示警情等级，引入三元谓词 Scale_state(id_time, index, scale)，来描述预警指标的污染状态。其中：id_time 是事实号，这里用时间唯一标记某一时刻的预警指标的状态；index 是条件的主体，这里指每个预警指标，如“碳氢化合物”；scale 表示主体的属性，这里指每个预警指标的警情状态，如“重警”。各预警指标通过相同的 id_time 联系在一起，表示汽车环境污染预警机制在某个时刻的各种污染状态。

（3）警情频数知识表示

警情频数是指某一时刻每种警情等级出现的频数。用谓词逻辑知识表示方法，引入三元谓词 Number_state(id_time, scale, number)来描述每种警情等级出现的频数。其中：id_time 是事实号，这里用时间唯一标记某一时刻的警情频数；scale 是条件的主体，这里指每种警情等级，如“重警”；number 表示主体的属性，这里指每种警情等级的频数。各警情等级通过相同的 id_time 联系在一起。

3.2 过程性知识及其知识表示

过程性知识是指与汽车环境污染预警领域有关的问题求解知识，如推理规则等。过程性知识表示用于描述控制策略，说明知识的使用过程，它的表示形式是含有一系列操作的计算机程序。过程性知识表示与知识推理相结合，是动态的描述，这种表示的优点是：形式灵活，易于表达比较复杂的问题求解过程。汽车环境污染预警机制涉及的过程性知识有：预测模型知识、警情等级判定规则知识和警情分析规则知识。以下介绍这三种知识的表示形式。

（1）预测模型知识表示

用一元线性回归模型作为预测模型，来预测未来的预警指标值。预测模型如下：

$$Y_t = a + bt + \varepsilon,\ \varepsilon \sim N(0,\ \sigma^2) \tag{1}$$

设：t 为时间点，Y_t 为某个预警指标对应于时间 t 的状态值，b 为回归系数，ε 是随机误差，且参数 a，b 及 σ^2 均不依赖于 t。

取时间点 1 ~ T − 1 及某个指标对应于这些时间点的状态值，得到预测样本观测值：

$$(t_1,\ Y_1),\ (t_2,\ Y_2),\ \cdots,\ (t_{T-1},\ Y_{T-1}) \tag{2}$$

把预测样本观测值（2）代入（1），用最小二乘法估计未知参数 a 和 b，估计值记为 $\hat{a}$ 和 $\hat{b}$。得到回归方程：

$$\hat{Y}_t = \hat{a} + \hat{b}t \tag{3}$$

代入下一个时间点 T，就得出预测指标值 Y_T。

用谓词逻辑知识表示方法表示预测模型，引入三元谓词 Warning_rule(id_T, $U_1 \sim U_{T-1}$, U_T)，来描述预测模型。其中：id_T 是条件号，这里用时间点 T 唯一标记；$U_1 \sim U_{T-1}$ 表示 1 ~ T − 1 时间点的预警指标值，U_T 表示 T 时刻的预测指标值。各预警指标通过相同的 id_T 联系在一起。

（2）警情等级判定规则知识表示

针对汽车排放污染，参考欧盟组织（EU）制定的《欧洲汽车废气排放标准 Ⅰ、Ⅱ、Ⅲ、Ⅳ》[16]；针对汽车噪声污染，参考我国 GB/T1495-2002 标准《汽车加速行驶车外噪声限值及测量方法》[17]；针对车内环境污染，参考德国大众 VW50108 标准《车内挥发物控制标准》[18]，将汽车环境污染预警指标警情划分为重警、中警、轻警和无警四个等级。以 3.5t < GVM ≤ 5t，P < 150kw，发动机后置的 M2 类[19]商用客车为例，制定警情等级判定规则表，如表 2 所示。

表 2 **警情等级判定规则**

警情 / 指标	重警（V_1）	中警（V_2）	轻警（V_3）	无警（V_4）
U_{11}	1.1 以上	0.66 ~ 1.1	0.46 ~ 0.66	0.46 以下
U_{12}	4 以上	2.1 ~ 4	1.5 ~ 2.1	1.5 以下
U_{13}	7 以上	5 ~ 7	3.5 ~ 5	3.5 以下
U_{14}	0.15 以上	0.1 ~ 0.15	0.02 ~ 0.1	0.02 以下
U_{21}	82 以上	81 ~ 82	80 ~ 81	80 以下
U_{22}	80 以上	79 ~ 80	78 ~ 79	78 以下
U_{23}	86 以上	85 ~ 86	84 ~ 85	84 以下
U_{31}	4 以上	3 ~ 4	2 ~ 3	2 以下
U_{32}	60 以上	55 ~ 60	50 ~ 55	50 以下
U_{33}	5 以上	4 ~ 5	3 ~ 4	3 以下
U_{34}	14 以上	12 ~ 14	10 ~ 12	10 以下

注：1. 各指标的单位均按照相应标准的规定设置；
2. GVM 为最大总质量（t），P 为发动机额定功率（kw）。

用产生式表示法表示警情等级判定规则。根据表 2 所示的警情等级判定规则，以碳氢化合物为例，即 object = 碳氢化合物，说明警情等级判定规则的知识表示：

IF object > 1.1, THEN value = 重警；
IF 0.66 < object < 1.1, THEN value = 中警；
IF 0.46 < object < 0.66, THEN value = 轻警；
IF object < 0.46, THEN value = 无警 .

（3）警情分析规则知识表示

警情分析是指将某一时刻每种警情等级的频数，经过如图 4 所示的警情分析规则的处理，发出

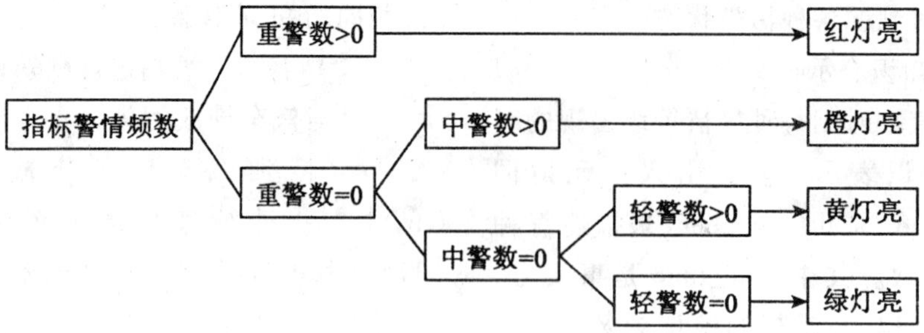

图 4　警情分析规则

不同程度的报警。用产生式表示法表达警情分析规则：

IF number（重警）>0，THEN action = 红灯；

IF number（重警）=0 and number（中警）>0，THEN action = 橙灯；

IF number（重警）=0 and number（中警）=0 and number（轻警）>0，THEN action = 黄灯；

IF number（重警）=0 and number（中警）=0 and number（轻警）=0，THEN action = 绿灯。

4　汽车环境污染预警机制知识库的建立

汽车环境污染预警机制的知识库采用 Microsoft SQL Server2000 来建立[20][21]，主要使用一系列二维表来存储知识。汽车环境污染预警机制的知识库由事实知识库和规则知识库组成。在事实知识库中，用事实表存储陈述性知识，如预警指标知识、警情等级知识和警情频数知识。在规则知识库中，用条件表和规则表来存储过程性知识，如预测模型知识、警情等级判定规则知识和警情分析规则知识。

4.1　事实知识库的建立

事实知识库含三个事实表：Index Value Table、Index Warning Scale Table 和 Warning Scale Frequence Table，和一个结论表：Conclusion Table。各表的结构如表 3 ~ 表 6 所示（注：表 3 ~ 表 9 对应于知识库的各数据表，表的名称均用英文表示）。

表 3　**Index Value Table**

字段名称	数据类型	说明
ID_Fact	时间	事实号，唯一标记某时刻的预警指标的检测值
Index_Name	文本	预警指标的名称
Index_Value	数值	预警指标的检测值
ID_Rule	文本	该事实所属的规则号

表 4　**Index Warning Scale Table**

字段名称	数据类型	说明
ID_Fact	时间	事实号，唯一标记某时刻的预警指标的警情等级
Index_Name	文本	预警指标的名称
Index_Warning Scale	文本	预警指标的警情等级
ID_Rule	文本	该事实（中间结论）所属的规则号

表 5　**Warning Scale Frequence Table**

字段名称	数据类型	说明
ID_Fact	时间	事实号，唯一标记某时刻的警情等级
Warning Scale_Name	文本	警情等级的名称
Warning Scale_Frequence	数值	警情等级的频数
ID_Condition	文本	该事实所属的规则号的条件号

表 6　**Conclusion Table**

字段名称	数据类型	说明
ID_Conclusion	文本	事实号，唯一标记某时刻的警情等级
ID_Fact	文本	警情等级的名称
Conclusion	数值	警情等级的频数
ID_Rule	文本	该事实所属的规则号的条件号

4.2 规则知识库的建立

规则知识库含三条规则：Forecast Model、Warning Scale Decide Rule 和 Warning Analysis Rule。每条规则对应一个条件表和一个规则表，条件表存储规则的条件部分，规则表存储规则的基本信息。各表的结构如表 7～表 12 所示。

表 7 Forecast Model Cndition Table

字段名称	数据类型	说明
ID_Condition	文本	条件号，唯一标记预测模型的输入条件
Condition_Descibe	文本	预测模型输入条件的描述
ID_Rule	文本	预测模型的规则号
Match Sign	数字	0 表示没有匹配成功，1 表示匹配成功，默认值为 0

表 8 Forecast Model Rule Table

字段名称	数据类型	说明
ID_Rule	文本	规则号，唯一标记预测模型
Conditon_Number	数字	表示预测模型包含的输入条件个数
Match_Number	数字	表示已经匹配成功的输入条件数
Use	数字	表示该模型已被执行过的次数，默认值为 0

表 9 Warning Scale Decide Condition Table

字段名称	数据类型	说明
ID_Condition	文本	条件号，唯一标记警情等级判定规则的条件
Condition_Describe	文本	警情等级判定规则条件的描述
ID_Rule	文本	警情等级判定规则的规则号
Match Sign	数字	0 表示没有匹配成功，1 表示匹配成功，默认值为 0

表 10 Warning Scale Decide Rule Table

字段名称	数据类型	说明
ID_Rule	文本	规则号，唯一标记警情等级判定规则
Conditon_Number	数字	表示警情等级判定规则包含的条件个数
Match_Number	数字	表示已经匹配成功的条件数
Use	数字	表示该规则已被执行过的次数，默认值为 0

表 11 Warning Analysis Condition Table

字段名称	数据类型	说明
ID_Condition	文本	条件号，唯一标记警情分析规则的条件
Condition_Descibe	文本	警情分析规则条件的描述
ID_Rule	文本	警情分析规则的规则号
Match Sign	数字	0 表示没有匹配成功，1 表示匹配成功，默认值为 0

表 12 Warning Analysis Rule Table

字段名称	数据类型	说明
ID_Rule	文本	规则号，唯一标记警情分析规则
Conditon_Number	数字	表示警情分析规则包含的条件个数
Match_Number	数字	表示已经匹配成功的条件数
Use	数字	表示该规则已被执行过的次数，默认值为 0

4.3 知识库中各数据表的关系

知识库中各数据表之间通过主键、外键约束建立关系，如图 5 所示。

5 原型设计

汽车环境污染预警机制的原型实验采用 Visual

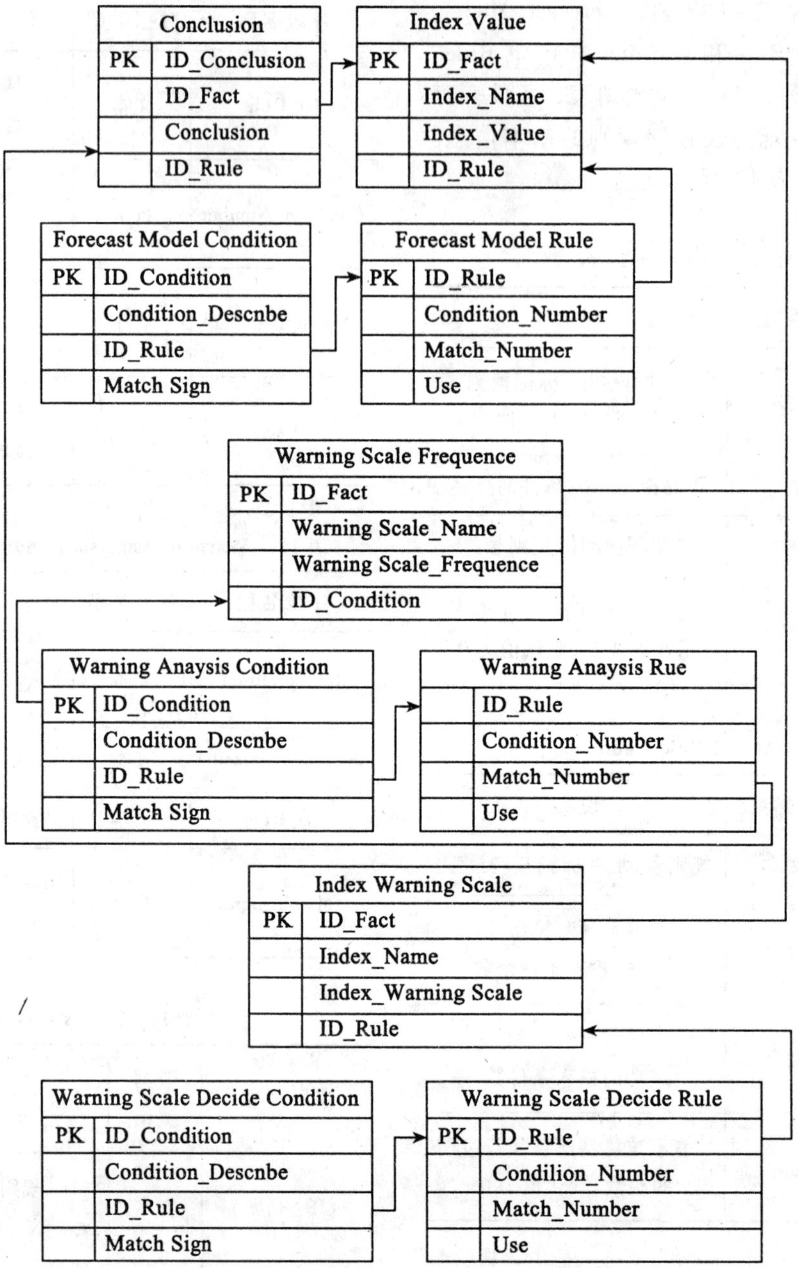

图 5　知识库中各数据表的关系

Basic 和 SQL Server 设计实现。原型的实验过程如下：

通过指标输入接口输入各时刻的预警指标的检测值，该接口连接各检测设备，如图 6 所示。

通过预先设定的正向推理过程，生成警情报告，该报告包含两部分内容：判定当前警情状态和预测未来警情状态，如图 7 所示。

通过预先设定的反向推理过程，生成当前污染详情报告和未来污染详情报告，如图 8、图 9 所示。

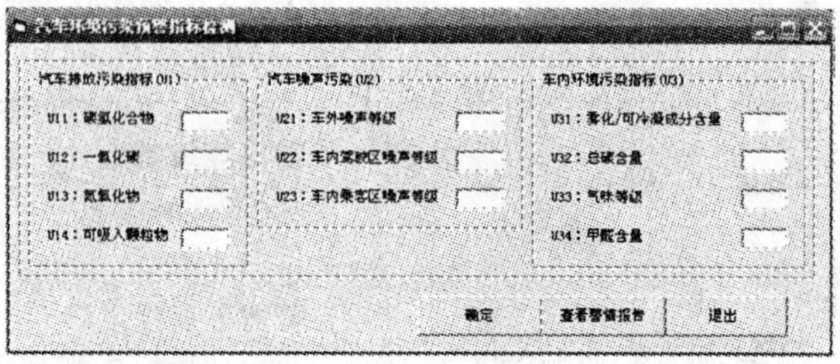

图 6　汽车环境污染预警指标输入接口

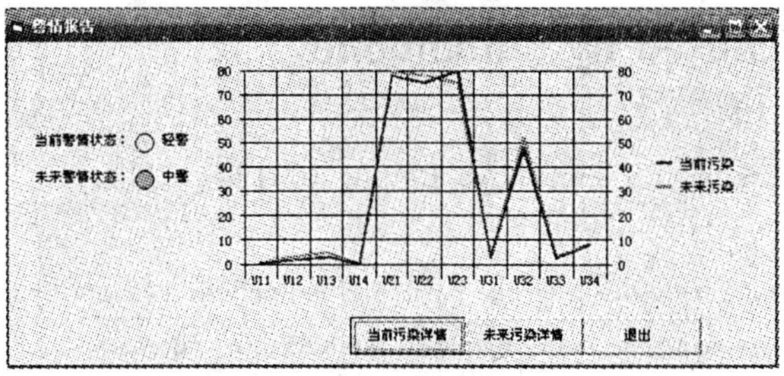

图7 警情报告

图8 当前污染详情报告

图9 未来污染详情报告

6 结 语

本文综合考虑汽车对环境造成的三大污染，建立了一个全面的汽车环境污染预警机制知识库。在明确汽车环境污染预警机制的概念及其基本结构的基础上，设计了知识库的架构及组成。通过研究知识的获取、知识的表示，建立了预警知识库，并刻画了知识库中各数据表的关系。通过研制原型系统并设计预警实验，证实了本文建立的预警知识库的正确性和可行性，从而为实现汽车环境污染预警机制奠定了良好的基础。

参考文献

[1] 张念力，李明丽. 汽车的排放污染［J］. 科技信息（教学科研），2007（34）：533.

[2] Rhoderick G C. Development of a 100n mol（-1）Propane-in-air SRM for Automobile-exhaust Testing for new low-emission requirements［J］. analytical and bioanalytical chemistry，2007，387（7）：2425-2432.

[3] Sim H J，Park S G，Joe Y G，et al. Design of the Intake System for Reducing the Noise in the Automobile Using Support Vector Regression［J］. Journal of Mechanical Science and Technology，2008，22（6）：1121-1131.

[4] 朱昌慧. 浅析汽车产生噪声的原因及控制措施［J］. 黑龙江科技信息，2008（11）：17.

[5] 徐海波. 汽车内环境污染现状及其防治措施［J］. 职业时空，2007（23）：53.

[6] Brannstrom M，Sjoberg J，Coelingh E. A Situation and Threat Assessment Algorithm for a Rear-end Collision Avoidance System［J］. 2008 IEEE intellegent vehicles symposium，2008，VOLS 1-3：752-757.

[7] 陈勇. 汽车防撞预警系统的研究与发展［J］. 计算机仿真，2006（12）：239-242.

[8] 朱肃生. 汽车轮胎故障预警系统［J］. 电子世界，2005（1）：54-56.

[9] 孙为国. 江汉平原重要城市土壤重金属污染预警［J］. 资源环境与工程，2008（S2）：23-26.

[10] 陈见平. 基于ArcGIS的突发性大气污染应急预警系统——以上海市宝山区大场镇为例［J］. 江苏环境科技，2008（4）：57-59.

[11] 夏丽华. 基于MODIS数据的城市光化学污染预警系统及预警等级研究［J］. 地理科学，2006（6）：712-716.

[12] 杨俊红. 水资源污染预警应急系统研制［J］. 电脑开发与应用，2009（1）：54-57.

[13] 蔡自兴，［美］约翰·德尔金，龚涛. 高级专家系统原理、设计及应用［M］. 北京：中国商业出版社，2005：39-44.

[14] 尹朝庆，尹皓. 人工智能与专家系统［M］. 北京：中国水利水电出版社，2002：177-178.

[15] 马费成. 信息资源开发与管理［M］. 北京：电子工业出版社，2004：122-129.

[16] 欧盟. 欧洲汽车废气排放标准Ⅰ-Ⅳ［S］. 欧洲：欧盟，1992-2005.

[17] 国家环境保护总局，国家质量监督检验检疫总局. GB/T1495，《汽车加速行驶车外噪声限值及测量方法》［S］. 北京：国家环境保护总局，国家质量监督检验检疫总局，2002.

[18] 德国大众公司. VW50108，《车内挥发物控制标准》［S］. 德国：大众公司，1996.

[19] 国家技术监督局. GB/T15089，《机动车辆分类》［S］. 北京：国家技术监督局，1994.

[20] 王珊，萨师煊. 数据库系统概论［M］. 北京：高等教育出版社，2006：198-234.

[21] 刘小生，孙群. 基于关系数据库的矿山安全预警专家系统知识库的建立［J］. 煤矿安全，2009（3）：103-105.

Research on knowledge-base of early-warning mechanism for environmental pollution caused by automobile

JIANG Guorui[1], LI Hui[1]

(1. School of Economics and Management, Beijing University of Technology, Beijing 100124, China)

Abstract: This paper researches on the knowledge-base of early-warning mechanism for the environmental pollution caused by automobile. It proposed the concept and basic structure of the early-warning mechanism, and designed the architecture and composition of the knowledge-base. In this paper, the acquisition of knowledge was studied by the process of knowledge classification, extraction, conversion, input and testing; and the expression of knowledge was studied by the methods such as semantic networks, predicate logic and production representation. And also, the paper established the knowledge-base of early-warning mechanism, and described the relationship among the data tables in the knowledge-base. Furthermore, through developing a prototype system and taking an early-warning experiment, it validates the correctness and accuracy of the knowledge-base of early-warning mechanism.

Key words: environmental pollution caused by automobile; early-warning mechanism; knowledge-base; knowledge acquisition; knowledge expression

第九篇

图书情报

Mashup 在图书馆的应用

肖铮[1]

(1. 厦门大学 图书馆，厦门 361005)

摘　要：Mashup 是随着 Web2.0 的出现而发展起来的一种新的数据应用模式。本文首先介绍了 Mashup 的概念、发展过程、模型架构和主要技术。随后列举了若干国外图书馆的 Mashup 应用案例，并对各个应用的现实作用进行了分析。重点介绍了厦门大学图书馆 OPAC 的 Mashup 应用实现过程，强调了图书馆 Mashup 应用对图书馆现有服务的提高作用。最后提出图书馆在 Mashup 应用中不仅可以作为应用提供方集成第三方的数据资源，也可以作为数据提供方将图书馆的数据资源提供给其他应用进行 Mashup。

关键词：Web2.0；图书馆 2.0；Mashup；OPAC

中图分类号：TP393；G35

Web2.0 经历了数年的发展，已经从一个高度热门的概念，逐渐转化为一个个清晰的应用，比如博客、Wiki、RSS、社会性网络（SNS）、标签和民俗分类法。OCLC 的副总裁、首席战略家 Lorcan Dempsey 使用了“发散（Diffusion）”和“聚合（Concentration）”这两个标签来描述 Web2.0[1] 的特点，而 Mashup 应用则正是对这两个标签的最好诠释。

1　Mashup 简介

1.1　Mashup 的概念

Mashup 一词源于流行音乐，指从两首不同的歌曲（通常属于不同的流派）中混合演唱和乐器的音轨而构成的一首新歌。随着 Web2.0 的兴起和发展，许多新的技术和理念也随之而来。Web2.0 这一概念的创始人 Tim O'Reilly 总结 Web2.0 的特性包含：使用者的参与及互动、开放的分享与传递、强调使用者网络的外部延展性，也就是经由服务的提供，形成去中心化的形态[2]。Mashup 就是 Web2.0 的一个产物，并成为 Web2.0 的一个代表性应用。

了解了 Mashup 一词的起源就不难理解 Mashup 在 Web 应用中的作用。Mashup 是一种新型的基于 Web 的数据集成应用模式，它利用现有的 Web 应用程序或数据来源，重新组合这些资源建立起新的应用。Mashup 利用组织边界外的数据源和服务，在网页或者桌面应用程序中对这些资源加以利用重组并展示出来。

1.2　Mashup 的兴起

Mashup 的兴起跟 Web2.0 的发展是分不开的，Web2.0 提出的“开放聚合”理念大大推动了 Mashup 的应用。Web 在经历了数十年的发展，到今天已出现了许多拥有海量数据的 Web 站点，同时各站点间的竞争也日益激烈。要保证在竞争中的优势地位，Web 站点必须要吸引更多的流量。因此，开放成为了他们的必要选择。Mashup 应用的根基正是这些数据提供方的开放策略，他们通过开放数据，创建 API，并推广这些 API 的应用，使其数据覆盖范围不仅仅局限于自身站点内部，而是网络上任何可能用到这些数据的地方，从而吸引更多潜在的用户和流量。这样一来，他们在开放的基础上，也就达到了更好地聚合这一目的。

1.3　Mashup 的架构及相关技术[4]

如图 1 所示，Mashup 从架构上是由三个不同的部分组成，它们在逻辑上和物理上都是相互分离的（可能由组织边界和网络分隔）[3]。

（1）数据/服务提供方。Web 上拥有数据或者资源的一方，他们使用标准的 Web 服务规范（如 SOAP 或 REST 规范），将自己的数据或资源以文本、RSS/Atom 或其他 Web Service 方式提供给第三方进行应用。

数据/服务提供方常用技术有：

① Web Service：Web Service 是一个概念集，通常指那些将数据传送给客户端的技术，这些技术成为机器与机器，机器与用户间交互的标准。

② SOAP：一种基于 HTTP 的消息传递规范。SOAP 规范中有两个关键组件，第一个组件是使用

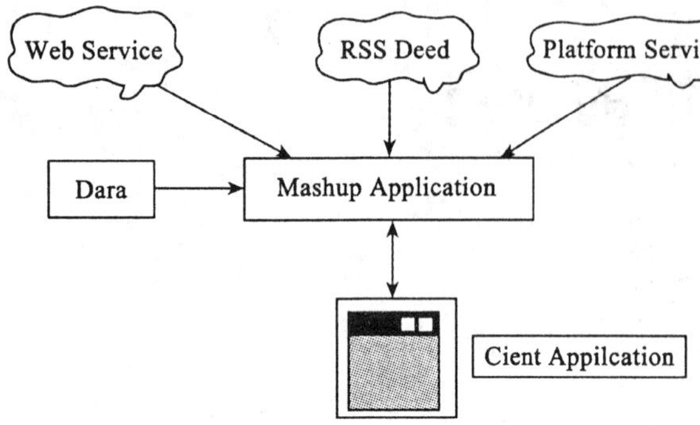

图 1 Mashup 的架构

XML 消息格式进行平台无关的编码，第二个组件消息结构，包括消息头和消息体。消息头用来交换非特定与应用负载（消息体）的相关信息，如认证信息。

③ REST：一种只使用 HTTP 和 XML 进行 Web 通信的技术。它的简单性和缺少严格配置文件的特性使它与 SOAP 很好地隔离开来，因此被称为轻量级的接口服务。

REST 支持 POST/GET/PUT/DELETE 这几种简单的操作，可通过 HTTP 直接对一个由 URI 定位的资源进行操作。

④ RSS/Atom：基于 XML 的格式标准，可以方便地向订阅 Feed 的用户提供数据，也可以方便地在机器间传递数据。

（2）Mashup 应用实现方。根据 Mashup 实现的位置不同，可分为服务器端 Mashup 和客户端 Mashup。

服务器端 Mashup 指在服务器上使用后台编程语言（JAVA/PHP/. NET/...）对数据提供方的数据进行调用处理，并根据需要将数据与原有服务整合，所有数据调用处理工作均在服务器端完成，最终用户直接从服务器上获取新的服务。

客户端 Mashup 指在用户浏览器上使用 HTML + Javascript 代码，通过 Ajax 技术，形成富 Internet 应用程序，在数据表现层对内容进行整合，以增强交互式用户体验。

两者相比较，客户端 Mashup 使用富 Internet 应用程序具有明显优点，表现为：对 Mashup 应用的服务器所产生的负载较轻（数据可以直接从数据提供方传送到用户，而不通过应用服务器），具有更好的无缝用户体验（用户不必转向内容提供方的网站，而获得该网站所提供的内容）。

Mashup 应用层常用到的技术有：

（1）Ajax：Ajax 本身就是一个 Web 应用模型，它包括几种关注内容的异步加载和呈现的技术，将这些技术结合起来使用时，它们的目标是通过与内容服务器交换少量的数据为用户创造平滑、良好的 Web 体验，而不用在用户执行某些操作之后重新加载并重新呈现整个页面。

（2）用于网页编码规范化的 XHTML 和用于确定表现层风格的 CSS。

（3）为在浏览器中实现动态显示和交互所提供的 DOM（文档对象模型）API。

（4）XML，作为数据传递基础，实现异步数据交换。

（5）Javascript，浏览器端脚本，实现 Internet 应用程序的编程代码。

（3）用户层：用户最终使用 Mashup 的地方，通常是客户端程序或 Web 浏览器，以图形化的方式呈现应用程序，通过 Mashup 与用户进行交互，使用客户端脚本改善用户体验。

2 Mashup 在图书馆中的应用实例

图书馆在开放的网络环境中面临着服务模式的转变，Web2.0 的发展为图书馆进行这一转变提供了多种可借鉴的方法。在图书馆界，Blog 的兴起拉近了图书馆跟读者的距离，使图书馆跟读者形成了良好的互动关系。RSS 的应用架起了图书馆与读者间的信息桥梁，使读者能够及时主动地获取图书馆的最新信息。Tag 的引入铺垫出一条读者创建组织图书馆资源的道路，使读者能够按照自己的方式组织图书馆的资源。Mashup 做为 Web2.0 下的一个重要应用，也日益吸引着图书馆参与其中。

2.1 NCSU Library 的 Google Maps Mashup[5]

NCSU，美国北卡罗莱纳州立大学，共占地 101 000 英亩，其五所图书馆分布在三个校区之中。NCSU 图书馆根据自身分馆多、分布散的实际情况，利用 Google Maps API，将图书馆位置标注在 Google Map 上，并使用 Mashup 将此位置图混搭在图书馆网站中。用户不但可以在图书馆网站上直接查到图书馆位置信息和地图信息，还可以利用 Google Maps 提供的服务获取行车路线，或通过 Google Maps 的卫星视图直接地看到图书馆馆舍和周围建筑鸟瞰图。

2.2 UIUC Library 的 Twitter Mashup[6]

UIUC，伊利诺大学香槟-厄班纳分校。该校图书馆使用 Twitter[7] 发布最新的图书馆公告，任何人只要在自己的 Twitter 账号上 Follow 图书馆的

Twitter 账号就可以通过 IM、手机或网页即时获取图书馆最新公告。与此同时，图书馆网站则通过 Mashup 在 Twitter 上发布的消息，使图书馆实现了在 Twitter 一处发布消息，在其他各处调用，避免了重复发布信息的成本和信息更新不同步的问题。

2.3 Danbury Public Library[8] 的 Library Thing[9] Mashup

Danbury 公共图书馆是 LTFL（Library Thing For Libraries[10]）的第一个用户，在 Danbury 图书馆的 OPAC 书目信息页面中，通过 LTFL API 服务，调用 Library Thing 网站中该书的 Tag 数据和 Similar Books 数据，大大丰富了自身 OPAC 书目页面，使用户可以通过 Tag 数据找到由用户自主分类的同类图书，通过某本书的 Similar Books 数据找到类似图书。Danbury 图书馆的 OPAC 在利用 Library Thing 提供的数据的基础上，将原本孤立的 OPAC 的书目信息有效地联系起来，加强了图书的揭示功能。

由以上三例应用可以看到，图书馆利用 Web 上的开放数据与服务，通过 Mashup 与自身数据或服务相融合，快速地实现了新的服务。这些服务一方面将用户与自身熟悉的 Web 服务联系起来，使用户感到亲切，增强了用户对图书馆网站的使用体验。另一方面，图书馆内在的数据与服务也因为和新数据的融合实现了信息增值。可以说，Mashup 的应用以较低的成本投入，获得了较高的收益。

3 厦门大学图书馆 Mashup 应用实例

目前厦门大学图书馆采用的 OPAC 系统在功能上还存在某些不足，比如 OPAC 提供的元数据信息还仅仅限于文献外部信息的描述，缺少对文献内容的描述，读者通过 OPAC 获取到的信息不足以帮助他们进行快速挑选和剔除。但受限于书目 MARC 数据本身的规范性，很难直接将对内容的描述信息加入其中。而且如果将对文献本身描述的信息加入到 MARC 中，维护 MARC 记录的成本也会大大增加。

而如今，在网络上出现了诸如 Amazon，Google，Library Thing，豆瓣这类拥有海量数据的网站，并且在 Web2.0 理念的作用下，他们逐步为第三方开放了自身的数据，这就为图书馆利用这些数据加强自身服务提供了良好的契机。

3.1 Google Books Search API[11]

GBS（Google Books Search）项目提供的 API 使第三方可以调用 GBS 的图书封面图片、全文可获得的状态、到图书搜索结果的链接。此 API 提供静态链接和动态链接两种方式调用 Google Books 相关内容[12]。静态链接直接通过 ISBN/LCCN/OCLC 控制号链接到 Google Books 中的信息页面，这种方式简单易用，但缺点是无法得知 GBS 的查询结果，就无法判断 GBS 中是否存在该书记录，某些时候会影响用户体验的效果。动态链接使用 REST 风格的消息传递模式，客户端通过使用相关参数向 GBS 发出查询请求，查询结果以 XML 格式返回，开发者可根据返回结果选择性地将相关信息展现给用户。

3.2 豆瓣网 API[13]

豆瓣网是目前国内最为成功的 Web2.0 网站，已有注册用户 700 多万，用户可自行为书籍/音乐/电影创建标签，添加评论。豆瓣中关于书籍的数据可分为以下四类：书目信息、用户评价、图书推荐和常用链接。豆瓣提供的 API 使第三方可通过编程搜索并查看书籍信息，添加、更新、删除用户收藏，查看、发布、修改、删除用户评论，等等。因此，在 OPAC 页面中，可以使用 Ajax 技术，通过 Javascript 动态查询某本书，然后根据返回 XML 数据结果，提取其中的图书封面信息、内容简介、用户标签等相关内容展示在 OPAC 页面。

3.3 具体实现步骤

厦门大学图书馆 OPAC 系统使用 PHP 编程，为二次开发和修改提供了极大地便利。选用客户端 Mashup 方式，在 OPAC 系统的用于显示图书详细信息页面 item.htm 中加入调用 GBS API 和豆瓣网 API 的 Javascript 程序。当用户浏览到该页时，会自动加载 Javascript 程序代码，程序通过 API 调用 GBS 的查询结果和豆瓣网中图书的封面图片地址、内容简介和常用标签，再使用 Ajax 动态操作页面 HTML DOM，将取回的内容放置到合适的位置，供用户使用。程序流程图如图 2 所示：

程序代码片段及说明：

（1）加载豆瓣 API Javascript 类库

```
< script type = " text/javascript" src = " ht-
tp: //
www. douban. com/js/api. js? v = 2 " > </
script >
< script type = " text/javascript" src = " ht-
tp: //
www. douban. com/js/api/parser. js? v = 1" >
</script >
```

（2）OPAC 页面获取图书 ISBN

```
var isbn = document. getElementById
```

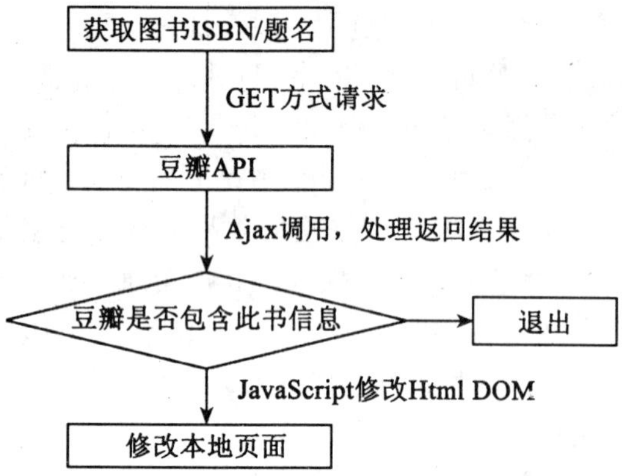

图 2　OPAC 与豆瓣网 Mashup 应用程序流程图

```
('book_ isbn') . innerHTML;
  isbn = isbn. replace (/-/g,"");
```

（3）调用豆瓣 API

```
var subject_ id;
DOUBAN. apikey = 'doubanAPIkey';
DOUBAN. searchBooks ( {
keyword: isbn,
callback: function (re) {
        if (re. entry. length ! = 0)
        {
        subject_ id = re. entry [0] .
        id. $ t. substring
(re. entry [0] . id. $ t. lastIndexOf ('/') +
1); })
```

（4）处理返回的 JSON 对象

```
DOUBAN. getBook ( {
id: subject_ id,
callback: function (re) {
var subj = DOUBAN. parseSubject (re);
If (typeof (variable) = ='undefined')
db_ cover =
(typeof (subj. link. image) = ='undefined') ?" :
" <a href ='http: //www. douban. com/subject/" +
subject_ id +"'target =_ blank > <img width =60px;
height: 82px; \ " border = \ " 0 \ " src =" +
subj. link. image + " > </a > <span id = \ " gbs_
intro \ " >豆瓣提供 <br/ >相关介绍 </span >" ;
db_ summary =
(typeof (subj. summary) = = 'undefined')? "
: " < dt > 内 容 简 介: </dt > < dd >" +
subj. summary +" </dd >";})
```

（5）改写 OPAC hml 页面

```
element = document. getElementById ('db_ cov-
er');
element. innerHTML = db_ cover;
element = document. getElementById ('db_ api');
element. innerHTML = db_ summary;
```

经过 Mashup 后的 OPAC 页面如图 3 所示，在新的页面中，融合了豆瓣图书封面、图书简介、图书标签，Google 图书预览服务。对于用户来说他们并不关心数据从哪里来，而真正关心数据是否对自己有用。通过 Mashup 混搭给用户以更多选择，丰富了 OPAC 页面内容，弥补了原有系统中的某些不足，使图书馆服务更加贴近用户。

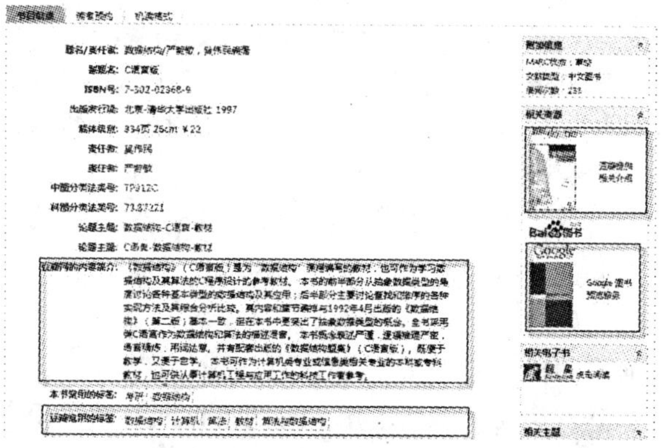

图 3　厦门大学图书馆 OPAC 与豆瓣网的 Mashup 应用

4　结　语

Mashup 为图书馆提供了一条简单易用的方式利用 Web 上的海量数据，改进图书馆自身的某些不足，帮助图书馆在网络环境下更好地为读者服务。但就目前的情况看，图书馆在 Mashup 的框架中，还多是扮演 Mashup 应用创建者的角色，而在 Web2. 0 的理念下，图书馆也应该以更加开放的心态面对来自各方面的竞争，积极向数据提供者的角色转变，主动将图书馆的数据开放出来，在更广阔的网络中聚合更多用户。

参 考 文 献

[1] Lorcan Dempsey. Lorcan Dempsey's weblog [EB/OL]. [2008-10-10]. http: //orweblog. oclc. org/archives/001556. html.

[2] Tim O'Reilly. What is Web2. 0: Design patterns and business models for the next Generation of Software, 2005 [EB/OL]. [2008-10-10]. http: //www. oreillynet. com/lpt/a/6228.

[3] Larry Clarkin, Josh Holmes. 企业级 Mashup [EB/OL].

[2008-10-10]. http: //msdn. microsoft. com/zh-cn/library/bb906060. aspx.
[4] Duane Merrill. Mashups: Web应用程序新成员 [EB/OL]. [2008-10-10]. http: //www. ibm. com/developer works/cn/xml/x-mashups. html.
[5] NCSU图书馆位置地图 [EB]. [2008-10-10]. http: //www. lib. ncsu. edu/liblocations/.
[6] UIUC图书馆网站 [EB]. [2008-10-10]. http: //www. library. uiuc. edu/ugl/.
[7] Twitter [EB]. http: //twitter. com.
[8] Danbury图书馆OPAC [EB]. http: //cat. danburylibrary. org/search.
[9] Library Thing [EB]. http: //www. librarything. com.
[10] Library Thing for Libraries服务. [EB]. http: //www. librarything. com/wiki/index. php/LTFL: Libraries_using_LibraryThing_for_Libraries.
[11] Google Books Search API [EB]. http: //code. google. com/apis/books/.
[12] 编目精灵. 用Google图书搜索API增强 [EB/OL]. [2008-10-10]. OPAChttp: //catwizard. blogbus. com/logs/17095011. html.
[13] 豆瓣API使用指南 [EB]. [2008-10-10]. http: //www. douban. com/service/apidoc/guide.

Mashup in Library

XIAO Zheng[1]

(1. Xiamen University Library, Xiamen 361005, China)

Abstract: This paper introduces Mashup, a new application of Web2. 0, gives its concept, development, module. Then the paper gives some examples of Mashup in foreign library. Meanwhile take Xiamen University OPAC Mashup implement as an example to show how to use it improve library service. At last authors show a prospect of position transformation of library in Mashup module in the future.

Key words: web2. 0; library2. 0; mashup; OPAC

信息构建在信息资源中的认识*

袁红诗[1]，赵昆[2]

（1. 云南财经大学 信息学院，昆明 650221；2. 现代教育技术中心，昆明 650221）

摘　要：本文通过对信息构建和信息资源管理的内容和方法的研究，从理论上分析信息构建如何在信息资源管理中发挥作用，从而能够帮助信息资源管理者提高对信息资源管理的效率。并且将信息构建的思想和原理运用到信息资源管理领域，这样不仅展示了信息构建的多学科性，而且还以新的视角看待信息构建问题。

关键词：信息构建（IA）；信息资源（IR）；信息资源管理（IRM）

中图分类号：G203

1975 年美国建筑师沃尔曼（Richard Saul Wurman）先生提出了信息构建（Information Architecture，简称 IA），但在当时并没有引起人们的普遍关注。20 世纪 90 年代，网络和计算机技术的发展，Web 自身的信息量大量产生，造成了网络信息空间混乱问题，诸如信息检索表述难，网站框架不合理，导航、标识、检索系统效率低下等给用户造成了极大不便。因而人们才意识到必须从宏观的角度来研究信息空间的构建，于是 IA 的概念应运而生。2000 年 4 月 IA 的主要组织机构美国情报学会 ASIS 在波士顿举行了一次研讨会，来自因特网商务、知识管理、信息科学和数据库管理等各领域的专家们汇集在一起，围绕“是什么、信息建筑师做什么、谁是信息建筑师、IA 是否是我们学科的最合适的标识”这一观点各抒己见，至此，ASIS 已经召开了 5 次峰会，目的就是更科学地使信息构建运用到相关领域。

我国 IA 研究方向主要集中在学习与引进国外 IA 的研究思想，进而探索我国 IA 的发展道路。基于学习与引进国外 IA 的研究思想是一种借鉴与吸收并举的局面，这方面的研究既有对各国具体的 IA 实施案例的翻译，又有理论总结；既有比较分析各国研究的差异性，又有对国外出现的新问题而做出的策略性研究。从论文发表的年代和研究内容可以看出我国在探索自身 IA 发展道路中在不同的阶段侧重不同的重点。2002—2003 年我国研究论文侧重于基础理论研究，主要是介绍信息构建的由来、定义、原则、组件、功能等；自 2004 年开始，在基础理论研究的基础上逐渐向比较研究、技术研究、应用研究、评价研究深入，这是与国际上 IA 的发展相适应的[1]。

通过以上分析可以看出目前国内涉及关于 IA 在信息资源管理中的研究比较少，本文结合国内对于信息资源管理发展的需求和现状，探讨 IA 在信息资源管理中的必要性，为以后的研究做铺垫。

1　信息资源管理内容

1.1　信息资源的含义

信息资源是相对于物质资源和能源而言的一种非物质形态的社会财富。狭义的信息资源就是企业收集、开发、加工、利用的文献资料和数据。在这个层面上，信息资源就是数据。从广义上讲，信息资源是信息和信息的收集、加工整理、存储、处理、传递、利用相关的技术设施、资金和人才[2]；广义的信息资源不仅把所有投入到信息系统中的一切作为管理的资源，并且还包括整个信息流通过程和人。这样的信息资源定义不仅涵盖了以往对信息的理解，更概括了当前在管理信息资源时所遇到的关键环节，这样的定义突出了信息构建的重要性。本文通过对信息构建的深入理解从而找到解决信息资源的管理问题的突破口。

1.2　信息资源的特殊性

共享性：所谓信息共享不同于物质能源在给予别人后自身就会丧失，在同等价值情况下信息参与

* 基金项目：国家社会科学基金（06XTQ009）；教育部科学技术研究重点项目（208128）
作者简介：袁红诗（1986—），男（汉），四川广安；赵昆（1963—），男（汉），云南泸西，教授
通讯联系人：袁红诗，E-mail：yuanyi747@163.com

竞争全过程。信息的这种性质决定了信息资源的价值所在。

时效性：信息的时效性是对信息是否有用的一个指标，只有在时效内的信息才能体现其价值。

同一性：对于信息空间中的一个信息元素必不可少地应该是唯一的，并且每一信息都具有独特的性质。

驾驭性：信息资源能够开发和驾驭其他资源，无论是物质还是能源资源，其开发和利用都是依赖于信息资源的支持。

累积性与再生性：信息的作用不仅体现在它能够为决策制提供依据，更重要的是它不因为使用的次数而减少起作用，反而是逐渐积累的过程，信息使用者在不断使用信息的过程中会意识到信息这类资源的价值是在不断增加的。

1.3 信息资源管理的理论基础研究

信息资源管理目的在于如何使信息使用者更有效地使用信息资源。主要以现代信息科学技术为手段，对信息资源实施计划、组织、协调和控制等一系列类似人类管理活动，然而这是由多种人类信息活动所整合而成的特殊形式的管理活动。

信息资源管理分为宏观管理和微观管理两个层次，不同的管理层次有着不同的管理内容[3]。

（1）宏观管理的内容：信息资源的宏观管理是一种战略管理，一般由国家信息资源管理部门通过制定有关政策、法律、法规和管理条例以及运用各种经济杠杆，使之按照国家宏观调控的目标，对信息资源的开发利用活动从总量上和结构上进行计划、组织、协调和控制。

信息资源的宏观管理应遵循以下基本原则：一是必须认识到信息资源是当今社会一种最重要的战略资源；二是信息资源管理必须对信息资源进行分级分类管理；三是必须大力促进现代信息技术推广应用，以提高信息资源的开发水平和利用效果；四是确定信息资源管理的保密和保存制度，以协调与国际的信息交流关系。

（2）微观管理的内容：信息资源的微观管理，一般为基层的企、事业单位等相对比较单一化的部门对信息资源的管理，微观管理的主要任务是分析本单位中各个部门和各级各类人员对信息资源的需求。合理地计划、组织、协调和控制信息资源的开发利用活动，最大限度地满足本单位对信息资源的需求。

因为初期计算机技术还没有被广泛地应用于社会生活之中，对信息资源管理的研究主要集中在微观层面。但是随着计算机技术，尤其是网络技术的快速发展，信息资源方向的研究才逐步转向宏观管理，然而宏观层次上的信息资源管理更能体现目前管理中的迫切需求，从而宏观上的信息资源管理也越来越受到人们的关注和重视，对于宏观方面的信息资源管理的研究也在不断深化。然而信息资源管理的宏观层面主要是研究这样几个重要方面：

信息获取：这个阶段想要解决的问题就是如何有效地获得满足需求的、有价值的信息。

信息流程：这个阶段研究的侧重点是信息加工、整合、序化等一系列的信息处理，使得成型的信息可以参与到信息应用领域中。

决策信息：这个阶段主要研究的就是如何从庞大的信息集群中更有效率地筛选出支持决策的信息，从而在实践中体现所获得的信息的价值，也是为了完成自身目标。

2 信息构建（IA）核心内容

赖茂生[4]认为信息构建的本质可以分为两方面观点，一是认为信息构建是关于信息组织的概念，二是认为信息构建是关于体系结构的概念。他还认为信息构建（IA）研究的主要方面包括 IA 的本质是什么、IA 的内涵是什么、IA 的贡献是什么、IA 所强调的理解是什么、IA 为何要重视可用性和用户体验、IA 对情报学的贡献是什么、IA 是否与现有的情报学理论兼容、能否构建一种统一的情报学理论、IA 的发展前景是什么、情报学教育和信息管理教育如何吸收和传播 IA 的知识体系。周晓英[5]认为信息构建的基本原理包括信息片段集成原理、信息集合序化原理、信息结构展示原理、信息空间优化原理。L. rosenfeld 和 P. morville 认为 IA 是一门组织信息和界面的艺术和科学，目的是帮助人们在网络和 Web 环境中更成功地发现和管理信息，有效地解决用户的信息需求。目前国内大都是基于以上几方面做深入研究。

本文就是在前人的基础上，从以下几方面来看待信息构建的核心内容：

（1）IA 的核心理念应该是以信息使用者为本。关注的是如何更科学地使信息需求者认识和理解信息，在此基础上获得能够有助于决策的完整信息记录。

（2）IA 的研究应该注重信息片段的拼凑，即如何使信息片段整合成为能够独立表达的信息单元。对于信息系统而言，读取的并非是散乱的信息，而是整合后的有逻辑关系的信息表达，唯有这样才能体现信息的可理解性和识别性。

（3）IA 的研究应该重视信息资源在信息管理过程中传输的组织结构。有组织结构的信息资源在管理过程中的作用不言而喻，对于目前的信息资源绝大部分都是网络上的，传输过程中不可避免地会失真，如果能够基于某种结构模式进行传输，这会使得信息更趋于逼真。

（4）IA 的研究应该是使得信息的访问获取途径更便捷，对于企业来说是自身被理解，企业内部信息运作良好，最重要的就是信息访问，如何安全、便捷、高效地访问企业信息。

信息构建被重用是因为网络的发展，所以其构成也离不开网络。信息构建基于网络环境，尤其是面向万维网环境的信息组织方式和网站设计新理念[6]。而在网站设计方面研究学者一致认为主要包含以下几个重要的系统架构。

组织系统（Organization System）：信息系统内容组织标引导航和检索体系设计的总和，决定如何称呼和调用那些分组内容，并创建一致的标示方案。

导航系统（Navigation System）为帮助用户访问信息内容并完成任务而进行的信息空间按结构设计，决定如何浏览和检索分组内容，通过精心制作不同的导航路径帮助网站用户四处游历和浏览内容

搜索系统（Search System）为帮助人们查找管理信息而对网站进行构造与分类的艺术和科学，这一部分包括标引系统（Labeling Systems），元数据（Metadata），控制词表（Controlled Vocabularies），词库（Thesauri）。

3 信息构建在信息资源管理中的作用

通过以上论述信息资源管理的研究目的和研究内容，我们意识到信息资源管理过程中的诸多问题。诸如如何获得所需信息、如何识别所需的信息资源、如何有效组织信息资源、什么样的信息空间适合信息使用者的决策范围、信息传递过程中如何避免信息失真等一系列问题。然而信息构建的产生可以对信息资源管理带来契机，信息构建在信息管理中所要解决的就是信息以什么样的模式在管理过程中发挥作用。本文通过以下几个方面来研究信息构建提高信息资源管理效率。

（1）基于不同行业信息资源的特点，将信息片段组织成为能够独立参与决策的结构化信息。这样能够解决信息的散乱和避免信息的歧义，从而使得获取信息的同时也能够进行识别过程，可以差异性地选择有用的信息。

（2）将所需的海量信息进行分类传递和有效组织，将信息的作用简单化，即细分信息空间。参与系统决策的信息是越详细越好，然而将所有的信息堆积在决策者眼前，是无法达到理想效果的。有效地将决策信息空间细分，就能够识别进入管理过程中的信息重要性，这样就能科学地处理决策阶段所遇见的问题。信息构建中的信息组织系统能够很好地解决信息空间的细分、信息的有效组织等一系列问题。

（3）信息检索是每个系统不可或缺的，然而信息资源管理不仅要做到信息在参与管理过程中的高效性，更重要的是使得每个管理环节中的信息是可检索的和透明的。信息构建提供的检索系统功能再次体现了对信息资源管理的不可替代的作用。

IA 的作用不仅仅局限于上面提及的三方面，然而上面的三方面是最重要的。通过分析 IA 在信息资源管理中的作用，不难看出一个有效的信息架构在信息资源管理过程中的作用是不可或缺的，因为 IA 能够在信息资源管理过程中体现出效率和效益，优秀的信息架构能为管理者消除相当多的弊端，所以 IA 的研究也显得尤为必要。

信息构建对于信息资源管理的作用如图 1 所示。

从图 1 中可以看出通过信息构建中搜索系统、组织系统、导航系统能够达到对信息资源管理中信息获取、信息流程、决策信息等环节提供有效支持。首先搜索系统能够对信息获取提供有序的信息，从而将海量数据中所蕴含的规律逐一显现出来，在决策信息过程中搜索系统能够筛选出有效、系统的信息群，从而加快了决策进度。其次组织系统将信息获取阶段中的信息进行分类，使得信息管理的对象有序化、系统化；加快信息流程中信息运转速度，使得信息流程智能化，快速的信息流能够增强组织的反应速度和活力；为信息决策阶段提供充分的决策依据，因为一个有效的决策是在一个完备的决策环境中才能实现。最后导航系统能够为决策者提供一个便捷的获取有效信息的途径，系统地、准确地定位决策依据。

4 结 语

本文仅是从理论上探讨了信息构建在信息资源管理中的作用，但是信息构建的合理性必须要参与到信息资源管理的具体实施之中。比如信息构建在信息资源获取阶段以怎么样的搜集，这对于信息系

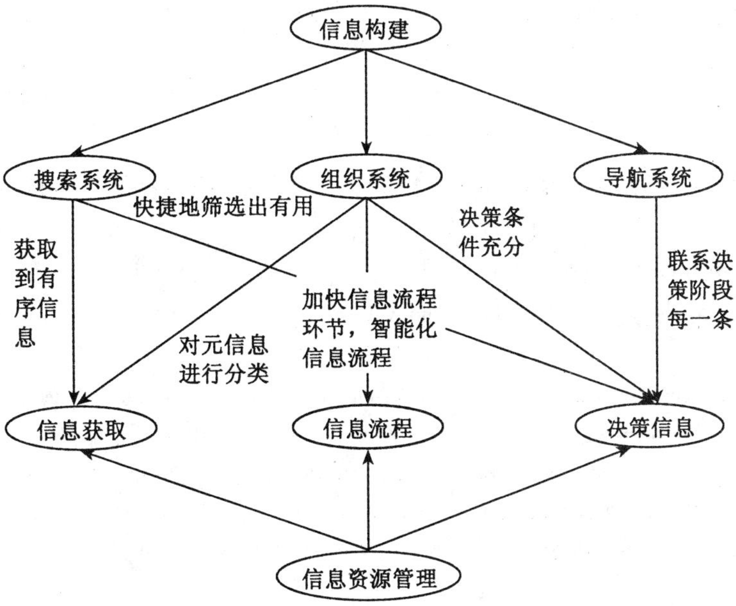

图 1　IA 对于 IRM 的作用

统设计和开发人员是个不小的挑战；再者对于信息传输过程中运用什么样的构建模型才能解决信息失真问题；然而这些问题在文中并未给出切实可行的、统一的构建方案。所以还需要具体的实证分析加以论证。

因为企业信息化是人们比较关注的话题，分析企业信息资源管理领域的现状，当前企业信息化建设主要存在这样几方面问题：①企业缺乏信息资源管理认识，以为引进某个 ERP 系统就能提高企业的信息化建设，这方面的研究主要是基于如何提高人的特殊性在信息资源管理中的作用；②企业对于信息资源管理的过程模糊，表现在管理层对于企业的信息资源的定位不明，没有结合信息的特点来管理信息，这方面的研究侧重于管理理论如何应用于信息这个新兴领域。③企业在引进信息系统时没有体现管理者参与到信息构建的全过程，导致信息构建过程缺乏机动性。

以上的现状分析仅仅是当前信息资源管理中的种种弊端中比较凸显的问题，希望今后的研究可以从这几方面来提高企业的信息化。比如可以研究如何将管理者更好地融入企业整个信息构建的过程中来，发挥其作用；也可以研究信息结构，从而找到一个统一的架构模式，为系统开发或者企业信息化提供一个科学的依据。在信息资源管理中运用信息构建还有很多方面可以研究，希望在今后的研究中加强信息构建在信息资源管理过程中的作用，有更多的学者关注信息构建与信息资源管理这方面的研究。

参考文献

[1] 田玉晶. 信息构建核心领域研究进展 [J]. 理论探索，2009，29 (1)：32-37.
[2] 孟广均. 信息资源管理导论 [M]. 北京：科学出版社，2003.
[3] 李慧芳. 信息资源管理的研究现状和发展趋势 [J]. 科技信息，2008：312-313.
[4] 赖茂生. 关于信息构建 (IA) 的十个问题 [J]. 江西图书馆学刊，2004，(1).
[5] 周晓英. 基于信息理解的信息构建 [M]. 北京：人民大学出版社，2005.
[6] 鞠延玲. 近五年我国信息构建研究述略 [J]. 图书馆学刊，2008，(4)：123-125.
[7] 侯人华. 近年我国信息构建研究现状 [J]. 情报探索，2009，(1)：3-4.
[8] 张秀. 国内信息构建 (IA) 研究述评 [J]. 图书馆学刊，2008，(2)：18-21.
[9] 贾炜韬，丁耀武. 我国信息构建研究综述 [J]. 图书馆工作与研究，2006，134：10-11.
[10] 黄磊. 企业信息门户的信息构建研究 [J]. 农业图书馆情报学刊，2005，17 (11)：22-24.
[11] 杨艳萍. 论企业信息资源管理 [J]. 经济师，2003，(2)：145-146.
[12] 陈开慧，程小清. 信息构建在网络信息资源中的实证研究 [J]. 玉林师范学院学报，2008，29 (3)：124-127.

[13] Wendy Flannery. Information Architecture for Information Professionals [J]. Library Management, 2008.

[14] Martin White. Information Architecture [J]. The Electronic Library, 2004.

The Adoption of Information Architecture in Information Resources

YUAN Hongshi[1], ZHAO Kun[2]

(1. School of Information, Yunnan University of Financial and Economic, Kunming 650221, China;
2. Modern Education Technology Center, Kunming 650221, China)

Abstract: After making a study on the researching contents and methods of Information Architecture (IA) and Information Resource Management (IRM), this paper analyses how IA plays an important role in IRM theoretically, so that it can help the information resource managers to improve their efficiency。The idea and principles in IA are also quoted into the fields of IRM, which shows the interdisciplinary on IA and studies about IA with a new perspective.

Key words: information architecture; information resource; information resource management

元数据标准在信息资源管理领域的应用

杨瑛[1]

（1. 中国电子技术标准化研究所，北京 100007）

摘 要：对海量信息资源的规范化管理是当前社会经济发展面临的突出问题之一。利用元数据标准作为基本方法，统一管理分散的信息资源，已经得到众多行业领域的认同和应用。本文从信息资源管理对元数据技术与标准发展的需求分析出发，阐述了各领域元数据标准的特点，以及其在信息资源开发利用实践中的实际情况，分析了元数据技术与标准在未来发展中将会面临互操作等难题，并提出了加强对元数据标准体系建设、加强对元数据分类研究等解决问题的思路。

关键词：管理学；信息资源；元数据；标准

中图分类号：C93

1 信息资源管理对元数据技术与标准的需求

20世纪以来，信息技术在各行业领域的广泛渗透为社会经济发展带来了深刻的影响，音频、视频、数据库、多媒体等多种形态存在的信息资源已经成为记录事务、传递信息等社会交往不可或缺的工具和载体。在以电子政务、电子商务等为代表的社会信息化建设实践中，信息资源呈现规模性、便利性、持续性、多样性等新的特征。当前，无论是政府部门、商业机构、企事业单位、社会团体还是普通个人，都会在其社会行为过程中自然而然地产生大量的信息资源，同时其相关的社会行为也更加依赖于更多真实、可靠、有效、专业的信息资源。社会行为对信息资源的普遍依赖，不仅带来了资源总量和规模的快速扩张，也带来了对海量信息资源规范化管理的新问题。

信息技术特有的范式转换等对信息资源管理造成了掣肘。处于软、硬件产品和技术平台的不断升级和更新，不同版本软件格式、不同存储容量的存储介质、不同数字内容的识别软件和硬件等环境中，信息资源的真实性、完整性和持久有效性面临巨大挑战。人们在享受信息资源共享便利、持续多样等优势的同时，也面临着有效读取、安全保密等问题。美国1976年火星探测项目的数据磁盘已开始分解，而在磁盘的转换过程中，有10%～20%的磁盘发生了错误。原民主德国以电子方式保存的部分行政文件、劳工资料、人事案卷等文件，由于系统文档的丢失，造成了信息资源的丢失和无法识别。据有关资料统计，我国50%以上的政府机关、企事业单位缺乏对大量的数据库文档、电子邮件、音频、多媒体、超媒体等类型信息资源的有效管理。

近年来，各行业领域业务信息系统的广泛建设较大地改善了信息资源管理的基础条件。但是，对于信息资源管理的核心——数据的收集、传输、处理、保存、利用等环节却暴露出缺乏科学、有效、规范化的技术程序，已有的各行业、各机构间的信息资源也面临数据不一致，互联、互通、互操作困难等问题。元数据技术所固有的描述性、结构化等特征，对于解决资源理解、组织、利用等方面显现出独特的优势，已经得到了有关各方的认同和重视，对于元数据技术与标准的应用需求越来越迫切。

2 元数据技术与标准在信息资源管理领域的实践

元数据是“提供关于信息资源或数据的一种结构化的数据，是对信息资源的结构化描述。其作用为描述信息资源或数据本身的特征、属性，规定数字化信息的组织，具有定位、发现、证明、评估、选择等功能”[1]。元数据是“一种用来描述信息资源，特别是网络信息资源的基本特征及其相互关系，并确保这些信息资源能够被计算机及其网络系统自动辨析、分解、提取和分析归纳的一整套编码体系”[2]。从元数据的定义来看，元数据是一种数据，描述性是元数据的根本特征，只是由于其具有网络定位、自动辨析、分解、提取等功能，从而非常有利于海量网络资源的组织、检索和利用。近年来，各国在教育资源的组织发现，在数字图书馆、电子政务等信息系统建设中都普遍采用元数据技术和标准来推动各行业领域的信息资源开发利用工作，业内一种被普遍理解的模式是利用元数据技术和标准来统一管理分散的信息资源，并通过网络实现信息资源的共享与服务。在信息资源管理的实践中，各行业领域针对自身管理的特点，纷纷推出了各自的元数据模型和标准。

2.1 DC，都柏林核心元数据集（Dublin Core）

英国针对图书馆数字资源管理设计了通用元数据模型。1995 年都柏林会议创建了 DC 并明确了其元素的描述语义，规定了包括资源名、创建者、主题词、出版者、其他责任者、类型、日期、形式、资源标识符、来源、语种、覆盖范围、关联等 15 个核心元素和 DC 限定词——堪培拉限定词，并采用 HTLM 的 RDF 作为主要语法格式，这 15 个元素按照内容可以分为资源内容描述、知识产权描述和外部属性描述三类，可以选择使用，也可以重复使用，每个元素可以通过堪培拉限定词进一步扩展。1998 年 IETE（互联网工程专题组）采纳 DC，简称 DC10。1999 年发布修改版 DC11，DC11 中每 DC 元素都使用 ISO11179 中关于数据元素描述标准的 10 个属性定义。

2.2 MARC，机器可读目录（Machine Readable Catalog）

MARC 是以代码形式和特定结构记录在计算机存储介质（磁带、磁盘、光盘）上的、用计算机标识和阅读的目录。1966 年初美国国会图书馆开始实施 MARC 试验计划，1998 年为适应多媒体信息资源的组织颁布了一体化的 US2MARC 格式，后更名为 MARC21。为适应国际机读目录数据交换的需要，国际标准化组织（简称 ISO）于 1973 年将 USMARC 修改为国际标准，后又发展成为 UNMARC格式。我国颁布了《中国机读目录格式》（CNMARC）及《中国文献编目规则》等行业标准。在技术与标准的发展和完善过程中，逐渐形成了对数据标准化管理的共识：尽管允许数据存放模式存在差异，但是数据库间不再是封闭的个体，而是相互关联的、开放性的整体；数据可以有不同的来源用不同的方式传递，可以建立若干个数据中心而不是一个中心，但是一定要采用协调统一的方式，作为一个整体来建设。

2.3 MODS，元对象描述模式（Metadata Object Description Schema）

美国国会图书馆 2002 年创建的 MODS 是以 MARC 元素和语义学为基础，包含一个具有层次结构的元素集，采用 XML Schema 语言来表达元素、子元素及其属性。MODS3.2 版中包含的元素有资源信息、主题词、资源类型、分类、标识符、载体形态描述、摘要、部分、目次、扩展、记录信息等 20 个顶级元素和 2 个根元素。MODS 中所有元素的次序都是不固定的，其记录显示次序由 Style sheet 来控制，属性间次序也不固定，每个 MODS 记录至少要有一个元素，元素资源信息（titl Info）和资源名“titl”是必需的，其他所有元素和属性都是可选择的。

2.4 CAM，情景敏感元数据（Contextualized Attention Metadata）

CAM 元数据模型是用于描述用户某个情景下发生系列行为的数据，包括关于情景的数据（应用数据、应用模型、相关行为），关于用户的数据（利用数据、用户模型、用户驱动程序），关于内容的数据（Schema 模型、领域导航）。CAM 目前被认为更适于资源测试、用户行为、虚拟社区等具有“场景敏感、个性化获取”特点的网络资源共享管理领域。

2.5 CSDGM，地理空间数据元数据内容标准（Content Standard for Digital Geospatial Metadata）

美国 1990 年成立联邦地理数据委员会（FGDC），起草了 CSDGM 草案，于 1994 年发布了第一版 CSDGM。该标准的目的是确定一个描述数字地理空间数据的术语及其定义集合，包括需要的数据元素、复合元素和它们的定义、域值以及描述数字地理空间数据集的元数据信息内容。该标准按照段（section）、复合元素（compound element）、数据元素（data element）来组织记录，包括 7 个主要子集、3 个辅助子集，共 460 个元数据实体和元素。主要子集包括：标识信息、数据质量信息、空间数据组织信息、空间参照系统信息、实体和属性信息、发行信息、元数据参考信息等。辅组子集包括：引用文献信息、时间信息、联系信息。CSDGM是针对空间信息的特点，如单个矢量点信息没有太多实际意义，构成一定规模的数据集后才有实际意义等特点，其确定的元数据内容主要侧重在对数据集的获取、使用方法、状态等方面的描述。

2.6 GILS，政府信息定位服务（Government Information Locator Service）

GILS 目的是为公众提供方便检索、定位、获取联邦信息资源服务，其体系的基本构建要素是对具体资源进行描述的元数据，即 GILS 记录（GILS Locator Record），用来描述来自政务的信息资源的内容、位置、服务方式、存取方法等。GILS 的第二版中确定了 28 个核心元素，分为描述性、管理性和记录维护或系统用三类元数据。描述性元数据有资源名、创建者、空间域、时间阶段等；管理型元数据有接入限制、可靠性、使用限制、控制标识符、原始控制标识符、记录源等；记录维护或系统用的元数据有记录语言、最后修改日期、记录评价日期。

2.7 GB/T 21063，政务信息资源目录体系标准（Government Information Resource Catalog System）

我国于 2007 年提出了政务信息资源目录体系，目的是用元数据对共享政务信息资源特征进行描述，形成统一规范的目录内容，通过对目录内容的有效组织和管理，提供政务信息资源的发现定位服务，支持全国范围内跨部门、跨地区的普遍信息共享，方便发现、定位和共享多种形态的政务信息资源，支持政府的经济调节、市场监管、社会管理和公共服务。其核心元数据部分规定了信息资源名称、信息资源摘要、信息资源提供方、信息资源分类、信息资源标识符、元数据标识符 6 个比选的元数据实体和元素；规定了信息资源发布日期、关键字说明、在线资源链接地址、服务信息 6 个可选的元数据实体和元素；并给出了核心元数据的扩展原则和方法。

3 元数据技术与标准发展应用面临的问题

随着社会经济发展对解决信息资源不对称，推动信息资源开发利用需求的逐渐迫切，对信息资源公开、共享和保密等方面的程序化、规范化组织已经成为信息资源管理的重点。近年来，元数据技术与标准的不断发展，从一种数据描述、索引的方法发展成为数据发现、转换、组织等资源管理的工具和方法，如在文献档案领域，元数据提供关于信息资源或数据的结构化数据，是对信息资源结构化的描述；在数据仓库领域，元数据成为描述数据及其环境的数据；在软件构造领域，元数据是在程序中，通过其值的改变来改变程序行为的数据等。元数据技术与标准作为信息资源开发利用的前提和基础已经得到了越来越普遍的认同，同时也暴露出了在网络化、分布式环境中不同元数据技术方案、不同元数据标准间的互操作等问题。

3.1 加强对元数据分类标准的研究，努力解决元数据技术方案间的重复

针对不同对象、目的、过程和应用领域元数据技术与标准的出现，带来了多个元数据格式存在，并将会有更多的元数据格式出现，得到不同程度的应用等诸多问题。仅从我国近年来元数据标准发展应用情况看，先后颁布了《生态科学数据元数据》、《地理信息元数据》、《草业资源信息元数据》、《水利地理空间信息元数据》、《国土资源信息核心元数据》等面向不同行业领域应用的元数据技术与标准。甚至在某些领域中不同的机构，不同资源类型为了不同层次或角度的应用，也会研究使用不同的元数据技术方案。

从信息资源管理的实践分析，完全用某个元数据标准来统一描述复杂的信息资源，既不利于已有资源和系统发挥作用，也无法解决不同服务领域不同服务层次的复杂应用需求。为此，元数据技术与标准在未来的发展应用中要着力开展元数据的分类标准与系统化、对统一检索和定位的支持、标准的检验修订等方面的研究工作，努力解决元数据方案间的重复和交叉。

3.2 加强对元数据标准体系的建设，推动各元数据方案系统间的互联互通

不同元数据技术和标准规范的功能层次不同，强度不同，其相应数据记录间的检索、定位、交换的实际要求差别较大，在实践中对元数据方案的裁减、应用也不尽相同。相对科学、合理的进行元数据分类，推动各元数据方案和相应系统间的互联互通是未来信息资源管理的重点和难点。加强对元数据标准体系的建设完善，研究明确各个元数据方案的定义、描述、管理和维护都应遵循的组织原则和工作原则，研究明确支持元数据互换、复用、转换和整合的技术路线等是未来信息资源管理面临的一个共性问题。

参考文献

[1] 张晓林. 元数据研究与应用 [D]. 北京：北京图书馆出版社，2002，

[2] 刘越南. 建立新秩序——电子文件管理流程研究 [M]. 北京：中国人民大学出版社，2008.

[3] 安小米. 基于 ISO15489 的文件档案管理和新标准及其规范 [M]. 北京：中国标准出版社，2008.

Research of Using Metadata Standard in the Management of Information Resources

YANG Ying[1]

(1. Chinese Electronics Standardization Institute , Beijing 100007, China)

Abstract: It is the main problem in economic and social development for information resources management. Unified management with metadata standards, which has identified with more and more fields. According to the features of each field, the metadata standards have been studied and implemented, DC, MARC, CSDGM, GILS etc. These standards play an active role in the information management and resource application. Meanwhile, metadata standards are confronted with the interoperability questions, that we should confront and solve by researching sort standard and building the standards system etc.

Key words: management; metadata; information resources ; standards

基于 P2P 的个人数字图书馆虚拟社区研究*

郭利伟[1,2]，赵捧未[1]，窦永香[1]

（1. 西安电子科技大学 经济管理学院，陕西西安 710071；2. 西安科技大学 图书馆，陕西西安 710054）

摘　要：个人数字图书馆是一个不断发展中的新事物，个人数字图书馆的知识共享亦显得日益重要。为了更好地实现个人数字图书馆之间的知识共享，本文将 P2P 技术与个人数字图书馆中的知识共享研究结合起来，并结合虚拟社区的优势，分析了基于 P2P 的个人数字图书馆虚拟社区的概念和特征，拟通过个人数字图书馆虚拟社区使分散的个人数字图书馆资源得到充分的交流和共享，并在此分析的基础上，结合个人数字图书馆中个人隐私的要求，提出一种 P2P 网络拓扑结构的个人数字图书馆虚拟社区平台的设计方法。

关键词：P2P；个人数字图书馆；虚拟社区；知识共享

中图分类号：TP312；G250

个人数字图书馆是一个不断发展中的新事物，主要有两种不同的存在形式，一种指公共数字图书馆为了给用户提供个性化信息服务而在远程服务器上建立的个人信息空间，一般称作“My library”或“我的图书馆”；另一种指个人在自己的计算机上建立的本地数字化资源库，国内外称之为“Personal Digital Libraries”，缩写为“PDLs”[1]。本文所指为后者，所谓个人数字图书馆，是指个人为了读书治学，在自己的计算机上采用免费或基本免费的全文数据库软件，将有关的网上信息和自创的数字化信息资源进行采集、存储，使之成为有组织的信息集合[2]。随着信息的爆炸，个人已无法拥有所有的信息，因此个人数字图书馆的资源共享就显得尤为重要，而 P2P 技术的发展正好为个人数字图书馆的资源共享提供技术支撑，目前 P2P 技术被认为在加强网络上人的交流、文件交换、分布计算等方面大有前途。

目前有关研究 P2P 与个人数字图书馆结合的文章还不是很多，相关的研究内容主要体现在资源共享[1][3][4]、信息检索[5]和信息交流[6]方面。

虽然说个人数字图书馆知识共享可以使分散的个人数字图书馆中的知识得到充分交流和利用，但是个人数字图书馆毕竟是个人信息管理的一种手段和模式，因此就涉及个人隐私、知识产权等问题，比如说个人的照片和自己所写的文章等。因此在实现个人数字图书馆知识共享的时候有必要考虑个人隐私以及知识产权问题。另外，P2P 技术的普及亦带来许多安全问题，其中个人隐私泄露即是其中之一。P2P 软件的个人隐私泄露问题来自于两个方面：一是开放的共享目录，无论用户愿不愿意，使用 P2P 软件用于保存下载的文件夹，都会被自动共享出来以方便其他网友下载，如果用户把个人文件也放在这个文件夹，自然也就会被共享；二是来自网络管理机构或是软件开发商的扫描和检测，无论是网络管理机构还是 P2P 软件开发商都希望掌握尽可能多的用户信息，通过对 P2P 软件开放端口的扫描是获取信息的最好方法。

如何将 P2P 技术很好地和个人数字图书馆的知识共享结合起来且将个人隐私问题考虑进去是本文考虑的主要问题，本文尝试将虚拟社区引入到个人数字图书馆知识共享中，设计一种基于 P2P 技术的个人数字图书馆虚拟社区平台，结合技术、资源和虚拟社区自组织的优势，旨在促进个人数字图书馆资源的共享，促进知识的交流与创新。

1　个人数字图书馆虚拟社区的概念和特征

1.1　个人数字图书馆虚拟社区的概念

所谓网络虚拟社区是指以现代信息技术为依托，在互联网上形成的，由相互之间联系相对密切的人所组成的网络虚拟共同体[7]。

基于个人数字图书馆中的个人隐私保护和 P2P 软件带来的个人隐私泄露问题，本文中所提的个人

* 基金项目：2008 年国家自然科学基金项目“基于语义对等网的知识组织和灵捷检索研究（70873097）”

通讯作者：郭利伟，E-mail：guolw1982@163.com；赵捧未，E-mail：pwzhao@mail.xidian.edu.cn；窦永香，E-mail：douyx@yeah.net

数字图书馆虚拟社区是指通过点对点发现机制，将不同地域、不同结构的个人数字图书馆联合起来，形成一个具有超级节点的个人数字图书馆虚拟社区，目的是以用户为中心，实现社区信息资源和服务资源的共享和动态组合，同时得到较好保护个人数字图书馆中个人隐私的目的。因此采用 P2P 中的半分布式拓扑结构，它吸取了中心化拓扑结构和全分布式拓扑结构化的优点，选择性能（处理、存储、带宽等）较高的节点作为超级点，在各个超级点上存储了系统中其他部分节点的信息，发现算法仅在超级点之间转发，超级点再将查询请求转发给适当的叶子节点。其优点是性能、可扩展性较好，较容易管理。

1.2 个人数字图书馆虚拟社区的特征

本文中所提的个人数字图书馆虚拟社区的特征除了具备一般网络虚拟社区地域性、虚拟性、自组织性[8]等的共同特征外，还具备以下特征：

（1）半分散性

社区中有超级节点和普通节点，在各个超级点上存储了系统中其他部分节点的信息，节点之间通过社区内的节点发现机制建立联系。跟一般网络虚拟社区和全分布式 P2P 环境下的虚拟社区相比具有半分散性。

（2）灵活性[9]

任何节点都可以随时加入或离开社区网络而不会影响整个社区系统的运行。节点之间的联系是动态的，一个节点与其他节点之间的联系可以随时建立和删除。

（3）相对组织性

社区中的普通节点都使用统一的标准来组织资源，并通过向超级节点上传语义元数据进行整个社区的知识组织，超级节点存放索引目录，普通节点在整个社区内部进行资源的检索和共享。

2 基于 P2P 的个人数字图书馆虚拟社区的拓扑结构

2.1 基于 P2P 的个人数字图书馆虚拟社区的网络模型

我们将在本节提出一种以 P2P 对等技术为依托的个人数字图书馆虚拟社区的设计方案。按照这种方案建立起来的虚拟社区，能够把 P2P 对等技术和个人数字图书馆有效地结合起来，利用 P2P 对等技术在协同应用方面的优势来使个人数字图书馆的知识得到充分共享。而采用混合式（半分布式）P2P 结构来构建个人数字图书馆虚拟社区的网络模型和拓扑结构，一方面它可以充分利用超级节点来管理和提供虚拟社区所需的资源目录；另一方面又可以利用 P2P 技术来开拓协同应用的领域实现知识共享。这些网络虚拟社区是以超级节点为依托，以 P2P 客户端为工具进行协同学习和交流的。以这种方式构建的虚拟社区可以充分结合中心服务器和 P2P 客户端的长处，从而有力地推动个人数字图书馆网络协作的进一步开展。基于 P2P 的个人数字图书馆虚拟社区的网络模型如图 1 所示。

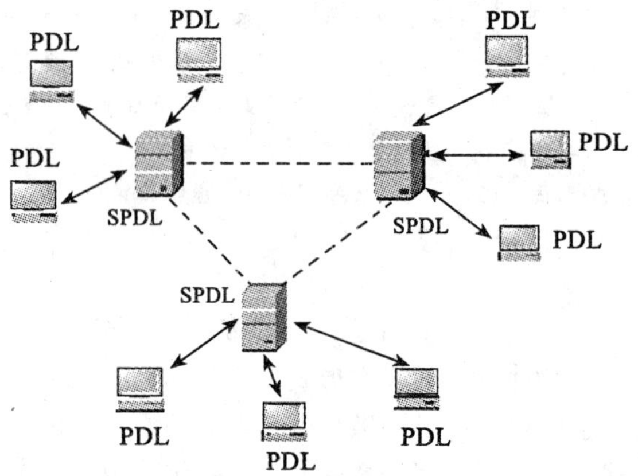

图 1 基于 P2P 的个人数字图书馆虚拟社区网络模型

超级个人数字图书馆节点（SPDL）：相当于传统服务器中的索引服务器，除了具有普通节点的功能外，通过持续的响应查询请求、回复请求、资源发布、进行数据转发等，为一部分普通节点服务，协调本社区内的节点。系统一般选择功能、配置较强的机器作为 SPDL。

普通个人数字图书馆节点（PDL）：发出请求时，一般与 SPDL 相连，数据传输时可同时与其他客户机相连，这些节点可以随时加入或者离开。他们在发出请求并获得回答后，可直接从其他可用客户节点处下载资源，同时，把自己的部分可用资源贡献给其他连接节点。

2.2 基于 P2P 的个人数字图书馆虚拟社区拓扑结构

P2P 环境下个人数字图书馆虚拟社区的拓扑结构如图 2 所示。在此模型中，具有相同或类似兴趣的节点组织起来可以形成一个集合，称之为虚拟社区，节点搜索资源时首先在社区内部完成，可大大降低搜索成本。

本平台主要有社区超级个人数字图书馆节点 SPDL、社区普通个人数字图书馆节点 PDL、服务提供者 SP 等三个层次组成。

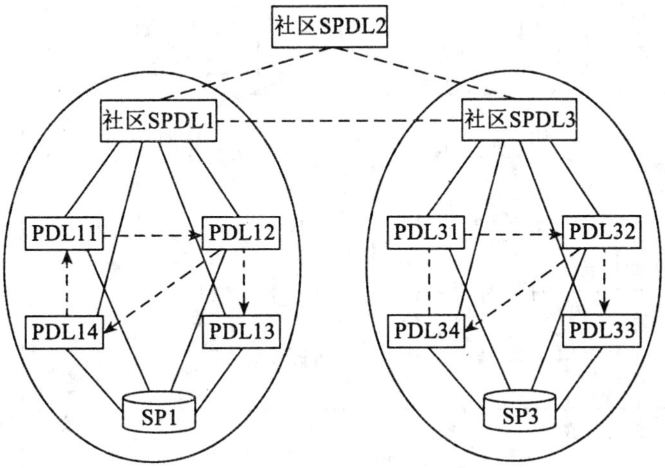

图2 基于P2P的个人数字图书馆虚拟社区的拓扑结构

社区超级个人数字图书馆节点（社区SPDL）是虚拟社区的超级节点，管理本社区内的事务。主要负责响应查询请求、回复请求、资源发布、进行数据转发等，协调本社区内的节点。

社区普通个人数字图书馆节点（社区PDL）即普通结点，主要负责提供缓存空间；帮助其他节点共同下载资源[10]；同时，把自己的部分可用资源贡献给其他连接节点。

服务提供者（SP）：相当于传统服务器中的资源服务器，通过SPDL与普通节点相连，也可以和普通节点直连，存放着普通节点创建的元数据资源，保证资源更加有效利用。

3 基于P2P的个人数字图书馆虚拟社区的系统框架

3.1 基于P2P的个人数字图书馆虚拟社区的系统功能

（1）虚拟社区资源组织管理服务

① 虚拟资源组织服务。普通节点将自己个人数字图书馆中的资源组织形成元数据存放在社区SPDL和服务提供者SP中，普通节点提出查询请求后，超级节点自动在社区范围内搜集相关资源，按用户希望的方式组织起来并呈现给用户。

② 虚拟组织支持服务。允许将多个普通节点及其所有的资源组织起来，形成一个虚拟社区，其中普通节点和资源的数量、来源与类型都是动态的。

③ 内容与元数据管理服务。

内容管理服务。社区成员可以在本地产生新的内容对象，更新老的内容对象，并在P2P环境下，将这种变化通知社区内的其他成员，以便其复制、更新内容对象。

元数据管理服务。社区成员在本地通过本体对内容对象的元数据进行描述和修改，生成的元数据收割到社区超级节点。

④ 资源解析管理服务。通过对不同普通节点的元数据进行解析管理，社区超级节点给普通节点回复请求或给其余超级节点进行转发，进而达到资源下载和共享的目的。

（2）虚拟社区资源查询服务

① 资源发现管理服务。通过个人数字图书馆虚拟社区的发现机制发现社区内的现有服务资源，实现社区成员之间服务的共享与集成。

② 内容跟踪服务。可通过内容发现机制以及特征提取发现所需资源从而实现内容跟踪。

③ 查询服务。可分为本社区内查询与全局查询两种情况。本社区内查询只在节点所在社区内部查询，全局查询则首先要通过社区超级节点之间转发数据在别的社区内发现可用的资源进行查询。

3.2 基于P2P的个人数字图书馆虚拟社区的体系结构

文献11研究了一种P2P网络环境下的知识共享系统结构，本节根据P2P环境下个人数字图书馆虚拟社区的系统功能以及前面对基于P2P的个人数字图书馆虚拟社区的研究，参考文献11中的系统结构图设计基于混合式（半分布式）P2P的个人数字图书馆虚拟社区系统框架。

基于P2P的个人数字图书馆虚拟社区系统框架可分为三层：P2P网络层、资源层、应用层。如图3所示。

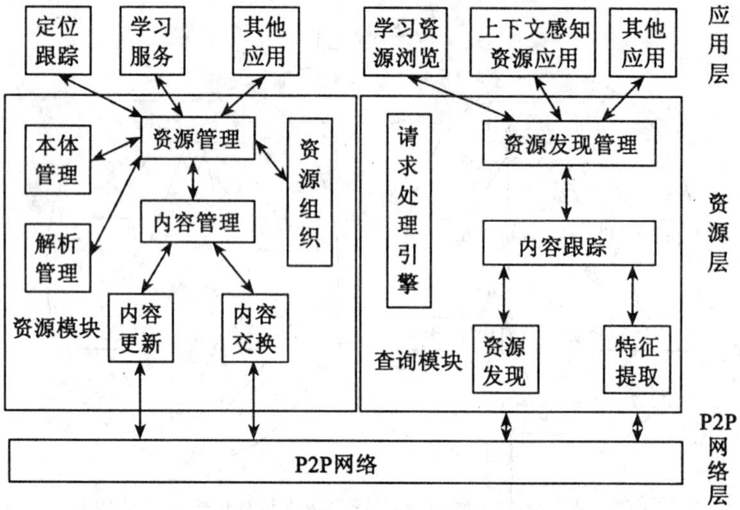

图3　基于P2P的个人数字图书馆虚拟社区逻辑示意图

（1）P2P网络层

P2P网络层由虚拟社区超级节点服务和普通节点服务组成。每一个社区成员的个人数字图书馆需要提供与其他个人数字图书馆进行交互的对等点服务，对等点服务的功能主要有两项，即发现其他的个人数字图书馆，收割其他个人数字图书馆的服务接口参数以供本地数字图书馆调用。每个对等点服务都缓存了最近联系过的节点，并能根据需要，随时发现其他的新节点[9]。

（2）资源层

资源层主要有资源模块和查询模块组成。资源模块主要进行整个虚拟社区的资源管理，包括资源组织、内容管理和元数据管理以及资源解析管理，目的主要是整合整个虚拟社区的资源，以实现更好的共享；而查询模块主要负责整个虚拟社区的资源发现管理，包括处理资源请求、内容跟踪等。

（3）应用服务层

应用服务层在P2P网络层和资源层之上，在虚拟社区进行资源管理和查询后，应用于普通结点的定位跟踪、学习服务、学习资源浏览、上下文感知资源应用以及其他应用方面[11]。

4　结　语

作为个人信息管理的一种手段和模式，个人数字图书馆已经得到比较广泛的应用和不断的发展，比如中国知网的CNKINOTE软件等都是专门用来建立个人数字图书馆的软件，随着个人数字图书馆的发展，个人数字图书馆中的资源共享逐渐被重视，通过个人数字图书馆虚拟社区可以使分散的个人数字图书馆资源得到交流和共享，而P2P技术的出现给其知识共享提供了技术支撑。本文将P2P技术与个人数字图书馆中的知识共享研究结合起来，在分析个人数字图书馆虚拟社区概和特征的基础上，提出一种P2P环境下个人数字图书馆虚拟社区平台的设计方法。然而，这只是一个基本的框架，没有做深入研究，下一步的主要工作就是从知识组织的角度研究对等网环境下的个人数字图书馆虚拟社区，寻找此虚拟社区有效的知识组织方法，以达到较好共享此虚拟社区的知识的目的。

参 考 文 献

[1] 王春梅，张银犬．基于P2P技术的个人数字图书馆资源共享策略［J］．情报杂志，2008，4：125-127.

[2] 陈光祚，阮建海，臧国全．论个人数字图书馆［J］．中国图书馆学报，2002，3：15-18.

[3] Information Resource Sharing of Personal Digital Library (PDL) Based on Peer to Peer Technology［C］// 2008 International Conference on Wireless Communications, Networking and Mobile Computing, WiCOM 2008, 2008, 12 (1).

[4] 鲍宇星．基于P2P技术的个人数字图书馆资源共享［J］．科技情报开发与经济，2008，(25).

[5] 张银犬，朱庆华．网格环境下个人数字图书馆信息检索策略［J］．中国图书馆学报，2007，(3).

[6] A P2P Based Personal Digital Library for Community［C］// Proceedings - Sixth International Conference on Parallel and Distributed Computing, Applications and Technologies, PDCAT 2005, 2005, 12 (1).

[7] 陈丽霞．构建基于P2P的网络虚拟学习社区［J］．现代教育技术，2006，16 (1)：53-55.

[8] 吕耀怀，魏然. 虚拟社区的特征及其道德控制 [J]. 湖南城市学院学报，2008，29 (5)：1-3.

[9] 郭少友. 基于 P2P 的数字图书馆虚拟联盟研究 [J]. 计算机与数字工程，2008，36 (6)：73-76.

[10] 李俊青，左凤朝，李元振. 基于 P2P Web Cache 的数字图书馆平台设计 [J]. 情报杂志，2007，5：19-21.

[11] Stephen J H, Yang, Irene Y L. Chen. A Social Network-based System for Supporting Interactive Collaboration in Knowledge Sharing over Peer-to-peer Network [J]. Int. J. Human Computer Studies 66, 2008, 36 (50): 36-50.

Virtual Personal Digital Library Communities Based on P2P

GUO Liwei[1,2], ZHAO Pengwei[1], DOU Yongxiang[1]

(1. School of Economics and Management, Xidian University, Xi'an 710071, China;

2. The Library, Xi'an University of Science and Technology, Xi'an 710054, China)

Abstract: Personal digital libraries are continuous developing new things and knowledge sharing of personal digital libraries also seems increasingly important. In order to realize knowledge sharing between personal digital libraries well, this paper puts forward the concept of personal digital library virtual community based on P2P combining P2P technology, the advantages of virtual communities and knowledge sharing research of the personal digital libraries and analyzes the concepts and characteristics of virtual personal digital library communities. Then based on those it proposes a kind of design method of personal digital library virtual communities' platform under P2P environment combined with the privacy requirement personal digital libraries.

Key words: P2P; personal digital library; virtual communities; knowledge sharing

基于 P2P 和 Web Service 的数字图书馆资源共享框架研究*

马亭[1]，赵捧未[1]，窦永香[1]

（1. 西安电子科技大学 经济管理学院，西安 710071）

摘 要：本文在深入分析 P2P 和 Web Service 技术的基础上，针对当前数字图书馆体系框架存在的不足，提出一种基于 P2P 和 Web Service 技术的数字图书馆资源共享框架。该框架以混合式的 P2P 结构为基本网络架构，打破以服务器为中心的传统模式，克服服务器单点失效、负载均衡和异构仓储互操作等问题。

关键词：P2P；Web Service；数字图书馆；资源共享

中图分类号：G250.7

数字图书馆是传统图书馆与现代电子信息技术相结合的产物，具有资源数字化、传输网络化等特点，而数字图书馆最明显的功能特点就是资源共享[1]。然而，“馆藏”数字化资源所具有的动态性、异构性、分布性等特点，为其功能实现造成了很多困难。并且随着信息量的急剧增加，现有数字图书馆框架存在的问题[2]也逐渐暴露出来，主要表现在：

① 服务器单点失效、负载均衡和可扩展性问题。

② 数字资源共建共享问题。

③ 时滞问题。

④ 异构信息仓储的互操作问题。

⑤ 馆际之间的信息孤岛现象严重。图书馆之间的各自为政，缺乏协作，是信息孤岛形成的重要原因[3]。消除信息孤岛的唯一出路，是协作、共建、资源共享。

针对以上问题，国内学者进行了深入的研究，提出了各种解决之道。主要有数字图书馆虚拟联盟、分布式数字图书馆体系框架等方面的研究。

本文正是在深入分析 P2P 和 Web Service 技术的基础上，针对当前数字图书馆体系框架存在的不足，提出一种基于 P2P 和 Web Service 技术的数字图书馆资源共享框架。该框架以混合式的 P2P 结构为基本网络架构，打破以服务器为中心的传统模式，克服服务器单点失效、负载均衡、可扩展性和时滞问题。

1 框架设计

1.1 框架的支撑技术

为解决当前数字图书馆系统存在的问题，笔者在设计框架时采用了 p2p、Web Service 等技术。

（1）p2p 技术

P2P 称为对等网，采用 P2P 技术构建的网络是一种非中心化结构网络，该结构下的各节点是对等的，既充当客户机又充当服务器，无需第三方参与。P2P 最大的特点就是，各对等点通过直接互联能够充分利用分布在终端电脑上的边缘性网络资源，包括计算机资源、带宽资源、信息资源等。国外的一项统计表明，P2P 网络的流量占据了整个网络流量的 40% 以上，已经成为重要的网络应用。

P2P 网络共有三种不同的共享模型，分别是集中目录式结构、纯 P2P 网络模型和混合式网络模型。本文中使用的是混合式网络模型[3]，如图 1 所示。

（2）Web Service 技术

Web Service 是一套标准，定义了应用程序如何在 Web 上搭建可互操作的分布式应用程序的平

* 基金项目：国家自然科学基金项目“基于语义对等网的知识组织和灵捷检索研究（70873090）”

通讯作者：马亭，硕士研究生，mating29@126.com；赵捧未，教授，硕士生导师，pwzhao@mail.xidian.edu.cn；窦永香，教授，硕士生导师，douyx@yeah.net

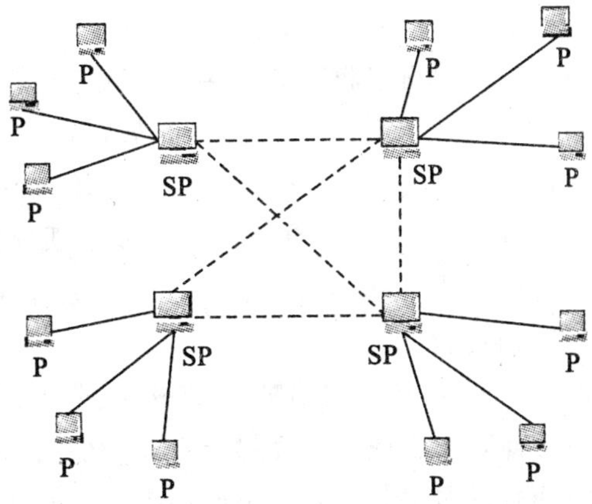

图1 典型混合式P2P网络模型[4]

台，实现跨平台的互操作性。Web Service的主要目标是通过使用统一标准，能够统一封装数据、消息、行为等，在无需考虑具体应用环境下让不同系统跨越平台，彼此兼容，进行无缝通信和数据共享。

Web Service体系结构基于三种角色[5][6]——服务提供者（Service Provider）、服务注册中心（Service Registry）、服务请求者（Service Requestor）之间的交互。如图2展示了这些操作、提供这些操作的组件以及它们之间的交互。

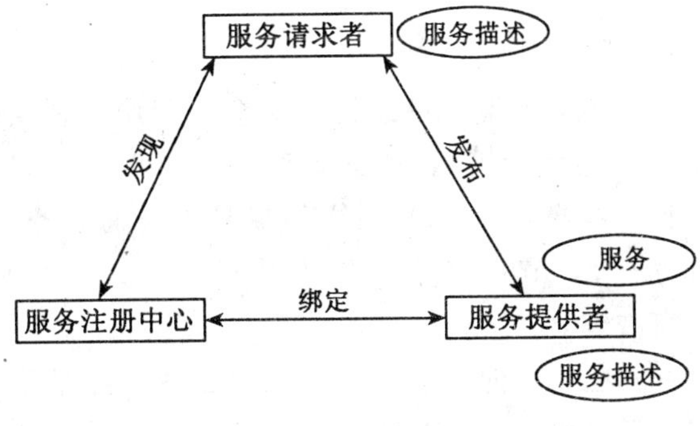

图2 Web Service体系结构图

1.2 框架的逻辑结构设计

目前已有的研究成果包括：基于P2P的数字图书馆虚拟联盟研究[8]，基于OAI和主题图的分布式数字图书馆体系框架[2]等。在参考以上理论的基础上，笔者设计了一个基于P2P和Web Service的数字图书馆资源共享框架的逻辑结构，主要包括3个层次：P2P层、资源节点层和应用服务层（见图3）。

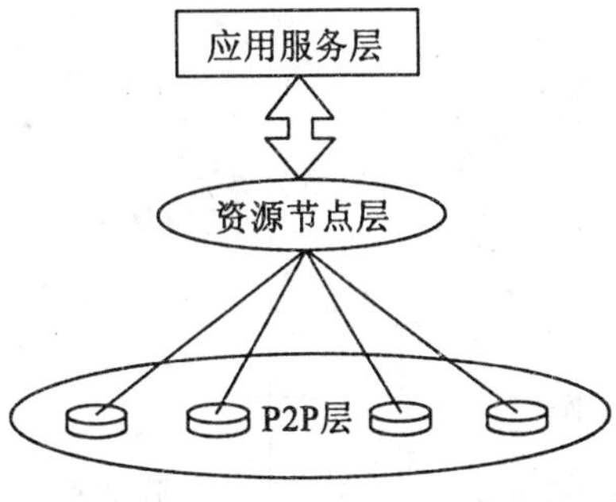

图3 框架逻辑结构图

① P2P层：框架实现的基础网络结构，一个混合式网络结构的P2P网络。

② 资源节点层：是各对等体上的信息资源库，超级节点和候补超级节点还封装了本地服务，并对外提供接口。

③ 应用服务层：主要是基于Web Service技术对异构资源实现共享并提供对用户的应用。

2 基于P2P和Web Service的数字图书馆资源共享框架

2.1 框架结构图

根据图3的逻辑结构图，在此给出框架完整结构图，如图4所示。其中同心圆表示SP节点、六边形表示BSP节点、椭圆表示普通P节点。

2.2 框架结构的详细描述

本框架将数字图书馆资源共享逻辑的分为三层：P2P层、资源节点层以及应用服务层。

（1）P2P层

P2P层是整个框架的底层，本层为其上层（资源节点层）的各个对等点提供基础网络。P2P层体系结构采用的是含超级节点的混合式对等网络结构。该体系结构由各对等点通过直接互联构成，对等点有超级节点SP（Super Peer）、候选超级节点BSP（Backup Super Peer）和普通节点P（Peer）之分。

① SP是指那些具有较高带宽、较大内存和较强CPU处理能力的节点，它充当局部服务器的功能，并与其他超级节点直接相联，形成一个覆盖网，这种结构可缩小对等体选择转发的数目，提高检索效率。

② BSP为SP的备份服务点，正常情况下与SP协同，并分担SP的负载，在SP失效时，从BSP中选举产生新的SP。该选举由发现LP失效的BSP

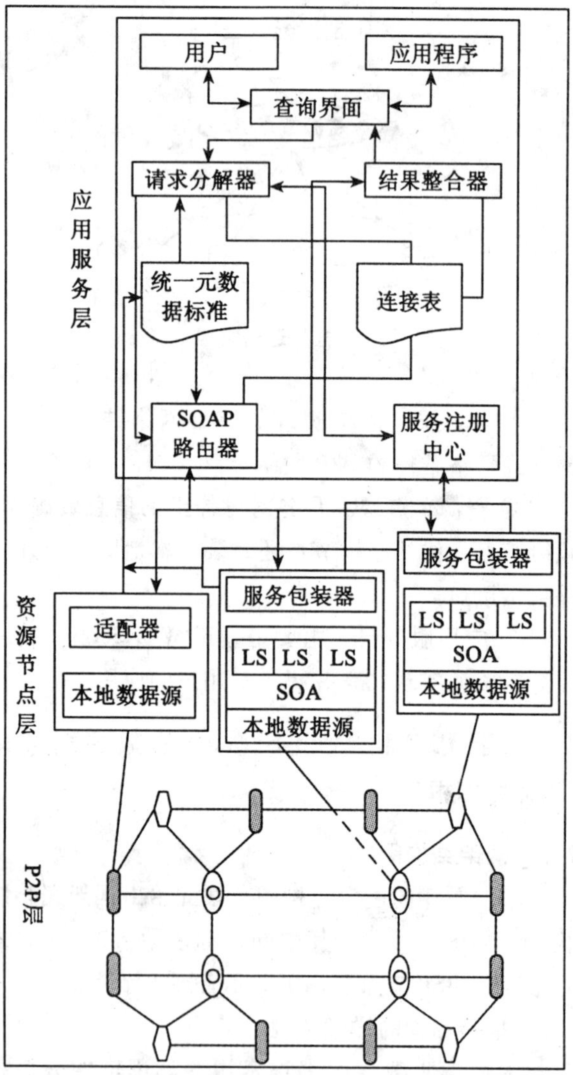

图4 框架逻辑结构图

发起，其结果是BSP中性能最好以及与其他SP连接带宽大等综合性能最佳的BLP。BLP可根据实际情况存在一个或多个。同样，当BSP的数目少于某个数值时，也需要从P中选举产生新的BSP。

③ P是体系中最基本的组成者，是主要的信息存储体。

（2）资源节点层

本层是P2P层的各个对等点资源、服务管理层。本层有三种对等点：SP节点、P节点、BSP节点。由于节点的不同，本层对应资源实现功能也有所不同。P节点主要提供本地数据源，对应的就是普通用户。SP节点和BSP节点做如下的处理：提供本地数据源，并且提供本地服务，对应于各种网内的信息机构，如各高校图书馆等。这里要对本地服务进行包装，提供接口供其他SP节点的调用。为了能让其他的对等点发现并利用自己的信息资源和服务资源，SP节点必须对外暴露其能提供的服务接口，实现时可以将所有的接口参数包装成一个XML文件，并按SOA方式进行部署，通过OAI-PMH协议对外提供接口参数收割服务（harvesting service），其他的对等点通过P2P的发现机制能找到并收割这些服务接口参数，从而决定是否集成、调用相应的资源。

本层中基于SOA的数据集成并不强调该网络内各对等体在数据或服务互操作方面必须遵守某种标准，而是通过封装方式为不同标准体系的互操作接口编写Web Service，从而在更高层面上为这些标准又提供一个共同规范，即建立标准的标准，不仅保持局部系统足够的自治性而且实现全局内的资源共享。

（3）应用服务层

本层是框架的顶层，负责接收查询请求，并根据已有的服务注册信息将请求分解成与不同本地资源上的具体服务对应的子请求，产生查询执行方案和结果整合方案。按照执行方案调用不同本地资源上的相应服务，并将调用结果进行整理，产生模式统一的结果集。同时为外部用户或其他系统提供访问查询接口，允许用户采用单一的语言对所有的本地资源都进行访问，并向用户展示查询结果，或者将结果传递给其他系统。

3 用例阐述

基于本框架，在此给出一个基于用户视角的简单用例示图[9]，如图5所示。对于一个用户而言，本身也是P2P网络的成员。查询服务时，首先对SP节点（对应图5中的DL1、DL2等）进行查询。

其次，查询逐步扩展，推广到图5中的最外层，最终找到目标资源节点。外层中的DL节点对应于框架中的BSP节点。

在本框架下，以下四个方面对现有框架做了优化：

① 克服单点失效，实现负载均衡。利用P2P提供的分布式结构则可实现有效均衡负载，充分利用带宽。

② 提高可扩展能力。在P2P网络中，每个对等体都是一个活动的参与者，每个对等体都向网络贡献自己所拥有的资源，所以，对等点越多，网络

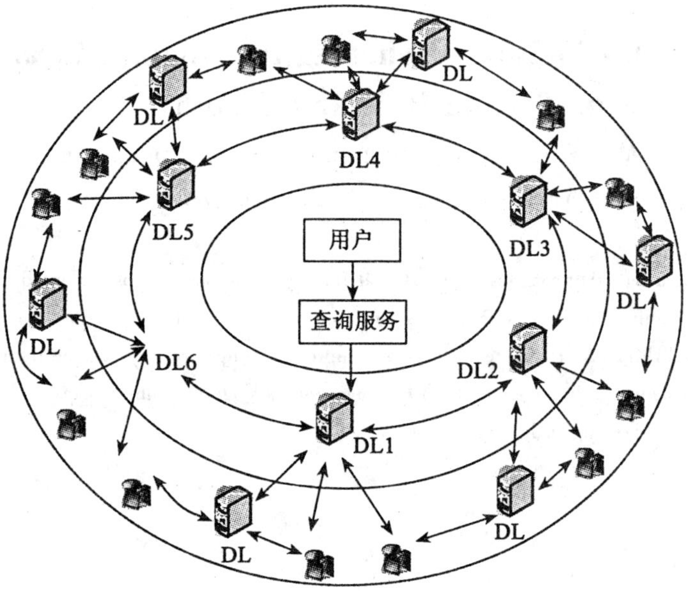

图 5　用户用例示图

的性能越好，网络随着规模的增大而越发稳固。邻节点既可为请求提供服务，也可将请求传递给其他邻居。这样，数据存储、处理能力和带宽等都以一种完全分散、异步的方式运行，各种负载可以得到合理的均移和平衡，使网络具有极强的可扩展性。

③ 克服时滞问题。在基于 P2P 的搜索中，各对等点之间动态而又实时互联的关系，使得搜索可以在对等点之间实时进行。

④ 资源共建共享。各节点通过协同工作，实现资源的共建共享，避免数字资源的重复建设问题。SP 节点之间的对等地位，可实时实现信息交互从而缓解馆际之间的信息孤岛现象。

4　结　语

数字图书馆作为基于网络技术的数据信息系统，由于自身的特点，为其实现造成了很多困难。笔者在分析现有技术的基础上，着重从框架结构上解决数字图书馆所面临的困难，提出一个基于 P2P 和 Web Service 的数字图书馆资源共享框架，该框架能有效解决当前数字图书馆遇到的服务器单点失效、异构信息仓储的互操作、负载均衡等问题。在今后的研究中，将面向该框架下细节的关键问题入手。如：在 P2P 的环境下，基于什么算法或者规则选择 BSP 和 SP 节点？等等。最终在此基础上，以该框架为模型，实现一个基于 P2P 的数字图书馆资源共享原型系统，进一步验证、完善该框架，为其在数字图书馆建设中的具体应用提供有力的支持。

参 考 文 献

[1] 熊树明. 资源共享——数字图书馆建设目标 [J]. 现代情报，2002 (2).
[2] 夏立新，张进，王忠义. 基于 OAI 和主题图的分布式数字图书馆体系框架 [J]，现代图书情报技术，2007 (12).
[3] 王俊杰. 冲出信息孤岛，实现数字资源共享 [J]，大学图书馆学报，2004 (3).
[4] Yang Min, Yang Yuanyuan. An Efficient Hybrid Peer-to-Peer System for Distributed Data Sharing [J]. Parallel and Distributed Processing, 2008. IEEE International Symposium on 14-18 April 2008: 1-10.
[5] 马帅广. 基于 P2P 的数字图书馆分布式搜索引擎研究 [D]. 北京：燕山大学硕士学位论文，2007.
[6] 张实，肖卫东. 基于 Web Services 的异构数据源共享 [D]. 北京：国防科技大学硕士学位论文，2005.
[7] Heather Kreger. Web 服务概念性体系结构 [EB/OL]. [2001-05-01]. http://www.ibm.com/developerworks/cn/webservices/ws-wsca/part1/index.html.
[8] 郭少友. 基于 P2P 的数字图书馆虚拟联盟研究 [J]. 计算机与数字工程，2008, 36 (2).
[9] Rosa Ma Martin, Josep Casanovas. Sharing Audiovisual Content Using a P2P Environment Based in JXTA [J]. Internet Research Vol. 17 No. 5, 2007: 554-562.

Framework of Resource Sharing for Digital Library Based on Peer-to-Peer and Web Service

MA Ting[1], ZHAO Pengwei[1], DOU Yongxiang[1]

(1. School of Economics and Management, Xidian University, Xi'an 710071, China)

Abstract: In view of the current shortcomings in the Digital Library framework proposed, based on in-depth analysis of P2P and Web Service technologies, the authors propose a framework of resource sharing for digital library based on Peer-to-Peer and Web Service. The framework takes a hybrid P2P structure as the basic network architecture to break the traditional server-centric model and overcome server failure, load balancing, Interoperability of heterogeneous storage and other issues.

Key words: P2P; web service; digital library; resource sharing

移动环境下图书馆个性化服务研究*

钱永胜[1]，王全红[2]

（1. 大连理工大学 管理学院信息管理系，大连 116024；2. 大连理工大学 图书馆，大连 116024）

摘　要： 本文首先深入分析了图书馆个性化服务的研究现状，在对传统的个性化服务技术、基于数据推送的定制服务和基于MyLibrary的知识门户技术基础之上，面向信息过载问题，针对移动环境下图书馆用户的需求的变化，提出了一种基于情境的图书馆个性化服务模型，为移动环境下图书馆知识服务的研究提出了一种新的研究思路。

关键词： 个性化服务 情境感知 移动知识支持

中图分类号： G01

1　问题的提出及研究背景

现代通信技术和信息处理技术的飞速发展以及服务理念的变化，使得图书馆从传统的文献集散地逐步演化为数字化信息资源中心。同时，移动技术的发展使得移动学习和移动科研成为可能。移动环境要求信息服务提供商可以为用户提供个性化的智能服务。更确切地说，移动学习环境下，要求图书馆作为知识服务的提供者对其服务对象提供个性化、智能的、有效的服务。

一般来说，个性化信息服务是在用户希望的时间和希望的地点针对用户的个人偏好提供满足其要求的服务内容。

目前的图书馆个性化服务技术和实际应用的系统已经不能满足移动环境下基于位置和时间相关的多变的用户个性化需求的需要，本文针对移动环境下对图书馆个性化服务提出的要求，构建了一个个性化服务模型。

文章结构安排如下：第二部分是关于图书馆个性化服务的研究综述和热点，第三部分是研究移动环境下图书馆个性化服务的特点及其实质，提出了一个基于情境的图书馆个性化服务的模型和架构，最后是本文的结论。

2　国内外研究现状

目前图书馆个性化服务的表现模式主要集中于各种形式的MyLibrary系统，从研究现状来看，图书馆个性化服务的技术基础的研究热点主要集中在个性化服务技术、数据推送技术、个性化图书馆学科信息门户技术上。

2.1　个性化服务技术

个性化服务技术中常用的主要是广泛意义上的推荐技术，推荐技术在电子商务个性化领域得到了很好的应用，其中，与推荐技术同源的信息过滤技术和信息检索技术密切相关。

常用的推荐技术包括基于规则的推荐技术、基于内容的过滤技术、协同过滤技术、基于知识的推荐技术等[1][2][3][4]。

基于规则推荐技术根据用户的静态特征和动态属性来制定规则，一个规则本质上是一个If-Then语句，规则决定了在不同的情况下如何提供不同的服务。基于规则的系统其优点是简单、直接，缺点是规则相对静态，质量难以保证，而且系统管理复杂性和规则数量呈正相关关系[3]。

基于内容的推荐从服务资源本身抽取特征信息来表示资源，常用向量空间模型、矢量权重模型来表示；常用包括决策树、神经网络的学习方法学习用户已评价或购买过的服务特征来获得用户概要信息。当用户概要信息和文档资源信息相符时向用户做出推荐[3]。基于内容的推荐技术缺点主要有两点，其一是不适应对于非结构化数据表示的资源；其二是无法为用户发现新的资源，只能依据历史数据和用户已有兴趣相似程度来发现资源。

协同过滤技术基本原理是利用用户之间的相似

* 钱永胜，E-mail：qianys@dlut.edu.cn
王全红，E-mail：libphy@dlut.edu.cn

性来过滤信息，也就是说，在具备一定的数据量的前提下，用户兴趣之间的交集是有实际意义的，基于协作过滤系统的优点是能为用户发现新的感兴趣的信息。根据采用的技术不同分为基于模型的协同过滤和基于内存的协同过滤。前者根据用户的兴趣得到共同的可供下一步预测使用的兴趣模型；后者也称基于相关性的协同过滤，一般是采用统计的方法分析用户对服务的评分数据而得到具有相似偏好的相邻客户，然后根据相邻客户的爱好做出推荐[2][3]。

协同过滤技术两个比较大的缺点是冷启动和可扩展性问题。前者是由于数据稀疏导致的问题；后者表现形式是算法复杂度随着用户和服务数量的增加而呈线性相关关系，对于大型的、复杂的推荐表现出一定的不适应性。

对于协同过滤的改进研究主要集中在预测评分、隐性评分和降维。最新的改进主要有基于隐马尔可夫模型（HMM）[6]和基于云模型[7]及基于情境感知的改进方法[5]。

基于知识的推荐技术不依赖用户对服务的评价数据量的多少，而是通过推断用户的需求和偏好进行推荐，克服了基于内容的过滤和协同过滤技术需要大量的数据训练的缺陷。常用的基于知识的推荐技术，依据方法的不同可以分为三类：数据库知识发现、基于案例推理和知识推理[4]。其中，基于知识的推理，尤其是不确定性推理的研究前景最为看好。但前提条件是需要一个合适的知识表现模型。

个性化推荐技术可以通过在电子商务领域类似的应用，从研究图书馆用户需求和信息资源的精确匹配的角度，为某一类用户提供满足其需求的个性化的服务。这里尤其要提到的是协同过滤技术，无论是在理论研究还是在实际应用中都取得了很好的效果。

2.2 数据推送技术

数据推送技术是一种信息发布技术，是指信息服务机构依据一定的技术标准或协议，主动从网上的信息源中选择并获取信息，针对用户的不同知识背景、检索习惯等个性特征，主动搜集用户可能感兴趣的信息，然后在适当的时候以一定的方式（如电子邮件等）有规律地将信息传递给用户的一种技术[8][11]。

基于数据推送技术的用户定制研究表现形式多种多样，一般都是由用户根据自己的需要选择定制图书馆所提供的各种服务，定制关于新书到馆、过期提醒、预约图书等各种服务；对于不同的用户权限，在用户界面、信息资源等方面提供满足不同用户个性化要求的信息服务等。

2.3 个性化图书馆和学科信息门户技术

个性化图书馆表现形式主要是各种 MyLibrary 系统。MyLibrary 实质上是一个用户驱动的个性化集成定制系统，提供以图书馆信息资源为主的资源集合的个性化定制功能，其目的是根据用户的需求特征，通过用户定制、系统推荐和推送功能，为用户提供个性化的信息服务，减少由于信息过载对用户造成的困扰[10]。

其中较为典型的是 Cornell University 的 MyLibrary @ Cornell 系统和 North Carolina State University 的 MyLibrary @ NCState 系统，其他许多 MyLibrary 系统都是以这两个系统为原型建立的[10]。

MyLibrary 系统基本上包括对于用户需求特征的记录、书目数据库、电子期刊和参考书目、用户可自定义的链接等，其中也包括用户和图书馆员之间的互动。

国内类似的系统如汇文公司的文献信息服务系统，与个性化服务相关的主要有网上预约、续借、异地委托借阅、订购征询、教学参考书推荐等服务；并提供网上新书、定题、专题、连续出版物的目次或者全文链接等信息的个性化推送服务；亦有网上催缺、预约到书、优先阅览等服务信息的发布[12]。

学科信息门户（Subject-Based Information Gateways，简称 SBIGs）又称为学科门户、主题信息网关或主题网关。学科信息门户致力于将特定学科领域的信息资源、工具与服务集成到一个整体中，为用户提供一个方便的信息检索和服务入口。SBIGs 用以完成本学科网络资源内容的高度组织集成和网络应用程序的聚集，并将这些资源与应用集成在一个可以定制的个性化的界面中来满足每个最终用户的需要。SBIGs 提供统一协作的学术交流环境是某学科用户访问该学科网络资源和服务的起始站点或称入口[9]。

这方面的典型应用主要有英国的 SOSIG、BUBL LINK、美国 LII、GEM 等；国内主要有中国科学院国家科学数字图书馆 CSDL 建设的物理和数学学科信息门户、中国高等植物信息门户，以及清华大学图书馆建设的清华大学学术信息资源门户、中国林科院图书馆建设的林业学科信息门户等主要的学科信息门户[9]。

2.4 存在的问题

目前，图书馆个性化服务在实际工作中有着多种多样的表现形式，也取得了不同程度的成功，但也存在着一些不容忽视的问题。

第一，从算法基础来看，由于图书馆个性化服务的核心依赖技术——推荐技术、信息检索技术等，究其实质是基于文本处理而不是基于知识的算法，在用户需求和信息资源的模型表达上具有一定的缺陷。一般来说，传统个性化技术处理的是结构化数据，对于移动环境下以非结构化数据为特征的极端数据处理显得无能为力。第二，从处理数据粒度来看，本质上仍然是对文献而不是对信息和知识的管理。在移动环境下，用户的需求内容已经发生了很大的变化，相对传统的对于整本文献的需求，更多需要的是支持其工作流程顺利进行的知识。当前的核心问题在于现有的系统无法获知读者的真实需求，盲目推荐，信息过载现象严重。第三，从表现形式来看，基于信息推送的各种定制系统依赖于 Internet 和 PC 终端，无法满足移动环境下用户要求位置和时间敏感的服务。

3 基于情境的图书馆个性化服务

移动环境下图书馆服务具有和传统方式下图书馆服务截然不同的特点。第一，从对服务的要求来说，移动环境下用户对于移动图书馆服务要求具有紧迫性、时间和位置相关性的特点；第二，从服务内容上来说，移动环境用户要求的图书馆服务更多的是一种知识服务和知识支持，一般不是整本的传统文献，有时候甚至仅仅需要知识的片段；第三，移动环境下用户终端由于处理能力和显示屏幕尺寸的限制，要求图书馆能够提供符合其需求的最关键的信息，这就要求图书馆个性化服务系统能够准确地了解用户的真实需求，以避免信息过载问题。

3.1 情境感知

情境感知是一种重要的用户无察觉的个性化服务技术，对于解决移动环境下图书馆个性化服务面临的纷繁复杂的问题具有相当重要的作用。

情境和情境感知技术起源于普适计算领域。本质上说，情境就是用来丰富个性化服务系统输入的一切客观存在；情境感知就是根据这些客观存在，经过融合、推理而得到的具有语义的系统输入。

本质上来说，基于情境感知的个性化服务是给用户提供的知识支持，其方式一般体现为确定用户的需求，在满足情境条件的时候进行个性化的服务提供。

其关键问题就是如何充分有效地从情境感知中获得知识以及图书馆服务系统如何有效利用这些知识提供有效的知识服务。

移动环境下，与图书馆个性化服务相关的情境主要由两方面组成。其一是图书馆个性化服务对象——读者所处的位置、时间等信息；其二，是和读者学习、工作流程相关的流程情境，主要有读者的借阅记录、浏览记录、承担教学和科研任务的信息等。

3.2 基于情境的用户需求获取

基于情境的用户需求获取是移动环境下图书馆个性化服务的前提。移动环境下基于情境的用户需求建模过程包括静态建模和动态建模两个部分，静态建模的基本要素是包括时间、空间、用户个人信息等，扩展要素包括基于用户动作链和领域工程的建模；动态部分就是基于情境变化的信息需求获取 IRE（Information Requirement Elicitation），主要是通过用户情境的变化规律，利用情境的演化、融合、推理等过程，获取用户的真实需求。

基于情境的用户需求获取困难在于找一个合适的情境模型表示方法以及基于该模型表示的情境融合、演化和推理的算法。

由于情境组成要素十分复杂，因此，对于情境模型表示提出了很高的要求。情境模型表示处理的是极端数据。极端数据的理解有二：其一是非结构化数据；其二是数据量的极端。

3.3 情境驱动的图书馆个性化服务框架

情境驱动的图书馆服务系统的个性化服务主要内容包括情境的表示模型、服务系统情境和用户情境的匹配度计算，实际上是一个服务的供需匹配问题。解决信息过载问题除了利用情境获取用户真实需求并提供其所需的服务之外，供需匹配的平衡问题也需要加以研究。供需匹配的平衡涉及系统的资源指派和用户的接受能力、通信能力、处理能力以及隐私等相关问题。

本文基于以上思想，在充分利用获取现有图书馆服务系统中的先验知识的前提下，建立了一个情境驱动的图书馆知识服务的框架（图 1）。

4 结 语

移动环境下图书馆的个性化服务是一个非常复杂的问题。由于移动环境下图书馆服务的用户需求的高度个性化、服务内容情境相关性以及服务终端的移动化特点，本文提出了一个基于情境的图书馆个性化服务，主要思路是通过对用户情境的研究获

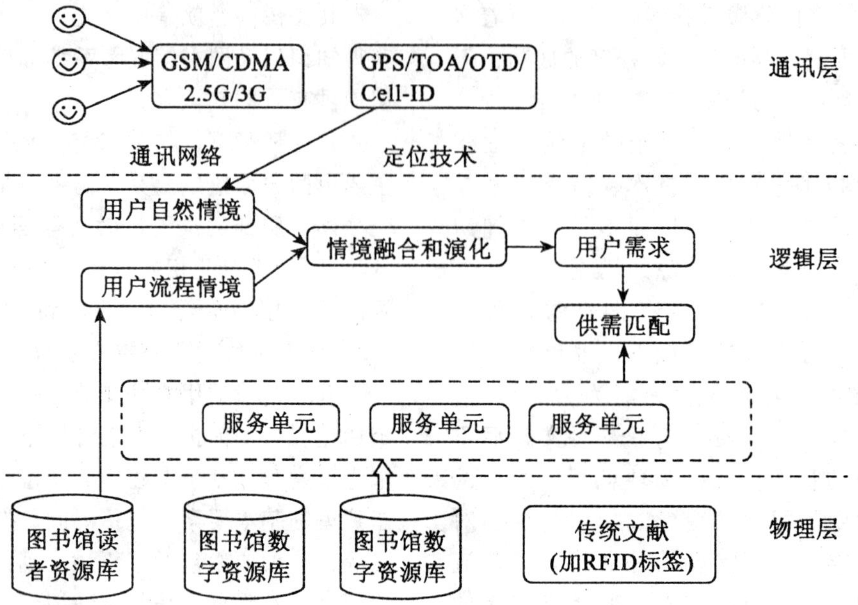

图 1 移动环境下图书馆个性化服务框架

知用户的真实需求，然后通过用户情境和系统情境的匹配，为某类用户提供适合其要求的个性化的服务。

参 考 文 献

[1] 刘鲁，任晓丽. 推荐系统研究及展望 [J]. 信息系统学报，2008 (5)：82-90.

[2] 余力，刘鲁. 电子商务个性化推荐研究 [J]. 计算机集成制造系统，Vol. 10，No. 10，2004 (10)：1306-1313.

[3] 曾春，邢春晓，周立柱. 个性化服务技术综述 [J]. 软件学报，2002 (10)：1952-1910.

[4] 刘平峰，聂规划，陈冬林. 电子商务推荐系统研究综述 [J]. 情报杂志，2007 (9)：46-50.

[5] Annie Chen, Context-Aware Collaborative Filtering System: Predicting the User's Preferences in Ubiquitous Computing [J]. CHI 2005 Doctoral Consortium, 1110-1111, Portland, Oregon, USA, April, 2-7.

[6] 黄光球，赵永梅. 基于 HMM 模型的协同过滤推荐方法 [J]. 计算机应用，2008 (6)：1601-1604.

[7] 张光卫，李德毅，李鹏，康建初，陈桂生. 基于云模型的协同过滤推荐算法 [J]. 软件学报，2007 (10)：2403-2411.

[8] 杨文珠. 图书馆个性化信息服务技术与应用分析 [J]. 图书馆理论与实践，2008 (4)：92-94.

[9] 曹志梅. 图书馆个性化信息服务模式研究 [J]. 中国图书馆学报，2006 (2)：79-81.

[10] 王翠萍，张妍妍. 学科信息门户的个性化服务调查研究 [J]. 图书馆学研究，2008 (7)：59-62

[11] 曹树金，罗春荣，马利霞. 论图书馆个性化服务的几个基本问题 [J]. 大学图书馆学报，2005 (6)：33-39.

[12] http: //www. lib. dlut. edu. cn, http: //www. libsys. com. cn [EB/OL].

[13] Weiser M. The computer for the twenty 2 first century. Scientific . American, 1991, 265 (3) : 94-104.

[14] 徐光祐，史元春，谢伟凯. 普适计算 [J]. 计算机学报，2003 (1)，1042-1049.

Research on Library Personal Service Model under Environment

QIAN Yongsheng[1], WANG Quanhong[2]

(1. School of Management, Dalian University of Technology, Dalian 116024, China;
2. Library of Dalian University of Technology, Dalian 116024, China)

Abstract: The paper reviews the literature on library personal service to analyze traditional technologies of personal service, custom-made service based on data driving and knowledge portal based on MyLibrary. In order to solve the issues of information overload and the changing customer demands under the mobile environment, library personal service model based on context-aware is proposed. We hope the model will provide useful insights into the research on library knowledge service under mobile environment.

Key words: personal service ; context-aware; mobile knowledge-support

基于KCCA的跨语言专利信息检索研究*

刘伟成[1]，张志清[1]，孙吉红[2]

（1. 武汉科技大学 管理学院，武汉 430082；2. 武汉大学 信息管理学院，武汉 430072）

摘 要：我们研究了一种全新的基于KCCA算法的全自动跨语言信息检索方法，这种算法能通过学习双语训练语料来获得文献的语义表示（向量空间）。通过运用KCCA来进行中英跨语言专利检索的实验，结果令人鼓舞，所获得的检索结果明显好于以往的技术方法。

关键词：核典型相关分析；跨语言信息检索；专利检索

中图分类号：G354；TP391

1 引 言

在工业、商业和法律界，专利信息的自动处理都具有很重要的作用，因为知识产权在知识经济时代是至关重要的，这些专利文件的数量众多而且还在迅速增长。根据世界知识产权组织（World Intellectual Property Organization，WIPO）报导[1]，专利文献包含全世界90% ~95%的研发成果，而其他的技术文献（论文或期刊等）中只含5% ~10%的研发成果，STN International也指出有70% ~90%的专利成果，根本没有在其他的期刊或者杂志发表过[2]。此外WIPO还指出在研究工作中若能利用专利文献的话可以缩短60%的研究时间、同时节省40%的研发经费。在实际工作中人们常常需要使用一种自己不熟悉的语言，从专利数据中检索信息。在许多情况下，跨语言专利检索都具有重要的现实意义。目前，欧洲的CLEF和日本的NTCIR研讨会是进行跨语言信息检索评估的两大主要平台，其中NTCIR将跨语言专利信息检索作为一个重要的测试任务。

跨语言信息检索（Cross Language Information Retrieval，CLIR），就是解决以我们熟悉的某种语言检索另外一种语言表达的文献资源。我们可以用两种方法来建立一个跨语言数据检索系统。一种方法是使用机器翻译去翻译查询语句，这样跨语言检索任务就变成了单语言检索任务。另外一种方法是首先在两种语言之间自动地构建语义转换空间（如通过机器学习等方法），然后将查询映射到语义转换空间来完成跨语言信息检索[3]。Littmanet等人[4]将跨语言潜语义索引（Cross-Language Latent Semantic Indexing，CL-LSI）作为一种全自动的跨语言信息检索方法（不需要翻译），其检索效率甚至超过机械翻译系统。Vinokourov等人[5]将核典型相关分析（Kernel Canonical Correlation Analysis，KCCA）方法应用于英法跨语言信息检索，取得了比CL-LSI在英法文档集更值得关注的成绩。在本文中，我们主要研究KCCA方法在中英跨语言专利信息检索中的应用，并与CL-LSI方法相比较。

2 典型相关分析

典型相关分析（Canonical Correlation Analysis，CCA）是一种常用的研究变量之间相关关系的多元统计方法，由Hotelling于1936年提出[6]。它借助主成分分析的思想，用少数几对综合变量来反映两组变量间的相关性质。目前已经在众多相关分析和预测领域得到广泛应用。在跨语言应用中，CCA对同一文本（相同内容）抽取不同的语义空间表示（不同的语言词汇），然后通过语义相关分析获得不同语种的相关信息。

作为一种线性算法，典型相关分析法只能提取数据的线性特征，而不能应用于提取数据的非线性特征。Akaho[7]将支持向量机中的核化原理应用到CCA中，得到了核典型相关分析（Kernel CCA，KCCA）。

* 基金项目：湖北省教育厅科学研究计划优秀中青年人才项目（Q20081108）
通讯作者：刘伟成，E-mail：liuweicheng03@126.com

2.1 传统的典型相关分析

典型相关分析的基本思想是分别在两组变量 $X=(x_1,x_2\cdots x_p)$,$Y=(y_1,y_2\cdots y_q)$ 中选取这组变量的一个线性组合 $u=a^TX$ 和 $v=b^TY$,使得组合后的变量 u 和 v(称为典型相关变量)之间的相关系数达到最大。然后通过这一组典型相关变量的相关关系研究,代替原来两组变量之间相关关系的研究。u 和 v 的相关系数为:

$$\rho=\frac{a^T\sum_{xy}b}{\sqrt{\left(a^T\sum_{xx}a\right)\left(b^T\sum_{yy}b\right)}} \tag{1}$$

式中:$\sum_{xx}$ 是 X 的协方差矩阵;$\sum_{yy}$ 是 Y 的协方差矩阵;$\sum_{xy}=\sum_{yx}^T$ 是 X 和 Y 的协方差矩阵。

典型相关分析就是在约束条件 $a^T\sum_{xx}a=1$,$b^T\sum_{yy}b=1$ 下求 a 和 b 的值,使 ρ 的值达到最大,此时 $\rho=a^T\sum_{xy}b$。为解决此问题,引入 Lagrange 乘子 $\lambda_1/2$ 和 $\lambda_2/2$,构造如下目标函数:

$$f(a,b)=a^T\sum_{xy}b-\frac{\lambda_1}{2}\left(a^T\sum_{yy}a-1\right)-\frac{\lambda_2}{2}\left(b^T\sum_{yy}b-1\right) \tag{2}$$

可以求得 $\lambda_1=\lambda_2=\rho=\lambda$,

$$\text{且}\sum_{xx}^{-1}\sum_{xy}\sum_{yy}^{-1}\sum_{yx}a=\lambda^2Ia,\quad \sum_{yy}^{-1}\sum_{yx}\sum_{xx}^{-1}\sum_{xy}b=\lambda^2Ib \tag{3}$$

$$\text{令}A=\sum_{xx}^{-1}\sum_{xy}\sum_{yy}^{-1}\sum_{yx},\quad B=\sum_{yy}^{-1}\sum_{yx}\sum_{xx}^{-1}\sum_{xy}$$

则 λ^2 为 A 和 B 的特征根,而 a 和 b 为对应于 A 或 B 的特征向量,且 A 和 B 具有相同的非零特征根,非零特征根的个数等于它们的秩 k。至此,典型相关分析转化为求 A 和 B 特征根和特征向量的问题。即具有最大特征值的特征向量构成了 X 和 Y 空间中的最相关矢量[8][9]。

在跨语言应用中,X 和 Y 分别代表两种语言的特征向量,通过 CCA 分析,最大相关的两个子向量可以分别代表文献集合中的某一个主题,从而可以实现跨语言检索以及分类。

2.2 核典型相关分析(KCCA)

核典型相关分析的基本思想是将原始空间的样本通过一个非线性映射映射到一个特征空间,然后在特征空间利用线性典型相关分析算法,隐含地实现了原始空间非线性问题的求解。

KCCA 是目前较为常用的非线性典型相关分析方法,KCCA 可以提高原始向量空间的维度,并增加其灵活性。常用的核函数包括:线性核函数、q 阶多项式核函数、高斯径向基础函数(RBF)核函数和多层感知器(MLP)核函数。Hardoon 等人[10]将高斯分布核函数基于内容的图像检索。Vinokourov 等人[5]的研究表明线性核函数对于跨语言信息检索是非常有效的,同样 Joachims 等人的研究也证明与其他核函数相比,线性核函数在单语言文献分类中表现出色。另外,在学习算法上,线性核函数更加简单、快捷,所以在本研究中我们采用线性核函数。

设 $X=(x_1,x_2\cdots x_n)$,$Y=(y_1,y_2\cdots y_n)$ 分别表示两组变量的样本矩阵。ϕ_x 表示作用于 X 上的变换,即 $\phi_x(X)=(\phi_x(x_1)\ \phi_x(x_2)\ \cdots\ \phi_x(x_n))$,同理,$\phi_y$ 表示作用于 Y 上的变换。在变换后的特征空间 ϕ_x 和 ϕ_y 中进行典型相关分析,找到两个向量 a 和 b,使得 $u=a^T\phi_X(X)$ 与 $v=b^T\phi_y(Y)$ 的相关系数 ρ 最大。同线性典型相关分析一样,应用 Lagrange 乘子,该问题可以转化为一个优化问题,定义目标函数为

$$L(a,b,\lambda_x,\lambda_y)=E[(u-E(u))(v-E(v))]-\frac{\lambda_x}{2}E[(u-E(u))^2]-\frac{\lambda_y}{2}E[(v-E(v))^2]+L_0 \tag{4}$$

其中 $L_0=\eta(\|a\|^2+\|b\|^2)/2$,$\eta$ 是一个常数因子。添加 L_0,是因为特征空间维数很高,没有 L_0 约束,可能产生没有意义的典型变量。由核理论可得:

$$u=\sum_{t=1}^{n}\alpha_t\phi_x^T(X_t)\phi_x(x),\quad v=\sum_{t=1}^{n}\beta_t\phi_y^T(Y_t)\phi_y(y) \tag{5}$$

定义一个核函数代替内积的计算:

$$(K_x)_{ij}=k_x(x_i,x_j)=\phi_x^T(x_i)\phi_x(x),\quad (K_y)_{ij}=k_y(y_i,y_j)=\phi_y^T(y_i)\phi_y(y) \tag{6}$$

此时目标函数可重新表达为:

$$L=\alpha^TM\beta-\frac{\lambda^x}{2}\alpha^TP\alpha-\frac{\lambda_y}{2}\beta^TN\beta \tag{7}$$

则 KCCA 可转化为如下的特征值问题:

$$P^{-1}MN^{-1}M^T\alpha=\lambda^2\alpha,\quad N^{-1}MP^{-1}M^T\beta=\lambda^2\beta \tag{8}$$

其中 $\lambda=\lambda_x=\lambda_y$,利用上式得到 α 和 β 后,可求得 X 和 Y 的典型变量:

$$u=\sum_{t=1}^{n}\alpha_tk_x(x_t,x),\ v=\sum_{t=1}^{n}\beta_tk_y(y_t,y) \tag{9}$$

3 KCCA 在跨语言专利检索中的应用

对于跨语言信息检索，KCCA 首先从双语文献集中获取语义空间的一组基本向量。这些向量被认为是双语语料库的语义空间表示，即 KCCA 的一个基本向量与语料库的一个主题或几个混合主题相对应，向量空间由两种语言的典型术语所表示。表 1 表示的是从一个中英专利文献集获得的基本向量的两个例子，其中英语词汇为截词。表 1 的左半部分中描绘了三个混合主题：一个自然农耕的方法、步进电机和一种照相的新装备。表 1 的右半部分主要描述一个主题：即步进电机。

表 1 KCCA 基本向量的语义学表示

植被（0.085） seed（0.080）	步进电动机（0.144） stepp（0.084）
驱动（0.066） atom（0.061）	传感器（0.096） pickup（0.083）
种子（0.058） substanc（0.053）	励磁（0.067） pol（0.075）
齿轮（0.049） microstep（0.048）	定子（0.067） motor（0.068）
微粒（0.048） annular（0.047）	铸件气孔（0.064） excit（0.068）
电流（0.045） fluid（0.041）	电流（0.060） stator（0.055）
安培（0.039） slit（0.041）	回转（0.051） angular（0.052）
电压（0.038） microorgan（0.041）	马力（0.051） solv（0.052）
微步进（0.037） driv（0.039）	偏差（0.046） disk（0.052）
环形（0.035） voltag（0.038）	角度（0.044） current（0.052）

KCCA 从文献集合中抽取不同的主题，并分别在两种语言中描绘其主题，所以我们可以用一种语言和另外一种语言表示同一个主题，这样我们就可以实现文本的跨语言检索和分类。例如，通过将检索提问和检索文献映射到 KCCA 基础向量空间上，我们首先获得检索提问的语义空间表示（母语）和检索文献的语义空间表示（另外一种语言），然后通过比较语义表示的空间距离来检索跨语言文献信息。下面我们将描述 KCCA 怎样从双语文献集合中推断出一套基本的向量作为语义表示。

假设给出一一对应的双语语料，即一种语言的文献 $c_i(i=1,\cdots,N)$ 是另一种语言文献 d_i 的翻译，首先经过预处理，我们得到每一篇文献 c_i 的特征向量空间 $x_i \in X$，以及文献 d_i 的特征向量空间 $y_i \in Y$。通过核典型相关分析（KCCA），最大相关的两个子向量可以分别代表文献集合中的某一个主题，从而可以实现跨语言检索以及分类。具有最大特征值的特征向量构成了最相关的语义空间，这些基本向量代表了两种语言文献的语义相关性，比如一个向量代表一个主题或某几个混合主题（如表 1 所示）。这里我们采用 Vinokourov 等人使用 KCCA 进行跨语言信息检索的方法和步骤：

（1）首先，根据公式(8) 得出具有最大特征值的 d 维特征向量(对应于语言 A 和 B)，并且计算其在特征空间中的最大相关方向，以代表在两种语言文献中的最明显的主题。

（2）然后，将查询提问映射到语言 A 的基本向量空间，用主题的组合来代替检索提问，同样将语言 B 的文献映射到语言 B 的基本向量空间，用同样的主题组合来代替检索文献。检索提问 q 的变换如公式(10) 所示：

$$\tilde{q}_d = A^T Z^T \tilde{q} \qquad (10)$$

这里 A 是一个 $N\times d$ 矩阵，其列向量是具有最大特征值的特征向量 d 的前半部分或后半部分(依据哪种语言是检索提问)，Z 的列向量是与检索提问同一种语言的训练向量。

同样，用另外一种描述的被检索文献 t 映射到 d 维典型相关向量，这样文献 t 就由 d 维向量 $\tilde{t}_d$ 来表示。

（3）最后，我们比较检索提问和检索文献的语义表示，这样就通过 A 语言提问获得了 B 语言所描述的文献。这里文献 t 与检索提问 q 的相关性通过计算向量 $\tilde{t}_d$ 和 $\tilde{q}_d$ 的规范化内积得到，即

$$R(d,t) = \frac{(\tilde{q}_d, \tilde{t}_d)}{\|\tilde{q}_d\|_2 \|\tilde{t}_d\|_2}$$

这里$(\cdot,\cdot)$代表内积，$\|\cdot\|_2$代表2-范数（也称欧基里德范数）。Li 和 Shawe-Taylor 等人的研究表明这种方法更适用且更有效[11][12]。

4 实 验

4.1 试验测试数据的选择与处理

NTCIR 从 1999 年开始举办，目前已举办了七

届，从第三届（2001—2002）开始进行第一次跨语言专利检索评比，并提供大型的文献测试集，包括 170 万篇日文专利摘要和相对应的英文摘要，共有 31 个检索测试题目，检索题目有英、日、中、韩四种语言。由于测试集语种的局限性，目前国外学者的研究主要局限于日英之间的跨语言专利检索研究。

近年来，中国专利申请量的增长及其在全球专利活动中所占的份额令人瞩目。在世界知识产权组织专利合作条约框架下，中国已成为全球第五大申请国，并与日本、韩国同列专利申请量前十位。在知识产权领域，亚洲工业强国的地位日益突出。所以我们决定以中英跨语言专利检索为测试对象。通过国家知识产权局网站[13]获得 1000 篇中英文对照的专利文献（仅包括专利摘要，不含全文）。

首先我们对文档进行预处理，即对其进行分词以得到相应的词集，并计算它们的 TF-IDF（词汇频率-逆文档频率）。英语词汇预处理的主要任务有：英语单词的识别（包括分词、标点符号加标，大小写转换等）；对英语查询中的禁用词加以标注；对查询中具有变化形式的单词进行形态恢复（词根化）；对每一个单词进行词类分析，确定其所属正确属性。研究人员最常用的工具就是 Porter stemmer[14]。对中文文献的处理与英语类似，这里我们采用中科院计算所汉语词法分析系统 ICTCLAS[15]，这里我们仅采用名词、动词作为文献的特征词。同时我们剔除了在文献中出现少于某个数量（比如 3 次）的词汇，这样我们就得到了一组包含中英文的特征词汇集，形成代表相应专利文献的特征词向量空间，这就是我们通过中英文对照的平行语料计算出的 KCCA 基本向量，即一个或几个主题分别由两种语言的一组特征词来表示（如表 1 所示）。

然后将检索提问和被检索文献的特征向量分别映射到相应语言的 KCCA 基本向量上，并计算规范化内积作为提问与文献相关度的测量指标。

4.2 实验结果

为比较检验 KCCA 算法的有效性，我们同时采用 LSI（潜语义索引）进行跨语言信息检索，并与单语检索结果相比较。由于 KCCA 算法和 LSI 算法的检索准确性与基本向量维度（特征值个数）有关，所以我们也将特征值个数作为一个参数。在本实验中，我们采用中文检索提问来检索英文专利，共测试了 5 个检索题目，用平均查准率均值（mean average precision，MAP）作为检索效率的指标。测试结果如表 2 所示。

表 2 **三种方法检索准确率比较**

特征值个数	5	10	50	200	500
KCCA 算法	0.130	0.152	0.157	0.178	0.177
LSI 算法	0.096	0.126	0.116	0.122	0.173
单语检索	0.179				

通过测试比较，我们发现基于 KCCA 的跨语言信息检索可以达到与单语检索类似的准确率，同时 KCCA 算法的查准率要明显好于 LSI 算法，当特征值个数为 200 时 KCCA 就可以得到很好的检索效果，而 LSI 需要 500 个特征值才能获得相同的检索准确率。

5 结 语

我们为全自动跨语言专利信息检索描述了一种方法，使用这种方法不需要任何翻译。这种方法以 KCCA 为基础，是一种查找两种语言间最相关映射文档的方法。我们将 KCCA 方法应用于在中英跨语言专利信息检索。实验结果令人振奋，其检索准确率比 CL-LSI 方法更高。本文只是在小规模范围内进行了测试，为了进一步测试其有效性还需要在更大范围的语料库进行试验。

参 考 文 献

[1] WIPO [EB/OL]. [2009-03-23]. http://www.wipo.int/portal/index.html.

[2] STN International [EB/OL]. [2009-03-23]. http://www.stn-international.de.

[3] 刘伟成. 基于查询翻译的跨语言信息检索研究 [D]. 武汉大学博士学位论文，2006.

[4] Littman M L, Dumais S T, & Landauer T K. Automatic Cross-language Information Retrieval Using Latent Semantic Indexing [M]. In G. Grefenstette (Ed.), Cross language information retrieval, Chapter 5. Kluwer, 1998.

[5] Vinokourov A, Shawe-Taylor J, Cristianini N. Inferring a Semantic Representation of Text Via Cross-language Correlation Analysis. In: Advances of Neural Information Processing Systems, Vol. 15 [M]. MIT Press, 2002.

[6] Hotelling H. Relations Between two Sets of Variates [J]. Biometrika, 1936, 28: 321-377.

[7] Akaho Shotaro. A Kernel Method for Canonical Correlation Analysis [C]. Proceedings of the International Meeting on Psychometric Society (IMPS2001). Osaka: [sn], 2001: 101-105.

[8] 孙权森，曾生根，王平安，等. 典型相关分析的理论及其在特征融合中的应用 [J]. 计算机学报，2005，28 (9)：1524-1533.

[9] 任学惠，郝元宏，李明. 基于改进 KCCA 的快速特征提取方法 [J]. 计算机工程与设计，2008，29 (6)：1475-1477.

[10] Hardoon D R, Szedmark S, Shawe-Taylor J. Canonical Correlation Analysis: an Overview with Application to Learning Methods [J]. Neural Computation, 2004 (16): 2639-2664.

[11] Li Y, Shawe-Taylor J. Using KCCA for Japanese-English Cross-language Information Retrieval and Document Classification [J]. Journal of Intelligent Information System, 2006, 27 (2): 117-133.

[12] Li Y, Shawe-Taylor J. Advanced Learning Algorithms for Cross-language Patent Retrieval and Classification [J]. Information Processing and Management, 2007 (43): 1183-1199.

[13] 中华人民共和国国家知识产权局网站（英文版）[EB/OL]. http: //www. sipo. gov. cn/sipo_ English/. 2009-03-23.

[14] Porter M. An Algorithm for Suffix Stripping [J]. Program, 1980, 14 (3): 130-137.

[15] 刘群，张华平，余鸿魁等. 基于层叠隐马模型的汉语词法分析 [J]. 计算机研究与发展，2004 (8)：1421-1430.

Cross-language Patent Retrieval Based on KCCA

LIU Weicheng[1], ZHANG Zhiqing[1], SUN Jihong[2]

(1. School of Management, Wuhan University of Science and Technology Wuhan 430082, China;
2. School of Information Management, Wuhan University, Wuhan 430072, China)

Abstract: We study a new machine learning algorithm for cross-language patent retrieval based on KCCA (Kernel Canonical Correlation Analysis). Our learning algorithms exploit the bilingual training documents and learn a semantic representation from them. We study Chinese-English cross-language patent retrieval using KCCA, the results are quite encouraging and are significantly better than those obtained by other state of the art methods.

Key words: Kernel Canonical Correlation Analysis (KCCA); cross language information retrieval; patent retrieval

构建语义 Web 环境下的知识服务科学框架*

温有奎[1]，焦玉英[1]

（1. 武汉大学 信息管理学院，430072）

摘　要：知识服务正在成为信息服务业的主旋律。越来越多的信息服务机构和企业已在着手向知识服务方向重新定位和设计。但知识服务理论研究滞后于实践，正在成为知识服务的制约因素。本文提出构建语义 Web 环境下的知识服务科学的新概念，认为知识服务科学是一门由知识服务，服务科学和知识科学交叉的新型的大学科。构建知识服务科学，把信息服务理论扩展到知识服务科学的理论广度和深度，把知识服务作为一门科学来研究。文章建立了知识服务科学的理论框架，给出了基于知识元的知识服务系统实现模型。

关键词：语义 Web；知识服务；服务科学；知识科学

中图分类号：C932.6

1 引　言

知识服务正在成为信息服务业的主旋律。越来越多的信息服务机构和企业已在着手向知识服务方向重新定位和设计[1]。我们正面向知识服务的知识管理时代，信息的范型也正在发生着变革，在人网交互的信息生态环境中，信息资源实体之间动态交互与协同，形成以用户为中心、面向知识服务的目标资源系统的动态同盟，满足涉及用户的服务需求。资源从“为我所有”到“为我所用”发生着根本性变革，呼唤着知识服务理论、方法和技术的创新。

进入 21 世纪以来，人们一直在跟踪知识服务所需技术，对知识服务的轮廓、特征、模式等进行不懈的探讨和摸索[2][3]。这些研究成果对规划和设计新型信息服务业起到了重要的推动作用。

近年来，国内外许多学者认识到语义技术对知识服务有巨大影响，都在进行着知识服务的探索和实验。同时也认为从信息服务走向知识服务，实现知识“服务化”和服务“知识化”的现状不容乐观。究其原因[4]，一是知识服务理论研究滞后于实践，正在成为知识服务的制约因素；二是知识“服务化”的实践，要求知识服务主体能够识别用户需求的语义；三是服务“知识化”的实践，要求知识具有语义特性。

语义 Web 环境的出现为信息服务向知识服务发展，知识工程向知识科学发展，软件工程向服务科学发展提供了技术支持。本文提出构建语义 Web 环境下的知识服务科学的新概念，认为知识服务科学（KSS）是一门由知识服务，服务科学和知识科学交叉的新型的大学科。开辟知识服务科学学科，把知识服务理论扩展到知识服务科学的广度和深度，把知识服务作为一门科学来研究，推动信息资源的深度开发，深化知识服务的价值，拓展图书情报学科的发展。文章第二节是信息服务走向知识服务的探索，第三节是语义 Web 提供了知识服务技术环境，第四节是构建知识服务科学框架，第五节是基于知识元的知识服务模型，第六节是结论。

2　信息服务走向知识服务的探索

2.1　知识服务业已成为经济发展新动力

进入知识经济时代后，知识成为最重要的生产要素和战略资源，知识创新和应用能力成为组织的核心竞争能力。在此背景下，传统的信息服务难以适应知识经济的发展和知识创新的需要，知识服务运用而生。1962 年，美国经济学家弗里茨·马克卢普在《美国的知识生产与分配》一书中，首先在信息服务和信息产业的基础上提出“知识产业”概念。他认为任何把信息、信息产品、信息服务加工成知识或直接产生知识的生产活动和服务都是“知识产业”。在那以后，美国人更多地称之为

* 基金项目：国家自然科学基金项目（70373046）
通讯作者：姓名，温有奎，E-mail：wykui123@126. com

"知识服务业"。2001 年，美国总统信息技术咨询委员会（PTTAV）在向总统布什提交的有关人类知识存取的专门报告中，以及美国国家科学基金（NSF）在 2003 年召开的"后数字图书馆的技术"的研讨会上，知识、知识服务及知识产业便被强调成为新世纪服务活动的重点[5]。

2.2 知识服务成为学术机构的研究主题

近些年来，中国科学技术情报学会全国计算机信息管理学术研讨会"十五"以来，召开了九次探索知识服务的全国性学术研讨会议。主题内容如表 1 所示。

表 1

年份	届	主　题
2001	15	信息服务业的信息化
2002	16	面向企业知识服务的信息基础结构
2003	17	知识化信息服务
2004	18	知识服务的关键技术
2005	19	知识组织的现状和趋势
2006	20	知识处理技术研究
2007	21	知识服务的关键技术研究
2008	22	知识服务技术研究与效果评估
2009	23	面向用户需求的知识服务

中国图书馆学会举办以知识服务为主题的学术研讨会[6]。主题内容如表 2 所示。

表 2

年份	主　题
2003	信息导航员——为经济建设和科技创新提供知识服务
2006	知识服务
2007	专业机构知识服务的最佳实践
2008	知识化服务进程中的专业图书馆：技术、方法和服务
2009	专业图书情报机构的知识服务创新

为寻求文献情报工作发展的突破点，探索适应新形势的服务模式，中国科学院文献情报中心与中国科技大学图书馆于 2004 年 10 月联合主办了"走向知识服务——文献情报服务发展与创新学术研讨会"[7]。

3 语义 Web 提供了知识服务技术环境

3.1 语义 Web 提供计算机可理解的语义

1990 年，Tim Berners-Lee 发明了万维网（Web），让人们通过因特网（Internet）来获得各种信息。随着 Internet 的飞速发展，Web 已成为一个主要的信息来源。然而，万维网的海量信息越来越不能满足日益丰富的多样性需求。万维网上的信息虽然是机器可读的，却不是机器可理解的，由此导致了网上的信息难以被计算机自动处理。面对海量的网络信息，人工处理显然是不现实的。万维网的基石——HTML 提供的链接缺乏语义；基于关键词检索的万维网搜索引擎的检索质量和效果远不令人满意[8]。

十年后，Tim Berners-Lee 在 XML2000 会议上提出了下一代因特网的概念——语义 Web（Semantic Web）。语义 Web 的目标是，为因特网上的信息提供具有计算机可以理解的语义，从而满足智能主体（Agent）对 WWW 上异构、分布信息的有效检索和访问，实现网上信息资源在语义层上的全方位互联，并在此基础上，实现更高层次的、基于知识的智能应用。

3.2 XML 标记语言提供信息共享基础

语义 Web 开发的两个重要技术基础是可扩展的标记语言（eXtensible Markup Language，XML）和资源描述框架（Resource Description Framework，RDF）。XML 是一种通用信息交换语言，它提供一系列规则用于创建满足用户需求的标签（tags），即隐藏的标记。通过解释程序处理，标签之间的关系可以得到完整的解析。因此，使用 XML 格式标记的信息资源系统能够被机器所理解。

XML 把文档的三要素（数据、结构以及显示方式）独立开来，分别处理。XML 很好地解决了 HTML 无法表达数据内容等问题。XML 作为万维网上结构化文档和数据的统一语言，已成为未来的万维网语言和万维网上数据交换的标准。

3.3 RDF 提供了机器理解的语义模型

RDF（Resource Description Framework）是 W3C 发布的资源描述框架。RDF 定义了一个简单语义表示模型，该模型通过属性和值来描述资源之间的关系。该模型将所有能被 RDF 表达式描述的事情都看作资源，属性指的是对资源进行描述的特征、性质和关系等。值则由资源在该属性上的取值。模型中的资源、属性、值分别被称作主体（Subject）、谓词（Predicate）和客体（Object），也可将它看成一个三元组（Tiriple）。即｛谓词（Predicate），主体（Subject），客体（Object）｝。

3.4 Ontology 提供了知识建模工具

XML 和 RDF 在处理语义上还存在两个问题：(1) 同一概念有多种词汇表示；(2) 同一个词有多种含义（概念）。为了解决上述两个问题，很自然地需要引入本体（Ontology）。

本体可以被认为是概念内涵的显式表达。如果从认知的角度来看，本体是在一定的知识范围内，对所谈论的一组具有一定粒度的概念给出的一种语义约定。Studer 等对本体的定义被较多的人接受和认可[8]：本体是共享（Share）概念化（Conception）的、明确的（Expicit）、形式化（Formal）的规范说明。

一部完整的本体一般都具备概念 、关系、函数、公理和实例这 5 个基本的元素。本体作为一种能在语义和知识层次上描述信息概念模型的建模工具，在知识组织方面具有很大优势，但构建本体是一项非常费时费力的工作。目前国内外正在积极研究本体自动化编制和利用叙词表来构建本体的问题[9]。

近年来，本体论被大量地应用于信息与知识的分类、表达，并对应用领域本体的共享及重用提供支持。利用本体论的概念和技术开发的基于本体的数字图书馆知识服务的框架，能有效地支持数字图书馆的知识服务[10][11]。

3.5 OWL 提供了丰富的本体描述语言

网络本体语言 OWL（Ontology Web Language）是由国际万维网联盟 W3C 发布的共享本体的标记语言，用来描述万维网文档和应用中的类以及类之间的关系。它的作用是通过定义类以及类的属性来形式化地描述领域，并通过 OWL 的形式化语义对类进行某种程度的逻辑推理。2004 年 2 月 OWL 正式推出后，经过广泛的讨论并得到一致的认可，被认为是语义 Web 发展过程中的一个重要的里程碑。

OWL 提供大量的构造子来建立表达式。OWL 强大的表达能力正是由它所支持的概念构造子、性质构造子，以及各种公理所决定的。语义 Web 服务能够借助于计算机对信息进行解释，OWL 为这种解释提供了重要的底层数据类型。同时，在标准作业程序（SOP）框架的支持下，语义 Web 服务能够被自动的发现、选择、组合和执行。

4 构建知识服务科学框架

语义 Web 的发展为知识服务提供了技术环境，同时也向知识服务的实现提出了挑战。正如国内外学者认为知识服务不容乐观，知识服务理论研究滞后于实践，正在成为知识服务的制约因素。实际上，知识服务涉及两个最基本的学科，一是服务科学，二是知识科学。知识服务、服务科学和知识科学构成了一门新的学科——知识服务科学（KSS）。知识服务科学的框架可以用图 1 表示。

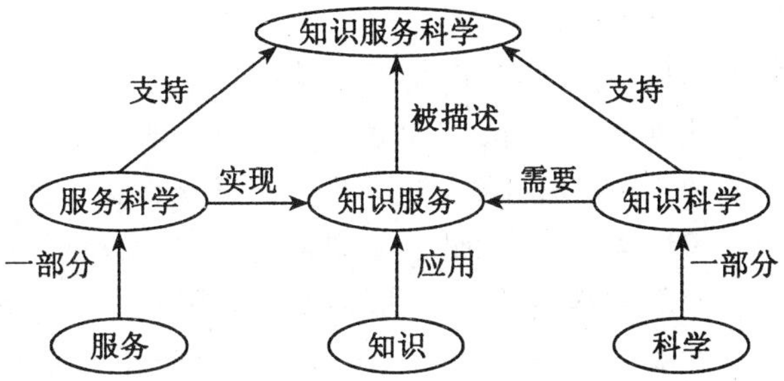

图 1　知识服务科学的框架

4.1 服务科学是 KSS 的方法学

近年来，服务科学已经成为一个反映各种服务的有关话题，如 Web 服务、网格服务、电子商务服务、知识服务、面向服务的科学。随着现代服务业的迅猛发展，服务科学成为一门跨管理科学、计算机科学、系统工程学、经济学和人文科学的多学科交叉融合的新兴学科。特别是自 2005 年由美国 IBM 公司提出“服务科学、管理与工程”（Service Science，Management and Engineering，SSME）概念以来，全球范围内兴起了研究服务科学的热潮。SSME 由服务科学（service science，SS）、服务管理（service management，SM）、服务工程（service engineering，SE）三部分组成。旨在“理解一个组织如何有效地投资才能创造服务创新和实现更多的可预见的结果”。SSME 提出了一个服务体系的科学，被认为“给服务创新提供了理论和实践”[12]。我国的一些重点大学率先与 IBM 公司合作，开展了关于服务科学的研究、教育与实践。我国已于 2005、2006 年举办了两次关于“服务科学、管理与工程”的大型学术研讨会。“2008 服务科学国际会议”是在中国举办的第一次正式的国际性服务科学学术会议。

自 20 世纪 90 年代中期 IBM 首次提出“服务科学”的说法，包括美国加州大学伯克利分校、斯坦福大学、南加州大学和英国牛津大学在内的世界著名高校已陆续探身其中。还有电子数据系统（EDS）、惠普（Hewlett- Packard）和 IBM 等公司也开展了研究。IBM 远足于该学科的得益并支持在计算机技术和其他领域中（像管理科学、组织理论、技术管理、工程和社会科学）熟练员工的发展。

服务业将是中国后工业时代新的经济增长点。目前，在中国已经或计划开设“服务科学”相关课程的大学有北京大学、清华大学、哈尔滨工业大学、上海交通大学、西安交通大学、香港中文大学、东华大学、厦门大学、电子科技大学等近20所高校[13]。

4.2 知识科学是KSS的理论基础

陆汝钤院士指出，知识的研究应该是一门具有坚实理论基础的科学，应该把知识工程的概念上升为知识科学[14]。知识科学中最基本的问题是要研究知识的数学本质。所谓知识的数学本质指“从数学的观点来看，知识是什么”这样一个问题，Shannon曾经对信息的数学本质进行过研究，提出了著名的Shannon信息论，意义非常深远。在我们对知识科学的追求中，不能拒绝任何数学理论和工具。

知识经济的时代要求我们对知识本身进行深入研究，更好地运用知识去推动社会的繁荣和进步。知识科学研究以知识为对象的基本问题，包括知识的数学理论、逻辑基础、知识模型、知识挖掘、知识共享等。

程鹏研究员提出了“知识科学学院（系）”的思考[15]。认为在“知识科学”正向我们走来。

4.3 语义Web是KSS技术环境

语义Web为知识服务科学提供了技术支持。信息资源的深度开发和服务发生了重要转变。从网络环境下的普通查询，到知识发现和按需回答，从技术为中心构建应用到以用户为中心构建应用模式的转换。需求的描述能力也在不断的提高，从数据互操作向语义互操作转换，需求描述逐渐使用本体模型描述，可扩展标记语言（XML）、简单对象访问协议（SOAP）、超文本传输协议（HTTP）、本体Web语言（OWL）和统一描述、发现和集成（UDDI）、网络服务描述语言（SSDL）和元模型框架（MFI）等成为知识服务科学的技术环境。

5 基于知识元的知识服务试验

5.1 知识元服务的概念模型

语义Web环境下的知识元服务的概念模型，由知识单元本体模型（KUOM）、用户中心模型（UCM）和语义互操作服务模型（SIISM）构成，如图2所示。

5.2 知识元服务的系统框架

根据知识服务概念模型我们建立知识元服务的系统框架如图3所示。用户接口实现用户与系统的查询和服务。语义抽取模块1在参考本体库的指导下抽取用户的语义信息，建立用户语义模型库。语义抽取模块2在参考本体的指导下对信息源进行语义模型的抽取，建立知识单元模型库。语义互操模块根据用户语义模型库、知识单元模型库和推理本体库进行互操作处理，并将处理结果送到知识地图。知识地图实现用户与问题知识单元的导航完成用户问题的知识单元服务。

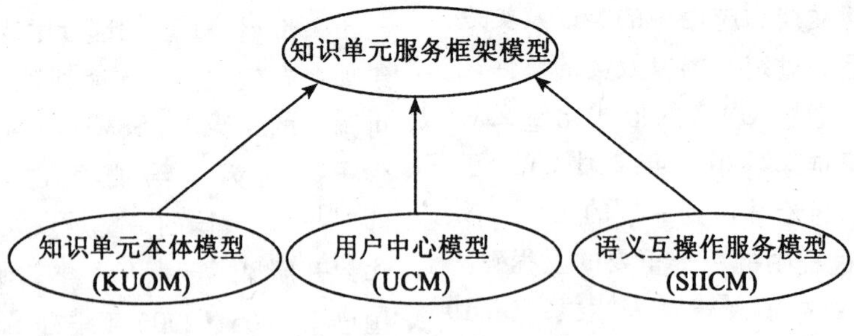

图2 知识元服务的概念模型

1）用户中心模型（UCM）

用户中心模型（User Center Model，UCM）记录用户的兴趣和服务的详细资料。是知识元服务系统的基本元件。UCM由用户基本信息（BI），服务信息（SI），用户个人信息（PI）组成。

2）语义抽取（Semantic Extraction）

信息抽取的输入是分词后的句子字符串和对应词的语义链。信息抽取规则是抽取算法的依据。抽取算法的输出是查询语句的语义信息，将其组合形成以表链、目标链、查询链、分组链和排序链为结构的中间语言，在此主要研究的是查询条件链的形成。抽取过程简单描述如下：①选取HTML样本，②输入本体定义，③样本送HTML解析器（HTML Parser）解析，④规则生成器生成抽取规则，⑤抽

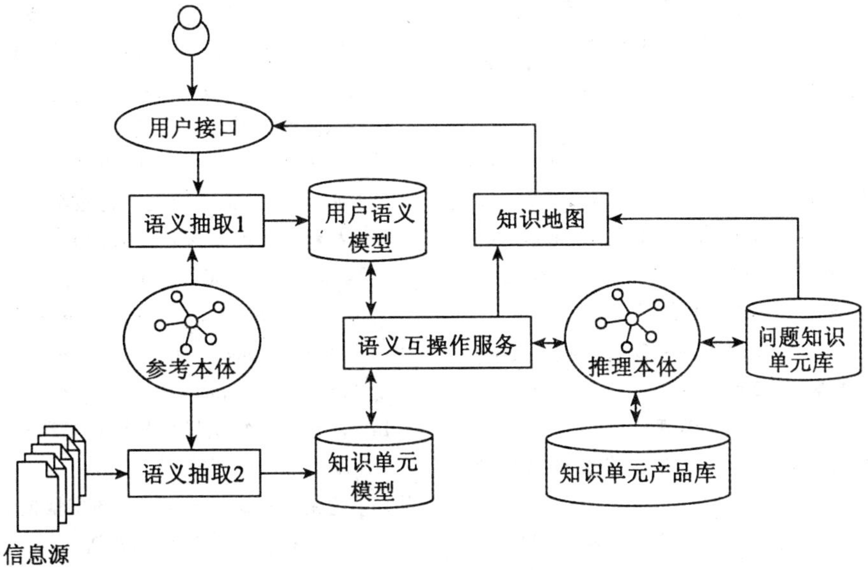

图 3　知识单元服务的系统框架

取规则进入规则库存储。

3）知识单元本体结构（KUOS）

王子舟教授提出[16]，在现代图书馆学中，文献单元依据其自身的三要素往往还可分解成若干具体的单元形式，如文献的知识内容单元、知识形式单元与载体形态单元等。所谓知识内容单元，是针对文献单元中所包含的知识内容体系而言的。

4）知识元库本体模型（KUBOM）

利用本体技术，将领域知识元结构本体化，建立知识元动态本体知识库。领域知识元库由三个部分组成，领域本体，元数据信息库，关系特征库。

领域本体：领域本体建立领域知识元的本体结构。知识元本体结构分为内部结构和外部结构。内部结构组成知识元的实体，外部结构组成知识元之间的关联关系。

元数据信息库：表达知识元本体的数据类型。知识元本体的数据类型由元数据信息库存储。

关系特征库：关系特征库存放知识元本体的各种关系，这不仅是实现知识元交流的基础，也是实现知识元推理及知识发现的基础。

5）语义互操作服务模型（SIOSM）

语义互操作服务模型对知识单元本体模型（KUOM）、用户中心模型（UCM）进行互操作。服务模型（KS）是语义互操作服务模型对的核心。

6）知识地图（KM）

知识地图主要由知识元、知识关联和知识资源地址三个基本要素构成，因此，知识地图构建过程也主要是围绕这三个基本构成要素进行。知识元是指对专家所拥有的隐性知识的一种显性化标引；知识关联是指各知识元之间具有的各种关系，通过这些关系可在知识元之间建立有机的联系；知识资源地址也即知识的拥有者，它通常用知识拥有者的联系方式和通信地址来代替。

6　结　论

本文的贡献在于对信息服务业的研究成果的分析中发现，信息服务业正在从信息服务向知识服务转化，在知识服务过程中遇到了知识服务的理论滞后于实践的困境。通过对支持知识服务环境的语义 Web 的分析发现，语义 Web 的发展为知识服务提供了技术环境，同时也向知识服务的实现提出了挑战。实际上，知识服务涉及两个最基本的学科，一是服务科学，二是知识科学。由此提出了知识服务、服务科学和知识科学将构成一门新的学科——知识服务科学。知识服务科学是一个大的交叉学科，对它的研究将会推动信息技术、信息社会、信息科学的发展。知识元是知识的基本单元，是开展知识服务的基本对象，研究知识元的结构和语义推理将会是知识服务科学研究的基础。文章只是抛砖引玉，希望得到专家们的批评指正。

参 考 文 献

[1] 闫巍，曾民族. 计算机情报检索学术活动历史回顾——见证中国科技情报现代化历程，知识处理技术研究［G］. 第二十届全国计算机信息管理学术研讨会论文集，1-15.

[2] Li Xia, Fan Zhiping, Li Desheng, Feng Bo, A Framework for Knowledge Service Platform, Wireless Communications, Networking and Mobile Computing, 2007. WiCom 2007 [G]. International Conference on 21-25 Sept. 2007 Page (s): 3223-3226.

[3] Changping Hu, Yang Zhao, An Ontology-Based Framework for Knowledge Service in Digital Library, Wireless Communications, Networking and Mobile Computing, 2007 [G]. WiCom 2007. International Conference on 21-25 Sept. 2007 Page (s): 5345-5348.

[4] 毕强，韩毅，刘昆．知识服务——现状、进展及挑战[J]．中国图书馆学报，2007 (6).

[5] 贺德方等编著．数字时代情报学理论与实践——从信息服务走向知识服务 [M]．科学技术文献出版社，2006 (10).

[6] http: //qkzz. net/magazine/0252-3116/2008/ 03/2470155. htm. [EB/OL].

[7] http: //www. lsc. org. cn/CN/News/ 2006-04/. [EB/OL].

[8] 宋炜，张铭．语义 Web 简明教程 [M]．高等教育出版社，2004，6.

[9] 徐国虎，许芳，董慧．基于描述逻辑的本体检错推理研究——以国共合作领域本体为例，中国图书馆学报 [J]．2008 (1): 79-84.

[10] 焦玉英，温有奎，陆伟等．信息检索新论 [M]．武汉大学出版社，2008，10.

[11] 常春，Ontology 在图书情报学领域中的应用 [J]．情报科学，2005 (4): 515-519.

[12] Spohrer J, et al. (2007) Steps Toward a Science of Service Systems [C]. IEEE Computer, Jan. 2007: 71-77.

[13] http: //news. hit. edu. cn/articles/2007/ 05-17 / 05153049. htm.

[14] 陆汝钤．知识科学与计算机科学 [M]．清华大学出版社，2003，1.

[15] 程鹏．知识科学发展与图书情报学科体系重构——关于高校在“信息管理学院（系）”基础上组建 [J]，科技进步与对策，2007，1.

[16] 王子舟，王碧滢．知识的基本组分——文献单元和知识单元 [J]．中国图书馆学报，2003 (1): 5-11.

Framework of Knowledge Services Scientific In The Semantic Web Environment

WEN Yougui[1], JIAO Yuying[1]

(1. School of Information Management of Wuhan University, Wuhan 430072, China)

Abstract: Knowledge Service is becoming the main theme of the information service industry. A growing number of information services institutions and enterprises have started to redefine the direction of knowledge services, and to design the framework of knowledge services. However, the theoretical research of knowledge services that lags behind the practice is becoming a constraint of knowledge-service. In this paper, to build the new concept of knowledge services science based on the semantic web environment is proposed. The knowledge services science is the new type of large cross-disciplinary that is composed the knowledge service, services science and knowledge science. To construct knowledge services science aimed at to extend the information services the theory to the theories based on knowledge and scientific, and knowledge services as a scientific study. The theoretical framework of scientific knowledge and service, the knowledge service system model based on knowledge unit are given.

Key words: semantic web; knowledge service; service science; knowledge science

叙词表形式化描述语言的比较

贾君枝[1]，卫荣娟[1]

（1. 山西大学 管理学院情报学，太原 030006）

摘　要：传统叙词表的本体化构建是目前叙词表发展的重要方向。当前叙词表转换为本体的描述语言有 XML（S）、RDF（S）、SKOS、OWL 等，文章通过对几种典型的描述语言和叙词表之间的语义关系进行映射分析，从描述能力、人工干预、应用性三个层面总结了描述语言在表示叙词表语义关系方面的差异性。该研究不仅有助于传统叙词表在语义环境下进行发展，而且对于本体描述语言的完善具有非常重要的作用。

关键词：叙词表；描述语言；比较

中图分类号：G254.24

1　引　言

国家标准 GB13190-91 将叙词表定义为：叙词表是将文献、标引人员或用户的自然语言转换成规范语言的一种术语控制工具[1]，它是概括某一学科领域并由语义相关、族性相关的术语组成，并可以不断进行补充的规范化词表。在图书情报、信息管理领域，手工或计算机进行的信息标引、检索中，叙词表已形成一种传统的比较科学的信息组织方法。而 Ontology 作为一种网络时代的信息组织技术，在知识工程、人工智能、语义网等相关领域得到了广泛关注和深入研究。Ontology 主要特点是包含一个领域的术语，以及对术语间关系的完整表达，这点和规范化的词表具有相似之处。但是，叙词表仅仅含有简单的语义关系，Ontology 所拥有的丰富的语义关系和强大的推理能力是其所不能比拟的。可以考虑将叙词表中现有的知识体系转化到 Ontology 中，这既是对已有知识的科学利用，也保持了知识应用的延续性和继承性，同时也是语义网环境下叙词表的发展方向之一。

2　叙词表形式化描述语言

将叙词表转换为本体不仅是必要的，同时也是可行的。传统叙词表都是基于图书情报领域的国际标准制定的，主要采用 ISO 2788、ISO 5964、ISO 5963 三个标准定义术语之间的关系[2]，通常规定叙词表中的叙词必须要以概念为基础，要做到一义一词和一词一义，其语义关系通过“用、代、属、分、参”来表达词语间的等同、等级和相关关系。Tim Berners-Lee 在 2000 年的 XML-2000 会议上示意了语义 Web 的层次结构。在语义 Web 的分层结构中，最底层 Unicode 和 URI 是整个语义 Web 的语法表示基础；第二层（XML + NS + xmlschema）提供了表示数据内容和结构的语法；第三层（RDF + RDFS）提供了描述 Web 资源的数据模型及类型原语；第四层（Ontology 层）是在 RDFS 基础上定义的概念和关系抽象描述，用于描述应用领域的知识，OWL 是 W3C 推荐的语义互联网中本体描述语言的标准[3]。XML、RDF、OWL 从层次上来看是上下层关系，较高层次的语言使用较低层次语言的文法和语义。SKOS 词汇表是资源描述框架 RDF（S）的应用，丰富扩展了 RDF（S）的描述能力，但它比 OWL 本体描述语言更简单，更容易扩展，目前网络上已经出现了 SKOS 版的叙词表。

本体在进行语义信息的表达时，需要将一定的语法、词汇表和语言结合起来。根据 Tim Berners-Lee 的语义 Web 层次结构，叙词表在转换为 Ontology 的过程中，基于描述语言的不同分为以下几种：（1）基于 XML 的描述，如澳大利亚 Maria Lee 和 Stewart Baillie 两人开发的叙词标记语言（TML），构建了叙词描述 Ontology 的框架[4]；（2）基于 RDF 的描述，如加州环境资源评估系统（CERES）和国家生物信息基础（NBII）联合开发的一套集成有关环境的叙词表和叙词网络工具，它采用 RDF 格式进行表示[5]。（3）基于 SKOS 语言的描述，如英国档案叙词表等；（4）基于 OWL 的形式化描述，如 Fischer 制作的美国国家癌症研究所（NCI）叙词表的 NCI—OWL 文档等[6]。

2.1 基于 XML 的形式化描述

XML 是 W3C 推荐的与本体语言相关的一个关键性的技术标准。它以一种开放的自我描述方式定义了数据结构，以体现数据之间的关系。然而，XML 只是定义了一种文档结构的描述语言，它并不具备描述语义信息的能力。而 XMLSchema（以下简称 XMLS）是基于 XML 定义其文档语法和结构的约束，具有较强的描述能力、扩展能力和维护能力。它是用一套预先规定的 XML 元素和属性创建的，这些元素和属性定义了文档的结构和内容模式。

XMLS 中没有类和属性的概念，只能够定义元素和元素的属性[3]，并且可以表示父元素和子元素的关系，但它无法区分叙词表中的“用、代、属、分、参”关系，目前基于 XML 表示的叙词表只是按照 XML 简单的语法格式对词表进行再描述。叙词表中叙词及其叙词之间关系的 XML 语义对照见表 1。

表 1　叙词表的 XML 语义对照

叙词表	XML 构成
叙词集	根元素
叙词	Term 子元素
S（属）	relation 子元素
F（分）	relation 子元素
C（参）	relation 子元素
Y（用）	relation 子元素
D（代）	relation 子元素
注	<! - - #PCDATA - - >

一个用 XMLSchema 描述的简单本体模型如下：

```
<? xml version = "1.0" encoding = "GB2312"? >
  < Thesaurus >
    < term >
      < termName > 比较法 < /termName >
        < relation >
          < relationType > S < /relationType >
            < relatedTermName > 法（法律）
< /relatedTermName >
        < /relation >
    < /term >
    < term >
      < termName > 兵役法 < /termName >
      < relation >
            < relationType > S < /relationType >
            < relatedTermName > 国家法
< /relatedTermName >
            < relationType > Z < /relationType >
            < relatedTermName > 法（法律）
< /relatedTermName >
            < relationType > C < /relationType >
            < relatedTermName > 兵役
< /relatedTermName >
            < relatedTermName > 服役条例
< /relatedTermName >
          < /relation >
        < /term >
      < /Thesaurus >
      ……
```

2.2 基于 RDF 的形式化描述

RDF（Resource Description Framework）是 W3C 在 XML 的基础上推荐的一种描述万维网上信息资源的语义关系而开发的一种 Ontology 定义语言。它采用一种简单的三元组模型描述了资源的语法。这个数据框架包含节点以及节点之间的连接弧，节点表示 Web 上的资源，弧表示资源所具有的属性[7]。RDFSchema（以下简称 RDFS）是 RDF 的词汇描述语言，为 RDF 资源的属性和类型提供词汇表。这样，RDF 和 RDFS 共同构成了一种简单的对 Web 资源的知识表示机制。叙词表的 RDF 表示中，通常将每一个叙词作为资源来对待，将叙词间关系定义为属性，并通过 RDFSchema 对各属性的定义域、值域进行限定，进一步增强对资源语义层次的描述能力，叙词表和 RDFS 之间的语义映射见表 2。

表 2　叙词表和 RDFS 之间的语义映射

叙词表	RDF
叙词集	rdfs：class
叙词	rdfs：subClassOf
Z（族）	rdfs：Property ID = "Z"
S（属）	rdfs：Property ID = "S"
F（分）	rdfs：Property ID = "F"
C（参）	rdfs：Property ID = "C"
Y（用）	rdfs：Property ID = "Y"
D（代）	rdfs：Property ID = "D"
注	rdfs：historicalNoterdfs：ScopeNoterdfs：CategoryNote

一个用 RDFS 描述的简单本体模型如下：

```
<rdf：RDF xml：lang = “chi”
    xmlns：rdf = “http：
//www. w3. org/1999/02//22-rdf-syntax-na#”
    xmlns：rdf = “http：
//www. w3. org/TR/1999/PR_ rdf_ 19990303
#” >
  <rdfs：class rdf：ID = “term” >
      <rdfs：subClassOf
rdf： resource =″ http：//www. w3. org/TR/
1999/PR-rdf-schema-19990303#兵役法/ >
      < rdfs：comment > This is Chinese
Thesaurus </rdfs：comment >
    </rdfs：class >
  <rdfs：Property ID =″S″ >
  <rdfs：domain rdf：resource =" #term" / >
  <rdfs：range rdf：resource =" #term" / >
  </rdfs：Property >
  <rdfs：Property >
    <S rdf：ID = “国家法” / >
    <F rdf：ID = “兵役” / >
    <C rdf：ID = “服役条例” / >
  </rdfs：Property >
……
```

2.3 基于 SKOS 语言的形式化描述

由于 RDF 仅仅提供初级的语义关系表达，没有统一的标签支持更具体的语义关系的描述，因此，需要在 RDF 基础上建立支持表达更具体的语义关系并具有灵活扩展性的统一的知识组织体系标准[8]。SKOS（Simple Knowledge Organization System）是在 W3C 组织语义网下的工作组发布并维护的，强调为知识组织系统的表达提供强有力且简单的机器理解方式。SKOS 词汇表是基于 RDFS 定义的一系列类和属性，通过 SKOS 描述语言，将受控词表转换为与 RDFS、OWL 兼容的概念模型，叙词表中的叙词及叙词关系在 SKOS 语言中都有明确的定义，其为叙词表的 RDF 描述提供了便利条件，并易于实现语义网中与其他 RDFS 数据的合并与融合，为叙词表之间及其叙词表与其他词表之间的互操作提供了前提。叙词表与 SKOS 之间的语义关系映射规则见表 3。

表 3　叙词表与 SKOS 之间的语义映射

叙词表	SKOS
叙词	skos：Conceot
Y（用）	skos：PrefLabel
D（代）	skos：altLabel
S（属）	skos：broader
F（属）	skos：narrower
R（属）	skos：related
注	skos：defination，skos：scopeNote，skos：examnle，……
Z（族）	skos：Collection

一个用 SKOS 语言描述的叙词表片段：

```
<rdf：RDF
  xmlns：rdf = “http：//www. w3. org/
1999/02/22-rdf-syntax-na#”
  xmlns：skos = “http：//www. w3. org/
2004/02/skos/core#” >
   <skos：Concept rdf：about = “http：/www.
example. com/concept#民生主义” >
     <skos：narrower >节制资本 </skos：nar-
rower >
     <skos：narrower >平均地权 </skos：nar-
rower >
     <skos：broader >三民主义 </skos：broa-
der >
     <skos：related >富贵在天 </skos：relat-
ed >
     <skos：related >经济自由论 </skos：re-
lated >
     <skos：related >经世致用 </skos：relat-
ed >
     <skos：related >孙中山 </skos：related >
     <skos：related >利民 </skos：related >
     <skos：related >小康 </skos：related >
   </skos：Concept >
 </rdf：RDF >
……
```

2.4 基于 OWL 的形式化描述

OWL（Web Ontology Language）是 W3C 开发的一种网络本体语言，用于对本体进行语义描述，W3C 的设计人员针对各类特征的需求制定了三种相应的 OWL 的子语言 OWL Lite、OWL DL、OWL

Full，各子语言的表达能力逐步递增。OWL 中类和属性以及子类和子属性的定义和 RDFS 中的定义是一样的，有所不同的是 OWL 在 RDFS 的基础之上添加了更多对属性和类的约束，如类之间的不相交性、等价性以及属性的传递性、对称性，还有基数，枚举类等。叙词表采用 OWL 描述时，需遵循本体概念定义的严格性，将具有明确含义的叙词作为类来对待，叙词关系作为属性来处理，并对每一个具体关系进行仔细分析辨认，以建立与本体定义的四种基本关系（继承关系、整体部分关系、实例关系和属性关系）之间的严格对应。叙词及其各种关系与 OWL 之间的语义映射见表 4[9]。

表 4 叙词表与 OWL 之间的语义映射

叙词表	OWL
叙词集	rdfs：class
叙词	rdfs：subClassOf
D（代）	be similar to
S（属）	kind of
F（分）	part of
Y（用）	be similar to
C（参）	<someValuesFrom> <be similar to>
注	comment

一个用 OWL 描述的简单本体模型如下：

```
<owl：Class rdf：ID = "商品资本" >
  < rdfs：subClassof rdf：resource = "＃资本" / >
    < rdfs：subClassOf >
    < owl：Restriction >
    < owl：onProperty rdf：resource = " #
    broaderTerm" / >
    < owl：someValuesFrom rdf：resource =
    " #Chronic_ Lymphocytic_ Leukemia" / >
    < /owl：Restriction >
    < /rdfs：subClassOf >
  < /class >
……
```

3 各种形式化描述语言的比较分析

基于以上几种本体表示语言对叙词表进行形式化描述，可以得出以下结论：

（1）从 XML（S）、RDF（S）、SKOS 到 OWL，语言的表述能力不断提高

XML 是结构化数据的标准机制，只具有语法性，不能说明所定义的结构的语义，叙词之间的语义关系无法表示。RDF/RDFS 是描述资源及其关系的一种数据模型，能够提供简单的语义表述功能，提供了关于这些属性和类的层次结构的语义，能够揭示叙词之间的关系，但不同的人由于认识不同，可能形成不同的模式（schema），易于导致不同叙词表之间映射难、互操作性差、共享性差的问题。SKOS 是 RDF（S）的应用，丰富和扩展了 RDF（S）的描述能力，定义了 SKOS 元模型和其转换的准则，其以统一标准的模式来描述叙词表，不仅使得叙词表的共享成为可能，而且降低了词表共享的成本，但由于 SKOS 遵循 RDF/RDFS 语法，同样缺乏对属性值的限制与约束。OWL 在 RDF（S）的基础上，添加了更多的用于描述属性和类的词汇，能够定义更加复杂的概念结构，相对于前几种描述语言而言，其具有更强大的语义表达能力和推理能力。所以采用 OWL 描述的叙词表，具有较强的约束和限制，逻辑上具有严格性。

（2）从 XML（S）、RDF（S）、SKOS 到 OWL 描述过程中，人工干预增强

随着从 XML（S）、RDF（S）、SKOS 到 OWL，语言表述能力的提高，无疑给描述过程增加了一定的难度，表现为描述过程从完全的机器自动转换实现发展到人工参与的半自动转换。XML 不考虑叙词表的语义特征，只需运用转换程序，如 JAVpĀ怀□□□将数据库形式的叙词表转换为 XML 文档，RDF（S）、SKOS 转换时，则需要人工定义叙词表关系属性，建立叙词表与转换语言之间的映射关系，在此基础上进行自动转换。采用 OWL 形式进行描述时，由于本体自身的复杂性和严格的建模要求，使得原有叙词表定义的语义关系需要进一步改造，需要专家的参与及其认真的分析确认。在此基础上完成自动转换，实施的难度与成本进一步增大。

（3）从 XML（S）、RDF（S）、SKOS 到 OWL，叙词表在语义网环境下的应用性增强

叙词表形式化表示的目的在于突破传统叙词表仅仅是术语控制工具的局限性，充分利用其已构建的专家知识体系，在信息组织、知识表示、机器理解、人机信息间的交互匹配等方面发挥重要作用，使其在当前语义网环境下具有新的生命力。XML（S）、RDF（S）表示的叙词表目前在数据库检索、网络资源的元数据标引中已得到应用，用户可以通

过浏览词表选择符合检索要求的叙词，各网站加工人员运用词表对网站的资源进行标引，以便于用户准确地检索。SKOS的表示方法使得各词表之间的互操作性成为可能，方便了跨词表的检索。OWL形式的词表使其在知识本体构建中起到重要作用，既减少了从头建立一个Ontology所需的重复努力，也可以建立一种允许不同的词表映射到Ontology的机制。同时其严格定义的概念及概念关系进一步为语义检索及推理奠定了良好的基础。

4 结 语

不同形式的描述语言在叙词表的不同发展阶段及应用领域发挥着重要作用，也为叙词表在语义网环境中的发展提供了可能。就目前而言，各类型语言正处于开发阶段，技术还不够稳定。叙词表形式化描述方法并不成熟，没有一套完整的统一的方法论，我们应该根据实际应用的特点选择和借鉴具体描述语言，使叙词表在组织和检索网络资源中发挥更大的作用。

参考文献

[1] 张继东，予以胜. 利用叙词表构建本体的方法研究[J]. 图书情报知识，2006 (6)：82-85.
[2] 贾君枝. 简单知识组织系统与汉语主题词表 [J]. 中国图书馆学报，2008 (1)：75-78.
[3] 袁梅宇. XML Schema，RDF Schema 及 DAML 比较[J]. 计算机应用研究，2004 (10)：67-69.
[4] Maria Lee, Stewart Baillie. TML Thesaurus Markup Language. http：//citeseerx. ist. psu. edu/viewdoc/summary? doi = 10. 1. 1. 21. 2101 [EB/OL]. [2009-01-01].
[5] Thesaurus：RDF-The RDF Thesaurus descriptor standard. http：//ceres. ca. gov/thesaurus/RDF. html [EB/OL] [2009-01-02].
[6] Dietrich H. Fischer. Converting a Thesaurus to OWL：Notes on the Paper "The National Cancer Institute's Thesaurus and Ontology" [M]. Fraunhofer Institute Integrated Publication and Information Systems, 2004 (2).
[7] 杨力. 从 RDF，DAML + OIL 到 OWL [J]. 农业图书情报学刊，2005，17 (11)：108-110.
[8] 刘春艳，陈淑萍，伍玉成. 基于 SKOS 的叙词表到本体的转换研究 [J]. 现代图书情报技术，2007 (5)：32-35.
[9] 范炜. 语义网环境中的叙词表实例研究 [J]. 情报科学，2006，24 (7)：1073-1077.

Comparison of Thesaurus Formal Descriptive Languages

JIA Junzhi[1], WEI Rongjuan[1]
(1. School of Mangement, Shanxi University, Taiyuan 030006, China)

Abstract: The Ontology construction of traditional thesauri has become an improtant developmental aspect of thesauri currently. There are several descriptive languages for converting the thesauri into Ontology, such as XML (S)、RDF (S)、SKOS、OWL etc. Through the map analysis of semantic relationships between the typical descriptive languages and thesauri, from the aspects of descriptive power, manual intervention and utility, this paper summarizes the difference of these descriptive languages when expressing the semantic relationships of thesauri. The study not only promotes the development of the traditional thesauri in the semantic environment, but also has a very important role for the perfection of Ontology descriptive languages.

Key words: thesauri; descriptive languages; comparison

一种基于观点树的网络舆情信息表示方法*

丁菊玲[1,2]，勒中坚[1,2]，郑路[1]，王根生[1]，舒蔚[1]

（1. 江西财经大学信息管理学院，南昌 330013；
2. 江西省电子商务工程技术研究中心，南昌 330013）

摘　要：网络成为反映社会舆情的最主要载体之一，对网络舆情的相关研究成为当前研究热点，网络舆情信息的表示也成为研究中的一个焦点。在分析网民观点和网络舆情的逻辑关系的基础上，定义了观点树，构建了观点树的树状结构。该树结构中定义了网络舆情主题、网民对该主题的简单态度、持某种态度的强度以及具体的意见。并通过人工标注的方式构建了一棵实例观点树。观点树较好地表示了网络舆情信息。

关键词：网络舆情；网民观点；观点树；主题

中图分类号：G350；TP391

随着互联网络在全球范围内的飞速发展，网络已被公认为是继报纸、广播、电视之后的“第四媒体”。胡锦涛总书记 2008 年 6 月 20 号在考察人民日报社时指出：“互联网已成为思想文化信息的集散地和社会舆论的放大器。”网络已经成为反映社会舆情的最主要载体之一。网络具有虚拟性、隐蔽性、发散性、渗透性和随意性等特点，网民更愿意通过这种渠道来表达自己的主观意见。社会热点问题或有潜在危机的事件会随着网民评论的影响而发生变化，网络舆情随之扩展，甚至急剧膨胀。

因此，网络环境下的舆情信息越发受到人们的关注。网络舆情与社会舆情在本质上具有一致性，是以网络为平台，围绕中介性社会事项的发生、发展和变化，作为主体的网民对作为客体的国家管理者产生和持有的社会政治态度、情绪和意见的总和，主要通过各种网络新闻、BBS、博客、虚拟社区、电子邮件，各种即时通信（如 QQ 群组）等渠道实现并加以强化。

网络舆情信息是指民众在互联网上发布和传播的能够反映民众舆情的文字、图像、音频、视频等，但往往以文字为主。通过对网络舆情信息的收集、分析等，可以挖掘出其中所含的舆情内容、指向和强度等，以服务决策者。对网络舆情的相关研究成为当前研究热点，网络舆情信息的表示也成为研究中的一个焦点。本文主要以文字形式的信息为研究对象。

1　网络舆情相关研究

对于网络舆情的相关研究主要集中在对网络舆情的监控、监管、预警等方面，有从管理角度探讨的，也有从技术层面探讨的。

王来华（2004）从情、知、意几个因素分析了舆情依次上升的几个层面，在分析群体性突发事件时认为事件发生、应急和预防的不同阶段，舆情常常具有自身特点并经常发生变化。刘毅（2007）从理论与实际紧密结合的角度，对网络舆情进行了开拓性的深入探讨，著有国内首部研究网络舆情的专著《网络舆情研究概论》。姜胜洪（2006）分析了网络舆论的积极影响和消极影响，从舆情角度看待和实施网络舆论引导和管理。毕宏音（2007）认为在网络舆情信息交流过程中，集体心理的存在使网民个体的舆情表达受到群体影响而发生变化甚至扭曲，通过多方面研究，展示了网络舆情形成和变动中的群体影响。

李雯静等（2008）根据网络舆情的特点，关注信息本身，从指标设计、分类、构建等方面，在网络舆情信息汇集、分析、预警的工作流程中，按照主题将信息分门别类，统计、计算出若干指标值，对舆情进行横向、纵向的监测和评估，筛选出有价值的信息，帮助舆情工作者对舆情突发事件进

* 基金项目：本研究受国家社科基金项目（09BTQ034）和全国教育科学“十一五”规划 2008 年度教育部青年专项课题（ECA080292）资助

通讯作者：丁菊玲，E-mail：beathann@163.com

行研判及态势预测，做出响应决策。

桑华等（2008）分析了新形势下高校舆情危机预警的内涵和功用，提出了以人为本、统筹协调、上下联动、分级预警、讲求策略的舆情危机预警机制原则，并探讨了舆情危机预警机制的组织体系和工作机制。

丁建军（2008）也分析了高校舆情危机的特点、危机形成的过程、成因以及如何积极应对高校网络舆情危机的策略。

温志嵩（2009）也谈到了网络舆情与高校群体性事件的预警和应急对策分析。这些文献都从分析成因、提出对策进行相关研究，没有从技术角度对网络舆情预警进行研究。

还有一些相关研究从技术角度提出了文本分类、观点挖掘等方法来实施网络舆情信息的监控。总的来说，目前对于网络舆情的相关研究较少，但对网络舆情的研究具有重要性和紧迫性。因此，作为对网络舆情相关基础研究的网络舆情信息表示，其研究尤为重要。

2 网民观点和网络舆情的关系

通过分析可以发现网民观点和网络舆情的逻辑关系如图1所示。网民观点是指民众在互联网上发布的关于某主题的情绪、意愿、态度和意见等。而《网络舆情研究概论》作为国内第一本网络舆情专著，给出了另一种网络舆情的定义：指通过互联网表达和传播的各种不同情绪、态度和意见交错的总和。从这两者的定义可以看出，网络舆情是网民观点的汇集。

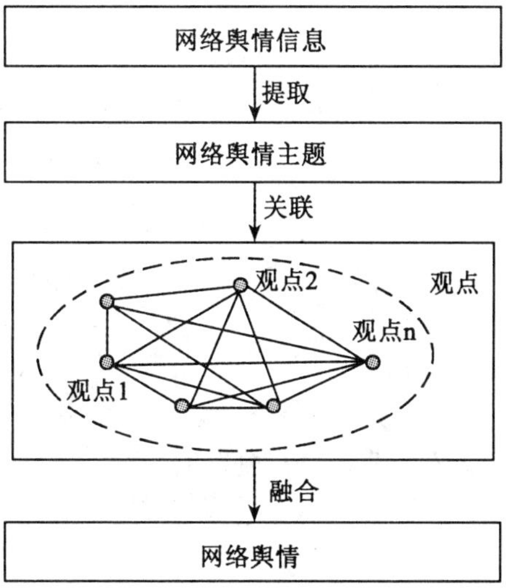

图1 网民观点与网络舆情的逻辑关系

从网络舆情信息中提取主题，在一个主题下，有若干和该主题关联的观点1、观点2……观点n等，而观点与观点之间具有一定的联系，这些观点互相影响，互相碰撞，在一定的时间和空间下不断发展，融合而成网络舆情。

3 观点树

3.1 观点树的定义

观点树被定义为：一种树结构，其上的每个节点都是观点，树根为某一网络舆情主题，第一层中间枝节点为粗粒度的观点（即表示正面的、负面的还是中立的态度的概率），第二层中间节点为中粒度的观点（即持正面和负面观点某种强度的概率），叶节点为细节观点（即对某一对象的具体态度）。

观点树的结构如图2所示，根节点为网络舆情主题，第一层枝节点为正面观点、负面观点和中立观点三种；第二层枝节点为三种强度的观点，分别是高强度观点、中强度观点和低强度观点；第三层叶子节点为每一种强度观点下的细节观点，观点细节被定义为二元组，即〈对象1，观点1〉，〈对象2，观点2〉……〈对象n，观点n〉等。

3.2 观点树的构建

区别于传统的树状结构生成方式，观点树的构建过程有以下三种方式：

第一种是整体自上而下：先进行网络舆情的主题提取，在主题确定的情况下，进行第一层粗粒度OM，得到关于主题的三种观点（正面、负面和中立）。再对正面、负面两种粗粒度Opinion进行中粒度OM，得到支持和反对的观点强度；最后对各个等级的观点强度进行细粒度OM，得到某种强度观点的观点细节。

第二种构建过程是先确定网络舆情主题，即建立根节点，再进行自下而上的观点树构建过程：基于某一舆情主题下进行细粒度OM，在细粒度Opinion基础上再进行中粒度OM，最后在中粒度Opinion基础上进行中粒度OM，整棵观点树构建完毕。

第三种观点树的构建过程和前两种不同，先构建观点树的根节点，再根据一些网络舆情预警指标的需要，构建观点树的第二层枝节点，即进行中粒度观点挖掘，最后构建观点树的第一层枝节点和叶子节点。

4 基于观点树的网络舆情表示实例

图3所示为一棵基于观点树的网络舆情表示实例。从人民网强国论坛中采集的某一段时间的舆情

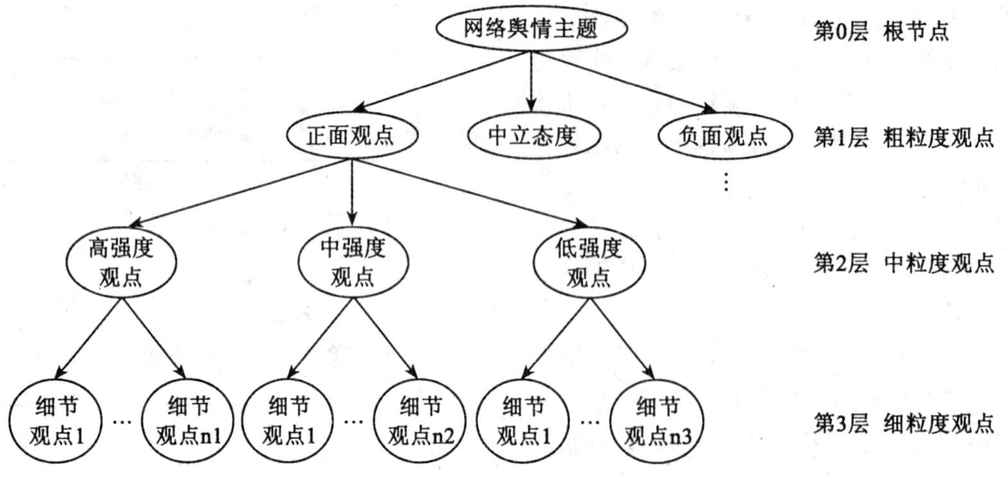

图 2　观点树

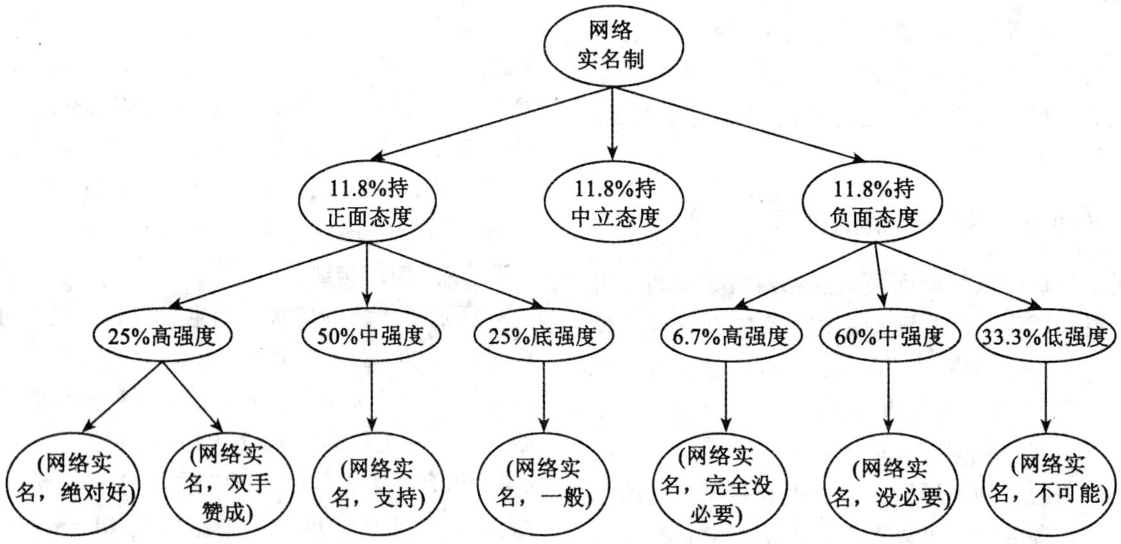

图 3　观点树实例

数据，它是采用上帖、跟帖、回帖的形式进行的。本研究中对其采用人工标注的方式进行分析：网络舆情的主题是网络实名制，得到的粗粒度观点分别是 11.8% 持正面态度，44.1% 持中立态度，44.1% 持负面态度。对正面观点进一步挖掘，得到其中粒度观点为 25% 持高强度正面态度，50% 中强度和 25% 低强度。对各种强度的观点挖掘可得到观点细节如〈网络实名，绝对好〉、〈网络实名，双手赞成〉、〈网络实名，支持〉、〈网络实名，一般〉、〈网络实名，完全没必要〉、〈网络实名，没必要〉、〈网络实名，不可能〉等等。

一棵观点树完整地给出了某主题下的网络舆情信息，这一表示方法能够为不同的网络舆情用户提供帮助。决策者根据该网络舆情信息，了解网络舆情概况，做出相应的网络舆情监控监管决策部署。管理者根据所需网络舆情信息进行相应管理策略调整，而作业层用户也能获得较好的实施监管策略的业务层信息。

5　结　语

网络舆情信息表示的研究是网络舆情相关研究中的一个焦点。本文通过分析网民观点和网络舆情之间的逻辑关系，提出一种基于观点树的网络舆情信息表示方法。该方法中，定义了一种称为观点树的树状结构，从观点树中可以明确了解到某网络舆情信息主题下的网民观点，包括对该主题所持简单正面/负面态度（甚至中立态度）的网民概率，也包括持某种简单观点强度的网民概率以及网民持有的细节观点。最后通过人工标注的方式构建了一棵实例观点树。一棵观点树给出了关于某主题的总体网络舆情概况，该树结构较好地表示了网络舆情信息。

参考文献

[1] 王来华. 舆情研究概论——理论、方法和现实热点[M]. 天津：天津社会科学院出版社，2002.

[2] 王来华. "舆情"问题研究论略［J］. 天津社会科学，2004（2）：78-81.

[3] 刘毅. 网络舆情研究概论［M］. 天津：天津人民出版社，2007.

[4] 毕宏音. 网络舆情形成与变动中的群体影响分析［J］. 天津大学学报，2007（5）：270-274.

[5] 姜胜洪. 网络舆论引导和管理的舆情视角［J］. 未来与发展，2006（12）：13-15.

[6] 桑华、卿涛. 浅谈高校舆情危机预警［J］. 当代经济，2008，8（下）.

[7] 丁建军. 浅谈高校网络舆情的特点、成因及其危机应对［J］. 荆门职业技术学院学报·教育学刊，Vol. 23 No. 4，2008.

[8] 李雯静，许鑫等. 网络舆情指标体系设计与分析［J］. 图书情报工作网刊，2008（11）.

[9] Wiebe J, Wilson T, Cardie C. Annotating expressions of Opinions and Emotions in Language [J]. Language Resources and Evaluation, 2005, 39 (2/3).

[10] Ding X W, Liu B, Yu P S. A Holistic Lexicon-based Approach to Opinion Mining [J]. WSDM' 08, February 11-12, Palo Alto, California, ACM, USA, 2008.

[11] Esuli A. Automatic Generation of Lexical Resources for Opinion Mining: Models, Algorithms and Applicatins [D]. doctoral dissertation, at Università di Pisa, Italy, 2008.

[12] Martens D, Bruynseels L, Baesens B, Willekens M, Vanthienen J. Predicting going concern opinion with data mining [J]. Decision Support Systems, 2008, 45 (4): 765-777.

A New Method for Internet Public Opinions Information Expression Based on Opinion Tree

DING Juling[1,2], LE Zhongjian[1,2], ZHENG Lu[1], WANG Gensheng[1], SHU Wei[1]

(1. School of Information Technology, JiangXi University of Finance and Economics, NanChang 330013, China;

2. JiangXi Research Centre of E-commerce Engineering & Technology, NanChang 330013, China)

Abstract: Internet has become one of the most important carriers to reflect social public opinions. The research on Internet public opinions is becoming research highlight. The expression of Internet public opinions information is one of the research focuses. In the new Internet public opinions expression method, a tree called opinion tree is defined and the structure of this kind of tree is put forward. The subject of the internet public opinion, the simple support/objection attitude, the attitude force or the detailed opinion is shown in the opinion tree. Later, an instance of the opinion tree is given by manual marking. The opinion tree gives a better way for the internet public opinions information expression.

Key words: internet public opinion; opinion of net citizen; opinion tree; subject

Web 2.0 环境下用户生成内容激励机制初探*

朱庆华[1]，赵宇翔[1]

(1. 南京大学 信息管理系，南京 210093)

摘　要：用户生成内容（UGC）是 Web 2.0 环境下一种新兴的网络信息资源创作与组织模式。然而，目前 UGC 站点中内容的生成规律具有明显的集中与离散分布趋势，即少数核心用户生成了大量的内容，而大量的用户参与创作的积极性还不高，因此针对相关激励机制的研究便凸显其重要性。本文结合用户生成内容的主要特征，阐述了 UGC 激励机制的研究意义与研究现状，并对研究的理论基础和依据进行介绍，由此提出研究的框架和主要内容，并就该领域未来的研究工作进行了展望。

关键词：Web 2.0；用户生成内容；激励机制；动因研究；行为研究

中图分类号：G203

1　引　言

用户生成内容（User-Generated Content，UGC）是 Web 2.0 环境下一种新兴的网络信息资源创作与组织模式。用户既是网络信息资源的消费者，同时也是生产者。2006 年时代杂志创造性地将"You"评选为其年度人物[1]。同年，Alexa.com 的流量分析结果显示，美国最为热门的十大网站中有 6 个是用户生成内容形式的站点，分别是 Myspace、EBay、YouTube、Wikipedia、Facebook 和 Amazon.com[2]。截至 2008 年 12 月底，在中国 2.98 亿网民中，拥有博客的比例达到 54.3%，网络视频的网民高达 2.02 亿人，相比 2007 年底净增 4000 多万用户[3]。校内网、开心网、豆瓣网、点评网等以用户生成内容为主的 SNS 网站在短短几年的发展中已经聚敛了超高的人气和关注度。这些都彰显了用户生成内容在 Web 2.0 发展中起到了至关重要的作用。然而，目前 UGC 站点中内容的生成规律具有明显的集中与离散分布趋势，即少数核心用户生成了大量的内容，而大量的用户参与创作的积极性还不高，因此针对相关激励机制的研究便凸显其重要性。

2　用户生成内容概述

用户生成内容在国外文献中有多种表达方式，除了比较常用的"User-Generated Content"（UGC）以外，还有"User-Created Content"(UCC)、"Consumer Generated Media"等表达方式。这个术语自 2005 年随着视频分享网站 YouTube 的推出而逐渐走入人们的视线。它有别于传统的权威生成、中心辐射的形式，倡导为用户创建一个参与表达、创造、沟通与分享的环境，用户的参与行为也逐渐从原先的点击浏览到如今的全民织网。现在关于用户生成内容还没有一个公认的定义，就其社会、文化和经济影响的研究也处于早期阶段。目前较有影响力的定义是由世界经济合作与发展组织（OECD）在 2007 年的报告"Participative Web and User-Created Content：Web 2.0，Wikis and Social Networking"中提出的。该定义描述了用户生成内容的三个特征[4]：①Internet 上公开可用的内容；②此内容具有一定程度的创新性；③非专业人员或权威人士创作。

用户生成内容有着不同的表现形式。它可能是一组文字、图片，或者是一段音频、视频，也有可能是一系列共享的文件等。它的发布平台也不尽相同，博客、播客、Wiki、P2P、RSS 等都为我们所耳熟能详。表 1 是笔者总结的有关用户生成内容的类型、发布平台以及实例的概括性介绍。由表 1 可知，UGC 类型和发布平台较为复杂多样，且都有其各自的特色和规范。

* 通讯作者：赵宇翔，E-mail：yxzhao@smail.nju.edu.cn

表 1 UGC 类型、平台及实例概述图

内容类型	描 述	发布平台	实 例
文学创作	原创型文学作品，或是在已有作品的基础上进行二次创作，或是针对某一作品展开的讨论	博客或一些专属网站	Fanfiction. net, Writely, Quizilla. com, “榕树下”等
图像/图片	由用户拍摄并上传，可公开获得（部分公开）的数字图像资源，或是在已有作品的基础上进行二次创作的图像内容	图片博客，SNS，或一些专属网站	Ofoto, Flickr, Photoblogging, Remixed images, “图客网”等
音频	由用户录制、编辑并上传，可公开获得（部分公开）的数字音频资源	播客，P2P，或一些专属网站	Audio mash-ups, remixes, Podcasting, “豆瓣” 等
视频	由用户录制或编辑并上传，可公开获得（部分公开）的数字视频资源，包括原创型内容、剪辑混搭型内容等	播客，P2P，流媒体，或一些专属网站	YouTube, Google Video, Revver. com, “土豆网”，“我乐网”，“青娱乐” 等
组群聚合	聚合性的内容资源，粒度不一，如新闻内容的聚合，社会化标签的聚合，大众评论的聚合，或超链接的聚合	RSS，博客，或一些专属网站	digg. com, del. icio. us, amazon. com, “点评网”，“看天下” 等
文件共享	文件资源共享型网站，文件的格式各异，主题多样	博客，P2P，或一些专属网站	scribd. com, slideshare. net 等
教育型内容	由学校、研究机构或相关正规组织开发的针对教育型的内容资源，用以学习交流	专属网站	MIT's Open Course Ware, H20, Wikipedia, Wikibooks 等

3 研究意义与现状

3.1 研究意义

通常把以人为本，充分考虑人性发展的要求，尽最大可能去调动和发挥人们的积极性、主动性与创造性，从而极大地提高生产效率的管理方法称为激励。激励的理论与实践都很丰富，激励理论主要有如下四种：内容型激励理论、过程型激励理论、行为改造型激励理论和综合激励理论，其中包括马斯诺的需求层次论、赫兹伯格的双因素理论、期望理论、归因理论、公平理论、强化理论、内外综合激励理论等[5]。然而，传统的激励理论和机制主要针对企业等实体机构，组织边界较为清晰，激励对象较为明确，激励目标容易界定，激励理论的应用与激励机制的设计也具有较好的可操作性；但是由于网络用户参与行为的多样性、用户生成内容动机的复杂性以及 Web 2.0 的时代特征，传统的激励机制在 Web 2.0 网络环境下并不一定适用。因此在理论移植和改进的过程中，需要借鉴社会学、社会心理学、行为学、经济学、管理科学的一些新的理论融入研究中并进行有效整合，从而构建出可供实证研究的理论基础。另外，近几年，随着不断激增的网民数量和逐步改善的信息基础设施，UGC 运营商正面临着前所未有的机遇，不少风险投资看好庞大的用户基数可能带来的商机和利润，纷纷投资建设基于用户生成内容的网站和平台。但与此同时摆在其面前的挑战也不容忽视，如较低的行业进入壁垒、日益缩短的技术复制周期以及竞争白热化的信息内容产业等，最为现实的问题是，如何吸引更多的用户参与并自主生成内容。因此 Web 2.0 环境下用户生成内容激励机制的研究具有较强的理论意义与现实意义。

3.2 研究现状

尽管目前从字面上匹配到的关于用户生成内容的激励机制的研究并不多，但以往一些关于博客创作动机、虚拟社区的知识共享、维基百科等方面的研究都与我们的研究主题有一定关系。Nardi B 等对 23 位博客发布者进行研究后发现，记录生活、发表个人观点、情感宣泄以及与他人建立关系是用户创作博客的主要原因[6]。Lenhart A 等的研究表明，影响博客创作的主要动机包括自我表达、个人经历记录与分享、社会关系的维系、与他人分享知识和技能以及鼓励他人行动[7]。赵宇翔、朱庆华的实证研究结果显示，博客的易用性、新鲜感、信任以及利他性对于博客创作与共享有正面影响。同时，用户体验、互动程度及社会身份认知对于持续的博客创作与共享有显著作用[8]。Wasko M 等对 342 位参与者进行研究后发现，影响用户参与虚拟社区的主要因素包括：共享内容的有用性、互惠性、学习机会、同行交流、利他主义和趣味性[9]。Chiu CM 等整合社会认知理论和社会资本理论，通过对中国台湾某个 IT 专业虚拟社区 BlueShop 的调查，研究虚拟社区的知识分享。结果表明，社区相关的结果期望，如促进社区成长、帮助社区聚集和增加知识等影响社区中的知识共享，而个人相关的结果期望，如声誉、加强联系和交往需求等对社区内的知识共享没有显著影响[10]。Chitu Okoli 和 Wonseok Oh 调查了 465 个维基百科中的活跃参与者，研究结果显示，直接或间接的网络关联性和结构洞对参与者的社会资本的形成有重要的影响，从而影响到参与者的贡献能力[11]。梁超云等以两岸三地中文维基百科的管理员为研究对象，探讨其参与动机与工作形态，并提出了一些激励策略[12]。Cha M 等以 You Tube 作为实证对象，对其用户参与度等视频 UGC 的属性进行分析，为构建有效的 UGC 系统提出了若干建议[13]。Vassileva J 通过构建自适应性在线用户生成链接平台 Comtella，采用可视化工具以及可用性测试，提出 UGC 激励机制的改进措施[14]。Harper FM 采用社会比较方法对在线社区中用户生成评论激励策略提出了建议，并开发了 MovieLens 进行相关实验和实证研究[15]。

由于用户生成内容的研究目前尚处于初始阶段，因此国内外相关研究成果并不丰富。通过对研究现状的综述，主要存在如下三点局限性：①现有研究主要集中在文本型用户生成内容的参与动因研究上，如博客和虚拟社区等，而关于用户生成内容的其他形式和平台，如图片、音频、视频、标签等方面的动因研究还不多见；②现有研究主要聚焦在影响用户生成内容的动因探讨上，多采用调研访谈等方法，研究结论具有一定的主观性，尚未深入到用户生成内容的实际行为研究中去；③现有研究多以解释、验证为主，研究的理论性较强而实用性不甚理想，缺乏基于设计学视角的实验研究，针对具体激励机制设计的研究则更少。

4 研究的理论基础

在线用户生成内容激励机制的研究是 Web 2.0 环境下信息用户行为研究的新方向，对这个领域的研究不能仅仅停留在单一的学科范畴内。因此，我们需要借鉴社会学、社会心理学、行为学、经济学、管理科学中的一些理论基础作为我们的研究依据。

社会交换理论（Social Exchange Theory）是阐释人际间社会交往活动规律的一种社会心理学理论。该理论认为，人与人之间除了发生经济交换关系，还有社会交换关系[16]。用户生成内容中的内容贡献以及知识共享属于人际间的一种互动过程，本质上可以理解为一种资源的交易，这种交易的方式和报酬形式较为多样化。现代的社会交换理论从其发展看大致可分为：交换行为主义、交换结构主义和交换网络理论[17]。林南（Nan Lin）通过对社会网的研究提出社会资源理论，并在此基础上提出了社会资本理论（Social Capital Theory）[18]。社会资本提供了信息和知识共享的可能性，其中三个因素非常重要：主观规范、信任和社会身份认同。Putnam RD 将社会资本定义为一种类似于道德的经济资源，是社会组织的特征，如信任、规范和网络，它们能够推动协调的团队行动来提高社会的效率[19]。Hazleton V 和 Kennan W 将社会资本分为三个维度：结构、关系和交流[20]。Nahapiet J 和 Ghoshal S 将社会资本分为结构、关系和认知三个维度，前两个维度与 Hazleton 和 Kennan 的分类一致，认知维度是指那些能够在集体中产生可能的共有的解释和意思，如共同语言、共同愿景等。Nahapiet J 和 Ghoshal S 认为社会资本能够促进智力资本的创造和共享[21]。这对于研究用户生成内容中知识创造、交流与共享有一定的指导意义。

社会认知理论（Social Cognitive Theory）由 Albert Bandura 提出，该理论认为，人们的认知活动和他们的行为之间存在着因果关系，这些内在的思维活动和外部环境因素一起决定着人们的行为[22]。人的行为受到社会网络（如社会系统环境）和个人认知（如期望、信念等）的影响。研究提出了两种主要的行为认知动因：结果期望和自我效能。社会认知理论是被广泛接受和实证检验的对于个人行为研究的理论，对于用户生成内容中知识共享行为和激励模式的构建给出了一定的解释。

沉浸理论（Flow Theory）由美国芝加哥大学心理学博士 Csikszentmihalyi 于 1975 年首次提出，解释人们在进行某些活动时为何会完全投入其中，注意力高度集中并自动过滤掉所有无关的知觉，进入一种沉浸的状态[23]。1997 年，Novak 和 Hoffman 首次将沉浸体验的概念运用于网络导航行为，并将网络导航中的沉浸定义为一种由人机交互引起的一连串不停的、无缝衔接的反应[24]。2000 年，Novak 和 Hoffman 等通过进行有关因特网环境沉浸状态的实证研究，对其作了补充和修改，将网络环境下沉浸状态的构念扩充到了十个方面，包括鼓舞、挑战、控制、聚焦、互动、涉入、趣味性、技能、身临其境感以及时间扭曲[25]。Web 2.0 环境下用户生成内容的诸多动因中，沉浸理论是解释其行为的一个重要的理论依据。因此，如何为用户构建良性的沉浸体验环境，是设计相关用户激励机制的主要思路。

技术接受模型（Technology Acceptance Model，TAM）理论是在借鉴理性行为理论（TRA）和计划行为理论（TPB）的基础上发展而来的，主要用以分析解释个体对信息技术的接受行为[26]。该模型从个体对技术的感知有用性和感知易用性两个方面分析影响用户接受信息技术的过程。TAM 理论认为，要想让个体使用一项新的 IT 技术，应当尽量让使用者感觉到该技术能够带来好处，并且这项好处的获得并不需要花费很多的时间和精力。2000 年 Venkatesh 和 Davis 对 TAM 进行了扩展，提出了 TAM2 模型[27]。2003 年 Venkatesh 等学者提出了技术接受和使用整合理论[28]（the Unified Theory of Acceptance and Use of Technology），该理论整合了八个相关理论或模型，并从中提取了四个主成分因子。用户生成内容的过程也是用户与 UGC 平台或工具交互的过程，因此技术接受也是影响用户生成内容的一个重要部分。

虽然上述理论基础对于激励用户生成内容的研究都有一定的参考意义，但是这些理论也存在一定的层次差异。如社会交换理论和沉浸理论可以直接用于激励机制的设计，社会资本理论和社会认知理论则需要进行适当的解构，而技术接受理论则类似于赫兹伯格双因素理论中的保健因素，对于激励机制的设计起到了辅助的作用。

5 研究框架和主要研究内容

5.1 研究框架

鉴于现有的用户生成内容激励机制研究存在的局限性，笔者认为有必要从更全面、更深入的角度设计相关研究框架。除了针对用户生成内容的主要动因的挖掘和分析，还需要充分考虑用户生成内容行为的内在机理、模式特征和演变趋势，并在动因研究和行为研究的基础上，设计出更具有科学性和实用性的激励机制。具体研究框架如图 1 所示。

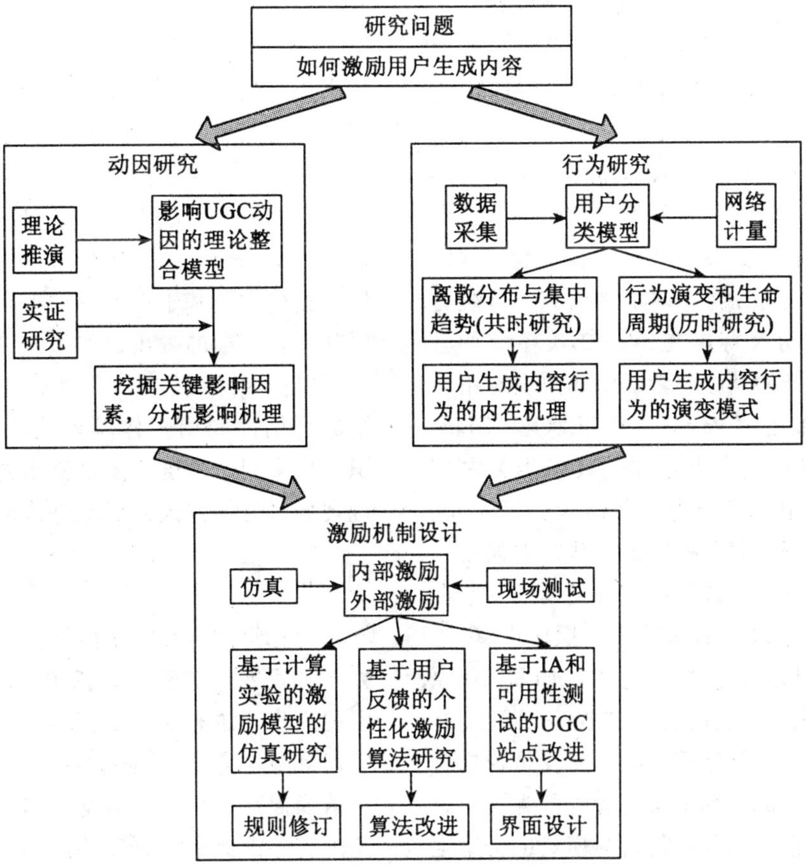

图 1　用户生成内容激励机制研究框架

5.2 主要研究内容

根据图1的研究框架所示，主要研究内容分为三个部分：动因研究、行为研究和UGC激励机制设计。

5.2.1 Web 2.0环境下影响用户生成内容的动因研究

Web 2.0环境下用户生成内容的动因非常复杂，很难从某个单一的领域进行概括，而动因研究又是设计相关激励机制所必需的前提和基础。因此，笔者拟选择相关的理论知识进行有效整合，提炼出理论模型，并就不同的UGC平台开展实证研究，从而挖掘出影响用户生成内容的主要动机和关键因素，并分析其影响机理。重点探索：①基于多学科视角的理论知识提炼与整合，并在此基础上进行维度的分类和设计，从而构建相关的理论整合模型；②基于理论整合模型的实证研究，通过调研、访谈等研究方法，选择不同的UGC平台和站点开展相应的实证研究，采用问卷设计、抽样技术等测度工具和方法获取用户的主观数据，并利用结构方程模型（SEM）分析数据并验证相关的研究假设；③采用控制变量的研究方法，探讨人口统计学特征对于用户生成内容动因的调节作用，涉及性别、年龄、人种、地域、教育背景等个人统计因素。

5.2.2 Web 2.0环境下用户生成内容的行为研究

Web 2.0环境下用户生成内容的行为研究主要基于行为数据采集、现场测试等方法挖掘用户的参与模式特征和内在机理，具有较强的客观性。具体包括：①用户生成内容中参与者分类研究，传统的生产者和消费者的分类标准在Web 2.0环境下已不再适用。我们更倾向从参与者贡献的角度对用户进行分类，如发布者（Poster）和潜水者（Lurker）。前者指在UGC站点上创作、共享相关内容的人，后者指那些很少参与内容创作与交流的人。因此，需要通过数据采集和挖掘的方法，根据用户的参与和互动程度进一步深化用户分类模型。②在用户分类模型和数据采集的基础上，探讨UGC生成规律的数量分布形式与经验型定律（如80-20原则）是否吻合？用户生成内容的直观表现形式有何特色，如长尾模式、胖肚模式等，以及是否具有自相似性？③用户生成内容中参与者的行为演变研究。随着时间的推移，参与者的行为模式也会发生一系列演变。通过这些行为演变模式的历时研究可以分析用户生成内容生命周期的形态和趋势。

5.2.3 Web 2.0环境下用户生成内容激励机制的设计

通过对传统激励理论的梳理和归纳，并结合用户生成内容的动因研究和行为研究的结论，从内部激励和外部激励两个角度设计用户生成内容的激励策略和机制。重点研究：①基于计算实验的激励模型的仿真研究。一方面，将动因研究中解释度较高的因子提取出来，同时设置相关的抑制性因子，通过建立数学模型和实验室测试方法采集行为数据，进行仿真研究，从而提高动因研究结论的精度；另一方面，可以在不同时间阶段模拟用户生成内容行为的演变规律，从动态的角度将激励策略与用户行为模式进行对应，从而使得激励机制的设计具有一定的自适应性。②基于用户反馈的个性化激励算法研究。如果激励机制仅关注用户生成内容的数量，则极有可能会造成一些用户为了某种目的，如提升等级、获得积分等而生成大量无意义的内容，从而给UGC站点造成一定的系统负担，也会影响其他用户的参与积极性。因此，基于反馈的个性化激励算法将用户生成内容分成两个主要部分：用户创作内容和用户评价内容，并引入声誉评价的思想，综合计算两部分的加权值。其中创作权重和评价权重由用户个性化模型和UGC社区模型共同决定，两个模型的构建可部分参考基于计算实验的激励模型仿真研究的结论。③基于信息构建和可用性测试的UGC站点的改进或重构研究。激励机制的设计不能仅关注算法层面的研究，还必须借鉴人类工效学的知识将内在算法设计的优势以外在的形式表现出来，其中一个具体的表现形式即UGC站点的设计。信息构建主要基于设计学的视角，而可用性测试主要基于行为学的视角，如果能将两者进行有效结合则可以极大地改进UGC激励机制的效率，增强系统的可用性和用户体验。从信息组织、导航、标识、检索四个角度与激励机制的设计进行协同，通过现场试验等方式开展改进或重构研究。

6 结 语

近几年网络经济正由原先的注意力经济向创造力经济发展，随着Web 2.0理念的推广和相关技术的进步，越来越多的风险投资商将目光聚焦到UGC市场，前景可谓方兴未艾。然而摆在各UGC运营商面前的现实问题是：如何吸引更多的用户创造内容并由此带来更多的商机？目前关于激励理论在网络环境中应用的研究还不多，因此无论是跨学科、跨领域的理论整合还是基于异构UGC站点的激励机制的实证、实验研究都是该领域未来发展的重点，从而为 UGC 运营商提供用以指导实践活动的理论基础和决策依据，吸引更多的用户参与到创作与分享网络信息资源的阵营中来。

参 考 文 献

[1] Grossman L. Time's Person of the Year: You [EB/OL]. [2008-06-02]. http://www.time.com/time/magazine/article/0, 9171, 1569514, 00.html.

[2] Top Sites by Alexa.com, 2006 [EB/OL]. [2008-09-12]. http://www.alexa.com/topsites.

[3] 第 23 次中国互联网发展状况统计报告 [EB/OL]. [2009-02-12]. http://www.cnnic.net.cn/uploadfiles/pdf/2009/1/13/92458.pdf.

[4] OECD. Participative Web and User-Created Content: Web 2.0, Wikis and Social Networking Edition complete. OCDE Information Sciences and Technologies (October 2007) [EB/OL]. [2008-11-18]. http://www.oecd.org/document/40/0,3343,en_2649_34223_39428648_1_1_1_1,00.html.

[5] 萧鸣政. 人力资源管理 [M]. 北京：中央广播电视大学出版社，2008：27-34.

[6] Nardi B, Schiano D J, Gumbrecht M. Blogging as Social Activity, or, Would You Let 900 Million People Read Your Diary? [M]. In: ACM Conference on Computer Supported Cooperative Work, Chicago, 2004: 222-231.

[7] Lenhart A, Fox S. Bloggers: a Portrait of the Internet's New Storytellers [EB/OL]. [2008-11-17]. http://www.pewinternet.org/pdfs/PIP% 20Bloggers% 20Report% 20July% 2019% 202006.pdf.

[8] 赵宇翔，朱庆华. 博客接受模型：影响用户接受和更新博客的实证研究 [J]. 情报理论与实践，2009，32 (4)：44-50.

[9] Wasko M, Faraj S. It is What One Does: Why People Participate and Help Others in Electronic Communities of Practice [J]. Journal of Strategic Information Systems. 2000 (9): 155-173.

[10] Chiu C M, Hsu M H, Wang E T G. Understanding Knowledge Sharing in Virtual Communities: an Integration of Social Capital and Social Cognitive Theories [J]. Decision Support Systems, 2006, 42: 1872-1888.

[11] Chitu Okoli, Wonseok O H. Investigating Recognition-based Performance in an Open Content Community: a Social Capital Perspective [J]. Information and Management, 2007, 44 (3): 240-252.

[12] Liang C Y, Chen CH, Hsu YL. The Participation Motivation and Work Styles of the Administrators for Chinese Wikipedia [J]. Journal of Education Media & Library Science. 2008, 46 (1): 81-109.

[13] Cha M, Kwal H, Rodriguez P, et al. I Tube, You Tube, Everybody Tubes: Analyzing the World's Largest User Generated Content Video System [EB/OL]. [2008-11-26]. http://an.kaist.ac.kr/traces/papers/imc131-cha.pdf.

[14] Vassileva J. Motivating Participation in Peer to Peer Communities. In: Proceedings of the Workshop on Emergent Societies in the Agent World, ESAW'02, Madrid, 16-17, September, 2002.

[15] Harper FM, Li SX, Chen Y, et al. Social Comparisons to Motivate Contributions to an Online Community [EB/OL]. [2009-03-18]. http://www-users.cs.umn.edu/~harper/publications/harper_persuasive2007.pdf.

[16] Blau P M. Exchange and Power in Social Life Wiley [M]. New York, 1964.

[17] 蔡宁，黎常. 知识分享及其研究理论基础 [J]. 情报科学，2007，25 (1)：30-41.

[18] Nahapiet J, Ghoshal S. Social Capital, Intellectual Capital, and Organizational Advantage [J]. Academy of Management Review, 1998, 23 (2): 242-266.

[19] Putnam R D. Bowling alone: America's declining social capital [J]. Journal of Democracy, 1995, 6 (1): 65-78.

[20] Hazleton V, Kennan W. Social Capital: Reconceptualizing the Bottom Line [J]. Corporate Communications: An International Journal. 2000, 5 (2): 81-86.

[21] Nahapiet J, Ghoshal S. Social Capital, Intellectual Capital, and Organizational Advantage [J]. Academy of Management Review, 1998, 23 (2): 242-266.

[22] Bandura A. Social Cognitive Theory in Annals of Child Development [M], Jai Press LTD, Greenwich, CT, 1989: 10-26.

[23] Csikszentmihalyi M. Beyond Boredom and Anxiety [M]. San Francisco: Jossey-Bass, 1975.

[24] Novak T P, Hoffman D L. Measuring the Flow Experience Among Web Users [EB/OL]. [2009-3-26]. http://citeseerx.ist.psu.edu/viewdoc/download?doi=10.1.1.89.1411&rep=rep1&type=pdf.

[25] Novak T P, Hoffman D L, Yung YF. Measuring the Customer Experience in Online Environments: A Structural Modeling Approach [EB/OL]. [2009-3-26]. http://bear.cba.ufl.edu/centers/MKS/abstracts/vol19/no1/novakandhoffmanandyung.html.

[26] Davis F D. Perceived usefulness, perceived ease of use, and user acceptance of information technology [J]. MIS Quarterly, 1989, 13 (3): 319-340.

[27] Venkatesh V, Davis F D. A theoretical extension of the technology acceptance model: four longitudinal case studies [J]. Management Science, 2000, 46 (2): 186-200.

[28] Venkatesh V, Morris M G, Davis G B, et al. User acceptance of information technology: toward a unified view [J]. MIS Quarterly, 2003, 27 (3): 425 - 475.

A Preliminary Study on Incentive Mechanism for User-Generated Content in Web 2.0 Era

ZHU Qinghua[1], ZHAO Yuxiang[1]
(1. Department of Information Management, Nanjing University, Nanjing 210093, China)

Abstract: User-Generated Content (UGC) is an emerging web information resource creating and organizing model in web 2.0 context, which plays an important role in the advance of Web 2.0. At present, UGC production follows a strong "participation inequality", which marked with a law of central tendency and scattering distribution, i. e. a small group of people created the large member of contents, while the rest large ones created only a very small number of contents. Therefore, study on incentive mechanism for UGC is of great importance. This paper firstly introduces the main characters of UGC, and discusses the significance of the study and reviewing the related literature, also summarizes the existing related theoretical background for our study. Then it constructs a conceptual research framework and put forward some main research issues. In the end, the paper also prospects for the further research direction.

Key words: Web 2.0; user-generated content (UGC); incentive mechanism; motivation study; behavioral study

面向搜索引擎的企业网站优化分析

廖小艳[1]，邓仲华[1]，钱杨[1]

（1. 武汉大学 信息管理学院，武汉 430072）

摘　要：互联网和搜索引擎的出现，为 SEO（Search Engine Optimization）的出现提供了契机，更是为企业和商家在激烈的市场竞争环境下提供了新的营销手段，通过 SEO 不仅可以提高网站在搜索引擎中的排名，而且可以深层次地为树立良好的企业形象作出贡献。本文在此简单介绍关于 SEO 的发展，实施 SEO 的一般工作程序和所用到的工具。

关键词：SEO；搜索引擎；流程；工具

中图分类号：TP393

1 引　言

随着 Internet 的呈几何倍数的增长趋势和发展速度，截至 2008 年底，中国网民规模已达到 2.98 亿人，相较 2007 年增长 41.9%，互联网普及率达到 22.6%，已高于全球平均水平（21.9 %）。另一个大家有目共睹的事实就是市场竞争的日益加剧，传统的市场营销方式和企业的营销手段已经无法满足广大商家的要求和顾客个性化搜索的需求。这样，在 Internet 的推动下各种各样新的网络营销方式就随之诞生了，如网络广告、电子邮件、搜索引擎竞价排名，搜索引擎优化等[1]。

根据 CNNIC 的调查，有 70% 的互联网用户都是通过搜索引擎来获取新的知识和产品信息。这就更使得各个商家和企业意识到搜索引擎这个庞大的市场是不容忽视的，可以通过搜索引擎工具为其带来巨大的访客流量，也就是带来了大量的潜在顾客，再进一步转化为企业的实际顾客，成为企业的利润源泉。

又由于互联网具有高黏性和高传播性，也就是说，一方面用户接触互联网之后，流失率极低，即相对于其他事物来说，依赖性和忠诚度都相对较高；另一方面，大量的博客、论坛、聊天室等应用工具具有极强的互动和传播功能，无形中为企业带来了便捷的宣传场所和空间，也获得了大量的潜在客户，同时为树立企业的品牌价值也起着不可估量的影响。因此通过 SEO 提升企业站点的排名，吸引更多的互联网用户，成为很多企业选择的营销方式。

2 SEO 及其发展

SEO（Search Engine Optimization）即搜索引擎优化，它是网络和搜索引擎共同发展的产物，是指针对某站点，以各个搜索引擎对一个网站评判的标准和原则以及可能的评价因素，来相应对站点的结构，布局，内容进行优化、重组和改良，以此达到最优的效果[2]。最典型和直观的表现就是站点在各个搜索引擎中的自然排名呈上升趋势。

SEO 是处理网页、网站的具体实践，但是更是策略。它是以整个大局为考虑对象。这个大局就是，怎样从规划网站的草图时就将搜索引擎的评判标准和评判规律考虑进来，然后依照搜索引擎的规律来建立网站的结构，按照搜索引擎如何阅读网页的方法来设计网站的内容，再按照搜索引擎如何衡量网站的权威程度来与互联网上相关的资源建立连接关系。

也就是说自从有了搜索引擎，出现了搜索引擎排名机制，SEO 的思想也就开始了萌芽，不断地探索和求证搜索引擎的排名原理就是 SEO 最初发展的形式。

SEO 在国外大概起源于 1997 年。以美国为首的互联网站的发达国家开始出现了提供搜索引擎优化相关服务的机构，国外的网站也在那时开始意识到搜索引擎优化对于网络营销的重要性。发展至今，SEO 在国外已经是一门相当正规、成熟的行业。有大批的专业的公司，专业的技术人员在为广大客户网站提供全方位的搜索引擎优化服务。同时，搜索引擎优化技术也得到了广大网站管理者甚至搜索引擎在内多方面的认同。

国内SEO行业的发展历史大概起源于2003年，当时只是简单的title包含关键字以及关键词堆积方法，如果放在现在，已经属于作弊范围了[3]。但是这确实是国内SEO起步阶段一个重要的足迹。国内SEO真正的发展始于2004—2005年，主要通过国外一些专业SEO的专业文章和国内SEO业界的自我试验。SEO水平得到了长足的提高，SEO手法也开始逐渐丰富起来。从现在SEO在国内的发展状况和态势可以看出，SEO在中国逐渐成熟起来，并将会得到长足发展。

3 网站优化思想的发展

网站设计思维主要经历了三代的变化和发展：

第一代：以美为准，最初期的网站设计者们都是一些美工或美术专业者出身的，他们凭借其专业的美术知识，以其自身对美的欣赏和评判标准来进行网站的设计，这样往往忽略了用户的体验。

第二代：导航模式，这个时期的网站设计开始考虑到用户体验，总体思维是用导航模式来对整个网站进行架构，通过导航结构使用户能方便地找到自己需要浏览的页面，在各个页面之间顺利的跳转和查询。

第三代：面向搜索引擎[4]，在第二代设计思想中，虽然在一定程度上考虑了用户体验，但是却忽略了用户是怎样到达该网站的，也就是通过什么途径到达网站的。后来随着搜索引擎技术的发展，人们逐渐深刻认识到搜索引擎是80%的用户到达网站的途径。

了解了搜索引擎这个重要的中介作用后，设计者开始面向搜索引擎来进行站点的设计，通过不断地推理、探索和验证搜索引擎在评价一个站点时可能的原则和因素，从而在这些方面加以优化。按照关键词的流行度，合理、适度地将关键词分布在各个网页上，在整体上提升站点的质量，相应地提高在搜索引擎中的排名，从而为企业带了访客和顾客——成为企业生存的基础动力。

4 简单搜索引擎的工作原理

网页的搜索与整理是由搜索引擎完成的，主要工作步骤包括从网上抓取网页、建立索引数据库、建立排序等[5]：

1）从互联网上抓取网页

通过“Spider网络蜘蛛[6]”或人工收集的方法，从互联网中抓取网页，存放到数据库中。

Spider，即蜘蛛程序，是各大搜索引擎用于抓取互联网上新的信息和网页的自动化程序。它夜以继日地在互联网这个海洋里企图发现新的有价值的网页和信息，并收录在搜索引擎的数据库中，供搜索者和用户查询检索。最典型和常见的几个爬行程序是：

百度蜘蛛：baiduspider；google蜘蛛：googlebot；yahoo蜘蛛：yahoo!；msn蜘蛛：msnbot。

2）建立索引数据库

由分析索引系统程序对收集回来的网页进行分析，提取相关网页信息（包括网页所在URL、编码类型、页面内容包含的关键词、关键词位置、生成时间、大小、与其他网页的链接关系等），根据一定的相关度算法进行大量复杂计算，得到每一个网页针对页面内容中及超链中每一个关键词的相关度（或重要性），然后用这些相关信息建立网页索引数据库。

3）在索引数据库中搜索排序

当用户输入关键词搜索后，由搜索系统程序从网页索引数据库中找到符合该关键词的所有相关网页。因为所有相关网页针对该关键词的相关度早已算好，所以只需按照现成的相关度数值排序，相关度越高，排名越靠前。最后，由页面生成系统将搜索结果的链接地址和页面内容摘要等内容组织起来返回给用户。

5 搜索引擎可能的排名因素分析

5.1 链接流行度（Link Popularity）[7]

链接分为导入链接和导出链接，其中最重要的是导入链接。Google通过统计这些链接的质量和数量来给网站确定PageRank值，值越高排名也就越高。因此网站建好后你需要投入大量的时间和精力来获得大量的外部链接，特别是来自PageRank值比较高的网站的链接。

当然也不能盲目地只追求数量，还包括链接分析系统中对链接流行度产生影响涉及的其他因素：链接的文本内容、链接站点的威信度、导出链接的数量及各链接站点之间主题的相关性。

搜索引擎如今已将站点流行度（popularity）这个因素加入其排名算法中，目的是为了创建更加合理化排名算法。

5.2 关键词的密度（keywords density）

关键词（keywords），输入搜索框中的文字，也就是命令搜索引擎寻找的相关内容。keywords 分为目标关键词和长尾关键词。一般来说目标关键词能为网站带来 70% ~80% 的流量，但是长尾关键词也不能忽视。长尾关键词的搜索量一般比较少，并且不稳定，长尾关键词带来的客户，转化为网站产品客户的概率比目标关键词低很多。但是存在大量长尾关键词的大中型网站，其带来的总流量也是非常可观的。

SEO 其中一个很重要的工作就是在各个网页上合理而均匀地分布关键词，其中包括目标关键词和长尾关键词，你需要在标题、段落内容、（文字内容的）页头和页尾、Alt 标签甚至不显示的〈comment〉标签里面安排关键词。这些关键词不一定是一个，而是一组高度相关的词语。对于 Google，据分析显示，主页里面需要 7% 到 10% 的关键词密度。尤其是 title 标签和 description 标签里的关键词是搜索引擎抓取站点的关键词和为网站分类索引的关键地方。

5.3 内容的更新频率

因为搜索引擎的蜘蛛程序无时无刻不在试图发现新的信息和页面，如果站点内容的更新频率很高，那么会不断地吸引它来爬行你的网站，甚至也会提高蜘蛛程序访问你站点的频率，站点被爬行的频率越高，相应你的站点的权威性也就越高，排名也会得到一定提升。

5.4 内容的原创性

在保证站点内容的更新频率时，同时要注重内容的原创性，因为搜索引擎不断抓取新的页面的根本目的是想为其数据库扩充新的有价值的信息，这样为提供最新的、最及时的原创信息。

5.5 网站的权重性

这个主要是 PR 值，即 PageRank，网页的级别技术。取自 Google 的创始人 Larry Page[8]，它是 GooglePR 值越高说明该网页越受欢迎（越重要）。在此需要注意的是 PR 值是每个网页的 PR 值，但是一般来说，一个网站的首页的 PR 值是最高的，所以在习惯上一般用首页的 PR 值。下面介绍 PR 值的计算公式[9]：

$$PR(A) = (1-d) + d\,(PR(Ti)/C(Ti) + \cdots + PR(Tn)/C(Tn))$$

PR（A）：网页 A 的 PR 值

PR（Ti）：导入链接页面的 PR

C（Ti）：网页 Ti 导出链接的数量

D：阻尼系数，一般介于 0 到 1 之间，Google 设为 0.85。

在此公式中，影响 PR（A）的主要有两个参数，PR（Ti）和 C（Ti）。相信 PR（Ti）即网页的 PR 值是每个 SEOer（SEO 工作人员）都非常看重的因素，因为导入链接站点的 PR 值越高，对于站点提升的影响作用就越大。但有时往往会忽视了 C（Ti），即导入站点的外部链接数量。所以在交换友情链接时，最好是找那些 PR 值高，但导出链接少（外部链接）的、内容相关或是内容互补的网站。有测试标明，有 PR6，PR4，PR3，PR2，PR0 的站点，我们相同的标题，不同的内容，在 Google 里都是按这个 PR 值高低顺序而排名的。

6 对策与常用工具分析

6.1 关键词分析[10]

关键词分析可以分作以下三个步骤进行[5]：

（1）尽可能多地收集关键词，几千个也不多。

（2）为这些关键词分类，网站性质不同，类别也不同。比如电子商务网站，可以根据产品分类为关键词分类。

为关键词分类的好处有四点：

① 一个类别里面总共可以涉及多少个关键词。

② 这些分在种类的关键词是否能满足网站优化的需求。

③ 这些词语中是否有一些相当重要，但是目前的网页中却没有涉及，因此可以及时完善和补充。

④ 便于每页优化的工作中能够方便迅速地选用合适的关键词。

（3）这些关键词在单位时间里的被查询次数，留下搜索次数较多的词作为候选。当然，如果网页内容允许，那么冷门词语也是可以利用的。

专业的关键词查询工具有很多，同时 Google 和百度本身就会提供很好的工具，它们分别是 Google 搜索框中的自动提示和百度指数。

6.2 网站架构分析

网站架构的分析是指站在整体网站的角度去考察网页与网页之间，整体网页的关键词分布，以及所用到的脚本语言或 CSS，链接等这些因素，看是否存在大量的不合理的做法。

去除网站结构中对搜索引擎的不良设计，清除影响 SEO 成功的障碍。这些障碍有很多，而且是 SEO 初学者常犯的错误。错误的 SEO 方法有很多，这里只列举几项常见的错误[6]。

（1）桥页、跳页。桥页、跳页是纯粹为了某个特别的关键词获得搜索排名而设计的网页。这些网页一般不在网站的导航中出现，内容很不讲究，但是在网页中有个链接，导引访客进入真正的实质性内容的页面。

（2）关键词叠加和堆积。每个搜索引擎对关键词密度有不同的看法，但一般以 2% ~8% 为准。简单说来，就是 100 个词中，出现关键词 2 ~8 次。

（3）隐藏文字、透明文字、细微文字。通过技术手段对关键词做些处理，只让搜索引擎可以看到，而用户看不到。这是许多人喜欢用的方法，但是搜索引擎对此极度讨厌，会对网站做出严厉的处理。

（4）障眼法。先判断来访者是普通浏览者还是搜索引擎，从而展示出不同的网页。

（5）新闻小偷。将别人的网站内容全面复制下来，偷梁换柱放在自己的网站上。很多类似于“新闻小偷”的程序就是专门干这种事情的，它对那种内容极其匮乏的网站颇有吸引力。搜索引擎的专利技术能从多个因素上来判断这个被复制的网页或网站不是原创的，而不予收录。

（6）网页尺寸过大。Google 的 cache 只有 100K，100K 的之后内容是不会被“cache”的。所以建议页面不要做得太大，最好保持在 100K 之内。在保证内容不变的情况下，使用〈div〉加 CSS 代替〈table〉布局，可以很大规模地减少页面尺寸。

（7）在网页头部加入大量的 CSS 和 Script 代码。正确的处理方法是把这些代码放到单独的文件里面，或者把 Script 放在最底部，把重要的内容放在上面。

当然还有很多其他网站架构错误的优化方法。也就是说我们应该尽量避免和排除这些现象在我们网站中出现。

6.3 网站内各个页面优化

落实关键词在网站中的体现，将每一页都变成引来流量的窗口。只对首页和二级栏目页面做 SEO，是完全不够，应该把每个页面视为同等重要。每一篇文章、每一个产品都是你不同优化的对象。

编织与网站内容相连的关系网，向搜索引擎展示网站的影响力。在链接时要特别关注内容的相关性或互补性，同时对方站点的质量也不容忽视。

6.4 排名报告与流量分析

要监察 SEO 的成效，追踪问题和不足，得出改进网站的最新认识。可以直接在搜索引擎查询，也可以使用专门的工具。不仅要研究自己的网站的排名变化，竞争对手的也时刻关注。

最终 SEO 有无真正吸引目标客户，带来实际性的销售。免费的网站流量分析工具有很多，而且分析很全面，使用也很方便。

7 结 语

通过面向搜索引擎优化，企业站点的 IP 流量总体上会呈现出明显的上升趋势，虽然中途有少量的下降的时段，任何事物的发展和前进都是螺旋式的推进的，在发展的进程中，不断加以完善和改进，最终推向成功。

随着 SEO 的技术和思想逐步在中国发展成熟，它必将成为众多企业和商家所接受的推广方式、所重视和选择的营销方式。

参 考 文 献

[1] 周宁，李鹏. 网络营销——网商成功之道（第 2 版）[M]. 电子工业出版社，2009.

[2] 欧朝晖. 解密 SEO：搜索引擎优化与网站成功战略 [M]. 电子工业出版社，2007.

[3] 张光年. 企业网站的搜索引擎优化研究 [M]. 厦门大学出版社，2007.

[4] 欧朝晖. SEO 智慧——搜索引擎优化与网站营销革命 [M]. 电子工业出版社，2009.

[5] 吴泽欣. SEO 教程搜索引擎优化入门与进阶 [M]. 人民邮电出版社，2008.

[6] 肖江光. 网站推广最有效的方式——搜索引擎及其优化 [J]. 消费导刊，2007.

[7] 陈炎龙，张巨通. 从站点的角度谈搜索引擎优化策略 [J]. 科技情报开发与经济，2006.

[8] 池莹. 企业网站搜索引擎优化策略研究 [J]. 科技广场，2008.

[9] 马晓玲，吴永和. 对于搜索引擎优化（SEO）的研究 [J]. 情报杂志，2005.

[10] http：//www. seo-ceo. com. cn/ [EB/OL].

Analysis on Optimization of Enterprise Site Based-on Search Engine

LIAO Xiaoyan[1], DENG Zhonghua[1], QIAN Yang[1]

(1. School of Information Management, Wuhan University, Wuhan 430072, China)

Abstract: With the emergence of the Internet and search engines, which provides an opportunity for the emergence of SEO, furthermore provides for enterprises and businesses a new marketing tool in the intense market competition. Through the SEO can not only improve the site rankings in search engine, but also set a good contribution to the corporate image. The paper briefly introduces the development of SEO, the general working procedures and tools of SEO implementation of.

Key words: SEO; search engine; procedures; tools

《综合电子政务主题词表》的OWL表示研究*

杨小平[1]，庄巧娟[1]

（1. 中国人民大学 信息学院，北京 100872）

摘　要：本文在前人研究的基础上，定义了一套叙词表转换规则，提出了改进的叙词表本体构建方案。并以《综合电子政务主题词表》为例，编制批量转换程序实现了其向OWL电子本体形式的转换，验证了该方案的有效性。综合电子政务主题词表的OWL化大大便利了该领域内相关文献的标引及检索。同时，叙词表中的叙词及词间关系提供了丰富的词汇和语义素材，因此，本文的研究工作更为电子政务领域中语义网、概念检索等方面的研究和应用起到了基础性的支撑作用。

关键词：叙词表；综合电子政务主题词表；OWL表示；本体

中图分类号：G254.241

1　概　述

本体是一种能在语义和知识层次上描述信息系统的概念模型建模工具，一般被定义为“共享概念模型的明确的形式化规范说明”，在信息资源管理领域，本体则被定义为“包括一个领域中各类标准属于词汇，并对这些术语词汇进行准确定义，以及明确这些术语间的各种关系”。作为一种新的信息组织方式，本体近年来受到了广泛关注。

叙词表，在我国又称为主题词表，是将文献、标引人员或用户的自然语言转换成规范化语言的一种术语控制工具；它是概括各门或某一学科领域并由语义相关、簇性相关的术语组成的可以不断补充的规范化的词表[1]。显然，叙词表已经具备了本体的特征，从某种意义上说，叙词表也是本体的一种表现形式。因此，将叙词表用本体描述语言OWL（Web Ontology Language）进行表示是可行的。

构造本体的目的在于重用，将已有的主题词表这种传统的信息组织工具转换为更为容易获取和利用的OWL本体形式不仅能够避免重复建设造成的社会资源浪费，还可以极大地推动叙词表本身的自动化管理，实现其动态更新完善。同时，叙词表收录了大量的规范术语和词间关系，往往可以大大弥补计算机专家研究本体时在词汇术语研究方面的不足[2]。本文在前人的研究基础上，提出叙词表的OWL表示模型，并以综合电子政务主题词表为例，提出批量转换算法构建了电子政务领域的标准本体，相信对电子政务资源的共建共享将起到积极的支撑作用。

2　叙词表向本体转换的研究进展

目前叙词表转化为本体的研究逐渐分化为两个方向：利用叙词表建立领域本体；叙词表的本体语言表示。前者的典型例子是阿姆斯特丹大学信息科学系的B. J. Wielinga等人利用艺术和建筑叙词表ATT及本体可视化创建工具Protégé所建立的，描述艺术品对象的ontology[3]。以其中创建古典家具的Ontology为例，首先建立家具的描述模型，即确定需要什么样的信息来描述家具；然后将家具属性和AAT叙词表的特定子集联系起来，使其能成为家具属性的值；最后，添加关于此家具的领域知识。在整个创建过程中，叙词表主要作为一个规范化的词表来使用。国内类似的研究包括张继东[4]利用叙词表所建立的“国共两党合作史”本体，薛云等[5]基于《中国分类主题词表》利用七步法所构建的中国民族音乐本体，刘宇宁[6]利用叙词表建立的粮食交易领域的本体等。这方面的研究大多是针对具体领域具体问题进行本体的构建，具有专用性的特点；大多需要领域专家的参与，包括描

* 基金项目：本文系国家自然科学基金资助项目（70871115）的研究成果之一

述模型的建立、关系的简化和扩展等；大多需要可视化工具进行协助，难以在短时间内进行大规模的批量转化。

传统的主题词表编表方式耗费大量人力、物力，成本高、历时长，但形成的叙词表逻辑严密，体系结构完整，对相关领域信息资源的组织和利用有极大的推进作用。尽管如此，传统的纸质形式大大限制了其在网络时代的发展。因此，近年来很多专家开始了将传统的叙词表转化为电子本体格式的研究。在叙词表的本体表示上，一般使用传统的面向术语（Term-oriented）模式。例如，鲜国建等[7]将农业科学叙词表中的叙词和非叙词都看做是概念，简化叙词间关系成上下位关系和等同关系，利用程序批量实现了农表的OWL转换。Brian Matthews[8]等人则讨论了叙词表建模的另一种选择：面向概念（Concept-oriented）模式，给出了将叙词表交换格式TIF（Thesaurus Interchange Format）建立在面向概念模式之上的理由，并建立了TIF RDF Schema（面向概念）和TIFS RDF Schema（面向术语）。曾新红在借鉴国内外研究成果的基础上，提出了用概念模式进行《中国分类主题词表的》OWL表示的具体方案，并就词表中存在的大量复合概念的深层语义揭示提出了解决意见。

本文在上述研究成果的基础上，分析了各种转换方式的优缺点，以《综合电子政务主题词表》为例，提出了改进的叙词表转换方案，并使用Jena API编制程序实现其批量转换。该方案在不丢失信息的情况下最大限度地减少了冗余信息，提高了转化效率和未来应用中可能涉及的检索效率；其批量转换算法较本体编辑工具（protégé 等）能更为容易地实现叙词表向本体形式的快速转换，更解决了传统批量转换程序中的等级层次不清晰的问题，为某些需要使用本体层次关系的应用打下了基础；最后，本文针对转换后的OWL本体编写了接口函数，可快速获取词语的蕴涵概念和扩展概念，解决了概念检索研究工作中的相关难题。

3 叙词表的OWL表示方案

3.1 叙词表OWL表示方案构建原则

本文对上述文献中的叙词表OWL表示方案进行了比较研究，决定采取如下构建原则：

（1）使用面向概念模式

在叙词表的本体语言表示研究上，传统的方法是面向术语模式。例如，鲜国建等人对农业科学叙词表的OWL表示方法研究中，将所有叙词和叙词都看做是概念，在OWL中则声明为类。此种方法虽然直观简单，但它却不能反映人类的正常思维模式：人们往往用不同的术语来代表同一个概念。例如，凤梨和菠萝虽是不同的术语，但在人们的思维中代表的都是同一种东西，显然，如果将它们建模为两个概念，不仅不符合人类的思维模式，还可能造成信息的冗余和模糊。其次，面向术语的建模方式不易进行更新和维护。例如，改变正式主题词，就需要重新将其他的非正式主题词重新映射到该主题词上，概念间的层次关系也需要重新定位。因此，本文采用了面向概念模式的叙词表转换格式，即将正式主题词和非正式主题词都看做是表达同一个概念的术语，将其建模在同一个概念内。

（2）将概念声明为Concpet类的子类，而非实例

曾新红的《中国分类主题词表》的OWL转换方案和Brian Matthews等人的TIF OWL版本将每一个概念都作为Concpet类的实例，每个正式主题词和非正式主题词都分别是PTerm和NTerm的实例，这样，当要说明层次关系时，就必须自定义属性hasBroaderConcept和hasNarrowerConcept，然后将Concept类的实例分别和PTerm类、NTerm类的实例关联。但如果将每个概念都声明为Concpet类的子类，就可以直接使用OWL语言中的rdfs：subClassOf和rdfs：superClassOf标签进行声明，而且还可以保存其自身所有的传递关系和两者之间的对称关系。同样，相关关系也可以直接使用rdfs：seeAlso标签声明，而不用再自定义属性hasRelatedTerm。

（3）减少冗余信息

两者均设置了Term类，PTerm类及NTerm类都是其子类。每个正式主题词既要声明为Concpet类的一个实例，又要以同样的标识符在PTerm中进行声明，同样，定义NTerm类只是为了在hasNonPreferredTerm中作为属性值，完全没有必要为他们指定URI。本文不再设置Term类，正式主题词即为概念类名的标识符，非正式主题词则声明为hasNonPreferredTerm的属性值，大大减少了冗余信息，提高了转换效率。

（4）关系的简化和保留

鲜国建等人借鉴了朱军[9]的看法，将用、代

关系转化为等同关系，并在 OWL 内用 owl：equivalentClass 标签进行声明。但本人认为，这样会造成信息的遗失，而且不能区分正式主题词和非正式主题词，叙词表的传统标引作用也将丧失。因此，本文仍然保留用、代两种关系。由于概念使用正式主题词进行标引，hasPreferredTerm 的值即为概念类名，因此可不必声明以减少冗余；声明数据属性 hasNonPreferredTerm 以指代非正式主题词。非正式主题词并不以类存在，直接以文本形式作为属性 hasNonPreferredTerm 的值。

3.2 《综合电子政务主题词表》的 OWL 表示模型

《综合电子政务主题词表》是我国第一部按国家标准编制的综合性电子政务主题词表，于 2005 年 1 月编制完成，其中共收录主题词 20 252 条，其中正式主题词 17 421 条，非正式主题词 2 831 条。目前，电子政务信息的组织和检索基本上是基于关键字的全文检索形式，不能满足用户的多途径检索需求，其检全率和检准率较低。因此，电子政务主题词表对于电子政务信息的组织和检索具有十分重要的意义。本文以综合电子政务主题词表为例，进行了叙词表的 OWL 转换。其方案如下：

（1）叙词款目的选择

选择正式主题词款目。非正式主题词款目一般只含有非正式主题词，所在概念的正式主题词及所在概念的分类号。这些在正式主题词款目中完全可以反映出来，如图 1、图 2 的叙词款目所示：

工业间谍 (13C)
D工业白蚁
　工业强盗
　新寄生虫
S间谍
· 特工人员
· · 人员

图 1　叙词款目 1

因此，去掉非正式主题词款目并不会造成信息的丢失。我们选择并且只选择正式主题词款目，并将其作为基本单位以建模整个主题词表。

（2）款目主题词的处理

经过上一步的处理，剩下款目的主题词均为正

工业白蚁 (13C)
D工业间谍

图 2　叙词款目 2

式主题词。每个款目都是一个概念，它包括概念所用的正式主题词（即款目主题词，如“工业间谍”）、非正式主题词（工业白蚁、工业强盗、新寄生虫）和其他概念的关系（包括属、分、参）和分类号。建立一个最高类 Concept，每个概念为 Concept 类的子类，用 OWL 语言表示则为：

```
< owl: Class rdf: ID = “Concpet” / >
< owl: Class rdf: ID = “工业间谍” >
< rdfs: subClassOf rdf: resource = “#Concept” / >
< /owl: Class >
```

（3）款目中关系的处理

① 用代关系。Y（用），此符号后的词是正式主题词；D（代），此符号后的词是非正式主题词。

我们将其转换为属性-值的关系，这样可以不用非正式主题词再分配一个 URI 以及声明。由于在 OWL 中没有相应的标签，因此，需要重新声明两个数据属性 hasPreferred Term和 hasNonPreferredTerm，分别指代正式主题词和非正式主题词：

```
< owl: DatatypeProperty rdf: ID = “ hasPreferred Term” >
< rdfs: range rdf: resource =
http: //www. w3. org/2001/XMLSchema#Literal / >
< owl: DatatypeProperty / >
< owl: DatatypeProperty rdf: ID =
“hasNonPreferredTerm” >
< rdfs: range rdf: resource =
http: //www. w3. org/2001/XMLSchema#Literal / >
< owl: DatatypeProperty / >
```

OWL 没有任何预定义数据类型，也没有提供特别的定义机制，但可以使用 XML Schema 提供的数据类型，据此利用语义网的层次特性。以上文的叙词款目为例，在 OWL 中表示概念的正式主题词

和非正式主题词表示为：

```
<owl：Class rdf：about = “工业间谍” >
<hasPreferredTerm rdf：resource = “工业间谍” / >
< hasNonPreferredTerm rdf：resource = “工业强盗” / >
< hasNonPreferredTerm rdf：resource = “新寄生虫” / >
</owl：Class >
```

② 等级关系。S（属），此符号后的词是款目词的上位词；D（代），此符号后的词是款目词的下位词。在面向概念模式的建模中，这些就声明了此概念的上、下位概念。通过这些上、下位概念，在进行信息检索时就可以进行扩大或缩小范围，因此将这些关系完整地转换到本体中就具有重要意义。在 OWL 中，标签“rdfs：subClassOf”、“rdfs：superClassOf”就用来表达这种关系。查阅主题词表，我们发现属、分其实是完全对称的，因此，我们只声明 S 关系，以去除冗余性，压缩文件大小，提高查询效率。

```
<owl：Class rdf：about = “工业间谍” >
<rdfs：subClassOf rdf：resource = “#间谍” / >
</owl：Class >
```

③ 相关关系。C（参），此符号后的词是款目词的语义相关词，即声明了此概念的相关概念，在 OWL 中可用 <rdfs：seeAlso> 进行声明，如：

```
<owl：Class rdf：about = “放射性测定” >
<rdfs：seeAlso rdf：resource = “#放射性污染” / >
</owl：Class >
```

④ 范畴号。范畴号即分类号，将其声明为属性-值。由于在 OWL 中没有相关可用的标签，因此定义数据属性 hasCLCCode：

```
<owl：DatatypeProperty rdf：ID：| = “hasCLCCode” >
<rdfs：range rdf：resource =
http：//www. w3. org/2001/XMLSchema#Literal / >
<owl：DatatypeProperty / >
```

例如：

```
<owl：Class rdf：about = “工业间谍” >
<hasCLCCode rdf：resource = “13C” / >
</owl：Class >
```

⑤ 含义注释。主题词因词形简练，用户可能产生不同，本表采用在款目词下方用圆括号注明其所含词义。含义注释不是主题词的组成部分，在 OWL 中可用 rdfs：comment 标签标注。

如图 3 所示的某叙词款目：

公路三乱 (04DB;13E)
(公路上乱设站卡、乱罚款、乱收费)
S违法行为

图 3 叙词款目 3

用 OWL 语言应声明为：

```
<owl：Class rdf：ID = “公路三乱” >
<rdfs：comment >公路上乱设站卡、乱罚款、乱收费
<rdfs：comment / >
<hasCLCCode rdf：resource = “04DB；13E” / >
<rdfs：subClassOf rdf：resource = “#违法行为” / >
</owl：Class >
```

3.3 使用 Jena API 实现批量转换

Jena 是 HP 开发的基于 Java 的开放源代码语义网工具包，它为解析 RDF、RDFS 和 OWL 本体提供了一个编程环境及一个基于规则的推理引擎。本文利用 Jena API 编写了《综合电子政务主题词表》的 OWL 批量转换程序。

算法如下：

步骤 1：对叙词表进行预处理，将每一个叙词款目表示成一行，如：“工业间谍（13C）d 工业白蚁 d 工业强盗 d 新寄生虫 s 间谍”。这里需要说明的是：由于 OWL 中的属分关系是传递性的，“·”后的字符串可以忽略；另外，因存在“OTC 中药”，“SOS 儿童村”等大写字母类型的词条，将关系 YDSFC 都做小写处理。

步骤 2：用 Jean API 建立一个空的本体解析模型，声明最高类 Concept，自定义数据属性 hasPreferredTerm、hasNonPreferredTerm、hasCLCCode：

```
OntModel
ontModel = ModelFactory. createOntologyModel ( );
OntClass
concept = ontModel. createClass ( ns + " Concept" );
DatatypeProperty
hasPreferredTerm = ontModel. createDatatypeProperty
( ns + " hasPreferredTerm" );
```

```
DatatypeProperty
hasNonPreferredTerm = ontModel. create DatatypeProperty (ns + " hasNon PreferredTerm");
DatatypeProperty
hasCLCode = ontModel. createDatatypeProperty (ns + " hasCLCode");
```

步骤3：读入一行，做相应的处理。如果词条内含有小写字母“y”，则说明该行是非正式主题词款目，按照3.2中的规则，将其忽略；否则，以款目词为标识将概念声明为一个类，并根据实际情况使用rdfs：comment标签加上注释。根据叙词款目中的关系字母dsfc为类添加属性，包括此概念所包括的正式主题词、非正式主题词，此概念的上下位概念、相关概念、分类号、注释等：

```
myreadline = readLine ();
if (nextTerm. charAt (0) = ='y') {break; }
else {
term = getTerm (myreadline); //取得款目词
OntClass
c1 = createClassAndCom (term, comment); //将款目词声明为类并加上范畴号，视情况加上注释
c1. addProperty (hasPreferredTerm, term}
if (myreadline. indexOf ('s') <0) { //此类不是除 Concept 类之外的子类
  c1. addSuperClass (Concept); }
else {
  String nextTerm = getNextTerm (); //将词条其他部分分割成“字母 + 中文”的样式，得到如“F高速公路”，“S公路”样式的 nextTerm
While (nextTerm! = null) {
  if (nextTerm. charAt (0) = ='d') {
  c1. addProperty (hasNonPreferredTerm, nextTerm. substring (1));}
else {
    OntClass
c2 = ontModel. createClass (ns + nextTerm. substring (1));
        if (nextTerm. charAt (0) = ='s')
    {c1. addSuperClass (c2)}
        else if (nextTerm. charAt (0) = ='f')
    {break;}
        else if (nextTerm. charAt (0) = ='c')
    {c1. addSeeAlso (c2);}}}}
```

步骤4：重复步骤3，直到文件尾部。使用ontModel. write () 方法写出OWL文件：

```
FileWriter f = new FileWriter (outFileName);
ontModel. write (FileWriter,"");
```

图4是在Protégé中主题词表层次的部分截图。由于词表含有17 421个类，难以完全显示，因此这里只是截取了地震相关的部分词条。从图中可以看出，转换后的词表具有良好的层次结构。

3.4 基于《综合电子政务主题词表》的应用原型

现有的搜索引擎大多使用全文检索技术，其核心是基于关键字的机械匹配。这种方式的固有缺点是参与匹配的只有字符的外在表现形式，而非它们所表达的概念。概念检索则试图突破这种限制：当使用某一检索提问词进行检索时，系统基于对概念内涵的理解以及用户提交的关键词所表达的概念（Concept）作为搜索依据，能同时对该词的同义词、近义词、广义词、狭义词同样进行检索，选出与此概念相关的页面，以达到扩大检索、避免漏检的目的。

可见，概念检索的关键是检索到词语的同义词、近义词、广义词、狭义词，这显然是与叙词表中的正式/非正式主题词、相关概念、上位概念、下位概念相对应的。本文基于创建的综合电子政务本体模型编写了服务于概念检索的接口函数：

- public boolean exist (String str)：主题词表是否收录了词str
- public OntClass getConcept (String str)：返回词str所在的概念，如果该词不存在该主题词表中，则抛出一个异常
- public String getCLCode (OntClass c)：返回概念c的范畴码
- public String getComment (OntClass c)：返回概念c的注释信息
- public iterator getSuperConcept (OntClass c, boolean direct)：返回概念c的上位概念
- public iterator getSubConcept (OntClass c, boolean direct)：返回概念c的下位概念
- public iterator getRelatedConcepts (OntClass c)：返回概念c的相关概念
- public iterator getPreferedTerm (OntClass c)：返回概念c的的正式主题词

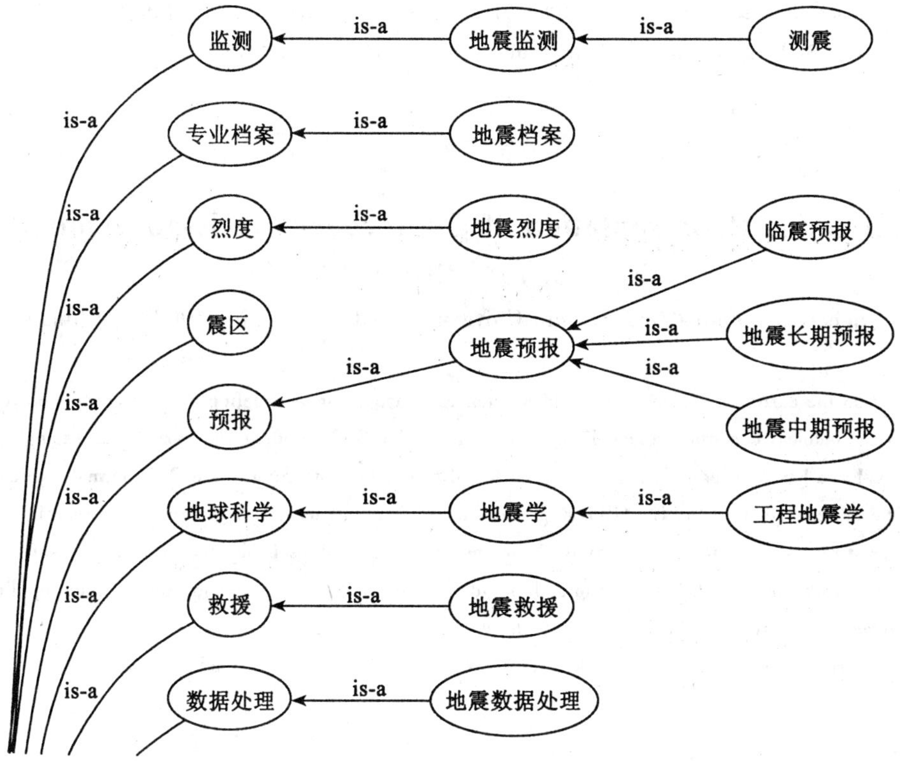

图 4　部分叙词表层次结构

● public iterator getNonPreferedTerm（OntClass c）：返回概念 c 的非正式主题词

● public int getHirarchy（String str）：返回该词所在概念所处的层次

本文利用上述接口函数进行了多次试验，找出输入词语的所在概念、上下位概念、相关概念等，与《综合电子政务主题词表》比较进行人工验证，均未发现错误。

4　结论与展望

本文定义了叙词表转换规则，提出了改进的叙词表转换方案，并以《综合电子政务主题词表》为例，实现了其向电子本体形式的转换。该方案简单高效，在不丢失原词表内容和结构的基础上最大限度地减少了冗余信息，形成的本体形式更具有清晰严密的层次结构。

综合电子政务主题词表中的叙词及词间关系为构建电子政务领域本体提供了丰富的词汇和语义素材，只要能与领域专家充分沟通和协作，细化词间关系，创建一些类的实例并添加领域知识，就能够构建出比较规范、科学和实用的电子政务本体，本文的研究工作则起到了基础性的支撑作用。

同时，我们可以看到，叙词表也为概念检索提供了词汇基础：概念检索的同义扩展检索可以概念的正式主题词和非正式主题词为依据，相关概念联想检索则可以概念的上下位概念、相关概念为依据。以创建的叙词表本体为基础，进行概念检索的进一步研究，也将是本文的未来研究工作之一。

参考文献

[1] GB13190-91. 汉语叙词表编制规则 [S].

[2] 曾新红.《中国分类主题词表》的 OWL 表示及其语义深层揭示研究 [J]. 情报学报，2005（2）：151-160.

[3] Wielinga B J, Schreiber J, Wielemaker J. From Thesaurus to Ontology [EB/OL] [2009-07-12]. http：//hcs. science. uva. nl/usr/Schreiber/papers/Wielinga01a. pdf.

[4] 张继东，余以胜. 利用叙词表构建本体的方法研究 [J]. 现代图书情报技术，2006（4）.

[5] 薛云，叶东毅，张文德. 基于《中国分类主题词表》的领域本体构建研究 [J]. 情报杂志；2007（03）：17-20.

[6] 刘仁宁，李禹生. 领域本体构建方法 [J]. 武汉工业学院学报，2008，（1）：46-49，53.

[7] 鲜国建，孟宪学，常春. 农业科学叙词表的 OWL 表示研究 [A] //中国农业信息科技创新与学科发展大会论文汇编. 2007：14-19.

[8] Brian Matthews, Alistair Miles, Michael Wilson. Modeling Thesaurus for the Semantic Web. [EB/OL]. [2009-07-12]. http://www.w3c.rl.ac.uk/SWAD/thesaurus/tif/deliv81/final.html#sec-intro.

[9] 毛军. 基于RDF的叙词表研究 [J]. 情报学报, 2003, 22 (2): 163-168.

Research on OWL Representation of Comprehensive E-government Thesauri

YANG Xiaoping[1], ZHUANG Qiaojuan[1]

(School of Information, Renmin University of China, Beijing 100872, China)

Abstract: Based on the current research in the field of ontology construction, we define a set of conversion rules and propose an improved Thesauri-based ontology construction model. Take ⟨Comprehensive E-government Thesauri⟩ as an example, we compile a java program using Jena API and have successfully realized its batch and automatic converting to the OWL format, which has testify the validity of the model and the conversion rules. The OWL Representation of ⟨Comprehensive E-government Thesauri⟩ greatly facilitates the indexing and querying of related documents. Also, as the terms and the relationships in the thesauri provide sufficient vocabulary and semantic materials, this work would contribute a lot to and provide a fundamental support for the research and application in fields like semantic web and concept-based retrieval in the E-government domain.

Key words: thesauri; comprehensive E-government thesauri; OWL representation; ontology

装备综合保障系统的信息描述*

董淑英[1]，毛登乾[1]，周玉生[2]

（1. 军械工程学院计算机工程系；2. 军械工程学院外训系 河北石家庄 050003）

摘 要：综合信息管理系统的应用是对装备保障系统运行过程的支持，也是对系统运行状态的监测。信息模型的研究有助于减少综合信息管理系统开发的不确定性，是对装备保障系统理论认识的统一，是对信息系统开发规范的描述，也是有效组织保障信息的理论依据。信息模型应能描述的信息包括组织结构信息、资源信息、装备信息、功能信息和过程信息、进化信息。即装备综合保障系统的信息模型应完整描述各组成的全部状态信息，即现有状态信息、变动信息、日志信息和业务处理信息。

关键词：社会系统；装备保障系统；综合保障信息系统；信息模型；主题数据仓库

中图分类号：N94

装备保障要实现全系统、全寿命、一体化保障，必须以装备保障综合信息管理系统作为整个保障系统功能运行实现的支撑，这需要对装备保障综合信息管理系统的架构进行研究。系统建构应该从三个方面加以组织：一是支持装备保障业务活动运行的业务信息处理系统，即讨论信息系统的软件架构（软件模型）；二是记录、保存与使用以支持业务信息处理系统运行的数据管理，即主题数据仓库（信息模型）；三是能够使装备保障综合信息管理系统正常、可靠运行的信息安全，即信息安全策略（信息安全模型）。这三者缺一不可。[1][2]

综合信息管理系统的应用是对装备保障能力运行过程的支持，也是对系统运行状态的监测，是对系统不确定性的排除；而信息模型的研究则有助于减少综合信息管理系统开发的不确定性，是对装备保障系统理论认识的统一，是对信息系统开发的规范，也是有效组织保障信息的理论依据。因此，要能够支持装备保障系统运行，并能有效伴随装备保障系统同步进化，仅仅依靠单纯的信息技术是远远不够的，还需要对软件系统模型与信息模型所描述的对象——装备保障系统具有足够清晰的认识。多年来，作者在复杂社会系统方面进行了充分的探讨。参考文献[3]讨论了对装备保障系统的系统认识以及系统模型，本文在此基础上将只讨论装备保障信息处理所需的主题数据仓库的建立，因为信息处理系统的信息基础就是数据库。只从各业务处理表单的角度来建立综合保障业务信息数据库，已远远不能满足一体化装备保障的需要，必须要从整个系统的角度来理解装备保障系统的信息描述与信息处理，从建立完整的信息模型入手来讨论一体化保障业务信息的处理、保存、传输、使用与积累，以便于进一步的信息挖掘和知识发现，为科学决策提供支持[4]。

建立装备保障系统的系统模型以及信息模型，将有助于改善现有的装备保障系统信息化以信息技术人员为主的状况，系统模型以及信息模型是对业务系统的概括性描述，可以使管理人员以及业务人员很容易参与到系统模型与信息模型的建立过程中，从而对信息系统的开发以及业务系统自身进化起到积极的推动作用。

1 装备保障系统的系统认识

装备保障要实现全系统、全寿命、一体化保障[5]，信息化技术层面已远不存在什么问题，关键是应建立起装备保障系统的系统认识，即需要考虑的不仅仅是装备的一体化，同时还应从装备保障系统的组织结构、所需资源、系统运行过程与系统进化等方面整体来认识[6]。

首先，需要明确实现全系统、全寿命、一体化保障的装备作为保障的直接对象；其次，是提供保障所需要的组织、指挥、管理和协调装备管理的组织结构作为装备保障系统的主体；再次，是支持实

* 通讯作者：董淑英，E-mail：sy0dong@163.com

现装备保障所需要的人力资源和其他各种保障资源作为保障功能的具体操作实现者；再次，是保障功能的实现是通过一系列有计划、有组织的相关保障行为所形成的业务实现过程得以实现的，最后，保障系统不仅需要提供当前军队系统所需要的保障功能，更要规划保障系统的结构、资源等相关部分的进化发展，为未来的军事能力提供所需的保障能力。当然，装备保障系统功能的实现还应考虑外部环境的支持与约束，在本论文中将不做讨论。

在建立装备保障系统的系统认识（本体论）的基础上，着重讨论其信息描述——信息模型，从理论上避免了就事论事型业务处理信息系统的建立。装备保障信息模型既要完整描述装备保障系统的组织结构或资源的现有状态信息，还应清晰描述保障系统的动态性运行的状态变化，以及静态结构性数据的状态改变的日志信息；清晰的系统结构与运行过程的信息描述，也为整合现有各种业务管理信息系统，实现装备精确保障和可视化保障的一体化管理提供信息保证。

2 信息模型

在建立装备保障信息模型之前，需要对装备保障系统中所涉及的相关信息进行讨论，以便找出信息之间的相互关系与制约，从而更好地建立起系统化的信息描述。

在装备保障系统中会有两类数据，一类是业务信息处理所产生的操作型数据，其特点是：面向应用、为日常业务服务、可更新、重复运行、事务处理驱动、一次处理量很小。第二类数据是对导出综合集成所形成分析型数据，其特点是：面向主题、为管理者服务、代表过去的数据、无更新控制、分析处理驱动、一次处理数据量大、支持管理需求。[7]第一类数据是业务处理信息系统中所处理和产生的数据，第二类则是为从整体角度对装备保障系统的信息描述，是所有业务处理所产生的操作型数据的融合与集成。本文所讨论的信息模型，面对的不是各个业务的数据范畴，而是以对装备保障系统的全面描述的角度出发。

3 装备保障综合信息系统主题数据库

装备保障信息模型需要描述装备保障的组织机构，装备保障的人员，保障资源和装备等相关信息[8][9]，这样就需要建立装备保障组织机构主题数据库、装备保障人员主题数据库、装备主题数据库和保障资源主题数据库四个分类主题数据库来全面描述保障系统，需要注意，系统功能和业务过程是隐含在相应的业务操作主体或操作对象的数据库中而没有建立对应的主题数据库。在四个主题数据库中，作为保障主体的组织结构和装备是最重要的数据库，而人员主题数据库和保障资源主题数据库应该是属于组织机构下的分类管理数据库。

四个主题数据库基本都包括三种信息：基本信息、动态信息和日志信息。基本信息作为对主题所描述主体对象的基本信息表，在基本表之下有记录属性变动的动态信息表，相应主体对象的日志信息，以及具有业务活动的业务信息的记录等。

一般来说，相应日志信息表中记录的是主题属性所有变动信息，基本信息表中记录的是主体对象当前状态信息，动态信息表记录的是相关属性变动情况以及一些业务活动信息。这些表中，一般只有动态信息表可以被直接操作，而基本信息表和日志信息表中的信息都只能是从属记录信息。要改变基本信息表中的相关状态性信息时，不允许直接修改基本信息表中的数据，而必须通过相应的动态表来进行变动记录操作，记录被确认后应自动修改基本信息表中的相关信息，并同时在日志信息表中记录相关信息，从而确保状态信息的可靠性、完整性和可追溯性。如果在日志信息表和动态信息表中没有相关变动记录，则应判定基本信息表中的改变是非法的，需要加以纠正，从而在多维的信息结构角度加强了信息可靠性的管理。

限于论文篇幅，不讨论资源数据库，且只讨论数据库中的业务构成，而不列出表单。

3.1 装备保障组织机构主题数据库

（1）组织机构的信息分类

装备保障组织结构主题数据库分为三部分：基本信息、动态信息和组织机构日志信息。组织机构基本信息作为基本表，记录机构变动的动态信息表，以及组织机构日志信息等。

与其他三个数据库只需要记录与主题相关的信息相比，组织机构主题数据库明显复杂很多，它不仅需要记录组织结构自身的状态变化，还应对组织结构即所描述的装备保障系统的进化进行规划、科研项目进度管理、项目评估与推广实施，需要如对保障资源或组织结构调整等更新进程进行规划，并控制、管理和协调规划的进展情况，对人力资源的培训、职务调整、人员评价与奖惩等进行管理等。

（2）组织机构主题数据库中的表单描述

基本信息表：对所有装备保障组织结构基本信息进行描述。如机构名称、机构类型、地理位置、成立日期等。动态信息表：分类记录组织机构管理运作过程中进化变动情况。日志信息表：从属记录所有组织结构的属性变动情况。科研规划、科研项目进度管理、科研项目推广实施、人力资源培训计划与实施等业务活动。

① 装备保障组织机构信息基本表和日志表。基本表：记录装备保障组织机构的基本信息。其中部门类别分为机关、部队、医疗、国防仓库、武装部等；部门保障分类：应急部队、战略预备队、边海防、其他。

装备保障组织机构日志表：记录装备保障组织机构变动情况。

② 动态表。装备保障组织机构变动记录表：记录的组织机构变动的相关信息。一般包括组织机构的名称、功能、分支机构、地理位置、所属单位以及编制调整等等变动信息。

应急事件装备保障组织机构信息表：记录为了应对特殊事件而成立的装备保障组织机构信息。如战争、抗洪等。

③ 科研管理与人员培训。科研项目管理：包括科研规划、计划组织、进展管理、项目评审鉴定以及项目推广和实施等。

人员培训与学术交流：计划和管理人员培训、学术讲座、学术交流等。

人员评价与奖惩情况：建立人员或组织的评价体系与奖惩措施，以规范和引导整个装备保障系统的运行与进化是符合其价值取向与发展方向。

3.2 装备保障人员主题数据库

建立装备保障人员主题数据库，以基本表、日志表加多维动态表的信息组织形式，分别对人员基本信息、变动信息和日志信息进行多维描述，通过与组织机构主题数据库的配合使用，可以清晰描述出组织机构内部人员的现有状态和状态变动的动态信息，有效管理人员状态变化情况。由于日志信息表和完整的个人简历信息表的设立使所有人员信息具备了历史信息的可追溯性，以及同一变动信息在三个表中加以确认，保证信息的可靠性，从而提高数据仓库的信息可信度与管理的有效性。

若这种设计思路能够实现，所有人员从被录入进人员信息库中起，每个人的所有变动情况都应该是被完整地记录在案，从信息结构和信息管理的角度，实现信息的可追溯性、可靠性和完整性。

(1) 装备保障人员的信息分类

装备保障人员是建立装备保障信息模型中的基本要素，是装备保障工作的操作主体。装备保障人员分为三类：装备保障指挥人员、管理人员和专业技术人员。装备保障人员主题数据库从人员的基本信息、动态信息和人员日志信息方面加以描述。

基本信息表：对所有装备保障人员的基本情况的现有状态信息进行描述。既包括属于静态属性的信息：证件（身份证）号码、姓名、籍贯、出生日期等静态信息，婚姻状况、政治面貌、专业、兵种等稳定属性。也包括动态属性的信息：军衔、职务、学历、家庭地址、所属单位等属性。

人员日志信息表中记录的是所有人的所有变动信息，个人简历信息表中记录的是个人的动态信息变动情况，基本信息表中记录的是人员当前信息，动态信息表记录的是人员相关属性变动情况。这些表中只有动态信息表可以被直接操作，其他三个表中的信息都只能是从属记录信息。

(2) 装备保障人员主题数据库中的表单描述

装备保障人员基本表和人员日志信息表：装备保障人员基本表记录着装备保障人员的当前状态信息。人员日志表记录状态变动情况。

人员动态信息记录表：装备保障人员动态信息指的就是装备保障人员可以改变的属性信息，如职务、军衔、学历等的变动记录。如军衔变动记录表、职务变动记录表、学历变动记录表、技术等级变动记录表、所属单位变动记录表、人员培训情况表、人员奖惩情况表。

个人简历信息表：个人简历信息包括个人的培训情况、奖惩情况、科研成果情况和专业技能与经验，是个人状态变动信息的集中记录，全面记录个人情况的变化过程，是个人的全部日志信息。

3.3 装备主题数据库

装备主题数据库分成三部分：装备基本信息、装备动态信息和装备日志信息。动态信息包括装备管理、使用和装备维修信息。装备主题数据库中所包括的信息根据所讨论的保障机构不同而有差异，本文讨论对象是部队主要以装备的使用和维修等活动为主；如果是仓库等单位，装备的主要信息是有关装备的储存、保养、进出库管理、供应调度和运输等相关活动的信息，限于篇幅本文不作讨论。

(1) 装备基本信息与日志信息

装备基本信息表：是对装备当前状态信息的全面描述。其中装备代码、装备名称、计量单位、生产批次、号码、生产日期、装备日期、工厂代码等信息是不变的，属静态信息。质量等级、鉴定日期、退役报废情况等会发生状态变化的动态信息。

装备日志表：记录装备日常项目的变动情况。

（2）装备管理

装备日常管理：装备日常管理是装备保障工作的重要组成部分，是为科学合理使用装备和保持装备的良好技术状态而进行的各项经常性管理工作，主要包括：装备的动用与使用、保管与保养、封存与启封、安全教育、战训转换等管理。

装备质量管理：装备的质量管理是装备管理的核心内容，是对装备质量情况实施有效监督的必要手段和基本途径，是装备使用动用、开展装备维修保障的依据。主要包括：质量监测，质量转级，报废退役，事故管理等。

档案管理：装备的日常使用管理信息、装备质量管理信息、装备配套管理信息等档案管理。

（3）装备维修（含改装）

装备维修管理是对装备维修保障活动进行的管理。包括维修政策研究、维修保障方案研究、维修计划管理、维修任务分配、维修保障经费管理和维修活动情况管理等。一般维修分为总部、军区（军兵种）、部队三级（对应大修、中修、小修三级维修）。主要负责：装备维修计划制订与管理，维修经费管理，维修装备管理（待修、调修、送修、接装、报废处理），修理质量管理（装备大修结果检查及评定、工厂大修能力及质量检查及评定），维修信息管理。

（4）装备供应

装备供应管理实现装备从订购、验收入库、储存、供应和回收入库等过程的管理。主要负责：装备供应保障计划的制订、实施与监督，装备运输、中转、入库计划的制订、实施与监督，仓库管理（账目管理、保障管理、信息管理），以及保障供应、运输、中转、入库信息管理。

4 结束语

装备综合保障信息模型是关于装备保障系统的整体描述，是通过对装备保障系统的组织机构及所属资源的现有状态性数据及系统业务活动的动态运行性数据信息进行记录、管理和积累，才有可能支持装备综合保障的一体化实现。在主题数据仓库对长期积累的海量数据的有效组织和管理下，是对装备保障人员、装备、装备保障组织机构、资源的全面理解、描述和掌握；对相关信息的全面、及时、准确、恰当的收集、处理、传递、共享和应用，决定和反映了装备保障能力的实施速度、质量、成本和实施效果。对装备综合保障信息模型的研究，将有助于装备保障信息的合理组织，并支持相关信息的进一步分析和挖掘研究，以获得装备保障系统及系统运行中所隐含的内在规律的认识和理解，协助和引导装备综合保障能力的有效进化发展。

参考文献

［1］董淑英．装备综合保障系统的系统认识与系统模型［M］//国防科技前沿论坛 2008 论文集［C］．长沙：国防科技大学出版社，2008：194-200.

［2］董淑英．一般社会系统的系统模型与信息系统架构模型［M］//陈宗海．系统仿真技术及其应用第 9 卷［C］．合肥：中国科学技术大学出版社．2007：28-33.

［3］董淑英．一般社会系统的信息化与信息系统架构［J］．美国通讯和计算机．2007：65-71.

［4］［美］Alex Berson Stephen Smith Kurt Thearling 著．构建面向 CRM 的数据挖掘应用［M］．贺奇，等，译．北京：人民邮电出版社，2003.

［5］温熙森，匡兴华，陈英武．军事装备学导论［M］．长沙：国防科技大学出版社，2002.

［6］董淑英，周玉生．社会系统学的系统仿真研究［J］．系统仿真学报，2008：20（18）．4802-4805.

［7］［美］Inmon W H 著．数据仓库［M］．林友芳，等，译．北京：机械工业出版社，2003.

［8］龚传信．军事装备学教程［M］．北京：解放军出版社，2004.

［9］郐德华．装备保障指挥学［M］．北京：国防大学出版社，2002.

An Information Description of the Equipment Comprehensive Support System

DONG Shuying[1], MAO Dengqian[1], ZHOU Yusheng[2]

（1. Computer Engineering Department, China; 2. Foreign Training Department, Ordnance Engineering College, China; Shijiazhuang, Hebei 050003）

Abstract: The information model of the equipment comprehensive support system should be able to completely describe all the state information of the components of the equipment support system, i. e., the present state information. the information model should be able to describe the following information, the organization structure information which can provide the organization structure of the organization , command, management and equipment management coordination needed in the support activities to serve as the main body of the equipment support system; the resources information which can describe the human resource and other different support resources needed in realizing equipment support, it serves as the realizer of the support function in the concrete operation; the equipment information which can help realize the full system , full life and integrated support of the equipment which server as the direct target of support ; the functioning process information which describes the operation process formed by a series of planned and organized support activities; the evolution information which includes the planning and implementation of the evolution and development of the structure, resources and other related parts of the equipment support system, so as to provide the support capability needed by the future military capability.

Key words: social system; equipment support system, comprehensive support information system; information model; subject data base

第十篇

信息系统学科建设与研究方法

激励策略在提升网络调查参与中的有效性研究*

邵培基[1]，方佳明[1]，程都[1]，李晓霞[1]

（1. 电子科技大学 经济与管理学院，四川成都 610054）

摘　要：网络调查中存在较低的调查参与问题，限制了网络调查的发展。研究者在网络调查中采用了不同的激励策略，在激励策略的有效性研究中，现有的研究仅限于比较同一种激励策略的量的差别。本研究借鉴传统调查激励理论，提出将不同的激励策略相互匹配，可分为7种激励策略和无激励，并通过实证方法，研究激励策略对提升调查参与的有效性。通过在3个城市的相关学校发放问卷400份进行调研，本研究提出如下研究结果：激励策略有效地提高了被调查者的参与意愿；事后激励的效用大于事前激励的效用；必然激励效用大于或有激励的效用；现金激励、实物激励、虚拟激励的效用不存在显著性差异；必然现金激励策略效用最大。

关键词：网络调查；回复率；激励；有效性

中图分类号：C31

近年来，网络调查在我国企业、政府、高校得到较广泛的应用，但其中也存在“过低的调查参与”等问题，过低的调查参与会使调查结果有偏差[1]，影响了网络调查结果的有效性。

许多学者希望通过激励来提高网络调查的参与，激励的使用在现实网络调查中的发展已经远超越了理论研究的进展，零点、艾瑞等调查公司已经在尝试使用各种不同的激励策略，如奖金、购物券、彩票、公益捐赠积分、免费共享资源、DIY自助调查、精神激励等。

目前对网络调查激励问题的研究尚缺乏如下研究：在同一种激励策略中，有关激励物价值的变化对调查参与意愿的影响；将多种不同的激励手段进行相互比较的研究；研究仅从网络调查实施者的角度来考虑，没有从被调查者的角度考虑其面对不同激励策略时的心理状态，片面强调通过激励策略来提高调查参与而忽略了考虑调查所得数据的质量。因此，研究各种激励策略的有效性对提升调查参与有重要的理论与现实意义。

本文通过不同的实验对激励在网络调查中的效用进行研究，从中找出提高网络调查参与的手段，并对不同类型网络调查激励策略的选择提出了相关建议。

1　网络调查中激励有效性研究现状

目前，国内网络调查研究多从统计学角度进行：网络调查的样本的选择，调查偏差的控制以及各种相关定性的研究。网络调查中激励的效用研究目前是国内网络调查研究中的一个空白。国外网络调查的研究中，激励因素在提高网络调查参与方面的作用是近几年研究的热点，正确的激励应用和使用时机是研究者试图解决的重点问题。本文归纳了该研究方向的主要研究内容，参见图1。激励的研究集中在对比MI、OI、OR、MR 4个不同象限所代表的不同激励方式之间的有效性。

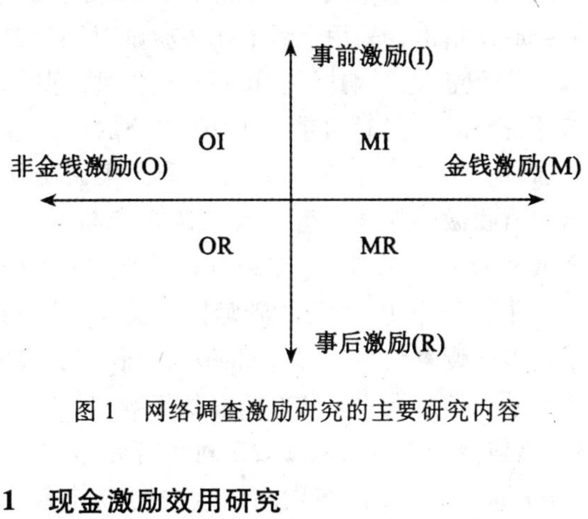

图1　网络调查激励研究的主要研究内容

1.1　现金激励效用研究

研究表明，通过现金激励，邮件（E-mail）回

* 基金项目：本文相关研究工作得到国家自然科学基金项目（70772070）支持

作者简介：邵培基（1946—），男（汉族），南京，E-mail：shaopj@ uestc. edu. cn

复得到了提高，同样有学者在研究，当激励额度更大时或事前预付给参与者时，激励是否会更有效。他们发现，事前激励会增加调查参与。增加激励金额也会增加调查参与，但仅限于该激励是事前激励的情况[2][3]。

此外，Shaw 等人以一个社区的参加医疗保险的人群为样本，通过一个消化状况的邮件调查对现金激励额度的大小对于调查参与、数据质量和成本的影响进行研究。结果显示，社区病人样本中 5 美元的激励调查参与高于 2 美元的激励水平。然而，在全部后续协议完成时，2 美元的激励调查参与接近 5 美元的激励水平，而且成本明显较低。

Dillman 提出，网络调查和传统调查相比有一个很大的劣势。传统的调查中一系列实施的能有效增加调查参与和提高质量的方法及程序，在网络调查中都无法实施。按传统的方式，使用事前现金激励能有效提高调查参与的方法却无法实现，因为传统方式都是通过邮寄的方式提前支付现金，而在网络调查中至今没有通用的合适的方法在线支付现金激励[4]。

1.2 现金激励与非现金激励对比研究

Shank 等人对现金激励和非现金激励在邮件调查中的影响进行了研究。在一个饮食服务的样本中，分别给予非现金（小计算器）和现金（50 美分）给每个完成了调查的人，调查参与得到了显著提高。研究还发现，非现金激励的感知成本是实际激励费用的 4 倍。Shank 认为，现金激励立即支付有效性好于延迟支付。不过非现金激励的立即支付和延迟支付之间，并没有显著的差异[3]。

研究人员还使用了不同版本的非现金激励。Vandermeer 指出，采用电话卡作为激励对调查参与的增加有积极的影响[5]。Brennan 发现，在第一次邮件寄出时，同时附带一个 50 美分的激励会显著增加调查参与[6]。同样，另一个健康调查研究显示，财物激励更能显著地增加调查参与[7]。从现金激励的额度来考虑，Halpern 发现，在医疗健康调查中，一个 10 美元的激励比 5 美元的激励能吸引更多的调查参与[8]。Helgeson 的研究也表明，现金激励能够对调查参与有明显的影响[9]。

1.3 事前激励与事后激励效用对比研究

Bosnjak（2001）在网络调查中的事前激励和事后激励实验中得出结论，在网络调查中事前激励相比事后激励，在参与意愿、实际参与度、完成份额等方面，并没有优势。而抽奖这样的事后或有激励则显著地增加了参与者的参与意愿、实际参与人数，降低了未完成的比例。虽然按照社会交流（social exchange）的理论来说，事前激励会比其他的激励方式更能够提高回复率，但是在网络调查中却并非如此[10]。

1.4 或有激励效用研究

抽奖的激励可分为立即通知中奖和延迟通知中奖，两者的影响不同。Bosnjak 在克罗地亚求职网上通过横幅广告进行了一项实验，调查新克罗地亚地区推进事业后的心理影响。立即通知中奖结果组的参与度高于无激励组的 76.6%，延迟通知中奖结果组的参与度高于无激励组的 70.5%[10]。也就是说，网络调查中类似抽奖激励的事后或有激励，立即通知结果的效果要好于延迟通知中奖结果。

由此可见，国外对网络调查激励的研究主要局限在同一种激励策略中数量变化对于参与的影响，而没有将不同的激励策略进行比较，或是进行优先级中类型之间的比较。且国外研究仅从网络调查的实施者角度来考虑问题，过分强调激励在网络调查中的作用，未从被调查者的角度考虑其面对激励时的心理状态。

本文从被调查者角度出发，从时间差别、几率差别、表现形式差别等角度进行分类，并将不同划分角度的激励策略再交叉匹配，通过实证方法，研究其对于被调查者回复意愿的影响，从而分析不同激励策略对于网络调查参与的影响。

2 网络调查中激励策略的分类

为找到对提高调查参与比较有效的方式，本文将网络调查的激励策略分类如下：

按提供激励的时间划分：

① 事前激励：在被调查完成网络调查问卷之前提供激励；

② 事后激励：在被调查完成网络调查问卷之后提供激励。

按被调查者获得激励的概率划分：

① 必然激励：被调查者一定可获得奖励；

② 或有激励：被调查者有可能获得奖励。

按激励的表现形式划分：

① 精神激励：利用口号等无需付出经济成本；

② 物质激励：以提供物质奖励为手段。

本文又把物质激励细分为：

现金激励（提供现金奖励）、实物激励（提供实物的奖励）和虚拟激励（提供网络虚拟的奖励）。

根据以上的激励策略分类，本文检验了 7 种网络调查中使用的激励策略，参见表 1。

表 1　　本研究涉及的 7 种激励策略

激励类别		激励方式		
无激励		为了对比检验激励是否有效，不采取任何激励方式。		
事前激励		⑦ 精神激励方法（您的意见对我们很重要！）		
事后激励		现金激励	实物激励	虚拟激励
	必然激励	① 赠送 10 元现金	② 赠送 10 元实物	③ 赠送 10 元 Q 币
	或有激励	④ 200 元现金抽奖	⑤ 200 元实物抽奖	⑥ 200 元 Q 币抽奖

表 1 中的几种激励策略基本涵盖了目前网络调查实际操作中使用的全部激励类型。

图 2 是 7 种激励策略对提升网络调查参与有效性的检验过程。

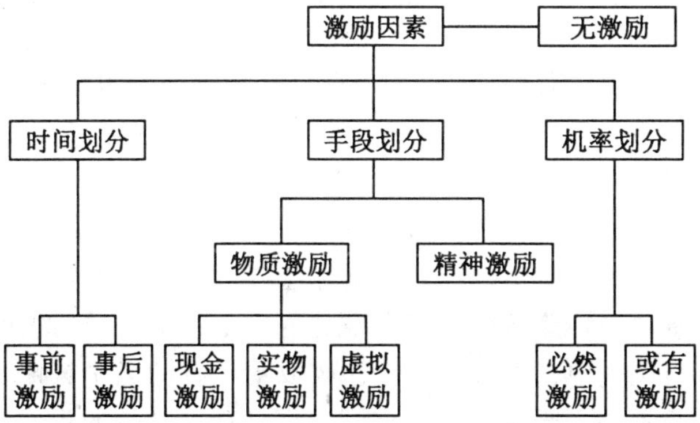

图 2　不同激励策略对提升网络调查参与有效性的检验

3　研究方法

本文选取政府公开向全民进行调查的“国家法定假日调整方案”的问卷进行调查，调查内容和自己相关，以避免调查问卷内容对于网络调查回复意愿的影响。问卷共分 8 种，每种均为 4 页，15 个问项。8 种问卷的差异只体现在第 2 页的内容，其余 3 页内容一样。每份问卷分 3 部分：注意事项、网络调查问卷、回复意愿调查问卷。内容、排版等方式完全一样，差别仅体现在网络调查表头的激励方式上，具体 8 种不同的表头按照不同激励方式（包括一种无激励对比项）如表 2 所示：

表 2　　不同激励方式的表头设计

激励方式	表头设计
必然现金激励	只要您回答了所有问题并完成提交，我将付给您 10 元现金，以此作为您给予我们帮助的感谢，我们衷心期盼您的参与
必然实物激励	只要您回答了所有问题并完成提交，我将付给您一个 10 元环保的手电筒，以此作为您给予我们帮助的感谢，我们衷心期盼您的参与
必然虚拟激励	只要您回答了所有问题并完成提交，我将付给您 10Q 币，以此作为您给予我们帮助的感谢，我们衷心期盼您的参与
或有现金激励	只要您回答了所有问题并完成提交，您就可以参与本活动的最终抽奖，就有机会获得价值 200 元的现金奖励，我们衷心期盼您的参与
或有实物激励	只要您回答了所有问题并完成提交，您就可以参与本活动的最终抽奖，就有机会获得价值 200 元的 MP3 一部，我们衷心期盼您的参与
或有虚拟激励	只要您回答了所有问题并完成提交，您就可以参与本活动的最终抽奖，就有机会获得 200Q 币的奖励，我们衷心期盼您的参与
精神激励	让您的意见为大家所知，您的意见对我们很重要
无激励	不采取任何激励策略

样本选择。本文选取 3 个城市进行调查：

成都 A 大学的在校生；昆明 B 学校的中专生；深圳 C 中学初中、高中的在校生。另外还包括一部分随机样本（利用调查网站、网上论坛等随机发放问卷）。

采用营销学常用的情景联想法，在调查过程中，告之被调查者，根据其在网络上遇到与第 2 页问卷一样的网络调查问卷时的感受，填写后面的意愿调查问卷。

4　结果与讨论

对调查对象进行随机调查。本次调查发放问卷 400 份，回收有效问卷为 328 份，满足最小的样本数应为问项数 5 倍的要求（Bentler & Chor，1987）。调查的基本资料汇总后如表 3 所示。

表 3 样本的基本资料统计

基本特性	性别		年龄（岁）				学历					互联网使用时间（年）				
分类	男	女	<18	18-24	25-30	≥31	≤初中	高中、中专	大专	本科	≥硕士	<1	1-2	2-3	3-4	>4
样本数	167	160	187	112	24	5	187	1	44	83	13	5	18	45	84	176
百分比（%）	50.9	48.8	57	34.1	7.3	1.5	57	0.3	13.4	25.3	4	1.5	5.5	13.7	25.6	53.7
CNNIC（%）	51.5	48.5	17.7	33.5	19.4	29.4	33.4	39.4	13.9	12.2	1	Null	Null	Null	Null	Null

对回收的数据采用 SPSS 进行分析，通过方差分析来检验组与组之间的均值差异，以评估是否存在真实的总体差异及其显著性。结果如下：

（1）激励策略可以有效地提高网络调查中被调查者的调查参与意愿。

无激励组和有激励组的参与意愿的均值分别为 4.43 和 5.04，组间方差平方和等于 13.80，组内平方和为 708.02，F（1，326）=6.35，在 0.05 的传统显著性水平下，有激励组的回复意愿平均值显著高于无激励组的回复意愿平均值。该结论也证实了 Bosnjak（2003）研究中的结论，同时也将其激励因素在网络调查中的效用拓展到更广泛的层面。

（2）事后激励比事前激励更能提高网络调查中被调查者的调查参与意愿。

事前激励组和事后激励组的参与意愿的均值分别为 4.57 和 5.12，组间方差平方和等于 10.96，组内平方和为 628.61，F（1，285）= 4.97，在 0.05 的传统显著性水平下，事后激励组的参与意愿平均值显著高于事前激励组的参与意愿平均值。

该结论有悖于传统调查中事前激励要优于事后激励策略的结论，其原因：鉴于网络调查的低成本和匿名性，被调查者可轻松地获得激励而不付出代价。事前激励在网络调查中不易实现。根据本研究，事后激励在提高被调查者参与意愿的有效性方面显著高于事前激励。考虑到本研究中使用的事前激励仅涉及现实中使用的谨慎激励策略，因此，本研究中的结论仅限于事前精神激励，将来有必要研究事前物质激励和事后物质激励之间的有效性问题。

（3）必然激励比或有激励更能提高网络调查中被调查者的参与意愿。

必然激励组比或有激励组的参与意愿的均值分别为 5.36 和 4.89，组间方差平方和等于 13.39，组内平方和为 525.66，F（1，244）=6.22，在 0.05 的传统显著性水平下，必然激励组的参与意愿平均值显著高于或有激励组的参与意愿平均值。据此，网络调查实施者应在调查中尽量采取必然激励的手段，即只要被调查者回复调查就可获得奖励，而不是参与完成后通过抽奖的方式确定获奖。

（4）现金、实物与虚拟激励在提高网络调查中被调查者的回复意愿的效用上无显著性差异。

表 4 多重比较分析

	N	均值		平方	df	F	显著性
现金激励	82	5.33	组间	5.17	2	1.177	0.310
实物激励	82	4.99	组内	533.8	243		
虚拟激励	82	5.07	总数	539.0	245		

现金激励组、实物激励组和虚拟激励组的参与意愿（表 4）的均值分别为 5.33、4.99 和 5.07，组间方差平方和等于 5.17，组内平方和为 533.88，F（2，243）=1.177，在 0.05 的传统显著性水平下，现金激励组、实物激励组和虚拟激励组的回复意愿平均值不存在显著性差异。因此，在平时的网络调查中，可根据情况，选取更经济的激励策略，并不一定要局限于现金、实物奖励等具体的形式。只要提供了奖励，就可以有效地提高被调查者的参与意愿。

（5）必然现金激励策略相比于其他网络调查中的激励策略更能有效地提高被调查者的参与意愿。

无激励、精神激励、必然现金、必然实物、必然虚拟、或有现金、或有实物、或有虚拟激励组的参与意愿的均值分别为 4.43、4.57、5.57、5.20、5.31、5.09、4.78、4.82，组间方差平方和等于 43.37，组内平方和为 678.45，F（7，320）= 2.92，在 0.05 的传统显著性水平下，必然现金激励组具有最高的参与意愿平均值。

上述研究参见图 3，其中 X 轴为本研究涉及的 7 种激励策略和无激励；Y 轴为调查参与意愿。

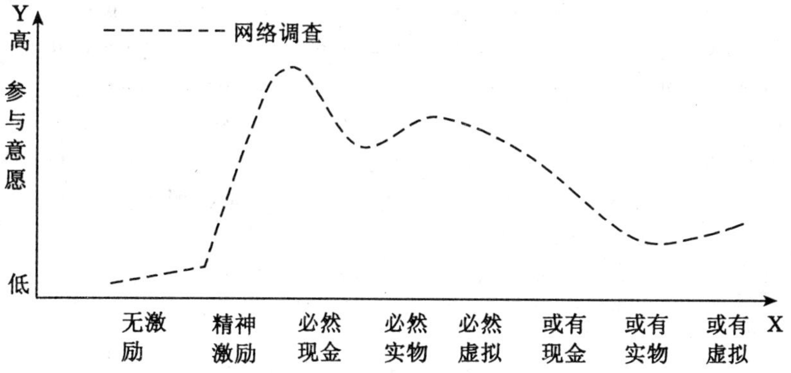

图3 不同激励策略对调查参与意愿提升的有效性

5 结 语

网络调查对电子商务的发展具有重要的意义，但较低的调查参与限制了网络调查的发展。

本研究借鉴传统调查激励理论，提出通过实证方法研究激励策略对提升调查参与的有效性，通过在3个城市的相关学校进行调研，发放问卷400份。本研究提出如下初步研究结果：激励策略有效地提高了被调查者的参与意愿；事后激励的效用大于事前激励的效用；必然激励效用大于或有激励的效用；现金激励、实物激励、虚拟激励的效用不存在显著性差异；必然现金激励策略效用最大。

参 考 文 献

[1] Groves R M. Survey Errors and Survey Costs [M]. New York: Wiley, 1989.

[2] Collins L, Ellickson L, Hays D, et al. Effects of Incentive Size and Timing on Response Rates to a Follow-up Wave of a Longitudinal Mailed Survey [J]. Evaluation Review, 2000, 24 (4): 347-363.

[3] Shank D, Darr D, Werner C. Increasing Mail Survey Response Rates: Investigating the Perceived Value of Cash Versus Non-cash Incentives [J]. Applied Marketing Research, 1990, 30 (3): 28-32.

[4] Dillman D A. Mail and Internet Surveys: the Tailored Design Method [M]. New York: John Wiley, 2000.

[5] Vandermeer B. Incentive Effect on Response Rates for the 1997 Survey of Household Spending [C]. Statistics Canada: Ministry of Industry, 2000.

[6] Brennan M. The Effect of a Monetary Incentive on Mail Survey Response Rates-new Data [J]. Journal of the Market Research Society, 1992, 34 (2): 173-177.

[7] Wang P S, Beck A L, McKenas D K, et al. Effects of Efforts to Increase Response Rates on a Workplace Chronic Condition Screening Survey [J]. Medical Care, 2002, 40 (9): 752-760.

[8] Halpern S D, Ubel P A, Berlin J A, et al. Randomized Trial of $ 5 Versus $ 10 Monetary Incentives, Envelope Size, and Candy to Increase Physician Response Rates to Mailed Questionnaires [J]. Medical Care, 2002, 40 (9): 834-839.

[9] Helgeson J G, Voss K E, Terpening W D. Determinants of Mail-survey Design Factors and Respondent Factors [J]. Psychology & Marketing, 2002, 19 (3): 303-328.

[10] Tuten T, Bosnjak M, Bandilla W. Banner-advertised Web Surveys [J]. Marketing Research, 2001, 11 (4): 16-21.

Research on Effectiveness of Incentive Strategies in Willingness of Web Surveys Participation

SHAO Peiji[1], FANG Jiaming[1], CHENG Du[1], LI Xiaoxia[1]

(1. School of Management and Economics, University of Electronic Science and Technology of China, Chengdu 610054, China)

Abstract: Low participation still remains a big problem in web-based survey, which limits its development. In order to alleviate the problem, practitioners employ different incentive strategies. However, the extant research related to the effectiveness of incentives in

Web survey mainly compares effectiveness of the different amount of incentive after controlling for the type of the incentives. Learning from the traditional motivation theory, this study re-classified incentive strategies and put forward seven different incentive strategies, then matched each other and made an exploration on the effectiveness of distinct incentive strategies in improving participants' Web survey participation willingness by empirical study. By conducting four hundred questionnaires in relevant schools in three cities, we made the following conclusions: adopting incentive can help to improve the willingness of survey responses; postpaid incentive strategy is better than prepaid strategy; the effectiveness of unconditional incentives is greater than contingent incentives; Cash, real material, and virtual incentive strategies exhibit no significant difference in improving participation willingness; Among all the strategies, unconditional cash strategy reveals the greatest effectiveness.

Key words: web survey, participation rate; incentive; effectiveness

专业使命是学科建设永恒的主题*

——信息管理与信息系统专业课程体系设计

赵志运[1]

(1. 内蒙古财经学院 信息管理系，呼和浩特 010070)

摘　要：文章从信息专业的历史使命入手，分析了信息专业的培养目标，提出了信息专业的核心课程——管理信息系统及其目标定位和知识架构，并由此总结了以管理信息系统为核心课程的信息专业的课程体系。

关键词：信息管理专业；核心课；管理信息系统；课程体系

中图分类号：F270.7；G642.3

众所周知，任何学科和专业的出现和存在，都有其历史的必然，都要承载相应的社会使命、并实现相应的培养目标；同时，任何专业都应该有一门体现专业目标、统筹专业课程体系的核心专业课，并由该门课程出发设计专业课程体系；对于信息管理专业，这门课程无疑就是管理信息系统。

但是近年来，随着信息技术在管理领域的深入应用，人们对信息化的认识逐渐由概念普及发展到实践应用阶段，即诺兰模型的系统集成阶段，在该阶段，社会对信息化人才的需求主要以系统开发所需的技术型人才的需求为主，如系统开发中设计阶段的数据库设计师、网络构架师，实施阶段的程序设计人员、系统运行管埋及维护人员等更受用人单位的青睐，这种需求变化对信息管理专业的培养目标造成很大的冲击。

基于需求的导向和就业的压力，许多高校在制定信息专业的培养方案时，忽视了信息专业的使命，曲解了信息专业的培养目标，最明显的体现就是许多高校把信息系统分析与设计课程定位为信息专业的核心专业课，把管理信息系课程作为一门概论式的课程，入门教育的课程，甚至有些高校认为管理信息系统课程的设置没有意义，干脆取消了该门课程。

那么，究竟管理信息系统有没有存在的必要；管理信息系统和信息系统分析与设计，哪个更能体现专业目标；以管理信息系统为核心课，专业课程体系如何设置；如何定位管理信息系统的课程目标、地位、课程内容等问题；本文围绕上述问题展开讨论，提出了一个以管理信息系统为核心的体现信息专业使命的课程和知识体系。

1　由信息专业的使命及培养目标分析信息专业的核心课程

对于信息化，就管理而言，可以理解为管理的信息技术环境下的优化和改造，这就说明信息化分为两方面的内容，即基础层面上的技术环境的集成和应用层面上的管理优化；技术集成是基础，管理优化是目标，这两方面紧密相关，密不可分。信息管理与信息系统专业的目标就是培养这样的人才，其使命概括而言就是培养信息系统环境下的信息管理人才，其深层次的含义应该是培养信息系统环境下的管理人才，其职责是在信息化环境下如何进行管理，如何进行组织设计、流程设计、制度设计。因此，信息管理专业是传统管理学科的高端学科，其职责在于管理变革和创新，是对未来管理模式的研究，这也是诺兰模型的第六阶段——信息管理阶段的设想与追求的目标。

针对信息管理专业的使命，信息管理专业的战略级的目标就是要培养熟练掌握信息技术集成（信息系统开发），能够对组织战略、组织机构、组织管理制度、管理职能、管理流程进行信息技术环境下的重新设计和创新的高级管理人才。

针对信息专业的使命和目标，信息专业的两门重要的专业课程无疑就是管理信息系统和信息系统分析与设计，管理信息系统的任务在于管理优化，它直接体现了信息专业的使命，统帅了信息专业的

* 通讯作者：赵志运（1972-），男，汉族，内蒙古呼和浩特市，副教授，E-mail：zzynmg@163.com

课程体系，是信息专业的核心课程；信息系统分析与设计课程的任务在于技术集成，是管理信息系统课程的基础和前续。

在此，有些学者提出了不同的观点，信息专业的技术集成，就是综合各种现代信息技术，构建一个面向管理的信息系统，即技术集成的同时也是深入理解管理问题的过程，也需要进行管理流程的优化，因此信息系统分析与设计课程完全可以取代管理信息系统课程，这就出现了文章开始提到的现象。

诚然，信息管理专业的知识体系，信息技术环节的教育必不可少，按照“信息化的实质就是管理与技术的结合”的提法，信息专业的培养目标就是研究管理问题的信息技术解决方案，这里提到的信息技术，就是信息系统的开发技术，或者说是一种技术集成，即信息管理专业所学习的信息技术是以信息系统的构建为出发点（这是信息管理专业的信息技术类课程与软件工程专业的区别之所在），这也是信息管理专业信息系统分析与设计课程的目标所在，即信息系统分析与设计的课程目标就是深入理解管理问题的实质，进而以相应的信息技术方案解决，这个过程也是管理和信息技术结合的过程，因此有人提出了以信息系统分析与设计取代管理信息系统为信息专业的核心课程。

这种提法的不合理之处在于，第一，尽管信息系统分析与设计也是在思考管理问题的信息化解决方案，但是它的分析内容是微观的、具体的管理问题，它不能对组织的全局管理问题进行分析。第二，信息系统分析与设计更加强调技术的实现，尤其是现在提倡的面向对象方法，直接面对底层的技术实现，显然这与信息专业的使命有很大的差距；即信息系统分析与设计为核心组织课程体系是在既定的管理环境下思考信息化解决方案，而管理信息系统为核心的课程体系设计思路是在信息化环境下思考管理变革和创新，管理信息系统课程正是站在组织全局，从战略的角度思考信息化环境下的管理流程、管理创新。

因此，信息系统分析和设计这门课程是信息专业很重要的一门课程，但是它不能取代管理信息系统成为信息专业的核心课程，它只能作为管理信息系统课程的前续课程，即管理信息系统课程是在信息系统分析与设计开设之后，学生能够对具体的管理问题进行信息技术的实现思考之后，进而思考整个组织的信息化问题，显然，管理信息系统才是体现专业培养目标的核心专业课。

2 信息专业的课程体系设计

针对上述，信息专业的课程体系设计可以从两个层面上进行，第一个层面围绕“具体管理问题的信息化解决方案的设计”为出发点，以信息系统分析与设计课程为核心，该层面的课程的目标就是建立学生的具体管理问题的信息化构造能力。第二个层面围绕“信息化环境下的管理问题的优化”为出发点，在前一个层面的知识体系的基础上，以管理信息系统课程为核心，思考管理优化与变革问题。

2.1 以信息系统分析与设计为核心的课程体系设计

信息系统分析与设计，该门课程的任务就是结合某种开发方法讲授如何进行分析与设计，并形成一整套信息化解决方案，以及信息系统开发的管理；分析设计的过程既是对管理流程、管理业务深入理解的过程，同时也是逻辑性的思考技术架构的过程，在分布式系统环境下，信息系统的体系结构以及处理模式的设计，决定了信息系统的构成及技术路线，因此体系结构的研究将是该门课程的主要内容之一，因此它是管理与技术结合的一门课程；围绕该门课程，铺开了管理与技术两条课程设计主线。

管理类的课程，目的是建立学生的经济管理思想，并进而对企业管理所涉及七大职能子系统的流程进行分析设计；因此可以把该类课程分为两个层次，一个层次就是管理基础课，如会计学、统计学、经济学、管理学、运筹学等课程，该类课程目的是建立学生的管理思想；另一个层次，就是在前述管理基础课程的基础上，企业所涉及具体的管理问题，按照人、财、物及产、供、销的资源对象的流动过程，所开设的诸如生产运作管理、财务管理、人力资源管理、市场营销、供应链与物流配送管理、客户关系管理等管理应用型（管理职能型）课程；该类课程是学生进行职能系统分析与设计的基础，是企业业务流程分析的前提。

信息技术类课程，是对学生构建信息系统作技术铺垫，因此课程设置目的完全是围绕信息系统的技术架构来设计，信息系统是数据库与程序的组合，由于现在的系统都是基于网络的分布式系统，因此包括网络的内容；这类课程也可以分为两个层次，一个层次就是技术基础课，如离散数学、数据库原理、数据结构、程序设计基础、计算机网络、操作系统原理等课程，该类课程目的就是建立学生开发信息系统的技术思想，明确信息系统的技术架构；另一个层次就是技术应用型课程，设置如实用数据库应用系统（Oracle 或者 SQL-Server）、网络管理实践、C/S 的开发工具（Delphi，VB，PB，VC 等），B/S 的开发工具（JAP，ASP 等），即从学生动手实践应用技术角度考虑，选择设置一些开发工具类的课程，以支持系统开发。（如图 1 所示）

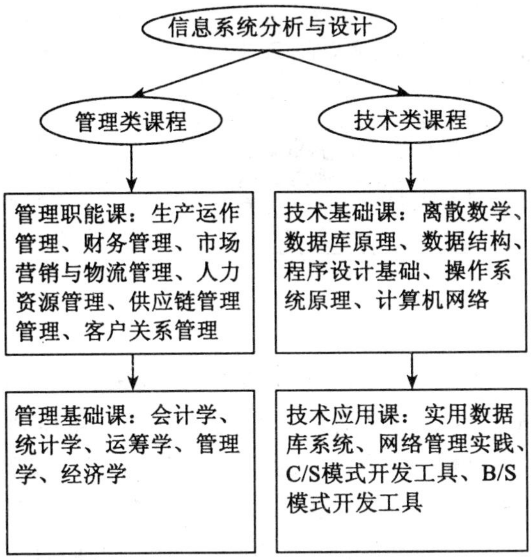

图 1

上述课程体系，体现了两个特点，其一，就是强调技术集成与实现，目的在于建立信息化的技术框架；其二，就是对管理类课程的要求只停留在管理职能课的层面上，而对于管理综合课没有涉及，这也正是该类课程体系的最大缺陷；整个专业的研究中心集中到系统开发的层面上，而对于管理的研究，尤其是战略层面的管理及信息化几乎没有涉及，这是违背了信息专业的使命，信息化是信息技术环境下的管理研究，如果脱离了管理，信息化就失去了生存的土壤，就没有存在的意义，纯粹技术问题的研究应该是计算机科学与技术或者是软件工程专业的研究领域，这也是信息专业与软件工程专业的区别之所在。

2.2 以管理信息系统课程为核心的课程体系设计

以管理信息系统为核心的课程体系是在信息系统分析与设计的课程体系基础上增加了管理综合类课程，包括组织行为学、战略管理、组织管理系统设计、知识管理等课程，其目的在于信息化环境下的管理变革和优化，这与信息专业的使命正好相吻合，管理信息系统课程承载了信息专业的目标与使命，因此课程体系以管理信息系统为核心，以管理信息系统的知识架构为出发点组织课程体系，研究的重心上升到了管理变革与创新。

作为专业核心课的管理信息系统课程以管理流程优化和管理理论创新为目标，其课程内容包括信息化环境下的组织战略制定，企业流程优化，组织设计，管理模式制定，组织整体信息化方案制订、信息经济与评价等内容。

以管理信息系统为核心的课程体系可以把课程纵向分为管理类课程、技术类课程、管理与技术结合类课程三类。

管理类课程可以分为三个层次，管理基础课、管理职能课和管理综合课；技术类课程也可以分为三个层次，技术基础课、技术应用课，技术综合课；其中技术综合课因为必须结合管理应用与实践，所以又可以看做是管理与技术结合的课程，这类课程主要是信息系统分析与设计；管理与技术结合的课程包括信息系统分析与设计以及管理信息系统两门课程，信息系统分析与设计属于低层次的管理与技术的结合，其课程目标就是搭建信息化的环境，因其侧重技术的实现，因此也可以把它划分为技术综合类课程，而管理信息系统是在信息系统分析与设计的基础上，高层次的管理问题与技术结合的课程，由于直接体现专业使命与目标，因此它是整个课程体系的核心与灵魂。（如图 2）

3 其他管理类学科的管理信息系统与信息专业的管理信息系统课程区别

需要强调一点，由于现在管理类学科把管理信息系统课程作为学科基础课，因此许多高校在制定培养方案时，没有考虑信息专业与其他管理类专业的区别，而是制定了一揽子的管理信息系统的课程模式，而实际上信息专业的管理信息系统的课程内容与管理学科的其他专业的管理信息系统的课程内容有很大的差别，无论课程地位、课程目标、知识体系都不能相提并论。

课程目标和地位，其他管理学科的管理信息系统课程是基础课的性质，其目标在于信息化知识的入门，建立学生信息化环境的思想；而信息专业的管理信息系统是信息专业的核心专业课，其目标在于把学生所学的管理知识和信息技术知识综合，起到统筹信息专业的各门课程的作用。

知识体系：其他管理学科的管理信息系统课程概括性地讲授信息技术的构成、信息技术的集成（信息系统的结构）、信息技术的应用（管理系统

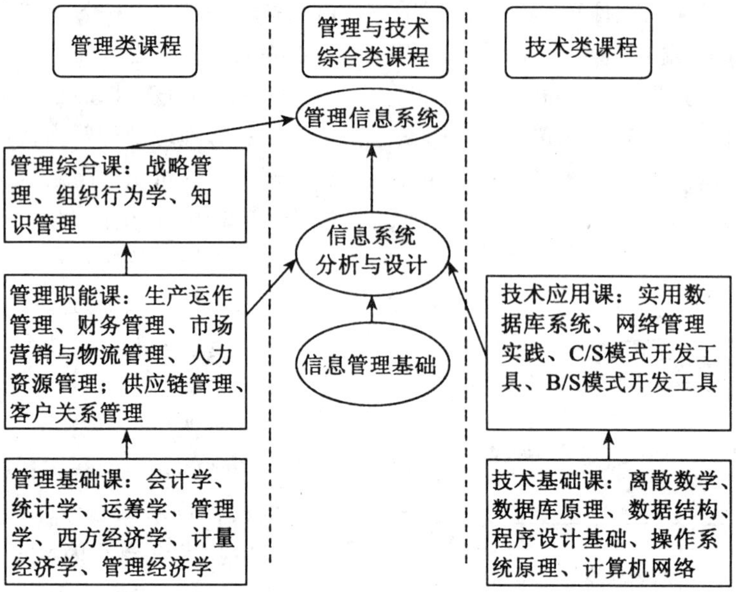

图 2

或应用系统的开发案例)，包括信息技术部分的综合介绍，管理职能及其对应流程的信息化实现分析，系统开发方法及开发过程的内容等；而信息专业的管理信息系统重点研究信息化环境下的管理创新与变革问题，包括以下管理流程的优化与重组、信息化战略及组织战略制定、组织数据建模、系统体系结构设计、信息化应用案例分析等内容。

课程顺序：其他管理学科的管理信息系统课程是管理类基础课程，是管理综合课、管理职能课的先修课，在管理基础课开设之后，管理职能课开设之前开设；而信息专业的管理信息系统是专业知识的综合课，因此是在管理类和技术类的综合课开设以后，再综合讲授。

由此可见，尽管信息专业也是管理学科的范畴，但是与其他管理学科与专业有很大的差别，作为专业核心课的管理信息系统的地位和内容也和其他管理类学科的管理信息系统课程有很大不同，因此我们不能因为他们同属管理学科，且课程名称相同就一概而论，等同对待，这样做只能使信息专业的课程体系和培养目标偏离本来的轨道。

4 结 语

从上述课程体系设计可看出，信息管理专业作为交叉性的学科；其知识体系既包括经济管理学科的完整的知识体系，也包括软件工程（计算机应用专业）的完整知识体系，信息专业的学习内容比其他本科专业的知识内容多一倍，因此学时设置就成为信息专业培养方案设计的主要瓶颈，如果按照知识体系面面俱到，难免会出现“样样知晓，个个不精”的局面，走上工作岗位后也是高不成——管理不通，低不就——技术工作不扎实；反之，如果按照市场需求，强调技术，管理知识仅仅作为了解，那么又会使信息专业办成软件工程或计算机应用专业，偏离了专业使命；而实际上信息专业的学生不但要有系统、完善的管理知识，同时也要求有深厚的技术功底和强大动手实践能力。鉴于此，对于信息专业的学时设置提出以下构想：其一，延长信息专业的学时及在校学习时间，设置五年制本科；这样该专业的本科学生可以有更充足的时间和精力学习专业知识。其二，设置本硕连读的信息管理专业；从信息专业的历史使命看，信息专业的学生更多要求管理变革和创新能力，这就需要具有丰富的管理实践以及一定的科研能力，而在本科层次上达到这样的目标就有力不从心的感觉，因此可以考虑在有条件的院校实施本硕连读。

近年来，鉴于信息管理与信息系统专业的发展现状及存在的问题，一些学者提出信息专业回归的思路，即把信息管理与信息系统专业肢解，仍然回到 1998 年之前的信息专业与传统的学科相结合的专业设计模式，在实践中，一些高校结合自身优势也办出了有自己特色的信息专业，例如广东药学院的信息管理专业就利用自己在医药学方面的优势摸索了一条和传统学科相结合的路子；另外一些传统学科也在管理与技术的交叉地带摸索信息化的应用，如近年来崛起的会计电算化、电子政务、地理信息系统等专业（专业方向）的发展；我个人认为，信息管理专业的建设可以与传统学科相结合，并形成自己的特色和优势，但是信息管理与信息系统作为一个完整的学科体系，承载相应的历史使命，其知识构成无论管理领域还是技术领域都是一个有机的系统，离开这个主题，也就违背了它的历史使命，都是不可取的。

总之，信息管理专业作为信息化时代的产物，肩负信息化改造的历史使命，在制定信息专业的培养方案时，不能只考虑某一个时期的需求，也不能只针对某个阶段的特色，应该从专业使命出发，面向社会发展的长远的趋势，这样信息专业才不会变质，才不会迷失方向。

参考文献

[1] 赵志运，赵俊岚．经济管理类院校信息管理与信息系统专业课程体系建设的思考［J］．内蒙古财经学院学报，2005，3（4）：97-99.

[2] 陶皖．对普通地方高校信息系统专业本科教学的认识［J］．科技情报开发与经济，2006，16（19）：266-267.

[3] 刘秋生．信息管理与信息系统专业建设探讨［J］．中国管理信息化（综合版），2007，10（7）：90-92.

[4] 乔晓华．信息管理与信息系统专业大学生求职择业困惑透视［J］．内蒙古财经学院学报（综合版），2007，5（1）：53-56.

[5] 赵志运．基于系统结构的信息管理专业课程体系设计［J］．中国管理信息化，2009，（16）

The Core Curriculum and Course Design of the System about Information Management Major Based on Mission Thinking

ZHAO Zhiyun[1]

(1. Department of Computer Information Management,
Inner Mongolia Finance and Economics College, Hu He Hao Te 010070, China)

Abstract: The article analyzed the training objectives of Information Management from the start with the historical mission of Information Management, and broached the core curriculum—Management Information System and its targeting and knowledge structure, and thus summed up the core curriculum system of information professional centering on Management Information System .

Key words: Information Management Major; Management Information System ; Curriculum System

信息管理与信息系统专业课程设计群组的建设

王雯[1]

（1. 北京工商大学 计算机与信息工程学院，北京 100048）

摘　要：本文对信息管理与信息系统专业课程设计的现状和存在的问题进行了分析，针对存在的问题，提出了以整体性、综合性和创新性为原则，以提高学生的综合应用能力为前提的信息管理与信息系统专业课程设计群组的建设思路和方法。即通过理顺相关课程的衔接关系和课程实验与课程设计的关系，进一步明确课程设计的目的和任务；然后选择一个系统，使所有课程的课程设计围绕着这个信息系统的开发工作进行，从而提高学生的综合应用能力。

关键词：信息管理与信息系统；创新性；综合应用能力；课程设计群组

中图分类号：G642.0

1　引　言

信息管理与信息系统专业是以信息科学、计算机科学、管理科学三方面的知识为平台，构筑信息管理学科的基础。根据这种学科的交叉性和《普通高等学校本科专业目录和专业介绍》中对信息管理与信息系统专业的要求，结合北京工商大学的办学思想和学科特点，制定的信息管理与信息系统专业培养目标是：具备管理科学与工程、信息科学和计算机科学技术的理论基础和知识，具有运用系统工程原理进行系统分析与设计以及信息系统管理的能力，能在国家各级管理部门、工商企业、金融机构、科研单位等从事信息系统开发和管理等方面工作的具有社会责任感、创新精神和实践能力的复合性应用型人才。在培养目标中特别强调了对学生实践能力的要求。

为了实现培养目标，在教学计划中设置了管理理论、信息技术理论和计算机理论等知识的学习，另外还加强了实践教学环节的设置。实践教学环节包括课程实验、课程设计、社会实习、专业实习和毕业设计，其中课程实验和课程设计是在理论课程的教学过程中完成。虽然课程实验和课程设计的目的、内容及难易程度等均不相同，但它们都是为了培养和锻炼学生的实践能力。为此根据信息管理与信息系统专业的培养方案、专业总课时的限制和具体课程要求，在某些专业基础课和专业课中设有课程实验和课程设计，具体情况见表1。

表1　开设课程实验和课程设计的课程

课程名称	课程实验		课程设计	
	有/无	学时	有/无	周
计算机程序设计	有	34	有	1
算法与数据结构	有	16	有	1
操作系统	有	16	无	0
数据库原理与设计	有	16	有	1
计算机网络技术	有	16	有	1
信息系统分析与设计	有	16	有	2
运筹学	有	16	无	0

尽管在教学计划中设置了课程设计，但课程设计的作用却不明显，具体反映在学生综合运用所学知识解决实际问题的能力较弱。原因何在？经过调查发现：各课程设计彼此独立，课程设计的内容缺乏必要的联系和延续，造成学生的专业综合应用能力不强。信息管理与信息系统专业课程设计群组的建设，就是把这些相对独立的课程设计作为一个群组，本着整体性、综合性和创新性的原则，理顺各课程设计之间的依存关系，完善各课程设计的内容，以提高学生的综合应用能力。

2　信息管理与信息系统专业课程设计现状分析

在指导学生毕业设计时，很多教师都发现这样一种现象：完成毕业设计所需要的相关知识学生都学过，并且都通过了笔试、实验和课程设计的考核，甚至有些学生还取得了较高的成绩，但让学生综合运用所学知识完成毕业设计的能力却较差。比如学生用已掌握的程序设计技能可以完成信息系统界面设计和前台应用程序的设计，也可以用数据库知识完成信息系统后台数据库的设计，但有些学生却不知如何将前台应用程序与后台数据库相连。具体反映到学生毕业设计中，就是系统中实现的界面是空的，这说明前台应用程序与后台数据库没有相连。这只是一个比较典型的问题，还存在着其他的综合应用问题。为此，对各课程设计任务书逐一进行分析，发现主要存在如下两个问题：

（1）内容设置上有难度而缺乏综合性。某些课程设计在内容设置上加深了原有课程实验内容的难度，但缺少对本课程相关知识点的综合运用的考虑。

（2）各课程设计的内容缺乏必要的联系和延续。各课程设计彼此独立，课程设计的内容缺乏必要的联系和延续，更缺少与其他相关课程的综合应用，使学生缺乏整体性的认识和综合性的训练，不清楚前面课程的学习对后续课程起到什么作用，并且专业综合应用能力不强。

3 信息管理与信息系统专业课程设计群组的建设思路

为了解决在课程设计中存在的问题，收集了相关课程的教学大纲、课程实验指导书和课程设计任务书，并对其进行了深入调查和研究，在此基础上提出了信息管理与信息系统专业课程设计的建设思路。

3.1 理顺相关的关系

（1）理顺课程之间的衔接关系

专业基础课之间、专业课之间、专业基础课和专业课之间在时间安排、内容和深度上都有一定的关系，即前导课和后续课的关系。时间安排不存在任何问题，关键是课程的内容和深度上存在着一定的问题，如有些内容在多门课中重复讲，而有些内容却都不讲，或讲的深度不够，这给后续课程的讲授和学习带来困难，也使各课程设计缺乏整体性和连贯性。为此组织相关教师对每门专业基础课和专业课的教学大纲进行反复讨论，明确各课程的内容，并由后续课程的主讲教师为其前导课程提出要求，从而明确了相关知识点的深度。主要内容见表2所示。

表2　专业课程之间的衔接关系

课程名称	前导课名称	对前导课的主要要求
计算机组成原理	计算机文化基础	了解计算机软硬件、各种进制，熟悉字符编码和汉字编码。
计算机程序设计	计算机组成原理	熟悉数据编码，重点掌握补码的应用；掌握定点数和浮点数；了解溢出的概念；掌握存储单元的编址方法及存储原理；掌握中断的概念及中断处理过程；掌握I/O控制。
离散数学	高等数学 线性代数	
算法与数据结构	计算机程序设计	掌握结构体的描述和指针的描述，并能灵活应用。
	离散数学	掌握集合和图论，并能灵活应用。
操作系统	计算机组成原理	掌握中断原理、存储系统的层次结构、CPU的工作原理；了解I/O设备。
	计算机程序设计	掌握程序设计方法，具有熟练的编程能力。
	算法与数据结构	掌握基本数据结构的概念及应用，如队列、链表和树。
数据库原理与设计	计算机程序设计	掌握程序设计方法，具有熟练的编程能力。
	离散数学	掌握集合和图论，并能灵活应用。
计算机网络技术	计算机程序设计	不同数据类型之间的转换方法；掌握面向对象程序设计的概念和方法；较高的编程能力。
	算法与数据结构	掌握常用算法、数据结构的定义和使用。
	操作系统	掌握进程、线程的概念，多线程程序的开发方法。
信息系统分析与设计	计算机程序设计	掌握面向对象程序设计的概念和方法；具有一定的编程能力。
	数据库原理与设计	熟悉数据库应用系统的开发过程、设计工具。
	计算机网络技术	熟悉网络系统设计的内容。
运筹学	计算机程序设计	具有一定的编程能力，为数学模型的实现打下基础。
	线性代数	矩阵理论。
	离散数学	规划论（如整数规划论、0-1规划论等）和图论。

（2）理顺课程实验和课程设计的关系

课程实验是课程教学的重要组成部分，设置课程实验的目的有两个。其一是培养学生实践操作能力及创新能力；其二是帮助学生加深对课堂理论教学内容的理解和掌握。为了达到课程实验的目的，课程实验的内容是按照课堂理论教学内容从前到后及从简单到复杂的原则进行设计和安排的，往往有由若干个难度适中的实验组成，每个实验的具体内容都是针对某些知识点或某一类问题的求解方法而设置的。所以课程实验的针对性很强，各门课程及实验的内容形成了各自的逻辑体系，缺乏把各专业课程之间的内在本质进行有机联系，存在一定的局限性。另外，课程实验的内容很难系统地培养学生综合运用所学知识的能力。为此给那些实践性要求很高的课程安排了1~2周的课程设计。

课程设计也是课程教学的重要组成部分，设置课程设计的目的是为了培养学生的综合应用能力和提高学生的专业素质。一门课的课程设计应该是把与多门课程相关的实验内容结合在一起，形成具有综合性和设计性特点的实验。这样就在综合性、设计性要求、规模上及内容的复杂程度上都比课程实验高。特别是课程设计能够引导学生迈出将所学知识用于解决实际问题的第一步。但是，课程设计目前存在的问题是能够在一门课程的内容范围进行简单综合，没有或很少与其他课程的知识进行综合。

明确了课程实验和课程设计的不同及相互关系，就可在课程实验的基础上完成课程设计群组的建设。

3.2 信息管理与信息系统专业课程设计群组建设的方法

信息管理与信息系统专业课程设计群组建设的指导思想是站在专业培养的高度，以各课程的教学大纲为依据，从培养学生的综合应用能力出发，完善各课程设计的内容，既要体现每门课程的特色又要充分考虑各课程之间的衔接关系，突出课程设计群组的整体性、综合性和创新性。

信息管理与信息系统课程设计群组建设的方法是选择一个规模大小和难易程度适中的信息系统，以该系统的开发为实例，将开发过程中的需求分析、数据库设计、网络平台的搭建、应用程序设计及文档编写等工作进行分解，并纳入相关的课程设计中，使学生逐步完成系统开发中的各项工作，最后实现一个完整的信息系统。

信息管理与信息系统专业课程设计群组建设的步骤如下：

- 选择典型的信息系统，并确定该系统的功能。
- 采用倒推方式分解任务。即先由最后一门课（信息系统分析与设计）的任课教师按要求给出所选系统的任务书，经讨论通过后，将任务分解成若干个子任务，并下达到其他课程设计，再由相关教师完成各课程设计任务书的编写。

（1）选系统

经过讨论确定几个学生较为熟悉的信息系统，如教务管理系统、图书馆管理系统、超市管理系统及机票预定信息系统等。以机票预定信息系统为例进行说明。机票预定信息系统主要实现对航线信息、客户信息和票务信息的管理，具体实现功能如下：

- 信息管理功能。用于管理系统的用户以及权限的分配。
- 航线信息管理功能。主要包括舱位信息、客机信息和航线信息管理，使用户具有添加、编辑和删除舱位信息、客机信息和航线信息的功能。
- 客户信息管理功能。主要包括客户类型信息和客户信息管理，不同类型的客户在订票时将享受不同的折扣优惠。使用户可以对客户类型信息和客户信息进行添加、编辑和删除操作。
- 票务信息管理功能。主要包括一个订票管理系统，能够查询航线信息，支持客户在线订票。

上面是机票预定信息系统最基本的功能，要求学生在此基础上通过调研和资料搜集，进一步完善该系统的功能。

另外，每个或每组学生，只能选择一个系统使其从第一门课程设计贯穿于最后一门课程设计，以达到综合训练的目的。

（2）任务分解

具体的任务分解结果见表3。

（3）确定各课程的课程设计任务书

根据任务分解由各任课教师分别完成各课程设计任务书的撰写，并进行落实。

因所选题目虽然能从整体上对学生进行综合训练，但具体到各门课程的要求上，有的显得分量不足，为此各课程教师在此基础上可以依据各课程的要求增加课程设计内容，在综合性的基础上又能充分体现每门课程的特色。

表 3 任务分解表

课程名称	任 务
信息系统分析与设计	1. 项目计划：利用 Project 制定项目开发计划，编制《项目规划书》。 2. 系统分析实践阶段：包括系统功能需求调研、问题定义、系统可行性研究等，编制《可行性论证报告》。 3. 需求分析实践阶段：利用 Visio 等 CASE 工具建立系统的过程模型和系统的数据模型，并编制《需求分析报告》。 4. 系统设计实践阶段：包括概要设计和详细设计，建立系统体系结构，编制《概要设计说明书》、《详细设计说明书》。（注：如果系统规模不大，则可统一编制《系统设计说明书》即可。）
数据库原理与设计	1. 数据库概念设计，画出 E-R 图。 2. 数据库逻辑设计，确定各个表的结构，并在 SQL Server 2005 环境中建立表及表之间的关系。 3. 编写所需的存储过程和触发器。
计算机网络技术	本课程设计通过实现一个简单的在线订票系统，从而使学生能够掌握 Socket 程序设计的基本方法，提高网络编程能力。另外，还需要实现网络布局结构的设计。
算法与数据结构	1. 设计实现离散事件模拟。 2. 设计实现路径、时间和价格的组合优选。
计算机程序设计	完成界面设计和应用程序设计，如系统的登录界面、系统主界面、航线信息管理界面、客户信息管理界面和舱位等级信息界面等及相应的添加、编辑、删除和查询程序。

4 结束语

本文对信息管理与信息系统专业课程设计群组的建设进行了初步研究，并将研究成果落实到 08 级教学中，取得了一定效果，比如学生通过调研和资料搜集，了解了所选系统的日常管理工作、业务环节及业务流程，明确了实际系统与信息系统的关系；通过界面设计和部分应用程序设计激发了学生学习的热情和对后续知识的渴望。本研究的真正效果将体现在 2.5 年后学生的毕业设计中。

本文所做的研究工作还存在着许多不足，尚需要进一步完善和深化。

参 考 文 献

[1] 周济. 大力加强教学工作切实提高教学质量——在“第二次全国普通高等学校本科教学工作会议上”的讲话 [J]. 中国高等教育，2005，(1)：3-7.

[2] 中国高等院校信息系统学科课程体系课题组，中国高等院校信息系统学科课程体系（2005）[M]. 北京：清华大学出版社，2005.

[3] 教育部高等学校计算机科学与技术. 高等学校计算机科学与技术专业实践教学体系与规范 [M]. 北京：清华大学出版社，2008.

Construction of Information Management and Information System Curriculum Design Group

WANG Wen[1]

(1. Beijing Technology and Business University , Computer and Information Enginneering School, Beijing 100048, China)

Abstract: This paper first gives an analysis of the current status and existing problems concerning information management and information system curriculum design, and then puts forward some holistic, integrated and innovative constructive thoughts and methods. The interface between related courses and the relationship between curriculum experiments and curriculum designs should be streamlined; the purpose and tasks of curriculum design should be further clarified; then an information system that is the core of all courses'designs. Should be developed to enhance comprehensive application ability of students.

Key words: information management and information system; innovative ability; integrated application ability; curriculum design group

“信息资源管理”课程研究型教学方法实践*

李昀[1]

（1. 北京林业大学 信息学院，北京 100083）

摘　要：研究性学习可以培养学生自助建构知识结构和专业技能。本文介绍了北京林业大学“信息资源管理”课程研究型教学方法的实践过程，包括教学方法设计、教学目标确定、研究问题设计等环节，以及教学对象分析、教学实施和效果分析。结果表明，研究型教学方法调动了学生的学习热情，学生通过针对自主选题的研究性学习，不仅掌握了课程大纲要求知识点，同时锻炼了研究能力、协作能力和表达能力。实践证明，研究型教学方法在北京林业大学的“信息资源管理”课程教学中行之有效。

关键词：研究性学习；教学改革；信息资源管理；

中图分类号：G642.4；G642.0

研究性学习是基于问题或项目的学习（Problem-based Learning/Project-based Learning，PBL），是指学生通过研究性的方式提出、理解和解决问题，因此也叫探索性学习[1]。学生可以在此过程中形成学习能力和创造能力。正因如此，研究性学习自20世纪90年代以来受到了国内外普遍推崇，并逐渐渗透到了各门课程的教学中。北京林业大学在信息资源管理课程教学中采用的研究型教学方法就是以信息资源管理相关问题为引导，让学生进行研究性学习，从而掌握课程大纲规定的知识点和基本技能。

“信息资源管理”是信息管理与信息系统专业必修的专业主干课。教指委将这门课定位为“概论性、入门性课程”，给本专业的学生提供一种概论性的专业入门性知识，使学生了解本专业的基本知识框架。相关的教材也是按照这样的定位编写的。这就给北京林业大学该门课程的教学带来了困难。因为在2002版的教学计划中，该课程被定位为专业课，课程任务是通过本课程的学习，使学生认识信息资源与信息化对社会经济发展的战略意义和对信息资源进行科学管理的重要性，掌握信息资源管理的基本思想、基本方法与基本技能。开课时间为第七学期，即四年级上学期。这样一来，教指委的教学指导意见就不适用了，教材选择和教学组织遇到了困难。为了解决这一矛盾，任课教师在教学过程中尝试了增加阅读材料和案例分析等方法，并对学生进行跟踪调查，最后选择引入研究性学习方法，并申请了校级教改课题，研究“信息资源管理”课程采用研究型教学方法的内容组织和教学形式。

1　课程教学对象分析

按照北京林业大学2002版修订的教学计划，“信息资源管理”这门课在第七学期开设。这时的学生已经学过信息管理概论、数据库、信息获取与分析、ERP原理与应用、电子商务等课程，管理信息系统和电子政务两门课与信息资源管理在同一学期开，课程内容相关度非常高，甚至有些内容在几门课程中交叉出现，学生对课程内容没有新鲜感，学习兴趣不高。以往这门课出勤率低，布置的作业也基本上应付完成。尽管也采用了案例教学和课堂讨论等形式，学生依然反映这门课没意思，学不到什么实用的东西。事实上这个阶段的学生已经有了一定的先验知识，如果在教学中充分利用学生原有的知识和经验，帮助和引导学生在原有知识和经验的基础上增长新的知识和技能，就有可能使学生有所收获。尽管在2007年教学计划调整中将该门课程提前了两个学期，改在第五学期开课，学生的先验知识不完全相同，但特点依然相同，因此只要在组织内容时做相应调整。

* 基金项目：北京林业大学教改项目

通讯作者：李昀，E-mail：liyun@bjfu.edu.cn

2 研究型教学方法设计

根据建构主义理论，学习不是一个刺激——反应现象[2]。学习是在一定的情境下，借助其他人的帮助而实现的意义建构过程。这里的其他人包括教师和小组团队成员。教学设计要综合考虑"情境"、"协作"、"会话"和"意义建构"这四个学习环境中的因素。

2.1 课程目标

本课程教学的目的是使学生认识信息资源与信息化对社会经济发展的战略意义和对信息资源进行科学管理的重要性，掌握信息资源管理的基本思想、基本方法与基本技能。因此在教学过程中我们参照相关文献[3]将课程目标按照知识、能力和素质三级进行了设计：

(1) 知识目标：使其掌握信息资源管理的基本概念、思想和原理；

(2) 能力目标：培养学生的信息素养，使学生具备主动获取信息、处理信息的能力；培养学生对信息资源管理问题的分析和解决能力；培养学生的沟通交往能力和表达能力；培养学生的创新意识和创新能力；培养学生的团队合作能力；

(3) 素质目标：培养学生认真严谨、实事求是的科学态度，不怕挫折、勇于探索的科学精神；培养学生的社会责任感和使命感。

2.2 研究问题的设计

在教学实践中，研究性学习主要是在教师指导下，以类似科学研究的方式去获取知识、应用知识、解决问题，让学生通过课题研究的实践，在提出问题、搜集资料、对问题进行探索、分析、最终解决问题的过程中，培养科学的态度、创新精神、创造能力，掌握科学的研究方法[4]。采用研究性学习方式，研究问题的设计是关键[2]。教师需要根据课程大纲的要求，针对每一章的教学重点设计一定的问题或选题，并提供建议的研究方法和参考资料供学生选择。问题的设计要有一定的原则，首先不能偏离教学大纲要求；其次要有开放性，给学生留出足够的发挥空间；再次要允许学生在选题范围内自主命题，只要不偏离教学目标，教师应该鼓励学生自己发现问题，主动探索结论。

虽然研究性学习强调学生自主选题，但不等于没有范围的自由选题，否则就很难达到教学要求的效果。因此，教师在课前需要针对各单元的特点设计不同难度和要求的选题。例如，针对第一章"信息资源管理概论"，可以设计"信息资源管理的内涵"、"信息资源管理的产生与发展"、"信息资源管理相关学说和流派"等选题，要求学生通过文献研究的方法展开研究。又如，针对第二章"信息资源内容管理"，可以设计信息采集、信息表述、信息分析方面的问题，让学生通过选择热门问题，如"奥运志愿者缺课及补课问题"、"猪肉涨价对我们生活的影响"、"大学生课余时间利用"等，进行访问调查采集信息，并对采集到的信息进行分析研究；针对信息系统资源管理，可以设计案例分析的选题，让学生利用网络和文献查找典型案例进行分析，讨论；针对信息资源标准化问题，让学生利用网络和文献分领域查找相关标准或案例，并进行分析；针对信息资源管理的热点问题，列出主题词让学生利用文献计量学的方法展开研究；针对信息资源管理的法律法规问题，选择时效性强的新闻事件作为选题，如"华为和思科的知识产权纠纷"、"馒头血案的纠纷"等；针对政府信息资源管理和企业信息资源管理设计综合调查选题，调查具体企业或政府机关信息化进程和相关问题等。

2.3 教师的角色

研究型教学方法中，教师的角色不再单纯是知识的传授者，而应该是问题的设计者和研究的指导者、参与者以及研究成果点评专家。因此就要求教师不仅仅在课堂上与学生沟通，课下依然要与学生保持联系，随时解答学生的问题，帮助学生跨越研究中遇到的障碍。对于符合要求的自主选题，教师要及时给予肯定和鼓励，使学生发现研究的乐趣，更加主动地学习。对于不符合要求的自主选题，教师要善于引导，指出选题不合理的原因，并建议学生重新选题。切忌直接否定，以免打击学生的积极性。

3 研究型教学方法实践

3.1 研究小组划分与分工

北京林业大学信息管理与信息系统专业在2003—2005年每年招生4个班，2006年起改为招收2个班。为了保证教学目标的顺利完成，我们的做法是每个班分4~5个小组，每个小组最多不超过6个人，最少不少于4个人。小组内部根据每一次选题进行详细分工，明确每一个成员的工作内容，以便最后考核。

3.2 选题与研究计划

教师在布置选题时，给出相应的方法建议和时间要求以及最终上交成果形式的要求。针对每一次选题，一般建议学生根据老师事先准备好的问题自行拟定选题题目，并根据选题制定一套研究计划，包括研究内容、进度安排、最终提交成果等，并将计划和选题一起报给老师备案。

3.3 研究成果考核

每次选题完成后，教师都组织学生进行课堂汇报交流，这样不仅能够让学生互相交流各自的研究成果，还可以横向对比。教师要求每个小组每次汇报时发言的同学要轮换，这样可以让更多的学生有机会当众陈述本组的研究成果，对锻炼学生的表达能力非常有益。汇报过程中，除教师对研究过程和结果进行提问外，允许其他的同学提出问题，汇报的小组所有成员都可以对报告人的回答进行补充，课堂气氛活跃，有时学生在交流过程中讨论十分热烈，并能提出建设性意见。教师最后要对每一小组的研究成果进行点评，这样，学生当堂就能对各组的工作进行判断，这样老师评分的公正度得到了学生的认可。课堂汇报要求每个小组都做幻灯片，限定汇报时间和讨论时间，训练学生在规定的时间内完成汇报内容。另外，每个小组要对每一次选题写一份研究报告，报告要求有标题、摘要、关键词和参考文献。

3.4 教学效果

自2007年引入研究性教学方法以来，经过两年的实践和对学生的跟踪调查，教学效果良好。学生对课程学习形式和课程内容的兴趣逐渐提高，学生对信息的敏感度提高了，信息采集能力也提高了。研究能力也有不同程度的提高。以往，一涉及信息采集，学生马上就想到设计调查问卷，也不先考虑采用问卷调查能否获取到有效的信息，通过这门课程的学习，学生再遇到信息采集问题时，能够先分析需要采集什么样的信息，然后分析寻找信息源，接下来还会分析是采用文献研究，还是网上问卷、书面问卷、电话访问或者采用面对面的访问调查。在文献检索方面，不单是“有问题百度一下”，还会充分利用各种权威的文献检索工具和资源。学生反映，在学习这门课之前，很少利用图书馆的电子文献资源，通过学习“信息资源管理”这门课，学生掌握了文献研究方法，特别是文献计量方法的实践，让他们发现文献研究的重要性，在其他课程的学习过程中也会主动利用文献研究方法辅助学习了。一个小组的学生在报告中陈述他们的数据采集和分析方法是以特定的理论和原理为依据的，而这些原理和理论老师并没有介绍过，他们已经会根据问题去自主拓展学习，而在讨论中，其他小组的同学会针对这些第一次听到的概念和理论进行提问，知识就这样在学生中传递开了。而且学生反映这样的学习过程让他们更有成就感，比老师在讲台上强调几遍的效果要好得多。这就是主动学习和被动接受的差别。有的学生在报告结尾中写道：“感谢老师给了我们这样一个题目，让我们有机会深入企业调查，有机会对一个企业老总进行访谈，真正了解企业信息化过程中的经验和教训。”

4 结果与讨论

教学相长，教与学是一个相互促进的作用，研究性学习不仅调动了学生的主动性，培养了学生的能力，同时对老师的教学经验积累和知识拓展也有相应的促进作用，教师和学生之间的关系也因教学形式的改变而变为亦师亦友，学生更愿意跟老师沟通交流，还有些学生对教学形式提出了改进性建议，比如建议能够增加企业实习的机会，以便更好地了解企业信息资源管理的具体操作环节。教师在组织选题的过程中，对教学内容的理解和认识也不断地提高，每一学期开学初都会准备一些实效性较强的热门话题，激发学生的学习热情，这些做法也使教师自身的业务能力得到了提升。学生对老师的教学评价打分也明显提高。2006年该课程的学生评价分只有70多分，2007年上升到了80多分，而到了2008年该门课程的教学评价分就达到了90分以上。同一个教师，同一门课程，教学方法的改变使得学生对课程的认可程度逐步提高，充分说明研究型教学方法在“信息资源管理”课程教学中的运用是成功的。

参考文献

[1] 周光礼，朱家德．重建教学：我国“研究性学习”三十年述评［J］．高等工程教育研究，2009，（2）：39-49．

[2] Leslie P. Steffe, Jerry Gale. Constructivism in Education. NJ: Lawrence Erlbaum Associates, Inc., 1995.

[3] 郭晶．大学本科专业开设研究性学习课程的教学改革研究［J］．中国校外教育（理论），2009（1）：15-16．

[4] 张家明．面向研究性学习的创新人才培养机制研究［J］．中国成人教育，2009（3）：21-22．

Practice Problem-based Learning in Information Resources Management Course

LI Yun[1]

(1. School of Information Science & Technology, Beijing Forestry University, Beijing 100083, China)

Abstract: Problem-based learning can help students initiatively construct knowledge and specialty skills. This paper discusses the practice processes in Information Resources Management course in Beijing Forestry University. It introduces their designs of course objectives and research topics. The roles of students and teacher are also discussed. Through analyzes their practice method, the paper verifies that problem-based learning motivated students passion for the course study. Student chose topics and did researches and mastered key knowledge via the course. Student's research abilities, cooperation abilities and presentation abilities are also exercised.

Key words: problem-based learning; teaching innovation; information resources management

信息系统管理工程的职业需求与知识结构分析*

常金玲[1]，储宁[2]，刘晴晴[1]

（1. 郑州航空工业管理学院 信息科学学院，郑州 450015；2. 中兴通讯学院，深圳 518053）

摘　要：随着我国信息化节奏的加快，信息系统管理行业在国内已形成一定的规模，并发挥了重要作用。信息系统管理工程师作为一个新兴的职业，越来越受到人们的关注。本文首先介绍了信息系统管理工程师职位的形成，分析了信息系统管理工程师在组织信息化进程中的作用。其次，分析了信息系统管理工程师与CIO的主要区别，并运用两个真实的案例，进一步分析了信息系统管理工程师的职业需求。在此基础上，最后着重分析了信息系统管理工程师所应具备的知识结构。

关键词：信息系统管理工程师；职业需求；知识结构

中图分类号：G202；TP391

面对全球化的激烈竞争与组织（企业、事业单位）环境的快速变化，各种组织信息部门对信息系统的有效管理已成为决定组织生存和发展的关键性因素[1]。

信息技术的发展推动着当今社会的发展，而且对社会的影响程度越来越大。现在，越来越多的政府机构、事业单位、企业投入巨资去建立自己的信息化系统，以此来提高自己的事务处理能力和综合竞争力。但是，信息化工程建设与管理不同于传统的工程，其本身的复杂性、高科技性无形中增加了工程的风险。在此背景下，社会对信息管理人才的需求急剧增加，对信息管理人员的专业技能也提出新的要求。由于信息化工程投资巨大，对组织的影响也很大，所以急需要一个专业的角色，在整个信息系统的建设过程中，监督与协助信息系统的建设；在信息系统投入运行后，做好对系统的管理工作，使系统能够很好地为组织的各层人员服务，达到预期的建设目标，这个角色就是信息系统管理工程师。

为了满足社会对信息系统管理专业人才的需求，我国信息产业部从2006年开始，特组织了信息系统管理工程师这一软考科目，全国计算机技术与软件专业技术资格和水平考试办公室颁布了《信息系统管理工程师考试大纲》，并委托编写了《信息系统管理工程师教程》一书，更加规范、科学地阐述了信息管理系统工程师所需的各项技能与知识素养[2]。

信息系统管理工程师已经成为与信息系统分析师、信息系统项目管理师等并列的信息系统专业人员。

1　信息系统管理工程师在信息化进程中的重要性

信息系统管理工程师作为信息系统专业从业人员，在组织的信息化进程中，起到了自己独特的主要作用。表现在以下方面：

（1）管理工作的有力支撑。大多数信息系统管理员认为自己所在的IT部门是为其他部门服务的，自己从事的工作难以融入组织的主流业务当中。这其实是认识上的误区。对此，信息系统管理人员应走出自己的认识误区，通过立足本职工作，提高管理能力，加强综合素质，使信息系统管理工作真正成为管理核心工作的有力支撑[3]。

（2）促进信息系统与业务的融合。我国近些年来信息化进程不断加快，很多组织实现了计算机网络化，但有些组织也存在信息系统和组织主业难以融合的现象，这也导致了信息系统管理人员难以为组织重视的现象。对此，信息系统管理人员应立足信息系统管理工作，主动促进和实现信息系统与组织主要业务的有效融合。

（3）沟通的作用。许多组织在推进信息化的过程中所遇到的困难和问题，往往不是技术上的问

* 通讯作者：常金玲，E-mail：chang_ jinling@ zzia. edu. cn

题，也不是管理上或者领导不重视的问题，而是沟通问题。在建造以计算机为支撑的信息系统时，如果信息技术人员与管理业务人员不能很好地沟通，那么建成的信息系统很可能无法很好地支撑组织的战略。信息系统管理员应努力使自己成为既懂经营管理，又懂信息技术的复合型人才，通过自己的主动工作，推动信息系统很好地与组织业务融合。

信息系统管理人员除了做好日常维护工作，还要加强系统管理工作，做好相关规定制度的建设，并及时对信息系统进行制度化管理[4]。

2 信息系统管理工程师的职业分析

2.1 信息系统管理工程师与 CIO 的区别

CIO（Chief Information Officer，首席信息官）最早出现在20世纪80年代初的美国政府组织中。Synnott 和 Grube 首次对 CIO 进行了定义，认为 CIO“是负责制定企业信息政策、标准，并对企业的信息资源进行管理控制的高级行政主管”[5]。Stephens 等人认为，CIO 与信息系统管理者有本质的区别，其不同点在于 CIO 是企业经营策略与信息技术应用之间的桥梁和纽带。CIO 从技术管理的后台走向了引领企业变革的前列，成为企业上层梯队的重要成员。

CIO 不仅是一个管理者，更是一个领导者，在信息化过程中扮演6种角色：技术导师、业务集成者、IT 部门管理者、协调者、战略家以及变革引导者的作用[6]。CIO 要做一个成功的领导者，不仅受到企业 CIO 体制及其与高层管理团队（包括 CEO）互动机制的影响，还依赖于自身的领导特质及领导技能。在所有高层管理人员中，CIO 必须既熟悉信息技术，又了解企业管理与经营，身兼“二职”。

CIO 与一般信息系统管理者的主要区别不在于其职位高低，而在于 CIO 不仅是企业信息化实施的管理者，更是信息化变革的领导者。CIO 需要同时满足企业运营和战略两个层面的角色要求[6]。

信息系统管理工程师与 CIO 的主要区别在于：CIO 不仅要懂得 IT 技术，管理知识，更重要的是，要有领导能力，带领整个信息部门向前发展。信息系统管理工程师的侧重点则较多地关注信息技术方面的能力，对管理方面的能力要求较少，在 CIO 的带领下，做好信息服务工作。信息系统管理工程师更多的扮演协助角色，协助 CIO 做好各项信息服务工作，是 CIO 强有力的支撑。

2.2 信息系统管理工程师的职业需求

为了了解信息系统管理工程师的职业需求，在百度网上查找对“信息系统管理工程师”的招聘信息，得到了两个招聘信息：太原南方重型汽车有限公司[7]，广东南方银视网络传媒有限公司[8]。具体如图1、图2所示。

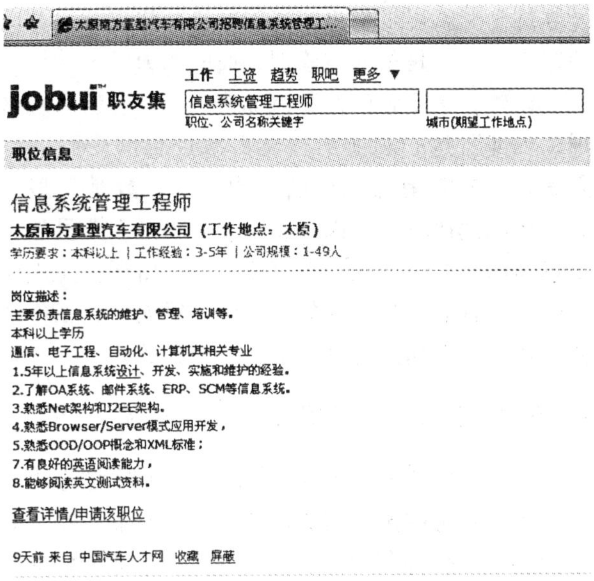

图1 太原南方重型汽车有限公司招聘网页

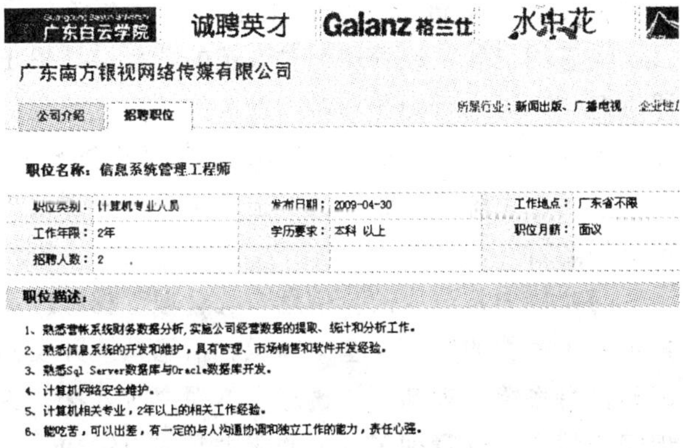

图2 广东南方银视网络传媒公司招聘网页

太原南方重型汽车有限公司招聘信息系统管理工程师一职，要求其负责信息系统的维护、管理、培训等，并且还要求其熟悉 Net 架构和 J2EE 架构，Browser/Server 模式应用开发，OOD/OOP 概念和 XML 标准等其他 IT 技术方面的相关知识。此外，该公司对信息系统管理工程师英语方面的能力要求较高，要求其具有良好的英语阅读能力，能够阅读英文测试资料。

广东南方银视网络传媒公司不但要求信息系统管理工程师具有信息系统开发、管理与维护等，数据库开发与计算机网络安全维护方面的专业知识，而且还要求其熟悉财务管理与统计分析等其他专业方面的知识。

从以上两例可以看出，信息系统管理工程师职位一般要求本科以上的学历，并且要求具有工作经验。此外，这两则招聘广告，都有专业要求，通信、电子工程、自动化、计算机其相关专业，或者计算机专业。可以看出，该职位比较注重技术方面的能力，并不是很偏重管理方面的能力。

此外，从搜索的招聘情况来看，“信息系统管理工程师”这一职业的社会需求量目前受到一定限制。一般需要此职位的公司，大多数是大型企业。造成此情况的原因可能是，中小型企业虽然也意识到信息系统管理的重要性，但是由于企业规模限制，设置的信息管理的相关职位不能做到工作细分，往往一个信息管理人员要身兼数职。

3 信息系统管理工程师的知识结构分析

信息系统管理工程师“能对信息系统的功能与性能、日常应用、相关资源、运营成本、安全等进行监控、管理与评估，并为用户提供技术支持；能对信息系统运行过程中出现的问题采取必要的措施或对系统提出改进建议；能建立服务质量标准，并对服务的结果进行评估；能参与信息系统的开发，代表用户和系统管理者对系统的分析设计提出评价意见，对运行测试和新旧系统的转换进行规划和实施；具有工程师的实际工作能力和业务水平，能指导信息系统运行管理员安全、高效地管理信息系统的运行”[2]。

与此能力相适应的，信息系统管理工程师应该具备三个方面的知识：基础知识、信息系统开发知识和信息系统管理知识。这三个方面由浅入深，逐步完善信息系统管理工程师的能力及知识结构。

3.1 基础知识

基础知识主要包括计算机基础知识以及数据结构、数据库、多媒体技术、计算机网络等核心技术知识。

计算机基础知识：计算机基础知识主要包括计算机硬件基础、操作系统知识及系统配置方面的知识。

数据、语言方面的知识：主要包括数据结构与算法、数据库技术、程序设计语言三个方面的内容。

3.2 信息系统开发知识

此部分内容包括三个方面：信息系统开发的基本知识、信息系统开发的项目管理知识、信息化与标准化。

信息系统管理工程师必须掌握信息系统、信息系统的结构、主要类型等知识。信息系统的开发阶段，包括系统分析、系统设计、系统实施、系统运行和维护，各个阶段的主要工作任务、内容和方法。常用的信息系统开发方法，包括结构化生命周期法、面向对象方法等。

信息系统的建设构成了一个具体项目，必须采用项目管理的思想和方法来指导。项目管理就是项目的管理者，在有限的资源约束下，运用系统的观点、方法和理论，对项目设计的全部工作进行有效管理。项目管理划分为 9 个知识领域：范围管理、进度管理、成本管理、质量管理、人力资源管理、沟通管理、采购管理、风险管理和综合管理。

信息化与标准化是信息系统的依据。该类知识包括国家信息化体系的要素、信息化建设的 24 字方针；信息系统常用的国际标准（ISO/IEC）、国家标准（GB/ANSI/BS/NF/DINJIS）、区域标准（EN）、行业标准（ASTM/API/ASME/LR）、企业标准、项目规范等，以获得最佳秩序和社会效益。

3.3 信息系统管理知识

信息系统管理包括系统管理的基本知识、系统运行管理与维护知识、系统评价知识的三个部分。

系统管理指的是 IT 的高效运作和管理，而不是 IT 战略规划。系统管理核心目标应是管理客户的 IT 需求，如何有效地利用 IT 资源恰当地满足业务部门的需求是它的核心使命。系统管理具体包括 IT 部门人员管理、系统日常操作管理、系统用户管理、运作管理工具、成本管理、计费管理等。

此部分知识主要有：资源管理、故障及问题管理、安全管理、系统性能及能力管理等。IT 资源管理就是洞察所有的 IT 资产，并进行有效管理。故障管理的主要目标是尽可能快地恢复服务级别协议规定的水准，尽量减少故障对业务运营的不利影响，以确保最好的服务质量和可用性。故障管理包含了故障监视、故障调研、故障支持和恢复以及故障终止 5 项基本活动。安全管理是信息系统安全能动性的组成部分，要贯穿于信息系统规划、设计、建设、运行和维护的各阶段。安全管理的目标是将信息资源和信息安全资源管理好。系统维护的目的是要保证管理信息系统正常而可靠地运行，对系统进行评价，并能使系统不断得到改善和提高，以充分发挥系统的作用。

系统评价，是指根据预定的系统目的，在系统调查和可行性研究的基础上，主要从技术和经济等方面，就各种系统设计的方案所能满足需要的程度及消耗和占用的各种资源进行评审和选择，并选择出技术上先进、经济上合理、实施上可行的最优或满意方案。对信息系统进行评价可从技术性能评价、管理效益评价和经济效益评价等三个方面。系统性能及能力评价。系统性能评价围绕计算机系统本身开展，将对其系统基础设施的工作性能指标进行综合评测，并采取必要的技术和管理措施使系统资源效能最大化。

表 1 列出了信息系统管理工程师所需要的知识结构。

表 1　信息系统管理工程师知识结构

信息系统管理工程师知识结构	基础知识部分	计算机基础知识	计算机硬件基础知识 操作系统知识 系统配置知识
		数据、语言方面的知识	数据结构与算法 数据库技术 程序设计语言
	信息系统开发知识	信息系统开发基本知识	系统分析、设计、实施、运行与维护知识
		项目管理知识	项目管理的各项知识
		信息化与标准化	各项信息标准知识
	信息系统管理知识	信息系统管理基本知识	系统管理
		系统运行管理与维护知识	资源、故障、问题及安全管理、系统运行与维护
		系统评价知识	系统评价、系统性能评价

4 结　语

目前，信息系统管理工程师虽然还未得到社会的广泛关注，但随着社会的发展、人类思想的进步、知识的创新以及信息系统管理工程师自身能力的提高，人们会不断地发现信息系统管理工程师的重要性和专业性，它有较好职业前景。当然，在美好的职业前景面前，作为一名信息系统管理工程师要不断地增强其能力的培养，完善自身的知识的结构，努力达到高素质 IT 人才的要求。只有这样才能改变信息系统管理工程师的职业现状，使其朝着良好的方向发展，呈现出更好的局面。

参 考 文 献

[1] 曹树金，邹薇. 信息管理人员的专业知识技能需求实证研究 [A]. 第二届中美数字时代图书馆学情报学教育国际研讨会论文集，2006：123-141.

[2] 陈禹，殷国鹏. 信息系统管理工程师教程 [M]. 北京：清华大学出版社，2006：206-207.

[3] Gary Shelly, Thomas Cashman, Harry Rosenblatt. Systems Analysis and Design (Fifth Edition) [M]. Beijing: China Machine Press, 2006: 7-9.

[4] 董未. 信息系统管理员如何在无线电管理工作中发挥作用 [J]. 中国无线电，2008，6：40-41.

[5] Synnott W R, Gruber W H. Information Resource Management: Opportunities and Strategies for the 1980s [M]. New York: John Wiley&Sons, 1981.

[6] 王云峰，赵钊，陈晓春. 基于领导力视角的 CIO 角色研究术 [J]. 中国信息系统研究：理论与实践，2007 (12).

[7] 太原南方重型汽车有限公司信息系统管理工程师招聘网页 [EB/OL]. [2009-05-09]. http: //www. jobui. com/job/26127948. html.

[8] 广东南方银视网络传媒有限公司信息系统管理工程师招聘页面 [EB/OL]. [2009-05-09]. http: //www. gdrc. com/job/2877156807. html.

The Occupational Request and Knowledge Structure of Information Systems Management Engineer

CHANG Jinling[1], CHU Ning[2], LIU Qingqing[1]

(1. School of Information Science, Zhengzhou Institute of Aeronautical Industry Management, Zhengzhou 450015, China; 2. ZTE University, Shenzhen 518053, China)

Abstract: The information system has taken a more and more important rule in the organization. The management for information system formed a new field and the information systems management engineer became a new profession. This paper made a short introduction of the importance of the information systems management engineer, analyzed the role of the information systems management engineer in organizational informationalize. Then, the difference between the information systems management engineer and CIO was analyzed, the occupational request was discussed through two companies' job statement. Finally, the knowledge structure of one information systems management engineer was conduct, based on three sections: basal knowledge, the IS development and the IS management.

Key words: information systems management engineer; occupational request; knowledge structure

MIS 专业本科生实践能力培养体系研究*

李倩[1]，华晓清[1]，何天[1]

（1. 中国人民大学 信息学院，北京 100872）

摘　要：国家对于创新型人才的需求与管理信息系统（MIS）的专业特点共同决定了在培养 MIS 专业学生时，提升其在实践中综合利用专业理论知识、技术方法，分析解决问题的能力十分重要。基于文献研究并结合国内外高校的实际教学情况，本文提出了 MIS 专业本科生实践能力的培养目标，将实践能力总结为三类：系统实践能力，管理实践能力以及科研与创新能力。围绕实践能力的培养目标，本文具体分析了三类实践能力的培养环节与培养方式，并考虑到 MIS 专业的专业特性，从管理与技术、应用与研究、发现问题与分析解决问题三个维度对各实践环节进行进一步解释归类，进而明确各环节之间的先后关系，提出实践能力培养路线。最后，本文提出了基于实践能力的人才定位，在对实践能力培养环节的分析基础之上，举例说明实践能力与人才类型的对应关系，为 MIS 专业的人才定位与培养提供依据。

关键词：实践能力；培养环节；培养路线；人才定位

中图分类号：G424

加强本科生实践能力的培养既是我国实施 21 世纪人才战略的重要内容，也是建设创新型国家的必要途径。作为应用型学科，管理信息系统（MIS）专业本科生更应具备在实践中综合利用专业理论知识和技术方法分析解决问题的能力。同时，MIS 专业属于交叉型学科，涉及信息技术、商务基础、系统理论等多个领域，因此对于 MIS 专业培养出的复合型人才，实践能力也应从多个维度来考察。

由 ACM（美国计算机协会）、AIS（信息系统协会）和 AITP（信息技术职业协会）于 2002 年联合发布的《IS2002》对 MIS 专业本科生的预期能力与知识给出了详细定义，涵盖了技术、管理、交流与团队合作等多个方面[1]。我国教育部 1998 年颁布的普通高等学校本科专业目录（以下简称目录）也指出 MIS 专业的培养目标是："培养具备现代管理学理论基础、计算机科学技术知识及应用能力，掌握系统思想和信息系统分析与设计方法以及信息管理等方面的知识与能力的人才"[2]。然而，两者都没有说明如何利用课程的实践内容与专门的实践环节来支撑各项实践能力的培养，没有提出全面的、具体的、切实可行的实践能力培养方案。

因此，本文将重点研究 MIS 本科生的实践能力培养，分析培养环节和培养方式，提出实践能力培养路线，构建实践能力培养体系。接下来本文的第一部分将分析总结 MIS 专业本科生的实践能力培养目标；第二部分将研究实践能力的培养环节和培养方式，提出具体的实践能力培养路线；第三部分将实践能力与人才类型相对应，提出基于实践能力的人才定位。

1　MIS 专业实践能力培养目标分析

对于实践能力，在各类文献纲领与大多数国内外高校的培养目标中，并没有专门的定义和说明。在本部分中，将通过对国内外高校 MIS 专业培养目标的分析，提取归纳其实践能力培养要求，进而得到 MIS 专业针对于实践能力的培养目标。

1.1　国外高校 MIS 专业培养目标

国外政府相关部门并未对 MIS 专业的培养目标做出统一规定，而是由各个大学依据自身特点和优势确立。表 1 分别列出了国外四所高校：卡耐基梅隆大学、明尼苏达大学、新加坡国立大学与伦敦大学学院的培养目标，并从中分析归纳出各校所侧重的实践能力要求：

* 作者简介：李倩（1978），女，汉族，山东，讲师，linda_ lq@ ruc. edu. cn，第一作者

表 1　国外高校 MIS 专业本科生培养目标与实践能力侧重点

学校	培养目标	实践能力侧重点
卡耐基梅隆大学	通过管理类、策略类和 IT 类课程有凝聚力的混合，学习最新相关的管理见解和技术观点，培养能将信息技术实践整合到商务应用中，为组织提供有效的技术解决方案的信息咨询人员、金融服务组织人员或技术公司员工[3]	用信息技术分析和解决商务问题的能力；信息系统规划能力
明尼苏达大学	使学生理解组织中信息系统的功能并获得分析、设计和运营信息系统的详细知识，培养学生规划、开发和交付信息系统，支持业务流程和管理决策的应用能力[4]	业务流程分析与再造能力；信息系统的分析设计与实施能力
新加坡国立大学	培养学生对于组织信息环境的理解能力；具备提出技术解决方案的能力；具备设计与实施信息系统的能力，以提高组织绩效[5]	信息系统规划能力；系统分析设计和开发能力
伦敦大学学院	培养具有 IT 技术、商务基础、管理能力、领袖气质与创业精神的学生，学生应具有宽广的业务知识，具备创新与创业精神，良好的人际沟通能力与团队工作技能，基于业务和客户需求的信息系统设计与实施能力[6]	业务流程分析与再造能力；人际沟通与团队工作能力；系统分析设计和开发能力

1.2　国内高校 MIS 专业培养目标

基于教育部《目录》中从管理基础、信息技术、系统设计、信息管理四个方面所定义的 MIS 专业的培养要求，每个大学根据自身专业背景特点，制定各自的培养目标。表 2 列出了国内四所 MIS 专业排名前列的大学的 MIS 专业培养目标，以及从中归纳的实践能力培养侧重点。

表 2　国内高校 MIS 专业本科生培养目标与实践能力侧重点

学校	MIS 专业培养目标	实践能力侧重点
清华大学	培养具有坚实的数学基础、扎实的管理学基础、必要的经济学知识和较强的中英文沟通能力，掌握计算机专业知识和应用系统开发技能，并有一定的信息系统和信息资源开发利用实践经历和研究能力，富有创新精神的研究型人才和具备专业技能的高素质管理人才[7]	利用信息技术解决问题的能力；系统分析设计和开发能力；沟通能力；科研能力
上海交通大学	具备现代经济与管理理论基础，掌握计算机系统的硬件、软件理论知识和应用能力，掌握系统科学思想和管理信息系统分析与设计方法以及信息管理等方面的知识与能力[8]	系统软硬件应用能力；系统分析与设计能力；信息管理能力
浙江大学	本专业培养学生具有扎实的管理学和计算机科学知识，熟练掌握计算机技术、网络通信技术和信息处理技术，具备较强的外语和表达沟通能力，从事信息管理和信息系统规划、开发、管理的高级人才[9]	系统软硬件技术能力；系统规划、开发和管理能力；沟通和表达能力
北京航空航天大学	具备现代经济学、管理学理论基础，掌握计算机硬件、软件技术和信息系统的理论知识和应用能力，具备调查、定量和定性分析、人际交流、写作与表达的基本技能，有较强的自学能力，以及运用所学知识解决信息管理、信息系统分析与设计以及电子商务中的实际问题的能力[10]	系统软硬件应用能力；信息系统分析设计能力；数据调查分析能力；人际交流、写作表达能力；学习能力；分析解决问题能力

1.3 实践能力培养目标归纳

以上国内外高校的实践能力侧重点中涉及信息系统、信息技术、业务流程、信息管理、团队合作、科研等多个方面，但彼此之间存在交叉重合，有些实践能力没有涉及，因此本文将所有实践能力分为以下三类，以更好的定义实践能力的培养目标。

（1）系统实践能力

将设计与实现信息系统解决组织中的商务问题，支持业务流程与管理决策，满足组织与个人需求，提高组织绩效的能力，称为系统实践能力。如计算机硬件认知能力、软件应用能力、计算机网络构建与管理能力、系统规划能力、系统分析与设计能力、系统开发与管理能力以及系统运行和维护的能力等。

（2）管理实践能力

将分析优化组织的业务流程，认知经济现象，分析解决管理问题，与人沟通、合作的能力称为管理实践能力。如业务流程分析与再造能力，经济现象的认知与分析能力、数据调查与分析能力、人际沟通和团队合作能力、信息管理能力、项目管理能力等。

（3）创新与科研能力

将自主学习，对理论和现实问题进行科学研究的能力称为创新与科研能力，如学习能力、数据调查与分析能力、文献检索能力、建模能力、批判性思维能力、创新性思维能力、推理、归纳以及演绎能力、专业文献的撰写能力等。

针对上文所提出实践能力，将MIS专业本科生实践能力培养目标定义为：培养学生的系统实践能力、管理实践能力和创新与科研能力。

2 MIS专业实践能力培养路线图

基于上文中对实践能力培养目标的定义，在本部分中，将针对MIS的专业特点提出实践能力的三个维度，在三个维度下对MIS专业的现有实践环节进行分类，进而研究支持三类实践能力培养的具体实践环节与培养方式，并明确其先后关系，提出实践能力的培养路线。

2.1 MIS专业特点对实践能力培养的影响

MIS专业实践能力的培养环节与培养方式贯穿整个教学计划，它们彼此交叉重合，共同实现实践能力的培养目标。各环节与方式的侧重点不同，如面向对象程序设计训练偏向技术，而项目管理实践偏向管理，这是由MIS专业的学科交叉性所决定的；网站设计实践偏向应用，专业文献的阅读与撰写训练偏向研究，这是由MIS专业研究性与应用性并重的特点所决定的；而软件开发实践偏向分析解决问题，企业业务流程认知偏向发现问题，这是根据学生面对现实问题时的思维过程所决定的。因此，本文提出三个维度：管理与技术、应用与研究、发现问题与分析解决问题，来进一步归纳总结MIS专业实践能力的培养环节与培养方式。

2.2 实践环节的分类

在以上三个维度的框架下，MIS专业现有的实践环节可分为六类，分别为：

A 技术型面向应用的分析解决问题的环节

B 技术型面向应用的发现问题的环节

C 管理型面向应用的发现问题的环节

D 管理型面向应用的分析解决问题的环节

E 技术型面向研究的发现问题的环节

F 技术型面向研究的分析解决问题的环节

2.2.1 系统实践能力培养环节

提高学生系统实践能力的培养环节与培养方式大多数属于A类或B类，强调对信息技术的使用以及信息系统的设计与开发。A类环节一般包括：

（1）程序设计能力培养。如程序设计方法和技巧实践（如C、JAVA等语言），算法设计与实现训练等；

（2）计算机硬件应用能力培养。如电工电路实验，计算机硬件认知等；

（3）计算机软件应用能力培养。如DBMS（数据库管理系统）应用实践、常用计算机软件应用训练等；

（4）计算机专业素质与应用能力培养。如操作系统实践、计算机网络实践等；

（5）信息系统实现能力培养。如系统分析与设计实践、系统开发与测试实践、系统开发平台搭建实践、网站设计实践、软件开发实践、人机界面设计实践等。

B类环节一般包括：系统规划实践、系统分析设计实践、系统运行和维护实践、系统评价实践等，目的是培养将信息系统理论和信息技术与商务应用相结合的能力。这些环节能够锻炼学生从企业运营流程中发现问题，通过开发信息系统解决问题，并对信息系统的绩效做出评价。

还有一些既属于A类也属于B类的综合性能力培养环节，比如，在培养学生信息技术能力时有竞赛实践环节，在培养学生系统实现能力时有专业实习实践环节，以提高学生的积极性、主动性和创造性。还可以通过毕业设计实践环节提供给学生一个将本科期间所学习的知识和能力综合应用的机会，提高学生综合素质和系统实践能力。

2.2.2 管理实践能力培养环节

管理实践能力的培养环节与培养方式一般是C类或D类，强调分析组织业务流程与经济现象，发现并解决实际的管理问题。

其中C类的环节包括：管理学、经济学基本原理与方法认知、经济现象认知分析、组织业务流程认知、IT应用行业背景认知。这四个环节分别从管理、经济、业务与行业背景的角度培养学生的商务基础，包括宽广的业务知识和对现实世界的认识，并利用商务基础认识分析组织业务流程与经济现象，发现问题。此外，调查统计与数据分析能力训练也是C类环节，它通过对于现实问题的调研统计，并对得到的数据进行分析，获得结论，发现问题。

D类的环节针对所发现的问题为组织提供有效的技术解决方案。业务流程的优化与再造实践从业务的角度对组织中的问题进行分析与优化；应用信息系统提高管理绩效实践从信息系统的角度优化组织结构，实现组织信息化，如电子商务（EC）、客户关系管理（CRM）以及企业资源计划（ERP）；同时，信息管理与项目管理也属于D类，偏向于分析解决问题。人际关系、沟通、团队合作训练培养学生良好的人机沟通技能与团队合作能力，在项目实施的过程中十分重要。

创业类项目实践环节既属于C类又属于D类，如“创业之星”大赛，“挑战杯”等，学生以小组的形式参与大赛，发现商业需求，并提交详细创业技术书，说明如何利用信息技术满足商业需求，开发产品或服务，并将产品或服务推向市场，实现组织的赢利。

2.2.3 创新与科研能力培养环节

提高学生创新与科研能力的培养环节与培养方式属于E类或F类。E类的环节主要强调培养学生从现实中发现问题的能力，比如调查分析训练，文献检索与阅读训练，学习、批判、创新能力训练等；F类的环节主要强调对分析解决问题的能力的培养，比如建模训练，专业文献的撰写训练，推理、归纳、演绎能力训练等。综合培养学生创新与科研能力还需要设计科研实践环节，如本科生实验室科研、竞赛实践环节、科研类项目实践环节等。

2.3 实践能力培养路线图

基于以上对实践能力的培养环节与培养方式的分析，本部分中将明确其先后关系，提出三类实践能力培养路线。

2.3.1 系统实践能力培养路线

如图1中虚框所示，系统实践能力的培养环节与培养方式主要分为两个层次。第一层次着重培养各类信息技术能力，如程序设计、计算机软硬件应用等，各环节之间的箭头表明了其先后关系，竞赛实践环节是各实践环节的强化版，培养学生相应的信息技术能力；第二层次着重培养系统开发实施能力，围绕着系统开发生命周期设置相应的实践环节，并强调项目管理在整个生命周期中的作用，进而设置具体的应用系统的开发实践，强调系统的思维方式与开发流程。其中信息技术能力是系统开发实施的技术基础，而系统的开发实施能力是信息技术的应用方式，图1中每项实践环节后的字母标记与之前所描述的实践环节类型相对应。

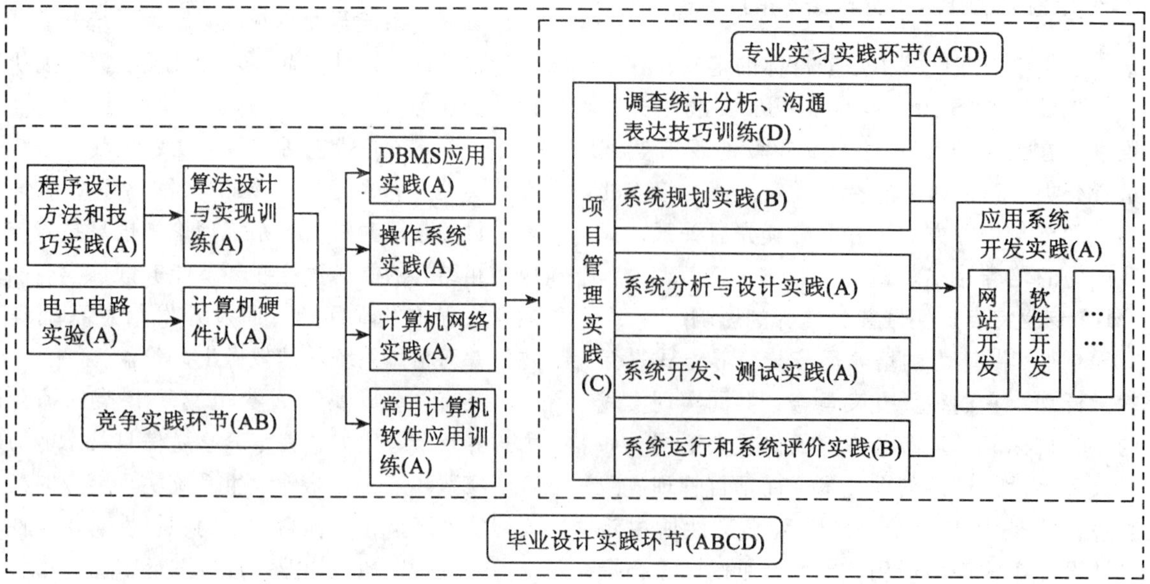

图1 系统实践能力培养路线图

2.3.2 管理实践能力培养路线

如图 2 所示，以箭头分分割点，管理实践能力的培养环节与培养方法可分为四个层次，第一层次是最基本的管理学原理与经济学原理的认知，这也是以后分析经济现象、管理问题的方法与工具；第二层次强调利用理论性的管理学、经济学原理来理解现实社会，认知经济现象与业务流程；第三层次分析解决现有的管理问题，优化组织业务，管理组织项目与信息；第四层次是应用信息系统解决管理问题，提升管理绩效。图 2 中每项实践环节后的字母标记与之前所描述的实践环节类型相对应。

2.3.3 科研与创新能力培养路线

如图 3 所示，创新与科研能力的培养环节与培养方式主要分为三个层次，是按照人的思维过程来安排的。科研能力是在长期的实践中培养起来的，需要循序渐进的过程。图中的第一层次的三种训练方式关注于学生从现实世界中发现问题的能力，中间的三种训练目的在于培养学生利用所学知识分析解决问题的能力。在学生具备了发现问题、分析问题、解决问题的能力后，就可以安排一些科学研究实践环节，比如科研竞赛、科研类项目等来逐渐提高学生的科研素质和科研能力，激发学生的创新意识。图 3 中每项实践环节后的字母标记与之前所描述的实践环节类型相对应。

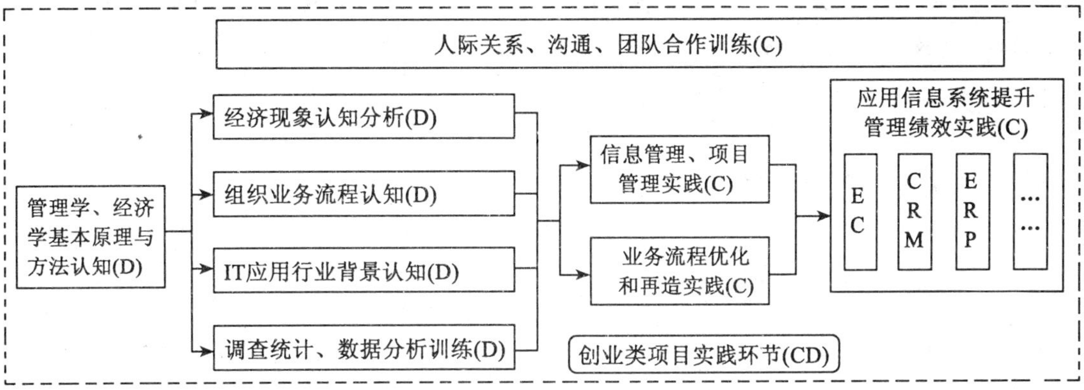

图 2 管理实践能力培养路线图

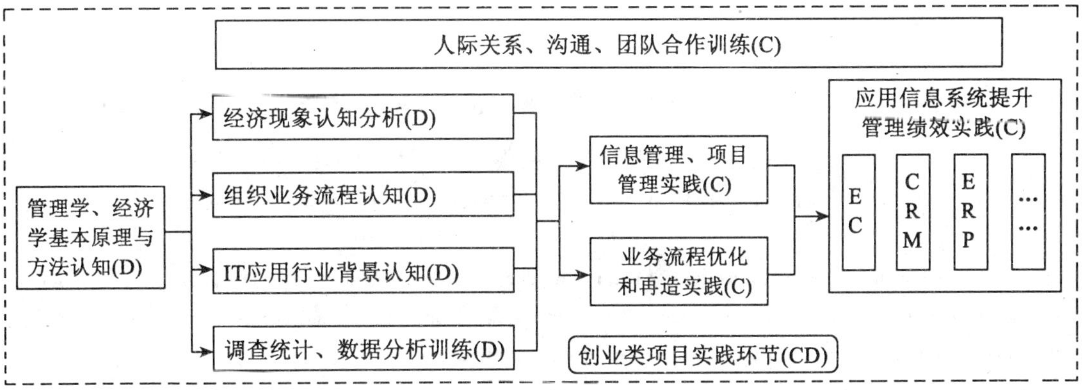

图 3 创新与科研能力培养路线图

3 基于实践能力的人才定位

由于 MIS 专业的学科交叉性与综合性，对于 MIS 专业培养的复合型人才的定位往往是比较困难的。基于上文中所提出的实践环节的三个维度及其分类，可以将 MIS 毕业生的人才类型与实践能力相对应，对毕业生做较好的定位。例如，偏重于 AB 类实践环节的教学体系强调系统开发能力，培养出的是系统开发人员；偏重于 BC 类实践环节培养的教学体系强调分析现有信息系统与业务流程，发现问题的能力，培养出的是系统测试或系统维护人员；偏重于 ACD 类实践环节教学体系利用信息技术为组织提供有效的技术解决方案，培养出的是信息管理型人才；偏重于 ABCD 类实践环节的教学体系强调面向商务应用的系统实施能力，培养出的是系统实施顾问；偏重于 EF 类实践环节的教学体系强调科研能力，培养出的是研究型人才，等等。通过这样的定位，既能使各高校更好地制定与培养目标相一致的人才培养方案，也能帮助 MIS 专业的学生制定更符合自己目标的课程结构，同时，也使得用人单位更容易对 MIS 专业毕业生进行评估。

4 结 语

基于文献研究并结合国内外八所高校的教学情况，本文归纳总结了 MIS 专业本科生实践能力的培养目标，提出划分本科生实践能力培养环节与方式的三个维度。并在三个维度的框架下，围绕实践能力的培养目标，具体分析三类实践能力的培养环节与培养方式，提出实践能力培养路线。具体的实践能力培养路线的提出，为各高校 MIS 专业的课程和实践环节设置奠定了理论基础，有助于高校基于自身的培养目标制定适合的人才培养体系。同时，本文还将实践能力与 MIS 毕业生人才定位相结合，为研究复合型人才的定位打开一个全新的视角。

参 考 文 献

[1] Model Curriculum and Guidelines for Undergraduate Degree Programs in Information Systems [C]. 2002: 14-22.

[2] 普通高等学校本科专业目录. 国家教育部，[1998-07-06].

[3] 卡耐基梅隆大学管理信息系统专业介绍 [EB/OL]. http: //www. heinz. cmu. edu/school-of-information-systems-and-management/information-systems-management-mism/index. aspx.

[4] 明尼苏达大学管理信息系统专业介绍 [EB/OL]. http: //misrc. umn. edu/programs/undergraduate/major/.

[5] 新加坡国立大学管理信息系统专业介绍 [EB/OL]. http: //www. comp. nus. edu. sg/undergradprog/IS_08_09. htm.

[6] 伦敦大学学院管理信息系统专业介绍 [EB/OL]. http: //www. ucl. ac. uk/msi/prospective/undergraduate/information-management-business.

[7] 清华大学经管学院 2008 级本科生培养方案，2008[EB/OL]. http://www. sem. tsinghua. edu. cn/homepage/infoSingleArticle. do? articleId = 12810&columnId = 3346.

[8] 上海交通大学信息管理与信息系统信息管理培养计划 [EB/OL]. http: //cc. sjtu. edu. cn/Able. Acc2. Web/Page_ SpecialtyTrainPlan. aspx? ID = 852.

[9] 浙江大学 06-08 级信息管理与信息系统专业培养方案，2006 [EB/OL]. www. som. zju. edu. cn/bkjy/list. php? cid = 114.

[10] 北京航空航天大学信息管理与信息系统专业培养计划 [EB/OL]. http://sem. buaa. edu. cn/News/News ShowNO4. aspx? NewsId = 2712.

A Study of the Development of Undergraduates' Practical Abilities in MIS

LI Qian[1], HUA Xiaoqing[1], HE Tian[1]

(1. MIS, Renmin University of China, Beijing 100872, China)

Abstract: The strong demand for innovative talents nationwide and the characteristics of MIS stress that it is quite important to improve the ability of making use of theoretical knowledge and technical skills to analysis and solve problems in practical world. This paper focuses on the development of practical abilities. Firstly, based on the literature review and a study of program goals of some famous universities home and abroad, this paper divides the practical ability into three categories, and summarizes the training objective of practical ability. The three types include system practical ability, management practical ability and research and innovation ability. Then an introduction of training links and methods of all the three practical abilities is given. As concerning the characteristics of MIS, this paper introduces a three-dimension way to categorize these training links and methods. Furthermore, this paper indentifies the sequence between different training methods and raises the routes of fostering practical abilities. In the end, it lists several examples to demonstrate the relationship between practical abilities and types of career, which leads to a good way to personnel positioning.

Key words: practical ability; training methods; training routes; personnel positioning

青岛理工大学信管专业人才培养与课程体系建设浅析*

张振森[1]，程灏[1]

（1. 青岛理工大学 管理学院，青岛 266520）

摘　要：作为一门交叉性学科，信息管理与信息系统本科专业建设正在不断完善，专业人才培养与社会需求之间尚存在较大差距。本文以青岛理工大学信管专业为例，探讨了专业的学科基础和设置层次，并归纳提出了在课程体系建设中采用“目标导向模式”等具体解决方案。

关键词：信管专业；人才培养；课程体系；目标导向模式

中图分类号：F270.7；C931.6

信息管理与信息系统是一门新兴交叉性学科，目前国内已有数百所高校开设此专业并招收各层次学生，有调查数据显示：80%以上的国内院校设置了信息管理与信息系统专业，早在2000年各院校该专业的平均招生人数就已达到100人左右[1]。此外，近期期刊媒体的宣传也多次把该专业作为“十大热门专业”进行介绍。与此同时，我们也一定要看到：信管专业是年轻的，专业建设尚未成熟，相关院校的专业定位各有侧重，课程体系建设不尽相同，人才培养模式更是千差万别。总之，当前国内信管专业在专业建设上尚未形成较为统一具体的标准，各院校专业也在积极探索专业自身发展的问题，专业建设标准体系的形成及认可将标志着信管专业的成熟，所以在现阶段进行专业建设范畴内的探讨分析是必要和及时的。

对我校来说，该专业是2004年夏开始正式招生的新专业，如何借鉴国内外各高校成功的办学经验，并在此基础上总结和探讨信息管理与信息系统专业的办学思想、完备的人才培养体系和准确的培养目标，以及具体的培养方法是我们亟待研究的课题。

1　我校本专业学科基础与文献分析

1.1　我校信管专业学科基础

我校该专业设置之初，为使学生较好地理解、掌握信息管理与信息系统的理论与实践知识，能够处理、分析复杂的信息系统，学科课程设置以如下三大知识与技术作为支撑：

（1）经济、管理科学

经济、管理科学的成熟理论、理念、方法等可以为信息的管理提供理论上的指导。我们设立的主要课程有：“技术经济学”、“会计学”、“财务管理”、“网络经济概论”、“管理学原理”、“市场营销学”、“人力资源与组织行为学”、“系统工程”、“项目管理”、“生产运行管理”。

（2）计算机信息科学与技术

成熟的计算机信息科学理论与技术可以为信息管理提供技术支撑。我们设立的主要课程有：“计算机组成原理”、“管理信息系统”、“信息系统分析与设计”、“操作系统”、“程序语言设计”、“数据库系统原理”、“电子商务”、“计算机网络”、“数据结构”、“计算机信息安全”、“多媒体技术”等。

（3）数学

数学是一切科学的基础和工具，对信息管理同样不例外。对数据的分析离不开强有力的数学工具作为支撑，我们设立的主要课程有“运筹学”、“市场预测与决策”、“离散数学”、“概率论”、“应用数理统计”等。

* 基金项目：本文为青岛理工大学2009年度校级教育研究课题“我校信息管理与信息系统专业特色人才培养模式研究 ”部分研究成果

通讯作者：张振森，E-mail：zhensen_ 21@163. com

1.2 研究现状分析

笔者通过查阅国内外相关资料，从以下方面进行分析。

从研究内容来看：据查阅的多篇相关论文分析，“人才培养”方面16篇，“专业建设”（包括与其他交叉情况）方面9篇，“课程体系建设”（包括与其他交叉情况）方面21篇。其中，对培养目标、知识结构等方面的研究比较成熟，但对于课程体系的划分和认识还没有形成统一的认识，导致在实践中的教学计划的混乱。笔者认为，各个学校应该根据自己的实际情况设置课程，但不等于不需要统一的体系和框架。在下一步研究中，应该从社会需求出发，沿着职业需求、知识与能力结构、课程体系、教学过程的思路，进行调查分析，规范IS专业课程体系。

从研究方法看，理论研究和文献综述较多，较有代表性的有：

湘潭大学[2]（2004）“知识经济条件下信息管理人才培养模式”课题中，通过对“信管”从业人员应具备的能力分析，提出了该专业人才培养过程中的CBE（Competency Based Education）模型，在此基础上提出专业课程设置的新思路。武汉大学查先进等人[3]（2003）从“信管”专业的缘起开始分析，得出该专业在当前人才培养过程中存在的误区，并进一步提出了“求大同存小异”的人才培养方向，并对课程设置总体思路进行了指导。复旦大学[4][5]（2007）两篇文章都以文献综述的方式进行研究，并对未来研究中课程体系、实证性研究方法提出了看法。广东商学院毛光喜等人[6]（2009）从信息管理与信息系统专业背景分析入手，结合广东商学院在开展信息管理与信息系统专业建设与办学特色方面所做的工作，分析了信息管理与信息系统专业人才需求，提出了培养有特色的信息管理与信息系统专业人才的方式与构想，对该专业实践教学体系的建设与信息化人才的培养进行了探讨。电子科技大学汤志伟等人[7]（2008）对信息管理专业教学过程中核心课程与核心能力互动关系进行分析，结合核心课程体系理论、核心能力理论与创新教学理论，提出了将核心能力融入核心课程教学中的互动教学模式。湖北汽车工业学院钱洁等[8]（2008）详细阐述了该校本专业面向实践的人才培养模式的改革与实践，该培养模式在定位上坚持工程教育，走“产学研”结合道路。

通过问卷调查和分析的方式进行研究的有：

广东工业大学何斌等[9]（2008）对该校经济管理学院“信息管理与信息系统”和“电子商务”专业大三、大四学生进行问卷调查，获得高年级学生对两个专业的培养目标、课程设置、教学水平的评价以及学生课外学习和实践情况等综合调查信息。通过对有效问卷结果的统计分析，提出了促进两个专业建设的建议。武汉大学夏义堃[10]（2003）通过对该校信息管理学院三年来毕业生择业状况的分析，指出当前我国信息管理类专业人才需求旺盛，用人标准改变，毕业生择业去向趋于多元化，就业选择理性务实，带有功利化倾向，并探讨了毕业生择业的主要障碍。

2 学科基础和课程设置层次进一步分析

信息管理与信息系统专业的课程体系建设要立足于专业定位和人才培养目标，同时要充分考虑专业特色；其课程设置原则自然也应以此为依据，保持高度的统一性。信息管理和信息系统，可认为均属信息管理理论范畴，这是因为信息管理本身就包括对信息系统的管理。信息管理的研究对象分为静态的信息资源和动态的信息活动两部分，如图1所示。

- （静态）信息资源
  - 广义（信息、信息技术、信息人才的有机结合）
  - 狭义
- （动态）信息活动
  - 个人信息活动
  - 组织信息活动（信息系统）
  - 社会信息活动（信息产业）

图1 信息管理研究对象

由此产生的信息管理学的应用理论主要包括信息整序理论、信息检索理论、信息交流理论、信息系统管理理论和信息资源管理理论等，其基础理论可归结为信息论、系统论和控制论。

当前的信息管理与信息系统专业，在系统介绍信息管理相关理论的同时，把信息系统方面的相关理论和实践方法作为专业重点内容，无论从时代背景、科技发展、社会需求还是专业自身考虑都极具合理性。

然而，信息系统是为企事业组织的管理决策服务的，其开发设计离不开现代信息技术，其规划实施又需要系统分析技能，所以，信管专业有着更广泛的学科基础，主要包括四大系列：信息科学、信息技术、经济管理和系统科学。其中，信息科学包括一系列信息及信息管理理论，信息技术主要是计算机和现代通信技术等，经济管理包括经济学和现代管理学的相关知识，系统科学主要在于掌握系统科学和系统工程的思想和方法。

明确了信息管理与信息系统的学科基础，课程设置的层次就更好表述了。课程体系设置按知识结构划分，可简单分为公共必修类、经济管理类、信息技术类和综合应用类；按课程结构划分，可分为基础课、专业基础课、专业课和实践课。信息管理与信息系统专业课程设置层次的详细表述如图 2 所示。

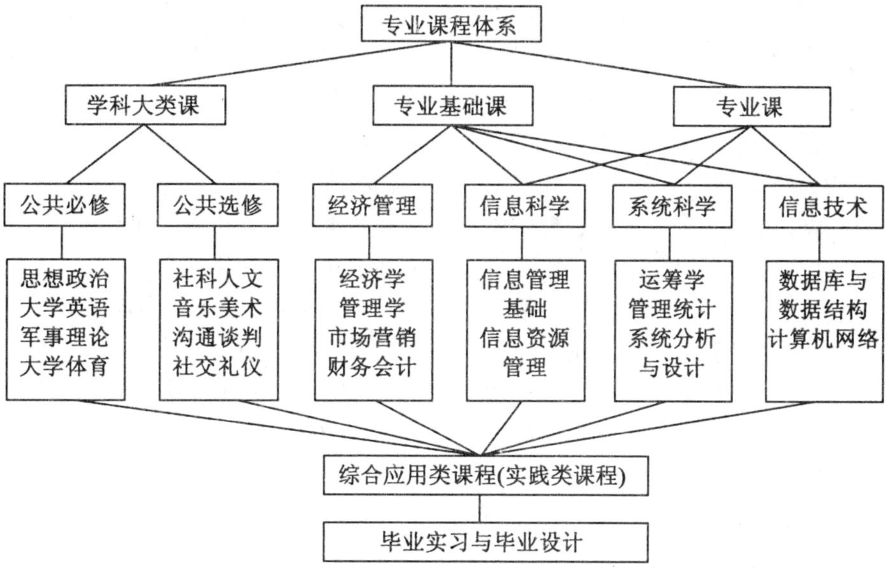

图 2　信息管理与信息系统专业课程设置层次

3　“一技之长”与“目标导向模式”方案的分析论证

有学者以问卷的方式对在校信息管理与信息系统专业学生进行调查，其中关于“你认为本专业毕业生的最大劣势”的问题，最集中的答案分别为“无一技之长（如网络、数据库或系统设计在管理中的应用等某一方面的精通）”、“知识面广，但课程深度不够”和“市场（用人单位等）不了解本专业”，三个答案总比例超过 80%，其中以“无一技之长”为最高[11]。

因此，须将“一技之长”列入人才培养的具体目标，即要改变其只能“自学成才”的“狭义”范畴，要把“一技之长”的培养纳入人才培养模式之中，同时要在课程体系建设中有所体现。“分支模式”可以有效融入“一技之长”的培养。在介绍“目标导向模式”之前，首先引用本科教育中课程体系设置及人才培养模式上的“四阶段论”。

3.1　“四阶段论”

主要是指大学本科阶段的课程按照“公共、基础课”、“学科和专业倾向的专门化课程”、“以功能和应用为主导，解决现实问题的课程”以及“跨学科整合，全局视野、竞争应变类课程”分阶段设置的理论。从人才培养角度看，大学本科教育应该历经“跨学科教育”、“学科导向教育”，“功能导向教育”，然后再回到“跨学科教育”，其培养过程结构图可简单表述如图 3。

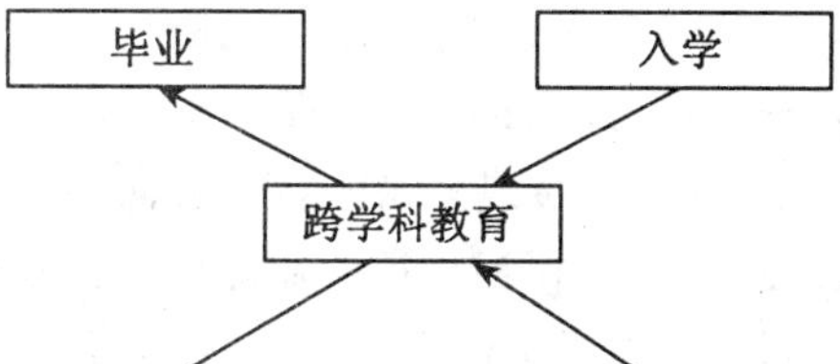

图 3　“四阶段论”培养过程结构

第一阶段主要开设公共基础课，第二阶段以专业基础课和部分专业课为主，第三阶段主要包括实践应用类课程和部分专业课，第四阶段开设全局视野课（包括竞争应变类课程）。需要说明的是：“四阶段论”并不是绝对时间意义上的阶段划分，其实各阶段间互有渗透，交接部分一般呈楔型斜面；但是，各阶段的衔接层次还是十分清楚的，所以从整个本科时段考虑，较为科学的人才培养体系应该可以明显划分为上述四个阶段。

3.2 “目标导向模式”的概念

“目标导向模式”主要针对“四阶段论”中第三阶段的课程设置及人才培养方面，指在专业教师的指导下，学生设定自己的目标，由此课程设置按不同的职业方向进行分解，从而促成个体性成才。这就意味着在“专业”中划“专业”，或按技术标准（划分为系统分析设计、数据库技术及应用、网络及通信技术、信息资源管理等分支），或按功能职能标准（划分为财务信息系统类、人事信息系统类、生产制造信息系统类、客户关系管理系统类、电子政务类、小型信息技术应用类等分支），或按项目进度层次标准（划分为系统规划、系统分析、系统设计、系统维护和管理、信息资源管理利用等分支），在资深教授专家的规划引导下，由学生依个人兴趣选定自己的主攻方向，通过动态施教、分层次教学，始终面向既定培养目标，使学生培养工作逐步与社会需求相吻合，故称“目标导向模式”。此阶段以功能和应用为主导，从理论授课到项目实践，分组培养，协同交流。“目标导向模式”的实质，就是要把“一技之长”的培养正规化、模式化、深入化，加之第一、四阶段的通才教育，可一定程度地实现“通”“专”平衡，同时更好地实现就业、深造“双接口”。此外，各个目标导向的设置不必一步到位，可逐渐完善，例如可从“大目标导向”（总分为信息资源管理、信息系统/技术管理两大方向）开始，逐步适时扩展。

3.3 “目标导向模式”的双重应用

第一种应用方式：在完成公共基础课和专业基础课的学习后，直接进入某一目标方向的学习，深入实践。这种方式相当于把专业课直接拆分成几个方向，是彻底的“专业内专业”的分组培养。第二种应用方式：完成公共基础课和专业基础课的学习后，所有学生都要继续学习专业最核心内容，与此同时，在若干目标方向课组中选择一个共同方向，作为“一技之长”重点培养。

目标的确定以及最终的实现需要“项目成果及论文导向制”作为依托，即在目标确定阶段与企事业界联合办学的基础上，提供实践机会或引进中小项目，将相应“目标”的学生引入科研项目，最终以学期末的学术论文或项目成果为必修要求和考核标准，始终以项目成果或高质量论文为导向的培养制度，以实现专业学生知识、能力于一体的综合素质的极大提高。目标的设定应由院系教师及业界人士共同组建的教学指导小组确认，切实保证理论实践内容的深入展开。这种分支设置方式有着强引导性和约束性，以克服部分同学约束力差和选课盲目的不足。具体操作上，可在分支课程总体介绍之后和分支培养名单落实之前，允许有特殊原因或需求的学生向教学指导小组提出申请，在充分考虑学生的实际能力和主观意愿的情况下，同意学生提出兼修多个分支或退出分支培养的要求。关于退出分支培养的学生，可以考虑通过设定专业选修课的学分底线等方式，保证本科专业学分总数的要求。

目标导向模式的时间即为“四阶段论”中第三阶段的时间，历时半年或一年，设定在大三下和大四上两个学期比较合适。

“目标导向模式”的提出源自对“一技之长”问题的分析，它的科学实施不仅能够对症解决“无一技之长”的问题，其灵活运用及适度扩展还有助于解决“课程内容广而浅”、“知识整合不够”、“实践不足”等当前专业建设中存在的一系列主要问题，是较为灵活、系统的解决方案。

4 结语

信管专业的进一步发展，有待于专业建设的深入研究及实证分析；进而挖掘问题的本质并提出对症的解决方案，所以还有很多工作可做。希望本文的探讨可以抛砖引玉，共同促进信管专业的发展完善。

参考文献

[1] 董焱．信息管理与信息系统专业建设与课程体系初探［J］．北京联合大学学报（自然科学版），2003（4）：93-96.
[2] 唐毅，赵广林．信息管理与信息系统专业人才 CBE 构建［J］．现代情报，2004（1）.
[3] 查先进．信息管理与信息系统专业人才培养方向和课程体系探索——基于科技信息专业背景的实证分析［J］．情报学报，2003（8）.
[4] 俞东慧，黄丽华．中国内地信息管理与信息系统研究现状评述［J］．科研管理，2004（3）.
[5] 何永刚，黄丽华．信息管理与信息系统专业课程体系研究综述［J］．情报杂志，2007（8）.
[6] 毛光喜．信息管理与信息系统专业建设与企业信息化人才培养的探讨［J］．中国管理信息化，2009（3）.
[7] 汤志伟，吴瑞巍等．信息管理专业核心课程教学与核心能力培养互动模式研究［J］．电子科技大学学报（社科版），2008（5）.
[8] 钱洁，宋萍萍．信息管理与信息系统专业面向实践的人才培养模式探索［J］．中国管理信息化，2008（4）.

[9] 何斌，安娜等. 关于“信管”和“电商”专业教学管理和专业建设的问卷调查与分析 [J]. 大学教育科学，2008 (5).
[10] 夏义堃. 信息管理类毕业生择业状况分析——武汉大学信息管理学院个案调查 [J]. 图书情报知识，2003 (5).
[11] 张伟，戚桂杰等. 信息管理与信息系统专业人才培养模式分析 [J]. 情报科学，2006 (8).

Analysis on the Talents Training and Courses System of Information Management and Information System Specialty

ZHANG Zhensen[1], CHENG Hao[1]
(1. Qingdao Technological University, Management Colledge, Qindao 266520, China)

Abstract: As a rising cross discipline, the undergraduate course construction of Information Management and Information System is keeping improving, also there is great disparity between the level of the talents we train and the social demands. Taking the Specialty of Qingdao Techonological University as an example, this paper discusses the discipline foundation and setting of the courses system of specialty construction, and proposes the "Objectives oriented mode" together with a series of detailed schemes.

Key words: information management and information system; talents training; courses system; objectives oriented mode

信息系统使用行为的研究：基于创新的视角*

秦 敏[1,2]，黄丽华[1]

（1. 复旦大学 管理学院，上海 200433；2. 江西师范大学 传播学院，南昌 330022）

摘 要：信息系统使用是信息技术投资转化为组织绩效过程中的关键环节。本文在文献分析基础上，基于拓展创新与探索创新理论视角，对组织层面信息系统使用行为进行了分类。并根据国内企业信息化实践，设计了信息系统拓展使用与探索使用的测量量表，实证检验结果表明，研究量表具有较好的信度和效度水平，为国内信息系统使用行为的后续研究提供依据。

关键词：信息系统；信息系统使用；创新；拓展使用；探索使用

中图分类号：C931

自20世纪80年代以来，信息系统使用（IS Usage/ Use）就在信息系统研究领域占据着中心位置。大量国外文献表明，信息系统使用变量是信息系统理论和实践研究的焦点[1]，原因在于信息系统使用一直被认为是信息技术（IT）投资转化为组织绩效过程中的关键环节[2]。

通过研究文献的梳理发现，信息系统使用通常是作为单维度的因变量或中介变量，主要出现在IS接受/采纳（Acceptance/Adoption）、IS实施（Implementation）、IS成功（Success）以及IS辅助决策支持（Decision-making）四个研究方向，而专门关于信息系统使用行为及其形成机理的研究并不多见。尽管30年来，信息技术及企业管理信息系统软件发展迅速，在功能、技术以及流程灵活配置方面日趋完善，由功能单一的简单信息系统发展到功能强大、流程配置灵活的复杂信息系统，但是理论界对信息系统使用变量的测量却没有太大进展[3]。另外，"IT生产率悖论"的出现，使学者更多关注信息技术与组织内外部资源匹配方面的研究，往往忽视对复杂信息系统本身使用行为的探讨。

近年来，不少国外学者提出重新审视以往信息系统使用的概念和测量，应该关注信息系统使用行为及其机理等方面的研究[4]，然而学者也认为当前理论方面的进展还相当不足，尤其是缺乏信息系统使用的实证研究[5]。在国内，关于个体或组织层面信息系统使用的理论与实证研究，都还未引起研究者足够关注。实际上，信息系统软件的价值以及对企业绩效的提升，归根到底需要企业深刻理解信息系统内在结构和功能，通过对信息系统进行有效的深层次创新使用，充分发挥和挖掘现有信息系统本身的潜能来实现。本文在分析现有研究文献的基础上，基于创新理论视角，根据国外学者最新的研究方法和研究建议，提出并设计了组织层面两种信息系统创新使用行为量表，通过收集国内经济环境下的192家企业样本数据，进行了实证检验。当前，创新已经成为21世纪IT管理工作中的一项重要课题，这使本文的分析视角和理论内涵更具有现实意义，为国内开展信息系统使用方面的研究进行了积极尝试。

1 信息系统使用相关研究回顾

1.1 信息系统使用的概念内涵

在信息系统研究领域，信息系统使用出现在许多文献研究中，然而学术界对此并没有一个被认可的通用定义。早期广泛引用的概念来自DeLone和McLean（1992）的研究，他们把信息系统使用定义为"接受者对一个信息系统输出的消费"[6]。有学者认为此定义描述了信息系统中信息使用的含义，并没有给出信息系统本身使用的内涵。Boynton等

* 基金项目：江西省高校人文社会科学研究项目（GL0923）

作者简介：秦敏，女，博士，副教授；黄丽华，女，博士，复旦大学管理学院教授，博士生导师，研究方向：企业信息化、电子商务、电子政务等

通讯作者：黄丽华，E-mail：lhhuang@ fudan. edu. cn

(1994) 定义 IT 使用（IT Usage）是信息技术在组织的运营与战略活动中的运用。Doll 和 Torkzadeh (1998) 从功能作用角度，定义信息系统使用为："信息系统使用是系统价值链上非常重要的变量，它将上游的有关系统成功原因的研究与下游的信息技术组织影响的研究连接起来"[7]。Burton-Jones 和 Straub (2006) 从个体层面和组织层面定义了信息系统使用，把信息系统使用看做一种活动，即个体用户或组织利用信息系统的某项功能来完成一定任务[8]，并认为信息系统的使用活动涉及三个组成元素：1）用户，即使用信息系统的个体或者组织；2）系统，被个体或者组织用户使用的对象；3）任务，用信息系统功能要完成的特定目标。Henri 等 (2007) 认为现有文献中关于信息系统使用的概念没有关注技术交互行为因素，提出技术交互行为可以通过系统相关的活动来反映。

还有学者根据不同研究角度，对信息系统使用的概念进行了定性分类。Saga 和 Zmud (1994) 将信息系统使用分为三个不同的层次：扩展性使用，集成性使用和紧急性使用[9]。Lassila 和 Brancheau (1999) 认为软件使用分为四个阶段：第一阶段是低集成或者有限使用；第二阶段是标准化采纳[10]；第三阶段是拓展到重新设计工作流程的使用；第四阶段高集成或者拓展了软件能力的使用。Boffo 和 Barki (2003) 基于行为理论和感知理论，建议用行为（适应性）和感知（权力）来分类系统使用，认为存在四种系统使用行为[11]：限制使用（低适应性行为与低感知权力）、遵从使用（高适应性行为与低感知权力）、反叛使用（低适应性行为与高感知权力）和复杂使用（高适应性行为与高感知权力）。

近期的研究拓宽了信息系统使用相关概念内涵。Jain 和 Kanungo (2006) 提出信息系统使用性质的概念，为"个体在信息系统使用过程中表现出来的特性"[12]。Li 等 (2006) 提出组织层面信息技术创新性使用的定义，即组织相对于同行业的实践，在新的任务和新的情境下，拓展性使用信息技术[13]。Mills 和 Chin (2007) 提出信息技术创造使用的概念，即以新颖方法用系统中一个或几个功能特征来完成一项任务[14]。

1.2 信息系统使用变量的测量

信息系统使用变量出现在众多研究文献中，归纳起来主要集中在以下四个研究领域：

在信息系统成功研究领域，研究者通常把信息系统使用作为自变量或是中介变量，会对下游组织产生影响，以此决定个体或组织通过使用 IT 从中获得正面积极影响。最典型的模型来自 DeLone 和 McLean (1992) 的研究，如图 1。

图 1 DeLone & McLean 信息系统成功模型

在信息系统决策支持研究领域，信息系统使用主要作为因变量，研究者主要致力于探讨信息系统的特征，哪些特征能提高用户决策制定。Barkin 和 Dickson (1977) 的模型反映了决策活动过程[15]，如图 2。

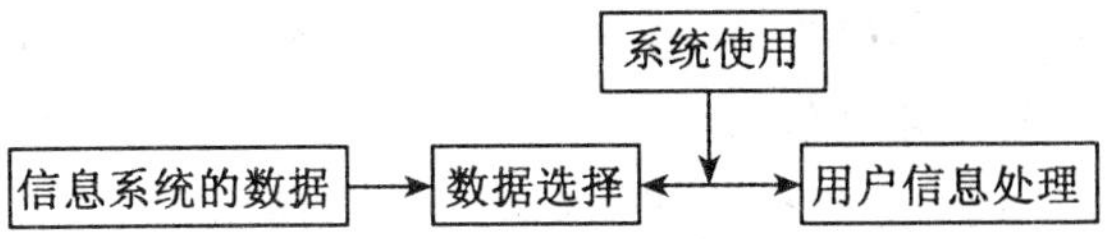

图 2 Barkin & Dickson 信息系统决策模型

在信息系统实施研究领域，信息系统使用是作为一个关键因变量，来测量信息系统是否实施成功。通常研究在信息系统实施过程中有哪些因素，例如功能或界面特性、系统实施方法、组织支持等，会影响系统最终正常使用。代表性模型来自 Hartwick 和 Barki 的研究[16]，如图 3。

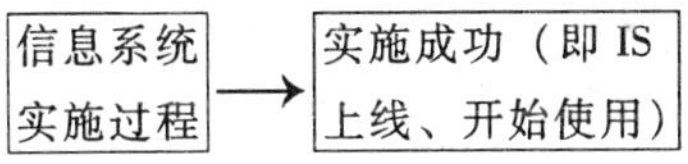

图 3 Hartwick & Barki 信息系统实施模型

信息系统接受/采纳研究，主要以行为科学和社会心理学为依据，研究与 IT/IS 采纳相关的个体行为与组织行为，解释技术采纳的机理问题。在过去 20 多年，出现了许多理论模型，包括 Davis (1989) 的技术接受模型，Rogers (1995) 的创新扩散理论，Fishbein 和 Ajzen (1975) 的理性行为理论，Ajzen (1991) 的计划行为理论，以及 Venkatesh 等 (2003) 的技术接受和使用的统一理论。其中最具代表性的模型是 Davis 的技术接受模型[17]，如图 4。

四个研究领域都涉及信息系统使用变量，侧重点和含义却并不尽相同。在信息系统成功研究领域，信息系统使用侧重于支持某些特定的任务；在信息系统决策支持研究领域，信息系统使用关注从

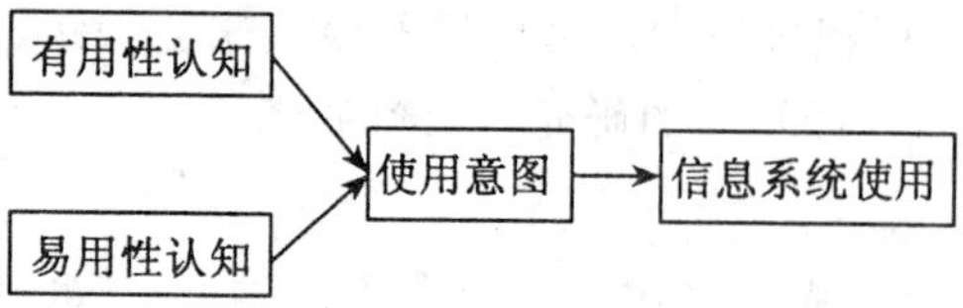

图 4 Davis 技术接受模型

系统中产生信息和数据的使用；在信息系统实施研究领域，信息系统使用以实施顺利完成，并开始在组织内使用为准；信息系统接受/采纳研究，信息系统使用即个体或组织接受该系统。文献研究发现，尽管研究方向不同，信息系统使用的内涵有所差异，但研究者选择测量的指标大体却没有变化。信息系统使用常用的测量指标包括使用功能、支持任务、使用程度、用/不用、重度/轻度使用、使用频率和使用持续时间等。

1.3 信息系统使用变量测量存在的问题

分析信息系统研究文献，现有的信息系统使用概念和测量指标主要侧重于信息系统的数量、使用时间、使用频率，而忽视系统使用的质量。这些研究通常假定组织或个体用户使用系统越多或者时间越长就会有越好的效果，其实不少数据显示，许多拥有先进复杂信息系统的企业并没有产生预期的持续竞争优势和绩效提升。另外，从理论上看，信息系统使用时间是行政成本的决定因素，在信息系统实施后，组织关注的重点不是增加系统使用时间，而是如何用较少时间更加高效地利用信息系统完成组织目标。总的来看，当前信息系统使用的测量还存在局限性。目前，不少国外学者提出要改进和完善信息系统有效及创新使用的相关概念和测量，当前的理论进展与实证研究都处于进行之中。

2 基于创新视角的信息系统使用行为

2.1 基于创新的两种信息系统使用

拓展创新与探索创新概念最早来源于 March（1991）的研究，之后，理论界出现了许多以拓展创新与探索创新为主题的研究领域。在信息系统研究领域，Subramani（2004）首先将拓展创新与探索创新引入信息系统使用行为的研究，并提出 IT 在组织中的使用也存在拓展使用和探索使用。拓展使用是对已有的确定事物进行细致经营，这种类型的使用其行为目标是利用信息系统来提高或改善组织运作效率。探索使用是追寻新的机会，这种使用行为活动的目的，在于发现新方法来创造新的信息系统价值[18]。Burton-Jones 等学者（2006）也建议组织层面信息系统使用研究应该借鉴 March 的创新理论来探讨。本研究基于拓展创新与探索创新视角，在 Subramani 和 Burton-Jones 研究成果和研究建议的基础上，通过国内多企业案例深度访谈，结合国内企业信息化使用的实际情况，总结分类了两种信息系统使用行为。

第一种信息系统拓展使用，主要是企业用户挖掘现有信息系统本身具有的更多功能与用法，不断优化业务方案，使用系统内在更多功能来满足企业的各项工作需求。不难发现，这种信息系统拓展使用情形在企业信息化建设过程中并不陌生。当新的信息系统引入企业并开始使用时，通常用户对整个系统的理解和掌握程度还相当有限，系统本身许多功能用法还未涉及。经过一段时间的磨合和使用后，随着企业业务需求的变化，用户往往需要继续学习、摸索系统，逐渐深入了解复杂信息系统的内在结构和复杂配置关系。之后，用户具备能力来拓展已有信息系统内在的更多复杂功能和用法，或是修改、调整企业原先制定的功能以及技术配置，或是重新优化以往制定的各项管理与业务流程等等。

第二种信息系统探索使用，其本质是新颖的和富有创造性的，这种系统使用所能支持完成的任务，以前并没有得到共识，或者在技术与系统使用手册指南中并没有这些使用的描述说明。信息系统探索使用主要指，企业以新颖方式对信息系统进行探索，使用独特的业务解决方案，来支持和促进企业各项工作长期顺利发展。经过企业调研发现，这种系统探索使用通常存在于信息化应用比较成功的企业。现代信息系统本身虽然功能强大，但由于不同企业有着不同的经营模式，而且不同企业内部需求千差万别，所以在不少情况下，直接用引进的复杂信息系统以及原样套用系统本身的既有功能，并不能完全满足企业所有的管理和业务需求。遇到类似现有系统本身无法解决的问题，有些企业会寻找其他解决方案，对信息系统进行创新探索和独特使用。创新活动总是与学习过程密切相关，通过一段时间对信息系统的直接使用经验和不断学习探索的积累，一些企业用户完全有能力寻找到符合本企业特色的独特解决方案。

企业信息系统实施过程中，信息系统软件供应商通常会使用最佳实践的方法，即向被实施企业提供其所属行业的典型模型以及典型流程的模板。在同行业，每个实施信息系统的企业都可能使用相同的业务流程，软件供应商所承诺的收益同样适用于竞争对手。这也就意味着，对一个企业来说，策略性地实施这些信息系统所期望能带来的竞争优势，由于其竞争对手也能做到而会发生贬值。因此，企业想通过信息系统产生更大竞争优势，就必须根据自身情况，寻找新颖的方法创造性使用所实施的信息系统。正是由于不少企业对所实施的信息系统进行了不同程度的创新，使得企业实施信息系统之后，能给企业带来独特的竞争优势。

2.2 基于创新的信息系统使用行为量表设计

国内外现有文献中信息系统创新使用行为的实证研究不多，可以借鉴的研究量表屈指可数。Subramani在研究中以供应链管理系统为例，自行开发设计了组织层面 IT 拓展使用和 IT 探索使用量表，两个量表分别用 3 个测量项目。Burton-Jones 和 Straub 在研究中自行开发设计了个体层面的信息系统拓展使用量表，采用 5 个度量题目来测量，信息系统以电子制表软件为对象。Mills 和 Chin 在 Burton-Jones 和 Straub 研究基础上，参考 Mnuro 等学者的研究量表，用 4 个测量项目来测量个体用户信息技术创新使用的程度，测量个体用户系统探索使用的能力。

区别于上述研究，本文是组织层面的研究，泛指所有复杂信息系统，作者参考以上研究量表，结合国内企业信息化实际情况，设计了信息系统拓展使用和探索使用量表，分别采用 4 个测量项目，如表 1 所示。

表 1 信息系统拓展使用和探索使用测量项目

变量	测量项目描述
信息系统拓展使用	ISTZ_ 1：企业会积极尝试并使用信息系统本身具有的、以前未曾发现和使用过的功能
	ISTZ_ 2：企业尽可能挖掘并使用信息系统本身的内在功能来满足不断出现的需求
	ISTZ_ 3：企业会主动修改信息系统内的功能配置或技术参数，以更好支持工作任务
	ISTZ_ 4：企业能充分发挥现有信息系统的内在功能，不断改进与优化各项管理与业务流程
信息系统探索使用	ISTS_ 1：企业在现有信息系统的基础上，能自主开发新的功能模块，或增加一些系统本身没有的功能模块
	ISTS_ 2：企业能较好地利用信息系统对业务数据进行智能分析，能发现数据中隐藏的商业机会或者威胁
	ISTS_ 3：企业善于不断学习信息化领域出现的新技术与新理念，并能及时合理应用于信息化实践中
	ISTS_ 4：企业信息系统建设的总体规划、架构与流程设计等方面体现了创新性和独特性

3 研究方法与结果分析

3.1 研究样本与数据描述

研究样本以 192 家国内企业为主。统计显示，样本企业中小型企业共有 28 家，中型企业共有 34 家，大型企业共有 130 家。样本中、大型企业的比例高达 2/3，可以看出大型企业依然是实施和使用信息系统的主要群体。

数据分析发现，信息系统拓展使用整体得分明显高于信息系统探索使用整体得分，说明样本企业更加关注信息系统拓展使用。在信息系统拓展使用量表中，ISTZ_ 2 的评分最高，而 ISTZ_ 3 的评分最低，反映样本企业强调挖掘现有信息系统内在功能来满足企业新的需求，而主动修改现有信息系统内部的功能配置或技术参数的工作相对较弱些。在信息系统探索使用量表中，ISTS_ 2 的评分最低，其他各项度量指标评分较为平均，反映样本企业在利用信息系统进行商业智能决策方面还有待加强。

3.2 量表信度检验

信息系统拓展使用与探索使用的 Cronbach's α 系数如表 2 所示。复杂信息系统拓展使用的 Cronbach's α 系数为 0.852，复杂信息系统探索使用的 Cronbach's α 系数为 0.866，全部都超过了 0.7 的这一可接受水平，且分项对总项的相关系数在 0.4 以上（最低为 0.589），删除任何题项后的 Cronbach's α 系数也无显著提高。

表 2 复杂信息系统拓展使用与探索量表的 Cronbach's α

题项	Corrected Item-Total Correlation	Cronbach's Alpha if Item deleted	Cronbach's α
CIS 拓展使用			0.852
ISTZ_ 1	0.664	0.821	
ISTZ_ 2	0.716	0.809	
ISTZ_ 3	0.623	0.835	
ISTZ_ 4	0.686	0.818	
CIS 探索使用			0.866
ISTS_ 1	0.687	0.842	
ISTS_ 2	0.589	0.861	
ISTS_ 3	0.747	0.825	
ISTS_ 4	0.732	0.827	

其次，运用 LISREL8.70 结构方程软件分析，计算复杂信息系统拓展使用和复杂信息系统探索使用，得到结果如表3所示。复杂信息系统拓展使用的组成信度为0.83，平均变异萃取估计量为0.55；复杂信息系统探索使用的组成信度为0.84，平均变异萃取估计量为0.56。两个构面的组成信度（CR）都在0.7以上，平均变异萃取估计量也全部在0.5以上，符合信度标准。

表3 测量模式的组成信度和平均变异萃取估计量

变量	固定负荷	测量误差	组成信度	平均变异萃取估计量
CIS 拓展使用			0.83	0.55
ISTZ_ 1	0.76	0.42		
ISTZ_ 2	0.80	0.36		
ISTZ_ 3	0.69	0.53		
ISTZ_ 4	0.70	0.52		
CIS 探索使用			0.84	0.56
ISTS_ 1	0.65	0.58		
ISTS_ 2	0.62	0.60		
ISTS_ 3	0.80	0.36		
ISTS_ 4	0.86	0.26		

通过 Cronbach's α 系数、组成信度和平均变异萃取估计量，反映两个量表的内部一致性较好，信度检验可以通过。

3.3 量表效度检验

采用探索性因子分析和验证性因子分析分别检验区别效度与收敛效度。探索性因子分析目的是了解变量的题目是否适当，并且通过共同因子的发现来确定变量的结构成分。

运用样本数据中的信息系统拓展使用量表在 SPSS15.0 软件中运行，得到效度检验结果。KMO 检验显示，测量项目间的取样适当性度量 KMO 值为0.808，远高于因子分析的最低标准0.5，同时 Bartlett 球形检验显示为0.000，小于0.001，支持因子分析。针对样本中的数据再进行主成分分析，以特征根大于或等于1为抽取原则，得到1个因子，4个测量项目解释了66.150%的总方差。

运用样本数据中的信息系统探索使用量表在 SPSS15.0 软件中运行，得到效度检验结果。KMO 检验显示，测量项目间的取样适当性度量 KMO 值为0.798，远高于因子分析的最低标准0.5，同时 Bartlett 球形检验显示为0.000，支持因子分析。针对样本中的数据再进行主成分分析，得到1个因子，4个测量项目的解释了67.661%的总方差。结果显示信息系统拓展使用与探索使用量表的构建效度较好。

3.4 量表验证性因子分析

运用 LISREL8.7 结构方程软件对样本数据进行验证性因子分析，拓展使用与探索使用的验证性因子分析结果如图5、图6所示。

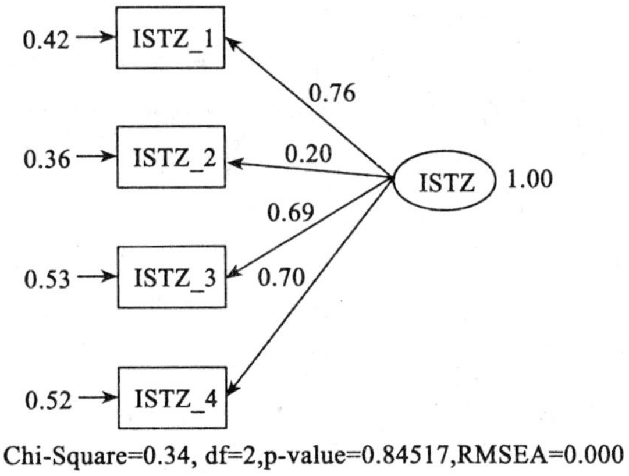

图5 信息系统拓展使用验证性因子分析图

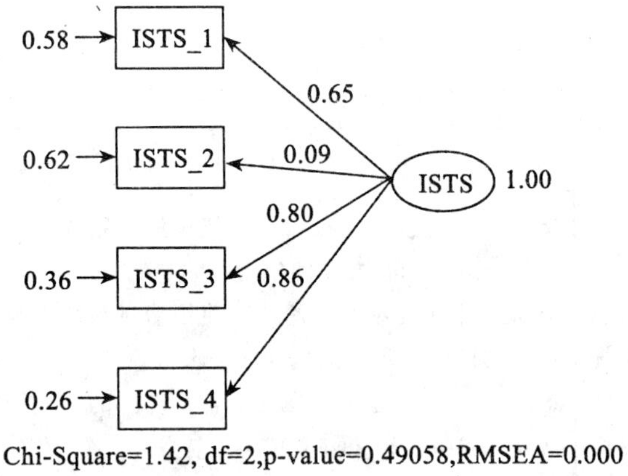

图6 信息系统探索使用验证性因子分析图

分析拟合度指标，卡方统计量（Chi-Square）=0.34，$\chi 2$ 的 P-value = 0.84，高于标准值0.05，当 $\chi 2$ 越小，P-value 越大时说明拟合协方差矩阵与样本协方差矩阵的差距不显著。自由度（df）=2，$\chi 2/df = 0.17$，远远低于标准2或3。RMSEA 值为0.000，总体来说 RMSEA 越小，表示拟合程度越高。CFI = 1.00 NFI = 1.00、GFI = 1.00、AGFI = 1.00，这四个指标值都为1，显示拟合最佳。SRMR = 0.0061，远远低于标准值0.05。以上指标皆符合优良模型的标准，信息系统拓展使用测量模式具有足够好的收敛效度。

分析拟合度指标，卡方统计量（Chi-Square）=1.42，$\chi2$ 的 P-value = 0.49，高于标准值 0.05，当 $\chi2$ 越小，P-value 越大时说明拟合协方差矩阵与样本协方差矩阵的差距不显著。自由度（df）=2，$\chi2$/df = 0.71，远远低于标准 2 或 3。RMSEA 值为 0.000，总体来说 RMSEA 越小，表示拟合程度越高。CFI = 1.00 NFI = 1.00、GFI = 1.00、AGFI = 0.98，四个指标在 0.90 以上。SRMR = 0.014，远低于标准值 0.05。以上指标皆符合优良模型的标准，信息系统探索使用测量模式具有足够好的收敛效度。

4 总结与展望

研究量表的信度和效度水平高低直接影响到研究结论的科学性。本研究清晰界定了信息系统拓展使用和探索使用的概念内涵，两个研究量表是在相关文献回顾和理论分析的基础上，参考国外研究量表的本质内涵，根据中国企业信息化实践开发设计的。通过 192 个有效样本数据的分析，研究量表通过了严格的信度和效度检验，而且部分信度和效度指标明显达到理想指标范围，为进一步研究提供了较好信度和效度水平的研究量表，适合用于中国经济环境下的企业信息系统拓展使用与探索使用进行度量。

后续研究将在此基础上，探讨信息系统使用行为的机理问题，以及两种信息系统创新使用与企业长短期绩效之间的影响关系，信息系统使用行为研究有利于深刻理解 IT 投资绩效实现的内在机制。

参考文献

[1] Venkatesh V, Davis F. A Theoretical Extension of the Technology Acceptance Model: Four Longitudinal Field Studies [J]. Management Science, 2000, 46 (2): 186-204.

[2] DeLone W H, McLean E R. The DeLone and McLean Model of Information Systems Success: A Ten-Year Review [J]. Journal of Management Information Systems, 2003, 19 (4): 9-30.

[3] Burton-Jones A. New Perspectives on the System Usage Construct [D]. Doctoral dissertation, Department of Computer Information Systems, Georgia State University, Atlanta, GA. 2005.

[4] Adams H L. Mindful Use as a Link between Social Capital and Organizational Learning: An Empirical Test of the Antecedents and Consequences of Two New Constructs [D]. Doctoral dissertation, Faculty of the Graduate School of the University of Maryland, 2006.

[5] Henri B, Ryad T, Celine B. Information System Use-Related Activity: An Expanded Behavioral Conceptualization of Individual-Level Information System Use [J]. Information Systems Research, 2007, 18 (2): 173-192.

[6] DeLone W H, McLean E R. Information Systems Success: The Quest for the Dependent Variable [J]. Information Systems Research, 1992, 3 (1): 60-95.

[7] Doll W J, Torkzadeh G. Developing a Multidimensional Measure of System-use in an Organizational Context [J]. Information & Management, 1998, 33 (4): 171-185.

[8] Burton-Jones A, Straub D W. Reconceptualizing System Usage: an Approach and Empirical Test [J]. Information System Research, 2006, 17 (3): 228-246.

[9] Saga V L, Zmud R W. The Nature and Determinants of IT Acceptance, Routinization, and Infusion [D]. Proceedings of the IFIP TC8 Working Conference on Diffusion, Transfer and Implementation of Information Technology, Pittsburgh, PA, North-Holland, 1994: 67-86.

[10] Lassila K S, Brancheau J C. Adoption and Utilization of Commercial Software Packages [J]. Journal of Management Systems, 1999, 16 (2): 63-90.

[11] Boffo C, Barki H. Conceptualizing Information Use: A Behavioral and Perceptual Framework [D]. Administrative Science Association of Canada (ASAC) Conference, Halifax, NS, 2003

[12] Jain V, Kanungo S. IS-enabled Performance Improvement at the Individual Level: Evidence of Complementarity [D]. Proceedings of the 2006 ACM SIGMIS CPR conference on computer personnel research: Forty four years of computer personnel research, Claremont, California, USA. 2006: 25-33.

[13] Li Y, Tan C H, Teo H H, Tan B C Y. Innovative Usage of Information Technology in Singapore Organizations: Do CIO Characteristics Make a Difference? [J]. IEEE Transactions on Engineering Management, 2006, 53 (2): 177-190.

[14] Mills A, Chin W. Conceptualizing Creative Use: An Examination of the Construct and its Determinants [D]. Americas Conference on Information Systems (AMCIS), Colorado, USA, 2007.

[15] Barki H, Rivard S, Talbot J. A Keyword Classification Scheme for IS Research Literature: An Update [J]. MIS Quarterly, 1993, 17 (2): 209-226.

[16] Hartwick J H, Barki H. Explaining the Role of User Participation in Information System Use [J]. Management Science, 1994, 40: 440-465.

[17] Davis F D. Perceived Usefulness, Perceived Ease of Use, and User Acceptance of Information Technology [J]. MIS Quarterly, 1989, 13 (3): 319-340.

[18] Subramani M. How do Suppliers Benefit IT from Information Technology Use in Supply Chain Relationship [J]. MIS Quarterly, 2004, 28 (1): 45-73.

Study on Information System Usage Behavior: Based on the Innovation Perspective

QIN Min[1,2], HUANG Lihua[1]

(1. School of Management, Fudan University, Shanghai 200433, China;
2. School of Communication, Jiangxi Normal University, Nanchang 330022, China)

Abstract: Information system usage is a key step in the process form IT investment to organizational performance. This paper analyzes the related literature and classifies organizational information system usage behavior based on the exploitative innovation & explorative innovation theoretical perspective. According to the information system practice in Chinese enterprises, it designs information system exploitative usage & explorative usage measurement. The empirical results show that these research measurements have good reliability and validity indexes, which give a basis for the next research on the information system usage behavior in China.

Key words: Information system usage; innovation; exploitative usage; explorative usage